제 15 판

행정법 개론

Administrative Law Theory

김향기

탑 북 스

제15 판을 내면서

본서는 방대한 행정법의 내용을 가능한 이해하기 쉽게 체계적으로 집약 · 정리하여 단권화함으로써 행정법을 처음 공부하려는 학생들이나 단기간에 소기의 목적을 달성하려는 수험생들에게 시간과 노력의 부담을 줄여주고자 하였다.

이 번 개정판에서는, ① 「행정기본법」·「국가경찰과 자치경찰의 조직 및 운영에 관한 법률」·「지방자치법」·「국세징수법」·「행정절차법」 등 최근까지의 제·개정법령과 새로운 판례를 반영하여 내용을 보충하는 외에 참조판례를 거의 빠짐없이 충분히 보충하고 관련쟁점의 판례에 연결된 유기적 이해에 도움을 주고자 하였다. ② 논리체계적인 행정법의 이해와 문제해결을 위해 주제별 목차정리와 소목차를 일목요연하게 체계화하는 한편 일부 목차를 2색도로 하여 한 눈에 일견하여 가독성을 높이고자 하였다. 또한 ③ 키워드에 해당하는 중요한 핵심부분에는 밑줄처리를 하여 행정법의 중요부분의 파악과 핵심정리에 도움을 주고자 하였고, 참조판례도 핵심문장을 굵은 글씨로 처리하였다. ④ 특히 어렵게 느껴질 수 있는 부분은 비교표와 각주 및 그림으로 요약정리 하여 보다 쉽고 명쾌하게 이해할 수 있게 하였다. ⑤ 행정법은 법학일반 뿐만 아니라 헌법, 민법, 민소사송법 및 형법 등과 연결되는 내용이 많은바, 법학을 처음 접하는 경우라 하더라도 쉽게 이해할 수 있도록 해당 행정법이론과 관련된 법학의 기초개념 등에 대한 설명도 추가하였다.

본서는 행정법이론을 쉽고 정확하고 깊이 있게 이해하도록 하고 사례적용에도 유용하도록 구성하는데 역점을 두고자 하였다. 행정법이론은 구체적인 행정현실에 적용하려는 것이므로 이것이 현실에 어떻게 적용되는지를 보면서 심화학습을 하면 그 효과가 배가될 수 있다. 이를 위한 참고도서로 졸저 행정법연습(대명출판사)이 도움이 될 수 있을 것이다. 이 책이 단권화의 출간의도에 따라 방대한 행정법내용을 시간과 노력을 절약하면서 체계적으로 쉽게 이해하면서도 심도 있는 공부가 될 수 있는 기본서로서의 역할을 기대한다.

본서를 출간함에 있어서, 바쁜 강의와 연구 중에도 그리고 바쁜 변호사 업무 중에도 교정을 도와준 김나현 박사와 김미혜 변호사의 수고에 고마움을 전한다.

끝으로 수십년간 이 책과 더불어 좋은 책을 만들기 위해 애써주신 탑북스의 김학민 사장님과 이동준 편집장 및 편집부 여러분께 감사를 드린다.

2023년 2월

김 향 기 씀

제2편 행정작용법

제1장 개 설

제2장 행정입법

제6장 행정의 실효성 확보수단

제3편 행정구제법

제1장 개 설

제2장 행정상의 손해전보

제3장 행정쟁송

제4편 행정조직법

제1장 개 설

제2장 행정기관

제4장 자치행정조직법

제5장 공무원법

제5편 특별행정작용법

제1장 개 설

제2장 경찰행정법

일러두기

1. 참고문헌 약어(예)

김남진 · 김연태(Ⅰ) ……………… 김남진 · 김연태, 행정법(Ⅰ), 법문사. 2022.3.
김남진 · 김연태(Ⅱ) ……………… 김남진 · 김연태, 행정법(Ⅱ), 법문사. 2017.3.
김남철(강론) ……………………… 김남철, 행정법강론, 박영사, 2022.2.
김동희(Ⅰ) ………………………… 김동희, 행정법(Ⅰ), 박영사, 2016.2.
김동희(Ⅱ) ………………………… 김동희, 행정법(Ⅱ), 박영사, 2017.3.
김성수(일반) ……………………… 김성수, 일반행정법, 홍문사, 2014.3.
김철용 ……………………………… 김철용, 행정법, 고시계사, 2015.2.
류지태 · 박종수(신론) …………… 류지태 · 박종수, 행정법신론(제17판), 박영사, 2019.3.
박균성(강의) ……………………… 박균성, 행정법강의(제18판), 박영사, 2021.2.
박윤흔 · 정형근(상) ……………… 박윤흔 · 정형근, 행정법강의(상), 박영사, 2011.2.
박정훈 ……………………………… 박정훈, 행정소송의 구조와 기능, 박영사, 2006.5.
석종현 · 송동수(상) ……………… 석종현 · 송동수, 일반행정법(상), 삼영사, 2015.2.
석종현 · 송동수(하) ……………… 석종현 · 송동수, 일반행정법(하), 삼영사, 2013.8.
이광윤 ……………………………… 이광윤, 일반행정법, 법문사, 2012.6.
장태주(개론) ……………………… 장태주, 행정법개론, 법문사, 2011.2.
정하중 · 김광수(개론) …………… 정하중 · 김광수, 행정법개론(제16판), 법문사, 2022.1.
한견우(Ⅰ) ………………………… 한견우, –현대행정법신론(Ⅰ), 세창출판사, 2014.9.
홍정선(특강) ……………………… 홍정선, 행정법특강, 박영사, 2016.2.
홍정선(상) ………………………… 홍정선, 행정법원론 상, 박영사, 2022.2.
홍정선(하) ………………………… 홍정선, 행정법원론 하, 박영사, 2022.2.
홍준형 ……………………………… 홍준형, 행정법(제2판), 법문사, 2017.9.
홍준형(총론) ……………………… 홍준형, 행정법총론, 한울, 2001.2.

2. 판례약어(예)

헌재 2008.7.31. 2005헌마667 …… 헌법재판소 2008.7.31. 자 2005헌마667 결정
대판 2010.4.8. 2009두22997 ……. 대법원 2010.4.8. 선고 2009두22997 판결
서울고법 1990.2.28. 89구1737 …. 서울고등법원 1990.2.28. 선고 89구1737 판결

3. 법령약어(예)

'조' '항' '호'의 명칭은 생략하고, 행정소송법 2①(1) 등으로 표기

제 1 편

행정법 서론

제1장 행 정

제1절 행정의 의의

Ⅰ. 행정관념의 성립

행정법은 행정에 관한 법이다. 따라서 행정법을 연구하려면 먼저 그 규율대상인 행정이 무엇인가를 밝혀야 한다.

행정이란 원래 국가작용의 한 부문으로서 입법·사법의 관념과 함께 역사적·제도적으로 성립되고 발전된 관념이다. 근세의 절대군주국가에서는 모든 국가작용이 단일한 전제군주의 통치작용으로 행하여졌으므로 행정이란 관념은 아직 성립될 수 없었다. 그러나 근대입헌국가에 와서 국가권력의 집중과 남용으로 인한 시민의 자유의 침해를 방지하기 위한 정치적 조직원리로서 권력분립의 원칙을 채택하게 되었다. 그리하여 국가권력이 입법·사법·행정의 삼권으로 분립되고 각각 별개의 기관이 담당하게 됨으로써 비로소 근대적 의미의 행정의 관념이 성립하게 되었다. 그런데 행정의 의의를 밝히는 방법에는 보통 국가작용의 성질을 표준으로 하여 밝히는 입장(실질적 개념)과 실정제도상 각 기관에 분배된 권한에 따라 정하려는 입장(형식적 개념) 등이 있다.

Ⅱ. 실질적 의미의 행정

1. 입법·사법과 구별에 관한 학설

(1) 긍정설

긍정설은 국가작용의 성질상의 차이를 인정하여 입법은 법정립작용(法定立作用), 사법은 법선언작용, 행정은 법집행작용이라고 보는 전통적 견해인데, 여기에도 소극설과 적극설이 대립되고 있다.

1) **소극설**(공제설: Hatschek, W. Jellinek): 소극설은 국가작용 중에서 입법·사법을 제외한 나머지 작용을 행정이라고 하는 견해이다. 이 학설은 군주의 통치권 행사를 제한하기 위하여 입법권과 사법권을 왕권(王權)으로부터 분리·독립시킨 후 최후로 왕에게 남은 권력을 행정권이라 하여 근대입헌국가의 3권분립의 이념적 형성과정에 충실한 이론이라 할 수 있으며, 특히 오늘날 복잡·다양한 행정의 내용을 포함시킬 수 있는 장점이 있다. 그러나 입법·사법을 제외한 잡다한 국가작용이 하나의 독립과학의 대상이 될 만한 공통원리를 가졌다고 할 수 없다는

비판이 가해지고 있다.

2) **적극설**: 적극설은 행정의 특징을 포착하여 적극적으로 정의하는 견해로 목적설과 양태설이 있다.

(가) 목적설(O. Mayer): 목적설은 행정이란 법질서 아래에서 국가목적 또는 공익목적을 실현하기 위한 작용이라고 하는 견해이다. 그러나 국가목적 실현 또는 공익목적 실현이 구체적으로 무엇을 의미하는지 불분명하며, 행정뿐만 아니라 모든 국가작용이 궁극적으로 법을 수단으로 국가목적 또는 공익목적을 실현하므로 부당하다는 비판이 있다.

(나) 양태설(**결과실현설**: F. Fleiner): 양태설(樣態說)은 현대행정의 적극적·형성적 모습을 염두에 두고 행정을 정의하려는 견해이다. 즉, 행정이란 법 아래서 법의 규제를 받으면서, 사법 이외의 국가목적실현을 위하여 구체적으로 행하여지는, 전체로서 통일성을 지닌 계속적·형성적 국가활동이라고 하는 견해로 오늘날의 통설적인 견해이다. 그러나 순수법학의 입장에서는 이 견해가 행정을 법적 입장을 떠나 외계적 사실관계에서만 이해하려 한다는 비판이 있기는 하나, 오늘날의 행정이 적극성을 띠고 있다는 점에서 다른 국가작용과 구별될 수 있는 행정의 특성을 제시하였다는 점은 큰 성과라 하겠다.

3) **행정의 개념징표설**: 행정은 정의할 수 없고 다만 묘사할 수밖에 없다고 하는 포르스토프(E. Forsthoff)의 말과 같이 행정을 적극적으로 정의한다는 것이 사실상 어렵다고 본다. 따라서 행정의 본질적 성격을 특징지울 수 있는 개념적 징표의 발견을 통한 방법이 유용하다는 견해이다. 그리하여 행정의 개념적 징표로는 행정은 ① 공익실현을 목적으로, ② 적극적이고 미래지향적인 사회형성활동이며, ③ 법집행작용으로서, ④ 개별적 사안에 대해 구체적 조치를 행하는 작용이라고 한다. 그러나 이 견해가 다른 적극설과 뚜렷한 차이를 발견할 수 있을지 의문이다.

(2) 부정설(기관양태설: H. Kelsen, A. Merkl)

부정설은 순수법학적 견해로서, 입법·사법 및 행정의 성질에 따른 실질적 구별은 불가능하다고 하며, 다만 실정법질서에서의 단계적 구조와 기관양태의 차이라는 형식적 표준에 의하는 수밖에 없다고 한다. 이 견해는 국가작용이 성질상 절대적인 차이가 있는 것이 아님을 명백히 한 점에서 기여한 바 적지 않으나, 이 견해에서 보는 것 같이 행정활동이 모두 단순한 법의 집행이라고는 말할 수 없다.

(3) 결 어

입법·사법·행정의 세 작용은 절대적인 차이가 있는 것은 아니나 상대적이지만 성질상의 차이가 있다. 그러나 이 관념들은 역사적 발전과정에서 형성된 것인 만큼 그 내용과 범위는 국가와 시대에 따라 같지 아니하다. 따라서 위 어느 긍정설도 완전하다고는 할 수 없으나 양태설이 비교적 타당하다.

2. 행정의 실질적 개념과 입법 · 사법

(1) 행정의 개념

입법 · 사법과 구별되는 행정의 개념요소는 다음과 같다.

1) 법 아래서 법의 규제를 받는 법집행작용이다: 행정은 법의 집행 내지 법의 실현작용이라 할 수 있다. 여기서 '법'이라고 함은 성문의 법규 뿐만 아니라 헌법상의 일반원칙 그 밖의 불문법을 포함하고 있다. '법 아래서'이므로 법에 저촉하지 않고 법의 근거가 필요하며 법의 범위 내에서 행하여지는 작용이다.

2) 국가목적 또는 공익목적실현을 위하여 행하는 구체적 작용이다: 행정은 국가자신의 존립과 활동을 위한 국가목적(조직 · 외교 · 재정 · 사법행정 · 군정 등)과 사회공공의 이익을 위한 사회목적(질서행정 · 복리행정 등)을 실현하는 작용이다. 국가목적은 공공의 이익인 공익이라 할 수 있는 바, 공익의 개념은 다의적이고 시소(時所)에 따라 유동적이라 할 수 있으나 그 판단의 최고기준은 헌법이다. 행정은 구체적 작용이기 때문에 개별적 사안에 대해 구체적 조치를 행한다.

3) 전체로서 통일성을 지닌 계속적이며 능동적인 형성적 국가활동이다: 행정작용은 개별적으로 개개의 국가행위로 이루어지지만, 전체적으로 보면 횡적 통일성과 종적 계속성을 갖는 형성적 국가활동이라 할 수 있다. 그리하여 행정은 사회의 공동생활을 능동적 · 미래지향적으로 형성하는 국가활동이다.

(2) 행정과 입법(立法)의 구별

입법은 행정주체가 일반적 · 추상적인 성문의 법규를 정립하는 작용이나, 행정은 정립된 법규범을 개별적 · 구체적으로 집행하여 국가목적을 실현하는 작용이다.

1) 입법은 행정주체가 그 통치권에 의하여 행하는 작용이다: 국가, 지방자치단체가 정립하는 법률 · 명령 · 조례 · 규칙이 이에 해당되나, 사인(私人) 상호간에 정립되는 계약 · 정관 등은 제외된다.

2) 입법은 성문의 법규를 정립하는 작용이다: 입법에는 성문의 법규인 법률 · 명령 · 자치법규 · 국제조약 등은 포함되나, 관습법 · 조리법 등 불문법은 제외된다.

3) 입법은 국가와 국민간에 일반적 효력을 가지는 법규를 정립하는 작용이다: 입법은 일반적 · 추상적인 법규정립작용이다. 그러므로 행정규칙은 행정조직내부에서 일면구속성(一面拘束性)만 가져 법규성이 없기 때문에 입법에서 제외된다.

(3) 행정과 사법(司法)의 구별

행정과 사법은 법 아래서의 법집행작용이란 점에서 공통되나, 사법은 당사자간의 구체적인 법률상 분쟁의 존재를 전제로 쟁송제기에 기하여 일정한 절차를 거쳐 무엇이 법인가를 판단 · 선언함으로써 분쟁을 해결하여 법질서를 유지함을 목적으로 하는 작용이다. 사법은 당사자의 신청을 기다려 수동적으로 이루어지며, 따라서 재판의 공정성을 확보하기 위해 재판기관의 독립성보장과 엄격한 절차적 규제 및 법에의 기속이 요구된다. 이에 대하여 행정은 능동적으로 행하여지며 국가목적의 효과적인 실현과 능률성을 확보하고 통일성을 유지하기 위하여 계층적 기관에 의하여 합목적적으로 수행되며 비교적 절차적 규제가 덜하고 재량의 여지가 많다. 실질적 개념으로서의 사법은 법선언작용이므로 민사·형사·행정 등 재판작용과 행정심판 등 재결작용을 포함하지만 형식적 개념으로 볼 때는 재결작용은 행정에 속한다.

Ⅲ. 형식적 의미의 행정

형식적 의미의 행정은 국가작용의 실질(성질)을 도외시하고 현실적인 국가기관의 제도상의 권한을 기준으로 정립한 개념이다. 이 입장에 의하면 입법기관의 권한에 속하는 작용이 입법이고 사법기관의 권한에 속하는 작용이 사법이며 행정기관의 권한에 속하는 작용이 행정이라 한다. 따라서 행정부에 의하여 행하여지는 국가작용인 한 그것이 성질상 입법에 속하거나(행정입법 등), 사법에 속하거나(행정심판 등)를 가릴 것 없이 모두 행정이라 할 수 있다. 그리하여 실질적 의미의 행정과 형식적 의미의 행정은 그 내용에 있어서 반드시 일치하지는 않는다.

제 2 절　통치행위

Ⅰ. 통치행위의 의의

통치행위(Regierungsakt, acte de gouvernement)란 고도의 정치적 결단에 의한 국가행위로서 사법적 심사의 대상으로 삼기에 적절하지 못한 행위를 말하며, 입법도 사법도 또한 보통의 행정도 아니기 때문에 제4종의 국가작용이라고도 한다. 종래 넓은 의미의 행정이라고 할 때는 통치행위(統治行爲)와 좁은 의미의 행정(또는 보통의 행정)으로 구분하고, 좁은 의미의 행정만이 행정법의 규율대상이 되는 것으로 보았다. 좁은 의미의 행정이 법 아래에서 법에 따라 행하여지며 원칙적으로 사법심사(司法審査)의 대상이 되는데 대하여, 통치행위는 단순한 법집행작용이 아니라 국가의 존립이나 국가통치의 기본방향을 정하는 것과 같이 고도의 정치성을 띠고 있기 때문에 법적 구속을 받지 않으며 사법심사의 대상에서 제외된다는 것을 특징으로 한다.

Ⅱ. 각국의 통치행위

1. 프랑스

통치행위를 보통의 행정으로부터 구별하여 보는 이론은 주로 프랑스에서 행정재판소의 판례를 통하여 발달하였다. 프랑스에서는 원칙적으로 모든 행정기관의 행위가 행정재판소인 국참사원(Conseil d'Etat)의 통제를 받게 되었으나, 정치성이 강한 일정한 행위를 정치적 합목적성의 고려에 의하여 행정재판의 대상에서 제외하는 판례가 일찍부터 인정되어 왔다. 통치행위를 인정하는 근거는 행정재판소의 법정책적 견지에서의 자제에서 구하고 있으며, 오늘날 통치행위는 국제관계와 의회의 절차에 국한하는 등 그 범위가 축소되어 가고 있다.

2. 독 일

독일에서는 행정소송사항에 관하여 열기주의(列記主義)를 채택하여 고도의 정치성을 지닌 문제는 열기사항에서 미리 제외시킴으로써 통치행위의 문제는 재판상으로는 크게 문제되지 않고 주로 이론적 입장에서 논의되었다. 그러나 제2차 세계대전 후 개괄주의가 채택됨에 따라 실제상의 문제로 활발히 논의되어 통치행위를 인정하는 방향으로 나아가고 있다.

3. 영 국

영국에서 통치행위의 문제는 판례를 중심으로 전개되어 왔는데, 연혁적으로는 국왕의 대권(prerogative)에 바탕을 두고, 국왕의 대권적 행위에 대하여 법원은 심사권을 가지지 못하게 한 데서 연유한다. 다만 법원은 구체적 사안과 관련하여 과연 대권이 인정될 수 있는 지의 여부와 그 대권이 적정한 범위 내의 것인가는 선결문제(先決問題)로서 심리하는 것이 보통이다.

4. 미 국

미국의 경우 통치행위의 문제는 엄격한 권력분립의 원칙에 입각하여 정치문제(political question)라는 관념을 인정하면서 성립하였다. 사법권을 행사하는 법원이 의회나 집행부의 전권(專權)에 속하는 사항에 관여하지 않는 것이 헌법정신인 것으로 인식하고, 또 그렇게 함으로써 법원이 정치적 분쟁에 휘말리는 것을 방지할 수 있다고 보았다. 따라서 그 이론적 근거는 권력분립에 구하는 견해가 가장 유력하며 판례도 대개 이 입장에 선다.

5. 일 본

일본의 경우도 독일의 경우와 마찬가지로 제2차 세계대전까지는 행정소송 사항에 관하여 열기주의를 취하고 있었으므로 판례상 문제되지 않았다. 그러나 제2차 세계대전 후 개괄주의가 채택됨에 따라 실제문제로서 등장하게 되었고, 통설과 판례는 통치행위의 관념을 인정하고 있다.

Ⅲ. 통치행위의 인정여부와 근거

1. 학 설

(1) 긍정설

통치행위긍정설은 통치행위를 인정하는 구체적인 근거에 관해서 다시 견해가 나뉜다.

1) **권력분립설**(내재적 한계설): 권력분립설에서, 통치행위는 정치문제로서 권력분립의 원칙상 정치적 책임을 지지 아니하는 일반 법원이 관여할 문제가 아니며, 국민의 대표기관인 의회에 의해 정치적으로 해결하거나 국민에 의해 민주적으로 통제되어야 한다고 한다(미국의 통설 · 판례).

2) **재량행위설**: 재량행위설에서는, 통치행위는 정치행위이며, 정치행위는 대체로 헌법규정에 의한 집권자의 자유재량행위이므로 설혹 재량을 그르친 경우라 하더라도 부당의 문제이며 위법성의 문제는 생기지 아니하기 때문에 사법심사의 대상에서 제외된다고 본다.

3) **사법자제설**: 사법자제설에서는, 통치행위는 법률문제가 포함되어 위법한 행위인 경우에도 사법의 정치화를 방지하기 위하여 법원이 스스로 통치행위에 대한 재판을 거부한다고 본다. 그러나 법률상으로 심사를 할 수 있음에도 불구하고 법원이 스스로 심사하지 않는다는 것은 곧 심사권을 포기하는 것으로 헌법원칙에 위배된다는 비판이 가해진다.

4) **독자성설**: 통치행위는 고도의 정치성으로 인하여 그 본질상 위헌이거나 위법이더라도 소송절차에서 제외하게 되는 독자적인 정치적 행위라고 본다.

(2) 부정설

통치행위부정설은 법치주의가 완전히 실시되고 행정소송에서 개괄주의가 인정되는 이상 모든 행정작용은 사법심사의 대상에서 제외될 수 없다는 입장에서 통치행위라는 개념을 부정하는 견해이다. 즉, 법률문제가 포함되어 있는 한 사법심사가 부인될 수 없으며, 이를 부인하는 것은 개괄적인 사법심사를 인정하고 있는 헌법 규정에 위배되고 행정권의 남용으로부터 국민의 기본적 인권을 보호하려는 헌법의 기본이념과도 상반된다고 한다.

2. 판 례

헌법재판소는 독자성설 내지 사법자제설(판례1), 대법원은 권력분립설 및 사법자제설을 취하는 것으로 보이는 등 통치행위를 긍정하고 있다(판례2).

[판례 1] 일반사병 이라크파병 위헌확인(헌법재판소)

"외국에의 국군파견결정은 그 성격상 국방 및 외교에 관련된 고도의 정치적 결단을 요하는 문제로서, 헌법과 법률이 정한 절차를 지켜 이루어진 것임이 명백하므로, **대통령과 국회의 판단은 존중되어야** 하고 헌법재판소가 **사법적 기준만으로 이를 심판하는 것은 자제되어야** 한다. 이에 대하여는 설혹 사법적 심사의 회피로 자의적 결정이 방치될 수도 있다는 우려가 있을 수 있으나 그러한 대통령과 국회의 판단은 궁극적으로는 **선거를 통해 국민에 의한 평가와 심판**을 받게 될 것이다."(헌재 2004.4.29, 2003헌마814)

[판례 2] 대통령긴급조치위반 등(대법원)

"통치행위와 같은 고도의 정치행위에 대하여 정치적 책임을 지지 않는 법원이 정치의 합목적성이나 정당성을 도외시한 합법성의 심사를 감행함으로써 정책결정이 좌우되는 일은 결코 바람직한 일이 아니며 **법원이 정치문제에 개입되어 그 중립성과 독립성을 침해당할 위험성도 부인할 수 없으므로**, 고도의 정치성을 띈 통치행위에 대하여 법원은 **스스로 사법심사권의 행사를 억제함으로써** 그 심사대상에서 제외하고 있을 따름인 것이다."(대판 1985.1.29. 74도3501 등)

3. 결 어

부정설은 법이론적으로는 명쾌하나 통치행위의 개념을 판례에 의해 인정해온 역사적 현실을 감안할 때 현실적으로 받아들이기 곤란하다. 또한 긍정설들도 완벽한 것은 없으나 대체로 권력분립설은 법이론적 근거가 될 수 있고, 사법자제설은 법정책적 근거가 될 수 있을 것이다. 즉, 고도의 정치성을 지닌 국가행위는 정치적 합목적성 내지 권력분립의 견지에서 사법심사의 대상에서 제외시키는 것이 타당할 것이며, 또한 그것이 사법권의 독립을 유지시키는 길이 된다고 하겠다. 다만, 통치행위의 축소일변도라는 세계적 경향에 비추어 통치행위가 사법권을 위축시키고 국민의 인권을 부당하게 침해하지 않도록 한정적으로 인정해야 할 것이다.

Ⅳ. 통치행위의 범위

통치행위의 범위는 확정되어 있거나 법조문에서 확정할 수 있는 것도 아니나 학설과 판례에 나타난 일반적인 범위를 보면 이하와 같다. 즉, 현행 헌법상의 대통령의 국민투표회부권(헌법 72), 외교에 관한 행위(동법 73), 군사에 관한 행위(동법 74), 긴급재정경제처분권・명령권 또는 긴급명령권의 행사(동법 76), 계엄의 선포(동법 77), 사면권의 행사(동법 79), 영전수여권의 행사(동법 80), 국무위원 등의 임면(동법 86, 87), 법률안에 대한 거부권의 행사(동법 53②), 국회의 의사 및 의원의 자격심사(동법 64) 등을 들 수 있다.

Ⅴ. 통치행위의 판단기준 및 한계

1. 통치행위의 판단기준

통치행위의 여부는 법원의 판결에 의해 결정될 수밖에 없는데, 판례를 통해 통치행위로 인정하기 위한 일반적인 판단기준을 열거하면 다음과 같다.

1) 정치적 책임을 질 수 있는 국가기관의 행위: 정치적 책임을 질 수 있는 국민의 대의기관인 국회와 국민으로부터 직접 선출되고 국민에게 직접 책임을 지는 대통령의 행위일 것을 요한다.

2) 고도의 정치성: 국민 내지 국익에 영향을 미치는 복잡하고 중요한 문제로서 국내・외 등 제반 상황을 고려하여 미래를 예측하고 목표를 설정하는 등 고도의 정치적 결단이 요구되는

사안이어야 한다. 이는 고도의 정치적 판단에 대한 사법권의 기능적 한계와 사법권의 독립수호의 필요 및 사법권이 독자적 판단을 내리는 것이 곤란하고 정치부문에 위임하는 것이 효과적이고 적절한 경우 등이다.

3) 헌법에 부여되어 있는 권한: 대통령의 국민투표회부권(헌법 72) 및 법률안 거부권(헌법 53 ②) 등 헌법에 명문으로 규정되어 있는 배타적 권한이어야 한다.

4) 절차적 정당성: 정치적 의사결정이 헌법과 법률에 명시된 절차와 요건에 따름으로써 절차적 정당성을 확보해야 한다.

[판 례] 통치행위 여부의 판단기준

"가. 외국에의 국군의 파견결정은 … 그 문제에 대해 **정치적 책임을 질 수 있는 국민의 대의기관**이 관계분야의 전문가들과 광범위하고 심도 있는 논의를 거쳐 신중히 결정하는 것이 바람직하며 우리 헌법도 그 권한을 **국민으로부터 직접 선출되고 국민에게 직접 책임을 지는 대통령**에게 부여하고 그 권한행사에 신중을 기하도록 하기 위해 국회로 하여금 파병에 대한 동의여부를 결정할 수 있도록 하고 있는바, 현행 헌법이 채택하고 있는 대의민주제 통치구조 하에서 **대의기관인 대통령과 국회의 그와 같은 고도의 정치적 결단은 가급적 존중되어야** 한다.

나. 이 사건 파견결정이 헌법에 위반되는지의 여부 즉 국가안보에 보탬이 됨으로써 궁극적으로는 **국민과 국익에 이로운 것이 될 것인지 여부** 및 이른바 이라크전쟁이 국제규범에 어긋나는 **침략전쟁인지 여부 등에 대한 판단은 대의기관인 대통령과 국회의 몫**이고, 성질상 한정된 자료만을 가지고 있는 우리 재판소가 판단하는 것은 바람직하지 않다고 할 것이며, 우리 재판소의 판단이 대통령과 국회의 그것보다 더 옳다거나 정확하다고 단정짓기 어려움은 물론 재판결과에 대하여 국민들의 신뢰를 확보하기도 어렵다고 하지 않을 수 없다.

다. 이 사건 파병결정은 대통령이 파병의 정당성뿐만 아니라 북한 핵 사태의 원만한 해결을 위한 동맹국과의 관계, 우리나라의 안보문제, 국·내외 정치관계 등 국익과 관련한 여러 가지 사정을 고려하여 파병부대의 성격과 규모, 파병기간을 국가안전보장회의의 자문을 거쳐 결정한 것으로, 그 후 국무회의 심의·의결을 거쳐 국회의 동의를 얻음으로써 **헌법과 법률에 따른 절차적 정당성을 확보**했음을 알 수 있다. 그렇다면 이 사건 파견결정은 그 성격상 국방 및 외교에 관련된 **고도의 정치적 결단을 요하는 문제**로서, 헌법과 법률이 정한 절차를 지켜 이루어진 것임이 명백하므로, 대통령과 국회의 판단은 존중되어야 하고 헌법재판소가 사법적 기준만으로 이를 심판하는 것은 자제되어야 한다. 이에 대하여는 설혹 사법적 심사의 회피로 자의적 결정이 방치될 수도 있다는 우려가 있을 수 있으나 그러한 대통령과 국회의 판단은 궁극적으로는 선거를 통해 국민에 의한 평가와 심판을 받게 될 것이다."(헌재 2004.4.29. 2003헌마814, 일반사병이라크파병위헌확인)

2. 통치행위의 한계

통치행위의 범위는 나라와 시대에 따라 일정하지 않겠지만 정치영역의 확대, 사법권의 약화와 법치주의의 경시는 독재주의의 공통된 특징이라는 점에서 통치행위를 인정하되 신중히 해야 하며, 또한 그 한계가 필요하다. 어떠한 행위가 통치행위에 속하는가의 판단은 법원의 권한이며, 통치행위의 한계를 벗어나면 당연히 사법심사의 대상이 된다(판례1,2,3,4).

1) 헌법수권규정에 의한 한계: 헌법에서 명문으로 규정한 그 권한의 목적 및 요건과 절차에 따라야 하고 이를 위반하면 사법심사의 대상이 된다.

2) 기본권관련성에 의한 한계: 기본권을 국가권력으로부터 보호하는 일은 헌법이 명한 헌법재판소 및 사법부의 권한이자 의무이기 때문에 국민의 기본권침해와 직접 관련되는 경우에는

사법심사의 대상이 된다. 그러나 간접적으로 기본권에 관련되는 경우에는 당사자적격의 문제로 각하된다.

3) 통치행위에 부수하는 행위: 통치행위 그 자체가 아니라 이를 실현 내지 집행하기 위한 부수적인 행위는 관련법령(계엄법 등)에 따르게 되는 것으로서 그 관련법령을 위반하면 사법심사의 대상이 된다.

4) 비례원칙 등: 통치행위의 목적실현과 수단 사이에 합리적인 비례관계를 넘어서거나 법치국가원리 및 평등원칙에 위배되는 경우에는 사법심사의 대상이 된다.

[판례 1] 기본권침해와 직접 관련되는 경우

"대통령의 긴급재정경제명령은 국가긴급권의 일종으로서 고도의 정치적 결단에 의하여 발동되는 행위이고 그 결단을 존중하여야 할 필요성이 있는 행위라는 의미에서 이른바 통치행위에 속한다고 할 수 있으나, 통치행위를 포함하여 모든 국가작용은 국민의 기본권적 가치를 실현하기 위한 수단이라는 한계를 반드시 지켜야 하는 것이고, 헌법재판소는 헌법의 수호와 국민의 기본권 보장을 사명으로 하는 국가기관이므로 비록 고도의 정치적 결단에 의하여 행해지는 국가작용이라고 할지라도 그것이 국민의 기본권 침해와 직접 관련되는 경우에는 당연히 헌법재판소의 심판대상이 된다."(헌재 1996.2.29. 93헌마186, 긴급재정명령등위헌확인)

[판례 2] 통치행위 개념인정의 신중, 통치행위에 부수하는 행위

"[1] 통치행위의 개념을 인정한다고 하더라도 과도한 사법심사의 자제가 기본권을 보장하고 법치주의 이념을 구현하여야 할 법원의 책무를 태만히 하거나 포기하는 것이 되지 않도록 **그 인정을 지극히 신중하게 하여야 하며, 그 판단은 오로지 사법부만에 의하여 이루어져야** 한다.

[2] 남북정상회담의 개최는 고도의 정치적 성격을 지니고 있는 행위라 할 것이므로 특별한 사정이 없는 한 그 당부를 심판하는 것은 사법권의 내재적·본질적 한계를 넘어서는 것이 되어 적절하지 못하지만, **남북정상회담의 개최과정에서 재정경제부장관에게 신고하지 아니하거나 통일부장관의 협력사업 승인을 얻지 아니한 채 북한측에 사업권의 대가 명목으로 송금한 행위 자체는 헌법상 법치국가의 원리와 법 앞에 평등원칙 등에 비추어 볼 때 사법심사의 대상이 된다**고 판단한 원심판결을 수긍한 사례."(대판 2004.3.26. 2003도7878, 외국환거래법위반·남북교류협력에관한법률위반등)

[판례 3] 통치행위 인정 신중, 목적 및 비례원칙 등 위반

"[2] 입헌적 법치주의국가의 기본원칙은 어떠한 국가행위나 국가작용도 헌법과 법률에 근거하여 그 테두리 안에서 합헌적·합법적으로 행하여질 것을 요구하고, 이러한 합헌성과 합법성의 판단은 본질적으로 사법의 권능에 속한다. 다만 고도의 정치성을 띤 국가행위에 대하여는 이른바 통치행위라 하여 법원 스스로 사법심사권의 행사를 억제하여 그 심사대상에서 제외하는 영역이 있을 수 있으나, 이와 같이 **통치행위의 개념을 인정하더라도 과도한 사법심사의 자제가 기본권을 보장하고 법치주의 이념을 구현하여야 할 법원의 책무를 태만히 하거나 포기하는 것이 되지 않도록 그 인정을 지극히 신중하게 하여야 한다.**

[4] 구 대한민국헌법(1980.10.27.헌법 제9호로 전부 개정되기 전의 것, 이하 '유신헌법'이라 한다) 제53조에 근거하여 발령된 대통령 긴급조치 제1호는 그 **발동 요건을 갖추지 못한 채 목적상 한계를 벗어나 국민의 자유와 권리를 지나치게 제한함으로써 헌법상 보장된 국민의 기본권을 침해한 것이므로,** 긴급조치 제1호가 해제 내지 실효되기 이전부터 유신헌법에 위배되어 위헌이고, 나아가 긴급조치 제1호에 의하여 침해된 각 기본권의 보장 규정을 두고 있는 현행 헌법에 비추어 보더라도 위헌이다. 결국 이 사건 재판의 전제가 된 긴급조치 제1호 제1항, 제3항, 제5항을 포함하여 긴급조치 제1호는 헌법에 위배되어 무효이다."(대판 2010.12.16. 2010도5986, 대통령긴급조치위반·반공법위반)

[판례 4] 관련 당사자에게 미치는 불이익의 내용과 정도 고려(비례원칙)

"구 상훈법(2011. 8. 4. 법률 제10985호로 개정되기 전의 것) 제8조는 서훈취소의 요건을 구체적으로 명시하고 있고 절차에 관하여 상세하게 규정하고 있다. 그리고 **서훈취소는 서훈수여의 경우와는 달리 이미 발생된 서훈대상자 등의 권리 등에 영향을 미치는 행위로서 관련 당사자에게 미치는 불이익의 내용과 정도 등을 고려하면 사법심사의 필요성이 크다.** 따라서 기본권의 보장 및 법치주의의 이념에 비추어 보면, 비록 서훈취소가 대통령이 국가원수로서 행하는 행위라고 하더라도 법원이 사법심사를 자제하여야 할 고도의 정치성을 띤 행위라고 볼 수는 없다." (대판 2015.4.23. 2012두26920 [독립유공자서훈취소처분의취소])

제 3 절 행정의 분류

행정에는 다종다양한 활동이 포함되고 있는바, 여러 가지 기준에 의하여 분류될 수 있다.

(1) 주체에 의한 분류

행정은 그 주체에 따라, ① 국가기관이 직접 행하는 **국가행정**, ② 지방자치단체 그 밖에 공공단체가 행하는 **자치행정**, ③ 국가 또는 공공단체가 그 사무를 다른 공공단체나 사인에게 위임하여 행하는 **위임행정**으로 분류된다.

(2) 목적에 의한 분류

행정의 목적에 따라, ① 행정주체의 조직의 유지·관리를 직접 목적으로 하는 **조직행정**과, ② 행정의 목적실현을 위해 직접 활동하는 **행정작용**으로 분류된다. 후자는 다시 사회공공의 질서유지 또는 복리증진을 직접 목적으로 하는 **내무행정**과, 국가 자체의 존립과 활동을 직접 목적으로 하는 **재무행정·사법행정·외무행정·군사행정**으로 분류된다.

(3) 수단에 의한 분류

행정의 수단에 따라, ① 공권력을 발동하여 일방적으로 명령·강제하는 **권력행정**(경찰·조세·병력 등)과, ② 공권력적 수단에 의하지 아니하는 **비권력행정**(관리행정·국고행정)으로 분류된다.

(4) 효과에 의한 분류

행정의 효과에 따라, ① 국민에게 의무를 부과하거나 기존의 권리·이익을 침해·제한하는 **침익적 행정**과, ② 국민에게 권리·이익을 부여하거나 기존의 의무를 해제하여 주는 **수익적 행정**(급부행정) 및 ③ 침익적 효과와 수익적 효과를 동시에 갖는 **복효적 행정**으로 분류된다.

제2장 행 정 법

제 1 절 행정법의 의의

행정법(Verwaltungsrecht, Administrative law)이란 행정의 조직과 작용 및 구제에 관한 국내공법을 말한다. 즉, 행정법은 행정권(行政權)의 조직 · 권한 및 기관상호간의 관계에 관한 법 및 국가 · 공공단체 등 행정주체와 사인(私人)간의 공법상 법률관계에 관한 법, 행정작용에 대한 개인의 권리구제에 관한 법으로서, 행정에 고유한 법을 말한다. 이를 분설하면 다음과 같다.

Ⅰ. 행정법은 '행정'에 관한 법이다

행정법은 행정권을 중심으로 행정권의 조직 · 작용 및 행정구제에 관한 법이다. 이 점에서 국가와 통치권 전반을 중심 관념으로 하고 국가의 근본조직과 근본작용에 관한 법인 헌법과 구별되며, 입법권의 조직과 작용에 관한 입법법(국회법 · 국정감사및조사에관한법률 등)과 사법권의 조직과 작용에 관한 법인 사법법(법원조직법 · 민법 · 형법 · 민사소송법 등)과 구별된다. 행정법에는 행정조직법(정부조직법 · 지방자치법 등)과 행정작용법(행정대집행법 · 국세징수법 등) 그리고 행정구제법(국가배상법 · 행정소송법 · 행정심판법 등)이 포함되어 있다.

이러한 행정법규는 통일된 법전이나 통칙적 규정을 두기에 이르지 못하고, 행정의 조직과 작용에 관한 무수한 법으로 되어 있으나 전체로서 공통의 지도원리를 가진 통일적 법체계를 구성하고 있다.

Ⅱ. 행정법은 행정에 관한 '공법'이다

행정법은 행정에 관한 모든 법을 의미하는 것이 아니고, 행정에 관한 사법(私法)을 제외한 오직 행정에 특수고유한 법, 즉 공법(公法)만을 의미한다. 따라서 공법이란 말은 행정법의 범위를 표시하며, 행정주체가 재산권의 주체로서 행하는 국고행정에 적용되는 사법은 행정법이 아니다. 그러나 현대 국가에 있어서의 행정기능의 확대와 행정작용의 다양화 및 적극화 등으로 비권력적 행정활동의 비중이 날로 커지고 있다는 이유에서 행정주체의 사법적 관계도 행정사법(Verwaltungsprivatrecht)관계로 파악하여 행정법의 영역에 포함시키려는 견해가 있다.

Ⅲ. 행정법은 행정에 관한 '국내법'이다

행정법은 행정에 관한 공법 중에서 국제법을 제외한 행정에 관한 국내법만을 의미한다. 다만, 헌법에 의해 체결·공포된 국제조약과 일반적으로 승인된 국제법규는 국내법과 동일한 효력이 인정되므로(헌법 6①) 그 한도 안에서 국내행정법의 일부를 구성한다.

제 2 절 행정법의 성립

Ⅰ. 행정법의 성립원인

근대입헌국가에 와서 권력분립제도와 관련하여 비로소 행정관념이 성립하였으나, 행정관념의 성립이 곧 행정법의 성립을 뜻하지는 않는다. 행정법이 독립한 법체계로서 성립하게 된 원인은 각국의 정치적·역사적·사회적 상황에 따라 다르지만, 영미법계국가보다 먼저 행정법이 성립한 대륙법계국가에서는 법치국가의 성립과 행정제도의 발달에 근거하고 있다.

1. 법치국가의 성립

행정법의 성립은 우선 법치국가의 탄생에 의하여 그 기반이 마련되었다. 법치국가는 '인(人)의 지배' 또는 '자의(恣意)의 지배'가 아니라 '법에 의한 지배'를 의미하는 것으로, 국민주권주의와 자유주의의 사상을 그의 정치적 원리로 하고 있다. 국민주권의 사상은 국민대표제를 요청하였으며, 국민의 자유와 권리를 제한하는 법률은 국민을 대표하는 의회가 제정하게 되어 국가권력의 내용에 대한 실질적·내용적 제한을 가하게 되었다. 자유주의의 사상으로부터는 국가권력의 분립이 요청되면서 국가권력의 행사는 법에 의거하고 법에 따라야 한다는 형식적·절차적 제한을 요청하게 되었다.

이러한 법치국가의 성립과 함께 권력분립제도가 확립되어 행정은 의회가 제정한 법률에 구속됨으로써 '법률에 의한 행정'의 원리의 확립을 보게 되었다. 따라서 행정은 법률에 의거하고 법률에 좇아서만 할 수 있게 됨으로써 행정을 규율하는 법의 정립과 그 체계화가 불가피하게 되었다.

2. 행정제도의 발달

대륙법계국가에서 행정법이 성립하게 된 직접적인 원인은 행정제도의 발전에 있었다. 행정제도는 사법권에 대하여 행정권의 지위를 보장하는 제도로서 그 중심은 '행정에 특수한 법체계'의 형성과 '행정재판제도'의 존재에 있었다.

프랑스는 행정재판소인 국참사원(Conseil d'Etat)의 판례를 통해, 독일은 행정에 특수·고유한 법제정 및 행정재판소를 통해, 그리고 영·미는 20세기에 들어와 복리국가의 발전에 따른 국가작용의 전문화·기술화로 각종 행정위원회의 설치를 통해 행정법이 발달하게 되었다.

Ⅱ. 각국에 있어서의 행정법의 성립과 발전

1. 프랑스 행정법

프랑스는 행정법의 모국으로 알려지고 있는 바, 앙샹레짐 하의 국왕고문회의(Conseil du Roi)제도가 혁명 후 행정재판소인 국참사원(Conseil d'Etat)으로 창설되고 그 판례와 이를 기초로 한 학설을 중심으로 성립·발전되었으며, 그 기본적 관념은 공공역무(service public)에 있었다. 공공역무의 관념이 성립되기 이전에는 '라페리엘' (E. Laferriere)에 의하여 체계화된 권력행위와 관리행위가 재판권한의 분배의 기준원리로서 행정법학을 지배하고 있었다. 그러나 행정소송을 권력행위에만 인정하였던 구별론이 공공역무로 옮겨진 것은 1873년에 권한법원의 '블랑꼬'(Blanco)판결에 의해서였다.[1] 그리하여 권력행위에 대신하여 공공역무의 관념이 행정법의 기본관념으로 등장하게 되었다. 이와 같은 프랑스 행정법의 특징은 프랑스의 전통적인 시민적 자유주의를 바탕으로 한 행정의 필요와 국민의 권리와의 조화에 있었다.

프랑스 행정법은 행정의 공공적 기능을 보장하면서 개인의 권리보호를 두텁게 하려는 데 있다. 이는 월권소송(월권행위취소소송)에 의한 행정의 적법성 보장과 역무과실(役務過失)이나 위험책임의 이론에 입각한 국가배상책임의 법리에서 나타나고 있다.

2. 독일 행정법

독일은 '오토 마이어'(Otto Mayer)에 의하여 주로 프랑스 행정법의 체계를 본받아 행정법의 학문적 체계화가 이루어졌다. 독일에서는 국가권위사상 내지 행정의 우월의 원리에 바탕을 둔 공권력의 조직과 작용에 대해서는 공법적 규율과 행정재판소의 관할로 하였다. 그러나 국가가 재산권의 주체로서 행하는 재산관리적·사경제적 작용은 국고학설의 영향 아래 원칙적으로 사법(私法)에 의하여 규율되고 일반법원의 관할에 속하였다.

독일 행정법은 공권력의 발동인 권력행위를 중심개념으로 하여 국가권력을 위하여 행정에 고유한 제도와 이론을 발달시킨 점에 그 특색이 있다. 그러나 제2차 세계대전 후 '본' 기본법 아래서는 민주국가원리와 사회국가원리에 따라 종래의 공권력 중심의 행정법체계에 일대 변화를 가져왔다. 즉, 행정재판소는 드디어 종래와 같은 행정권내부의 자율적 통제기관이 아니라 독립된 사법권의 일환으로서 일반사법재판소의 일종이 되었고, 행정소송사항에 있어서 열기주의에서 개괄주의로 전환하는 등 사법제도국가주의를 취하고 있다.

---

1) 블랑꼬판결은 블랑꼬라는 소년이 보르도 국영담배공장의 운반차량에 치여 부상을 입은 사건에서, 그의 아버지가 보르도 민사법원에 손해배상소송을 제기하였는데 법원은 공법상 공역무과실책임을 인정하여 행정재판소 관할의 국가배상책임이라고 한 판결이다.

3. 영 · 미 행정법

영 · 미법계국가에서는 보통법(Common law)및 법의 지배(rule of law)의 원칙이란 전통 때문에 국가도 사인과 마찬가지로 보통법의 규율을 받게 되어 행정에 특수한 법체계로서의 행정법은 성립되지 못하였다. 그러나 20세기에 들어와 적극적 행정기능의 확대 및 행정권의 강화와 이에 따른 각종의 행정위원회제도의 급격한 발전으로 인하여 새로운 행정기관들의 권한 행사의 절차와 그에 관한 사법심사에 관한 제정법을 중심으로 행정법이 성립하게 되었다.

요컨대, 영미행정법은 '법의 지배'의 원리의 부정이 아니라 그것을 최대한 지키면서 복리행정을 합리적이고 효율적으로 수행할 수 있도록 행정기관의 권한과 그 행사의 법적 통제에 관하여 규율함을 기본적인 사명으로 한다고 할 수 있다.

제 3 절 법치행정의 원리

Ⅰ. 법치행정의 원리의 의의

법치주의(法治主義)란 권력분립원리를 토대로 국민의 기본권보장을 위해 자의적(恣意的) 통치가 아니라 법에 의해 통치하는 국가체제 내지 헌법원리를 말한다. 법치주의의 행정면에서의 표현인, **법치행정의 원리**란 행정은 법률에 근거하고 법률에 적합해야 한다는 원리를 말한다. 즉, 법치행정의 원리는 이처럼 행정권도 법의 기속을 받고 법을 준수해야 하며 만일에 법을 위반하여 국민에게 피해를 주는 경우에는 재판 등을 통한 구제제도가 마련되어야 함을 의미한다. 다만, 법치행정의 원리는 법치국가의 성립과 전개를 배경으로 한 역사적 산물이기 때문에 그 구체적인 제도적 형태는 각국의 역사적 지반에 따라 다른 바, 독일적 '법률의 지배'와 제2차 세계대전 후 영미의 '법의 지배' 원칙이 근대에서 현대에 걸쳐 형식적 법치주의에서 실질적 법치주의로 발전하게 되었다.

Ⅱ. 형식적 법치주의와 실질적 법치주의

1. 형식적 법치주의

법치국가의 개념은 독일에서 1813년 벨커(C. Welcker)에 의하여 처음으로 사용되었는데, 1829년 몰(R. v. Mohl)의 「뷔르템베르크 왕국국법론」에서는 당시 절대권력적인 경찰국가원리에 대항하여 자유주의국가를 주장하는 내용으로, 국민의 자유와 권리를 보호하기 위한 원리였다. 그런데 1878년 슈탈(F.J. Stahl)은 국가의 목적 · 내용과 이를 실현하는 방법 · 형식을 분리하여, 전자를 윤리국가, 후자를 법치국가라고 하여 법치국가개념의 형식화를 가져오게 되었다. 결국 법치국가는 법률에 의해 국가작용이 행해지는 국가를 뜻하게 되어 비정치적 · 법기술적 원리로 되었다. 이러한 형식적 법치국가의 개념은 프로이센 중심으로 1848년 이후의 외견적 입헌군주정(外見的 立憲君主政)과 1871년 이후의 비스마르크 헌법을 거쳐 마이어(O. Mayer)에 의하여 체계화되었다. 19세기의 독일에서는 법치주의를 군주에 대한 시민사회의 의사(意思)의 지배, 즉 행정부에 대한 입법부의 우위로 인식한 결과 의회가 제정한 형식적 법률의 지배를 의미하였다.

그러나 법률의 지배는, ① 행정이 의회가 제정한 법률에 적합하도록 행하여질 것을 요청할 뿐, 그 법률의 목적이나 내용은 문제삼지 아니하는 **형식적 합법주의**를 의미하는 것이었기 때문에 '부정한 내용의 법률의 우위'까지도 쉽사리 용납함으로써 국민의 권리와 자유를 형식적으로 보장하는데 그쳤고, ② 법치행정의 원칙을 담보하는 재판작용도 사법재판소로부터 독립하여 행정조직의 일부를 구성하는 행정재판소에 의하여 열기주의에 따라 수행되었으며, ③ 행정권발동의 근거에 대해서 **침해유보설**을 취하여 국민의 자유와 재산에 관계되지 않는 분야에 대해서는 '법률로부터 자유로운 행정의 영역'이 인정되었다는 점에서 형식적 법치주의를 의미하게 되었다.

형식적 법치주의는 국가목적실현의 형식만을 문제로 하고 법의 실질적 내용이 등한시됨으로써 그 내용에 있어서 어떠한 국가형태와도 결합할 수 있는 가능성을 내포한 동시에, 법률을 절대시함으로써 이를 빙자한 국가권력에의 무조건 복종을 강요할 수 있게 되었다. 또한 입법의 포괄적 수권 및 행정을 위한 광범한 자유재량권의 설정을 가능하게 하여 독재제의 출현을 가능케 하였다. 그리하여 형식적 법치주의는 개인의 권리보호수단이 아니라 억압의 수단이 되어 '법의 지배'가 아니라 **법률을 도구로 이용한 '합법적 지배'**를 의미하게 되고, 급기야 법률의 지배의 원리가 시민적 법치국가로부터 관료적 법치국가로, 다시 1930년대의 집행부독재적 법치국가로 변질케 되었다.

2. 실질적 법치주의

종래 대륙법계국가에서는 법치주의를 형식적 개념으로 파악하였는데 반하여, 영미법계국가에서는 형식적 법치주의를 당연한 전제로 인정하고 한걸음 더 나아가 인권보장을 이념으로 하여 법의 실질적 내용도 인권침해가 없도록 보장하는 원리인 '법의 지배'(Rule of Law), 즉 실질적 법치주의를 확립하였다.

'법의 지배'의 원리는 중세의 블랙톤(Bracton)과 근세의 코크(E. Coke)에 의해 주장된 이래 자의적 권력을 억제하는 기능을 해왔는데, 19세기 후반 '다이시'(A.V. Dicey)에 의하여 이론적으로 체계화된 것이다. 다이시는 법의 지배를 개인의 자유와 권리보호의 원리로 파악하고, 특히 절차적 보장에 중점을 두어 재판기능을 중요시하였다. 이러한 법의 지배가 영국헌법에 적용된 형태에는 3원칙이 있다. 즉, ① 자의적 전제권력의 지배에 대립하는 보통법의 지배라는 의미에서의 '**정규의 법의 절대적 우위**', ② 모든 사람이 지위・신분을 불문하고 국가의 보통법에 복종하고 보통재판소의 재판을 받는다는 의미에서의 '**법 앞의 평등**', ③ 인권에 관한 헌법의 일반원칙은 영국에서는 판례를 통하여 형성된 '**보통법의 산물**'이라는 것이다.

영국의 법규범을 계수한 미국에서도, ① 헌법에서 기본권의 선언과 보장, ② 입법권의 헌법에의 구속, ③ 연방최고재판소에 의한 위헌입법심사권 등을 통하여 '법의 지배'의 원리를 확립하고 있다.

한편, 독일을 중심으로 한 형식적 법치국가들은 '법률합치적 불법'을 경험하고 나서, 제2차 세계대전의 종식과 더불어 민주국가적 관점에서 그 헌법에 기본권보장을 규정하고 국가작용의 형식과 내용을 다 같이 중요시하여 합법성과 정당성을 동시에 보장하는 실질적 법치주의를 채택하고 있다. 그러므로 실질적 법치주의는 이제 각국에서 보편적인 것이 되었고, 우리 헌법 또한 같다(판례).

[판 례] 헌법이 지향하는 법치주의

"우리 헌법이 기본원리로 삼고 있는 법치주의는 단순히 국민의 권리·의무에 관한 사항을 법률로써 정해야 한다는 **형식적 법치주의에 그치는 것이 아니라**, 그 법률의 목적과 내용이 기본권보장의 헌법이념에 부합되어야 한다는 **실질적 법치주의를 지향**하는 것이고"(대판 2006.11.16, 2003두12899; 같은 취지, 헌재 1998.2.27. 95헌바5 등)

Ⅲ. 법치주의의 구성요소

오늘날 법치주의는 당연히 실질적 법치주의를 의미하는 바, 실질적 법치주의는 형식적 법치주의를 당연한 전제로 하며 그 핵심은 모든 국가기관이 법에 기속된다는 것이다. 그리하여 법치주의의 구성요소는 아래와 같다.

1. 기본권 보장

법치주의의 기본적 가치·목적은 정의, 자유 및 인간의 존엄을 포괄하는 기본권 보장에 있다. 기본권 보장은 국가작용의 헌법구속성의 근거이며 모든 국가작용의 목표설정과 한계로서의 기능을 한다. 입법도 당연히 합헌적 질서(合憲的 秩序)에 기속되므로 헌법의 최고원리인 기본권 보장에 합치하지 아니하면 위헌법률심사제에 의하여 효력이 상실된다.

2. 권력분립

법치주의는 의회에 의한 입법을 기초로 하는 것이기 때문에 국가의 제 권력의 분립사상을 전제로 하는 것이다. 따라서 권력분립은 법치국가의 조직상의 본질적 요소에 속한다. 법치주의는 법 내지 법률에 의한 지배를 의미하기 때문에 권력분립의 원리에 따라 집행부의 행정권행사는 의회에서 정한 법률에 따라야 하며, 또 의회의 의결을 통하여 정하여진 형성적 재량의 범위 내에서 행하여야 한다.

3. 사법적 권리보호

법치주의의 실효성을 확보하기 위한 제도적 장치로서 요구되는 것이 국가작용에 대한 사법심사(司法審査)인 것이다. 국가작용이 법에 위배되어 행하여짐으로써 개인의 권익을 침해한 경우에는 그에 대한 법원의 적법성의 심판이 행하여지지 않으면 안된다. 입법부에 대한 견제로서 헌법재판소는 위헌법률심사권을 가지며, 행정부에 대한 견제로서 행정소송제도와 행정상 손해배상제도를 구비한다.

4. 법적 안정성

법치주의는 법적 안정성, 즉 법 자체의 안정성과 사회질서의 안정성을 요구한다. 법적 안정성은 법의 명확성과 확실성, 공권력 행사의 예측가능성을 확보할 수 있다. 법적 안정성은 현행법을 적용하여 그 준수할 필요에 응하여 강제적으로 관철시키는 것을 전제로 한다. 이와 같이 법적 안정성은 법의 규정에 따라 엄격하게 적용할 것을 요구하기 때문에 개별적 사정에 따라 구체적 타당성을 요구하는 정의와 상호 모순되는 경우도 있다. 이러한 문제는 개별사례에 따라 신중한 형량(衡量)에 의해 해결하여야 한다.

5. 법치행정의 원리

법치행정의 원리 또는 행정의 법률적합성의 원리란 행정의 자의로부터 개인을 보호하고 행정작용의 예견가능성을 보장하기 위하여 행정은 법률에 근거하고 법률에 위반되어서는 아니 된다는 원칙으로서 법치주의의 행정에의 적용을 말하며, 입법과 행정의 관계를 의미한다. 이 원칙은 3권 분립주의를 기본으로 하여 입법권(의회)의 우위를 인정하고 모든 행정작용을 의회에서 정립한 법률의 지배 아래 두려는 것인데, 물론 그 정치적 성격 때문에 그 구체적인 의의·적용범위 등은 때와 장소에 따라 반드시 일정하지는 않다.

[판 례] 법치행정의 원리의 의미

"**법치국가적 원리로서의 법치행정의 원칙이나 행정의 법률적합성의 원칙은 행정의 자의(자의)로부터 개인을 보호하고 아울러 행정작용의 예견가능성을 보장하고자 하는 데 있으므로 행정은 언제나 법률의 근거하에서 법률의 기속을 받으며 행해져야 하는 것**인바, 행정청이 어느 법률에 근거하여 행정처분을 하는 데 있어서 그 법률의 해석·적용을 둘러싸고 견해가 대립되어 오다가 관련 행정쟁송에서 대법원이 그 법률에 근거한 행정처분이 위법하다는 판단을 내린 경우에는 그와 동일한 법률관계나 사실관계에 대하여는 그 법률을 적용할 수 없다는 법리가 공식적으로 그리고 최종적으로 확인된 것으로 보아야 하므로, 이러한 상황 아래에서 행정청으로서는 특별한 사정이 없는 한 법치국가적 요청에 부응하여, 대법원의 판단을 통하여 위법이 확인된 행정처분과 동일한 법률관계나 사실관계에 대하여는 그 법률을 적용하지 않음으로써 장래를 향한 위법한 행정작용을 방지 내지 회피하여야 할 책무가 있으며, 오히려 그것이 처분상대방인 국민의 신뢰를 보호하는 방편이 될 것 이다."(대판 2007.05.10. 2005다31828)

Ⅳ. 법치행정의 원리의 내용

오늘날의 법치주의는 절차적인 면뿐만 아니라 법률의 목적과 실질적 내용도 정의에 합치하는 정당한 것이 아니면 안된다는 실질적 법치주의를 의미한다. 이러한 법치행정의 원리의 내용으로는 '오토 마이어'(O. Mayer)에 의해 체계화된 법률의 법규창조력, 법률우위의 원칙 및 법률유보의 원칙을 들 수 있다. 이들 원칙을 위반하면 헌법상의 법치국가의 원리를 위반한 것이 되어 위헌·위법이 된다.

1. 법률의 법규창조력

(1) 의 의

법률의 법규창조력(法規創造力)이란 국가작용 중 국민의 권리·의무에 관한 새로운 규율을 정하는 것은 모두 의회가 정립하는 법률에 따라야 하며, 의회가 정립하는 법률만이 법규로서의 구속력을 가진다는 것이다. 다시 말해서 새로운 법규를 창조하는 것은 법률을 만드는 의회의 전권(專權)에 속하는 것으로 행정권은 법률의 수권(授權)이 없는 한 스스로 법규를 창조할 수 없다는 것을 의미한다.

(2) 타당영역

이 원칙은 현대국가에서도 법률 이외의 행정의사가 법규창조력을 가지는 것은 긴급명령과 같이 헌법이 특히 예외적으로 인정하는 경우 이외에는 허용되지 않으며, 행정입법은 법률의 법규창조력을 다치지 아니하는 범위 내에서만 인정하고 있다. 다만, 오늘날 법률의 법규창조력의 타당영역은 법규개념의 확대와 더불어 상대적으로 넓어지고 있다(예: 재량준칙의 간접적·외부적 효력 인정 등).

2. 법률우위의 원칙

(1) 의 의

법률우위(法律優位)의 원칙이란 법률이 국가의사 중에서 최상의 것으로서 다른 국가의사가 법률의 형식으로 표시된 국가의사에 저촉될 수 없다는 것으로 행정의 법률에의 종속성을 의미한다. 다시 말하자면 법률우위의 원칙은 행정 및 사법에 대해 법률의 적용을 강요하고 법률로부터의 일탈을 금지한다는 것이며, 동일한 사안에 대하여 의회의 입법이 규율하는 바와 정부의 행정이 규율하는 바가 서로 충돌되는 경우에는 의회의 입법이 우선한다는 것이다. 이 원칙은 강행규정은 물론 임의규정인 경우에도 재량권을 벗어나면 적용된다. 이 원칙은 통일적인 국법질서를 유지하기 위한 것인 바, 법률이 다른 국가의사에 우월하게 되는 것은 법률의 제정자는 의회이지만 그 법률은 국민주권의 원리상 국민의 자주결정의 의사를 의미하기 때문이다.

(2) 한 계

여기서 법률은 과거의 형식적 법치주의의 그것처럼 내재적 제한을 받지 않는 절대적 우위가 인정되는 것이 아니며, 법률로서 침해할 수 없는 헌법원리를 구체화하는 것이어야 한다. 따라서 '법률의 우위'의 원리는 헌법에 위배되는 법률에 대한 위헌법률심사제도와 법에 위반된 행정작용에 대한 사법적 통제의 확립을 통하여 합헌적 법률우위 또는 법의 우위를 뜻하게 된다.

3. 법률유보의 원칙

(1) 의 의

법률유보(法律留保)의 원칙이란 행정권의 발동에는 반드시 개별적인 법률의 수권(법률의 근거)을 필요로 한다는 것이다. 이는 국민의 권리의무에 관한 규율은 모두 의회의 입법, 즉 법률의 권한에 유보되고, 행정은 법률에 의해서만 행하여야 하며 스스로 새로운 규율을 행사할 수 없다는 것을 의미한다. 말하자면 법률의 유보는 일정한 사항에 대해 행정권의 자유성을 부정하고 법률을 행정권 발동의 요건으로 하는 것이다.

(2) 법률우위의 원칙과의 구별

① 법률의 우위의 원칙이 소극적으로 법률에 위반하는 행정작용을 금지하는 것인데 대하여 법률의 유보의 원칙은 적극적으로 행정권의 발동에 법적 근거를 필요로 하는 것이다. 또한 ② 전자는 법률이 있는 경우에 문제되는 것인데 대하여 후자는 법률이 없는 경우에 문제되며, ③ 전자는 행정의 모든 영역이 적용되는데 대하여 후자는 행정의 일정한 영역에만 적용된다.

(3) 근 거

일정한 행정분야에 법률의 유보의 원칙이 적용되는 한 행정부는 법률의 수권 없이는 그 분야에서 활동할 수 없음을 의미한다. 따라서 법률의 유보의 원칙은 국가 내에서 기능분리 내지 권력분립을 필연적 전제로 한다. 법률의 유보의 근거는 헌법상의 법치국가원리, 민주주의원리 및 기본권보장에 있다고 할 수 있다.

(4) 범 위

법률의 유보는 행정기관을 구성하는 조직법뿐만 아니라 행정작용의 목적·요건·절차 등을 정한 작용법에 의한 수권을 필요로 한다. 그런데 법률의 유보의 이론은 결코 보편적인 것이 아니고 역사적 산물이기 때문에 법률유보의 적용범위에 대해서는 견해가 나뉘어져 있으나, 최근에는 그 범위를 점차로 확장하는 방향으로 나아가고 있다.

1) **침해유보설:** 침해유보설(侵害留保說)은 국민의 자유와 권리를 침해하거나 의무를 부과하는 침해행정의 경우에는 법률의 근거를 필요로 하지만, 수익적 행정작용이나 국민의 권리·의무에 직접 관계없는 행정작용은 법률의 근거를 필요로 하지 않는다는 견해이다. 이 설은 종래의 통설로서 자유권적 기본권을 위주로 한 근대입헌국가에서 침해행정으로부터 자유의 방어에 기여한 바 있다. 그러나 이 설은 19세기 외견적 입헌군주제(外見的 立憲君主制)하에서 군주와 시민 사이의 타협의 산물로 나타난 것으로서, 자유권적 기본권 이외에 사회권적 기본권이 국민의 중요한 권리의 하나로서 강조되고 행정작용의 중점이 급부행정에로 옮아가고 있는 현대국가에서는 법률유보의 범위가 확대되어야 한다는 점에서 낡은 이론으로 비판되고 있다.

2) **전부유보설:** 전부보유설에서는 행정의 모든 영역에 법률의 근거를 요한다고 한다. 현대

의 민주적·법치적 헌법구조를 배경을 하여, 이른바 '법으로부터 자유로운 행정영역'의 관념을 원칙적으로 부정하여 모든 공행정은 행정권의 자율에 맡길 것이 아니라 국회의 민주적 통제의 대상이 되어야 한다는 이론이다. 이 설은 법치주의에 가장 충실한 견해라 할 수 있으나, 행정권 자체의 정당성 및 그 기능의 탄력성을 무시한 설이며 법률의 홍수현상에 의해 의회의 과중부담을 조장한다는 등의 비판이 가해진다.

3) **신침해유보설**: 신침해유보설은 침해행정 이외의 영역(특히 급부행정)에서는 법률의 유보가 필수적인 것은 아니라고 보는 점에서 원칙적으로 침해유보설의 입장을 취하면서도, 특별권력관계에 법률유보의 적용을 긍정하고 있다는 점에서 침해유보설과 구별된다. 또한 이 설은 법률의 범위를 형식적 법률에 한정하지 않고 조직법이나 예산을 포함시키고 있다. 그러나 이 설은 법률의 유보이론이 원칙적으로 형식적 법률을 전제로 한다는 점에서, 또한 침해유보설에서와 동일한 이유로 비판이 가해질 수 있다.

4) **권력행정유보설**: 권력행정유보설은 수익적이든 침익적(侵益的)이든 권력적 행정활동은 법률의 근거를 요한다는 견해이다. 즉, 행정행위·행정강제 등의 권력적인 행위형식을 취하여 국민의 권리·의무를 일방적으로 결정·변동시키는 경우에는 침해적인 것이든 수익적인 것이든 불문하고 법의 근거를 요한다고 한다. 이 설은 헌법상의 민주적 통제법리에 부응하고 법률유보의 범위를 다소 확대하기는 하나, 기본적으로 침해유보설의 틀을 벗어나지 못하고 있다는 비판이 가해질 수 있다.

5) **사회유보설(급부행정유보설)**: 사회유보설은 침해행정 뿐만 아니라 사회국가이념에 따라 공정한 급부활동이 요구되는 생활배려행정의 분야에서도 법률의 유보를 필요로 한다는 견해이다. 현대국가에서 국민생활은 급부행정에 상당부분 의존하고 있기 때문에 국가로부터의 침해의 방지만이 아니라, 나아가 국가로부터 공정한 급부와 배려의 확보를 위해서는 법률로 규율해야 한다는 점을 논거로 한다. 그러나 이 설은 급부행정의 탄력성의 요구에 부응하지 못하며 입법기관을 너무 비대케 한다는 비판이 있다.

6) **중요사항유보설(본질유보설)**: 중요사항유보설은 중요하고도 본질적인 사항은 법률로 정해야 하고, 법률유보의 범위는 행정의 내용·기능이라든가 국민의 법적 지위 및 관계이익 등을 고려하여 단계적·개별적으로 정해야 한다는 견해로 현재의 다수설이다. 이 설에 의하면 권력적 행정작용의 경우에는 엄격히 법률유보의 원칙이 적용되며, 비권력적 행정작용의 경우에는 행정작용의 실질적 기반의 차이에 따라 개별적으로 정하게 된다. 즉, 이 설은 법치국가원리 및 민주주의의 원리에 따라 본질적인 사항의 결정은 의회가 스스로 해야하며 행정권에 맡겨서는 안된다는 것이다. 본질성이론(本質性理論)은 전부유보설에서 자극을 받고 침해유보설의 대상영역확대의 시도로서 등장한 것인데,[2] 의회의 민주적 정당성과 법률형식이 가지는 공개성·여론환기기능을

---

2) 독일연방헌법재판소는 '대학입학정수제판결'(BVerfGE 33, 303, 1972.7.18)에서 절대적 입학제한명령의 요

배경으로 한다. 이 이론은 본질적인 결정은 입법자의 의무라고 하여 의회법률이라고 하는 형식(규율장소)과, 예측가능성 · 법적 안정성을 위한 규율내용의 명확성(규율밀도)을 요구한다.

여기서 중요성 내지 본질성의 기준으로는, ① 기본권관련성, ② 기본권관련의 강도 및 ③ 정치적 중요성 등을 든다.[3] 그러나 이 설에 대하여는 중요사항이 무엇인지 획일적인 구체적 기준이 설정되어 있는 것이 아니므로 개별적으로 구체적 사항에 따라 사안별로 판단해야 하는 어려움이 있다는 비판이 있다.

7) 판 례: 헌법재판소는 국가공동체와 국민에게 기본적이고도 중요한 사항은 국회가 정하여야 한다고 하여 중요사항유보설(본질성설)을 취하고 있다(판례1,2,3).

[판례 1] 국가공동체와 구성원에게 기본적이고 중요한 사항은 법률유보원칙 적용

"오늘날의 법률유보원칙은 단순히 행정작용이 법률에 근거를 두기만 하면 충분한 것이 아니라, **국가공동체와 그 구성원에게 기본적이고도 중요한 의미를 갖는 영역, 특히 국민의 기본권 실현에 관련된 영역에 있어서는 행정에 맡길 것이 아니라 국민의 대표자인 입법자 스스로 그 본질적 사항에 대하여 결정하여야 한다는 요구, 즉 의회유보원칙까지 내포**하는 것으로 이해되고 있다. 이때 입법자가 형식적 법률로 스스로 규율하여야 하는 사항이 어떤 것인가는 일률적으로 획정할 수 없으며, **구체적인 사례에서 관련된 이익 내지 가치의 중요성, 규제 내지 침해의 정도와 방법 등을 고려하여 개별적으로 결정할 수 있을 뿐**이나, 적어도 헌법상 보장된 국민의 자유나 권리를 제한할 때에는 그 제한의 본질적인 사항에 관한 한 입법자가 법률로써 스스로 규율하여야 한다."(헌재 1999. 5. 27. 98헌바70; 헌재 2008. 2. 28. 2006헌바70; 헌재 2009. 2. 26. 2008헌마370 등 참조).

[판례 2] 본질적 사항이므로 법률유보원칙 위반이라고 본 경우

"**텔레비전방송수신료는** 대다수 국민의 재산권 보장의 측면이나 한국방송공사에게 보장된 방송자유의 측면에서 **국민의 기본권실현에 관련된 영역에 속하고, 수신료금액의 결정은 납부의무자의 범위 등과 함께 수신료에 관한 본질적인 중요한 사항이므로** 국회가 스스로 행하여야 하는 사항에 속하는 것임에도 불구하고 한국방송공사법 제36조 제1항에서 국회의 결정이나 관여를 배제한 채 **한국방송공사로 하여금 수신료금액을 결정해서 문화관광부장관의 승인을 얻도록 한 것은 법률유보원칙에 위반**된다."(헌재 1999.5.27, 98헌바70, 한국방송공사법 제35조 등 위헌소원)

"토지등소유자가 도시환경정비사업을 시행하는 경우 사업시행인가 신청시 필요한 토지등소유자의 동의는,개발사업의 주체 및 정비구역 내 토지등소유자를 상대로 수용권을 행사하고 각종 행정처분을 발할 수 있는 행정주체로서의 지위를 가지는 사업시행자를 지정하는 문제로서, **그 동의요건을 정하는 것은 국민의 권리와 의무의 형성에 관한 기본적이고 본질적인 사항이므로 국회가 스스로 행하여야 하는 사항에 속하는 것임에도 불구하고, 사업시행인가 신청에 필요한 동의정족수를 토지등소유자가 자치적으로 정하여 운영하는 규약에 정하도록 한 것은 법률유보원칙에 위반된다.**"(헌재 2012.4.24. 2010헌바1, 도시 및 주거환경정비법 제2조 제11호 나목 등 위헌소원)

[판례 3] 법률유보원칙 위배가 아니라고 본 경우

"**국민의 권리와 의무의 형성에 관한 사항을 비롯하여 국가의 통치조직과 작용에 관한 기본적이고 본질적인 사항은 반드시 국회가 정하여야** 할 것인바, **각 국가유공자 단체의 대의원의 선출에 관한 사항은** 각 단체의 구성과 운영에 관한 것으로서, **국민의 권리와 의무의 형성에 관한 사항이나 국가의 통치조직과 작용에 관한 기본적이고 본질적인 사항이라고 볼 수 없으므로, 법률유보 내지 의회유보의 원칙이 지켜져야 할 영역이라고 할 수 없다.** 따라서 각 단체

건 및 선발기준에 관한 본질적인 결정은 입법자 스스로 해야 한다며, 또한 '성교육결정판결'(BVerfGE 47, 197, 1974.11.15)에서도 본질적인 결정을 행정청에 위임한 법률은 위헌이라고 판시하였으나, '주5일제판결'(BVerfGE 47, 201)에서 비본질적 사항에 대하여는 행정의 재량을 인정하였다.

3) Vgl. J. Staupe, Parlamentsvorbehalt und Delegationsbefügnis, Schriften zum Öffentlichen Recht, Bd. 506, 1986, S.113~128.

의 대의원의 정수 및 선임방법 등은 정관으로 정하도록 규정하고 있는 **국가유공자등단체설립에관한법률 제11조가 법률유보 혹은 의회유보의 원칙에 위배되어 청구인의 기본권을 침해한다고 할 수 없다.**"(헌재 2006.3.30, 2005헌바31, 국가유공자 등 단체설립에 관한 법률 제11조 위헌소원)

8) 결 어: 중요사항유보설이 타당한바, 국민의 권리·의무에 관한 기본적이고 본질적인 사항은 국회가 정하여야 하고, 헌법상 보장된 국민의 자유나 권리를 제한할 때에는 적어도 그 제한의 본질적인 사항에 관하여 국회가 법률로써 스스로 규율하여야 한다. 즉, ① 기본권실현과 관련된 영역, ② 국민의 권리·의무의 형성에 관한 사항 및 ③ 국가의 통치조직과 작용에 관한 기본적 사항 등은 법률의 근거를 요한다. 근대입헌국가의 초기의 법치주의의 원리는 개인의 권익을 보장하기 위하여 개인의 자유와 권리를 침해하는 침해행정을 억제하기 위한 것이었다. 그러나 현대복지국가에 있어서는 급부의 거부 또는 부당한 배분은 침해행정에 못지 않게 침익적 성격을 띠게 되므로 침익적 권력작용뿐만 아니라 급부행정에도 법률의 근거가 있어야 하는 면도 요구되고 있으나, 획일적인 법률유보의 적용은 오히려 국민에게 불리한 경우도 있을 수 있게 된다. 따라서 법률유보원칙의 범위는 일률적으로 확정할 수 없고, 구체적인 사례에서 관련된 이익 내지 가치의 중요성, 규제 내지 침해의 정도와 방법 등을 고려하여 개별적으로 결정해야 한다.

(5) 법률유보와 의회유보·행정유보의 관계

일반적으로 법률유보의 타당영역에서도 의회의 법정립권한이 행정부에 위임되는 것을 금지하는 것은 아니다. 법률에 의한 행정의 원리는 법률에 의한 직접적인 행정뿐만 아니라 법률에 의거한 위임명령 또는 조례에 의한 행정도 인정한다. 그러나 본질성이론의 입장에서 의회유보를 철저히 하면 법률유보의 타당영역에서는 행정에 의한 법정립권은 배제되고 위임입법이 금지된다. 이에 따라 의회유보냐 행정유보냐 하는 문제가 제기될 수 있다.

1) **의회유보:** 본질성이론(중요사항유보설)은 "본질적인(중요한) 결정은 의회가 해야 한다"고 함으로써 의회유보의 문제를 대두시켰다. 의회유보란 법률의 유보에 해당하는 사항 중에서도 일정한 것은 의회가 직접 스스로 의회법률로써 규율해야 하고 행정입법에 위임해서는 안된다는 원칙을 말한다. 따라서 의회유보는 위임금지를 뜻한다. 이 원칙은 의회의 국민대표기관으로서 민주적 정당성 및 대화와 토론을 통한 공개성(예측가능성·법적 안정성)이라는 의회주의 원리를 배경으로 하여, 일정한 요건하에서의 일정한 규율은 의회법률이라는 형식과 그 규율형식의 명확성을 요구한다. 의회유보의 기준인 '중요성 내지 본질성'은 불확정적인 표현이므로 그 구체적 유형화가 요구된다. 즉, 의회유보의 범위는 헌법상 의회의 법률유보사항으로 하고 있는 것(동법 2①, 7②, 8③, 12①, 23①, 24, 59 등)은 물론 그밖에 ① 기본권관련성, ② 국민생활관계에 미치는 영향, ③ 정치적 중요성 등을 기준으로 하여 행정의 내용·기능, 국민의 법적 지위 및 관계이익 등을 고려하여 단계적·개별적으로 정해야 한다. 다만, 전문적·정책적 판단을 요하는 사항이나 기술발전·환경변화에 즉각적으로 대응할 필요가 있는 사항 등은 의회유보의 한계영역이라 할 것이다(헌재 2021.4.29. 2017헌가25 참조).

2) **행정유보:** 행정유보란 의회에 의한 관여를 허용하지 아니하는 고유한 영역을 행정권에 유보하는 것을 의미한다. 행정유보론은 행정권이 법률유보의 원칙의 기속을 받지 않고 독자적으로 처리할 수 있는 고유영역을 인정하고, 이러한 행정유보영역에서의 행정의 독자적인 법정립권을 인정하는 이론으로서 의회유보론의 반동에서 나왔다고 할 수 있다. 즉, 행정유보론의 배경은 법률유보영역의 확대에 따른 법률의 홍수현상과 이로 인한 의회의 부담과중・법의 흠결의 존재・법률의 경직성 및 행정의 임기응변성과 구체적 타당성의 요청, 행정권의 민주적 정당성의 증대(대통령의 직선 등) 등에 있다. 그러나 이는 아직 추상론의 수준에 머무르고 있다.

Ⅴ. 법치행정원리의 문제점과 대책

1. 법치행정원리의 문제점

현대국가의 기능이 소극적 질서유지행정에서 적극적인 급부행정으로 변천함에 따라 현대사회의 행정수요에 탄력적으로 대응하기 위하여는 법률에 의한 행정의 원리를 형식적으로 적용하기 어려운 문제점이 등장하게 되었다.

(1) 규범의 홍수

현대사회의 복잡화와 국가적 과제의 증대・행정의 규범욕구・입법자의 업적주의・이해관계의 다원화 등으로 규범의 홍수에 직면하고 있다. 규범의 과잉은 국민의 자유의 위기를 초래하고 법적 불안정성을 낳게 하여 결국 법의식 저하를 가져오고 법의 효율성을 상실시킬 우려가 있다. 또한 법의 적용에 있어서 탄력성과 구체적 타당성을 상실하게 되고 기계적인 법집행에 의해 법치행정의 원리가 맹목적으로 수단화될 우려가 있다.

(2) 행정입법의 증대

행정기관이 스스로를 구속하는 법률의 입법과정에서 조차 광범한 참여가 이루어지고 있으며, 입법기술상 모든 행정수요를 예측하여 법률로써 규율하는 것은 불가능하기 때문에 행정기관은 법률의 집행과 관련하여 재량권을 가지게 되고, 그 재량권행사를 위하여 그 기준을 행정규칙으로 정하게 되면서 '법률에 의한 행정'이 '행정규칙에 의한 행정'으로 대체되는 것이 아니냐는 우려가 제기된다.

(3) 행정계획의 등장

행정계획의 수립에 있어서 계획관청에게 법률에서 규정한 행정계획의 목적달성이라는 범위 내에서 광범위한 형성의 자유, 즉 계획재량을 허용하게 되었다.

(4) 비공식행정작용의 등장

행정의 현실적 필요에 따라 행정기관이 일방적으로 행하는 경고・권고・교시・정보제공 또는 행정과 사인의 상호간에 행해지는 협상・합의・타협 등 비공식행정작용의 등장, 그밖에 행정과정론의 등장은 법치주의적 통제원리와 관련하여 문제점으로 등장하고 있다.

2. 법치행정원리의 대책

이러한 법치행정의 원리의 문제점에 대한 대책으로는 행정의 법률적합성의 강화는 물론 그 궁극의 목적인 정의·자유와 권리의 보호라는 법질서의 정당성을 확보해야 한다.

(1) 입법의 신중 및 정당성 확보

법의 권위를 수호하기 위해서는 불필요한 입법을 억제하며 법률의 과잉을 막기 위한 입법과정에서부터의 신중성과 정당성의 확보가 요구된다. 또한 의회는 본질적인 사항에 대해서는 입법을 하고 행정입법은 그 신중성과 투명성을 위해 입법예고제 또는 행정절차법제의 강화가 필요하다.

(2) 행정구제수단의 확충

법치행정의 원리를 최후로 담보하는 것이 행정구제제도이므로 법치행정의 원리의 확립을 위해 원고적격 및 소송대상의 확대 등 행정구제수단이 확충되어야 한다. 나아가 비공식행정작용은 가변적 행정현실에 대응하여 법치행정의 원리의 보완수단으로 활용할 수 있겠으나, 과도한 경우 이의 회피수단으로 사용될 우려도 있다. 따라서 비공식행정작용에 대한 행정절차법제의 정비를 통해 비공식행정작용의 투명성을 확보해야 할 것이다.

(3) 신뢰보호원칙과 비례원칙의 보충

형식적인 행정의 법률적합성을 통해 실질적인 정의를 실현하는 것이 법치행정의 원리이다. 따라서 헌법상의 원칙이라 할 수 있는 신뢰보호원칙과 비례원칙은 법치행정원리의 기본가치이자 법적 판단의 중요한 기준이 된다. 특히 법의 흠결의 경우나 행정재량이 부여된 경우에 법치행정의 원리의 보충원리로서 이들 원칙은 중요한 기준이 된다.

제4절 행정법의 특색

행정법은 행정권의 조직과 작용 및 행정구제에 관한 법이며, 단일법전(單一法典)이 없는 무수한 법으로 구성되어 있으나(따라서 양적으로는 최대의 법), 전체로서 공통의 지도원리를 가진 통일적 법체계를 형성하고 있다. 따라서 행정법은 다른 법으로부터 구별되는 강한 특색을 지니고 있다. 행정법의 특색을 편의상 규정형식상·규정성질상·규정내용상으로 나누어 살펴보기로 한다.

Ⅰ. 규정형식상의 특색

1. 성문성(成文性)

행정법은 행정작용의 공공성으로 다수의 개인에게 획일적·강행적으로 규율하므로 그 내용을 명확히 하여 장래의 예측을 가능케 하고 법률생활의 안정을 도모하기 위하여 원칙적으로 성문의 형식을 취하고 있다.

2. 형식의 다양성

행정법을 구성하는 성문법은 의회입법의 원칙에 의하여 법률임을 원칙으로 하면서도 다양하고 고도의 기술성 · 능률성과 변화에 대처하기 위하여 위임명령 · 집행명령 · 조례 · 규칙 및 공고 · 고시 등 다양한 형태를 취한다.

Ⅱ. 규정성질상의 특색

1. 획일성 · 강행성

행정법은 보통 다수의 국민을 대상으로 하여 일정한 국가목적의 실현을 위하여 개개인의 의사여하를 불문하고 획일 · 강행적으로 규율한다. 이러한 점에서 사적 자치의 원칙에 따라 당사자의 자유의사를 존중하게 되는 사법(私法)과 다른 특색을 나타낸다. 이 획일 · 강행성은 개인만이 아니라 행정청도 구속하는 것이기 때문에 법규가 정한 바에 따라 이를 집행할 의무를 지니게 된다.

2. 기술성

행정법은 행정목적을 합목적적으로 공정하게 실현하기 위한 절차 · 수단을 정한 것으로서, 이 목적에 보다 잘 봉사하기 위한 기술적 · 수단적 성질을 가진다. 이 점에서 헌법처럼 어떤 정치적 변동에 민감하지 아니하다. 따라서 공익적 결과를 실현하기 위한 편의 · 능률 · 확실 · 공정과 같은 합목적성에 의하여 지배되는 동시에 민주적으로 마찰과 저항을 적게 하여 공익과 사익의 공정한 조정을 도모한다.

3. 명령성

행정법은 국민에 의무를 명하는 명령규정(단속규정)을 원칙으로 하고, 법률상 능력의 형성에 관한 능력규정(효력규정)을 예외로 한다는 점에서 사법과 반대이다. 명령규정의 위반에 대한 제재는 처벌이고, 능력규정에 위반한 행위는 무효인 것이 보통이다.

4. 행위규범성

사법은 사적 자치의 원칙을 전제로 하기 때문에 행위규범으로서 보다는 재판규범으로서의 성격이 강하나, 행정법은 법치행정의 원리에 따라 행정권의 활동의 기준이 되고 국가와 국민간의 권리의무를 설정하여 주는 측면이 강하다. 그러므로 재판규범으로서 보다는 행위규범으로서의 성격과 기능이 두드러진다.

Ⅲ. 규정내용상의 특색

1. 행정주체의 우월성

행정법은 지배권자로서의 국가 등 행정주체와 이에 복종하는 국민간의 법률관계를 정함을 원칙으로 한다. 행정법은 행정주체의 지배권 발동을 법률로 엄격하게 기속하는 반면에 실정법상 행정주체의 지배권(일방적 명령권·형성권), 행정의사의 공정력, 행정주체의 자력강제권 등을 승인하고 있다. 다만, 행정권의 우월성은 행정권에 고유한 본연의 성질은 아니며, 행정행위의 실효성을 위해 실정법이 인정한 데 불과하다.

2. 공익우선성

공익(公益)은 개인의 이익인 사익(私益)과 달리 국가 등 행정주체의 이익으로서 사익보다 고도의 가치가 인정되고 있기 때문에 국민의 사권의 박탈·제한을 하는 정당화 이유가 되기도 한다. 그런데 행정법은 행정주체가 사인과 대등한 지위에서 행하는 비권력적 작용에 있어서도 공익목적의 달성을 위하여 일반사법(一般私法)과는 다른 특별한 법적 규율을 하는 경우가 적지 않다. 다만, 그것이 사익을 무시하는 것은 아니고 공공복리와 사익과의 조화를 도모하여 전체로서 공익목적을 실현한다.

3. 집단성·평등성

행정법은 보통 다수인을 규율대상으로 하며, 따라서 이들 다수인간에 평등이 보장되도록 한다. 물론 평등성은 행정법에만 특유한 것은 아니나, 행정법은 많은 사람을 동시에 또는 단일의 규율대상으로 삼는다는 점에서 더욱 강하게 나타난다.

제5절 행정법의 법원

Ⅰ. 개 설

1. 법원의 개념

행정법의 법원(法源; Rechtsquelle)이라 함은 행정의 조직과 작용 및 그 구제에 관한 법의 존재형식을 말한다. 법실천적으로는 법원이란 법의 적용에 있어서 행정법으로서 원용할 수 있는 형식, 특히 법관이 판결의 근거로 할 수 있는 법형식을 의미한다. 그런데 최근에는 행정법의 법원을 그 어떤 것을 법으로 인식하는 근거(법의 인식근거)로 파악하는 경향이 있다. 이 경우 법의 범위를 어디까지로 보느냐에 대하여 행정규칙의 법원성 여부와 관련하여 협의설과 광의설이 대립하고 있다. 전자는 행정주체와 국민과의 관계에서 구속력을 가지는 법규(Rechtssatz)만을 법원으로 보는 견해이고(법규설), 후자는 넓게 행정사무처리의 기준이 되는 모든 법규범(Rechtsnorm)을 포함하는 것으로 보는 견해(행정기준설)인 바,[4] 후자가 우리나라의 다수설이다.

법원에는, 입법권을 가진 기관에 의해 문장의 형식(법조형식)으로 제정된 성문법원(제정법)과 법조의 형식으로 표현되지 않은 성문법 이외의 비제정법인 불문법원이 있다. 행정법은 원칙적으로 성문법의 형식으로 존재하나 불문법의 형식으로도 존재한다.

2. 행정법의 성문법주의

우리 행정법은 원칙적으로 성문법주의를 취한다. 이는 '법률에 의한 행정'의 원리의 표현인 바, ① 국민의 자유와 재산에 관계되는 행정권 발동은 예측가능성과 법적 안정성을 위하여 그 한계와 조건을 미리 명백히 할 필요가 있고, ② 행정법이 일반적으로 획일·평등적·강행적·기술적 성질을 가지며, ③ 행정사무의 공정을 기하고, ④ 국가적 지도와 보호의 목적·수단을 명백히 하기 위해서이다.

우리나라의 헌법은 국민의 기본권에 관한 사항을 법률에 유보하였고(동법 12 내지 37), 행정조직도 법률로 정하도록 하였으며(동법 96), 중요한 행정작용을 법률에 유보(동법 33③, 59)함으로써 성문법주의를 뒷받침하고 있다. 그러나 현대국가의 행정법의 규율대상은 매우 광범하고 다양하며 유동적이기 때문에 모든 행정작용을 빠짐없이 성문법으로 규율하기란 어려운 일이다. 따라서 이러한 행정법의 흠결분야에 대해서는 불문법이 보충적으로 지배하게 된다.

3. 행정법의 법전화

(1) 행정법의 통일적 법전화의 곤란성

행정법은 성문법주의를 취하고 있으나 민법 등과 같이 통일적 법전이나 통칙적 규정이 있는 것이 아니고, 무수히 많은 법령이 개별적으로 존재하고 있을 뿐이다. 이의 주된 이유는, ① 그 규율대상이 극히 광범위하며 다양하고 유동적이며, ② 여러 가지 행정작용은 각각 특수한 전문성과 기술성을 간직하고 있고, ③ 합리적인 행정관리를 위하여는 행정조직을 정형화하기 어려우며, ④ 타법에 비추어 학문적 역사가 짧아 아직 그 일반원칙이 확립되어 있지 못하다는 것이다.

---

4) 일반적으로 **법규범**(法規範)이라 함은 사회규범 중 도덕 및 종교와 대비되는 국가의 강제력을 수반하는 법이라는 사회규범을 총칭하고(불문법 포함), **법규**(法規)란 당사자를 구속하고 재판규범이 되는 성문의 법규범을 의미한다.

(2) 행정기본법의 제정

행정법령의 통일적 해석・운용을 위하여 행정절차에 관한 일반법인 행정절차법 뿐만 아니라 행정실체에 관한 일반법인 행정기본법의 법전화가 이루어졌다(2022.3.23). 행정기본법은 행정전반에 공통적으로 적용되는 행정의 원칙과 기본사항을 규정한 법으로, 제1장 총칙(목적・정의 등), 제2장 행정의 법원칙, 제3장 행정작용(처분・인허가의제・공법상 계약・과징금・행정상 강제・이의신청 및 재심사), 제4장 행정의 입법활동 등 총 40조 부칙 7조로 구성되어 있다. 이에 따라 행정에 관하여 다른 법률에 특별한 규정이 있는 경우를 제외하고는 이 법에서 정하는 바에 따르며(동법 5①), 행정에 관한 다른 법률을 제정하거나 개정하는 경우에는 이 법의 목적과 원칙, 기준 및 취지에 부합되도록 노력하여야 한다(동조②).

Ⅱ. 성문법원

행정법의 성문법원(成文法源)으로 헌법・법률・조약・국제법규・명령 및 자치법규를 들 수 있다. 이들의 각 법 형식은 헌법을 정점으로 한 통일적인 단계적 체계를 이루고 있다.[5)]

1. 헌 법

헌법은 국가의 근본법으로서 행정조직과 작용에 관한 기본원칙을 정하고 있는 바, 그 범위 내에서 가장 기본적이고 최고의 법원이 된다. 또한 헌법은 국가의 최고법이기 때문에 다른 형식의 법원에 우선하는 형식적 효력을 가진다. 헌법과 행정법과의 관계에 '오토 마이어'(O. Mayer)는 '헌법은 변해도 행정법은 존속한다'고 하여 행정법의 기술성을 강조했지만, 오늘날에는 '프릿츠 베르너'(Fritz Werner)의 '구체화된 헌법으로서의 행정법'이라는 헌법구체화법 또는 헌법집행법이라는 면이 더 강조되고 있다. 그리하여 행정법은 헌법조항에 나타나 있는 국가이념을 구체화하여 실현하는 것이어야 한다.

2. 법 률

법률이란 국회가 헌법상의 입법절차에 따라 제정한 일반적・추상적인 법형식을 말하는 바, 이는 국회입법의 원칙과 법률에 의한 행정의 원칙의 결과로서 헌법 다음가는 가장 중요한 행정법의 법원이다. 그리하여 법률은 원시적 법원으로서 전래적 법원인 명령 등에 대하여 우월한 형식적 효력을 가진다. 따라서 명령이나 조례・규칙은 법률에 저촉할 수 없으며(헌법 107②), 법률상호간에 있어서는 신법우선(新法優先)의 원칙 및 특별법우선의 원칙에 의하여 국법체계가 유지된다.

---

5) 성문법원은 자연법과 구별되는 실정법에 속하며 특히 법률과 명령을 합하여 보통 '법령'이라 하는바, 행정기본법은 법률 및 대통령령・총리령・부령, 국회규칙・대법원규칙・헌법재판소규칙・중앙선거관리위원회규칙・감사원규칙 뿐만 아니라 이들의 위임을 받아 중앙행정기관의 장이 정한 훈령・예규 및 고시 등 행정규칙 등을 포함하여 **'법령'**이라 하고, 여기에 지방자치단체의 조례와 규칙을 포함하여 **'법령등'**이라 규정하고 있다(동법 2(1)).

3. 조약 · 국제법규

조약이란 그 명칭의 여하에 불구하고 국가간의 법적 효력이 있는 문서에 의한 합의를 말하며, 국제법규란 우리나라가 체약국이 아닌 조약으로서 국제사회에서 일반적으로 그 규범성이 승인된 것(예; 국제연합헌장 등) 및 국제관습법(예; 영해의 범위나 외교관의 특권과 면제에 관한 관습법)을 말한다. 이들과 국내법과의 효력관계에 관하여는, ① 국제법 · 국내법 일원설, ② 국내법우위설, ③ 국제법우위설 등이 대립하고 있다. 우리나라는 헌법 제6조 제1항에 의하여 국내법률과 동일한 효력이 있다고 보지만, 규율내용에 따라서는 명령과 같은 효력일 수도 있다. 따라서 조약 · 국제법규와 법률 또는 명령이 서로 충돌될 때에는 신법우선의 원칙 및 특별법우선의 원칙에 의하여 그 효력의 우열을 정한다.

4. 명 령

명령이란 행정권에 의하여 정립되는 법규를 총칭한다. 현대국가에서 행정능률의 요청과 행정내용의 고도의 복잡 · 전문기술성 · 임기성으로 법률은 대강만을 정하고 세부적 규정은 명령에 위임하는 경우가 많다. 따라서 전래적 제2차적 법원임에도 불구하고 명령의 법원으로서의 중요성은 더욱 커지고 있다.

명령의 법원성에 대하여 대통령의 긴급명령(헌법 76), 법령의 위임한 사항을 규정하는 위임명령(헌법 75, 95) 및 법령을 집행하기 위한 사항을 정하는 집행명령 등 법규명령에 관해서는 문제가 없으나, 명령 중 **행정규칙의 법원성**에 관해서는 견해가 대립되고 있다. 행정규칙은 행정조직의 내부관계를 규율하는데 그치고 법규적 성질을 갖지 않는다는 이유로 그의 법원성을 부정하는 견해가 과거의 통설이나, 행정규칙도 행정사무처리의 준칙이 된다는 점에서 행정법의 법원성을 가진다고 하겠다.

5. 자치법규

지방자치단체가 자치입법권에 의하여 법령의 범위 내에서 제정하는 자치에 관한 법규로서, 지방의회가 제정하는 조례, 지방자치단체의 장이 제정하는 규칙 및 교육감이 제정하는 교육규칙이 있다. 조례는 일정한 범위 안에서 벌칙을 규정할 수 있다(지방자치법 28).

Ⅲ. 불문법원

행정법은 성문법주의가 원칙이지만 불문법(不文法)도 보충적 법원이 되는 바, 이에는 관습법, 판례법 및 조리법 등이 있다.

1. 관습법

(1) 관습법의 의의

관습법이란 국민의 전부 또는 일부 사이에 같은 사실이 다년간 계속하여 관행으로서 반복되고, 이 관행을 준수함이 국민 일반의 법적 확신을 얻음으로써 성립하는 법규범을 말한다(법적 확신설).

(2) 관습법의 성립

관습법의 성립에 ① 관행과 ② 법적 확신의 결합 이외에 또 다른 요건이 필요한가에 대하여 학설이 나뉜다.

1) 법적 확신설(법적 내재설): 법적 확신설은 국민의 일반적인 법적 확신을 얻은 장기적 · 계속적 관행은 그 자체에 내재하는 힘에 의하여 법으로 된다는 견해로 통설 및 판례의 입장이다.

[판 례] 법적 확신설의 판례입장

"구 공유수면매립법(1999. 2. 8. 법률 제5911호로 전문 개정되기 전의 것) 제16조 제3항에 의하여 손실보상의 재정신청을 할 수 있는 권리를 가진 자란 같은 법 제6조 제1호 내지 제4호가 정하는 권리를 가진 자를 의미하고, 그 중 제6조 제4호가 정하는 **관습에 의하여 공유수면으로부터 인수하는 자에 해당하는지 여부**는 공유수면으로부터의 인수로 인한 이익이 **다년간 특정인이나 특정한 주민 또는 단체 등 한정된 범위 안의 사람에 대한 특별한 이익으로 인정되고 그 인수가 평온 · 공연하게 계속적으로 행하여져 일반으로부터 정당한 사용이라고 인식되는지 여부에 의하여 결정**된다."(대판 2000.7.28, 98두4849, 손실보상재정신청기각재결취소)

2) 국가승인설: 국가승인설은 법의 본질을 국가의 명령으로 보는 입장에서 관습법이 법으로서 효력을 가지기 위해서는 국가에 의한 명시적 또는 묵시적 승인이 있어야 한다는 견해이다.

(3) 관습법의 법원성

관습법의 법원성을 인정하는 명문규정이 있는 경우에는 관습법의 성립이 당연히 인정되나, 명문규정이 없는 경우에는 학설이 나뉜다.

1) 소극설(O. Mayer, F. Fleiner): 행정은 사법(司法)과는 달리 법규가 없는 경우에도 존립할 수 있을 뿐만 아니라 자신의 합리적인 질서를 가지고 있기 때문에 관습법을 필요로 하지 않고, 또한 행정의 법률적합성의 원칙에 의해 성문규정이 없는 한 관습법이 성립할 수 없다고 한다.

2) 적극설(W. Jellinek, E. Forsthoff): 행정의 복잡 · 다양성으로 모든 영역에 성문법규가 완비될 수 없어 행정관습법의 성립을 인정하는 견해로 통설의 입장이다.

(4) 관습법의 효력

관습법의 법원성을 긍정하는 경우에는 성문법이 없는 경우에 보충적 효력만을 인정하는 **보충적 효력설**과, 성문법이 있는 분야에도 성립될 수 있고 성문법을 개폐하는 효력까지도 인정하는 **개폐적 효력설**이 대립하고 있다. 법치행정의 원칙상 성문법 우위가 강조되어야 하므로 행정관습법은 성문법이 없는 경우에 보충적 효력만을 가진다는 전설이 타당하다.

(5) 관습법의 종류

1) **행정선례법**: 행정선례법이란 행정청이 취급한 선례(先例)가 반복됨으로써 성립되는 사무처리상의 관행을 말한다(훈령, 통첩 · 고시 등의 처리에 관한 관행 등). 예컨대 성문법이 없거나, 또는 성문법의 규정에 미비한 점이 있는 경우에 상급행정청의 지시 또는 유권해석에 따라 행정기관이 반복하여 사무를 처리하면 그 사무처리의 선례는 법적 확신을 받게 되어 행정선례법이 된다.

2) **민중적 관습법**: 민중적 관습법이란 민중 사이에 다년간의 관행에 의해 성립되는 것을 말하며, 주로 공물사용관계에 관하여 존재한다(입어권 · 관습상의 유수사용권 등).

2. 판례법

(1) 판례법의 의의

행정사건에 관한 법원의 판결은 추상적인 행정법규를 구체화하고 그 내용을 명확히 하며, 또한 관습법의 존재와 내용도 명확히 하여 성문법의 결함을 보충한다. 이러한 판례가 장래의 같은 종류의 사건에 재판의 준거가 될 때에 판례법이 성립되고, 그 한도에서 행정법의 법원이 된다.

(2) 판례법과 관습법의 차이

① 관습법의 경우는 동일한 행위가 관행적으로 장기간 계속되어야 하는데, 판례법은 관행적으로 장기간 계속될 필요가 없고, ② 관습법의 경우는 관행에 대한 사회의 법적 확신을 요하는데, 판례법은 국가기관인 법원의 행위자체에 내포된 강제력의 소산이라는 데 있다.

(3) 판례법의 법원성

1) **법원성 인정 여부**: 영 · 미 등 판례법국가에서는 '판례구속성의 원칙'이 확립되어 있어서 판례의 법적 구속력은 극히 엄격하여 그것이 법원으로서의 가치는 거의 절대적이지만, 대륙법계의 성문법국가에서는 그렇지 않다. 우리나라에서는, ① 법관이 판례에 따를 의무는 없고 판례에 구속되는 경우에도 사실상의 구속력에 불과하다고 하여 법원성을 부정하는 견해도 있으나(**부정설**), ② 법률상의 판례구속성은 인정되지 않지만, 해당 사건에 대해서는 상급심판결은 하급심을 기속하며(법원조직법 8), 대법원 판례의 변경을 까다롭게 하고 있고, 하급법원도 대법원의 판결을 사실상 존중하게 되므로 판례법의 법원성을 인정할 수 있다(**긍정설**).

2) **법원성이 인정되는 판례법**: ① **대법원 판결**은 하급심을 사실상 구속하며 대법원 판례의 변경은 전원재판부에 의한다는 점에서 법원성이 인정되나, 하급심 판결은 상소에 의해 변경될 수 있다는 점에서 법원성을 인정하기 곤란하다. ② **헌법재판소 결정**은 법원 그 밖의 국가기관을 기속하므로(헌법재판소법 47,67,75) 당연히 법원성이 인정된다.

[판 례] 재판의 기능

"재판은 법이라는 천칭으로 대립하는 가치들의 무게를 저울질하여 균형을 찾는 작업이다. 저울의 균형은 우리가 살아오면서 경험한 역사성과 현실성을 바탕으로 그 속에서 생활하고 있는 구성원들에게 미치게 될 영향을 고려하여 사회 시스템이 최적의 상태로 기능하고 최고의 효율로 작동하도록 하는 것이어야 한다."(대판 2021.3.11. 2018오2).

3. 조리법

(1) 조리법의 의의 및 법원성

조리(條理)란 일반사회의 정의감에 비추어 반드시 그러하여야 할 것이라고 인정되는 것, 사물의 본질적 법칙 또는 법의 일반원리를 말한다. 조리는 법해석의 기본원리로서, 또 성문법·관습법·판례법이 모두 없는 경우의 최후의 보충적 법원으로서 중요성을 가진다.

특히 행정법에는 총칙적 규정이 없고, 그 규율대상인 행정자체가 복잡다기하여 법규가 예상하지 못한 사태가 발생하는 일이 적지 아니하고, 또 행정법규에 모순·결함이 많고 법규 상호간에 횡적 통일성이 없는 까닭에 다른 어느 법분야보다도 행정법에 있어서의 법원으로서 중요성을 가지고 있다.

(2) 조리법의 내용

조리의 내용은 시대와 사회에 따라 변동이 있을 수 있으나, 일반적으로 평등원칙·비례원칙·신의성실의 원칙·신뢰보호의 원칙·기득권존중의 원칙·보충성의 원칙·과잉급부금지의 원칙·부당결부금지의 원칙 등을 들 수 있다. 특히 최근에는 행정법의 헌법구체화법으로서의 성격이 강조됨으로써 종래 조리라고 지칭되어 온 것을 헌법상의 원칙으로 재인식하면서 행정법의 일반원칙으로서 파악하고 있다.

제 6 절 행정법의 일반원칙

Ⅰ. 개 설

행정법의 일반원칙이란 행정법의 모든 분야에 적용되고 지배되는 일반적 원리를 말한다. 행정법의 일반원칙은 학설·판례에 의해 확립된 조리법의 여러 내용으로 헌법에서 도출되는 헌법원칙이며 「행정기본법」에서 '행정의 법원칙'(제2장)으로 규정하여, 이를 위반하면 위헌 또는 위법이 된다.

[판 례] 행정법의 일반원칙의 위반의 효과

"신의칙이나 신뢰보호의 원칙, 비례의 원칙 등 행정법의 일반원칙에 위반되는 처분은 외관상은 적법한 행위로서 그 하자가 중대·명백한 것으로 보기 어려워 원칙적으로 취소사유가 있는 처분에 불과할 뿐 당연 무효인 것은 아니다."(대판 2002.4.26. 2002두1465 등)

Ⅱ. 법치행정의 원칙

1. 의 의

법치행정의 원칙이란 행정작용은 법률에 위반되어서는 아니 되며, 국민의 권리를 제한하거나 의무를 부과하는 경우와 그 밖에 국민생활에 중요한 영향을 미치는 경우에는 법률에 근거하여야 한다는 것을 말한다(행정기본법 8). 법치행정의 원리는 헌법상의 '법치국가의 원리'를 구체화한 것으로, 「행정기본법」 이외에 「행정규제기본법」 제4조에서 '규제는 법률에 근거하여야 한다.'고 규정하고 있다.

2. 내 용

(1) 법률우위의 원칙

이는 '행정작용은 법률에 위반되어서는 아니 된다'는 것을 말한다. 즉, 모든 행정작용은 법률에 저촉될 수 없다는 것으로 행정의 법률에의 종속성을 의미한다.

(2) 법률유보의 원칙

이는 '국민의 권리를 제한하거나 의무를 부과하는 경우와 그 밖에 국민생활에 중요한 영향을 미치는 경우에는 법률에 근거하여야 한다.'는 것을 의미한다. 이는 모든 행정작용에 해당하는 것은 아니고 법률유보원칙의 범위에 관한 중요사항유보설에 따라 국민의 권리제한·의무부과 및 국민생활에 중요한 사항은 법률에 근거하여 한다는 것을 말한다.

Ⅲ. 평등의 원칙

1. 의 의

평등원칙이란 행정작용에서 행정청은 합리적 이유 없이 국민을 차별해서는 아니 된다는 것을 말한다(행정기본법 9). 평등원칙은 형식적으로는 법이 평등하게 적용되는 것을 의미하고, 실질적으로는 모든 법관계를 무차별하게 취급하지 않고 본질적으로 같은 것을 자의적으로 다르게, 혹은 본질적으로 다른 것을 자의적으로 같게 취급하는 것을 금한다. 따라서 평등원칙은 비교대상의 존재를 전제로 하며, 자의적인 차별의 금지를 의미한다. 평등원칙은 행정에 대한 신뢰를 보호하고 예측가능성을 확보함으로써 행정법관계의 안정에 기여하는 구실을 한다. 평등원칙은 헌법상의 원칙(제11조) 및 행정기본법상의 법원칙으로 행정의 전 영역에 적용됨을 의미한다.

2. 판단기준 및 적용영역

(1) 판단기준

1) 차별취급 여부: 본질적으로 같은 것을 다르게 취급하고 있는지, 반대로 본질적으로 다른

것을 같게 취급하는지 여부가 평등원칙 위반여부의 제1차적 판단요건이 된다. 이 판단은 해당 법 규정의 의미와 목적으로 판단할 수 있다.

2) 자의성 여부: 본질적으로 같은 것을 차별취급하거나 본질적으로 다른 것을 동등 취급하는 것이 합리성 없이 자의적으로 이루어진 경우이다. 따라서 차별대우를 정당화하는 객관적이고 합리적인 이유가 존재한다면 그 차별대우는 자의적인 것이 아니라 할 것이다.

(2) 적용영역

행정에서 평등원칙은 주로 행정재량의 한계, 행정규칙의 외부적 효과 및 행정의 자기구속의 법리에서 나타난다.

[판례 1] 자의적인 동일취급의 경우

"헌법 제11조 제1항에 의거한 평등원칙은 입법자에게 **본질적으로 같은 것을 자의적으로 다르게, 본질적으로 다른 것을 자의적으로 같게 취급하는 것을 금하고 있다. … 과징금 부과시점에 명의신탁관계가 이미 종료된 경우에는 법위반행위를 이미 해소시킨 부동산실명법위반자와 법위반행위를 여전히 지속시키고 있는 부동산실명법위반자는 법위반행위의 존속 여부에 있어서 서로 다름에도 불구하고,** 이 사건 법률조항이 부과시점의 부동산가액을 기준으로 과징금을 산정하도록 함으로써 **양 자를 동일하게 취급하는 것은 합리적인 사유가 전혀 존재하지 않으므로 헌법상 정당화되지 않는다.**"(헌재 2006.5.25. 2005헌가17,2006헌바17(병합), 부동산실권리자명의등기에관한법률제5조제2항위헌제청등).

[판례 2] 합리적 사유없이 차별적용의 경우

"**합리적인 사유 없이 같은 정도의 비행에 대하여 일반적으로 적용하여 온 기준과 어긋나게 공평을 잃은 징계처분을 선택**함으로써 평등의 원칙에 위반한 경우에는, 그 징계처분은 재량권의 한계를 벗어난 것으로서 위법하다고 할 것이고"(대판 2001.08.24. 2000두7704 면직처분취소)

"구 개발제한구역의 지정 및 관리에 관한 특별조치법 시행령(2006. 6. 15. 대통령령 제19532호로 개정되기 전의 것) 제35조 제1항 **제3호에서 집단에너지공급시설에 대한 훼손부담금의 부과율을 전기공급시설 등에 대한 훼손부담금의 부과율인 100분의 20의 다섯 배에 이르는 100분의 100으로 정한 것은,** 집단에너지공급시설과 전기공급시설 등의 사이에 그 공급받는 수요자가 다소 다를 수 있음을 감안하더라도, **부과율에 과도한 차등을 둔 것으로서 합리적 근거 없는 차별에 해당하므로 헌법상 평등원칙에 위배되어 무효**이다."(대판 2007.10.29, 2005두14417, 개발제한구역훼손부담금부과처분취소)

Ⅳ. 비례의 원칙

1. 개념 및 근거

비례의 원칙이란 행정작용을 행함에 있어서 그 목적실현과 수단 사이에 합리적인 비례관계가 유지되어야 한다는 것으로, 과잉(조치)금지의 원칙이라고도 한다. 즉, 비례의 원칙은 일정한 목적을 달성하기 위한 수단에 있어서 요청되는 기준이다.

비례의 원칙은 헌법상의 법치국가원칙 및 제37조 제2항의 '… 필요한 경우에 …'와 행정기본법 제10조에 근거한 것이다.

2. 내 용

(1) 적합성의 원칙

적합성의 원칙이란 행정작용은 행정목적을 달성하는데 유효하고 적절할 것을 말한다(행정기본법 10(1)). 즉, 선택한 수단은 그 목적의 달성에 적합한 것이어야 한다는 방법의 적합성(수단의 적합성)을 말한다. 예컨대, 행정기관의 직무수행에 적합하지 않거나 무용한 조치, 사실적 또는 법적으로 불가능한 조치는 적합한 조치라고 할 수 없다.

(2) 필요성의 원칙

필요성의 원칙이란 행정작용은 행정목적을 달성하는 데 필요한 최소한도에 그칠 것을 말하며(동조(2)), 최소침해의 원칙이라고도 한다. 다시 말하자면 일정한 목적을 달성할 수 있는 수단이 여러가지 있는 경우에 그 중에서 관계자에게 가장 적은 부담을 주는 수단을 선택해야 한다는 것이다. 이는 발생하는 피해를 가능한 한 적게 하는 것으로 피해의 최소성(침해의 최소성)을 의미한다.

(3) 상당성의 원칙(협의의 비례원칙)

상당성의 원칙이란 행정작용으로 인한 국민의 이익 침해가 그 행정작용이 의도하는 공익보다 크지 아니할 것을 말한다(동조(3)). 즉, 그 행정작용의 정도는 공익상 필요의 정도와 상당한 균형을 유지해야 한다는 원칙을 말하며, 협의의 비례원칙이라고도 한다. 다시 말하자면 적합성의 원칙과 필요성의 원칙을 충족하는 경우에도 그 행정조치를 취함에 따른 불이익이 그것에 의해 초래되는 이익보다 큰 경우에는 해당 행정조치를 취해서는 안된다는 것을 말한다. 이는 다른 목적과의 균형적인 관계를 유지하는 법익(法益)의 균형성(수단과 목적 또는 이익과 불이익의 비교형량)을 의미한다. 이 원칙에 적용되는 법익형량을 함에 있어서는 특히 그 때 그 때 위협을 받는 보호법익의 가치와 행정권의 개입으로 인하여 상대방 또는 공중에게 발생할 것이 예견되는 손해의 중요도 및 손해발생의 개연성의 정도가 고려되어야 한다.

[판례 1] 비례원칙의 내용

"비례의 원칙(과잉금지의 원칙)상 그 행정목적을 달성하기 위한 **수단은 목적달성에 유효·적절하고** 또한 **가능한 한 최소침해를 가져오는 것**이어야 하며 아울러 **그 수단의 도입으로 인한 침해가 의도하는 공익을 능가하여서는 아니된다** 할 것이다."(대판 1996.11.29, 96누8567; 대판 1997.9.26, 96누10096; 대판 1998.4.24, 97누1501 등)

[판례 2] 최소침해의 원칙 위배(필요성의 원칙)

"어떤 법률의 입법목적이 정당하고 그 목적을 달성하기 위해 국민에게 의무를 부과하고 그 불이행에 대해 제재를 가하는 것이 적합하다고 하더라도 입법자가 **그러한 수단을 선택하지 아니하고도 보다 덜 제한적인 방법을 선택하거나, 아예 국민에게 의무를 부과하지 아니하고도 그 목적을 실현할 수 있음에도 불구하고 국민에게 의무를 부과하고 그 의무를 강제하기 위하여 그 불이행에 대해 제재를 가한다면 이는 과잉금지원칙의 한 요소인 "최소침해성의 원칙"에 위배**된다."(헌재 2006.6.29. 2002헌바80, 구법인세법제41조제14항위헌소원등)

[판례 3] 제 이익간의 정당한 비교교량(상당성의 원칙)

"해당 사업이 외형상 토지 등을 수용 또는 사용할 수 있는 사업에 해당한다고 하더라도 사업인정기관으로서는 그 사업이 공용수용을 할 만한 **공익성이 있는지**의 여부와 공익성이 있는 경우에도 그 사업의 내용과 방법에 관하여 사업인정에 관련된 자들의 이익을 **공익과 사익** 사이에서는 물론, **공익 상호간 및 사익 상호간에도 정당하게 비교·교량** 하여야 하고, 그 비교·교량은 비례의 원칙에 적합하도록 하여야 한다."(대판 2011.1.27, 2009두1051)

(4) 3원칙의 상호관계

이상의 3원칙은 단계구조를 이루고 있는 바, 목적달성에 맞는 적합한 수단 중에서도 피해를 최소화할 수 있는 필요한 수단만이, 필요한 수단 중에서도 법익을 비교형량하여 상당성 있는 수단만이 선택되어야 한다. 즉, 가능한 수단이 하나인 경우에는 적합성여부에 따라 결정하고, 적합한 가능한 수단이 다수인 경우에는 피해발생의 정도가 최소인 수단을 선택하며, 가능한 다양한 수단들이 적합성의 정도와 필요성의 정도에서 동일하거나 판별하기 쉽지 않은 경우에는 실현하고자 하는 공익과 그로 인한 피해를 구체적으로 비교형량하여 최적의 상당성 있는 수단을 선택해야 한다. 예컨대, 환경오염업체에 대한 오염방지를 위한 제재수단으로 관련법령에 시정조치명령, 영업정지, 허가취소, 과징금 등을 규정하고 있는 경우에, 먼저 위반정도에 따른 오염방지목적의 실현에 적합한 제재수단을 선택하고, 적합한 제재수단이 다수인 경우에 시정조치명령으로 목적을 달성할 수 있다면 허가취소 등의 수단을 택해서는 아니 되고(필요성의 원칙), 시정조치명령을 이행하지 않은 경우 허가취소를 통한 환경오염방지와 이로 인한 업체의 피해, 종업원 등의 생존권, 사회·경제에 미치는 영향 등을 구체적으로 비교교량 하여 과징금으로 이에 갈음할 수 있음에도 불구하고 바로 허가취소를 선택하는 것은 상당성의 원칙에 반하게 된다.

[판 례] 친일반민족행위자 재산의 국가귀속조항은 비례원칙에 부합

"이 사건 귀속조항은 민족의 정기를 바로 세우고 일본제국주의에 저항한 3·1운동의 헌법이념을 구현하기 위한 것이므로 입법목적이 정당하고, 민법 등 기존의 재산법 체계에 의존하는 방법만으로는 친일재산의 처리에 난항을 겪지 않을 수 없으므로 이 사건 귀속조항은 위 **입법목적을 달성하기 위한 적절한 수단**이 된다. 위 조항은 반민규명법이 정한 여러 유형의 친일반민족행위 중에서 사안이 중대하고 범위가 명백한 네 가지 행위를 한 자의 친일재산으로 귀속대상을 한정하고 있고, 이에 해당하는 자라 하더라도 후에 독립운동에 적극 참여한 자 등은 예외로 인정될 수 있도록 규정해 두었으며, 친일반민족행위자측은 그 재산이 친일행위의 대가로 취득한 것이 아니라는 점을 입증하여 얼마든지 국가귀속을 막을 수 있고, 선의의 제3자에 대한 보호 규정도 마련되어 있으므로 이 사건 귀속조항은 **피해의 최소성원칙에 반하지 않고**, 과거사 청산의 정당성과 진정한 사회통합의 가치 등을 고려할 때 **법익의 균형성 원칙에도 부합**한다. 따라서 이 사건 귀속조항은 재산권을 침해하지 않는다."(헌재 2011.3.31. 2008헌바141,2009헌바14, 19,36,247,352,2010헌바91(병합) 전원재판부, 친일반민족행위자재산의국가귀속에관한특별법제2조등위헌소원등)

[판 례] 비례원칙위반은 재량권 일탈·남용으로 위법

"행정청의 허가, 면허, 인가, 특허 등과 같은 수익적 행정처분을 취소하거나 중지시키는 경우에는 취소 등의 사유가 있다고 하더라도 취소권 등의 행사는 기득권의 침해를 정당화할 만한 **중대한 공익상의 필요 또는 제3자의 이익보호의 필요가 있는 때에 한하여 상대방이 받는 불이익과 비교 교량하여 결정**하여야 하고, 그 처분으로 인하여 **공익상의 필요보다 상대방이 받게 되는 불이익 등이 막대한 경우에는 재량권의 한계를 일탈한 것으로서 위법**임을 면치 못한다."(대판 1993.5.27. 93누2803 등)

"공무원이 예비군동원훈련도중 2시간 30분간 군무 이탈하여 구멍가게에서 술을 마신 사실은 **공무원의 신분을 보유케 할 수 없을 정도로 공무원의 품위를 손상케 한 것이라고 단정하기 어렵고 그보다 가벼운 징계처분으로서도 능히 기강확립의 행정목적을 달할 수 있다 할 것이므로** 공무원의 신분을 박탈하는 해임처분은 이른바 **비례원칙에 어긋난, 재량권의 범위를 벗어난 위법한 처분**이다."(대판 1983.06.28. 83누94)

V. 성실의무 및 권한남용금지의 원칙

1. 성실의무

(1) 의 의

성실의무란 행정청은 법령등에 따른 의무를 성실히 수행하여야 한다는 것을 말한다(행정기본법 11①). 이는 상대방의 신뢰에 반하지 않도록 성실하게 행동할 것을 요구하는 사법상의 '신의성실의 원칙'을 행정법상 행정청의 '성실의무의 원칙'으로 수정한 것이다. 이의 파생원칙으로, 과거의 자기언동에 반하는 주장을 함으로써 그 과거의 행동을 신뢰한 상대방의 이익을 해치는 것은 허용하지 않는다는 금반언(禁反言)의 법리가 있다.

(2) 적용요건

1) 상대방의 신의의 존재: 신의성실의 원칙에 위배된다는 이유로 그 권리의 행사를 부정하기 위해서는, 우선 상대방에게 신의를 주었다거나 객관적으로 보아 상대방이 그러한 신의를 가짐이 정당한 상태에 이르러야 한다.

2) 정의관념상 용인될 수 없는 정도의 신의에 반하는 권리의무 행사: 상대방의 신의에 반하여 권리를 행사하는 것이 정의관념에 비추어 용인될 수 없는 정도의 상태에 이르러야 한다. 행정청의 행위에 대하여 신의칙이 적용되기 위해서는 합법성의 원칙을 희생하여서라도 처분의 상대방의 신뢰를 보호함이 정의의 관념에 부합하는 것으로 인정되는 특별한 사정이 있을 경우에 한하여 예외적으로 적용된다. 예컨대, 행정청이 시효완성 전에 상대방의 권리행사나 시효중단을 불가능 또는 현저히 곤란하게 하였거나, 그러한 조치가 불필요하다고 믿게 하는 행동을 하였거나, 객관적으로 상대방이 권리를 행사할 수 없는 장애사유가 있었던 경우 등이다.

[판례 1] 신의성실의 원칙의 의의와 적용요건

"**신의성실의 원칙은 법률관계의 당사자는 상대방의 이익을 배려하여 형평에 어긋나거나 신뢰를 저버리는 내용 또는 방법으로 권리를 행사하거나 의무를 이행하여서는 아니 된다는 추상적 규범**을 말하는 것으로서, 신의성실의 원칙에 위배된다는 이유로 그 권리의 행사를 부정하기 위하여는 상대방에게 신의를 주었다거나 객관적으로 보아 상대방이 그러한 신의를 가짐이 정당한 상태에 이르러야 하고, 이와 같은 상대방의 신의에 반하여 권리를 행사하는 것이 정의관념에 비추어 용인될 수 없는 정도의 상태에 이르러야 하고, 일반 행정법률관계에서 관청의 행위에 대하여 신의칙이 적용되기 위해서는 합법성의 원칙을 희생하여서라도 처분의 상대방의 신뢰를 보호함이 정의의 관념에 부합하는 것으로 인정되는 특별한 사정이 있을 경우에 한하여 예외적으로 적용된다."(대판 2004.07.22. 2002두11233, 개발부담금부과처분취소)

[판례 2] 시효소멸 주장이 현저히 부당하여 신의칙에 반함

"공무원의 직무상 불법행위로 손해를 입은 피해자가 국가배상청구를 하였을 때, 비록 그 소멸시효 기간이 경과하였다고 하더라도 국가가 **소멸시효의 완성 전에 피해자의 권리행사나 시효중단을 불가능 또는 현저히 곤란하게 하였거나 객관적으로 피해자가 권리를 행사할 수 없는 장애사유가 있었다는 등의 사정이 있어 국가에게 채무이행의 거절을 인정하는 것이 현저히 부당하거나 불공평하게 되는 등 특별한 사정이 있는 경우에는, 국가가 소멸시효 완성을 주장하는 것은 신의성실 원칙에 반하여 권리남용으로서 허용될 수 없다**(대법원 2011. 10. 13. 선고 2011다36091 판결 등 참조).

이와 같이 **공무원의 불법행위로 손해를 입은 피해자의 국가배상청구권의 소멸시효 기간이 지났으나 국가가 소멸시효 완성을 주장하는 것이 신의성실의 원칙에 반하는 권리남용으로 허용될 수 없어 배상책임을 이행한 경우에는, 그 소멸시효 완성 주장이 권리남용에 해당하게 된 원인행위와 관련하여 해당 공무원이 그 원인이 되는 행위를 적극적으로 주도하였다는 등의 특별한 사정이 없는 한, 국가가 해당 공무원에게 구상권을 행사하는 것은 신의칙상 허용되지 않는다**고 봄이 상당하다"(1965.9. 군훈련중 심장마비로 인한 사망에 대해 망인의 유족이 군의문사진상규명위원회가 발족하자 여기에 진정하여 2009.3. 구타사망으로 결정되자 국가배상소송을 제기하여 승소판결을 받았는바, 이에 국가는 가해자인 선임하사 등에게 구상권을 행사한 사건임)(대판 2016.6.10. 2015다217843, 구상금)

"대외적으로 좌익전향자 단체임을 표방하였으나 실제로는 국가가 조직・관리하는 관변단체 성격을 띠고 있던 국민보도연맹 산하 지방연맹 소속 연맹원들이 1950. 6. 25. 한국전쟁 발발 직후 상부 지시를 받은 군과 경찰에 의해 구금되었다가 그들 중 일부가 처형대상자로 분류되어 집단 총살을 당하였고, 이후 국가가 처형자 명부 등을 작성하여 **3급 비밀로 지정하여 진상을 은폐하였는데, 위 학살의 구체적 진상을 잘 알지 못했던 유족들이** 진실・화해를 위한 과거사정리위원회의 진실규명결정이 있었던 2007. 11. 27. 이후에야 **국가를 상대로 손해배상을 청구하자** 국가가 소멸시효 완성을 주장한 사안에서, **국가의 소멸시효 완성을 주장하여 채무이행을 거절하는 것은 현저히 부당하여 신의칙에 반하는 것으로서 허용될 수 없다고 한 사례"**(대판 2011.06.30. 2009다72599, 손해배상)

"채무자가 **시효완성 전에 채권자의 권리행사나 시효중단을 불가능 또는 현저히 곤란하게 하였거나, 그러한 조치가 불필요하다고 믿게 하는 행동을 하였거나, 객관적으로 채권자가 권리를 행사할 수 없는 장애사유가 있었거나, 또는 일단 시효완성 후에 채무자가 시효를 원용하지 아니할 것 같은 태도를 보여 권리자로 하여금 그와 같이 신뢰하게 하였거나,** 채권자보호의 필요성이 크고, 같은 조건의 다른 채권자가 채무의 변제를 수령하는 등의 사정이 있어 **채무이행의 거절을 인정함이 현저히 부당하거나 불공평하게 되는 등**의 특별한 사정이 있는 경우에는 채무자가 소멸시효의 완성을 주장하는 것이 신의성실의 원칙에 반하여 권리남용으로서 허용될 수 없다."(대판 2014. 07.10. 2013두8332, 재요양휴업급여청구부지급취소)

2. 권한남용금지의 원칙

권한남용금지의 원칙이란 행정청은 권한을 남용하거나 그 권한의 범위를 넘어서는 아니 된다는 것을 말한다(행정기본법 11②). 대법원은, "법치주의는 국가권력의 중립성과 공공성 및 윤리성을 확보하기 위한 것이므로, 모든 국가기관과 공무원은 헌법과 법률에 위배되는 행위를 하여서는 아니 됨은 물론 헌법과 법률에 의하여 부여된 권한을 행사할 때에도 그 권한을 남용하여서는 아니 된다."고 판시하여(대판 2016.12.15. 2016두47659) 권한남용금지의 원칙을 법치주의에 기초한 것으로 본다. 재량영역에서의 재량권의 일탈・남용의 금지가 그 예이다.

Ⅵ. 신뢰보호의 원칙

1. 의 의

신뢰보호(信賴保護)의 원칙이란 행정청은 공익 또는 제3자의 이익을 현저히 해할 우려가 있는 경우를 제외하고는 행정에 대한 국민의 정당하고 합리적인 신뢰를 보호하여야 한다는 것을 말한다(행정기본법 12①). 즉, 신뢰보호의 원칙은 행정청의 국민에 대한 언동(言動)의 정당성 또는 존속성에 대한 개인의 보호가치있는 신뢰를 보호하여 주는 것을 말한다.

신뢰보호의 원칙은 일찍이 영・미의 보통법상의 '금반언'(禁反言; estoppel)의 법리에서 찾아볼 수 있고, 특히 제2차 세계대전 후 독일에서 사회국가적 기능이 전개되면서 급속도로 발전하여 마침내 행정절차 등에서 제도화되게 된 원칙이다. 이 원칙은 종래의 질서행정 아래서 법률적합성만이 강조되었던 것에 반하여, 현대 복리국가에 있어서의 급부행정의 확대경향에 상응하여 법률적합성 외에 법적 안정성의 유지라는 필요성에서 발전된 원칙이다.

2. 법적 근거

(1) 이론적 근거

신뢰보호원칙의 법적 근거에 관하여는 신의칙설이 우세하였으나 지금은 법적 안정성설이 유력하며, 그 밖에도 사회국가원리설·기본권설·독자성설 등이 있다.

1) 신의칙설: 신의칙설(信義則說)은 신뢰보호의 근거를 사법원리인 신의성실의 원칙에서 구하는 견해이다. 즉, 행정기관은 신의에 따라 주로 합법률적인 행정작용을 행하여야 하고 개인은 행하여진 행정작용이 위법일지라도 신뢰하게 된다는 것이다. 그러므로 사후에 행정작용의 위법성 등을 이유로 그 존재·효력 등을 부정하는 행정기관의 언동은 개인의 행정에 대한 신뢰를 저버리는 것으로서 신의성실에 반한다는 것이다. 이에 대하여 신의성실 원칙이 사법상의 원칙인 바 공법 영역에서도 타당할 수 있는가라는 점과 신의칙이라는 일반적·추상적인 모호한 개념을 가지고 구체적 사안의 해결을 회피해 버릴 수 있다는 비판이 가해진다.

2) 법적 안정성설: 법적 안정성설은 국가작용에 의해 창설된 법적 관계의 존속·안정을 확보함으로써 국가작용에 대한 국민의 신뢰보호도 가능해진다는 견해이다. 이 설은 법적 안정성을 법치국가 원리의 구성부분으로 보면서 신뢰보호의 원칙을 헌법원리로 파악한다. 그러나 법적 안정성의 원리는 법률관계의 존속·안정 이외에도 합법률상황의 확보도 그 사명으로 하기 때문에 신뢰보호로 인해 위법한 행정작용의 구속성을 인정하지 않으면 아니될 때에는 법적 안정성 자체에도 내적 이율배반성이 생겨난다는 비판이 있긴 하지만 오늘날 지배적 학설이다.

3) 판 례: 판례는 신뢰보호의 원칙의 근거를 법치주의 원리인 법적 안정성에서 구하고 있다.

[판 례] 법적 안정성 도모가 법치주의 원리의 요청

"어떤 법령이 장래에도 그대로 존속할 것이라는 합리적이고 정당한 신뢰를 바탕으로 국민이 그 법령에 상응하는 구체적 행위로 나아가 일정한 법적 지위나 생활관계를 형성하여 왔음에도 국가가 이를 전혀 보호하지 않는다면, 법질서에 대한 국민의 신뢰는 무너지고 현재의 행위에 대한 장래의 법적 효과를 예견할 수 없게 되어 법적 안정성이 크게 저해된다 할 것이므로, 입법자는 법령을 개정함에 있어서 이와 같은 신뢰를 적절하게 보호하는 조치를 취함으로써 법적 안정성을 도모하여야 한다는 것이 법치주의 원리가 요청하는 바이라 할 것이다."(대판 2006.11.16. 2003두12899, 불합격처분취소)

4) 결 어: 신뢰보호의 원칙의 근거는 헌법상의 법치국가원리에서 구하는 법적 안정성설이 타당하다.

(2) 실정법적 근거

신뢰보호원칙의 실정법적 근거로는 헌법상의 법치국가원리와 행정기본법 제12조 제1항과 행정절차법 제4조 제2항 및 국세기본법 제18조 제3항을 들 수 있다.

3. 요 건

신뢰보호의 원칙이 인정되기 위해서는 다음과 같은 일반적 요건이 충족되어야 하며, 이 중 어느 하나의 요건을 결하게 되면 신뢰보호를 주장할 수 없다.

(1) 행정기관의 선행조치(先行措置)

상대방의 기대 혹은 신뢰를 가져오게 한 행정기관의 행태가 있어야 한다. 즉, ① 법령·규칙·계획·처분·합의·약속·행정지도 기타 적극적 및 소극적 언동(부작위·무응답 등)을 포함하여 신뢰의 대상이 되는 행정기관의 선행조치가 있어야 한다. ② 선행조치는 행정청의 **공적인 견해표명**이어야 하며, 그 판단은 행정조직상의 형식적인 권한분장에 구애될 것이 아니라 담당자의 조직상의 지위와 임무, 해당 언동을 하게 된 구체적인 경위 및 그에 대한 상대방의 신뢰가능성에 비추어 실질에 의하여 판단하여야 한다(판례).

[판 례] 행정청의 공적 견해표명 여부판단

"행정청의 공적 견해표명이 있었는지의 여부를 판단함에 있어서는, 반드시 행정조직상의 형식적인 권한분장에 구애될 것은 아니고, 담당자의 조직상의 지위와 임무, 당해 언동을 하게 된 구체적인 경위 및 그에 대한 상대방의 신뢰가능성에 비추어 실질에 의하여 판단하여야 한다."(대판 1997.9.12. 96누18380 등)

(2) 보호가치 있는 신뢰

선행조치의 정당성 또는 존속성에 대한 관계자의 신뢰가 보호가치 있는 것이어야 한다. 즉, 관계자가 선행조치에 대하여 그 정당성 또는 존속성을 사실상 신뢰하여 진실된 것으로 믿어야 하고, 또한 그 신뢰가 보호받을 가치가 있어야 한다. 따라서 ① 관계인이 선행조치를 인식하지 못하였거나, ② 선행조치인 행정행위에 철회권이 유보된 경우나, ③ 사후변경이 유보된 경우에는 신뢰보호를 주장할 수 없다. 또한 ④ 관계자가 신뢰하게 된 데 대하여 관계자에게 **귀책사유**(관계자의 부정행위·과실 등)가 없어야 한다. 행정조치의 성립에 관계자의 부정행위, 즉 사기·강박·증수뢰·사실은폐·부정신고 등의 행위가 있는 경우 또는 행정조치의 위법성을 인식하였거나 중과실로 위법성을 인식하지 못한 경우에는 보호가치 있는 신뢰라고 할 수 없다. 귀책사유의 유무는 상대방과 그로부터 신청행위를 위임받은 수임인 등 관계자 모두를 기준으로 판단한다(판례1,2).

[판례 1] 귀책사유의 판단기준

"개인의 귀책사유라 함은 행정청의 견해표명의 하자가 상대방 등 관계자의 사실은폐나 기타 사위의 방법에 의한 신청행위 등 부정행위에 기인한 것이거나 그러한 부정행위가 없더라도 하자가 있음을 알았거나 중대한 과실로 알지 못한 경우 등을 의미한다고 해석함이 상당하고, 귀책사유의 유무는 상대방과 그로부터 신청행위를 위임받은 수임인 등 관계자 모두를 기준으로 판단하여야 한다."(대판 2000.11.8. 2001두1512 등)

[판례 2] 공적 견해표명으로 신뢰한 것에 귀책사유 인정

"(농림지역인 사업계획지역을 준도시지역으로 용도변경할 것을 조건으로 폐기물처리법 사업계획의 적정통보를 한 사안에서 원고가 용도변경을 신청하자 관할청(피고)이 이를 거부한 사건에서) 폐기물관리법령에 의한 폐기물처리업 사업계획에 대한 적정통보와 국토이용관리법령에 의한 국토이용계획변경은 각기 그 제도적 취지와 결정단계에서 고려해야 할 사항들이 다르므로, 피고가 위와 같이 **폐기물처리업 사업계획에 대하여 적정통보를 한 것만으로 그 사업부지 토지에 대한 국토이용계획변경신청을 승인하여 주겠다는 취지의 공적인 견해표명을 한 것으로 볼 수 없고**, 그럼에도 불구하고 **원고가 그 승인을 받을 것으로 신뢰하였다면 원고에게 귀책사유가 있다 할 것이므로**, 이 사건 처분이 신뢰보호의 원칙에 위배된다고 할 수 없다."(대판 2005.4.28. 2004두8828, 국토이용계획변경승인거부처분취소)

(3) 신뢰에 의한 처리

상대방이 행정기관의 선행조치에 대한 신뢰에 입각하여 어떤 처리(예; 자본 투자 등)를 한 경우에 그 처리를 보호하는 것이어야 한다. 신뢰보호는 그 자체가 목적이 아니라 처리보호를 위한 것이므로 행정조치의 정당성 또는 존속성을 신뢰하여 행한 상대방의 일정한 처리를 보호하는 것이어야 한다.

(4) 인과관계의 존재

선행조치에 대한 신뢰와 관계자의 처리 사이에 인과관계(因果關係)가 있어야 한다. 즉, 관계자의 처리가 행정청의 선행조치에 대한 신뢰에 근거한 것이라야 하며, 만약 다른 사정에 근거한 것이라면 보호받을 수 없다.

(5) 선행조치에 반하는 처분

선행조치에 반하는 행정청의 처분이 존재해야 한다. 이러한 경우에 선행조치를 신뢰한 상대방의 이익이 침해되는 결과를 가져오기 때문이다.

[판 례] 신뢰보호원칙이 적용되기 위한 요건 및 그 적용사례

"일반적으로 행정상의 법률관계에서 행정청의 행위에 대하여 신뢰보호의 원칙이 적용되기 위해서는, **첫째** 행정청이 개인에 대하여 신뢰의 대상이 되는 **공적인 견해표명**을 하여야 하고, **둘째** 행정청의 견해표명이 정당하다고 신뢰한 데 대하여 그 개인에게 **귀책사유가 없어야** 하며, **셋째** 그 개인이 그 견해표명을 신뢰하고 **어떠한 행위를 하였어야** 하고, **넷째** 행정청이 위 **견해표명에 반하는 처분**을 함으로써 그 견해표명을 신뢰한 개인의 이익이 침해되는 결과가 초래되어야 하며, **마지막으로** 위 견해표명에 따른 행정처분을 할 경우 이로 인하여 **공익 또는 제3자의 정당한 이익을 현저히 해할 우려가 있는 경우가 아니어야** 한다."(대판 2006.2.24. 2004두13592; 대판 2014.07.24. 2014두36020 등)

"관광 숙박시설 지원 등에 관한 특별법(이하 '특별법')의 유효기간인 2002. 12. 31. 이전까지 사업계획승인 신청을 한 경우에는 유효기간이 경과한 이후에도 특별법을 적용할 수 있다는 내용의 2002. 11. 13.자 회신은 문화관광부장관이 **피고에게 한 것이어서 이를 원고에 대한 공적인 견해표명으로 보기 어렵고**, 위 회신에 앞서 피고의 **담당공무원이** 원고에게 위와 같은 내용의 회신이 있을 것으로 예상되니 **신청을 다소 늦게 하더라도 무방하다고 말했다고 하더라도 이는** 위 회신이 있기 전에 담당공무원 **자신의 추측을 이야기한 것에 불과**하여 이 또한 피고의 **공적인 견해표명으로 보기 어려우며**, 나아가, 원고가 이 사건 사업추진 과정에서 **지출한 비용은 이미 이 사건 사업신청 전에 지출한 것인 점**, 원고가 증축부지에 대한 건축특례지역 고시 이후 2년여 동안 별다른 사업추진을 하지 않고 있다가 특별법의 실효가 임박한 시점에 이르러 뒤늦게 이 사건 승인신청을 하는 등 **시간을 지연했던 점 등에 비추어 보면 원고에게 아무런 귀책사유가 없다고 할 수 없어**, 결국 특별법이 실효되었음을 이유로 원고의 사업계획승인신청을 거부한 이 사건 처분이 신뢰보호의 원칙에 위배된다고 볼 수는 없다."(대판 2006.04.28. 2005두6539)

… **원고는** 미국에서 한국국적의 부모에게서 태어나 미국과 대한민국의 이중국적자인데 그 후 한국에서 고등학교를 졸업하고 미국거주를 위해 출국하려고 주민등록표초본을 열람한 결과 행정청의 착오로 원고의 형이 국적이탈신청을

하였을 때 원고도 같이 국적이탈을 한 것으로 처리하여 주민등록이 말소된 상태임을 확인하고 출국하였는데, 그 후 관할 동사무소는 행정상 착오임을 알고 원고의 주민등록을 직권재등록하였고, 이에 따라 관할 병무청에서 원고에게 징병검사통지서를 발부하였다. 이에 원고는 입국하여 국적이탈신고를 하자 원고가 '이미 만 18세가 넘어 병역을 필하였거나 병역을 면제받았다는 증명서가 첨부되지 않았기 때문에 국적이탈신고를 접수할 수 없다'는 이유로 국적이탈신고서를 반려하였다. 그런데 행정청이 대외적으로 공신력 있는 **주민등록표상 국적이탈을 이유로 원고의 주민등록을 말소한 행위는 원고에게 간접적으로 국적이탈이 법령에 따라 이미 처리되었다는 견해를 표명한 것이라고 보아야** 하고, 나아가 행정청의 주민등록말소는 주민등록표등·초본에 공시되어 대내·외적으로 행정행위의 적법한 존재를 추단하는 중요한 근거가 되는 점에 비추어 **원고가 위와 같은 주민등록말소를 통하여 자신의 국적이탈이 적법하게 처리된 것으로 신뢰한 것에 대하여 귀책사유가 있다고 할 수 없는바**, 따라서 원고는 위와 같은 신뢰를 바탕으로 만 18세가 되기까지 별도로 국적이탈신고 절차를 취하지 아니하였던 것이므로, 피고가 원고의 이러한 신뢰에 반하여 **원고의 국적이탈신고를 반려한 이 사건 처분은 신뢰보호의 원칙에 반하여** 원고가 만 18세 이전에 국적이탈신고를 할 수 있었던 기회를 박탈한 것으로서 위법하다고 판단한다."(대판 2008.1.17, 2006두10931, 국적이탈신고서반려처분취소)

4. 한 계

(1) 이익형량

견해표명에 따른 행정처분은 공익 또는 제3자의 정당한 이익을 현저히 해할 우려가 있는 경우가 아니어야 한다. 즉, 신뢰보호의 요건을 충족하더라도 선행조치에 반하는 처분에 의하여 달성하려는 공익이 그로 인해 입게 되는 상대방의 이익침해를 정당화할 수 있는 정도로 강한 경우에는 상대방은 신뢰보호를 이유로 위법을 주장할 수 없다(판례1,2).

[판례 1] 선행조치에 반하는 처분에 의한 공익이 사익침해를 정당화할 정도로 강한 경우

"행정처분이 신뢰보호의 요건을 충족하는 경우라고 하더라도 행정청이 앞서 표명한 **공적인 견해에 반하는 행정처분을 함으로써 달성하려는 공익이 행정청의 공적 견해표명을 신뢰한 개인이 그 행정처분으로 인하여 입게 되는 이익의 침해를 정당화할 수 있을 정도로 강한 경우에는 신뢰보호의 원칙을 들어 그 행정처분이 위법하다고는 할 수 없다.** … 피고 천안시장은 천안시 북부 제2지구 지구단위계획을 수립하면서 H지구의 권장용도를 판매·위락·숙박시설로 결정·고시하고 관계서류·도면을 비치·열람할 수 있도록 하였다. 이에 원고는 위 H지구에 속하는 토지를 매입하여 그 지상에 7~8층 규모의 숙박시설을 건축하기 위한 건축허가신청을 하였으나 천안시장은 건축위원회 심의결과 부결되었다는 이유로 반려처분을 하였다. 위와 같은 지구단위계획 수립·고시 및 관계도서 비치·열람행위는 H지구에서 숙박시설 건축허가를 받을 수 있을 것이라는 공적 견해를 표명한 것으로 봄이 상당하고, 반려처분으로 인하여 과실 없이 위 견해표명을 신뢰하여 신청을 한 원고의 이익이 침해되는 결과가 초래될 것임은 분명하지만, 신청지 주변으로 주거시설과 교육시설이 밀집되어 있는데, 원고 신청의 숙박시설의 규모나 용도에 비추어 **단순한 숙박시설이 아니라 속칭 러브호텔화 될 가능성**이 크다고 보여 청소년유해업소의 난립이나 주택가로의 유입 및 이에 따른 향락문화의 확산과 범죄의 증가의 가능성 등 주변을 통행하는 청소년의 건전한 인격형성과 인근 주민들의 주거생활의 안녕을 위협할 위험이 있는 점 등에 비추어 보면, 안산시장이 위와 같은 공적 견해표명에 반하는 이 사건 **처분을 함으로써 달성하고자 하는 인근 주민들의 주거환경 및 학생들의 교육환경 보호라는 공익**이 **원고가 이 사건 처분으로 인하여 입게 되는 이익의 침해를 정당화할 수 있을 정도로 크다 할 것**이므로, 이 사건 처분이 신뢰보호의 원칙에 위반되었거나 재량권을 일탈·남용하여 위법하다고 할 수 없다."(대판 2005.11.25, 2004두6822,6839,6846, 건축허가신청반려처분취소)

[판례 2] 신뢰보호원칙의 위배여부 판단기준

"신뢰보호의 원칙의 위배 여부는 한편으로는 침해받은 이익의 보호가치, 침해의 중한 정도, 신뢰가 손상된 정도, 신뢰침해의 방법 등과 다른 한편으로는 새 입법을 통해 실현하고자 하는 공익적 목적을 종합적으로 비교·형량하여

판단하여야 하는데, 이 사건의 경우 투자유인이라는 입법목적을 감안하더라도 그로 인한 공익의 필요성이 구법에 대한 신뢰보호보다 간절한 것이라고 보여지지 아니한다."(헌재 1995.10.26. 94헌바12, 조세감면규제법부칙제13조등위헌소원)

"신뢰보호의 원칙 위배 여부를 판단하기 위해서는 한편으로는 침해받은 이익의 보호가치, 침해의 중한 정도, 신뢰가 손상된 정도, 신뢰침해의 방법 등과 다른 한편으로는 개정 법령을 통해 실현하고자 하는 공익적 목적을 종합적으로 비교·형량하여야 한다.… 한시적 법인세액감면제도를 시행하다가 개정법령에 의해 경과규정 없이 법인세액감면대상이 되지 않는 업종으로 변경한 것은 신뢰보호원칙 위반이라고 할 수 없다."(대판 2009.9.10. 2008두9324, 법인세부과처분취소)

(2) 법률적합성원칙과의 우열의 문제

이미 시행되고 있는 위법한 행정규칙이나 행정관례를 신뢰한 자는 그 신뢰의 보호를 이유로 장래에 있어서도 그 관례에 따라 처리할 것을 주장할 수 있는가 문제된다. 즉, 법치국가에서 요청되는 법률적합성의 원칙이 신뢰보호가 도출되는 법적 안정성의 원칙과 충돌하는 경우 어느 것이 우선하느냐가 문제되는 바, 이에 관하여 견해가 나뉘고 있다.

1) 학 설: ① 상대방의 신뢰보호를 위하여 위법한 행정행위의 존속을 인정하는 것은 법치주의에 반한다는 **법률적합성우선설,** ② 법리국가원리에는 법률적합성 이외에도 법적 안정성 원칙을 포함하므로 이들 원칙은 동위적·동가치적이라는 **동위설,** ③ 구체적인 경우에 신뢰보호의 이익과 위법처분의 취소 등에 의하여 달성되는 공익간의 이익형량에 의해 결정해야 한다는 **이익교량설** 등이 대립된다.

2) 판 례: 판례는 "사익과 공익 및 제3자의 이익, 그리고 법위반의 정도를 비교·교량해야 한다."고 하여 이익교량설을 취하고 있다.

[판 례] 당사자 및 관계인의 이익 및 공익과 법규위반의 정도를 비교교량

"건축주가 건축허가 내용대로 공사를 상당한 정도로 진행하였는데, 나중에 건축법이나 도시계획법에 위반되는 하자가 발견되었다는 이유로 그 일부분의 철거를 명할 수 있기 위하여는 그 **건축허가를 기초로 하여 형성된 사실관계 및 법률관계를 고려하여 건축주가 입게 될 불이익과 건축행정이나 도시계획행정상의 공익, 제3자의 이익, 건축법이나 도시계획법 위반의 정도를 비교·교량**하여 건축주의 이익을 희생시켜도 부득이하다고 인정되는 경우라야 한다."(대판 2002.11.8, 2001두1512, 건축선위반건축물시정지시취소 등)

3) 결 어: 요컨대, 구체적인 경우에 적법상태의 실현에 의하여 달성되는 공익과 행정조치의 존속성·계속성에 대한 상대방의 신뢰보호라는 사익과의 구체적 비교형량에 의하여 결정되어야 할 것이다. 그리하여 신뢰보호원칙이 우선시 될 수 있는 행정관행이 성립하기 위한 요건은, ① 상당한 기간에 걸쳐 특정한 사항에 대해 동일한 처분을 하였다는 객관적 사실이 존재하고, ② 처분청이 그 사항에 관해 다른 내용의 처분을 할 수 있음을 알면서도 그렇게 하지 않는다는 의사가 있고, ③ 그 의사가 명시적 또는 묵시적으로 표시되어야 한다. 따라서 단순히 착오로 어떠한 처분을 계속한 경우는 신뢰보호의 행정관행이라 할 수 없으므로 처분청이 추후 오류를 발견하여 합리적인 방법으로 변경하는 것은 신뢰보호의 원칙에 위배되지 아니한다(판례1,2).

[판례 1] 행정관행의 오류를 합리적 방법으로 변경한 경우

"행정상 법률관계에 있어서 특정의 사항에 대해 신뢰보호의 원칙상 처분청이 그와 배치되는 조치를 할 수 없다고 할 수 있을 정도의 행정관행이 성립되었다고 하려면 상당한 기간에 걸쳐 그 사항에 대해 동일한 처분을 하였다는 객관적 사실이 존재할 뿐만 아니라, 처분청이 그 사항에 관해 다른 내용의 처분을 할 수 있음을 알면서도 어떤 특별한 사정 때문에 그러한 처분을 하지 않는다는 의사가 있고 이와 같은 의사가 명시적 또는 묵시적으로 표시되어야 한다 할 것이므로, 단순히 착오로 어떠한 처분을 계속한 경우는 이에 해당되지 않는다 할 것이고, 따라서 처분청이 추후 오류를 발견하여 합리적인 방법으로 변경하는 것은 위 원칙에 위배되지 않는다."(대판 1993.6.11, 92누14021, 도로점용료부과처분취소)

[판례 2] 착오에 의한 공원구역 안의 초지조성허가를 취소한 경우

"경주시장이 한 때 실제의 공원구역과 다르게 경계측량 및 표지를 설치함으로 인하여 원고들이 그 잘못된 경계를 믿고 행정청으로부터 초지조성허가를 받아 초지를 조성하고 축사를 신축하여 그러한 상태가 십수년이 경과하였다 하여도, 이 사건 토지가 당초 화랑공원구역 안에 있는 것으로 적법하게 지정 공고된 이상 여전히 이 사건 토지는 그 공원구역 안에 있는 것이고, 따라서 그 후 위와 같은 착오를 발견한 피고가 이 사건 토지는 그 공원구역 안에 있는 것으로 지형도를 수정한 조치를 가리켜 신뢰보호의 원칙에 위배된다거나 행정의 자기구속의 법리에 반하는 것이라고도 할 수 없다."(대판 1992.10.13, 92누2325, 국립공원지정처분부존재확인)

4) 신뢰보호의 방법: 학설은, ① 존속에 대한 신뢰가 크고 보호가치 있는 경우에는 위법상태의 시정을 구하는 존속보호의 방법에 의해야 한다는 **존속보호설**과, ② 존속에 대한 신뢰가 보호가치 있는 경우에도 위법처분의 시정이라는 공익을 고려하여 재산상의 손실보상으로 재정적 전보청구권만을 인정해야 한다는 **보상보호설**로 나뉜다.

생각건대, 존속보호를 원칙으로 하면서 구체적인 경우에 사익과 공익의 비교형량을 통하여 결정함이 타당하다.

(3) 사정변경

신뢰보호의 원칙은 사정이 변경된 경우에는 그 적용이 제한된다. 즉, 행정조치와 관련하여 신뢰형성의 사실관계가 사후에 변경되고, 관계자가 이를 인식하거나 인식할 수 있는 상태에 놓여져 있으면 신뢰보호의 기속력은 배제된다.

[판 례] 사정변경이 된 경우에는 견해표명에 반하는 처분 가능

"신뢰보호의 원칙은 행정청이 공적인 견해를 표명할 당시의 사정이 그대로 유지됨을 전제로 적용되는 것이 원칙이므로, 사후에 그와 같은 **사정이 변경된 경우에는 그 공적 견해가 더 이상 개인에게 신뢰의 대상이 된다고 보기 어려운 만큼 특별한 사정이 없는 한 행정청이 그 견해표명에 반하는 처분을 하더라도 신뢰보호의 원칙에 위반된다고 할 수 없다.**"(대판 2011.5.13. 2008두19659; 대판 2015.1.29. 2014두3839 등)

5. 신뢰보호와 소급효여부

법령을 개정함에 있어서 기존 법질서에 대한 국민의 합리적이고 정당한 신뢰를 보호함으로써 장래의 법적 효과에 대한 예견가능성을 보장하여 법적 안정성을 도모하는 것이 법치주의 원리의 요청이라 하겠다. 따라서 기존질서에 대한 당사자의 신뢰가 합리적이고 정당하며 개정입법으로 달성하려는 공익적 목적이 당사자의 신뢰의 파괴를 정당화할 수 없다면 그 개정입법은 허용될

수 없다(판례1). 법령개정이 가능한 경우에도 신뢰보호에 반하는 불이익한 소급효는 원칙적으로 금지된다. 그런데 ① 과거에 이미 종료된 사실관계 또는 법률관계를 규율하게 되는 **진정소급효는 원칙적으로 금지**되나, ② 현재에도 진행중인 것을 규율하게 되는 **부진정소급효**(不眞正遡及效)는 **원칙적으로 허용**되지만 소급효를 요구하는 공익상의 사유와 신뢰보호 요청 사이의 교량과정에서 신뢰보호의 관점이 입법자의 입법형성권에 일정한 제한을 가하게 된다(판례2). 다만, 이 경우에도 구법령의 존속에 대한 당사자의 신뢰보호를 위해 경과규정을 두는 등 조치가 필요하다. 부진정소급효의 신뢰보호원칙의 위배여부는, 한편으로는 침해받은 이익의 보호가치, 침해의 중한 정도, 신뢰가 손상된 정도, 신뢰침해의 방법 등과 다른 한편으로는 새 법령을 통해 실현하고자 하는 공익적 목적을 종합적으로 비교·형량하여야 한다(판례3).

[판례 1] 신뢰보호에 반하는 법령개정은 불허

"법률의 개정 시 구법 질서에 대한 당사자의 신뢰가 합리적이고도 정당하며, 법률의 개정으로 야기되는 당사자의 손해가 극심하여 새로운 입법으로 달성하고자 하는 공익적 목적이 그러한 당사자의 신뢰의 파괴를 정당화할 수 없다면 새로운 입법은 신뢰보호의 원칙 등에 비추어 허용될 수 없다. 다만 사회환경이나 경제여건의 변화에 따른 필요성에 의하여 법률은 신축적으로 변할 수밖에 없고, 변경된 새로운 법질서와 기존의 법질서 사이에는 이해관계의 상충이 불가피하므로 국민이 가지는 모든 기대 내지 신뢰가 헌법상 권리로서 보호될 것은 아니고, 보호 여부는 **기존의 제도를 신뢰한 자의 신뢰를 보호할 필요성과 새로운 제도를 통해 달성하려고 하는 공익을 비교형량하여 판단하여야 한다.**"(대판 2016.11.9. 2014두3235, 친일반민족행위자지정처분취소)

[판례 2] 진정소급효는 원칙적으로 금지, 부진정소급효는 원칙적으로 허용

"기존의 법에 의하여 이미 형성된 개인의 법적 지위를 사후입법을 통하여 박탈하는 것을 내용으로 하는 **진정소급입법**은 개인의 신뢰보호와 법적 안정성을 내용으로 하는 법치국가 원리에 의하여 **허용되지 아니하는 것이 원칙**인데 반하여, **부진정소급입법**은 **원칙적으로 허용**되지만 소급효를 요구하는 공익상의 사유와 신뢰보호를 요구하는 개인보호의 사유 사이의 교량과정에서 그 범위에 **제한이 가하여지는 것**이다. 또한, 법률불소급의 원칙은 그 법률의 효력발생 전에 완성된 요건사실에 대하여 당해 법률을 적용할 수 없다는 의미일 뿐, 계속 중인 사실이나 그 이후에 발생한 요건사실에 대한 법률적용까지를 제한하는 것은 아니라고 할 것이다."(대판 2007.10.11, 2005두5390, 재외국민2세지정취소처분취소; 같은 취지, 대판 1994.2.25, 93누20726; 헌재 2007.10.25, 2005헌바68 등)

[판례 3] 부진정소급효의 신뢰보호원칙의 위배여부 판단기준

"법령의 개정에서 신뢰보호원칙이 적용되어야 하는 이유는, 어떤 법령이 장래에도 그대로 존속할 것이라는 합리적이고 정당한 신뢰를 바탕으로 국민이 그 법령에 상응하는 구체적 행위로 나아가 일정한 법적 지위나 생활관계를 형성하여 왔음에도 국가가 이를 전혀 보호하지 않는다면 법질서에 대한 국민의 신뢰는 무너지고 현재의 행위에 대한 장래의 법적 효과를 예견할 수 없게 되어 법적 안정성이 크게 저해되기 때문이고, 이러한 신뢰보호는 절대적이거나 어느 생활영역에서나 균일한 것은 아니고 개개의 사안마다 관련된 자유나 권리, 이익 등에 따라 보호의 정도와 방법이 다를 수 있으며, 새로운 법령을 통하여 실현하고자 하는 공익적 목적이 우월한 때에는 이를 고려하여 제한될 수 있으므로, 이 경우 **신뢰보호원칙의 위배 여부를 판단**하기 위해서는 한편으로는 **침해된 이익의 보호가치, 침해의 중한 정도, 신뢰가 손상된 정도, 신뢰침해의 방법 등과 다른 한편으로는 새 법령을 통해 실현하고자 하는 공익적 목적을 종합적으로 비교·형량**하여야 한다."(대판 2007.10.29, 2005두4649, 한약사국가시험응시원서접수거부취소)

6. 실권의 법리

(1) 의 의

실권(失權)의 법리란 행정청은 권한행사의 기회가 있음에도 불구하고 장기간 권한을 행사하지 아니하여 국민의 그 권한이 행사되지 아니할 것으로 믿을 만한 정당한 사유가 있는 경우에는 그 권한을 행사해서는 아니 된다는 것을 말한다(행정기본법 12②). 이는 주로 행정행위의 취소 또는 철회의 제한문제에서 발생할 수 있는데, 행정기관이 위법상태를 장기간 묵인·방치하다가 나중에 그 위법성을 주장함으로써 해당 법상태의 존재를 신뢰한 개인에게 피해를 주게 될 경우에 적용된다.

(2) 적용요건

① 권한행사의 기회가 있음에도 불구하고(권한행사의 기회존재), ② 그 권한불행사가 상당한 기간 계속되어야 하고(장기간 권한불행사), ③ 국민이 그 권한이 행사되지 아니할 것으로 믿을 만한 정당한 사유가 있어야 한다(권한불행사에 대한 신뢰의 정당성). 즉, 행정청에게 취소권·정지권 등 행정권을 행사할 가능성이 존재함에도 불구하고 그 권한행사를 하지 아니하여 그 상대방인 국민이 그 권한행사를 행정청이 하지 아니할 것으로 신뢰할 정당한 사유가 있는 경우에는 행정청이 그 권한행사를 할 수 없다는 것을 의미한다.

(3) 한 계

실권의 법리는 공익 또는 제3자의 이익을 현저히 해칠 우려가 있는 경우에는 예외로 한다. 즉, 실권의 법리에 따른 상대방의 이익과 공익 또는 제3자의 이익이 충돌할 경우 비교형량을 하여 공익 또는 제3자의 이익이 현저히 침해될 경우에는 상대방은 실권의 법리를 주장할 수 없다.

[판 례] 실권의 법리 위배여부

"**실권의 법리는 권리자가 권리행사의 기회를 가지고 있음에도 불구하고, 장기간에 걸쳐 그의 권리를 행사하지 아니하였기 때문에 의무자인 상대방이 이미 그의 권리를 행사하지 아니할 것으로 믿을 만한 정당한 사유가 있게 되거나 행사하지 아니할 것으로 추인케 할 경우에 새삼스럽게 그 권리를 행사하는 것이 신의성실의 원칙에 반하는 결과가 될 때 그 권리행사를 허용하지 않는 것을 의미한다**(대법원 1988. 4. 27. 선고 87누915 판결 참조). …… 피고 춘천시장은 채석허가기간 만료 후 망인에 대하여 복구명령을 하였으나, 망인의 사망으로 그 명령서가 반송되자, 망인의 상속인인 원고 1에게 복구계획서를 제출할 것을 지시하였고, 망인의 상속인인 소외 2 등으로부터 수차례 복구연기요청을 받고 복구계획을 연기하였을 뿐 장기간에 걸쳐 권리를 행사하지 않았다고 볼 수 없을 뿐만 아니라 원고들에게 피고 춘천시장이 복구명령을 하지 아니할 것으로 믿을 만한 정당한 사유가 있었다고 볼 수 없다는 이유로, 피고 춘천시장이 원고들에게 한 이 사건 복구명령이 실권의 법리에 위배된다고 할 수 없다는 판례"(대판 2005.8.19. 2003두9817,9824)

Ⅷ. 부당결부금지의 원칙

1. 의의 및 근거

부당결부금지(不當結付禁止)의 원칙이란 행정청이 행정작용을 할 때 상대방에게 해당 행정작용과 실질적인 관련이 없는 의무를 부과해서는 아니 된다는 것을 말한다(행정기본법 13). 즉, 행정작용을 함에 있어서 그것과 실질적인 관련이 없는 반대급부와 결부시켜서는 안된다는 것을 의미한다.

오늘날 행정권한의 양적 증대와 행정수단의 다양화 등으로 인하여 행정권한을 행사함에 있어서 반대급부와 결부시키는 것이 어느 정도 불가피하다고 할 수 있다. 예컨대, 건축법규를 위반한 건축주의 의무이행을 강제하는 방법으로 그 건축물에 수도나 전기의 공급을 중단한다든가, 고액체납자에 대한 명단공표·해외여행금지·융자 등 각종 시혜조치(施惠措置)의 취소 등이 그것이다. 그러나 행정권한의 결부를 무한정 인정하면 법적 안정성·행정의 예측가능성·기본권보장 등 법치주의가 붕괴될 우려가 있으므로 그의 한계설정이 필요하며, 행정목적 내지 권한행사와 그 수단간에 실질적인 관련이 있는 한도 내에서만 결부가 허용되어야 한다.

부당결부금지의 원칙은 헌법상의 법치국가원리 및 자의의 금지 내지 권한남용금지의 원칙에서 도출된 것으로, 행정기본법에서 행정의 법원칙으로 규정하여 이를 위반하면 위헌·위법이 된다.

2. 적용영역

이 원칙은 행정법의 일반원칙으로서 모든 행정법 분야에 적용된다고 할 수 있으나, 특히 행정행위의 부관의 한계, 행정의 실효성확보수단(공급거부, 관허사업의 제한 등), 공법상 계약 등과 관련하여 논의되고 있다.

3. 요　건

이 원칙을 적용하기 위해서는, ① 법령에 의한 주된 권한행사와 의무부가가 있어야 하고, ② 이들 사이에 실질적인 관련이 없어야 한다. 실질적 관련성여부는 주된 권한행사와 의무부가 사이에 직접적·원인적인 인과관계와 상호간의 목적적 관련성의 유무로 판단할 수 있다. 원인적 관련성이나 목적적 관련성이 결여되면 행정작용과 사인의 급부 사이에는 부당한 내적 관련(부당결부)이 존재하는 것이 된다.

(1) 원인적 관련성

이는 주된 권한행사와 의무부가 사이에 인과관계가 있을 때 정당한 내적 관계가 존재함을 의미한다. 이는 인과관계가 없음에도 불구하고 행정기관이 사인에게 급부를 할 수 있는 권한을 이용하여 사인이 다른 이유로 부담하고 있는 특정 의무이행을 강제하려는 것을 방지할 수 있다.

(2) 목적적 관련성

이는 주된 권한행사와 의무부가 사이에 특정의 목적을 같이 할 때 정당한 내적 관계가 존재함을 의미한다. 이는 사인에 대한 의무부가의 목적과 특정 행정작용의 목적이 다름에도 불구하고 이들을 상호 관련시켜 특정 행정목적을 강제하려는 것을 방지할 수 있다.

[판례 1] 주택사업과 관련 없는 토지의 기부채납 부관

"원고는 인천광역시시장에게 인천 계양구 작전동 580의1 외 10필지상에 아파트 5동 840세대와 더불어 같은 동 580의1외 40필지상에 아파트 904세대를 추가하여 아파트 10동 1,744세대를 건설하는 내용의 사업계획변경승인신청을 하여 인천시장으로부터 아파트 단지 진입로를 개설・포장하는 외에도 단지 북측 광1류6호선에 편입된 원고 소유의 이 사건 토지를 기부채납 할 것 등의 추가조건과 함께 사업계획변경승인을 받은바, 이에 원고는 인천시장에게 단지 진입로를 개설・포장하는 외에 다시 북측 원고 소유의 토지의 기부채납의 추가조건을 붙인 것은 위법하다는 이유로 이 부관을 취소하여 줄 것을 요구하였으나 인천시장으로부터 거부당하였다. … 원고의 이 사건 토지 중 2,791㎡는 자동차전용도로로 도시계획시설결정이 된 광1류6호선에 편입된 토지이므로, 그 위에 도로개설을 하기 위하여는 소유자인 원고에게 보상금을 지급하고 소유권을 취득하여야 할 것임에도 불구하고, 소외 인천시장은 원고에게 주택사업계획승인을 하게 됨을 기화로 **그 주택사업과는 아무런 관련이 없는 토지인 위 2,791㎡를 기부채납하도록 하는 부관을 위 주택사업계획승인에 붙인 사실이 인정되므로,** 위 부관은 **부당결부금지의 원칙에 위반되어 위법**하다고 할 것이다."(대판 1997.3.11, 96다49650, 소유권이전등기말소)

[판례 2] 골프장사업계획승인과 관련하여 기부금을 지급받기로 한 증여계약

"공무원이 인・허가 등 수익적 행정처분을 하면서 상대방에게 그 처분과 관련하여 이른바 부관으로서 부담을 붙일 수 있다 하더라도, 그러한 부담은 법치주의와 사유재산 존중, 조세법률주의 등 헌법의 기본원리에 비추어 비례의 원칙이나 부당결부의 원칙에 위반되지 않아야만 적법한 것인바, **행정처분과 부관 사이에 실제적 관련성이 있다고 볼 수 없는 경우** 공무원이 위와 같은 공법상의 제한을 회피할 목적으로 행정처분의 상대방과 사이에 사법상 계약을 체결하는 형식을 취하였다면 이는 법치행정의 원리에 반하는 것으로서 위법하다고 보지 않을 수 없다."(대판 2009.12.10, 2007다63966)

Ⅷ. 행정의 자기구속의 법리

1. 의의 및 기능

행정의 자기구속(自己拘束)의 법리란 행정청이 재량영역에서 그 재량권을 일정한 방향으로 행사한 결과 그에 관한 관행이 형성되어 있는 경우에는 평등의 원칙에 따라 행정청은 동종사안(同種事案)에서 종전의 관행에 따른 처분을 하여야 할 법적 구속을 받게 되는 것을 말한다. 행정의 자기구속의 법리는 원래 재량영역에서 헌법상의 원리인 평등원칙에 구속되는 것으로 보아 행정의 자의금지의 원리로 형성된 개념인바, 이상의 행정법의 법원칙과 달리 「행정기본법」에서는 규정하지 아니한 조리상의 원칙이다. 행정의 자기구속은 행정 스스로 설정한 결정기준 내지 비교기준에의 구속이라는 점에서 법률이 정한 일반적・추상적 기준에의 영속적 또는 무조건적 구속인 법률구속성과 구별되며, 행정의 자기구속이 제3자에게 있어서의 사안과 비교의 문제를 발생시킨다는 점에서 행정행위, 행정계약, 행정상 확약 등의 구속성과도 구별된다.

2. 근 거

행정의 자기구속의 법리에 대해 행정절차법 제4조 제2항 및 국세기본법 제18조 제3항 등을 실정법적 근거로 들 수 있으며, 이론적인 근거에 대해서는 다음과 같이 학설이 나뉜다.

1) **평등원칙설:** 이 설은 행정의 자기구속이 행정의 동등한 재량권행사의 표현으로 보아 헌법상의 평등원칙에서 그 근거를 구하는 입장이다. 헌법상의 '법 앞에 평등'은 법과의 관련 하에 동종사안(同種事案)을 불평등하게 취급해서는 아니 되며, 이것에 위반한 불평등취급은 자의적인 것이 된다고 한다.

2) **신뢰보호원칙설:** 이 설은 행정실무의 존속에 대한 상대방의 신뢰보호에서 행정의 자기구속의 근거를 구하는 입장이다. 행정의 자기구속은 행정관행의 존재를 요건으로 하는데, 행정관행은 행정실무의 존속으로서의 신뢰와 행정실무가 적용될 것이라는 기대를 잠재적 당사자에게 줄 수 있기 때문이라고 한다. 이 설은 다시 신뢰보호의 근거를 신의칙에서 구하는 입장과 법적 안정성에서 구하는 입장으로 나뉜다.

3) **판 례:** 판례는 평등원칙설과 신뢰보호원칙설을 모두 인정하고 있다.

[판 례] 평등원칙이나 신뢰보호의 원칙에 따라 자기구속

"재량권 행사의 준칙인 행정규칙이 그 정한 바에 따라 되풀이 시행되어 행정관행이 이루어지게 되면 **평등의 원칙이나 신뢰보호의 원칙에 따라** 행정기관은 그 상대방에 대한 관계에서 그 규칙에 따라야 할 **자기구속을 받게 되므로**, 이러한 경우에는 특별한 사정이 없는 한 그를 위반하는 처분은 평등의 원칙이나 신뢰보호의 원칙에 위배되어 재량권을 일탈·남용한 위법한 처분이 된다."(대판 2009.12.24. 2009두7967; 대판 2014.11.27. 2013두18964 등)

"행정규칙은 일반적으로 행정조직 내부에서만 효력을 가지는 것이나, 행정규칙이 법령의 규정에 의하여 행정관청에 법령의 구체적 내용을 보충할 권한을 부여한 경우나 재량권행사의 준칙인 규칙이 그 정한 바에 따라 **되풀이 시행되어 행정관행이 이룩되게 되면, 평등의 원칙이나 신뢰보호의 원칙에 따라** 행정기관은 그 상대방에 대한 관계에서 그 규칙에 따라야 할 **자기구속을 당하게** 되는 경우에는 대외적인 구속력을 가지게 되는바, 이러한 경우에는 헌법소원의 대상이 될 수도 있다."(헌재 2001.5.31. 99헌마413, 학교장초빙제실시학교선정기준위헌확인)

4) **결 어:** 행정의 자기구속의 인정근거는 원칙적으로 평등원칙에서 구하는 것이 타당하다. 행정의 자기구속은 자유로운 판단이 가능한 영역에서 스스로 제시한 기준에 따라 자신이 그간 행한 행위로부터 특별한 사유가 없는 한 이탈할 수 없음을 의미하는 것이므로, 이로부터 이탈한다면 상대방의 신뢰유무를 불문하고 그것은 바로 불합리한 차별로서 평등원칙의 위반을 뜻하는 것이기 때문이다. 그러나 종래의 행정실무가 위법인 경우에 행정의 자기구속을 평등원칙에 기초하면 그 지속적 구속성을 인정하게 되어 그 위법을 승인하는 문제가 있기 때문에, 행정측과 상대방의 이익의 합리적인 비교교량에 의하여 법적 안정성을 기초로 한 신뢰보호원칙에 근거할 여지도 있다.

3. 성립요건

(1) 재량영역

행정의 자기구속의 주된 적용영역은 행정의 재량영역이다. 행정에 재량의 여지가 전혀 없고 법이 정한 대로 행동해야 하는 기속행위에는 행정이 스스로 행위준칙을 정할 여지가 없기 때문이다. 엄격히 법률에 구속된 영역에서는 법률은 특정행위만을 행하도록 행정에 의무지우고, 그

이후의 동종사안에서도 동일한 행위가 반복되어도 이는 법률기속성의 효과의 문제이고 행정의 자기구속에는 해당하지 않는다. 재량영역이라 하더라도 재량권이 영으로 수축되어 실제로 재량의 여지가 없어진 경우에는 기속행위와 다를 바 없으므로 행정의 자기구속이 적용될 여지가 없다. 그러나 법률의 공백영역이나 행정의 판단여지를 인정한 불확정법개념의 해석에 관한 행정실무에 있어서는 행정에 자유로운 판단여지가 남겨져 있기 때문에 행정의 자기구속이 가능하다.

(2) 동종사안(同種事案)

행정의 자기구속은 동종사안의 행정실무에서만 적용된다. 동일한 법적용의 요청은 동종의 사안에서만 가능한 것이기 때문에 행정실무의 상대방에 대한 사안과 제3자에게 행했던 행정선례의 사안이 법적인 의미와 목적에서 같은 종류로 취급할 수 있는 것이어야 한다.

(3) 행정선례의 존재

행정의 자기구속이 적용되기 위해서는 동종사안에 비교의 대상이 되는 행정선례(行政先例)가 존재해야 한다. 행정기준에 따른 결정이 제3자에게 행해지지 않은 단계에서는 평등원칙위반이라고 할 수 없기 때문이다. 그런데 평등원칙이 적용될 수 있는 비교기준이 되는 행정선례 내지 행정실무가 장기간 계속 반복되어 행정관행으로까지 고양(高揚)되어야 하는지, 아니면 비교기준이 되는 행정실무가 단 한번만이라도 행해지면 족한 것인지, 또는 행정선례를 매개로 함이 없이 행정규칙 자체만으로도 충분한지에 대해서는 견해의 대립이 있다.

1) **행정관행설**(제1설): 이는 계속적으로 반복된 행정관행이 필요하다는 입장으로, 통설의 견해이다. 즉, 행정이 새로운 행정실무를 행정상의 프로그램에 따라 적용하고 집행하는데 필요한 시간과 기회를 줄 필요가 있기 때문에 행정결정을 통하여 형성된 행정관행의 존재가 필요하다고 한다.

2) **행정선례설**(제2설): 이는 행정의 자기구속이 인정되기 위해서는 행정실무가 단 1회만이라도 행해졌으면 충분하고 반드시 행정선례가 반복되어 행정관행으로까지 고양될 필요는 없다는 견해이다. 과거에 단 일회만이라도 행정실무가 행해졌으면, 거기에 이미 비교의 기준이 정립되어 상대방의 사안에 있어서 이 기준에 맞는 사실이 나타나 있는가의 여부를 판정하는 것은 가능하기 때문이라고 한다.

3) **행정규칙설**(제3설): 이는 행정규칙 자체에 행정의 자기구속이 당연히 인정된다는 입장이다. 행정규칙에 대한 행정의 자기구속을 인정하는 방법으로, 헌법상 평등조항에 기한 행정규칙의 구속력을 인정하는 방법과, 헌법상 평등조항에 기한 행정실무의 구속력을 통해 간접적으로 행정규칙의 구속력을 인정하는 방법이 있다. 여기서 행정선례를 매개함이 없이 행정규칙만으로 행정의 자기구속을 인정하는 입장에서는 행정규칙은 모든 사람들에게 평등취급을 보장하기 위하여 제정된 것이고 공무원은 복종의 의무와 법령준수의무에 따라 특별한 사정이 없는 한 행정규칙에 따를 것이므로 행정규칙의 내용에 적합한 행정실무가 행해질 가능성이 높다고 할 것이다. 이러한 점에서 행정규칙 그 자체를 '예기관행'(豫期慣行, antizipierte Praxis) 또는 '선취된 행정

관행'으로 본다.

4) 판 례: 판례는 "행정규칙에 따라 되풀이 시행되어 행정관행을 이루게 되면 평등원칙이나 신뢰보호원칙에 따라 행정기관은 그 규칙에 따라야 할 자기구속을 받게 된다."고 하여 행정관행설을 따르고 있다.

[판례 1] 행정규칙인 재량준칙이 행정관행을 이루면 자기구속 인정(헌법재판소)

"**행정규칙이라도 재량권행사의 준칙으로서 그 정한 바에 따라 되풀이 시행되어 행정관행을 이루게 되면, 행정기관은 평등의 원칙이나 신뢰보호의 원칙에 따라 상대방에 대한 관계에서 그 규칙에 따라야 할 자기구속을 당하게 되는 바**, 이 경우에는 대외적 구속력을 가진 공권력의 행사가 된다."(헌재 2007.8.30. 2004헌마670, 산업기술연수생도입기준완화결정등위헌확인)

[판례 2] 행정관행을 이룬 행정규칙의 자기구속 인정(대법원)

"상급행정기관이 하급행정기관에 대하여 업무처리지침이나 법령의 해석적용에 관한 기준을 정하여 발하는 이른바 '행정규칙이나 내부지침'은 일반적으로 행정조직 내부에서만 효력을 가질 뿐 대외적인 구속력을 갖는 것은 아니므로 행정처분이 그에 위반하였다고 하여 그러한 사정만으로 곧바로 위법하게 되는 것은 아니다. 다만, **재량권행사의 준칙인 행정규칙이 그 정한 바에 따라 되풀이 시행되어 행정관행이 이루어지게 되면 평등의 원칙이나 신뢰보호의 원칙에 따라 행정기관은 그 상대방에 대한 관계에서 그 규칙에 따라야 할 자기구속을 받게 되므로,** 이러한 경우에는 특별한 사정이 없는 한 그를 위반하는 처분은 평등의 원칙이나 신뢰보호의 원칙에 위배되어 재량권을 일탈·남용한 위법한 처분이 된다."(대판 2009.12.24. 2009두7967, 신규건조저장시설사업자인정신청반려처분취소)

5) 결 어: 단 1회만의 행정결정으로는 비교기준을 명확히 안다는 것은 쉽지 않고, 행정에 필요한 시행착오(施行錯誤)의 기회와 기간을 박탈함으로써 행정을 경직화시킬 수 있다. 또한 행정규칙 자체를 직접 비교대상으로 삼아 그와 다른 행정결정을 평등원칙 위반·위법이라고 한다면 비록 평등원칙을 매개로 하는 것이기는 하나, 결국 행정규칙을 실질적으로 법 내지 법적 구속성 있는 규범으로 변질시킴으로써 행정에 법규창조력을 인정하는 결과로 된다. 따라서 일반적으로 행정관행설이 보다 설득력이 있다고 할 수 있으나, 얼마나 계속 반복된 행정관행이 필요한지는 획일적으로 결정할 수 없고 구체적 상황에 따라 공익과 사익을 비교형량 하여 타당성 있게 판단해야 한다. 다만, 예외적으로 행정규칙이 공표된 경우라든가, 행정관행으로까지 고양되지 않고 단 1회의 행정실무인 경우에도 국민에게 법적으로 보호가치 있는 신뢰가 생김으로써 법적 안정성의 견지에서 행정의 자기구속을 인정할 여지가 있는 경우도 있다.

4. 한 계

(1) 시간적 한계(사정변경)

행정의 자기구속은 비교기준으로의 영속적 구속을 의미하는 것은 아니고, 장래 그 비교기준으로부터 탈각한 새로운 비교기준을 설정하고, 그 이후에는 원칙적으로 새로운 비교기준의 구속을 받는 것도 가능하다. 행정의 자기구속은 법률구속성과는 달리 사안의 사정에 따라 변경될 수 있는 탄력적인 구속이기 때문에, 상황변화에 따라 행정은 스스로의 판단에 의해 행정의 자기구속의 기초가 된 종래의 행정기준에 대신하여 적법타당하고 합리적인 새로운 행정실무로 변경할 수 있다.

(2) 장소적 한계(조직상 한계)

행정의 자기구속은 재량권을 가진 행정청 자신의 행위에 의해서만 발생하기 때문에 동일 행정청에 한하여 성립한다. 다만, 공통의 상급행정청의 행정실무는 그 하급행정청에게도 미치고, 다른 행정청에 의한 종래의 행정선례의 변경은 공통의 상급행정청에 의해서 가능하다. 행정규칙에 기한 행정의 자기구속은 동 행정규칙의 효력이 미치는 모든 장소적 영역에서 발생한다고 할 수 있다.

(3) 적법한계(適法限界)

행정의 자기구속이 성립할 대상인 행정선례는 적법한 것이어야 하는지 문제된다. 동종사안에서 제3자에게 행한 행정선례가 위법일 경우에도 차별 없이 평등취급을 요구할 수 있다면 행정의 법률적합성원칙과의 충돌이 발생할 수 있다. 이는 행정의 자기구속의 근거인 헌법상의 평등원칙과 행정의 법률적합성원칙의 충돌의 문제인 바, 위법인 행정선례를 반복해야 하는지에 대하여 견해가 나뉘고 있다.

1) **'불법에 평등 없다'는 설:** 이 설은 종래의 제3자의 동종사안에서 행한 행정결정 등이 위법인 경우에는 행정의 자기구속은 성립되지 않아 불법에 평등을 구할 수 없다고 한다. 위법한 행정선례의 반복을 인정하면 위법한 행정선례가 법률적합성원칙 보다 우월한 것이 되어 법률에 의한 행정의 원리에 반하게 되기 때문에 종래의 행정선례가 법률에 위배될 때에는 장래에 향해서 적법한 행정실무로 변경해야 한다고 한다.

2) **'불법에 평등 있다'는 설:** 이 설은 평등원칙과 대립하는 것은 법률에 의한 행정의 원리가 아니라 개별의 단순한 법률규정이기 때문에 헌법상의 원칙인 평등원칙에 우위성이 인정되어 '불법에도 평등 있다'는 것을 인정하는 입장이다. 법률위반상태의 연속성이나 고정화가 이미 생기고 있는 경우에는 실질적으로 법률에 의한 행정의 원리를 회복하는 것은 의미가 없고, 상대방의 구체적 이익보호의 필요가 있을 때에는 상대방의 동종사안에서만 적법한 행정실무로 바꾸는 것은 허용되지 않고, 불법에도 평등 있다는 것을 인정할 여지가 있다고 한다.

3) **판 례:** 판례는 '불법에 평등 없다'는 입장을 취하고 있다.

[판 례] 착오를 수정한 조치 및 위법한 행정관례

"실제의 공원구역과 다르게 경계측량 및 표지를 설치한 십수년 후 **착오를 발견하여 지형도를 수정한 조치가 신뢰보호의 원칙에 위배되거나 행정의 자기구속의 법리에 반하는 것이라 할 수 없다.**"(대판 1992.10.13. 92누2325, 국립공원지정처분부존재확인)

"위법한 행정처분이 수차례에 걸쳐 반복적으로 행하여졌다 하더라도 그러한 처분이 위법한 것인 때에는 행정청에 대하여 자기구속력을 갖게 된다고 할 수 없다."(대판 2009.06.25. 2008두13132, 조합설립추진위원회승인처분취소)

4) **결 어:** 원칙적으로 행정선례가 위법일 경우에는 행정의 자기구속에 따라 '불법에도 평등 있다'고 하여 위법한 행정선례를 계속 반복할 수 없다. 행정의 자기구속은 법률구속의 결여내지 불충분성을 보충하는 것으로서 법률에 반하지 않는 한도 내에서 가능한 것이기 때문에 행

정의 적법성 유지라는 관점에서 볼 때 평등성심사를 위한 비교대상은 적법한 것이어야 한다. 다만, 개별·구체적 사안에서 개별 법규정의 가치와 상대방의 신뢰보호(법적 안정성에 기초한) 등 해당 사안의 구체적 사정을 비교교량하여 예외를 인정할 수 있을 것이다. 예컨대, 법률에 의한 행정의 원리의 위반이 형식적이며 가벼운 경우, 또는 행정이 위법한 결정 등을 반복해온 결과 실질적으로 법률에 의한 행정의 원리를 상대방의 동종사안에서 회복하는 것이 무의미한 경우, 소급적 입법에 의한 위법한 결정 등이 당초에 소급하여 적법화되는 경우 등에는 법률에 의한 행정의 원리라 할지라도 완화될 수 있다.

5. 위반의 효과

행정의 자기구속의 효력은 직접적·대외적 구속력이 아니라 평등원칙을 매개로 한 간접적·사실상의 효력으로서, 행정의 자기구속의 위반을 이유로 재량권의 일탈·남용을 구성하여 위법으로 된다.

제7절 행정법의 효력과 해석 및 적용

Ⅰ. 행정법의 효력

행정법의 효력이란 행정법이 어떠한 범위 내에서 관계자를 구속하는 힘을 가지는가의 문제이며, 이는 시간적·지역적·대인적인 면에서 일정한 한계를 가지는 것이 보통이다.

1. 시간적 효력

(1) 발효시기

행정법령은 그 강행성으로 말미암아 일반국민에게 주지시키기 위하여 공포와 효력발생과의 사이에 일정한 시간적 간격을 두는 것이 원칙이다. 그러나 법령과 조례·규칙에 그 시행일에 관하여 특별한 규정이 없으면 공포한 날로부터 20일을 경과함으로써 효력을 발생한다(헌법 53⑦, 법령등공포에관한법률 13, 지방자치법 26⑧). 공포는 관보에의 게재, 공보나 신문에의 게재, 게시행위 등이 있으며, 공포한 날은 그 법령을 게재한 관보·신문 등이 현실적으로 발행된 날이다. 그런데 관보의 발행시점을 어느 때로 볼 것이냐가 문제이다. 이에 대하여 ① 관보일자설, ② 인쇄완료시설, ③ 발송절차종료시설, ④ 최초구독가능시설 및 ⑤ 지방분포시설 등이 있는 바, 도달주의 입장을 가미하여 관보가 서울의 중앙보급소에 도달하여 일반 국민이 이를 구독하고자 원하면 그것이 가능한 상태에 놓인 최초의 시점으로 보는 최초구독가능시설이 통설·판례의 입장이다.

[판 례] 법령의 시행일

"공포한 날부터 시행하기로 한 법령 등의 시행일은 그 법령이 수록된 관보의 발행일자가 아니고 그 **관보가 정부간행물 판매센타에 배치되거나 관보취급소에 발송된 날**이다."(대판 1970.7.21. 70누76, 행정처분취소)

(2) 불소급의 원칙

1) 의의 및 근거: 불소급(不遡及)의 원칙이란 행정법은 효력발생 이전에 종결된 사실에 대하여는 적용되지 않는다는 원칙이다. 이는 기득권 존중을 중심으로 하는 법적 안정성 · 예측가능성이라는 법치주의적 요청에 기인한 것이다.

2) 소급효의 태양: 법률의 소급효에는 원칙적 소급금지와 예외적인 허용의 진정소급효와, 원칙적 소급허용과 예외적 금지의 부진정소급효가 있다.

(가) 진정소급효의 금지: 진정소급효(眞正遡及效)란 이미 종료된 과거의 사실 또는 법률관계에 소급하여 새 법령의 효력을 미치게 하는 것을 말한다. 이러한 진정소급효는 **허용되지 않는 것이 원칙**이며, 특단의 사정이 있는 경우에만 예외적으로 허용될 수 있다. 이는 개인의 신뢰보호와 법적 안정성을 내용으로 하는 법치국가원리에 의하여 원칙적으로 허용되지 아니한다.

그러나 **예외적으로 소급효가 허용**되는 경우가 있는바, ① 구법 존속에 대한 국민의 신뢰보호가치가 없거나 법률개정에 대한 예견가능성이 있는 경우, ② 소급입법이 당사자에게 유리하거나 손실이 없거나 아주 경미한 손실의 경우, ③ 구법 존속에 대한 신뢰보호의 요청에 우선하는 중대한 공익상의 이유가 있는 경우 등이다.

[판 례] 진정소급입법과 부진정소급입법의 구별과 진정소급입법의 허용기준

"소급입법은 새로운 입법으로 이미 종료된 사실관계 또는 법률관계에 작용케 하는 **진정소급입법**과 현재 진행중인 사실관계 또는 법률관계에 작용케 하는 **부진정소급입법**으로 나눌 수 있는바, **부진정소급입법은 원칙적으로 허용**되지만 소급효를 요구하는 공익상의 사유와 신뢰보호의 요청 사이의 교량과정에서 신뢰보호의 관점이 입법자의 형성권에 제한을 가하게 되는데 반하여, 기존의 법에 의하여 형성되어 이미 굳어진 개인의 법적 지위를 사후입법을 통하여 박탈하는 것 등을 내용으로 하는 **진정소급입법**은 개인의 신뢰보호와 법적 안정성을 내용으로 하는 법치국가원리에 의하여 특단의 사정이 없는 한 헌법적으로 허용되지 아니하는 것이 원칙이고, 다만 일반적으로 국민이 **소급입법을 예상할 수 있었거나 법적 상태가 불확실하고 혼란스러워 보호할 만한 신뢰이익이 적은 경우와 소급입법에 의한 당사자의 손실이 없거나 아주 경미한 경우 그리고 신뢰보호의 요청에 우선하는 심히 중대한 공익상의 사유가 소급입법을 정당화하는 경우 등에는 예외적으로 진정소급입법이 허용**된다."(헌재 1999.7.22, 97헌바76, 구수산업법제2조제7호등위헌소원, 공유수면매립법제6조제2호등위헌소원; 대판 2007.10.11. 2005두5390 등)

"이 사건 귀속조항은 진정소급입법에 해당하지만, **진정소급입법이라 할지라도 예외적으로 국민이 소급입법을 예상할 수 있었던 경우와 같이 소급입법이 정당화되는 경우에는 허용될 수 있다.** 친일재산의 취득 경위에 내포된 민족배반적 성격, 대한민국임시정부의 법통 계승을 선언한 헌법 전문 등에 비추어 **친일반민족행위자측으로서는 친일재산의 소급적 박탈을 충분히 예상할 수 있었고,** 친일재산 환수 문제는 그 시대적 배경에 비추어 역사적으로 매우 이례적인 공동체적 과업이므로 **이러한 소급입법의 합헌성을 인정한다고 하더라도 이를 계기로 진정소급입법이 빈번하게 발생할 것이라는 우려는 충분히 불식될 수 있다.** 따라서 이 사건 귀속조항은 진정소급입법에 해당하나 헌법 제13조 제2항에 반하지 않는다."(헌재 2011.3.31. 2008헌바141,2009헌바14,19,36,247,352,2010헌바91(병합) 전원재판부, 친일반민족행위자재산의국가귀속에관한특별법제2조등위헌소원등)

(나) 부진정소급효의 허용: 부진정소급효(不眞正遡及效)란 이미 과거에 시작하였으나 아직 완성되지 아니하고 현재 진행 중인 사실 또는 법률관계에 효력을 미치게 하는 것을 말한다. 이러한 부진정소급효는 **원칙적으로 허용**된다. 다만, 구법령의 존속에 대한 국민의 신뢰가 개정법령의 적용에 관한 공익성의 요구보다 더 보호가치가 있다고 인정되는 경우에는 소급효적용이 제한될 수 있다. 소급효를 요구하는 공익상의 사유와 신뢰보호의 요청 사이의 교량과정에서 신뢰보호의 관점이 입법자의 입법형성권에 제한을 가하게 된다. 이에 따라 국민의 신뢰보호를 위해 신구관계를 조정하는 경과규정을 부칙에 두는 것이 보통이다.

[판례 1] 법률불소급원칙은 계속 중인 사실에는 부적용

"**행정처분은 근거 법령이 개정된 경우에도 경과규정에서 달리 정함이 없는 한 처분 당시 시행되는 법령과 그에 정한 기준에 의하는 것이 원칙이다.** 개정 법령이 기존의 사실 또는 법률관계를 적용대상으로 하면서 국민의 재산권과 관련하여 종전보다 불리한 법률효과를 규정하고 있는 경우에도 그러한 사실 또는 법률관계가 개정 법령이 시행되기 이전에 이미 완성 또는 종결된 것이 아니라면 개정 법령을 적용하는 것이 헌법상 금지되는 소급입법에 의한 재산권 침해라고 할 수는 없다. 다만 개정 전 법령의 존속에 대한 국민의 신뢰가 개정 법령의 적용에 관한 공익상의 요구보다 더 보호가치가 있다고 인정되는 경우에 그러한 국민의 신뢰를 보호하기 위하여 적용이 제한될 수 있는 여지가 있을 따름이다. **법령불소급의 원칙은 법령의 효력발생 전에 완성된 요건 사실에 대하여 당해 법령을 적용할 수 없다는 의미일 뿐, 계속 중인 사실이나 그 이후에 발생한 요건 사실에 대한 법령적용까지를 제한하는 것은 아니다.** 공무원연금법에 의한 퇴직연금수급권은 그 기초가 되는 퇴직이라는 급여의 사유가 발생함으로써 성립하지만, 그 내용은 급부의무자의 일회성 이행행위에 의하여 만족되는 것이 아니고 일정기간 계속적으로 이행기가 도래하는 계속적 급부를 목적으로 하는 것이다."(대판 2014.04.24. 2013두26552 급여제한및환수처분취소)

[판례 2] 군인연금법 제17조의2제1항등의 퇴직연금급여액 산정기초의 변경

"20년 이상 군인으로 복무하면서 퇴역연금에 대한 기여금을 납입해온 사람이 퇴직하는 경우 장차 받게 될 퇴역연금에 대한 기대는 재산권의 성질을 가지고 있으나 확정되지 아니한 형성 중에 있는 권리이므로, 퇴역연금급여액의 산정기초를 종전의 '퇴직 당시의 보수월액'에서 '최종 3년간 평균보수월액'으로 변경한 것은 **부진정소급입법에 해당되는 것이어서 원칙적으로 허용**된다. 다만 종래의 법적 상태의 존속을 신뢰한 청구인들에 대한 신뢰보호만이 문제될 뿐인데, 퇴역연금의 산정을 평균보수월액에 기초하도록 개정한 것은 종국적으로 군인연금재정의 악화를 개선하여 연금제도의 유지·존속을 도모하려는 데에 목적이 있고, 그와 같은 입법목적의 공익적 가치는 매우 크다고 하지 않을 수 없으므로 신뢰보호의 원칙에 위배된다고 보기 어렵다."(헌재 2003.9.25. 2001헌마194)

(3) 효력소멸

일정한 유효기간이 규정되어 있는 한시법의 경우에는 그 기간의 만료로 효력이 상실되지만, 시행시기의 한정이 없는 경우에는 ① 해당 법령 또는 동위(同位), 상위의 법령에 의한 명시적 개폐(改廢)가 있거나, ② 해당 법령과 저촉되는 동위, 상위의 후법의 제정으로 효력이 상실된다.

2. 지역적 효력

행정법규는 이를 제정한 기관의 권한이 미치는 지역 내에서만 효력을 가지는 것이 원칙이다. 즉, 법률이나 대통령령·총리령·부령은 전 영토에 걸쳐 효력을 가지며, 지방자치단체의 조례·규칙은 해당 지방자치단체의 구역 내에서만 효력을 가지는 것이 원칙이다. 그러나 예외적으로 제정기관의 권한이 미치는 지역의 일부에만 적용되는 경우(예; 수도권에 관한 법령 등), 제정기관의

관할구역 외에서 적용되는 경우(예; 공공시설의 사용료 징수조례 등), 국제법상 치외법권(治外法權)을 가지는 경우 등도 있다.

3. 대인적 효력

행정법규는 원칙적으로 속지주의(屬地主義)에 의하여 영토 내의 모든 사람을 일률적으로 규율한다. 자연인 · 법인 · 내국인 · 외국인의 여하를 불문한다. 다만, 예외가 인정되어 국제법상 치외법권을 가지는 외국원수 및 외교관 등은 우리의 행정법규의 적용이 배제되며, 미합중국군대구성원에 대해서도 행정법규의 적용이 배제 또는 제한되고, 외국인에게도 참정권의 부인, 토지소유의 제한, 출입국의 제한 등 특별규정을 두는 경우가 많다.

Ⅱ. 행정법의 해석

1. 법해석의 종류

1) **유권해석과 무권해석:** 유권해석이란 국가기관에 의한 공적 구속력을 갖는 해석으로, 입법의 형태로 법문자체에서 해석규정을 두는 입법해석과 법원의 판결의 형태인 사법해석 및 행정청이 법을 집행하면서 행하는 행정해석이 있다. 무권해석이란 사인에 의한 학리적 해석으로 공적 강제력은 없으나 유권해석에 영향을 미친다.

2) **문리해석과 논리해석:** 문리해석은 법령의 문장 · 문구의 의의를 어문학적으로 해석하는 방법이고, 논리해석은 법령의 문구에 구애됨이 없이 조문과 법 전체와의 관련성 · 입법목적 · 사회실제의 상황 등을 고려하여 법령의 객관적 의미를 확정하는 해석방법이다. 논리해석은 법규정의 의미에 관한 축소해석 · 확장해석 · 유추해석, 구법이나 외국법 등과 비교 · 대조하여 해석하는 비교해석, 입법의 성립과정 등을 고려한 연혁해석, 그 법이 실현하려는 입법목적에 따라 해석하는 목적해석 등이 있다.

2. 행정법 해석의 방법

① 법령에 사용된 문언의 통상적인 의미에 충실하게 해석하는 것을 원칙으로 한다(문리해석 원칙). ② 법령의 입법취지와 목적, 그 제 · 개정연혁, 법질서 전체와의 조화, 다른 법령과의 관계 등을 고려하는 체계적 · 논리적 해석방법을 추가적으로 사용하여 해석한다(논리해석 추가). ③ 하위법령은 헌법 및 상위법령의 내용 · 체계 · 취지에 합치되게 해석한다(헌법합치적 및 모법합치적 해석). ④ 예외규정 및 침익적 처분의 근거가 되는 행정법규는 엄격하게 해석한다.

3. 법령해석의 요청 및 해석권자

누구든지 법령등의 내용에 의문이 있으면 법령을 소관하는 중앙행정기관의 장(이하 "법령소관기관"이라 한다)과 자치법규를 소관하는 지방자치단체의 장에게 법령해석을 요청할 수 있다(행정기본법 40①). 법령소관기관과 자치법규를 소관하는 지방자치단체의 장은 각각 소관 법령등을 헌법과 해당 법령등의 취지에 부합되게 해석·집행할 책임을 진다(동조②). 법령소관기관이나 법령소관기관의 해석에 이의가 있는 자는 대통령령으로 정하는 바에 따라 법령해석업무를 전문으로 하는 기관[6]에 법령해석을 요청할 수 있다(동조③). 물론 법령의 최종 해석권자는 대법원이다.

[판례 1] 법해석의 방법(문리해석, 목적·연혁·체계해석, 모법합치적해석, 엄격해석 등)

"법은 원칙적으로 불특정 다수인에 대하여 동일한 구속력을 갖는 사회의 보편타당한 규범이므로 이를 해석함에 있어서는 **법의 표준적 의미를 밝혀 객관적 타당성이 있도록 하여야 하고, 가급적 모든 사람이 수긍할 수 있는 일관성을 유지함으로써 법적 안정성이 손상되지 않도록 하여야 한다.** 한편 실정법은 보편적이고 전형적인 사안을 염두에 두고 규정되기 마련이므로 사회현실에서 일어나는 다양한 사안에서 그 법을 적용함에 있어서는 구체적 사안에 맞는 가장 타당한 해결이 될 수 있도록 해석할 것도 또한 요구된다. 요컨대 법해석의 목표는 어디까지나 법적 안정성을 저해하지 않는 범위 내에서 구체적 타당성을 찾는 데 두어야 한다. 나아가 그러기 위해서는 가능한 한 **법률에 사용된 문언의 통상적인 의미에 충실하게 해석하는 것을 원칙으로 하면서, 법률의 입법 취지와 목적, 제·개정 연혁, 법질서 전체와의 조화, 다른 법령과의 관계 등을 고려하는 체계적·논리적 해석방법을 추가적으로 동원함으로써, 위와 같은 법해석의 요청에 부응하는 타당한 해석을 하여야 한다.** 한편 법률의 문언 자체가 비교적 명확한 개념으로 구성되어 있다면 원칙적으로 더 이상 다른 해석방법은 활용할 필요가 없거나 제한될 수밖에 없다."(대판 2009.4.23. 2006다81035; 대판2013.1.17. 2011다83431 등)

"**법률은 법률규정의 문언에 충실하게 해석하는 것이 원칙이나, 그 예외를 인정해야 하는 경우가 있다.** 법률 제정 당시에 입법자가 전혀 예상하지 못했기 때문에 법률로 규정되지 않았거나 불충분하게 규정된 경우도 있고, 법률에 명문의 규정이 있지만 시대가 바뀌고 사회가 달라짐에 따라 법률과 실제 생활 사이에 불가피하게 간격이 생기는 경우도 있다. 이러한 경우 법원은 형식적인 자구 해석에 얽매일 것이 아니라 **법률이 구현하고자 하는 입법 목적이 무엇인가를 헤아려서 필요한 한도에서 명문규정의 의미를 확대하거나 축소·제한하는 해석을 함으로써 실질적인 법형성적 기능을 발휘해야 한다.**"(대판 1998.4.23. 95다36466 등)

"국가의 법체계는 그 자체로 통일체를 이루어야 하므로, **하위 규정의 의미는 상위 법령의 내용, 체계, 입법 취지에 합치되는 방향으로 해석하여야** 한다."(대판 2018.6.21. 2015두48655) "어느 시행령이나 조례의 규정이 모법에 저촉되는지가 명백하지 않는 경우에는 모법과 시행령 또는 조례의 다른 규정들과 그 입법 취지, 연혁 등을 종합적으로 살펴 모법에 합치된다는 해석도 가능한 경우라면 그 규정을 모법위반으로 무효라고 선언해서는 안 된다. 이러한 법리는, 국가의 법체계는 그 자체 통일체를 이루고 있는 것이므로 상·하규범 사이의 충돌은 최대한 배제되어야 한다는 원칙과 더불어, 민주법치국가에서의 규범은 일반적으로 상위규범에 합치할 것이라는 추정원칙에 근거하고 있을 뿐만 아니라, 실제적으로도 하위규범이 상위규범에 저촉되어 무효라고 선언되는 경우에는 그로 인한 법적 혼란과 법적 불안정은 물론, 그에 대체되는 새로운 규범이 제정될 때까지의 법적 공백과 법적 방황은 상당히 심각할 것이므로 이러한 폐해를 회피하기 위해서도 필요하다."(대판 2014.01.16. 2011두6264)

"일반적으로 **예외 규정은 엄격하게 해석하여야 하며**, 예외 규정의 해석이 명확하지 않은 경우에는 원칙으로 돌아가야 하고 예외 규정을 확장해석해서는 아니 된다."(대판 2011.6.24. 2011두2705 등)

"**침익적 행정처분의 근거가 되는 행정법규는 엄격하게 해석·적용하여야 하고 행정처분의 상대방에게 불리한 방향으로 지나치게 확장해석하거나 유추해석해서는 안 된다.** 그러나 문언의 통상적인 의미를 벗어나지 않는 한 그 입법 취지와 목적 등을 고려한 목적론적 해석은 허용된다."(대판 2018.5.30. 2017두46127 등)

[판례 2] 법령의 최종 해석권자

"관계 법령들 사이에 모순·충돌이 있는 것처럼 보일 때 그러한 모순·충돌을 해소하는 법령해석을 제시하는 것은 법령에 관한 최종적인 해석권한을 부여받은 대법원의 고유한 임무이다."(대판 2018.6.21. 2015두48655)

6) 대통령령인 「법제업무 운영규정」 제26조 제1항에 따라 법령해석기관은 법무부와 법제처이다.

Ⅲ. 행정법의 적용

1. 행정법 적용의 의의

행정법의 적용이란 행정법의 내용 내지 효력을 구체적 사실에 실현하는 것을 말한다. 즉, 실제 행정법관계에서 발생한 일정한 구체적 사실에 일반적·추상적인 행정법 규정을 맞추어 넣음으로써 소정의 법률효과를 이끌어 내는 것을 말한다. 행정법의 적용은 행정기관에 의한 경우와 법원의 재판을 통한 경우가 있다.

2. 행정법의 적용순서

1) 상위법 우선의 원칙: 국가의 법체계는 헌법, 법률, 명령, 자치법규 등의 순서로 되어 있는바, 구체적인 사안에의 법적용의 순서는 일반적으로 구체화된 하위법부터 적용한다. 그러나 하위법은 상위법에 저촉될 수 없고 하위규범은 모법합치적 법률해석의 원칙이 적용된다.

2) 특별법 우선의 원칙: 일반법은 보편적·추상적인 것을 규율하는 것인데 대하여 특별법은 특수적·구체적인 것을 규율한다. 어떤 사안에 적용될 위 두 법이 존재하는 경우에는 특별법이 먼저 적용되고 특별법에 없는 사항에 대해서 일반법이 적용된다.

3) 신법 우선의 원칙: 종래의 법을 구법이라 하고 새로 개정된 법을 신법이라 하는바, 적용시점에 구법이 개정되어 신법이 현행법으로 존재하는 경우에는 그 신법에 달리 정함이 없는 한 신법이 적용된다.

3. 행정법 적용의 기준

1) 소급적용금지의 원칙: 새로운 법령등은 법령등에 특별한 규정이 있는 경우를 제외하고는 그 법령등의 효력발생 전에 완성되거나 종결된 사실관계 또는 법률관계에 대해서는 적용되지 아니한다(행정기본법 14①). 이와 같이 법령은 그 효력발생 이전의 과거에 소급적용할 수 없다는 법령불소급의 원칙이 적용된다.

2) 처분시의 법령등 적용: 당사자의 신청에 따른 처분은 법령등에 특별한 규정이 있거나 처분 당시의 법령등을 적용하기 곤란한 특별한 사정이 있는 경우를 제외하고는 **처분 당시의 법령등**에 따른다(동조②).

3) 위반행위시의 법령등 적용: 법령등을 위반한 행위의 성립과 이에 대한 제재처분은 법령등에 특별한 규정이 있는 경우를 제외하고는 법령등을 **위반한 행위 당시의 법령등**에 따른다(동조③).

4) 유리하게 변경된 법령등의 적용: 법령등을 위반한 행위를 한 후 법령등이 변경되어 그 행위가 법령등을 위반한 행위에 해당하지 아니하게 되거나 제재처분 기준이 가벼워진 경우에는 해당 법령등에 특별한 규정이 있는 경우를 제외하고는 **변경된 법령등**을 적용한다(동조③단서).

[판 례] 법령의 적용기준(불소급원칙 및 처분시의 법령)

"**법령은 일반적으로 장래 발생하는 법률관계를 규율하고자 제정되는 것이고 법령의 소급적용은 법치주의의 원리에 반하고 개인의 권리·자유에 부당한 침해를 가하며 법률생활의 안정을 위협하는 것이어서 이를 인정하지 않는 것이 원칙이다(법령불소급의 원칙)**. 다만 법령을 소급적용하더라도 일반 국민의 이해에 직접 관계가 없는 경우, 오히려 그 이익을 증진하는 경우, 불이익이나 고통을 제거하는 경우 등의 특별한 사정이 있는 경우에 한하여 예외적으로 법령의 소급적용이 허용될 여지가 있을 따름이다."(대판 2005.5.13. 2004다8630 등).

"**법령이 개정된 경우 개정 법령의 소급적용 여부와 소급적용의 범위는 입법자의 형성 재량에 맡겨진 사항이므로**, 개정 법령의 입법자가 개정 법령을 소급적용하도록 특별한 규정을 두지 않은 이상 법원은 그 개정 전에 발생한 사항에 대하여는 개정 법령이 아니라 개정 전의 구 법령을 적용하는 것이 원칙이다."(대판 2002.12.10. 2001두3228 등)

"**행정처분의 적법 여부는 그 행정처분이 행하여진 때의 법령과 사실을 기준으로** 하여 판단하는 것이 원칙이나, **제재적 행정처분의 경우에는 위법 행위 시점의 법령과 사실관계에 따라** 행정처분의 적법 여부를 판단하여야 한다."(대판 1987.1.20. 86누63).

"인허가 신청 후 처분 전에 관계 법령이 개정·시행된 경우 개정된 법령의 부칙에서 그 시행 전에 이미 인허가 **신청이 있는 때에는 종전의 규정에 의한다는 취지의 경과규정을 특별히 두지 아니한 이상, 행정처분은 그 처분 당시에 시행 중인 법령과 허가기준에 의하여 하는 것이 원칙이다.** 따라서 관할 행정청이 인허가 신청을 수리하고도 정당한 이유 없이 처리를 늦추어 그 사이에 관계 법령 및 허가기준이 변경된 것이 아닌 한, 변경된 법령 및 허가기준에 따라서 한 불허가처분을 위법하다고 할 수 없다. 다만 개정 전 허가기준의 존속에 관한 국민의 신뢰가 개정된 허가기준의 적용에 관한 공익상의 요구보다 더 보호가치가 있다고 인정되는 경우에는 그러한 국민의 신뢰를 보호하기 위하여 개정된 허가기준의 적용을 제한할 여지가 있을 뿐이다."(대판 2005.7.29. 2003두3550 등)

제3장 행정법관계

제 1 절 행정상의 법률관계의 의의

행정상의 법률관계란 행정에 관한 법률관계, 즉 행정에 관한 당사자 상호간의 권리 · 의무의 관계를 말한다. 국가와 국민의 관계는 법치행정의 원리상 법률에 따라 규율되어야 하는데, 여기서 나타나는 법률관계가 행정상의 법률관계이다. 그리하여 행정상의 법률관계는 구체적 사실관계에 일정한 법규범이 적용되고 그 결과 2인 또는 그 이상의 당사자 사이에 법적 효과가 발생함으로써 성립한다.

행정상의 법률관계에는 국가 · 공공단체 등 행정주체와 상대편인 국민간의 법률관계인 행정작용법적 관계와 국가와 공공단체간의 관계, 공공단체 상호간의 관계 및 행정기관 상호간의 관계인 행정조직법적 관계가 포함된다. 그런데 후자는 행정권의 내부조직법상의 관계에 그치는 것이 보통이라는 점에서 엄격한 의미에서 권리주체 상호간의 법률관계로 보기 어렵다. 그러므로 일반적으로 행정상의 법률관계라고 하면 행정작용법적 관계, 즉 행정권의 주체로서의 국가 또는 공공단체와 국민간의 법률관계라고 말할 수 있다.

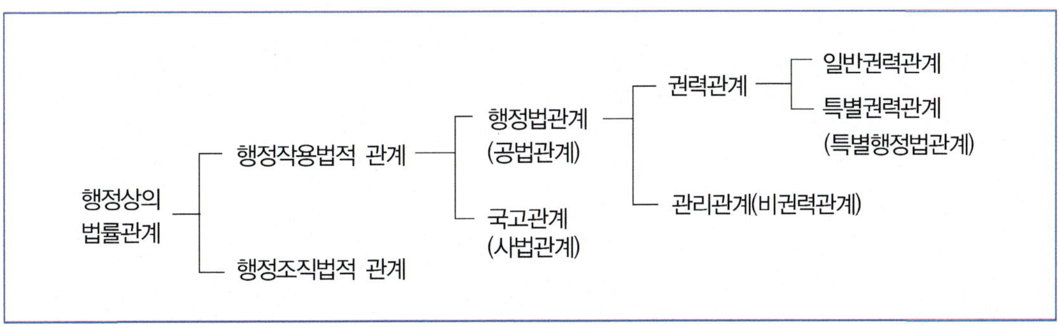

제2절 공법과 사법

Ⅰ. 개 설

행정상의 법률관계에는 공법관계도 있고 사법관계도 있으며, 공법관계를 행정법관계라 하여 사법관계와의 구별은 공법(公法)과 사법(私法)의 구별을 전제로 한다. 대륙법계 국가에서는 군주(또는 국가)에 대하여 사인(私人)과 다른 특수한 지위를 인정하려는 정치적 요청에 기하여 공법과 사법의 구별이 생겨나 이원적 법체계를 확립하였으나, 영미법계 국가에서는 '법의 지배'의 원리에 의해 일원적 법체계를 가지고 있었다. 그러나 오늘날 행정작용의 특수성에 따르는 법기술적 요구에서 제도적·상대적이긴 하나 양자를 구별함이 일반적이다.

Ⅱ. 공법과 사법의 구별의 필요성

1. 절차법상의 필요성

우리나라는 행정소송사건에 대해서도 사법국가주의에 따라 일반법원의 통일적 관할로 하고 있다. 그러나 행정소송법은 행정소송의 특수성을 감안하여 재판의 관할과 절차에 대하여 민사소송법과는 다른 특칙을 두고 있기 때문에 그 구별이 필요하다.

2. 실체법상의 필요성

우리 실정법은 공법과 사법에 따라 법규의 적용을 달리하고 있고, 명문규정으로 구별하지 않은 경우에도 해석상 특정한 법률관계에 적용할 법규·법원칙을 결정해야 하므로 그 구별이 필요하다. 예컨대, 공법에는 행정강제 등 자력강제가 가능하고, 국가 등의 배상책임은 민법이 아니라 국가배상법이 적용된다.

Ⅲ. 공법과 사법의 구별기준

1. 학 설

1) 이익설: 이는 법체계의 목적이 되고 있는 이익을 기준으로 하여 공익을 목적으로 하는 법은 공법이고, 사익을 목적으로 하는 법은 사법이라 한다.

2) 주체설(구주체설): 이는 법관계의 주체를 기준으로 하여 국가 그 밖에 행정주체를 한쪽 당사자로 하는 법률관계를 규율하는 법을 공법이라 하고, 사인상호간의 법률관계를 규율하는 법을 사법이라 한다.

3) 성질설(권력설, 복종설, 종속설): 이는 법관계의 성질을 기준으로 하여 권력적 지배복종관계

를 규율하는 법을 공법이라 하고, 비권력적 대등관계를 규율하는 법을 사법이라 한다.

4) **생활설**: 이는 법이 규율하는 생활관계를 기준으로 하여 정치적 생활관계 또는 단체생활관계를 규율하는 법이 공법이고, 민사적 생활관계 또는 개인 상호간의 법률관계를 규율하는 법이 사법이라 한다.

5) **귀속설**(신주체설, 법규설, 특별법설): 이는 권리의무가 배타적으로 공권력주체에게만 귀속되는 특별법이 공법이고, 누구에게나 권리의무가 귀속되는 법이 사법이라고 한다.

6) **구별부인설**(법일원설): 이는 켈젠(H. Kelsen) 등 순수법학파의 주장으로, 권력설에 대한 비판에서 공법이든 사법이든 법적으로는 모두 법률상 권리의무관계라는 점에서 동일하므로 차이가 없다고 한다.

2. 판 례

판례는 위 여러 학설들을 종합하여 판단하고 있다.

[판례 1] 국유재산 무단점유자에 대한 변상금 부과(공법으로 본 경우)

"국유재산의 무단 점유자에 대한 변상금 부과는 **공권력을 가진 우월한 지위에서 행하는** 행정처분이고, 그 부과처분에 의한 변상금 징수권은 공법상의 권리인 반면, 민사상 부당이득반환청구권은 국유재산의 소유자로서 가지는 사법상의 채권이다. …… 변상금을 부과징수하는 목적은 국유재산의 사용수익으로 인한 이익의 환수를 넘어 **국유재산의 효율적인 보존관리라는 공익을 실현하는데** 있다."(대판 2014.7.16. 2011다76402)

[판례 2] 국유 일반재산 대부료의 징수(공법으로 본 경우)

"국유재산법 제42조 제1항, 제73조 제2항 제2호에 따르면, 국유 일반재산의 관리・처분에 관한 사무를 위탁받은 자는 국유 일반재산의 대부료 등이 납부기한까지 납부되지 아니한 경우에는 국세징수법 제23조와 같은 법의 체납처분에 관한 규정을 준용하여 대부료 등을 징수할 수 있다. 이와 같이 **국유 일반재산의 대부료 등의 징수에 관하여는 국세징수법 규정을 준용한 간이하고 경제적인 특별구제절차가 마련되어 있으므로**, 특별한 사정이 없는 한 민사소송의 방법으로 대부료 등의 지급을 구하는 것은 허용되지 아니한다."(대판 2014.09.04. 2014다203588 건물인도등)

[판례 3] 국유임야 무상양여신청의 법률관계(사법으로 본 경우)

"산림청장이 산림법이나 구 산림법 또는 구산림령 등의 정하는 바에 따라 국유임야를 대부하거나 매각 또는 양여하는 행위는 **사경제 주체로서 상대방과 대등한 입장에서 하는 사법상의 행위**이고 행정청이 공권력을 행사하는 주체로서 상대방의 의사에 불구하고 일방적으로 공권력을 행사하는 행정처분이라고 볼 수 없으므로 원고의 국유임야 무상양여신청서를 반려한 피고의 이 사건 거부처분도 단순한 사법상의 행위일 뿐 행정처분은 아니라 할 것이며, 이 사건 국유임야의 무상양여신청을 한 원고가 구산림법에 의하여 설립된 산림계로서 공법인이라 하더라도 원고에 대한 피고의 무상양여거부행위를 개인이나 사법인에 대한 경우와는 달리 피고가 우월한 지위에서 행사하는 공권력의 행사라고 볼 근거는 없다."(대판 1983.9.27, 83누292)

[판례 4] 국유 일반재산의 대부 및 대부료납부고지의 법률관계(사법으로 본 경우)

"국유잡종재산(현재는 국유일반재산이라 함)에 관한 관리 처분의 권한을 위임받은 기관이 국유잡종재산을 대부하는 행위는 국가가 **사경제 주체로서 상대방과 대등한 위치에서 행하는 사법상의 계약**이고, 행정청이 공권력의 주체로서 상대방의 의사 여하에 불구하고 **일방적으로 행하는 행정처분이라고 볼 수 없으며**, 국유잡종재산에 관한 대부료의 납부고지 역시 사법상의 이행청구에 해당하고, 이를 행정처분이라고 할 수 없다."(대판 2000.2.11, 99다61675)

3. 결 어

(1) 명문규정이 있을 경우

법규가 명문으로 공법관계임을 표시한 규정을 둔 경우로, 이때는 별 문제가 없다. 공법관계임을 규정한 예로는 ① 행정상의 강제집행, ② 행정벌, ③ 행정상의 손해배상 · 손실보상, ④ 행정쟁송, ⑤ 형법상의 공무원에 관한 죄의 성립을 인정하는 특별한 규정(직권남용 · 불법감금 등)을 두고 있는 경우 등이 있다.

(2) 명문규정이 없는 경우

법규가 공법관계임을 명시하고 있지 않을 때에는 양자를 구별하는 제도적 의의와 해당 법규가 규율하고 있는 목적과 내용에 따라 개별적 · 합리적으로 판단하여야 한다(종합절충설). 이러한 입장에서 볼 때, ① 행정목적의 공정 · 확실한 실현을 확보하기 위하여 행정주체에 공권력의 행사를 인정하고 그에 따르는 특수한 효력을 인정하는 경우, ② 공공복리의 실현이라는 행정목적의 효율적 달성을 위하여 사법적 규율과는 다른 법적 취급을 인정하고 있는 경우 등은 공법관계라 할 것이다.

Ⅳ. 공법과 사법의 상호관련

공법과 사법의 구별은 행정목적의 효과적인 달성을 도모하기 위한 법기술적인 입장에서 인정되는 상대적인 것이기 때문에 특정한 행정상 법률관계의 실효성을 확보하기 위하여 필요한 범위 안에서 서로 관련 · 교차하는 경우가 많다. 공법관계에 대한 사법의 적용(개개의 행정법규에 구체적인 규정이 없거나 해석상 의문이 있는 경우), 사법관계에 대한 공법의 개입(예; 국유재산의 불법점유에 대한 대집행절차의 준용 : 국유재산법 74) 등이 그것이다.

제 3 절 행정상의 법률관계의 종류

행정상의 법률관계란 행정주체를 당사자로 하는 모든 법률관계를 말하는데, 넓은 의미로는 행정조직법적 관계와 행정작용법적 관계를 포함하나 보통은 행정작용법적 관계만을 의미한다.

Ⅰ. 행정조직법적 관계

1. 행정조직 내부관계

행정조직 내부관계란 상하급관청 또는 대등관청 상호간의 관계, 기관위임사무에 관한 국가기관의 장과 지방자치단체의 장과의 관계 등을 말한다. 행정조직 내부관계는 권리의무관계가 아니고 직무권한 · 기관권한에 관한 관계이다. 따라서 여기서 발생한 분쟁은 행정기관내부의 문제로 법률상 쟁송이 아니고, 개별적인 특별한 규정이 없는 한 법원에 제소하지 못한다.

2. 행정주체 상호간의 관계

국가와 지방자치단체와의 관계, 지방자치단체 상호간의 관계 등이 있다.

Ⅱ. 행정작용법적 관계

행정작용법적 관계란 행정주체와 그 상대방인 국민 사이의 법률관계를 의미하며, 여기에는 특별한 법적 규율을 받는 공법관계인 권력관계와 관리기관 및 사인과 동일하게 사법적 규율을 받는 국고관계가 있다.

1. 공법관계

행정법관계는 공법의 규율을 받는 법률관계인데, 그의 공익성에 비추어 권력관계임이 보통이나 개인과 대등한 지위에서 행하는 관리관계도 공익의 효율적 실현을 위해 인정하고 있다.

(1) 권력관계(權力關係)

권력관계는 행정주체가 우월한 의사주체의 지위에서 국민에게 일방적으로 명령강제하는 법률관계로서, 상대방에 대하여 공정력·존속력·강제력 등 공법관계의 특색이 가장 현저하게 나타난다. 권력관계에 관한 분쟁은 행정쟁송의 방법에 의하게 된다(예; 조세징수, 행정대집행, 병역부과, 범인체포 등).

(2) 관리관계(管理關係)

관리관계는 행정주체가 재산관리주체의 지위에서 특정한 공공복리의 실현을 위하여 비권력적으로 공적인 재산 또는 사업을 관리경영하는 관계로서, 그러한 공익목적달성에 필요한 한도 안에서만 특별한 공법적 규율을 받을 뿐이고, 그 밖에는 일반적으로 사법(私法)의 적용을 받는다(예; 공기업·공물회계관계 등). 따라서 공법원리가 적용되기 위해서는 실정법에 명문규정이 있거나, 일반 사경제적 관계에서 찾아볼 수 없는 공공적·윤리적 성격이 있다는 것이 입증되어야 한다.

2. 국고관계(사법관계)

(1) 의 의

국고관계는 행정주체가 국고인 사인의 지위에서 재산권의 주체로서 경제적 활동을 내용으로 하는 법률관계이다. 국가나 공공단체와 같은 행정주체가 당사자인 경우에도 행정주체가 우월적 지배자로서가 아니라 국고(國庫), 즉 사인으로서 일반사인에 대하는 경우에는 '같은 성질의 관계는 같은 법규로' 규율되어야 한다는 의미에서 사법의 적용을 받으며 행정법의 대상에서 제외하게 된다.

국고관계의 예로는 국유재산법상의 일반재산의 관리·불하, 국가의 물품구입계약, 공사도급계약, 국고수표발행, 행정주체의 기채모집, 은행으로부터의 일시차입, 국가의 주식회사의 사주인 관계, 국유철도 이용관계, 시영버스 승차관계 등이 있다.

(2) 특별제한

사법관계는 사법의 규율을 받으나 공정성 확보와 공익적 견지에서 특별한 제한이 인정되고 있다. 그러나 이러한 특수규율은 그 대부분이 행정사법(行政私法)으로 그에 의한 법적 제한은 사법행위에 대한 제한에 불과하고 행위 그 자체의 성질을 변경하여 공법행위로 만드는 것은 아니라고 보는 것이 통설·판례이다.

【관리관계와 국고관계의 이동(異同)】

		관 리 관 계	국 고 관 계
차이점	주 체 목 적 성 질 효 과	공법상의 관리권의 주체 행정상 목적실현(공익실현) 공익성, 윤리성 공법적 효과발생	사법상의 재산권의 주체 사법상 목적실현(이윤추구) 경제성 사법적 효과발생
공통점	① 본질적으로 경제적 주체로서 사인에 대하는 경제적 비권력적 관계 ② 본질적·절대적 차이가 있는 것은 아니고 상대적 차이가 있을 뿐이다.		

제4절 행정법관계의 당사자

행정법관계에 있어서의 당사자(當事者)는 권리·의무의 주체이며, 행정법관계는 행정을 하는 자와 그 상대방과의 법률관계이므로 행정법관계의 당사자는 행정주체와 행정객체로 나눌 수 있다.

Ⅰ. 행정주체

행정주체(行政主體)란 행정권의 담당자로서 실제로 행정권을 행사하고, 그 법적 효과가 궁극적으로 귀속되는 당사자를 말하며, 일반적으로 상대방보다 우월한 지위에 있다. 행정주체는 행정청의 권한행사의 효과가 궁극적으로 귀속되는 법인격체라는 점에서, 행정주체의 사무를 담당하는 기관인 행정기관 및 행정주체의 의사를 결정하여 외부에 표시할 수 있는 권한을 가진 행정기관인 행정청과 구별된다.

행정주체인 당사자는 국가·공공단체와 이들로부터 행정사무를 위임받은 사인이 있다.

1. 국 가

국가는 하나의 인격을 가진 법인으로서 행정권을 원시적으로 행사하는 권리주체이며, 주무관청에 의하여 대표된다. 국가의 행정주체로서의 지위는 누구로부터 전래된 것이 아니고 국가에 시원적(始原的)으로 존재하는 지배권으로부터 나오는 것이다. 다만, 국가가 그 행정사무를 자치단체의 기관 또는 사인에게 위임한 경우에도 행정주체는 여전히 수임자에 의하여 대표되는 국가인 것이다.

2. 공공단체

(1) 지방자치단체

지방자치단체란 국가의 영토 내의 일정한 지역 및 그 지역의 주민으로 구성되어, 그 지역 내에서 일정한 통치권을 행사하는 공공단체이다. 이에는 보통지방자치단체(예; 서울특별시 · 광역시 · 도 · 시 · 군 · 자치구)와 특별지방자치단체(예; 지방자치단체조합)가 있다. 지방자치단체의 기관에는 의결기관과 집행기관이 있으며, 이 기관들을 통하여 지방자치단체의 고유한 자치사무와 국가로부터 위임받은 위임사무를 처리한다.

(2) 공공조합

공공조합이란 특정한 국가목적을 위하여 설립된 인적 결합체에 법인격이 부여된 것을 말한다. 공공조합은 지역을 필수적 구성요소로 하지 않으며, 특정한 국가목적을 위하여 설립되는 단체인 점에서 국가 또는 지방자치단체와 구별된다. 공공조합의 예로는 재개발조합, 농업협동조합, 건설공제조합, 의료보험조합, 상공회의소, 변호사회 등이 있다.

(3) 영조물법인

영조물법인이란 특정한 국가목적에 제공된 인적 · 물적 종합시설에 법인격이 부여된 것을 말하며, 특정한 행정목적의 수행을 위하여 필요한 한도 내에서 행정주체의 지위에 서게 되고, 사법인과 다른 취급을 받는 점에서 공공조합의 경우와 같다. 한국조폐공사 · 한국방송공사 등 각종 공사, 국립대학병원, 과학기술원 및 한국은행 등 국책은행이 이에 속한다.

(4) 공법상의 재단

공법상의 재단이란 국가나 지방자치단체가 출연한 재산을 관리하기 위하여 설립된 재단법인인 공공단체이다. 공법상의 재단은 일정한 행정목적을 위하여 출연된 재산의 결합체로서 수혜자만 있을 뿐이라는 점에서 인적 · 물적 수단의 결합체인 영조물법인과 다르다. 그 예로는 한국연구재단과 한국학중앙연구원 등이 있다.

[판 례] 변호사회는 공법상의 사단법인으로 행정주체인 공공조합에 해당

"**변호사회는 공법상의 사단법인이고, 변호사회의 사무 중 변호사의 지도, 감독 등의 사무에 관하여는, 국가가 이를 공행정(公行政)의 일부로 인정하고, 그 사무에 대한 감독과 통제를 실시하면서, 지방변호사회에게 이와 관련하여 소속 변호사에 대한 공권(감독권이나 지방변호사회를 경유한 대한변호사협회 등록 등)을 부여하고 있는 점에 비추어 볼 때 지방변호사회는 행정주체의 하나인 공공조합에 해당한다**고 봄이 상당하고, 지방변호사회가 소속 변호사에 대하여 행하는 겸직허가행위는 지방변호사회가 소속 변호사 사이에 맺는 공법관계에서 우러나는 것이고, 직업선택의 자유나 영업의 자유를 제한하는 것을 의미하는 변호사의 영리 목적 업무 경영 제한을 해제하여 주는 강학상 '허가'에

해당하는 것이므로, 지방변호사회의 겸직허가행위는 항고소송으로 그 위법 여부를 다툴 수 있는 행정소송법상의 처분에 해당한다."(서울행법 2003.04.16. 2002구합32964, 겸직불허처분취소)

3. 공무수탁사인

(1) 의 의

공무수탁사인(公務受託私人)이란 법령에 의하여 공행정사무를 위탁받아 자신의 이름으로 처리할 수 있는 권한을 부여받은 사인을 말한다. 사인(私人)은 보통 행정권의 지배의 대상이 되나, 예외적으로 국가적 공권을 수여받아 그 수권된 범위 안에서 행정주체의 지위에 서게 되는 경우이다. 공무수탁사인은 자신의 책임 하에 자신의 명의로 권한을 행사하고, 그 법적 효과의 귀속주체가 되지만, 국가는 공무수탁사인에 대하여 위임사무 처리에 대하여 지휘·감독권을 가진다. 공무수탁사인은 사적인 자발성과 전문기술성 및 경제성을 활용하여 행정부담을 완화하고 사무처리의 효율성을 기할 수 있는 한편, 책임행정을 어렵게 할 수 있다는 점이 지적되고 있다.

공무수탁사인의 예로는, ① 토지수용에 있어서의 사인인 기업자(공익사업을위한토지등의취득및보상에관한법률 19), ② 별정우체국장(별정우체국법 5), ③ 가족관계등록·경찰사무를 행하는 상선의 선장(가족관계의등록등에관한법률 49, 91 등), ④ 학위를 수여하는 사립대학장(고등교육법 35), ⑤ 교정업무를 위탁받은 민간교도소(민영교도소등의설치·운영에관한법률 3), ⑥ 공증업무를 수행하는 공증인(공증인법 11) 등을 들 수 있다.

[판 례] 공무수탁사인의 성질

"**공무수탁사인은 자신의 책임하에 자신의 명의로 권한을 행사하고, 그 법적 효과의 귀속 주체가 되지만, 국가는 공무수탁사인에 대하여 위임사무 처리에 대하여 지휘·감독권을 가지고 있다.** 방송위원회와 자율심의기구 사이에 체결된 업무위탁계약서 제7조에 따르더라도 방송위원회는 위탁업무에 대해 심의기구를 지휘, 감독하고, 필요한 경우 위탁업무와 관련된 지시 및 조치를 할 수 있으며, 위탁업무 처리가 위법 또는 부당한 경우 그 처분을 취소하거나 정지시킬 수 있다. 이러한 경우 행정주체는 사인이 아니라 바로 그에게 공권을 수여한 국가 또는 공공단체 자신이라 할 것이며, 공무수탁사인의 공권력 행사는 국가가 행하는 것과 법적 효과 측면에서 전혀 다르지 않다."(헌재 2008.06.26. 2005헌마506 전원재판부 방송법제32조제2항등위헌확인)

(2) 구별개념

공무수탁사인은 행정권한을 자신의 책임과 명의로 독립적으로 수행하는 자이므로, 행정의 보조자나 공의무부담사인과 구별된다.

1) 공의무부담사인: 공의무부담사인(公義務負擔私人)은 공행정수행의무가 부담되나 공행정권한이 부여되지 않아 사인의 신분으로 활동하며 제3자와의 관계는 사법상의 법률관계에 해당한다. 석유비축의무를 지는 석유업자(석유및석유대체연료사업법 17), 공무원에 대한 원조의무를 지는 자(경범죄처벌법 3(29)) 및 소득세원천징수의무자(소득세법 127,128)(판례) 등을 들 수 있다.

[판 례] 소득세원천징수행위는 공권력행사 아님

"원천징수의무자는 소득세법 제142조 및 제143조의 규정에 의하여 자동적으로 확정되는 세액을 수급자로부터 징수하여 과세관청에 납부하여야 할 의무를 부담하고 있으므로 그의 원천징수행위는 법령에서 규정된 징수 및 납부의 무를 이행하기 위한 것에 불과한 것이지, 공권력의 행사로서의 행정처분을 한 경우에 해당되지 아니 한다."(대판 1990.3.23. 89누4789)

2) 행정보조자: 행정보조자(行政補助者)는 행정주체와 사법상 계약에 근거하여 행정청의 지시에 따라 활동하며, 자기의 이름으로 독자적인 권한행사를 할 수 없다. 예컨대, 자동차견인업자(도로교통법 36), 생활폐기물 수집・운반・처리 대행업자(폐기물관리법 14②), 공시지가의 조사・평가・타당성 검증하는 감정평가사(부동산가격공시및감정평가에관한법률 5②) 등을 들 수 있다.

(3) 법적 근거

공무수탁의 법적 근거로는, 정부조직법 제6조 제3항 "행정기관은 법령이 정하는 바에 따라 그 소관 사무 중 조사・검사・검정・관리업무 등 국민의 권리・의무와 직접 관계되지 아니하는 사무를 지방자치단체가 아닌 법인・단체 또는 그 기관이나 개인에게 위탁할 수 있다."고 하는 규정 외에, 지방자치법 제104조 제3항 및 기타 개별법(공익사업을위한토지등의취득및보상에관한법률, 별정우체국법 등)이 있다.

(4) 공무수탁의 본질

1) 학 설: 공무수탁의 대상과 관련하여 공무수탁의 본질이 무엇인가에 대하여, ① 국가임무의 수행이 위탁된 것이라는 **임무위탁설**, ② 국가기능이 위탁된 것이라는 **기능위탁설**, ③ 특정한 공행정의 권한이 위탁된 것이라는 **법적 지위설**(다수설)의 대립이 있다. 생각건대, 공무수탁사인이란 일정한 고권적인 행정권한이 부여된 사인을 의미한다는 점에서, 또한 위탁의 대상을 보다 명료하게 규정하고 한계 짓는다는 점에서 법적 지위설이 타당하다.

2) 공행정권한 여부의 판단: 사인에게 위탁되는 사무가 고권적인 행정권한인지의 여부에 대하여는 그 권한의 근거법령, 목적, 방법, 내용, 분쟁해결에 관한 특별규정의 존재여부 등 여러 가지 점을 종합적으로 검토하여 판단하여야 할 것이다.

(5) 공무수탁사인의 법률관계

1) 공무수탁사인과 공무위탁자의 관계

(가) 공무수탁사인의 권리・의무: 공무수탁사인은 수탁받은 내용에 따라 일정한 권리와 의무가 발생한다. 즉, 공무수탁사인은 수탁공무를 자신의 명의와 책임으로 수행하며, 수탁 공무를 수행할 권리・의무에 수반하여 행정강제권(강제징수권・수용권 등) 등 특권이 부여되기도 한다.

(나) 공무위탁의 법적 성질: 공무위탁계약은 국가적 공권을 부여하므로 공법상의 계약으로 볼 수 있고, 공무를 위탁하는 행정행위는 특허라고 할 수 있다.

(다) 공무위탁의 법률관계: 공무위탁의 법률관계는 특별행정법관계의 한 유형인 공법상 특별감독관계에 해당한다. 따라서 공무위탁자는 공무수탁사인의 위임사무의 처리에 대하여 지휘・감독권을 가진다.

2) 공무수탁사인과 제3자의 관계

(가) 행정쟁송: 공무수탁사인은 제3자에 대하여 행정주체의 지위를 가지므로 행정행위나 행정강제 등을 할 수 있는 지위에 있게 된다. 따라서 공무수탁사인의 고권적 조치에 대해서는 행정쟁송을 제기할 수 있다. 공무수탁사인은 행정쟁송법상 행정청에 해당하므로(행정심판법 2(4), 행정소송법 2②) 행정심판의 피청구인이나 항고소송의 피고로 될 수 있다.

(나) 손해배상: 공무수탁사인이 위법한 수탁공무의 집행으로 타인에게 손해를 가한 경우에 배상책임자에 대하여 견해가 나뉜다. 즉, ① 공행정작용의 법적 효과는 행정주체에게 귀속되므로 행정주체인 공무수탁사인이 배상책임자라는 **공무수탁사인설**과, ② 국가배상법 제2조 제1항에서 공무원 또는 공무수탁사인의 위법한 직무집행으로 인한 손해에 대해 국가나 지방자치단체가 배상하도록 규정하고 있으므로 국가나 지방자치단체가 배상책임자라는 **국가·지방자치단체설**이 대립하고 있다. 생각건대, 국가배상법이 2009년 개정되면서 제2조 제1항에서 공무를 위탁받은 사인을 공무원으로 규정하고 있으므로 수탁공무의 귀속주체에 따라 국가 또는 지방자치단체가 배상책임자라 할 것이므로 국가·지방자치단체설이 타당하다.

(다) 손실보상: 「공익사업을 위한 토지 등의 취득 및 보상에 관한 법률」 제61조에서 사업시행자가 보상하도록 규정하고 있으므로 공무수탁사인이 공익사업의 사업시행자인 경우에는 손실보상책임을 부담한다.

Ⅱ. 행정객체

행정객체(行政客體)란 행정작용의 상대방으로서 행정권 발동의 대상이 되는 자를 말한다. 사인이 원칙이나 국가와 다른 공공단체와의 관계에서 공공단체도 행정객체의 지위에 선다.

제5절 행정법관계의 특질

행정법관계는 법률에 의하여 인정된 권리의무관계라는 점에서는 본질적으로 사법관계와 차이가 없으나, 행정법관계는 실정법상 행정주체가 우월한 의사주체(意思主體)로서 국민에 대하여 명령강제하는 부대등관계이므로 사법관계와 다른 특질이 인정되고 있다. 그런데 이러한 행정법관계의 특질은 행정법관계에 본질적으로 내재하는 고유한 것이 아니고, 행정목적의 효율적 달성을 위하여 실정법에 의하여 특별히 부여된 것이라 할 수 있다.

Ⅰ. 공정력

행정법관계에서 행정주체의 의사에는 그 성립에 비록 흠(위법·부당)이 있다 할지라도, 그 흠이 중대하고 명백하여 당연 무효로 되는 경우를 제외하고는 적법의 추정을 받아 유효한 것으로 통용되어 권한있는 기관에 의하여 취소될 때까지는 누구도 그 효력을 부인할 수 없는 힘을 가진다. 이것을 행정의사의 공정력(公定力)이라고 한다. 이러한 공정력은 행정주체의 의사에 당연히 내재하는 것이 아니라 행정법관계의 안정 · 상대방의 신뢰보호 · 행정목적의 달성 등을 위하여 실정법이 규정함으로써 인정된다. 왜냐하면 행정주체의 의사에 흠이 있다 하여 누구라도 임의로 그것을 부정할 수 있으면 법적 혼란이 초래되고 행정목적의 달성이 어려워지기 때문이다.

Ⅱ. 존속력(확정력)

행정법관계에서 행정주체의 행위는 공공성을 가지는 까닭에 법적 생활의 안정성을 위하여 자유로이 변경할 수 없는 힘을 가지는 데, 이를 행정의사의 존속력이라 한다. 여기에는 불가쟁력과 불가변력의 두 가지가 있다.

1. 불가쟁력(형식적 존속력)

행정주체의 행위에 흠이 있다 할지라도 그에 대한 불복기간이 도과하거나 쟁송절차를 다 마친 때에는 그 행정법관계가 확정되어 상대방은 더 이상 그 효력을 다툴 수 없게 되는 바, 이것을 불가쟁력(不可爭力)이라 한다. 이러한 불가쟁력을 인정하는 이유는 행정법관계를 신속히 확정하여 법적 안정성을 기하고자 하는데 있다.

2. 불가변력(실질적 존속력)

행정주체의 흠있는 행위는 취소 또는 철회할 수 있는 것이 원칙이나, 일정한 경우에는 행정청 자신이라고 하더라도 이를 취소 · 철회할 수 없는 바, 이를 불가변력(不可變力)이라 한다. 불가변력은 행정주체의 행위에 의하여 법률관계가 형성되기 때문에 법률생활의 안정 및 당사자 등의 신뢰보호를 위하여 인정되며, 이는 일정한 쟁송절차를 거쳐 행하여지는 준사법적 행위(準司法的行爲) 및 수익적 행정행위에 요구된다.

Ⅲ. 강 제 력

행정법관계에서는 행정의사의 실효성을 확보하기 위하여 강제력이라는 우월한 힘이 인정되는 바, 이에는 자력집행력과 제재력으로 나타난다.

1. 자력집행력(自力執行力)

행정주체는 행정의사의 표시로서 부과한 행정상 의무를 상대방인 의무자가 이행하지 아니할 때에는 사법권의 힘을 빌리지 않고 스스로의 힘으로 그 의무를 이행시킬 수 있는 바, 이를 자력집행력이라 한다. 자력집행력은 상대방에게 의무를 부과하고 그 의무를 불이행할 경우에 강제집행할 수 있다는 실정법의 규정이 있는 경우에 인정된다.

2. 제재력(制裁力)

행정법관계에서 상대방이 행정상의 의무를 위반하였을 때에는 그에 대한 제재로서 행정벌을 과할 수 있다.

Ⅳ. 권리·의무의 특수성

사법관계에서의 권리·의무는 그 당사자 사이의 상반되는 이해의 조절을 그 내용으로 하는데, 공법관계에서의 권리·의무는 공익을 위해 인정되는 것이므로 권리인 동시에 의무가 수반되는 상대적 성질을 가진다. 따라서 사법관계에서와는 달리 공법관계의 권리·의무는 이전·포기가 제한되고, 특별한 보호와 강제가 가하여진다.

Ⅴ. 권리구제수단의 특수성

1. 행정상 손해전보

사법관계에 있어서 일방 당사자의 권리침해는 민사소송에 의한 손해배상청구에 의하나, 행정법관계에 있어서는 위법한 권리침해에 대해서는 '행정상 손해배상', 적법한 행위로 인한 권리침해에 대해서는 '행정상 손실보상'의 청구가 인정된다. 행정상 손해전보의 청구소송은 공법상 권리관계에 관한 소송으로서 행정소송에 의해야 한다는 것이 통설이나, 우리의 소송실무상으로는 민사사건으로 다루고 있다.

2. 행정쟁송

행정법관계에 관한 쟁송수단은 국가에 따라 다른 바, 우리나라는 영미법계의 사법국가주의를 채택하여 행정사건도 일반법원의 관할로 하고 있다. 그러나 행정심판법·행정소송법 등에서는 행정행위의 특수성에 비추어 행정법원의 관할, 출소기간의 제한 등 쟁송절차에 대한 많은 특례를 인정하고 있다.

제 6 절 행정법관계의 내용

Ⅰ. 개 설

행정법관계의 내용이란 행정법관계의 당사자가 행정법관계에서 가지는 권리・의무를 말한다. 행정법관계의 내용은 권리・의무의 관계라는 점에서 사법관계와 본질적인 차이는 없다. 다만, 사법관계에서는 사적 자치의 원칙이 인정되어 권리・의무의 발생・변경・소멸이 원칙적으로 사인의 자유로운 의사에 의해 결정되는데 대하여, 행정법관계에서는 법령에 의거한 행정청의 일방적인 의사에 따라 결정되는 것이 보통이라는 데에 차이가 있다. 행정법관계에서의 권리・의무를 각각 공권・공의무라 한다.

Ⅱ. 공 권

1. 공권의 개념

공권(公權)은 공법상의 권리이며, 공법관계에서 권리주체가 직접 자기를 위하여 일정한 이익을 주장할 수 있는 법상의 힘으로서 법의 보호를 받는 이익이다. 공권은 법에 의해 보호되는 이익이기 때문에 그것이 침해된 경우에는 소송 등에 의해 법적 구제를 받을 수 있다. 따라서 그 이익을 주장할 수 있는 법률상의 힘이 인정되지 아니하고, 법이 단순히 국가 등 행정주체 또는 개인의 작위・부작위를 규정하고 있는 결과로 발생하는 반사적 이익과 구별된다.

공권은 그 권리주체에 따라 국가적 공권과 개인적 공권으로 나눌 수 있다.

2. 국가적 공권

(1) 국가적 공권의 의의와 종류

국가적 공권이란 국가 또는 공공단체 등 행정주체가 우월한 의사주체(意思主體)로서 상대방인 개인에 대하여 가지는 권리이다. 그런데 국가적 공권은 국가기관이 상대방에 대해 가지는 활동의 범위로 보아야 하므로 권리라기 보다는 권한 또는 권능으로 표현함이 적절할 것이다.[1] 국가적 공권은 국가의 사적인 이익보호를 목적으로 하는 것이 아니라 일반적 이익(공공의 이익)의 옹호를 목적으로 한다. 이러한 국가적 공권은 목적에 따라 조직권・경찰권・규제권・공기업특권・공용부담권・재정권・군정권 등으로 나눌 수 있고, 그 내용에 따라서는 하명권・강제권・형성권・공법상의 물권적 지배권 등으로 나눌 수 있다.

---

1) **권리**는 특정 이익의 향유를 목적으로 법률상 부여된 힘으로 공권과 사권이 있으며, **권한**은 법인의 내부에서 법인의 기관이 갖는 일의 범위를 말하고, **권능**은 권리 속에 포함되어 있는 개개의 작용을 말한다(예; 소유권 속의 사용권과 수익권 및 처분권 등). **권원**은 어떤 법률상 또는 사실상 행위를 정당화시키는 법률상의 근거를 말한다(예 : 타인의 토지를 이용할 수 있는 지상권・임차권 등).

(2) 국가적 공권의 특수성

국가적 공권은 행정주체가 우월한 의사의 주체로서 행정객체에 대하여 가지는 지배권으로서의 성질을 갖기 때문에 행정주체의 일방적인 명령 · 강제 · 형성 등을 그 내용으로 함을 특징으로 한다. 또한 국가적 공권의 행사에는 공정력 · 존속력 · 강제력 등의 특수한 효과가 수반되는 것이 보통이다.

3. 개인적 공권

(1) 개인적 공권의 의의

개인적 공권이란 우월한 의사주체인 국가 또는 공공단체, 그 밖에 국가로부터 공권력을 부여받은 자에 대하여 상대방인 개인이 가지는 권리이다. 즉, 개인적 공권은 개인이 자기의 이익을 위하여 국가 등에 대하여 작위 · 부작위 · 수인 · 급부 등 일정한 행위를 요구할 수 있는 법적인 힘을 말한다.

개인적 공권은 개인의 권리주체성을 인정하여 국가에 대하여 법규범의 준수를 요구하고 법규범을 관철시킬 수 있는 법률상의 힘(가능성)을 가지게 한다. 또한 공권의 침해만이 항고소송의 대상이 된다는 점에서 항고소송의 허용요건으로서 소송상의 여과기능을 한다.

(2) 개인적 공권의 성립요소

개인적 공권론은 19세기 법치국가의 성립을 전제로 하며, 옐리네크(G. Jellinek)의 지위이론(국민의 국가에 대한 소극적 지위 · 적극적 지위 · 능동적 지위 · 수동적 지위)에 의해 기초가 마련되고 뷸러(O. Bühler)에 의하여 체계화되었다.

종래에는 개인적 공권의 성립요건으로서 '뷸러'(Bühler)가 제시한 다음의 3요소를 들었다.

1) **강행법규의 존재:** 공권이 성립하기 위해서는 국가 등 행정주체에게 일정한 행위의무를 발생시키는 강행법규(强行法規)가 존재하여야 한다. 공권도 그에 상응하는 의무를 전제로 하는 것이므로 행정법상의 강행법규에 의하여 행정주체에게 일정한 행위의무가 부과되어 있어야 한다. 따라서 행정주체의 특정한 행위의무는 기속행위에서 존재함이 일반적이지만, 재량행위의 경우에도 하자 없는 재량권행사의 의무가 있고, 재량권이 영으로 수축된 경우에도 행위의무가 존재한다.

2) **사익보호성:** 공권이 성립하기 위해서는 법규가 개인의 이익보호를 의도하고 있어야 한다. 해당 법규의 목적 · 취지가 전적으로 공익추구에 있는 것이 아니라 관계인의 이익도 보호하고자 하는 제3자 보호규범의 성질을 가지는 것이어야 한다. 해당 법규가 단지 공익 또는 일반적 이익을 보호하고 있거나 법적으로 보호되지 않는 순수한 경제적 · 정치적 · 문화적 또는 그 밖의 사실상 이익을 보호하는 것으로는 불충분하다.

사익보호(私益保護)의 판단기준은 ① 해당 처분의 근거법규, ② 관련 법규 및 ③ 헌법상의 기본권까지 종합적으로 파악하여 판단하여야 할 것인 바, 명시적인 규정이 없는 경우에도 법규범의 취지・목적 등을 고려하여 합리적으로 판단하여야 한다.

3) **청구권능의 부여성:** 국가에 대하여 그 이익을 보호받을 수 있는 청구권능(請求權能)이 존재하여야 한다. 즉, 관계인의 법적 이익을 궁극적으로 소송에 의하여 관철할 수 있는 의사력 또는 법적 힘이 개인에게 부여되어 있어야 한다. 공권이 존재하고 있을 때에만 소송의 방법에 의하여 그 침해를 방어하고 일정한 행위를 요구할 수 있다.

[판례 1] 직접 법령에 의해 발생하는 경우와 행정청의 결정에 의해 발생하는 경우

"공법상 각종 급부청구권은 행정청의 심사・결정의 개입 없이 **법령의 규정에 의하여 직접 구체적인 권리가 발생하는 경우와 관할 행정청의 심사・인용결정에 따라 비로소 구체적인 권리가 발생**하는 경우로 나눌 수 있다. 이러한 **두 가지 유형 중 어느 것인지는 관계 법령에 구체적인 권리의 존부나 범위가 명확하게 정해져 있는지, 행정청의 거부결정에 대하여 불복절차가 마련되어 있는지 등을 종합하여 정해진다.**

그중 사회보장수급권은 법령에서 실체적 요건을 규정하면서 수급권자 여부, 급여액 범위 등에 관하여 행정청이 1차적으로 심사하여 결정하도록 정하고 있는 경우가 일반적이다. 이 사건 육아휴직급여 청구권도 관할 행정청인 직업안정기관의 장이 심사하여 지급결정을 함으로써 비로소 구체적인 수급청구권이 발생하는 경우로 앞서 본 후자의 유형에 해당한다. 대법원 판례도 사회보장수급권에 관하여 구 「광주민주화운동 관련자 보상 등에 관한 법률」(2006. 3. 24. 법률 제7911호로 개정되기 전의 것)상 보상금(대판 1992.12.24. 92누3335), 석탄산업법상 재해위로금(대판 1998.12.23. 97누5046 등)과 같은 몇몇 사례를 제외하고는 대부분 후자의 유형으로 보고 있다."(대판 2021.3.18. 2018두47264)

[판례 2] 개인적 공권 성립(근거규정과 개인의 이익)이 부인되는 경우

"중요무형문화재 보유자의 추가인정에 관한 구 문화재보호법(2014. 1. 28. 법률 제12352호로 개정되기 전의 것, 이하 같다) 제24조 제1항, 제2항, 제3항, 제5항, 구 문화재보호법 시행령(2014. 12. 23. 대통령령 제25873호로 개정되기 전의 것, 이하 같다) 제12조 제1항 제1호, 제2항, 제3항 등의 내용에 의하면, **중요무형문화재 보유자의 추가인정 여부는 문화재청장의 재량에 속하고, 특정 개인이 자신을 보유자로 인정해 달라고 신청할 수 있다는 근거 규정을 별도로 두고 있지 아니하므로 법규상으로 개인에게 신청권이 있다고 할 수 없다.** 그리고 구 문화재보호법 및 구 문화재보호법 시행령이 개인에게 신청권을 부여하고 있지 아니한 취지는 문화재청장이 개인의 신청에 구애되지 않고 중요무형문화재의 보존과 전승이라는 공익적 관점에서 객관적으로 보유자 추가인정의 필요성 또는 타당성 유무를 판단하도록 함에 있다. 또한 문화재를 보존하여 민족문화를 계승하고, 이를 활용할 수 있도록 함으로써 국민의 문화적 향상을 도모함과 아울러 인류문화의 발전에 기여한다는 문화재보호법의 입법 목적과 중요무형문화재 보유자의 추가인정 절차에 관한 규정 내용 등을 고려할 때, **추가인정에 관한 법령의 규정이 중요무형문화재의 보존이라는 공익 이외에 중요무형문화재의 보유자로 인정될 개인의 이익도 함께 보호하고 있다고 해석되지 아니한다.**"(대판 2015.12.10. 2013두20585, 경기민요보유자추가인정거부처분취소)

(3) 2요소론의 대두

근래 '청구권능 부여성'은 별도의 성립요소로 보지 않는 공권성립 2요소론이 대두함으로써 그만큼 공권개념의 확대를 가져오게 되었다. 이는 독일기본법 제19조 제4항이 "누구든지 공권력에 의하여 자기의 권리를 침해받은 자에게는 제소의 길이 열려져 있다"고 규정하고 있음에 기인하고 있으며, 우리 헌법상의 재판청구권(27), 행정소송법상의 개괄주의(12) 등도 그 논거로서 원용할 수 있다.

(4) 개인적 공권과 기본권과의 관계

개인적 공권의 성립여부는 원칙적으로 관계법규를 기준으로 하여 명시적 규정에 의하여 또는

관계법규의 목적론적 해석을 통하여 판단하여야 한다. 그러나 기본권을 구체화하는 법률이 제정되어 있지 않아 해당 근거법규로부터 공권을 인정하기 곤란한 경우에 예외적으로 헌법상의 기본권침해를 근거로 공권성립을 인정할 수 있는지 문제된다. 이에 관해 견해가 나뉜다.

1) **소극설**: 헌법상 기본권은 일반적・추상적이므로 이를 구체화하는 법률에 근거하여서만 공권이 성립된다고 한다.

2) **적극설**: 개별법규로부터 공권성립이 불가능한 경우에는 예외적으로 권리구제의 실효성을 위해 기본권규정을 보호규범으로 하여 주관적 공권을 성립시킬 수 있다고 한다.

3) **판 례**: 판례는 구체적인 경우에 기본권에 따라 공권성립 여부를 판단한다.

[판례 1] 공권성립을 긍정한 예(헌법상 알권리로부터 정보공개청구권 인정)

"국민의 알 권리, 특히 국가 정보에의 접근의 권리는 우리 헌법상 기본적으로 표현의 자유와 관련하여 인정되는 것으로, 그 권리의 내용에는 자신의 권익보호와 직접 관련이 있는 정보의 공개를 청구할 수 있는 이른바 개별적 정보공개청구권이 포함되고"(대판 1999.9.21, 98두3426)

[판례 2] 공권성립을 긍정한 예(기본권인 경쟁의 자유에 근거한 원고적격 인정)

"국세청장의 지정행위의 근거규범인 이 사건 조항들이 단지 공익만을 추구할 뿐 청구인 개인의 이익을 보호하려는 것이 아니라는 이유로 청구인에게 취소소송을 제기할 법률상 이익을 부정한다고 하더라도, 청구인의 기본권인 경쟁의 자유가 바로 행정청의 지정행위의 취소를 구할 법률상 이익이 된다 할 것이다."(헌재 1998.4.30, 97헌마141)

[판례 3] 공권성립을 부정한 예(헌법상 환경권에 근거한 항고소송의 원고적격 부인)

"헌법 제35조 제1항에서 정하고 있는 환경권에 관한 규정만으로는 그 권리의 주체・대상・내용・행사방법 등이 구체적으로 정립되어 있다고 볼 수 없고, 환경정책기본법 제6조도 그 규정 내용 등에 비추어 국민에게 구체적인 권리를 부여한 것으로 볼 수 없다는 이유로, 환경영향평가 대상지역 밖에 거주하는 주민에게 헌법상의 환경권 또는 환경정책기본법에 근거하여 공유수면매립면허처분과 농지개량사업 시행인가처분의 무효확인을 구할 원고적격이 없다." (대판 2006.3.16, 2006두330)

4) **결 어**: 사익을 보호하는 근거법률 또는 관계법률이 존재하지 않는 경우에는 법률에 의해 구체화되지 않아도 직접 적용될 수 있는 헌법상의 기본권을 보충적으로 적용하여 개인적 공권을 인정할 수 있다고 할 것이므로 적극설이 타당하다. 구체적 권리성을 인정하여 개인적 공권을 도출할 수 있는 기본권으로 자유권과 평등권 및 재산권을 들 수 있다.

(5) 개인적 공권의 종류

개인적 공권은 그 내용에 따라 자유권・수익권・참정권으로 나눌 수 있다.

1) **자유권**: 자유권이란 개인의 자유와 재산이 행정작용에 의하여 침해당하지 않을 권리이다. 이는 위법한 공권력행사가 있을 때 소극적으로 거부(침해의 배제청구)하는데 그친다.

2) **수익권**: 수익권은 행정주체에 대하여 적극적으로 자기의 이익을 위한 일정한 행위를 요구할 수 있는 권리이며, 헌법에서 규정을 두고 있으나 법규의 제정에 의하여 구체적인 권리로 인정된다. 특정행위 요구권(허가・인가・등록 등), 공물사용권, 공법상 금전청구권, 재판청구권, 환

경권 등이 있다.

3) **참정권:** 참정권은 행정주체의 의사형성에 참여하는 것을 내용으로 하는 권리로서, 선거권 · 공무담임권 · 국민투표권 등이 이에 속한다.

(6) 개인적 공권의 특수성

개인적 공권은 단순한 개인적 이익을 위해서 뿐만 아니라 국가적 · 공익적 견지에서 필요하며, 권리가 동시에 의무라는 상대적 성질을 가지기 때문에 사권과 다른 특수성이 인정된다.

1) **이전성의 제한:** 공권은 보통 공익적 견지에서 부여된 것으로, 일신전속성(一身專屬性)이 인정되는 경우가 많아서 양도 · 상속이 부인되고, 압류가 금지 · 제한되며, 대행(代行)이 제한되는 경우가 많다. 다만, 그 내용이 일신전속적 성질이 아니거나 주로 채권적 · 경제적 성질의 것인 경우에는 그 이전(移轉)이 인정된다(예; 손실보상청구권 · 하천사석채취권).

2) **포기성의 제한:** 포기(抛棄)는 권리주체가 일정한 권리 · 이익을 갖지 않는다는 뜻의 일방적인 의사표시이다. 공권은 보통 공익적 견지에서 부여된 것이므로 이를 임의로 포기할 수 없는 경우가 많다(예; 선거권 · 연금청구권 · 소권). 다만, 이를 포기하여도 공익에 영향이 없는 경제적 내용의 공권은 포기가 인정된다(예; 공무원의 여비청구권). 포기가 허용되는 경우에도 그것이 사기 · 협박 등 부정한 수단에 의한 경우에는 무효로 된다. 또 공권의 포기는 권리의 방치로 인한 시효의 완성 · 제소기간의 경과로 권리가 소멸하는 권리의 불행사와 구별된다.

[판 례] 부제소특약(不提訴特約)은 공권인 소권을 포기하는 것이므로 허용불가

"지방지치단체장이 농수산물도매시장의 도매시장법인으로 지정함에 있어서 '지정기간 중이라도 개설자가 농수산물유통정책의 방침에 따라 도매시장법인 이전 및 지정취소 또는 폐쇄지시에도 일체 소송이나 손실보상을 청구할 수 없다'라는 부관을 붙였으나, 그 중 부제소특약에 관한 부분은 당사자가 임의로 처분할 수 없는 공법상의 권리관계를 대상으로 하여 사인의 **국가에 대한 공권인 소권을 당사자의 합의로 포기하는 것으로서 허용될 수 없다.**"(대판 1998.8.21. 98두8919; 대판 1995.9.15. 94누4455)

3) **보호의 특수성:** 개인적 공권도 권리인 점에서 적정한 보호가 따라야 함은 물론이다. 다만, 공권의 주장이라는 점에서 사권의 보호와는 달리 적극적인 보호조치라든가 행정소송의 방식(당사자소송) 등 권리보호의 특수성이 인정되고 있다.

4) **시효제도의 특수성:** 소멸시효(消滅時效)는 시간의 경과에 의해 권리를 주장할 수 없는 경우를 말하는 바, 공법상의 금전채권의 소멸시효에 관해서는 국가재정법 제96조 또는 지방재정법 제82조의 적용을 받아 5년이 되므로, 이 점에서 공권과 사권의 구별의 실익이 있다.

4. 공권과 유사개념과의 구별

(1) 공권과 반사적 이익

1) **반사적 이익론의 연혁:** 반사적 이익론의 연혁은 19세기 말에 이르러 처음으로 체계화된

공권론의 입장에서 전개된 것이라고 할 수 있다. 즉, 개인이 행정법관계에서 받는 이익이 모두 권리라고는 할 수 없으며, 여기에서 권리인 이익인 공권과 구별하기 위한 도구개념으로서 권리 아닌 이익인 반사적 이익(反射的 利益)을 들게 된 것이라 하겠다.

2) **공권과 반사적 이익의 구별:** 반사적 이익이란 단순한 행정규율 또는 그 집행의 반사적 효과로서 관계 개인이 받게 되는 사실상의 이익을 말한다. 행정법규가 보호하는 이익이 직접 개개의 국민을 위한 것인 때에는 그 이익은 공권의 성질을 가진 것으로서 개인은 자기 이익을 위하여 행정주체에게 일정한 청구권을 갖고 쟁송수단을 통하여 이를 실현할 수 있다. 그런데 행정법규가 실현하려고 하는 이익이 개개인을 위하여 유보된 것이 아닌 사회적 공동이익인 경우 행정주체가 이를 실현·보호하는 결과로서 간접적으로 관계 개인에게 어떤 이익이 생기는 때에는 그것을 반사적 이익이라 하며, 그 이익은 사실상의 것에 그치고 법적 보호를 받을 수 없기 때문에 그것이 침해되더라도 그는 자기 이익을 위하여 주장할 수 있는 법상의 힘을 가지지 아니한다.

결국 공권과 반사적 이익의 구별은 행정법관계에 있어서 위법한 행정작용으로 인하여 개인의 이익이 침해된 경우에 행정쟁송을 통하여 구제받을 수 있는 이익과 구제받을 수 없는 이익을 구분하기 위한 도구개념으로 성립한 것이다. 따라서 공권과 반사적 이익의 구별실익은 항고소송에 있어서의 원고적격의 대상여하를 결정하기 위한 필요성에 있다.

3) **반사적 이익의 범위:** 반사적 이익의 구체적 범위는 견해에 따라 한결같지 아니하나, 종래에 일반적으로 반사적 이익의 범위로 다루어온 사례를 보면 다음과 같다. 즉, ① 경찰허가에 의하여 받은 이익(의료법상의 의사의 진료의무로 환자가 받는 이익, 영업허가 제한으로 허가받은 기존업자의 사실상의 독점이익 등), ② 공물의 일반사용에 의하여 받는 이익(도로·하천·공원 등 공공시설의 자유로운 사용에서 받는 이익), ③ 제3자에 대한 법적 규제로부터 얻은 이익(공무원법상의 공무원의 각종 의무규정으로 인하여 개인이 받는 이익 등) 등에서 볼 수 있다.

[판례 1] 장의자동차운송사업구역제에 의한 기존업자의 이익

"면허받은 장의자동차운송사업구역에 위반하였음을 이유로 한 **행정청의 과징금부과처분에 의하여 동종업자의 영업이 보호되는 결과는 사업구역제도의 반사적 이익에 불과**하기 때문에 면허구역위반으로 인한 과징금부과처분을 행정심판에서 (사업구역위반의 증거불충분으로) 취소한 재결에 대하여 처분의 상대방(면허구역위반업자) 아닌 제3자(그 면허구역 내의 장의업자)는 그 취소를 구할 법률상 이익이 없다."(대판 1992.12.8, 91누13700)

[판례 2] 상수원보호구역설정에 의한 지역주민의 양질의 상수원을 받을 이익

"상수원보호구역 설정의 근거가 되는 수도법 제5조 제1항 및 동 시행령 제7조 제1항이 보호하고자 하는 것은 상수원의 확보와 수질보전일 뿐이고, **그 상수원에서 급수를 받고 있는 지역주민들이 가지는 상수원의 오염을 막아 양질의 급수를 받을 이익은 직접적이고 구체적으로는 보호하고 있지 않음이 명백하여 위 지역주민들이 가지는 이익은 상수원의 확보와 수질보호라는 공공의 이익이 달성됨에 따라 반사적으로 얻게 되는 이익에 불과**하므로 지역주민들에 불과한 원고들에게는 위 상수원보호구역변경처분의 취소를 구할 법률상의 이익이 없다."(대판 1995.9.26, 94누14544)(제반오염방지장치를 갖출 것을 조건으로 상수원보호구역을 해제하여 화장장설치를 허가하자 지역주민이 그 취소소송을 제기한 사건)

4) **반사적 이익의 법적 이익화:** 반사적 이익은 자유주의적 법치국가에 있어서 개인의 국가에 대한 권리개념으로부터 출발한 것이지만, 오늘날의 사회적 법치국가에 있어서는 국민의 생활배려가 국가적 의무로 되어 있고 광범한 복리행정기능의 수요에 따르는 행정작용의 광역화・다양화・유동화로 개인의 행정의존도를 높여 행정이 개인의 갖가지 이익관계에 직접적이고 실질적으로 영향을 미치게 되었다. 더욱이 개인의 권리의식의 요청이 재산권에 머무르지 아니하고 인격・문화・환경 등에 관한 제이익의 주장으로 확대되어 그에 대한 사법적 보호를 필요로 하는 법익이 증대되고 있다. 이러한 상황에서 종래의 권리 아니면 반사적 이익이라는 도식은 권리개념의 확대와 그에 상응하는 반사적 이익의 영역축소를 통하여 '법적 이익' 또는 '법적으로 보호할 가치있는 이익'의 관념을 성립시켰으며, 이로 인해 법에 의하여 보호되는 이익(법적 이익)이 있게 되면 개인은 행정쟁송을 통하여 자기 이익을 주장할 수 있는 것으로 보게 되었다(예; 인근주민 등 제3자의 보호).

(2) 공권과 법률상 이익

취소소송은 처분 등의 취소를 구할 법률상 이익이 있는 자가 제기할 수 있다(행정소송법 12). 이것은 취소소송의 원고적격에 관한 규정으로 한편으로는 권리(법률상 이익)가 존재하고 그 권리가 원고에게 귀속한다는 실체법적 측면과, 다른 한편 권리(법률상 이익)의 침해 또는 그 가능성의 주장이라는 소송법적 측면의 두 가지 요소가 있다. 법률상 이익이란 근거법률에 의하여 보호되는 직접적이고 구체적인 이익을 말하는 것으로, 전통적인 권리개념이 확대된 것을 나타낸 것이다. 법률상 이익의 개념의 등장은 오늘날 공권성립의 요소가 완화되면서 종래의 반사적 이익이 공권의 영역으로 진입한 것을 의미한다고 할 수 있다.

Ⅲ. 공권개념의 확대

1. 무하자재량행사청구권

(1) 의 의

무하자재량행사청구권(無瑕疵裁量行使請求權)이란 행정청에 대하여 재량권의 하자(흠) 없는 행사를 청구할 수 있는 권리를 말한다. 행정청에 재량이 인정되는 경우에도 일정한 한계가 있기 때문에 그 범위를 벗어나면 재량권의 일탈・남용으로 위법이 된다. 이러한 재량영역에서 행정청의 상대방은 해당 행정청에 대해 특정한 행위를 요구할 수는 없지만 그 재량권행사를 하자 없이 행사해 줄 것을 청구할 수는 있다는 것이다.

(2) 법적 성질

행정청의 위법한 재량권행사에 대하여는 그 위법한 처분에 대한 취소소송의 제기를 통한 실체적 권리구제가 가능하지만, 이 청구권은 오히려 재량권행사 이전의 단계(재량적 결정의 과정)에서 하자 없는 결정을 할 것을 요구할 수 있는 권리이다. 즉, 이 청구권은 재량권에는 일정한 한계가 있으므로 그 한계 내에서 행사되어야 하며 그 한계를 벗어나 재량권을 일탈·남용하지 말 것을 청구하는 것이다. 따라서 이 청구권은 실체법에 의하여 보장된 실체적 권리의 구제를 청구하는 것(특정처분을 구하는 것)이 아니고, 그것과는 별도로 재량의 흠을 발생시키지 말 것(재량권을 적법하게 행사하여 어떠한 처분을 할 것)을 청구하는 것이기 때문에 **형식적 권리**라 할 수 있다. 또한 이 청구권은 단순히 결정과정에 이르는 절차적 통제가 아니라 결정의 내용적 한계를 지킬 것을 청구하는 것이므로 절차적 권리와 구별된다고 할 수 있다.

(3) 인정여부

무하자재량행사청구권의 인정여부에 대해서는 학설이 대립하고 있다.

1) **부정설**: 이 설은, ① 재량의 하자(瑕疵)란 결국 재량의 한계를 벗어난 위법한 행위를 뜻하므로 그로 인한 권익의 침해가 있는 경우에 실체와 관련시켜 권리구제를 인정하면 되는 것이지 구태여 실체적 권리와 구분되는 형식적 권리를 따로 인정할 법적 실익이 없고, ② 만약 실체적 권리의 침해가 없는데도 하자 없는 재량행사청구권이라는 추상적·형식적 권리의 침해만으로 소익(訴益)을 인정하면 원고적격을 부당하게 넓혀 민중소송화 할 우려가 있다는 점을 들고 있다.[2] 또한 ③ 이 청구권은 독자적인 권리로 인정할 수 없고, 다만 본안요건에서 재량권의 일탈·남용으로서 위법성의 문제로 심사된다고도 한다.[3]

2) **긍정설**: 이 설은, ① 재량권이 인정되는 경우에도 일정한 한계를 벗어날 수 없으므로, 행정청은 의무에 합당한 재량을 행사해야 할 의무를 부담하고, 국민은 이에 대응하여 하자 없는 재량행사를 청구할 수 있고, ② 이 청구권은 공권의 성립요건을 충족한 당사자에게만 인정되므로 민중소송화될 염려가 없다고 한다(다수설). 또한 ③ 이 청구권을 주관적 공권이 아니라 재량권의 일탈·남용이 없도록 행정청에게 요구할 수 있는데 의미가 있다는 견해[4]도 이 범주에 속한다고 할 것이다.

3) **판 례**: 대법원은 검사임용거부처분취소소송과 관련하여 무하자재량행사청구권의 법리를 인정하고 있다고 볼 수 있다. 이 사건에 대해 무하자재량행사청구권의 인정판례가 아니라는 견해도 있다.[5]

[판례 1] 검사임용신청자의 적법한 응답요구의 권리 인정

"검사의 임용에 있어서…임용여부에 관하여 어떠한 내용의 응답을 할 것인지는 임용권자의 자유재량에 속하는 것이며…적어도 재량권의 한계일탈이나 남용이 없는 위법하지 않은 응답을 할 의무가 임용권자에게 있고 이에 대응하여 임용신청자로서도 재량권의 한계일탈이나 남용이 없는 적법한 응답을 요구할 권리가 있다고 할 것이며, 이러한 응답신청권에 기하여 재량권 남용의 위법한 거부처분에 대하여는 항고소송으로써 그 취소를 구할 수 있다."(대판

---

2) 이상규(상), 200면.
3) 홍정선(상), 187~189면.
4) 김남진·김연태(Ⅰ), 119면; 김남철(강론), 292면.
5) 김남진·김연태(Ⅰ), 121면; 홍정선(상), 187.

1991.2.12. 90누5825)(사법연수원을 수료하고 검사임용신청을 하였으나 검사임용자의 최하위 성적보다 상위성적임에도 면접점수 미달로 불합격처리 되어 임용대상자로 통지받지 못하자 임용거부처분취소소송을 제기한 사건)

4) 결 어: 이 청구권은 재량영역에서도 사익보호성 등 일정 요건을 갖춘 경우에는 청구권이 인정되어 원고적격이 인정될 수 있다는 점 및 특히 실체적 권리침해에 대한 구제가 곤란한 경우에 실익이 있다는 점에서 긍정설이 타당하다.

(4) 성립요건

이 청구권은 개인적 공권의 일종이기 때문에 그것은 공권성립의 요소인 강행법규성과 사익보호성의 요건을 충족하여야 한다. 즉, ① 행정청에게 재량권의 한계를 준수할 법적 의무가 있어야 한다. 이 청구권은 재량권을 전제로 하는 것이므로 강행법규의 존재가 아니라 재량규정이지만 재량권의 일탈·남용이 없도록 행사하여야 할 법적 의무의 존재(행정소송법 27)로 충분하다고 할 것이다. ② 또한 재량권을 부여한 관계법규의 목적·취지가 적어도 개인의 이익도 보호하는 것이어야 한다.

(5) 행사방법

우리나라에 있어서 무하자재량행사청구권을 관철하기 위한 쟁송수단으로서는 의무이행심판 및 취소소송·부작위위법확인소송이 있다. 즉, 흠 있는 재량처분을 행한 경우에는 그 취소를 구하는 소송을 제기할 수 있으며, 흠 없는 재량처분의 신청을 거부하거나 방치한 경우에는 의무이행심판 및 부작위위법확인소송을 제기할 수 있다.

2. 행정행위발급청구권

(1) 의 의

행정행위발급청구권(行政行爲發給請求權)이란 인·허가를 청구하는 권리, 생활보호결정을 청구하는 권리 등과 같이 개인이 자기의 이익을 위하여 자기에 대한 행정권의 발동을 청구할 수 있는 권리를 말한다.

(2) 성립요건

① 행정법규가 행정청에 일정한 행위의무를 지우고 있고, 또한 해당 법규가 오직 공익실현만을 목적으로 하는 것이 아니고 개인의 사익보호도 목적으로 하고 있는 경우와, ② 행정청의 행위의무가 재량행위에 해당하는 경우에도 '재량권이 영으로 수축'되는 것을 인정할 수 있는 경우에는 행정행위발급청구권의 성립을 인정할 수 있다.

(3) 행사방법

의무이행소송이 인정되지 않는 우리나라에서는 거부처분의 취소판결 및 부작위위법확인소송의 부작위위법인용판결의 기속력에 따른 행정청의 재처분의무와 그에 대한 간접강제제도에 의하여 이 청구권의 실현이 가능하다고 할 수 있다.

3. 행정개입청구권

(1) 의 의

행정개입청구권(行政介入請求權)이란 제3자에 대한 행정청의 부작위로 인하여 권익을 침해당한 자가 해당 행정청에 대하여 그 제3자에 대한 행정권의 발동을 청구할 수 있는 권리를 말한다.

행정의존시대라고 할 수 있는 현대국가에서 행정법규는 공익보호뿐만 아니라 개인적 이익의 보호도 목적으로 하는 경우가 점차 증대되고, 합목적적인 선택・판단의 자유를 의미하는 행정편의주의에도 일정한 한계가 있어서 행정청에게 재량이 부여된 경우에도 구체적 상황여하에 따라서는 그 재량공간이 축소되어 권한불행사의 자유가 없어지고, 행정청에게 개입의무가, 국민측에게는 행정청의 위법한 부작위에 대하여 행정개입청구권이 생긴다는 이론이다. 이와 같이 행정개입청구권은 행정권에 대한 관념의 변화를 바탕으로 한 반사적 이익론 및 행정편의주의에 대한 반성적 극복을 통하여 구성된 것으로서 경찰법 분야에서 주로 논의되어 온 것으로, 오늘날 환경오염물질의 배출규제(대기환경보전법 33~38 등) 및 주거지역 내에서의 공장건축 등 규제(국토의계획및이용에관한법률 76)가 좋은 예라 하겠다.

(2) 인정여부

1) **부정설**: 이는 반사적 이익론이나 행정편의주의의 입장에서 부정한다. 즉, 행정권의 발동으로 비록 특정 개인이 이익을 받더라도 그것은 반사적 이익에 불과하므로 행정청의 권한행사를 요구하는 것은 인정되지 않는다. 또한 행정권을 발동할 것인지의 여부는 행정청의 재량이므로 이의 발동을 개인이 청구할 수 있는 것은 아니라고 한다.

2) **긍정설**: 이는 반사적 이익의 보호이익화와 재량권의 영으로의 수축에 의해 이를 인정할 수 있다고 한다. 즉, 복지국가의 이념상 행정을 통하여 국민이 받는 이익을 모두 반사적 이익으로 볼 수 없으며, 그 중에는 이미 보호이익화 되어 있는 것도 있고, 행정편의주의에 따른 재량에도 한계가 있어 국민의 생명, 신체에 위험이 있는 경우에는 행정권을 발동해야 될 의무를 진다고 한다(통설).

3) **판 례**: 판례는 건축법상의 행정조치의 청구를 부인한 바 있으나(판례1), 수인한도를 넘는 환경상 침해를 받는 주민의 환경오염유발처분의 취소・변경을 요구할 신청권을 인정함으로써 결과적으로 행정개입청구권을 인정하고 있다고 볼 수 있다(환경영향평가법 24①(1), 25① 참조)(판례2).

[판례 1] 제3자 소유 건축물에 대한 철거조치요구를 부인한 경우

"구 건축법(1999. 2. 8. 법률 제5895호로 개정되기 전의 것) 및 기타 관계 법령에 **국민이 행정청에 대하여 제3자에 대한 건축허가의 취소나 준공검사의 취소 또는 제3자 소유의 건축물에 대한 철거 등의 조치를 요구할 수 있다는 취지의 규정이 없고**, 같은 법 제69조 제1항 및 제70조 제1항은 각 조항 소정의 사유가 있는 경우에 시장・군수・구청장에게 건축허가 등을 취소하거나 건축물의 철거 등 필요한 조치를 명할 수 있는 권한 내지 권능을 부여한 것에 불과할 뿐, 시장・군수・구청장에게 그러한 의무가 있음을 규정한 것은 아니므로 위 조항들도 그 근거 규정이 될 수 없으며, **그 밖에 조리상 이러한 권리가 인정된다고 볼 수도 없다.**"(대판 1999.12.7. 97누17568, 건축허가및준공검사취소등에대한거부처분취소)

[판례 2] 주민의 환경오염유발처분의 취소·변경요구를 인정한 경우

"공유수면매립면허처분과 농지개량사업 시행인가처분의 근거 법규 또는 관련 법규가 되는 구 공유수면매립법, 구 농촌근대화촉진법, 구 환경보전법, 구 환경보전법 시행령, 구 환경정책기본법, 구 환경정책기본법 시행령의 각 관련 규정의 취지는, 공유수면매립과 농지개량사업시행으로 인하여 직접적이고 중대한 환경피해를 입으리라고 예상되는 환경영향평가 대상지역 안의 주민들이 전과 비교하여 수인한도를 넘는 환경침해를 받지 아니하고 쾌적한 환경에서 생활할 수 있는 개별적 이익까지도 이를 보호하려는 데에 있다고 할 것이므로, 위 **주민들이 공유수면매립면허처분 등과 관련하여 갖고 있는 위와 같은 환경상의 이익은 주민 개개인에 대하여 개별적으로 보호되는 직접적·구체적 이익으로서 그들에 대하여는 특단의 사정이 없는 한 환경상의 이익에 대한 침해 또는 침해우려가 있는 것으로 사실상 추정되어 공유수면매립면허처분 등의 무효확인을 구할 원고적격이 인정된다**."(대판 2006.3.16. 2006두330, 정부조치계획취소등)

"**환경영향평가 대상지역 안에 거주하는 주민에게는** 공유수면매립면허의 처분청에게 공유수면매립법 제32조에서 정한 취소·변경 등의 사유가 있음을 내세워 면허의 **취소·변경을 요구할 조리상의 신청권이 있다**고 보아야 함이 상당하다."(위 판례의 원심판례; 서울고법 2005.12.21. 2005누4412, 정부조치계획취소등)

4) 결 어: 행정편의주의에 따른 재량에도 일정한 한계가 있으며, 행정의존도가 높은 현대국가에서 행정권의 부작위는 사인에게 중대한 침해를 가져올 수 있다는 점에서 긍정설이 타당하다.

(3) 성립요건

이 청구권도 개인적 공권의 일종이므로 공권의 일반적 성립요건을 충족해야 한다. 따라서 재량권의 수축에 따라 행정청의 개입의무가 발생해야 하며, 관계법규가 사익에 대한 보호규범으로서의 성질을 가져야 한다. 즉, ① 근거법규가 강행법규의 성질을 가져 행정기관에 대해 작위의무를 과하고 있는 것이거나, 또는 재량권의 수축에 따라 행정청의 개입의무가 발생하여야 한다. 행정기관에 재량이 인정되는 경우에도 행정권의 발동이 없으면 개인의 생명·신체 등이 중대한 위협을 받는 경우나 금전으로 배상할 수 없는 손해가 생길 우려가 있는 경우에는 재량권이 영으로 수축된다고 볼 수 있다. ② 관계법규가 공익뿐만 아니라 사익에 대한 보호규범으로서의 성격을 가져야 한다. 다만, 타인에 의해 사익을 침해받고 있는 경우라 하더라도 민사적 구제가 가능한 경우에는 해당되지 않는다는 보충성의 원리가 적용된다고 할 것이다.

(4) 행사방법

행정개입청구권이 성립되는 경우 개인은 행정청에 대하여 제3자에 대한 규제 내지는 단속 등을 위하여 개입하여 줄 것을 직접 청구할 수 있다. 이에 대해 아무런 조치를 하지 않는 경우에는 그 신청인은 의무이행심판, 부작위위법확인소송을 제기할 수 있으며, 행정개입의무의 발생에도 불구하고 해당 행정청이 그 의무를 해태(懈怠)함으로 인하여 손해가 발생한 경우에는 행정상 손해배상청구를 할 수 있다.

Ⅳ. 공 의 무

1. 공의무의 개념 및 종류

공의무(公義務)란 공권에 대응하여 다른 자의 이익을 위하여 의무자의 의사에 가하여진 공법상의

구속을 말한다.

이러한 공의무는, ① 주체에 따라 국가적 공의무와 개인적 공의무로, ② 내용에 따라 작위의무·부작위의무(不作爲義務)·지급의무 및 수인의무(受忍義務)로 나눌 수 있다.

2. 공의무의 특수성

공의무는 사법상의 의무와는 달리 원칙적으로 의무자의 의사에 불구하고, 직접 법률에 의하거나 또는 법률에 근거한 행정처분에 의하여 과하여진다. 또한 공의무는 일신전속적 성질을 지닌 것이 많으며, 포기성 및 이전성의 제한을 받고, 불이행에 대하여 행정상 강제집행이 행하여진다.

Ⅴ. 공권·공의무의 승계

1. 의 의

공권·공의무의 승계란 국가적 공권·공의무 또는 개인적 공권·공의무가 다른 국가기관 또는 타인에게 이전되는 것을 말한다. 국가적 공권·공의무는 지방자치단체의 폐치·분합 그 밖의 공공단체의 통·폐합의 경우에 그 사무와 재산을 승계하는 경우이다(지방자치법 5①). 공권·공의무에서 문제되는 것은 주로 개인적 공권·공의무의 승계의 경우이다.

2. 개인적 공권·공의무의 승계

개인적 공권 또는 공의무의 승계는 사망으로 인한 경우, 법인 등의 합병의 경우 및 공권·공의무의 양도·양수의 경우 등이 있다. 이에 관한 규정으로, 행정절차법 제10조(지위의 승계)에 이 법률상의 당사자를 대상으로 승계를 규정하고 있고, 각 개별법(도로법 106, 하천법 5, 식품위생법 39 등) 등에도 규정을 두고 있다. 이러한 권리·의무의 승계의 필요성은 새로운 권리의무의 승계자에게 종래와 같은 처분절차를 다시 거치게 하는 것은 비경제적이라는 절차경제상의 이유에 있다.

그런데 공권·공의무가 승계될 수 있으려면, 그 승계에 관한 법률의 규정이 있어야 하고(승계규정), 나아가 그 공권·공의무가 승계될 수 있는 법적 성질을 가져야 한다(승계적성). 즉, 먼저 공권·공의무가 법령의 규정상 승계요건을 갖추어야 하고, 다음 그 성질상 승계가 가능하다고 볼 수 있는 성질을 지니고 있어야 한다.

(1) 법령의 규정에 따른 승계여부(승계규정)

개별법에 공법상 지위의 승계를 인정하는 규정을 두고 있는 경우에는 일반적으로 승계가 인정된다(도로법 106, 하천법 5, 석유및석유대체연료사업법 7 등). 그러나 개별법에 승계규정이 없는 경우에는 법률유보원칙의 충족여부와 관련하여 승계여부에 대해 견해가 나뉘고 있다.

1) **부정설**: 이는 공권·공의무는 행정청과 개인 사이의 법률관계이며 일신전속적 성격을

지니고 있으므로 법률유보의 원칙상 개별법에 승계규정이 없는 한 승계를 부인한다.

2) **직접적용설**: 이는 승계를 부인할 경우 동일한 내용의 새로운 처분을 발급해야 하는 절차경제상의 문제가 있으며, 법적 지위를 규정한 근거법규의 행정목적 달성을 위해 공권·공의무는 승계적성(승계 가능한 성격)이 있는 한 지위승계에 관한 행정절차법 제10조나 사법의 포괄승계규정에 직접 의거하여 승계될 수 있다고 한다. 만일 해당 법규에 공법상 포괄적 승계규정이 있다하더라도 이는 확인적 의미를 지닐 뿐이라고 한다.

3) **유추적용설**: 이는 승계를 규정한 유사한 행정법규(행정절차법)의 준용이나, 민법 제1005조(재산상속), 제449조(채권양도), 제453조(계약에 의한 채무인수) 및 상법 제235조(합병후 회사의 권리·의무승계) 등 사법상의 승계규정을 유추적용 하여 승계를 인정할 수 있다고 한다.

4) **결 어**: 개별법규에 명문규정이 없는 경우에 공법상 지위에 사법규정을 적용하는 것은 무리가 있다. 그런데 행정절차에 관한 일반법인 행정절차법은 제10조 제1항에 사망시의 상속인의 지위승계를, 제2항에 법인합병시 새로운 법인의 지위승계를, 제4항에서 지위양수에 의한 승계를 각각 규정하고 있는바, 이러한 조항을 공법상 지위의 일반적 승계규정으로 보면서 승계적성의 여부에 따라 그 승계여부를 판단할 수 있다.

(2) 법적 성질에 따른 승계여부(승계적성)

해당 공권·공의무의 승계에 관한 개별법의 규정이 없는 경우에는 행정절차법의 관련규정을 준용할 수 있는데, 이 경우에도 해당 공권·공의무가 승계될 수 있는 성질, 즉 승계적성을 지녀야 한다. 그런데 승계적성의 판단기준은 해당 공권·공의무의 **일신전속성여부**(一身專屬性與否)에 의한다고 할 수 있는바, 그 구체적인 해석기준은 해당 공권·공의무의 대물성(對物性)여부 및 대체가능성여부 등에 의한다.

1) **대물성여부**: 운전면허와 같이 개인적·주관적 사정에 착안하여 공권·공의무가 부여된 경우에는 당사자의 일신에 전속하는 것이 보통이기 때문에 승계되지 않는다. 그러나 건축허가와 같이 사람이 아니라 특정 물건 또는 시설의 객관적 사정에 착안하여 공권·공의무가 부여된 경우에는 비전속적 성질이라고 할 수 있으므로 승계된다고 할 것이다.

2) **대체가능성여부**: 해당 공권·공의무를 다른 사람이 대신 행하더라도 당사자가 행한 경우와 동일한 효과를 가져오는 경우를 대체가능성이 있다고 하는 바, 이 경우에는 승계적성이 있다.

[판례 1] 권리승계 부정

"구 국가유공자등예우및지원에관한법률에 의하여 국가유공자와 유족으로 등록되어 보상금을 받고, 교육보호 등 각종 보호를 받을 수 있는 권리는 국가유공자와 유족에 대한 응분의 예우와 국가유공자에 준하는 군경 등에 대한 지원을 행함으로써 이들의 생활안정과 복지향상을 도모하기 위하여 당해 개인에게 부여되어진 **일신전속적인 권리이어서**, 같은 법 규정에 비추어 상속의 대상으로도 될 수 없다고 할 것이므로 전상군경등록거부처분취소청구소송은 원고의 사망과 동시에 종료하였고, 원고의 **상속인들에 의하여 승계될 여지는 없다.**"(대판 2003.8.19, 2003두5037)

[판례 2] 의무승계 긍정

"구산림법 제90조 제11항, 제12항이 산림의 형질변경허가를 받지 아니하거나 신고를 하지 아니하고 산림을 형질변경한 자에 대하여 원상회복에 필요한 조치를 명할 수 있고, 원상회복명령을 받은 자가 이를 이행하지 아니한 때에는 행정대집행법을 준용하여 원상회복을 할 수 있도록 규정하고 있는 점에 비추어, 원상회복명령에 따른 복구의무는 **타인이 대신하여 행할 수 있는 의무로서 일신전속적인 성질을 가진 것으로 보기 어려운 점**, 법 제4조가 법에 의하여 행한 처분·신청·신고 기타의 행위는 토지소유자 및 점유자의 승계인 등에 대하여도 그 효력이 있다고 규정하고 있는 것은 산림의 보호·육성을 통하여 국토의 보전 등을 도모하려는 법의 목적을 감안하여 법에 의한 처분 등으로 인한 권리와 아울러 그 의무까지 승계시키려는 취지인 점 등에 비추어 보면, (채석기간 만료로) **산림을 무단형질변경한 자가 사망한 경우 당해 토지의 소유권 또는 점유권을 승계한 상속인은 그 복구의무를 부담한다**고 봄이 상당하고, 따라서 관할 행정청은 그 상속인에 대하여 복구명령을 할 수 있다고 보아야 할 것이다."(대판 2005.8.19, 2003두9817)

제7절 행정법관계에 대한 사법규정의 적용

Ⅰ. 개 설

행정법관계에는 거기에 적용될 통칙적 규정이 없을 뿐만 아니라 현실적으로 잡다한 법규의 집합체로 이루어져 있기 때문에 거기에 적용될 법규 또는 법원칙이 흠결되는 경우가 적지 아니하다. 그 결과 구체적인 사건에 대하여 적용법규가 흠결되었거나 해석상 의문이 생기는 경우에 오랜 전통을 가지고 발달하여 왔기 때문에 비교적 정교하고 완벽한 사법규정(私法規定) 또는 사법원리의 행정법관계에의 적용문제가 나타난다. 물론 이러한 것은 공법과 사법의 이원적인 법체계를 유지하여 온 대륙법계 여러 나라에서의 문제이다.

Ⅱ. 사법규정의 적용 가능성

1. 학 설

공법규정의 흠결시에 사법규정이 보충적 기능을 할 수 있는지에 관하여 종래부터 견해가 대립되어 왔다.

(1) 소극설

소극설은 오토 마이어(O. Mayer)를 중심으로 한 종래의 관료학파의 견해로서, 공법과 사법의 본질적인 차이를 강조하여 사법규정의 공법관계에의 적용을 전적으로 부정한다. 즉, 공법과 사법은 각각 분리·독립된 전혀 별개의 법체계이고 별도의 법적 기초 위에 선 것이기 때문에 공법규정에 불비한 점이 있는 경우에도 사법규정이 보충적이나마 개입할 여지가 없다는 것이다. 그러나 공법과 사법의 구별은 배타적·절대적인 것이 아니며, 법률관계라는 점에서 본질적으로 같으므로 이 설의 타당성을 인정하기 어렵다.

(2) 적극설

적극설은 공법과 사법은 본질적 · 절대적 차이가 있는 것이 아니라는 것을 전제로 하여, 사법규정의 적용가능성을 인정하는 견해로, 오늘날의 통설 · 판례의 태도이다. 다만, 이 중에도 보충의 방법 · 범위에 관하여 견해가 나뉜다.

1) **직접적용설:** 이는 법규정의 불비시 그에 관련되는 사법규정이 그대로 적용된다고 보는 견해이다. 이 설은 또 다시 사법규정이 일반적으로 직접 적용된다고 보는지, 사법규정 중 일반원리적인 것만 직접적용을 인정하는지에 따라 일반적 직접적용설과 한정적 직접적용설로 나뉜다. 그러나 상대적이나마 공법과 사법의 구별을 인정하는 이상 공법관계와 사법관계는 각각의 특수성을 인정하지 않을 수 없다는 점에서 이 학설은 무리가 있다.

2) **유추적용설:** 이는 공법과 사법의 특수성을 전제로 사법규정을 유추적용하여야 한다고 보는 견해로 오늘날의 지배적 학설이나, 이 설도 다시 일반적 유추적용설과 한정적 유추적용설로 나뉜다.

(가) 일반적 유추적용설: 일반적 유추적용설은 공법과 사법은 그가 추구하는 목적을 달리할 뿐 본질은 같은 것이라고 보는 입장에서, 특히 반대의 규정이 없으면 사법규정이 일반적으로 유추적용될 수 있다고 보는 견해이다.

(나) 한정적 유추적용설: 한정적 유추적용설은 재산관계에 대해서만 또는 공법이 직접적으로 사법에 의할 것을 규정하고 있는 경우나 간접적으로 공법규정이 사법적 개념을 사용하고 있는 경우에만 유추적용되어야 한다는 견해이다.

3) **특별사법설**(법일원설)**:** 이는 공법은 일반사법에 대한 특별법이라는 견지에서 공법관계에 흠결이 있는 경우에는 일반법으로서의 사법이 적용된다는 견해이다. 그러나 공법과 사법을 구별하는 법이원적 체계에 입각한 현행 실정법 질서하에서는 인정하기 어려운 학설이다.

4) **개별적 구별설:** 이는 사법규정의 적용한계는 사법규정 자체의 성질과 공법관계의 종류(권력관계 · 관리관계)에 따라 결정해야 한다는 종래의 개괄적 구별론을 벗어나서, 개개 법률관계의 내용의 구체적 성격 · 기능에 따라 개별적으로 판단하여야 한다는 견해이다.

2. 판 례

판례는 사안에 따라 직접 또는 유추적용을 인정한다.

[판 례] 민법상의 기간계산의 직접적용 및 소멸시효규정의 유추적용

"민법 제155조는 "기간의 계산은 법령, 재판상의 처분 또는 법률행위에 다른 정한 바가 없으면 본장의 규정에 의한다"고 규정하고 있으므로, 기간의 계산에 있어서는 당해 법령 등에 특별한 정함이 없는 한 민법의 규정에 따라야 하고, 한편 … 광업법에는 기간의 계산에 관하여 특별한 규정을 두고 있지 아니하므로, **광업법 제16조에 정한 출원제한기간을 계산할 때에도 기간계산에 관한 민법의 규정은 그대로 적용**된다."(대판 2009.11.26. 2009두12907)

"소멸시효는 권리자가 그 권리를 행사할 수 있음에도 일정한 기간 동안 행사하지 않는 권리불행사의 상태가 계속된 경우에 그 권리를 소멸시키는 제도로서, 상당한 기간 동안 권리불행사가 지속되어 있는 이상 그 권리가 사법상의 손실보상청구인지 아니면 공법상 손실보상청구인지에 따라 달리 볼 것은 아니다. 따라서 공유수면매립법상 간척사업의 시행으로 인하여 관행어업권이 상실되었음을 이유로 한 **손실보상청구권에도 그 소멸시효에 관하여 달리 정함이 없으면 민법에서 정하는 소멸시효규정이 유추적용될 수 있고**"(대판 2010.12.09. 2007두6571)

3. 결 어

사법규정의 성질 또는 공법관계의 성질에 따라 적용이 가능하다.

Ⅲ. 사법규정의 적용한계

1. 사법규정의 성질에 의한 적용한계

사법규정 중에 모든 법분야에 타당한 일반법원리적 규정은 행정법관계에 직접 적용이 가능할 것이며, 기타의 법기술적 약속규정은 사법적으로 분식된 형태가 대부분이므로 그 사법적 요소를 제거하고 본래의 일반법원리로 환원시킨 후에 유추적용하여야 한다.

사법규정 중의 **일반법원리적 규정**이라고 할 수 있는 것의 예로는 신의성실과 권리남용금지, 자연인, 법인, 물건, 법률행위, 기간, 시효, 주소, 사무관리, 부당이득 및 불법행위에 관한 규정들을 들 수 있다.

2. 공법관계의 성질에 의한 적용한계

(1) 권력관계

권력관계는 행정주체의 의사에 우월성이 인정되는 관계이며, 부대등자(不對等者) 사이의 법률관계이므로 대등자 사이의 법률관계인 사법관계와는 성질을 달리한다. 따라서 일반법원리적 규정을 제외한 사법규정은 권력관계에는 적용되지 아니함이 원칙이다.

(2) 관리관계

관리관계는 권력관계와는 달리 재산의 유지·관리 또는 사업의 관리·경영 등과 같은 비권력관계라는 점에서 사법관계와 성질상 다를 바 없으나, 주체가 행정권의 담당자이고, 목적이 직접적인 공익추구에 있다는 점에서 특별한 법적 규율을 하고 있을 뿐이다. 따라서 실정법상 특별한 규정이 없는 한 원칙적으로 사법규정이 적용된다고 볼 것이다.

제 8 절 특별행정법관계(특별권력관계)

Ⅰ. 전통적 특별권력관계론

1. 특별행정법관계의 의의

특별행정법관계는 행정법상의 특별한 권리 · 의무관계라고 할 수 있는데, 전통적인 특별권력관계가 법치주의의 확대 · 강화에 따라 재검토되면서 특별행정법관계 또는 특별신분관계라고 부르게 되었다.

전통적인 특별권력관계란 일반권력관계에 대한 관념으로서 특별한 법률원인에 의거하여 특정한 행정목적에 필요한 범위 내에서 특정한 자에게 포괄적 지배권이 부여되고 그 상대방은 이에 복종함을 내용으로 하는 법률관계를 말한다. 일반권력관계는 국가 또는 공공단체의 일반통치권에 복종하는 관계로 모든 국민에게 당연히 성립되어 법치주의가 전적으로 적용되는데 대하여, 특별권력관계는 특정한 행정목적에 필요한 한도 안에서 개별적인 법률의 근거없이 일방적으로 명령 · 강제할 수 있기 때문에 그러한 범위 내에서 법치주의의 기본원칙인 법률의 유보, 사법심사 및 기본권보장이 배제 내지 제한되는 데 그 특색이 있다.

2. 특별권력관계이론의 발전

특별권력관계이론은 19세기 독일의 입헌군주정에서 법률로부터 자유로운 행정을 합리화하기 위해 성립된 이론으로 오토 마이어(O. Mayer)에 의해 체계화된 독일 특유의 공법이론이다. 즉, 절대군주체제에서 입헌군주체제로의 변천과정에서 행정권의 특권적 지위를 계속 확보하려는 절대주의이념과 의회우위의 자유주의이념의 타협의 산물이라 할 수 있다. 그러나 제2차 세계대전 후 서독의 '본' 기본법 아래서는 의회중심주의 · 법치주의 및 기본권존중주의가 확립된 철저한 입헌민주주의로 헌법구조가 달라짐에 따라 전통적인 특별권력관계이론은 반성과 재검토가 불가피하게 되었다.

Ⅱ. 특별행정법관계의 성질

특별행정법관계의 성질에 관하여는 일반권력관계와 구별되는 특별권력관계의 관념을 긍정하는 학설과 오늘날 특별권력관계가 재검토되면서 이를 부정하는 학설이 대립되고 있다.

1. 긍정설

(1) 절대적 구별설

절대적 구별설은 특별권력관계의 일반권력관계에 대한 본질적 차이를 인정하는 견해로서, 양자는 전혀 그 성립의 계기와 지배권의 성질, 그들에 관한 법체계를 달리한다고 한다. 따라서 일반권력관계에 적용되는 법원리와 법치주의의 원칙은 특별권력관계에는 타당하지 않다고 한다. 이 학설은 과거 독일에서 군주에게 법률로부터 해방된 자유로운 영역을 부여함으로써 그의 관료집단의 내부에서 포괄적인 지배권을 온존시키려는 데 그 의도가 있었다고 볼 수 있다.

(2) 상대적 구별설

상대적 구별설은 특별권력관계와 일반권력관계 사이의 본질적·절대적 차이를 부인하고, 특별권력관계는 특별한 행정목적을 위하여 필요한 범위 내에서 명령·복종관계가 강화된 데 불과하며, 그 한도 안에서 일반권력관계와는 다른 법원리의 지배를 받는다고 한다. 그리하여 특별권력관계에서도 ① 기본권의 제한은 법률에 근거하여야 하고, ② 법률유보의 원칙이 적용되며, 다만 본질적 사항에 관한 것을 제외하고는 법률은 개괄조항에 의하여 특별권력관계의 주체에게 상당한 자유영역을 부여할 수 있고, ③ 특별권력관계에도 사법심사가 허용되나, 특별권력관계의 원활한 기능수행을 위한 범위 내에서 사법심사에 의한 통제강도의 완화 내지 축소가 필요하다고 본다.

(3) 특별권력관계수정설(내부·외부수정설)

특별권력관계수정설은 법으로부터 자유로운 내부관계와 법치주의의 적용이 있는 외부관계의 개괄적 구별을 배제하여, 특별권력관계에서도 내부관계의 범위를 축소하고 외부관계의 존재를 인정함으로써 법치주의의 타당범위를 확대하려고 하는 학설이다. 그 중 대표적인 울레(C. H. Ule)의 이론을 보면 특별권력관계를 ① 특별권력관계 자체의 성립·변경·종료에 관련된 법관계인 기본관계(예; 공무원의 임명·전직·파면, 군인의 입대·제대, 형의 집행, 국공립학교 학생의 입학허가·제적·정학·전과 등)와 ② 내부에서의 경영수행질서에 관련된 법관계인 경영수행관계(예; 공무원에 대한 직무명령, 군의 훈련·관리, 학생에 대한 수업행위, 수형자의 행형 등)로 나누고, 그 중 기본관계와 경영수행관계 중 방위근무관계 및 폐쇄적 영조물관계(교도소 재소 등)는 사법심사의 대상이 되지만, 경영수행관계 중 기타의 공무원관계 및 개방적 영조물관계(국공립학교재학 등)는 여전히 종래의 내부관계로서 그대로 남는다고 한다.

2. 부정설

(1) 일반적·형식적 부정설

이는 법치주의와 기본권보장의 견지에서 모든 공권력은 법률의 근거를 요하는 것이며, 따라서 특별권력관계에서의 공권력의 발동도 법률의 근거를 요한다는 견해이다.

(2) 개별적·실질적 부정설

이는 특별권력관계라고 불리는 것이 모두 공법상의 권력관계, 즉 공권력행사관계라는 데에 의문을 제기하고, 법률관계의 내용을 개별적·구체적으로 분석·검토함으로써, 특별권력관계로 다루어지던 권력관계를 관리관계 내지 일반적인 권력관계로 분해·귀속시키려는 견해이다. 이 견해에서는 종래 특별권력관계로 보아 온 법률관계는 그 대부분이 비권력관계이고, 수형자(受刑者)의 수용관계와 같은 권력적 요소가 강한 관계는 일반권력관계로 본다.

(3) 기능적 재구성설

이는 특별권력관계의 관념을 해체한 다음, 일반권력관계의 경우와 다른 부분법질서 내지 내부적·자율적 법관계를 사회적·기능적 권력관계 또는 특수기능적 법률관계 등으로 파악하여 재구성하려는 견해이다.

3. 결 어

특별권력관계론은 입헌군주정 아래서 군주의 특권적 지위를 보장하기 위한 이론으로 성립한 것이지만, 의회주의·법치주의 및 기본권존중주의가 확립된 오늘날의 헌법구조 아래서는 헌법의 근거없이 법으로부터 자유로운 특별권력관계의 관념을 인정하기 곤란하다. 기본권을 법률유보의 제약없이 제한할 수 있는 제도로서의 특별권력관계의 개념은 인정될 수 없으며, 다만 법률유보와 기본권보장의 이념 아래에서 행정상의 특정목적을 달성하기 위한 제도로서의 의미를 갖는 특별행정법관계의 개념만이 인정될 수 있다.

Ⅲ. 특별행정법관계의 성립과 소멸

1. 특별행정법관계의 성립

특별행정법관계의 성립은 일반권력관계와는 다른 특별한 법률원인이 있어야 하는 바, 직접 법률의 규정에 의하는 경우와 상대방의 동의에 의하는 경우가 있다.

(1) 직접 법률의 규정에 의하는 경우

특별행정법관계의 발생원인이 법률에 규정되어 있어서 그 원인사실이 발생하면 특별행정법관계가 성립하는 경우이다. 예컨대, 징병소집해당자의 입대(병역법 16), 전염병환자의 강제입원(감염병의예방및관리에관한법률 42), 죄수의 수감(형의집행및수용자의처우에관한법률 16) 등이 그것이다.

(2) 상대방의 동의에 의하는 경우

1) **임의적 동의:** 임의적 동의는 상대방의 동의가 그의 완전한 자유로운 의사표시에 의하는 경우이다. 공무원의 임명, 국공립학교에의 입학, 국립도서관의 이용 등이 그 예이다.

2) **의무적 동의:** 의무적 동의는 상대방의 동의가 임의의 의사에 의하는 것이 아니라 법률에 의하여 의무가 지워진 경우이다. 학령아동의 초등학교 취학이 그 예이다.

2. 특별행정법관계의 소멸

특별행정법관계는 행정목적의 달성(예; 대학의 졸업), 임의탈퇴(예; 공무원의 의원면직), 행정주체에 의한 일방적 배제(예; 학생의 퇴학처분) 등에 의하여 소멸한다.

Ⅳ. 특별행정법관계의 종류

1. 공법상의 근무관계

공법상의 근무관계는 특정인이 특별한 법률원인에 의거하여 국가 또는 공공단체를 위하여 포괄적으로 근무할 의무를 지는 것을 내용으로 하는 법률관계이다. 공무원의 국가 또는 공공단체와의 근무관계, 군인의 국가에 대한 복무관계 및 전시의 근로동원관계 등이다.

[판 례] 지하철공사 등 공사·공단의 직원의 근무관계는 사법관계로 본다(대판 1993.11.23. 93누15212; 대판 1989.9.12. 89누2103 등)

2. 공법상의 영조물이용관계

공법상의 영조물이용관계란 특정인이 영조물을 이용하는 경우에 그 영조물의 관리자와 영조물이용자 사이의 법률관계를 말한다. 영조물은 공공복리를 위하여 관리·경영하는 시설로서, 윤리적·공공적 성격을 가진 이용관계와 교도소 등의 공권력에 복종하는 관계가 있다. 예컨대 국공립학교·국공립도서관·전염병원·국립병원·소년원·교도소 등의 이용관계가 그것이다.

3. 공법상의 특별감독관계

공법상의 특별감독관계는 국가 또는 공공단체와의 특별한 법률관계로 인해 그로부터 특별한 감독을 받는 관계이다. 공공조합·특허기업자·행정사무수임자·보호회사 등에 대한 국가·공공단체의 특별감독관계가 그 예이다.

4. 공사단관계

공사단관계(公社團關係)는 공공조합과 그 조합원과의 관계인 바, 공공조합은 공법상의 조합권에 의하여 그 구성원인 조합원과의 관계를 규율하게 된다.

[판 례] "농지개량조합과 그 직원과의 관계는 사법상의 근로계약관계가 아닌 공법상의 특별권력관계이고, 그 조합의 직원에 대한 징계처분의 취소를 구하는 소송은 행정소송사항에 속한다."(대판 1995.6.9. 94누10870)

Ⅴ. 특별행정법관계에서의 특별권력

1. 특별권력의 발동형태

특별권력이란 행정주체가 특별행정법관계의 목적을 달성하기 위하여 상대방에 대하여 가지는 포괄적 지배권으로서, 그 종류에 따라 직무권력, 공공시설권력, 감독권력, 사단권력으로, 그 내용에 따라 명령권과 징계권으로 구분된다.

(1) 명령권

명령권은 특별권력의 주체가 그의 상대방에 대하여 특별행정법관계의 목적수행에 필요한 명령・강제를 할 수 있는 권력인 바, 그 발동형식은 일반적・추상적 명령(행정규칙)이나 개별적・구체적 처분의 형식으로 나타난다. 국공립대학학칙・도서관규칙・훈령 등의 행정규칙이 전자의 예이고, 공무원에 대한 상사의 직무명령은 후자의 예이다. 행정규칙은 실제의 기능면에서는 대외적 효력을 갖는 경우가 있기 때문에 그 법규성 여부에 대하여는 다툼이 있다.

(2) 징계권

징계권이란 특별권력의 주체가 특별행정법관계의 내부질서유지를 위해 의무위반자에게 제재를 가할 수 있는 권력을 말한다. 징계권에는 소극적인 가택권적 기율권(예; 시립운동장・국립도서관 등의 경우)과 적극적인 징계권(예; 공무원・소년원생・학생 등의 경우)이 있다. 징계권은 임의적 동의에 의해 성립한 특별행정법관계의 배제 및 그 이익의 박탈에 그쳐야 하는 한계가 있다.

2. 특별권력의 발동범위

특별권력의 발동은, ① 법령에 위배되지 않고, ② 해당 특별권력관계의 설정목적에 비추어 객관적으로 필요하고 사회통념상 합리적이라고 인정되는 범위 내에서, ③ 비례원칙에 적합하도록 행사되어야 한다.

Ⅵ. 특별행정법관계와 법치주의

오늘날 실질적 법치주의하에서는 전통적인 특별권력관계의 관념은 그 본래의 의의를 상실하였다고 하겠으나, 관계인을 특별한 행정목적에 종속시키는 특수한 법적 지위를 가지게 하는 법관계가 현실적으로 존재하고 있는 것도 부정할 수 없다. 따라서 이러한 행정법관계에는 그 목적・기능을 성취하도록 하기 위한 범위 내에서 법치주의의 적용의 강도를 완화할 필요가 있다.

1. 법률유보

특별행정법관계에도 법률유보의 원칙이 일반적으로 적용되어야 하며, 따라서 국민의 권리・의무에 관한 명령・강제는 법률에 근거가 있어야 한다. 다만, 특별행정법관계가 제대로 기능을 발휘할 수 있도록 법률유보는 상대적으로 다소 완화될 수 있다. 오늘날은 법령에 구체적인 규정을 두어 특별권력의 발동을 제한하고 복종자의 권리를 보장하는 경우가 많다.

2. 기본권제한

특별행정법관계에 있어서도 기본권제한에는 특별행정법관계의 목적 내지 기능에 의해 정당화될 수 없고 헌법에 직접·간접의 규정이나 법률유보에 의한 법률의 규정 또는 법률의 근거 아래에서만 가능하다. 기본권의 제한이 법률에 근거를 둔다하더라도 특별행정법관계의 목적을 달성하기 위하여 사회통념상 필요하다고 인정되는 한도에서만 비례원칙의 요건하에 허용된다.

3. 사법심사

특별행정법관계에 있어서 사법심사(司法審査)를 통한 권리보호의 문제에 대해서는, ① 법률에 특별한 규정이 없는 한 사법심사가 불가능하다는 설(**부정설**), ② 특별행정법관계의 내부질서유지를 위한 내부행위는 사법심사의 대상이 되지 않지만 일반시민법질서와 관계되는 외부행위는 그 대상이 된다는 설(**제한적 긍정설**, 종래의 통설), ③ 모든 특별행정법관계의 행위가 그 대상이 된다는 설(**전면적 긍정설**) 등이 있다.

생각건대, 헌법상의 재판청구권 및 행정소송사항의 개괄주의에 비추어 볼 때, 위법한 특별권력의 발동으로 인한 권리침해에 대해서는 일반적으로 사법심사가 인정된다. 다만, 특별행정법관계가 제대로 기능을 수행할 수 있기 위한 범위에서 사법심사의 통제강도를 완화 내지 감소시킬 필요성을 인정해야 할 것이며, 특별행정법관계의 특수성, 전문성을 존중하는 의미에서의 재량권 내지 판단여지가 인정되는 범위에서 사법심사는 제약을 받는다.

[판 례] "사관생도는 군 장교를 배출하기 위하여 국가가 모든 재정을 부담하는 특수교육기관인 육군3사관학교의 구성원으로서, 학교에 입학한 날에 육군 사관생도의 병적에 편입하고 준사관에 준하는 대우를 받는 특수한 신분관계에 있다(육군3사관학교 설치법 시행령 제3조). 따라서 **그 존립 목적을 달성하기 위하여 필요한 한도 내에서 일반 국민보다 상대적으로 기본권이 더 제한될 수 있으나, 그러한 경우에도 법률유보원칙, 과잉금지원칙 등 기본권 제한의 헌법상 원칙들을 지켜야 한다.**"(대판 2018. 8. 30. 선고 2016두60591)

제9절 행정법관계의 발생·변경·소멸

Ⅰ. 법률요건과 법률사실

1. 의 의

행정법상의 법률요건이란 행정법관계의 발생·변경·소멸이라는 법률효과를 발생시키는 사실을 말하며(법률행위·불법행위·부당이득 등), 이러한 법률요건을 이루는 개개의 사실을 행정법상의 법률사실(용태 · 사건)이라 한다.

2. 종 류

행정법상의 법률사실은 정신작용을 요소로 하는지의 여부에 의하여 공법상의 사건과 공법상의 용태로 나누어진다.

(1) 공법상의 사건

공법상의 사건이란 사람의 정신작용을 요소로 하지 않는 법률사실을 말한다. 예컨대, 사람의 생사(生死), 시간의 경과, 일정한 연령에의 도달, 물건의 소유 · 점유, 주거, 목적물의 멸실, 부당이득 등이 이에 속한다.

(2) 공법상의 용태

공법상의 용태(容態)는 정신작용을 요소로 하는 법률사실이며, 이는 다시 외부적 용태인 행위와 내부적 용태인 내심(內心)으로 나뉘어진다.

1) **외부적 용태(행위)** : 외부적 용태란 사람의 정신작용의 발현인 거동으로 일정한 법률효과를 발생하는 것을 말한다. 외부적 용태에는 사법행위도 있으나(예; 사법상 매매 · 증여로 인한 납세의무의 발생), 공법행위가 중심을 이루고 있다.

2) **내부적 용태(내심)** : 내부적 용태란 외부에 표시되지 않는 정신상태로 법률적 효과를 발생하는 것을 말한다. 예컨대, 선의 · 악의, 고의 · 과실 등이 이에 해당한다.

【 행정법상의 법률사실 】

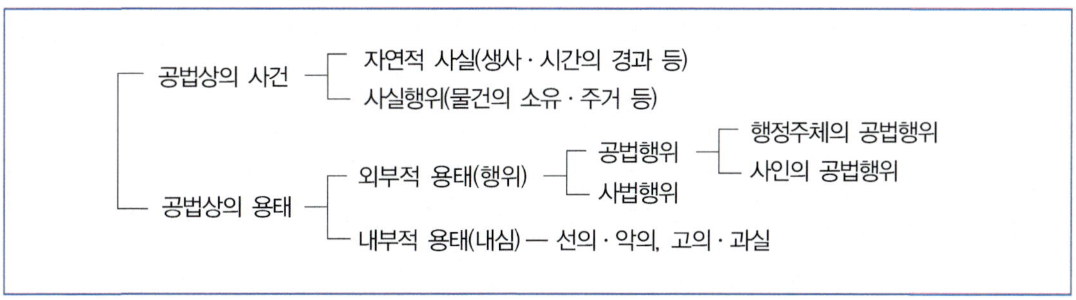

Ⅱ. 공법상의 사건

1. 시간의 경과

행정법상의 법률관계는 시간의 경과라는 사실에 의하여 발생 · 변경 · 소멸되는 경우가 있는바, 이에 관한 문제는 주로 기간 · 시효 · 제척기간 등에서 볼 수 있다.

(1) 기 간

기간(期間)이란 한 시점에서 다른 시점에 이르는 시간적 간격을 말한다. 이 점에서 기일·시기 및 기한과 구별된다.

1) 행정에 관한 기간의 계산

(가) 민법의 준용: 행정에 관한 기간의 계산에 관하여는 법령등에 특별한 규정이 있는 경우를 제외하고는 「민법」(155~161)을 준용한다(행정기본법 6①). 즉, ① 시·분·초로 정한 경우에는 즉시부터 기산하며, 일·주·월·년으로 정한 경우에는 초일은 산입하지 아니한다(예외; 연령계산, 오전 0시부터 시작되는 경우, 국회의 회기는 집회당일부터, 가족관계 신고기간 등). ② 기간의 말일이 종료됨으로써 기간이 만료되나, 공휴일일 때에는 그 익일에 기간이 만료된다. ③ 기간의 역산은 해당일의 전일을 초일로 하여 역으로 계산한다. 예컨대 선거일전 10일까지인 경우 선거일 전일부터 10일째가 되는 날까지이며, 선거일 10일전의 경우는 선거일 전일부터 계산하여 10일이 되는 날의 이전을 말한다.

(나) 권익제한·의무부과의 경우: 법령등 또는 처분에서 국민의 권익을 제한하거나 의무를 부과하는 경우 권익이 제한되거나 의무가 지속되는 기간의 계산은 다음 각 호의 기준에 따른다. 다만, 다음 각 호의 기준에 따르는 것이 국민에게 불리한 경우에는 그러하지 아니하다(행정기본법 6②). 즉, ① 기간을 일, 주, 월 또는 연으로 정한 경우에는 기간의 첫날을 산입한다. ② 기간의 말일이 토요일 또는 공휴일인 경우에도 기간은 그 날로 만료한다.

2) 법령등 시행일의 기간계산: 법령등(훈령·예규·고시·지침 등을 포함한다)의 시행일을 정하거나 계산할 때에는 다음 각 호의 기준에 따른다(행정기본법 7). 즉, ① 법령등을 공포한 날부터 시행하는 경우에는 공포한 날을 시행일로 한다. ② 법령등을 공포한 날부터 일정 기간이 경과한 날부터 시행하는 경우 법령등을 공포한 날을 첫날에 산입하지 아니한다. ③ 법령등을 공포한 날부터 일정 기간이 경과한 날부터 시행하는 경우 그 기간의 말일이 토요일 또는 공휴일인 때에는 그 말일로 기간이 만료한다.

3) 행정에 관한 나이의 계산 및 표시: 행정에 관한 나이는 다른 법령등에 특별한 규정이 있는 경우를 제외하고는 출생일을 산입하여 만(滿) 나이로 계산하고, 연수(年數)로 표시한다. 다만, 1세에 이르지 아니한 경우에는 월수(月數)로 표시할 수 있다(행정기본법 7조의2).

(2) 시 효

1) 시효의 의의: 시효(時效)란 일정한 사실상태가 오랫동안 계속된 경우에 그 사실상태가 진실한 법률관계에 합치되는지의 여부에 관계없이 그 상태를 그대로 존중함으로써, 그것을 진실한 법률관계로 인정하는 제도이다. 따라서 행정기관의 장기간에 걸친 위법상태방치로 인한 취소권의 상실인 실권(失權)과 구별된다. 이러한 시효제도는 법적 안정성과 채증곤란의 구제를

위하여 인정된 것으로서 그 취지에 비추어 일반법원리적 규정으로서 공법관계에도 적용된다.

2) 금전채권의 소멸시효

(가) 소멸시효의 의의: 소멸시효란 권리자가 그의 권리를 행사할 수 있음에도 불구하고 일정한 기간 동안 그 권리를 행사하지 않은 경우 그 권리를 소멸시키는 시효제도를 말한다.

(나) 소멸시효의 기간: 행정법상 금전채권의 소멸시효기간은 타법률에 특별한 규정이 없는 경우는 5년이다(예; 국가재정법 96①, 지방재정법 82).

(다) 시효의 중단·정지: 개별 법률에 특별한 규정이 없는 한 민법규정을 준용한다. 특별한 규정으로 국가가 행하는 납입의 고지(국가재정법 96④, 지방재정법 84, 국세기본법 28, 지방세기본법 40) 및 청구(산업재해보상보험법 113 등)에 시효중단의 효력을 인정하는 경우가 있다.

(라) 시효의 효력: 시효기간의 경과는 권리 그 자체의 소멸이 아닌 항변권의 발생을 가져올 뿐이며 이 항변권의 행사여부는 시효이익을 받은 자의 임의에 맡겨져 있다고 보는 **상대적 소멸설**이 있으나, 시효기간의 경과는 권리의 절대적 소멸원인이며 당사자의 원용이 필요없다는 **절대적 소멸설**이 다수설이다.

3) 공물의 시효취득

(가) 의 의: 취득시효란 물건 또는 권리를 점유하는 사실상태가 일정한 기간 동안 계속되는 경우에, 그것이 진실한 권리상태 및 권리관계와 일치하는가의 여부를 묻지 않고 권리취득의 효과가 생기는 것으로 하는 시효제도이다.

(나) 가능여부: 사물(私物)은 원칙적으로 부동산은 20년간 동산은 10년간 소유의 의사로서 평온·공연하게 점유를 계속하면 소유권을 취득하는 바(민법 245①, 246), 공물(公物)도 시효취득의 대상이 될 수 있는지에 대하여는, ① 부정설, ② 제한적 시효취득설, ③ 완전시효취득설의 대립이 있다. 그러나 현행 실정법상 행정재산은 시효취득이 부인되나(국유재산법 7②, 공유재산 및 물품 관리법 6②), 일반재산은 시효취득이 인정된다.

(3) 제척기간

제척기간(除斥期間)이란 일정한 권리에 대하여 법률이 정한 존속기간을 말한다. 제척기간은 법률관계의 불안정상태를 신속히 확정시키기 위한 제도이며, 영속적인 사실상태를 권리관계로 인정하려는 제도인 시효제도와는 그 성질을 달리한다. 따라서 ① 제척기간은 기간이 더 짧고, ② 중단·정지의 제도가 없으며, ③ 소송에 원용하여야 할 필요가 없다. 즉, 제척기간의 경과는 직권조사사항이다. 신청기간·제재처분기간·행정쟁송기간 등 다수의 행정법상 기간이 이에 해당한다.

[판 례] 제척기간의 효력

"**제척기간은 그 기간의 경과 자체만으로 권리 소멸의 효과가 발생하므로, 그 청구권은 제척기간의 경과로 확정적으로 소멸한다**(대판 2018.6.15. 2018다215947). 따라서 제척기간은 대체로 '~로부터 몇 년' 등과 같이 확정적인 기간으로 규정되어 있다."(대판 2021.3.18. 2018두47264)

"행정법 영역에서는 법률, 시행령, 시행규칙 등 다양한 형식의 행정법규에서 신청기간을 규정하고 있다. 신청기간 규정이 법률관계를 조속히 확정시키기 위하여 권리의 행사에 중대한 제한을 가하려는 취지라면 '기본권 제한의 법률유보원칙'에 따라 법률에서 직접 정하거나 법률의 위임에 근거하여 하위법령에서 정하여야 한다. 따라서 **모법의 위임 없이 하위법령에서 정한 신청기간은 대외적으로 국민과 법원을 구속하는 효력이 없으므로 제척기간이라고 볼 수 없다.**"(대판 1990.9.28. 89누2493)

2. 주소 · 거소

(1) 주 소

주소란 사람이 살고 있는 곳이나 기관·회사 등이 자리 잡고 있는 곳을 행정 구역으로 나타낸 것을 말한다. 민법은 생활의 근거지를 주소로 하고 있으나(객관설), 공법상의 자연인의 주소는 다른 법률에 특별한 규정이 없는 한 주민등록법에 의하여 주민등록지를 주소로 하고 있다(동법 23①). 주민등록법은 이중등록을 금하고 있으므로 공법관계에서의 주소의 수는 원칙적으로 1개소에 한한다.

(2) 거 소

거소란 사람이 다소의 기간동안 계속하여 거주하는 곳이지만, 그 장소와의 밀접도가 주소만 못한 곳을 말하며, 공법상에 특별한 규정이 없으면 민법의 예에 의한다.

Ⅲ. 공법상의 사무관리와 부당이득

1. 공법상의 사무관리

사무관리(事務管理)란 법률상의 의무없이 타인을 위하여 그 사무를 관리함을 말하며(민법 734), 공법상의 분야에서도 볼 수 있다. 예컨대, ① 국가의 특별감독 아래 있는 사업에 대한 감독권의 작용으로 강제적으로 관리하는 강제관리, ② 수난구호·행려병사자관리와 같이 보호를 위하여 관리하는 보호관리가 있다. 이러한 공법분야에서의 사무관리적 행위는 공법상 의무에 의한 것이기 때문에 사무관리라고 볼 수 없다는 견해도 있으나, 여기에서의 의무는 국가에 대한 의무이지 피관리자에 대한 의무는 아니므로 사무관리라 할 것이다. 공법상 사무관리는 행정주체의 사무관리가 보통이나 사인의 사무관리도 가능하다(판례).

공법상 사무관리에 대하여 특별규정이 없는 한 민법규정을 준용하여 사무관리기관의 통지의무·비용상환 기타 이해조절이 있어야 한다.

[판 례] 사인의 사무관리

"[1] **사무관리가 성립하기 위하여는 우선 사무가 타인의 사무이고 타인을 위하여 사무를 처리하는 의사, 즉 관리의 사실상 이익을 타인에게 귀속시키려는 의사가 있어야 하며, 나아가 사무의 처리가 본인에게 불리하거나 본인의 의사에 반한다는 것이 명백하지 아니할 것을 요한다.** 다만 타인의 사무가 국가의 사무인 경우, 원칙적으로 사인이 법령상 근거 없이 국가의 사무를 수행할 수 없다는 점을 고려하면, **사인이 처리한 국가의 사무가 사인이 국가를 대신하여 처리할 수 있는 성질의 것으로서, 사무 처리의 긴급성 등 국가의 사무에 대한 사인의 개입이 정당화되는 경우에 한하여 사무관리가 성립하고, 사인은 그 범위 내에서 국가에 대하여 국가의 사무를 처리하면서 지출된 필요비 내지**

유익비의 상환을 청구할 수 있다.

[2] 갑 주식회사 소유의 유조선에서 원유가 유출되는 사고가 발생하자 해상 방제업 등을 영위하는 을 주식회사가 피해 방지를 위해 해양경찰의 직접적인 지휘를 받아 방제작업을 보조한 사안에서, 갑 회사의 조치만으로는 원유 유출사고에 따른 해양오염을 방지하기 곤란할 정도로 긴급방제조치가 필요한 상황이었고, 위 방제작업은 을 회사가 국가를 위해 처리할 수 있는 국가의 의무 영역과 이익 영역에 속하는 사무이며, 을 회사가 방제작업을 하면서 해양경찰의 지시·통제를 받았던 점 등에 비추어 을 회사는 국가의 사무를 처리한다는 의사로 방제작업을 한 것으로 볼 수 있으므로, 을 회사는 사무관리에 근거하여 국가에 방제비용을 청구할 수 있다고 본 원심판단을 수긍한 사례."(대판 2014.12.11. 2012다15602, 용역비)

2. 공법상의 부당이득

(1) 공법상 부당이득의 개념

공법상의 부당이득(不當利得)이란 법률상의 원인 없이 타인의 재산 또는 노무로 인하여 이득을 얻고 이로 인하여 타인에게 손해를 끼치는 것을 말한다. 부당이득은 원래 사법상의 개념이나 공법분야에도 있는 바, 조세과오납·봉급과액수령·착오로 인한 사유지의 국공유지편입 등이 그것이다.

공법상 부당이익에 관하여는 법령에 특별한 규정(국세기본법 51 내지 54)이 있는 경우 외에는 일반적 규정이 없으므로 민법의 규정(741 내지 749)에 의하여야 한다.

(2) 공법상 부당이득반환청구권의 성질

공법상의 부당이득반환청구권이 공권·사권의 어느 것인가에 대하여 견해가 대립되고 있다.

1) **사권설**: 사권설(私權說)에서는 공법상의 부당이득은 행정행위의 무효·취소가 확정됨으로써 비로소 발생하는 문제로, 이 때에는 이미 법률상 원인문제는 없어진 뒤이며, 사법상에서와 같이 순전히 경제적 견지에서의 이해조절제도라는 것을 이유로 사권으로 본다.

2) **공권설**: 공권설에서는 공법상의 원인에 의하여 발생한 결과를 조정하기 위한 제도는, 공법상 원인의 유무의 탐구와 밀접한 관계가 있으므로 공권이라 한다(통설).

3) **판 례**: 판례는 조세의 과오납부액의 환급청구를 민사소송에 의한다고 하면서(판례1), 부가가치세 과오납의 지급청구의 경우에는 국가의 부가가치세환급세액 지급의무가 부가가치세 법령에 의하여 특별히 인정되는 공법상 의무라 할 것이므로 공법상 당사자소송의 절차에 따라야 한다고 판례변경을 하였다(판례2).[6)]

[판례 1] 세금반환청구, 과오납부액·환급세액의 부당이득반환은 민사소송

"조세부과처분이 당연무효임을 전제로 하여 이미 납부한 세금의 반환을 청구하는 것은 민사상의 부당이득반환청구로서 민사소송절차에 따라야 한다."(대판 1995.04.28. 94다55019 등)

"국세환급금에 관한 국세기본법 제51조 제1항은 이미 부당이득으로서 존재와 범위가 확정되어 있는 과오납부액이 있는 때에는 국가가 납세자의 환급신청을 기다리지 않고 즉시 반환하는 것이 정의와 공평에 합당하다는 법리를

6) 국세기본법 제51조 제1항은 "세무서장은 잘못 납부한 금액을 국세환급금으로 결정해야 한다."고 규정하고 있는데 대하여, 부가가치세법 제59조 제1항은 "세무서장은 환급세액을 그 확정신고기한이 지난 후 30일 이내에 대통령령으로 정하는 바에 따라 환급하여야 한다."고 규정하여 환급세액 지급의무를 규정하고 있다.

선언하고 있는 것이므로, 이미 존재와 범위가 확정되어 있는 **과오납부액은 납세자가 부당이득의 반환을 구하는 민사소송으로 환급을 청구할 수 있다.**"(대판 2015.8.27. 2013다212639, 부당이득금)

[판례 2] 부가가치세환급세액 지급청구는 공법상 당사자소송

"**납세의무자에 대한 국가의 부가가치세 환급세액 지급의무는** 그 납세의무자로부터 어느 과세기간에 과다하게 거래징수 된 세액 상당을 국가가 실제로 납부 받았는지와 관계없이 부가가치세법령의 규정에 의하여 직접 발생하는 것으로서, 그 법적 성질은 정의와 공평의 관념에서 수익자와 손실자 사이의 재산상태 조정을 위해 인정되는 부당이득 반환의무가 아니라 **부가가치세법령에 의하여 그 존부나 범위가 구체적으로 확정되고 조세 정책적 관점에서 특별히 인정되는 공법상 의무**라고 봄이 타당하다. 그렇다면 납세의무자에 대한 국가의 부가가치세 환급세액 지급의무에 대응하는 **국가에 대한 납세의무자의 부가가치세 환급세액 지급청구는 민사소송이 아니라 행정소송법 제3조 제2호에 규정된 당사자소송의 절차에 따라야** 한다."(대판 2013.3.21. 2011다95564 전원합의체 판결, 양수금)

4) 결 어: 우리 실정법상 공·사법의 이원적 구별을 인정하고 있고, 행정소송법에서 공법상의 법률관계에 관한 소송을 공법상의 당사자소송으로 규정하고 있는 이상, 공법상의 부당이득반환청구권의 성질을 공권으로 보아야 한다.

(3) 행정주체의 부당이득

1) 성립요건

(가) 공권력의 발동인 행정행위에 기하여 발생한 경우에는 해당 행정행위가 무효이거나 취소·철회된 경우에 성립한다(판례1). 행정행위가 위법하더라도 취소되지 않는 한 공정력(公定力)이 인정되어 유효하게 존속하는 이상 실질적으로 이유 없는 이득이라 하더라도 아직은 법률상 원인 없는 이득이라고 할 수 없기 때문이다. 따라서 해당 처분에 대한 출소기간(出訴期間)이 경과된 후에는 반환청구의 길이 없다고 하겠다.

(나) 행정행위에 기하지 않은 부당이득이 발생한 경우에는 특별한 정함이 없는 한 누구나 법률상 원인 없는 것을 이유로(민법 741) 민사소송에 의하여 그 이득의 반환을 청구할 수 있다. 예컨대, 과세처분이 아니라 신고납부방식의 조세는 신고에 의해 조세채무가 구체적으로 확정되므로 신고행위가 중대하고 명백한 하자로 당연무효로 되어야(법률상 원인 없는 행위) 부당이득이 성립한다(판례2).

[판례 1] 행정행위에 의한 경우

"조세의 과오납이 부당이득이 되기 위하여는 납세 또는 조세의 징수가 실체법적으로나 절차법적으로 전혀 법률상의 근거가 없거나 과세처분의 하자가 중대하고 명백하여 당연무효이어야 하고, 과세처분의 하자가 단지 취소할 수 있는 정도에 불과한 때에는 과세관청이 이를 스스로 취소하거나 항고소송절차에 의하여 취소되지 않는 한 그로 인한 조세의 납부가 부당이득이 된다고 할 수 없다."(대판 1994.11.11. 94다28000).

[판례 2] 행정행위에 의하지 아니한 경우

"**취득세, 등록세는 신고납세방식의 조세로서 이러한 유형의 조세에 있어서는 원칙적으로 납세의무자가 스스로 과세표준과 세액을 정하여 신고하는 행위에 의하여 조세채무가 구체적으로 확정되고**(과세관청은 납세의무자로부터신고가 없는 경우에 한하여 비로소 부과처분에 의하여 이를 확정하게 되는 것이다), 그 납부행위는 신고에 의하여 확정된 구체적 조세채무의 이행으로 하는 것이며 국가나 지방자치단체는 그와 같이 확정된 조세채권에 기하여 납부된 세액을 보유하는 것이므로, **납세의무자의 신고행위가 중대하고 명백한 하자로 인하여 당연무효로 되지 아니하는 한**

그것이 바로 부당이득에 해당한다고 할 수 없고, 여기에서 신고행위의 하자가 중대하고 명백하여 당연무효에 해당하는지의 여부에 대하여는 신고행위의 근거가 되는 법규의 목적, 의미,기능 및 하자있는 신고행위에 대한 법적 구제수단 등을 목적론적으로 고찰함과 동시에 신고행위에 이르게 된 구체적 사정을 개별적으로 파악하여 합리적으로 판단하여야 할 것이다."(대판 1995.2.28. 94다31419, 부당이득금 등)

2) **반환범위** : 부당이득의 반환범위에 대해서는 행정주체의 선의·악의를 불문하고 전액반환의 특별규정을 두는 경우가 많으며, 이러한 규정이 없더라도 공권력에 의하여 일방적으로 과하여진 부담에 대해서는 그로 인한 이익의 전부를 반환함이 타당할 것이다. 국세기본법은 조세과오납금에 이자를 붙이도록 하고 있다(52).

3) **반환청구권의 행사** : 행정상 부당이득반환청구권은 공법상 실체적 청구권이다. 이 청구권의 행사는 우선 통상의 행정절차의 방법(국세기본법 제45조의 2에 의한 경정 등의 청구)에 의할 수 있고, 필요한 경우 소송의 방법으로 행한다. 부당이득이 행정행위에 기한 경우에는 공법상 당사자소송으로 제기할 수 있다고 보나, 판례는 종래 민사소송으로 보았다. 부당이득의 원인이 된 해당 행정행위가 당연 무효이거나 취소된 것이 아닌 한 우선 취소소송 또는 무효등확인소송을 제기하고 이에 병합하여 부당이득반환청구소송이 제기되어야 한다(민사소송의 선결문제로는 불가하므로, 246면 참조).

[판 례] "조세부과처분의 무효임을 전제로 하여 이미 납부한 세금의 반환을 청구하는 것은 민사상의 부당이득반환청구로서 민사소송절차에 따라야 한다."(대판 1991.2.6. 90프2)

"개발부담금 부과처분이 취소된 이상 그 후의 부당이득으로서의 과오납금 반환에 관한 법률관계는 단순한 민사관계에 불과한 것이고, 행정소송 절차에 따라야 하는 관계로 볼 수 없다."(대판 1995.12.22. 94다51253, 부당이득금)

(4) 사인의 부당이득

1) **성립요건**: 부당이득의 원인이 행정행위에 기한 경우에는 그 행정행위를 취소하기 전에는 부당이득이 성립되지 않음은 국가의 부당이득의 경우와 같다. 그런데 수익적 행정행위는 신뢰보호원칙과 관련하여 취소권의 행사에 제한이 있으므로 상대방에게 귀책사유(歸責事由)가 없는 한 원칙적으로 취소할 수 없고, 따라서 반환청구가 불가능할 것이다.

2) **반환범위**: 법에 위반되는 이득은 허용되지 않음으로 수익자인 사인은 받은 이득의 전액을 반환하여야 한다.

3) **반환청구권의 행사**: 국가의 부당이득반환청구권의 의사표시에 대하여 관계법이 행정행위로서의 효력을 인정하고, 그 불이행에 대하여 행정상 강제징수를 인정하는 경우가 있다(국세기본법 51, 52, 보조금관리에관한법률 33). 그러한 특별규정이 없으면 국가의 반환청구권행사라 할지라도 대등자간의 의사표시로서의 효력을 가진다.

[판 례] 강제징수에 의한 부당이득금반환

"구 법인세법(2006. 12. 30. 법률 제8141호로 개정되기 전의 것) 제72조의 결손금 소급공제에 의하여 법인세를 환급받은 법인이 후에 결손금 소급공제 대상 법인이 아닌 것으로 밝혀진 경우 **납세지 관할 세무서장은 착오환급한 환급세액을 구 국세기본법 제51조 제7항(2006. 12. 30. 법률 제8139호로 개정되기 전의 것)에 따라 강제징수할 수 있을 뿐이고**, 민사소송의 방법으로 부당이득반환을 구할 수는 없다."(대판 2016.02.18. 2013다206610, 부당이득금반환)

(5) 공법상 부당이득의 시효

공법상 부당이득반환청구권은 특별한 규정이 있거나(관세법 22②, 공무원연금법 81②) 제척기간을 정한 경우(6月, 총포·도검·화약류등단속법 46⑦)를 제외하고는 그 소멸시효기간은 5년이다(국가재정법 96, 지방재정법 82).

Ⅳ. 공법행위

1. 공법행위의 의의

공법행위(公法行爲)란 사법행위(私法行爲)에 대한 관념이며, 공법관계에서 행정주체와 사인간의 행위로서 공법적 효과를 형성하는 모든 행위형식들을 총칭하는 것으로 실정법상의 것이 아니라 강학상 인정되고 있는 관념이다.

2. 공법행위의 종류

공법행위는 여러 기준에 의하여 분류될 수 있다.

(1) 성질에 따른 분류

1) **입법행위:** 입법행위는 행정권에 의한 법정립행위이다(예; 행정입법).

2) **집행행위:** 집행행위는 행정권이 법 아래서 법을 개별적·구체적으로 집행하는 행위이다(예; 행정행위).

(2) 주체에 따른 분류

1) **행정주체의 공법행위:** 이는 행정주체가 행정목적을 실현하려는 행위이다(예; 행정입법·행정행위 등).

2) **사인의 공법행위:** 이는 사인이 국가기관으로서의 지위에서 또는 행정권의 상대방으로서의 지위에서 하는 행위이다(예; 투표·신청·동의·신고 등).

(3) 권력성 유무에 따른 분류

1) **권력행위:** 권력행위는 행정주체가 우월한 지위에서 상대방에게 명령·강제하는 행위이다(예; 행정입법·행정행위·행정벌·행정강제 등).

2) **비권력행위:** 비권력행위는 행정주체가 상대방과 대등한 지위에서 행하는 행위이다(예; 행정계약·공법상 합동행위·행정지도·비구속적 행정계획 등).

(4) 당사자에 의한 분류

1) 단독행위: 단독행위는 1당사자의 의사표시로써 하나의 법률적 효과를 발생하는 행위이다.

(가) 행정행위: 행정행위는 상대방의 협력을 요건으로 하는지의 여부에 따라 다음과 같이 나뉘어진다.

(a) **독립적 행정행위(직권행위)**: 상대방의 협력을 요건으로 하지 않고 직권으로 하는 행위이다(예; 하명).

(b) **쌍방적 행정행위**: 신청・동의 등 상대방의 협력을 요건으로 하는 행위이다(예; 허가・특허 등).

(나) 관리행위 가운데 공법상의 포기, 상계・증여 등이 이에 속한다.

2) 쌍방행위: 쌍방행위는 2 이상의 당사자의 의사표시의 합치로써 하나의 법적 효과를 발생하는 행위이다(예; 공법상 계약, 공법상 합동행위).

(가) 공법상 계약: 이는 다수 당사자의 반대방향의 의사의 합치로 성립하는 행위이다(예; 지원입대 등).

(나) 공법상 합동행위: 이는 다수당사자의 같은 방향의 복수의사의 합치에 의하여 하나의 법률효과가 발생하게 하는 행위이다(예; 시・군조합의 설립).

(5) 의사표시의 수에 의한 분류

1) 단순행위: 단순행위는 1인의 의사표시에 의하여 성립하는 행위이다(예; 신고 등).

2) 합성행위(合成行爲): 합성행위는 다수인의 공동의사표시에 1개의 의사를 구성하는 경우로서 1개의 의사를 구성하는 과정에 다수인의 공동관계가 있게 된다(예; 선거, 합의체기관의 의결 등).

Ⅴ. 사인의 공법행위

1. 의 의

사인(私人)의 공법행위란 사인의 공법상의 행위로서 보통 공법적 효과를 발생하는 행위의 총칭이다. 사인의 행위 속에는 명칭・내용・효과 등을 달리하는 각양각색의 행위가 포함되기는 하나, 행정주체의 우월한 의사의 발동인 행정행위와 다르고, 또 순전히 평등원리에 의하여 지배하는 사법행위와도 다르다. 오늘날 행정의 민주화의 요청에 따라 공법기관에서의 사인의 지위가 현저히 향상되고, 행정에 관여하며 협력하는 기회가 많아짐으로써 공법관계에서의 사인의 지위가 현저히 향상되고 있다.

2. 종 류

(1) 사인의 지위에 따른 분류

1) 행정주체의 기관의 지위에서의 행위: 이는 사인이 국가나 공공단체의 기관의 지위에서 하는 행위이다(예; 투표행위 등).

2) 행정객체의 지위에서의 행위: 이는 행정주체의 상대방의 지위에서 국가나 공공단체에 대한 행위로서, 그 자체로서는 법적 효과가 완성되지 않고 행정주체의 공법행위의 전제가 되는 행위이다(예; 신고, 신청, 동의, 협의, 쟁송제기 등).

(2) 행위의 성질에 따른 분류

사인의 공법행위의 성질에 따라, ① 공법행위를 구성하는 의사표시의 수에 의하여 단순행위와 합성행위로, ② 의사표시인 행위(예; 이혼신고 등)와 관념 또는 사실의 통지행위(예; 출생신고 등), ③ 단독행위(예; 허가신청, 쟁송제기 등)와 쌍방적 행위의 1요소인 행위(예; 토지수용법상의 협의에 있어서의 사인의 의사표시) 등으로 구분된다.

(3) 행위의 효과에 따른 분류

사인의 공법행위는 효과에 따라, ① 그 행위자체로서 법률효과를 완결하는 **자기완결적 공법행위**(예; 선거의 투표행위, 신고, 공법상 합동행위 등)와 ② 행정주체의 어떤 공법행위가 행하여지는 동기 또는 요건이 되거나 공법상 계약의 일방당사자의 의사표시가 되는 데 그치고 그 자체로서 법률효과를 완성하지 못하는 **행위요건적 공법행위**(예; 신청·동의·승인·협의 등)로 나뉘어진다.

3. 특 색

(1) 행정행위에 대한 특색

사인의 공법행위는 공법적 효과발생을 목적으로 하는 점에서는 행정행위와 동일하다. 그러나 공권력의 발동인 행정행위와 성격이 다르므로 공정력 등 행정행위가 가지는 효력이 인정되지 않는다.

(2) 사법행위(私法行爲)에 대한 특색

사인의 공법행위와 사법행위는 비권력적 행위라는 점에서 본질적인 차이는 없으나, 사인의 공법행위는 공법적 효과발생을 목적으로 하므로 사적 이해조절을 목적으로 하는 사법행위와는 달리 그에 대한 적용법리에 특색이 있다. 즉, 사법상의 행위는 사적 자치의 원칙이 지배하지만, 사인의 공법행위는 공공성과 객관성·명확성의 필요 등으로 그 내용과 형식에 있어서 획일적인 정형화가 요구되고 그 효과도 법규에 의하여 정하여지는 것이 보통이다.

4. 적용법리

사인의 공법행위에의 적용법규에 대해서는 각 단행법에 개별적 규정이 있는 경우 이외에는 일반적인 통칙적 규정이 없다. 따라서 개별규정이 없는 경우에는 민법의 규정 또는 법원리가 유추적용될 수 있는가가 문제된다. 일반적으로 사인의 공법행위의 특수한 성격에 어긋나지 않는 범위에서 민법상의 법률행위에 관한 규정이나 법원칙이 적용될 수 있다고 할 것이나, 그 구체적인 경우는 다음과 같다.

(1) 의사능력 · 행위능력

자기 행위의 의미나 결과를 정상적인 인지능력으로 합리적으로 판단할 수 있는 정신능력인 의사능력(意思能力)이 없는 자의 행위는 절대 무효로 보나, 단독으로 완전 유효한 법률행위를 할 수 있는 능력인 행위능력에 관하여는 민법규정을 그대로 적용할 수 없는 경우가 많다(예; 우편법 10 등). 그러나 사인의 공법행위 중에서 재산관계행위에 대해서는 원칙적으로 민법규정이 유추적용된다고 보는 것이 일반적 견해이다.

(2) 대 리

사인의 공법행위에 대해서는 대리가 명문으로 허용되지 않은 경우가 많다(예; 병역법 88②, 공직선거법 157, 158 등). 이러한 규정이 없는 경우에는 행위의 성질상 일신전속적인 것(예; 수험, 귀화신청, 사직원 등)이 아니면 대리가 인정된다고 보아야 할 것이다.

(3) 효력발생시기

사인의 공법행위에는 행위의 존재를 명백히 하고 형식적인 확실성을 기하기 위하여 도달주의가 원칙이나, 발신주의를 규정하고 있는 경우도 있다(예; 국세기본법 5의2).

(4) 의사표시 · 결정의 하자

의사표시란 일정한 법률효과를 발생시키고자 하는 의욕(효과의사)을 타인에게 알리기 위하여 외부에 표명하는 행위를 말한다. 사인의 공법행위에 있어서 그 의사표시에 흠결이 있거나 의사결정에 하자(瑕疵)가 있는 경우의 효력에 관해서 일반적 규정이 없는바, 특별한 규정이 없는 한 민법의 규정(107 내지 110)이 준용되는지 여부에 대해 **긍정설**(다수설)과 **부정설**(판례)이 대립하고 있다. 생각건대, 민법상의 의사표시에 관한 규정은 일반법원리적 규정에 해당하므로 원칙적으로 사인의 공법행위에도 유추적용 된다. 따라서 강박에 의한 공무원의 사직원제출은 무효라 할 것이나, 그것이 형사처벌이나 징계처벌을 피하기 위한 것이었다면 비진의 의사표시라 할 수 없어 민법 제107조를 준용할 수 없을 것이다.

[판례 1] 당사자의 진정한 의사를 알 수 없는 경우 표시된 행위에 의해 해석

"무릇 인 · 허가 등의 행정처분에 대응하여 인 · 허가 등을 받는 개인이 제출하는 각서의 의미 · 내용을 해석함에 있어서는 행정청이 우월적 지위에 있는 공법관계의 특성, 각서 문언의 내용, 그와 같은 각서가 제출된 동기와 경위, 그에 의하여 달성하고자 하는 목적, 당사자의 진정한 의사 등을 종합적으로 고찰하여 사회정의와 형평의 이념에 맞도록 합리적으로 해석하여야 하고, 그럼에도 **당사자의 진정한 의사를 알 수 없다고 한다면 의사표시의 요소가 되는 것은 표시행위로부터 추단되는 효과의사, 즉 표시상의 효과의사이고 표의자가 가지고 있던 내심적 효과의사가 아니므로, 의사표시의 해석에 있어서도 당사자의 내심의 의사보다는 외부로 표시된 행위에 의하여 추단된 의사를 가지고 해석함이 상당**하다"(대판 1999.01.29. 97누3422; 대판 2014.6.26. 2011두14258 등)

[판례 2] 민법 제107조는 그 성질상 사인의 공법행위에는 준용되지 아니함

"공무원이 사직의 의사표시를 하여 의원면직처분을 하는 경우 그 사직의 의사표시는 그 법률관계의 특수성에 비추어 외부적·객관적으로 표시된 바를 존중하여야 할 것이므로, 비록 사직원제출자의 내심의 의사가 사직할 뜻이 아니었다고 하더라도 **진의 아닌 의사표시에 관한 민법 제107조는 그 성질상 사직의 의사표시와 같은 사인의 공법행위에는 준용되지 아니하므로** 그 의사가 외부에 표시된 이상 그 의사는 표시된 대로 효력을 발한다."(대판 1997.12.12. 97누13962, 의원면직처분취소)

(5) 부 관

사인의 공법행위의 효과는 행정법관계의 변동을 가져오기 때문에 명확성과 신속한 확정을 위해 부관(附款)을 붙일 수 없음이 원칙이다.

(6) 철회·보정

사인의 공법행위는 그에 의거한 행정행위가 행하여질 때까지 자유로이 철회(撤回) 보정(補正)할 수 있으나, 법률상(예; 소장의 수정) 또는 성질상(예; 투표, 수험) 그 자유가 제한되는 것으로 생각되는 경우도 있다.

5. 효 과

(1) 행정청의 처리의무

행정청은 적법한 절차를 거쳐 또는 그 재량권을 적정하게 행사하여 사인의 공법행위에 상응하는 법적 처리를 하여야 할 의무가 있다. 상당한 기간 내에 처리를 하지 아니하면 위법한 부작위 또는 거부처분이 되어 부작위위법확인소송 또는 거부처분취소소송의 대상이 될 수 있다.

(2) 수정인가의 가부(可否)

인가는 사인의 공법행위의 효력을 완성시켜주는 보충적 행정행위이므로 당사자의 동의 또는 법률의 규정이 없는 한 수정인가를 할 수 없다.

(3) 재신청의 가부(可否)

행정행위에는 일사부재리(一事不再理)의 효력이 없으므로 선행거부처분에 불가쟁력이 발생하였더라도 사정변경을 이유로 재신청할 수 있다.

6. 사인의 공법행위의 하자와 행정행위와의 관계

사인의 공법행위에 하자가 있는 경우에 그에 관한 행정행위에 어떠한 영향을 미치는가의 문제는 사인의 공법행위가 그 행정행위의 전제요건인지의 여부에 따라 다르다.

(1) 사인의 공법행위가 행정행위의 전제요건이 아닌 경우

사인의 공법행위가 단순히 행정행위의 동기에 불과한 경우(자기완결적 공법행위)에 그것은 행정행위의 요건이 아니고 양자는 별개의 행위이기 때문에 행정행위의 효력에 아무런 영향이 없다.

(2) 사인의 공법행위가 행정행위의 전제요건인 경우

(가) 사인의 공법행위가 당연무효 또는 부존재인 경우: 사인의 공법행위가 행정행위의 필요적 전제요건인 경우(행위요건적 공법행위)에는 사인의 공법행위가 당연무효 또는 부존재일 때는 그에 기한 행정청의 행위는 무효이다.

(나) 사인의 공법행위가 단순위법인 경우: 사인의 공법행위가 단순위법에 불과한 경우에 그에 기한 행정청의 행위의 효력여부에 관해서는 견해가 나뉘고 있다.

(a) **유효설:** 이는 사인의 공법행위에 단순위법이 있는 때에는 이에 따른 행정행위는 법적 안정성의 견지에서 원칙적으로 유효하다고 본다(다수설).

(b) **취소설:** 이는 사인의 공법행위가 단순위법인 경우에는 취소사유로 되어 이에 따른 행정행위를 취소할 수 있다고 본다.

(c) **판 례:** 판례는 유효설을 취한다.

[판 례] 사직의 권고·종용에 불과한 경우의 사직서제출에 의한 의원면직처분은 유효

"**사직서의 제출이 감사기관이나 상급관청 등의 강박에 의한 경우에는 그 정도가 의사결정의 자유를 박탈할 정도에 이른 것이라면 그 의사표시가 무효로 될 것이고** 그렇지 않고 의사결정의 자유를 제한하는 정도에 그친 경우라면 그 성질에 반하지 아니하는 한 의사표시에 관한 민법 제110조의 규정을 준용하여 그 효력을 따져보아야 할 것이나, 감사담당 직원이 당해 공무원에 대한 비리를 조사하는 과정에서 사직하지 아니하면 징계파면이 될 것이고 또한 그렇게 되면 퇴직금 지급상의 불이익을 당하게 될 것이라는 등의 강경한 태도를 취하였다고 할지라도 그 취지가 **단지 비리에 따른 객관적 상황을 고지하면서 사직을 권고·종용한 것에 지나지 않고 위 공무원이 그 비리로 인하여 징계파면이 될 경우 퇴직금 지급상의 불이익을 당하게 될 것 등 여러 사정을 고려하여 사직서를 제출한 경우라면 그 의사결정이 의원면직처분의 효력에 영향을 미칠 하자가 있었다고는 볼 수 없다.**"(대판 1997.12.12. 97누13962)

(d) **결 어:** 사인의 공법행위의 하자가 중대하고 명백하여 무효사유에 해당하는 경우에는 이에 따른 행정행위는 무효라 할 것이나, 그 정도에 이르지 아니한 단순위법인 경우에는 이에 기한 행정행위는 유효하다는 유효설이 타당하다. 다만, 사인의 공법행위에 취소사유가 있는 경우 사인은 행정행위가 행해지기 전에는 이를 취소할 수 있으나, 일단 행정행위가 행해진 후에는 취소할 수 없고(대판 2001.8.24. 99두9971), 행정행위의 공정력으로 인해 행정청의 직권취소 또는 쟁송취소만이 가능하다.

Ⅵ. 사인의 공법행위로서의 신청과 신고

1. 신 청

(1) 의의 및 성질

신청(申請)이란 사인(私人)이 공법적 효과의 발생을 목적으로 행정청에 대하여 일정한 행위를 요구하기 위한 의사표시를 말하며, 행위요건적 공법행위에 해당한다. 행정절차법은 처분을 구하

는 신청의 절차를 규정하고 있다(동법 17).

(2) 요 건

이는 신청이 적법하기 위해 갖추어야 하는 요건을 말하는 바, 신청권이 존재해야 하며, 법령상 필요한 구비서류 등을 갖추고 원칙적으로 문서로 해야 한다. 형식적 요건을 갖추지 못한 경우에는 접수거부 또는 불수리할 것이 아니라 상당한 보완기간을 주어 보완을 요구하여야 한다(동법 17④⑤).

(3) 효 과

적법한 신청의 경우에는 행정청에게 수리의무가 있어(헌법 26의 청원권, 민원사무처리에 관한 법률 9) 형식적·실체적 심사를 거쳐 수리하게 된다. 신청이 있으면 행정청은 접수보류나 거부를 할 수 없고 신청서를 접수한 후 일정한 요건에 충족하고 있는지를 심사·인정하여 그 인용 또는 거부의 처분을 한다.

부적법한 신청의 경우에는 수리거부의 요건이 되며, 수리되었더라도 하자의 정도에 따라 취소하기 까지는 행정행위의 공정력의 효력으로 유효로 인정될 수 있으며, 그 하자를 이유로 영업장 폐쇄가 아니라 허가취소 등 직권취소를 할 수 있다.

(4) 권리구제

신청에 대한 거부 또는 반려는 항고쟁송의 대상인 처분이 되며, 신청에 대한 무응답은 부작위로 된다. 따라서 거부처분에 대한 취소심판이나 의무이행심판 또는 취소소송으로, 무응답의 경우에는 의무이행심판 또는 부작위위법확인소송으로 다툴 수 있고, 이로 인해 손해를 입은 경우에는 국가배상청구가 가능하다.

2. 신 고

(1) 의의 및 성질

신고(申告)란 사인이 공법적 효과의 발생을 목적으로 행정청에 대하여 일정한 사항을 알리는 공법행위를 말하며, 자기완결적 공법행위이다. 즉, 신고는 신고서가 접수기관에 도달된 때에 신고 의무가 이행된 것으로 본다(행정절차법 40②). 이와 같이 신고로 법적 효과가 발생하므로 법적 효과가 발생하지 아니하는 사실행위로서의 신고(교통사고신고, 화재신고 등)와 구별되며, 행정기관이 수리해야 법적 효과가 발생하는 신청과 구별된다. 신고제의 근본취지는 허가제보다 규제를 완화하여 최소한의 규제를 가함으로써 국민의 자유권을 보다 넓게 보장하려는 것으로 일종의 행정규제완화제도이다. 적법한 요건을 갖춘 신고만 하면 그 신고의 효력이 발생하며 행정청의 수리처분 등 특단의 조처를 기다릴 필요가 없다. 신고에 관한 일반적 근거로는 행정절차법 제40조가 있는 이외에, 각 개별법에서 규정하고 있다.

[판 례] 신고제의 취지

"의료법이 의료기관의 종류에 따라 허가제와 신고제를 구분하여 규정하고 있는 취지는, 신고 대상인 의원급 의료기관 개설의 경우 행정청이 법령에서 정하고 있는 요건 이외의 사유를 들어 신고 수리를 반려하는 것을 원칙적으로 배제함으로써 개설 주체가 신속하게 해당 의료기관을 개설할 수 있도록 하기 위함이다."(대판 2018. 10. 25. 선고 2018두44302)

(2) 등록과 구별

등록은 행정법상 일정한 법률사실 또는 법률관계를 행정청 등 특정한 등록기관에 비치된 장부에 기재하는 것을 말하며, 일반적으로 어떤 사실이나 법률관계의 존재를 공적으로 공시 또는 증명하는 공증행위에 속한다. 등록은 완화된 허가라고도 하나, 수리를 요하는지의 여부는 근거법령에 따라 개별적으로 판단해야 한다. 허가와 병렬적으로 규정된 등록은 신고에 유사한 자기완결적 성질을 가지고[예; 액화석유가스의안전관리및사업법 제3조(사업의 허가 등)와 제6조의2(액화석유가스 위탁운송사업자의 등록), 담배사업법 제11조(담배제조업허가)와 제13조(담배판매업 등록), 게임산업진흥에관한법률 제25조(게임제작업 등의 등록)와 제26조(게임제공업 등의 허가 등)], 신고와 병렬적으로 규정된 등록은 허가에 유사한 행위요건적 성질을 가지는 경우가 보통이다[예; 농약관리법 제3조(영업등록)와 제3조의2(영업의 신고), 체육시설의설치이용에관한 법률 제19조(체육시설업의 등록)와 제20조(체육시설업의 신고) 등].

(3) 신고의 종류

1) **의무적 신고와 임의적 신고:** 신고의 의무성을 기준으로 나누며, 행정절차법 제40조의 신고가 의무적 신고에 해당하며, 당사자의 임의적 선택에 맡기는 것이 임의적 신고이다.

2) **사전신고와 사후신고:** 신고시점을 기준으로 나누며, 사후신고는 신고사유가 발생한 이후에 사후통보적 성질의 신고로서 자기완결적 신고가 보통이다.

3) **정보제공적 신고와 금지해제적 신고:** 신고의 효력내용을 기준으로 나누며, 정보제공적 신고는 행정의 대상이 되는 사실에 관한 정보를 제공하는 사실파악형 신고로 자기완결적 신고임이 보통이며, 금지해제적 신고는 법에 의해 금지된 행위가 신고로 해제되며 신고유보부금지 또는 규제적 신고라고도 한다.

4) **자기완결적 신고와 행위요건적 신고:** 행정청의 수리를 요하는지의 여부에 따른 분류이다.

(4) 요 건

1) **형식적 요건의 구비:** 신고는 문서로 해야 하고, 필요한 구비서류 등 법령이 정한 형식적 요건을 갖추어야 한다. 즉, 신고서의 기재사항에 흠이 없고, 필요한 구비서류가 첨부되어 있으며, 그 밖에 법령등에 규정된 형식상의 요건에 적합해야 한다(행정절차법 40②).

2) **요건불비의 보완요구:** 형식적 요건을 갖추지 못한 경우에는 접수거부를 할 수 없고 상당한 보완기간을 주어 보완을 요구하여야 한다(행정절차법 40③). 그 기간 내에 보완을 하지 아니하였을 때에는 그 이유를 구체적으로 밝혀 해당 신고서를 되돌려 보내야 한다(동조④).

3) 신고필증: 이는 신고사실의 단순한 확인행위에 불과하여 신고필증의 교부가 없다고 하여 신고의 효력을 부정할 수 없다.

(5) 효 력

1) 적법한 신고: 적법한 요건을 갖춘 신고만 하면 그 신고의 효력을 발생하며 행정청의 수리처분 등 특단의 조치를 기다릴 필요가 없다.

2) 부적법한 신고: 부적법한 신고는 접수되더라도 신고의 효과가 발생하지 아니한다. 따라서 요건미비의 부적법한 신고를 하고 신고영업행위를 하면 미신고의 불법영업행위가 되는 것으로 허가취소 등의 취소처분이 아니라 영업장폐쇄 등의 조치로 위법상태를 제거하면 된다.

[판 례] 신고의 요건 및 효력

"**행정관청에 대한 신고는 일정한 법률사실 또는 법률관계에 관하여 관계 행정관청에 일방적인 통고를 하는 것을 뜻하는 것으로 법령에 별도의 규정이 있거나 다른 특별한 사정이 없는 한 행정관청에 대한 통고로써 그치는 것이고, 그에 대한 행정관청의 반사적 결정을 기다릴 필요가 없는 것인바,** 구 수산업법(1995.12.30. 법률 제5131호로 개정되기 전의 것), 구 수산업법시행령(1996.12.13. 대통령령 제15241호로 개정되기 전의 것), 구 수산제조업의 허가등에관한규칙(1997.4.23. 해양수산부령 제19호로 개정되기 전의 것)의 각 규정에도 수산제조업의 신고를 하고자 하는 자는 그 규칙에서 정한 양식에 따른 수산제조업 신고서에 주요 기기의 명칭・수량 및 능력에 관한 서류, 제조공정에 관한 서류를 첨부하여 시장・군수・구청장에게 제출하면 되고, 시장・군수・구청장에게 수산제조업 신고에 대한 실질적인 검토를 허용하고 있다고 볼 만한 규정을 두고 있지 아니하고 있으므로, **수산제조업의 신고를 하고자 하는 자가 그 신고서를 구비서류까지 첨부하여 제출한 경우 시장・군수・구청장으로서는 형식적 요건에 하자가 없는 한 수리하여야 할 것이고,** 나아가 관할 관청에 신고업의 신고서가 제출되었다면 **담당공무원이 법령에 규정되지 아니한 다른 사유를 들어 그 신고를 수리하지 아니하고 반려하였다고 하더라도, 그 신고서가 제출된 때에 신고가 있었다고 볼 것이다.**"(대판 1999.12.24. 98다57419,57426, 보상금)

(6) 신고반려처분의 처분성

1) 부정설: 신고의 수리는 단순한 접수행위로서 법적 효과를 발생시키지 않는 사실행위이므로 그 수리행위나 반려처분(수리의 거부)은 원칙적으로 항고소송의 대상이 되는 처분이라고 할 수 없다는 견해이다.

2) 제한적 긍정설: 신고접수가 반려될 경우 신고인이 불이익을 받을 위험 등 법적 지위가 불안정하게 될 수 있는 경우에는 처분성을 인정하는 견해이다.

3) 판 례: 판례는 건축신고와 관련하여 신고거부의 처분성을 부인하였던 종래 판례를 최근 변경하여 제한적 긍정설에 따라 처분성을 인정하였다.

[판례 1] 건축신고 반려처분의 처분성 부인

"건축법 제9조 제1항 제5호, 같은 법 시행령 제11조 제2항 제1호의 규정에 의한 소규모건축물을 건축하고자 하는 자는 적법한 요건을 갖춘 신고만 하면 행정청의 수리처분 등 별단의 조처를 기다릴 필요 없이 건축을 할 수 있으므로, 위 건축신고에 대한 행정청의 반려조치는 국민의 구체적인 권리의무에 직접 변동을 초래하는 것을 내용으로 하는 행정처분이라고 볼 수 없다."(대판 2000.9.5, 99두8800 등)

[판례 2] 건축신고 반려처분의 항고소송 대상 인정

"건축주 등은 신고제하에서도 건축신고가 반려될 경우 당해 건축물의 건축을 개시하면 시정명령, 이행강제금, 벌금의 대상이 되거나 당해 건축물을 사용하여 행할 행위의 허가가 거부될 우려가 있어 불안정한 지위에 놓이게 된다. 따라서 건축신고 반려행위가 이루어진 단계에서 당사자로 하여금 반려행위의 적법성을 다투어 그 법적 불안을 해소한 다음 건축행위에 나아가도록 함으로써 장차 있을지도 모르는 위험에서 미리 벗어날 수 있도록 길을 열어 주고, 위법한 건축물의 양산과 그 철거를 둘러싼 분쟁을 조기에 근본적으로 해결할 수 있게 하는 것이 법치행정의 원리에 부합한다. 그러므로 건축신고 반려행위는 항고소송의 대상이 된다고 보는 것이 옳다."(대판 2010.11.18, 2008두167, 건축신고불허(또는 반려)처분취소)

4) 결 어: 신고수리 및 수리거부의 처분성여부 문제는 신고의 성질여하와 관계없이 항고쟁송의 대상적격의 범위확정의 문제이다. 따라서 제한적 긍정설에서와 같이 신고접수가 반려될 경우 신고인이 불이익을 받을 위험 등 법적 지위가 불안정하게 될 수 있는 경우에는 권리구제를 위해 처분성을 인정함이 타당하다.

3. 자기완결적 신고와 행위요건적 신고

(1) 의 의

1) **자기완결적 신고**(전형적 신고): 이는 특정의 사실관계 또는 법률관계의 존부에 관하여 행정청에 알림으로써 법률상 의무가 이행되는 신고를 말한다(예; 주민등록신고, 혼인신고 등). 즉, 이는 형식적 요건이 충족되어 있는 한 신고서가 행정청에 도달한 때에 신고의무가 이행된 것으로 보게 되어, 수리를 요하지 않는 신고로서 전형적 신고를 의미한다. 행정절차법 제40조 제2항에 규정되어 있다. 개별법에서 보면, 단순히 의무가 종결되는 경우(다단계판매업등록자의 상호변경신고 등), 신고유보부금지의 경우(건축법상 담장·대문설치신고와 일정규모 이하의 건축물의 개축·증축·재축, 용도변경신고 등), 신고납부방식의 조세신고의 경우 등이 있다.

2) **행위요건적 신고**(수리를 요하는 신고, 변형된 신고): 이는 행정청에 대하여 일정한 사항을 통지하고 행정청이 이를 수리함으로써 법적 효과가 발생하는 신고를 말한다. 이는 행정기본법 제34조에서 규정하고 있는바, 법령등으로 정하는 바에 따라 행정청에 일정한 사항을 통지하여야 하는 신고로서 법률에 신고의 수리가 필요하다고 명시되어 있는 경우(행정기관의 내부 업무 처리 절차로서 수리를 규정한 경우는 제외한다)에는 행정청이 수리하여야 효력이 발생한다. 즉, 신고가 특정행위의 전제요건이 되는 경우로서 수리를 요하는 신고로서 변형된 신고라 하겠다. 이는 실질적으로 완화된 허가이며 위장된 규제완화라 불리기도 하는데, 신고제의 원칙적 형태는 어디까지나 '자기완결적 신고'이나, 각 개별법에서 '신고의 수리'가 필요하다고 명시되어 있는 경우는 물론, 각 개별규정의 해석상 수리를 요하는 것으로 판단되는 경우에 예외적으로 인정된다고 할 것이다. 예컨대, 건축법상 건축주명의변경신고, 일정규모 이하의 건축물의 신축신고, 수산업법상 어업신고, 체육시설의 설치이용에 관한 법률상 체육시설업신고, 식품위생법상 일반음식점영업신고와 영업허가명의변경신고 등이 이에 해당한다.

[판례 1] 유선업 경영신고 · 신고체육시설업(당구장)신고 등 수리를 요하지 않는 신고

"유선및도선업법 제3조 제1항, 제5항의 규정 등에 의하면 위 법에서 유선업경영신고에 대한 실질적 검토를 행정관청에 허용하고 있다고 볼 만한 규정을 두고 있지 아니하고 있으므로 **유선업의 경영신고는** 이른바 강학상의 사인의 공법행위로서의 신고에 해당하고 그 **신고를 받은 행정청은 위 법과 시행령 소정의 형식적(절차적) 요건에 하자가 없는 한 이를 수리하여야 할 것이다.**"(대판 1992.05.08. 91누5655, 유선업신고서반려처분취소)

"체육시설의설치 · 이용에관한법률 제10조, 제11조, 제22조, 같은법시행규칙 제8조 및 제25조의 각 규정에 의하면, **체육시설업은 등록체육시설업과 신고체육시설업으로 나누어지고, 당구장업과 같은 신고체육시설업을 하고자 하는 자는** 체육시설업의 종류별로 같은법시행규칙이 정하는 해당 시설을 갖추어 소정의 양식에 따라 신고서를 제출하는 방식으로 시 · 도지사에 신고하도록 규정하고 있으므로, 소정의 시설을 갖추지 못한 체육시설업의 신고는 부적법한 것으로 그 수리가 거부될 수밖에 없고 그러한 상태에서 신고체육시설업의 영업행위를 계속하는 것은 무신고 영업행위에 해당할 것이지만, 이에 반하여 **적법한 요건을 갖춘 신고의 경우에는 행정청의 수리처분 등 별단의 조처를 기다릴 필요 없이 그 접수시에 신고로서의 효력이 발생하는 것이므로 그 수리가 거부되었다고 하여 무신고 영업이 되는 것은 아니다.**"(대판 1998.04.24. 97도3121, 체육시설의설치 · 이용에관한법률위반)

[판례 2] 주민등록신고 · 납골당설치신고 등 수리를 요하는 신고

"주민등록은 단순히 주민의 거주관계를 파악하고 인구의 동태를 명확히 하는 것 외에도 주민등록에 따라 공법관계상의 여러 가지 법률상 효과가 나타나게 되는 것으로서, **주민등록의 신고는** 행정청에 도달하기만 하면 신고로서의 효력이 발생하는 것이 아니라 **행정청이 수리한 경우에 비로소 신고의 효력이 발생한다.** 따라서 주민등록 신고서를 행정청에 제출하였다가 행정청이 이를 수리하기 전에 신고서의 내용을 수정하여 위와 같이 수정된 전입신고서가 수리되었다면 수정된 사항에 따라서 주민등록 신고가 이루어진 것으로 보는 것이 타당하다."(대판 2009.01.30. 2006다17850)

"납골당설치 신고의 처리절차 및 구 장사법의 관계 규정을 종합하면, **납골당설치 신고는 이른바 '수리를 요하는 신고'**라 할 것이므로(대판 2005.2.25. 2004두4031; 대판 2010.9.9. 2008두22631 등), 납골당설치 신고가 구 장사법 관련 규정의 모든 요건에 맞는 신고라 하더라도 신고인은 곧바로 납골당을 설치할 수는 없고, 이에 대한 행정청의 수리처분이 있어야만 신고한 대로 납골당을 설치할 수 있게 된다."(대판2011.09.08. 2009두6766, 납골당설치신고수리처분이행통지취소)

(2) 구별기준

1) 수리규정 여부: 근거법률에 신고의 수리가 필요하다고 명시되어 있는 경우(행정기관의 내부업무 처리절차로서 수리를 규정한 경우는 제외한다)에는 행정청이 수리하여야 효력이 발생하므로 행위요건적 신고이고(행정기본법 34), 수리가 필요한 신고에 해당하지 아니한 경우에는 행정절차법 제40조 제2항에 따라 신고서 도달로 신고의 효력이 발생하여 자기완결적 신고에 해당한다.

2) 법적 효력 발생시점: 관계법령상 신고 그 자체로써 종국적으로 행위의 효력이 발생하면 자기완결적 신고이고, 행정청이 신고에 대하여 수리를 해야 법적 효과가 발생하면 행위요건적 신고라 할 것이다.

3) 실체적 요건심사 포함여부: 일반적으로 신고에 대한 행정청의 심사가 단지 형식적(또는 절차적) 요건에 한정되면 자기완결적 신고이고, 형식적 요건 이외에 실체적 요건도 심사범위에 포함되면 행위요건적 신고라 할 수 있다. 다만, 형식적 요건이 가치판단을 요하는 불확정 개념으로 규정된 경우에는 수리를 요할 수 있고, 실체적 요건이 객관적으로 명백한 확정개념인 경우에

는 수리를 요하지 아니한다고 볼 수 있다.

4) **신고와 허가의 병렬적 규정여부:** 근거법률에 신고와 허가(또는 등록)가 병렬적으로 규정되어 있다면 신고의 경우에는 허가의 경우보다 규제완화를 하고자 하는 입법취지라 할 것이므로 자기완결적 신고라 할 수 있다.

5) **신고내용의 법적 성질:** 신고가 단순한 통보에 그치고 행정청의 반사적 행위를 필요로 하지 아니하는 보고적 성질을 갖는 경우이거나, 신고의 내용이 명령적인 금지해제적 내용인 경우에는 자기완결적 신고이나, 일정한 법적 지위를 설정하는 형성적 내용(인허가 등)인 경우에는 행위요건적 신고라 할 수 있다.

6) **신고불이행에 대한 처벌정도:** 신고불이행이 단지 행정질서벌인 과태료에 그치는지, 아니면 벌금 등 행정형벌이 과하여지는지 등 신고의무위반자에 대한 불이익의 정도도 참작할 수 있다.

7) **구별이 어려운 경우 신고로 간주:** 위의 판단기준을 종합적·합리적으로 검토하여 판단이 이루어져야 할 것이나, 위 기준에 의해서도 판단하기 어려운 경우에는 행위요건적 신고는 예외적인 것이라는 점과 규제완화의 신고제의 취지에 따라 원칙적으로 자기완결적 신고로 보는 것이 타당하다.

[판 례] 골재채취법 제32조의 골재의 선별·세척 등의 신고는 수리를 요한 신고

"구 골재채취법(2007. 5. 17. 법률 제8479호로 개정되기 전의 것, 이하 같다) 제32조 제1항에서 '대통령령이 정하는 규모 이상의 골재를 선별·세척 또는 파쇄하고자 하는 자는 건설교통부령이 정하는 바에 의하여 관할 시장·군수 또는 구청장에게 **신고하여야 한다'고 규정하고 있는바**, 1991. 12. 14. 법률 제4428호로 제정된 골재채취법에서는 골재의 선별·세척·파쇄·채취 업무는 모두 **'허가' 대상이었으나**, 1999. 4. 15. 법률 제5966호로 골재채취법이 개정되면서 위 업무 중 연간 1,000㎥ 이상의 골재를 선별·세척·파쇄하는 업무는 **'신고' 대상으로 변경된 점**, 골재채취 허가신청서와 골재선별·세척·파쇄신고서의 각 필요적 첨부서류를 비교하여 보면, 선별·세척·파쇄신고의 경우에도 채취업무에 고유하게 수반하는 서류 등을 제외하고 있을 뿐 **허가신청서와 동일한 서류를 필요적 첨부서류로 정하고 있어**(구 골재채취법 시행규칙 제12조, 제17조), 비록 선별·세척·파쇄 업무가 앞서 본 바와 같이 **허가제에서 신고제로 완화된 사정이 있다고 하여도, 골재채취법은 선별·세척·파쇄신고에 있어서도 여전히 채취 허가 심사에 준하는 실질적인 검토를 요구하고 있다고 보이는 점**, 구 골재채취법 제30조는 시장·군수 또는 구청장은 '1. 자연환경훼손·수질오염 기타의 재해로 인하여 공중에게 위해가 발생할 우려가 있을 경우 2. 사정의 변경으로 인하여 골재채취를 계속하는 경우 현저히 공익을 해칠 우려가 있을 경우 3. 이 법 또는 이 법에 의한 명령이나 처분에 위반한 경우'에는 골재채취의 허가를 받은 자에 대하여 골재채취구역의 변경, 채취의 중지, 시설물의 이전 기타 필요한 조치를 명할 수 있다고 규정하고, 같은 법 제32조 제3항에서 '제30조의 규정은 골재의 선별·세척 또는 파쇄의 신고를 한 자에 대하여 이를 준용한다'고 규정하고 있는바, **위 법 제30조, 제32조 제3항은 선별·세척 또는 파쇄의 신고를 한 자에 대하여 사후적으로 필요한 조치를 명할 수 있다는 것이기는 하나, 신고 당시에 이미 그와 같은 사유가 있다면 신고단계에서 이를 심사하도록 함으로써 불필요한 행정력의 낭비 및 신청인의 불이익을 줄일 수 있다는 점 등에 비추어 보면,** 시장·군수 또는 구청장은 **골재선별·세척 또는 파쇄 신고에 대하여 실질적인 요건을 심사하여 신고를 수리하거나 거부할 수 있다고 할 것이다.**"(대판 2009.06.11. 2008두18021 신고수리거부처분취소)

(3) 효 과

1) 적법한 신고: 자기완결적 신고의 경우에는 형식에 적합한 신고를 하면 신고의무가 이행

된 것으로 보나(예; 세법상의 신고의 경우 조세채무관계 확정, 신고유보부금지의 경우 금지해제, 과태료 등 부과처분 면제 등), 행위요건적 신고의 경우에는 행정청이 형식적 · 실체적 심사 후 수리해야 법적 효과가 발생한다.

2) 부적법한 신고: 자기완결적 신고는 형식적 요건을 갖추지 못하면 신고로서의 효력이 불발생하나, 행위요건적 신고는 행정청이 수리를 거부할 수 있고 수리 없이 한 행위는 무신고영업행위가 된다.

3) 신고필증: 자기완결적 신고의 경우 법령에 의한 신고필증의 교부는 신고사실의 확인행위에 불과하여 이것이 없다 하여 신고효력을 부정할 수 없으나, 행위요건적 신고에서 신고필증은 신고한 사인에게 법적 효과를 발생시키는 직접적인 법적 원인행위가 된다.

4) 처리기간 및 수리간주: 개별법에 따라 신고수리여부 또는 처리기간의 연장여부를 일정한 기간 내에 신고인에게 통지하도록 하고(건축법 14③건축신고, 20④가설건축물신고 등), 그 기간 내에 통지를 하지 아니하면 신고를 수리한 것으로 본다고 규정한 경우가 있다(건축법 21착공신고, 여객자동차운수사업법 8③④운임 · 요금신고 등). 이와 같이 신고에 대한 처리기간과 수리간주의 규정을 둔 취지는 신고인의 권리보호를 위해 신고인의 법적 지위의 불안정을 해소하고(자기완결적 신고의 경우) 규제완화라는 신고제의 취지에 따라 신속한 처리와 소극적 업무처리의 방지를 위한 것이라고 하겠다(행위요건적 신고의 경우).

4. 인 · 허가의제를 수반하는 신고의 법적 성질

건축법 제14조 제1항의 건축신고는 제2항에 의해 제11조 제5항의 인 · 허가의제(집중효)를 준용하고 있다. 이와 같이 신고가 인 · 허가의제(집중효)를 수반하는 경우의 법적 성질에 관하여 수리를 요하는지의 여부와 관련하여 견해가 나뉜다.

1) 긍정설(수리를 요한다는 견해): 신고의 대상이라 하더라도 의제되는 인 · 허가사항들에 대하여 별도의 심사를 거쳐 행정청의 수리가 있어야 한다는 입장이다. 이는 신고법령과 인 · 허가사항에 관하여 정하고 있는 관계법령은 그 입법목적 · 규정사항 · 적용범위 등을 달리하고 있어서 신고법령이 인 · 허가법령에 우선하여 배타적 적용관계에 있다고 볼 수 없고, 신고만으로 인 · 허가사항에 관한 일체의 요건심사가 배제되면 중대한 공익상의 침해 및 이해관계인의 피해의 우려가 있다는 점을 이유로 든다.

2) 부정설(수리를 요하지 않는다는 견해): 형식적으로 적법한 요건을 갖춘 신고만으로 인 · 허가의제사항 모두에 효력이 생긴다는 견해이다. 이는 법령이 신고제로 규정하고 있는 한 규제완화제도로 규정한 취지라고 볼 것이고, 국민의 예측가능성과 법적 안정성을 이유로 든다.

3) 제한적 긍정설: 신고의 요건은 형식적인 것이어서 수리를 요하지 않지만, 의제되는 인 · 허

가의 요건은 실체적인 것이므로 수리를 요한다는 견해이다(의제되는 인·허가만 거부할 수 있다는 견해).

4) **개별적 검토설:** 의제되는 인허가의 요건에 따라 개별적으로 판단해야 한다는 견해이다. 즉, 의제되는 인·허가사항이 신고사항이면 수리를 요하지 아니하지만 허가사항이면 수리를 요한다는 견해이다.

5) **판 례:** 판례는 종래 부정설을 취했으나, 최근 인·허가의제사항이 개발행위허가를 수반하는 건축신고의 경우에는 수리를 요하는 신고로 변경하였다.

[판 례] "인·허가의제 효과를 수반하는 건축신고는 일반적인 건축신고와는 달리, 특별한 사정이 없는 한 행정청이 그 실체적 요건에 관한 심사를 한 후 수리하여야 하는 이른바 '수리를 요하는 신고'로 보는 것이 옳다."(대판 2011.1.20, 2010두14954 전원합의체판결, 건축신고불가취소)

6) **결 어:** 신고제는 규제완화제도라는 점에서 원칙적으로 수리를 요하지 않는다고 할 것이나, 의제되는 인·허가(집중효)의 요건·효과가 다양하므로 구체적인 경우에 개별적으로 판단하여 특별한 경우에만 수리를 요하는 신고로 판단함이 타당하다(개별적 검토설). 그리하여 의제되는 인·허가의 권한과 절차만이 아니라 실체적 요건을 심사해야 하는 경우에는 수리를 요하는 신고라 하겠다(개별적 검토설). 즉, 의제되는 인허가사항이 신고사항이면 수리를 요하지 않는 신고이고, 허가사항이면 수리를 요하는 신고이다.

5. 지위승계신고의 법적 성질 및 불복쟁송

(1) 지위승계신고의 법적 성질

영업의 양도나 사망 또는 법인의 합병의 경우 그 양수인·상속인 또는 합병후 존속하는 법인이나 합병에 의하여 설립되는 법인은 그 지위승계를 신고하도록 법정한 경우가 있다. 이 경우 그 신고가 수리를 요하는지의 여부에 대해 견해가 나뉜다.

1) **부정설(수리불요설):** 이는 지위승계는 비전속적인 대물적 영업에서 인정되고, 법령에서 정한 승계사유의 발생으로 당연히 승계되므로 원칙적으로 수리를 요하지 아니한다는 입장이다.

2) **긍정설(수리필요설):** 이는 지위승계신고는 보통의 신고와 달리 전·후의 영업자의 법률상 지위변동을 가져오는 것으로 수리를 요한다는 입장이다.

3) **제한적 긍정설(신고영업여부에 따른 구별설):** 이는 지위승계신고의 대상이 신고영업이면 수리를 요하지 아니하는 신고이나 허가영업이면 수리를 요하는 신고라고 하여, 신고의 대상이 되는 영업 등이 수리를 요하는지의 여부에 따라 판단하는 입장이다.

4) **개별적 검토설:** 개별법의 특별한 규정이 없으면 행정절차법 제10조 제1항과 제2항에 따라 사망 및 법인의 합병으로 인한 경우에는 수리를 요하지 아니하나, 동법 제4항에 따라 양도양수의 경우에는 수리를 요한다는 입장이다.

5) 판 례: 판례는 양도양수의 경우 지위승계신고의 수리를 행정행위라고 하여 지위승계의 신고를 수리를 요하는 신고로 보고 있다.

[판 례] 지위승계신고의 수리는 행정처분

"액화석유가스의안전및사업관리법 제7조 제2항에 의한 사업양수에 의한 지위승계신고를 수리하는 허가관청의 행위는 단순히 양도, 양수자 사이에 발생한 사법상의 사업양도의 법률효과에 의하여 양수자가 사업을 승계하였다는 사실의 신고를 접수하는 행위에 그치는 것이 아니라 실질에 있어서 **양도자의 사업허가를 취소함과 아울러 양수자에게 적법히 사업을 할 수 있는 법규상 권리를 설정하여 주는 행위로서 사업허가자의 변경이라는 법률효과를 발생시키는 행위이므로 허가관청이 법 제7조 제2항에 의한 사업양수에 의한 지위승계신고를 수리하는 행위는 행정처분에 해당한다.**"(대판 1993.6.8. 91누11544; 대판 1995.02.24. 94누9146; 대판 2012.12.13. 2011두29144 등)

6) 결 어: 지위승계신고의 수리여부는 획일적으로 판단할 수 없고 관계법령의 규정에 따라야 한다. 행정절차법은 사망 또는 법인 등의 합병의 경우 상속인 또는 합병 후 법인이 지위승계를 한다고 규정하고 있으므로(동법 10①②) 행정청에 그 사실을 통지한 때 지위승계의 효력이 발생하고(동조③), 양수인은 행정청의 승인을 받아 지위를 승계한다고 규정하고 있으므로(동조④) 행정청의 승인을 받은 때에 지위승계의 효력이 발생한다고 볼 것이다. 따라서 지위승계에 관해 개별법에 이와는 달리 특별한 규정을 두고 있지 않는 한, 사망이나 법인 등의 합병의 경우에는 부정설(수리불요설)이 타당하고, 양도·양수인 경우에는 긍정설(수리필요설)이 타당하다.

(2) 지위승계신고에 대한 불복

지위승계의 양도인(종전 영업자) 등 이해관계인이 양수인 등의 부정신고로 인한 지위승계에 대한 쟁송방법에 대해 견해가 나뉜다.

1) 수리처분 항고쟁송설: 이는 지위승계신고를 수리를 요하는 신고로 보는 입장에서 수리처분의 위법여부를 다투어야 하므로 항고쟁송이 가능하다고 본다.

2) 민사소송설: 이는 지위승계신고를 수리를 요하지 않는 신고로 보는 경우는 물론, 수리를 요하는 신고로 보는 경우에도 양도·양수의 지위승계여부라는 사법상의 법률관계를 다투는 것이므로 민사소송으로 제기해야 한다는 입장이다. 따라서 수리를 요하는 신고의 경우에는 민사소송을 거쳐 수리처분 항고소송을 제기할 수 있다.

3) 판 례: 판례는 수리를 요하는 지위승계신고의 수리처분에 대해 항고쟁송설을 취한다.

[판 례] 지위승계신고의 수리에 대한 취소소송

"구 체육시설의 설치·이용에 관한 법률(2010. 3. 31. 법률 제10219호로 개정되기 전의 것) 제20조, 제27조의 각 규정 등에 의하면 체육시설업자로부터 영업을 양수하거나 문화체육관광부령으로 정하는 체육시설업의 시설 기준에 따른 필수시설을 인수한 자가 **관계 행정청에 이를 신고하여 행정청이 수리하는 경우에는 종전 체육시설업자는 적법한 신고를 마친 체육시설업자의 지위를 부인당할 불안정한 상태에 놓이게 되므로, 그로 하여금 이러한 수리행위의 적법성을 다투어** 법적 불안을 해소할 수 있도록 하는 것이 법치행정의 원리에 맞는다."(대판 2012.12.13. 2011두29144 유원시설업허가처분등취소)

4) 결 어: 수리를 요하지 아니하는 지위승계신고의 경우에 양도 · 양수자간의 지위승계여부는 민사소송으로 다투어야 하고, 수리를 요하는 지위승계수리의 경우에는 수리처분에 대한 항고쟁송으로 다툴 수 있다.

【 강학상 신청과 신고의 차이 】

	신 청	신 고
의의	행정청에 일정한 행위를 요구하는 행위	행정청에 일정한 사항을 알리는 행위
성질	행위요건적 공법행위	자기완결적 공법행위
요건	신청권, 형식적 · 실체적 요건 필요	형식적 요건 필요
효과	형식적 · 실체적 심사 거쳐 수리여부결정	적법한 신고여부로 효력발생 · 불발생
권리구제	거부 · 무응답 등 처분성인정, 쟁송대상	처분성 부인이 원칙, 신고반려로 법적 지위불안의 경우 처분성인정(판례변경)

제2편

행정작용법

제1장 개 설

Ⅰ. 행정작용법의 개념

행정주체가 그의 행정목적을 달성하기 위하여 하는 법률적・사실적 작용을 총칭하여 행정작용이라 하며, 행정작용에 관한 국내공법을 가리켜 행정작용법이라 한다. 그러므로 행정작용법은 행정주체의 조직 및 이들 상호간의 법률관계를 대상으로 하는 행정조직법 및 행정작용에 대한 권리구제를 내용으로 하는 행정구제법에 대한 관념이다.

Ⅱ. 행정작용의 분류

행정주체가 어떠한 내용의 행정작용을 어떠한 형식으로 수행하는가는 시대와 국가에 따라 일정하지 않다. 현대국가에서는 행정기능의 확대와 중점의 변천으로 행정작용의 내용과 성질 및 행위형식의 다양화를 수반하게 되었다.

행정작용은 그것이 이루어지는 행위형식에 따라 행정입법, 행정행위, 공법상 계약과 합동행위, 행정지도, 행정계획 및 행정벌과 행정강제 등으로 나누어 볼 수 있다. 또한 행정작용의 목적에 따라 국가목적적 작용과 사회목적적 작용으로 대별되고, 전자는 재정작용과 군정작용으로, 후자는 질서행정작용과 규제행정작용 및 공용부담작용으로 세분할 수 있다. 행정작용은 그 성질에 따라 권력작용과 비권력작용으로 나눌 수 있다. 행정입법, 행정행위, 행정강제, 경찰행정, 공용부담행정 및 조세행정작용 등이 전자의 예이며, 공법상 계약, 행정지도, 비구속적 행정계획 및 급부행정작용은 후자의 예이다.

- 행정작용법
  - 권력작용
    - 행정입법, 행정행위, 행정강제(의무이행확보수단),
    - 경찰법, 공용부담법, 토지행정법, 재무행정법(조세법)
  - 비권력작용
    - 공법상계약, 행정지도, (비구속적) 행정계획,
    - 급부행정작용법

제2장 행정입법

제 1 절 개 설

Ⅰ. 행정의 입법활동 등

1. 행정의 입법활동

국가나 지방자치단체가 법령등을 제정・개정・폐지하고자 하거나 그와 관련된 활동(법률안・조례안의 제출)을 할 때에는 헌법과 상위법령을 위반해서는 아니 되며, 헌법과 법령등에서 정한 절차를 준수하여야 한다(행정기본법 38①). 이러한 행정의 입법활동은, ① 일반 국민 및 이해관계자로부터 의견을 수렴하고 관계 기관과 충분한 협의를 거쳐 책임 있게 추진되어야 하며, ② 법령등의 내용과 규정은 다른 법령등과 조화를 이루어야 하고, 법령등 상호 간에 중복되거나 상충되지 아니하여야 하며, ③ 법령등은 일반 국민이 그 내용을 쉽고 명확하게 이해할 수 있도록 알기 쉽게 만들어져야 한다(이상 동법 38②). 정부는 매년 해당 연도에 추진할 법령안 입법계획을 수립하여야 한다(동조③).

2. 행정법제의 개선

정부는 권한 있는 기관에 의하여 위헌으로 결정되어 법령이 헌법에 위반되거나 법률에 위반되는 것이 명백한 경우 등 대통령령으로 정하는 경우에는 해당 법령을 개선하여야 한다(동법 39①). 정부는 행정 분야의 법제도 개선 및 일관된 법 적용 기준 마련 등을 위하여 필요한 경우 대통령령으로 정하는 바에 따라 관계 기관 협의 및 관계 전문가 의견 수렴을 거쳐 개선조치를 할 수 있으며, 이를 위하여 현행 법령에 관한 분석을 실시할 수 있다(동조②).

Ⅱ. 행정입법의 의의

행정입법(行政立法)이란 행정주체가 법조(法條)의 형식으로 일반적・추상적인 규범을 정립하는 작용, 즉 행정권에 의한 입법을 말한다. 일반적・추상적이란 수범자(受範者)와 규제사항이 불특정다수를 뜻하며, 규범은 법규적인 것과 비법규적인 것이 포함되는 바, 법규의 성질을 가진 것을 법규명령, 법규의 성질을 가지지 아니한 것을 행정규칙이라 한다. 법규명령은 행정과 국민의 관계를 규율하여 소위 외부효과를 갖기 때문에 '법률에 의한 행정'이 적용되고 법률의 수권을 필요로 한다. 이에 대하여 행정규칙은 소위 내부효과를 갖는데 불과하여 법률에 특별한 수권이 없이 행정기관이 자유롭게 정립할 수 있다. 광의의 행정입법에는 국가의 행정기관에 의한 입법과 지방자치단체의 자치입법이 포함된다.

Ⅲ. 행정입법의 필요성

권력분립, 법률에 의한 행정 및 의회주의를 기본원칙으로 하는 근대법치국가에 있어서는 법규를 정립하는 작용은 입법부의 권한에 속한다. 그러나 현대 복리국가의 발전으로 인한 행정기능의 확대・강화 및 기술화는 입법부의 법률만으로는 실효성 있는 행정을 수행할 수 없게 되었다. 이에 따라 의회의 입법독점주의에서 입법중심주의로 전환하여 일정한 범위에서 행정입법을 허용하게 되었다. 그 구체적인 원인을 살펴보면, ① 행정활동의 다양화・복잡화에 따라 국회보다 행정부의 심의가 보다 더 적합한 전문적・기술적 입법사항의 증가, ② 행정현상의 급격한 변천에 따라 사정변경과 구체적 적응성을 위한 탄력적 입법분야의 증가, ③ 전시 기타 비상시에의 대처를 위한 광범한 수권의 필요, ④ 법률의 일반적 규정으로는 지역별 또는 분야별 특수사정의 고려가 곤란하게 되었기 때문이다.

따라서 종래의 권력분립론에서 나오는 위임입법금지의 원칙이나 복위임금지의 원칙은 오늘날에 있어서 그대로 고수할 수 없게 되었다. 그러나 행정입법은 어디까지나 법률에 의한 행정의 원리를 보완하는 의미를 가지는 것으로 보아야 한다. 그러므로 오늘날에 있어서의 문제의 중점은 오히려 위임입법의 대상, 제정절차 및 한계로 옮겨졌다고 하겠다.

제 2 절 법규명령

Ⅰ. 법규명령의 의의 및 성질

1. 법규명령의 의의

(1) 법규명령의 개념

법규명령(法規命令)이란 행정권이 정립하는 법규를 말한다. 여기서 법규란 일반적・추상적 규정으로서 국민과 행정권을 구속하고 재판규범이 되는 법규범을 말한다. 즉, 법규란 불특정 다수인에 대해 불특정 사항을 규정한 것으로서 국민의 행동과 행정권의 행사를 구속하고 법원이 재판의 기준으로 삼아야 되는 법규범을 의미한다.

법규명령은, ① 일반적・추상적 명령으로서, 일반적으로 ② 헌법에서 규정한(75, 95, 114⑥)

법형식(대통령령, 총리령, 부령 등)에 의하며, ③ 상위법령의 수권을 요한다. 법규명령은 행정과 국민의 관계를 규율하므로 '법률에 의한 행정'의 원리가 적용되어 법률의 수권을 필요로 한다. 그러나 법률의 수권이 있기만 하면 행정기관은 법규명령을 자유롭게 임의적 형식으로 규정할 수 있다는 의미는 아니며, 헌법합치적 틀 내에서 가능하다고 할 것이므로 일반적으로 헌법에서 규정한(75, 95, 114⑥) 법형식(대통령령, 총리령, 부령 등)에 의할 것을 요건으로 한다.

(2) 행정행위와 구별

법규명령은 헌법상의 법형식으로서 일반적·추상적 규율이므로 그것을 구체적으로 실현하기 위해 행정청의 집행행위를 매개로 한다는 점에서, 법규형식이 아닌 개별적·구체적 규율인 행정행위와 구별된다. 그러나 행정청의 집행행위의 매개 없이 국민의 권리·의무를 직접 규율하는 개별적·구체적 명령인 처분적 법규명령도 예외적으로 존재한다. 이와 같이 법규명령과 행정행위를 법형식에 따라 구별하는 형식적 기준설이 아니라, 법형식이 아닌 구체적 규율인지의 여부 따라 구별하는 실질적 기준설에 따라 위 처분적 법규명령을 행정행위로 보는 견해도 있다(박균성(상), 178).

(3) 행정규칙과 구별

법규명령은 헌법상의 법형식으로 상위법령의 수권에 따라 정한 대외적 구속력을 갖는 규범이라는 점에서, 훈령·고시 등의 형식으로 상위법령의 수권 없이 행정조직 내부적 효력을 갖는 규율인 행정규칙과 구별된다. 그 구체적인 구별기준에 관해, 형식적 기준설, 실질적 기준설, 수권여부기준설 등 견해가 나뉜다(후술 행정규칙 편). 다만, 헌법상의 법형식이 아닌 고시 등 행정규칙의 형식이지만 상위법령의 수권을 받아 대외적 구속력을 갖는 경우에는 예외적으로 법규명령으로서의 효력을 갖는다.[1)]

2. 법규명령의 성질

법규명령의 입법행위는 형식적 의미로는 행정이라 하겠으나 실질적 의미에서는 입법에 속한다. 즉, 법규명령은 행정권에 의한 행위형식 중의 하나이나 법규로서 성질을 가진 것이기 때문에 국가와 국민을 구속하는 일반적 구속력을 가진다. 따라서 이를 위반한 행정청의 행위는 위법행위로서 행정상 손해배상 및 행정쟁송 등의 문제가 발생한다.

---

1) 예컨대, 에너지이용합리화법 제32조(에너지진단 등)는, "⑦ 진단기관의 지정기준은 대통령령으로 정하고, 진단기관의 지정절차 그 밖에 필요한 사항은 산업통상자원부령으로 정한다. ⑧ 에너지진단의 범위와 방법, 그 밖에 필요한 사항은 산업통상자원부장관이 정하여 고시한다."고 규정하고 있다. 위 제7항의 수권에 의한 대통령령인 같은법시행령과 산업통상자원부령인 같은법시행규칙이 법규명령이고, 제8항에서 산업통상자원부장관이 정하도록 하여 산업통상자원부고시로 정한 '에너지관리기준'은 위 행정규칙의 예이다.

Ⅱ. 법규명령의 종류

1. 수권(受權)의 범위 · 근거에 의한 분류

법규명령은 그 수권의 범위와 상위명령의 개별적인 위임에 의하여 발하여지는 것인지의 여부에 따라 다음과 같이 나뉘어진다.

(1) 비상명령

비상명령(非常命令)은 비상사태를 수습하기 위하여 발하는 헌법적 효력을 가지는 명령이다. 과거 유신헌법 제51조에 의한 긴급조치가 이에 해당한다.

(2) 법률대위명령

법률대위명령(法律代位命令)은 법률적 효력을 가지는 명령으로 헌법적 근거를 요한다. 즉, 법률의 위임에 의하거나 법률에 종속되는 것이 아니라 헌법에 의하여 인정된 독자적인 권한의 발동으로 제정되는 법규명령이다. 대통령의 긴급재정경제명령 및 긴급명령이 그 예이다.

(3) 법률종속명령

법률종속명령(法律從屬命令)은 법률보다 하위의 효력을 가지는 명령이며, 집행명령과 위임명령이 있다.

1) **집행명령:** 집행명령(執行命令)이란 법률 또는 상위명령(上位命令)의 규정의 범위 내에서 그 법규의 시행에 관하여 필요한 세부적인 사항을 규정하는 법규명령을 말한다. 즉, 집행명령은 국민의 권리 · 의무에 관한 절차를 정한 것이다(예; 인 · 허가의 신청절차 및 신고 등의 양식을 정한 것). 이것은 상위명령의 명시적 수권규정이 필요 없으며 새로운 법규사항을 규정할 수 없다.

2) **위임명령(보충명령):** 위임명령(委任命令)은 법률 또는 상위명령에서 개별적 · 구체적으로 범위를 정하여 위임받은 사항을 정하는 법률종속명령으로서, 위임된 범위 내에서 일정한 새로운 법규사항을 규정할 수 있다. 즉, 위임명령은 법률의 위임에 의해 행정기관이 국민의 권리 · 의무의 내용을 정한 것이다.

2. 법형식에 의한 분류

법규명령은 법형식 또는 그 권한의 소재에 따라 다음과 같이 나뉘어진다.

(1) 대통령령

대통령령은 대통령이 제정하는 법규명령으로서, 헌법 제76조에 근거한 긴급명령과 헌법 제75조에 근거한 보통 '시행령'이라고 부르는 대통령령인 위임명령과 집행명령이 있다.

(2) 총리령 · 부령

총리령과 부령은 헌법 제95조에 근거하여 국무총리와 행정각부장관이 자기의 소관사무에 관하여 상위법령의 위임 또는 직권으로 발하는 명령을 말하며, 보통 '시행규칙' 또는 '시행세칙'이라 한다. 총리령과 부령 사이의 우열(優劣)에 대하여는 견해가 나뉘는 바, 국무총리는 대통령의 명을 받아 행정각부를 통할하며 행정각부의 장의 상급관청의 지위에 있으므로 총리령이 우월한 효력을 가진다는 설과 총리령은 국무총리가 행정각부의 장과 동일한 지위에서 그 소관사무에 관하여 발하는 것이므로 부령과 동등한 효력을 가진다는 설이 대립되고 있다. 요컨대, 부령이나 총리령은 각각의 소관사항에 관하여 발하는 것이므로 동위의 효력을 가진다고 하겠다.

(3) 중앙선거관리위원회규칙 등

중앙선거관리위원회 규칙은 헌법 제114조 제6항에 근거하여 선거관리·국민투표관리·정당사무에 관해 중앙선거관리위원회가 발하는 명령이다. 국회규칙은 헌법 제64조 제1항에 따라, 대법원규칙은 헌법 제108조에 따라, 헌법재판소규칙은 헌법 제113조 제2항에 따라 각각 발하는 법규명령에 해당한다.[2)]

(4) 감사원규칙

감사원규칙은 헌법이 인정한 법형식은 아니고 법률이 인정한 법형식이라는 점에서 이를 법규명령으로 볼 것이냐 또는 행정규칙으로 볼 것이냐에 관하여 견해가 갈린다. 즉, **① 법규명령설**에서는 헌법에 규정한 법형식은 예시규정에 불과하고 법률의 수권에 의한 법규적 내용의 정립도 국회입법의 원칙에 어긋나는 것이 아니라고 한다(판례).[3)] 이에 대해 **② 행정규칙설**에서는 행정입법은 입헌주의에 대한 중대한 예외이므로 엄격히 해석해야 하고 국회입법원칙에 대한 예외는 헌법이 인정한 입법형식에 한하며, 법률은 입법내용상의 구체적·한정적인 위임을 할 수 있어도 입법형식 그 자체를 창설하지 못한다고 한다.[4)]

생각건대, 감사원규칙은 헌법의 입법형식은 아니나 행정기본법상 법령으로 분류하고 있고(동법 제2조1가2)), 전형적인 행정규칙과 달리 수권법률과 결합하여 대외적 효력을 갖는 법규명령으로서의 효력을 갖는다고 할 것이다. 따라서 독점규제및공정거래에관한법률(48②), 금융위원회의설치등에관한법률(16), 노동위원회법(25), 방송법(31③) 등에 각각 근거를 두고 있는 공정거래위원회규칙, 금융위원회규칙, 중앙노동위원회규칙, 방송통신위원회규칙 등도 감사원규칙과 동일하게 해석할 수 있다.

---

2) 이들의 명칭은 규칙이나 그 실질은 행정규칙이 아닌 법규명령으로 행정기본법 제2조 제1호 가목 2)에서 법령으로 규정하고 있다. 예컨대, 국회규칙은 국회인사규칙·국회방청규칙 등이 있고, 대법원규칙은 법원공무원규칙·민사소송규칙·형사소송규칙·부동산등기규칙·법무사규칙·가족관계의 등록에 관한 규칙 등이 있으며, 헌법재판소규칙으로는 헌법재판소심판규칙·헌법재판소사무관리규칙 등이 있다. 이들 규칙의 적용·집행에서 특히 소속공무원의 징계 등 공권력행사와 관련된 분쟁의 경우에는 국회행정심판위원회 등 각각 관할 행정심판위원회에 심판청구 및 행정소송의 대상이 된다.

3) 홍정선(상), 249면.

4) 김남진·김연태(Ⅰ), 169면; 류지태·박종수(신론), 307면; 석종현·송동수(상), 172면; 홍준형(법), 287면.

[판 례] 헌법의 위임입법의 형식은 예시적인 것이므로 행정규칙에 위임 가능

"오늘날 의회의 입법독점주의에서 입법중심주의로 전환하여 일정한 범위 내에서 행정입법을 허용하게 된 동기가 사회적 변화에 대응한 입법수요의 급증과 종래의 형식적 권력분립주의로는 현대사회에 대응할 수 없다는 **기능적 권력분립론**에 있다는 점 등을 감안하면, **헌법이 인정하고 있는 위임입법의 형식은 예시적인 것으로 보아야 할 것이고, 법률이 어떤 사항을 행정규칙에 위임하는 경우에 그 행정규칙은 위임된 사항만을 규율할 수 있는 것이므로, 국회입법의 원칙과 상치되지 않는다.**"(헌재 2008.7.31. 2005헌마667, 2006헌마674(병합), 약사법제21조제7항등위헌확인; 헌재 2004.10.28. 99헌바91 등)

Ⅲ. 법규명령의 근거

법규명령은 헌법 및 그에 따르는 법률 또는 상위명령의 직접 또는 간접적인 수권을 필요로 한다. 긴급재정경제명령과 긴급명령은 헌법에 정한 요건을 충족할 때(헌법 76), 대통령령・총리령・부령은 헌법 제75조와 제95조에, 중앙선거관리위원회 규칙은 헌법 제114조 제6항에서 규정하고 있다.

1. 위임명령의 근거

(1) 수권법률의 존재

위임명령은 헌법의 근거(75, 95)만으로는 제정할 수 없고 법률의 개별적・구체적 수권이 있을 때에 한하여 발할 수 있다. 다만, 수권법률의 위임사항이 예시적인 경우에는 그 위임법규에 위배되지 않는 범위에서 위임명령을 발할 수 있다(판례1). 또한 직접 위임규정이 없더라도 모법의 해석상 가능한 것을 명시한 것이거나 모법의 취지에 근거하여 이를 구체화한 것은 가능하다(판례2).

(2) 수권법률의 적법성

수권법률은 법규명령 제정 당시 적법하여 유효해야 한다. 해당 법률에 근거가 없어 무효인 법규명령이 법개정으로 위임의 근거가 부여되면 그 때부터 유효한 법규명령이 되고, 반대로 수권법률의 개정으로 위임의 근거가 없어지면 그 때부터 위임명령은 무효로 된다(판례3).

[판례 1] 위임사항이 예시적인 경우에 열거되지 아니한 사항에 관한 위임명령제정 가능

"토지수용법 제51조, 공공용지의취득및손실보상에관한특례법 제4조 제5항 등의 규정취지에 비추어 볼 때, 토지수용법 제57조의2에 의하여 준용되는 위 특례법 제4조 제5항에 열거하여, 건설부령으로 평가방법 보상액 산정방법 및 기준 등을 정할 수 있도록 위임한 항목들은 제한적 한정적인 것이 아니라 예시적인 것에 불과하여 거기에 열거되지 아니한 손실에 대하여도 보상액 산정방법과 기준 등을 상위법규에 위반되지 아니한 이상 건설부령으로 정할 수 있다."(대판 1994.1.28. 93누17218, 토지수용재결처분취소등)

[판례 2] 위임규정 없는 경우에도 가능한 경우

"법률의 시행령이나 시행규칙은 법률에 의한 위임이 없으면 개인의 권리・의무에 관한 내용을 변경・보충하거나 법률이 규정하지 아니한 새로운 내용을 정할 수는 없지만, 법률의 시행령이나 시행규칙의 내용이 **모법의 입법취지와 관련 조항 전체를 유기적・체계적으로 살펴보아 모법의 해석상 가능한 것을 명시한 것에 지나지 아니하거나 모법 조항의 취지에 근거하여 이를 구체화하기 위한 것인 때에는 모법의 규율 범위를 벗어난 것으로 볼 수 없으**

므로, 모법에 이에 관하여 직접 위임하는 규정을 두지 아니하였다고 하더라도 이를 무효라고 볼 수는 없다."(대판 2014.08.20. 2012두19526; 대판 2009.06.11. 2008두13637 등)

[판례 3] 법개정으로 위임근거가 부여된 경우와 위임근거가 없어진 경우의 위임명령의 효력

"일반적으로 법률의 위임에 의하여 효력을 갖는 법규명령의 경우, 구법에 위임의 근거가 없어 무효였더라도 사후에 법개정으로 위임의 근거가 부여되면 그 때부터는 유효한 법규명령이 되나, 반대로 구법의 위임에 의한 유효한 법규명령이 법개정으로 위임의 근거가 없어지게 되면 그 때부터 무효인 법규명령이 되므로, 어떤 법령의 위임 근거 유무에 따른 유효 여부를 심사하려면 법개정의 전·후에 걸쳐 모두 심사하여야만 그 법규명령의 시기에 따른 유효·무효를 판단할 수 있다."(대판 1995.6.30. 93추83, 경상북도의회에서의증언.감정등에관한조례(안)무효확인청구의소)

2. 집행명령의 근거

집행명령은 반드시 명시적인 수권법률이 없더라도 헌법 제75조와 제95조에 근거하여 직권으로 발할 수 있다(판례).

[판 례] 법률의 위임이 불필요한 집행명령

"소득세법시행령 제142조 제1항 제2호 및 제2항 전단은 부동산매매업자에 대한 총수입금액 및 과세표준을 추계조사함에 있어 소득세법(1990. 12. 31. 법률 제4281호로 개정되기 전의 것) 제94조 제1항, 제120조의 시행에 필요한 집행명령의 성격을 가지는 것에 불과하여 시행령 제142조 제1항, 제2항 전단에 대하여는 별도로 법률의 위임이 필요하다고 볼 수는 없으며"(대판 1997.7.8. 95누9778, 종합소득세등부과처분취소)

Ⅳ. 법규명령의 한계

현대의 사회적 법치국가 내지 복리국가에서는 국회입법을 원칙으로 하면서도 한편으로는 행정기능에 비추어 행정입법을 인정하면서, 다른 한편으로는 그 남용의 방지를 위하여 그에 대한 엄격한 한계의 설정과 통제가 필요하다.

1. 위임명령의 한계

위임명령의 한계는 위임의 근거법률에서 규정할 수 있는 위임규정상의 한계와 위임을 받은 법규명령에서 규정할 수 있는 수임규정상의 한계로 나누어 볼 수 있다.

(1) 위임규정상의 한계

1) **법률유보의 원칙:** 위임명령은 법률에 의한 수권이 있어야 한다. 위임법률은 합헌성이 요구되고, 법률유보원칙에 따라 국민의 권리의무의 형성 및 국가의 통치조직과 작용에 관한 기본적이고 본질적인 사항은 법률로 정해야 하며 위임명령에 위임해서는 아니 된다(중요사항유보설). 다만, 모법의 입법취지와 관련 조항 전체의 유기적·체계적 해석상 가능한 것을 명시한 것에 불과하거나 모법 조항의 취지에 따라 이를 구체화하기 위한 것은 위임규정 없어도 가능하다(판례).

[판 례] 법률의 위임규정 없는 경우에도 가능한 경우

"법률 하위의 법규명령은 법률에 의한 위임이 없으면 개인의 권리·의무에 관한 내용을 변경·보충하거나 법률이 규정하지 아니한 새로운 내용을 정할 수는 없지만, 법률의 시행령이나 시행규칙의 내용이 모법의 입법 취지와 관련 조항 전체를 유기적·체계적으로 살펴보아 모법의 해석상 가능한 것을 명시한 것에 지나지 아니하거나 모법 조항의 취지에 근거하여 이를 구체화하기 위한 것인 때에는 모법의 규율 범위를 벗어난 것으로 볼 수 없으므로, 모법에 이에 관하여 직접 위임하는 규정을 두지 아니하였다고 하더라도 이를 무효라고 볼 수는 없다."(대판 2020.4.9. 2015다34444, 법무사사무원승인취소처분무효확인등)

2) 포괄적 위임금지의 원칙

(가) 의 의: 포괄적 위임의 금지란 법률의 명령에 대한 위임은 구체적으로 범위를 정하여 위임해야 하고 포괄적으로 위임해서는 아니 된다는 것을 말한다. 법률에서 구체적으로 범위를 정하여 위임받은 사항을 대통령령으로 발하도록 한 헌법 제75조의 규정이 이 원칙을 의미한다.

(나) 판단기준: ① 위임명령의 정립은 실질적으로 입법기능을 부여하는 것이기 때문에 법률에 의한 수권은 가능한 한 특정사항에 한정해야 하고 또한 구체적이어야 한다(위임의 한정성·구체성). 따라서 입법권의 본질적 부분까지 행정기관에 위임하는 것은 허용되지 아니한다. ② 행정기관을 지도 또는 제약하기 위한 목표, 기준, 고려하여야 할 요소 등을 명확하게 규정해야 한다(기준의 명확성). ③ 위임명령에 규정될 내용 및 범위의 기본사항이 구체적으로 규정되어 있어서 누구라도 해당 법률이나 상위명령으로부터 위임명령에 규정될 내용의 대강을 예측할 수 있어야 한다(위임의 예측가능성). 다만, 위임의 구체성·명확성의 요구정도는 규율대상의 종류와 성격에 따라 다르겠으나, 입법기술상 명확한 규율 자체가 곤란한 경우, 규율대상이 지극히 다양하거나 수시로 변화하는 경우 및 국민에 대한 수익적 내용인 경우 등에는 상대적으로 그 요구가 완화될 수 있다.

[판례 1] 위임의 예측가능성 유무 판단기준

"**위임명령**은 **법률이나 상위명령에서 구체적으로 범위를 정한 개별적인 위임이 있을 때에 가능하고**, … 위임명령에 규정될 내용 및 범위의 기본사항이 구체적으로 규정되어 있어서 누구라도 당해 법률이나 상위명령으로부터 위임명령에 **규정될 내용의 대강을 예측할 수 있어야** 하나, 이 경우 그 **예측가능성의 유무**는 당해 위임조항 하나만을 가지고 판단할 것이 아니라 **그 위임조항이 속한 법률이나 상위명령의 전반적인 체계와 취지 목적, 당해 위임조항의 규정형식과 내용 및 관련 법규를 유기적 체계적으로 종합 판단하여야 하고, 나아가 각 규제 대상의 성질에 따라 구체적 개별적으로 검토함을 요한다.**"(대판 2006.4.14. 2004두14793; 대판 2004.7.22. 2003두7606 등)

[판례 2] 구체성의 의미와 그 판단기준

"헌법 제75조의 규정상 대통령령으로 정할 사항에 관한 법률의 위임은 구체적으로 범위를 정하여 이루어져야 하고, 이 때 **구체적으로 범위를 정한다고 함은 위임의 목적·내용·범위와 그 위임에 따른 행정입법에서 준수하여야 할 목표·기준 등의 요소가 미리 규정되어 있는 것**을 가리키고, 이러한 위임이 있는지 여부를 판단함에 있어서는 **직접적인 위임 규정의 형식과 내용 외에 당해 법률의 전반적인 체계와 취지·목적 등도 아울러 고려**하여야 하고, 규율 대상의 종류와 성격에 따라서는 요구되는 구체성의 정도 또한 달라질 수 있으나, 국민의 기본권을 제한하거나 침해할 소지가 있는 사항에 관한 위임에 있어서는 위와 같은 구체성 내지 명확성이 보다 엄격하게 요구된다."(대판 2000.10.19. 98두6265 전원합의체 판결, 농지전용불허처분취소)

[판례 3] 구체성 · 명확성 요건의 강화와 완화

"**위임의 구체성 · 명확성의 요구 정도는 그 규율대상의 종류와 성격에 따라 달라**질 것이지만, **처벌법규나 조세를 부과하는 조세법규와 같이 국민의 기본권을 직접적으로 제한하거나 침해할 소지가 있는 법규에서는 구체성 · 명확성의 요구가 강화**되어 그 위임의 요건과 범위가 더 엄격하게 규정되어야 하는 반면에, **일반적인 급부행정이나 조세감면혜택을 부여하는 조세법규의 경우에는 위임의 구체성 내지 명확성의 요구가 완화**되어 그 위임의 요건과 범위가 덜 엄격하게 규정될 수 있으며, 그리고 **규율대상이 지극히 다양하거나 수시로 변화하는 성질의 것일 때에는 위임의 구체성 · 명확성의 요건이 완화되어야** 할 것이다. 또한 위임조항 자체에서 위임의 구체적 범위를 명백히 규정하고 있지 않다고 하더라도 당해 법률의 전반적 체계와 관련규정에 비추어 위임조항의 내재적인 위임의 범위나 한계를 객관적으로 분명히 확정할 수 있다면 이를 포괄적인 백지위임에 해당하는 것으로는 볼 수 없다."(헌재 2005.4.28. 2003헌가23; 헌재 1999.5.29. 96헌가1 등)

(다) 조례 및 공법적 단체 정관의 예외: 지방자치단체는 자치권이 보장되고 지방의회는 민주적 정당성을 지닌다는 점에서 법률은 조례에 포괄적으로 위임할 수 있다. 또한 주택재개발조합 등 공법적 단체의 정관에 자치법적 사항은 포괄적 위임이 가능하나, 다만 국민의 권리 · 의무에 관련되는 기본적이고 본질적인 사항은 법률로 정해야 한다.

[판 례] 공법적 단체 등의 정관에의 위임범위

"법률이 공법적 단체 등의 정관에 자치법적 사항을 위임한 경우에는 헌법 제75조가 정하는 **포괄적인 위임입법의 금지는 원칙적으로 적용되지 않는다**고 봄이 상당하고, 그렇다 하더라도 그 사항이 국민의 권리 · 의무에 관련되는 것일 경우에는 적어도 **국민의 권리 · 의무에 관한 기본적이고 본질적인 사항은 국회가 정하여야** 한다."(대판 2007.10.12, 2006두14476, 주택재개발사업시행인가처분취소; 헌재 2006.3.30. 2005헌바31, 국가유공자등단체설립에관한법률제11조위헌소원 등)

3) 국회전속적 법률사항의 위임금지: 헌법에 의하여 국회의 전속적 법률사항으로 된 사항[예; 국적취득요건(헌법 2①), 행정기관법정주의(동법 96), 조세법률주의(동법 38), 죄형법정주의(동법 12①), 재산권의 수용 및 보상(동법 23③) 등]에 관한 입법권은 타 기관에 위임할 수 없다. 다만, 그 세부적 사항에 관하여 구체적으로 범위를 정하여 위임하는 것은 가능하다고 하겠으나, 의회유보론(본질성설)의 입장에서 공동체 및 국민의 기본권과 관련된 본질적인 사항은 법률에서 직접 정해야 하고 명령에 위임해서는 아니 된다.

4) 재위임의 한계: 재위임(再委任)이란 위임된 입법권을 하위명령에 다시 위임하는 것을 말하며, 재위임에도 포괄적 위임금지원칙 등 위임명령의 한계가 적용된다. 따라서 전면적 재위임은 위임자의 입법권을 침해하여 실질적으로 수권법을 개정하는 결과가 되므로 허용되지 아니한다. 그러나 법률에서 위임된 사항 중 특정한 일부사항에 대해서만 위임하거나, 위임된 사항에 관한 일반적인 기준을 정한 다음 그 세부적인 사항의 규정을 다시 하위명령에 위임하는 것은 가능하다.

[판 례] 재위임의 방법

"법률에서 위임받은 사항을 전혀 규정하지 않고 재위임하는 것은 복위임금지 원칙에 반할 뿐 아니라 위임명령의 제정 형식에 관한 수권법의 내용을 변경하는 것이 되므로 허용되지 않으나 **위임받은 사항에 관하여 대강을 정하고 그 중의 특정사항을 범위를 정하여 하위법령에 다시 위임하는 경우에는 재위임이 허용된다.**"(헌재 2002.10.31. 2002헌라1; 대판 2015.01.15. 2013두14238 등)

5) **처벌규정의 위임:** 법률에 의한 처벌규정의 위임은 헌법상의 죄형법정주의와 적법절차, 기본권보장 우위사상에 비추어 그 요건과 범위가 보다 엄격하게 제한적으로 적용되어야 한다. 따라서 처벌규정의 위임은, ① 특히 긴급한 필요가 있거나 미리 법률로써 자세히 정할 수 없는 부득이한 사정이 있는 경우에 한정되어야 하고, ② 법률에서 범죄의 구성요건은 처벌대상인 행위가 어떠한 것일 거라고 예측할 수 있을 정도로 구체적으로 정하고, ③ 형벌의 종류 및 그 상한과 폭을 명백히 규정하여야 한다(판례1). 처벌규정은 법규명령에 제한적 범위 내에서 위임할 수 있으나, 판례는 법령에서 고시 등 행정청의 법령보충규칙에 위임할 수 있다고 한다(판례2).

[판례 1] 처벌규정의 위임방법

"법률에 의한 처벌법규의 위임은 헌법이 특히 인권을 최대한으로 보장하기 위하여 죄형법정주의와 적법절차를 규정하고 있는 점에 비추어 바람직하지 못한 일이므로, 그 요건과 범위가 보다 엄격하게 제한적으로 적용되어야 한다. 따라서 처벌법규의 위임은 첫째, 특히 긴급한 필요가 있거나 미리 법률로써 자세히 정할 수 없는 부득이한 사정이 있는 경우에 한정되어야 하고, 둘째, 이러한 경우일지라도 법률에서 범죄의 구성요건은 처벌대상인 행위가 어떠한 것일 거라고 이를 예측할 수 있을 정도로 구체적으로 정해야 한다."(헌재 2004.8.26. 2004헌바14; 대판 2002.11.26. 2002도2998 등)

[판례 2] 법령보충규칙에 위임하는 경우

"행정규칙인 고시가 법령의 수권에 의하여 법령을 보충하는 사항을 정하는 경우에는 그 근거 법령규정과 결합하여 대외적으로 구속력이 있는 법규명령으로서의 성질과 효력을 가진다 할 것인데, 비상표제품을 판매하는 주유소임에도 그러한 표시 없이 이를 판매하는 행위는 구 석유사업법(2004. 10. 22. 법률 제7240호로 전문개정되기 전의 것) 제35조 제8호, 제29조 제1항 제7호, 구 석유사업법 시행령(2005. 4. 22. 대통령령 제18796호로 전문 개정되기 전의 것) 제32조 제1항 제5호에 의하여 처벌하도록 하되 다만, **위 시행령 제32조 제3항에서 같은 조 제1항 제5호 소정의 표시의무의 세부 내용이 됨과 아울러 그 이행 여부의 판단 기준이 되는 구체적 표시기준과 표시방법을 산업자원부장관의 고시로 규정하도록 함으로써 위 시행령 제32조 제1항 제5호, 제3항 및 위 관련 고시가 결합하여 구 석유사업법 제35조 제8호, 제29조 제1항 제7호 위반죄의 실질적 구성요건을 이루는 보충규범으로서 작용한다**고 해석하여야 할 것이다."(대판 2006.4.27. 2004도1078, 석유사업법위반)

(2) 수임규정상의 한계

1) **위임의 취지·목적:** 위임명령은 수권법률에서 위임한 취지와 목적에 부합해야 하며 이를 벗어나서는 아니 된다. 예컨대, 수임규정이 수권법률의 취지·목적과 다르거나 그 취지·목적을 벗어나 평등원칙 또는 비례원칙 등에 반하는 경우 및 재량수권의 취지에 반하여 재량권을 없애거나 지나치게 축소하는 등의 경우에는 위임한계를 벗어났다고 할 것이다.

2) **위임의 범위 및 방법:** 위임명령은 수권법률에서 위임한 범위를 벗어나지 말아야 하며, 위임의 방법·형태에 따라 규정하여야 한다. 예컨대, 수권법률에서 위임하지 아니한 사항을 규정하거나 대통령령에 위임하였는데 부령 또는 지침·고시 등 행정규칙의 형식으로 정하는 경우 등은 위임한계를 벗어난 것이다.

위와 같은 위임한계의 준수여부는 수권법률의 입법목적과 규정내용, 규정의 체계, 다른 규정과의 관계 등을 종합적으로 고려하여 판단하여야 한다(판례1).

[판례 1] 위임한계준수여부의 판단기준

"법률이 특정 사안과 관련하여 시행령에 위임을 한 경우 시행령이 **위임의 한계를 준수하고 있는지 여부**를 판단할 때는 **당해 법률 규정의 입법 목적과 규정 내용, 규정의 체계, 다른 규정과의 관계 등을 종합적으로 살펴야** 한다. 법률의 위임 규정 자체가 그 의미 내용을 정확하게 알 수 있는 용어를 사용하여 위임의 한계를 분명히 하고 있는데도 시행령이 그 문언적 의미의 한계를 벗어났다든지, 위임 규정에서 사용하고 있는 용어의 의미를 넘어 그 범위를 확장하거나 축소함으로써 위임 내용을 구체화하는 단계를 벗어나 새로운 입법을 한 것으로 평가할 수 있다면, 이는 위임의 한계를 일탈한 것으로서 허용되지 아니한다."(대판 2010.4.29. 2009두17797 등)

"특정 사안과 관련하여 법률에서 하위 법령에 위임을 한 경우에 모법의 위임범위를 확정하거나 하위 법령이 위임의 한계를 준수하고 있는지 여부를 판단할 때에는, **하위 법령이 규정한 내용이 입법자가 형식적 법률로 스스로 규율하여야 하는 본질적 사항으로서 의회유보의 원칙이 지켜져야 할 영역인지, 당해 법률 규정의 입법 목적과 규정 내용, 규정의 체계, 다른 규정과의 관계 등을 종합적으로 고려하여야** 하고, 위임 규정 자체에서 의미 내용을 정확하게 알 수 있는 용어를 사용하여 위임의 한계를 분명히 하고 있는데도 **문언적 의미의 한계를 벗어났는지**나, **하위 법령의 내용이 모법 자체로부터 위임된 내용의 대강을 예측할 수 있는 범위 내에 속한 것인지, 수권 규정에서 사용하고 있는 용어의 의미를 넘어 범위를 확장하거나 축소하여서 위임 내용을 구체화하는 단계를 벗어나 새로운 입법을 한 것으로 평가할 수 있는지** 등을 구체적으로 따져 보아야 한다. 여기서 어떠한 사안이 국회가 형식적 법률로 스스로 규정하여야 하는 **본질적 사항에 해당되는지**는, 구체적 사례에서 관련된 이익 내지 가치의 중요성, 규제 또는 침해의 정도와 방법 등을 고려하여 개별적으로 결정하여야 하지만, 규율대상이 국민의 기본권 및 기본적 의무와 관련한 중요성을 가질수록 그리고 그에 관한 공개적 토론의 필요성 또는 상충하는 이익 사이의 조정 필요성이 클수록, 그것이 국회의 법률에 의해 직접 규율될 필요성은 더 증대된다."(대판 2015.08.20. 2012두23808 전원합의체 판결[조정반지정거부처분])

2. 집행명령의 한계

집행명령은 위임명령과는 달리 법률 또는 상위명령을 시행하기 위하여 필요한 사항을 정하는 것이므로, 그 시행하려는 상위법령의 범위 내에서 그 시행에 필요한 구체적인 절차·형식 등을 규정할 수 있음에 그치고, 새로운 법규사항은 규정하지 못한다.

[판 례] 사법시행령은 사법시험 시행·절차에 관한 세부사항을 구체화한 집행명령

"변호사의 자격과 판사, 검사 등의 임용의 전제가 되는 '사법시험의 합격'이라는 직업선택의 자유와 공무담임권의 기본적인 제한요건은 국회에서 제정한 법률인 변호사법, 법원조직법, 검찰청법 등에서 규정되어 있는 것이고, **사법시험령은 단지 위 법률들이 규정한 사법시험의 시행과 절차 등에 관한 세부사항을 구체화하고 국가공무원법상 사법연수생이라는 별정직 공무원의 임용절차를 집행하기 위한 집행명령의 일종**이라고 할 것이다. 또한, 사법시험령 제15조 제2항은 사법시험의 제2차시험의 합격결정에 있어서는 매과목 4할 이상 득점한 자 중에서 합격자를 결정한다는 취지의 과락제도를 규정하고 있는바, 이는 그 규정내용에서 알 수 있다시피 **사법시험 제2차시험의 합격자를 결정하는 방법을 규정하고 있을 뿐이어서 사법시험의 실시를 집행하기 위한 시행과 절차에 관한 것이지, 새로운 법률사항을 정한 것이라고 보기 어렵다.**"(대판 2007.1.11. 2004두10432, 사법시험제2차시험불합격처분취소)

Ⅴ. 법규명령의 성립·효력요건

법규명령이 적법·유효하게 성립하여 효력을 발생하기 위해서는 다음의 요건을 갖추어야 한다.

1. 법규명령의 성립요건

(1) 주체에 관한 요건

법규명령은 대통령·국무총리·행정각부장관 등 정당한 권한을 가진 기관이 그 권한의 범위 내에서 제정하여야 한다.

(2) 내용에 관한 요건

법규명령은 수권의 범위 내에서 상위법령에 저촉되지 않고, 객관적으로 인식할 수 있는 정도로 명백하며, 평균인의 능력으로 실현가능한 것이어야 한다.

(3) 절차에 관한 요건

법규명령은 소정의 법정절차를 거쳐야 한다. 즉, 대통령령은 법제처와 국무회의의 심의를 거쳐 대통령이 제정하며, 총리령과 부령은 법제처의 심사를 거쳐 국무총리 및 행정각부의 장관이 제정한다. 국민의 일상생활에 관계되는 법령안은 입법예고 및 의견제출에 따른 처리 등의 절차가 요구된다(행정절차법 41~45).

(4) 형식에 관한 요건

법규명령은 조문형식에 의하고, 「법령 등 공포에 관한 법률」이 정한 요건을 갖추어야 한다. 대통령령에는 국무회의의 심의를 거친 뜻을 명기하고 대통령이 서명한 후 대통령인을 찍고 그 번호와 일자를 명기하여 국무총리 및 관계국무위원이 부서한 전문을 붙여야 한다(동법 7). 또 총리령과 부령에는 그 일자를 명기하고 각각 서명·날인한다(동법 9).

(5) 공 포

법규명령은 그 내용을 외부에 표시함으로써 유효하게 성립한다. 대외적 표시절차인 공포는 관보에 게재하는 방법에 의하는 바(법령등공포에관한법률 11①), 공포일은 관보가 현실적으로 발행된 날이다(동법 12).

2. 법규명령의 효력요건

법규명령의 성립요건을 갖춤으로써 유효하게 성립된 법규명령은 그 법규명령이 시행됨으로써 현실적으로 효력(구속력)을 발생하게 된다. 법규명령의 시행일은 해당 명령에서 규정하는 것이 보통이나, 특별한 규정이 없으면 공포한 날로부터 20일을 경과함으로써 효력을 발생한다(법령등공포에관한법률 13). 다만, 국민의 권리제한 또는 의무부과와 직접 관련되는 법규명령은 긴급히 시행하여야 할 특별한 사유가 있는 경우를 제외하고는 공포일로부터 적어도 30일이 경과한 날로부터 시행되도록 하여야 한다(동법 13의2).

3. 법규명령의 하자(瑕疵)

(1) 소급효 여부

1) 원칙적인 소급효 부정: 법규명령의 위헌·위법심사권은 모든 법원에 있으며 대법원이 최종 심사권을 가진다(헌법 107②). 그런데 법규명령의 위법결정의 효력에 관해 헌법재판소의 위헌결정 법률의 효력상실에 관한 헌법재판소법 제47조 제2항과 같은 규정이 없어 위법명령의 소급효에 관해 견해가 나뉠 수 있다. 그러나 위법한 처분과 달리 위법한 행정입법의 소급효를 인정할 경우 법적 안정성 및 신뢰보호 차원의 문제가 발생하므로 위법판결을 받은 당해 사건을 제외하고는 원칙적으로 소급효를 인정할 수 없다.

2) 소급효가 인정될 수 있는 경우: 위법명령이 대법원의 판결로 확정된 경우에는, 행정소송법 제6조에 따라 행정안전부장관에게 통보하여 관보에 게재하게 되어 위법명령의 대세효가 발생하고, 법원조직법 제8조에 따라 상급심판단은 해당 사건에 하급심을 기속하며, 확정판결의 기판력에 따라 후소법원은 이와 모순된 판단을 못한다는 점 등에서 위법명령의 효력상실이 인정된다. 이에 따라 위헌법률의 예외적 소급효의 경우와 마찬가지로 일정한 경우에 위법명령의 소급효가 인정될 수 있다. 즉, ① 위법결정 이전에 해당 조항이 재판의 전제가 되어 법원에 계속중인 사건이나, ② 위법결정 이후에 위와 같은 이유로 제소기간 내에 제소된 일반 사건에도 미친다.

(2) 하자 있는 법규명령의 효력

법규명령이 성립·발효요건을 갖추지 못하였거나 위임의 범위와 한계를 벗어난 때에는 하자 있는 명령이 된다. 이와 같이 하자 있는 명령의 효력에 관해서는 견해가 나뉜다.

1) 무효설: 법규명령은 취소소송의 대상이 되지 않고 공정력이 인정되지 않는 등 행정행위와 다르다는 점에서 하자있는 법규명령은 무효라는 입장이다.[5]

2) 한정무효설: 이는 중대하고 명백한 경우에만 무효가 된다고 한다.[6]

3) 유효설(효력유지설): 해당 사건에서 적용이 거부될 뿐 법질서 보호를 위해 폐지되거나 취소되기 전에는 효력을 유지한다는 견해이다.[7]

4) 판 례: 판례는 "시행령이 모법인 법률의 위임 없이 개인의 권리·의무에 관한 내용을 변경·보충하거나 새로운 내용을 규정하는 것은 위임입법의 한계를 벗어난 것으로 무효이다."라고 하여 무효설을 취하고 있다.

---

5) 김남진·김연태(Ⅰ), 178면; 김동희(Ⅰ), 149면; 김성수(일반), 353면; 류지태·박종수(신론), 313면; 정하중·김광수(개론), 128면; 홍정선(상), 261면; 홍준형, 296면.

6) 석종현·송동수(상), 181면.

7) 박균성(강의), 141면.

[판 례] 위임입법의 한계를 벗어난 시행령은 무효

"법률의 시행령은 모법인 법률의 위임 없이 법률이 규정한 개인의 권리·의무에 관한 내용을 변경·보충하거나 법률에서 규정하지 아니한 새로운 내용을 규정할 수 없고, 특히 **법률의 시행령이 형사처벌에 관한 사항을 규정하면서 법률의 명시적인 위임 범위를 벗어나 처벌의 대상을 확장하는 것은 죄형법정주의의 원칙에도 어긋나는 것**이므로, 그러한 시행령은 **위임입법의 한계를 벗어난 것으로서 무효이다.**"(대판 2017.2.16. 2015도16014 전원합의체 판결 〔의료법위반〕)

"구사립학교교원연금법시행령(1991.12. 31. 대통령령 제13554호로 개정되기 전의 것) 제66조 제2항은 형사재판이나 수사가 계속중이라는 사유만으로 아무런 구별없이 급여수급권자로 하여금 급여의 일부를 지급받을 수 없게 함으로써 형사재판이나 수사가 장기화되는 경우에는 그 기간 동안 실질적으로 급여가 감액되는 것과 같은 결과를 초래하여 급여수급권자의 권리를 중대하게 제한하고 있음이 분명함에도 불구하고 같은법시행령의 모법인 사립학교교원연금법에서 대통령령에 위임한다는 아무런 근거규정을 찾아볼 수 없으며, … 따라서 **같은법시행령 제66조 제2항의 규정은 법률의 위임이 없는 무효인 규정**이라고 할 것이다."(대판 1995.1.24. 93다37342)

5) 결 어: 하자 있는 법규명령은 공정력이 인정되는 하자 있는 행정행위와 다르며 무효와 취소의 중간단계인 '취소할 수 있는 명령'이란 존재하지 않는다고 할 것이므로 하자 있는 법규명령은 **무효**라고 할 것이다. 다만, 법규명령으로서는 무효이나 국민의 권리·의무와 관계없이 행정조직내부의 사무처리 준칙 등 행정규칙으로서의 요건을 갖춘 경우에는 행정규칙으로서의 효력을 갖는다(판례).

[판 례] 부령이 행정규칙의 성격을 지니는 경우

"법령에서 행정처분의 요건 중 일부 사항을 부령으로 정할 것을 위임한 데 따라 시행규칙 등 부령에서 이를 정한 경우에 그 부령의 규정은 국민에 대해서도 구속력이 있는 법규명령에 해당한다고 할 것이지만, **법령의 위임이 없음에도 법령에 규정된 처분 요건에 해당하는 사항을 부령에서 변경하여 규정한 경우에는 그 부령의 규정은 행정청 내부의 사무처리 기준 등을 정한 것으로서 행정조직 내에서 적용되는 행정명령의 성격을 지닐 뿐 국민에 대한 대외적 구속력은 없다**고 보아야 한다."(대판 2013.09.12. 2011두10584, 부정당업자제재처분취소 등)

(3) 하자 있는 법규명령에 근거한 처분의 효력

1) 법규명령의 하자가 객관적으로 명백하거나 법원의 위헌·위법판결을 받은 경우에는 이에 근거한 처분은 하자의 중대성과 명백성이 인정되므로 무효이다.

2) 법규명령의 하자가 객관적으로 명백하다고 볼 수 없고 법원의 위헌·위법판결을 받기 전에 있었던 처분은 객관적 명백성을 결여하여 취소사유에 그친다(판례1).

3) 법규명령으로서는 하자가 있으나 행정조직내부의 사무처리 기준을 정한 행정규칙으로서의 성질을 지니는 경우에는 이에 따른 처분의 효력은 이러한 법규명령이 아니라 법규성이 있는 관계 법령을 기준으로 판단해야 한다(판례2).

[판례 1] 하자 있는 시행령에 따른 처분이 취소사유인 경우

"하자 있는 행정처분이 당연무효로 되려면 그 하자가 법규의 중요한 부분을 위반한 중대한 것이어야 할 뿐 아니라 객관적으로 명백한 것이어야 하고, 행정청이 위헌이거나 위법하여 무효인 시행령을 적용하여 한 행정처분이 당연무효로 되려면 그 규정이 행정처분의 중요한 부분에 관한 것이어서 결과적으로 그에 따른 행정처분의 중요한 부분에

하자가 있는 것으로 귀착되고, 또한 그 규정의 위헌성 또는 위법성이 객관적으로 명백하여 그에 따른 행정처분의 하자가 객관적으로 명백한 것으로 귀착되어야 하는바, **일반적으로 시행령이 헌법이나 법률에 위반된다는 사정은 그 시행령의 규정을 위헌 또는 위법하여 무효라고 선언한 대법원의 판결이 선고되지 아니한 상태에서는 그 시행령 규정의 위헌 내지 위법 여부가 해석상 다툼의 여지가 없을 정도로 명백하였다고 인정되지 아니하는 이상 객관적으로 명백한 것이라 할 수 없으므로, 이러한 시행령에 근거한 행정처분의 하자는 취소사유에 해당할 뿐 무효사유가 되지 아니한다.**"(대판 2007.6.14. 2004두619, 청소년유해매체물결정및고시처분무효확인 등)

[판례 2] 하자 있는 부령에 따른 처분의 효력

"법령에서 행정처분의 요건 중 일부 사항을 부령으로 정할 것을 위임한 데 따라 시행규칙 등 부령에서 이를 정한 경우에 그 부령의 규정은 국민에 대해서도 구속력이 있는 법규명령에 해당한다고 할 것이지만, **법령의 위임이 없음에도 법령에 규정된 처분 요건에 해당하는 사항을 부령에서 변경하여 규정한 경우에는** 그 부령의 규정은 행정청 내부의 사무처리 기준 등을 정한 것으로서 행정조직 내에서 적용되는 행정명령의 성격을 지닐 뿐 국민에 대한 대외적 구속력은 없다고 보아야 한다. 따라서 어떤 **행정처분이 그와 같이 법규성이 없는 시행규칙 등의 규정에 위배된다고 하더라도 그 이유만으로 처분이 위법하게 되는 것은 아니라 할 것이고, 또 그 규칙 등에서 정한 요건에 부합한다고 하여 반드시 그 처분이 적법한 것이라고 할 수도 없다. 이 경우 처분의 적법 여부는 그러한 규칙 등에서 정한 요건에 합치하는지 여부가 아니라 일반 국민에 대하여 구속력을 가지는 법률 등 법규성이 있는 관계 법령의 규정을 기준으로 판단하여야 한다.**"(대판 2013.09.12. 2011두10584, 부정당업자제재처분취소)

Ⅵ. 법규명령의 소멸

1. 폐 지

법규명령은 장래에 향하여 그 효력을 소멸시키려는 직접적이거나 간접적인 의사표시에 의하여 소멸된다. 법규명령의 폐지는 폐지하려는 법규명령과 동위(同位) 또는 상위(上位)의 법령에 의하여야 한다.

2. 실 효(失效)

법규명령의 실효란 법규명령의 효력이 간접적 또는 결과적으로 소멸하는 경우를 말한다.

(1) 간접적 폐지

법규명령은 그 내용과 충돌되는 동위 또는 상위의 법령이 시행됨으로써 그 효력이 소멸된다.

(2) 법정부관의 성취

법규명령은 시행기한이 붙은 경우에는 그 기한의 도래로 당연히 효력이 상실되며, 해제조건이 붙은 경우에는 그 조건의 성취로 당연히 효력을 상실한다.

(3) 근거법령의 소멸

위임명령이나 집행명령과 같은 법률종속명령은 그 근거법을 전제로 하여 존속하는 것이므로, 특별한 규정이 없는 한 근거법령의 소멸은 해당 법규명령의 소멸을 가져온다.

Ⅶ. 법규명령에 대한 통제

1. 개 설

행정입법은 현대국가의 기능확대와 행정의 전문성에서 유래되는 불가피한 현상이지만, 법치주의 내지 권력분립주의에 대한 예외적인 것이라는 점에서 국민의 권익의 부당한 침해가 없도록 충분한 통제가 요구되는 것이다. 법규명령에 대한 통제방법은 각국의 실정법질서에 따라 차이가 있을 수 있으나, 여기서는 정치적 통제, 사법적 통제, 행정적 통제로 나누어 설명하기로 한다.

2. 의회에 의한 통제

(1) 간접적 통제

간접적 통제란 법규명령의 성립이나 효력발생 자체에 의회가 직접적으로 관여하는 것이 아니라, 의회가 행정부에 대하여 가지는 국정감시권의 발동으로 간접적으로 위법·부당한 법규명령을 견제·교정하는 것을 말한다.

우리나라에서는 국정감사·조사(헌법 61), 질문(동법 62), 국무총리·국무위원의 해임건의(동법 63) 및 대통령·국무총리·국무위원의 탄핵소추(동법 65) 등이 헌법상 인정되고 있으며, 명문규정의 유무에 관계없이 입법권의 작용으로 수권의 제한·철회나 법규명령의 폐지를 할 수 있다.

(2) 직접적 통제

1) **의의와 통제수단**: 직접적 통제란 법규명령이 성립 또는 발효에 대한 동의 내지 승인권이나 일단 유효하게 성립된 법규명령의 효력을 소멸시키는 권한을 수권법 등에서 의회에 유보하는 방법에 의한 통제를 말한다. 독일에서는 의회의 동의권유보, 영국에서는 수권법률의 규정에 의해 의회제출절차(단순제출·승인·거부 등 절차 및 행정입법합동위원회의 심사), 미국에서는 의회심사법(CRA, 행정절차법 제5편 제8장)과 행정법령진실법률에 의한 행정법령심사제도 등이 인정되고 있다.

2) **국회제출제도**: 우리나라는 대통령의 긴급재정·경제명령이나 긴급명령에 대한 국회의 승인을 얻도록 한 승인유보제도(헌법 76③④) 외에, 국회법 제98조의2에 의한 국회제출제도가 인정되고 있다. 즉, 중앙행정기관의 장은 법률에서 위임한 사항이나 법률을 집행하기 위하여 필요한 사항을 규정한 대통령령·총리령·부령·훈령·예규·고시 등이 제정·개정 또는 폐지된 때에는 10일 이내에 국회 소관상임위원회에 제출하여야 하고(동조①), 상임위원회는 해당 대통령령·총리령 및 부령에 대하여 법률위반여부를 검토한다(동조③). 그 검토결과 대통령령 또는 총리령이 법률의 취지 또는 내용에 합치되지 아니한다고 판단되는 경우에는 검토의 경과와 처리의견 등을 기재한 검토결과보고서를 의장에게 제출하여, 의장이 본회의에 보고하고 본회의 의결로 처리하여 정부에 송부하며, 정부는 이에 대한 처리여부를 검토하고 그 처리결과를 국회에 제출하여야 한다(동조④⑤⑥). 상임위원회는 제3항에 따른 검토 결과 부령이 법률의 취지 또는

내용에 합치되지 아니한다고 판단되는 경우에는 소관 중앙행정기관의 장에게 그 내용을 통보할 수 있고, 중앙행정기관의 장은 통보받은 내용에 대한 처리 계획과 그 결과를 지체 없이 소관 상임위원회에 보고하여야 한다(동조⑦⑧). 전문위원은 제3항에 따른 대통령령등을 검토하여 그 결과를 해당 위원회 위원에게 제공한다(동조⑨).

그런데 국회 또는 소관 상임위원회에 제출하지 않거나 처리결과를 보고하지 않은 경우 해당 법규명령이 무효로 되는 등의 법적 구속력은 없다고 할 것이므로 행정부에 대한 간접적인 통제 수단을 통하여 그 효과를 관철할 수 있을 것이다.

3. 사법적 통제

(1) 일반법원에 의한 통제

1) **간접적 통제**(구체적 규범통제): 간접적 통제란 법규명령 자체를 직접 소송의 대상으로 하는 것(추상적 규범통제)이 아니라 구체적 사건에서 처분의 위법여부를 심사하기 위한 **선결문제**로서 그 근거가 된 법규명령의 위법여부를 심사하는 것을 말한다. 이를 구체적 규범통제라 한다.

(가) 의 의: 구체적 규범통제란 법규명령이 구체적인 사건에 관한 재판의 전제가 되는 경우에 선결문제로서 해당 법규명령의 위헌・위법여부를 법원이 심사하는 것을 말한다. 법규명령에 대한 사법적 통제방법은 국가에 따라 차이가 있는데, 우리 헌법은 구체적 규범통제만을 규정하고 있다. 즉, 명령・규칙 또는 처분이 헌법이나 법률에 위반되는 여부가 재판의 전제가 되는 경우에는 대법원은 이를 최종적으로 심사할 권한을 가진다(헌법 107②).

(나) 주 체: 법규명령의 심사권은 모든 심급의 법원이 가지며, 대법원이 최종적인 심사권을 가진다.

(다) 대 상: 규범통제의 대상은 명령・규칙이다. 명령은 법규명령을 말하며, 규칙은 국회규칙・대법원규칙・헌법재판소규칙・중앙선거관리위원회규칙 등 법규명령의 성질을 가지는 규칙을 의미한다. 지방자치단체의 조례와 규칙도 이에 포함되며, 행정규칙 중 법규적 성질을 가지는 것도 포함된다고 할 것이다.

(라) 요 건: 추상적 규범통제가 아니라, 법규명령의 위헌・위법 여부가 해당 사건의 심판을 위한 선결문제로 된 경우이다(재판의 전제성). 즉, 법규명령을 심사하려면 재판의 전제가 되어야 하는바, 재판의 전제란 구체적 사건이 법원에 계속 중이고, 법규명령의 특정조항이 해당 사건의 재판에 적용되는 것이어서 그 조항의 위헌・위법여부에 따라 다른 판결을 하게 되는 경우여야 한다.

[판 례] 재판의 전제의 의미

"법원이 법률 하위의 법규명령, 규칙, 조례, 행정규칙 등(이하 '규정'이라 한다)이 위헌・위법인지를 심사하려면 그것이 '재판의 전제'가 되어야 한다. 여기에서 '재판의 전제'란 구체적 사건이 법원에 계속 중이어야 하고, 위헌・위법인지가 문제 된 경우에는 규정의 특정 조항이 해당 소송사건의 재판에 적용되는 것이어야 하며, 그 조항이

위헌 · 위법인지에 따라 그 사건을 담당하는 법원이 다른 판단을 하게 되는 경우를 말한다. 따라서 법원이 구체적 규범통제를 통해 위헌 · 위법으로 선언할 심판대상은, 해당 규정의 전부가 불가분적으로 결합되어 있어 일부를 무효로 하는 경우 나머지 부분이 유지될 수 없는 결과를 가져오는 특별한 사정이 없는 한, 원칙적으로 해당 규정 중 재판의 전제성이 인정되는 조항에 한정된다."(대판 2019.6.13. 2017두33985)

(마) 효 력

(a) 해당 사건에의 적용배제: 위헌 또는 위법으로 판정된 법규명령의 효력은 무효이나, 구체적 규범통제라는 성질상 해당 사건에 한해 적용이 배제되는 것으로 볼 것이다.

(b) 위법명령에 의한 처분의 효력: 위법판결을 받은 명령에 의한 처분은 당연 무효이나, 위법판결을 받기 전에 행했던 처분의 효력은 그 하자가 객관적으로 명백하다고 할 수 없어 취소사유에 그친다.

(c) 대세효의 인정: 대세효란 당해 소송당사자 이외의 일반인에게도 효력이 미치는 것을 말한다. 위법으로 판단된 법규명령이 다른 사건에서 적용되는 것은 합리적이라고 볼 수 없는 바, 행정소송법은 대법원이 명령 · 규칙이 위헌 또는 위법인 것으로 확정한 때에는 이를 행정안전부장관에게 통보하도록 하고, 이 경우 행정안전부장관은 이를 지체 없이 관보에 게재하도록 하여(동법 6), 대세효(對世效)를 확보시키고 있다.

(d) 소급효 부인: 법규명령이 위법판단을 받으면 그 위법명령의 효력은 위헌법률의 경우와 마찬가지로 법적 안정성 및 신뢰보호의 원칙상 해당 사건을 제외하고는 일반적으로 장래에 향하여 효력을 상실한다.

2) **직접적 통제**: 직접통제란 법규명령 자체가 직접 소송의 대상이 되어 법원이 그 효력유무를 심리 · 판단하는 것을 말한다. 법규명령에 대한 소송은 구체적 규범통제에 한하므로 법규명령에 대한 법원의 직접적 통제는 불가하다(판례1). 다만, 법규명령이 집행행위의 매개없이 직접 개인의 권리를 침해하면 직접 항고소송으로 다툴 수 있는 바, 처분적 명령과 집행적 법규명령의 경우가 이에 해당한다.

(가) 처분적 명령의 경우: 처분적 명령이란 집행행위의 매개 없이 직접 개인의 권리나 의무를 발생하게 하는 개별적 · 구체적 내용의 법규명령을 말한다. 처분적 명령은 그 형식은 대통령령 등 법규명령의 형식이나, 그 내용은 구체적 · 개별적 사항으로 되어 있어 처분의 성격을 띠고 있다.

(a) 소송유형: 이 경우 소송유형에 관하여, ① 위법한 법규명령은 무효라는 점에서 무효확인소송으로 제기하여야 한다는 견해(**무효확인소송설**)와, ② 처분적 명령은 처분성을 띤다는 점에서 취소소송도 가능하다는 견해(**취소소송설**[8])로 나뉘고 있으며, ③ **판례**는 처분적 조례에 대해 무효확인소송을, 법규적 효력을 갖는 고시에 대해 취소소송을 인정한바 있다(판례2,3).

생각건대, 법규명령이기 때문이 아니라 처분적 명령의 처분성 인정으로 인하여 직접 항고소송

8) 박균성(강의), 148면; 정하중 · 김광수(개론), 131면; 홍정선(상), 268면.

이 인정된다는 점에서 그 하자의 정도에 따라 취소소송으로 제기할 수 있다고 본다.

[판례 1] 법규명령에 대한 법원의 직접 통제 불가

"다른 집행행위의 매개 없이 그 자체로서 국민의 구체적인 권리의무나 법률관계에 직접적인 변동을 초래케 하는 것이 아닌 일반적, 추상적인 법령 등은 항고소송의 대상이 될 수 없다."(대판 1994.9.10, 94두33 등)

[판례 2] 처분적 조례의 무효확인소송 인정

"경기도 가평군 두밀분교를 폐지하는 내용의 이 사건 조례는 위 두밀분교의 취학아동과의 관계에서 영조물인 특정의 국민학교를 구체적으로 이용할 이익을 직접적으로 상실하게 하는 것이므로 항고소송의 대상이 되는 행정처분이라 할 것이고, 이 사건과 같이 교육에 관한 조례무효확인소송의 정당한 피고는 시·도의 교육감이라 할 것이다."(대판 1996.9.20, 95누8003).

[판례 3] 집행행위 매개 없이 직접 법률관계 규율하여 항고소송의 대상

"**항정신병 치료제의 요양급여 인정기준에 관한 보건복지부 고시가 다른 집행행위의 매개 없이 그 자체로서 제약회사, 요양기관, 환자 및 국민건강보험공단 사이의 법률관계를 직접 규율한다는 이유로 항고소송의 대상이 되는 행정처분에 해당**한다고 한 사례.(대판 2003.10.09. 2003무23 집행정지)

"**보건복지부 고시인 약제급여·비급여목록 및 급여상한금액표(보건복지부 고시 제2002-46호로 개정된 것)는 다른 집행행위의 매개 없이 그 자체로서 국민건강보험가입자, 국민건강보험공단, 요양기관 등의 법률관계를 직접 규율하는 성격을 가지므로 항고소송의 대상이 되는 행정처분에 해당한다.** …… ① 약제급여·비급여목록 및 급여상한금액표(보건복지부 고시 제2002-46호로 개정된 것, 이하 '이 사건 고시'라 한다)는 특정 제약회사의 특정 약제에 대하여 국민건강보험가입자 또는 국민건강보험공단이 지급하여야 하거나 요양기관이 상환받을 수 있는 **약제비용의 구체적 한도액을 특정**하여 설정하고 있는 점, ② 약제의 지급과 비용의 청구행위가 있기만 하면 달리 **행정청의 특별한 집행행위의 개입 없이 이 사건 고시가 적용**되는 점, ③ **특정 약제의 상한금액의 변동은 곧바로 국민건강보험가입자 또는 국민건강보험공단이 지급하여야 하거나 요양기관이 상환받을 수 있는 약제비용을 변동시킬 수 있다는 점** 등에 비추어 보면, 이 사건 고시는 다른 집행행위의 매개 없이 그 자체로서 국민건강보험가입자, 국민건강보험공단, 요양기관 등의 법률관계를 직접 규율하는 성격을 가진다고 할 것이므로, 항고소송의 대상이 되는 행정처분에 해당한다는 취지로 판단한 원심은 위 고시의 처분성에 관한 법리오해의 위법이 없다."(대판 2006.09.22. 2005두2506 보험약가인하처분취소)

(b) **불복제기기간**: 불복제기기간에 관해 공포된 날부터 90일이라는 견해(**공포일기준설**)가 있으나, 특정인의 권리침해는 반드시 처분적 명령의 공포와 동시에 발생하는 것은 아니라는 점에서 권리침해가 있을 때를 기준으로 불복제기기간을 계산하여야 한다고 본다(**권리침해시설**).

(나) **집행적 법규명령의 경우**: 항고소송의 대상이 되는 처분적 명령의 인정범위와 관련하여 집행적 법규명령의 처분성이 문제된다.

(a) **의 의**: 집행적 법규명령이란 집행행위의 매개 없이 직접 일정 범위의 국민의 권리의무를 규율하는 개별적·구체적 명령을 말한다. 따라서 형식은 법규명령이나 실질적으로는 개별적·구체적 규율로서 처분의 성질을 가지는 처분적 명령(예; 위 판례2의 두밀분교폐지조례)과 구별된다.[9]

(b) **항고소송의 대상에의 포함여부**: 학설은, ① 처분적 명령에 한해 항고소송의 대상으

9) 예컨대, "생활이 어려운자에게 지급"이라는 규정은 일반적·추상적 규정으로 관할청의 판단·결정을 통한 집행행위가 필요하므로 일반법령이고, "65세 이상자에게 지급"이라는 규정은 일반적·추상적 규정이라 할 수 있으나 일정한 대상자로 범위가 특정되어 그 판단·결정에 행정청의 매개가 필요 없으며(집행적 법령), "갑에게 지급"이라는 규정은 개별적 규정(처분적 법령)에 해당한다.

로 인정하고 집행적 법규명령은 규범통제 대상(헌법소원)으로 해야 한다는 **소극설**(협의설)[10]과, ② 집행적 법규명령도 항고소송의 대상으로 인정하는 **적극설**(광의설)[11]로 나뉜다. **판례**는 규율대상 내지 규율사항이 일정한 범위로 특정되고, 집행행위의 매개 없이 그 자체로서 직접 법률관계에 영향을 미치는 위임명령인 경우에 처분성을 인정한다(판례3, 4).

생각건대, 집행적 법규명령은 그 규율사항이 일정한 범위로 특정되었다는 점에서 처분적 명령과 질적인 차이가 있는 것이 아니라 그 규율의 개별성과 구체성(또는 일반성과 추상성)의 정도 내지 범위의 문제라는 양적 차이에 불과하다. 따라서 일반처분이 항고소송의 대상인 것과 마찬가지로 권리구제라는 항고소송의 입법취지에서 집행적 법규명령도 항고소송의 대상인 처분성을 인정함이 타당하다.

[판례 4] 집행행위 매개가 필요하여 처분성 부인

"항고소송의 대상이 되는 행정처분은 … 다른 집행행위의 매개 없이 그 자체로서 국민의 구체적인 권리의무나 법률관계에 직접적인 변동을 초래케 하는 것이 아닌 일반적, 추상적인 법령 등은 그 대상이 될 수 없다. … 원심이 같은 취지에서, **의료법 시행규칙**(2003.10.1. 보건복지부령 제261호) **제31조가 의료기관의 명칭표시판에 진료과목을 함께 표시하는 경우 그 글자의 크기를 의료기관 명칭을 표시하는 글자 크기의 2분의 1 이내로 제한하고 있지만, 위 규정은 그 위반자에 대하여 과태료를 부과하는 등의 별도의 집행행위 매개 없이는 그 자체로서 국민의 구체적인 권리의무나 법률관계에 직접적인 변동을 초래하지 아니하므로 항고소송의 대상이 되는 행정처분이라고 할 수 없다**고, … 판단한 것은 정당하고, 거기에 … 법리오해 등의 위법이 있다고 볼 수 없다."(대판 2007.04.12. 2005두15168, 의료법시행규칙제31조무효확인등)

(2) 헌법재판소에 의한 통제

법규명령으로 인하여 헌법상 보장된 기본권이 침해된 경우에 해당 법규명령을 대상으로 직접 헌법재판소에 헌법소원을 제기할 수 있는 지가 문제된다. 이에 대하여 학설은 대립하고 있다.

1) 적극설: 적극설은 헌법 제107조 제2항이 '재판의 전제'가 된 경우에 한하여 법원의 명령·규칙에 대한 위헌·위법심사권을 부여하고 있으므로 명령 등이 국민의 기본권을 침해하는 경우에 그 에 대한 헌법소원을 인정하는 것은 헌법 제107조 제2항에 반하는 것이 아니고, 헌법재판소법 제68조 제1항의 '공권력의 행사 또는 불행사'에 명령·규칙이 포함되는 것으로 보아 헌법소원을 긍정한다.

2) 소극설: 소극설은 법원에 명령·규칙에 대한 위헌·위법심사권을 규정한 헌법 제107조 제2항과 법률의 구제절차를 모두 거친 후가 아니면 헌법소원을 청구할 수 없도록 한 헌법재판소법 제68조 제1항 등을 근거로 헌법소원을 부정한다.

3) 판 례: 헌법재판소는 법무사법시행규칙(대법원규칙)에 대한 헌법소원을 받아들여 동규칙을 위헌으로 결정하여 적극설의 입장을 취하였다.

10) 정하중·김광수(개론), 131면.
11) 박균성(강의), 147면.

[판례 1] 집행행위 없이 직접 기본권침해의 경우 헌법소원 인정

"헌법 제107조 제2항이 규정한 명령·규칙에 대한 대법원의 최종심사권이란 구체적인 소송사건에서 명령·규칙의 위헌여부가 재판의 전제가 되었을 경우 법률의 경우와는 달리 헌법재판소에 제청할 것 없이 대법원이 최종적으로 심사할 수 있다는 의미이며, 명령·규칙 그 자체에 의하여 직접 기본권이 침해되었음을 이유로 하여 헌법소원심판을 청구하는 것은 위 헌법규정과는 아무런 상관이 없는 문제이다. 따라서 입법부·행정부·사법부에서 제정한 규칙이 **별도의 집행행위를 기다리지 않고 직접 기본권을 침해하는 것일 때에는 모두 헌법소원심판의 대상**이 될 수 있는 것이다. … 법무사법시행규칙 제3조 제1항은 법원행정처장이 (재량에 따라) 법무사를 보충할 필요가 없다고 인정하면 법무사시험을 실시하지 아니해도 된다는 것으로서 상위법인 법무사법 제4조 제1항에 의하여 모든 국민에게 부여된 법무사 자격취득의 기회를 하위법인 시행규칙으로 박탈한 것이어서 평등권과 직업선택의 자유를 침해한 것이다."(헌재 1990.10.15. 89헌마178, 법무사법시행규칙에대한헌법소원)

[판례 2] 명령·규칙의 제소요건

"명령·규칙 그 자체에 의하여 직접 기본권이 침해되었을 경우에는 그것을 대상으로 하여 헌법소원심판을 청구할 수 있고, 그 경우 **제소요건으로서 당해 법령이 구체적 집행행위를 매개로 하지 아니하고 직접적으로 그리고 현재적으로 국민의 기본권을 침해**하고 있어야 한다."(헌재 1993.5.13. 92헌마80, 체육시설의설치·이용에관한법률시행규칙 제5조에 대한 헌법소원)

4) 결 어: 적극설이 타당하며 통설의 입장이다.

(3) 행정입법 부작위에 대한 통제

법령이 명시적으로 행정입법을 위임하고 있음에도 입법부작위로 있는 경우(진정입법부작위) 사법심사를 통해 위법판결을 받을 수 있는지 문제된다. 대법원은 입법부작위위법확인소송은 부인하고 있으나(판례1), 헌법재판소는 입법부작위로 인한 기본권침해에 대한 헌법소원을 인정하고 다(판례2). 또한 대법원은 법률에서 특정사항을 행정입법에 위임하였는데 정당한 사유 없이 이행하지 아니하면 불법행위에 해당한다고 보아 국가배상청구를 인정하고 있다(판례3).

[판례 1] 대법원의 행정입법 부작위위법확인소송 부인

"행정소송은 구체적 사건에 대한 법률상 분쟁을 법에 의하여 해결함으로써 법적 안정을 기하자는 것이므로 부작위위법확인소송의 대상이 될 수 있는 것은 구체적 권리의무에 관한 분쟁이어야 하고 **추상적인 법령에 관하여 제정의 여부 등은** 그 자체로서 국민의 구체적인 권리의무에 직접적 변동을 초래하는 것이 아니어서 그 **소송의 대상이 될 수 없다.**"(대판 1992.5.8. 91누11261, 행정입법부작위처분위법확인)

[판례 2] 행정입법부작위로 인한 기본권침해에 대한 헌법소원 인정

"구 군법무관임용법 제5조 제3항 및 군법무관임용등에관한법률 제6조가 군법무관의 봉급과 그 밖의 보수를 법관 및 검사의 예에 준하여 지급하도록 하는 대통령령을 제정할 것을 규정하였는데, 대통령이 지금까지 해당 대통령령을 제정하지 않는 것이 청구인들(군법무관들)의 기본권을 침해하는 것이며 …… 우리 헌법은 국가권력의 남용으로부터 국민의 자유와 권리를 보호하려는 법치국가의 실현을 기본이념으로 하고 있고, 자유민주주의 헌법의 원리에 따라 국가의 기능을 입법·행정·사법으로 분립하여 견제와 균형을 이루게 하는 권력분립제도를 채택하고 있어, 행정과 사법은 법률에 기속되므로, **국회가 특정한 사항에 대하여 행정부에 위임하였음에도 불구하고 행정부가 정당한 이유 없이 이를 이행하지 않는다면 권력분립의 원칙과 법치국가의 원칙에 위배되는 것이다.**"(헌재 2004. 2.26. 2001헌마718, 입법부작위위헌확인)

[판례 3] 행정입법부작위는 불법행위에 해당

"**입법부가 법률로써 행정부에게 특정한 사항을 위임했음에도 불구하고 행정부가 정당한 이유 없이 이를 이행하지**

않는다면 권력분립의 원칙과 법치국가 내지 법치행정의 원칙에 위배되는 것으로서 위법함과 동시에 위헌적인 것이 되는바, 구 군법무관임용법(1967. 3. 3. 법률 제1904호로 개정되어 2000. 12. 26. 법률 제6291호로 전문 개정되기 전의 것) 제5조 제3항과 군법무관임용 등에 관한 법률(2000. 12. 26. 법률 제6291호로 개정된 것) 제6조가 군법무관의 보수를 법관 및 검사의 예에 준하도록 규정하면서 그 구체적 내용을 시행령에 위임하고 있는 이상, 위 법률의 규정들은 군법무관의 보수의 내용을 법률로써 일차적으로 형성한 것이고, 위 법률들에 의해 상당한 수준의 보수청구권이 인정되는 것이므로, 위 보수청구권은 단순한 기대이익을 넘어서는 것으로서 법률의 규정에 의해 인정된 재산권의 한 내용이 되는 것으로 봄이 상당하고, 따라서 **행정부가 정당한 이유 없이 시행령을 제정하지 않은 것은 위 보수청구권을 침해하는 불법행위에 해당한다.**"(대판 2007.11.29. 2006다3561, 임금 〈군법무관 보수청구 사건〉)

생각건대, 입법부작위로 인한 기본권침해에 대하여 헌법소원이 가능하다고 보며, 또한 행정권에 입법의무가 있음에도 불구하고 상당한 기간 입법을 하지 아니하여 법률상 이익이 침해된 경우라면 입법부작위에 대한 부작위위법확인소송도 가능하다고 할 것이다.

4. 행정적 통제

(1) 행정감독권에 의한 통제

상급행정청은 하급행정청에 대하여 지휘·감독권을 가짐으로써 행정의 적법·타당성을 보장하고 국가의사의 통일을 도모하고 있다. 따라서 상급행정청은, ① 행정입법권에 대한 주관쟁의가 있는 경우에 주관행정청을 결정하며, ② 감독권의 행사로 행정입법의 경위 등을 감시할 수 있으며, ③ 훈령권의 행사에 의하여 위법한 법규명령의 기준·방향 등을 지시하고, ④ 취소권의 행사에 의하여 위법한 법규명령을 폐지하도록 명령할 수 있다.

(2) 절차적 통제

법규명령에 대한 절차적 통제는 행정입법권의 적정한 행사를 확보하기 위한 것이다. 행정입법의 절차로서는 법규명령안의 사전통지, 이해관계인의 청문, 기타 의견진술이나 참고자료제출의 기회부여, 관계기관과의 협의 및 공포 등이 있다. 각국의 행정절차법상의 청문절차가 그 대표적인 예이며, 우리나라는 행정절차법에 의한 행정상 입법예고제(동법 41~45)와 법제운영규정(대통령령)에 의한 관계기관과의 협의 및 법제처심의 등이 있다.

(3) 행정심판에 의한 통제여부

1) 위임명령심사 불가: 위법명령심사권은 법원에 있으나(헌법 107②), 행정심판에서 위법명령이 해당 처분의 선결문제로 된 경우에 법원에 위법명령여부심사를 청구하더라도 법원은 구체적 규범통제로 인하여 해당 처분을 제외하고 그 전제가 된 위법명령만을 심사할 수 없기 때문에 행정심판으로 통제할 수 없다.

2) 시정조치권: 중앙행정심판위원회는 심판청구를 심리·재결할 때에 처분 또는 부작위의 근거가 되는 명령(대통령령·총리령·부령·훈령·예규·고시·조례·규칙) 등이 법령에 근거가 없거나 상위 법령에 위배되거나 국민에게 과도한 부담을 주는 등 크게 불합리하면 관계 행정기관에 그 명령 등의 개정·폐지 등 적절한 시정조치를 요청할 수 있다. 이 요청을 받은 관계 행정기관은

정당한 사유가 없으면 이에 따라야 한다(행정심판법 59①②).

5. 국민에 의한 통제

국민에 의한 통제는 매스컴, 청원, 자문, 각종 압력단체의 압력과 운동 등 여론에 의한 통제이다. 미국의 경우 행정절차법상의 사전공고 및 청문제도 등이 이에 해당한다. 우리나라는 헌법상의 청원과 행정절차법상의 입법예고제가 있다.

제 3 절 행정규칙

Ⅰ. 행정규칙의 의의

행정규칙(行政規則)이란 행정기관이 행정조직내부 또는 특별행정법관계 내부에서의 조직이나 활동을 규율하기 위하여 법률의 수권 없이 발하는 일반적·추상적 규정을 말하며, 행정명령이라고도 한다. 행정규칙은 내부적 효력을 갖는데 불과하여 법률의 특별한 수권 없이도 행정기관이 자유롭게 정립할 수 있다는 점에서, 대외적 효력으로 인해 법률의 수권과 헌법이 정한 법형식에 의해야 하는 법규명령과 구별된다. 행정규칙은 법령보다 구체적인 행정사무처리의 기준을 정하고 공무원을 구속하는 내부적 효력으로 인해, 오늘날 행정실무상으로는 '법률에 의한 행정'이라기보다는 '행정규칙에 의한 행정'이 일반화되고 있다고 할 수 있다.

Ⅱ. 법규명령과 행정규칙의 구별

1. 구별기준에 관한 학설

(1) 형식적 기준설

이는 규정형식상 헌법이 예정한 법형식(대통령령, 총리령, 부령 등) 여부에 따라 구별하는 입장이다. 그리하여 대통령령·총리령·부령 등은 법규명령이고, 훈령·예규·고시 등은 행정규칙이라고 한다.

(2) 실질적 기준설

이는 법규성 여부, 즉 대외적 구속력에 의해 재판규범성을 갖는지의 여부에 따라 구별하는 입장이다. 그리하여 행정주체와 국민에 대하여 직접 구속력을 가지며 재판규범성이 인정되면 법규명령이고, 행정 내부에서만 직접 효력이 있고 국민에 대한 구속력은 없으며 재판규범성이 부인되면 행정규칙이라 한다.

(3) 수권여부기준설

이는 법령의 수권여부에 따라 구별하는 입장이다. 즉, 그 법형식과 관계없이 법령의 수권에 따라 제정되었으면 법규명령이고, 법령의 수권 없이 제정되었으면 행정규칙이라고 한다.

(4) 판 례

판례는 일단 통상적으로 처분기준이 대통령령인 경우에는 법규명령으로 보되, 부령 및 지방자치단체의 규칙 또는 훈령·고시 등은 그 규정형식과 관계없이 법령의 위임에 따라 그 법령의 내용이 될 사항을 구체적으로 정한 경우에는 법규명령으로서의 효력(법규성)을 가진 것으로 본다(형식적 기준설 + 수권여부기준설).

[판례 1] 대통령령 또는 부령 등 규정형식에 따라 구별

"당해 처분의 기준이 된 **주택건설촉진법시행령 제10조의3 제1항 [별표 1]은** 주택건설촉진법 제7조 제2항의 위임규정에 터잡은 규정형식상 대통령령이므로 그 성질이 **부령인 시행규칙이나 또는 지방자치단체의 규칙과 같이 통상적으로 행정조직 내부에 있어서의 행정명령**에 지나지 않는 것이 아니라 대외적으로 국민이나 법원을 구속하는 힘이 있는 **법규명령에 해당**한다."(대판 1997.12.26. 97누15418, 주택건설사업영업정지처분취소 등)

"**규정형식상 부령인 시행규칙 또는 지방자치단체의 규칙으로 정한 행정처분의 기준은** 행정처분 등에 관한 사무처리기준과 처분절차 등 행정청 내의 사무처리준칙을 규정한 것에 불과하므로 **행정조직 내부에 있어서의 행정명령의 성격을 지닐 뿐** 대외적으로 국민이나 법원을 구속하는 힘이 없고,"(대판 1995.10.17. 94누14148, 자동차운행정지가처분취소 등)

[판례 2] 법령의 위임에 따라 구체적으로 규정한 경우 법규명령으로 봄

"**구 여객자동차 운수사업법 시행규칙**(2000. 8. 23. 건설교통부령 제259호로 개정되기 전의 것) 제31조 제2항 제1호, 제2호, 제6호는 구 여객자동차 운수사업법(2000. 1. 28. 법률 제6240호로 개정되기 전의 것) 제11조 제4항의 **위임에 따라 시외버스운송사업의 사업계획변경에 관한 절차, 인가기준 등을 구체적으로 규정한 것으로서, 대외적인 구속력이 있는 법규명령**이라고 할 것이고, 그것을 행정청 내부의 사무처리준칙을 규정한 행정규칙에 불과하다고 할 수는 없다."(대판 2006.6.27. 2003두4355, 시외버스운송사업계획변경인가처분취소)

"**법령의 규정이 특정 행정기관에 그 법령 내용의 구체적 사항을 정할 수 있는 권한을 부여하면서 그 권한 행사의 절차나 방법을 특정하고 있지 않아 수임행정기관이 행정규칙인 고시의 형식으로 그 법령의 내용이 될 사항을 구체적으로 정하고 있는 경우**, 그 고시가 당해 법령의 위임 한계를 벗어나지 않는 한, 그와 결합하여 대외적으로 구속력이 있는 **법규명령으로서 효력**을 가진다."(대판 2008.4.10. 2007두4841, 건축불허가처분취소 등)

[판례 3] 위임여부와 관계없이 행정규칙으로 보는 경우

"석탄산업법시행령 제42조의2 제6항에 터잡아 석탄산업합리화사업단이 제정한 **폐광대책비지급규정은 그 내용이 폐광대책비의 지급절차만을 규정한 것으로서 석탄산업합리화사업단 내부의 사무처리준칙에 불과**하고 대외적으로 국민이나 법원을 기속하는 효력이 있는 것은 아니다."(대판 1999.1.26. 98두12598, 재해위로금추가지급거부처분취소)

"구 여객자동차운수사업법시행규칙(2001. 6. 30. 건설교통부령 제285호로 개정되기 전의 것) 제17조 제1항에 따라 지방자치단체가 제정한 **개인택시운송사업면허사무처리규칙**은 재량권 행사의 기준으로 마련된 행정청 내부의 사무처리준칙에 불과하고,"(대판 2002.1.22. 2001두8414, 개인택시운송사업면허제외처분취소)

(5) 결 어

헌법은 국회입법의 원칙을 선언하면서 법령의 위임에 따른 행정입법을 대통령령과 총리령·부령 및 지방자치단체의 자치입법으로 명시하고 있으므로, 법적 안정성의 측면에서 형식적 기준설이 타당하다. 다만, 현대행정의 복잡성・전문성・적극성과 탄력적 대응을 통한 행정의 효율성 확보 및 행정에 대한 사법적 통제의 필요성 등의 입장에서 예외적으로 법령의 수권을 받은 행정규칙형식인 경우에는 외부적 구속력과 재판규범성을 인정할 필요가 있다. 「행정기본법」 또한 '**법령**'에 법률 및 대통령령・총리령・부령과 국회규칙・대법원규칙・헌법재판소규칙・중앙선거관리위원회규칙・감사원규칙 뿐만 아니라 이들의 위임을 받아 중앙행정기관의 장이 정한 훈령・예규 및 고시 등 행정규칙도 포함하는 것으로 규정하고 있다(동법 2(1)가). 그런데 이는 예외적인 것이므로 엄격히 해석해야 하고 행정규제기본법 제4조 제2항 단서 "다만, 법령에서 전문적・기술적 사항이나 경미한 사항으로서 업무의 성질상 위임이 불가피한 사항에 관하여 구체적으로 범위를 정하여 위임한 경우에는 고시 등으로 정할 수 있다."는 규정에 따라 제한을 받는다고 할 것이다.

2. 법규명령과 행정규칙의 구별

법규명령과 행정규칙의 구별의 문제는 행정규칙의 성질에 관해 어느 설을 취하느냐에 따라 일정하지는 않겠으나, 행정규칙의 유형에 따라 차이가 있다고 하더라도 일반적으로 내용상 및 형식상 다음과 같은 점에서 양자는 구별된다고 할 수 있다.

(1) 행정규칙의 법형식(법형식상 구별)

형 식	수권 여부	법규성 여부
헌법이 정한 법형식 (대통령령・부령 등)	법령의 수권 있음	○ 법규명령(위임명령)
헌법이 정한 법형식	법령의 수권 없음	○ 집행명령(법규명령) ○ 위헌・위법명령(법률유보원칙 위반), 행정규칙
헌법이 정한 법형식 아님 (훈령・예규 등)	법령의 수권 있음	○ 법규성 인정(학설・판례, 행정기본법) ○ 법규성 부정(학설)(120면 감사원칙규칙 참조)
헌법이 정한 법형식 아님	법령의 수권 없음	○ 행정규칙

(2) 행정규칙의 성질(성질상 구별)

1) 학 설

(가) 비법규설: 이는 행정규칙은 법규의 성질을 가지지 아니한다는 견해로 종래의 통설과 판례의 입장이다. 이는 전통적인 법규개념과 특별권력관계론에 연유하였는데, 오늘날 행정규칙이 국민에게 효력을 미치는 경우가 있더라도 이는 사실상 또는 간접적 효과에 불과하며 직접적・대외적 구속력을 가지는 법적 효력은 아니라고 본다.

(나) 법규설: 이는 현대국가에서 법규개념의 확대와 특별권력관계부인론 및 행정규칙의 현실적 기능을 바탕으로 행정규칙의 법규성을 인정하는 견해이다. 여기에도 ① 이원적 법권론의 입장에서 행정부도 민주적 정당성을 가졌으며 정치집단인 입법부보다 중립성・전문성을 가졌다는 점 및

행정부의 제 권한을 규정한 헌법상의 개별규정 등을 근거로 일정한 영역에서 행정독자의 고유한 법정립권이 인정된다는 행정독자법정립권설, ② 행정규칙 중 특별명령은 특별권력관계의 복종자를 수범자로 하는 점에서 법규로서의 성질을 가졌다는 특별명령법규설, ③ 행정규칙 중 재량준칙은 헌법상의 평등원칙을 매개로 사실상 법규에 가까운 법적 의미를 가진다는 준법규설 등으로 나뉜다.

2) 판 례: 판례는 행정규칙의 법규성을 부인하고(판례4), 다만, [판례 2]에서 보는 바와 같이 법령의 위임을 받아 규정한 행정규칙의 경우에는 법규성을 인정한다.

[판례 4] 행정규칙의 법규성 부인

"상급행정기관이 하급행정기관에 대하여 업무처리지침이나 법령의 해석적용에 관한 기준을 정하여 발하는 이른바 행정규칙은 **일반적으로 행정조직 내부에서만 효력을 가질 뿐 대외적인 구속력을 갖는 것은 아니다.**"(대판 1998.06.09. 97누19915, 토지형질변경불허가처분취소 등)

3) 결 어: 행정은 법률의 수권에 의한 법규명령이라는 형식으로 정립해야 된다는 법치주의와 권력분립주의에 따른 국회입법원칙의 요청에서 행정규칙은 원칙적으로 법규성이 없다. 다만, 행정의 현실적 기능변화에 따른 탄력적 적응성과 행정의 사법적 통제라는 실천적 요청에서 법령의 수권에 의한 행정규칙의 경우에는 예외적으로 법규성을 인정할 수 있다.

(3) 내용상의 구별

	법 규 명 령	행 정 규 칙
권력적 기초	일반통치권	감독권, 특별권력
제정절차	법적 절차 필요(입법예고, 법제처 심의, 공포 등)	특별한 절차나 공포 불필요
성 질	법규의 성질(국민의 권리·의무 직접 규정, 처분보다 우월)	법규성 결여(행정조직 내부사항 규율, 하명과 동위)
구속력	양면적 구속력(대외적 구속력)	일면적 구속력(행정기관 내부적 구속력)
재판규범성	법원의 판결의 기준	재판규범성 결여
효력발생요건	공포	수신자에 도달
위반의 효과	위법(행정소송제기 가능)	적법(징계원인, 재량권의 한계일탈 가능성)
양자의 관련	행정규칙의 성질에 관한 견해에 따라 구별방법에 차이가 있을 수 있음. 행정규칙은 그 성립과정에 법규명령과는 달리 타기관의 심사·수정·통제·감시를 별로 받지 않고, 국민의 의견제출·토론·견제 등이 없이 성립이 가능하므로 행정기관으로서는 행정규칙의 규율방식을 선호하게 되고, 이는 결국 국민의 자유와 권리를 행정의 편의에 맡겨버리는 위험을 초래하게 될 우려가 있다.	

Ⅲ. 행정규칙의 종류

1. 내용에 의한 구분

(1) 조직규칙

조직규칙은 행정권내부에서의 기관의 설치·조직·내부적 권한분배·사무처리절차 등을 정한 규칙이다(예; 지역경찰의 조직 및 운영에 관한 규칙(경찰청예규)). 전결권을 정하는 직무대리규정, 사무분장규정 등이 그 예이다. 현행법상 행정조직법정주의에 의해 이것은 법률 또는 법규명령으로 정하여지므로 조직규칙의 범위는 그만큼 제한되어 있다.

(2) 규범해석규칙

1) 의의 및 기능: 규범해석규칙은 법규범(법령)의 통일적인 해석과 적용을 기하기 위하여 정한 규칙이다. 일반적 행정업무수행의 근거법령이 막연하고 애매하며 불확정개념으로 되어 있어 그 의미를 구체적으로 밝히는 것이 불가피한 경우에 규범해석규칙을 제정할 수 있다. 규범해석규칙은 행정청의 입장·견해표명으로서, 그 법령의 해석·적용의 통일을 기하고 법집행을 합리화·정형화하여 행정의 통일성·공평성·예측가능성을 제고할 수 있다.

2) 성질 및 효력: 법령의 최종적인 해석권은 법원에 있기 때문에 규범해석규칙은 법원을 구속하지 못한다. 그러나 환경기준이나 안전기준(원자력법) 등 고도의 과학기술적 내용을 가진 불확정법개념의 해석이 과학적 근거를 가진 수치를 수반하는 경우에는 법관도 행정해석에 따르게 되며, 이러한 추정적 구속력을 통하여 해석기준으로서의 행정규칙이 사실상 외부적 효과를 인정받는 경우가 있다.

[판 례] 규범해석규칙의 효력

"행정기관 내부의 업무처리지침이나 법령의 해석·적용 기준을 정한 행정규칙은 특별한 사정이 없는 한 대외적으로 국민이나 법원을 구속하는 효력이 없다."(대판 2021.10.14. 2021두39362)

"행정청 내부에서의 사무처리지침이 행정부가 독자적으로 제정한 행정규칙으로서 상위법규의 규정내용을 벗어나 국민에게 새로운 제한을 가한 것이라면 그 효력을 인정할 수 없겠으나, 단순히 행정규칙 중 하급행정기관을 지도하고 통일적 법해석을 기하기 위하여 상위법규 해석의 준거기준을 제시하는 규범해석규칙의 성격을 가지는 것에 불과하다면 그러한 해석기준이 상위법규의 해석상 타당하다고 보여지는 한 그에 따랐다는 이유만으로 행정처분이 위법하게 되는 것은 아니라 할 것이다."(대판 1992.05.12. 91누8128, 건축허가신청반려처분취소)

(3) 재량준칙

1) 의의 및 기능: 재량준칙(裁量準則)은 행정청의 법령의 집행과 관련하여 허용된 재량권의 일반적인 행사기준을 정한 규칙이다. 재량준칙은 행정에 맡겨진 재량을 유형적으로 구체화하여 표준적인 사례에 개별적인 결정을 행정내부적으로 준비하여 처리하도록 지시한다. 재량준칙은 재량권행사의 통일을 기하게 되어 법집행의 일관성과 형평성을 확보하고, 자의적인 재량권행사의 방지, 행정에 대한 예측가능성의 확보, 공무원의 사무처리의 부담경감의 기능을 함과 동시에 처분을 둘러싼 부패와 부조리의 소지를 없앨 수 있다.

2) 종 류: 재량준칙은 그 전형적인 형태인 행정규칙형식의 재량준칙[12] 이외에도, 법규명

12) 예컨대, 화물자동차운송사업의 허가는 아래에서 보는 바와 같이 「화물자동차운수사업법」 제3조 제1항과 제7항 제1호에 따라 화물의 운송수요를 고려하여야 하므로 재량행위에 속한다. 따라서 그 재량권행사기준을 정한 행정규칙인 「화물자동차운수사업공급기준」(국토교통부고시)은 재량준칙이다.

령형식의 재량준칙으로서 대통령령형식의 재량준칙[13]과 부령형식의 재량준칙,[14] 위임명령형식의 재량준칙과 집행명령형식의 재량준칙이 있다. 그런데 집행명령형식의 재량준칙은 단순히 절차적·기술적 사항을 규율하는 것이 아니라 상위법령에서 부여된 행정청의 재량권을 구체적으로 제한하고 그로 인하여 국민의 기본권을 실질적으로 제한할 수 있으므로 집행명령의 한계를 벗어난 것으로 무효로 보아야 할 것이다. 또한 위임명령형식의 재량준칙은 행정부가 제정한 재량준칙에 법원까지도 구속할 의도로 입법형식을 상향조정한 것인데, 이렇게 법원이 전원합의체 판결(법원조직법 제7조 제1항 제2호에 의거 명령·규칙심사는 대법원 대법관 전원의 3분의 2 이상의 합의체에서 판결해야 함)로 하는 것이 비법규로 하여 법원이 이에 구속받지 않는 것보다 국민의 권리구제에 더 편리한지 의문이다.

3) **효 력**: 재량준칙이 법규와 같은 대외적 구속력을 갖는지에 대하여 부정설과 긍정설로 나뉘며, 긍정설은 또다시 대외적 구속력의 근거와 관련하여 형식설, 평등원칙설, 자기구속설 등으로 나뉜다.

(가) 부정설: 행정규칙인 재량준칙은 행정조직내부에서의 재량권행사의 기준을 정한 것이므로 대외적 구속력이 없다고 한다.

(나) 형식설: 재량준칙을 그 법형식에 따라 대통령령·부령 등 법규명령형식인 경우에는 대외적 효력을 가지게 되어 법규성이 인정되고, 훈령·고시 등 행정규칙형식인 경우에는 대내적 효력만 지닌다고 한다.

(다) 평등원칙설: 재량준칙은 헌법상의 평등원칙을 매개로 대외적 구속력을 가진다고 한다. 행정규칙인 재량준칙인 경우에도 특별한 사유 없이 특정인에게 그 재량준칙을 적용하지 않고 재량준칙과 다른 처분을 하는 것은 평등원칙에 반하여 위법하게 된다고 한다.

(라) 자기구속설: 재량준칙이 장기간 계속 적용되어 행정관행이 성립된 경우에는 행정의 자기구속의 법리에 의해 간접적으로 대외적 구속력이 인정된다고 한다.

(마) 판 례: 판례는 행정청 내부의 사무처리기준에 불과하다고 보아 대외적 효력을 부인한다(판례1). 다만, 행정관행이 이루어지게 되면 평등원칙에 따라 이에 따라야 할 자기구속을 받게

---

* 「화물자동차운수사업법」 제3조(화물자동차 운송사업의 허가 등) ① 화물자동차 운송사업을 경영하려는 자는 각 호의 구분에 따라 국토교통부장관의 허가를 받아야 한다.

⑦ 제1항 및 제3항 본문에 따른 화물자동차 운송사업의 허가 또는 증차(增車)를 수반하는 변경허가의 기준은 다음 각 호와 같다.

1. 국토교통부장관이 화물의 운송 수요를 고려하여 제6항에 따라 업종별로 고시하는 공급기준에 맞을 것.

「화물자동차운수사업공급기준」(국토교통부고시) 제1조(목적) 이 기준은 「화물자동차 운수사업법」 제3조제7항제1호에 따라 화물자동차 운수사업의 허가(증차를 수반하는 변경허가를 포함한다. 이하 같다)를 위한 사항을 규정함을 목적으로 한다.

13) 주택법시행령 제14조 제1항 [별표 1](등록사업자에 대한 행정처분기준), 여객자동차운수사업법시행령 제43조 제1항 [별표 3](사업면허·사업등록취소 및 사업정지 등의 처분기준) 등.

14) 도로교통법시행규칙 제91조 제1항 [별표 28](운전면허 취소·정지처분기준), 식품위생법시행규칙 제89조 [별표 23](행정처분기준) 등.

되므로 특별한 사정이 없는 한 이를 위반하면 위법이 된다고 한다(판례2). 또한 최근 판례는 재량준칙의 내용이 객관적 합리성을 결여하였다는 등의 특별한 사정이 없는 한 이를 존중하는 것이 바람직하다고 한다(판례3).

[판례 1] 재량준칙의 법규적 효력 부인

"행정청 내부의 사무처리에 관한 재량준칙의 경우 대외적으로 국민이나 법원을 기속하는 효력 즉 법규적 효력이 없으므로, 이러한 재량준칙에 기한 행정처분의 적법 여부는 그 처분이 재량준칙의 규정에 적합한 것인가의 여부에 따라 판단할 것이 아니고 그 처분이 관련 법률의 규정에 따른 것으로 헌법상 비례・평등의 원칙 위배 등 재량권을 일탈・남용한 위법이 없는지의 여부에 따라 판단하여야 한다."(대판 1998.3.27. 97누20236 등)

[판례 2] 행정관행이 성립되면 평등원칙에 의해 자기구속을 받게 됨

"구 '부당한 공동행위 자진신고자 등에 대한 시정조치 등 감면제도 운영고시'(2009.5.19. 공정거래위원회 고시 제2009-9호로 개정되기 전의 것) 제16조 제1항, 제2항은 그 형식 및 내용에 비추어 재량권 행사의 기준으로 마련된 행정청 내부의 사무처리준칙 즉 재량준칙이라 할 것이고, 구 '독점규제 및 공정거래에 관한 법률 시행령'(2009.5.13. 대통령령 제21492호로 개정되기 전의 것) 제35조 제1항 제4호에 의한 추가감면 신청 시 그에 필요한 기준을 정하는 것은 행정청의 재량에 속하므로 그 기준이 객관적으로 보아 합리적이 아니라든가 타당하지 아니하여 재량권을 남용한 것이라고 인정되지 않는 이상 행정청의 의사는 가능한 한 존중되어야 한다. 이러한 **재량준칙은 일반적으로 행정조직 내부에서만 효력을 가질 뿐 대외적인 구속력을 갖는 것은 아니므로 행정처분이 이를 위반하였다고 하여 그러한 사정만으로 곧바로 위법하게 되는 것은 아니고, 다만 그 재량준칙이 정한 바에 따라 되풀이 시행되어 행정관행이 이루어지게 되면 평등의 원칙이나 신뢰보호의 원칙에 따라 행정기관은 상대방에 대한 관계에서 그 규칙에 따라야 할 자기구속을 받게 되므로, 이러한 경우에는 특별한 사정이 없는 한 그에 반하는 처분은 평등의 원칙이나 신뢰보호의 원칙에 어긋나 재량권을 일탈・남용한 위법한 처분이 된다.**"(대판 2013.11.14. 2011두28783, 과징금감경결정취소청구)

"행정규칙이라도 재량권행사의 준칙으로서 그 정한 바에 따라 되풀이 시행되어 행정관행을 이루게 되면, 행정기관은 **평등의 원칙이나 신뢰보호의 원칙에 따라 상대방에 대한 관계에서 그 규칙에 따라야 할 자기구속을 당하게 되는 바**, 이 경우에는 **대외적 구속력**을 가진 공권력의 행사가 된다."(헌재 2007.8.30. 2004헌마670, 산업기술연수생도입기준완화결정등위헌확인)

[판례 3] 특별한 사정이 없는 한 재량준칙의 존중

"상급행정기관이 소속 공무원이나 하급행정기관에 대하여 세부적인 업무처리절차나 법령의 해석・적용 기준을 정해 주는 '행정규칙'은 상위법령의 구체적 위임이 있지 않는 한 행정조직 내부에서만 효력을 가질 뿐 대외적으로 국민이나 법원을 구속하는 효력이 없다(대판 2019.7.11. 2017두38874; 헌재 2004.10.28. 99헌바91 등). 다만 **행정규칙이 이를 정한 행정기관의 재량에 속하는 사항에 관한 것인 때에는 그 규정 내용이 객관적 합리성을 결여하였다는 등의 특별한 사정이 없는 한 법원은 이를 존중하는 것이 바람직하다.**"(대판 2019.1.10. 2017두43319).

"독점규제 및 공정거래에 관한 법령의 위임에 따라 「과징금부과 세부기준 등에 관한 고시」(공정거래위원회 고시)에서 과징금의 세부기준을 정하고 있다. 한편 공정거래위원회는 공정거래법령상 과징금 상한의 범위에서 과징금 부과 여부와 과징금 액수를 정할 재량을 가지고 있다. 이 사건 고시조항은 과징금 산정에 관한 재량권 행사의 기준으로 마련된 행정청 내부의 사무처리준칙, 즉 재량준칙이다. 이러한 **재량준칙은 그 기준이 헌법이나 법률에 합치되지 않거나 객관적으로 합리적이라고 볼 수 없어 재량권을 남용한 것이라고 인정되지 않는 이상 가급적 존중되어야 한다.**"(대판 2020.11.12. 2017두36212)

(바) 결 어: 재량준칙이 법규명령형식으로 규정된 경우에는 물론, 모법의 수권에 의한 재량준칙은 수권여부기준설에 따라 법규성을 인정할 수 있다. 모법의 수권과 관계없는 행정규칙형식의 재량준칙이라 하더라도 장기간 반복되어 행정관행이 성립된 경우에는 물론, 그렇지 않더라

도 재량준칙의 내용이 법령에 합치하지 않거나 재량권의 일탈・남용으로 객관적 합리성을 결여하는 등의 특별한 사정이 없는 한 이를 존중함이 바람직하다. 이에 따라 재량준칙에 반하는 처분은 재량권의 일탈・남용으로 될 수 있기 때문에 결과적으로 또는 사실상으로 외부효력이 인정되어 법원의 재판기준으로서의 기능을 하게 된다.

4) **문제점**: 재량준칙은 일률적・기계적 사안처리라는 경직적인 행정운영을 초래하여 구체적 사안에 따른 탄력적 대응에 의한 구체적 타당성의 실현이라는 재량수권(裁量授權)의 취지에 반하는 문제가 발생할 수 있다. 특히 제재처분의 경우 처분대상인 법규위반의 형태는 매우 다양하고 동일한 처분이라도 당사자에게 미치는 실질적인 불이익의 정도는 상당히 다를 수 있는데 재량준칙은 처분을 함에 있어서 고려하여야 할 제반요소를 고려할 수 없도록 제한함으로써 달성하고자 하는 공익에 비하여 상대방에게 수인의 정도를 넘어 불이익을 입히게 됨으로써 비례원칙에 반할 수 있다. 따라서 재량준칙의 범위는 그 기능과 문제점이라는 양 측면의 조화에 있다.

(4) 법률대체적 규칙

1) **의의 및 성질**: 법률대체적 규칙(法律代替的 規則)은 법적 규율이 필요한 영역에 법령이 없거나, 법령이 있어도 지나치게 일반적이어서 그것을 보충 내지 구체화할 필요가 있는 경우 이를 보충 내지 구체화하는 규칙이며, 법률보충규칙 또는 법률대위적 규칙이라고도 한다. 특히 법령이 지나치게 일반적이어서 그것을 보충 내지 구체화하는 규칙을 규범구체화규칙이라고도 한다. 법률대체적 규칙은 법령이 제정될 때까지의 일시적인 과도기법이라 할 수 있으며, 특히 규범구체화규칙은 법령의 내용의 불명확・불충분한 경우의 보충법의 의미를 지닌다고 할 수 있다. 따라서 이러한 행정규칙은 법률의 공백을 보충하는 것이므로 이 규칙에 의한 행정권의 대외적 행사를 인정하게 되어 그 직접적・대외적 효력을 가진다는 견해가 있다.[15] 그러나 법률대체적 규칙의 법규성 내지 대외적 효력의 여부는 법률에 근거한 법률대체적 규칙인지 아니면 수권규정 없이 정한 법률대체적 규칙인지를 구분하여 판단하여야 하는 바, 전자는 법규성 내지 대외적 효력을 인정할 수 있으나(法律補充規則) 후자는 그것을 인정할 수 없다.

2) **규범구체화규칙**: 규범구체화규칙(規範具體化規則)은 법령에서 행정기관에게 행정사무처리기준을 구체적으로 규정할 것을 위임한 경우와, 국민에게 구속력을 미치게 되는 사항의 구체화를 위임한 경우로 나눌 수 있다. 전자의 경우에는 행정 내부적 효력에 그치는 것이 보통이지만, 후자의 경우에는 외부적 구속력이 발생하여 법규성의 인정여부 문제가 발생하게 된다. 이러한 규범구체화규칙의 관념은 독일연방행정법원의 빌(Wyhl)판결에서 비롯된 것으로, 동판결에서 원자력법에 근거하여 연방내무부장관이 지침으로 정한 「방사선피폭에 관한 일반적 산정기준」은 규범을 구체화하는 규칙으로서 구속력이 있다고 결정하였다. 그리하여 독일에서 학설・판례에 의하여 논의되고 있으며, 우리나라의 경우도 국세청장의 훈령인 「재산제세사무처리규정」(대판

15) 홍정선(상), 284면.

1992.1.21. 91누5334), 국무총리훈령인 「개별토지가격합동조사지침」(대판 1994.2.8. 93누111; 대판 1995.11.21. 94누15684) 및 산업자원부고시인 「공장입지기준고시」(대판 1999.7.23. 97누6261) 등과 관련하여 법규성 인정여부에 대해 학설이 나뉘고 있다.

(가) 긍정설: 긍정설은 전문적·기술적 분야에서 그 내용을 사실상 법률에서 정하기 어렵고, 행정기관이 그것을 가장 합리적으로 정할 수 있는 경우에 법률의 뜻이 묵시적이기는 하지만 그 구체화를 행정기관에 위임한 것이 확실하다고 판단되는 때에는 법규성을 인정할 수 있다고 한다.[16)]

(나) 부정설: 부정설에서는 독일의 빌판결이 규범구체화규칙에 대하여 직접적·대외적 효력을 인정하였으나 그것은 법률의 구체적인 위임을 받아 정립된 것으로 형식적으로는 행정규칙이나 실질적으로는 법규명령이며, 「재산제세사무처리규정」(국세청장의 훈령) 등은 실질적으로는 위임명령에 해당하는 것으로 위 판례가 본래적 의미의 행정규칙에 대하여 대외적 효력을 인정한 것으로 보기는 어렵다고 한다.[17)]

(다) 판 례: 판례는 긍정설을 취한다.[18)]

[판 례] 법령이 구체적 사항을 정할 권한을 부여한 경우 법규성 인정

"**법령의 규정이 특정 행정기관에 그 법령내용의 구체적 사항을 정할 수 있는 권한을 부여하면서 그 권한 행사의 절차나 방법을 특정하고 있지 않은 관계로** 수임 행정기관이 행정규칙의 형식으로 **그 법령의 내용이 될 사항을 구체적으로 정하고 있는 경우에는**, 그 행정규칙이 당해 법령의 위임한계를 벗어나지 않는 한, **그와 결합하여 대외적으로 구속력이 있는 법규명령으로서 효력**을 가지는 것이므로, 산업자원부장관이 공업배치및공장설립에관한법률 제8조의 규정에 따라 공장입지의 기준을 구체적으로 정한 고시는 법규명령으로서 효력을 가진다."(대판 2003.9.26. 2003두2274, 공장설립변경불승인처분취소; 같은 취지, 대판 2008.3.27. 2006두3742,3759 등)

(라) 결 어: 규범구체화규칙의 법규성 내지 직접적·대외적 효력의 유무는 법률의 수권여부에 따라 결정하여야 한다. 그리하여 법령의 규정이 그 법령내용의 구체적 사항을 정할 수 있는 권한을 행정기관에 부여하면서 그 권한행사의 절차나 방법을 특정하고 있지 않은 관계로 수임행정기관이 행정규칙의 형식으로 그 법령의 내용이 될 사항을 구체적으로 정하고 있는 경우에는 그와 결합하여 대외적으로 구속력을 인정할 수 있다. 그러나 법률의 구체적·개별적 수권없이 정립한 규범구체화규칙은 대외적 구속력을 인정할 수 없으며, 또한 법령에 근거를 둔 경우라 하더라도 그 규정내용이 법령의 위임범위를 벗어난 경우에도 대외적 구속력을 인정할 수 없다.

---

16) 이광윤, 170면.

17) 김남진·김연태(1), 191면; 류지태·박종수(신론), 326면; 석종현·송동수(상), 195면.

18) 대판 2008.3.27. 2006두3742(구 택지개발촉진법(2007.4.20. 법률 제8384호로 개정되기 전의 것) 제3조 제4항, 제31조, 같은 법 시행령 제7조 제1항 및 제5항에 따라 건설교통부장관이 정한 '택지개발업무처리지침'); 대판 2003.9.26. 2003두2274(공업배치및공장설립에관한법률 제8조에 따른 산업자원부장관의 고시인 '공업입지기준고시'); 대판 2002.9. 27. 2000두7933; 대판 2001.12.24. 99두11141(공정거래위원회 고시인 '시장지배적지위남용행위의 유형 및 기준'의 법규성 인정); 대판 1999.7.23. 97누6261; 대판 1998.6.9. 97누19915(건설부훈령인 '개발제한구역관리규정'의 법규성 부인); 대판 1995.5.23. 94도2502.

[판 례] 법령의 위임범위 벗어난 규범구체화규칙의 대외적 구속력 부인

"일반적으로 행정 각부의 장이 정하는 **고시라 하더라도** 그것이 특히 법령의 규정에서 특정 행정기관에게 법령 내용의 구체적 사항을 정할 수 있는 권한을 부여함으로써 그 법령 내용을 보충하는 기능을 가질 경우에는 그 형식과 상관없이 **근거 법령 규정과 결합하여 대외적으로 구속력**이 있는 법규명령으로서의 효력을 가지는 것이나 이는 어디까지나 **법령의 위임에 따라 그 법령 규정을 보충하는 기능을 가지는 점에 근거하여 예외적으로 인정되는 효력**이므로 특정 고시가 비록 법령에 근거를 둔 것이라고 하더라도 **그 규정 내용이 법령의 위임 범위를 벗어난 것일 경우에는 위와 같은 법규명령으로서의 대외적 구속력을 인정할 여지는 없다.**"(대판 1999.11.26. 97누13474, 부동산양도허가신청반려처분취소)

(5) 특별명령

1) 의 의: 특별명령은 특별행정법관계에서의 특별권력 복종자의 지위·이용관계 등에 관하여 규율하는 명령을 말한다. 예컨대, 특별행정법관계의 근무관계를 규율하는 공무원의 직무규칙, 영조물이용관계를 규율하는 국공립학교의 학칙, 도서관규칙, 공법인의 정관 등이 있다. 특별명령은 종래 일반권력관계와 구별되는 특별권력관계의 내부를 규율하기 위한 것으로 법률유보의 원칙과 사법심사가 제한되는 영역으로 보았으나, 오늘날 전통적인 특별권력관계가 부인되고 특별행정법관계로 재정립된 상황에서는 이러한 제한은 없어졌다고 볼 것이다.

2) 성 질: 특별명령은 특별행정법관계 내부의 인격주체를 규율대상으로 한다는 점에서 전통적 법규개념에 입각하더라도 법규성을 인정할 수 있다. 특별명령은 자치법규로서의 성질을 가지며 법률유보의 원칙과 사법심사가 적용되나, 포괄적 위임금지의 원칙이 완화 내지 배제된다. 학칙과 같은 영조물규칙을 법령보충적 규칙으로 보는 견해도 있다. 그러나 특별명령은 특별행정법관계 내부의 구성원 일반에 대한 구속력이며 포괄적 위임이 허용된다는 점에서, 국민 일반에 대한 구속력이며 포괄적 위임금지의 원칙이 적용되는 법령보충적 행정규칙과 구별된다.

2. 법관계의 종류에 의한 구분

(1) 조직규칙

내용에 의한 구분에서 본 바와 같다.

(2) 근무규칙

근무규칙은 상급기관이 하급기관 및 그의 구성원의 직무에 관한 사항을 계속적으로 규율하기 위하여 발하는 규칙이다.

(3) 영조물규칙

영조물규칙은 영조물의 관리주체가 영조물의 조직·관리·사용기관 등을 규율하기 위하여 발하는 규칙이며, 특별명령이라고도 한다(예; 국립대학학칙, 국립도서관규칙 등).

3. 형식에 의한 구분

행정규칙은 「행정효율과 협업촉진에 관한 규정」(대통령령) 제4조(공문서의 종류)에 따라 훈령·예규·지시·고시·공고의 형식으로 발령하여야 한다(훈령·예규등의발령및관리에관한규정(대통령훈령) 5①). 「행정효율과 협업촉진에 관한 규정」 제4조에 의거 지시문서로서 훈령·지시·예규·일일명령과 공고문서로서 고시·공고로 구분할 수 있다. 그런데 이들 중에는 지시와 일일명령 등 시행문형식(수신자·제목·발신인 등 기재형식)으로 일반·추상적인 행정규칙에 해당하지 아니하는 것도 있다.

(1) 훈령(訓令)

훈령은 상급기관이 하급기관에 대하여 상당한 장기간에 걸쳐 그 권한의 행사를 일반적으로 지시하기 위하여 발하는 명령으로서 조문형식 또는 시행문형식으로 작성된다.

(2) 지 시

지시는 상급기관이 직권 또는 하급기관의 문의에 의하여 개별적·구체적으로 발하는 명령으로서 시행문형식에 의한다.

(3) 예규(例規)

예규는 행정사무의 통일을 기하기 위하여 반복적 행정사무의 처리기준을 제시하는 법규문서 외의 문서로서 조문형식 또는 시행문형식으로 작성된다.

(4) 일일명령

일일명령은 당직·출장·시간외근무·휴가 등 일일업무에 관한 명령으로서 시행문형식 또는 회보형식 등에 의한다.

(5) 고시(告示)

고시는 법령이 정하는 바에 따라 일정한 사항을 일반에게 알리기 위한 문서이며, 법령의 근거 여부에 따라 공고와 구별된다. 훈령·예규 등은 내용에 따른 분류형식이고 고시는 공고의 형식인 바, 고시에는 훈령·예규 등의 내용을 가진 것도 있으며 훈령·예규·고시 등을 지침이라는 명칭으로 사용하는 경우도 있다. 고시의 형식으로는 일반처분의 성질의 것도 있으며, 특별한 법조와 결합하여 법규의 내용을 보충하는 법규적 성질을 가지는 경우도 있다(판례1, 2, 3).[19)]

판례도 후술하는 '법규적 내용을 가지는 행정규칙'에서 '공장설립변경불승인처분취소'(대판 2003.9.26. 2003두2274)의 판결에서 보는 바와 같이 이러한 고시의 법규성을 인정하고 있다.

---

19) 예컨대, 에너지이용합리화법 제32조 제1항 "산업통상지원부장관은 관계 행정기관의 장과 협의하여 에너지다소비사업자가 에너지를 효율적으로 관리하기 위하여 필요한 기준을 부문별로 정하여 고시하여야 한다"에 의거한 **'에너지관리기준'**(지식경제부고시 제2012-67호), 건설산업기본법시행령 제34조 제4항 "국토교통부장관은 법 제31조 제1항 및 제2항에 따라 하수급인의 시공능력, 하도급계약내용의 적정성 등을 심사하는 경우에 활용할 수 있는 기준을 정하여 고시하여야 한다."에 의거한 **'건설공사하도급심사기준'**(국토해양부고시 제2012-557호) 등.

[판례 1] 고시의 처분성이 인정되는 경우

"고시 또는 공고의 법적 성질은 일률적으로 판단될 것이 아니라 고시에 담겨진 내용에 따라 구체적인 경우마다 달리 결정된다고 보아야 한다. 즉, 고시가 일반·추상적 성격을 가질 때는 법규명령 또는 행정규칙에 해당하지만, 고시가 구체적인 규율의 성격을 갖는다면 행정처분에 해당한다."(헌재 1998.4.30, 97헌마141).

[판례 2] 행정규칙의 성질을 가진 고시

"관세평가시행세칙(관세청고시 1989.11.11. 제89-600호)은 그 규정의 성질과 내용이 수입물품에 대한 과세가격의 결정 등에 관한 기준 등 행정청 내의 사무처리의 준칙을 정한 것에 불과하므로, 관세청장이 관계 행정기관 및 직원에 대하여 그 직무권한 행사의 지침을 정하여 주기 위하여 발한 행정조직내부에 있어서의 행정명령의 성질을 가지는 것이라고 할 것이고, 따라서 이 고시는 행정조직 내부에서 관계 행정기관이나 직원을 구속함에 그치고 대외적으로 국민이나 법원을 구속하는 것은 아니다."(대판 1992.7.14. 91누10763, 관세등부과처분취소)

"구 여객자동차 운수사업법(2012. 2. 1. 법률 제11295호로 개정되기 전의 것) 제50조 제1항, 구 여객자동차 운수사업법 시행규칙(2012. 8. 2. 국토해양부령 제507호로 개정되기 전의 것) 제94조 제4호에 따른 보조금 지급절차를 간소화·투명화하기 위한 카드제 도입과 관련하여 국토해양부장관이 제정한 **구 버스·택시 유류구매 카드제 시행지침**(2012. 8. 16. 국토해양부고시 제2012-520호로 개정되기 전의 것)은 운송사업자가 운수종사자에게 자신이 지정한 주유소 또는 충전소에서만 주유 받도록 강요하는 행위를 금지하면서, 이를 위반한 사실이 적발될 경우 지급된 유가보조금 전액을 환수조치하도록 규정하고 있다. 그런데 위 시행지침은 **상위법령의 위임이 없을 뿐만 아니라 그 목적과 내용이 유류구매 카드의 사용 및 발급 절차 등을 규정하기 위한 것인 점 등에 비추어 볼 때, 유류구매 카드제의 시행에 관한 행정청 내부의 사무처리준칙을 정한 것에 불과하고** 대내적으로 행정청을 기속함은 별론으로 하되 **대외적으로 법원이나 일반 국민을 기속하는 효력은 없다.** 따라서 운수사업자가 위 금지 규정을 위반하였다고 하여 바로 구 운수사업법 제51조 제3항이 정한 거짓이나 부정한 방법으로 보조금을 받은 경우에 해당하는 것은 아니고, 그에 해당하는지는 구 운수사업법 등 관계 법령의 규정 내용과 취지 등에 따라 별도로 판단되어야 한다."(대판 2013.05.23. 2013두3207, 유가보조금환수처분취소)

[판례 3] 법규명령의 효력을 가진 고시

"산지관리법 제18조 제1항, 제4항, 같은 법 시행령 제20조 제4항에 따라 산림청장이 정한 **'산지전용허가기준의 세부검토기준에 관한 규정'(2003. 11. 20. 산림청 고시 제2003-71호) 제2조 [별표 3] (바)목 가.의 규정은 법령의 내용이 될 사항을 구체적으로 정한 것으로서 당해 법령의 위임 한계를 벗어나지 않으므로, 그와 결합하여 대외적으로 구속력이 있는 법규명령으로서 효력**을 가진다."(대판 2008.4.10. 2007두4841, 건축불허가처분취소)

"산업입지 및 개발에 관한 법률 제40조 제1항, 제3항, 산업입지 및 개발에 관한 법률 시행령 제45조 제1항의 위임에 따라 제정된 '산업입지의 개발에 관한 통합지침'(2008. 1. 4. 건설교통부 고시 제2007-662호, 환경부 고시 제2007-205호)의 내용, 형식 및 취지 등을 종합하면, **'산업입지의 개발에 관한 통합지침'은 위 법령이 위임한 것에 따라 법령의 내용이 될 사항을 구체적으로 정한 것으로서 법령의 위임 한계를 벗어나지 않으므로, 그와 결합하여 대외적으로 구속력이 있는 법규명령의 효력**을 가진다."(대판 2011.09.08. 2009두23822, 공장신설불승인처분취소)

4. 법규명령형식의 행정규칙

(1) 의 의

법규명령형식의 행정규칙이란 법규명령의 형식으로 제정되었으나 행정규칙의 성질을 지니는 것을 말한다. 즉, 행정규칙으로 정하여질 내용이 대통령령·부령 등 법규명령의 형식으로 정립된 경우이다.

(2) 유 형

법규명령형식의 행정규칙은 법률의 수권에 의해 대통령령으로 정하는 경우와 부령으로 정하는 경우가 있다. 즉, 여객자동차운수사업법시행령 제43조 제1항에 따른 [별표 3](사업면허취소·사업등록취소 및 사업정지 등의 처분기준) 및 도로교통법시행규칙 제91조 제1항에 의한 [별표 28](운전면허 취소·정지처분기준) 등이 그 예이다. 그런데 '행정효율과 협업촉진에 관한 규정'(대통령령 제28358호)과 같은규정시행규칙(행정안전부령 제12호) 및 (구)사법시험령(대통령령 제17181호, 2001. 3.31. 폐지) 등과 같이 법률의 수권 없이 제정된 경우도 있다.

(3) 성 질

1) **법규명령설(형식설):** 일단 법규명령으로 정해지게 되면 그 내용이 무엇인지에 관계없이 일반국민에 대하여 구속력을 가지게 되므로 법적 안정성의 측면에서 법규로서의 성질을 가지게 된다고 본다(다수설).

2) **행정규칙설(실질설):** 실질적 내용이 행정사무처리기준과 같이 행정조직내부에서만 효력을 갖는 행정규칙인 것이 명백한 경우에는 비록 그것이 법규명령의 형식을 취하더라도 국민 일반에 대한 구속력을 갖지 못하고 행정규칙으로서의 성질이 변하지 않는다고 한다.[20]

3) **수권여부기준설(授權與否基準說):** 모법(母法)의 수권에 의해 규정한 경우에는 모법의 위임규정과 결합하여 법규로서의 성질을 가지나 수권없이 규정된 것은 법규로서의 성질을 갖지 못하며 행정규칙으로 보아야 한다고 본다. 즉, 법령에 근거없는 진정한 행정규칙으로서의 법규명령은 법규성이 없으나 위임명령에 의한 부진정(不眞正)한 행정규칙으로서의 법규명령은 법규의 성질을 가지게 된다고 본다.

4) 판 례

(가) 대통령령의 형식으로 제정된 경우: 행정처분의 기준을 대통령령의 형식으로 제정한 경우에는 **법규명령**으로 본다(판례1). 다만, 법규명령이라고 하면서 과징금부과기준은 최고한도를 정한 것이라고 하여 처분청의 재량권을 인정한 판례가 있다(판례2).

[판례 1] 대통령령 형식의 경우 법규성 인정

"당해 처분의 기준이 된 주택건설촉진법시행령 제10조의3 제1항 [별표 1]은 주택건설촉진법 제7조 제2항의 위임규정에 터잡은 **규정형식상 대통령령이므로** 그 성질이 부령인 시행규칙이나 또는 지방자치단체의 규칙과 같이 통상적으로 행정조직 내부에 있어서의 행정명령에 지나지 않는 것이 아니라 대외적으로 국민이나 법원을 구속하는 힘이 있는 **법규명령에** 해당한다."(대판 1997.12.26. 97누15418, 주택건설사업영업정지처분취소)

[판례 2] 과징금부과기준은 법규명령이면서 최고한도 규정

"구 청소년보호법(1999. 2. 5. 법률 제5817호로 개정되기 전의 것) 제49조 제1항, 제2항에 따른 **같은법시행령 (1999. 6. 30. 대통령령 제16461호로 개정되기 전의 것) 제40조 [별표 6]의 위반행위의종별에따른과징금처분기준**

20) 류지태·박종수(신론), 344면.

은 법규명령이기는 하나 모법의 위임규정의 내용과 취지 및 헌법상의 과잉금지의 원칙과 평등의 원칙 등에 비추어 같은 유형의 위반행위라 하더라도 그 규모나 기간 · 사회적 비난 정도 · 위반행위로 인하여 다른 법률에 의하여 처벌받은 다른 사정 · 행위자의 개인적 사정 및 위반행위로 얻은 불법이익의 규모 등 여러 요소를 종합적으로 고려하여 사안에 따라 적정한 과징금의 액수를 정하여야 할 것이므로 **그 수액은 정액이 아니라 최고한도액이다.**"(대판 2001.3.9. 99두5207, 과징금부과처분취소; 같은 취지, 대판 2006.2.9. 2005두11982, 업무정지처분취소)

(나) 부령형식으로 제정된 경우: 부령형식의 **제재적 행정처분기준의 재량준칙**은 행정내부의 사무처리기준을 정한 것에 불과하여 대외적 구속력이 없는 행정규칙의 성질을 가진다고 하면서(판례3), 다만, 관계법령의 내용과 취지에 비추어 현저히 부당하다고 인정할 만한 합리적인 이유가 없는 한 이에 따른 처분을 재량권의 일탈남용이라고 판단해서는 아니 된다고 하여 사실상 대외적 구속력을 인정하고 있다(판례4). 제재적 행정처분기준이 아닌 경우에는 법령의 위임이 없으면 행정규칙으로 보나, 법령의 위임에 따른 경우에는 법규명령으로 본다(판례5, 6).

[판례 3] 부령형식의 제재처분기준(재량준칙)은 행정기관내부의 사무처리준칙

"**구 식품위생법시행규칙**(1993.7.3. 보건사회부령 제910호로 개정되기 전의 것) **제53조에서 [별표 15]로 식품위생법 제58조에 따른 행정처분의 기준을 정하였다고 하더라도 이는 형식만 부령으로 되어 있을 뿐, 그 성질은 행정기관 내부의 사무처리준칙을 정한 것으로서 행정명령의 성질을 가지는 것**이고, 대외적으로 국민이나 법원을 기속하는 힘이 있는 것은 아니므로 같은 법 제58조 제1항에 의한 처분의 적법 여부는 같은법시행규칙에 적합한 것인가의 여부에 따라 판단할 것이 아니라 같은 법의 규정 및 그 취지에 적합한 것인가의 여부에 따라 판단하여야 한다."(대판 1995.03.28. 94누6925 영업정지처분취소)

"가. 도로교통법 제78조의 규정에 의하여 마련된 같은법시행규칙 제53조 제1항 소정의 **별표 16의 운전면허 행정처분기준은 그 규정의 성질과 내용이 운전면허의 취소처분 등에 관한 행정청 내부의 사무처리준칙을 규정한 것에 지나지 아니하여 대외적으로 법원이나 국민을 기속하는 효력은 없다.**

나. 무사고운전경력이 인정되어 개인택시 및 개인택시운송사업면허를 대금 25,500.000원에 양수하여 개인택시운송사업을 하는 원고가 비번날 친구와 함께 소주 2홉들이 1병을 나누어 마시고 여동생의 승용차를 운전중 적발된 경우, 개인택시운송사업이 원고의 유일한 생계수단이며 원고의 운전면허가 취소되면 개인택시운송사업면허까지 취소되게 되어 위 투자금액을 회수할 수 없게 되는 점 등의 여러 사정들을 참작하여 음주운전을 이유로 도로교통법상 가장 무거운 운전면허취소처분을 하는 것은 도로교통법에 의하여 달하려는 공익적 목적의 실현보다는 원고가 입게될 불이익이 너무 커서 이익교량의 원칙에 위배되므로 재량권을 일탈하여 위법하다고 본 사례."(대판 1991.6.11. 91누2083, 자동차운전면허취소처분취소)[이 당시 위 시행규칙의 처분기준에 감경에 관한 규정이 없었고, 1995년에 감경규정 신설]

[판례 4] 제재적 처분기준인 재량준칙은 재량권의 일탈남용의 판단기준

"**제재적 행정처분의 기준이 부령의 형식으로 규정되어 있더라도 그것은 행정청 내부의 사무처리준칙을 정한 것에 지나지 아니하여 대외적으로 국민이나 법원을 기속하는 효력이 없고, 당해 처분의 적법 여부는 위 처분기준만이 아니라 관계 법령의 규정 내용과 취지에 따라 판단되어야 하므로, 위 처분기준에 적합하다 하여 곧바로 당해 처분이 적법한 것이라고 할 수는 없지만,** 위 처분기준이 그 자체로 헌법 또는 법률에 합치되지 아니하거나 **위 처분기준에 따른 제재적 행정처분이** 그 처분사유가 된 위반행위의 내용 및 관계 법령의 규정 내용과 취지에 비추어 현저히 부당하다고 인정할 만한 합리적인 이유가 없는 한 **섣불리 그 처분이 재량권의 범위를 일탈하였거나 재량권을 남용한 것이라고 판단해서는 안 된다.**"(대판 2007.9.20. 2007두6946, 과징금부과처분취소; 대판 2013.9.12. 2012두28865, 의사면허자격정지처분취소 등)

"공공기관의 운영에 관한 법률 제39조 제2항, 제3항에 따라 입찰참가자격 제한기준을 정하고 있는 구 공기업 · 준정부기관 계약사무규칙(2013. 11. 18. 기획재정부령 제375호로 개정되기 전의 것) 제15조 제2항, 국가를 당사자로 하는 계약에 관한 법률 시행규칙 제76조 제1항 [별표 2], 제3항 등은 **비록 부령의 형식으로 되어 있으나 규정의**

성질과 내용이 공기업 · 준정부기관(이하 '행정청'이라 한다)이 행하는 입찰참가자격 제한처분에 관한 행정청 내부의 재량준칙을 정한 것에 지나지 아니하여 대외적으로 국민이나 법원을 기속하는 효력이 없으므로, 입찰참가자격 제한처분이 적법한지 여부는 이러한 규칙에서 정한 기준에 적합한지 여부만에 따라 판단할 것이 아니라 공공기관의 운영에 관한 법률상 입찰참가자격 제한처분에 관한 규정과 그 취지에 적합한지 여부에 따라 판단하여야 한다. **다만 그 재량준칙이 정한 바에 따라 되풀이 시행되어 행정관행이 이루어지게 되면 평등의 원칙이나 신뢰보호의 원칙에 따라 행정청은 상대방에 대한 관계에서 그 규칙에 따라야 할 자기구속을 받게 되므로, 이러한 경우에는 특별한 사정이 없는 한 그에 반하는 처분은 평등의 원칙이나 신뢰보호의 원칙에 어긋나 재량권을 일탈 · 남용한 위법한 처분이 된다.**"(대판 2014.11.27. 2013두18964, 부정당업자제재처분취소)

[판례 5] 위임에 따른 부령조항은 법규성 인정(제재처분기준 아님)

"구 여객자동차 운수사업법 시행규칙(2000. 8. 23. 건설교통부령 제259호로 개정되기 전의 것) 제31조 제2항 제1호, 제2호, 제6호는 구 **여객자동차 운수사업법**(2000. 1. 28. 법률 제6240호로 개정되기 전의 것) **제11조 제4항의 위임에 따라 시외버스운송사업의 사업계획변경에 관한 절차, 인가기준 등을 구체적으로 규정한 것으로서, 대외적인 구속력이 있는 법규명령**이라고 할 것이고, 그것을 행정청 내부의 사무처리준칙을 규정한 행정규칙에 불과하다고 할 수는 없다."(대판 2006.6.27. 2003두4355, 시외버스운송사업계획변경인가처분취소)

[판례 6] 법령의 위임에 따른 부령은 법규명령이나, 위임 없이 정한 부령은 행정규칙

"**법령에서 행정처분의 요건 중 일부 사항을 부령으로 정할 것을 위임한 데 따라 시행규칙 등 부령에서 이를 정한 경우에 그 부령의 규정은 국민에 대해서도 구속력이 있는 법규명령에 해당**한다고 할 것이지만, **법령의 위임이 없음에도 법령에 규정된 처분 요건에 해당하는 사항을 부령에서 변경하여 규정한 경우에는** 그 부령의 규정은 행정청 내부의 사무처리 기준 등을 정한 것으로서 행정조직 내에서 적용되는 **행정명령의 성격을 지닐 뿐 국민에 대한 대외적 구속력은 없다**고 보아야 한다."(대판 2013.9.12. 2011두10584, 부정당업자제재처분 취소)

5) 결 어: 판례가 종래 부령형식의 제재처분기준인 재량준칙의 대외적 구속력을 부인한 것은 재량여지 없이 처분기준을 획일적 · 경직적으로 정했던 상황에서 연유한다고 볼 여지가 있다. 그러나 오늘날 제재처분기준을 정한 부령이 일반적으로 재량수권의 범위에서 가중 또는 감경할 수 있는 규정을 두어 구체적 타당성의 실현 및 탄력적 대응의 필요에 응할 수 있게 하였음에도 불구하고 종래의 판례를 고수하는 것은 타당하지 아니하다. 따라서 법령의 위임에 따른 부령은 제재처분기준이라 하더라도 그 위임의 한계를 벗어나지 아니하는 한 법규성을 인정함이 타당하다.

5. 법령보충적 행정규칙(법규적 내용을 가진 행정규칙)

(1) 의 의

법령보충적 행정규칙이란 법령의 위임에 의해 법령을 보충하는 법규사항을 정하는 행정규칙을 말한다.[21] 이와 같이 행정규칙의 형식을 취하고 있으나 그 내용은 외부적 구속력이 있는 법규

21) 예컨대, 「여객자동차운수사업법」 제50조 제5항에 따라 유가보조금을 지급할 수 있는데, 그 지급의 기준 · 방법 · 절차를 대통령령에 위임하여, 동법시행령 제21조의5 제1항부터 제4항까지에서 보조금지급에 대해 규정하고 그 외의 지급기준 · 방법 · 절차에 관한 세부사항은 고시에 재위임함에 따라 정한 「여객자동차유가보조금지급지침」은 법령보충적 행정규칙이다.

* 「여객자동차운수사업법」 제50조(재정지원) ⑤ 특별시장 · 광역시장 · 특별자치시장 · 특별자치도지사 또는 시장 · 군수는 대통령령으로 정하는 운송사업자에게 유류(油類)에 부과되는 다음 각 호에 따른 세금 등의 인

명령으로서의 효력을 가지는 것을 법규적 내용의 행정규칙이라 할 수 있는데, 이에는 특별행정법관계에서의 특별명령도 해당한다. 법령보충적 행정규칙은 법치주의의 내용인 법률의 법규창조력에 대한 예외라는 점에서 엄격한 해석이 필요한 예외적인 경우에 해당한다.

(2) 근 거

법령보충적 행정규칙은 헌법에 근거하지는 않았으나, 법령에 법률・대통령령・총리령・부령뿐만 아니라 이들의 위임을 받아 정한 훈령・예규・고시 등 행정규칙도 포함하고 있는 행정기본법 제2조 제1호 가목 3) 및 '법령에서 전문적・기술적 사항이나 경미한 사항으로서 업무의 성질상 위임이 불가피한 사항에 관하여 구체적으로 범위를 정하여 위임한 경우에는 고시 등으로 정할 수 있다'는 행정규제기본법 제4조 제2항 단서는 일반적 근거규정이 될 수 있는 이외에 각 개별법에서 규정하고 있다. 예컨대, 국민기초생활보장법 제9조 제2항 "제1항의 수급품은 **대통령령**으로 정하는 바에 따라 매월 정기적으로 지급하여야 한다."고 하여 법률이 대통령령인 법규명령에 위임한 경우이지만, 같은법 제4조 제2항 "이 법에 따른 급여의 기준은 수급자의 연령, 가구 규모, 거주지역, 그 밖의 생활여건 등을 고려하여 급여의 종류별로 보건복지부장관이 정하거나 급여를 지급하는 중앙행정기관의 장이 보건복지부장관과 협의하여 정한다."에서는 보건복지부장관과 중앙행정기관의 장에게 위임한 경우로서, "(장관)이 ~ 정한다." 또는 "(시장)이 정하여 고시한다." 등으로 표현하여 위임받은 법규사항을 훈령・고시 등 행정규칙으로 정할 수 있게 하고 있다.

(3) 법적 성질

헌법상 위임입법형식인 대통령령・부령 이외에 훈령・고시 등 행정규칙형식인 법령보충적 행정규칙이라는 법형식이 허용될 수 있으며, 이의 법적 성질이 어떻게 되는지에 대하여 견해가 나뉜다.

1) **실질설**(법규명령설): 이는 실질적으로 법의 내용을 보충함으로써 개인에게 직접적인 영향을 미치는 법규명령으로 보아야 한다는 견해이다.[22] 이 견해는 오늘날 국가기능의 변화에 따른 탄력적 규율형식을 통해 복잡하고 경직적인 국회입법을 보충할 필요가 있으므로, 행정권에게 법규명령과 행정규칙의 자유로운 선택권을 인정할 수 있다는 것을 전제하고 있다.

상액에 상당한 금액의 전부 또는 일부를 보조할 수 있다. 이 경우 보조금의 지급기준・지급방법 및 지급절차는 대통령령으로 정한다.

* 「여객자동차운수사업법시행령」 제21조의5(유가보조금의 지급 기준・방법 및 절차) ① 특별시장・광역시장・특별자치시장・특별자치도지사 또는 시장・군수는 제21조의4에 따른 운송사업자가 다음 각 호의 기준을 모두 충족하여 유류를 구매한 경우에는 법 제50조제5항에 따른 보조금(이하 "유가보조금"이라 한다)을 지급할 수 있다.

⑤ 제1항부터 제4항까지에서 규정한 사항 외에 유가보조금의 지급 기준・방법 및 절차에 관한 세부사항은 국토교통부장관이 정하여 고시한다.

* 「여객자동차유가보조금지급지침」(국토교통부고시) 제1조(목적) 이 지침은 「여객자동차 운수사업법」 제50조 제5항부터 제7항까지 및 동법 시행령 제21조의5, 제21조의7, 제21조의9 등에 따라 여객자동차 유가보조금의 지급기준, 지급방법 및 지급절차 등에 필요한 사항을 정함을 목적으로 한다.

22) 김철용, 138면; 박균성(강의), 176면; 홍준형, 317면.

2) **형식설(행정규칙설):** 행정규칙형식은 헌법에 예정한 법규의 형식(대통령령 · 부령 등)이 아니므로 행정규칙으로 보아야 한다는 견해이다.[23] 헌법 제40조에서 국회입법원칙을 선언한 만큼 행정입법은 헌법이 예외적으로 명시한 대통령령 · 총리령 · 부령과 자치입법에 한하며, 헌법이 예상하지 아니한 행정규칙 형식은 법규가 아니라 행정규칙에 불과하다고 본다.

3) **규범구체화행정규칙설:** 이는 통상의 행정규칙과는 달리 상위규범을 구체화하는 내용의 행정규칙이므로 법규성을 긍정해야 한다는 견해이다.

4) **위헌 · 무효설:** 헌법은 법규명령형식으로 대통령령 · 총리령 · 부령만을 인정하고 있으므로 행정규칙형식의 법규명령은 헌법에 위배되어 무효라는 견해이다.[24] 즉, 법령보충적 행정규칙은 행정부에 법규창조력을 승인하는 것이 되어 법적 안정성과 신뢰보호 및 효율적인 권리구제라는 법치국가원리 및 권력분립원칙에 반하고, 헌법의 규범체계적 구조에 위배되어 인정될 수 없다고 한다.

5) **수권여부기준설:** 고시 · 훈령 등 행정규칙의 형식이라 하더라도 법령의 수권여부에 의하여 법규성여부를 결정해야 하는바, 법령의 수권에 의한 것이라면 법규명령으로 보아야 한다는 견해이다.

6) **판 례:** 법령이 그 구체적 내용을 보충할 권한을 부여하여 수임행정기관이 행정규칙의 형식으로 구체적으로 정한 경우, 그 위임의 한계를 벗어나지 아니하는 한 그 법령과 결합하여 대외적 구속력 있는 법규명령으로서 효력을 갖는다고 한다. 예컨대, 국세청훈령인 「재산제세사무처리규정」, 국무총리훈령인 「개별토지가격합동조사지침」 및 산업통상자원부고시인 「공장입지기준」 및 국토교통부장관이 정한 「택지개발업무처리지침」 등이 그 예이다.

[판례 1] 행정규칙이 위임법령과 결합하여 법규명령의 효력발생

"법령의 규정이 특정 행정기관에 그 법령 내용의 구체적 사항을 정할 수 있는 권한을 부여하면서 그 권한 행사의 절차나 방법을 특정하고 있지 않아 수임행정기관이 행정규칙인 고시의 형식으로 그 법령의 내용이 될 사항을 구체적으로 정하고 있는 경우, 그 고시가 당해 법령의 위임 한계를 벗어나지 않는 한, 그와 결합하여 대외적으로 구속력이 있는 법규명령으로서 효력을 가진다."(대판 2019.10.17. 2014두3020,3037; 대판 2012.2.9. 2011두24101; 대판 2008.4.10. 2007두4841 등)

"보건사회부장관이 정한 1994년도 **노인복지사업지침**은 노령수당의 지급대상자의 선정기준 및 지급수준 등에 관한 권한을 부여한 노인복지법 제13조 제2항, 같은법 시행령 제17조, 제20조 제1항에 따라 보건사회부장관이 발한 것으로서 실질적으로 법령의 규정내용을 보충하는 기능을 지니면서 그것과 결합하여 대외적으로 구속력이 있는 법규명령의 성질을 가지는 것으로 보인다."(대판 1996.4.12. 95누7727, 노령수당지급대상자선정제외처분취소)

"구재산제세조사사무규정(국세청훈령 제980호) 제72조 제3항은 비록 그 형식은 행정규칙으로 되어 있으나, 구소득세법시행령(1989. 8. 1. 대통령령 제 12767호로 개정되기 전의 것) 제170조 제4항 제2호의 위임에 따라 그 규정의 내용을 보충하는 기능을 가지면서 그와 결합하여 대외적인 구속력이 있는 법규명령으로서의 효력을 가지는 것이어서, 그 내용이 위 법령의 위임한계를 벗어난 것이라는 등의 특별한 사정이 없는 한 무효라고 볼 수 없어 양도소득세

23) 김남진 · 김연태(Ⅰ), 202면; 정하중 · 김광수(개론), 152면.
24) 류지태 · 박종수(신론), 349면.

를 과세 함에 있어 법령상의 근거가 되는 것이고, 특히 같은 항 제5호는 그 규정내용이 명확하고 법령의 위임한계를 벗어난 것으로 볼 수 없어 유효하다."(대판 1996.12.23. 95누18567, 양도소득세등부과처분취소)

"**구 지방공무원보수업무 등 처리지침**(2014. 8. 8. 안전행정부 예규 제104호로 개정되기 전의 것, 이하 '지침'이라 한다) [별표 1] '직종별 경력환산율표 해설'이 정한 민간근무경력의 호봉 산정에 관한 부분은 지방공무원법 제45조 제1항과 구 지방공무원 보수규정(2014. 11. 19. 대통령령 제25751호로 개정되기 전의 것) 제8조 제2항, 제9조의2 제2항, [별표 3]의 **단계적 위임에 따라 행정자치부장관이 행정규칙의 형식으로 법령의 내용이 될 사항을 구체적으로 정한 것이고**, 달리 지침이 위 법령의 내용 및 취지에 저촉된다거나 위임 한계를 벗어났다고 보기 어려우므로, 지침은 **상위법령과 결합하여 대외적인 구속력이 있는 법규명령으로서**의 효력을 갖게 된다."(대판 2016.01.28. 2015두53121, 호봉정정신청거부처분취소)

[판례 2] 헌법의 위임입법의 형식은 예시적인 것이므로 행정규칙에 위임 가능

"오늘날 의회의 입법독점주의에서 입법중심주의로 전환하여 일정한 범위 내에서 행정입법을 허용하게 된 동기가 사회적 변화에 대응한 입법수요의 급증과 종래의 형식적 권력분립주의로는 현대사회에 대응할 수 없다는 **기능적 권력분립론**에 있다는 점 등을 감안하면, **헌법이 인정하고 있는 위임입법의 형식은 예시적인 것으로 보아야 할 것**이고, **법률이 어떤 사항을 행정규칙에 위임하는 경우에 그 행정규칙은 위임된 사항만을 규율할 수 있는 것이므로, 국회입법의 원칙과 상치되지 않는다.** 다만 행정규칙은 법규명령과 같은 엄격한 제정 및 개정절차를 요하지 아니하므로, 기본권을 제한하는 작용을 하는 법률이 입법위임을 할 때에는 대통령령, 총리령, 부령 등 법규명령에 위임함이 바람직하고, 고시와 같은 형식으로 입법위임을 할 때에는 적어도 행정규제기본법 제4조 제2항 단서에서 정한 바와 같이 법령이 전문적·기술적 사항이나 경미한 사항으로서 업무의 성질상 위임이 불가피한 사항에 한정된다 할 것이고, 그러한 사항이라 하더라도 포괄위임금지의 원칙상 법률의 위임은 반드시 구체적·개별적으로 한정된 사항에 대하여 행하여져야 한다."(헌재 2008.7.31. 2005헌마667, 2006헌마674(병합), 약사법제21조제7항등위헌확인; 헌재 2004.10.28. 99헌바91 등)

[참조판례] 부정설 입장의 소수의견

행정규칙형식의 법규명령을 인정하는 헌재 2008.11.27. 2005헌마161 및 헌재 2011.2.24. 2009헌바13,52,110(병합)에서 재판관 김종대, 재판관 목영준은 "**우리 헌법과 같이 법규명령의 형식이 헌법상 확정되어 있고 구체적으로 법규명령의 종류·발령주체·위임범위·요건 등에 관한 명시적 규정을 둔 이상, 법률로써 그와 다른 종류의 법규명령을 창설할 수 없고 더구나 그러한 법규사항을 행정규칙 기타 비법규명령에 위임하여서는 아니 된다 할 것이다.**"라고 반대의견을 제시하고 있다.

[판례 3] 상위법령과 결합하여 법규명령으로서 기능

"**법령의 직접적인 위임에 따라 위임행정기관이 그 법령을 시행하는데 필요한 구체적 사항을 정한 것이면**, 그 제정형식은 비록 법규명령이 아닌 고시, 훈령, 예규 등과 같은 행정규칙이더라도 그것이 **상위법령의 위임한계를 벗어나지 아니하는 한, 상위법령과 결합하여 대외적인 구속력을 갖는 법규명령으로서 기능하게 된다.**"(헌재 1992.6.26. 91헌마25, 공무원임용령 제35조의2 등에 대한 헌법소원; 헌재 2004.1.29. 2001헌마894 등)

"**문화관광부고시** 제2004-14호 "게임제공업소의 경품취급기준"은 게임제공업을 영위하는 자가 게임이용자에게 제공할 수 있는 경품의 종류와 지급방법 등에 관한 기준을 정하고 있는데, 이는 특정인에 대한 개별적·구체적인 처분의 성격을 지닌 것이라기보다는 게임제공업소의 경품제공 일반에 관한 일반적·추상적인 규정의 성격을 지닌 것이라 봄이 상당하고, 나아가 이 사건 **고시는 이 사건 모법조항의 위임에 의하여 제정된 것으로서 국민의 기본권을 제한하는 내용을 담고 있어 상위법령과 결합하여 대외적 구속력을 갖는 법규명령으로 기능하고 있는 것**이라 볼 수 있으므로 헌법소원의 대상이 된다."(헌재 2008.11.27. 2005헌마161, 게임제공업소의경품취급기준고시위헌확인)

7) 결 어: 헌법에서 명시한 법규의 형식이 아닌 것은 원칙적으로 행정규칙으로 보아야 하나, 행정과 사회변화에 탄력적이고 효과적인 대응을 위해 필요하다는 점과 행정기본법 제2조

제1호 가목에서 법령에 법률·대통령령·총리령·부령뿐만 아니라 이의 위임을 받아 정한 훈령·예규 및 고시 등 행정규칙도 포함시키고 있다는 점에서 법령보충적 행정규칙의 법규성은 인정할 수 있다. 다만, 법령보충적 행정규칙의 법규적 효력은 예외적이라는 면에서 엄격하게 해석해야 하고, 그 위임의 취지와 범위를 벗어나지 아니하는 경우에만 그 대외적 구속력을 인정할 수 있다.

(4) 한 계

법령보충적 행정규칙은 법규성이 인정되는 위임명령으로서의 성격을 지니나 국회입법의 원칙 및 법치국가원리에서 예외적인 경우이므로 엄격한 제한이 필요하다. 즉, ① 위임규정상의 한계로서 구체적 범위를 정하여 위임해야 하며 포괄적 위임금지의 원칙에 반하지 아니하고, ② 수임규정상의 한계로서 위임의 취지·내용·절차·방식 등 위임범위를 벗어나지 아니하여야 하며, ③ 전문적·기술적 사항이나 경미한 사항으로서 업무의 성질상 위임이 불가피한 사항이어야 한다(행정규제기본법 4②단서)(판례1,2). ④ 법률에서 대통령령·부령 등에 위임한 사항을 다시 하위명령에 재위임하는 경우에도 포괄적 위임금지원칙이 적용되므로, 법률에서 위임된 사항 중 특정한 일부 사항에 대해서만 위임하거나, 위임된 사항에 관한 일반적인 기준을 정한 다음 그 세부적인 사항의 규정을 다시 하위명령에 위임하는 경우에만 가능하다.

이러한 위임의 범위와 한계를 벗어나면 법규로서 대외적 구속력이 부인된다(판례3). 따라서 이 경우 그 내용이 국민의 권리의무에 영향을 미치는 것이면 무효이겠으나 행정내부의 사무처리기준에 불과한 경우에는 법령에 위반되지 아니하는 범위에서 행정규칙에 해당한다.

[판례 1] 위임의 내용·절차·방식에 위배되지 말것

"법령의 규정이 특정 행정기관에게 법령 내용의 구체적 사항을 정할 수 있는 권한을 부여하면서 권한행사의 절차나 방법을 특정하지 아니한 경우에는 수임 행정기관은 행정규칙이나 규정 형식으로 법령 내용이 될 사항을 구체적으로 정할 수 있다. 이 경우 행정규칙 등은 당해 법령의 위임한계를 벗어나지 않는 한 대외적 구속력이 있는 법규명령으로서 효력을 가지게 되지만, 이는 행정규칙이 갖는 일반적 효력이 아니라 행정기관에 법령의 구체적 내용을 보충할 권한을 부여한 법령 규정의 효력에 근거하여 예외적으로 인정되는 것이다. 따라서 그 **행정규칙이나 규정이 상위법령의 위임범위를 벗어난 경우에는 법규명령으로서 대외적 구속력을 인정할 여지는 없다. 이는 행정규칙이나 규정 '내용'이 위임범위를 벗어난 경우뿐 아니라 상위법령의 위임규정에서 특정하여 정한 권한행사의 '절차'나 '방식'에 위배되는 경우도 마찬가지이므로,** 상위법령에서 세부사항 등을 시행규칙으로 정하도록 위임하였음에도 이를 고시 등 행정규칙으로 정하였다면 그 역시 대외적 구속력을 가지는 법규명령으로서 효력이 인정될 수 없다."(대판 2012.07.05. 2010다72076, 손해배상(기)등)

[판례 2] 포괄적 위임금지의 원칙상 구체적·개별적으로 한정

"행정규칙은 법규명령과 같은 엄격한 제정 및 개정절차를 요하지 아니하므로, 기본권을 제한하는 작용을 하는 법률이 입법위임을 할 때에는 대통령령, 총리령, 부령 등 법규명령에 위임함이 바람직하고, 고시와 같은 형식으로 입법위임을 할 때에는 **적어도 행정규제기본법 제4조 제2항 단서에서 정한 바와 같이 법령이 전문적·기술적 사항이나 경미한 사항으로서 업무의 성질상 위임이 불가피한 사항에 한정된다 할 것이고, 그러한 사항이라 하더라도 포괄위임금지의 원칙상 법률의 위임은 반드시 구체적·개별적으로 한정된 사항에 대하여** 행하여져야 한다."(헌재 2008.7.31. 2005헌마667,2006헌마674(병합), 약사법제21조제7항등위헌확인; 헌재 2004.10.28. 99헌바91 등)

[판례 3] 위임범위를 벗어난 고시는 대외적 구속력 인정 불가

"일반적으로 행정 각부의 장이 정하는 고시라도 그것이 특히 법령의 규정에서 특정 행정기관에 법령 내용의 구체적 사항을 정할 수 있는 권한을 부여함으로써 **법령 내용을 보충하는 기능을 가질 경우에는 형식과 상관없이 근거 법령 규정과 결합하여 대외적으로 구속력이 있는 법규명령으로서의 효력을 가지나 이는 어디까지나 법령의 위임에 따라 법령 규정을 보충하는 기능을 가지는 점에 근거하여 예외적으로 인정되는 효력이므로 특정 고시가 비록 법령에 근거를 둔 것이더라도 규정 내용이 법령의 위임 범위를 벗어난 것일 경우에는 법규명령으로서의 대외적 구속력을 인정할 여지는 없다**(대판 1999.11.26. 97누13474 등). 그리고 특정 고시가 위임의 한계를 준수하고 있는지를 판단할 때에는, 법률 규정의 입법 목적과 규정 내용, 규정의 체계, 다른 규정과의 관계 등을 종합적으로 살펴야 하고, 법률의 위임 규정 자체가 의미 내용을 정확하게 알 수 있는 용어를 사용하여 위임의 한계를 분명히 하고 있는데도 **고시에서 문언적 의미의 한계를 벗어났다든지, 위임 규정에서 사용하고 있는 용어의 의미를 넘어 범위를 확장하거나 축소함으로써 위임 내용을 구체화하는 단계를 벗어나 새로운 입법을 한 것으로 평가할 수 있다면, 이는 위임의 한계를 일탈한 것으로서 허용되지 아니한다.**"(대판 2019.5.30. 2016다276177; 대판 2016.08.17. 2015두51132 등)

【 재량준칙과 법령보충적 규칙의 비교 】

	재 량 준 칙	법령 보충적 규칙
의 의	행정권이 법률상의 재량행위에 대하여 그 구체적인 행사기준을 정함	행정권이 법령의 위임에 따라 법령내용을 보충하는 구체적 사항을 정함
요 건	법률상 재량행위(위임여부 관계없음)	법령의 위임(위임 없이 정하면 행정규칙에 불과)
형식 및 성질	행정규칙 형식 → 법규성 없음 법규명령 형식 → 법규성(부령의 경우 판례는 부정)	법규성
규정내용	법률에서 규정한 재량권의 구체적 행사기준(행정내부의 사무처리기준)	법령에서 위임한 구체적, 전문적, 기술적, 경미한 법규사항(국민의 권리의무에 관한 사항)
효 력	행정규칙 형식 → 행정내부적 효력, 사실상 구속력 법규명령 형식 → 대외적 구속력	대외적 구속력
위반 효과	행정규칙 형식 → 적법(재량권의 일탈 · 남용가능성) 법규명령 형식 → 위법	위법
예 (식품위생법)	제75조 ① 시장 · 군수 등은 영업자가 다음 각 호의 어느 하나에 해당하는 경우에는 허가를 취소하거나 6개월 이내의 기간을 정하여 그 영업의 정지를 명할 수 있다. ⑤ <u>제1항에 따른 행정처분의 세부기준</u>은 그 위반행위의 유형과 위반정도 등을 고려하여 총리령으로 정한다.	제12조의2 ① 유전자변형식품등은 유전자변형식품임을 표시하여야 한다. ③ <u>제1항에 따른 표시의무자, 표시대상 및 표시방법 등에 필요한 사항</u>은 식품의약안전처장이 정한다.

【 특별명령과 법령보충적 규칙의 비교 】

	특별명령	법령보충적 규칙
의 의	특별행정법관계의 구성원의 지위 · 이용관계 규율	법령의 위임에 따라 법령의 내용을 보충
법적 성질	법규성(자치법규)	법규성(위임입법)
입법 주체	공법인	행정청(각 부 장관 등)
규율 대상	조직내부의 구성원	일반국민
위임 범위	포괄적 위임 가능	포괄적 위임금지 원칙

Ⅳ. 행정규칙의 근거와 한계

행정규칙은 법령에서 인정한 직무권한 내에서 재량이 인정된 경우에 그 범위 안에서 발하는 것이므로 특별한 법규의 수권을 요하지 아니하며, 특정 행정목적의 필요한 범위 내에서 그 당연한 권능으로서 제정할 수 있다. 즉, 행정규칙의 발령에는 개별적인 수권법은 필요 없고, 일반적인 조직규범으로 족하다.

그러나 법령 및 상위행정규칙에 저촉되지 아니하여야 하며, 행정청의 권한의 범위 내에서 하고, 행정목적에 적합할 뿐만 아니라, 그 목적달성을 위한 필요한 범위 내에서만 제정해야 하는 한계가 있다.

Ⅴ. 행정규칙의 성립요건 · 효력요건 및 소멸

1. 행정규칙의 성립요건

행정규칙은 ① 정당한 권한이 있는 기관이 이를 받을 의무가 있는 자에게(주체요건), ② 적법 · 타당하고 상위 행정규칙에 위배되지 않고 가능하고 명확해야 하며(내용요건), ③ '행정효율과 협업촉진에 관한 규정' 등에 따른 형식(형식요건), ④ 절차(절차요건)에 따라 정립함으로써 성립된다.[25]

2. 행정규칙의 효력요건

성립된 행정규칙은 관보에의 게재 그 밖에 적당한 방법에 의하여 피적용자에게 통달함으로써 효력을 발생한다. 종래 행정규칙은 공표를 요하지 않는 것으로 보아왔다. 그러나 행정규칙 중에는 국민에 대하여 법적 구속력을 가지는 것이 있고 국민에게 정보공개청구권이 인정되고 있는 점을 고려할 때 특히 외부적 효력을 갖는 일정한 행정규칙(예컨대, 법률대체적 규칙 · 재량준칙)에 대해서는 예측가능성 · 법적 안정성 등을 위해 공표가 필요하다.

[판 례] 행정규칙의 공포 부인

"서울특별시가 정한 개인택시운송사업면허지침은 재량권행사의 기준으로 설정된 행정청의 내부의 사무처리준칙에 불과하므로, 대외적으로 국민을 기속하는 법규명령의 경우와는 달리 외부에 고지되어야만 효력이 발생하는 것은 아니다."(대판 1997.1.21. 95누12941; 대판 1995.12.8. 95누11412; 대판 1995.10.17. 94누14148)

3. 행정규칙의 하자(흠)

(1) 하자 있는 행정규칙의 효력

행정규칙이 성립요건 및 효력요건 등 적법요건을 결여하여 흠이 있는 경우에는 무효가 된다. 흠

25) 훈령 · 예규 등의 발령 및 관리에 관한 규정(대통령훈령)에 의한 기본원칙(필요성 · 적법성 · 적절성 · 조화성 · 명확성)에 따라 입안해야 하고(동규정 2①), 행정예고 또는 관계행정기관의 장의 의견수렴 등 절차에 따라야 한다(동규정 6).

있는 행정규칙은 행정행위의 경우와 달리 취소소송이 인정되지 아니하므로, 취소할 수 있는 행정규칙은 존재하지 아니한다.

(2) 하자 있는 행정규칙에 따른 행정처분의 효력

하자 있는 행정규칙에 따른 행정처분의 위법여부는 당해 행정규칙이 아니라 대외적 구속력을 가지는 법률 등 법규성이 있는 관계 법령의 규정을 기준으로 판단하여야 한다.

[판 례] 하자 있는 행정규칙의 효력 및 행정처분의 적법여부 판단

"상급행정기관이 소속 공무원이나 하급행정기관에 대하여 세부적인 업무처리절차나 법령의 해석·적용 기준을 정해 주는 '**행정규칙'은 상위법령의 구체적 위임이 있지 않는 한 행정조직 내부에서만 효력을 가질 뿐 대외적으로 국민이나 법원을 구속하는 효력이 없다.** 다만 **행정규칙이 이를 정한 행정기관의 재량에 속하는 사항에 관한 것인 때에는 그 규정 내용이 객관적 합리성을 결여하였다는 등의 특별한 사정이 없는 한 법원은 이를 존중하는 것이 바람직하다.** 그러나 **행정규칙의 내용이 상위법령에 반하는 것이라면 법치국가원리에서 파생되는 법질서의 통일성과 모순금지 원칙에 따라 그것은 법질서상 당연무효이고, 행정내부적 효력도 인정될 수 없다.** 이러한 경우 법원은 해당 행정규칙이 법질서상 부존재하는 것으로 취급하여 행정기관이 한 조치의 당부를 **상위법령의 규정과 입법 목적 등에 따라서 판단하여야** 한다."(대판 2019. 10. 31. 선고 2013두20011 등)

"처분이 행정규칙을 위반하였다고 해서 그러한 사정만으로 곧바로 위법하게 되는 것은 아니고, 처분이 행정규칙을 따른 것이라고 해서 적법성이 보장되는 것도 아니다. **처분이 적법한지는 행정규칙에 적합한지 여부가 아니라 헌법과 법률, 대외적으로 구속력 있는 법령의 규정과 입법 목적, 비례·평등원칙과 같은 법의 일반원칙에 적합한지 여부에 따라 판단해야 한다.**"(대판 2019.7.11. 2017두38874 등)

4. 행정규칙의 소멸

행정규칙의 존속기한은 원칙적으로 3년의 범위에서 정하도록 하고 있는바(행정규칙 일몰제)[26](훈령·예규 등의 발령 및 관리에 관한 규정 7①), 이 기간의 경과로 소멸한다. 또한 행정규칙이 일단 유효하게 성립·시행되었으나, 그 규칙이 폐지되거나 종기(終期)의 도래 또는 해제조건이 성취됨으로써 효력을 상실한다.

Ⅵ. 행정규칙의 효력

1. 내부적 효력

행정규칙은 행정조직이나 또는 특별권력관계의 내부에서 일정한 법적 구속력을 가지는 바, 이를 행정규칙의 내부적 효력이라 한다. 따라서 특별권력관계의 복종자가 행정규칙에 위반하면 징계사유가 된다. 행정규칙을 법규의 일종으로 보는 견해는 이러한 내부적 효력도 하나의 법적 효력으로 본다.

---

26) 행정규칙의 존속기한을 설정하도록 하고 있는바(소위 **행정규칙 일몰제**), 행정규칙을 제정하는 경우 **3년의 범위에서 존속기한**을 설정하여 해당 훈령·예규등에 명시하여야 한다. 다만, 법령의 위임에 따라 발령되는 행정규칙 등의 경우에는 **3년의 범위에서 재검토기한**을 설정할 수 있다(동훈령 7①). 상위 법령에 3년 이상의 존속기한이나 재검토기한이 설정된 경우로서 상위법령과 다른 존속기한이나 재검토기한을 설정하기 곤란한 경우 등 일정한 경우에는 중앙행정기관은 **법제처장과 협의하여 5년의 범위에서 존속기한이나 재검토기한을 설정**할 수 있다(동조②).

2. 외부적 효력

행정규칙의 외부적 효력이란 행정조직의 외부에 있는 사인 및 법원에 대하여 행정규칙이 미치는 효력을 말한다. 행정규칙이 제정되고 나면 그 규칙의 수범자인 하급행정기관은 물론 규칙제정자 스스로도 정해진 규칙에 따라 직무를 처리하게 되며 그 효과가 행정영역 밖의 국민에게도 미친다. 이와 관련하여 행정규칙의 외부적 효력이 직접적인 것이며 법적 효력을 갖는 것인지, 아니면 간접적인 것이며 사실적 효력을 갖는 것으로 볼 것인지에 대하여 견해가 나뉘어 있다.

(1) 간접적 효력설

행정규칙은 내부적 효력만을 가지며 외부적 효력은 가지지 아니한다. 그런데 재량준칙과 같이 행정기관을 통하여 일반국민에게 적용될 것이 예정되어 있는 행정규칙은 그것이 정립되게 되면 행정관행이 성립하게 되어 행정은 자기구속을 받게 된다. 그러므로 이 견해에서는 정당한 객관적 사유없이 특정인에게 행정관행이 성립한 행정규칙의 적용을 배제하면 헌법상의 평등원칙(11)에 위배되고, 따라서 위법하게 된다고 한다. 결국 행정규칙은 직접적으로 외부적 효력을 갖는 것이 아니라 헌법상의 평등원칙(또는 신뢰보호의 원칙 및 행정의 자기구속의 법리 등)을 매개로 하여 간접적으로 외부적 효력을 갖게 된다는 것이다. 이 경우 평등원칙은 행정규칙을 외부적 효력을 갖는 법규로 전환시키는 전환규범(轉換規範)으로서의 기능을 담당한다.

[판례 1] 내부적 효력이 원칙이나 재량준칙의 경우 존중 바람직

"'**행정규칙'은 상위법령의 구체적 위임이 있지 않는 한 행정조직 내부에서만 효력을 가질 뿐 대외적으로 국민이나 법원을 구속하는 효력이 없다.** 다만 행정규칙이 이를 정한 행정기관의 **재량에 속하는 사항에 관한 것인 때에는** 그 규정 내용이 객관적 합리성을 결여하였다는 등의 **특별한 사정이 없는 한 법원은 이를 존중하는 것이 바람직하다.**"(대판 2020.11.26. 2020두42262)

[판례 2] 재량준칙의 경우 행정의 자기구속에 따라 대외적 효력 인정

"이른바 행정규칙은 일반적으로 행정조직 내부에서만 효력을 가지는 것이고 대외적인 구속력을 갖는 것은 아니다. 다만 행정규칙이 법령의 규정에 의하여 **행정관청에 법령의 구체적 내용을 보충할 권한을 부여한 경우** 또는 **재량권행사의 준칙인 규칙**이 그 정한 바에 따라 되풀이 시행되어 행정관행이 이룩되게 되면, **평등의 원칙**이나 **신뢰보호의 원칙**에 따라 행정기관은 그 상대방에 대한 관계에서 그 규칙에 따라 할 **자기구속**을 당하게 되는 경우에는 **대외적인 구속력을 가지게 된다 할 것이다.**"(헌재 2007.8.30, 2004헌마670; 헌재 2001.5.31. 98헌마413; 헌재 1990.9.3. 90헌마13 등)

"'행정규칙이나 내부지침'은 일반적으로 행정조직 내부에서만 효력을 가질 뿐 대외적인 구속력을 갖는 것은 아니므로 행정처분이 그에 위반하였다고 하여 그러한 사정만으로 곧바로 위법하게 되는 것은 아니다. 다만, 재량권행사의 준칙인 행정규칙이 그 정한 바에 따라 **되풀이 시행되어 행정관행이 이루어지게 되면 평등의 원칙이나 신뢰보호의 원칙에 따라** 행정기관은 그 상대방에 대한 관계에서 그 규칙에 따라야 할 **자기구속을 받게 되므로,** 이러한 경우에는 특별한 사정이 없는 한 **그를 위반하는 처분은 평등의 원칙이나 신뢰보호의 원칙에 위배되어 재량권을 일탈·남용한 위법한 처분**이 된다."(대판 2009. 12. 24. 2009두7967 등)

(2) 직접적 효력설

이 견해는 행정규칙은 직접적으로 외부적 효력을 갖는다고 한다. 행정권은 그 권한의 범위 안에서는 자주적인 법형성을 위한 법규의사 내지는 독립적 규율권을 가지며, 그것에 의하여 외부적인 효력을 가지는 본래적인 행정법이 생성된다고 한다. 그리하여 평등원칙을 매개로 한 행정의 자기구속의 이론에서와 같은 우회적인 방법을 쓰지 아니하고 행정규칙의 외부적 효력을 인정할 수 있게 되었다고 한다.

(3) 결 어

행정권의 독립적인 규율권을 인정하고 이에 근거하여 행정규칙의 외부적 효력을 인정하는 견해는 권력분립의 원리 및 법률유보의 원칙에 저촉된다고 본다. 따라서 행정규칙은 원칙적으로 행정조직내부에서의 대내적 효력만을 가지며, 예외적으로 재량준칙 등 행정권의 재량이 인정되는 영역에서 평등원칙이나 행정의 자기구속의 법리 등을 매개로 한 간접적인 외부적 효력을 갖는다고 할 것이다. 이와 같이 일정한 행정규칙에 대하여 외부적 효력을 인정하는 경우에도 그것은 어디까지나 행정규칙의 직접적 수범자인 행정기관을 매개로 한 간접적인 것으로 사실상의 효과에 불과하다. 다만, 행정내부의 사무처리기준의 구체화만을 위임한 것이 아니라 국민에 대하여 구속력을 가지는 법령의 보충법의 의미가 있는 법률보충적 규칙은 예외적으로 직접적인 외부적 효력을 인정할 소지가 있으며, 규범구체화규칙의 직접적 외부효과를 인정한 외국판례도 있다.[27] 그러나 이들은 법령의 수권에 의해 그 수권법령과 결합하여 법규적 효력이 인정되는 경우로서 예외적인 경우이다.

Ⅶ. 행정규칙에 대한 통제

1. 국회에 의한 통제

중앙행정기관의 장은 법률에서 위임한 사항이나 법률을 집행하기 위하여 필요한 사항을 규정한 훈령·예규·고시 등이 제정·개정 또는 폐지된 때에는 10일 이내에 이를 국회 소관상임위원회에 제출하여야 한다(국회법 98조의2①). 이와 같이 단순히 제출만 하면 되고, 법규명령의 경우처럼 법률위반사실의 시정요구제도는 마련되어 있지 않다. 또한 행정규칙은 법률의 위임사항이나 법률 집행사항을 규정한 것이 아닌 경우가 보통이므로 국회제출도 불필요하다고 해석할 수 있다. 다만, 간접적 통제방식으로 국정감사·국정조사·질문 등에 의한 통제가 가능하다.

2. 행정적 통제

행정규칙의 제정·개정·폐지된 때에는 발령 후 10일 이내에 정부입법 관련 전산시스템에 등

27) 원자력발전소 건설과 관련한 1985년 12월 19일의 독일연방행정법원의 'Wyhl' **판결**, 즉 '방사선피폭에 대한 일반적 산정근거'(행정규칙)가 핵에너지에 관한 각주위원회의 자문을 거쳐 연방내무장관에 의해 장차 허가절차시 적용되는 준칙으로 발령되었는데, 이 준칙은 규범구체화규칙이고 법규정에 정해진 한계 내에서 법원에 대하여 구속력이 있다고 하였다.

재하고 법제처장의 심사를 거치도록 함으로써 행정자체의 통제제도가 마련되어 있다(법제업무운영규정 23, 25). 또한 법규명령의 경우와 마찬가지로 중앙행정심판위원회에 의한 불합리한 행정규칙에 대한 개정·폐지 등의 요청권을 통한 통제를 가능하게 하고 있다(행정심판법 59).

3. 사법적 통제

(1) 법원에 의한 통제

1) 구체적 규범통제 여부: 법원의 명령·규칙심사권(헌법 107②)에 행정규칙은 포함되지 않는다. 즉, 행정규칙은 대외적 구속력을 가지는 법규가 아니므로 행정처분을 대상으로 한 항고소송에서 행정규칙의 위헌·위법여부가 선결문제로 되지 않는다. 다만, 법규성이 인정되는 행정규칙은 헌법 제107조 제2항의 명령·규칙에 포함된다고 할 수 있다. 따라서 법령의 수권에 의해 정립한 법령보충적 행정규칙 등 법규성이 인정되는 행정규칙은 선결문제로 다투어 질 수 있다(판례1).

2) 항고소송에 의한 통제: 위법한 행정규칙이 발하여져 사실상 국민이 불이익을 입었다 하더라도 국민은 직접 위법한 행정규칙을 대상으로 행정소송을 제기할 수 없고, 위법한 행정규칙에 의거한 행정처분에 대해서만 행정소송을 제기할 수 있다. 다만, 행정규칙이 다른 집행행위의 매개 없이 직접 국민의 구체적인 권리의무나 법률관계를 규율하는 성격을 가질 때(처분적 또는 집행적 행정규칙)에는 처분에 해당되어 항고소송의 대상이 된다(판례2).

3) 행정규칙에 위반한 행정행위의 통제: 원칙적으로 행정규칙은 법규가 아니므로 행정처분이 행정규칙에 위반되더라도 위법이 되지 아니하며, 따라서 그 처분을 다투는 행정소송을 제기할 수 없다(판례3). 그러나 행정규칙 위반이 평등원칙 등을 침해하는 때에는 재량권의 한계일탈문제가 발생할 수 있고, 따라서 행정처분을 다투는 행정소송을 제기할 수 있다(판례4).

[판례 1] 행정규칙이 처분취소소송의 선결문제인 경우

"**법령보충적인 행정규칙, 규정은 당해 법령의 위임한계를 벗어나지 아니하는 범위 내에서만 그것들과 결합하여 법규적 효력을 가지고, 노인복지법 제13조 제2항의 규정에 따른 노인복지법시행령 제17조, 제20조 제1항은 노령수당의 지급대상자의 연령범위에 관하여 위 법 조항과 동일하게 '65세 이상의 자'**로 반복하여 규정한 다음 소득수준 등을 참작한 **일정소득 이하의 자라고 하는 지급대상자의 선정기준과 그 지급대상자에 대한 구체적인 지급수준(지급액) 등의 결정을 보건사회부장관에게 위임**하고 있으므로, 보건사회부장관이 노령수당의 지급대상자에 관하여 정할 수 있는 것은 65세 이상의 노령자 중에서 그 선정기준이 될 소득수준 등을 참작한 일정소득 이하의 자인 지급대상자의 범위와 그 지급대상자에 대하여 매년 예산확보상황 등을 고려한 구체적인 지급수준과 지급시기, 지급방법 등일 뿐이지, 나아가 지급대상자의 최저연령을 법령상의 규정보다 높게 정하는 등 노령수당의 지급대상자의 범위를 법령의 규정보다 축소·조정하여 정할 수는 없다고 할 것임에도, 보**건사회부장관이 정한 1994년도 노인복지사업지침은 노령수당의 지급대상자를 '70세 이상'의 생활보호대상자로 규정함으로써 당초 법령이 예정한 노령수당의 지급대상자를 부당하게 축소·조정하였고,** 따라서 위 지침 가운데 노령수당의 지급대상자를 '70세 이상'으로 규정한 부분은 **법령의 위임한계를 벗어난 것이어서 그 효력이 없다.**"(대판 1996.4.12, 95누7727, 노령수당지급대상자선정제외처분취소)

[판례 2] 처분적 행정규칙이 항고소송의 대상인 경우

"어떠한 고시가 일반적·추상적 성격을 가질 때에는 법규명령 또는 행정규칙에 해당할 것이지만, 다른 집행행위의 매개 없이 그 자체로서 직접 국민의 구체적인 권리의무나 법률관계를 규율하는 성격을 가질 때에는 행정처분에 해당한다고 할 것이다(대판 2003.10.9, 2003무23 참조). 위 법리와 관계 법령을 기록에 비추어 살펴보면, 이 사건 **보건복지부 고시인 '약제급여 · 비급여 목록 및 급여 상한금액표'는 다른 집행행위의 매개 없이 그 자체로서** 국민건강보험가입자, 국민건강보험공단, 요양기관 등의 **법률관계를 직접 규율하는 성격을 가진다고 할 것이므로, 항고소송의 대상이 되는 행정처분**에 해당한다고 할 것이다."(대판 2006.12.21, 2005두16161, 보험약가인하처분취소)

[판례 3] 행정규칙에 위반한 처분에 대한 행정소송 불가

"**주유소배치계획의기준에관한관리규정** 제5조의8 제1항 제1호, 제4항의 각 조항(1995. 11. 11. 개정시 신설된 것)은, 상급기관인 건설부장관이 법령에 의하여 권한을 수임한 하급기관인 시장 · 군수에 대하여 통일적이고도 동등한 재량행사를 확보하기 위하여 그 재량권 행사방법을 정하여 발하고 있는 것으로서 **행정기관 내부의 사무처리준칙에 불과할 뿐 대외적인 구속력을 가지는 것은 아니라 할 것**이므로, **당해 불허가처분이 위 규칙에 위배되는 것이라 하여 위법의 문제는 생기지 아니하고** 또한 그 처분의 적법 여부는 위 규칙에 적합한지의 여부에 의하여 판단할 것이 아니고 관계 법령의 규정 및 취지에 적합한지의 여부에 따라 개별적 · 구체적으로 판단하여야 한다."(대판 1998.3.27. 96누19772, 석유판매업불허가처분취소)

"법령에서 행정처분의 요건 중 일부 사항을 부령으로 정할 것을 위임한 데 따라 시행규칙 등 부령에서 이를 정한 경우에 그 부령의 규정은 국민에 대해서도 구속력이 있는 법규명령에 해당한다고 할 것이지만, **법령의 위임이 없음에도 법령에 규정된 처분 요건에 해당하는 사항을 부령에서 변경하여 규정한 경우에는 그 부령의 규정은 행정청 내부의 사무처리 기준 등을 정한 것으로서 행정조직 내에서 적용되는 행정명령의 성격을 지닐 뿐 국민에 대한 대외적 구속력은 없다**고 보아야 한다. **따라서 어떤 행정처분이 그와 같이 법규성이 없는 시행규칙 등의 규정에 위배된다고 하더라도 그 이유만으로 처분이 위법하게 되는 것은 아니라 할 것이고,** 또 그 규칙 등에서 정한 요건에 부합한다고 하여 반드시 그 처분이 적법한 것이라고 할 수도 없다. **이 경우 처분의 적법 여부는 그러한 규칙 등에서 정한 요건에 합치하는지 여부가 아니라 일반 국민에 대하여 구속력을 가지는 법률 등 법규성이 있는 관계 법령의 규정을 기준으로 판단하여야 한다.**"(대판 2013.9.12. 2011두10584, 부정당업자제재처분취소)

[판례 4] 행정규칙을 위반하여 재량권의 일탈 · 남용이 되는 처분의 경우

"재량권 행사의 준칙인 **행정규칙이 그 정한 바에 따라 되풀이 시행되어 행정관행이 이루어지게 되면 평등의 원칙이나 신뢰보호의 원칙에** 따라 행정기관은 그 상대방에 대한 관계에서 그 규칙에 따라야 할 자기구속을 받게 되므로, 이러한 경우에는 특별한 사정이 없는 한 **그를 위반하는 처분은 평등의 원칙이나 신뢰보호의 원칙에 위배되어 재량권을 일탈 · 남용한 위법한 처분이 된다.**"(대판 2009.12.24, 2009두7967, 신규건조저장시설사업자인정신청반려처분취소)

(2) 헌법재판소에 의한 통제

행정규칙은 국민의 구체적인 권리의무에 직접적인 영향을 미치는 것이 아니므로 기본권을 침해하는 공권력행사라 할 수 없어 헌법소원의 대상이 될 수 없다(판례1). 다만, 법령의 수권에 의해 정립된 법률보충적 규칙 등 대외적 구속력을 가지는 행정규칙의 경우에는 헌법소원의 대상이 될 수 있다(판례2,3).

[판례 1] 행정규칙의 헌법소원 대상 부인

"이 사건 지침은 행정안전부가 훈장수여대상자의 추천을 위한 업무처리지침으로서 마련한 내부기준에 불과할 뿐, 법령보충적 행정규칙으로 보거나 평등 및 신뢰보호원칙을 매개로 하여 대외적 구속력을 인정할 만한 사정이 엿보이지 않는다. 또한 정부포상업무지침이 정한 자격요건에 해당한다는 이유로 국민에게 훈장을 요구할 수 있는 권리가 인정되지도 않는다. 따라서 이 사건 **지침은 국민의 권리 · 의무에 직접 영향을 미치지 않으므로 헌법소원의 대상이 되는 공권력의 행사에 해당되지 않는다.**"(헌재 2009.7.30. 2008헌마367 전원재판부, 2007년정부포상업무지침2. 나.6)다)위헌확인)

[판례 2] 법령보충적 행정규칙에 대한 헌법소원 인정

"이 사건 고시조항들은 그 제정형식이 보건복지부장관의 고시라는 행정규칙에 불과하지만, **상위법령이 위임한 내용을 구체적으로 보충하거나 세부적인 사항을 규율함으로써 상위법령인 국민건강보험법령과 결합하여 대외적인 구속력을 갖는 법규명령의 성격을 갖는다고 할 것이므로, 헌법소원의 대상**이 되는 '공권력 행사'에 해당한다."(헌재 2010.10.28, 2008헌마408 전원재판부, 규칙요양급여비용심사청구소프트웨어의검사등에관한기준위헌확인)

[판례 3] 처분적 행정규칙에 대한 헌법소원 인정

"신도시 주변지역에 대하여 개발행위허가를 제한하는 **건설교통부고시는**, 그 고시 자체로 인하여 직접 위 고시에서 지정된 특정 지역 내의 토지나 건물소유자가 토지의 형질변경 및 토석의 채취, 건축물의 신축·증축 등의 권리행사를 제한받게 되는 점에서 볼 때, **특정 개인의 구체적인 권리, 의무나 법률관계를 직접적으로 규율하는 성격을 갖는 행정처분에 해당한다.**"(헌재 2008.12.26, 2007헌마862, 신도시주변지역에대한개발행위허가제한지역지정취소)

제3장 행정행위

제1절 행정행위의 개념과 특질

Ⅰ. 행정행위의 개념

1. 개 설

(1) 행정행위의 개념성립의 기초

행정행위(行政行爲)의 개념은 실정법상의 용어가 아니라 학문상의 개념으로서, 독립한 행정재판제도를 가진 혁명후의 프랑스에서 성립되었고, 19세기 중엽 독일에 도입되어 '오토 마이어'에 의하여 정교한 이론으로 구성되었다. 이와 같이 대륙법계 국가에서 행정행위의 개념이 행정재판제도와의 관련 아래 성립·발달하게 되었다. 그 까닭은 이들 국가에서는 행정주체의 모든 행정작용이 행정소송의 대상으로 인정된 것이 아니라, 행정작용 중에서도 특히 다른 행정작용과는 구별되는 법적 성질을 가지며, 특수한 법적 규율을 받는 일정한 행정작용만을 행정행위라는 개념으로 묶어서 행정소송의 대상으로 했기 때문이다.

(2) 행정행위의 개념정립의 실익

우리나라는 여러 가지 행정활동 중에서도 행정행위를 포함한 처분에 대해서만 관할법원, 제소기간 및 제소절차 등에 특례가 인정되는 항고소송의 대상으로 하고 있을 뿐만 아니라, 다른 행정작용의 경우와는 달리 공정력, 존속력 및 자력집행력 등 여러 특수성이 인정되고 있다. 또한 사법행위(私法行爲)에서는 표의자 스스로를 구속하고(자기구속), 그에 의해 직접 타인을 구속할 수 없는 데 대하여, 행정행위에 있어서는 행정주체는 그에 의해 상대방인 국민을 구속하고 법령의 내용을 일방적으로 구현시킬 수 있다. 이와 같이 행정행위는 다른 행정작용이나 사법행위와는 성질·적용법규 및 쟁송절차를 달리하기 때문에 학문상 독립적으로 그 개념을 정립할 실익이 있다.

2. 학 설

(1) 최광의의 행정행위

최광의의 행정행위는 행정주체가 행하는 일체의 행위, 즉 공법행위, 사법행위, 사실행위, 통치행위가 모두 포함된다. 이러한 의미에서는 행정행위의 법적 특색을 인정할 아무런 실익이 없다.

(2) 광의의 행정행위

광의의 행정행위는 행정주체에 의한 공법행위, 즉 최광의의 행정행위에서 사실행위, 사법행위, 통치행위를 제외한 입법, 사법, 집행행위가 포함된다. 이것은 행정행위의 법집행기능적 성격을 무시한 것이다.

(3) 협의의 행정행위

협의의 행정행위는 행정주체가 법 아래서 구체적 사실에 관한 법집행으로서 행하는 공법행위, 즉 광의의 행정행위에서 입법행위, 사법행위를 제외하고 행정처분, 공법상 계약 및 공법상 합동행위를 포함한다. 이는 행정행위의 단독행위성을 뚜렷이 하지 못한다.

(4) 최협의의 행정행위

최협의의 행정행위는 행정주체가 법 아래서 구체적 사실에 관한 법집행으로 행하는 권력적 단독행위인 공법행위, 즉 협의의 행정행위에서 공법상 계약・공법상 합동행위를 제외한 공권력발동으로서의 단독행위만을 의미한다(통설). 이런 의미의 행정행위를 특히 행정처분 또는 처분이라고도 한다.

3. 강학상의 행정행위와 실정법상 처분개념

강학상의 행정행위란 위의 최협의설에 따라 "행정주체가 법아래서 구체적 사실에 관한 법집행으로서 행하는 권력적 단독행위인 공법행위"를 말한다. 이에 대해 실정법상의 처분개념은 실정법에서 규정한 것으로 "행정청이 구체적 사실에 관한 법 집행으로서 공권력의 행사 또는 그 거부와 그 밖에 이에 준하는 행정작용"을 말한다(행정기본법 2(4), 행정절차법 2(2), 행정심판법 2(1), 행정소송법 2①(1)). 원래 행정행위의 개념은 행정재판의 대상을 정하기 위하여 정립된 것인데, 현대 복리국가에서 행정기능의 확대와 행정작용의 행위형식의 다양화에 따르는 행정구제기능의 중요성에 비추어 그 대상을 확대할 필요가 있게 되었다. 이에 따라 강학상의 행정행위를 쟁송제기의 대상인 행정행위로 보는 **일원설**에서 강학상의 행정행위개념과 별도로 쟁송제기의 대상으로서의 처분개념을 재구축하는 **이원설**(二元說)이 등장하였다. 현재는 행정실체법인 행정기본법에서도 쟁송법상 처분개념과 동일하게 규정하여 강학상의 행정행위개념과 달리하고 있다. 이에 따라 실정법상의 처분개념은 강학상의 행정행위 이외에도 공권력행사인 '권력적 사실행위' 및 이에 준하는 행정작용인 '구속적 행정계획'이나 '규제적 행정지도' 등을 포함하고 있다.

4. 행정행위의 개념요소

행정행위는 학문상의 용어로서 실정법상으로는 허가・인가・면허・특허・금지・확인 또는 이를 총칭하는 용어로서 행정처분 또는 단순히 처분이란 용어가 사용되고 있다. 종래 강학상 행정행위의 개념은 통설인 최협의설에 따라 "행정주체가 법 아래서 구체적 사실에 관한 법집행으로 행하는 권력적 단독행위인 공법행위"를 말하는데, 이를 분설하면 다음과 같다.

(1) '행정주체'의 행위

행정행위는 행정주체의 행위이다. 그런데 행정주체는 행정청에 의하여 대표되므로 행정행위는 행정청의 행위라 하겠다. 행정주체의 행위에는 국가, 지방자치단체 및 행정권을 부여받은 사인(私人) 등의 행위가 포함되나 입법기관이나 사법기관의 행위는 물론 사인의 행위와 구별된다. 다만, 행정청은 조직법상의 의미가 아니라 실질적 · 기능적 의미이므로 행정청 이외의 행정기관(국장 · 과장 등 보조기관)이나 입법기관 및 사법기관 등이 직원의 임명 등 행정업무를 수행하는 경우에는 행정청에 해당한다.

(2) 법적 행위

행정행위는 행정주체의 법적 행위이다. 법적 행위란 외부에 대하여 직접적인 법적 효과를 발생시키는 행위를 말한다.

1) 외부행위: 행정행위는 국민에 대해 권리 · 의무의 발생 · 변경 · 소멸을 가져오는 행위이다. 따라서 국민에 대한 행위가 아니라 행정조직내부의 행위(판례), 즉, 행정기관 상호간의 행위, 특별권력관계에서의 행위, 아직 외부에 표시되지 않고 행정청의 내부적인 의사결정의 단계에 머무르고 있는 행위(미성처분) 등은 행정행위가 아니다. 다만 특별권력관계에서의 행위도 개인의 권리 · 의무에 직접 관련되는 일정한 범위의 행위는 행정행위에 포함된다(공무원에 대한 징계처분 등).

[판 례] 행정청 내부지침에 불과하여 처분성 부인

"서울특별시 자치구의 구청장이 제정하여 시행하던 「**철거민에 대한 국민주택 특별공급지침**」은 행정청 내부에 있어서의 행정지침에 불과하며 그 지침 소정의 사람에게 공법상의 분양신청권이 부여되는 것은 아니므로, 행정청이 그에 해당하는 자에 의한 국민주택특별공급신청을 받아들이지 않는 의사표시를 하였다고 하더라도 이를 항고소송의 대상이 되는 행정처분으로 볼 수는 없다."(대판 1997.3.14. 96누19079; 대판 1993.5.11. 93누2247; 대판 1992.10.27. 91누3871; 대판 1991.11.26. 91누3352)

2) 직접적인 법적 효과: 행정행위는 직접 일정한 법적 효과를 발생시키는 행위, 즉 직접 국민에 대해 권리 · 의무의 변동을 가져오는 행위이므로, 단순히 추상적 가능성이 있는 정도의 행위나 법적 효과를 발생시키지 않는 단순한 사실행위는 행정행위가 아니다. 그런데 공권력행사에 해당하는 사실행위와 같이 수인의무(受忍義務)를 수반하는 경우에는 행정행위로 보는 입장도 있다(합성적 행정행위론)[1]. 합성적 행정행위론은 '행정행위=권리보호'라는 도식의 결과라고 생각되는 바, 현행 행정쟁송법은 취소소송의 대상인 처분개념 속에 공권력행사로서의 사실행위를 포함하고 있다고 해석되므로 굳이 학문상의 행정행위 속에 합성적 사실행위를 포함시켜 구성할 필요는 없다고 본다. 또한 법적 행위이긴 하나 고도의 정치성을 띤 행위인 통치행위는 행정행위가 아니다.

3) 의사표시: 행정행위는 행정법상의 의사표시를 주된 요소로 하고 그에 따라 일정한 효

---

1) 박윤흔(상), 306면; 홍준형(총론), 177면.

과가 주어지는 법적 행위이다. 물론 국민에 대한 행정기관의 의사・인식 등의 표시행위라 하더라도 법적 효과를 결한 경우에는 행정행위가 아니다.

(3) 공법행위

행정행위는 행정주체의 공법행위이다. 행정행위는 공법적 규율을 받는 공법행위라는 점에서 사법규정만의 적용을 받는 사법행위(물품구입, 국유재산매각 등)와 구별된다.

(4) 구체적 사실에 관한 법집행행위

'구체적 사실에 관한 법집행행위'라는 점에서 일반적 사실에 관한 법정립행위인 입법행위와 다르고, 법선언행위인 사법행위(司法行爲)와 다르다. 법규범은 일반적・추상적 규율인데 대하여 행정행위는 개별적・구체적 규율, 즉 특정인을 특정의 사안(시간적・공간적 특정)에 있어서 규율하는 것이다. 그런데 개별적・추상적 규율이나 일반적・구체적 규율(일반처분)도 행정행위에 포함시킬 수 있다.[2] 또한 행정청의 행위 중에 행정심판의 재결・결정 등 확인행위는 판단행위이며 법선언적 행위인 점에서 사법행위와 유사하지만 법집행행위의 성질을 가진다는 점에서 행정행위에 포함시키는 것이 보통이다.

물적 범위(행위) / 인적 범위	구 체 적 (일정한・일회적 행위)	추 상 적 (계속적・반복적 행위)
개 별 적(특정인)	행 정 행 위	일 반 처 분
일 반 적(불특정 다수인)	일 반 처 분	법 규 범

(5) 권력적 단독행위

행정행위는 행정주체에 의한 권력적 단독행위이다. 그것은 행정주체가 공권력주체로서 우월한 일방적 의사의 발동으로서 단독행위만을 의미한다는 점에서 비권력적 행위인 관리행위(공법상 계약・공법상 합동행위)와 구별이 된다. 일방적 행위로 인한 상대방의 신청・동의 등 협력을 요하는 경우도 행정행위임에는 변함이 없다.

2) **법규범은 일반적・추상적 규율**, 즉 불특정다수인을 상대로 동일한 조건하에서 반복하여 적용될 수 있는 규율이고, **행정행위는 개별・구체적 규율**, 즉 특정인 또는 확정될 수 있는 인적 범위를 상대로 하여 구체적으로(1회적으로) 적용될 수 있는 규율이라고 할 수 있다. 그런데 **일반적・구체적 규율**(예; 특정장소에서의 일정한 행위금지) 및 **개별적・추상적 규율**(예; 특정인에게 그의 집앞 도로에 눈이 쌓일 때마다 제설작업을 하라는 명령과 같은 특정인에 대한 계속적・반복적인 행위 또는 부작위 규율)도 행정행위에 해당한다고 할 수 있다. 따라서 '**일반처분**'은 불특정다수인을 대상으로 하고 있기 때문에 일반성을 띠고 있으나, 구체적 사실을 규율하는 행위이기 때문에 처분에 해당한다(예; 통행금지 또는 그 해제, 교통신호 등). 또한 '도로의 일방통행구역' 또는 '주차금지구역'의 지정・고시 등의 **물적 행정행위**(대물적 행정행위)도 일반처분에 해당한다고 하겠다.

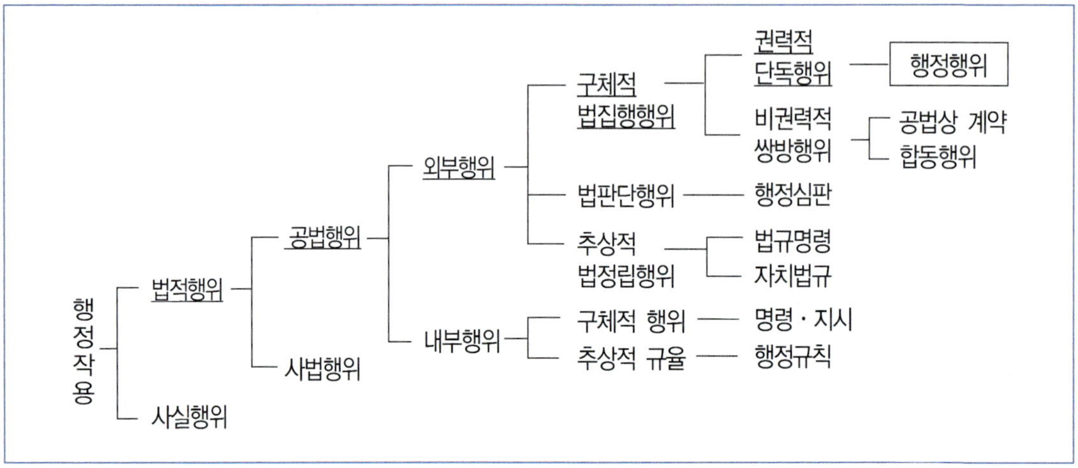

Ⅱ. 행정행위의 특질

행정행위는 공권력 내지 법률상 승인된 우월한 행정의사의 발동인 까닭에 민법상의 법률행위 등과 구별되는 여러 가지 특질을 가지고 있다.

1. 법적합성(法適合性)

행정행위는 법치주의의 요구에 따라 법에 근거하고 법에 적합해야 한다. 다만, 근대입헌국가에 있어서 법은 원칙적으로 국회가 제정한 형식적 법률을 의미하였으므로 행정행위는 일반적으로 법률에 적합할 것을 요구하였으나, 현대국가에서는 행정입법의 증가추세에 따라 형식적 법률에 대한 적합성뿐만 아니라 실질적 법에의 종속을 의미하게 되었다.

2. 공정성(公定性)

행정행위는 명백하고 중대한 하자로 당연히 무효인 경우 이외에는 권한있는 기관에 의하여 취소될 때까지는 일응 적법성의 추정을 받아 유효하게 적용됨으로써 그 행위의 상대방은 물론 행정청 및 제3자에 대하여 구속력을 가진다.

3. 실효성(實效性)

행정행위는 상대방을 구속할 뿐만 아니라, 상대방의 의사여하에 불구하고 행정청이 자력으로 그 내용을 강제하고 실현하는 힘(자력집행력)을 가진다. 또한 행정행위는 그로 인하여 부과된 임무를 위반할 때에 제재를 가함으로써(제재력) 행정법규의 실효성을 보장한다.

4. 존속성(存續性)

행정행위는 제소기간이 경과하는 등 일정한 사유가 발생하면 상대방이 쟁송수단을 통하여 그 효력을 다툴 수 없고(불가쟁력), 또 준사법적 행위처럼 특정한 행위에 있어서는 행정청 자신도 취소·변경·철회할 수 없는 효력이 있다(불가변력).

5. 구제제도의 특수성

(1) 손해전보제도의 특수성

위법한 행정행위로 인한 손해에 대해서는 국가배상법에 따라 국가·공공단체가 배상책임을 지며, 적법한 행정행위로 인한 손실에 대하여는 국가 등이 손실보상을 해야 한다.

(2) 행정쟁송제도의 특수성

행정사건에 대해서는 행정소송법의 적용을 받아 민사소송에 대한 여러가지 특례가 인정되고 있다.

제 2 절 행정행위의 종류

Ⅰ. 법률행위적 행정행위와 준법률행위적 행정행위

양자는 행정행위의 구성요소인 정신작용의 내용과 법률효과의 발생원인에 따라 구별된다. 즉, 전자는 법집행을 위한 의사표시(효과의사의 표시)를 구성요소로 하고, 그 효과의사의 내용에 따라서 법률효과를 발생하는 행위이며(하명·허가·특허·인가 등), 후자는 법집행을 위한 효과의사 이외의 정신작용(판단·인식·관념 등)의 표시를 요소로 하고 그 법률효과는 행위자의 의사여하를 불문하고, 직접 법규가 정하는 바에 따라 발생하는 행위이다(확인·공증·통지·수리 등). 전자는 그 효과의사를 스스로 제한하는 의미에서 부관을 붙일 수 있으나, 후자에는 이를 붙일 수 없다는 점에서 양자의 구별의 실익이 있다.

이러한 양자의 구별은 민법상의 법률행위 개념을 유추한 것이다. 그런데 행정행위는 사인의 법률행위의 경우처럼 사적 자치의 원칙에 의한 개인의 자유로운 의사표시와는 달리 공무원 자신의 개인적 의사가 아니라 법의 적용, 집행의 의사, 즉 법 속에 구체화되어 국가목적을 실현하는 의사에 지나지 않는다는 이유 아래, 민법상의 법률행위에 있어서의 의사의 요소를 행정행위에 도입하는 것은 의문이라고 하여 양자의 구별을 비판하는 견해[3]가 있다. 그러나 행정청의 행정행위가 기관구성자인 공무원의 행위를 매개로 하여 성립되는 이상 행위자의 의사를 전혀 무시할 수는 없다고 하겠다.

Ⅱ. 수익적 행정행위·부담적 행정행위·복효적 행정행위

이는 행정행위의 법률효과의 성질에 따른 구별이다. 수익적 행정행위는 철회 및 취소가 제한

3) 김남진·김연태(Ⅰ), 225면; 석종현·송동수(상), 219면.

되고, 보통 쌍방적 행정행위이며 재량행위라는 점에서 부담적 행정행위와 구별된다는 구별의 실익이 있다.

1. 수익적 행정행위

수익적 행정행위(授益的 行政行爲)란 상대방에게 권리나 이익을 부여하는 행정행위를 말한다(예; 허가 · 특허 · 인가 · 면제 · 부담적 행정행위의 취소 · 철회 등). 수익적 행정행위는 법령에 일의적인 요건 설정이 없는 한 자유재량행위에 속하며, 상대방의 출원(出願)을 요건으로 하는 쌍방적 행정행위인 것이 보통이다. 또한 수익적 행정행위의 취소 · 철회는 상대방 및 제3자의 신뢰보호와 법적 안정성의 유지라는 관점에서 제한을 받는다.

2. 부담적 행정행위

부담적 행정행위(負擔的 行政行爲)란 상대방에게 의무를 부과하거나 기존의 권리 · 이익을 박탈 · 제한하는 등 불이익한 효과를 발생하는 행정행위를 말한다(예; 하명 · 수익적 행정행위의 취소 · 철회 등). 부과적 행정행위 · 간섭적 행정행위 · 침익적 행정행위(侵益的 行政行爲) · 불이익처분이라고도 한다.

부담적 행정행위는 개인에게 불이익한 효과를 가져오므로 개인의 권익보호라는 관점에서 법치행정의 원리가 엄격히 적용되고, 기속행위에 속하며, 절차적 규제(청문절차 등)가 강하게 요구된다. 또한 수익적 행정행위와는 달리 행정청의 일방적 행정행위로써 이루어지는 것이 보통이다.

[판 례] 침익적 행정행위의 근거법규의 해석방법

"**침익적 행정처분의 근거가 되는 행정법규는 엄격하게 해석 · 적용하여야 하고, 행정처분의 상대방에게 불리한 방향으로 지나치게 확장해석하거나 유추해석하여서는 안 되며**, 그 행정법규의 입법 취지와 목적 등을 고려한 목적론적 해석이 허용되는 경우에도 그 문언의 통상적인 의미를 벗어나서는 안 되고(대판 2016.11.24. 2014두47686), 처분의 적법성을 주장하는 피고에게 그 적법사유에 대한 증명책임이 있다."(대판 2011.9.8. 2009두15005 등)

【 수익적 행정행위와 부담적 행정행위의 특색 비교 】

	수익적 행정행위	부담적 행정행위
신청	출원요(쌍방적 행정행위)	신청과 무관(일방적 행정행위)
재량성 여부	재량행위	기속행위
법률유보	원칙적으로 적용(침해보유설의 입장에서는 적용 안된다고 봄)	엄격히 적용
절차적 통제	완화 또는 불요	엄격(청문의 기회부여 등)
취소 · 철회	제한	자유(완화)
의무확보수단	이러한 문제 없다	행정벌, 행정상 강제집행
청구권 및 쟁송수단	발급청구권 의무이행심판, 거부처분 취소소송, 부작위위법 확인소송	배제청구권 취소심판, 취소소송

3. 복효적 행정행위

(1) 의 의

복효적 행정행위(複效的 行政行爲)란 하나의 행정행위로 2인 이상의 관계자를 가지며, 그 중 어느 일방에게는 이익을 주는 반면 다른 일방에게는 불이익을 주는 행정행위를 말한다. 즉, 행정행위의 상대방뿐만 아니라 제3자에 대해서도 법적 효과가 발생하는 행정행위를 말한다. 이는 수익적 및 부담적 효과를 동시에 발생시키는 행정행위이며 이중효과적 행정행위 또는 제3자효 행정행위라고도 한다. 이에는 ① 법적으로 이해가 대립되는 복수의 상대방을 가진 행정행위(예; 공매처분 · 수용재결 · 경원면허 · 당선인결정 등), ② 경찰허가처분으로 제3자가 불이익을 받는 경우(예; 건축법상의 인인소송 · 경업자소송 등), ③ 기업활동으로 피해를 입은 주민 또는 소비자들의 공해소송 · 소비자소송 등이 있다.

(2) 특 색

복효적 행정행위는 법적으로 이해가 상반되는 복수의 상대방을 가지는 행정행위라는 점에서 다음과 같은 특색이 있다.

1) **복효적 행정행위의 신청:** 수익적 효과를 받을 자가 그 행정행위로 인하여 제3자가 부담적 효과를 부여받게 될 행정행위를 신청할 수 있느냐가 문제된다. 종래에는 행정권의 발동여부는 행정상의 편의주의에 따라 행정청 스스로가 판단 · 선택할 문제라고 보았다. 그러나 오늘날은 '재량권의 영으로의 수축이론'에 따라, 또는 법이 행정청에 대하여 일정한 공익목적을 도모하기 위한 행정개입권을 부여한 것은 단순한 권한뿐만 아니라 의무를 수반하는 것으로 보아야 하므로 특별한 법적 제한이 없는 한 복효적 행정행위의 신청을 인정할 수 있다고 하겠다. 따라서 이러한 신청에 대하여 상당한 기간 안에 그에 대한 일정한 처분을 하여야 할 의무가 있는데도 불구하고 아무런 조치를 취하지 않는 때에는 의무이행심판 또는 부작위위법확인소송을 제기할 수 있다.

2) **복효적 행정행위에 대한 청문:** 복효적 행정행위는 그 상대방에게는 수익적 효과를, 제3자 또는 관계인에게는 부담적 효과를 발생시키는 행위이기 때문에 상대방, 제3자 기타 관계인의 제이익을 조정하기 위하여 의견진술 · 권리주장 등 청문절차를 거쳐야 한다.

3) **복효적 행정행위의 취소 · 철회:** 복효적 행정행위의 취소 · 철회에 있어서는 수익적 효과를 받는 자의 권익보호 뿐만 아니라 부담적 효과를 받는 자의 권익도 함께 고려되어야 하므로 공익과 국민의 기득권보호 및 행정에 대한 신뢰보호의 관점에서 정당한 이익형량이 이루어져야 할 것이다.

4) **복효적 행정행위의 강제집행:** 행정상 의무의 강제적 실현여부는 공익침해의 정도 등을 고려하여 결정할 행정청의 집행재량에 속하는 문제로서 반드시 획일적으로 강제적 실현이 요구되는 것이 아닌 것이 보통이다.

그러나 복효적 행정행위에 있어서는 부담적 효과를 받는 자의 의무불이행은 수익적 효과가 귀속되는 자의 불이익이 되는 경우가 많기 때문에 해당 행정청은 복효적 행정행위에 의한 의무를 강제적으로 실현시킬 의무를 진다고 보아야 할 것이다.

5) 복효적 행정행위의 고지: 행정심판법은 서면에 의한 행정행위를 하는 경우에 그 처분의 상대방에게 심판청구방법 등에 관해 알려주어야 하는 고지제도를 채택하였는 바, 처분청의 직권에 의한 고지가 요구되는 것은 처분의 상대방에 한한다(58①). 그러나 복효적 행정행위는 처분의 이해관계인으로서 해당 처분청에 대하여 고지를 신청할 수 있고, 그 신청을 받은 행정청은 지체없이 고지를 하여야 한다(58②).

6) 심판청구인 및 원고적격: 행정심판의 청구인이나 행정소송의 원고가 될 수 있는 자는 해당처분이나 부작위의 직접 상대방 뿐만 아니라 제3자라도 해당 쟁송을 제기할 법률상 이익이 있으면 족하다(행정심판법 13, 행정소송법 12). 따라서 복효적 행정행위에 의하여 부담적 효과를 받게 된 자는 해당 행정행위의 직접 상대방인 여부와 관계없이 청구인 또는 원고가 될 수 있다.

7) 참가인적격: 행정심판이나 행정소송의 결과에 대하여 이해관계가 있는 자는 해당 행정심판 또는 행정소송에 참가할 수 있는 바(행정심판법 20, 행정소송법 16), 복효적 행정행위를 대상으로 하는 행정쟁송이 제기된 경우에 그 행정쟁송의 결과에 따라 자기의 권익에 영향이 미칠 우려가 있는 제3자는 참가인이 될 수 있다.

8) 제3자에 의한 재심청구: 행정소송의 결과 처분 등을 취소하는 판결로 인하여 권익을 침해받는 제3자는 자기에게 책임없는 사유로 소송에 참가하지 못하여 판결의 결과에 영향을 미칠 공격·방어방법을 제출하지 못한 것을 이유로 확정된 종국판결에 대한 재심을 청구할 수 있다(행정소송법 31①). 재심청구는 확정판결이 있음을 안 날로부터 30일 이내, 판결이 확정된 날로부터 1년 이내에 제기하여야 한다(동법 31②).

9) 집행정지: 복효적 행정행위로 불이익을 받은 자는 취소소송을 제기하고 그 행위로 회복하기 어려운 손해를 예방하기 위하여 긴급한 필요가 있다고 인정할 때에는 법원에 이유를 소명하여 그 행위의 집행정지를 신청할 수 있다(동법 23).

Ⅲ. 쌍방적 행정행위와 일방적 행정행위

행정행위는 공권력의 발동인 단독행위이므로 행정주체의 행위만으로 성립하나, 행위의 전제로서 상대방의 협력이 필요한 경우도 있고, 그럴 필요없이 행정주체가 직권에 의하여 일방적 의사표시로 하는 경우도 있는 바, 전자를 쌍방적 행정행위 또는 협력을 요하는 행정행위(예; 특허·대부분의 허가 등)라 하고, 후자를 일방적 또는 독립적 행정행위(예; 조세부과·경찰하명·허가취소·공무원의 징계 등)라 한다. 쌍방적 행정행위는 그 필요로 하는 협력의 내용에 따라 동의를 요하는 행정행위(예; 공무원임명행위)와 신청을 요하는 행정행위(예; 허가 · 특허 등)로 나눌 수 있으며, 신청이나 동의없이 한 행정행위는 무효이다. 쌍방적 행정행위는 행정주체의 일방적 의사에 의거하여 결정되고 상대방의 의사는 단지 효력발생요건에 지나지 않는다는 점에서 행정주체와 상대방의 대등가치의 의사의 합치로 성립되는 쌍방행위(공법상 계약 등)와 구별된다.

Ⅳ. 대인적 행정행위 · 대물적 행정행위 · 혼합적 행정행위

행정행위의 대상이 사람인가 물건 또는 시설인가에 따라 대인적 행정행위와 대물적 행정행위(물적 행정행위)로 구별된다. 전자는 행정행위의 대상이 특정인으로 순전히 사람의 학식 · 기술 · 경험과 같은 주관적 사정에 착안하여 행하여진 행정행위이며(예; 의사면허 · 운전면허 등), 후자는 행정행위의 대상이 특정물건 또는 시설로서 오직 그 물건 또는 시설의 객관적 사정에 착안하여 행하여지는 행정행위이다(예; 건축허가 · 문화재의 지정). 이러한 구별의 실익은 행정행위의 효과의 이전성 여부에 있는 바, 대물적 행정행위(對物的 行政行爲)는 이전이 가능하다(판례). 그리고 대인적 요소와 대물적 요소를 함께 가진 혼합적 행정행위도 있다(예; 전당포 영업허가 · 병원허가 등).

[판 례] 대물적 처분의 경우 승계 인정

"석유사업법상 석유판매등록이나 제재처분은 사업자 개인 자격에 대한 것이 아니라 석유사업에 대한 것으로서 대물적 처분의 성격을 갖고 있으므로, 석유판매시설을 경매에 의하여 취득한 자는 종전 소유자에 부과된 과징금도 승계되어 이를 납부할 의무가 있다."(대판 2003.2.23. 2003두8005)

Ⅴ. 수령을 요하는 행정행위와 수령을 요하지 않는 행정행위

이는 행정행위가 상대방에게 수령될 것을 요하는지의 여부에 따른 분류로서, 수령을 요하는 행정행위는 의사표시가 상대방에게 도달되어야 효력이 발생하나, 수령을 요하지 않는 행정행위는 불특정다수인 및 주소 · 거소가 불명한 경우로 고시 · 공고함으로써 족하다.

Ⅵ. 요식행위와 불요식행위

이는 행정행위가 일정한 형식을 요하느냐의 여부에 따른 구별인 바, 행정행위의 내용을 명백 · 확실하게 하기 위하여 법령에서 서면 · 서명 · 날인 · 기타 일정한 형식에 의할 것을 행위의 요건으로 하는 경우를 요식행위라 하며(예; 행정심판의 재결 · 변호사의 등록 등), 그러한 형식을 요건으로 하지 아니하는 행정행위를 불요식행위(不要式行爲)라 한다. 요식행위에서 법령의 요건에 따른 형식을 결여하게 되면 형식하자로 인한 위법의 문제가 생긴다.

Ⅶ. 적극적 행정행위와 소극적 행정행위

이는 현재의 법률상태에 변동을 가져오는 것인지의 여부에 따른 분류인 바, 전자는 하명·허가·특허 등과 같이 적극적으로 현존하는 법률상태에 변동을 가져오는 내용의 행정행위를 말하며, 후자는 신청의 각하나 부작위 등과 같이 현존의 법률상태를 그대로 존속시키는 내용의 행정행위를 말한다. 소극적 행정행위 중 거부처분은 의무이행심판 및 취소소송의 대상이 되며[행정심판법 5(3), 행정소송법 4(1)], 부작위는 의무이행심판 및 부작위위법확인소송의 대상이 된다[행정소송법 5(3), 행정심판법 5(3)].

Ⅷ. 가행정행위 · 사전승인 · 부분승인

1. 가행정행위

1) 의 의: 가행정행위(假行政行爲)란 행정행위의 법적 효과 또는 구속력이 최종적으로 결정될 때까지 잠정적으로만 행정행위로서의 구속력을 가지는 행정의 행위형식을 말하며, 임시처분이라고도 한다. 이것은 일정사항의 불확실성으로 인해 우선 종국적인 결정이 있을 때까지 잠정적으로 규율하는 것을 내용으로 한다는 데 그 특징이 있다. 납세신고에 의하여 일단 과세처분의 효과를 발생케 한 다음 과세행정청의 경정결정 등에 의해 세액을 확정짓는 것이 그 예이다.

2) 법적 근거: 가행정행위를 허용하는 명문규정이 있는 경우에는 문제가 없으나, 명문의 근거규정이 없는 경우의 허용여부에 대해서는 견해가 나뉜다. 즉, ① 법률유보의 원칙상 허용될 수 없다는 **소극설**과, ② 본처분에 관한 근거법은 가행정행위의 근거가 될 수 있다는 **적극설**이 있는바, 후설이 타당하다.

3) 법적 성질: 가행정행위는 잠정적이긴 하나 국민의 권리와 의무를 직접 규율하므로 그 자체 행정행위의 성질을 지닌다. 가행정행위는 본처분에 의하여 대체될 것이라는 점에서, 단계별로 일정한 구속력을 가지는 다단계행정행위에서의 사전승인이나 부분승인과 구별된다.

4) 효 과: 가행정행위는 잠정적이긴 하지만 행정행위로서의 법적 효력을 발생한다. 가행정행위는 종국적인 행정행위에 대해 구속력을 미치지 아니하며, 종국적인 행정행위가 있게 되면 그 효력을 상실하고 종국적 행정행위로 대체된다.

5) 권리구제: 가행정행위도 행정행위로서의 효력이 발생하는 것이므로 가행정행위로 인한 법률상 이익의 침해에 대해 항고쟁송을 제기할 수 있다. 가행정행위의 신청이 거부된 경우에는 거부처분 취소심판·취소소송, 의무이행심판, 부작위위법확인소송을 제기할 수 있고, 가행정행위의 발령 후 상당기간 내에 종국적 행정행위의 발령이 없는 경우에도 종국적 행정행위에 대해 위와 같은 쟁송이 가능하다. 다만, 종국적 행정행위가 있게 되면 가행정행위는 종국적 행정행위

에 흡수되어 소멸하므로 종국적 행정행위를 다툼은 별론으로 하고, 가행정행위는 소의 이익이 없어 쟁송제기가 부적법하다(판례).

[판 례] 가행정행위가 후행처분에 흡수되면 소의 이익 없음

"공정거래위원회가 부당한 공동행위를 행한 사업자로서 구 독점규제 및 공정거래에 관한 법률(2013. 7. 16. 법률 제11937호로 개정되기 전의 것) 제22조의2에서 정한 **자진신고자나 조사협조자에 대하여 과징금 부과처분(이하 '선행처분'이라 한다)을 한 뒤**, 독점규제 및 공정거래에 관한 법률 시행령 제35조 제3항에 따라 다시 자진신고자 등에 대한 사건을 분리하여 **자진신고 등을 이유로 한 과징금 감면처분(이하 '후행처분'이라 한다)을 하였다면**, 후행처분은 자진신고 감면까지 포함하여 처분 상대방이 실제로 납부하여야 할 최종적인 과징금액을 결정하는 종국적 처분이고, **선행처분은 이러한 종국적 처분을 예정하고 있는 일종의 잠정적 처분으로서 후행처분이 있을 경우 선행처분은 후행처분에 흡수되어 소멸한다. 따라서 위와 같은 경우에 선행처분의 취소를 구하는 소는 이미 효력을 잃은 처분의 취소를 구하는 것으로 부적법하다.**"(대판 2015.02.12. 2013두987, 과징금납부명령등취소청구의소)

2. 사전승인(예비결정, 사전결정)

1) 의 의: 사전승인이란 최종적인 행정행위의 전제요건이 되는 형식적 또는 실질적 요건의 심사에 대한 판단으로서 내려지는 결정을 말한다. 사전승인은 다단계행정과정의 일부분을 이루는 것인 바, 다단계행정과정(多段階行政過程)은 대규모사업의 허가와 같이 그 결정과정이 매우 복잡하여 연속적이고 단계적인 중간절차를 거쳐 완전한 허가가 이루어지는 일련의 과정을 말한다. 사전승인은 이러한 다단계 대규모사업에서 중요쟁점을 미리 확정지을 수 있어 투자의 위험을 줄일 수 있고 사업의 안전성과 예견가능성을 확보할 수 있다. 사전승인의 예로는, 건축허가신청 전에 해당 대지에 건축허용가능여부에 대한 사전결정이나(건축법 10①), 폐기물처리업의 허가신청 전에 받는 사업계획서의 적정통보(폐기물관리법 25②③) 및 발전용원자로 및 관계시설을 건설하고자 하는 경우 건설허가신청 전에 부지에 대한 사전승인(원자력법 11③) 등이 있다.

사전승인은 종국적인 결정의 요건 중에 일부요건에 대한 결정이긴 하나 그 자체는 최종적 결정이라는 점에서 종국적인 결정에 대한 약속에 불과한 확약과 구별된다.

2) 법적 성질 · 효과: 사전승인은 후속적인 최종결정의 토대로서 작용하게 되므로 후속 행정결정에 대한 구속력을 가진다. 사전승인의 후행행위에 대한 구속력은, 근거법률에서 사전승인에 따른 신청이 있으면 후행행위를 하도록 강제하거나, 이러한 규정이 없더라도 사전승인을 후행행위에 대한 공적 견해표명으로 볼 수 있는 경우에는 신뢰보호원칙의 성립을 이유로 인정하게 된다. 사전승인을 받으면 최종결정을 받을 수 있으므로 개인의 법률관계에 영향을 미치게 되어 그 자체 행정행위의 성질을 지닌다(판례). 판례는 원자로건설의 부지사전승인에 관한 사건에서 사전승인의 처분성은 인정하면서도 소의 이익을 부인한바 있는 데(대판 1998.9.4. 97누19588), 소의 이익여부에 대해서는 견해가 나뉘고 있다.

3) 구속력의 한계: 사전승인은 후행결정에 대하여 구속력을 갖게 되므로 정당한 사유가

없이 사전승인에 반하는 후행행위를 하면 그 후행행위는 위법하게 된다. 다만, 사전승인시 불가피하게 파악되지 못하였던 사실관계나 법적 관계의 변경이 초래되었을 경우에는 이익형량을 통하여 그 구속력을 배제하거나 감경할 수 있고, 적법한 사전승인 후에 단계적으로 따르는 행정결정을 거부하는 경우에는 철회의 법리를 준용하여야 할 것이다. 판례는 후행행위가 재량행위인 경우 공익판단의 이익형량에 따라 구속력을 부인한 경우도 있다(대판 1999.5.25. 99두1052).

4) 권리구제: 사전승인도 처분성이 인정되므로 항고쟁송의 대상이 된다. 최종적인 행정행위가 행해진 후에는 사전승인은 이에 흡수되므로 사전승인을 다툴 소의 이익이 없게 된다. 따라서 이 경우에는 사전승인의 하자를 이유로 최종적인 행정행위를 다투어야 한다.

[판 례] 부적정통보는 행정처분에 해당

"폐기물관리법 관계 법령의 규정에 의하면 폐기물처리업의 허가를 받기 위하여는 먼저 사업계획서를 제출하여 허가권자로부터 사업계획에 대한 적정통보를 받아야 하고, 그 적정통보를 받은 자만이 일정기간 내에 시설, 장비, 기술능력, 자본금을 갖추어 허가신청을 할 수 있으므로, 결국 부적정통보는 허가신청 자체를 제한하는 등 개인의 권리 내지 법률상의 이익을 개별적이고 구체적으로 규제하고 있어 행정처분에 해당한다."(대판 1998.4.28. 97누21086)

3. 부분승인

1) 의 의: 부분승인은 다단계적 행정에 있어서 특정한 일부분에 대해서만 결정하는 행위를 말하며, 부분허가 또는 일부승인이라고도 한다. 부분승인은 비교적 장기간의 시간을 요하는 중요한 시설의 건설 등에서 이루어지는바, 전체시설 중에 특정한 부분의 설치나 운영만을 허가하는 것을 말한다. 사전승인은 시간적 개념인데 대하여 부분승인은 공간적 개념이라 할 수 있다.

2) 법적 성질: 부분승인은 특정부분에 관한 한 종국적인 결정으로서 개인의 법률관계에 영향을 미치므로 행정행위의 성질을 지닌다. 위 발전용원자로 건설허가의 경우, 부지사전승인이 있으면 원자로건설의 위치가 미리 설정되므로 부지의 적합성이라는 실질적 요건에 대한 종국적인 판단이 되고, 원자로건설허가의 일부에 대해 미리 결정한다는 측면에서 사전결정의 성질을 가진다. 또한 부지사전승인이 있게 되면 제한된 범위에서 공사를 할 수 있는 효과가 발생하므로 부분허가의 성질도 지닌다.

3) 효 과: 부분승인을 받으면 승인받은 행위를 할 수 있다. 부분승인은 최종결정에 구속력을 지니므로, 행정청은 특별한 사정변경이 없는 한 부분승인과 모순되는 후행결정을 할 수 없다.

4) 권리구제: 부분승인도 처분성이 인정되므로 이로 인해 법률상 이익을 침해받은 자는 항고쟁송을 제기할 수 있다. 부분승인 후 최종허가를 하지 아니할 경우에는 거부처분 취소쟁송, 의무이행심판 및 부작위위법확인소송 등을 제기할 수 있다.

【 가행정행위와 사전승인의 구별 】

	가 행 정 행 위	사 전 승 인
신청여부	불필요(본처분 신청)	필요(본처분 신청과 별개)
법적 근거	불필요(본처분 근거법으로 가능)	필요
요건, 성질	본처분 요건의 일부, 행정행위	본처분의 전제요건, 행정행위
구속력	본처분에 대한 구속력 없음	있음(사전승인에 반하는 본처분 불가)
효 력	본처분시까지 임시효, 본처분에 흡수	본처분과 별개로 효력인정, 소익 상실
사 례	신고과세와 경정결정, 공무원의 시보임용과 정규임용	건축법상 사전결정, 폐기물관리법상 적정통보

Ⅸ. 개별처분과 일반처분 및 자동적 처분

1. 개별처분과 일반처분

이는 행정행위의 상대방의 특정여부에 의한 구별이다. 즉, 개별처분은 상대방이 특정되어 있는 행정행위이고(예; 갑에 대한 유흥음식점 허가 등), 일반처분은 불특정 다수인에 대한 행정행위이다(예; 통행금지구역지정). 일반처분은 또 다시 사람을 규율대상으로 하는 대인적 일반처분(예; 미성년자 출입금지)과, 물건을 규율대상으로 하는 물적 행정행위(예; 건축제한구역지정)로 구분할 수 있다. 일반처분도 행정행위에 해당하므로 행정쟁송의 대상이 되는데, 쟁송의 결과가 쟁송을 제기하지 아니한 자에게도 영향을 미치는지 문제될 수 있다.

2. 자동적 처분

자동적 처분이란 자동화된 시스템으로 하는 처분을 말한다. 행정청은 법률로 정하는 바에 따라 완전히 자동화된 시스템(인공지능기술을 적용한 시스템을 포함한다)으로 처분을 할 수 있다. 다만, 처분에 재량이 있는 경우는 그러하지 아니하다(행정기본법 20). 예컨대, 자동기기에 의한 교통신호·주민등록등본 등의 발급·시험채점·세금결정 등이 있다. 그런데 법령에서 정하는 바에 따라 기계적으로 할 수 있는 기속행위와 달리, 재량행위는 행정청에게 공익판단 등의 판단여지 내지 선택의 가능성이 있으므로 자동화 시스템으로 하기에 부적절하다.

Ⅹ. 기속행위와 재량행위

이는 행정행위에 대한 법의 구속의 정도를 기준으로 한 분류인 바, 이 구별은 원래 행정소송의 대상이 되느냐의 여부에 주된 구별 실익이 있었지만, 근래에는 그것을 넘어서 전반적인 행정재량통제문제로서 관심이 집중되고 있다. 이 구별에 대해서는 별도로 상술하기로 한다.

제3절 기속행위와 재량행위

I. 개 설

1. 기속행위와 재량행위의 개념

1) 법치국가에서는 법치행정의 원리에 의해 모든 행정은 법률에 근거하고 법률에 따라 행하여져야 한다. 그러한 의미에서 행정은 바로 구체적인 행정법규의 적용과정이라 할 것이다. 행정법규는 ① 어떤 요건이 갖추어진 경우에(요건규정), ② 어떤 종류의 행위를 할 것인가[행위(효과)규정]를 일반적 내용으로 하고 있는 바, 행정법규의 적용은 ① 먼저 구체적 사실을 인정하고, ② 거기에 적용할 법률요건의 내용을 해석한 후, ③ 인정사실이 법률요건에 해당하는지를 판단하여[이를 **포섭**(Subsumtion)이라 한다], ④ 그에 따르는 법률효과를 결정 또는 선택하는 일련의 논리적 조작과정이라 할 수 있다.[4)] 그런데 법치주의를 엄격히 이해한다면 행정법규에서 행정행위의 요건을 아무런 의문의 여지가 없도록 일의적·확정적으로 규정하고, 그에 해당하는 사실이 있는 경우에는 반드시 그 행위를 하도록 의무지우는 것이 가장 이상적일 것이다. 그러나 법률은 부단히 변하는 사회현실을 고려하면서 모든 경우를 예상하여 빠짐없이 규정한다는 것은 사실상 불가능한 일이다. 따라서 끊임없는 변천에 순응하여 능률성과 구체적 타당성을 확보할 수 있도록 하기 위하여 행정청에게 일정한 범위 내에서 재량을 인정하는 경우가 많게 된다.[5)]

2) 그리하여 법규가 어떤 요건 아래서 어떤 행위를 할 것인가에 관하여 의문의 여지가 없도록 일의적·확정적으로 규정함으로써 행정청은 법규가 정한 바를 단순히 기계적으로 집행하는 데 그치는 경우의 행정행위를 '**기속행위**(羈束行爲)'라 하고, 법규가 행정청에 대하여 그 요건의 판단 또는 행위(효과)의 결정에 있어서 다수의 가능성 가운데서 선택의 여지를 부여하고 있는 경우는 '**재량행위**(裁量行爲)'라 한다.

3) 그러나 모든 행정행위는 정도의 차이는 있을지라도 상위규범에 의해 기속을 받고 있다는 의미에서 기속행위라 할 수 있는 동시에 구체화의 여지가 있다는 의미에서는 재량행위라고도 할 수 있다. 이와 같이 행정행위가 이중성을 가졌다는 의미에서 볼 때 기속행위와 재량행위는 법에 대한 관계에 있어서 질적 차이가 있는 것은 아니고, 양적 차이가 있음에 지나지 않는 상대

---

4) 예컨대, 하천법 제47조 제1항은 "하천관리청은 하천공사·하천의 보전 및 하천환경 등을 고려하여 필요하다고 인정하는 때에는 대통령령으로 정하는 바에 따라 구간을 정하여 하천의 사용을 금지하거나 제한할 수 있다."고 규정하고 있다. 이 법률의 적용은 ① 구체적 사실로서 무엇이 발생하였는가를 인정하고, ② 하천공사·하천의 보전 및 하천환경 등을 고려하여 필요하다고 인정하는 때란 어떠한 경우를 의미하는지 해석한 후, ③ 발생한 사실이 법률요건인 하천공사·하천의 보전 및 하천환경 등을 고려하여 필요하다고 인정하는 사유에 해당하는지를 판단하여, ④ 하천사용을 금지 또는 제한할 것인지를 결정하고, 한다면 금지할 것인지 아니면 제한할 것인지를 선택한 다음 처분절차와 처분의 시기를 선택·결정하는 것이다.

5) '행정재량'은 행정의 모든 영역(행정입법·행정강제·행정벌 및 그 밖의 행정작용)에 걸쳐 문제될 수 있는 것인데, 행정행위론에서 주로 논의되어 온 이유는 행정행위만이 행정소송(항고소송)의 대상이었기 때문이다.

적 구별에 불과하다.

2. 재량행위의 분류

(1) 기속재량과 자유재량

전통적인 견해는 행정재량을 행정행위에 대한 재량에 한정하고, 재량행위를 다시 기속재량(법규재량 · 합법성재량)과 자유재량(편의재량 · 공익재량 · 합목적성재량)으로 나누는 것이 보통이다. **기속재량**이란 무엇이 법인지를 판단하는 재량, 즉 법령의 명문규정 이외에 법의 준칙(조리법)의 구속을 받아 법이 예정한 객관적 기준이 존재하는 경우로서, 그것을 그르친 행위는 위법이 되어 법원의 심사대상이 된다. 이에 대하여 **자유재량**이란 무엇이 공익목적 내지 행정목적에 보다 적합한 것인지를 판단하는 재량을 말하며, 그 재량을 그르친 행위는 원칙적으로 부당행위가 되는 데 그치며, 사법심사의 대상이 되지 않는다. 그런데 기속재량이란 실질적으로 재량의 행사가 아니라 법개념의 충족이기 때문에 기속행위적 성질의 것이며, 그리하여 재량행위라 할 때는 보통 자유재량행위만을 가리킨다.

이와 같이 재량행위를 기속재량과 자유재량으로 나누는 것은, 재량행위는 법원의 심사대상에서 제외된다는 것을 전제로 하여 재량행위 중에서도 구체적인 법의 판단에 관한 것은 사법심사가 가능하도록 하여 행정소송의 범위를 넓혀 행정구제의 기회를 확대하려는 법기술적 고려에서 나온 것이다.

(2) 결정재량과 선택재량

결정재량이란 법규에서 허용한 행위를 할 것인가의 여부를 결정할 권한을 부여한 경우를 말한다. 예컨대, 법규에 '허가할 수 있다'고 규정하고 있는 경우 행정기관이 허가할 것인지 허가하지 않을 것인지를 결정할 권한이 있는 경우이다. 이에 대하여 **선택재량**이란 법규에서 행정목적 실현을 위해 허용한 대상과 수단 중에서 어느 것을 선택할 것인지를 행정기관에 맡긴 경우를 말한다. 예컨대, 법규 위반업소에 대해 영업취소나 6개월 이하의 영업정지를 할 수 있도록 규정하고 있는 경우에 행정기관이 그 중에서 적정한 수단을 선택할 수 있는 경우를 말한다.

재량행위에는 위 재량을 모두 인정하고 있는 경우도 있고 결정재량만 인정되는 경우도 있다.

Ⅱ. 기속행위와 재량행위의 구별의 필요성

1. 사법심사의 방식의 차이

법원은, 기속행위의 경우에는 사실인정과 관련법규의 해석 · 적용을 통하여 법령에의 수권여부(법률유보원칙) 및 법령에의 저촉여부(법률우위원칙)에 따라 행정행위의 적법여부를 독자적 입장에서 판단하나, 재량행위의 경우에는 행정청의 재량의 여지를 감안하여 재량권의 일탈 · 남용여부만을 심사하여 해당 행정행위의 위법여부를 판단한다(판례). 이와 같이 사법심사의 방식이 다름에 따라 재량행위의 의의와 한계를 명백히 할 필요가 있다.

양자의 구별을 연혁적으로 보면 대륙법계 국가에서 실정법상 재량조항을 두어 재량행위는 행정소송사항에서 제외시킨 데서 비롯하였다. 즉, 행정소송사항에 관하여 개괄주의를 채택한 '오스트리아'에서는 "행정관청의 자유재량에 속하는 사항은 행정재판소의 관할에 속하지 아니한다"는 명문의 재량조항을 두었고(1875년 10월 22일 행정재판소설치법 제3조), 뒤이어 남독일의 여러 주에서도 같은 취지의 재량조항을 두게 되었다. 우리나라 실정법에는 재량조항은 없으나 행정행위의 위법과 부당을 구별하여, 취소소송은 위법을 주장하는 경우(행정소송법 1, 4) 또는 재량권의 한계를 넘거나 그 남용이 있는 경우라야 한다(동법 27).

[판 례] 기속행위와 재량행위의 사법심사 방식

"행정행위를 기속행위와 재량행위로 구분하는 경우 양자에 대한 사법심사는, **전자의 경우 그 법규에 대한 원칙적인 기속성으로 인하여 법원이 사실인정과 관련 법규의 해석·적용을 통하여 일정한 결론을 도출한 후 그 결론에 비추어 행정청이 한 판단의 적법 여부를 독자의 입장에서 판정하는 방식**에 의하게 되나, **후자의 경우** 행정청의 재량에 기한 공익판단의 여지를 감안하여 법원은 독자의 결론을 도출함이 없이 당해 행위에 **재량권의 일탈·남용이 있는지 여부만을 심사**하게 되고, 이러한 재량권의 일탈·남용 여부에 대한 심사는 사실오인, 비례·평등의 원칙 위배 등을 그 판단 대상으로 한다."(대판 2005.7.14. 2004두6181, 건축허가신청반려처분취소; 대판 2007. 5. 31. 2005두1329, 도로점용허가거부처분취소등)

2. 공권의 성립과의 관계

기속행위의 경우에는 행정청은 그 행위를 하여야 할 의무를 진다. 따라서 상대방에게는 그 기속행위를 하여 줄 것을 요구할 수 있는 공권(公權)이 생길 수 있다. 이에 대하여 재량행위의 경우에는 행정청은 행위를 할 것인지에 대하여 재량을 가진다고 할 것이므로 상대방에게는 재량행위에 대한 청구권이 생길 수 없다. 다만, 재량행위의 경우에도 재량이 영으로 수축된 경우에는 청구권(행정개입청구권)이 생긴다고 할 것이다. 그런데 재량행위에는 무하자재량행사청구권이라는 공권이 성립하므로 이 견해는 타당하지 않다는 견해도 있다.[6)]

3. 부관과의 관계

기속행위는 법규의 직접 규정에 의한 행위이므로 부관을 부가할 수 없으나, 재량행위는 법규가 행정청에 재량권을 허용하고 있으므로 그 재량의 범위 내에서 부관을 부가할 수 있다(통설). 그러나 재량의 문제는 사법심사의 한계문제이고, 부관의 가능여부문제는 행정목적이라는 별개의 관점에서 결정되는 것으로 그 구별의 실익과는 관계가 없다는 견해도 있다.[7)]

4. 존속력과의 관계

기속행위는 그 행위의 형식과 내용이 법규에 의하여 엄격히 구속되어 있는 행위이므로 행정청

6) 김동희(Ⅰ), 270면.

7) 김성수(일반), 187면, 홍정선(상), 368면.

이 함부로 이를 취소·철회할 수 없는 불가변력을 발생하는데, 재량행위는 사정변경에 따라 취소·철회할 수 있다고 보는 견해가 있다.[8] 그러나 재량행위라고 하여 그 취소·변경이 자유로운 것이 아닌 점에서 양자간의 직접적인 관련은 없다고 보아야 할 것이다(통설).

Ⅲ. 기속행위와 재량행위의 구별기준

1. 구별에 관한 학설 및 판례

기속행위와 재량행위의 구별은 기술적 이유에서 필요하다는 것이 통설이지만, 구체적인 구별기준에 대하여는 견해가 대립된다.

(1) 요건재량설(要件裁量說)

요건재량설은 재량을 행정행위의 요건에 대한 사실인정과 인정사실의 요건해당여부에 관한 판단(요건인정)으로 보는 것으로서, 법률요건의 인정의 결과 법률효과가 도출되는 것이므로 일단 요건에의 합치가 있은 후의 그에 해당하는 행위를 하느냐 하지않느냐 하는 행위의 선택(법률효과 자체)에는 재량이 인정되지 않는다는 것이다. 그리하여 행정행위를 할 수 있다고 하는 수권규정(授權規定)만 두고 행정행위의 요건에 대하여 아무런 규정을 두지 아니한 경우(공백규정)와, 다의적·불확정개념인 공익만을 행정행위의 요건으로 정한 경우(종국목적)는 행정청이 해당 행정행위의 요건사실의 유무에 대하여 판단할 수 있으므로 재량행위에 속하고, 개개의 행정활동에 특유한 중간적인 직접목적을 처분의 요건으로 규정한 경우(중간목적)는 해당 행정활동의 구체적 기준이 법에서 일의적(一義的)으로 확정되고 행정청은 그 기준에 따라 활동할 기속을 받기 때문에 기속행위가 된다고 한다.

이 견해는 ① 법규정에의 지나친 편중으로 행정의 자유영역을 확대하였고, ② 중간목적과 종국목적의 구분 자체는 상대적 차이밖에 없으며, ③ 법률문제인 요건인정을 재량문제로 오인하고 있으며, ④ 법률효과의 실현자체가 행정의 합목적성·편의성에 따른 재량의 대상임을 간과하고 있다는 비판을 받는다.

(2) 효과재량설(效果裁量說)

효과재량설은 재량을 어떠한 법률효과(행위)를 발생시킬 것인가의 선택에 있다고 본다. 즉, 요건사실의 인정에는 재량이 없고, 행위를 할 것인가 어떤 행위를 할 것인가라는 행위의 선택(법률효과의 발생에 대한 선택)에 있어서만 재량을 가진다고 한다. 그리하여 행정행위의 성질을 기준으로 하여, ① 국민의 권리·이익을 제한·박탈하거나 새로운 의무를 부과하는 행위는 기속행위이고, ② 국민에게 권리·이익을 부여하거나 직접 국민의 권리·의무와 관계없는 행위는 법률이 특별한 제한을 두고 있는 경우를 제외하고는 재량행위라고 한다.

---

8) 윤세창(상), 191면.

이 견해는 종래의 통설·판례의 입장으로서, 법규의 표현방식에 구애되지 않고 국민에게 미치는 효과를 기준으로 구별함으로써 재량행위의 범위를 축소하여 사법심사의 영역을 확대한 공적이 있다. 그러나 오늘날 ① 수익적 행정행위의 영역에도 기속행위가, 부담적 행정행위의 영역에도 재량행위가 증가하고 있고(정책재량·기술재량 등), ② 행정행위의 요건으로 불확정개념의 사용이 증가하고 있음을 볼 때 이 설로는 현대의 복잡한 행정현상을 다루기에는 미흡하다는 비판이 있다.

(3) 판단여지설(判斷餘地說)

판단여지설은 행정법규가 행정행위의 요건을 불확정개념(不確定概念)으로 규정하고 있는 경우에도, 그 불확정개념의 적용은 다수의 판단의 가능성간의 선택의 여지라는 재량을 의미하는 것이 아니라 유일한 정당한 결정을 내려야 하는 법적용이라 하고, 그에 관한 행정청의 판단에 대하여 법원의 심리에 갈음하는 판단여지(判斷餘地) 내지 대체가능성을 인정하려는 견해이다. 이러한 입장에서 요건규정의 재량여부를 판단하는 기술적 방법으로 활용할 수 있다고 할 것이다. 그러나 재량개념은 효과부분의 문제라고 보는 입장에서는 판단여지는 요건부분의 불확정개념의 해석문제라는 점에서 구별된다는 비판을 받는다.

(4) 종합설(개별적 검토설)

이 설은 재량행위의 여부는 근거법령의 규정방식과 그 취지·목적 및 행정행위의 성질, 기본권과의 관련성 등을 종합적으로 고려하여 구체적인 사안마다 개별적으로 판단해야 한다는 견해이다.

(5) 판 례

판례는 해당 처분의 근거가 된 규정의 형식·체제·문언과 주된 목적 및 해당 행위의 성질 등을 모두 고려하여 개별적으로 판단하여야 한다고 한다.

[판례 1] 근거법규의 체제·형식·문언, 목적·특성, 행위의 성질·유형 등을 고려하여 판단

"행정행위가 재량행위인지 여부는 **해당 행위의 근거가 된 법규의 체제·형식과 그 문언, 해당 행위가 속하는 행정 분야의 주된 목적과 특성, 해당 행위 자체의 개별적 성질과 유형 등을 모두 고려**하여 판단하여야 한다."(대판 2000.2.9, 98두17593; 대판 2020.10.15. 2019두45739 등)

[판례 2] 수익적 행정처분은 재량행위

"주택건설촉진법 제33조에 의한 주택건설사업계획의 승인은 상대방에게 권리나 이익을 부여하는 효과를 수반하는 이른바 **수익적 행정처분**으로서 법령에 행정처분의 요건에 관하여 일의적으로 규정되어 있지 아니한 이상 행정청의 **재량행위**에 속한다."(대판 2002.6.14, 2000두10663; 대판 2005.4.15. 2004두10883 등)

[판례 3] 기술적·전문적 판단을 요하는 분야는 재량

"관련 규정에 의하면, 마을버스운송사업면허의 허용 여부는 사업구역의 교통수요, 노선결정, 운송업체의 수송능력, 공급능력 등에 관하여 **기술적·전문적인 판단을 요하는 분야**로서 이에 관한 행정처분은 운수행정을 통한 공익실현과 아울러 합목적성을 추구하기 위하여 보다 구체적 타당성에 적합한 기준에 의하여야 할 것이므로 그 범위 내에서는 법령이 특별히 규정한 바가 없으면 **행정청의 재량**에 속하는 것이라고 보아야 할 것이다."(대판 1999.10.12, 99두6026; 대판 2001.1.19, 99두3812 등)

(6) 결 어

종합설이 타당하며, 다수설 및 판례의 입장이기도 하다. 따라서 우선 관계 행정법규의 문리적 해석을 전제로 하면서, 근거법령의 목적·취지와 해당 행정행위의 성질 등을 해석함에 있어서 위 여러 학설의 입장을 종합적으로 고려하여 판단할 수 있다.

2. 구체적 구별기준

기속행위와 재량행위의 구체적 구별은, ① 근거법규의 문리적 해석(근거가 된 법령의 규정형식이나 체제 또는 문언)을 하고, ② 근거법령의 목적·취지 및 행위의 성질(수익적 행위 여부, 공익성 여부, 기본권관련성 등)을 합리적으로 해석하여 판단하여야 한다. 그런데 법령이 행정청에 처분권한을 수권한 경우에는 일반적으로 그 법령은, 어떤 경우에(**요건규정**), 어떤 행위를 할 것인지(**효과규정**)를 내용으로 한다.[9] 여기서 재량행위는 원칙적으로, 어떤 행위를 할 것인가의 결정·선택이라는 효과규정에서 인정될 수 있는 것이고(효과재량), 어떤 경우에 해당하는가의 판단이라는 요건규정에는 재량이 아니라 의무에 합당한 올바른 판단이라는 법적용만이 있을 뿐이다. 다만 불확정개념이 사용된 경우라든지, 법률유보원칙이 타당하지 않은 영역에서 법률의 목적규정 내지 권한규정에 의한 행정작용의 경우에 요건재량(판단여지)이 인정될 수 있다.

(1) 효과재량(행위재량)

효과재량(效果裁量)이라 함은 법령상의 구성요건에서 정한 전제요건이 충족될 때 행정청이 선택할 수 있는 법적 효과(행위)를 다수 설정하고 있는 경우에 그 특정행위의 선택·결정의 자유를 말한다. 즉, 효과재량은 효과규정의 해석·적용에 있어서 행정청에게 결정·선택의 자유가 인정되는 것을 말한다. 그리하여,

1) 법령상의 구성요건에서 정한 요건이 충족되면 행정청은 반드시 어떤 행위를 하거나 하지 말아야 하는 행위는 기속행위이다. 즉, 법규가 "…하여야 한다" "…할 수 없다" "…해서는 아니된다" 등 행정청에 일정한 행위의 발령을 의무적으로 규정하거나 금지하는 등 법규가 행정행위의 요건 및 내용을 일의적으로 규정하고 있는 경우에는 원칙적으로 기속행위이다.

2) "…할 수 있다"고 행정청에 대하여 일정한 행위를 발령할 수 있는 가능성을 부여하거나 다수의 행위 가운데 선택가능성을 규정하고 있다면 원칙적으로 재량행위라고 할 것이다.

3) 행정행위의 효과(행위)의 결정 및 선택에 관하여 법문이 선택의 여지를 인정한 경우에는 그 행위의 성질(수익적인가 부담적인가) 및 법의 취지·목적을 합리적으로 해석하여 판단하여야 한다.

---

9) 예컨대, 도로교통법 제6조 ① "지방경찰청장은 도로에서 위험을 방지하고 교통의 안전과 원활한 소통을 확보하기 위하여 필요하다고 인정하는 때에는 구간을 정하여 보행자나 차마의 통행을 금지하거나 제한할 수 있다"에서, "필요하다고 인정하는 때"가 요건규정으로 그 해석·판단에 요건재량이, "금지하거나 제한할 수 있다"가 효과규정으로 처분을 할 것인지(결정재량) 한다면 금지할 것인지 제한할 것인지(선택재량)의 결정·선택에 효과재량이 인정된다.

그리하여 ① 사실의 인정, 법률효과에 대한 선택이 허용되지 않는 확인적 판단작용 및 국민의 권리·자유를 제한·박탈하는 부담적 행정행위는 기속행위로 보아야 할 것이고, 특정인에게 권리·이익을 부여하거나 의무를 면하게 하는 수익적 행정행위는 법령에 특별한 규정이 없는 한 재량행위로 보아야 할 것이다. ② "…할 수 있다"고 규정한 경우에도 재량의 수권을 의미하는 경우(Ermessens Kann)와 권한행사의 지시를 의미하는 경우(Kompetenz Kann)가 있다. 또한 다의적인 불확정개념과 "…할 수 있다"는 규정이 결합하고 있는 법률의 규정의 경우에는 효과재량에서 고려될 관점이 모두 불확정개념을 포함한 법률요건의 인정에서 고려된 경우에는 "…할 수 있다"는 규정이 지닌 재량성은 상실되고 "…해야한다"는 기속행위로 된다. ③ "영업을 하고자 하는 자는… 허가를 받아야 한다"고 행정청의 권한에 대하여 규정한 경우에도 허가요건을 구비한 신청의 경우에 반드시 허가를 하는 것이 헌법상 기본권(직업선택의 자유)의 보장의 견지에서 타당하다고 해석되는 경우에는 기속행위가 된다.[10] ④ "…한다"라고 애매하게 규정된 경우에는 해당 법령의 목적·취지 및 행위의 성질을 합리적으로 고려하여 재량행위인지 기속행위인지를 판단하여야 한다.

(2) 요건재량(판단재량, 판단여지)

요건재량(要件裁量)이란 법률요건의 해석·판단에 행정청의 독자적 판단권이 인정되는 경우를 말한다. 요건재량은 공익적합성의 독자적 판단이며, 법률요건이 일반적으로 명확하게 규정되어 있지 않은 경우에 행정청이 인정한 사실의 법률요건으로서의 포섭에 판단의 여지가 있는 경우에 인정된다. 요건규정에 있어서의 재량은 다음의 경우에 인정될 수 있다.

1) **공백규정**: 법령이 처분요건을 규정함이 없이 처분권한만을 수권한 경우(예컨대, "하천점용을 하려고 하는 자는 하천관리자의 허가를 필요로 한다")에는 원칙적으로 재량행위이다.

2) **불확정개념**(판단여지): 법령이 처분요건으로서 일의적으로 명확하게 규정하지 않고 "공익을 해할 우려가 있는 때", "필요하다고 인정하는 때" 등 다의적·불확정개념으로 규정한 경우가 있다. 이와 같은 요건규정에는 법률요건의 해석·적용에 있어서 행정청에 독자적 판단권이 인정될 수 있다(판례).

일반적으로 불확정개념은 구체적인 경우에 해석에 따라 객관적·일반적으로 그 내용을 확정할 수 있고 유일한 해석·적용만이 적법하다고 할 수 있기 때문에 원칙적으로 법개념이며 재량이 인정되지 않는다. 그러나 불확정개념 중에는 그 해석·가치판단에 대한 객관적 기준이 존재하지 않아 법원의 판단으로 행정청의 판단에 대신하는 것이 불가능하거나 또는 현저히 부적당한 고도의 전문·기술적인 사항이나 행정의 정책적 사항에 속하는 개념이 있다. 이 경우에는 구체적인 경우에 규범구체화의 권한이 행정청에 맡겨져 있다고 판단되므로 요건재량(판단여지)을 인정할 수

10) 대판 1993.3.12. 92누5959. "광천음료수제조업허가는 성질상 일반적 금지에 대한 해제에 불과하므로 허가권자는 허가신청이 소정의 요건을 구비한 때에는 이를 반드시 허가하여야 한다."

있다. 그러나 이러한 행정청의 주관적인 가치판단을 요한다고 볼 수 있는 정치적 · 전문기술적 판단인 요건재량을 인정할 수 있으려면 법원이 전문가의 감정을 활용하여도 동일한 결론이 나올 만큼 그에 상응하는 행정청의 인적 구성과 행정결정의 절차에 객관성 · 중립성이 요구된다고 하겠다.

[판 례] 불확정개념의 해석에 행정청의 재량권 존재

"국토의계획및이용에관한법률에서 정한 도시지역 안에서 토지의 형질변경행위를 수반하는 건축허가는 건축법 제8조 제1항의 규정에 의한 건축허가와 국토의계획및이용에관한법률 제56조 제1항 제2호의 규정에 의한 토지의 형질변경허가의 성질을 아울러 갖는 것으로 보아야 할 것이고, 같은 법 제58조 제1항 제4호, 제3항, 같은 법 시행령 제56조 제1항 [별표 1] 제1호 (가)목 (3), (라)목 (1), (마)목 (1)의 각 규정을 종합하면, **같은 법 제56조 제1항 제2호의 규정에 의한 토지의 형질변경허가는 그 금지요건이 불확정개념으로 규정되어 있어 그 금지요건에 해당하는지 여부를 판단함에 있어서 행정청에게 재량권이 부여되어 있다고 할 것이므로,** 같은 법에 의하여 지정된 도시지역 안에서 토지의 형질변경행위를 수반하는 건축허가는 결국 재량행위에 속한다"(대판 2005.7.14. 2004두6181; 대판 2016.10.27. 2015두41579)

Ⅳ. 재량권의 한계

1. 재량권의 한계와 재량하자

재량행위는 행정청에 부여된 재량권의 한계 내의 것이면 당 · 부당의 문제는 생기지만 위법의 문제는 생기지 않기 때문에 행정소송의 대상이 되지 아니한다. 그러나 재량행위가 곧 법으로부터 자유로운 행위를 의미하는 것은 아니기 때문에 재량규범의 범위 내에서 기속되는 일정한 외적 · 내적 한계가 있다. 즉, 행정청은 재량이 있는 처분을 할 때에는 관련 이익을 정당하게 형량하여야 하며, 그 재량권의 범위를 넘어서는 아니 된다(행정기본법 21). 이러한 한계를 벗어난 행위는 재량하자로서 위법을 구성하여 법원의 법적 판단의 대상이 된다. 재량하자(裁量瑕疵)는 재량권의 행사가 위법을 구성하는 경우로 재량권의 일탈 · 남용이 이에 해당한다.[11)]

2. 재량권의 일탈 · 남용(逸脫 · 濫用)

(1) 의 의

재량권의 일탈 · 남용이란 법이 허용한 재량권의 범위를 넘어선 무권한의 재량권행사나 재량권의 조리상 제약을 도외시한 자의적인 재량권행사를 말한다. 전자는 재량권의 외적 한계인 재량권의 일탈을 말하고 후자는 재량권의 내적 한계인 재량권의 남용을 의미한다. 행정소송법 제27조는 "재량권의 한계를 넘거나 그 남용이 있는 때에는 법원은 이를 취소할 수 있다."고 규정하여

11) 예컨대, 식품위생법 제75조 제1항은 제품검사에서 불합격 받은 식품을 판매한 경우는 영업허가 취소, 6월 이내의 영업정지 또는 영업폐쇄를 명할 수 있다고 규정하고 있는데, ① 불합격식품판매업자에 영업정지처분을 하면서 그 기간을 1년으로 하였다면 이는 법이 정한 기간을 넘는 것이므로 **재량권의 일탈(유월)**이 성립하고, ② 합격식품판매업자에게 영업정지 등의 조치를 하였다면 **사실오인**, 불합격식품인 줄 모르고 한번 판매한 영업자에게 개인감정에 의해 영업취소를 명하였다면 **비례원칙위반 및 동기의 부정** 등으로 재량권의 남용이 성립하며, ③ 불합격식품을 계속하여 판매하고 있는 데도 아무런 조치를 취하지 않으면 **재량권의 불행사 · 해태**가 성립하여 각각 위법이 된다.

사법심사대상임을 명시하고 있는바, 판례는 재량권의 일탈과 남용을 엄밀히 구별하지 않고 하나의 포괄적 개념으로 쓰고 있으며, 실제 그 구별이 용이하지 않으며 굳이 구별할 실익도 없다.

(2) 재량권의 일탈·남용의 사유(판단기준)

재량권의 일탈·남용의 사유는 재량권을 정한 법규정을 위반한 경우 및 재량규정의 범위에서 재량판단이나 재량심사를 불합리하게 잘못한 경우로 구체적으로 다음과 같다.

1) 사실오인(事實誤認): 법이 인정한 사실의 존재를 전제로 하여 재량권의 행사를 인정한 경우 법정요건에 해당하는 사실이 존재하지 아니한 경우 또는 요건사실의 인정이 전혀 합리성이 없는 등 요건사실의 인정에 잘못이 있는 경우이다(판례).

[판 례] 사실오인 등에 근거한 재량행위는 위법

"재량행위에 대한 법원의 사법심사는 당해 행위가 **사실오인, 비례·평등의 원칙 위배, 당해 행위의 목적 위반이나 부정한 동기** 등에 근거하여 이루어짐으로써 **재량권을 일탈·남용**한 위법이 있는지 여부만을 심사하게 되는 것이나, 법원의 심사결과 행정청의 **재량행위가 사실오인 등에 근거한 것이라고 인정된다면 이는 재량권을 일탈·남용한 것으로서 위법**하여 그 취소를 면치 못한다."(대판 2001.7.27, 99두2970, 용화집단시설지구기본설계변경승인처분취소)

2) 목적위반·동기의 부정: 자의적·보복적·정치적 목적 등 재량권을 부여한 법의 목적·취지와 다르게 재량권이 행사되거나 개인적 감정·편견 등 부정한 동기에 의하여 재량권이 행사된 경우이다. 그런데 이 경우는 행정의 주관적인 내심의사를 추구하는 것으로 되기 때문에 자의·악의의 심리와 동일하게 취급되며 입증의 곤란이 있을 수 있다.

3) 평등원칙위반: 평등원칙위반은 합리적 이유없이 자의(恣意)에 의하여 차별취급을 하는 경우이다. 자의의 금지란 재량이 법의 취지·목적에 따라 행사되어야 하는 것을 의미하기 때문에 재량에 있어서 평등원칙은 목적위반과 경합될 수 있다. 물론 평등원칙은 행정목적상의 제사정의 개별적 고려를 배제하는 것은 아니다.

4) 비례원칙위반: 행정이 추구하는 목적과 이를 위한 수단이 적절한 비례관계를 유지하지 아니한 경우이다. 부적당·불필요한 처분, 최소한의 수단을 선택하지 않은 경우, 이익형량을 전혀 하지 아니하였거나 이익형량의 고려대상에 마땅히 포함시켜야 할 사항을 누락한 경우 또는 이익형량을 하였으나 정당성·객관성이 결여된 경우 등 현저히 비례관계를 잃은 재량권행사는 재량하자로서 위법이 된다.

[판 례] 공익과 사익 등 제반 이익을 비교교량하여 판단

"제재적 행정처분이 재량권의 범위를 일탈하였거나 남용하였는지 여부는 처분사유로 된 위반행위의 내용과 그 위반의 정도, 당해 처분에 의하여 달성하려는 공익상의 필요와 개인이 입게 될 불이익 및 이에 따르는 제반 사정 등을 객관적으로 심리하여 공익침해의 정도와 그 처분으로 인하여 개인이 입게 될 불이익을 비교교량하여 판단하여야 한다."(대판 2006.4.14. 2004두3854, 수입한약재폐기등지시처분취소 등)

5) 부당결부금지원칙의 위반 등: 재량권행사에서 그 재량처분과 실질적인 관련이 없는 반대

급부와 결부시켜 **부당결부금지의 원칙**을 위반한다든가, 그 밖에 행정법의 일반원칙인 **신뢰보호 원칙**의 위반 및 **행정의 자기구속법리**의 위반의 경우에는 위법이 된다.

[판 례] 부당결부금지의 원칙에 위반되는 기부채납부관은 위법

"수익적 행정행위에 있어서는 법령에 특별한 근거규정이 없다고 하더라도 그 부관으로서 부담을 붙일 수 있으나, 그러한 부담은 비례의 원칙, 부당결부금지의 원칙에 위반되지 않아야만 적법하다. 지방자치단체장이 사업자에게 **주택사업계획승인을 하면서 그 주택사업과는 아무런 관련이 없는 토지를 기부채납하도록 하는 부관을 주택사업계획승인에 붙인 경우, 그 부관은 부당결부금지의 원칙에 위반되어 위법**하다."(대판 1997.3.11. 96다49650, 소유권이전등기말소)

6) 고려요소의 흠결: 행정청이 재량권행사에서 중시해야 할 제요소·제가치를 안이하게 경시하여 당연히 고려하여야 할 사항을 충분히 고려하지 않았거나, 그 반대로 본래 고려하지 않아야 할 사항을 고려하거나 특정사항을 과다하게 평가한 경우 등이다. 이와 같이 재량판단 과정에 현저히 합리성을 결한 경우에는 위법이 된다.

[판 례] 고려할 사항을 고려하지 아니한 경우

"감경사유가 있음에도 이를 전혀 고려하지 않았거나 감경사유에 해당하지 않는다고 오인한 나머지 과징금을 감경하지 아니하였다면 그 과징금 부과처분은 재량권을 일탈·남용한 위법한 처분이라고 할 수밖에 없다."(대판 2005.9.15. 2005두3257; 대판 2010.7.15. 2010두7031 등)

"설정된 기준이 그 자체로 객관적으로 합리적이지 않거나 타당하지 않음에도 행정청이 만연히 그에 따라 처분한 경우 또는 기준을 설정하였던 때와 처분 당시를 비교하여 수송 수요와 공급상황이 달라졌는지 등을 전혀 고려하지 않은 채 설정된 기준만을 기계적으로 적용함으로써 휴업을 **허가할 것인지를 결정하기 위하여 마땅히 고려하여야 할 사항을 제대로 살피지 아니한 경우** 등에까지 단지 행정청의 재량에 속하는 사항이라는 이유만으로 행정청의 의사를 존중하여야 하는 것은 아니며, **이러한 경우의 처분은 재량권을 남용하거나 그 범위를 일탈한 조치로서 위법**하다."(대판 2018. 2. 28. 2017두51501 여객자동차운송사업휴업허가신청거부처분취소등)

7) 재량권의 불행사 또는 해태(懈怠): 이는 정당한 이유 없이 구체적 사안에 대하여 행정권의 발동여부를 심사하지 아니하거나 부당하게 지연시키는 경우를 말하며, 현저히 합리성을 결한 재량권의 불행사·해태라고 할 수 있다. 행정청은 구체적 사안에 있어서 재량권의 발동여부를 심사할 의무를 지는 경우가 있는데, 이 경우 그 심사조차 하지 않는 것은 위법이라 할 수 있다(판례1). 재량권의 불행사·해태를 위 고려요소의 흠결을 포함하는 광의로 해석하는 경우도 있다(판례2).

[판례 1] 현저히 불합리한 재량권의 불행사는 위법

"경찰은 범죄의 예방, 진압 및 수사와 함께 국민의 생명, 신체 및 재산의 보호 기타 공공의 안녕과 질서유지를 직무로 하고 있고, 직무의 원활한 수행을 위하여 경찰관 직무집행법, 형사소송법 등 관계 법령에 의하여 여러 가지 권한이 부여되어 있으므로, 구체적인 직무를 수행하는 경찰관으로서는 제반 상황에 대응하여 자신에게 부여된 여러 가지 권한을 적절하게 행사하여 필요한 조치를 할 수 있고, 그러한 권한은 일반적으로 **경찰관의 전문적 판단에 기한 합리적인 재량에 위임되어 있으나, 경찰관에게 권한을 부여한 취지와 목적에 비추어 볼 때 구체적인 사정에 따라 경찰관이 권한을 행사하여 필요한 조치를 하지 아니하는 것이 현저하게 불합리하다고 인정되는 경우에는 권한의 불행사는 직무상 의무를 위반한 것이 되어 위법하게 된다.**"(대판 2016.4.15. 2013다20427 손해배상)

"처분의 근거 법령이 행정청에 처분의 요건과 효과 판단에 일정한 **재량을 부여하였는데도**, 행정청이 자신에게 재량권이 없다고 오인한 나머지 처분으로 달성하려는 공익과 그로써 처분상대방이 입게 되는 불이익의 내용과 정도

를 **전혀 비교형량 하지 않은 채 처분을 하였다면, 이는 재량권 불행사로서** 그 자체로 재량권 일탈・남용으로 해당 처분을 취소하여야 할 위법사유가 된다."(대판 2019.7.11. 2017두38874 사증발급거부처분취소)

[판례 2] 고려대상의 누락 등 재량권의 불행사 또는 해태의 경우

"민원사무를 처리하는 행정기관이 민원 1회방문 처리제를 시행하는 절차의 일환으로 민원사항의 심의・조정 등을 위한 민원조정위원회를 개최하면서 민원인에게 회의일정 등을 사전에 통지하지 아니하였다 하더라도, 이러한 사정만으로 곧바로 민원사항에 대한 행정기관의 장의 거부처분에 취소사유에 이를 정도의 흠이 존재한다고 보기는 어렵다. 다만 행정기관의 장의 거부처분이 재량행위인 경우에, 위와 같은 사전통지의 흠결로 민원인에게 의견진술의 기회를 주지 아니한 결과 **민원조정위원회의 심의과정에서 고려대상에 마땅히 포함시켜야 할 사항을 누락하는 등 재량권의 불행사 또는 해태로 볼 수 있는 구체적 사정이 있다면, 거부처분은 재량권을 일탈・남용한 것으로서 위법하다.**"(대판 2015.08.27. 2013두1560 건축신고반려처분취소)

3. 재량권의 영으로의 수축

(1) 재량권수축의 의의

재량권의 영으로의 수축이론은 행정청에 재량이 부여된 경우에도 구체적 상황여하에 따라서는 그 재량공간이 축소되어 마침내 1 또는 0에 도달함으로써 오직 일정한 행위를 하여야 한다는 결론만이 나올 수 있다는 이론이다. 재량수축의 결과 원칙적으로 권한행사・행정개입의 의무가 생기며 하자없는 유일한 결정을 해야하고 다른 모든 결정을 선택할 자유를 상실하여 결국 기속행위로 변하게 된다. 이 이론은 원래 경찰법 분야에서 행정재량 내지 행정편의주의를 이유로 한 행정권의 불행사(재량해태)를 막고 재량권발동을 의무지우며 이에 대응하는 행정개입청구권을 뒷받침하기 위한 이론이다.

(2) 재량수축의 요건

재량수축(裁量收縮)의 요건으로서 종래에는, ① 국민의 생명・신체・재산에 중대한 침해를 가져올 위험이 절박하고(법익의 중대성과 위험의 절박성), ② 이러한 위험이 행정권행사에 의해 용이하게 저지될 수 있고(위험회피・방지가능성, 국민의 기대가능성), ③ 민사재판 등 다른 위험회피수단이 존재하지 않을 것(보충성) 등을 들었다. 그러나 오늘날 이러한 요건은 완화되는 경향이 있는 바, 행정권의 불행사를 정당화시킬 수 있는 객관적 이유가 없는 경우에는 재량수축을 인정함이 바람직하다.

(3) 구제수단

재량수축에 따른 행정권의 의무불이행으로 손해가 발생한 경우에는 행정상 손해배상, 행정청의 거부처분에 대해서는 취소심판과 취소소송, 부작위에 대해서는 의무이행심판과 부작위위법확인소송 등으로 다툴 수 있다.

4. 재량의 자기구속

행정청이 법에 의해 인정된 재량의 범위 내에서 재량기준을 설정하여 통일적인 재량행사의

확보를 도모하는 경우가 있다. 재량기준은 보통 행정규칙의 형식으로 행하여지는데, 이는 내부적 효력 밖에 없으나 이러한 재량기준의 적용이 반복되어 누적되면 동종의 사안을 합리적 이유 없이 종래와 달리 취급하는 것은 평등원칙에 반하게 된다. 따라서 행정은 법률의 규정이나 조리법에 반하지 아니하는 범위 내에서 스스로 설정한 재량기준 내지 행정선례에 자기자신이 구속되어 재량이 수축하게 된다.

Ⅴ. 재량행위에 대한 통제

현대국가의 새로운 행정적 수요에 부응하기 위하여 행정재량의 폭이 넓어지고 있는 바, 그 행정재량의 확대로 인한 개인의 권익에 부당한 침해가 없도록 충분한 통제가 필요하게 되었다. 재량행위에 대한 통제에는 입법적 통제, 행정적 통제 및 사법적 통제가 있다.

1. 입법적 통제

(1) 법규적 통제

법치주의의 확립의 요청은 급부행정을 포함한 모든 행정영역에 대한 법적 통제의 확대를 요구하게 되는 바, 의회는 법률을 정립함에 있어서 법률유보영역의 확대라든가, 재량권을 부여함에 있어서의 목적 및 고려사항의 구체적 제시로써 재량행위에 대한 통제를 할 수 있다.

(2) 정치적 통제

국회가 행정부에 대하여 국정통제권을 발동하여 재량권행사를 통제할 수 있다. 즉, 국정감사권(헌법 61), 출석요구 및 질문권(동법 62), 국무총리 및 국무위원에 대한 해임건의권(동법 63) 등이 헌법상 인정되고 있다.

2. 행정적 통제

(1) 감독권에 의한 통제

감사원의 감사 또는 상급감독청에 의한 직무감독은 재량권의 자의적 행사에 대한 예방적 및 교정적 기능을 가질 수 있다. 이러한 직무감독은 행정의 자율적 통제에 맡겨진 이른바 공익재량행위에 대하여 원칙적으로 종국적인 시정기능을 가지게 된다.

(2) 행정절차에 의한 통제

재량권의 행사에 대해서는 고지·청문과 같은 사전절차가 사후절차보다 실효성이 있고 민주적이다. 재량권 행사과정 속에 이해관계인 등의 참여의 기회를 확보하고, 재량적 결정에 대하여 이유를 부기함으로써 재량행위의 적정화를 도모하는 것이다.

(3) 행정심판을 통한 통제

위법 · 부당한 재량권행사에 대하여는 행정기관에 의한 행정심판을 통하여 개인의 권리구제와 함께 법규적용의 적정을 도모할 수 있으며, 이로써 행정심판은 행정통제의 구실을 하게 된다.

3. 사법적 통제

행정청의 재량권행사에 흠이 있을 때, 즉 재량권을 일탈 · 남용하거나 불행사 또는 해태한 때에는 위법성을 띠게 되며 사법심사를 통하여 통제를 받게 된다. 사법적 통제는 가장 전통적이며 강력한 통제수단이라 할 것이다.

(1) 법원에 의한 통제

행정청의 재량에 속하는 처분이라도 재량권의 한계를 넘거나 그 남용이 있는 때에는 법원은 이를 취소할 수 있다(행정소송법 27). 따라서 재량권의 일탈 · 남용에 의하여 권익을 침해당한 자는 취소소송 또는 부작위위법확인소송을 통해 권리구제가 가능하다.

(2) 헌법재판소에 의한 통제

공권력의 행사 또는 불행사로 인하여 기본권을 침해받은 자는 헌법소원심판을 청구할 수 있다(헌법재판소법 68①). 따라서 위법한 재량권행사로 헌법상 보장된 기본권을 침해받은 자는 헌법소원을 제기할 수 있다.

Ⅵ. 불확정개념과 판단여지

1. 불확정개념(不確定概念)

불확정(법)개념(unbestimmter Rechtsbegriff)이란 행정청에게 선택의 여지가 있는 추상적 · 다의적 개념을 법률이 행정행위의 요건으로 하고 있는 경우이다. 예컨대 '공익을 해할 우려', '필요하다고 인정할 때', '중대한 사유', '선량한 풍속', '공공안녕과 질서', '국가안보상' 및 '당분간' 등이 이에 해당한다. 불확정개념은 그 의미내용이 일의적(一義的)인 것이 아니라 불확정적인 것이어서 그 해석 · 판단에 있어서 구체적 상황여하에 따른 가치판단 · 이익형량 등을 필요로 한다. 불확정개념은 보통 통상의 일상적인 경험법칙에 따라서 일의적으로 확정할 수 있는 개념인 **경험개념**과, 객관적 기준이 존재하지 않기 때문에 주관적 요소 · 주관적 평가 등의 가치충족을 통해 파악되는 개념인 **규범**(가치)**개념**으로 나눌 수 있다.

2. 판단여지(判斷餘地)

(1) 판단여지의 의의

판단여지(Beurteilungsspielraum)란 행정행위의 요건에 관련된(불확정개념) 판단에 있어 행정기관의 판단이 종국적인 것이 되며 그 한도 내에서 법원의 심사권이 제한받게 되는 것을 말하며, 판단우위라고도 한다. 이는 판단여지설에 의하여 재량과 구별하기 위한 개념으로 등장한 것으로서 법치국가원리상 규범의 구성요건은 객관적인 것으로서 요건충족의 판단은 예견가능해야 하므로 요건의 면에서는 재량이 부여될 수 없고, 재량은 법규범의 전제요건이 충족된 후 법적 효과와 관련해서 존재하는 것이라고 한다. 그리하여 불확정개념의 해석 · 적용은 법적 문제이기 때문에 사법심사의 대상이 되어야 하고, 다만 예외적으로 한계적 사례의 경우에 행정청의 전문적 · 기술적 판단이 종국적인 것으로 되어 사법심사가 불가능 또는 법원의 결정에 대체 가능한 판단여지가 등장한다.

판단여지는 행정의 판단이 법원에 의해 존중되는 점에서 재량과 같지만, 재량은 행위의 효과면에서 존재하고 입법자의 수권에 기한 것인데 대하여 판단여지는 요건인정의 면에서 존재하여 그 존재의 인정은 최종적으로 법원에 의해서 이루어진다는 점에서 구별된다고 한다.

(2) 판단여지와 재량의 구별

1) **구별긍정설:** ① 판단여지는 법률요건에 대한 인식의 문제로서 법해석의 문제인데 대하여, 재량은 법률효과의 선택의 문제라는 점에서 구별되고, ② 판단여지는 법원의 인정에 의하여 주어지는 것인데 대하여, 재량은 입법자에 의하여 부여되는 것이라는 점에서 구별된다고 한다.

2) **구별부정설:** ① 재량과 판단여지 모두 법원에 의한 사법심사의 배제라는 측면에서 동일하므로 구별할 실익이 없고, ② 재량과 판단여지는 동일한 법률효과를 달성하기 위하여 상호대체적으로 사용할 수 있는 것으로 법률규정의 구성요건측면에 규정하면 판단여지가, 법률효과측면에서 규정하면 재량이 인정되게 될 뿐이라고 한다.

3) **판 례:** 판례는 재량과 판단여지를 구별하지 아니하고 구체적 인정사실의 법률요건에의 해당여부 판단을 재량으로 보고 있다.

[판례 1] 공무원임용 적격성 판단은 면접위원의 재량

"공무원 임용을 위한 면접전형에서 임용신청자의 능력이나 적격성 등에 관한 판단은 면접위원의 고도의 교양과 학식, 경험에 기초한 자율적 판단에 의존하는 것으로서 오로지 면접위원의 자유재량에 속하고, 그와 같은 판단이 현저하게 재량권을 일탈 · 남용하지 않은 한 이를 위법하다고 할 수 없다."(대판 2008.12.24, 2008두8970; 대판 1997.11.28, 97누11911)

[판례 2] 불확정개념의 처분요건 판단은 재량

"국토계획법상 개발행위허가는 허가기준 및 금지요건이 불확정개념으로 규정된 부분이 많아 그 요건에 해당하는지 여부는 행정청의 재량판단의 영역에 속한다. 그러므로 그에 대한 사법심사는 행정청의 공익판단에 관한 재량의 여지를 감안하여 원칙적으로 재량권의 일탈 · 남용이 있는지 여부만을 대상으로 하고, 사실오인과 비례 · 평등원칙 위반 여부 등이 그 판단 기준이 된다(대판 2005.7.14. 2004두6181, 대판 2012.12.13. 2011두29205 등 참조). 특히 환경의 훼손이나 오염을 발생시킬 우려가 있는 개발행위에 대한 행정청의 허가와 관련하여 재량권의 일탈 · 남용 여부를 심사할 때에는 해당 지역 주민들의 토지이용실태와 생활환경 등 구체적 지역 상황과 상반되는 이익을 가진 이해관계자들 사이의 권익 균형 및 환경권의 보호에 관한 각종 규정의 입법 취지 등을 종합하여 신중하게 판단하여야 한다. **'환경오염 발생 우려'와 같이 장래에 발생할 불확실한 상황과 파급효과에 대한 예측이 필요한 요건에 관한 행정청의 재량적 판단은 그 내용이 현저히 합리성을 결여하였다거나 상반되는 이익이나 가치를 대비해 볼 때 형평이나 비례의 원칙에 뚜렷하게 배치되는 등의 사정이 없는 한 폭넓게 존중하여야 한다.** 그리고 처분이 재량권을 일탈·남용하였다는 사정은 그 처분의 효력을 다투는 자가 주장·증명하여야 한다(대판 2019.12.24. 2019두45579 등 참조).(대판 2021.3.25. 2020두51280)

[판례 3] 전문적·기술적 판단은 재량

"구 문화재보호법 제44조 제1항 단서 제3호의 규정에 의하여 문화체육부장관 또는 그 권한을 위임받은 문화재관리국장 등이 건설공사를 계속하기 위한 발굴허가신청에 대하여 그 공사를 계속하기 위하여 부득이 발굴할 필요가 있는지의 여부를 결정하여 발굴을 허가하거나 이를 허가하지 아니함으로써 원형 그대로 매장되어 있는 상태를 유지하는 조치는 **허가권자의 재량행위**에 속하는 것이므로, …… 행정청이 매장문화재의 원형보존이라는 목표를 추구하기 위하여 문화재보호법 등 관계 법령이 정하는 바에 따라 내린 **전문적·기술적 판단**은 특별히 다른 사정이 없는 한 이를 최대한 존중하여야 한다."(대판 2000.10.27. 99두264, 유적발굴허가신청불허가처분취소)

"**신의료기술의 안전성·유효성 평가나 신의료기술의 시술로 국민보건에 중대한 위해가 발생하거나 발생할 우려가 있는지에 관한 판단은 고도의 의료·보건상의 전문성을 요하므로,** 행정청이 국민의 건강을 보호하고 증진하려는 목적에서 **의료법 등 관계 법령이 정하는 바에 따라 이에 대하여 전문적인 판단을 하였다면,** 판단의 기초가 된 사실인정에 중대한 오류가 있거나 판단이 객관적으로 불합리하거나 부당하다는 등의 **특별한 사정이 없는 한 존중되어야** 한다. 또한 **행정청이 전문적인 판단에 기초하여 재량권의 행사로서 한 처분은** 비례의 원칙을 위반하거나 사회통념상 현저하게 타당성을 잃는 등 **재량권을 일탈하거나 남용한 것이 아닌 이상 위법하다고 볼 수 없다.**"(대판 2016.01.28. 2013두21120, 의료기술시행중단명령처분취소)

[판례 4] 판단여지를 인정하는 하급심판결

"행정기관이 **법률요건으로 규정된** 개념 자체로는 의미가 명확하지 않고 해석의 여지가 있는 **불확정개념을 해석·적용함에 있어서** 둘 이상의 다른 판단이 행하여질 수 있는 사안에서, 전문성과 대체불가능성 때문에 법률요건에서의 전제사실을 인정하거나 또는 인정 사실을 포섭하는 법적 평가에 관하여 **판단여지가 인정되는 경우**가 있고, 이러한 판단에 대하여 **법원은 행정기관이 판단의 여지 내에서 내린 결정이라면 수용하여야 한다.**"(서울고등법원 2013.6.20. 2012누16291)

4) 결 어: 구별부정설이 타당하다. 재량행위의 유형은 입법자의 수권의 방법·정도·내용에 따라 차이가 있으며 재량과 판단여지는 모두 법적 효과나 사법심사의 배제라는 측면에서 구별실익이 없다. 그러므로 재량행위의 유형으로서 법률요건의 해석판단에 있어서의 요건재량(판단여지)과 효과의 선택에 있어서의 효과재량은 재량행위라는 하나의 통합개념으로 사용할 수 있다.

(3) 판단여지의 인정영역과 한계

1) 판단여지의 인정영역: 독일의 판례가 인정하고 있는 예로는, ① 학생의 성적평가, 공무원의 근무평정 등 사람의 인격·적성·능력 등에 관한 비대체적 결정, ② 전문인 등으로 구성된 합의제기관이 행한 구속적·가치평가적 결정, ③ 미래예측결정이나 행정계획 등과 같이 행정정책적 요소가 포함된 불확정개념에 대한 해석 등이 있다.

2) 판단여지의 한계: 판단여지도 ① 절차상의 하자, ② 잘못된 사실에 근거한 판단, ③ 자의의 개입, ④ 일반적 판단지침의 무시, ⑤ 비례·평등원칙위반 등의 경우에는 그 판단의 한

계를 넘는 것으로서 위법이 된다.

[판 례] 판단여지에 대한 사법심사

"민주화운동관련자명예회복및보상심의위원회에 법률요건상 불확정개념에 대하여 판단의 여지가 인정되는 경우에도 법원의 심사가 완전히 배제되는 것은 아니고, ① 전제되는 사실의 인정을 잘못하였다거나, ② 인정 사실을 포섭하는 법적 평가에서 객관적인 판단기준을 위반하였다거나, ③ 평등원칙 등 법의 일반원칙을 위반한 경우에는 위법한 처분이고, 따라서 법원의 심사대상이 된다."(서울고법 2013.06.20. 2012누16291)

제4절 행정행위의 내용

I. 개 설

행정행위는 그 구성요소와 법률효과의 발생원인에 따라 법률행위적 행정행위와 준법률행위적 행정행위로 나눌 수 있고, 이를 다시 내용 및 구성요소를 표준으로 다음과 같이 분류할 수 있다. 뒤에서 보는 용어는 학문상의 용어이고 실정법상의 용어와 반드시 일치하는 것은 아니다.

- 법률행위적 행정행위
  - 1. 명령적 행위 (의무의 부과 · 해제)
    - (1) 하명 — 자유제한
      - ① 작위하명
      - ② 부작위하명(금지)
      - ③ 급부하명
      - ④ 수인하명
    - (2) 허가(부작위하명의 해제) — 자유회복
    - (3) 면제(작위 · 수인 · 급부하명의 해제) — 자유회복
  - 2. 형성적 행위 (권리형성)
    - (1) 직접상대방을 위한 행위
      - ① 설권행위 (광의의 특허)
        - (i) 권리설정행위 (협의의 특허)
        - (ii) 능력설정행위
        - (iii) 포괄적 법률관계설정행위
      - ② 변경행위
      - ③ 탈권행위
    - (2) 타자를 위한 행위
      - ① 보충행위(인가)
      - ② 대리행위
- 준법률행위적 행정행위
  - 1. 확인(판단의 표시)
  - 2. 공증(인식의 표시)
  - 3. 통지(특정사실을 알리는 행위)
  - 4. 수리(유효한 행위로 받아들이는 행위)

Ⅱ. 명령적 행위

명령적 행위는 개인에게 특정한 의무를 부과하거나 이를 해제하는 행위이다. 즉, 개인에게 자연적 자유를 제한하거나 그 제한된 자유를 다시 회복시켜 주는 행위이다. 이 점에서 권리·능력의 발생·변경·소멸을 목적으로 하는 형성적 행위와 구별된다. 명령적 행위에의 위반은 행정상 강제집행·행정벌의 대상이 될 뿐 행위의 법률상 효력에는 관계가 없다.

1. 하명(下命)

(1) 하명의 개념

하명(下命)이란 개인의 자유를 제한하고 의무를 과하는 것을 내용으로 하는 행정행위를 말하며, 행정명령이라고도 한다. 즉, 일정한 작위(作爲)·부작위(不作爲)·수인(受忍)·급부(給付)의 의무를 명하는 행정행위이다. 부작위의 의무를 과하는 하명을 특히 금지라고도 하고, 이에 대하여 작위·급부·수인의 의무를 과하는 것만을 가리켜 명령이라고도 한다.

(2) 하명의 성질

하명은 개인의 자유를 제한하거나 새로운 의무를 과하는 것을 내용으로 하는 소위 부담적 행정행위에 속하기 때문에 법령의 근거를 필요로 함은 물론, 기속행위인 것이 원칙이다. 따라서 법령에서는 하명의 요건과 효과 등을 구체적이고 엄격하게 규정하여 행정청의 재량의 여지를 남기지 않는 것이 보통이다.

(3) 하명의 형식

하명은 직접 법령의 형식에 의하는 법규하명과 구체적인 행정행위의 형식에 의하는 하명처분이 있는 바, 후자는 다시 불특정다수인에 대한 일반처분과 특정인에 대한 개별적 처분이 있다. 보통 하명이라고 할 때에는 하명처분만을 의미한다.

(4) 하명의 종류

1) 내용에 의한 분류: 하명은 그에 의하여 과하여지는 의무의 내용에 따라 작위하명, 부작위하명, 급부하명 및 수인하명으로 나누어진다. 즉, ① 작위하명은 일정한 행위를 할 것을 명하는 하명이며(예; 위법건축물의 철거명령·오염발생시설의 개선명령·소방협력명령·전염병예방 및 소독명령·신고명령 등), ② 부작위하명(금지)은 일정한 행위를 하지 못하도록 하는 하명이고(예; 야간통행금지·수렵금지·아편흡식금지·인화물질 저장금지 등), ③ 급부하명은 금전·물품·노역 등의 제공을 명하는 하명이며(예; 조세부과·수수료부과 등), ④ 수인하명은 행정권의 강제에 대하여 저항하지 않고 참아야 할 의무를 명하는 하명이다(예; 대집행실행·강제격리·가영치는 수인하명이 포함되어 있다).

2) 목적 또는 그 기초가 된 행정분야에 의한 분류: ① 조직하명(예; 선거에 관한 하명), ②

경찰하명(예; 통행금지 · 미성년자유흥장 출입금지 등), ③ 재정하명(예; 조세부과), ④ 군정하명(예; 징소집 영장발부 등), ⑤ 규제하명(예; 양곡관리 · 무역규제 등), ⑥ 공기업하명(예; 철도영업에 관한 하명), ⑦ 특별권력관계에서의 하명(예; 공무원에 대한 직무명령) 등으로 분류된다.

3) 대상 등에 의한 분류: 하명은 그 대상자가 특정인인지 불특정다수인인지에 따라 ① 특정인에 대한 개별적 하명, ② 불특정다수인에 대한 일반적 하명(예; 통행금지), 하명의 중점에 따라 ① 대인적 하명(예; 운전면허정지), ② 대물적 하명(예; 차량운행정지) 등으로 분류된다.

(5) 하명의 대상

하명의 대상은 주로 사실행위이나(예; 청소시행 · 교통방해물제거 등) 법률행위인 경우도 있다(예; 무기양도금지 · 고시가격초과 판매금지 등).

(6) 하명의 상대방

하명의 상대방은 특정인이 원칙이나 일반인인 때도 있다(예; 야간통행금지).

(7) 하명의 효과

하명의 효과는 수령자가 하명의 내용에 따라 일정한 행위를 사실상 하여야 할 또는 하여서는 아니될 공법상 의무(작위 · 부작위 · 급부 · 수인의무)를 진다. 이러한 하명의 효과는 원칙적으로 그 수령자에 대한 관계에서 발생되는 것이나, 대물적 하명의 경우에는 수령자의 지위를 승계하는 자에게도 미치게 된다.

(8) 하명위반의 효과

하명에 의하여 명하여진 의무를 불이행한 자에 대하여는 행정상 강제집행이 행하여지고, 의무를 위반한 때에는 처벌(행정벌)이 과하여 지는 것이 보통이다. 그러나 의무위반 행위가 반드시 법률적 효력을 발생하여 무효로 되는 것은 아니다(예컨대, 사인이 불법으로 무기를 양도한 경우 처벌은 받으나 양도행위 자체는 유효하다). 다만 법률이 특히 처벌과 아울러 행위자체의 무효를 규정할 때가 있다(예; 규제법위반).

2. 허 가(許可)

(1) 의 의

1) 허가의 개념: 허가란 일반적 · 상대적 금지를 특정한 경우에 해제하여 적법하게 일정한 행위를 할 수 있게 하는 행정행위를 말한다. 따라서 허가를 유보한 '상대적 금지'에 대해서만 가능하고 어떠한 경우에도 해제될 수 없는 '절대적 금지'에 대해서는 허용되지 아니한다(예; 미성년자의 끽연 · 음주 등의 금지 등).

2) 예외적 승인과 구별: 예외적 승인(예외적 허가)이란 사회적으로 유해하거나 바람직하지 않은 억제적 금지를 특정한 경우에 예외적으로 해제하여 적법하게 할 수 있게 하는 행위를 말한

다. 양자는 모두 금지해제라는 점에서 동일하나, 허가는 요건을 갖춘 허가신청에 대해 허가하는 통제목적의 예방적 금지해제인데 대하여(기속행위), 예외적 승인은 일반적으로 허용되지 아니하는 행위를 예외적으로 허가해 주는 억제적 금지의 해제라는 점(재량행위)에서 구별된다. 예컨대, 개발제한구역내의 건축허가, 연구목적의 마약류취급허가, 학교환경위생정화구역에서의 유흥음식점 영업허가 등을 들 수 있다.

[판 례] 개발제한구역 안에서의 예외적 건축허가

"개발제한구역 안에서는 구역 지정의 목적상 건축물의 건축 등의 개발행위는 원칙적으로 금지되고, 다만 구체적인 경우에 이와 같은 구역 지정의 목적에 위배되지 아니할 경우 예외적으로 허가에 의하여 그러한 행위를 할 수 있게 되어 있음이 그 규정의 체제와 문언상 분명하고, 이러한 예외적인 건축허가는 그 상대방에게 수익적인 것에 틀림이 없으므로 그 법률적 성질은 재량행위 내지 자유재량행위에 속하는 것이다."(대판 2003.3.28, 2002두11905, 건축허가신청불허가처분취소)

(2) 허가의 성질

1) 명령적 행정행위성 여부

(가) 명령적 행위설: 이는 종래의 통설로서, 허가는 금지를 해제하여 자연적 자유를 회복시켜 주는 행위이며, 금지해제로 인하여 독점적 이익을 받는 일이 있더라도 그것은 권리로서의 법적 이익이 아니라 반사적 이익에 불과하므로 허가는 명령적 행위의 성질을 가진다고 한다. 이 점에서 형성적 행위와 다르다는 것이 종래의 통설이다.

(나) 형성적 행위설: 허가는 단순히 자연적 자유를 회복시켜 주는 데 그치지는 것이 아니라 적법하게 일정한 행위를 할 수 있는 법적 지위를 설정하여 준다고 한다.

(다) 양면성설(병존설): 허가는 금지해제라는 명령적 행위와 일정한 법적 지위의 설정이라는 형성적 행위의 양면성을 동시에 갖고 있다고 한다.

(라) 결 어: 허가는 금지해제와 법적 지위설정이라는 양면성을 지닌다는 점에서 양면성설이 타당하다. 따라서 허가의 효과가 금지해제에 그치지 않고 적법한 권리이익의 향유를 가능케 하는 면도 있다는 점에서 특허와의 구별이 상대화 되어가고 있다. 즉, 오늘날 소익(訴益)의 확대로 반사적 이익도 법률상 보호된 이익으로 보려는 경향이 있다. 또한 허가는 단순한 자유회복에 그치는 것이 아니라 적법한 권리·이익의 향유를 가능케 하는 면이 있는가 하면, 특허도 역사적으로 군주의 특권으로 간주되는 국가적 독점권을 개인에게 부여함을 의미하는 군권적 개념으로 자유주의적 개념인 허가와 구별했으나, 직업선택의 자유나 영업의 자유가 보장된 오늘날의 헌법상에서는 성립되기 어렵다.

2) 기속행위성: 허가는 효과재량설의 입장에서는 재량행위로 보지만, 허가요건에 해당하는 경우에는 반드시 허가를 하여야 할 기속을 받는 점에서 기속행위로 보아야 한다. 허가요건을 갖추었음에도 불구하고 허가를 하지 않는 것은 부당한 금지유지(자유침해)로서 위법이라 할 수 있기 때문이다. 그러나 허가요건이 불확정개념으로 되어 있는 경우 판단여지가 있다고 할 것이며, 중

대한 공익상의 필요가 있다고 인정할 때에는 재량행위로 판단해야 할 경우도 있다(예외적 허가).

[판례 1] 원칙적으로 기속행위

"식품위생법상 대중음식점 영업허가는 성질상 일반적 금지에 대한 해제에 불과하므로 허가권자는 허가신청이 **법에서 정한 요건을 구비한 때에는 허가하여야** 하고 관계법규에서 정하는 제한사유 이외의 사유를 들어 허가신청을 거부할 수 없다."(대판 1993.5.27, 93누2216 등)

"건축허가권자는 건축허가신청이 건축법 등 관계 법규에서 정하는 어떠한 제한에 배치되지 않는 이상 당연히 같은 법조에서 정하는 건축허가를 하여야 하고, 중대한 공익상의 필요가 없는데도 관계 법령에서 정하는 제한사유 이외의 사유를 들어 요건을 갖춘 자에 대한 허가를 거부할 수는 없다."(대판 2009.9.24, 2009두8946 등)

[판례 2] 예외적으로 재량행위

"산림훼손은 국토 및 자연의 유지와 수질 등 환경의 보전에 직접적으로 영향을 미치는 행위이므로, 법령이 규정하는 산림훼손 금지 또는 제한 지역에 해당하는 경우는 물론 금지 또는 제한 지역에 해당하지 않더라도 허가관청은 산림훼손허가신청 대상토지의 현상과 위치 및 주위의 상황 등을 고려하여 국토 및 자연의 유지와 환경의 보전 등 **중대한 공익상 필요가 있다고 인정될 때에는 허가를 거부할 수 있고**, 그 경우 법규에 명문의 근거가 없더라도 거부처분을 할 수 있다."(대판 2002.10.25, 2002두6651 등)

(3) 허가의 출원(신청)

1) **출원과 허가내용:** 허가는 상대방의 출원(出願)에 따라 행하여지는 것이 보통이다. 그러나 허가의 출원은 허가를 희망하는 의사표시로서 허가의 유인행위에 불과하므로, 출원 없이도 행하여질 수 있을 뿐만 아니라(예; 통행금지 해제 · 보도관제 해제) 출원의 내용과 다른 허가도 유효하게 성립될 수 있다(예; 건축공사를 위해 2개월간의 도로사용허가 신청에 대한 1개월간의 도로사용허가).

2) **허가의 기준시와 수리지체:** 허가는 신청당시의 기준에 의하는 것이 아니라 원칙적으로 처분시의 법령과 허가기준에 의하여 처리된다. 그런데 행정청이 적법한 허가신청의 수리를 지체하다가 변경된 법령을 이유로 반려하는 경우에는 특단의 사정이 없는 한 신의성실의 원칙의 위반으로 위법이 된다.

[판 례] 처분시의 법령과 허가기준에 따라 허가

"허가 등의 행정처분은 원칙적으로 처분시의 법령과 허가기준에 의하여 처리되어야 하고 허가신청 당시의 기준에 따라야 하는 것은 아니며, 비록 허가신청 후 허가기준이 변경되었다 하더라도 그 허가관청이 허가신청을 수리하고도 정당한 이유 없이 그 처리를 늦추어 그 사이에 허가기준이 변경된 것이 아닌 이상 변경된 허가기준에 따라서 처분을 하여야 한다."(대판 2006.8.25, 2004두2974, 주택건설사업계획승인신청반려처분취소)

(4) 허가의 형식

허가는 일반적 금지의 존재를 전제로 하명과는 달리 항상 행정행위의 형식으로 행하여지며 직접 법령에 의하여 행하여지는 경우는 없다. 또 법령에 특별한 규정이 없는 한 불요식행위이다.

(5) 허가의 종류

1) **대상에 의한 분류:** 허가는 그 대상에 따라 대인적 허가, 대물적 허가 및 혼합적 허가로

분류된다. ① 대인적 허가는 특정인의 주관적 사정이 허가의 심사대상이 되는 경우인데, 일신전속적 성격으로 이전을 할 수 없고(예; 의사면허 · 운전면허 등), ② 대물적 허가는 물건의 객관적 요소를 심사대상으로 하는 허가이며, 물적 사정에 변경이 없는 한 이전할 수 있고(예; 건축허가 · 음식점 영업허가), ③ 혼합적 허가는 인적인 자격요건과 물적인 요소가 결합된 상태를 심사대상으로 하는 허가이며, 원칙적으로 이전할 수 없다(예; 전당포영업허가 · 석유정제업허가).

2) **목적 또는 행정분야에 의한 분류:** 허가는 그 목적 또는 행정분야에 따라 ① 조직허가, ② 경찰허가, ③ 복리행정상 허가, ④ 규제허가, ⑤ 재정허가, ⑥ 군정허가 등으로 분류된다.

(6) 허가의 대상

허가의 대상은 사실행위가 원칙이나(예; 건축허가 등) 법률행위인 때도 있다(예; 무기양도허가). 법률행위인 경우도 법률행위 그 자체를 대상으로 한다고 하기 보다는 그 내용인 사실행위를 대상으로 한다고 할 것이다.

(7) 허가의 효과

1) **금지해제:** 허가의 효과는 일반적 금지를 해제하여 상대방으로 하여금 적법하게 어떠한 행위를 할 수 있게 하는 데 있다. 즉, 허가는 금지해제에 의한 본래의 자유회복에 불과하고 권리설정이나 능력의 부여가 아니다. 허가는 상대방에게 사실상 이익을 주지만, 때로는 제3자에게 불이익을 주는 경우가 있다(복효적 행정행위).

2) **법률상 이익:** 허가를 받은 자는 사실상 일정한 독점적 이익을 받을 때가 많지만, 이 이익은 권리가 아닌 반사적 이익에 불과하다고 보아왔다(판례1). 그러나 이 이익은 점차로 법률이 보호하는 이익으로 평가받는 경우가 늘고 있다(판례2).

[판례 1] 반사적 이익으로 본 경우

"한의사 면허는 경찰금지를 해제하는 명령적 행위(강학상 허가)에 해당하고, 한약조제시험을 통하여 약사에게 한약조제권을 인정함으로써 한의사들의 영업상 이익이 감소되었다고 하더라도 이러한 이익은 사실상의 이익에 불과하고 약사법이나 의료법 등의 법률에 의하여 보호되는 이익이라고는 볼 수 없으므로, 한의사들이 한약조제시험을 통하여 한약조제권을 인정받은 약사들에 대한 합격처분의 무효확인을 구하는 당해 소는 원고적격이 없는 자들이 제기한 소로서 부적법하다."(대판 1998.3.10, 97누4289, 한약조제시험무효확인)

[판례 2] 법률상 이익으로 본 경우

"담배 일반소매인의 지정기준으로서 일반소매인의 영업소 간에 일정한 거리제한을 두고 있는 것은 담배유통구조의 확립을 통하여 국민의 건강과 관련되고 국가 등의 주요 세원이 되는 담배산업 전반의 건전한 발전 도모 및 국민경제에의 이바지라는 공익목적을 달성하고자 함과 동시에 일반소매인 간의 과당경쟁으로 인한 불합리한 경영을 방지함으로써 일반소매인의 경영상 이익을 보호하는 데에도 그 목적이 있다고 보이므로, 일반소매인으로 지정되어 영업을 하고 있는 기존업자의 신규 일반소매인에 대한 이익은 단순한 사실상의 반사적 이익이 아니라 법률상 보호되는 이익이라고 해석함이 상당하다."(대판 2008.3.27, 2007두23811, 담배소매인지정처분취소)

3) **타법상 제한:** 허가의 효과는 특정행위에 대한 법규상의 금지가 해제될 뿐이므로 그 금지 이외의 법적 제한까지 해제하는 것은 아니다(예; 영업허가를 받았더라도 영업주가 공무원이면 공무

원법상의 제한은 여전히 존재한다).

4) 효과의 타당범위: 허가의 효과는 그 허가를 받은 자에 대한 관계에서만 발생한다. 그러나 대물적인 것은 그 이전에 따라 효과도 이전되는 것이 보통이다.

5) 무허가행위의 효과: 허가받아야 할 행위를 허가받지 않고 한 경우에는 행정상 강제집행이나 처벌의 대상은 되지만, 행위 자체의 법률적 효력에는 영향이 없다. 다만, 예외적으로 법률(특히 규제법)이 무허가행위의 처벌 외에 특히 무효를 규정할 때가 있다.

(8) 허가의 갱신

1) 의의 및 근거: 허가의 갱신(更新)이란 유효기간이 만료된 경우에 종전의 허가의 효력을 장래에 향하여 지속시켜 주는 것을 말한다(예 : 운전면허 · 의사면허 · 외국인 국내체류허가 등의 갱신). 허가기간이 있는 경우로서, ① 허가기간이 만료되면 연장신청(신고)을 할 수 있도록 법령에 규정된 경우 및 ② 허가기간이 그 성질상 부당하게 짧은 경우에는 그 허가 자체의 존속기간이 아니라 갱신기간으로 본다.

2) 성질 · 효과 및 한계: ① 허가의 갱신은 기존허가의 효력이 동일성을 유지하면서 장래에 향하여 지속하는데 불과하며, 그것과 무관한 새로운 행정행위가 아니므로 갱신에 의하여 종전의 허가는 실효되고 새로운 허가가 부여되는 것은 아니다(판례1). 따라서 법령에 특별한 규정이 없는 한 원허가의 요건은 갱신허가의 요건이 되며, 원허가의 하자는 갱신 후에도 존속하며 갱신에 의해 치유되는 것이 아니다(판례2). 그러나 ② 갱신허가라 하더라도 법령변동 · 위법사유발생 등 사정변경이나 그 밖의 법령저촉 및 공익 등을 고려하여 허가여부를 결정할 수 있다(판례3).

3) 갱신기간경과 후의 연장신청의 성질: 갱신기간 경과 후에 연장신청을 하였다면 기존 허가의 효력은 소멸한 것이 되어 새로운 허가신청으로 보아야 하고, 따라서 새로운 허가를 받는데 필요한 법적 요건을 갖추어 허가신청을 하여야 한다(판례4).

4) 갱신기간경과 후의 사인의 행위의 효력: 갱신기간이 경과된 경우에는 종전 허가의 효력은 소멸하므로 이에 근거한 사인의 행위는 무허가행위가 된다. 그런데 갱신기간경과 전에 갱신신청을 하였으나 신청인의 귀책사유 없는 행정청의 수리여부결정 지연으로 갱신기간이 경과된 후의 사인의 행위는 적법한 허가행위라 할 것이다.

[판례 1] 단기의 허가기한은 허가조건의 존속기간이며 종기도래 전에 허가신청 필요

"일반적으로 행정처분에 효력기간이 정하여져 있는 경우에는 그 기간의 경과로 그 행정처분의 효력은 상실되고, 다만 **허가에 붙은 기한이 그 허가된 사업의 성질상 부당하게 짧은 경우**에는 이를 그 허가 자체의 존속기간이 아니라 그 **허가조건의 존속기간으로 보아** 그 기한이 도래함으로써 그 조건의 개정을 고려한다는 뜻으로 해석할 수는 있지만, 그와 같은 경우라 하더라도 그 **허가기간이 연장되기 위하여는 그 종기가 도래하기 전에 그 허가기간의 연장에 관한 신청이 있어야** 하며, 만일 그러한 연장신청이 없는 상태에서 허가기간이 만료하였다면 그 허가의 효력은 상실된다."
(대판 2007.10.11, 2005두12404, 보전임지전용허가취소처분무효확인)

[판례 2] 갱신 전의 위법사유 갱신에 의해 치유 불가

"건설업면허의 **갱신이 있으면 기존 면허의 효력은 동일성을 유지하면서 장래에 향하여 지속한다** 할 것이고 갱신에 의하여 갱신 전의 면허는 실효되고 새로운 면허가 부여된 것이라고 볼 수는 없으므로 **면허갱신에 의하여 갱신 전의 건설업자의 모든 위법사유가 치유된다거나 일정한 시일의 경과로서 그 위법사유가 치유된다고 볼 수 없다.**"(대판 1984.9.11. 83누658, 건설업면허취소처분취소)

[판례 3] 사정변경 등 특별한 사정에 따른 갱신허가 여부 결정

"사행행위를 단속함을 목적으로 제정된 구 복표발행,현상기타사행행위단속법(1991.3.8. 법률 제4339호 사행행위등규제법으로 개정되기 전의 것)의 규정에 비추어 보면 사행행위의 허가는 그것이 비록 갱신허가라 하더라도 종전 허가에 붙여진 기한의 연장에 불과하여 **관련 법령의 변동이나 위법한 사유가 새로 발생하는 등 사정의 변화가 없는 한 반드시 갱신하여야 하는 것은 아니고 위 법조 소정의 허가요건이나 그 밖에 다른 법령에 저촉되는가의 여부 및 공익 등을 고려하여 허가 여부를 결정하여야 한다**고 봄이 상당하다."(대판 1992.10.23. 92누4543, 투전기업소허가갱신불허처분취소)

"행정청이 관계 법령의 규정이나 또는 자체적인 판단에 따라 처분상대방에게 특정한 권리나 이익 또는 지위 등을 부여한 후 일정한 기간마다 심사하여 그 갱신 여부를 판단하는 이른바 '갱신제'를 채택하여 운용하는 경우에는, **처분상대방은 합리적인 기준에 의한 공정한 심사를 받아 그 기준에 부합되면 특별한 사정이 없는 한 갱신되리라는 기대를 가지고 갱신 여부에 관하여 합리적인 기준에 의한 공정한 심사를 요구할 권리를 가진다고 보아야 한다.** 여기에서 '공정한 심사'란 갱신 여부가 행정청의 자의가 아니라 객관적이고 합리적인 기준에 의하여 심사되어야 할 뿐만 아니라, 처분상대방에게 사전에 심사기준과 방법의 예측가능성을 제공하고 사후에 갱신 여부 결정이 합리적인 기준에 의하여 공정하게 이루어졌는지를 검토할 수 있도록 **심사기준이 사전에 마련되어 공표되어 있어야** 함을 의미한다."(대판 2011.1.13. 2010두1835 등). "사전에 공표한 심사기준 중 경미한 사항을 변경하거나 다소 불명확하고 추상적이었던 부분을 명확하게 하거나 구체화하는 정도를 뛰어넘어, 심사대상기간이 이미 경과하였거나 또는 상당 부분 경과한 시점에서 처분상대방의 **갱신 여부를 좌우할 정도로 중대하게 변경하는 것은 갱신제의 본질과 사전에 공표된 심사기준에 따라 공정한 심사가 이루어져야 한다는 요청에 정면으로 위배되는 것이므로**, 갱신제 자체를 폐지하거나 갱신상대방의 수를 종전보다 대폭 감축할 수밖에 없도록 만드는 **중대한 공익상 필요가 인정되거나 관계 법령이 제·개정이 되었다는 등의 특별한 사정이 없는 한, 허용되지 않는다**고 보아야 한다."(대판 2021.1.14. 2017두61232).

[판례 4] 유효기간 경과에 따른 재허가신청의 경우 허가요건 새로이 판단

"종전 허가의 **유효기간이 지나서도 계속하여 영업을 하기 위하여 다시 허가신청을 한** 이 사건에 있어, 그에 대한 허가는 종전의 허가처분을 전제로 하여 단순히 그 유효기간을 연장하여 주는 행정처분이라기 보다는 종전의 허가처분과는 별도의 **새로운 영업허가를 내용으로 하는 행정처분**이라고 보는 것이 상당하므로(당원 1992.10.23. 선고 92누6143 판결 참조), 이러한 경우 허가권자는 이를 위 같은 법 제7조 제2항에 정한 재허가신청으로 보아, 그 법의 규정에 의하여 **허가요건의 적합여부를 새로이 판단**하여 그 허가여부를 결정하여야 할 것이다."(대판 1993.6.29, 92누15314, 영업허가갱신불허가처분취소)

(9) 허가영업의 승계

1) 의 의: 이는 허가 등에 의한 영업을 양도·상속·합병 등에 의하여 제3자에게 이전하는 것을 말한다.

2) 요건 및 절차: 승계(承繼)를 허용하는 명문규정이 필요하나, 대물적 허가의 경우에는 원칙적으로 승계규정 없이도 가능하다고 본다. 그러나 허가영업의 승계를 위해 관할청의 승인 또는 신고를 요함이 보통이다. 즉, ① 사전에 승인·신고를 해야 하는 경우(건설산업기본법 17①, 골재채

취법 17①, 여객자동차운수사업법 14①, 화물자동차운수사업법 16① 등) 및 ② 사후에 신고해야 하는 경우(관광진흥법 8④, 공중위생관리법 3의2④, 먹는물관리법 25③, 식품위생법 39③, 폐기물관리법 33③ 등)가 있는바, 사후신고의 경우 사유발생 후 1개월 이내에 관할청에 신고하도록 함이 보통이다.

3) 법적 성질

(가) 영업자 지위승계 신고의 법적 성질: 학설은, ① 법령에서 정한 승계사유의 발생으로 당연히 승계되므로 원칙적으로 수리를 요하지 않는다는 **소극설**, ② 보통의 신고와 달리 전후의 영업자의 법률상 지위변동을 가져오는 것으로 수리를 요한다는 **적극설**, ③ 신고영업이면 수리를 요하지 아니하나 허가영업이면 수리를 요한다는 **제한적 긍정설** 등으로 나뉜다.

판례는, 영업자지위승계수리는 단순히 지위승계사실의 신고를 접수하는 행위에 그치는 것이 아니라 영업허가자의 변경이라는 법률효과를 발생시키는 행위라고 하여 적극설을 취한다(대판 1995.2.24. 94누9146 일반유흥음식점허가취소처분취소 등).

생각건대, 상속 및 합병의 경우에는 행정절차법 제10조 제1항과 제2항 및 제3항에 따라 상속 및 합병의 사유발생으로 당연히 승계되므로 소극설이 타당하다. 그러나 양도양수의 경우에는 그 승계신고에 관한 근거규정에 달리 정한 바가 없다면 행정절차법 제10조 제4항에 따라 행정청의 승인을 받아야 하므로, 그 승계신고는 수리를 요하는 신고에 해당한다.

(나) 영업자 지위승계 신고수리의 법적 성질: ① 영업자의 변경이라는 다른 법률관계의 당사자의 법률적 행위를 완전히 유효하게 완성시켜주는 행정청의 행위로 인가로 볼 수 있다. ② 법령에 따른 적법한 양도가 있고 양수인이 결격사유가 없는 경우의 승계신고의 수리는 기속행위에 속한다(판례).

[판 례] 적법한 양도에 따른 지위승계신고의 수리는 기속행위

"구 관광진흥법(2002. 1. 26. 법률 제6633호로 개정되기 전의 것) 제8조 등 관계 규정의 형식이나 체재 또는 문언 등을 종합하여 보면, 관광사업의 양도·양수에 의한 지위승계신고에 대하여는 적법·유효한 사업양도가 있고, 양수인에게 구 관광진흥법 제7조 제1항 각 호의 결격사유가 없는 한 행정청이 다른 사유를 들어 수리를 거절할 수 없다고 할 것이므로, 위 신고의 수리에 관한 처분을 재량행위라고 볼 수 없다."(대판 2007.06.29. 2006두4097, 거부청구등취소청구)

4) 효과 및 범위: 허가영업의 승계가 적법하게 신고 또는 신고의 수리가 된 때에 종전 영업자의 영업허가에 따른 권리·의무가 양수인 등 승계인에게 이전되고 승계인은 자기의 명의로 허가관청이나 제3자에 대한 법적 행위를 할 수 있다. 즉, 행정청의 영업승계수리는 양도인의 영업허가를 취소함과 아울러 양수인에게 적법하게 영업을 할 수 있는 법규상의 권리를 설정하여 주는 행위로서 영업허가자의 변경이라는 법률효과를 발생시키는 행위라 할 것이다. 따라서 행정청은 영업승계신고의 수리처분시 양도인에게 행정절차법상의 사전통지와 의견제출의 기회를 주어야 한다. 상속·합병의 경우에는 포괄적 승계로 볼 것이나, 영업양도의 경우에는 승계규정에 보통 "영업자의 지위를 승계한다." 또는 "영업자의 권리·의무를 승계한다."고 규정하고 있는바,

이는 해당 허가영업과 관련되는 공법상의 권리·의무만 승계되는 것으로 보아야 한다. 따라서 이 경우 사법상의 채권채무관계는 물론 공법상의 제재처분효과도 특별한 규정을 두고 있지 않는 한 승계되지 아니한다.

[판 례] 지위승계신고 수리는 법률효과의 발생 행위

"식품위생법 제25조 제3항에 의한 영업양도에 따른 지위승계신고를 수리하는 허가관청의 행위는 단순히 양도·양수인 사이에 이미 발생한 사법상의 사업양도의 법률효과에 의하여 양수인이 그 영업을 **승계하였다는 사실의 신고를 접수하는 행위에 그치는 것이 아니라, 영업허가자의 변경이라는 법률효과를 발생시키는 행위**라고 할 것이므로, **사실상 영업이 양도·양수되었지만 아직 승계신고 및 그 수리처분이 있기 이전에는 여전히 종전의 영업자인 양도인이 영업허가자이고, 양수인은 영업허가자가 되지 못한다** 할 것이어서 행정제재처분의 사유가 있는지 여부 및 그 사유가 있다고 하여 행하는 행정제재처분은 영업허가자인 양도인을 기준으로 판단하여 그 양도인에 대하여 행하여야 할 것이다."(대판 1995.02.24. 94누9146, 일반유흥음식점허가취소처분취소; 대판 2012.12.13. 2011두29144, 유원시설업허가처분등취소 등)

[판 례] 양도인에게 행정절차법상의 사전통지 및 의견청취의 필요

"영업자 지위승계신고를 수리하는 처분은 종전의 영업자의 권익을 제한하는 처분이라 할 것이고 따라서 종전의 영업자는 그 처분에 대하여 직접 그 상대가 되는 자에 해당한다고 봄이 상당하므로, 행정청으로서는 위 신고를 수리하는 처분을 함에 있어서 행정절차법이 정하는 당사자에 해당하는 종전의 영업자에 대하여 위 규정 에 따른 행정절차를 실시하고 처분을 하여야 한다(대판 2003.2.14. 2001두7015; 대판 2012.12.13. 2011두29144 등)

5) 영업승계에 대한 불복: 양수인의 지위승계에 대한 양도인 등의 이해관계인의 불복쟁송방법에 대해 견해가 나뉜다. 즉, **학설**은, ① 수리처분의 위법여부를 다투어야 하므로 항고쟁송으로 제기해야 한다는 항고쟁송설과, ② 양도·양수의 지위승계여부라는 사법상의 법률관계를 다투는 것이므로 민사소송으로 제기해야 한다는 민사소송설로 나뉜다. **판례**는, 지위승계신고를 수리를 요하는 것으로 보아 수리처분 항고쟁송설을 취한다(판례 1,2). 생각건대, 수리를 요하지 아니하는 지위승계신고의 경우에는 양도·양수자간의 지위승계여부를 민사소송으로 다투어야 한다. 그러나 수리를 요하는 경우에는 지위승계수리의 하자를 이유로 수리처분에 대한 항고쟁송으로 다툴 수 있다.

[판례 1] 종전업자의 항고소송 가능

"체육시설업의 시설 기준에 따른 필수시설을 인수한 자가 관계 행정청에 이를 신고하여 행정청이 수리하는 경우에는 종전 체육시설업자는 적법한 신고를 마친 체육시설업자의 지위를 부인당할 불안정한 상태에 놓이게 되므로, 그로 하여금 이러한 수리행위의 적법성을 다투어 법적 불안을 해소할 수 있도록 하는 것이 법치행정의 원리에 맞는다."(대판 2012.12.13. 2011두29144 유원시설업허가처분등취소)

[판례 2] 불법적인 영업승계신고로 인한 신고수리처분에 대한 무효등확인소송 가능

"허가관청의 사업양수에 의한 지위승계신고의 수리는 적법한 사업의 양도가 있었음을 전제로 하는 것이므로, 위 사업의 양도행위가 무효라고 주장하는 양도자는 민사쟁송으로 그 양도행위의 무효를 구함이 없이 막바로 허가관청을 상대로 하여 행정소송으로 위 신고수리처분의 무효확인을 구할 법률상의 이익도 있다고 할 것이다."(대판 1993.06.08. 91누11544, 건축허가무효확인등)

(10) 인허가 의제

1) 의 의: 인허가의제(認許可擬制)란 하나의 인허가(이하 '주된 인허가'라 한다)를 받으면 법률로 정하는 바에 따라 그와 관련된 여러 인허가(이하 '관련 인허가'라 한다)를 받은 것으로 보는 것을 말한다(행정기본법 24①). 예컨대, 건축법 제11조 제5항 "제1항에 따른 건축허가를 받으면 다음 각 호의 허가 등을 받거나 신고한 것으로 보며"가 인허가의제의 규정이다. 이와 같이 인허가의제는 인허가의제에 필요한 서류만 제출하면 관련 인허가(의제되는 인허가)를 별도로 받지 않고 주된 인허가부서에서 일괄처리 함으로써 복잡·다양한 인허가를 단일화하여 처리기간의 단축과 처리절차의 간소화를 기하려는 것이다. 하나의 민원목적을 실현하기 위하여 여러 관계기관의 인허가를 거쳐 처리되는 것을 **복합민원**이라 하는바, 인허가의제는 이러한 복합민원을 주무부서에서 하나의 절차로 간소화하는 제도이다.

2) 인허가의제의 범위(정도)

(가) 학 설: 주된 인허가가 관련 인허가에 미치는 효력의 범위(정도)에 관해 견해가 나뉜다. 즉, ① 주된 인허가 관청에 관련 인허가의 권한만 이전되는 것으로 의제된다는 **관할의제설**, ② 관련 인허가의 권한과 그에 따른 절차까지 이전되는 것으로 의제된다는 **절차의제설**(실체의제부정설), ③ 절차요건 중에서 이해관계 있는 제3자의 권익보호를 위한 절차는 의제되지 않는다는 **제한적 절차의제설**, ④ 관련 인허가의 권한과 절차 및 그에 관한 실체적 요건도 의제된다는 **실체의제설**(실체의제긍정설), ⑤ 관련 인허가의 요건은 주된 인허가를 함에 있어서 형량의 요소로 고려할 수 있다는 **제한적 실체의제설**(제한적 실체긍정설) 등이 그것이다.

(나) 판 례: 판례는 "인허가의제는 창구를 단일화하고 절차를 간소화 하려는 것이지 인허가의제사항의 요건 심리를 배제하려는 것이 아니다"라고 하여 절차의제설(실체의제부정설)을 취하고 있다(판례).

[판 례] 절차의제설에 따라 관련 인허가의 실체적 요건충족 필요

"구주택건설촉진법 제33조에 따라 사업계획승인을 한 이상 동조 제4항의 인허가 등이 있는 것으로 볼 것이고 그 절차와 별도로 도시계획법 제12조 등 소정의 절차를 거칠 필요는 없다"(대판 1992.11.10. 92누1162)

"건축법에서 인허가의제 제도를 둔 취지는, 인허가의제사항과 관련하여 건축허가의 **관할 행정청으로 창구를 단일화하고 절차를 간소화하며 비용과 시간을 절감함으로써 국민의 권익을 보호하려는 것이지, 인허가의제사항 관련 법률에 따른 각각의 인허가 요건에 관한 일체의 심사를 배제하려는 것으로 보기는 어려우므로,** 도시계획시설인 주차장에 대한 건축허가신청을 받은 행정청으로서는 건축법상 허가 요건뿐 아니라 국토의 계획 및 이용에 관한 법령이 정한 도시계획시설사업에 관한 실시계획인가 요건도 충족하는 경우에 한하여 이를 허가해야 한다."(대판 2015.07.09. 2015두39590)

"건축물의 건축이 국토계획법상 개발행위에 해당할 경우 그에 대한 건축허가를 하는 허가권자는 건축허가에 배치·저촉되는 관계 법령상 제한 사유의 하나로 국토계획법령의 개발행위허가기준을 확인하여야 하므로, **국토계획법상 건축물의 건축에 관한 개발행위허가가 의제되는 건축허가신청이 국토계획법령이 정한 개발행위허가기준에 부합하지 아니하면 허가권자로서는 이를 거부할 수 있고,** 이는 건축법 제16조 제3항에 의하여 개발행위허가의 변경이 의제되는 건축허가사항의 변경허가에서도 마찬가지이다."(대판 2016.8.24. 2016두35762)

(다) 결 어: 여러 행정기관을 거쳐 처리되는 복합민원의 1회 방문처리라는 행정절차 간소

화의 취지(민원처리에 관한 법률 31,32) 및 관련 인허가의 공익관련성과 제3자의 이해관계 등에 비추어 관련 인허가의 절차적 요건은 불필요하나 실체적 요건의 심사는 필요하다는 점, 그리고 행정기본법 제24조 제2항에서 주된 인허가를 신청할 때 관련 인허가에 필요한 서류를 함께 제출하도록 규정한 점 등을 고려할 때 절차의제설(실체의제부정설)이 타당하다.

3) 인허가의제의 절차

(가) 관련 인허가 서류의 제출: 개별법에 특별한 규정이 없는 한, 인허가의제를 받으려면 주된 인허가를 신청할 때 관련 인허가에 필요한 서류를 함께 제출하여야 한다. 다만, 불가피한 사유로 함께 제출할 수 없는 경우에는 주된 인허가 행정청이 별도로 정하는 기한까지 제출할 수 있다(행정기본법 24②).

(나) 관련 인허가 관청과 협의: ① 주된 인허가 관청은 주된 인허가를 하기 전에 관련 인허가에 관하여 미리 관련 인허가 관청과 협의하여야 한다(동조③). 이 경우 관련 인허가 관청은 협의를 요청받으면 그 요청을 받은 날부터 20일 이내에 의견을 제출 하여야 한다. 이 경우 그 기간(민원처리 관련 법령에 따라 처리기간이 연장 또는 재연장된 경우에는 해당 처리기간을 말한다) 내에 협의 여부에 관하여 의견을 제출하지 아니하면 협의가 된 것으로 본다(동조④). ② 협의를 요청받은 관련 인허가 관청은 해당 법령을 위반하여 협의에 응해서는 아니 된다. 다만, 관련 인허가에 필요한 심의, 의견청취 등 절차에 관하여는 법률에 인허가의제 시에도 해당 절차를 거친다는 명시적인 규정이 있는 경우에만 이를 거친다(동조⑤).

4) 인허가의제의 유형

(가) 부분인허가가 부인되는 경우: 관련 인허가의 실체적 요건이 주된 인허가의 실체적 요건이 되어 관련 인허가와 주된 인허가가 불가분의 관계인 경우이다. 이 경우에는 관련 인허가의 요건을 결여하면 주된 인허가를 할 수 없다. 예컨대, 건축법 제11조 제5항과 같이 '**주된 인허가를 받으면** 관련 인허가를 받은 것으로 본다.'고 규정한 경우이다. 이 경우 주된 인허가를 하면서 관련 인허가의 관할청과 협의를 하지 아니하였거나 협의가 성립되지 아니하였음에도 주된 인허가를 하였다면 하자 있는 인허가로서 원칙적으로 취소사유에 해당한다.

(나) 부분인허가가 허용되는 경우: 주된 인허가와 관련 인허가가 가분적인 경우로서 관련 인허가와 관계없이 주된 인허가만을 할 수 있는 경우이다. 예컨대, 주택법 제19조 제1항과 같이 '주된 인허가를 할 때 관련 인허가의 행정기관의 장과 **협의한 사항에 대하여는** 관련 인허가를 받은 것으로 본다.'고 규정한 경우이다. 이 경우 관련 인허가의 요건을 결여하더라도 주된 인허가는 할 수 있다. 또한 주된 인허가를 하면서 관련 인허가의 관할청과 협의를 결하더라도 주된 인허가의 효력은 발생한다.

5) 주된 허가의 법적 성질: 허가는 그 요건을 충족하면 허가를 해야 하므로 원칙적으로 기속행위이나, 인허가의제를 수반하는 경우에는 절차의제설에 따라 인허가의제사항(관련 인허가

사항)의 실체적 심사를 통해 재량행위 여부를 판단해야 한다. 따라서 인허가의제사항이 재량사항에 해당하면 주된 행정행위는 재량행위가 된다(판례).

[판 례] 관련 인허가사항에 재량권이 부여되어 있는 경우에 주된 허가는 재량행위

"「국토의 계획 및 이용에 관한 법률」(이하 '국토계획법'이라 한다)에 의한 토지의 형질변경허가는 그 허가기준 및 금지요건이 불확정개념으로 규정된 부분이 많아 그 요건에 해당하는지 여부를 판단함에 있어서는 행정청에 재량권이 부여되어 있다 할 것이다. 그리고 **국토계획법에 따라 지정된 도시지역 안에 있는 토지에 대한 형질변경행위를 수반하는 건축허가는 건축법에 의한 건축허가와 국토계획법에 의한 토지 형질변경허가의 성질을 아울러 갖는 것으로 보아야 할 것이므로 그러한 건축허가는 재량행위에 속한다**고 할 것이다."(대판 2012.12.13. 2011두29205, 건축불허가처분취소)

6) 인허가의제의 효과

(가) 관련 인허가를 받은 것으로 봄: 관련 인허가 행정청과 협의가 된 사항에 대해서는 주된 인허가를 받았을 때 관련 인허가를 받은 것으로 본다(행정기본법 25①). 인허가의제의 효과는 주된 인허가의 해당 법률에 규정된 관련 인허가에 한정한다(동조②).

(나) 인허가의제의 사후관리: 관련 인허가 행정청은 관련 인허가를 직접 행한 것으로 보아 관계 법령에 따른 관리·감독 등 필요한 조치를 하여야 한다(동법 26①).

(다) 주된 인허가의 변경의 경우: 주된 인허가가 있은 후 이를 변경하는 경우 인허가의제의 절차(동법24)와 인허가의제의 효과(동법 25) 및 인허가의제의 사후관리(동법 26①)를 준용한다(동조②).

7) 관련 인허가의 하자의 효과

(가) 부분 인허가가 부인되는 경우: 관련 인허가의 실체적 요건이 주된 인허가의 요건이므로 관련 인허가의 요건을 결여하면 주된 인허가를 거부할 수 있다(판례1). 만일 관련 인허가의 실체적 요건이 결여하였음에도 불구하고 주된 인허가를 한 경우에는 주된 인허가는 하자 있는 인허가가 된다.

(나) 부분 인허가가 허용되는 경우: 관련 인허가의 요건이 주된 인허가의 필수 요건이 아니므로 관련 인허가의 요건을 결하더라도 주된 인허가를 할 수 있다. 따라서 관련 인허가의 하자가 주된 인허가의 위법사유로 되지 아니한다(판례2). 이 경우 주된 인허가가 있더라도 관련 인허가는 의제되지 아니할 수 있으므로, 관련 인허가의 의제가 필요하면 따로 관련 인허가를 신청하여 그 인허가를 받아야 한다.

8) 관련 인허가 행정청과 협의를 거치지 아니한 경우의 효과

(가) 부분 인허가가 부인되는 경우: 이 경우 관련 인허가 행정청과 협의를 하지 아니 하였거나 협의가 성립되지 아니하였음에도 주된 인허가를 한 경우에는 그 주된 인허가는 위법으로 된다(건축법 14⑤ 등).

(나) 부분 인허가가 허용되는 경우: 협의가 없었다면 주된 인허가의 효력만 발생한다(주택법 19① 등). 이 경우 관련 인허가를 의제받기 위해서는 관련 인허가의 행정청에 별도의 신청을

하는 절차를 거쳐야 한다(판례3).

[판례 1] 관련 인허가의 요건결여로 주된 인허가 거부되는 경우

"일정한 건축물에 관한 건축신고는 **건축법 제14조 제2항, 제11조 제5항 제3호의 인허가의제로 인해 건축법상 건축신고와 「국토의 계획 및 이용에 관한 법률」(이하 '국토계획법'이라고 한다)상 개발행위허가의 성질을 아울러 갖게 되므로**, 국토계획법상의 개발행위허가를 받은 것으로 의제되는 건축신고가 국토계획법령이 정하는 **개발행위허가기준을 갖추지 못한 경우 행정청으로서는 이를 이유로 그 수리를 거부할 수 있다.**"(대판 2011.1.20. 2010두14954; 대판 2019.7.4. 2018두49079 등)

[판례 2] 관련 인허가의 하자가 주된 인허가의 위법사유로 되지 아니하는 경우

"구 주택법(2016. 1. 19. 법률 제13805호로 전부 개정되기 전의 것) 제17조 제1항에 의하면, 주택건설사업계획 승인권자가 관계 행정기관의 장과 미리 협의한 사항에 한하여 승인처분을 할 때에 인허가 등이 의제될 뿐이고, 각호에 열거된 모든 인허가 등에 관하여 일괄하여 사전협의를 거칠 것을 승인처분의 요건으로 하고 있지는 않다. 따라서 인허가 의제대상이 되는 처분의 공시방법에 관한 하자가 있더라도, 그로써 해당 인허가 등 의제의 효과가 발생하지 않을 여지가 있게 될 뿐이고, 그러한 사정이 주택건설사업계획 승인처분 자체의 위법사유가 될 수는 없다."(대판 2017.9.12. 2017두45131 등)

[판례 3] 관계 행정청과 협의한 사항에 한해 관련 인허가의제 효과발생

"**중소기업창업 지원법(이하 '중소기업창업법'이라 한다) 제35조 제1항, 제4항에 따르면** 시장 등이 사업계획을 승인할 때 제1항 각호에서 정한 관련 인허가에 관하여 소관 행정기관의 장과 협의를 한 사항에 대해서는 관련 인허가를 받은 것으로 본다고 정하고 있다. 이러한 인허가 의제 제도는 목적사업의 원활한 수행을 위해 창구를 단일화하여 행정절차를 간소화하는 데 입법 취지가 있고 목적사업이 관계 법령상 인허가의 실체적 요건을 충족하였는지에 관한 심사를 배제하려는 취지는 아니다. 따라서 **시장 등이 사업계획을 승인하기 전에 관계 행정청과 미리 협의한 사항에 한하여 사업계획승인처분을 할 때에 관련 인허가가 의제되는 효과가 발생할 뿐이다.**"(대판 2021.3.11. 2020두42569)

9) 관련 인허가에 위법사유가 있는 경우의 쟁송대상: 주된 인허가에는 하자가 없고 관련 인허가에 위법사유가 있음에도 불구하고 주된 인허가를 한 경우에 소의 대상이 문제된다.

(가) 관련 인허가설: 위법사유가 있는 처분을 쟁송대상으로 하여야 한다는 점과, 실체집중 부정의 취지 및 인허가 상대방의 권리보호의 입장에서 의제되는 인허가가 분리취소가능하면 관련 인허가가 취소쟁송의 대상이 된다는 입장이다.[12]

(나) 주된 인허가설: 관련 인허가는 주된 인허가에 흡수되어 주된 인허가만이 존재하는 것이므로 주된 인허가(또는 거부)가 소의 대상이 된다는 입장이다.

(다) 개별적 검토설: 관련 인허가가 주된 인허가의 필요한 요건이면(불가분성) 주된 인허가가 소의 대상이 되나, 부분 인허가가 허용되어 주된 인허가의 필요한 요건이 아닌 경우에는 관련 인허가가 소의 대상이 된다는 입장이다.

(라) 판 례: 판례는 건축법 제11조 제5항에 따라 의제되는 인허가는 건축허가와 별개로 존재하는 것이 아니므로 건축불허가처분의 상대방은 건축불허가를 다투어야 하나, 주택법 제19조 제1항에 따라 의제되는 인허가는 제3항에 따른 관계기관의 장과 협의한 사항에만 인정되므로

12) 박균성(강의), 473면.

관련 인허가의 위법을 다투고자 하는 제3자는 관련 인허가를 별도로 다툴 수 있다고 한다(개별적 검토설).

[판례 1] 주된 인허가를 다투어야 하는 경우

"구 건축법(1999. 2. 8. 법률 제5895호로 개정되기 전의 것) 제8조 제1항, 제3항, 제5항에 의하면, 건축허가를 받은 경우에는 구 도시계획법(2000. 1. 28. 법률 제6243호로 전문 개정되기 전의 것) 제4조에 의한 토지의 형질변경허가나 농지법 제36조에 의한 농지전용허가 등을 받은 것으로 보며, 한편 건축허가권자가 건축허가를 하고자 하는 경우 당해 용도·규모 또는 형태의 건축물을 그 건축하고자 하는 대지에 건축하는 것이 건축법 관련 규정이나 같은 도시계획법 제4조, 농지법 제36조 등 관계 법령의 규정에 적합한지의 여부를 검토하여야 하는 것일 뿐, **건축불허가처분을 하면서 그 처분사유로 건축불허가 사유뿐만 아니라 형질변경불허가 사유나 농지전용불허가 사유를 들고 있다고 하여 그 건축불허가처분 외에 별개로 형질변경불허가처분이나 농지전용불허가처분이 존재하는 것이 아니므로**, 그 건축불허가처분을 받은 사람은 그 건축불허가처분에 관한 쟁송에서 건축법상의 건축불허가 사유뿐만 아니라 같은 도시계획법상의 형질변경불허가 사유나 농지법상의 농지전용불허가 사유에 관하여도 다툴 수 있는 것이지, **그 건축불허가처분에 관한 쟁송과는 별개로 형질변경불허가처분이나 농지전용불허가처분에 관한 쟁송을 제기하여 이를 다투어야 하는 것은 아니며**, 그러한 쟁송을 제기하지 아니하였어도 형질변경불허가 사유나 농지전용불허가 사유에 관하여 불가쟁력이 생기지 아니한다."(대판 2001.01.16. 99두10988, 건축허가신청서반려처분취소)

[판례 2] 의제되는 인허가를 별도로 다툴 수 있는 경우

"구 주택법(2016.1.19. 법률 제13805호로 전부 개정되기 전의 것) 제17조 제1항에 따르면, 주택건설사업계획 승인권자가 관계 행정청의 장과 미리 협의한 사항에 한하여 승인처분을 할 때에 인허가 등이 의제될 뿐이고, 각호에 열거된 모든 인허가 등에 관하여 일괄하여 사전협의를 거칠 것을 주택건설사업계획 승인처분의 요건으로 규정하고 있지 않다. 따라서 인허가 의제 대상이 되는 처분에 어떤 하자가 있더라도, 그로써 해당 인허가 의제의 효과가 발생하지 않을 여지가 있게 될 뿐이고, 그러한 사정이 주택건설사업계획 승인처분 자체의 위법사유가 될 수는 없다. 또한 의제된 인허가는 통상적인 인허가와 동일한 효력을 가지므로, 적어도 '부분 인허가 의제'가 허용되는 경우에는 그 효력을 제거하기 위한 법적 수단으로 의제된 인허가의 취소나 철회가 허용될 수 있고, 이러한 직권 취소·철회가 가능한 이상 그 의제된 인허가에 대한 쟁송취소 역시 허용된다. 따라서 **주택건설사업계획 승인처분에 따라 의제된 인허가가 위법함을 다투고자 하는 이해관계인은, 주택건설사업계획 승인처분의 취소를 구할 것이 아니라 의제된 인허가의 취소를 구하여야 하며, 의제된 인허가는 주택건설사업계획 승인처분과 별도로 항고소송의 대상이 되는 처분에 해당한다.**"(대판 2018.11.29. 2016두38792 임대주택건설사업계획승인처분취소)

(마) 결 어

(a) **주된 인허가가 거부된 경우**: 관련 인허가의 하자를 이유로 주된 인허가를 거부한 경우에는 주된 인허가의 거부처분이 소의 대상이 되며 관련 인허가의 위법사유는 청구이유가 될 뿐이다(주된 인허가설).

(b) **주된 인허가가 행해진 경우**: 관련 인허가의 하자에도 불구하고 주된 인허가가 행해진 경우에는 그 상대방은 신청이 수리된 것이므로 불복여지가 없겠으나, 관련 인허가의 위법사유로 불이익을 받게 되는 제3자인 이해관계자는 이를 다툴 수 있으며, 이 경우에는 개별적 검토설이 타당하다. 즉, ① 관련 인허가가 주된 인허가의 필요한 요건인 경우에는 부분 인허가가 부인되고 주된 인허가에 흡수되어 주된 인허가가 소의 대상이 된다. ② 관련 인허가가 주된 인허가의 필요한 요건이 아닌 경우에는 부분 인허가가 인정되는 경우이므로 다투고자 하는 이해관계에 따라 주된 인허가와 관련 인허가가 각각 소의 대상이 될 수 있다.

3. 면 제(免除)

면제란 법령에 의하여 일반적으로 부과되어 있는 작위의무 · 급부의무 · 수인의무를 특정한 경우에 해제하는 행정행위이다. 면제도 의무해제행위라는 점에서 허가와 같으나 허가는 부작위의무를 해제하는 행위라는 점에서 구별된다(예; 경찰면제 · 조세면제 · 예방접종면제 등). 면제의 성질 · 종류 · 효과 등은 일반적으로 허가의 경우와 다름이 없다.

Ⅲ. 형성적 행위

형성적 행위(形成的 行爲)란 특정의 상대방에게 권리 · 능력 또는 포괄적 법률관계 기타 법률상의 힘을 발생 · 변경 · 소멸시키는 행정행위를 말한다. 형성적 행위는 제3자에 대하여 주장할 수 있는 법률상의 힘을 형성하는 것을 내용으로 하는 것이라는 점에서, 개인의 자유의 제한 또는 제한의 해제를 내용으로 하는 명령적 행위와 다르다. 형성적 행위는 상대방을 기준으로 하여 ① 직접 상대방을 위한 행위, ② 타자를 위한 행위로 나눌 수 있고, 그 내용을 기준으로 하여 특허 · 인가 및 대리로 나눌 수 있다.

1. 특 허(特許)

(1) 특허의 개념

특허란 특정인을 위하여 새로운 법률상의 힘을 부여하는 행위를 말한다. 이는 직접 상대방을 위한 행위로서, 특정인에 대하여 새로이 일정한 권리 · 능력 또는 포괄적 법률관계를 설정하는 행정행위란 점에서 설권행위(設權行爲)라고도 한다. 이 중에서 권리설정행위를 협의의 특허라고도 한다(예; 행정재산의 사용 · 수익에 대한 허가, 공기업특허 등).

특허를 설권행위라고 하는데 대하여 특정인의 기존의 권리 · 능력 · 포괄적 법률관계를 변경시키는 행위를 변경행위(예; 특허처분의 변경, 공무원의 전보, 공무원의 징계종류의 변경, 환지처분 등), 그것을 소멸시키는 행위를 탈권행위(예; 특허취소 · 공무원파면)라 한다.

(2) 특허의 성질

1) **재량행위:** 특허는 일정한 공익상의 필요에 따라 특정인에게 권리를 부여하는 설권행위이기 때문에 특허를 할 것인지의 여부는 법령에 규정이 없는 한 행정청의 재량행위에 속하는 것이 원칙이다.

[판 례] 권리 · 이익의 부여는 설권적 처분으로 재량행위

"개인택시운송사업면허는 특정인에게 권리나 이익을 부여하는 행정행위로서 법령에 특별한 규정이 없는 한 재량행위이고"(대판 2010.1.28, 2009두19137, 개인택시운송사업면허대상자제외처분취소)

"해상여객운송사업의 면허는 특정인에게 권리나 이익을 부여하는 것으로서, 당해 항로의 수송수요, 선박계류시설등의 적합성, 해상교통의 안전, 이용자의 편의 등을 종합적으로 고려하여 결정하여야 하는 재량행위에 속한다."(대판

2008.12.11, 2007두18215, 해상여객운송사업면허신청불허처분취소)

"출입국관리법령의 문언, 내용 및 형식, 체계 등에 비추어 보면, **체류자격 변경허가는 신청인에게 당초의 체류자격과 다른 체류자격에 해당하는 활동을 할 수 있는 권한을 부여하는 일종의 설권적 처분의 성격을 가지므로,** 허가권자는 신청인이 관계 법령에서 정한 요건을 충족하였더라도, **신청인의 적격성, 체류 목적, 공익상의 영향 등을 참작하여 허가 여부를 결정할 수 있는 재량을 가진다.**"(대판 2016.07.14. 2015두48846, 체류기간연장등불허가처분취소)

2) 특허의 출원: 특허는 출원을 필요요건(효력요건)으로 하며, 따라서 출원이 없거나 그 취지에 반하는 특허는 완전한 효력을 발생할 수 없다.

3) 허가와 구별: 특허는 허가와 다음과 같이 구별된다. 즉, ① 허가는 명령적 행위로서 원칙적으로 기속행위이나, 특허는 형성적 행위로서 원칙적으로 재량행위이다. ② 허가로 인하여 받은 이익은 원칙적으로 반사적 이익이나, 특허로 인하여 받은 이익은 권리이다. ③ 허가는 출원 없이 발해질 수도 있으나, 특허는 언제나 출원을 요한다. ④ 허가는 불특정인을 상대방으로 할 수 있지만, 특허는 언제나 특정인을 상대방으로 한다.

그러나 오늘날 허가와 특허의 구별은 상대화되어 가고 있다. 예컨대, 도로의 일시적 점용은 허가사항이나 장기 계속적 점용은 특허사항인바, 일시와 장기 계속도 상대적이며, 허가점용의 효과도 단순한 반사적 이익이 아니라 법률상 보호되는 이익으로 된다.

(3) 특허의 형식

특허는 특정인에 대하여 행하여지며, 원칙적으로 불요식행위이다. 특허는 원칙적으로 구체적 행정행위(특허처분)의 형식으로 행하여지나 법규에 의하여 직접 행하여지는 경우도 있다(예; 한국도로공사법에 의한 도로공사설립).

(4) 특허의 효과

특허의 효과는 특정의 상대방에게 일정한 권리·능력 등의 법률상의 힘을 발생시키며, 설정된 권리는 공권인 것이 보통이나 사권(광업허가로 광업권이 생기는데 이는 사법상의 물권이다)인 경우도 있다. 특허된 힘을 제3자가 침해하면 권리침해가 된다. 대인적 특허의 효과는 이전될 수 없는 데 반하여, 대물적 특허의 효과는 자유로이 또는 일정한 제한(행정청에의 보고 또는 행정청의 승인 등) 아래 이전될 수 있다.

2. 인 가(認可)

(1) 인가의 개념

인가란 다른 법률관계의 당사자의 법률행위를 보충하여 그 법률상 효력을 완성시켜 주는 행정행위이다. 인가는 행정주체가 직접 자기와 관계없는 다른 법률관계에 있어서의 당사자의 법률행위를 보충하여 그 법률상 효력을 완성시켜 주는 타자(他者)를 위한 행위로서 보충행위라고 한다. 이러한 행정주체의 보충행위는 보호 또는 감독을 위한 공익적 견지에 의한 것이다.

(2) 인가의 성질

인가는 다른 법률관계의 당사자의 법률적 행위를 완전히 유효하게 완성시켜 주는 행정주체의 동의행위이며, 그 동의는 곧 법률적 행위의 효력요건이다. 따라서 무인가행위는 원칙적으로 무효가 되지만, 처벌의 대상은 되지 아니한다.

(3) 인가의 대상

인가의 대상은 성질상 항상 법률적 행위에 한하고 사실행위에는 제외된다. 법률적 행위 중에는 일반국민의 행위인 경우도 있고 공공단체·특허기업자 등 국가의 특별한 감독하에 있는 자의 행위인 경우도 있으며, 또한 공법상 행위인 경우도 있고(예; 공공조합 설립인가) 사법행위인 경우도 있다(예; 특허기업의 사업양도인가).

(4) 인가의 신청

인가는 항상 신청에 의하여 행하여지며, 행정청은 신청에 대한 여부만을 소극적으로 결정할 수 있을 뿐이고, 그 내용을 수정하는 수정인가는 법령에 특히 근거가 있는 경우 이외에는 인정되지 않는다.

(5) 인가와 기본행위

1) 인가 또는 기본행위의 하자의 효과

(가) 인가는 적법하나 기본행위에 하자가 있는 경우: ① 인가는 다른 자의 법률적 행위의 효력을 보충하는데 그치는 것이므로 인가의 대상인 기본행위가 불성립 또는 무효인 경우에는 인가를 받더라도 그 기본행위가 무효로 됨에 따라 인가도 무효로 된다. ② 인가의 대상인 기본행위에 취소원인이 있는 때에는 민사소송 또는 공법상 당사자소송을 통해 취소가능 한바, 인가 후에도 위와 같이 취소할 수 있고, 기본행위가 취소되면 인가도 그 존립의 바탕을 잃어 실효된다.

(나) 기본행위는 적법하나 인가에 하자가 있는 경우: 기본행위가 유효하고 인가만 무효인 때에는 무인가 행위로 되고, 인가에 취소사유가 있으면 인가를 취소할 수 있다.

2) 기본행위의 하자로 인한 인가에 대한 쟁송방법

(가) 인가처분 취소소송 불가(원칙): 기본행위에 취소사유인 하자가 있다고 하더라도 인가처분 자체에 하자가 없다면 따로 그 기본행위의 하자를 다투는 것은 별론으로 하고 기본행위의 하자를 내세워 바로 그에 대한 행정청의 인가처분의 취소를 구할 수는 없다(판례1). 예컨대, ① 기본행위인 사립학교 정관변경에 하자가 있는 경우, ② 도시 및 주거환경정비법상 재건축조합설립행위에 하자가 있는 경우, ③ 조합장명의변경에 하자가 있는 경우, ④ 조합의 사업시행계획에 하자가 있는 경우, ⑤ 관리처분계획에 하자가 있는 경우 등에 이를 이유로 그 인가처분의 취소 또는 무효확인을 구할 수 없다.[13]

---

13) ① 대판 2004.10.28. 2002두10766, ② 대판 2000.9.5. 99두18541, ③ 대판 2005.10.14. 2005두1046 등, ④ 대판 2008.1.10. 2007두16691; 대판 2010.12.9. 2009두4913; 대판 2014.2.27. 2011두25173 등.

(나) 인가처분 무효등확인소송 가능: 기본행위의 부존재 등 특단의 사정이 있는 경우에는 바로 인가처분의 무효확인을 구할 수 있다(판례2). 기본행위에 대해서는 민사소송 또는 공법상 당사자소송으로 인가처분은 취소소송으로 다투게 하는 획일적인 2단계 소송절차는 신속한 권리구제나 소송경제상 바람직하지 아니하므로, 기본행위가 부존재·당연 무효 등의 경우에는 일회적 분쟁해결을 위해 바로 인가를 대상으로 다툴 수 있게 함이 타당하다.

[판례 1] 기본행위의 하자를 이유로 인가처분 취소소송 부인

"기본행위가 적법·유효하고 보충행위인 인가처분 자체에만 하자가 있다면 그 인가처분의 무효나 취소를 주장할 수 있다고 할 것이지만, 인가처분에 하자가 없다면 기본행위에 하자가 있다 하더라도 따로 그 기본행위의 하자를 다투는 것은 별론으로 하고 **기본행위의 무효를 내세워 바로 그에 대한 인가처분의 취소 또는 무효확인을 구할 수 없다.**"(대판 2001.12.11. 2001두7541; 대판 2010.12.09. 2009두4913; 대판 2014.2.27. 2011두25173 등)

[판례 2] 기본행위가 무효인 경우 인가처분무효확인소송 인정

"사업양도·양수에 따른 허가관청의 지위승계신고의 수리는 적법한 사업의 양도·양수가 있었음을 전제로 하는 것이므로 그 수리대상인 사업양도·양수가 존재하지 아니하거나 무효인 때에는 수리를 하였다 하더라도 그 수리는 유효한 대상이 없는 것으로서 당연히 무효라 할 것이고, 사업의 양도행위가 무효라고 주장하는 양도자는 **민사쟁송으로 양도·양수행위의 무효를 구함이 없이 막바로 허가관청을 상대로 하여 행정소송으로 위 신고수리처분의 무효확인을 구할 법률상 이익이 있다.**"(대판 2005.12.23, 2005두3554, 채석허가수허가자변경신고수리처분취소)

"구 도시 및 주거환경정비법(2012. 2. 1. 법률 제11293호로 개정되기 전의 것. 이하 '구 도시정비법'이라 한다)이 정한 동의요건을 갖추고 창립총회를 거쳐 도시환경정비사업조합이 성립한 이상, 이미 소멸한 조합설립추진위원회(이하 '추진위원회'라고 한다) 구성승인처분의 하자를 들어 조합설립인가처분이 위법하다고 볼 수 없다. 다만 추진위원회 구성승인처분의 하자로 인하여 그 추진위원회의 조합설립인가 신청행위가 무효라고 평가될 수 있는 특별한 사정이 있는 경우라면, 그 신청행위에 기초한 조합설립인가처분이 위법하다고 볼 수 있을 것이다. 그런데 조합설립인가 신청행위는 법령이 정한 동의요건을 갖추고 창립총회를 거쳐 조합의 실체가 형성된 이후에 이를 바탕으로 이루어지는 것이므로, **추진위원회 구성이나 그 승인처분의 위법사유를 이유로 그 추진위원회가 하는 조합설립인가 신청행위가 무효로 된다고 볼 것은 아니다. 그 위법사유가 구 도시정비법상 하나의 정비구역 내에 하나의 추진위원회로 하여금 조합설립의 추진을 위한 업무를 수행하도록 한 추진위원회 제도의 입법 취지를 형해화할 정도에 이르는 경우에 한하여 그 추진위원회의 조합설립인가 신청행위가 무효이고, 나아가 이에 기초한 조합설립인가처분의 효력을 다툴 수 있게 된다고 할 것이다.**"(대판 2014.04.24. 2012두29004, 조합설립인가처분취소)

【기본행위와 인가의 하자유무에 따른 쟁송방법】

기본행위	인가행위	효 과	쟁 송 방 법
적 법	무효사유	무인가 행위	인가처분 무효확인소송
적 법	취소사유	취소 가능	인가처분 취소소송
무효·불성립	적 법	무효	인가처분 무효등확인소송
취소사유	적 법	기본행위 취소되면 인가 실효	인가처분 취소소송 불가(기본행위 쟁송 거쳐 2단계 절차로 쟁송제기 가능)

(6) 인가의 효과

인가는 행정주체가 제3자와의 사이에서 하는 법률적 행위의 효력을 완전히 발생시키는 효과

⑤ 대판 2001.12.11. 2001두7541.

를 가져온다. 인가의 효과는 법률적 행위에 한하여 발생하며 타인에게 이전되지 아니하는 것이 원칙이다.

3. 대 리(代理)

대리란 타자(他者)가 하여야 할 행위를 행정청이 대신함으로써 본인이 한 것과 같은 법적 효과를 발생시키는 행정행위를 말한다. 대리는 주로 보호감독자로서의 행정주체의 공권력에 의거한 행위라는 점에서 공법적이며, 행위의 효과가 타자에 귀속한다는 점에서 대리행위이다. 그리고 그 대리권은 당사자의 수권에 의한 것이 아니라 법률의 규정에 의거한 것이므로 법정대리에 해당한다.

대리는, ① 감독적인 입장에서(예; 감독청에 의한 공법인의 정관작성, 임원임명), ② 협의불성립의 경우에 조정적 입장에서(예; 특정가구정비지역 내에서의 건축에 대한 재정), ③ 타인을 보호하는 입장에서(예; 행려병사자의 유류품처분), ④ 국가 자신의 행정목적 달성을 위하여(예; 강제징수절차에서 행하는 압류재산의 공매처분) 행하여진다.

【 허가 · 특허 · 인가의 이동(異同) 】

	허 가	특 허	인 가
의 의	일반적 금지를 특정한 경우에 해제하여 자연적 자유를 회복시켜 주는 행정행위	특정인에게 권리를 설정하여 주는 행위	당사자의 법률행위를 보충하여 그 법률상 효력을 완성시켜 주는 행위
성 질	(가) 명령적 행정행위 (나) 쌍방적 행정행위 ① 출원없이도 가 (통행금지해제) ② 수정허가 가 (다) 기속재량행위	(가) 형성적(직접상대방을 위한) 행위 (나) 쌍방적 행정행위 ① 반드시 출원 요 ② 수정불가 (다) 자유재량행위 (단 광업법 19~25)	(가) 형성적(제3자를 위한)행위 (나) 쌍방적 행정행위 ① 반드시 출원 요 ② 수정불가 (다) 기속재량행위
상 대 방	특정인 및 불특정다수인	특정인에 대해서만 가	특정인에 대해서만 가
대 상	사실행위가 원칙이나 법률행위로 가		법률행위만(공법행위 및 사법행위) 가
효 과	(가) 자유회복(금지해제) ① 반사적 이익 ② 이익침해에 대한 행정 소송제기 불가 (나) 일신전속적이 아닌 한 이전 가	(가) 권리설정 ① 공권(사권도 있다) ② 행정소송 가 (나) 일신전속적이 아닌 한 이전 가	(가) 타인간의 법률적 행위의 효력을 보완 · 완성(보완적 효력) (나) 일신전속적, 불가
위반행위의 효과(무허가 행위 등)	(가) 행위자체는 유효-적법 요건 (나) 행정벌 · 행정통제의 대상이 됨	(가) 무효 -효력요건 (나) 대상 안 됨	(가) 무효 -효력요건 (나) 대상 안 됨
예	① 운전면허 ② 의사면허 ③ 영업허가 ④ 건축허가 ⑤ 연초소매인 지정 ⑥ 통행금지 해제 ⑦ 수렵금지 해제 ⑧ 보도관제 해제 ⑨ 수입금지 해제 ⑩ 일시적 도로사용허가 ⑪ 차량검사 합격처분	① 공기업특허 ② 공물사용권특허 ③ 광업허가 ④ 어업면허 ⑤ 귀화허가 ⑥ 자동차운수사업면허 ⑦ 하천부지점용허가 ⑧ 도로점용허가(장기) ⑨ 공용수용권의 설정 ⑩ 도선장 설치에 의한 도선료 징수허가 ⑪ 공용수용에 있어서의 사업인정	① 공법인설립인가 ② 사립대학설립인가 ③공공조합의 정관 승인 ④ 외국인의 토지취득인가 ⑤ 하천사용권 양도인가 ⑥ 지방자치단체기채승인 ⑦ 지방의회의원 사직 승인 ⑧ 농지전용허가 ⑨ 공공요금인가
공 통 점	① 용어혼용 ② 법률행위적 행정행위 ③ 수익적 행정행위 ④ 신청을 요함이 원칙 ⑤ 불요식행위임이 보통, 구체적 처분의 형식이 보통 ⑥ 부관가능 ⑦ 취소행위는 기속재량행위 ⑧ 행정상 쟁송에 의한 구제		

Ⅳ. 준법률행위적 행정행위

1. 확 인(確認)

(1) 확인의 개념

확인이란 특정한 사실 또는 법률관계에 관하여 의문이나 다툼이 있는 경우에 공권적으로 그 존부 또는 정부(正否)를 판단·확정하는 행위를 말한다.

(2) 확인의 성질

확인은 기존의 사실 또는 법률관계에서 존부나 정부를 의문의 여지가 없도록 확정·선언하는 행위인 까닭에 법선언적 행위이며 준사법적 행위라 할 수 있다. 법선언행위이며 판단작용으로 성질상 판단된 이상 확인하지 않을 수 없으므로 기속행위 내지 기속재량행위이다. 확인에 의해 권리의무의 변동을 초래하면 처분이라 할 것이나, 근거법규에 의한 법적 효력발생을 확인한 것에 불과하면 단순한 사실행위로 처분성이 부인된다(판례).

(3) 확인의 종류

확인은 행정분야별로, ① 조직법상 확인(예; 당선자결정·합격자결정), ② 복리행정법상 확인(예; 도로구역결정, 하천구역설정, 하천구간지정, 교과서검정, 발명특허, 공물의 경계사정), ③ 재정법상 확인(예; 소득금액 결정), ④ 토지행정법상 확인(예; 도시계획상의 지역·지구·구역 지정, 이주대책대상자의 확인·결정), ⑤ 군정법상 확인 등이 있고, 쟁송절차를 거치느냐의 여부에 따라 직권확인과 쟁송확인(예; 행정심판의 재결) 등이 있다.

(4) 확인의 형식

확인은 항상 구체적인 처분의 형식으로 행하여지며, 법령에 의한 경우는 없다. 확인은 판단이라는 정신작용을 필요로 하기 때문이다. 일반적으로 요식행위이다.

(5) 확인의 효과

확인은 일반적으로 특정한 법률사실 또는 법률관계의 존재나 정당성을 공권적으로 확정하는 효과를 발생한다. 따라서 불가변력이 발생하며, 이외에 각 확인에 따르는 특수한 효력을 가지는 경우가 많다.

[판 례] 친일반민족행위자재산조사위원회의 친일재산 국가귀속결정

"친일반민족행위자 재산의 국가귀속에 관한 특별법 제3조 제1항 본문, 제9조 규정들의 취지와 내용에 비추어 보면, 같은 법 제2조 제2호에 정한 **친일재산은** 친일반민족행위자재산조사위원회가 국가귀속결정을 하여야 비로소 국가의 소유로 되는 것이 아니라 **특별법의 시행에 따라 그 취득·증여 등 원인행위시에 소급하여 당연히 국가의 소유로 되고, 위 위원회의 국가귀속결정은 당해 재산이 친일재산에 해당한다는 사실을 확인하는** 이른바 준법률행**위적 행정행위**의 성격을 가진다."(대판 2008.11.13. 2008두13491, 친일재산국가귀속처분취소)

2. 공 증(公證)

(1) 공증의 개념

공증이란 특정한 사실 또는 법률관계의 존부(存否)를 공적으로 증명하는 행위를 말한다.

(2) 공증의 성질

확인이 판단의 표시인 데 대하여 공증은 인식의 표시이며, 확인은 사실 또는 법률관계에 대한 다툼이나 의문을 전제로 하나, 공증은 다툼이나 의문이 없는 사실 또는 법률관계의 존부에 대하여 형식적으로 증명하여 공적 증거력을 부여하는 행위이다. 또한 공증은 인식작용으로 성질상 인식된 이상 공증하지 않을 수 없으므로 기속행위 내지 기속재량행위이다.

(3) 공증의 처분성 여부

1) 학 설: ① 공증은 공적 증거력이라는 법적 효과를 발생하는 준법률행위적 행정행위로서 처분성이 인정된다는 **긍정설**, ② 공증은 사실행위에 불과하며 그 공적 증거력은 반증에 의하여 번복될 수 있으므로 공정력이 인정되지 않고 처분성이 부정된다는 **부정설**과, ③ 공증이 국민의 권리관계에 영향을 미치는 경우에는 처분성이 인정된다는 **제한적 긍정설**(절충설)이 대립한다.

2) 판 례: 종래에는 공증은 행정사무집행의 편의와 사실증명의 자료로 삼기 위한 것에 불과하여 처분이 아니라고 하였으나(판례1, 2), 근래 판례변경을 통해 실체적 권리관계에 밀접하게 관련되어 국민의 권리관계에 영향을 미치는 경우에는 처분성을 인정하고 있다(판례2, 3).

3) 결 어: 공증의 처분성 여부는 획일적으로 판단할 수 없고, 국민의 실체적 권리관계에 영향을 미치는 경우인지의 여부에 따라 개별적으로 판단해야 한다는 점에서 제한적 긍정설이 타당하다.

[판례 1] 등재행위의 처분성 부인

"자동차운전면허대장상 일정한 사항의 등재행위는 운전면허행정사무집행의 편의와 사실증명의 자료로 삼기 위한 것일 뿐 그 등재행위로 인하여 당해 운전면허 취득자에게 새로이 어떠한 권리가 부여되거나 변동 또는 상실되는 효력이 발생하는 것은 아니므로 이는 행정소송의 대상이 되는 독립한 행정처분으로 볼 수 없다."(대판 1991.9.24, 91누1400, 운전경력증명서상의기록삭제신청거부처분취소)

[판례 2] 건축물대장 등재의 처분성 부정에서 인정으로 변경

"건축물대장에 일정한 사항을 등재하거나 등재된 사항을 변경하는 행위는 행정사무집행의 편의와 사실증명의 자료로 삼기 위한 것일 뿐이고, 그 등재나 변경등재 행위로 인하여 그 건축물에 대한 **실체상의 권리관계에 어떤 변동을 가져오는 것이 아니므로,** 소관청이 등재사항에 대한 변경신청을 거부하였다고 하여 이를 항고소송의 대상이 되는 **행정처분에 해당한다고 할 수 없다.**"(대판 1998.2.24, 96누5612, 건축물관리대장정정거부처분취소)

"건축물대장은 건축물에 대한 공법상의 규제, 지방세의 과세대상, 손실보상가액의 산정 등 건축행정의 기초자료로서 공법상의 법률관계에 영향을 미칠 뿐만 아니라, 건축물에 관한 소유권보존등기 또는 소유권이전등기를 신청하려면 이를 등기소에 제출하여야 하는 점 등을 종합해 보면, 건축물대장의 작성은 건축물의 소유권을 제대로 행사하기 위한 전제요건으로서 **건축물 소유자의 실체적 권리관계에 밀접하게 관련되어 있으므로 건축물대장 소관청의 작성신청 반려행위는 국민의 권리관계에 영향을 미치는 것으로서 항고소송의 대상**이 되는 행정처분에 해당한다."(대판 2009.2.12, 2007두17359, 건축물대장기재신청서반려처분취소)

[판례 3] 지적법상 지목변경의 처분성 부인에서 인정으로 변경

"지목은 토지에 대한 공법상의 규제, 개발부담금의 부과대상, 지방세의 과세대상, 공시지가의 산정, 손실보상가액의 산정 등 토지행정의 기초로서 공법상의 법률관계에 영향을 미치고, 토지소유자는 지목을 토대로 토지의 사용·수익·처분에 일정한 제한을 받게 되는 점 등을 고려하면, 지목은 토지소유권을 제대로 행사하기 위한 전제요건으로서 **토지소유자의 실체적 권리관계에 밀접하게 관련되어** 있으므로 지적공부 소관청의 **지목변경신청 반려행위는 국민의 권리관계에 영향을 미치는 것으로서 항고소송의 대상**이 되는 행정처분에 해당한다.

이와는 달리 지목변경신청에 대한 반려(거부)행위를 항고소송의 대상이 되는 행정처분에 해당한다고 할 수 없다고 판시한 대법원 1995.12.5, 94누4295 등을 변경한다."(대판 2004.4.22, 2003두9015 전원합의체 판결, 지목변경신청반려처분취소청구각하취소)

[판례 4] 사인간의 법률관계의 존부를 공적으로 증명하는 경우에는 처분성 부인

"항고소송의 대상이 되는 행정처분에 해당하는지는 행위의 성질·효과 이외에 행정소송 제도의 목적이나 사법권에 의한 국민의 권익보호 기능도 충분히 고려하여 합목적적으로 판단해야 한다. 이러한 행정소송 제도의 목적 및 기능 등에 비추어 볼 때, **행정청이 한 행위가 단지 사인 간 법률관계의 존부를 공적으로 증명하는 공증행위에 불과하여 그 효력을 둘러싼 분쟁의 해결이 사법원리에 맡겨져 있거나 행위의 근거 법률에서 행정소송 이외의 다른 절차에 의하여 불복할 것을 예정하고 있는 경우에는 항고소송의 대상이 될 수 없다**고 보는 것이 타당하다."(대판 2012.6.14. 2010두19720 공정증서무효등확인)

(4) 공증의 형식 및 종류

공증은 문서 및 일정한 서식(書式)이 요구되는 요식행위임이 원칙이며 ① 등기·등록(예; 부동산등기부 등 각종 등기부·등록부에의 등기·등재), ② 등재(예; 선거인명부, 토지대장·가옥대장 등 각종 명부·장부·원부에의 등재), ③ 기재(예; 회의록·의사록에의 기재), ④ 증명서발부(예; 당선증서·합격증서·졸업증서·등록증 공정증서 등 발부), ⑤ 교부(예; 영수증·허가증·면허장·원장 등의 교부), ⑥ 발급(예; 여권·감찰 등의 발급), ⑦ 압날(예; 검인·증인의 압날) 등이 있다.

(5) 공증의 효과

공증에는 반증(反證)에 의하지 않고는 전복되지 않는 공적 증거력이 발생하며, 그 이외에 어떤 효과가 발생하는가는 각 법률이 정하는 바에 따라 다르다.

3. 통 지(通知)

(1) 통지의 개념

통지란 특정인 또는 일반인에게 특정한 사실을 알리는 행위를 말하며, 문서에 의함이 원칙이고, 일반인에게는 공고·고시 등에 의한 독립된 행정행위이다.

(2) 통지의 성질

통지는 독립된 행정행위로서 처분성이 인정된다. 따라서 이미 성립된 행정행위의 효력발생요건으로서의 통지(예; 법령 및 조약의 공포, 재결고지)나 법령에 의한 법률효과가 인정되지 아니하는 단순한 사실행위로서의 통지(예; 문서의 교부·송달, 당연퇴직의 통지)와 같이 처분성이 인정되지 않는 통지와 다르다(판례1). 통지는 직접 법령에 의한 관념 또는 의사의 통지로서 기속재량행위이다.

(3) 통지의 종류

통지에는 어떤 사실이 있다는 것을 알리는 관념의 통지(예; 특허출원의 공고, 귀화의 고시, 토지수용에 있어서 사업인정의 고시 등)와, 어떤 행위를 하겠다는 것을 알리는 의사의 통지(대집행의 계고, 납세의 독촉 등)가 있다.

(4) 통지의 효과

통지의 효과는 직접 법령에 의하여 발생하므로, 그 내용은 각 법령의 규정에 따라 다르다.

[판례 1] 처분성이 부인되는 경우

"국가공무원법 제69조에 의하면 공무원이 제33조 각 호의 1에 해당할 때에는 당연히 퇴직한다고 규정하고 있으므로, 국가공무원법상 당연퇴직은 결격사유가 있을 때 법률상 당연히 퇴직하는 것이지 공무원관계를 소멸시키기 위한 별도의 행정처분을 요하는 것이 아니며, **당연퇴직의 인사발령은 법률상 당연히 발생하는 퇴직사유를 공적으로 확인하여 알려주는 이른바 관념의 통지에 불과하고 공무원의 신분을 상실시키는 새로운 형성적 행위가 아니므로 행정소송의 대상이 되는 독립한 행정처분이라고 할 수 없다.**"(대판 1995.11.14. 95누2036, 당연퇴직처분무효확인)

"국세징수법 제21조, 제22조가 규정하는 가산금 또는 중가산금은 국세를 납부기한까지 납부하지 아니하면 과세청의 확정절차 없이도 법률 규정에 의하여 당연히 발생하는 것이므로 **가산금 또는 중가산금의 고지가 항고소송의 대상이 되는 처분이라고 볼 수 없다.**"(대판 2005.06.10. 2005다15482, 부당이득금)

"국민건강보험 직장가입자 또는 지역가입자 자격 변동은 법령이 정하는 사유가 생기면 별도 처분 등의 개입 없이 사유가 발생한 날부터 변동의 효력이 당연히 발생하므로, 국민건강보험공단이 甲 등에 대하여 가입자 자격이 변동되었다는 취지의 **'직장가입자 자격상실 및 자격변동 안내' 통보를 하였거나,** 그로 인하여 사업장이 국민건강보험법상의 적용대상사업장에서 제외되었다는 취지의 **'사업장 직권탈퇴에 따른 가입자 자격상실 안내' 통보를 하였더라도, 이는 甲 등의 가입자 자격의 변동 여부 및 시기를 확인하는 의미에서 한 사실상 통지행위에 불과할 뿐,** 위 각 통보에 의하여 가입자 자격이 변동되는 효력이 발생한다고 볼 수 없어 위 각 통보의 처분성이 부인된다"(대판 2019. 2. 14. 2016두41729, 사업장직권탈퇴및가입자자격상실처분취소청구의소)

[판례 2] 처분성이 인정되는 경우

"공무원연금법(1995. 12. 29. 법률 제5117호로 개정되기 전의 것. 이하 같다) 제47조 각호 소정의 급여제한사유가 있음에도 불구하고 수급자에게 퇴직연금이 잘못 지급되었으면 이는 공무원연금법 제31조 제1항 제3호의 '기타 급여가 과오급된 경우'에 해당하고, 이때 **과다하게 지급된 급여의 환수를 위한 행정청의 환수통지는 당사자에게 새로운 의무를 과하거나 권익을 제한하는 것으로서 행정처분에 해당**한다."(대판 2009.05.14. 2007두16202, 퇴직연금청구)

"기간제로 임용되어 임용기간이 만료된 국·공립대학의 조교수는 교원으로서의 능력과 자질에 관하여 합리적인 기준에 의한 공정한 심사를 받아 위 기준에 부합되면 특별한 사정이 없는 한 재임용되리라는 기대를 가지고 재임용 여부에 관하여 합리적인 기준에 의한 공정한 심사를 요구할 법규상 또는 조리상 신청권을 가진다고 할 것이니, **임용권자가 임용기간이 만료된 조교수에 대하여 재임용을 거부하는 취지로 한 임용기간만료의 통지는 위와 같은 대학교원의 법률관계에 영향을 주는 것으로서 행정소송의 대상이 되는 처분에 해당**한다."(대판 2004.04.22. 2000두7735, 교수재임용거부처분취소)

4. 수 리(受理)

(1) 수리의 의의

수리란 타인의 행위를 유효한 행위로 받아들이는 행위이며, 법령에 의한 기속재량행위이다. 수리는 수동적 의사행위로서 타인의 행위를 유효한 행위라는 판단 아래 수령하는 인식의 표시행위인 점에서 단순한 사실인 도달이나 접수와 다르다. 혼인신고의 수리 및 공무원의 사표의 수리 등이 수리의 예이며 행위요건적 공법행위로서 법령이 정한 바에 따라 효과를 발생시킨다.

(2) 기본행위와 수리의 관계

수리의 요건이 되는 사인의 신청 등 기본행위에 하자가 있는 경우 수리의 효과가 문제된다. ① 수리는 타인의 행위를 유효한 행위로 받아들이는 수동적 의사행위에 그치는 것이므로 수리의 대상인 기본행위가 불성립 또는 무효인 경우에는 수리를 하더라도 그 기본행위가 무효로 됨에 따라 수리도 무효가 된다. ② 수리의 대상인 기본행위에 취소사유가 있는 때에는 행정청은 이를 이유로 수리를 취소할 수 있으나, 신청인은 수리 후에는 신청을 취소할 수 없다.

(3) 수리거부에 대한 불복

구비서류미비 등 신청에 흠이 있는 경우 접수거부를 할 수 없고 보완을 요구하여야 한다(행정절차법 17⑤). 이러한 보정명령은 명령적 행위인 하명이 아니라 소정의 기한까지 보정하지 아니하는 경우에는 수리를 거절할 의사를 알리는 통지이다. 수리거절행위(각하)는 불수리의 의사표시로서 소극적인 법률행위적 행정행위이므로 행정쟁송이 가능하다.

제 5 절　행정행위의 부관

Ⅰ. 행정행위의 부관의 의의

1. 행정행위의 부관의 개념

행정행위의 부관(附款)이란 행정행위의 효과를 제한하거나 보충하기 위하여 주된 행위에 부가된 종된 규율을 말한다. 종래의 통설에 의하면 행정행위의 부관이란 행정행위의 일반적 효과를 제한하기 위하여 의사표시의 주된 내용에 부가된 종된 의사표시라고 정의하였다. 그러나 종래의 통설과 달리 새로운 개념정의를 하는 근거는 ① 부관은 의사표시를 요소로 하지 않는 준법률행위적 행정행위에도 붙일 수 있고, ② 부관은 본체인 행정행위에 부가된 추가적 하명이며 그의 핵심적 요소는 본체(本體)인 행정행위에의 **부종성**(附從性; Abhängigkeit)(주된 행정행위에 의존)에 있기 때문에, 부관은 행정행위의 효과의 제한만이 아니라 부관의 본체인 행정행위를 보충·보조하는 다양한 기능을 갖는다는 데 있다.

2. 유사개념과의 구별

(1) 법정부관

행정행위의 부관은 본체인 행정행위와 불가분의 일체를 이루는 것으로서 행정청의 의사표시에 의한 것이므로 행정행위의 효과의 제한이 직접 법규에서 정해져 있는 법정부관과 구별된다.

(2) 행정행위의 내용적 제한

행정행위의 내용적 제한은 행정행위의 내용 자체의 일부를 이루는 행정행위의 구성요소로서 행정행위의 내용 자체를 제한하는 것인데 대하여, 부관은 행정행위에 부가하여 행정행위의 효과를 제한하거나 보충하는 것이란 점에서 구별된다. 예컨대, 연건평 150㎡의 3층 건물의 건축허가는 내용적 제한이고, 도로에 연접한 토지 5m의 기부채납을 조건으로 한 건축허가는 부관이다.

(3) 수정부담

수정부담(修正負擔)이란 행정행위에 부가하여 새로운 의무를 부과하는 것이 아니라, 상대방이 신청한 것과는 다르게 행정행위의 내용을 직접 규율하는 것을 말한다(예: 신청한 노선을 변경하여 여객자동차운송사업 면허, 수입국가를 변경하여 상품수입허가 등). 예컨대, 집단시위행진을 허가함에 있어서 신청한 도로와 다른 진로를 지정하여 허가하는 경우이다. 이 경우 시위행진에서 진로는 행정행위의 가장 중요한 부분이기 때문에 다른 진로 지정은 행정행위의 내용을 수정하는 부담으로서 행정행위의 내용적인 변경처분이고 신청거부처분과 다른 내용의 허가처분이 결합한 것이라고 할 수 있다. 이와 같이 일반의 부담이 "Ja, aber"(신청허용과 부담)의 내용을 갖는 것과는 달리 수정부담은 "Nein, aber"(신청거부와 부담)의 성질을 가진다는 점에 특색이 있다. 따라서 수정부담은 부관이 아니라 변경처분이고, 새로운 행정행위라고 보아야 할 것이다. 그러나 부관의 일종으로 보는 견해도 있다.

수정부담의 위반은 의무위반이 아니라 무허가행위가 되며, 수정부담에 대한 불복은 부관과는 달리 그 수정(변경)만을 다툴 것이 아니라 본래 자신이 신청하였던 행정행위의 발령을 요구하는 의무이행심판 또는 신청거부에 대한 취소소송을 제기하여야 한다.

3. 행정행위의 부관의 기능

행정행위의 부관은 행정실무의 보조수단으로서 행정목적달성에 있어서 신축성부여·절차경제의 도모, 공익 및 제3자 이익보호 등 행정에 광범한 유연성을 부여한다. 예컨대, 신청에 대한 무제한의 허가에 문제가 있는 경우 신청거부처분 대신 부관의 일정한 유보를 가진 허가를 함으로써, 국민에게도 유리하고 허가남발로 인한 공익 및 제3자의 권익침해를 방지할 수 있어 타협적 해결이 가능하며, 허가거부처분으로 야기될 수 있는 무용한 사전투자나 재신청 등을 막아 시간·노력을 절약할 수 있다.

그러나 부관은 규율강화의 도구가 될 위험도 있으며, 행정편의에 치우쳐 남용되는 경우에는 오히려 상대방에게 불이익을 주는 역기능도 있을 수 있다.

Ⅱ. 행정행위의 부관의 종류

행정행위의 부관의 종류에 관해 행정기본법은 조건, 기한, 부담, 철회권의 유보 등을 예시하고 있는바(동법 17①), 그 밖에 법률효과의 일부배제 및 행정행위 사후변경의 유보 등을 들 수 있다. 다만, 부관의 종류에 따라 행정행위의 효과에 대한 제한의 태양이 다름에도 불구하고 구체적으로는 그 구별이 쉽지 않은 경우가 많고, 실정법상 조건이라 표현되는 등 용어가 혼용되기도 한다.

1. 조 건

(1) 조건의 개념

조건(條件)이란 행정행위의 효력의 발생 또는 소멸을 발생불확실한 장래의 사실에 의존하게 하는 부관을 말한다. 조건이 붙여지면 조건인 사실의 성취여부가 미정인 동안은 행정행위의 효력은 불안정한 상태에 놓이게 되는 바, 행정법관계를 오랫동안 불확정상태에 두는 것은 공익을 해칠 우려가 있으므로 조건부행정행위의 예는 비교적 적다.

(2) 조건의 종류

1) 정지조건: 정지조건은 조건의 성취로 당연히 효력이 '발생'하는 경우이다(예; 시설완성을 조건으로 한 학교법인설립인가, 도로확장을 조건으로 한 자동차운수사업면허, 재해시설완비를 조건으로 한 도로사용허가).

2) 해제조건: 해제조건은 조건의 성취로 당연히 효력이 '소멸'하는 경우이다(예; 일정한 기간내에 공사에 착수할 것을 조건으로 한 공기업허가). 해제조건은 수익(授益)의 소멸이 미확정되어 있고 조건발생으로 수익이 자동적으로 소멸하며 조건사실 발생의 유무의 확인도 용이하지 않은 경우가 많기 때문에 법적 안정성을 해할 우려가 있고 상대방에게 가장 불이익한 부관이라 할 수 있다. 따라서 이것은 과잉금지의 원칙에 의해 신중히 하여야 한다.

2. 기 한

(1) 기한의 개념

기한(期限)이란 행정행위의 효력의 발생 또는 소멸을 장래 도래할 것이 확실한 사실에 매이게 하는 부관을 말한다.

(2) 기한의 종류

기한은 그 기한의 도래로 당연히 그 효력이 발생하는 **'시기'**(예; 하월하일부터의 도로사용허가)와 기한의 도래로 당연히 그 효력이 소멸하는 **'종기'**(예; 하월하일까지의 도로점용허가, 하인의 사망시까지의 연금지급결정 등)가 있으며, 기한의 도래시기가 확실한 **'확정기한'**(일자 등)과 도래시기가 불확실한 '**불확정기한**'(갑이 사망할 때 등)으로도 나누어진다. 불확정기한은 그 발생은 확실하지만 단지 그 시기가 불분명하다는 점에서 그 발생여부가 불확실한 조건과 구별된다.

[판 례] 조건과 기한의 구별방법

"법률행위의 부관에 표시된 사실이 그 발생 여부가 불확실한 장래의 사실이라면 이는 조건이고, 그 발생은 확실하지만 단지 그 시기가 불분명한 사실은 불확정기한이라고 할 것인바, 이때 법률행위의 부관이 **조건인가 아니면 불확정기한인가 하는 것은 법률행위의 해석의 문제**로서 **당사자가 표시한 문언에 의하여** 그 객관적인 의미가 명확하게 드러나지 않는 경우에는 **그 문언의 내용과 그 법률행위가 이루어진 동기 및 경위, 당사자가 그 법률행위에 의하여 달성하려는 목적과 진정한 의사, 그리고 사회일반의 상식과 거래의 통념에 따라 합리적으로 해석**하여야 할 것이다." (대판 2006.12.21. 2005다40754)

(3) 기한의 특성

종기(終期)는 행정행위의 절대적 소멸원인이 되지만, 장기계속성이 예정되어 있는 행정행위(예; 음식점영업허가)에 붙여진 기한은 그 행정행위의 **존속기간**(기한의 도래로 자연히 효력소멸)으로 볼 것인지 또는 행정행위 내용의 **갱신기간**(예; 3년의 기한이 붙었으면 3년마다 내용을 바꾸는)으로 보아야 하는지 견해가 나뉜다.

1) 존속기간설: 이는 허가에 붙인 기한은 종기에 해당하여 그 존속기간이 도래하면 당연히 허가의 효력은 소멸한다고 보는 입장이다.

2) 갱신기간설: 이는 유효기간이 만료된 경우 기간연장신청에 의해 기존허가의 효력이 동일성을 유지하면서 장래에 향하여 지속하는 것이기 때문에 허가 자체의 갱신기간이라는 입장이다.

3) 판 례: 판례는 허가의 성질상 부당하게 짧은 기한을 정한 경우에는 그 허가 자체의 존속기간이 아니라 허가 조건의 존속기간으로 보아 그 기한이 도래함으로써 그 조건의 개정을 고려한다는 의미로 해석하여 갱신기간으로 보고 있다(판례1).

[판례 1] 부당하게 짧은 기간은 갱신기간으로 봄

"일반적으로 행정처분에 효력기간이 정하여져 있는 경우에는 그 기간의 경과로 그 행정처분의 효력은 상실되지만, 허가에 붙은 기한이 그 허가된 사업의 성질상 부당하게 짧은 경우에는 이를 그 허가 자체의 존속기간이 아니라 그 허가조건의 존속기간으로 보아 그 기한이 도래함으로써 그 조건의 개정을 고려한다는 뜻으로 해석할 수 있다."(대판 2005.11.10. 2004다7873 등)

4) 결 어: 허가에 붙인 기한의 성질을 획일적으로 말할 수 없고, 허가의 성질상 짧은 기한을 정한 경우에는 갱신기간으로, 긴 기한을 정한 경우에는 존속기간으로 봄이 타당하다.

갱신기간의 경우에도 종기가 도래하기 전에 연장신청 없이 기간만료가 되었다면 그 처분의 효력은 상실된다(판례2).

[판례 2] 연장신청 없이 갱신기간 만료의 경우 허가의 효력 상실

"일반적으로 행정처분에 효력기간이 정하여져 있는 경우에는 그 기간의 경과로 그 행정처분의 효력은 상실되고, 다만 허가에 붙은 기한이 그 허가된 사업의 성질상 부당하게 짧은 경우에는 이를 그 허가 자체의 존속기간이 아니라 그 허가조건의 존속기간으로 보아 그 기한이 도래함으로써 그 조건의 개정을 고려한다는 뜻으로 해석할 수는 있지만,

> 그와 같은 경우라 하더라도 그 허가기간이 연장되기 위하여는 그 종기가 도래하기 전에 그 허가기간의 연장에 관한 신청이 있어야 하며, 만일 그러한 연장신청이 없는 상태에서 허가기간이 만료하였다면 그 허가의 효력은 상실된다."
> (대판 2007.10.11. 2005두12404, 보전임지전용허가취소처분무효확인)

3. 부 담

(1) 부담의 개념

부담(負擔)이란 주된 행정행위에 부수하여 행정행위의 상대방에게 작위·부작위·급부·수인 등의 의무를 과하는 부관을 말한다. 부담은 급부의무가 일반적이며, 허가·특허 등 수익적 행정행위에 붙여지는 것이 보통이다. 부담은 그의 존속이 본체인 행정행위에 의존되는 것일 뿐 그 자체가 행정행위의 성질을 가짐으로써 독립하여 행정강제 및 행정쟁송의 대상이 된다.

(2) 조건과의 구별

조건과 기한은 행정행위의 효과를 직접 제한하며 철회권의 유보와 더불어 행정행위의 효과의 성립·소멸에 관한 것이나, 부담은 행정행위의 효과의 시점과는 관계없이 처음부터 행정행위의 효과가 완전히 발생한다. 부담은 본체인 행정행위의 구성요소가 아니라 그의 존속이 본체의 행정행위에 의존할 뿐 각각 별개의 행정행위를 이루며, 부담의 이행은 행정행위의 유효요건이 아니다. 이에 대하여 조건은 조건사실의 발생이 행정행위의 효력의 발생·소멸을 결정한다. 그런데 조건은 실정법상 용어가 혼용되기도 하는바, 어떠한 부관이 조건인지 부담인지 다투어지는 경우 그 구별이 문제된다.

1) 성질상 차이

(가) 정지조건과 구별: 정지조건부행정행위는 조건의 성부미정의 동안은 그 효력이 불확정상태에 있으나, 부담부행정행위는 처음부터 완전한 효력을 발생하고 다만 이와 관련하여 특별한 의무가 부과되는데 그친다. 예컨대, 시설완성을 조건으로 한 학교법인 설립인가의 경우에는 설립인가를 받았다고 하더라도 시설완성이 될 때까지는 그 인가는 현실적으로 효력을 발생하지 아니한다. 이에 대하여 도로점용허가에 점용료의 납부를 명한 경우에는 점용료납부의 불이행이 있어도 도로점용이 부인되는 것이 아니고 점용허가와는 별도로 행정강제 등의 방법에 의해 그 의무이행을 확보하면 된다.

(나) 해제조건과 구별: 해제조건부행정행위는 조건성취에 의하여 당연히 그 효력을 상실하는 데 대하여 부담부행정행위는 상대방의 의무불이행의 경우에도 당연히 그 효력이 상실되는 것이 아니고, 다만 불이행을 이유로 행정청의 별개의 행정행위로써 그것을 철회하거나 행정상 강제집행 또는 처벌의 대상으로 할 수 있을 뿐이다.

2) 구별기준

(가) 행정청의 객관적인 법효과 의사: 우선 해당 처분에 표시된 행정청의 객관적 의사(표시된 문언)를 중심으로 판단한다. 그러나 행정청이 표시한 문언에 의하여 그 객관적인 의미가 명

확하게 드러나지 않은 경우에는, 그 처분을 하게 된 경위와 배경 및 그 처분을 통하여 달성하려는 행정목적, 나아가 그 부관 불이행시 행정청이 취해온 관행 등을 종합적으로 참작하여 판단하여야 한다.

[판 례] 행정청의 객관적 의사를 중심으로 해제조건과 구별

"행정행위의 부관에 관하여 그것이 행정행위의 효력 소멸을 '장래에 발생 여부가 불확실한 사실'에 의존시키는 해제조건에 해당하는지, 아니면 수익적 행정행위에 부가된 부관으로서 상대방에게 작위·부작위·수인·급부를 명하는 이른바 '부담'에 해당하는지 여부가 다투어지는 경우에 그 법적 의미는, **그 처분에 표시된 행정청의 객관적 의사를 중심으로 그 처분의 경위나 제도적 배경, 처분의 근거된 법령과 당해 처분을 통하여 행정청이 달성하려는 행정목적을 종합적으로 참작하여 합리적으로 확정하여야** 한다."(서울고법 2005.4.27, 2004누8172)

(나) 부관의 성질: 조건사실의 발생이 행정행위의 효력의 발생·소멸을 결정하는 경우라면 조건으로서, 조건의 성부미정의 동안은 그 효력이 불확정상태에 있거나(정지조건), 조건성취에 의하여 당연히 그 효력을 상실하게 된다(해제조건). 이에 대해 행정행위의 효과의 시점과는 관계없이 처음부터 행정행위의 효과가 완전히 발생하는 경우라면 부담이며, 부담의 이행은 행정행위의 유효요건이 아니다. 이러한 부관의 성질을 기준으로 판단하기 어려운 경우에는 아래의 판단기준에 의한다.

(다) 처분의 근거규정: 처분의 근거규정의 유기적 해석을 기준으로 판단한다. 해당 부관을 규정하고 있는 근거규정의 목적·취지·제도적 배경 및 부관의 필요성 등을 유기적으로 해석하여 판단한다.

(라) 불명확한 경우 부담으로 추정: 이상의 방법으로도 그 구별이 명확하지 않은 경우에는 조건성취여부가 불명료하며 경직적·획일적 수단인 조건보다는 부담으로 추정하는 것이 비례의 원칙상 상대방의 이익이나 법적 안정성을 위해 유리하다.

4. 철회권(취소권)의 유보

(1) 철회권의 유보의 개념

철회권(撤回權)의 유보(留保)란 주된 행정행위에 부가하여 특정한 경우에 행정행위를 철회할 수 있는 권한을 유보하는 부관을 말한다. 철회권의 유보는 행정행위의 당사자의 지속적인 의무이행을 확보할 필요가 있을 때 사용되며 법적 근거 없이도 가능하다고 할 것이다. 철회사유가 법령에 명시되어 있는 경우에 그 법령상의 철회사유 이외의 사유를 들어 철회권을 유보할 수 있는지 문제된다. 이에 대하여, 해당 법령에 특별한 제한규정이 없는 한 그 목적의 범위 내에서 유보할 수 있다는 **적극설**과, 법치행정의 원리에 비추어 부정되어야 한다는 **소극설**이 대립하고 있다. 생각건대, 행정의 탄력적 대응 내지 구체적 타당성의 보장을 위한다는 점에서 적극설이 타당하다.

(2) 해제조건과의 구별

해제조건은 조건의 성취로 행정행위의 효력이 당연히 소멸되나, 철회권의 유보의 경우에는

일정한 사실의 발생을 이유로 행정청의 별도의 의사표시(철회)를 하여야 효력이 상실된다.

(3) 철회권의 한계

철회권의 유보에 의한다고 하더라도 철회권의 행사가 전적으로 자유로운 것은 아니다. 상대방의 권익보호·법적 생활의 안정성과 예측가능성의 확보를 위하여 철회사유는 구체적이어야 하고, 그 철회권의 행사도 일정한 조리상의 제한을 받는다. 즉, 철회사유가 충분하여야 할 뿐만 아니라 철회로 인한 공익과 사익의 이익형량이 이루어져야 한다. 다만, 철회권의 유보에 의거하여 철회하는 경우에는 일반적인 철회제한의 법리의 적용이 완화될 수 있다. 즉, 입증책임의 전환의 효과를 인정할 수 있다든지, 당사자에게 사후에 철회할 가능성을 미리 시사하여 상대방의 보호가치 있는 신뢰의 성립을 미리 배제시키는 의미도 있다는 점에서 신뢰보호의 제한 및 무보상철회의 효과 등을 인정할 여지가 있다.

5. 법률효과의 일부배제(제한)

(1) 법률효과의 일부배제의 개념

법률효과의 일부배제란 주된 행정행위에 부가하여 법령에 일반적으로 그 행위에 부여하고 있는 법률효과의 일부를 배제하는 부관을 말한다. 즉, 행정행위는 완전히 효력을 발생하나 그에 따르는 법률효과가 일부제한될 뿐이다. 이는 법령에 특별한 근거가 있을 때에 한하여 붙일 수 있다.

(2) 다른 부관과의 구별

법률효과의 일부배제는 행정행위의 구성부분으로 행정행위의 내용의 일부에 대한 제한이므로 부관이 아니고 '행정행위의 내용적 제한'이라는 견해도 있고, 부담의 일종이라는 견해도 있다.[14] 실제로 그것이 행정행위의 구성부분인지 또는 주된 행정행위에 의존하는 종된 규율인지가 반드시 명백하지 아니한 경우가 있다.

1) 법률효과의 일부배제는 법률이 예정하고 있는 법률효과를 당해 법률자체가 동시에 행정행위로서 그 효과에 제약을 가할 수 있는 근거를 마련하고 있는 경우에 인정된다(예; 폐기물관리법 제25조 제7항 및 가축분뇨의관리및이용에관한법률 제28조 제5항에 의하여 허가에 붙인 영업구역제한, 수산업법 제43조 제1항에 기하여 어업면허에 붙인 조업구역제한, 먹는물관리법 제21조 제6항에 의거하여 1일 취수량 제한의 먹는샘물제조업허가, 의료법 제11조 제1항에 의하여 특정지역의 의료활동을 조건으로 한 의사면허 등).

2) 법률효과의 일부배제와 부담은 주된 행정행위와의 가분성여부로 구분할 수 있는바, 전자는 어업면허에서 조업구역지정이나 노선버스영업허가에서 노선지정과 같이 그 부관의 성질이나 근거규정의 목적·취지상 주된 행정행위와 분리할 수 없는 주된 행정행위의 성립의 구성요소이며, 그 위반은 무허가 내지 무면허행위가 된다. 이에 대해 부담은 주된 행정행위와 별도로 추가적인 일정한 의무를 부과하는 것이므로 처분성이 인정되어 가분성을 띠며, 그 위반은 의무위반이 되

14) 졸고, '행정행위의 부관과 그 법적 통제', 토지공법연구 제16-2집, 2002.2, 169면 이하 참조.

는데 그친다.

6. 행정행위 사후변경의 유보

행정행위 사후변경의 유보란 해당 행정행위를 사후에 변경·보완하거나 사후에 새로운 부관을 붙일 수 있는 권한을 유보하는 부관을 말한다. 행정행위의 효력은 장기간에 걸쳐 지속되는 것이기 때문에 그 동안의 사회·경제적 변화와 기술적 발전을 예측하기 어려운 경우에 이에 대비하기 위하여 붙이는 부관이라 하겠다. 이에 대하여 그것이 실질적으로 철회권의 유보 내지 행정행위의 변경을 의미하는 것이라는 반대설이 있다.[15]

Ⅲ. 부관의 한계

1. 부관의 가능성

행정행위의 부관의 가능성은 어떠한 행정행위에 부관을 붙일 수 있는지의 여부에 관한 문제이다.

(1) 법률의 근거

법률에 명문으로 행정행위의 부관을 허용하고 있는 경우에는 부관을 붙일 수 있다. 즉, 해당 행정행위의 근거법률에서 부관을 붙일 수 있는 규정을 두고 있는 경우에는 기속행위이든 재량행위이든 부관을 붙일 수 있다. 행정기본법에서 "처분에 재량이 없는 경우에는 법률에 근거가 있는 경우에 부관을 붙일 수 있다."고 규정하여(동법 17②), 기속행위라 하더라도 법률에 근거가 있으면 부관 부가가 가능함을 명시하고 있다.

(2) 재량행위

1) 원 칙: 행정청은 처분에 재량이 있는 경우에는 부관을 붙일 수 있다(행정기본법 17①). 즉, 법률에 부관을 허용하는 규정이 없어도 해당 행정행위가 재량행위이면 부관을 붙일 수 있다. 기속행위인 경우에는 행정청은 법규에 엄격히 기속되고 법규가 정한 법률효과를 임의로 제한할 수 없기 때문에 법규에 특별한 규정이 없는 한 재량행위에만 부관을 붙일 수 있다. 재량행위에 있어서 행정청은 그 법률효과에 대한 일정 한도의 재량권, 즉 독자적 판단권을 가지고 있으므로 그에 대한 부관이 허용됨은 물론이다.

2) 예 외: ① 기속행위라 하더라도 예외적으로 법령이 부관을 허용하고 있는 경우, 부관을 붙임으로써 행정행위의 법률상 요건이 충족되는 경우(**법률요건충족부관**) 등에는 부관을 붙일 수 있다. 수익적 행정행위의 신청시점까지 아직 충족하고 있지 않은 **법률요건충족부관**(정지조건, 시기, 부담 등)의 경우에 요건불비의 수익적 행정행위의 신청에 대하여 무조건 거부하는 것보다는 해당 요건충족을 전제로 하여 부담부 내지 조건부의 수익적 처분을 하여줌으로써 요건구비 후에

15) 서원우(상), 434면; 윤세창(상), 226면; 이상규(상), 384면.

재신청하는 등의 무용한 절차의 반복을 피하고 행정의 신속을 도모할 수 있다. 그러나 수익적 행정행위의 신청시점에 이미 충족하고 있는 행정행위발급요건을 장래에 계속하여 확보하는 **법률요건확보부관**(해제조건, 종기, 철회권의 유보 등)은 허용되지 않는다. ② 재량행위인 **신분설정행위**(귀화허가, 공무원임명 등)에는 조건 또는 철회권의 유보의 미결상태로 하면 당사자의 법적 지위에 상당한 불확정성을 띠게 되므로 부관을 붙일 수 없으나, 기속행위인 준법률행위적 행정행위로서 **확인 · 공증에는 종기만**은 붙일 수 있다(여권의 유효기간, 자동차검사증의 유효기간, 조건부수리 등).

2. 부관의 한계성

부관의 한계성은 행정행위에 부관을 붙일 수 있는 경우에도 어느 정도까지 붙일 수 있는지의 문제이다. 이는 각 행정행위의 성질과 내용 등에 따라 구체적 · 개별적으로 판단할 문제이나, 일반적으로 보면 다음과 같은 한계가 있다. 즉, ① 부관은 법령에 위배되지 않아야 하는바(**적법한계**), 그 판단은 처분 당시의 법령을 기준으로 한다(판례1). 또한 ② 해당 처분의 목적에 위배되지 아니할 것(**목적한계**), ③ 해당 처분의 목적을 달성하기 위하여 필요한 최소한의 범위이고 평등하게 부과할 것(**비례평등의 원칙**)(판례2), ④ 해당 처분과 실질적인 관련이 있을 것(**부당결부금지의 원칙**)(이상 '행정기본법' 17④, 판례2), ⑤ 이행가능하며 명확해야 하고 기타 신뢰보호의 원칙 등 행정법의 일반원칙에 부합해야 한다.

[판례 1] 판단기준은 처분 당시의 법령

"행정청이 수익적 행정처분을 하면서 부가한 **부담의 위법 여부는 처분 당시 법령을 기준으로 판단하여야** 하고, 부담이 처분 당시 법령을 기준으로 적법하다면 처분 후 부담의 전제가 된 주된 행정처분의 근거 법령이 개정됨으로써 행정청이 더 이상 부관을 붙일 수 없게 되었다 하더라도 곧바로 위법하게 되거나 그 효력이 소멸하게 되는 것은 아니다. 따라서 행정처분의 상대방이 수익적 행정처분을 얻기 위하여 행정청과 사이에 행정처분에 부가할 부담에 관한 협약을 체결하고 행정청이 수익적 행정처분을 하면서 협약상의 의무를 부담으로 부가하였으나 부담의 전제가 된 주된 행정처분의 근거 법령이 개정됨으로써 행정청이 더 이상 부관을 붙일 수 없게 된 경우에도 곧바로 협약의 효력이 소멸하는 것은 아니다."(대판 2009.2.12. 2005다65500, 약정금)

[판례 2] 비례평등원칙 및 부당결부금지원칙의 한계

"재량행위에 있어서는 관계 법령에 명시적인 금지규정이 없는 한 행정목적을 달성하기 위하여 조건이나 기한, 부담 등의 부관을 붙일 수 있고, 그 부관의 내용이 **이행 가능하고 비례의 원칙 및 평등의 원칙에 적합하며 행정처분의 본질적 효력을 저해하지 아니하는 이상** 위법하다고 할 수 없다."(대판 2004.3.25, 2003두12837; 대판 2009.10.29, 2008두9829, 주택건설사업계획변경승인처분부관취소 등)

"수익적 행정행위에 있어서는 법령에 특별한 근거규정이 없다고 하더라도 그 부관으로서 부담을 붙일 수 있으나, 그러한 부담은 **비례의 원칙, 부당결부금지의 원칙에 위반되지 않아야**만 적법하다."(대판 1997.3.11, 96다49650, 소유권이전등기말소)

3. 부관의 사후 부가 및 변경

부관을 해당 행정행위를 행할 때 붙이지 아니하고 행정행위가 행하여진 후에 새로이 부관을 붙이거나 종전의 부관을 변경할 수 있는지 문제된다.

(1) 학설 및 판례

1) 학 설: ① 부관은 본체인 행정행위에 부수된 종된 것이므로 그의 독자적 존재를 인정할 수 없다고 하는 부정설과, ② 부담에 한해 법령의 근거가 있거나 부담의 유보 또는 상대방의 동의 등의 경우에 사후부관이 가능하다는 제한적 긍정설이 대립된다.

2) 판 례: 판례는 법률의 명문규정, 변경의 유보, 상대방의 동의 및 사정변경의 경우 예외적으로 허용된다고 보았다.

[판 례] 사후부관이 허용되는 경우

"행정처분에 이미 부담이 부가되어 있는 상태에서 그 의무의 범위 또는 내용 등을 변경하는 **부관의 사후변경**은, **법률에 명문의 규정**이 있거나 그 **변경이 미리 유보**되어 있는 경우 또는 **상대방의 동의**가 있는 경우에 한하여 허용되는 것이 원칙이지만, **사정변경**으로 인하여 당초에 부담을 부가한 목적을 달성할 수 없게 된 경우에도 그 **목적달성에 필요한 범위 내에서 예외적으로 허용**된다."(대판 2007.9.21, 2006두7973; 대판 1997.5.30. 97누2627 등)

(2) 결 어

1) 부관을 붙일 수 있는 처분의 경우에, ① 법률에 근거가 있는 경우(법률의 규정), ② 당사자의 동의가 있는 경우(상대방의 동의), ③ 사정이 변경되어 부관을 새로 붙이거나 종전의 부관을 변경하지 아니하면 해당 처분의 목적을 달성할 수 없다고 인정되는 경우(사정변경)에는 사후부관의 추가 또는 변경이 가능하다(행정기본법 17③). 그 밖에 사후 부관이 미리 유보되어 있는 경우(부담의 유보)에 가능하다(판례).

2) 위와 같이 사후부관이 가능한 부관은 주된 행정행위에 부가된 독립된 행정행위인 부담에 가능하나, 조건・기한・철회권의 유보 등 부관의 성질상 주된 행정행위에 불가결의 구성부분인 경우에는 사후부관이 허용되기 어렵다. 다만, 아직 부관의 효과가 발생하지 아니한 해제조건・종기・철회권의 유보 등은 사후변경이 가능하나, 이 외에는 사후변경하거나 추가하는 것은 종전의 행정행위를 철회하고 새로운 부관부 행정행위를 한 것으로 보아야 한다.

Ⅳ. 하자있는 부관과 행정행위의 효력

1. 하자 있는 부관의 효력

부관을 붙일 수 없는 행정행위에 부관을 부가하거나 부관을 붙일 수 있는 경우에도 부관의 한계를 넘은 경우에는 위법한 부관으로 무효 또는 취소할 수 있는 부관이 된다. 즉, 중대하고 명백한 하자가 있는 부관은 무효이고, 그 정도에 이르지 아니한 부관은 취소할 수 있는 부관이다.

2. 하자 있는 부관이 붙은 행정행위의 효력

(1) 무효인 부관과 행정행위의 효력

부관의 흠이 중대하고 명백하여 무효인 경우에 그것이 본체인 행정행위의 효력에 어떠한 효력을 미칠 것인가에 대하여는 학설이 갈리어 있다. 즉, ① 그 부관만이 무효가 될 뿐 행정행위의 본체에는 영향을 미치지 않는다는 설, ② 행정행위 전체를 무효로 한다는 설, ③ 원칙적으로 부관만이 무효로 되나, 그 부관이 해당 행정행위를 행함에 있어 중대한 요소인 경우에는 행정행위 그 자체까지 무효가 된다는 설이 있는 바, ③설이 통설이다.

(2) 취소할 수 있는 부관과 행정행위의 효력

부관이 취소할 수 있음에 불과한 때에는 취소되기까지 유효한 부관부행정행위로 효력을 가지며, 취소가 확정된 경우에는 무효인 경우와 같다.

3. 부관의 위법판단의 기준시

부관의 위법여부의 판단은 부관을 붙인 때를 기준으로 한다. 일반적으로 부관은 주된 행정행위를 할 때 부과함이 보통이므로 주된 행정행위를 할 때인 처분시를 기준으로 할 것이나, 사후부관의 경우에는 부관을 부가한 때를 기준으로 한다.

Ⅴ. 하자있는 부관에 대한 쟁송

주된 행정행위에는 하자가 없고 부관에만 하자가 있는 경우에 쟁송으로 다투는 방법이 문제되며, 해당 쟁송에서 부관만을 분리하여 취소할 수 있는지가 문제된다.

1. 부관에 대한 쟁송형식

이는 주된 행정행위에는 하자가 없고 부관에만 하자가 있는 경우에 쟁송으로 다투는 방법의 문제로서, 소송요건이라는 본안전(本案前)의 문제이다. 이 경우에 특히 부관만 따로 떼어 쟁송이 가능한지 아니면 부관부 행정행위 전체를 다투어야 하는지와 관련하여 견해가 나뉜다.

(1) 학 설

1) 부담만의 독립쟁송가능설: 부담은 특정한 의무를 명하는 것으로서 처분성이 인정되어 취소소송의 대상이 된다는 입장이다(다수설). 이는 주된 행정행위는 그대로 둔 채 하자있는 부관인 부담만 따로 떼어 쟁송으로 다투는 진정일부취소소송의 형태이다. 주된 행정행위는 수익적 행정행위로서 다툴 필요가 없고 부관만이 침익적 요소 등 상대방이 원치 않는 것이어서 이 부분만을 따로 떼어 독립하여 쟁송으로 다투고자 하는 경우이다.

2) 분리가능성기준설: 이는 주된 행정행위로부터 분리가능성이 없는 부관은 부관부 행정행위 전체를 다투는 부진정일부취소소송(不眞正一部取消訴訟)으로 하고 분리가능 하면 부관만을 독립하여 쟁송으로 하는 진정일부취소소송으로 한다는 입장이다.[16]

16) 김성수(일반), 274면; 김철용, 197면; 류지태・박종수(신론), 296면; 홍정선(상), 527면.

3) 부진정일부취소소송설(전면적 긍정설): 이는 부담은 진정일부취소소송으로도 가능하고 부담 이외의 부관은 주된 행정행위 전체를 다투면서 하자 있는 부관의 일부만의 취소를 구하는 형태를 취해야 한다는 입장이다.[17] 처분의 일부취소가 가능한 만큼 모든 부관이 일단 쟁송의 대상이 된다고 할 수 있으며, 부관은 처분성이 인정되기 어렵기 때문에 주된 행정행위로부터 분리하여 쟁송제기가 곤란하므로 부관부행정행위를 취소소송의 대상으로 하여 부관만의 일부취소를 구해야 된다고 한다.

4) 거부처분취소소송설: 이는 상대방이 원치 않는 부관부 행정행위 대신 부관 없는 행정행위 또는 상대방이 수용할 수 있는 부관부 행정행위를 신청하고 행정청이 이를 거부할 경우에 그 거부처분에 대한 취소소송을 제기해야 한다는 입장이다. 이는 부관을 직접 다투는 것이 아니고 거부처분에 대해 다투는 소송형식이며, 신청권 등 소송요건의 충족 및 거부처분의 위법성이 인정될 수 있는 경우에 가능한 방법이라고 한다.

(2) 판 례

부담에 대해서만 독립쟁송 가능성을 인정하고 있고(판례1,2,3), 그 외의 부관에 대해서는 거부처분취소소송의 형태를 인정한다.

[판례 1] 부담은 그 자체로서 행정쟁송의 대상

"**행정행위의 부관은** 행정행위의 일반적인 효력이나 효과를 제한하기 위하여 의사표시의 주된 내용에 부가되는 종된 의사표시이지 그 자체로서 직접 법적 효과를 발생하는 독립된 처분이 아니므로 현행 행정쟁송제도 아래서는 부관 그 자체만을 **독립된 쟁송의 대상으로 할 수 없는 것이 원칙이나** 행정행위의 부관 중에서도 행정행위에 부수하여 그 행정행위의 상대방에게 일정한 의무를 부과하는 행정청의 의사표시인 **부담의 경우에는 다른 부관과는 달리 행정행위의 불가분적인 요소가 아니고 그 존속이 본체인 행정행위의 존재를 전제로 하는 것일 뿐이므로 부담 그 자체로서 행정쟁송의 대상이 될 수 있다.**"(대판 1992.1.21. 91누1264, 수토대금부과처분취소)

[판례 2] 기한은 독립쟁송 불가

"행정행위의 부관은 **부담인 경우를 제외하고는 독립하여 행정소송의 대상이 될 수 없는바,** 기부채납받은 행정재산에 대한 사용・수익허가에서 공유재산의 관리청이 정한 사용・수익허가의 기간은 그 허가의 효력을 제한하기 위한 행정행위의 부관으로서 이러한 **사용・수익허가의 기간에 대해서는 독립하여 행정소송을 제기할 수 없다.**"(대판 2001.6.15. 99두509, 무상사용허가일부거부처분취소)

[판례 3] 철회권의 유보는 독립쟁송 불가

"주무관청이 재단법인에 대하여 기본재산처분에 따른 정관변경을 허가하면서 기본재산의 처분대금인 예치금을 사용할 때에는 사전승인을 얻어야 한다는 허가조건을 부가하고 이를 불이행하는 경우 허가의 효력이 상실된다고 한 경우, 그 허가조건은 부담이 아닌 **철회권 유보의 성격을 갖기 때문에 독립하여 행정소송의 대상으로 삼을 수 없다**고 한 사례."(서울행법 2009.03.11. 2008구합42451)

[판례 4] 법률효과일부배제는 독립쟁송 불가

"행정행위의 부관은 부담의 경우를 제외하고는 독립하여 행정소송의 대상이 될 수 없는 것인바, 지방국토관리청장이 일부 공유수면매립지에 대하여 한 국가 또는 직할시 귀속처분은 매립준공인가를 함에 있어서 매립의 면허를 받은

17) 박균성(강의), 261면; 정하중・김광수(개론), 223면.

자의 매립지에 대한 소유권취득을 규정한 **공유수면매립법 제14조의 효과 일부를 배제하는 부관**을 붙인 것이고, 이러한 행정행위의 부관은 위 법리와 같이 **독립하여 행정소송 대상이 될 수 없다.**" (대판 1993.10.8. 93누2032, 유수면매립공사준공인가처분취소)

[판례 5] 부관부행정행위 전부의 위법심사

"상가 등 시설물을 기부체납하고 그 사용을 위한 도로점용허가를 함에 있어서 점용기간을 위법하게 짧게 정한 경우 도로점용허가에 붙인 **부관인 점용기간은 행정행위의 본질적 요소에 해당**한다고 볼 것이므로 **도로점용허가처분 전부가 위법**하다."(대판 1985.7.9, 84누604, 지하상가점용기간등 처분취소)

[판례 6] 제한조건 변경 거부처분 취소소송

"기선선망어업허가를 하면서 등선, 운반선등 일체의 부속선을 사용하지 않도록 제한한 것에 대하여, 원고는 일부는 등선으로, 또 다른 일부는 운반선으로 각각 사용할 수 있도록 하여 선박의 척수를 변경해 달라는 내용의 **어업허가사항변경허가신청**을 하였다. 그러나 피고 관할청은 **제한조건을 변경할 수 없다는 사유로** 원고의 위 신청을 허가하지 아니하였는바, 이러한 원고의 신청을 배척한 **피고의 거부처분은 위법**하다."(대판 1990.4.27, 89누6808, 어업허가사항변경신청불허가처분취소)

(3) 결 어

부관에 대한 쟁송형식은 쟁송의 대상에 따른 문제로서 처분성의 유무의 문제라 할 수 있다. 따라서 처분성이 인정되는 부담은 독립쟁송이 가능하므로 진정일부취소소송의 형태로 다툴 수 있으나 그 밖의 부관에 대해서는 부관부 행정행위 전체를 다투는 부진정일부취소소송이나 거부처분취소소송의 형태를 고려할 수 있지만, 분리가능성의 문제는 대상적격이 아니라 본안판단의 문제로서 독립취소가능성의 문제라 할 것이다. 그런데 부진정일부취소소송의 경우 청구취지는 부관부 행정행위 전체의 취소인데 청구원인인 위법인 부관의 취소를 구하는 것은 현행 행정소송법 체계상 소송물이 청구취지로 특정된다는 점에서 무리라 할 것이므로 이 경우 거부처분취소소송을 고려함이 적당하다. 부진정일부취소소송은 주된 행정행위의 취소가능성도 수인하거나 부관이 주된 행정행위로부터 분리가능 하여 부관만의 일부취소를 확신할 수 있는 경우에만 가능한 소송형식이라 할 것이다.

2. 독립취소가능성

부관의 독립취소가능성은 취소소송의 이유유무라는 실체법상의 본안의 문제이다. 즉, 법원이 소송의 심리를 통하여 부관이 위법하다고 판단할 경우에 주된 행정행위는 그대로 둔 채 부관만을 독립하여 취소할 수 있느냐의 문제인데, 견해가 나뉘고 있다.

(1) 학 설

1) **법구속정도기준설**(기속행위가능설): 이는 주된 행정행위가 기속행위인 경우에는 신청인은 관계법의 규정대로 수익적 행정행위의 발급청구권이 있기 때문에 부관만을 분리하여 취소할 수 있다고 한다. 그러나 재량행위인 경우에는 행정청의 재량권을 침해할 우려가 있어 부관만의 취소를 인정할 수 없다고 한다.[18)]

2) 관련성기준설(분리가능성설): 이는 부관이 주된 행정행위와 분리될 수 있는 경우에 한하여 부관만의 취소판결을 내릴 수 있다고 한다.[19] 그리하여 부관이 주된 행정행위에 없어서는 아니 될 중요하고 본질적인 요소인 경우에는 분리가능성이 없어 부관만의 취소를 인정할 수 없다고 한다.

3) 위법성기준설(전면적 긍정설): 이는 소의 대상인 부관에 하자가 있으면 법원은 부관만을 취소할 수 있다고 한다. 취소소송의 소송물은 부관 자체의 위법성 이기 때문에 부관에 위법성이 존재하는 한 부관만을 취소할 수 있다고 한다.[20]

(2) 판 례

판례는 부관에 대한 부진정일부취소소송을 인정하지 아니하고 부담만의 독립쟁송가능성을 인정하고 있으므로, 부담만이 독립하여 취소된다고 본다. 그 이외의 부관의 경우에는 주된 행정행위의 본질적 요소로 보아 전부취소로 본다(위 판례4 참조).

(3) 결 어

독립취소가능성의 문제는 진정일부취소소송의 경우와 부진정일부취소소송의 경우로 나누어 검토해 볼 수 있다. **① 진정일부취소소송의 경우** 그 소송물은 부관, 즉 부담의 위법성이므로 부담이 위법하다면 법원은 처분권주의에 따라 소송물인 부담을 취소할 것이지 법원의 판단사항이 아닌 주된 행정행위까지 취소할 수 없다.[21] 따라서 위법성기준설이 타당하다. **② 부진정일부취소소송의 경우** 이 소송이 허용될 경우의 소송물은 부관을 포함한 주된 행정행위의 전체가 될 것이므로 소송물의 일부인 부관만의 취소가 가능한지 문제될 수 있다. 행정소송법상 일부취소판결은 분리가능성이 요건인바, 기속행위의 경우 명문규정이 있는 경우와 법률요건충족부관에는 부관을 붙일 수 있다 하더라도 분리가능성이 없는 한 일부취소가 불가하다는 점에서 법구속정도기준설의 적용에 어려움이 있다. 또한 조건・기한 등 부관은 주된 행정행위의 구성요소로서 분리할 수 없는 것이 보통이고, 부담은 진정일부취소소송이 가능하므로 전부 취소의 위험부담을 감수하고 부진정일부취소소송의 형태로 다툴 가능성은 적다는 점에서 관련성기준설도 적용가능성이 낮다고 할 것이다. 어쨌든 위법한 부담의 경우에는 진정일부취소소송의 경우뿐만 아니라 부진정일부취소소송으로 제기하더라도 부담만의 독립취소가 가능하다. 이 경우 위법한 부담인 부관이 취소되는 경우에는 주된 행정행위는 부관 없는 행정행위로 존속하든가, 또는 행정청이 주된 행정행위를 철회하거나 새로운 적법한 부관을 부가할 수 있다. 다만, 해당 행정청은 주된 행정행위를 직권취소 또는 철회함에 있어서는 취소・철회할 공익과 상대방 또는 제3자의 신뢰보호・법률생활안정・기득권 존중 등의 요청을 비교형량 해야 함은 물론이다.

---

18) 김동희(Ⅰ), 315면.

19) 김남진・김연태(Ⅰ), 299면; 김철용, 199면; 류지태・박종수(신론), 299면; 박균성(강의), 262면.

20) 정하중・김광수(개론), 226면; 홍정선(특강), 325면.

21) "법원은 당사자가 신청하지 아니한 사항에 대하여는 판결하지 못한다."(민사소송법 203)(대판 2006.2.9. 2005두1688) 이를 불고불리(不告不理)의 원칙이라 함.

3. 하자 있는 부관에 의한 사법상 법률행위의 효력

행정행위의 부관에 따라 사법상 법률행위를 한 경우에 부관의 하자를 이유로 사법상 법률행위의 무효를 주장할 수 있는지 문제된다. 예컨대, 건축허가에 붙인 기부채납부관에 따라 소유 토지를 기부채납하여 소유권이전등기를 마친 경우에 기부채납부관에 위법사유가 있었다는 이유로 소유권이전등기의 말소를 청구할 수 있는지 문제된다.

(1) 학 설

1) **소극설**(부관비구속설, 독립설): 부관의 하자와 관계없이 사법상 법률행위의 유효여부를 판단해야 한다는 견해이다. 즉, 부관은 사법상 법률행위의 동기에 불과할 뿐이므로 부관의 하자문제와 별도로 사회질서위반 등 사법상 법률행위 자체에 의해 그 유효여부를 판단해야 한다는 입장이다.

2) **적극설**(부관구속설, 종속설): 부관의 하자와 관련시켜 사법상 법률행위의 유효여부를 판단해야 한다는 견해이다.[22] 즉, 부관이 무효인 경우에는 사법상 법률행위의 동기에 중요부분의 착오로 되어 취소할 수 있으나, 부관이 취소사유에 불과한 경우에는 취소되기 전에는 공정력 내지 불가쟁력에 의해 사법상 법률행위의 유효 여부가 영향을 받지 않는다는 입장이다.

(2) 판 례

판례는 소극설을 취하고 있는 것으로 보인다(판례).

[판례 1] 기부채납부관으로 인한 증여계약 취소 불가

"토지소유자가 토지형질변경행위허가에 붙은 기부채납의 부관에 따라 토지를 국가나 지방자치단체에 기부채납(증여)한 경우, 기부채납의 부관이 당연무효이거나 취소되지 아니한 이상 토지소유자는 위 부관으로 인하여 증여계약의 중요부분에 착오가 있음을 이유로 증여계약을 취소할 수 없다."(대판 1999.05.25. 98다53134, 소유권이전등기말소)

[판례 2] 부관에 의한 사법상 행위는 행정처분과 별개

"행정처분에 부담인 부관을 붙인 경우 부관의 무효화에 의하여 본체인 행정처분 자체의 효력에도 영향이 있게 될 수는 있지만, 그 처분을 받은 사람이 부담의 이행으로 사법상 매매 등의 법률행위를 한 경우에는 그 부관은 특별한 사정이 없는 한 법률행위를 하게 된 동기 내지 연유로 작용하였을 뿐이므로 이는 법률행위의 취소사유가 될 수 있음은 별론으로 하고 그 법률행위 자체를 당연히 무효화하는 것은 아니다(대판 1995.6.13, 94다56883; 대판 1998.12.22, 98다51305). 또한, 행정처분에 붙은 부담인 부관이 제소기간의 도과로 확정되어 이미 불가쟁력이 생겼다면 그 하자가 중대하고 명백하여 당연 무효로 보아야 할 경우 외에는 누구나 그 효력을 부인할 수 없을 것이지만, **부담의 이행으로서 하게 된 사법상 매매 등의 법률행위는 부담을 붙인 행정처분과는 어디까지나 별개의 법률행위이므로 그 부담의 불가쟁력의 문제와는 별도로 법률행위가 사회질서 위반이나 강행규정에 위반되는지 여부 등을 따져보아 그 법률행위의 유효 여부를 판단하여야** 한다."(대판 2009.6.25, 2006다18174, 채무부존재확인)

(3) 결 어

부관이 당연 무효인 경우에는 사법상 법률행위의 동기에 중요부분의 착오라 할 수 있어 사법상 법률행위를 취소할 수 있다고 할 것이다. 그러나 부관의 하자가 취소사유에 불과한 경우에

22) 박균성(강의), 263면; 홍정선(상), 534면. 홍정선 교수는 이를 절충설이라 함.

공정력으로 인해, 또한 불가쟁력이 발생한 경우에는 유효로 확정되어 사법상 법률행위의 유효여부를 다툴 수 없다고 할 것이므로 적극설이 타당하다.

제6절 행정행위의 성립 및 효력

Ⅰ. 행정행위의 성립요건

행정행위는 성립요건(成立要件)과 효력요건(效力要件)을 갖추는 경우에만 적법・유효한 행위로서 완전한 효력을 발생한다. 행정행위가 성립하기 위해서는 법령이 정한 요건을 충족하여 외부에 표시하여야 하는 바, 그것은 내부적 성립요건과 외부적 성립요건으로 나눌 수 있다.

1. 내부적 성립요건

행정행위가 유효하게 성립하기 위하여는 주체・내용・절차・형식의 점에서 법정요건에 적합하고(적법), 또한 공익에 적합하여야 한다(타당). 주체・내용을 실체적 요건이라 하고, 절차・형식을 형식적 요건이라고도 한다.

(1) 주체에 관한 요건

행정행위는 정당한 권한을 가진 자가, 권한 내의 사항에 대하여(사항적・대인적・지역적 권한), 정상적인 의사에 기하여(의사능력・행위능력 및 흠없는 의사표시) 행한 행위라야 한다.

(2) 내용에 관한 요건

행정행위의 내용은 법률상・사실상으로 실현가능하고 명확해야 하고, 결격사유가 없어야 하며,[23] 법과 법과 공익에 적합하여야 한다. 법이란 헌법을 포함한 관계법규정 및 일반적 법원칙을 말하며, 법률유보원칙이 지배하는 영역에서는 수권규범이 필요하다. 행정재량이 인정되는 경우에도 재량권의 한계를 준수해야 한다.

(3) 절차에 관한 요건

행정행위는 법정의 일련의 절차를 거쳐야 한다. 이들 절차에는 당사자 사이의 이해의 조정・이해관계인의 권익보호 및 행정의 신중・공정을 도모하기 위한 경우가 있다. 이러한 절차들은 그 중요도에 따라 행정행위의 효력에 미치는 영향에 있어 강약의 차이가 있을 수 있다. 특히

23) 결격사유란 자격이나 신분 등을 취득 또는 부여할 수 없거나 인가, 허가, 지정, 승인, 영업등록, 신고 수리 등(이하 "인허가"라 한다)을 필요로 하는 영업 또는 사업 등을 할 수 없는 사유로 법률로 정한 것을 말한다(행정기본법 16①). 결격사유를 규정할 때에는, ① 규정의 필요성을 분명히 할 것, ② 필요한 항목만 최소한으로 규정할 것, ③ 대상이 되는 자격, 신분, 영업 또는 사업 등과 실질적인 관련이 있을 것, ④ 유사한 다른 제도와 균형을 이룰 것 등의 기준에 따른다(동조②).

행정절차법은 불이익처분에 대해 변명의 기회 또는 청문을 거치도록 규정하고 있다(동법 21, 22).

(4) 형식에 관한 요건

행정행위는 명문의 규정이 없는 한 원칙적으로 문서로 하여야 하며, 전자문서로 하는 경우에는 당사자의 동의가 있어야 한다. 그 문서에는 그 처분행정청 및 담당자의 소속·성명과 연락처를 기재하여야 한다(동법 24). 또한 법이 정한 제외사유 외에는 당사자에게 그 근거와 이유를 제시하여야 한다(이유제시의 원칙)(동법 23).

2. 외부적 성립요건

행정행위는 행정결정의 외부에 대한 표시행위이므로 행정내부의 결정이 있는 것만으로는 아직 행정행위가 성립하였다고 할 수 없고, 그것이 외부에 표시되어야 비로소 성립한다. 행정행위는 일단 성립하면 그것이 상대방에 도달되지 아니한 경우에도 행정청은 이유 없이 이를 취소·변경할 수 없게 되는 구속을 받는다.

[판 례] 행정처분의 성립

"일반적으로 **행정처분이 주체·내용·절차와 형식이라는 내부적 성립요건과 외부에 대한 표시라는 외부적 성립요건을 모두 갖춘 경우에는 행정처분이 존재**한다고 할 수 있다. 행정처분의 외부적 성립은 행정의사가 외부에 표시되어 행정청이 자유롭게 취소·철회할 수 없는 구속을 받게 되는 시점을 확정하는 의미를 가지므로, 어떠한 처**분의 외부적 성립 여부는 행정청에 의해 행정의사가 공식적인 방법으로 외부에 표시되었는지를 기준으로 판단**하여야 한다."(대판 2017. 7. 11. 2016두35120, 사업시행계획인가처분취소)

Ⅱ. 행정행위의 효력발생요건

행정행위는 법규 또는 부관에 의한 특별한 제한이 있는 경우를 제외하고는 성립과 동시에 그 효력이 발생하는 것이 보통이다. 그러나 수령을 요하는 행정행위에 있어서는 상대방에게 고지하여 도달하여야 효력을 발생한다. 상대방에의 고지는 송달과 공고의 방법이 있다.

1. 송 달

송달은 우편·교부 또는 정보통신망 이용 등의 방법으로 하되 송달받을 자의 주소·거소·영업소·사무소 또는 전자우편주소로 한다(행정절차법 14①). 정보통신망을 이용한 송달은 송달받을 자가 동의하는 경우에 한한다(동조③). 송달은 다른 법령 등에 특별한 규정이 있는 경우를 제외하고는 송달받을 자에게 도달됨으로써 그 효력을 발생하는바(도달주의, 동법 15①), 처분내용을 상대방이 알았을 필요까지는 없고 알 수 있는 상태에 놓이면 충분하다. 정보통신망을 이용할 경우에는 송달받을 자가 지정한 컴퓨터 등에 입력된 때에 도달된 것으로 본다(동조②).

[판례 1] 송달방법

"내용증명우편이나 등기우편과는 달리, 보통우편의 방법으로 발송되었다는 사실만으로는 그 우편물이 상당한 기간 내에 도달하였다고 추정할 수 없고, 송달의 효력을 주장하는 측에서 증거에 의하여 이를 입증하여야 한다."(대판 2009.12.10. 2007두20140, 공시지가확정처분취소 등)

[판례 2] 효력발생요건으로서의 도달의 의미

"행정처분의 효력발생요건으로서의 도달이란 **처분상대방이 처분서의 내용을 현실적으로 알았을 필요까지는 없고 처분상대방이 알 수 있는 상태에 놓임으로써 충분**하며, 처분서가 처분상대방의 주민등록상 주소지로 송달되어 처분상대방의 사무원 등 또는 그 밖에 우편물 수령권한을 위임받은 사람이 수령하면 처분상대방이 알 수 있는 상태가 되었다고 할 것이다."(대판 2017. 3. 9. 2016두60577)

[판례 3] 상대방에 고지되어야 효력발생

"상대방 있는 행정처분은 특별한 규정이 없는 한 의사표시에 관한 일반법리에 따라 **상대방에게 고지되어야 효력이 발생**하고, 상대방 있는 행정처분이 **상대방에게 고지되지 아니한 경우에는** 상대방이 다른 경로를 통해 행정처분의 내용을 알게 되었다고 하더라도 행정처분의 **효력이 발생한다고 볼 수 없다**."(대판 2019.8.9. 2019두38656)

2. 공 고

송달받을 자의 주소 등을 통상의 방법으로 확인할 수 없는 경우와 송달이 불가능한 경우에는 송달받을 자가 알기 쉽도록 관보·공보·게시판·일간신문 중 하나 이상에 공고하고 인터넷에도 공고하여야 한다(동법 14④). 이 경우 다른 법령 등에 특별한 규정이 있는 경우를 제외하고는 공고일부터 14일이 경과한 때에 그 효력이 발생한다. 다만, 긴급히 시행하여야 할 특별한 사유가 있어 효력발생시기를 달리 정하여 공고한 경우에는 그에 따른다(동법 15③).

한편 행정기관에 의한 공고문서의 경우에는 그 문서에서 효력발생 시기를 구체적으로 밝히고 있지 않으면 그 고시 또는 공고 등이 있은 날부터 5일이 경과한 때에 효력이 발생한다(행정효율과 협업촉진에 관한 규정 제6조 제3항). 행정절차법 제15조 제3항에 따른 효력발생시기인 14일은 다른 법령에 특별한 규정이 없을 때 적용되므로, 「행정효율과 협업촉진에 관한 규정」(대통령령) 제6조 제3항의 5일이 우선 적용된다(판례).

[판 례] 고시·공고 후 5일 경과시 효력발생

"고시에 의한 행정처분에 이해관계를 갖는 자는 고시가 있었다는 사실을 현실적으로 알았는지 여부에 관계없이 고시가 효력을 발생한 날에 행정처분이 있음을 알았다고 보아야 하고(대법원 2006. 4. 14. 선고 2004두3847 판결 등 참조), 고시·공고 등 **행정기관이 일정한 사항을 일반에 알리기 위한 공고문서의 경우에는** 그 문서에 특별한 규정이 있는 경우를 제외하고는 그 **고시 또는 공고가 있은 후 5일이 경과한 날부터 효력을 발생**한다(사무관리규정 제7조 제3호, 제8조 제2항 단서)."(대판 2013.03.14. 2010두2623 도시관리계획결정처분취소)

Ⅲ. 행정행위의 효력

행정행위가 그 성립요건 및 효력발생요건을 갖추게 되면 그 내용에 따라 일정한 효력을 발생한다. 다만 어떠한 내용의 효력을 발생하는가는 법령의 규정 또는 행정행위의 종류에 따라 다르나 보통은 다음과 같은 효력을 가진다.

1. 구속력

행정행위가 유효요건을 갖추어 행하여진 경우에는 그 내용에 따라 상대방과 행정청 및 관계인을 구속하는 힘이 발생하는데 이를 구속력(拘束力)이라 한다. 구속력은 뒤에 드는 다른 효력과는 달리 모든 행정행위에 당연히 인정되는 불가결한 실체법적 효력이다. 행정행위에 불복이 있는 상대방은 법령이 정하는 바에 따라 쟁송으로 다툴 수 있지만 그 행위의 취소가 있기까지는 그 행위에 구속된다. 행정행위의 구속력은 법령 또는 부관에 의하여 제한되는 경우를 제외하고는 보통 성립과 동시에 발생한다.

2. 공정력

(1) 공정력의 의의

1) **공정력의 개념:** 공정력(公定力)이란 행정행위의 성립에 비록 하자가 있더라도 중대하고 명백한 하자로 당연히 무효로 인정되는 경우를 제외하고는 적법한 행위로 추정되어 권한 있는 기관에 의해 취소되기 전까지는 상대방 및 이해관계인에 대하여 유효한 것으로 통용되는 힘을 말한다. 이는 행정행위가 사실상 존재하는 한 그 실체적 하자와 관계없이 아무도 그 효력을 부인하지 못하는 유효성의 추정 또는 구속력의 사실상의 통용을 의미한다.

공정력에 대하여 행정행위의 적법성의 추정이라고 보는 견해(실체법적 공정력설)도 있으나, 공정력을 행정행위의 절차법상의 잠정적인 통용력 내지 유효성의 추정이라고 보는 것(절차법적 공정력설)이 일반적이다.

[판 례] 공정력의 의미

"행정처분이 아무리 위법하다고 하여도 그 하자가 중대하고 명백하여 당연무효라고 보아야 할 사유가 있는 경우를 제외하고는 아무도 그 하자를 이유로 무단히 그 효과를 부정하지 못하는 것으로, 이러한 행정행위의 공정력은 판결의 기판력과 같은 효력은 아니지만 그 공정력의 객관적 범위에 속하는 행정행위의 하자가 취소사유에 불과한 때에는 그 처분이 취소되지 않는 한 처분의 효력을 부정하여 그로 인한 이득을 법률상 원인 없는 이득이라고 말할 수 없는 것이다."(대판 1994.11.11. 94다28000, 부당이득금 등)

2) **공정력의 기능:** 공정력은 행정행위의 구속력의 승인을 강요하는 힘이며, 후속행위의 강제집행을 가능하게 하는 근거이다(강제집행력). 또한 공정력은 취소소송에 의해서만 위법한 행정행위의 효력을 부인할 수 있게 한다(취소소송의 배타적 관할).

3) **구속력과 구별:** 구속력은 행정행위가 유효요건을 갖춘 경우에 일정한 법적 효과를 발생시키는 실체법적 효력인데, 공정력은 행정행위의 요건불구비시에도 구속력을 승인시키는 절차법적 효력인 점에서 구별된다.

(2) 공정력의 근거

1) 이론적 근거

(가) 자기확인설: 재판판결이 스스로 적법성을 확인하고 그 자기확인(판결)을 상급심에 의해서만 극복될 수 있는 것처럼, 행정행위도 행정청에 의하여 유효성이 스스로 확인된 것으로 그 확인을 유지하는 한 상대방 등을 구속하는 힘이 인정된다는 입장이다. 이 견해는 행정권의 우월적 권위, 특수적 지위의 유지를 위한 것으로, 독립된 제3의 기관에서 공정·신중한 절차에 의하는 판결과 행정행위를 유사하게 본 것은 잘못이라는 비판이 가해진다.

(나) 국가권위설: 행정행위는 적법여부와 관계없이 국가권위의 표명이므로 이에 따를 것이 요구된다는 입장이다. 이 설은 자기확인설을 계승한 이론으로 관권편중의 이론이라는 비판을 받는다.

(다) 예선적 특권설: 행정권은 법률행위에 의하여 스스로 결정하고 집행할 수 있는 특권을 가지며 사후 불복신청은 별론으로 하고 일단은 복종해야 한다는 입장이다. 이 견해는 프랑스에서 공역무의 계속성의 보장이라는 정책적 고려에 기초를 둔 것으로 M. Hauriou에 의해 주장된 입장이다.

(라) 행정정책설(법적 안정설): 행정정책설에서는 공정력의 근거를 행정행위 그 자체에 내재하는 특수성에서가 아니라 오히려 행정행위의 상대방이나 제3자의 신뢰보호, 행정법관계의 안정성이나 질서유지 또는 행정의 원활한 운영이라는 정책적 이유(외재적 특수성)에서 구한다. 왜냐하면 행정행위의 유효성 여부에 관하여 의문이 있는 경우에 누구나 행정행위의 구속력을 부인하게 된다면, 결국 공익의 신속한 실현을 위한 행정의 능률적인 수행이 불가능할 뿐만 아니라 행정법관계의 안정을 도모하기 어렵고 행정행위를 신뢰한 자의 지위도 불안하게 만들기 때문이다.

(마) 결 어: 공정력을 인정할 이론적 근거는 행정행위의 본질에서 구할 수 없고, 행정행위의 위법성에 대한 불복을 항고쟁송을 통하여 행하도록 제도화한 행정쟁송제도의 취지에서 구하여야 할 것이다. 따라서 행정목적의 효율적 수행·법적 안정성·신뢰보호라는 기술적·정책적인 측면에서 구하여야 한다.

2) **실정법적 근거**: 행정기본법 제15조 "처분은 권한 있는 기관이 취소 또는 철회하거나 기간의 경과 등으로 소멸되기 전까지는 유효한 것으로 통용된다. 다만, 무효인 처분은 처음부터 그 효력이 발생하지 아니한다"는 것이 실정법상의 근거이다. 또한 행정심판법 및 행정소송법이 행정행위에 대한 항고쟁송을 규정함과 동시에, 행정심판 또는 행정소송이 제기된 경우에도 원칙적으로 해당 행정행위의 집행이 정지되지 않음을 규정하고 있는바(집행부정지원칙, 행정심판법 30①, 행정소송법 23), 이는 간접적 근거가 될 수 있다. 위 행정쟁송법은 사실인정과 법령적용에 대한 제1차적 판단권을 행정청에게 부여하면서, 그 적부(適否)에 대해서는 행정청에게 쟁송제기를 인정하지 않고 위법·부당한 행정행위도 일단 구속력이 있는 것으로 인정하여, 행정행위가 적법하지 않다고 주장

하는 상대방이 쟁송을 제기하도록 하였다. 이러한 점에서 공정력은 상대방만 쟁송제기가 가능하다는 항고쟁송의 배타성에서 우러나는 반사적 효과의 일종으로 볼 수 있다.

(3) 공정력의 한계

1) **행정행위 이외의 행정작용**: 공정력은 행정의사에 대하여 인정된 우월한 힘이므로 권력적 행정의 영역에서만 인정되고 행정청의 비권력적 행위·사실행위·사법행위에서는 인정되지 아니한다. 그런데 공정력은 취소쟁송제도의 존재를 전제로 하므로 행정행위 이외에 쟁송법상 처분개념인 권력적 사실행위와 공권력행사에 준하는 행정작용에도 인정된다.

2) **무효인 행정행위**: 공정력을 인정하는 근거는 상대방 및 제3자의 신뢰보호에 있으므로 통상인이 평가하여 무효인 경우 또는 부존재인 경우에는 그 무효행위 등에 신뢰를 보호함이 부적당하고 또한 필요도 없다. 따라서 무효행위 또는 부존재인 경우에는 인정되지 않는다(통설). 그러나 무효·취소의 구별의 상대화를 주장하는 입장에서, 그 무효가 판결에 의하여 확인되기 전의 단계에서는 무효인지 취소사유에 그치는 것인지를 누구도 말할 수 없다고 하여, 공정력은 무효의 경우에도 미친다고 하는 최근의 유력한 반대견해가 있다.

(4) 공정력과 입증책임

공정력이 항고소송에서의 입증책임(立證責任)의 소재결정에 영향을 주는가에 관해서는 견해가 나뉜다.

1) **원고책임설**: 이 설은 공정력은 해당 행정행위의 적법요건이 실체상 존재한다는 것을 추정시키는 것으로 보아 위법임을 주장하는 원고에게 입증책임이 있다는 견해로 종래의 통설이다.

2) **입증책임무관계설**: 이 설은 공정력은 행정행위의 사실상의 통용력에 불과하고 그 실체법적 적법성을 추정시키는 것은 아니므로 입증책임의 소재와는 법적 연관이 없고, 민사소송상의 '입증책임 분배원칙'이 적용되어야 한다는 견해로 현재의 지배적 견해이다.

3. 구성요건적 효력

(1) 의의 및 근거

구성요건적 효력(構成要件的 效力)이란 유효한 행정행위가 존재하는 이상 모든 국가기관은 그의 존재를 존중하여 스스로의 판단의 기초 또는 구성요건으로 삼아야 한다는 행정행위의 구속력을 말한다. 이는 국가기관은 각각 권한과 관할을 달리하며, 그들 상호간에는 타기관의 권한을 존중하고 침해하여서는 아니 된다는 국가기관 상호구속의 원칙 내지 권한분배의 원칙에 근거하고 있다(권력분립규정, 국가기관 권한분장규정).

(2) 범위 및 한계

구성요건적 효력은 모든 국가기관에 대하여 미친다. 그러나 ① 무효인 행정행위에는 누구나 그 효력을 부인할 수 있으므로 구성요건적 효력이 미치지 아니하고, ② 행정소송에 관한 재판관할권을 갖는 수소법원에도 미치지 아니한다.

(3) 공정력과의 관계

구성요건적 효력과 공정력은 그 근거와 상대방이 다르다는 점에서 구별하는 견해가 유력하나(다수설), 그 구별이 논리필연성이나 실익이 있는지 의문이라는 설이 종래의 통설이다.[24] 이와 관련하여 민사소송 및 형사소송의 선결문제에 미치는 효력이 문제되나, 본서에서는 구성요건적 효력의 문제로 본다.

(4) 선결문제

1) 선결문제의 의의

(가) 의 의: 선결문제(先決問題)란 특정한 소송사건에 관하여 그 판결을 하기 위한 전제로서 우선 결정을 요하는 문제를 말한다. 여기서는 행정행위의 적법여부 또는 유효여부를 항고소송의 관할법원의 결정 없이 항고소송의 관할법원 이외의 법원이 스스로 심리·판단할 수 있는가의 문제이다.

(나) 공정력 또는 구성요건적 효력과의 관계: 종래 선결문제는 행정행위의 공정력을 배제할 수 있는 행정법원 이외의 법원이 심리·판단할 수 있는가의 문제로 보아 공정력의 문제로 보았다. 그러나 오늘날 행정소송법상 배타적 관할권이 인정되는 행정법원 이외의 법원은 행정기관과 각각 권한과 관할을 달리하며 이들 상호간에 권한의 존중과 상호구속의 원칙이 적용된다는 점에서, 선결문제를 구성요건적 효력의 문제로 본다.

2) 선결문제의 전제요건

(가) 항고소송의 대상인 행정행위(처분)일 것: 비권력적 행위나 사법행위 등은 행정법원의 관할인 항고소송의 대상이 아니므로 선결문제로 되지 아니한다.

(나) 취소할 수 있는 행정행위(처분)일 것: 선결문제의 여부는 항고소송만이 가능한 공정력이 인정되는 취소할 수 있는 위법처분에서의 문제이며, 공정력이 부인되는 당연 무효인 처분 또는 부존재인 경우에는 누구나 그 효력을 부인할 수 있으므로 행정법원 이외의 법원에서 당연히 그 효력부인을 선결문제로 할 수 있다. 행정소송법 제11조 제1항은 "처분등의 효력 유무 또는 존재 여부가 민사소송의 선결문제로 되어 당해 민사소송의 수소법원이 이를 심리·판단하는 경우에는 제17조, 제25조, 제26조 및 제33조의 규정을 준용한다."고 규정하여 처분의 효력유무 또는 존재여부 등 당연 무효인 경우에는 당연히 선결문제가 가능함을 명시하고 있다. 따라서 선결문제여부의 판단이 문제되는 것은 당연 무효가 아닌 법원의 판결로써 무효로 확정될 수 있거나 취소할 수

---

24) 김동희(Ⅰ), 323면; 박윤흔·정형근(상), 109면.

있는 행정행위의 경우이다.

(다) 불가쟁력의 발생 등: 이는 민사소송의 선결문제의 요건이다. 해당 처분 등과 관련되는 손해배상·부당이득반환·원상회복 등 청구소송은 취소소송이 계속된 법원으로 이송이 가능하므로(행정소송법 10①) 이 경우의 소송은 당사자소송으로서 취소소송과 관련청구병합소송으로 해결이 가능하여 민사소송의 선결문제가 불필요하다. 그런데 이미 제소기간의 경과로 **불가쟁력**이 발생한 경우 또는 **효력소멸** 등으로 소의 이익이 없는 경우에는 취소소송의 제기가 불가하므로 행정소송법 제10조에 따른 관련청구소송이 불가하여 민사소송에서 선결문제로 다루어야 한다. 형사사건의 경우 행정법원에 의한 관련청구소송이 불가하므로 형사소송에는 불가쟁력의 발생여부가 선결문제의 요건이 되지 아니한다.

3) 민사소송의 선결문제: 이는 민사소송에서 행정처분의 위법여부 또는 효력유무가 선결문제로 되는 경우이다. 국가배상청구소송의 경우가 행정처분의 위법여부의 예이고, 부당이득반환청구소송의 경우가 행정처분의 효력유무의 예이다. 행정소송법 제11조는 "처분등의 효력 유무 또는 존재 여부가 민사소송의 선결문제로 되어 당해 민사소송의 수소법원이 이를 심리·판단하는 경우에는 제17조(행정청의 소송참가), 제25조(행정심판기록 제출명령), 제26조(직권심리) 및 제33조(소송비용에 관한 재판의 효력)의 규정을 준용한다."고 하여 행정행위의 효력유무의 선결문제에 관해서 명문화하고 있으나, 그 밖의 사항은 학설 및 판례에 맡기고 있다.

(가) 행정행위의 위법여부가 선결문제인 경우: 선결문제인 행정행위에 취소사유가 존재하는 경우 민사법원이 스스로 해당 행정행위의 위법여부를 심리·판단할 수 있는지 문제되는 경우이다. 예컨대, 취소사유인 행정행위로 국가배상청구소송을 제기하는 경우에, 민사법원이 배상책임요건인 행정행위의 법령위반여부를 확인할 수 있는지 문제된다. 이에 대해 견해가 나뉘고 있다.

(a) **소극설(부정설):** 이는 행정행위가 당연 무효가 아닌 한 민사소송에서 수소법원(受訴法院: 당해 사건이 계속된 법원)은 그 위법여부를 심사할 수 없다는 견해이다. 그 이유로는, ① 행정행위는 공정력으로 인해 권한 있는 기관에 의해 취소될 때까지는 어느 국가기관에 대해서도 구속력이 있다는 점, ② 현행법은 취소소송의 배타적 관할제도를 취하고 있기 때문에 민사법원은 행정행위에 대한 취소권이 없다는 점, ③ 관할법원·제소기간 등 취소소송 절차에 민사소송과 다른 특수성이 존재한다는 점, ④ 현행 행정소송법은 '처분 등의 효력유무 또는 존재여부'가 민사소송의 선결문제로 되는 경우에 대해서만 규정(제11조)하고 있다는 점 등이 제시되고 있다.

(b) **적극설(긍정설):** 이는 민사소송에서 수소법원은 선결문제로서 행정행위의 위법성여부를 스스로 심리·판단할 수 있다는 견해이다(다수설). 그 이유로는, ① 공정력은 실체적 적법성을 보장하는 효력이 아니라 절차법적 효력에 불과하여 잠정적 통용력에 지나지 아니하기 때문에 실체법상의 적법성 추정력은 없다는 점, ② 행정처분의 효력 자체를 부인하는 것이 아닌 한 위법성 판단은 가능하다는 점, ③ 프랑스와 같이 선결문제를 전담하는 법원이 없는 이상 선결문제는

본안의 수소법원이 직접 심리할 수밖에 없다는 점, ④ 행정소송법 제11조는 한정적인 규정이 아니고 예시적 규정으로 해석해야 한다는 점 등이 제시되고 있다.

(c) **판 례**: 판례는 위법판단을 할 수 있다는 적극설을 취하고 있다.

[판례 1] 위법한 행정처분의 취소판결 없이도 손해배상청구 가능

"위법한 행정대집행이 완료되면 그 처분의 무효확인 또는 취소를 구할 소의 이익은 없다 하더라도, 미리 그 행정처분의 취소판결이 있어야만, 그 행정처분의 위법임을 이유로 한 손해배상 청구를 할 수 있는 것은 아니다."(대판 1972.4.28, 72다337)

[판례 2] 손해배상청구소송에서 선결문제로서 행정행위의 위법여부판단 가능

"행정처분의 공정력은 행정의 계속성과 안정성을 보장하기 위하여 비록 행정처분에 위법이 있더라도 그 처분청이나 감독청, 수소법원 등 권한있는 기관에 의하여 취소되기 전까지는 유효한 것으로 본다는 절차법적 효력으로서 행정쟁송제도의 반사적 효과일 뿐, 실체법적 또는 초실정법적 효력은 아니므로, 직접적으로 행정처분의 효력에 관계되지 아니하는 손해배상청구소송에서는 민사법원도 그 선결문제로 된 행정처분에 대한 취소판결이 있기 전이라도 그 위법 여부를 판단할 수 있다고 봄이 상당하다."(대구고법 1991.4.24, 90구1404)

(d) **결 어**: 현행법상 절대무효인 경우를 제외하고는(행정소송법 11) 그 위법성을 심사하여 효력을 부인할 수 있는 기관은 취소쟁송을 제기받은 행정청 또는 법원뿐이라 할 것이므로, 민사소송에서 선결문제로서 행정행위의 위법성을 심사하여 효력을 부인할 수는 없다고 할 것이다. 그러나 공정력의 본질이 실체법상의 적법성 추정에 있는 것이 아니라 사실상 유효한 것으로 통용됨에 있는 것이므로, 효력을 직접 부인하지 아니하고 손해배상청구판단의 전제로서 위법성에만 국한시킨 판단은 민사법원도 할 수 있다고 할 것이므로 적극설이 타당하다. 행정행위의 위법을 이유로 한 국가배상청구소송의 경우에는 행정행위의 효력의 문제가 아니라 단순히 위법성 심사에 그치는 것이기 때문이다.

(나) **행정행위의 효력유무가 선결문제인 경우**: 선결문제인 행정행위에 취소사유가 있는 경우 민사법원이 스스로 해당 행정행위를 취소하여 그 효력을 부인할 수 있는지 문제되는 경우이다. 예컨대, 취소사유인 행정행위로 부당이득반환청구소송을 제기하는 경우에, 민사법원이 부당이득의 성립을 위해 선행행위인 행정행위를 취소하여 그 효력을 소멸시킬 수 있는지 문제된다. 이에 관해 견해가 나뉜다.

(a) **소극설(부정설)**: 이는 현행법상의 취소소송의 배타적 관할권 규정에도 위반되며, 행정소송법 제11조에서 선결문제로서의 처분의 효력과 존재의 여부란 처분의 당연무효와 부존재인 경우만을 의미하는 것이므로 민사법원이 행정행위의 효력을 부인할 수 없다는 견해이다. 즉, 행정행위의 효력을 부인할 수 있는 기관은 취소쟁송을 제기 받은 재결청 또는 법원뿐이기 때문에, 당연 무효가 아닌 한 민사법원은 행정행위의 관할법원에 의하여 그 행위가 취소되기 까지는 행정행위에 구속된다는 것이다(통설).

(b) **적극설(긍정설)**: 이는 공정력이 사법부에 소속된 국가기관까지 미쳐야 한다는 것은 사법부의 재판권 침해행위로서 헌법상 권력분립의 원칙에 위배되고 신속한 재판의 원칙에도 반

한다는 점과, 행정소송법 제11조 제1항에서 민사소송의 선결문제로서 처분의 효력여부와 존재여부를 규정하고 있다는 점에서 민사법원도 행정행위의 효력을 부인할 수 있다는 견해이다.

(c) **판 례**: 판례는 다음과 같이 수소법원이 행정행위의 효력을 부인할 수 없다고 하여 소극설의 입장을 따르고 있다.

[판례 1] 당연 무효인 경우 민사법원의 판결 가능

"민사소송에 있어서 어느 행정처분의 당연무효 여부가 선결문제로 되는 때에는 이를 판단하여 당연무효임을 전제로 판결할 수 있고 반드시 행정소송 등의 절차에 의하여 그 취소나 무효확인을 받아야 하는 것은 아니다."(대판 2010.4.8. 2009다90092; 대판 1972. 10. 10. 71다2279 등)

[판례 2] 민사소송절차에서 취소할 수 있는 처분의 효력부인 불가

"과세처분이 당연무효라고 볼 수 없는 한 과세처분에 취소할 수 있는 위법사유가 있다 하더라도 그 과세처분은 행정행위의 공정력 또는 집행력에 의하여 그것이 적법하게 취소되기 전까지는 유효하다 할 것이므로, **민사소송절차에서 그 과세처분의 효력을 부인할 수 없다**."(대판 1999.8.20. 99다20179)

"공유재산 및 물품 관리법은 제81조 제1항에서 공유재산 등의 관리청은 사용·수익허가나 대부계약 없이 공유재산 등을 무단으로 사용·수익·점유한 자 등에 대하여 … 변상금을 징수할 수 있다고 규정하고 있는데, 이러한 변상금의 부과는 … 행정처분에 해당한다. 그러므로 만일 무단으로 공유재산 등을 사용·수익·점유하는 자가 관리청의 **변상금부과처분에 따라 그에 해당하는 돈을 납부한 경우라면 위 변상금부과처분이 당연 무효이거나 행정소송을 통해 먼저 취소되기 전에는 사법상 부당이득반환청구로써 위 납부액의 반환을 구할 수 없다**."(대판 2013.01.24. 2012다79828)

(d) **결 어**: 소극설과 판례의 입장과 같은 이유로 행정행위의 효력유무가 선결문제인 경우에는 민사법원은 이를 심리·판단할 수 없다고 하겠다.

4) **형사소송의 선결문제**: 이는 행정행위의 위법여부가 범죄구성요건의 선결문제로 되는 경우와 행정행위의 효력유무가 그 선결문제로 되는 경우이다.

(가) **행정행위의 위법여부가 선결문제인 경우**: 이는 행정행위의 위법여부가 범죄구성요건으로 되어 있는 경우이다. 이는 인허가 등의 효력이 유지되는 상황에서 형사기소의 근거조항에 따라 조치명령·영업정지명령·준수사항 위반 등 **명령·의무 위반**으로 되어 기소된 경우이다.[25] 이 경우에 수소 법원이 독자적으로 선결문제인 명령·의무를 부과한 행정행위의 위법여부를 심리·판단할 수 있느냐에 대하여도 견해가 나뉜다.

(a) **소극설**: 이는 행정소송법상 항고소송의 특수한 구조 및 항고소송의 배타적 관할권을 통하여 제도적으로 뒷받침하고 있다는 점과, 행정소송법 제11조 제1항에서 처분의 효력·존재여부에 대한 민사법원의 선결문제만 규정하였다는 점에서 보면 행정행위의 위법성 여부의 판단은 소정의 항고소송절차에 의하여야 할 것이라고 한다.

(b) **적극설**: 이는 효력을 직접 부인하지 아니하고 범죄성립여부판단의 전제로서 행정행위의 적법여부에만 국한시킨 판단은 형사법원도 할 수 있다고 한다.

(c) **판 례**: 판례는 행정행위 위반이 범죄구성요건을 이루는 경우 형사법원은 그 행정행위

의 위법성 여부를 심사할 수 있다고 판시하고 있다.

[판 례] 위법한 조치명령에 위반한 경우 조치명령위반죄 성립 부인

"주택법 제91조에 의하여 행정청으로부터 공사의 중지, 원상복구 그 밖의 필요한 조치명령을 받은 자가 이에 위반한 경우 이로 인하여 주택법 제98조 제11호에 정한 처벌을 하기 위하여는 그 처분이나 조치명령이 적법한 것이라야 하고, 그 조치명령이 당연무효가 아니라 하더라도 그것이 위법한 것으로 인정되는 한 법 제98조 제11호 위반죄가 성립될 수 없다고 할 것이다."(대판 2007.7.13. 2007도3918, 주택법위반)

"아파트단지 내 상가 입점자의 권리를 침해한다는 이유로 관할 행정청이 입주자대표회의에 단지 내에서의 알뜰시장 개최를 금지하는 취지의 시정명령을 명하였음에도 알뜰시장의 개최를 강행한 사안에서, 공동주택관리규약에서 입주자 등의 행위에 대한 관리주체의 동의기준을 정한 것이 단지 내 상가 입점자에게 알뜰시장의 개최금지를 요구할 수 있는 권리를 부여한 것으로 볼 수 없고, 알뜰시장 개최와 관련하여 단지 내 상가 입점자가 가지는 이해관계는 사실적·경제적 이해관계에 불과할 뿐 법률상 보호되는 이익이 아니어서 위 시정명령이 적법하지 않다는 이유로, 구 주택법(2008. 2. 29. 법률 제8863호로 개정되기 전의 것) 제98조 제11호 위반죄의 성립을 부정한 사례."(대판 2009.06.25. 2006도824, 주택법위반)

"국토의 계획 및 이용에 관한 법률(이하 '법'이라 한다) 제133조 제1항에 정한 처분이나 조치명령을 받은 자가 이에 위반한 경우 이로 인하여 법 제142조에 정한 처벌을 하기 위하여는 그 처분이나 조치명령이 적법한 것이라야 하고, 그 처분이 당연무효가 아니라 하더라도 그것이 위법한 처분으로 인정되는 한 법 제142조 위반죄가 성립될 수 없다고 할 것이고, 한편 법 제133조 제1항 제1호, 제54조의 각 규정을 종합하면 지구단위계획에 적합하지 않은 건축물을 건축하거나 용도변경 한 경우 행정청은 그 건축물을 건축한 자나 용도변경한 자에 대하여서만 법 제133조 제1항에 의하여 처분이나 원상회복 등의 조치명령을 할 수 있고, 명문의 규정이 없는 한 이러한 건축물을 양수한 자에 대하여는 이를 할 수 없다고 할 것이다.

따라서 피고인(양수자)이 이러한 시정명령을 따르지 않았다고 하여 피고인을 법 제142조에 정한 조치명령 등 위반죄로 처벌할 수 없다고 할 것이다."(대판 2007.02.23. 2006도6845, 국토의계획및이용에관한법률위반)

(d) **결 어**: 민사소송의 경우와 같은 이유로 적극설이 타당하다. 따라서 시정명령 위반으로 기소된 경우 형사법원은 그 시정명령의 위법여부를 심리·판단하여 유죄여부를 판단할 수 있다. 그러나 형사법원의 시정명령 위법여부의 판단은 해당 사건에서만 적용되므로 시정명령 그 자체는 직권취소나 행정쟁송에 의해 취소되지 않는 한 그 효력은 유지된다.

(나) 행정행위의 효력유무가 선결문제인 경우: 이는 행정행위의 효력유무가 범죄구성요건으로 되는 경우인바, 인허가 등의 효력이 상실된 상태에서 형사기소의 근거조항에 따라 **무자격·무면허**의 영업행위로 기소된 경우이다.[26] 무면허·무자격의 행위란 면허를 받지 아니하고

---

25) 26) 예컨대, (가) 공중위생관리법 제20조 제2항 제2호 전문에 따라 기소된 경우에 **명령·의무위반**인 '영업정지명령 또는 사용중지명령'이 선결문제로서 그 위법여부가 문제되는 경우이다. 이 경우에는 면허상태이나 일정기간 영업을 하지 말라는 명령을 받은 경우이다. 또한 (나) 같은 조항 제1호 또는 제2호 후문에 따라 기소된 경우에는 **무면허·무자격**인 '신고(없는)영업' 또는 '영업소 폐쇄명령'이 선결문제로서 그 효력유무가 문제되는 경우이다. '영업소 폐쇄명령'은 명령으로 표현되었으나 실제로는 허가취소의 경우처럼 영업을 할 수 없게 되므로 무자격·무면허의 경우에 해당한다.

* 공중위생관리법 제20조(벌칙) ② 다음 각호의 1에 해당하는 자는 1년 이하의 징역 또는 1천만원 이하의 벌금에 처한다.

1. 제3조제1항 전단에 따른 신고를 하지 아니하고 공중위생영업을 한 자
2. 제11조제1항의 규정에 의한 영업정지명령 또는 시설의 사용중지명령을 받고도 그 기간 중에 영업을 하거나 그 시설을 사용한 자 또는 영업소 폐쇄명령을 받고도 계속하여 영업을 한 자

한 행위 또는 면허를 받았으나 무효・취소・철회 및 유효기간경과 등으로 면허의 효력이 부인되는 경우이다. 이 경우 형사법원이 선결문제로 된 행정행위(면허)의 존재여부 또는 무효여부・취소사유여부 등 선결문제인 행정행위(면허)의 효력 상실여부를 심리・판단할 수 있는가의 문제인바, 견해가 나뉜다.

(a) **소극설**: 이는 형사법원이 행정행위의 효력을 부인하면 공정력의 효력에 반할 뿐만 아니라 현행법상의 취소소송의 배타적 관할권 규정에도 위반되고, 행정소송법 제11조 제1항은 민사법원의 선결문제만 규정하고 있다는 점 등을 근거로 든다. 따라서 당연 무효가 아닌 한 형사법원은 선결심사권은 부인되어 행정행위의 관할법원에 의해 해당 행정행위가 취소되기 까지는 그 효력을 부인할 수 없다고 한다.

(b) **적극설**: 이는 공정력은 행정행위가 만들어낸 법률관계의 안정을 기하기 위한 것이므로 형사관계에는 미치지 않고, 위법한 처분에 위반한 자에게까지 형벌을 과하는 것은 기본권보장의 원리에 반한다는 점에서 형사법원이 범죄구성요건인 행정행위의 유효여부를 심리・판단할 수 있다고 한다.

(c) **판 례**: 판례는 형사사건의 심리에 있어서 선결문제로 된 해당 행정행위의 효력관계를 스스로 심리・판단할 수 없다고 하여, 소극설의 입장을 취하고 있다.

[판 례] 당연무효가 아닌 행정행위에 의해서는 범죄성립 불가

"**연령미달의 결격자인 피고인이 소외인의 이름으로 운전면허시험에 응시, 합격하여 교부받은 운전면허**는 당연무효가 아니고 도로교통법 제65조 제3호의 사유에 해당함에 불과하여 취소되지 않는 한 유효하므로 피고인의 **운전행위는 무면허 운전에 해당하지 아니한다.**"(대판 1982.6.8. 80도2646)

"물품을 수입하고자 하는 자가 **일단 세관장에게 수입신고를 하여 그 면허를 받고 물품을 통관한 경우**에는, 세관장의 수입면허가 중대하고도 명백한 하자가 있는 행정행위이어서 당연무효가 아닌 한 관세법 제181조 소정의 **무면허 수입죄가 성립될 수 없다.**"(대판 1989.3.28. 89도149)

(d) **검 토**: 민사소송의 경우와 같은 이유로 소극설이 타당하다. 따라서 형식상의 면허여부에 따라 유죄여부를 판단해야 하고, 만일 면허취소처분으로 무면허행위가 되었다면 그 면허취소처분이 당연 무효가 아닌 한 형사법원은 면허여부의 판단은 할 수 없으므로 면허취소로 인한 무면허를 전제로 형사처벌(유죄판결)을 할 수 있다. 그런데 선결문제인 행정행위의 이유가 되는 당사자의 위법행위가 재판에서 무죄의 확정판결을 받은 경우에는 수소법원은 선결문제인 행정행위와 무관하게 무죄판결을 할 수 있다(판례1). 또한 무면허로 된 해당 면허취소처분이 나중에 행정쟁송절차에서 위법으로 취소되었다면 소급하여 효력을 잃게 되므로 형사처벌을 할 수 없다(판례2). 그런데 무면허 영업으로 이미 유죄판결을 받은 경우라면 재심청구가 가능하다.

[판례 1] 선결문제인 행정행위의 심리・판단 없이 무죄판결이 가능한 경우

"경기남부지방경찰청장은 2018. 6. 4. '피고인이 2017. 10. 24. 01:49경 술에 취한 상태에서 자동차를 운전하였다.'는 이유로 구 도로교통법 제93조 제1항 제1호에 따라 피고인에 대한 자동차 운전면허를 취소하였다. 피고인은 이 사건 취소처분을 받았음에도 2018. 11. 1. 20:20경 도로에서 자동차를 운전하다가 경찰관에게 적발되었다.

검사는 2018. 9. 18. 피고인을 이 사건 음주운전을 이유로 도로교통법 위반(음주운전)으로 기소하고, 2018. 11. 21. 재차 피고인을 이 사건 무면허운전을 이유로 도로교통법 위반(무면허운전)으로 기소하였다.

자동차 운전면허 취소처분을 받은 사람이 자동차를 운전하였으나 운전면허 취소처분의 원인이 된 교통사고 또는 법규 위반에 대하여 범죄사실의 증명이 없는 때에 해당한다는 이유로 **무죄판결이 확정된 경우에는 그 취소처분이 취소되지 않았더라도 도로교통법에 규정된 무면허운전의 죄로 처벌할 수는 없다고 보아야 한다.**"(대법원 2021.9.16. 2019도11826 [도로교통법위반(무면허운전)]

[판례 2] 위법한 면허취소처분이 취소되면 무면허행위로 인한 형사처벌 불가

"피고인이 행정청으로부터 자동차 **운전면허취소처분을 받았으나 나중에 그 행정처분 자체가 행정쟁송절차에 의하여 취소되었다면, 위 운전면허취소처분은 그 처분시에 소급하여 효력을 잃게 되고,** 피고인은 위 운전면허취소처분에 복종할 의무가 원래부터 없었음이 후에 확정되었다고 봄이 타당할 것이고, 행정행위에 공정력의 효력이 인정된다고 하여 행정소송에 의하여 적법하게 취소된 운전면허취소처분이 단지 장래에 향하여서만 효력을 잃게 된다고 볼 수는 없다."(대판 1999.02.05. 98도4239 도로교통법위반)

4. 존속력(확정력)

행정행위는 일단 유효하게 성립되면 법적 안정성과 행정목적달성을 위해 일정한 경우에는 그 효력을 다툴 수 없고(불가쟁력), 취소·변경됨이 없이 그 효력을 계속적으로 존속시키는 힘이 있는 바(불가변력), 이를 행정행위의 존속력(存續力)이라 한다. 종래에는 확정력(確定力)이란 용어를 사용했으나, 이는 소송법상의 판결의 효력을 가리키는 것이므로 판결과 다른 행정행위의 효력을 지칭하는 말로는 부적당하다.

(1) 불가쟁력(형식적 존속력)

1) 불가쟁력의 의의: 불가쟁력(不可爭力)이란 행정행위의 효력을 신속하게 안정시키기 위하여 일정한 법률사실이 존재(제소기간의 경과·심급의 종료 등)하면 상대방 그 밖의 이해관계인이 법상의 쟁송수단에 의하여 그 효력을 다툴 수 없게 되는 힘을 말한다.

2) 불가쟁력의 효력: 행정행위에 불가쟁력이 발생하면 행정행위의 잠정적 유효성은 행정행위의 상대방에 대해서는 최종적인 유효성으로 되어 상대방은 이를 다툴 수 없다. 따라서 불가쟁력이 발생한 행정행위에 대한 행정쟁송은 부적법을 이유로 각하된다. 다만, 불가쟁력이 생긴다고 하여 행정행위의 하자가 치유되어 위법성이 제거되는 것은 아니므로 따로 국가배상청구를 하거나 행정청이 직권으로 취소하는 것은 가능하다(판례). 또한 무효인 행정행위에는 불가쟁력이 발생하지 않는다.

[판 례] 불가쟁력은 기판력이 아니므로 모순되는 주장·판단은 가능

"일반적으로 행정처분이나 행정심판 재결이 불복기간의 경과로 확정될 경우 그 확정력은, **처분으로 법률상 이익을 침해받은 자가 당해 처분이나 재결의 효력을 더 이상 다툴 수 없다는 의미일 뿐,** 더 나아가 판결과 같은 기판력이 인정되는 것은 아니어서 그 처분의 기초가 된 사실관계나 법률적 판단이 확정되고 **당사자들이나 법원이 이에 기속되어 모순되는 주장이나 판단을 할 수 없게 되는 것은 아니다.**"(대판 2008.7.24. 2006두20808; 대판 2019.10.17. 2018두104 등)

3) 불가쟁적 행정행위의 재심사: 불가쟁력이 발생한 행정행위라 하더라도 일정한 경우에는 행정목적의 신속한 실현뿐만 아니라 개인의 권리구제를 위하여 상대방에게 그 재심사의 청구를 인정할 필요가 있다. 행정기본법 제37조에서 '처분(제재처분 및 행정상 강제 제외)이 당사자의 중대한 과실 없이 행정심판, 행정소송 및 그 밖의 쟁송을 통하여 다툴 수 없게 된 경우라도 당사자는 그 사유를 안 날부터 60일 이내에 처분 행정청에 대하여 그 처분의 취소·철회·변경을 신청할 수 있다.'고 하여 재심사를 규정하고 있다(동조①②③). 여기서 재심사의 사유로, ① 처분의 근거가 된 사실관계 또는 법률관계가 추후에 당사자에게 유리하게 바뀐 경우, ② 당사자에게 유리한 결정을 가져다주었을 새로운 증거가 있는 경우, ③ 민사소송법 제451조에 따른 재심사유에 준하는 사유가 발생한 경우 등을 들고 있다(동조①).

(2) 불가변력(실질적 존속력)

1) 불가변력의 의의: 행정행위는 원칙적으로 흠 또는 공익상 이유로 행정청의 직권에 의하여 취소·변경·철회가 가능하지만, 일정한 경우에는 행정청(처분청·감독청) 자신도 직권으로 자유로이 해당 행정행위를 취소·변경·철회할 수 없는 효력이 발생하는 바, 이를 불가변력(不可變力)이라 한다.

2) 불가변력의 본질: 불가변력의 성질에 대하여는 견해가 대립되는 바, ① 소송절차와 관련시켜 해당 행정행위가 행하여진 절차 때문에 생기는 효력으로 보고 독립된 행정재판소의 판결에만 인정된다는 소송법적 확정력설, ② 소송절차와 관련시키지 않고 법적 안정성의 견지에서 국가행위의 성질상 발생하는 효력이라고 보는 불가변력설이 있다. 어느 견해에 따르느냐에 의하여 존속력의 강도·범위·법적 근거의 필요 여부 등에 차이가 있는 바, 불가변력은 법원의 판결에 대한 것과는 다른 이유로 인정된다는 점에서 불가변력설이 타당하다(통설·판례).

3) 불가변력이 발생하는 행정행위의 범위

(가) 준사법적 행위: 일정한 쟁송절차를 거쳐서 행하여지는 확인적 행위(이의신청 및 행정심판의 재결) 등 준사법적 행위(準司法的 行爲)는 재판판결과의 유사성 때문에 재판의 기속력과 같은 강한 불가변력이 인정된다. 쟁송절차를 거친 확인행위를 재결자가 판정을 번복할 수 있다면 재결행위의 권위상실은 물론 다툼이 끊임없이 반복되어 분쟁해결이 불가능하게 된다. 또한 이해관계인이 참가하여 이해관계를 판단하는 것은 실질적으로 쟁송의 결정·재결과 유사한 성질을 가지므로 불가변력을 인정할 수 있고, 쟁송절차와 관계없는 확인행위(합격자결정, 당선인결정 등)도 공권적으로 그 존부·정부(正否)를 판단·확정하는 행위이므로 상대적 불가변력을 인정할 수 있을 것이다.

[판 례] 이의신청에 의한 직권취소의 번복 불가

"과세처분에 관한 불복절차과정에서 불복사유가 옳다고 인정하고 이에 따라 필요한 처분을 하였을 경우에는 **불복제도와 이에 따른 시정방법을 인정하고 있는 법 취지에 비추어** 동일 사항에 관하여 특별한 사유 없이 이를 번복하고 다시 종전의 처분을 되풀이할 수는 없다. 따라서 과세관청이 과세처분에 대한 **이의신청절차에서 납세자의 이의신청 사유가 옳다고 인정하여 과세처분을 직권으로 취소하였음에도, 특별한 사유 없이 이를 번복하고 종전 처분을 되풀이하여서 한 과세처분은 위법하다.**"(대판 2014.7.24. 2011두14227)

(나) 수익적 행정행위 · 공공복리: 성질상 국민에게 권리이익을 부여하는 행위(허가 · 인가 · 특허 등)의 경우와 행정행위를 취소함으로 인하여 공공복리를 해치게 되는 경우에도 불가변력이 발생한다는 견해가 있다. 그러나 이들은 행정행위의 내재적 효력 때문이 아니고 법적 안정성 · 공익 등 외부적 사유에 의한 것이므로 '취소권의 제한'으로 논하여져야 할 것이다.

(다) 법률의 규정: 법률이 법원의 판결 혹은 재판상 화해와 같은 소송법적 확정력을 인정한 경우가 있는데(통고처분, 토지수용에 관한 확정재결, 국가배상심의회의 결정 등), 이들은 행정행위의 내재적 효력이 아니라 법률에 의하여 부여된 효력인 점에서 행정행위의 효력인 불가변력은 아니다.

(3) 불가쟁력과 불가변력의 관계

양자 모두 법률관계의 안정과 상대방의 신뢰를 보호하기 위하여 행정행위의 효력을 존속시키려는 점에서는 같다. 그러나 불가쟁력은 심급제도(審級制度)가 인정되는 한 모든 행정행위에 대하여 그리고 상대방 그 밖의 관계자가 보통의 쟁송절차로써 다툴 수 없는 절차법적 효력이나, 불가변력은 일정한 행정행위에 대해서만 그리고 행정청이 자유로이 취소 · 변경 · 철회할 수 없는 실체법적 효력이다. 또한 불가쟁력은 행정행위의 상대방이나 이해관계인에 대한 구속력인데 대하여, 불가변력은 행정행위의 처분청에 대한 구속력이다. 양자는 절대적인 효력은 아니며 상호독립적이다. 따라서 불가쟁력이 발생한 행위에 대해서 행정청은 취소 · 변경할 수 있으며, 불가변력이 발생한 행위도 관계자가 쟁송수단으로 그 효력을 다툴 수 있다.

5. 집행력(강제력)

(1) 집행력의 의의

행정행위의 집행력(執行力)이란 행정행위의 내용을 행정청이 스스로의 강제력에 의하여 실현시킬 수 있는 힘을 말한다.[27] 집행력은 모든 행정행위에 수반하는 효력이 아니라 성질상 상대방에게 일정한 의무를 명하는 하명행위에만 가능하다. 사법관계에서는 의무불이행에 대하여 권리자는 민사소송으로써 법원에 그 강제집행을 청구하게 되는 데 대하여, 행정법관계에서는 행정청의 자력으로 그 이행을 강제하여 의무의 내용을 실현시킬 수 있는 것이 보통이다. 물론 자력집행을 행하기 위하여는 별도로 그 자체의 수권법규가 필요하다.

(2) 집행력의 근거

1) **직권집행설:** 직권집행설에서는 행정행위의 집행력은 행정행위의 성질상 당연히 내재하는 고유한 효력이며, 행정행위는 당연히 강제집행권을 내포하고 있어 행정행위의 근거가 되는

27) 집행력은 강제력이라고도 하며, 넓은 의미의 강제력에는 집행력 이외에 의무위반에 대해 행정벌을 과할 수 있는 제재력을 포함시키기도 한다(박윤흔(상), 415면).

법규는 동시에 강제집행의 근거가 된다고 한다.

2) **법규설**(법적 실효설): 법규설은 행정행위의 집행력은 행정목적의 신속·원활한 실현을 위하여 법규에 의하여 부여된 효력이며, 따라서 행정상 강제집행에는 특별한 법규의 근거가 필요하다는 견해이다(통설).

요컨대, 행정행위에 의한 의무의 부과와 강제집행에 의한 의무의 실현은 별개의 작용이므로 각각에 대해 명시적인 법률의 수권이 필요하다. 즉, 행정행위의 집행력에 대한 실체법상의 근거와 더불어 행정상 의무의 강제에 대한 특별한 절차법도 필요하다.

제 7 절 행정행위의 하자(흠)

Ⅰ. 개 설

1. 행정행위의 하자의 의의

1) 행정행위의 하자(瑕疵)란 행정행위의 유효요건(有效要件)이 결여된 행정행위를 말한다. 행정행위는 법률과 공익에 적합하여 유효하게 성립한 경우에는 행정행위로서 완전한 효력을 발생하게 되지만, 그 성립·효력요건에 흠이 있을 때에는 그 효력을 완전히 발생하지 못한다. 이와 같이 행정행위로서 완전한 효력의 발생에 장애가 되는 흠을 가리켜 행정행위의 하자라 하며, 보통 위법한 행정행위가 이에 속한다. 행정행위의 하자는 행정행위에 내포된 흠을 이유로 하는 행정행위의 효력의 제한 내지 부인에 관한 문제이다.

2) 넓은 의미의 행정행위의 하자 속에는 위법행위 뿐만 아니라 부당행위를 포함시킬 수 있다. 위법이란 법과 일반적 법원칙 및 재량권의 한계를 넘어 일탈·남용한 행위를 말하며, 부당이란 법에 위반한 것은 아니지만 재량권의 한계 내에서 재량을 그르쳤거나 행정목적에 반하여 최선의 행위를 하지 못한 것을 말한다.

3) 명백한 오기(誤記)·오산(誤算) 기타 이와 유사한 표현상의 오류는 법령에 규정이 없어도 언제나 정정할 수 있는 것이므로(행정절차법 25) 행정행위의 하자와 구별된다.

2. 행정행위의 하자유무의 판단시점

행정행위의 하자유무는 원칙적으로 행정행위의 발령시의 법령과 사실상태를 기준으로 한다. 따라서 행정행위의 발령 후 근거법령이나 사실상태의 변화가 있더라도 행정행위의 하자유무에 영향을 미치지 아니한다.

3. 행정행위의 하자의 태양(態樣)

하자있는 행정행위의 효력에 관하여 실정법상으로 일반적 · 개별적 규정은 없다. 따라서 행정행위의 하자를 어떠한 태양으로 구분할 것인지 하는 문제는 오직 이론상의 문제로 학설이나 판례에 의하여 해결할 수밖에 없다.

(1) 이론적 · 개념적 견해

이 견해는 행정행위의 하자를 사법상의 법률행위에서 인정되는 무효와 취소의 구별에 대응하여, 하자를 그 종류 · 정도에 따라 형식적 · 개념적으로 무효원인인 하자와 취소원인인 하자로 고정시키고 그에 대하여 일정한 효과를 결부시키려는 것이다. 이와 같이 하자의 태양을 무효원인인 하자와 취소원인인 하자의 두 가지로 구별하는 견해는 종래의 통설적 입장이다.

(2) 목적론적 · 경험적 견해

이 견해는 행정행위의 하자의 다양성을 전제로 주로 목적론적 입장에서 하자 있는 행정행위의 효력을 개별화하려는 주장이다. 이 견해는 '제에즈'(Jéze) 및 '히펠'(E. V. Hippel) 등을 중심으로 주장된 것인데 행정행위의 본질 및 사회적 기능을 고려하여 구체적인 가치판단에 따라 개별적으로 결정해야 한다고 한다.

(3) 결　어

위의 경험적 · 목적론적 견해는 하자이론에 많은 영향을 미친 것은 부정할 수 없고, 구체적 사정을 바탕으로 한 합리성이 있기는 하나 법률상 당연히 효력이 발생되지 아니한다는 뜻에서의 무효인 행정행위와 취소라는 별도의 행위가 있을 때까지 유효하다는 의미에서의 취소할 수 있는 행정행위의 구별은 이론적으로나 현실적으로 쟁송절차와의 관계에서 볼 때 의미가 있다.

4. 행정행위의 무효와 부존재

(1) 의　의

행정행위의 부존재란 행정행위가 중요한 요소를 전혀 결여함으로써 행정행위로서 성립하지 못하는 경우를 말하며, 행정행위의 무효와 구별함이 보통이다. 즉, 부존재(不存在)는 행정행위가 애초 존재하지 아니한 경우이며, 무효(無效)는 행정행위의 하자의 한 유형으로 위법을 의미한다. 무효와 부존재는 모두 법률효과를 전혀 발생하지 아니한다는 점에서는 공통하나, 부존재는 행정행위가 외관상으로 존재하지 아니한다는 점에서 무효와 구별된다.

(2) 구별의 실익

행정행위의 무효와 부존재의 구별실익에 대하여 견해가 나뉘고 있다.

1) 부정설: 이는 행정행위의 무효와 부존재는 모두 법적 효력이 발생하지 않으며, 행정쟁송법상 행정행위의 효력유무나 존재여부에 대하여 구별 없이 동일한 적용법조에 의해 무효등확인

쟁송의 대상으로 하고 있다는 점에서 양자를 구별할 실익이 없다고 한다.[28)]

2) **긍정설:** 이는 행정행위의 무효와 부존재는 외형상 행정행위의 존재여부에 차이가 있고, 무효확인쟁송과 부존재확인쟁송은 그 쟁송형태가 다르다고 한다. 또한 무효인 경우에는 무효확인쟁송 외에 무효선언을 구하는 취소쟁송이 가능하며, 취소쟁송이 제기된 경우에 부존재인 경우에는 처분성을 결했으므로 각하해야 하나 무효인 경우에는 본안심리를 해야 한다는 점에서 무효와 부존재를 구별할 실익이 있다고 한다.[29)]

3) 결 어: 양자의 구별이 반드시 명확한 것도 아니고, 현행 행정쟁송법상 적용법조도 같지만, 부존재인 경우 취소소송을 제기하면 각하해야 하나 무효인 경우에는 본안심리를 거쳐 무효를 구하는 취소판결이 될 수도 있다는 점에서 구별실익이 있다고 할 것이다.

(3) 구별의 기준

양자의 구별은 명확한 것은 아니지만, 일반적으로 부존재는 ① 행정기관이 아닌 명백한 사인의 행위, ② 행정권의 발동으로 볼 수 없는 행위(권유 · 주의 · 호의적 알선 · 희망표시 등), ③ 행정기관의 내부적 의사결정이 있었을 뿐 행정행위로서 외부에 표시되지 아니한 행위, ④ 행정행위가 해제조건의 성취 · 종기의 도래 · 취소(철회)에 의하여 실효(失效)된 경우 등을 들 수 있다.

Ⅱ. 무효와 취소의 구별

1. 무효와 취소의 의의

하자있는 행정행위의 태양을 무효인 행정행위와 취소할 수 있는 행정행위로 구분하는 것이 일반적이라는 것은 위에서 살펴보았다. 이는 실정법이 위법의 결과 행정행위로서의 효과를 인정하는 것이 부적당하다고 보는 경우를 무효라 하고, 위법함에도 불구하고 일단 효과를 인정하는 것이 적당한 경우를 취소로 하고 있는 데에도 기인한다. 그 각각의 의의는 다음과 같다.

(1) 무효인 행정행위

무효(無效)인 행정행위란 행정행위가 외견상(外見上)으로 존재하나 그 하자가 중대하고 명백하여 권한있는 행정청이나 법원의 취소를 기다릴 것 없이 처음부터 당연히 그 법률적 효과를 발생하지 아니하는 행위를 말한다. 따라서 누구도 구속을 받지 아니하고 다른 행정청, 법원 및 사인은 각각 독자적인 판단과 책임으로 그 무효를 단정할 수 있다.

(2) 취소할 수 있는 행정행위

취소(取消)할 수 있는 행정행위란 행정행위의 성립에 하자가 있음에도 불구하고 권한있는 행정청 또는 법원의 취소가 있기까지는 유효한 행정행위로서 효력을 가지며 그 취소로 비로소 효력

28) 김동희(Ⅰ), 339면; 홍정선(상), 457면.
29) 김남진 · 김연태(Ⅰ), 321면; 정하중 · 김광수(개론), 254면.

을 잃는 행위를 말한다. 따라서 취소가 있기까지는 사인은 물론이고 다른 행정청 · 법원 등 국가기관도 이에 구속되고 독자적인 판단으로 그 효력을 부인하지 못한다.

2. 무효와 취소의 구별의 실익

(1) 선결문제와의 관계

무효인 행정행위로 인하여 권익을 침해당한 자는 행정쟁송에 의할 것 없이 행정행위의 무효를 전제로 하여 직접 민사소송으로 손해배상 · 부당이득반환 등 구제를 청구할 수 있다. 즉, 무효인 행정행위는 민사상 청구의 선결문제(先決問題)로서 그 무효임을 판단받을 수 있으나(행정소송법 11), 취소할 수 있는 행정행위일 경우에는 할 수 없다.

(2) 행정소송의 방식과의 관계

취소할 수 있는 행정행위는 항고소송인 취소소송에 의해서만 그 취소를 청구할 수 있는 데 대하여, 무효인 행정행위에 대해서는 항고소송인 무효등확인소송에 의한 무효확인을 구하는 외에 취소소송으로 무효선언의 뜻에서의 취소를 구할 수도 있다.

(3) 행정소송의 제기요건과의 관계

무효인 행정행위는 처음부터 당연히 효력이 발생되지 아니한 것이므로 기간의 경과로 확정시킬 실체적인 효력이나 행정심판으로 행정청의 재검토를 거칠 실익이 없다. 따라서 무효등확인소송에서는 제기기간 및 행정심판전치주의는 적용될 여지가 없다. 다만, 행정행위의 무효선언을 구하는 의미에서의 취소소송의 경우에는 취소소송의 제기요건을 갖추어야 한다.[30)]

(4) 사정재결 및 사정판결과의 관계

현행 행정심판법(44) 및 행정소송법(28①)은 공익보호의 견지에서 사정재결(事情裁決) 및 사정판결제도를 인정하고 있는 바, 무효인 행정행위의 경우는 사정재결 및 사정판결로 유지할 유효한 행정행위가 애당초 존재하지 아니하므로 인정될 수 없다.

(5) 하자의 승계와의 관계

일정한 행정목적을 실현하기 위하여 둘 이상의 행정행위가 단계적으로 행하여지는 경우에 선행행위의 하자가 무효사유인 때에는 그 성질상 모든 경우에 후행행위에 승계되는 데 대하여, 취소사유인 때에는 선행행위와 후행행위가 하나의 행정목적을 실현하기 위한 것인 경우에 한하여 하자가 승계된다.

(6) 하자의 치유와 전환과의 관계

하자의 치유는 원칙적으로 취소할 수 있는 행정행위에 대해서만 인정될 수 있는데 대하여, 하자의 전환은 원칙적으로 무효인 행정행위에 대해서 인정된다.

---

30) 대판 1993.3.12. 92누11039; 대판 1990.12.26. 90누6279.

3. 무효와 취소의 구별기준

(1) 학설 및 판례

1) 중대명백설(重大明白說): 이 설은 행정행위의 하자가 중대한 법규의 위반이고 또한 그것이 외관상 명백한 때에는 무효이고 그렇지 아니한 경우에는 취소할 수 있음에 그친다고 하며, 통설과 판례의 입장이다. 즉, 행정쟁송절차를 거칠 것도 없이 무효확인소송 또는 민사상의 선결문제로 그 효력을 부정하거나 사인의 독자적인 판단으로 그 효력을 부정할 수 있는 정도로 행정행위의 하자가 중대하고 명백한 경우에는 무효이고, 그 외에 통상의 행정쟁송절차에 의하여 다투어야 할 정도의 하자의 경우에는 취소할 수 있는 행정행위라는 것이다.

2) 중대설: 이 설은 하자의 명백성의 요건은 불필요하며 하자의 중대성으로만 행정행위의 무효를 인정한다. 이 설은 하자가 중대하면 무효이며, 하자가 중대하고도 명백한 경우는 부존재라고 한다. 절대적인 무효원인이 있는 경우에는 그 행정행위가 무효가 되어야 한다는 것은 추상적으로 거의 명백하기 때문에 일반 평균인의 정상적인 판단에 의하여 구체적 사정에 따라 위법이라는 것이 명백한지를 심리할 필요는 없다고 한다.

3) 명백성보충요건설: 이 설은 중대성은 필수요건이지만 명백성은 항상 요구되는 것이 아니고 행정의 법적 안정성이나 제3자의 신뢰보호의 요청 등 이익상황의 여하에 따라 중대성의 요건에 가중된 보충요건이라고 한다. 즉, 법적 안정성이나 행정의 원활한 수행 및 신뢰보호의 요청이 없고 국민의 권리구제가 강하게 요청된다면 명백성은 특별히 요구할 필요가 없다는 것이다.

4) 객관적 명백성설: 이는 중대명백설의 입장에서 명백성의 판단에 관한 견해이다. 즉, 명백성이란 행정행위의 하자가 특별한 전문지식이나 조사·연구·경험 및 엄밀한 검토 등이 없어도 통상인의 정상적인 판단으로 분명하다고 판단되는 것을 말한다고 한다(통설·판례). 따라서 법적 판단이 다투어 지고 있는 경우에는 하자가 명백하다고 할 수 없다.

5) 조사의무위반설: 이것도 명백성의 판단에 관한 견해인 바, 명백성이란 행정행위의 하자가 특별한 조사를 하지 않아도 누구나 외견상 용이하게 알 수 있는 경우뿐만 아니라, 행정청이 성실한 직무수행으로 당연히 요구되는 정도의 조사의무를 다했다면 도저히 그러한 하자는 발생하지 않았을 것이라고 인정되는 정도의 경우도 포함된다고 한다. 이 견해는 명백성의 요건을 보다 완화하여 무효사유를 더 넓힌다.

6) 이익형량설: 이 설은 구체적인 사안에 따라 권리구제의 요청과 법적 안정성의 요청 및 제3자의 신뢰보호 등을 고려하여 개별적·구체적으로 비교형량하여 합목적적으로 결정해야 된다고 한다.

7) 판 례: 판례는 아래 판례에서 보는 바와 같이 중대명백설 및 객관적 명백설·이익형량설을 취하고 있다.

[판례 1] 하자의 중대 · 명백을 목적론적 · 구체적으로 판단

"행정처분이 당연무효라고 하기 위하여는 처분에 위법사유가 있다는 것만으로는 부족하고 **하자가 법규의 중요한 부분을 위반한 중대한 것으로서 객관적으로 명백한 것이어야** 하며, 하자의 **중대 · 명백 여부를 판별**함에 있어서는 **법규의 목적, 의미, 기능 등을 목적론적으로 고찰함과 동시에 구체적 사안 자체의 특수성에 관하여도 합리적으로 고찰**함을 요한다."(대판 2008.1.10, 2007두11979; 대판 2006.6.30, 2005두14363; 대판 2004.11.26. 2003두2403 등)

[판례 2] 객관적 명백설 입장(조사의무위반설 부인)

"하자가 명백하다고 하기 위하여는 그 사실관계 오인의 근거가 된 자료가 **외형상 상태성을 결여**하거나 또는 **객관적으로 그 성립이나 내용의 진정을 인정할 수 없는 것임이 명백한 경우**라야 할 것이고 사실관계의 자료를 정확히 조사하여야 비로소 그 하자 유무가 밝혀질 수 있는 경우라면 이러한 하자는 외관상 명백하다고 할 수는 없다."(대판 2004.4.16. 2003두7019; 같은 취지, 대판 2002.9.4. 2001두7268 등)

"행정청이 어느 법률관계나 사실관계에 대하여 어느 법률의 규정을 적용하여 행정처분을 한 경우에 그 법률관계나 사실관계에 대하여는 그 법률의 규정을 적용할 수 없다는 법리가 명백히 밝혀져 그 해석에 다툼의 여지가 없음에도 행정청이 위 규정을 적용하여 처분을 한 때에는 그 하자가 중대하고도 명백하다고 할 것이나, **그 법률관계나 사실관계에 대하여 그 법률의 규정을 적용할 수 없다는 법리가 명백히 밝혀지지 아니하여 그 해석에 다툼의 여지가 있는 때에는 행정관청**이 **이를 잘못 해석하여 행정처분을 하였더라도 이는 그 처분 요건사실을 오인한 것에 불과하여 그 하자가 명백하다고 할 수 없다.**"(대판 2009.9.24. 2009두2825 등)

[판례 3] 명백성보충요건설 입장(대법원 및 헌법재판소의 소수의견)

[반대의견] "행정행위의 무효사유를 판단하는 기준으로서의 **명백성은 행정처분의 법적 안정성 확보**를 통하여 행정의 원활한 수행을 도모하는 한편 그 행정처분을 유효한 것으로 믿은 **제3자나 공공의 신뢰를 보호하여야 할 필요가 있는 경우에 보충적으로 요구되는 것**으로서, **그와 같은 필요가 없거나 하자가 워낙 중대하여 그와 같은 필요에 비하여 처분 상대방의 권익을 구제하고 위법한 결과를 시정할 필요가 훨씬 더 큰 경우라면 그 하자가 명백하지 않더라도 그와 같이 중대한 하자를 가진 행정처분은 당연 무효라고 보아야** 할 것이다."(대판 1995.7.11. 94누4615 전원합의체 판결, 건설업영업정지처분무효확인)

[반대의견] "행정처분 자체의 효력이 쟁송기간 경과 후에도 존속중인 경우, 특히 그 처분이 위헌법률에 근거하여 내려진 것이고 그 행정처분의 목적달성을 위하여서는 후행 행정처분이 필요한데 후행 행정처분은 아직 이루어지지 않은 경우, **그 행정처분을 무효로 하더라도 법적안정성을 크게 해치지 않는 반면에 그 하자가 중대하여 그 구제가 필요한 경우에 대하여서는 그 예외를 인정하여 이를 당연무효사유로 보아서** 쟁송기간 경과 후에라도 무효확인을 구할 수 있는 것이라고 봐야 할 것이다."(헌재 2005.3.31. 2003헌바113 전원재판부, 구하천법제33조제4항위헌소원)

8) 결 어: 중대설이나 명백성보충요건설은 무효의 요건을 완화하여 국민의 권리구제에 유리한 점도 있다. 그러나 법원이 무효확인을 할 때까지는 공정력을 인정하게 된다는 모순이 있고, 수익적 행정행위나 복효적 행정행위 등의 경우에는 국민에게 오히려 불리하게 될 수 있다. 또한 무효는 쟁송상의 판단을 기다림이 없이도 효력을 부인할 수 있는 제도이므로 위법여부가 아직 불분명한 경우에까지 무효를 인정할 수 있다면 법적 안정성 내지 제3자의 신뢰보호에 적지 않은 지장을 줄 수 있다. 객관적 명백성의 요건은 행정법관계의 안정성과 제3자의 신뢰보호(복효적 행정행위의 경우)라는 면에 의의가 있다는 점도 고려하여야 할 것이므로 중대명백설이 타당하다고 보며, 여기에 구체적 사안에 따라 이익형량설을 고려하여 판단하여야 할 것이다.

(2) 구체적 구별기준

무효와 취소의 구별기준은 행정행위에 내포된 하자가 중대하고 그 하자의 존재가 객관적으로 명백한지의 여부에 따르는 것이 타당하다. 그리하여 행정행위의 하자의 내용이 중대하고 그 하자가 외관상 명백한 때에는 당연 무효이나, 그 중 어느 한 요건 또는 두 요건 전부를 결여한 때에는 취소할 수 있는 행정행위에 불과하다. 다만, 이 경우에도 해당 행정행위의 내용과 성질 및 관계법령의 취지와 기능 등을 종합적으로 고찰하고 개개의 경우에 관계이익을 비교형량하여 구체적으로 타당한 결정을 하여야 할 것이다.

1) 하자의 중대성: 하자의 중대성이란 행정행위가 중요한 법률요건을 위반하고, 그 위반의 정도가 상대적으로 심하여 그 하자가 내용상 중대하다는 것을 말한다. 따라서 하자의 중대성 여부는 위반된 행정법규의 종류·목적·성질·기능과 함께 그 위반의 정도를 고려하고, 또한 국민의 권리침해 정도를 함께 고려하여 결정하여야 한다.

2) 하자의 명백성: 명백한 하자란 행정행위의 하자의 존재가 객관적으로 명백한 것을 말하는 바, 어느 정도 명백하고 누구에게 명백해야 하는지의 구체적인 판단을 둘러싸고 객관적 명백설과 조사의무위반설 등 견해가 나누어지고 있다.

요컨대, 하자의 명백성이란 행정청이 태만하여 조사할 자료를 빠뜨렸는지의 여부나 처분관계자의 지·부지(知·不知)의 여부와 관계없이 통상인을 기준으로 정상적인 판단에 따르면 거의 동일한 결론에 도달할 정도로 하자가 분명한 경우를 말한다.

4. 위헌법률에 근거한 행정처분의 효력

(1) 위헌결정의 소급효인정여부

헌법재판소법 제47조 제2항은 "위헌으로 결정된 법률 또는 법률의 조항은 그 결정이 있는 날로부터 효력을 상실한다. 다만 형벌에 관한 법률 또는 법률의 조항은 소급하여 그 효력을 상실한다."고 규정하고 있다. 이와 같이 이 규정의 문리적 해석으로는 형벌 이외에는 소급효를 부정하게 되는데, 이는 위헌제청을 한 해당 사건의 경우 등 불합리한 결과를 초래하게 되어 소급효 인정가능성과 관련하여 견해가 나뉘고 있다.

1) 긍정설: 이는 헌법재판소의 위헌결정은 확정적인 것이라는 전제하에, 위헌결정은 법률을 소급적으로 무효화한다는 입장이다.

2) 부정설: 이는 헌법재판소의 위헌결정은 창설적인 것이라는 전제하에, 위헌결정은 법률을 장래에 향해 무효화한다는 입장이다.

3) 절충설: 위헌결정은 원칙적으로 장래에 향해 그 법률의 효력을 상실시키지만, 당사자의 권리구제의 타당성이 현저한 반면 법적 안정성이나 기득권을 침해할 우려가 없는 경우에는 예외적으로 소급효를 인정할 수 있다는 입장이다.

4) 판 례: 대법원이나 헌법재판소는 절충설을 취하고 있다. 즉, 헌법재판소의 위헌결정의 효력은, ① 위헌제청을 한 해당 사건, ② 위헌결정이 있기 전에 이와 동종의 위헌 여부에 관하여 위헌여부심판제청신청을 한 경우의 해당 사건, ③ 해당 법률 또는 법률의 조항이 재판의 전제가 되어 법원에 계속 중인 사건, ④ 위헌결정 이후에 위와 같은 이유로 제소된 일반 사건에도 미친다고 한다. 그 밖에 당사자의 권리구제를 위한 구체적 타당성의 요청이 현저한 반면 소급효를 인정하더라도 법적 안정성이나 기득권을 해칠 우려가 없는 경우에는 소급효를 인정한다.

[판례 1] 대법원의 입장(위헌결정의 효력이 소급되는 범위)

"헌법재판소의 위헌결정의 효력은 위헌제청을 한 당해사건, 위헌결정이 있기 전에 이와 동종의 위헌 여부에 관하여 헌법재판소에 위헌제청을 하였거나 법원에 위헌제청신청을 한 사건과 따로 위헌제청신청은 아니하였지만 당해 법률 또는 법률 조항이 재판의 전제가 되어 법원에 계속중인 사건뿐만 아니라, 위헌결정 이후에 위와 같은 이유로 제소된 일반사건에도 미친다고 할 것이나, **위헌결정의 효력은 그 미치는 범위가 무한정일 수는 없고** 다른 법리에 의하여 그 소급효를 제한하는 것까지 부정되는 것은 아니라 할 것이며, **법적 안정성의 유지나 당사자의 신뢰보호를 위하여 불가피한 경우에 위헌결정의 소급효를 제한**하는 것은 오히려 법치주의의 원칙상 요청되는 바라 할 것이다." (대판 2009.6.11. 2008두21577; 대판 2006.6.15. 2005두10569; 대판 1994.10.25. 93다42740 등)

[판례 2] 대법원의 입장(헌법불합치결정의 효력)

"**위헌으로 결정된 법률 또는 법률의 조항은 형벌에 관한 것이 아닌 한 그 결정이 있는 날로부터 효력을 상실**하고 (헌법재판소법 제47조 제2항), 어떠한 법률조항에 대하여 헌법재판소가 **헌법불합치결정을 하여** 그 법률조항을 합헌적으로 개정 또는 폐지하는 임무를 **입법자의 형성 재량에 맡긴 이상, 그 개선입법의 소급적용 여부와 소급적용의 범위는 원칙적으로 입법자의 재량에 달린 것이다**(대법원 2006. 3. 9. 선고 2003다52647 판결 등 참조). 따라서 어느 법률 또는 법률조항에 대한 적용중지의 효력을 갖는 헌법불합치결정에 따라 개선입법이 이루어진 경우 헌법불합치결정 이후에 제소된 일반사건에 관하여 개선입법이 소급하여 적용될 수 있는지 여부는, 그와 같은 입법형성권 행사의 결과로 만들어진 개정법률의 내용에 따라 결정되어야 할 것이므로, **개정법률에 소급적용에 관한 명시적인 규정이 있는 경우에는 그에 따라야 하고, 개정법률에 그에 관한 경과규정이 없는 경우에는 다른 특별한 사정이 없는 한 헌법불합치결정 전의 구법이 적용되어야 할 사안에 관하여 그 개정법률을 소급하여 적용할 수 없는 것이 원칙이다.**"(대판 2015.05.29. 2014두35447 상이연금지급거부처분취소)

[판례 3] 헌법재판소의 입장

"효력이 다양할 수밖에 없는 위헌결정의 특수성 때문에 **예외적으로 부분적인 소급효의 인정을 부인해서는 안 될 것**이다. **첫째,** 구체적 규범통제의 실효성의 보장의 견지에서 법원의 제청·헌법소원 청구 등을 통하여 헌법재판소에 법률의 위헌결정을 위한 계기를 부여한 당해 사건, 위헌결정이 있기 전에 이와 동종의 위헌여부에 관하여 헌법재판소에 위헌제청을 하였거나 법원에 위헌제청신청을 한 경우의 당해 사건, 그리고 따로 위헌제청신청을 아니하였지만 당해 법률 또는 법률의 조항이 재판의 전제가 되어 법원에 계속 중인 사건에 대하여는 소급효를 인정하여야 할 것이다. **둘째,** 당사자의 권리구제를 위한 구체적 타당성의 요청이 현저한 반면에 소급효를 인정하여도 법적 안정성을 침해할 우려가 없고 나아가 구 법에 의하여 형성된 기득권자의 이득이 해쳐질 사안이 아닌 경우로서 소급효의 부인이 오히려 정의와 평등 등 헌법적 이념에 심히 배치되는 때에도 소급효를 인정할 수 있다."(헌재 1993.5.13. 92헌가10 등)

5) 결 어: 통설·판례의 입장인 절충설이 타당하다. 대법원과 헌법재판소는 위헌결정의 소급효의 인정범위에 대하여 표현상에 다소 차이는 있으나, 모두 구체적인 실효성을 확보하려는 취지에서 예외적으로 소급효를 인정하고 있다. 그러나 소급효가 인정되는 경우라 하더라도 무효인 경우와 취소소송의 불가쟁력이 발생하지 아니한 경우에만 의미가 있고 불가쟁력이 발생한

경우라면 취소소송으로 다툴 수 없으므로 소급효의 의미가 없다고 할 것이다.

[판 례] 취소소송 제기기간 경과하여 불가쟁력 발생하면 위헌결정 소급효 부인

"위헌인 법률에 근거한 행정처분이 당연무효인지의 여부는 위헌결정의 소급효와는 별개의 문제로서, 위헌결정의 소급효가 인정된다고 하여 위헌인 법률에 근거한 행정처분이 당연무효가 된다고는 할 수 없고, 오히려 이미 취소소송의 제기기간을 경과하여 확정력이 발생한 행정처분에는 위헌결정의 소급효가 미치지 않는다고 보아야 한다."(대판 1994.10.28. 92누9463, 압류처분등무효확인)

(2) 위헌법률의 효력

1) **무효 · 취소설:** 법률 또는 법률조항의 헌법위반이 중대하고 객관적으로 명백하면 무효이고 그 정도에 이르지 아니하면 취소라는 입장이다.

2) **무효설:** 헌법재판소법 제47조 제2항에 따라 위헌으로 결정된 법률 또는 법률조항은 그 날부터 효력을 상실한다는 점과 법률은 행정행위와 같은 공정력이 인정되지 아니한다는 점에서 무효로 보아야 한다는 입장이다.

3) **유효설:** 구체적 규범통제의 결과 법원이 해당 사건에서 위헌의 법률 또는 법률조항의 적용을 배제할 뿐 폐지되거나 취소되기 전에는 효력을 유지한다는 입장이다.

4) **판 례:** 판례는 헌법재판소법 제47조 제2항에 따라 위헌결정이 있는 날부터 효력이 상실된가고 하여 무효설을 취한다. 즉, "헌법재판소는 1989.5.24.자로 금융기관의 연체대출금에관한특별조치법 제5조의2는 헌법에 위반된다는 결정을 하였는 바, 위헌으로 결정된 법률의 조항은 그 결정이 있는 날로부터 효력을 상실하는 것이므로 위 법조항은 1989.5.24.부터 효력을 상실하였다 할 것이다."(대판 1990.03.02. 89그26 결정 등)

5) **결 어:** 위헌법률 또는 위헌법률조항은 헌법재판소법 제47조 제2항에 따라 위헌결정을 받은 날부터 효력을 상실하고, 행정행위와 같은 공정력이 인정되지 아니하므로 예외적인 특별한 사정이 없는 한 무효설이 타당하다.

(3) 위헌법률에 근거한 처분의 효력

1) **위헌결정 전:** 법률이 위헌여부의 다툼이 있다 하더라도 헌법재판소의 위헌결정이 있기 전에는 헌법에 위반된다는 사정이 객관적으로 명백하다고 할 수 없으므로, 그 법률에 근거한 처분은 취소사유에 불과하다. 다만, 그 처분을 무효로 하더라도 법적 안정성을 크게 해치지 않는 반면 그 하자가 중대하여 구제가 필요한 경우에는 예외적으로 무효사유로 인정함이 타당하다.

[판례 1] 명백성 결여로 취소사유

"행정청이 어떠한 법률조항에 근거하여 행정처분을 한 후 헌법재판소가 그 조항을 위헌으로 결정하였다면 그 행정처분은 결과적으로 법률의 근거 없이 행하여진 것과 마찬가지로 되어 하자 있게 된다 할 것이다. 그러나 일반적으로 법률이 헌법에 위반된다는 사정은 헌법재판소의 **위헌결정이 있기 전에는 객관적으로 명백한 것이라고 할 수는 없으므로, 특별한 사정이 없는 한 그러한 하자는 행정처분의 취소사유**일 뿐 당연무효사유라고 할 수 없다."(대판 2009.5.14. 2007두16202; 대판 2005.3.31. 2003헌바113; 헌재 2010.9.30. 2009헌바101 등)

[판례 2] 예외적으로 무효를 인정하는 경우

"행정처분 자체의 효력이 쟁송기간 경과 후에도 존속 중인 경우, 특히 그 처분이 위헌법률에 근거하여 내려진 것이고 그 행정처분의 목적달성을 위하여서는 후행 행정처분이 필요한데 후행 행정처분은 아직 이루어지지 않은 경우와 같이 그 **행정처분을 무효로 하더라도 법적 안정성을 크게 해치지 않는 반면에 그 하자가 중대하여 그 구제가 필요한 경우**에 대하여서는 그 예외를 인정하여 이를 당연무효사유로 보아서 쟁송기간 경과 후에라도 무효확인을 구할 수 있는 것이라고 봐야 할 것이다."(헌재 1994.6.30. 92헌바23)

2) 위헌결정 후: 헌법재판소의 위헌결정이 있은 후 그 법률에 근거한 처분은 객관적으로 명백하게 위헌·위법이라고 할 것이어서 당연 무효이다.

(4) 위헌법률에 근거한 행정처분의 집행력

행정처분이 있은 후에 그 처분의 근거법률이 위헌결정이 난 경우 그 처분의 집행력이 인정될 수 있는지 문제된다. 예컨대, 종합소득세를 부과하였으나 이를 납부하지 않아 재산압류 등 강제징수가 행해진 후 해당 종합소득세부과처분의 근거법률에 대해 위헌결정이 난 경우, 그 강제징수절차는 계속 진행할 수 있는지, 그리고 상대방은 이러한 후속절차를 다툴 수 있는지 문제된다.

1) 학 설

(가) 집행력부정설: 이는 위헌인 법률에 근거한 행정처분을 위헌결정 이후에도 유효한 것으로 보아 계속 집행력을 부여하게 되면 위헌결정의 기속력에 반하게 되어 중대하고 명백한 당연 무효사유가 된다고 본다. 따라서 행정청은 행정처분 이후의 후행처분절차를 진행할 수 없다고 한다.

(나) 집행력긍정설: 선행처분의 기속력은 후행 집행행위에 미치지 아니한다고 보아야 하며, 위헌결정 전에 행해진 행정처분은 취소사유에 불과하고 후행의 집행행위와 독립된 단계적 행위인 경우 선행처분의 하자가 무효가 아닌 한 후행 집행행위에 승계된다고 볼 수 없으므로 후행처분을 위법이라고 볼 수 없어 이를 다툴 수 없다고 한다.

2) 판 례: 판례는 집행력부정설을 취하는 바, 위헌결정 이후에도 집행력을 인정하면 위헌결정의 기속력에 반하며, 국세징수법 제57조 제1항 각호의 압류의 필요적 해제사유는 예시규정으로서 그 제5호의 '그 밖에 압류할 필요가 없게 된 경우'에는 위헌결정도 포함된다고 본다.

[판례 1] 위헌법률에 기한 처분의 집행력은 위헌결정의 기속력에 위반

"[다수의견] 구 헌법재판소법(2011. 4. 5. 법률 제10546호로 개정되기 전의 것) 제47조 제1항은 "법률의 위헌결정은 법원 기타 국가기관 및 지방자치단체를 기속한다."고 규정하고 있는데, 이러한 **위헌결정의 기속력과 헌법을 최고규범으로 하는 법질서의 체계적 요청에 비추어 국가기관 및 지방자치단체는 위헌으로 선언된 법률규정에 근거하여 새로운 행정처분을 할 수 없음은 물론이고, 위헌결정 전에 이미 형성된 법률관계에 기한 후속처분이라도 그것이 새로운 위헌적 법률관계를 생성·확대하는 경우라면 이를 허용할 수 없다.** 따라서 조세 부과의 근거가 되었던 법률규정이 위헌으로 선언된 경우, 비록 그에 기한 과세처분이 위헌결정 전에 이루어졌고, 과세처분에 대한 제소기간이 이미 경과하여 조세채권이 확정되었으며, 조세채권의 집행을 위한 체납처분의 근거규정 자체에 대하여는 따로 위헌결정이 내려진 바 없다고 하더라도, 위와 같은 **위헌결정 이후에 조세채권의 집행을 위한 새로운 체납처분에 착수하거나 이를 속행하는 것은 더 이상 허용되지 않고, 나아가 이러한 위헌결정의 효력에 위배하여 이루어진 체납처분은**

그 사유만으로 하자가 중대하고 객관적으로 명백하여 당연무효라고 보아야 한다.

[반대의견] … 일반적으로 법률이 헌법에 위반된다는 사정은 헌법재판소의 위헌결정이 있기 전에는 객관적으로 명백한 것이라고 할 수 없으므로 특별한 사정이 없는 한 그러한 하자는 행정처분의 취소사유일 뿐 당연무효 사유라고 할 수 없고, 일정한 행정목적을 위하여 독립된 행위가 단계적으로 이루어진 경우 선행처분에 당연무효 또는 부존재인 하자가 있는 때를 제외하고 선행처분의 하자가 후속처분에 당연히 승계된다고 할 수는 없다. 과세처분과 압류처분은 별개의 행정처분이므로 선행처분인 과세처분이 당연무효인 경우를 제외하고는 과세처분의 하자를 이유로 후속 체납처분인 압류처분의 효력을 다툴 수 없다고 봄이 타당한 점, 압류처분 등 체납처분은 과세처분과는 별개의 행정처분으로서 과세처분 근거규정이 직접 적용되지 않고 체납처분 관련 규정이 적용될 뿐이므로, 과세처분 근거규정에 대한 위헌결정의 기속력은 체납처분과는 무관하고 이에 미치지 않는다고 보아야 한다는 점, 다수의견과 같이 유효한 과세처분에 대한 체납처분 절차의 진행을 금지하여 실질적으로 당해 과세처분의 효력을 부정하고 사실상 소멸시키는 데까지 위헌결정의 기속력 범위가 미친다고 새긴다면, 이는 기속력의 범위를 지나치게 확장하는 것이 되어 결과적으로 위헌결정의 소급효를 제한한 구 헌법재판소법(2011. 4. 5. 법률 제10546호로 개정되기 전의 것) 제47조 제2항 본문의 취지에 부합하지 않는다는 점 등에 비추어 보면, 선행처분에 해당하는 과세처분에 당연무효 사유가 없고, 과세처분에 따른 체납처분의 근거규정이 유효하게 존속하며, 외국의 일부 입법례와 같이 위헌법률의 집행력을 배제하는 명문의 규정이 없는 이상, 과세처분의 근거규정에 대한 헌법재판소의 위헌결정이 있었다는 이유만으로 체납처분이 위법하다고 보는 다수의견에는 찬성할 수 없다."(대판 2012.2.16. 2010두10907, 전원합의체판결, 압류등처분무효확인)

"위헌결정 이후에는 국민의 권리구제의 측면에서 위헌법률의 적용상태를 그대로 방치하거나 위헌법률의 종국적인 집행을 위한 국가의 추가적인 행위를 용납하여서는 아니되므로, **위헌법률에 기한 행정처분의 집행이나 집행력을 획득하기 위한 공법상의 당사자소송이나 민사소송 등 제소행위는 위헌결정의 기속력에 위반되어 허용되지 않는다**고 봄이 상당하다."(대판 2002.8.23. 2002두4372; 대판 2005.4.15. 2004다58123 등)

[판례 2] 위헌결정 전에 이미 집행된 사안과 위헌결정 후에 후속처분절차 허용은 별개

"구 택지소유상한에관한법률에 대한 위헌결정 이후에는 확정된 택지초과소유부담금 부과처분에 의한 압류처분이나 징수처분 등 후속 체납처분절차를 진행할 수 없다면 이미 택지초과소유부담금을 납부하거나 강제징수를 당한 사람과 사이에 형평성 문제가 생길 수 있으나, 이는 일반적으로 **법률이 헌법에 위반된다는 사정은 헌법재판소의 위헌결정이 있기 전에는 객관적으로 명백하지 아니한 탓에** 특별한 사정이 없는 한 위헌법률에 기한 행정처분은 **취소사유에 불과할 뿐 당연무효사유가 아니어서**, 국가가 이미 **확정력이 발생된 처분에 의하여 수납하거나 징수한 택지초과소유부담금을 그대로 보유하는 것이 법률상 원인이 없는 것이 아니기 때문에 생기는 부득이한 현상에 지나지 아니하므로, 이 점이 위헌결정으로 이미 실효된** 구 택지소유상한에관한법률(1998. 9. 19. 법률 제5571호로 폐지)에 근거한 택지초과소유부담금 **부과처분에 의한 압류처분이나 징수처분 등 후속체납처분절차를 허용하여야 할 근거가 될 수는 없다.**"(대판 2002.6.28. 2001다60873, 부당이득금반환)

[판례 3] 국세징수법상 압류의 필요적 해제사유 중 '기타의 사유'에 위헌결정 포함

"국세징수법 제53조 제1항 제1호는 **압류의 필요적 해제사유**로 '납부, 충당, 공매의 중지, 부과의 취소 기타의 사유로 압류의 필요가 없게 된 때'를 들고 있는바, 여기에서의 납부·충당·공매의 중지·부과의 취소는 '압류의 필요가 없게 된 때'에 해당하는 사유를 예시적으로 열거한 것이라고 할 것이므로 **'기타의 사유'는** 위 법정사유와 같이 납세의무가 소멸되거나 혹은 체납처분을 하여도 체납세액에 충당할 잉여가망이 없게 된 경우는 물론 과세처분 및 그 체납처분절차의 근거 법령에 대한 **위헌결정으로 후속 체납처분을 진행할 수 없어 체납세액에 충당할 가망이 없게 되는 등으로 압류의 근거를 상실하거나 압류를 지속할 필요성이 없게 된 경우도 포함**하는 의미라고 새겨야 한다."(대판 2002.8.23. 2001두2959, 압류해제신청거부처분취소)

3) 결 어: 집행력부정설이 타당하다. 위헌결정 이후에도 유효한 것으로 보아 계속 집행력을 부여하게 되면 위헌결정의 기속력에 반하여 그 하자가 중대하고 객관적으로 명백하여 당연 무효라 할 것이다. 따라서 해당 행정처분의 근거법률이 위헌으로 결정된 이후에는 후속처분절차(과세

처분에 대한 강제징수절차 등)는 진행될 수 없다고 봄이 타당하다. 또한 국세징수법 제57조 제1항은 압류의 필요적 해제사유로 '납부, 충당, 공매의 중지, 부과의 취소, 그 밖에 이에 준하는 사유로 압류가 필요없게 된 경우'를 들고 있는 바, '그 밖에 이에 준하는 사유'에는 과세처분의 근거 법령에 대한 위헌결정으로 압류 등 강제징수절차의 근거를 상실한 경우도 포함하는 의미라고 보아야 한다.

Ⅲ. 하자의 승계

1. 하자의 승계의 의의

하자의 승계(承繼)란 두 개 이상의 행정행위가 일련의 절차로 연속하여 행하여지는 경우 **후행행위**(後行行爲)에는 하자가 없더라도 **선행행위**(先行行爲)의 하자가 후행행위에 승계되는 경우를 말한다. 이는 선행행위에 불가쟁력의 발생 또는 효력소멸로 더 이상 그 효력을 다툴 수 없게 된 경우에도 그 행정행위상의 하자의 승계를 이유로 후행행위의 효력을 다툴 수 있는 실익이 있는 것이다. 선행행위의 조기확정과 후행행위의 안정 등 취소소송의 출소기간제한의 취지에서 하자의 승계는 원칙적으로 인정되지 않는다. 그러나 상대방의 권리구제를 위해 선행행위의 출소기간엄수가 반드시 타당한 것은 아니라는 특별한 사정이 있는 경우에 하자의 승계를 인정하고자 하는 것이다.

2. 하자승계의 전제요건

하자의 승계가 인정되기 위해서는 다음의 전제요건을 충족하여야 한다. 그 다음, 선후행행위의 관계를 검토하여 그 승계여부를 판단한다.

1) 연속하는 행정행위의 존재: 하자의 승계는 선행행위의 하자가 후행행위에 승계되는 것을 의미하므로 연속하는 선·후행의 행정행위가 존재해야 한다. 따라서 선행행위와 후행행위가 행정행위 또는 행정쟁송의 대상인 처분이 아니거나, 연속하는 단계적인 절차관계에 있는 것이 아니라면 하자의 승계가 발생할 수 없다.

2) 선행행위에 취소사유의 존재: 선행행위의 하자의 정도는 취소할 수 있는 경우라야 하며, 선행행위의 하자가 무효인 경우에는 후행행위도 당연히 무효이므로 하자가 승계되어 하자승계 문제로 검토할 대상이 아니다.

3) 선행행위에 불가쟁력 등의 발생: 선행행위는 불가쟁력의 발생 또는 효력소멸로 인한 소의 이익의 상실로 이를 다툴 수 없어야 한다. 선행행위가 제소기간 내에 있는 등 선행행위를 다투어 권리구제를 받을 수 있는 경우에는 후행행위를 다툴 필요가 없기 때문이다.

4) 후행행위의 적법: 후행행위는 적법함에도 불구하고 선행행위의 하자를 이유로 후행행위를 다투고자 하는 것이므로, 후행행위는 제소기간 내에 있고, 또한 적법한 것이어야 한다.

3. 하자승계의 판단기준

(1) 학 설

1) 하자의 승계론(전통적 견해): 이는 선·후행위가 동일목적실현을 위한 단계적 절차관계인 경우에는 하자가 승계되고, 각각 별개의 법률효과를 발생하는 경우에는 선행행위가 당연 무효인 경우를 제외하고는 승계되지 아니한다고 본다.

2) 구속력설(규준력설)

(가) 의 의: 이는 선·후행위가 동일한 법적 효과를 추구하고 있는 경우에 선행행위는 후행행위에 대하여 일정한 범위에서 구속력(규준력)을 가지며, 이 구속력이 미치는 범위 안에서 불가쟁력이 발생한 선행행위의 효과와 다른 주장을 할 수 없다고 한다.[31] 즉, 행정행위는 불가쟁력으로 인해 판결의 기판력과 유사한 기결력 및 내용적 구속력이 인정되어, 행정청은 불가쟁력이 발생한 선행행위의 규율내용과 모순되는 결정을 할 수 없고, 상대방도 불가쟁력이 발생한 선행행위의 규율내용과 모순된 주장을 할 수 없다고 한다. 그리하여 선행행위의 하자를 이유로 후행행위를 다툴 수 없다고 한다(하자의 승계 부인).

(나) 요건 및 한계: ① 선·후행위가 동일한 목적을 추구하고 그 법적 효과도 일치해야 하며(목적·효과의 동일성, 사물적 한계), ② 선·후행위의 수범자가 일치하고(수범자 동일, 대인적 한계), ③ 선행행위의 사실상태·법률상태가 동일하게 유지되고(사실·법률상태 동일, 시간적 한계), ④ 그 결과가 개인에게 지나치게 가혹하지 않아야(예측성·수인가능성), 구속력이 미친다. 따라서 상대방의 불이익이 예측불가능하거나 수인불가능한 경우에는 구속력이 미치지 않는다고 한다.

(2) 판 례

1) 선·후행위의 동일목적실현의 경우: 이 경우 하자의 승계를 인정하는바, 예컨대, ① 대집행의 계고·대집행영장에 의한 통지·대집행의 실행·대집행에 요한 비용의 납부명령 등, ② 압류와 공매처분, ③ 안경사국가시험의 합격무효처분과 안경사면허취소, ④ 분묘개장명령과 후행 계고처분, ⑤ 귀속재산의 임대처분과 후행 매각처분, 한지의사시험의 자격인정과 한지의사면허처분(구미수복지등에서귀순한의약업자에관한특별조치법 3②), ⑥ 독촉과 가산금 및 중가산금징수처분 등을 들 수 있다.[32]

2) 선·후행위가 별개의 법률효과를 발생하는 경우: 이 경우 선행행위가 당연 무효인 경우를 제외하고 승계를 부정한다. 예컨대 ① 액화석유판매사업허가처분과 사업개시신고반려처분, ② 택지개발예정지구지정 및 택지개발계획의 승인과 수용재결, ③ 도시계획결정 및 도시계획사업시행인가와 수용재결, ④ 사업인정과 수용재결처분, ⑤ 조세부과처분과 강제징수, ⑥ 건

---

31) 김남진·김연태(Ⅰ), 357면; 정하중·김광수(개론), 271면.

32) ① 대판 1996.2.9. 95누12507; ② 대판 1984.9.25. 84누107; ③ 대판 1993.2.9. 92누4567; ④ 대판 1961.12.21. 4293행상31; ⑤ 대판 1963.2.7. 62누215; 대판 1975.12.9. 75누123; ⑥ 대판 1986.10.28. 86누147.

물철거명령과 대집행계고처분, ⑦ 개별지가공시와 과세처분, ⑧ 과세연도를 달리하는 부과처분, ⑨ 보충역편입처분과 공익근무요원소집처분 등을 들 수 있다.[33)]

[판례 1] 선·후행처분이 동일목적일 때 승계, 별개 법률효과 목적일 때 승계부정

"두 개 이상의 행정처분이 연속적으로 행하여지는 경우 **선행처분과 후행처분이 서로 결합하여 1개의 법률효과를 완성하는 때에는** 선행처분에 하자가 있으면 **그 하자는 후행처분에 승계**되므로 선행처분에 불가쟁력이 생겨 그 효력을 다툴 수 없게 된 경우에도 선행처분의 하자를 이유로 후행처분의 효력을 다툴 수 있는 반면, **선행처분과 후행처분이 서로 독립하여 별개의 법률효과를 목적으로 하는 때에는 선행처분에 불가쟁력이 생겨 그 효력을 다툴 수 없게 된 경우에는 선행처분의 하자가 중대하고 명백하여 당연무효인 경우를 제외하고는 선행처분의 하자를 이유로 후행처분의 효력을 다툴 수 없는 것이 원칙**이나"(대판 2005.4.15. 2004두14915, 직권면직처분취소 등)

3) 예외적 하자승계 긍정: 선후행위가 별개의 법률효과를 발생하는 경우에도 예측가능성과 수인가능성이 없는 경우에는 하자승계를 인정한다.

[판례 2] 수인한도를 넘는 가혹함과 당사자에게 예측가능한 것이 아닌 경우

"선행처분과 후행처분이 서로 독립하여 **별개의 법률효과를 목적으로 하는 경우에도 선행처분의 불가쟁력이나 구속력이 그로 인하여 불이익을 입게 되는 자에게 수인한도를 넘는 가혹함을 가져오고 그 결과가 당사자에게 예측가능한 것이 아닌 경우**에는 국민의 재판받을 권리를 보장하고 있는 헌법의 이념에 비추어 **선행처분의 후행처분에 대한 구속력은 인정될 수 없다**고 봄이 타당하므로, 선행처분에 위법이 있는 경우에는 그 자체를 행정소송의 대상으로 삼아 위법 여부를 다툴 수 있음은 물론 이를 기초로 한 후행처분의 취소를 구하는 행정소송에서도 선행처분의 위법을 독립된 위법사유로 주장할 수 있다."(대판 1998.3.13. 96누6059, 양도소득세부과처분취소; 대판 1994.1.25. 93누8542; 대판 2005.4.15. 2004두14915; 대판 2013.03.14. 2012두6964 등)

(3) 결 어

1) 구속력설은 다단계행정결정에서 선행행위의 후행행위에 대한 구속력의 문제로 논의되었던 것으로 하자승계의 기준으로 받아들이기에는 문제가 있고, 기판력과 유사한 기결력은 불가변력에 관한 것이므로 불가쟁력에 관한 하자승계와는 문제상황을 달리하며, 따라서 양자는 관점·적용범위·적용효과가 다르고, 추가적 한계로 드는 예측가능성과 수인가능성의 요구는 구속력설의 특유한 주장이라기보다는 법치주의원리에서 당연히 파생되는 일반원칙이다. 그러므로 구속력설을 하자의 승계이론으로 대체하기는 곤란하므로(다수설) 하자승계론이 타당하다.

2) 따라서 하자의 승계는, ① 선·후행위가 동일목적을 실현하는 경우에는 하자가 승계된다. 연속하는 선·후행위가 서로 결합하여 달성하려는 행정목적은 하나이며 이는 최종의 행정행위에 유보되어 있기 때문이라고 할 수 있다. 그러나 ② 선·후행위가 독립하여 각각 별개의 법률효과를 발생하는 경우에는 선행행위가 당연 무효인 경우를 제외하고는 승계되지 아니한다. 다

33) ① 대판 1991.4.23. 90누8756; ② 대판 2000.10.13. 99두653; 대판 1996.12.6. 95누8409; 대판 1996.3.22. 95누10075; ③ 대판 1991.11.26. 90누9971; 대판 1990.1.23. 87누947; 대판 1988.12.27. 87누1141; ④ 대판 1987.9.8. 87누395; ⑤ 대판 1987.9.22. 87누383; ⑥ 대판 1998.9.8. 97누20502; 대판 1982.7.27. 81누293; ⑦ 대판 1998.3.13. 96누6059; 대판 1994.1.25. 93누8542; ⑧ 대판 1998.12.22. 97누1563; ⑨ 대판 2002.12.10. 2001두5422.

만, ③ 예외적으로 예측가능성과 수인가능성이 없는 경우에는 하자승계가 인정된다. 선・후행위가 별개의 법적 효과의 발생을 목적으로 하는 경우에도 선행행위의 불가쟁력이나 구속력이 그로 인하여 불이익을 입게 되는 당사자에게 수인한도를 넘는 가혹함을 가져오고 그 결과가 당사자에게 예측가능 한 것이 아닌 경우에는 국민의 재판을 받을 권리를 보장하고 있는 헌법이념에 비추어 그 하자의 승계를 인정함이 타당하다. 예컨대, 하자있는 개별공시지가에 따른 양도소득세부과처분이 수인한도를 넘는 가혹함을 가져오고 예측가능 한 것이 아니었다면 양도소득세부과처분 취소소송에서 개별공시지가의 하자를 위법사유로 주장할 수 있다. 그러나 개별공시지가에 대한 재조사청구나 개별통지가 있은 경우에는 예측가능성을 부인할 수 없어 하자승계를 인정할 수 없다.

[판례 3] 선행처분이 무효인 경우에는 후행처분도 무효

"**선행처분과 후행처분이 서로 독립하여 별개의 법률효과를 목적으로 하는 때에도 선행처분이 당연무효이면 선행처분의 하자를 이유로 후행처분의 효력을 다툴 수 있다.** 도시계획시설사업의 시행자가 작성한 실시계획을 인가하는 처분은 도시계획시설사업 시행자에게 도시계획시설사업의 공사를 허가하고 수용권을 부여하는 처분으로서 선행처분인 **도시계획시설사업 시행자 지정 처분**이 처분 요건을 충족하지 못하여 당연무효인 경우에는 사업시행자 지정 처분이 유효함을 전제로 이루어진 후행처분인 **실시계획 인가처분도 무효**라고 보아야 한다."(대판 2017. 7. 11. 2016두35120, 사업시행계획인가처분취소)

[판례 4] 도시・군계획시설결정과 실시계획인가는 별개의 법률효과 발생으로 하자승계부정

"국토의 계획 및 이용에 관한 법률(이하 '국토계획법'이라 한다) 제43조 제1항에 따르면, 일정한 기반시설에 관해서는 그 종류・명칭・위치・규모 등을 미리 도시・군관리계획으로 결정해야 한다. 국토계획법 제2조 제7호, 제10호는 이와 같이 도시・군관리계획결정으로 결정된 기반시설을 '도시・군계획시설'로, 도시・군계획시설을 설치・정비 또는 개량하는 사업을 '도시・군계획시설사업'으로 지칭하고 있다. 도시・군계획시설은 도시・군관리계획결정에 따라 설치되는데, 도시・군계획시설결정은 국토계획법령에 따라 도시・군관리계획결정에 일반적으로 요구되는 기초조사, 주민과 지방의회의 의견 청취, 관계 행정기관장과의 협의나 도시계획위원회 심의 등의 절차를 밟아야 한다. 이러한 절차를 거쳐 도시・군계획시설결정이 이루어지면 도시・군계획시설의 종류에 따른 사업대상지의 위치와 면적이 확정되고, 그 사업대상지에서는 원칙적으로 도시・군계획시설이 아닌 건축물 등의 허가가 금지된다(제64조). 반면 실시계획인가는 도시・군계획시설결정에 따른 특정 사업을 구체화하여 이를 실현하는 것으로서, 시・도지사는 도시・군계획시설사업의 시행자가 작성한 실시계획이 도시・군계획시설의 결정・구조 및 설치의 기준 등에 적합하다고 인정하는 경우에는 이를 인가하여야 한다(제88조 제3항, 제43조 제2항). 이러한 실시계획인가를 통해 사업시행자에게 도시・군계획시설사업을 실시할 수 있는 권한과 사업에 필요한 토지 등을 수용할 수 있는 권한이 부여된다. 결국 **도시・군계획시설결정과 실시계획인가는 도시・군계획시설사업을 위하여 이루어지는 단계적 행정절차에서 별도의 요건과 절차에 따라 별개의 법률효과를 발생시키는 독립적인 행정처분이다. 그러므로 선행처분인 도시・군계획시설결정에 하자가 있더라도 그것이 당연무효가 아닌 한 원칙적으로 후행처분인 실시계획인가에 승계되지 않는다.**"(대판 2017.7.18. 2016두49938)

Ⅳ. 하자의 치유와 전환

1. 개 설

하자있는 행정행위를 일반적 기준에 따라 일률적으로 무효로 한다거나 취소로 하게 되면 관계인에게 뜻하지 않게 너무 큰 희생을 주는 경우가 있게 된다. 따라서 구체적인 경우에 관계 제이익 사이의 조화를 도모한다는 흠의 효과의 개별화이론에 따라, 또 상대방의 신뢰보호, 법률생활

안정, 기득권 존중 또는 공평의 견지에서 흠 있는 행위의 치유와 전환을 인정하게 된다. 이러한 점에서 치유와 전환은 원칙적으로 수익적 행위에서만 인정된다고 할 것인 바, 부담적 행위에 이를 인정하면 피처분자에게 위법한 권리침해를 용인하는 결과가 되기 때문이다.

하자의 치유와 전환은 사법상 무효인 행위의 전환(민법 138)과 취소할 수 있는 행위의 추인(민법 132~145)을 인정하는 이유와 같다. 행정행위의 경우에는 통칙적 규정이 없기 때문에 민법규정을 유추하여 학설과 판례에 따라 해결할 수밖에 없다.

2. 하자의 치유

(1) 치유의 의의

행정행위의 하자의 치유(治癒)란 성립당시에 하자있는 행정행위가 사후(事後)에 하자의 원인인 법정요건의 흠결을 추완·보충하였거나, 또는 그 하자가 취소할 가치가 없어진 경우에 그 하자에도 불구하고 행위의 효력을 다툴 수 없게 유지하는 것을 말한다. 치유될 하자의 판단시점은 처분시의 사실상태 및 법상태를 기초로 하며 사후의 변화(사정변경) 및 장기간 방치는 치유사유가 아니라 취소·철회의 동기 및 그 제한사유에 해당한다.

(2) 치유의 인정여부

1) 학 설: ① 법치행정의 원리상 위법한 행정행위의 치유를 인정할 수 없다는 **부정설**, ② 무용한 행정행위의 반복방지와 행정능률의 확보를 이유로 치유를 인정하는 **긍정설**, ③ 법치행정의 원리와 행정행위의 무용한 반복방지의 조화라는 입장에서 제한적으로 인정하는 **제한적 긍정설**이 대립하고 있다.

2) 판 례: 판례는 법치주의의 관점에서 원칙적으로 하자치유를 부정하되, 예외적으로 국민의 권익을 침해하지 않는 범위에서 인정한다(제한적 긍정설).

3) 검 토: 통설과 판례의 입장인 제한적 긍정설이 타당하다. 즉, 법치행정의 원리에서 보면 하자 있는 행정행위는 위법으로 당연히 취소되어야 할 것이므로 하자의 치유를 허용할 수 없다. 그러나 관계자에게 중대한 손실을 주는 것이 아닌 경미한 하자에 대하여 그 하자만을 이유로 행정행위를 취소해야 한다면 극단적인 형식주의 내지 비경제적이라 할 수 있다. 따라서 하자의 치유는 신뢰보호·법적 안정성을 고려하고 공공복리를 도모하며 행정행위의 불필요한 반복을 피하려는 뜻에서 예외적·제한적으로 인정함이 타당하다(제한적 긍정설).

[판 례] 하자의 치유의 원칙적 불허, 예외적 허용

"흠이 있는 행정행위의 치유는 **행정행위의 성질이나 법치주의 관점에서 볼 때 원칙적으로 허용될 수 없는 것**이고, **예외적으로 행정행위의 무용한 반복을 피하고 당사자의 법적 안정성을 위해 이를 허용하는 때에도 국민의 권리나 이익을 침해하지 않는 범위에서 구체적 사정에 따라 합목적적으로 인정**하여야 할 것이다."(대판 2002.7.9. 2001두10684; 대판 2010.8.26. 2010두2579 등)

(3) 치유의 사유

행정청이 명백히 절차적 · 형식적 하자가 있는 행정행위를 한 경우 내용적 하자로도 추정되어 상대방은 내용적으로 적법하다는 것을 쉽게 납득할 수 없다. 따라서 하자의 치유의 요건은 엄격하게 해석되어야 한다.

하자의 치유의 사유는 '요건의 사후보완(事後補完)'이다. 즉, ① 필요한 신청서의 사후제출 또는 보완, ② 무권대리행위의 추인, ③ 허가요건 · 등록요건의 사후충족, ④ 요식행위의 형식보완, ⑤ 관계행정청 또는 상대방의 추인(의결 · 승인 · 협의 및 신청 · 동의 등이 결여된 경우의 추인) 등이 있다.

다만, 치유사유가 있더라도 법률이 사전에 청문이나 이유제시를 강요하고 있는 경우에는 치유를 인정할 수 없다.

(4) 치유의 대상

1) 취소할 수 있는 하자: 하자의 치유는 취소할 수 있는 행정행위에 대해서만 인정된다(통설, 판례). 무효에 대해서도 취소와의 구별의 상대성을 이유로 치유를 인정하려는 견해도 있으나, 법치행정의 원리 및 관계인의 신뢰보호와 법적 안정성의 견지에서 인정하기 곤란하다.

[판 례] 무효인 처분에 대한 치유 불허

"토지등급결정내용의 개별통지가 있다고 볼 수 없어 토지등급결정이 **무효**인 이상, 토지소유자가 그 결정 이전이나 이후에 토지등급결정내용을 알았다거나 또는 그 결정 이후 매년 정기 등급수정의 결과가 토지소유자 등의 열람에 공하여졌다 하더라도 개별통지의 하자가 **치유되는 것은 아니다**."(대판 1997.5.28. 96누5308, 토지등급수정무효확인)

2) 절차 및 형식상의 하자: 하자의 치유는 취소할 수 있는 절차상 및 형식상의 하자이고, 내용에 관한 하자는 치유의 대상이 아니다(다수설, 판례). 내용상의 하자에도 치유를 인정하는 견해도 있으나,[34] 하자의 치유는 법치주의의 입장에서 제한적으로 엄격히 인정해야 된다는 점에서 수긍하기 어렵다.

[판 례] 내용에 관한 하자인 경우 하자의 치유 불허

"사업계획변경인가처분에 관한 **하자가 행정처분의 내용에 관한 것**이고 새로운 노선면허가 소 제기 이후에 이루어진 사정 등에 비추어 하자의 사후적 치유를 인정하지 아니한 사례"(대판 1991.5.28. 90누1359, 시외버스운송사업계획변경인가처분취소)

"선행처분인 개별공시지가결정이 위법하여 그에 기초한 개발부담금 부과처분도 위법하게 된 경우 그 **하자의 치유를 인정하면 개발부담금 납부의무자로서는 위법한 처분에 대한 가산금 납부의무를 부담하게 되는 등 불이익이 있을 수 있으므로**, 그 후 적법한 절차를 거쳐 공시된 개별공시지가결정이 종전의 위법한 공시지가결정과 그 내용이 동일하다는 사정만으로는 위법한 개별공시지가결정에 기초한 개발부담금 부과처분이 적법하게 된다고 볼 수 없다."(대판 2001.6.26. 99두11592, 개발부담금부과처분취소)

---

34) 박균성(강의), 305면.

(5) 치유의 한계

1) **실체적 한계:** 하자의 치유는 법치행정의 원리의 입장에서 예외적인 것이므로 이를 허용하는 경우에도 국민의 권리침해(당사자의 불이익 등)가 없는 범위에서 구체적 사정에 따라 합목적적으로 인정해야 한다(판례).

[판 례] 경원관계에서의 하자치유는 상대방의 불이익으로 되어 허용되지 아니함

"하자 있는 행정행위의 치유는 행정행위의 성질이나 법치주의의 관점에서 볼 때 원칙적으로 허용될 수 없는 것이고 예외적으로 행정행위의 무용한 반복을 피하고 당사자의 법적 안정성을 위해 이를 허용하는 때에도 국민의 권리나 이익을 침해하지 않는 범위에서 구체적 사정에 따라 합목적적으로 인정하여야 할 것인데 이 사건에 있어서는 **원고의 적법한 허가신청이 참가인들의 신청과 경합되어 있어 이 사건 처분의 치유를 허용한다면 원고에게 불이익하게 되므로 이를 허용할 수 없다.**"(대판 1992.5.8. 91누13274, 엘피지충전소허가처분취소)

2) **시간적 한계:** 행정행위의 하자의 치유가 이루어져야 하는 시점에 대해서는 견해가 나뉜다. 즉, ① 독일연방행정절차법상의 입법례(동법 45①②)를 들어 소송경제를 고려하여 소송절차 종결 전까지로 보는 견해와,[35] ② 늦어도 처분에 대한 불복여부의 결정 및 불복신청에 편의를 줄 수 있는 상당한 기간인 행정쟁송제기 전까지로 보는 견해(다수설 · 판례)가 그것이다.

생각건대, 추완행위를 할 수 있는 기관은 원처분청이고 사후구제절차 이전에 치유되어야 한다고 보며, 따라서 행정심판 및 행정소송의 제기 전까지 하자의 치유를 인정함이 타당하다.

[판 례] 불복여부 결정 및 불복신청에 편의를 줄 수 있는 상당한 기간내

"과세처분시 납세고지서에 과세표준, 세율, 세액의 산출근거 등이 누락된 경우에는 늦어도 **과세처분에 대한 불복여부의 결정 및 불복신청에 편의를 줄 수 있는 상당한 기간내에 보정행위를 하여야** 그 하자가 치유된다 할 것이므로, 과세처분이 있은지 4년이 지나서 그 취소소송이 제기된 때에 보정된 납세고지서를 송달하였다는 사실이나 오랜 기간(4년)의 경과로써 과세처분의 하자가 치유되었다고 볼 수는 없다."(대판 1983.7.26. 82누420, 법인세등부과처분취소)

(6) 치유의 효과

치유의 효과는 소급적이며, 처음부터 적법한 행위로서의 효력을 가진다.

3. 하자의 전환

(1) 전환의 의의

행정행위의 하자의 전환(轉換)이란 행정청이 의도한 행정행위로서는 무효인 행정행위가 일정한 사유의 존재를 전제로 하여 유효한 다른 행정행위로서의 효력을 인정하는 것을 말한다. 즉, 행정청이 본래 의도한 행정행위로서는 무효이나, 다른 행정행위로서의 성립 및 효력요건을 갖추고 있을 때에 그 다른 행정행위로서 유효하게 성립된 것으로 인정하는 것이다.

(2) 전환의 근거

민법의 규정(제138조의 무효행위의 전환)과 달리 행정법상 통칙적 규정은 없으나, 통설과 판례

---

35) 홍정선(상), 481면.

는 하자의 치유와 같은 이유로 이를 인정한다. 즉, 국민의 법생활의 안정과 신뢰보호 및 불필요한 행정행위의 반복회피를 통한 절차경제의 확보 등을 위하여 인정한다.

(3) 전환의 성질

행정행위의 전환의 성질에 관하여 견해가 나뉜다. 즉, ① 법적 안정성 및 명확성의 요청이라는 견지에서 전환여부에 대한 행정청의 별도의 의사결정에 의하여 이루어진다는 행정행위설과, ② 법률의 규정에 따른 전환요건의 충족에 의해 이루어진다는 법규범설이 그것이다. 생각건대, 독일과 달리 우리나라는 행정절차법에 전환에 관한 규정이 없고 행정청의 별도의 결정에 의해 이루어진다고 보아야 한다는 점에서 행정행위설이 타당하다(다수설). 따라서 흠 있는 행정행위의 전환에 대해 행정쟁송으로 다툴 수 있다.

(4) 전환의 대상

전환의 대상에 대하여 무효인 행정행위에만 인정된다는 견해(무효설)(통설)와 취소할 수 있는 행정행위에도 인정된다는 견해(취소포함설)[36]로 나뉜다.

생각건대, 중대·명백하여 당연 무효인 경우에도 전환이 인정된다면 전환의 요건을 갖춘 취소할 수 있는 행정행위에 전환을 부정할 이유가 없다는 점에서 취소포함설이 타당하다.

(5) 전환의 요건

행정행위의 하자의 전환은, ① 무효인 행정행위와 전환하려는 다른 행정행위와의 사이에 요건·목적·효과에 있어서 실질적 공통성이 있고, ② 다른 행정행위의 성립·발효요건을 갖추고 있어야 하며, ③ 무효인 행정행위를 한 행정청의 의도에 반하지 않고, ④ 당사자가 그 전환을 의욕하는 것으로 인정되며, ⑤ 제3자의 이익을 침해하지 아니하는 경우에, 행위의 중복을 피하는 의미에서 전환이 인정된다.

(6) 전환의 제한

① 하자 있는 행정행위보다 관계인에게 불이익하게 전환할 수 없고(불이익변경금지), ② 기속행위를 재량결정으로 전환할 수 없으며, ③ 상대방의 의견청취 등 행정절차법상의 절차에 따라야 한다.

(7) 전환의 효과

전환된 행정행위는 종전의 행정행위의 발령 당시에 소급해서 효력을 발생한다. 하자있는 행위의 전환은 새로운 행위를 가져오므로 그 자체를 독립된 행위로 볼 수 있고, 따라서 전환에 관한 불복은 행정쟁송으로 다툴 수 있으며, 불복기간은 전환행위가 있음을 안 날부터 진행된다.

[판례 1] 전환된 처분은 새로운 처분으로 봄

"귀속재산을 불하받은 자가 사망한 후에 그 수불하자 대하여 한 그 **불하처분은 사망자에 대한 행정처분이므로 무효**이지만 **그 취소처분을 수불하자의 상속인에게 송달한 때에는** 그 송달시에 그 상속인에 대하여 다시 그 불하처분을 취소한다는 **새로운 행정처분을 한 것**이라고 할 것이다."(대판 1969.1.21. 68누190, 매매계약처분취소)

36) 김남진·김연태(Ⅰ), 352면; 김동희(Ⅰ), 354면; 홍정선(상), 482면.

[판례 2] 새로운 처분의 불복기간은 전환된 때부터 진행

"**사망한 자에 대하여 실시된 송달은 위법하여 원칙적으로 무효이나,** 그 사망자의 상속인이 현실적으로 그 송달서류를 수령한 경우에는 하자가 치유되어 그 송달은 그 때에 상속인에 대한 송달로서 효력을 발생하므로, 압류 및 전부명령 정본이나 그 경정결정 정본의 송달이 이미 사망한 제3채무자에 대하여 실시되었다고 하더라도 그 **상속인이 현실적으로 그 압류 및 전부명령 정본이나 경정결정 정본을 수령하였다면, 그 송달은 그 때에 상속인에 대한 송달로서 효력을 발생하고, 그 때부터 각 그 즉시항고기간이 진행한다.**"(대판 1998.2.13. 95다15667)

제8절 행정행위의 결효

행정행위의 결효(缺效)란 행정행위의 효력이 없는 상태를 말하며, 행정행위의 성립의 하자로 인한 무효와 취소뿐만 아니라 부존재 및 철회·실효 등을 포함한다.

- 결효
  - 소멸
    - 폐지(광의)
      - 취소
        - 직권취소
        - 쟁송취소
      - 철회(협의의 폐지)
    - 실효
  - 무효·부존재

Ⅰ. 행정행위의 무효

1. 무효의 의미

행정행위의 무효란 행정행위가 외관상으로 존재하나 행정행위의 성립에 중대하고 명백한 하자가 있기 때문에 행정행위로서의 효력이 처음부터 당연히 발생하지 아니하는 것을 말한다. 따라서 ① 외형(外形)은 존재한다는 점에서 외형도 존재하지 아니하는 부존재와 구별되며, ② 처음부터 아무런 효력이 발생하지 아니한다는 점에서 권한있는 기관에 의하여 취소되기까지는 효력을 갖는 취소할 수 있는 행정행위와 구별된다. 또한 ③ 흠을 이유로 그 효력이 부인된다는 점에서 아무런 흠없이 성립한 행정행위의 효력이 일정한 사유로 인하여 장래에 향하여 소멸되는 실효(失效)와도 구별된다.

2. 무효원인

행정행위의 무효원인은 중대·명백성을 일반적 기준으로 하되, 일률적으로 결정할 수 없고 관계제이익을 고려하여 구체적으로 결정해야 할 것이다.[37] 대표적인 무효원인을 행정행위의 성

37) 독일행정절차법은 무효원인인 흠의 유형을 명문으로 규정하고 있다. 즉, 제44조 제1항은 중대하고 명백한 흠을 무효라 하고, 동조 제2항은 무효의 정형으로 ① 처분행정청의 불분명, ② 형식상의 하자, ③ 무권한의 행위, ④

립요건과 관련하여 살펴보면 다음과 같다.

(1) 주체에 관한 하자

행정행위가 완전한 효력을 발생하기 위하여는 정당한 권한을 가진 행정기관이 그 권한 내에서 정상적인 의사에 기하여 행한 행위라야 한다.

1) 정당한 권한을 가진 행정기관이 아닌 자의 행위: 공무원이 아닌 자(결격자인 공무원, 정년·면직·임기만료 된 자)의 행위, 대리권이 없는 자의 행위, 적법하게 구성되지 아니한 합의제기관의 행위 및 다른 기관의 필요적 협력을 결여한 행위 등은 원칙적으로 무효이다.

2) 행정기관의 권한 외의 행위: 행정기관이 그 수권의 범위를 넘는 행위(사항적·지역적·대인적 무권한)는 무권한행위 또는 권한유월로서 원칙적으로 무효이다.

3) 행정기관의 의사에 결함이 있는 행위: 의사 없는 행위(심신상실 중·저항할 수 없는 강제)는 원칙적으로 무효이며, 의사결정에 흠 있는 행위(착오·사기·강박·증수뢰)는 무효 또는 취소할 수 있는 행위로 된다.

[판 례] 권한유월행위는 무효

"행정청의 권한에는 사무의 성질 및 내용에 따르는 제약이 있고, 지역적·대인적으로 한계가 있으므로 이러한 권한의 범위를 넘어서는 권한유월의 행위는 무권한 행위로서 원칙적으로 무효라고 할 것이다."(대판 1996.6.28. 96누4374 등)

(2) 내용에 관한 하자

행정행위가 완전히 효력을 발생하기 위하여는 그 내용이 실현가능하고 명확하며, 법과 공익에 적합하여야 한다. 따라서 실현불능 또는 불명확한 행위는 무효이며, 단순한 위법행위 또는 공익위반행위는 취소의 대상이 될 뿐이다.

1) 내용이 실현불능인 행위: 사실상 실현불능인 경우와 법률상 실현불능의 경우(죽은 자에 대한 의사면허, 면세대상물에 대한 과세, 매춘알선업의 허가 등) 등은 원칙적으로 무효로 된다.

2) 내용이 불명확한 행위: 행정행위의 내용이 사회통념상 평균인의 판단으로 인식할 수 없을 정도로 불명확하거나 불확정한 행위는 무효이다(예: 경계를 명확히 하지 않은 도로구역결정, 범위불명확한 토지수용처분)

(3) 절차에 관한 하자

절차하자의 효과는 그 절차의 성질, 그것을 정한 법의 취지·목적에 따라 판단해야 한다. 즉, 이러한 절차에서 대립당사자의 이해조정 또는 이해관계인의 권익보호를 위한 필요불가결한 절차를 결했을 때에는 무효이다.

사실상 시행불능인 행위, ⑤ 위법행위를 내용으로 하는 행위, ⑥ 미풍양속에 반하는 행위를 들고 있다.

(4) 형식에 관한 하자

행정행위의 내용을 객관적으로 분명하게 하고 증거를 보전함과 동시에 그 행위의 존부를 명백하게 하기 위한 요식행위인 경우는 무효이나(법령상 문서에 의해야 하는데 구술로 한 경우, 행정청의 서명·날인 결여, 이유·일자 기타 필요적 기재가 없는 경우), 다만 행위의 내용을 한층 명백하게 하기 위한 것인 경우에는 취소원인에 그친다.

3. 무효의 효과

행정행위가 무효인 경우에는 행정청의 특별한 의사표시를 기다릴 것 없이 처음부터 아무런 효력도 발생하지 못한다.

4. 무효를 주장하는 방법

무효인 행정행위에 대해서는 누구나 언제라도 출소기간이 경과된 후에도 그 무효를 주장할 수 있다. 그런데 무효인 행정행위는 처음부터 당연히 아무런 효력을 발생하지 아니하는 것이나, 행정행위로서의 외형은 존재하기 때문에 행정청 또는 이해관계인이 그 유효함을 주장할 우려가 있다. 이에 그 무효인 행정행위에 대해서 사법적으로 무효임을 주장하는 방법이 인정될 현실적 필요가 있다. 행정행위의 무효를 주장하는 방법은 행정심판에 의한 경우와 행정소송에 의한 경우 및 민사소송 등에 의한 경우로 나눌 수 있다.

(1) 행정심판

행정행위의 무효확인을 구할 법률상 이익이 있는 자는 무효확인심판을 청구하여 그것을 확인하는 재결을 받을 수 있다. 이 경우 심판청구기간의 제한을 받지 아니한다.

(2) 행정소송

1) **무효확인소송 :** 행정행위의 무효임을 확인받기 위하여 직접 항고소송인 무효등확인소송의 방식으로 제기할 수 있다. 이 경우 행정심판전치주의와 제소기간(提訴期間)에 관한 제한을 받지 아니한다(행정소송법 38①).

2) **무효선언적 의미에서의 취소소송:** 무효의 주장을 취소소송의 형식으로 하는 것을 말하며, 이는 취소소송에서 처럼 일응 유효한 행정행위의 효력을 취소해 줄 것을 청구하는 것이 아니고, 처음부터 효력이 없는 행정행위에 대하여 무효임을 선언하여 줄 것을 청구하는 것이다. 이러한 무효선언적 의미에서의 취소소송에 대하여 행정소송법상의 행정심판전치주의 및 제소기간제한과 같은 규정이 적용되는지의 여부에 관하여는 견해가 긍정설과 부정설로 나뉘는 바, 종래의 통설은 부정설이었으나 판례는 긍정설을 취한다.

생각건대, 행정쟁송법이 무효등확인쟁송을 별도로 인정하고 있고, 아무리 무효선언이라 할지라도 취소소송의 형식에 의하는 이상은 절차적 제한을 받아야 한다는 점에서 긍정설이 타당하다(판례).

[판 례] 무효선언을 구하는 취소소송의 경우 제소기간 준수

"행정처분의 당연무효를 선언하는 의미에서 그 취소를 구하는 행정소송을 제기한 경우에도 제소기간의 준수 등 취소소송의 제소요건을 갖추어야 하는 것이다."(대판 1984.5.29. 84누175; 대판 1987.6.9. 87누219; 대판 1993.3.12. 92누11039 등)

(3) 민사소송에 의한 경우

행정행위가 무효라는 것을 본안으로서 직접 주장하는 것이 아니라, 무효인 행위의 결과로 생긴 결과의 시정을 구하는 소송을 제기하여 그 소송의 전제로 행정행위의 무효를 확인받는 것이다. 즉, 공법상의 당사자소송이나 민사소송을 제기하여 그 소송의 선결문제로 행정행위의 무효를 주장하는 것이다.

Ⅱ. 행정행위의 취소

1. 개 설

(1) 취소의 의의

행정행위의 취소(取消)란 일단 유효하게 성립한 행정행위를 그 성립에 하자가 있음을 이유로, 권한 있는 기관이 그 법률상의 효력을 원칙적으로 행위시에 소급하여 상실시키는 별개의 독립된 행정행위를 말한다. 행정행위의 취소의 개념은 최협의(직권취소), 협의(직권취소와 쟁송취소) 및 광의(협의의 취소 외에 무효선언과 철회 포함)로 나누어 볼 수 있는 바, 종래에는 협의의 취소를 본래의 의미의 취소로 보았다. 그러나 오늘날에 행정행위의 취소는 직권취소만을 의미하는 것으로 보는 경향이 있다.[38)]

(2) 무효선언 및 철회와의 구별

1) **무효선언과의 구별:** 무효선언과 취소는 하자의 존재를 이유로 행정행위의 효력의 부인을 권한있는 기관의 취소절차에 의하여 행한다는 점에서는 동일하다. 그러나 무효선언은 처음부터 효력이 없는 무효인 행위를 공적으로 무효라고 확인·선언하는 행위인 점에서 일단 유효하게 성립한 행정행위의 효력을 소멸시키는 행위인 취소와 구별된다.

2) **철회와의 구별:** 취소는 그 성립에 흠이 있음을 이유로 하는 점에서, 흠없이 성립한 행정행위에 대하여 그 효력을 장래에 존속시킬 수 없는 새로운 사유의 발생을 이유로 소멸시키는 철회와 구별된다.

2. 취소의 종류

(1) 법원에 의한 취소와 행정청에 의한 취소

이는 행정행위를 취소할 수 있는 권한을 가진 기관에 따른 분류인 바, 법원에 의한 취소는 소송제기를 전제로 소송절차에 따라 행하여지며, 행정청에 의한 취소는 직권에 의한 경우와 쟁

---

38) 김남진·김연태(Ⅰ), 363면; 석종현·송동수(상), 350면.

송제기에 의한 경우가 있다.

(2) 쟁송에 의한 취소와 직권에 의한 취소

이는 행정행위의 취소권을 발동하게 된 직접적인 동기에 따른 분류이다. 쟁송(爭訟)에 의한 취소란 이해관계인의 쟁송제기에 따라 해당 행정쟁송의 심리·판단으로서 하는 취소를 말하고, 직권(職權)에 의한 취소란 이해관계인의 신청과는 관계없이 행정행위의 취소권을 가진 자가 취소권의 발동으로 하는 취소를 말한다. 직권취소의 의의는 행정행위에 불가쟁력이 발생한 후에도 새로이 실체적 결정을 할 수 있다는 것이다. 양자는 기본적 성격을 달리하는 바, 그 구체적 기술상의 차이점을 보면 다음과 같다.

(3) 수익적 행정행위의 취소와 부담적 행정행위의 취소

이는 취소의 행정행위의 종류에 따른 분류이다. 수익적 행정행위의 취소는 그 상대방에게 손해를 주는 것으로서 신뢰보호 등의 견지에서 취소권이 제한을 받는다. 이에 대하여 부담적 행정행위의 취소는 그 상대방이 원하는 바로서 대개의 경우 쟁송에 의한 취소의 대상이 된다.

(4) 형식적 의미의 취소와 실질적 의미의 취소

이는 행정행위의 취소의 형식에 따른 분류이다. 형식적 의미의 취소는 보통의 경우의 취소이며, 실질적 의미의 취소는 사후에 선행행위와 내용적으로 모순되는 행위가 행하여져 선행행위가 실질적으로 취소 또는 변경된 것으로 해석되는 경우이다. 쟁송에 의한 취소는 원칙적으로 형식적 의미의 취소이지만, 직권에 의한 취소 중에는 실질적 의미의 취소도 있다.

【 쟁송취소와 직권취소의 차이 】

	쟁 송 취 소	직 권 취 소
동 기	이해관계인의 신청	직권으로
성 격	① 행정행위의 일반적·추상적 적법성을 확보하고 행정구제를 도모하기 위해 ② 회고적으로 적법상태를 회복 ③ '법률에 의한 행정의 원리'의 실현	① 행정행위의 구체적 적법성을 확보하고 행정감독을 도모하기 위해 ② 미래지향적으로 행정목적의 적법한 실현을 기함. ③ 하나의 행정행위로서 장래에 향하여 행정목적의 실현을 위한 수단
이 유	추상적 위법성	행정목적 위반(공익적 요구로)
대 상	주로 부담적 행정행위	주로 수익적 행정행위
권 한 자	처분청·감독청·재결청·법원	처분청·감독청
절 차	엄격한 쟁송절차(행정심판법·행정소 송법 등)	특별한 절차없이. 단, 불이익처분에 대해서는 청문·의견제출(행정절차법, 개별법)
출소기간	제한있음(행정심판 180일, 90일. 행정소송 1년, 90일)	없음
제 한	구체적 이익상황에 대한 고려없이 위법만 있으면(사정판결은 예외)	이익형량하여 취소하여야 할 이익상 필요가 월등한 경우에 한하여
효 력	① 원칙상 소급효 ② 존속력 있음. ③ 행정행위의 소극적 변경(일부취소) 만 가	① 상대방에 귀책사유 없는 한 원칙상 소급효 없음. ② 존속력 없음. ③ 행정행위의 적극적 변경 가

3. 취소권자

(1) 직권취소의 경우

하자있는 행정행위를 취소할 수 있는 정당한 권한을 가진 자를 행정행위의 취소권자라 하는 바, 직권취소의 취소권자는 해당 행정행위를 한 '처분청'이다. **감독청**도 직접 취소권을 가질 수 있는가에 대해서는 견해가 나뉘는 바, ① 취소권은 자율적 행정통제를 위한 불가결한 수단으로 감독권에 포함되는 것이므로 감독청은 당연히 직접 취소할 수 있다는 **적극설**[39]과, ② 감독청은 하급행정청의 권한을 대행할 수 없으므로 명문규정이 없는 한 직접 취소할 수 없고, 처분청에 대하여 취소를 명할 수 있음에 그친다는 **소극설**[40]이 있다. 소극설이 타당하다고 본다.

[판 례] 직권취소의 의미와 그 권한자

"행정처분의 직권취소라 함은 일단 유효하게 성립한 행정처분에 대하여 그 성립에 하자가 있음을 이유로 당해 처분청 등 권한 있는 행정기관이 직권으로 그 법률상의 효력을 원칙적으로 기왕에 소급하여 상실시키기 위하여 행하는 독립된 행정처분을 말하는데, 행정의 법치주의 원칙과 법률 적합성 원칙 등에 비추어 볼 때, **당해 처분의 행정청은 별도의 명시적인 규정이 없어도 위법한 행정작용을 스스로 시정할 수 있는 직권취소의 권한이 있다** 할 것이다."(대판 2002.5.28. 2001두9653 등).

(2) 쟁송취소의 경우

쟁송취소의 취소권자는 행정청(처분청 및 감독청)과 법원(행정법원, 고등법원 및 대법원)이나, 예외적으로 법률이 제3기관(예; 공무원 소청심사위원회 · 조세심판원)을 재결청으로 규정할 때가 있다.

4. 취소권의 근거

행정행위에 취소사유가 있어서 해당 행정행위를 취소하기 위하여는 별도의 법적 근거를 필요로 하는지의 여부에 대하여 종래 견해가 나뉘어져 있다. 즉, ① '법률에 의한 행정의 원리'에 의하여 위법한 행정행위는 취소되어야 하기 때문에 취소에는 별도의 근거를 요하지 않는다는 견해(**법적 근거불필요설,** 통설 · 판례)와, ② 직권취소는 주로 수익적 행정행위가 대상이 되는데 그의 취소는 개인의 기득의 권익을 침해하게 되므로 법적 근거가 필요하다고 하는 견해(**법적 근거필요설**)가 그것이다. 생각건대, 행정기본법 제18조 제1항에서 "행정청은 위법 또는 부당한 처분의 전부나 일부를 소급하여 취소할 수 있다."고 규정하여, 법적 근거를 두고 있으므로 위 학설의 다툼은 의미가 없다. 수익적 행정행위의 취소에 있어서의 기득의 권익에 대한 고려는 취소권의 근거의 문제라기보다는 취소권의 제한의 문제라고 하겠다.

[판 례] 법령의 규정 필요 없이 취소 가능

"행정처분에 하자가 있는 경우에는 법령에 특별히 취소사유를 규정하고 있지 아니하여도 행정청은 그가 행한 위법한 행정처분을 취소할 수 있다."(대판 1982.7.27. 81누271, 광업권설정허가취소처분취소)

39) 김동희(Ⅰ), 358면; 홍정선(상), 486면.
40) 김남진 · 김연태(Ⅰ), 367면; 김성수(일반), 321면; 류지태 · 박종수(신론), 256면; 박균성(강의), 311면; 석종현 · 송동수(상), 351면; 정하중 · 김광수(개론), 284면; 한견우(Ⅰ), 492면; 홍준형(총론), 331면.

5. 취소사유

행정행위의 취소사유는 법령에 명문규정을 두고 있는 때는 그에 의할 것이겠지만, 명문규정이 없는 경우에는 무효원인 이외의 하자라고 하겠다. 예컨대, ① 자문결여, ② 권한초과, ③ 행위능력결여, ④ 사기·강박·증수뢰·부정신고 등 부정행위에 기인한 경우, ⑤ 착오로 위법·부당한 결과가 된 경우, ⑥ 단순 위법, ⑦ 공서양속위반, ⑧ 불문법 및 공익위반, ⑨ 편의적 절차위반, ⑩ 경미한 형식위반 등이 있다.

6. 취소권의 제한

(1) 쟁송취소의 제한

쟁송취소의 경우에는 주로 부담적 행위가 대상이 되는 것이므로, 공공복리를 이유로 하는 사정재결(행정심판법 44), 사정판결(행정소송법 28)을 제외하고는 취소사유가 있으면 원칙적으로 취소하여야 하고, 그 취소의 성질상 조리에 의한 취소권의 제한이 적용되지 아니한다.

(2) 직권취소의 제한

1) 의 의: 직권취소의 제한이란 이해관계인의 신청과 관계없이 행정청이 직권으로 취소권을 행사하는 것이 일정한 경우에 제한되는 것을 말한다. 위법한 행정행위는 행정의 법률적합성의 원리에 따라 취소하는 것이 원칙이라 할 수 있다. 그러나 수익적 행정행위는 비록 흠이 있더라도 공정력이 있기 때문에 그 행위를 기초로 많은 법률관계가 형성되는 것이므로 이를 함부로 취소하면 기성의 법률질서를 침해하여 법률생활의 안정을 해치게 된다는 점에서 일정한 조리상의 제약을 받는다.

2) 직권취소의 대상: ① 직권취소의 제한은 **재량행위**에서 인정되는 경우이고 법률에서 취소하도록 규정한 기속행위의 경우에는 취소권 제한의 문제가 발생하지 아니한다. ② 취소권의 제한은 **수익적 행정행위**에서 문제되며, 부담적 행정행위의 취소는 일반적으로 상대방에 유리하므로 문제되지 아니한다.

3) 직권취소의 제한의 기준(이익형량의 원칙): 행정청은 당사자에게 권리나 이익을 부여하는 처분을 취소하려는 경우에는 취소로 인하여 당사자가 입게 될 불이익을 취소로 달성되는 공익과 비교·형량(衡量)하여야 한다(행정기본법 18②). 즉, 수익적 행정행위는, 한편으로 취소에 의하여 달성하려는 공익상 필요와, 다른 한편으로는 상대방 또는 제3자의 신뢰보호·법률생활안정·기득권존중 등의 요청을 비교형량하여 구체적으로 타당성 있게 취소여부를 결정하여야 한다(판례). 이익형량의 일반적 기준을 보면 다음과 같다.

[판례 1] 수익적 행정행위의 취소권제한의 대상

"**수익적 행정처분에 대한 취소권 등의 행사는** 기득권의 침해를 정당화할 만한 중대한 공익상의 필요 또는 제3자의 이익보호의 필요가 있는 때에 한하여 허용될 수 있다는 법리는, 처분청이 수익적 행정처분을 **직권으로 취소·철회하는 경우에 적용되는 법리일 뿐 쟁송취소의 경우에는 적용되지 않는다.**"(대판 2019.10.17. 2018두104)

[판례 2] 수익적 행정행위의 취소·철회의 제한요건

"수익적 행정행위를 취소 또는 철회하거나 중지시키는 경우에는 이미 부여된 국민의 기득권을 침해하는 것이 되므로, 비록 취소 등의 사유가 있다고 하더라도 그 취소권 등의 행사는 **기득권의 침해를 정당화할 만한 중대한 공익상의 필요 또는 제3자의 이익을 보호할 필요가 있고, 이를 상대방이 받는 불이익과 비교·교량하여 볼 때 공익상의 필요 등이 상대방이 입을 불이익을 정당화할 만큼 강한 경우에 한하여 허용될 수 있다.**"(대판 2017.3.15. 2014두41190; 대판 2021.1.14. 2020두46004 등)

4) 취소가 제한되는 경우

(가) 수익자의 신뢰: 이 경우에는 그 수익자가 그 존속을 신뢰하고 그 신뢰를 위법한 행정행위의 취소에 의하여 달성되는 공익과 비교형량하여 신뢰의 보호가치가 더 크다고 판단될 경우에는 이를 취소할 수 없다. 독일행정절차법에서는 존속을 신뢰한 수익자를 위하여 존속보호를 제도화하고 있다(동법 48).

(나) 경제적 효과의 형량: 취소에 의하여 관계인이 막대한 경제적 손실을 입게 된다든가, 국가재정 등이 막대한 경제적 손실을 입게 되는 경우에는 취소가 제한된다.

(다) 불가변력이 있는 행정행위: 행정심판의 재결 등 준사법적 행위 및 국가시험 합격자결정 등 확인행위는 불가변력이 인정되기 때문에 직권취소할 수 없다.

(라) 포괄적인 신분설정행위인 경우: 국적부여행위·공무원임용행위 등은 취소가 제한된다고 본다.

(마) 사법형성적 행정행위(인가·발명특허 등): 사인(私人)의 법률적 행위의 효력을 완성시켜 주거나, 그의 권리설정을 보완시켜 주는 행위는 사적 거래의 안전과 법률생활의 안정을 위하여 취소가 제한된다. 예컨대, 인가를 요한 다수인간의 계약에서 인가취소는 계약상의 사적 거래에 혼란을 줄 수 있다.

(바) 실권(시간경과): 상당한 기간동안 취소권의 방치에 따른 상대방의 신뢰보호를 위해 인정한다. 독일 행정절차법은 행정청이 취소사유를 안 날로부터 1년이 경과하면 취소권을 행사할 수 없게 하고 있다(동법 48④).

[판례 1] 실효원칙의 의미와 요건

"일반적으로 권리의 행사는 신의에 좇아 성실히 하여야 하고 권리는 남용하지 못하는 것이므로 **권리자가 실제로 권리를 행사할 수 있는 기회가 있었음에도 불구하고 상당한 기간이 경과하도록 권리를 행사하지 아니하여 의무자인 상대방으로서도 이제는 권리자가 권리를 행사하지 아니할 것으로 신뢰할 만한 정당한 기대를 가지게 된 다음에 새삼스럽게 그 권리를 행사하는 것이 법질서 전체를 지배하는 신의성실의 원칙에 위반하는 것으로 인정되는 결과가 될 때에는 이른바 실효의 원칙에 따라 그 권리의 행사가 허용되지 않는다**고 보아야 할 것이고, 또한 실효의 원칙이 적용되기 위하여 필요한 요건으로서의 **실효기간(권리를 행사하지 아니한 기간)의 길이와 의무자인 상대방이 권리가 행사되지 아니하리라고 신뢰할 만한 정당한 사유가 있었는지의 여부**는 일률적으로 판단할 수 있는 것이 아니라 구체적인 경우마다 권리를 행사하지 아니한 기간의 장단과 함께 권리자측과 상대방측 쌍방의 사정 및 객관적으로 존재한 사정 등을 모두 고려하여 사회통념에 따라 합리적으로 판단하여야 할 것이다."(대판 2005.10.28. 2005다45827, 면직해임무효확인등)

[판례 2] 실권법리는 신의성실의 원칙의 파생원칙

"**실권 또는 실효의 법리는** 법의 일반원리인 신의성실의 원칙에 바탕을 둔 파생원칙인 것이므로 공법관계 가운데 관리관계는 물론이고 권력관계에도 적용되어야 함을 배제할 수는 없다 하겠으나 그것은 본래 권리행사의 기회가 있음에도 불구하고 권리자가 장기간에 걸쳐 그의 권리를 행사하지 아니하였기 때문에 **의무자인 상대방은 이미 그의 권리를 행사하지 아니할 것으로 믿을 만한 정당한 사유가 있게 되거나 행사하지 아니할 것으로 추인케 할 경우에 새삼스럽게 그 권리를 행사하는 것이 신의성실의 원칙에 반하는 결과가 될 때 그 권리행사를 허용하지 않는 것을** 의미한다."(대판 1988.4.27. 87누915, 행정서사허가취소처분취소)

(사) 다른 구제수단의 존재: 취소 이외의 다른 수단으로 위법사유의 시정이 가능한 경우에는 취소가 제한된다. 예컨대, 위법사유가 있더라도 상대방에게 고통을 적게 주는 개선명령 등에 의하여 그 시정이 가능하다면 그렇게 하는 것이 비례의 원칙상 당연하다.

(아) 공공복리: 취소가 현저히 공공복리에 반하는 경우에는 사정재결・사정판결에 관한 행정심판법・행정소송법의 관련규정을 직권취소의 경우에도 유추적용하여 취소의 제한을 인정할 수 있다.

(자) 하자의 치유: 행정행위의 하자의 치유가 인정되는 경우에는 취소가 제한된다.

5) 취소가 제한되지 아니하는 경우

(가) 수익자의 주관적 책임: ① 거짓이나 그 밖의 부정한 방법으로 처분을 받은 경우, ② 당사자가 처분의 위법성을 알고 있었거나 중대한 과실로 알지 못한 경우 등이다(행정기본법 18②단서). '그 밖의 부정한 방법'에는 강박・증뢰・부정신고・부실신고 등을 들 수 있다.

(나) 수익자의 객관적 책임: 수익자의 고용인・대리인 등의 부정행위로 행정행위가 행하여진 경우에도 위와 같다 할 것이다.

(다) 중대한 공익상 필요(공공복리・위해방지): 위법한 수익적 행정행위의 직권취소를 정당화할 만한 정도의 중대한 공익상의 필요가 있는 경우에는 직권취소가 가능하다. 이 경우 공익상의 필요가 있는가는 의무에 합당한 재량으로써 구체적인 이익형량을 하여야 한다.

[판 례] 수익적 행정행위가 사실은폐나 사위에 의한 경우

"행정행위를 한 처분청은 그 행위에 하자가 있는 경우에는 별도의 법적 근거가 없더라도 스스로 이를 취소할 수 있고, 다만 수익적 행정처분을 취소할 때에는 이를 취소하여야 할 공익상의 필요와 취소로 인하여 당사자가 입게 될 기득권과 신뢰보호 및 법률생활 안정의 침해 등 불이익을 비교・교량한 후 **공익상의 필요가 당사자가 입을 불이익을 정당화할 만큼 강한 경우에 한하여 취소할 수 있으며,** 나아가 **수익적 행정처분의 하자가 당사자의 사실은폐나 기타 사위의 방법에 의한 신청행위에 기인한 것이라면 당사자는 처분에 의한 이익이 위법하게 취득되었음을 알아 취소가능성도 예상하고 있었다 할 것이므로, 그 자신이 처분에 관한 신뢰이익을 원용할 수 없음은 물론 행정청이 이를 고려하지 아니하였더라도 재량권의 남용이 되지 아니한다.** 한편 당사자의 사실은폐나 기타 사위의 방법에 의한 신청행위가 있었는지 여부는 행정청의 상대방과 그로부터 **신청행위를 위임받은 수임인 등 관계자 모두를 기준으로 판단**하여야 한다."(대판 2013. 2. 15. 2011두16339; 대판 2014.11.27. 2013두16111, 건축허가취소처분취소 등)

7. 취소의 절차

(1) 쟁송취소의 절차

쟁송취소는 행정심판법 · 행정소송법 등이 정하는 행정쟁송절차에 의하게 된다.

(2) 직권취소의 절차

직권취소는 특별한 절차가 없는 것이 보통이나, 수익적 행정행위의 취소 등 불이익처분에 대해서는 각 개별법과 행정절차법에서 청문절차를 규정하고 있다. 각 개별법에 청문절차를 규정하고 있지 아니한 경우에도 의견제출의 기회를 주도록 하고 있다(행정절차법 22①).

8. 취소의 효과

(1) 일반원칙

취소의 효과는 원칙적으로 해당 행정행위를 한 때에 소급하여 발생한다. 이는 행정행위의 성립시의 흠을 이유로 하기 때문이기는 하나, 또한 소급효로 인하여 기성의 법률질서를 파괴하고 상대방의 신뢰를 배반하여서는 안되기 때문에 제한을 받는다.

(2) 쟁송취소의 효과

쟁송취소의 효과는 성질상 원칙적으로 기왕에 소급한다. 그러나 흠이 당사자에게 책임있는 경우를 제외하고는 당사자에게 불이익하게 소급하지 아니한다.

(3) 직권취소의 효과

행정청은 위법 또는 부당한 처분의 전부나 일부를 소급하여 취소할 수 있다. 다만, 당사자의 신뢰를 보호할 가치가 있는 등 정당한 사유가 있는 경우에는 장래를 향하여 취소할 수 있다(행정기본법 18①). 따라서 직권취소의 효과에 대해서는 그 소급여부를 일률적으로 말할 수 없고 구체적인 이익형량에 따라 결정할 수 밖에 없다(다수설). 즉, ① 취소사유가 상대방의 귀책사유로 생긴 때에는 기왕에 소급하고, ② 그렇지 않은 경우에는 상대방의 신뢰보호를 위하여 소급하지 아니하며, ③ 행정행위의 효과가 계속적인가 일시적인가에 따라서 소급여부가 달라지고, ④ 취소를 요구하는 이유가 이미 완결된 법률관계까지도 제거하지 않으면 안되는지의 여부, 취소시기여하 등 구체적 사정에 따라 결정할 것이다.

또한 수익적 행정행위의 직권취소로 당사자가 해당 행정행위의 존속을 신뢰함으로 인하여 받은 재산상의 손실을 보상하여야 한다. 또 쟁송취소의 경우와는 달리 존속력(불가쟁력)이 발생하지 아니한다.

9. 취소의 취소

행정행위의 취소에 하자가 있는 경우에 이를 다시 취소하여 원래의 행정행위의 효력을 회복시킬 수 있느냐가 문제된다. 이는 주로 직권취소에서의 문제이며, 쟁송취소의 경우에는 기판력의 발생으로 문제되지 아니한다.

(1) 취소처분에 무효사유가 있는 경우

중대하고 명백한 하자로 절대무효일 때에는 처음부터 당연히 취소의 효과가 발생하지 아니하고 원행정행위가 그대로 존속할 것이며, 이 경우 무효선언으로서의 취소 또는 무효확인은 가능할 것이다.

(2) 취소처분에 취소사유가 있는 경우

취소처분에 취소사유인 단순 위법이 있음에 불과할 때에는 그 취소여부에 대하여 견해가 대립된다.

1) 소극설: 법령에 명문의 규정이 없는 한 취소에 의하여 소멸된 행정행위를 다시 소생시킬 수 없으므로, 취소에 의하여 원행정행위를 소생시키려면 원행정행위와 같은 내용의 행정행위를 다시 하는 수밖에 없다고 한다.

2) 적극설: 취소처분이 위법할 때에는 법률에 규정이 있고 없고를 막론하고, 그 행정행위의 효력을 확정적으로 상실시키는 것이 아니고, 오직 정지적 효력 밖에 발생하지 않는 것으로 해석하고, 또한 취소처분도 행정행위의 일종인 만큼 취소처분의 재취소도 취소의 일반원칙에 따라 가능하다고 보는 견해로서 통설의 입장이다.

3) 절충설: 해당 행정행위의 성질, 새로운 이해관계인의 등장 여부, 신뢰보호와 법적 안정성 및 행정의 능률을 종합적으로 고려하여 판단하여야 한다는 입장이다.

4) 판 례: 판례는 소극설을 취하고 있으나(판례1), 적극설을 취하는 경우도 있다(판례2).

[판례 1] 소극설의 입장

"행정행위(과세처분)의 취소처분의 위법이 중대하고 명백하여 당연무효이거나, 그 취소처분에 대하여 소원 또는 행정소송으로 다툴 수 있는 명문규정이 있는 경우는 별론, 행정행위의 취소처분의 취소에 의하여 이미 효력을 상실한 행정행위를 소생시킬 수 없고, 그러기 위하여는 **원행정행위와 동일내용의 행정행위를 다시 행할 수밖에 없다.**"(대판 1979.5.8. 77누61; 대판 1995.3.10. 94누7027 등)

[판례 2] 적극설의 입장

"**행정처분이 취소되면 그 소급효에 의하여 처음부터 그 처분이 없었던 것과 같은 효과를 발생**하게 되는바, 행정청이 의료법인의 이사에 대한 이사취임승인취소처분(제1처분)을 직권으로 취소(제2처분)한 경우에는 그로 인하여 이사가 소급하여 이사로서의 지위를 회복하게 되고, 그 결과 위 제1처분과 제2처분 사이에 법원에 의하여 선임결정된 임시이사들의 지위는 법원의 해임결정이 없더라도 당연히 소멸된다."(대판 1997.1.21. 96누3401)

5) 결 어: 행정행위의 취소의 취소도 취소의 일반원칙에 따라 가능하다는 적극설이 타당하다. 다만, 취소권의 제한의 법리에 따라 이익형량 및 제3자의 권익 등이 고려되어야 한다.

Ⅲ. 행정행위의 철회

1. 철회의 의의

(1) 철회의 개념

행정청은 위법 또는 부당한 처분의 전부나 일부를 소급하여 취소할 수 있다. 다만, 당사자의 신뢰를 보호할 가치가 있는 등 정당한 사유가 있는 경우에는 장래를 향하여 취소할 수 있다(행정기본법 18①). 따라서 행정행위의 철회(撤回)란 아무런 하자없이 완전히 유효하게 성립된 행정행위의 효력을 사후에 발생한 새로운 사정으로 인하여 장래에 향하여 상실시키는 별개의 독립된 행정행위를 말한다. 폐지라고도 하며, 실정법상으로는 취소라고 표현하는 경우가 많다.

(2) 취소와의 차이

철회는 적법하게 성립한 행정행위의 효력을 사후에 발생한 새로운 사정에 의하여 그 효력을 소멸시키는 점에서, 행정행위의 성립에 흠이 있음을 이유로 그 효력을 소멸시키는 행정행위의 취소와 구별된다. 양자의 차이는 다음과 같다.

	취　소	철　회
권한자	처분청 · 감독청 · 재결청 · 법원	처분청
사　유	원시적 하자로서 무효원인이 아닌 흠 예; ① 자문결여 ② 사기 · 강박 · 증수뢰 등 부정행위에 의한 경우 ③ 착오의 결과 위법 · 부당한 경우 ④ 권한 초과 ⑤ 단순위법, 부당한 경우 ⑥ 공서양속위반 ⑦ 편의적 절차 위반 ⑧ 경미한 형식위반	후발적인 새로운 사정 예; ① 법률의 규정 ② 철회권의 유보(부관) ③ 의무위반, 의무불이행 ④ 권리불행사 ⑤ 사정변경으로 공익상 중대한 장애 발생 ⑥ 상대방의 신청 또는 동의
절　차	① 쟁송취소는 행정상 쟁송절차에 의해 ② 직권취소는 직권으로	직권으로
제　한	① 쟁송취소는 제한받지 않음 ② 직권취소는 조리상의 제약 받음	① 부담적 행정행위는 제한받지 않음 ② 수익적 행정행위는 조리상 제약받음
효　과	① 원칙상 소급, ② 당사자의 귀책사유에 기하지 않는 경우에는 당사자에게 불리하게 소급 안함.	소급 안함, 장래에 향해서만
구　제	손실보상 불필요	상대방의 귀책사유 없는 한 손실보상해야 함.
같은 점	① 용어혼용 ② 유효한 행정행위의 효력을 상실시키는 독립한 행정행위 ③ 조리상의 제한 ④ 취소의 취소, 철회의 취소 모두 인정 ⑤ 행정개입수단 ⑥ 특히 직권취소와는 구별이 상대적임.	

[판 례] 행정행위의 취소와 철회의 구별

"**행정행위의 취소는** 일단 유효하게 성립한 행정행위를 그 행위에 **위법 또는 부당한 하자가 있음을 이유로 소급하여 그 효력을 소멸**시키는 별도의 행정처분이고, **행정행위의 철회는 적법요건을 구비하여 완전히 효력을 발하고 있는 행정행위를 사후적으로 그 행위의 효력의 전부 또는 일부를 장래에 향해 소멸**시키는 행정처분이므로, 행정행위의 취소사유는 행정행위의 성립 당시에 존재하였던 하자를 말하고, 철회사유는 행정행위가 성립된 이후에 새로이 발생한 것으로서 행정행위의 효력을 존속시킬 수 없는 사유를 말한다."(대판 2006.5.11. 2003다37969 등)

2. 철회권자

행정행위의 철회는 원칙적으로 처분청만이 할 수 있다. 감독청은 법률에 특별한 규정이 없는 한 할 수 없다. 이는 철회가 성질상 원래의 행정행위와 동일한 새로운 행정행위를 하는 것일 뿐 아니라, 감독권은 피감독청에 대하여 일정한 행위를 행하라 또는 행하지 말라는 지휘명령권에 불과하고 감독청은 피감독청의 권한에 속하는 사항에 대하여 대집행의 권한이 없기 때문이다.

3. 철회권의 근거

(1) 학 설

철회권행사는 법률유보의 원칙상 법률에 근거가 있어야 하는지에 대해 견해가 나뉜다. 즉, ① 법치행정의원리와 개인의 기본권보장의 입장에서 법령의 근거가 필요하다는 **근거필요설**, ② 원행정행위의 근거규정이 철회의 근거가 될 수 있고 행정의 공익실현과 정세변화에 유연한 적응의 필요성에서 근거를 요하지 아니한다는 **근거불요설** 및 ③ 당사자의 귀책사유가 있거나 철회권이 유보되어 있는 경우에는 법적 근거가 필요 없고 공익상 필요에 따라 철회할 수 있다는 **제한적 긍정설** 등이 대립된다.

(2) 판 례

판례는 법령에 명시적 규정이 있거나 철회권이 유보되어 있는 경우 또는 사정변경이나 중대한 공익상의 필요의 경우 등의 예외적인 경우에는 허용된다고 한다(대판 2005.4.29. 2004두11954 등).

(3) 결 어

행정기본법의 규정에 따라 제한적 긍정설이 타당하다. 즉, 행정청은 적법한 처분이 법률이 정한 철화사유, 법령 등의 변경이나 사정변경, 중대한 공익 등의 경우에 그 처분의 전부 또는 일부를 장래를 향하여 철회할 수 있다(동법 19①). 여기서 사정변경에는 사실관계의 변동, 상대방의 유책행위와 신청·동의, 일정시기까지 권리행사나 사업착수가 없는 경우, 사업성공이나 목적달성의 불가능함이 판명된 경우 등을 포함하는 것으로 볼 수 있다.

4. 철회사유

(1) 법률의 근거

법률에서 정한 철회 사유에 해당하게 된 경우에는 철회를 할 수 있다(행정기본법 19①(1)). 이러한 예로는 상대방의 유책행위에 따라 철회가능성을 규정한 경우가 보통이겠으나, 상대방의 유책행위와 관계없이 사정변경이나 중대한 공익상 이유 등 일정한 경우 철회가능성을 규정한 경우도 있다. 여기서 상대방의 유책행위의 경우란 상대방의 일정한 비행, 법령 또는 처분위반, 의무위반 및 불이행 등에 대한 제재로서 인허가 등의 철회를 법률에 규정한 경우 등을 말한다.

(2) 사정변경

법령등의 변경이나 사정변경으로 처분을 더 이상 존속시킬 필요가 없게 된 경우에 철회할 수 있다(행정기본법 19①(2)). 즉, 행정행위의 기초가 된 사실상태 및 법상태의 변동에 의하여 행정행위가 사후적으로 위법하게 된 경우이다.

1) 근거법령의 개폐: 행정행위의 기초가 된 근거법령이 개폐(改廢)됨으로써 원행정행위를 유지할 수 없게 된 경우이다. 그러나 법령은 소급효가 없기 때문에 원칙적으로 기존의 행정행위에 영향이 없다. 이런 경우에는 법령에 경과조치를 두어 해결하는 것이 보통이다.

2) 사실관계의 변동: 운전면허를 받은 자가 그 후 실명된 경우[도로교통법 82①(3)]나 기초생활수급자가 재산의 변동 등으로 인해 급여가 필요 없게 된 경우[국민기초생활보장법 30①(1)] 등과 같이 사실관계가 변경된 결과 법적 요건을 갖추지 못하게 된 경우이다.

3) 철회권의 유보: 행정행위의 부관으로 철회권을 유보하여 둔 경우에 그 유보된 일정한 사실이 발생하면 철회할 수 있다. 다만, 이 경우에도 철회권의 유보가 적법해야 함은 물론 철회가 객관적 이유에 의해 정당화 될 수 있어야 하고, 구체적 사정에 따라 공·사익을 비교형량하여 철회여부를 결정해야 한다.

4) 그 밖의 사정변경: 일정시기까지 권리행사나 사업착수가 없는 경우, 사업성공이나 목적달성의 불가능함이 판명된 경우, 상대방의 신청·동의가 있는 경우 등이 있다. 상대방의 동의는 수익은 포기할 수 있다는 사상에 기한 것이지만 비례원칙에 반하는 철회는 형식적인 동의에도 불구하고 위법하다고 할 수 있다.

(3) 중대한 공익상의 필요

중대한 공익을 위하여 필요한 경우에 철회할 수 있다(행정기본법 19①(3)). 해당 행정행위의 존속보다 더 우월한 공익상의 필요가 있는 경우에는 철회가 인정되어야 할 것이다. 그러나 이는 상대방의 귀책사유(歸責事由)가 없음에도 불구하고 철회가 행해지는 것이므로 그로 인한 불이익에 대해서는 보상을 하여야 한다.

5. 철회권의 제한

(1) 부담적 행정행위의 철회

부담적 행정행위의 철회는 상대방의 불이익을 제거하는 것이므로 제한을 받지 않음이 원칙이다. 그러나 ① 원행정행위가 행정청의 의무로 되어 있는 기속행위인 경우는 철회가 제한되며, ② 복효적 행정행위의 경우에는 공익과 제3자의 이익을 구체적으로 비교형량하여 철회여부를 결정해야 한다.

(2) 수익적 행정행위의 철회

1) 이익형량의 기준: 행정청은 처분을 철회하려는 경우에는 철회로 인하여 당사자가 입게

될 불이익을 철회로 달성되는 공익과 비교・형량하여야 한다(동법 19②). 이는 수익적 행정행위에서 철회로 인한 국민의 신뢰를 해치게 되는 문제가 발생하기 때문이다. 따라서 그 철회의 허용성과 한계성을 철회자유의 원칙에 서서, 상대방의 신뢰보호의 원칙과 공익실현 및 정세변화에 적용해야 하는 행정행위의 가변성의 요청을 비교형량하여 비례원칙(과잉금지의 원칙)에 따라 구체적으로 결정하여야 한다.

[판 례] 철회사유 및 이익형량에 의한 철회제한

"행정행위를 한 처분청은 비록 처분 당시에 별다른 하자가 없었고, 처분 후에 이를 철회할 별도의 법적 근거가 없더라도 **원래의 처분을 존속시킬 필요가 없게 된 사정변경이 생겼거나 중대한 공익상 필요가 발생한 경우에는 그 효력을 상실케 하는 별개의 행정행위로 이를 철회할 수 있다.** 다만 수익적 행정행위를 취소 또는 철회하거나 중지시키는 경우에는 이미 부여된 국민의 기득권을 침해하는 것이 되므로, 비록 취소 등의 사유가 있다고 하더라도 그 **취소권 등의 행사는 기득권의 침해를 정당화할 만한 중대한 공익상의 필요 또는 제3자의 이익을 보호할 필요가 있고, 이를 상대방이 받는 불이익과 비교・교량하여 볼 때 공익상의 필요 등이 상대방이 입을 불이익을 정당화할 만큼 강한 경우에 한하여 허용될 수 있다.**"(대판 2017.3.15. 2014두41190 등)

(가) 비례의 원칙: 철회는 공익상 필요와 상당한 균형을 유지해야 한다. 즉, 철회를 통하여 달성하려는 공익보다 행정행위의 존속을 통해 보호되는 사익이 훨씬 더 큰 경우에는 철회가 제한된다. 철회사유가 있는 경우에도 개선명령・영업정지 등으로 그 시정이 가능한 경우에는 그 수단에 의하여 행정목적의 실현을 도모하고 철회권의 행사는 최후의 수단으로 인정되어야 한다.

(나) 신뢰보호의 원칙: 철회사유가 있는 경우에도 그 처분의 존속을 신뢰하였고 그 신뢰가 보호가치 있는 것이라면 철회가 제한된다. 철회해야 할 공익이 더 큰 경우에도 귀책사유 없는 상대방의 손실은 보상해야 한다.

2) 철회가 제한되는 경우

(가) 기득권의 존중: 철회로 인하여 사인의 기득권이 침해되는 경우에는 철회하여야만 하는 공익상의 필요가 그것보다 훨씬 더 큰 경우에만 허용된다.

(나) 불가변력이 있는 행정행위: 행정심판에 대한 재결이나 합격자결정 등 준사법적 확인행위는 불가변력이 인정되므로 법적 안정성의 입장에서 철회가 제한된다. 그러나 철회의 성질상 불가변력의 일반적 제한사유로 드는 것에 대하여 의문을 제기하는 견해도 있다.[41]

(다) 실권(失權)의 경우(시간의 경과): 철회사유가 있음에도 불구하고 행정청이 장기간 철회권을 행사하지 아니한 경우에는 신뢰보호의 견지에서 그 철회권을 행사할 수 없다. 독일의 경우 철회사유가 있음을 안 날로부터 1년 이내에 철회권을 행사하지 않으면 철회권이 소멸되는 것으로 하고 있다(연방행정절차법 49②).

(라) 포괄적 신분관계설정: 국적부여행위・공무원임용행위 등은 철회가 제한된다.

(마) 복효적 행정행위: 철회로 인하여 불이익을 받게 되는 제3자의 이익보호를 위하여

41) 김동희(Ⅰ), 369면.

철회가 제한된다.

3) 철회가 제한되지 아니하는 경우

(가) 수익자의 책임: 비행, 법령 및 의무위반 등 수익자의 귀책사유가 있는 경우에는 원칙적으로 철회가 가능하다고 할 수 있다. 다만, 이 경우에도 비례원칙 등 이익형량에 의해 결정해야 할 것이다.

(나) 중대한 공익상 필요(공공복리 · 위험방지): 철회를 정당화할 만한 정도의 중대한 공공복리상의 필요 또는 위험방지의 필요가 있는 경우에는 철회가 가능할 것이나, 이 경우에도 비교형량에 의해야 할 것이다.

6. 철회의 절차

행정절차법과 각 개별법에서 철회와 같은 불이익처분에 대해서 청문 및 의견제출 등 의견청취 절차를 거치도록 하고 있고, 또한 그 근거 및 이유제시를 요구하고 있다. 청문을 실시하고자 하는 경우에는 청문일 10일 전까지 청문의 일시 및 장소 등을 통지하도록 하고 있다(행정절차법 21). 또한 각 개별법에서 특정 기관의 자문 등을 거치도록 하는 경우도 있다.

7. 철회의 효과

철회의 효과는 장래에 향하여서만 발생한다. 철회의 부수적 효과로서 행정청의 문서나 물건의 반환요구권, 원상회복(原狀回復) · 개선명령 등이 있다. 또한 상대방에게 귀책사유가 없는 한 수익적 행정행위의 철회로 인한 손실은 보상되어야 한다.

8. 철회의 취소

행정행위의 철회에 하자가 있음을 이유로 다시 취소할 수 있는지의 여부는 취소의 취소문제에 준하여 생각할 수 있는 바, 행정행위의 취소에 관한 일반원칙에 따라 취소가 가능하다 할 것이다.

Ⅳ. 행정행위의 실효

1. 실효의 의의

행정행위의 실효(失效)란 행정청의 의사행위에 의하지 아니하고 일정한 객관적인 사실의 발생에 의하여 당연히 행정행위의 효력이 소멸되는 것을 말한다.

행정행위의 실효는, ① 일단 적법하게 발생된 효력이 실효사유에 의하여 소멸되고, ② 하자와는 전혀 관계가 없으며, ③ 실효사유가 발생한 때로부터 장래에 향하여 효력이 소멸된다는 점에서 무효와 구별된다.

2. 실효의 사유

행정행위의 실효사유는, ① 행정행위의 대상의 소멸(행정행위 상대방의 사망, 목적물의 소멸 등), ② 부관의 성취(해제조건의 성취, 기한의 도래), ③ 목적의 달성(행정행위의 내용실현) 등이 있다.

3. 실효의 효과

행정행위는 그 실효사유가 발생하면 행정청의 특별한 의사표시를 기다릴 것 없이 그때부터 장래에 향하여 당연히 효력이 소멸된다.

제4장 그 밖에 행정의 행위형식

제1절 행정법상의 확약

Ⅰ. 확약의 의의

1. 확약의 개념

확약(確約)이란 법령등에서 당사자가 신청할 수 있는 처분을 규정하고 있는 경우 행정청이 당사자의 신청에 따라 장래에 어떤 처분을 하거나 하지 아니할 것을 내용으로 하는 의사표시를 하는 것을 말한다(행정절차법 40조의2①). 종래 확약이란 행정청이 국민에 대한 관계에서 자기구속을 할 의도로 장래에 향하여 일정한 행위 또는 불행위를 약속하는 의사표시를 말한다고 하였다. 예컨대, 행정청이 무허가건물의 자진철거자에게 아파트입주권을 주겠다는 약속, 자진신고자에게 일정률 이하의 과세를 하겠다는 약속, 각종 인・허가에 관한 내인가・내허가, 공무원 임용의 내정 등을 들 수 있다.

행정절차법상의 확약은 해당 처분에 대한 신청권이 있는 당사자의 신청에 따라 행정청이 장래 해당 처분을 하거나 하지 아니할 것을 내용으로 하는 의사표시로 한정하여, 당사자의 신청 여부와 관계없이 장래 작위・부작위을 약속하는 의사표시라는 종래의 강학상의 확약의 의미보다 좁게 개념규정을 하고 있다.

확약은 종래 독일의 학설・판례상 확인(Zusage)의 법리로 논의되어 오다가 독일 행정절차법(제38조 이하)에서 명문화된 이론이다. 우리의 경우 종래 학설상 논의되어 왔으나 판례는 부정하는 입장이었는데 개정 행정절차법(법률 제18748호, 2022.7.12.시행)에서 명문화 하였다.

2. 확약과 다른 행위와의 구별

① 확약은 장래의 행위를 약속하는데 그치는 것이므로, 최종 결정 때까지 잠정적으로 행정행위의 효력을 가지는 가행정행위 및 최종 결정의 전제요건으로서 행정행위의 효력을 가지는 사전승인이나 부분결정과 구별되고, ② 대외적으로 국민에 대하여 표시하는 행위라는 점에서 단순한 내부결정과 구별된다. 또한 ③ 행정법상의 확약은 일방적・구속적 법률행위이기 때문에 개인적인 사실설명이나 현존하는 사실 및 법상태에 관련된 비구속적인 법률적 견해의 표명과 같은 교시와 구별되며, 쌍방적 의사표시인 공법상 계약과 구별된다.

Ⅱ. 확약의 근거와 성질

1. 확약의 근거

확약에 관한 일반적 근거규정으로 행정절차법 제40조의2가 있으나, 개별적인 작용법적 근거가 필요한지의 여부에 대하여 긍정설과 부정설로 나뉜다. 긍정설은 또다시 허용되는 근거에 따라 신뢰보호설과 본처분권한포함설로 나뉘어진다.

생각건대, 확약이 본처분의 행사에 관한 사전처리작용이라 할 것이므로 법이 본처분의 권한을 부여한 경우에는 확약의 권한도 아울러 부여하고 있는 것으로 보는 것이 타당하다. 현행 행정절차법상 확약은 법령등에서 당사자가 신청할 수 있는 처분을 규정하고 있는 경우에 당사자의 신청에 따라 할 수 있는 것이므로(동법 40조의2①), 확약의 권한이 본처분의 권한에 포함되어 있다는 본처분권한포함설이 타당하다.

2. 확약의 처분성 여부

확약을 항고쟁송의 대상인 처분으로 볼 것이냐에 관하여 견해가 나뉜다.

1) **부정설**: 이는 확약은 행정처분에 선행하는 예비결정에 지나지 않으며 아직은 종국적 규율성이 결여되어 있기 때문에 그것만으로는 행정처분이라고는 볼 수 없다는 견해이다.

2) **긍정설**: 이는 확약은 행정청에 대하여 장래에 이행·불이행의 의무를 지우는 효과를 발생시키는 점에서 구속성·규율성이 인정되어 행정처분으로서의 성질을 가진 것으로 볼 수 있다는 견해이다(다수설).

3) **판 례**: 종래 판례는 어업권면허에 선행하는 우선순위결정의 처분성을 부인했으나(판례 1)1), 최근 우선협상대상자 선정의 경우에는 항고소송의 대상이 되는 처분으로 보고 있다(판례2).

4) **결 어**: 확약은 일반적으로 그 법적 규율성이 완결된 것은 아니므로 일반 행정행위와는 성격상 동일하지는 아니하다. 행정절차법상 법령등이나 사정의 변경 및 위법한 확약 이외에는 행정청은 확약에 기속된다고 할 것이므로(40조의2④), 확약의 구속성·규율성을 인정할 수 있다. 따라서 행정청은 상대방에게 확약된 행위를 하여야 할 자기구속적인 의무가 발생하며 상대방은 그에 대응하는 권리를 갖게 되므로 항고소송의 대상인 처분성이 인정된다고 봄이 타당하다.

[판례 1] 우선순위결정의 처분성 부인

"어업권면허에 선행하는 **우선순위결정은 행정청이 우선권자로 결정된 자의 신청이 있으면 어업권면허처분을 하겠다는 것을 약속하는 행위로서 강학상 확약에 불과하고 행정처분은 아니므로,** 우선순위결정에 공정력이나 불가쟁력과 같은 효력은 인정되지 아니하며, 따라서 우선순위결정이 잘못되었다는 이유로 종전의 어업권면허처분이 취소되면 행정청은 종전의 우선순위결정을 무시하고 다시 우선순위를 결정한 다음 새로운 우선순위결정에 기하여 새로운 어업권면허를 할 수 있다."(대판 1995.1.20. 94누6529)

[판례 2] 우선협상대상자 선정의 처분성 인정

"지방자치단체의 장이 공유재산법에 근거하여 기부채납 및 사용·수익허가 방식으로 민간투자사업을 추진하는 과정에서 사업시행자를 지정하기 위한 전 단계에서 공모제안을 받아 일정한 심사를 거쳐 **우선협상대상자를 선정하는 행위와** 이미 선정된 **우선협상대상자를 그 지위에서 배제하는 행위는** 민간투자사업의 세부내용에 관한 협상을 거쳐 공유재산법에 따른 공유재산의 사용·수익허가를 우선적으로 부여받을 수 있는 지위를 설정하거나 또는 이미 설정한 지위를 박탈하는 조치이므로 **모두 항고소송의 대상이 되는 행정처분으로 보아야** 한다."(대판 2020.4.29. 2017두31064 우선협상대상자지위배제처분취소)

Ⅲ. 확약의 요건 및 한계

1. 확약의 요건

행정절차법상 확약은, ① 법령등에서 당사자가 신청할 수 있는 처분을 규정하고 있고(**처분법령의 존재**), ② 당사자가 해당 확약의 대상이 되는 처분을 신청하였어야 하며(**당사자의 신청**)(이상 동법 40조의2①), ③ 확약은 **문서**로 하여야 한다(동조②). 또한 ④ 행정청은 다른 행정청과의 협의 등의 절차를 거쳐야 하는 처분에 대하여 확약을 하려는 경우에는 확약을 하기 전에 그 절차를 거쳐야 한다(동조③). 즉, 확약의 대상은 처분이며, 그 처분에 대해 당사자의 **신청권이 존재**해야 한다. 여기서 신청권이란 특정인의 구체적인 신청의 인용가능성여부와 관계없이 일반국민에게 인정되는 추상적 권리를 말한다. 당사자가 본처분에 관한 권한을 가진 행정청에 해당 처분을 문서로 신청하였어야 하며, 다른 행정청과 사전협의의 절차가 요구되는 처분의 경우에는 그 절차를 거쳐야 한다. 그러나 확약을 행정절차법상의 확약으로 한정할 것이 아니라 법령에 반하지 아니하는 범위에서 공법상계약·사실행위 등 처분 이외에도 또한 당사자의 신청 없이도 광범하게 인정함이 타당하다고 본다.

2. 확약의 한계

(1) 법률적합성의 원칙

확약은 정당한 권한을 가진 행정청이 권한의 범위 내에서 행하여야 하며, 확약의 대상인 행위는 적법하고 이행이 가능한 것이어야 한다.

(2) 확약의 기속력의 배제

행정청은, ① 확약을 한 후에 확약의 내용을 이행할 수 없을 정도로 **법령등이나 사정이 변경**된 경우, 또는 ② **확약이 위법한 경우**에는 확약에 기속되지 아니한다(동법 40조의2④). 행정청은 확약이 위 어느 하나에 해당하여 확약을 이행할 수 없는 경우에는 지체 없이 당사자에게 그 사실을 통지하여야 한다(동조⑤).

(3) 기속행위에 대한 확약

재량행위에만 확약을 할 수 있다는 견해가 있으나, 본처분의 선택에 관한 재량의 폭의 문제와 사전결정의 능부의 문제는 별개의 문제이므로 그 기속에의 위배가 없는 한 사전적·예비적 결정이 가능한 것으로 보아 기속행위에도 인정된다고 하겠다.

(4) 요건사실완성 후의 확약

요건사실완성후에도 상대방에게 예지이익·준비이익·기대이익을 줄 수 있는 경우가 있으므로 가능하다고 보나 반대설도 있다.

Ⅳ. 확약의 효력

1. 행정청의 자기구속의무

행정청은 상대방에게 확약된 행위를 하여야 할 자기구속적인 의무가 발생하며, 그 의무불이행의 경우에는 이행소송(우리 실정법상으로 의무이행심판이나 부작위위법확인소송) 또는 손해배상의 청구가 고려될 수 있다.

2. 소멸·철회·실효

위법한 확약에 대하여는 취소소송을 제기하거나 행정청이 스스로 취소할 수 있으며, 적법한 확약이 있은 후 상대방의 의무불이행, 그 밖의 새로운 사정을 이유로 철회할 수 있다. 또한 확약의 기초가 된 사실 및 법률상태가 사후적으로 변경된 경우에 실효가 인정된다. 그러나 이러한 것들은 신뢰보호의 원칙 및 과잉금지의 원칙에 따른 제약을 받는다.

[판 례] 사실적·법률적 상태변경으로 인한 확약의 실효

"행정청이 상대방에게 장차 어떤 처분을 하겠다고 확약 또는 공적인 의사표명을 하였다고 하더라도, 그 자체에서 상대방으로 하여금 언제까지 처분의 발령을 신청하도록 유효기간을 두었는데도 그 기간 내에 상대방의 신청이 없었다거나 확약 또는 공정인 의사표명이 있은 후에 사실적·법률적 상태가 변경되었다면, 그와 같은 확약 또는 공적인 의사표명은 행정청의 별다른 의사표시를 기다리지 않고 실효된다."(대판 1996.8.20. 95누10877)

Ⅴ. 확약의 권리구제

1. 행정쟁송

확약은 그 처분성을 인정하면 당연히 항고쟁송의 대상이 된다. 행정청이 확약한 의무를 이행하지 않은 경우에는 의무이행심판이나 부작위위법확인소송의 제기가 가능하고, 행정청의 확약거부처분에 대하여는 거부처분취소쟁송이 가능하다.

2. 손해전보

행정청의 확약의 불이행 또는 위법한 확약으로 손해를 입은 당사자는 국가배상을 청구할 수 있고, 공익상 이유로 확약이 불이행 또는 철회된 경우에는 손실보상을 청구할 수도 있을 것이다.

제2절 행정계획

Ⅰ. 행정계획의 의의와 종류

1. 행정계획의 개념

행정계획(行政計劃)이란 행정주체가 일정한 행정활동을 위한 목표를 설정하고, 서로 관련되는 행정수단의 종합·조정을 통하여 목표로 제시된 장래의 일정한 시점에 있어서의 일정한 질서를 실현하기 위한 활동기준 또는 그의 설정행위를 말한다(판례). 따라서 행정계획의 개념적 징표는 ① 목표의 설정과 ② 행정수단의 조정·종합이라 할 수 있다. 행정계획은 행정청이 미래예측을 바탕으로 넓은 정책적인 재량판단에 의하여 책정한다는 점에서 특징이 인정된다.

[판 례] 행정계획의 의의

"행정계획이란 행정에 관한 전문적·기술적 판단을 기초로 하여 특정한 행정목표를 달성하기 위하여 서로 관련되는 행정수단을 종합·조정함으로써 장래의 일정한 시점에 일정한 질서를 실현하기 위한 활동기준을 설정하는 것이다."(대판 2011.2.24. 2010두21464 등)

2. 행정계획의 성립배경

행정계획은 현대복리국가 이전에도 존재하였던 것은 사실이지만, 제2차 세계대전 이후 행정의 중점이 장기성·종합성을 요하는 사회국가적 복리행정으로 옮기면서 그 중요성이 인식되게 되었다. 이러한 시대적 배경에 따른 행정수요에 계획적·주체적으로 대응할 새로운 행정의 활동형식으로서의 계획행정이 필요했으며, 이와 병행하여 사회의 발전방향에 관한 조사·분석과 장래예측의 이론·기술조건이 진보함에 따라 행정계획책정을 가능케 한 것이다.

3. 행정계획의 기능

(1) 목표설정기능

행정계획의 기본적인 기능은 미래지향적인 행정활동을 효과적으로 일관성 있게 수행하기 위하여 장래의 목표를 설정하는 기능이다. 목표설정의 합리성과 정당성이 담보되기 위하여는 목표설정에 관한 절차적 보장이 존중되어야 하며, 목표수정의 탄력성이 부여되도록 배려되어야 한다.

(2) 행정수단의 종합화 기능

현대행정에서의 행정조직과 행정수단은 행정수요의 다양화에 따라 개별화 세분화되고, 그 세분화된 행정기관이 단편적으로 행정조치를 하는 할거주의의 폐단이 생기게 된다. 행정계획은 이러한 세분화된 행정기관의 개별적 행정조치를 일정한 목표와의 관련 아래 상호 입체적·유기적으로 연관시킴으로서 전체적인 행동방향을 종합화하고 체계화하여 행정능률을 확보케 하는 기능을 수행한다.

(3) 행정과 국민간의 매개적 기능

행정계획은 국민에 대하여 행정목표와 그 실현수단을 미리 알림으로써, 미래에 대한 예측가능성을 부여하고 그 협력을 얻게 하는 기능을 수행함과 동시에, 국민의 장래의 활동에 대하여 지침적·유도적 효과와 경우에 따라서는 규제적 효과를 발휘한다.

4. 행정계획의 종류

행정계획은 여러 가지 기준에 따라 분류되는 바, 그 주된 것을 보면 다음과 같다.

(1) 종합계획·부문별계획

종합계획·부문별계획은 계획의 대상이 종합적·전반적 사무·사업에 관한 것인가, 특정의 사무·업무에 관한 것인가에 따른 구분이다. 국토종합계획·장기경제계획이 전자의 예이고, 도시계획·교육계획·공해방지계획이 후자의 예이다.

(2) 장기·중기·연도별계획

장기·중기·연도별계획은 계획의 기간에 따른 구분으로, 장기계획은 6년 이상, 중기계획은 2년 이상 5년 이하의 기간에 걸치는 계획을 말한다. 산림기본계획은 장기계획의 예이며, 경제개발5개년계획은 중기계획의 예이고, 도시계획의 연차별집행계획은 연도별계획의 예이다.

(3) 전국·지방·지역계획

전국·지방·지역계획은 계획의 대상이 되는 지역의 범위에 따른 구분이며, 국토건설종합계획은 전국건설종합계획(전국계획)·특정지역건설종합계획(지역계획)·도건설종합계획과 군건설종합계획(지방계획)의 4종으로 구분된다.

(4) 기본계획·시행계획

기본계획·시행계획은 계획의 구체화의 정도에 따른 구분인 바, 기본계획은 시행계획의 기준이 되는 것이며, 시행계획은 기본계획의 내용을 구체화하는 계획이다. 국토이용기본계획은 전자의 예이고, 동 시행계획은 후자의 예이다.

(5) 상위계획과 하위계획

이는 다른 계획의 기준이 되는 계획인가의 여부에 따른 구별이다. 국토종합계획은 다른 법령에 의한 건설계획의 기준이 되는 상위계획이고, 도시기본계획은 도시관리계획의 기준이 되는 상위계획이다.

(6) 구속적 계획·비구속적 계획

구속적 계획·비구속적 계획은 계획의 법적 구속력의 유무에 의한 구별이며, 이 구별은 법률상 가장 중요한 의미를 지닌다. 구속적 계획은 행정내부에서 구속력을 갖는 계획도 포함되나 법적 쟁점이 되는 것은 주로 국민에 대해 구속력을 갖는 계획이다. 비구속적 계획은 유도적 계획과

정보제공적 계획 등이 있다.

Ⅱ. 행정계획의 법적 성질

1. 학 설

행정계획의 법적 성질에 대하여는 견해가 대립되고 있다.

(1) 입법행위설

입법행위설은 행정계획이 국민의 권리・자유에 관계되는 일반적・추상적인 법규범을 정립하는 행위로서 일반적 구속력을 가질 수 있다고 한다. 말하자면 행정계획은 법규명령의 성질을 가진다고 한다.

(2) 행정행위설

행정행위설은 행정계획이 특정인의 권리이익을 구체적으로 규제하여 법관계의 변동이라는 효과를 가져오는 행정행위로서의 성질을 가진다고 한다.

(3) 복수성질설(개별적 검토설)

복수성질설은 행정계획 중에는 법규명령적인 것도 있고 행정행위적인 것도 있고 단순한 사실행위인 것도 있을 수 있다고 한다.

(4) 독자성설

독자성설은 행정계획은 법규범도 아니고 행정행위도 아닌 특수한 성질의 것이지만 구속력을 가진 점에서 행정행위에 준한다고 한다.

2. 판 례

판례는 국민에 구속력을 갖는 행정계획은 처분성을 인정하나 행정기관 내부의 행동지침에 불과한 것은 처분성을 부인한다.

[판례 1] 행정계획의 처분성을 인정하는 경우(대법원)

"도시재개발법에 의한 재개발조합은 조합원에 대한 법률관계에서 적어도 특수한 존립목적을 부여받은 특수한 행정주체로서 국가의 감독 하에 그 존립 목적인 특정한 공공사무를 행하고 있다고 볼 수 있는 범위 내에서는 공법상의 권리의무 관계에 서 있는 것이므로 분양신청 후에 정하여진 관리처분계획의 내용에 관하여 다툼이 있는 경우에는 그 **관리처분계획**은 토지 등의 소유자에게 구체적이고 결정적인 영향을 미치는 것으로서 조합이 행한 **처분에 해당**하므로 항고소송의 방법으로 그 무효확인이나 취소를 구할 수 있다."(대판 2002. 12.10. 2001두6333)

[판례 2] 행정계획의 처분성을 부인하는 경우(대법원)

"택지개발촉진법 제18조, 제20조의 규정에 따라 택지개발사업 시행자가 건설부장관으로부터 승인을 받아 **택지의 공급방법을 결정**하였더라도 그 공급방법의 결정은 내부적인 행정계획에 불과하여 그것만으로 택지공급희망자의 권리나 법률상 이익에 개별적이고 구체적인 영향을 미치는 것은 아니므로, 택지개발사업시행자가 그 공급방법을 결정하여 통보한 것은 분양계약을 위한 사전 준비절차로서의 사실행위에 불과하고 항고소송의 대상이 되는 **행정처분으로 볼 수 없다.**"(대판 1993.7.13. 93누36)

"국토해양부, 환경부, 문화체육관광부, 농림수산부, 식품부가 합동으로 2009. 6. 8. 발표한 '4대강 살리기 마스터플랜' 등은 4대강 정비사업과 주변 지역의 관련 사업을 체계적으로 추진하기 위하여 수립한 종합계획이자 '4대강 살리기 사업'의 기본방향을 제시하는 계획으로서, **행정기관 내부에서 사업의 기본방향을 제시하는 것일 뿐, 국민의 권리·의무에 직접 영향을 미치는 것이 아니어서 행정처분에 해당하지 않는다.**"(대판 2011.4.21. 2010무111, 집행정지)

[판례 3] 비구속적 행정계획의 경우 헌법소원 대상 부인 및 예외적 인정(헌법재판소)

"**일반적으로 국민적 구속력을 갖는 행정계획(예컨대 도시계획결정)은 행정행위에 해당되지만, 구속력을 갖지 않고 행정기관 내부의 행동지침에 지나지 않는 행정계획은 행정행위가 될 수 없다.** … 그런데 이 사건 개발제한구역제도개선방안은 건설교통부장관이 개발제한구역의 해제 내지 조정을 위한 일반적인 기준을 제시하고, 개발제한구역의 운용에 대한 국가의 기본방침을 천명하는 정책계획안으로서 비구속적 행정계획안에 불과하므로 공권력행위가 될 수 없으며, … **비구속적 행정계획안이나 행정지침이라도 국민의 기본권에 직접적으로 영향을 끼치고, 앞으로 법령의 뒷받침에 의하여 그대로 실시될 것이 틀림없을 것으로 예상될 수 있을 때에는, 공권력행위로서 예외적으로 헌법소원의 대상이 될 수 있다.**"(헌재 2000.6.1. 99헌마538·543·544·545·546·549(병합), 개발제한구역제도개선방안확정발표위헌확인)

3. 결 어

행정계획은 그 종류와 내용이 매우 다양하기 때문에 모든 종류의 계획에 하나의 법적 성격을 부여한다는 것은 사실상 불가능하므로 각 행정계획별로 개별적으로 검토하여야 한다. 즉, 행정계획 중에는 일반처분적인 것(예; 국토의계획및이용에관한법률상의 용도지역지정·개발제한구역지정 등), 행정입법적 성질을 가지는 것(예; 국토기본법상의 국토종합계획), 행정지도적인 것(예; 산업발전법상의 산업기반기술개발계획) 등이 있다고 할 수 있으므로 일률적으로 말하기 어려우며, 행정계획의 내용과 효과 등에 따라 구체적·개별적으로 그 성질을 결정해야 한다.

Ⅲ. 행정계획의 근거와 절차

1. 행정계획의 법적 근거

(1) 조직법적 근거

행정청이 일정한 행정계획을 적법하게 수립하기 위해서는 행정청이 해당 행정계획에 관한 사항을 관장할 수 있도록 하는 조직규범이 있어야 한다.

(2) 작용법적 근거 여부

행정청이 그 권한의 범위 내에서 행정계획을 수립하고자 하는 경우에도 작용법적 근거를 요하는지 문제된다. 비구속적 행정계획으로서 단순히 행정의 지침적인 구실을 하는데 그치는 것은 원칙적으로 특별한 법적 근거를 요하지 않는다고 할 것이다. 그러나 국민의 권리·의무와 관계되는 구속적 계획은 법률의 근거를 요한다. 또한 비구속적 계획이라 하더라도 타행정청의 권한 행사에 관계되는 행정계획이나 법정의 행정절차에 변동을 가져오는 행정계획은 법적 수권을 요한다. 행정계획 중 국민의 권리・의무에 직접 영향을 미치는 계획은 정당한 이익형량을 하도록 규정한 행정절차법(제40조의4)이 있는 외에, 「국토의 계획 및 이용에 관한 법률」을 비롯한 여러 개별법에서 규정하고 있다.

2. 행정계획의 수립절차

행정계획은 직접・간접으로 국민생활에 중대한 영향을 주는 것이므로 그 수립에 있어서 전문지식의 도입, 계획의 정당성・합리성 담보 및 계획상호간의 조정과 아울러 관계인의 이해조절, 민주적 통제 등의 확립이 고려되어야 한다. 행정계획의 수립절차에는 통칙적 규정은 없으나 일반적으로 행정계획의 입안・의견조정・결정 및 공고의 과정을 통하여 수립한다.

(1) 관계기관의 의견조정

행정계획은 다양한 행정수단을 종합・조정하는 기능을 가지는 것이다. 따라서 행정기관 상호간의 관련업무의 조정이나 전문적 지식을 도입하기 위하여 관계기관과의 협의, 상급행정청의 승인이나 조정, 자문기관 또는 의결기관의 심의를 거치도록 하여야 한다. 이로써 행정계획의 전체적 통일성과 실효성을 확보한다.

(2) 이해관계인의 참여

행정계획은 직접・간접으로 관계인에게 적지 아니한 영향을 미치므로 이해관계인의 의견진술・권리주장을 위한 기회가 보장되어야 한다. 즉, 계획안의 내용을 미리 알리고, 이에 대하여 의견을 제출하게 하거나 청문을 행하여 상호심문・증거제출 등을 허용해야 한다. 또한 관련주민의 참가와 관련되는 지방자치단체와의 협의・의견청취가 필요하다.

(3) 공 고

행정계획의 내용을 일반에게 주지시켜 불측의 손해가 없도록 예측가능성을 확보하고 관계인의 협력을 기대하기 위하여 공고하도록 하는 것이 보통이다.

[판 례] 공고・공람의 취지는 이해관계인의 이익조정 및 행정의 민주화와 신뢰확보

"도시계획법 제16조의2 제2항과 같은법시행령 제14조의2 제6항 내지 제8항의 규정을 종합하여 보면 도시계획의 입안에 있어 해당 **도시계획안의 내용을 공고 및 공람하게 한 것은 다수 이해관계자의 이익을 합리적으로 조정하여 국민의 권리자유에 대한 부당한 침해를 방지하고 행정의 민주화와 신뢰를 확보하기 위하여 국민의 의사를 그 과정에 반영시키는데 있는 것**이므로 이러한 **공고 및 공람 절차에 하자가 있는 도시계획결정은 위법**하다."(대판 2000.3.23. 98두2768, 도시계획결정취소)

Ⅳ. 행정계획의 법적 효과

1. 행정계획의 구속효

대부분의 계획은 행정기관의 구상 또는 행정의 지침에 불과하며, 대외적으로나 대내적으로

아무런 법적 효과도 발생하지 아니한다. 그러나 행정계획의 효과적인 실행을 보장하기 위하여 일정한 법적 효과가 부여되는 경우가 있는 바, 다음과 같이 나누어 볼 수 있다.

(1) 국민에 대하여 구속력을 갖는 계획

행정계획이 수립되어 효력을 발생하면 국민에 대하여 일정한 법적 효과를 발생하는 때가 많다. 국토이용계획, 도시・군관리계획으로 정하여진 용도지역 또는 개발제한구역 안에서의 일정한 행위가 제한되는 경우가 그 예이다.

[판 례] 도시설계에 의한 건축물규제는 구속적 행정계획의 성질

"건축물에 대한 규제는 '건축물로 인한 위험발생방지목적'의 건축법상의 규제와 '건축물과 도시기능의 유기적 관련 및 합리적인 토지이용관계의 확보에 그 목적'이 있는 도시계획법상의 규제로 나눌 수 있는데, 도시설계의 법적 근거와 그 목적 등이 건축법에 규정되어 있다고 하더라도, 도시설계의 목적은 도시의 기능과 미관을 증진하는 것에 있다고 할 것이므로 도시설계에 의한 건축물에 대한 규제는 도시계획법상의 건축물에 대한 규제로서의 성격을 갖는다고 할 것이다. 따라서, 이러한 도시설계에 의한 건축물규제의 성격과 도시설계와 관련한 건축법규정에 비추어 보면, **도시설계는 도시계획구역의 일부분을 그 대상으로 하여 토지의 이용을 합리화하고, 도시의 기능 및 미관을 증진시키며 양호한 도시환경을 확보하기 위하여 수립하는 도시계획의 한 종류로서 도시설계지구 내의 모든 건축물에 대하여 구속력을 가지는 구속적 행정계획의 법적 성격을 갖는다**고 할 것이다."(헌재 2003.6.26. 2002헌마402, 고양일산지구도시설계시행지침 제33조 제3항 위헌확인)

(2) 관계행정기관에 대한 구속력을 갖는 계획

관계행정기관에 대한 구속력을 갖는 계획은 정부의 기본운영계획이 중앙행정기관의 예산요구서 작성지침이 되고 기획재정부장관의 예산안편성의 토대가 되는 것과 같다.

(3) 타계획에 대하여 구속력을 갖는 계획

타계획에 대하여 구속력을 갖는 계획은 국토기본법에 의한 국토종합계획은 도종합계획 및 시・군종합계획의 기본이 되고, 도종합계획은 시・군종합계획의 기본이 되며, 동법상의 국토종합계획은 다른 법령에 의한 국토에 관한 계획에 우선하는 것과 같다(동법 7, 8).

2. 행정계획의 집중효

(1) 의 의

계획확정에 부여되는 특수한 효력으로 집중효(集中效)가 있다. 집중효(Konzentrationswirkung)라 함은 일단 하나의 사업계획이 확정되면 그 사업을 수행하는데 필요한 각종의 관계법령에 의한 인・허가는 생략하거나 받은 것으로 의제하는 것을 말하며, 실정법상 '**인・허가의제**'라 한다. 집중효는 계획확정에 부여되는 특유한 효과이지만 인・허가의제는 행정행위에도 인정된다는 점에서 구별된다는 견해도 있으나(김동희), 두 제도의 본질이 절차간소화와 사업의 신속한 진행을 위한 것이며, 법령에 근거하여 행정관청의 권한이 통합된다는 점에서 본질적 차이가 있는 것은 아니다.

(2) 법적 근거

행정계획의 집중효에 관한 일반법은 없으나 행정기본법 제24조(인허가의제의 기준) 이하가 일반적 근거가 될 수 있는 이외에 각 개별법에 규정하고 있다. 예컨대, 「철도의 건설 및 철도시설 유지관리에 관한 법률」 제9조에 의하여 실시계획의 승인이 있는 때에는 국토의계획및이용에관한법률·공유수면관리및매립에관한법률·하천법·도로법·건축법 등의 승인·허가·인가·결정·신고 등이 있는 것으로 보는 것(동법 11①)이 그 예이다. 이 외에도 국토의계획및이용에관한법률, 도시및주거환경정비법, 항공법, 도시철도법, 한국수자원공사법, 도로법, 폐기물관리법 등 여러 법률에 규정되어 있다.

(3) 기능 및 문제점

집중효제도는 하나의 대규모사업과 관련된 각종의 인·허가들이 하나의 절차에서 단 한번의 계획확정으로 해결될 수 있으므로 사업자에게 개개의 인·허가절차에서의 번거로움과 불확실성을 제거하고 구비서류의 감소 등 시간·노력·비용이 절약되고, 다수의 인·허가부서가 하나로 통합되어 효율적인 행정이 가능하다.

그러나 각 법령에 규정된 각종 규제제도는 나름의 목적과 의의를 가지고 있는데, 의제되는 인·허가를 통해 원래 보호하고자 하는 공익이나 제3자의 이익이 침해될 수 있다는 비판도 제기된다.

(4) 집중효의 정도

집중효의 정도란 집중효가 행정청의 인·허가 및 결정 등에 미치는 효력의 정도 내지 범위를 말한다. 즉, 계획확정기관인 행정청의 계획확정으로 집중효의 대상이 되는 다른 법률에 의한 인·허가 등의 요건이 어느 정도 의제되느냐의 문제인바, 이에 관해 견해가 나뉘고 있다.

1) **관할집중설:** 이는 계획확정기관에게 인·허가에 관한 권한만 이전되는 것으로 의제된다는 입장이다. 따라서 계획확정기관의 계획확정으로 집중효의 대상이 되는 다른 법률에 의한 인·허가의 권한은 의제 되지만, 다른 법률에 규정된 절차와 실체적 요건은 의제되지 아니하므로 해당 다른 법률의 규정에 따라야 한다.

2) **절차집중설(실체집중부정설):** 이는 인·허가에 관한 권한과 그에 따른 절차까지도 거친 것으로 의제된다는 입장이다. 따라서 계획확정기관의 계획확정으로 다른 법률에 의한 인·허가의 실체적 요건은 의제되지 아니하므로 해당 다른 법률에 의거하여 따로 심사해야 한다.

3) **제한적 절차집중설:** 이는 절차요건 중에서 이해관계 있는 제3자의 권익보호를 위한 절차는 집중되지 않고 적용되어야 한다는 입장이다.

4) **실체집중설(실체집중긍정설):** 이는 인·허가에 관한 권한과 절차 및 그에 관한 실체적 요건들도 의제된다고 보는 입장이다. 즉, 집중효의 대상이 되는 인·허가 등의 절차적 요건과 실체적 요건을 모두 고려함이 없이 판단할 수 있다고 한다.

5) 제한적 실체집중설(제한적 실체집중긍정설): 이는 계획확정에 있어서 실체법적인 요건들은 형량의 고려요소로 될 수 있다는 입장이다. 엄격한 실체집중으로는 상반되는 이익을 보호하는 요건의 경우 계획확정의 어려움이 있다는 점을 논거로 한다.

6) 판 례: 판례는 절차집중설을 취하고 있다.

[판례 1] 절차 불필요

"건설부장관이 구 주택건설촉진법(1991.3.8. 법률 제4339호로 개정되기전의 것) 제33조에 따라 관계기관의 장과의 협의를 거쳐 사업계획승인을 한 이상 같은 조 제4항의 허가·인가·결정·승인 등이 있는 것으로 볼 것이고, 그 절차와 별도로 도시계획법 제12조 등 소정의 중앙도시계획위원회의 의결이나 주민의 의견청취 등 절차를 거칠 필요는 없다."(대판 1992.11.10, 92누1162, 주택건설사업계획승인처분취소)

[판례 2] 인허가의제기준 불비의 경우 거부처분 가능(실체적 요건은 의제 불가)

"일정한 건축물에 관한 건축신고는 건축법 제14조 제2항, 제11조 제5항 제3호에 의하여 국토의 계획 및 이용에 관한 법률(이하 국토법이라 함) 제56조에 따른 개발행위허가를 받은 것으로 의제되는데, 국토법 제58조 제1항 제4호에서는 개발행위허가의 기준으로 주변 지역의 토지이용실태 또는 토지이용계획, 건축물의 높이, 토지의 경사도, 수목의 상태, 물의 배수, 하천·호소·습지의 배수 등 주변 환경이나 경관과 조화를 이룰 것을 규정하고 있으므로, 국토법상의 개발행위허가로 의제되는 건축신고가 위와 같은 기준을 갖추지 못한 경우 행정청으로서는 이를 이유로 그 수리를 거부할 수 있다고 보아야 한다."(대판 2011.1.20, 2010두14954, 건축(신축)신고불가취소)

7) 결 어: 주된 인·허가(또는 사업계획)가 관할 행정청으로 창구가 단일화되고(관할의 집중), 주된 인·허가절차를 거치면 의제 대상인 인·허가의 절차는 따로 거치지 않아도 되지만(절차의 집중), 의제대상 인·허가의 실체적 요건은 개별적으로 적용된다고 할 것이므로 절차집중설이 타당하다.

(5) 집중효의 절차

사업시행자 등은 행정계획 인가를 신청할 때 해당 법률에서 정하는 관계 서류를 함께 제출하여야 하며, 행정계획승인권자는 행정계획을 승인하려면 사업시행자 등이 제출한 관계 서류를 구비하여 미리 관계행정기관의 장과 협의하여야 한다. '협의'라는 표현을 쓰고 있지만 협의를 통해 실체적 요건을 갖추었는지 여부에 관한 관할 행정청의 판단이 이루어지기 때문에 단순한 의견청취가 아니라 합의 또는 동의를 의미한다고 볼 수 있다.

(6) 집중효의 효과

행정계획을 승인한 경우에는 관련 인허가가 있는 것으로 본다(철도의 건설 및 철도시설의 유지관리에 관한 법률 11① 등). 그러나 부분 인허가가 인정되는 경우에는, 관계 행정기관의 장과 협의한 사항에 대하여만 해당 인허가를 받은 것으로 본다(국토의 계획 및 이용에 관한 법률 92① 등).

[판 례] 부분인허가가 인정되는 경우에는 협의한 사항에 한해 인허가의제의 효과 발생

"중소기업창업법 제35조 제1항, 제4항에 따르면 시장 등이 사업계획을 승인할 때 제1항 각호에서 정한 관련 인허가에 관하여 소관 행정기관의 장과 협의를 한 사항에 대해서는 그 관련 인허가를 받은 것으로 본다고 정하고 있다. 이러한 인허가 의제 제도는 **목적사업의 원활한 수행을 위해 창구를 단일화하여 행정절차를 간소화하는 데 그 입법 취지**가 있고 목적사업이 관계 법령상 인허가의 실체적 요건을 충족하였는지에 관한 심사를 배제하려는

취지는 아니다. 따라서 시장 등이 **사업계획을 승인하기 전에 관계 행정청과 미리 협의한 사항에 한하여 사업계획 승인처분을 할 때에 관련 인허가가 의제되는 효과가 발생할 뿐이다.**"(대판 2018.10.25. 2018두43095; 대판 2021.3.11. 2020두42569)

(7) 불복쟁송의 대상

의제되는 인・허가 요건을 갖추지 못하였다는 이유로 신청한 주된 인・허가(또는 사업계획)가 거부되어 쟁송으로 다투고자 하는 경우 쟁송대상에 관해 견해가 나뉜다.

1) 학 설

(가) 주된 인허가설: 이는 의제되는 인허가는 주된 인허가의 구성요건이므로 주된 인허가가 쟁송대상이라고 한다.

(나) 의제되는 인허가설: 이는 거부이유가 된 의제되는 인허가가 쟁송대상이라고 한다.

(다) 개별적 검토설: 의제되는 인허가가 주된 인허가의 필요한 요건(구성요건)인 불가분의 관계인지의 여부에 따라 판단해야 한다는 입장이다.

2) 판 례: 건축법 제11조 제5항에 따른 의제되는 인허가는 건축허가와 별개로 존재하는 것이 아니므로 건축허가를 다투어야 하나(판례 1), 주택법 제19조 제1항에 따른 의제되는 인허가는 제3항에 따른 관계행정기관의 장과 협의한 사항에만 인정되므로 의제되는 인허가를 별도로 다툴 수 있다고 하여(판례 2) 개별적 검토설을 취하고 있다.

[판례 1] 건축불허가처분에 관한 쟁송과 별개로 인・허가 의제에 관한 쟁송제기 불허

"구 건축법 제8조 제1항, 제3항, 제5항에 의하면, **건축허가를 받은 경우에는 구 도시계획법 제4조에 의한 토지의 형질변경허가나 농지법 제36조에 의한 농지전용허가 등을 받은 것으로 보며**, 한편 건축허가권자가 건축허가를 하고자 하는 경우 당해 용도・규모 또는 형태의 건축물을 그 건축하고자 하는 대지에 건축하는 것이 건축법 관련 규정이나 같은 도시계획법 제4조, 농지법 제36조 등 관계 법령의 규정에 적합한지의 여부를 검토하여야 하는 것일 뿐, 건축불허가처분을 하면서 그 처분사유로 건축불허가 사유뿐만 아니라 형질변경불허가 사유나 농지전용불허가 사유를 들고 있다고 하여 그 건축불허가처분 외에 별개로 형질변경불허가처분이나 농지전용불허가처분이 존재하는 것이 아니므로, **그 건축불허가처분을 받은 사람은 그 건축불허가처분에 관한 쟁송에서 건축법상의 건축불허가 사유뿐만 아니라 같은 도시계획법상의 형질변경불허가 사유나 농지법상의 농지전용불허가 사유에 관하여도 다툴 수 있는 것이지, 그 건축불허가처분에 관한 쟁송과는 별개로 형질변경불허가처분이나 농지전용불허가처분에 관한 쟁송을 제기하여 이를 다투어야 하는 것은 아니며**, 그러한 쟁송을 제기하지 아니하였어도 형질변경불허가 사유나 농지전용불허가 사유에 관하여 불가쟁력이 생기지 아니한다."(대판 2001.1.16, 99두10988, 건축허가신청서반려처분취소)

[판례 2] 부분인허가의제가 가능한 경우 의제되는 인허가만 쟁송대상 가능

"구 주택법(2016. 1. 19. 법률 제13805호로 전부 개정되기 전의 것) 제17조 제1항에 따르면, 주택건설사업계획 승인권자가 관계 행정청의 장과 미리 협의한 사항에 한하여 승인처분을 할 때에 인허가 등이 의제될 뿐이고, 각호에 열거된 모든 인허가 등에 관하여 일괄하여 사전협의를 거칠 것을 주택건설사업계획 승인처분의 요건으로 규정하고 있지 않다. 따라서 인허가 의제 대상이 되는 처분에 어떤 하자가 있더라도, 그로써 해당 인허가 의제의 효과가 발생하지 않을 여지가 있게 될 뿐이고, 그러한 사정이 주택건설사업계획 승인처분 자체의 위법사유가 될 수는 없다. 또한 의제된 인허가는 통상적인 인허가와 동일한 효력을 가지므로, 적어도 '부분 인허가 의제'가 허용되는 경우에는 그 효력을 제거하기 위한 법적 수단으로 의제된 인허가의 취소나 철회가 허용될 수 있고, 이러한 직권 취소・철회가 가능한 이상 그 의제된 인허가에 대한 쟁송취소 역시 허용된다. 따라서 **주택건설사업계획 승인처분에 따라 의제된 인허가가 위법함을 다투고자 하는 이해관계인은, 주택건설사업계획 승인처분의 취소를 구할 것이 아니라 의제된**

인허가의 취소를 구하여야 하며, 의제된 인허가는 주택건설사업계획 승인처분과 별도로 항고소송의 대상이 되는 처분에 해당한다."(대판 2018.11.29. 2016두38792, 임대주택건설사업계획승인처분취소)

3) 결 어: 의제되는 인허가가 주된 허가처분의 구성요건인 경우(불가분성)에는 독립된 처분으로 볼 수 없고 주된 허가처분에 흡수된다고 볼 것이므로 주된 인허가가 소의 대상이 된다. 그러나 부분 인허가의제가 허용되는 경우(가분성)에는 의제되는 인허가가 주된 허가처분의 요건이 아니므로 각각 별개로 존재한다고 할 수 있어 의제되는 인허가도 소의 대상이 될 수 있다는 점에서 개별적 검토설이 타당하다.

V. 행정계획과 권리보호

1. 계획재량과 형량명령

(1) 계획재량(計劃裁量)

1) 계획재량의 의의 및 특색: 계획재량이란 행정계획의 수립과정에서 행정주체가 가지게 되는 계획상의 형성의 자유를 말한다. 계획은 미래지향성을 가지며 그 대상도 변천하고 있으므로 계획에는 복수의 선택가능성이 있을 뿐만 아니라, 계획의 결정에는 모든 중요사정과 관계이익의 조정・형량이 요청된다. 따라서 행정계획은 광범한 자기창조적 형성의 자유가 요청된다. 그에 따라 법률은 원칙적으로 계획이 추구해야 할 목적과 그에 의하여 촉진 또는 보호되어야 할 이익만을 규정하는데 그치며 계획의 요건・효과에 관해서는 규정하지 아니하고 공백규정으로 두고 있는 것이 보통이다. 즉, 행정행위 등의 수권규범이 '요건-효과'에 대하여 정하는 가언명제(假言命題; Wenn Dann Schema) 또는 조건 프로그램인데 대하여, 계획의 수권규범은 '목적-수단'에 대하여 정하는 목적 프로그램이란 점이 특색이다.

2) 계획재량과 행정재량의 구별: 행정재량은 구체적 사실과 결부시켜 요건규정과 효과규정의 한계 내에서 판단하고 결정하는 것이나, 계획재량은 행정정책적으로 행정목적을 정함에 있어서 계획규범이 요건・효과에 대하여 공백규정을 두는 것이 보통이며 보다 광범위한 형성의 자유를 가진다.

[판 례] 행정계획 수립에는 재량행위보다 광범위한 계획재량 인정

"**행정계획에 있어서는 다수의 상충하는 사익과 공익들의 조정에 따르는 다양한 결정가능성과 그 미래전망적인 성격으로 인하여** 그에 대한 입법적 규율은 상대적으로 제한될 수밖에 없다. 따라서 행정청이 행정계획을 수립함에 있어서는 일반 **재량행위의 경우에 비하여 더욱 광범위한 판단 여지 내지는 형성의 자유, 즉 계획재량이 인정**되는바, 이 경우 일반적인 행정행위의 요건을 규정하는 경우보다 **추상적이고 불확정적인 개념을 사용하여야 할 필요성**이 더욱 커진다."(헌재 2007.10.4. 2006헌바91, 구택지개발촉진법위헌소원)

3) 계획재량의 한계: 계획재량은 형식적 구속과 함께 내용적 제한이 따르는데, ① 일반적으로 계획목표를 고려하여야 하며, ② 구체적으로는 해당 법률의 계획기준과 절차에 따라야 하고, ③ 비교형량의 원칙을 준수하고, ④ 계획간의 조정을 요청하는 정합성(整合性)의 원칙에 따라야 한다.

(2) 형량명령

형량명령(衡量命令)이란 계획재량을 행사함에 있어서 공익 상호간, 사익 상호간 및 공익과 사익 상호간에 정당한 형량을 하여야 한다는 원칙을 말한다. 형량명령은 계획재량의 통제법리인데, 기본적으로 비례원칙의 행정계획분야에의 적용례라고 볼 수 있다. 형량명령은 헌법상의 법치국가원칙 및 행정절차법 제40조의4 "행정청은 행정청이 수립하는 계획 중 국민의 권리·의무에 직접 영향을 미치는 계획을 수립하거나 변경·폐지할 때에는 관련된 여러 이익을 정당하게 형량하여야 한다."에서 근거를 구할 수 있다.

(3) 형량하자

계획재량이 인정되어 있는 경우에 관계제이익의 정당한 형량여부가 그 계획규범적용의 적법여부의 기준이 된다. 이와 같이 형량명령에 위반한 경우에 형량하자가 되어 위법이 되며 사법통제의 대상이 된다(판례). 형량하자의 유형은 다음과 같다.

1) 형량의 누락·해태: 이는 형량을 전혀 행하지 아니한 경우를 말한다.

2) 형량의 흠결·부족: 이는 형량의 대상에 마땅히 포함시켜야 할 사항을 빠뜨리고 형량을 행한 경우이다.

3) 오형량(誤衡量): 이는 제 이익간의 형량을 행하기는 하였으나 그것이 객관성·정당성을 결한 경우이다.

[판 례] 행정계획의 형량하자로 인한 위법

"행정계획이란 행정에 관한 전문적·기술적 판단을 기초로 하여 특정한 행정목표를 달성하기 위하여 서로 관련되는 행정수단을 종합·조정함으로써 장래의 일정한 시점에 일정한 질서를 실현하기 위한 활동기준을 설정하는 것이다. 그런데 관계 법령에는 추상적인 행정목표와 절차만을 규정하고 있을 뿐 행정계획의 내용에 관하여는 별다른 규정을 두고 있지 아니하므로, 행정주체는 구체적인 행정계획을 입안·결정할 때 비교적 광범위한 형성의 자유를 가진다. 다만 행정주체가 갖는 이와 같은 **형성의 자유는 무제한적인 것이 아니라 그 행정계획에 관련되는 자들의 이익을 공익과 사익 사이에서는 물론이고 공익 상호간과 사익 상호간에도 정당하게 비교·교량하여야** 한다는 제한이 있으므로, **행정주체가 행정계획을 입안·결정함에 있어서 이익형량을 전혀 행하지 아니하거나 이익형량의 고려 대상에 마땅히 포함시켜야 할 사항을 누락한 경우 또는 이익형량을 하였으나 정당성과 객관성이 결여된 경우, 그 행정계획 결정은 형량에 하자가 있어 위법**하게 된다."(대판 2011.2.24, 2010두21464, 부산·진해경제자유구역명지지구개발사업실시계획승인취소; 대판 2007.4.12. 2005두1893; 대판 1996.11.29. 96누8567 등)

2. 계획의 변경과 신뢰보호(계획보장청구권)

(1) 계획보장청구권의 성립

행정계획은 보다 나은 공익실현을 위해 변경하거나 폐지하는 것이 불가피한 경우가 있다. 그러나 객관적으로 필요한 한계를 넘어선 자의적인 행정계획의 변경·폐지는 계획존속을 신뢰한 사인의 권익에 중대한 영향을 미치게 된다. 따라서 행정계획의 변경·폐지로 인한 권익침해에 대한 구제방법이 필요하며, 이에는 원상회복이나 손실보상의 방법과 신뢰보호의 견지에서 해당

계획이 계속적인 존속을 요구할 수 있는 계획집행청구권 또는 계획보장청구권을 사인에게 인정하는 방법 등이 있다.

(2) 계획보장청구권의 의의 · 근거 및 법적 성격

계획보장청구권은 계획의 존속 또는 준수를 청구하고, 그러한 청구를 행할 수 없어 계획의 개폐를 저지할 수 없는 경우에 경과조치 · 적합원조 등 대상조치(代償措置)를 청구하며, 또다시 그것이 실현되지 못하거나 실현되었더라도 계획변경으로 인한 손해가 완전히 전보되지 못한 경우에 손해배상이나 손실보상을 청구하는 것을 총칭하는 개념이다.

계획보장청구권의 이론적 근거로는, ① 계약법리설, ② 법적 안정성설 및 여기에 바탕을 둔 ③ 신뢰보호설(다수설), ④ 금반언설, ⑤ 재산권보장설 등이 있다. 그 법적 성격에 대하여는 ① 채무불이행설, ② 불법행위설, ③ 수용유사침해설 등이 주장되고 있다.

(3) 계획보장청구권의 내용

1) **계획존속청구권:** 계획존속청구권이란 계획의 변경 또는 폐지에 대하여 계획의 존속을 청구하는 권리를 말한다. 이러한 청구권은 계획의 속성인 가변성과 공공복리의 관점에서 일반적으로 인정하기 어렵다. 그러나 계획이 법률의 형식을 취하는 경우에는, 진정소급효인 경우와 부진정소급효인 경우에 따라 다르다. 법률변경의 효력이 과거의 사실에도 미치는 진정소급효의 경우에는 법률불소급의 원칙과 장래를 규율하는 계획의 성질상 계획존속청구권이 허용될 수 없다고 본다. 그러나 법률변경의 효력이 과거의 사실이지만 현재에도 계속되고 있는 사실에 적용되어 장래의 법률관계에 미치는 부진정소급효 있는 행정계획의 경우에는 상대방의 신뢰보호의 가치가 계획변경의 필요성보다 큰 경우에는 계획존속청구권이 인정된다.

행정계획이 행정행위의 형식을 취하는 경우에는 철회권의 제한의 법리에 따라 인정여부를 결정할 수 있을 것이다.

2) **계획준수청구권:** 계획준수청구권이란 행정청이 계획위반적 행위에 대항하여 계획의 준수 및 집행을 청구하는 권리를 말한다. 일반적으로 계획준수청구권은 허용되지 않는다고 할 것이나, 법령상 행정청이 집행의무를 지고 있고 개인의 이익도 보호하는 것인 때에는 이 청구권이 인정될 수 있을 것이다.

3) **경과조치청구권:** 경과조치청구권이란 계획의 변경 또는 폐지로 인하여 받게 될 재산상의 불이익을 방지하기 위하여 행정청에 대하여 경과조치 또는 적합원조조치를 청구하는 권리를 말한다. 이것은 일반적으로 인정되지 않는다.

4) **계획변경 · 폐지청구권:** 계획변경 · 폐지청구권이란 기존의 행정계획이 확정된 후 사정변경 및 관계인의 권익침해 등을 이유로 그 계획의 변경 또는 폐지를 청구하는 권리를 말한다. 행정계획의 장기성 · 종합성의 속성상 원칙적으로 각 개인에게 변경신청권을 인정하기 어렵다.

다만, 법규상 또는 조리상 계획변경신청권이 인정되는 경우 그 변경신청을 거부하는 것이 실질적으로 해당 행정처분 자체를 거부하는 결과가 되는 경우에는 예외적으로 인정된다.

[판례 1] 원칙적으로 계획변경청구권 부인

"국토이용관리법상 주민이 국토이용계획의 변경에 대하여 신청을 할 수 있다는 규정이 없을 뿐만 아니라, 국토건설종합계획의 효율적인 추진과 국토이용질서를 확립하기 위한 **국토이용계획은 장기성, 종합성이 요구되는 행정계획이어서 그 계획이 일단 확정된 후에 어떤 사정의 변동이 있다고 하여 지역주민이나 일반 이해관계인에게 일일이 그 계획의 변경을 신청할 권리를 인정하여 줄 수 없고"**(대판 2003.9.26. 2003두5075, 국토이용계획변경신청불허처분취소); 대판 1995.4.28. 95누627; 대판 1994.1.28. 93누22029 등)

[판례 2] 계획변경청구권이 예외적으로 인정되는 경우

"구 국토이용관리법상 주민이 국토이용계획의 변경에 대하여 신청을 할 수 있다는 규정이 없을 뿐만 아니라, 국토건설종합계획의 효율적인 추진과 국토이용질서를 확립하기 위한 국토이용계획은 장기성, 종합성이 요구되는 행정계획이어서 원칙적으로는 그 계획이 일단 확정된 후에 어떤 사정의 변동이 있다고 하여 그러한 사유만으로는 지역주민이나 일반 이해관계인에게 일일이 그 계획의 변경을 신청할 권리를 인정하여 줄 수는 없을 것이지만, **장래 일정한 기간내에 관계 법령이 규정하는 시설 등을 갖추어 일정한 행정처분을 구하는 신청을 할 수 있는 법률상 지위에 있는 자의 국토이용계획변경신청을 거부하는 것이 실질적으로 당해 행정처분 자체를 거부하는 결과가 되는 경우에는 예외적으로 그 신청인에게 국토이용계획변경을 신청할 권리가 인정된다고 봄이 상당**하므로, 이러한 신청에 대한 거부행위는 항고소송의 대상이 되는 행정처분에 해당한다."(대판 2003. 9.23, 2001두10936, 국토이용계획변경승인거부처분취소)

"국토의 계획 및 이용에 관한 법률은 국토의 이용·개발과 보전을 위한 계획의 수립 및 집행 등에 필요한 사항을 규정함으로써 공공복리를 증진시키고 국민의 삶의 질을 향상시키는 것을 목적으로 하면서도 도시계획시설결정으로 인한 개인의 재산권행사의 제한을 줄이기 위하여, 도시·군계획시설부지의 매수청구권(제47조), 도시·군계획시설결정의 실효(제48조)에 관한 규정과 아울러 도시·군관리계획의 입안권자인 특별시장·광역시장·특별자치시장·특별자치도지사·시장 또는 군수(이하 '입안권자'라 한다)는 5년마다 관할 구역의 도시·군관리계획에 대하여 그 타당성 여부를 전반적으로 재검토하여 정비하여야 할 의무를 지우고(제34조), 주민(이해관계자 포함)에게는 도시·군관리계획의 입안권자에게 기반시설의 설치·정비 또는 개량에 관한 사항, 지구단위계획구역의 지정 및 변경과 지구단위계획의 수립 및 변경에 관한 사항에 대하여 도시·군관리계획도서와 계획설명서를 첨부하여 도시·군관리계획의 입안을 제안할 권리를 부여하고 있고, 위 입안제안을 받은 입안권자는 그 처리 결과를 제안자에게 통보하도록 규정하고 있는바, 이들 규정에 헌법상 개인의 재산권 보장의 취지를 더하여 보면, **도시계획구역 내 토지 등을 소유하고 있는 사람과 같이 당해 도시계획시설결정에 이해관계가 있는 주민으로서는 도시시설계획의 입안권자 내지 결정권자에게 도시시설계획의 입안 내지 변경을 요구할 수 있는 법규상 또는 조리상의 신청권이 있고, 이러한 신청에 대한 거부행위는 항고소송의 대상**이 되는 행정처분에 해당한다고 할 것이다."(대판 2015.3.26. 2014두42742, 도시계획시설결정폐지신청거부처분취소)

5) 손해전보청구권: 손해배상은 국가배상법과 민법의 불법행위법에 의하여, 손실보상은 각 개별법의 손실보상규정에 의하여 해결하여야 하며, 행정계획으로 인한 이러한 청구권이 별도의 규정으로 존재하지는 않는다.

3. 행정계획과 행정구제

대외적으로 법적 구속력이 없는 행정계획에 대하여는 그것에 의하여 비록 사실상 손해를 입었다 하더라도 그것은 행정계획의 직접적인 효과가 아니라 반사적 효과에 지나지 아니하므로 행정구제의 여지가 없는 것이 원칙이다. 따라서 여기서는 대외적 구속력이 있는 행정계획이 문제된다.

(1) 행정쟁송

1) **소극설:** 이 견해는 행정계획의 법적 구속력은 법률이 부여한 부수적 효과에 그치는 것이므로 구체적 처분성을 갖지 아니한다고 한다. 또한 행정계획은 장래의 행정작용에 관한 일반·추상적인 내용의 것으로 직접 개인의 구체적인 권익에 영향을 미치는 것이 아니기 때문에 구체적 사건성을 인정할 수 없다는 이유로 행정쟁송을 부인한다.

2) **적극설:** 이 견해는 처분의 위법성은 가급적 조기단계에서 시정되는 것이 바람직하므로 행정계획이 입법행위의 성질을 띠고 있다 할지라도 그 효과가 추상적이 아니라 구체적인 것인 이상 처분에 준하여 소송대상성이 인정되어야 한다고 한다.

3) **판 례:** 위 행정계획의 법적 성질에서 본 바와 같이 처분성이 인정되는 행정계획의 경우에는 항고쟁송을 인정한다.

4) **결 어:** 행정쟁송의 제기가능성의 문제는 개별 행정계획의 법적 성질에 따라 결정해야 할 것이지만, 일반적으로 계획자체에 의하여 권리·이익의 침해를 가져오는 처분성이 인정되면 소의 대상이 된다.

(2) 헌법소원

행정계획에 의해 직접 기본권이 침해된 경우에는 헌법소원이 인정된다.

[판 례] 행정계획이 직접 기본권 침해하고 장래 법령에 의해 실시예정인 경우

"비구속적 행정계획안이나 행정지침이라도 국민의 기본권에 직접적으로 영향을 끼치고, 앞으로 법령의 뒷받침에 의하여 그대로 실시될 것이 틀림없을 것으로 예상될 수 있을 때에는, 공권력행위로서 예외적으로 헌법소원의 대상이 될 수 있다."(헌재 2000.6.1. 99헌마538·543·544·545·546·549(병합), 개발제한구역제도개선방안확정발표위헌확인)

(3) 손해전보

행정계획에 의한 손실의 경우에는 재산권에 대한 사회적 제약성이나, 지역적 구속성을 이유로 보상이 배제되는 경우가 적지 않으나, 그 손실에 '특별한 희생'성이 인식되는 한 보상이 주어져야 한다. 또한 행정계획이 실체적으로나 절차적으로 위법한 것인 때에는 국가배상의 문제가 제기될 수 있다.

제3절 비권력적 행정작용

Ⅰ. 공법상 계약

1. 개 설

(1) 공법상 계약의 의의

공법상 계약(公法上 契約)이란 공법적 효과의 발생을 목적으로 하는 복수당사자 사이의 반대방향의 의사표시의 합치에 의하여 성립하는 공법행위를 말한다. 공법상 계약은 실정법상의 개념이 아니고, 일정한 유형의 공법행위의 성질에 착안하여 인정한 학문상의 개념인 바, 공법과 사법의 이원적 구분과 절차법상의 행정재판제도를 가진 독일에서 형성된 것이다. 같은 행정제도 국가 중에서도 프랑스의 행정계약과 다르고, 사법적 바탕 위에서 형성된 영미의 정부계약과도 구별되는 것이다.

(2) 공법상 계약과 타행위와의 구별

1) **사법상의 계약과의 구별:** 공법상 계약은 복수당사자 사이의 의사의 합치에 의하여 일정한 법률효과를 발생하는 점에서는 사법상의 계약과 같으나, 공법적 효과의 발생을 목적으로 하고 이를 달성하기 위하여 계약의 체결·이행·해석에 있어 공익과 사익의 형량이 필수적이라는 점에서 사법상의 계약과 구별된다.

2) **행정행위와의 구별:** 공법상 계약은 공법적 효과를 발생한다는 점에서 행정행위와 같다. 다만, 대등한 복수당사자 사이의 의사의 합치로써 이루어진다는 점에서, 행정주체가 공권력의 주체로서 사인에 대하여 우월적 지위에 있는 행정행위와 구별된다. 또한 법률우위의 원칙과 법률유보의 원칙이 적용되는 행정행위와 달리 공법상 계약은 법률우위의 원칙만 적용된다. 그러나 구체적인 경우, 어떤 행위가 공법상 계약에 속하는지 또는 동의·신청을 요하는 쌍방적 행정행위에 속하는지의 구별이 모호할 때가 많다. 종래 공무원 임명행위나 귀화허가의 성질이 다투어진 것이 그 예이다.

3) **공법상 합동행위와의 구별:** 양자는 복수당사자의 의사의 합치로 성립한다는 점에서는 서로 같다. 그러나 공법상 계약은 반대방향의 의사의 합치로, 법률효과는 일방이 권리를 가지면 상대방은 의무를 지는 것과 같이 반대의 의미를 가지는데, 공법상 합동행위는 당사자의 동일방향의 의사의 합치이며, 그 법률효과도 당사자 쌍방에 대하여 같은 의미를 가진 점에서 서로 다르다.

(3) 공법상 계약과 행정계약

행정계약이란 행정주체와 국민 사이 또는 행정주체 상호간에는 직접 또는 간접으로 행정목적을 수행하기 위하여 이루어지는 합의를 말한다고 한다. 이러한 의미의 행정계약은 행정주체가 당사자로 되어 있는 공법상 계약과 사법상 계약을 모두 포함하고 있는 바, 공법·사법이분론을 부인하는 입장에서 행정계약을 하나의 독자적인 행정형식으로 구성하려는 노력이라고 하겠다. 그러나 우리의 실정법제도는 공법·사법이라는 이원적 법체계를 유지하고 있고, 공법상 계약과 사법상 계약은 그 적용법규나 법원리에 차이가 있으며, 그 양자에 각각 적용된다고 할 수 있는 당사자소송과 민사소송은 그 재판관할·소의 변경 등에 차이가 있기 때문에(행정소송법 40~44) 행정계약의 관념을 취하는 데에는 많은 무리가 따른다고 하겠다.

2. 각국의 공법상 계약

행정목적의 수행을 위한 수단의 하나로 계약을 사용하는 것은 정도의 차이는 있으나 각국에 공통되는 현상이다. 그러나 공법상 계약을 인정하는 범위나 공법적 규율을 받는 정도는 각국의 역사적 · 제도적 배경에 따라 차이가 있다.

(1) 프랑스의 행정계약

프랑스는 국참사원(Conseil d'Etat)의 판례를 중심으로 일찍부터 행정계약(contrat administratif)의 관념이 발전하여 왔다. 행정계약의 범주는 아주 광범한 것으로서, 공법상의 보상계약 · 수용계약뿐만 아니라, 공기업특허 · 공물사용특허 및 공공토목공사의 도급계약과 물건납품계약까지도 행정계약으로 다루고 있다. 그리하여 프랑스에서는 행정주체가 직접으로 공공역무를 위하여 체결한 계약 및 특정한 행정목적과의 관련 아래 부조리조항이나 공통법의 적용배제조항을 포함시켜 체결한 계약을 모두 행정계약으로 다루고 있다.

(2) 독일의 공법상 계약

독일의 공법상 계약은 프랑스의 행정계약의 경우보다 그 범위가 아주 좁고, 그 기능도 매우 제한되어 있었다. 공권력작용은 행정행위에 의하고 국고작용은 전통적인 국고설에 의하여 사법상 계약에 의한다는 입장에서, 공법상 계약은 행정행위와 사법상 계약의 중간적인 것으로 극히 예외적으로만 인정되었을 뿐이다.

그러나 복리행정작용의 발달에 따르는 비권력적 수단에 의한 행정작용, 특히 상대방과의 합의에 의한 행정작용의 유용성을 받아들여 독일행정절차법 제54조는 공법상 계약에 관하여 명시함으로써 이를 광범하게 허용하게 되었다.

(3) 영 · 미의 정부계약

영 · 미에서는 공 · 사법의 이원적 체계를 부인하여 온 결과 공법상 계약에 해당하는 관념이 인정되지 아니하였으나, 19세기 후반부터 행정기능의 확대에 따라 행정목적 달성을 위한 수단으로 특수한 형태의 계약, 즉 정부계약이 사용되었다. 이러한 정부계약에는 표준조항(정부의 감독권 · 계약내용변경권 · 계약해제권을 정한 조항)을 포함시켜 실질적으로는 프랑스적인 행정계약을 실현시키는 경향이 있다.

3. 공법상 계약의 유용성과 법적합성

(1) 공법상 계약의 유용성

종래 행정법학의 체계에서는 권력적인 행정행위가 그 중심을 이루었고 공법상 계약은 관심을 받지 못하였다. 그러나 현대국가의 기능의 변천에 수반하여 급부행정의 분야에서 사법상의 계약과 행정행위의 중간형태인 공법상 계약의 형식에 의한 행정이 증가하였고, 공법상의 당사자소송을 인정한 결과 권리구제면에서의 장애가 제거되어 공법상 계약의 유용성이 크게 인식되었다. 생각건대, 공법상 계약은 ① 개별적 · 구체적 사정에 즉응하여 탄력적으로 행정목적을 달성할 수 있고, ② 합의에 의한 행정을 실현할 수 있고, ③ 사실관계나 법률관계가 명확하지 않을 때에 해결을 용이하게 하여 주며, ④ 법률지식이 없는 자에게도 교섭을 통하여 문제를 이해시킬 수 있으며, ⑤ 사회정책을 추진하는 수단으로 이용할 수 있다는 점이 장점이다.

(2) 공법상 계약의 자유성

'법률에 의한 행정'의 원리와의 관계에서 법률에 근거 없이도 공법상 계약이 가능한지에 대해 종래 견해가 대립되었다. 즉, ① 공법상 계약을 엄격한 법규적 기속을 받는 행정행위의 일종으로 보는 결과 법령에 특히 허용하고 있는 경우에 한해 성립할 수 있다는 **부정설**과, ② 공법상 계약은 공권력발동으로 이루어지는 행정행위와 다른 유형에 속하며, 비권력관계에서 당사자 사이의 의사의 합치에 의하여 성립하는 것이므로 사법상 계약과 마찬가지로 반드시 명시적인 법규적 근거가 없어도 가능하다는 **긍정설**이 그것이다. 생각건대, 공법상 계약은 당사자 간의 합의에 의한다는 점에서 긍정설이 타당하다.

(3) 공법상 계약의 법적합성

공법상 계약은 당사자 간의 자유로운 합의에 의한 것이기는 하나 행정작용의 일환으로 채용하는 방식이므로 법치행정의 원칙에 따라 법에 적합해야 한다. 법령등을 위반하지 아니하는 범위에서 행정목적을 달성하기 위하여 필요한 경우에 공법상 계약을 체결할 수 있다(행정기본법 27①). 공법상 계약은 합의에 의한 행위이므로 법률유보의 원칙은 적용되지 아니하나, 법령등에 위반하는 내용이어서는 아니 된다는 **법률우위의 원칙**은 엄격히 준수되어야 한다. 따라서 행정기본법상의 행정의 법원칙인 비례의 원칙 및 부당결부금지의 원칙 등은 적용된다.

공법상 계약에 관해서는, 「행정기본법」 제27조에 일반적 근거를 두고 있고, 「국가를 당사자로 하는 계약에 관한 법률」(이하 '국가계약법'이라 한다)과 「지방자치단체를 당사자로 하는 계약에 관한 법률」(이하 '지방계약법') 및 「약관의 규제에 관한 법률」(이하 '약관법') 등이 있는 외에 개별법에 특별한 규정이 없는 한 계약에 관한 일반원칙에 따르며, 사전통지 · 이유제시 등 행정절차법이 적용되지 않는다(판례).

[판 례] 계약직공무원 채용계약해지는 징계처분이나 행정절차법의 부적용

"계약직공무원에 관한 현행 법령의 규정에 비추어 볼 때, **계약직공무원 채용계약해지의 의사표시는 일반공무원에 대한 징계처분과는 달라**서 항고소송의 대상이 되는 처분 등의 성격을 가진 것으로 인정되지 아니하고, 일정한 사유가 있을 때에 국가 또는 지방자치단체가 채용계약 관계의 한쪽 당사자로서 대등한 지위에서 행하는 의사표시로 취급되는 것으로 이해되므로, 이를 징계해고 등에서와 같이 그 징계사유에 한하여 효력 유무를 판단하여야 하거나, 행정처분과 같이 **행정절차법에 의하여 근거와 이유를 제시하여야 하는 것은 아니다.**"(대판 2002.11.26. 2002두5948, 전임계약해지무효확인)

4. 공법상 계약의 종류

(1) 주체에 의한 분류

1) **행정주체 상호간의 계약:** 이는 국가와 공공단체 또는 공공단체 상호간에 성립하는 계약이다. 예컨대 공공단체 상호간의 사무위탁, 도로 또는 하천의 경비분담에 대한 협의, 도로관리에 관한 협의, 법률의 규정에 의한 동일과세 물건에 대한 과세협정, 기타 공무시행에 관한 협정 등이 있다.

2) **행정주체와 사인간의 계약:** 이는 국가 또는 공공단체와 같은 행정주체와 사인 사이에 성립하는 계약이다. 공법상 특별권력관계의 설정합의(예; 지원입대, 전문직공무원의 채용계약, 영조물 이용관계의 설정), 임의적 공용부담(예; 문화재 · 학교용대지 · 도로용지의 기증, 청원경찰에 관한 비용부담), 공법상 보조계약(예; 장학계약), 행정사무의 위임(예; 사인의 신청에 의한 별정우체국 지정, 교육행정사무 위임을 위한 협의), 보상계약(예; 택지개발업자와의 개발협력금 내지 부담금의 납부계약), 공해방지협정 등이 그 예이다.

3) **사인상호간의 계약:** 이는 일정한 공법적 원인 또는 절차로서 사인 사이에 성립하는 계약인바, 공무수탁사인과 일반 사인간의 계약을 말한다. 예컨대, 사인인 기업자와 토지소유자간의 토지수용협의가 있는 바, 이에 대하여는 사법상 계약설과 공법상 계약설이 있으나 후설이 통설적 입장이다.

(2) 성질에 의한 분류

1) **대등계약:** 이는 공법상 계약의 당사자가 서로 대등한 지위에서 체결하는 계약으로, 행정주체 상호간 또는 사인 상호간의 공법상 계약의 경우가 보통이다.

2) **종속계약:** 이는 행정주체와 사인간에 체결되는 계약이 일반적인 바, 보통 행정행위 대신에 체결할 수 있는 경우를 그 대상으로 한다.

(3) 계약방식에 의한 분류

1) **계약서작성에 의한 계약:** 대등한 양쪽 당사자 사이에 계약내용에 관해 합의에 의한 계약서작성의 방법으로 행하는 계약방식이다.

2) **약관에 의한 계약:** 계약의 한쪽 당사자가 여러 명의 상대방과 계약을 체결하기 위하여 일정한 형식으로 미리 마련한 계약내용인 약관에 의한 계약방식이다. 이 경우 「약관 규제에 관한 법률」이 적용된다.

5. 공법상 계약의 원칙과 형식 · 절차

(1) 공법상 계약의 원칙

1) **합의 체결 및 신의성실의 원칙:** 계약은 서로 대등한 입장에서 당사자의 합의에 따라

체결되어야 하며, 당사자는 계약의 내용을 신의성실의 원칙에 따라 이행하여야 한다(국가계약법 5①, 지방계약법 6①).

2) 부당한 특약등의 금지: 계약을 체결할 때 이 법 및 관계 법령에 규정된 계약상대자의 계약상 이익을 부당하게 제한하는 특약 또는 조건을 정해서는 아니 된다(전법 5③, 후법 6①후문). 이 경우 부당한 특약등은 무효로 한다(전법 5④).

3) 공공성과 제3자 고려: 행정청은 공법상 계약의 상대방을 선정하고 계약 내용을 정할 때 공법상 계약의 공공성과 제3자의 이해관계를 고려하여야 한다(행정기본법 27②).

(2) 공법상 계약의 형식 · 절차

1) 문서에 의한 계약: 공법상 계약의 체결은 계약의 목적 및 내용을 명확하게 적은 계약서를 작성하여야 한다(행정기본법 27①후문). 계약서에는 계약의 목적 · 계약금액 · 이행기간 · 계약보증금 · 위험부담 · 지체상금 · 그 밖에 필요한 사항 등을 명백하게 기재하고 계약당사자가 서명하여야 한다(국가계약법 11①②). 약관에 의한 계약의 경우에 약관을 작성한 행정청은 상대방이 약관의 내용을 알 수 있고 중요한 내용을 이해할 수 있도록 설명하여야 하며(약관의 설명의무), 이를 위반한 계약체결의 경우에 해당 약관을 계약의 내용으로 주장할 수 없다(약관법 3②③④).

2) 청렴계약의 체결: 각 중앙관서의 장 또는 계약담당공무원은 국가를 당사자로 하는 계약에서 투명성 및 공정성을 높이기 위하여 입찰자 또는 계약상대자로 하여금 입찰 · 낙찰, 계약체결 또는 계약이행 등의 과정(준공 · 납품 이후를 포함한다)에서 직접적 · 간접적으로 금품 · 향응 등을 주거나 받지 아니할 것을 약정하게 하고 이를 지키지 아니한 경우에는 해당 입찰 · 낙찰을 취소하거나 계약을 해제 · 해지할 수 있다는 조건의 계약(청렴계약)을 체결하여야 한다(국가계약법 5의2).

3) 공개입찰에 의한 계약: 각 중앙관서의 장 또는 계약담당공무원은 계약을 체결하려면 일반경쟁에 부쳐야 한다. 다만, 계약의 목적, 성질, 규모 등을 고려하여 필요하다고 인정되면 대통령령으로 정하는 바에 따라 참가자의 자격을 제한하거나 참가자를 지명하여 경쟁에 부치거나 수의계약(隨意契約)을 할 수 있다(동법 7①, 지방계약법 9①).

6. 계약의 변경 및 해지

(1) 계약의 변경

행정청 또는 계약 상대방은 공법상 계약이 체결된 후 중대한 사정이 변경되어 계속하여 계약 내용을 이행하는 것이 신의성실의 원칙에 반하는 경우에는 계약 내용의 변경을 요구할 수 있다.

(2) 계약의 해지

행정청은, ① 계약 내용의 변경이 불가능하거나 변경 시 계약 당사자 어느 한쪽에게 매우 불공정할 경우 및 ② 공법상 계약을 이행하면 공공복리에 중대한 영향을 미칠 것이 명백한 경우에는 공법상 계약을 해지할 수 있다. 계약의 해지는 일방적으로 행해짐이 보통이나, 계약해지통보는 행정처분이 아니라 공법상계약에 따른 의사표시이므로, 계약해지에 대한 불복은 '계약해지무효확인소송'으로 공법상 당사자소송으로 제기할 수 있다. 공공복리로 인한 계약해지의 경우 상대방은 자기의 책임있는 사유없이 그 해지로 인하여 손실을 입었을 때에는 손실보상청구권을 가진다.

[판 례] 중소기업 지원금 출연 협약의 해지 및 환수통보는 공법상 계약

"중소기업기술정보진흥원장이 갑 주식회사와 중소기업 정보화지원사업 지원대상인 사업의 지원에 관한 협약을 체결하였는데, 협약이 갑 회사에 책임이 있는 사업실패로 해지되었다는 이유로 협약에서 정한 대로 지급받은 정부지원금을 반환할 것을 통보한 사안에서, **중소기업 정보화지원사업에 따른 지원금 출연을 위하여 중소기업청장이 체결하는 협약은 공법상 대등한 당사자 사이의 의사표시의 합치로 성립하는 공법상 계약에 해당**하는 점, 구 중소기업 기술혁신 촉진법(2010. 3. 31. 법률 제10220호로 개정되기 전의 것) 제32조 제1항은 제10조가 정한 기술혁신사업과 제11조가 정한 산학협력 지원사업에 관하여 출연한 사업비의 환수에 적용될 수 있을 뿐 이와 근거 규정을 달리하는 중소기업 정보화지원사업에 관하여 출연한 지원금에 대하여는 적용될 수 없고 달리 지원금 환수에 관한 구체적인 법령상 근거가 없는 점 등을 종합하면, **협약의 해지 및 그에 따른 환수통보는 공법상 계약에 따라 행정청이 대등한 당사자의 지위에서 하는 의사표시로 보아야** 하고, 이를 행정청이 우월한 지위에서 행하는 공권력의 행사로서 행정처분에 해당한다고 볼 수는 없다고 한 사례"(대판 2015.08.27. 2015두41449, 정보화지원사업참여제한처분무효확인)

7. 계약상 의무위반에 대한 제재

(1) 계약상 의무위반에 대한 제재조치의 약정

계약당사자 사이에서 계약의 적정한 이행을 위하여 일정한 계약상 의무를 위반하는 경우에는 계약해지, 위약벌이나 손해배상액 약정, 장래 일정 기간의 거래제한 등의 제재조치를 약정하는 것은 상위법령과 법의 일반원칙에 위배되지 않는 범위에서 허용된다. 이 경우 일정한 사유가 있으면 일정한 제재조치를 할 수 있다는 것을 공공기관과 그 거래상대방이 미리 구체적으로 약정하거나, 제재조치 등의 내용을 계약특수조건 등의 일정한 형식으로 마련하였더라도 계약상대방에게 그 중요내용을 미리 설명하여 계약의 내용으로 편입하는 절차가 필요하다(약관법 3③)(판례1). 이와는 달리 계약상 의무위반에 대한 제재조치가 상대방과의 약정에 의한 것이 아니라 직접 법령의 규정에 의한 것이라면 항고소송의 대상인 처분에 해당한다(판례2,3).

(2) 부정당업자의 입찰 참가자격 제한 등

계약이행의 부실·조잡·부당하게 하거나 부정한 행위를 한 자, 경쟁입찰·계약체결·이행 과정에서 입찰가격·수주물량·계약내용 등의 담합 등 「국가계약법」 제27조제1항 1호부터 9호의 어느 하나에 해당하는 자('부정당업자'라 한다)에게 2년 이내의 범위에서 입찰참가자격을 제한하여야 한다(동법 27①, 지방계약법 31①).

[판례 1] 거래상대방과 약정에 따른 제재조치의 가능성

"계약당사자 사이에서 계약의 적정한 이행을 위하여 일정한 계약상 의무를 위반하는 경우 계약해지, 위약벌이나

손해배상액 약정, 장래 일정 기간의 거래제한 등의 제재조치를 약정하는 것은 상위법령과 법의 일반원칙에 위배되지 않는 범위에서 허용되며, 그러한 계약에 따른 제재조치는 법령에 근거한 공권력의 행사로서의 제재처분과는 법적 성질을 달리한다. 그러나 공공기관의 어떤 제재조치가 계약에 따른 제재조치에 해당하려면 일정한 사유가 있을 때 그러한 제재조치를 할 수 있다는 점을 공공기관과 그 거래상대방이 미리 구체적으로 약정하였어야 한다. 공공기관이 여러 거래업체들과의 계약에 적용하기 위하여 거래업체가 일정한 계약상 의무를 위반하는 경우 장래 일정 기간의 거래제한 등의 제재조치를 할 수 있다는 내용을 계약특수조건 등의 일정한 형식으로 미리 마련하였다고 하더라도, 약관의 규제에 관한 법률 제3조에서 정한 바와 같이 계약상대방에게 그 중요 내용을 미리 설명하여 계약내용으로 편입하는 절차를 거치지 않았다면 계약의 내용으로 주장할 수 없다."(대판 2020.5.28. 2017두66541 [공급자등록취소무효확인등청구])

[판례 2] 법령의 규정에 따른 입찰참가자격제한조치는 행정처분

"공공기관운영법 제39조는 공기업·준정부기관은 일정 기간 입찰참가자격을 제한할 수 있고(제2항), 그에 따른 필요한 사항은 기획재정부령으로 정하도록 규정하고 있다(제3항). 그 위임에 따른 「공기업·준정부기관 계약사무규칙」 제15조는 기관장은 공정한 경쟁이나 계약의 적정한 이행을 해칠 것이 명백하다고 판단되는 자에 대해서는 「국가를 당사자로 하는 계약에 관한 법률」제27조에 따라 입찰참가자격을 제한할 수 있다고 규정하고 있다. 이와 같이 **공공기관운영법 제39조 제2항과 그 하위법령에 따른 입찰참가자격제한 조치는 '구체적 사실에 관한 법집행으로서의 공권력의 행사'로서 행정처분에 해당한다.**"(위와 같은 판례)

[판례 3] 제재조치가 계약인지 처분인지의 판별방법

"공기업·준정부기관이 법령 또는 계약에 근거하여 선택적으로 입찰참가자격 제한 조치를 할 수 있는 경우, 계약상대방에 대한 입찰참가자격 제한 조치가 **법령에 근거한 행정처분인지 아니면 계약에 근거한 권리행사인지는 원칙적으로 의사표시의 해석 문제이다. 이때에는 공기업·준정부기관이 계약상대방에게 통지한 문서의 내용과 해당 조치에 이르기까지의 과정을 객관적·종합적으로 고찰하여 판단하여야 한다. 그럼에도 불구하고** 공기업·준정부기관이 법령에 근거를 둔 행정처분으로서의 입찰참가자격 제한 조치를 한 것인지 아니면 계약에 근거한 권리행사로서의 입찰참가자격 제한 조치를 한 것인지 여부가 **여전히 불분명한 경우에는, 그에 대한 불복방법 선택에 중대한 이해관계를 가지는 그 조치 상대방의 인식가능성 내지 예측가능성을 중요하게 고려하여 규범적으로 이를 확정함이 타당하다.**"(대판 2018.10.25. 2016두33537 등).

8. 계약의 하자

(1) 하자의 효과

공법상 계약에 흠이 있는 경우 그 계약의 효력에 관하여 견해가 나뉜다.

1) 무효설: 공법상 계약은 행정행위와 달라 공정력이 인정되지 아니하므로 무효로 된다는 견해이다(다수설).

2) 취소가능설: 공법상 계약의 하자를 의사표시상의 하자와 내용상의 하자로 나누어, 후자의 경우에는 공정력이 인정되지 않아 무효로 되나 전자의 경우에는 무효와 취소가 모두 인정될 수 있으며 민법상의 계약에 관한 규정이 적용된다고 한다.[1)]

3) 판 례: 판례는 공법상 계약의 하자에 대하여 공법상 당사자소송으로 무효확인을 청구할 수 있다고 하여 무효설을 취하고 있다(판례).

1) 류지태·박종수(신론), 354면.

[판 례] 채용계약해지 및 채용계약거절의 의사표시는 공법상 당사자소송으로 무효확인청구 가능

"관계 법령의 규정내용에 미루어 보면 현행 실정법이 **전문직공무원인 공중보건의사의 채용계약 해지의 의사표시는** 일반공무원에 대한 징계처분과는 달라서 항고소송의 대상이 되는 처분 등의 성격을 가진 것으로 인정되지 아니하고, 일정한 사유가 있을 때에 관할 도지사가 채용계약 관계의 한쪽 당사자로서 대등한 지위에서 행하는 의사표시로 취급하고 있는 것으로 이해되므로, **공중보건의사 채용계약 해지의 의사표시에 대하여는 대등한 당사자간의 소송형식인 공법상의 당사자소송으로 그 의사표시의 무효확인을 청구할 수 있는 것**이지, 이를 항고소송의 대상이 되는 행정처분이라는 전제하에서 그 취소를 구하는 항고소송을 제기할 수는 없다."(대판 1996.5.31. 95누10617, 공중보건의사전문직공무원채용계약해지처분취소등)

"지방계약직공무원인 이 사건 **옴부즈만 채용행위는 공법상 대등한 당사자 사이의 의사표시의 합치로 성립하는 공법상 계약에 해당**한다. 이와 같이 이 사건 옴부즈만 채용행위가 공법상 계약에 해당하는 이상 원고의 **채용계약 청약에 대응한 피고의 '승낙의 의사표시'가** 대등한 당사자로서의 의사표시인 것과 마찬가지로 그 청약에 대하여 '승낙을 거절하는 의사표시' 역시 행정청이 대등한 당사자의 지위에서 하는 의사표시라고 보는 것이 타당하고, **그 채용계약에 따라 담당할 직무의 내용에 고도의 공공성이 있다거나 원고가 그 채용과정에서 최종합격자로 공고되어 채용계약 성립에 관한 강한 기대나 신뢰를 가지게 되었다는 사정만으로 이를 행정청이 우월한 지위에서 행하는 공권력의 행사로서 행정처분에 해당한다고 볼 수는 없다.**"(대판 2014.04.24. 2013두6244, 임용취소처분무효확인)

4) 결 어: 공법상 계약에는 공정력이 인정되지 아니하므로 그 하자의 효과는 무효라 할 것이다. 따라서 공법상 계약의 하자로 무효로 되면 계약의 법적 효과는 발생하지 아니하므로 그 계약의 이행을 주장할 수 없고, 만일 계약이 이행되었다면 부당이득반환청구를 할 수 있다.

(2) 일부무효의 효과

공법상 계약의 일부분이 무효일 때에는 그 전부를 무효로 한다. 다만, 그 무효부분이 없더라도 공법상 계약을 체결하였을 것이라고 인정되는 경우에는 나머지 부분은 무효로 하지 아니한다.

9. 쟁송절차

공법상 계약에 관한 쟁송은 '공법상의 법률관계에 관한 소송'(공법상의 당사자소송)에 의하여 행정소송법의 적용을 받는다는 점에서 민사소송의 적용을 받는 사법상 계약과 구별된다(판례).

[판 례] 서울특별시립무용단 단원의 해촉에 대하여는 공법상 당사자소송으로 무효확인청구

"지방자치법 제9조 제2항 제5호 (라)목 및 (마)목 등의 규정에 의하면, 서울특별시립무용단원의 공연 등 활동은 지방문화 및 예술을 진흥시키고자 하는 서울특별시의 공공적 업무수행의 일환으로 이루어진다고 해석될 뿐 아니라, 단원으로 위촉되기 위하여는 일정한 능력요건과 자격요건을 요하고, 계속적인 재위촉이 사실상 보장되며, 공무원연금법에 따른 연금을 지급받고, 단원의 복무규율이 정해져 있으며, 정년제가 인정되고, 일정한 해촉사유가 있는 경우에만 해촉되는 등 서울특별시립무용단원이 가지는 지위가 공무원과 유사한 것이라면, **서울특별시립무용단 단원의 위촉은 공법상의 계약이라고 할 것이고, 따라서 그 단원의 해촉에 대하여는 공법상의 당사자소송으로 그 무효확인을 청구할 수 있다.**"(대판 1995.12.22. 95누4636, 해촉처분취소등)

Ⅱ. 공법상 합동행위

1. 공법상 합동행위의 의의

공법상 합동행위(公法上 合同行爲)란 공법적 효과의 발생을 목적으로 복수당사자의 동일방향의 의

사표시의 합치에 의하여 성립하는 공법행위를 말한다. 예컨대, 시・군 조합의 설립행위(지방자치법 159 이하), 공공조합 연합회의 설립행위(중소기업협동조합법 3장, 4장, 산림조합법 3장, 4장) 등이 있다.

2. 공법상 합동행위의 특색

(1) 각 당사자의 의사표시의 방향이 동일하고 그 효과도 각 당사자에게 동일한 의미를 가진다.

(2) 공법상 합동행위가 유효하게 성립하면 당사자뿐만 아니라 뒤에 그에 관여한 모든 자를 구속한다. 따라서 제3자가 알 수 있도록 공고함을 원칙으로 하며, 일단 성립된 뒤에는 개개의 당사자의 무능력이나 착오 등을 이유로 그 효력을 다툴 수 없다.

Ⅲ. 행정상의 사실행위

1. 행정상의 사실행위의 의의

행정상의 사실행위(事實行爲)란 행정행위 등 법적 행위와 달리 일정한 법적 효과의 발생을 목적으로 하는 것이 아니라, 직접적으로 일정한 사실상의 결과의 발생만을 목적으로 하는 행정주체의 일체의 행위를 말한다. 예컨대, 도로통행・가로등설치・예방접종 등과 같이 사실행위는 정신작용의 요소 또는 그 내용과는 상관없이 객관적으로 행위가 행하여진 사실 또는 결과에 대해 법적 효과가 부여되는 행위라는 점에서, 정신작용을 요소로 하여 그 내용 또는 법규에 따른 법률효과를 발생하는 법적 행위와 구별된다. 다만 사실행위는 법적 효과의 발생을 직접적인 목적으로 하지 않을 뿐 법적 효과를 간접적으로 발생하는 경우가 많은 바, 이 경우 행정구제와 관련하여 매우 중요한 의의를 가진다.

2. 행정상의 사실행위의 종류

사실행위는 매우 포괄적 개념으로서 보는 관점에 따라 여러 가지로 분류할 수 있다.

(1) 내부적 사실행위와 외부적 사실행위

이는 해당 사실행위가 행정조직의 내부에서 행하여지는 것인지 또는 대외적으로 사인과의 관계에서 행하여지는 것인지에 의한 구분이다. 전자가 내부적 사실행위이며 문서작성・사무감사 등이 그 예이고, 후자가 외부적 사실행위이며 문서접수・교통정리 등이 그 예이다.

(2) 정신적 사실행위와 물리적 사실행위

이는 사실행위가 의식의 표시를 수반하여 행하여지는 것인지 또는 단순한 물리적 행위를 수반하여 행하여지는 것인지에 의한 구분이다. 전자가 정신적 사실행위이며 행정지도・통지 등이 그 예이고, 후자가 물리적 사실행위이며 행정상 강제집행・공물의 설치・관리 등이 그 예이다.

(3) 집행적 사실행위와 독립적 사실행위

이는 사실행위가 법령 또는 행정행위를 집행하기 위하여 행하여지는 것인지의 여부에 따른 구분이다. 집행적 사실행위는 대집행의 실행, 경찰관의 무기사용 등이 그 예이며, 독립적 사실행위에는 행정지도 · 도로의 보수공사 등이 있다.

(4) 권력적 사실행위와 비권력적 사실행위

이는 사실행위가 공권력의 행사로서 이루어진 것인지의 여부에 따른 구분이다. 권력적 사실행위는 위법한 영업소 폐쇄조치, 전염병 환자의 강제격리 등 행정쟁송법상의 공권력행사에 해당하며 행정소송 등의 대상인 '처분'에 속한다. 비권력적 사실행위는 도로보수공사, 쓰레기수거, 알선 · 권고 등과 같이 공권력행사가 아니므로 행정쟁송의 대상인 처분에 해당하지 아니한다.

(5) 공법적 사실행위와 사법적 사실행위

이는 사실행위가 공법 · 사법 중 어느 것의 규율을 받는 것인지에 따른 구분이다. 이것은 행정구제의 방법과 관련하여 의미가 있다.

3. 행정상의 사실행위의 근거와 한계

행정상의 사실행위가 적법하기 위해서는, ① 조직법상의 근거가 필요하고, ② 그 권한의 범위 내에서도 법률유보와 관련하여 집행적 사실행위 및 개인의 신체 · 재산에 직접적으로 작용하는 독립적 사실행위는 구체적인 작용법적 근거를 필요로 한다.

행정상의 사실행위는 법령에 저촉됨이 없이 해당 행정목적을 위하여 필요한 범위 안에서 행하여져야 하며, 조리상의 제약인 비례 · 평등원칙 및 신뢰보호의 원칙 등에 의한 기속을 받는다.

4. 행정상의 사실행위와 권리구제

(1) 손해전보

행정상의 사실행위는 행정작용의 일종으로서 국가배상책임의 원인행위인 직무행위 내지 공공영조물의 설치 · 관리행위에 포함된다고 볼 수 있기 때문에 위법한 사실행위로 인하여 손해를 받은 경우에는 행정상 손해배상을 청구할 수 있다. 다만, 사법적 사실행위로 인한 경우에는 국가배상법의 적용이 없고 민법이 적용된다고 할 것이다.

적법한 행정상 사실행위로 인해 재산상의 손실이 발생한 경우에는 헌법 제23조 제3항의 취지에 따라 손실보상을 청구할 수 있다.

(2) 행정쟁송

행정상의 사실행위는 비교적 단시간에 목적을 달성하고 종료되는 것이 보통이기 때문에 그 취소 또는 변경을 구하기 위한 행정쟁송의 대상으로 삼기에 적합하지 않은 경우가 많으나, 계속적 성질을 가지는 집행적 · 권력적 사실행위는 행정쟁송의 대상인 처분으로서의 행정청의 공권력 행사에 해당하는 것으로 볼 수 있다. 그리고 계속적 성질의 것이 아닌 경우에도 그 집행의 정지가 가능한 것인 때에는 가구제로서 집행정지결정을 전제로 행정쟁송이 가능하다고 하겠다.

그러나 사실행위는 직접 법적 효과를 발생하지 않기 때문에 처분성을 인정할 수 없는 경우에 취소소송의 대상은 되지 않는다. 따라서 그 행위 자체는 항고쟁송의 대상이 아니나 그 행위의 결과 위법상태를 야기하게 되는 경우에는 그 위법한 상태제거를 위한 결과제거청구소송으로 당사자소송의 형식 및 예방적 금지소송 등이 논의될 수 있다.

Ⅳ. 행정지도

1. 행정지도의 의의

(1) 행정지도의 개념

행정지도(行政指導)란 행정주체가 스스로 의도하는 바를 실현하기 위하여 상대방의 임의적 협력을 기대하여 행하는 비권력적 사실행위라 할 수 있다. 행정절차법에서는 행정지도라 함은 행정기관이 그 소관사무의 범위 안에서 일정한 행정목적을 실현하기 위하여 특정인에게 일정한 행위를 하거나 하지 아니하도록 지도·권고·조언 등을 하는 행정작용을 말한다고 규정하고 있다[동법 2(3)]. 즉, 행정지도의 개념요소는, ① 상대방의 임의적 협력에 의해 실현되는 비권력·비강제적 행위라는 점, ② 법적 효과를 수반하지 않는 사실행위라는 점, ③ 행정주체가 국민을 상대로 한다는 점, ④ 일정한 행정목적 또는 행정질서를 실현시킬 목적으로 이루어진다는 점 등이다. 원래 행정지도란 실정법상의 용어가 아니고 행정실무상 지도·권고·장려·조언 등의 용어로 사용되고 있는 일군의 행위를 말한다.

(2) 행정지도와 타행정작용과의 구별

1) 행정지도는 단순한 사실행위라는 점에서 법적 효과의 발생을 수반하는 법률행위와는 구별된다.

2) 행정지도는 비권력적 행위로서 법적 구속력 또는 강제력을 가지지 않는다는 점에서 행정행위·행정강제 등과 구별된다.

3) 행정지도는 협력적 행위를 요청하는 희망의 표시인 비강제적인 사실행위인 점에서 같은 비강제적 사실행위라도 상대방의 협력없이 행정기관 스스로의 활동에 의해 완결되는 도로공사의 시행·통계의 작성 등과도 구별된다.

2. 행정지도의 존재이유 및 문제점

(1) 행정지도의 존재이유

1) '법률에 의한 행정'의 보완기능: 현대사회가 고도로 전문화되고 복잡한 이익상황으로

된 결과 일반적 · 추상적 규율로는 종종 불비가 있는 일방적인 법적용 보다는 행정수요에 유연하게 대응할 필요가 있게 되었다. 이에 행정지도는 법령에 의한 획일적 규제를 탄력화하는 등의 법률에 의한 행정의 보완기능을 한다.

2) **행정기능의 확대:** 오늘날 행정지도의 존재이유는 행정기능의 확대와 이에 대응한 행정책임의 증대에 있다고 할 수 있다. 행정대상의 확대 · 다양화 · 유동화로 모든 행정분야에 법률을 빠짐없이 규정한다는 것은 입법기술상 불가능할 뿐만 아니라, 이를 규정하였다 하더라도 장래 기존규정을 적용함이 부적당한 경우가 생기게 마련이다. 이 경우 행정기관이 공익상 필요한 적절한 조치를 취하기 위하여는 행정지도의 형식에 의하지 않을 수 없게 된다.

3) **임의적 수단에 의하는 편의성:** 법령이 공권력 발동을 허용하는 경우에도 그 절차가 까다롭고 상대방의 저항을 받을 가능성이 있으며 필요 이상으로 상대방의 명예나 신용을 해할 염려가 있기 때문에, 그 보다는 상대방의 협력을 바탕으로 한 비권력적 · 임의적 수단에 의하는 것이 쓸데없는 마찰이나 저항을 피하고 소기의 행정목적을 달성하는 방법일 수 있다.

4) **산업정보 등의 공여:** 최근의 과학 · 기술의 발달이라든가 또는 변천하는 경제정세에 적절하게 대처하기 위하여는 개인 스스로에게 맡기기 보다는 행정주체가 행정지도를 통하여 이에 관한 새로운 지식 · 기술 · 정보를 국민에게 공여하고 일정한 방향으로 국민을 유도하기 위하여 필요하다.

(2) 행정지도의 문제점

1) **법치주의의 공동화:** 행정지도는 법치국가적 행정법이 예정한 행위형식을 취하지 않고 그것과 결부하고 있는 법효과를 회피함으로써 법률에 의한 행정의 원리를 실질적으로 공동화(空洞化)하게 된다.

2) **사실상의 강제성:** 행정지도는 본래 상대방의 임의적 협력 또는 동의를 바탕으로 행해져야 하는데, 현실에 있어서는 행정주체의 우위성으로 말미암아 자칫하면 임의적 행위의 한계를 넘어서 사실상의 강제가 되기 쉽다.

3) **한계의 불명확:** 행정지도는 반드시 법령의 근거에 의하여 이루어지는 것이 아니기 때문에 그 기준이 명확하지 아니하며 책임소재도 불명확한 경우가 많다. 따라서 행정지도는 필요한 한계를 넘어서 행하여지기 쉽다.

4) **행정구제수단의 불완전:** 행정지도는 상대방의 동의 또는 임의적 협력을 전제로 하는 비권력적 사실행위이기 때문에 행정쟁송사항이 되기 어려울 뿐만 아니라, 행정상 손해배상에도 문제가 있다. 따라서 행정지도로 인하여 현실적인 권익침해를 받더라도 만족할 만한 행정구제를 기대하기 어렵다.

3. 행정지도의 종류

(1) 법령의 근거에 의한 분류

1) 법령의 직접적인 근거에 의한 행정지도: 행정지도는 반드시 법령의 근거를 필요로 하지는 않지만, 실정법 가운데에는 행정지도에 관하여 직접 규정하고 있는 예가 적지 아니하다. 즉, 취업알선 등 정보의 제공(국민기초생활보장법 15①), 기술개발의 권고 및 기술지도(골재채취법 9), 벤처기업에 대한 정보제공(벤처기업육성에관한특별조치법 16의4), 영농정착지원(북한이탈주민의보호및정착지원에관한법률 17의3), 기술진단·지도(산업기술혁신촉진법 33), 중소기업의 경영합리화 지도(중소기업기본법 6) 등이 있다.

2) 법령의 간접적 근거에 의한 행정지도: 법령이 일정한 행정지도에 관하여 직접 규정하고 있지는 않으나, 해당 사항에 관하여 일정한 행정행위를 할 수 있는 근거가 있는 경우에 그러한 행정행위를 할 수 있는 권한을 배경으로 하여 일차적으로 행정지도가 행해지는 경우가 많다.

3) 전혀 법령에 근거없는 행정지도: 법령에 직접 또는 간접의 근거없이 행정주체가 그 권한 내의 사항에 대하여 행정지도를 하는 경우가 이에 해당된다.

(2) 기능에 의한 분류

1) 규제적 행정지도: 이는 일정한 행정목적의 달성이나 공익에 장애가 될 일정한 행위를 예방·억제하기 위한 행정지도이며, 상대방의 활동을 사실상 규제하는 효과를 가져오는 행정지도이다. 예컨대, 교통지도·공해방지를 위한 권고·청소년선도 등이다.

2) 조정적 행정지도: 이는 사인간의 분쟁해결이나 이해대립의 조정을 위하여 행하는 행정지도이다. 즉, 이는 이해대립이나 과열경쟁의 조정을 위한 행정지도로서, 노사간의 쟁의지도 등이 그 예이다.

3) 조성적 행정지도: 이는 상대방에 대해 조성·촉진·보호 등을 목적으로 하는 행정지도를 말한다. 즉, 이는 생활지도·직업지도 또는 기업지도 등과 같이 일정한 질서의 형성을 촉진하기 위하여 관계자에게 기술·지식을 제공하거나 조언을 하는 행정지도이다.

4. 행정지도의 원칙 및 방식

(1) 행정지도의 원칙

1) 과잉금지의 원칙 및 임의성의 원칙: 행정지도는 그 목적달성에 필요한 최소한도에 그쳐야 하며, 행정지도의 상대방의 의사에 반하여 부당하게 강요하여서는 아니된다(행정절차법 48①).

2) 불이익조치금지의 원칙: 행정기관은 행정지도의 상대방이 행정지도를 따르지 아니하였다는 것을 이유로 불이익한 조치를 하여서는 아니된다(동법 48②).

(2) 행정지도의 방식

1) **투명성의 원칙 및 서면교부:** 행정지도를 행하는 자는 그 상대방에게 당해 행정지도의 취지 · 내용 및 신분을 밝혀야 하며, 상대방이 이에 대한 서면교부를 요구한 때에는 직무수행에 특별한 지장이 없는 한 이를 교부하여야 한다(동법 49①②).

2) **의견제출:** 행정지도의 상대방은 당해 행정지도의 방식 · 내용 등에 관하여 행정기관에 의견제출을 할 수 있다(동법 50).

3) **공 표:** 행정기관이 행정목적을 실현하기 위하여 많은 상대방에게 행정지도를 하고자 하는 때에는 특별한 사정이 없는 한 행정지도에 공통적인 내용이 되는 사항을 공표하여야 한다(동법 51).

5. 행정지도의 법적 근거와 한계

(1) 행정지도의 법적 근거

행정지도에 대해서도 법률의 유보가 적용되는가의 여부에 관하여 침해유보설과 전부유보설의 대립이 있다. 그런데 행정지도는 상대방의 임의적인 협력을 전제로 하는 것으로서 그 자체로서는 아무런 법적 효과도 발생하지 아니하는 사실행위라는 점에 위의 어느 학설을 따르거나 행정지도에게는 개별적 · 구체적인 법률의 근거를 요하지 아니하는 것으로 보는 것이 일반적인 견해이다. 다만 오늘날 법률에 근거규정을 두는 경우가 증가되고 있으나, 이는 법적 권위의 부여나 행정청이 취할 수단 내지 책임을 명백하게 하려는 입법정책적 고려에 불과한 것이라 하겠다.

그러나 행정활동이 법적 활동이든 사실상의 활동이든 국가작용으로서 국가에 귀속하기 위해서는 조직규범이 필요한 바, 행정지도에 있어서도 조직규범이 존재해야 함은 당연하다.

(2) 행정지도의 법적 한계

행정지도는 구체적인 법률(작용법)의 근거없이 행하여질 수 있다고 하더라도 공행정일반에 인정되는 일정한 법규상 · 조리상 한계가 존재한다. 즉, ① 법규에 위반할 수 없으며, ② 특히 조직법상의 목적 · 임무 · 소관사무 · 권한의 범위를 넘을 수 없는 제한을 받게 되며, ③ 그 밖에 조리상의 제약인 비례의 원칙 · 평등의 원칙 및 신의성실의 원칙의 구속을 받는다고 할 것이다.

[판 례] 목적이 적법하지 아니한 행정지도의 경우

"행정지도라 함은 행정주체가 일정한 행정목적을 실현하기 위하여 권고 등과 같은 비강제적인 수단을 사용하여 상대방의 자발적 협력 내지 동의를 얻어내어 행정상 바람직한 결과를 이끌어내는 행정활동으로, 따라서 **적법한 행정지도로 인정되기 위하여는 우선 그 목적이 적법한 것으로 인정될 수 있어야 할 것**이므로, 주식매각의 종용이 정당한 법률적 근거 없이 자의적으로 주주에게 제재를 가하는 것이라면 이 점에서 벌써 행정지도의 영역을 벗어난 것이라고 보아야 할 것이다."(대판 1994.12.13. 93다49482)

6. 행정지도와 행정구제

(1) 행정쟁송에 의한 구제

행정지도는 그 자체로는 아무런 법적 효과를 발생하지 않는 비권력적 사실행위이기 때문에 행정쟁송의 대상이 될 수 없다. 다만, 행정지도에 불응한 이유로 어떤 부담적 행정행위가 행하여진 경우 또는 행정지도를 하여 다음의 처분이 행해진 경우에는 행정지도의 하자를 이유로 하여 후행처분의 효력을 다툴 수 있다. 특히 규제적·조정적 행정지도는 강제성과 계속성을 띠고 있으므로 처분성을 인정할 수 있다(판례). 또한 위법한 행정지도의 중지를 구하는 금지소송의 허용이 필요하다.

[판 례] 성희롱결정과 이에 따른 시정조치권고는 행정소송의 대상

"구 남녀차별금지및구제에관한법률(2003. 5. 29. 법률 제6915호로 개정되기 전의 것) 제28조에 의하면, 국가인권위원회의 성희롱결정과 이에 따른 시정조치의 권고는 불가분의 일체로 행하여지는 것인데 **국가인권위원회의 이러한 결정과 시정조치의 권고는 성희롱 행위자로 결정된 자의 인격권에 영향을 미침과 동시에 공공기관의 장 또는 사용자에게 일정한 법률상의 의무를 부담시키는 것이므로** 국가인권위원회의 성희롱결정 및 시정조치권고는 **행정소송의 대상이 되는 행정처분에 해당**한다고 보지 않을 수 없다."(대판 2005.7.8. 2005두487, 의결처분취소)

(2) 헌법소원

규제적·구속적 성격의 행정지도의 경우에는 헌법소원이 가능하다.

[판 례] 행정지도의 한계를 넘어 규제적·구속적 성격을 갖는 경우에는 헌법소원의 대상

"**교육인적자원부장관의 대학총장들에 대한 이 사건 학칙시정요구는** 고등교육법 제6조 제2항, 동법시행령 제4조 제3항에 따른 것으로서 그 법적 성격은 대학총장의 **임의적인 협력을 통하여 사실상의 효과를 발생시키는 행정지도**의 일종이지만, **그에 따르지 않을 경우 일정한 불이익조치를 예정하고 있어 사실상 상대방에게 그에 따를 의무를 부과하는 것과 다를 바 없으므로 단순한 행정지도로서의 한계를 넘어 규제적·구속적 성격을 상당히 강하게 갖는 것으로서 헌법소원의 대상이 되는 공권력의 행사**라고 볼 수 있다."(헌재 2003.6.26. 2002헌마337, 2003헌마7·8(병합) 전원재판부, 학칙시정요구등위헌확인)

(3) 행정상 손해전보

국가배상법상의 요건인 '공무원의 직무'에 행정지도도 포함된다. 일반적으로 불법행위에 있어서 가혹행위는 법률행위이든 사실행위이든 불문하기 때문에 국가배상의 불법행위요건 — 고의·과실, 위법성, 권리침해, 손해의 발생 등 — 을 충족하는 한 손해배상청구가 가능하다. 그런데 행정지도는 상대방의 자유로운 판단에 따라 임의적인 동의 내지 협력을 바탕으로 이루어지는 것이므로 "동의는 불법행위의 성립을 조각한다"는 법언에 따라 손해배상청구를 인정하기 어려운 경우도 있다(판례1,2).

또한 적법한 행정지도에 대한 손실보상청구는 자유로운 의사에 의해 자기의 손실의 가능성을 수인한 것인 이상 특별한 규정이 없는 한 할 수 없다고 보나, 불측의 손실에 대한 적정한 보상이 행정지도에 대한 국민의 신뢰를 보호하는 길일 것이다.

[판례 1] 행정지도로 인한 손해배상이 부인되는 경우

"**행정지도가 강제성을 띠지 않은 비권력적 작용으로서 행정지도의 한계를 일탈하지 아니하였다면**, 그로 인하여 상대방에게 어떤 손해가 발생하였다 하더라도 행정기관은 그에 대한 **손해배상책임이 없다.**"(대판 2008.9.25, 2006다18228)

[판례 2] 행정지도로 인한 손해배상이 인정되는 경우

"행정지도로 인한 행정주체의 국가배상책임 성립의 가능성에 관하여 **국가배상법이 정한 배상청구의 요건인 '공무원의 직무'에는 권력적 작용만이 아니라 행정지도와 같은 비권력적 작용도 포함**되며 단지 행정주체가 사경제주체로서 하는 활동만 제외되는 것이고(대법원 1994. 9. 30. 선고 94다11767 판결 등 참조), 기록에 의하여 살펴보면, 피고 및 그 산하의 강남구청은 이 사건 도시계획사업의 주무관청으로서 그 사업을 적극적으로 대행·지원하여 왔고 이 사건 **공탁도 행정지도의 일환으로 직무수행으로서 행하였다고 할 것이므로, 비권력적 작용인 공탁으로 인한 피고의 손해배상책임은 성립할 수 없다는 상고이유의 주장은 이유가 없다.**"(대판 1998.7.10. 96다38971, 손해배상)

Ⅴ. 행정사법

1. 행정사법의 의의

행정사법(Verwaltungsprivatrecht)이란 광의의 국고행정 중에서, 주로 복리행정의 분야에서, 사법적 형식으로 행정목적을 수행하는 행정활동으로서 일정한 공법적 규율을 받는 것을 말한다. 이것은 현대의 사회국가적 행정기능이 확대됨에 따르는 행정의 행위형식의 다양화의 산물이라 하겠다.

2. 행정사법의 종류

(1) 사법형식의 유도행정

행정사법(行政私法)은 유도행정의 분야에서 성립된다. 토지대책·경기대책·고용대책·수출진흥 등의 목적을 위하여 행정주체가 직접 또는 간접으로 사법적 형식을 빌어 개입하는 경우이다.

(2) 사법형식의 급부행정

운수사업(철도·시영버스 등)·공급사업(전기·수도·가스)·제거사업(하수도·오물·쓰레기 등 폐기물)과 같은 공기업·공물에 의한 배려행정과, 자금지원(투융자·보조금·지불보증 등)에 의한 경제지도를 들 수 있다.

3. 행정사법에 대한 공법적 기속

공법적 기속의 중심은 기본권에 의한 기속이다. 즉, ① 재산권 보장·신뢰보호원칙·평등원칙·비례원칙과 같은 헌법원칙에의 기속을 받으며, ② 공기업분야에서는 의사표시에 대한 사법적 규율이 제한 내지 수정 적용된다. 즉, 개별적인 계약행위 없이, 행위능력 없이, 또는 착오에 의해서도 쌍무적인 계약관계가 성립할 수 있다. ③ 그밖에 계약강제·해약제한·계속적 경영업무 · 계약내용결정 등 약간의 공법적 기속을 받는다.

4. 기속위반의 효과

행정사법에 있어서의 공법적 기속을 행정주체가 위반한 경우에, ① 특별법적 규제의 위반의 경우에는 해당 법률이 정하는 효과를 발생할 것이고, ② 그러한 특별규정이 없는 경우에도 그것이 공법원칙에 위반한 경우에는 무효 또는 일부무효의 문제가 생기게 된다.

Ⅵ. 비공식행정작용

1. 비공식행정작용의 개념

비공식행정작용이란 일정한 형식이나 절차 등이 법에 의해 정해져 있지 않는 것으로 법적 구속력을 발생하지 않는 일체의 행정작용을 말한다. 이는 비정형적인 행위형식이기 때문에 그 구체적인 형태는 다양할 수밖에 없는데, 행정기관이 일방적으로 행하는 경고와 권고 · 교시 · 정보제공, 사인과의 접촉 · 협상 · 사전조정 등이 이에 해당한다. 다만, 비공식행정작용은 독일에서 등장한 행위형식론으로서 일본 및 우리나라에서 일반화되고 있는 행정지도와의 뚜렷한 차이점을 찾아보기 힘들다.

2. 비공식행정작용의 존재이유와 문제점

(1) 비공식행정작용의 존재이유

비공식행정작용(非公式行政作用)은 현대복리국가에서의 행정수요의 증대와 법률의 홍수현상에 따른 행정의 정체현상에 대처하기 위해 등장한 것이므로, ① 법령의 해석 · 적용상의 법적 불확실성을 제거하고, ② 당사자간의 사전논의나 상호협력을 통해 법적 분쟁 · 대립을 회피하고 시간 · 비용을 절감케 함으로써 행정의 능률화를 기하며, ③ 가변적 행정현실에 대응하여 행정의 탄력성을 제고할 수 있다.

(2) 비공식행정작용의 문제점

비공식행정작용은 위에서와 같은 이점에도 불구하고, ① 그것이 법이 예정하지 아니한 행위형식이기 때문에 법치행정이 가지는 자의의 배제, 법적 안정성과 예측가능성의 기능을 약화시킬 우려가 있으며, ② 비공식행정작용은 행정당국과 상대방이라는 2극관계에서 행해지고 그 전모가 외부에 노출되지 않으므로 이해관계있는 제3자에게 불리하게 작용될 가능성이 있고, ③ 비공식행정작용은 사실행위로서 아무런 법적 효과를 발생하지 않는 작용이기 때문에 이 작용에 의해 권익을 침해받은 상대방 또는 제3자는 쟁송을 통한 구제를 받을 수 없는 문제가 있다.

3. 비공식행정작용의 허용성 · 효력 · 한계

(1) 비공식행정작용의 허용성

비공식행정작용은 법외적 작용이므로 헌법상의 법치국가원리와 합치될 수 있는가의 문제가 제기될 수 있다. 그러나 전부유보설을 취하지 않는 한 그 허용성 자체를 부인할 수 없으며 일정한 유보하에 비공식행정작용을 긍정적으로 평가해야 할 것이다.

(2) 비공식행정작용의 효력

비공식행정작용은 행정상의 사실행위의 일종으로서 법적 구속력을 가지지 않는다. 다만, 비공식행정작용이 사실상 구속력을 가질 수는 있을 것이다.

(3) 비공식행정작용의 한계

비공식행정작용은 법령 및 행정법의 일반원칙의 한계 내에서 하여야 하며, 법령에 위반하여 양보나 합의를 해서는 안되고, 청문이나 참여권과 같은 절차적 기본권에 대한 헌법적 보장을 회피하는 수단이 되어서는 안된다.

Ⅶ. 행정의 자동화 작용

1. 행정자동화 작용의 의의

행정자동화작용(行政自動化作用)이란 행정과정에서 컴퓨터 등 자동정보처리시설에 의하여 자동적으로 행하여지는 행정작용을 말한다. 행정자동화 작용은 다수의 동일한 또는 동종의 행정행위를 발하는 대량행정에서 널리 행해지는데, 예컨대 자동기기에 의한 교통신호, 컴퓨터에 의한 중 · 고등 학생의 학교배정, 주차요금의 계산, 조세 및 각종 공과금의 부과결정 등이 그것이다. 오늘날 기계문명의 발달에 따라 행정자동화가 거의 모든 행정영역에 나타나고 있는바, 인적 · 물적 자원 등 행정비용의 절약, 절차의 신속화, 행정작용의 중립성 · 객관성 제고 등 장점이 있는 반면, 이에 따라 그 법적 통제의 문제가 제기된다.

2. 행정자동결정의 법적 성질 및 특수성

(1) 행정자동결정의 법적 성질

행정자동(기계)결정은 공무원이 작성한 프로그램에 입각하여 구체적 조치로서 행하여 진다. 따라서 행정자동결정은 행정행위로서의 성질을 지닌다고 할 수 있다.

(2) 행정자동결정의 특수성

행정자동결정은 일종의 행정행위이긴 하지만 대량사무처리를 내용으로 자동화된 기술적 절차에 의하여 행하여지므로 보통의 행정행위와 다른 특수성이 인정될 수 있다. 즉, 행정청의 서명날인의 생략, 특별한 부호의 사용, 이유부기에 대한 예외인정 및 청문절차의 생략 등의 특례가 필요하다고 본다.

(3) 행정자동결정의 제한

행정자동결정은 해당 처분에 재량이 있는 경우에는 제외한다. 행정자동결정은 획일적으로 적용되는 기속행위의 경우에 가능하지만, 재량행위인 경우에는 행정청의 판단·선택의 여지에 따른 의사결정이 수반되기 때문에 행정자동결정으로 행하기에 부적합하다.

3. 행정자동결정의 하자

(1) 행정자동결정의 하자는 기계의 이상 또는 프로그램을 작성하는 관계 공무원의 과실이 그 원인이 되는 것이 보통이다. 행정자동결정의 하자의 판단은 역시 보통의 행정행위의 하자에 관한 일반원칙에 따라 결정할 문제이다.

(2) 행정자동결정의 하자가 국가배상법 제2조에서 규정한 손해배상의 요건에 해당하는 때에는 국가의 배상책임을 인정할 수 있다. 또 행정자동결정의 하자가 국가배상법 제5조에서 규정한 영조물의 설치·관리의 하자로 인하여 타인에게 손해를 입힌 경우에 해당하는 때에는 국가의 배상책임을 인정할 수 있다.

제5장 행정절차 · 정보공개 · 개인정보보호

제 1 절 행정절차

Ⅰ. 행정절차의 개념

행정절차(行政節次)의 개념은 입법례나 보는 각도에 따라 차이가 있다.

1. 광의의 행정절차

넓은 의미에서의 행정절차란 행정과정에서 행정청이 밟아야 할 절차를 말하며, 입법권의 작용으로서의 입법절차나 사법권의 작용으로서의 사법절차에 대응하는 관념이다. 이러한 의미에서의 행정절차에는 사전절차로서의 행정입법절차 · 계획확정절차 · 제1차적 행정처분절차 · 행정계약절차와, 사후절차로서의 행정심판절차 · 행정집행절차 · 행정처벌절차 등을 포함한다.

2. 협의의 행정절차

좁은 의미의 행정절차란 행정청이 공권력을 행사하여 행정에 관한 제1차적인 결정을 함에 있어서 밟아야 할 일련의 외부와의 교섭과정을 말한다. 즉, 행정청이 행정입법이나 행정처분을 할 경우 밟아야 할 대외적 사전절차를 의미하며, 이것이 통설의 견해이다.

따라서 행정절차는, ① 행정청에 요구된 절차이기 때문에 국회의 기능수행에 관한 입법절차나 법원에 의한 사법절차와 구별되며, ② 행정청이 제1차적 행정결정을 함에 있어서 밟아야 할 절차이므로 이미 행하여진 행위의 집행이나 심판에 관한 절차, 사법상의 행위에 관한 절차와 구별된다. 또한 ③ 행정절차는 행정결정을 함에 있어서 밟아야 할 대외적 절차이므로 행정청의 내부적 행위에 그치는 절차는 포함되지 아니한다.

Ⅱ. 행정절차의 필요성

과거에는 행정의 능률성과 탄력성의 확보를 중시하여 행정에 대한 절차적 규제의 문제는 소홀하게 보았다. 그러나 기본권 보장을 이념으로 하는 실질적 법치국가에 와서는 행정의 공정성과 적정성의 보장이 요청되고, 행정에 대한 국민의 능동적 참여를 통한 민주적 통제를 필요하게 되었다. 이에 따라 절차적 규제로서의 행정절차의 필요성이 가중되고 있다.

1. 행정의 민주화

행정절차는 행정작용을 민주화하기 위하여 필요하다. 전통적으로는 국민을 단순한 행정의 객체로 파악하였으나, 민주국가에서는 '국민에 의한 통치'를 기본으로 하고 있기 때문에 국민의 행정절차에의 참여는 필요한 요소라고 하겠다. 복잡한 이해관계의 행정입법 및 행정재량 등이 현저한 현대행정에 있어서 이해관계인의 의사가 반영되도록 주민참여의 기회를 마련함으로써 행정의 민주화를 기할 수 있다.

2. 행정의 적정화

행정절차는 행정의 적정성을 보장하는 실효적 수단이다. 행정행위를 함에 있어서 이해관계인에게 통지하여 의견 및 참고자료 등을 제출할 수 있는 기회를 부여함으로써 행정청의 사실인정 및 법령의 해석 · 적용을 적정화(適正化)하기 때문에 행정행위의 적법 · 타당성을 확보하는 바가 된다.

3. 사전적 권리구제

사후적 권리구제는 이미 침해된 권익의 완전한 회복을 기대하기는 어려울 뿐만 아니라 많은 시간과 비용을 필요로 하는 것이 보통이다. 그러나 행정절차를 통하여 행정과정에서 이해관계인의 참여를 인정하여 행정의 적법 · 타당성을 확보함으로써 행정작용으로 인한 권익침해를 미연에 방지할 수 있다. 이렇게 함으로써 사후적인 사법적 구제제도의 결함을 보충하고 법치행정을 실질적으로 보장할 수 있게 된다.

4. 행정의 능률화

행정절차는 행정능률과 양립되지 아니한 개념으로 볼 수도 있으나, 복잡 · 다양한 행정작용에 관한 절차를 표준화한다는 것은 오히려 행정작용을 간이하고 원활하게 수행하는 데에 도움이 되는 것이며, 결국 행정의 능률화에 이바지하게 된다.

Ⅲ. 행정절차의 발달

행정절차는 원래 영미에서 자연적 정의(natural justice)의 원칙과 적법절차(due process of law)에 기초를 두고 행정행위의 적정화의 고려에서 발달했으나, 대륙법계 국가에서는 주로 행정행위의 능률화의 요청에 기인한다.

1. 미국의 경우

미국에서의 행정절차는 영국법의 자연적 정의의 미국형이라 할 수 있는 미국 헌법상의 적법절차조항(due prosess clauses)의 해석과 운용을 통하여 발전되어 왔던 것인데, 1946년 행정절차법(Administrative Procedure Act; A.P.A)의 제정으로 행정절차의 적정화가 제도화되게 되었다. 이 행정절차법은 전문 12조로 ① 규칙제정, ② 재결절차, ③ 사법심사에 관한 규정을 두고 있다. 행정절차에는 정식절차로서 통지 · 청문 및 결정의 3단계가 있으나, 약식절차도 광범하게 인정하고 있다.

2. 영국의 경우

영국에서의 행정절차는 보통법(Common Law)상의 자연적 정의의 원칙에 따라 절차적 규제가 불문법적으로는 일찍부터 발달하여 왔다. 자연적 정의는, ① 누구든지 자기의 사건에 대한 심판관이 될 수 없다 및 ② 누구든지 청문없이 비난당하지 아니한다라는 두 가지 의미를 내포하고 있다.

이러한 절차적 원칙은 1958년 「행정심판소 및 심사에 관한 법률」(The Tribunals and Inquiries Act)이 제정됨으로써 재결절차의 공정성 · 통일성에 대한 제도적 보장으로 확립되었다.

3. 대륙법계 국가의 경우

대륙법계 국가에서는 1925년 오스트리아 일반행정절차법(AVG), 1958년 스페인, 1968년 스위스, 1971년 스웨덴 및 1977년 독일의 행정절차법이 제정 · 시행되어 오고 있다. 이들 국가의 일반 입법은 주로 행정의 합목적성의 요구에서 유래하였으나, 점차 영미와 같이 행정작용에의 국민참여 기회의 확보에도 주안을 두게 되었다.

독일연방행정절차법(VwVfG)의 경우를 보면 1976년 5월 25일 제정되어 1977년 1월 1일부터 시행하고 있다. 동법은 전문 103조에 이르는 방대한 것으로, ① 정식절차(고지 · 청문 · 구두명령 · 결정), ② 비정식절차, ③ 계획확정절차, ④ 권리구제절차, ⑤ 대량절차 외에도, ⑥ 행정절차에 밀접히 관계되는 실체법규정으로서 행정행위 · 공법상 계약에 관한 규정을 포함하고 있다.

프랑스의 경우는 별도의 행정절차법은 없으나 관계이익단체의 지명하에 구성되는 이익대표제 심의회가 행정절차의 특징을 이루고 있다. 행정청이 심의회에 부의하는 사항은 행정입법, 일반처분, 각종계획, 개별처분 등인데, 이들 결정에 앞서서 심의회의 자문을 거치는 것이 의무로 되어 있는 경우가 많다.

4. 일본의 경우

일본은 1993년 11월 12일 행정절차법을 제정하고, 1994년 10월 1일부터 시행하고 있다. 이 법은 제1장 총칙, 제2장 신청에 대한 처분, 제3장 불이익처분, 제4장 행정지도, 제5장 계출(신고), 제6장 보칙 등 총 38조 부칙 4조로 구성되어 있다.

5. 우리나라의 경우

(1) 행정절차법의 연혁

우리나라의 헌법은 미국 헌법상의 적법절차조항(수정헌법 5, 14)이나, 일본 헌법상의 법정절차조항(동법 31)과 같은 규정은 없지만, 제12조 제1항의 '적법한 절차'라는 규정은 행정절차에도 유추적용된다고 본다.

1987년 행정절차법안이 입법예고된 바 있으나 국회제출이 보류되었고, 행정내부적으로 국무총리훈령(1989.11.14, 제235조)으로 「행정절차운영지침」을 제정하여 1990년 3월 1일부터 시행하였다. 1993년 행정쇄신위원회에서 행정절차법 제정에 대한 건의가 있었고, 1996년 8월 새로운 행정절차법의 입법예고를 거쳐 동년 12월 31일 법률 제5241호로 제정 · 공포하였으며, 1998년 1월부터 시행하고 있다. 이 「행정절차법」은 제1장 총칙, 제2장 처분, 제3장 신고, 제4장 행정상 입법예고, 제5장 행정예고, 제6장 행정지도, 제7장 보칙 등 총 7장 54조, 부칙으로 구성되어 있다.

(2) 행정절차법의 특색

행정절차법은 절차법으로서 충실하면서도 정의(제2조), 신의성실의 원칙(제4조) 및 행정의 투명성(제5조) 등 제한적이나마 실체적 규정을 두고 있다. 행정청에 대한 처분의 신청과 처분은 문서의 형식으로 하도록 함으로써 서면주의를 원칙으로 하였으며, 행정절차에 있어서 정식절차인 청문보다는 약식절차인 당사자 등의 의견제출을 주축으로 하고 있다. 행정절차법은 처분절차를 중심으로 하여 행정계획 및 구체적인 행정입법절차 등이 미흡하며, 청문 외에는 사전통지나 의견제출을 위한 자료열람 등을 보장하고 있지 아니한 점은 문제로 지적되고 있다.

Ⅳ. 행정절차법상 총칙규정

1. 목적과 정의

행정절차법은 행정절차에 관한 공통적인 사항을 규정하여 국민의 행정참여를 도모함으로써 행정의 공정성, 투명성 및 신뢰성을 확보하고 국민의 권익을 보호함을 목적으로 한다(동법 1). 동법은 행정청, 처분, 행정지도, 당사자 등, 청문, 공청회, 의견제출, 전자문서 및 정보통신망 등에 관한 정의를 내리고 있다(동법 2). 즉, **행정청**이란 행정에 관한 의사를 결정하여 표시하는 국가 · 지방자치단체의 기관 및 그 위임 · 위탁받은 기관이나 사인을 말한다. 또한 **처분**이란 행정청이 행하는 구체적 사실에 관한 법 집행으로서의 공권력의 행사 또는 그 거부와 그 밖에 이에 준하는 행정작용을 말한다.

2. 적용범위

(1) 행정절차에 관한 일반법

처분, 신고, 확약, 위반사실 등의 공표, 행정계획, 행정상 입법예고, 행정예고 및 행정지도의 절차(이하 "행정절차"라 한다)에 관하여 다른 법률에 특별한 규정이 있는 경우를 제외하고는 이 법에서 정하는 바에 따르도록 함으로써(동법 3①) 이 법이 **행정절차에 관한 일반법**임을 밝히고 있다.

(2) 적용제외사항

이 법의 **적용제외사항**으로, ① 국회·지방의회·법원·헌법재판소·선거관리위원회·감사원 등의 의결·결정으로 행하는 사항(1~5호), ② 형사·행형·보안처분 관계 법령에 따라 행하는 사항(6호), ③ 국가의 중대한 이익을 해칠 우려가 있는 국가안전보장·국방·외교·통일에 관한 사항(7호), ④ 심사청구·해양안전심판·조세심판·특허심판·행정심판 그 밖의 불복절차에 따른 사항(8호), ⑤ **「병역법」**에 따른 징집·소집, **외국인**의 출입국·난민인정·귀화, **공무원** 인사 관계 법령에 따른 징계와 그 밖의 처분, 이해 조정을 목적으로 하는 법령에 따른 알선·조정·중재·재정 또는 그 밖의 처분 등 해당 행정작용의 성질상 행정절차를 거치기 곤란하거나 거칠 필요가 없다고 인정되는 사항과 행정절차에 준하는 절차를 거친 사항으로서 대통령령으로 정하는 사항(9호) 등을 정하고 있다(동조②).

여기서 '**대통령령으로 정하는 사항**'이란 병역법·향토예비군설치법·민방위기본법·비상대비자원관리법에 따른 징집·소집·동원·훈련(1호), 외국인의 출입국·난민인정·귀화·국적회복(2호), 공무원 인사관계법령에 의한 징계 기타 처분(3호), 이해조정을 목적으로 법령에 의한 알선·조정·중재·재정 기타 처분(4호), 조세관계법령에 의한 조세의 부과·징수(5호) 등에 관한 사항, 「독점규제 및 공정거래에 관한 법률」 등에 따라 공정거래위원회의 의결·결정을 거쳐 행하는 사항(6호), 「국가배상법」, 「공익사업을 위한 토지 등의 취득 및 보상에 관한 법률」에 따른 재결·결정에 관한 사항(7호) 등을 말한다(동법시행령 2).

[판례 1] 군인사법상 보직해임처분은 행정절차법 적용제외사항

"**구 군인사법상 보직해임처분은 구 행정절차법 제3조 제2항 제9호, 같은 법 시행령 제2조 제3호에 의하여 당해 행정작용의 성질상 행정절차를 거치기 곤란하거나 불필요하다고 인정되는 사항 또는 행정절차에 준하는 절차를 거친 사항에 해당**하므로, 처분의 근거와 이유 제시 등에 관한 구 행정절차법의 규정이 별도로 적용되지 아니한다고 봄이 상당하다."(대판 2014.10.15. 2012두5756 보직해임처분취소)

[판례 2] 행정절차법적용에서 배제되는 공무원 인사관계법령에 의한 처분

"구 행정절차법 제3조 제2항 제9호, 구 행정절차법 시행령 제2조 제3호의 내용을 행정의 공정성, 투명성 및 신뢰성을 확보하고 국민의 권익을 보호함을 목적으로 하는 행정절차법의 입법 목적에 비추어 보면, **공무원 인사관계 법령에 의한 처분에 관한 사항이라 하더라도 전부에 대하여 행정절차법의 적용이 배제되는 것이 아니라, 성질상 행정절차를 거치기 곤란하거나 불필요하다고 인정되는 처분이나 행정절차에 준하는 절차를 거치도록 하고 있는 처분의 경우에만 행정절차법의 적용이 배제되는 것으로 보아야** 하고, 이러한 법리는 '공무원 인사관계 법령에 의한 처분'에 해당하는 별정직 공무원에 대한 직권면직 처분의 경우에도 마찬가지로 적용된다.

(1) 이 사건 처분은 대통령기록물 관리에 관한 법률에서 5년 임기의 별정직 공무원으로 규정한 대통령기록관장

> 으로 임용된 원고를 직권면직한 처분으로서, 원고에 대하여 의무를 과하거나 원고의 권익을 제한하는 처분이고, 구 공무원징계령(2010. 6. 15. 대통령령 제22199호로 개정되기 전의 것, 이하 같다) 제22조 제1항은 "별정직공무원에게 국가공무원법 제78조 제1항 각 호의 징계사유가 있으면 직권으로 면직하거나 이 영에 따라 징계처분할 수 있다."고 규정하고 있어서, 별정직 공무원에 대한 직권면직의 경우에는 징계처분과 달리 징계절차에 관한 구 공무원징계령의 규정도 적용되지 않는 등 행정절차에 준하는 절차를 거치도록 하는 규정이 없으며, 이 사건 처분이 성질상 행정절차를 거치기 곤란하거나 불필요하다고 인정되는 처분에도 해당하지 아니하고, (2) 나아가 원고가 대통령 기록유출 혐의에 관하여 수사를 받으면서 비위행위에 관하여 해명할 기회를 가졌다거나 위 수사에 관하여 국민적 관심이 높았고 유출행위가 적법한지 여부 등에 관한 법리적 공방이 언론 등을 통하여 치열하게 이루어졌던 사정만으로 이 사건 처분이 구 행정절차법 제21조 제4항 제3호, 제22조 제4항에 따라 원고에게 사전통지를 하지 않거나 의견제출의 기회를 주지 아니하여도 되는 예외적인 경우에 해당한다고 할 수 없다는 이유로, (3) 원고에게 사전통지를 하지 않고 의견제출의 기회를 주지 아니한 이 사건 처분은 구 행정절차법 제21조 제1항, 제22조 제3항을 위반한 절차상 하자가 있어 위법하다."(대판 2013.01.16. 2011두30687 직권면직처분취소)

3. 신의성실 · 신뢰보호와 투명성 및 행정업무의 혁신

행정청은 직무를 수행함에 있어서 신의에 따라 성실히 하여야 하며(동법 4①), 행정청은 법령 등의 해석 또는 행정청의 관행이 일반적으로 국민들에게 받아들여졌을 때에는 공익 또는 제3자의 정당한 이익을 현저히 해할 우려가 있는 경우를 제외하고는 새로운 해석 또는 관행에 따라 소급하여 불리하게 처리하여서는 아니된다(동법 4②). 신의성실의 원칙과 신뢰보호의 원칙은 행정법의 일반원칙으로 인정되던 것을 법규범으로 명문화한 것이다. 행정청이 행하는 행정작용은 그 내용이 구체적이고 명확해야 하며, 그렇지 아니한 경우에는 상대방은 해당 행정청에 그 해석을 요청할 수 있고 해당 행정청은 그 요구에 따라야 한다(동법 5). 행정청은 국민이 균등하고 질 높은 행정서비스를 누릴 수 있도록 노력하여야 하며, 정보통신기술을 활용하여 행정절차를 적극적으로 혁신하도록 노력하여야 한다(동법 5조의2①②).

4. 행정청의 관할 및 협조

행정청이 그 관할에 속하지 아니하는 사안을 접수하였거나 이송받은 경우에는 지체없이 이를 관할행정청에 이송하여야 하고 그 사실을 신청인에게 통지하여야 한다(동법 6①).

행정청은 행정의 원활한 수행을 위하여 서로 협조하여야 하며(동법 7), 일정한 경우 다른 행정청에 행정응원을 요청할 수 있다(동법 8①).

5. 당사자등

(1) 당사자등의 자격

당사자등이란 행정청의 처분에 대하여 직접 그 상대가 되는 당사자와 행정청이 직권 또는 신청에 따라 행정절차에 참여하게 한 이해관계인을 말한다(동법 2(4)). ① 자연인, ② 법인 또는 법인이 아닌 사단 또는 재단, ③ 그밖에 다른 법령 등에 따라 권리 · 의무의 주체가 될 수 있는 자는 행정절차에 있어서 당사자가 될 수 있다(동법 9).

(2) 지위의 승계

1) **사망 및 법인의 합병에 따른 지위승계:** 당사자등이 사망하였을 때의 상속인과 다른 법령등에 따라 당사자등의 권리 또는 이익을 승계한 자는 당사자등의 지위를 승계하며(동법 11①), 당사자등인 법인등이 합병하였을 때에는 합병 후 존속하는 법인등이나 합병 후 새로 설립된 법인등이 당사자등의 지위를 승계한다(동조②). 이 경우 당사자등의 지위를 승계한 자는 행정청에 그 사실을 통지하여야 한다(동조③). 따라서 지위승계의 효과는 사망 또는 합병하였을 때 발생하며, 지위승계의 통지는 수리를 요하지 않는 신고라 할 것이다. 지위승계의 통지가 있을 때까지 행정청이 사망자 또는 합병전의 법인 등에게 한 통지는 지위승계자에게도 효력이 있다(동조⑤).

2) **양도・양수에 따른 지위승계:** 처분에 관한 권리 또는 이익을 사실상 양수한 자는 행정청의 승인을 받아 당사자등의 지위를 승계할 수 있다(동조④). 따라서 양도・양수의 경우에는 행정청의 승인을 받아야 지위승계가 가능하므로 수리를 요하는 지위승계신고라 할 것이다.

(3) 대표자・대리인

다수당사자 등은 공동으로 행정절차에 관한 행위를 할 때에는 대표자를 선정할 수 있고, 변경하거나 해임할 수 있다(동법 11①③). 행정청은 당사자등이 대표자를 선정하지 아니하거나 대표자가 지나치게 많아 행정절차가 지연될 우려가 있는 경우에는 그 이유를 들어 상당한 기간 내에 3인 이내의 대표자를 선정할 것을 요청할 수 있다. 이 경우 당사자등이 그 요청에 따르지 아니하였을 때에는 행정청이 직접 대표자를 선정할 수 있다(동조②). 대표자는 각자 그를 대표자로 선정한 당사자등을 위하여 행정절차에 관한 모든 행위를 할 수 있다. 다만, 행정절차를 끝맺는 행위에 대하여는 당사자등의 동의를 받아야 한다(동조④). 대표자가 있는 경우에는 당사자등은 그 대표자를 통하여서만 행정절차에 관한 행위를 할 수 있다(동조⑤).

당사자등은 배우자, 직계 존속・비속 또는 형제자매, 법인등인 경우 그 임직원, 변호사, 행정청 또는 청문주재자의 허가를 받은 자 등을 대리인으로 선임할 수 있다(동법 12①).

6. 송달 및 기간, 기한의 특례

(1) 송 달

송달은 우편・교부 또는 정보통신망 이용 등의 방법으로 하되(동법 14①), 교부에 의한 송달은 수령확인서를 받고 문서를 교부함으로써 행하며(동조②), 정보통신망을 이용한 송달은 송달받을 자가 동의하는 경우에 한한다(동조③). ① 송달받을 자의 주소등을 통상적인 방법으로 확인할 수 없는 경우 또는 ② 송달이 불가능한 경우에는 송달받을 자가 알기 쉽도록 관보・공보・게시판・일간신문 중 하나 이상에 공고하고 인터넷에도 공고하여야 한다(동조④).

(2) 송달의 효력발생

송달의 효력은 도달주의를 취하고 있다(동법 15). 정보통신망에 의할 경우 송달받을 자가 지정한 컴퓨터 등에 입력된 때에 도달된 것으로 본다.(동법 15②). 제14조 제4항의 경우(주소불명, 송달불가)에는 다른 법령 등에 특별한 규정이 있는 경우를 제외하고는 공고일부터 **14일**이 지난 때에 그 효력이 발생한다(동조③).

Ⅴ. 행정절차법상 처분절차

1. 처분의 신청 및 처리기한 · 처리기준

(1) 처분의 신청

1) 신청의 의의 및 방식: 신청(申請)이란 행정청에 대하여 일정한 처분을 요구하는 사인의 공법행위를 말한다. 신청은 문서로 하여야 하며(동법 17①), 전자문서로 한 경우에는 행정청의 컴퓨터 등에 입력된 때에 신청한 것으로 본다(동조②).

2) 신청에 필요사항 비치: 행정청은 신청에 필요한 구비서류 · 접수기관 · 처리기간 그 밖에 필요한 사항을 게시(인터넷 등을 통한 게시를 포함한다)하거나 이에 대한 편람을 갖추어 두고 누구나 열람할 수 있도록 하여야 한다(동조③).

3) 신청의 접수: 행정청은 신청을 받았을 때에는 다른 법령 등에 특별한 규정이 있는 경우를 제외하고는 그 접수를 보류 또는 거부하거나 부당하게 되돌려 보내서는 아니 되며, 신청을 접수한 경우에는 신청인에게 접수증을 주어야 한다. 다만, 대통령령이 정하는 경우에는 접수증을 주지 아니할 수 있다(동조④).

4) 신청서의 보완: 행정청은 신청에 구비서류의 미비 등 흠이 있는 경우에는 보완에 필요한 상당한 기간을 정하여 지체 없이 신청인에게 보완을 요구하여야 한다. 행정청은 신청인이 제5항에 따른 기간내에 보완을 하지 아니하였을 때에는 그 이유를 구체적으로 밝혀 접수된 신청을 되돌려 보낼 수 있다(동조⑤⑥).

5) 신청내용의 수정 · 취하: 신청인은 처분이 있기 전에는 그 신청의 내용을 보완 · 변경하거나 취하할 수 있다. 다만 다른 법령 등에 특별한 규정이 있거나 그 신청의 성질상 보완 · 변경하거나 취하할 수 없는 경우에는 그러하지 아니하다(동조⑧).

[판 례] 제17조 제4항의 신청의 의사표시 정도

"신청인의 행정청에 대한 신청의 의사표시는 명시적이고 확정적인 것이어야 한다고 할 것이므로 신청인이 신청에 앞서 행정청의 허가업무 담당자에게 신청서의 내용에 대한 검토를 요청한 것만으로는 다른 특별한 사정이 없는 한 명시적이고 확정적인 신청의 의사표시가 있었다고 하기 어렵다."(대판 2004.9.24, 2003두13236)

(2) 처리기간 · 처분기준의 설정 · 공표

1) 처리기간의 설정 · 공표: 행정청은 신청인의 편의를 위하여 처분의 처리기간을 종류별로 미리 정하여 공표하여야 한다(동법 19①). 다만, 부득이한 사유가 있는 경우에는 해당 처분의 처

리기간의 범위에서 한 번만 그 기간을 연장할 수 있고(동조②), 이 경우 처리기간의 연장 사유와 처리 예정 기한을 지체 없이 신청인에게 통지하여야 한다(동조③). 행정청이 정당한 처리기간 내에 처리하지 아니하였을 때에는 신청인은 해당 행정청 또는 그 감독 행정청에 신속한 처리를 요청할 수 있다(동조④).

2) **처분기준의 설정·공표:** 처분기준 공표는 상대방으로 하여금 결과에 대한 예측가능성을 높이고 이를 통해 행정의 공정성·투명성·신뢰성을 확보하며 행정의 자의적인 권한행사를 방지하기 위한 것이다(대판 2019.12.13. 2018두41907). 행정청은 필요한 처분기준 및 변경하는 처분기준을 해당 처분의 성질에 비추어 되도록 구체적으로 정하여 공표하여야 하며, 행정기본법 제24조에 따른 인허가의제의 경우 주된 인허가 행정청은 관련 인허가의 처분기준을 관련 인허가 행정청으로부터 제출받아 통합하여 공표하여야 한다(동법 20①②). 다만, 처분기준을 공표하는 것이 해당 처분의 성질상 현저히 곤란하거나 공공의 안전 또는 복리를 현저히 해치는 것으로 인정될 만한 상당한 이유가 있는 경우에는 처분기준을 공표하지 아니할 수 있다(동조③). 당사자 등은 공표된 처분기준이 명확하지 아니한 경우 해당 행정청에 그 해석 또는 설명을 요청할 수 있다. 이 경우 해당 행정청은 특별한 사정이 없으면 그 요청에 따라야 한다(동조④).

3) **처리기간·처분기준 위반의 효과:** ① 처리기간은 신청에 따른 조속한 처리를 위한 규정으로 강행규정이 아니라 훈시규정이다(판례). 행정절차법 제19조 제4항이 그 간접적 근거가 될 수 있다. ② 처분기준을 미리 공표하지 아니한 기준을 적용하였더라도 위법이 아니다(판례). 그러나 ③ 처리기간 및 처분기준이 법령에 위반하는 경우는 물론, 처분기준이 행정규칙의 재량준칙인 경우에 이와 달리 처분한 경우에는 자기구속의 법리 또는 신뢰보호원칙 등 재량권의 일탈 남용의 사유에 해당하면 위법이 될 수 있다.

[판 례] 처리기간은 훈시규정, 처분기준 사전공표의무의 위반은 위법사유 아님(원칙)

"처분이나 민원의 처리기간을 정하는 것은 신청에 따른 사무를 가능한 한 조속히 처리하도록 하기 위한 것이다. **처리기간에 관한 규정은 훈시규정에 불과**할 뿐 강행규정이라고 볼 수 없다. **행정청이 처리기간이 지나 처분을 하였더라도 이를 처분을 취소할 절차상 하자로 볼 수 없다.**"(대판 2004.11.12. 2004두7115 등)

"행정청이 **행정절차법 제20조 제1항의 처분기준 사전공표 의무를 위반하여 미리 공표하지 아니한 기준을 적용하여 처분을 하였다고 하더라도, 그러한 사정만으로 곧바로 해당 처분에 취소사유에 이를 정도의 흠이 존재한다고 볼 수는 없다.** 다만 해당 처분에 적용한 기준이 상위법령의 규정이나 신뢰보호의 원칙 등과 같은 법의 일반원칙을 위반하였거나 객관적으로 합리성이 없다고 볼 수 있는 구체적인 사정이 있다면 해당 처분은 위법하다고 평가할 수 있다."(대판 2020.12.24. 2018두45633)

2. 처분의 사전통지

(1) 의 의

처분의 사전통지(事前通知)란 행정청이 당사자에게 의무를 과하거나 권익을 제한하는 처분을 하는 경우에는 미리 일정한 사항을 당사자 등에게 통지하는 것을 말한다(동법 21①). 이는 당사자에게 불이익처분을 하기 전에 의견제출의 기회를 주려는데 의의가 있다.

(2) 사전통지의 대상처분

1) **불이익처분:** 사전통지를 해야 할 대상인 처분은 당사자에게 의무를 과하거나 권익을 제한하는 불이익처분이다. 따라서 수익적 처분의 경우에는 사전통지의 의무가 없다고 할 것이다.

2) **복효적 행정행위의 사전통지대상여부:** 사전통지의 대상이 되는 부담적 처분에 복효적 행정행위가 포함되는지 문제된다. 사전통지는 당사자 등에게 하여야 하는 바, 당사자 등이라 함은 처분의 직접 상대방과 행정청이 직권 또는 신청에 의하여 행정절차에 참여하게 한 이해관계인을 말하므로(동법 2(4)), 이러한 이해관계인에게 불이익한 복효적 행정행위는 사전통지의 대상이 된다.

3) **거부처분의 사전통지대상 여부:** 거부처분의 경우 견해가 나뉜다.

(가) 부정설: 신청거부는 직접 당사자의 권익을 제한하는 것이 아니며, 신청 자체가 의견진술의 기회를 준 것으로 볼 수 있다는 점에서 사전통지대상이 아니라고 한다.[1]

(나) 긍정설: 당사자는 신청에 따른 처분을 기대한 것이므로 거부처분은 당사자의 권익을 제한하는 처분에 해당하여 사전통지대상이라고 한다.[2]

(다) 제한적 긍정설: 신청서에 기재되지 아니한 사실을 근거로 거부하는 경우 등 특별한 사정이 있는 경우에는 사전통지대상이 된다고 한다.

(라) 판 례: 판례는 신청에 대한 거부처분은 직접 당사자의 권익을 제한하는 처분에 해당한다고 할 수 없어 사전통지의 대상이 아니라는 부정설의 입장을 취하고 있다.

[판 례] 거부처분은 사전통지의 대상 아님

"신청에 따른 처분이 이루어지지 아니한 경우에는 아직 당사자에게 권익이 부과되지 아니하였으므로 특별한 사정이 없는 한 신청에 대한 거부처분이라고 하더라도 직접 당사자의 권익을 제한하는 것은 아니어서 신청에 대한 거부처분을 여기에서 말하는 '당사자의 권익을 제한하는 처분'에 해당한다고 할 수 없는 것이어서 처분의 사전통지대상이 된다고 할 수 없다."(대판 2003.11.28, 2003두674, 임용거부처분취소)

(마) 결 어: 사전통지의 취지는 당사자에게 불이익처분을 하기 전에 의견제출의 기회를 주려는 것이라 할 것이므로, 당사자의 신청의견과 관련 없는 상황에 기초하여 거부하는 경우나, 신청에 따른 기대하였던 처분이 거부됨으로써 권익제한의 결과를 가져오는 경우 등에는 사전통지의 대상으로 함으로써 분쟁소지를 사전에 예방할 수 있다(제한적 긍정설). 예컨대, 외국인 국내체류기간 연장허가신청(출입국관리법 25)이 거부되면 강제퇴거(동법 46①) 및 형벌(동법 94)이 행해지며, 광고물표시기간 연장신청 등 갱신허가신청이 거부되면 그 제거명령(옥외광고물등관리법 10①) · 대집행(동조②) · 이행강제금(동법 10조의3) · 벌칙(동법 18) 등 권익제한 · 침해가 발생하므로

1) 박균성(강의), 444면; 홍정선(상), 618면.
2) 김철용, 323면; 류지태 · 박종수(신론), 488면; 정하중 · 김광수(개론), 367면; 홍준형, 438면.

사전통지와 의견제시가 필요하다.

(3) 사전통지의 대상자

사전통지의 대상자는 해당 처분의 직접 상대방 및 해당 행정절차에 참여하게 한 이해관계인이다. 여기서 이해관계인에는 복효적 행정행위의 제3자뿐만 아니라 영업자지위승계의 신고의 경우에 종전 영업자도 포함된다(판례).

[판 례] 영업자지위승계신고의 수리의 경우에 종전 영업자에게 사전통지 필요

"구 식품위생법(2002.1.26. 법률 제6627호로 개정되기 전의 것) 제25조 제2항, 제3항의 각 규정에 의하면, … 영업자의 지위를 승계한 자가 관계 행정청에 이를 신고하여 행정청이 이를 수리하는 경우에는 종전의 영업자에 대한 영업허가 등은 그 효력을 잃는다 할 것인데, … **영업자지위승계신고를 수리하는 처분은 종전의 영업자의 권익을 제한하는 처분이라 할 것이고 따라서** 종전의 영업자는 그 처분에 대하여 직접 그 상대가 되는 자에 해당한다고 봄이 상당하므로, 행정청으로서는 위 신고를 수리하는 처분을 함에 있어서 행정절차법 규정 소정의 당사자에 해당하는 **종전의 영업자에 대하여 행정절차법 소정의 행정절차(제21조의 사전통지, 제22조의 의견제출 등)를 실시하고 처분을 하여야 한다.**"(대판 2003.2.14. 2001두7015; 대판 2012.12.13. 2011두29144).

(4) 사전통지의 사항

미리 통지할 사항은, ① 처분의 제목, ② 당사자의 성명 또는 명칭과 주소, ③ 처분하려는 원인이 되는 사실과 처분의 내용 및 법적 근거, ④ 의견제출 가능여부와 의견을 제출하지 아니하는 경우의 처리방법, ⑤ 의견제출기관의 명칭과 주소, ⑥ 의견제출기한 및 ⑦ 그 밖에 필요한 사항 등이다(동조①).

(5) 사전통지에 따른 의견제출 기한

사전통지에 따른 의견제출 기한은 의견제출에 필요한 기간을 10일 이상으로 고려하여 정하여야 한다(동조③).

(6) 사전통지의 예외

다음 어느 하나에 해당하는 경우에는 사전통지를 하지 아니할 수 있다(동법 21④).

1) 긴급한 경우: 공공의 안전 또는 복리를 위하여 긴급히 처분을 할 필요가 있는 경우이다(동조항 제1호).

2) 처분의 전제사실이 객관적 방법으로 증명된 경우: 법령등에서 요구된 자격이 없거나 없어지게 되면 반드시 일정한 처분을 하여야 하는 경우에 그 자격이 없거나 없어지게 된 사실이 법원의 재판 등에 의하여 객관적으로 증명된 경우이다(제2호). 또한 법령등에서 준수하여야 할 기술적 기준이 명확하게 규정되고, 그 기준에 현저히 미치지 못하는 사실을 이유로 처분을 하려는 경우로서 그 사실이 실험, 계측, 그 밖에 객관적인 방법에 의하여 명확히 입증된 경우이다(동법시행령 13(4)). 그러나 재판 등에 의해 처분의 전제가 되는 '일부' 사실만 증명된 경우이거나 의견청취에 따라 행정청의 처분 여부나 처분 수위가 달라질 수 있는 경우라면 위 예외사유에 해당하지

않는다. 따라서 해당 처분이 **재량행위**인 경우에는 의견청취에 따라 처분의 여부나 그 수위가 달라질 수 있으므로 위 예외사유에 해당하지 않는다(판례2).

3) 처분의 성질상 곤란 · 불필요한 경우: 해당 처분의 성질상 의견청취가 현저히 곤란하거나 명백히 불필요하다고 인정될 만한 상당한 이유가 있는 경우이다(동법 21④(3)). 또한 의견청취의 기회를 줌으로써 처분의 내용이 미리 알려져 현저히 공익을 해치는 행위를 유발할 우려가 예상되는 등 해당 처분의 성질상 의견청취가 현저하게 곤란한 경우, 법령등에서 일정한 요건에 해당하는 자에 대하여 점용료 · 사용료 등 금전급부를 명하는 경우 법령등에서 규정하는 요건에 해당함이 명백하고, 행정청의 금액산정에 재량의 여지가 없거나 요율이 명확하게 정하여져 있는 경우 등 해당 처분의 성질상 의견청취가 명백히 불필요하다고 인정될 만한 상당한 이유가 있는 경우 등이다(동법시행령 13(3)(5)).

이상의 경우 행정청은 처분을 할 때 당사자등에게 통지를 하지 아니한 사유를 알려야 한다. 다만, 신속한 처분이 필요한 경우에는 처분 후 그 사유를 알릴 수 있다(동조⑥).

[판례 1] 사전통지와 의견제출의 예외

"행정절차법 제21조 제1항, 제3항, 제4항, 제22조에 의하면, **행정청이 당사자에게 의무를 부과하거나 권익을 제한하는 처분을 하는 경우에는 미리** '처분의 제목', '처분하려는 원인이 되는 사실과 처분의 내용 및 법적 근거', '이에 대하여 의견을 제출할 수 있다는 뜻과 의견을 제출하지 아니하는 경우의 처리방법', '의견제출기관의 명칭과 주소', '의견제출기한' 등의 사항을 **당사자 등에게 통지하여야 하고, 의견제출기한은 의견제출에 필요한 상당한 기간을 고려하여 정하여야 하며,** 다른 법령 등에서 필수적으로 청문을 하거나 공청회를 개최하도록 규정하고 있지 아니한 경우에도 당사자 등에게 **의견제출의 기회를 주어야 하며, 다만 '해당 처분의 성질상 의견청취가 현저히 곤란하거나 명백히 불필요하다고 인정될 만한 상당한 이유가 있는 경우' 등에 한하여 처분의 사전통지나 의견청취를 하지 아니할 수 있다. 따라서 행정청이 침해적 행정처분을 하면서 당사자에게 사전통지를 하거나 의견제출의 기회를 주지 아니하였다면, 사전통지나 의견제출의 예외적인 경우에 해당하지 아니하는 한, 처분은 위법하여 취소를 면할 수 없다.**

그리고 여기에서 **'의견청취가 현저히 곤란하거나 명백히 불필요하다고 인정될 만한 상당한 이유가 있는 경우'에 해당하는지는 해당 행정처분의 성질에 비추어 판단하여야 하며, 처분상대방이 이미 행정청에 위반사실을 시인하였다거나 처분의 사전통지 이전에 의견을 진술할 기회가 있었다는 사정을 고려하여 판단할 것은 아니다.**"(대판 2016.10.27. 2016두41811, 시정명령처분취소등)

[판례 2] 사전통지 등의 예외사유가 아닌 경우

"행정절차법 제21조, 제22조, 행정절차법 시행령 제13조의 내용을 행정절차법의 입법 목적과 의견청취 제도의 취지에 비추어 종합적 · 체계적으로 해석하면, 행정절차법 시행령 제13조 제2호에서 정한 "법원의 재판 또는 준사법적 절차를 거치는 행정기관의 결정 등에 따라 처분의 전제가 되는 사실이 객관적으로 증명되어 처분에 따른 의견청취가 불필요하다고 인정되는 경우"는 법원의 재판 등에 따라 처분의 전제가 되는 사실이 객관적으로 증명되면 행정청이 반드시 일정한 처분을 해야 하는 경우 등 의견청취가 행정청의 처분 여부나 그 수위 결정에 영향을 미치지 못하는 경우를 의미한다고 보아야 한다. **처분의 전제가 되는 '일부' 사실만 증명된 경우이거나 의견청취에 따라 행정청의 처분 여부나 처분 수위가 달라질 수 있는 경우라면 위 예외사유에 해당하지 않는다. …… 따라서 해당 처분이 재량행위인 경우에는 의견청취에 따라 처분의 여부나 그 수위가 달라질 수 있으므로 위 예외사유에 해당하지 않는다.**"(대판 2020.7.23. 2017두66602)

3. 의견제출

(1) 의 의

의견제출이란 행정청이 어떠한 행정작용을 하기 전에 당사자 등이 의견을 제시하는 절차로서 청문이나 공청회에 해당하지 아니하는 절차를 말한다(동법 2(7)). 행정절차법은 행정청이 불이익처분을 하기에 앞서 당사자 등의 의견을 듣는 의견청취는 원칙적으로 약식절차인 의견제출의 방식에 의하고, 일정한 경우에 청문 또는 공청회를 하도록 하고 있다. 이와 같이 불이익처분의 경우에 사전통지 및 의견청취를 하도록 규정한 것은 상대방의 방어권 행사를 실질적으로 보장하기 위함이다(대판 2018.3.13. 2016두33339).

(2) 적용대상

행정청이 당사자에게 의무를 과하거나 권익을 제한하는 처분을 할 때 청문 또는 공청회의 경우 외에는 당사자 등에게 의견제출의 기회를 주어야 한다(동법 22③). 의견제출은 당사자가 의견제출의 기회를 포기한다는 뜻을 명백히 표시한 경우 외에는 불이익처분을 사전통지 할 때 기회를 주어야 하는 행정청의 의무사항이다(동조④). 의견제출의 기회를 주어야 하는 당사자란 처분의 직접 상대방을 의미하며, 고시의 방법으로 불특정 다수인을 상대로 하는 경우에는 상대방을 특정할 수 없으므로 그 예외가 인정된다(판례).

[판 례] 의견제출 기회를 주어야 하는 당사자 및 고시방법의 경우

"구 행정절차법(2011. 12. 2. 법률 제11109호 이전) 제22조 제3항에 따라 행정청이 의무를 부과하거나 권익을 제한하는 처분을 할 때 의견제출의 기회를 주어야 하는 **'당사자'는 '행정청의 처분에 대하여 직접 그 상대가 되는 당사자'**(구 행정절차법 제2조 제4호)를 의미한다. 그런데 **'고시'의 방법으로 불특정 다수인을 상대로 의무를 부과하거나 권익을 제한하는 처분은 성질상 의견제출의 기회를 주어야 하는 상대방을 특정할 수 없으므로**, 이와 같은 처분에 있어서까지 구 행정절차법 제22조 제3항에 의하여 그 상대방에게 의견제출의 기회를 주어야 한다고 해석할 것은 아니다."(대판 2014.10.27. 2012두7745)

(3) 방 법

당사자 등은 처분 전에 그 처분의 관할행정청에 서면이나 말로 또는 정보통신망을 이용하여 의견제출을 할 수 있고, 이 경우 그 주장을 입증하기 위한 증거자료 등을 첨부할 수 있다(동법 27①②). 행정청은 당사자 등이 말로 의견제출을 하였을 때에는 서면으로 그 진술의 요지와 진술자를 기록하여야 한다(동조③).

(4) 의견제출의 예외 및 포기

의견제출의 예외에 해당하는 경우(동법 21④)와 당사자가 의견제출기회를 포기한다는 뜻을 명백히 표시한 경우에는 의견청취를 아니할 수 있다(동법 22④). 또한 당사자 등이 정당한 이유 없이 의견제출기한까지 의견제출을 하지 아니한 경우에는 의견이 없는 것으로 본다(동법 27④).

(5) 제출의견의 반영

행정청은 처분을 한 때에 당사자 등이 제출한 의견이 상당한 이유가 있다고 인정하는 경우에는 이를 반영하여야 한다(동법 27조의2①). 행정청은 당사자등이 제출한 의견을 반영하지 아니하고 처분을 한 경우 당사자등이 처분이 있음을 안 날부터 90일 이내에 그 이유의 설명을 요청하면 서면으로 그 이유를 알려야 한다. 다만, 당사자등이 동의하면 말, 정보통신망 또는 그 밖의 방법으로 알릴 수 있다(동조②). 행정청은 청문 · 공청회 또는 의견제출을 거친 때에는 신속히 처분하여 해당 처분이 지연되지 아니하도록 하여야 한다(동법 22⑤).

4. 처분의 이유제시

(1) 의의 및 기능

이유제시(理由提示)란 행정청이 처분을 할 때 당사자에게 해당 처분의 근거와 이유를 알려주는 것을 말한다. 이유제시는 처분의 신중 · 적정 · 공정 · 타당 · 합리성 등을 담보하며 자의를 억제하고, 상대방에게 설득기능 및 쟁송제기시의 구체적 판단근거의 제시기능을 한다.

(2) 대상처분 및 제외사항

이유제시의 대상인 처분은 불이익처분뿐만 아니라 수익적 처분을 포함한 **모든 행정처분**이다. 다만, ① 신청내용을 모두 그대로 인정하는 처분인 경우, ② 단순 · 반복적인 처분 또는 경미한 처분으로서 당사자가 그 이유를 명백히 알 수 있는 경우, ③ 긴급을 요하는 경우 등에는 이유제시를 생략해도 된다(행정절차법 23①). 그러나 ②와 ③의 경우에 처분 후 당사자가 요청하는 경우에는 그 근거와 이유를 제시하여야 한다(동조②).

(3) 시점 및 내용

이유제시는 원칙적으로 처분과 동시에 하며, 구체적으로 명시하여야 할 내용은 처분의 원인이 되는 사실과 근거가 되는 법령 또는 자치법규이다(동법 시행령 14조의2).

(4) 제시정도

이유제시의 정도는 해당 처분의 성질과 이유제시의 취지에 따라 개별적 · 구체적으로 판단해야 할 것이나, 일반적으로 ① 당사자가 그 근거를 알 수 있을 정도로 상당한 이유이어야 하며, ② 당사자가 충분히 납득할 수 있을 정도로 구체적이고 명확하게 하여야 한다(판례). 또한 ③ 처분이유에는 최종적인 판단에 이르게 된 논리적 과정을 알 수 있도록 적시되어야 한다.

[판 례] 이유제시의 정도

"행정청의 자의적 결정을 배제하고 당사자로 하여금 행정구제절차에서 적절히 대처할 수 있도록 하는 처분의 근거 및 이유제시 제도의 취지에 비추어, 처분을 하면서 **당사자가 그 근거를 알 수 있을 정도로 이유를 제시한 경우에는 처분의 근거와 이유를 구체적으로 명시하지 않았더라도 그로 말미암아 그 처분이 위법하다고 볼 수는 없다.** 이때 **'이유를 제시한 경우'는** 처분서에 기재된 내용과 관계 법령 및 당해 처분에 이르기까지의 전체적인 과정 등을 종합적으로 고려하여, **처분 당시 당사자가 어떠한 근거와 이유로 처분이 이루어진 것인지를 충분히 알 수 있어서 그에 불복하여 행정구제절차로 나아가는 데 별다른 지장이 없었다고 인정되는 경우를 뜻한다.**"(대판 2019.1.31. 2016두64975 가격조정명령처분취소 등)

(5) 흠결의 효과

이유제시의 결여 또는 불비의 처분은 위법하다. 그러나 이유제시의 흠결이 무효사유인지 취소사유인지에 대해서는 견해가 일치하지 아니한다. 이유제시를 전혀 결여한 처분은 무효원인으로 보아야 하는 경우도 있을 수 있겠으나, 개별적・구체적으로 검토하여 무효 또는 취소를 판단하여 할 것이다.

(6) 흠결의 치유

이유제시에 흠결이 있는 경우에 사후보완에 의하여 그 하자가 치유될 수 있는지가 문제된다. 이 문제는 뒤의 행정절차의 하자의 치유에서 함께 설명하고 있는 바, 일반적으로 이유제시의 하자의 치유를 인정할 수 있다.

5. 처분의 방식, 정정, 고지

(1) 처분의 방식

처분을 할 때에는 다른 법령등에 특별한 규정이 있는 경우를 제외하고는 **문서로** 하여야 한다(동법 24①). 이는 처분내용의 명확성을 확보하고 처분존부에 관한 다툼을 방지하여 상대방의 권익보호를 위한 것이다. 다만, 당사자등의 동의나 당사자가 전자문서로 처분을 신청한 경우에는 전자문서로 할 수 있으며(동조①후문), 공공의 안전 또는 복리를 위하여 긴급히 처분을 할 필요가 있거나 사안이 경미한 경우에는 말, 전화, 휴대전화를 이용한 문자 전송, 팩스 또는 전자우편 등 문서가 아닌 방법으로 처분을 할 수 있고, 이 경우 당사자가 요청하면 지체 없이 처분에 관한 문서를 주어야 한다(동조②). 처분문서에는 처분행정청과 담당자의 소속・성명・연락처를 적어야 한다(동조③).

[판 례] 문서에 의하지 아니한 처분은 무효

"행정절차법 제24조는, 행정청이 처분을 하는 때에는 다른 법령 등에 특별한 규정이 있는 경우를 제외하고는 문서로 하여야 하고 전자문서로 하는 경우에는 당사자 등의 동의가 있어야 하며, 다만 신속을 요하거나 사안이 경미한 경우에는 구술 기타 방법으로 할 수 있다고 규정하고 있는데, **이는 행정의 공정성・투명성 및 신뢰성을 확보하고 국민의 권익을 보호하기 위한 것이므로 위 규정을 위반하여 행하여진 행정청의 처분은 하자가 중대하고 명백하여 원칙적으로 무효이다.**"(대판 2011.11.10. 2011도11109)

(2) 처분의 정정

행정청은 처분에 오기・오산 또는 그 밖에 이에 준하는 명백한 잘못이 있을 때에는 직권으로 또는 신청에 따라 지체 없이 정정하고 그 사실을 당사자에게 통지하여야 한다(동법 25).

(3) 불복의 고지

행정청이 처분을 할 때에는 당사자에게 그 처분에 관하여 행정심판 및 행정소송을 제기할 수 있는지 여부, 그 밖에 불복을 할 수 있는지 여부, 청구절차 및 청구기간, 그 밖에 필요한 사항을 알려야 한다(동법 26). 이 규정은 행정쟁송의 절차를 밟는 데 편의를 제공하려는 것이어서 이를 불이행 하였다고 하더라도 행정쟁송의 대상이 되는 행정처분이 위법하다고 할 수 없다(판례).

[판 례] 고지 흠결의 효력

"행정절차법 제26조는 "행정청이 처분을 할 때에는 당사자에게 그 처분에 관하여 행정심판 및 행정소송을 제기할 수 있는지 여부, 그 밖에 불복을 할 수 있는지 여부, 청구절차 및 청구기간 그 밖에 필요한 사항을 알려야 한다."라고 규정하고 있다. 이러한 고지절차에 관한 규정은 **행정처분의 상대방이 그 처분에 대한 행정심판의 절차를 밟는 데 편의를 제공하려는 것이어서 처분청이 위 규정에 따른 고지의무를 이행하지 아니하였다고 하더라도 경우에 따라 행정심판의 제기기간이 연장될 수 있음에 그칠 뿐, 그 때문에 심판의 대상이 되는 행정처분이 위법하다고 할 수는 없다.**"(대판 2016.4.29. 2014두3631; 대판 2018.2.8. 2017두66633).

6. 청 문(聽聞)

(1) 의 의

청문이란 행정청이 어떠한 처분을 하기 전에 당사자등의 의견을 직접 듣고 증거를 조사하는 절차를 말한다(동법 2(5)). 청문은 위법한 처분이 행해질 것에 대한 당사자의 방어수단임과 동시에 당사자에게 유리한 사실 또는 법적 견해의 진술을 허용하는 것이기 때문에 공격수단이기도 하다.

(2) 청문의 실시요건 및 배제사유

1) 청문실시의 요건: 청문은, ① 다른 법령 등에서 청문을 하도록 규정하고 있는 경우와 ② 행정청이 필요하다고 인정하는 경우 및 ③ 인허가 등의 취소와 신분 · 자격의 박탈 및 법인 · 조합 등의 설립허가의 취소의 경우에 청문을 한다(동법 22①).

2) 청문배제사유: ① 공공의 안전 또는 복리를 위하여 긴급히 처분을 할 필요가 있는 경우, ② 법령 등에서 요구된 자격이 없거나 없어지게 되면 반드시 일정한 처분을 하여야 하는 경우에 그 자격이 없거나 없어지게 된 사실이 법원의 재판 등에 의하여 객관적으로 증명된 경우, ③ 해당 처분의 성질상 의견청취가 현저히 곤란하거나 명백히 불필요하다고 인정될 만한 상당한 이유가 있는 경우(이상 동법 21④), ④ 당사자가 의견진술의 기회를 포기한다는 뜻을 명백히 표시한 경우 등에는 청문을 아니 할 수 있다(동법 22④).

3) 협의에 의한 청문배제 가능성: 행정청이 당사자 등과 협약으로 청문을 배제할 수 있는지 견해가 대립된다. 즉, ① 행정청과 당사자 사이의 협의에 의하여 청문을 배제할 수 있다는 **긍정설**과, ② 적법절차보장과 행정의 적정한 판단 및 민주적 정당성 확보라는 청문의 목적에 비추어 청문을 협약으로 배제할 수 없다는 **부정설**이 그것이다. **판례**는 부정설을 취한다(판례). 생각건대, 협약에 의해 청문을 배제할 수 있다면 행정청은 우월한 지위를 이용하여 청문배제를 강제할 수 있다는 점, 부정설의 논거 및 청문에 관한 법령의 규정은 강행규정이라는 점에서 특별한 사정이 없는 한 원칙적으로 협약에 의한 청문배제를 인정할 수 없다고 할 것이므로 부정설이 타당하다.

[판 례] 당사자와의 협약에 의한 청문배제 불가

"행정청이 당사자와 사이에 도시계획사업의 시행과 관련한 협약을 체결하면서 관계 법령 및 행정절차법에 규정된 청문의 실시 등 의견청취절차를 배제하는 조항을 두었다고 하더라도, 국민의 행정참여를 도모함으로써 행정의 공정성・투명성 및 신뢰성을 확보하고 국민의 권익을 보호한다는 행정절차법의 목적 및 청문제도의 취지 등에 비추어 볼 때, 위와 같은 협약의 체결로 청문의 실시에 관한 규정의 적용을 배제할 수 있다고 볼 만한 법령상의 규정이 없는 한, 이러한 협약이 체결되었다고 하여 청문의 실시에 관한 규정의 적용이 배제된다거나 청문을 실시하지 않아도 되는 예외적인 경우에 해당한다고 할 수 없다."(대판 2004.7.8, 2002두8350, 유희시설조성사업협약해지및사업시행자지정거부처분취소)

(3) 청문의 통지

행정청은 청문을 실시하고자 하는 경우에 청문이 시작되는 날부터 10일전까지 청문사항을 당사자등에게 통지하여야 한다(동법 21②). 청문사항은, ① 처분의 제목, ② 당사자의 성명 또는 명칭과 주소, ③ 처분하려는 원인이 되는 사실과 처분의 내용 및 법적 근거, ④ 청문주재자의 소속・직위 및 성명, ⑤ 청문의 일시 및 장소, ⑥ 청문에 응하지 아니하는 경우의 처리방법, ⑦ 그 밖에 필요한 사항 등이다.

(4) 청문주재자의 선정

청문주재자란 청문의 진행 및 증거조사 등 청문절차를 주재하는 자를 말한다. 청문주재자는 중립적 위치에서 행정청과 당사자 사이의 쟁점을 명확히 밝히고 합리적인 방향으로 결론을 유도하는 역할을 수행하여야 하기 때문에 공정성과 직무상 독립성이 최대한 보장되어야 한다. 행정청은 소속 직원 또는 대통령령으로 정하는 자격을 가진 사람 중에서 청문 주재자를 공정하게 선정하여야 한다(동법 28①). 다만, 다수 국민의 이해가 상충하는 처분, 다수 국민에게 불편이나 부담을 주는 처분, 그 밖에 전문적이고 공정한 청문을 위하여 행정청이 청문 주재자를 2명 이상으로 선정할 필요가 있다고 인정하는 경우에는 청문주재자를 2명 이상으로 선정할 수 있다(동조 ②). 위에서 '대통령령으로 정하는 자격을 가진 사람'이란 교수・변호사・공인회계사 등 관련분야의 전문직 종사자, 청문사안과 관련되는 분야에 근무한 경험이 있는 전직 공무원 및 그 밖의 업무경험을 통하여 청문사안과 관련되는 분야에 전문지식이 있는 자를 말한다(동법시행령 15①). 청문주재자는 신분보장을 받는다(동법 동조④).

(5) 청문주재자의 제척・기피・회피

청문주재자는 제척・기피・회피 등 일정한 경우 청문을 주재할 수 없다. 즉, ① 자신이 당사자등이거나 당사자 등과 민법 제777조 각호의 어느 하나에 해당하는 친족관계에 있거나 있었던 경우, ② 자신이 해당 처분과 관련하여 증언이나 감정을 한 경우, ③ 자신이 해당 처분의 당사자등의 대리인으로 관여하거나 관여하였던 경우, ④ 자신이 해당 처분업무를 직접 처리하거나 하였던 경우, ⑤ 자신이 해당 처분업무를 처리하는 부서에 근무하는 경우(이 경우 부서의 구체적인 범위는 대통령령으로 정한다) 등에는 청문을 주재할 수 없다(제척사유). 또한 청문주재자에게 공정한 청문진행을 할 수 없는 사정이 있는 경우 당사자 등은 행정청에 기피신청을 할 수 있으며(동조②), 위 제척 · 기피사유에 해당하는 경우에는 행정청의 승인을 받아 스스로 청문의 주재를 회피할 수 있다(동조③).

(6) 청문의 공개

청문은 당사자가 공개를 신청하거나 처분주재자가 필요하다고 인정하는 경우 공개할 수 있다. 다만, 공익 또는 제3자의 정당한 이익을 현저히 해할 우려가 있는 경우에는 공개하여서는 아니 된다(동법 30).

(7) 청문의 진행

청문은 청문주재자가 먼저 예정된 처분의 내용, 그 원인이 되는 사실 및 법적 근거 등을 설명하고, 당사자 등은 의견을 진술하고 증거를 제출하며 참고인 · 감정인 등에게 질문할 수 있다(동법 31①②). 당사자 등이 의견서를 제출한 경우에는 그 내용을 출석하여 진술한 것으로 본다(동조③). 청문주재자는 청문의 신속한 진행과 질서유지를 위하여 필요한 조치를 할 수 있다(동조④). 행정청은 직권 또는 당사자의 신청에 따라 여러 개의 사안을 병합하거나 분리하여 청문을 할 수 있다(동법 32).

(8) 증거조사 · 청문조서 · 의견서작성

청문주재자는 직권으로 또는 당사자의 신청에 따라 필요한 조사를 할 있으며, 당사자 등이 주장하지 아니한 사실에 대하여도 조사할 수 있다(동법 33①). 증거조사는 문서 · 장부 · 물건 등 증거자료의 수집, 참고인 · 감정인 등에 대한 질문, 검증 또는 감정 · 평가 및 그 밖에 필요한 조사의 방법으로 한다(동조②). 청문주재자는 제목, 청문주재자와 당사자 등의 인적 사항, 청문의 일시 · 장소, 당사자 등의 진술의 요지 및 제출된 증거 등이 기재된 청문조서를 작성하여야 한다(동법 34①). 당사자 등은 청문조서의 내용을 열람 · 확인할 수 있으며 이의가 있을 때에는 그 정정을 요구할 수 있다(동조②). 또한 청문주재자는 청문의 제목, 처분의 내용 · 주요사실 또는 증거, 종합의견, 그 밖에 필요한 사항 등이 적힌 의견서를 작성하여야 한다(동법 34조의2).

(9) 청문의 종결

청문주재자는 해당 사안에 대하여 당사자 등의 의견진술 · 증거조사가 충분히 이루어졌다고 인정되는 경우에는 청문을 마칠 수 있다(동법 35①). 청문주재자는 당사자등의 전부 또는 일부가 정당한 사유 없이 청문기일에 출석하지 아니하거나 의견서를 제출하지 아니한 경우에는 이들에게 다시 의견진술 및 증거제출의 기회를 주지 아니하고 청문을 마칠 수 있으며(동조②), 이들이 정당한 사유로 인하여 청문기일에 출석하지 못하거나 의견서를 제출하지 못한 경우에는 10일 이상의 기간을 정하여 의견진술 및 증거제출을 요구하여야 하며, 해당 기간이 지났을 때에 청문을 마칠 수 있다(동조③). 청문주재자는 청문을 마쳤을 때에는 청문조서, 청문주재자의 의견서,

그 밖의 관계서류 등을 행정청에 지체없이 제출하여야 한다(동조④).

(10) 청문결과의 반영

행정청은 처분을 할 때에 제35조 제4항에 따라 받은 청문조서, 청문주재자의 의견서, 그 밖의 관계서류 등을 충분히 검토하고 상당한 이유가 있다고 인정하는 경우에는 청문결과를 반영하여야 한다(동법 35의2).

(11) 청문의 재개

행정청은 청문을 마친 후 처분을 할 때까지 새로운 사정이 발견되어 청문을 재개할 필요가 있다고 인정하는 때에는 제35조 제4항에 따라 받은 청문조서 등을 되돌려 보내고 청문의 재개를 명할 수 있다(동법 36).

(12) 문서의 열람 및 비밀유지

당사자 등은 청문의 통지가 있는 날부터 청문이 끝날 때까지 행정청에 해당 사안의 조사결과에 관한 문서 그 밖에 해당 처분과 관련되는 문서의 열람 또는 복사를 요청할 수 있다. 이 경우 행정청은 다른 법령에 따라 공개가 제한되는 경우를 제외하고는 그 요청을 거부할 수 없다(동법 37①). 누구든지 청문을 통하여 알게 된 사생활이나 경영상 또는 거래상의 비밀을 정당한 이유없이 누설하거나 다른 목적으로 사용하여서는 아니 된다(동조⑥).

7. 공청회 및 재개최

(1) 의 의

공청회(公聽會)란 행정청이 공개적인 토론을 통하여 어떠한 행정작용에 대하여 당사자 등, 전문지식과 경험을 가진 사람 그 밖의 일반인으로부터 의견을 널리 수렴하는 절차를 말한다(동법 2).

(2) 공청회의 개최요건

① 다른 법령등에서 공청회를 개최하도록 규정하고 있는 경우, ② 해당 처분의 영향이 광범위하여 널리 의견을 수렴할 필요가 있다고 행정청이 인정하는 경우, ③ 국민생활에 큰 영향을 미치는 처분으로서 대통령령으로 정하는 처분에 대하여 대통령령으로 정하는 수 이상의 당사자등이 공청회 개최를 요구하는 경우에 공청회를 개최한다(동법22②).

(3) 공청회의 개최공고

행정청은 공청회를 개최하려는 경우에는 공청회 개최 14일 전까지 제목, 일시와 장소, 주요내용, 발표자에 관한 사항, 발표신청방법 및 신청기한, 정보통신망을 통한 의견제출 그 밖에 공청회 개최에 필요한 사항 등을 당사자 등에게 통지하고 관보·공보·인터넷홈페이지 또는 일간신문 등에 공고하는 등의 방법으로 널리 알려야 한다. 다만, 공청회 개최를 알린 후 예정대로 개최하지 못하여 새로 일시 및 장소 등을 정한 경우에는 공청회 개최 7일 전까지 알려야 한다(동법 38).

(4) 온라인공청회

정보통신망을 이용하는 온라인공청회는 동법 제38조에 따른 공청회와 병행하여서만 실시할 수 있다(동법 38조의2①). 다만, 다음의 경우에는 온라인공청회를 단독으로 개최할 수 있다. 즉, ① 국민의 생명 · 신체 · 재산의 보호 등 국민의 안전 또는 권익보호 등의 이유로 제38조에 따른 공청회를 개최하기 어려운 경우, ② 제38조에 따른 공청회가 행정청이 책임질 수 없는 사유로 개최되지 못하거나 개최는 되었으나 정상적으로 진행되지 못하고 무산된 횟수가 3회 이상인 경우, ③ 행정청이 널리 의견을 수렴하기 위하여 온라인공청회를 단독으로 개최할 필요가 있다고 인정하는 경우. 다만, 제22조제2항제1호 또는 제3호에 따라 공청회를 실시하는 경우는 제외한다(동조②). 행정청은 온라인공청회를 실시하는 경우 의견제출 및 토론 참여가 가능하도록 적절한 전자적 처리능력을 갖춘 정보통신망을 구축 · 운영하여야 하며(동조③), 누구든지 정보통신망을 이용하여 의견을 제출하거나 제출된 의견 등에 대한 토론에 참여할 수 있다(동조④).

(5) 공청회의 주재자 및 발표자

주재자는 사안과 관련된 분야에 전문지식이나 종사경험이 있는 사람으로서 대통령령으로 정하는 자격을 가진 사람 중에서 선정한다(동법 38의3①). 발표자는 발표를 신청한 사람 중에서 선정한다. 다만, 신청자가 없거나 공정성확보를 위해 필요하다고 인정하는 경우에는 해당 사안과 관련된 당사자등, 관련분야의 전문적 지식이 있는 사람, 관련분야에 종사한 경험이 있는 사람 중에서 지명하거나 위촉할 수 있다(동조②). 위와 같은 주재자 및 발표자의 지명 · 위촉 · 선정할 때 공정성이 확보될 수 있도록 하여야 한다(동조③).

(6) 공청회의 진행 및 재개최

공청회의 주재자는 공정하게 진행하여야 하며, 원활한 진행을 위해 발표내용제한 · 발언중지 · 퇴장명령 등 필요한 조치를 할 수 있고, 발표자의 발표 후 발표자 상호간의 질의 · 답변 및 방청인의 의견제시 등의 기회를 주어야 한다(동법 39). 행정청은 공청회를 마친 후 처분을 할 때까지 새로운 사정이 발견되어 공청회를 다시 개최할 필요가 있다고 인정할 때에는 공청회를 다시 개최할 수 있다(동법 39의3).

(7) 결과의 반영

행정청은 처분할 때에 공청회 · 온라인공청회 및 정보통신망 등을 통하여 제시된 사실 및 의견이 상당한 이유가 있다고 인정하는 경우에는 이를 반영하여야 한다(동법 39의2).

Ⅵ. 처분 이외의 절차

1. 신고 · 확약 · 공표 등

(1) 신고

행정절차법의 신고절차는 행정청에 통지함으로써 의무가 끝나는 전형적인 신고(申告)인 자기완결적 신고를 규정하고 있다. 즉, 법령 등에서 행정청에 일정한 사항을 통지함으로써 의무가 끝나는 신고를 규정하고 있는 경우 신고를 관장하는 행정청은 신고에 필요한 구비서류와 접수기관 그 밖에 법령 등에 따른 신고에 필요한 사항을 게시하거나 이에 대한 편람을 갖추어 두고 누구나 열람을 할 수 있도록 하여야 한다(동법 40①). 신고가, ① 신고서의 기재사항에 흠이 없을 것, ② 필요한 구비서류가 첨부되어 있을 것, ③ 그 밖에 법령 등에 규정된 형식상의 요건에 적합할 것 등의 요건을 갖춘 경우에는 신고서가 접수기관에 도달된 때에 신고의 의무가 이행된 것으로 본다(동조②). 행정청은 제2항 각호의 요건을 갖추지 못한 신고서가 제출된 경우 지체없이 상당한 기간을 정하여 신고인에게 보완을 요구하여야 한다(동조③).

(2) 확 약

법령등에서 당사자가 신청할 수 있는 처분을 규정하고 있는 경우 당사자의 신청에 따라 장래에 어떤 처분을 하거나 하지 아니할 것을 내용으로 하는 의사표시(확약)를 할 수 있다(동법 40조의 2①). 확약은 문서로 하여야 하며(동조②), 다른 행정청과 협의 등의 절차를 거쳐야 하는 처분에 대해서는 확약을 하기 전에 그 절차를 거쳐야 한다(동조③). 행정청은 법령등이나 사정이 변경된 경우 및 확약이 위법한 경우에는 확약에 기속되지 아니하며(동조④), 이 경우 확약을 이행할 수 없는 사실을 당사자에게 통지하여야 한다(동조⑤).

(3) 위반사실 등의 공표

행정청은 법령에 따른 의무를 위반한 자의 성명·법인명, 위반사실, 의무 위반을 이유로 한 처분사실 등(이하 "위반사실등"이라 한다)을 법률로 정하는 바에 따라 일반에게 공표할 수 있다(동법 40조의3①). 행정청은 위반사실등의 공표를 하기 전에 사실과 다른 공표로 인하여 당사자의 명예·신용 등이 훼손되지 아니하도록 객관적이고 타당한 증거와 근거가 있는지를 확인하여야 하며(동조②), 미리 당사자에게 그 사실을 통지하고 의견제출의 기회를 주어야 한다(동조③).

(4) 행정계획

행정청은 행정청이 수립하는 계획 중 국민의 권리·의무에 직접 영향을 미치는 계획을 수립하거나 변경·폐지할 때에는 관련된 여러 이익을 정당하게 형량하여야 한다(동법 40조의4).

2. 행정상 입법예고절차

(1) 의 의

행정상 입법예고는 행정청으로 하여금 법령 등을 제정 또는 개정하고자 할 때 이를 국민에게 미리 알려 국민의 의견제출의 기회를 보장하려는 것이다.

(2) 예고의 대상 및 예외

법령 등을 제정·개정 또는 폐지하고자 하려는 경우에는 해당 입법안을 마련한 행정청은 이를 예고하여야 한다(동법 41①). 다만, ① 신속한 국민의 권리 보호 또는 예측 곤란한 특별한 사정의 발생 등으로 입법이 긴급을 요하는 경우, ② 상위 법령등의 단순한 집행을 위한 경우, ③ 입법내용이 국민의 권리 · 의무 또는 일상생활과 관련이 없는 경우, ④ 단순한 표현 · 자구를 변경하는 경우 등 입법내용의 성질상 예고의 필요가 없거나 곤란하다고 판단되는 경우, ⑤ 예고함이 공공의 안전 또는 복리를 현저히 해칠 우려가 있는 경우 등에는 입법예고를 아니할 수 있다(동조① 단서).

(3) 예고방법, 기간

행정청은 입법안의 취지, 주요 내용 또는 전문을 관보 · 공보나 인터넷 · 신문 · 방송 등의 방법으로 널리 공고하여야 하며, 대통령령의 입법예고시에는 국회 소관 상임위원회에 제출하여야 하고, 행정청은 예고된 입법안의 전문에 대하여 열람 또는 복사의 요청을 받았을 때에는 특별한 사유가 없으면 그 요청에 따라야 한다(동법 42①②⑤). 입법예고기간은 예고할 때 정하되, 특별한 사정이 없으면 40일(자치법규는 20일) 이상으로 한다(동법 43).

(4) 의견제출 및 처리, 공청회

누구든지 예고된 입법안에 대하여 그 의견을 제출할 수 있으며, 행정청은 그 제출된 의견의 처리결과를 통지하여야 한다(동법 44①④). 행정청은 입법안에 관하여 공청회를 개최할 수 있다(동법 45). 그 밖에 행정상 입법예고에 관하여는 법제업무운영규정(대통령령)이 정하는 바에 따른다(동법시행령 23).

(5) 입법예고 흠결의 효과

입법예고의 취지는 다수 이해관계자의 이익을 합리적으로 조정하여 국민의 권리에 대한 부당한 침해를 방지하고 행정의 민주화와 신뢰를 확보하기 위하여 국민의 의사를 그 과정에 반영시키는 데에 있다고 할 것이다. 따라서 행정절차법 및 그 하위법령에서 정한 행정상 입법예고절차에 위반하여 입법이 이루어진 경우에 당해 법령 등은 위법하여 무효라고 할 것이다(서울행법 2018.10.12. 2017구합88671).

3. 행정예고

(1) 행정예고의 대상 및 예외

행정청은 정책, 제도 및 계획(이하 "정책등"이라 한다)을 수립 · 시행하거나 변경하려는 경우에는 이를 예고하여야 한다. 다만, ① 신속하게 국민의 권리를 보호하여야 하거나 예측이 어려운 특별한 사정이 발생하는 등 긴급한 사유로 예고가 현저히 곤란한 경우, ② 법령등의 단순한 집행을 위한 경우, ③ 정책등의 내용이 국민의 권리 · 의무 또는 일상생활과 관련이 없는 경우, ④ 정책등의 예고가 공공의 안전 또는 복리를 현저히 해칠 우려가 상당한 경우 등의 어느 하나에 해당하는 경우에는 예고하지 아니할 수 있다(동법 46①). 제1항에도 불구하고 법령등의 입법을 포함하는 행정예고는 입법예고로 갈음할 수 있다(동조②). 행정예고기간은 예고 내용의 성격 등을 고려하여 정하되, 20일 이상으로 하고 긴급할 필요가 있는 경우에는 10일 이상으로 단축할 수 있다

(동조③④).

(2) 예고방법 및 예고통계의 작성 · 공고

행정청은 정책등안(案)의 취지, 주요 내용 등을 관보 · 공보나 인터넷 · 신문 · 방송 등을 통하여 공고하여야 한다(동법 47). 행정청은 매년 자신이 행한 행정예고의 실시 현황과 그 결과에 관한 통계를 작성하고, 이를 관보 · 공보 또는 인터넷 등의 방법으로 널리 공고하여야 한다(동법 46의2).

4. 행정지도

(1) 의 의

행정지도라 함은 행정기관이 그 소관사무의 범위 안에서 일정한 행정목적을 실현하기 위하여 특정인에게 일정한 행위를 하거나 하지 아니하도록 지도 · 권고 · 조언 등을 하는 행정작용을 말한다(동법 2(3)).

(2) 행정지도의 원칙

1) 과잉금지원칙 및 강요금지원칙: 행정지도는 그 목적달성에 필요한 최소한도에 그쳐야 하며, 행정지도의 상대방의 의사에 반하여 부당하게 강요하여서는 아니 된다(동법 48①).

2) 불이익조치금지의 원칙: 행정기관은 행정지도의 상대방이 행정지도에 따르지 아니하였다는 것을 이유로 불이익한 조치를 하여서는 아니 된다(동조②).

(3) 행정지도의 방식

행정지도를 행하는 자는 그 상대방에게 해당 행정지도의 취지 및 내용과 신분을 밝혀야 한다(동법 49①). 행정지도가 말로 이루어지는 경우에 상대방이 제1항의 사항을 적은 서면의 교부를 요구하면 해당 행정지도를 행하는 자는 직무수행에 특별한 지장이 없으면 이를 교부하여야 한다(동조②).

(4) 의견제출

행정지도의 상대방은 해당 행정지도의 방식 · 내용 등에 관하여 행정기관에 의견제출을 할 수 있다(동법 50).

(5) 다수인을 대상으로 하는 행정지도

행정기관이 같은 행정목적을 실현하기 위하여 많은 상대방에게 행정지도를 하려는 경우에는 특별한 사정이 없으면 행정지도에 공통적인 내용이 되는 사항을 공표하여야 한다(동법 51).

5. 국민참여의 확대

행정청은 행정과정에서 국민의 의견을 적극적으로 청취하고 이를 반영하도록 노력하여야 하며, 국민에게 다양한 참여방법과 협력의 기회를 제공하도록 노력하여야 한다(동법 52①②). 행정청은 정부시책이나 행정제도 및 그 운영의 개선에 관한 국민의 창의적인 의견이나 고안(이하 "국민제안")을 접수 · 처리하여야 한다(동법 52조의2①). 행정청은 국민에게 영향을 미치는 주요 정책 등에 대하여 국민의 다양하고 창의적인 의견을 널리 수렴하기 위하여 정보통신망을 이용한 정책토론(온라인정책토론)을 실시할 수 있다(동법 53①).

6. 비용부담 등

행정절차에 드는 비용은 행정청이 부담한다. 다만, 당사자등이 자기를 위하여 스스로 지출한 비용은 그러하지 아니하다(동법 54). 행정청은 행정절차의 진행에 필요한 참고인이나 감정인 등에게 예산의 범위에서 여비와 일당을 지급할 수 있다(동법 55①).

Ⅶ. 행정절차의 하자의 효과

1. 행정절차의 하자의 효과

행정절차의 하자(瑕疵)란 행정절차로서의 유효요건을 결여한 행정절차를 말한다. 국가공무원법 제13조 제2항의 "소청사건을 심사할 때 소청인 등에게 진술의 기회를 부여하지 아니하고 한 결정은 무효로 한다"라는 규정처럼 절차하자의 효과에 대해 명문규정을 두고 있는 경우도 있으나, 행정절차법에서는 행정절차를 이행하지 않았거나 불충분하게 하는 등 절차규정에 위반한 처분의 법적 효과에 관하여 아무런 명문규정을 두고 있지 않다. 절차하자의 경우 원처분이 위법으로 되는지, 원처분이 위법으로 되는 경우에도 그 위법의 정도가 무효인지 취소할 수 있는지 문제된다.

(1) 절차하자의 독자적 위법사유 여부

행정행위에 절차적 하자가 있는 경우 그 절차상의 하자가 해당 행정행위의 독자적 위법사유로 되는가에 대하여 견해가 나뉘고 있다.

1) 학 설

(가) 소극설: 소극설은 처분에 실체적 하자가 존재하지 아니하는 한 절차적 하자의 존재만으로 해당 처분이 위법하게 되는 것은 아니라는 견해이다. 행정행위의 절차규정은 실체법적으로 적정한 행정처분을 확보하기 위한 수단이며, 실체법상으로 적법함이 명백한 이상 절차만의 흠을 이유로 쟁송에 의해 해당 행정행위가 취소된다고 하더라도 행정청은 다시 적법한 절차를 거쳐서 동일한 행위를 반복할 것이므로 공연한 시간 · 노력 · 비용을 낭비하여 소송경제상 바람직하지 않다고 한다.

(나) 적극설: 적극설은 처분에 절차적 하자가 존재하는 경우에는 실체적 하자가 존재하지 아니하는 경우에도 처분이 위법하게 된다는 견해이다. 이는 적정한 결정은 적정한 절차가 전제되어야 하며, 절차하자에도 불구하고 해당 행정행위가 유효하다면 절차요건을 규정한 법령이 무의미하게 되며, 다시 처분을 하더라도 반드시 동일한 결론에 도달한다고 단정할 수 없다는 점

등을 논거로 들고 있다.

(다) 절충설: 재량행위는 절차상의 하자로 독자적 위법사유로 될 수 있으나, 기속행위는 실체적 하자가 없는 한 절차만으로는 위법사유로 되지 아니한다는 입장이다. 재량행위의 경우에는 독자적 판단권이 인정되어 적법한 절차를 거쳐 다른 처분이 가능하지만, 기속행위의 경우에는 적법한 절차를 거치더라도 결국 동일한 처분을 하게 될 법적 기속을 받는다는 점은 근거로 든다.

2) 판 례: 판례는 사전통지 · 의견제출기회 · 청문 등의 결여 등 절차하자에 대하여 위법이라고 하여 적극설의 입장을 취하고 있다.

[판 례] 절차규정 위반은 위법

"**행정청이 처분절차에서 관계 법령의 절차 규정을 위반하여 절차적 정당성이 상실된 경우에는 해당 처분은 위법하고 원칙적으로 취소하여야 한다.** 다만 처분상대방이나 관계인의 의견진술권이나 방어권 행사에 실질적으로 지장이 초래되었다고 볼 수 없는 특별한 사정이 있는 경우에는, 절차 규정 위반으로 인하여 처분절차의 절차적 정당성이 상실되었다고 볼 수 없으므로 해당 처분을 취소할 것은 아니다."(대판 2018.3.13. 2016두33339 등)

"행정청이 침해적 행정처분을 하면서 당사자에게 행정절차법상의 사전통지를 하거나 의견제출의 기회를 주지 아니하였다면 사전통지를 하지 않거나 의견제출의 기회를 주지 아니하여도 되는 예외적인 경우에 해당하지 아니하는 한 그 처분은 위법하여 취소를 면할 수 없다."(대판 2004.5.28. 2004두1254; 대판 2013.1.16. 2011두30687 등)

3) 결 어: 적극설이 타당하다(다수설). 법치행정의 원리와 절차적 정의의 입장에서 적극설의 논거와 마찬가지 이유로 절차하자는 해당 행정행위의 독자적 위법사유로 된다고 할 것이다. 절차를 거침으로써 사실오인이나 사안의 경중 등을 다시 판단할 수 있어 결과가 달라질 수 있다. 다만, 처분절차의 절차적 정당성이 상실되었다고 볼 수 없는 특별한 사정이 있는 경우에는 예외가 인정된다.

(2) 절차하자의 위법성 정도

절차하자가 있는 행정행위는 위법하다고 하더라도 그 위법의 정도가 무효인지 아니면 취소할 수 있는데 그치는지 견해가 나뉘고 있다.

1) 학 설

(가) 무효설: 법치행정의 원리와 절차적 정의를 중시하여 원칙적으로 무효원인으로 보아야 한다는 입장이다.

(나) 취소설: 행정절차는 실체법상의 목적을 합리적으로 달성하고자 하는 수단에 불과한 점에서 중대 · 명백한 절차하자 이외에는 원칙적으로 취소원인에 불과하다는 입장이다(다수설).

2) 판 례: 판례는 취소설을 취하고 있다(판례1). 다만, 최근 통지방법위반을 무효로 본 판례가 있다(판례2).

[판례 1] 절차하자를 취소사유로 본 판례

"행정절차법 제22조 제1항 제1호에 정한 청문제도는 행정처분의 사유에 대하여 당사자에게 변명과 유리한 자료를 제출할 기회를 부여함으로써 위법사유의 시정가능성을 고려하고 처분의 신중과 적정을 기하려는 데 그 취지가 있으므로, 행정청이 특히 침해적 행정처분을 할 때 그 처분의 근거 법령 등에서 청문을 실시하도록 규정하고 있다면, 행정절차법 등 관련 법령상 청문을 실시하지 않아도 되는 예외적인 경우에 해당하지 않는 한 반드시 청문을 실시하여야 하며, 그러한 **절차를 결여한 처분은 위법한 처분으로서 취소사유에 해당한다.**"(대판 2009.1.30. 2008두16155; 대판 2007.9.21. 2006두20631; 대판 2004.5.28. 2004두1254 등)

[판례 2] 절차하자를 무효사유로 본 판례

"[2]행정절차법 제24조는, **행정청이 처분을 하는 때에는** 다른 법령 등에 특별한 규정이 있는 경우를 제외하고는 **문서로 하여야 하고** 전자문서로 하는 경우에는 당사자등의 동의가 있어야 하며, 다만 신속을 요하거나 사안이 경미한 경우에는 구술 기타 방법으로 할 수 있다고 규정하고 있는데, **이는 행정의 공정성 · 투명성 및 신뢰성을 확보하고 국민의 권익을 보호하기 위한 것이므로 위 규정을 위반하여 행하여진 행정청의 처분은 하자가 중대하고 명백하여 원칙적으로 무효이다.**

[3]집합건물 중 일부 구분건물의 소유자인 피고인이 **관할 소방서장으로부터 소방시설 불량사항에 관한 시정보완명령을 받고도 따르지 아니하였다는 내용으로 기소된 사안에서, 담당 소방공무원이 행정처분인 위 명령을 구술로 고지한 것은 행정절차법 제24조를 위반한 것으로 하자가 중대하고 명백하여 당연 무효이고,** 무효인 명령에 따른 의무위반이 생기지 아니하는 이상 피고인에게 명령 위반을 이유로 소방시설 설치유지 및 안전관리에 관한 법률 제48조의2 제1호에 따른 행정형벌을 부과할 수 없는데도, 이와 달리 **위 명령이 유효함을 전제로 유죄를 인정한 원심판결에는 행정처분의 무효와 행정형벌의 부과에 관한 법리오해의 위법이 있다**고 한 사례."(대판 2011.11.10. 2011도11109, 소방시설설치유지및안전관리에관한법률위반)

3) 결 어: 취소설이 타당하다. 절차하자의 정도에 따라 그 위법성의 정도를 판단할 것이나, 절차하자가 아주 중대하고 명백한 경우에만 무효사유이고 그 밖에는 원칙적으로 취소사유에 불과하다. 그러나 위 [판례 2]에서 보는 바와 같이 행정형벌을 수반하는 처분의 경우처럼 중대한 권익침해를 초래할 수 있는 처분절차의 경우에는 취소사유로 보아 공정력에 의해 구속력이 있는 것으로 보면 곤란하므로 엄격히 해석하여 무효사유로 봄이 타당하다.

2. 행정절차의 하자의 치유

(1) 절차하자의 치유가능여부

행정절차의 하자의 치유(治癒)에는 결여된 절차요건을 사후에 충족한다든가 보충 또는 정정하는 하자의 추완(追完) 및 하자의 보충 등을 포함한다. 그런데 행정절차법에 절차하자의 치유에 대한 명문규정이 없기 때문에 그 가능여부에 대해 견해가 나뉘고 있다.

1) 부정설: 이는 행정절차를 행정의 자의를 억제하여 사인의 권리구제를 조기에 보장하기 위한 것으로 보아 절차하자의 치유를 인정하지 않는 입장이다.[3]

2) 긍정설: 이는 행정처분의 무용한 반복을 피하고 당사자의 법적 생활안정을 기한다는 입장에서 국민의 권리이익을 침해하지 않는 범위에서 구체적 사정에 따라 합목적적으로 인정함이 타당하다는 견해이다.[4]

3) 제한적 긍정설: 이는 하자의 치유를 인정하되 해당 처분의 형식 또는 절차의 본질적

3) 김철용, 348면.
4) 김남진 · 김연태(Ⅰ), 503면.

의의를 손상하지 아니하는 범위에서 제한적으로 인정하는 입장이다.[5]

4) 판 례: 판례는 긍정설을 취하고 있다.

[판례 1] 징계절차흠결의 재심과정에서의 보완으로 하자치유

"징계처분에 대한 재심절차는 원래의 징계절차와 함께 전부가 하나의 징계처분절차를 이루는 것으로서 그 절차의 정당성도 징계과정 전부에 관하여 판단되어야 할 것이므로, 원래의 징계과정에 절차위반의 하자가 있더라도 재심 과정에서 보완되었다면 그 절차위반의 하자는 치유된다."(대판 2005.11.25. 2003두8210 ; 대판 1999.3.26. 98두4672 등)

[판례 2] 청문서 도달기간 흠결이 치유되는 경우

"행정청이 청문서 도달기간을 다소 어겼다 하더라도 영업자가 이에 대하여 이의하지 아니한 채 스스로 청문일에 출석하여 그 의견을 진술하고 변명하는 등 방어의 기회를 충분히 가졌다면 청문서 도달기간을 준수하지 아니한 하자는 치료되었다고 봄이 상당하다."(대판 1992.10.23. 92누2844)

5) 결 어: 제한적 긍정설이 타당하다. 절차하자의 치유를 인정하되, 당사자의 권익침해가 없는 한도에서 사항적(취소사유)·시간적(1년 이내 등)으로 한정하여 인정하는 것이 타당하다고 본다.

(2) 절차하자의 치유시점

절차하자의 치유를 인정하는 경우에 그 치유시점이 문제인 바, 행정심판은 행정절차의 일부로 볼 수 있으므로 흠의 추완·보완을 인정해도 무방할 것이기 때문에 전심절차의 종결시까지 절차하자의 추완을 인정할 수 있다는 견해가 있다.[6] 그러나 행정절차는 사전절차로서 사후구제절차인 행정심판절차와는 성격·기능·내용 등이 다르고 추완할 수 있는 기관은 행정심판기관이 아니라 원처분청에 의할 것이 요구되며 전심절차도 필수적인 것이 아니라는 점 등에서 절차하자의 치유는, 즉 추완행위는 행정심판이나 행정소송의 제기 전까지 행하여야 한다.

제2절 행정정보공개제도

Ⅰ. 개 설

1. 정보공개제도의 의의

정보공개제도(情報公開制度)란 국민이 국가가 보유한 정보에 접근하여 그것을 이용할 수 있게 하기 위하여 국민에게 정부보유정보에 대한 공개를 청구할 수 있는 권리를 보장하고, 국가에 대하여 정보공개의 의무를 지게 하는 제도를 말한다. 행정정보공개제도는 국민의 기본권으로서의 알 권리를 보장하고, 이를 통하여 국정에 대한 국민의 참여와 국정운영의 투명성을 확보하려는 제도이다.

5) 류지태·박종수(신론), 501면; 석종현·송동수(상), 613면; 한견우(1), 93면; 홍정선(상), 642면.
6) 김남진·김연태(Ⅰ), 504면.

2. 외국의 입법례

외국에서는 민주주의가 진전됨에 따라 정보공개법의 제정의 당위성이 인식되면서, 1949년 스웨덴의 「출판자유법」에서 언론출판의 자유와 공문서공개의 원칙을 규정한 이래, 미국이 1946년의 연방행정절차법상의 정보공개에 관한 제3조를 개정하여 1966년 「정보자유법」(The Freedom of Information Act)을 제정하였고, 핀란드(1951), 덴마크(1964), 프랑스(1978), 캐나다(1982) 등에서 정보공개에 관한 법률을 제정하기에 이르렀다.

3. 정보공개청구권의 법적 근거

(1) 헌법적 근거

정보공개청구권의 법적 근거는 국민의 '알 권리'로부터 도출된다. 그런데 '알 권리'의 헌법상 근거조항에 관해서, ① 제10조(인간의 존엄과 가치 및 행복추구권)라는 설, ② 제21조 제1항(표현의 자유)이라는 설 및 ③ 제21조(표현의 자유) · 제1조(국민주권의 원리) · 제10조 및 제34조 제1항(인간다운 생활을 할 권리) 등이라는 설로 견해가 나뉘고 있다. 생각건대, 알 권리는 표현의 자유(제21조)에서 직접 보장되지만 헌법 제1조 · 제10조 · 제34조 제1항에서 도출되는 포괄적 권리로 보는 것이 타당하다고 할 것이다.

[판 례] 알 권리는 헌법 제21조에 의해 직접 보장된 권리

> "알 권리는 헌법 제21조에 의하여 직접 보장되고 그 밖에도 국민주권주의(헌법 제1조), 인간의 존엄과 가치(제10조), 인간다운 생활을 할 권리(제34조 제1항)와도 관련이 있다."(헌재 2009.9.24, 2007헌바107)
>
> "국민의 '알 권리', 즉 정보에의 접근 · 수집 · 처리의 자유는 자유권적 성질과 청구권적 성질을 공유하는 것으로서 헌법 제21조에 의하여 직접 보장되는 권리이고"(대판 2009.12.10. 2009두12785 ; 대판 2007.2.8. 2006두4899 등)

(2) 개별법상의 근거

1) 법 률: 헌법상의 알 권리를 구체화하기 위한 정보공개에 관한 일반법으로서 「공공기관의 정보공개에 관한 법률」(이하 '정보공개법'이라 한다)이 1997년 1월 1일 제정 · 공포되어 1998년 1월 1일부터 시행되고 있다. 이 법은 제1장 총칙, 제2장 정보공개청구권자 및 공공기관의 의무, 제3장 정보공개의 절차, 제4장 불복구제절차 및 제5장 정보공개위원회 등 총 5장 29조 부칙으로 구성되어 있다.

2) 조 례: 지방자치단체는 그 소관사무에 관하여 법령의 범위에서 정보공개에 관한 조례를 정할 수 있다(정보공개법 4②). 정보공개법이 제정되기 전에도 지방자치단체의 독자적인 정보공개조례제정이 적법하다는 판례에 따라 많은 정보공개조례가 제정되어 왔다.

[판 례] 청주시행정정보공개조례안의 위법여부

> "청주시의회에서 의결한 청주시행정정보공개조례안은 행정에 대한 주민의 알 권리의 실현을 그 근본 내용으로 하면서도 이로 인한 개인의 권익침해 가능성을 배제하고 있으므로 이를 들어 주민의 권리를 제한하거나 의무를 부과하

는 조례라고 단정할 수 없고 따라서 그 제정에 있어서 반드시 법률의 개별적 위임이 따로 필요한 것은 아니다."(대판 1992.6.23, 92추17)

Ⅱ. 행정정보공개의 내용

1. 목 적

이 법은 공공기관이 보유·관리하는 정보에 대한 국민의 공개청구 및 공공기관의 공개의무에 관하여 필요한 사항을 정함으로써 국민의 알 권리를 보장하고 국정에 대한 국민의 참여와 국정 운영의 투명성을 확보함을 목적으로 한다(정보공개법 1).

2. 정보공개의 원칙 및 적용범위

공공기관이 보유·관리하는 정보는 국민의 알 권리 보장 등을 위하여 이 법에서 정하는 바에 따라 적극적으로 공개하여야 한다(동법 3). 정보공개에 관하여는 다른 법률에 특별한 규정이 있는 경우를 제외하고는 이 법에서 정하는 바에 따른다(동법 4①)고 하여 이 법이 공공기관의 정보공개에 관한 일반법임을 명시하였다.

[판 례] 정보공개법의 적용배제

"정보공개에 관하여 다른 법률에 특별한 규정이 있는 경우'에 해당한다고 하여 정보공개법의 적용을 배제하기 위해서는, 특별한 규정이 '법률'이어야 하고, 나아가 내용이 정보공개의 대상 및 범위, 정보공개의 절차, 비공개대상정보 등에 관하여 정보공개법과 달리 규정하고 있는 것이어야 한다.

형사소송법 제59조의2의 내용·취지 등을 고려하면, 형사소송법 제59조의2는 형사재판확정기록의 공개 여부나 공개 범위, 불복절차 등에 대하여 구 공공기관의 정보공개에 관한 법률(2013. 8. 6. 법률 제11991호로 개정되기 전의 것, 이하 '정보공개법'이라고 한다)과 달리 규정하고 있는 것으로 정보공개법 제4조 제1항에서 정한 '정보의 공개에 관하여 다른 법률에 특별한 규정이 있는 경우'에 해당한다. 따라서 **형사재판확정기록의 공개에 관하여는 정보공개법에 의한 공개청구가 허용되지 아니한다.**"(대법원 2016.12.15. 2013두20882)

3. 정보공개청구권자

(1) 정보공개청구권자의 범위

모든 국민은 정보의 공개를 청구할 권리를 가진다(동법 5①). 여기서 말하는 국민에는 자연인은 물론 법인, 권리능력 없는 사단과 재단도 포함되는 바, 법인 및 권리능력 없는 사단·재단 등의 경우에도 설립목적을 불문하고 포함되므로 시민단체 등에 의한 행정감시 목적의 객관적 정보공개가 가능하다고 할 것이다(판례). 외국인의 경우에도 국내에 일정한 주소를 두고 거주하거나 학술·연구를 위하여 일시적으로 체류하는 사람 및 국내에 사무소를 두고 있는 법인 또는 단체는 포함된다(동법시행령 3).

[판 례] 정보공개청구권자인 모든 국민의 범위

"공공기관의정보공개에관한법률 제6조 제1항은 '모든 국민은 정보의 공개를 청구할 권리를 가진다'고 규정하고 있는데, 여기에서 말하는 **국민에는 자연인은 물론 법인, 권리능력 없는 사단 · 재단도 포함**되고, 한편 **정보공개청구권은 법률상 보호되는 구체적인 권리**이므로 청구인이 공공기관에 대하여 정보공개를 청구하였다가 거부처분을 받은 것 자체가 법률상 이익의 침해에 해당한다."(대판 2004.8.20. 2003두8302; 대판 2003.3.11. 2001두6425 등)

(2) 정보공개청구권의 의미

정보공개를 청구할 수 있다는 의미는 정보공개를 청구할 법률상 보호되는 구체적인 권리가 인정된다는 의미로서 소위 정보공개청구권이 있다는 의미이다. 이와 같이 정보공개청구권은 법률상 보호되는 구체적인 권리이므로 청구인이 공공기관에 대하여 정보공개를 청구하였다가 거부처분을 받은 것 자체가 법률상 이익의 침해이므로 그 외에 추가로 어떤 법률상 이익을 가질 것을 요구하지 않는다. 정보공개법의 목적, 규정 내용 및 취지에 비추어 보면 정보공개청구의 목적에 특별한 제한이 없고, 국민의 알 권리를 보장하고 국정에 대한 국민의 참여와 국정운영의 투명성을 확보하기 위한 필요한 범위 내에서 공공기관의 정보공개의 필요가 있다고 할 것이므로, 오로지 상대방을 괴롭힐 목적으로 정보공개를 구하고 있다는 등의 특별한 사정이 없는 한 정보공개의 청구가 권리남용에 해당한다고 할 수 없다.(판례)

이와 같이 정보공개청구권자의 범위를 광범하게 인정하고 정보공개청구의 이익(실익)의 범위를 넓혀 결국 객관적 쟁송이 될 수 있도록 한 것은 국민의 알 권리보장과 국정에의 국민참여 및 국정운영의 투명성 확보라는 정보공개의 취지와 이념에 부합하여 행정통제의 객관적 의미가 강하게 작용한 것이라 하겠다.

[판 례] 정보공개청구에 특별한 제한 없음

"구 공공기관의 정보공개에 관한 법률의 목적, 규정 내용 및 취지에 비추어 보면 **정보공개청구의 목적에 특별한 제한이 없으므로**, 오로지 상대방을 괴롭힐 목적으로 정보공개를 구하고 있다는 등의 특별한 사정이 없는 한 정보공개의 청구가 신의칙에 반하거나 권리남용에 해당한다고 볼 수 없다."(대판 2006.8.24. 2004두2783)

4. 공공기관의 범위 및 의무

공공기관이라 함은 국가기관, 지방자치단체, 공공기관의운영에관한법률 제2조에 따른 공공기관, 지방공기업법에 따른 지방공사 및 지방공단, 그 밖에 대통령령이 정하는 기관을 말한다(동법 2). 대통령령이 정하는 기관이란 각급학교, 「지방자치단체 출자 · 출연기관이 운영에 관한 법률」에 따른 출자기관 및 출연기관, 특별법에 따라 설립된 특수법인,[7] 국가 또는 지방자치단체로부터 보조금을 받은 사회복지법인 등을 말한다(동법시행령 2).

공공기관은 정보의 공개를 청구하는 국민의 권리가 존중될 수 있도록 이 법을 운영하고 소관 관련법령을 정비하여야 한다(동법 6①). 공공기관은 정보의 적절한 보존과 신속한 검색이 이루어지도록 정보관리체계를 정비하고, 정보공개업무를 주관하는 부서 및 담당하는 인력을 적정하게

7) 판례는 한국방송공사(KBS)는 이에 해당하고(대판 2010.12.23. 2008두13101), 한국증권업협회는 제외된다고 판시하고 있다(대판 2010.4.29. 2008두5643).

두어야 하며, 정보통신망을 활용한 정보공개시스템 등을 구축하도록 노력하여야 한다(동조②). 공공기관의 정보공개 담당자는 정보공개 업무를 성실하게 수행하여야 하며, 공개 여부의 자의적인 결정, 고의적인 처리 지연 또는 위법한 공개 거부 및 회피 등 부당한 행위를 하여서는 아니 된다(동법 6조의2).

[판 례] '특별법에 의하여 설립된 특수법인'에 해당 여부

"어느 법인이 공공기관의 정보공개에 관한 법률 제2조 제3호 등에 따라 정보를 공개할 의무가 있는 **'특별법에 의하여 설립된 특수법인'**에 해당하는가는, 국민의 알권리를 보장하고 국정에 대한 국민의 참여와 국정운영의 투명성을 확보하고자 하는 위 법의 **입법 목적**을 염두에 두고, 당해 법인에게 부여된 업무가 국가행정업무이거나, 이에 해당하지 않더라도 그 업무 수행으로써 추구하는 이익이 당해 **법인 내부의 이익에 그치지 않고 공동체 전체의 이익에 해당하는 공익적 성격을 갖는지 여부**를 중심으로 개별적으로 판단하되, **당해 법인의 설립근거가 되는 법률**이 법인의 조직구성과 활동에 대한 행정적 관리·감독 등에서 민법이나 상법 등에 의하여 설립된 일반 법인과 달리 **규율한 취지, 국가나 지방자치단체의 당해 법인에 대한 재정적 지원·보조의 유무와 그 정도**, 당해 법인의 공공적 업무와 관련하여 국가기관·지방자치단체 등 다른 공공기관에 대한 정보공개청구와는 별도로 **당해 법인에 대하여 직접 정보공개청구를 구할 필요성**이 있는지 여부 등을 **종합적으로 고려**하여야 한다."(대판 2010.4.29. 2008두5643, 정보비공개결정취소 등)

5. 행정정보의 공표 등

공공기관은, ① 국민생활에 매우 큰 영향을 미치는 정책에 관한 정보, ② 국가의 시책으로 시행하는 공사 등 대규모의 예산이 투입되는 사업에 관한 정보, ③ 예산집행의 내용과 사업평가 결과 등 행정감시를 위하여 필요한 정보, ④ 그 밖에 공공기관의 장이 정하는 정보에 대해서는 공개의 구체적 범위, 주기, 시기 및 방법 등을 미리 정하여 정보통신망 등을 통하여 알리고, 이에 따라 정기적으로 공개하여야 한다(동법 7).

공공기관은 그 기관이 보유·관리하는 정보에 대하여 국민이 쉽게 알 수 있도록 정보목록을 작성하여 갖추어 두고, 그 목록을 정보통신망을 활용한 정보공개시스템 등을 통하여 공개하여야 한다. 다만, 정보목록 중 제9조 제1항에 따라 공개하지 아니할 수 있는 정보가 포함되어 있는 경우에는 해당 부분을 갖추어 두지 아니하거나 공개하지 아니할 수 있다(동법 8①).

6. 공개대상정보와 비공개대상정보

(1) 공개대상정보

공공기관이 보유·관리하는 정보는 공개대상이 된다(동법 9①). 여기서 '정보'란 공공기관이 직무상 작성 또는 취득하여 관리하고 있는 문서(전자문서 포함) 및 전자매체를 비롯한 모든 형태의 매체 등에 기록된 사항을 말한다(동법 2(1)). 또한 '공개'란 공공기관이 이 법에 따라 정보를 열람하게 하거나 그 사본·복제물을 제공하는 것 또는 정보통신망을 통하여 정보를 제공하는 것 등을 말한다(동조(2)).

(2) 비공개대상정보

정보공개청구권행사는 국가 · 사회적 법익이나 타인의 기본권과 상호 조화될 수 있는 범위 내에서 정당화 될 수 있는 바, 이러한 범위를 넘어서는 일정한 경우에는 정보를 비공개로 할 수 있다(동법 9①단서). 이에 따라 비공개대상정보를 정보공개법에 명문화하고 있다. 즉, 비공개대상정보란 공공기관이 공개를 거부할 수 있는 정보를 말하며, 아래 정보공개법 제9조 제1항 각호의 어느 하나에 해당하는 정보를 말한다.

1) 다른 법률 또는 법률에서 위임한 명령(국회규칙 · 대법원규칙 · 헌법재판소규칙 · 중앙선거관리위원회규칙 · 대통령령 및 조례에 한한다)에 따라 비밀 또는 비공개 사항으로 규정된 정보:

이 규정의 입법 취지는 비밀 또는 비공개 사항으로 다른 법률 등에 규정되어 있는 경우는 이를 존중함으로써 법률 간의 마찰을 피하기 위한 것이고, 여기에서 '법률에 의한 명령'은 정보의 공개에 관하여 법률의 구체적인 위임 아래 제정된 법규명령(위임명령)을 의미한다(대판 2010.6.10. 2010두2913 등). 따라서 위임근거 없이 행정기관내부의 사무처리준칙으로 정한 행정규칙은 위 법률에 의한 명령에 해당한다고 볼 수 없다.

[판 례] 법률에 의한 명령이란 법률의 위임규정에 의한 법규명령(위임명령)

"구 정보공개법 제7조 제1항 제1호 소정의 **'법률에 의한 명령'은** 법률의 위임규정에 의하여 제정된 대통령령, 총리령, 부령 전부를 의미한다기보다는 정보의 공개에 관하여 **법률의 구체적인 위임 아래 제정된 법규명령(위임명령)을 의미**한다고 보아야 할 것인바, **검찰보존사무규칙**(1996. 5. 1. 법무부부령 제425호로 개정된 것)은 비록 법무부령으로 되어 있으나, 그 중 **불기소사건기록 등의 열람 · 등사에 대하여 제한하고 있는 부분은 위임 근거가 없어 행정기관 내부의 사무처리준칙으로서 행정규칙에 불과**하므로, 위 규칙에 의한 열람 · 등사의 제한을 구 정보공개법 제7조 제1항 제1호의 **'다른 법률 또는 법률에 의한 명령에 의하여 비공개사항으로 규정된 경우'에 해당한다고 볼 수 없다.**"(대판 2004.3.12. 2003두13816 등)

2) 국가안전보장 · 국방 · 통일 · 외교관계 등에 관한 사항으로서 공개될 경우 국가의 중대한 이익을 현저히 해칠 우려가 있다고 인정되는 정보

3) 공개될 경우 국민의 생명 · 신체 및 재산의 보호에 현저한 지장을 초래할 우려가 있다고 인정되는 정보

[판 례] 보안관찰법 소정의 보안관찰 관련 통계자료의 비공개대상정보 여부

"보안관찰 통계자료의 분석에 의하여 대남공작활동이 유리한 지역으로 보안관찰처분대상자가 많은 지역을 선택하는 등으로 위 정보가 북한정보기관에 의한 간첩의 파견, 포섭, 선전선동을 위한 교두보의 확보 등 북한의 대남전략에 있어 매우 유용한 자료로 악용될 우려가 없다고 할 수 없으므로, 위 정보는 공공기관의정보공개에관한법률 제7조 제1항 **제2호 소정의 공개될 경우 국가안전보장 · 국방 · 통일 · 외교관계 등 국가의 중대한 이익을 해할 우려가 있는 정보 또는 제3호 소정의 공개될 경우 국민의 생명 · 신체 및 재산의 보호 기타 공공의 안전과 이익을 현저히 해할 우려가 있다고 인정되는 정보에 해당**한다."(대판 2004.3.18. 2001두8254, 정보비공개결정처분취소)

4) 진행중인 재판에 관련된 정보와 범죄의 예방, 수사, 공소의 제기 및 유지, 형의 집행, 교정, 보안처분에 관한 사항으로서 공개될 경우 그 직무수행을 현저히 곤란하게 하거나 형사피고인의

공정한 재판을 받을 권리를 침해한다고 인정할 만한 상당한 이유가 있는 정보: '수사'에 관한 사항이란 수사기록 중의 의견서, 보고문서, 메모, 법률검토, 내사자료 등으로서, 이는 수사의 방법 및 절차 등이 공개되는 것을 막고자 하는 취지라 할 것이다(헌재 1997.11.27. 94헌마60). '형의 집행 및 교정에 관한 사항'의 경우에는 당해 정보가 공개될 경우 재소자들의 관리 및 질서유지, 수용시설의 안전, 재소자들에 대한 적정한 처우 및 교정 · 교화에 관한 직무의 공정하고 효율적인 수행에 직접적이고 구체적으로 장애를 줄 고도의 개연성이 있고, 그 정도가 현저한 경우를 의미한다(대판 2004.12.9. 2003두12707). '공개될 경우 그 직무수행을 현저히 곤란하게 한다'는 의미는 직무의 공정하고 효율적인 수행에 직접적이고 구체적으로 장애를 줄 고도의 개연성이 있고, 그 정도가 현저한 경우를 의미한다(대판 2008.11.27. 2005두15694).

5) 감사 · 감독 · 검사 · 시험 · 규제 · 입찰계약 · 기술개발 · 인사관리에 관한 사항이나 의사결정과정 또는 내부검토과정에 있는 사항 등으로서 공개될 경우 업무의 공정한 수행이나 연구 · 개발에 현저한 지장을 초래한다고 인정할 만한 상당한 이유가 있는 정보. 다만, 의사결정 과정 또는 내부검토 과정을 이유로 비공개할 경우에는 의사결정 과정 및 내부검토 과정의 단계 및 종료 예정일을 함께 안내하여야 하며, 의사결정과정 및 내부검토과정이 종료되면 청구인에게 이를 통지하여야 한다: 이는 공개될 경우 업무의 공정한 수행이 객관적으로 현저하게 지장을 받을 것이라는 고도의 개연성이 존재하는 경우를 말하고, 이에 해당하는지는 비공개함으로써 보호되는 업무수행의 공정성 등 이익과 공개로 보호되는 국민의 알권리 보장과 국정에 대한 국민의 참여 및 국정운영의 투명성 확보 등 이익을 비교 · 교량하여 구체적인 사안에 따라 신중하게 판단할 것이다(대판 2012.10.11. 2010두18758 등).

[판 례] 이러한 관점에서 대법원은, 학교환경위생구역 내 금지행위(숙박시설) 해제결정에 관한 학교환경위생정화위원회의 회의록에 기재된 발언내용에 대한 해당 발언자의 인적사항 부분에 관한 정보에 한하여 비공개대상정보에 해당한다고 하고(대판 2003.8.22. 2002두12946), 치과의사 국가시험에서 채택하고 있는 문제은행 출제방식이 출제의 시간 · 비용을 줄이면서도 양질의 문항을 확보할 수 있는 등 많은 장점을 가지고 있고 공개할 경우 업무의 증가와 시험업무에 초래될 부작용 등을 감안하여 공개하지 않을 수 있다고 한다(대판 2007.6.15. 2006두15936). 그러나 '공정거래위원회 제143회 심사조정회의에 상정된 서류 등'은 비공개대상정보나 공정거래법 제62조 소정의 '사업자의 비밀'로서 보호할 가치가 있는 것에 해당하지 않는다고 하며(대판 2003.3.28. 2000두9212), 사법시험 제2차 시험의 답안지 열람은 시험문항에 대한 채점위원별 채점결과의 열람과 달리 사법시험업무의 수행에 현저한 지장을 초래한다고 볼 수 없어 공개하여야 한다고 하였다(대판 2003.3.14. 2000두6114).

6) 해당 정보에 포함되어 있는 성명 · 주민등록번호 등 「개인정보보호법」 제2조 제1호에 따른 개인정보로서 공개될 경우 사생활의 비밀 또는 자유를 침해할 우려가 있다고 인정되는 정보: 다만, 다음에 열거한 개인에 관한 정보는 제외한다. 즉, (가) 법령에서 정하는 바에 따라 열람할 수 있는 정보, (나) 공공기관이 공표를 목적으로 작성하거나 취득한 정보로서 사생활의 비밀 또는 자유를 부당하게 침해하지 아니하는 정보, (다) 공공기관이 작성하거나 취득한 정보로서 공개하는 것이 공익이나 개인의 권리구제를 위하여 필요하다고 인정되는 정보, (라) 직무를 수행

한 공무원의 성명 · 직위, (마) 공개하는 것이 공익을 위하여 필요한 경우로서 법령에 따라 국가 또는 지방자치단체가 업무의 일부를 위탁 또는 위촉한 개인의 성명 · 직업

개인식별정보는 비공개를 원칙으로 하면서 구체적인 사안에 따라 개인의 권리구제의 필요성과 비교 · 교량하여 개별적으로 공개여부를 판단해야 한다. 예컨대, 관련자들의 이름은 특별한 사정이 없는 한 원칙적으로 공개되어야 한다고 볼 수 있으나, 주민등록번호는 개인의 권리구제를 위해 필요하다고 볼 수 없어 원칙적으로 비공개로 하고, 주소 · 연락처의 공개는 구체적 사안에 따라 판단해야 하고, 직업 · 나이 등의 인적사항은 특별한 경우를 제외하고는 비공개해야 한다고 할 것이다(대판 2004.8.20. 2003두8302 등).

'공개하는 것이 공익을 위하여 필요하다고 인정되는 정보'에 해당하는지 여부는 비공개에 의하여 보호되는 개인의 사생활 보호 등의 이익과 공개에 의하여 보호되는 국민의 알 권리의 보장과 국정에 대한 국민의 참여 및 국정운영의 투명성 확보 등의 공익을 비교 · 교량하여 구체적 사안에 따라 신중히 판단하여야 한다(대판 2009.10.29, 2009두14224 등).

7) 법인 · 단체 또는 개인의 경영상 · 영업상 비밀에 관한 사항으로서 공개될 경우 법인 등의 정당한 이익을 현저히 해칠 우려가 있다고 인정되는 정보(판례): 다만, 다음에 열거한 정보를 제외한다. 즉, (가) 사업활동에 의하여 발생하는 위해로부터 사람의 생명 · 신체 또는 건강을 보호하기 위하여 공개할 필요가 있는 정보, (나) 위법 · 부당한 사업활동으로부터 국민의 재산 또는 생활을 보호하기 위하여 공개할 필요가 있는 정보

영업상 · 경영상 비밀이란 타인에게 알려지지 아니함이 유리한 사업활동에 관한 일체의 정보 또는 사업활동에 관한 일체의 비밀사항을 말한다(대판 2010.12.23, 2008두1310). 법인 등의 상호, 단체명, 영업소명, 사업자등록번호 등은 공개될 경우 법인 등의 정당한 이익을 현저히 해할 우려가 있다고 인정되는 정보에 해당한다고 볼 수 없으나, 법인 등이 거래하는 금융기관의 계좌번호에 관한 정보는 공개하기 곤란한 정보에 해당한다고 볼 수 있다(대판 2004.8.20. 2003두8302 등).

[판 례] 경영상 · 영업상 비밀은 엄격히 해석

"정보공개법 제9조 제1항 제7호 소정의 **'법인 등의 경영 · 영업상 비밀'**은 **'타인에게 알려지지 아니함이 유리한 사업활동에 관한 일체의 정보' 또는 '사업활동에 관한 일체의 비밀사항'을 의미**하는 것이고 **그 공개 여부는** 이를 공개하는 것이 **법인 등의 정당한 이익을 현저히 해할 우려가 있는지 여부에 따라** 결정하여야 하는데, 그러한 정당한 이익을 현저히 해할 우려가 있는지 여부는 **정보공개법의 입법 취지에 비추어 이를 엄격하게 판단**하여야 한다."(대판 2011.11.24. 2009두19021 등).

8) 공개될 경우 부동산 투기 · 매점매석 등으로 특정인에게 이익 또는 불이익을 줄 우려가 있다고 인정되는 정보

(3) 비공개정보의 공개전환 및 비공개 세부기준 공개

공공기관은 비공개정보가 기간의 경과 등으로 인하여 비공개의 필요성이 없어진 경우에는 그 정보를 공개 대상으로 하여야 한다(동조②). 공공기관은 해당 공공기관의 업무 성격을 고려하여

비공개 대상 정보의 범위에 관한 세부 기준을 수립하고 이를 정보통신망을 활용한 정보공개시스템 등을 통하여 공개하여야 한다(동조③).

(4) 비공개여부의 판단기준과 비공개사유의 입증

1) 비공개여부의 판단기준: 비공개정보는 비밀정보 또는 공개금지정보를 뜻하는 것이 아니므로, 당해 정보의 공개로 달성될 수 있는 공익 및 사익과 비공개로 하여야 할 공익 및 사익을 종합적으로 비교·교량 하여 구체적 사안에 따라 개별적으로 공개여부를 결정하여야 한다. 즉, 비공개에 의하여 보호되는 업무수행의 공정성 등의 이익과 공개에 의하여 보호되는 국민의 알 권리의 보장과 국정에 대한 국민의 참여 및 국정운영의 투명성 확보 등의 이익을 비교·교량하여 구체적 사안에 따라 개별적으로 판단하여야 한다(판례).

공개대상정보가 제3자와 관련되는 경우에는 제3자에게 통지하여 의견을 청취할 수 있고(동법 11③) 제3자는 비공개를 요청할 수 있으나(동법 21), 이는 정보공개여부를 결정함에 있어서 공공기관이 제3자와의 관계에서 거쳐야 할 절차에 불과할 뿐 제3자의 비공개요청이 있다는 사유만으로 비공개사유에 해당한다고 볼 수 없다(대판 2008.9.25. 2008두8680).

[판 례] 대판 2010.6.10. 2010두2913; 대판 2009.12.10. 2009두12785; 대판 2007.2.8. 2006두4899 등. 또한 "공개청구의 대상이 되는 정보가 이미 다른 사람에게 공개되어 널리 알려져 있다거나 인터넷 등을 통하여 공개되어 인터넷검색 등을 통하여 쉽게 알 수 있다는 사정만으로는 소의 이익이 없다거나 비공개결정이 정당화될 수 없다."(대판 2010.12.23. 2008두13101; 대판 2008.11.27. 2005두15694)

2) 비공개사유의 입증 등: 비공개사유에 해당하지 않는 한 이를 공개하여야 하고, 구체적인 경우에 정보공개를 거부하기 위해서는, 대상이 된 정보의 내용을 구체적으로 확인·검토하여 어느 부분이 어떠한 법익 또는 기본권과 충돌되어 정보공개법 제9조 제 몇 호에 정하고 있는 비공개사유에 해당하는지를 주장·입증하여야만 한다. 이렇게 하지 아니한 채 공개대상 전부에 대하여 개괄적인 사유만을 들어 공개를 거부하는 것은 허용되지 아니한다(대판 2007. 2. 8. 2006두4899; 대판 2004.9.23. 2003두1370 등).

7. 정보공개의 절차

(1) 정보공개의 청구방법

청구인은 해당 정보를 보유하거나 관리하고 있는 공공기관에 대하여, ① 청구인의 성명·생년월일·주소 및 연락처(법인·단체는 명칭·대표자성명·사업자등록번호·소재지·연락처), ② 청구인의 주민등록번호(본인임을 확인하고 공개 여부를 결정할 필요가 있는 정보를 청구하는 경우로 한정), ③ 공개를 청구하는 정보의 내용 및 공개방법을 적은 정보공개청구서를 제출하거나 말로써 정보의 공개를 청구할 수 있다(동법 10①).

(2) 정보공개내용의 특정

청구대상정보를 기재함에 있어서는 사회일반인의 관점에서 청구대상정보의 내용과 범위를 확정할 수 있을 정도로 특정함을 요한다. 즉, 공개를 청구한 내용 중 너무 포괄적이거나 막연하여서 사회일반의 관점에서 그 내용과 범위를 확정할 수 없을 정도라면 특정되어 있지 않은 정보공개청구라 할 것이다. 이 경우에 정보공개를 청구 받은 기관은 이를 이유로 정보공개를 거부할 것이 아니고, 특정할 수 있는 정보의 경우에는 청구인에게 공개정보의 내용을 특정할 것을 요청한 다음 특정한 내용에 대하여 공개하여야 할 것이다.

[판 례] 청구대상정보의 내용과 범위는 특정함을 요함

"[1] 공공기관의 정보공개에 관한 법률 제10조 제1항 제2호는 정보의 공개를 청구하는 자는 정보공개청구서에 '공개를 청구하는 정보의 내용' 등을 기재할 것을 규정하고 있는바, 청구대상정보를 기재함에 있어서는 사회일반인의 관점에서 청구대상정보의 내용과 범위를 확정할 수 있을 정도로 특정함을 요한다.

[2] 정보비공개결정의 취소를 구하는 사건에 있어서, 만일 공개를 청구한 정보의 내용 중 너무 포괄적이거나 막연하여서 사회일반인의 관점에서 그 내용과 범위를 확정할 수 있을 정도로 특정되었다고 볼 수 없는 부분이 포함되어 있다면, 이를 심리하는 법원으로서는 마땅히 공공기관의 정보공개에 관한 법률 제20조 제2항의 규정에 따라 공공기관에게 그가 보유 · 관리하고 있는 공개청구정보를 제출하도록 하여 이를 비공개로 열람 · 심사하는 등의 방법으로 공개청구정보의 내용과 범위를 특정시켜야 하고, 나아가 위와 같은 방법으로도 특정이 불가능한 경우에는 특정되지 않은 부분과 나머지 부분을 분리할 수 있고 나머지 부분에 대한 비공개결정이 위법한 경우라고 하여도 정보공개의 청구 중 특정되지 않은 부분에 대한 비공개결정의 취소를 구하는 부분은 나머지 부분과 분리하여 이를 기각하여야 한다."
(대판 2007.6.1. 2007두2555; 대판 2003.3.28. 2000두9212 등)

(3) 정보공개여부의 결정

1) **결정기간 및 기간연장:** 공공기관은 정보공개의 청구를 받은 날부터 10일 이내에 공개여부를 결정하여야 한다(동법 11①). 공공기관은 부득이한 사유로 제1항에 규정된 기간 이내에 공개여부를 결정할 수 없는 때에는 그 기간이 끝나는 날의 다음 날부터 기산하여 10일의 범위에서 공개여부 결정기간을 연장할 수 있다. 이 경우 공공기관은 연장된 사실과 연장사유를 청구인에게 지체없이 문서로 통지하여야 한다(동조②).

2) **제3자에 대한 통지:** 공공기관은 공개청구된 공개대상정보의 전부 또는 일부가 제3자와 관련이 있다고 인정할 때에는 그 사실을 제3자에게 지체없이 통지하여야 하며, 필요한 경우에는 그의 의견을 들을 수 있다(동조③).

3) **소관기관에 이송:** 공공기관은 다른 공공기관이 보유 · 관리하는 정보의 공개청구를 받았을 때에는 지체 없이 이를 소관기관으로 이송하여야 하며, 이송 후에는 지체없이 소관기관 및 이송사유 등을 분명히 밝혀 청구인에게 문서로 통지하여야 한다(동조④).

4) **정보공개청구의 민원처리:** 공공기관은 정보공개 청구가, ① 공개 청구된 정보가 공공기관이 보유 · 관리하지 아니하는 정보인 경우, 또는 ② 공개 청구의 내용이 진정 · 질의 등으로 이 법에 따른 정보공개 청구로 보기 어려운 경우에 해당하는 경우로서 「민원 처리에 관한 법률」

에 따른 민원으로 처리할 수 있는 경우에는 민원으로 처리할 수 있다(동조⑤).

(4) 정보공개심의회

국가기관, 지방자치단체 및 공공기관의운영에관한법률 제5조에 따른 공기업 및 준정부기관, 지방공기업법에 따른 지방공사 및 지방공단은 정보공개여부 등을 심의하기 위하여 정보공개심의회를 설치·운영한다. 심의회는 위원장 1인을 포함하여 5명 이상 7명 이하의 위원으로 구성한다(동법 12①②). 심의회의 위원은 소속 공무원, 임직원 또는 외부 전문가로 지명하거나 위촉하되, 그 중 3분의 2는 해당 국가기관등의 업무 또는 정보공개의 업무에 관한 지식을 가진 외부 전문가로 위촉하여야 한다(동조③).

(5) 위원의 제척·기피·회피

심의회의 위원이, 해당 심의사항의 당사자, 그 친족, 대리인, 해당 심의사항에 대하여 증언·진술·자문·용역·감정을 한 경우 등의 경우에는 심의회의 심의에서 제척(除斥)된다(동법 12조의2①). 심의사항의 당사자는 공정한 심의를 기대하기 어려운 사정이 있는 위원에 대해 기피신청을 할 수 있고(동조②), 위원은 제척사유에 해당하면 해당 안건의 심의에서 회피하여야 한다(동조③).

(6) 정보공개여부결정의 통지

공공기관은 제11조의 규정에 따라 정보의 공개를 결정한 경우에는 공개의 일시 및 장소를 분명히 밝혀 청구인에게 통지하여야 한다(동법 13①). 또한 비공개결정을 한 경우에는 그 사실을 청구인에게 지체 없이 문서로 통지하여야 한다. 이 경우 비공개이유와 불복방법 및 불복절차를 구체적으로 밝혀야 한다(동조⑤).

(7) 정보공개방법

1) **청구한 공개방법에 기속:** 청구인은 정보공개방법을 지정하여 청구할 수 있는 법령상 신청권이 있고(동법 13②, 15①②), 이에 따라 공공기관은 공개방법의 선택재량권이 없고 청구한 공개방법에 따라 공개하여야 한다(판례1). 신청한 공개방법 이외의 방법으로 공개하기로 결정하면 정보공개방법의 일부 거부처분으로 되어 항고소송으로 다툴 수 있다(판례2).

2) **예외적인 공개방법 선택:** 공공기관은 공개대상정보의 양이 너무 많아 정상적인 업무수행에 현저한 지장을 초래할 우려가 있는 경우에는 정보의 사본·복제물을 일정 기간별로 나누어 제공하거나 사본·복제물의 교부 또는 열람과 병행하여 제공할 수 있다(동법 13③). 그러나 정보공개청구의 대상이 이미 널리 알려진 사항이거나 청구량이 과다하여 정상적인 업무수행에 현저한 지장을 초래할 우려가 있더라도 청구된 정보의 사본 또는 복제물의 교부를 제한할 수 없다. 다만, 공공기관은 제1항에 따라 정보를 공개하는 경우에 그 정보의 원본이 더럽혀지거나 파손될 우려가 있거나 그 밖에 상당한 이유가 있다고 인정할 때에는 그 정보의 사본·복제물을 공개할 수 있다(동조④).

[판례 1] 공공기관은 공개방법의 선택 재량권 없음

"정보공개를 청구하는 자가 공공기관에 대해 정보의 사본 또는 출력물의 교부의 방법으로 공개방법을 선택하여 정보공개청구를 한 경우에 공개청구를 받은 공공기관으로서는 법 제8조 제2항에서 규정한 정보의 사본 또는 복제물의 교부를 제한할 수 있는 사유에 해당하지 않는 한 정보공개청구자가 선택한 공개방법에 따라 정보를 공개하여야 하므로 그 공개방법을 선택할 재량권이 없다고 해석함이 상당하다."(대판 2004.8.20. 2003두8302; 대판 2003.3.11. 2002두2918 등)

[판례 2] 청구인이 신청한 공개방법 이외의 공개방법결정은 항고소송의 대상

"구 공공기관의 정보공개에 관한 법률(2013. 8. 6. 법률 제11991호로 개정되기 전의 것, 이하 '구 정보공개법'이라고 한다)은, **정보의 공개를 청구하는 이(이하 '청구인'이라고 한다)가 정보공개방법도 아울러 지정하여 정보공개를 청구할 수 있도록 하고 있고,** 전자적 형태의 정보를 전자적으로 공개하여 줄 것을 요청한 경우에는 공공기관은 원칙적으로 요청에 응할 의무가 있고, 나아가 비전자적 형태의 정보에 관해서도 전자적 형태로 공개하여 줄 것을 요청하면 재량판단에 따라 전자적 형태로 변환하여 공개할 수 있도록 하고 있다. **이는 정보의 효율적 활용을 도모하고 청구인의 편의를 제고함으로써 구 정보공개법의 목적인 국민의 알 권리를 충실하게 보장하려는 것이므로, 청구인에게는 특정한 공개방법을 지정하여 정보공개를 청구할 수 있는 법령상 신청권이 있다. 따라서 공공기관이 공개청구의 대상이 된 정보를 공개는 하되, 청구인이 신청한 공개방법 이외의 방법으로 공개하기로 하는 결정을 하였다면, 이는 정보공개청구 중 정보공개방법에 관한 부분에 대하여 일부 거부처분을 한 것이고, 청구인은 그에 대하여 항고소송으로 다툴 수 있다.**"(대판 2016.11.10. 2016두44674)

(8) 부분공개

공개청구한 정보가 비공개대상정보에 해당하는 부분과 공개가 가능한 부분이 혼합되어 있는 경우로서 공개청구의 취지에 어긋나지 아니하는 범위에서 두 부분을 분리할 수 있는 경우에는 비공개대상정보에 해당하는 부분을 제외하고 공개하여야 한다(동법 14).

[판 례] 부분공개가 허용되는 경우

"법원이 행정기관의 정보공개거부처분의 위법 여부를 심리한 결과 공개를 거부한 정보에 비공개사유에 해당하는 부분과 그렇지 않은 부분이 혼합되어 있고, 공개청구의 취지에 어긋나지 않는 범위 안에서 두 부분을 분리할 수 있음을 인정할 수 있을 때에는 공개가 가능한 정보에 국한하여 일부취소를 명할 수 있다. 이러한 정보의 부분 공개가 허용되는 경우란 그 정보의 공개방법 및 절차에 비추어 당해 정보에서 **비공개대상정보에 관련된 기술 등을 제외 혹은 삭제하고 나머지 정보만을 공개하는 것이 가능하고 나머지 부분의 정보만으로도 공개의 가치가 있는 경우를 의미한다.**"(대판 2009.12.10. 2009두12785 등)

(9) 정보의 전자적 공개

공공기관은 전자적 형태로 보유·관리하는 정보에 대하여 청구인이 전자적 형태로 공개하여 줄 것을 요청하는 경우에는 당해 정보의 성질상 현저히 곤란한 경우를 제외하고는 청구인의 요청에 따라야 하며, 공공기관은 전자적 형태로 보유·관리하지 아니하는 정보에 대하여도 정상적인 업무수행에 현저한 지장을 초래하거나 당해 정보의 성질이 훼손될 우려가 없으면 그 정보를 전자적 형태로 변환하여 공개할 수 있다(동법 15①②). 이는 정보의 효율적 활용을 도모하고 청구인의 편의를 제고함으로써 구 정보공개법의 목적인 국민의 알 권리를 충실하게 보장하려는 것이므로, 청구인에게는 특정한 공개방법을 지정하여 정보공개를 청구할 수 있는 법령상 신청권이 있다(대판 2016.11.10. 2016두44674).

(10) 즉시공개

① 법령 등에 따라 공개를 목적으로 작성된 정보, ② 일반국민에게 알리기 위하여 작성된 각종 홍보자료, ③ 공개하기로 결정된 정보로서 공개에 오랜 시간이 걸리지 아니하는 정보, ④ 그 밖에 공공기관의 장이 정하는 정보에 해당하는 정보로서 즉시 말로 처리가 가능한 정보에 대해서는 제11조의 규정에 의한 절차를 거치지 아니하고 공개하여야 한다(동법 16).

(11) 비용부담

정보의 공개 및 우송 등에 드는 비용은 실비의 범위에서 청구인이 부담한다. 공개를 청구하는 정보의 사용목적이 공공복리의 유지·증진을 위하여 필요하다고 인정되는 경우에는 제1항의 규정에 의한 비용을 감면할 수 있다(동법 17①②).

8. 불복구제절차

(1) 이의신청

1) 이의신청의 제기: 청구인이 정보공개와 관련한 공공기관의 비공개 결정 또는 부분 공개 결정에 대하여 불복이 있거나 정보공개 청구 후 20일이 경과하도록 정보공개 결정이 없는 때에는 공공기관으로부터 정보공개 여부의 결정 통지를 받은 날 또는 정보공개 청구 후 20일이 경과한 날부터 30일 이내에 해당 공공기관에 문서로 이의신청을 할 수 있다(동법 18①).

2) 심의회의 개최: 국가기관 등은 이의신청이 있는 경우에는 심의회를 개최하여야 한다. 다만, 심의회의 심의를 이미 거친 사항, 단순·반복적인 청구, 법령에 따라 비밀로 규정된 정보에 대한 청구의 경우에는 개최하지 아니할 수 있으며, 개최하지 아니하는 사유를 청구인에게 문서로 통지하여야 한다(동조②).

3) 이의신청의 결정의 통지: 공공기관은 이의신청을 받은 날부터 7일 이내에 그 이의신청에 대하여 결정하고 그 결과를 청구인에게 지체 없이 문서로 통지하여야 한다. 다만, 부득이한 사유로 정하여진 기간 이내에 결정할 수 없을 때에는 그 기간이 끝나는 날의 다음 날부터 기산하여 7일의 범위에서 연장할 수 있으며, 연장 사유를 청구인에게 통지하여야 한다(동조③). 공공기관은 이의신청을 각하 또는 기각하는 결정을 한 경우에는 청구인에게 행정심판 또는 행정소송을 제기할 수 있다는 사실을 제3항에 따른 결과 통지와 함께 알려야 한다(동조④).

(2) 행정심판

1) 행정심판의 청구: 청구인이 정보공개와 관련한 공공기관의 결정에 대하여 불복이 있거나 정보공개 청구 후 20일이 경과하도록 정보공개 결정이 없는 때에는 행정심판법에서 정하는 바에 따라 행정심판을 청구할 수 있다. 이 경우 국가기관 및 지방자치단체 외의 공공기관의 결정에 대한 감독행정기관은 관계 중앙행정기관의 장 또는 지방자치단체의 장으로 한다(동법 19①).

2) 이의신청 선택주의: 청구인은 이의신청 절차를 거치지 아니하고 행정심판을 청구할 수 있다(동조②).

3) 행정심판위원의 비밀유지 의무: 행정심판위원회의 위원 중 정보공개 여부의 결정에 관한 행정심판에 관여하는 위원은 재직 중은 물론 퇴직 후에도 그 직무상 알게 된 비밀을 누설하여서는 아니 된다(동조③).

(3) 행정소송

1) 행정소송의 제기: 청구인이 정보공개와 관련한 공공기관의 결정에 대하여 불복이 있거나 정보공개 청구 후 20일이 경과하도록 정보공개 결정이 없는 때에는 행정소송법에서 정하는 바에 따라 행정소송을 제기할 수 있다(동법 20①).

2) 원고적격 및 소의 이익: 모든 국민은 정보공개청구권을 가지므로 공개거부나 무응답이 있으면 정보공개청구권이 침해되었다고 할 것이어서 원고적격이 성립된다(판례1). 그런데 정보공개거부처분 후 대상정보의 폐기 등으로 공공기관이 그 정보를 보유 · 관리하지 않게 된 경우에는 소의 이익이 없다고 할 것이다(판례2).

[판례 1] 정보공개거부처분 자체가 법률상 이익 침해

"정보공개청구권은 법률상 보호되는 구체적인 권리이므로 청구인이 공공기관에 대하여 정보공개를 청구하였다가 **거부처분을 받은 것 자체가 법률상 이익의 침해**에 해당한다."(대판 2003.12.12. 2003두8050 등)

[판례 2] 공공기관이 정보를 보유 · 관리하지 아니한 경우 소의 이익 여부

"정보공개제도는 공공기관이 보유 · 관리하는 정보를 그 상태대로 공개하는 제도라는 점 등에 비추어 보면, 정보공개를 구하는 자가 공개를 구하는 정보를 행정기관이 보유 · 관리하고 있을 상당한 개연성이 있다는 점을 입증함으로써 족하다 할 것이지만, **공공기관이 그 정보를 보유 · 관리하고 있지 아니한 경우에는 특별한 사정이 없는 한 정보공개거부처분의 취소를 구할 법률상의 이익이 없다.**"(대판 2006. 1.13. 2003두9459 등)

3) 소송의 심리

(가) 비공개 심사 가능: 재판장은 필요하다고 인정하면 당사자를 참여시키지 아니하고 제출된 공개 청구 정보를 비공개로 열람 · 심사할 수 있다(동조②).

(나) 비공개사유 등의 입증에 따른 해당 정보 불제출 허용: 재판장은 행정소송의 대상이 제9조 제1항 제2호에 따른 정보 중 국가안전보장 · 국방 또는 외교관계에 관한 정보의 비공개 또는 부분 공개 결정처분인 경우에 공공기관이 그 정보에 대한 비밀 지정의 절차, 비밀의 등급 · 종류 및 성질과 이를 비밀로 취급하게 된 실질적인 이유 및 공개를 하지 아니하는 사유 등을 입증하면 해당 정보를 제출하지 아니하게 할 수 있다(동조③).

(4) 국가배상청구

공공기관이 정보공개청구에 대하여 정보공개법에 위반하여 정보공개를 거부한 경우 청구인은 국가배상을 청구할 수 있다.

(5) 제3자의 보호수단

1) **자기정보의 비공개 요청:** 공개청구대상정보에 관련 있다고 인정하여 공개청구 된 사실을 통지받은 제3자는 통지받은 날부터 3일 이내에 해당 공공기관에 대하여 자신과 관련된 정보를 공개하지 아니할 것을 요청할 수 있다(동법 21①).

2) **행정쟁송의 제기:** 제1항에 따른 비공개요청에도 불구하고 공공기관이 공개결정을 할 때에는 공개결정이유와 공개실시일을 분명히 밝혀 지체 없이 문서로 통지하여야 하며, 제3자는 해당 공공기관에 문서로 이의신청을 하거나 행정심판 또는 행정소송을 제기할 수 있다. 이 경우 이의신청은 통지를 받은 날부터 7일 이내에 하여야 한다(동조②). 공공기관은 제2항에 따른 공개결정일과 공개실시일의 사이에 최소한 30일의 간격을 두어야 한다(동조③).

3) **집행정지의 신청:** 쟁송의 진행 중 정보가 공개되면 소의 이익이 없으므로 쟁송제기와 동시에 집행정지를 신청하여 처분의 집행이나 절차의 속행을 정지시킬 수 있다.

4) **소송참가:** 제3자에 관한 정보의 공개가 거부된 경우 정보공개청구권자가 거부처분취소소송을 제기하면 제3자는 이해관계자로서 소송참가를 할 수 있다.

5) **국가배상청구:** 공공기관이 정보공개법에 위반하여 제3자의 정보를 공개하면 그 제3자는 국가배상을 청구할 수 있다.

9. 정보공개위원회 등

정보공개위원회는, ① 정보공개에 관한 정책수립 및 제도개선에 관한 사항, ② 정보공개에 관한 기준수립에 관한 사항, ③ 심의회 심의결과의 조사·분석 및 심의기준 개선 관련 의견제시에 관한 사항, ④ 공공기관의 정보공개운영실태 평가 및 그 결과처리에 관한 사항, ⑤ 그 밖에 정보공개에 관하여 대통령령이 정하는 사항 등을 심의·조정하기 위하여 국무총리 소속으로 둔다(동법 22). 위원회는 위원장과 부위원장 각 1명을 포함한 11명의 위원으로 구성하되, 위원장을 포함한 7명은 공무원이 아닌 사람으로 위촉하여야 한다(동법 23①②). 행정안전부장관은 이 법에 따른 정보공개제도의 정책수립 및 제도개선사항 등에 관한 기획·총괄업무를 관장한다(동법 24①). 행정안전부장관은 전년도의 정보공개 운영에 관한 보고서를 매년 정기국회 개회 전까지 국회에 제출하여야 한다(동법 26①).

제 3 절 개인정보보호제도

Ⅰ. 개 설

1. 의 의

개인정보보호란 살아 있는 개인에 관한 정보를 보호하는 것을 말하는 바, 이러한 개인정보보호의 목적은 개인정보의 수집 · 유출 · 오용 · 남용으로부터 사생활의 비밀 등을 보호하려는 것이다. 오늘날 개인의 정보가 컴퓨터에 의해 전산화됨으로써 개인의 프라이버시가 침해될 위험성이 커지게 되고, 이에 따라 개인정보의 보호가 헌법상의 사생활의 비밀과 자유의 일부분으로서 요청되게 되었다.

2. 개인정보자기결정권

개인정보보호제도는 헌법상의 개인정보자기결정권에 근거한다. 개인정보자기결정권이란 자신에 관한 개인정보의 공개와 이용에 관하여 스스로 결정할 권리를 말한다. 이는 헌법상의 사생활의 비밀과 자유(17) 및 인간의 존엄과 가치 · 행복추구권(10) 등에 근거한 기본권의 일종이다.

[판 례] 개인정보자기결정권의 의의와 헌법적 근거

"개인정보자기결정권은 자신에 관한 정보가 언제 누구에게 어느 범위까지 알려지고 또 이용되도록 할 것인지를 그 정보주체가 스스로 결정할 수 있는 권리이다. 즉 정보주체가 개인정보의 공개와 이용에 관하여 스스로 결정할 권리를 말한다. 개인정보자기결정권의 보호대상이 되는 개인정보는 개인의 신체, 신념, 사회적 지위, 신분 등과 같이 개인의 인격주체성을 특징짓는 사항으로서 그 개인의 동일성을 식별할 수 있게 하는 일체의 정보라고 할 수 있고, 반드시 개인의 내밀한 영역이나 사사의 영역에 속하는 정보에 국한되지 않고 공적 생활에서 형성되었거나 이미 공개된 개인정보까지 포함한다. 또한 그러한 개인정보를 대상으로 한 조사 · 수집 · 보관 · 처리 · 이용 등의 행위는 모두 원칙적으로 개인정보자기결정권에 대한 제한에 해당한다.

개인정보자기결정권의 헌법상 근거로는 헌법 제17조의 사생활의 비밀과 자유, 헌법 제10조 제1문의 인간의 존엄과 가치 및 행복추구권에 근거를 둔 일반적 인격권 또는 위 조문들과 **동시에 우리 헌법의 자유민주적 기본질서 규정 또는 국민주권원리와 민주주의원리 등을 고려할 수 있으나,** 개인정보자기결정권으로 보호하려는 내용을 위 각 기본권들 및 헌법원리들 중 일부에 완전히 포섭시키는 것은 불가능하다고 할 것이므로, 그 헌법적 근거를 굳이 어느 한 두개에 국한시키는 것은 바람직하지 않은 것으로 보이고, 오히려 **개인정보자기결정권은 이들을 이념적 기초로 하는 독자적 기본권으로서 헌법에 명시되지 아니한 기본권이라고 보아야** 할 것이다."(헌재 2005.5.26. 99헌마513, 2004헌마190(병합); 대판 2014.7.24. 2012다49933).

3. 개인정보보호의 입법례

개인정보보호에 관한 입법례는 1973년 스웨덴의 개인정보보호법, 1974년 미국의 프라이버시법, 1977년 독일의 연방데이타법, 1978년 프랑스의 정보처리 축적 및 자유에 관한 법률, 1989년 일본의 행정기관이 보유하는 전자계산기 처리에 따른 개인정보의 보호에 관한 법률 등이 있다.

우리나라는 1995년 1월부터 「공공기관의 개인정보보호에 관한 법률」(법률 제4734호, 1994. 1.7.

제정) 이 시행되었는데, 개인정보를 좀 더 광범하고 체계적이며 구체적으로 보호하기 위하여 이 법을 대신하여 「개인정보보호법」(법률 제10465호, 2011.3.29. 제정)을 2011년 9월 30일부터 시행하고 있다. 그 밖에 개인정보보호에 관해 개별적 규정을 둔 법률로, 「정보통신망 이용촉진 및 정보보호 등에 관한 법률」, 「신용정보의 이용 및 보호에 관한 법률」, 「금융실명거래 및 비밀보장에 관한 법률 및 통신비밀보호법」 등이 있다.

Ⅱ. 개인정보보호의 내용

1. 개인정보의 의미

개인정보란 살아 있는 개인에 관한 정보로서, ① 성명, 주민등록번호 및 영상 등을 통하여 개인을 알아볼 수 있는 정보, ② 해당 정보만으로는 특정 개인을 알아볼 수 없더라도 다른 정보와 쉽게 결합하여 알아볼 수 있는 정보, ③ 위 ①②에 따라 가명처리 함으로써 원래의 상태로 복원하기 위한 추가 정보의 사용·결합 없이는 특정 개인을 알아볼 수 없는 정보(가명정보)를 말한다(개인정보보호법 2(1)). 또한 처리란 개인정보의 수집, 생성, 기록, 저장, 보유, 가공, 편집, 검색, 출력, 정정, 복구, 이용, 제공, 공개, 파기, 그 밖에 이와 유사한 행위를 말한다(동조(2)).

[판 례] 개인정보의 의미

"인간의 존엄과 가치, 행복추구권을 규정한 헌법 제10조 제1문에서 도출되는 일반적 인격권 및 헌법 제17조의 사생활의 비밀과 자유에 의하여 보장되는 개인정보자기결정권은 자신에 관한 정보가 언제 누구에게 어느 범위까지 알려지고 또 이용되도록 할 것인지를 정보주체가 스스로 결정할 수 있는 권리이다. 개인정보자기결정권의 보호대상이 되는 **개인정보는 개인의 신체, 신념, 사회적 지위, 신분 등과 같이 개인의 인격주체성을 특징짓는 사항으로서 개인의 동일성을 식별할 수 있게 하는 일체의 정보이고, 반드시 개인의 내밀한 영역에 속하는 정보에 국한되지 아니하며 공적 생활에서 형성되었거나 이미 공개된 개인정보까지 포함한다.** 또한 개인정보를 대상으로 한 조사·수집·보관·처리·이용 등의 행위는 모두 원칙적으로 개인정보자기결정권에 대한 제한에 해당한다."(대판 2016. 8. 17. 선고 2014다235080)

2. 개인정보의 주체·처리자, 국가 등의 책무

정보주체란 처리되는 정보에 의하여 알아볼 수 있는 사람으로서 그 정보의 주체가 되는 사람을 말한다(동조(3)). 개인정보처리자란 업무를 목적으로 개인정보파일을 운용하기 위하여 스스로 또는 다른 사람을 통하여 개인정보를 처리하는 공공기관, 법인, 단체 및 개인 등을 말한다(동조(5)). 국가와 지방자치단체는 개인정보의 목적 외 수집, 오용·남용 및 무분별한 감시·추적 등에 따른 폐해를 방지하여 인간의 존엄과 개인의 사생활 보호를 도모하기 위한 시책을 강구하여야 한다(동법 5①).

3. 개인정보 보호의 원칙

① 개인정보처리자는 개인정보의 처리 목적을 명확하게 하여야 하고 그 목적에 필요한 범위에서 최소한의 개인정보만을 적법하고 정당하게 수집하여야 하고(동법 3①), ② 개인정보의 처

리 목적에 필요한 범위에서 적합하게 개인정보를 처리하여야 하며, 그 목적 외의 용도로 활용하여서는 아니 된다(동조②). ③ 개인정보처리자는 개인정보의 처리 목적에 필요한 범위에서 개인정보의 정확성, 완전성 및 최신성이 보장되도록 하여야 한다(동조③). ④ 개인정보처리자는 개인정보의 처리 방법 및 종류 등에 따라 정보주체의 권리가 침해받을 가능성과 그 위험 정도를 고려하여 개인정보를 안전하게 관리하여야 한다(동조④). ⑤ 개인정보처리자는 개인정보 처리방침 등 개인정보의 처리에 관한 사항을 공개하여야 하며, 열람청구권 등 정보주체의 권리를 보장하여야 한다(동조⑤). ⑥ 개인정보처리자는 정보주체의 사생활 침해를 최소화하는 방법으로 개인정보를 처리하여야 한다(동조⑥). ⑦ 익명 또는 가명으로 처리하여도 개인정보 수집목적을 달성할 수 있는 경우 익명처리가 가능한 경우에는 익명에 의하여, 익명처리로 목적을 달성할 수 없는 경우에는 가명에 의하여 처리될 수 있도록 하여야 한다(동조⑦).

4. 개인정보보호위원회

(1) 개인정보보호위원회의 구성

개인정보 보호에 관한 사무를 독립적으로 수행하기 위하여 국무총리 소속으로 개인정보 보호위원회를 두며, 보호위원회는 정부조직법 제2조에 따른 중앙행정기관으로 본다(동법 7①②). 보호위원회는 상임위원 2명(위원장 1명, 부위원장 1명)을 포함한 9명의 위원으로 구성하며, 개인정보 보호에 관한 경력과 전문지식이 풍부한 사람 중에서 위원장과 부위원장은 국무총리의 제청으로, 그 외 위원 중 2명은 위원장의 제청으로, 2명은 대통령이 소속되거나 소속되었던 정당의 교섭단체 추천으로, 3명은 그 외의 교섭단체 추천으로 대통령이 임명 또는 위촉한다(동법 7조의2①②). 위원의 임기는 3년으로 하되, 한 차례만 연임할 수 있다(동법 7조의4①).

(2) 개인정보보호위원회의 소관사항

개인정보보호위원회는, ① 개인정보의 보호와 관련된 법령의 개선에 관한 사항, ② 개인정보 보호와 관련된 정책 · 제도 · 계획 수립 · 집행에 관한 사항, ③ 정보주체의 권리침해에 대한 조사 및 이에 따른 처분에 관한 사항, ④ 개인정보의 처리와 관련한 고충처리 · 권리구제 및 개인정보에 관한 분쟁의 조정, ⑤ 개인정보 보호를 위한 국제기구 및 외국의 개인정보 보호기구와의 교류 · 협력, ⑥ 개인정보 보호에 관한 법령 · 정책 · 제도 · 실태 등의 조사 · 연구, 교육 및 홍보에 관한 사항, ⑦ 개인정보 보호에 관한 기술개발의 지원 · 보급 및 전문인력의 양성에 관한 사항, ⑧ 이 법 및 다른 법령에 따라 보호위원회의 사무로 규정된 사항 등을 수행한다(동법 7조의8).

5. 개인정보의 처리

(1) 개인정보의 수집 · 이용 · 제공

개인정보처리자는, ① 정보주체의 동의를 받은 경우, ② 법률에 특별한 규정이 있거나 법령상 의무를 준수하기 위하여 불가피한 경우, ③ 공공기관이 법령 등에서 정하는 소관업무의 수행을 위하여 불가피한 경우, ④ 정보주체와의 계약의 체결 및 이행을 위하여 불가피하게 필요한 경우, ⑤ 정보주체 또는 그 법정대리인이 의사표시를 할 수 없는 상태에 있거나 주소불명 등으로 사전 동의를 받을 수 없는 경우로서 명백히 정보주체 또는 제3자의 급박한 생명, 신체, 재산의 이익을 위하여 필요하다고 인정되는 경우 등의 경우에는 개인정보를 수집할 수 있으며 그 수집 목적의 범위에서 이용할 수 있다(15①). 또한 개인정보처리자는 위와 같은 개인정보를 수집하는 경우에는 그 목적에 필요한 최소한의 개인정보를 수집하여야 한다(16). 개인정보처리자는 위 ①·②·③ 및 ⑤의 경우에는 정보주체의 개인정보를 제3자에게 제공(공유를 포함)할 수 있다(17①).

개인정보처리자는 개인정보를 제15조 제1항에 따른 범위를 초과하여 이용하거나 제17조 제1항 및 제3항에 따른 범위를 초과하여 제3자에게 제공하여서는 아니 된다(18①). 개인정보처리자로부터 개인정보를 제공받은 자는, 정보주체의 동의 또는 다른 법률에 특별한 규정이 있는 경우를 제외하고는 개인정보를 제공받은 목적 외의 용도로 이용하거나 이를 제3자에게 제공하여서는 아니 된다(19).

[판례 1] 교원노조 가입현황 실명자료의 인터넷 공개

"**국회의원인 갑 등이 '각급학교 교원의 교원단체 및 교원노조 가입현황 실명자료'를 인터넷을 통하여 공개한 사안에서, 위 정보는 개인정보자기결정권의 보호대상이 되는 개인정보에 해당하므로 이를 일반 대중에게 공개하는 행위는 해당 교원들의 개인정보자기결정권과 전국교직원노동조합의 존속, 유지, 발전에 관한 권리를 침해하는 것**이고, 갑 등이 위 정보를 공개한 표현행위로 인하여 얻을 수 있는 법적 이익이 이를 공개하지 않음으로써 보호받을 수 있는 해당 교원 등의 법적 이익에 비하여 우월하다고 할 수 없으므로, 갑 등의 정보 공개행위가 위법하다고 한 사례."(대판 2014.7.24. 2012다49933)

[판례 2] 정보주체 동의 없는 개인정보공개의 경우 비교형량

"정보주체의 동의 없이 개인정보를 공개함으로써 침해되는 인격적 법익과 정보주체의 동의 없이 자유롭게 개인정보를 공개하는 표현행위로서 보호받을 수 있는 법적 이익이 하나의 법률관계를 둘러싸고 충돌하는 경우에는, 개인이 공적인 존재인지 여부, 개인정보의 공공성 및 공익성, 개인정보 수집의 목적·절차·이용형태의 상당성, 개인정보 이용의 필요성, 개인정보 이용으로 인해 침해되는 이익의 성질 및 내용 등 여러 사정을 종합적으로 고려하여, 개인정보에 관한 인격권 보호에 의하여 얻을 수 있는 이익(비공개 이익)과 표현행위에 의하여 얻을 수 있는 이익(공개 이익)을 구체적으로 비교 형량하여, 어느 쪽 이익이 더욱 우월한 것으로 평가할 수 있는지에 따라 그 행위의 최종적인 위법성 여부를 판단하여야 한다."(대판 2011.09.02. 2008다42430)

(2) 개인정보의 처리 제한

개인정보처리자는 사상·신념, 노동조합·정당의 가입·탈퇴, 정치적 견해, 건강, 성생활 등에 관한 정보, 그 밖에 정보주체의 사생활을 현저히 침해할 우려가 있는 개인정보로서 대통령령으로 정하는 정보(이하 '민감정보')를 처리하여서는 아니 된다(23). 또한 법령에 따라 개인을 고유하게 구별하기 위하여 부여된 식별정보로서 대통령령으로 정하는 정보(이하 '고유식별정보')를 처리할 수 없다(24①). 개인정보처리자는 ① 법령에서 구체적으로 주민등록번호의 처리를 요구하거나 허용한 경우, ② 정보주체 또는 제3자의 급박한 생명, 신체, 재산의 이익을 위하여 명백히 필요하다고 인정되는 경우, ③ 제1호 및 제2호에 준하여 주민등록번호 처리가 불가피한 경우로

서 행정안전부령으로 정하는 경우를 제외하고는 주민등록번호를 처리할 수 없다(동법 24의2). 누구든지 ① 법령에서 구체적으로 허용하고 있는 경우, ② 범죄의 예방 및 수사, ③ 시설안전 및 화재예방, ④ 교통단속, ⑤ 교통정보의 수집 · 분석 및 제공 등을 위하여 필요한 경우를 제외하고는 공개된 장소에 영상정보처리기기를 설치 · 운영하여서는 아니 된다(25①).

6. 개인정보의 안전관리

(1) 안전조치의무

개인정보처리자는 개인정보가 분실 · 도난 · 유출 · 변조 또는 훼손되지 아니하도록 내부 관리계획 수립, 접속기록 보관 등 대통령령으로 정하는 바에 따라 안전성 확보에 필요한 기술적 · 관리적 및 물리적 조치를 하여야 한다(29).

(2) 처리방침 수립, 보호책임자 지정 및 정보파일 등록 · 공개

개인정보처리자는 개인정보의 처리목적, 보유기간, 제3자 제공에 관한 사항 등이 포함된 개인정보의 처리 방침을 정하여야 하고(30①). 개인정보의 처리에 관한 업무를 총괄해서 책임질 개인정보 보호책임자를 지정하여야 한다(31①). 공공기관의 장은 개인정보파일을 운용하는 경우에는 그 명칭, 운영근거 및 목적, 개인정보의 항목, 처리방법, 보유기간 등을 행정안전부장관에게 등록하여야 한다(32①).

(3) 개인정보 보호인증

행정안전부장관은 개인정보처리자의 개인정보 처리 및 보호와 관련한 일련의 조치가 이 법에 부합하는지 등에 관하여 인증할 수 있다(32의2①). 인증의 유효기간은 3년으로 한다(동조②). 행정안전부장관은, ① 거짓이나 그 밖의 부정한 방법으로 개인정보 보호 인증을 받은 경우, ② 사후관리를 거부 또는 방해한 경우, ③ 인증기준에 미달하게 된 경우, ④ 개인정보 보호 관련 법령을 위반하고 그 위반사유가 중대한 경우에는 그 인증을 취소할 수 있다(동조③).

(4) 개인정보 영향평가

공공기관의 장은 대통령령으로 정하는 기준에 해당하는 개인정보파일의 운용으로 인하여 정보주체의 개인정보 침해가 우려되는 경우에는 그 위험요인의 분석과 개선 사항 도출을 위한 평가(이하 '영향평가')를 하고 그 결과를 행정안전부장관에게 제출하여야 한다(33①). 영향평가를 하는 경우에는 처리하는 개인정보의 수, 개인정보의 제3자 제공여부, 정보주체의 권리를 해할 가능성 및 그 위험정도 등을 고려하여야 한다(동조②). 행정안전부장관은 제1항에 따라 제출받은 영향평가 결과에 대하여 보호위원회의 심의 · 의결을 거쳐 의견을 제시할 수 있다(동조③).

(5) 과징금의 부과 등

행정안전부장관은 개인정보처리자가 처리하는 주민등록번호가 분실 · 도난 · 유출 · 변조 또는 훼손된 경우에는 5억원 이하의 과징금을 부과 · 징수할 수 있다. 다만, 주민등록번호가 분실·도난·유출·변조 또는 훼손되지 아니하도록 개인정보처리자가 안전성 확보에 필요한 조치를 다한 경우에는 그러하지 아니하다(동법 34의2①).

7. 정보주체의 권리

(1) 개인정보의 열람

정보주체는 개인정보처리자가 처리하는 자신의 개인정보에 대한 열람을 해당 개인정보처리자에게, 또는 공공기관에 직접 열람을 요구할 수 있고, 이 경우 대통령령으로 정하는 기간 내에 정보주체가 해당 개인정보를 열람할 수 있도록 하여야 한다(35①②③).

(2) 개인정보의 정정·삭제

자신의 개인정보를 열람한 정보주체는 개인정보처리자에게 그 개인정보의 정정 또는 삭제를 요구할 수 있다. 이 경우 개인정보의 정정 또는 삭제에 관하여 다른 법령에 특별한 절차가 규정되어 있는 경우를 제외하고는 지체 없이 그 개인정보를 조사하여 정보주체의 요구에 따라 정정·삭제 등 필요한 조치를 한 후 그 결과를 정보주체에게 알려야 한다(36①②).

(3) 개인정보의 처리정지 등

정보주체는 개인정보처리자에 대하여 자신의 개인정보 처리의 정지를 요구할 수 있다. 이 경우 개인정보처리자는 지체 없이 정보주체의 요구에 따라 개인정보 처리의 전부를 정지하거나 일부를 정지하여야 한다. 다만, ① 법령에 의해 불가피한 경우, ② 다른 사람의 생명·신체를 해할 우려가 있거나 다른 사람의 재산과 그 밖의 이익을 부당하게 침해할 우려가 있는 경우, ③ 공공기관이 개인정보를 처리하지 아니하면 다른 법률에서 정하는 소관 업무를 수행할 수 없는 경우 등에는 정보주체의 처리정지 요구를 거절할 수 있다(37①②).

(4) 손해배상책임

정보주체는 개인정보처리자가 이 법을 위반한 행위로 손해를 입으면 개인정보처리자에게 손해배상을 청구할 수 있다(39①).

[판 례] 국가정보원이 기업의 자기정보통제권을 침해하는 경우

"국가정보원이 국외정보 및 국내보안정보의 수집, 내란죄 등과 같은 특정 범죄의 수사 등 법령에 규정된 직무 범위를 벗어나, **기업과 그 대표자를 대상으로 그 기업 등의 영업 및 그와 관련된 범죄 의혹에 관한 정보를 조사·수집하고 이에 관한 보고서를 작성하여 수사기관 및 언론 등에 제공하는 방식으로 정보를 이용·관리한 행위는, 헌법에 의하여 보장된 기본권인 기업 등의 자기정보통제권을 침해한 불법행위에 해당**하므로 국가는 그로 인하여 기업 등이 입은 손해를 배상할 책임이 있다고 한 사례"(서울중앙지법 2009.05.29. 2008가합40668)

8. 개인정보 분쟁조정위원회

(1) 설치 및 구성 등

개인정보에 관한 분쟁의 조정(調停)을 위하여 개인정보 분쟁조정위원회를 두며, 위원장 1명을 포함한 20명 이내의 위원으로 구성한다(40①②). 위원은 개인정보보호업의 경험이 있는 사람, 부교수 이상 재직 또는 재직하였던 사람, 판사 · 검사 또는 변호사로 재직하고 있거나 재직하였던 사람, 개인정보 보호와 관련된 시민사회단체 또는 소비자단체로부터 추천을 받은 사람 중에서 행정안전부장관이 임명하거나 위촉한다(동조③). 임기는 2년, 1차에 한해 연임할 수 있다(동조⑤).

(2) 위원의 신분보장 및 제척 · 기피 · 회피

위원은 자격정지 이상의 형을 선고받거나 심신상의 장애로 직무를 수행할 수 없는 경우를 제외하고는 그의 의사에 반하여 면직되거나 해촉되지 아니한다(41). 위원은 분쟁조정위원회에 신청된 분쟁조정사건에서 제척 · 기피 · 회피가 인정된다(42).

(3) 조정신청의 처리

개인정보와 관련한 분쟁의 조정을 원하는 자는 분쟁조정위원회에 분쟁조정을 신청할 수 있으며(43①), 분쟁조정위원회는 분쟁조정 신청을 받은 날부터 60일 이내에 이를 심사하여 조정안을 작성하여야 한다(44①). 분쟁조정위원회는 조정 전 합의를 권고할 수 있다(46).

(4) 분쟁의 조정

분쟁조정위원회는, ① 조사 대상 침해행위의 중지, ② 원상회복, 손해배상, 그 밖에 필요한 구제조치, ③ 같거나 비슷한 침해의 재발을 방지하기 위하여 필요한 조치 등을 포함하여 조정안을 작성할 수 있다(47①). 분쟁조정위원회는 조정안을 작성하면 지체 없이 각 당사자에게 제시하여야 하며, 당사자가 제시받은 날부터 15일 이내에 수락 여부를 알리지 아니하면 조정을 거부한 것으로 본다. 당사자가 조정내용을 수락한 경우 분쟁조정위원회는 조정서를 작성하고, 위원장과 각 당사자가 기명날인하여야 한다(47②③④). 이 경우 조정의 내용은 재판상 화해와 동일한 효력을 갖는다(동조⑤).

(5) 집단분쟁조정

국가 및 지방자치단체, 개인정보 보호단체 및 기관, 정보주체, 개인정보처리자는 정보주체의 피해 또는 권리침해가 다수의 정보주체에게 같거나 비슷한 유형으로 발생하는 경우로서 대통령령으로 정하는 사건에 대하여는 분쟁조정위원회에 일괄적인 분쟁조정을 의뢰 또는 신청할 수 있다(49①). 이 경우 분쟁조정위원회는 그 의결로써 제3항부터 제7항까지의 규정에 따른 집단분쟁조정의 절차를 개시할 수 있다(동조②).

9. 개인정보 단체소송

「소비자기본법」 제29조에 따라 공정거래위원회에 등록한 일정한 요건을 갖춘 소비자단체 및 「비영리민간단체 지원법」 제2조에 따른 비영리민간단체로서 일정한 요건을 갖춘 단체는 개인정보처리자가 제49조에 따른 집단분쟁조정을 거부하거나 집단분쟁조정의 결과를 수락하지 아니한 경우에는 법원에 권리침해 행위의 금지 · 중지를 구하는 소송을 제기할 수 있다(51). 단체소송을 제기하는 단체는 소장과 소송허가신청서를 법원에 제출하여야 한다(54).

10. 금지행위 및 비밀유지 등

개인정보를 처리하거나 처리하였던 자는, ① 거짓이나 그 밖의 부정한 수단이나 방법으로 개인정보를 취득하거나 처리에 관한 동의를 받는 행위, ② 업무상 알게 된 개인정보를 누설하거나 권한 없이 다른 사람이 이용하도록 제공하는 행위, ③ 정당한 권한 없이 또는 허용된 권한을 초과하여 다른 사람의 개인정보를 훼손, 멸실, 변경, 위조 또는 유출하는 행위 등을 하여서는 아니 된다(59). 또한 개인정보보호위원회의 업무·영향평가업무·분쟁조정위원회의 분쟁조정업무 등에 종사하거나 종사하였던 자는 직무상 알게 된 비밀을 다른 사람에게 누설하거나 직무상 목적 외의 용도로 이용하여서는 아니 된다(60).

11. 침해사실의 신고 등

개인정보처리자가 개인정보를 처리할 때 개인정보에 관한 권리 또는 이익을 침해받은 사람은 보호위원회에게 그 침해 사실을 신고할 수 있다(62①). 보호위원회는 신고의 접수·처리 등에 관한 업무를 효율적으로 수행하기 위하여 대통령령으로 정하는 바에 따라 전문기관을 지정할 수 있으며, 이 경우 전문기관은 개인정보침해 신고센터를 설치·운영하여야 한다(동조②).

12. 시정조치, 고발 및 징계권고 등

보호위원회는 개인정보가 침해되었다고 판단할 상당한 근거가 있고 이를 방치할 경우 회복하기 어려운 피해가 발생할 우려가 있다고 인정되면 이 법을 위반한 자에 대하여, ① 개인정보 침해행위의 중지, ② 개인정보 처리의 일시적 정지, ③ 그 밖에 개인정보의 보호 및 침해 방지를 위하여 필요한 조치 등을 명할 수 있다(64①②). 지방자치단체, 국회, 법원, 헌법재판소, 중앙선거관리위원회는 그 소속 기관 및 소관 공공기관이 이 법을 위반하였을 때에는 제1항 각 호에 해당하는 조치를 명할 수 있다(동조③).

보호위원회는 개인정보처리자에게 이 법 등 개인정보 보호와 관련된 법규의 위반에 따른 범죄혐의가 있다고 인정될 만한 상당한 이유가 있을 때에는 관할 수사기관에 그 내용을 고발할 수 있으며, 이 법 등 개인정보 보호와 관련된 법규의 위반행위가 있다고 인정될 만한 상당한 이유가 있을 때에는 책임이 있는 자를 징계할 것을 해당 개인정보처리자에게 권고할 수 있다(65①②).

13. 벌 칙

공공기관의 개인정보 처리업무를 방해할 목적으로 공공기관에서 처리하고 있는 개인정보를 변경하거나 말소하여 공공기관의 업무 수행의 중단·마비 등 심각한 지장을 초래한 자는 10년 이하의 징역 또는 1억원 이하의 벌금에 처한다(70). 또한 정보주체의 동의를 받지 아니하고 개인정보를 제3자에게 제공한 자 및 그 사정을 알고 개인정보를 제공받은 자, 제23조에 위반하여 민감정보를 처리한 자, 제24조 제1항을 위반하여 고유식별정보를 처리한 자 등은 5년 이하의 징역 또는 5천만원 이하의 벌금에 처한다(71). 그 밖에 이 법의 위반정도에 따라 징역과 벌금 및 과태료를 부과할 수 있다(72~75).

제6장 행정의 실효성 확보수단

제1절 개 설

행정법규 또는 그에 의거한 행정행위에 의하여 행정법상의 의무가 과하여지는 경우, 그 행정법규의 실효성을 담보하기 위하여 그 의무의 이행을 확보하는 강제적 수단이 필요하게 된다. 이러한 강제수단으로서 행정강제와 행정벌 및 행정제재처분이 있다. 행정강제는 개인의 신체 또는 재산에 실력을 가하여 행정상 필요한 상태를 실현하는 직접적 강제수단이며, 권력적 실력행사로의 사실행위로서 상대방에게 수인의무가 발생한다. 행정강제는 상대방의 의무의 불이행을 전제로 하는지의 여부에 따라 또 다시 행정상 강제집행과 행정상 즉시강제로 나뉘어진다. 행정벌은 의무위반자에 대하여 그 의무위반에 대한 처벌을 과하는 간접적 수단이다. 또한 행정제재처분은 행정법규 위반에 대하여 시정명령, 인허가의 정지・취소, 과징금부과 등 일정한 의무를 과하거나 권익을 제한하는 간접적 수단이다.

이들 강제수단들은 행정수단의 다종다양화와 급부행정의 광범한 전개 등에 따른 행정법규 위반사례에 대응하는 행정의 실효성확보수단으로서 상호 보완적인 구실을 한다.

【 행정의 실효성확보수단(實效性確保手段) 】

- 직접적 강제수단
  - 행정강제
    - 행정상 강제집행
      - 대집행: 대체적 작위의무불이행의 경우
      - 이행강제금: 비대체적 작위의무 및 부작위의무불이행의 경우
      - 직접강제: 일체의 의무불이행의 경우
      - 행정상 강제징수: 금전지급의무불이행의 경우
    - 행정상 즉시강제
    - 행정조사
- 간접적 강제수단
  - 행정벌
    - 행정형벌
    - 행정질서벌(과태료)
  - 행정제재처분—인허가 등 관허사업의 제한, 과징금, 공표 등

제2절 행정상 강제집행

Ⅰ. 개 설

1. 행정상 강제집행의 의의

행정상 강제집행(行政上 强制執行)이란 행정상의 의무불이행에 대하여 행정권이 의무자의 신체·재산에 실력을 가하여, 장래에 향하여 그 의무를 이행시키거나, 이행된 것과 같은 상태를 실현하는 작용을 말한다.

2. 유사제도와의 구별

(1) 행정상 즉시강제와의 구별

행정기본법은 행정상 강제에 행정대집행 등 행정상 강제집행과 함께 즉시강제를 포함시키고 있다(동법 30①). 그러나 행정상 강제집행은 의무의 존재 및 의무의 불이행을 전제로 하는 점에서, 이것을 전제함이 없이 행하여지는 행정상 즉시강제와 구별된다.

(2) 행정벌과의 구별

행정상 강제집행은 장래에 향하여 의무이행을 강제하기 위한 수단인 점에서, 과거의 의무위반에 대한 제재인 행정벌과 구별된다.

(3) 민사상 강제집행과의 구별

행정상 강제집행은 행정상 의무에 대한 행정권의 자력집행이란 점에서, 사법상 의무 또는 소송법상 의무의 강제가 사법권의 힘을 빌리어야 하는 민사상 강제집행과 다르다.

3. 행정상 강제집행의 근거

(1) 법률유보원칙

행정주체에게 명령권을 부여한 법은 동시에 그의 의무이행을 강제하는 데 대한 근거법이 된다는 설이 있다. 그러나 의무를 명하는 행위와 의무의 내용을 강제적으로 실현하는 행위는 성질과 차원을 달리하는 별개의 행정작용이며, 법치행정의 원리 및 사인의 권리를 존중하고 객관적으로 공정한 강제를 보장하기 위해서는 의무를 명한 법규와는 별도로 강제집행에 관한 법규의 근거가 필요하다(통설).

(2) 행정기본법

행정청은 행정목적을 달성하기 위하여 필요한 경우에는 법률로 정하는 바에 따라 필요한 최소한의 범위에서 행정대집행·이행강제금·직접강제·강제징수의 어느 하나에 해당하는 조치를 할 수 있다(동법 30①). 이 규정은 행정상 강제에 관한 법률유보의 원칙과 비례의 원칙을 명확히 함과 동시에 행정상 강제를 통일적으로 규율하기 위한 것이다. 다만, 형사(刑事), 행형(行刑) 및 보안처분 관계 법령에 따라 행하는 사항이나 외국인의 출입국·난민인정·귀화·국적회복에 관한 사항에 관하여는 이 절을 적용하지 아니한다(동조③). 즉, 행정상 강제는 특수한 성격으로 인해 행정기본법의 행정상 강제절차 등과 관련하여 별도의 규율을 둘 수 있다.

(3) 개별법

행정상 강제 조치에 관하여 행정기본법에서 정한 사항 외에 필요한 사항은 따로 법률로 정한다(동법 30②). 이에 따라 행정대집행의 일반법으로 행정대집행법과 강제징수의 일반법으로 국세징수법 등이 있다. 또한 이행강제금과 직접강제의 일반적인 절차 등은 각각 행정기본법 제31조와 제32조에서 규정하고 있는 외에, 그 밖에 개별법에서 규정하고 있다.

4. 행정상 강제집행의 수단

행정상 강제집행의 수단으로는 행정대집행·이행강제금·직접강제 및 강제징수가 있는바, 행정기본법에서 이를 통일적으로 규율하고 있다(동법 30①).

Ⅱ. 행정대집행

1. 대집행의 의의

대집행(代執行)이란 의무자가 행정상 대체적 작위의무를 이행하지 아니하는 경우 행정청이 의무자가 하여야 할 행위를 스스로 하거나 제3자에게 하게하고 그 비용을 의무자로부터 징수하는 것을 말한다.[1] 대집행에 관하여는 일반법인 행정대집행법과 행정기본법(제30조①) 및 몇몇의 단행법이 있다(예; 공익사업을위한토지등의취득및보상에관한법률 89, 건축법 85 등).

2. 대집행권자

대집행을 할 수 있는 자는 해당 행정청이다(행정대집행법 2). 해당 행정청이란 당초에 의무를 명하는 행정행위를 한 처분청을 말한다. 해당 행정청은 의무자가 행할 의무를 스스로 행하거나 제3자에게 이를 위탁할 수 있다.

(1) 자기집행의 법률관계

행정청이 스스로 행사는 것을 자기집행(自己執行)이라 하며, 의무자와의 관계는 공법관계이다.

(2) 타자집행의 법률관계

제3자가 행하는 경우를 타자집행(他者執行)이라 하며, 이 경우 ① 제3자는 행정청과 공법상 행

1) 대체적 작위의무의 불이행에 대한 강제집행의 경우 대집행과 직접강제의 구분이 반드시 명백한 것은 아니다. 독일의 행정집행법에서는 대체적 작위의무를 의무자의 비용부담으로 제3자가 대행하는 경우에만 대집행으로 보며(동법 10), 그 의무를 행정청 스스로 대행하는 경우는 직접강제의 일종으로 보고 있다(동법 12).

정계약 또는 공무수탁사인의 관계에 있는 공법관계로 보는 견해도 있으나, 사법상 도급계약에 의한 행정보조자의 지위에 있다고 함이 타당하다(다수설). ② 의무자는 행정청에게 행정대집행비용의 납부의무가 성립하나 제3자와는 대집행행위의 수인의무를 부담할 뿐이다.

3. 대집행의 대상

(1) 의무의 존재

대집행의 대상이 되는 의무는 법령에 의하여 직접 명하여졌거나 법령에 의거한 행정처분에 의하여 명하여진 공법상 의무이다. 그런데 대집행의 대상이 되는 의무는 구체적·특정적 의무이어야 하므로 원칙적으로 행정처분에 의한 의무가 보통일 것이다.

(2) 의무의 대체성

대집행의 대상인 의무는 행정법상의 대체적 작위의무(代替的 作爲義務)에 한한다. 대체적 작위의무란 타인이 하더라도 의무자가 스스로 한 것과 마찬가지로 행정상 필요한 상태를 실현할 수 있는 성질의 의무를 말한다(예; 교통방해물의 제거·위법건축물의 철거 등). 즉, 타인이 대신하여 행할 수 있는 행위를 뜻한다. 따라서 일신전속적 내지 극히 고도로 개인의 지능을 요하는 비대체적 작위의무(예; 증인의 출석의무·의사의 진단의무 등)라든지, 수인의무(예; 예방접종·건강진단 의무 등) 또는 부작위의무(예; 영업정지명령)는 대체성이 없기 때문에 대집행의 대상이 되지 못한다(판례1).

[판례 1] 비대체적 부작위의무에 대한 대집행은 위법

"이 사건 용도위반 부분을 장례식장으로 사용하는 것이 관계 법령에 위반한 것이라는 이유로 **장례식장의 사용을 중지할 것과 이를 불이행할 경우 행정대집행법에 의하여 대집행하겠다는 내용의 이 사건 처분은**, 이 사건 처분에 따른 '장례식장 사용중지 의무'가 원고 이외의 '타인이 대신'할 수도 없고, 타인이 대신하여 '행할 수 있는 행위'라고도 할 수 없는 **비대체적 부작위 의무에 대한 것이므로, 그 자체로 위법**함이 명백하다고 할 것이다."(대판 2005.9.28, 2005두7464, 장례예식장사용중지계고처분취소)

(3) 부작위의무의 작위의무로의 전환

부작위의무를 작위의무로 전환한 연후에 그 작위의무위반을 이유로 대집행을 할 수 있다. 예컨대, 도로·공원부지를 불법점거하여 공작물을 설치하고 있는 경우, 먼저 그 불법공작물의 철거를 명한 다음 이를 이행하지 않은 경우에 그 작위의무 불이행을 이유로 대집행을 한다. 다만, 이 경우에도 법치행정의 원리상 작위의무로 전환할 수 있는 근거규정이 있어야 한다. 법령은 어떤 행위의 금지를 규정함과 동시에 이를 위반한 자에 대하여 위반에 의하여 생긴 유형적 결과의 시정을 명하는 행정처분의 권한을 인정하는 규정을 둠으로써 부작위의무를 작위의무로 전환하는 법적 근거를 마련하는 경우가 많다.[2)]

---

2) 예컨대, 건축법 제79조 (위반 건축물 등에 대한 조치 등) ① 허가권자는 대지나 건축물이 이 법 또는 **이 법에 따른 명령이나 처분에 위반되면** 이 법에 따른 허가 또는 승인을 취소하거나 그 건축물의 건축주등에게 공사의 중지를 명하거나 상당한 기간을 정하여 그 **건축물의 철거**·개축·증축·수선·용도변경·사용금지·사용제한, 그 밖에 필요한 조치를 명할 수 있다.

(4) 토지 · 물건의 인도의무의 경우

토지 · 물건의 인도의무에 대해서는 그 토지 · 물건 자체가 보통 대체성이 없고 그 물건 자체나 점유자 자신에 대한 물리력의 행사에 해당되어 대집행의 대상이 될 수 없다(판례2). 토지 · 물건을 그 신체로 점유하여 인도를 거부하는 경우에는 그 신체에 대한 실력행사로 점유를 푸는 방법이 있을 수 있다. 즉, 민사소송으로 퇴거청구소송을 하거나, 명문규정이 있는 경우에 직접강제나 경찰관직무집행법상의 위험발생방지조치 및 형법상의 공무집행방해죄 등의 적용을 통해 실현할 수 있을 뿐이다.

[판례 2] 매점 및 물건의 점유이전의 대집행대상 여부

"도시공원시설인 매점의 관리청이 그 공동점유자 중의 1인에 대하여 소정의 기간 내에 **위 매점으로부터 퇴거하고 이에 부수하여 그 판매 시설물 및 상품을 반출하지 아니할 때에는 이를 대집행하겠다는 내용의 계고처분은** 그 주된 목적이 매점의 원형을 보존하기 위하여 점유자가 설치한 불법 시설물을 철거하고자 하는 것이 아니라, **매점에 대한 점유자의 점유를 배제하고 그 점유이전을 받는 데 있다고 할 것인데, 이러한 의무는 그것을 강제적으로 실현함에 있어 직접적인 실력행사가 필요한 것이지 대체적 작위의무에 해당하는 것은 아니어서** 직접강제의 방법에 의하는 것은 별론으로 하고 행정대집행법에 의한 대집행의 대상이 되는 것은 아니다."(대판 1998.10.23, 97누157, 시설물철거대집행계고처분취소)

(5) 수용목적물의 인도 · 이전의 대행 및 대집행

공익사업의 시행을 위한 토지 · 물건의 인도 · 이전의무(공익사업을 위한 토지 등의 취득 및 보상에 관한 법률 43)를 이행하지 않은 경우에 대행(동법 44) 또는 대집행(동법 89)의 규정을 두고 있는데, 대체적 작위의무가 아님에도 대집행의 대상이 될 수 있는지 문제된다. 이에 관해, ① 토지 · 물건의 인도의무는 대체적 작위의무가 아니므로 대집행을 할 수 없다는 **소극설**과, ② 이 규정은 행정대집행법 제2조의 예외로 보고 대집행을 할 수 있다는 **적극설**이 대립하고 있다. **판례**는 소극설의 입장인 것으로 보인다(판례3). 생각건대, 위 법률은 공익사업의 원활한 수행을 위해 특히 대집행의 명문규정을 둔 것으로 행정대집행법의 예외규정이라 할 것이므로 적극설이 타당하다. 이 경우는 그 성질상 직접강제라 할 수 있다.

[판례 3] 수용목적물 인도의무의 대집행 불가

"피수용자 등이 기업자에 대하여 부담하는 수용대상 토지의 인도의무에 관한 **구 토지수용법 제63조(현행 공토법 43), 제64조(현 44), 제77조(현 89) 규정에서의 '인도'에는 명도도 포함되는 것으로 보아야 하고, 이러한 명도의무는 그것을 강제적으로 실현하면서 직접적인 실력행사가 필요한 것이지 대체적 작위의무라고 볼 수 없으므로** 특별한 사정이 없는 한 행정대집행법에 의한 대집행의 대상이 될 수 있는 것이 아니다."(대판 2005.8.19, 2004다2809, 가처분이의)

4. 대집행의 요건

(1) 대체적 작위의무의 불이행

대집행을 하기 위해서는, 법률(법률의 위임에 의한 명령, 지방자치단체의 조례를 포함한다)에 의하여 직접 명령되었거나 또는 법률에 의거한 행정청의 명령에 의한 행위로서 타인이 대신하여 행할 수 있는 행위를 의무자가 이행하지 아니하는 경우라야 한다(행정대집행법 2, 행정기본법 30①(1)). 즉, 대집행의 대상인 대체적 작위의무 불이행이 있어야 한다.

(2) 다른 수단으로 그 이행을 확보하기 곤란할 것

대집행을 하려면 다른 수단으로써 그 이행을 확보하기 곤란하여야 하는 바, 여기서 '다른 수단'이란 대집행을 함부로 행할 수 없다는 의미로 보아야 할 것이며, 대집행을 행함에 있어서 '보충성' 내지 '비례의 원칙'이 적용되어야 한다는 취지라 할 수 있다. 예컨대, 건축법규 위반의 건축물에 대한 동법 제79조에 따른 시정명령 불이행의 경우 동법 제80조에 따른 이행강제금의 부과에도 불이행이 있으면 대집행을 할 수 있다고 볼 것이다.

(3) 불이행을 방치함이 심히 공익을 해치는 것으로 인정될 것

불확정개념을 사용하고 있어 그 적용에 판단의 여지가 인정될 소지가 있으나, 대집행이 부담적 행정작용이라는 점에서 그 해석과 적용은 구체적 이익형량에 의해 신중하게 해야 할 것이다. 즉, 당해 행정의무를 불이행하게 된 사정과 당해 행정의무를 통해 달성하고자 하는 행정목적·불이행방치로 야기될 부작용·다른 불이행자 또는 이행자와의 형평성 들을 종합적으로 고려하여 판단해야 한다. 이러한 요건의 주장·입증책임은 처분행정청에 있다.

[판례 1] 불이행 방치함이 심히 공익을 해치는 경우

"**허가기간이 이미 도과하였고 기간만료 당시나 현행 옥외광고물등관리법등의 설치기준에도 적합하지 아니한 광고물의 철거를 부정하는 것은 위법한 광고물을 무한정 방치하는 결과가 되어 행정기관의 위법 광고물 단속기능을 무력화시키고 광고물관리행정의 원활한 수행을 위태롭게 함은 물론 다른 위법광고물 단속과의 형평을 깨뜨리는 등 공익을 심히 해하는 결과를 초래한다 할 것**이므로, 그 광고물에 대한 철거대집행계고처분이나 대집행 영장발부통지처분이 행정대집행의 요건을 결여하고 보충성의 원칙 및 비례의 원칙에 반하며 신의칙 및 금반언의 원칙에 위배된다 할 수 없고 재량권을 남용하거나 그 한계를 일탈한 처분이라고도 할 수 없다."(대판 1994.11.11, 94누7126, 광고물게시시설철거대집행계고처분취소)

[판례 2] 불이행 방치로 인한 공익침해 보다는 철거로 인한 사익 침해가 막대한 경우

"기존건물상태로 보아 대수선허가 내용대로 대수선함에는 건축공법상 애로가 있었던 사정에 비추어 그 증·개축 경위에 반드시 큰 비난을 돌릴 수만은 없는 점 및 이 사건 현 건물이 통일로변의 미화 및 정화라는 측면에서는 오히려 유익을 끼치는 점을 고려할 때, **철거의무의 불이행을 방치함으로 인하여 건축행정을 원활하게 하고 불법건축물의 단속을 무력화하지 않아야 한다는 공익적 요청 및 도시의 무질서한 확산을 방지하고 또 도시주변의 자연환경을 확보한다는 개발제한구역지정의 목적이 크게 침해된다고 볼 수 없는 반면, 이 사건 현건물을 철거할 경우 원고측에 초래되는 생활상의 불편 및 경제적 손실이 막대하다는 점에 비추어 건물철거대집행계고처분이 위법하다.**"(대판 1992.4.10, 91누7200, 건물철거대집행계고처분취소)

5. 대집행의 절차

대집행의 절차는 다음과 같은 네 단계로 나뉘어진다.

(1) 대집행의 계고

1) 의의 및 성질: 대집행을 하려면 상당한 이행기한을 정하여, 그때까지 이행하지 아니할

경우에는 대집행을 한다는 뜻을 미리 문서로써 계고하여야 한다(행정대집행법 3①). 계고(戒告)는 대집행의 제1단계 절차로서 대집행실행에 앞서 의무자 자신에 의한 의무의 이행을 촉구하고 강제집행의 수인을 요구하는 상대방에게의 예고행위이며, 후속행위를 적법하게 하는 절차상의 효과가 있다. 계고는 통지행위인 준법률행위적 행정행위이다.

2) 요 건: ① 대집행의 요건은 계고할 때 이미 충족되어야 하며, ② 행정청은 상당한 이행기한을 정해야 하는바, 상당한 이행기한을 정함에 있어 의무의 성질·내용 등을 고려하여 사회통념상 해당 의무를 이행하는 데 필요한 기간이 확보되도록 하여야 한다(동법 3①). ③ 계고는 문서에 의해야 하며, 문서에 의하지 아니한 계고는 무효이다. 또한 ④ 계고를 함에는 이행할 의무의 내용 및 범위를 구체적으로 특정하여야 한다. 다만, 대집행계고서에 특정되어 있지 않더라도 계고처분 전후에 송달된 문서나 그 밖의 사정을 종합하여 대집행의무자가 그 의무이행의 범위를 알 수 있을 정도이면 된다.

[판 례] 대집행 범위의 특정 정도

"이 사건 건물이 대집행계고서에는 '대정읍 상모리 133번지 상에 건축한 불법건축물'로 표시되어 있다고 하더라도, 기록에 의하면 위 대지 위에 다른 건축물이 없고, 이 사건 철거대상건물이 기존 건물과 비록 연접해서 축조되어 있다고는 하나 그 외관, 구조, 용도, 면적 등 여러 측면에서 기존 건물과는 전혀 별개의 독립된 건물로 인정되는 점 등 **이 사건 처분 전후에 나타난 제반 정황 및 당사자의 의사에 비추어 볼 때 위 계고서에서 표시한 정도라면 이 사건 건물을 지칭하는 것으로 충분히 특정되었다고 할 것이다.**"(대판 1997.2.14, 96누15428, 행정대집행무효확인)

3) 예 외: 대집행을 하기 위하여는 원칙적으로 계고를 하여야 하나, 법률의 규정(건축법 85, 도로법 65)이나 비상시 또는 위험이 절박한 경우에 계고를 할 여유가 없을 때에는 이를 생략할 수 있다(행정대집행법 3③).

4) 원처분과 계고의 결합가능성: 대집행요건은 계고를 행할 때 이미 충족되어야 하므로 원처분(예컨대 철거명령)과 계고처분을 동시에 결합하여 행하는 것은 원칙적으로 인정될 수 없다. 그러나 원칙적으로는 작위의무를 명하는 행정처분과 계고는 독립하여 행해져야 하지만, ① 의무불이행이 예견되고 의무불이행을 제거해야 할 긴급한 필요가 인정되는 경우라든가, ② 충분한 이행기한이 주어졌다고 판단되는 경우 등 예외적인 경우에는 원처분과 계고가 결합될 수 있다.

[판 례] 원처분과 계고의 결합가능성

"계고서라는 명칭의 1장의 문서로서 일정기간 내에 위법건축물의 **자진철거를 명함과 동시에 그 소정기한 내에 자진철거를 하지 아니할 때에는 대집행할 뜻을 미리 계고한 경우라도** 위 건축법에 의한 철거명령과 행정대집행법에 의한 계고처분은 독립하여 있는 것으로서 각 그 요건이 충족되었다고 볼 것이고, 이 경우 **철거명령에서 주어진 일정기간이 자진철거에 필요한 상당한 기간이라면 그 기간 속에는 계고 시에 필요한 '상당한 이행기간'도 포함되어 있다고 보아야 할 것이다.**"(대판 1992.6.12, 91누13564, 건물철거대집행계고처분취소)

(2) 대집행영장에 의한 통지

1) 의 의: 의무자가 계고를 받고도 지정된 기한까지 의무를 이행하지 아니한 경우에는

당해 행정청은 대집행영장에 의하여 대집행의 시기·대집행 책임자의 성명 및 대집행 비용의 개산액(概算額)을 의무자에게 통지하여야 한다(동법 3②). 예외적으로 이를 생략할 수 있는 경우는 계고의 경우와 같다.

2) 성 질: 통지에 의해 대집행의 시기와 내용이 정해지고 수인의무가 확정된다. 이에 따라 행정청은 대집행실행권을 갖게 되는 법적 효과가 발생하므로, 대집행영장에 의한 통지는 준법률행위적 행정행위로서 취소소송의 대상이 된다.

(3) 대집행의 실행

1) 의의 및 성질: 대집행은 대집행영장에 기재된 시기에 대집행책임자에 의하여 실행된다. 대집행책임자는 집행책임자임을 나타내는 증표를 휴대하고, 이해관계인에게 제시하여야 한다(동법 4③). 대집행의 실행은 사실작용이며, 의무자는 수인의무가 있다.

2) 실력행사: 대집행의 실행에 대한 항거가 있는 경우에 실력에 의하여 그 항거를 배제할 수 있는지 문제된다.

(가) 학 설: ① 필요한 한도 내에서 부득이한 최소한의 실력행사는 대집행에 수반된 기능으로 보는 **긍정설**[3]과, ② 입법적으로 해결되기 전에는 인정될 수 없다는 **부정설**[4]로 나뉘고 있다.

(나) 판 례: "건물철거의무에 퇴거의무도 포함되어 있어서 대집행과정에서 부수적으로 퇴거조치를 할 수 있다"고 하여 긍정설을 취하고 있다.

(다) 결 어: 건물철거의무자에게 퇴거의무도 포함된 것으로 보아 대집행의 부수적 조치로 퇴거조치도 취할 수 있다고 할 것이므로 긍정설이 타당하다. 이에 따라 항거배제를 위해 경찰관 직무집행법상 위험발생 방지조치 또는 형법상 공무집행방해죄를 적용할 수 있다.

[판 례] 대집행과정에서 부수적으로 점유자의 퇴거조치 가능

"관계법령상 행정대집행의 절차가 인정되어 행정청이 행정대집행의 방법으로 건물의 철거 등 대체적 작위의무의 이행을 실현할 수 있는 경우에는 따로 민사소송의 방법으로 그 의무의 이행을 구할 수 없다(대법원 1990. 11. 13. 선고 90다카23448 판결, 대법원 2000. 5. 12. 선고 99다18909 판결 등 참조). 한편, **건물의 점유자가 철거의무자일 때에는 건물철거의무에 퇴거의무도 포함되어 있는 것이어서 별도로 퇴거를 명하는 집행권원이 필요하지 않다**(대법원 2008. 12. 24. 선고 2007다75099 판결 참조). 따라서 **행정청이 행정대집행의 방법으로 건물철거의무의 이행을 실현할 수 있는 경우에는 건물철거 대집행 과정에서 부수적으로 그 건물의 점유자들에 대한 퇴거 조치를 할 수 있는 것이고, 그 점유자들이 적법한 행정대집행을 위력을 행사하여 방해하는 경우 형법상 공무집행방해죄가 성립**하므로(대법원 2011. 4. 28. 선고 2007도7514 판결 참조), 필요한 경우에는 「경찰관 직무집행법」에 근거한 위험발생 방지조치 또는 형법상 공무집행방해죄의 범행방지 내지 현행범체포의 차원에서 경찰의 도움을 받을 수도 있다."(대판 2017.4.28. 2016다213916, 건물퇴거)

(4) 비용징수

대집행에 소요된 일체의 비용은 당해 행정청이 의무자로부터 징수하는데, 비용의 징수는 그

3) 김남진·김연태(Ⅰ), 577면; 김동희(1), 476면; 류지태·박종수(신론), 404면; 한견우(1), 377면; 홍정선(상), 724면.

4) 박균성(강의), 396면; 한견우(Ⅰ), 498면; 홍준형, 595면.

금액과 납부기일을 정하여 문서로 납부고지함으로써 하며(행정대집행법 5), 납부기일까지 납부하지 않을 때에는 국세체납처분의 예에 의하여 강제징수한다(동법 6①).

6. 대집행에 대한 구제

(1) 행정심판

대집행에 대하여는 행정심판을 제기할 수 있다(동법 7). 다만, 대집행실행 후에는 청구의 이익이 없는 것이 보통이겠으나, 대집행실행의 취소로 회복되는 법률상 이익이 있는 경우에는 행정심판을 청구할 수 있다(행정심판법 13후단).

(2) 항고소송

1) 실행전의 구제: 계고 및 대집행영장에 의한 통지는 대집행의 절차의 일부를 이루는데 지나지 아니하며 독립된 처분으로 볼 수 없으므로 소송의 대상이 되지 아니한다는 설도 있다. 그러나 계고는 대집행영장교부의 기초가 되는 법적 행위이고, 대집행영장에 의한 통지도 대집행 수인의무를 과하는 것으로 행정청이 대집행권한을 취득하게 하는 것인 바, 각각 준법률행위적 행정행위로서의 독자적 의의를 가지는 대집행의 필요적 절차이므로 항고소송의 대상이 될 수 있다(통설 · 판례).

2) 실행후의 구제: 대집행의 실행이 단기에 종료되는 경우와 대집행이 실행된 후에는 소의 이익이 없는 경우가 보통일 것이나, 대집행실행의 취소로 인하여 회복되는 법률상 이익이 있는 경우에는 항고소송이 가능하다(행정소송법 12후단). 비용징수에 대해서는 대집행비용산정의 위법을 이유로 하는 그 취소 · 변경의 항고소송이 있을 수 있다.

3) 반복된 계고: 반복된 계고의 경우 제2차, 제3차의 계고는 새로운 의무를 부과한 것이 아니고, 다만 대집행 연기통지에 불과하므로 제1차의 계고만이 항고소송의 대상이 된다(판례).

[판 례] 제2차 통지는 대집행 연기통지에 불과

"건물의 소유자에게 위법건축물을 일정기간까지 철거할 것을 명함과 아울러 불이행할 때에는 대집행한다는 내용의 철거대집행 계고처분을 고지한 후 이에 불응하자 다시 제2차, 제3차 계고서를 발송하여 일정기간까지의 자진철거를 촉구하고 불이행하면 대집행을 한다는 뜻을 고지하였다면 행정대집행법상의 건물철거의무는 제1차 철거명령 및 계고처분으로서 발생하였고 제2차, 제3차의 계고처분은 새로운 철거의무를 부과한 것이 아니고 다만 대집행기한의 연기통지에 불과하므로 행정처분이 아니다."(대판 1994.10.28. 94누5144)

4) 하자의 승계: ① 대체적 작위의무의 부과처분과 대집행절차는 각각 별개의 효과를 발생하는 행위이므로 부과처분이 당연 무효가 아닌 한 하자의 승계가 인정되지 아니한다. 그러나 ② 대집행의 각 단계의 행위는 대체적 작위의무의 강제이행이라는 동일한 목적을 위한 단계적인 일련의 절차로 연속하는 것으로 서로 결합하여 하나의 법률효과를 발생시키는 것이므로 선행행위의 하자가 후행행위에 승계된다(통설 · 판례).

[판 례] 선행처분의 하자가 후행처분에 승계

"**대집행의 계고, 대집행영장에 의한 통지, 대집행의 실행, 대집행에 요한 비용의 납부명령 등은** 타인이 대신하여 행할 수 있는 행정의무의 이행을 의무자의 비용부담하에 확보하고자 하는, **동일한 행정목적을 달성하기 위하여 단계적인 일련의 절차로 연속하여 행하여지는 것으로서, 서로 결합하여 하나의 법률효과를 발생시키는 것이므로, 선행처분인 계고처분이 하자가 있는 위법한 처분이라면,** 비록 그 하자가 중대하고도 명백한 것이 아니어서 당연무효의 처분이라고 볼 수 없고 행정소송으로 효력이 다투어지지도 아니하여 이미 불가쟁력이 생겼으며, 후행처분인 대집행영장발부통보처분 자체에는 아무런 하자가 없다고 하더라도, 후행처분인 대집행영장발부통보처분의 취소를 청구하는 소송에서 청구원인으로 선행처분인 계고처분이 위법한 것이기 때문에 그 계고처분을 전제로 행하여진 **대집행영장발부통보처분도 위법한 것이라는 주장을 할 수 있다.**"(대판 1996.02.09. 95누12507, 행정대집행계고처분취소)

(3) 손해배상 및 결과제거청구

대집행이 실행된 후에는 그 취소의 소는 소의 이익이 없음이 보통이다. 그러나 대집행의 위법을 이유로 하는 행정절차(배상심의회에 배상청구 등) 및 소송에 의한 손해배상 또는 원상회복의 청구는 가능하다. 또한 대집행 후에도 위법상태가 계속되는 경우에는 결과제거청구를 할 수 있다.

Ⅲ. 이행강제금(집행벌)

1. 이행강제금의 의의 및 성질

(1) 의 의

이행강제금(履行强制金)이란 의무자가 행정상 의무를 이행하지 아니하는 경우 행정청이 적절한 이행기간을 부여하고, 그 기한까지 행정상 의무를 이행하지 아니하면 금전급부의무를 부과하는 것을 말하며(행정기본법 30①(2)), 의무자에게 심리적 압박을 주어 장래에 의무이행을 확보하려는 간접적인 강제집행수단이다. 종래 이행강제금은 부작위의무나 비대체적 작위의무에 대한 강제집행수단으로 이해되어 왔으나, 이는 이행강제금제도의 본질에서 오는 제약이 아니므로 입법론적으로 대체적 작위의무에 대해서도 부과할 수 있다(판례1).

(2) 대집행과의 관계

대체적 작위의무의 불이행에 대한 이행강제금과 대집행이 모두 가능한 경우에는 합리적 재량에 의한 선택적 부과가 가능하다. 그러나 대집행은 다른 수단으로 그 이행확보가 곤란할 경우라는 보충성의 요건 내지 비례의 원칙상 객관적으로 이행강제금으로는 의무이행확보가 곤란하거나 부적절한 경우 외에는 이행강제금이 우선한다.

(3) 행정벌과 병과 여부

이행강제금은 과거의 의무위반에 대한 제재가 아니라 장래 의무이행확보를 위한 강제수단이라는 점에서 행정벌과 구별된다. 이처럼 이행강제금은 행정벌과 성질·목적을 달리하므로 병과할 수 있다(판례2).

[판례 1] 이행강제금과 대집행의 선택가능성

"전통적으로 행정대집행은 대체적 작위의무에 대한 강제집행수단으로, 이행강제금은 부작위의무나 비대체적 작위의무에 대한 강제집행수단으로 이해되어 왔다. 그러나 이행강제금을 행정상 강제집행의 일반적 수단으로 채택하면서 비대체적 작위의무, 수인의무, 부작위의무뿐만 아니라 대체적 작위의무를 이행강제금 부과대상으로 하고 있는 입법례(독일 행정집행법 제11조)를 찾아볼 수 있듯이, **종래 부작위의무나 비대체적 작위의무만이 이행강제금의 대상이 된다고 보아온 것은 이행강제금제도의 본질에서 오는 제약은 아니며, 이행강제금은 대체적 작위의무의 위반에 대하여도 부과될 수 있다.**

과거 위법건축물에 대한 철거 등에 대집행이 많이 활용되어 왔으나, 건축물의 대형화로 인하여 대집행에 엄청난 비용이 들거나 고도의 전문기술이 요구됨으로 인해 대집행에 의한 강제가 부적절한 경우 혹은 의무자와의 마찰로 대집행이 어려운 경우에는 의무자에게 금전적인 제재를 부과하여 심리적인 압박을 가함으로써 자발적으로 의무를 이행하게 하는 이행강제금이 보다 효과적인 강제수단이 될 수 있다. 행정상 의무이행을 확보하기 위하여 어떠한 행정상 강제집행 수단을 활용할 것인지는 국가마다 역사, 사회・경제적 사정, 기본권 보장의 상황 등에 따라 달라질 수 있으며, 국가가 다양한 행정상 의무이행 확보수단을 마련해두고 구체적인 사정에 따라 보다 합리적이고 유효한 강제집행수단을 활용하는 것은 입법적으로 충분히 가능한 일이다.

현행법상 위법건축물에 대한 이행강제수단으로 인정되는 대집행과 이행강제금을 비교하면, **대집행은 위반 행위자가 위법상태를 치유하지 않아 그 이행의 확보가 곤란하고 또한 이를 방치함이 심히 공익을 해할 것으로 인정될 때에 행정청 또는 제3자가 이를 치유하는 것인 반면, 이행강제금은 위반행위자 스스로가 이를 시정할 수 있는 기회를 부여하여 불필요한 행정력의 낭비를 억제하고 위반행위로 인한 경제적 이익을 환수하기 위한 제도로서 양 제도의 각각의 장・단점이 있다. 따라서 개별사건에 있어서 위반내용, 위반자의 시정의지 등을 감안하여 행정청은 대집행과 이행강제금을 선택적으로 활용할 수 있다**고 할 것이며, 이처럼 그 합리적인 재량에 의해 선택하여 활용하는 이상 중첩적인 제재에 해당한다고 볼 수 없다."(헌재 2004.2.26. 2001헌바80,84,102,103,2002헌바26(병합) 전원재판부, 개발제한구역의지정및관리에관한특별조치법제11조제1항등위헌소원)

[판례 2] 이행강제금과 행정형벌의 병과

"개발제한구역 내의 건축물에 대하여 허가를 받지 않고 한 용도변경행위에 대한 형사처벌과 건축법 제83조 제1항에 의한 시정명령 위반에 대한 이행강제금의 부과는 그 처벌 내지 제재대상이 되는 기본적 사실관계로서의 행위를 달리하며, 또한 그 보호법익과 목적에서도 차이가 있으므로 이중처벌에 해당한다고 할 수 없다."(대판 2005.8.19, 2005마30)

2. 이행강제금의 근거

(1) 근거법률

행정기본법에 일반적 규정이 있으나(제31조), 이행강제금이 침익적 강제작용이라는 점에서 법률유보의 원칙상 개별법의 작용법적 근거가 필요하다. 즉, 건축법(80), 근로기준법(33), 농지법(62), 독점규제및공정거래에관한법률(17조의3), 옥외광고물등관리와옥외광고산업진흥에관한법률(10조의3), 은행법(65조의9), 전기통신사업법(13) 및 주차장법(32) 등이 그것이다.

(2) 근거법률에서 규정할 내용

이행강제금 부과의 근거가 되는 법률에는 이행강제금에 관한, ① 부과・징수 주체, ② 부과요건, ③ 부과금액, ④ 부과금액 산정기준, ⑤ 연간 부과 횟수나 횟수의 상한 등을 명확하게 규정하여야 한다. 다만, 제4호 또는 제5호를 규정할 경우 입법목적이나 입법취지를 훼손할 우려가 크다고 인정되는 경우에는 제외된다고 할 수 있다(행정기본법 31①).

3. 이행강제금의 부과요건

이행강제금을 부과하기 위해서는, ① 행정상 부작위의무 또는 작위의무의 불이행이 있을 것(**의무불이행**), ② 의무불이행에 대하여 상당한 기간 내에 이행하도록 시정명령을 하였을 것(**시정명령**), ③ 위 기간 내에 시정명령의 불이행이 있을 것 등이 요구된다(**시정명령 불이행**)(판례1). 따라서 의무불이행에 대하여 시정명령 없이 바로 이행강제금을 부과할 수 없다. 이행강제금의 부과는 의무불이행의 존재로 충분하며 고의·과실 여부는 문제되지 아니한다. 시정명령 불이행의 경우에 이행할 때까지 이행강제금을 수 차에 걸쳐 부과·징수 할 수 있으나, 건축법의 경우에는 이행강제금을 부과할 때마다 먼저 시정명령을 하여야 한다(판례2).

[판례 1] 이행강제금 요건인 시정명령 불이행

"개발제한구역의 지정 및 관리에 관한 특별조치법 제30조 제1항, 제30조의2 제1항 및 제2항의 규정에 의하면 **시정명령을 받은 후 그 시정명령의 이행을 하지 아니한 자에 대하여 이행강제금을 부과할 수 있고,** 이행강제금을 부과하기 전에 상당한 기간을 정하여 그 기한까지 이행되지 아니할 때에 이행강제금을 부과·징수한다는 뜻을 문서로 계고하여야 하므로, **이행강제금의 부과·징수를 위한 계고는 시정명령을 불이행한 경우에 취할 수 있는 절차라 할 것이고, 따라서 이행강제금을 부과·징수할 때마다 그에 앞서 시정명령 절차를 다시 거쳐야 할 필요는 없다.**"(대판 2013.12.12. 2012두20397, 이행강제금부과처분취소)

[판례 2] 건축법상 이행강제금의 부과요건

"구 건축법 제80조 제1항, 제4항에 의하면 문언상 최초의 시정명령이 있었던 날을 기준으로 1년 단위별로 2회에 한하여 이행강제금을 부과할 수 있고, 이 경우에도 **매 1회 부과 시마다 구 건축법 제80조 제1항 단서에서 정한 1회분 상당액의 이행강제금을 부과한 다음 다시 시정명령의 이행에 필요한 상당한 이행기한을 정하여 그 기한까지 시정명령을 이행할 수 있는 기회를 준 후 비로소 다음 1회분 이행강제금을 부과할 수 있다.** 따라서 비록 건축주 등이 장기간 시정명령을 이행하지 아니하였더라도, 그 기간 중에는 시정명령의 이행기회가 제공되지 아니하였다가 뒤늦게 시정명령의 이행 기회가 제공된 경우라면, 시정명령의 이행기회 제공을 전제로 한 1회분의 이행강제금만을 부과할 수 있고, **시정명령의 이행 기회가 제공되지 아니한 과거의 기간에 대한 이행강제금까지 한꺼번에 부과할 수는 없다.** 그리고 이를 위반하여 이루어진 이행강제금 부과처분은 과거의 위반행위에 대한 제재가 아니라 행정상의 간접강제 수단이라는 이행강제금의 본질에 반하여 구 건축법 제80조 제1항, 제4항 등 법규의 중요한 부분을 위반한 것으로서, **그러한 하자는 중대할 뿐만 아니라 객관적으로도 명백**하다." (대판 2016.07.14. 2015두46598)

4. 이행강제금의 부과절차

이행강제금의 절차는 보통 계고, 이행강제금의 부과 및 강제징수의 3단계로 되어있다.

(1) 이행강제금의 계고

행정청은 이행강제금을 부과하기 전에 미리 의무자에게 적절한 이행기간을 정하여 그 기한까지 행정상 의무를 이행하지 아니하면 이행강제금을 부과한다는 뜻을 **문서로** 계고(戒告) 하여야 한다(행정기본법 31③). 여기서 '적절한 이행기간'이란 사회통념상 해당 행정상 의무를 이행하는 데 필요한 기간을 말한다.

(2) 이행강제금의 부과

1) 문서에 의한 부과통지: 행정청은 의무자가 이행강제금의 계고에서 정한 기한까지 행정상

의무를 이행하지 아니한 경우 이행강제금의 **부과 금액 · 사유 · 시기를 문서로** 명확하게 적어 의무자에게 통지하여야 한다(동법 31④). 이행강제금의 부과는 명령적 행정행위인 하명처분이다.

2) **부과금액의 가중 · 감경:** 행정청은, ① 의무 불이행의 동기, 목적 및 결과, ② 의무 불이행의 정도 및 상습성, ③ 그 밖에 행정목적을 달성하는 데 필요하다고 인정되는 사유 등을 고려하여 이행강제금의 부과금액을 가중하거나 감경할 수 있다(동법 31②).

3) **반복부과 및 중지:** 행정청은 의무자가 행정상 의무를 이행할 때까지 이행강제금을 반복하여 부과할 수 있다(판례1). 다만, 의무자가 의무를 이행하면 새로운 이행강제금의 부과를 즉시 중지하되, 이미 부과한 이행강제금은 징수하여야 한다(동조⑤).

4) **부과 전에 의무이행의 경우:** 이행강제금은 과거의 의무위반에 대한 제재가 아니라 시정명령의 이행기간 안에 의무이행을 간접강제하기 위한 수단이므로, 시정명령의 이행기간이 경과하였더라도 이행강제금을 부과하기 전에 의무이행이 있는 경우 등에는 이행강제금을 부과할 수 없다(판례2).

(3) 강제징수

행정청은 이행강제금을 부과받은 자가 납부기한까지 이행강제금을 내지 아니하면 국세강제징수의 예 또는 「지방행정제재 · 부과금의 징수 등에 관한 법률」에 따라 징수한다(동조⑥).

[판례 1] 이행강제금의 반복 부과 · 징수

"**이행강제금은** 위법건축물의 원상회복을 궁극적인 목적으로 하고, **그 궁극적인 목적을 달성하기 위해서는 위법건축물이 존재하는 한 계속하여 부과할 수밖에 없으며, 만약 통산부과횟수나 통산부과상한액의 제한을 두면 위법건축물의 소유자 등에게 위법건축물의 현상을 고착할 수 있는 길을 열어주게 됨으로써 이행강제금의 본래의 취지를 달성할 수 없게 될 수 있으므로,** 건축법 제83조 제4항이 '허가권자는 최초의 시정명령이 있은 날을 기준으로 하여 1년에 2회의 범위 안에서 당해 시정명령이 이행될 때까지 반복하여 이행강제금을 부과 · 징수할 수 있다.'고 규정하였다고 하여 과잉금지원칙에 반한다고 할 수도 없다."(헌재 2004.2.26, 2001헌바80, 84, 102, 103, 2002헌바26; 대판 2005.8.19, 2005마30)

[판례 2] 이행강제금 부과 전에 의무이행이 있는 경우

"건축법상의 이행강제금은 시정명령의 불이행이라는 과거의 위반행위에 대한 제재가 아니라, 의무자에게 시정명령을 받은 의무의 이행을 명하고 그 이행기간 안에 의무를 이행하지 않으면 이행강제금이 부과된다는 사실을 고지함으로써 의무자에게 심리적 압박을 주어 의무의 이행을 간접적으로 강제하는 행정상의 간접강제 수단에 해당한다. 이러한 이행강제금의 본질상 시정명령을 받은 **의무자가 이행강제금이 부과되기 전에 그 의무를 이행한 경우에는 비록 시정명령에서 정한 기간을 지나서 이행한 경우라도 이행강제금을 부과할 수 없다**(대법원 2014. 12. 11. 선고 2013두15750 판결 등 참조). 나아가 시정명령을 받은 의무자가 그 시정명령의 취지에 부합하는 의무를 이행하기 위한 정당한 방법으로 행정청에 신청 또는 신고를 하였으나 행정청이 위법하게 이를 거부 또는 반려함으로써 결국 그 처분이 취소되기에 이르렀다면, 특별한 사정이 없는 한 그 시정명령의 불이행을 이유로 이행강제금을 부과할 수는 없다고 보는 것이 위와 같은 이행강제금 제도의 취지에 부합한다."(대판 2018.1.25. 2015두35116)

5. 이행강제금에 대한 불복

(1) 행정쟁송

이행강제금의 부과처분은 급부하명의 공권력 행사라 할 것이므로 항고쟁송의 대상인 행정처분에 해당한다. 따라서 이에 대한 불복은 개별법에 특별한 규정이 없으면 행정쟁송방법에 의한다. 이행강제금부과의 요건인 시정명령에 불가쟁력이 발생한 경우에 시정명령의 위법사유로 이행강제금부과처분의 항고소송 및 이행강제금의 독촉의 경우 그 독촉에 대하여 항고소송이 가능하다(판례1, 2).

[판례 1] 시정명령의 위법사유로 이행강제금부과처분 취소소송 가능

"이행강제금 부과처분은 철거명령과 독립하여 별개의 법률효과를 목적으로 한다고 보기 어렵고, 철거명령에 따른 철거의무의 이행을 강제적으로 이행시키기 위한 행정상 강제집행수단에 해당할 뿐만 아니라, 과거의 행정의무 위반에 대한 제재로서의 성격도 일부 가지고 있다고 보인다. 따라서 행정벌의 위법성을 다투는 경우에 그 근거가 되는 처분에 불가쟁력이 발생하였더라도 그 처분의 위법성을 이유로 행정벌의 취소를 구할 수 있는 것과 마찬가지로, **이행강제금 부과의 전제가 된 철거명령에 위법사유가 있는 경우에는 이행강제금 부과처분의 취소를 구하는 소송에서 이미 불가쟁력이 발생한 철거명령의 위법사유를 이유로 이행강제금 부과처분의 취소를 구할 수 있다**고 봄이 상당하다."(서울고법 2014.12.2. 2014누49745)

[판례 2] 이행강제금 납부독촉의 항고소송 대상

"구 건축법(2008.3.21.법률 제8974호로 전부 개정되기 전의 것) 제69조의2 제6항, 지방세법 제28조, 제82조, 국세징수법 제23조의 각 규정에 의하면, 이행강제금 부과처분을 받은 자가 이행강제금을 기한 내에 납부하지 아니한 때에는 그 납부를 독촉할 수 있으며, **납부독촉에도 불구하고 이행강제금을 납부하지 않으면 체납절차에 의하여 이행강제금을 징수할 수 있고**, 이때 **이행강제금 납부의 최초 독촉은 징수처분으로서 항고소송의 대상**이 되는 행정처분이 될 수 있다."(대판 2009.12.24. 2009두14507, 이행강제금부과처분취소)

(2) 비송사건절차

농지법(62)에서는 이행강제금 부과처분을 받은 자가 이의를 제기하면 관할청은 관할법원에 그 사실을 통보하여 비송사건절차법에 의한 재판을 하도록 하고 있는 바,[5] 이 경우의 이행강제금 부과처분은 행정소송의 대상이 아니다. 구 건축법(2005.11.8. 법률 제7696호로 개정되기 전의 것)이나 구 옥외광고물등관리법(2011.3.29. 법률 제10466호로 개정되기 전의 것) 등도 위와 같은 규정을 두었으나 개정되면서 이 규정을 삭제하였으므로 현재 이행강제금부과처분은 행정소송의 대상이다.

---

5) **비송사건**이란 법원의 관할에 속하는 사건 중 판단의 기준이 법정되어 있어서 법원이 단순히 그 법률을 적용하는 데 그치는 경우로 소송절차로 처리하지 않는 사건(소송이 아닌 사건)을 말한다. 비송사건은 소송사건과 달리 당사자대립구조가 아닌 편면적 구조이고, 처분권주의와 변론주의가 배제되고 직권탐지주의·직권조사주의에 의하며, 필요적 변론에 의하지 아니하며, 재판의 형식에서도 결정에 의하고, 기판력이 없기 때문에 취소변경이 가능하다. 즉 비송사건은 법원이 합목적적 재량에 의하여 간이신속하고 탄력성 있게 처리할 성질의 것이기 때문에 소송사건처럼 엄격한 절차에 의할 필요가 없다는 점에 그 특징이 있다.

Ⅳ. 직접강제

1. 직접강제의 의의 및 성질

직접강제란 의무자가 행정상 의무를 이행하지 아니하는 경우 행정청이 의무자의 신체나 재산에 실력을 행사하여 그 행정상 의무의 이행이 있었던 것과 같은 상태를 실현하는 것을 말한다(행정기본법 30①(3))(예; 외국인의 출국정지, 퇴거의 강제, 금지위반한 영업장소 폐쇄 등). 이는 의무의 불이행을 전제로 한다는 점에서 행정상의 즉시강제와 구별되며, 대체적 작위의무뿐만 아니라 비대체적 작위의무 · 부작위의무 · 수인의무 등 일체의 의무불이행의 경우에 의무자의 신체 · 재산에 실력을 가하여 직접 의무이행의 상태를 실현하고 의무자로부터 비용을 징수하지 않는다는 점에서 대집행과 구별된다.

2. 직접강제의 근거

행정기본법 제32조에 일반적 근거규정을 두고 있으나, 직접강제는 직접 의무자의 신체나 재산에 제약을 가하는 것이므로 법률유보의 원칙상 개별적인 작용법적 근거가 필요하다. 즉, 출입국관리법(62), 방어해면법(7), 군사기지및군사시설보호법(11), 재난및안전관리기본법(42), 식품위생법(72, 79), 공중위생관리법(11⑤), 공연법(34①), 관광진흥법(36), 직업안정법(37①), 먹는물관리법(46, 47) 등이 있다.

3. 직접강제의 요건

직접강제를 하기 위해서는, ① 행정상 의무의 불이행이 있을 것, ② 의무불이행에 대하여 적절한 이행기간을 정하여 시정명령을 하였음에도 불구하고 그 기간 내에 시정명령의 불이행이 있을 것, ③ 행정대집행이나 이행강제금의 부과의 방법으로는 행정상 의무이행을 확보할 수 없거나 그 실현이 불가능한 경우일 것(직접강제의 보충성)(행정기본법 32①) 등이 요구된다. 직접강제는 직접 의무자의 신체 · 재산에 실력을 가하는 것이기 때문에 인권보장의 관점에서 긴급한 경우나 다른 의무이행확보수단으로 목적을 달성할 수 없는 경우에 과잉금지의 원칙의 준수하에 보충적 · 최후수단으로 활용되어야 한다.

4. 직접강제의 절차

직접강제의 절차는 이행강제금의 계고 및 통지의 절차를 준용한다.

(1) 직접강제의 계고

행정청은 직접강제를 하기 전에 미리 의무자에게 적절한 이행기간을 정하여 그 기한까지 행정상 의무를 이행하지 아니하면 직접강제를 한다는 뜻을 문서로 계고 하여야 한다(행정기본법 32③).

(2) 직접강제의 통지

행정청은 의무자가 직접강제의 계고에서 정한 기한까지 행정상 의무를 이행하지 아니한 경우 직접강제의 사유 · 시기를 문서로 명확하게 적어 의무자에게 통지하여야 한다(동조③).

(3) 직접강제의 실시

1) 집행책임자의 증표제시: 직접강제를 실시하기 위하여 현장에 파견되는 집행책임자는 그가 집행책임자라는 것을 표시하는 증표를 보여 주어야 한다(동조②).

2) 직접강제의 내용: 직접강제는 강제퇴거(출입국관리법, 방어해면법, 군사시설보호법 등), 강제대피(재난및안전관리기본법), 폐쇄조치(공연법, 직업안정법, 식품위생법, 먹는물관리법 등) 등이 있다. 폐쇄조치 등의 경우에는 사업장폐쇄를 위하여 간판 그 밖에 영업표지물의 제거 · 삭제, 시설물 · 기구 등의 봉인 등의 방법으로 한다.

[판 례] 강제퇴거를 위한 처분청의 입증책임

"출입국관리법 소정의 외국인으로서 대한민국 밖으로 강제퇴거를 시키기 위하여는 상대방이 대한민국의 국적을 가지지 아니한 외국인이라고 단정할 수 있어야 하고, 따라서 재외 국민이 다른 나라의 여권을 소지하고 대한민국에 입국하였다 하더라도 그가 당초에 대한민국의 국민이었던 점이 인정되는 이상 다른 나라의 여권을 소지한 사실 자체만으로는 그 나라의 국적을 취득하였다거나 대한민국의 국적을 상실한 것으로 추정 · 의제되는 것이 아니므로, 다른 특별한 사정이 없는 한 그와 같은 재외 국민을 외국인으로 볼 것은 아니고, 다른 나라의 여권을 소지하고 입국한 재외 국민이 그 나라의 국적을 취득하였다거나 **대한민국의 국적을 상실한 외국인이라는 점에 대하여는 관할 외국인보호소장 등 처분청이 이를 입증하여야 한다."**(대판 1996.11.12. 96누1221, 강제퇴거명령처분무효확인등)

5. 직접강제에 대한 구제

직접강제는 권력적 사실행위로서 행정청의 공권력행사에 해당하여 행정쟁송의 대상인 처분성이 인정된다. 그러나 직접강제는 그 성질상 일시적으로 상황이 종료되어 소의 이익이 없는 경우가 보통이나, 장기간 계속되거나 직접강제가 소멸된 뒤에도 그 취소를 구할 법률상 이익이 있는 경우에는 쟁송제기가 가능하다. 또한 직접강제로 인하여 재산상 손해를 입은 경우 국가배상청구를 할 수 있고, 결과제거청구도 가능하다.

Ⅴ. 행정상 강제징수

1. 강제징수의 의의

강제징수(强制徵收)란 의무자가 행정상 의무 중 금전급부의무를 이행하지 아니하는 경우 행정청이 의무자의 재산에 실력을 행사하여 그 행정상 의무가 실현된 것과 같은 상태를 실현하는 것을 말한다(행정기본법 30①(4)).

2. 강제징수의 근거

강제징수의 일반법으로는 국세징수법이 있으며, 지방자치단체의 징수금의 강제징수에 관해서는 지방세징수법과 「지방행정제재·부과금의 징수 등에 관한 법률」이 있다.

3. 강제징수의 절차

국세징수법에 의한 강제징수의 절차는 독촉 및 강제징수로 이루어지며, 강제징수는 다시 재산압류·압류재산의 매각·청산의 3단계로 되어 있다.

(1) 독 촉

국세를 납기까지 불납한 때에는, 납기경과 10일 이내에 독촉장을 발급하며(국세징수법 10①), 이 경우 납부기한은 독촉하는 날로부터 20일 내로 한다(동조②). 독촉은 납세의무자에게 이행을 최고하고 아울러 강제징수를 할 것을 예고하는 준법률행위적 행정행위인 통지행위이다. 독촉은 강제징수의 전제조건이며 시효중단의 효과를 발생한다.

(2) 강제징수

1) 재산압류

(가) 압류의 의의: 재산압류(財産押留)는 국세납부의무자의 재산의 사실상 및 법률상의 처분을 금지하여 그것을 확보하는 강제보전행위이다.

(나) 압류의 요건: ① 납세자가 독촉을 받고 독촉장에서 정한 기한까지 국세를 완납하지 아니한 경우, ② 납세자자 제9조 제2항(납기전 징수)에 따라 납부 고지를 받고 단축된 기한까지 완납하지 아니한 경우에 세무서장이 행한다(동법 31①).

(다) 압류대상재산: 압류대상인 재산은 납세의무자의 소유로서 금전적 가치가 있고 양도할 수 있는 재산이면 되나, 생활상 없어서는 아니 될 의류·가구·3개월간의 식료와 연료 등과 급료·임금·봉급·퇴직연금 그 밖에 이와 비슷한 급여액의 2분의 1을 초과하여 압류할 수 없다(동법 41, 42).

(라) 압류의 방법: 압류조서를 작성하고(동법 34), 필요한 경우 주거·창고·사무실 등을 수색할 수 있다(동법 35①). 압류할 재산의 소재 또는 수량을 알아내기 위하여 필요한 경우 질문·검사를 할 수 있다(동법 36). 압류, 수색, 질문·검사를 하는 경우 관계자에게 증표를 제시해야 한다(동법 38).

(마) 압류의 효력: 체납자는 압류한 재산에 관하여 양도, 제한물권의 설정, 채권의 영수, 그 밖의 처분을 할 수 없다(동법 43①). 이와 같이 압류의 효력은 압류재산의 법률상·사실상의 처분금지를 가져오며, 시효중단의 효력이 발생한다.

(바) 압류해제: 납부·충당·부과취소, 일부재산의 공매대금으로 체납액 전부 징수, 총재산 추산가액이 강제징수로 남을 여지가 없는 경우 및 그 밖에 위에 준하는 사유로 압류할 필요가

없게 된 경우 등은 즉시 해제해야 하는 필요적 해제사유이고(동법 58①(1)~(5)), 압류 후 재산가격 변동으로 체납액 초과, 체납액 일부의 납부·충당, 국세부과의 일부취소 및 다른 재산의 대신 압류 등은 압류해제 할 수 있는 임의적 해제사유이다(동조②). 이 경우 국세체납심의위원회의 심의를 거쳐 해제하고(동조③), 그 사실을 그 재산의 압류 통지를 한 체납자, 제3채무자 및 저당권자등에게 통지하여야 한다(동법 58①).

[판 례] 압류해제의 그 밖의 사유

"국세징수법 제53조 제1항 제1호는 압류의 필요적 해제사유로 '납부, 충당, 공매의 중지, 부과의 취소 기타의 사유로 압류의 필요가 없게 된 때'를 들고 있는데, 여기에서의 '기타의 사유'라 함은 **납세의무가 소멸**되거나 혹은 체납처분을 하여도 **체납세액에 충당할 잉여가망이 없게 된 경우**는 물론 과세처분 및 그 체납처분절차의 **근거 법률에 대한 위헌결정**으로 후속 체납처분을 진행할 수 없는 등의 사유로 압류의 근거가 상실되었거나 압류를 지속할 필요성이 없게 된 경우도 포함한다."(대판 2002.8.27, 2002두2383, 압류해제신청거부처분취소)

(사) 교부청구·참가압류: 다른 기관에 강제처분 또는 민사집행법에 따른 경매가 시작된 경우, 파산선고·법인해산의 경우 교부청구를 할 수 있으며(동법 59), 압류하려는 재산이 이미 다른 기관에 압류되어 있는 경우 참가압류를 할 수 있다(동법 61①). 교부청구는 다른 강제환가절차가 개시된 경우에 미리 재산을 압류함이 없이 그 강제환가절차로부터 배당을 받는 제도이며, 이 교부청구에 갈음하여 압류에 참가하는 참가압류와 함께 강제환가기관의 일원화와 집행경제상의 요청에 의한 것이다.

2) 매 각[6)]

(가) 매각의 의의와 성질: 매각(賣却)은 압류재산을 금전으로 환가하는 것을 말한다. 매각(공매)의 법적 성질에 대하여 사법상 계약설이 있으나 행정행위설(공법상의 대리)이 다수설이며, 판례도 행정행위로 본다(대판 1984.9.25, 84누98201).

(나) 매각의 방법과 절차: 압류 후 1년 이내에 체납자 등에게 통지와 공매공고를 하고(동법64①), 압류재산은 공매 또는 수의계약으로 매각한다(동법 65①).

공매절차는, ① 매각예정가격의 결정(동법 68), ② 공매의 공고(매수대금납부기한·공매재산·입찰 또는 경매의 장소·일시 등, 동법 72), ③ 공매통지(공매내용을 체납자·납세담보물소유자 등에게, 동법 75), ④ 공매실시(동법 82) 등의 순서로 이루어진다.

[판 례] 공매통지의 취지·항고소송의 대상여부

"국세징수법이 압류재산을 공매할 때에 공고와 별도로 체납자 등에게 공매통지를 하도록 한 이유는, 체납자 등으로 하여금 공매절차가 유효한 조세부과처분 및 압류처분에 근거하여 적법하게 이루어지는지 여부를 확인하고 이를 다툴 수 있는 기회를 주는 한편, 국세징수법이 정한 바에 따라 체납세액을 납부하고 공매절차를 중지 또는 취소시켜 소유권 또는 기타의 권리를 보존할 수 있는 기회를 갖도록 함으로써 체납자 등이 감수하여야 하는 강제적인 재산권 상실에 대응한 절차적인 적법성을 확보하기 위한 것으로 보아야 하고, 따라서 체납자 등에 대한 **공매통지는 국가의 강제력에 의하여 진행되는 공매에서 체납자 등의 권리 내지 재산상의 이익을 보호하기 위하여 법률로 규정한 절차**

6) 매각의 방법으로 경매와 공매가 있는바, 경매는 민사집행법에 근거하여 채권자의 신청에 따라 법원이 행하는 것인데 대하여, 공매는 국세징수법에 근거하여 압류재산을 세무서장이 직접 또는 한국자산관리공사 등을 통해 행하는 것이다.

적 요건이라고 보아야 하며, 공매처분을 하면서 체납자 등에게 공매통지를 하지 않았거나 공매통지를 하였더라도 그것이 적법하지 아니한 경우에는 절차상의 흠이 있어 그 공매처분이 위법하게 되는 것이지만, **공매통지 자체가 그 상대방인 체납자 등의 법적 지위나 권리·의무에 직접적인 영향을 주는 행정처분에 해당한다고 할 것은 아니므로** 다른 특별한 사정이 없는 한 체납자 등은 공매통지의 결여나 위법을 들어 공매처분의 취소 등을 구할 수 있는 것이지 공매통지 자체를 항고소송의 대상으로 삼아 그 취소 등을 구할 수는 없다."(대판 2011.3.24, 2010두25527, 양도소득세부과처분취소)

(다) 매각결정의 취소: 세무서장은 매각결정을 한 때에는 매수인에게 매수대금의 납부기한을 정하여 매각결정통지서를 발급하여야 한다(동법 84③). 매각결정을 한 후 매수인이 매수대금을 납부하기 전에 체납자가 매수인의 동의를 받아 압류와 관련된 체납액을 납부하고 매각결정의 취소를 신청하는 경우, 또는 매수인이 매수대금을 지정된 기한까지 납부하지 아니하는 경우에는 매각결정을 취소한다(동법 86).

(라) 재공매: 재산을 공매하여도 매수신청인이 없거나 매수신청가격이 공매예정가격 미만인 경우 및 매각결정을 취소한 경우에는 재공매를 한다(동법 87①). 재공매를 할 때마다 최초의 공매예정가격의 100분의 10에 해당하는 금액을 차례로 줄여 공매하며, 최초의 공매예정가격의 100분의 50에 해당하는 금액까지 차례로 줄여 공매하여도 매각되지 아니할 때에는 제68조에 따라 새로 공매예정가격을 정하여 재공매를 할 수 있다(동조②).

(마) 공매의 취소·정지: 해당 재산의 압류를 해제한 경우와 그 밖에 공매를 진행하기 곤란한 경우로서 대통령령으로 정하는 경우에는 공매를 취소하여야 한다(동법 88①). 압류 또는 매각을 유예한 경우, 「국세기본법」 제57조 또는 「행정소송법」 제23조에 따라 강제징수에 대한 집행정지의 결정이 있는 경우, 그 밖에 공매를 정지하여야 할 필요가 있는 경우로서 대통령령으로 정하는 경우에는 공매를 정지하여야 한다(동조②).

3) **청 산**: 청산(淸算)이란 강제징수에 의하여 수령한 금전을 체납세금, 기타의 공과금, 담보채권 및 체납자에게 배분하는 것을 말한다. 공매처분에 의한 매각대금은 강제징수비·국세·가산세의 순으로 충당하고(동법 4), 잔여금이 있을 때에는 체납자에게 지급하고 부족하면 법령에 따라 배분순위와 금액을 정하여 배분한다(동법 96③④).

(3) 압류·매각의 유예

세무서장은 체납자가, ① 국세청장이 성실납세자로 인정하는 기준에 해당하는 경우, ② 재산의 압류나 압류재산의 매각을 유예함으로써 사업을 정상적으로 운영할 수 있게 되어 체납액의 징수가 가능하다고 인정되는 경우에는 재산의 압류나 압류재산의 매각을 유예할 수 있고, 이 경우 필요하다고 인정하면 압류해제를 할 수 있다(동법 105①②).

4. 강제징수에 대한 불복

강제징수에 불복하는 경우, 국세관계법에 따른 처분에 불복하는 경우에는 국세기본법에 따라, 지방세관계법에 따른 처분에 불복하는 경우에는 지방세기본법에 따라 불복을 제기할 수 있고,

「지방행정제재・부과금의 징수 등에 관한 법률」에 따른 처분에 불복하는 경우에는 행정심판 또는 행정소송을 제기할 수 있다. 국세기본법에 따른 심사청구 또는 심판청구를 하는 경우에는 행정심판법의 규정을 적용하지 아니한다(국세기본법 56①). 행정소송은 심사청구 또는 심판청구에 대한 결정의 통지를 받은 날부터 90일 이내에 제기하도록 하여 조세심판전치주의를 취하고 있다(동조②③). 지방세기본법의 경우에는 심사청구가 없을 뿐 국세기본법상의 불복방법과 같다.

[판 례] 압류처분 또는 매각처분의 무효등확인소송 가능

"체납처분에 기한 압류처분은 행정처분으로서 이에 기하여 이루어진 집행방법인 압류등기와는 구별되므로 압류등기의 말소를 구하는 것을 압류처분 자체의 무효를 구하는 것으로 볼 수 없고, 또한 압류등기가 말소된다고 하여도 압류처분이 외형적으로 효력이 있는 것처럼 존재하는 이상 그 불안과 위험을 제거할 필요가 있다고 할 것이므로, **압류처분에 기한 압류등기가 경료되어 있는 경우에도 압류처분의 무효확인을 구할 이익이 있다.**"(대판 2003.05.16. 2002두3669, 기본재산압류등기말소)

"국세청이 국세체납을 이유로 토지를 압류한 후 공매처분 한 경우, 그 소유권자는 국가 또는 매수인을 상대로 부당이득반환청구의 소나 소유권이전등기말소청구의 소를 제기하여 직접 위법상태를 제거할 수 있는지 여부에 관계없이 **압류처분 및 매각처분에 대한 무효확인을 구할 수 있으며, 나아가 이 사건 매각처분이 위법하지만 당연무효는 아닌 경우에 대비하여 그 취소를 구할 수도 있다.**"(대판 2008.06.12. 2008두3685, 압류처분등무효확인)

【 행정상 강제집행의 수단 】

	대집행	이행강제금	직접강제	강제징수
요 건 (대상의무)	대체적 작위의무	작위의무・부작위의무	일체의 의무	급부의무
방 법	직접 또는 제3자가 의무이행 실현 후 비용징수	이행강제금 부과를 통한 간접이행 강제	직접의무이행 실행	강제징수절차 등을 통한 금전징수
절 차	① 계고 ② 통지 ③ 실행 ④ 비용징수	특별한 절차 없다 (① 계고 ② 부과 ③ 강제징수)	특별한 절차 없다 (증표 제시)	① 독촉 ② 재산압류 ③ 매각 ④청산
근거법	행정기본법 30①(1), 행정대집행법	행정기본법 31, 건축법, 농지법 등	행정기본법 32, 식품위생법, 출입국관리법 등	행정기본법 30①(4) 국세징수법, 지방세징수법

제 3 절 행정상 즉시강제

Ⅰ. 개 설

1. 즉시강제의 개념

즉시강제(卽時强制)란 현재의 급박한 행정상 장해를 제거하기 위하여, 미리 행정상 의무이행을 명할 시간적 여유가 없거나, 그 성질상 행정상 의무의 이행을 명하는 것만으로는 행정목적 달성이 곤란한 경우에, 행정청이 곧바로 국민의 신체 또는 재산에 실력을 행사하여 행정목적을 달성

하는 것을 말한다(행정기본법 30①(5)). 그런데 전통적 의미의 즉시강제를 광의의 즉시강제라 하고, 행정상의 강제집행을 행함에 있어서 긴급한 사유가 있어 계고, 수단의 확정과 같은 절차를 생략하여 즉시로 행하는 작용을 협의의 즉시강제 또는 즉시집행이라고 하여 구분하는 견해도 있다.

즉시강제는 권력적 사실행위로서 공권력행사에 해당하여 항고소송의 대상인 처분의 성질을 가진다.

2. 행정상 강제집행과의 구별

즉시강제와 행정상 강제집행은 실력으로 행정상의 필요한 상태를 실현시키는 사실행위로서 행정상 강제의 수단인 점에서 서로 같으나, 이들 양자는 그 발동원인 및 성질을 달리한다. 즉, 행정상 강제집행은 선행(先行)하는 의무의 불이행을 전제로 하는데 대하여 즉시강제는 선행하는 의무자체가 존재하지 아니하며, 따라서 그 불이행을 전제로 하지 않는다.

Ⅱ. 즉시강제의 근거와 한계

1. 즉시강제의 근거

즉시강제의 근거에 대하여 종래에는 국가의 일반 긴급권(독일) 또는 보통법상의 불법방해 및 자력제거의 법리(영미)에서 구하였다. 그러나 오늘날 법치주의 하에서는 엄격한 실정법상의 근거가 필요하다. 행정기본법 제33조에 일반적 규정(요건 · 한계)을 두고 있고, 경찰관의 직무집행에 관한 일반법으로 경찰관직무집행법이 있는 외에, 각 개별법이 있다(예; 소방기본법 · 감염병의예방및관리에관한법률 · 마약류관리에관한법률 · 식품위생법 등)(판례).

[판 례] 즉시강제의 근거

"**구 경찰관직무집행법**(2014. 5. 20. 법률 제12600호로 개정되기 전의 것) **제6조 제1항은** "경찰관은 범죄행위가 목전에 행하여지려고 하고 있다고 인정될 때에는 이를 예방하기 위하여 관계인에게 필요한 경고를 발하고, 그 행위로 인하여 인명·신체에 위해를 미치거나 재산에 중대한 손해를 끼칠 우려가 있어 긴급을 요하는 경우에는 그 행위를 제지할 수 있다."라고 정하고 있다. **위 조항 중 경찰관의 제지에 관한 부분은 범죄의 예방을 위한 경찰 행정상 즉시강제, 즉 눈앞의 급박한 경찰상 장해를 제거해야 할 필요가 있고 의무를 명할 시간적 여유가 없거나 의무를 명하는 방법으로는 그 목적을 달성하기 어려운 상황에서 의무불이행을 전제로 하지 않고 경찰이 직접 실력을 행사하여 경찰상 필요한 상태를 실현하는 권력적 사실행위에 관한 근거조항이다."**(대판 2021.10.28. 2017다219218)

2. 즉시강제의 한계

(1) 실체적 한계

즉시강제는 사전에 의무부과 없이 즉시로 실력을 발동하여 법치국가적 요청인 예측가능성과 법적 안정성에 반하고 기본권침해의 소지가 큰 권력작용이므로 극히 예외적인 강제수단이라고 할 것이다. 이에 따라 행정기본법에서 '즉시강제는 다른 수단으로는 행정목적을 달성할 수 없는 경우에만 허용되며, 이 경우에도 최소한으로만 실시하여야 한다.'고 규정하고 있는바(동법 33①), 즉시강제는 엄격한 법적 근거가 있어야 하는 동시에 법규의 범위 안에서도 다시 아래와 같이 일정한 조리상 한계가 있다.

1) 급박성의 원리: 즉시강제는 공공의 안녕과 질서에 대한 위해발생의 현존 또는 그 위해발생의 확실성이 있어야 한다.

2) 보충성의 원리: 즉시강제는 다른 수단으로는 행정목적을 달성할 수 없는 경우라야 한다.

3) 비례성의 원리: 즉시강제는 필요한 최소한으로만 실시하여야 한다.

4) 소극성의 원리: 즉시강제는 적극적인 행정목적을 위해서가 아니라, 소극적으로 사회공공의 안녕질서유지를 위한 필요한 범위 내에 그쳐야 한다.

[판 례] 행정상 즉시강제의 절박성 · 불가피성 · 최소성

"경찰관직무집행법 제6조 제1항에 따른 경찰관의 제지 조치가 적법한 직무집행으로 평가될 수 있기 위해서는, **형사처벌의 대상이 되는 행위가 눈앞에서 막 이루어지려고 하는 것이 객관적으로 인정될 수 있는 상황**이고, 그 행위를 당장 제지하지 않으면 곧 인명 · 신체에 위해를 미치거나 재산에 중대한 손해를 끼칠 우려가 있는 상황이어서, **직접 제지하는 방법 외에는 위와 같은 결과를 막을 수 없는 절박한 사태이어야** 한다."(대판 2013.06.13. 2012도9937 상해 · 공무집행방해 · 도로교통법위반(음주측정거부))

"경찰관직무집행법 제6조 제1항 중 경찰관의 제지에 관한 부분은 범죄의 예방을 위한 경찰행정상 즉시강제에 관한 근거 조항이다. **행정상 즉시강제는 그 본질상 행정목적 달성을 위하여 불가피한 한도 내에서 예외적으로 허용되는 것**이므로, 위 조항에 의한 경찰관의 제지 조치 역시 그러한 조치가 불가피한 최소한도 내에서만 행사되도록 **그 발동 · 행사 요건을 신중하고 엄격하게 해석하여야 한다**. 그러한 해석 · 적용의 범위 내에서만 우리 헌법상 신체의 자유 등 기본권 보장 조항과 그 정신 및 해석 원칙에 합치될 수 있다. 구 집회 및 시위에 관한 법률에 의하여 금지되어 그 주최 또는 참가행위가 형사처벌의 대상이 되는 위법한 집회 · 시위가 장차 특정지역에서 개최될 것이 예상된다고 하더라도, 이와 **시간적 · 장소적으로 근접하지 않은 다른 지역에서 그 집회 · 시위에 참가하기 위하여 출발 또는 이동하는 행위를 함부로 제지하는 것은 경찰관직무집행법 제6조 제1항의 행정상 즉시강제인 경찰관의 제지의 범위를 명백히 넘어 허용될 수 없다**."(대판 2008.11.13. 2007도9794, 폭력행위등처벌에관한법률위반 등)

(2) 절차적 한계

1) 영장주의와의 관계: 즉시강제는 신체의 구속, 주거의 침해를 가져오기도 하므로 헌법 제12조와 제16조에 따른 법관의 영장(令狀)이 요구되는지 문제된다.

(가) 학 설: ① 헌법상의 영장주의는 형사사법권의 행사로부터 국민의 자유권을 보장하기 위한 것이므로 급박한 사태에 발동되는 즉시강제에서는 법률에 특별한 규정이 없는 한 영장주의가 허용되지 아니한다는 **영장불요설**(소극설), ② 영장주의는 널리 통치권의 부당한 행사로부터 국민의 자유와 권리를 보장하기 위한 것이므로 특별한 예외적인 규정이 없는 한 즉시강제에 적용된다는 **영장필요설**(적극설) 및 ③ 권력억제와 기본권보장을 위하여 행정권의 행사에도 적용되어야 하지만, 즉시강제의 특수성을 고려하여 행정목적달성을 위해 불가피한 특수한 경우에 한해 예외적으로 인정할 수 있다는 **절충설**(통설)이 대립된다.

(나) 판 례: 판례는 절충설을 취하고 있다.

[판 례] "영장주의가 행정상 즉시강제에도 적용되는지에 관하여는 논란이 있으나, **행정상 즉시강제는 상대방의 임의이행을 기다릴 시간적 여유가 없을 때 하명 없이 바로 실력을 행사하는 것으로서, 그 본질상 급박성을 요건으로 하고 있어 법관의 영장을 기다려서는 그 목적을 달성할 수 없다고 할 것이므로, 원칙적으로 영장주의가 적용되지 않는다**고 보아야 할 것이다. … 이 사건 법률조항은 앞에서 본바와 같이 급박한 상황에 대처하기 위한 것으로서 그 불가피성과 정당성이 충분히 인정되는 경우이므로, 이 사건 법률조항이 영장 없는 수거를 인정한다고 하더라도 이를 두고 헌법상 영장주의에 위배되는 것으로는 볼 수 없다."(헌재 2002.10.31, 2000헌가12, 음반·비디오물및게임물에관한법률제24조제3항제4호중게임물에관한규정부분위헌제청)

(다) 결 어: 절충설이 타당하다. 이 견해는 헌법상의 영장주의의 취지와 행정목적의 달성이라는 요구를 조화시킨 타당한 견해라고 본다.

2) 증표의 제시: 즉시강제를 실시하기 위하여 현장에 파견되는 집행책임자는 그가 집행책임자임을 표시하는 증표를 보여 주어야 하며, 즉시강제의 이유와 내용을 고지하여야 한다(행정기본법 33②). 즉, 즉시강제를 실시하기 위해서는, ① 집행책임자의 증표제시와 ② 즉시강제의 이유와 내용의 고지가 필요하다. 법률의 규정에 따른 증표제시를 한 경우에는 따로 영장주의가 필요 없다고 볼 것이다. 집행책임자의 증표는 사전제시가 원칙이나, 즉시강제의 특성상 증표준비의 시간적 여유가 없는 상태에서 예측할 수 없는 급박한 행정상 장해가 발생하여 회복할 수 없는 손해의 발생이 급박한 경우에는 예외적으로 사후의 증표제시를 인정함이 타당하다.

Ⅲ. 즉시강제의 수단 및 구제

1. 즉시강제의 수단

(1) 대인적 강제

대인적 강제(對人的 强制)는 사람의 신체에 실력을 가하여 행정상 필요한 상태를 실현시키는 경우이다.

1) 경찰관직무집행법상의 수단: 보호조치(정신착란·미아·주취자 등 24시간 이내)(동법 4), 위험발생방지조치(경고·억류·피난 등)(동법 5), 범죄의 예방 및 제지(동법 6), 경찰장비사용(동법 10), 경찰장구사용(동법 10의2), 분사기 등의 사용(동법 10의3) 및 무기사용(동법 10의4) 등이 있다.

2) 각 단행법상의 수단: 강제수용(마약류관리에관한법률 40), 원조강제(소방기본법 24), 강제건강진단·교통차단(감염병의예방및관리에관한법률 42, 49) 등이 있다.

(2) 대물적 강제

대물적 강제(對物的 强制)는 물건에 대한 소유권 기타의 권리를 실력으로 침해함으로써 행정상 필요한 상태를 실현시키는 경우이다.

1) 경찰관직무집행법상의 수단: 무기 등 물건의 임시영치(동법 4③) 및 위험발생 방지조치

(동법 5①)가 있다.

2) 각 단행법상의 수단: 토지나 물건의 사용·변경·제거(민방위기본법 32, 수난구호법 7), 물건의 폐기·압수(식품위생법 72, 약사법 71, 청소년보호법 44), 물건의 압수·폐기(관세법 303, 304), 물건의 파괴(옥외광고물등관리법 10의2) 등을 들 수 있다.

(3) 대가택강제

대가택강제(對家宅强制)란 소유자 또는 관리자의 의사에 불구하고 타인의 가택·영업소 등을 실력으로 침해하는 경우이다. 경찰관직무집행법상의 위험방지를 위한 가택출입(동법 7①)이 그 예에 속한다. 종래에 대가택강제로 인식되었던 것의 대부분을 최근에는 행정조사의 범주에 포함시키는 경향이 유력해지고 있다.

2. 즉시강제에 대한 구제

(1) 적법한 즉시강제에 대한 구제

즉시강제가 적법한 경우에도 그로 말미암아 귀책사유 없이 수인의 정도를 넘은 특별한 희생을 입은 자에게는 헌법과 각 단행법의 규정에 의하여 행정상 손실보상청구가 인정된다(헌법 23③, 소방기본법 27③, 자연재해대책법 68).

(2) 위법한 즉시강제에 대한 구제

1) 행정쟁송: 위법 또는 부당한 즉시강제로 인하여 권리 또는 이익을 침해당한 경우에 행정심판 또는 행정소송을 제기하여 그 취소 또는 변경을 구하는 방법이다. 위법·부당한 즉시강제에 대하여 원상회복이나 손해배상을 청구하는 외에는 보통 단시간에 종료되는 즉시강제의 성질상 그 취소·변경을 위한 소의 이익이 없는 것이 보통이므로, 즉시강제가 비교적 장기에 걸치는 계속적 성질의 것일 때에만 그 실익이 있다. 다만, 즉시강제가 집행종료된 경우에도 그 취소로써 회복되는 법률상 이익이 있는 경우에는 행정쟁송의 제기가 가능하다(행정심판법 13①, 행정소송법 12).

2) 행정상 손해배상: 위법한 즉시강제로 인하여 재산상의 손해를 받은 자는 국가에 대하여 배상을 청구할 수 있다(헌법 28, 국가배상법 2). 위법한 즉시강제에 대하여 행정쟁송이 사실상 곤란한 경우가 많기 때문에 이것은 즉시강제에 대한 중요한 구제수단이 된다.

3) 인신보호법에 의한 구제: 수용시설에 수용·보호·감금되어 있는 피수용자는 그 수용이 위법하게 개시되거나 적법하게 수용된 후 그 사유가 소멸되었음에도 불구하고 계속 수용되어 있는 때에는 법원에 구제를 청구할 수 있다(인신보호법 3). 이 경우 법원은 구제청구사건을 심리한 결과 그 청구가 이유가 있다고 인정되는 때에는 결정으로 피수용자의 수용을 즉시 해제할 것을 명하여야 한다(동법 13).

4) 정당방위: 위법한 즉시강제에 대하여 형법상의 정당방위(동법 21)의 법리에 의한 항거

가 가능하고, 따라서 공무집행방해에 관한 죄가 성립하지 아니한다.

5) **그 밖에 간접적 구제수단:** 위법한 즉시강제에 대하여 직권에 의한 취소 · 정지, 공무원의 형사책임 및 징계책임, 청원 등이 있다.

제4절 행정조사

Ⅰ. 행정조사의 의의

1. 행정조사의 개념

행정조사(行政調査)란 행정기관이 정책결정이나 직무수행에 필요한 정보나 자료를 수집하기 위한 일체의 활동을 말한다. 행정상 즉시강제로부터 분리되어 논의되는 개념이다. 행정조사는 행정기관에 의한 조사작용인 점에서 형사사법상의 조사 및 의회에 의한 조사와 구별된다.

2. 즉시강제와의 구별

종래 행정조사는 즉시강제의 일환으로 파악되어 왔으나, 양자는 그 목적과 내용을 달리한다. 즉, ① 즉시강제는, 행정상 필요한 구체적인 결과를 실현시키는 것을 목적으로 하는데 대하여, 행정조사는 조사작용 그 자체가 목적이 아니고 행정작용을 위한 자료를 얻기 위한 준비적 · 보조적 작용이며, ② 즉시강제는 직접적인 실력행사를 통하여 스스로 일정한 상태를 실현시키는 것인데 대하여, 행정조사는 영장에 의하는 경우 이외에는 직접적으로 실력을 행사하는 것이 아니라 행정벌 등의 방법으로 행정조사를 수인시킴에 불과하고, ③ 즉시강제는 행위의 급박성이 개념요소가 되지만, 행정조사는 급박성이 그 개념의 요소가 되지 않는다는 점에서 구별된다.

3. 행정조사의 법적 성질

행정조사는 현장조사 · 시료채취 등 그 자체 법적 효과를 발생하지 아니하는 사실행위인 경우와, 출석 · 진술 · 보고 · 자료제출의 요구 등 일정한 작위의무를 부과하는 법적 행위인 경우도 있다.

Ⅱ. 행정조사의 종류

1. 강제조사와 임의조사

이는 행정조사의 성질에 따른 구분이다. 강제조사는 조사대상자의 의사여하에 관계없이 행정기관이 일방적인 명령이나 강제를 수단으로 하는 조사를 말하며, 임의조사는 조사대상자의 자발적인 협조를 얻어 실시하는 조사를 말한다.

2. 직접조사와 간접조사

이는 행정조사의 방법에 따른 구분이다. 직접조사는 조사대상자의 신체·재산·가택 등에 직접 실력을 가하여 필요한 정보나 자료를 수집하는 조사를 말하고, 간접조사는 조사대상자의 신체·재산·가택 등에 직접 실력을 가함이 없이 필요한 정보나 자료를 수집하는 조사를 말한다.

3. 정기조사와 수시조사

이는 조사의 시기에 따른 구분이다. 정기조사는 법령 또는 행정조사운영계획으로 정하는 바에 따라 정기적으로 실시하는 조사를 말하며, 수시조사는 행정기관이 필요하다고 인정하는 때에 행하는 조사를 말한다. 행정조사기본법은 정기조사를 원칙으로 하고 있다(동법 7).

4. 대인적 조사·대물적 조사·대가택조사

이는 행정조사의 대상에 따른 구분이다. 대인적 조사는 출석·진술요구 등과 같이 조사대상자에 대한 조사를 말하고, 대물적 조사는 시료채취 등과 같이 물건에 대한 조사를 말하며, 대가택조사는 현장조사와 같이 가택·사무소 등에 대한 조사를 말한다.

Ⅲ. 행정조사의 근거

행정조사는 비록 행정목적의 수행을 위하여 불가피한 것이라고 하더라도 그 결과 국민의 신체 또는 재산에 대하여 중대한 침해가 되는 것이므로 구체적인 법률의 근거가 필요하다.

행정조사에 관한 일반법으로 「행정조사기본법」이 제정되어(2007.5.17. 법률 제8482호) 시행되고 있고(2007.8.18.), 각 개별법에도 규정이 있다. 즉, 불심검문(경찰관직무집행법 3), 총포·도검·화약류제작소 등의 임검(총포·도검·화약류등의안전관리에관한법률 44), 음식물검사(식품위생법 22), 질문·조사(소득세법 170) 등이 그 예이다.

Ⅳ. 행정조사의 한계

1. 실체적 한계

(1) 법령적합성의 원칙

행정기관은 법령 등에서 행정조사를 규정하고 있는 경우에 한하여 행정조사를 실시할 수 있다. 다만, 조사대상자의 자발적인 협조를 얻어 실시하는 경우에는 그러하지 아니하다(행정조사기본법 5).

(2) 행정조사의 기본원칙

1) **비례원칙:** 행정조사는 조사목적을 달성하는데 필요한 최소한의 범위 안에서 실시하여야

하며, 다른 목적 등을 위하여 조사권을 남용하여서는 아니 된다(동법 4①).

2) **목적적합성**: 행정기관은 조사목적에 적합하도록 조사대상자를 선정하여 행정조사를 실시하여야 한다(동조②).

3) **행정조사중복금지**: 행정기관은 유사하거나 동일한 사안에 대하여는 공동조사 등을 실시함으로써 행정조사가 중복되지 아니하도록 하여야 한다(동조③).

4) **법령준수유도중점**: 행정조사는 법령 등의 위반에 대한 처벌보다는 법령 등을 준수하도록 유도하는 데 중점을 두어야 한다(동조④).

5) **비밀준수**: 다른 법률에 따르지 아니하고는 행정조사의 대상자 또는 행정조사의 내용을 공표하거나 직무상 알게 된 비밀을 누설하여서는 아니된다(동조⑤).

6) **조사목적외 이용금지**: 행정기관은 행정조사를 통하여 알게 된 정보를 다른 법률에 따라 내부에서 이용하거나 다른 기관에 제공하는 경우를 제외하고는 원래의 조사목적 이외의 용도로 이용하거나 타인에게 제공하여서는 아니 된다(동조⑥).

2. 절차적 한계

(1) 영장주의와의 관계

1) **강제조사의 경우**: 행정상 즉시강제의 경우와 마찬가지로 학설은, ① 헌법상의 영장주의는 통치권의 부당한 행사로부터 국민의 자유와 권리를 보장하기 위한 절차적 보장수단이므로 영장이 필요하다는 **영장필요설**, ② 영장주의는 형사사법권의 행사로부터 국민의 자유권을 보장하기 위한 것이므로 행정권의 작용에는 적용이 없다는 **영장불요설**, ③ 영장주의는 행정권의 행사에도 적용됨이 원칙이나 행정목적 달성에 불가피하다고 인정되는 때에는 사후영장 등 그 예외를 인정하는 **절충설** 등이 대립되고 있다. **판례**는 도로교통법상 음주운전여부판단을 위한 혈액채취는 운전자의 동의가 없는 한 영장이 필요하다고 하여 영장필요설을 취한다. 생각건대, 행정조사의 결과는 형사소추로 발전될 위험이 많은 점 등에 비추어 행정조사에도 원칙적으로 영장주의가 적용된다고 하겠다. 다만, 행정조사의 신속성의 요구 및 실질적으로 영장주의의 예외적인 사유에 해당한다고 볼 수 있는 때(헌법 12③ 단서)에는 사후영장 또는 영장을 요하지 아니한다.

2) **임의조사의 경우**: 임의조사는 상대방의 임의적인 협력을 전제로 조사하는 것이므로 영장주의의 문제가 발생하지 않는다.

[판례 1] 도로교통법상 운전자의 음주채혈은 영장필요

"국가경찰공무원이 **도로교통법 규정에 따라 호흡측정 또는 혈액 검사 등의 방법으로 운전자가 술에 취한 상태에서 운전하였는지를 조사하는 것은**, 수사기관과 경찰행정조사자의 지위를 겸하는 주체가 **형사소송에서 사용될 증거를 수집하기 위한 수사로서의 성격을 가짐과 아울러 교통상 위험의 방지를 목적으로 하는 운전면허 정지·취소의 행정처분을 위한 자료를 수집하는 행정조사의 성격을 동시에 가지고 있다**고 볼 수 있다.

그런데 음주운전 여부에 관한 위 각 조사방법 중 혈액 채취(이하 '채혈'이라고 한다)는 상대방의 신체에 대한 직접적인 침해를 수반하는 방법으로서, 이에 관하여 도로교통법은 호흡조사와 달리 운전자에게 조사에 응할 의무를 부과하는 규정을 두지 아니할 뿐만 아니라, 측정에 앞서 운전자의 동의를 받도록 규정하고 있으므로(제44조 제3항), 운전자의 동의 없이 임의로 채혈조사를 하는 것은 허용되지 아니한다.

그리고 수사기관이 범죄 증거를 수집할 목적으로 **운전자의 동의 없이 그 혈액을 취득·보관하는 행위는 형사소송법상 '감정에 필요한 처분' 또는 '압수'로서 법원의 감정처분허가장이나 압수영장이 있어야 가능**하고, 다만 음주운전 중 교통사고를 야기한 후 운전자가 의식불명 상태에 빠져 있는 등으로 호흡조사에 의한 음주측정이 불가능하고 채혈에 대한 동의를 받을 수도 없으며 법원으로부터 감정처분허가장이나 **사전 압수영장을 발부받을 시간적 여유도 없는 긴급한 상황이 발생한 경우에는 수사기관은 예외적인 요건하에 음주운전 범죄의 증거 수집을 위하여 운전자의 동의나 사전 영장 없이 혈액을 채취하여 압수할 수 있으나 이 경우에도 형사소송법에 따라 사후에 지체 없이 법원으로부터 압수영장을 받아야 한다.**"(대판 2012.11.15. 2011도15258)

[판례 2] 관세법상 우편물 통관검사는 강제처분 아니므로 영장 불필요

"관세법 제246조 제1항, 제2항, 제257조, '국제우편물 수입통관 사무처리'(2011.9.30. 관세청고시 제2011-40호) 제1-2조 제2항, 제1-3조, 제3-6조, 구 '수출입물품 등의 분석사무 처리에 관한 시행세칙'(2013.1.4. 관세청훈령 제1507호로 개정되기 전의 것) 등과 관세법이 관세의 부과·징수와 아울러 수출입물품의 통관을 적정하게 함을 목적으로 한다는 점(관세법 제1조)에 비추어 보면, **우편물 통관검사절차에서 이루어지는 우편물의 개봉, 시료채취, 성분분석 등의 검사는 수출입물품에 대한 적정한 통관 등을 목적으로 한 행정조사의 성격을 가지는 것으로서 수사기관의 강제처분이라고 할 수 없으므로, 압수·수색영장 없이 우편물의 개봉, 시료채취, 성분분석 등 검사가 진행되었다 하더라도 특별한 사정이 없는 한 위법하다고 볼 수 없다.**"(대판 2013.09.26. 2013도7718, 마약류관리에관한법률위반(향정))

(2) 증표의 제시

행정조사에 관하여 규정한 법률은 행정조사에 당하는 공무원에게 그 권한을 표시하는 증표를 휴대하고 관계자에게 제시할 의무를 부과하고 있는 바, 이로 인해 피조사자에게는 수인의무가 발생한다. 법률의 규정에 따른 증표제시의 경우에는 영장주의의 적용이 불필요하다.

(3) 실력행사의 여부

조사대상자의 자발적인 협조를 얻어 실시하는 행정조사의 경우에는 문제되지 않겠으나, 강제조사의 경우 조사대상자가 조사를 거부하거나 방해하는 경우에 벌칙 등의 제재를 가하는 외에 명문규정이 없음에도 불구하고 실력을 행사하여 강제적으로 조사를 할 수 있는지 문제된다.

1) 긍정설: 이는 강제조사의 성질상 강제조사의 방해를 배제하는 것은 강제조사의 범위에 포함된다고 보아 실력행사를 긍정한다.

2) 부정설: 이는 실정법이 직접적 강제수단을 규정하지 않고 별도의 벌칙규정이나 불이익처분규정을 두고 있는 취지는 조사의 실효성으로 확보하려는 것에 있다고 보아 직접적인 실력행사를 부정한다.

3) 결 어: 법치행정의 원리상 법적 근거가 있어야 한다는 점에서 다수설인 부정설이 타당하다.

V. 행정조사의 절차

1. 조사계획의 수립 및 조사대상의 선정

(1) 연도별 행정조사운영계획의 수립 및 제출

행정기관의 장은 매년 12월 말까지 다음 연도의 행정조사운영계획을 수립하여 국무조정실장에게 제출하여야 한다(동법 6①).

(2) 조사의 주기

행정조사는 법령 등 또는 행정조사운영계획으로 정하는 바에 따라 정기적으로 실시함을 원칙으로 한다. 다만, 법률의 규정, 법령 등 위반혐의, 민원접수 등 일정한 경우에는 수시조사를 할 수 있다(동법 7). 다만, ① 행정조사를 실시하기 전에 관련 사항을 미리 통지하는 때에는 증거인멸 등으로 행정조사의 목적을 달성할 수 없다고 판단되는 경우, ② 지정통계의 작성을 위한 조사의 경우, ③ 조사대상자의 자발적인 협조를 얻어 실시하는 행정조사의 경우 등에는 행정조사의 개시와 동시에 출석요구서등을 조사대상자에게 제시하거나 행정조사의 목적 등을 조사대상자에게 구두로 통지할 수 있다(동조항 단서).

(3) 조사대상의 선정

행정기관의 장은 행정조사의 목적, 법령준수의 실적, 자율적인 준수를 위한 노력, 규모와 업종 등을 고려하여 명백하고 객관적인 기준에 따라 행정조사의 대상을 선정하여야 한다. 조사대상자는 조사대상 선정기준에 대한 열람을 행정기관의 장에게 신청할 수 있다(동법 8①②).

2. 조사방법

(1) 출석 · 진술 요구

행정기관의 장이 조사대상자의 출석 · 진술을 요구하는 때에는, 일시와 장소, 출석요구의 취지, 출석하여 진술하여야 하는 내용, 제출자료 및 출석거부에 대한 제재 등 필요한 사항이 기재된 출석요구서를 발송하여야 한다(동법 9①).

(2) 보고요구와 자료제출요구

행정기관의 장은 조사대상자에게 조사사항에 대하여 보고를 요구하는 때에는, 일시 · 장소, 조사목적과 범위, 보고내용 및 보고거부에 대한 제재 등의 사항이 포함된 보고요구서를 발송하여야 한다(동법 10①).

(3) 현장조사

조사원이 가택 · 사무실 또는 사업장 등에 출입하여 현장조사를 실시하는 경우에는 행정기관의 장은, 조사목적, 조사기간과 장소, 조사원의 성명과 직위, 조사범위와 내용, 제출자료 및 조사거부에 대한 제재 등의 사항이 기재된 현장출입조사서 또는 법령 등에서 현장조사 시 제시하도록 규정하고 있는 문서를 조사대상자에게 발송하여야 한다(동법 11①).

(4) 시료채취

조사원이 조사목적의 달성을 위하여 시료채취를 하는 경우에는 그 시료의 소유자 및 관리자의 정상적인 경제활동을 방해하지 아니하는 범위 안에서 최소한도로 하여야 한다(동법 12①). 시료채취로 인한 손실은 보상하여야 한다(동조②).

(5) 자료 등의 영치

조사원이 현장조사 중에 자료·서류·물건 등을 영치하는 때에는 조사대상자 또는 그 대리인을 입회시켜야 한다. 이 경우에 조사대상자의 생활이나 영업이 사실상 불가능하게 될 우려가 있는 때에는 자료 등을 사진으로 촬영하거나 사본을 작성하는 등의 방법으로 영치에 갈음할 수 있다(동법 13①②).

(6) 공동조사 및 중복조사의 제한

행정기관의 장은, 당해 행정기관 내의 2 이상의 부서가 동일하거나 유사한 업무분야에 대하여 동일한 조사대상자에게 행정조사를 실시하는 경우와, 서로 다른 행정기관이 대통령령으로 정하는 분야에 대하여 동일한 조사대상자에게 행정조사를 실시하는 경우 중 어느 하나에 해당하는 행정조사를 하는 경우에는 공동조사를 하여야 한다(동법 14①).

정기조사 또는 수시조사를 실시한 행정기관의 장은 동일한 사안에 대하여 동일한 조사대상자를 재조사 하여서는 아니 된다. 다만, 당해 행정기관이 이미 조사를 받은 조사대상자에 대하여 위법행위가 의심되는 새로운 증거를 확보한 경우에는 그러하지 아니하다(동법 15①).

3. 조사실시

(1) 개별조사계획의 수립

행정조사를 실시하고자 하는 행정기관의 장은 사전통지를 하기 전에 개별조사계획을 수립하여야 하며, 다만, 행정조사의 시급성을 요하는 경우에는 행정조사에 대한 결과보고서로 개별조사계획을 갈음할 수 있다(동법 16①).

(2) 조사의 사전통지

행정조사를 실시하고자 하는 행정기관의 장은 출석요구서, 보고요구서·자료제출요구서 및 현장출입조사서("출석요구서등")를 조사개시 7일 전까지 조사대상자에게 원칙적으로 서면으로 통지하여야 한다(동법 17①). 다만, ① 행정조사를 실시하기 전에 관련 사항을 미리 통지하는 때에는 증거인멸 등으로 행정조사의 목적을 달성할 수 없다고 판단되는 경우, ② 지정통계의 작성을 위한 조사의 경우, ③ 조사대상자의 자발적인 협조를 얻어 실시하는 행정조사의 경우 등에는 행정조사의 개시와 동시에 출석요구서등을 조사대상자에게 제시하거나 행정조사의 목적 등을 조사대상자에게 구두로 통지할 수 있다(동조항 단서).

(3) 의견제출

조사대상자는 사전통지의 내용에 대하여 행정기관의 장에게 의견을 제출할 수 있으며, 이 경우 상당한 이유가 있다고 인정하는 경우에는 이를 행정조사에 반영하여야 한다(동법 21①②).

(4) 조사결과의 통지

행정기관의 장은 법령 등에 특별한 규정이 있는 경우를 제외하고는 행정조사의 결과를 확정한 날부터 7일 이내에 그 결과를 조사대상자에게 통지하여야 한다(동법 24).

4. 자율관리체제의 구축 등

행정기관의 장은 법령 등에서 규정하고 있는 조사사항을 조사대상자로 하여금 스스로 신고하도록 하는 제도를 운영할 수 있다(동법 25①). 또한 행정기관의 장은 조사대상자가 자율적으로 행정조사사항을 신고·관리하고, 스스로 법령준수사항을 통제하도록 하는 체제("자율관리체제")의 기준을 마련하여 고시할 수 있다(동법 26①).

Ⅵ. 행정조사에 대한 구제

1. 위법한 행정조사의 효과와 권리구제

(1) 위법한 행정조사의 효과

행정조사가 위법한 경우에 이에 근거한 행정결정의 위법여부가 문제된다. 이에 대하여 견해가 나뉜다.

1) 적극설: 위법한 행정조사로 수집된 정보에 기초하여 내려진 행정결정은 위법하다고 보며, 행정조사는 행정결정을 위한 절차로 보아 행정조사의 위법은 행정결정의 절차하자의 문제로 본다.[7]

2) 소극설: 행정조사는 법령에서 특히 행정행위의 전제조건으로 규정하고 있는 경우를 제외하고는 별개의 제도라 할 것이므로, 행정조사의 위법이 바로 행정행위를 위법하게 만들지는 않는다고 한다.[8]

3) 절충설: 행정조사와 행정행위는 하나의 과정을 구성하는 것이므로 행정조사에 중대한 위법사유가 있다면 행정행위도 위법하다고 보거나,[9] 행정조사와 행정결정은 별개의 작용이나 위법한 행정조사를 기초로 이루어진 행정결정의 경우에는 위법으로 본다.[10]

---

7) 박균성(강의), 385면; 홍정선(상), 769면.
8) 박윤흔(상), 634면.
9) 김남진·김연태(Ⅰ), 511면; 김동희(Ⅰ), 510면
10) 류지태·박종수(신론), 437면.

4) 판 례: 판례는 적극설을 취한 것으로 보인다.

[판 례] 위법한 행정조사에 기초한 처분은 위법

"음주운전 여부에 대한 조사 과정에서 운전자 본인의 동의를 받지 아니하고 또한 법원의 영장도 없이 채혈조사를 한 결과를 근거로 한 운전면허 정지·취소 처분은 도로교통법 제44조 제3항을 위반한 것으로서 특별한 사정이 없는 한 위법한 처분으로 볼 수밖에 없다."(대판 2016.12.27. 2014두46850, 자동차운전면허취소처분취소)

"납세자에 대한 부가가치세부과처분이, 종전의 부가가치세 경정조사와 같은 세목 및 같은 과세기간에 대하여 중복하여 실시된 **위법한 세무조사에 기초하여 이루어진 것이어서 위법**하다고 한 원심의 판단을 수긍한 사례"(대판 2006.6.2. 2004두12070, 부가가치세부과처분취소)

"구 국세기본법 제81조의5가 마련된 이후에는 개별 세법이 정한 질문·조사권은 구 국세기본법 제81조의5가 정한 요건과 한계 내에서만 허용된다. 또한 구 국세기본법 제81조의5가 정한 **세무조사대상 선정사유가 없음에도 세무조사대상으로 선정하여 과세자료를 수집하고 그에 기하여 과세처분을 하는 것은 적법절차의 원칙을 어기고 구 국세기본법 제81조의5와 제81조의3 제1항을 위반한 것으로서 특별한 사정이 없는 한 과세처분은 위법하다."**(대판 2014.06.26. 12두911, 국세부과취소)

5) 결 어: 행정조사가 행정결정의 전제조건인 경우에는 행정조사의 위법이 행정결정의 위법으로 된다는 점에 대해서는 견해가 다르지 않고, 다만 행정조사와 행정결정의 관계정도에 따라 견해의 차이가 있을 뿐이다. 생각건대, 위법한 행정조사를 기초로 내려진 행정결정은 절차하자로 원칙적으로 위법하다고 보는 것이 타당하다(적극설).

(2) 위법한 행정조사에 대한 구제

1) **행정쟁송:** 행정조사는 그 성질상 단기간에 상황이 종료되어 소의 이익이 없는 경우가 보통이며, 임의조사인 경우에는 처분성을 결하여 소의 대상이 되지 않는다. 그러나 ① 행정조사결정이 강제조사를 수인해야 할 법적 의무를 부담하게 하는 경우에는 분쟁의 조기해결을 위해 항고소송의 대상이 된다(판례). ② 행정조사가 비교적 장기간에 걸쳐 계속된 경우에는 행정쟁송에 의하여 그 취소·변경을 구할 수 있고, 행정조사로 인하여 회복할 수 없는 손해의 발생의 우려가 긴급한 경우에는 집행정지신청도 가능하다. ③ 행정조사가 집행종료된 경우에도 그 취소로써 회복되는 법률상 이익이 있는 경우에는 행정쟁송의 제기가 가능하다.

[판 례] 행정조사결정은 항고소송의 대상

"부과처분을 위한 과세관청의 질문조사권이 행해지는 세무조사결정이 있는 경우 납세의무자는 세무공무원의 과세자료 수집을 위한 질문에 대답하고 검사를 수인하여야 할 법적 의무를 부담하게 되는 점, 세무조사는 기본적으로 적정하고 공평한 과세의 실현을 위하여 필요한 최소한의 범위 안에서 행하여져야 하고, 더욱이 동일한 세목 및 과세기간에 대한 재조사는 납세자의 영업의 자유 등 권익을 심각하게 침해할 뿐만 아니라 과세관청에 의한 자의적인 세무조사의 위험마저 있으므로 조세공평의 원칙에 현저히 반하는 예외적인 경우를 제외하고는 금지될 필요가 있는 점, 납세의무자로 하여금 개개의 과태료 처분에 대하여 불복하거나 조사 종료 후의 과세처분에 대하여만 다툴 수 있도록 하는 것보다는 그에 앞서 세무조사결정에 대하여 다툼으로써 분쟁을 조기에 근본적으로 해결할 수 있는 점 등을 종합하면, **세무조사결정은 납세의무자의 권리·의무에 직접 영향을 미치는 공권력의 행사에 따른 행정작용으로서 항고소송의 대상이 된다.**"(대판 2011. 03.10. 2009두23617, 세무조사결정처분취소·종합소득세등부과처분취소)

"친일반민족행위자재산조사위원회의 재산조사개시결정이 있는 경우 조사대상자는 위 위원회의 보전처분 신청을 통하여 재산권행사에 실질적인 제한을 받게 되고, 위 위원회의 자료제출요구나 출석요구 등의 조사행위에 응하여야 하는 법적 의무를 부담하게 되는 점, '친일반민족행위자 재산의 국가귀속에 관한 특별법'에서 인정된 재산조사결정에 대한 이의신청절차만으로는 조사대상자에 대한 권리구제 방법으로 충분치 아니한 점, 조사대상자로 하여금 개개의 과태료 처분에 대하여 불복하거나 조사 종료 후의 국가귀속결정에 대하여만 다툴 수 있도록 하는 것보다는 그에 앞서 재산조사개시결정에 대하여 다툼으로써 분쟁을 조기에 근본적으로 해결할 수 있는 점 등을 종합하면, **친일반민족행위자재산조사위원회의 재산조사개시결정은 조사대상자의 권리・의무에 직접 영향을 미치는 독립한 행정처분으로서 항고소송의 대상이 된다고 봄이 상당하다.**"(대판 2009.10.15. 2009두6513, 재산조사개시결정취소)

2) 행정상 손해배상: 위법한 행정조사로 인하여 재산상의 손해를 받은 자는 국가 또는 지방자치단체에 대하여 손해배상을 청구할 수 있다. 행정조사는 단기간에 상황이 종료되는 경우가 많아 위법한 행정조사에 대한 구제수단은 행정쟁송보다는 행정상 손해배상청구의 방법이 더 중요하다고 할 수 있다.

3) 그 밖의 구제수단: 위법한 행정조사에 대하여 정당방위가 가능하다고 할 것이며, 그 밖에 직권에 의한 취소・정지, 공무원의 형사책임 및 징계책임이나 청원 등의 방법이 있을 수 있다.

2. 적법한 행정조사에 대한 구제

적법한 행정조사로 재산권에 대한 특별한 희생에 대하여는 손실보상청구가 인정된다. 특히 시료채취로 발생한 손실은 시료채취 당시의 시장가격으로 보상하여야 하며, 시료를 채취할 때에 조사대상자에게 손실보상 청구에 관한 정보를 알려 주어야 한다(동법시행령 7①). 시료채취로 인한 손실보상의 청구는 그 시료채취가 있었던 날부터 90일 이내에 손실보상청구서를 관계 행정기관의 장에게 제출하여야 하며, 이 경우 행정기관의 장은 손실보상청구서를 받은 날부터 60일 이내에 청구인에게 손실보상금액을 결정하여 그 결정내용을 손실보상 결정통지서에 따라 청구인에게 통지하여야 하고, 부득이한 사유가 있는 때에는 그 사유를 통지하고 30일의 범위에서 그 기간을 연장할 수 있다(동조②③). 청구인은 위 손실보상금액에 대하여 이의가 있는 경우에는 손실보상금액에 대한 통지를 받은 날부터 30일 이내에 행정기관의 장에게 이의신청을 할 수 있고, 이 경우 이의신청을 받으면 그 날부터 30일 이내에 손실보상금액의 증감 여부를 결정하고 지체 없이 그 결과를 이의신청을 한 청구인에게 통지하여야 한다(동조④⑤).

제5절 행 정 벌

Ⅰ. 행정벌의 의의

행정벌(行政罰)이란 행정법상의 의무위반에 대하여 일반통치권에 의거하여 과하는 제재로서의 처벌을 말한다. 행정벌에 과하여질 비행(非行)을 행정범(行政犯)이라 한다. 행정벌은 직접으로는 과거의 의무위반에 대한 제재로서, 행정법규의 실효성을 확보함을 목적으로 하지만, 간접으로는 의무자에게 심리적 압박을 가함으로써 앞으로의 의무이행을 확보함을 목적으로 한다.

그런데 행정벌의 강제효과는 간접적인 것에 그치는 것이고 집행벌(이행강제금)과는 달리 이중처벌금지원칙에 따라 동일사실에 대하여 반복하여 부과할 수 없고, 금전벌의 액수보다 행정의무의 위반으로써 얻는 경제적 이익이 훨씬 더 큰 경우에는 그 강제효과・위혁효과는 매우 제한되어 행정벌의 실효성이 제한될 수 있다.

Ⅱ. 행정벌의 성질

행정벌은 일정한 의무위반에 대한 제재로서 과하는 벌이라는 점에서는 다른 종류의 벌과 다름이 없으나, 처벌의 목적・대상・권력적 기초 등에서 다른 벌과 구별된다.

1. 징계벌과의 구별

행정벌은 행정법규의 실효성을 확보하기 위하여 일반통치권에 의거하여 행정의무 위반자에게 과하는 제재인데 대하여, 징계벌은 공법상 특별권력관계의 내부질서를 유지하기 위하여 특별권력에 의거하여 특별권력관계 복종자에게 과하는 제재이다. 이와 같이 양자는 목적・대상・권력적 기초가 다르기 때문에 **일사부재리**(一事不再理)의 원칙이 적용되지 않고 특별권력관계에서의 질서문란행위가 동시에 반사회성을 띠는 경우에는 양자의 **병과**(倂科)가 가능하다.

2. 이행강제금과의 구별

행정벌은 과거의 행정법상의 의무위반에 대하여 과하는 제재인데 대하여, 이행강제금은 행정법상 의무불이행이 있는 경우에 장래의 이행을 강제하기 위한 행정상 강제집행의 일종인 점에서 서로 다르다. 따라서 양자의 병과가 가능하다(대판 2005.8.19. 2005마30).

3. 형사벌과의 구별

행정벌 가운데 행정질서벌과의 구별은 별문제가 없다. 그러나 형법상의 형을 내용으로 하는 행정형벌과의 구별에 대해서는 견해의 대립이 있다.

(1) 부정설

부정설은 일부 형법학자의 견해인 바, 양자 모두 형식적으로는 제재로서 형벌이 과하여지는 범죄라는 점에서 차이가 없다고 한다.

(2) 긍정설

긍정설에도 무엇을 구별기준으로 할 것이냐에 관하여 견해가 갈린다.

1) 피침해이익의 성질을 기준으로 한 견해: 형사범은 법익침해로서의 위법행위이고, 행정범은 공공복리를 목적으로 하는 행정에 대한 협력을 게을리 한 반행정적 행위라고 한다. 이 설은

반행정적 행위도 위법행위와 차이가 없음을 간과하고 있다.

2) 피침해규범의 성질을 기준으로 한 견해

(가) 절대적 구별설: 절대적 구별설에서는 형사범은 문화규범 위반행위이며, 반도덕성·반사회성을 갖는 자연범이며, 행정범은 직접 문화와 관계없는 단순한 국가의 입법위반이며, 행정목적을 위한 국가의 명령·금지에 위반한 법정범에 대한 제재라고 하여, 반윤리성의 유무에 의해 양자를 구별코자 한다(종래의 통설).

(나) 상대적 구별설: 상대적 구별설은 행정범도 성질상으로 반윤리성을 내포하여 본질적 차이가 없으며, 다만 상대적·유동적이라는 설이다(최근의 다수설).

(3) 결 어

형사범(刑事犯)은 국가의 제정법을 기다릴 것이 없이 사회통념상 당연히 반윤리성·반사회성을 갖는데 대하여, 행정범은 특정한 행정목적의 실현을 위한 국가의 제정법에 의한 명령·금지에 위반하였기 때문에 비로소 반윤리성·반사회성을 갖게 되는 범죄라 할 것이다. 형사범에 대한 형법은 제재규범을 정립하는데 그치고 그 이론적 전제가 되는 행위규범은 생략되는데 대하여 행정범에 대한 법규는 행위규범과 재판규범을 아울러 규정(준수할 의무를 규정한 후 그 의무위반에 대한 처벌을 규정)하는 것이 보통인 것은 그 때문이다.

그러나 사회통념 내지 도덕감정이 시대에 따라 변천함으로써 행정범도 시간의 경과에 따라 새로운 도덕감정을 형성하고 형사범으로 전화할 수 있기 때문에 양자의 구별은 상대적·유동적인 것이라 할 수 있다. 그리하여 형사범에 있어서는 반윤리성·반사회성이 법규 이전에 존재하는데 대하여 행정범에 있어서는 그것이 법규에 의하여 창조되는 상대적 차이가 있다.

Ⅲ. 행정벌의 근거

행정벌도 처벌의 일종으로 법률에 근거가 있어야 하고, 따라서 죄형법정주의가 적용된다. 법률의 명령·조례에의 벌칙제정권위임은 일반적 위임이 아닌 개별적 위임에만 가능하며, 그 위임은 처벌대상인 행위, 행정벌의 최고한도 등에 대해서 구체적으로 정하여서 행하여야 한다. 지방자치단체의 자치입법에는 일정한 한도에서 벌칙의 정립권이 위임되어 있다(지방자치법 28). 따라서 행정벌의 근거법으로는 법률·명령·조례가 있다. 행정벌에는 통칙규정이 없고, 각 단행법에 개별적 규정을 두고 있다. 다만, 행정질서벌인 과태료에 관해서는 각 개별법 외에 일반적 규정으로 「질서위반행위규제법」이 있다.

Ⅳ. 행정벌의 종류

행정벌은 처벌의 대상에 따라 경찰벌·재정벌·군정벌·규제벌·공기업벌 등으로 나눌 수 있으며, 처벌의 내용에 따라 다음과 같이 나뉜다.

1. 행정형벌

행정형벌(行政刑罰)이란 행정법규의 위반자에게 당해 행정법규의 처벌규정에 따라 형법에 규정된 형벌(사형·징역·금고·자격상실·자격정지·벌금·압류·과료 및 몰수)을 과하는 행정벌을 말한다. 행정형벌의 요건은, ① 행정법규의 위반, ② 당해 행정법규에 처벌규정의 존재(구성요건해당성), ③ 고의·과실 등이다. 행정형벌은 특별한 규정이 없는 한 형법총칙이 적용되며, 법원에 의한 형사소송법절차에 의하고, 예외로 통고처분, 즉결심판 등에 의하는 경우도 있다.

2. 행정질서벌

행정질서벌이란 행정법규의 위반자에게 당해 행정법규의 처벌규정에 따라 형법에 형명(刑名)이 없는 과태료(過怠料)가 과하여지는 행정벌을 말한다. 행정질서벌의 요건은 행정형벌의 경우와 동일하다. 그런데 행정형벌은 법규위반이 직접적으로 행정목적과 사회법익을 침해하는 경우(의무위반·반사회성)에 과하여지나, 행정질서벌은 이 정도에는 이르지 아니한다. 다만, 간접적으로 행정상의 질서에 장해를 줄 위험성이 있는 정도의 단순한 의무태만에 과하여진다는 점에서 구별된다.

행정질서벌은 형법총칙이 적용되지 않고, 질서위반행위규제법에 따라 행정청이 부과한다. 이에 대한 불복쟁송은 질서위반행위규제법에 의하여 관할법원이 과하며, 집행은 검사의 명령으로 민사상 강제집행방법에 의한다.

오늘날 행정형벌과잉 현상에서 초래되는 전과자의 양산을 방지하기 위하여 종래 행정형벌을 과하던 것을 행정질서벌로서 대치하는 경향이 있다.

3. 조례에 의한 과태료

조례의 의한 과태료는 지방자치법(34, 156)에 의거하여 조례로써 정하는 과태료이다. 여기에는 행정질서벌의 성질을 가진 것과 행정형벌의 성질을 가진 것을 포함한다. 특별한 규정이 없는 한 지방세 징수의 예에 따라 지방자치단체의 장이 부과·징수한다.

V. 행정형벌의 특수성

1. 행정형벌과 형법총칙

(1) 행정형벌에 대한 형법총칙의 적용

형법 제8조는 “본법 총칙은 타법령에 정한 죄에 적용한다. 단, 그 법령에 특별한 규정이 있는 때에는 예외로 한다”고 규정하고 있다. 이는 행정범에 대하여도 원칙적으로 형법총칙이 적용됨을 정함과 동시에, 행정범의 특수성을 고려하여 그 행정법령에 ‘특별한 규정’이 있으면 형법총칙의 적용이 배제됨을 명시하고 있다. 그런데 여기서 ‘특별한 규정’이란 성문법규정만이 아니고 행정범의 성질에 기하여 조리상 인정되는 특수성도 포함된다는 설이 있으나, 죄형법정주의(罪刑法定主義)를 엄격히 적용하여야 할 것이므로 성문법규정에 한정된다고 하겠다(통설). 다만, 해당 규정의 해석상 형벌의 범위축소·경감 등 행위자에게 불리하지 아니한 경우에는 죄형법정주의에 반하지 아니하므로 허용될 수 있다.

(2) 행정형벌에 관한 특별규정

행정형벌에 대하여 형법총칙의 적용이 배제 내지 변형되는 예를 보면 다음과 같다.

1) 범의(犯意): 형사범의 성립에는 원칙적으로 범의가 있음을 요건으로 하고(형법 13), 과실 있는 행위는 특히 법률에 규정이 있을 때에만 처벌한다(형법 14). 행정범의 성립에도 범의가 있어야 하며, 과실에 의한 행위는 특히 명문규정이 있거나 해석상 과실범도 벌할 뜻이 명확한 경우 이외에는 처벌하지 않는다. 이러한 관점에서 행정범의 범의와 과실에 대해서는 형법총칙이 그대로 적용된다고 할 수 있다.

(가) 위법성인식가능성: 범의의 성립에 있어서는 형법 제16조(법률의 착오)와 관련하여 범죄사실의 인식 이외에 위법성의 인식이 필요한지에 대하여 견해가 대립되어 있으나, 현실적인 위법인식은 없더라도 자기행위가 법적으로 허용되지 않는다는 사실을 알 수 있는 가능성, 즉 위법성의 인식가능성이 필요하다는 것은 형사범과 마찬가지로 행정범에도 타당하다는 것이 통설의 견해이다. 다만, 행정범은 행정법규의 성립에 의하여 비로소 반사회성이 생기며, 또 그 행정법규는 개폐무상(改廢無常)한 것이 보통이기 때문에 위법성의 인식가능성이 없는 경우가 많을 것이다. 따라서 형법 제16조는 행정범에 대하여 언제나 적용된다고는 할 수 없을 것이다.

(나) 과실의 처벌가능성: 형법 제14조가 과실 있는 행위는 법률에 '특별한 규정'이 있는 경우에 한하여 처벌한다고 규정하고 있다. 이와 같이 과실 있는 행위에 대한 처벌규정을 두고 있는 경우(도로교통법 151)에는 문제가 없으나, 이러한 명문규정이 없는 경우에도 처벌이 가능한지 문제된다. 그러나 죄형법정주의의 관점에서 명문규정이 있거나 관계규정의 해석상 과실범도 벌할 뜻이 명백한 경우에 한한다고 할 것이다. 판례도 이러한 입장이다.

[판 례] 과실범의 경우 처벌규정 있어야 처벌가능

"행정상의 단속을 주안으로 하는 법규라 하더라도 **'명문규정이 있거나 해석상 과실범도 벌할 뜻이 명확한 경우'를 제외하고는 형법의 원칙에 따라 '고의'가 있어야 벌할 수 있다.** … 술을 마시고 찜질방에 들어온 손님이 찜질방 직원 몰래 후문으로 나가 술을 더 마신 다음 후문으로 다시 들어와 발한실에서 잠을 자다가 사망한 사안에서, 甲이 처음 찜질방에 들어갈 당시 술에 만취하여 목욕장의 정상적 이용이 곤란한 상태였다고 단정하기 어려울 뿐만 아니라 손님이 몰래 후문으로 나가 술을 더 마시고 들어올 경우까지 예상하여 직원을 추가로 배치하거나 후문으로 출입하는 모든 자를 통제·관리하여야 할 업무상 주의의무가 있다고 보기 어려워 위 피고인에게 형사책임을 물을 수 없다."(대판 2010.2.11, 2009도9807, 업무상과실치사·공중위생관리법위반)

2) 법인의 책임: 형사범에서는 법인은 범죄능력이 없다고 본 것이 일반적 견해이나, 행정법규에는 법인의 대표자·대리인·사용인 기타 종업원이 그 법인의 업무에 관하여 행정법상의 의무를 위반한 경우에는 그 행위를 벌하는 외에 법인에 대하여도 재산형(벌금·과료·몰수)을 과할

것을 규정하는 경우가 많다(건설산업기본법 98, 건축법 112, 먹는물관리법 60 등). 이와 같이 행정범의 경우에는 법인에도 범죄능력을 인정하는 바, 이 경우 법인의 대표자의 행위에 대한 법인의 책임은 직접(자기)책임이나, 종업원의 비행에 대하여는 선임감독의무를 태만히 한 과실책임인 것이다.

3) **타인의 비행에 대한 책임:** 행정범에서는 형사범에서와는 달리 행위자 이외의 자를 벌하는 경우가 있는 바, 행정범의 책임자는 반드시 현실의 행위자가 아니고 법령상 책임자로 규정된 자이다. 이 경우의 책임은 법령상 주의감독의무를 태만히 한 과실책임이다(판례1). 다만, 책임자가 행위자의 위반행위를 방지하기 위한 주의감독의무를 태만히 하였는지에 관해 규정하지 않은 채, 단순히 행위자가 업무에 관하여 위반행위를 하였다는 이유만으로 책임자 개인에 대하여 형사처벌을 과하는 것은 책임주의에 반한다(판례2). 따라서 책임자의 주의감독의무를 다한 경우에는 처벌을 면제하는 규정을 둠이 보통이다.[11)]

[판례 1] 책임자의 과실책임을 인정한 예

"종업원 등의 행정법규위반행위에 대하여 양벌규정으로 영업주의 책임을 묻는 것은 종업원 등에 대한 영업주의 선임감독상의 과실책임을 근거로 하는 것이며 ……"(대판 1987.11.10, 87도1213), "양벌규정에 의한 영업주의 처벌은 금지위반행위자인 종업원의 처벌에 종속되는 것이 아니라 독립하여 그 자신의 종업원에 대한 선임감독상의 과실로 인하여 처벌되는 것이므로 ……"(대판 2006.2.24, 2005도7673)

[판례 2] 책임자의 과실 없는 처벌은 책임주의에 반해 위헌

"이 사건 법률조항은 개인이 고용한 종업원 등의 무면허의료행위 사실이 인정되면 종업원 등의 범죄행위에 대한 영업주의 가담 여부나 종업원 등의 행위를 감독할 주의의무의 위반 여부 등을 전혀 묻지 않고 곧바로 영업주인 개인을 종업원 등과 같이 처벌하도록 규정하고 있는바, 이는 아무런 비난받을 만한 행위를 한 바 없는 자에 대해서까지 다른 사람의 범죄행위를 이유로 처벌하는 것으로서 형벌에 관한 책임주의에 반하므로 헌법에 위반된다."(헌재 2009.10.29, 2009헌가6; 헌재 2010.9.30, 2009헌가23,31, 구의료법제70조등위헌제청등; 같은 취지, 헌재 2009.7.30. 2008헌가10, 청소년보호법 제54조 위헌제청; 헌재 2010.7.29. 2009헌가14, 도로교통법 제159조 위헌제청 등)

4) **책임능력:** 형사범에서는 신체장애자의 행위는 형을 경감하거나 벌하지 않으며(형법 10), 농아자의 행위는 형을 경감하며(동법 11), 14세 되지 아니한 자의 행위는 벌하지 않으나(동법 9), 행정범에 대하여는 이들 규정의 적용을 배제 또는 제한하는 규정을 둔 경우가 있다(예; 담배사업법 31).

5) **공 범:** 행정법상 의무의 다양성으로 공범에 관한 형법규정의 적용을 배제한 경우(선박안전법 87)가 있는가 하면, 종범감경규정의 적용을 배제한 경우(담배사업법 31) 등이 있다. 공범에 관한 특별규정을 두지 않은 경우에도 형법의 공범에 관한 규정이 적용될 수 있는지에 대하여, 해당 의무가 일반인에 대한 것이면 행정범에도 적용된다고 보나, 특정인에 한정된 의무인 경우에는 견해가

---

11) 예컨대, 건축법 제112조 (양벌규정) ② "개인의 대리인, 사용인, 그 밖의 종업원이 그 개인의 업무에 관하여 제106조의 위반행위를 하면 행위자를 벌할 뿐만 아니라 그 개인에게도 10억원 이하의 벌금에 처한다. 다만, 개인이 그 위반행위를 방지하기 위하여 해당 업무에 관하여 상당한 주의와 감독을 게을리하지 아니한 때에는 그러하지 아니하다." 이와 같은 양벌규정의 예; 개인정보보호법 제74조, 건설산업기본법 제98조, 골재채취법 제51조, 공중위생관리법 제21조, 국토의계획및이용에관한법률 제143조, 도로교통법 제159조, 도로법 제116조, 독점규제및 공정거래에 관한 법률 제70조, 소방기본법 제55조, 식품위생법 제100조, 의료법 제91조, 주택법 제100조, 하천법 제97조 등.

나뉜다. 즉, ① **적극설**은 의무 없는 자라 하더라도 행정의무위반행위를 교사·방조하는 행위는 사회적 비난을 받아 마땅하며, 단속목적을 위해서도 처벌하는 것이 합리적이라고 한다. 이에 대해 ② **소극설**은 행정범은 행정법상의 의무에 위반하는 죄이므로 그 의무자가 아닌 자가 이를 교사·방조하여도 공범으로 책임을 지지 않는다고 한다. 후설이 타당하다고 보며 통설의 입장이다.

6) 누범·경합범·양형: 누범(累犯)·경합범(競合犯)·양형(量刑)에 대해서는 형법총칙의 적용을 배제하는 규정을 두고 있는 경우가 많다(담배사업법 31).

2. 행정형벌의 과벌절차(과벌절차의 특수성)

(1) 일반절차

행정형벌은 형사소송법이 정하는 바에 따라 법원의 선고에 의하여 과하는 것이 원칙이다.

(2) 특별절차

행정형벌에는 간이한 특별처리절차로서 통고처분(通告處分)과 즉결심판이라는 예외적인 과벌절차가 인정되고 있다.

1) 통고처분

(가) 통고처분의 의의: 통고처분(通告處分)은 조세범·관세범·출입국관리사범·교통사범 등에 대하여 인정되는데, 이는 정식재판에 갈음하여 절차의 간이·신속을 주안으로 하여 행정청이 일정한 벌금 또는 과료에 상당하는 금액의 납부를 명하는 준사법적 행정행위이다. 통고처분은 일상적으로 빈발하는 형식범적 법규위반에 대하여 일일이 형사절차에 의한 제재를 과함으로써 생기는 실무처리의 지체를 피하고, 또 위반자에게도 생기는 심리적 불안·시간과 비용의 소모·명예와 신용의 훼손 및 여러 가지 사법절차상의 수고를 덜기 위해 간이 신속한 행정절차에 의하여 부과·징수하는 제도이며, 지정된 금액을 납부함으로써 당해 사건의 형사소추를 면하게 하는 형사벌의 대체처분이다.

(나) 통고처분의 성질: 통고처분의 법적 성질에 관하여, ① 통고처분은 상대방의 임의적 협력을 요건으로 하는 형사벌의 과벌절차로서 법정기간이 지나면 당연히 효력이 상실한다는 **과벌절차설**과, ② 통고처분은 법정기간 내에 납부하지 않는 것을 해제조건으로 하는 행정기관에 의한 금전부과행위라는 **행정행위설**이 대립하고 있다. **판례**는 "통고처분은 행정행위가 아니므로 범칙금을 이행하지 아니함으로써 즉격심판에 의한 법원의 심판을 받는다"고 하여(대판 1995.5.29. 95누4674) 과벌절차설을 취하고 있다.

생각건대, 통고처분은 형사벌의 대체처분으로서 그 불이행의 경우 즉결심판절차에 따른다는 점에서 다수설과 판례의 입장인 과벌절차설이 타당하다.

(다) 통고처분의 절차: 행정청은 범칙자(犯則者)로 인정된 자에 대하여 그 이유를 명시한 범칙금납부통고서로 범칙금납부를 통고할 수 있고, 이 경우 범칙자는 15일 이내(도로교통법 및

출입국관리법은 10일 이내)에 납부해야 한다.

(라) 통고처분의 효과: 통고처분에 따른 이행은 확정판결에 준하는 효력이 발생하며, 범칙행위의 동일성이 인정되는 한 이중처벌금지의 원칙 및 일사부재리의 원칙이 적용되어 다시 소추하지 못한다.

[판례 1] 이중처벌금지원칙 및 일사부재리의 원칙

"조세범 처벌절차법 제15조 제1항에 따른 지방국세청장 또는 세무서장의 조세범칙사건에 대한 **통고처분은 법원에 의하여 자유형 또는 재산형에 처하는 형사절차에 갈음하여 과세관청이 조세범칙자에 대하여 금전적 제재를 통고하고 이를 이행한 조세범칙자에 대하여는 고발하지 아니하고 조세범칙사건을 신속·간이하게 처리하는 절차로서, 형사절차의 사전절차로서의 성격을 가진다.** 그리고 조세범 처벌절차법에 따른 조세범칙사건에 대한 지방국세청장 또는 세무서장의 고발은 수사 및 공소제기의 권한을 가진 수사기관에 대하여 조세범칙사실을 신고함으로써 형사사건으로 처리할 것을 요구하는 의사표시로서, 조세범칙사건에 대하여 고발한 경우에는 지방국세청장 또는 세무서장에 의한 조세범칙사건의 조사 및 처분 절차는 원칙적으로 모두 종료된다. 위와 같은 통고처분과 고발의 법적 성질 및 효과 등을 조세범칙사건의 처리 절차에 관한 조세범 처벌절차법 관련 규정들의 내용과 취지에 비추어 보면, **지방국세청장 또는 세무서장이 조세범 처벌절차법 제17조 제1항에 따라 통고처분을 거치지 아니하고 즉시 고발하였다면 이로써 조세범칙사건에 대한 조사 및 처분 절차는 종료되고 형사사건 절차로 이행되어 지방국세청장 또는 세무서장으로서는 동일한 조세범칙행위에 대하여 더 이상 통고처분을 할 권한이 없다고 보아야 한다.** 따라서 지방국세청장 또는 세무서장이 조세범칙행위에 대하여 고발을 한 후에 동일한 조세범칙행위에 대하여 통고처분을 하였다 하더라도, 이는 법적 권한 소멸 후에 이루어진 것으로서 특별한 사정이 없는 한 그 효력이 없고, 설령 조세범칙행위자가 이러한 통고처분을 이행하였다 하더라도 조세범 처벌절차법 제15조 제3항에서 정한 일사부재리의 원칙이 적용될 수 없다."(대판 2016.9.28. 2014도10748)

[판례 2] 범칙금납부에 따른 확정판결에 준하는 효력범위

"경범죄처벌법상 범칙금제도는 형사절차에 앞서 경찰서장 등의 통고처분에 의하여 일정액의 범칙금을 납부하는 기회를 부여하여 그 범칙금을 납부하는 사람에 대하여는 기소를 하지 아니하고 사건을 간이하고 신속, 적정하게 처리하기 위하여 처벌의 특례를 마련해 둔 것이라는 점에서 법원의 재판절차와는 제도적 취지 및 법적 성질에서 차이가 있다. 그리고 **범칙금의 납부에 따라 확정판결에 준하는 효력이 인정되는 범위는 범칙금 통고의 이유에 기재된 당해 범칙행위 자체 및 그 범칙행위와 동일성이 인정되는 범칙행위에 한정**된다. 따라서 범칙행위와 같은 시간과 장소에서 이루어진 행위라 하더라도 **범칙행위의 동일성을 벗어난 형사범죄행위에 대하여는 범칙금의 납부에 따라 확정판결에 준하는 일사부재리의 효력이 미치지 아니한다.**"(대판 2011.4.28. 2009도12249, 폭력행위등처벌에관한법률위반; 같은 취지, 대판 2007.4.12. 2006도4322, 교통사고처리특례법위반 등)

(마) 통고처분의 불이행 및 불복: 통고처분을 받은 자가 15일 내에 이행하지 않으면 통고처분은 당연히 효력을 상실하며, 세무서장 등의 고발절차에 의하여 형사소송절차로 이행된다. 따라서 통고처분에 대하여 불복이 있더라도 행정쟁송으로 다툴 수 없다.

[판 례] 통고처분은 행정소송의 대상 아님

"도로교통법 제118조에서 규정하는 경찰서장의 통고처분은 행정소송의 대상이 되는 행정처분이 아니므로 그 처분의 취소를 구하는 소송은 부적법하고, 도로교통법상의 통고처분을 받은 자가 그 처분에 대하여 이의가 있는 경우에는 통고처분에 따른 범칙금의 납부를 이행하지 아니함으로써 경찰서장의 즉결심판청구에 의하여 법원의 심판을 받을 수 있게 될 뿐이다."(대판 1995.5.29. 95누4674)

2) **즉결심판**: 20만원 이하의 벌금·구류 또는 과료의 행정형벌은 「즉결심판에 관한 절차법」이 정하는 바에 따라 과하여지며, 그 형은 경찰서장에 의하여 집행된다. 즉결심판에 불복이

있는 피고인은 고지를 받은 날로부터 7일 이내에 소관 지방법원 또는 지방법원 지원에 정식재판을 청구할 수 있다(즉결심판에관한절차법 14). 도로교통법상 경찰서장은 납기 내 범칙금 미납자에 대하여 지체 없이 즉결심판을 받도록 한다.

Ⅵ. 행정질서벌의 특수성

1. 행정질서벌에 관한 통칙적 규정

행정질서벌에 관한 통칙적 규정으로 「질서위반행위규제법」이 2007년 12월 21일 제정되어 2008년 6월 21일부터 시행되고 있는 바, 이 법은 법률상 의무의 효율적인 이행을 확보하고 국민의 권리와 이익을 보호하기 위하여 질서위반행위의 성립요건과 과태료의 부과・징수 및 재판 등에 관한 사항을 규정하는 것을 목적으로 한다(동법 1). 여기서 '질서위반행위'란 법률(조례 포함)상의 의무를 위반하여 과태료 부과의 대상이 되는 행위를 말한다.

2. 행정형벌의 병과 가능여부

동일한 행정범에 대하여 행정형벌과 과태료를 병과할 수 있는지에 대하여 견해가 나뉜다.

1) 긍정설: 행정형벌과 과태료는 그 목적이나 성질이 다르다고 볼 것이므로 병과하여도 일사부재리의 원칙에 반하는 것이 아니라고 한다(홍정선, 409).

2) 부정설: 행정형벌과 과태료는 모두 제재로서의 행정벌이므로 병과할 수 없다고 한다(김남진・김연태, 472; 박균성, 411).

3) 판 례: 판례는 긍정설을 취하였다.

[판 례] "행정법상의 질서벌인 과태료의 부과처분과 형사처벌은 그 성질이나 목적을 달리하는 별개의 것이므로 행정법상의 질서벌인 과태료를 납부한 후에 형사처벌을 한다고 하여 이를 일사부재리의 원칙에 반하는 것이라고 할 수는 없다."(대판 1996.4.12. 96도158; 대판 1992.2.11. 91도2536 등)

4) 결 어: 판례는 질서위반행위규제법의 제정 이전의 것으로서, 이 법률에서 과태료부과의 요건을 형벌과 같은 지위로 끌어올리고 있다는 점에서 동일한 질서위반행위에 대하여 양자를 병과할 수 없고 일사부재리의 원칙이 적용된다고 할 것이다.

3. 질서위반행위의 성립

(1) 질서위반행위의 의의 및 적용법률

질서위반행위란 법률상의 의무를 위반하여 과태료를 부과하는 행위를 말한다(질서위반행위규제법 2(1)). 질서위반행위의 성립과 과태료 처분은 행위 시의 법률에 따른다(동법 3①). 질서위반행위 후 법률이 변경되어 그 행위가 질서위반행위에 해당하지 아니하게 되거나 과태료가 변경되기 전의 법률보다 가볍게 된 때에는 법률에 특별한 규정이 없는 한 변경된 법률을 적용한다(동조②). 행정청의 과태료 처분이나 법원의 과태료 재판이 확정된 후 법률이 변경되어 그 행위가 질서위반행위에 해당하지 아니하게 된 때에는 변경된 법률에 특별한 규정이 없는 한 과태료의 징수 또는 집행을 면제한다(동조③).

(2) 질서위반행위의 법정주의

법치행정의 원리와 죄형법정주의의 원칙상, 법률에 따르지 아니하고는 어떤 행위도 질서위반행위로 과태료를 부과하지 못한다(동법 6).

(3) 고의·과실 및 위법성 착오

고의 또는 과실이 없는 질서위반행위는 과태료에 처하지 아니한다(동법 7). 또한 자신의 행위가 위법하지 아니한 것으로 오인하고 행한 질서위반행위는 그 오인에 정당한 이유가 있는 때에 한하여 과태료에 처하지 아니한다(동법 8). 이와 같이 고의·과실과 위법성의 착오를 요건으로 함으로써 벌금 등 형벌처럼 그 부과요건을 보다 엄격히 하였다. 판례는 이 법이 제정되기 전에는 고의·과실을 요하지 아니한다고 보았다.

[판례 1] 과태료에 고의·과실을 요하지 아니한다는 종래의 판례

"과태료와 같은 행정질서벌은 **행정질서유지를 위한 의무의 위반이라는 객관적 사실에 대하여 과하는 제재이므로** 반드시 현실적인 행위자가 아니라도 법령상 책임자로 규정된 자에게 부과되고 원칙적으로 **위반자의 고의·과실을 요하지 아니하나,** 위반자가 그 의무를 알지 못하는 것이 무리가 아니었다고 할 수 있어 그것을 정당시할 수 있는 사정이 있을 때 또는 그 의무의 이행을 그 당사자에게 기대하는 것이 무리라고 하는 사정이 있을 때 등 그 의무 해태를 탓할 수 없는 정당한 사유가 있는 때에는 이를 부과할 수 없다."(대판 2000.05.26. 98두5972 등)

[판례 2] 질서위반행위규제법에 따라 고의·과실의 유무판단 필요

"(토지거래허가를 받은 직후 주거용 건물을 신축하려고 하였으나 토지거래허가 당시 도로사용승낙을 하여 주었던 인근 토지 소유자가 태도를 바꿔 차량의 출입을 방해함으로써 착공에 이르지 못한 사건에서)**질서위반행위규제법은** 과태료의 부과대상인 질서위반행위에 대하여도 책임주의 원칙을 채택하여 제7조에서 "고의 또는 과실이 없는 질서위반행위는 과태료를 부과하지 아니한다."고 규정하고 있으므로, 질서위반행위를 한 자가 자신의 책임 없는 사유로 위반행위에 이르렀다고 주장하는 경우 법원으로서는 그 내용을 살펴 **행위자에게 고의나 과실이 있는지를 따져보아야 한다.**"(대판 2011.07.14. 2011마364, 국토의계획및이용에관한법률위반이의)

[판례 3] 의무해태를 탓할 수 없는 정당한 사유

"법원이 비송사건절차법에 따라서 하는 과태료 재판은 관할 관청이 부과한 과태료처분에 대한 당부를 심판하는 행정소송절차가 아니라 법원이 직권으로 개시·결정하는 것이므로, 원칙적으로 과태료 재판에서는 행정소송에서와 같은 신뢰보호의 원칙 위반 여부가 문제로 되지 아니하고, 다만 **위반자가 그 의무를 알지 못하는 것이 무리가 아니었다고 할 수 있어 그것을 정당시할 수 있는 사정이 있을 때 또는 그 의무의 이행을 그 당사자에게 기대하는 것이 무리라고 하는 사정이 있을 때 등 그 의무 해태를 탓할 수 없는 정당한 사유가 있는 때에는 이를 부과할 수 없다.**"(대판 2006.04.28. 2003마715 과태료처분결정에대한재항고)

(4) 책임능력

다른 법률에 특별한 규정이 없는 한 14세가 되지 아니한 자의 질서위반행위는 과태료에 처하

지 아니한다(동법 9). 심신장애로 판단능력 또는 행위능력이 없는 자의 질서위반행위에 대해서는 과태료를 부과하지 아니하며, 심신장애로 판단능력 등이 미약한 자는 감경한다(동법 10).

(5) 법인의 처리 등

법인의 대표자, 법인 또는 개인의 대리인·사용인 및 그 밖의 종업원이 업무에 관하여 법인 또는 그 개인에게 부과된 법률상 의무를 위반한 때에는 법인 또는 그 개인에게 과태료를 부과한다(동법 11).

(6) 수개의 질서위반행위의 처리

하나의 행위가 2 이상의 질서위반행위에 해당하는 경우에는 각 질서위반행위에 대하여 정한 과태료 중 가장 중한 과태료를 부과한다(동법 13①). 제1항의 경우를 제외하고 2 이상의 질서위반행위가 경합하는 경우에는 다른 법령에 특별한 규정이 없는 한 각 질서위반행위에 대하여 정한 과태료를 각각 부과한다(동조②).

(7) 과태료의 산정 및 시효

행정청 및 법원이 과태료를 정함에 있어서는, ① 질서위반행위의 동기·목적·방법·결과, ② 질서위반행위 이후의 당사자의 태도와 정황, ③ 질서위반행위자의 연령·재산상태·환경, ④ 그 밖에 과태료의 산정에 필요하다고 인정되는 사유 등을 고려하여야 한다(동법 14).

과태료는 행정청의 과태료 부과처분이나 법원의 과태료 재판이 확정된 후 5년간 징수하지 아니하거나 집행하지 아니하면 시효로 인하여 소멸한다(동법 15).

4. 행정질서벌의 과벌절차

(1) 행정청의 과태료 부과 및 징수

1) 사전통지 및 의견제출 등: 행정청이 질서위반행위에 대하여 과태료를 부과하고자 하는 때에는 미리 당사자에게 대통령령이 정하는 사항을 통지하고, 10일 이상의 기간을 정하여 의견을 제출할 기회를 주어야 한다(동법 16①).

2) 과태료의 부과: 행정청은 의견제출절차를 마친 후에 서면으로 질서위반행위·과태료금액 등을 명시하여 과태료를 부과하여야 한다(동법 17). 다만, 당사자가 의견제출 기한 이내에 자진하여 납부하고자 하는 경우에는 과태료를 감경할 수 있다(동법 18). 질서위반행위가 종료한 날부터 5년을 경과한 경우에는 과태료를 부과할 수 없다(동법 19①).

3) 이의제기: 행정청의 과태료부과에 불복하는 당사자는 과태료부과통지를 받은 날부터 60일 이내에 해당 행정청에 서면으로 이의를 제기할 수 있고, 이 경우 행정청의 과태료 부과처분은 그 효력을 상실한다(동법 20①②).

4) 법원에의 통보: 이의제기를 받은 행정청은 이의제기가 철회되거나 이유제기가 이유 있어

4) 자동차 등록번호판의 영치: 행정청은 「자동차관리법」 제2조 제1호에 따른 자동차의 운행・관리 등에 관한 질서위반행위 중 대통령령으로 정하는 질서위반행위로 부과 받은 과태료를 납부하지 아니한 자에 대하여 체납된 자동차 관련 과태료와 관계된 그 소유의 자동차의 등록번호판을 영치할 수 있다(동법 55①).

5. 조례에 의한 과태료의 과벌절차

(1) 지방자치법 제34조에 의한 절차

지방자치단체는 조례를 위반한 행위에 대하여 조례로써 1천만원 이하의 과태료를 정할 수 있고, 해당 지방자치단체의 장이 부과・징수한다(동조①②). 이 경우 과태료부과는 행정처분이므로 이에 대한 불복은 행정쟁송으로 할 수 있다.

(2) 지방자치법 제156조에 의한 절차

사기나 그 밖의 부정한 방법으로 사용료・수수료 또는 분담금의 징수를 면한 자에 대하여는 그 징수를 면한 금액의 5배 이내의 과태료를, 공공시설을 부정사용한 자에 대하여는 50만원 이하의 과태료를 부과하는 규정을 조례로 정할 수 있다(동조②). 이 경우 과태료의 부과・징수, 재판 및 집행 등의 절차에 관한 사항은 「질서위반행위규제법」에 따른다(동조③).

[판 례] 조례에 의한 과태료 부과처분은 행정소송의 대상 아님

"'서울특별시 수도조례' 및 '서울특별시 하수도사용조례'에 근거한 **수도조례 및 하수도사용조례에 기한 과태료의 부과 여부 및 그 당부는 최종적으로 질서위반행위규제법에 의한 절차에 의하여 판단되어야** 한다고 할 것이므로, 그 **과태료 부과처분은 행정청을 피고로 하는 행정소송의 대상이 되는 행정처분이라고 볼 수 없다.**"(대판 2012.10.11. 2011두19369, 추징금등부과처분취소)

제6절 행정상의 제재처분

Ⅰ. 개 설

1. 제재처분의 의의

제재처분이란 법령등에 따른 의무를 위반하거나 이행하지 아니하였음을 이유로 당사자에게 의무를 부과하거나 권익을 제한하는 처분을 말한다(행정상 강제는 제외한다)(행정기본법 2(5)). 예컨대, 인허가의 정지・취소・철회 등을 하는 관허사업의 제한, 인허가의 정지에 갈음하는 과징금 및 가산금・가산세, 시정명령 및 공표 등을 들 수 있다.

2. 제재처분의 기준명시

제재처분의 근거가 되는 법률에는 제재처분의 **주체, 사유, 유형 및 상한을 명확**하게 규정하여

야 한다. 이 경우 제재처분의 유형 및 상한을 정할 때에는 위반행위의 특수성 및 유사한 위반행위와의 형평성을 종합적으로 고려하여야 한다(행정기본법 22①). 또한 제재처분을 할 때에는, ① 위반행위의 동기·목적 및 방법, ② 위반행위의 결과, ③ 위반행위의 횟수, ④ 그 밖에 제1호부터 제3호까지에 준하는 사항으로서 대통령령으로 정하는 사항을 고려하여야 한다(동조②). 이는 제재처분이 국민의 권리와 이익에 중대한 제한을 할 수 있는 침익적 행위이므로 제재처분의 예측가능성과 투명성을 높이고 법치행정의 원리를 실현하려는 취지에서 필요하다.

3. 제재처분의 제척기간

행정청은 법령등의 위반행위가 **종료된 날부터 5년**이 지나면 해당 위반행위에 대하여 제재처분(관허사업의 제한사업의 제한과 변형과징금)을 할 수 없다(행정기본법 23①). 다만, ① 거짓이나 그 밖의 부정한 방법으로 인허가를 받거나 신고를 한 경우, ② 당사자가 인허가나 신고의 위법성을 알고 있었거나 중대한 과실로 알지 못한 경우, ③ 정당한 사유 없이 행정청의 조사·출입·검사를 기피·방해·거부하여 제척기간이 지난 경우, ④ 제재처분을 하지 아니하면 국민의 안전·생명 또는 환경을 심각하게 해치거나 해칠 우려가 있는 경우의 어느 하나에 해당하는 경우에는 이를 적용하지 아니한다(동조②). 행정청은 제1항에도 불구하고 행정심판의 재결이나 법원의 판결에 따라 제재처분이 취소·철회된 경우에는 재결이나 판결이 확정된 날부터 1년(합의제행정기관은 2년)이 지나기 전까지는 그 취지에 따른 새로운 제재처분을 할 수 있다(동조③). 다른 법률에서 제1항 및 제3항의 기간보다 짧거나 긴 기간을 규정하고 있으면 그 법률에서 정하는 바에 따른다(동조④).

4. 제재처분의 대상자 및 한계

(1) 법령상 책임자로 규정된 자, 고의·과실 불필요

제재처분은 행정목적의 달성을 위하여 행정법규 위반이라는 객관적 사실에 착안하여 가하는 제재이므로, 반드시 현실적인 행위자가 아니라도 법령상 책임자로 규정된 자에게 부과되고, 특별한 사정이 없는 한 위반자에게 고의나 과실이 없더라도 부과할 수 있다. 여기서 '특별한 사정'이란 '의무위반을 탓할 수 없는 정당한 사유'를 말하는바, 위반자가 그 의무를 알지 못하는 것이 무리가 아니었다고 할 수 있어 그것을 정당화 할 수 있는 사정이 있을 때 또는 의무의 이행을 당사자에게 기대하는 것이 무리라고 하는 사정이 있을 때 등을 말한다(판례1).

(2) 비례원칙 등

제재처분은 의무위반의 내용과 제재처분의 양정 사이에 비례관계가 인정되어야 하며, 사회통념상 현저하게 타당성을 잃은 과중한 재제처분은 재량권의 일탈·남용으로 위법이 된다(판례2).

(3) 효력기간이 정해진 제재처분의 변경

효력기간이 정해져 있는 제재적 행정처분의 효력이 발생한 이후에도 행정청은 특별한 사정이 없는 한 상대방에 대한 별도의 처분으로써 효력기간의 시기와 종기를 다시 정할 수 있다. 그런데 당초의 제재처분에서 정한 효력기간이 경과하면 그 처분의 집행은 종료되어 소멸되는 것이므로(행정소송법 제12조 후문 참조), 그 후 동일한 사유로 다시 제재처분을 하는 것은 위법한 이중처분에 해당한다(판례3).

(4) 가중적 제재처분의 요건 및 한계

가중적 제재처분이란 행정상 의무위반이 되풀이됨에 따라 제재처분이 가중되는 것을 말한다. 가중적 제재처분은 위반행위에 따른 제재처분을 받았음에도 또다시 같은 내용의 위반행위를 반복하는 경우에 더욱 중하게 처벌하려는 데에 취지가 있다. 따라서 가중적 제재처분이 적용되려면 실제 선행 위반행위가 있고 그에 대하여 유효한 제재처분이 이루어졌음에도 그 제재처분일로부터 일정 기간 내에(보통 1년) 다시 같은 내용의 위반행위가 적발된 경우라야 한다. 다만, 선행 제재처분의 사유와 동일한 법령위반이 존재하면 충분하고 선행 제재처분이 재량권의 일탈남용 등의 하자가 없어야 하는 것은 아니다(판례4).

[판례 1] 제재처분에 고의·과실 불필요

"행정법규 위반에 대하여 가하는 제재조치는 행정목적의 달성을 위하여 행정법규 위반이라는 객관적 사실에 착안하여 가하는 제재이므로, 위반자가 그 의무를 알지 못하는 것이 무리가 아니었다고 할 수 있어 그것을 정당시할 수 있는 사정이 있을 때 또는 의무의 이행을 당사자에게 기대하는 것이 무리라고 하는 사정이 있을 때 등 **의무 해태를 탓할 수 없는 정당한 사유가 있는 경우 등의 특별한 사정이 없는 한 위반자에게 고의나 과실이 없다고 하더라도 부과될 수 있다.**"(대판 2012.6.28. 2010두24371, 시정명령등처분취소; 대판 2012.5.10. 2012두1297, 영업정지처분취소)

"구 여객자동차 운수사업법(2012. 2. 1. 법률 제11295호로 개정되기 전의 것) 제88조 제1항의 과징금부과처분은 제재적 행정처분으로서 여객자동차 운수사업에 관한 질서를 확립하고 여객의 원활한 운송과 여객자동차 운수사업의 종합적인 발달을 도모하여 공공복리를 증진한다는 행정목적의 달성을 위하여 행정법규 위반이라는 객관적 사실에 착안하여 가하는 제재이므로 반드시 현실적인 행위자가 아니라도 **법령상 책임자로 규정된 자에게 부과되고 원칙적으로 위반자의 고의·과실을 요하지 아니하나, 위반자의 의무 해태를 탓할 수 없는 정당한 사유가 있는 등의 특별한 사정이 있는 경우에는 이를 부과할 수 없다.**"(대판 2014.10.15. 2013두5005, 과징금부과처분취소)

[판례 2] 제재처분의 비례원칙

"처분상대방의 의무위반을 이유로 한 제재처분의 경우 의무위반의 내용과 제재처분의 양정(양정) 사이에 엄밀하게는 아니더라도 대략적으로라도 비례 관계가 인정되어야 하며, **의무위반의 내용에 비하여 제재처분이 과중하여 사회통념상 현저하게 타당성을 잃은 경우에는 재량권 일탈·남용에 해당하여 위법**하다고 보아야 한다."(대판 2019.9.9. 2018두48298 등).

[판례 3] 효력기간 정해진 제재처분의 변경

"**효력기간이 정해져 있는 제재적 행정처분의 효력이 발생한 이후에도 행정청은 특별한 사정이 없는 한 상대방에 대한 별도의 처분으로써 효력기간의 시기와 종기를 다시 정할 수 있다.** 이는 당초의 제재적 행정처분이 유효함을 전제로 그 구체적인 집행시기만을 변경하는 후속 변경처분이다. 이러한 후속 변경처분도 특별한 규정이 없는 한 의사표시에 관한 일반법리에 따라 상대방에게 고지되어야 효력이 발생한다. 위와 같은 후속 변경처분서에 효력기간의 시기와 종기를 다시 특정하는 대신 당초 제재적 행정처분의 집행을 특정 소송사건의 판결 시까지 유예한다고 기재되어 있다면, 처분의 효력기간은 원칙적으로 그 사건의 판결 선고 시까지 진행이 정지되었다가 판결이 선고되면 다시 진행된다. 다만 이러한 후속 변경처분 권한은 특별한 사정이 없는 한 당초의 제재적 행정처분의 효력이 유지되는 동안에만 인정된다. **당초의 제재적 행정처분에서 정한 효력기간이 경과하면 그로써 처분의 집행은 종료**

되어 처분의 효력이 소멸하는 것이므로(행정소송법 제12조 후문 참조), 그 후 동일한 사유로 다시 제재적 행정처분을 하는 것은 위법한 이중처분에 해당한다."(대판 2022. 2. 11. 선고 2021두4072)

[판례 4] 가중적 제재처분의 취지・요건 등

"구 화물자동차 운수사업법 시행령(2017. 1. 10. 대통령령 제27782호로 개정되기 전의 것, 이하 '구 시행령'이라 한다) 제5조 제1항 [별표 1] 제재처분기준 제2호 및 비고 제4호에서 정한 **'위반행위의 횟수에 따른 가중처분기준'은 위반행위에 따른 제재처분을 받았음에도 또다시 같은 내용의 위반행위를 반복하는 경우에 더욱 중하게 처벌하려는 데에 취지가 있다.** 이러한 제도의 취지와 구 시행령 [별표 1] 비고 제4호의 문언을 종합하면, '위반행위의 횟수에 따른 **가중처분기준'이 적용되려면 실제 선행 위반행위가 있고 그에 대하여 유효한 제재처분이 이루어졌음에도 그 제재처분일로부터 1년 이내에 다시 같은 내용의 위반행위가 적발된 경우이면 족하다고 보아야 한다.** 선행 위반행위에 대한 선행 제재처분이 반드시 구 시행령 [별표 1] 제재처분기준 제2호에 명시된 처분내용대로 이루어진 경우이어야 할 필요는 없으며, 선행 제재처분에 처분의 종류를 잘못 선택하거나 처분양정(량정)에서 재량권을 일탈・남용한 하자가 있었던 경우라고 해서 달리 볼 것은 아니다."(대판 2020.5.28. 2017두73693 위반차량감차처분취소)

Ⅱ. 관허사업의 제한

1. 관허사업제한의 의의

관허사업(官許事業)의 제한은 일정한 행정상의 의무위반이 있는 경우에 기왕에 그 의무위반자에게 주어진 인가・허가 등 수익적 행정행위를 철회하거나 정지함으로써 불이익을 주어 행정법상의 의무이행을 간접적으로 강제하는 수단이다.

2. 관허사업제한의 종류

(1) 조세등체납으로 인한 관허사업제한

이는 국세 및 지방행정제재・부과금을 체납한 때에 그 납세자에게 인・허가 등의 배제 또는 철회 등을 함으로써 일반적으로 관허사업을 제한하는 경우이다. 즉, 세무서장(또는 지방자치단체의 장)은 납세자가 일정한 사유 없이 국세 또는 지방행정제재・부과금을 체납한 때에는 허가・인가・면허 및 등록과 그 갱신을 요하는 사업의 주무관서에 그 납세자에게 그 허가 등을 하지 아니할 것을 요구할 수 있다(국세징수법 112①, 지방행정제재・부과금의징수등에관한법률 7의2①). 또한 국세를 3회 이상 체납한 경우로서 그 체납액이 500만원(지방행정제재・부과금은 30만원) 이상인 때에는 사업의 정지 또는 허가 등의 취소를 요구할 수 있다(동조②). 이 경우 그 주무관서는 정당한 사유가 없는 한 이에 응하여야 한다(동조④).

(2) 과태료 체납으로 인한 관허사업제한

해당 사업과 관련된 질서위반행위로 부과받은 과태료를 3회 이상 체납하고 있고 체납발생일부터 각 1년이 경과하였으며 체납금액의 합계가 500만원 이상인 체납자 중 대통령령으로 정하는 횟수와 금액 이상을 체납한 자와, 천재지변이나 그 밖의 중대한 재난 등 대통령령으로 정하는 특별한 사유 없이 과태료를 체납한 자에 대하여 체납자가 경영하는 사업의 정지 또는 허가 등의 취소를 하는 경우이다(질서위반행위규제법 52). 허가등을 요하는 사업의 주무관청이 따로 있는 경우에는 행정청은 당해 주무관청에 대하여 사업의 정지 또는 허가등의 취소를 요구할 수 있고, 이 경우 당해 주무관청은 정당한 사유가 없는 한 이에 응하여야 한다(동조②④).

(3) 그 밖에 행정상 의무위반으로 인한 관허사업제한

이는 행정상 의무위반자에게 당해 법률에 근거하여 인·허가 등 수익적 행정행위를 철회하거나 정지하는 경우 및 영업장 폐쇄조치 등을 하는 경우를 말한다. 예컨대, 영업허가의 취소·정지·영업소폐쇄(식품위생법 75①), 허가취소·업무정지(약사법 76), 해당건축물에 영업·행위허가의 불허(건축법 79②), 운전면허의 취소·정지(도로교통법 93), 개선명령위반자의 배출시설에 대한 조업정지(대기환경보전법 36, 수질및수생태계보전에관한법률 42, 64) 등 광범하게 인정되고 있다.

3. 관허사업제한과 고의·과실 및 형벌의 병과

관허사업제한은 행정제재처분으로서 행정목적 달성을 위하여 행정법규 위반이라는 객관적 사실에 착안하여 가하는 제재이므로 위반자의 고의 또는 과실을 요하지 아니한다. 다만, 법령위반을 예견하거나 결과발생을 회피하기 어렵다고 인정할 만한 사정이 있어 그 의무위반을 탓할 수 없는 정당한 사유가 있는 경우에는 관허사업제한을 할 수 있다(판례1).

관허사업의 제한은 형벌과 권력적 기초·목적·대상 등을 달리하므로 병과도 가능하다(판례2).

[판례 1] 영업정지 등의 제재조치는 고의·과실 불필요

"행정법규 위반에 대한 **제재처분은 행정목적의 달성을 위하여 행정법규 위반이라는 객관적 사실에 착안하여 가하는 제재이므로, 반드시 현실적인 행위자가 아니라도 법령상 책임자로 규정된 자에게 부과되고, 특별한 사정이 없는 한 위반자에게 고의나 과실이 없더라도 부과할 수 있다**(대판 2017.5.11. 2014두8773 등 참조). 다만 공중위생영업자가 남녀 투숙객이 청소년이라는 점을 예견하거나 결과 발생을 회피하기 어렵다고 인정할 만한 특별한 사정이 있어 공중위생영업자의 의무 위반을 탓할 수 없는 정당한 사유가 있는 경우에는 시장·군수·구청장은 공중위생영업자에 대하여 제재처분을 할 수 없다고 보아야 한다(대판 2017.4.26. 2016두46175 등 참조). 여기에서 **'의무위반을 탓할 수 없는 정당한 사유'가 있는지를 판단할 때에는 공중위생영업자 본인이나 그 대표자의 주관적인 인식을 기준으로 하는 것이 아니라, 그의 가족, 대리인, 피용인 등과 같이 본인에게 책임을 객관적으로 귀속시킬 수 있는 관계자 모두를 기준으로 판단하여야 한다**(대판 2020.5.14. 2019두63515, 영업정지처분취소)

[판례 2] 영업정지처분과 형벌의 병과 가능

"일정한 법규위반 사실이 행정처분의 전제사실이 되는 한편 이와 동시에 형사법규의 위반 사실이 되는 경우에 **행정처분과 형벌은 각기 그 권력적 기초, 대상, 목적을 달리하고 있으므로 동일한 행위에 관하여 독립적으로 행정처분이나 형벌을 과하거나 이를 병과할 수 있는 것이고** 법규가 예외적으로 형사소추선행의 원칙을 규정하고 있지 아니한 이상 형사판결 확정에 앞서 일정한 위반사실을 들어 행정처분을 하였다고 하여 절차적 위반이 있다고 할 수 없다."(대판 1986.7.8. 85누1002, 영업정지처분취소)

4. 관허사업제한과 그 요구행위의 성질

(1) 관허사업제한의 법적 성질

관허사업의 주무행정청이 따로 있는 경우에 위반한 행정상 의무의 관할청이 관허사업제한을 요구하면 정당한 사유가 없는 한 이에 응해야 한다(국세징수법 112④, 질서위반행위규제법 52④). 따라서 관허사업 주무행정청이 관허사업제한의 요구에 응하는 것은 기속행위라 할 것이나, 관허사업제한의 구체적인 내용과 정도는 제재처분의 목적·취지 및 위반의 내용 등을 종합적으로 고려하여 판단할 재량행위라 할 것이다.

[판 례] 관허사업제한의 내용선택은 재량행위

"국세징수법 제7조 제2항, 제4항 및 구 건설업법(1984.12.31 법률 제3765호로 개정되기 전의 법) 제38조 제1항 제18호의 규정취지에 비추어 보면 세무서장으로부터 건설업자의 국세체납을 이유로 사업의 정지나 면허의 취소등 사업의 제한요구가 있을 때에는 건설부장관은 정당한 사유가 없는한 이에 응하여야 하나 다만 **세무서장이 그 사업의 제한요구로 면허의 취소를 요구하고 있다 하더라도 위 건설업법 제38조 제1항 소정의 면허를 취소할 것인지 또는 2년 이내의 기간을 정하여 영업을 정지시킬 것인지는 건설부장관의 재량에 속한다**고 할 것이다."(대판 1985.02.26. 84누615, 건설업면허취소처분취소)

(2) 요구행위의 처분성 여부

관허사업의 주무행정청이 따로 있는 경우에 관허사업제한의 요구행위가 항고쟁송의 대상이 될 수 있는지에 대해 견해가 나뉜다. 즉, ① 관허사업제한의 요구행위는 상대방에게 직접 법적 효과가 발생하는 것이 아니고 행정기관 내부행위에 불과하므로 처분성을 인정할 수 없다는 **소극설**과, ② 관허사업제한의 요구를 받으면 정당한 사유가 없는 한 이에 응해야 하므로 처분성이 인정된다는 **적극설**이 그것이다. 생각건대, 관허사업제한의 요구행위 자체로는 상대방에게 직접 법적 효과가 발생한 것이 아니라는 점에서 처분성을 인정할 수 없다는 소극설이 타당하다(다수설).

5. 관허사업제한의 한계

관허사업의 제한은 제재처분인 침익적 행정행위이므로 법률유보원칙에 따라 법률에 근거해야 할 뿐만 아니라 일정한 조리상의 제한을 받는바, 특히 문제되는 것은 다음의 경우이다.

(1) 비례의 원칙

관허사업의 제한에 관한 법령은 구체적인 제한의 내용에 관하여 행정청에게 재량권을 부여한 경우가 보통이다. 관허사업의 취소요구가 관허사업 제한요건에 해당되어 적법하다고 하더라도 체납된 국세 등의 액수, 사후의 납부여부 및 관허사업의 취소로 인한 납세자(의무위반자)의 경제적 손실 등의 사정에 따라 재량권 남용에 해당될 수 있다. 따라서 관허사업제한의 내용과 정도에 있어서 제재처분의 목적·취지와 위반의 내용·정도 등을 비교형량하여 비례원칙에 위반되지 않게 해야 한다.

(2) 부당결부금지의 원칙

이는 관허사업제한조치와 행정법상 의무위반이 실질적인 관련이 없는 경우에 문제되는 것이다. 즉, 인・허가의 철회나 정지가 그의 전제사유인 의무위반의 내용과 상당한 관련성을 가지고 있지 못하다면 이 원칙위반으로 위법이 될 수 있다.

(3) 조세체납으로 인한 관허사업제한의 위헌여부

1) 위헌설: 조세체납과 관련 없는 사업의 인허가의 거부・정지・철회 사이에는 원인적인 인과관계나 목적의 상호관련성이 있다고 보기 어렵고, 부당결부금지원칙은 헌법적 효력을 갖는 것이므로 위헌으로 본다.

2) 합헌설: 조세와 관허사업은 실질적 관련성은 없으나 국가재정확보를 통한 국가존립의 이익이 부당결부금지원칙이 갖는 이익보다 우선한다든가, 부당결부금지원칙은 법률적 효력에 불과하다는 등의 이유로 합헌으로 본다.

3) 결 어: 국세체납에 따른 국세징수법 제7조 및 지방세체납으로 인한 지방세징수법 제7조에 따른 관허사업제한은 서로 원인적 관련성이나 목적적 관련성이 있다고 보기 어렵고, 부당결부금지원칙은 헌법상의 법치국가원리에서 도출된 헌법상 원칙이라 할 것이므로 위헌설이 타당하다.

6. 권리구제

관허사업의 제한은 행정상 제재처분으로서 처분성이 인정되므로 행정쟁송의 대상이 된다. 그런데, 관허사업제한의 요구행위에 하자가 있는 경우에 그 요구행위는 처분성이 없으므로 관허사업제한처분을 다투면서 그 요구행위의 위법사유를 주장할 수 있다.

위법한 관허사업제한으로 손해를 입은 경우에는 국가배상청구도 가능하다.

Ⅲ. 과징금・가산금・가산세

1. 과징금

(1) 과징금의 의의와 성질

과징금(過徵金)이란 행정청이 일정한 행정상의 의무위반에 대한 제재로서 국민에게 부과・징수하는 금전부담을 말한다. 행정청은 법령등에 따른 의무를 위반한 자에 대하여 법률로 정하는 바에 따라 그 위반행위에 대한 제재로서 과징금을 부과할 수 있다(행정기본법 28①). 과징금은 행정법규 위반이라는 객관적 사실에 착안하여 과하는 제재적 행정처분이다.

(2) 과징금의 유형과 근거

1) 본래적 의미의 과징금: 이는 행정상 의무위반으로 일정한 경제적 이익을 얻은 경우에

그 이득을 환수하기 위하여 부과하는 행정제재금이며, 「독점규제 및 공정거래에 관한 법률」상의 의무위반으로 인한 경제적 이익의 환수장치로 도입되었다. 이는 위법행위에 대한 제재의 성격과 함께 법위반행위에 따르는 불법적인 경제적 이익을 박탈하기 위한 **부당이득환수**로서의 성격을 가진다. 이와 같이 불법적인 이익의 박탈인 행정제재금인 점에서 벌금·과태료와 다르다.

2) 변형과징금: 이는 사업정지 등에 갈음하여 부과하는 과징금이다. 이는 변형과징금으로 사업정지 등이 주민의 생활, 대외적인 신용·고용·물가 등 국민경제 그 밖의 공익에 현저한 지장을 초래할 우려가 있다고 인정되는 경우에 **사업정지처분 등에 갈음**하여 부과하는 행정제재금이다. 사업정지와 과징금의 선택여부는 근거법령에 특별한 규정이 없는 한 행정청의 재량이다(대판 2015.6.24, 2015두39878). 변형과징금의 예로는, 대기환경보전법(37), 수질및수생태계보전에관한법률(66), 먹는물관리법(51), 화학물질관리법(36), 여객자동차운수사업법(88①), 화물자동차운수사업법(21), 자동차관리법(74), 석유및석유대체연료사업법(14), 도시가스사업법(10), 식품위생법(82), 의료법(67), 약사법(81) 등이 있다.

3) 근거법률에 규정할 사항: 과징금의 근거법률에는, ① 부과·징수 주체, ② 부과 사유, ③ 상한액, ④ 가산금을 징수하려는 경우 그 사항, ⑤ 과징금 또는 가산금 체납 시 강제징수하려는 경우 그 사항 등을 명확하게 규정하여야 한다(행정기본법 28②).

(3) 형벌과의 병과

형사처벌과 아울러 과징금의 부과처분을 할 수 있도록 규정하고 있다 하더라도 양자는 제재대상이 되는 기본적 사실관계, 보호법익, 목적 및 처분대상을 달리하므로 이중처벌금지원칙에 위반되지 아니한다.

[판 례] 형벌과의 병과는 이중처벌금지원칙 위반 아님

"구 독점규제및공정거래에관한법률 제24조의2에 의한 부당내부거래에 대한 과징금은 그 취지와 기능, 부과의 주체와 절차 등을 종합할 때 부당내부거래 억지라는 행정목적을 실현하기 위하여 그 위반행위에 대하여 제재를 가하는 **행정상의 제재금으로서의 기본적 성격에 부당이득환수적 요소도 부가되어 있는 것**이라 할 것이고, 이를 두고 헌법 제13조 제1항에서 금지하는 국가형벌권 행사로서의 '처벌'에 해당한다고는 할 수 없으므로, **공정거래법에서 형사처벌과 아울러 과징금의 병과를 예정하고 있더라도 이중처벌금지원칙에 위반된다고 볼 수 없다.**"(헌재 2003.7.24, 2001헌가25; 대판 2004.4.9, 2001두6197 등)

"구 부동산 실권리자명의 등기에 관한 법률(2007. 5. 11. 법률 제8418호로 개정되기 전의 것) 제5조에 규정된 **과징금은 그 취지와 기능, 부과의 주체와 절차 등에 비추어** 행정청이 명의신탁행위로 인한 불법적인 이익을 박탈하거나 위 법률에 따른 **실명등기의무의 이행을 강제하기 위하여 의무자에게 부과·징수하는 것일 뿐 그것이 헌법 제13조 제1항에서 금지하는 국가형벌권 행사로서의 처벌에 해당한다고 할 수 없으므로** 위 법률에서 형사처벌과 아울러 과징금의 부과처분을 할 수 있도록 규정하고 있다 하더라도 **이중처벌금지 원칙에 위반한다고 볼 수 없다.**"(대판 2007.7.12, 2006두4554)

(4) 과징금의 부과·징수

1) 과징금 부과권자와 징수: 과징금의 부과·징수는, 법이 규정한 범위 내에서 그 부과

처분 당시까지 부과관청이 확인한 사실을 기초로 행정상 의무를 명한 행정청, 즉 개선명령을 발하거나 사업정지를 명할 수 있는 행정청이 부과하고, 국세·지방세 체납의 예 또는 「지방행정제재·부과금의 징수 등에 관한 법률」에 따라 징수한다.

2) 과징금 부담자: 과징금의 부담자는 행정상 의무위반자인바, 그 의무위반자는 현실적 책임자가 아니라 법령상 책임자로 규정된 자이다. 과징금의 부과는 의무위반자의 고의·과실을 요하지 아니함이 원칙이다. 다만, 위반자의 의무해태를 탓할 수 없는 정당한 사유가 있는 등의 특별한 사정이 있는 경우에는 이를 부과할 수 없다.

[판 례] 법령상 책임자에게 부과

"구 여객자동차 운수사업법(2012. 2. 1. 법률 제11295호로 개정되기 전의 것) 제88조 제1항의 과징금부과처분은 제재적 행정처분으로서 여객자동차 운수사업에 관한 질서를 확립하고 여객의 원활한 운송과 여객자동차 운수사업의 종합적인 발달을 도모하여 공공복리를 증진한다는 행정목적의 달성을 위하여 행정법규 위반이라는 객관적 사실에 착안하여 가하는 제재이므로 **반드시 현실적인 행위자가 아니라도 법령상 책임자로 규정된 자에게 부과되고 원칙적으로 위반자의 고의·과실을 요하지 아니하나,** 위반자의 의무 해태를 탓할 수 없는 정당한 사유가 있는 등의 특별한 사정이 있는 경우에는 이를 부과할 수 없다."(대판 2014.10.15. 2013두5005, 과징금부과처분취소)

3) 납부기한 연장 및 분할납부: 과징금은 한꺼번에 납부하는 것을 원칙으로 한다. 다만, 행정청은 과징금을 부과받은 자가 다음 각 호의 어느 하나에 해당하는 사유로 과징금 전액을 한꺼번에 내기 어렵다고 인정될 때에는 그 납부기한을 연장하거나 분할 납부하게 할 수 있으며, 이 경우 필요하다고 인정하면 담보를 제공하게 할 수 있다. 즉, ① 재해 등으로 재산에 현저한 손실을 입은 경우, ② 사업 여건의 악화로 사업이 중대한 위기에 처한 경우, ③ 과징금을 한꺼번에 내면 자금 사정에 현저한 어려움이 예상되는 경우, ④ 그 밖에 제1호부터 제3호까지에 준하는 경우로서 대통령령으로 정하는 사유가 있는 경우 등이다(행정기본법 29).

(5) 과징금에 대한 구제수단

과징금의 부과행위는 행정행위(급부하명)의 일종이므로 이에 대한 불복은 행정쟁송절차에 의할 수 있다. 또한 과징금이 법률상 원인 없이 징수된 경우에는 부당이득반환청구를 할 수 있다.

2. 가산금·중가산금

(1) 의의 및 성질

가산금(加算金)이란 행정상의 급부의무를 납부기한까지 납부하지 아니한 때에 그 고지액에 가산하여 징수하는 금액을 말한다. 가산금은 일정한 기간 내의 의무이행을 위하여 금전지급의무를 부과함으로써 금전채무의 이행에 대한 간접강제의 의미와 지연배상금의 성질을 가진다. 중가산금은 행정상 납부의무의 납부기한이 지난날부터 일정기간이 지날 때마다 체납액에 일정 비율을 다시 가산하여 위 가산금에 더하여 징수하는 금액을 말하며, 일종의 이행강제금인 집행벌의 일종이라 할 수 있다.

(2) 법적 근거

가간금과 중가산금의 일반적 근거법으로, 과태료의 체납자에게 과하는 질서위반행위규제법(24)이 있는 외에, 각 개별법이 있다(도로법 69②, 전기통신사업법 53⑤, 「지방행정제재 · 부과금의 징수 등에 관한 법률」 4, 보조금관리에 관한 법률 33의2④ 등).

(3) 대상 및 부과 · 징수

가산금과 중가산금의 대상은 행정상의 급부의무라 할 것이므로, 행정청의 처분 중에 급부의무를 과하는 하명처분이 그 대상이 될 수 있다. 과태료 체납의 경우에 체납 과태료에 100분의 3에 상당하는 가산금과 납기 경과 매 1개월 마다 체납 과태료의 1천분의 12에 상당하는 중가산금을 징수한다(질서위반행위규제법 24①②). 위 각각 중가산금의 징수기간은 60개월을 초과하지 못한다(각각 위 조항).

가산금과 중가산금은 부과권자의 확정절차 없이 과태료를 납부기한까지 납부하지 아니하면 별도의 약정유무와 상관없이 「질서위반행위규제법」 제24조 제1항과 제2항의 규정에 의하여 당연히 발생하고 그 액수도 확정되는 것이다. 따라서 가산금 · 중가산금의 고지는 항고소송의 대상인 처분이 아니다(판례).

사법상의 계약상 가산금과 중가산금의 적용을 약정하는 경우가 있더라도 이는 일종의 연체료로서 사법상의 지연손해금의 약정이라 할 것이므로, 「질서위반행위규제법」 등의 준용에 한계가 있다고 할 것이어서 지연시기 및 이에 따른 가산금의 비율 등만 준용될 수 있다고 할 것이다.

가산금과 중가산금을 납부기한까지 납부하지 아니하면 국세 또는 지방세 체납처분의 예에 따라 징수한다(동법 24③).

(4) 쟁송수단

가산금과 중가산금에 불복하는 경우에, 질서위반행위규제법의 경우에는 행정청에 이의제기를 하면 이 법에 따른 재판이 진행되어 행정소송의 대상이 아니다(동법 21①). 그러나 그 밖의 법률에 의하는 경우에는 달리 규정한 바 없으면 행정소송이 가능하다.

[판 례] 가산금 및 중가산금의 고지는 항고소송의 대상 아님

"국세징수법 제21조, 제22조가 규정하는 가산금과 중가산금은 국세가 납부기한까지 납부되지 않은 경우 미납분에 관한 **지연이자의 의미로 부과되는 부대세의 일종**으로서, **과세권자의 확정절차 없이 국세를 납부기한까지 납부하지 아니하면 같은 법 제21조, 제22조의 규정에 의하여 당연히 발생**하는 것이므로, **가산금 또는 중가산금의 고지가 항고소송의 대상이 되는 처분이라고 볼 수 없다.**"(대판 2000.09.22. 2000두2013; 대판 2005.06.10. 2005다15482)

3. 가산세

가산세는 과세권의 행사 및 조세채권의 실현을 용이하게 하기 위하여 납세자가 정당한 이유 없이 법에 규정된 신고, 납세 등 각종 의무를 위반한 경우에 개별 세법이 정하는 바에 따라 부과되는 행정상의 제재이다. 가산세는 세법에 따른 의무위반자에 대한 가산세(국세기본법 47, 지방세기본법 52), 무신고가산세(국세 47조의2, 지방세 53), 과소신고·초과환급신고가산세(국세 47조의3, 지방세 54), 납부불성실가산세·환급불성실가산세(국세 47조의5, 지방세 55,56), 납부지연가산세(국세 47조의4) 등이 있다. 가산세부과에 있어서 납세자의 고의·과실은 고려되지 아니하고 법령의 부지·착오 등은 그 의무위반을 탓할 수 없는 정당한 사유에 해당하지 아니한다. 다만, 견해의 대립 등 의무위반을 탓할 수 없는 정당한 사유가 있는 경우에는 가산세를 부과할 수 없다.

[판례 1] 가산세는 납세자의 의무위반에 대한 제재로서 고의·과실 불고려

"세법상 가산세는 과세권의 행사 및 조세채권의 실현을 용이하게 하기 위하여 납세자가 정당한 이유 없이 법에 규정된 신고, 납세 등 **각종 의무를 위반한 경우에 법이 정하는 바에 따라 부과하는 행정상 제재로서 납세자의 고의·과실은 고려되지 아니하고 법령의 부지·착오 등은 그 의무위반을 탓할 수 없는 정당한 사유에 해당하지 아니한다.**"(대판 2014.03.13. 2012두7370; 대판 2013.5.23. 2013두1829 등)

[판례 2] 의무위반을 탓할 수 없는 정당한 사유가 있는 경우

"세법상 가산세는 과세권의 행사 및 조세채권의 실현을 용이하게 하기 위하여 납세의무자가 정당한 이유 없이 법에 규정된 신고, 납세 등 각종 의무를 위반한 경우에 법이 정하는 바에 따라 부과하는 행정상의 제재이다. 따라서 단순한 법률의 부지나 오해의 범위를 넘어 **세법해석상 의의(疑意)로 인한 견해의 대립이 있는 등으로 납세의무자가 의무를 알지 못하는 것이 무리가 아니었다고 할 수 있어서 그를 정당시할 수 있는 사정이 있을 때 또는 의무의 이행을 당사자에게 기대하는 것이 무리라고 하는 사정이 있을 때 등 의무를 게을리한 점을 탓할 수 없는 정당한 사유가 있는 경우에는 이러한 제재를 과할 수 없다.**"(대판 2016.10.27. 2016두44711, 취득세등부과처분취소)

Ⅳ. 시정명령

1. 시정명령의 의의 및 성질

시정명령이란 행정법규의 위반에 의해 초래된 위법상태를 제거하기 위하여 발하는 명령을 말하며, 시정조치라고도 한다. 이는 위법상태의 제거를 위한 필요한 작위·부작위·급부 등의 의무를 명하는 하명처분의 성질을 가진다. 또한 법령에서 시정명령의 선택과 결정에 행정청의 재량권을 부여한 경우가 보통이다. 이에 대하여 시정권고는 원칙적으로 행정지도에 불과하다고 볼 것이나(언론중재및피해구제등에관한법률 32③), 상대방이 이를 수락하였을 때에는 시정조치가 명하여진 것으로 본다는 규정을 둔 경우에는(독점규제및공정거래에관한법률 51③, 가맹사업거래의공정화에관한법률 34③, 방문판매등에관한법률 48③ 등) 하명처분의 성질을 가진다.

2. 시정명령의 근거

시정명령은 수범자의 행위제한 및 권익침해적 성질을 가진 행정처분이므로 법령에 근거가 있어야 한다. 이에 관한 일반법은 없으며 각 개별법에서 규정하고 있는바, 개인정보보호법(64)·건설산업기본법(81)·건축법(81)·독점규제및공정거래에관한법률(5,16,18,21, 24, 27, 31,

51, 53의2)・소비자기본법(80,81)・식품위생법(71)・전기통신사업법(67,92) 등 다수의 법령에서 규정하고 있다.

3. 시정명령의 내용 및 요건

시정명령의 내용은 위반행위(상태)에 따라 다양한바, 보통 위반행위의 중지, 위반상태의 제거 및 시정, 재발방지조치, 시정명령 사실의 공표 등이 있다.

시정명령의 요건은, ① 행정법규의 위반행위(상태)가 존재하여야 하고, ② 그 위반행위로 인한 위법상태 내지 결과가 현재에 계속되고 있어야 한다. 따라서 과거에 법위반 사실이 있었다 하더라도 그 위반상태 내지 결과가 현존하지 않는다면 시정명령의 발동요건을 갖추지 못한 것이 된다(판례).

[판 례] 위반행위의 결과의 존재 필요

"구 하도급거래 공정화에 관한 법률(2008. 3. 28. 법률 제9085호로 개정되기 전의 것) 제25조 제1항은 공정거래위원회는 같은 법 제13조, 제16조 등의 규정을 위반한 원사업자에 대하여 하도급대금 등의 지급, 법위반행위의 중지 기타 '당해 위반행위의 시정'에 필요한 조치를 권고하거나 명할 수 있다고 규정하고 있다. 위 법이 제13조, 제16조 등의 위반행위 그 자체에 대하여 과징금을 부과하고(제25조의3 제1항) 형사처벌을 하도록(제30조 제1항) 규정하고 있는 것과 별도로 그 위반행위를 이유로 한 시정명령의 불이행에 대하여도 형사처벌을 하도록(제30조 제2항 제2호) 규정하고 있는 점 및 이익침해적 제재규정의 엄격해석원칙 등에 비추어 보면, 비록 위 법 제13조, 제16조 등의 **위반행위가 있었더라도 그 위반행위의 결과가 더 이상 존재하지 않는다면, 위 법 제25조 제1항에 의한 시정명령을 할 수 없다**고 보아야 한다."(대판 2010.11.11. 2008두20093, 시정명령취소)

4. 시정명령의 한계

(1) 비례의 원칙

시정명령은 위반행위(상태)를 시정하기 위한 필요한 조치에 한정되어야 한다. 따라서 위반행위에 비하여 과중한 시정명령은 재량권의 일탈・남용으로 위법이 된다.

(2) 명확성의 원칙

시정명령의 내용 등은 구체적으로 이행이 가능한 것이어야 한다. 즉, 시정명령의 내용이 무엇이며 시정명령의 이행 기한이 언제까지인지 명확히 알 수 있도록 구체적으로 특정하여야 한다.

(3) 예방적 목적의 시정명령의 가능성

법률에 명문규정이 없음에도 불구하고 장래의 위법상태를 사전에 방지하기 위한 시정조치를 발동할 수 있는지 문제된다. 법령에 "필요한 시정조치를 할 수 있다"라고 규정된 경우 '필요한'의 해석에 장래 행위를 금지하는 등의 시정조치가 가능한지 문제된다. 이에 관해, ① 법치주의와 예측가능성 및 상대방의 신뢰보호 등의 입장에서 명문규정 없이 불가하다는 **부정설**과, ② 다양한 상황에 따른 시정조치의 상세규정은 입법기술상 불가능하고 위와 같은 상황변화에 따른 탄력적이고 효율적 대응을 위하여 행정권의 재량성을 인정할 수 있다는 점에서

가능하다는 **긍정설**이 대립한다. 판례는 긍정설을 취하고 있다(판례2).

생각건대, 그 가능여부를 획일적으로 판단할 것이 아니라, 시정명령의 근거규정의 형식과 취지·목적 및 시정명령의 성질 등을 고려하여 구체적·개별적인 사안에 따라 위법상태를 방치할 경우 회복하기 어려운 피해가 발생할 우려가 있다고 인정되는 경우에 제한적으로 인정함이 타당하다.

[판례 1] 시정명령의 명확성과 비례성

"독점규제 및 공정거래에 관한 법률' 제21조에 정한 '기타 시정을 위한 필요한 조치'에는 행위의 중지뿐만 아니라 그 위법을 시정하기 위하여 필요하다고 인정되는 제반 조치가 포함된다. 따라서 사업자들이 상호 정보교환을 통하여 부당한 공동행위를 하기에 이른 경우에 공정거래위원회는 그것이 부당한 공동행위의 시정을 위하여 필요하다면 그 사업자들에 대하여 정보교환 금지명령을 할 수 있다. 다만, 그와 같은 정보교환 금지명령이 '독점규제 및 공정거래에 관한 법률' 제21조에서 정한 필요한 조치로서 허용되는지는 그 정보교환의 목적, 관련시장의 구조 및 특성, 정보교환의 방식, 교환된 정보의 내용, 성질 및 시간적 범위 등을 종합적으로 고려하여 판단하여야 한다. 나아가 **시정명령의 속성상 다소간 포괄성·추상성을 띨 수밖에 없다 하더라도, 정보교환 금지명령은 금지되어야 하는 정보교환의 내용이 무엇인지 알 수 있게 명확하고 구체적이어야 하며, 당해 위반행위의 내용과 정도에 비례하여야 한다.**"(대판 2009.5.28. 2007두24616, 시정명령및과징금부과처분취소)

[판례 2] 장래 반복될 우려 있는 반복금지까지 명할 수 있음

"독점규제 및 공정거래에 관한 법률에서 시정명령 제도를 둔 취지에 비추어 시정명령의 내용은 **가까운 장래에 반복될 우려가 있는 동일한 유형의 행위의 반복금지까지 명할 수 있는 것으로 해석함이 상당하다.**"(대판 2010.11.25. 2008두23177, 시정명령등취소; 대판 2003.2.20. 2001두5347 등)

5. 권리구제

시정명령은 항고쟁송의 대상인 행정처분이므로 이에 불복하는 경우에는 항고쟁송을 제기할 수 있고, 이로 인한 재산권침해의 경우에는 행정상 손해배상청구가 가능하다.

V. 공 표

1. 공표의 의의

공표(公表)란 행정상의 의무위반이 있는 경우에 그 의무위반사실을 널리 알리도록 함으로써 상대방의 명예·신용의 침해를 위협하여 행정상의 의무이행을 간접적으로 강제하는 수단이다. 행정청은 법령에 따른 의무를 위반한 자의 성명·법인명, 위반사실, 의무 위반을 이유로 한 처분사실 등(이하 "위반사실등"이라 한다)을 법률로 정하는 바에 따라 일반에게 공표할 수 있다(행정절차법 40조의3①). 예컨대, 조세의 고액·상습체납자의 명단공개, 아동·청소년대상 성폭력범죄를 저지른 자의 신상정보공개, 불량상품 제조업체의 공표, 환경오염물질 배출업소의 공시 등을 들 수 있다. 공표는 사회적 반응을 위협수단으로 하는 것으로 사회적 신용을 중시하는 자에게 유효한 의무이행확보수단으로 기능할 수 있다.

2. 공표의 법적 성질

공표는 보통 그 자체로서는 아무런 법적 효과도 발생하지 아니하는 것으로서, 일정한 상태의 존부를 다수인에게 알리는 데 그치는 단순한 사실행위로서의 통지에 불과하다. 그러나 공표로 상대방의 명예·신용의 침해를 예방할 긴급할 필요가 있는 때에는 상대방의 권리이익에 영향을 미치는 경우로서 항고소송의 대상인 처분성을 인정할 수 있다. 공표행위 자체는 물론 공표 이전의 공표결정도 처분성을 인정할 수 있다(판례).

[판 례] 공표 및 공표결정의 처분성

"병무청장이 병역법 제81조의2 제1항에 따라 병역의무 기피자의 인적사항 등을 인터넷 홈페이지에 게시하는 등의 방법으로 공개한 경우 병무청장의 공개결정을 항고소송의 대상이 되는 행정처분으로 보아야 한다. 그 구체적인 이유는 다음과 같다. ① 병무청장이 하는 병역의무 기피자의 인적사항 등 공개는, **특정인을 병역의무 기피자로 판단하여 그 사실을 일반 대중에게 공표함으로써 그의 명예를 훼손하고 그에게 수치심을 느끼게 하여 병역의무 이행을 간접적으로 강제하려는 조치로서 병역법에 근거하여 이루어지는 공권력의 행사에 해당한다.** ② 병무청장이 하는 병역의무 기피자의 인적사항 등 공개조치에는 **특정인을 병역의무 기피자로 판단하여 그에게 불이익을 가한다는 행정결정이 전제되어 있고, 공개라는 사실행위는 행정결정의 집행행위라고 보아야 한다.** ③ 병무청 인터넷 홈페이지에 공개 대상자의 인적사항 등이 게시되는 경우 그의 명예가 훼손되므로, 공개 대상자는 자신에 대한 **공개결정이 병역법령에서 정한 요건과 절차를 준수한 것인지를 다툴 법률상 이익이 있다. 병무청장이 인터넷 홈페이지 등에 게시하는 사실행위를 함으로써 공개 대상자의 인적사항 등이 이미 공개되었더라도, 재판에서 병무청장의 공개결정이 위법함이 확인되어 취소판결이 선고되는 경우, 병무청장은 취소판결의 기속력에 따라 위법한 결과를 제거하는 조치를 할 의무가 있으므로 공개 대상자의 실효적 권리구제를 위해 병무청장의 공개결정을 행정처분으로 인정할 필요성이 있다.** 만약 병무청장의 공개결정을 항고소송의 대상이 되는 처분으로 보지 않는다면 국가배상청구 외에는 침해된 권리 또는 법률상 이익을 구제받을 적절한 방법이 없다."(대판 2019.6.27. 2018두49130 [인적사항공개처분취소청구])

3. 법적 근거

공표는 법적 효과를 발생하지 아니하는 사실행위에 불과하나, 상대방의 명예나 신용 및 사생활의 비밀을 침해할 수 있기 때문에 법적 근거를 요한다. 공표에 관한 일반적인 절차규정으로 행정절차법(40조의3)이 있는 외에, 국세기본법(85의5), 국민건강보험법(85의3), 식품위생법(73·84), 아동·청소년의 성보호에 관한 법률(38), 하도급거래 공정화에 관한 법률(25의4) 등 개별법이 있다.

4. 공표의 절차

(1) 적법·타당성 확인

행정청은 위반사실등의 공표를 하기 전에 사실과 다른 공표로 인하여 당사자의 명예·신용 등이 훼손되지 아니하도록 객관적이고 타당한 증거와 근거가 있는지를 확인하여야 한다(행정기본법 40조의3②).

(2) 의견제출의 기회 및 제외

행정청은 위반사실등의 공표를 할 때에는 미리 당사자에게 그 사실을 통지하고 의견제출의 기회를 주어야 한다. 다만, ① 공공의 안전 또는 복리를 위하여 긴급히 공표를 할 필요가 있는 경우, ② 해당 공표의 성질상 의견청취가 현저히 곤란하거나 명백히 불필요하다고 인정될 만한 타당한 이유가 있는 경우, ③ 당사자가 의견진술의 기회를 포기한다는 뜻을 명백히 밝힌 경우 등의 경우에는 그러하지 아니하다(동조③).

(3) 의견제출의 방법 및 의견반영

의견제출의 기회를 받은 당사자는 공표 전에 관할 행정청에 서면이나 말 또는 정보통신망을 이용하여 의견을 제출할 수 있고(동조④), 그 주장을 입증하기 위한 증거자료 등을 첨부할 수 있다. 행정청은 당사자등이 제출한 의견이 상당한 이유가 있다고 인정하는 경우에는 이를 반영하여야 한다(동조⑤).

(4) 공표의 방법 · 제외 · 정정

위반사실등의 공표는 관보, 공보 또는 인터넷 홈페이지 등을 통하여 한다(동조⑥). 행정청은 위반사실등의 공표를 하기 전에 당사자가 공표와 관련된 의무의 이행, 원상회복, 손해배상 등의 조치를 마친 경우에는 위반사실등의 공표를 하지 아니할 수 있다(동조⑦). 행정청은 공표된 내용이 사실과 다른 것으로 밝혀지거나 공표에 포함된 처분이 취소된 경우에는 그 내용을 정정하여, 정정한 내용을 지체 없이 해당 공표와 같은 방법으로 공표된 기간 이상 공표하여야 한다. 다만, 당사자가 원하지 아니하면 공표하지 아니할 수 있다(동조⑧).

5. 공표의 한계

공표는 행정상의 의무이행확보수단으로서 중요한 기능을 수행하지만, 상대방에게 경제적 손실을 줄 뿐만 아니라 상대방의 프라이버시 등 인권을 침해한다는 점에서 법률의 근거가 필요하며, 법률의 범위 내에서도 일정한 조리상의 한계가 있다. 따라서 공표에 의해 달성하고자 하는 공익과 공표로 인한 개인의 프라이버시권의 침해와의 사이에 비례의 원칙에 의한 한계가 있으며(판례), 그 밖에 부당결부금지의 원칙 등 행정법의 일반원칙을 준수해야 하며 이를 위반하면 위법이 된다.

[판 례] 과잉금지원칙에의 위배여부

"청소년 성매수자의 일반적 인격권과 사생활의 비밀의 자유가 제한되는 정도가 청소년 성보호라는 공익적 요청에 비해 크다고 할 수 없으므로 결국 법 제20조 제2항 제1호의 신상공개는 해당 범죄인들의 일반적 인격권, 사생활의 비밀의 자유를 과잉금지의 원칙에 위배하여 침해한 것이라 할 수 없다."(헌재 2003.6.26, 2002헌가14)

6. 공표에 대한 구제

(1) 행정쟁송 가능성

공표는 그 자체로서 비권력적 사실행위로서 행정행위라고 보기 어렵기 때문에 취소소송의 대상이 되기 어렵다는 **부정설**과, 공표는 불명예 내지 신용하락 등 불이익을 가져오는 공권력행사라 할 수 있어 취소소송의 대상이 된다고 하는 **긍정설**이 대립하고 있다. 생각건대, 처분성을 인정한다 하더라도 이미 공표된 사실을 취소한다고 하여 명예가 회복된다고 볼 수 없으므로 소의 이익이 없음이 보통이라 할 것이다. 그러나 공표처분으로 인한 명예·신용의 침해를 방지하기 위한 집행정지신청이 가능한 경우에는 그 취소소송의 가능성을 인정할 수 있다. 다만, 입법론으로 예방적 금지소송을 인정하는 것이 바람직 할 것이다.

(2) 손해배상청구 등

위법한 공표로 인한 권익침해에 대해서는 행정상의 손해배상청구가 가능하다. 그 밖에 민사상 정정공고의 청구나, 형사상 명예훼손죄·피의사실공표죄·공무상 비밀누설죄 등에 의한 제재를 가할 수 있을 것이다.

Ⅵ. 그 밖의 제재처분

1. 벌점부과

벌점부과는 의무위반행위에 따라 일정한 벌점을 부과하고 일정한 누산점수에 이르면 면허정지 또는 면허취소를 할 수 있게 하는 것을 말한다(예컨대, 도로교통법시행규칙 제91조 제1항 [별표 28]). 벌점은 무사고·무위반기간의 경과 등에 의해 소멸 또는 공제되기도 하고 일정한 점수를 넘으면 면허정지 또는 면허취소의 처분을 받을 수 있다. 이와 같이 벌점은 행정처분의 기초자료로 활용하기 위한 것이며 그 자체 행정처분이라고 볼 수 없고(판례), 범칙금과 병과 하더라도 이를 부인하는 특별한 규정이 없는 한 이중처벌이 아니다.

[판 례] 벌점의 취소소송의 대상인 행정처분 여부

"**운전면허 행정처분처리대장상 벌점의 배점은** 도로교통법규 위반행위를 단속하는 기관이 도로교통법시행규칙 별표 16의 정하는 바에 의하여 도로교통법규 위반의 경중, 피해의 정도 등에 따라 배정하는 점수를 말하는 것으로 자동차운전면허의 취소, 정지처분의 기초자료로 제공하기 위한 것이고 **그 배점 자체만으로는 아직 국민에 대하여 구체적으로 어떤 권리를 제한하거나 의무를 명하는 등 법률적 규제를 하는 효과를 발생하는 요건을 갖춘 것이 아니어서 그 무효확인 또는 취소를 구하는 소송의 대상이 되는 행정처분이라고 할 수 없다.**"(대판 1994.8.12. 94누2190, 자동차운전면허정지처분취소)

2. 감치명령·국외여행제한·취업제한 등

질서위반행위규제법에서는 고액·상습체납자에 대하여 과태료의 납부가 있을 때까지 30일의 범위 내에서 감치에 처할 수 있게 하고 있다(동법 54).

그 밖에 ① 국외여행제한(여권법 12①), ② 취업제한(병역법 76①) 등이 있다. ③ 종래에는 부당이득세법에 의하여 국세청장이 정하는 가액을 초과하여 거래함으로써 부당한 이득을 얻은 자에 대하여 부당이득세를 징수할 수 있었는데 2007.7.19.자로 이 법이 폐지되었으며, ④ 구 건축법(69②), 구 대기환경보전법(21②) 및 구 수질환경보전법(21②) 등에 공급거부제도를 두어, 의무위반이나 의무를 불이행한 자에 대하여 전기·수도·전화·도시가스 등 역무나 재화의 공급을 거부하는 조치를 인정하고 있었으나 개정 법률에서 이를 폐지하여 현재는 그 예를 볼 수 없다.

제7절 행정상 제재처분의 승계

1. 제재처분승계의 의의 및 필요성

(1) 승계의 의의

제재처분(制裁處分)의 승계는 행정상 의무위반에 대한 제재처분이 그 지위승계자인 타인에게 이전되는 것을 말한다. 여기서 (행정)제재처분이란 행정법규의 실효성을 확보하기 위하여 행정법규의 위반자나 불이행자에 대하여 작위·부작위·급부·수인 등의 일정한 의무를 부과하거나 처벌을 하는 것을 말하며, 승계란 상속·영업의 양도·법인의 합병 등 지위(공권·공의무)승계를 전제로 제재처분도 지위승계자인 타인에게 이전되는 것을 말한다.

(2) 승계의 인정여부

제재처분의 승계를 인정할 것인지에 대해서는, ① 행정법규 위반자의 자기책임의 원칙과 제3자의 신뢰보호를 위해 승계를 인정할 수 없다는 **부정설**과, ② 행정제재의 목적달성 및 그 회피방지를 위하여 필요하다는 **긍정설**이 대립된다.

생각건대, 제재처분의 승계를 부인하면 행정법규위반자가 제재처분을 받기 전에 영업을 타인에게 양도하여 법망을 회피하는 경우에는 제재수단의 무력화를 가져올 수 있고, 반대로 승계를 인정하면 악의의 양도자가 위반사실을 모르는 선의의 제3자에게 처분해 버림으로써 제재처분을 면하는 반면 선의의 양수자가 응분의 처분을 받음으로써 정의에 반하는 결과를 초래한다. 따라서 제재처분의 승계를 인정하되, 위 양 측면을 고려하여 개별적인 사안에 따라 구체적으로 판단하여 인정해야 할 것이다.

2. 승계의 유형 및 대상

제재처분의 승계는 널리 제재처분이 행해지기 전의 제재처분사유의 승계와 제재처분 진행 중의 그 제재처분 절차의 승계 및 제재처분 종료 후의 그 제재처분효과의 승계 등으로 단계별로 유형화 할 수 있다.

1) **제재처분사유의 승계:** 이는 아직 제재처분이 행해지지 않은 단계에서 그 법적 지위를 승계한 자에게 제재처분을 할 수 있는 위법사유가 승계되는 경우이다(판례1,2).

2) **제재처분 절차의 승계:** 이는 영업정지·과태료부과 등 제재처분의 절차가 진행 중에 그 제재처분을 받을 자의 지위를 승계한 자에게 해당 제재처분이 승계되는 경우이다.

3) **제재처분 종료 후의 처분효과의 승계:** 이는 이미 종료된 해당 제재처분의 전력이 지위승계자에게 가중적 제재처분의 효과로서 승계되는 경우이다. 다만, 가중적 제재처분을 할 수 있는 기간이 정해진 경우(1년 또는 3년)에는 그 기간이 경과되면 처분효력이 소멸하므로 승계되지 아니한다.

3. 승계의 요건

제재처분이 승계되려면 제재처분승계를 인정하는 승계규정과 승계 가능한 제재처분의 성질이라는 승계적성이 필요하다.

(1) 승계규정

제재처분이 승계되려면 제재처분의 전·후를 불문하고 우선 법률유보의 원칙상 그 제재처분의 승계를 허용하는 법적 근거가 있어야 한다. 그런데 행정법상의 지위승계에 관하여는 행정절차법 제10조에 일반적 규정을 두고 있으나 제재처분의 승계에 관해서는 일반적·통칙적 규정이 없다. 따라서 제재처분의 승계를 허용하는 명문의 개별법규가 필요한지에 대하여 견해가 나뉜다.

1) 학 설

(가) 적극설(긍정설): 이는 법률유보의 원칙상 제재처분의 승계를 허용하는 명문의 법률규정이 있어야 승계될 수 있다고 한다.

(나) 소극설(부정설): 이는 행정제재목적의 달성 및 그 회피방지를 위해 해당 처분의 성질이 이전이 가능한 대물적 처분인 경우에는 승계규정 여부와 관계없이 승계를 인정한다.

(다) 지위승계규정 준용설: 이는 행정절차법 제10조(지위의 승계) 또는 당해 처분의 근거법률의 지위승계규정을 제재처분승계에 준용할 수 있다고 한다.

2) 판 례: 제재처분의 승계규정이 없어도 해당 영업이 대물적 성질이거나 영업자지위승계규정으로 제재처분이 승계된다고 한다(판례1,2).

[판례 1] 대물적 성질의 영업의 경우 제재처분사유의 승계인정

"석유사업법 제12조 제3항, 제9조 제1항, 제12조 제4항 등을 종합하면 **석유판매업(주유소)허가는 소위 대물적 허가의 성질을 갖는 것이어서 그 사업의 양도도 가능하고 이 경우 양수인은 양도인의 지위를 승계하게 됨에 따라 양도인의 위 허가에 따른 권리의무가 양수인에게 이전되는 것이므로 만약 양도인에게 그 허가를 취소할 위법사유가 있다면 허가관청은 이를 이유로 양수인에게 응분의 제재조치를 취할 수 있다** 할 것이고, 양수인이 그 양수후 허가관청으로부터 석유판매업허가를 다시 받았다 하더라도 이는 석유판매업의 양수양도를 전제로 한 것이어서 이로써 양도인의 지위승계가 부정되는 것은 아니므로 양도인의 귀책사유는 양수인에게 그 효력이 미친다."(대판 1986.7.22. 86누203; 대판 2003.10.23. 2003두8005 등)

[판례 2] 영업자지위승계규정에 의거 제재처분사유승계 인정

"구 여객자동차 운수사업법(2007. 7. 13. 법률 제8511호로 개정되기 전의 것) 제15조 제4항에 의하면 개인택시운송사업을 양수한 사람은 양도인의 운송사업자로서의 지위를 승계하므로, 관할 관청은 개인택시 운송사업의 양도·양수에 대한 인가를 한 후에도 **그 양도·양수 이전에 있었던 양도인에 대한 운송사업면허 취소사유를 들어 양수인의 사업면허를 취소할 수 있다."**(대판 2010.4.8. 2009두17018 등)

3) 결 어: 제재처분은 전형적인 침익적이고 불이익처분에 해당하므로 법률유보의 원칙상 법적 근거가 필요하여 적극설이 타당하다. 행정법상의 지위승계규정은 양수인으로 하여금 별도의 허가를 받지 않고도 허가받은 사업자로서의 지위 또는 인허가·등록·신고 시의 권리의무 내지 인허가 등의 조건 및 부담 등을 승계취득 하도록 한다는데 그 의의가 있다고 할 것이나, 나아가 이러한 규정을 제재처분의 승계에 준용되는 것으로 해석할 수는 없다. 제재처분의 승계는 지위승계가 되는 경우에 제재처분도 함께 승계되는지의 문제인바, 법률유보원칙상 제재처분의 승계는 별도의 법적 근거가 필요하다.

개별법에서 일반적으로 제재처분효과의 승계와 제재처분절차의 승계를 규정하고 있음이 보통이나,[12] 제재처분사유의 승계에 관한 규정은 찾아보기 어렵다. 판례는 제재처분사유의 승계규정이 없어도 지위승계규정의 준용 등으로 제재처분의 승계를 인정하고 있으나(위 판례1,2 등), 당사자의 신뢰보호 및 법률유보의 원칙상 제재처분승계를 부인함이 타당하다.

(2) 승계적성

1) 제재처분의 성질: 제재처분이 승계되려면 승계를 허용하는 법률의 규정이 있어야 하는 외에 해당 제재처분이 승계에 적합한 성질을 지닌 것이어야 한다. 즉, 제재처분의 승계는 지위승계가 되는 경우에 문제되는 것이므로 지위승계를 당연한 전제로 하면서, 나아가 제재처분 자체의 승계가 가능해야 하므로 제재처분이 승계될 수 있는 성질인 승계적성이 인정되어야 한다. 따라서 승계적성은 해당 허가영업의 성질이 아니라 해당 제재처분의 성질인바, 법률에서 제재처분을 특정한 경우에는 문제없으나(영업정지·영업장폐쇄를 규정함이 보통), 일반적·추상적으로 '제재처분'이라고 규정하면 과태료 등 일신전속적인 것인지 영업정지·영업장폐쇄 등 비전속적인 대물적인 것인지 그 제재처분의 성질에 따라 승계여부를 판단하여야 한다. 제재처분사유의 승계의 경우에는 물적 사정이면 승계되나 인적 사정의 경우에는 승계되지 않는다는 견해도 있으나, 제

12) 예컨대, 석유 및 석유대체연료 사업법 제8조(처분효과의 승계) "제7조(석유정제업자의 지위승계)에 따라 석유정제업자의 지위가 승계되면 종전의 석유정제업자에 대한 제13조 제1항에 따른 사업정지처분(제14조에 따라 사업정지를 갈음하여 부과하는 과징금부과처분을 포함한다)의 효과는 처분기간이 끝난 날부터 1년간 새로운 석유정제업자에게 승계되며, 처분의 절차가 진행 중일 때에는 새로운 석유정제업자에 대하여 그 절차를 계속 진행할 수 있다. 다만, 새로운 석유정제업자(상속으로 승계받은 자는 제외한다)가 석유정제업을 승계할 때에 그 처분이나 위반의 사실을 알지 못하였음을 증명하는 경우에는 그러하지 아니하다."

재처분사유의 성질과 관계없이 그로 인해 과해질 제재처분의 성질에 따라 판단함이 타당하다.

2) **비전속적 · 대물적 성질:** 제재처분이 비전속적인 물건이나 물적 설비에 대한 것인 경우에는 해당 물건 등의 객관적 사정에 의한 것이므로 승계가 가능하나, 일신적속적인 대인적 성질의 제재처분은 특정인의 개인적 사정에 의한 것이므로 위반행위자에게 전속되어 승계되지 아니한다. 예컨대, 영업정지 등에 갈음하는 (변형)과징금은 원래 시설의 영업정지라는 대물적 성질의 제재처분에 대신하는 것이므로 승계적성이 인정되며, 「독점규제 및 공정거래에 관한 법률」상의 사업자에게 부과한 (본래적 의미의)과징금은 동법 제102조 제2항에 따라 합병후 존속하는 법인에게 승계를 인정한다. 그러나 개인정보보호법 제34조의2 제1항, 도시 및 주거환경정비법 제113조의2 제1항, 약사법 제81조의2 제1항 및 청소년보호법 제54조 등에 따른 과징금은 대인적 성질을 지녀 승계적성이 부인된다. 제재처분사유의 승계가 인정되는 경우에는 제재처분이 아직 존재하지 아니하므로 해당 제재처분사유에 따라 장래 과해질 제재처분의 승계적성으로 판단해야 할 것이다.

[판례 1] 대물적 처분의 성격이어서 승계인정

"석유사업법 … 제9조 제4항, 제7조가 … 단순히 석유판매시설만의 인수가 이루어진 경우에도 석유판매업자의 **지위승계를 인정**하고 있는 점을 종합하여 보면, 석유판매업 등록은 원칙적으로 **대물적 허가**의 성격을 갖고, 또 유사석유제품 판매금지를 위반함으로써 같은 법 제13조 제3항 제6호, 제1항 제11호에 따라 받게 되는 사업정지 등의 제재처분은 사업자 개인의 자격에 대한 제재가 아니라 사업의 전부나 일부에 대한 것으로서 **대물적 처분의 성격**을 갖고 있으므로, 위와 같은 **지위승계에는** 종전 석유판매업자가 유사석유제품을 판매함으로써 받게 되는 사업정지 등 **제재처분의 승계가 포함**되어 그 지위를 승계한 자에 대하여 사업정지 등의 제재처분을 취할 수 있다고 보아야 하고, 같은 법 제14조 제1항 소정의 과징금은 … 사업정지처분에 갈음하여 부과되는 것일 뿐이므로, 지위승계의 효과에 있어서 과징금부과처분을 사업정지처분과 달리 볼 이유가 없다."(대판 2003.10.23, 2003두8005, 과징금부과처분취소)

[판례 2] 운송사업면허취소사유는 양수인에게 승계

"개인택시운송사업의 양도 · 양수가 있고 그에 대한 인가가 있은 후 그 양도 · 양수 이전에 있었던 양도인에 대한 운송사업면허취소사유(음주운전 등으로 인한 자동차운전면허의 취소)를 들어 양수인의 운송사업면허를 취소한 것은 정당하다."(대판 1998.6.26, 96누18960, 개인택시운송사업면허취소처분취소)

[판례 3] 이행강제금은 일신전속적 성질이어서 승계 불가

"구 건축법(2005. 11. 8. 법률 제7696호로 개정되기 전의 것)상의 이행강제금은 구 건축법의 위반행위에 대하여 시정명령을 받은 후 시정기간 내에 당해 시정명령을 이행하지 아니한 건축주 등에 대하여 부과되는 간접강제의 일종으로서 그 **이행강제금 납부의무는 상속인 기타의 사람에게 승계될 수 없는 일신전속적인 성질**의 것이므로 이미 사망한 사람에게 이행강제금을 부과하는 내용의 처분이나 결정은 당연무효이고, 이행강제금을 부과받은 사람의 이의에 의하여 비송사건절차법에 의한 재판절차가 개시된 후에 그 이의한 사람이 사망한 때에는 사건 자체가 목적을 잃고 절차가 종료한다."(대법원 2006.12.08. 자2006마470 결정, 건축법위반이의)

(3) 승계시점

제재처분의 승계는 위 승계규정과 승계적성의 요건을 충족하고 지위승계를 하였을 때 발생한다. 다만, 사실상 양도 · 양수되었지만 승계신고 및 그 수리처분이 있기 이전이라면 제재처분은 승계되지 않고 양도인에게 행하여진다(판례).

[판 례] 양도·양수의 승계신고 및 신고수리 전의 행정제재처분은 양도인에게 행하여짐

"**사실상 영업이 양도·양수되었지만 아직 승계신고 및 그 수리처분이 있기 이전에는 여전히 종전의 영업자인 양도인이 영업허가자이고, 양수인은 영업허가자가 되지 못한다 할 것이어서 행정제재처분의 사유가 있는지 여부 및 그 사유가 있다고 하여 행하는 행정제재처분은 영업허가자인 양도인을 기준으로 판단하여 그 양도인에 대하여 행하여야** 할 것이고, 한편 양도인이 그의 의사에 따라 양수인에게 영업을 양도하면서 양수인으로 하여금 영업을 하도록 허락하였다면 그 양수인의 영업 중 발생한 위반행위에 대한 행정적인 책임은 영업허가자인 양도인에게 귀속된다고 보아야 할 것이다."(대판 1995.02.24. 94누9146, 일반유흥음식점허가취소처분취소)

4. 승계의 한계

제재처분이 승계규정과 승계적성을 갖추고 있다고 하더라도, 일정한 경우에는 승계될 수 없는 한계가 존재한다.

(1) 신뢰보호의 원칙

제재처분의 승계는 선의의 제3자의 신뢰보호를 해치지 않아야 한다. 승계가 인정되는 경우에도 양도인의 위법행위로 인하여 제재처분을 받았다는 사실을 모르고 양수한 양수인의 처지를 참작하지 아니하고 한 제재처분은 재량권 일탈·남용이라는 판례도 있다(판례). 입법적으로도 제재처분 또는 위반사실을 알지 못하였음을 입증한 때에는 제재처분의 승계를 제한하고 있는 규정도 있다.[13)]

[판 례] 운행정지처분을 받은 사실을 모르고 양수한 경우

"**대리운전금지조건 위배로 1회 운행정지처분을 받은 사실을 알지 못한 채 개인택시운송사업면허를 양수한 원고가** 지병인 만성신부전증등으로 몸이 아파 쉬면서 생계유지를 위하여 일시 대리운전을 하게 하고, 또 전날 과음한 탓으로 쉬면서 대리운전을 하게 하여 2회 적발되었는데, 원고는 그의 **개인택시영업에 의한 수입만으로 가족의 생계를 유지하고 있는 사정 등을 참작하면 원고에 대한 자동차운송사업면허취소의 처분이 재량권을 일탈한 위법한 처분**이라고 본 사례."(대판 1991.11.8. 91누4973, 개인택시운송사업면허취소처분취소)

(2) 시간적 제한

행정제재처분의 승계를 인정하는 경우에도 일정한 기간의 제한이 없이 시간적으로 무한정 인정한다는 것은 법적 안정성과 상대방의 신뢰보호의 원칙상 문제가 있으므로 일정한 시간적 제한이 필요하다. 입법적으로 보통 승계기간을 1년으로 정하고 있다. 또한 가중적 제재처분을 할 수 있는 기간(보통 1년)이 경과된 경우에는 그 제재처분전력이 소멸하므로 제재처분의 효과는 승계되지 아니한다. 이 경우 기간의 계산은 보통 위반행위로 행정처분을 받은 날과 그 후 다시 같은 위반행위로 적발된 날을 기준으로 한다(공중위생관리법시행규칙제19조 등).

---

13) 예컨대, 식품위생법 제78조(행정제재처분효과의 승계), "영업자가 영업을 양도하거나 법인이 합병되는 경우에는 제75조 제1항 각 호, 같은 조 제2항 또는 제76조 제1항 각 호를 위반한 사유로 종전의 영업자에게 행한 행정제재처분의 효과는 그 **처분기간이 끝난 날부터 1년간** 양수인이나 합병 후 존속하는 법인에 승계되며, 행정 제재처분 절차가 진행 중인 경우에는 양수인이나 합병 후 존속하는 법인에 대하여 행정 제재처분 절차를 계속할 수 있다. 다만, 양수인이나 합병 후 존속하는 법인이 양수하거나 합병할 때에 **그 처분 또는 위반사실을 알지 못하였음을 증명하는 때**에는 그러하지 아니하다."

제3편

행정구제법

제1장 개 설

Ⅰ. 행정구제의 의의

행정구제(行政救濟)란 행정기관의 행정작용으로 인해 권리·이익이 침해되었거나 될 것으로 주장하는 자가 행정기관이나 법원에 원상회복, 손해전보 또는 해당 행정작용의 취소·변경을 청구하거나 그 밖에 피해구제 또는 예방을 청구하는 일체의 절차를 말한다. 이와 같이 행정권의 남용으로부터 국민의 자유와 재산을 보호하기 위한 행정구제제도가 마련되어야 한다는 것은 헌법이 지향하는 실질적 의미에서 법률에 의한 행정의 원칙의 확립과 기본권 보장을 핵심으로 하는 실질적 법치주의의 당연한 요청이라 하겠다. 일반적으로 행정구제제도라고 하면 행정작용이 행해져서 이미 개인의 권익이 침해되고 난 후에 이를 시정 내지 전보하는 제도로 인식되어 왔기 때문에 통상 사후구제제도를 의미한다. 그러나 사후구제제도는 애당초 권익침해가 없었던 상태를 기대하기 어렵다는 점에서 권익침해를 사전에 방지하기 위한 사전구제제도의 유용성이 제기된다.

【행정구제제도의 종류】

- 사전구제제도
  - 직권시정: 처분청·감독청에 의한 취소·정지 등
  - 행정절차: 행정작용을 하기 전에 이해관계인에게 통지·청문
  - 정당방위: 사법적 자력구제
  - 청원: 국가에 대한 불만·희망을 개진하고 시정을 요구
  - 민원처리제도: 민원처리기관이 행정작용으로 불이익을 받은 자의 신청을 받아 관계 행정기관에 적정한 구제조치를 권고·알선
  - 호민관(Ombudsman)제도: 우리나라는 부분적으로 운영되고 있음
- 사후구제제도
  - 행정상 손해전보
    - 행정상 손해배상: 위법한 직무행위 또는 공공의 영조물의 설치·관리의 하자로 인한 손해의 배상
    - 행정상 손실보상: 적법한 공권력의 행사로 사유재산에 가하여진 특별한 희생에 대한 손실의 보상
  - 행정쟁송
    - 행정심판: 행정기관이 일정한 절차에 의하여 재결
    - 행정소송: 법원이 소송절차를 거쳐 재판

Ⅱ. 행정구제의 종류

행정구제는 그 구제의 시점에 따라 사전구제(事前救濟)와 사후구제(事後救濟)로 나눌 수 있으며, 그 내용에 따라 실체적 행정구제(행정상 손해배상과 손실보상)와 절차적 행정구제(행정심판과 행정소송)로 나눌 수 있다. 청원과 민원처리제도 및 옴부즈만제도는 사전구제제도로서의 성질도 있으나 경우에 따라서는 사후구제적 기능을 수행한다. 여기서는 이들 제도에 대해서만 살펴보기로 한다.

1. 청 원

청원은 국민이 국가에 대하여 불만 또는 희망을 개진하고 시정을 요구하는 기본권의 하나이다(헌법 26①). 이에 관한 법률로 청원법이 있다. 국민은 청원사항이 아닌, ① 재판에 간섭하는 것, ② 국가의 원수를 모독하는 것을 제외하고는 국가작용의 위법·부당의 여부에 관계없이, 또한 이미 행하여진 것인지의 여부나 권익침해의 발생여부에 관계없이 언제라도 어느 기관에 대해서나 그 시정을 구하는 청원을 할 수 있다.

2. 민원처리제도

민원처리제도란 법령에 의한 민원처리기관이 행정작용으로 인하여 불이익을 받은 개인으로부터의 신청을 받아 관계기관에 구제조치를 권고·알선함으로써 행정운영의 적정과 합리적인 민원해소를 도모하는 절차를 말한다. 민원처리제도는 「민원처리에 관한 법률」에 의거한 일반민원처리제도와 「부패방지 및 국민권익위원회의 설치와 운영에 관한 법률」에 의거한 고충민원처리제도로 나누어 볼 수 있다.

(1) 일반민원처리제도

1) 의 의: 민원이란 민원인이 행정기관에 대하여 처분 등 특정한 행위를 요구하는 것을 말한다(민원처리에 관한 법률 2(1)). 일반민원에는 ① 인·허가, 등재·등록, 확인·증명 등의 신청·신고를 하는 **법정민원**, ② 행정업무의 설명·해석을 요구하는 **질의민원**, ③ 행정제도 및 운영의 개선을 요구하는 **건의민원** 및 ④ **기타민원**이 있다(동조항(가)).

2) 민원인의 권리·의무: 민원인은 민원을 신속·공정·친절·적법한 응답을 받을 권리가 있다(동법 5①). 민원인은 민원담당자의 적법한 민원처리를 위한 요청에 협조하고 공무를 방해하는 행위를 하여서는 아니 된다(동조②).

3) 민원처리의 원칙 등: 행정기관의 장은, ① 민원처리 지연금지 원칙과 ② 민원처리절차 등 강화금지의 원칙(동법 6①②) 및 ③ 민원처리로 알게 된 개인정보의 누설금지와 목적외 용도의 사용금지에 따라야 한다(동법 7).

4) 민원의 신청 및 접수 등: 민원의 신청은 문서(전자문서 포함)로 하여야 하며(동법 8), 이

경우 행정기관의 장은 그 접수를 보류하거나 거부할 수 없고(동법 9①), 관계법령 등에서 정한 구비서류 외의 서류를 추가로 요구하여서는 아니 된다(동법 10①).

5) 민원의 처리기간 · 처리방법 등: 행정기관의 장은 법정민원을 신속히 처리하기 위하여 행정기관에 법정민원의 신청이 접수된 때부터 처리가 완료될 때까지 소요되는 처리기간을 법정민원의 종류별로 미리 정하여 공표하여야 한다(동법 17①). 행정기관의 장은 접수한 민원문서에 보완이 필요한 경우에는 상당한 기간을 정하여 지체 없이 민원인에게 보완을 요구하여야 한다(동법 22①).

6) 민원처리결과의 통지 등: 행정기관의 장은 접수된 민원에 대한 처리를 완료한 때에는 그 결과를 민원인에게 문서로 통지하여야 하며, 이 경우 민원의 내용을 거부하는 경우에는 거부 이유와 구제절차를 함께 통지하여야 한다(동법 27①②). 무인민원발급창구를 통하여 민원문서를 발급할 수 있다(동법 28①).

7) 법정민원

(가) 사전심사의 청구 등: 민원인은 법정민원 중 신청에 경제적으로 많은 비용이 수반되는 민원 등 대통령령으로 정하는 민원에 대하여는 행정기관의 장에게 정식으로 민원을 신청하기 전에 미리 약식의 사전심사를 청구할 수 있다(동법 30①). 이 경우 행정기관의 장은 다른 행정기관의 장과의 협의를 거쳐야 하는 사항인 경우에는 미리 그 행정기관의 장과 협의하여야 한다(동조②). 행정기관의 장은 사전심사 결과를 민원인에게 문서로 통지하여야 하며, 가능한 것으로 통지한 민원의 내용에 대하여는 민원인이 나중에 정식으로 민원을 신청한 경우에도 동일하게 결정을 내릴 수 있도록 노력하여야 한다(동조③).

[판 례] 사전심사결과통보의 처분성 여부

"구 민원사무 처리에 관한 법률(2012. 10. 22. 법률 제11492호로 개정되기 전의 것) 제19조 제1항, 제3항, 구 민원사무 처리에 관한 법률 시행령(2012. 12. 20. 대통령령 제24235호로 개정되기 전의 것) 제31조 제3항의 내용과 체계에다가 사전심사청구제도는 민원인이 대규모의 경제적 비용이 수반되는 민원사항에 대하여 간편한 절차로써 미리 행정청의 공적 견해를 받아볼 수 있도록 하여 민원행정의 예측 가능성을 확보하게 하는 데에 취지가 있다고 보이고, 민원인이 희망하는 특정한 견해의 표명까지 요구할 수 있는 권리를 부여한 것으로 보기는 어려운 점, 행정청은 사전심사결과 가능하다는 통보를 한 때에도 구 민원사무처리법 제19조 제3항에 의한 제약이 따르기는 하나 반드시 민원사항을 인용하는 처분을 해야 하는 것은 아닌 점, 행정청은 사전심사결과 불가능하다고 통보하였더라도 사전심사결과에 구애되지 않고 민원사항을 처리할 수 있으므로 불가능하다는 통보가 민원인의 권리의무에 직접적 영향을 미친다고 볼 수 없고, 통보로 인하여 민원인에게 어떠한 법적 불이익이 발생할 가능성도 없는 점 등 여러 사정을 종합해 보면, 구 민원사무처리법이 규정하는 **사전심사결과 통보는 항고소송의 대상이 되는 행정처분에 해당하지 아니한다.**"(대판 2014.04.24. 2013두7834)

(나) 복합민원의 처리: 행정기관의 장은 복합민원을 처리할 주무부서를 지정하고 그 부서로 하여금 관계 기관 · 부서 간의 협조를 통하여 민원을 한꺼번에 처리하게 할 수 있다(동법 31①). 이 경우 그 행정기관의 내부에서 할 수 있는 자료의 확인, 관계 기관 · 부서와의 협조 등에 따른

모든 절차를 담당 직원이 직접 진행하도록 하는 민원 1회방문 처리제를 확립함으로써 불필요한 사유로 민원인이 행정기관을 다시 방문하지 아니하도록 하여야 한다(동법 32①). 여기서 **복합민원**이란 하나의 민원 목적을 실현하기 위하여 관계법령 등에 따라 여러 관계기관 또는 관계부서의 인가・허가・승인・추천・협의 또는 확인 등을 거쳐 처리되는 법정민원을 말한다(동법 2(5)). 인・허가의제의 처리 등이 그 예이다.

[판 례] 복합민원의 처리방법

"하나의 민원 목적을 실현하기 위하여 관계 법령 등에 의하여 다수 관계기관의 허가・인가・승인・추천・협의・확인 등의 인・허가를 받아야 하는 복합민원에 있어서 필요한 인・허가를 일괄하여 신청하지 아니하고 그 중 어느 하나의 인・허가만을 신청한 경우에도 그 근거 법령에서 다른 법령상의 인・허가에 관한 규정을 원용하고 있거나 그 대상 행위가 다른 법령에 의하여 절대적으로 금지되고 있어 그 실현이 객관적으로 불가능한 것이 명백한 경우에는 이를 고려하여 그 인・허가 여부를 결정할 수 있다."(대판 2000.03.24. 98두8766)

(다) 민원조정위원회의 설치・운영: 행정기관의 장은 ① 장기 미해결 민원, 반복 민원 및 다수인관련민원에 대한 해소・방지 대책, ② 거부처분에 대한 이의신청 등을 심의하기 위하여 민원조정위원회를 설치・운영하여야 한다(동법 34①).

[판 례] 민원조정위원회의 회의일정 등 사전통지 흠결의 효과

" 민원 1회 방문 처리제는 다수의 행정기관 또는 부서와 관련되는 복합민원에 대하여 관계 행정기관 및 부서에 의한 공동 심의 등을 통하여 민원인의 1회 방문으로 일괄처리함으로써 민원인의 불편과 부담을 경감시키려는 데에 주된 도입 취지가 있다. 민원조정위원회는 이러한 민원 1회방문 처리제의 시행을 위한 절차적 구성요소의 하나로 설치・운영되는 것으로서, 그 심의・조정 대상은 당사자에게 의무를 과하거나 권익을 제한하는 이른바 침해적 행정처분에 관한 사항이 아니라 민원인이 행정기관에 대하여 요구하는 특정한 행위에 관한 사항이다. 따라서 민원 1회방문 처리제의 부수적 목적으로 민원 처리과정의 투명성・책임성과 민원행정의 능률성・효율성 제고가 고려될 수 있다 하더라도, 민원인이 행정기관에 처분 등 특정한 행위를 요구함에 대하여 민원사무처리법령에서 민원조정위원회를 개최하도록 하고 민원인에게 그 회의일정 등을 사전통지하도록 정한 주된 취지 역시 민원인의 불편과 부담 경감에 있다고 해석될 수 있고, 행정청이 침해적 행정처분을 하는 경우에 그 침해되는 권익을 보호하기 위하여 당사자에게 사전통지를 하고 의견제출의 기회를 주도록 정한 행정절차법상의 행정절차와는 그 입법 목적이나 취지가 다르다. 그리고 스스로 민원사항을 신청하는 민원인으로서는, 그 신청을 하면서 행정기관에 자료를 제출하고 의견을 제출할 수 있는 기회를 가질 뿐 아니라, 민원사무 처리과정을 확인하고 민원조정위원회 개최 전에도 의견을 제출할 수 있다. 위와 같은 사정들을 종합하여 볼 때, 민원사무를 처리하는 행정기관이 민원 1회방문 처리제를 시행하는 절차의 일환으로 **민원사항의 심의・조정 등을 위한 민원조정위원회를 개최하면서 민원인에게 회의일정 등을 사전에 통지하지 아니하였다 하더라도, 이러한 사정만으로 곧바로 민원사항에 대한 행정기관의 장의 거부처분에 취소사유에 이를 정도의 흠이 존재한다고 보기는 어렵다.** 다만 행정기관의 장의 거부처분이 재량행위인 경우에, 위와 같은 사전통지의 흠결로 민원인에게 의견진술의 기회를 주지 아니한 결과 민원조정위원회의 심의과정에서 고려대상에 마땅히 포함시켜야 할 사항을 누락하는 등 재량권의 불행사 또는 해태로 볼 수 있는 구체적 사정이 있다면, 거부처분은 재량권을 일탈・남용한 것으로서 위법하다."(대판 2015.08.27. 2013두1560, 건축신고반려처분취소)

(라) 거부처분에 대한 이의신청: 법정민원에 대한 행정기관의 장의 거부처분에 불복하는 민원인은 그 거부처분을 받은 날부터 60일 이내에 그 행정기관의 장에게 문서로 이의신청을 할 수 있고, 이 경우 행정기관의 장은 이의신청을 받은 날부터 10일 이내에 그 이의신청에 대하여 인용 여부를 결정하고 그 결과를 민원인에게 지체 없이 문서로 통지하여야 한다(동법 35①②).

민원인은 제1항에 따른 이의신청 여부와 관계없이 「행정심판법」에 따른 행정심판 또는 「행정소송법」에 따른 행정소송을 제기할 수 있다(동조③).

[판 례] 이의신청의 기각결정의 항고소송의 대상적격 여부

"민원사무처리에 관한 법률 제18조 제1항에서 정한 거부처분에 대한 이의신청은 행정청의 위법 또는 부당한 처분이나 부작위로 침해된 국민의 권리 또는 이익을 구제함을 목적으로 하여 행정청과 별도의 행정심판기관에 대하여 불복할 수 있도록 한 절차인 행정심판과는 달리, 민원사무처리법에 의하여 민원사무처리를 거부한 처분청이 민원인의 신청 사항을 다시 심사하여 잘못이 있는 경우 스스로 시정하도록 한 절차이다. 이에 따라, 민원 이의신청을 받아들이는 경우에는 이의신청 대상인 거부처분을 취소하지 않고 바로 최초의 신청을 받아들이는 새로운 처분을 하여야 하지만, 이의신청을 받아들이지 않는 경우에는 다시 거부처분을 하지 않고 그 결과를 통지함에 그칠 뿐이다. 따라서 **이의신청을 받아들이지 않는 취지의 기각 결정 내지는 그 취지의 통지는, 종전의 거부처분을 유지함을 전제로 한 것에 불과하고 또한 거부처분에 대한 행정심판이나 행정소송의 제기에도 영향을 주지 못하므로, 결국 민원 이의신청인의 권리·의무에 새로운 변동을 가져오는 공권력의 행사나 이에 준하는 행정작용이라고 할 수 없어, 독자적인 항고소송의 대상이 된다고 볼 수 없다**고 봄이 타당하다."(대판 2012.11.15. 2010두8676)

8) 민원제도의 개선: 행정안전부장관은 민원인의 편의를 위하여 관계법령등에 규정되어 있는 민원의 처리기관, 처리기간, 구비서류, 처리절차, 신청방법 등에 관한 사항을 종합한 민원처리기준표를 작성하여 관보에 고시하고 「전자정부법」 제9조 제3항에 따른 통합전자민원창구에 게시하여야 한다(동법 36①). 행정안전부장관은 매년 민원행정 및 제도개선에 관한 기본지침을 작성하여 행정기관의 장에게 통보하여야 하고, 행정기관의 장은 기본지침에 따라 그 기관의 특성에 맞는 민원행정 및 제도개선 계획을 수립·시행하여야 한다(동법 38①②).

(2) 고충민원처리제도

「부패방지 및 국민권익위원회의 설치와 운영에 관한 법률」에서 고충민원이란 행정기관 등의 위법·부당하거나 소극적인 처분(사실행위 및 부작위를 포함한다) 및 불합리한 행정제도로 인하여 국민의 권리를 침해하거나 국민에게 불편 또는 부담을 주는 사항에 관한 민원을 말한다(동법 2(5)). 이 법에서 고충민원을 처리하기 위한 기관으로 국민권익위원회와 시민고충처리위원회를 두고 있다.

1) 국민권익위원회

(가) 설 치: 위원회는 고충민원의 처리와 이에 관련된 불합리한 행정제도를 개선하고, 부패의 발생을 예방하며 부패행위를 효율적으로 규제하도록 하기 위하여 국무총리 소속으로 둔다(동법 11).

(나) 기 능: 위원회는, ① 국민의 권리보호·권익구제 및 부패방지를 위한 정책의 수립 및 시행, ② 고충민원의 조사와 처리 및 이와 관련된 시정권고 또는 의견표명, ③ 고충민원을 유발하는 관련 행정제도 및 그 제도의 운영에 개선이 필요하다고 판단되는 경우 이에 대한 권고 또는 의견표명, ④ 위원회가 처리한 고충민원의 결과 및 행정제도의 개선에 관한 실태조사와 평가, ⑤ 공공기관의 부패방지를 위한 시책 및 제도개선 사항의 수립·권고와 이를 위한 공공기관에 대한 실태조사, ⑥ 「행정심판법」에 따른 중앙행정심판위원회의 운영에 관한 사항 등의 임

무를 수행한다(동법 12).

(다) 구 성: 위원회는 위원장 1명을 포함한 15명의 위원(부위원장 3명과 상임위원 3명을 포함한다)으로 구성한다. 이 경우 부위원장은 각각 고충민원, 부패방지업무 및 중앙행정심판위원회의 운영업무로 분장하여 위원장을 보좌한다(동법 13①).

위원장, 부위원장과 위원은 고충민원과 부패방지에 관한 업무를 공정하고 독립적으로 수행할 수 있다고 인정되는 자로서, 대학이나 공인된 연구기관에서 부교수 이상 또는 이에 상당하는 직에 8년 이상 있거나 있었던 자 및 판사·검사 또는 변호사의 직에 10년 이상 있거나 있었던 자 등 일정한 자격을 가진 자 중에서 임명 또는 위촉한다. 위원장 및 부위원장은 국무총리의 제청으로 대통령이 임명하고, 상임위원은 위원장의 제청으로 대통령이 임명하며, 상임위원이 아닌 위원은 국회와 대법원장이 각각 추천하는 3명씩을 포함하여 대통령이 임명 또는 위촉한다(동조②③). 위원장과 위원의 임기는 3년으로 1차에 한해 연임할 수 있다(동법 16②).

(라) 소위원회 등: 위원회는 고충민원의 처리와 관련하여 일정한 사항을 심의·의결하기 위하여 3인으로 구성하는 소위원회를 둘 수 있고(동법 20), 업무의 효율적 수행을 위해 분야별로 분과위원회를 둘 수 있으며(동법 21), 전문적인 조사·연구업무를 수행하기 위하여 전문위원을 둘 수 있다(동법 22).

2) 시민고충처리위원회

(가) 설 치: 지방자치단체 및 그 소속 기관에 관한 고충민원의 처리와 행정제도의 개선 등을 위하여 각 지방자치단체에 시민고충처리위원회를 둘 수 있다(동법 32①).

(나) 기 능: 시민고충처리위원회는, ① 지방자치단체 및 그 소속 기관에 관한 고충민원의 조사와 처리 및 ② 고충민원과 관련된 시정권고 또는 의견표명 등의 업무를 수행한다(동조②).

(다) 구 성: 위원은 고충민원 처리업무를 공정하고 독립적으로 수행할 수 있다고 인정되는 자로서, 부교수 이상의 직에 있거나 있었던 자 및 판사·검사 또는 변호사의 직에 있거나 있었던 자 등 일정한 자격을 갖춘 자 중에서 지방자치단체의 장이 지방의회의 동의를 거쳐 위촉하며, 위원의 임기는 4년으로 연임할 수 없다(동법 33①②).

3) 고충민원의 처리

(가) 고충민원의 신청: 누구든지(국내에 거주하는 외국인을 포함한다) 위원회 또는 시민고충처리위원회(이하 이 장에서 "권익위원회"라 한다)에 고충민원을 신청할 수 있다. 이 경우 하나의 권익위원회에 대하여 고충민원을 제기한 신청인은 다른 권익위원회에 대하여도 고충민원을 신청할 수 있다(동법 39①).

(나) 조 사: 권익위원회는 고충민원을 접수한 경우에는 지체 없이 그 내용에 관하여 필요한 조사를 하여야 한다. 즉, ① 관계 행정기관 등에 대한 설명요구 또는 관련 자료·서류 등의 제출요구, ② 관계 행정기관 등의 직원·신청인·이해관계인이나 참고인의 출석 및 의견진술 등의 요구, ③ 조사사항과 관계있다고 인정되는 장소·시설 등에 대한 실지조사, ④ 감정의 의

뢰 등 조치를 할 수 있다(동법 41①, 42①).

(다) 합의의 권고 및 조정: 권익위원회는 조사 중이거나 조사가 끝난 고충민원에 대한 공정한 해결을 위하여 필요한 조치를 당사자에게 제시하고 합의를 권고할 수 있고(동법 44), 다수인이 관련되거나 사회적 파급효과가 크다고 인정되는 고충민원의 신속하고 공정한 해결을 위하여 필요하다고 인정하는 경우에는 당사자의 신청 또는 직권에 의하여 조정을 할 수 있다(동법 45①).

(라) 시정의 권고 및 의견의 표명: 권익위원회는 고충민원에 대한 조사결과 처분 등이 위법·부당하다고 인정할 만한 상당한 이유가 있는 경우에는 관계 행정기관 등의 장에게 적절한 시정을 권고할 수 있고(동법 46①), 신청인의 주장이 상당한 이유가 있다고 인정되는 사안에 대하여는 관계 행정기관 등의 장에게 의견을 표명할 수 있다(동조②).

(마) 결정의 통지 및 처리결과의 통지: 권익위원회는 고충민원의 결정내용을 지체 없이 신청인 및 관계 행정기관 등의 장에게 통지하여야 한다(동법 49). 시정권고 또는 의견을 받은 관계 행정기관 등의 장은 이를 존중하여야 하며, 그 권고 또는 의견을 받은 날부터 30일 이내에 그 처리결과를 권익위원회에 통보하여야 하고, 관계 행정기관 등의 장이 그 권고내용을 이행하지 아니하는 경우에는 그 이유를 권익위원회에 문서로 통보하여야 하며, 권익위원회는 그 통보를 받은 경우에는 신청인에게 그 내용을 지체 없이 통보하여야 한다(동법 50①②③).

(바) 고충민원처리의 처분성 여부: 고충처리위원회의 고충민원처리는 행정청에게 적절한 시정조치를 권고하는 것에 불과하고 신청인의 법적 지위에 직접 영향을 미치는 것이 아니므로 행정쟁송의 대상인 처분이 아니며, 행정심판 등 불복구제절차와 그 취지나 성격을 달리한다.

[판 례] 고충처리위원회의 고충처리의 행정쟁송의 대상 및 행정심판해당 여부

"가. 행정규제및민원사무기본법의 관계 규정을 종합하여 보면, 국민고충처리제도는 국무총리 소속하에 설치된 국민고충처리위원회로 하여금 **행정과 관련된 국민의 고충민원을 상담·조사하여 행정기관의 처분 등이 위법·부당하다고 인정할 만한 상당한 이유가 있는 경우에 관계 행정기관의 장에게 적절한 시정조치를 권고하도록 함으로써 국민의 불편과 부담을 시정하기 위한 제도로서 행정심판법에 의한 행정심판 내지 다른 특별법에 따른 이의신청, 심사청구, 재결의 신청 등의 불복구제절차와는 제도의 취지나 성격을 달리하고 있으므로 국민고충처리위원회에 대한 고충민원의 신청이 행정소송의 전치절차로서 요구되는 행정심판청구에 해당하는 것으로 볼 수는 없다.**

나. 다만 국민고충처리위원회에 접수된 신청서가 행정기관의 처분에 대하여 시정을 구하는 취지임이 내용상 분명한 것으로서 국민고충처리위원회가 이를 당해 처분청 또는 그 재결청에 송부한 경우에 한하여 행정심판법 제17조 제2항, 제7항의 규정에 의하여 그 신청서가 국민고충처리위원회에 접수된 때에 행정심판청구가 제기된 것으로 볼 수 있다."(대판 1995.09.29. 95누5332)

"국민고충처리위원회의 이상옥에 대한 고충민원처리결과 회신은 청구인 모의 고충민원, 즉 자신의 아들인 청구인이 국가유공자로 등록될 수 있도록 도와달라는 취지의 민원에 대하여 조사·심의한 결과 청구인의 질병에 대한 발병원인이 군 복무에 기인한다고 판단하기 어려워 고충민원인의 요청에 따른 도움을 줄 수 없다는 내용의 안내에 불과하므로, 위 **고충민원처리결과는 청구인 또는 청구인 모의 권리나 법적 지위에 어떠한 영향을 미칠 수 없는 것이다. 따라서 위 고충민원처리결과는 헌법소원의 대상이 되는 기본권침해의 가능성이 있는 공권력의 행사에 해당하지 아니하므로,** 위 고충민원처리결과의 취소를 구하는 이 사건 심판청구는 부적법하다."(헌재 2008.07.01. 2008헌마449)

"주민등록을 등재하여 달라는 취지로 **국민권익위원회에 제기된 고충민원을 이관받은 관할 구청이 주민등록 등재가 어렵다는 내용의 회신을 한 사안에서**, 위 고충민원은 주민등록 전입신고 수리업무를 담당하는 공권력행사기관에게 자신의 주민등록 전입신고를 수리해 달라는 신청으로 볼 수 있고, 그에 따라 국민권익위원회가 그 업무를 담당하는 공권력행사기관인 관할 구청에 그 신청사건을 이관한 것으로 보아야 하므로, 위 회신은 전입신고를 받은 **구청이 신청인에 대하여 거부의 의사를 표시한 것으로 신청인의 권리를 제한하는 행정처분에 해당**한다고 한 사례."(서울행법 2010.05.14. 2010구합641)

4) 부패행위 등의 신고

(가) 부패행위 신고: 누구든지 부패행위를 알게 된 때에는 이를 위원회에 신고할 수 있고(동법 55), 공직자는 다른 공직자의 부패행위를 알게 되었거나 부패행위를 강요・제의받은 경우 지체 없이 수사기관・감사원 또는 위원회에 신고하여야 한다(동법 56).

(나) 신고의 처리: 위원회는 접수된 신고사항을 확인하고, 조사가 필요한 경우 감사원・수사기관 또는 해당 공공기관의 감독기관에 이첩하여야 한다(동법 59①③). 위원회는 접수일부터 60일 이내에 처리하여야 하고(동조⑥), 조사기관은 이첩 받은 날부터 60일 이내에 감사・수사・조사를 종결하고 10일 이내에 위원회에 조사결과를 통보하여야 한다(동법 60①②).

(다) 신분보장: 누구든지 이 법에 따른 신고와 관련한 이유로 소속기관・단체・기업 등으로부터 징계조치 등 신분상 불이익이나 근무조건상 차별을 받지 아니한다(동법 62①). 이를 위반한 자에 대하여 위원회는 징계권자에게 징계를 요구할 수 있다(동조⑨). 특히 공익신고자의 보호를 위해 **공익신고자보호법**이 마련되어 있다.

(라) 포상 및 보상: 위원회는 이 법에 따른 신고에 의하여 현저히 공공기관에 재산상 이익을 가져오거나 손실을 방지한 경우 또는 공익의 증진을 가져온 경우에는 신고를 한 자에 대하여 상훈법 등의 규정에 따라 포상금을 지급할 수 있다(동법 68①). 신고로 인하여 직접적인 공공기관 수입의 회복이나 증대 또는 비용의 절감을 가져오거나 그에 관한 법률관계가 확정된 때에는 위원회에 보상금의 지급을 신청할 수 있다(동조②).

(마) 부패신고에 따른 위원회의 시정조치요구에 대한 불복: 부패신고자에 대한 신분상 불이익처분에 대해 국민권익위원회는 그 조사결과에 따라 시정조치와 불이익처분에 대한 징계요구를 할 수 있고(동법 62⑦⑨), 불이익처분을 한 자는 형사처벌(동법 90) 또는 과태료(동법 91)에 처해질 수 있다. 따라서 불이익처분을 한 소속기관의 장은 국민권익위원회의 조치에 불복쟁송제기가 가능한지 문제될 수 있는바, 국민권익위원회는 헌법기관이 아니므로 헌법재판소에 권한쟁의심판을 청구할 수 없으나, 국민권인위원회의 조치요구의 처분성을 인정하여 행정소송을 제기할 수 있다(판례).

[판례 1] 부패신고에 따른 위원회의 불이익금지조치요구에 대한 불복방법

"갑이 국민권익위원회에 부패방지 및 국민권익위원회의 설치와 운영에 관한 법률(이하 '국민권익위원회법'이라 한다)에 따른 신고와 신분보장조치를 요구하였고, 국민권익위원회가 갑의 소속기관 장인 을 시・도선거관리위원회 위원장에게 '갑에 대한 중징계요구를 취소하고 향후 신고로 인한 신분상 불이익처분 및 근무조건상의 차별을

하지 말 것을 요구'하는 내용의 조치요구를 한 사안에서, **국가기관 일방의 조치요구에 불응한 상대방 국가기관에 국민권익위원회법상의 제재규정과 같은 중대한 불이익을 직접적으로 규정한 다른 법령의 사례를 찾아보기 어려운 점, 그럼에도 을이 국민권익위원회의 조치요구를 다툴 별다른 방법이 없는 점 등에 비추어 보면, 처분성이 인정되는 위 조치요구에 불복하고자 하는 을로서는 조치요구의 취소를 구하는 항고소송을 제기하는 것이 유효·적절한 수단이므로 비록 을이 국가기관이더라도 당사자능력 및 원고적격을 가진다고 보는 것이 타당**하고, 을이 위 조치요구 후 갑을 파면하였다고 하더라도 조치요구가 곧바로 실효된다고 할 수 없고 을은 여전히 조치요구를 따라야 할 의무를 부담하므로 을에게는 위 조치요구의 취소를 구할 법률상 이익도 있다고 본 원심판단을 정당하다고 한 사례"(대판 2013.07.25. 2011두1214 불이익처분원상회복등요구처분취소)

[판례 2] 부패행위 신고로 인한 보상금 지급 요건

"부패행위의 신고자가 법 제36조 제2, 3항에 의해 가지는 보상금청구권은 그 신고로 인하여 같은 법 시행령 제35조의2에 정한 부과 또는 환수 등의 처분이나 조치를 통해 직접적인 공공기관 수입의 회복이나 증대 또는 비용의 절감을 가져오거나 그에 관한 법률관계가 확정되는 것을 정지조건으로 하여 발생하는 것으로, 위 정지조건의 성취사실은 신고자가 이를 입증하여야 할 것인바, 부패행위의 신고에도 불구하고 공공기관 수입의 직접적인 회복 등의 객관적 결과가 발생하지 아니한 경우에는 같은 법 시행령 제35조에 정한 사유가 발생한 경우에 한하여 법 제36조 제1항의 포상금의 지급을 구할 수 있을 뿐 위 정지조건의 성취를 전제로 하는 보상금의 지급을 구할 수는 없다 할 것이다."(대판 2008.11.13. 2008두12726 보상금지급신청기각결정취소)

[판례 3] 국가인권위원법에 의해 설립된 기관은 헌법기관 아니므로 권한쟁의심판 불가

"권한쟁의심판은 국회의 입법행위 등을 포함하여 권한쟁의 상대방의 처분 또는 부작위가 헌법 또는 법률에 의하여 부여받은 청구인의 권한을 침해하였거나 침해할 현저한 위험이 있는 때 제기할 수 있는 것인데, 헌법상 국가에게 부여된 임무 또는 의무를 수행하고 그 독립성이 보장된 국가기관이라고 하더라도 오로지 법률에 설치근거를 둔 국가기관이라면 국회의 입법행위에 의하여 존폐 및 권한범위가 결정될 수 있으므로 이러한 국가기관은 '헌법에 의하여 설치되고 헌법과 법률에 의하여 독자적인 권한을 부여받은 국가기관'이라고 할 수 없다. 즉, 청구인이 수행하는 업무의 헌법적 중요성, 기관의 독립성 등을 고려한다고 하더라도, **국회가 제정한 국가인권위원회법에 의하여 비로소 설립된 청구인은 국회의 위 법률 개정행위에 의하여 존폐 및 권한범위 등이 좌우되므로 헌법 제111조 제1항 제4호 소정의 헌법에 의하여 설치된 국가기관에 해당한다고 할 수 없다. 결국, 권한쟁의심판의 당사자능력은 헌법에 의하여 설치된 국가기관에 한정하여 인정하는 것이 타당하므로, 법률에 의하여 설치된 청구인에게는 권한쟁의심판의 당사자능력이 인정되지 아니한다.**"(헌재 2010.10.28. 2009헌라6, 국가인권위원회와대통령간의권한쟁의)

5) 국민감사청구권: 19세 이상의 국민은 공공기관의 사무처리가 법령위반 또는 부패행위로 인하여 공익을 현저히 해하는 경우 대통령령으로 정하는 일정한 수 이상의 국민의 연서로 감사원에 감사를 청구할 수 있다(동법 72①). 감사원 또는 당해 기관의 장은 감사를 실시하기로 결정한 날부터 60일 이내에 감사를 종결하고(동법 75①), 10일 이내에 그 결과를 감사청구인에게 통보하여야 한다(동조②). 감사청구에 대한 감사원의 기각결정 또는 무응답은 처분이라 할 것이므로 행정심판 및 행정소송의 대상이 된다(헌법재판소는 부인).

[판 례] 국민감사청구에 대한 기각결정은 행정소송 제기 없이 헌법소원청구 가능

"부패방지법(제40조)상의 국민감사청구제도는 일정한 요건을 갖춘 국민들이 감사청구를 한 경우에 감사원장으로 하여금 감사청구된 사항에 대하여 감사실시 여부를 결정하고 그 결과를 감사청구인에게 통보하도록 의무를 지운 것이므로(동법 제42조·제43조), 이러한 국민감사청구에 대한 기각결정은 공권력주체의 고권적 처분이라는 점에서 헌법소원의 대상이 될 수 있는 공권력행사라고 보아야 할 것이다. 그런데 감사원의 국민감사청구기각결정의 처분성 인정 여부에 대한 대법원판례는 물론 하급심판례도 아직 없으며, 부패방지법상 구체적인 구제절차가 마련

> 되어 있는 것도 아니므로, 청구인들에게 행정심판이나 행정소송 등의 사전 구제절차를 모두 경료하고 나서 헌법소원을 청구할 것을 기대할 수는 없다고 할 것이다. 따라서, 청구인들이 행정소송을 거치지 않았다고 하여 보충성 요건에 어긋난다고 볼 수는 없다."(헌재 2006.02.23. 2004헌마414 전원재판부 국민감사청구기각결정취소)

3. 옴부즈만(Ombudsman)제도

1) 의의 및 기능 : 옴부즈만제도는 정부나 의회에서 임명된 관리(옴부즈만)가 직무상 독립하여 직권 또는 개인의 신청에 따라 국가기관의 준법여부를 조사하고 시정조치를 권고하여 국민의 권익을 보호하고자 하는 제도이다.

이 제도는 1809년 스웨덴에서 비롯된 것인데, 옴부즈만이란 대리인·후견인 등의 의미를 가지며 비사법적(非司法的)인 수단으로 국민을 보호하는 제도이다. 시민의 접근이 용이하고 적은 비용과 간편한 형식 및 절차로 실효성있는 행정구제를 도모할 수 있다는 장점이 있으나, 행정의 책임성·비밀성을 침해할 우려가 있고, 다른 기관과 기능이 중복되는 면이 있으며, 직접 행정이나 재판에 대한 시정권이 없다는 단점도 지적되고 있다.

2) 형 태: 옴부즈만의 운용형태는 국가에 따라 일정치 아니하나, 의회 옴부즈만, 행정 옴부즈만 및 시민 옴부즈만 등으로 나눌수 있다. 즉, ① 의회 옴부즈만은 의회에 설치한 옴부즈만인데, 1908년 스웨덴을 비롯하여 핀란드(1919), 뉴질랜드(1962), 영국(1967) 및 오스크리아(1977) 등이 있고, ② 행정 옴부즈만은 정부에 설치한 것으로 1973년에 설치한 프랑스가 대표적이다. ③ 민간 옴부즈만(세계옴부즈만협회(IOI, 1978년 설립) 등)은 민간단체에서 자율적으로 설치한 옴부즈만을 말하며 시민옴부즈만과 소비자옴부즈만 및 언론옴부즈만 등 다양한 형태의 옴부즈만이 있다.

3) 우리나라의 운영실태: 우리나라는 의회 옴부즈만은 없으며 행정 옴부즈만의 경우, 1994년에 "민원옴부즈만"을 표방하고 "국민고충처리위원회"가 설치되었으며, 2005년 국무총리 산하 국민고충처리위원회를 대통령 직속 국가행정 옴부즈만으로 개편하는 「옴부즈만의 설치 및 운영에 관한 법률안」을 정부가 국회에 제출하였으나 통과되지 못하였다. 현재는 「부패방지 및 국민권익위원회의 설치와 운영에 관한 법률」에 따른 국민권익위원회와 시민고충처리위원회가 그 기능을 수행한다. 그 밖에 개별법령에 따라 국가인권위원회(국가인권위원회법), 중소기업옴부즈만(중소기업기본법 22), 산업융합촉진 옴부즈만(산업융합촉진법 10) 등이 있다. 또한 기획재정부 청렴옴부즈만 설치 및 운영에 관한 규정(기획재정부훈령) 등 정부 각 부·처·청의 옴부즈만은 행정규칙인 훈령으로 설치·운영되고 있다.

지방자치단체는 조례 또는 훈령으로 설치운영하고 있는바, 예컨대, 서울특별시 시민감사옴부즈만 운영 및 주민감사청구에 관한 조례, 경기도 옴부즈만 구성 및 운영에 관한 조례, 경기도교육청 민원옴부즈만 운영규정(훈령), 대구광역시 복지옴부즈만 설치·운영에 관한 조례, 동두천시 의정옴부즈만 운영에 관한 조례, 서울특별시 강동구 구민옴부즈만 구성과 운영에 관한 조례, 서울특별시 서대문구 시민감사옴부즈만 운영에 관한 조례, 부천시 시민옴부즈만 운영에 관한 조례 등이 있다.

[판 례] 옴부즈만의 설치근거 등

"합의제 행정기관인 옴부즈맨(Ombudsman)을 집행기관의 장인 도지사 소속으로 설치하는 데 있어서는 지방자치법 제107조 제1항의 규정에 따라 당해 지방자치단체의 조례로 정하면 되는 것이지 헌법이나 다른 법령상으로 별도의 설치근거가 있어야 되는 것은 아니다."

"집행기관의 구성원의 전부 또는 일부를 지방의회가 임면하도록 하는 것은 지방의회가 집행기관의 인사권에 사전에 적극적으로 개입하는 것이어서 원칙적으로 허용되지 않지만, 지방자치단체의 집헝기관의 구성원을 집행기관의 장이 임면하되 다만 그 임면에 지방의회의 동의를 얻도록 하는 것은 지방의회가 집행기관의 인사권에 소극적으로 개입하는 것으로서 지방자치법이 정하고 있는 지방의회의 집행기관에 대한 견제권의 범위 안에 드는 적법한 것이므로, **지방의회가 조례로써 옴부즈맨의 위촉(임명)·해촉시에 지방의회의 동의를 얻도록 정하였다고 해서 집행기관의 인사권을 침해한 것이라 할 수 없다.**"(대판 1997.04.11. 96추138 옴부즈만·조례안재의결무효확인)

제2장

행정상의 손해전보

제1절 개 설

Ⅰ. 행정상 손해배상과 행정상 손실보상의 구별

행정작용으로 말미암아 개인의 권리·이익을 침해하고 재산상의 손해를 입힌 경우에 피해자가 그 손해를 감수하여야 할 책임이 있는 경우를 제외하고는 행정주체가 그 손해를 갚아주는 것이 정의·공평의 원칙상 당연한 일이다. 그런데 행정주체가 하는 손해전보(損害塡補)는 주로 그 원인행위에 따라 위법한 행정작용으로 인한 행정상 손해배상과 적법한 행정작용으로 인한 행정상 손실보상으로 나누어진다. 전자는 근세의 개인주의적 사상에 바탕을 두고 개인적·도의적 책임주의를 기초원리로 한 것인데 대하여, 후자는 단체주의적 사상에 입각하여 사회적·공평적 부담주의의 실현을 기본이념으로 하여 발전된 것이라 할 수 있다. 다시 말하자면 행정상 손해배상에 있어서는 주로 행위자의 도의적 책임이 내세워진 데 반하여, 행정상 손실보상의 경우에는 행위 그 자체는 사회적으로 비난의 여지가 없으며, 오로지 피해자의 특별한 희생의 공평한 분배가 고려의 대상이 되는 것이다. 따라서 이들 양자는 손해전보라는 점에서는 같은 것이나, 연혁적으로는 서로 다른 원리에 기초를 두고 구성·발전된 것이다.

Ⅱ. 행정상 손해배상과 행정상 손실보상의 융화경향

오늘날에 와서는 양 제도가 다 같이 행정작용과의 관련 아래 개인이 입은 특별한 손실에 대한 전보를 목적으로 하는 점에서 공통의 성격과 기반을 가지는 것으로 보아 양 제도의 융화 내지 일원화의 경향이 있다. 즉, 도의적 비난을 가할 수 없는 경우에도 부담의 공평화라는 관점에서 배상을 하여야 한다는 무과실책임론이나, 불법행위배상책임과 적법행위보상책임의 중간영역으로서의 적법·무과실의 손해의 배상을 인정하는 국가의 위험책임론이 등장하여 이 양자를 합하여 국가보상제도로 통일하려는 경향이 그것이다. 그러나 이러한 시도는 아직은 모색의 단계라 할 것이다. 우리나라의 현행 실정법은 양자를 일응 구별하고 있다.

제 2 절 행정상 손해배상

Ⅰ. 개 설

1. 행정상 손해배상의 의의

행정상 손해배상이란 공무원의 위법한 직무집행행위 또는 국가나 공공단체의 공공의 영조물의 설치·관리의 하자로 인하여 개인에게 재산상의 손해를 가한 경우에 국가나 공공단체가 그 손해를 배상하는 것을 말한다.

2. 행정상 손해배상제도의 발전

공무원의 직무상 불법행위로 인한 국가의 손해배상책임(損害賠償責任)은 원래 민사법상의 불법행위제도를 기반으로 한 것이나, 그 책임의 주체가 국가 또는 공공단체라는 점과 손해원인이 공행정이라는 점에서 보통의 민사책임과 달리 다루어져 왔다.

일반적으로 근대국가 초기에는 국가무책임의 원칙이 지배적이었고, 다른 한편으로는 공무원 자신은 개인적인 민사책임을 지는 것이 통례였다. 그러나 이러한 국가무책임의 원칙은 정의·공평의 이념에 배치되고, 행정기능의 증대경향에 따른 개인의 권리구제를 소홀하게 할 위험성을 증가시켰다. 그리하여 각국에서는 입법이나 판례법으로 국가책임을 인정하게 되었다.

(1) 프랑스

프랑스에서는 학설과 국참사원(Conseil d'Etat)의 판례를 통하여 발전하였으며, 그것은 역무과실책임(役務過失責任)과 위험책임(무과실책임)의 이원적 구조를 취하고 있다. 전자는 '블랑꼬'(Blanco)판결 이래 확립된 것으로 사유재산제의 안전판으로서의 과실책임주의를 바탕으로 한 것이며, 후자는 증대하는 행정적 위험에 대한 보험으로서 '위험의 사회화', '공적 부담 앞의 평등'을 실현하는 것으로서 프랑스 국가책임의 특색이라 할 수 있다. 그러나 실제로는 공공시설로 인한 항구적 침해의 경우를 제외하고는 무과실책임은 매우 제한적으로만 인정되고 있다. 따라서 프랑스의 행정상 손해배상제도는 원칙적으로는 과실책임주의에 입각하고 있다.

(2) 독 일

독일에서 국가의 배상책임은 국고로서의 사경제작용으로 인한 손해의 경우와 공권력행사 기타 공행정작용으로 인한 손해의 경우로 나누어, 전자의 경우에는 사인과 동일한 지위에서 민법상의 손해배상책임을 인정하고, 후자의 경우에는 일반 민사책임과 다른 원리를 인정하여 공무원의 개인적 책임 외에 국가의 배상책임은 인정하지 아니하였다. 그러나 20세기에 와서 국가배상책임을 인정하는 각종 입법이 나타나기 시작하였고(1910년의 독일국공무원책임법), 1919년의 '바이마르'헌법 제131조는 국가의 배상책임을 헌법상의 원칙으로 격상시켰다. 그런데 1949년의 '본'

기본법 제34조는 이를 계승하였으나, 대위책임이 아닌 직접책임의 원칙을 채택하였다.

종래에 국가의 직접적·배타적인 책임원칙을 채택한 국가책임법(1982.1.1. 시행)이 제정되었으나, 연방헌법재판소에서 동법의 제정이 연방의 권한에 속하지 아니한다는 이유로 위헌판결을 받아 무효화되었다(1982.10.29).

(3) 영·미

영·미에서는 오랫동안 "왕은 악을 행할 수 없다"는 원칙과 주권면책의 사상에 의하여 국가책임은 부정되고 불법행위자인 공무원에 대해서만 개인적인 민사책임을 인정하였다. 그러나 영국에서는 1947년 국왕소추법이, 미국에서는 1946년 연방불법행위청구법이 제정됨으로써 각각 국가의 책임을 인정하게 되었다. 이와 같이 영·미에서는 국가의 불법행위책임을 인정하고 있지만, 국가책임을 사인의 민사상 불법행위책임과 같은 기초 위에서 구성하였으며, 광범한 적용배제규정을 둠으로써 국가의 배상책임을 실질적으로 축소하고 있다.

3. 우리나라의 행정상 손해배상제도

(1) 국가배상의 헌법적 보장

우리 헌법 제29조 제1항은 기본권 보장을 위한 기본권 내지 전통적 개념으로서의 수익권의 일종으로서 "공무원의 직무상 불법행위로 손해를 받은 국민은 법률이 정하는 바에 의하여 국가 또는 공공단체에 정당한 배상을 청구할 수 있다. 이 경우 공무원 자신의 책임은 면제되지 아니한다"라고 규정함으로써 국가의 일반적인 불법행위배상책임을 헌법적으로 보장하고 있다. 따라서 행정상의 손해배상에 관한 법률은 손해배상청구권의 요건·내용 및 절차 등에 관하여 정할 수 있을 뿐이며, 손해배상청구권 자체를 부인하는 내용을 규정할 수는 없다.

(2) 국가배상법의 지위

국가의 배상책임을 규정한 헌법규정에 따라 제정된 「국가배상법」(1967.3.3. 법률 1899호)은 국가 또는 지방자치단체의 불법행위책임에 관한 일반법이다. 동법 제8조는 "국가나 지방자치단체의 손해배상책임에 관하여는 이 법에 규정된 사항 외에는 민법에 따른다. 다만 민법 외의 법률에 다른 규정이 있을 때에는 그 규정에 따른다"고 규정하고 있다. 따라서 국가배상사건에 적용되는 **법률의 우선순위**는 ① 먼저 **특별법**이 있으면 그것이 적용되고, ② 그러한 특별법이 없으면 **국가배상법**이 적용되며, ③ 동법에 규정이 없는 사항에 대해서는 **민법**이 적용된다.

국가배상법 제7조는 "이 법은 외국인이 피해자인 경우에는 해당 국가와 상호보증이 있을 때에만 적용한다"고 규정하고 있다. 이러한 상호주의 채택은 공평의 요청에 의한 것이다.

(3) 국가배상법의 성격

국가배상법의 성격에 관해서는 종래부터 공법설과 사법설이 대립되고 있다.

1) **공법설**: 공권력작용은 민법이 예정하는 사경제작용과는 성격을 달리하는 것으로 국가배

상법은 공행정작용을 다룬 국가배상에 관한 일반법이며, 실정법상 공·사법의 이원적 법체계를 인정하고 있는 이상, 공법적 원인에 의하여 발생한 손해에 대한 배상법은 공법으로 보아야 한다는 견해이다(다수설).

2) 사법설: 손해배상청구권은 일반불법행위이론의 한 유형인 것이지 공법에 특유한 책임이론이 아니며, 배상청구권은 원인행위 그 자체의 법률효과라기 보다는 잘못된 원인으로 인하여 생긴 손해에 대하여 법이 부여한 법률효과라고 할 수 있기 때문에 배상청구원인이 공법적인지 또는 사법적인 것인지를 가릴 필요가 없다는 것이다. 따라서 국가를 사인과 동등한 지위에 두고 국가배상법을 민법에 대한 특별법으로서 사법으로 보아야 한다는 견해이다.

3) 판 례: 판례는 국가배상법을 민법의 특별법으로 보고, 국가배상청구소송을 민사소송으로 다루고 있다(대판 1972.10.10. 69다701; 대판 1981.2.10. 80누317 등).

4) 결 어: 이론상으로는 공법설이 타당하다. 국가배상사건을 민사사건으로 하는 경우 동일한 행정작용을 청구원인으로 하는 항고소송과의 사이에 재판관할의 이원화를 가져오는 절차상의 불편이 있고, 관련청구의 병합에도 지장이 있다. 또한 행정소송법이 "행정청의 처분 등을 원인으로 하는 법률관계에 관한 소송, 그 밖에 공법상의 법률관계에 관한 소송"을 당사자소송으로 명시하고 있다는 점 등을 고려할 때 공법설이 타당하다. 다만, 실제운영상으로 국가배상법에 규정이 없는 경우에 민법이 적용되고, 청구사건은 민사사건으로 사법으로 운영하고 있다.

(4) 국가배상의 유형

국가배상법은 동법에 의한 국가배상의 유형을, ① 공무원의 위법한 직무행위로 인한 것(동법 2①)과 ② 영조물의 설치·관리의 하자로 인한 것(동법 5①)의 둘로 나누어 규정하고 있다. 이하 이들에 관하여 살펴보기로 하겠다.

Ⅱ. 공무원의 위법한 직무행위로 인한 손해배상

국가배상법 제2조는 "국가나 지방자치단체는 공무원 또는 공무를 위탁받은 사인(이하 '공무원'이라 한다)이 그 직무를 집행하면서 고의 또는 과실로 법령을 위반하여 타인에게 손해를 입히거나, 자동차손해배상보장법에 따라 손해배상의 책임이 있을 때에는 이 법에 따라 그 손해를 배상하여야 한다"(2① 본문)는 것과 "제1항 본문의 경우에 공무원에게 고의 또는 중대한 과실이 있으면 국가나 지방자치단체는 그 공무원에게 구상할 수 있다"(2②)라고 규정하여 공무원의 위법한 직무행위로 인한 국가의 배상책임을 명시하고 있다.

1. 배상책임의 요건

국가 등이 배상책임을 지는 것은 공무원이 그 직무를 집행하면서 고의나 과실로 법령을 위반하여 타인에게 손해를 입힌 경우이다. 이들 배상책임의 요건을 분설하면 다음과 같다.

(1) 공무원

1) 공무원의 범위: 국가 등이 배상책임을 지는 손해는 '공무원 또는 공무를 위탁받은 사인'이 그 직무를 집행하면서 입힌 것이어야 한다. 여기서 공무원은 공무를 위탁받은 사인, 즉 공무수탁사인을 포함하므로 신분상의 개념이 아니라 기능상의 개념이다. 따라서 국가공무원, 지방공무원뿐만 아니라 널리 공무를 위탁받아 실질적으로 이에 종사하는 자를 말한다. 따라서 그 공무의 위탁은 일시적이고 한정적인 것도 포함하며(판례1) 보수지급여부와도 관계없다. 또한 공무원의 임용행위의 하자로 무효나 취소로 되기 전에 한 사실상의 공권력 행사도 공무원의 행위로 본다.

예컨대, 공무원에는 집달관 · 공탁공무원 · 감독상관 · 소집중인 향토예비군 · 미군부대카튜샤 · 시청소차운전사 · 철도차장 · 조세의 원천징수의무자 · 별정우체국장 · 위원 · 소방원 · 교통정리중인 교통할아버지(대판 2001.1.5. 98다39060) 등이 포함되나, 판례는 의용소방대원(대판 1966.11.22. 66다1501) · 시영버스운전사(서울고법 1974.10.2. 73나1434) 등은 제외하고 있다.

2) 국가기관의 포함 여부: 기관(합의제 행정청 포함) 그 자체도 공무원에 포함되는지에 대하여 견해가 나뉜다.[1)]

(가) 긍정설: 이는 국회나 합의제행정기관 등 국가기관도 공무원에 해당될 수 있다고 한다.

(나) 부정설: 이는 실제로 공무를 수행하는 자연인인 공무원이어야 한다고 본다.

(다) 판 례: 판례는 한국토지공사는 행정주체의 지위에 있지 공무원에 해당한다고 볼 수 없다고 하여 부정설을 취한다(판례2).

(라) 결 어: 국가 · 공공단체 등 기관 그 자체는 권리 · 의무 및 책임의 귀속주체인 행정주체이지 공무집행의 행위자인 공무원이라 할 수 없다(부정설). 공무원은 국가배상책임의 주관적 요건인 고의 · 과실의 행위자인 자연인인 국가기관의 직원이라 할 것이므로, 국회 · 법원 등의 구성원인 공무원 · 국회의원 · 법관 및 공무수행자인 공공단체의 직원 등이 공무원에 포함된다.

3) 공무수탁사인: 국가배상법 제2조 제1항의 공무수탁사인의 지위에 관하여 견해가 대립된다. 즉, ① 공행정작용의 법적 효과는 행정주체에게 귀속되므로 행정주체인 공무수탁사인이 배상책임자라는 **공무수탁사인설**과, ② 공무를 위탁받은 사인을 공무원에 포함시켜 국가나 지방자치단체가 배상하도록 규정하고 있으므로 국가나 지방자치단체가 배상책임자라는 **국가 · 지방자치단체설**이 대립하고 있다. 생각건대, 공무를 위탁받은 사인을 공무원으로 규정하고 있으므로 국가 · 지방자치단체설이 타당하다. 따라서 공무수탁사인은 행정주체의 지위에 있지만, 동시에 국가배상법상 공무원에 해당하여 수탁공무의 귀속주체에 따라 국가 또는 지방자치단체가 배상책임자라 할 것이다. 다만, 공무수탁사인이 법인인 경우에는 법인은 행정주체의 지위에 있게 되고, 수탁공무를 처리하는 법인의 직원이 공무원에 해당한다(판례3).

---

1) 국가기관이란 국가의사의 결정 · 표시를 비롯한 모든 국가작용을 담당하는 기관을 말한다. 따라서 국회, 법원 및 행정청 · 보조기관 등 행정기관을 포함하는 개념이나, 여기서는 주로 한국도로공사 등 영조물법인과 의료보험조합 등 공공조합 및 행정심판위원회 등 합의제 행정청 등이 문제된다.

[판례 1] 공무원의 범위

"국가배상법 제2조 소정의 '공무원'이라 함은 국가공무원법이나 지방공무원법에 의하여 공무원으로서의 신분을 가진 자에 국한하지 않고, **널리 공무를 위탁받아 실질적으로 공무에 종사하고 있는 일체의 자**를 가리키는 것으로서, 공무의 위탁이 일시적이고 한정적인 사항에 관한 활동을 위한 것이어도 달리 볼 것은 아니다."(대판 2001.1.5, 98다39060, 구상금)

[판례 2] 기관의 공무원에 포함여부

"한국토지공사는 구 한국토지공사법 제22조 제6호 및 같은 법 시행령 제40조의3 제1항의 규정에 의하여 본래 시·도지사나 시장·군수 또는 구청장의 업무에 속하는 대집행권한을 한국토지공사에게 위탁하도록 되어 있는바, **한국토지공사는 이러한 법령의 위탁에 의하여 대집행을 수권받은 자로서 공무인 대집행을 실시함에 따르는 권리·의무 및 책임이 귀속되는 행정주체의 지위에 있다고 볼 것이지** 지방자치단체 등의 기관으로서 **국가배상법 제2조 소정의 공무원에 해당한다고 볼 것은 아니다.**"(대판 2010.1.28, 2007다82950, 손해배상(기)·부당이득금)

[판례 3] 공무수탁사무를 집행한 공법인의 직원 등

"공법인이 국가로부터 위탁받은 공행정사무를 집행하는 과정에서 공법인의 임직원이나 피용인이 고의 또는 과실로 법령을 위반하여 타인에게 손해를 입힌 경우에는, **공법인은 위탁받은 공행정사두에 관한 행정주체의 지위에서 배상책임을 부담하여야 하지만, 공법인의 임직원이나 피용인은 실질적인 의미에서 공무를 수행한 사람으로서 국가배상법 제2조에서 정한 공무원에 해당하므로** 고의 또는 중과실이 있는 경우에만 배상책임을 부담하고 경과실이 있는 경우에는 배상책임을 면한다."(대판 2021.1.28. 2019다260197)

(2) 직무행위

1) 직무행위의 범위: 직무행위란 공무원으로서 담당하는 업무의 수행을 말한다. 국가배상책임의 요건으로서 가해행위는 공무(公務), 즉 직무행위의 성격을 지닌 것이어야 한다. 그런데 직무행위(職務行爲)의 범위에 관하여 견해가 대립하고 있다.

(가) 협의설: 이는 직무행위는 권력작용만을 뜻한다는 입장이다. 헌법과 국가배상법이 배상책임을 인정한 것은 종래 부인되었던 권력작용으로 인한 국가의 배상책임을 인정하려는 것이라고 하여, 직무행위를 권력작용에 한하고 있다.

(나) 광의설: 이는 권력작용과 비권력적 공행정작용을 포함한다는 입장이다. 국가배상법이 국가배상책임에 관하여 민법과 별도로 규정한 것은 사인간의 행위와는 법적 성질을 달리하는 모든 공행정작용은 민법이 아닌 국가배상법의 적용대상으로 하려는 것이며, 국가배상법은 이론상 공법이므로 사경제작용에는 적용될 수 없다고 한다.

(다) 최광의설: 이는 직무행위에 사경제작용까지 포함한다는 입장이다. 헌법은 행정작용의 성질상의 구별없이 국가의 배상책임을 인정하고 있고, 국가배상법은 사용자의 면책규정(민법 756 단서)을 두고 있지 아니하여 사경제작용에 대해서도 동법을 적용하는 것이 피해자에게 유리하며, 국가배상법은 사법이므로 사경제작용에도 당연히 적용된다고 한다.

(라) 판 례: 판례는 광의설을 취하고 있는 바, 대법원은 "국가배상청구의 요건인 '공무원의 직무'에는 권력작용만이 아니라 비권력작용도 포함되며 단지 행정주체가 사경제주체로서 하는 활동만 제외된다"고 판시하고 있다(대판 2004.4.9. 2002다10691; 대판 2001.1.5. 98다39060 등).

(마) 결 어: ① 국가의 사경제적 작용에 대하여는 헌법 이전에 이미 사법상의 배상책임이 인정되어 있었기 때문에 헌법 제29조나 국가배상법은 오히려 공행정작용에 대하여 국가책임을 인정하려는 점에 큰 의의가 있다는 점, ② 동일한 관계는 동일한 법에 규율되어야 하므로 국가가 사인으로서 행하는 경우에는 사인에 관한 법의 적용을 받아야 한다는 점, ③ 민법 제756조의 사용자책임은 피해자보호를 위한 무과실책임 · 보상책임의 성질을 가진 것이므로 동조의 사용자의 면책규정이 거의 적용될 여지가 없기 때문에 민법에 의하더라도 피해자에게 불리하지 않다는 점, ④ 국가배상법은 이론상 공법이므로 사경제작용에는 적용될 수 없다는 점 등을 고려할 때에는 광의설이 타당하다.

2) 직무행위의 내용: 직무행위의 내용에는 위의 직무행위에만 해당되면 원칙적으로 작위 · 부작위 또는 법률행위 · 사실행위인지의 여부를 가릴 것 없이 모두 포함되며, 국가의 입법 · 행정 · 사법의 모든 작용이 포함된다.

(가) 입법작용(立法作用)

(a) 입법작용으로 인한 손해발생: 국회의 입법행위나 행정입법 및 조례제정으로 손해가 발생하였다고 하더라도 원칙적으로 국가배상법상의 위법한 행위로 되지 아니한다. 국회의원은 자유로운 토론과 다수결의 원리에 의하여 통일적인 국가의사를 형성하는 역할을 수행하며 입법에 관하여 원칙적으로 국민전체에 대한 정치적 책임을 질뿐 국민 개개인의 권리에 대응하는 법적 의무를 부담하는 것이 아니다. 다만, 입법행위는 그 입법내용이 헌법(행정입법인 경우에는 헌법과 법률)의 문언에 객관적으로 명백히 위반되거나 반인륜적임에도 불구하고 당해 입법을 한 것과 같은 특수한 경우에는 위법이 될 수 있다(판례).

[판 례] 입법행위의 손해배상책임 여부

> "우리 헌법이 채택하고 있는 의회민주주의하에서 국회는 다원적 의견이나 각가지 이익을 반영시킨 토론과정을 거쳐 다수결의 원리에 따라 통일적인 국가의사를 형성하는 역할을 담당하는 국가기관으로서 그 과정에 참여한 국회의원은 입법에 관하여 원칙적으로 국민 전체에 대한 관계에서 정치적 책임을 질 뿐 국민 개개인의 권리에 대응하여 법적 의무를 지는 것은 아니므로, 국회의원의 입법행위는 그 **입법 내용이 헌법의 문언에 명백히 위배됨에도 불구하고 국회가 굳이 당해 입법을 한 것과 같은 특수한 경우가 아닌 한 국가배상법 제2조 제1항 소정의 위법행위에 해당한다고 볼 수 없다.**"(대판 2008.5.29, 2004다33469; 대판 1997.6.13, 96다56115 등)

(b) 위헌 · 위법인 법령에 근거한 처분으로 인한 손해: 행정처분의 근거법률이 나중에 헌법재판소에 의하여 위헌으로 결정되었다면 결과적으로 그 행정처분은 위법성이 인정된다. 그러나 그 법률의 내용이 헌법의 문언에 명백히 위반되거나 반인륜적이라는 특별한 사정이 없는 한, 그것만으로는 공무원이 그 법률의 제정 · 적용 · 시행 당시 헌법에 위배된다는 사정을 알았다고 보기 어렵고, 위헌결정이 있기 전에는 그 위법이 객관적으로 명백하다고 할 수 없으므로 공무원의 과실을 인정하기 어렵다. 또한 위헌인 처분법률에 의하여 손해가 발생한 경우에는 처분권자가 국회의원이 되는데 입법부의 구성원인 국회의원의 여러 단계의 입법과정에서의 고의 · 과실을 인정하는 데에 어려움이 있다.

(c) **입법부작위로 인한 손해배상**: 국회는 광범한 입법형성의 자유가 인정되므로 입법부작위가 위헌이 되지 않으며, 행정입법과 조례의 경우에도 마찬가지라 할 것이다. 그러나 국회에게 헌법상의 입법의무가 부여되었다고 할 수 있는 예외적인 경우와, 법률이 그 구체적인 내용을 법규명령에 위임했음에도 불구하고 정당한 이유 없이 법규명령을 제정하지 아니하여 손해가 발생한 경우에는 위헌·위법이 된다고 할 것이다(판례1,2).

[판례 1] 입법부작위의 손해배상책임 여부

"국가가 일정한 사항에 관하여 헌법에 의하여 부과되는 구체적인 입법의무를 부담하고 있음에도 불구하고 그 입법에 필요한 상당한 기간이 경과하도록 고의 또는 과실로 이러한 입법의무를 이행하지 아니하는 등 **극히 예외적인 사정이 인정되는 사안에 한정하여 국가배상법 소정의 배상책임이 인정될 수 있으며**, 위와 같은 구체적인 입법의무 자체가 인정되지 않는 경우에는 애당초 부작위로 인한 불법행위가 성립할 여지가 없다."(대판 2008.5.29, 2004다33469)[1951.2. 거창주민학살사건에 대한 국가의 후속조치는 국민전체의 여론·국가재정·유사사건처리문제 등 제반사정을 종합적으로 고려한 입법정책적 판단이므로, 1995.12. 관련자명예회복특별조치법이 제정되었으나 유족에 대한 배상규정은 두지 아니하였고, 국가의 소멸시효완성의 주장이 신의성실의 원칙에 반한다고 볼 수 없어 국가배상을 부인한 판례]

[판례 2] 행정입법 부작위의 손해배상책임 여부

"**입법부가 법률로써 행정부에게 특정한 사항을 위임했음에도 불구하고 행정부가 정당한 이유 없이 이를 이행하지 않는다면 권력분립의 원칙과 법치국가 내지 법치행정의 원칙에 위배되는 것으로서 위법함과 동시에 위헌적인 것이 되는바**, 구 군법무관임용법 제5조 제3항과 군법무관임용 등에 관한 법률 제6조가 군법무관의 보수를 법관 및 검사의 예에 준하도록 규정하면서 그 구체적 내용을 시행령에 위임하고 있는 이상, …… 행정부가 정당한 이유 없이 시행령을 제정하지 않은 것은 위 보수청구권을 침해하는 불법행위에 해당한다."(대판 2007.11.29. 2006다3561)

(나) **사법작용**: 사법작용 중 범죄수사 및 강제집행 등 재판이 아닌 사법행정작용은 국가배상법의 적용에 문제가 없다고 할 것이나, 기판력이 인정되는 재판작용은 판결의 기판력과 관련하여 국가배상법 적용여부에 대하여 견해가 나뉘고 있다.

(a) **긍정설**: 확정된 재판과 그 판결의 위법을 이유로 하는 국가배상소송은 그 목적과 대상을 달리하는 것이므로 판결의 위법을 이유로 국가배상책임을 인정하는 것은 판결의 기판력을 침해하는 것이 아니라고 한다. 따라서 재판행위도 국가배상책임이 인정된다고 한다.

(b) **부정설**: 확정판결에 대하여 국가배상책임을 인정하는 것은 기판력에 반하므로 기판력이 인정되는 판결에 대해서는 국가배상책임이 인정되지 않는다고 한다. 그 밖에 심급제도 및 법관의 독립을 이유로 재판작용의 국가배상책임을 부정하는 견해도 있다.

(c) **제한적 긍정설**: 경험법칙상 불합리한 사실의 인정, 법령내용의 오해·부지로 인한 오판이나 위법·부당한 목적 또는 명백한 권한남용 등 특별한 사정이 있는 경우에 한해 제한적으로 재판의 국가배상책임을 인정해야 한다는 입장이다.

(d) **판 례**: 대법원은 판결이 상소심이나 재심에서 취소되었다고 하여 바로 위법한 행위가 되는 것은 아니며, 위법·부당한 목적 또는 명백한 권한남용과 같은 특별한 사정이 있는 경우에 한해 위법성을 인정하고 있다.

[판 례] 법관에게 부여된 권한의 취지에 명백히 어긋나는 특별한 사정이 있어야 위법행위

"법관의 재판에 법령의 규정을 따르지 아니한 잘못이 있다 하더라도 이로써 바로 그 재판상 직무행위가 국가배상법 제2조 제1항에서 말하는 위법한 행위로 되어 국가의 손해배상책임이 발생하는 것은 아니고, 그 국가배상책임이 인정되려면 당해 법관이 위법 또는 부당한 목적을 가지고 재판을 하였다거나 법이 법관의 직무수행상 준수할 것을 요구하고 있는 기준을 현저하게 위반하는 등 **법관이 그에게 부여된 권한의 취지에 명백히 어긋나게 이를 행사하였다고 인정할 만한 특별한 사정이 있어야 한다.**"(대판 2003.7.11. 99다24218)[적법한 헌법소원제기에 대해(4일) 접수일을 잘못 오인하여(14일) 청구기간도과로 각하한 사건]

(e) **결 어**: 재판작용에 대해 일반적으로 국가배상책임을 인정하면 판결을 통한 분쟁의 종국적 해결이라는 판결의 기판력의 의미를 무의미하게 하므로 문제가 있다. 따라서 국가배상제도와 판결의 종국성이라는 요청을 조화하고자 하는 제한적 긍정설의 입장에서 특별한 사정이 있는 경우에 한해 제한적으로 인정함이 타당하다.

(다) 부작위: 종래에는 행정권의 발동여부는 공무원의 재량에 맡겨져 있다고 보고 또한 부작위로 인한 불이익은 반사적 이익의 침해로 보아 배상책임이 부인되었다. 그러나 행정편의주의는 재량권의 영으로의 수축이론과 행정개입청구권에 의해 극복되면서 공무원의 위법한 부작위도 당연히 직무행위에 포함하게 되었다(판례).

[판 례] 부작위의 직무상 의무 위반여부

"구 식품위생법의 규정이 식약청장 등에게 합리적인 재량에 따른 직무수행 권한을 부여한 것으로 해석되는 이상, 식약청장 등에게 그러한 권한을 부여한 취지와 목적에 비추어 볼 때 구체적인 상황 아래에서 식약청장 등이 그 **권한을 행사하지 아니한 것이 현저하게 합리성을 잃어 사회적 타당성이 없는 경우에 한하여 직무상 의무를 위반한 것이 되어 위법하게 된다.**"(대판 2010.11.25. 2008다67828 등)

"경찰관의 주취운전자에 대한 권한 행사가 관계 법률의 규정 형식상 경찰관의 재량에 맡겨져 있다고 하더라도, 그러한 권한을 행사하지 아니한 것이 구체적인 상황하에서 현저하게 합리성을 잃어 사회적 타당성이 없는 경우에는 경찰관의 직무상 의무를 위배한 것으로서 위법하게 된다."(대판 1998.5.8, 97다54482)[적발된 주취운전자가 도로밖으로 차량이동을 하겠다며 단속경찰관이 보관중인 차량열쇠를 받아 몰래 사고차량을 몰고가다 무단횡단자 2명을 사망케 한 사건]

(라) 사실행위: 사실행위는 행정의 중요한 행위수단이 되고 있는 바, 당연히 직무행위에 포함된다. 판례는 최루탄 사용, 불심검문, 비닐하우스 철거, 행정지도 등에 대하여 국가배상요건으로서의 직무행위임을 인정하고 있다.

(마) 준법률행위적 행정행위: 이는 행정주체의 효과의사와 관계없이 직접 법규가 정하는 법률효과가 발생하므로 손해발생의 원인행위가 되는 경우는 많지 않을 것이다. 그러나 직무상 과실로 허위의 인감증명발급과 같이 손해발생의 원인행위가 되는 경우에는 직무행위에 포함된다(대판 1991.1.22. 91다26980).

(바) 통치행위: 위법한 통치행위로 인하여 손해를 입은 사인은 국가에 대해 국가배상을 청구할 수 있는지에 대하여 견해가 나뉘고 있다.

(a) **부정설**: 통치행위는 사법심사의 대상에서 제외되므로 국가배상청구사건의 전제문제로서 통치행위의 적부의 판단은 할 수 없다고 한다.

(b) **긍정설**: 통치행위의 효력을 심사할 수 없지만 그 법리와 기본적 모순이 없는 한도에서 사익의 보호를 도모할 필요가 있고, 취소소송과 국가배상소송 사이에 통치행위에 대한 취급을 달리한다고 하여 특히 불합리하다고는 할 수 없다고 한다.

(c) **결 어**: 국가배상책임의 요건인 직무행위에 통치행위가 포함된다고 할 것이나, 통치행위에 사법심사권이 미치지 않는다면 국가배상청구소송에서 적법·위법의 판단을 할 수 없다고 할 것이다. 그런데 국가배상청구소송이 통치행위의 효력 자체를 다투는 것이 아니라면 법질서의 통일성의 요청에서 국가배상청구소송의 판결에서 위법이라고 평가된 통치행위에 의한 피해를 그대로 감수하도록 하는 것은 바람직하다고 볼 수 없다. 따라서 통치행위의 효력을 다치지 않는 한도에서 객관적으로 명백하게 헌법이나 법률에 위반되는 것으로 인정되는 등 특별한 사정이 있는 경우에는 위법성의 판단을 통한 국가배상을 인정할 수 있다. 다만, 고의·과실의 인정 등 국가배상책임요건을 판단하기 쉽지 않은 경우가 많을 것이므로, 이 경우에는 행정상 손실보상의 방법을 생각할 수도 있을 것이다.

3) **직무행위의 판단기준**: '직무를 집행하면서'란 직무행위 자체는 물론, 객관적으로 직무의 범위 내에 속하는 행위라고 인정되거나, 직무와 밀접하게 관련된 행위라고 인정되는 경우를 말한다. 직무행위의 판단기준은 당해 행위가 현실적으로 정당한 권한 내의 것인지 또는 행위자인 공무원이 주관적으로 직무행위의 의사를 가지고 있는지의 여부와는 관계없이 객관적으로 직무행위의 외형을 갖추고 있는지의 여부, 즉 **외형주의**(外形主義)에 의한다(통설·판례). 왜냐하면 외관상 직무행위라고 볼 수 있는 상태의 행위는 일반적으로 적법한 것으로 국민이 신뢰하는 것이 보통이기 때문이다.

[판 례] 외형주의에 의한 직무행위의 판단

"직무를 집행함에 당하여'라 함은 직접 공무원의 직무집행행위이거나 그와 밀접한 관련이 있는 행위를 포함하고, 이를 판단함에 있어서는 **행위자체의 외관을 객관적으로 관찰하여** 공무원의 직무행위로 보여질 때에는 비록 그것이 실질적으로 직무행위가 아니거나 또는 행위자로서는 주관적으로 공무집행의 의사가 없었다고 하더라도 그 행위는 공무원이 '직무를 집행함에 당하여' 한 것으로 보아야 한다."(대판 2005.1.14. 2004다26805; 대판 2001.1.5. 98다39060; 대판 1995.4.21. 93다14240 등)

(3) 고의·과실(故意·過失)

1) **과실책임주의**: 국가배상법은 공무원이 고의 또는 과실로 타인에게 손해를 가할 것을 배상책임의 요건으로 하여 과실책임주의에 입각하고 있다. 여기서 고의란 공무원이 직무를 집행하면서 해당 행위로 인해 객관적으로 위법이 되는 사실의 발생을 인식하면서도 그 행위를 행하는 것을 말하며, 과실이란 해당 처분이 위법이라는 것을 부주의로 인식하지 못하고 그 행위를 하는 것을 말한다.

고의·과실은 민법상의 사용자책임과 다르며, 행위를 한 공무원 자신, 즉 **행위자를 표준**으로 판단하여야 한다. 국가의 배상책임을 대위책임으로 보는가 자기책임으로 보는가에 따라 고의·

과실의 해석이 달라진다. **대위책임설**에 의하면 공무원의 고의·과실은 해당 공무원의 주관적 책임요건이며, 공무원의 주관적 인식유무를 기준으로 판단하게 된다. **자기책임설**에 의하면 고의·과실은 위법한 국가작용의 발생원인을 객관적으로 평가하여 국가의 책임범위를 정하기 위한 기준이며, 국가 등의 귀책사유가 될 수 있는 공무운영상의 흠의 발생이라고 하는 객관적 사정으로 본다. 대위책임설이 통설·판례이다.

2) 과실의 객관화·정형화: 국가배상법은 과실책임주의를 취하고는 있으나, 국가 등의 책임범위를 확대하기 위하여 과실의 객관화·정형화를 기하는 경향이 있다.

(가) 추상적 과실: 과실은 구체적 과실이 아니라 추상적 과실이므로 공무원 개인의 주관적 능력과 관계없이 **표준적·평균적인 공무원**으로서 할 수 있는 주의의무위반이라 하겠다. 즉, 주의의무의 내용은 공무원의 직종과 직위에 의하여 객관적으로 정하여야 하며, 특정 공무원 개인의 지식·능력·경험의 여하로 좌우되지 않는다(판례).

(나) 조직과실론: 과실의 인정단위는 가해행위에 대한 법률상 권한이 있는 행정기관인 공무원에 한하지 않고, 그 보조기관인 공무원이나 직접 가해공무원에 대해 지휘·감독권한이 있는 상급기관의 직원도 포함하여 해당 권한행사에 관한 직무집행의 체제전체를 포함한다. 따라서 가해공무원의 특정은 필요하지 않다.

[판 례] 추상적 과실

"행정청이 관계 법령의 해석이 확립되기 전에 어느 한 견해를 취하여 업무를 처리한 것이 결과적으로 위법하게 되어 그 법령의 부당집행이라는 결과를 빚었다고 하더라도 처분 당시 그와 같은 처리방법 이상의 것을 **성실한 평균적 공무원에게 기대하기 어려웠던 경우**라면 특별한 사정이 없는 한 이를 두고 공무원의 과실로 인한 것이라고 볼 수는 없다."(대판 1995.10.13, 95다32747; 대판 2004.6.11, 2002다31018; 대판 2007. 5.10, 2005다31828 등)

3) 과실과 위법성의 관계

(가) 과실과 위법성의 구별: 배상책임성립에 있어서 위법성은 객관적 요건이고 과실은 공무원의 주관적 요건이다. 그리하여 위법 자체만으로 고의 또는 과실로 인한 불법행위를 구성한다고 단정할 수 없고 고의·과실에 대해서는 별도의 판단을 요한다(판례1). 그러나 과실의 객관화를 통해 과실을 객관적인 주의의무위반으로 파악하면, 위법성과 과실 중 어느 하나가 존재하면 다른 요건도 존재하는 것으로 인정할 수 있게 된다.

[판례 1] 위법과 별도로 고의·과실 판단

"**어떠한 행정처분이 위법하다고 할지라도 그 자체만으로 곧바로 그 행정처분이 공무원의 고의 또는 과실로 인한 불법행위를 구성한다고 단정할 수는 없고, 공무원의 고의 또는 과실의 유무에 대하여는 별도의 판단을 요한다**고 할 것인바, 그 이유는 행정청이 관계 법령의 해석이 확립되기 전에 어느 한 설을 취하여 업무를 처리한 것이 결과적으로 위법하게 되어 그 법령의 부당집행이라는 결과를 빚었다고 하더라도 처분 당시 그와 같은 처리방법 이상의 것을 성실한 평균적 공무원에게 기대하기 어려웠던 경우라면 특별한 사정이 없는 한 이를 두고 공무원의 과실로 인한 것이라고 볼 수는 없기 때문이다."(대판 2004.6.11, 2002다31018; 대판 2001.3.13, 2000다20731 등)

(나) 위헌 · 위법인 법령 · 행정규칙의 적용: 위법판단의 전 · 후에 따라 다른바, 이미 위헌 · 위법으로 사법적 판단이 난 법령 및 행정규칙을 적용한 경우에는 고의 또는 과실을 인정할 수 있다. 그러나 처분의 근거가 된 법령 또는 행정규칙이 나중에 위헌 또는 위법으로 된 경우에는 공무원에게 일반적으로 과실이 있다고 보기 어렵다(판례2).

[판례 2] 위헌 · 위법인 법령 · 행정규칙의 적용의 고의 · 과실여부

"**행정청이 관계 법령의 해석이 확립되기 전에 어느 한 견해를 취하여 업무를 처리한 것이 결과적으로 위법하게 되어** 그 법령의 부당집행이라는 결과를 빚었다고 하더라도 처분 당시 그와 같은 처리방법 이상의 것을 성실한 평균적 공무원에게 기대하기 어려웠던 경우라면 특별한 사정이 없는 한 이를 두고 공무원의 **과실로 인한 것이라고 볼 수는 없다** 할 것이지만, **대법원의 판단으로 관계 법령의 해석이 확립되고 이어 상급 행정기관 내지 유관 행정부서로부터 시달된 업무지침이나 업무연락 등을 통하여 이를 충분히 인식할 수 있게 된 상태에서, 확립된 법령의 해석에 어긋나는 견해를 고집하여 계속하여 위법한 행정처분을 하거나 이에 준하는 행위로 평가될 수 있는 불이익을 처분상대방에게 주게 된다면, 이는 그 공무원의 고의 또는 과실로 인한 것이 되어** 그 손해를 배상할 책임이 있다."(대판 2007.5.10. 2005다31828)

(다) 공무원의 법령의 해석 · 적용상의 잘못: 공무원이 관계법규를 알지 못하거나 필요한 지식을 갖추지 못하여 법규의 해석을 그르쳐 잘못된 처분을 한 경우에는 공무원의 과실을 인정할 수 있다. 그러나 법령의 해석이 그 문언 자체만으로는 명백하지 아니하여 성실한 평균적 공무원으로서 최선을 다해 어느 견해에 따라 내린 해석이 후에 법원판결과 다르게 되어 결과적으로 위법하게 된 경우에는 과실을 인정할 수 없다(판례3).

[판례 3] 법령해석 · 적용상 잘못의 과실유무

"일반적으로 공무원이 직무를 집행함에 있어서 **관계법규를 알지 못하거나 필요한 지식을 갖추지 못하여 법규의 해석을 그르쳐 잘못된 행정처분을 하였다면** 그가 법률전문가가 아닌 행정직 공무원이라고 하여 **과실**이 없다고 할 수 없으나, **법령에 대한 해석이 그 문언 자체만으로는 명백하지 아니하여 여러 견해가 있을 수 있는 데다가 이에 대한 선례나 학설, 판례 등도 귀일된 바 없어 의의(疑義)가 없을 수 없는 경우에 관계 공무원이 그 나름대로 신중을 다하여 합리적인 근거를 찾아 그 중 어느 한 견해를 따라 내린 해석이 후에 대법원이 내린 입장과 같지 않아 결과적으로 잘못된 해석**에 돌아가고, 이에 따른 처리가 역시 결과적으로 위법하게 되어 그 법령의 부당집행이라는 결과를 가져오게 되었다고 하더라도, 그와 같은 처리 방법 이상의 것을 성실한 평균적 공무원에게 기대하기는 어려운 일이고, 따라서 이러한 경우에까지 국가배상법상 공무원의 **과실을 인정할 수는 없다**."(대판 1995.10.13. 95다32747; 대판 2010.4.29. 2009다97925 등)

4) 과실유무의 판단기준: 이는 ① 보통 일반의 공무원을 표준으로, ② 객관적 주의의무를 결하여(형식적으로 나타난 객관적 과실, 객관설), ③ 해당 처분 등이 객관적 정당성을 상실하였다고 인정될 정도에 이른 경우이다. 여기서 '객관적 정당성의 상실여부'는 침해행위의 태양과 그 목적, 손해의 정도, 그 손해발생에 대한 예견가능성과 회피가능성 등 여러 사정을 종합하여 판단하여야 한다(판례1, 2).

[판례 1] 주의의무위반의 판단

"어떠한 행정처분이 후에 항고소송에서 위법한 것으로서 취소되었다고 하더라도 그로써 곧 당해 행정처분이 공무원의 고의 또는 과실에 의한 불법행위를 구성한다고 단정할 수는 없지만, 그 행정처분의 담당공무원이 보통 일반

의 공무원을 표준으로 하여 볼 때 **객관적 주의의무를 결하여 그 행정처분이 객관적 정당성을 상실하였다고 인정될 정도에 이른 경우에는 국가배상법 제2조 소정의 국가배상책임의 요건을 충족**하였다고 보아야 한다. 이때 **객관적 정당성을 상실하였는지 여부는 침해행위가 되는 행정처분의 태양과 그 목적, 피해자의 관여 여부 및 관여의 정도, 침해된 이익의 종류와 손해의 정도 등 여러 사정을 종합하여 결정하되 손해의 전보책임을 국가 또는 지방자치단체에게 부담시킬 만한 실질적인 이유가 있는지도 살펴서 판단하여야** 하며, 이는 행정청이 재결의 형식으로 처분을 한 경우에도 마찬가지이다."(대판 2011.01.27. 2008다30703)

[판례 2] 예견가능성 여부

"중학교 3학년 여학생이 급우들 사이의 집단따돌림으로 인하여 자살한 사안에서, 따돌림의 정도와 행위의 태양, 피해 학생의 평소 행동 등에 비추어 담임교사에게 **피해 학생의 자살에 대한 예견가능성이 있었다고 인정하지 아니하여 자살의 결과에 대한 손해배상책임은 부정**하면서, 다만 **학생들 사이의 갈등에 대한 대처를 소홀히 한 과실을 인정하여 교사의 직무상 불법행위로 발생한 집단따돌림의 피해에 대하여 지방자치단체의 손해배상책임을 긍정**한 사례" (대판 2007.11.15. 2005다16034)

5) 고의 · 과실의 입증책임: 입증책임은 피해자측에 있다고 보나, 과실의 입증이 매우 곤란하여 사실상 권리구제를 못 받게 되는 경우가 많을 것이므로 민법상의 일응 추정의 법리를 원용하여야 할 것이다. 즉, 일정한 사실이 입증되면 일응 과실이 있는 것으로 추정하고, 국가 측에서 무과실을 반증하도록 하여 피해자의 거증책임의 부담을 경감시켜야 한다.

(4) 법령위반

1) 법령의 범위: 법령위반이란 공무원의 직무집행이 법령이 정한 요건과 절차에 따르지 아니한 것을 말한다. 법령의 범위에 대해서는, ① 성문 · 불문의 법규위반뿐만 아니라 합목적성에 반하는 부당한 행위까지 포함한다는 **최광의설**, ② 명문의 법규위반 및 재량권의 일탈 · 남용을 포함하는 객관적 정당성을 결한 행위라는 **광의설**, ③ 엄밀한 의미에서의 명문의 법규위반이라는 **협의설** 등으로 견해가 나뉘는 바, 광의설이 통설 · 판례의 입장이다. 즉, 법령위반은 명문의 법령뿐만 아니라 인권존중 · 권력남용금지 · 신의성실 등 법의 일반원칙(조리법) 위반의 경우도 포함하며, 행위가 객관적인 정당성을 결여하고 있음을 의미한다(통설). 행정규칙위반이 법령위반에 포함되는가에 대하여는 견해가 갈리고 있으나 법규적 효력을 갖는 행정규칙은 법령에 포함된다고 할 것이다. 재량권의 일탈 · 남용의 경우도 법령위반에 포함된다.

[판 례] 법령위반의 의미

"국가배상책임에 있어 공무원의 가해행위는 법령을 위반한 것이어야 하고, 법령을 위반하였다 함은 엄격한 의미의 **법령 위반뿐 아니라 인권존중, 권력남용금지, 신의성실**과 같이 공무원으로서 마땅히 지켜야 할 준칙이나 규범을 지키지 아니하고 위반한 경우를 포함하여 널리 그 행위가 **객관적인 정당성을 결여**하고 있음을 뜻하는 것이므로, 경찰관이 범죄수사를 함에 있어 경찰관으로서 의당 지켜야 할 법규상 또는 조리상의 한계를 위반하였다면 이는 법령을 위반한 경우에 해당한다."(대판 2002.5.17, 2000다22607; 대판 2005.6.9. 2005다8774; 대판 2008.6.12, 2007다64365 등)

2) 위법성의 판단기준: 위법(객관적 정당성 결여)이 무엇을 의미하는지 즉, 어떠한 경우에 법령을 위반하였다고 할 수 있는지, 그 법령위반여부의 판단기준에 관하여 다음과 같이 견해가 나뉘고

있다.

(가) 결과불법설: 이 설에서는 위법이란 법이 허용하지 않은 법익의 침해, 즉 원인행위의 적법여부에 상관없이 법이 허용하지 않은 피해결과(손해)를 발생한 것을 말한다. 이 설은 국가배상의 피해자구제기능을 중시하여 피해가 중대한 경우에는 국가배상법상의 위법성이 있다고 본다.

(나) 행위위법설: 이 설에서는 위법이란 법규에 위반한 행위를 말하며, 가해행위 그 자체에 착안하여 행위가 법규범에 합치하는가의 여부에 따라 위법성을 판단하려는 견해이다. 이 설에 의하면 국가배상법의 기능으로서 법치행정의 원리의 담보를 중시하기 때문에 법률에 의하여 행해졌다면 손해가 발생해도 위법이라 할 수 없다. 이 설은 법규위반의 행위가 무엇인가에 대하여 또 다시 견해가 나뉜다.

(a) 공권력발동요건결여설(협의의 행위위법설): 이 설은 법령위반을 법령에서 규정한 공권력발동요건(공권력행사의 행위규범)을 결여한 행위라고 보는 견해이다.[2] 이 설은 국가배상법에 법치행정의 원리의 담보기능을 중시하여 항고소송의 위법과 국가배상법상의 위법을 동일개념으로 보며, 위법성과 과실을 각각 별개의 책임요건으로 본다. 또한 공권력발동요건은 명문 규정에 의해 정해져야 할 필요는 없고 비례평등원칙 · 권리남용금지 등 불문법원리에 의하여 제약을 받는다고 한다.

(b) 직무의무위반설(광의의 행위위법설): 이 설은 법령위반을 공무원으로서 직무상 주의의무를 위반한 행위라고 보는 견해이다.[3] 이 설은 취소소송은 처분효력의 배제를 직접 목적으로 하나 국가배상소송은 이미 발생한 손해의 분배를 직접 목적으로 하여 양자는 청구인용요건이 다르다고 하며, 위법성을 직무상 주의의무위반이라고 하여 과실과 일원적으로 판단한다.

(다) 상대적 위법성설: 이 설은 행위의 위법(침해행위의 성질 · 태양)과 결과의 위법(피침해이익의 종류 · 내용)을 종합적으로 고려하여 판단해야 한다는 견해이다.

(라) 판 례: 판례는 일반적으로 상대적 위법성설을 취하는 것 같으나(판례1), 공권력발동요건결여설(판례2) 또는 직무의무위반설을 취하는 경우도 있다(판례3).

[판례 1] 상관관계설(절충설)의 입장

"행정처분의 담당공무원이 보통 일반의 공무원을 표준으로 하여 볼 때 객관적 주의의무를 결하여 그 행정처분이 객관적 정당성을 상실하였다고 인정될 정도에 이른 경우에 국가배상법 제2조 소정의 국가배상책임의 요건을 충족하였다고 봄이 상당할 것이며, 이때에 객관적 정당성을 상실하였는지 여부는 **피침해이익의 종류 및 성질, 침해행위가 되는 행정처분의 태양 및 그 원인, 행정처분의 발동에 대한 피해자측의 관여의 유무, 정도 및 손해의 정도 등 제반 사정을 종합하여** 손해의 전보책임을 국가 또는 지방자치단체에게 부담시켜야 할 실질적인 이유가 있는지 여부에 의하여 판단하여야 한다."(대판 2003. 12.11. 2001다65236; 대판 2000.5.12. 99다70600; 대판 2001. 12.14. 2000다12679 등)

2) 김남철(강론), 607면; 박균성(강의), 521면; 정하중 · 김광수(개론), 523면; 홍정선(상), 816면.
3) 김남진 · 김연태(Ⅱ), 669면; 류지태 · 박종수(신론), 527면.

[판례 2] 공권력발동요건결여설의 입장

"공무원의 직무집행이 **법령이 정한 요건과 절차에 따라** 이루어진 것이라면 특별한 사정이 없는 한 이는 법령에 적합한 것이고 그 과정에서 개인의 권리가 침해되는 일이 생긴다고 하여 그 법령적합성이 곧바로 부정되는 것은 아니다."(대판 2000.11.10. 2000다26807; 대판 1997.7.25. 94다2480)

[판례 3] 직무의무위반설의 입장

"구 소방시설설치유지 및 안전관리에 관한 법률(2011. 8. 4. 법률 제11037호로 개정되기 전의 것, 이하 '구 소방시설법'이라 한다) 제4조 제1항, 제5조, 구 다중이용업소의 안전관리에 관한 특별법(2013. 3. 23. 법률 제11690호로 개정되기 전의 것, 이하 '다중이용업소법'이라 한다) 제9조 제2항은 전체로서의 공공 일반의 안전과 이익을 도모하기 위한 것일 뿐만 아니라 나아가 국민 개개인의 안전과 이익을 보장하기 위하여 둔 것이므로, **소방공무원이 구 소방시설법과 다중이용업소법 규정에 정하여진 직무상 의무를 게을리한 경우 의무 위반이 직무에 충실한 보통 일반의 공무원을 표준으로 객관적 정당성을 상실하였다고 인정될 정도에 이른 때는 국가배상법 제2조 제1항에 정한 위법의 요건을 충족하게 된다.** 그리고 소방공무원의 행정권한 행사가 관계 법률의 규정 형식상 소방공무원의 재량에 맡겨져 있더라도 소방공무원에게 그러한 권한을 부여한 취지와 목적에 비추어 볼 때 구체적인 상황 아래에서 소방공무원이 권한을 행사하지 아니한 것이 현저하게 합리성을 잃어 사회적 타당성이 없는 경우에는 소방공무원의 직무상 의무를 위반한 것으로서 위법하게 된다."(대판 2016.08.25. 2014다225083, 손해배상(기))

(마) 결 어: 직무의무위반설은 위법성판단에서 과실의 요소인 직무상의 주의의무위반을 포함함으로써 일반적인 위법성보다 넓게 파악하고, 객관적 책임요건으로서의 위법성과 별도로 주관적 책임요건으로서의 고의·과실을 규정한 국가배상법의 입법의도에 반하는 문제가 있다.[4] 결과불법설과 상대적 위법성설은 위법성개념을 지나치게 확대할 우려가 있어 행정상 손해전보제도에 있어서 적법행위로 인한 손실보상제도와 위법행위로 인한 손해배상제도를 구분하고 있는 현행 법체계나 법치행정의 원리에서 볼 때 무리가 있다. 따라서 법령의 명문규정은 물론 조리에 의한 제한을 받는 공권력발동요건이 결여된 경우에 위법이라는 공권력발동요건결여설이 타당하다.

3) 국가배상법상의 위법과 항고소송의 위법

(가) 동일성 여부: 국가배상법상의 위법성개념과 항고소송의 위법성개념이 동일한지에 대하여 견해가 대립된다.

(a) 일원설: 이 설은 동일한 것으로 보는 바, 양 소송(兩訴訟)의 위법성은 모두 객관적 법규범의 위반이므로 시기·주체 등 제 조건이 동일하다면 법률에 의한 행정의 원리에 의하여 양 소송에서 위법성을 달리 해석할 이유가 없다고 한다. 이는 공권력발동요건결여설의 입장이다.

(b) 이원설: 이 설은 양 소송의 위법이 다르다고 하는 입장인 바, 양 소송은 법치행정의 원리상 위법한 국가작용에 대한 감시적 기능을 가진다는 점에서는 같으나, 그 제도목적이 다르다는 점에 논거를 두고 있다. 즉, 국가배상소송은 위법한 행정작용에 의한 경제적 손실의 전보를 목적으로 하는데 대하여, 항고소송은 이미 행해진 행정처분의 효력의 부정을 목적으로 하고 있다고 한다. 그리하여 이 설은 피해자구제를 위해 국가배상법상의 위법을 항고소송의 위법보다

---

4) 宇賀克也, 國家補償法(有斐閣, 1997), 73面.

넓게 파악하여 피해자구제를 가능한 확대한다. 항고소송에서는 위법이 인정되지 않는 경우에도 국가배상법상으로는 위법이 인정될 수 있기 때문에 결과불법설 또는 직무의무위반설 및 상대적 위법성설 등의 입장에 서게 된다.

(c) **결 어**: 행정법의 영역에서는 법률에 의한 행정에서 일원적·통일적으로 파악해야 하며, 위법성이 법학의 기본적 개념이라는 점에서 명백한 합리적인 이유가 없는 한 가능한 통일적으로 이해해야 한다. 양 법역에서 위법성개념의 상대성을 인정하는 것은 무용의 혼란을 야기하고 법적 안정성을 해하게 된다. 이원설은 위법개념을 넓혀 국가배상을 확대하려는 것으로 보이나 일원설에 따른 위법이 아닌 경우의 손해에 대해서는 행정상 손실보상제도를 활용함이 타당하다. 따라서 일원설에서처럼 양 소송에 있어서 위법성개념은 동일한 것으로 보아야 하며, 피해자구제의 현실적 과제는 위법성개념의 분리에 의해서가 아니라 개별접근에 의해 해결해야 한다.

(나) 항고소송의 기판력과 국가배상소송: 위법판단의 대상이 동일한 경우에 항고소송의 기판력(旣判力)이 선결문제로서 후소(後訴)인 국가배상소송에 미치는지의 여부에 대하여 견해가 나뉘고 있다.

(a) **기판력긍정설**: 이는 국가배상소송과 항고소송의 위법성개념이 동일하다는 전제하에 항고소송의 판결의 기판력이 후소인 국가배상소송에 미친다고 한다.

(b) **기판력부정설**: 이는 국가배상소송과 항고소송의 위법성개념이 다르다는 입장에서 항고소송의 기판력이 국가배상소송에 미치지 않는다고 한다.

(c) **제한적 긍정설**: 이는 국가배상소송의 위법성을 항고소송의 위법성보다 넓게 보는 입장에서 인용판결의 기판력은 국가배상소송에 미치지만 기각판결의 기판력은 국가배상소송에 미치지 않는다고 한다.

(d) **판 례**: 판례는 항고소송의 위법판결이 고의·과실을 단정하는 것은 아니라고 하여 위법과 고의·과실을 구분할 뿐, 기판력과의 관계에 관한 명확한 입장은 없어 보인다.

[판 례] 항고소송의 위법판결과 고의·과실의 관계

"**어떠한 행정처분이 후에 항고소송에서 위법한 것으로서 취소되었다고 하더라도 그로써 곧 당해 행정처분이 공무원의 고의 또는 과실에 의한 불법행위를 구성한다고 단정할 수는 없지만**, 그 행정처분의 담당공무원이 보통 일반의 공무원을 표준으로 하여 볼 때 객관적 주의의무를 결하여 그 행정처분이 객관적 정당성을 상실하였다고 인정될 정도에 이른 경우에는 국가배상법 제2조 소정의 국가배상책임의 요건을 충족하였다고 보아야 한다."(대판 2011.01.27. 2008다30703 손해배상(기) 등)

(e) **결 어**: 항고소송의 위법과 국가배상소송의 위법은 동일하다고 보아야 하며, 기판력은 소송물에 미치므로 취소소송의 소송물인 처분의 위법성은 국가배상소송에도 미친다고 할 것이다. 기판력을 부인하면 국가배상소송에서 선결문제로 또 다시 동일한 처분의 위법성을 다투어야 하는 절차의 번잡함이 발생하는바, 권리구제의 확대는 국가배상에서의 위법의 의미를 확대하는 기판력부정설이 아니라 적법행위로 인한 손실보상제도를 활용함이 정도라 할 것이다. 따라서 항고소송의 기판력은 국가배상소송의 고의·과실의 요건을 제외한 위법성 자체의 판단에는 미친

다고 할 것이므로 기판력긍정설이 타당하다.

(다) 국가배상소송의 기판력과 항고소송: 국가배상소송의 소송물은 배상책임의 유무이며 위법성은 판결이유의 판단에 불과한 바, 기판력은 소송물에만 미치고 판결이유에는 미치지 아니하므로 국가배상소송의 기판력이 항고소송의 소송물인 처분의 위법성에는 미치지 아니한다.

(라) 불가쟁력과 국가배상소송: 제소기간의 경과나 심급의 종료로 불가쟁력이 발생한 위법한 처분은 항고소송으로는 더 이상 다툴 수 없게 되나, 불가쟁력으로 처분의 하자가 치유되어 위법성이 제거되는 것이 아니므로 국가배상소송은 가능하다(판례).

[판 례] 불가쟁력 발생으로 기판력 인정되는 것 아님

"행정처분이나 행정심판 재결이 **불복기간의 경과로 인하여 확정될 경우 확정력은 처분으로 인하여 법률상 이익을 침해받은 자가 처분이나 재결의 효력을 더 이상 다툴 수 없다는 의미일 뿐 판결에 있어서와 같은 기판력이 인정되는 것은 아니어서** 처분의 기초가 된 사실관계나 법률적 판단이 확정되고 당사자들이나 법원이 이에 기속되어 모순되는 주장이나 판단을 할 수 없게 되는 것은 아니다."(대판 1993.4.13. 92누17181; 대판 2008.7.24. 2006두2080 등)

4) 부작위의 위법성: 부작위(不作爲)에 의한 국가배상책임이 인정되기 위해서는 행정의 작위의 경우와 마찬가지로 위법성의 요건이 충족되어야 한다.

(가) 작위의무의 도출: 부작위가 위법으로 되기 위해서는 행정청에 작위의무가 인정되어야 한다. 법령에 규정된 직무상 의무를 게을리 한 것이 직무에 충실한 보통 공무원을 표준으로 할 때 객관적 정당성을 상실하였다고 인정될 정도이면 위법의 요건을 충족하게 된다. 그런데 작위의무는 ① 명문규정으로 존재해야 하나, ② 명문규정이 없거나 재량사항인 경우에도 조리 내지 재량권의 수축이론에 의해 작위의무를 도출할 수 있다고 보는 것이 다수설과 판례의 입장이다(판례1).

(나) 재량권수축의 요건: 작위의무를 도출할 수 있는 재량권수축의 요건은 아래와 같다.

(a) 피해법익의 대상성: 피해법익은 생명·신체·재산이어야 한다.

(b) 피해의 심각성·절박성: 위험의 정도가 추상적 위험으로는 불충분하고 구체적이어야 하며, 그 피해의 우려가 심각하고 절박해야 한다. 절박성의 정도는 개연성이 있으면 된다.

(c) 피해의 예견가능성: 구체적 위험의 절박성의 존재를 행정측이 예견할 수 있는 상황이 필요하다.

(d) 피해의 회피가능성: 피해를 회피할 수 있는 가능성이 있어야 한다. 회피가능성의 유무는 행정측의 사정이 아니라 사회통념에 의해 판단한다.

(e) 행정권 발동의 기대가능성: 피해자의 노력만으로는 위험의 회피가 곤란하기 때문에 행정에 의한 규제권한의 발동을 기대할 수 있는 사정이 존재해야 한다.

이상의 요건을 종합적으로 고려하여 판단하여야 하는바, 재량수축에 의해 부작위의 위법성이 인정되면 손해발생의 예견가능성과 회피가능성도 포함되는 것이기 때문에 과실도 인정될 수 있을 것이다. 대법원도 작위의무의 명문규정이 없는 경우에 조리에 의한 재량권수축을 인정하고 있다(판례2).

[판례 1] 부작위의 위법성

"소방공무원이 소방법 규정에서 정하여진 직무상의 의무를 게을리 한 경우 그 **의무 위반이 직무에 충실한 보통 일반의 공무원을 표준으로 할 때 객관적 정당성을 상실하였다고 인정될 정도에 이른 경우에는** 국가배상법 제2조에서 말하는 **위법의 요건을 충족**하게 된다. 그리고 소방공무원의 행정권한 행사가 관계 법률의 규정 형식상 소방공무원의 **재량에 맡겨져 있다고 하더라도** 소방공무원에게 그러한 권한을 부여한 취지와 목적에 비추어 볼 때 구체적인 상황 아래에서 소방공무원이 **그 권한을 행사하지 않은 것이 현저하게 합리성을 잃어 사회적 타당성이 없는 경우**에는 소방공무원의 직무상 의무를 위반한 것으로서 **위법하게 된다.** … 유흥주점에 감금된 채 윤락을 강요받으며 생활하던 여종업원들이 유흥주점에 화재가 났을 때 미처 피신하지 못하고 유독가스에 질식해 사망한 사안에서, 소방공무원이 위 유흥주점에 대하여 화재 발생 전 실시한 소방점검 등에서 구 소방법상 방염 규정 위반에 대한 시정조치 및 화재 발생시 대피에 장애가 되는 잠금장치의 제거 등 시정조치를 명하지 않은 직무상 의무 위반은 현저히 불합리한 경우에 해당하여 위법하다."(대판 2008.4.10, 2005다48994)

[판례 2] 작위의무의 도출 및 재량권의 수축요건

"공무원의 **부작위**로 인한 국가배상책임을 인정하기 위하여는 공무원의 작위의 경우와 마찬가지로 국가배상법 제2조 제1항의 요건이 충족되어야 할 것인바, 여기서 '법령에 위반하여'라고 하는 것이 엄격하게 형식적 의미의 법령에 명시적으로 공무원의 **작위의무**가 규정되어 있는데도 이를 위반하는 경우만을 의미하는 것은 아니고, 인권존중·권력남용금지·신의성실과 같이 공무원으로서 마땅히 지켜야 할 준칙이나 규범을 지키지 아니하고 위반한 경우를 포함하여 널리 그 행위가 객관적인 정당성을 결여하고 있는 경우도 포함한다. 따라서 국민의 생명, **신체, 재산 등에** 대하여 **절박하고 중대한 위험상태가 발생하였거나 발생할 우려**가 있어서 국민의 생명, 신체, 재산 등을 보호하는 것을 본래적 사명으로 하는 국가가 초법규적, 일차적으로 그 위험 배제에 나서지 아니하면 국민의 생명, 신체, 재산 등을 보호할 수 없는 경우에는 **형식적 의미의 법령에 근거가 없더라도** 국가나 관련 공무원에 대하여 그러한 위험을 배제할 **작위의무를 인정**할 수 있을 것이나, … 이 경우 **공무원의 부작위로 인한 국가배상책임의 인정 여부는 공무원의 부작위로 인하여 침해된 국민의 법익 또는 국민에게 발생한 손해가 어느 정도 심각하고 절박**한 것인지, **관련 공무원이 그와 같은 결과를 예견**하여 그 결과를 **회피하기 위한 조치를 취할 수 있는 가능성**이 있는지 등을 종합적으로 고려하여 판단하여야 할 것이다."(대판 1998.10.13, 98다18520; 대판 2012.7.26. 2010다95666; 대판 2021.7.21. 2021두33838 등)

5) 사익보호성(법률상이익)의 문제

(가) 사익보호성의 필요여부: 국가배상책임이 성립되려면 법률상 이익의 침해가 필요한지 아니면 반사적 이익(反射的 利益)의 침해로도 충분한지 문제된다. 이에 관해, ① 법률상 이익은 항고소송의 원고적격의 문제이나 국가배상의 청구요건으로 규정하고 있지 아니하므로 국가배상의 문제와 관련이 없다는 **소극설**과, ② 행정권의 작위의무규정이 공익뿐만 아니라 사익보호도 목적으로 하는 경우에만 국가배상책임이 성립될 수 있기 때문에 국가배상여부의 문제라는 **적극설**로 나뉜다.

생각건대, 권한행사에 의하여 받게 되는 이익이 반사적 이익에 불과한 경우에는 그 권한의 불행사로 인해 그 이익을 향수할 수 없어도 국가배상책임을 진다고 볼 수 없다는 점 및 국가배상책임의 지나친 확대를 제한하는 기능이라는 점에서 후설이 타당하며, 판례 및 학설의 일반적 입장이다(판례).

(나) 사익보호성과 국가배상책임 요건: 사익보호성의 요구가 국가배상책임의 요건 중 어디에 속하는지에 대해서 견해가 나뉜다.

(a) **학 설**: 사익보호성에 대하여, ① 직무상 의무위반을 위법이라 할 것인바 직무상 의무에 대응하여 상대방의 사익보호성이 인정되는 것이므로 단순한 반사적 이익의 침해는 위법이 아니라고 하여 위법성의 문제라는 **위법성설**, ② 국가배상법상 손해란 법익침해에 의한 불이익을 말하고 법익은 법적으로 보호되는 이익이라 할 것이므로 반사적 이익의 침해는 손해에 해당한다고 할 수 없다고 하여 손해의 문제라는 **손해설**, ③ 국가배상법상 직무에 공공일반의 이익에만 관련된 직무는 제외되는 것으로 보아 직무관련성의 문제로 보는 **직무관련성설**, ④ 상당인과관계에서 상당성의 판단요소로 보아 가해자가 부담해야할 손해의 범위에 반사적 이익은 포함될 수 없다고 하는 **상당인과관계설**로 나뉘고 있다.

(b) **판 례**: 대법원은 상당인과관계설을 취하고 있다(판례).

[판 례] 사익보호성 침해에 따라 상당인과관계 인정

"일반적으로 국가 또는 지방자치단체가 권한을 행사할 때에는 국민에 대한 손해를 방지하여야 하고, 국민의 안전을 배려하여야 하며, 소속 공무원이 전적으로 또는 부수적으로라도 **국민 개개인의 안전과 이익을 보호하기 위하여 법령에서 정한 직무상의 의무에 위반하여 국민에게 손해를 가하면 상당인과관계가 인정되는 범위 안에서 국가 또는 지방자치단체가 배상책임을 부담**하는 것이지만, 공무원이 직무를 수행하면서 그 근거되는 법령의 규정에 따라 구체적으로 의무를 부여받았어도 그것이 국민의 이익과는 관계없이 **순전히 행정기관 내부의 질서를 유지하기 위한 것이거나, 또는 국민의 이익과 관련된 것이라도 직접 국민 개개인의 이익을 위한 것이 아니라 전체적으로 공공 일반의 이익을 도모하기 위한 것이라면 그 의무에 위반하여 국민에게 손해를 가하여도 국가 또는 지방자치단체는 배상책임을 부담하지 아니한다.**"(대판 2015.05.28. 2013다41431; 대판 2006.4.14. 2003다41746; 대판 2002.3.12. 2000다55225 등)

"공무원에게 직무상 의무를 부과한 **법령의 보호목적이 사회 구성원 개인의 이익과 안전을 보호하기 위한 것이 아니고 단순히 공공일반의 이익이나 행정기관 내부의 질서를 규율하기 위한 것이라면**, 가사 공무원이 그 직무상 의무를 위반한 것을 계기로 하여 제3자가 손해를 입었다 하더라도 공무원이 직무상 의무를 위반한 행위와 제3자가 입은 손해 사이에는 법리상 **상당인과관계가 있다고 할 수 없다.**"(대판 2001.4.13. 2000다34891 등)

(c) **결 어**: 공무원의 위법·유책행위로 인하여 손해가 발생하고 있는 한 그것이 반사적 이익의 침해에 불과하다는 이유로 손해가 없다고 단정할 수 없다. 국가배상책임은 현실로 발생한 손해의 배상을 청구하고자 하는 것이고, 법적으로 보호되는 이익의 침해인지, 단순히 반사적 이익의 침해에 불과한지는 공무원의 가해행위로 인한 손해의 범위를 결정함에 있어서 하나의 고려사항이라 할 것이다. 따라서 상당인과관계의 판단요소로서 사익보호성 여부가 작용한다고 할 것이어서 상당인과관계설이 타당하다.

6) 선결문제로서의 위법판단: 행정행위의 위법을 이유로 국가배상을 청구함에는 해당 행위가 무효가 아닌 경우에도 선결문제로서 미리 그 행위의 취소의 판결을 얻을 필요가 있는가에 대하여 행정행위의 공정력과 관련하여 견해가 대립되고 있다. 즉, 행정행위의 공정력과 행정소송구조의 특수성을 이유로 민사소송절차에서 행정행위의 위법성을 심리·판단할 수 없다고 보는 **소극설**과, 공정력은 행정행위의 실체법상의 적법성을 추정시키는 것은 아니므로 그 효력을 직접 부인하는 것이 아닌 이상 선결문제로서 심사할 수 있다는 **적극설**이 그것이다. 적극설이 타

당하다고 생각하며, 통설·판례의 입장이다.

(5) 타인에 대한 손해의 발생

1) 타 인: 타인이란 가해자인 공무원 및 그의 직무상의 위법행위에 가세한 자 이외의 모든 자를 가리킨다. 가해공무원에 의해 피해를 입은 공무원, 국가, 지방자치단체도 타인에 포함될 수 있다. 다만, 피해자가 군인·군무원 등은 특례를 규정하고 있다(헌법 29②, 국가배상법 2①단서).

2) 손해의 범위: 손해란 공무원의 위법한 가해행위에 의해 발생한 현실의 불이익을 말하며, 재산적·신체적·정신적·적극적·소극적인 모든 손해를 포함한다. 재산상 손해는 그 위법행위가 없었더라면 존재하였을 재산상태와 그 위법행위가 가해진 현재의 재산상태의 차이를 말하며, 재산상의 손해로 인하여 받은 정신적 고통은 그로 인하여 재산상 손해의 배상만으로는 전보될 수 없을 정도의 심대한 것을 말한다.

3) 손해의 발생

공무원의 직무행위로 인한 손해가 현재 발생했어야 하고, 장래 발생할 것으로 예상되는 경우에는 손해에 포함되지 아니한다(판례1).

4) 상당인과관계

(가) 인과관계: 국가배상책임이 발생하기 위해서는 공무원의 가해행위와 손해의 발생과의 사이에 인과관계가 있어야 한다. 인과관계는 사실적 인과관계와 상당인과관계로 나눌 수 있다. 사실적 인과관계란 경험법칙상 어떤 원인이 있으면 어떤 결과가 발생하는 것이 일반적이라고 생각되는 관계를 말하고, 그 손해가 가해행위에 의해 발생하였는지의 문제이다. 따라서 공무원의 가해행위에 의해 손해가 발생하면 일단 사실적 인과관계가 인정된다. 이에 대해 상당인과관계란 사실적 인과관계가 있다는 것을 전제로 하여 어느 범위까지의 손해를 가해자가 부담해야 하는가를 정하는 인과관계이고 법적 인과관계라 할 수 있다. 사실적 인과관계의 유무는 사실인정에 관한 문제이고, 상당인과관계의 유무는 법적 평가의 문제라 할 수 있다.

(나) 상당인과관계: 상당인과관계란 사실적 인과관계의 손해 중에 어느 범위까지 가해자에게 배상하게 하느냐의 관점이기 때문에, 그 배상범위를 획정하기 위한 인과관계이다. 상당인과관계가 인정되기 위해서는 사익보호성이 침해된 경우로서, 상당인과관계의 구체적인 유무판정은 일반적인 결과발생의 개연성은 물론 직무상 의무를 부과한 법령 기타 행동규범의 목적이나 예견가능한 행위 후의 사정, 가해행위의 태양 및 피해의 정도 등을 종합적으로 고려하여 판단하여야 한다(판례2, 3).

[판례 1] 손해의 현실적·확정적 발생

"**행정처분의 이행에 따른 비용 상당의 손해가 현실적·확정적으로 발생**하였다고 보기 위해서는 행정처분 당시의 자료와 사실심 변론종결 시점까지 제출된 모든 자료를 종합하여 행정처분의 존재뿐만 아니라 그 행정처분의 이행가능성과 이행필요성이 인정되어야 한다. 특히 시간적으로 먼저 이루어지는 선행처분에 불가쟁력이 생겨 그 효력을 다툴 수 없게 되었더라도, 선행처분의 상대방이 입었다고 주장하는 피해가 선행처분 자체로 인하여 생긴 것이 아니라, 위 **선행처분에 연속하여 나중에 이루어지는 별도의 후행처분에 의하여 장차 부과될 의무와 관련된 것이고,** 사실심 변론종결 시점에 후행처분이 실제로 이루어질 가능성에 의문이 제기되는 등의 예외적인 상황이 존재하며, **실제로 행정관청에서 장기간 후행처분을 하지 않고 있을 뿐만 아니라 제반 사정에 비추어 볼 때 앞으로도 후행처분이 이루어지지 아니할 가능성을 배제할 수 없는 경우라면, 가까운 장래에 선행처분의 상대방에게 후행처분이 이루어질 개연성을 인정하기 부족하여 후행처분에 의하여 부과될 의무이행을 위한 비용 상당의 손해가 확정적으로 발생하였다고 보기는 어렵다.**"(대판 2020.10.15. 2017다278446)

[판례 2] 상당인과관계의 인정요건

"공무원이 고의 또는 과실로 그에게 부과된 직무상 의무를 위반하였을 경우라고 하더라도 국가는 그러한 직무상의 의무 위반과 피해자가 입은 손해 사이에 상당인과관계가 인정되는 범위 내에서만 배상책임을 지는 것이고, 이 경우 상당인과관계가 인정되기 위하여는 **공무원에게 부과된 직무상 의무의 내용이** 단순히 공공 일반의 이익을 위한 것이거나 행정기관 내부의 질서를 규율하기 위한 것이 아니고 전적으로 또는 부수적으로 사회구성원 **개인의 안전과 이익을 보호하기 위하여 설정된 것이어야** 한다."(대판 2011.9.8. 2011다34521 등)

[판례 3] 상당인과관계의 유무판정

"공무원에게 부과된 직무상 의무의 내용이 단순히 공공 일반의 이익을 위한 것이거나 행정기관 내부의 질서를 규율하기 위한 것이 아니고 전적으로 또는 부수적으로 사회구성원 개인의 안전과 이익을 보호하기 위하여 설정된 것이라면, 공무원이 그와 같은 직무상 의무를 위반함으로 인하여 피해자가 입은 손해에 대하여는 상당인과관계가 인정되는 범위 내에서 국가가 배상책임을 지는 것이고, 이때 상당인과관계의 유무를 판단함에 있어서는 **일반적인 결과발생의 개연성은 물론 직무상 의무를 부과하는 법령 기타 행동규범의 목적, 그 수행하는 직무의 목적 내지 기능으로부터 예견가능한 행위 후의 사정, 가해행위의 태양 및 피해의 정도 등을 종합적으로 고려하여야** 할 것이다."(대판 2007.12.27. 2005다62747; 대판 2003.4.25, 2001다59842 등)

2. 배상의 범위

(1) 배상의 원칙

공무원의 위법한 직무행위로 인한 손해배상은 '정당한 배상'이어야 하는 바, 민법(제750조 이하)의 경우와 마찬가지로 가해행위와 상당인과관계에 있는 모든 손해액이다. 국가배상법 제3조는 배상액의 기준을 명시함과 동시에 신체·생명의 침해에 대한 손해배상을 일시에 청구하는 경우에는 단할인법(호프만식; 장래소득의 현재가액 계산)에 의하여 중간이자를 공제하도록 하였다(동법 3의2②, 동시행령 6③).

(2) 배상기준

타인의 생명을 해한 때에는 그 때의 월급액·월실수액·평균임금에 장래의 취업가능기간을 승한 액의 유족배상과 장례비를, 타인의 신체를 해한 때에는 필요한 요양을 행하거나 이에 갈음한 요양비와 그 요양기간 중 월급액·월실수액·평균임금의 손실액의 휴업보상을 배상하여야 한다(동법 3①②). 그런데 이와 같은 배상의 기준을 정한 국가배상법의 규정의 성격에 대해서 견해가 나뉘고 있다.

1) 기준액설: 이 설은 이 규정은 국가배상의 단순한 기준에 불과하며, 구체적 사안에 따라서 배상액을 증감할 수 있다고 본다.

2) **한정액설:** 이 설은 이 규정은 배상의 범위를 명백히 하여 당사자 사이의 분쟁의 소지를 없애고, 배상범위를 법정화하여 그에 의한 배상액의 산정을 요구한 것으로 보아 배상액의 상한을 정한 제한규정이라고 본다.

3) **결 어:** 생각건대, 이 규정을 한정적인 것으로 보는 경우에 민법상의 배상에 비하여 균형을 잃을 정도로 불리하며, '정당한 배상'을 규정한 헌법규정(29)의 취지에서 볼 때 기준액설이 타당하다(다수설).

3. 배상청구권의 양도 · 압류금지

생명 · 신체의 침해에 대한 국가배상청구권은 이를 양도하거나 압류하지 못한다(국가배상법 4). 이는 신체의 침해를 받은 자나 유족을 보호하기 위한 것이다.

4. 배상책임

(1) 배상책임자

1) **국가 또는 지방자치단체:** 배상책임자는 국가 또는 지방자치단체이다(동법 2①). 헌법은 배상주체를 '국가 또는 공공단체'로 하고 있으나, 국가배상법은 '국가 또는 지방자치단체'로 규정하였다. 해당 공무원의 직무가 국가사무(기관위임사무 포함)인 경우에는 국가가, 지방자치단체의 사무(자치사무와 단체위임사무)인 경우에는 지방자치단체가 각각 관리주체(사무귀속주체)로서 배상책임을 진다(대판 2000.1.14. 99다11120; 대판 1996.11.8. 96다21331 등).

2) **공공단체의 배상책임자 여부:** 국가배상법은 헌법과 달리 공공단체를 규정하고 있지 아니한바, 공공단체의 배상책임에 관해 견해가 나뉜다.

(가) 민사상 손해배상청구설: 이는 국가배상법에서 배상주체를 국가와 지방자치단체로 한정하고 있으므로, 공공단체는 국가배상법을 적용할 수 없고 민법을 적용하여 민사상 손해배상청구로 해야 한다는 견해이다.

(나) 국가배상청구설: 이는 국가배상법의 규정은 예시적 의미로 보고 피해자 구제 및 법적용의 형평성을 고려하여 국가배상법을 유추적용 하여야 한다는 입장이다.

(다) 판 례: 판례는 수탁공무를 처리한 공공단체는 국가배상법 제2조 제1항의 배상책임요건에 해당하여 배상책임을 진다고 하여 국가배상청구설을 취한다.

[판 례] 공공단체의 국가배상법 제2조 제1항에 따른 배상책임 인정

"국민임대주택단지 조성사업의 시행자인 **에스에이치공사가 갑 소유의 비단잉어 등 지장물을 이전하게 하는 수용재결을 받아** 수용보상금을 공탁한 후 대집행을 신청하여 을 구청장이 공사 직원들을 집행책임자로 지정하여 대집행 계고서와 대집행영장을 발부하고, 공사는 이를 받아 공란으로 되어 있던 이행기한이나 대집행일자를 기재한 다음 **대집행을 실행한 사안에서, 위 공사는 집행책임자로 지정된 공사 직원들과는 달리 대집행 실행으로 갑이 입은 손해에 대하여 경과실만이 있다는 이유로 배상책임을 면할 수 없다**고 한 사례"(대판 2014.04.24. 2012다

36340,36357)

"구 수산청장으로부터 위탁받은 일정한 범위 내에서 활어인 뱀장어에 대하여 위 요령에 부합하는 수출추천 업무를 기계적으로 행사할 의무를 부담하는 피고(수산업협동조합)가** 이 사건 수출제한조치를 취할 무렵에 국내 뱀장어 양식용 종묘가 모자란 실정으로 그 수출로 인하여 국내 양식용 종묘확보에 지장을 초래할 우려가 있다고 자의적으로 판단하여 **그 추천업무를 행하지 않은 것은 공무원이 그 직무를 집행함에 당하여 고의로 법령에 위반하여 타인에게 손해를 가한 때에 해당한다고 보아야 할 것이므로, 피고는 불법행위자로서 손해배상책임을 부담한다** 할 것이다."(대판 2003.11.14. 2002다55304)

(라) 결 어: 공공단체가 자신의 업무처리상의 손해발생에 관해서는 민사상 손해배상의 문제이나, 공무를 위탁처리 하는 경우에는 공무수탁사인으로서의 공무원의 지위에 있게 되므로 (국가배상법 2①) 국가배상청구권설이 타당하다. 다만, 이 경우는 선택적 청구의 가능성을 인정하는 경우에 가능한 입장이라 할 수 있다. 따라서 입법적으로 해결함이 바람직하나, 피해자구제와 법적용의 형평성을 고려하여 국가배상법을 유추 적용함이 타당하다.

3) 공무원의 선임·감독자와 비용부담자가 다른 경우: 공무원의 선임·감독을 맡은 자와 봉급·급여 기타의 비용을 부담하는 자가 동일하지 아니할 때에는 비용부담자도 배상책임이 있으므로(동법 6①), 피해자는 양자 중 선택적으로 손해배상을 청구할 수 있다. 이는 피해자가 배상책임자를 잘못 지정함으로 인한 배상청구의 혼란을 방지하기 위한 것이다. 여기서 '선임·감독을 맡은 자'란 사무의 귀속주체를 의미하고, '봉급·급여 기타의 비용을 부담하는 자'란 봉급·급여 또는 사무집행에 소요되는 비용을 부담하는 비용부담자를 말한다. 비용부담자의 구체적인 의미에 관해 견해가 나뉘는바, ① 실질적·궁극적인 비용부담자라는 **실질적 비용부담자설**, ② 단순히 대외적으로 비용을 부담하는 자라는 **형식적 비용부담자설**, ③ 실질적 부담자와 형식적 부담자를 포함하는 개념이라는 **병합설**이 그것이다. **판례**는 병합설을 취하고 있다(판례).

생각건대, 실질적 비용부담자와 형식적 비용부담자의 구별이 용이하지 않고 피해자 구제를 위한 본조의 입법취지로 볼 때 병합설이 타당하다.

[판 례] 실질적 비용부담자가 아닌 대외적 지출자도 배상책임 부담

"가. 국가배상법 제6조 제1항 소정의 '공무원의 봉급·급여 기타의 비용'이란 공무원의 인건비만을 가리키는 것이 아니라 당해사무에 필요한 일체의 경비를 의미한다고 할 것이고, 적어도 **대외적으로 그러한 경비를 지출하는 자는 경비의 실질적·궁극적 부담자가 아니더라도 그러한 경비를 부담하는 자에 포함**된다.

나. 구 지방자치법(1988.4.6. 법률 제4004호로 전문 개정되기 전의 것) 제131조(현행 제132조), 구 지방재정법(1988.4.6. 법률 제4006호로 전문 개정되기 전의 것) 제16조 제2항(현행 제18조 제2항)의 규정상, 지방자치단체의 장이 기관위임된 국가행정사무를 처리하는 경우 그에 **소요되는 경비의 실질적·궁극적 부담자는 국가라고 하더라도 당해 지방자치단체는 국가로부터 내부적으로 교부된 금원으로 그 사무에 필요한 경비를 대외적으로 지출하는 자이므로, 이러한 경우 지방자치단체는 국가배상법 제6조 제1항 소정의 비용부담자로서 공무원의 불법행위로 인한 같은 법에 의한 손해를 배상할 책임이 있다.**"(대판 1994.12.9. 94다38137)

4) 기관위임사무의 경우: 기관위임사무의 수임기관은 위임기관의 산하 행정기관의 지위에서 그 사무를 처리하는 것이며, 국가배상법상의 배상책임자는 행정기관이 아니라 권리의무의 주

체인 국가 또는 지방자치단체이므로 그 위임기관이 소속된 위임사무의 귀속주체인 국가 또는 지방자치단체가 배상책임을 진다(판례).

[판 례] 기관위임사무의 귀속주체인 위임기관이 소속된 국가 등이 배상책임 부담

"지방자치단체인 도의 장인 도지사가 그의 권한에 속하는 사무를 소속 시장 또는 군수에게 위임하여 시장, 군수로 하여금 그 사무를 처리하게 하는 소위 **기관위임의 경우에는, 지방자치단체장인 시장, 군수는 도 산하 행정기관의 지위에서 그 사무를 처리하는 것이므로, 시장, 군수 또는 그들을 보조하는 시, 군 소속 공무원이 그 위임받은 사무를 집행함에 있어 고의 또는 과실로 타인에게 손해를 가하였다면 그 사무의 귀속 주체인 도가 손해배상책임을 진다**고 보아야 할 것이다."(대판 1994.01.11. 92다29528)

"법 제24조와 제27조에 의하여 **농수산부장관 소관의 국가사무로 규정되어 있는 개간허가**와 개간허가의 취소사무는 법 제61조 제1항, 법시행령 제37조 제1항에 의하여 **도지사에게 위임되고,** 법 제61조 제2항에 근거하여 도지사로부터 하위 지방자치단체장인 **군수에게 재위임 되었으므로 이른바 기관위임사무**라 할 것이고, 이러한 경우 피고 군의 **군수는 그 사무의 귀속 주체인 국가 산하 행정기관의 지위에서 그 사무를 처리하는 것에 불과하므로, 피고 군의 군수 또는 군수를 보조하는 피고 소속 공무원이 위임사무처리에 있어 고의 또는 과실로 타인에게 손해를 가하였다 하더라도 원칙적으로 피고에게는 국가배상책임이 없고 그 사무의 귀속 주체인 국가가 손해배상책임을 지는 것**이며(대법원 1996. 11. 8. 선고 96다21331 판결, 1999. 6. 25. 선고 99다11120 판결, 2000. 1. 14. 선고 99다24201 판결 등 참조), 다만 국가배상법 제6조에 의하여 피고가 비용을 부담한다고 볼 수 있는 경우에 한하여 피고도 국가와 함께 손해배상책임을 부담하게 되는 것이다."(대판 2000.05.12. 99다70600)

(2) 배상책임의 성질

국가 또는 지방자치단체가 가지는 배상책임의 성질에 대하여는 견해가 대립된다.

1) **대위책임설:** 대위책임설(代位責任說)에서는 배상책임은 원래 가해공무원 자신이 부담하여야 할 책임이나 국가 또는 지방자치단체가 이를 대신하여 지는 데 불과하며, 선임·감독자로서의 책임으로 인정되고 있는 민법상의 사용자책임과 다르다고 한다(통설). 공무원의 위법한 행위는 국가 또는 지방자치단체의 기관으로서의 행위로는 볼 수 없으며, 따라서 그 효과도 국가나 지방자치단체에 귀속될 수 없다는 것이며, 배상능력이 보다 충분한 국가 등이 배상하는 것이 피해구제목적에 합당하고 공무원의 부담을 경감시켜 행정의 원할한 수행을 도모할 수 있다는 것에 그 논거가 있다. 이 견해에 의하면 공무원에게 불법행위책임이 성립되어야만 이를 대신하는 국가책임이 성립하게 되기 때문에 과실책임주의에 입각하게 된다.

2) **자기책임설:** 자기책임설에서는 국가 또는 지방자치단체의 배상책임은 공무원의 책임에 대신하여 지는 책임이 아니고, 국가 또는 지방자치단체의 기관(공무원)의 행위라는 형식을 통하여 국가 또는 지방자치단체가 직접 부담하는 자기책임이며, 민사상 법인의 불법행위책임에 해당한다고 한다. 이는 국가는 그의 기관인 공무원을 통하여 행위하기 때문에 공무원의 행위의 효과는 위법여부에 관계없이 국가에 귀속된다는 데에 근거를 두고 있다.

3) **중간설:** 중간설은 공무원의 고의 또는 중과실에 기인하는 경우에는 기관행위로서의 성질을 가지지 못하므로 대위책임이지만, 경과실에 의한 행위는 기관행위로 볼 수 있으므로 자기책임이라는 견해이다.

4) 결 어: 공무원의 위법행위로 인한 배상책임주체를 국가 또는 지방자치단체로 규정한 국가배상법 제2조 제1항의 구조로 보아 대위책임설이 타당하다.

(3) 선택적 청구의 문제(공무원의 직접적인 배상책임 문제)

피해자는 국가 · 지방자치단체와 가해공무원 중 어느 쪽에나 선택적으로 배상을 청구할 수 있는지 여부에 대하여 견해가 나뉘고 있다.

1) 긍정설: 이는 자기책임설의 입장에서 국가 또는 지방자치단체의 배상책임과 행위자인 공무원의 책임은 서로 무관한 것이며, 이들 두 책임은 양립할 수 있는 것이므로 피해자는 그의 선택에 따라 국가 또는 지방자치단체나 공무원 자신에게 배상을 청구할 수 있다고 한다. 또한 헌법 제29조 제1항 단서의 "이 경우 공무원 자신의 책임은 면제되지 아니한다"는 뜻은 피해자의 청구에 직접 응하는 책임의 뜻으로 보며, 공무원의 직접책임을 부인하면 그 책임의식을 박약하게 한다는 점 등을 논거로 든다.

2) 부정설: 이는 대위책임설의 입장에서 대위책임의 성질상 공무원에게 배상청구 할 수 없고 국가 또는 지방자치단체에 대해서만 배상청구를 할 수 있으며, 헌법 제29조 1항 단서의 뜻은 국가 등의 구상에 응하는 책임이라고 한다. 또한 선택적 청구를 인정하면 공무원의 직무집행을 위축시킬 우려가 있다고 한다.

3) 절충설: 이는 공무원의 경과실로 인한 위법행위는 통상 예상할 수 있는 흠이라 할 것이므로 국가 등에게 배상책임이 있고, 공무원의 고의 · 중과실에 의한 경우는 국가의 행위로 볼 수 없어 공무원의 개인 책임이나 행위의 외관상 공무원의 직무행위로 보여질 때에는 피해자 보호를 위해 국가 또는 공무원에 대하여 선택적 청구를 할 수 있다고 한다.

4) 판 례: 판례는 종래 공무원 개인도 배상책임을 진다고 하여 선택적 청구를 인정한 경우와(대판 1972.10.10, 69다701), 공무원 개인은 배상책임을 지지 않는다고 하여 선택적 청구를 부인한 경우(대판 1994.4.12, 93다1807)가 있었으나, 그 후 대법원 전원합의체판결을 통해 절충설의 입장으로 변경하였다(판례).

[판 례] 공무원 개인도 고의 · 중과실의 경우 손해배상책임 인정

"**[다수의견]** 헌법 제29조 제1항 단서 및 국가배상법 제2조 제1항 본문과 제2항의 입법취지는 공무원의 직무상 불법행위로 인하여 국가 등이 손해배상책임을 지더라도 **공무원 개인도 고의 또는 중과실이 있는 경우**에는 국가 등의 기관행위로서의 품격을 상실하여 국가 등에게 그 책임을 귀속시킬 수 없으므로 손해배상책임을 부담하되, 그 행위가 외관상 객관적으로 공무원의 직무행위라고 보여질 때에는 국민을 두텁게 보호하기 위하여 국가 등이 공무원 개인과 중첩적으로 배상책임을 부담하되 국가 등이 배상책임을 지는 경우에는 공무원 개인에게 구상할 수 있도록 한 것으로 보아야 한다. 다만, 공무원에게 **경과실뿐인 경우**에는 그 직무수행상 통상 예상할 수 있는 흠에 불과하므로 국가 등의 기관행위로 보아 **국가 등에게만** 배상책임을 귀속시킨 것으로 볼 것이다.

[별개의견] 헌법 제29조 제1항 단서의 공무원의 개인책임은 고의 또는 중과실과 경과실의 구별 없는 과실을 의미하며, 국가배상법 제2조 제2항의 입법취지는 국가 등과 공무원 사이의 대내적 구상관계만 규정한 것이고 국민과 공무원 사이의 책임관계를 규율하는 취지로 볼 수 없다. 따라서 **경과실의 경우에도 공무원 개인**의 피해자에 대한 손해

배상책임이 면제되지 아니한다.

[반대의견] 헌법 제29조 제1항 단서는 공무원 개인의 손해배상책임이 면제되지 아니한다는 것이 아니라 공무원의 국가 또는 공공단체에 대한 내부적 책임 등이 면제되지 아니한다는 취지로 보아야 한다. 또한 국가배상법 제2조 제2항의 취지는 공무원이 봉사 대상이 되는 피해자인 국민과 직접 소송으로 그 시비와 손해액을 가리도록 그 갈등관계를 방치하는 것보다는 **국가가 공무원을 대위하여 손해배상책임**을 지고, 국가는 다시 **내부적으로 고의·중과실이 있는 경우에만 구상의 형태로 그 책임**을 물어 공무원의 국민과 국가에 대한 성실의무와 직무상 의무의 이행을 제도적으로 확보하겠다는 것으로 보아야 한다."(대판 1996.2.15, 95다38677)

"국가배상법 제2조 제1항 본문 및 제2항에 따르면, **공무원**이 공무를 수행하는 과정에서 위법행위로 타인에게 손해를 가한 경우에 국가 등이 손해배상책임을 지는 외에 그 개인은 **고의 또는 중과실이 있는 경우에는 손해배상책임을 지지만 경과실만 있는 경우에는 그 책임을 면한다**고 해석된다."(대판 2010.1.28. 2007다82950; 대판 2014.04.24. 2012다36340,36357 등)

5) 결 어: 부정설이 타당하다. 즉, ① 변제자력(辨濟資力)이 충분한 국가 등이 배상하는 것이 피해자의 구제에 충실하며, ② 공무원의 경과실의 경우에는 구상을 인정하지 아니한 국가배상법의 정신 및 ③ 국가의 책임을 대위책임으로 볼 때 선택적 청구를 인정하지 아니함이 타당하다.

5. 구상권

(1) 공무원에 대한 구상권

1) **구상권의 의의:** 구상권(求償權)이란 타인의 행위에 의하여 손해배상을 이행한 자가 그 타인에 대하여 가지는 반환청구권을 말한다. 공무원에게 고의 또는 중대한 과실[5]이 있으면 국가나 지방자치단체는 그 공무원에게 구상할 수 있다(국가배상법 2②). 고의·중과실의 경우에 구상에 응하도록 한 것은 공무원의 국민과 국가에 대한 성실의무와 직무상 의무의 이행을 제도적으로 확보하려는 것이다(대판 1996.2.15. 95다3867 등). 경과실의 경우에 면책을 규정한 것은 경과실 자체가 그 직무수행상 통상 예기할 수 있는 흠이 있는 것에 불과한 것이므로 국민전체에 대한 봉사자인 공무원으로 하여금 이에 개의치 않고 보다 적극적이고 능동적으로 공무를 수행하게 함으로써 공무원의 집무의욕의 저하와 사무정체를 방지하여 공무수행의 효율성 내지 안정성을 확보하려는 정책적 고려에서 인정된 것이다.

2) **구상권의 성질:** 구상권의 성질은 손해배상책임의 성질을 어떻게 해석하는 가에 따라 다르다. 즉, 대위책임설의 견지에서는 공무원 자신이 부담하는 책임을 국가 등이 갈음하여 지는 것이므로 본래의 부담자에게 상환을 구하는 부당이득반환청구권과 유사하다. 이에 대해 자기책임설의 견지에서는 공무원은 국가·공공단체에 대하여 직무상 의무위반으로서 그 책임을 부담해야 할 지위에 있으므로 채무불이행청구권과 유사하다. 그런데 이러한 구상권의 성질은 구상권행사의 요건 등에 직접 영향을 미치는 것이 아니므로 그 실익은 없다.

5) "공무원의 중과실이란 공무원에게 통상 요구되는 정도의 상당한 주의를 하지 않더라도 약간의 주의를 한다면 손쉽게 위법·유해한 결과를 예견할 수 있는 경우임에도 만연히 이를 간과한 경우와 같이, 거의 고의에 가까운 현저한 주의를 결여한 상태를 의미한다."(대판 2021.1.28. 2019다260197 [손해배상(기)])

3) **구상권행사의 요건:** 구상권행사의 요건은, ① 국가 등이 피해자에 대하여 현실로 손해배상금을 지불했을 것, ② 가해공무원에게 고의 또는 중대한 과실이 있을 것의 두 가지이다. 배상금을 지불하기 전에는 구상권을 행사할 수 없다. 또한 구상권은 공무원의 고의·중과실을 요건으로 함으로 경과실에 불과한 경우에는 구상할 수 없다. 중과실은 현저히 주의를 결한 경우인데(판례), 경과실과 사이에 질적인 차이가 아니라 양적인 차이에 불과하기 때문에 그 구별이 명확하지는 않다. 구상관계에서 공무원의 고의·중과실은 내부적인 것이고 피해자에 대한 관계에서와 반드시 동일하지는 않기 때문에 피해자의 국가배상소송에서 고의·중과실이 인정되었어도 구상권행사에는 그것에 구속되지 않는다고 할 수 있다.

[판 례] 중과실의 의미

"국가배상법 제2조 제2항에 의하면, 공무원의 직무상의 위법행위로 인하여 국가 또는 지방자치단체의 손해배상책임이 인정된 경우 그 위법행위가 고의 또는 중대한 과실에 기한 경우에는 국가 또는 지방자치단체는 당해 공무원에 대하여 구상할 수 있다 할 것이나, 이 경우 공무원의 **중과실**이라 함은 공무원에게 통상 요구되는 정도의 상당한 주의를 하지 않더라도 **약간의 주의를 한다면 손쉽게 위법, 유해한 결과를 예견할 수 있는 경우**임에도 만연히 이를 간과함과 같은 **거의 고의에 가까운 현저한 주의를 결여한 상태**를 의미한다."(대판 2003.2.11, 2002다65929 등)

4) **구상권의 범위 및 시효:** 구상권의 행사는 당해 공무원의 직무내용, 그 불법행위의 상황, 손해발생에 대한 그 공무원의 기여도, 불법행위의 예방이나 손실분산에 관한 국가의 배려 정도 등 제반사정을 참작하여 손해의 공평한 분담의 견지에서 신의칙상 상당하다고 인정되는 한도 내에서 할 수 있다(판례).

구상권의 소멸시효는 민법 일반원칙에 따라 통상 채권과 동일하게 10년이고, 소멸시효의 기산점은 국가 등이 현실로 피해자에게 배상금을 지불한 때이다.

[판 례] 구상권의 행사범위

"국가배상법 제2조 제2항에 의하여 국가 또는 지방자치단체가 산하 공무원에 대하여 구상권을 행사하는 경우 국가 등은 당해 공무원의 직무내용, 당해 불법행위의 상황, 손해발생에 대한 당해 공무원의 기여 정도, 당해 공무원의 평소 근무태도, 불법행위의 예방이나 손실분산에 관한 국가 또는 지방자치단체의 배려의 정도 등 제반 사정을 참작하여 손해의 공평한 분담이라는 견지에서 신의칙상 상당하다고 인정되는 한도 내에서만 당해 공무원에 대하여 구상권을 행사할 수 있다고 봄이 상당하다."(대판 2008.3.27, 2006다70929; 대판 1991.5.10, 91다6764 등)

(2) 공무원의 선임·감독자와 봉급·급여부담자가 다른 경우의 구상

국가배상법 제6조 제1항에 따라 손해를 배상한 자는 내부관계에서 그 손해를 배상할 책임이 있는 자에게 구상할 수 있다(동조②). 이 경우 내부적으로 구상의 대상자인 최종책임자에 관해 견해가 나뉜다. 즉, ① 공무원의 선임·감독을 맡은 사무귀속주체는 그 사무와 관련된 모든 권리·의무와 책임을 지는 주체라 할 것이므로 손해배상의 최종책임도 그 사무귀속자에게 있다는 **사무귀속자설**, ② 당해 사무의 비용을 실질적으로 부담하는 자가 최종책임자라는 **비용부담자설**, ③ 손해발생의 기여도에 따라 최종적인 부담자를 정해야 한다는 **기여도설**이 그것이다. 생각건대, 공무원의 선임·감독을 맡은 자가 손해를 방지할 위치에 있다는 점에서 사무귀속자설이 타당하다.

(3) 공무원의 국가 등에 대한 구상권 여부

피해자에게 손해배상을 한 공무원이 국가에 구상권을 행사할 수 있다는 조항은 없는바, 국가배상법 제8조의 준용규정에 따라 민법 제469조(제3자의 변제) 또는 제744조(도의관념에 적합한 비채변제)에 해당한다고 보아 구상권행사가 가능한지 문제된다.

1) 고의·중과실로 피해자에게 손해배상을 한 경우: 공무원의 직접적인 배상책임에 관한 긍정설은 자기책임설에 따라 공무원 자신이 직접 피해자에게 배상책임이 있으므로 고의·중과실이건 경과실이건 국가에 구상권을 행사할 수 없다고 할 것이다. 이에 대해 부정설의 입장에서는 대위책임설에 따라 국가가 공무원의 배상책임을 대신하여 지게 되므로 공무원이 손해배상을 하였다면 그 공무원은 국가에 대해 구상권을 행사할 수 있다는 주장도 가능하다. 그러나 국가는 그 공무원에게 구상권이 있으므로 그 구상권과 가해 공무원이 지급한 손해배상액 간에 상계의 문제가 발생하여 부정될 수 있다. 또한 절충설에 따르면, 공무원의 위법한 직무행위가 고의·중과실에 기한 경우에는 그와 같은 행위는 그 본질에 있어서 기관행위로서의 품격을 상실하여 국가 등에게 그 책임을 귀속시킬 수 없으므로 공무원 개인에게 불법행위로 인한 손해배상책임을 부담하게 되므로 국가에 대하여 구상권을 행사할 수 없다. 결국 고의·중과실로 피해자에게 손해배상을 한 경우에는 어느 견해의 입장을 취하건 구상권 행사가 어렵다.

2) 경과실로 피해자에게 손해배상을 한 경우: 공무원의 직접책임을 부인하는 입장에서는 국가의 공무원에 대한 구상권이 인정되지 아니하므로 공무원이 지급한 손해배상액에 대해 국가에 대해 구상권을 행사할 여지가 있다. 또한 절충설에 따르면 경과실의 경우 손해배상책임의 주체는 국가이므로 국가가 배상할 손해를 가해 공무원이 대신 배상하였다면 부당이득 또는 사무관리의 법리에 따라 국가에 구상할 수 있다는 해석이 가능하다.

판례는 공중보건의의 경과실에 의한 의료과실로 사망하게 한 사건에서 유족에게 배상한 경우 민법 제744조의 비채변제에 해당하여 국가는 채무를 면하였으므로 공중보건의는 국가에 대하여 변제금액에 관한 구상권을 인정하였다(판례).

생각건대, 국가배상법상 피해자에 대한 배상책임자는 국가 또는 지방자치단체이고 경과실로 피해를 입힌 공무원은 배상책임이 면제되어 국가의 구상권도 부인된다. 그러나 직접 피해자에게 배상한 공무원은 민법 제469조 또는 제744조에 해당하여 피해자에게 반환청구를 할 수 없고, 국가의 배상책임의 범위 내에서 자기가 변제한 금액에 관하여 국가에 대한 구상권을 행사할 수 있다.

[판 례] 공무원의 국가 등에 대한 구상권 인정

"공무원이 직무수행 중 불법행위로 타인에게 손해를 입힌 경우에 국가 등이 국가배상책임을 부담하는 외에 공무원 개인도 고의 또는 중과실이 있는 경우에는 불법행위로 인한 손해배상책임을 지고, 공무원에게 경과실이 있을 뿐인 경우에는 공무원 개인은 손해배상책임을 부담하지 아니한다. 이처럼 **경과실이 있는 공무원이 피해자에 대하여 손해배상책임을 부담하지 아니함에도 피해자에게 손해를 배상하였다면 그것은 채무자 아닌 사람이 타인의 채무를 변제한 경우에 해당하고, 이는 민법 제469조의 '제3자의 변제' 또는 민법 제744조의 '도의관념에 적합한 비채변제'에 해당**하여 피해자는 공무원에 대하여 이를 반환할 의무가 없고, 그에 따라 피해자의 국가에 대한 손해배상청구권이 소멸하여 국가는 자신의 출연 없이 채무를 면하게 되므로, **피해자에게 손해를 직접 배상한 경과실이 있는 공무원은 특별한 사정이 없는 한 국가에 대하여 국가의 피해자에 대한 손해배상책임의 범위 내에서 공무원이 변제한 금액에 관하여 구상권을 취득한다**고 봄이 타당하다."(대판 2014.08.20. 2012다54478, 구상금)[공중보건의인 갑에게 치료를 받던 을이 사망하자 을의 유족들이 갑 등을 상대로 손해배상청구의 소]

6. 자동차손해배상책임

(1) 의 의

국가나 지방자치단체는 「자동차손해배상보장법」에 따라 손해배상의 책임이 있을 때에는 국가배상법에 따라 그 손해를 배상하여야 한다(국가배상법 2 후문). 자동차손해배상보장법에 따른 손해배상책임요건이 충족되면 국가배상법상의 배상책임 성립요건여부와 관계없이 국가나 지방자치단체가 배상책임을 진다는 점에서 국가배상법의 배상책임요건에 특례를 인정한 것이라 할 수 있다.

(2) 국가나 지방자치단체의 배상책임요건

1) 국가나 지방자치단체가 자기를 위하여 자동차를 운행하는 자일 것

(가) '자기를 위하여 자동차를 운행하는 자'의 의미: 자동차손해배상보장법 제3조는 "자기를 위하여 자동차를 운행하는 자가 그 운행으로 다른 사람을 사망하게 하거나 부상하게 한 경우에는 그 손해를 배상할 책임을 진다."고 규정하고 있다. 여기서 '자기를 위하여 자동차를 운행하는 자'란 자동차에 대한 운행을 지배하여 그 이익을 향수하는 책임주체로서의 지위에 있는 자를 말하며, '운행의 지배'는 현실적인 지배에 한하지 아니하고 사회통념상 간접지배 내지는 지배가능성이 있다고 볼 수 있는 경우도 포함한다(판례1). 즉, 자동차 운행의 이익을 향수하여 운행의 지배를 하는 자를 말하므로, 자동차의 소유자나 운전자와 구별된다. 또한 '다른 사람'이란 자기를 위하여 자동차를 운행하는 자 및 자동차의 운전자 이외의 자를 말한다(판례2). 자동차손해배상보장법상의 배상책임요건 여부는 객관적·외형적인 '운행지배'와 '운행이익'의 여부에 의하여 판단한다.

[판례 1] 자기를 위하여 자동차를 운행하는 자의 의미

"자동차손해배상보장법 제3조 소정의 '자기를 위하여 자동차를 운행하는 자'란 자동차에 대한 운행을 지배하여 그 이익을 향수하는 책임주체로서의 지위에 있는 자를 말하고, 이 경우 운행의 지배는 현실적인 지배에 한하지 아니하고 사회통념상 간접 지배 내지는 지배가능성이 있다고 볼 수 있는 경우도 포함한다."(대판 1998.10.27. 98다36382; 대판 2002.11.26. 2002다47181 등)

[판례 2] '다른 사람'의 의미

"**'다른 사람'이란 '자기를 위하여 자동차를 운행하는 자 및 자동차의 운전자를 제외한 그 이외의 자'를 지칭하므로, 자동차를 운전하거나 운전의 보조에 종사한 자는 자동차손배법 제3조에 규정된 '다른 사람'에 해당하지 않는다.** 운전의 보조에 종사한 자에 해당하는지를 판단할 때에는, 업무로서 운전자의 운전행위에 참여하였는지 여부, 운전자와의 관계, 운전행위에 대한 구체적인 참여 내용, 정도 및 시간, 사고 당시의 상황, 운전자의 권유 또는 자발적 의사에 따른 참여인지 여부, 참여에 따른 대가의 지급 여부 등 여러 사정을 종합적으로 고려하여야 하는데, 자신의 업무와 관계없이, 별도의 대가를 받지 않고 운전행위를 도운 것에 불과한 자는 특별한 사정이 없는 한 운전의 보조에 종사한 자에 해당하지 않는다."(대판 2016.4.28. 2014다236830,236847)

(나) 공무원이 관용차로 공무수행 중 인명피해를 입힌 경우: 이 경우에는 국가 등이 자신의 이익을 위하여 운행을 지배한 경우라 할 것이므로, 운행과 사고 사이에 상당인과관계가 인정되는 한 자동차손해배상보장법에 따른 국가배상법상의 국가 등의 배상책임이 성립하는 전형적인 예라고 할 것이다(판례3).

[판례 3] 공무원이 관용차로 공무수행의 경우 국가배상책임

"자동차손해배상보장법 제3조 소정의 '자기를 위하여 자동차를 운행하는자'라고 함은 자동차에 대한 운행을 지배하여 그 이익을 향수하는 책임주체로서의 지위에 있는 자를 뜻하는 것인바, **공무원이 그 직무를 집행하기 위하여 국가 또는 지방자치단체 소유의 공용차를 운행하는 경우, 그 자동차에 대한 운행지배나 운행이익은 그 공무원이 소속한 국가 또는 지방자치단체에 귀속된다고 할 것이고** 그 공무원 자신이 개인적으로 그 자동차에 대한 운행지배나 운행이익을 가지는 것이라고는 볼 수 없으므로, 그 공무원이 자기를 위하여 공용차를 운행하는 자로서 같은 법조 소정의 손해배상책임의 주체가 될 수는 없다."(대판 1994.12.27. 94다31860, 채무부존재확인)

(다) 공무원이 개인차로 공무수행을 한 경우 및 사적 목적으로 관용차를 사용한 경우: 이 경우에도 사회통념에 따라 국가 등이 객관적·외형적인 운행지배와 운행이익을 가지고 있다는 사정이 인정되면 자동차손해배상보장법에 따른 국가배상법상의 배상책임이 성립된다(판례4, 5, 6, 7).

[판례 4] 객관적·외형적인 여러 사정을 사회통념에 따라 종합적으로 평가하여 판단

"자동차의 소유자는 비록 **제3자가 무단히 그 자동차를 운전하다가 사고를 내었다고 하더라도, 그 운행에 있어 소유자의 운행지배와 운행이익이 완전히 상실되었다고 볼 특별한 사정이 없는 경우에는 그 사고에 대하여 자동차손해배상보장법 제3조 소정의 운행자로서의 책임을 부담**하고, 그 운행지배와 운행이익의 상실 여부는 평소의 자동차나 그 열쇠의 보관 및 관리상태, 소유자의 의사와 관계없이 운행이 가능하게 된 경위, 소유자와 운전자의 인적 관계, 운전자의 차량 반환의사의 유무, 무단운행 후 소유자의 사후승낙 가능성, 무단운전에 대한 피해자의 인식 유무 등 **객관적이고 외형적인 여러 사정을 사회통념에 따라 종합적으로 평가하여 이를 판단하여야** 한다."(대판 1999.4.23. 98다61395; 대판 2006.7.27. 2005다56728 등)

[판례 5] 공무원 개인 소유 자동차로 공무수행의 경우 공무원 개인책임으로 본 경우

"**공무원이 자기 소유의 자동차로 공무수행 중 사고를 일으킨 경우**에는 그 손해배상책임은 자동차손해배상보장법이 정한 바에 의하게 되어, 그 사고가 자동차를 운전한 공무원의 경과실에 의한 것인지 중과실 또는 고의에 의한 것인지를 가리지 않고 **그 공무원이** 자동차손해배상보장법 제3조 소정의 '자기를 위하여 자동차를 운행하는 자'에 해당하는 한 **손해배상책임을 부담**한다."(대판 1996.5.31. 94다15271, 구상금)

[판례 6] 관용차의 무단사용의 경우 국가배상책임을 인정한 경우

"국가소속 **공무원이 관리권자의 허락을 받지 아니한 채 국가소유의 오토바이를 무단으로 사용하다가 교통사고가 발생한 경우**에 있어 국가가 그 오토바이와 시동열쇠를 무단운전이 가능한 상태로 잘못 보관하였고 위 공무원으로서도 국가와의 고용관계에 비추어 위 오토바이를 잠시 운전하다가 본래의 위치에 갖다 놓았을 것이 예상되는 한편 피해자들로 위 무단운전의 점을 알지 못하고 또한 알 수도 없었던 일반 제3자인 점에 비추어 보면 **국가가 위 공무원의 무단운전에도 불구하고 위 오토바이에 대한 객관적, 외형적인 운행지배 및 운행이익을 계속 가지고 있었다고 봄이 상당하다.**"(대판 1988.1.19. 87다카2202, 손해배상)

[판례 7] 관용차 무단사용의 경우 국가배상책임을 부정한 경우

> "**군소속 차량의 운전수가 일과시간 후에** 피해자의 적극적인 요청에 따라 동인의 **개인적인 용무를 위하여 상사의 허락없이 무단으로 위 차를 운행하다가 사고가 일어났다면** 군은 자동차손해배상보장법 제3조 소정의 자기를 위하여 자동차를 운행하는 자에 해당되지도 아니하며 위 사고가 위 운전수의 직무집행중의 과실에 기인된 것도 아니므로 군에 대하여 **국가배상법상의 책임도 물을 수 없다.**"(대판 1981.2.10. 80다2720)

2) 자동차운행으로 사람이 사망하거나 부상하였을 것(무과실의 인적 피해): 자동차손해배상보장법상의 배상책임은 사람이 사망하거나 부상하였어야 하는 인적 피해에 대한 배상이며, 물적 손해에 대해서는 이 법의 적용이 없다. 이러한 인적 피해의 발생은 자동차 운행의 고의 또는 과실의 여부와 관련이 없는 무과실책임이다.

3) 면책사유가 없을 것: ① 승객이 아닌 자가 사망하거나 부상한 경우에 자기와 운전자가 자동차의 운행에 주의를 게을리 하지 아니하였고, 피해자 또는 자기 및 운전자 외의 제3자에게 고의 또는 과실이 있으며, 자동차의 구조상의 결함이나 기능상의 장해가 없었다는 것을 증명한 경우, ② 승객이 고의나 자살행위로 사망하거나 부상한 경우(자배법 3, 단서) 등에는 배상책임이 없다.

(3) 배상책임의 범위와 절차

(가) 국가 등이 자동차손해배상보장법상의 배상책임이 인정되는 경우: 배상책임요건에 대해서 국가배상법상의 특례를 인정한 것일 뿐 국가배상법 제2조 제1항이 적용되므로 국가배상법상의 범위와 절차에 따르며 이중배상금지규정도 적용된다. 그런데 실제 배상금부담은 자동차손해배상보장법 제5조에 따라 책임보험 등 보험회사에서 지게 되나, 그 보험의 한계를 초과하는 금액은 동법 제12조 제5항에 따라 국가 등이 직접 부담한다.

(나) 국가 등이 자동차손해배상보장법상의 배상책임이 부정되는 경우: 자동차손해배상보장법상의 배상책임요건을 결여한 경우에는 국가배상법에 의한 배상의 특례가 인정되지 아니한다. 즉, 자동차로 직무수행 중 인적 피해가 아닌 물적 피해를 입힌 경우에는 국가배상법 제2조 제1항 또는 제5조 제1항이 적용되고, 자동차를 사적 목적사용 중 피해를 입히는 등 국가배상법상의 배상책임요건을 결여한 경우에는 공무원 자신이 자동차손해배상보장법이나 민법상의 손해배상책임을 진다.

(4) 구상권의 문제

자동차손해배상보장법에 의거 국가배상법에 따라 국가나 지방자치단체가 손해배상을 한 경우에는 공무원의 고의 또는 중과실로 인한 경우에 한하여 해당 공무원에게 구상할 수 있다.

7. 군인 등에 대한 국가배상청구권의 제한

(1) 의 의

국가배상법 제2조 제1항 단서는, "군인 · 군무원 · 경찰공무원 또는 예비군대원이 전투 · 훈련 등 직무 집행과 관련하여 전사 · 순직하거나 공상(公傷)을 입은 경우에 본인이나 그 유족이 다른 법령에 따라

재해보상금 · 유족연금 · 상이연금 등의 보상을 지급받을 수 있을 때에는 이 법 및 「민법」에 따른 손해배상을 청구할 수 없다."고 규정하고 있다. 이는 헌법 제29조 제2항에 근거한 규정으로 군인 등에 대해 재해보상금 등이 지급되는 경우 국가배상청구를 제한하는 것으로 이중배상금지의 규정이라고도 한다. 그 입법취지는 위험성이 높은 직무에 종사하는 자에 대하여는 사회보장적 위험부담으로서의 국가보상제도를 별도로 마련함으로써 그것과 경합되는 국가배상청구를 배제하려는 것이다.

(2) 적용요건

1) **군인 · 군무원 · 경찰공무원 또는 예비군대원의 피해일 것:** 판례는 전투경찰순경은 이에 포함된다고 보나(대판 1995.3.24. 94다25414), 공익근무요원은 배제된다고 본다(대판 1997. 3.28. 97다4036).

2) **전투 · 훈련 등 직무 집행과 관련하여 전사 · 순직하거나 공상을 입었을 것:** 군인 등이 그 직무집행과 관련하여 입은 인적 피해이므로, 물적 피해에 대해서는 국가배상법이 적용될 수 있다.

3) **본인이나 그 유족이 다른 법령에 따라 재해보상금 · 유족연금 · 상이연금 등의 보상을 지급받을 수 있을 것:** 이중배상을 배제하려는 것이므로 다른 법령에 의해 재해보상을 지급받지 못하는 경우에는 국가배상법에 의한 배상청구가 가능하다(판례).

[판 례] 별도의 보상금을 받지 못하는 경우 국가배상법 제2조 제1항 단서의 부적용

"군인 · 군무원 등 국가배상법 제2조 제1항에 열거된 자가 전투, 훈련 기타 직무집행과 관련하는 등으로 공상을 입은 경우라고 하더라도 **군인연금법 또는 국가유공자예우등에관한법률에 의하여 재해보상금 · 유족연금 · 상이연금 등 별도의 보상을 받을 수 없는 경우에는 국가배상법 제2조 제1항 단서의 적용 대상에서 제외하여야 한다.**

군인 또는 경찰공무원으로서 교육훈련 또는 직무 수행중 상이(공무상의 질병 포함)를 입고 전역 또는 퇴직한 자라고 하더라도 국가유공자예우등에관한법률에 의하여 국가보훈처장이 실시하는 신체검사에서 대통령령이 정하는 상이등급에 해당하는 신체의 장애를 입지 않은 것으로 판명되고 또한 군인연금법상의 재해보상 등을 받을 수 있는 장애등급에도 해당하지 않는 것으로 판명된 자는 위 각 법에 의한 적용 대상에서 제외되고, 따라서 그러한 자는 국가배상법 제2조 제1항 단서의 적용을 받지 않아 국가배상을 청구할 수 있다."(대판 1997.2.14. 96다28066)

(3) 공동불법행위자의 구상권

1) **공동불법행위책임의 의의:** 민법 제760조 제1항은 "수인이 공동의 불법행위로 타인에게 손해를 가한 때에는 연대하여 그 손해를 배상할 책임이 있다."고 규정하고 있다. 이와 같이 수인이 공동으로 불법행위를 하여 타인에게 손해를 가한 경우를 공동불법행위라 한다. 공동불법행위의 성립은, ① 행위자 상호간의 공모나 공동의 인식은 불필요하고 객관적으로 각 행위의 공동관련성이 있고, ② 그 관련공동성 있는 행위에 의해 손해가 발생하여야 한다(대판 1998.6.12. 96다55631 등). 공동불법행위자는 연대하여 그 손해를 배상할 책임을 부담하며, 그 중 한 사람의 배상이 있으면 다른 공동불법행위자는 배상책임을 면하게 된다.

2) **공동불법행위자의 구상권 여부:** 일반국민이 국가와 공동불법행위로 피해를 입은 군인

등이나 그 유족에게 손해배상을 한 경우에 국가에 대하여 구상권을 행사할 수 있는지 문제된다.

(가) 긍정설: 공동불법행위로 인한 손해배상을 한 일반국민의 국가에 대한 구상권을 배제하는 것은, 일반국민을 국가에 대하여 지나치게 차별하여 공평한 재산권보장의 취지에 반하는 것으로서 국민의 재산권을 과잉제한 하는 것이라고 한다(판례1).

(나) 부정설: 민간인이 국가와 공동불법행위로 부담하는 책임은 모든 손해에 대한 것이 아니라 귀책부분에 한하여 부담하므로 국가에 대하여 구상을 청구할 수 없다고 한다(판례2).

[판례 1] 구상권을 인정한 헌법재판소의 입장

"국가배상법 제2조 제1항 단서 중 군인에 관련되는 부분을, **일반국민이 직무집행 중인 군인과의 공동불법행위로 직무집행 중인 다른 군인에게 공상을 입혀 그 피해자에게 공동의 불법행위로 인한 손해를 배상한 다음 공동불법행위자인 군인의 부담부분에 관하여 국가에 대하여 구상권을 행사하는 것을 허용하지 않는다고 해석한다면**, 이는 위 단서 규정의 헌법상 근거규정인 헌법 제29조가 구상권의 행사를 배제하지 아니하는데도 이를 배제하는 것으로 해석하는 것으로서 **합리적인 이유 없이 일반국민을 국가에 대하여 지나치게 차별하는 경우에 해당하므로 헌법 제11조, 제29조에 위반되며**, 또한 국가에 대한 구상권은 헌법 제23조 제1항에 의하여 보장되는 재산권이고 위와 같은 해석은 그러한 재산권의 제한에 해당하며 재산권의 제한은 헌법 제37조 제2항에 의한 기본권제한의 한계 내에서만 가능한데, 위와 같은 해석은 헌법 제37조 제2항에 의하여 기본권을 제한할 때 요구되는 비례의 원칙에 위배하여 일반국민의 재산권을 과잉제한하는 경우에 해당하여 **헌법 제23조 제1항 및 제37조 제2항에도 위반된다**."(헌재 1994.12.29. 93헌바21, 국가배상법제2조제1항단서위헌소원)

[판례 2] 구상권을 부인하는 대법원의 입장

"국가배상법 제2조 제1항 단서가 적용되는 공무원의 직무상 불법행위로 인하여 직무집행과 관련하여 피해를 입은 군인 등에 대하여 위 불법행위에 관련된 일반국민(민간인)이 공동불법행위책임, 사용자책임, 자동차운행자책임 등에 의하여 그 손해를 자신의 귀책부분을 넘어서 배상한 경우에도, 공동불법행위자 등이라는 이유로 피해 군인 등의 손해 전부를 배상할 책임을 부담하도록 하면서 국가 등에 대하여는 귀책비율에 따른 구상을 청구할 수 없도록 한다면, 공무원의 직무활동으로 빚어지는 이익의 귀속주체인 국가 등과 민간인과의 관계에서 원래는 국가 등이 부담하여야 할 손해까지 민간인이 부담하는 부당한 결과가 될 것이고, 이러한 부당한 결과를 방지하면서 위 헌법 및 국가배상법 규정의 입법 취지를 관철하기 위하여는, 피해 군인 등은 위 헌법 및 국가배상법 규정에 의하여 국가 등에 대한 배상청구권을 상실한 대신에 자신의 과실 유무나 그 정도와 관계없이 무자력의 위험부담이 없는 확실한 국가보상의 혜택을 받을 수 있는 지위에 있게 되는 특별한 이익을 누리고 있음에 반하여 민간인으로서는 손해 전부를 배상할 의무를 부담하면서도 국가 등에 대한 구상권을 행사할 수 없다고 한다면 부당하게 권리침해를 당하게 되는 결과가 되는 것과 같은 각 당사자의 이해관계의 실질을 고려하여, 위와 같은 경우에는 공동불법행위자 등이 부진정연대채무자로서 각자 피해자의 손해 전부를 배상할 의무를 부담하는 공동불법행위의 일반적인 경우와 달리 예외적으로 **민간인은 피해 군인 등에 대하여 그 손해 중 국가 등이 민간인에 대한 구상의무를 부담한다면 그 내부적인 관계에서 부담하여야 할 부분을 제외한 나머지 자신의 부담부분에 한하여 손해배상의무를 부담하고, 한편 국가 등에 대하여는 그 귀책부분의 구상을 청구할 수 없다고 해석함이 상당하다 할 것이고**, 이러한 해석이 손해의 공평·타당한 부담을 그 지도원리로 하는 손해배상제도의 이상에도 맞는다 할 것이다."[원고(민간인)의 트럭을 부산경찰청 공무용으로 의무경찰이 운전 중 다른 의무경찰오토바이와 충돌하여 상해를 입혀, 원고가 치료비·합의금을 지급 후 피고(경찰) 부담부분 상당의 상환을 국가에 청구한 사건](대판 2001.2.15. 96다42420 전원합의체 판결, 구상금)

(다) 결 어: 대법원은 종래 "그 배상채무를 이행하였음을 이유로 국가에 대하여 구상권을 행사하는 것은 허용되지 않는다."고 하여(대판 1983.6.28. 83다카500; 대판 1992.2.11. 91다12738; 대판 1994.5.27. 94다6741 등) 구상권행사를 부인하였으며, 이에 따라 위 헌법재판소의 긍정하는 판결

이 나왔다고 볼 수 있다. 대법원의 위 판결은 민간인이 공동불법행위의 부진정연대채무자[6]로서 손해 전부를 배상할 의무가 있다는 종래 판결을 변경하여, 귀책비율에 따른 배상의무와 이 경우에 구상권을 인정할 수 없다고 판시한 것이다. 이러한 대법원의 입장은 헌법 제29조 제2항 및 국가배상법 제2조 제1항 단서의 입법취지를 관철하면서 민간인의 재산권보호 등 각 당사자의 이해관계의 실질을 고려한 것이라 보여 부정설이 타당하다. 다만, 민간인이 자신의 귀책비율을 넘어선 배상액에 대해서는 구상이 가능하다고 볼 수 있다.

8. 배상청구권의 소멸시효

배상청구권의 피해자나 그 법정대리인이 손해 및 가해자를 안 날(민법 제166조 제1항, 제766조 제1항에 따른 주관적 기산점)로부터 3년 또는 불법행위를 한 날(민법 제166조 제1항, 제766 제2항, 국가재정법 96①②에 따른 객관적 기산점)로부터 5년의 소멸시효가 적용됨이 원칙이다(대판 2019.11.14. 2018다233686). 여기서 '손해 및 가해자를 안 날'이란 공무원의 직무집형상 불법행위의 존재 및 그로 인한 손해의 발생 등 불법행위의 요건사실에 대하여 현실적이고도 구체적으로 인식하였을 때를 말하며, 그 시효기간은 권리를 행사할 수 있는 때로부터 진행한다(판례 1). 다만, 배상심의회의 배상금지급신청은 시효중단사유로 볼 수 있고, 이 심의회의 결정이 있는 때부터 다시 시효기간이 진행된다고 할 것이다. 안 날부터와 불법행위를 한 날부터의 기간 중 어느 하나가 경과하면 청구할 수 없다. 다만, 불법행위를 한 날부터 5년의 소멸시효는 공평·타당한 분담이라는 손해배상제도의 지도원리에 부합하지 아니하는 경우에는 적용되지 아니한다(판례 2).

[판례 1] 국가배상청구권의 소멸시효의 기산점

"국가배상청구권에 관한 3년의 단기시효기간을 기산하는 경우에도 민법 제766조 제1항 외에 소멸시효의 기산점에 관한 일반규정인 민법 제166조 제1항이 적용되므로, 3년의 단기시효기간은 '손해 및 가해자를 안 날'에 더하여 '권리를 행사할 수 있는 때'가 도래하여야 비로소 시효가 진행한다. 그런데 공무원의 직무수행 중 불법행위에 의하여 납북된 것을 원인으로 하는 국가배상청구권 행사의 경우, 남북교류의 현실과 거주·이전 및 통신의 자유가 제한된 북한 사회의 비민주성이나 폐쇄성 등을 고려하여 볼 때, 다른 특별한 사정이 없는 한 북한에 납북된 사람이 국가를 상대로 대한민국 법원에 소장을 제출하는 등으로 권리를 행사하는 것은 객관적으로도 불가능하므로, 납북상태가 지속되는 동안은 소멸시효가 진행하지 않는다(다만 납북자에 대한 실종선고심판이 확정되게 되면 상속인들에 의한 상속채권의 행사가 가능해질 뿐이다).

국가배상법 제2조 제1항 본문 전단의 국가배상청구권에는 국가배상법 제8조에 의하여 민법 제766조 제1항이 적용되므로, 국가배상청구권은 피해자나 그 법정대리인이 손해 및 가해자를 안 날부터 3년간 이를 행사하지 아니하면 시효로 인하여 소멸하고, 여기서 '손해 및 가해자를 안 날'은 공무원의 직무집행상 불법행위의 존재 및 그로 인한

---

6) (진정)**연대채무**란 여러 명의 채무자가 같은 내용의 급부(給付)에 관하여 각각 그 전부를 이행할 채무를 부담하고, 그중 한 사람의 급부가 있으면 다른 채무자도 채무를 면하게 되는 다수 당사자의 채무 관계를 말하며(명시적·묵시적 합의에 의함), 다른 연대채무자의 부담부분에 대해 구상권을 행사할 수 있다.
부진정연대채무는 여러 명의 채무자가 동일한 내용의 채무에 관해 각각 독립해서 그 전부의 급부를 이행할 의무를 부담하고, 그 중 한 사람 또는 여러 사람이 급부를 하면 모든 채무자의 채무가 소멸한다. 그러나 채무자 사이에 주관적 관련성이 없으므로 그 중 한 사람에 대해 생긴 목적도달 이외의 사유는 다른 채무자에게 영향을 미치지 않는다(예컨대, 자가용운전기사가 사고를 낸 경우 운전자는 불법행위자로, 소유자는 사용자로 각각 책임을 진다). 채무자 사이에 구상권이 발생하지 않는다.

손해의 발생 등 불법행위의 요건사실에 대하여 현실적이고도 구체적으로 인식하였을 때를 의미하지만, 피해자 등이 언제 불법행위의 요건사실을 현실적이고도 구체적으로 인식한 것으로 볼 것인지는 개별 사건에서 여러 객관적 사정과 손해배상청구가 가능하게 된 상황 등을 종합하여 합리적으로 판단하여야 한다."(대판 2012.4.13. 2009다33754, 손해배상(기))

"불법행위를 원인으로 한 손해배상청구권은 민법 제766조 제1항에 따라 피해자나 그 법정대리인이 손해와 가해자를 안 날로부터 3년간 이를 행사하지 아니하면 시효로 소멸하는 것이나, 여기에도 **소멸시효의 기산점에 관한 규정인 민법 제166조 제1항이 적용되어 시효기간은 권리를 행사할 수 있는 때로부터 진행하고, 이 때 '권리를 행사할 수 있는 때'라 함은 권리행사에 법률상의 장애사유가 없는 경우를 가리킨다.**"(대판 1998.7.10. 98다7001, 손해배상)

[판례 2] 소멸시효에 관한 민법 제166조 제1항 및 제766조 제2항의 적용한계

"**일반적인 국가배상청구권에 적용되는 소멸시효 기산점과 시효기간에 합리적 이유가 인정된다 하더라도, 진실·화해를 위한 과거사정리 기본법(과거사정리법) 제2조 제1항 제3호에 규정된 '민간인 집단희생사건', 제4호에 규정된 '중대한 인권침해·조작의혹사건'의 특수성을 고려하지 아니한 채 민법 제166조 제1항, 제766조 제2항의 '객관적 기산점'이 그대로 적용되도록 규정하는 것은 국가배상청구권에 관한 입법형성의 한계를 일탈한 것**인데, 그 이유는 다음과 같다. 불법행위의 피해자가 '손해 및 가해자를 인식하게 된 때'로부터 3년 이내에 손해배상을 청구하도록 하는 것은 불법행위로 인한 손해배상청구에 있어 피해자와 가해자 보호의 균형을 도모하기 위한 것이므로, 과거사정리법 제2조 제1항 제3, 4호에 규정된 사건에 민법 제766조 제1항의 '주관적 기산점'이 적용되도록 하는 것은 합리적 이유가 인정된다. 그러나, 국가가 소속 공무원들의 조직적 관여를 통해 불법적으로 민간인을 집단 희생시키거나 장기간의 불법구금·고문 등에 의한 허위자백으로 유죄판결을 하고 사후에도 조작·은폐를 통해 진상규명을 저해하였음에도 불구하고, 그 불법행위 시점을 소멸시효의 기산점으로 삼는 것은 피해자와 가해자 보호의 균형을 도모하는 것으로 보기 어렵고, 발생한 손해의 공평·타당한 분담이라는 손해배상제도의 지도원리에도 부합하지 않는다. 그러므로 과거사정리법 제2조 제1항 제3, 4호에 규정된 사건에 민법 제166조 제1항, 제766조 제2항의 '객관적 기산점'이 적용되도록 하는 것은 합리적 이유가 인정되지 않는다."(헌법재판소 2018.8.30. 2014헌바148, 162, 219, 466, 2015헌바50, 440(병합), 2014헌바223, 290, 2016헌바419(병합) 전원재판부 【민법제166조제1항등위헌소원등】)

Ⅲ. 영조물의 설치·관리의 하자로 인한 손해배상

국가배상법 제5조는 "① 도로·하천 그 밖의 공공의 영조물의 설치나 관리에 하자가 있기 때문에 타인에게 손해를 발생하게 하였을 때에는 국가나 지방자치단체는 그 손해를 배상하여야 한다. 이 경우에는 제2조 1항 단서, 제3조 및 제3조의2를 준용한다. ② 제1항을 적용할 때 손해의 원인에 대하여 책임을 질 자가 따로 있으면 국가나 지방자치단체는 그 자에게 구상할 수 있다."고 규정하였다. 이 규정은 민법 제758조에 해당하나, 그 대상을 공작물에 한정하고 있는 민법에 비하여 범위가 넓으며, 점유자의 면책규정이 없는 점이 다르다. 또한 제2조와는 달리 과실을 배상책임의 요건으로 하고 있지 않다는 점에서 국가 또는 지방자치단체의 손해배상책임은 무과실책임의 일종이라 할 수 있다.

1. 배상책임의 요건

국가나 지방자치단체가 배상책임을 지는 것은 도로·하천 그 밖의 공공의 영조물의 설치나 관리에 하자가 있기 때문에 타인에게 손해가 발생한 경우이다. 이러한 배상책임요건을 분설하면 다음과 같다.

(1) 공공의 영조물

공공의 영조물이란 행정주체에 의하여 공공목적에 제공되는 유체물(有體物), 즉 학문상의 공물을 뜻한다. 따라서 민법 제758조의 공작물에 한하지 않고, 인공공물(예; 도로 · 상하수도 · 관공청사 · 교사 등) · 자연공물(예; 하천 · 해빈 · 호소 등) 및 동산(예; 소방차 등) · 동물(예; 경찰견 등)을 모두 포함한다. 그러나 국가나 공공단체의 소유에 속하는 유체물이라도 공물이 아닌 일반재산은 제외되며, 사물로써 민법(758)이 적용된다. 또한 국가 또는 지방자치단체가 소유권 · 임차권 그 밖의 권한에 기하여 관리하고 있는 경우뿐만 아니라 사실상의 관리를 하고 있는 경우도 포함된다(판례).

[판 례] 공공의 영조물의 의미 및 사실상 관리 포함

"국가배상법 제5조 제1항 소정의 **'공공의 영조물'이라 함은** 국가 또는 지방자치단체에 의하여 특정 공공의 목적에 공여된 **유체물 내지 물적 설비**를 지칭하며, 특정 공공의 목적에 공여된 물이라 함은 일반공중의 자유로운 사용에 직접적으로 적용되는 **공공용물**에 한하지 아니하고, 행정주체 자신의 사용에 제공되는 **공용물도 포함**하며 국가 또는 지방자치단체가 소유권, 임차권 그 밖의 권한에 기하여 관리하고 있는 경우 뿐만 아니라 **사실상의 관리를 하고 있는 경우도 포함**된다."(대판 1998.10.23. 98다17381; 대판 1995.1.24. 94다45302)

(2) 설치 · 관리의 하자

1) 설치 · 관리의 하자의 의미: 설치나 관리의 하자라 함은 민법 제758조의 '설치 또는 보전'과 동일한 것으로 설치 · 유지 · 보관 · 수선 등의 작용을 말한다. 설치의 하자란 해당 영조물이 그 성립 당시부터 원시적으로 안전성을 결여한 것을 말하는 것으로서, 영조물의 설계상 또는 축조상의 하자가 이에 해당한다. 이에 반해 관리상의 하자는 해당 시설이 건조된 후의 후발적인 하자를 의미하며, 유지 · 수선에 불완전한 점이 있는 경우가 이에 해당한다.

2) 하자의 판단기준에 관한 학설: 하자의 기준을 어떻게 정할 것인가에 대해서는 견해가 대립하고 있는바, 이러한 견해의 대립은 관리자의 주의의무위반이라는 주관적인 사유를 하자의 기준에 포함시켜야 하는가 여부와 밀접한 관련을 가지고 있다.

(가) 객관설: 이 설은 설치나 관리의 하자란 객관적으로 영조물의 설치와 그 후의 유지 · 수선에 불완전한 점이 있어서 사회통념상 일반적으로 갖추어야 할 물적 안정성을 결여한 것이라고 한다(통설). 따라서 이 설은 국가의 과실유무나 재정력과는 무관하게 배상책임을 인정하게 된다.

(나) 주관설: 이 설은 설치나 관리의 하자란 관리자가 영조물을 안전 · 양호한 상태로 유지하여야 할 작위 또는 부작위의무(관리의무)를 위반한 것이라고 한다. 이 설은 의무위반이라는 관리자의 주관적 귀책사유를 전제로 하므로 과실책임주의에 서게 된다.

(다) 절충설: 이 설은 영조물 자체의 객관적 하자뿐만 아니라 관리자의 안전관리의무의 위반이라는 주관적 요소도 고려하여 판단하여야 한다고 한다. 이 설에 의하면 공공의 영조물 자체의 결함이나 관리행위의 과오를 불문하고 국가의 배상책임을 인정할 수 있다.

(라) 위법 · 무과실책임설: 이 설은 제5조에 의한 책임을 관리주체가 과실여부를 불문하고 안전확보의무를 위반한 책임으로 보며, 관리의무위반설이라고도 한다.[7] 이 설은 제5조의 책

임은 영조물의 단순한 하자가 아니라 설치·관리의 하자를 요건으로 한다는 점, 제2조와 달리 고의·과실을 요하지 않는다는 점 및 민법 제758조와 달리 점유자의 주의의무를 규정하고 있지 않다는 점을 논거로 든다.

(마) 판 례: 판례는 종래 객관설을 취하여 왔으며(판례1), 다만 영조물 자체의 통상 갖추어야 할 안전성(객관적 안전성)의 해석에 있어서, 영조물 자체의 물리적·외형적 흠결·불비로 인한 위험성뿐만 아니라, 수인한도초과여부도 포함시키고 있다(판례2). 그런데 아래 [판례 3]에서 보는 바와 같이 주관적 요소도 고려하여 하자유무를 판단하는 판례들이 나오고 있다. 이러한 판례입장을 이해함에 있어서, ① 변형된 객관설이라는 견해,[8] ② 위법·무과실책임설(관리의무위반설)이라는 견해,[9] ③ 절충설이라는 견해,[10] ④ 객관설의 입장에서 예측가능성 및 결과회피가능성의 결여를 면책사유로 인정한 것이라고 이해하는 견해[11] 등이 있다.

[판례 1] 객관설의 입장

"국가배상법 제5조 제1항에 정하여진 **'영조물 설치·관리상의 하자'란 공공의 목적에 공여된 영조물이 그 용도에 따라 통상 갖추어야 할 안전성을 갖추지 못한 상태에 있음을 말한다.** 위와 같은 안전성의 구비 여부는 영조물의 설치자 또는 관리자가 그 영조물의 위험성에 비례하여 사회통념상 일반적으로 요구되는 정도의 방호조치의무를 다하였는지를 기준으로 판단하여야 하고, 아울러 그 설치자 또는 관리자의 재정적·인적·물적 제약 등도 고려되어야 한다. **따라서 영조물인 도로의 경우도** 그 설치 및 관리에 있어서 완전무결한 상태를 유지할 정도의 고도의 안전성을 갖추지 아니하였다고 하여 하자가 있다고 단정할 수는 없고, **그것을 이용하는 자의 상식적이고 질서 있는 이용 방법을 기대한 상대적인 안전성을 갖추는 것으로 족하다고 할 것이다.**"(대판 2002.8.23. 2002다9158; 대판 2013.5.23. 2012다72018 등)

"영조물 설치의『하자』라 함은 영조물의 축조에 불완전한 점이 있어 이 때문에 영조물 자체가 통상 갖추어야 할 완전성을 갖추지 못한 상태에 있음을 말한다고 할 것인바 그 **『하자』 유무는 객관적 견지에서 본 안전성의 문제이고** 그 설치자의 재정사정이나 영조물의 사용목적에 의한 사정은 안전성을 요구하는데 대한 정도 문제로서 참작사유에는 해당할지언정 안전성을 결정지을 절대적 요건에는 해당하지 아니한다 할 것이다."(대판 1967.2.21, 66다1723)

[판례 2] 주관적 요소 고려한 하자유무 판단

"국가배상법 제5조 제1항 소정의 '영조물의 설치 또는 관리의 하자'라 함은 영조물이 그 용도에 따라 통상 갖추어야 할 안전성을 갖추지 못한 상태에 있음을 말하는 것으로서, 영조물이 완전무결한 상태에 있지 아니하고 그 기능상 어떠한 결함이 있다는 것만으로 영조물의 설치 또는 관리에 하자가 있다고 할 수 없고, 위와 같은 안전성의 구비 여부는 당해 영조물의 용도, 그 설치장소의 현황 및 이용 상황 등 제반 사정을 종합적으로 고려하여 **설치·관리자가 그 영조물의 위험성에 비례하여 사회통념상 일반적으로 요구되는 정도의 방호조치의무를 다하였는지 여부를 그 기준으로 삼아 판단하여야** 하고, 다른 생활필수시설과의 관계나 그것을 설치하고 관리하는 주체의 재정적, 인적, 물적 제약 등을 고려하여 그것을 이용하는 자의 상식적이고 질서 있는 이용 방법을 기대한 상대적인 안전성을 갖추는 것으로 족하며, 객관적으로 보아 시간적·장소적으로 영조물의 기능상 결함으로 인한 손해발생의 예견가능성과 회피가능성이 없는 경우 즉 그 **영조물의 결함이 영조물의 설치관리자의 관리행위가 미칠 수 없는 상황 아래에 있는 경우에**

---

7) 정하중·김광수(개론), 548면.
8) 류지태·박종수(신론), 550면; 박균성(강의), 545면.
9) 김철용(I), 428면; 정하중·김광수(개론), 549면.
10) 박윤흔·정형근(상), 628면.
11) 홍준형, '국가배상법 제5조에 의한 배상책임의 성질과 영조물의 설치·관리상의 하자', 판례월보 323호, 1997.8, 29면.

> **는 영조물의 설치·관리상의 하자를 인정할 수 없다.**"(대판 2000.2.25. 99다54004; 대판 2007.10.25. 2005다62235; 대판 2008.9.25. 2007다88903 등)

(바) 결 어: 제5조는 제2조와의 관계에서 볼 때 무과실 배상책임이라고 할 것이므로 주관적 요소인 안전관리의무의 위반을 하자판단의 요소로 하는 주관설과 절충설은 타당하지 않다. 또한 위법·무과실책임설은 제5조를 무과실의 안전확보의무의 위반인 행위책임이라고 하는데, 행위책임의 문제는 면책사유에서 고려할 수 있는 문제이고 제5조는 상태책임으로 보아야 하며, 과실유무를 배제하고 의무위반여부를 판단할 수 있는지도 의문이다. 근래 판례에서 들고 있는 방호조치의무 및 예견가능성과 회피가능성은 과실의 판단요소라는 점에서 무과실책임인 영조물의 설치·관리의 하자여부의 문제라기보다는 면책의 항변의 문제라고 할 것이다. 따라서 제5조는 제2조와는 달리 무과실의 상태책임의 문제라는 점에서 객관설이 타당하다. 다만, 통상 갖추어야 할 안전성의 결여의 여부를 판단함에 있어서 물리적·외형적 안전성 결여뿐만 아니라 원고의 입증의 곤란을 완화하기 위하여 수인한도를 초과하는 손해발생이라는 결과책임을 안전성결여의 판단요소로 추가할 필요가 있다.

3) 구체적인 하자의 판단기준

(가) 통상 갖추어야 할 물적 안전성: 하자의 구체적 판단기준은 영조물의 '통상 갖추어야 할 물적 안전성' 여부라 할 것인 바, 설치·관리의 하자의 기준인 '통상 갖추어야 할 물적 안전성'은 사회통념상 일반적으로 요구되는 정도의 상대적 안전성을 말하며, 타인에게 위해를 끼칠 위험성을 갖지 아니한 상태를 말한다. 즉, 물적 안전성의 판단은 영조물의 설치·관리의 물리적·외형적인 하자로 타인에게 위해를 끼칠 위험성의 존재여부라는 상태책임 뿐만 아니라 피해의 수인한도 초과여부라는 결과책임 등을 영조물의 설치장소·이용상황·본래의 이용목적·하자발생원인 등 제반사정과 물적 결함의 위치·형상 등을 종합하여 사회통념에 따라 개별적·구체적으로 판단해야 한다.

(나) 하자발생원인의 형태: 하자의 발생원인은 자연력에 의하든 인력에 의하든 불문하고, 관리자의 과실의 유무도 불문한다(무과실책임). 다만, 불가항력(不可抗力)인 경우(예; 폭풍우·지진·가뭄·낙뢰 등)는 면책사유가 되지만, 이 경우에도 사회통념상 요구되는 물적 안전성을 갖추고 있어야 한다.

(다) 하자발생원인의 결합: 영조물의 설치·관리의 하자가 다른 자연적 사실이나 제3자의 행위 또는 피해자의 행위와 결합하여 손해발생의 공동원인의 하나가 되는 경우에도 물적 안정성의 결여가 성립한다(판례).

[판례 1] 안정성의 구비 여부

> "국가배상법 제5조 제1항에 규정된 **'영조물 설치·관리상의 하자'는 공공의 목적에 공여된 영조물이 그 용도에 따라 통상 갖추어야 할 안전성을 갖추지 못한 상태에 있음을 말한다.** 그리고 위와 같은 **안전성의 구비 여부는 영조물의 설치자 또는 관리자가 그 영조물의 위험성에 비례하여 사회통념상 일반적으로 요구되는 정도의 방호조치의**

무를 다하였는지를 기준으로 판단하여야 하고, 아울러 그 설치자 또는 관리자의 재정적·인적·물적 제약 등도 고려하여야 한다. 따라서 영조물이 그 설치 및 관리에 있어 완전무결한 상태를 유지할 정도의 고도의 안전성을 갖추지 아니하였다고 하여 하자가 있다고 단정할 수는 없고, 영조물 이용자의 상식적이고 질서 있는 이용 방법을 기대한 상대적인 안전성을 갖추는 것으로 족하다."(대판 2022.7.28. 2022다225910)

[판례 2] 자연적 사실과 피해자 행위의 결합

"영조물의 설치 또는 관리상의 하자로 인한 사고라 함은 영조물의 설치 또는 관리상의 하자만이 손해발생의 원인이 되는 경우만을 말하는 것이 아니고, **다른 자연적 사실이나 제3자의 행위 또는 피해자의 행위와 경합하여 손해가 발생하더라도 영조물의 설치 또는 관리상의 하자가 공동원인의 하나가 되는 이상** 그 손해는 **영조물의 설치 또는 관리상의 하자에 의하여 발생한 것**이라고 해석함이 상당하다. … 도로 지하의 상수도관에서 새어 나온 물로 노면이 결빙되었다면 사고운전가가 전방주시 태만으로 도로결빙상태를 미쳐 발견하지 못하였고 빙판길에서의 제동장치 조작미숙이 인정된다 하더라도 도로로서의 안전성에 결함이 있는 상태로서 설치·관리상의 하자가 있다고 할 것이다."(대판 1994.11.22. 94다32924)

(3) 기능적 하자(피해의 수인한도초과)

1) 의 의: 기능적 하자란 영조물이 공공의 목적에 이용됨에 있어 그 이용상태 및 정도가 일정한 한도를 초과하여 타인에게 사회통념상 수인할 것이 기대되는 한도를 넘는 피해를 입히는 경우를 말한다. 이는 영조물의 물적 하자가 아니라, 소음 등 공해처럼 영조물이 그 목적에 이용됨에 따라 인근주민 등 타인에게 손해를 발생시키는 경우를 말하며, 사회통념상 수인한도를 초과하는 피해에 대해 손해배상책임을 인정하자는 것이다. 예컨대, 공항 및 사격장의 소음으로 인한 피해배상에 관한 판례 외에도 도로의 교통소음, 진동, 매연, 악취 등의 수인한도초과의 피해 등에도 적용될 수 있다. 다만, 기능적 하자로 인한 손해를 적법한 손해로 보아 수용적 침해 또는 간접보상으로 구제해야 한다는 견해도 있다(박균성, 524).

2) 판단기준: 기능적 하자인 수인한도의 판단기준은 피해정도, 피해이익의 성질 및 그에 대한 사회적 평가, 가해행위의 공공성·지역성(지역상황), 토지이용의 선후관계, 피해의 회피가능성, 공법적 규제의 위반여부, 교섭과정 등 모든 사정을 종합적으로 고려하여 판단한다. 수인한도를 초과하는 피해가 있으면 영조물이 통상 갖추어야 할 안전성을 결여한 것이라고 추정하여 관리청에게 면책의 항변책임을 지게 한다.

[판 례] 수인한도의 결정기준

"국가배상법 제5조 제1항에 정하여진 '영조물의 설치 또는 관리의 하자'라 함은 공공의 목적에 공여된 **영조물이 그 용도에 따라 갖추어야 할 안전성을 갖추지 못한 상태**에 있음을 말하고,여기서 안전성을 갖추지 못한 상태, 즉 타인에게 위해를 끼칠 위험성이 있는 상태라 함은 **당해 영조물을 구성하는 물적 시설 그 자체에 있는 물리적·외형적 흠결이나 불비로 인하여 그 이용자에게 위해를 끼칠 위험성이 있는 경우 뿐만 아니라, 그 영조물이 공공의 목적에 이용됨에 있어 그 이용 상태 및 정도가 일정한 한도를 초과하여 제3자에게 사회통념상 수인할 것이 기대되는 한도를 넘는 피해를 입히는 경우까지 포함**된다고 보아야 한다. 그리고 **수인한도의 기준**을 결정함에 있어서는 일반적으로 **침해되는 권리나 이익의 성질과 침해의 정도뿐만 아니라 침해행위가 갖는 공공성의 내용과 정도, 그 지역 환경의 특수성, 공법적인 규제에 의하여 확보하려는 환경기준, 침해를 방지 또는 경감시키거나 손해를 회피할 방안의 유무 및 그 난이 정도 등 여러 사정을 종합적으로 고려하여 구체적 사건에 따라 개별적으로 결정하여야** 한다."(대판 2010.11.25. 2007다74560, 대구비행장 주변 지역의 항공기소음 피해; 대판 2005.1.27. 2003다49566, 김포공항 인

근주민의 피해; 대판 2004.3.12. 2002다14242, 매향리 사격장 지역주민의 소음피해)

대구비행장 주변 지역의 항공기소음으로 인한 **피해의 내용 및 정도**, 그 비행장 및 군용항공기의 운항이 가지는 **공공성**과 아울러 그 비행장이 개설 당시와 달리 점차 주거지 및 도시화되어 인구가 밀집되는 등으로 비도시지역에 위치한 국내의 다른 비행장과 확연히 구별되는 **지역적, 환경적 특성**을 갖는 점 등 여러 사정을 종합적으로 고려하여, 대구비행장 주변 지역의 소음 피해가 소음도 85WECPNL이상인 경우 사회생활상 통상의 수인한도를 넘어 위법하다."(대판 2010.11.25., 2007다74560)

"사업장 등에서 발생하는 환경오염으로 피해가 발생한 때에는 사업자나 원인자는 환경정책기본법의 위 규정에 따라 귀책사유가 없더라도 피해를 배상하여야 한다. 이때 **환경오염에는 소음·진동으로 사람의 건강이나 재산, 환경에 피해를 주는 것도 포함되므로 피해자의 손해에 대하여 사업자나 원인자는 귀책사유가 없더라도 특별한 사정이 없는 한 이를 배상할 의무가 있다.**

철도를 설치하고 보존·관리하는 자는 설치 또는 보존·관리의 하자로 인하여 피해가 발생한 경우 민법 제758조 제1항에 따라 이를 배상할 의무가 있다. **공작물의 설치 또는 보존의 하자는** 해당 공작물이 용도에 따라 갖추어야 할 안전성을 갖추지 못한 상태에 있다는 것을 의미한다. 여기에서 **안전성을 갖추지 못한 상태, 즉 타인에게 위해를 끼칠 위험성이 있는 상태라 함은** 해당 공작물을 구성하는 물적 시설 자체에 물리적·외형적 결함이 있거나 필요한 물적 시설이 갖추어져 있지 않아 이용자에게 위해를 끼칠 위험성이 있는 경우뿐만 아니라, **공작물을 본래의 목적 등으로 이용하는 과정에서 일정한 한도를 초과하여 제3자에게 사회통념상 일반적으로 참아내야 할 정도(이하 '참을 한도'라고 한다)를 넘는 피해를 입히는 경우까지 포함된다.** 이 경우 참을 한도를 넘는 피해가 발생하였는지는 구체적으로 **피해의 성질과 정도, 피해이익의 공공성, 가해행위의 종류와 태양, 가해행위의 공공성, 가해자의 방지조치 또는 손해 회피의 가능성, 공법상 규제기준의 위반 여부, 토지가 있는 지역의 특성과 용도, 토지이용의 선후 관계 등 모든 사정을 종합적으로 고려하여 판단하여야** 한다."(대판 2017.2.15. 2015다23321, 손해배상)

(4) 하자의 입증책임

원칙적으로 영조물과 그 설치·관리의 하자 및 인과관계는 배상책임의 적극적 요건이므로 원고인 피해자가 입증하고, 설치·관리자에게 예견가능성과 회피가능성이 없었다는 점은 설치·관리자인 국가·지방자치단체가 입증하여야 한다. 그러나 입증이 어려운 경우가 보통일 것이므로 '일응추정이론'을 원용하여, 영조물에 의한 손해가 발생하면 일단 설치·관리의 하자가 추정되는 것으로 보아야 할 것이다.

[판 례] 손해가 발생한 경우 관리청이 관리가능성 없음의 입증

"사고 도로 주변에 건축공사장이 많이 있었고, 화물차량들이 돌멩이 및 건축자재 등을 싣고 위 도로를 통하여 위 공사장들에 출입하는 바람에, 항상 그 화물차량들로부터 돌멩이 등이 떨어질 위험이 상존하고 있었으므로 청소원을 더 배치하고 관리감독을 강화하여 돌멩이가 떨어져 있는 경우에는 즉시 제거하여 도로의 원상복구가 가능함에도 불구하고 이를 태만히 하여 방치되었는 바, 이곳을 지나던 택시가 도로 1차선에 떨어져 있는 돌멩이를 미쳐 발견하지 못하고 과속으로 운전하다가 앞바퀴로 돌멩이를 튕기게 하여 위 도로 2차선을 따라 진행하던 오도바이 운전자가 왼쪽 무릎을 맞아 좌측슬개골 분쇄골절상 등을 입게 되었다면, 도로 관리청의 관리보존상의 하자와 택시운전자가 이를 피하지 못한 과실이 경합하여 발생한 것인바, 이 경우 **도로의 점유·관리자인 피고가 그것에 대한 관리 가능성이 없다는 입증을 하지 못하고 있는 이 사건에서 이는 도로 관리·보존상의 하자에 해당한다** 할 것이므로, 도로관리자와 택시운전자의 공동불법행위가 성립한다."(대판 1998. 2.10, 97다32536)

(5) 손해의 발생

손해배상을 하기 위해서는 설치 또는 관리의 하자로 타인에게 손해가 발생하여야 하며, 흠과 손해간의 상당인과관계가 있어야 한다. 하자와 손해발생 사이에 상당인과관계가 있는 한 자연현상 또는 제3자나 피해자의 행위가 그 손해의 원인으로서 가세되었더라도 손해배상책임은 성립한다. 손해의 범위는 공무원의 직무집행행위로 인한 경우와 동일하다.

(6) 면책사유(免責事由 ; 하자조각사유 또는 감면사유)

면책사유란 영조물의 설치·관리상의 하자로 인한 손해발생에도 불구하고 손해배상책임이 면제 또는 감면될 수 있는 사유를 말한다. 이는 관리자의 방호조치의무와 피해자의 손해발생을 비교교량하여 피해의 수인을 정당화할 수 있는 사유로서, 불가항력·예산부족·공공성과 피해방지노력 등의 문제라 할 것이다.

1) 불가항력: ① 사회통념상 일반적인 물적 안정성을 갖추고 있으나, ② 천재지변과 같이 인간의 능력으로는 예견할 수 없거나, ③ 예견할 수 있어도 회피할 수 없는 외부의 힘에 의하여 손해가 발생한 경우에는 불가항력(不可抗力)으로서 면책이 된다. 즉, 위험발생에 대한 예견가능성과 회피가능성이 없어야 하는 바, 위험발생의 예견가능성은 영조물 관리주체의 결과회피조치의 전제로서 요구된다. 따라서 위험발생의 예견가능성이 있다고 하여도 결과회피가 가능하지 않은 경우에는 손해배상의 책임이 면책될 수 있다.

(가) 예견가능성: 예견가능성이란 통상 예측할 수 있는 것을 말하는 바, 예견가능성의 유무의 판단은 평균적인 영조물의 설치관리자의 판단능력을 기준으로 행한다. 전문가인 설치관리자의 판단능력이므로 통상의 평균적인 시민보다도 고도의 판단능력이 있다는 것이 전제된다고 본다. 예견의 정도는 위험발생의 시기·장소·규모 등을 구체적으로 예측할 것(定性的 豫見可能性)이 요구되지 않고, 위험발생이 현재의 학문적·기술적 수준에 비추어 개연적으로 인정되면(定量的 豫見可能性) 족하다고 볼 것이다. 다만, 위험 내지 손해의 성질에 따라서는 전문적 능력·지식을 기준으로 해야 하는 경우도 있을 수 있다.

(나) 회피가능성: 회피가능성(回避可能性)이란 영조물에 위험성이 존재하는 경우 설치관리자가 손해의 발생을 회피하기 위한 행동을 취하는 것이 가능하다는 것을 의미한다. 회피가능성의 유무는 결과회피조치를 위한 재정적 제약여부·시간적 여유·과학기술의 수준 등을 고려하여, 안전관리체계가 그 기능을 제대로 발휘하고 있는지를 전제로 판단하여야 한다.

(a) 재정적 고려: 손해회피조치를 취하기 위한 예산이 부족하면 회피가능성이 없다고 할 수 있다. 여기서 회피가능성이 없다고 하기 위해서는 사회통념상 기대가능성이 없는 정도의 막대한 예산이 소요되는 경우라 할 것이고, 기대가능성을 인정할 정도의 재정지출이 필요한 경우는 해당되지 아니한다.

(b) 시간적 고려: 영조물의 설치관리자에게 손해발생을 회피할 조치를 취하기 위한 시간적 여유가 없는 경우에는 회피가능성이 없다고 할 것이다.

(c) 기술적 고려: 손해발생 당시의 과학기술이나 토목기술의 수준으로 손해발생을 회피하는 것이 불가능한 경우에는 회피가능성은 부정된다. 영조물 설치관리자는 영조물의 안전성에

관한 기술진보가 있는 경우 그것을 어느 정도 참작해야 하는지 문제된다. 새로 개발된 안전설비를 영조물에 설치하고 있지 않아도 바로 설치관리의 하자로 판단된다는 의미는 아니고 그 안전설비의 유효성, 보급정도, 설치의 곤란성, 그 안전설비가 없는 경우의 영조물의 위험성 등 제반 사정을 고려하여 설치의 필요성이 판단된다.

그 밖에 회피가능성을 판단하는 고려로서 영조물의 유형별로 특별한 성질을 가지고 있는 경우도 생각해야 한다.

2) 예산부족: 예산부족은 안정성의 정도에 관하여 참작사유는 될 수 있을지언정 안전성을 결정지을 절대적 요건은 되지 못한다. 인공공물인 경우에는 원칙적으로 면책사유가 되지 않고, 자연공물인 경우에는 그 안정성증진을 위해 합리적인 예산을 수립하고 집행하고 있는 경우에는 면책사유 내지 경감사유가 될 수 있다.

3) 공공성과 피해방지노력: 영조물의 공용목적에 따른 이용자에 대한 편익의 제공이 고도의 공공성을 지닌 경우, 그 영조물이 지니고 있는 공공성의 내용과 정도, 영조물의 설치·관리의 경위, 종전의 피해방지노력 등도 하자조각여부의 판단요소가 될 수 있다.

[판례 1] 예견가능성과 회피가능성이 없는 경우

"국가배상법 제5조 제1항 소정의 영조물의 설치 또는 관리의 하자는 영조물이 그 용도에 따라 통상 갖추어야 할 안전성을 갖추지 못한 상태에 있음을 말하는 것으로서, 영조물이 완전무결한 상태에 있지 아니하고 그 기능상 어떠한 결함이 있다는 것만으로 영조물의 설치 또는 관리에 하자가 있다고 할 수는 없다. 그리고 위와 같은 안전성의 구비 여부를 판단함에 있어서는 당해 영조물의 용도, 그 설치 장소의 현황 및 이용 상황 등 제반 사정을 종합적으로 고려하여 설치 관리자가 그 영조물의 위험성에 비례하여 사회통념상 일반적으로 요구되는 정도의 방호조치 의무를 다하였는지 여부를 그 기준으로 함이 상당하며, **객관적으로 보아 시간적·장소적으로 영조물의 기능상 결함으로 인한 손해발생의 예견가능성과 회피가능성이 없는 경우, 즉 그 영조물의 결함이 영조물의 설치관리자의 관리행위가 미칠 수 없는 상황 아래에 있는 경우에는 영조물의 설치관리상의 하자가 인정되지 아니한다.**"(대판 2000.2.25. 99다54004; 대판 2014.4.24. 2014다201087 등)

[판례 2] 집중호우로 하천범람에 의한 침수사고에 불가항력을 인정한 경우

"1991년 안양천 수계 하천정비기본계획이 50년 빈도의 최대 확률강우량을 기초로 한 것인 이상 특별한 사정이 없는 한 1시간 최대 확률강우량 역시 같은 빈도의 확률강우량을 기초로 한 것으로 봄이 타당하므로, 삼성천 유역의 이 사건 침수사고 직전 1시간 강우량으로 인정한 94.5㎜는 위 하천정비기본계획이 기초로 하고 있는 1시간 최대 확률강우량을 초과한 150년 빈도의 최대 확률강우량일 뿐만 아니라, … 하천관리에 따르는 **재정적·시간적·기술적 제약** 하에서 삼성7교 부근의 계획홍수량과 계획홍수위, 사고 전날부터 사고 직전까지 삼성천 유역에 내린 집중호우로 인한 삼성7교 부근의 **첨두홍수량과 추정홍수위, 과거 수해의 발생 유무, 이 사건 침수사고의 발생원인, 개수를 요하는 긴급성의 유무** 등 제반 사정을 종합적으로 고려하여 이 사건 침수사고가 **예견가능성과 회피가능성이 없는 불가항력적인 자연재해**라 할 것이다."(대판 2007.9.21, 2005다65678)

[판례 3] 폭설로 고속도로에 장시간 고립된 사고에 불가항력을 부인한 경우

"폭설로 차량 운전자 등이 고속도로에서 장시간 고립된 사안에서, 강설에 대처하기 위하여 완벽한 방법으로 도로 자체에 융설 설비를 갖추는 것이 현대의 과학기술 수준이나 재정사정에 비추어 사실상 불가능하다고 하더라도, 최저속도의 제한이 있는 고속도로의 경우에 있어서는 도로관리자가 도로의 구조, 기상예보 등을 고려하여 사전에 충분한 인적·물적 설비를 갖추어 강설시 신속한 제설작업을 하고 나아가 필요한 경우 제때에 교통통제 조치를 취함으로써

고속도로로서의 기본적인 기능을 유지하거나 신속히 회복할 수 있도록 하는 관리의무가 있다고 할 것이다. … 100년 만의 최대 강설량이기는 하나 당시 한국도로공사가 각 고립구간의 교통정체를 **미리 예견하여 적절한 대비책을 세움으로써 각 고립구간의 교통정체를 회피하거나, 적어도 그 고립시간을 상당히 줄이는 것이 충분히 가능하였던 것으로 보이므로, 이를 전혀 예측할 수 없는 천재지변이나 피할 수 없는 불가항력에 해당한다고 할 수 없다.**"(대판 2008.3.13, 2007다29287,29294)

[판례 4] 김포공항 주변지역 전입자의 소음피해에 대해 관리청의 감액사유 인정

"소음 등을 포함한 공해 등의 위험지역으로 이주하여 들어가서 거주하는 경우와 같이 위험의 존재를 인식하면서 그로 인한 피해를 용인하며 접근한 것으로 볼 수 있는 경우에, 그 피해가 직접 생명이나 신체에 관련된 것이 아니라 정신적 고통이나 생활방해의 정도에 그치고 그 침해행위에 고도의 공공성이 인정되는 때에는, 위험에 접근한 후 실제로 입은 피해 정도가 위험에 접근할 당시에 인식하고 있었던 위험의 정도를 초과하는 것이거나 위험에 접근한 후에 그 위험이 특별히 증대하였다는 등의 특별한 사정이 없는 한 가해자의 면책을 인정하여야 하는 경우도 있을 수 있을 것이나, 일반인이 공해 등의 위험지역으로 이주하여 거주하는 경우라고 하더라도 위험에 접근할 당시에 그러한 위험이 존재하는 사실을 정확하게 알 수 없는 경우가 많고, 그 밖에 **위험에 접근하게 된 경위와 동기 등의 여러 가지 사정을 종합하여 그와 같은 위험의 존재를 인식하면서 굳이 위험으로 인한 피해를 용인하였다고 볼 수 없는 경우에는 손해배상액의 산정에 있어 형평의 원칙상 과실상계에 준하여 감액사유로 고려**하는 것이 상당하다."(대판 2005.1.27, 2003다49566)

4) 하자발생원인의 경합에 따른 감면사유: 영조물의 설치·관리의 하자가 제3자의 행위와 경합하여 손해를 발생시킨 경우에는 영조물관리주체는 제3자와 공동불법행위책임을 지고 내부구상관계가 발생할 수 있으며(판례1, 2), 피해자의 행위와 결합한 경우에는 과실상계가 인정된다. 또한 영조물의 하자가 불가항력과 결합하여 손해를 발생시킨 경우에는 영조물의 하자로 인하여 손해가 확대된 한도 내에서 영조물관리주체의 책임이 인정된다.

[판례 1] 영조물관리주체의 제3자와의 과실과 공동불법행위책임 부담

"갑 주식회사 등이 시공한 도로공사구간에서 침수사고가 발생하자, 국가가 이로 인해 피해를 입은 피해자 을에게 손해를 배상한 사안에서, 제반 사정에 비추어 **갑 회사 등의 시공상 과실과 공사구간의 도로를 설치·관리하는 국가의 영조물 설치·관리상의 하자가 경합하여 침수사고가 발생하였으므로 국가와 갑 회사 등은 을에게 공동불법행위 책임을 부담**하고, 다만 국가와 갑 회사 등의 내부 구상관계에서 국가에 침수사고 발생에 어떠한 과실이 있다고 보기 어려우므로 국가로서는 갑 회사 등에 배상액 전액을 구상할 수 있다고 본 원심판단을 정당하다고 한 사례."(대판 2012.3.15. 2011다52727)

[판례 2] 공동불법행위자의 피해자에 대한 관계(부진정연대책임)

"공동불법행위자는 채권자에 대한 관계에서는 **부진정연대책임을 지되, 공동불법행위자들 내부관계에서는 일정한 부담 부분이 있고, 이 부담 부분은 공동불법행위자의 과실의 정도에 따라 정하여지는 것으로서 공동불법행위자 중 1인이 자기의 부담 부분 이상을 변제하여 공동의 면책을 얻게 하였을 때에는 다른 공동불법행위자에게 그 부담 부분의 비율에 따라 구상권을 행사할 수 있고,** 공동불법행위자 중 1인에 대하여 구상의무를 부담하는 다른 공동불법행위자가 수인인 경우에는 특별한 사정이 없는 이상 그들의 구상권자에 대한 채무는 이를 부진정연대채무로 보아야 할 근거는 없으며, 오히려 다수 당사자 사이의 분할채무의 원칙이 적용되어 각자의 부담 부분에 따른 분할채무로 봄이 상당하다."(대판 2002.09.27. 2002다15917)

2. 배상의 범위

배상의 범위는 흠과 상당인과관계가 있는 모든 손해액이다. 그러나 생명·신체의 침해의 경우

에는 일정한 기준액이 정하여져 있다(동법 5① 후단).

3. 배상책임자

(1) 국가 또는 지방자치단체

배상책임자는 국가 또는 지방자치단체이다(동법 5①). 즉, 국가사무는 국가가, 자치사무는 해당 지방자치단체가 배상책임을 진다. 기관위임사무의 경우에는 사무귀속주체에 따라 위임기관이 속한 행정주체가 배상책임자가 되고(판례1), 수임자가 비용부담자인 경우에는 수임자도 배상책임을 진다. 공공단체가 영조물관리주체인 경우에는 민사상 손해배상책임이 적용된다.

(2) 영조물의 설치·관리자와 비용부담자가 다른 경우

영조물의 설치·관리자와 그 비용부담자가 동일하지 않을 때에는 선택적 청구를 할 수 있으며(동법 6①), 이때 내부관계에서 구상청구가 가능하다. 이것은 배상책임자가 불분명하여 피해자의 배상책임자선택의 부담을 완화하여 피해구제를 용이하게 하고, 내부관계에서는 실질적인 책임이 있는 자가 최종적인 책임을 지게 하려는 취지이다(대판 2001.9.25, 2001다41865).

국가배상법 제6조 제1항의 비용부담자의 의미에 관하여, ① 실질적·궁극적으로 그 비용을 지출한 자라는 **실질적 비용부담자설**, ② 대외적으로 그 비용을 부담한 자라는 **형식적 비용부담자설**, ③ 피해자보호의 견지에서 실질적 비용부담자와 형식적 비용부담자를 포함한다는 **병합설** 등이 있다. ④ **판례**는 병합설의 입장인 것으로 보인다(판례2,3).

생각건대, 실질적 비용부담과 형식적 비용부담의 구별이 용이하지 않으며 피해자구제를 위한 편의적 규정이라는 본조의 입법취지를 볼 때 병합설이 타당하다.

[판례 1] 기관위임사무의 수임기관이 아니라 위임기관이 소속된 국가 또는 지방자치단체가 배상책임

"도로교통법 제3조 제1항에 의하여 특별시장·광역시장 또는 시장·군수의 권한으로 규정되어 있는 도로에서의 신호기 및 안전표지의 설치·관리에 관한 권한은 같은법시행령 제71조의2 제1항 제1호에 의하여 지방경찰청장 또는 경찰서장에게 위탁되었으나, 이와 같은 **권한의 위탁은 이른바 기관위임으로서 경찰서장 등은 권한을 위임한 시장 등이 속한 지방자치단체의 산하 행정기관의 지위에서 그 사무를 처리하는 것이므로, 경찰서장 등이 설치·관리하는 신호기의 하자로 인한 국가배상법 제5조 소정의 배상책임은 그 사무의 귀속 주체인 시장 등이 속한 지방자치단체가 부담한다.**"(대판 2000.01.14. 99다24201)

"도로의 유지·관리에 관한 상위 지방자치단체의 행정권한이 행정권한 위임조례로 하위 지방자치단체장에게 위임되었다면 그것은 기관위임이지 단순한 내부위임이 아니다. 기관위임의 경우 위임받은 하위 지방자치단체장은 상위 지방자치단체 산하 행정기관의 지위에서 그 사무를 처리하는 것이므로 사무귀속의 주체가 달라진다고 할 수 없다. 따라서 **하위 지방자치단체장을 보조하는 그 지방자치단체 소속 공무원이 위임사무를 처리하면서 고의 또는 과실로 타인에게 손해를 가하거나 위임사무로 설치·관리하는 영조물의 하자로 타인에게 손해를 발생하게 한 경우에는 권한을 위임한 상위 지방자치단체가 그 손해배상책임을 진다.**"(대판 1996.11.8. 96다21331; 대판 1999.6.25. 99다11120 등)

[판례 2] 영조물 설치·관리자 외에 비용부담자도 배상책임

"지방자치단체장이 교통신호기를 설치하여 그 관리권한이 도로교통법 제71조의2 제1항의 규정에 의하여 관할 지방경찰청장에게 위임되어 지방자치단체 소속 공무원과 지방경찰청 소속 공무원이 합동근무하는 교통종합관제센터에

서 그 관리업무를 담당하던 중 위 신호기가 고장난 채 방치되어 교통사고가 발생한 경우, 국가배상법 제2조 또는 제5조에 의한 배상책임을 부담하는 것은 지방경찰청장이 소속된 국가가 아니라, 그 권한을 위임한 지방자치단체장이 소속된 지방자치단체라고 할 것이나, 한편 국가배상법 제6조 제1항은 같은 법 제2조, 제3조 및 제5조의 규정에 의하여 국가 또는 지방자치단체가 손해를 배상할 책임이 있는 경우에 공무원의 선임・감독 또는 영조물의 설치・관리를 맡은 자와 공무원의 봉급・급여 기타의 비용 또는 영조물의 설치・관리의 비용을 부담하는 자가 동일하지 아니한 경우에는 그 비용을 부담하는 자도 손해를 배상하여야 한다고 규정하고 있으므로 교통신호기를 관리하는 지방경찰청장 산하 경찰관들에 대한 봉급을 부담하는 국가도 국가배상법 제6조 제1항에 의한 배상책임을 부담한다."(대판 1999.6.25, 99다11120)

[판례 3] 실질적 비용부담자의 배상책임

"국가하천의 유지・보수 사무가 지방자치단체의 장에게 위임된 경우, 지방자치단체의 장은 국가기관의 지위에서 그 사무를 처리하는 것이므로, 국가는 국가배상법 제5조 제1항에 따라 영조물의 설치・관리 사무의 귀속주체로서 국가하천의 관리상 하자로 인한 손해를 배상하여야 한다. **국가가 국가하천의 유지・보수비용의 일부를 해당 시・도에 보조금으로 지급하였다면, 국가와 해당 시・도는 각각 국가배상법 제6조 제1항에 규정된 영조물의 설치・관리 비용을 부담하는 자로서 손해를 배상할 책임이 있다.** 이와 같이 **국가가 사무의 귀속주체 및 보조금 지급을 통한 실질적 비용부담자로서,** 해당 시・도가 구 하천법 제59조 단서에 따른 법령상 비용부담자로서 각각 책임을 중첩적으로 지는 경우에는 **국가와 해당 시・도 모두가 국가배상법 제6조 제2항 소정의 궁극적으로 손해를 배상할 책임이 있는 자에 해당한다.**"(대판 1998.7.10. 96다42819; 대판 2015.4.23. 2013다211834 등)

"여의도광장의 관리는 광장의 관리에 관한 별도의 법령이나 규정이 없으므로 서울특별시는 여의도광장을 도로법 제2조 제2항 소정의 "도로와 일체가되어 그 효용을 다하게 하는 시설"로 보고 같은 법의 규정을 적용하여 관리하고 있으며, 그 관리사무 중 일부를 영등포구청장에게 권한위임하고 있어, 여의도광장의 관리청이 본래 서울특별시장이라 하더라도 그 관리사무의 일부가 영등포구청장에게 위임되었다면, 그 위임된 관리사무에 관한 한 여의도광장의관리청은 영등포구청장이 되고, **같은 법 제56조에 의하면 도로에 관한 비용은 건설부장관이 관리하는 도로 이외의 도로에 관한 것은 관리청이 속하는 지방자치단체의 부담으로 하도록 되어 있어 여의도광장의 관리비용부담자는 그 위임된 관리사무에 관한 한 관리를 위임받은 영등포구청장이 속한 영등포구가되므로, 영등포구는 여의도광장에서 차량진입으로 일어난 인신사고에 관하여국가배상법 제6조 소정의 비용부담자로서의 손해배상책임이 있다.**"(대판 1995.2.24. 94다57671)

4. 구상권

(1) 손해원인의 책임자에 대한 구상

영조물의 설치・관리의 하자로 인한 손해배상에 있어서 국가나 지방자치단체가 배상한 경우에 손해의 원인에 대하여 책임을 질 자가 따로 있으면 그 자에게 구상할 수 있다(동법 5②). 즉, 고의 또는 과실로 영조물의 설치 또는 관리상의 하자를 생기게 한 자에 대하여 변상책임이 인정된다.

(2) 설치・관리와 비용부담자가 다른 경우의 구상(종국적 배상책임자)

설치・관리와 비용부담자가 다른 경우에 피해자에게 손해를 배상한 자는 내부관계에서 그 손해를 배상할 책임이 있는 자에게 구상할 수 있다(동법 6②). 영조물의 설치・관리를 맡은 자와 그 비용을 부담하는 자가 다를 경우 피해자는 선택적 배상청구가 가능한데(동조①), 이 경우 내부적으로 구상의 대상자인 궁극적인 최종 배상책임자가 누구인지 문제되는 바, 견해가 나뉜다. 즉, ① 관리주체가 최종적인 책임자라는 **관리자설(다수설)**, ② 실질적인 비용부담자가 최종적인 책임자라는 **비용부담자설**, ③ 손해발생에 기여한 정도에 따라 최종적인 부담자를 정해야 한다는 **기여도설** 등이 있다. ④ **판례**는 관리자와 비용부담자가 중첩된 경우에는 양쪽 모두에게 있다고 하면서, 구체적인 관리책임 · 사고발생경위 · 비용부담 등 제반사정을 종합하여 결정해야 한다고 판시하고 있다(판례1,2).

생각건대, 책임의 원리에 비추어 손해발생의 원인을 제공한 자가 궁극적인 배상책임자이고 공동불법행위의 경우 손해발생의 기여한 정도에 따라 배상책임자를 결정하여야 한다는 점에서 기여도설이 타당하다.

[판례 1] 관리자와 비용부담자가 중첩될 경우

"원래 광역시가 점유 · 관리하던 일반국도 중 일부 구간의 포장공사를 국가가 대행하여 광역시에 도로의 관리를 이관하기 전에 교통사고가 발생한 경우, 광역시는 그 도로의 점유자 및 관리자, 도로법 제56조, 제55조, 도로법시행령 제30조에 의한 도로관리비용 등의 부담자로서의 책임이 있고, 국가는 그 도로의 점유자 및 관리자, 관리사무귀속자, 포장공사비용 부담자로서의 책임이 있다고 할 것이며, 이와 같이 **광역시와 국가 모두가 도로의 점유자 및 관리자, 비용부담자로서의 책임을 중첩적으로 지는 경우에는, 광역시와 국가 모두가 국가배상법 제6조 제2항 소정의 궁극적으로 손해를 배상할 책임**이 있는 자라고 할 것이고, 결국 광역시와 국가의 내부적인 부담 부분은, **그 도로의 인계 · 인수 경위, 사고의 발생 경위, 광역시와 국가의 그 도로에 관한 분담비용 등 제반 사정을 종합하여 결정**함이 상당하다."(대판 1998.7.10, 96다42819)

[판례 2] 교통신호기 관리사무(선임 · 감독자)와 비용부담자가 동일인(원고)인 경우

"국가배상법 제6조에서 공무원의 선임 · 감독자 또는 영조물의 설치 · 관리를 맡은 자와 비용부담자가 다를 경우 비용부담자도 배상책임을 지도록 하고 내부관계에서 구상할 수 있도록 규정한 취지는, 배상책임자가 불분명하여 피해자가 과연 누구를 손해배상청구의 상대방으로 할 것인지를 알 수 없는 경우에 비용부담자도 배상책임을 지는 것으로 함으로써 피해자의 상대방 선택의 부담을 완화하여 피해구제를 용이하게 하고, 그 내부관계에서는 실질적인 책임이 있는 자가 최종적으로 책임을 지게 하려는 데 있는 것으로 풀이되는바, 이 사건 교통신호기의 관리사무는 원고(안산시)가 안산경찰서장에게 그 권한을 기관위임한 사무로서 피고인 국가 소속 경찰공무원들은 원고의 사무를 처리하는 지위에 있으므로, 원고가 그 사무에 관하여 선임 · 감독자에 해당하고, 그 교통신호기 시설은 지방자치법 제132조 단서의 규정에 따라 원고의 비용으로 설치 · 관리되고 있으므로, 그 신호기의 설치 · 관리의 비용을 실질적으로 부담하는 비용부담자의 지위도 아울러 지니고 있는 반면, 피고(대한민국)는 단지 그 소속 경찰공무원에게 봉급만을 지급하고 있을 뿐이므로, 원고와 피고 사이에서 이 사건 손해배상의 **궁극적인 책임은 전적으로 원고**에게 있다고 봄이 상당하다."(대판 2001.9.25, 2001다41865)

5. 국가배상법 제2조와 제5조의 관계(경합)

국가배상법 제2조의 공무원의 직무상의 불법행위와 제5조의 영조물의 설치 · 관리의 하자가 경합하여 손해가 발생한 경우에 피해자는 제2조와 제5조 중 어느 것에 의하여 배상청구를 해야 하는지 문제된다.

(1) 배상책임자가 다른 경우

각 배상책임자가 다르다면 그들 간에 부진정연대책임관계(우연히 발생한 서로 독립된 책임관계)에 있게 된다.

(2) 배상책임자가 동일인인 경우

배상책임자가 동일인이라면 배상책임의 경합의 문제가 발생한다. 이에 관해 청구권경합설과 법조경합설로 견해가 나뉜다. 즉, ① **청구권경합설**(주관설)은 제5조에 관해 관리자의 주의의무를 개입시키는 주관설에 의하면 제2조와 제5조의 책임은 서로 경합하게 되어, 피해자는 양조 중 선택적으로 청구할 수 있다고 한다. ② **법조경합설**(객관설)은 제5조에 관한 객관설에 의하면 영조물의 객관적 하자로 인한 경우는 제5조를, 공무원의 관리의무위반인 경우에는 제2조의 책임을 진다고 보게 되므로 양책임은 원칙적으로 경합하지 않으나, 영조물의 객관적 하자가 관리자의 관리의무위반으로 인한 경우에는 두 책임이 서로 경합할 수 있다고 한다.

생각건대, 국가배상법 제2조는 과실책임주의를 제5조는 무과실책임주의를 취하고 있으므로 법조경합설이 타당하다. 이 경우 제2조와 제5조를 중복하여 또는 입증이 보다 유리한 제5조에 의하여 손해배상을 청구할 수 있다.

Ⅳ. 사경제작용으로 인한 손해배상

국가 또는 지방자치단체가 사인과 동일한 지위에서 행하는 사경제적 작용(국고작용, 예컨대 철도 · 지하철 · 식당 · 주택 등의 경영)으로 인한 손해에 대해서는 사법상의 배상책임을 지게 되므로 민법이 적용된다(동법 8 참조).

Ⅴ. 행정상 손해배상의 청구절차

국가배상법은 행정상 손해배상의 청구절차에 관하여 법원에 손해배상청구의 소를 제기하든가 배상심의회에 배상금지급결정을 거쳐 소송을 제기하든가 신청인의 자유에 맡기고 있다. 따라서 손해배상의 청구절차는 행정절차에 의한 것과 사법절차에 의한 것으로 나눌 수 있다.

1. 행정절차에 의한 배상청구

(1) 임의적 행정절차

국가배상법은 손해배상의 소송은 배상심의회의 배상신청을 하지 아니하고도 제기할 수 있다(동법 9)고 규정하여 종래의 결정전치주의 대신 임의적 배상심의회결정을 택하였다. 이는 국민의 신속한 권리구제에 역점을 둔 것이라 할 수 있으며, 배상심의회의 결정은 행정적 편의를 기하고, 국가 등이 스스로 배상금을 지급하여 국민과의 사이에 야기될 수 있는 법적 분쟁을 미리 해결하며, 비용을 절감하면서 간이 · 신속한 해결을 도모할 수 있는 장점이 있다.

(2) 배상심의회

배상심의회는 행정위원회적 성격을 가진 합의제 행정관청으로 행정상의 손해배상에 관하여 심의 · 결정하고 그 결정된 내용을 신청인에게 통지하는 권한을 가졌다. 배상심의회는 법무부에 본부심의회, 국방부에 특별심의회를, 각 지구검찰청 및 일정한 군부대에 지구배상심의회를 둔다. 배상심의회의 구성은, 본부 및 특별심의회의 경우는 위원장을 포함하여 7인으로, 지구심의회는 5인으로 한다.

(3) 결정절차

배상금지급신청을 받은 지구심의회는 지체없이 증인신문 · 감정 · 검증 등 증거조사를 한 후 그 심의를 거쳐 4주일 이내에 지급 또는 기각의 여하를 결정하고, 결정후 1주일 이내에 본인에게 송달한다. 지구심의회는 긴급한 사유가 있다고 인정할 때에는 장례비 · 요양비 및 수리비의 일부를 사전에 지급하도록 결정할 수 있다(동법 13).

(4) 결정의 효력

배상결정은 신청인의 동의가 있어야 효력이 발생하며, 국가나 지방자치단체는 그 청구를 받은 날로부터 소정의 기간 이내에 배상금을 지급하여야 한다. 심의회의 배상결정은 종국적인 효력을 갖지 못하며 신청인은 수령후에도 배상금청구소송을 제기할 수 있다.

(5) 재심신청

지구심의회에서 배상신청이 기각 또는 각하된 신청인은 결정정본이 송달된 날부터 2주일 이내에 그 심의회를 거쳐 본부심의회나 특별심의회에 재심을 신청할 수 있다(동법 15의2①).

2. 사법절차에 의한 배상청구

국가배상을 청구하고자 하는 자 또는 배상심의회의 결정에 불복하는 자는 법이 정한 기간 내에 법원에 소송을 제기할 수 있다.

(1) 일반절차에 의한 경우

배상금청구에 관한 일반적인 사법절차는 민사소송에 의한다는 설과 공법상의 당사자소송에 의한다는 설이 나누어져 있으나, 판례는 민사소송절차에 따른다. 항고소송에서 취소판결에 의해 행정행위가 취소된 후 해당 행정행위의 위법을 이유로 손해배상이 가능한 지 문제될 수 있다. 그런데 국가 등은 취소소송의 기판력에 의하여 해당 행정행위의 적법성을 주장할 수 없지만, 그렇다고 그것이 곧바로 공무원의 고의 또는 과실로 인한 것으로서 불법행위를 구성한다고 단정할 수 없다.

[판 례] 취소소송의 기판력과 국가배상책임의 고의 · 과실은 별개

"어떠한 행정처분이 후에 **항고소송에서 취소되었다고 할지라도** 그 기판력에 의하여 당해 행정처분이 곧바로 공무원의 고의 또는 과실로 인한 것으로서 불법행위를 구성한다고 단정할 수 없는 바, 그 이유는 행정청이 관계법령의 해석이 확립되기 전에 어느 설을 취하여 업무를 처리한 것이 결과적으로 위법하게 되어 그 법령의 부당집행이라는 결과를 빚었다고 하더라도 처분 당시 그와 같은 처리방법 이상의 것을 **성실한 평균적 공무원에게 기대하기 어려웠던 경우라면** 특단의 사정이 없는 한 이를 두고 **공무원의 과실로 인한 것이라고는 할 수 없기 때문이다."**(대판 1999.9.17. 96다53413)

(2) 특별절차에 의한 경우

행정소송과 관련되는 손해배상청구를 행정소송에 병합하여 청구하는 소송절차이다(행정소송법 7). 행정처분이 원인이 되어 손해가 발생하였고 불가쟁력이 발생하지 아니한 경우에는 취소소송과 병합하여 손해배상청구소송을 제기할 수 있고, 이 경우에 취소소송의 관할법원에 관련청구병합의 형태로 제기할 수 있다.

제 3 절 행정상 손실보상

Ⅰ. 행정상 손실보상의 개념

행정상 손실보상(行政上 損失補償)이란 적법한 공권력행사로 사유재산에 가해진 특별한 희생에 대하여 전체적인 공평부담의 견지에서 행정주체가 행하는 조절적인 재산적 보상을 말한다. 이를 분설하면 다음과 같다.

1) 적법행위로 인한 손실의 보상이다: 행정상 손실보상은 토지수용·농지매수 등과 같이 법률이 공공필요에 의하여 처음부터 국민의 사유재산권에 대한 부득이한 침해를 예정하고 있는 경우의 손실의 보상이므로 위법행위로 인한 행정상 손해배상과 구별된다.

2) 공권력행사로 인한 손실의 보상이다: 행정상 손실보상은 공권력행사(公權力行使)로 인한 것이므로 그 보상은 공법적 성질을 가지며, 사법상 계약에 의한 반대급부(예; 공공용지의 임의매수 대가 등)와 구별이 된다.

3) 특별한 희생에 대한 조절적 보상이다: 행정상 손실보상은 공공의 수요에 충당하기 위하여 특정 개인이 입은 재산상의 특별한 희생을 국민전체의 부담으로 전가시켜 공적 부담을 모든 국민에게 고르게 조절해 주는 보상이다. 따라서 일반적 부담(예; 조세) 또는 재산권에 내재하는 사회적 제약에 대하여는 손실보상의 문제가 생기지 않는다.

4) 재산권의 수용·사용 또는 제한에 대한 보상이다: 재산상의 손실에 대한 보상인 점에서 형의 선고에 의한 노력동원과 국방목적을 위한 전시근로동원 등에 대한 대상(代償)과 구별된다.

그런데 오늘날은 재산권 침해뿐만 아니라 생활권 침해(비재산권적 손실)에 대해서도 보상이 행하여진다.

Ⅱ. 행정상 손실보상의 근거

1. 이론적 근거

행정상 손실보상의 이론적 근거에 관해서는 기득권설(불가침적인 자연법적 기득권의 침해에 대한 당연한 보상이라는 설)·평등부담설(프랑스의 인권선언 제13조에 입각한 설) 등 여러 학설이 있으나 특별희생설이 통설이다. 즉, 행정주체가 재산권 자체의 내재적 한도를 넘어서 사유재산에 가해진 특별·우연한 희생에 대하여 사회전체의 공동부담으로 하는 것이 정의와 공평의 견지에서 당연하다고 본다.

요컨대, 손실보상제도는 사유재산권을 보장하는 법질서 아래에서 부담의 사회화를 통하여 평등부담의 이상을 실현하고 공익과 사익을 조절하며 법률활동의 안정을 기하려는 데에 그 이론적 근거를 두고 있다고 할 수 있다.

2. 실정법적 근거

(1) 헌법상의 근거

헌법 제23조 제3항 "공공필요에 의한 재산권의 수용·사용 또는 제한 및 그에 대한 보상은 법률로써 하되, 정당한 보상을 지급하여야 한다."는 규정은 손실보상에 관한 헌법적 근거이다.

1) **불가분조항 여부:** 불가분조항(不可分條項, 부대조항, 결부조항)이란 재산권제한에 관한 사항과 보상의 방법·기준에 관한 사항을 동일한 법률에 함께 규정하는 것을 말한다. 이는 독일 기본법 제14조 제3항 제2문의 해석과 관련하여 우리 헌법 제23조 제3항도 불가분조항인지 여부에 관해 견해가 나뉜다.

(가) 긍정설: 이는 헌법 제23조 제3항은 공용침해를 규정한 법률 속에 이에 대한 손실보상에 관한 규정을 함께 두어 불가분의 관계를 형성해야 한다는 의미로 해석한다.[12] 이 견해에 따르면 공용침해를 규정한 법률이 보상규정을 두지 않으면 그 법률은 위헌이 된다고 한다.

(나) 부정설: 이는 헌법 제23조 제3항은 법률의 형식으로 재산권제한 및 그 보상에 관한 사항을 규정하라는 법정주의를 선언한 것이므로, 공용침해규정과 보상규정은 불가분의 조항이 아니라는 입장이다.[13] 이 견해에서는 보상규정이 없는 경우를 모두 위헌으로 본다면 법적 안정성을 침해하게 된다고 한다.

(다) 결 어: 독일기본법 제14조 제3항 제2문은 "수용은 법률에 의해서만 또는 보상의 종류와 정도를 규정하는 법률에 근거하여서만 이루어질 수 있다"고 규정하고 있다. 이와는 달리 우리 헌법 제23조 제3항은 보상법률에 근거하여서만 공용수용을 할 수 있다고 규정하고 있지 않고, 재산권의 수용 이외에 사용 및 제한을 규정하고 있다. 따라서 독일의 경우처럼 불가분조항이라고 해

12) 류지태·박종수(신론), 572면; 홍정선(상), 861면.
13) 김남진·김연태(Ⅰ), 726면; 석종현·송동수(상), 692면.

석하기 보다는 공용침해와 보상에 관한 법정주의를 선언한 것으로 보는 부정설이 타당하다.

2) 제23조 제3항의 성질: 공용침해의 근거법률에 보상규정이 없는 경우 헌법 제23조 제3항이 손실보상의 근거가 될 수 있는지의 여부와 관련하여 이 조항의 성질이 문제된다. 이에 관해 견해가 대립하고 있다.

(가) 방침규정설: 이 설에서는 손실보상에 관한 헌법규정은 입법에 대한 방침규정으로서, 행정권의 손실보상의무가 직접 이 헌법규정에 의하여 성립되는 것이 아니고 손실보상에 관한 법률의 명시적 규정이 있어야 한다는 것이다. 그러나 이 설은 헌법상의 재산권보장을 입법자의 자의에 맡기게 되어 헌법규정의 실효성을 무시하게 된다는 비판을 받는다.

(나) 직접효력설(국민에 대한 직접효력설): 이 설은 손실보상에 관한 헌법규정을 국민에 대하여 직접적 효력을 가지는 규범으로 보아 관계법률에 보상규정이 없는 경우에는 직접 헌법규정에 의거하여 보상을 청구할 수 있다고 본다.[14] 그러나 보상은 법률로써 하도록 규정하고 있는 헌법 제23조 제3항의 문리적 해석상 법률의 규정없이 어떠한 내용과 방법에 의해 보상을 청구할 수 있는지 의문이다.

(다) 위헌무효설(입법자에 대한 직접효력설): 이 설에서는 헌법규정은 법률의 규정이 없는 한 직접 손실보상을 청구할 수 있는 근거는 되지 못하지만, 입법자를 구속하여 입법자가 국민의 재산권을 침해하는 규정을 두는 때에는 보상에 관한 규정도 두도록 구속하는 힘을 가진다고 한다. 따라서 법률이 재산권침해를 규정하면서 보상에 관하여 규정을 하지 않으면 그 법률은 위헌무효이며, 그 법률에 의한 재산권 침해행위는 불법행위로, 손실보상을 청구할 수 없으나 손해배상은 청구할 수 있다고 한다.[15] 그러나 입법의 불비가 곧 공무원의 직무상의 과실의 인정을 의미하는 것은 아니기 때문에 손해배상의 성립에 어려움이 있다.

(라) 유추적용설(간접효력설): 이 설은 공용침해에 따르는 보상규정이 없는 경우에는 헌법 제23조 제1항(재산권보장조항) 및 제11조(평등원칙)를 근거로 하여 헌법 제23조 제3항(보상조항) 및 관련법규상의 보상규정을 유추적용하여 보상을 청구할 수 있다는 것이다.[16]

(마) 보상입법부작위위헌설: 이 설은 공용침해에 대한 근거법률이 보상규정을 두지 않은 경우에는 해당 법률이 위헌이 되는 것이 아니라 보상규정을 두지 않은 입법부작위가 위헌이라고 한다. 이 설은 헌법 제23조 제3항은 독일과 달리 불가분조항이 아니며 손실보상은 입법자가 정해야 한다는데 근거하고 있다. 그러나 이 설에 따르면 보상규정이 없는 공용침해에 대해서는 헌법소원에 따른 위헌결정과 그에 따른 입법조치에 의해 비로소 구제받을 수 있게 되어, 우회적인 구제수단이고 불완전하다는 비판을 받는다.

(바) 판 례: 대법원은 일반적으로 유추적용설을 취하고 있으나(판례1), 헌법재판소는 위헌

14) 박균성(강의), 581면.

15) 김동희(Ⅰ), 618면; 김철용, 444면; 장태주(개론), 582면; 정하중 · 김광수(개론), 574면.

16) 김남진 · 김연태(Ⅰ), 713면 ; 석종현 · 송동수(상), 684면; 홍정선(상), 876면; 한견우(Ⅰ), 669면.

무효설을 취하고 있다(판례2).

[판례 1] 유추적용설을 취하는 대법원의 입장

"사업시행자가 택지개발사업을 시행하면서 그 구역 내의 농지개량조합 소유 저수지의 몽리답을 취득함으로써 사업시행구역 외에 위치한 저수지가 기능을 상실하고, 그 기능상실에 따른 손실보상의 협의가 이루어지지 않은 경우, **농지개량조합이 입은 손해는 공공사업지 밖에서 일어난 간접손실로서 토지수용법 또는 공공용지의취득및손실보상에 관한특례법시행규칙의 간접보상에 관한 규정에 근거하여 직접 사업시행자에게 손실보상청구권을 가질 수는 없으나,** 공공용지의취득및손실보상에관한특례법시행규칙 제23조의6을 **유추적용하여** 사업시행자를 상대로 민사소송으로서 그 보상을 청구할 수 있다."(대판 1999.6.11. 97다56150; 대판 2002.11.26. 2001다44352; 대판 2004.9.23. 2004다25581 등)

"법률 제2292호 하천법 개정법률 제2조 제1항 제2호 (나)목 및 (다)목, 제3조에 의하면, 제방부지 및 제외지는 법률 규정에 의하여 당연히 하천구역이 되어 국유로 되는데도, 하천편입토지 보상 등에 관한 특별조치법(이하 '특별조치법'이라 한다)은 법률 제2292호 하천법 개정법률 시행일(1971. 7. 20.)부터 법률 제3782호 하천법 중 개정법률의 시행일(1984. 12. 31.) 전에 국유로 된 제방부지 및 제외지에 대하여는 명시적인 보상규정을 두고 있지 않다. 그러나 제방부지 및 제외지가 유수지와 더불어 하천구역이 되어 국유로 되는 이상 그로 인하여 소유자가 입은 손실은 보상되어야 하고 보상방법을 유수지에 관한 것과 달리할 아무런 합리적인 이유가 없으므로, 법률 제2292호 하천법 개정법률 시행일부터 법률 제3782호 하천법 중 개정법률 시행일 전에 국유로 된 제방부지 및 제외지에 대하여도 **특별조치법 제2조를 유추적용하여 소유자에게 손실을 보상하여야** 한다고 보는 것이 타당하다."(대판 2011.8.25. 2011두2743, 손실보상금)

[판례 2] 위헌무효설을 취하는 헌법재판소의 입장

"**도시계획법 제21조에 의한 재산권의 제한**은 개발제한구역으로 지정된 토지를 원칙적으로 지정 당시의 지목과 토지현황에 의한 이용방법에 따라 사용할 수 있는 한, 재산권에 내재하는 사회적 제약을 비례의 원칙에 합치하게 합헌적으로 구체화한 것이라고 할 것이나, 종래의 지목과 토지현황에 의한 이용방법에 따른 토지의 사용도 할 수 없거나 실질적으로 사용·수익을 전혀 할 수 없는 예외적인 경우에도 **아무런 보상 없이 이를 감수하도록 하고 있는 한, 비례의 원칙에 위반되어** 당해 토지소유자의 재산권을 과도하게 침해하는 것으로서 **헌법에 위반된다.**"(헌재 1998.12.24. 89헌마214)

(사) 결 어: 입법의 흠결로 인한 손실보상 여부의 문제는 보상규정을 마련하는 입법적 해결이 가장 바람직한 방법일 것이다. 그러나 당장 입법불비로 인한 재산권침해에 따른 손실보상의 문제가 대두되는 경우에 이를 어떻게 해결하는냐가 문제된다. 국가보상에 관한 현행법체계는 적법한 침해에 대한 손실보상제도와 위법·유책의 침해에 대한 손해배상제도만을 인정하고 있을 뿐, '위법·무책(無策)'의 침해에 대한 보상제도는 규정하고 있지 아니하다. 따라서 뒤에서 살펴볼 수용유사침해의 법리에 따라 헌법 제23조 제3항 및 관련 법규상의 보상규정을 유추적용하여 보상을 인정하는 것이 타당하다.

(2) 법률상의 근거

보상에 관한 일반적인 규정으로서 「공익사업을 위한 토지 등의 취득 및 보상에 관한 법률」(법률 제6656호, 2002.2.4. 제정, 이하 '토지보상법'이라 한다)이 있으며, 그 밖에 각 단행법(예; 항만법 9장, 도로법 99, 산지관리법 48, 하천법 76, 수산업법 81, 도시개발법 65, 도시 및 주거환경정비법 37, 재난 및 안전관리 기본법 64, 전기통신사업법 77 등)에 규정이 있다.

Ⅲ. 행정상 손실보상청구권의 의의 및 성질

1. 행정상 손실보상청구권의 의의 및 성립

행정상 손실보상청구권은 공공사업의 시행으로 손해를 입었다고 주장하는 자가 보상을 받을 권리를 말하는바, 이러한 권리의 유무판단은 공공사업의 시행 당시를 기준으로 한다(판례).

[판 례] 손실보상청구권의 유무의 판단 기준

"공공사업의 시행과 같이 적법한 공권력의 행사로 가하여진 재산상의 특별한 희생에 대하여 전체적인 공평부담의 견지에서 손실보상이 인정되는 것이므로, **공공사업의 시행으로 손해를 입었다고 주장하는 자가 보상을 받을 권리를 가졌는지의 여부는 해당 공공사업의 시행 당시를 기준으로 판단하여야** 하고, 그와 같은 공공사업의 시행에 관한 실시계획 승인과 그에 따른 고시가 된 이상 그 이후에 영업을 위하여 이루어진 각종 허가나 신고는 위와 같은 공공사업의 시행에 따른 제한이 이미 확정되어 있는 상태에서 이루어진 것으로 그 이후의 공공사업 시행으로 그 허가나 신고권자가 특별한 손실을 입게 되었다고는 볼 수 없다."(대판 2002.11.26. 2001다44352; 대판 2013.6.14. 2010다9658)

2. 행정상 손실보상청구권의 성질

(1) 학 설

1) **공권설**: 이 설에서는 손실보상은 적법한 공권력의 행사로 입게 된 특별한 희생에 대한 보상이기 때문에 권력작용의 법적 효과로 본다. 따라서 손실보상청구권은 공법상의 권리이며, 이에 관한 소송은 행정소송인 당사자소송에 의하게 된다(통설).

2) **사권설**: 이 설에서는 손실보상의 원인행위가 비록 공법적인 것이라 할지라도, 이에 대한 손실보상은 당사자의 의사 또는 직접 법률의 규정에 의거한 사법상의 채권채무관계라는 것이다. 이와 같이 손실보상청구권의 성질을 사권으로 보는 경우에는 이에 관한 소송은 당연히 민사소송에 의하게 된다(이광윤, 432).

(2) 판 례

판례는 토지수용위원회의 재결을 규정하고 있는지 여부에 따라 손실보상청구권을 공권 또는 사권으로 보았다(판례1,2). 하천법 부칙 제2조 제1항의 경우 본체 제74조 제4항의 토지수용위원회의 재결에 관한 조항을 적용할 것인지에 따라 사법상 권리로 보아 민사소송의 대상이라고 하였다가(판례3) 이를 적용하여 공법상 권리로 판례변경을 하였다(판례4).

[판례 1] 토지수용위원회의 재결규정이 없는 구 수산업법(사권)과 그것이 있는 구 공유수면매립법(공권)

"**구 수산업**법(1990. 8. 1. 법률 제4252호로 개정되기 전의 것, 아래에서도 같다)에 의한 손실보상청구권이나 손실보상 관련 법령의 유추적용에 의한 손실보상청구권은 사업시행자를 상대로 한 **민사소송**의 방법에 의하여 행사하여야 하나, 구 **공유수면매립법** 제16조 제1항에 정한 권리를 가진 자가 위 규정에 의하여 취득한 손실보상청구권은 민사소송의 방법으로 행사할 수 없고 위 법 제16조 제2항, 제3항이 정한 바에 따라 협의가 성립되지 아니하거나 협의할 수 없을 경우에 토지수용위원회의 재정을 거쳐 토지수용위원회를 상대로 재정에 대한 **행정소송**을 제기하는 방법에 의하여 행사하여야 한다."(대판 2005.9.29, 2002다73807)

[판례 2] 토지수용위원회의 재결규정이 있는 경우

"구 토지수용법(2002. 2. 4. 법률 제6656호로 폐지되기 전의 것) 제48조 제1항에 따라 … 잔여지에 대한 수용청구를 하려면 우선 기업자에게 잔여지매수에 관한 협의를 요청하여 협의가 성립되지 아니한 경우에 한하여 그 일단의 토지의 일부 수용에 대한 토지수용위원회의 재결이 있기 전까지 관할 토지수용위원회에 잔여지를 포함한 일단의 토지 전부의 수용을 청구할 수 있고, 그 수용재결 및 이의재결에 불복이 있으면 재결청과 기업자를 공동피고로 하여 그 이의재결의 취소 및 보상금의 증액을 구하는 **행정소송**을 제기하여야 하며, 곧바로 기업자를 상대로 하여 민사소송으로 잔여지에 대한 보상금의 지급을 구할 수는 없다."(대판 2004.9.24, 2002다68713; 같은 취지·내용, 대판 2010.8.19, 2008두822)

[판례 3] 하천법 부칙 제2조 제1항의 손실보상청구권을 사권으로 본 판례

"하천법(법률 제3782호) 부칙 제2조 제1항 소정의 사법상의 권리에 대한 손실을 본질적 내용으로 하는 것으로서 국가 등에 대하여 위 조항 소정의 **손실보상금의 지급을 구하는 권리는 사법상의 권리**이고 이의 지급을 구하는 소송은 민사소송이라 할 것이다."(대판 1991.4.26, 90다8978)

[판례 4] 하천법 부칙 제2조 제1항의 손실보상청구권을 공권으로 본 판례

"하천법 부칙 제2조 제1항에서 … 하천구역으로 된 토지 … 등에 대하여 손실을 보상하도록 규정하였고, … 하천구역편입 토지보상에 관한 특별조치법에서 … 종전의 하천법 규정 자체에 의하여 **하천구역으로 편입되어 국유로 되었으나, 그에 대한 보상규정이 없었거나** 보상청구권이 시효로 소멸되어 보상을 받지 못한 토지들에 대하여, 국가가 반성적 고려와 국민의 권리구제 차원에서 그 손실을 보상하기 위하여 규정한 것으로서, 그 법적 성질은 하천법 본칙이 원래부터 규정하고 있던 하천구역에의 편입에 의한 손실보상청구권과 하등 다를 바 없는 것이어서 **공법상 권리임이 분명하므로** 그에 관한 쟁송도 **행정소송절차에 의하여야** 한다."(대판 2006.5.18, 2004다6207)

(3) 결 어

행정상의 손실보상은 권력작용의 원인 또는 결과로서 발생한 것으로서 공법에 특유한 제도이다. 따라서 보상청구권은 공권이고, 그에 관한 소송은 당사자소송으로 보아야 한다(행정소송법 3(2)). 「공익사업을 위한 토지 등의 취득 및 보상에 관한 법률」은 보상협의가 성립되지 못한 때에는 토지수용위원회의 재결을 신청할 수 있고(동법 28), 재결에 불복하는 때에는 행정소송을 제기할 수 있다고 규정하여(동법 85) 공권설을 뒷받침하고 있다.

3. 행정상 손실보상청구권의 소멸시효

행정상 손실보상청구권은 금전의 지급을 구하는 채권적 권리이므로 그 소멸시효기간은 달리 정함이 없으면 민법규정을 유추적용하여 10년이다(동법 162①). 또한 그 소멸시효의 기산일은 손실보상청구권이 객관적으로 발생하여 그 권리를 행사할 수 있는 때이다(대판 2010.12.09. 2007두6571).

Ⅳ. 행정상 손실보상의 요건

행정상 손실보상의 요건은 공공필요를 위한 타인의 재산권에 대한 적법한 공권적 침해로 인하여 사유재산권에 가하여진 특별한 희생이다.[17] 이를 분설하면 다음과 같다.

17) **사업인정의 손실보상 요건 여부**: 사업인정은 수용재결절차로 나아가 강제적인 방식으로 토지소유자나 관

1. 공공필요

공공필요(公共必要)란 국민의 재산권을 그 의사에 반하여 강제적으로라도 취득해야 할 공익적 필요성을 말한다(헌재 1995.2.23. 92헌바14; 헌재 2011.4.28. 2010헌바114 등). 공공필요의 판단은, ① 우선 손실보상에 관한 해당 법률에 규정이 없는 한 토지보상법 제4조 제1호부터 제8호까지 규정한 공익사업을 공공필요로 본다. 공공필요는 획일적으로 확정할 수 없고 구체적인 사안에 따라 결정해야 하므로 이 규정은 열거조항이 아니라 예시규정이다. ② 위 조항에 없는 사업인 경우에는 아래와 같이 공공사업의 공익성과 필요성을 기준으로 판단한다.

(1) 공익성

공익성은 추상적인 공익 일반 또는 국가의 이익 이상의 중대한 공익을 요구하므로 기본권 일반의 제한사유인 '공공복리'보다 좁게 보는 것이 타당하다. 공익성의 정도를 판단함에 있어서는 공용수용을 허용하고 있는 개별법의 입법목적, 사업내용, 사업이 입법목적에 이바지 하는 정도는 물론, 특히 그 사업이 대중을 상대로 하는 영업인 경우에는 그 사업 시설에 대한 대중의 이용·접근가능성도 아울러 고려하여야 한다(헌재 2014.10.30. 2011헌바129,172(병합)).

(2) 필요성

필요성이 인정되기 위해서는 공용수용을 통하여 달성하려는 공익과 그로 인하여 재산권을 침해당하는 사인의 이익 사이의 형량에서 사인의 재산권침해를 정당화할 정도의 공익의 우월성이 인정되어야 한다. 즉, ① 공익목적을 달성하기 위한 필요하고도 효과적인 적합한 경우라야 하고(적합성의 원칙), ② 필요한 경우에도 사익을 가장 적게 침해하는 경우라야 하며(필요성의 원칙), ③ 공익사업으로 인한 사익침해를 정당화 할 정도의 공익의 우월성이 인정되어야 한다(상당성의 원칙).

[판례 1] 공공필요의 의미 및 공공필요를 부인한 경우

"헌법 제23조 제3항에서 규정하고 있는 **'공공필요'는 "국민의 재산권을 그 의사에 반하여 강제적으로라도 취득해야 할 공익적 필요성"으로서, '공공필요'의 개념은 '공익성'과 '필요성'이라는 요소로 구성되어 있는바, '공익성'의 정도를 판단함에 있어서는 공용수용을 허용하고 있는 개별법의 입법목적, 사업내용, 사업이 입법목적에 이바지하는 정도는 물론, 특히 그 사업이 대중을 상대로 하는 영업인 경우에는 그 사업 시설에 대한 대중의 이용·접근가능성도 아울러 고려하여야 한다. 그리고 '필요성'이 인정되기 위해서는 공용수용을 통하여 달성하려는 공익과 그로 인하여 재산권을 침해당하는 사인의 이익 사이의 형량에서 사인의 재산권침해를 정당화할 정도의 공익의 우월성이 인정되어야 하며, 사업시행자가 사인인 경우에는 그 사업 시행으로 획득할 수 있는 공익이 현저히 해태되지 않도록 보장하는 제도적 규율도 갖추어져 있어야 한다.**

그런데 이 사건에서 문제된 지구개발사업의 하나인 '관광휴양지 조성사업' 중에는 고급골프장, 고급리조트 등(이하 '고급골프장 등'이라 한다)의 사업과 같이 입법목적에 대한 기여도가 낮을 뿐만 아니라, 대중의 이용·접근가능성이 작아 공익성이 낮은 사업도 있다. 또한 고급골프장 등 사업은 그 특성상 사업 운영 과정에서 발생하는 지방세수 확보와 지역경제 활성화는 부수적인 공익일 뿐이고, 이 정도의 공익이 그 사업으로 인하여 강제수용 당

계인의 권리를 취득·보상하기 위한 절차적 요건에 지나지 않고 행정상 손실보상의 요건이 아니다(대판 2021.11.11. 2018다204022). 토지보상법에도 반드시 사업인정이나 수용이 전제되어야 손실보상의무가 발생한다고 규정하고 있지 않다.

하는 주민들의 기본권침해를 정당화할 정도로 우월하다고 볼 수는 없다. 따라서 이 사건 법률조항은 공익적 필요(하)성이 인정되기 어려운 민간개발자의 지구개발사업을 위해서까지 공공수용이 허용될 수 있는 가능성을 열어두고 있어 헌법 제23조 제3항에 위반된다."(헌재 2014.10.30. 2011헌바129,172(병합) 전원재판부 지역균형개발및지방중소기업육성에관한법률제18조제1항등위헌소원등)

[판례 2] 공공필요성의 요건충족을 인정한 경우

"도시계획시설사업은 그 자체로 공공필요성의 요건이 충족된다. 또한 이 사건 수용조항은 도시계획시설사업의 원활한 진행을 위한 것이므로 정당한 입법목적을 가진다. 민간기업(이 사건 체육시설인 회원제 골프장 건설)도 일정한 조건하에서는 헌법상 공용수용권을 행사할 수 있고, 위 수용조항을 통하여 사업시행자는 사업을 원활하게 진행할 수 있으므로, 위 조항은 위 입법목적을 위한 효과적인 수단이 된다. 만약 사업시행자에게 수용권한이 부여되지 않는다면 협의에 응하지 않는 사람들의 일방적인 의사에 의해 도시계획시설사업을 통한 공익의 실현이 저지되거나 연기될 수 있고, 수용에 이르기까지의 과정이 국토계획법상 적법한 절차에 의해 진행되며, 사업시행자는 피수용권자에게 정당한 보상을 지급해야 하고, 우리 법제는 구체적인 수용처분에 하자가 있을 경우 행정소송 등을 통한 실효적인 권리구제의 방안들을 마련하고 있는 점 등에 비추어 이 사건 **수용조항이 피해의 최소성 원**칙에 반한다고 볼 수 없고, 우리 국가공동체에서 도시계획시설이 수행하는 역할 등을 감안한다면 위 **수용조항이 공익과 사익 간의 균형성**을 도외시한 것이라고 보기도 어렵다. 따라서 이 사건 수용조항은 헌법 제23조 제3항 소정의 공공필요성 요건을 결여하거나 과잉금지원칙을 위반하여 재산권을 침해한다고 볼 수 없다."(헌재 2011.6.30. 2008헌바166,2011헌바35(병합), 국토의계획및이용에관한법률제2조제6호등위헌소원등)

2. 재산권의 공권적 침해

(1) 재산권의 의미

재산권이란 소유권뿐만 아니라 법에 의하여 보호되고 있는 일체의 재산적 가치 있는 권리를 의미한다. 따라서 물권과 채권, 공법상 권리와 사법상 권리를 모두 포함한다. 그러나 재산권은 현존하는 구체적인 재산적 가치이어야 하므로 지가상승의 기대와 같은 기대이익은 손실보상의 대상이 아니다.

(2) 공권적 침해의 의미와 유형

공권적 침해란 공법상의 일체의 재산적 감손을 의미하며, 헌법은 그 전형적인 것으로 재산권의 수용·사용 및 제한을 들고 있다. 수용(收用)이란 재산권의 박탈을, 사용이란 재산권의 박탈에 이르지 아니하는 일시사용을, 제한이란 소유자 그 밖에 사인에 의한 사용·수익을 한정하는 것을 의미한다. 그 밖에 재산적 가치를 박탈·감손시키는 일체의 공권력의 발동을 포함한다고 할 것이다.

(3) 침해의 의도성·직접성

재산권에 대한 공권적 침해는 공권력주체에 의하여 직접적으로 의도된 것이어야 한다. 개인의 재산권에 대한 침해가 공권력 주체에 의하여 의욕되고 지향되었거나 아니면 최소한 상대방의 재산상의 손실에 대한 직접적인 원인이 되어야 한다. 재산권에 대한 침해가 간접적·결과적으로 야기된 경우에는 원칙적으로 여기서 말하는 손실보상의 요건은 되지 못하고 수용적 침해보상의 문제(수인한도를 넘는 침해)가 될 수 있을 뿐이다.

3. 적법한 침해

손실보상의 요건으로서의 개인의 재산권에 대한 침해는 적법한 것이어야 한다. 적법한 것이란 법률에 근거한 것임을 의미하며, 여기에서의 법률은 국회에서 심의·의결된 형식적 의미의 법률을 의미한다. 헌법도 공공필요에 의한 재산권의 수용·사용·제한은 '법률로써' 하여야 함을 명시하고 있다.

4. 특별한 희생

(1) 경계이론과 분리이론

손실보상의 요건문제는 어떤 경우를 사회적 제약을 넘는 특별한 희생으로 볼 것이냐 하는 문제이다. 헌법 제23조 제1항 및 제2항에서 규정한 재산권의 내용·한계 및 사회적 제약과 제3항에서 규정한 공용침해를 재산권제한의 정도의 차이로 볼 것인지 별개의 독립한 제도로 볼 것인지에 관해 경계이론과 분리이론의 대립이 있다.[18)]

1) 경계이론: 이는 헌법 제23조 제1항과 제2항의 내용규정과 제3항의 공용침해규정을 함께 판단하여 재산권침해의 정도가 일정한 경계(문턱)를 넘어서면 사회적 제약을 넘어서는 것으로서 보상을 요하는 공용침해로 본다(재산권의 가치보장에 중점). 대법원의 입장이다(판례1).

2) 분리이론: 이는 헌법 제23조 제1항과 제2항의 재산권의 내용규정과 제3항의 공용침해규정을 분리하여 별개로 보고, 이 양 규정은 재산권제약의 질적 정도에 의해서가 아니라 입법의 목적과 형식에 의해 구분한다. 그리하여 보상은 공용침해규정에 의하며, 내용규정에 의한 과도한 공용침해의 경우에는 수용으로 전환하여 보상이 되는 것이 아니라 비례원칙의 위반으로 위헌이 되어 취소를 통한 권리보호가 되어야 한다고 본다(재산권의 존속보호에 중점). 재산권의 내용규정은 일반적인 기본권제한 법률과 마찬가지로 비례원칙·평등원칙 등을 기준으로 위헌여부를 판단하지만, 공용침해는 공공필요·정당보상 등 헌법 제23조 제3항에서 정하고 있는 요건하에

---

18) 독일 기본법 제14조 제1항은 "소유권과 상속권은 보장된다. 내용과 한계는 법률로 정한다."고, 제2항은 "소유권은 의무를 수반한다. 그 행사는 동시에 공공복리에 적합하여야 한다."고, 제3항은 "공용수용은 공공복리를 위해서만 할 수 있다. 공용수용은 법률에 의해서만 또는 보상의 종류와 정도를 규정하는 법률에 근거하여서만 이루어질 수 있다. 보상은 공공의 이익과 관계자의 이익을 공정하게 형량하여 정해져야 한다. 보상액 때문에 분쟁이 생길 경우에는 일반법원에 소송을 제기할 길이 열려있다."고 규정하고 있다. 우리 헌법 또한 제23조 제1항은 "모든 국민의 재산권은 보장된다. 그 내용과 한계는 법률로 정한다."고, 제2항은 "재산권의 행사는 공공복리에 적합하도록 하여야 한다."고, 제3항은 "공공필요에 의한 재산권의 수용·사용 또는 제한 및 그에 대한 보상은 법률로써 하되, 정당한 보상을 지급하여야 한다."고 규정하고 있어, 독일의 경우와 마찬가지로 제1항과 제2항은 재산권의 내용과 한계 및 사회적 제약을, 제3항은 공용침해와 보상을 규정하고 있다.
이에 따라 예컨대, 도로건설을 위한 사유지의 수용은 공공필요에 의한 재산권의 수용으로 헌법 제23조 제3항에 따른 보상의 문제라 할 것이다. 그런데 개발제한구역에서 건물신축과 같은 일정한 건축행위를 제한하는 것은 헌법 제23조 제1항과 제2항에 따른 재산권 제한으로 볼 수 있으나, 기존건물의 보수도 못하게 금지하는 경우에는 재산권의 사회적 제약을 넘는 공용침해로 보아 보상의 문제로 볼 것인지(경계이론) 아니면 그러한 법률은 헌법 제23조 제3항과 분리하여 위헌으로 볼 것인지(분리이론)의 문제이다.

서만 허용된다. 이는 독일연방헌법재판소의 입장이며(1981년 자갈채취사건판결), 우리 헌법재판소의 입장이기도 하다(판례2).

3) 결 어: 분리이론에 의하면 헌법재판소의 위헌결정을 통해 입법자의 보상입법을 기다려야 하므로, 당장 재산권의 침해를 받은 당사자에게는 적절한 권리구제수단이 되기 어렵다. 따라서 경계이론에 따르는 것이 타당하다고 본다. 경계이론에 따를 경우 손실보상의 요건으로 사회적 제약을 넘어선 특별한 희생에 해당할 것이 요구된다.

[판례 1] 경계이론의 입장

"군사시설보호법 제5조, 제5조의2, 제6조, 제7조 등에 의하여 **군사시설보호구역** 안에 있는 토지의 소유자는 재산상의 권리행사에 많은 제한을 받게 되고 그 한도 내에서 일반 토지소유자에 비하여 불이익을 받게 되었음은 명백하지만 중요한 군사시설을 보호하고 군작전의 원활한 수행을 기하기 위하여 가하여지는 위와 같은 제한은 공공복리에 적합한 합리적인 제한이라 볼 것이고, 그 **제한으로 인한 토지소유자의 불이익은 공공의 복리를 위하여 감수하지 아니하면 안 될 정도의 것이라고 인정되므로 이에 대하여 손실보상의 규정을 하지 아니하였다 하여 위 각 규정을 헌법 제23조 제3항에 위배되는 것이라고 할 수 없다.**"(대판 1992.11.24, 92부14, 위헌제청신청)

[판례 2] 분리이론의 입장

"도시계획법 제21조에 의한 재산권의 제한은 개발제한구역으로 지정된 토지를 원칙적으로 지정 당시의 지목과 토지현황에 의한 이용방법에 따라 사용할 수 있는 한, 재산권에 내재하는 사회적 제약을 비례의 원칙에 합치하게 합헌적으로 구체화한 것이라고 할 것이나, **종래의 지목과 토지현황에 의한 이용방법에 따른 토지의 사용도 할 수 없거나 실질적으로 사용·수익을 전혀 할 수 없는 예외적인 경우에도 아무런 보상 없이 이를 감수하도록 하고 있는 한, 비례의 원칙에 위반되어 당해 토지소유자의 재산권을 과도하게 침해하는 것으로서 헌법에 위반된다.**"(헌재 1998.12.24, 89헌마214, 도시계획법제21조에대한위헌소원)

[판례 3] 헌법 제23조 제1항의 재산권의 내용과 한계에 해당하는 경우

"**도축장 사용정지·제한명령은 구제역과 같은 가축전염병의 발생과 확산을 막기 위한 것이고**, 도축장 사용정지·제한명령이 내려지면 국가가 도축장 영업권을 강제로 취득하여 공익 목적으로 사용하는 것이 아니라 소유자들이 일정기간 동안 도축장을 사용하지 못하게 되는 효과가 발생할 뿐이다. 이와 같은 재산권에 대한 제약의 목적과 형태에 비추어 볼 때, **도축장 사용정지·제한명령은 공익목적을 위하여 이미 형성된 구체적 재산권을 박탈하거나 제한하는 헌법 제23조 제3항의 수용·사용 또는 제한에 해당하는 것이 아니라, 도축장 소유자들이 수인하여야 할 사회적 제약으로서 헌법 제23조 제1항의 재산권의 내용과 한계에 해당한다.** 따라서 이에 대한 보상금은 도축장 사용정지·제한명령으로 인한 도축장 소유자들의 경제적인 부담을 완화하고 그러한 명령의 준수를 유도하기 위하여 지급하는 시혜적인 급부에 해당한다."(헌법재판소 2015.10.21. 선고 2012헌바367 전원재판부 가축전염병예방법부칙제2조제3항위헌소원)

(2) 특별한 희생의 판단기준

손실보상이 성립하기 위해서는 사유재산에 대한 공권적 침해가 사회적 제약을 넘는 공용침해(公用侵害)이어야 한다. 즉, 적법한 공권력행사로 인하여 재산권에 일반적으로 내재하는 사회적 제약을 넘는 특별한 희생이 있는 경우에 한하여 보상이 이루어질 수 있다. 그런데 보상을 요하지 않는 사회적 제약과 이를 요하는 특별한 희생과의 구별기준에 관해 견해가 나뉜다.

1) 형식적 기준설: 형식적 기준설은 침해행위의 대상범위가 일반적인 것인지 또는 개별적인 것인지에 따라 특별한 희생의 여부를 판단하려는 견해이다.

(가) 개별행위설: 이 설은 재산권에 대한 침해행위가 일반적인 것인지 개별적인 것인지를 기준으로 하여 특정인 또는 한정된 범위의 사람에 대한 침해만을 특별한 희생으로 본다.

(나) 특별희생설(特別犧牲說): 이 설은 개별행위설을 발전시킨 견해로서, 특정인 또는 한정된 사람에 대하여 다른 자에게 요구되지 않는 희생을 불평등하게 부과되는 경우를 특별한 희생으로 본다. 그러나 이들 형식적 기준만으로는 불충분하므로 공용침해의 내용 및 성질 등 실질적 기준도 요구된다.

2) **실질적 기준설**: 실질적 기준설은 침해의 정도가 재산권에 내재하는 사회적 제약을 넘어 해당 권리의 본질적 내용을 제한하는 것인지의 여부에 따라 특별한 희생의 여부를 판단하려는 견해이다. 이 설은 다시 다음과 같이 나눌 수 있다.

(가) 보호가치설: 이 설은 여러 관련사실을 종합적으로 판단하여 보호할 만한 가치있는 권리에 대한 침해는 '특별한 희생'으로 보려는 것이다.

(나) 수인한도설(受忍限度說): 이 설은 침해의 본질성과 강도를 표준으로 하여 재산권의 본체인 배타적 지배성을 침해하는 정도이면 수인한도를 넘는 것으로서 보상을 요한다고 한다.

(다) 사적 효용설(私的 效用說): 이 설에서는 재산권의 사적 효용성을 침해하는 행위를 보상을 요하는 특별한 희생으로 본다.

(라) 목적위배설: 이 설에서는 재산권에 대한 침해행위가 재산권의 본래의 기능 또는 목적에 위배되는 것일 때 특별한 희생으로 본다.

(마) 상황적 구속성설: 이 설은 토지 등 목적물이 놓여 있는 위치, 상황에 따라 사회적 구속에 차이가 있다는 견해이다.

(바) 중대설: 이 설은 침해의 중대성과 범위를 기준으로 판단하려는 견해로, 독일의 연방행정법원이 기본적으로 취하는 입장이다.

3) **결 어**: 형식적 기준설과 실질적 기준설은 각각 일면의 타당성은 있지만 완전한 판단기준은 되지 못한다. 따라서 위의 양설의 기준을 함께 고려하여 판단하여야 할 것이다. 즉, 특정인 또는 특정범위의 사람에게 발생한 손실에 대해서만 보상의 문제가 생긴다고 하겠다. 또한 그 침해행위가 재산권에 내재하는 사회적 제약을 넘어 재산권의 본래적 효용을 저해함으로써 그것을 개인에게 수인시키는 것이 사회정의와 공평의 원칙에 어긋난다고 인정될 때 이를 '특별한 희생'이라고 할 수 있다.

4) **판 례**: 대법원은 구 도시계획법에 의한 개발제한구역지정에 의한 토지소유자의 재산권 행사의 제한은 사회적 제약이라고 판시하였다(판례). 그러나 헌법재판소는 구 도시계획법 제21조에 규정된 개발제한구역지정으로 일부 토지소유자에게 사회적 제약의 범위를 넘는 가혹한 부담이 발생하는 예외적인 경우에도 보상규정을 두지 않은 것은 비례원칙에 위반되어 위헌이라고 하여 헌법불합치결정을 하였다(위 헌재 89헌마214 등). 이러한 헌법재판소의 결정은 사회적 제약

을 넘어서는 침해의 경우에 보상을 하여 주어야 한다는 경계이론에 따르지 아니하고, 공용침해의 경우에 보상이 아니라 위헌으로 하여 취소되어야 한다는 분리이론에 따른 것이라 할 수 있다.

[판 례] 개발제한구역지정의 사회적 제약성 인정

"도시계획법 제21조의 규정에 의하여 개발제한구역 안에 있는 토지의 소유자는 재산상의 권리 행사에 많은 제한을 받게 되고 그 한도 내에서 일반 토지소유자에 비하여 불이익을 받게 됨은 명백하지만, '도시의 무질서한 확산을 방지하고 도시주변의 자연환경을 보전하여 도시민의 건전한 생활환경을 확보하기 위하여 또는 국방부장관의 요청이 있어 보안상 도시의 개발을 제한할 필요가 있다고 인정되는 때'(도시계획법 제21조 제1항)에 한하여 가하여지는 그와 같은 제한으로 인한 **토지소유자의 불이익은 공공의 복리를 위하여 감수하지 아니하면 안 될 정도의 것**이라고 인정되므로, 그에 대하여 손실보상의 규정을 두지 아니하였다 하여 도시계획법 제21조의 규정을 헌법 제23조 제3항, 제11조 제1항 및 제37조 제2항에 위배되는 것으로 볼 수 없다."(대판 1996.6.28. 94다54511; 같은 취지, 대판 1995.4.28. 95누627, 구국토이용관리법의 위헌여부; 대판 1994. 5.10. 93도2397, 도시공원법 제6조 제1항, 제32조의 위헌 여부 등)

5. 보상규정의 존재

헌법 제23조 제3항은 "공공필요에 의한 재산권의 수용·사용 또는 제한 및 그에 대한 보상은 법률로써 하되, 정당한 보상을 지급하여야 한다"고 규정하고 있다. 이에 따라 손실보상의 요건으로서 법률상의 보상규정이 존재해야 한다. 그런데 개별법률에 보상에 관한 규정이 없는 경우에 헌법 제23조 제3항에 근거해 손실보상을 청구할 수 있는지에 대하여 견해가 나뉘고 있다. 즉, ① 이 조항은 입법의 방침에 불과하여 보상을 청구할 수 없다는 **방침규정설**, ② 이 조항은 직접 효력을 가지는 조항으로 보아 이 조항에 근거해 보상청구를 할 수 있다는 **직접효력설**, ③ 보상조항이 없으면 이 조항을 위반한 위헌으로 되어 국가배상법에 의한 손해배상을 청구할 수 있다는 **위헌무효설**, ④ 헌법 제23조 제1항(재산권보장) 및 제11조(평등원칙)에 근거하여 제23조 제3항 및 관련법규상의 보상규정을 유추적용하여 보상을 청구할 수 있다는 **유추적용설** 등이 그것이다. 대법원은 일반적으로 유추적용설을 취하고 있으나(판례), 헌법재판소는 위헌무효설을 취하고 있다(위 헌재89헌마214).

생각건대, 헌법 제23조 제3항 및 관련법규상의 보상규정을 유추적용하여 보상을 인정하는 것이 타당하다.

[판 례] 유추적용설의 대법원 입장

"행정주체의 행정행위를 신뢰하여 그에 따라 재산출연이나 비용지출 등의 행위를 한 자가 그 후에 **공공필요에 의하여 수립된 적법한 행정계획으로 인하여 재산권행사가 제한**되고 이로 인한 공공사업의 시행 결과 공공사업시행지구 밖에서 발생한 간접손실에 관하여 그 피해자와 사업시행자 사이에 협의가 이루어지지 아니하고, **그 보상에 관한 명문의 근거 법령이 없는 경우라고 하더라도**, 헌법 제23조 제3항 및 구 토지수용법(2002. 2. 4. 법률 제6656호로 폐지되기 전의 것) 등의 개별 법률의 규정, 구 공공용지의취득및손실보상에관한특례법 제3조 제1항 및 같은법시행규칙 제23조의2 내지 7 등의 규정 취지에 비추어 보면, 공공사업의 시행으로 인하여 그러한 손실이 발생하리라는 것을 쉽게 예견할 수 있고, 그 손실의 범위도 구체적으로 이를 특정할 수 있는 경우에는 그 손실의 보상에 관하여 구 공공용지의취득및손실보상에관한특례법시행규칙의 **관련 규정 등을 유추적용할 수 있다**."(대판 2004.9.23, 2004다25581; 같은 취지, 대판 2002.11.26, 2001다44352; 대판 1999.6.11, 97다56150 등)

V. 행정상 손실보상의 기준

1. 헌법상의 보상기준

현행 헌법 제23조 제3항은 "재산권의 수용·사용·제한 및 보상은 법률로써 하되 정당한 보상을 지급하여야 한다"라고 규정하고 있다. 여기서 '정당한 보상'의 의미와 관련하여 견해가 대립되고 있다.

(1) 완전보상설

완전보상설은 피침해 재산이 가지는 재산적 가치를 충분하고 완전하게 보상하여야 한다는 견해로, 이는 다시 ① 발생된 손실의 전부(부대적 손실)를 보상하여야 한다는 설(손실전부보상설)과 ② 피침해재산의 시가, 거래가격에 의한 객관적 가치(부대적 손실 불포함)의 완전한 보상이어야 한다는 설(객관적 가치보상설)로 나뉘어진다.

(2) 상당보상설

상당보상설은 사회국가적 기준에 의하여 정하여지는 적정한 보상이면 족하다는 견해로, 이 설 역시 ① 사회통념상 객관적으로 공정·타당한 것이면 된다는 견해와 ② 완전보상이 원칙이나 공익상 합리적 이유가 있으면 그 이하의 보상도 허용된다는 견해로 나뉘어진다.

(3) 판 례

대법원이나 헌법재판소는, "헌법 제23조 제3항에 따른 정당한 보상이란 원칙적으로 피수용재산의 객관적인 재산가치를 완전하게 보상하여야 한다는 완전보상을 뜻하는 것인데 …"[19]라고 판시하여 완전보상설을 취한다.

(4) 결 어

완전보상설이 타당하다. 따라서 행정상 손실보상은 피침해 재산의 객관적 가치의 보상은 물론 그 보상의 시기·방법 등에 제한이 없는 부대적 손실까지 포함하는 완전한 보상이어야 한다.

2. 구체적 보상기준

헌법 제23조 제3항은 정당보상의 원칙을 제시하고 보상의 기준과 방법은 법률에 유보하고 있다(대판 1993.7.13, 93누2131 참조). 보상기준에 관한 일반법은 없으나 공용수용에 관하여 「공익사업을 위한 토지 등의 취득 및 보상에 관한 법률」(토지보상법) 등이 있다.

(1) 공용수용의 보상기준

1) **시가보상원칙(時價補償原則)**: 보상액의 산정은 협의의 경우에는 협의성립 당시의 가격을 기준으로 하고, 재결의 경우에는 수용 또는 사용의 재결 당시의 가격을 기준으로 한다(토지보상법 67①). 다만, 당해 공익사업으로 인하여 토지 등의 가격에 변동이 있는 때에는 이를 고려하지

19) 대판 2001.9.25, 2000두2426; 대판 1993.7.13, 93누2131; 헌재 2010.2.25, 2008헌바6; 헌재 1998.3.26, 93헌바12; 헌재 1995.4.20, 93헌바20 등.

아니한다(동조②).

2) **공시지가제도**(公示地價制度): 공시지가란 「부동산 가격공시에 관한 법률」의 규정에 의한 절차에 따라 조사·평가하여 공시한 토지의 단위면적당 가격을 말하며, 표준지공시지가와 개별공시지가가 있다. 전자는 국토교통부장관이 토지이용상황이나 주변환경 그 밖의 자연적·사회적 조건이 일반적으로 유사하다고 인정되는 일단의 토지 중에서 선정한 표준지의 단위면적당 가격이고, 후자는 시장·군수·구청장이 표준지공시지가를 기준으로 정하는 개별토지의 단위면적당 가격을 말한다.

협의 또는 재결에 의하여 취득하는 토지에 대하여는 「부동산 가격공시에 관한 법률」에 따른 공시지가를 기준으로 하여 보상하되, 그 공시기준일로부터 가격시점까지의 관계법령에 따른 그 토지의 이용계획, 해당 공익사업으로 인한 지가의 영향을 받지 아니하는 지역의 지가변동률, 생산자물가상승률 그 밖에 그 토지의 위치·형상·환경·이용상황 등을 고려하여 평가한 적정가격으로 보상하여야 한다(토지보상법 70①). 취득하는 토지를 평가함에 있어서는 평가대상토지와 유사한 이용가치를 지닌다고 인정되는 하나 이상의 표준지의 공시지가를 기준으로 한다(동법시행규칙 22①).

3) **개발이익환수제도**: 개발이익이란 개발사업의 시행이나 토지이용계획의 변경, 그 밖에 사회적·경제적 요인에 따라 정상지가(正常地價)상승분을 초과하여 사업시행자나 토지 소유자에게 귀속되는 토지 가액의 증가분을 말한다(개발이익환수에 관한 법률 2(1)). 이와 같이 개발이익은 일종의 불로소득이라 할 수 있고 피수용토지의 객관적 가치 내지는 피수용자의 손실에 해당하지 아니하므로 손실보상액 산정에서 배제된다. 개발이익환수제도는 헌법상의 완전보상의 원칙에 반하는 것이라는 의문이 제기될 수 있으나, 손실보상에 있어서 합리적 이유 없는 차별이라고 볼 수 없다. 즉, 개발이익의 환수는, ① 지가가 갑자기 오른 개발지역 내에서 토지를 수용당한 자와 수용당하지 않은 자간의 불균형을 시정하고, ② 개발이익까지 포함하여 보상함으로써 피수용자에게 이중의 이익을 주는 것을 배제하여 공평부담이라는 보상원리에 따르기 위한 것이라 할 수 있기 때문이다.

공시지가를 기준으로 보상액을 산정하도록 한 것은 공공사업의 시행으로 인한 개발이익을 배제하기 위한 것이라 할 수 있다(판례1). 그 밖에 개발이익의 환수제도는 재산세·양도소득세 등 과세적 방법과 수익자부담금의 부과, 개발부담금의 징수 또는 토지구획정리사업 등 공공사업의 시행과 관련하여 공공용지를 부담시키는 등의 비과세적 방법이 있다(판례2).

[판례 1] 공시지가에 의한 개발이익 환수

"당해 토지의 이용계획 또는 당해지역과 관계없는 인근토지의 지가변동률, 도매물가 상승률 등에 의하여 시점수정하여 보상액을 산정함으로써 **개발이익을 배제하고 있는 것이므로 공시지가를 기준으로 보상액을 산정하도록 하고 있는** 구 토지수용법 제46조 제2항의 규정이 **완전보상의 원리에 위배되는 것이라고 할 수 없다.**"(대판 1993. 7.13. 93누2131; 대판 1992.2.13. 91누4324)

[판례 2] 개발이익환수제도의 취지 및 환수방법

"개발이익환수제는 오늘날 토지문제의 핵심으로 되어 있는 토지투기와 토지소유의 편중현상에 대처하여 토지개발사업 등으로 인하여 지가가 상승함으로써 생기는 개발이익을 국가가 환수하여 **불로소득을 방지하고 경제정의를 실현하며 토지의 효율적 이용을 촉진하여 국민경제의 건전한 발전에 이바지하기 위하여 마련한 제도**로서, 어떤 개발이익을 어떤 방법으로 어떤 기준에 의하여 환수할 것인지, 그리고 그 환수하는 비율은 얼마로 할 것인지의 여부는 사유재산권을 부인 또는 재산권의 본질적 내용을 침해하거나 헌법상 보장된 재산권 등을 제한함에 있어 요구되는 비례의 원칙 내지는 과잉금지의 원칙 등에 위배되지 아니하는 한 **입법정책적으로 결정될 문제**이다."(대판 2000.1.28, 99두9988, 개발부담금부과처분취소)

4) 생활보상제도: 생활보상이란 피수용자에게 수용이 없었던 것과 같은 생활상태를 실현시켜주는 정도의 보상을 말한다. 오늘날 손실보상 개념에도 사회복리국가관념이 도입되면서 피수용자의 생활안정을 보상의 대상으로 하게 된 것이다. 이주대책(토지보상법 78), 직업훈련, 고용 또는 고용알선 등이 이에 속한다.

(2) 공용사용의 보상기준

협의 또는 재결에 의하여 사용하는 토지에 대하여는 그 토지와 인근 유사토지의 지료(地料)·임대료·사용방법·사용기간 및 그 토지의 가격 등을 고려하여 평가한 적정가격으로 보상하여야 한다(동법 71①). 토지의 사용료는 임대사례비교법[20]으로 평가한다. 다만, 적정한 임대사례가 없거나 대상토지의 특성으로 보아 임대사례비교법으로 평가하는 것이 적정하지 아니한 경우에는 적산법[21]으로 평가할 수 있다(동법시행규칙 30).

(3) 공용제한의 보상기준

공용제한(公用制限)의 경우 재산권의 사회적 제약에 속하는 것으로 보아 보상규정을 두고 있지 않은 경우가 많다(토지보상법에 규정 없음). 그러나 사회적 제약을 넘어서는 특별한 희생의 경우에는 보상이 필요한 바, 공용제한으로 인한 손실보상의 기준에 관해 법률에 일반적 규정을 두고 있지 아니하여 그 보상기준의 산정에 관해 견해가 나뉘고 있다.

1) 상당인과관계설: 이 설은 공용제한행위와 상당인과관계가 있다고 인정되는 모든 손실을 보상하여야 한다는 견해이다. 이 설에 의하면 공용제한으로 인한 불편뿐만 아니라 이로 인해 필요하게 된 비용 및 장래 누릴 수 있는 이익의 상실도 손실의 범위에 포함되어 보상범위가 넓게 인정된다. 그러나 보상액 산정이 소유자의 주관적인 의도나 사정에 좌우되기 쉬워 객관적 산정이 곤란하다는 비판을 받는다.

2) 지가저락설(지가하락설): 이 설은 공용제한으로 인한 토지이용가치의 객관적 저하가 지가하락으로 나타난다고 보고, 이러한 지가하락분을 보상하여야 한다는 견해이다. 그러나 공용제한

---

20) "**임대사례비교법**"이란 대상물건과 가치형성요인이 같거나 비슷한 물건의 임대사례와 비교하여 대상물건의 현황에 맞게 사정보정, 시점수정, 가치형성요인 비교 등의 과정을 거쳐 대상물건의 임대료를 산정하는 감정평가방법을 말한다(감정평가에 관한 규칙 제2조 제8호).

21) "**적산법**"이란 대상물건의 기초가액에 기대이율로 곱하여 산정된 기대수익에 대상물건을 계속하여 임대차하는데에 필요한 경비를 더하여 대상물건의 임대료를 산정하는 감정평가방법을 말한다(동조 제6호).

이 항상 지가 하락요인으로 작용한다고 할 수 없으며 지가하락분이 재산권의 객관적인 가치의 감소와 항상 일치하는 것은 아니라는 비판이 있다.

3) **적극적 실손보전설:** 이 설은 공용제한으로 토지소유자가 사실상 예상하지 못했던 지출을 해야만 하는 경우 그와 같은 적극적이고 현실적인 지출만을 보상하면 족하다는 견해이다. 이 설에 의하면 장래 기대이익의 상실이나 지가하락분 및 일실이익은 보상대상에서 제외하기 때문에 완전보상원칙에 반한다는 비판이 있다.

4) **지대설:** 이 설은 공용제한을 공용사용의 성질을 가지는 것으로 보아 사용수익이 제한되는데 따른 객관적 대가로서의 지대상당액을 보상기준으로 본다. 그러나 공용제한과 공용사용은 다르기 때문에 공용사용에 준하여 지대상당액을 기준으로 보상액을 결정하는 것은 타당하지 않다는 비판이 있다.

5) **공용지역권설정설:** 이 설은 공용제한을 공용지역권의 설정이라고 보고, 공용지역권의 설정에 따른 보상을 요구하는 견해이다. 이 설도 위 지대설과 같은 비판을 받을 수 있다.

6) **판 례:** 판례는 반드시 명백하지는 아니하나, 지대설을 취한 판례도 있다.

[판 례] 지대설을 취하는 판례

"하천구역에 편입된 토지의 소유자가 그로 인하여 받게 되는 그 사용수익권에 관한 제한내용과 헌법상 정당보상의 원칙 등에 비추어 볼 때, 준용하천의 제외지로 편입됨에 따른 같은 법 제74조 제1항의 손실보상은 원칙적으로 **공용제한에 의하여 토지 소유자로서 사용수익이 제한되는 데 따른 손실보상으로서 제외지 편입 당시의 현황에 따른 지료 상당액을 기준으로 함이 상당하다.**"(대판 2003.4.25, 2001두1369)

7) **결 어:** 공용제한의 유형은 일정하지 않고 다양하기 때문에 획일적으로 손실보상기준을 정하기는 곤란하다. 일반적으로 지가저락설이 타당하다고 보이나, 헌법상의 완전보상원칙과 공용제한의 유형·정도 등 구체적 상황을 종합적으로 고려하여 판단해야 할 것이다.

Ⅵ. 행정상 손실보상의 내용

1. 재산권보상

(1) 토지보상

1) **취득하는 토지의 보상:** 토지보상은 위에서 설명한 공용수용의 보상기준에 의하여 토지보상이 이루어진다. 즉, 협의 또는 재결에 의하여 취득하는 토지에 대하여는 「부동산 가격공시에 관한 법률」에 따른 공시지가를 기준으로 하여 보상하되, 그 공시기준일부터 가격시점까지의 관계 법령에 따른 그 토지의 이용계획, 해당 공익사업으로 인한 지가의 영향을 받지 아니하는 지역의 대통령령으로 정하는 지가변동률, 생산자물가상승률과 그 밖에 그 토지의 위치·형상·환경·이용상황 등을 고려하여 평가한 적정가격으로 보상하여야 한다(토지보상법 70①). 토지에 대

한 보상액은 가격시점에서의 현실적인 이용상황과 일반적인 이용방법에 의한 객관적 상황을 고려하여 산정하되, 일시적인 이용상황과 토지소유자나 관계인이 갖는 주관적 가치 및 특별한 용도에 사용할 것을 전제로 한 경우 등은 고려하지 아니한다(동조②). 사업인정 전 협의에 의한 취득의 경우에 제1항에 따른 공시지가는 해당 토지의 가격시점 당시 공시된 공시지가 중 가격시점과 가장 가까운 시점에 공시된 공시지가로 한다(동조③). 사업인정 후의 취득의 경우에 제1항에 따른 공시지가는 사업인정고시일 전의 시점을 공시기준일로 하는 공시지가로서, 해당 토지에 관한 협의의 성립 또는 재결 당시 공시된 공시지가중 그 사업인정고시일에 가장 가까운 시점에 공시된 공시지가로 한다(동조④). 사유토지에 대한 국가의 시효취득의 경우에도 손실보상이 인정된다(대판 2016.6.9. 2014두1369).

2) **사용하는 토지의 보상**: 협의 또는 재결에 의하여 사용하는 토지에 대하여는 그 토지와 인근 유사토지의 지료, 임대료, 사용방법, 사용기간 및 그 토지의 가격 등을 고려하여 평가한 적정가격으로 보상하여야 한다(동법 71①).

3) **사용하는 토지의 매수청구 등**

(가) 의 의: 사용하는 토지의 매수청구란 공익사업주체의 토지사용으로 재산권의 제한을 받고 있는 당해 토지의 소유자가 그 공익사업 주체에게 당해 토지를 매수할 것을 청구하는 것을 말한다.

(나) 요 건: 사업인정고시가 된 후, ① 토지를 사용하는 기간이 3년 이상인 경우, ② 토지의 사용으로 인하여 토지의 형질이 변경되는 경우, ③ 사용하려는 토지에 그 토지소유자의 건축물이 있는 경우 등의 어느 하나에 해당할 때에는 해당 토지소유자는 사업시행자에게 해당 토지의 매수를 청구하거나 관할 토지수용위원회에 그 토지의 수용을 청구할 수 있다(동법 72). 이 경우 관계인은 사업시행자나 관할 토지수용위원회에 그 권리의 존속(存續)을 청구할 수 있다.

(다) 법적 성질: 위 규정의 문언, 연혁 및 취지 등에 비추어 보면, 위 규정이 정한 매수청구권 및 수용청구권은 토지보상법 제74조 제1항이 정한 잔여지 수용청구권과 같이 손실보상의 일환으로 토지소유자에게 부여되는 권리로서 그 청구에 의하여 수용효과가 생기는 **형성권의 성질**을 지닌다(판례). 따라서 토지소유자의 매수청구권 및 수용청구권은 그 요건을 구비한 때에 사업시행자 및 토지수용위원회의 특별한 조치를 기다릴 것 없이 그 청구에 의하여 사업시행자에게 매수 또는 토지수용위원회에 수용의 효과가 발생한다.

(라) 불복구제: 토지소유자의 매수청구에 사업시행자가 불응하는 경우에는 토지수용위원회에 재결을 신청할 수 있고, 수용청구에 대한 토지수용위원회의 재결에 불복하는 경우에는 행정소송인 공법상 당사자소송으로 '보상금의 증감에 관한 소송'을 제기할 수 있다(판례).

[판 례] 토지보상법 제72조의 법적 성질과 소송형태

"공익사업을 위한 토지 등의 취득 및 보상에 관한 법률 제72조의 문언, 연혁 및 취지 등에 비추어 보면, 위

규정이 정한 수용청구권은 토지보상법 제74조 제1항이 정한 잔여지 수용청구권과 같이 손실보상의 일환으로 **토지소유자에게 부여되는 권리로서 그 청구에 의하여 수용효과가 생기는 형성권의 성질**을 지니므로, 토지소유자의 토지수용청구를 받아들이지 아니한 토지수용위원회의 재결에 대하여 토지소유자가 불복하여 제기하는 소송은 토지보상법 제85조 제2항에 규정되어 있는 **'보상금의 증감에 관한 소송'에 해당하고, 피고는 토지수용위원회가 아니라 사업시행자로 하여야** 한다."(대판 2015.4.9. 2014두46669 토지수용재결신청거부처분취소)

(2) 건축물 등에 대한 보상

(가) 건축물 등의 보상: 건축물·입목·공작물과 그 밖에 토지에 정착한 물건(이하 "건축물 등"이라 한다)에 대하여는 **이전에 필요한 비용**(이하 "이전비"라 한다)으로 보상하여야 한다. 다만, ① 이전하기 어렵거나 그 이전으로 종래의 목적대로 사용할 수 없는 경우, ② 이전비가 그 물건의 가격을 넘는 경우, ③ 사업시행자가 공익사업에 직접 사용할 목적으로 취득하는 경우 등에는 **해당 물건의 가격으로 보상**하여야 한다(동법 75①). **주거용 건축물**인 경우에는 동법 제78조에 따라 이주대책의 대상에 해당한다. 건축물(담장 및 우물 등의 부대시설을 포함한다)에 대하여는 그 구조·이용상태·면적·내구연한·유용성 및 이전가능성 그 밖에 가격형성에 관련되는 제요인을 종합적으로 고려하여 평가한다(동법시행규칙 33①).

(나) 농작물의 보상: 농작물에 대한 손실은 그 종류와 성장의 정도 등을 종합적으로 고려하여 보상하여야 한다(동조②). 수확하기 전의 농작물의 손실은 농작물의 종류 및 성숙도 등을 종합적으로 고려하여 평가한다(동법시행규칙 41①). 과수 그 밖에 수익이 나는 나무(수익수) 또는 관상수(묘목 제외)에 대하여는 수종·규격·수령·수량·식수면적·관리상태·수익성·이식가능성 및 이식의 난이도 그 밖에 가격형성에 관련되는 제요인을 종합적으로 고려하여 평가한다(동법시행규칙 37①).

(다) 흙·돌·모래·자갈의 보상: 토지에 속한 흙·돌·모래 또는 자갈이 해당 토지와 별도로 취득 또는 사용의 대상이 되는 경우에는 거래가격 등을 고려하여 평가한 적정가격으로 보상하여야 한다(동조③).

(라) 분묘의 이장비 보상: 분묘에 대하여는 이장(移葬)에 드는 비용 등을 산정하여 보상하여야 한다(동조④).

(3) 권리의 보상

광업권·어업권·양식업권 및 물(용수시설을 포함한다) 등의 사용에 관한 권리에 대하여는 투자비용, 예상 수익 및 거래가격 등을 고려하여 평가한 적정가격으로 보상하여야 한다(동법 76①).

2. 생활보상

(1) 의 의

생활보상의 개념에 관해서 광의설과 협의설의 대립이 있다. 즉, 광의설은 생활보상이란 손실보상에 있어서 수용이 없었던 것과 같은 생활상태를 실현시켜주는 것을 내용으로 하는 보상을 말한다고 하고, 협의설은 현재 누리고 있는 생활이익의 상실로서 재산권보장으로 메워지지 아니한 손실에 대한 보상(생활권보상)을 말한다고 한다. 협의설에 의하면 실비변상적 보상과 일실손실보상은 생활(권)보상에서 제외된다. 그런데 손실보상은 개념의 문제라기보다 보상의 범위가 중요하다는 점에서 보면 구별실익은 없다. 따라서 광의설에 따라 생활보상의 개념을 취하기로 한다.

보상대상의 변천을 보면, 19세기 중엽에는 토지에 대한 피수용자의 '주관적인 이용가치'를 손실보상의 대상으로 하였고(**대인보상**), 20세기에 들어 와서는 당해 토지의 '객관적인 시장가치'를 대상으로 하였으나(**대물보상**), 오늘날에 와서는 손실보상이론에 대한 사회복리국가관념이 도입됨에 따라 '피수용자의 생활안정'을 보상의 대상으로 생각하게 되었다(**생활보상**). 현대사회에 와서는 토지의 희소성으로 인하여 보상금으로 유사토지를 구입하여 종전과 같은 생업을 영위하기 어렵게 되었고, 수몰민의 경우처럼 피수용자가 생활근거를 상실하게 되는 경우가 많기 때문에 대물적 보상의 전제 그 자체가 성립되지 않는 경우가 많게 되어, 이를 보완하는 의미에서 생활보상이 도입되게 되었다.

(2) 근 거

1) 헌법상 근거

(가) 제34조설: 이 설은 생활보상은 종전대로의 생활을 영위할 권리를 내용으로 하는 것이기 때문에 사회보장적 측면에서 인간다운 생활을 할 권리를 보장하는 것으로 보아 헌법 제34조에 근거한다는 견해이다.[22]

(나) 제34조와 제23조 결합설: 이 설은 생활권보장과 재산권보장을 통일적으로 파악하여 제34조와 제23조를 근거로 한다.[23] 즉, 제23조의 재산권도 제34조의 생활권을 기초로 한 재산권으로 파악하고 생활보상도 공용침해를 원인으로 한다는 점을 논거로 하며, 다수설의 입장이다.

(다) 판 례: 판례는 제34조설을 취하고 있는 것으로 보인다.

> **[판 례]** "공공용지의취득및손실보상에관한특례법상의 **이주대책**은 공공사업의 시행에 필요한 토지 등을 제공함으로 인하여 생활의 근거를 상실하게 되는 이주자들을 위하여 사업시행자가 '기본적인 생활시설이 포함된' 택지를 조성하거나 그 지상에 주택을 건설하여 이주자들에게 이를 '그 투입비용 원가만의 부담하에' 개별 공급하는 것으로서, 그 본래의 취지에 있어 이주자들에 대하여 **종전의 생활상태를 원상으로 회복시키면서 동시에 인간다운 생활을 보장하여 주기 위한** 이른바 **생활보상의 일환**으로 국가의 적극적이고 정책적인 배려에 의하여 마련된 제도라 할 것이다." (대판 2003.7.25, 2001다57778; 대판 1994.5.24, 92다35783)
>
> "이주대책은 정당한 보상에 포함되는 것이라기보다는 정당한 보상에 부가하여, 이주자들에게 **종전의 생활상태를 회복시키기 위한** 생활보상의 일환으로서 국가의 정책적인 배려에 의하여 마련된 제도이다."(헌재 2006.2.23, 2004헌마19)

(라) 결 어: 제34와 제23조 결합설이 타당하다. 생활보상의 헌법상 근거는 생활보상의 개념과 관련 있다고 보이는 바, 협의설에 의하면 제34조설이 타당하다고 할 수 있을 것이다.

---

22) 김동희(Ⅰ), 626면; 김철용, 451면; 류지태·박종수(신론), 592면; 장태주(개론), 694면.
23) 김남진·김연태(Ⅰ), 730면; 석종현·송동수(상), 713면.

2) **개별법상의 근거**: 「공익사업을 위한 토지 등의 취득 및 보상에 관한 법률」이 근거가 되는 바, 이주대책에 관한 제78조 등을 들 수 있다. 그 밖에 「산업입지 및 개발에 관한 법률」과 「댐건설 및 주변지역지원 등에 관한 법률」 등이 있다.

(3) 생활보상의 성격

1) **생활권적 성격**: 생활보상은 공공사업의 시행으로 인한 개인의 재산권침해에 대하여 그러한 침해가 없었던 것과 같은 생활상태의 확보를 위한 보상이기 때문에 현대복리국가의 이념에 따른 개인의 생활권을 보장하려는 것이라 할 수 있다.

2) **원상회복적 성격**: 생활보상은 공공사업의 시행이 없었던 것과 같은 재산상태를 확보해 주는데 그치는 것이 아니라 공공사업의 시행이 없었던 것과 같은 생활상태를 재건할 수 있게 해주는 보상이라는 점에서 원상회복적 보상의 성격을 지닌다.

(4) 생활보상의 내용

1) 이주대책

(가) 의 의: 이주대책이란 공익사업의 시행으로 인하여 생활근거를 상실하게 된 이주민에게 생활기본시설이 포함된 택지를 조성하거나 그 지상에 주택을 건설함으로써 재정착을 지원하기 위한 생활보상적 손실보상방법이라 할 수 있다.

[판 례] 이주대책의 의의 및 취지

"구 공공용지의취득및손실보상에관한특례법(2002. 2. 4. 법률 제6656호로 폐지)상의 **이주대책은 공공사업의 시행에 필요한 토지 등을 제공함으로 인하여 생활의 근거를 상실하게 되는 이주자들을 위하여 사업시행자가 '기본적인 생활시설이 포함된' 택지를 조성하거나 그 지상에 주택을 건설**하여 이주자들에게 이를 '그 투입비용 원가만의 부담하에' 개별 공급하는 것으로서, **그 본래의 취지**에 있어 이주자들에 대하여 **종전의 생활상태를 원상으로 회복**시키면서 동시에 **인간다운 생활을 보장**하여 주기 위한 이른바 생활보상의 일환으로 국가의 적극적이고 정책적인 배려에 의하여 마련된 제도라 할 것이다."(대판 2003.7.25, 2001다57778, 분양행위무효확인)

(나) 이주대책의 수립·실시 및 수립자: 이주대책의 수립자는 사업시행자인 바, 공익사업 시행으로 생활근거를 상실하게 된 자를 위하여 이주대책을 수립·실시하거나 이주정착금을 지급해야 하며(토지보상법 78①), 미리 관할 지방자치단체의 장과 협의하여야 하고(동조 ②), 미리 이주대책대상자에게 통지하여야 한다(동법시행령 40①). 이주대책은 국토교통부령으로 정하는 부득이한 사유가 있는 경우를 제외하고는 이주대책대상자 중 이주정착지에 이주를 희망하는 자의 가구수가 10호 이상인 경우에 수립·실시한다. 다만, 사업시행자가 「택지개발촉진법」 또는 「주택법」 등 관계법령에 따라 이주대책대상자에게 택지 또는 주택을 공급한 경우에는 이주대책을 수립·실시한 것으로 본다(동조②).

[판 례] 이주대책의 수립·실시에 관한 규정은 강행규정

"(토지보상)법에 의한 이주대책은 공익사업의 시행에 필요한 토지 등을 제공함으로 인하여 생활의 근거를 상실

하게 되는 이주대책대상자들에게 종전 생활상태를 원상으로 회복시키면서 동시에 인간다운 생활을 보장하여 주기 위하여 마련된 제도이므로, 사업시행자의 이주대책 수립·실시의무를 정하고 있는 구 **공익사업법 제78조 제1항은 물론 이주대책의 내용에 관하여 규정하고 있는 같은 조 제4항 본문 역시 당사자의 합의 또는 사업시행자의 재량에 의하여 적용을 배제할 수 없는 강행법규이다.**"(대판 2011.6.23. 2007다63089,63096)

(다) 이주대책대상자: 이주대책대상자는 공익사업의 시행으로 인하여 주거용 건축물을 제공함에 따라 생활의 근거를 상실하게 되는 자(무허가건물주·세입자 등은 제외)와, 공익사업시행으로 공장부지가 협의 양도되거나 수용됨에 따라 해당지역에서 공장을 가동할 수 없게 된 자 등이다(동법 78①, 78의2). 사업시행자의 **이주대책대상자의 확인·결정**은 수분양권을 부여하는 요건이 되는 행정작용으로서 처분에 해당되어 항고소송의 대상이 된다(판례1,2).

[판례 1] 이주대책대상자의 범위

"공익사업법령이 이주대책대상자의 범위를 정하고 이주대책대상자에게 시행할 이주대책 수립 등의 내용에 관하여 구체적으로 규정하고 있으므로, 사업시행자는 이처럼 법이 정한 이주대책대상자를 법령이 예정하고 있는 이주대책 수립 등의 대상에서 임의로 제외하여서는 아니 된다. 그렇지만 그 규정 취지가 사업시행자가 시행하는 이주대책 수립 등의 대상자를 법이 정한 이주대책대상자로 한정하는 것은 아니므로, **사업시행자는 해당 공익사업의 성격, 구체적인 경위나 내용, 그 원만한 시행을 위한 필요 등 제반 사정을 고려하여 법이 정한 이주대책대상자를 포함하여 그 밖의 이해관계인에게까지 넓혀 이주대책 수립 등을 시행할 수 있다**고 할 것이다(대법원 2015. 7. 23. 선고 2012두22911 판결 등 참조). 그런데 사업시행자가 이와 같이 이주대책 수립 등의 시행 범위를 넓힌 경우에, **그 내용은 법이 정한 이주대책대상자에 관한 것과 그 밖의 이해관계인에 관한 것으로 구분되고, 그 밖의 이해관계인에 관한 이주대책 수립 등은 법적 의무가 없는 시혜적인 것으로 보아야 한다. 그리고 시혜적으로 시행되는 이주대책 수립 등의 경우에 그 대상자(이하 '시혜적인 이주대책대상자'라 한다)의 범위나 그들에 대한 이주대책 수립 등의 내용을 어떻게 정할 것인지에 관하여는 사업시행자에게 폭넓은 재량이 있다**고 할 것이다. 따라서 피고가 그 이주대책을 위하여 설정한 기준은 형평에 반하는 등 객관적으로 합리적이지 아니하다고 볼 특별한 사정이 없는 한 존중되어야 한다(대법원 2014. 2. 27. 선고 2013두7520 판결, 위 2012두22911 판결 등 참조)"(대판 2015.08.27. 2012두26746, 이주대책대상부적격처분취소)

[판례 2] 이주대책대상사의 확인·결정은 항고소송의 대상인 처분

"공익사업을 위한 토지 등의 취득 및 보상에 관한 법률상의 **공익사업시행자가 하는 이주대책대상자 확인·결정은 구체적인 이주대책상의 수분양권을 부여하는 요건이 되는 행정작용으로서의 처분**이지 이를 단순히 절차상의 필요에 따른 사실행위에 불과한 것으로 평가할 수는 없다. 따라서 수분양권의 취득을 희망하는 이주자가 소정의 절차에 따라 이주대책대상자 선정신청을 한 데 대하여 사업시행자가 이주대책대상자가 아니라고 하여 위 **확인·결정 등의 처분을 하지 않고 이를 제외시키거나 거부조치한 경우**에는, 이주자로서는 사업시행자를 상대로 항고소송에 의하여 제외처분이나 거부처분의 취소를 구할 수 있다. 나아가 **이주대책의 종류가 달라 각 그 보장하는 내용에 차등이 있는 경우** 이주자의 희망에도 불구하고 사업시행자가 요건 미달 등을 이유로 그중 더 이익이 되는 내용의 이주대책대상자로 선정하지 않았다면 이 또한 **이주자의 권리의무에 직접적 변동을 초래하는 행위로서 항고소송의 대상**이 된다."(대판 2014.02.27. 2013두10885 일반분양이주택지결정무효확인)

(라) 이주대책의 내용: 이주대책은 재정착을 위한 택지조성 및 주택건설 등이다. 이주대책의 내용에는 이주정착지에 대한 도로·급수시설·배수시설 그 밖의 공공시설 등 통상적인 수준의 생활기본시설이 포함되어야 하며, 이에 필요한 비용은 사업시행자가 부담한다(동법 78④). 이주대책 실시에 따른 주택지 또는 주택을 공급받기로 결정된 권리는 소유권이전등기를 마칠 때까지 전매할 수 없으며, 이를 위반하면 이주정착금으로 지급하여야 한다(동조⑤). 주거용 건물의 거주

자에 대하여는 주거이전에 필요한 비용과 가재도구 등 동산의 운반에 필요한 비용을 산정하여 보상하여야 한다(동조⑥)(판례1). 현금청상대상자에게도 이주정착금, 주거이전비 및 이사비의 지급의무가 있으며, 세입자(이주대책대상자인 세입자 제외)도 주거이전비의 보상을 받을 권리가 있다(판례2).

[판례 1] 이주대책의 대상인 생활기본시설의 내용

"**사업시행자가 이주대책대상자에게 생활기본시설로서** 제공하여야 하는 도로에는 그 길이나 폭에 불구하고 주택법 제2조 제8호에서 정하고 있는 **간선시설에 해당하는 도로**, 즉 주택단지 안의 도로를 해당 주택단지 밖에 있는 동종의 도로에 연결시키는 도로가 포함됨은 물론이고(대판 2013.9.26. 2012다33303), **교통광장 중 교차점광장**은 혼잡한 주요도로의 교차지점에서 차량과 보행자를 원활히 소통시키려는 목적에서 설치하는 교통시설로서 도로의 일부이므로(대판 2015.7.9. 2014다85391), 교차점광장이 설치되어 있는 도로가 생활기본시설에 해당하면 그 교차점광장도 생활기본시설에 해당한다고 보아야 한다(대판 2015.11.26. 2015다19063). **배수지와 정수장**은 상수도 관련 시설로서 사업지구 내 주민들의 생활에 필수적인 생활기본시설에 해당한다(대판 2013.10.17. 2012다59268, 59275, 59282 등). **공동구**란, 미관의 개선, 도로구조의 보전 및 교통의 원활한 소통을 위하여 전기·가스·수도 등의 공급설비, 통신시설, 하수도시설 등 지하매설물을 공동 수용하여 지하에 설치하는 기반시설로서[국토의 계획 및 이용에 관한 법률 제2조 제9호, 제6호 (다)목], 도로의 부속물에 해당한다(도로법 시행령 제3조 제10호). 공동구에 수용되는 시설의 다수는 전선로, 통신선로, 수도관, 열수송관, 가스관, 하수도관과 같이 주거생활에 필수적인 생활기본시설에 해당하는 점, 공동구를 설치하면 거기에 수용되는 생활기본시설을 개별적으로 설치하는 비용을 대체·절약하는 효과가 있는 점 등을 고려하면, **공동구 설치비용**은 주거생활에 필수적인 생활기본시설의 설치비용에 포함된다고 봄이 타당하다. **터널, 교량, 지하도, 육교, 입체화시설**은 도로의 일부이므로(도로법 제2조 제1호, 제51조 등 참조), 이러한 시설이 설치된 도로가 생활기본시설에 해당하면 그 도로의 일부에 해당하는 위와 같은 시설들도 **생활기본시설에 해당한다고 보아야 한다**(대판 2015.12.10. 2015다21943 등).

시설물유지관리비용이란 각종 시설의 설치에 소요되는 비용이 아니라, 시설 설치공사의 준공검사 후 소관 관리청이 그 시설의 관리 권한을 넘겨받는 시점까지 피고가 그 시설을 임시로 유지관리하면서 소요될 것으로 예상되는 비용으로, '시설 조성비의 일정 비율'을 미리 조성원가에 계상해 놓은 일종의 '예비비'에 해당하므로, **생활기본시설 설치와 관련된 비용이라고 볼 수 없다**(대판 2015.11.26. 2014다235714)."(대판 2018.6.15. 2015다206379)

[판례 2] 이주정착금·주거이전비·이사비 등 지급대상, 그 미지급시 부동산 인도 거절

"도시정비법상 주택재개발정비사업의 시행자는 그 사업과 관련하여 **주거용 건축물이 수용되고 그에 따라 생활의 근거를 상실하게 된 소유자에 대하여 그가 비록 현금청산대상자에 해당하더라도 위 각 규정이 정한 바에 따라 이주정착금, 주거이전비 및 이사비를 지급할 의무가 있다고 봄이 상당하다**(대판 2013.1.10. 2011두19031, 대판 2013.1.24. 2011두21720 등). 토지보상법 제2조, 제78조에 의하면, **세입자는 사업시행자가 취득 또는 사용할 토지에 관하여 임대차 등에 의한 권리를 가진 관계인으로서, 토지보상법 시행규칙 제54조 제2항 본문에 해당하는 경우에는 주거이전에 필요한 비용을 보상받을 권리가 있다.** 그런데 이러한 주거이전비는 당해 공익사업 시행지구 안에 거주하는 세입자들의 조기이주를 장려하여 사업추진을 원활하게 하려는 정책적인 목적과 주거이전으로 인하여 특별한 어려움을 겪게 될 세입자들을 대상으로 하는 사회보장적인 차원에서 지급되는 금원의 성격을 가지므로(대판 2006.4.27. 2006두2435), 적법하게 시행된 공익사업으로 인하여 이주하게 된 주거용 건축물 세입자의 주거이전비 보상청구권은 공법상의 권리이고, 따라서 그 보상을 둘러싼 쟁송은 민사소송이 아니라 공법상의 법률관계를 대상으로 하는 행정소송에 의하여야 한다.(대판 2019.4.23. 2018두55326 [토지수용재결처분취소등])

토지보상법 제78조 등에서 정한 주거이전비, 이주정착금, 이사비 등(이하 '주거이전비 등'이라 한다)도 구 도시정비법 제49조 제6항 단서에서 정하는 '토지보상법에 따른 손실보상'에 해당한다. 따라서 주택재개발사업의 **사업시행자가 공사에 착수하기 위하여 현금청산대상자나 임차인 등으로부터 정비구역 내 토지 또는 건축물을 인도받기 위해서는 협의나 재결절차 등에서 결정되는 주거이전비 등을 지급할 것이 요구된다. 사업시행자가 수용재결에서 정한 토지나 지장물 등 보상금을 지급하거나 공탁한 것만으로 토지보상법에 따른 손실보상이 완료되었다고 보**

기 어렵다. 사업시행자가 수용재결에 따른 보상금을 지급하거나 공탁하고 토지보상법 제43조에 따라 부동산의 인도를 청구하는 경우 **현금청산대상자나 임차인 등이 주거이전비 등을 보상받기 전에는 특별한 사정이 없는 한 구 도시정비법 제49조 제6항 단서에 따라 주거이전비 등의 미지급을 이유로 부동산의 인도를 거절할 수 있다.**(대판 2021.7.29. 2019도13010)

(마) 이주정착금 지원: 사업시행자는, ① 이주대책을 수립·실시하지 아니하는 경우와 ② 이주대책대상자가 이주정착지가 아닌 다른 지역으로 이주하고자 하는 경우에는 이주대책대상자에게 국토교통부령이 정하는 바에 따라 이주정착금을 지급하여야 한다(동법시행령 41).

2) **생활대책:** 이는 종전과 같은 생활수준을 유지할 수 있도록 하는 생활권보상이다. 이농비·이어비 보상(동법시행규칙 56), 고용 또는 취업알선(동법 78⑦), 상업용지·농업용지 공급 및 직업훈련 등이 있다.

3. 일실손실의 보상

일실손실(逸失損失)보상이란 공익사업시행으로 인한 토지등 재산권의 수용에 부수하여 사업의 폐지·휴업을 하게 되는 경우에 그 전업기간 또는 휴업기간 중 사업경영으로 기대되는 이익의 상실에 대한 보상을 말한다.

(1) 영업손실의 보상

1) 의 의: 영업손실보상이란 공익사업으로 수용의 대상이 된 토지·건물 등을 이용하여 영업을 하다가 그 토지·건물 등이 수용됨으로써 영업을 할 수 없거나 제한을 받게 되어 생기는 직접적인 손실에 대한 보상을 말한다. 영업을 폐업하거나 휴업함에 따른 영업손실에 대하여는 영업이익과 시설의 이전비용 등을 고려하여 보상하여야 한다(동법 77①).

2) 요 건: 일반적인 행정상 손실보상의 요건을 갖춘 이외에 영업손실이라는 요건이 충족되어야 한다. 즉, ① **공익사업 시행**으로 토지 또는 건물이 수용 또는 사용됨으로 인하여 해당 장소에서 영업을 할 수 없거나 영업이 제한되어야 하고, ② 해당 장소가 사업인정고시일등 전부터 허가받은 건축물 등 **적법한 장소**이어야 하며, ③ 해당 영업은 사업인정고시일 등 전부터 인적·물적 시설을 갖추고 허가등을 받은 내용대로 계속적으로 행하고 있는 **적법한 영업**이어야 한다(동법시행규칙 45 참조).

3) 보상액 산정기준: ① **영업폐지**의 보상은 2년간의 영업이익에 영업용 고정자산·원재료·제품 및 상품 등의 매각손실액을 더한 금액으로 평가하고, ② **영업휴업**의 보상은 영업장소의 이전에 따른 휴업기간을 기준으로 4월 이내에서 보상액을 산정한다(동법시행규칙 46①, 47①②). ③ 허가등을 받아야 할 영업을 **허가등이 없이 행하여 온 자**가 적법한 장소에서 영업을 계속할 수 없게 된 경우에는 가계조사통계의 도시근로자가구 월평균 가계지출비를 기준으로 산정한 3인 가구 3개월분 가계지출비에 해당하는 금액을 영업손실에 대한 보상금으로 지급하되, 영업시설등의 이전비용은 별도로 보상한다(동시행규칙 52).

4) **영업폐지와 영업휴업의 구별기준:** 영업폐지와 영업휴업의 구별기준은 영업장소의 이전 가능여부에 달려 있는데, 법령의 이전 장애사유 유무(동법시행규칙 46②)와 해당 영업의 종류・특성, 영업시설의 규모, 인접지역의 현황과 특성, 그 이전을 위하여 당사자가 들인 노력 등과 인근 주민들의 이전 반대 등과 같은 사실상의 이전 장애유무 등을 종합하여 판단하여야 한다(판례).

[판 례] 영업의 폐지와 휴업의 구별기준

"영업손실에 관한 보상에 있어 공특법 시행규칙 제24조 제2항 제1호 내지 제3호에 의한 영업의 폐지로 볼 것인지 아니면 영업의 휴업으로 볼 것인지를 구별하는 기준은 **당해 영업을 그 영업소 소재지나 인접 시・군 또는 구 지역 안의 다른 장소로 이전하는 것이 가능한지의 여부**에 달려 있고, 이러한 **이전가능 여부는 법령상의 이전장애사유 유무와 당해 영업의 종류와 특성, 영업시설의 규모, 인접 지역의 현황과 특성, 그 이전을 위하여 당사자가 들인 노력 등과 인근 주민들의 이전 반대 등과 같은 사실상의 이전장애사유 유무 등을 종합하여 판단**하여야 한다."(택지개발사업이 승인・고시된 용인동백지구에서 원고는 돼지사육의 축산업을 한바, 중앙토지수용위원회는 3개월의 휴업보상으로 수용재결을 하였으나 원고는 폐업보상으로 변경요구를 하는 이의신청을 하였으나 다른 장소로 이전이 가능하다고 기각되어, 원고의 소제기에서 법원은 대규모 돼지축산시설 이전부지를 구하기 쉽지 않고, 휴업보상액이 폐업보상액을 초과하므로 폐업보상하여야 한다고 판결한 사건)(대판 2006.9.8. 2004두7672; 대판 2002.10.8. 2002두5498 등)

(2) 농업손실의 보상

농업손실은 농지의 단위면적당 소득 등을 고려하여 실제 경작자에게 보상하여야 한다(동법 77②). 공익사업시행지구에 편입되는 농지에 대하여는 그 면적에 도별 연간 농가평균 단위경작면적당 농작물총수입의 직전 3년간 평균의 2년분을 곱하여 산정한 금액을 영농손실액으로 보상한다(동시행규칙 48①). 이와 같이 영농보상은 수용개시일 이후 편입농지에서 더 이상 영농을 계속할 수 없게 됨에 따라 발생하는 손실에 대하여 장래의 2년간 일실소득을 예측하여 보상하는 것이므로, 수용재결 당시를 기준으로 아직 발생하지 않은 장래의 손실에 대하여 보상하는 것이다. 따라서 농업손실보상은 실제 경작자가 해당 농지에서 더 이상 영농을 못함으로써 장래의 불확정적인 일실소득을 보상하는 것이라는 점에서, 공용수용 시에 농경지에 있는 **농작물**(소요된 비용 포함)에 대한 보상인 동법 제75조 제2항과 구별된다. 그 밖에 축산업의 손실에 대한 보상(동시행규칙 49) 및 잠업의 손실에 대한 보상(동시행규칙 50)이 있다.

[판 례] 영농보상의 취지 및 보상기준

"공익사업을 위한 토지 등의 취득 및 보상에 관한 법률 시행규칙 제48조에 따른 **영농보상은 수용개시일 이후 편입농지에서 더 이상 영농을 계속할 수 없게 됨에 따라 발생하는 손실에 대하여 장래의 2년간 일실소득을 예측하여 보상하는 것이므로**, 수용재결 당시를 기준으로도 영농보상은 **아직 발생하지 않은 장래의 손실에 대하여 보상하는 것**이다."(대판 2020.4.29. 2019두32696)

"관련 법령의 내용, 형식 및 취지 등과 헌법 제23조 제3항에 규정된 정당한 보상의 원칙에 비추어 보면, 공공필요에 의한 수용 등으로 인한 손실의 보상은 정당한 보상이어야 하고, **농업손실에 대한 정당한 보상은 수용되는 농지의 특성과 영농상황 등 고유의 사정이 반영된 실제소득을 기준으로 하는 것이 원칙이다.**"(대판 2012.6.14. 2011두26794)

(3) 휴직 또는 실직

휴직 또는 실직하는 근로자의 임금손실에 대하여는 「근로기준법」에 따른 평균임금 등을 고려하여 보상하여야 한다(동법 77③).

4. 간접손실의 보상

간접손실보상이란 공익사업의 시행 또는 완성으로 인해 간접적으로 사업지 밖의 재산권에 가해지는 손실에 대한 보상을 말한다. 간접손실은 비전형적이고 예상하지 못한 부수적인 효과에 의한 재산권침해로서 소위 '수용적 침해'에 유사하다고 볼 수 있다. 이러한 간접손실에 대한 보상으로 잔여지 등의 보상과 사업손실의 보상을 들 수 있다.

(1) 잔여지의 손실과 공사비 보상(법 제73조)

1) 의 의: 이는 사업시행자가 동일한 소유자에게 속하는 일단의 토지의 일부가 공익사업으로 취득되거나 사용됨으로 인하여 잔여지의 가격이 감소하거나 그 밖의 손실이 있을 때 또는 잔여지에 통로·도랑·담장 등의 신설이나 그 밖의 공사가 필요한 때에 그 손실이나 공사의 비용을 보상하는 것을 말한다(동법 73①). 이는 잔여지의 손실분 내지 공사비 등의 보상이라는 점에서, 잔여지의 소유권이전을 가져오는 같은법 제74조 제1항에 따른 잔여지의 매수 또는 수용과 다르다. 다만, 잔여지의 가격 감소분과 잔여지에 대한 공사의 비용을 합한 금액이 잔여지의 가격보다 큰 경우에는 사업시행자는 그 잔여지를 매수할 수 있다.

2) 성립요건

(가) **동일한 소유자에게 속하는 일단의 토지 또는 건축물의 일부가 공익사업으로 취득되거나 사용될 것**: '일단의 토지'란 연속하는 일체의 토지로서 단일한 경제적인 목적에 이용되고 있는 것을 말하며, 공익사업으로 취득 또는 사용되어야 한다.

(나) **잔여지 등 가격 감소나 그 밖의 손실이 있을 것**: 잔여지의 가격이 감소하거나 그 밖의 손실이 있을 때 또는 잔여지에 통로·도랑·담장 등의 신설이나 그 밖의 공사가 필요할 때를 말한다.

(다) **잔여지 가격 감소분과 잔여지 공사비용의 합이 잔여지 가격보다 크지 않을 것**(이상 동법 73①): 잔여지 가격보다 크면 사업시행자는 잔여지를 매수할 수 있다.

[판 례] 공익사업을 위한 취득·사용으로 인해 발생한 잔여지의 손실이어야

"토지보상법 제73조 제1항 본문은 "사업시행자는 동일한 소유자에게 속하는 일단의 토지의 일부가 취득되거나 사용됨으로 인하여 잔여지의 가격이 감소하거나 그 밖의 손실이 있을 때 또는 잔여지에 통로·도랑·담장 등의 신설이나 그 밖의 공사가 필요할 때에는 국토교통부령으로 정하는 바에 따라 그 손실이나 공사의 비용을 보상하여야 한다." 라고 규정하고 있다. 여기서 **특정한 공익사업의 사업시행자가 보상하여야 하는 손실은, 동일한 소유자에게 속하는 일단의 토지 중 일부를 사업시행자가 그 공익사업을 위하여 취득하거나 사용함으로 인하여 잔여지에 발생하는 것임을 전제로 한다. 따라서 이러한 잔여지에 대하여 현실적 이용상황 변경 또는 사용가치 및 교환가치의 하락 등이 발생**

하였더라도, 그 손실이 토지의 일부가 공익사업에 취득되거나 사용됨으로 인하여 발생하는 것이 아니라면 특별한 사정이 없는 한 토지보상법 제73조 제1항 본문에 따른 잔여지 손실보상 대상에 해당한다고 볼 수 없다."(대판 2017.7.11. 2017두40860, 잔여지가치하락손실보상금청구)

3) 손실보상청구권 등의 성질: 잔여지 등 손실보상청구권은 그 요건을 구비한 때에는 토지수용위원회의 특별한 조치를 기다릴 것 없이 청구에 의하여 수용의 효과가 발생하므로 이는 형성권적 성질을 가진다(대판 1993.11.12. 93누11159 등).

4) 제척기간: 잔여지 등의 손실 또는 비용의 보상은 관계 법률에 따라 사업이 완료된 날 또는 제24조의2에 따른 사업완료의 고시가 있는 날(이하 "사업완료일"이라 한다)부터 1년이 지난 후에는 청구할 수 없다(동법 73②).

5) 불복구제: 잔여지 등의 보상에 관한 협의가 성립되지 아니하면 관할 토지수용위원회에 재결을 신청하고, 재결에 불복이 있으면 사업시행자를 피고로 하여 행정소송법상의 당사자소송인 보상금증감청구소송으로 제기하여야 한다(판례).

[판 례] 잔여지 손실보상청구는 재결전치주의

"공익사업법 제73조 및 같은 법 제34조, 제50조, 제61조, 제83조 내지 제85조의 규정 내용 및 입법 취지 등을 종합하여 보면, 토지소유자가 사업시행자로부터 공익사업법 제73조에 따른 **잔여지 가격감소 등으로 인한 손실보상을 받기 위해서는** 공익사업법 제34조, 제50조 등에 규정된 **재결절차를 거친 다음 그 재결에 대하여 불복이 있는 때에 비로소 공익사업법 제83조 내지 제85조에 따라 권리구제를 받을 수 있을 뿐,** 이러한 재결절차를 거치지 않은 채 곧바로 사업시행자를 상대로 손실보상을 청구하는 것은 허용되지 않는다고 봄이 상당하고(대판 2008.7.10. 2006두19495 참조), 이는 수용대상토지에 대하여 재결절차를 거친 경우에도 마찬가지라 할 것이다."(중랑구의 수용대상토지(철도건설)는 수용재결을 거쳤으나, 잔여지는 매수청구 또는 가격감소로 인한 손실보상금의 재결을 거치지 않아 소기각 된 사건)(대판 2012. 11.29. 2011두22587, 토지수용보상금증액등)

(2) 잔여지 등의 매수 및 수용청구(법 제74조)

1) 의 의: 이는 공익사업으로 동일한 소유자에게 속하는 일단의 토지의 일부가 협의에 의하여 매수되거나 수용됨으로 인하여 잔여지를 종래의 목적에 사용하는 것이 현저히 곤란할 때에 해당 토지 소유자가 사업시행자에게 잔여지를 매수하여 줄 것을 청구할 수 있는 것을 말한다(동법 74①). 사업인정 이후에는 관할 토지수용위원회에 수용을 청구할 수 있다. 이 경우 수용의 청구는 매수에 관한 협의가 성립되지 아니한 경우에만 할 수 있으며, 사업완료일까지 하여야 한다(이상 동법74①).

2) 성립요건

(가) 동일한 소유자에게 속하는 일단의 토지의 일부가 공익사업으로 협의에 의하여 매수되거나 수용될 것: 매수청구는 사업시행자와 협의에 의하며, 수용청구는 매수협의가 성립되지 아니하여 토지수용위원회에 의해 이루어진다.

(나) 잔여지를 종래의 목적에 사용하는 것이 현저히 곤란할 것: '종래의 목적'이란 수용재결 당시에 현실적으로 사용되던 구체적인 용도를 의미하며, '사용하는 것이 현저히 곤란한 때'

란 물리적 뿐만 아니라 사회적·경제적으로 사용하는 것이 곤란하게 된 경우, 즉 절대적으로 이용불능인 경우만이 아니라 이용은 가능할지라도 많은 비용이 소요되는 경우도 포함된다(대판 2005.01.28. 2002두4679).

[판 례] 매수청구는 사업시행자에게, 수용청구는 토지수용위원회에 해야

"구 '공익사업을 위한 토지 등의 취득 및 보상에 관한 법률'(2007. 10. 17. 법률 제8665호로 개정되기 전의 것) 제74조 제1항에 의하면, 잔여지 수용청구는 사업시행자와 사이에 매수에 관한 협의가 성립되지 아니한 경우 일단의 토지의 일부에 대한 관할 토지수용위원회의 수용재결이 있기 전까지 관할 토지수용위원회에 하여야 하고, **잔여지 수용청구권의 행사기간은 제척기간**으로서, 토지소유자가 그 행사기간 내에 잔여지 수용청구권을 행사하지 아니하면 그 권리가 소멸한다. 또한 위 조항의 문언 내용 등에 비추어 볼 때, **잔여지 수용청구의 의사표시는 관할 토지수용위원회에 하여야 하는 것으로서**, 관할 토지수용위원회가 사업시행자에게 잔여지 수용청구의 의사표시를 수령할 권한을 부여하였다고 인정할 만한 사정이 없는 한, **사업시행자에게 한 잔여지 매수청구의 의사표시를 관할 토지수용위원회에 한 잔여지 수용청구의 의사표시로 볼 수는 없다.**"(대판 2010.08.19. 2008두822, 토지수용이의재결처분취소등)

3) 매수청구권 등의 성질: 잔여지의 매수청구권 및 수용청구권은 그 요건을 구비한 때에는 매수 및 수용의 효과가 발생하므로 형성권적 성질을 가진다.

[판 례] 잔여지수용청구권은 형성권적 성질, 보상금증감에 관한 소송

"구 '공익사업을 위한 토지 등의 취득 및 보상에 관한 법률' 제74조 제1항에 규정되어 있는 **잔여지 수용청구권은 손실보상의 일환으로 토지소유자에게 부여되는 권리로서 그 요건을 구비한 때에는 잔여지를 수용하는 토지수용위원회의 재결이 없더라도 그 청구에 의하여 수용의 효과가 발생하는 형성권적 성질을 가지므로**, 잔여지 수용청구를 받아들이지 않은 토지수용위원회의 재결에 대하여 토지소유자가 불복하여 제기하는 소송은 위 법 제85조 제2항에 규정되어 있는 **'보상금의 증감에 관한 소송'**에 해당하여 사업시행자를 피고로 하여야 한다."(대판 2010.08.19. 2008두822)

4) 불복구제: 매수협의가 성립되지 아니하면 토지수용위원회에 재결을 신청하고, 그 재결에 불복하는 경우나 수용청구에 따른 재결에 불복하는 경우에는 잔여지보상청구의 경우와 마찬가지로 보상금증감청구소송을 제기하여야 한다. 다만, 동법 제74조에 따른 잔여지 수용청구와 제73조에 따른 잔여지의 가격감소로 인한 손실보상청구는 서로 양립할 수 없는 관계에 있어 선택적 병합청구가 불가능하다(대판 2014.04.24. 2012두6773).

(3) 잔여 건축물의 손실보상(법 제75조의2)

(가) 잔여 건축물의 가격감소 그 밖의 손실에 대한 보상: 사업시행자는, ① 동일한 소유자에게 속하는 일단의 건축물의 일부가 취득되거나 사용됨으로 인하여, ② 잔여 건축물의 가격이 감소하거나 그 밖의 손실이 있을 때에는, 국토교통부령으로 정하는 바에 따라 그 손실을 보상하여야 한다. 다만, 잔여 건축물의 가격 감소분과 보수비(건축물의 나머지 부분을 종래의 목적대로 사용할 수 있도록 그 유용성을 동일하게 유지하는 데에 일반적으로 필요하다고 볼 수 있는 공사에 사용되는 비용을 말한다. 다만, 「건축법」 등 관계 법령에 따라 요구되는 시설 개선에 필요한 비용은 포함하지 아니한다)를 합한 금액이 잔여 건축물의 가격보다 큰 경우에는 사업시행자는 그 잔여 건축물을 매수할

수 있다(동법 75의2①).

(나) 잔여 건축물의 매수·수용청구: ① 동일한 소유자에게 속하는 일단의 건축물의 일부가 협의에 의하여 매수되거나 수용됨으로 인하여, ② 잔여 건축물을 종래의 목적에 사용하는 것이 현저히 곤란할 때에는, 그 건축물소유자는 사업시행자에게 잔여 건축물을 매수하여 줄 것을 청구할 수 있으며, 사업인정 이후에는 관할 토지수용위원회에 수용을 청구할 수 있다. 이 경우 수용 청구는 매수에 관한 협의가 성립되지 아니한 경우에만 하되, 사업완료일까지 하여야 한다(동조②).

(4) 잔여 영업시설의 손실보상

이는 공익사업에 영업시설의 일부가 편입됨으로 인하여 잔여시설에 그 시설을 새로이 설치하거나 잔여시설을 보수하지 아니하고는 그 영업을 계속할 수 없는 경우의 영업손실 및 영업규모의 축소에 따른 영업손실에 대한 보상을 말한다(동법시행규칙 47③). 이 경우 보상금은 해당 시설의 설치 등에 소요되는 기간의 영업이익 및 통상 소요되는 비용, 영업규모의 축소에 따른 영업용 고정자산·원재료·제품 및 상품 등의 매각손실액으로 한다. 다만, 영업을 휴업하지 아니하고 임시영업소를 설치하여 영업을 계속하는 경우의 영업손실은 임시영업소의 설치비용으로 평가한다(동조④).

[판 례] 잔여 영업시설의 손실보상

"사업시행자가 동일한 토지소유자에 속하는 일단의 토지 일부를 취득함으로 인하여 잔여지의 가격이 감소하거나 그 밖의 손실이 있을 때 등에는 잔여지를 종래의 목적으로 사용하는 것이 가능한 경우라도 잔여지 손실보상의 대상이 되며, 잔여지를 종래의 목적에 사용하는 것이 불가능하거나 현저히 곤란한 경우이어야만 잔여지 손실보상 청구를 할 수 있는 것이 아니다. 마찬가지로 **잔여 영업시설 손실보상의 요건인 "공익사업에 영업시설의 일부가 편입됨으로 인하여 잔여시설에 그 시설을 새로이 설치하거나 잔여시설을 보수하지 아니하고는 그 영업을 계속할 수 없는 경우"란 잔여 영업시설에 시설을 새로이 설치하거나 잔여 영업시설을 보수하지 아니하고는 그 영업이 전부 불가능하거나 곤란하게 되는 경우만을 의미하는 것이 아니라, 공익사업에 영업시설 일부가 편입됨으로써 잔여 영업시설의 운영에 일정한 지장이 초래되고, 이에 따라 종전처럼 정상적인 영업을 계속하기 위해서는 잔여 영업시설에 시설을 새로 설치하거나 잔여 영업시설을 보수할 필요가 있는 경우도 포함된다고 해석함이 타당하다.**"(대판 2018.7.20. 2015두4044 [토지수용보상금등증액])

(5) 공익사업지역 밖의 손실보상(제79조)

1) 공사비보상

(가) 의 의: 공익사업으로 취득 또는 사용하는 토지 외의 토지에 통로·도랑·담장 등의 신설이나 그 밖의 필요한 공사의 비용의 전부 또는 일부를 보상하는 것을 말한다(동법 79①).

(나) 요 건: ① 공익사업의 시행으로 인하여 취득하거나 사용하는 토지(잔여지를 포함한다) 외의 토지에 해당할 것. 공익사업시행토지의 잔여지는 포함되지 아니하므로 동법 제73조의 잔여지 보상은 여기서 제외된다. ② 공익사업으로 인하여 통로·도랑·담장 등의 신설이나 그 밖의 공사가 필요할 것. ③ 공사비가 그 토지 가격보다 크지 않을 것. 공사비가 더 클 경우에는

사업시행자는 그 토지를 매수할 수 있다(이상 동법 79①). ④ 해당 공익사업의 공사완료일부터 1년 이내에 청구하여야 한다(동조⑤).

2) 토지등의 기능상실에 따른 보상

(가) 의 의: 공익사업의 시행지역 밖의 토지 등이 공익사업시행으로 본래의 기능을 다할 수 없게 된 경우에 보상하는 것을 말한다(동조②).

(나) 요 건: ① 공익사업이 시행되는 지역 밖에 있는 토지등일 것. ② 공익사업시행으로 본래의 기능을 다할 수 없을 것. ③ 해당 공익사업의 공사완료일부터 1년 이내에 청구하여야 한다(동조⑤).

(다) 내 용: ① 공익사업시행지역 밖의 대지·건축물·분묘·농지가 공익사업시행으로 산지나 하천 등에 둘러싸여 교통이 두절되거나 경작이 불가능하게 된 경우(동시행규칙 59), ② 소유농지 대부분이 공익사업시행지역으로 편입되어 건출물(그 대지 및 잔여농지 포함)만이 그 사업지역 밖에 남게 되어 그 매매가 불가능하고 이주가 부득이한 경우(동규칙 60), ③ 공익사업시행으로 소수잔존자의 생활환경이 현저히 불편하게 되어 이주가 부득이한 경우(동규칙 61) 및 ④ 공익사업시행으로 그 사업시행지역 밖의 공작물등이 그 본래의 기능을 다하지 못하는 경우(동규칙 62) 등이 있다.

3) 영업 및 농어업의 손실보상

(가) 의 의: 공익사업시행으로 인한 공익사업지역 밖의 어업피해·영업손실·농업손실의 경우에 보상하는 것을 말한다(동법 79④, 동법시행규칙 63,64,65).

(나) 요 건: ① 공익사업시행지구 밖의 제3자가 입은 어업피해·영업손실·농업손실일 것(동규칙 63,64,65), ② 손실발생의 예견가능성과 손실범위의 특정성, 즉 공익사업의 시행으로 인하여 그러한 손실이 발생하리라는 것을 쉽게 예견할 수 있고, 그 손실의 범위도 구체적으로 특정할 수 있는 경우라야 한다(판례).

[판 례] 예견가능성과 특정성의 경우에 간접보상

"공공사업시행지구 밖에 위치한 영업에 대한 간접손실에 대하여도 일정한 요건을 갖춘 경우 이를 보상하도록 규정하고 있는 점에 비추어, **공공사업의 시행으로 인하여 사업지구 밖의 신고어업자가 입은 간접손해에 대하여도 그러한 손실이 발생하리라는 것을 쉽게 예견할 수 있고 그 손실의 범위를 구체적으로 특정할 수 있는 경우라면,** 그 손실의 보상에 관하여 같은법시행규칙의 간접보상 규정을 유추적용할 수 있다."(대판 2001.3.27. 2000다55720; 대판 2004.9.23. 2004다25581 등)

"그런데 원고는 관계 법령에 따른 **허가나 신고가 이루어지지 아니한 이상,** 피고로서는 그 공공사업 시행 당시 원고들 **영업의 존재나 규모, 생산능력 등을 쉽게 알 수 없을 뿐 아니라, 그 배후지에 해당하는 김양식장과 사이의 연관관계도 파악하기 어렵고 그 손실의 범위도 구체적으로 특정할 수 없었다**고 보아야 할 것이며(대판 1998.1.20, 95다29161; 1999.12.24, 98다57419, 57426 등), 이처럼 **사업시행 이후에 원고들이 어업 신고를 하고 영업을 한 경우에는** 공공사업 시행에 따른 제한이 확정된 이후의 행위로서 손실보상의 대상이 되는 **특별한 희생에 해당한다고 할 수 없다**(대판 1997.5.16, 97다9345; 1999. 11.23, 98다11529 등)."(대판 2002.11.26, 2001다44352)

(다) 내 용: ① 공익사업의 시행으로 인하여 해당 공익사업시행지구 인근에 있는 어업에

피해가 발생한 경우 사업시행자는 실제 피해액을 확인할 수 있는 때에 그 피해에 대하여 보상하여야 한다(동규칙 63). ② 공익사업지역 밖에서 사업인정고시일 전부터 적법한 장소에서 영업을 하던 자가 공익사업시행으로 배후지의 3분의2 상실로 그 장소에서 계속 영업을 할 수 없거나 진출입로 단절, 그 밖의 부득이한 사유로 일정기간 휴업하는 것이 불가피한 경우에는 보상을 하여야 한다(동규칙 64). ③ 경작하고 있는 농지의 3분의 2 이상에 해당하는 면적이 공익사업시행지구에 편입됨으로 인하여 당해지역에서 영농을 계속할 수 없게 된 농민에 대하여 영농손실액을 보상하여야 한다(동규칙 65).

[판 례] 공익사업시행지구 밖의 손실보상의 요건 및 내용

"공공사업시행지구 밖에서 관계 법령에 따라 신고를 하고 수산제조업을 하고 있는 사람에게 공공사업의 시행으로 인하여 그 **배후지가 상실되어 영업을 할 수 없게 되었음을 이유로** 손실보상을 하는 경우 그 보상액의 산정에 관하여는 공공용지의취득및손실보상에관한특례법시행규칙의 **간접보상**에 관한 규정을 유추적용할 수 있다."(대판 2002.3.12. 2000다73612)

"공익사업시행지구 밖의 영업손실은 공익사업의 시행과 동시에 발생하는 경우도 있지만, 공익사업에 따른 공공시설의 설치공사 또는 설치된 공공시설의 가동·운영으로 발생하는 경우도 있어 그 발생원인과 발생시점이 다양하므로, 공익사업시행지구 밖의 영업자가 발생한 **영업상 손실의 내용을 구체적으로 특정하여 주장**하지 않으면 사업시행자로서는 영업손실보상금 지급의무의 존부와 범위를 구체적으로 알기 어려운 특성이 있다. 토지보상법 제79조 제2항에 따른 손실보상의 기한을 공사완료일부터 1년 이내로 제한하면서도 영업자의 청구에 따라 보상이 이루어지도록 규정한 것(동법시행규칙 제64조 제1항)이나 손실보상의 요건으로서 공익사업시행지구 밖에서 발생하는 영업손실의 발생원인에 관하여 별다른 제한 없이 '그 밖의 부득이한 사유'라는 추상적인 일반조항을 규정한 것(동시행규칙 제64조 제1항 제2호)은 간접손실로서 영업손실의 이러한 특성을 고려한 결과이다. 위와 같은 공익사업시행지구 밖 영업손실보상의 특성과 헌법이 정한 '정당한 보상의 원칙'에 비추어 보면, **공익사업시행지구 밖 영업손실보상의 요건인 '공익사업의 시행으로 인한 그 밖의 부득이한 사유로 일정 기간 동안 휴업이 불가피한 경우'란 공익사업의 시행 또는 시행 당시 발생한 사유로 휴업이 불가피한 경우만을 의미하는 것이 아니라 공익사업의 시행 결과, 즉 그 공익사업의 시행으로 설치되는 시설의 형태·구조·사용 등에 기인하여 휴업이 불가피한 경우도 포함된다고 해석함이 타당하다.**"(대판 2019.11.28. 2018두227)

"구 공공용지의취득및손실보상에관한특례법시행규칙(2002. 12. 31. 건설교통부령 제344호로 폐지) 제23조의2 소정의 **'경작이 불가능하게 된 경우'라 함은 그 농경지가 공공사업의 시행으로 인하여 산지나 하천 등에 둘러싸이는 등으로 경작 자체가 불가능하게 되는 경우를 의미**하는 것이지 공공사업의 시행으로 인하여 소음과 진동의 발생, 일조량의 감소 등으로 기존에 재배하고 있는 농작물의 비닐하우스 부지로는 부적당하다고 하더라도 다른 농작물을 재배하는 데에는 별다른 지장이 없어 보이는 경우까지를 포함하는 것은 아니다."(대판 2004.10.27. 2002다21967)

Ⅶ. 행정상 손실보상의 방법

1. 현금보상(現金補償)

현금은 자유로운 유통이 보장되고 객관적 가치의 변동이 적어 손실보상의 완전성을 확보하기 쉬운 보상수단이란 점에서 손실보상은 금전에 의함을 원칙으로 한다(토지보상법 63①).

2. 현물보상(現物補償)

손실보상은 예외적으로 법률이 정하는 바에 의하여 환지의 제공 등과 같이 수용 또는 사용할

물건에 갈음하는 물건을 보상으로 제공하는 현물보상의 방법에 의하는 경우도 있다(도시및주거환경정비법 40④, 농어촌정비법 37).

3. 매수보상(買收補償)

물건의 사용 기타의 이용제한에 따라 종래의 이용목적에 제공하는 것이 곤란하게 된 경우에 상대방에게 그 물건의 매수청구권을 인정하고, 이에 따라 그 물건을 매수함으로써 실질적으로 보상을 행하는 방법이다(토지보상법 74).

4. 채권보상(債券補償)

채권보상은 보상금을 지급함에 있어서 일정한 경우에는 채권으로 지급하는 방법을 말한다. 사업시행자가 국가·지방자치단체 그 밖에 대통령령이 정하는 정부투자기관 및 공공단체 등인 경우로서 ① 토지소유자 또는 관계인이 원하는 경우, ② 대통령령이 정하는 부재부동산소유자의 토지에 대한 보상금이 1억원을 초과하는 경우 그 초과하는 금액에 대하여 채권으로 보상할 수 있다(토지보상법 63⑧). 또한 토지투기가 우려되는 지역으로서, 「택지개발촉진법」에 의한 택지개발사업, 「산업입지 및 개발에 관한 법률」에 의한 산업단지개발사업, 그 밖에 대규모 개발사업으로서 대통령령이 정하는 사업의 시행자 중 공공기관 및 공공단체는 1억원 이상의 일정금액을 초과하는 부분에 대하여는 채권으로 지급한다(동조⑧). 이 경우 정당한 보상이 될 수 있도록 5년의 범위 내에서 상환기한을 정하고, 채권발행 당시 3년 만기 정기예금 금리수준 이상의 이율을 정하도록 하였다(동조⑨).

채권보상은 사업시행자의 자금확보를 지원하고 사회간접시설을 확충하는데 도움이 되나, 정당보상을 정한 헌법 제23조 제3항과 부재지주 또는 비업무용토지에는 평등원칙을 정한 헌법 제11조와 관련하여 문제될 수 있다.

Ⅷ. 행정상 손실보상의 절차

1. 보상액의 지급방법

보상액의 지급방법으로는, ① 선불과 후불, ② 개별불과 일괄불, ③ 전액불과 분할불 등이 있는데, 전자를 원칙으로 한다. 또한 해당 공익사업시행으로 인한 발생이익과 손실보상을 상계할 수 없다(토지보상법 66). 보상액의 산정에는 감정평가업자 3인을 선정하여 토지 등의 평가를 의뢰하여야 하며, 해당 토지를 관할하는 시·도지사와 토지소유자는 감정평가업자를 각 1인씩 추천할 수 있다(동법 68).

2. 보상액결정의 절차 · 방법

보상액결정에 관해 각 개별법에 규정하고 있는 이외에는 토지보상법에 따라, 먼저 협의를 하고, 협의가 성립되지 아니하면 관할 토지수용위원회에 재결에 의하고, 이 재결에도 불복하는 때에는 행정소송을 제기하든가, 중앙토지수용위원회에 이의신청을 거쳐 행정소송을 제기할 수 있다. 이와 같이 보상금청구소송은 행정소송으로 재결전치주의를 취하고 있다.

(1) 당사자간의 협의에 의하는 경우

1) 사업인정 전의 협의: 공익사업수행을 위하여 사업인정 전에 토지등의 취득 또는 사용이 필요한 때에는 토지등에 대한 보상에 관하여 사업시행자가 토지등소유자 및 관계인과 협의하여야 한다(토지보상법 16). 협의가 성립되면 사업시행자는 토지소유자 및 관계인과 계약을 체결해야 한다(동법 17).

2) 사업인정 후의 협의: 공익사업의 수행을 위하여 토지등을 수용하거나 사용해야 하는 때에는 사업인정을 받은 후 보상에 관하여 사업시행자는 토지소유자 및 관계인과 협의절차를 거쳐야 한다(동법 26①). 사업인정 이전에 협의절차를 거쳤으나 협의가 성립하지 아니하고 사업인정을 받은 사업으로서 토지조서 및 물건조서의 내용에 변동이 없을 때에는 다시 협의절차를 거칠 필요가 없으나, 사업시행자나 토지소유자 등이 협의를 요구할 때에는 협의를 하여야 한다(동조②). 협의가 성립되었을 때에는 사업시행자는 재결신청기간 이내에 해당 토지소유자 및 관계인의 동의를 받아 관할 토지수용위원회에 협의성립의 확인을 받을 수 있고, 이 경우 확인은 토지수용위원회의 재결로 보아 불가쟁력이 발생한다(동법 29).

3) 간접손실보상의 협의: 이는 공익사업의 시행으로 취득 또는 사용되는 토지 외의 토지에 통로 · 도랑 · 담장 등의 신설이나 그 밖의 공사가 필요한 때에 그 비용의 전부 또는 일부(동법 79①) 및 공익사업지역 밖에 있는 토지 등이 공익사업의 시행으로 본래의 기능을 다할 수 없는 경우(동조②)의 보상에 관한 협의를 말한다(동법 80①).

[판 례] 보상합의는 사법상 계약의 성질을 가지면 불가쟁력 발생

"공익사업을 위한 토지 등의 취득 및 보상에 관한 법률에 의한 **보상합의는** 공공기관이 사경제주체로서 행하는 **사법상 계약의 실질을 가지는 것**으로서, 당사자 간의 합의로 같은 법 소정의 손실보상의 기준에 의하지 아니한 손실보상금을 정할 수 있으며, 이와 같이 같은 **법이 정하는 기준에 따르지 아니하고 손실보상액에 관한 합의를 하였다고 하더라도 그 합의가 착오 등을 이유로 적법하게 취소되지 않는 한 유효하다.**" (대판 2013.08.22. 2012다3517, 부당이득반환)

(2) 토지수용위원회의 재결에 의하는 경우

1) 재결전치주의: 토지소유자 등이 사업시행자와 협의가 성립되지 아니하거나 협의를 할 수 없을 때에는 바로 행정소송을 제기할 수 없고 관할 토지수용위원회에 재결을 신청해야 하는 재결전치주의를 취하고 있다(토지보상법 28①). 개별법에 이와 달리 규정한 경우가 아니면 토지보

상법에 따른 재결을 거쳐야 한다(소방기본법 제49조의2는 소방청장 소속하에 손실보상심의위원회를 둠).

2) 재결의 의의와 성질: 재결은 협의의 불성립 또는 협의불능의 경우에 행하는 공용수용의 종국적인 절차로서, 수용권 자체의 행사가 아니라 사업시행자에게 부여된 수용권의 구체적인 내용을 결정하고 그 실행을 완성시키는 형성적 행정처분이다.

3) 재결신청 및 청구절차: 당사자간의 협의의 불성립 또는 협의 불능의 경우에는 사업시행자는 사업인정고시가 된 날부터 1년 이내에 관할 토지수용위원회에 재결을 신청할 수 있다(동법 28①). 또한 당사자간의 협의가 성립하지 아니한 때에는 토지소유자 및 관계인은 사업시행자에 대하여 재결신청을 할 것을 청구할 수 있다(동법 30①). 이 경우 사업시행자는 청구일로부터 60일 이내에 관할 토지수용위원회에 재결을 신청하여야 한다(동조②). 재결신청을 하지 아니하면 토지소유자나 관계인은 사업시행자를 상대로 거부처분취소소송 또는 부작위위법확인소송을 제기할 수 있다.

[판례 1] '협의가 성립되지 아니한 때'의 의미

'협의가 성립되지 아니한 때'에는 사업시행자가 토지소유자 등과 공익사업법 제26조에서 정한 **협의절차를 거쳤으나 보상액 등에 관하여 협의가 성립하지 아니한 경우는 물론** 토지소유자 등이 손실보상대상에 해당한다고 주장하며 **보상을 요구하는데도 사업시행자가 손실보상대상에 해당하지 아니한다며 보상대상에서 이를 제외한 채 협의를 하지 않아** 결국 협의가 성립하지 않은 경우도 포함된다고 보아야 한다."(대판 2011.7.14. 2011두2309 [보상제외처분취소등])

[판례 2] 재결신청을 아니한 때의 불복방법

"공익사업을 위한 토지 등의 취득 및 보상에 관한 법률 제28조, 제30조에 따르면, 편입토지 보상, 지장물 보상, 영업·농업 보상에 관해서는 사업시행자만이 재결을 신청할 수 있고 토지소유자와 관계인은 사업시행자에게 재결신청을 청구하도록 규정하고 있으므로, **토지소유자나 관계인의 재결신청 청구에도 사업시행자가 재결신청을 하지 않을 때 토지소유자나 관계인은 사업시행자를 상대로 거부처분 취소소송 또는 부작위 위법확인소송의 방법으로 다투어야 한다.** 구체적인 사안에서 토지소유자나 관계인의 재결신청 청구가 적법하여 사업시행자가 재결신청을 할 의무가 있는지는 본안에서 사업시행자의 거부처분이나 부작위가 적법한가를 판단하는 단계에서 고려할 요소이지, 소송요건 심사단계에서 고려할 요소가 아니다."(대판 2019.8.29. 2018두57865 [수용재결신청청구거부처분취소])

4) 재결사항 및 관할: 재결사항은, ① 수용 또는 사용할 토지의 구역 및 사용방법, ② 손실보상, ③ 수용 또는 사용의 개시일과 기간, ④ 그 밖에 이 법 및 다른 법률에서 규정한 사항 등이다(동법 50①). 중앙토지수용위원회는 국가 또는 시·도(특별시·광역시·도)가 사업시행자인 사업 및 둘 이상의 시·도에 걸쳐있는 사업을 관할하고, 그 이외의 사업의 재결은 지방토지수용위원회가 관할한다(동법 51①②).

[판 례] 재결사항의 규정취지

"공익사업을 위한 토지 등의 취득 및 보상에 관한 법령이 **재결을 서면으로 하도록 하고, '사용할 토지의 구역, 사용의 방법과 기간'을 재결사항의 하나로 규정한 취지는,** 재결에 의하여 설정되는 사용권의 내용을 구체적으로 특정함으로써 **재결 내용의 명확성을 확보하고 재결로 인하여 제한받는 권리의 구체적인 내용이나 범위 등에 관한 다툼을 방지하기 위한 것이다.** 따라서 관할 토지수용위원회가 토지에 관하여 사용재결을 하는 경우에는 재결서에 사용할 토지의 위치와 면적, 권리자, 손실보상액, 사용 개시일 외에도 사용방법, 사용기간을 구체적으로 특정하여야 한다."(대판 2019.6.13. 2018두42641)

(3) 소송에 의하는 경우

해당 법률에 협의 또는 재결 등 보상금결정에 대하여 특별한 규정을 두고 있지 아니한 경우에는 바로 보상금지급청구소송을 제기할 수 있다. 이 경우의 소송은 공법상 당사자소송이라 할 것이다. 그러나 해당 법률에 토지보상법을 준용하는 규정이 있는 경우에는 재결을 거쳐 행정법원에 재결취소소송 또는 보상금증감청구소송을 제기할 수 있다(동법 85).

Ⅸ. 보상액결정에 대한 불복절차

보상액결정에 대한 불복은 이의신청(행정심판)과 행정소송을 제기하는 방법이 있다.

1. 이의신청

(1) 의의 및 성질

이의신청이란 협의 불성립으로 인한 중앙토지수용위원회 또는 지방토지수용위원회의 재결에 대하여 이의가 있는 자가 중앙토지수용위원회에 불복을 신청하는 것을 말한다. 이의신청은 임의절차로서 행정심판의 일종이라고 할 수 있다.

(2) 신청절차 및 기간

중앙토지수용위원회의 재결에 대하여 이의가 있는 자는 중앙토지수용위원회에, 지방토지수용위원회의 재결에 이의가 있는 자는 해당 지방토지수용위원회를 거쳐 중앙토지수용위원회에 이의를 신청할 수 있다(토지보상법 83①②).

이의신청은 중앙토지수용위원회 또는 지방토지수용위원회의 재결서 정본을 받은 날부터 30일 이내에 하여야 한다(동조③).

(3) 이의신청에 대한 재결

이의신청을 받은 중앙토지수용위원회는 해당 토지수용위원회의 재결이 위법・부당하다고 인정하는 때에는 그 재결의 전부 또는 일부를 취소하거나 보상액을 변경할 수 있다(동법 84①). 여기서 보상금이 늘어난 경우에는 사업시행자는 재결의 취소 또는 변경의 재결서 정본을 받은 날부터 30일 이내에 보상금을 받을 자에게 그 늘어난 보상금을 지급하여야 한다(동조②).

(4) 이의신청 재결의 효력

이의신청에 대하여 법정기간 내에 소송을 제기하지 아니하거나 그 밖의 사유로 이의신청에 대한 재결이 확정된 때에는 민사소송법상의 확정판결이 있는 것으로 보며, 재결서 정본은 집행력 있는 판결의 정본과 동일한 효력을 가진다(동법 86①).

(5) 처분효력의 부정지

이의신청은 사업의 진행 및 토지의 수용 또는 사용을 정지시키지 아니한다(동법 88).

2. 행정소송

(1) 의의 및 방법

사업시행자 · 토지소유자 또는 관계인은 재결 또는 이의신청에 대하여 불복이 있는 때에는 행정소송을 제기할 수 있다. 이 경우 재결의 내용을 형성하는 수용재결부분과 보상액결정부분을 분리하여 수용재결취소소송과 보상액증감청구소송을 각각 제기할 수 있고, 이들을 병합하여 제기할 수도 있다.

재결을 거치지 아니하고 바로 행정소송을 제기할 수 있는지 문제될 수 있으나, 토지보상법은 재결전치주의를 취하고 있다. 즉, 사업인정고시가 있으면 사업시행자는 토지소유자 등과 협의절차를 거쳐야 하며(동법 26①), 협의가 성립되지 아니하면 재결신청을 할 수 있고(동법 30①), 재결에 불복할 때에는 행정소송을 제기할 수 있다(동법 85)는 규정 및 그 입법취지에 비추어 재결을 거친 후에 행정소송을 제기할 수 있다고 할 것이다(판례).

[판 례] 영업손실보상청구는 재결절차를 거치지 아니하고는 행정소송 불가

"구 공익사업을 위한 토지 등의 취득 및 보상에 관한 법률(2007.10.17. 법률 제8665호로 개정되기 전의 것) 제77조 제1항, 제4항, 동법시행규칙(2007.4.12. 건설교통부령 제556호로 개정되기 전의 것) 제45조, 제46조, 제47조와 **동법 제26조, 제28조, 제30조, 제34조, 제50조, 제61조, 제83조 내지 제85조의 규정 내용 및 입법 취지 등을 종합하여 보면**, 공익사업으로 인하여 영업을 폐지하거나 휴업하는 자가 사업시행자에게서 구 공익사업법 제77조 제1항에 따라 영업손실에 대한 보상을 받기위해서는 **동법 제34조, 제50조 등에 규정된 재결절차를 거친 다음 재결에 대하여 불복이 있는 때에 비로소 구 공익사업법 제83조 내지 제85조에 따라 권리구제를 받을 수 있을 뿐, 이러한 재결절차를 거치지 않은 채 곧바로 사업시행자를 상대로 손실보상을 청구하는 것은 허용되지 않는다**고 보는 것이 타당하다."(대판 2011. 9. 29. 2009두10963, 영업권보상)

(2) 수용재결취소소송

1) 의 의: 사업시행자 · 토지소유자 또는 관계인은 협의가 성립되지 아니하여 행한 재결 또는 이의신청에 대한 재결에서 수용재결부분에 대하여 불복이 있는 때에는 취소소송 또는 무효등확인소송을 제기할 수 있다(동법 85① 참조).

2) 대 상: 취소소송의 대상은 토지수용위원회의 재결인 **원처분**이다. 그런데 지방 또는 중앙토지수용위원회의 재결에 대한 이의신청의 경우에 소송의 대상이 원처분인 재결(원처분주의)인지, 이의신청에 대한 재결(재결주의)인지 문제될 수 있다. 생각건대, 토지보상법상 이의신청이 필수적인 것이 아니고(임의절차) 토지수용위원회의 재결에 대해서도 행정소송을 제기할 수 있으므로(동법 85①), 행정소송법의 원처분주의(동법 19)에 따라 이의신청의 재결 자체에 고유한 위법이 있는 경우가 아닌 한 원처분이 소의 대상이라고 할 것이다(판례1).

3) 당사자: 원고는 사업시행자 · 토지소유자 또는 관계인이다. 피고는 수용재결을 한 중앙토지수용위원회 또는 지방토지수용위원회이다. 다만, 이의재결에 대한 재결 자체에 고유한 위법이 있음을 이유로 하는 경우에는 그 이의재결을 한 중앙토지수용위원회가 피고로 된다(판례1).

4) 제기기간: 협의불성립으로 인한 재결에 대하여 불복하는 때에는 재결서를 받은 날부터 90일 이내에, 이의신청을 거친 때에는 이의신청에 대한 재결서를 받은 날부터 60일 이내에 제기할 수 있다(동법 85①).

5) 보상금공탁 등: 사업시행자는 행정소송을 제기하기 전에 이의신청의 재결에서 증액된 보상금은 공탁하여야 하며, 보상금을 받을 자는 공탁된 보상금을 소송종결시까지 수령할 수 없다(동법 85① 후문).

6) 집행부정지: 행정소송의 제기는 사업의 진행 및 토지의 수용 또는 사용을 정지시키지 아니한다(동법 88).

[판례 1] 수용재결 취소소송의 대상 및 피고

"공익사업을 위한 토지 등의 취득 및 보상에 관한 법률 제85조 제1항 전문의 문언 내용과 같은 법 제83조, 제85조가 중앙토지수용위원회에 대한 이의신청을 임의적 절차로 규정하고 있는 점, 행정소송법 제19조 단서가 행정심판에 대한 재결은 재결 자체에 고유한 위법이 있음을 이유로 하는 경우에 한하여 취소소송의 대상으로 삼을 수 있도록 규정하고 있는 점 등을 종합하여 보면, 수용재결에 불복하여 취소소송을 제기하는 때에는 **이의신청을 거친 경우**에도 수용재결을 한 **중앙토지수용위원회 또는 지방토지수용위원회를 피고**로 하여 수용재결의 취소를 구하여야 하고, 다만 이의신청에 대한 **재결 자체에 고유한 위법**이 있음을 이유로 하는 경우에는 그 **이의재결을 한 중앙토지수용위원회를 피고**로 하여 이의재결의 취소를 구할 수 있다고 보아야 한다."(대판 2010.1.28, 2008두1504, 수용재결취소등)

(3) 보상금증감청구소송

1) 의 의: 보상금증감청구소송은 수용재결 중 보상금에 대해서만 불복이 있는 경우에 보상금의 증액(增額) 또는 감액(減額)을 청구하는 소송이다. 사용토지의 매수청구(제72조)와 잔여지수용청구(제73조, 제74조)의 기각재결에 대한 소송 및 손실보상대상의 부인의 재결에 대한 소송도 이에 속하며(판례2), 수용대상토지가격산정의 기초가 된 비교표준지공시지가결정의 위법을 독립된 사유로 주장할 수도 있다(판례3). 이 소송에서 법원은 보상금을 직접 결정한다.

2) 성 질

(가) 형식적 당사자소송: 보상금증감청구소송의 성질에 관하여 구 토지수용법 하에서는 형식적 당사자소송설과 특수한 형태의 항고소송설이 나뉘었다. 그러나 현행 토지보상법에서는 재결청(처분청)인 토지수용위원회가 피고가 아니고, 토지소유자 또는 관계인과 사업시행자가 대등한 당사자로 하고 있다는 점에서 형식적 당사자 소송이라 하겠다.

(나) 형성소송 여부: 보상금증감청구소송을 형성소송이라는 설과 확인소송이라는 설이 대립되고 있다. ① **형성소송설**에 의하면 법원은 재결을 취소하고 정당한 보상액을 확정하는 것이므로 형성소송이라고 하며,[24] ② **확인소송설**에 의하면 법원은 정당한 보상액을 객관적으로 확인하는 것이므로 확인소송이라고 한다.[25]

24) 장태주(개론), 706면.

25) 박균성(강의), 623면; 홍정선(상), 895면.

생각건대, 보상금증감청구소송은 법원이 토지수용위원회의 재결을 취소·변경하여 정당한 보상액을 새로 결정하는 것이므로 형성소송으로 봄이 타당하다.

3) 대 상: 보상금에 관한 법률관계가 대상이 된다. 원처분주의에 따라 수용재결이 대상이라는 견해가 있을 수 있으나, 현행법상 보상금증감청구소송에서는 토지수용위원회가 피고에서 제외되므로 원처분주의와 관련이 없고 수용재결은 그 전제가 될 뿐이라는 점에서 보상금에 관한 법률관계가 대상이 된다고 할 것이다.

4) 피 고: 이는 보상금결정의 재결에 불복하여 다투는 소송으로 형식은 당사자소송이나 실질은 항고소송의 성질을 지닌다(판례 4). 따라서 원고는 행정소송법 제12조 전문에 따라 보상금결정의 재결을 다툴 '법률상 이익이 있는 자'이므로 증액청구소송은 토지등소유자이고 감액청구소송은 사업시행자이다. 이에 따라 피고는 해당 소송을 제기하는 자가 토지소유자 또는 관계인인 때에는 사업시행자를, 사업시행자인 때에는 토지소유자 또는 관계인을 각각 피고로 한다(동법 85②).

5) 제소기간: 수용재결인 경우에는 재결서를 받은 날부터 90일 이내에, 이의신청을 거친 때에는 이의신청의 재결서를 받은 날부터 60일 이내에 제기할 수 있다(동법 85①).

6) 보상금공탁 등: 이의신청의 재결에서 증액된 보상금은 공탁하여야 하며, 보상금을 받을 자는 공탁된 보상금을 소송종결시까지 수령할 수 없다(동항 후문).

7) 집행부정지: 보상금증감청구소송은 사업의 진행 및 토지의 수용 또는 사용을 정지시키지 아니한다(동법 88).

[판례 2] 잔여지수용기각재결 및 손실보상대상 부인의 재결에 대한 소송

"구 '공익사업을 위한 토지 등의 취득 및 보상에 관한 법률'(2007. 10. 17. 법률 제8665호로 개정되기 전의 것) 제74조 제1항에 규정되어 있는 잔여지 수용청구권은 손실보상의 일환으로 토지소유자에게 부여되는 권리로서 그 요건을 구비한 때에는 **잔여지를 수용하는 토지수용위원회의 재결이 없더라도 그 청구에 의하여 수용의 효과가 발생하는 형성권적 성질**을 가지므로, 잔여지 수용청구를 받아들이지 않은 토지수용위원회의 재결에 대하여 토지소유자가 불복하여 제기하는 소송은 위 법 제85조(행정소송) 제2항에 규정되어 있는 **'보상금의 증감에 관한 소송'에 해당하여 사업시행자를 피고**로 하여야 한다."(대판 2010.8.19. 2008두822, 토지수용이의재결처분취소등)

"손실보상대상에 해당함에도 관할 토지수용위원회가 사실을 오인하거나 법리를 오해함으로써 손실보상대상에 해당하지 않는다고 잘못된 내용의 재결을 한 경우에는, 피보상자는 관할 토지수용위원회를 상대로 그 재결에 대한 취소소송을 제기할 것이 아니라, **사업시행자를 상대로** 공익사업을 위한 토지 등의 취득 및 보상에 관한 법률 제85조 제2항에 따른 **보상금증감소송을 제기하여야** 한다."(대판 2019.11.28. 2018두227 보상금)

[판례 3] 비교표준지공시지가결정의 위법을 독립된 사유로 주장 가능

"… 위법한 표준지공시지가결정에 대하여 그 정해진 시정절차를 통하여 시정하도록 요구하지 않았다는 이유로 위법한 표준지공시지가를 기초로 한 수용재결 등 후행 행정처분에서 표준지공시지가결정의 위법을 주장할 수 없도록 하는 것은 수인한도를 넘는 불이익을 강요하는 것으로서 국민의 재산권과 재판받을 권리를 보장한 헌법의 이념에도 부합하는 것이 아니다. 따라서 표준지공시지가결정이 위법한 경우에는 그 자체를 행정소송의 대상이 되는 행정처분으로 보아 그 위법 여부를 다툴 수 있음은 물론, **수용보상금의 증액을 구하는 소송에서도** 선행처분으로서 그 수용대상

토지 가격 산정의 기초가 된 **비교표준지공시지가결정의 위법을 독립한 사유로 주장할 수 있다.**"(대판 2008.8.21, 2007두13845, 토지보상금)

[판례 4] 보상금증액청구소송의 원고는 토지소유자 등이고 금전채권을 가지는 제3자는 부적격

"**토지보상법 제85조 제2항**은 토지소유자 등이 보상금 증액 청구의 소를 제기할 때에는 사업시행자를 피고로 한다고 규정하고 있다. 위 규정에 따른 보상금 증액 청구의 소는 **토지소유자 등이 사업시행자를 상대로 제기하는 당사자소송의 형식을 취하고 있지만, 토지수용위원회의 재결 중 보상금 산정에 관한 부분에 불복하여 그 증액을 구하는 소이므로 실질적으로는 재결을 다투는 항고소송의 성질을 가진다. 보상금 증액청구의 소는 항고소송의 성질을 가지므로, 토지소유자 등에 대하여 금전채권을 가지고 있는 제3자는** 재결에 대하여 간접적이거나 사실적·경제적 이해관계를 가질 뿐 재결을 다툴 법률상의 이익이 있다고 할 수 없어 **직접 또는 토지소유자 등을 대위하여 보상금 증액 청구의 소를 제기할 수 없고**"(대판 2022.11.24. 2018두67 손실보상금)

제 4 절 행정상 손해전보제도의 흠결보완

행정상 손해전보제도는 행정상 손해배상제도와 행정상 손실보상제도가 있다. 그런데 이러한 전통적인 손해전보제도에 의하는 것만으로는 충분히 해결되지 아니하는 영역이 존재하고 있다. 이러한 영역을 특정 사인의 부담으로 귀속시킨다는 것은 공평부담의 원칙에서 보아도 적절하지 못하므로 행정상 손해전보제도의 이러한 흠결을 보완하는 제도가 요구된다. 행정상 손해전보제도의 틈새에서 흠결보완제도로서 논의되어 온 대표적인 것으로는, 수용유사침해보상, 수용적 침해보상, 희생보상 및 결과제거청구권 등이 있다.

Ⅰ. 수용유사침해에 대한 보상

1. 의 의

수용유사침해(收用類似侵害, enteignungsgleicher Eingriff)의 보상이란 위법한 공용침해(공공필요에 의한 재산권의 수용·사용·제한)로 인하여 특별한 희생을 당한 자에 대한 보상을 말한다. 즉, 행정상 손실보상의 다른 요건은 갖추고 있으나, 보상에 관한 규정을 두지 아니함으로써 동법률에 근거한 공용침해가 결과적으로 위헌이 된다는 의미의 위법한 공용침해에 대한 보상을 말한다(예; 구 도시계획법상의 개발제한구역 지정으로 인한 택지의 효용박탈).

이 법리는 손해전보에 대한 실정법상의 흠결을 보충하기 위하여 독일의 연방최고재판소의 판례를 통하여 형성되었다. 적법한 공용침해에 대하여 보상을 한다면 위법한 공용침해에 대하여 보상을 하는 것은 너무나 당연하다는데 이 이론의 사상적 기초가 있다. 그렇지 않고 헌법에 제도화되어 있는 적법한 공용침해(동법 23③), 공무원의 직무상 불법행위로 인한 손해배상(동법 29)만을 고수한다고 하면 위법·무책(무과실)의 공용침해로 인해 특별한 희생을 받은 자는 구제의 길이 없어지는 결과가 되기 때문이다.

2. 근 거

(1) 독 일

독일은 연방최고재판소(BGH)의 판례로 기본법 제14조 제3항(손실보상규정)의 유추해석을 통해 이 법리를 인정해 온 것이다. 그런데 독일연방헌법재판소는 1981년 7월 15일 자갈채취사건에서 "손실보상규정이 없는 공용침해 법률은 위헌이며, 이에 따른 행정작용은 위법이다. 그러나 상대방은 손실보상규정이 없으므로 손실보상을 청구할 수 없고 당해 행위의 취소소송만 제기할 수 있다"고 판시하여 수용유사침해보상의 유추적용을 제약하는 판결을 하였다. 그 후 연방최고법원은 수용유사침해보상의 근거를 기본법 제14조가 아니라 프로이센 일반주법 제74조와 제75조에 기초한 관습법으로서의 희생보상청구권에서 찾고 있다.

(2) 우리나라

수용유사침해이론의 우리나라에 도입가능성에 관하여 견해가 나뉘고 있다.

1) **부정설**: 이 설은 독일에서와 같은 판례법이나 관습법으로서의 희생보상청구권의 법리가 없는 우리나라에서는 수용유사침해이론에 의한 손실보상을 인정할 수 없다고 한다. 즉, 보상규정이 없는 법률에 근거한 행정작용에 대해서는 취소소송을 제기해야 하지 손실보상을 주장할 수 없으며,[26] 과실의 객관화 등 손해배상제도의 확대를 통해 해결하는 것이 타당하다고 한다.[27]

2) **긍정설**: 이 설은 독일식의 근거는 적용할 수 없으나, 헌법상의 여러 조항(11, 23①③, 37①②)의 유기적인 해석을 통해 수용유사침해보상을 해결할 수 있다고 한다.[28] 수용유사침해의 법리는 적어도 국가배상법상 위험책임이나 무과실책임이 도입되어 보상규정이 없는 법률에 의한 재산권의 박탈에 대한 불법행위책임이 인정되기까지는 우리나라 행정법에서도 충분히 수용될 만한 가치를 지닌다고 한다.[29]

3) **판 례**: 판례는 수용유사침해보상의 채택여부에 대하여 판단하지 않고 있다.

[판 례] 수용유사침해에 해당하지 아니하는 경우

> "수용유사적 침해의 이론은 국가 기타 공권력의 주체가 위법하게 공권력을 행사하여 국민의 재산권을 침해하였고 그 효과가 실제에 있어서 수용과 다름없을 때에는 적법한 수용이 있는 것과 마찬가지로 국민이 그로 인한 손실의 보상을 청구할 수 있다는 것인데, 1980.6.말경의 비상계엄 당시 국군보안사령부 정보처장이 언론통폐합조치의 일환으로 사인 소유의 방송사 주식을 강압적으로 국가에 증여하게 한 것이 위 수용유사행위에 해당되지 않는다."(대판 1993.10.26, 93다6409)

4) **결 어**: 긍정설이 타당하다. 헌법상의 법치국가원리(37②), 평등원칙(11), 재산권보장 및 손실보상 규정(23) 등의 해석을 통해 손실보상의 가능성을 찾을 수 있다.

---

26) 류지태 · 박종수(신론), 606면; 장태주(개론), 712면.
27) 박균성(강의), 631면.
28) 김남진 · 김연태(I), 746면; 홍정선(상), 914면.
29) 홍준형, 785면 이하.

3. 성립요건

타인의 재산권에 대한 위법한 공용침해로 인한 특별한 희생의 발생이 수용유사침해에 대한 보상의 요건이다. 즉, ① 재산권 침해, ② 공용침해, ③ 특별한 희생, ④ 침해의 위법성이 그 성립요건이다. 여기서의 위법은 공용침해 자체는 법률에 근거하여 행하여졌으나, 그 법률에서 손실보상에 관하여 규정하지 않았기 때문에 공용침해를 규정한 법률이 위헌이 된다는 의미의 위법인 것이다. 따라서 공용침해를 한 행정기관은 상대방에게 손해를 가할 의사가 없다고 할 것이며, 공공필요가 그의 동기이므로 과실을 인정할 수 없다. 따라서 수용유사침해의 전형적인 태양은 '위법 · 무과실의 침해'이다. 그러나 과실의 유무는 중요한 요소가 아니므로 '위법 · 유책(有責)의 공용침해'까지도 포함하는 것이 오늘날의 독일의 학설 · 판례의 입장이다.

4. 다른 손해전보와의 구별

수용유사침해는, ① '위법'한 공용침해에 대한 보상인 점에서 '적법'한 공용침해에 대한 보상인 본래의 의미의 공용침해와 구별되며, ② 공용침해로 야기된 손실의 조절적 보상인 점에서 위법 · 유책(과실)의 손해에 대한 배상을 의미하는 국가배상과 구별된다. 그리하여 수용유사침해와 국가배상은 청구권의 성립요건, 보상의 범위, 청구절차, 청구권의 소멸시효 등에 있어서 차이가 생긴다.

Ⅱ. 수용적 침해에 대한 보상

1. 의 의

(1) 개 념

수용적 침해(收用的 侵害: einteignender Eingriff)에 대한 보상이란 적법한 행정작용의 결과 부수적으로 타인의 재산권에 수용적 효과를 가져오는 침해에 대한 보상을 말한다. 수용적 침해는 적법한 것이기 때문에 애초에 상대방은 그 침해를 수인할 의무가 있었으나 시간의 흐름에 따라 수인할 의무가 없을 정도의 침해로 된 경우이다(예; 지하철공사가 장기간 계속됨으로 인한 인근상가의 영업손실). 수용유사침해가 적법한 침해로 확장된 것이라 할 수 있다.

(2) 공용침해 · 수용유사침해와의 구별

수용적 침해는 예측할 수 없고, 따라서 당초에 법률에 의해 규율되지 않은 희생을 수반하는 점에서 예측할 수 있는 특별한 희생을 수반하는 본래의 의미의 공용침해와 구별되며, 또한 침해 그 자체가 적법한 행정작용에 의한 것이라는 점에서 침해 그 자체가 위법한 수용유사침해와 구별된다.

2. 근 거

우리나라에서 수용적 침해보상의 인정 근거(가능성)에 관해, ① 헌법 제23조 제3항을 유추적용하여 손실보상을 인정할 수 있다는 견해(**유추적용설**), ② 헌법 제23조 제3항을 직접적인 근거로 하여 손실보상청구가 가능하다는 설(**직접적용설**), ③ 입법적으로 해결해야 한다는 설(**입법필요설**)이 대립하고 있다. 생각건대, 장기적으로는 입법필요설이 타당하나, 입법정비가 되지 않은 상태에서는 유추적용설에 의해 해결함이 바람직하다.

3. 성립요건

수용적 침해보상의 성립요건은, ① 재산권 침해, ② 공용침해, ③ 침해의 비의도성, ④ 특별한 희생, ⑤ 침해의 적법성과 그 결과로서의 손해발생 등이다. 여기서 침해는 의도되지 않은 침해를 말하며, 적법판단의 대상은 의도되지 않은 효과가 손해로 나타난 처분이다.

Ⅲ. 희생보상청구권

1. 의 의

희생보상청구권(犧牲補償請求權)은 행정청의 공권력행사에 의하여 개인의 비재산적 법익(생명·신체·자유·명예 등)에 가해진 손실에 대한 보상청구권을 말한다. 헌법 제23조 제3항의 손실보상청구권은 재산적 법익의 손실에 대한 것인데, 비재산적 법익에 대해 손실보상의 경우에도 이 조항을 유추적용할 수 있는지 문제될 수 있다. 즉, 이는 법률에 보상규정이 없는 경우에 문제되는 것이며, 예방접종으로 인한 질병·장애·사망에 대한 보상(감염병의 예방 및 관리에 관한 법률 71)이나 산불진화작업 중의 사상자에 대한 보상(산림보호법 44)과 같이 법률에 보상규정이 있는 경우에는 희생보상이론을 원용할 필요가 없다.

독일은 관습법으로 인정되는 프로이센 일반주법 제74조와 제75조에 근거하여 희생보상청구권을 인정하고 있다.

2. 인정여부

(1) 부정설

헌법 제23조 제3항의 손실보상은 재산권침해에 대하여 인정되는 것이며 비재산적 침해에 대한 근거가 될 수 없으므로 법률에 근거규정이 없는 한 허용될 수 없다고 한다.

(2) 직접적용설

헌법상의 손실보상규정(23③), 인간의 존엄과 가치 및 행복추구권의 규정(10), 신체의 자유의 규정(12), 평등조항(11) 등을 직접 근거로 보상을 청구할 수 있다고 한다.

(3) 유추적용설

헌법상의 손실보상규정(23③)과 기본권보장 및 법치국가원리 등에서 희생보상청구권을 유추적용할 수 있다.

(4) 결 어

독일은 관습법으로 인정되는 프로이센 일반주법 제74조와 제75조에 근거하여 희생보상청구권을 인정하고 있다. 우리의 경우 이러한 관습법은 없으나, 헌법상의 손실보상규정과 평등원칙 및 신체의 자유 등 기본권보장, 법치국가원리 등에서 간접적으로 유추적용하여 희생보상청구권을 인정할 수 있다.

3. 성립요건

(1) 공공필요를 위한 공행정작용에 의한 침해

희생침해는 공공필요를 위한 공행정작용에서 발생한 것이어야 한다. 공행정작용에는 권력적인 것은 물론 비권력적인 것도 포함된다. 권력적인 침해의 경우 공용침해의 경우처럼 의욕적 침해일 필요는 없으나, 비재산적 법익에 대한 직접적인 침해이어야 한다. 공행정작용의 일환으로 행해진 침해는 포함되나 자의 또는 자기과실로 입은 법익은 제외된다.

(2) 비재산적 법익에 대한 침해

비재산적 법익은 생명・건강・신체의 자유・명예 등을 말하며, 헌법 제12조 제1항의 신체의 자유에 관한 권리이다.

(3) 특별한 희생

특별한 희생은 일반인이 통상적으로 감수해야 할 사회적 제약의 범위를 넘어서는 특별한 부담을 의미한다. 특별한 희생의 판단기준은 평등원칙에 위배여부, 즉 관계인에게 불평등한 부담을 부과하고 있는지에 의한다.

(4) 재산적 손실의 발생

희생보상은 비재산적 법익의 침해행위로 발생한 재산적 손실이다. 따라서 치료비・요양비・일실소득(逸失所得)에 대한 것이며, 재산적 손실이 아닌 정신적 피해(위자료)는 청구의 대상에 포함되지 않는다.

(5) 보상법규의 부존재

이는 법률에 보상규정이 없는 경우에 문제되는 것이며, 예방접종으로 인한 질병・장애・사망에 대한 보상(감염병의 예방 및 관리에 관한 법률 71)이나 산불진화작업 중의 사상자에 대한 보상(산림보호법 44)과 같이 법률에 보상규정이 있는 경우에는 희생보상이론을 원용할 필요가 없다.

Ⅳ. 행정상 결과제거청구권

1. 의 의

행정상 결과제거청구권(行政上 結果除去請求權)이란 위법한 행정작용의 결과로서 남아 있는 상태로 인하여 자기의 법률상 이익을 침해받고 있는 자가 행정주체에 대하여 그 위법한 상태를 제거하여 줄 것을 청구하는 것을 말한다(예; 토지수용의 취소처분에도 불구하고 토지를 반환하지 않고 있는 경우의 반환청구). 즉, 손해배상청구권이나 손실보상청구권이 아니라 위법한 행정작용의 결과로서 남아 있는 상태를 제거하고 원상태로 회복시키기 위한 원상회복청구권을 의미한다. 위 예에서 토지수용의 취소처분이 아니라, 토지수용의 취소소송을 제기한 경우에는 인용판결의 기속력인 원상회복의무에 의해 토지반환이 가능하다.

행정상 결과제거청구권은 행정상의 손실보상·손해배상 또는 행정쟁송에 의하여 권리구제를 받지 못하는 경우에 기존의 권리구제제도를 보완하기 위하여 성립된 것이므로, 그 법리는 민법에서 규정한 소유물방해제거청구와 유사하다.

2. 법적 근거

결과제거청구권의 법리는 독일에서 학설·판례로서 발전된 것인데, 거기에서는 이 법리의 근거를 기본법상의 법치국가원리, 기본권규정(특히 자유권목록), 민법의 방해배제청구권규정(802, 1004)의 유추 및 관습법 등에서 찾는다. 독일과 유사한 법체계를 채택하고 있는 우리나라에서도 그 근거는 헌법상의 법치행정의 원리(107), 기본권규정(10 내지 37①), 민법상의 관계규정(213의 소유물반환청구, 214의 소유물방해제거청구)의 유추적용 등에서 찾을 수 있다. 또한 행정소송법상의 관련청구의 이송 및 병합에 관한 규정(10), 당사자소송에 관한 규정(동법 제4장)에서 그 소송법적 근거를 찾을 수 있다.

3. 요 건

행정상 결과제거청구권이 성립하기 위하여는 다음과 같은 요건이 충족되어야 한다.

(1) 행정주체의 공행정작용으로 인한 침해행위

행정상 결과제거청구권의 대상인 침해행위는 행정주체의 공행정작용(公行政作用)으로 인한 것이다. 이에는 권력작용, 관리작용, 부작위 등이 포함되나, 사법적 작용의 경우는 민법상의 원상회복·방해배제청구권(213, 214)에 의하기 때문에 제외된다.

(2) 타인의 법률상 이익의 침해

공행정작용으로 인하여 야기된 결과적 상태가 타인의 권리 또는 법률상 이익을 침해하고 있어야 한다. 여기서 권리 또는 법률상 이익에는 재산적 가치가 있는 것은 물론 명예·호평 등 그 밖의 것도 포함한다.

(3) 위법한 상태의 존재

행정주체의 공행정작용으로 인하여 야기된 결과적 상태가 위법한 상태로 존재하고 있어야 한다. 위법한 상태의 존재여부는 사실심의 변론종결시를 기준으로 하여 판단하여야 한다. 여기서 위법성은 처음부터 발생할 수도 있으며, 기간의 경과 또는 해제조건의 성취 등에 의해 사후에 발생할 수도 있다. 위법하기는 하지만 무효가 아닌 행정행위, 즉 취소할 수 있는 행정행위는 취소되기 전까지는 공정력이 있기 때문에 이 청구권이 성립하지 않는다.

(4) 위법한 상태의 계속

공행정작용에 의하여 야기된 결과적 상태가 위법한 상태로 계속 존재하고 있어야 한다. 따라서 결과로서의 상태는 존재하지 않고 권리침해로서의 불이익만 남아 있는 경우에는 국가배상·손실보상의 문제만이 고려될 수 있을 뿐이다.

4. 내용과 한계

(1) 내 용

결과제거청구권의 내용은 위법한 행정작용에 의하여 야기된 결과적 상태를 제거하여 침해가 없는 원래의 상태로 회복시켜 줄 것을 청구하는 것이다. 따라서 위법한 것으로 취소된 행정행위가 다른 적법한 행정행위에 의하여 대체되어 위법한 상태가 다시 적법하게 되는 경우에는 결과제거청구권은 성립되지 않는다.

(2) 한 계

1) 기대가능성에 의한 한계: 결과제거청구권의 요건이 충족된 경우에도 결과제거로 인하여 원초적 또는 동가치의 상태의 회복이 사실상 또는 법률상 가능하며, 또한 의무자에게 있어 그것이 기대가능한 것이어야 한다는 한계가 있다.

2) 비용 또는 신의성실의 원칙에 의한 한계: 원상회복이 지나치게 많은 비용을 요하거나 신의성실의 원칙에 반하는 때에는 결과제거의 기대가능성이 없기 때문에 사정판결의 제도에 따라 대상적 전보(代償的 塡補)를 통하여 해결할 수밖에 없다.

3) 과실상계규정에 의한 한계: 위법한 상태의 발생에 대하여 피해자에게도 과실이 있는 경우에 민법상의 과실상계에 관한 규정(동법 396)이 유추적용된다고 볼 것이므로, 피해자의 과실의 정도에 따라 이 청구권이 수축되거나 상실되는 경우도 있을 수 있다.

5. 행정상 결과제거청구권에 대한 쟁송절차

행정상의 결과제거청구권에 관한 쟁송은 행정소송의 일종으로서 당사자소송의 성격을 가지므로 당연히 행정소송법의 적용이 있다(동법 3(2), 4 참조). 당사자 소송은 독자적으로 제기하거나 처분 등의 취소소송에 관련청구소송으로서 병합하여 제기할 수 있다(동법 10①②).

【 행정상 손해배상과 행정상 손실보상의 비교 】

	행정상 손해배상	행정상 손실보상
기본이념	개인주의적 · 도덕적 책임주의	단체주의적 · 사회적 공평부담
근거법	헌법 제29조, 국가배상법	헌법 제23조제3항, 공익사업을 위한 토지 등의 취득 및 보상에 관한 법률, 개별법
원인행위	위법한 행정작용	적법한 행정작용
대상	재산 · 신체 · 정신 등 모든 손해	재산적 침해
유형 (내용)	1) 공무원의 직무행위로 인한 손해(2①) 2) 자동차손해배상(2①) 3) 영조물의 설치 · 관리의 하자(5①)	1) 토지 · 건축물등의 취득·사용(70,71,72,75) 2) 잔여지보상(73,74), 권리보상(76) 3) 영업손실(77), 이주대책(78, 78의2) 4) 공익사업 지역 밖의 토지 · 영업손실(79)
요건	1); ① 공무원, ② 직무행위, ③ 고의 · 과실, ④ 법령위반, ⑤ 손해발생 2); ① 국가등 자기위한 자동차운행, ② 무과실 · 인적피해, ③ 면책사유 없음 3); ① 공공의 영조물, ② 설치 · 관리의 하자(무과실), ③ 손해발생	① 공공필요(공익사업), ② 재산권의 공권적 침해, ③ 적법한 침해, ④ 특별한 희생, ⑤ 보상규정
절차	▸ 배상심의회에 배상청구 ▸ 손해배상청구소송(공법상 당사자소송(학설), 민사소송(판례)) ▸ 취소소송과 손해배상청구소송 병합	① 협의(당사자) → ②재 결(관토위) → ③ 이의신청(임의절차)(중토위) → ④ 행정소송(재결취소소송, 보상금증감청구소송)
공통점	재산권침해에 대한 보전, 융화경향(무과실 책임론, 위험책임론)	

제3장 행정쟁송

제1절 개 설

Ⅰ. 행정쟁송의 의의

행정쟁송(行政爭訟)이란 행정상의 법률관계에 관해 분쟁이나 의문이 있는 경우에 이해관계자의 쟁송의 제기에 의해 일정한 재정기관(裁定機關)이 이것을 재정하는 절차를 총칭하나(광의의 행정쟁송), 때로는 일반법원과는 계통을 달리하는 행정조직 내의 특별기관이 행정상의 법률관계에 관한 분쟁을 심판하는 절차만을 의미하기도 한다(협의의 행정쟁송). 광의의 행정쟁송은 근대법치국가에서 모두 채용하고 있는 것이나, 협의의 행정쟁송은 20세기 이전에는 대륙법계국가에만 특유한 것이었다. 다만, 20세기에 들어와 영·미법계국가에서도 행정위원회(Administrative Commission or Board) 등이 설치되어 대륙법계와 접근하고 있다.

우리나라는 행정사건도 일반법원의 관할로 하여 영·미적인 사법국가주의를 채택하면서도, 행정법원의 관할 등 여러 가지 특수성을 인정하여 대륙법계의 영향을 많이 받고 있다.

Ⅱ. 행정쟁송의 기능

행정쟁송제도는 근대법치국가원리의 소산이라 할 수 있다. 법치행정의 원리에 의하여 모든 행정작용은 법에 적합해야 하며, 또한 행정의 목적과 공익에 합당한 합목적성 내지 타당성을 가져야만 한다. 그러므로 행정쟁송제도는 다음과 같이 행정구제와 행정통제라는 두 가지의 목적달성 내지는 기능수행을 하게 된다. 즉, ① 행정쟁송은 행정권의 위법·부당한 행사에 대하여 국민의 권리·이익의 **구제수단**으로서의 기능을 수행하게 된다. ② 행정쟁송은 행정작용의 적법성 및 합목적성을 보장함으로써 **행정통제**의 기능을 수행하게 된다. 말하자면 개인이 자신의 권리와 이익을 보호하기 위하여 행정쟁송을 제기함으로써 간접적으로 행정의 적법성·타당성통제가 이루어진다고 할 수 있다.

Ⅲ. 행정쟁송의 종류

- 실질적 쟁송
  - 행정심판 (약식쟁송–행정청)
    - 당사자쟁송 — 재결신청
    - 항고쟁송
      - 이의신청–조세심판 등 (처분청)
      - 행정심판 (상급감독청 등)
        - 취소심판
        - 무효등확인심판
        - 의무이행심판
  - 행정소송 (정식쟁송–법원)
    - 주관적 소송
      - 당사자소송 (시심적 소송)
      - 항고소송 (복심적 소송)
        - 취소소송
        - 무효등확인소송
        - 부작위위법확인소송
    - 객관적 소송
      - 민중소송
      - 기관소송
- 형식적 쟁송 –행정절차

1. 분쟁의 전제여부에 의한 구분

1) **실질적 쟁송:** 실질적 쟁송이란 행정상의 법률관계에서 분쟁이나 의문이 있을 때에 당사자의 쟁송제기에 의해 권한있는 국가기관이 이를 심리·판단하는 작용을 말한다(예; 행정심판·행정소송).

2) **형식적 쟁송:** 형식적 쟁송이란 분쟁의 존재를 전제함이 없이 행정처분의 신중·공정을 기함으로써 장래에 있어서 분쟁의 발생을 예방하기 위하여 형식적 분쟁해결절차를 거치는 것을 말한다(행정절차).

2. 쟁송절차에 의한 구분

1) **정식쟁송:** 정식쟁송이란 분쟁의 공정한 해결을 위하여, ① 심판기관이 독립된 제3자 기관이고, ② 당사자에게 구술변론의 기회가 보장되는 쟁송을 말한다(예; 행정소송).

2) **약식쟁송:** 약식쟁송(略式爭訟)이란 위의 두 가지 요건 가운데 어느 하나라도 갖추지 못한 쟁송을 말한다(예; 행정심판).

3. 쟁송목적에 의한 구분

1) **주관적 쟁송:** 주관적 쟁송은 쟁송제기자의 개인적 권익의 보호를 직접 목적으로 하는 쟁송이다(예; 당사자쟁송·항고쟁송).

2) **객관적 쟁송:** 객관적 쟁송은 일반공공의 이익보호 또는 행정법규의 적정・타당한 적용을 목적으로 하는 쟁송이다(예; 민중소송・기관쟁송).

4. 객관적 쟁송의 제기권자에 따른 구분

1) **민중쟁송:** 민중쟁송은 행정작용의 적법성을 보장하기 위하여 일반 주민이 제기하는 쟁송이다(예; 선거소송・지방자치법에 의한 주민소송).

2) **기관쟁송:** 기관쟁송은 행정기관 상호간의 권한쟁의에 관하여 행정기관이 제기하는 쟁송이다. 민중쟁송이나 기관쟁송은 특히 법률이 인정하는 경우에 한하여 허용된다.

5. 행정쟁송의 성질에 의한 구분

1) **항고쟁송:** 항고쟁송이란 이미 행하여진 행정행위의 위법・부당함을 주장하여 그것의 시정(취소・변경)을 구하는 쟁송을 말한다(예; 이의신청・행정심판・항고소송). 이는 이미 존재하는 행정의 공권적 행위를 전제로 하여 그 효력을 다투는 것이므로 복심적이다.

2) **당사자쟁송:** 당사자쟁송이란 서로 대립하는 대등한 당사자 사이에 공법상의 법률관계에 관한 다툼이 있는 경우에 그 분쟁의 해결을 구하는 쟁송을 말한다(예; 토지수용의 재결신청・공무원의 봉급청구・손실보상청구). 이는 제1차적인 행정작용 그 자체가 쟁송의 형식에 의해 행해지는 것이므로 시심적이다.

6. 행정처분의 존재여부에 의한 구분

1) **시심적 쟁송:** 시심적 쟁송(始審的 爭訟)은 법률관계의 형성 또는 존부(存否)에 관한 최초의 행정처분이 쟁송의 형식을 거쳐 행하여지는 경우이다(예; 당사자쟁송・준사법적 절차로서의 행정절차).

2) **복심적 쟁송:** 복심적 쟁송(覆審的 爭訟)은 이미 행하여진 행정처분에 대하여 그 위법・부당을 주장하여 재심사를 구하는 경우이다(예; 항고쟁송).

7. 행정쟁송의 심판기관에 의한 구분

1) **행정심판:** 행정심판은 행정기관에 의하여 심리・재결되는 행정쟁송이다.

2) **행정소송:** 행정소송은 법원에 의하여 심리・판결되는 행정쟁송이다.

제 2 절 행정심판

제1관 개 설

Ⅰ. 행정심판의 의의와 존재이유

1. 행정심판의 개념

행정심판(行政審判)이란 널리 행정기관이 행하는 행정쟁송절차를 말한다. 즉, 행정상 법률관계의 형성이나 법률사실의 존부(存否)·정부(正否)에 대한 분쟁을 행정기관이 심리·판단하는 절차를 말한다. 이러한 의미의 행정심판은 실정법상으로 이의신청(광업법 90)·심사청구·심판청구(국세기본법 55) 등의 용어로 사용되기도 한다.

행정심판에 관한 일반법으로 행정심판법이 있으나, 다른 법률에서 이에 대한 특칙을 정하고 있는 경우도 있다(국세기본법 56, 국가공무원법 16).

2. 행정심판의 성격

행정심판은 행정상의 분쟁에 관하여 사실을 인정하고 법을 적용하여 그 분쟁을 심리·판단하는 **판단작용**의 성질과, 행정의사의 표현으로서 다툼있는 행정법관계를 규율하고 행정법질서를 유지·형성하여 행정목적을 실현하는 **행정행위**의 성질 등 이중적 성격을 지니고 있다. 이 두 가지 성격 중에 어느 쪽에 더 큰 비중을 두느냐 하는 것은 각국의 입법정책적 문제라 하겠으나 우리나라 헌법(107③ 후단)은 판단작용으로서의 성격을 강조하고 있다.

3. 행정심판과 타개념과의 구별

(1) 행정심판과 청원과의 구별

행정권에 대하여 자기반성을 촉구하고 행정행위의 취소·변경 등을 구함을 목적으로 한다는 점에서 행정심판과 청원은 공통하나 다음의 세 가지 점에서 구별된다. 즉, ① 행정심판은 제기사항(처분의 취소·변경 등)·제기기관(행정심판위원회)·제기기간(단기의 제척기간) 등에 제한이 있으나, 청원은 이러한 제한이 없다. ② 행정심판은 심사절차·판정형식·재정내용 등에 있어 법의 기속을 받으나, 청원은 법적 기속을 받지 않는다. ③ 행정심판에 대한 재결은 불가쟁력·불가변력 등의 효력을 발생하나, 청원은 이러한 효력이 없다.

(2) 행정심판과 진정과의 구별

행정심판은 법이 정한 일정한 절차와 형식에 따라 행하여지는 법적 행위인데 대하여, 진정(陳情)은 아무런 형식·절차를 요하지 아니하는 희망진술인 사실행위로서 권리행사가 아니며, 그에 대한 회답은 별다른 법률적 의미를 갖지 못한다.

(3) 행정심판과 직권에 의한 취소와의 구별

행정심판은 법적 근거가 있어야 하는 동시에 그 신청에는 기간의 제한이 있으며 주로 부담적 행위가 문제되는데 대하여, 직권에 의한 취소는 행정청이 임의로 할 수 있으며 주로 수익적 행위가 문제된다.

(4) 행정심판과 행정소송과의 구별

양자는 모두 행정작용의 재심사를 위한 실질적 쟁송에 속하는 것이지만, 행정심판은 약식쟁송으로서, 쟁송의 목적·기능상의 중점을 달리한다 할 수 있다. 즉, 양자는 행정쟁송제도로서 권리구제적 기능과 행정통제적 기능을 갖는 바, 행정소송은 전자에 중점을 두고 전자를 통하여 후자의 목적을 달성하려는 점에서 행정심판과 반대이다. 그것은 쟁송사항·심판기관·쟁송절차·심리범위 등에서 차이가 있다.

4. 행정심판의 존재이유

행정심판은 약식쟁송으로서 절차가 불완전하고 심판받아야 할 행정기관 자신이 심판자의 지위에 서게 되는 등 불합리성을 내포하고 있음에도 불구하고 이를 인정하게 되는 이유는 다음과 같다.

(1) 자율적 행정통제

행정심판은 행정작용의 적법·타당여부에 대한 판단을 행정청 스스로가 하게 된다. 그리하여 행정권이 사법권의 간섭을 받지 아니하고 행정권행사에 있어서의 과오를 자기반성에 의하여 자율적으로 시정함으로써 행정권의 지위를 보장하고 권력분립의 원칙을 유지하려는 것이다.

(2) 행정능률의 보장

법원에 의한 분쟁의 심판은 심리절차의 공정 및 신중으로 말미암아 상당한 시일과 비용을 요하기 때문에 현대행정의 요체라 할 수 있는 행정능률에 배치되는 경우가 적지 아니하다. 따라서 신속·간편한 행정심판을 인정하는 것은 분쟁의 신속한 해결을 도모하게 되어 행정능률의 보장에 기여하게 된다.

(3) 행정청의 전문지식의 활용

오늘날의 행정이 고도로 복잡화함에 따라 수많은 사회적·경제적 문제의 해결은 전문성·기술성을 요하게 되었는 바, 일반법원은 이러한 전문적·기술적 문제의 처리에는 적합하지 않은 점이 많다. 그리하여 전문기관인 행정청으로 하여금 그에 관한 분쟁을 심판하게 하려는 것이다.

(4) 소송경제의 확보

사법절차는 시간·노력·경비가 막대하다. 이에 비하여 행정심판은 비용·시간 등을 절감할 수 있으며, 행정소송제기 이전에 행정심판을 통해 분쟁을 해결함으로써 불필요한 행정소송의 제기를 방지하여 법원의 소송부담을 경감시킬 수 있다.

Ⅱ. 행정심판과 구별되는 권리구제수단

보통 행정심판은 주관적 쟁송 및 항고쟁송의 성질을 가지며 행정심판법에 따라 행정심판위원회에서 심리·재결하는 권리구제수단을 말한다. 그런데 행정 내부에서의 권리구제수단이라는 점에서 넓은 의미의 행정심판이라 부를 수 있으나, 행정심판법이 아니라 각각 개별법의 적용을 받는 권리구제수단으로 이의신청, 재심사, 특별행정심판 및 재결신청이 있다.

1. 이의신청

(1) 의 의

이의신청(異議申請)이란 위법 또는 부당한 행정처분으로 인하여 권익을 침해당한 자의 청구에 의하여 처분청 자신이 재결청이 되어 해당 행정처분을 재심사하여 스스로 시정하도록 하는 절차를 말한다. 실정법상 용어로는 이의신청 이외에 심사청구, 재심사청구(산업재해보상보험법 103), 재결신청(수산업법 84,85) 등 여러 가지 용어로 표현되기도 한다. 이의신청은 국민이 행정심판이나 소송 전에 간편하게 불복할 수 있는 기회를 제공하여 국민의 권리구제를 강화한다는 점에 의의가 있다.

(2) 근거규정

이의신청에 관한 일반적 규정으로 행정기본법(제36조)에 규정한 외에 각 개별 법률(국세기본법 55③, 지방세기본법 118, 민원사무처리에 관한 법률 18①④, 도로교통법 94 등)에서 규정하고 있다.

(3) 법적 성질

이의신청은 처분의 적법성과 합목적성 확보를 위한 처분청 내부의 시정절차라는 점에서 독립된 제3기관인 행정심판위원회에서 행하는 쟁송수단인 행정심판과 구별된다.[1] 또한 이의신청은 법률에 근거한 법적 행위라는 점에서 희망을 진술하는 사실행위인 진정과 구별된다.

(4) 대상·신청권자

이의신청의 대상은 행정심판법이 적용되는 **처분**이며, 신청권자는 처분에 이의가 있는 당사자이다. 여기서 당사자란 처분의 **상대방**을 말한다. 따라서 행정심판의 대상적격 및 청구인적격과 동일하다.

(5) 절 차

당사자는 개별법에 특별한 규정이 없는 한 처분을 받은 날부터 30일 이내에 해당 행정청에 이의신청을 할 수 있고(행정기본법 36①⑤), 행정청은 그 신청을 받은 날부터 14일 이내에 그 이의신청에 대한 결과를 신청인에게 통지하여야 한다. 다만, 부득이한 사유로 14일 이내에 통지할

---

1) 이의신청에는 독립된 제3기관이 준사법절차에 따라 행하는 행정심판의 성질을 지닌 경우도 있다(공익사업을위한토지등의취득및보상에관한법률 83 등).

수 없는 경우에는 그 기간을 만료일 다음 날부터 기산하여 10일의 범위에서 한 차례 연장할 수 있으며, 연장 사유를 신청인에게 통지하여야 한다(동조②). 당사자는 이의신청을 한 경우에도 그 이의신청과 관계없이 행정심판법에 따른 행정심판 또는 행정소송법에 따른 행정소송을 제기할 수 있다(동조③).

(6) 이의신청의 결정에 대한 불복

1) 불복제기기간: 이의신청의 결과에 대해 불복하고자 하는 자는 그 결과를 통지받은 날(통지기간 내에 결과를 통지받지 못한 경우에는 통지기간이 만료되는 날의 다음 날)부터 90일 이내에 행정심판 또는 행정소송을 제기할 수 있다(동조④). 이는 이의신청 절차 중에 행정심판이나 행정소송의 제기기간이 도과하여 권리구제가 제한받지 않도록 하기 위한 것이다.

2) 불복대상

(가) 기각결정: 이의신청을 받아들이지 않는 취지의 통지(기각결정)는 원처분을 유지하려는 것이므로 이의신청인의 권리·의무에 변동을 가져오지 아니하기 때문에 항고쟁송의 대상이 아니며 원처분을 다투어야 한다(판례1).

(나) 인용결정 등: 이의신청에 대한 인용결정이나 일부인용 또는 수정결정 등은 원처분의 변경결정이므로 항고쟁송의 대상이 된다. 이 경우 소의 대상에 관해 원처분설 및 변경처분설도 있으나, 당초부터 변경된 내용의 처분이라는 변경된 원처분설(통설·판례)에 따라 인용결정 등이 당초부터 존재하는 처분이라고 볼 것이다.

(다) 재조사결정: 이의신청에 대한 재조사결정은 재조사결과에 따라 원처분의 유지 또는 수정 등의 후속 처분이 있게 되므로 그 후속 처분이 항고쟁송의 대상이 될 수 있다(판례2). 재조사결정은 심판청구 등의 결정으로 삼겠다는 변형결정에 해당하여 재조사결정에 따른 후속처분을 하지 아니하면 재조사결정의 기속력에 반한다(판례3).

(7) 이의신청의 적용제외

① 공무원 인사 관계 법령에 따른 징계 등 처분에 관한 사항, ②「국가인권위원회법」 제30조에 따른 진정에 대한 국가인권위원회의 결정, ③「노동위원회법」 제2조의2에 따라 노동위원회의 의결을 거쳐 행하는 사항, ④ 형사, 행형 및 보안처분 관계 법령에 따라 행하는 사항, ⑤ 외국인의 출입국·난민인정·귀화·국적회복에 관한 사항, ⑥ 과태료 부과 및 징수에 관한 사항 등은 행정기본법의 이의신청에 관한 조항을 적용하지 아니한다(동조⑦).

[판례 1] 이의신청은 행정청 내부의 시정절차

"민원사무처리에 관한 법률 제18조 제1항에서 정한 거부처분에 대한 **이의신청은** 행정청의 위법 또는 부당한 처분이나 부작위로 침해된 국민의 권리 또는 이익을 구제함을 목적으로 하여 행정청과 별도의 행정심판기관에 대하여 불복할 수 있도록 한 절차인 **행정심판과는 달리, 민원사무처리법에 의하여 민원사무처리를 거부한 처분청이 민원인의 신청 사항을 다시 심사하여 잘못이 있는 경우 스스로 시정하도록 한 절차**이다. 이에 따라, 민원 이의신청을 받아들이는 경우에는 이의신청 대상인 거부처분을 취소하지 않고 바로 최초의 신청을 받아들이는 새로운 처분을 하여야 하지만, **이의신청을 받아들이지 않는 경우에는 다시 거부처분을 하지 않고 그 결과를 통지함에 그칠 뿐이다. 따라서 이의신청을 받아들이지 않는 취지의 기각 결정 내지는 그 취지의 통지는, 종전의 거부처분을 유지함을 전제로 한 것에 불과하고 또한 거부처분에 대한 행정심판이나 행정소송의 제기에도 영향을 주지 못하므로, 결국 민원 이의신청인의 권리·의무에 새로운 변동을 가져오는 공권력의 행사나 이에 준하는 행정작용이라고 할 수 없어, 독자적인 항고소송의 대상이 된다고 볼 수 없다**고 봄이 타당하다."(대판 2012.11.15. 2010두8676, 주택건설사업승인불허가처분취소등)

"갑 광역시 교육감이 공공감사에 관한 법률(이하 '공공감사법'이라 한다) 등에 따라 을 학교법인이 운영하는 병 고등학교에 대한 특정감사를 실시한 후 병 학교의 학교장과 직원에 대하여 징계(해임)를 요구하는 처분을 하였는데, 을 법인이 위 처분에 대한 이의신청을 하였다가 기각되자 위 처분의 취소를 구하는 소를 제기한 사안에서, **공공감사법상의 재심의신청 및 구 갑 광역시교육청 행정감사규정상의 이의신청은 자체감사를 실시한 중앙행정기관 등의 장으로 하여금 감사결과나 그에 따른 요구사항의 적법·타당 여부를 스스로 다시 심사하도록 한 절차로서 행정심판을 거친 경우의 제소기간의 특례가 적용될 수 없다고 보고, 이의신청에 대한 결과통지일이 아니라 을 법인이 위 처분이 있음을 알았다고 인정되는 날부터 제소기간을 기산**하여 위 소가 제소기간의 도과로 부적법하다고 본 원심판단을 정당하다고 한 사례."(대판 2014.04.24. 2013두10809 행정처분취소)

[판례 2] 이의신청에 대한 재조사결정은 재조사에 따른 후속 처분이 항고쟁송의 대상

"이의신청 등에 대한 결정의 한 유형으로 실무상 행해지고 있는 **재조사결정은** 처분청으로 하여금 하나의 과세단위의 전부 또는 일부에 관하여 당해 결정에서 지적된 사항을 **재조사하여 그 결과에 따라 과세표준과 세액을 경정하거나 당초 처분을 유지하는 등의 후속 처분을 하도록 하는 형식을 취하고 있다. 이에 따라 재조사결정을 통지받은 이의신청인 등은 그에 따른 후속 처분의 통지를 받은 후에야 비로소 다음 단계의 쟁송절차에서 불복할 대상과 범위를 구체적으로 특정할 수 있게 된다.** 이와 같은 재조사결정의 형식과 취지, 그리고 행정심판제도의 자율적 행정통제기능 및 복잡하고 전문적·기술적 성격을 갖는 조세법률관계의 특수성 등을 감안하면, 재조사결정은 당해 결정에서 지적된 사항에 관해서는 처분청의 재조사결과를 기다려 그에 따른 후속 처분의 내용을 이의신청 등에 대한 결정의 일부분으로 삼겠다는 의사가 내포된 변형결정에 해당한다고 볼 수밖에 없다. 그렇다면 **재조사결정은 처분청의 후속 처분에 의하여 그 내용이 보완됨으로써 이의신청 등에 대한 결정으로서의 효력이 발생한다고 할 것이므로, 재조사결정에 따른 심사청구기간이나 심판청구기간 또는 행정소송의 제소기간은 이의신청인 등이 후속 처분의 통지를 받은 날부터 기산된다고 봄이 타당하다.**"(대판 2010.06.25. 2007두12514 전원합의체 판결, 부가가치세부과처분취소)

[판례 3] 재조사결정에 따른 후속처분을 하지 아니하면 기속력에 반함

"심판청구 등에 대한 결정의 한 유형으로 실무상 행해지고 있는 **재조사 결정은 재결청의 결정에서 지적된 사항에 관하여 처분청의 재조사결과를 기다려 그에 따른 후속 처분의 내용을 심판청구 등에 대한 결정의 일부분으로 삼겠다는 의사가 내포된 변형결정에 해당**하므로(대법원 2010. 6. 25. 선고 2007두12514 전원합의체 판결 참조), 처분청은 재조사 결정의 취지에 따라 재조사를 한 후 그 내용을 보완하는 후속 처분만을 할 수 있다고 보아야 한다. 따라서 **처분청이 재조사 결정의 주문 및 그 전제가 된 요건사실의 인정과 판단, 즉 처분의 구체적 위법사유에 관한 판단에 반하여 당초 처분을 그대로 유지하는 것은 재조사 결정의 기속력에 저촉된다**고 할 것이다."(대판 2017.5.11. 2015두37549)

2. 처분의 재심사

(1) 의의 및 근거

처분의 재심사란 행정심판이나 행정소송 및 그 밖의 쟁송을 통하여 다툴 수 없게 된 경우에 일정한 사유에 해당하면 당사자의 신청에 의하여 해당 처분을 한 행정청이 해당 처분의 취소·철회 또는 변경 여부를 결정하는 것을 말한다. 불가쟁력이 발생한 처분이더라도 일정한 경우에

는 행정목적의 신속한 실현뿐만 아니라 개인의 권리구제를 위하여 인정할 필요가 있다. 처분의 재심사는 처분 행정청에서 심사를 한다는 점에서 이의신청과 같으나 법원이 심사를 하는 재심청구와 다르며, 쟁송으로 다툴 수 없는 경우에 할 수 있고 그 대상에서 제재처분 및 행정강제는 제외된다는 점에서 이의신청과 구별된다. 처분의 재심사에 관한 일반적 근거규정인 행정기본법 제37조의 내용을 보면 아래와 같다.

(2) 재심사유

① 처분의 근거가 된 사실관계 또는 법률관계가 추후에 당사자에게 유리하게 바뀐 경우, ② 당사자에게 유리한 결정을 가져다주었을 새로운 증거가 있는 경우, ③「민사소송법」 제451조에 따른 재심사유에 준하는 사유가 발생한 경우 등 대통령령으로 정하는 경우 등이다(동법 37①). '사실관계의 변경'은 처분의 결정에 객관적으로 중요하였던 사실이 없어지거나 새로운 사실(과학적 지식 포함)이 추후에 발견되어 관계인에게 유리한 결정을 이끌어 낼 수 있는 경우를 의미하고, '법률관계의 변경'은 처분의 근거법령이 처분 이후에 폐지되었거나 변경된 경우 등을 의미한다. '새로운 증거'는 처분의 절차나 쟁송과정에서 사용할 수 없었던 증거, 당사자등의 과실 없이 절차진행 당시 제때 습득하지 못하거나 마련할 수 없었던 증거, 당사자등의 과실 없이 당사자등이 당시에 인지하지 못하고 있었던 증거, 처분 당시 제출되어 있었으나 행정청의 무지, 오판, 불충분한 고려가 있었던 경우 등을 의미한다.

(3) 재심의 요건 및 절차

당사자가 중대한 과실 없이 해당 처분의 절차, 행정심판, 행정소송 및 그 밖의 쟁송에서 위 재심사유를 주장하지 못한 경우에만 할 수 있다(동조②). 이는 재심사의 남용을 막기 위하여 당사자등에 중대한 과실이 있는 경우에는 재심사의 신청을 제한하려는 것이다. 재심의 신청은 당사자가 재심사유를 안 날부터 60일 이내에 하여야 한다. 다만, 처분이 있은 날부터 5년이 지나면 신청할 수 없다(동조③). 신청을 받은 행정청은 특별한 사정이 없으면 신청을 받은 날부터 90일(합의제행정기관은 180일) 이내에 처분의 재심사 결과(재심사 여부와 처분의 유지 · 취소 · 철회 · 변경 등에 대한 결정을 포함한다)를 신청인에게 통지하여야 한다. 다만, 부득이한 사유로 90일(합의제행정기관은 180일) 이내에 통지할 수 없는 경우에는 그 기간을 만료일 다음 날부터 기산하여 90일(합의제행정기관은 180일)의 범위에서 한 차례 연장할 수 있으며, 연장 사유를 신청인에게 통지하여야 한다(동조④).

(4) 재심사에 대한 불복

재심사의 결과 중 처분을 유지하는 결과에 대해서는 행정심판, 행정소송 및 그 밖의 쟁송수단을 통하여 불복할 수 없다(동조⑤). 처분을 유지하는 재심사는 불가쟁력이 발생한 원처분으로 되돌가 가는 것이므로 불복할 수 없으나, 재심사로 취소 · 철회 또는 변경된 처분은 새로운 별개의 처분이므로 원처분의 불가쟁력과 관련 없어 불복이 가능하다. 행정청의 직권취소와 철회는 처분의 재심사에 의하여 영향을 받지 아니한다(동조⑥).

(5) 재심사 적용의 제외사항

① 공무원 인사 관계 법령에 따른 징계 등 처분에 관한 사항, ②「노동위원회법」 제2조의2에 따라 노동위원회의 의결을 거쳐 행하는 사항, ③ 형사, 행형 및 보안처분 관계 법령에 따라 행하는 사항, ④ 외국인의 출입국 · 난민인정 · 귀화 · 국적회복에 관한 사항, ⑤ 과태료 부과 및 징수에 관한 사항, ⑥ 개별 법률에서 그 적용을 배제하고 있는 경우 등은 재심사를 적용하지 아니한다(동조⑧).

3. 특별행정심판

(1) 의의 및 근거

특별행정심판은 전문성과 특수성으로 인해 특수한 쟁송형태를 취하는 경우로서 사법절차에 가까우며 행정심판법에 따른 행정심판에 갈음하는 특별한 행정불복절차를 말한다(행정심판법 4①). 특별행정심판은 각 개별법에 근거하며, 그 재결에 대한 불복신청은 행정법원 또는 직접 대법원에 제기한다(예; 조세심판 · 소청심사, 특허심판 · 해난심판 등).

(2) 법적 성질

이는 법원에 소를 제기하기 전에 거쳐야 하는 전심(前審)의 성격을 가진 쟁송절차인바, 그 전문적 · 기술적 성격으로 행정심판법에 대한 특례규정을 둔 해당 개별 법률에 따라 쟁송절차가 진행된다.

(3) 쟁송절차

쟁송절차는 각 개별법에 따라 다르나, 일반적으로 전심절차주의를 취하고 있으며 행정심판법의 적용이 배제된다. 특허심판은 특허법에 따라 특허청장 소속하의 특허심판원이 관할하며 이에 대한 불복은 대법원이 관할하며, 해난심판은 「해양사고의 조사 및 심판에 관한 법률」에 따라 해양수산부장관 소속하의 해양안전심판원(지방심판원이 1심, 중앙심판원이 2심 담당)이 관할하며 이에 대한 불복도 대법원이고, 조세심판은 국세기본법에 따라 국무총리 소속하의 조세심판원에서 심판청구사건을 심리하며 이에 대한 불복은 행정법원 관할이고, 소청심사는 국가공무원법에 따라 행정자치부의 소청심사위원회에서 담당하며 이에 대한 불복은 행정법원 관할이다.

(4) 증설 등 제한

특별행정심판을 정한 법률에 규정하지 아니한 사항에 관하여는 행정심판법에 의하며, 특별행정심판의 남설(濫設)을 방지하기 위하여 이를 신설 · 변경하는 법령을 제 · 개정을 할 때에는 미리 중앙행정심판위원회와 협의하도록 하고 있다(행정심판법 4②③).

4. 당사자쟁송(재결신청)

(1) 개 념

당사자쟁송은 행정법관계의 형성 또는 존부에 관하여 분쟁이 있는 경우에 당사자의 신청에 의하여 권한 있는 행정기관이 그것을 유권적으로 판정하는 쟁송절차로서 각 개별법의 규정에 의하여 인정되고 있다(예; 토지보상법). 그 신청절차를 학문상 '재결신청'이라 하고, 그 판정을 '재결'이라 하나 실정법상의 용어는 구구하다(예; 재결 · 재정 · 결정 · 명령 등).

(2) 재결기관

재결기관은 법령에 의하여 그 권한이 부여된 일반행정청이 보통이며, 재결의 신중 · 공정을 기하기 위하여 특별한 행정위원회(예; 토지수용위원회 · 농지위원회 · 노동위원회)가 설치될 때가 많다.

(3) 재결절차

상대방에게 협의를 요구한 자가 법령에 규정된 기간 내에 서면신청에 의거하여 상대방 기타의 이해관계자에게 의견진술의 기회를 준 뒤 재결하는 것이 보통이다(예; 토지보상법 28, 30, 32).

(4) 재결종류와 효력

재결의 종류에는 확인재결과 형성재결이 있으며, 재결은 쟁송절차에 의한 일종의 준사법적 행위이기 때문에 불가변력을 발생한다.

(5) 재결에 대한 불복

재결에 대하여 불복이 있는 경우에 법이 정하는 바에 따라 법정기간 안에 행정소송을 제기할 수 있다. 다만 취소소송보다는 당사자소송을 제기하여 곧바로 금전지급청구 등을 실현하는 것이 보다 실익이 있을 것이다.

Ⅲ. 행정심판법의 특색

행정심판법은 1951년 9월 3일 제정 · 시행되던 소원법을 폐지하고 그에 대체하여 1984년 12월 15일 제정되어 1985년 10월 1일부터 시행되었다. 현행 행정심판법은 2010년 1월 25일 전면개정 되어(법률 제9968호) 같은 해 7월 26일부터 시행되고 있다.

현행 행정심판법은 행정심판청구사건의 증가와 행정심판의 준사법절차화에 따른 당사자의 절차적 권리를 강화하고 제도운영상 나타난 미비점을 개선 · 보완하고자 하였다. 즉, ① '국무총리 행정심판위원회'의 명칭을 '중앙행정심판위원회'로 변경하고(8 등), ② 개별법에 의한 특별행정심판의 남설(濫設)을 방지하기 위하여 그 법령의 제정 · 개정시 중앙행정심판위원회와 미리 협의하도록 하였고(4), ③ 행정심판위원회의 회의 정원을 7명에서 9명으로, 외부 위촉위원도 4명이상에서 6명이상으로 늘려 공정성을 강화하였으며(7⑤), ④ 행정심판의 공정성 · 독립성 담보위해 행정심판위원회 위원의 결격사유를 신설하고(9④), ⑤ 절차적 권리보장 및 신중한 결정유도와 공정성 강화를 위해 행정심판위원회의 결정에 대한 이의신청제도를 도입하고(16⑧, 17⑥, 20⑥, 29⑦ 등), ⑥ 심판참가인의 절차적 권리강화를 하였으며(20~22), ⑦ 집행정지제도를 보완하여 적극적으로 당사자의 임시적 권익보호를 할 수 있는 임시처분제도를 도입하고(31), ⑧ 전자정보처리조직을 통한 보다 신속·간편한 행정심판절차가 가능하게 되었다(52~54).

제2관 행정심판의 종류

현행 행정심판법 제5조는 행정심판의 종류를 명시하여 각 유형별 통일적 절차를 마련하고 적용법조상의 혼란을 방지하고자 하였다. 이들은 모두 항고심판적인 성질의 것으로 다음과 같다.

Ⅰ. 취소심판

1. 의 의

취소심판이란 행정청의 위법 또는 부당한 공권력의 행사 또는 그 거부나 그 밖에 이에 준하는 행정작용으로 인하여 권익을 침해당한 자가 그 취소 또는 변경을 구하는 행정심판을 말한다(동법 5(1)).

2. 성 질

취소심판의 성질에 관하여는 처분의 위법성을 확인하는 것으로 보는 견해(확인쟁송설)도 없지 않으나, 처분의 취소·변경을 통하여 당해 법률관계를 소멸시키거나 변경하는 성질을 가진 것으로 보아야 할 것이다(형성쟁송설).

3. 재 결

취소심판의 청구가 이유있다고 인정할 때에는 인용재결로써, 재결청이 직접 청구대상인 처분을 취소·변경하거나(형성재결), 아니면 처분청에게 다른 처분으로 변경할 것을 명할 수 있다(이행재결)(동법 44).

Ⅱ. 무효등확인심판

1. 의 의

무효등확인심판이란 행정청의 처분의 효력유무 또는 존재여부에 대한 확인을 하는 행정심판을 말한다(동법 5(2)). 이에는 무효확인심판·유효확인심판·실효확인심판·부존재확인심판·존재확인심판이 포함된다. 무효등확인심판에는 취소심판에서 인정되는 청구기간(27⑦) 및 사정재결(44③)의 규정이 적용되지 아니한다.

2. 성 질

무효등확인심판의 성질에 관하여는 확인쟁송설・형성쟁송설・준형성쟁송설 등이 대립되고 있으나, 실질적으로 확인쟁송인 것이나 형식적으로는 처분의 효력의 유무 또는 존재여부를 직접 쟁송의 대상으로 한다는 점에서 형성쟁송의 성질도 아울러 가진다고 보는 준형성쟁송설이 통설이다.

3. 재 결

무효등확인심판에 있어서 심판청구가 이유있다고 인정하는 경우에는 심판청구의 대상이 된 처분의 유효・무효 또는 존재・부존재를 확인하는 재결을 한다(43④).

Ⅲ. 의무이행심판

1. 의 의

의무이행심판(義務履行審判)이란 행정청의 위법 또는 부당한 거부처분이나 부작위에 대하여 일정한 처분을 하도록 하는 행정심판을 말한다(동법 5(3)) 국민의 권익은 소극적인 공권력 불발동으로도 침해되며, 오늘날 국민생활의 행정의존도가 높아지고 있기 때문에 이에 대한 구제수단이 필요한 바, 여기에 의무이행심판이 제도화된 것이라 하겠다. 행정심판법이 의무이행심판을 실현한 데 대하여 행정소송법은 부작위위법확인소송을 제도화하는데 그치고 있다.

2. 특 성

부작위에 대한 의무이행심판청구는 심판청구기간의 제한이 없고(27⑦), 거부처분・부작위에 대한 의무이행재결에 불복이 있으면 일정한 제소기간 내에 부작위위법확인소송을 제기하여야 한다. 의무이행심판의 성질은 이행쟁송의 성질을 가진다.

3. 재 결

심판청구가 이유 있다고 인정하면 지체 없이 신청에 따른 처분을 하거나 처분을 할 것을 명하는 재결을 한다(43⑤).

제3관 행정심판의 대상

Ⅰ. 개 설

행정심판의 대상이란 행정심판사항, 즉 심판청구의 제기대상으로 삼을 수 있는 사항을 말한다. 심판청구사항을 정하는 방법에는 개괄주의와 열기주의가 있는 바, **개괄주의**(概括主義)란 행정심판을 제기할 수 있는 심판청구사항을 한정하지 아니하는 경우를 말하고, **열기주의**(列記主義)란 법령이 열거하는 특정사항에 관해서만 심판청구의 제기를 허용하는 경우를 말한다. 어느 주의를 택할 것이냐 하는 것은 각국의 입법정책적인 문제라 하겠으나, 우리나라의 행정심판법은 행정구제기능의 입장에서 개괄주의를 취하여, 법규가 특히 행정심판의 제기를 금지하거나, 성질상 행정심판을 제기할 수 없는 경우를 제외하고는 원칙적으로 모든 '행정청의 처분이나 부작위'에 대하여 심판청구를 할 수 있도록 하였다.

Ⅱ. 행 정 청

행정청이란 행정에 관한 의사를 결정하여 표시하는 국가 또는 지방자치단체의 기관, 그 밖에 법령 또는 자치법규에 따라 행정권한을 가지고 있거나 위탁을 받은 공공단체나 그 기관 또는 사인(私人)을 말한다(동법 2(4)). 즉, 처분 또는 부작위를 할 수 있는 권한을 가진 행정기관이며, 권한의 위임이나 위탁을 받은 행정기관 및 공공단체와 사인도 행정청이 되고, 권한이 승계된 행정청도 이에 속한다(동법 17① 단서).

Ⅲ. 처 분

1. 처분의 개념

처분(處分)이란 행정청이 행하는 구체적 사실에 관한 법집행으로서의 공권력의 행사 또는 그 거부와 그 밖에 이에 준하는 행정작용을 말한다(동법 2(1)). 이러한 의미에서의 처분에는 구체적 사실에 관한 법집행으로서의 ① 공권력의 행사, ② 공권력 행사의 거부 및 ③ 기타 이에 준하는 행정작용이 포함된다.

2. 공권력의 행사

공권력 행사란 행정청이 공권력의 소지자인 행정주체의 기관의 지위에 서서 법의 집행으로서 하는 권력적 활동을 말하는 것인 바, 학문상의 행정행위가 그 중심이 된다고 할 것이나, 행정청의 공권력의 행사로서 하는 사실행위도 포함된다.

3. 공권력 행사의 거부

공권력 행사의 거부(거부처분)란 일정한 행정행위의 신청이 있는 경우에 그 신청에 따르는 행정행위를 할 것을 거부하는 내용의 행정행위를 말하며, 행정청의 부작위와 구별된다.

4. 공권력의 행사 또는 그 거부에 준하는 행정작용

공권력의 행사 또는 그 거부에 준하는 행정작용이란 공권력의 행사 또는 그 거부처분은 아니더라도 행정청의 대외적 작용으로서 개인의 권익에 구체적으로 영향을 미치는 작용이라고 할 수 있다. 이는 행정심판사항으로서의 처분에 관한 일종의 포괄적 개념으로서, 현대 산업사회에 있어서의 행정작용의 적극화·다양화에 대응하기 위한 개념이라고 할 수 있다.

Ⅳ. 부 작 위

1. 부작위의 개념

부작위(不作爲)란 행정청이 당사자의 신청에 대하여 상당한 기간 내에 일정한 처분을 하여야 할 법률상 의무가 있는데도 처분을 하지 아니하는 것을 말한다[동법 2(2)]. 이는 개인의 법령에 의거한 신청의 방치 및 사무처리의 지연 등으로 인한 개인의 권익침해를 구제하려는 것이다.

2. 부작위의 요건

(1) 당사자의 신청

당사자의 신청이란 행정청의 처분을 유발하는 행위로서, 쌍방적 행정행위인 신청을 요하는 행정행위에 있어서의 신청을 말한다. 신청은 법령에 명시된 경우뿐만 아니라 법해석상 신청권이 있는 것으로 인정되는 경우도 포함된다.

(2) 상당한 기간

행정청이 일정한 처분을 하여야 할 상당한 기간이 지나도 아무런 처분을 하지 아니한 상태가 존재하여야 한다. 상당한 기간은 사회통념상 그 신청을 처리하는 데 소요되는 것으로 판단되는 기간을 의미한다.

(3) 처분할 법률상 의무의 존재

처분할 법률상 의무가 있다 함은 법령에 일정한 요건을 갖춘 때에는 일정한 처분을 할 것을 명하는 뜻의 명문의 규정이 있는 경우는 물론, 법령의 취지나 해당 처분의 성질로 보아 행정청의 기속행위인 경우를 포함한다. 재량행위의 경우에도 재량권이 영으로 수축되는 때에는 처분할 법률상 의무가 존재한다.

(4) 처분의 부존재

부작위란 행정청의 처분으로 볼만한 외관 자체가 존재하지 아니하는 상태를 말한다. 따라서 처분의 무효의 경우와 이른바 의제거부와 구별된다.

Ⅴ. 제외사항

대통령의 처분·부작위(동법 3②), 행정심판의 재결(동법 51) 및 다른 법률에 특별한 규정이 있는 경우(예; 국가공무원 76①, 국세기본법 55, 특허법 132의2 이하, 공익사업을위한토지등의취득및보상에관한법률 83)에는 행정심판의 대상이 될 수 없다.

제 4 관 행정심판기관

Ⅰ. 의 의

행정심판기관이란 행정심판의 청구를 수리 · 심리 · 재결하여 행정상 법률관계에 관한 분쟁을 해결하는 권한을 가진 행정기관을 말한다. 공정한 행정심판이 이루어지기 위해서는 행정심판기관의 객관성 · 제3자성이 무엇보다도 중요한 요소이다. 행정심판법은 행정심판의 객관적인 공정성을 담보하기 위하여 합의제기관인 행정심판위원회로 하여금 심리 · 재결하게 하고 있다(동법 6).

Ⅱ. 행정심판위원회의 설치와 구성

1. 행정심판위원회의 의의와 성질

행정심판위원회란 행정심판청구사건을 심리하고 재결하기 위하여 설치한 행정기관을 말한다. 행정심판법은 행정심판에 대한 심리와 재결을 준사법화함으로써 객관적 공정성을 확보함과 동시에 심리기관과 재결기관을 통합하여 절차를 단순화함으로써 신속한 권리구제를 기하려 하였다. 이에 따라 행정심판위원회는 심판청구사건을 심리 · 재결하는 합의제행정청으로서 심리기관과 재결기관의 성격을 동시에 가진다.

2. 행정심판위원회의 종류

행정심판위원회는 행정심판의 청구를 수리하여 심리 · 재결할 권한을 가진 합의제행정기관으로서, 행정기관의 종류에 따라 아래와 같이 설치하고 있다.

(1) 시 · 도지사 소속의 행정심판위원회

이는 다음의 행정청의 처분 또는 부작위에 대한 심판청구에 대하여 심리 · 재결하기 위하여 각각 서울특별시장 · 광역시장 · 특별자치시장 · 도지사 · 제주특별자치도지사(이하 '시 · 도지사'라 한다) 소속으로 둔다(동법 6③). 즉, ① 시 · 도 소속 행정청, ② 시 · 도 관할구역에 있는 시 · 군 · 자치구의 장, 소속 행정청 또는 시 · 군 · 자치구의 의회(의장, 위원회의 위원장, 사무국장, 사무과장 등 의회소속 모든 행정청 포함), ③ 시 · 도의 관할구역에 있는 둘 이상의 지방자치단체(시 · 군 자치구) · 공공법인 등이 공동으로 설립한 행정청의 처분 · 부작위를 심리 · 재결한다.

(2) 중앙행정심판위원회

이는 「부패방지 및 국민권익위원회의 설치와 운영에 관한 법률」에 따른 국민권익위원회에 두며, ① 감사원・국가정보원・그 밖에 대통령령으로 정하는 대통령소속 행정청 외의 국가행정기관의 장 또는 그 소속 행정청, ② 시・도지사(교육감 포함) 또는 시・도의 의회(의회소속 모든 행정청), ③ 지방자치법에 따른 지방자치단체조합 등 관계법률에 따라 국가・지방자치단체・공공법인 등이 공동으로 설립한 행정청(위 (1)③의 시・도지사 소속은 제외)의 처분 또는 부작위에 대한 심판청구를 심리・재결한다(동법 6②).

(3) 해당 행정청 소속의 행정심판위원회

이는 아래의 행정청 또는 그 소속 행정청(행정기관의 계층구조와 관계없이 그 감독을 받거나 위탁을 받은 모든 행정청을 말하되, 위탁을 받은 행정청은 그 위탁받은 사무에 관하여는 위탁한 행정청의 소속 행정청으로 본다)의 처분 또는 부작위에 대한 행정심판의 청구에 대하여 심리・재결하기 위하여 아래 행정청에 두는 행정심판위원회를 말한다(동조①). 즉, ① 감사원, 국가정보원장, 그 밖에 대통령령으로 정하는 대통령 소속기관의 장, ② 국회사무총장・법원행정처장・헌법재판소사무처장 및 중앙선거관리위원회 사무총장, ③ 국가인권위원회 그 밖에 지위・성격의 독립성과 특수성 등이 인정되어 대통령령으로 정하는 행정청 등에서 심리・재결한다.

(4) 직근 상급기관에 두는 행정심판위원회

대통령령으로 정하는 국가행정기관 소속 특별지방행정기관의 장의 처분 또는 부작위에 대한 심판청구에 대하여는 해당 행정청의 직근 상급행정기관에 두는 행정심판위원회에서 심리・재결한다(동조④).

3. 행정심판위원회의 구성

(1) 위원회의 구성

행정심판위원회는 위원장 1명을 포함한 50명 이내의 위원으로 구성한다(동법 7①).

(2) 위원장 및 그 대행

행정심판위원회의 위원장은 해당 행정심판위원회가 소속된 행정청이 되며, 위원장이 없거나 부득이한 사유로 직무를 수행할 수 없거나 위원장이 필요하다고 인정하는 경우에는, ① 위원장이 사전에 지명한 위원, ② 소속공무원인 위원(2명 이상인 경우에는 직급 또는 고위공무원단에 속하는 공무원의 직무등급이 높은 위원 순서로, 재직기간도 같은 경우에는 연장자 순서로 한다)의 순서에 따라 위원장의 직무를 대행한다(동조②). 다만, 시・도지사 소속 행정심판위원회의 경우에는 해당 지방자치단체의 조례로 정하는 바에 따라 공무원이 아닌 위원을 위원장으로 정할 수 있으며, 이 경우 위원장은 비상임으로 한다(동조③).

(3) 위원의 위촉 및 지명

행정심판위원회의 위원은 해당 행정심판위원회가 소속된 행정청이, ① 변호사 자격을 취득한 후 5년 이상의 실무 경험이 있는 사람, ② 고등교육법 제2조 제1호부터 제6호까지의 규정에 따른 학교에서 조교수 이상으로 재직하거나 재직하였던 사람, ③ 행정기관의 4급 이상 공무원이었거나 고위공무원단에 속하는 공무원이었던 사람, ④ 박사학위를 취득한 후 해당 분야에서 5년 이상 근무한 경험이 있는 사람, ⑤ 그 밖에 행정심판과 관련된 분야의 지식과 경험이 풍부한 사람 중에서 성별을 고려하여 위촉하거나 그 소속 공무원 중에서 지명한다(동조④).

(4) 위원의 임기와 결격사유 및 신분보장

지명된 공무원인 위원은 그 직에 재직하는 동안 재임하며, 위촉된 위원의 임기는 2년으로 하되, 2차에 한하여 연임할 수 있다. 다만, 행정기관 이외의 국가기관에 두는 위촉위원은 행당 기관의 규칙으로 정하는 바에 따른다(동법 9①③). 대한민국의 국민이 아닌 사람이나 국가공무원법 제33조 각 호의 어느 하나에 해당하는 사람은 위원이 될 수 없으며, 위원이 이에 해당하게 되는 때에는 당연히 퇴직한다(동조④).

위촉된 위원은 금고 이상의 형을 선고받거나 부득이한 사유로 장기간 직무를 수행할 수 없게 되는 경우 외에는 임기 중 그의 의사와 다르게 해촉되지 아니한다(동조⑤).

(5) 회 의

행정심판위원회의 회의는 위원장과 위원장이 회의마다 지정하는 8명의 위원으로 구성하되, 제4항에 따른 위촉위원은 6명 이상으로 하며, 제3항에 따라 시·도지사 소속 행정심판위원회의 위원장이 공무원이 아닌 경우에는 5명이상으로 한다. 다만, 국회규칙, 대법원규칙, 헌법재판소규칙, 중앙선거관리위원회규칙 또는 대통령령(제6조 제3항에 따라 시·도지사 소속으로 두는 행정심판위원회의 경우에는 해당 지방자치단체의 조례)으로 정하는 바에 따라 위원장과 위원장이 회의마다 지정하는 6명의 위원(그중 제4항에 따른 위촉위원은 5명 이상으로 하되, 제3항에 따라 공무원이 아닌 위원이 위원장인 경우에는 4명 이상으로 한다)으로 구성할 수 있다(동법 7⑤).

회의는 제5항에 따른 구성원 과반수의 출석과 출석위원 과반수의 찬성으로 의결한다(동조⑥).

4. 중앙행정심판위원회의 구성

(1) 위원회의 구성

중앙행정심판위원회는 위원장 1명을 포함한 70명 이내의 위원으로 구성하되, 위원 중 상임위원은 4명 이내로 한다(동법 8①).

(2) 위원장 및 그 대행

위원장은 국민권익위원회의 부위원장 중 1명이 되며, 위원장이 없거나 부득이한 사유로 직무를 수행할 수 없거나 위원장이 필요하다고 인정하는 경우에는 상임위원(상임으로 재직한 기간이 긴

위원 순서로, 재직기간이 같은 경우에는 연장자 순서로 한다)이 위원장의 직무를 대행한다(동조②).

(3) 위원의 임명 및 위촉

상임위원은 일반직공무원으로서 임기제공무원으로 임명하되, 3급 이상 공무원 또는 고위공무원단에 속하는 일반직공무원으로 3년 이상 근무한 사람이나 그 밖에 행정심판에 관한 지식과 경험이 풍부한 사람 중에서 중앙행정심판위원회 위원장의 제청으로 국무총리를 거쳐 대통령이 임명한다(동조③). 비상임위원은 제7조 제4항 각 호의 어느 하나에 해당하는 사람 중에서 중앙행정심판위원회 위원장의 제청으로 국무총리가 성별을 고려하여 위촉한다(동조④).

(4) 위원의 임기와 결격사유 및 신분보장

상임위원의 임기는 3년으로 1차에 한해 연임할 수 있으며(동법 9②), 다른 위원의 임기와 결격사유 및 신분보장은 위 시·도지사 소속 행정심판위원회의 경우와 같다.

(5) 회 의

회의는 위원장, 상임위원 및 위원장이 회의마다 지정하는 비상임위원을 포함하여 총 9명으로 구성한다(동법 8⑤). 심판청구사건 중 「도로교통법」에 따른 자동차운전면허 행정처분에 관한 사건을 심리·의결하게 하기 위하여 4명의 위원으로 구성하는 소위원회를 둘 수 있으며(동조⑥), 위원장이 지정하는 사건을 미리 검토하도록 필요한 경우에는 전문위원회를 둘 수 있다(동조⑧). 중앙행정심판위원회 및 소위원회는 각각 제5항 및 제6항에 따른 구성원 과반수의 출석과 출석위원 과반수의 찬성으로 의결한다(동조⑦).

5. 특별행정심판위원회

개별법에서 행정심판의 심리·재결을 객관적으로 공정하게 하기 위하여 처분청이나 감독청이 아닌 제3기관으로 하여금 심판기관으로 하는 경우이다. 예컨대, 국세기본법상의 조세심판원 및 국가공무원법상의 소청심사위원회 등이 이에 속한다.

Ⅲ. 행정심판위원 등의 제척·기피·회피

행정심판위원회의 심리·의결작용의 공정을 기하기 위하여 위원에 대한 제척·기피·회피제도를 인정함과 아울러(동법 10①~⑦) 위원회의 심리·의결에 관한 사무에 관여하는 직원에게도 이를 준용하도록 하고 있다(동조⑧).

1. 제 척

1) 의 의: 제척(除斥)이란 위원 등이 해당 사건과 깊은 관련성이 있는 경우에 법률상 당연히 그 사건의 심리·의결에 참여할 수 없는 것을 말한다.

2) 사 유: 제척사유는, ① 위원 또는 그 배우자나 배우자이었던 사람이 사건의 당사자이거나 사건에 관하여 공동 권리자 또는 의무자인 경우, ② 위원이 사건의 당사자와 친족이거나 친족이었던 경우, ③ 위원이 사건에 관하여 증언이나 감정(鑑定)을 한 경우, ④ 위원이 당사자의 대리인으로서 사건에 관여하거나 관여하였던 경우, ⑤ 위원이 사건의 대상이 된 처분 또는 부작위에 관여한 경우 등이다(동조①).

3) 효 과: 제척결정은 위원장이 직권으로 또는 당사자의 신청에 의한다. 제척의 효과는 제척결정과 상관없이 당연히 발생하는 것이므로 위원장의 제척결정은 확인적 성질을 갖는다.

2. 기 피

1) 의의 및 사유: 기피(忌避)란 법률상 정해진 제척사유 이외의 공정을 기대하기 어려운 사정이 있는 경우 당사자의 신청에 의하여 위원장의 결정으로 해당 위원이 심리·의결에서 배제되는 것을 말한다(동조②⑥). 여기서 '공정을 기대하기 어려운 사정'이란 통상인의 객관적 판단에 비추어 위원과 해당 사건의 관계에서 편파적이고 불공정한 심리·의결이 우려되는 경우를 말한다.

2) 효 과: 기피는 제척과 달리 기피결정이 있어야 효력이 발생하므로 형성적 성질을 갖는다.

3) 제척과 기피의 결정절차 및 불복: 제척신청이나 기피신청은 그 사유를 소명한 문서로 위원장에게 하여야 하며(동조②③), 위원장은 제3항 위반시 결정으로 각하하고(동조④) 대상 위원으로부터 의견을 받을 수 있으며(동조⑤), 신청에 따른 제척 또는 기피 여부에 대한 결정을 하고, 지체 없이 신청인에게 결정서 정본을 송달하여야 한다(동조⑥).

제척이나 기피여부의 결정에 대해서는 심판의 신속한 진행을 위해 다시 불복신청을 하지 못한다(동법시행령 12⑥).

3. 회 피

회피(回避)란 위원이 스스로 제척 또는 기피의 사유가 있다고 인정하여 자발적으로 심리·의결을 피하는 것을 말한다. 이 경우 위원은 위원장에게 그 사유를 소명하여야 한다(동법 10⑦).

Ⅳ. 행정심판위원회의 권한

행정심판위원회의 중심적인 권한은 행정심판사건에 대하여 심리하고 재결하는 권한이다.

1. 심리권

행정심판위원회는 행정심판을 청구한 심판청구사건에 대한 심리권을 가진다(동법 32~42). 여기서 심리권은 재결의 기초가 되는 사실관계 및 법률관계를 명백히 하기 위하여 문서 또는 구술에 의한 당사자 및 관계인의 주장과 반박을 듣고, 이것을 뒷받침하는 증거 기타의 자료 등을 수집 · 조사할 수 있는 권한을 말한다.

2. 심리권에 부수된 권한

심리권에 부수된 권한으로 증거조사권(동법 36) · 대표자선정권고권(15②) · 청구인의 지위승계허가권(16⑤) · 대리인허가권(18①(5)) · 피청구인경정권(17⑤) · 심판참가허가 및 요구권(20⑤, 21①) · 청구변경허가권(29⑥) · 보정명령권(32①) 등을 가진다.

3. 재결권

행정심판위원회는 심판청구사건에 대한 심리를 마치면 그 심판청구에 대하여 재결할 권한을 가진다(동법 43). 재결은 심리 · 의결한 내용에 따라 판단하는 행위인바, 재결사항은 심판청구에 대한 재결이 주된 것이나, 그 외에 집행정지결정(30②)과 임시처분(31①)에 관한 것이 있다.

4. 불합리한 법령 등의 시정조치요청권

중앙행정심판위원회는 심판청구를 심리 · 재결함에 있어서 처분 또는 부작위의 근거가 되는 명령 등(대통령령 · 총리령 · 부령 · 훈령 · 예규 · 고시 · 조례 · 규칙 등)이 법령에 근거가 없거나 상위법령에 위배되거나 국민에게 과도한 부담을 주는 등 크게 불합리하면 관계행정기관에 그 명령 등의 개정 · 폐지 등 적절한 시정조치를 요청할 수 있다. 이 경우 중앙행정심판위원회는 시정조치를 요청한 사실을 법제처장에게 통보하여야 한다(동법 59①). 이 요청을 받은 관계행정기관은 정당한 사유가 없으면 이에 따라야 한다(동조②).

Ⅴ. 행정심판위원회의 의무

행정심판위원회는 증거조사 등 심판청구사건을 심리하고 재결할 의무 이외에도, ① 심판청구서의 부본을 피청구인에게 송부하고, 피청구인의 답변서부본을 다른 당사자에게 송달하여야 하며(동법 26), ② 심판청구서를 받으면 지체 없이 피청구인에게 심판청구서 부본을 보내야 한다(26①). ③ 지체 없이 재결서정본은 당사자에게 재결서등본은 참가인에게 송달하여야 하며(48①③), ④ 재결을 한 후 신청이 있는 때에는 제출된 증거자료 등의 원본을 지체 없이 제출자에게 반환하여야 한다(55).

Ⅵ. 행정심판위원회의 권한승계

당사자의 심판청구 후 위원회가 법령의 개정 · 폐지 또는 제17조 제5항에 따른 피청구인의 경정결정에 따라 그 심판청구에 대하여 재결할 권한을 잃게 된 경우에는 해당 위원회는 심판청구서와 관계서류, 그 밖의 자료를 새로 재결할 권한을 갖게 된 위원회에 보내야 한다(동법 12①). 이 경우 송부를 받은 위원회는 지체 없이 그 사실을 청구인, 피청구인 및 참가인에게 알려야 한다(동조②).

제5관 행정심판의 당사자 및 관계인

Ⅰ. 행정심판의 당사자

행정심판법은 행정심판의 준사법화를 규정한 헌법 제107조 제3항의 취지에 따라 행정심판절차에 있어서 청구인과 피청구인이 당사자로서 어느 정도 대등한 위치에서 서로 대립하는 대심구조(對審構造)를 취하고 있다.

1. 청구인

(1) 청구인의 의의

청구인(請求人)이란 행정심판의 대상인 처분 또는 부작위에 불복하여 그의 취소 또는 변경 등을 구하기 위하여 심판청구를 제기하는 자를 말한다. 청구인은 원칙적으로 자연인 또는 법인이어야 하나, 법인이 아닌 사단 또는 재단으로서 대표자나 관리인이 정하여져 있는 경우에는 그 사단이나 재단의 이름으로 심판청구인이 될 수 있다(행정심판법 14).

여러 명의 청구인이 공동으로 심판청구를 할 때에는 그 중 3명 이하의 선정대표자를 선정할 수 있고, 행정심판위원회도 대표자의 선정을 청구인에게 권고할 수 있다(동법 15①②).

(2) 청구인적격

청구인적격(請求人適格)이란 심판청구의 청구인이 되어 재결을 받을 수 있는 법적 자격을 말하는 바, 행정심판의 종류에 따라 다르다.

1) **취소심판의 청구인적격:** 취소심판의 청구인적격은 당해 처분의 상대방인지의 여부에 관계없이 구체적인 처분의 취소나 변경을 구할 법률상 이익이 있는 자가 가진다(동법 13①). 또한 처분의 효과가 기간의 경과, 처분의 집행, 그 밖의 사유로 인하여 소멸된 뒤에도 그 처분의 취소로 회복되는 법률상 이익이 있는 자도 청구인의 자격을 가진다(동항 단서).

'법률상 이익'이 무엇인가에 관하여는 견해가 갈리고 있으나, 대표적인 것으로는 **① 법률상 보호이익설**과 **② 보호가치이익설**이 있다. 즉, 전자는 청구인이 주장하는 이익이 처분의 근거가 된 실정법규에 의하여 보호되고 있는 것으로 인정되는 것이면 법률상 이익이라고 보는데 대하여, 후자는 청구인이 주장하는 이익이 처분의 근거가 된 실정법규에 의하여 보호되고 있는 이익이 아니더라도 심판절차에 의하여 보호할 가치 있는 이익이면 법률상 이익으로 볼 수 있다고 한다. 종래의 판례·통설은 전자의 입장을 취했으나, 오늘날 보호되는 이익의 범위를 확대하여 실체법적으로 반사적 이익에 지나지 않는 것이라도 쟁송으로 보호할 만한 가치 있는 이익은 법률상 이익의 범주에 포용하려는 경향이 있다.

2) **무효등확인심판의 청구인적격:** 무효등확인심판의 청구인적격은 처분의 효력유무 또는 존재여부의 확인을 구할 법률상 이익이 있는 자가 가진다(동법 13②). 확인을 구할 법률상 이익이란 해당 쟁송의 목적인 처분 또는 법률관계의 효력유무나 존재여부에 관하여 당사자 간에 분쟁이 있어 판결이나 재결에 의하여 확정하는 것이 그의 법적 지위의 불안 내지 위험을 제거함에 적당한 것을 말한다.

3) **의무이행심판의 청구인적격:** 의무이행심판의 청구인적격은 처분을 신청한 자로서 행정청의 거부처분 또는 부작위에 대하여 일정한 처분을 구할 법률상 이익이 있는 자가 가진다(동법 13③).

4) **청구인적격상의 문제점:** 행정심판의 청구인적격과 행정소송(항고소송)의 원고적격이 동일하게 '법률상 이익이 있는 자'라고 규정하고 있는 바, 이러한 행정심판법의 규정에 관해 중대한 입법상의 과오라는 과오설과 그렇지 않다는 비과오설이 대립되고 있다. **① 과오설**[2]에서는 행정심판은 위법뿐만 아니라 부당도 심리의 대상으로 하므로 청구인적격은 행정소송의 원고적격보다 넓어야 한다는 것이다. 이에 대해 **② 비과오설**[3]에서는 위법성과 부당성의 구별이 반드시 명확하지 않고, 과오설은 행정쟁송의 입구(요건심리)의 문제와 행정쟁송의 출구(본안심리)의 문제를 혼돈하고 있다고 비판하면서 현행법에 아무런 잘못이 없다고 한다.

그런데 행정심판은 행정소송과 달리 '국민의 권리구제' 이외에 '행정의 적정한 운영'도 직접 목적으로 하고 있기 때문에(행정심판법 1), 청구인적격이 원고적격의 범위보다 넓다고 하겠다.

(3) 법인이 아닌 사단·재단의 청구인능력

법인이 아닌 사단 또는 재단으로서 대표자나 관리인이 정하여져 있는 경우에는 그 사단이나 재단의 이름으로 심판청구를 할 수 있다(동법 14).

(4) 선정대표자

1) **선정 및 해임:** 여러 명의 청구인이 공동으로 심판청구를 할 때에는 청구인들 중에서 3명 이하의 선정대표자를 선정할 수 있다(동법 15①). 청구인들이 제1항에 따라 선정대표자를 선정하지 아니한 경우에 위원회는 필요하다고 인정하면 청구인들에게 선정대표자를 선정할 것을 권고할 수 있다(동조②). 한편, 선정대표자를 선정한 청구인들은 필요하다고 인정하면 선정대표자를 해임하거나 변경할 수 있다. 이 경우 청구인들은 그 사실을 지체 없이 위원회에 서면으로 알려야 한다(동조⑤).

2) **권 한:** 선정대표자는 다른 청구인들을 위하여 그 사건에 관한 모든 행위를 할 수 있다. 다만, 심판청구를 취하하려면 다른 청구인들의 동의를 받아야 하며, 이 경우 동의 받은 사실을

2) 김남진·김연태(Ⅰ), 781면; 홍준형, 844면; 정하중·김광수(개론), 627면.
3) 김동희(Ⅰ), 674면.

서면으로 소명하여야 한다(동조③). 선정대표자가 선정되면 다른 청구인들은 그 선정대표자를 통해서만 그 사건에 관한 행위를 할 수 있다(동조④).

(5) 청구인의 지위승계

1) **당연승계:** 청구인이 사망한 경우에는 그 상속인이나 그 권리이익의 승계한 자가(동법 16①), 법인인 청구인이 합병된 경우 합병 후 존속하는 법인이나 합병에 따라 설립된 법인이 청구인의 지위를 승계한다(동조②). 이 경우 지위승계자는 위원회에 그 승계 또는 합병사실을 증명하는 서면을 첨부하여 서면으로 그 사유를 신고하여야 한다(동조③).

2) **허가승계:** 심판청구의 대상과 관계되는 권리나 이익을 양수한 자는 위원회의 허가를 받아 청구인의 지위를 승계한다(동조⑤). 이 경우 지위승계 신청을 받은 위원회는 기간을 정하여 당사자와 참가인에게 의견을 제출하도록 할 수 있다(동조⑥). 위원회는 지위승계신청에 대하여 허가여부를 결정하고, 지체 없이 신청인에게는 결정서정본을, 당사자와 참가인에게는 결정서등본을 송달하여야 한다(동조⑦). 이 경우 불허가의 경우에는 신청인은 결정서정본을 받은 날부터 7일 이내에 위원회에 이의신청을 할 수 있다(동조⑧).

2. 피청구인

(1) 피청구인적격

피청구인(被請求人)이란 심판청구를 제기받은 상대방인 당사자를 말하며, 당해 심판청구의 대상인 처분을 한 처분청 또는 부작위청이 된다(동법 17①). 다만, 심판청구의 대상과 관계되는 권한이 다른 행정청에 승계된 경우에는 그 권한을 승계한 행정청이 피청구인이 된다(동법 17①단서).

(2) 피청구인의 경정(更正)

청구인이 심판청구를 제기하면서 피청구인을 잘못 지정한 경우에는 행정심판위원회는 직권으로 또는 당사자의 신청에 의하여 결정으로써 피청구인을 경정할 수 있다(동법 17②). 이러한 결정이 있으면 종전의 피청구인에 대한 심판청구는 취하되고 종전의 피청구인에 대한 행정심판이 청구된 때에 새로운 피청구인에 대한 행정심판이 청구된 것으로 본다(동조④). 행정심판이 청구된 후에 경정사유가 발생한 경우에도 피청구인의 경정이 가능하다(동조⑤). 또한 당사자는 위원회의 피청구인 경정에 대하여 그 결정서를 받은 날부터 7일 이내에 위원회에 이의신청을 할 수 있다(동조⑥).

Ⅱ. 행정심판의 관계인

1. 참가인

(1) 의 의

참가인이란 행정심판의 당사자 이외에 그 심판결과에 이해관계가 있는 제3자나 행정청으로서 해당 행정심판절차에 참가하는 자를 말한다.

(2) 참가방법

1) 신청에 의한 참가: 이는 행정심판의 결과에 이해관계가 있는 제3자 또는 행정청이 행정심판위원회의 허가를 받아 그 사건에 참가하는 것을 말한다(동법 20①). 여기서 이해관계인이란 당해 심판청구에 대한 재결의 주문에 의하여 직접 자기의 법률상 이익을 침해받을 자를 말한다. 이와 같은 이해관계인은 위원회나 소위원회의 의결이 있기 전까지 그 사건에 심판참가를 할 수 있는데, 참가의 취지와 이유를 적은 참가신청서를 당사자의 수에 따른 부본과 함께 위원회에 제출해야 한다(동조①②). 신청인은 참가신청의 허가여부에 대하여 그 결정서 정본을 받은 날부터 7일 이내에 위원회에 이의신청을 할 수 있다(동조⑥).

2) 위원회의 요구에 의한 참가: 이는 위원회가 필요하다고 인정하여 그 행정심판 결과에 이해관계가 있는 제3자나 행정청에 그 사건 심판에 참가할 것을 요구하는 경우이다(동법 21①). 그 요구를 받은 제3자나 행정청은 지체 없이 그 참가여부를 위원회에 통지하여야 한다(동조②).

(3) 참가인의 지위

참가인은 행정심판 절차에서 당사자가 할 수 있는 심판절차상의 행위를 할 수 있다(동법 22①). 따라서 당사자가 위원회에 서류를 제출할 때에는 참가인 수만큼 부본을 제출해야 하고, 위원회가 당사자에게 통지 등을 할 때에는 참가인에게도 하여야 한다(동조②).

2. 대리인

(1) 대리인의 선임

심판청구의 당사자는 대리인을 선임하여 심판청구에 관한 행위를 할 수 있다. 즉, 청구인의 경우는 법정대리인 외에 ① 청구인의 배우자, 청구인 또는 배우자의 사촌 이내의 혈족, ② 청구인인 법인 또는 법인이 아닌 사단 또는 재단인 경우 그 소속임직원, ③ 변호사, ④ 다른 법률에 따라 심판청구를 대리할 수 있는 자, ⑤ 그 밖에 위원회의 허가를 받은자를 대리인으로 선임할 수 있으며(동법 18①), 피청구인의 경우는 그 소속직원 또는 위 ③호부터 ⑤호까지에 해당하는 자 중에서 대리인으로 선임할 수 있다.

(2) 국선대리인

청구인이 경제적 능력으로 인해 대리인을 선임할 수 없는 경우에는 위원회에 국선대리인을 선임하여 줄 것을 신청할 수 있다(동법 18의2①). 이 경우 위원회는 국선대리인 선정 여부에 대한 결정을 하고, 지체 없이 청구인에게 그 결과를 통지하여야 한다(동조②).

제6관 행정심판의 청구

Ⅰ. 심판청구의 요건

행정심판은 청구인적격이 있는 자가, 심판청구사항인 구체적인 처분이나 부작위를 대상으로, 청구기간 내에, 소정의 형식과 절차를 갖추어, 피청구인인 행정청 또는 행정심판위원회에 청구하여야 한다.

1. 행정심판의 청구인

행정심판의 청구인이 될 수 있는 자는 당해 심판청구에 대하여 구체적인 법률상 이익이 있는 자이다(동법 13). 당해 심판청구의 대상인 처분이나 부작위의 직접적인 상대방이거나 제3자이거나를 가리지 아니하며, 자연인 · 법인 · 비법인단체를 불문한다.

2. 행정심판청구사항

행정심판의 청구는 원칙적으로 모든 위법 또는 부당한 처분이나 부작위가 그 대상이 된다(개괄주의). 구체적인 처분 및 부작위의 내용에 대해서는 위에서 살펴본 바와 같다.

3. 행정심판청구기간

행정심판청구는 소정의 청구기간 내에 제기하여야 한다. 다만 행정심판청구기간은 주로 취소심판청구와 거부처분에 대한 의무이행심판청구에 해당할 뿐, 무효등확인심판청구와 부작위에 대한 의무이행심판청구에는 해당되지 아니한다(동법 27⑦).

(1) 원칙적인 심판청구기간

행정심판청구는 원칙적으로 처분이 있음을 알게 된 날부터 90일 이내에 청구하여야 하되, 정당한 사유가 없는 한 처분이 있었던 날부터 180일을 넘겨서는 아니 된다(동법 27①③). 전자의 기간은 **불변기간**(不變期間)으로서, 두 기간 중의 어느 하나라도 도과하면 행정심판청구를 제기할 수 없다. 여기서 **'처분이 있음을 안 날'**이란 당사자가 통지 · 공고 그 밖의 방법에 의하여 당해 처분이 있은 것을 현실적으로 안 날, 즉 처분서면이 상대방에게 도달한 날이며(판례1), **'처분이 있은 날'**이란 당해 처분이 처분으로서 효력을 발생한 날이다. 고시 · 공고에 의한 처분의 경우 그 처분의 이해관계자가 그 고시 · 공고의 사실을 현실적으로 알았는지 여부에 관계없이 고시가 효력을 발생하는 날인 고시 · 공고가 있은 후 5일이 경과한 날에 행정처분이 있음을 알았다고 보아야 한다(판례2). 처분이 있은 날로부터 180일 이내에 심판청구를 제기하도록 한 것은 행정법관계의 신속한 안정을 확보하기 위한 것이다.

다만, 무효등확인심판청구와 부작위에 대한 의무이행심판청구에는 위 심판청구기간이 적용되지 아니한다(동조⑦).

[판례 1] 처분이 있음을 안 날의 의미

"행정심판법 제18조 제1항 소정의 '처분이 있음을 안 날'이라 함은 **당사자가 통지 · 공고 기타의 방법에 의하여 당해 처분이 있었다는 사실을 현실적으로 안 날**을 의미하고, 추상적으로 알 수 있었던 날을 의미하는 것은 아니라 할 것이며, 다만 **처분을 기재한 서류가 당사자의 주소에 송달되는 등으로 사회통념상 처분이 있음을 당사자가 알 수 있는 상태에 놓여진 때**에는 반증이 없는 한 그 처분이 있음을 알았다고 추정할 수는 있다."(대판 2002.8.27. 2002두3850 등)

"상대방 있는 행정처분은 특별한 규정이 없는 한 의사표시에 관한 일반법리에 따라 **상대방에게 고지되어야 효력이 발생하고**, 상대방 있는 행정처분이 상대방에게 고지되지 아니한 경우에는 상대방이 다른 경로를 통해 행정처분의 내용을 알게 되었다고 하더라도 행정처분의 효력이 발생한다고 볼 수 없다."(대판 2019.8.9. 2019두38656)

[판례 2] 고시 · 공고의 경우의 처분이 있음을 안 날

"통상 고시 또는 공고에 의하여 행정처분을 하는 경우에는 그 처분의 상대방이 불특정 다수인이고, 그 처분의 효력이 불특정 다수인에게 일률적으로 적용되는 것이므로, 그에 대한 행정심판 청구기간도 그 행정처분에 이해관계를 갖는 자가 고시 또는 공고가 있었다는 사실을 현실적으로 알았는지 여부에 관계없이 **고시가 효력을 발생하는 날인 고시 또는 공고가 있은 후 5일이 경과한 날**에 행정처분이 있음을 알았다고 보아야 한다."(대판 2000.9.8. 99두11257 등)

[판례 3] 행정처분의 효력정지기간도 행정심판 제기기간에 해당

"행정처분의 효력이 정지된 기간은 이를 행정심판 제기기간에서 공제하여야 한다거나, 그렇지 않다 하더라도 그와 같은 사유는 법정기한 내에 행정심판을 제기하지 못한 데 정당한 사유가 있는 경우에 해당된다고 할 수 없다." (대판 1996.12.23. 96누13101, 개인택시운송사업면허취소처분취소)

(2) 예외적인 심판청구기간

천재지변 · 전쟁 · 사변 그 밖의 **불가항력**(不可抗力)으로 처분이 있은 것을 안 날부터 90일 이내에 행정심판청구를 할 수 없었을 때에는 그 사유가 소멸한 날부터 **14일**(국외에서는 30일) 이내에 행정심판청구를 할 수 있다(동법 27②). 또한 정당한 사유가 있으면 처분이 있은 날부터 180일이 경과한 뒤에도 제기할 수 있다(동조③ 단서).

(3) 복효적 행정행위의 심판청구기간

복효적 행정행위에 있어서 행위의 직접상대방이 아닌 제3자가 행정심판을 제기하는 경우에도 심판청구기간은 원칙적으로 처분이 있음을 알게 된 날부터 90일 이내, 처분이 있었던 날부터 180일 이내라 할 것이다. 그런데 제3자는 처분이 있음을 알게 된다는 것이 극히 어려울 것이므로, 처분이 있었던 날부터 180일이 경과된 경우에도 그 기간 내에 심판청구가 가능하였다는 특별한 사정이 없는 한 행정심판법 제27조 제3항 단서의 '정당한 사유가 있는 경우'에 해당되어 심판청구가 가능하다(판례1, 2).

[판례 1] 처분의 제3자의 정당한 사유 인정

"행정심판법 제18조 제3항에 의하면 행정처분의 상대방이 아닌 제3자라도 처분이 있은 날로부터 180일을 경과하면 행정심판청구를 제기하지 못하는 것이 원칙이지만, 다만 정당한 사유가 있는 경우에는 그러하지 아니하도록 규정

되어 있는바, **행정처분의 직접 상대방이 아닌 제3자는 일반적으로 처분이 있는 것을 바로 알 수 없는 처지에 있으므로**, 위와 같은 심판청구기간 내에 심판청구를 제기하지 아니하였다고 하더라도, 그 기간 내에 처분이 있은 것을 알았거나 쉽게 알 수 있었기 때문에 심판청구를 제기할 수 있었다고 볼 만한 특별한 사정이 없는 한, **위 법조항 본문의 적용을 배제할 "정당한 사유"가 있는 경우에 해당한다고 보아 위와 같은 심판청구기간이 경과한 뒤에도 심판청구를 제기할 수 있다.**"(대판 1992.7.28. 91누12844 등)

[판례 2] 처분의 제3자의 정당한 사유 부정

"행정처분의 상대방이 아닌 제3자는 일반적으로 처분이 있는 것을 바로 알 수 없는 처지에 있으므로 처분이 있은 날로부터 180일이 경과하더라도 특별한 사유가 없는 한 구 행정심판법 제18조 제3항 단서 소정의 정당한 사유가 있는 것으로 보아 심판청구가 가능하나, 그 **제3자가 어떤 경위로든 행정처분이 있음을 알았거나 쉽게 알 수 있는 등** 같은 법 제18조 제1항 소정의 **심판청구기간 내에 심판청구가 가능하였다는 사정이 있는 경우에는** 그 때로부터 60일 이내에 심판청구를 하여야 하고, 이 경우 제3자가 **그 청구기간을 지키지 못하였음에 정당한 사유가 있는지 여부는 문제가 되지 아니한다.**"(대판 2002.5.24. 2000두3641 등)

(4) 이의신청을 거친 경우

이의신청의 결과를 통지받은 후 행정심판을 제기하려는 경우에는 그 결과를 통지받은 날(통지기간 내 통지받지 못한 경우에는 통지기간 만료일(이의신청을 받은 날부터 14일))부터 90일 이내에 제기할 수 있다(행정기본법 36④).

(5) 행정심판청구기간의 불고지 등의 경우

행정청이 서면에 의하여 처분을 하는 경우에 행정심판청구기간을 고지함에 있어서 실제보다 긴 기간으로 잘못 알린 경우에는 그 잘못된 긴 기간 내에, 심판청구기간을 알리지 않은 경우에는 처분이 있었던 날부터 180일 이내에 행정심판청구를 할 수 있다(동법 27⑤⑥).

4. 심판청구의 방식

(1) 서면청구주의

심판청구는 일정한 사항을 기재한 서면으로 하여야 하는 요식행위이다(동법 28). 서면청구주의(書面請求主義)를 취한 것은 내용을 명확하고 획일적인 방식으로 통일하며 구술로 하는 경우에 생길 수 있는 지체와 번잡을 피하자는 취지이다. 다만 엄격한 형식을 요하지 아니하는 서면행위이므로 서면의 표제나 형식여하에 관계없다(판례). 다만, 청구서에는 청구인의 이름·주소, 피청구인과 위원회, 심판청구 대상인 처분의 내용, 처분이 있음을 알게 된 날, 심판청구의 취지와 이유, 피청구인이 행정심판 고지 유무와 그 내용이 포함되어야 하고(동조②), 부작위의 경우에는 그 전제가 되는 신청의 내용과 날짜를 적어야 한다(동조③). 법인 등의 대표자·관리인·선정대표자 또는 대리인에 의하여 청구된 경우에는 그 이름과 주소를 적고 서명 또는 날인하여야 한다(동조④⑤).

[판 례] 엄격한 형식 불요

"행정심판청구는 엄격한 형식을 요하지 아니하는 서면행위이므로 행정청의 위법·부당한 처분으로 인하여 권리나 이익을 침해당한 사람이 당해 행정청에 그 처분의 취소나 변경을 구하는 취지의 서면을 제출하였다면 서면의 표제나 형식 여하에 불구하고 행정심판청구로 봄이 옳다."(대판 1999.6.22. 99두2772)

"행정심판법 제19조, 제23조의 규정 취지와 행정심판제도의 목적에 비추어 행정소송의 전치요건이 되는 **행정심판청구는 엄격한 형식을 요하지 아니하는 서면행위이므로**, 행정청의 위법 부당한 처분 등으로 인하여 권리나 이익을 침해당한 자로부터 처분의 취소나 변경을 구하는 서면이 제출되었을 때에는 **그 표제와 제출기관의 여하를 불문하고 이를 행정소송법 제18조 소정의 행정심판청구로 보고, 불비된 사항이 있을 때에는 보정가능하면 보정을 명하고 보정이 불가능하거나 보정명령에 따르지 아니하면 그 때 비로소 부적법 각하를 하여야 할 것**이며, 더욱이 심판청구인은 일반적으로 전문적 법률지식을 갖고 있지 못하여 제출된 서면의 취지가 불명확한 경우도 적지 않으나, 이러한 경우에도 행정청으로서는 그 서면을 가능한 한 제출자의 이익이 되도록 해석하고 처리하여야 한다."(대판 1997.02.11. 96누14067, 이주자택지지정)

(2) 정보통신망에 의한 청구

심판청구는 심판청구서와 그 밖의 서류를 전자문서화하고 이를 정보통신망을 이용하여 위원회에서 지정·운영하는 전자정보처리조직을 통하여 제출할 수 있다(동법 52①). 이 경우 부본을 제출할 의무가 없으며, 전자정보처리조직에서 제공하는 접수번호를 확인하였을 때 접수되고 행정심판이 청구된 것으로 본다(동조②③④). 다만, 위원회는 전자정보처리조직을 통하여 절차를 밟으려는 자에게 본인임을 확인할 수 있는 '전자서명법'에 따른 공인전자서명이나 그 밖의 인증을 요구할 수 있다(동법 53①).

5. 심판청구의 제출

(1) 심판청구서의 제출처

심판청구서는 피청구인이나 위원회에 제출하여야 한다(동법 23①). 피청구인에게도 제출할 수 있게 한 것은 피청구인인 처분청에게 반성·시정의 기회를 부여함과 동시에 심판청구에 대해 답변서를 신속하게 작성·제출하도록 하려는 것이다.

(2) 심판청구서의 접수처의 처리

접수청은 청구인으로부터 심판청구서를 받은 때에는 다음과 같이 처리하여야 한다.

1) 청구내용의 인용: 심판청구서를 받은 피청구인은 그 심판청구가 이유 있다고 인정하면 심판청구의 취지에 따라 직권으로 처분을 취소·변경하거나 확인을 하거나 신청에 따른 처분을 할 수 있으며, 이 경우 서면으로 청구인에게 알려야 한다(동법 25①). 다만, 정보통신망을 이용하여 청구한 경우에는 정보통신망을 이용하여 알릴 수 있다(동법 54①).

한편 처분청이 심판청구가 이유 있다고 인정하여 심판청구의 취지에 따르는 처분 등을 하더라도, 이는 재결이 아니라 직권에 의한 시정에 불과하므로 청구인이 해당 심판청구를 취하하지 않는 한 심판청구는 존속하게 된다.

2) 위원회에의 송부: 피청구인은 심판청구서를 접수하거나 송부 받으면 청구인이 심판청구를 취하한 경우를 제외하고는 10일 이내에 심판청구서와 답변서를 위원회에 보내야 한다(동법 24①). 피청구인은 처분의 상대방이 아닌 제3자가 심판청구를 한 경우에는 지체 없이 처분의 상대방에게 심판청구서 사본과 함께 그 사실을 알려야 한다(동조②). 답변서에는, ① 처분이나 부작

위의 근거와 이유, ② 심판청구의 취지와 이유에 대응하는 답변, ③ 제3자가 심판청구를 한 경우에는 처분 상대방의 이름·주소·연락처와 심판청구사실을 알렸는지의 여부를 명확하게 적어야 하며, 청구인의 수만큼 부본을 함께 위원회에 보내야 한다(동조④).

3) **청구인에의 통지:** 피청구인이 심판청구서를 위원회에 송부한 때는 지체 없이 그 사실을 청구인에게 통지해야 한다(동법 24⑤).

Ⅱ. 심판청구의 변경 등

1. 심판청구의 변경

(1) 심판청구변경의 의의

심판청구의 변경이란 심판청구의 계속(係屬) 중에 청구인이 당초에 청구한 취지나 원인을 변경하는 것을 말하며, 청구인의 편의와 행정심판의 촉진을 도모하기 위한 것이다. 청구의 변경은, 종전의 청구를 유지하면서 별개의 청구를 추가·병합하는 추가적 변경과, 종전의 청구의 계속을 소멸시키고 그 대신에 신규의 청구에 관한 심판을 구하는 교환적 변경이 있다.

(2) 심판청구변경의 태양

1) **청구의 기초에 변경이 없는 범위에서의 변경:** 청구인은 청구의 기초에 변경이 없는 범위에서 청구의 취지나 이유를 변경할 수 있다(동법 29①). 예컨대, 무효등확인심판을 취소심판으로, 또는 거부처분취소심판을 의무이행심판으로 변경하는 심판종류의 변경과, 전부취소심판청구를 일부취소심판청구로 청구취지를 축소 또는 그 반대로 확장하는 경우 등을 들 수 있다. 청구인이 처분변경이 없음에도 당초의 청구의 취지나 이유를 변경하려면 청구의 기초에 변경이 없는 범위에서 변경할 수 있다.

2) **새로운 처분이나 처분변경으로 인한 변경:** 행정심판이 청구된 후에 피청구인이 새로운 처분을 하거나 심판청구의 대상인 처분을 변경한 경우에는 청구인은 새로운 처분이나 변경된 처분에 맞추어 청구의 취지나 이유를 변경할 수 있다(동조②).

(3) 심판청구변경의 요건

심판청구의 변경은 심리의 복잡·지연을 방지하기 위하여 다음의 요건을 갖추어야 한다. 즉, ① 심판청구가 계속 중이고, ② 심판청구의 기초에 변경이 없을 것(동조①) 또는 새로운 처분이나 처분변경이 있어 그에 맞춘 것이어야 한다(동조②). 여기서 '심판청구의 기초에 변경이 없다'는 의미는 구제받으려는 법률상 이익의 동일성 등 신·구청구간의 관련성이 있다는 의미이다. 또한 ③ 신청구는 적법요건을 갖춘 것이어야 한다.

(4) 청구변경신청의 절차

청구의 변경은 서면으로 신청하되, 피청구인과 참가인 수만큼 그 부본을 함께 제출해야 하고, 위원회는 이를 피청구인과 참가인에게 송달하여야 한다(동법 29③④). 이 경우 위원회는 기간을 정하여 피청구인과 참가인에게 의견을 제출하도록 할 수 있다(동조⑤).

(5) 청구변경의 결정과 그 효과

위원회는 청구변경의 허가여부를 결정하고, 지체없이 신청인에게 결정서 정본을 당사자 및 참가인에게는 결정서 등본을 송달해야 하며, 신청인은 송달을 받은 날부터 7일 이내에 위원회에 이의신청을 할 수 있다(동조⑥⑦).

청구의 변경결정이 있으면 처음 행정심판이 청구되었을 때부터 변경된 청구의 취지나 이유로 행정심판이 청구된 것으로 본다(동조⑧).

2. 심판청구의 취하

청구인은 위원회의 의결이 있을 때까지 서면으로 심판청구를 취하(取下)할 수 있으며, 참가인 또한 참가신청을 취하할 수 있다(동법 42①②). 청구인 또는 참가인은 취하서를 피청구인 또는 위원회에 제출하여야 한다(동조④). 심판청구의 취하란 청구인이 위원회에 대하여 심판청구를 철회하는 일방적 의사표시이며, 이에 의하여 심판청구는 소급적으로 소멸된다.

3. 처분사유의 추가 · 변경

(1) 의 의

처분사유의 추가·변경은 당초 처분 시에는 존재하였지만 처분이유로 제시하지 아니하였던 사실 및 법적 근거를 행정심판 계속 중에 추가하거나 변경하는 것을 말한다. 당사자는 주장사실을 보충하고 다른 당사자의 주장을 다시 반박하기 위하여 위원회에 보충서면을 제출할 수 있는 바(동법 33,34), 이 경우 피청구인인 처분청이 보충서면에서 처분사유를 추가 또는 변경할 수 있는지 문제된다.

(2) 허용여부

처분사유의 추가·변경은 행정소송에서 논의되는 것인데, 행정심판단계에서도 허용될 수 있는지에 관해 견해가 나뉜다.

1) 긍정설: 행정심판은 행정소송과 달리 행정청 내부의 자율적 자기 시정기능이라는 점에서 이 단계에서는 처분사유의 추가·변경이 완전 자유롭다는 입장이다.

2) 제한적 긍정설: 행정심판도 준사법적 쟁송절차이므로 행정소송의 경우와 마찬가지로 실질적 법치주의와 상대방의 신뢰보호·방어권보장의 조화의 필요성에서 제한적으로 허용할 수 있다는 입장이다.

3) 판 례: 판례는 항고소송상의 처분사유의 추가변경은 행정심판단계에서도 그대로 적용된다고 한다(제한적 긍정설).

[판 례] 행정심판단계에서도 기본적 동일성 유무 적용

"행정처분의 취소를 구하는 항고소송에서 **처분청은 당초 처분의 근거로 삼은 사유와 기본적 사실관계가 동일성이 있다고 인정되는 한도 내에서만 다른 사유를 추가 또는 변경할 수 있고**, 이러한 기본적 사실관계의 동일성 유무는 처분사유를 법률적으로 평가하기 이전의 구체적 사실에 착안하여 그 기초인 사회적 사실관계가 기본적인 점에서 동일한지에 따라 결정되므로, 추가 또는 변경된 사유가 처분 당시에 이미 존재하고 있었다거나 당사자가 그 사실을 알고 있었다고 하여 당초의 처분사유와 동일성이 있다고 할 수 없다. 그리고 **이러한 법리는 행정심판 단계에서도 그대로 적용된다.**"(대판 2014.05.16. 2013두26118, 시장정비사업추진계획)

4) 결 어: 행정심판단계라 하더라도 권리구제수단인 준사법적 쟁송절차이므로 항고소송에서와 마찬가지로 제한적으로 허용함이 타당하다고 할 것이어서 제한적 긍정설이 타당하다. 피청구인은 행정심판법 제33조와 제34조에 따른 보충서면과 그 증거서류 등을 제출할 수 있으므로 그 주장의 보충의 범위에서 처분사유의 추가·변경이 가능하다고 할 것이다.

(3) 허용범위

1) 쟁송(청구)물의 범위 내: 쟁송(청구)물의 범위 내에서만 가능하다. 즉, 청구대상인 당해 처분의 위법성의 범위에서만 처분사유를 추가하거나 변경할 수 있다.

2) 기본적 사실관계의 동일성: 처분시 제시되었던 처분사유와 그 기초가 되는 사회적 사실관계가 기본적인 점에서 동일해야 한다.

3) 처분 시에 존재하던 사유: 처분사유의 추가·변경은 처분 시에 객관적으로 존재하던 사유여야 한다.

4) 사실심종결시까지의 허용: 처분사유의 추가·변경은 사실심종결까지만 허용된다.

Ⅲ. 심판청구의 효과

1. 행정심판위원회에 대한 효과

행정심판청구가 제기되면 행정심판위원회는 이를 심리하고 재결할 의무를 진다.

2. 처분에 대한 효과(집행부정지원칙)

행정심판청구가 제기되었다 해도 그것이 처분의 효력이나 그 집행 또는 절차의 속행을 정지시키는 효력은 없다(동법 30①). 이와 같은 **집행부정지원칙**(執行不停止原則)의 이론적 근거는 종래에는 행정처분의 공정력 내지 자력집행력에서 구하는 견해가 많았으나 오늘날은 입법정책의 문제로 보는 것이 통설적 견해이다. 그리하여 행정심판법은 행정운영의 부당한 정체(停滯)를 예방하고 남소(濫訴)의 폐단을 방지하기 위하여 집행부정지원칙을 채택하되, 이로 인하여 개인의 권리·이익이 침해되는 일이 없도록 집행정지를 할 수 있는 경우뿐만 아니라 임시처분을 할 수 있는 경우를 아울러 규정하고 있다.

3. 집행정지

(1) 의의 및 성질

집행정지란 행정처분 등의 효력이나 그 집행 또는 절차의 속행의 전부 또는 일부를 정지하는 것을 말한다. 집행정지는 본안청구를 전제로 청구인용에 대비하여 임시적으로 처분의 집행을 정지시킴으로써 그 손해를 예방하고자 하는 것이므로 소극적 현상동결성과 보전적 절차로서의 성질을 가진다.

(2) 요 건

집행부정지가 원칙이나 예외적으로 위원회는 당사자의 신청 또는 직권에 의하여 처분의 효력이나 그 집행 또는 절차의 속행의 전부 또는 일부의 정지를 결정할 수 있다(동법 30②). 이 요건은 적극적 요건과 소극적 요건으로 나눌 수 있다.

1) **적극적 요건**: 적극적 요건이란 재결청이 집행정지결정을 하기 위하여 적극적으로 존재할 것이 요구되는 요건을 말한다.

(가) 집행정지 대상인 처분의 존재: 집행정지는 처분의 존재를 전제로 하여 소극적으로 처분이 없었던 것과 같은 상태를 실현하는 것이므로 부작위와 집행정지의 이익이 없는 거부처분은 그 대상이 되지 않는다. 그러나 무효인 경우에는 외형상 처분이 존재하므로 상대방은 구속력이 있는 것으로 오인할 염려가 있기 때문에 집행정지의 대상이 된다고 할 것이다.

(나) 적법한 심판청구가 재결청에 계속: '적법한 심판청구'란 심판청구가 청구인적격·대상적격·청구기간 등 심판청구의 요건을 모두 충족하고 있음을 말한다. 또한 '재결청에 계속'이란 심판청구를 하거나 그 심판청구가 재결청에서 요건심리나 사실심리 중에 있는 때를 말한다. 따라서 심판청구가 있기 전이나 사실심이 종료된 후에는 집행정지를 신청할 수 없다.

(다) 처분이나 그 집행 또는 절차의 속행 때문에 중대한 손해가 생기는 것을 예방할 필요성: '중대한 손해'란 종래 '회복하기 어려운 손해'라는 요건을 완화하여 좀 더 유연한 해석이 가능하도록 한 취지라고 할 것이다. 즉, 종래 '회복하기 어려운 손해'를 손해의 성질에 착안하여 금전으로 보상할 수 없는 손해로 보았던 것인데, '중대한 손해'는 손해의 성질뿐만 아니라 손해의 정도와 처분의 내용 및 성질 등도 참작하여 '회복하기 어려운 손해'에 해당하지 않는 금전상 손해의 경우에도 구체적 상황에 따라 손해가 중대하다고 판단되면 집행정지를 인정할 수 있게 한 것이다.

(라) 긴급하다고 인정할 때: '긴급하다'란 중대한 손해의 발생이 시간적으로 절박하여 재

결을 기다릴 여유가 없는 경우를 말한다.

2) 소극적 요건: 소극적 요건이란 집행정지결정을 위하여 존재하여서는 아니 되는 요건이다.

(가) 공공복리에 중대한 영향을 미칠 우려가 없을 것: 이는 청구인의 권리보전이라는 사익을 희생시키더라도 부득이 하다고 판단되는 정도로 공공복리에 중대한 영향을 주는 경우를 말하는 바, 구체적으로 공사(公私)의 관계이익을 비교형량 하여 상대적으로 판단할 일이다.

(나) 본안청구가 이유 없음이 명백하지 아니할 것: 이는 집행정지제도가 본안판단에서 인용받을 때까지 그 지위를 보호하려는 것이므로 본안에서 패소할 것이 확실한 경우에는 집행정지를 허용할 수 없다.

(3) 대 상

집행정지의 대상은 처분의 효력, 처분의 집행 또는 절차의 속행이며, 정지범위는 그 전부 또는 일부이다(동법 30②).

1) 처분의 효력정지: 처분의 효력정지란 처분의 내용에 따르는 구속력·공정력·집행력 등을 잠정적으로 정지시킴으로써 장래에 향하여 처분자체가 존속하지 아니하는 상태를 말한다. 집행의 정지, 절차속행의 정지 등 다른 정지방법에 의하여 그 목적을 달성할 수 있는 경우에는 구태여 효력까지 정지시킬 필요는 없다 할 것이므로 처분의 효력정지는 허용되지 아니한다.

2) 처분의 집행정지: 처분의 집행정지는 처분의 내용을 강제적으로 실현하는 집행력의 행사를 정지시키는 것으로 처분의 내용이 실현되지 아니한 상태로 두는 것이다.

3) 절차의 속행정지: 절차의 속행정지(續行停止)란 심판대상인 처분에 따르는 후속처분을 정지시키는 것을 말한다.

(4) 절 차

1) 신청에 의한 결정: 집행정지는 위원회가 당사자의 신청 또는 직권에 의하여 결정한다(동법 30②). 집행정지의 신청은 심판청구와 동시에 또는 위원회의 의결이 있기 전까지 신청의 취지와 원인을 적은 서면으로 위원회에 제출하여야 한다(동조⑤).

2) 직권에 의한 결정: 위원회의 심리·결정을 기다릴 경우 중대한 손해가 생길 우려가 있다고 인정되면 위원장은 직권으로 위원회의 심리·결정에 갈음하는 결정을 할 수 있다. 이 경우 위원회의 추인을 받아야 하며 추인을 받지 못하면 위원장은 집행정지 또는 집행정지 취소에 관한 결정을 취소하여야 한다(동조⑥).

3) 결정내용 통지: 위원회는 집행정지 또는 집행정지의 취소에 관하여 심리·결정하면 지체없이 당사자에게 결정서 정본을 송달하여야 한다(동조⑦).

(5) 효 력

1) **형성력:** 처분의 효력정지는 해당 처분이 없었던 것과 같은 상태를 실현시키며, 처분의 집행정지는 처분내용의 실현을 저지하고, 절차의 속행정지는 후속절차의 속행을 제지한다는 점에서 형성력을 가지는 것이라고 할 수 있다.

2) **대인적 효력:** 집행정지결정의 효력은 당사자뿐만 아니라 관계행정청과 제3자에게도 미친다고 보아야 한다.

3) **시간적 효력:** 집행정지결정의 효력은 해당 결정의 주문에 정하여진 시기까지 존속한다. 주문에 특별한 정함이 없는 경우에는 해당 심판청구에 대한 재결이 있을 때까지 존속하는 것으로 보아야 한다.

(6) 집행정지결정의 취소

위원회는 집행정지가 공공복리에 중대한 영향을 미치거나, 그 정지사유가 없어진 경우에는 직권으로 또는 당사자의 신청에 의하여 집행정지 결정을 취소할 수 있다(동법 30④).

4. 임시처분

(1) 의 의

임시처분이란 행정청의 거부처분이나 부작위로 당사자가 받을 중대한 불이익이나 급박한 위험을 막기 위하여 행정심판 재결 전까지 임시적으로 지위를 부여하여 구제하는 처분을 말한다. 예컨대, 어업면허나 체류기간연장신청 등에 대한 갱신처분을 거부할 경우 재결 시까지 임시로 어업활동이나 체류 등이 가능하도록 하는 경우이다.

임시처분제도는 집행정지제도가 처분의 효력이나 집행을 정지시키는 소극적인 현상유지적 기능만 있으므로 거부처분이나 부작위에 대한 행정심판의 경우에 적극적인 권리구제가 어렵다는 점에서 권리구제의 실효성을 높이기 위하여 새로 도입된 제도이다.

(2) 요 건

1) **적극적 요건:** 위원회는 처분 또는 부작위가 위법 · 부당하다고 상당히 의심되는 경우로서 처분 또는 부작위 때문에 당사자가 받을 우려가 있는 중대한 불이익이나 당사자에게 생길 급박한 위험을 막기 위하여 임시지위를 정하여야 할 필요가 있는 경우에는 직권으로 또는 당사자의 신청에 의하여 임시처분을 결정할 수 있다(동법 31①).

(가) 행정심판이 적법하게 계속 중일 것: 임시처분 신청은 심판청구와 동시에 또는 심판청구에 대한 위원회나 소위원회의 의결이 있기 전까지 신청의 취지와 원인을 적은 서면을 위원회에 제출하여야 한다(동법 31②, 30⑤).

(나) 처분 또는 부작위가 위법 · 부당하다고 상당히 의심되는 경우일 것: 여기서 '처분'

은 원칙적으로 거부처분임이 보통일 것이다. 왜냐하면 임시처분의 보충성으로 인하여 적극적 처분은 집행정지가 가능하기 때문이다. 또한 '상당히 의심되는 경우'란 객관적으로 위법・부당의 개연성이 높은 경우라고 할 것이다.

(다) 당사자에게 중대한 불이익의 우려나 급박한 위험이 있을 것

2) **소극적 요건:** 이는 임시처분을 하기 위하여 존재하여서는 아니되는 요건이다. 즉, ① 공공복리에 중대한 영향을 미칠 우려가 없을 것(동법 31②, 30③) 및 ② 집행정지로 목적을 달성할 수 없을 것(임시처분의 보충성, 동법 31③) 등이다.

(3) 절 차

임시처분은 위원회가 직권이나 당사자의 신청에 의해 결정할 수 있다. 위원장이 직권으로 결정하는 경우와 임시처분의 결정취소 및 송달 등은 집행정지의 경우와 같다(동법 31②,30④⑥⑦).

제7관 행정심판의 심리

Ⅰ. 심리의 의의

행정심판의 심리(審理)란 재결의 기초가 될 사실관계 및 법률관계를 명백히 하기 위하여 당사자 및 관계인의 주장과 반박을 듣고, 증거 그 밖의 자료를 수집・조사하는 일련의 절차를 말한다. 현행 행정심판법은 행정심판위원회의 독립성 보장・대심주의・구술심리 등 심리절차의 사법화(司法化)를 도모하고 있다.

Ⅱ. 심리의 내용 및 심리기일

1. 심리의 내용

(1) 요건심리

1) **의 의:** 요건심리는 해당 심판청구의 수리 여부를 결정하기 위하여 제기요건을 갖춘 적법한 심판청구인지의 여부를 형식적으로 심리하는 것이다. 이를 형식적 심사라고도 한다.

2) **보 정:** 요건심리의 결과 그것이 심판청구의 제기요건을 갖추지 못한 부적법한 것인 때에는 각하하는 것이나, 보정이 가능하면 보정의 기회를 주어야 한다(동법 32①). 보정은 서면으로 하며 그 부본을 당사자의 수만큼 제출하고(동조②), 위원회는 그 부본을 지체없이 다른 당사자에게 송달하여야 한다(동조③). 제1항에 따른 보정을 하면 처음부터 적법한 심판청구로 보며, 위 보정기간은 재결기간에 산입하지 아니한다(동조④⑤).

(2) 본안심리

본안심리(本案審理)는 요건심리의 결과 심판청구가 적법한 것이라 하여 수리한 경우에 그 심판청구의 본안, 즉 해당 심판청구 취지의 인용 또는 기각 여부를 심리하는 것이다. 이를 실체적 심사라고도 한다.

2. 심리기일의 지정과 변경

심리기일은 위원회가 직권으로 지정한다(동법38①). 심리기일의 변경은 직권으로 또는 당사자의 신청에 의하여 하며(동조②), 위원회는 심리기일이 변경되면 지체 없이 그 사실과 사유를 당사자에게 알려야 한다(동조③). 심리기일이나 그 변경의 통지는 서면으로 하거나 전화·문자전송·전자우편 등 간편한 통지방법으로 할 수 있다(동조④).

Ⅲ. 심리의 절차

1. 심리절차의 기본원칙

(1) 대심주의

대심주의(對審主義)란 심리에 있어서 당사자 쌍방에게 공격·방어 방법을 제출할 수 있는 대등한 기회를 보장하는 제도를 말하는 것으로 당사자주의라고도 하는 바, 일방심리주의에 대한 것이다. 행정심판법은 사법절차화(司法節次化)의 일환으로 이를 인정하고 있다.

(2) 구술심리주의

행정심판의 심리는 구술심리(口述審理) 또는 서면심리로 한다. 다만 당사자가 구술심리를 신청한 때에는 서면심리만으로 결정할 수 있다고 인정되는 경우 외에는 구술심리를 하여야 한다(동법 40①).

서면심리주의는 심리의 간이·신속을 기할 수 있는 장점이 있으나, ① 당사자의 진의파악이 어렵고, ② 진술이 모순되거나 미흡한 때에 해명을 통한 보완이 어렵고, ③ 쟁점의 정리가 어려우며, ④ 현장감각을 결여하게 되는 단점이 있다. 이러한 서면심리주의의 단점을 보완하기 위하여 구술심리주의를 인정하고 있다.

(3) 직권심리주의

직권심리주의(職權審理主義)란 심리의 진행을 심리기관의 직권으로 함과 동시에 심리에 필요한 자료를 당사자가 제출하는 것만에 의존하지 아니하고 직권으로 수집·조사하는 제도를 말하며, 당사자주의에 대한 것이다. 행정심판법은 심리의 간이·신속과 행정운영의 적정화를 위하여 행정심판위원회가 필요하다고 인정할 때에는 당사자가 주장하지 아니하는 사실에 대하여도 심리할 수 있다(동법 39)고 규정하여 직권심리주의를 채택하고 있다. 직권심리주의는 불고불리의 원칙을 부정하는 것은 아니므로 심판위원회의 심리도 심판청구의 대상이 되는 처분 또는 부작위

이외의 사항에는 미칠 수 없다.

(4) 비공개주의

비공개주의란 행정심판의 심리와 재결과정을 일반에게 공개하지 아니하는 원칙을 말하며, 공개주의에 대한 개념이다. 행정심판법에는 심리절차에서의 비공개에 관한 명문규정은 없으나[4] 서면심리주의·직권심리주의 등을 채택한 전체적인 구조로 보아 비공개주의에 입각한 것이라 할 것이다.

2. 당사자의 절차적 권리

심판청구의 당사자인 청구인과 피청구인은 심리절차상 다음과 같은 권리를 가진다.

(1) 위원·직원의 제척·기피신청권

심판청구의 당사자는 행정심판위원회의 위원에게 해당 사건의 당사자 등 일정한 관계에 있으면 그 위원에 대한 제척을, 공정한 심리·의결을 기대하기 어려운 사정이 있으면 기피신청을 할 수 있다(동법 10).

(2) 구술심리신청권

당사자가 구술심리를 신청한 때에는 서면심리만으로 결정할 수 있다고 인정되는 경우 외에는 구술심리를 하여야 한다(동법 40①단서). 구술심리의 신청은 서면방식만으로는 충분한 의견진술이나 증거 등의 제출이 어렵다고 인정되어 효과적인 공격·방어를 위하여 구술심리가 바람직하다고 인정되는 때에 할 수 있다고 볼 것이다.

(3) 보충서면제출권

당사자는 심판청구서·보정서·답변서·참가신청서 등에서 주장한 사실을 보충하고 다른 당사자의 주장을 다시 반박하기 위하여 필요하면 보충서면을 제출할 수 있다(동법 33①). 위원회가 보충서면의 제출기한을 정할 수 있으며(동조②), 위원회는 지체없이 다른 당사자에게 그 부본을 송달하여야 한다(동조③). 보충서면제출권을 통해, ① **청구인**은 청구서에 기재하지 아니하였던 해당 처분의 **위법사유를 추가·보충**할 수 있으며, ② **피청구인**은 처분시 제시되었던 처분사유와 기본적 사실관계의 동일성이 유지되는 한도에서 **처분사유의 추가·보충** 등이 가능하다.

(4) 물적 증거제출권

당사자는 자신의 주장을 뒷받침하는 증거서류나 증거물을 제출할 수 있다(동법 34①). 증거서류를 제출하는 경우에는 다른 당사자의 수에 따르는 부본을 첨부하여야 하며, 위원회는 그 부본을 지체 없이 다른 당사자에게 송달하여야 한다(동조②③).

4) 행정심판법 제41조 "위원회에서 위원이 발언한 내용이나 그 밖에 공개되면 위원회의 심리·재결의 공정성을 해칠 우려가 있는 사항으로서 대통령령으로 정하는 사항은 공개하지 아니한다."는 규정은 심리절차에서의 공개의 규정이 아니라, 회의가 끝난 후 회의록 내용 등의 정보비공개에 관한 규정이라 할 것이다.

(5) 증거조사신청권

당사자는 자신의 주장을 뒷받침하기 위하여 위원회에 당사자나 관계인의 신문, 증거자료의 제출요구, 감정·검증 등 증거조사를 할 것을 신청할 수 있다(동법 36①). 이와 같이 당사자의 증거조사신청권을 인정한 것은 직권심리주의의 자의성을 억제함과 동시에 심리의 적정을 도모한 것이라 할 수 있다.

(6) 전자정보처리조직을 통한 심판청구권 등

전자정보처리조직과 그와 연계된 정보통신망을 이용하여 심판청구서와 그 밖의 각종 서류를 송달할 수 있으며, 이 경우 부본제출의무가 면제된다. 다만, 각종 서류의 경우 청구인이나 참가인이 동의하지 아니하면 정보통신망을 이용할 수 없다(동법 52, 54①).

3. 자료제출 요구 및 증거조사

(1) 자료제출 요구 등

위원회는 사건 심리에 필요하면 관계 행정기관이 보관 중인 관련 문서, 장부, 그 밖에 필요한 자료를 제출할 것을 요구할 수 있고(동법 35①), 관계 행정기관의 장 또는 그 소속 공무원에게 회의참석이나 의견서 제출을 요구할 수 있다(동조②). 관계 행정기관의 장은 특별한 사정이 없으면 위 요구에 따라야 한다(동조③).

(2) 증거조사

증거조사는 사실인정의 객관성과 합리성을 위하여 중요한 의미를 가지는데, 행정심판위원회가 심리를 위하여 필요하다고 인정할 때에는 당사자의 신청이나 직권에 의하여 할 수 있다. 증거조사는 당사자나 관계인신문, 증거자료제출 요구·영치, 감정, 검증 등의 방법이 있으며, 위원회는 필요하다고 인정할 때에는 재결청의 직원 또는 다른 행정기관에 촉탁하여 증거조사를 할 수 있다(동법 36①②).

4. 심리절차의 병합과 분리

행정심판위원회는 심리의 경제성과 신속성을 도모하기 위하여 직권으로 서로 관련되어 있는 수 개의 행정심판청구사건을 병합하여 심리할 수도 있고, 이미 병합된 행정심판청구사건을 필요에 따라 직권으로 분리하여 심리할 수 있다(동법 37).

제8관 행정심판의 재결

Ⅰ. 재결의 의의

행정심판의 재결(裁決)이란 심판청구에 대하여 행정심판위원회가 심리한 내용을 법적으로 판단하는 행위를 말한다. 재결은 행정법상의 법률관계의 존부(存否) 또는 정부(正否)에 관한 분쟁에 대하여 행정심판위원회가 일정한 절차를 거쳐 심리한 내용을 판단·확정하는 행위이다.

Ⅱ. 재결의 절차

1. 재결기간

재결은 피청구인 또는 위원회가 심판청구서를 받은 날부터 **60일** 이내에 하여야 하며, 부득이한 사정이 있는 경우에는 위원장이 직권으로 30일을 연장할 수 있으며, 이 경우 재결기간이 끝나기 7일 전까지 당사자에게 알려야 한다(동법 45①②). 다만 위원회가 청구인에게 보정을 명한 경우에 그 보정기간은 재결기간에 산입하지 아니한다(동법 32⑤). 재결기간에 관한 규정은 재결에 관한 시간적 기준을 제시하는데 그치는 훈시규정으로서 그 재결기간이 경과한 후에 한 재결도 유효하다. 행정심판법 제45조 제1항 단서는 부득이한 사정이 있는 경우에 직권으로 30일을 연장할 수 있다고 규정하였을 뿐 연장횟수를 제한하고 있지 않고, 행정소송법 제18조 제2항 제1호에 따라 60일이 지나도 재결이 없으면 행정소송을 제기할 수 있어 재결기간 연장이 당사자의 권리구제를 제약한다고 볼 수 없기 때문이다.

2. 재결의 방식

재결은 소정의 사항을 기재한 서면으로 하여야 하는 요식행위이다(동법 46①). 재결은 심판청구사건에 대한 판단행위이므로 객관적 명확성이 강하게 요구되기 때문이다. 재결서에는 ① 사건번호와 사건명, ② 당사자·대표자 또는 대리인의 이름과 주소, ③ 주문, ④ 청구의 취지, ⑤ 이유, ⑥ 재결날짜를 기재하고 기명날인하여야 한다(동조②). 여기서 '주문'은 재결의 결론을 말하며, 심판청구의 각하 또는 청구의 당부에 대한 판단의 표시이다. 재결서에 적은 이유는 주문 내용이 정당하다는 것을 인정할 수 있는 정도의 판단을 표시하여야 한다(동조③). 재결이유는 사실관계를 인정한 뒤 그에 관한 법률의 해석·적용을 명백히 하고 주문에 나타난 판단의 경로를 표시하는 재결서의 핵심적 부분이다.

3. 재결의 범위

(1) 불고불리(不告不理)의 원칙

위원회는 행정심판청구의 대상인 처분이나 부작위 외의 사항에 대하여는 재결하지 못한다(동법 47①)(불고불리의 원칙). 이 원칙은 행정심판의 권리구제기능의 입장에서 소송법상의 처분권주의를 채택한 것이다.

(2) 불이익변경금지의 원칙

위원회는 심판청구의 대상이 되는 처분보다 청구권에게 불리하게 재결하지 못한다(동조②), 불이익변경금지의 원칙(불고불리의 원칙 포함)의 적용여부에 대해서는, 행정심판의 목적이 행정의 합법성 및 합목적성의 확보에 있다는 점에 주안점을 두어 행정심판의 재결에는 적용을 부정하는 소극설도 있으나, 행정심판의 권리구제수단으로서의 기능을 중시하여 이 원칙의 적용을 명문화하였다.

4. 위법·부당 판단의 기준시

① 행정심판은 위법·부당 처분에 대한 사후통제를 목적으로 하는 것이므로 위법·부당 여부의 판단은 처분시를 기준으로 한다는 **처분시설**과, ② 재결시점에 해당 처분을 계속 유지하는 것이 위법·부당한 지를 판단하는 것이라는 **재결시설** 및 ③ 원칙적으로 처분시설을 취하면서 예외적으로 계속적 효력을 가진 처분이나 미집행의 처분은 재결시를 기준으로 한다는 **절충설**의 대립이 있다. 판례는 처분설을 취하고 있다(판례). 생각건대, 절충설이 타당하며, 따라서 거부처분취소심판 및 의무이행심판은 재결시를 기준으로 한다.

[판 례] 행정처분의 위법부당여부는 처분시를 기준으로 판단

"**행정심판에 있어서 행정처분의 위법·부당 여부는 원칙적으로 처분시를 기준으로 판단하여야** 할 것이나, 재결청은 처분 당시 존재하였거나 행정청에 제출되었던 자료뿐만 아니라, 재결 당시까지 제출된 모든 자료를 종합하여 처분 당시 존재하였던 객관적 사실을 확정하고 그 사실에 기초하여 처분의 위법·부당 여부를 판단할 수 있다."(대판 2001.07.27. 99두5092, 공원사업시행허가처분취소재결취소)

5. 재결의 송달과 효력발생 및 공고

위원회가 재결을 한 때에는 지체 없이 당사자에게 재결서의 정본을 송달하여야 하고, 재결은 청구인에게 송달되었을 때에 효력이 발생한다(동법 48①②). 위원회는 재결서의 등본을 참가인에게 지체 없이 송달하여야 하고(동조③), 처분의 상대방이 아닌 제3자가 심판청구를 한 경우 위원회는 재결서의 등본을 지체 없이 피청구인을 거쳐 상대방에게 송달하여야 한다(동조④).

위원회는 전자정보처리조직을 통한 심판청구의 경우에는 청구인이나 참가인이 동의하지 아니하는 한 그 정보통신망을 이용하여 재결서를 송달할 수 있다(동법 54①). 이 경우 청구인이 그 전자문서를 확인한 때에 도달된 것으로 보며, 등재사실을 확인하지 아니하였더라도 통지한 날부터 2주(재결서 외의 서류는 7일 이내)가 지난 날에 도달한 것으로 본다(동조④).

법령의 규정에 따라 공고하거나 고시한 처분이 재결로써 취소되거나 변경되면 처분을 한 행정청은 지체 없이 그 처분이 취소 또는 변경되었다는 것을 공고하거나 고시하여야 하고(동법 49④), 법령의 규정에 따라 처분의 상대방 외의 이해관계인에게 통지된 처분이 재결로써 취소되거나 변경되면 처분을 한 행정청은 지체 없이 그 이해관계인에게 그 사실을 알려야 한다(동조⑤).

Ⅲ. 재결의 종류

1. 각하재결

각하재결(却下裁決)은 심판청구의 제기요건이 결여되어 부적법한 것인 경우에 본안심리를 거절하는 재결이다(동법 43①). 예컨대 심판청구사항이 아닌 것에 대한 심판청구, 청구인적격이 없는 자의 심판청구, 심판청구기간의 경과, 행정심판의 대상인 처분의 소멸 및 재심판청구 등의 경우가 이에 해당한다.

2. 기각재결

기각재결(棄却裁決)이란 본안심리의 결과 심판청구가 이유 없다고 인정하여 청구를 배척하고 원처분을 지지하는 재결을 말한다(동조②). 기각재결이 있은 후에도 처분청이 해당 처분을 직권으로 취소·변경할 수 있음은 물론이다.

기각재결의 종류로는, 전부기각재결과 원처분과 다른 이유로 원처분을 유지하는 재결 및 사정재결이 있다.

3. 인용재결

(1) 의 의

인용재결(認容裁決)은 본안심리의 결과 심판청구가 이유 있고, 원처분이나 부작위가 위법 또는 부당하다고 인정하여 청구의 취지를 받아들이는 내용의 재결이다.

(2) 종 류

인용재결은 심판청구의 내용에 따라 취소재결·확인재결·이행재결로 구분되고, 그 효력에 따라 형성재결과 명령재결로 구분된다.

1) **취소재결**: 취소재결은 취소심판의 청구가 이유 있다고 인정하여 처분을 취소 또는 다른 처분으로 변경하거나 처분을 다른 처분으로 변경할 것을 명하는 내용의 재결이다(동조③). 이와 같이 취소재결은 그 내용에 따라 취소재결과 변경재결로, 그 성질에 따라 형성재결과 명령재결로 나눌 수 있다.

(가) 취소재결: 이는 위원회가 스스로 처분을 취소하는 재결이며, 그 재결의 형성력에 의하여 해당 처분은 별도의 행정처분을 기다릴 것이 없이 당연히 취소되어 소멸한다(**형성재결**)(판례). 이와 같이 취소재결은 그 성질상 형성재결이며, 해당 처분의 **전부취소**를 하는 경우와 해당 처분이 가분적인 경우에 **일부취소**를 하는 경우가 있다.

(나) 변경재결: 이는 위원회가 스스로 다른 처분으로 변경하는 재결과 처분청에 대하여 다른 처분으로 변경할 것을 명하는 재결이다. ① 위원회가 스스로 변경하는 재결은 재결의 형성

력에 의하여 해당 처분은 별도의 행정처분을 기다릴 것 없이 바로 다른 처분으로 변경되나(**형성재결**), ② 처분청에 대하여 다른 처분으로 변경할 것을 명하는 재결은 재결내용에 따른 위원회의 명령에 의하여 처분청의 변경처분을 기다려 대외적 효력을 발생한다(**명령재결**). 변경재결은 행정심판법이 '취소'와 '다른 처분으로 변경'을 따로 인정한 점과 의무이행재결을 인정한 점에 비추어 일부취소가 아니라 '적극적 변경', 즉 원처분에 갈음하는 다른 처분으로의 변경을 의미한다.

[판 례] 취소재결이 형성재결인 경우 당연히 효력소멸

"행정처분을 취소한다는 확정판결이 있으면 그 취소판결의 형성력에 의하여 당해 행정처분의 취소나 취소통지 등의 별도의 절차를 요하지 아니하고 당연히 취소의 효과가 발생한다."(대판 1991.10.11. 90누5443)

"행정심판법 제32조 제3항(현행 43③)에 의하면 재결청은 취소심판의 청구가 이유 있다고 인정할 때에는 처분을 취소·변경하거나 처분청에게 취소·변경할 것을 명한다고 규정하고 있으므로, **행정심판 재결의 내용이** 처분청에게 처분의 취소를 명하는 것이 아니라 **재결청이 스스로 처분을 취소하는 것일 때에는 그 재결의 형성력에 의하여 당해 처분은 별도의 행정처분을 기다릴 것 없이 당연히 취소되어 소멸**되는 것이다."(대판 1998.4.24. 97누17131)

2) 무효등확인재결: 이는 무효등확인심판에서 심판청구가 이유 있다고 인정하여 심판청구 대상인 처분의 효력 유무 또는 존재 여부를 확인하는 재결이다(동조④).

3) 의무이행재결: 의무이행심판의 청구가 이유가 있다고 인정하면 지체 없이 신청에 따른 처분을 하거나 처분을 할 것을 피청구인에게 명한다(동법 43⑤). 이는 그 내용과 성질에 따라 다음과 같이 나눌 수 있다.

(가) 처분재결(의무이행재결): 이는 위원회가 스스로 신청에 따른 처분을 직접 하는 경우를 말하며, 그 성질상 형성재결에 속한다.

(나) 처분명령재결(의무이행명령재결): 이는 위원회가 피청구인에게 처분을 할 것을 명하는 재결을 말하며, 그 성질상 명령재결에 속한다.

4) 형성재결과 명령재결

(가) 형성재결(처분재결): 이는 위원회가 스스로 신청에 따른 처분을 직접 행하는 재결을 말하며, 처분재결이라고도 한다. 즉, 취소재결의 경우 그 형성력에 의하여 해당 처분은 별도의 처분을 기다릴 것 없이 당연히 취소되어 소멸 또는 변경되며, 의무이행재결의 경우 위원회의 재결로 신청에 따른 처분의 효력이 발생한다.

(나) 명령재결: 이는 위원회가 신청에 따르는 처분을 하도록 처븐청에게 명하는 재결을 말한다(처분명령재결 또는 이행명령재결이라고도 함). 즉, ① 취소심판에서 위원회의 재결에 따라 처분청이 다른 처분으로 변경하거나(**변경명령재결**), ② 의무이행심판에서 당사자의 신청에 따른 처분을 하는 경우이다(**이행명령재결**).

(3) 내 용

1) 형성재결과 명령재결의 선택여부: 취소재결의 경우는 위원회의 재결로서 처분이 바로

취소되지만, 다른 처분으로 변경하는 재결인 경우와 의무이행재결의 경우에는 형성재결과 명령재결이 모두 가능한데, 위원회는 어느 재결을 선택해야 하는지 문제될 수 있다.

(가) 명령재결설: 이는 처분청의 처분권 존중에서 처분명령재결이 원칙이라는 입장이다.

(나) 재량설: 이는 위원회의 선택재량이라는 입장이다.

(다) 결 어: 명령재결설은 행정편의적 발상인바, 행정심판법상 취소심판의 경우 '변경하거나 변경할 것을 명한다.'(43③), 의무이행심판의 경우 '처분을 하거나 처분할 것을 명한다.'(43⑤)라고 형성재결과 명령재결을 병렬적으로 규정한 입법취지나, 신속한 국민의 권리구제라는 행정심판기능의 입장에서 재량설이 타당하다. 따라서 원칙적으로 위원회에 선택의 재량권이 있다고 할 것이나, 기속행위인 경우에는 당사자의 신속한 권리구제를 위하여 형성재결을 하되, 위원회가 직접 행할 수 없는 성질의 처분이나 재량행위인 경우에는 처분청의 재량권을 존중하여 명령재결을 함이 타당하다.

2) **명령재결의 내용의 특정성 정도**: 다른 처분으로 변경하도록 명하는 변경재결이나 신청에 따르는 처분을 하도록 명하는 의무이행재결의 경우 위원회가 구체적인 특정한 처분을 명할 것인지 적법한 일정한 처분을 명하고 구체적인 처분은 처분청이 선택하게 할 것인지 문제된다.

(가) 특정처분명령설: 국민의 권리구제와 행정처분의 합법성 및 합목적성의 원칙상 신청에 따른 특정처분을 하도록 명해야 한다는 입장이다.

(나) 일정처분명령설: 특정처분을 해야 하는 것이 관계법령상 명백한 경우가 아닌 한 처분청의 처분권을 존중하여 재결취지의 범위에서 일정한 처분을 하도록 명해야 한다는 입장이다.

(다) 기속행위와 재량행위 구별설: 해당처분이 기속행위이면 신청에 따른 특정처분을 하도록 명하고, 재량행위이면 처분청의 재량권을 존중하여 재량권의 일탈·남용 등 하자 없는 의무에 합당한 재량권행사를 하도록 일정처분을 명해야 한다는 입장이다.

(라) 결 어: 심리결과 특정한 처분을 명하기에 충분한 사실관계가 해명되고 해당 처분이 기속행위이거나 관계법령상 특정처분을 내려야 할 것이 명백한 경우에 한하여 특정처분을 명하고, 그렇지 않은 경우에는 처분청의 처분권을 존중하여 일정한 처분을 명하는 재결을 하는 것이 타당하다(절충설).

【재결의 종류와 성질 및 효력】

취소재결	의무 이행 재결	성 질	효 력
• 취소재결(일부취소 → 가분성) • 변경재결(적극적 변경)	• 처분재결	• 형성재결	• 반복금지효
• 변경명령재결	• 처분명령재결	• 명령재결	• 재처분의무 • 직접처분 • 간접강제

4. 조 정

(1) 의 의

조정은 행정심판위원회가 당사자의 동의를 받아 심판청구의 신속하고 공정한 해결을 위하여 재결을 거치지 아니하고 양 당사자의 합의를 이끌어 내는 분쟁해결방법을 말한다. 즉, 위원회는 당사자의 권리 및 권한의 범위에서 당사자의 동의를 받아 심판청구의 신속하고 공정한 해결을 위하여 조정을 할 수 있다. 다만, 그 조정이 공공복리에 적합하지 아니하거나 해당 처분의 성질에 반하는 경우에는 그러하지 아니하다(동법 43의2①).

(2) 절 차

위원회는 조정을 함에 있어서 심판청구된 사건의 법적·사실적 상태와 당사자 및 이해관계자의 이익 등 모든 사정을 참작하고, 조정의 이유와 취지를 설명하여야 한다(동조②). 조정은 당사자가 합의한 사항을 조정서에 기재한 후 당사자가 서명 또는 날인하고 위원회가 이를 확인함으로써 성립한다(동조③).

(3) 효 과

조정서가 청구인에게 송달되었을 때 그 효력이 발생하며, 인용재결의 경우처럼 기속력이 발생하고, 피청구인이 조정서의 내용에 따르지 아니하는 경우에는 행정심판위원회의 직접처분 및 간접강제가 적용된다. 또한 조정에 대하여 다시 행정심판을 청구할 수 없다(이상 동조④).

5. 사정재결

(1) 의 의

사정재결(事情裁決)이란 심판청구에 대한 심리의 결과 그 청구가 이유 있다고 인정하는 경우에도 그 처분을 취소·변경하는 것이 공공복리에 크게 위배된다고 인정하면 그 심판청구를 기각하는 재결을 말한다(동법 44①), 사정재결은 공익과 사익의 합리적인 조정을 도모하기 위하여 예외적으로 인정되는 재결인데, 무효등확인심판에는 인정되지 아니한다(동조③).

(2) 요 건

1) 청구가 이유 있다고 인정될 것: 사정재결은 심판청구의 대상인 처분 또는 부작위가 위법 또는 부당하여 이를 인용하여야 할 경우에 예외적으로 기각하는 경우이므로 청구가 이유 없는 경우에는 당연히 기각해야 한다.

2) 청구인용의 재결을 하는 것이 공공복리에 크게 위배된다고 인정될 것: '공공복리에 크게 위배'라 함은 위법·부당한 처분 또는 부작위를 취소 또는 이행하지 않음으로써 생기는 사익침해보다 이를 취소 또는 이행함으로써 생기는 공익침해가 큰 경우를 의미한다. 이러한 판단의 기준은 처분 등의 집행으로 인한 기존의 사실상태의 존중, 손해의 정도, 그 보전방법의 난이도

등을 고려하여 비례원칙에 따라 구체적으로 결정하여야 할 것이다. 사정재결은 예외적으로 인정되는 것이므로 이 요건은 엄격히 해석・적용해야 할 것이다.

(3) 위법・부당의 명시

위원회는 재결의 주문에서 그 처분 또는 부작위가 위법하거나 부당하다는 것을 구체적으로 밝혀야 한다(동조① 후단). 사정재결을 한다고 해서 흠이 치유되는 것은 아니므로 그 위법・부당함을 명시하여 차후 손해배상 등 다른 권리구제를 가능케 하기 위한 것이다.

(4) 구제방법

사정재결을 하는 경우 위원회는 직접 청구인을 위하여 상당한 구제방법을 취하거나, 피청구인인 행정청에게 상당한 구제방법을 취할 것을 명할 수 있다(동조②). '상당한 구제방법'이란 사정재결로 인하여 청구인이 입은 모든 손해를 충분하게 구제하는 방법이라고 보아야 하며, '명할 수 있다'란 재량행위가 아니라 명해야 하는 기속행위라 할 것이다. 따라서 청구인은 사정재결에 따른 충분한 구제조치를 취하지 하니 한 경우에는 항고소송을 제기할 수 있다. 사정재결에 따른 구제방법으로는 손해배상・제해시설의 설치 등이 있다.

Ⅳ. 재결의 효력

행정심판법은 기속력에 관해서만 규정하고 있으나, 재결은 행정행위의 하나이므로 보통의 행정행위와 마찬가지로 그것이 당연무효인 경우를 제외하고는 그 재결서의 정본이 당사자에게 송달됨으로써 일반적으로 다음과 같은 효력을 발생한다.

1. 기속력

(1) 기속력의 의의

재결의 기속력(羈束力)이란 당해 심판청구의 피청구인인 행정청과 그 밖의 관계행정청이 그 재결의 취지에 따르도록 기속하는 효력을 말한다. 그러므로 재결이 있으면 피청구인인 행정청은 재결의 내용을 실현하여야 할 의무를 지게 된다(동법 49②③).

재결의 기속력은 인용재결에 대한 것으로서, 기각 또는 각하의 재결에는 인정되지 아니하는 것으로 보아야 한다. 왜냐하면 기각 또는 각하의 재결은 관계행정청에 대하여 원처분을 유지하여야 할 의무를 부과하는 것이 아니라, 청구인의 심판청구를 배척하는데 그치는 것이기 때문이다.

(2) 기속력의 내용

1) **반복금지효:** 처분의 취소재결이 있는 경우에 처분청은 같은 사정하에서 같은 이유로 동일인에게 같은 내용의 처분을 되풀이하지 못하게 된다. 위법사유를 보완하여 행하는 처분은 기속력에 반하지 아니한다(판례). 반복금지효에 반하는 처분은 무효사유에 해당한다. 왜냐하면

취소사유로 하면 제소기간 등의 경과로 확정력이 발생할 수 있어 기속력의 취지에 반하기 때문이다.

[판 례] 재결에 적시된 위법사유 시정 · 보완한 새로운 처분 가능

"택지초과소유부담금 부과처분을 **취소하는 재결**이 있는 경우 당해 처분청은 재결의 취지에 반하지 아니하는 한, 즉 당초 처분과 동일한 사정 아래에서 동일한 내용의 처분을 반복하는 것이 아닌 이상, 그 **재결에 적시된 위법사유를 시정 · 보완하여 정당한 부담금을 산출한 다음 새로이 부담금을 부과할 수 있는 것**이고, 이러한 새로운 부과처분은 재결의 기속력에 저촉되지 아니한다."(대판 1997.2.25. 96누14784,14791, 택지초과소유부담금부과처분취소)

2) 재처분의무

(가) 거부처분의 취소 및 무효등확인 재결: 재결에 의하여 취소되거나 무효 또는 부존재로 확인되는 처분이 당사자의 신청을 거부하는 것을 내용으로 하는 경우에는 그 처분을 한 행정청은 재결의 취지에 따라 다시 이전의 신청에 대한 처분을 하여야 한다(동법 49②). 즉, 거부처분에 대한 형성재결에 따라 행정청이 신청에 따른 처분을 해야 하는 경우어 발생하는 효력이다.

(나) 의무이행명령재결: 당사자의 신청을 거부하거나 부작위로 방치한 처분의 이행을 명하는 재결이 있으면 행정청은 지체 없이 이전의 신청에 대하여 재결의 취지에 따라 처분을 하여야 한다(동조③). 즉, 의무이행심판의 명령재결에 따라 행정청이 이전의 신청에 대하여 재결의 취지에 따라 처분을 하여야 하는 경우이다.

(다) 절차하자를 이유로 한 취소재결: 신청에 따른 처분이 절차의 위법 또는 부당을 이유로 재결로써 취소된 경우에도 재결의 취지에 맞게 소정의 절차에 따라 다시 이전의 신청에 대한 처분을 하여야 한다(동조④).

(라) 변경명령재결: 처분청에 대하여 다른 처분으로 변경할 것을 명하는 내용의 재결이 있으면 처분청은 재결에 따라 다른 처분으로 변경하는 처분을 하여야 한다. 이에 관한 명문규정은 없으나 변경명령재결에 따라 처분청이 신청에 따른 재처분을 하는 것이 재결의 취지에 부응하는 것이고 이행명령재결로서의 성질상 재처분의무가 요구된다는 점에서 긍정함이 타당하다.

3) 재결로써 취소 · 변경된 처분의 공고 등: 법령의 규정에 따라 공고하거나 고시한 처분이 재결로써 취소되거나 변경되면 처분을 한 행정청은 지체 없이 그 처분이 취소 또는 변경되었다는 것을 공고하거나 고시하여야 한다(동조⑤). 또한 법령의 규정에 따라 처분의 상대방 외의 이해관계인에게 통지된 처분이 재결로써 취소되거나 변경되면 처분을 한 행정청은 지체 없이 그 이해관계인에게 그 처분이 취소 또는 변경되었다는 것을 알려야 한다(동조⑥).

4) 원상회복의무: 취소 또는 무효확인 등의 재결이 있게 되면 해당 처분과 관련하여 행해진 후행처분이나 사실상의 조치 등은 위법한 것이 되므로 행정청은 이를 원상으로 회복시킬 의무를 진다.

(3) 기속력의 범위

1) 주관적 범위: 기속력은 심판청구의 당사자와 참가인 및 피청구인인 행정청과 그 밖의

관계 행정청에 미친다(동법 49①). '관계행정청'이란 처분청 및 그와 일련의 상하관계에 있는 행정청과 해당 처분에 관한 사안에 관련하여 어떠한 처리권을 가진 행정청을 말한다. 이와 같이 기속력이 미치는 행정청의 범위를 넓게 인정하는 것은 재결의 실효성을 보장하기 위한 것이라 할 수 있다.

2) 객관적 범위: 기속력은 재결의 주문 및 그 전제가 된 요건사실의 인정과 효력의 판단에 한정되고(판례), 재결의 결론과 직접 관계가 없는 간접사실의 판단에는 미치지 아니한다. 그러므로 단순히 절차의 하자를 이유로 처분의 취소를 하는 재결이 있는 경우에는 소정의 절차에 따라 다시 이전의 신청에 대한 처분을 할 수 있다(동법 49③). 기속력은 처분 등의 구체적 위법사유에 관한 판단에만 미치므로 동일한 사유에 기한 동일한 내용의 처분은 할 수 없으나, 다른 사유에 기한 동일한 처분은 할 수 있다. 여기서 '동일한 사유'여부는 종전 처분에 관하여 위법한 것으로 재결에서 판단된 사유와 기본적 사실관계에 있어 동일성이 인정되는 사유인지의 여부에 따라 판단한다(판례).

[판 례] 기속력의 객관적 범위

"**재결의 기속력은 재결의 주문 및 그 전제가 된 요건사실의 인정과 판단, 즉 처분 등의 구체적 위법사유에 관한 판단에만 미친다**고 할 것이고, 종전 처분이 재결에 의하여 취소되었다 하더라도 **종전 처분시와는 다른 사유를 들어서 처분을 하는 것은 기속력에 저촉되지 않는다**고 할 것이며, 여기에서 동일 사유인지 다른 사유인지는 종전 처분에 관하여 위법한 것으로 재결에서 판단된 사유와 기본적 사실관계에 있어 동일성이 인정되는 사유인지 여부에 따라 판단되어야 한다."(주택건설사업계획승인신청에 대해 주변의 환경·풍치·미관 등을 해할 우려가 있다는 이유로 반려처분을 하였으나 재량권의 일탈·남용으로 인용재결을 받자, 공단대로 및 교통여건상 예정 진입도로계획이 불합리하여 대체 진입도로를 확보하도록 한 보완요구를 이행하지 아니하였다는 사유로 또 다시 반려처분을 한 것은, 이 사건의 처분사유와 종전 처분에 관하여 위법한 것으로 재결에서 판단된 사유와는 기본적 사실관계에 있어 동일성이 없다고 할 것이므로 기속력에 저촉되지 않는다.)(대판 2005.12.9. 2003두7705)

3) 시간적 범위: 위법판단의 기준시점에 관한 처분시설에 따라 처분시 이후의 새로운 법률관계나 사실관계에는 기속력이 미치지 않는다. 다만, 의무이행심판의 경우에는 재결시까지의 사유를 판단의 대상으로 하므로 재결시까지의 새로운 법률관계나 사실관계에도 미친다.

(4) 기속력 위반의 효과

취소재결의 기속력에 위반하여 행한 동일한 내용의 처분은 무효라 할 것이며, 의무이행재결의 기속력에 반하는 행위도 무효라 할 것이고 이 경우 직접처분 또는 간접강제를 신청할 수 있다.

(5) 직접처분

1) 의 의: 직접처분이란 행정청이 재결의 취지에 따라 이전의 신청에 대한 처분을 하지 아니한 경우에 청구인의 신청에 따라 위원회가 해당 처분을 직접 행하는 것을 말한다. 위원회는 피청구인이 의무이행명령재결에도 불구하고 처분을 하지 아니하는 경우에는 당사자가 신청하면 기간을 정하여 서면으로 시정을 명하고 그 기간에 이행하지 아니하면 직접 처분을 할 수 있다(동법 50①). 직접처분은 의무이행명령재결의 실효성을 확보하기 위한 행정심판작용이면서 동시에

행정처분으로서의 성질도 가진다.

2) 요 건

(가) 의무이행명령재결의 존재: 당사자의 신청을 거부하거나 부작위로 방치한 처분의 이행을 명하는 재결이 있음에도 불구하고 처분을 하지 아니하는 경우에 위원회의 직접처분이 가능하다. 따라서 의무이행심판의 의무이행명령재결에만 적용되며, 취소심판이나 무효등확인심판에는 적용되지 아니한다.

(나) 행정청의 재처분의무의 불이행: 처분의 이행을 명하는 재결이 있었음에도 불구하고 피청구인인 행정청이 아무런 행위를 하지 않았어야 한다. 피청구인인 행정청이 재결서의 정본을 송달받았음에도 청구인에게 재결에 대한 불이행의 의사표시를 상당한 기간이 지나도록 하지 아니한 경우에도 재결에 대한 불이행이 있다고 볼 것이다.

(다) 당사자의 신청: 피청구인인 행정청의 재결불이행에 대한 당사자의 신청이 있어야 한다. 즉, 당사자는 피청구인의 재결불이행을 입증하는 자료를 첨부하여 직접 처분을 해줄 것을 신청하여야 한다. 따라서 위원회가 직권으로 재결불이행이 있다고 판단하여 직접처분을 할 수는 없다.

(라) 위원회의 시정명령: 위원회는 직접처분의 신청을 받으면 재결 불이행 사실을 확인하여 일정한 기간을 정하여 피청구인에게 서면으로 시정명령을 하여야 한다.

(마) 시정명령의 불이행: 피청구인이 시정명령을 따르지 아니하겠다는 의사표시를 하거나 위원회가 정한 기간이 지나도록 시정명령을 이행하지 아니하여야 한다.

[판 례] 피청구인이 어떠한 처분을 하였다면 직접처분 불가

"행정심판법 제37조 제2항, 같은 법 시행령 제27조의2 제1항의 규정에 따라 재결청이 직접 처분을 하기 위해서는 처분의 이행을 명하는 재결이 있었음에도 당해 행정청이 아무런 처분을 하지 아니하였어야 하므로, 당해 행정청이 어떠한 처분을 하였다면 그 처분이 재결의 내용에 따르지 아니하였다고 하더라도 재결청이 직접 처분을 할 수는 없다."(대판 2002.7.23. 2000두9151)

3) **범위 및 효과:** 직접처분을 할 수 있는 범위는 기속력이 미치는 범위 내로서 일반적으로 재결의 주문에 기재된 내용에 한정된다. 위원회가 직접처분을 한 때에는 그 사실을 해당 행정청에 통보하여야 하며, 그 통보를 받은 행정청은 위원회가 한 처분을 자기가 한 처분으로 보아 관계 법령에 따라 관리·감독하여야 한다(동법 50②).

4) 한 계: 해당 처분의 성질이나 그 밖의 불가피한 사유로 위원회가 직접처분을 할 수 없는 경우에는 직접처분을 아니할 수 있다. 예컨대, 해당 행정청만이 보유하고 있는 정보공개청구에 대한 이행명령재결이나 과도한 예산이 수반되는 이주대책의 수립시행 등을 들 수 있다.

5) **직접처분에 대한 불복:** 피청구인이 지방자치단체인 경우 자치사무에 관한 직접처분에 대해 행정소송으로 불복할 수 있는지 문제된다.

(가) 부정설: 위원회의 직접처분의 통보를 받은 행정청은 그 직접처분을 자기가 한 처분으로 보아 관계 법령에 따라 관리·감독 등 필요한 조치를 하여야 하므로(동법 50②), 이에 반하여

불복소송을 제기할 수 없다고 한다.

(나) 긍정설: 자치권은 지방자치단체의 법률상 이익으로 볼 수 있고 지방자치단체는 독립된 법주체이므로 원고적격이 인정되어 취소소송이 가능하다는 입장이다.[5)]

(다) 결 어: 직접처분의 통보를 받은 행정청은 위원회가 한 처분을 자기가 한 처분으로 보아 관계 법령에 따라 관리·감독 등 필요한 조치를 하여야 한다는 점(동법 50②), 직접처분은 인용재결의 기속력의 확보수단인데 이에 대한 불복을 허용하면 인용재결의 기속력을 무력화시키게 된다는 점, 직접처분은 행정감독제도라기 보다는 행정구제로서 행정심판제도의 실효성 확보를 위한 제도라는 점 등에서 부정설이 타당하다.

(6) 간접강제

1) 의 의: 이는 피청구인이 거부처분의 취소재결나 무효등확인재결 또는 거부처분이나 부작위에 대한 이행을 명하는 재결에 따른 의무를 이행하도록 배상금부과의 방법으로 심리적 압박을 가하는 위원회의 간접적 의무이행강제수단이다. 즉, 위원회는 피청구인이 제49조 제2항(제49조 제4항에서 준용하는 경우를 포함한다) 또는 제3항에 따른 처분을 하지 아니하면 청구인의 신청에 의하여 결정으로 상당한 기간을 정하고 피청구인이 그 기간 내에 이행하지 아니하는 경우에는 그 지연기간에 따라 일정한 배상을 하도록 명하거나 즉시 배상을 할 것을 명할 수 있다(동법 50조의2①). 의무이행심판의 의무이행명령재결의 경우에는(동법 제49조 제3항) 동법 제50조에 따른 직접강제가 가능하나, 위원회가 직접 처분할 수 없는 성질의 처분인 경우에는 간접강제가 적절하다.

2) 요 건

(가) 거부처분취소재결 또는 의무이행명령재결의 존재 등: ① 거부처분에 대한 취소재결이나 무효등확인재결, ② 의무이행명령재결 또는 ③ 절차하자로 인한 취소재결이 존재해야 한다(동법 50조의2①). ④ 취소심판에서 취소재결(일부 취소재결 포함) 및 변경명령재결의 경우로서 재처분의무가 발생하는 경우에 포함될 수 있다. 즉, 이는 형성재결이든 명령재결이든 재처분의무가 발생하는 모든 인용재결(일부취소재결 및 수정재결 등 포함)에 인정된다고 할 것이다. 위 ④의 경우에는 행정심판법에 규정이 없어 견해가 나뉠 수 있으나 재처분의무가 발생한다는 점에서 인정함이 타당하다(적극설). 예컨대, 과징금 등 금전부과처분에 대한 취소재결 또는 변경명령재결에 따라 이미 납부한 금액의 반환이 필요한 경우에 간접강제가 인정된다고 할 수 있다.

(나) 행정청의 재처분의무의 불이행: 거부처분에 대한 취소재결 또는 무효등확인재결이나 의무이행명령재결 또는 절차하자로 인한 취소재결이 있었음에도 불구하고 피청구인인 행정청이 아무런 처분을 하지 않았어야 한다.

---

5) 박균성(강의), 680면.

3) 절 차

(가) **청구인의 신청**: 피청구인인 처분청의 재결불이행에 대한 청구인의 간접강제의 신청이 있어야 한다.

(나) **위원회의 결정**

(a) **상당한 기간**: 위원회는 피청구인이 재결의 취지에 따른 처분을 하는데 필요한 상당한 기간을 정하여야 한다. 여기서 상당한 기간이라 사회통념상 재처분의무를 이행하는데 필요한 충분한 기간을 말한다.

(b) **처분청의 불이행**: 피청구인인 처분청이 위원회가 결정한 상당한 기간 내에 재처분의무를 이행하지 아니 하여야 한다.

(c) **배상명령**: 위원회는 피청구인이 그 기간내에 이행하지 아니하면 그 지연기간에 따라 일정한 배상을 하도록 명하거나 즉시 배상을 할 것을 명할 수 있다(동법 50조의2①). 배상금은 재처분의무를 간접적으로 강제하기 위한 금액이며(이행강제금의 성질) 손해배상금이 아니므로 신청인이 입은 손해와 무관하게 재처분의무를 이행시키는데 필요한 제반사정을 고려하여 결정한다.

(다) **결정내용변경**: 위원회는 사정의 변경이 있는 경우에는 당사자의 신청에 의하여 제1항에 따른 결정의 내용을 변경할 수 있다(동조②). 예컨대, 배상금액 등 결정된 내용으로는 재처분의무이행이 어렵다고 판단되는 경우 배상금액의 인상 등이 있을 수 있다.

(라) **신청 상대방의 의견청취**: 위원회는 제1항의 간접강제 또는 제2항의 결정내용변경에 따른 결정을 하기 전에 신청 상대방의 의견을 들어야 한다(동조③).

4) 한 계: 직접처분이 가능한 경우에는 간접강제를 할 수 없다고 볼 것이다. 재처분의무의 성질상 위원회가 직접처분을 할 수 없고 처분행정청만이 이행할 수 있는 사안의 경우에만 간접강제가 인정된다고 할 것이다.

5) 불복방법: 청구인은 간접강제 또는 결정내용변경에 따른 결정에 불복하는 경우 그 결정에 대하여 행정소송을 제기할 수 있다(동조④).

6) 결정의 효력: 간접강제 또는 결정내용변경에 따른 결정의 효력은 피청구인인 행정청이 소속된 국가·지방자치단체 또는 공공단체에 미치며, 결정서 정본은 제4항에 따른 소송제기와 관계없이 「민사집행법」에 따른 강제집행에 관하여는 집행권원과 같은 효력을 가진다. 이 경우 집행문은 위원장의 명에 따라 위원회가 소속된 행정청 소속 공무원이 부여한다(동조⑤).

7) 강제집행에 관한 민사집행법의 준용: 간접강제 결정에 기초한 강제집행에 관하여 이 법에 특별한 규정이 없는 사항에 대하여는 「민사집행법」의 규정을 준용한다. 다만, 「민사집행법」 제33조(집행문부여의 소), 제34조(집행문부여 등에 관한 이의신청), 제44조(청구에 관한 이의의 소) 및 제45조(집행문부여에 대한 이의의 소)에서 관할 법원은 피청구인의 소재지를 관할하는 행정법원으로 한다(동조⑥).

2. 형성력

재결의 형성력이란 재결이 있으면 처분행정청에 의한 별도의 행위를 기다릴 필요 없이 재결의 내용에 따라 행정법관계에 직접적인 변동을 가져오게 되는 것을 말한다. 따라서 취소재결이 있는 경우에는 취소된 처분은 처분시에 소급하여 소멸되며, 변경재결이 있으면 원처분의 효력은 상실되고 재결에 의하여 새로이 변경된 내용에 따른 효력이 생기게 되며, 의무이행재결에 의해 재결로써 신청에 따른 처분을 한 때에는 그에 따른 행정법관계에 새로운 변동이 생기게 된다. 형성력에 의한 법률관계의 변동은 누구나 인정해야 하는 것이므로 형성력은 제3자에게도 미치는 '**대세적 효력**'이다.

[판 례] 재결의 형성력

"행정심판법 제32조 제3항에 의하면 재결청은 취소심판의 청구가 이유 있다고 인정할 때에는 처분을 취소·변경하거나 처분청에게 취소·변경할 것을 명한다고 규정하고 있으므로, **행정심판 재결의 내용이** 처분청에게 처분의 취소를 명하는 것이 아니라 **재결청이 스스로 처분을 취소하는 것일 때에는 그 재결의 형성력에 의하여 당해 처분은 별도의 행정처분을 기다릴 것 없이 당연히 취소되어 소멸되는 것이다.**"(대판 1998.04.24. 97누17131)

3. 공정력

재결은 행정행위의 일종이므로 다른 행정행위와 같이 당연무효의 것이 아닌 한 소정의 절차에 따라 취소·변경될 때까지는 일응 적법한 것으로 추정되어 유효하게 된다.

4. 불가쟁력

재결이 있은 다음에는 다시 심판청구를 하지 못하며(동법 51), 행정소송을 제기하고자 하는 경우에도 그 제소기간이 경과하면 재결은 형식적으로 확정되어 아무도 그 효력을 다툴 수 없게 된다(판례).

[판 례] 불가쟁력의 의미

"일반적으로 **행정처분이나 행정심판 재결이 불복기간의 경과로 인하여 확정될 경우** 그 확정력은, 그 처분으로 인하여 **법률상 이익을 침해받은 자가 당해 처분이나 재결의 효력을 더 이상 다툴 수 없다는 의미일 뿐**, 더 나아가 판결에 있어서와 같은 **기판력이 인정되는 것은 아니어서** 그 처분의 기초가 된 사실관계나 법률적 판단이 확정되고 당사자들이나 법원이 이에 기속되어 모순되는 주장이나 판단을 할 수 없게 되는 것은 아니다."(대판 2004.7.8. 2002두11288 등)

5. 불가변력

재결은 쟁송절차에 의하여 행하여진 준사법적 행위이므로 위원회 자신도 이를 취소·변경할 수 없는 기속을 받는다.

6. 기판력의 문제

행정심판의 재결은 행정기관 내부의 행위로 항고소송의 대상인 처분 등에 해당되어 처분행정청을 기속하지만 법원의 판결에서와 같은 기판력은 인정되지 아니한다. 따라서 재결에 불복이 있는 행정심판의 청구인은 행정법원에 항고소송을 제기할 수 있다.

[판 례] 행정심판의 재결의 기판력 부인

"행정심판의 재결은 피청구인인 행정청을 기속하는 효력을 가지므로 재결청이 취소심판의 청구가 이유 있다고 인정하여 처분청에 처분을 취소할 것을 명하면 처분청으로서는 재결의 취지에 따라 처분을 취소하여야 하지만, 나아가 **재결에 판결에서와 같은 기판력이 인정되는 것은 아니어서 재결이 확정된 경우에도 처분의 기초가 된 사실관계나 법률적 판단이 확정되고 당사자들이나 법원이 이에 기속되어 모순되는 주장이나 판단을 할 수 없게 되는 것은 아니다.**"(대판 2015.11.27. 2013다6759)

7. 집행력의 문제

재결은 집행력의 문제가 발생하지 아니하는 것이 보통이나, 거부처분에 대한 취소재결이나 무효 등 확인재결 또는 의무이행심판에 대한 인용재결의 경우 처분청은 재결의 취지에 따른 처분을 하여야 할 의무가 발생하는 것이므로 집행력이 문제된다. 피청구인이 거부처분의 취소재결이나 무효등확인재결 또는 거부처분이나 부작위에 대한 이행을 명하는 재결에 따른 의무를 이행하도록 간접강제제도를 두고 있는바, 이 경우에 민사집행법의 규정을 준용할 수 있다(동법 50조의2⑥).

V. 재결에 대한 불복

1. 재심판청구의 금지

행정심판법은 심판청구에 대한 재결이 있으면 그 재결 및 같은 처분 또는 부작위에 대하여 다시 행정심판을 청구할 수 없도록 하여(동법 51), 행정심판의 단계를 단일화하였다. 다만, 각하재결의 경우에는 같은 처분이나 부작위라 하더라도 청구인적격 등 청구요건을 갖추면 다시 심판청구가 가능하다.

2. 재결에 대한 행정소송

행정행위의 재결도 처분의 하나이므로 행정심판의 청구인은 그 재결자체에 고유한 위법이 있음을 이유로 취소소송 또는 무효등확인소송을 제기할 수 있다(행정소송법 19 단서). 다만, 인용재결에 대해 **피청구인인 처분청이 행정소송을 제기할 수 있는지** 문제될 수 있는 바, 견해가 나뉜다.

1) 부정설: 이는 국민의 권리구제제도라는 항고쟁송의 본질과 인용재결의 기속력을 근거로 불복할 수 없다는 입장이다.[6)]

2) 제한적 긍정설: 이는 자치사무의 경우 인용재결의 기속력은 행정청인 지방자치단체장에게 미치며 지방자치단체에게는 미치지 않고, 자치사무에 관한 취소재결의 직접 상대방은 지방자

---

6) 정하중 · 김광수(개론), 659면.

치단체가 되어 원고적격이 인정된다고 한다.[7)]

3) 판 례: 판례는 인용재결의 기속력에 의해 불복할 수 없다고 하여 부정설을 취하고 있다.

[판 례] 부정설을 취한 판례의 입장

"(제주도개발특별법 제25조 제1항에 의하여 소외 주식회사 ○○흥산에 대하여 먹는샘물 제조·판매를 위한 지하수이용허가처분을 하면서 전량수출 또는 주한 외국인에 대한 판매에 한한다는 부관의 취소를 구하는 행정심판에서 취소재결을 받은 사안에 대하여, 피청구인인 제주도지사가 위 처분은 국가위임사무가 아닌 위 법률에서 위임받은 지방자치에 관한 문제라는 등의 이유로 위 취소재결의 취소소송을 제기한 사건인바), 국가가 행정감독적인 수단으로 통일적이고 능률적인 행정을 위하여 중앙 및 지방행정기관 내부의 의사를 자율적으로 통제하고 국민의 권리구제를 신속하게 할 목적의 일환으로 행정심판제도를 도입하였는데, **심판청구의 대상이 된 행정청에 대하여 재결에 관한 항쟁수단을 별도로 인정하는 것은 행정상의 통제를 스스로 파괴하고, 국민의 신속한 권리구제를 지연시키는 작용**을 하게 될 것이다. 그리하여 **행정심판법 제37조 제1항은 "재결은 피청구인인 행정청과 그 밖의 관계행정청을 기속한다"고 규정하였고, 이에 따라 처분행정청은 재결에 기속되어 재결의 취지에 따른 처분의무를 부담하게 되므로 이에 불복하여 행정소송을 제기할 수 없다** 할 것이며 그렇다고 하더라도 위 법령의 규정이 지방자치의 내재적 제약의 범위를 일탈하여 헌법상의 지방자치의 제도적 보장을 침해하는 것으로 볼 수는 없다고 할 것이다."(대판 1998.5.8. 97누15432)

4) 결 어: ① 국민의 권리구제를 목적으로(행정소송법 1) 행정청의 위법한 처분 등의 취소·변경을 구하는 취소소송의 취지나 구조를 볼 때 위법한 처분의 상대방인 국민만이 취소소송을 제기할 수 있다고 보아야 하고, ② 인용재결의 기속력에 따라 처분청은 처분의무를 부담하게 되고(동법 49①) 기속력의 취지나 성질상 처분청이 소속된 지방자치단체 등 행정주체에게도 그 효력이 미친다고 할 것이므로 이에 불복하여 취소소송을 제기할 수 없고, ③ 처분청에게 반소를 인정하면 자율적 행정통제와 신속한 국민의 권리구제라는 행정심판제도의 입법취지에 반하며, 이 경우 국민은 행정심판을 기피하고 직접 행정소송을 선택할 가능성이 높아 신속한 권리구제제도라는 행정심판의 존재의의를 무력화할 우려가 있고, ④ 행정기관 상호간의 분쟁은 기관소송이나 헌법재판소법에 의한 권한쟁의심판을 활용함이 바람직하다는 점에서 부정설이 타당하다.

제9관 고지제도

Ⅰ. 개 설

1. 고지제도의 의의

고지제도(告知制度)란 행정청이 행정행위를 함에 있어서 당해 행정행위의 상대방이 행정심판을 제기하고자 하는 경우의 필요사항(위원회·청구기간·청구절차 등)을 아울러 알려 주어야 할 의무를 지는 제도를 말한다. 이 제도는 상대방이 심판청구의 요건을 잘 알지 못함으로 인하여 불이익을 받는 일이 없도록 심판청구의 기회를 보장하고, 행정청이 고지를 하게 되면 해당 처분을 함에

7) 박균성(강의), 680면; 박정훈(행정소송의 구조와 기능), 358면.

있어 보다 신중을 기하게 됨으로써 행정의 적정화를 도모하자는 데 그 의의가 있다.

2. 고지의 성질

고지는 행정청의 일정한 관념, 또는 의사를 알리는 것이 아니라 기존의 법규의 내용을 구체적으로 알리는 비권력적 사실행위이다. 따라서 행정심판법 제58조(심판청구가능여부 · 청구절차 · 청구기간)의 고지를 위반하여 불고지 · 오고지로 심판청구서를 잘못 제출한 경우에는 정당한 피청구인에게 보내야 하고(동법 23②), 법정 제기기간보다 긴 기간으로 알린 경우 그 기간 내에 제기하면 되는 등(동법 27⑤) 청구인의 심판청구요건불비의 책임을 완화하는 기능을 한다(판례). 다만, 고지신청(동법 58②)의 거부는 거부처분으로서 항고소송의 대상이 된다. 한편 행정절차법 제26조에도 행정심판과 행정소송의 고지의무를 규정하고 있는바, 마찬가지로 고지의무를 이행하지 아니하였더라도 해당 행정처분이 위법이 되는 것은 아니라고 본다(대판 2016.4.29. 2014두3631).

[판 례] 불복고지의 취지는 심판청구요건의 완화

"행정소송법 제20조 제1항은 '취소소송은 처분 등이 있음을 안 날부터 90일 이내에 제기하여야 하나 행정청이 행정심판청구를 할 수 있다고 잘못 알린 경우에 행정심판청구가 있은 때의 기간은 재결서의 정본을 송달받은 날부터 기산한다'고 규정하고 있는데, 위 규정의 취지는 불가쟁력이 발생하지 않아 적법하게 불복청구를 할 수 있었던 처분 상대방에 대하여 행정청이 **법령상 행정심판청구가 허용되지 않음에도 행정심판청구를 할 수 있다고 잘못 알린 경우에, 잘못된 안내를 신뢰하여 부적법한 행정심판을 거치느라 본래 제소기간 내에 취소소송을 제기하지 못한 자를 구제하려는 데에 있다.** 이와 달리 이미 제소기간이 지남으로써 **불가쟁력이 발생하여 불복청구를 할 수 없었던 경우라면 그 이후에 행정청이 행정심판청구를 할 수 있다고 잘못 알렸다고 하더라도 그 때문에 처분 상대방이 적법한 제소기간 내에 취소소송을 제기할 수 있는 기회를 상실하게 된 것은 아니므로** 이러한 경우에 잘못된 안내에 따라 청구된 행정심판 재결서 정본을 송달받은 날부터 다시 취소소송의 제소기간이 기산되는 것은 아니다. 불가쟁력이 발생하여 더 이상 불복청구를 할 수 없는 처분에 대하여 행정청의 잘못된 안내가 있었다고 하여 처분 상대방의 불복청구 권리가 새로이 생겨나거나 부활한다고 볼 수는 없기 때문이다."(대판 2012.09.27. 2011두27247 부당이득금부과처분취소)

Ⅱ. 고지의 종류

고지는 직권에 의한 것과 신청에 의한 것으로 나눌 수 있다.

1. 직권에 의한 고지

행정청은 처분을 할 때에는 처분의 상대방에게 고지를 하여야 한다(동법 58①).

(1) 고지의 대상

고지의 대상이 되는 것은 처분이다. 다만 고지의 대상인 처분은 행정심판법상의 심판청구의 대상이 되는 처분에 국한되는 것이 아니라, 널리 행정심판의 대상이 될 수 있는 처분을 총칭한다고 보아야 할 것이다. 다만 신청에 의한 처분에 대하여 신청한 대로 처분을 한 경우와 비록 신청에 의하지 않고 행정청이 일방적으로 처분을 하였으나 그 내용이 상대방에게 어떠한 불리한 효과를 발생시키지 않는 경우는 그 성질상 고지를 요하지 않는다고 하겠다. 그러나 신청에 의한 처분에 있어서 처분내용이 신청한 대로가 아닌 때나, 신청한 대로의 내용 이외의 부관(특히 제한적 내용을 갖는 부관)이 부과되는 때, 또는 복효적 행정처분으로서 달리 부담적 효과를 수반하는 것인 때에는 고지를 하여야 한다.

(2) 고지의 내용

고지할 내용은 해당 처분에 대한 행정심판의 제기절차 및 기간 등 행정심판의 제기에 필요한 사항이다. 즉, ① 행정심판을 제기할 수 있는지의 여부, ② 제기하는 경우의 심판청구절차 및 ③ 제기기간 등이 그것이다. ①의 경우 다른 법률에 의해 행정심판을 제기해야 하는 경우(예컨대 국세기본법상의 국세심판)에도 고지해야 하고 행정소송법 제18조 제3항의 '행정심판을 제기함이 없이 소송을 제기할 수 있을 경우'도 고지해야 한다. ②의 경우 구체적으로 행정심판위원회의 명칭을 고지하여야 한다. ③의 경우 처분이 있은 날로부터 180일(객관적 청구기간)과 처분이 있음을 안 날로부터 90일(주관적 청구기간)의 모든 기간을 고지할 필요는 없고 전자는 후자가 적용될 경우에는 적용될 여지가 없으므로 처분시의 고지에 있어서는 주관적 청구기간인 90일을 고지하면 충분하다.

(3) 고지의 상대방 · 방법 · 시기

고지는 해당 처분의 상대방에 대하여 하여야 한다. 고지의 방법에 대하여는 명문의 규정이 없으나, 서면에 의한 처분의 경우에 해당 서면에서 고지하는 것이 원칙이라 할 것이다. 고지는 처분시에 함이 원칙이라 하겠으나 처분 후에 고지를 하면 불고지의 하자가 치유된다.

2. 신청에 의한 고지

처분의 이해관계인이 고지를 신청하면 해당 행정청은 지체 없이 고지를 하여야 한다(행정심판법 58②).

(1) 신청권자

고지를 신청할 수 있는 자는 처분에 대한 이해관계인이다. 이해관계인이란 해당 처분으로 자기의 권익이 침해되는 제3자를 말한다. 그러나 처분 시에 고지를 하지 아니한 경우에는 해당 처분의 상대방도 포함된다고 할 것이다.

(2) 고지의 대상 · 내용

모든 처분이 그 대상이 될 수 있다. 고지의 내용은 해당 처분이 행정심판대상이 되는 처분인지 그리고 소관 위원회 및 심판청구기간 등이다.

(3) 고지의 시기 · 방법

고지를 요구받은 행정청은 지체 없이 고지를 하여야 한다. 고지의 방법에는 특별한 제한이 없으나, 고지를 신청한 자가 서면에 의한 고지를 요구한 때에는 반드시 서면의 방법으로 고지를 하여야 한다(동법 58② 후단).

Ⅲ. 불고지나 오고지의 효과

1. 불고지(不告知)의 효과

(1) 심판청구절차

행정청이 고지를 하지 아니하여 청구인이 심판청구서를 다른 행정기관에 제출한 경우에는 그 행정기관은 그 심판청구서를 지체 없이 정당한 권한이 있는 피청구인에게 보내야 하고, 그 사실을 청구인에게 알려야 한다(동법 23②③). 이 경우의 심판청구기간의 계산은 최초의 행정기관에 심판청구서가 제출된 때에 심판청구가 제기된 것으로 본다(동조④).

(2) 청구기간

심판청구기간을 고지하지 아니한 경우에는 해당 처분이 있음을 알았다고 하더라도 심판청구기간은 당해 처분이 있은 날로부터 180일이 된다(동법 27⑥).

2. 오고지(誤告知)의 효과

오고지는 행정청이 상대방에게 심판청구절차나 청구기간 등을 잘못 고지한 경우인바, 여기서 오고지를 한 행정청이란 행정조직상의 형식적인 권한분장에 구애되지 않고 객관적으로 고지를 할 위치에 있다고 믿게 되는 실질에 의하여 판단하여야 한다(판례).

(1) 심판청구절차

심판청구절차를 잘못 고지하고 청구인이 그 고지에 따라 심판청구서를 다른 행정기관에 잘못 제출한 때의 효과도 위에서 본 불고지의 경우와 같다(동법 23②).

(2) 청구기간

행정청이 고지한 심판청구기간이 착오로 소정의 심판청구기간보다 길게 된 때에는 그 고지된 청구기간 내에 심판청구가 있으면 설혹 소정의 청구기간이 경과된 것인 때에도 적법한 기간 내에 심판청구가 있은 것으로 의제된다(동법 27⑤).

[판 례] 잘못 고지한 행정청의 여부는 행정조직상의 형식적인 권한분장이 아닌 실질에 의해 판단

"행정소송법 제18조 제3항 제4호의 규정이 행정청이 행정심판을 거칠 필요가 없다고 잘못 알린 때에는 행정심판을 제기하지 않고도 취소소송을 제기할 수 있도록 행정심판 전치주의에 대한 예외를 두고 있는 것은 행정에 대한 국민의 신뢰를 보호하려는 것이므로, 처분청이 아닌 재결청이 이와 같은 잘못된 고지를 한 경우에도 행정소송법 제18조 제3항 제4호의 규정을 유추·적용하여 행정심판을 제기함이 없이 그 취소소송을 제기할 수 있다고 할 것이고, 이 때에 재결청의 **잘못된 고지가 있었는지 여부를 판단함에 있어서는 반드시 행정조직상의 형식적인 권한분장에 구애될 것이 아니라 담당자의 조직상의 지위와 임무, 당해 언동을 하게 된 구체적인 경위 및 그에 대한 행정심판청구인의 신뢰가능성에 비추어 실질에 의하여 판단하여야 한다.**"(대판 1996.08.23. 96누4671, 택지초과소유부담금부과처분취소)

제 3 절 행정소송

제1관 개 설

Ⅰ. 행정소송의 의의

행정소송(行政訴訟)이란 행정법상의 법률관계에 관한 분쟁에 대하여 법원의 재판절차에 의하여 판단하는 정식쟁송을 말한다. 이를 분설하면 다음과 같다.

(1) 행정소송은 '행정법상의 법률관계'에 관한 소송이다

이 점에서 국가의 형벌권의 발동에 관한 소송인 형사소송과, 사법상의 법률관계에 관한 분쟁을 판정하는 소송인 민사소송과 구별된다.

(2) 행정소송은 '법원'이 심판기관이 되는 행정쟁송이다

행정소송은 개인의 권익보호에 중점을 두어, 행정기관과는 계통을 달리하고 제3자적 입장에 있는 법원이 심판기관이 된다는 점에서 행정심판과 구별된다.

(3) 행정소송은 '정식쟁송절차'로 행하는 행정쟁송이다

행정소송은 대심구조・구술변론 등 신중한 소송절차를 거치며 독립한 제3자적 지위에 있는 법원이 심판기관이 된다는 점에서 약식쟁송절차에 의하는 행정심판과 구별된다.

Ⅱ. 행정소송의 기능

행정소송법은 "이 법은 행정소송절차를 통하여 행정청의 위법한 처분 그 밖에 공권력의 행사・불행사 등으로 인한 국민의 권리 또는 이익의 침해를 구제하고, 공법상의 권리관계 또는 법적용에 관한 다툼을 적정하게 해결함을 목적으로 한다"고 규정하고 있다(동법 1). 따라서 행정소송은 국민의 권리구제기능과 행정의 적법성보장을 위한 행정통제기능을 담당하고 있다고 볼 수 있다.

1. 권리구제기능

행정소송은 위법한 행정작용에 의하여 권익을 침해받은 자에게 행정소송의 제기를 가능케 함으로써 국민의 권리구제수단으로서의 기능을 도모한다.

2. 행정통제기능

행정소송은 행정작용의 적법성을 보장함으로써 행정통제수단으로서의 기능도 수행한다. 즉, 법원은 위법한 행정작용에 대해 그 시정을 요구함으로써 법치행정원리에 따르는 행정의 적법성 보장기능을 수행하게 되는 것이다.

3. 양 기능간의 관계

행정소송의 주된 기능은 개인의 권리구제에 있고, 행정통제기능은 종된 기능이라 할 수 있다. 왜냐하면 행정소송은 주관적 쟁송으로서 위법한 행정작용에 관한 법원의 재판작용이며, 행정통제는 당사자의 권리보호를 위한 심사과정에서 부수적으로 인정되는 기능이라고 보아야 하기 때문이다.

Ⅲ. 행정소송의 본질

행정소송의 본질은 권력분립원칙에 비추어 행정작용이냐 사법작용이냐 하는 문제가 제기된다. 이 경우 행정법규의 적용(행정목적의 실현)이라는 면을 중시하는 입장에서는 행정작용이라 하게 되고, 국민의 권리이익의 구제라는 면을 중시하는 입장에서는 사법작용이라 하게 된다.

행정소송의 본질에 관한 견해의 차이는 행정소송제도의 성립과 관련된 역사적 산물이지만, 행정소송의 본질을 어떻게 보느냐에 따라 행정소송의 특수성이나 재판권의 한계 내지 범위가 달라지게 된다. 따라서 행정소송의 본질에 관한 문제는 결국 각국에서 성립·발전되어 온 행정소송제도를 배경으로 하고 있는 바, 크게 대륙법계의 경우와 영미법계의 경우로 나누어 볼 수 있다.

1. 대륙법계의 경우

독일·프랑스 등 공법·사법의 이원적 체계를 가지고 있는 대륙법계 국가에서는, 종래 사법권으로부터의 행정권의 독립이라는 권력분립의 견지에서, 또는 행정재판의 기능이 지닌 특수성 때문에 사법재판소의 관장이 부적당하다는 기술적 이유로 말미암아, 행정권의 작용에 관한 분쟁에 대하여 사법재판소의 관여를 배제하고, 독립한 행정재판소를 행정권 내부에 설치하여 행정사건을 관할케 하였다(행정제도국가형). 또한 헌법상의 사법권의 개념을 민사·형사의 재판권으로 이해하는 결과 행정재판의 본질은 일반적으로 행정작용으로 보게 되었다. 그러나 최근에는 이들 국가들도 사법제도국가화하고 있다.

2. 영미법계의 경우

영미법계에서는 '법의 지배'의 원칙이 확립되어, 종래 행정권으로부터의 사법권의 독립이라는 권력분립의 견지에서, 사법재판소와는 별개의 독립한 행정재판소를 두지 아니하고, 행정사건을 포함한 일체의 법률적 쟁송을 사법재판소의 통일적 관할하에 둔 결과 행정재판의 본질을 사법작용으로 본다. 그러나 오늘날 행정위원회의 설치, 행정기관의 사실인정권 등 행정제도국가에 접근하는 경향을 보이고 있다.

3. 우리나라의 경우

현행 헌법은 독립된 행정재판소의 설치를 인정하지 아니하고, 행정사건에 대한 최종적인 심사권을 대법원에 부여하여(동법 107②), 일반법원도 사법권행사의 일환으로 이를 관장할 수 있게 하였는 바(동법 101①②), 이는 영미법계와 같은 사법국가주의를 채택한 것이라 하겠다. 다만 공법과 사법의 구별을 인정하고 행정사건에 있어서는 민사소송에 대하여 여러가지 절차적 특례를 인정하고 있다(1심의 행정법원 관할 등).

Ⅳ. 행정소송법의 특색과 문제점 및 개정시도

1. 행정소송법의 특색과 문제점

현행 행정소송법은 1994년 7월 27일 법률 제4770호로 개정되어 1998년 3월 1일부터 시행되고 있는 바, 특히 행정소송의 중심을 이루는 항고소송의 특색과 문제점은 다음과 같다.

(1) 행정소송법의 특색

1) **행정심판의 임의절차화:** 행정심판을 행정소송의 전심으로 하는 행정심판전치주의를 폐지하고, 다른 법률에 행정심판전치주의를 규정한 경우 외에는 원칙적으로 행정심판을 거치지 아니하고 행정소송을 제기할 수 있게 하였다(동법 18).

2) **행정소송의 3심제:** 종래 고등법원이었던 제1심 관할법원을 지방법원급의 피고를 관할하는 행정법원으로 함으로써 3심제를 채택하였다(동법 9).

3) **제소기간의 조정:** 제소기간을 행정심판에 대한 재결서정본의 송달을 받은 날부터 60일 이내와 처분이 있음을 안 날부터 180일을 통합하여 처분이 있음을 안 날(재결서 정본의 송달을 받은 날 포함)부터 90일, 처분 등이 있은 날부터 1년 이내에 제기하도록 하였다(동법 20).

4) **피고의 특수성:** 소송 당사자가 되는 것은 권리의무의 주체인 것이 원칙이므로, 행정소송의 피고도 국가나 공공단체 등의 행정주체가 되어야 할 것이지만, 재판의 신속과 정확을 기하기 위하여 해당 행정소송의 대상인 처분 등을 행한 행정청을 피고로 하였다(동법 13).

5) **관련청구의 병합:** 심리의 중복을 피하고 신속한 분쟁해결을 위하여 항고소송과 관련되는 국가배상·부당이득반환 등의 청구소송과 병합할 수 있게 하였다(동법 10).

6) **직권심리주의:** 법원은 필요하다고 인정할 때에는 직권으로 증거조사를 할 수 있고, 당사자가 주장하지 아니한 사실에 대하여도 판단할 수 있다(동법 26).

7) **사정판결:** 원고의 청구가 이유있다고 인정하는 경우에도 처분등을 취소하는 것이 현저히 공공복리에 적합하지 아니하다고 인정하는 때에는 법원은 원고의 청구를 기각할 수 있다(동법 28).

(2) 행정소송법의 문제점

현행 행정소송법은, ① 부작위위법확인소송을 인정하는 데 그치고 의무이행소송 등을 규정하고 있지 않으며, ② 원고에게 행정심판기록제출명령신청권을 인정하는 데 그치고 처분에 관련된 자료를 열람 또는 복사할 수 있는 권리를 인정하고 있지 않으며, ③ 집행부정지를 원칙으로 하면서 그 예외를 규정하고 있을 뿐 가처분 등 가구제절차가 입법화되지 않았다. 또한 ④ 「상고심절차에 관한 특별법」에 의거 행정소송에서도 상고심사제가 적용됨으로써 실질적으로 2심제로 운영될 우려가 있다. ⑤ 행정소송법은 제1심 관할법원을 지방법원급의 행정법원으로 하고 있으나, 법원조직법중 개정법률은 서울에만 행정법원을 두고 기타 지역은 지방법원 본원합의부에서 관할하도록 함으로써 전문법원의 설치의의를 반감시키고 있다.

2. 행정소송법 개정시도

우리나라 행정소송법은 1951년 8월 24일 제정・시행되어 오다가 1984년 전면 개정되어 1985년 10월 1일부터 시행하였고, 현행 행정소송법은 1994년 개정되어 1998년 3월 1일부터 시행하고 있는 것이다. 이 법은 국민의 권리의식과 행정형식의 다양화 등 급변하는 사회환경의 변화를 반영하지 못한다는 비판을 받고 있는 바, 이에 정부는 2007년 행정소송법 전부 개정안을 마련하여 국회에 제출하였으나 국회 임기만료로 폐기 되었다. 법무부는 또 다시 2011년 11월 15일 행정소송법 개정위원회를 발족하여 '신속하고 실질적인 권익구제를 도모하면서도 누구나 쉽고 편리하게 이용할 수 있는 행정소송제도 마련'이라는 목적 아래, 종래 개정안을 보완하여 '국민의 권익구제 확대를 위한 소송제도 개선, 사전권리구제절차 정비, 이용하기 쉬운 행정소송 제도 마련, 행정소송의 전문성 강화 등'을 골자로 하여 행정소송법 개정안을 마련하여 입법예고(2013.3.20.)를 거친바 있는데, 그 특징의 대강은 다음과 같다.

1) **의무이행소송의 도입**(안 제4조, 제41조 내지 제47조): 행정심판법상의 의무이행심판에 대응하여 현행 거부처분취소소송이나 부작위위법확인소송의 불완전성을 해소하고 분쟁의 발본적・일원적 해결이 가능하게 하고자 하였다.

2) **원고적격의 확대**(안 제12조): 국민의 실질적인 권리구제의 가능성을 넓히기 위하여 현행 '법률상 이익'이라고 하는 원고적격의 범위를 '법적 이익'으로 변경하였다.

3) **집행정지 요건의 완화**(안 제24조)와 **가처분제도 도입**(안 제26조): 부담적 처분의 '위법성이 명백한 경우' 및 금전상 손해라도 '손해가 중대한 경우'에 집행정지가 가능하도록 요건을 완화하였다. 또한 부담적 처분을 중심으로 한 집행정지제도 외에, 수익적 행정처분에 대한 사전 권리구제절차 흠결이 있어 이를 보완하기 위해 가처분제도를 마련하였다.

4) **소의 변경・이송의 허용범위 확대**(안 제22조, 제39조, 제43조, 제51조): 일반 국민의 입장에서 민사소송과 행정소송의 구분이 어려워 잘못 제소하는 경우 제소기간 도과, 소각하 등 불이익이 발생할 우려가 있어 잘못 제소하는 경우 소의 변경을 허용하였다.

5) **결과제거의무 규정의 신설**(안 제32조 제4항): 위법한 처분의 집행으로 일정한 위법상태가

발생한 경우 현행법상으로는 취소판결의 기속력에 의존할 수밖에 없는데, 이 제도의 신설로 행정청에 대하여 위법한 결과를 제거하기 위한 필요 조치 의무를 부여하여 신속하게 적법 상태를 실현하도록 보장하고자 하였다.

6) **당사자소송 활성화**(안 제3조, 제48조 내지 제52조, 부칙 제1조): 성질상 행정소송이지만 편의상 민사소송으로 다루어지던 행정상 손해배상·부당이득반환 등 공법상 원인으로 발생하는 법률관계에 관한 소송을 행정소송의 대상으로 명시하였다.

Ⅴ. 행정소송의 한계

1. 개 설

행정소송법은 행정소송사항에 관하여 개괄주의를 취함으로써 위법한 행정처분에 대하여 일반적으로 행정소송의 제기를 인정하고 있다. 그러나 개괄주의를 채택하였다고 하여 모든 행정작용에 대하여 출소가 가능한 것은 아니며, 행정소송도 법원이 하는 사법작용이기 때문에 사법권이 미치는 한계 내에서만 가능한 것이다. 따라서 행정소송은 사법권의 본질 또는 헌법상의 권력분립주의의 견지에서 일정한 한계를 인정하지 아니할 수 없다.

2. 사법권의 본질에서 오는 한계

행정소송법은 행정소송사항에 관하여 개괄주의를 취하고 있으나, 법원조직법은 행정사건도 민사사건에서와 마찬가지로 원칙적으로 법률적 쟁송임을 필요로 하고 있다(동법 2①). 법률적 쟁송이란 당사자 사이의 구체적인 권리·의무에 관한 법령적용상의 분쟁을 의미한다. 따라서 행정소송은 당사자간의 구체적 권리·의무에 관한 분쟁, 즉 구체적 사건성을 필요로 함과 동시에, 법령을 해석·적용함으로써 해결할 수 있는 분쟁, 즉 법적 해결성을 필요로 한다.

(1) 구체적 사건성

행정소송의 대상이 되기 위해서는 당사자간의 구체적이고 현실적인 권리·의무에 관한 분쟁이 있어야 한다.

1) **법령의 효력 및 해석**: 입법정책으로는 구체적 사건과 관계없이 추상적인 법령의 효력 또는 해석 그 자체를 사법심사의 대상으로 할 수도 있다(추상적 규범통제). 그러나 우리 헌법은 법령의 효력 또는 해석에 관한 분쟁은 '재판의 전제가 된 때'에 한하여 사법심사의 대상으로 하고 있기 때문에(구체적 규범통제), 구체적인 법적용의 문제를 떠나서 직접 법령의 일반적 효력 또는 해석을 소로서 다툴 수는 없다. 왜냐하면 그것은 대립되는 당사자간의 구체적 권리·의무에 관한 다툼이 아니기 때문이다.

2) **반사적 이익**: 반사적 이익은 사회적 공동이익의 실현을 위한 행정주체의 제도적 작용에

의하여 간접적으로 개인이 받는 이익이기 때문에 그것은 사실상의 이익에 그치고 법률상 직접 보호되는 권리 또는 이익이 아니다. 따라서 반사적 이익에는 직접 자기를 위하여 법률상 주장할 수 있는 힘이 인정되지 않는다. 그러므로 단순한 반사적 이익의 침해는 소송을 통하여 그 보호를 구할 수 있는 법률적 쟁송의 대상이 되지 못한다. 그러나 오늘날 실체법적으로는 반사적 이익에 해당하는 것이라도 소송으로 보호할 만한 개인의 실질적·구체적 이익은 '보호할 가치있는 이익'으로서 행정소송의 대상으로 하여야 한다는 추세에 있다.

3) **객관적 소송:** 민중소송·기관소송과 같이 법규적용의 적정성 또는 공익의 보호를 직접 목적으로 하는 객관적 소송은 개인의 구체적인 권리·의무와 직접적인 관계가 있는 법률적 쟁송이 아니다. 그러므로 객관적 소송은 특별한 법률적 근거가 없는 한 행정소송의 대상이 되지 않는다.

4) **사실행위:** 단순한 사실행위는 법적 효과의 발생을 직접적으로 의욕하지 않는 행위이므로, 이로 인해 당사자의 구체적인 권리나 의무에 직접적인 영향을 발생하지 않는다. 따라서 단순한 사실행위에 의해서는 당사자간의 권리·의무에 관한 분쟁이 발생하지 않는다.

(2) 법적 해결성

당사자간의 구체적 사건 또는 분쟁인 경우에도 법령을 해석·적용함으로써 해결할 수 있는 쟁송이 아니면 행정소송의 대상이 되지 못한다.

1) **통치행위:** 통치행위는 고도의 정치성을 띤 국가행위로서 사법심사의 대상에서 제외된다고 보는 것이 통설·판례이다. 다만, 그 범위는 법치주의의 견지에서 축소되어 가는 경향이 있다.

2) **재량행위:** 재량행위는 행정청에 독자적인 결정 또는 선택을 할 수 있는 활동영역으로서 그 재량의 당부는 법률문제가 아니므로 사법심사권이 미치지 못한다는 것이 전통적인 견해이다. 즉, 재량행위는 공익판단·합목적성의 판단에 관한 것이며, 그 재량의 위반은 위법이 아니라 부당행위가 되는 데 불과하여 법원의 법적 판단의 대상이 되지 아니한다. 그러나 재량행위라고 하여 당연히 행정소송의 대상에서 배제되는 것은 아니고 재량권의 행사에도 일정한 한계가 있는 것으로 재량권을 남용하거나 일탈한 경우에는 부당에 그치지 않고 위법으로 되어 사법심사의 대상이 된다(동법 27). 그런데 일탈이나 남용은 심리 후에 판단될 수 있는 사항이므로 재량행위를 다투는 소송에서는 재량행위도 일단은 소송의 대상으로서 심리가 가능하며, 청구를 각하할 것이 아니라 본안판결에서 기각하여야 한다(통설·판례).

3. 권력분립에서 오는 한계

일반법원이 행정소송에 대한 관할권을 가지고 행정사건을 심리·판단하는 경우에 권력분립의 원칙에서 나오는 행정소송의 한계를 어느 정도까지 인정할 것인지가 문제된다. 즉, 사법권은 행정청의 제1차적 판단권의 행사가 있기 전에 직접 행정청에게 일정한 작위·부작위를 행할 것을 명하는 판결을 할 수 있는지 문제이다.

현행법에서 규정하고 있지 아니한 의무이행소송과 예방적 부작위소송의 인정여부의 문제이다.

(1) 학 설

1) **소극설**: 이는 권력분립주의를 형식적・정치적으로 파악하여, 일반법원은 행정청에 대한 일반 감독기관이 아니므로 법원이 행정청에 갈음하여 일정한 행위를 결정하고 그것을 하도록 명하는 것은 사법권이 행정권의 고유영역을 침해하는 것이 되어 권력분립의 원칙에 반한다는 것이다. 따라서 행정에 관한 제1차적인 판단은 행정권에 맡겨야 하므로 법원은 오직 확인 또는 취소의 판결만을 할 수 있을 뿐 이행판결을 할 수 없다고 한다. 그리하여 행정소송법 제4조의 항고소송의 종류는 열거규정으로 보고 동조 제1호에서 규정한 취소소송에서 '변경'은 일부취소로 이해한다.[8)]

2) **적극설**: 이는 권력분립주의를 실질적・기능적으로 보아 사법권은 행정소송에 있어서 법령의 적정한 집행의 보장을 통하여 개인의 권익을 보호하는 기능을 하는 것이다. 그러므로 행정청의 위법한 행위를 취소할 수 있음은 물론, 위법한 부작위에 대한 적극적인 이행판결을 인정하는 것은 권력분립의 원칙에 반하는 것이 아니라고 한다. 그리하여 행정소송법 제4조 예시규정으로 보고 동조 제1호의 '변경'은 적극적 변경으로 이해하여 이행소송이나 예방적 금지소송 등이 인정된다고 본다.[9)]

3) **절충설**(제한적 긍정설): 절충설에서는 행정소송법에 부작위위법확인소송을 인정하고 있으므로 의무이행소송을 전면적으로 긍정하는 것은 행정소송법의 취지에 맞지 않는다고 한다. 따라서 행정청에게 제1차적 판단권을 행사하게 할 것도 없을 정도로 처분요건이 일의적으로 정하여져 있고, 사전에 구제하지 않으면 회복할 수 없는 손해가 발생할 우려가 있으며, 다른 구제수단이 없는 경우에만 인정된다고 한다.[10)]

(2) 판 례

판례는 소극설의 입장을 취하고 있다.

[판례 1] 이행판결 및 형성판결 부인

"현행 행정소송법상 행정청으로 하여금 일정한 행정처분을 하도록 명하는 이행판결을 구하는 소송이나 법원으로 하여금 행정청이 일정한 행정처분을 행한 것과 같은 효과가 있는 행정처분을 직접 행하도록 하는 형성판결을 구하는 소송은 허용되지 아니한다."(대판 1997.09.30. 97누3200 등)

[판례 2] 예방적 금지소송 부인

"행정소송법상 행정청이 일정한 처분을 하지 못하도록 그 부작위를 구하는 청구는 허용되지 않는 부적법한 소송이라 할 것이므로, 피고 국민건강보험공단은 이 사건 고시를 적용하여 요양급여비용을 결정하여서는 아니 된다는 내용의 원고들의 위 피고에 대한 이 사건 청구는 부적법하다 할 것이다."(대판 2006.05.25. 2003두11988)

---

8) 김남진・김연태(Ⅰ), 838면; 류지태・박종수(신론), 680면; 석종현・송동수(상), 841면; 정하중・김광수(개론), 675면.
9) 김동희(Ⅰ), 713면; 홍정선(상), 1051면.
10) 김철용, 522면.

(3) 결 어

권력분립주의의 참뜻은 3권 상호간의 견제와 균형을 도모함으로써 권력의 남용을 막고 개인의 권리를 보장하려는 데에 있는 것이다. 따라서 행정권에 대한 사법권의 관여가 권력분립주의에 반한다는 주장은 온당치 못하다. 독일의 경우 1960년에 제정된 연방행정법원법 제42조, 제113조에서 규정하고 있으며, 영미에서는 보통법 및 형평법상의 직무집행명령(Mandamus)[11]과 금지명령(Injunction)[12] 등이 그 예이다. 다만, 현행 행정소송법의 해석상 이를 전면적으로 긍정하는 것은 무리이며, 제한적 긍정설의 주장과 같이, ① 행정청의 작위의무가 법률상 기속되어 있고 그 기속성이 명백하며(일의적 명백성), ② 행정청의 처분을 전혀 기대할 수 없어 그 처분을 기다릴 때에는 회복곤란한 손해가 생길 우려가 있고(긴급성), ③ 법정항고소송 또는 공법상 당사자소송 등 다른 구제수단이 없는 경우(보충성)에 인정될 수 있다.

Ⅵ. 행정소송의 종류

1. 내용에 의한 분류

행정소송법은 행정소송을 그 내용에 따라 항고소송, 당사자소송, 민중소송 및 기관소송으로 구분하고 있다.

(1) 항고소송

항고소송은 행정청의 처분 등이나 부작위에 대하여 제기하는 소송을 말한다. 즉, 행정청의 공권력의 행사로 인한 행정법상의 위법상태를 제거하여 권리·이익의 구제를 목적으로 하는 소송이다. 행정소송법은 항고소송의 종류로 취소소송과 무효등확인소송 및 부작위위법확인소송을 규정하고 있다(동법 3(1)). 그런데 이러한 행정소송법의 규정은 보통 예상할 수 있는 항고소송의 형태를 예시한 것으로 볼 것인지, 아니면 항고소송의 종류를 위 세 가지로 한정하여 열거한 것인지 다툼이 있을 수 있다. 항고소송의 종류를 예시한 것에 불과하다고 보면 행정소송법에 규정한 위 세 가지 소송을 법정항고소송(法定抗告訴訟)이라 할 수 있고, 그 외 예상할 수 있는 항고소송을 무명항고소송(無名抗告訴訟, 法定外抗告訴訟)이라 할 수 있다.

1) 법정항고소송

(가) 취소소송: 이는 행정청의 위법한 처분 등을 취소 또는 변경하는 소송을 말한다.

(나) 무효등확인소송: 이는 행정청의 처분 등의 효력 유무 또는 존재 여부를 확인하는 소송이다.

---

11) 직무집행명령(Mandamus)은 신청자가 그 의무의 이행을 계속 요구하여 왔으나 그 이행의무가 있는 기관이 이를 계속 거부한 경우에 그 의무이행을 강제하는 명령이다.

12) 금지명령(Injunction)은 일정한 행위를 하는 것을 금지하는 명령(금지적 금지명령)과, 일정한 부작위를 금지하는 내용, 즉 일정한 적극적인 행위를 하도록 하는 명령(명령적 금지명령)을 말한다.

(다) 부작위위법확인소송: 이는 행정청의 부작위가 위법하다는 것을 확인하는 소송이다.

2) 무명항고소송

무명항고소송이란 행정소송법에 명문으로 규정되어 있지 아니한 법정외항고소송을 말하는바, 행정소송법에서 규정한 항고소송을 예시규정이라고 볼 경우 예상할 수 있는 항고소송이라 할 수 있다. 이는 위 행정소송의 한계에서 살펴본 바와 같이 의무이행소송과 예방적 부작위소송 등을 들 수 있다.

(2) 당사자소송

당사자소송이란 행정청의 처분 등을 원인으로 하는 법률관계의 소송 그 밖에 공법상의 법률관계에 관한 소송으로서 그 법률관계의 한쪽 당사자를 피고로 하는 소송을 말한다(동법 3(2)).

(3) 민중소송

민중소송이라 국가 또는 공공단체의 기관이 법률에 위반되는 행위를 한 때에 직접 자기의 법률상 이익과 관계없이 그 시정을 구하기 위하여 제기하는 소송을 말한다(동법 3(3)).

(4) 기관소송

기관소송이란 국가 또는 공공단체의 기관 상호간에 있어서의 권한의 존부 또는 그 행사에 관한 다툼이 있을 때에 이에 대하여 제기하는 소송을 말한다(동법 3(4)).

2. 성질에 의한 분류

(1) 형성의 소

형성(形成)의 소란 법률관계를 변동시키는 판결을 목적으로 하는 소송을 말한다. 따라서 형성판결은 형성요건의 존재를 확정하는 동시에, 새로운 법률관계를 발생시키거나, 기존의 법률관계를 변경 또는 소멸시키는 판결이다. 취소소송의 성질이 형성의 소에 속한다고 봄이 일반적이다.

(2) 이행의 소

이행(履行)의 소란 이행청구권의 확정과 피고에 대한 이행명령을 목적으로 하는 소송을 말한다. 이행의 소는 실체법상의 청구권이 그 바탕이 되는 것으로 청구의 내용이 금전 지급, 물건인도, 의사표시, 작위 또는 부작위 어느 것을 구하는 것이어도 상관없다. 의무이행소송이나 금전급부 등을 목적으로 하는 당사자소송이 이에 속한다.

(3) 확인의 소

확인(確認)의 소란 권리 또는 법률관계의 존부의 확정을 목적으로 하는 소송을 말한다. 무효등확인소송과 부작위위법확인소송 및 공법상 법률관계의 존부의 확인을 구하는 당사자소송이 이에 속한다.

제2관 항고소송

제1항 취소소송

Ⅰ. 개 설

1. 의 의

취소소송(取消訴訟)은 항고소송의 가장 대표적인 형태로서, 행정청의 위법한 처분이나 재결의 취소 또는 변경을 구하는 소송을 가리킨다[동법 4(1)]. 취소소송은 위법한 처분이나 재결에 대한 것이 보통이나, 무효인 처분에 대하여 무효선언의 뜻에서의 취소를 구하는 것도 무방하다.

2. 성 질

취소소송의 성질에 대하여는 견해가 갈리는 바, ① **형성소송설**은 취소소송은 일응 일정한 법률관계를 성립시킨 행정행위의 효력을 다툼으로써 해당 행정행위의 취소·변경을 통하여 그 법률관계를 소멸 또는 변경시키게 되는 점에서 형성소송적 성질을 가진다고 한다. 이에 대하여, ② **확인소송설**에서는 법적 효력이 발생하지 않는 사실행위나 처분의 효력이 소멸된 후에도 취소소송이 가능하며 공정력은 적법성추정이 아닌 잠재적 통용력에 불과하다는 점에서 취소소송을 그 처분 당시에 있어서의 처분의 위법성을 확인하는 성질의 소송으로 보며,[13] ③ **구제소송설**은 취소소송을 행정행위의 위법성 확정이라는 확인소송적 성질과 행정행위의 공정력 배제라는 형성소송적 성질을 아울러 가지는 특수한 유형의 소송으로 보는 견해이다.

형성소송설이 통설의 입장인 바, 행정소송법은 취소소송에서의 인용판결에 대하여 대세적 효력을 명시함으로써(동법 29①) 형성소송설의 입장을 뒷받침하고 있다. 다만, 행정소송법 제12조 후문에서 처분 등의 효과가 소멸된 뒤에도 취소소송을 인정하고 있고, 공정력을 갖지 못하는 권력적 사실행위 등도 취소소송이 가능하다는 점에서 확인소송의 성격도 지닌다고 할 수 있다.

3. 소송물

(1) 의 의

소송물이란 원고의 청구취지 및 청구원인에 의해 특정되고 법원의 심판대상과 범위가 되는 기본단위로서, 소송의 목적물 내지 소송의 객체를 말한다. 소송물은 원고측에서는 소송상의 청구가 되고, 피고측에서는 공격방어방법의 기본목표가 되며, 법원으로서는 판단할 대상과 범위가 되는 것으로 소송법상의 기술적 개념이다.

소송물개념은, ① 확정판결이 있게 되면 소송물의 범위 안에서만 기판력이 발생하므로 기판력의 객관적 범위, ② 동일 소송물에 대한 중복소송의 금지, ③ 소의 변경과 청구의 병합의 여부,

13) 박정훈, "취소소송의 성질과 처분개념", 고시계, 2001.9, 6면 이하.

④ 처분사유의 추가·변경의 가부 등과 관련하여 중요한 의미를 가진다.

(2) 학 설

취소소송의 소송물에 관한 실정법상의 정의규정이 없기 때문에 무엇이 소송물인지에 대하여 견해가 나뉘고 있다.

1) **위법성일반설:** 이 견해는 취소소송의 성질을 형성소송으로 보고, 취소소송의 형성요건이 행정처분의 위법성이기 때문에 행정처분의 위법성 일반이 소송물이라고 한다(다수설). 하나의 행정행위에 여러 개의 위법사유가 있더라도 소송물을 하나로 보며, 개별위법사유는 공격방어방법의 하나에 불과하다고 본다. 이 견해에 의하면, 행정처분은 본래 객관적 진실에 기하여 행하여져야 하므로 법원은 그 적법 여부를 판단함에 있어서 처분 당시에 객관적으로 존재하는 사정의 전부를 참작할 수 있어야 하고, 그렇게 함으로써 분쟁의 일회적 해결을 통해 소송경제에 도움이 된다는 것을 논거로 든다.

2) **개별위법사유설:** 이 견해는 소송물은 개별적인 위법사유이고, 위법사유를 달리할 때마다 소송물도 다르다는 입장이다. 따라서 행정청이 처분사유를 변경하여 동일한 내용의 처분을 중복하여 행하면 소송물이 복수로 존재하게 되고, 원고는 그 각각에 대하여 취소소송을 제기하게 된다. 이 견해는, 소송물을 해당 처분의 위법성 일반으로 보면 기판력 또한 위법성 일반의 범위까지 확대되는 결과 원고는 늦어도 사실심변론종결시까지 모든 위법사유를 주장할 것을 강요당하게 되므로 원고가 주장하지 않았던 위법사유에 대하여 실권(失權)의 불이익을 받을 우려가 있으므로 위법사유마다 소송물을 인정하는 것이 국민의 권리보호라는 취소소송의 목적에 부합된다는 점 등을 그 논거로 든다.

3) **위법처분취소청구권설(또는 원고의 권리주장설):** 이 견해는 취소소송은 형성소송이므로 그 소송물은 법원에 대한 형성요구권이어야 하므로, 취소소송의 소송물은 행정처분에 의해 창설된 법관계의 취소를 구할 법적지위인 취소청구권이라고 한다. 또는 소송물은 처분을 통하여 자신의 권리가 침해되었다는 원고의 법적 주장(청구취지)이라고도 한다.

4) **위법성과 권리주장설:** 이 견해는 취소소송의 소송물은 처분의 위법성과 이를 근거로 한 처분 등의 취소를 구하는 원고의 법적 권리주장이라고 한다. 즉, 처분의 위법성은 객관적으로 위법한 것만으로는 부족하므로 원고와의 관계에서도 주관적으로 위법해야 한다고 본다. 객관적 위법성은 법질서 전체에 대한 반가치판단으로서의 위법을 말하고, 주관적 위법성이란 원고에 대한 권리침해를 의미한다(독일 통설).

5) **처분권한 존부설:** 이는 취소소송을 확인소송으로 보고, 소송물은 처분시에 구체적인 처분요건 내지 처분권한의 존부(存否)라고 한다.

(3) 판 례

대법원은, "과세처분취소소송의 소송물은 그 취소원인이 되는 위법성 일반"이라고 하여(대판 1990. 3.23. 89누5386; 대판 1989.4.11. 87누647 등) 위법성일반설을 취하고 있다.

(4) 결 어

처분권한존부설은 취소소송이 형성소송이라는 점에서, 개별위법사유설은 처분사유마다 소송물을 구성하게 되면 처분사유마다 다투게 되어 분쟁해결을 복잡하게 하고 행정소송법상 법원은 당사자가 주장하지 아니한 사실에 대해서도 판단할 수 있다는 점(동법 26)에서 문제가 있다. 위법처분취소청구권설 내지 원고의 권리주장설은 권리주장 내지 청구권여부는 원고적격의 문제인데 소송물은 본안에서 판단할 사항이라는 점에서 문제된다. 또한 독일의 경우 권리침해의 주장만으로 원고적격이 인정될 수 있고 본안에서 권리침해의 판단이 필요할 것으로 보이나(독일 행정법원법 42②, 113①), 우리의 경우 권리침해 내지 법률상 이익 여부는 원고적격의 문제이고 본안에서는 처분의 위법성의 판단이 행해지는 것이라는 점에서 위법성과 권리주장설도 타당하지 않다.

생각건대, 취소소송은 위법한 처분 등을 취소 또는 변경하는 소송(행정소송법 4(1))이라는 의미에서나 분쟁을 일회적으로 해결하는 것이 국민의 권리이익보호에 유리하다는 점에서 위법성일반설이 타당하다.

이와 같이 위법성일반설에 따르면, ① 원고는 소송계속 중에 처분의 위법사유를 추가·변경할 수 있고, ② 피고도 소송계속 중 처분의 효력을 유지하기 위한 일체의 법률상 및 사실상의 근거를 주장할 수 있으며, ③ 청구기각판결이 확정되면 그 기판력에 의해 해당 처분의 위법성 주장을 할 수 없으며, ④ 취소판결이 확정된 경우 그 기판력은 해당 처분(동일 소송물)에 한하여 미친다고 할 것이므로 취소판결 후 동일한 처분을 반복하여도 그것은 종전 처분(소송물)과 다른 별개의 처분이므로 종전 처분에 대한 기판력은 후의 처분에 미치지 않고, 다만 취소판결의 기속력에 의해 동일한 사정 아래서 동일한 이유로 동일한 처분을 하는 것이 금지될 뿐이다.

【취소소송의 구조】

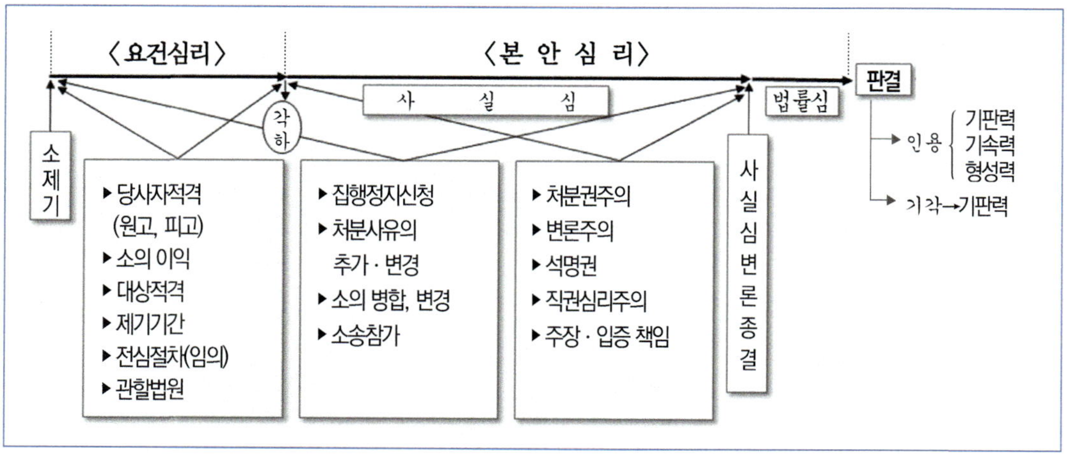

Ⅱ. 재판관할

1. 재판관할의 의의

재판관할이란 재판권을 행사하는 여러 법원 사이에 소송사건의 분장범위를 뜻하는 것으로서, 각 법원이 행사할 수 있는 재판권의 범위를 말한다.

2. 재판관할의 종류

재판관할은 각 법원 사이에 재판권을 분장시키는 표준에 따라 심급관할(審級管轄)과 사물관할(事物管轄) 및 토지관할(土地管轄)로 구분할 수 있다.

(1) 사물관할과 심급관할

사물관할이란 소송사건의 성질에 따른 법원 사이의 재판권의 분장을 말하며, 심급관할이란 어느 법원이 어떠한 심급을 담당하느냐에 따른 법원 사이의 재판권의 분장를 말한다. 취소소송의 제1심 관할법원은 행정법원이다(동법 9①). 취소소송의 항소심은 고등법원, 상고심은 대법원이 담당한다. 행정법원은 서울에만 설치되어 있고, 지방은 지방법원 본원 및 춘천지방법원 강릉지원이 관할한다(법원조직법 부칙(법률 제4765호, 1994.7.24.) 제2조). 행정법원의 심판권은 판사 3명으로 구성된 합의부에서 행사한다(동법 7③).

(2) 토지관할

토지관할이란 사물관할을 같이 하는 법원 사이에 지역적 관계에 따른 재판권의 분장을 말한다. 취소소송의 제1심 관할법원은 피고인 행정청의 소재지를 관할하는 행정법원으로 한다(동법 9①). 다만 중앙행정기관 또는 그 장이 피고인 경우의 관할법원은 대법원 소재지의 행정법원으로 한다. 토지의 수용 기타 부동산 또는 특정의 장소에 관계되는 처분 등에 대한 취소소송은 그 부동산 또는 장소의 소재지를 관할하는 행정법원에 이를 제기할 수 있다(동조②).

취소소송의 재판관할에 관하여 현행 행정소송법은 개인의 제소의 편의를 도모하기 위하여 종래와 같은 전속관할제를 폐지하고 임의관할주의를 채택하였다. 그러므로 당사자 사이의 합의나 피고의 응소에 따라 피고의 소재지를 관할하는 법원 이외의 법원에 합의관할(민사소송법 29) 또는 응소관할(동법 30)이 생길 수 있다(행정소송법 8②).

3. 관할이송

관할이송이란 어느 법원에 일단 계속된 소송을 그 법원의 결정에 의하여 다른 법원에 이전하는 것을 말하는데, 주로 소송촉진과 소송경제를 위하여 인정되고 있다. 법원은 소송의 전부 또는 일부가 그 관할에 속하지 않는다고 인정할 경우에는 결정으로 관할법원에 이송한다(동법 8②, 민사소송법 34①). 원고의 고의 또는 중대한 과실 없이 행정소송이 심급을 달리하는 법원에 잘못 제기된 경우에도 적용된다(행정소송법 7). 행정사건이 민사법원에 제기된 경우에는 행정법원에 이송하되, 해당 민사법원이 행정사건도 관할하는 경우(지방법원 본원)에는 담당부만 행정사건의 담당부로 이부(移部)할 수 있다(판례).

[판 례] 행정사건을 민소소송으로 제기한 경우 행정법원으로 이송한 경우

"행정소송법 제7조는 원고의 고의 또는 중대한 과실 없이 행정소송이 심급을 달리하는 법원에 잘못 제기된 경우에 민사소송법 제31조 제1항을 적용하여 이를 관할 법원에 이송하도록 규정하고 있을 뿐 아니라, 관할 위반의 소를 부적법하다고 하여 각하하는 것보다 관할 법원에 이송하는 것이 당사자의 권리구제나 소송경제의 측면에서 바람직하므로, **원고가 고의 또는 중대한 과실 없이 행정소송으로 제기하여야 할 사건을 민사소송으로 잘못 제기한 경우, 수소법원으로서는 만약 그 행정소송에 대한 관할도 동시에 가지고 있다면 이를 행정소송으로 심리·판단하여야 하고, 그 행정소송에 대한 관할을 가지고 있지 아니하다면** 당해 소송이 이미 행정소송으로서의 전심절차 및 제소기간을 도과하였거나 행정소송의 대상이 되는 처분 등이 존재하지도 아니한 상태에 있는 등 **행정소송으로서의 소송요건을 결하고 있음이 명백하여 행정소송으로 제기되었더라도 어차피 부적법하게 되는 경우가 아닌 이상 이를 부적법한 소라고 하여 각하할 것이 아니라 관할 법원에 이송하여야 한다.**"(대판 1997.5.30. 95다28960; 대판 2018.7.26. 2015다221569 등)

4. 관련청구소송의 이송 및 병합

(1) 관련청구소송의 의의

관련청구소송이란 서로 관련된 수개의 청구가 실질적인 관련성을 갖는 경우에, 심리의 중복과 판결의 모순·저촉을 회피하고 재판을 신속하게 진행하게 하기 위하여, 하나의 절차에서 심리하도록 하는 제도를 말한다.

(2) 관련청구소송의 범위

1) 해당 처분 등과 관련되는 손해배상·부당이득반환·원상회복 등 청구소송(법10①(1)): 여기서 '**관련**'이란 청구의 내용 또는 발생원인이 취소소송의 대상인 처분 등과 법률상 또는 사실상 공통되는 것이거나, 병합되는 청구가 해당 처분으로 인한 것인 경우, 또는 해당 처분의 효력이나 존부유무(存否有無)가 선결문제로 되는 경우를 뜻한다(판례).

[판 례] 관련청구소송의 취지 및 요건

"행정소송법 제10조 제1항 제1호는 행정소송에 병합될 수 있는 관련청구에 관하여 '당해 처분 등과 관련되는 손해배상·부당이득반환·원상회복 등의 청구'라고 규정함으로써 그 **병합요건으로 본래의 행정소송과의 관련성**을 요구하고 있는바, 이는 **행정소송에서 계쟁 처분의 효력을 장기간 불확정한 상태에 두는 것은 바람직하지 않다는 관점에서 병합될 수 있는 청구의 범위를 한정함으로써 사건의 심리범위가 확대·복잡화되는 것을 방지하여 그 심판의 신속을 도모하려는 취지**라 할 것이므로, 손해배상청구 등의 민사소송이 행정소송에 관련청구로 병합되기 위해서는 그 **청구의 내용 또는 발생원인이 행정소송의 대상인 처분 등과 법률상 또는 사실상 공통되거나, 그 처분의 효력이나 존부 유무가 선결문제로 되는 등의 관계에 있어야** 함이 원칙이다."(대판 2000.10.27. 99두561, 토지수용이의재결처분취소등)

2) 해당 처분 등과 관련되는 취소소송(법10①(2)): 여기에는, ① 해당 처분과 함께 하나의 절차를 구성하는 다른 처분의 취소를 구하는 소송, ② 해당 처분에 관한 재결의 취소 또는 해당

재결의 대상인 처분의 취소를 구하는 소송, ③ 해당 처분 등의 취소를 구하는 다른 사람의 취소소송 등이 포함된다.

(3) 관련청구소송의 이송

1) 의 의: 취소소송과 관련청구소송이 각각 다른 법원에 계속되고 있는 경우에 관련청구소송이 계속된 법원이 상당하다고 인정하는 때에는 당사자의 신청 또는 직권에 의하여 이를 **취소소송이 계속된 법원**으로 이송할 수 있다(동법 10①). 이는 소송경제의 도모와 심리의 중복 및 재판의 모순과 저촉을 피하기 위한 취지라 하겠다.

2) 요 건: 관련청구소송을 이송하기 위해서는, ① 취소소송과 관련청구소송이 각각 다른 법원에 계속되고 있을 것, ② 관련청구소송이 계속된 법원이 '이송이 상당하다'고 인정할 것, ③ 당사자(원고 · 피고 · 참가인)의 신청이 있거나 법원의 직권에 의해 이송결정이 있을 것을 요건으로 한다.

3) 효 과: ① 관련청구소송은 그에 관한 취소소송의 관할법원이 재판관할권을 가진다(민사소송법 25 참조, 행정소송법 10②). ② 이송결정이 확정되면 관련청구소송은 처음부터 이송을 받은 법원에 계속된 것으로 간주되며(민사소송법 40①), ③ 그 이송을 받은 법원은 다시 다른 법원에 이송하지 못한다(동법 38②).

(4) 관련청구소송의 병합

1) 의 의: 청구의 병합(併合)이란 동일한 또는 복수의 당사자 사이에 **복수의 청구를 하나의 절차에서 심판**하는 것을 말한다. 취소소송에서 처분의 취소만으로 해결할 수 없는 여러 청구가 수반되는 경우에는 이와 관련되는 수개의 청구를 병합하여 하나의 소송절차에서 통일적으로 심판할 필요가 있다. 이는 동일한 처분에 관한 분쟁을 한꺼번에 해결하여 심리의 확대 · 복잡화를 방지하고 당사자나 법원의 부담을 경감하며, 심리의 중복과 저촉을 피하면서 분쟁을 신속히 해결하자는 데 그 의의가 있다.

2) 병합의 형태

(가) 병합의 일반적 형태: 소청구의 병합에는, ① 단수당사자(하나의 원고 · 피고) 사이의 복수청구의 병합인 **객관적 병합**과 복수당사자(수인의 원고 또는 피고)에 의한 복수청구의 병합인 **주관적 병합**, ② 각 청구가 다른 청구의 당부와 관계없이 심판을 구하는 **단순병합**과 양립(동시에 각각 성립)할 수 있는 수개의 청구를 그 하나가 인용되는 것을 해제조건으로 하여 수개의 청구에 관한 심판을 구하는 **선택적 병합** 및 ③ 제1차(주위적)청구가 인용되지 않을 것을 염려하여 그 인용을 해제조건으로 하여 제2차(예비적)청구에 대해서도 미리 심판을 구하는 **예비적 병합**(각 청구가 양립할 수 없는 경우에 가능, 판례), ④ 처음부터 병합하여 제기하는 **원시적 병합**과 소송의 계속 중에 추가하여 제기하는 **추가적(후발적) 병합**, ⑤ 이상의 여러 종류의 병합이 결합된 형태 등이 있다.

[판례 1] 선택적 병합의 요건 및 판결형태

"청구의 **선택적 병합은 원고가 양립할 수 있는 수 개의 경합적 청구권에 기하여 동일 취지의 급부를 구하거나 양립할 수 있는 수 개의 형성권에 기하여 동일한 형성적 효과를 구하는 경우에 그 어느 한 청구가 인용될 것을 해제조건으로 하여 수 개의 청구에 관한 심판을 구하는 병합 형태**이므로, 논리적으로 **양립할 수 없는 수 개의 청구는 선택적 병합이 허용되지 아니한다.**"(대판 1982.7.13. 81다카1120; 대판 2014.4.24. 2012두6773)

"청구의 선택적 병합은, 양립할 수 있는 여러 개의 청구권에 기초해서 같은 내용의 이행을 구하거나 양립할 수 있는 여러 개의 형성권에 기하여 같은 형성적 효과를 구하는 경우에, 어느 한 청구가 인용될 것을 해제조건으로 여러 개의 청구에 관한 심판을 구하는 병합 형태이다. 이와 같은 **선택적 병합의 경우에는 여러 개의 청구가 하나의 소송절차에서 불가분적으로 결합되어 있기 때문에, 선택적 청구 중 하나만을 기각하고 다른 선택적 청구에 대하여 아무런 판단을 하지 않는 것은 위법하다.**"(대법원 2018. 6. 15. 선고 2016다229478)

[판례 2] 단순병합과 예비적 병합의 구분

"**병합의 형태가 단순 병합인지 주위적·예비적 병합인지는 당사자의 의사가 아닌 병합청구의 성질을 기준으로 판단하여야 한다**(대판 2014.5.29. 2013다96868). 따라서 원고가 주위적·예비적 관계에 있는 두 청구를 단순병합 형태로 청구하였더라도, 원심으로서는 이를 주위적·예비적 청구로 보아 주위적 청구인 국가유공자 비해당결정처분 취소청구에 관하여 국가수호 등과 직접 관련된 직무수행 또는 교육훈련이 사망 또는 상이의 '직접적인 원인'이 되었는지 등 그 법령상 요건의 충족 여부를 먼저 판단하고, 위 주위적 청구가 인용되지 않을 경우 비로소 예비적 청구인 보훈보상대상자 비해당결정처분 취소청구의 당부에 관하여 판단하였어야 한다."(대판 2016.12.15. 2015두38313)

"국가유공자법과 보훈보상자법은 사망 또는 상이의 주된 원인이 된 직무수행 또는 교육훈련이 국가의 수호·안전보장 또는 국민의 생명·재산 보호와 직접적인 관련이 있는지에 따라 국가유공자와 보훈보상대상자를 구분하고 있으므로, **국가유공자 요건 또는 보훈보상대상자 요건에 해당함을 이유로 국가유공자 비해당결정처분과 보훈보상대상자 비해당결정처분의 취소를 청구하는 것은 동시에 인정될 수 없는 양립불가능한 관계에 있고, 이러한 두 처분의 취소청구는 원칙적으로 국가유공자 비해당결정처분 취소청구를 주위적 청구로 하는 주위적·예비적 관계에 있다.**"(대판 2016.7.27. 2015두46994, 국가유공자비해당결정취소)

"주위적·예비적 관계에서는 우선 주위적 청구를 먼저 심리판단한 후에, 이것이 이유 없어 배척되는 때에 비로소 예비적 청구를 심리판단하여야 한다."(대판 1986.9.9. 86누2)

(나) 취소소송에서의 병합의 형태: 취소소송에는 관련청구소송을 병합하거나(객관적 병합), 피고 이외의 자를 상대로 한 관련청구소송을 취소소송이 계속된 법원에 병합하여 제기할 수 있다(주관적 병합)(행정소송법 10②). 즉, 행정소송법 제10조 제2항 전문에 따른 단수의 원고에 의한 복수의 청구를 병합하는 객관적 병합과 그 후문에 따른 복수의 피고에 대한 청구의 병합인 주관적 병합이 가능하고, 사실심변론종결전까지 할 수 있으므로 원시적 병합뿐만 아니라 추가적 병합도 가능하며, 명문규정은 없으나 행정소송의 성질상 주위적·예비적 병합도 가능하다. 민사소송법에서는 수개의 청구가 동종의 소송절차에 의하는 경우에 한하여 소의 객관적 병합을 인정하나(동법 230), 행정소송법은 관련청구인이 한 이종(異種)의 소송절차에도 관련청구소송을 인정하였다(예; 취소소송과 당사자소송). 다만, 제3자에 의한 관련청구의 병합은 소송관계를 복잡하게 할 우려가 있으므로 채택하지 아니하였다.

3) 병합의 요건

(가) 주된 행정소송과의 관련성: 소의 병합은 행정소송법 제10조 제1항 제1호인 당해

처분 등과 관련되는 손해배상·부당이득반환·원상회복 등 청구소송과 제2호인 당해 처분 등과 관련되는 취소소송의 관련청구소송이어야 한다. 여기서 '당해 처분 등과 관련'이란 청구의 내용 또는 발생원인이 법률상 또는 사실상 공통되거나, 그 처분의 효력이나 존부유무가 선결문제로 되는 등의 관련이 있는 경우, 그 밖에 증거관계·쟁점, 공격·방어방법 등의 상당부분이 공통되어 함께 심리함이 타당한 경우 등을 말한다. 이 경우 행정소송에 관련 민사소송을 병합하는 방식이어야 하고, 그 반대로 병합할 수는 없다. 행정소송 상호간(취소소송과 당사자소송 등)에는 어느 쪽에 병합하여도 상관없다.

(나) 각 청구의 적법성: 주된 청구와 병합하는 관련청구는 각각 소송형태에 따른 소송요건을 갖추어야 한다. 관련청구의 병합은 그 청구를 병합할 본체인 취소소송을 전제로 하는 것이므로 그 본체인 취소소송은 해당 소송에서 요구되는 소송요건을 갖춘 적법한 것이어야 한다(판례1). 다만, 주된 청구가 부적법하더라도 청구의 기초에 변경이 없는 경우에는 소의 변경허가신청이 있는 것으로 처리할 수 있다(판례2).

[판례 1] 각 청구의 소송요건 충족

"행정소송법 제38조, 제10조에 의한 관련청구소송의 병합은 본래의 항고소송이 적법할 것을 요건으로 하는 것이어서 본래의 항고소송이 부적법하여 각하되면 그에 병합된 관련청구도 소송요건을 흠결한 부적합한 것으로 각하되어야 한다."(대판 2001.11.27. 2000두697; 대판 1997.3.14. 95누13708 등)

"주위적 청구가 행정심판의 재결을 거칠 필요가 없는 무효확인소송이라 하더라도 병합 제기된 예비적 청구가 취소소송이라면 이에 대한 행정심판의 재결을 거치는 등으로 적법한 제소요건을 갖추어야 한다."(대판 1994.4.29. 93누12626)

"택지개발사업지구 내 비닐하우스에서 화훼소매업을 하던 갑과 을이 재결절차를 거치지 않고 사업시행자를 상대로 **주된 청구인 영업손실보상금 청구에 생활대책대상자 선정 관련청구소송을 병합하여 제기한 사안에서, 영업손실보상금청구의 소가 재결절차를 거치지 않아 부적법하여 각하되는 이상, 이에 병합된 생활대책대상자 선정 관련청구소송 역시 소송요건을 흠결하여 부적법하므로 각하되어야 한다.**"(대판 2011.09.29. 2009두10963)

[판례 2] 당사자소송과 병합하는 경우

"취소소송 등을 제기한 당사자가 당해 처분 등에 관계되는 사무가 귀속되는 국가 또는 공공단체에 대한 당사자소송을 행정소송법 제10조 제2항에 의하여 관련청구로서 병합한 경우 위 취소소송 등이 부적법하다면 당사자는 위 당사자소송의 병합청구로서 같은 법 제21조 제1항에 의한 소변경을 할 의사를 아울러 가지고 있었다고 봄이 상당하고, 이러한 경우 법원은 청구의 기초에 변경이 없는 한 당초의 청구가 부적법하다는 이유로 병합된 청구까지 각하할 것이 아니라 병합청구 당시 유효한 소변경청구가 있었던 것으로 받아들여 이를 허가함이 타당하다."(대판 1992.12.24. 92누3335)

(다) 병합의 시기: 관련청구의 병합은 사실심변론종결(事實審辯論終結) 전에 하여야 한다(동법 10②).

Ⅲ. 당사자 및 참가인

1. 개 설

(1) 당사자의 지위

소송당사자란 법원에 대하여 재판권행사를 요구하는 자(**원고**)와 그 상대방(**피고**)을 말한다. 행정소송도 소송당사자(원고 · 피고)가 대립하여 다툰다는 점에서 민사소송과 본질적으로 다를 것이 없다. 다만, 행정소송의 종류에 따라 원고와 피고의 지위가 다르게 된다. 당사자소송의 경우에는 원고와 피고가 서로 자기의 권리를 주장하여 대립한다는 점에서 민사소송과 동일하다. 그러나 항고소송에서는 서로 권리의 주장이 아니라 원고는 처분 등의 취소 · 변경을 구하고 피고인 행정청은 단지 법적용의 위법이 없다는 것을 주장하기 위하여 소송절차상 피고의 지위에 서는 것에 불과하다.

(2) 당사자능력

당사자능력이란 소송의 당사자(원고 · 피고 · 참가인)가 될 수 있는 능력을 말한다. 민법 등에 의하여 권리능력을 갖는 자연인 · 법인은 물론, 법인격 없는 사단 또는 재단도 대표자를 통하여 원고가 될 수 있다(행정소송법 8②, 민사소송법 52). 그러나 실체법상의 권리능력은 물론 민사소송법상의 당사자능력이 없는 행정청은 취소소송의 원고가 될 수 없고, 따라서 취소소송에서 반소를 제기할 수 없으나, 행정소송법의 특별규정(동법 13)에 의해 피고능력을 갖는다.

(3) 당사자적격

당사자적격(當事者適格)이란 특정한 소송사건에서 원고 · 피고 · 참가인 등 정당한 당사자로서 소송을 수행하고 본안판결을 받기에 적합한 자격을 말한다. 이는 소송요건에 해당하므로 법원이 심리판단 하여 흠결이 있으면 소를 각하해야 한다. 권한면에서 소송수행권을 의미하며, 당사자적격이 있는 자를 보통 정당한 당사자라 한다. 당사자적격에는 원고적격과 피고적격이 있다.

2. 원고적격

(1) 원고적격의 의의

원고적격(原告適格)이란 특정한 소송에서 원고가 될 수 있는 자격을 말한다. 법원에 소(訴)가 제기된다고 하여 항상 실체적 재판이 행해지는 것은 아니다. 소에 대하여 본안판결이 행해지기 위해서는 소의 내용인 당사자의 청구가 국가의 재판제도를 이용하여 해결할 만한 가치 내지 필요성이 있어야 하는 바, 이를 소의 이익이라고 한다. 소익(訴益)은 보통, ❶ 청구의 내용이 재판의 대상으로 될 적성을 가지고 있는가(소송대상의 문제), ❷ 당사자가 청구를 함에 있어서 정당한 이익을 가지고 있는가(당사자적격의 문제), ❸ 청구에 대하여 법원이 판단을 행할 구체적인 실익이 인정되는가(구체적 이익 내지 권리보호의 필요성의 문제)의 세 가지 측면에서 검토된다. 이 중 ②가

원고적격을 의미하며, ①은 대상적격, ③은 협의의 소익을 말한다.

(2) 원고적격의 범위

행정소송법 제12조는 "취소소송은 처분 등의 취소를 구할 법률상 이익이 있는 자가 제기할 수 있다"고 규정하여, 취소소송의 원고적격의 요건을 '**법률상 이익**'으로 하고 있다. 그런데 '법률상 이익'이라는 용어는 불확정개념이므로, 그 해석을 둘러싸고 취소소송의 목적과 기능을 어떻게 보느냐에 따라 견해가 나뉘고 있다.

1) **권리구제설**(권리향수회복설): 권리구제설은 재판의 기능과 목적은 실체법상의 권리보호에 있음을 근거로 위법한 처분 등으로 인하여 권리를 침해당한 자만이 그 회복을 위한 원고적격이 있다는 견해로서, 이에 의하면 법률상 이익은 '권리'를 뜻하는 것이 된다.

그러나 이 설은 권리를 직접 침해하지 않지만 국민에게 불이익을 주는 경우에는 원고적격이 부정되고 제3자에 대한 처분에서 제3자에 대한 특별한 권리를 가진 자를 제외하고는 원고적격이 인정되지 않는다는 비판이 있다.

2) **법률상 이익구제설**: 법률상 이익구제설은 항고소송을 고유한 의미의 권리의 관철수단으로서가 아니라 '법률이 개인을 위하여 보호하고 있는 이익'을 구제하기 위한 수단으로 보는 결과, 법률상 이익이란 '법률상 보호된 이익'을 뜻하게 된다(통설 · 판례). 여기서 법률상 보호된 이익이란 행정법규가 사인 등 권리주체의 개인적 이익보호를 목적으로 하여 행정권 행사에 제약을 가하고 있음으로써 보호되고 있는 이익을 말하며, 단순한 반사적 이익과 구별되는 것이다. 한편 처분이 개인의 이익보호를 고려한 강행법규에 위반하여 관계인에게 불이익을 미치고 있으면 그 이익이 권리라 할 수 없는 경우에도 제소가 가능하므로 취소소송의 보호법익은 권리구제설에 비하여 크게 확대된다.

그러나 이 설은 원고적격의 성부를 단순히 실정행정법규의 존부와 관련시킴으로써 실정법만능주의 내지는 실질적으로 열기주의를 초래하게 되며, 현대행정을 둘러싼 다양한 분쟁상황을 해결하기에 적합하지 않다는 비판이 있다.

3) **보호가치이익설**: 보호가치이익설은 항고소송을 행정의 법적합성을 바탕으로 위법한 행정작용의 시정을 목적으로 하는 제도인 것으로 보는 결과, 법률상 보호되는 이익이건 반사적 이익과 같은 단순한 사실상의 이익이건 상관없이 실질적으로 '보호할 만한 가치있는 이익'이면 법률상 이익에 포함시키려는 것이다. 이는 취소소송의 원고적격 유무는 행정실체법의 해석에 의하여 결정되기보다는 오히려 행정처분으로 인하여 국민이 현실적으로 입는 불이익의 내용이 법원의 판결로써 보호할 가치있을 정도의 실질을 구비하고 있는가의 여부에 따라 결정되어야 한다는 것을 의미한다.

그러나 이 설은 '보호가치이익'의 관념이 지극히 추상적이기 때문에 법원의 자의적인 해석의 우려가 있고, 실체법이 보호하지 않는 이익을 쟁송법으로 보호하고자 하는 것이라는 문제가 있다는 비판이 있다.

4) **적법성보장설**: 적법성보장설은 취소소송을 개인의 이익보호만을 위한 수단으로 보기보다는 오히려 행정의 적법성 보장에 주안점을 둠으로써 행정통제적인 객관소송화를 추구하는 학설이다. 따라서 처분의 성질상 해당 처분을 다투는데 있어서 가장 적합한 이익상태에 있는 자로부터 소가 제기되면 소의 이익을 인정한다.

그러나 이 설은 주관적 쟁송인 항고소송을 민중소송화시키며 남소(濫訴)의 우려가 있다는 비판이 있다.

5) 판 례: 판례는 법률상 이익구제설을 따라, 법률상 이익이란 '법률상 보호되는 이익'이라고 하며, 법률상 보호되는 이익이란 해당 처분의 근거법규 및 관련법규에 의하여 보호되는 개별적 · 직접적 · 구체적 이익을 말한다고 한다(판례).

[판 례] 법률상 이익의 여부

"법률상의 이익은 **당해 처분의 근거 법률에 의하여 보호되는 직접적이고 구체적인 이익이 있는 경우**를 말하고, 다만 공익보호의 결과로 국민 일반이 공통적으로 가지는 추상적, 평균적, 일반적인 이익과 같이 간접적이거나 사실적 · 경제적 이해관계를 가지는 데 불과한 경우는 여기에 포함되지 않는다."(대판 1995.9.26. 94누14544; 대판 1999.12.7. 97누12556; 대판 2003.4.25. 2003두1240; 대판 2007.6.15. 2005두9736 등)

6) 결 어: '법률상 이익구제설'이 통설과 판례의 입장이다. 즉, '법률상 이익'에는 권리가 포함된다는 점에는 의문의 여지가 없으며, 취소소송이 주관적 쟁송이라는 점에서 적법성보장설은 무리가 있고, 보호가치이익설은 재판에 의해 보호할 만한 가치가 있는지의 객관적 기준이 모호하다는 이유에서이다. 그러나 법률상 이익구제설의 입장에서도, ① 해당 처분의 근거법률뿐만 아니라 법규명령을 포함한 근거법령 및 관련법령에 의하여 보호되는 이익이라는 설, ② 해당 처분의 근거법령 · 관련법령으로서의 실체법령뿐만 아니라 절차법령에 의하여 보호되는 이익이라는 설, ③ 해당 처분의 근거법령 · 관련법령의 전체 취지 및 목적에 의하여 보호되는 이익이라는 설, ④ 해당 법령의 목적 · 취지뿐만 아니라 침해되는 이익의 내용 · 성질 · 태양 등을 종합적으로 해석하여 보호되는 이익을 판단해야 한다는 설, ⑤ 헌법과 관습법 · 조리법에 의하여 보호되는 이익도 포함된다는 설 등이 제기 되고 있다. 특히 ③ · ④ · ⑤의 경우에는 보호가치이익설에 가깝다고 할 수 있다.

생각건대, 오늘날 복잡다양한 행정분쟁의 해결을 위해서는 실정법의 존부에만 의존하는 엄격한 법률상 이익구제설이 아닌 보다 탄력적인 보호가치이익설이 타당하다. 다만, '보호할 만한 가치있는 이익'의 해석에 보다 합리적 · 객관적 기준설정에 의한 탄력적 해석이 요구된다. 오늘날 환경권과 소비자권리, 문화적 생활을 누릴 권리 등의 중요성이 커짐에 따라 법적 이익의 개념이 확대되고 있어 원고적격의 범위도 넓어져 가고 있는 추세이다.

(3) '법률상 이익'의 판단기준

1) '법률'의 의미

(가) 근거법령 및 관련법령: '법률상 이익'의 '법률'은 해당 처분의 근거법률의 규정과

근거가 된 법규명령 및 조례 등을 포함한다고 할 것이므로 근거법령을 의미한다. 그 근거법령은 해당 처분의 근거가 된 요건규범인 실체법령뿐만 아니라 절차법령도 포함된다(판례1). 행정규칙은 법규성이 결여되어 원칙적으로 근거법령이라 할 수 없으나, 상위법령의 수권에 의해 구체화된 요건규정 등과 같이 법규성이 인정되는 경우뿐만 아니라 공표되거나 행정선례의 존재로 신뢰보호의 원칙이나 평등원칙이 적용될 수 있는 경우에는 근거법령에 포함된다. 또한 해당 처분의 근거법령의 요건을 보충한다든가 그 요건실현을 위한 일정한 절차를 규정한 법령도 관련법령으로서 '법률'의 범위에 포함된다(판례2).

[판례 1] 절차법령 포함

"**환경영향평가에 관한 자연공원법령 및 환경영향평가법령의 규정들의 취지는** 집단시설지구개발사업이 환경을 해치지 아니하는 방법으로 시행되도록 함으로써 집단시설지구개발사업과 관련된 환경공익을 보호하려는 데에 그치는 것이 아니라 그 사업으로 인하여 직접적이고 중대한 환경피해를 입으리라고 예상되는 **환경영향평가대상지역 안의 주민들이 개발 전과 비교하여 수인한도를 넘는 환경침해를 받지 아니하고 쾌적한 환경에서 생활할 수 있는 개별적 이익까지도 이를 보호하려는 데에 있다 할 것이므로, 위 주민들이 당해 변경승인 및 허가처분과 관련하여 갖고 있는 위와 같은 환경상의 이익은** 단순히 환경공익 보호의 결과로 국민일반이 공통적으로 가지게 되는 추상적 · 평균적 · 일반적인 이익에 그치지 아니하고 주민 개개인에 대하여 **개별적으로 보호되는 직접적 · 구체적인 이익**이라고 보아야 한다."(대판 1998.4.24. 97누3286, 공원사업시행허가처분취소)

[판례 2] 근거법규 및 관련법규에 의해 보호되는 법률상 이익

"**법률상 보호되는 이익이라 함은 당해 처분의 근거법규 및 관련법규에 의하여 보호되는 개별적 · 직접적 · 구체적 이익**이 있는 경우를 말하고, 당해 처분의 근거법규 및 관련법규에 의하여 보호되는 법률상 이익이라 함은 **당해 처분의 근거법규**(근거법규가 다른 법규를 인용함으로 인하여 근거법규가 된 경우까지를 아울러 포함한다)**의 명문규정에 의하여 보호받는 법률상 이익, 당해 처분의 근거법규에 의하여 보호되지는 아니하나 당해 처분의 행정목적을 달성하기 위한 일련의 단계적인 관련처분들의 근거법규에 의하여 명시적으로 보호받는 법률상 이익, 당해 처분의 근거법규 또는 관련법규에서 명시적으로 당해 이익을 보호하는 명문의 규정이 없더라도 근거법규 및 관련법규의 합리적 해석상 그 법규에서 행정청을 제약하는 이유가 순수한 공익의 보호만이 아닌 개별적 · 직접적 · 구체적 이익을 보호하는 취지가 포함되어 있다고 해석되는 경우까지를 말한다.**"(대판 2004.8.16. 2003두2175; 대판 2006.3.16. 2006두330; 대판 2015.7.23. 22012두19502 등)

(나) 헌법 등 포함여부: '법률'에 헌법, 관습법 및 조리법 등이 포함되느냐에 대해서는 견해가 나뉜다. 생각건대, 해당 처분의 근거법령은 헌법규정에 합치해야 하므로 헌법은 근거법령 또는 관련법령에 포함된다고 할 수 있고, 평등원칙 및 비례원칙 등 조리법 등도 법률에 포함된다고 해석된다. 그러나 판례는 헌법 등의 법률에의 포함을 대체로 부정하고 있으나 원고적격을 인정한 판례도 있다(판례1,2,3).

[판례 1] 헌법상의 환경권만으로는 원고적격 부정

"헌법 제35조 제1항에서 정하고 있는 **환경권에 관한 규정만으로는 그 권리의 주체 · 대상 · 내용 · 행사방법 등이 구체적으로 정립되어 있다고 볼 수 없고,** 환경정책기본법 제6조도 그 규정 내용 등에 비추어 국민에게 구체적인 권리를 부여한 것으로 볼 수 없다는 이유로, 환경영향평가 대상지역 밖에 거주하는 주민에게 헌법상의 환경권 또는 환경정책기본법에 근거하여 공유수면매립면허처분과 농지개량사업 시행인가처분의 무효확인을 구할 **원고적격이 없다**고 한 사례."(대판 2006.3.16. 2006두330)

[판례 2] 자연물 및 헌법상 기본권으로 원고적격(민사소송) 부정

"신청인 '도롱뇽'은 천성산에 서식하는 도롱뇽 또는 위 도롱뇽을 포함한 자연 그 자체로서, … **자연물인 도롱뇽 또는 그를 포함한 자연 그 자체에 대하여는 현행법의 해석상 그 당사자능력을 인정할 만한 근거를 찾을 수 없다.** … 또한 공동 신청자인 "자연 내지 자연물의 고유의 가치의 대변자"인 환경단체 '도롱뇽의 친구들'은 … "천성산을 비롯한 모든 자연환경과 생태계 보존운동을 통해 더 이상의 자연파괴를 막는 한편, 생명을 중시하는 생각을 폭 넓게 전파하여 환경운동·생명운동에 이바지함을 그 목적으로 하는 단체"로서, 위 터널의 공사로 인한 도롱뇽의 생존환경 및 천성산의 자연환경이 파괴되는 것을 막기 위하여 **헌법상의 환경권** 내지 "인간은 자연의 파괴로부터 자연 및 자연물을 방위하여야 한다."라는 의미의 '**자연 방위권**'을 그 피보전권리로 삼아 제소하였는바, … **헌법상의 기본권으로서 환경권에 관한 위 규정만으로는** 그 보호대상인 환경의 내용과 범위, 권리의 주체가 되는 권리자의 범위 등이 명확하지 못하여 이 규정이 **개개의 국민에게 직접 구체적인 사법상의 권리를 부여한 것이라고 보기는 어렵고, '자연 방위권'으로부터 직접 신청인 단체에게 피신청인에 대하여 민사상의 가처분으로 이 사건 터널 공사의 착공금지를 구할 수 있는 구체적인 사법상의 권리가 생긴다고 보기 어려우며**"(울산지법 2004.4.8. 2003카합982, 경부고속철도 천성산 관통 원효터널공사착공금지가처분)

[판례 3] 기본권에 의해 원고적격을 인정한 헌법재판소 판결

"국세청장의 지정행위의 근거규범인 이 사건 조항들이 단지 공익만을 추구할 뿐 청구인 개인의 이익을 보호하려는 것이 아니라는 이유로 청구인에게 취소소송을 제기할 법률상 이익을 부정한다고 하더라드, **청구인의 기본권인 경쟁의 자유가 바로 행정청의 지정행위의 취소를 구할 법률상 이익이 된다** 할 것이다."(헌재 1998.4.30. 97헌마141)

2) '법률상 이익'의 의미

(가) 법률상 이익의 내용: 법률상 이익이란 해당 처분의 근거법령 또는 관련법령에 의하여 보호되는 개별적이고 직접적이며 구체적인 이익으로 사익보호성이 인정되는 이익을 말한다. 즉, ① 해당 처분의 근거 법규의 명문 규정에 의하여 보호받는 법률상 이익, ② 해당 처분의 행정목적을 달성하기 위한 일련의 단계적인 관련 처분들의 근거 법규에 의하여 명시적으로 보호받는 법률상 이익, ③ 근거 법규 및 관련 법규의 합리적 해석상 그 법규에서 행정청을 제약하는 이유가 순수한 공익의 보호만이 아닌 개별적·직접적·구체적 이익을 보호하는 취지가 포함되어 있다고 해석되는 경우까지를 말한다.

(a) **사적 이익**: 이는 공익과 구별되는 개인적인 이익인 바, 일반적으로 행정실체법은 공익보호를 목적으로 하지만 아울러 사익도 보호하는 것으로 해석되는 경우가 이에 해당한다.

(b) **직접적·구체적 이익**: 이는 개인에게 직접적이고 구체적으로 주는 이익을 말하며, 공익보호의 결과 반사적·간접적으로 얻게 되는 사실적·경제적인 이익에 불과한 경우에는 해당되지 아니한다(판례1).

(c) **침해되거나 침해될 우려가 있는 법률상의 이익**: 이는 처분 등에 의하여 사적 이익이 침해된 경우 및 침해의 우려가 있는 경우를 말한다. 이 때 침해의 우려는 단순한 침해발생의 가능성이 아니라 침해가 확실하거나 개연성이 있어야 한다.

(나) 법률상 이익의 판별기준: 법률상 이익, 즉 법령에 의하여 보호되는 이익인지의 여부에 대한 판별기준은, ① 해당 처분의 근거법규의 취지·목적에 비추어 원고가 주장하는 이익을 해당 법규가 보호하고 있는지에 의해 판단하거나(**법령기준설**), ② 해당 처분이 위법으로 되는 경우에 발생이 예상되는 침해의 중대성 여부에 의해 판단하거나(**피침해기준설**), ③ 사회통념상 사회

공동생활을 영위하는데 당연히 감수하여야 할 수인한도를 초과하는 피해의 여부에 의해 판단하는 방법(**수인한도설**) 등이 있다.

생각건대, 해당 처분의 근거법령 및 관련법령의 규정방식과 취지·목적뿐만 아니라 해당 처분에 의하여 침해되는 이익의 내용·성질 및 침해되는 태양·정도, 나아가 해당 처분 전과 비교하여 수인의 한도를 넘는 것인지 등을 종합적으로 고려하여 판단함이 바람직하다(**종합설**)(판례2). 또한 해당 행정법규의 헌법합치적 해석과 침해된 이익의 헌법상의 기본권 여부도 고려하여 해석한다(**완화된 법률상 이익구제설**).

[판례 1] 법률상 이익이 없는 경우

"당해 건축의 용도가 위락시설로 변경된다고 하더라도 이로 인하여 반드시 향락적 소비풍조가 만연하고 주부의 탈선, 청소년의 비행 등의 문제가 발생한다고 단정할 수 없을 뿐만 아니라 가사 위 건축물용도변경허가로 인하여 인근 아파트의 주부들 사이에 소비풍조를 조성하거나 학생과 청소년에게 교육적으로 나쁜 영향을 초래할 위험성이 없지 않고 또 그 인근 지역에 주차난 또는 교통혼잡 등의 문제를 야기할 우려가 다소 있다고 하여도 당해 건축물용도변경불허가처분을 취소하고 신청외 지방자치단체장에게 그 허가를 이행할 것을 명한 당해 재결로 인하여 침해될 신청인들의 위와 같은 이익, 즉 **건전한 주거·교육환경의 유지·보존, 주차난과 교통혼잡의 예방 등은 건축법 각 조항에 의하여 보호되는 직접적·구체적인 이익이 아니고 건축물의 안전, 기능 및 미관 향상 등의 공익을 보호하기 위하여 건축물의 건축이나 용도변경 등을 규제함으로써 반사적·간접적으로 얻게 되는 사실적·경제적인 이익에 불과하**다 할 것이고, 따라서 신청인들은 당해 재결의 취소와 그 효력정지가처분을 구할 법률상의 이익이 없다고 한 사례." (대판 1997.8.25. 97부558, 건축물용도변경허가이행재결효력정지)

[판례 2] 근거법령, 직접적·구체적·중대한·수인한도초과의 침해 및 침해우려 등 종합

"**행정처분의 근거 법규 또는 관련 법규**에 그 처분으로써 이루어지는 행위 등 사업으로 인하여 환경상 침해를 받으리라고 예상되는 영향권의 범위가 구체적으로 규정되어 있는 경우에는, 그 영향권 내의 주민들에 대하여는 당해 처분으로 인하여 **직접적이고 중대한 환경피해**를 입으리라고 예상할 수 있고, 이와 같은 환경상의 이익은 주민개개인에 대하여 **개별적으로 보호되는 직접적·구체적 이익**으로서 그들에 대하여는 특단의 사정이 없는 한 환경상 이익에 대한 **침해 또는 침해 우려**가 있는 것으로 사실상 추정되어 법률상 보호되는 이익으로 인정됨으로써 원고적격이 인정되며, 그 영향권 밖의 주민들은 당해 처분으로 인하여 그 처분 전과 비교하여 **수인한도를 넘는 환경피해를 받거나 받을 우려**가 있다는 자신의 환경상 이익에 대한 침해 또는 침해 우려가 있음을 증명하여야만 법률상 보호되는 이익으로 인정되어 원고적격이 인정된다."(대판 2010.4.15. 2007두16127, 공장설립승인처분취소)

3) 법률상 이익이 있는 '자'의 의미

(가) 상대방 및 제3자: 법률상 이익이 있는 자라는 것은 취소소송이 주관적 소송임을 의미하는 것인 바, 처분의 상대방 및 제3자로서 권리주체인 자연인 및 법인을 말한다(판례1). 불이익처분의 상대방은 직접 개인적 이익의 침해를 받은 자이므로 원고적격이 인정된다(판례2). 법인 등 단체는 해당 단체의 법률상 이익이 침해된 경우를 말하며, 단체의 특정 구성원의 법률상 이익이 침해된 경우에는 그 구성원 개인의 원고적격의 문제이다(판례3).

[판례 1] 제3자의 원고적격이 인정되는 경우

"행정처분의 직접 상대방이 아닌 **제3자라 하더라도** 당해 행정처분으로 인하여 **법률상 보호되는 이익을 침해당한 경우**에는 취소소송을 제기하여 그 당부의 판단을 받을 자격이 있다."(대판 2004.5.14. 2002두12465; 대판 2007.1.25. 2006두12289 등)

[판례 2] 불이익처분의 상대방

"행정처분에 있어서 **불이익처분의 상대방은 직접 개인적 이익의 침해를 받은 자로서 원고적격이 인정**되지만 수익처분의 상대방은 그의 권리나 법률상 보호되는 이익이 침해되었다고 볼 수 없으므로 달리 특별한 사정이 없는 한 취소를 구할 이익이 없다."(대판 1995.8.22. 94누8129; 대판 2018.3.27. 2015두47492 등)

[판례 3] 단체의 법률상 이익

"공유수면매립목적 변경 승인처분으로 甲 수녀원에 소속된 수녀 등이 쾌적한 환경에서 생활할 수 있는 환경상 이익을 침해받는다고 하더라도 이를 가리켜 곧바로 甲 수녀원의 법률상 이익이 침해된다고 볼 수 없고, 자연인이 아닌 甲 수녀원은 쾌적한 환경에서 생활할 수 있는 이익을 향수할 수 있는 주체가 아니므로 위 처분으로 위와 같은 생활상의 이익이 직접적으로 침해되는 관계에 있다고 볼 수도 없으며, 위 처분으로 환경에 영향을 주어 甲 수녀원이 운영하는 쨈 공장에 직접적이고 구체적인 재산적 피해가 발생한다거나 甲 수녀원이 폐쇄되고 이전해야 하는 등의 피해를 받거나 받을 우려가 있다는 점 등에 관한 증명도 부족하다는 이유로, 甲 수녀원에 처분의 무효 확인을 구할 원고적격이 없다고 한 사례."(대판 2012.06.28. 2010두2005, 수정지구공유수면매립목적변경승인처분무효)

(나) 법인격 없는 단체: 법인격 없는 단체는 대표자를 통하여 단체의 이름으로 소송을 제기할 수 있다(행정소송법 8②, 민사소송법 52).

[판 례] 임차인대표회의의 원고적격 인정

"구 임대주택법(2009.12.29.법률 제9863호로 개정되기 전의 것)제21조 제5항, 제9항,제34조,제35조 규정의 내용과 입법 경위 및 취지 등에 비추어 보면, **임차인대표회의도** 당해 주택에 거주하는 임차인과 마찬가지로 임대주택의 분양전환과 관련하여 그 승인의 **근거 법률인 구 임대주택법에 의하여 보호되는 구체적이고 직접적인 이익**이 있다고 봄이 상당하다. 따라서 임차인대표회의는 행정청의 분양전환승인처분이 승인의 요건을 갖추지 못하였음을 주장하여 그 취소소송을 제기할 원고적격이 있다고 보아야 한다."(대판 2010.5.13. 2009두19168)

(다) 국가·지방자치단체·국가기관: 원고적격이 인정되는 '법인'에 국가나 지방자치단체 및 국가기관이 포함되는지 문제된다. 생각건대, 국민의 권리구제라는 항고소송의 본질 및 취지에서 볼 때 국가나 지방자치단체 및 국가기관은 기관소송이나 헌법재판소의 권한쟁의심판을 활용함이 바람직하며 취소소송의 원고적격은 부인함이 타당하다. 판례는 원칙적으로 국가의 원고적격을 부인하나(판례1), 다른 쟁송방법이 없는 경우에 제한적이긴 하지만 국가기관 및 지방자치단체의 원고적격을 인정한 예도 있다(판례2, 3).

[판례 1] 국가의 원고적격 부인

"건설교통부장관은 지방자치단체의 장이 기관위임사무인 국토이용계획 사무를 처리함에 있어 자신과 의견이 다를 경우 행정협의조정위원회에 협의·조정 신청을 하여 그 협의·조정 결정에 따라 의견불일치를 해소할 수 있고, 법원에 의한 판결을 받지 않고서도 행정권한의 위임 및 위탁에 관한 규정이나 구 지방자치법에서 정하고 있는 지도·감독을 통하여 직접 지방자치단체의 장의 사무처리에 대하여 시정명령을 발하고 그 사무처리를 취소 또는 정지할 수 있으며, 지방자치단체의 장에게 기간을 정하여 직무이행명령을 하고 지방자치단체의 장이 이를 이행하지 아니할 때에는 직접 필요한 조치를 할 수도 있으므로, **국가가 국토이용계획과 관련한 지방자치단체의 장의 기관위임사무의 처리에 관하여 지방자치단체의 장을 상대로 취소소송을 제기하는 것은 허용되지 않는다.**"(대판 2007.09.20. 2005두6935, 국토이용계획변경신청거부처분취소)

[판례 2] 국가기관의 원고적격 인정

"[1] 국가기관 등 행정기관(이하 '행정기관 등'이라 한다) 사이에 권한의 존부와 범위에 관하여 다툼이 있는 경우에 이는 통상 내부적 분쟁이라는 성격을 띠고 있어 상급관청의 결정에 따라 해결되거나 법령이 정하는 바에 따라 '기관소송'이나 '권한쟁의심판'으로 다루어진다. 그런데 법령이 특정한 행정기관 등으로 하여금 다른 행정기관을 상대로 제재적 조치를 취할 수 있도록 하면서, 그에 따르지 않으면 그 행정기관에 대하여 과태료를 부과하거나 형사처벌을 할 수 있도록 정하는 경우가 있다. 이러한 경우에는 단순히 국가기관이나 행정기관의 내부적 문제라거나 권한 분장에 관한 분쟁으로만 볼 수 없다. 행정기관의 제재적 조치의 내용에 따라 '구체적 사실에 대한 법집행으로서 공권력의 행사'에 해당할 수 있고, 그러한 조치의 상대방인 행정기관이 입게 될 불이익도 명확하다. 그런데도 그러한 **제재적 조치를 기관소송이나 권한쟁의심판을 통하여 다툴 수 없다면, 제재적 조치는 그 성격상 단순히 행정기관 등 내부의 권한 행사에 머무는 것이 아니라 상대방에 대한 공권력 행사로서 항고소송을 통한 주관적 구제대상이 될 수 있다고 보아야 한다.** 기관소송 법정주의를 취하면서 제한적으로만 이를 인정하고 있는 현행 법령의 체계에 비추어 보면, **이 경우 항고소송을 통한 구제의 길을 열어주는 것이 법치국가 원리에도 부합한다. 따라서 이러한 권리구제나 권리보호의 필요성이 인정된다면 예외적으로 그 제재적 조치의 상대방인 행정기관 등에게 항고소송 원고로서의 당사자능력과 원고적격을 인정할 수 있다.**

[2] **국민권익위원회가 소방청장에게 인사와 관련하여 부당한 지시를 한 사실이 인정된다며 이를 취소할 것을 요구하기로 의결하고 그 내용을 통지하자 소방청장이 국민권익위원회 조치요구의 취소를 구하는 소송을 제기한 사안**에서, …… 법률에서 행정기관 사이의 기관소송을 허용하는 규정을 두고 있지 않으므로 이러한 조치요구를 이행할 의무를 부담하는 행정기관의 장으로서는 기관소송으로 조치요구를 다툴 수 없고, 위 조치요구에 관하여 정부 조직 내에서 그 처분의 당부에 대한 심사·조정을 할 수 있는 다른 방도도 없으며, 국민권익위원회는 헌법 제111조 제1항 제4호에서 정한 '헌법에 의하여 설치된 국가기관'이라고 할 수 없으므로 그에 관한 권한쟁의심판도 할 수 없고, 별도의 법인격이 인정되는 국가기관이 아닌 소방청장은 질서위반행위규제법에 따른 구제를 받을 수도 없는 점, 부패방지 및 국민권익위원회의 설치와 운영에 관한 법률은 소방청장에게 국민권익위원회의 조치요구에 따라야 할 의무를 부담시키는 외에 별도로 그 의무를 이행하지 않을 경우 과태료나 형사처벌까지 정하고 있으므로 위와 같은 조치요구에 불복하고자 하는 '소속기관 등의 장'에게는 조치요구를 다툴 수 있는 소송상의 지위를 인정할 필요가 있는 점에 비추어, **처분성이 인정되는 국민권익위원회의 조치요구에 불복하고자 하는 소방청장으로서는 조치요구의 취소를 구하는 항고소송을 제기하는 것이 유효·적절한 수단으로 볼 수 있으므로 소방청장은 예외적으로 당사자능력과 원고적격을 가진다고 한 사례.**(대판 2018.8.1. 2014두35379 [징계처분등])

갑이 국민권익위원회에 부패방지 및 국민권익위원회의 설치와 운영에 관한 법률에 따른 신고와 신분보장조치를 요구하였고, 국민권익위원회가 甲의 소속기관 장인 乙 시·도선거관리위원회 위원장에게 '甲에 대한 중징계요구를 취소하고 향후 신고로 인한 신분상 불이익처분 및 근무조건상의 차별을 하지 말 것을 요구'하는 내용의 조치요구를 한 사안에서, **국가기관 일방의 조치요구에 불응한 상대방 국가기관에 국민권익위원회법상의 제재규정과 같은 중대한 불이익을 직접적으로 규정한 다른 법령의 사례를 찾아보기 어려운 점, 그럼에도 乙이 국민권익위원회의 조치요구를 다툴 별다른 방법이 없는 점 등에 비추어 보면, 처분성이 인정되는 위 조치요구에 불복하고자 하는 乙로서는 조치요구의 취소를 구하는 항고소송을 제기하는 것이 유효·적절한 수단이므로 비록 乙이 국가기관이더라도 당사자능력 및 원고적격을 가진다고 보는 것이 타당**하고, 乙이 위 조치요구 후 甲을 파면하였다고 하더라도 조치요구가 곧바로 실효된다고 할 수 없고 乙은 여전히 조치요구를 따라야 할 의무를 부담하므로 乙에게는 위 조치요구의 취소를 구할 법률상 이익도 있다고 본 원심판단을 정당하다고 한 사례."(대판 2013.07.25. 2011두1214, 불이익처분원상회복등요구처분취소)

[판례 3] 지방자치단체의 원고적격 인정

"구 건축법(2011. 5. 30. 법률 제10755호로 개정되기 전의 것) 제29조 제1항, 제2항, 제11조 제1항 등의 규정 내용에 의하면, 건축협의의 실질은 지방자치단체 등에 대한 건축허가와 다르지 않으므로, 지방자치단체 등이 건축물을 건축하려는 경우 등에는 미리 건축물의 소재지를 관할하는 허가권자인 지방자치단체의 장과 건축협의를 하지 않으면, 지방자치단체라 하더라도 건축물을 건축할 수 없다. 그리고 구 지방자치법 등 관련 법령을 살펴보아도 지방자치단체의 장이 다른 지방자치단체를 상대로 한 건축협의 취소에 관하여 다툼이 있는 경우에 법적 분쟁을 실효적으로 해결할 구제수단을 찾기도 어렵다. 따라서 건축협의 취소는 상대방이 다른 지방자치단체 등 행정주체라 하더라도 '행정청이 행하는 구체적 사실에 관한 법집행으로서의 공권력 행사'(행정소송법 제2조 제1항 제1호)로서 처분에 해당한다고 볼 수 있고, **지방자치단체인 원고가 이를 다툴 실효적 해결 수단이 없는 이상, 원고는**

건축물 소재지 관할 허가권자인 지방자치단체의 장을 상대로 항고소송을 통해 건축협의 취소의 취소를 구할 수 있다."(대판 2014.02.27. 2012두22980, 건축협의취소처분취소)

(라) 행정심판 피청구인인 지방자치단체: 행정심판의 피청구인인 지방자치단체의 원고적격 포함여부에 대해서는 견해가 나뉜다.

(a) 제한적 긍정설: 이는 자치사무에 대한 행정심판의 인용재결의 경우 그 기판력은 피청구인인 처분청인 단체장에게 미치고 지방자치단체에는 미치지 아니하여 지방자치단체는 원고적격이 인정된다고 한다.[14)]

(b) 부정설: 이는 국민의 권리구제제도라는 항고쟁송의 본질과 인용재결의 기속력을 근거로 불복할 수 없다고 한다.

(c) 판 례: 판례는 처분행정청은 행정심판의 인용재결의 기속력에 의해 불복할 수 없다고 하여 부정설을 취하고 있다(대판 1998.5.8. 97누15432).

(d) 결 어: ① 행정소송법이 국민의 권리구제를 목적으로(동법 1) 행정청의 위법한 처분등의 취소·변경을 구하는 취소소송(동법 4(1))은 처분등의 취소를 구하는 법률상 이익이 있는 자가 제기하도록 한(동법 12) 취소소송의 구조나 취지·본질, ② 인용재결의 기속력(행정심판법 49①)에 의해 처분행정청은 이에 불복할 수 없고, ③ 심판청구의 대상인 처분을 한 행정청에게 반소를 인정하면 자율적 행정통제와 신속한 국민의 권리구제라는 행정심판제도의 입법취지에 반하여 행정상의 통제를 스스로 파괴하고, 국민의 신속한 권리구제를 지연시키게 된다는 점 등에서 부정설이 타당하다.

(4) 제3자의 원고적격

1) 제3자의 의미와 범위: 법률상 이익이 있는 제3자란 해당 행정처분의 직접 상대방 이외의 자로서 해당 처분의 취소 등을 구할 법률상 이익이 있는 자를 말한다. 행정처분의 직접 상대방이 아닌 제3자라도 해당 행정처분의 취소를 구할 법률상의 이익이 있는 경우에는 원고적격이 인정되는데, 헌법상의 재판청구권과 행정소송의 권리구제기능의 입장에서 제3자의 범위가 넓어지고 있는 추세이다.

[판 례] 제3자의 원고적격

"행정처분의 직접 상대방이 아닌 제3자라도 행정처분으로 인하여 법률상 보호되는 이익을 침해당한 경우에는 취소소송을 제기하여 당부의 판단을 받을 자격이 있고, 여기에서 말하는 법률상 보호되는 이익은 처분의 근거 법규 및 관련 법규에 의하여 보호되는 개별적·직접적·구체적 이익을 말한다."(대판 2016.11.25. 2014두5316; 대판 2021.2.4. 2020두48772 등))

2) 경업자소송

(가) 의 의: 경업자(競業者)소송이란 경쟁관계에 있는 영업자에 대한 처분을 다른 영업자가

---

14) 박균성(강의), 680면; 박정훈(행정소송의 구조와 기능), 358면; 홍정선(상), 1104면.

다투는 소송을 말한다. 즉, 기존업자 상호간 또는 기존업자와 신규출원자 상호간 등 서로 경쟁관계에 있는 경우에 일방에 대한 허가 등의 처분이 타방에 대한 불이익으로 귀결될 수밖에 없는 때에는 그 불이익자에게는 처분의 상대방이 아니어도 원고적격이 인정된다.

(나) 인정범위: ① 일반적으로 기존업자가 특허기업인 경우에는 특허로 받은 이익은 법률상 이익이라고 보아 원고적격을 인정하나, ② 기존업자가 허가기업인 경우에는 경찰허가로 인하여 받은 이익은 반사적 이익 내지 사실상 이익에 불과하다고 보아 원고적격을 부정한다. 그러나 관련법령상 과당경쟁방지 및 영업구역·거리제한의 존재 등 기존업자의 경영상의 이익도 보호하고 있다고 해석되는 경우에는 원고적격을 인정할 수 있다.

(다) 판 례: 다른 업자에 대한 여객자동차운송사업계획변경인가처분으로 인한 기존 업자의 노선 및 운행계통과 중복되는 경우(판례1), 새로운 경업자에 대한 담배일반소매인 지정의 경우(대판 2008.4.10, 2008두402) 및 분뇨등 수집·운반 및 정화조청소 영업을 하는 기존업자(대판 2006.7.28, 2004두6716) 등은 특허처분을 받은 기존업자로 보아 원고적격을 인정하였으나, 석탄가공업의 신규허가로 인한 기존업자(판례2), 숙박업구조변경허가처분을 받은 건물의 인근 기존업자(대판 1990.8.14, 89누7900) 및 약사에 대한 한약조제시험합격처분의 경우 한약사(대판 1998.3.10, 97누4289) 등은 강학상 허가를 받은 기존업자로 보아 원고적격을 부인하였다.

[판례 1] 기존업자의 원고적격을 인정한 경우

"면허나 인·허가 등의 수익적 행정처분의 근거가 되는 법률이 해당 업자들 사이의 과당경쟁으로 인한 경영의 불합리를 방지하는 것도 그 목적으로 하고 있는 경우, 다른 업자에 대한 면허나 인·허가 등의 수익적 행정처분에 대하여 미리 같은 종류의 면허나 인·허가 등의 처분을 받아 영업을 하고 있는 기존의 업자는 경업자에 대하여 이루어진 면허나 인·허가 등 행정처분의 상대방이 아니라 하더라도 당해 행정처분의 취소를 구할 원고적격이 있다."(대판 2010.6.10, 2009두10512; 대판 2018.4.26. 2015두53824 등)

[판례 2] 기존업자의 원고적격을 부인한 경우

"석탄수급조정에관한임시조치법 소정의 석탄가공업에 관한 허가는 사업경영의 권리를 설정하는 형성적 행정행위가 아니라 질서유지와 공공복리를 위한 금지를 해제하는 명령적 행정행위여서 그 허가를 받은 자는 영업자유를 회복하는데 불과하고 독점적 영업권을 부여받은 것이 아니기 때문에 기존허가를 받은 원고들이 신규허가로 인하여 영업상 이익이 감소된다 하더라도 이는 원고들의 반사적 이익을 침해하는 것에 지나지 아니하므로 원고들은 신규허가처분에 대하여 행정소송을 제기할 법률상 이익이 없다."(대판 1980.7.22. 80누33)

3) 경원자소송: 경원자소송이란 인·허가 등에서 양립할 수 없는 출원을 제기한 자들 사이의 소송을 말한다. 수인의 신청을 받아 일부에 대해서만 인·허가 등의 수익적 처분을 할 수 있는 경우에는 각 경원자에 대한 인·허가 등이 배타적 관계에 있으므로 인허가를 받지 못한 자는 타인에 대한 인허가를 취소할 법률상 이익이 있다고 보는 것이 일반적이다. 다만, 인허가를 받을 수 없는 결격사유 등이 존재하는 경우에는 경원자소송이 인정되지 아니한다. 경원자소송의 예로는, 법학전문대학원설치인가에서 탈락한 대학(판례), 엘피지충전소 신규허가에서 탈락한 업자(판례), 기존의 농어촌버스운송사업계획변경인가로 인해 노선 및 운행계통 일부가 중복되어 신

규의 마을버스운송사업면허신청이 반려된 자(대판 1999.10.12, 99두6026) 등을 들 수 있다.

[판 례] 경원자의 원고적격 인정

"인가·허가 등 수익적 행정처분을 신청한 여러 사람이 서로 경원관계에 있어서 한 사람에 대한 허가 등 처분이 다른 사람에 대한 불허가 등으로 귀결될 수밖에 없을 때 허가 등 처분을 받지 못한 사람은 신청에 대한 거부처분의 직접 상대방으로서 원칙적으로 자신에 대한 거부처분의 취소를 구할 원고적격이 있고, 취소판결이 확정되는 경우 판결의 직접적인 효과로 경원자에 대한 허가 등 처분이 취소되거나 효력이 소멸되는 것은 아니더라도 행정청은 취소판결의 기속력에 따라 판결에서 확인된 위법사유를 배제한 상태에서 취소판결의 원고와 경원자의 각 신청에 관하여 처분요건의 구비 여부와 우열을 다시 심사하여야 할 의무가 있으며, 재심사 결과 경원자에 대한 수익적 처분이 직권취소 되고 취소판결의 원고에게 수익적 처분이 이루어질 가능성을 완전히 배제할 수는 없으므로, 특별한 사정이 없는 한 경원관계에서 허가 등 처분을 받지 못한 사람은 자신에 대한 거부처분의 취소를 구할 소의 이익이 있다."(대판 2015.10.29. 2013두27517, 주유소운영사업자불선정처분취소 등)

4) 인인소송(이웃소송)

(가) 의 의: 인인소송(隣人訴訟)이란 특정인에 대한 수익적 처분(시설설치허가 등)이 인근주민에게는 불이익하게 되는 경우 그 인근주민이 자기의 법률상 이익의 침해를 다투는 소송을 말한다. 인인소송은 해당 처분의 근거법규 및 관련법규가 공익뿐만 아니라 인근주민의 개별적 이익도 보호하고 있다고 해석되는 경우에 인근주민에게 원고적격이 인정되는 경우이다.

(나) 인정범위: 인인소송은 국토의 계획 및 이용에 관한 법률, 건축법 및 환경법분야에서 주로 문제된다. 즉, ① 환경영향평가대상지역 안의 주민은 특단의 사정이 없는 한 원고적격을 인정할 수 있고, ② 환경영향평가대상지역 밖의 주민은 해당 처분전과 비교하여 수인한도를 넘는 환경피해를 받거나 받을 우려가 있음을 입증해야 원고적격이 인정된다. 다만, 환경침해는 복잡다양하고 고도의 과학적 판단이 요구되는 경우도 있는 등 그 입증의 곤란성으로 인하여 입증책임을 완화하여 피고와 분담시킴이 타당하다. ③ 환경영향평가대상사업임에도 환경영향평가서를 작성하지 아니한 경우에는, 법원이 소송자료와 증거자료 등을 종합하여 환경영향평가가 실시되었다면 그 대상지역 안의 주민에 해당된다고 판단되면 원고적격을 인정할 수 있다. 인인소송의 원고적격에 관한 판례를 보면 아래와 같다.

[판례 1] 토사채취허가와 관련한 인근주민의 원고적격

"구 산림법(2002. 12. 30. 법률 제6841호로 개정되기 전의 것) 및 그 시행령, 시행규칙들의 규정 취지는 산림의 보호·육성, 임업생산력의 향상 및 산림의 공익기능의 증진을 도모함으로써 그와 관련된 공익을 보호하려는 데에 그치는 것이 아니라 그로 인하여 직접적이고 중대한 생활환경의 피해를 입으리라고 예상되는 토사채취 허가 등 **인근지역의 주민들이 주거·생활환경을 유지할 수 있는 개별적 이익까지도 보호하고 있다고 할 것이므로**, 인근 주민들이 토사채취허가와 관련하여 가지게 되는 이익은 위와 같은 추상적, 평균적, 일반적인 이익에 그치는 것이 아니라 처분의 근거법규 등에 의하여 보호되는 직접적·구체적인 법률상 이익이라고 할 것이다."(대판 2007.6.15. 2005두9736 등)

[판례 2] 환경영향평가 대상지역 안의 주민과 밖의 주민의 경우

"행정처분의 근거 법규 또는 관련 법규에 그 처분으로써 이루어지는 행위 등 사업으로 인하여 환경상 침해를 받으리라고 예상되는 영향권의 범위가 구체적으로 규정되어 있는 경우에는, 그 영향권 내의 주민들에 대하여는 당해 처분으로 인하여 직접적이고 중대한 환경피해를 입으리라고 예상할 수 있고, 이와 같은 환경상의 이익은 주민개개인에

대하여 개별적으로 보호되는 직접적·구체적 이익으로서 그들에 대하여는 특단의 사정이 없는 한 **환경상 이익에 대한 침해 또는 침해 우려가 있는 것으로 사실상 추정되어 법률상 보호되는 이익으로 인정됨으로써 원고적격이 인정되며, 그 영향권 밖의 주민들은** 당해 처분으로 인하여 그 처분 전과 비교하여 수인한도를 넘는 환경피해를 받거나 받을 우려가 있다는 자신의 **환경상 이익에 대한 침해 또는 침해 우려가 있음을 증명하여야만** 법률상 보호되는 이익으로 인정되어 원고적격이 인정된다."(대판 2010.4.15. 2007두16127, 공장설립승인처분취소; 같은 취지, 대판 2006.3.16. 2006두330, 공유수면매립면허처분과 농지개량사업무효확인; 대판 2005.3.11. 2003두13489, 쓰레기소각장입지지역결정고시취소청구; 대판 1998.9.4. 97누19588, 원자로부지사전승인처분취소 등)

"전원(電源)개발사업실시계획승인처분의 근거 법률인 전원개발에관한특례법령, 구환경보전법령, 구환경정책기본법령 및 환경영향평가법령 등의 규정 취지는 환경영향평가대상사업에 해당하는 발전소건설사업이 환경을 해치지 아니하는 방법으로 시행되도록 함으로써 … 위 사업으로 인하여 직접적이고 중대한 환경침해를 받게 되리라고 예상되는 **환경영향평가대상지역 안의 주민에게는 위 승인처분의 취소를 구할 원고적격이 있다.**

환경영향평가대상지역 밖의 주민·일반 국민·산악인·사진가·학자·환경보호단체 등의 환경상 이익이나 전원(電源)개발사업구역 밖의 주민 등의 재산상 이익에 대하여는 위 근거 법률에 이를 그들의 개별적·직접적·구체적 이익으로 보호하려는 내용 및 취지를 가지는 규정을 두고 있지 아니하므로, 이들에게는 위와 같은 이익 침해를 이유로 **전원(電源)개발사업실시계획승인처분의 취소를 구할 원고적격이 없다.**"(대판 1998.9.22. 97누19571, 발전소건설사업승인처분취소)

[판례 3] 원고적격이 부인되는 일시적 환경상 이익 등

"환경상 이익에 대한 침해 또는 침해 우려가 있는 것으로 사실상 추정되어 원고적격이 인정되는 사람에는 환경상 침해를 받으리라고 예상되는 영향권 내의 주민들을 비롯하여 **그 영향권 내에서 농작물을 경작하는 등 현실적으로 환경상 이익을 향유하는 사람도 포함된다. 그러나 단지 그 영향권 내의 건물·토지를 소유하거나 환경상 이익을 일시적으로 향유하는 데 그치는 사람은 포함되지 않는다.**"(대판 2009.9.24. 2009두2825, 개발사업시행승인처분취소)

[판례 4] 사전환경성검토(현행법상 소규모환경영향평가) 대상지역 내에 포함될 개연성이 충분한 지역주민

"… 참가인들의 각 공장 업종, 그리고 최근 이루어지고 있는 사전환경성검토협의 대상지역의 통상적 범위 등의 사정을 더하여 보면, 원고들이 거주하는 신일아파트는 사전환경성검토협의 대상지역 내에 포함될 개연성이 충분하다고 할 것이다. 그렇다면 위 **사전환경성검토협의 대상지역 내에 포함될 개연성이 충분하다고 보이는 주민들인 원고들에 대하여는 그 환경상 이익에 대한 침해 또는 침해 우려가 있는 것으로 추정할 수 있고 이는 법률상 보호되는 이익에 해당**한다고 해석함이 상당하다."(대판 2006.12.22. 2006두14001, 공장설립승인처분취소)

5) 환경·소비자 단체소송: 환경이익이나 소비자이익은 일반적 이익이거나 집단적 이익인 경우가 많은 바, 이러한 경우에는 개인의 원고적격 인정이 쉽지 않으므로 단체소송의 필요성이 요구된다. 그런데 현행법상 환경단체나 소비자단체의 원고적격을 인정하기 어려우므로 외국의 경우처럼 입법적 해결이 요구된다.

3. 협의의 소익

(1) 의 의

협의의 소익(訴益)이란 원고의 재판청구에 대하여 법원이 판단을 행할 구체적 실익 내지 필요성을 말하며, '소의 객관적 이익' 또는 '권리보호의 필요'라고도 하며, 단순히 '소의 이익'이라고도 한다. 소송은 원고적격을 가진 자가 제기해야 하는 외에, 판결에 의해 원고의 구제가 현실적으로 달성될 가망이 있어야 한다. 이러한 협의의 소의 이익은 행정소송에서 소송요건의 하나이며, 법원의 직권조사사항이다.

(2) 관련규정

행정소송법 제12조 후문은, "처분 등의 효과가 기간의 경과, 처분 등의 집행 그 밖의 사유로 인하여 소멸된 뒤에도 그 처분 등의 취소로 인하여 회복되는 법률상 이익이 있는 경우에는 또한 같다"라고 규정하고 있다.

1) 협의의 소익에 관한 규정인지의 여부

(가) 원고적격 규정설: 행정소송법 제12조 후문은 처분이 소멸된 후에도 원고적격을 가질 수 있다는 의미로서 전문과 마찬가지로 원고적격에 관한 조항으로 보아야 한다는 견해이다. 소의 이익은 행정소송법에 규정이 없고 판례와 학설에 의해 인정되는 것으로 보아야 한다고 한다.

(나) 협의의 소익 규정설: 행정소송법 제12조 전문은 원고적격에 관한 규정이고 같은 조 후문은 협의의 소익에 관한 규정이라고 하며 다수설의 입장이다.

(다) 판 례: "행정소송법 제12조 제2문에서 정한 법률상 이익, 즉 행정처분을 다툴 **협의의 소의 이익**은 개별·구체적 사정을 고려하여 판단하여야 한다."고 판시하여(대판 2020.12.24. 2020두30450), 협의의 소익 규정설의 입장을 취하고 있다.

(라) 결 어: 이 규정은 협의의 소익에 관한 규정이라고 할 수 있다. 다만, 이 규정은 일반적인 소의 이익에 대한 예외규정으로 처분 등의 효과가 소멸된 후에도 회복 가능한 법률상 이익이 있는 경우에는 그것이 비록 부수적 이익일지라도 소의 이익이 인정되는 경우를 규정한 것이다.

2) 「법률상 이익」의 의미: 행정소송법 제12조 후문에서 말하는 '법률상 이익'이 같은 조 전문의 원고적격에서의 '법률상 이익'의 개념과 동일한지의 여부에 대해 견해가 나뉜다.

(가) 소극설(동일설): 이는 동법 제12조 전문과 후문, 즉 원고적격과 협의의 소익의 법률상 이익은 같은 의미로 본다.

(나) 적극설(광의설): 이는 독일 행정소송법 제113조 제1항 제4문(계속확인소송)에서의 '확인의 정당한 이익'과 같이 원고적격보다 넓은 의미로 보는 입장이다. 그리하여 명예·신용 등 인격적 이익과 경제적 이익 및 불이익 제거와 같은 사회적 이익을 포함하여 위법을 확인할 정당한 이익이 있는 경우에 인정되는 넓은 개념으로 본다.

(다) 판 례: 종래 판례는 행정소송법 제12조 소정의 "법률상 이익"은 전문과 후문을 구별하지 않고, "당해 처분의 근거 법률에 의하여 보호되는 직접적이고 구체적인 이익"이라고 판시하여 소극설을 취하고 있다(판례1). 그러나 근래에는 현실적인 위험을 제거하기 위해 소의 이익이 인정된다고 하여 적극설의 입장을 취한다(판례2).

[판례 1] 소극설의 입장

"행정소송법 제12조 후문이 규정하는 "처분의 취소로 인하여 회복되는 법률상 이익"의 유무는, 원래 항고소송의 목적 기능을 어떻게 이해하며 국민의 권익신장을 위하여 어느 범위에서 재판청구권의 행사를 허용할 것인가의 문제와 관련된 것으로서 이를 위 조항에 대한 일의적 문리적 형식적 해석에 의하여 판별할 수는 없고, 구체적인 사안별로 관계법령의 규정 및 그 취지를 살펴서 현실적으로 권리보호의 실익이 있느냐를 기준으로 판단되어야 할 것이다."(대판 1995.10.17. 94누14148)

항고소송에 있어서 소의 이익이 되는 **법률상의 이익은 당해 처분의 근거 법률에 의하여 보호되는 직접적이고 구체적인 이익**이 있는 경우를 말하고 간접적이거나 사실적·경제적 이해관계를 가지는 데 불과한 경우는 여기에 해당되지 아니한다."(대판 1997.7.11. 96누7397 등)

"자격정지처분의 취소청구에 있어 그 정지기간이 경과된 이상 그 처분의 취소를 구할 이익이 없고 설사 그 처분으로 인하여 명예, 신용 등 인격적인 이익이 침해되어 그 침해상태가 자격정지기간 경과 후까지 잔존하더라도 이와 같은 불이익은 동 처분의 직접적인 효과라고 할 수 없다."(대판 1978.5.23. 78누72)

[판례 2] 적극설의 입장

"구체적인 사안에서 권리보호의 필요성 유무를 판단할 때에는 국민의 재판청구권을 보장한 헌법 제27조 제1항의 취지와 행정처분으로 인한 권익침해를 효과적으로 구제하려는 행정소송법의 목적 등에 비추어 행정처분의 존재로 인하여 국민의 권익이 실제로 침해되고 있는 경우는 물론이고 권익침해의 구체적·현실적 위험이 있는 경우에도 이를 구제하는 소송이 허용되어야 한다는 요청을 고려하여야 한다. 따라서 **처분이 유효하게 존속하는 경우에는 특별한 사정이 없는 한 그 처분의 존재로 인하여 실제로 침해되고 있거나 침해될 수 있는 현실적인 위험을 제거하기 위해 취소소송을 제기할 권리보호의 필요성이 인정된다고 보아야 한다.**"(대판 2018.7.12. 2015두3485 등)

(라) 결 어: 권리구제확대의 입장에서 적극설이 타당하다. 위법확인의 정당한 이익이 있는 경우에는 인격적·경제적·사회적 이익 등도 구체적인 경우에 개별적으로 판단하여 소의 이익을 인정할 수 있다. 예컨대 인격적 법익의 침해배제를 위한 필요가 있는 경우, 국가배상청구권의 행사를 위해 필요한 경우, 반복위험의 방지를 위해 필요한 경우, 불이익을 사전에 제거하여 법적 지위의 불안·위험을 제거하기 위한 경우 등은 소의 이익을 인정할 수 있다.

(3) 소의 이익이 부인되는 사례

취소소송은 위법한 처분 등에 의하여 발생한 위법상태를 배제하여 원상으로 회복시키고 그 처분으로 침해되거나 방해받은 권리와 이익을 구제하고자 하는 소송이므로, 처분 등의 효력이 존속하고 있어야 하고, 그 취소로서 원상회복이 가능해야 한다. 일반적으로 원고적격과 대상적격이 인정되면 소의 이익이 있음이 보통이나 다음과 같은 **특단의 사정**이 있는 경우에는 소의 이익이 부인된다.

1) 처분의 효력이 소멸한 경우

(가) 원칙적 소익 부정: 처분의 효력이 소멸한 후에는 취소를 구할 소의 이익은 인정되지 아니한다. 예컨대, 행정처분이 취소되어 그 효력이 상실된 경우나(판례1), 행정처분의 효력기간이 정하여져 있는 경우에 그 기간 경과 후에는 그 처분의 취소를 구할 소의 이익이 없다(판례2).

[판례 1] 행정처분의 취소로 효력이 상실된 경우 소의 이익 부정

"행정처분이 취소되면 그 처분은 취소로 인하여 그 효력이 상실되어 더 이상 존재하지 않는 것이고, 존재하지 않는 행정처분을 대상으로 한 취소소송은 소의 이익이 없어 부적법하다 할 것이다."(대판 2006.9.28. 2004두5317 등)

[판례 2] 효력기간 경과 후의 소의 이익 부정

"행정처분에 그 효력기간이 정하여져 있는 경우, 그 처분의 효력 또는 집행이 정지된 바 없다면 위 기간의 경과로 그 행정처분의 효력은 상실되므로 그 기간 경과 후에는 그 처분이 외형상 잔존함으로 인하여 어떠한 법률상 이익이 침해되고 있다고 볼 만한 별다른 사정이 없는 한 그 처분의 취소를 구할 법률상의 이익이 없다."(대판 2004.7.8. 2002두1946 등)

(나) 예외적 소익 인정: 처분 등의 효과가 기간의 경과, 처분 등의 집행 그 밖의 사유로 인하여 소멸된 뒤에도 그 처분 등의 취소로 인하여 회복되는 법률상 이익이 있는 경우에는 소의 이익이 있다(동법 12 후문). 예컨대, ① 동일한 소송 당사자 사이에서 동일한 사유로 위법한 처분이 **반복될 위험성**이 있어 행정처분의 위법성 확인 내지 불분명한 법률문제에 대한 해명이 필요하다고 판단되는 경우(판례1), ② 선행처분과 후행처분이 단계적인 일련의 절차로 연속하여 행하여져 후행처분이 선행처분의 적법함을 전제로 이루어짐에 따라 **선행처분의 하자가 후행처분에 승계**된다고 볼 수 있어 이미 소를 제기하여 다투고 있는 선행처분의 위법성을 확인하여 줄 필요가 있는 경우(판례2), ③ **존속기간 만료 전**에 하였던 처분이나(판례3), 아래와 같이 ④ 제재처분의 전력이 장래의 **제재처분의 가중요건**으로 되는 경우 등이 있다.

[판례 1] 반복될 위험이 있는 경우

"소송계속 중 해당 행정처분이 기간의 경과 등으로 그 효과가 소멸한 때에 처분이 취소되어도 원상회복이 불가능하다고 보이는 경우라도, 무효 확인 또는 취소로써 **회복할 수 있는 다른 권리나 이익이 남아 있거나** 또는 그 행정처분과 동일한 사유로 **위법한 처분이 반복될 위험성이 있어 행정처분의 위법성 확인 내지 불분명한 법률문제에 대한 해명이 필요한 경우에는** 행정의 적법성 확보와 그에 대한 사법통제, 국민의 권리구제 확대 등의 측면에서 **예외적으로 그 처분의 취소를 구할 소의 이익을 인정할 수 있다.** 여기에서 '그 행정처분과 동일한 사유로 위법한 처분이 반복될 위험성이 있는 경우'란 불분명한 법률문제에 대한 해명이 필요한 상황에 대한 대표적인 예시일 뿐이며, 반드시 '해당 사건의 동일한 소송 당사자 사이에서' 반복될 위험이 있는 경우만을 의미하는 것은 아니다."(대판 2020.12.24. 2020두30450 등)

[판례 2] 반복위험 및 선행처분과 후행처분이 연속하는 단계적 절차인 경우

"[2] (가) **비록 취임승인이 취소된 학교법인의 정식이사들에 대하여 원래 정해져 있던 임기가 만료되고 구 사립학교법(2005. 12. 29. 법률 제7802호로 개정되기 전의 것) 제22조 제2호 소정의 임원결격사유기간마저 경과하였다 하더라도, 그 임원취임승인취소처분이 위법하다고 판명되고 나아가 임시이사들의 지위가 부정되어 직무권한이 상실되면, 그 정식이사들은 후임이사 선임시까지 민법 제691조의 유추적용에 의하여 직무수행에 관한 긴급처리권을 가지게 되고 이에 터잡아 후임 정식이사들을 선임할 수 있게 되는바,** 이는 감사의 경우에도 마찬가지이다.

(나) 제소 당시에는 권리보호의 이익을 갖추었는데 제소 후 취소 대상 행정처분이 기간의 경과 등으로 그 효과가 소멸한 때, **동일한 소송 당사자 사이에서 동일한 사유로 위법한 처분이 반복될 위험성이 있어 행정처분의 위법성 확인 내지 불분명한 법률문제에 대한 해명이 필요하다고 판단되는 경우, 그리고 선행처분과 후행처분이 단계적인 일련의 절차로 연속하여 행하여져 후행처분이 선행처분의 적법함을 전제로 이루어짐에 따라 선행처분의 하자가 후행처분에 승계된다고 볼 수 있어 이미 소를 제기하여 다투고 있는 선행처분의 위법성을 확인하여 줄 필요가 있는 경우 등에는 행정의 적법성 확보와 그에 대한 사법통제, 국민의 권리구제의 확대 등의 측면에서 여전히 그 처분의 취소를 구할 법률상 이익이 있다.**

(다) 임시이사 선임처분에 대하여 취소를 구하는 소송의 계속중 임기만료 등의 사유로 새로운 임시이사들로 교체된 경우, 선행 임시이사 선임처분의 효과가 소멸하였다는 이유로 그 취소를 구할 법률상 이익이 없다고 보게 되면, 원래의 정식이사들로서는 계속중인 소를 취하하고 후행 임시이사 선임처분을 별개의 소로 다툴 수밖에 없게 되며, 그 별소 진행 도중 다시 임시이사가 교체되면 또 새로운 별소를 제기하여야 하는 등 무익한 처분과 소송이 반복될 가능성이 있으므로, 이러한 경우 법원이 선행 임시이사 선임처분의 취소를 구할 법률상 이익을 긍정하여 그 위법성 내지 하자의 존재를 판결로 명확히 해명하고 확인하여 준다면 위와 같은 구체적인 침해의 반복 위험을 방지할 수 있을 뿐 아니라, 후행 임시이사 선임처분의 효력을 다투는 소송에서 기판력에 의하여 최초 내지 선행 임시이사 선임처분의 위법성을 다투지 못하게 함으로써 그 선임처분을 전제로 이루어진 후행 임시이사 선임처분의 효력을 쉽게 배제할 수 있어 국민의 권리구제에 도움이 된다.

[판례 3] 존속기간 만료 전에 하였던 거부처분의 취소를 구하는 경우

"행정청이 토지형질변경허가거부처분을 할 당시는 광업권의 존속기간이 만료되지 아니하였을 뿐만 아니라, 광업권자는 상공자원부장관의 허가를 받아 광업권의 존속기간을 연장할 수도 있는 것이므로, 행정청이 위 거부처분을 한 뒤에 광업권의 존속기간이 만료되었다고 하여 위 거부처분의 취소를 구할 법률상 이익이 없다고 할 수 없다."(대판 1994.4.12. 93누21088, 토지형질변경허가반려처분취소)

(다) 가중적 제재요건이 법령으로 정해진 경우

(a) **의 의**: 가중적 제재요건이란 같은 법령위반이 되풀이됨에 따라 제재요건이 가중되는 것을 말한다. 예컨대, 같은 위반행위가 1차, 2차, 3차 등으로 재발됨에 따라 그에 대한 제재처분도 점점 무거운 처벌로 가하여지는 경우를 말한다.

(b) **소익 인정**: 가중적 제재요건이 법령으로 정해져 있는 경우에는 비록 제재처분에서 정한 제재기간이 경과하였다 하더라도 향후의 가중된 제재조치로 인하여 당해 업무를 행할 수 있는 법률상 지위에 대한 위험이나 불안을 제거하고, 향후의 불이익을 사전에 막기 위하여 처분의 취소를 구할 법률상 이익이 있다. 면허정지처분의 정지기간이 도과한 후에도 처분전력이 벌점의 누산이나 2차위반시에 가중요건으로 되는 등 불이익한 요소로 남아 있는 경우에는 그 취소를 구할 소의 이익이 있다(판례).

(c) **소익 부인**: 가중된 제재처분을 할 수 있는 기간이 정해진 경우에는 그 기간이 경과되면 소의 이익이 없다. 예컨대, 같은 위반사항에 대한 행정처분일과 그 처분 후 재적발일을 기준으로 1년간(또는 3년간) 가중적 재재처분이 적용되는 경우이다(식품위생법시행규칙 제89조 별표23 일반기준 재5호 등).

[판 례] 가중적 제재요건이 법령으로 규정된 경우 소의 이익 인정

"**행정처분의 전력이 장래에 불이익하게 취급되는 것으로 법에 규정되어 있어 법정의 가중요건으로 되어** 있고, 이후 그 법정가중요건에 따라 새로운 제재적인 행정처분이 가해지고 있다면, **선행행정처분의 효력기간이 경과하였다 하더라도 선행행정처분의 잔존으로 인하여 법률상의 이익이 침해되고** 있다고 볼 만한 특별한 사정이 있는 경우에 해당한다."(대판 2005.3.25. 2004두14106, 의사면허자격정지처분취소)

(라) 가중적 제재요건이 행정규칙으로 정해진 경우: 가중적 제재처분의 요건이 법령이 아닌 행정규칙으로 정해져 있는 경우에는 소의 이익의 인정여부에 대하여 견해가 나뉜다.

(a) **부정설**: 행정규칙은 행정청 내부의 사무처리준칙에 불과하여 그 가중요건은 법원 등에 대한 대외적 구속력이 없다. 따라서 가중요건으로 인한 불이익이 있다 하더라도 그것은 사실상의 불이익에 지나지 아니하므로 그 제재기간이 경과하였다면 취소를 구할 법률상 이익이 없다고 한다.

(b) **긍정설**: 가중요건을 행정규칙으로 규정하고 있다고 하더라도 관할 행정청이나 담당공무원은 이를 준수할 의무가 있으므로 이에 따라 행정처분을 할 것이 예견된다. 따라서 선행제재처분을 받은 상대방은 그 처분의 존재로 인하여 장래에 받을 후행처분의 위험은 구체적이고

현실적인 것이므로 선행제재처분의 취소를 통하여 그 불이익을 제거할 필요가 있다고 한다.

(c) **판 례**: 가중요건이 법규명령형식의 행정규칙으로 규정되어 있는 경우에, 종래 판례는 대통령령형식으로 규정된 경우에는 그 법규성을 인정하여 소의 이익을 인정하나, 부령형식의 경우에는 행정기관 내부의 사무처리준칙에 불과하다고 보아 그 법적 구속력을 부인하여 소의 이익을 부정하였다(판례1). 그러나 최근의 판례에서 대법원은 전원합의체판결로 부령형식의 가중요건에 대하여 종래의 판례의 입장을 변경하여 그 소의 이익을 인정하였다(판례2). 이 판례에서 부령형식의 재량준칙의 법규성 부인에 다툼이 있지만 행정규칙으로 보는 경우에도 소의 이익을 인정하였다는 점에 의미가 있다.

[판례 1] 가중요건이 부령형식(행정규칙)인 경우 소의 이익 부정

"이 사건 행정처분은 개인택시를 운전하고 있는 원고의 승차거부행위를 이유로 원고에 대하여 자동차운수사업법 제31조, 자동차운수사업법 제31조 등의 규정에 의한 **사업면허의취소등의처분에관한규칙 제3조 제2항 및 별표 2**에 의하여 1993.11.15.부터 원고 소유인 서울 4하 4315호 개인택시의 운행을 15일간 정지하고, 자동차운수사업법 제33조의 4, **같은법시행규칙 제30조의 10 제1항 및 별표 3의 3**에 의하여 원고의 택시운전자격을 10일간 정지한다는 내용인데, 위와 같은 내용의 이 사건 처분의 효력 또는 집행이 정지되었다고 볼 아무런 자료 없이 원심 변론종결시(1994.9.6.)에 위 각 제재기간이 경과하였음이 명백하고, 또한 이 사건 처분이 외형상 잔존함으로 인하여 어떠한 법률상 이익이 침해되고 있다는 별다른 사정도 발견할 수 없을 뿐만 아니라, **행정명령에 불과한 위 각 규칙의 관계조항에서 위반회수에 따라 가중처분하도록 되어 있다 하여 법률상 이익이 있다고 볼 수도 없는 것이다.**"(대판 1995.10.17. 94누14148 등)

[판례 2] 제재처분의 가중사유가 규칙의 형식인 경우에도 소의 이익 인정

제재적 행정처분의 가중사유나 전제요건에 관한 규정이 법령이 아니라 규칙의 형식으로 되어 있다고 하더라도, 그러한 규칙이 법령에 근거를 두고 있는 이상 그 법적 성질이 대외적 · 일반적 구속력을 갖는 법규명령인지 여부와는 상관없이, **관할 행정청이나 담당공무원은 이를 준수할 의무가 있으므로 이들이 그 규칙에 정해진 바에 따라 행정작용을 할 것이 당연히 예견되고,** … 그러한 규칙이 정한 바에 따라 선행처분을 받은 상대방이 그 처분의 존재로 인하여 장래에 받을 후행처분의 위험은 구체적이고 현실적인 것이므로,… **그 소송을 통하여 선행처분의 사실관계 및 위법 여부가 조속히 확정됨으로써 이와 관련된 장래의 행정작용의 적법성을 보장함과 동시에 국민생활의 안정을 도모할 수 있다.** 국민의 재판청구권을 보장한 헌법 제27조 제1항의 취지와 행정처분으로 인한 권익침해를 효과적으로 구제하려는 행정소송법의 목적 등에 비추어 행정처분의 존재로 인하여 국민의 권익이 실제로 침해되고 있는 경우는 물론이고 권익침해의 구체적 · 현실적 위험이 있는 경우에도 이를 구제하는 소송이 허용되어야 한다는 요청을 고려하면, **규칙이 정한 바에 따라 선행처분을 가중사유 또는 전제요건으로 하는 후행처분을 받을 우려가 현실적으로 존재하는 경우에는, 선행처분을 받은 상대방은 비록 그 처분에서 정한 제재기간이 경과하였다 하더라도 그 처분의 취소소송을 통하여 그러한 불이익을 제거할 권리보호의 필요성이 충분히 인정된다고 할 것이므로, 선행처분의 취소를 구할 법률상 이익이 있다**고 보아야 한다."(대판 2006.6.22. 2003두1684 전원합의체 판결, 영업정지처분취소)

[판례 3] 가중적 제재처분의 우려 없는 경우에는 소의 이익 부정

"영업정지처분 후 그 일정 기간이 경과함으로써 실제로 가중된 제재처분을 받을 우려가 없어졌다면 위 처분에서 정한 정지기간이 경과한 이상 특별한 사정이 없는 한 그 처분의 취소를 구할 법률상 이익은 없어지게 된다."(대판 2008.2.29. 2007두16141).

(d) **결 어**: 가중요건을 정한 규정이 행정규칙이라 하더라도 해당 공무원은 내부관계에서 법령준수의무 및 복종의 의무상 이와 달리 처분하기를 기대하기 곤란하고 평등원칙 및 행정의

자기구속의 법리가 성립된 경우에는 법규명령의 경우와 달리 볼 것은 아니다. 따라서 제재처분에서 정한 제재기간이 경과하였다 하더라도 처분전력이 2차위반시에 가중요건으로 되는 등 불이익한 요소로 남아있는 경우에는, 향후의 가중된 제재조치로 인하여 해당 업무를 행할 수 있는 법률상 지위에 대한 위험이나 불안을 제거하고 향후의 불이익을 사전에 막기 위하여 그 취소를 구할 소의 이익이 있다고 할 것이다.

2) 원상회복이 불가능한 경우: 처분이 취소되어도 원상회복이 불가능한 경우에는 소의 이익이 없다(판례1). 예컨대, 철거처분이 완료된 이후에는 대집행계고처분의 취소를 구할 법률상 이익이 없다(대판 1995.7.28. 95누2623). 그러나 동일한 소송 당사자 사이에서 동일한 사유로 위법한 처분이 반복될 위험성이 있는 경우나(판례2), 면직처분을 다투는 중에 당연퇴직 된 경우에는 급여청구 등 다른 법률상 이익이 있으므로 면직처분의 취소를 구할 소의 이익이 있다(판례3).

[판례 1] 원상회복 불가능한 경우 소의 이익 원칙적 부정되나 예외인정

"행정처분의 무효확인 또는 취소를 구하는 소에서, 비록 행정처분의 위법을 이유로 무효확인 또는 취소 판결을 받더라도 **처분에 의하여 발생한 위법상태를 원상으로 회복시키는 것이 불가능한 경우에는 원칙적으로 무효확인 또는 취소를 구할 법률상 이익이 없고**, 다만 원상회복이 불가능하더라도 무효확인 또는 취소로써 **회복할 수 있는 다른 권리나 이익이 남아 있는 경우 예외적으로 법률상 이익이 인정**될 수 있을 뿐이다."(대판 2016.6.10. 2013두1638)

[판례 2] 동일한 처분이 반복될 위험성으로 소의 이익 인정

"원상회복이 불가능하다고 보이는 경우라 하더라도, **동일한 소송 당사자 사이에서 그 행정처분과 동일한 사유로 위법한 처분이 반복될 위험성이 있어 행정처분의 위법성 확인 내지 불분명한 법률문제에 대한 해명이 필요하다고 판단되는 경우** 등에는 행정의 적법성 확보와 그에 대한 사법통제, 국민의 권리구제의 확대 등의 측면에서 여전히 그 처분의 취소를 구할 이익이 있다고 보아야 한다."(대판 2007.7.19. 2006두19297; 대판 2019.5.10. 2015두46987 등)

[판례 3] 파면처분취소소송 중 당연퇴직 된 경우에도 소의 이익 인정

"파면처분취소소송의 사실심변론종결전에 동원고가 허위공문서등작성 죄로 징역 8월에 2년간 집행유예의 형을 선고받아 확정되었다면 원고는 지방공무원법 제61조의 규정에 따라 위 판결이 확정된 날 당연퇴직 되어 그 공무원의 신문을 상실하고, 당연퇴직이나 파면이 퇴직급여에 관한 불이익의 점에 있어 동일하다 하더라도 최소한도 이 사건 **파면처분이 있은 때부터 위 법규정에 의한 당연퇴직일자까지의 기간에 있어서는 파면처분의 취소를 구하여 그로 인해 박탈당한 이익의 회복을 구할 소의 이익이 있다** 할 것이다."(대판 1985.6.25. 85누39)

"해임처분 무효확인 또는 취소소송 계속 중 임기가 만료되어 해임처분의 무효확인 또는 취소로 지위를 회복할 수는 없다고 할지라도, 그 **무효확인 또는 취소로 해임처분일부터 임기만료일까지 기간에 대한 보수 지급을 구할 수 있는 경우에는 해임처분의 무효확인 또는 취소를 구할 법률상 이익이 있다.** 해임권자와 보수지급의무자가 다른 경우에도 마찬가지이다."(대판 2012.2.23. 2011두5001)

3) 처분 후의 사정에 의하여 이익침해가 해소된 경우: 처분 후의 사정에 의하여 권리와 이익의 침해 등이 해소된 경우에는 그 처분의 취소를 구할 소의 이익이 없다(판례1). 그러나 처분 후에 사정변경이 있더라도 권익침해가 해소되지 않은 경우에는 소의 이익이 있다(판례2).

[판례 1] 처분 후의 사정변경으로 이익침해가 해소되어 소의 이익이 없는 경우

"위법한 행정처분의 취소를 구하는 소는 위법한 처분에 의하여 발생한 위법상태를 배제하여 원상으로 회복시키

고, 그 처분으로 침해되거나 방해받은 권리와 이익을 보호·구제하고자 하는 소송이므로, **처분 후의 사정에 의하여 권리와 이익의 침해 등이 해소된 경우에는 그 처분의 취소를 구할 소의 이익이 없다** 할 것이고, 설령 그 처분이 위법함을 이유로 손해배상청구를 할 예정이라고 하더라도 달리 볼 것이 아니다."(대판 2005.05.13. 2004두4369 공익근무소집해제신청거부처분취소등)

"사법시험법 제1조 내지 제12조, 법원조직법 제72조의 각 규정을 종합하여 보면, 사법시험에 최종합격한 것은 합격자가 사법연수생으로 임명될 수 있는 전제요건이 되는 것일 뿐이고, 그 자체만으로 합격한 자의 법률상의 지위가 달라지게 되는 것이 아니므로, **사법시험 제2차 시험에 관한 불합격처분 이후에 새로이 실시된 제2차 및 제3차 시험에 합격하였을 경우에는 더 이상 위 불합격처분의 취소를 구할 법률상 이익이 없다**고 보아야 할 것이다."(대판 2007.9.21. 2007두12057 등, 불합격처분취소등)

[판례 2] 처분 후의 사정변경에도 불구하고 소의 이익을 인정한 경우

"고등학교졸업이 대학입학자격이나 학력인정으로서의 의미밖에 없다고 할 수 없으므로 고등학교졸업학력검정고시에 합격하였다 하여 고등학교 학생으로서의 신분과 명예가 회복될 수 없는 것이니 퇴학처분을 받은 자로서는 퇴학처분의 위법을 주장하여 그 취소를 구할 소송상의 이익이 있다."(대판 1992.7.14. 91누4737, 퇴학처분취소)

"징계에 관한 일반사면이 있었다고 할지라도 사면의 효과는 소급하지 아니하므로 파면처분으로 이미 상실된 원고의 공무원지위가 회복될 수 없는 것이니 원고로서는 동 파면처분의 위법을 주장하여 그 취소를 구할 소송상 이익이 있다고 할 것이다."(대판 1981.7.14. 80누536 전원합의체 판결, 파면처분취소)

4) 불이익이 없는 처분의 경우: 권리이익을 침해하지 않는 처분이나 그 밖에 그 법적 지위에 영향이 없는 등 불이익이 없는 처분의 경우에는 소의 이익이 없다.

[판 례] 입주예정자 등의 건축물사용검사 취소소송은 법률상 지위에 영향 없음

"건물의 사용검사처분은 건축허가를 받아 건축된 건물이 건축허가 사항대로 건축행정 목적에 적합한지 여부를 확인하고 사용검사필증을 교부하여 줌으로써 허가받은 자로 하여금 건축한 건물을 사용·수익할 수 있게 하는 법률효과를 발생시키는 것이다. **사용검사처분은 건축물을 사용·수익할 수 있게 하는 데에 그치므로 건축물에 대하여 사용검사처분이 이루어졌다고 하더라도 그 사정만으로는 건축물에 있는 하자나 건축법 등 관계 법령에 위반되는 사실이 정당화되지는 않는다. 또한 건축물에 대한 사용검사처분이 취소된다고 하더라도 사용검사 이전의 상태로 돌아가 건축물을 사용할 수 없게 되는 것에 그칠 뿐 곧바로 건축물의 하자 상태 등이 제거되거나 보완되는 것도 아니다.** 그리고 입주자나 입주예정자들은 사용검사처분을 취소하지 않고서도 민사소송 등을 통하여 분양계약에 따른 법률관계 및 하자 등을 주장·증명함으로써 사업주체 등으로부터 하자 제거·보완 등에 관한 권리구제를 받을 수 있으므로, **사용검사처분의 취소 여부에 의하여 법률적인 지위가 달라진다고 할 수 없다. 따라서** 이러한 사정들을 종합해 보면, 구 주택법상 **입주자나 입주예정자는 사용검사처분의 취소를 구할 법률상 이익이 없다.**"(대판 2014.7.24. 2011두30465; 대판 2015.1.29. 2013두24976 사용검사처분취소 등)

5) 보다 실효적인 권리구제수단이 있는 경우: 직권시정 등 행정절차에 의한 구제가 가능한 경우 등 취소소송 보다 간이하면서 실효적인 구제수단이 있는 경우에는 소의 이익이 부정된다.

[판 례] 보다 실효적이고 직접적 구제수단이 있는 경우

"행정청이 한 처분 등의 취소를 구하는 소송은 처분에 의하여 발생한 위법 상태를 배제하여 원래 상태로 회복시키고 처분으로 침해된 권리나 이익을 구제하고자 하는 것이다. 따라서 **해당 처분 등의 취소를 구하는 것보다 실효적이고 직접적인 구제수단이 있음에도 처분 등의 취소를 구하는 것은 특별한 사정이 없는 한 분쟁해결의 유효적절한 수단이라고 할 수 없어 법률상 이익이 있다고 할 수 없다.**

그런데 당사자의 신청을 받아들이지 않은 거부처분이 재결에서 취소된 경우에 행정청은 종전 거부처분 또는 재결 후에 발생한 새로운 사유를 내세워 다시 거부처분을 할 수 있다. 그 재결의 취지에 따라 이전의 신청에 대하여 다시 어떠한 처분을 하여야 할지는 처분을 할 때의 법령과 사실을 기준으로 판단하여야 하기 때문이다. 또한 행정청이 재결에 따라 이전의 신청을 받아들이는 후속처분을 하였더라도 후속처분이 위법한 경우에는 재결에 대한 취소소송을 제기하지 않고도 곧바로 후속처분에 대한 항고소송을 제기하여 다툴 수 있다. 나아가 거부처분을 취소하는 재결이 있더라도 그에 따른 후속처분이 있기까지는 제3자의 권리나 이익에 변동이 있다고 볼 수 없고 후속처분 시에 비로소 제3자의 권리나 이익에 변동이 발생하며, 재결에 대한 항고소송을 제기하여 재결을 취소하는 판결이 확정되더라도 그와 별도로 후속처분이 취소되지 않는 이상 후속처분으로 인한 제3자의 권리나 이익에 대한 침해 상태는 여전히 유지된다. 이러한 점들을 종합하면, **거부처분이 재결에서 취소된 경우 재결에 따른 후속처분이 아니라 그 재결의 취소를 구하는 것은 실효적이고 직접적인 권리구제수단이 될 수 없어 분쟁해결의 유효적절한 수단이라고 할 수 없으므로 법률상 이익이 없다.**"(대판 2017.10.31. 2015두45045, 주택건설사업계획변경승인신청반려처분취소재결취소)

4. 피고적격

(1) 처분행정청

취소소송은 다른 법률에 특별한 규정이 없는 한 그 처분 등을 행한 행정청이 피고(被告)가 된다(동법 13①). 여기서 '처분 등을 행한 행정청'이란 소송의 대상인 처분 등을 외부적으로 **그의 명의로** 행한 행정청을 말하며, 상급행정청이나 타 행정청의 지시나 통보에 의하더라도 마찬가지이다(판례). 행정청에는 단독기관(각부 장관)과 합의제기관(토지수용위원회·공정거래위원회 등)을 포함하며, 다만, 중앙노동위원회의 처분에 대한 소송은 중앙노동위원회 위원장이 피고가 된다(노동위원회법 27). 행정청의 행위의 효과는 결국 국가 또는 공공단체에 귀속되는 것이므로, 취소소송의 피고는 원래 권리의무의 귀속주체인 국가 또는 공공단체이어야 하나, 소송기술상의 편의를 도모하기 위하여 처분행정청을 피고로 하였다.

공무원에 대한 징계 기타 불이익처분의 처분청이 대통령인 때에는 소속장관이 피고가 된다(국가공무원법 16).

처분을 한 행정청이 실체법상 정당한 권한이 있는 자여야 하는지 여부는 본안판단사항이며 피고적격을 정함에 있어 고려할 사항이 아니다.

[판 례] 처분의 명의인인 행정청이 피고

"항고소송은 **원칙적으로 소송의 대상인 행정처분 등을 외부적으로 그의 명의로 행한 행정청을 피고로** 하여야 하는 것으로서, 그 행정처분을 하게 된 연유가 상급행정청이나 타행정청의 지시나 통보에 의한 것이라 하여 다르지 않고, 권한의 위임이나 위탁을 받아 수임행정청이 자신의 명의로 한 처분에 관하여도 마찬가지이다."(대판 2013.02.28. 2012두22904, 고용보험료부과처분무효확인및취소)

(2) 권한의 위임·위탁의 경우

행정청의 권한이 위임 또는 위탁된 경우에는 권한이 **수임청**에 넘어가기 때문에 이들이 피고가 된다(판례). 사인의 경우에도 행정권한을 위탁받은 공무수탁사인은 피고가 된다.

[판 례] 권한위임의 경우 수임청이 피고적격

"성업공사가 체납압류된 재산을 공매하는 것은 세무서장의 공매권한 위임에 의한 것으로 보아야 할 것이므로, 성업공사가 한 그 공매처분에 대한 취소 등의 항고소송을 제기함에 있어서는 **수임청으로서 실제로 공매를 행한 성업공사를 피고로 하여야** 하고, 위임청인 세무서장은 피고적격이 없다."(대판 1997.2.28. 96누1757, 공매처분취소)

(3) 권한의 대리 · 내부위임의 경우

권한의 대리나 내부위임의 경우에는 처분권한의 귀속자체가 이전된 것이 아니므로 **원행정청**이 피고적격을 가진다(판례1). 그러나 대리 또는 내부위임의 경우에 내부위임청의 명의가 아니라 자신의 명의로 처분을 하여 권한 없는 처분으로 되는 때에는 **명의자인 수임청** 자신이 피고가 된다(판례2). 다만, 내부위임에도 불구하고 수임청이 자신의 명의로 처분을 한 경우에 수임청이 대리의 의사로 처분을 하고 상대방도 대리한 것임을 알고 받아들인 때에는 예외적으로 피대리청이 피고가 된다(판례3).

[판례 1] 대리 · 내부위임의 경우 피대리청(위임청)

"대리기관이 대리관계를 표시하고 피대리 행정청을 대리하여 행정처분을 한 때에는 피대리 행정청이 피고로 되어야 한다."(대판 2018.10.25. 2018두43095 등)

"행정관청이 특정한 권한을 법률에 따라 다른 행정관청에 이관한 경우와 달리 내부적인 사무처리의 편의를 도모하기 위하여 그의 보조기관 또는 하급행정관청으로 하여금 그의 권한을 사실상 행하도록 하는 **내부위임의 경우에는 수임관청이 그 위임된 바에 따라 위임관청의 이름으로 권한을 행사하였다면 그 처분청은 위임관청이므로** 그 처분의 취소나 무효확인을 구하는 소송의 **피고는 위임관청으로 삼아야 한다.**"(대판 1991.10.8. 91누520)

[판례 2] 내부위임의 수임청이 자신의 명의로 처분을 한 경우에는 수임청이 피고

"행정처분의 취소 또는 무효확인을 구하는 행정소송은 다른 법률에 특별한 규정이 없는 한 소송의 대상인 행정처분 등을 외부적으로 그의 명의로 행한 행정청을 피고로 하여야 하는 것으로서 그 행정처분을 하게 된 연유가 상급행정청이나 타행정청의 지시나 통보에 의한 것이라 하여 다르지 않다고 할 것이며, 권한의 위임이나 위탁을 받아 수임행정청이 정당한 권한에 기하여 그 명의로 한 처분에 대하여는 말할 것도 없고, **내부위임이나 대리권을 수여받은 데 불과하여 원행정청 명의나 대리관계를 밝히지 아니하고는 그의 명의로 처분 등을 할 권한이 없는 행정청이 권한 없이 그의 명의로 한 처분에 대하여도 처분명의자인 행정청이 피고가 되어야 할 것이다.**"(대판 1995.12.22. 95누14688 등)

[판례 3] 내부위임의 수임청 명의처분에서 예외적으로 피대리청이 피고가 되는 경우

"대리권을 수여받은 데 불과하여 그 자신의 명의로는 행정처분을 할 권한이 없는 행정청의 경우 대리관계를 밝힘이 없이 그 자신의 명의로 행정처분을 하였다면 그에 대하여는 처분명의자인 당해 행정청이 항고소송의 피고가 되어야 하는 것이 원칙이지만, 비록 **대리관계를 명시적으로 밝히지는 아니하였다 하더라도 처분명의자가 피대리 행정청 산하의 행정기관으로서 실제로 피대리 행정청으로부터 대리권한을 수여받아 피대리 행정청을 대리한다는 의사로 행정처분을 하였고 처분명의자는 물론 그 상대방도 그 행정처분이 피대리 행정청을 대리하여 한 것임을 알고서 이를 받아들인 예외적인 경우에는 피대리 행정청이 피고**가 되어야 한다."(대판 2006.2.23. 2005부4, 산재보험료부과처분취소)

(4) 행정심판의 재결의 경우

행정심판의 재결은 재결자체에 고유한 위법이 있는 경우에 한해 취소소송의 대상이 되는바, 이 경우 대상적격에 대응하여 피고는 재결청인 **행정심판위원회**가 된다. 그런데 수정재결에 대해서 불복이 있는 경우, 예컨대 파면처분이 정직 3개월로 수정재결 된 경우 또는 허가취소가 영업정지 1개월로 유리하게 수정된 경우에 피고를 재결청인 행정심판위원회로 해야 하는지 원처분청으로 해야 하는지 문제될 수 있다. 이렇게 **유리하게 변경된 처분의 경우** 대상적격에 관해, ① 원처분설, ② 변경처분설, ③ 변경된 원처분설(통설, 판례) 등의 대립이 있는 바, 이에 대응하여 피고적격도 결정된다. 생각건대, 수정재결은 새로운 처분이 아니라 원처분이 수정된 형태로 처음부터 존속하는 것이라고 할 것이므로 재결자체에 고유한 위법이 없는 한 소의 대상은 수정된 원처분이라 할 것이므로 이에 대응하여 피고도 **원처분청**이다(판례).

[판 례] 공무원의 전출명령(선행처분)과 감경된 징계재결을 동시에 다투는 경우

"(공무원 본인 동의 없이 다른 지역으로의 전출명령에 불복하여 전출임명장 수여 및 전출지 근무를 거부하여 정직 3개월의 징계처분을 하자 소청심사를 제기하여 감봉 3개월로 감경된 사안에서, **본인 동의 없는 전출명령과 이에 근거한 징계처분을 다투는 취소소송에서 당초 전출명령과 징계처분을 한 행정청을 피고로 전출명령과 감경된 감봉 3개월의 취소소송을 제기**한 사건에서) 당해 공무원의 동의 없는 지방공무원법 제29조의3의 규정에 의한 전출명령은 위법하여 취소되어야 하므로, 그 전출명령이 적법함을 전제로 내린 징계처분은 그 전출명령이 공정력에 의하여 취소되기 전까지는 유효하다고 하더라도 징계양정에 있어 재량권을 일탈하여 위법하다고 한 사례"(대판 2001.12.11. 99두1823, 인사발령취소등)

(5) 지방의회의 의결 및 처분적 조례의 경우

지방의원에 대한 징계의결이나 의장선거 등 처분을 발하는 경우 지방의회가 피고가 된다. 또한 조례가 처분성이 인정되어 항고소송의 대상이 되는 경우에는 해당 조례를 공포한 지방자치단체의 장이 피고가 되고, 교육·학예에 관한 조례는 시·도교육감이 피고가 된다.

[판 례] 처분적 조례에 대한 항고소송의 피고는 지방자치단체의 장

"**조례가 집행행위의 개입 없이도 그 자체로서 직접 국민의 구체적인 권리의무나 법적 이익에 영향을 미치는 등의 법률상 효과를 발생하는 경우 그 조례는 항고소송의 대상이 되는 행정처분에 해당**하고, 이러한 조례에 대한 무효확인 소송을 제기함에 있어서 행정소송법 제38조 제1항, 제13조에 의하여 **피고적격이 있는 처분 등을 행한 행정청은, 행정주체인 지방자치단체 또는 지방자치단체의 내부적 의결기관으로서 지방자치단체의 의사를 외부에 표시할 권한이 없는 지방의회가 아니라,** 지방자치법(1994.3.16. 법률 제4741호로 개정 전) 제19조 제2항, 제92조에 의하여 **지방자치단체의 집행기관으로서 조례로서의 효력을 발생시키는 공포권이 있는 지방자치단체의 장이라고 할 것이다.** 한편, 지방교육자치에관한법률(1995.7.26. 법률 제4951호로 개정 전) 제14조 제5항, 제25조에 의하면 시·도의 교육·학예에 관한 사무의 집행기관은 시·도 교육감이고 시·도 교육감에게 지방교육에 관한 조례안의 공포권이 있다고 규정되어 있으므로, 교육에 관한 조례의 무효확인 소송을 제기함에 있어서는 그 집행기관인 시·도 교육감을 피고로 하여야 할 것이다."(대판 1996.09.20. 95누8003 (두밀분교폐지)조례무효확인)

(6) 다른 법률에 특별한 규정이 있는 경우

공무원에 대한 불이익처분의 처분청이 대통령인 경우에는 소속장관이, 중앙선거관리위원회 위원장의 처분의 경우에는 중앙선거관리위원회 사무총장이 피고이고(국가공무원법 16②), 국회의장·대법원장·헌법재판소장의 처분에 대해서는 각각 국회사무총장·법원행정처장·헌법재판소사무처장이 피고이다(국회사무처법 4③, 법원조직법 70, 헌법재판소법 17⑤).

(7) 권한승계와 기관폐지의 경우

처분 등이 있은 뒤에 그 처분 등에 관계되는 권한이 다른 행정청에 승계된 때에는 이를 승계한 행정청이 피고가 된다(동법 13① 단서). 권한의 승계란 처분 등이 있은 뒤에 행정기구의 개편·행

정주체의 합병·분리 등에 의하여 처분청의 해당 권한이 타 행정청에 이전된 경우뿐만 아니라, 처분 등의 상대방인 사인의 지위나 주소의 변경 등에 의하여 변경 전의 처분 등에 관한 행정청의 관할이 이전된 경우 등을 말한다(대판 2000.11.14. 99두5481). 처분 등을 행한 행정청이 없어진 때에는 그 처분 등에 관한 사무가 귀속되는 국가 또는 공공단체를 피고로 한다(동법 13②).

5. 피고경정

(1) 의 의

피고정경(被告更正)이란 소송의 계속 중에 피고로 지정된 자를 다른 자로 변경하는 것을 말한다. 원고가 피고를 잘못 지정한 때에는 법원은 원고의 신청에 의하여 결정으로써 피고의 경정을 허가할 수 있다(동법 14①). 이는 피고의 잘못 지정으로 인해 소가 부적법으로 각하되어 제소기간 경과로 인한 원고의 불측의 손해를 막기 위한 것이다.

(2) 피고경정이 허용되는 경우

1) 피고를 잘못 지정한 때: 피고를 잘못 지정한 때란 해당 취소소송의 피고로 지정된 자가 행정소송법 제13조 또는 다른 법률의 특별한 규정에 의한 정당한 피고적격을 가지지 아니한 자라는 것이 객관적으로 인식되는 경우를 말한다. 피고의 잘못 지정에는 고의·과실을 요하지 않으며, 잘못 지정의 여부는 제소시를 기준으로 판단한다. 피고를 잘못 지정한 경우에 법원으로서는 각하해서는 아니 되고 석명권을 행사하여 피고경정을 하게 하여 소송을 진행하여야 한다(판례).

[판 례] 피고 지정이 잘못된 경우 석명권을 통한 피고경정

"원고가 피고를 잘못 지정하였다면 법원으로서는 당연히 석명권을 행사하여 원고로 하여금 피고를 경정하게 하여 소송을 진행케 하였어야 할 것임에도 불구하고 이러한 조치를 취하지 아니한 채 피고의 지정이 잘못되었다는 이유로 소를 각하한 것이 위법하다고 한 사례"(대판 2004.7.8. 2002두7852, 주민세부과처분취소)

2) 행정청의 권한 변경이 있은 때: 소제기 후에 행정청의 권한변경 또는 행정조직상의 변경으로 권한이 다른 기관에 승계된 경우에는 당해 처분권한을 승계한 행정청으로 피고를 변경하고, 행정조직 개편으로 행정청이 없어지게 된 때에는 그 처분 등에 관한 사무가 귀속되는 국가 또는 공공단체로 피고를 변경한다(동법 13① 단서·②, 14⑥).

3) 소변경이 있은 때: 소 변경이 있는 때에는 피고의 변경이 인정된다(동법 21④).

(3) 피고경정의 요건

1) 소송이 법원에 계속 중일 것: 피고경정은 소송을 제기한 후에 법률심 이전에 할 수 있다. 따라서 피고경정은 사실심변론종결시까지만 가능하고 상고심에서는 허용되지 않는다(대판 1996.1.23. 95누1378).

2) 원고가 피고를 잘못 지정하였을 것: 피고적격을 가지지 아니한 자가 피고로 지정되었거

나 행정청의 권한 변경 또는 소변경으로 피고적격을 상실한 경우라야 한다.

3) **원고의 피고경정 신청이 있을 것:** 법원은 원고의 신청에 의하여 결정으로서 피고의 경정을 허가할 수 있다(동법 14①).

(4) 피고경정의 절차

피고의 잘못 지정의 경우에는 원고의 신청에 의해(동법 14①), 소제기 후의 권한승계 또는 기관폐지로 인한 경우에는 당사자의 신청 또는 직권에 의해 피고를 경정할 수 있다(동조⑥). 피고경정의 요건충족여부는 법원의 직권조사사항이며, 법원은 요건이 충족되었다고 판단되면 결정으로써 피고경정을 허가할 수 있고, 그 결정의 정본을 새로운 피고에게 송달하여야 한다(동조②). 원고의 신청을 각하하는 결정에 대하여는 즉시항고 할 수 있고(동조③), 피고경정의 인용결정에 대하여 종전 피고는 항고제기는 할 수 없고 행정소송법 제8조 제2항에 따른 민사소송법 제449조 소정의 특별항고가 허용된다(대판 2006.2.23.자 2005부4 결정).

(5) 피고경정의 효과

피고경정이 있으면 새로운 피고에 대한 소송은 처음에 소송을 제기한 때에 제기된 것으로 보며(동조④), 종전의 피고에 대한 소는 취하된 것으로 본다(동조⑤).

6. 공동소송

(1) 의 의

공동소송(共同訴訟)이란 하나의 소송절차에서 여러 사람의 원고 또는 피고, 즉 다수당사자가 관여하는 소송형태를 말하며, 관련청구의 주관적 병합에 해당한다. 수인(數人)의 청구 또는 수인에 대한 청구가 처분 등의 취소청구와 관련되는 청구인 경우에는 그 수인은 공동소송인이 될 수 있다(동법 15). 공동소송은 공통된 소송목적에도 불구하고 별도의 소제기로 인한 심리의 중복과 재판의 저촉을 피하면서 사건을 한 번에 해결함으로써 궁극적으로 개인의 신속한 재판을 받을 권리를 보장하고 법원의 과중한 업무부담을 경감하려는 제도라고 할 것이다. 공동소송은 처음부터 공동소송의 형태를 취하는 원시적 공동소송참가와 소송 중에 참가하는 추가적 공동소송형식에 의하는 경우가 있다.

(2) 요 건

1) **취소청구와의 관련성:** 공동소송의 청구가 처분 등의 취소청구와 관련되어야 한다(동법 15). '취소청구와 관련된다'란 취소청구와 소송목적이 공통되거나 사실상 또는 법률상 같은 원인에 기인한 경우를 말한다(동법 8②, 민사소송법 65).

2) **소송요건의 충족:** 공동소송인은 각자 독립 당사자로서 소송에 참가하는 것이므로 각자 소송요건을 충족하여야 한다. 즉, 원고인 공동소송인은 원고적격을 갖추고 출소기간 내에 참가

하여야 한다. 따라서 취소를 구할 법률상 이익이 없거나 출소기간이 경과한 후에는 공동소송인으로 참가할 수 없다.

피고인 처분청 이외의 행정청은 권리의무의 주체가 아니어서 당사자적격이 없으므로 피고는 물론 원고로서 공동소송인은 될 수 없다. 복효적 행정행위로 불이익을 입은 제3자가 행정심판에서 인용재결을 받은 경우에 허가의 상대방이 그 인용재결에 대한 취소소송을 제기하는 경우와 같이, 제3자인 사인도 피고인 공동소송인으로 청구될 수 있는지에 대해 견해가 나뉠 수 있겠으나, 행정소송법 제13조 제1항에서 처분행정청을 피고로 규정한 취지로 보아 부정함이 타당하다. 따라서 피고의 공동소송 참여는 주로 공법상 당사자소송에서 의미가 있다고 할 것이다.

[판 례] 공동소송참가의 요건

"제3자가 타인간에 계속된 소송에 공동소송인으로 참가하려면 **소송의 목적이 당사자의 일방과 그 참가인에 대하여 합일적으로만 확정될 경우에 해당하여야 하고**, 이 경우 공동소송참가인은 별소를 제기하는 것에 갈음하여 계속중인 소송에 공동소송인으로 참가하는 것이므로 **참가인 자신도 당사자적격을 갖추고, 제소기간을 준수하며, 전심절차를 거치는 등 소의 적법요건을 갖추어야 한다.**"(서울고법 1998.9.24. 97구12015)

(3) 참가시기

공동소송의 참가시기는 고유필수적 공동소송인 경우(소제기시) 이외에는 제1심 또는 항소심 사실심변론종결 전까지라 할 것이며, 상고심은 법률심이므로 참가할 수 없다.

(4) 공동소송인의 지위

공동소송에 관한 민사소송법의 규정이 준용된다(행정소송법 8②, 민사소송법 65). 즉, 각 공동소송인의 독자적 소송추행권이 인정되는 통상공동소송의 경우에는 각 공동소송인의 소송행위는 다른 공동소송인에게 영향을 미치지 아니하며(민사소송법 66), 소송목적이 공동소송인 모두에게 합일적으로 확정되어야 하는 필수적 공동소송의 경우에는 공동소송인 한 사람의 소송행위는 모두의 이익을 위해서만 효력을 가진다(동법 67①).[15]

---

15) 민사소송법상 공동소송형태를 취해야 할 필요성의 정도에 따라 통상공동소송(동법 66)과 필수적 공동소송(동법 67)으로 나뉜다. **통상공동소송**은 각 공동소송인이 다른 공동소송인과 별도로 독자적으로 소송을 추행할 수 있는 권능이 인정되지만 여러 사람의 청구가 하나의 소송절차에 병합되어 있는 데 불과한 공동소송으로서, 합일확정이 법률상 보장되어 있지 않은 경우를 말한다(예; 동일사고의 피해자 수명이 한 사람의 가해자에 대하여 각자의 손해배상을 청구하는 경우). 증거공통의 원칙과 주장공통의 원칙이 적용된다.
이에 대해 **필수적 공동소송**이란 소송물인 권리관계에 관한 판단의 내용이 공동소송인 각자에 대하여 서로 달라서는 아니 되는 성질을 가진 공동소송, 즉 소송목적이 공동소송인 모두에게 합일적으로 확정되어야 하는 공동소송을 말한다. 이는 소송공동이 법률상 강제되는지의 여부에 따라 고유필수적 공동소송과 유사필수적 공동소송(학설, 판례)으로 나뉜다. **고유필수적 공동소송**은 관계자 전원이 공동으로 하는 경우에 한하여 다툴 수 있으며 제각기 별도의 당사자가 될 때에는 그 분쟁을 해결할 재판을 받을 수 없는 경우를 말한다(예; 조합재산에 관한 소송을 제기하기 위해서는 조합원 전원이 공동원고가 되지 않으면 아니 되는 경우). 이에 대해 **유사필수적 공동소송**은 소송공동이 법률상 강제되지 아니하고 당사자가 제각기 별도로 소를 제기할 수 있으나, 법률상 판결의 효력이 다른 공동소송인에게도 미치는 관계에 놓여 있으므로 그들에 대한 판결내용이 동일하지 않으면 아니 된다는 요청에서 합일확정(合一確定)이 행하여지는 경우를 말한다(예; 주주총회의 결정무효소송의 경우). 행정소송의 경우, 다수의 이해관계를 갖게 되는 복효적 행정행위에 대한 취소소송의 경우의 공동소송은 주로 유사필수

[판 례] 필수적 공동소송의 경우

"**공유수면매립법에 따라서 수인이 공동명의로 공유수면매립면허를 받은 경우에**, 그들이 법 또는 법에 의하여 발하는 명령의 규정에 의하여 가지는 권리의무는 그들의 합유에 속하는 것으로서, **합유물에 관한 소송은 보존행위가 아닌 한 원칙적으로 소송의 목적이 합유자 전원에 대하여 합일적으로 확정되어야 하는 필요적공동소송이다.**"(대판 1991.06.25. 90누5184, 공유수면매립면허등허가처분취소)

"공유물분할청구의 소는 분할을 청구하는 공유자가 원고가 되어 다른 공유자 전부를 공동피고로 하여야 하는 고유필수적 공동소송이라고 할 것이다."(대판 2014.01.29. 2013다78556, 공유물분할)

"특허를 무효로 한다는 심결이 확정된 때에는 당해 특허는 제3자와의 관계에서도 무효로 되므로, 동일한 특허권에 관하여 2인 이상의 자가 공동으로 특허의 무효심판을 청구하는 경우 그 심판은 심판청구인들 사이에 합일확정을 필요로 하는 이른바 유사필수적 공동심판에 해당한다."(대판 2009.05.28. 2007후1510, 등록무효(특))

7. 소송참가

소송참가란 소송의 계속 중에 소송 외의 제3자가 타인 사이의 소송의 결과에 따라 자기의 법률상 이익에 영향을 미치게 될 경우에 자기의 이익을 위하여 그 소송절차에 가입하는 것을 말한다. 소송참가에는 제3자의 소송참가와 행정청의 소송참가가 있다. 항고소송에 규정된 소송참가 제도는 당사자소송과 민중소송 및 기관소송에도 준용된다(동법 16, 17, 38, 44①, 46).

(1) 제3자의 소송참가

1) 의 의: 소송의 결과에 이해관계가 있는 제3자는 신청이나 직권에 의한 결정으로 당해 소송에 참가할 수 있다(동법 16①). 행정소송, 특히 항고소송에 있어서는 그 소송의 대상이 되는 행정처분이 원고 이외의 다수인에게 영향을 미친다. 더욱이 행정소송법은 취소판결의 효력이 제3자에 대하여도 미치는 것임을 명시하고 있으므로(동법 29①, 취소판결의 대세적 효력) 제3자의 권익보호를 위해 이 제도가 요청된다.

2) 요 건

(가) 타인간의 소송 계속 중: 적법한 타인 사이의 취소소송이 제기되어 계속되고 있어야 한다. 소송이 계속되고 있는 동안은 언제나 가능하나, 사실심변론종결 후에는 법원이 변론의 재개를 하지 아니하는 한 불가하다.

(나) 소송결과에 따라 권리·이익의 침해를 받는 제3자: '권리·이익의 침해를 받는다'라 함은 원고적격요건인 법률상 이익의 침해를 받는다는 것을 말하고(판례), 이는 법률상 이해관계가 있음을 의미한다. 여기서 법률상 이해관계란 해당 소송의 판결의 기판력을 받거나 그 판결로 인해 법률상 지위에 영향을 받는 경우를 말한다. 또한 '제3자'란 해당 소송당사자 이외의 자를 말하는바, 따라서 국가 및 공공단체는 포함되나 행정청은 당사자능력이 없으므로 해당되지 않는다.

출소기간의 제한을 받지 않는다고 할 것이므로 출소기간이 경과된 제3자는 공동소송이 아닌 소송참가제도를 활용할 수 있다.

적 공동소송의 형태가 될 것이다.

[판 례] 소송참가 요건으로서 법률상 이익

"행정소송법 제16조 소정의 제3자의 소송참가가 허용되기 위하여는 당해 소송의 결과에 따라 제3자의 권리 또는 이익이 침해되어야 하고, 이 때의 이익은 법률상 이익을 말하며 단순한 사실상의 이익이나 경제상의 이익은 포함되지 않는다."(대판 2008.5.29. 2007두23873, 항만명칭결정처분등취소)

3) 절 차: 법원은 당사자 또는 제3자의 신청 또는 직권에 의하여 결정으로써 참가시킬 수 있으며(동법 16①), 이 경우 미리 당사자 및 제3자의 의견을 들어야 하고(동조②), 각하결정에 대하여는 신청을 한 제3자는 즉시항고할 수 있다(동조③).

4) 참가인의 지위: 참가인으로 된 제3자의 지위는 민사소송법 제67조를 준용하고 있으므로 필수적 공동소송에 있어서의 공동소송인에 준한다(동법 16④). 그러나 제3자는 참가인에 불과하고 소송당사자에게 독자적인 청구를 하지 못한다는 점에서 일종의 공동소송적 보조참가[16]와 유사하다는 것이 일반적 견해이다(판례). 따라서 참가인은 소송물과 다른 주장을 할 수 없고 이미 제기된 소송물의 범위, 즉 기본적 사실관계의 동일성의 범위에서 주장이 가능하다. 참가인은 피참가인의 행위와 어긋나더라도 피참가인에게 유리하면 단독으로 할 수 있고, 피참가인의 의사와 관계없이 상소를 할 수 있다. 확정판결이 있게 되면 참가인은 확정판결의 기판력이 미치므로 이에 불복하여 소송을 제기할 수 없다.

[판 례] 공동소송적 보조참가의 성질

"**공동소송적 보조참가는 그 성질상 필수적 공동소송 중에서는 이른바 유사필수적 공동소송에 준한다** 할 것인데, 유사필수적 공동소송에서는 **원고들 중 일부가 소를 취하하는 경우에 다른 공동소송인의 동의를 받을 필요가 없다. 또한 소취하는 판결이 확정될 때까지 할 수 있고 취하된 부분에 대해서는 소가 처음부터 계속되지 아니한 것으로 간주되며(민사소송법 제267조), 본안에 관한 종국판결이 선고된 경우에도 그 판결 역시 처음부터 존재하지 아니한 것으로 간주되므로, 이는 재판의 효력과는 직접적인 관련이 없는 소송행위로서 공동소송적 보조참가인에게 불이익이 된다고 할 것도 아니다.** 따라서 피참가인이 공동소송적 보조참가인의 동의 없이 소를 취하하였다 하더라도 이는 유효하다. 그리고 이러한 법리는 행정소송법 제16조에 의한 제3자 참가가 아니라 민사소송법의 준용에 의하여 보조참가를 한 경우에도 마찬가지로 적용된다."(대판 2013.3.28. 2011두13729, 사업시행인가처분취소)

(2) 행정청의 소송참가

1) 의 의: 법원은 다른 행정청을 소송에 참가시킬 필요가 있다고 인정할 때에는 당사자 또는 당해 행정청의 신청 또는 직권에 의하여 결정으로써 그 행정청을 소송에 참가시킬 수 있다(동법 17①). 행정청의 소송참가는 다른 행정청을 소송에 참가시킴으로써 소송자료 및 증거자료가 풍부하게 되어 그 사건의 적정한 심리와 재판을 하기 위하여 필요하다. 또한 해당 처분에 협의·동의 등 관여한 행정청 등은 판결의 기속력이 미치므로 그 소송에 참가할 필요가 있다.

16) **공동소송적 보조참가**(민사소송법 78)는 단순한 법률상의 이해관계가 아니라 재판의 효력이 미치는 제3자가 보조참가 하는 것을 말한다. 공동소송적 보조참가는 피참가인의 소송행위에 저촉되는 행위도 가능하며 재판의 효력을 받고 기판력이 미친다는 점에서, 피참가인의 의사에 반하는 소송행위를 못하고 기판력이 마치지 아니하는 **보조참가**(동법 71)와 다르며, 당사자 적격이 요구되지 않는 점에서 **공동소송참가**(동법 65)와 다르다. 또한 공동소송은 공동소송인이 직접 소송에 참여하여 소송수행을 하는데 대하여, 집단소송은 여러 명 중에 1명이 대표당사자로 소송수행을 한다는 점에서 구별된다.

2) 요 건: 소송참가를 위해서는 ① 소송이 계속 중이어야 하고, ② 참가행정청은 피고행정청이 아니어야 하며, ③ 피고 행정청을 위한 참가이고, 따라서 인용재결취소소송에서 원처분청이 원고를 위해 참가할 수 없다. 재결취소소송에서 원처분청의 소송참가를 긍정하는 견해도 있으나[17] 재결의 기속력의 취지 및 행정조직상의 체계적 질서유지를 위해서 부정함이 타당하다. ④ 법원이 참가시킬 필요가 있다고 인정하여 참가결정을 하여야 한다. 참가의 필요성은 법원의 재량판단사항이라 할 것이나 참가행정청의 소송자료제출 등을 통한 사건의 적정한 심리・판결을 실현할 수 있는 경우라 할 것이다.

3) 절 차: 당사자 또는 해당 행정청의 신청 또는 직권에 의하여 법원의 결정으로서 하며(동법 17①), 이 경우 당사자 및 당해 행정청의 의견을 들어야 한다(동조②). 제3자의 소송참가의 경우와 달리 각하결정에 대한 불복규정을 두고 있지 않다.

4) **참가행정청의 지위:** 참가행정청의 소송상의 지위는 민사소송법 제76조의 규정을 준용하고 있으므로 민사소송법상의 보조참가인에 준한다(동조③).

[판 례] 행정청의 소송참가 필요성

"타인 사이의 항고소송에서 소송의 결과에 관하여 이해관계가 있다고 주장하면서 민사소송법 제71조에 의한 보조참가를 할 수 있는 제3자는 민사소송법상의 당사자능력 및 소송능력을 갖춘 자이어야 하므로 그러한 **당사자능력 및 소송능력이 없는 행정청으로서는 민사소송법상의 보조참가를 할 수는 없고 다만 행정소송법 제17조 제1항에 의한 소송참가를 할 수 있을 뿐인데,** 피고 보조참가인 서울특별시장은 행정청에 불과하므로 그가 상고심에서 민사소송법 제71조에 의하여 한 보조참가 신청은 부적법하다. 그리고 위 보조참가 신청을 행정소송법 제17조 제1항에 의한 행정청의 참가 신청으로 본다고 하더라도, **법원은 다른 행정청을 소송에 참가시킬 필요가 있다고 인정되는 때에 그 행정청을 소송에 참가시킬 수 있고, 여기에서 참가의 필요성은 관계되는 다른 행정청을 소송에 참가시킴으로써 소송자료 및 증거자료가 풍부하게 되어 그 결과 사건의 적정한 심리와 재판을 하기 위하여 필요한 경우를 가리킨다**고 할 것인데, 이 사건에서 사실심리는 원심에서 이미 충분히 이루어졌고 피고 보조참가인이 제출한 상고이유서는 피고와 함께 제출한 것으로 새로운 주장이 있는 것도 아니어서 사건의 적정한 심리와 재판에 도움을 준다고 할 수 없으므로 참가의 필요성이 인정되지도 아니한다."(대법원 2002.09.24. 선고 99두1519 판결 건설업면허취소처분취소)

(3) 민사소송법에 의한 소송참가

1) **보조참가 여부:** 보조참가란 소송결과에 이해관계가 있는 제3자가 한 쪽 당사자를 돕기 위하여 법원에 계속 중인 소송에 참가하는 것을 말한다(민사소송법 71). 참가요건은, ① 다른 사람의 소송계속 중일 것, ② 소송결과에 법률상 이해관계가 있을 것, ③ 소송능력과 당사자능력을 가질 것 등 행정소송법상 제3자의 소송참가의 요건과 동일하다. 보조참가는 참가인 자신의 이름으로 판결을 구하는 것이 아니라 일방을 보조하는데 그치므로, 공동소송적 보조참가에 유사한 행정소송법 제16조의 제3자의 소송참가와 그 법적 지위에서 차이가 있는바, 보조참가인에게는 확정판결의 기판력이 미치지 아니하므로 이에 불복하여 소제기가 가능하다. 따라서 소송결과와

17) 박균성(상), 1342면.

이해관계가 있는 등 그 요건을 충족하는 한 행정소송법 제8조 제2항의 준용규정에 따라 행정소송에서도 허용된다(판례1).

2) **공동소송참가 여부:** 공동소송참가란 소송목적이 되는 권리나 의무가 여러 사람에게 공통되거나 사실상 또는 법률상 같은 원인으로 말미암아 생긴 경우에 그 여러 사람이 공동소송인으로서 당사자가 되는 것을 말한다(동법 65). 행정소송법 제15조에서 공동소송이 인정되고 동법 제16조 제4항에 따라 제3자의 소송참가는 공동소송적 보조참가에 준하는 지위를 가진다는 점에서 민사소송법상의 공동소송참가를 따로 인정할 실익은 없다.

3) **독립당사자참가 여부:** 독립당사자참가란 소송목적의 전부나 일부가 자기의 권리라고 주장하거나, 소송결과에 따라 권리가 침해된다고 주장하는 제3자가 당사자의 양 쪽 또는 한 쪽을 상대방으로 하여 당사자로서 소송에 참가하는 것을 말한다(민사소송법 79①). 독립당사자참가는 원고·피고와 공동소송관계가 아니라 이들과 대립·견제관계에서 3자간의 분쟁해결형태가 되므로 행정소송의 특수성에서 볼 때 허용되기 어렵다(판례2).

[판례 1] 민사소송법상 보조참가 허용

"행정소송사건에서 참가인이 한 **보조참가는 행정소송법 제16조에서 정하는 제3자의 소송참가에 해당하지 아니하더라도 민사소송법상 보조참가의 요건을 갖추었다면 이를 할 수 있고**, 그 성격은 공동소송적 보조참가라고 할 것이다(대판 2013.3.28. 2011두13729 등). 한편 민사소송법상 보조참가는 소송 결과에 이해관계가 있는 이가 이를 할 수 있다(민사소송법 제71조 참조). 여기서 '이해관계'라고 함은 법률상 이해관계를 말하는 것으로서, 당해 소송의 판결의 기판력이나 집행력을 당연히 받는 경우 또는 당해 소송의 판결의 효력이 직접 미치지는 아니한다고 하더라도 적어도 그 판결을 전제로 하여 보조참가를 하려는 이의 법률상 지위가 결정되는 관계에 있는 경우를 의미한다(대판 2007.2.8. 2006다69653 등)."(대판 2013.6.18.자 2012무257 결정 [시정명령등취소])

"보조참가인의 소송수행권능은 피참가인으로부터 유래된 것이 아니라 독립의 권능이라고 할 것이므로 **피참가인과는 별도로 보조참가인에 대하여도 기일의 통지, 소송서류의 송달 등을 행하여야 하고**, 보조참가인에게 기일통지서 또는 출석요구서를 송달하지 아니함으로써 변론의 기회를 부여하지 아니한 채 행하여진 기일의 진행은 적법한 것으로 볼 수 없다."(대판 2007.02.22. 2006다75641, 소유권이전등기)

"당사자가 보조참가에 대하여 이의를 신청한 때에는, 법원은 참가를 허가할 것인지 아닌지를 결정하여야 하고(행정소송법 제8조 제2항, 민사소송법 제73조 제1항), 다만 이를 결정이 아닌 종국판결로써 심판하였더라도 위법한 것은 아니다(대판 1962.01.11. 4294민상558). 그러나 판결에는 법원의 판단을 분명하게 하기 위하여 결론을 주문에 기재하도록 하고 있으므로, 비록 판결 이유에서 그 당부를 판단하였더라도 주문에 설시가 없으면 특별한 사정이 없는 한 그에 대한 재판은 누락된 것으로 보아야 하고, 재판의 누락이 있는 경우 그 부분 소송은 여전히 그 심급에 계속중이라 할 것이어서 적법한 상소의 대상이 되지 아니하므로 그 부분에 대한 상소는 부적법한 것이 된다."(대판 2007.11.16. 2005두15700, 주택조합설립인가취소처분의취소)

[판례 2] 독립당사자참가 부인

"민사소송법에 대한 특별법인 행정소송법에 있어서는 동법 제3조에 처분을 행한 행정청을 상대로 하여 제기하라고 규정되어 있으므로 행정청이나 그 소속기관이외의 자는 피고로 삼을 수 없다. 그러므로 이 사건에서와 같이 **행정청 아닌 원고를 피고로 하여 독립당사자 참가를 하는 것은 허용되지 아니한다**고 보아야 된다."(대판 1957.10.11. 4290행상63; 대판 1970.08.31. 70누70,71)

8. 소송대리인

행정소송법에 이에 대한 특별한 규정이 없으므로 원칙적으로 민사소송법(87~96)의 규정에 의하여야 하나 「국가를 당사자로 하는 소송에 관한 법률」에 특별규정이 있다.

[소송참가의 유형별 차이]

	공 동 소 송	제3자의 소송참가	행정청의 소송참가	민사소송법에 의한 보조참가
의 의	다수 당사자소송(주관적 병합)	타인의 소송에 제3자가 참가	다른 행정청을 위한 참가	다른 한 쪽 당사자 돕기 위한 참가
요 건	① 사실심변론종결전까지, ② 취소청구와 관련성(소송목적 동일, 사실상 또는 법률상 같은 원인), ③ 각자 소송요건 충족(출소기간 등)	① 타인간 소송계속 중, 사실심변론종결전, ② 법률상 이해관계(기판력, 판결로 법률상 지위에 영향), ③ 출소기간 관계없음	① 소송계속 중, 사실심변론종결전, ② 피고 행정청을 위할 것	① 소송계속 중, 사실심변론종결전, ② 소송결과에 이해관계, ③ 당사자 능력
지 위	소송당사자의 지위(기판력 미침)	공동소송적 보조참가(기판력 미침)	보조참가인(기판력 미치지 않음)	보조참가인(기판력 미치지 않음)

Ⅳ. 소의 대상

1. 개 설

행정소송의 대상, 즉 행정소송사항의 규정방법에는 개괄주의와 열기주의가 있는 바, 오늘날 대부분의 국가들과 마찬가지로 우리 행정소송법은 **개괄주의**를 취하고 있으나, 그 구체적인 내용은 행정소송의 종류에 따라 서로 다를 수 있다.

취소소송의 대상은 처분 등이다(행정소송법 19). 여기서 '**처분 등**'이란 행정청이 행하는 구체적 사실에 관한 법집행으로서의 공권력의 행사 또는 그 거부와 그 밖에 이에 준하는 행정작용 및 행정심판에 대한 재결을 말한다[동법 2①(1)]. 즉, 처분 등이란 행정청의 '처분'과 행정심판의 '재결'을 의미한다. 취소소송의 대상인 처분 등의 존부는 소송요건으로서 직권조사사항이다.

2. 처 분

(1) 처분개념에 관한 학설

취소소송의 대상이 되는 처분(處分)의 개념을 정하는 데 있어서 종래에는 실체법상 개념설과 쟁송법상 개념설의 대립을 볼 수 있었다.

1) 실체법상 개념설(행정행위일원설): 이는 먼저 실체법적으로 행정행위의 개념을 정의해 놓고 그 정의에 해당하는 행정청의 행위에 대해서만 처분성을 인정하려는 입장이다. 종래의 행정제도국가적 통설로서, 취소소송의 기능은 공정력의 배제에 있다고 보고 취소소송의 대상을 이른

바 공정력을 가진 행정행위에 한정한다.

2) **쟁송법상 개념설:** 이는 현대행정의 적극화·다양화와 더불어 취소소송의 권익구제기능을 중시하여 쟁송법상 행정처분의 개념을 실체적 행정행위개념과 별도로 정립하려는 입장이다. 즉, ① 강학상의 행정행위는 아니나 행정행위에 준하여 국민생활을 일방적으로 규율하는 행위, ② 공권력 행사로서의 실체를 가지지 않으나 실질적으로 국민에게 계속적인 사실상 지배력을 미치는 행위 등은 민사소송 기타 다른 구제수단이 없는 경우에는 형식상으로 처분성을 인정하여 취소소송을 통한 구제의 길을 열어 주자는 것이다. 이들 행위는 본래의 행정행위는 아니나 취소소송의 대상으로 하기 위하여 형식적으로 행정행위로 다룬다는 의미에서 형식적 행정행위라 부른다. 이러한 행위의 예로는 권력적 사실행위, 행정입법, 구속적 행정계획 및 행정지도 등이 열거되고 있다.

3) **판 례:** 판례는 처분개념을 일반적으로 "행정청의 공법상의 행위로서 권리의 설정 또는 의무의 부담을 명하거나 법률상 효과를 발생하게 하는 등 국민의 권리의무에 직접적 변동을 초래하는 행위"라고 하여 실체법상 개념설에 가까운 입장을 보이고 있으나(판례1), 좀 더 광의로 파악하는 것으로 보이는 판례도 있다(판례2).

[판례 1] 실체법상 개념설에 따르는 일반적인 처분개념

"항고소송의 대상이 되는 행정처분은 **행정청의 공법상 행위로서 특정사항에 대하여 법규에 의한 권리의 설정 또는 의무의 부담을 명하거나, 기타 법률상 효과를 발생하게 하는 등 국민의 권리 의무에 직접 관계가 있는 행위**를 가리키는 것이고, 상대방 또는 기타 관계자들의 법률상 지위에 직접적인 법률적 변동을 일으키지 아니하는 행위는 항고소송의 대상이 되는 행정처분이 아니다."(대판 1999.10.22. 98두18435; 대판 2002. 5.17. 2001두10578; 대판 2011.4.21. 2010무111 등)

"행정청의 행위가 **항고소송의 대상이 될 수 있는지는 추상적·일반적으로 결정할 수 없고, 구체적인 경우에 관련 법령의 내용과 취지, 그 행위의 주체·내용·형식·절차, 그 행위와 상대방 등 이해관계인이 입는 불이익 사이의 실질적 견련성, 법치행정의 원리와 그 행위에 관련된 행정청이나 이해관계인의 태도 등을 고려하여 개별적으로 결정하여야 한다.** 행정청의 행위가 '처분'에 해당하는지가 불분명한 경우에는 그에 대한 불복방법 선택에 중대한 이해관계를 가지는 상대방의 인식가능성과 예측가능성을 중요하게 고려하여 규범적으로 판단하여야 한다."(대판 2010.11.18. 2008두167: 대판 2022.7.28. 2021두60748 등)

[판례 2] 처분개념을 광의로 파악하는 것으로 보이는 경우

"행정청의 어떤 행위를 행정처분으로 볼 것이냐의 문제는 추상적 일반적으로 결정할 수 없고, 구체적인 경우 행정처분은 행정청이 공권력의 주체로서 행하는 구체적 사실에 관한 법집행으로서 국민의 권리의무에 직접 영향을 미치는 행위라는 점을 고려하고 행정처분이 그 주체, 내용, 절차, 형식에 있어서 어느 정도 성립 내지 효력요건을 충족하느냐에 따라 개별적으로 결정하여야 하며, 행정청의 어떤 행위가 법적 근거도 없이 객관적으로 국민에게 불이익을 주는 **행정처분과 같은 외형을 갖추고 있고, 그 행위의 상대방이 이를 행정처분으로 인식할 정도라면** 그로 인하여 파생되는 국민의 불이익 내지 불안감을 제거시켜 주기 위한 구제수단이 필요한 점에 비추어 볼 때 **행정청의 행위로 인하여 그 상대방이 입는 불이익 내지 불안이 있는지 여부도 그 당시에 있어서의 법치행정의 정도와 국민의 권리의식 수준 등은 물론 행위에 관련한 당해 행정청의 태도 등도 고려하여 판단하여야** 한다."(대판 1993.12.10. 93누12619)

4) 결 어: 처분의 개념은 행정소송법이나(2②(1)) 행정기본법이나(2(4)) 다를 바 없어 쟁송법

상 개념설과 실체법상 개념설의 구별은 의미가 없다. 다만, 강학상의 행정행위는 행정재판의 대상을 정하기 위하여 전개되어 온 개념이지만 오늘날 실정법상의 처분개념과 구별된다. 실정법상의 처분개념은 강학상 행정행위 외에 사실행위인 '공권력 행사' 및 '그 밖에 이에 준하는 행정작용'을 포함시켜 현대 행정의 행위형식의 다양화에 부응하여 국민의 권리구제의 길을 넓히고 있다.

(2) 처분의 개념요소

취소소송의 대상인 '처분'이란 행정청이 행하는 구체적 사실에 관한 법집행으로서의 공권력의 행사 또는 그 거부와 그 밖에 이에 준하는 행정작용을 말하는 바, 이를 분설하면 다음과 같다.

1) 행정청: 행정청이란 국가 또는 지방자치단체의 행정에 관한 의사를 결정하여 표시하는 권한을 가진 행정기관을 말한다. 행정청은 단독제기관이 보통이나 합의제인 경우도 있으며(방송통신위원회 · 공정거래위원회 · 각급노동위원회 · 각급토지수용위원회 등), 입법기관이나 사법기관도 행정적인 처분을 하는 범위에서 이에 속한다(지방의회의원의 징계처분 등).

권한의 위임이나 위탁을 받은 행정기관 및 공공단체와 사인도 행정청이 되며(동법 2②), 권한이 승계된 행정청도 이에 속한다(동법 13① 단서). 다만, 행정소송법을 적용함에 있어서 위의 모든 행정기관이 행정청이 되는 것은 아니며 처분 등과 관계되는 행정기관, 즉 처분청 · 행정심판위원회 · 부작위청만이 행정청에 해당하게 된다.

2) 구체적 사실에 관한 행위: 행정소송은 구체적 사건에 관한 법적 분쟁을 법에 의하여 해결하기 위한 것이므로 '구체적' 사실에 대한 법집행행위만이 소송의 대상이며, 일반적 · 추상적인 법령 · 내규 · 행정계획 등은 그 규율대상이 제한되어 있다 하더라도 원칙적으로 항고소송의 대상이 아니다. 그러나 법령 또는 조례가 구체적 집행행위의 개입 없이 그 자체로서 직접 사인에 대하여 구체적 법적 효과를 발생하여 특정한 권리의무를 형성하게 하는 경우에는 처분성이 인정된다(판례1). 또한 불특정 다수인에 대한 일반처분(예: 집회금지 · 도로통행금지 · 교통신호 등)이나 행정계획도 그것이 바로 사인의 법률상 이익을 구체적으로 규제하는 효과가 있는 이상 처분성을 인정한다(판례2, 3).

[판례 1] 두밀분교 폐지의 조례는 항고소송의 대상인 처분

"조례가 집행행위의 개입 없이도 그 자체로서 직접 국민의 구체적인 권리의무나 법적 이익에 영향을 미치는 등의 법률상 효과를 발생하는 경우 그 조례는 항고소송의 대상이 되는 행정처분에 해당하고, … 경기 가평군 가평읍 상색국민학교 **두밀분교를 폐지하는 내용의 이 사건 조례는** 위 두밀분교의 취학아동과의 관계에서 영조물인 **특정의 국민학교를 구체적으로 이용할 이익을 직접적으로 상실하게 하는 것이므로 항고소송의 대상이 되는 행정처분**이라고 전제한 다음, 이 사건과 같이 교육에 관한 조례무효확인 소송의 정당한 피고는 시 · 도의 교육감이라 할 것이므로 지방의회를 피고로 한 이 사건 소는 부적법하다고 판단한 것은 정당하고"(대판 1996.9.20. 95누8003, 조례무효확인)

[판례 2] 고시의 처분성 인정

"어떠한 **고시가** 일반적 · 추상적 성격을 가질 때에는 법규명령 또는 행정규칙에 해당할 것이지만, **다른 집행행위의 매개 없이 그 자체로서 직접 국민의 구체적인 권리의무나 법률관계를 규율하는 성격을 가질 때에는 행정처분에**

해당한다고 할 것이다. 원심은 … 이 사건 고시(약제 및 치료재료의 산정기준 등에 관한 보건복지부 고시) 중 상한금액부분은 그 자체로서 국민건강보험가입자 또는 국민건강보험공단과 요양기관에 대하여 지불하여야 하거나 상환받을 수 있는 약제비용의 증감이라는 **법률상 이익에 직접적인 영향을 미치는 일반처분의 성질**을 띠는 것이라고 판단하였는바, 원심의 이와 같은 판단은 정당한 것으로"(대판 2004. 5.12. 2003무41)

[판례 3] 행정계획이 처분성이 인정되는 경우

"택지개발촉진법 제3조에 의한 건설부장관의 **택지개발예정지구의 지정**과 같은 법 제8조에 의한 건설부장관의 택지개발사업시행자에 대한 **택지개발계획의 승인**은 그 처분의 고시에 의하여 개발할 토지의 위치, 면적, 권리내용 등이 특정되어 그 후 **사업시행자에게 택지개발사업을 실시할 수 있는 권한이 설정되고**, 나아가 일정한 절차를 거칠 것을 조건으로 하여 **일정한 내용의 수용권이 주어지며 고시된 바에 따라 특정 개인의 권리나 법률상 이익이 개별적이고 구체적으로 규제받게 되므로** 건설부장관의 위 각 처분은 **행정처분의 성격**을 갖는 것이다."(대판 1992.8.14. 91누11582, 택지개발예정지구지정처분취소)

3) 법집행 행위

(가) '법'의 의미: 법이란 법적 효과를 발생하는 법규범을 말하는 바, 법률과 법규명령 및 조례 등이 포함된다. 행정규칙은 일반적으로 법규성이 없으므로 법에 포함되지 아니하나, 행정규칙에 의한 처분이 상대방의 권리의무에 변동을 가져오는 등 법적 효과를 발생하는 경우에는 처분의 성립요건인 법집행행위라 할 수 있다. 예컨대, ① 국토교통부 '내부지침'에 의한 항공노선에 대한 운수권배분처분이나(대판 2004.11.26. 2003두10251), ② 행정구칙에 의한 '불문경고조치'가 비록 법률상의 징계처분은 아니지만 위 처분을 받지 아니하였다면 차후 다른 징계처분이나 경고를 받게 될 경우 징계감경사유로 사용될 수 있었던 표창공적의 사용가능성을 소멸시키는 효과 등이 있다는 이유로 처분성을 인정한다(대판 2002.7.26. 2001두3532).

(나) 법적 효과 발생(사인의 권리·의무에 직접 영향을 주는 행위): 항고소송의 대상인 처분은 국민의 구체적인 권리의무에 직접적인 변동을 초래하는 행위이므로, 국민의 권리의무에 영향이 없는 단순한 행정청의 내부에서의 행위나 알선·권유·행정지도·사실상의 통지 등 비권력적 사실행위 등은 처분이 아니다.

예컨대, ① 행정사무의 편의나 사실증명자료로서의 무허가건물관리대장에 등재 또는 등재내용의 변경·삭제(대판 2009.3.12. 2008두11525), ② 권고적 성격에 불과한 행정청의 한국전력공사 등에게 위법건축물임을 이유로 한 단전요청(대판 1996.3.22. 96누433), ③ 진정·청원에 대한 처리결과 통보 등은 처분이 아니다(대판 1995.11.21. 95누9099).

그러나 ④ 사업인정은 토지수용절차 중의 한 단계이나 그로 인해 수용목적물의 범위가 확정되고 기업자에게 권리발생을 토지소유자에게는 형질변경제한이 따르므로(대판 1994.5.24. 93누4230), ⑤ 폐기물관리법에 의한 폐기물처리업 허가를 받기 위해서는 사업계획에 대한 적정통보를 받아야 하므로 부적정통보는 허가신청자체를 제한하여 처분에 해당한다(대판 1998. 4.28. 97누21086).

4) **공권력의 행사:** 공권력행사(公權力行使)란 행정청이 행정주체의 기관의 지위에서 구체적 사실에 대한 법집행으로서 행하는 권력적 활동을 말한다. 즉, 행정청이 상대방의 의사여하에 관

계없이 일방적으로 의사결정을 하고, 그 결과에 대해 상대방의 수인을 강제하는 법적 효과를 가진 작용을 말한다. 이러한 작용은 강학상의 행정행위가 중심이 되겠지만, 행정청의 권력적 사실행위도 포함된다.

그러므로 행정청이 상대방과 대등한 지위에서 하는 이른바 공법상 계약, 공법상 합동행위 및 사법상(私法上)의 행위는 처분이 아니다. 예컨대 계약직 공무원에 대한 채용계약해지 통보는 처분이 아니고, 국유일반재산의 대부・매각・교환・양여, 정부 수요품의 매입, 공사도급계약 등은 사경제작용이고, 이에 기초한 국유일반재산 사용료 납입고지는 사법상의 이행청구이고 처분이 아니나(대판 1995.5.12. 94누5281), 국유행정재산의 사용료부과는 처분이다(대판 1997.4.11.96누17325).

5) 거부처분

(가) 의 의: 거부처분은 소극적 행정행위의 하나로서 개인이 행정청에 대하여 공권력을 행사해 줄 것을 신청한 경우에 그 신청에 따르는 공권력행사를 거부하는 것을 내용으로 하는 행정행위를 말한다. 거부처분(拒否處分)은 신청을 받아들이지 않았다는 점에서 부작위와 같으나, 거부의사를 대외적으로 명백히 하여 적극적으로 나타냈다는 점에서 부작위와 구별된다. 이러한 거부처분은 그 처분 전의 상태가 계속되는 것이므로 신청인의 법적 지위에 어떠한 변동을 가져오는 것이라고는 할 수 없으나, 신청인에게 법규상 또는 조리상 일정한 공권력의 행사를 요구할 권리가 있음에도 행정청이 이를 받아들이지 아니함으로써 결과적으로 신청인의 권리 내지 이익을 침해하는 것이 된다.

거부처분 이후 동일한 내용의 새로운 신청에 대하여 다시 거부한 경우에는 새로운 거부처분이 있는 것으로 보아야 한다(대판 2019.4.3. 2017두52764 등). 그런데 신청에 대하여 일단 거부처분이 행해지면 그 거부처분이 적법한 절차에 의하여 취소되지 않는 한, 사유를 추가하여 거부처분을 반복하는 것은 존재하지 않는 신청에 대한 거부처분으로서 당연 무효이다(대판 1999.12.28. 98두1895).

(나) 성립요건

(a) 신청한 행위가 공권력의 행사에 해당할 것: 거부처분이 성립하려면 우선 신청한 행위가 '행정청이 행하는 구체적 사실에 관한 법집행행위로서의 공권력행사 또는 이에 준하는 행정작용'이어야 한다(행정소송법 2①(1)). 따라서 국유일반재산의 매각・대부・임대기간연장의 요청 등 사경제적 행위의 요청을 거부하는 것은 거부처분이 아니다(대판 1998.9.22. 98두7602 등).

(b) 거부행위가 신청인의 법률관계에 영향을 미치는 것일 것: 거부행위는 신청인의 법률관계에 어떤 변동을 일으키는 것이어야 한다. 이는 신청인의 실체상의 권리관계에 직접적인 변동을 일으키는 것은 물론, 신청인이 실체상의 권리자로서 권리를 행사함에 중대한 지장을 초래하는 것도 포함한다(대판 2007.10.11. 2007두1316).

(c) 신청권의 존재여부

(ㄱ) 신청권의 거부처분 성립요건여부: 국민에게 행정청의 행위발동을 요구할 신청권이

있어야 하는지에 대하여 견해가 나뉜다. 즉, ① 신청권을 형식적 의미로 이해하고 처분성 인정의 문제로 보는 **대상적격설**, 다만 신청의 대상이 처분에 해당하면 그에 대한 신청권은 항상 긍정된다고 한다.[18] ② 거부처분의 대상적격여부는 행정소송법 제2조 제1항 제1호의 처분에의 해당여부에 의해 판단해야 하고 신청권의 여부는 원고적격의 문제로 보아야 한다는 **원고적격설**,[19] ③ 신청권의 문제는 행정행위를 요구할 수 있느냐의 문제로서 소송요건의 문제가 아니라 본안에서 판단해야 한다는 **본안요건설**[20] 등이 그것이다. ④ **판례**는 신청권여부를 거부처분의 성립요건으로 보아 대상적격설을 취하며, 다만 신청권을 일반국민을 기준으로 추상적으로 결정하는 것으로 형식상의 단순한 응답요구권의 의미로 본다(판례1, 2).

생각건대, 신청권의 문제는 신청을 할 법률상 이익이 있는가의 문제로서 원고적격의 문제로 봄이 타당하다. 다만, 대상적격은 주관적 요건이 아니라 객관적 요건이므로 거부처분의 요건으로서는 특정인의 신청권일 필요는 없고, 판례의 입장과 같이 일반국민을 기준으로 형식상의 단순한 응답요구권의 의미로도 충분하다.

[판례 1] 거부처분 성립요건에 관한 판례

"국민의 적극적 행위 신청에 대하여 행정청이 그 신청에 따른 행위를 하지 않겠다고 **거부한 행위가 항고소송의 대상이 되는 행정처분에 해당하는 것이라고 하려면, 그 신청한 행위가 공권력 행사 또는 이에 준하는 행정작용이어야 하고, 그 거부행위가 신청인의 법률관계에 어떤 변동을 일으키는 것이어야 하며, 그 국민에게 그 행위발동을 요구할 법규상 또는 조리상의 신청권이 있어야** 하는바, 여기에서 '신청인의 법률관계에 어떤 변동을 일으키는 것'이라는 의미는 신청인의 실체상 권리관계에 직접적인 변동을 일으키는 것은 물론, 그렇지 않다 하더라도 신청인이 실체상 권리자로서 권리를 행사함에 중대한 지장을 초래하는 것도 포함한다."(대판 2007.10.11. 2007두1316 등)

[판례 2] 신청권은 일반국민을 기준으로 추상적으로 결정

"거부처분의 처분성을 인정하기 위한 전제요건이 되는 **신청권의 존부는** 구체적 사건에서 신청인이 누구인가를 고려하지 않고 **관계 법규의 해석에 의하여 일반 국민에게 그러한 신청권을 인정하고 있는가를 살펴 추상적으로 결정**되는 것이고, 신청인이 그 신청에 따른 **단순한 응답을 받을 권리를 넘어서 신청의 인용이라는 만족적 결과를 얻을 권리를 의미하는 것은 아니므로,** 국민이 어떤 신청을 한 경우에 그 신청의 근거가 된 조항의 해석상 행정발동에 대한 개인의 신청권을 인정하고 있다고 보이면 그 거부행위는 항고소송의 대상이 되는 처분으로 보아야 하고, **구체적으로 그 신청이 인용될 수 있는가 하는 점은 본안에서 판단하여야 할 사항**이다."(대판 2009.9.10. 2007두20638; 대판 1996.6.11. 95누12460)

(ㄴ) 신청권의 인정기준: ① **근거법규가 강행규정**이면 행정청의 행위의무에 대응하여 상대방에게 신청권이 발생한다. 그런데 ② 법령에 "허가 받아야 한다" 등 **상대방에게 허가를 강요하는 명문규정이 있는 경우**(영업허가·건축허가·주택건설사업계획승인·토지구획정리사업시행인가 등)에는 그 신청에 기한 행정청의 처분이 기속행위인지 또는 재량행위인지를 불문하고 법규상 신청권의 존재를 인정할 수 있다. 신청권을 인정할 명문규정이 없는 경우에도 조리상 신청권을 인정할 수 있는바, ③ 관계법령의 해석상 일반국민에게 행정발동에 대한 신청권이 있다고 추상

18) 김남진·김연태(Ⅰ), 905면; 박균성(강의), 719면.
19) 류지태·박종수(신론), 727면; 정하중·김광수(개론), 719면; 홍정선(상), 1067면.
20) 홍준형(행정구제법), 544면.

적으로 인정되는 경우에는 특정인의 구체적인 신청의 인용가능여부에 관계없이 신청권을 인정할 수 있고, ④ 행정청의 거부로 상대방이 입는 불이익이 부득이한 것으로 용인될 수 없을 정도로 크고 항고소송 이외에 다른 권리구제방법이 없는 경우에도 신청권을 인정할 수 있다.

6) **공권력행사나 그 거부에 준하는 행정작용:** 이는 행정작용 중 위에서 본 바와 같은 공권력행사 또는 거부처분은 아니더라도 행정청의 대외적 작용으로서 개인의 권익에 구체적으로 영향을 미치는 작용을 말한다고 할 수 있다. 이는 현대산업사회에 있어서의 행정작용의 광역화·다양화와 전문화·적극화 경향에 따라 미처 예상하지 못한 새로운 유형의 행정작용과, 엄격한 의미의 공권력행사작용 또는 그 거부처분으로 보기에는 해석상 의문이 있더라도 현실적으로 행정구제의 필요성이 인식되는 행정작용을 행정소송의 대상으로 다루어질 수 있도록 하기 위한 것이다.

(가) 행정계획: 행정계획 중에 구속적 행정계획은 처분성을 인정할 수 있다. 예컨대, ① 국토교통부장관이 정하는 일정한 '표준지공시지가'나 시장·군수·구청장이 정하는 '개별공시지가결정'도 각종 부담금과 조세산정의 기준이 되어 국민의 권리의무에 관계되므로 각각 처분이고(판례1), ② 도시관리계획에 의한 '고시된 도시계획결정'은 특정개인의 권리 내지 법률상 이익을 구체적으로 규제하는 효과를 가져 오고, 이에 따른 '실시계획인가'는 해당 도시개발사업을 시행할 수 있는 권한을 설정해 주며 실시계획시행지역의 토지가 수용되는 등 재산권행사에 제약을 가져오므로 각각 처분성이 인정된다(판례2).

[판례 1] 표준지공시지가 및 개별공시지가의 처분성 인정

"**표준지공시지가결정**이 위법한 경우에는 **그 자체를 행정소송의 대상이 되는 행정처분으로 보아 그 위법 여부를 다툴 수 있음은 물론**, 수용보상금의 증액을 구하는 소송에서도 선행처분으로서 그 수용대상 토지 가격 산정의 기초가 된 비교표준지공시지가결정의 위법을 독립한 사유로 주장할 수 있다."(대판 2008.8.21. 2007두13845, 토지보상금 등)

"**개별토지가격**에 대하여 이의가 있는 토지소유자 및 이해관계인은 조사지침에 기한 재조사청구나 행정심판법에 따른 행정심판청구 중 하나만을 거쳐 곧바로 **행정소송을 제기하는 것이 가능**하다."(대판 1998.6.26. 98두6098, 개별공시지가결정처분취소 등)

[판례 2] 도시계획결정 및 그 실시계획인가의 처분성 인정

"구 도시계획법(1991.12.14. 법률 제4427호로 개정되기 전의 것) 제30조 제2항은 **도시계획사업 실시계획의 인가**를 토지수용법 제14조의 규정에 의한 사업인정으로 보도록 규정하고 있는바, **이와 같은 사업인정은 그 후 일정한 절차를 거칠 것을 조건으로 하여 일정한 내용의 수용권을 설정하여 주는 행정처분의 성격을 띠는 것으로서 독립하여 행정소송의 대상**이 되고, 그 사업인정을 받음으로써 수용할 목적물의 범위가 확정되고 수용권으로 하여금 목적물에 관한 현재 및 장래의 권리자에게 대항할 수 있는 일종의 공법상의 권리로서의 효력을 발생시킨다."(대판 1994.5.24. 93누24230, 토지수용재결처분취소 등)

(나) 행정지도: 행정지도는 알선·권유 등 상대방의 임의적 협력을 기대하여 행하는 권고적 성격의 비권력적 사실행위로서 처분이 아니다. 예컨대, 행정청이 위법건축물에 대해 전기·전화공급을 하지 말아줄 것을 그 공급자에게 요청하는 행위는 행정처분이 아니다(대판 1996.3.22. 96누433). 그러나 행정지도가 사실상의 강제적 효력을 갖는 경우에는 규제적 행정지

도로서 처분성을 갖는다(판례).

[판 례] 국가인권위원회의 시정조치의 권고의 처분성 인정

"구 남녀차별금지및구제에관한법률(2003. 5. 29. 법률 제6915호로 개정되기 전의 것) 제28조에 의하면, **국가인권위원회의 성희롱결정과 이에 따른 시정조치의 권고는** 불가분의 일체로 행하여지는 것인데 국가인권위원회의 이러한 결정과 시정조치의 권고는 **성희롱 행위자로 결정된 자의 인격권에 영향을 미침과 동시에 공공기관의 장 또는 사용자에게 일정한 법률상의 의무를 부담시키는 것이므로** 국가인권위원회의 성희롱결정 및 시정조치권고는 **행정소송의 대상이 되는 행정처분에 해당**한다고 보지 않을 수 없다."(대판 2005.7.8. 2005두487, 의결처분취소)

(다) 권력적 사실행위: 단순한 사실행위는 처분성이 부인되나, 권력적 사실행위는 공권력행사에 해당하여 처분성이 인정된다. 다만 권력적 사실행위는 비교적 단시간 내에 목적을 달성하고 종료되기 때문에 행정소송으로 다툴 실익이 없는 것이 보통이지만, 계속적 성질을 가지는 내용의 권력적 사실행위는 행정청의 공권력행사인 처분에 해당한다.

7) 그 밖에 처분성여부가 문제되는 경우

(가) 반복된 행위: 예컨대 자진철거를 재촉구하기 위하여 2차, 3차의 철거명령 및 대집행계고를 하는 경우 그 2차, 3차는 새로운 처분이 아니라 독촉 또는 대집행기한 연기통지에 불과하여 독립된 처분이 아니다(판례1). 다만 수차에 걸친 신청에 대한 각각의 거부처분은 각각 독립적인 처분이다(판례2).

[판례 1] 반복된 철거명령의 처분성 부인

"제1차로 철거명령 및 계고처분을 한 데 이어 제2차로 계고서를 송달하였음에도 불응함에 따라 대집행을 일부 실행한 후 철거의무자의 연기원을 받아들여 나머지 부분의 철거를 진행하지 않고 있다가 연기기한이 지나자 다시 제3차로 철거명령 및 대집행계고를 한 경우, **행정대집행법상의 철거의무는 제1차 철거명령 및 계고처분으로써 발생**하였다고 할 것이고, 제3차 철거명령 및 대집행계고는 새로운 철거의무를 부과하는 것이라고는 볼 수 없으며, **단지 종전의 계고처분에 의한 건물철거를 독촉하거나 그 대집행기한을 연기한다는 통지에 불과**하므로 취소소송의 대상이 되는 독립한 행정처분이라고 할 수 없다."(대판 2000.2.22. 98두4665, 건물철거대집행계고처분취소)

[판례 2] 반복된 거절의 의사표시의 처분성 인정

"거부처분은 관할 행정청이 국민의 처분신청에 대하여 거절의 의사표시를 함으로써 성립되고, 그 이후 **동일한 내용의 새로운 신청에 대하여 다시 거절의 의사표시를 한 경우에는 새로운 거부처분**이 있는 것으로 보아야 할 것이다."(대판 2002.3.29. 2000두6084, 부작위위법확인의소)

(나) 독촉행위

(a) 처분성이 인정되는 경우: 독촉이 국민의 권리의무에 직접 변동을 초래한 경우에는 처분성이 인정된다. 예컨대, 국세징수법 제24조, 지방세징수법 제32조 제1항 및 「지방행정제재·부과금의 징수 등에 관한 법률」 제8조, 국민건강보험법 제81조의 경우, 독촉장을 받고 지정된 기한까지 징수금을 완납하지 아니하면 납세자의 재산을 압류할 수 있다. 따라서 독촉은 징수처분으로서 납세자에게 징수금의 납부의무와 이를 불이행한 때에 재산압류를 수인할 의무를 부담한다는 점에서 항고소송의 대상인 처분이라 할 수 있다(판례1).

(b) 처분성이 부인되는 경우: 독촉이 국민의 권리의무에 직접 변동을 초래하지 아니하고 법령에 의한 법률효과가 인정되지 아니하는 단순한 사실행위로서의 연기통지에 불과한 경우에는 처분성이 부인된다. 또한 처분성이 인정되는 독촉을 하고 그 후 동일한 내용의 (재)독촉을 한 경우에 그 후행 (재)독촉은 단순한 최고에 불과하여 국민의 권리의무나 법률상의 지위에 직접적으로 영향을 미치는 것이 아니므로 항고소송의 대상이 되는 행정처분이라 할 수 없다(판례2). 그러나 양도인의 독촉 받은 사실을 알지 못하는 양수인에게 재독촉한 경우에는 양수인은 재독촉으로 비로소 권리의무에 변동을 가져오므로 처분성이 인정된다.

[판례 1] 독촉의 처분성이 인정되는 경우

"구 건축법(2008. 3. 21. 법률 제8974호로 전부 개정되기 전의 것) 제69조의2 제6항, 지방세법 제28조, 제82조, 국세징수법 제23조의 각 규정에 의하면, 이행강제금 부과처분을 받은 자가 이행강제금을 기한 내에 납부하지 아니한 때에는 그 납부를 독촉할 수 있으며, **납부독촉에도 불구하고 이행강제금을 납부하지 않으면 체납절차에 의하여 이행강제금을 징수할 수 있고, 이때 이행강제금 납부의 최초 독촉은 징수처분으로서 항고소송의 대상이 되는 행정처분이 될 수 있다.**"(대판 2009.12.24. 2009두14507, 이행강제금부과처분취소)

[판례 2] 독촉의 처분성이 부인되는 경우

"구 의료보험법(1994. 1. 7. 법률 제4728호로 전문 개정되기 전의 것) 제45조, 제55조, 제55조의2의 각 규정에 의하면, 보험자 또는 보험자단체가 사기 기타 부정한 방법으로 보험급여비용을 받은 의료기관에게 그 급여비용에 상당하는 금액을 부당이득으로 징수할 수 있고, 그 의료기관이 납부고지에서 지정된 납부기한까지 징수금을 납부하지 아니한 경우 국세체납절차에 의하여 강제징수할 수 있는바, **보험자 또는 보험자단체가 부당이득금 또는 가산금의 납부를 독촉한 후 다시 동일한 내용의 독촉을 하는 경우 최초의 독촉만이 징수처분으로서 항고소송의 대상이 되는 행정처분이 되고 그 후에 한 동일한 내용의 독촉은 체납처분의 전제요건인 징수처분으로서 소멸시효 중단사유가 되는 독촉이 아니라 민법상의 단순한 최고에 불과하여 국민의 권리의무나 법률상의 지위에 직접적으로 영향을 미치는 것이 아니므로 항고소송의 대상이 되는 행정처분이라 할 수 없다.**"(대판 1999.07.13. 97누119, 부당이득금납부독촉고지처분취소)

(다) 경정처분(更正處分): 이는 일정한 처분을 한 후 그 당초처분을 경정하는 경우인데 이 경우 소송의 대상이 당초처분인지 경정처분인지에 대하여 견해가 나뉘고 있다. 즉, ① 각각 독립된 처분으로 별개의 소송대상이라는 **병존설**, ② 당초처분은 경정처분에 흡수되어 소멸하므로 경정처분이 소송의 대상이라는 **흡수설**, ③ 당초처분은 경정처분에 흡수되지만 그 효력은 경정처분의 취소판결 시까지 존속하고 경정처분만이 소송의 대상이라는 **병존적 흡수설**, ④ 경정처분은 당초처분에 흡수되어 경정처분에 의해 수정된 당초처분이 소의 대상이라는 **역흡수설** 및 ⑤ 당초처분과 경정처분은 결합하여 일체로서 존재하며 경정처분으로 수정된 당초처분이 소송의 대상이라는 **역흡수병존설** 등이 그것이다.

(a) 종전처분과의 가분성여부 등

(ㄱ) 불가분의 관계인 경우: ① 후속처분이 종전처분을 대체하는 **불가분의 관계**인 경우에는 후속처분만이 항고소송의 대상이 된다(흡수설)(판례). 예컨대 종전처분을 직권취소하고 후속의 대체처분을 하는 경우(허가취소를 영업정지 3개월로)와 같이 후속처분이 종전처분을 완전히 대체하는 것이거나 그 주요부분을 실질적으로 변경하는 내용인 경우에는 특별한 사정이 없는

한 종전처분은 그 효력을 상실하고 후속처분만이 소의 대상이 된다. ② **유리하게 변경된 처분**의 경우에는 아래 ⓒ에서 보는 바와 같이 변경된 원처분이 소의 대상이 된다(역흡수설).

(ㄴ) 가분적인 관계인 경우: 종전처분과 후속처분이 각각 별개의 독립적인 것으로 **가분적인 경우**에는 각각 소의 대상이 된다(병존설)(판례). 즉, 후속처분으로 종전처분이 소멸하였다고 볼 수 없고, 후속처분의 내용이 종전처분의 유효를 전제로 그 내용 중 일부만을 추가·철회·변경하는 것이고 그 추가·철회·변경된 부분이 그 내용과 성질상 나머지 부분과 독립적이어서 가분적인 경우에는 후속처분에도 불구하고 종전처분이 여전히 항고소송의 대상이 된다. 예컨대, 공무원에 대한 파면처분을 감봉 3개월로 변경한 경우 또는 납세독촉에 이은 체납처분처럼 하자가 승계되는 경우는 불가분의 경우이고(흡수설), 철거명령에 이은 대집행계고처럼 하자승계가 부인되는 경우라든가 영업시간제한을 0시부터 8시까지로 하였던 것을 0시부터 10시까지로 변경한 경우는 변경 전까지는 8시까지의 영업시간제한이 유효하므로 가분적인 경우이다(병존설).

[판 례] 종전처분이 후속처분에 흡수되는 경우와 병존하는 경우

"[1] **선행처분의 주요 부분을 실질적으로 변경하는 내용으로 후행처분을 한 경우에 선행처분은 특별한 사정이 없는 한 그 효력을 상실하지만, 후행처분이 있었다고 하여 일률적으로 선행처분이 존재하지 않게 되는 것은 아니고 선행처분의 내용 중 일부만을 소폭 변경하는 정도에 불과한 경우에는 선행처분이 소멸한다고 볼 수 없다.**

[2] 선행처분이 후행처분에 의하여 변경되지 아니한 범위 내에서 존속하고 후행처분은 선행처분의 내용 중 일부를 변경하는 범위 내에서 효력을 가지는 경우에, 선행처분의 취소를 구하는 소를 제기한 후 후행처분의 취소를 구하는 청구를 추가하여 청구를 변경하였다면 후행처분에 관한 제소기간 준수 여부는 청구변경 당시를 기준으로 판단하여야 하나, 선행처분에만 존재하는 취소사유를 이유로 후행처분의 취소를 청구할 수는 없다."(대판 2012.12.13. 2010두20782, 집단에너지사업허가처분취소 등)

"기존의 행정처분을 변경하는 내용의 행정처분이 뒤따르는 경우, **후속처분이 종전처분을 완전히 대체하는 것이거나 주요 부분을 실질적으로 변경하는 내용인 경우에는 특별한 사정이 없는 한 종전처분은 효력을 상실하고 후속처분만이 항고소송의 대상이 되지만, 후속처분의 내용이 종전처분의 유효를 전제로 내용 중 일부만을 추가·철회·변경하는 것이고 추가·철회·변경된 부분이 내용과 성질상 나머지 부분과 불가분적인 것이 아닌 경우에는, 후속처분에도 불구하고 종전처분이 여전히 항고소송의 대상이 된다.** 따라서 종전처분을 변경하는 내용의 후속처분이 있는 경우 법원으로서는, 후속처분의 내용이 종전처분 전체를 대체하거나 주요 부분을 실질적으로 변경하는 것인지, 후속처분에서 추가·철회·변경된 부분의 내용과 성질상 나머지 부분과 가분적인지 등을 살펴 항고소송의 대상이 되는 행정처분을 확정하여야 한다."(대판 2015.11.19. 2015두295, (대규모점포 등에 대한 영업시간 제한 및 의무휴업일 지정처분)영업시간제한등처분취소)

(b) 경정과세처분: 일정한 과세처분을 하였다가 그 후 증액 또는 감액하는 경우에, ① **감액경정처분**의 경우에는 당초처분 중 경정처분에 의하여 취소되지 않고 남은 부분(당초처분)이 소송의 대상이 되며(역흡수설)(판례1), ② **증액경정처분**의 경우에는 당초처분은 증액경정처분에 흡수되어 소멸하고 그 증액경정처분만이 소송의 대상이 된다고 한다(흡수설)(판례2).

[판례 1] 감액경정처분의 경우(역흡수설)

"행정청이 산업재해보상보험법에 의한 보험급여 수급자에 대하여 부당이득 징수결정을 한 후 징수결정의 하자를 이유로 징수금 액수를 감액하는 경우에 감액처분은 감액된 징수금 부분에 관해서만 법적 효과가 미치는 것으로서 당초 징수결정과 별개 독립의 징수금 결정처분이 아니라 그 실질은 처음 징수결정의 변경이고, 그에 의하여 징수금

의 일부취소라는 징수의무자에게 유리한 결과를 가져오는 처분이므로 징수의무자에게는 그 취소를 구할 소의 이익이 없다. 이에 따라 **감액처분으로도 아직 취소되지 않고 남아 있는 부분이 위법하다 하여 다투고자 하는 경우, 감액처분을 항고소송의 대상으로 할 수는 없고, 당초 징수결정 중 감액처분에 의하여 취소되지 않고 남은 부분을 항고소송의 대상으로 할 수 있을 뿐이며**, 그 결과 제소기간의 준수 여부도 감액처분이 아닌 당초 처분을 기준으로 판단해야 한다."(대판 2012.9.27. 2011두27247, 부당이득금부과처분취소; 대판 2009.5.28. 2006두16403 등)

[판례 2] 증액경정처분의 경우(흡수설)

"국세기본법 제22조의2의 시행 이후에도 **증액경정처분**이 있는 경우, **당초 신고나 결정은 증액경정처분에 흡수됨으로써** 독립한 존재가치를 잃게 된다고 보아야 하므로, 원칙적으로는 당초 신고나 결정에 대한 불복기간의 경과 여부 등에 관계없이 **증액경정처분만이 항고소송의 심판대상**이 되고, 납세의무자는 그 항고소송에서 당초 신고나 결정에 대한 위법사유도 함께 주장할 수 있다고 해석함이 타당하다."(대판 2009.5.14. 2006두17390; 대판 2005.6.10. 2003두12721 등)

(c) **유리하게 변경된 처분**: 허가취소를 영업정지로 변경처분을 한 경우처럼 직권시정에 의하든 이의신청 또는 행정심판에 의하든 당초처분보다 유리하게 변경된 대체처분의 경우에도 불복하는 경우에 소의 대상이 문제된다. 즉, 이와 같이 당초처분과 변경처분이 불가분의 단계적 관계인 경우에는 당초처분과 유리하게 변경된 처분 중 어느 것이 소의 대상인지에 관해 견해가 대립된다.

(ㄱ) **학 설**: ① 원처분주의에 따라 원처분이 소의 대상이라는 **원처분설**, ② 감경된 처분에도 불복하는 것이므로 감경된 유리한 처분이 대상이라는 **변경처분설**, ③ 변경된 처분은 새로운 처분이 아니라 당초부터 유리한 내용의 처분이라 할 것이므로 변경시킨 원처분을 다투어야 한다는 **변경된 원처분설** 등이 대립되고 있다.

(ㄴ) **판 례**: 유리하게 변경된 제재처분에 대한 취소소송의 대상은 변경된 내용의 당초처분이라고 하여 변경된 원처분설을 취하고 있다.

(ㄷ) **결 어**: 원처분을 취소하고 후속처분을 하는 경우라면 후속처분시에 새로운 처분인 변경처분이 있다고 보아 변경처분이 소의 대상이라 할 것이나, 원처분을 대신하여 유리하게 변경한 처분인 경우는 당초부터 유리하게 변경된 내용의 처분이 존재한다고 보아야 할 것이므로 변경된 원처분설이 타당하다.

[판 례] 변경된 내용의 당초처분의 소의 대상 및 제소기간준수 기준

"행정청이 식품위생법령에 따라 영업자에게 행정제재처분을 한 후 그 처분을 영업자에게 유리하게 변경하는 처분을 한 경우, 변경처분에 의하여 당초 처분은 소멸하는 것이 아니고 당초부터 유리하게 변경된 내용의 처분으로 존재하는 것이므로, **변경처분에 의하여 유리하게 변경된 내용의 행정제재가 위법하다 하여 그 취소를 구하는 경우 그 취소소송의 대상은 변경된 내용의 당초 처분이지 변경처분은 아니고, 제소기간의 준수 여부도 변경처분이 아닌 변경된 내용의 당초 처분을 기준으로 판단하여야 한다**."(대판 2007.04.27. 2004두9302, 식품위생법위반과징금부과처분취소)

(마) **내부행위**: 행정기관의 결정이 오직 행정기관의 내부적인 사무처리절차에 불과하거나, 행정기관 상호간의 승인·동의·협의 등 내부적 행위는 처분이 아니다. 즉, ① 과세처분의 내부적 선행절차로서의 과세표준결정이나(대판 1986.1.21. 82누236), ② 중간적 처분으로서의 국

토교통부장관의 지방자치단체의 장 등에 대한 구획정리사업시행명령(대판 1996.12.23. 95누17700), ③ 상급행정기관의 하급행정기관에 대한 승인·동의·지시 등은 처분이 아니다(대판 1997.9.26. 97누8540). 그러나 특별권력관계에서의 불이익처분은 처분성이 인정된다.

(바) 중간행위: 중간행위는 내부행위에 불과하여 그 위법은 종국처분을 다툼에 있어서 위법사유로 주장될 수 있을 뿐이다. 그러나 중간행위도 그 자체로서 일정한 법률효과를 가져오거나 국민의 권리·이익에 직접 영향을 미치는 경우에는 항고소송의 대상이 된다. 예컨대, **① 부분허가**는 부분적이긴 하나 일정한 법률효과를 발생시키므로 처분성이 인정되고(대판 1998.9.4, 97누19588), **② 사전결정**도 상대방의 권리의무에 직접 영향을 미치므로 처분성을 인정한다(대판 1996.3.12, 95누658 등). **③ 가행정행위**도 잠정적이긴 하나 직접 법적 효력을 발생하므로 처분성을 인정할 수 있고, **④ 확약**은 행정청에 대해 구속력을 가진다는 점에서 처분성을 인정할 수 있으나 판례는 부정하고 있다.

(사) 계약상대방에 대한 입찰자격제한조치: 공기업·준정부기관이 법령 또는 계약에 근거하여 선택적으로 입찰참가자격 제한 조치를 할 수 있는 경우, 계약상대방에 대한 입찰참가자격 제한 조치가 법령에 근거한 경우에는 행정처분이고 계약에 근거한 경우에는 처분이 아니라 계약상의 조치인바, 이 경우 행정처분인지 아니면 계약에 근거한 권리행사인지는 원칙적으로 의사표시의 해석 문제이다. 이때에는 공기업·준정부기관이 계약상대방에게 통지한 문서의 내용과 해당 조치에 이르기까지의 과정을 객관적·종합적으로 고찰하여 판단하여야 하나, 그 여부가 여전히 불분명한 경우에는 그에 대한 불복방법 선택에 중대한 이해관계를 가지는 그 조치 상대방의 인식가능성 내지 예측가능성을 중요하게 고려하여 규범적으로 이를 확정함이 타당하다(대판 2018.10.25. 2016두33537; 대판 2019.2.14. 2016두33292).

(아) 행정소송 이외의 특별한 불복절차가 따로 마련되어 있는 경우: 예컨대. ① 조세범처벌법·관세법·도로교통법상의 통고처분(대판 1995.6.29. 95누4674), ② 질서위반행위규법상의 과태료 등은 동법에 의한 불복절차가 예정되어 있는 처분, ③ 그 밖에 다른 소송절차를 통해 불복할 수 있는 경우에는 항고소송의 대상이 될 수 없다.

[판 례] 형사소송절차를 통해 불복할 수 있는 경우

> " 행정소송법 제2조의 처분의 개념 정의에는 해당한다고 하더라도 **그 처분의 근거 법률에서 행정소송 이외의 다른 절차에 의하여 불복할 것을 예정하고 있는 처분은 항고소송의 대상이 될 수 없다. 검사의 불기소결정에 대해서는** 검찰청법에 의한 항고와 재항고, 형사소송법에 의한 재정신청에 의해서만 불복할 수 있는 것이므로, 이에 대해서는 **행정소송법상 항고소송을 제기할 수 없다.**"(대판 2018. 9. 28. 2019두47465 등)

3. 재 결

(1) 의 의

재결(裁決)이란 행정심판에 대한 재결을 말한다. 여기서 행정심판이란 행정심판법에 의한 것뿐만 아니라 널리 행정기관이 재결청이 되는 행정쟁송절차를 모두 포함하는 의미이다.

(2) 원처분주의

재결과 원처분(原處分) 중 어느 것을 항고소송의 대상으로 할 것인지는 입법정책의 문제인바, 원칙적으로 원처분에 대하여 소를 제기할 수 있도록 하는 **원처분주의**와 재결에 대해서만 소를 제기할 수 있도록 하는 **재결주의**가 있다. 현행 행정소송법에서는 "재결취소소송은 재결자체에 고유한 위법이 있음을 이유로 하는 경우에 한한다"(19 단서)고 하여 원처분주의를 취하고 있다. 이러한 취지는 재결취소소송에서 원처분의 위법을 겸하여 다투는 경우에 심리판단의 순서, 판결의 구속력의 범위, 원처분취소소송이 별개로 제기된 경우의 판단의 모순과 저촉의 우려 등이 있기 때문이라고 할 수 있다.

(3) 재결자체에 고유한 위법

재결취소소송의 대상인 '재결자체에 고유한 위법'이란 원처분에는 위법이 없고 재결에만 위법이 있는 것으로, 재결의 주체·내용·절차·형식 등의 위법을 의미한다.

1) 재결주체의 위법: 이는 재결권한이 없는 자가 재결을 한 경우나 재결주체의 구성 내지 구성절차에 하자가 있는 경우이다.

2) 재결절차의 위법: 이는 행정심판법상의 심판절차를 준수하지 않은 경우를 말한다. 변명서부본이나 처분청이 제출한 서류 등의 열람을 거절하거나 구두변론청구에 대해 그 기회를 주지 않고 한 경우, 재결기간경과 후에 재결을 한 경우 등이 있을 수 있다. 이에 대해서 첫째, 그 절차위반이 독립하여 항고소송의 대상으로 될 수 있는가(**처분성여부**), 둘째, 그 절차위반이 재결의 효력을 좌우하는가(**훈시규정인가 효력규정인가**)가 문제된다. 이는 각 행정법규의 해석적용의 문제라고 할 수 있다. 다만, 변명서부본 송부청구 및 서류 등 열람청구에 대한 재결청의 거부처분이 독립한 항고소송의 대상이 될 수 있는지 의문이다. 또한 행정심판법 제45조에서 규정하고 있는 재결기간도 훈시규정으로 해석되므로 재결기간을 넘긴 경우에도 절차의 위법으로 볼 수 없다고 하겠다.

3) 재결형식의 위법: 이는 재결을 서면에 의하지 않은 경우(이는 재결의 효력요건으로 본다), 재결에 주문만 기재되고 이유제시가 없거나 이유가 불충분한 경우, 재결서에 기명날인을 하지 않은 경우 등이다.

4) 재결내용의 위법: 재결자체의 하자에 내용의 위법이 포함되는지의 여부에 대하여 견해의 대립이 있다.

(가) 긍정설: 이는 원처분자체에는 취소사유가 없음에도 법적 근거가 될 수 없는 사유에 근거하여 취소재결을 하였거나 재결이 원처분과 내용을 달리하는 경우 등에는 원처분에 없는 재결에 고유한 내용상의 하자를 주장할 수 있어, 이를 항고소송의 대상으로 할 수 있다고 한다.

(나) 부정설: 이는 기각재결에 불복하여 취소소송을 제기하는 경우 원처분을 유지한 재결의 실체적 판단에 관한 위법은 주장할 수 없고 내용에 관한 것을 제외한 재결의 주체·절차·형식에 관한 위법사유에 한한다고 한다.

(다) 판 례: 판례는 긍정설을 취하고 있다(판례).

[판 례] 재결내용의 위법 포함

"행정소송법 제19조에서 말하는 '**재결 자체에 고유한 위법'이란** 원처분에는 없고 재결에만 있는 **재결청의 권한 또는 구성의 위법, 재결의 절차나 형식의 위법, 내용의 위법 등을 뜻하고, 그 중 내용의 위법에는 위법·부당하게 인용재결을 한 경우가 해당한다.**"(대판 1997.9.12. 96누14661, 공장설립변경신고수리취소처분취소)

(라) 결 어: 적법한 심판청구에 대한 각하재결이나 일부기각재결 또는 위법한 인용재결에 대해 불복하는 경우에는 재결내용의 위법을 다투게 되어 재결자체에 고유한 위법을 주장하는 것이므로 긍정설이 타당하다.

(4) 재결내용에 고유한 위법

재결의 내용에는 각하재결, 기각재결 및 인용재결이 있다. 그런데 인용재결은 청구인의 요구가 충족된 경우이고, 각하재결이나 기각재결의 경우에는 재결자체가 위법하더라도 원처분에 대하여도 바로 소송을 제기할 수 있고, 일반적으로 기각재결에 대한 소송은 원처분과 동일한 위법을 주장하는 것이 될 것이기 때문에 재결자체에 고유한 위법을 인정할 수 없다. 그러나 다음과 같은 경우에는 재결자체의 고유한 위법을 인정할 여지가 있다.

1) 각하재결: 적법한 행정심판청구를 각하하는 재결은 원처분에 대한 불가쟁력의 발생으로 청구인의 실체심사의 기회를 박탈하는 결과가 될 수 있으므로 재결자체에 고유한 위법을 인정할 여지가 있다(판례).

[판 례] 각하재결의 재결자체의 고유한 위법 인정

"행정소송법 제19조에 의하면 행정심판에 대한 재결에 대하여도 그 재결 자체에 고유한 위법이 있음을 이유로 하는 경우에는 항고소송을 제기하여 그 취소를 구할 수 있고, 여기에서 말하는 '재결 자체에 고유한 위법'이란 그 재결자체에 주체, 절차, 형식 또는 내용상의 위법이 있는 경우를 의미하는데, 행정심판청구가 부적법하지 않음에도 **각하한 재결은 심판청구인의 실체심리를 받을 권리를 박탈한 것으로서 원처분에 없는 고유한 하자가 있는 경우에 해당**하고, 따라서 위 재결은 취소소송의 대상이 된다."(대판 2001.7.27. 99두2970, 용화집단시설지구기본설계변경승인처분취소)

2) 기각재결: 기각재결은 원처분과 동일한 위법의 주장이라 할 것이므로 재결내용에 고유한 위법을 주장하여 제소할 수 없다(판례). 그러나 행정심판법 제47조(불고불리원칙, 불이익변경금지)의 재결의 범위를 넘어 행한 재결이나 요건을 결한 사정재결의 경우에는 재결내용에 고유한 위법을 인정할 수 있다. 일부기각이나 변경재결은 유리하게 변경된 재결로 검토할 수 있다.

[판 례] 기각재결은 재결자체에 고유한 위법 주장으로 볼 수 없음

"국립대학교 총장의 국립대학교 교원에 대한 징계 등 불리한 처분은 행정처분이므로 …, 이 경우 그 소송의 대상이 되는 처분은 원칙적으로 원처분인 국립대학교 총장의 처분이고, 국립대학교 총장의 처분이 정당한 것으로 인정되어 **소청심사청구를 기각한 소청심사결정 자체에 대한 항고소송은 원처분의 하자를 이유로 주장할 수 없고,** 그 소청심사결정 자체에 고유한 주체, 절차, 형식 또는 내용상의 위법이 있는 경우, 즉 **원처분에는 없고 소청심사결정에만 있는 교원소청심사위원회의 권한 또는 구성의 위법, 소청심사결정의 절차나 형식의 위법, 내용의 위법 등이**

> **존재하는 때에 한하고, 신청을 기각하는 소청심사결정에 사실오인이나 재량권 남용·일탈 등의 위법이 있다는 사유는 소청심사결정 자체에 고유한 위법을 주장하는 것으로 볼 수 없다.**"(대판 2009.10.15. 2009두11829, 소청심사청구사건결정취소)

3) **재결에 의해 유리하게 변경된 처분:** 일부기각·일부인용재결에 의해 변형된 형태로 존재하고 있는 부분이나 수정재결(정직을 감봉으로 한 경우 등)에 따라 행정청이 상대방에게 유리하게 행한 변경된 처분은 원처분과 다른 형태의 변경처분이라 할 수 있다. 이 경우 당사자는 원처분이 아니라 이와 같이 변경된 처분을 다투고자 하는 경우에 변경처분을 소의 대상으로 할 수 있는지 문제된다. 이는 유리하게 변경된 처분의 경우와 동일한 경우이므로 앞에서 살펴본 바와 같이 견해가 나뉜다.

(가) 원처분설: 원처분주의 하에서는 변경처분을 재결내용에 고유한 위법이 있는 것이라고 할 수 없기 때문에 원처분을 다투어야 한다는 입장이다.

(나) 변경처분설: 변경처분은 원처분과 다른 새로운 처분으로 볼 수 있으므로 변경된 처분을 다투어야 한다는 입장이다. 이 경우에는 변경처분이 재결인지 재결에 따른 행정청의 변경처분인지 또다시 다투어질 수 있다.

(다) 변경된 원처분설: 변경된 처분은 새로운 처분이 아니라 당초부터 유리하게 변경된 내용의 처분이라 할 것이므로 변경시킨 원처분을 다투어야 한다는 입장이다.

(라) 판 례: 판례는 변경된 원처분설을 취하고 있다(판례).

[판 례] 변경된 내용의 당초처분이 소의 대상

> "(3월의 영업정지처분에 대한 행정심판에서 2월의 영업정지에 갈음하는 과징금부과처분으로의 변경명령재결(일부기각·일부인용재결)에 따라 과징금 560만원으로 변경처분 한 사건에서) 행정청이 식품위생법령에 따라 영업자에게 행정제재처분을 한 후 그 처분을 영업자에게 유리하게 변경하는 처분을 한 경우, 변경처분에 의하여 당초 처분은 소멸하는 것이 아니고 당초부터 유리하게 변경된 내용의 처분으로 존재하는 것이므로, **변경처분에 의하여 유리하게 변경된 내용의 행정제재가 위법하다 하여 그 취소를 구하는 경우 그 취소소송의 대상은 변경된 내용의 당초 처분이지 변경처분은 아니고**, 제소기간의 준수 여부도 변경처분이 아닌 변경된 내용의 당초 처분을 기준으로 판단하여야 한다."(대판 2007.4.27. 2004두9302, 식품위생법위반과징금부과처분취소)

(마) 결 어: 재결자체에 고유한 위법이 없는 한 원처분을 다투어야 하는데, 상대방에게 보다 유리하게 변경된 경우에는 원처분이 변경한 내용대로 존재하는 것으로 보아 변경된 내용의 원처분을 다투어야 한다는 점에서 변경된 원처분설이 타당하다.

4) 인용재결

(가) 복효적 행정행위에 대한 인용재결: ① 위법한 인용재결에 의해 권리이익을 침해받은 제3자(처분의 상대방)가 그 인용재결의 당부를 다투는 경우는 원처분에 없는 재결자체에 고유한 위법을 주장하는 것이 되어 항고소송의 대상이 된다(재결취소소송설)(판례, 다수설). 복효적 행정행위에 대한 행정심판청구에서 그 청구를 인용하는 내용의 재결로 인하여 비로소 권리이익을 침해받게 되는 자는 그 인용재결에 대하여 다툴 필요가 있으므로, 이 경우 그 인용재결은 원처분

에 없는 재결자체에 고유한 위법이라고 할 수 있다. 이에 대해 ② 해당 인용재결을 제3자와의 관계에서는 별도의 처분으로 보아 처분에 대한 취소소송의 문제로 보는 견해도 있다(처분취소소송설).[21] 생각건대, 처분이란 행정청이 구체적 사실에 관한 법집행행위인데 이 경우의 인용재결은 제3자가 불복을 제기하여 행정심판기관에서 행한 법판단작용이라는 점, 인용재결을 별도의 처분으로 보면 행정심판제기가 가능하다는 해석이 가능하여 행정심판재청구금지조항(행정심판법 51)에 저촉되는 문제가 발생할 수 있고, 재결의 기속력의 적용이 없어 행정청의 직권취소가 가능하다는 모순이 있게 되므로 부당하다.

[판 례] 복효적 행정행위에 대한 행정심판의 재결의 경우

"이른바 **복효적 행정행위**, 특히 **제3자효를 수반하는 행정행위에 대한 행정심판청구에 있어서 그 청구를 인용하는 내용의 재결로 인하여 비로소 권리이익을 침해받게 되는 자는 그 인용재결에 대하여 다툴 필요가 있고**, 그 인용재결은 원처분과 내용을 달리하는 것이므로 그 인용재결의 취소를 구하는 것은 원처분에는 없는 재결에 고유한 하자를 주장하는 셈이어서 당연히 항고소송의 대상이 된다."(대판 2001.5.29. 99두10292 등)

"원처분의 상대방이 아닌 제3자가 행정심판을 청구하여 재결청이 원처분을 취소하는 형성재결을 한 경우에 그 원처분의 상대방은 그 재결에 대하여 항고소송을 제기할 수밖에 없고, 이 경우 재결은 원처분과 내용을 달리 하는 것이어서 재결의 취소를 구하는 것은 원처분에 없는 재결 고유의 위법을 주장하는 것이 된다."(대판 1997.12.23. 96누10911)

(나) 부적법한 인용재결: 행정심판의 제기요건(청구인적격 · 처분성 · 제기기간 등)을 결여하였음에도 불구하고 각하하지 아니하고 인용재결을 한 경우는 재결자체에 고유한 위법이 있는 경우에 해당한다. 예컨대, 행정처분이 아닌 관념의 통지를 대상으로 한 재결이나, 자기완결적 공법행위인 신고의 수리처분에 대한 심판청구는 부적법하여 각하하여야 함에도 인용재결을 한 것 등이 이에 해당한다(판례).

[판 례] 행정심판 대상이 아님에도 인용재결한 경우

"행정청이 골프장 사업계획승인을 얻은 자의 사업시설 착공계획서를 수리한 것에 대하여 인근 주민들이 그 수리처분의 취소를 구하는 행정심판을 청구하자 재결청이 그 청구를 인용하여 수리처분을 취소하는 형성적 재결을 한 경우, 그 수리처분 취소 심판청구는 **행정심판의 대상이 되지 아니하여 부적법 각하하여야 함에도 위 재결은 그 청구를 인용하여 수리처분을 취소하였으므로 재결 자체에 고유한 하자가 있다**고 본 사례."(위 대판 2001.5.29. 99두10292, 재결취소)

(다) 처분성 결여된 행위의 인용재결의 소의 이익 여부: 처분성이 결여된 행위는 구체적인 권리의무에 변동을 초래하는 행위가 아니므로 인용재결로 취소된다 하더라도 상대방으로서는 재결취소소송을 다툴 소의 이익이 있는지 문제될 수 있다. 즉, ① 소의 이익에 관한 '법률상 이익'(행정소송법 12 후문)의 의미를 원고적격의 경우와 같이 '법이 보호하는 직접적이고 구체적인 이익'으로 해석하는 한 취소재결로 받게 될 불이익이 없으므로 재결취소소송을 제기할 소의 이익이 없다고 할 것이다. 그러나 ② 직접 구체적인 법적 효과가 발생하지 않는 행정청의 행위라 하더라도 후행처분에 대한 불이익한 요건 내지 가중요건으로 작용하여 권익침해의 가

21) 김용섭, "취소소송의 대상으로서의 행정심판의 재결", 행정법연구(제3호), 226면; 박균성(상), 1188면.

능성이 있고, 이로 인해 재결취소소송이 원고의 권리 또는 법률상 지위에 현존하는 불안·위험을 제거할 수 있는 가장 유효적절한 구제수단이라면 소의 이익이 인정된다.

5) 명령재결과 형성재결

(가) 형성재결의 경우: 행정심판위원회는 취소심판의 청구가 이유 있다고 인정하면 처분을 취소 또는 다른 처분으로 변경할 수 있고(행정심판법 43③전문), 의무이행심판의 청구가 이유가 있다고 인정하면 지체 없이 신청에 따른 처분을 할 수 있다(동조⑤전문). 이와 같은 형성재결의 경우에는 행정심판위원회 스스로 직접 처분을 취소·변경하거나 신청에 따른 처분을 하는 것이어서 그 재결 이외에 그에 따른 행정청의 별도의 처분이 없기 때문에 재결자체를 쟁송대상으로 하여야 한다(판례1). 다만, 거부처분에 대한 취소재결에 따른 후속처분에 의해 비로소 권리의무에 변동을 받게 되는 제3자의 경우에는 재결이 아니라 후속처분을 다투어야 할 것이다(판례2).

[판례 1] 원처분의 상대방이 형성재결에 대해 소제기

"당해 사안에서와 같이 원처분의 상대방이 아닌 제3자가 행정심판을 청구하여 재결청이 원처분을 취소하는 **형성재결을 한 경우에 그 원처분의 상대방은 그 재결에 대하여 항고소송을 제기할 수밖에 없고, 이 경우 재결은 원처분과 내용을 달리 하는 것이어서 재결의 취소를 구하는 것은 원처분에 없는 재결 고유의 위법**을 주장하는 것이 된다."(대판 1998.4.24. 97누17131, 의약품제조품목허가취소처분취소)

[판례 2] 거부처분취소재결의 경우 재결이 아니라 후속처분이 소의 대상

"**행정청이 재결에 따라 이전의 신청을 받아들이는 후속처분을 하였더라도 후속처분이 위법한 경우에는 재결에 대한 취소소송을 제기하지 않고도 곧바로 후속처분에 대한 항고소송을 제기하여 다툴 수 있다.** 나아가 거부처분을 취소하는 재결이 있더라도 그에 따른 후속처분이 있기까지는 제3자의 권리나 이익에 변동이 있다고 볼 수 없고 후속처분 시에 비로소 제3자의 권리나 이익에 변동이 발생하며, 재결에 대한 항고소송을 제기하여 재결을 취소하는 판결이 확정되더라도 그와 별도로 후속처분이 취소되지 않는 이상 후속처분으로 인한 제3자의 권리나 이익에 대한 침해 상태는 여전히 유지된다. 이러한 점들을 종합하면, **거부처분이 재결에서 취소된 경우 재결에 따른 후속처분이 아니라 그 재결의 취소를 구하는 것은 실효적이고 직접적인 권리구제수단이 될 수 없어 분쟁해결의 유효적절한 수단이라고 할 수 없으므로 법률상 이익이 없다.**"(대판 2017. 10. 31. 2015두45045, 주택건설사업계획변경승인신청반려처분취소재결취소)

(나) 명령재결의 경우: 처분청에 대하여 변경(동조③후문) 또는 신청에 따른 처분을 명하는(동조⑤후문) 명령재결의 경우에는 재결 이외에 그에 따른 행정청의 처분이 있게 되므로 재결과 재결에 따라 명하여 내린 처분 중 어느 것을 다투어야 하는지 의견의 대립이 있다.

(a) 처분설: 이는 재결에 따른 처분이 있어야 비로소 구체적 권리이익을 침해받는다는 점에서 행정청의 처분을 다투어야 한다는 견해이다.

(b) 재결설: 이는 재결에 따른 행정청의 처분은 재결의 기속력에 의한 부차적인 것이고 그 처분은 재결청의 의사이지 행정청의 의사가 아니므로 재결을 다투어야 한다는 견해이다.

(c) 처분·재결설: 변경명령재결 또는 신청에 따른 처분명령재결과 그에 따른 처분이 각각 별도로 취소소송의 대상이 된다는 견해이다.

(d) 판 례: 판례는 처분·재결설의 입장인 것으로 보인다(판례).

[판 례] "재결 취지에 따른 취소처분의 상대방이 **재결 자체의 효력을 다투는 별소를 제기**하였고 그 소송에서 판결이 확정되지 아니하였다 하여 **재결의 취지에 따른 취소처분의 취소를 구하는 항고소송** 사건을 심리하는 법원이 그 청구의 당부를 판단할 수 없는 것이라고 할 수 없다."(대판 1993.09.28. 92누15093)

(e) 결 어: 명령재결이 있더라도 그에 따른 후속처분이 있기 전에는 구체적·현실적으로 법률효과에 변동이 있다고 볼 수 없다 하더라도 기속력이 발생하므로 이로 인해 권리침해를 받을 제3자는 그 명령재결을 다툴 수 있고, 명령재결에 따른 후속처분에 의해 권리이익의 침해를 받은 때에 그 후속처분을 다툴 수도 있다(판례2). 따라서 명령재결 또는 후속처분을 다툴 수 있다는 처분·재결설이 타당하다.

(5) 재결자체에 고유한 위법여부의 판결형태

재결자체에 고유한 위법에 대한 판단이 소송요건인지 본안심리의 문제인지, 그리하여 재결자체에 고유한 위법이 없음에도 재결취소소송을 제기한 경우의 판결형태에 관해서 각하설과 기각설의 대립이 있다.

1) 각하설: 이는 재결자체에 고유한 위법은 취소소송의 대상적격의 문제이므로 소송제기요건에 해당하여 재결자체에 고유한 위법이 없는 경우에는 각하해야 한다고 본다.

2) 기각설: 이는 재결자체에 고유한 위법을 소송요건이 아닌 주장제한에 관한 규정으로 보아 부적법한 것으로 각하할 것이 아니라 주장 자체에 이유가 없다고 하여 기각해야 한다고 본다(다수설).

3) 판 례: 판례는 기각설을 취하고 있다.

[판 례] 재결자체에 고유한 위법이 없는 경우 소기각

"행정소송법 제19조는 취소소송은 행정청의 원처분을 대상으로 하되(원처분주의), 다만 "재결 자체에 고유한 위법이 있음을 이유로 하는 경우"에 한하여 행정심판의 재결도 취소소송의 대상으로 삼을 수 있도록 규정하고 있으므로 재결취소소송의 경우 재결 자체에 고유한 위법이 있는지 여부를 심리할 것이고, **재결 자체에 고유한 위법이 없는 경우에는 원처분의 당부와는 상관없이 당해 재결취소소송은 이를 기각하여야 한다.**"(대판 1994.1.25. 93누16901, 투전기영업허가거부처분취소)

4) 결 어: 재결이 존재하고 그 재결자체에 고유한 위법을 주장하는 것이라면 소송요건은 충족한 것으로 보고 재결자체에 고유한 위법여부는 본안에서 이유유무의 문제로 보아, 본안심리를 통해 기각해야 할 것이므로 기각설이 타당하다.

(6) 원처분주의에 대한 예외

행정소송법의 원처분주의에 대한 예외로 개별법에서 재결주의를 채택한 경우가 있다. 이 경우에는 원처분이 아니라 재결이 취소소송의 대상이 된다. 지방노동위원회나 특별노동위원회의 처분에 대한 중앙노동위원회의 재심(노동위원회법 26, 27), 감사원의 변상판정 재심청구에 대한 감사원의 재심판정(감사원법 36, 40), 심사관의 특허출원거절사정의 심판청구에 대한 특허심판원의 심결(특허법 186, 189, 실용신안법 33, 디자인보호법 166, 상표법 85의3) 등이 그것이다. 또한 「교원지위향상을 위한 특별법」상 교원은 불이익처분에 대해 교육부의 교원소청심사위원회에 소청심사를 청구할 수 있고(동법 9①), 소청결정에 불복하는 경우 국・공립학교 교원(원처분)과 달리 사립학교의 교원 및 사립학교 법인과 경영자는 소청결정에 대하여 행정소송을 제기할 수 있다(10③).

Ⅴ. 소의 제기

1. 개 설

행정소송의 제기란 행정법상의 분쟁에 관하여 재판을 청구하는 절차를 말하는데, 행정소송에 있어서도 '소 없으면 재판없다'는 민사소송에서의 원칙이 그대로 적용된다.

2. 제기요건

행정소송의 제기요건(소송요건)이란 소송을 제기하여 그 청구의 당부에 관한 법원의 본안판결을 구하기 위한 요건을 말한다. 소송요건의 전부 또는 일부를 결여하면 소(訴)는 부적법하게 되어 법원의 판결로써 소를 각하하게 된다. 따라서 행정소송은 정당한 원고적격을 가진 자가 소정의 피고를 상대로 행정소송사항에 관하여 소정의 기간 안에 소정의 절차와 형식에 따라 관할법원에 제기하여야 한다. 나아가 이러한 소의 제기가 국가의 소송제도를 통하여 해결할 만한 실제적인 가치 내지 필요가 있어야 하는 바, 이를 소의 이익(협의의 소익)이라 한다. 이와 같은 소송요건의 충족여부는 법원의 직권조사사항이다(판례).

취소소송의 제기요건을 살펴보면 다음과 같다.

[판 례] 소송요건은 직권조사사항

"당사자적격, 권리보호이익 등 소송요건은 직권조사사항으로서 당사자가 주장하지 아니하더라도 법원이 직권으로 조사하여 판단하여야 하고, 사실심 변론종결 이후에 소송요건이 흠결되거나 그 흠결이 치유된 경우 상고심에서도 이를 참작하여야 한다."(대판 2011.2.10. 2010다87535 등)

(1) 당사자

취소소송은 정당한 원고적격을 가진 자가 소정의 피고를 상대로 제기하여야 한다. 원고적격을 가진 자란 당해 소송을 통한 청구를 할 법률상 이익이 있는 자를 말하며, 피고는 원칙적으로 당해 소송의 대상인 처분 등을 한 행정청이 되는 바, 이에 관하여는 위에서 설명한 바(503면 이하)와 같다.

(2) 행정소송사항

1) 처분 등의 존재: 취소소송은 취소소송사항을 대상으로 그 취소・변경을 구하기 위하여 제기하여야 한다. 이를 취소소송의 실질적 요건이라 하며, 이에 대하여 취소소송제기의 다른 요건을

형식적 요건이라 한다. 따라서 취소소송을 제기하려면 소의 대상이 되는 처분이나 재결이 존재하여야 한다. 처분 등이 존재하지 아니하면 소의 목적물이 없으므로 취소소송이 제기되더라도 각하될 수밖에 없다. 취소소송의 대상인 처분이나 재결에 대해서는 위(517면 이하)에서 설명한 바와 같다.

2) **처분 등의 위법주장:** 취소소송은 위법을 주장하는 경우라야 한다. 이 점에서 부당까지 대상이 되는 행정심판과 다르다. 여기서 위법주장은 위법의 가능성이 있음을 주장하는 것으로 족하고 사실상 위법이어야 하는 것은 아니다. 즉, 처분의 객관적인 위법성 자체는 소송요건은 아니고, 본안의 이유유무의 문제이다. 원고가 주장하는 위법은 자기의 법률상 이익에 관계가 있는 것이어야 한다(**자기이익관련성**).

(3) 제소기간

제소기간이란 처분의 상대방 등 원고가 소송을 제기할 수 있는 시간적 간격을 말한다. 취소소송은 민사소송의 경우와는 달리 제소기간(提訴期間)을 제한하고 있는데, 이것은 행정법관계가 직접 공익과 밀접하게 관련되어 있어서 행정질서 및 권리관계의 불안정을 조속히 안정시킬 필요가 있기 때문이다.

1) 처분 등이 있음을 안 날부터 90일

(가) 법률의 규정: 취소소송은 처분 등이 있음을 안 날부터 90일 이내에 제기하여야 하며, 행정심판의 재결을 거쳐 취소소송을 제기하는 경우에는 그 재결서의 정본을 송달받은 날로부터 기산한다(행정소송법 20①). 이의신청을 거친 경우에는 그 결과통지를 받은 날(결과통지를 받지 못한 경우에는 통지기간 만료일(신청받은 날부터 14일))부터 90일 이내에 제기할 수 있다(행정기본법 36④).

(나) 처분 등이 있음을 안날의 의미: "처분 등이 있음을 안 날"이란 통지·공고 기타의 방법에 의하여 해당 처분이 있은 것을 현실적·구체적으로 안 날을 말하고, 추상적으로 알 수 있었던 날을 말하는 것이 아니다. 처분이 있음을 알았다고 하기 위하여는 유효한 처분의 존재가 전제되어야 하므로, 아직 외부적으로 성립되지 않은 처분이나 상대방 있는 행정처분이 상대방에게 통지되지 않은 경우 등은 비록 원고가 어떤 경로를 통해 알게 되었다 하더라도 제소기간이 진행될 수 없다. 적법한 송달이 있게 되면 특별한 사정이 없는 이상 그 때 처분이 있음을 알았다고 사실상 추정되며, 고시·공고의 경우에는 그 고시의 효력이 발생한 날 알았다고 본다(판례1,2). 고시·공고 등이 일반에 알리기 위한 공고문서의 경우에는 그 문서에 특별한 규정이 없는 한 고시·공고가 있은 후 5일이 경과한 날부터 효력을 발생한다(행정효율과 협업촉진에 관한 규정 6③).

[판례 1] 처분이 있음을 안 날의 의미

"'처분이 있음을 안 날'이라 함은 **당사자가 통지·공고 기타의 방법에 의하여 당해 처분이 있었다는 사실을 현실적으로 안 날을 의미**하고, 추상적으로 알 수 있었던 날을 의미하는 것은 아니지만, **처분에 관한 서류가 당사자의 주소지에 송달되는 등 사회통념상 처분이 있음을 당사자가 알 수 있는 상태에 놓여진 때에는 반증이 없는 한 그 처분이 있음을 알았다고 추정**할 수 있다."(대판 1999.12.28. 99두9742, 개발부담금부과처분취소)

[판례 2] 고시 · 공고의 경우

"통상 **고시 또는 공고에 의하여 행정처분을 하는 경우에는 그 처분의 상대방이 불특정 다수인이고 그 처분의 효력이 불특정 다수인에게 일률적으로 적용되는 것이므로,** 그 행정처분에 이해관계를 갖는 자가 고시 또는 공고가 있었다는 사실을 현실적으로 알았는지 여부에 관계없이 **고시가 효력을 발생하는 날 행정처분이 있음을 알았다고 보아야 한다.**"(대판 2007.6.14. 2004두619 등)

(다) 행정심판을 거친 경우의 의미: 행정심판을 거친 경우란 행정심판의 제기가 행정소송법 제18조 제1항 단서(행정심판전치주의)에 따른 경우이든 임의적으로 행정심판청구를 한 경우이든 또는 행정청이 행정심판을 할 수 있다고 잘못 알린 경우이든 가리지 아니한다. 이 경우 행정심판이란 행정심판법에 따른 일반행정심판 뿐만 아니라 개별법에 따른 특별행정심판(행정심판법 제4조)도 특별한 규정이 없는 한 포함한다(대판 2019.4.3. 2017두52764). 행정심판은 적법하게 제기하였어야 한다. 즉, 제소기간 내에 행정심판을 제기한 경우에 한하며, 제소기간 경과로 불가쟁력이 발생한 후 행정심판을 제기한 경우에는 행정청의 고지에 따른 경우라 하더라도 해당되지 아니한다(판례). 행정심판청구요건 결여로 인한 각하재결 또는 행정심판이 아닌 이의신청에 대한 재결의 경우에는 행정심판을 거친 경우라 할 수 없다.

[판 례] 불가쟁력이 발생한 행정심판청구의 경우

"행정소송법 제20조 제1항은 '취소소송은 처분 등이 있음을 안 날부터 90일 이내에 제기하여야 하나 **행정청이 행정심판청구를 할 수 있다고 잘못 알린 경우에 행정심판청구가 있은 때의 기간은 재결서의 정본을 송달받은 날부터 기산한다'고 규정하고 있는데, 위 규정의 취지는** 불가쟁력이 발생하지 않아 적법하게 불복청구를 할 수 있었던 처분 상대방에 대하여 행정청이 법령상 행정심판청구가 허용되지 않음에도 행정심판청구를 할 수 있다고 잘못 알린 경우에, **잘못된 안내를 신뢰하여 부적법한 행정심판을 거치느라 본래 제소기간 내에 취소소송을 제기하지 못한 자를 구제하려는 데에 있다.** 이와 달리 **이미 제소기간이 지남으로써 불가쟁력이 발생하여 불복청구를 할 수 없었던 경우라면 그 이후에 행정청이 행정심판청구를 할 수 있다고 잘못 알렸다고 하더라도 그 때문에 처분 상대방이 적법한 제소기간 내에 취소소송을 제기할 수 있는 기회를 상실하게 된 것은 아니므로 이러한 경우에 잘못된 안내에 따라 청구된 행정심판 재결서 정본을 송달받은 날부터 다시 취소소송의 제소기간이 기산되는 것은 아니다.** 불가쟁력이 발생하여 더 이상 불복청구를 할 수 없는 처분에 대하여 행정청의 잘못된 안내가 있었다고 하여 처분 상대방의 불복청구 권리가 새로이 생겨나거나 부활한다고 볼 수는 없기 때문이다."(대판 2012.09.27. 2011두27247, 부당이득금부과처분취소)

(라) 불변기간 및 추완기간: 위 90일의 기간은 불변기간(不變期間)이다(동법 20③). 다만 당사자가 책임질 수 없는 사유로 기간을 준수할 수 없었을 때는 추완이 허용되어 그 사유가 소멸된 때부터 2주 이내에 소를 제기하면 되고(민사소송법 173①), 국외에서의 소송행위의 추완기간은 14일에서 30일로 하고 있다(행정소송법 5). 여기서 '**당사자가 책임질 수 없는 사유**'란 당사자가 그 소송행위를 하기 위하여 일반적으로 하여야할 주의를 다하였음에도 불구하고 그 기간을 준수할 수 없었던 사유를 말한다(대판 2005.1.13. 2004두9951).

(마) 이의신청을 거친 경우: 이의신청의 결과를 통지받은 후 행정소송을 제기하려는 경우에는 그 결과를 통지받은 날(통지기간 내 통지받지 못한 경우에는 통지기간 만료일(이의신청을 받은 날부터 14일))부터 90일 이내에 제기할 수 있다(행정기본법 36④).

2) 처분이 있은 날부터 1년

(가) 법률의 규정: 취소소송은 처분 등이 있은 날부터 1년, 행정심판의 재결을 거쳐 행정소송을 제기하는 경우에는 재결이 있은 날부터 1년을 경과하면 이를 제기하지 못한다(동법 20②). 이 기간은 불변기간이 아니며 정당한 이유가 있는 경우에는 예외가 인정된다.

(나) 처분이 있은 날의 의미: "처분이 있은 날"이란 해당 처분이 효력을 발생한 날을 말한다. 그리하여 처분이 단순히 행정기관 내부적으로 결정된 것만으로는 부족하고 외부에 표시되어 상대방 있는 처분의 경우에는 상대방에게 도달됨을 요한다. '도달'이란 상대방이 현실적으로 그 내용을 인식할 필요는 없고 상대방이 알 수 있는 상태에 놓여짐으로써 충분하다.

(다) 재결이 있은 날의 의미: "재결이 있은 날"이란 재결의 효력이 발생한 날을 말한다. 그런데 행정심판의 재결은 심판청구인에게 재결서의 정본이 송달된 때에 그 효력이 발생하는 것이므로 재결이 있은 날이란 결국 재결서 정본이 송달된 날을 의미하게 되어 통상 재결이 있은 날과 재결서 정본을 받은 날은 동일하고, 재결서 정본을 송달받은 날부터 90일이 경과하면 제소기간은 도과하게 되므로 결국 재결이 있은 날부터 1년 이내라는 제소기간은 심판청구인에 관한한 무의미하다.

(라) 정당한 사유의 의미: "정당한 사유"란 제소기간 내에 소를 제기하지 못함을 정당화할 만한 객관적인 사유를 의미한다. 즉, 민사소송법 제173조 제1항의 **'당사자가 책임을 질 수 없는 사유'**나 행정심판법 제27조 제2항의 **'천재지변 · 전쟁 · 사변 그 밖의 불가항력'**의 사유보다 넓은 개념으로 제소기간경과의 원인 등 여러 사정을 종합하여 사회통념에 따라 판단하여야 한다(대판 1991.6.28. 90누6521). 예컨대, 행정절차법 제26조에 따른 불복고지가 없었던 경우라든가, 행정처분의 직접 상대방이 아닌 제3자의 경우 일반적으로 처분이 있는 것을 바로 알 수 없는 처지에 있으므로 이 경우에 해당한다(대판 1992.7.28. 91누12844 등).

3) 안 날과 있은 날의 관계: 위의 두 기간은 선택적인 것이 아니라 그 중 어느 하나의 기간이 경과하면 제소기간이 만료된다.

4) 불고지 및 오고지의 경우: 행정소송법은 소제기기간을 알리지 않았거나 잘못 알린 경우의 효과(고지제도)에 관하여 규정이 없는 바, 행정심판법 제27조 제5항(오고지) 및 제6항(불고지)을 유추적용할 수 있는지 문제된다. 행정심판과 행정소송은 그 성질 · 제기기간 · 판단기관 등이 다른 쟁송형태이므로 명문규정이 없는 한 유추적용할 수 없다고 본다(판례). 처분의 상대방 보호를 위해 입법적 해결이 필요하다.

[판 례] 행정심판법상의 불고지 및 오고지에 관한 조항의 행정소송법에 적용불가

"행정심판법 제18조 제6항에 의하면 행정청이 **심판청구기간을 알리지 아니한 때**에는 같은 조 제3항의 기간, 즉 처분이 있은 날로부터 180일 이내에 심판청구를 할 수 있다고 규정되어 있지만, 이러한 규정은 행정심판 제기에 관하여 적용되는 규정이지, **행정소송의 제기에도 당연히 유추적용되는 규정이라고 할 수는 없다.**"(대판 2008.6.12. 2007두16875, 건축허가취소처분취소)

> "**행정청이 법정 심판청구기간보다 긴 기간으로 잘못 알린 경우에** 그 잘못 알린 기간 내에 심판청구가 있으면 그 심판청구는 법정 심판청구기간 내에 제기된 것으로 본다는 취지의 행정심판법 제18조 제5항의 규정은 행정심판 제기에 관하여 적용되는 규정이지, **행정소송 제기에도 당연히 적용되는 규정이라고 할 수는 없다. … 행정심판과 행정소송은 그 성질, 불복사유, 제기기간, 판단기관 등에서 본질적인 차이점이 있고,** 임의적 전치주의는 당사자가 행정심판과 행정소송의 유·불리를 스스로 판단하여 행정심판을 거칠지 여부를 선택할 수 있도록 한 취지에 불과하므로 **어느 쟁송 형태를 취한 이상 그 쟁송에는 그에 관련된 법률 규정만이 적용될 것이지 두 쟁송 형태에 관련된 규정을 통틀어 당사자에게 유리한 규정만이 적용된다고 할 수는 없으며,** 행정처분시나 그 이후 행정청으로부터 행정심판 제기기간에 관하여 법정 심판청구기간보다 긴 기간으로 잘못 통지받은 경우에 보호할 신뢰 이익은 그 통지받은 기간 내에 행정심판을 제기한 경우에 한하는 것이지 행정소송을 제기한 경우에까지 확대된다고 할 수 없으므로, **당사자가 행정처분시나 그 이후 행정청으로부터 행정심판 제기기간에 관하여 법정 심판청구기간보다 긴 기간으로 잘못 통지받아 행정소송법상 법정 제소기간을 도과하였다고 하더라도, 그것이 당사자가 책임질 수 없는 사유로 인한 것이라고 할 수는 없다.**"(대판 2001.5.8. 2000두6916, 배출부과금부과처분취소)

5) 제소기간의 기준시점

(가) 기준시점 및 제소기간계산방법: 제소기간의 기준시점은 원칙적으로 소 제기시를 기준으로 하며, 제소기간의 계산방법은 행정소송법에 특별한 규정이 없으므로 민법의 기간계산방법에 따라 초일은 산입하지 아니한다.

(나) 변경처분의 경우:

(a) 당초처분의 대체처분(불가분적 관계)인 경우: ① 유리하게 변경된 대체처분의 경우는 변경된 당초처분, 즉 당초처분을 상대방에게 유리하게 변경한 대체처분의 경우, 변경처분에 의하여 당초처분은 소멸하는 것이 아니고 당초부터 유리하게 변경된 내용의 처분이 존재하는 것으로 되어 제소기간의 준수여부도 변경처분이 아닌 변경된 내용의 당초처분을 기준으로 판단한다(대판 2007.4.27. 2004두9302). ② 불리하게 변경된 처분은 변경된 때, 즉 당초처분보다 불리하게 변경된 대체처분은 당초부터 대체처분으로 변경하는 것이 아닌 한 그 대체처분으로 변경된 때를 기준으로 한다.

(b) 당초처분과 병존하는(가분적인) 경우: 당초처분과 변경처분이 각각 별개의 효과를 발생하여 병존하는 경우에는 소제기 하려는 대상처분을 기준으로 한다. 즉, 당초처분을 소제기하려면 당초처분시를, 변경처분을 소제기하려면 변경처분시를 기준으로 한다.

(c) 이의신청은 결과통지를 받은 날부터, 행정심판은 그 재결서 정본을 받은 날부터 이며, 그 밖에 근거법률에 특별한 규정을 두고 있는 경우에는 그에 따르게 되므로 당초처분과 관련이 없다.

(다) 소 변경의 경우: ① 소의 종류의 변경(행정소송법 21)의 경우에는 당초에 제기된 소를 기준으로 하여 당초의 소가 제기기간 내에 제기된 것이라면 변경된 소도 적법한 것으로 본다(동조④)(판례1). ② 처분변경으로 인한 소변경의 경우(동법 22)에는 처분변경이 있은 때를 기준으로 하여 처분변경을 안 날로부터 60일 이내이다(동조②)(판례2). ③ 처분변경을 전제로 하지 않는 청구의 변경의 경우(동법 8②), 예컨대 전부취소를 일부취소로 또는 그 반대의 경우로 위법사유가

동일하면, 청구의 기초에 변경이 없는 한 당초의 소제기를 기준으로 한다(판례5).

(라) 소의 추가적 병합의 경우: ① 추가적으로 병합된 소의 제소기간은 원칙적으로 추가병합신청이 있은 때를 기준으로 한다(판례3). 그런데 ② 동일한 처분에 대한 추가적 병합(또는 교환적 병합)인 경우에는 주된 청구가 제소기간 내에 제기하였다면 추가로 병합된 청구도 적법하게 제기된 것으로 본다(판례4). 예컨대, 무효등확인소송에 취소소송을 추가적 병합 또는 교환적 병합(법 21의 소변경)을 하는 경우에 무효등확인소송의 제기시에 취소소송의 제소기간(법 21①②)이 충족되어야 한다.

[판례 1] 소의 종류의 변경의 경우 제소기간

"취소소송을 제기하였다가 나중에 당사자 소송으로 변경하는 경우에는 행정소송법 제21조 제4항, 제14조 제4항에 따라 처음부터 당사자 소송을 제기한 것으로 보아야 하므로 **당초의 취소소송이 적법한 기간 내에 제기된 경우에는 당사자소송의 제소기간을 준수한 것으로 보아야 할 것이다.**"(대판 1992.12.24. 92누3335)

[판례 2] 소의 청구취지변경의 경우 제소기간

"**청구취지를 변경하여 구 소가 취하되고 새로운 소가 제기된 것으로 변경되었을 때에 새로운 소에 대한 제소기간의 준수 등은 원칙적으로 소의 변경이 있은 때를 기준으로 하여야 한다.**"(대판 2004.11.25. 2004두7023)

"**청구취지를 교환적으로 변경하여 종전의 소가 취하되고 새로운 소가 제기된 것으로 보게 되는 경우에 새로운 소에 대한 제소기간의 준수 등은 원칙적으로 소의 변경이 있은 때를 기준으로 하여 판단된다.** 그러나 선행처분의 취소를 구하는 소가 그 후속처분의 취소를 구하는 소로 교환적으로 변경되었다가 다시 선행처분의 취소를 구하는 소로 변경된 경우 후속처분의 취소를 구하는 소에 선행처분의 취소를 구하는 취지가 그대로 남아 있었던 것으로 볼 수 있다면 선행처분의 취소를 구하는 소의 제소기간은 최초의 소가 제기된 때를 기준으로 정하여야 한다."(대판 2013.7.11. 2011두27544)

[판례 3] 추가적 병합의 소제기간 준수여부는 각 청구의 추가·변경신청시

"보충역편입처분취소처분의 효력을 다투는 소에 공익근무요원복무중단처분, 현역병입영대상편입처분 및 현역병입영통지처분의 취소를 구하는 청구를 추가적으로 병합한 경우, 공익근무요원복무중단처분, 현역병입영대상편입처분 및 현역병입영통지처분의 취소를 구하는 소의 소제기 기간의 준수 여부는 **각 그 청구취지의 추가·변경신청이 있은 때를 기준으로 개별적으로 판단**한 사례"(대판 2004.12.10. 2003두12257, 병역처분취소처분취소)

[판례 4] 동일한 처분에 대한 추가적 병합의 경우는 주된 청구의 제소기간에 의해 판단

"하자 있는 행정처분을 놓고 이를 무효로 볼 것인지 아니면 단순히 취소할 수 있는 처분으로 볼 것인지는 동일한 사실관계를 토대로 한 법률적 평가의 문제에 불과하고, 행정처분의 무효확인을 구하는 소에는 특단의 사정이 없는 한 그 취소를 구하는 취지도 포함되어 있다고 보아야 하는 점 등에 비추어 볼 때, **동일한 행정처분에 대하여 무효확인의 소를 제기하였다가 그 후 그 처분의 취소를 구하는 소를 추가적으로 병합한 경우, 주된 청구인 무효확인의 소가 적법한 제소기간 내에 제기되었다면 추가로 병합된 취소청구의 소도 적법하게 제기된 것으로 봄이 상당하다.**"(대판 2005.12.23. 2005두3554, 채석허가수허가자변경신고수리처분취소)

"당사자가 동일한 신청에 대하여 부작위위법확인의 소를 제기하였으나 그 후 소극적 처분이 있다고 보아 처분취소소송으로 소를 교환적으로 변경한 후 여기에 부작위위법확인의 소를 추가적으로 병합한 경우, **최초의 부작위위법확인의 소가 적법한 제소기간 내에 제기된 이상 그 후 처분취소소송으로의 교환적 변경과 처분취소소송에의 추가적 변경 등의 과정을 거쳤다고 하더라도 여전히 제소기간을 준수한 것으로 봄**이 상당하다."(대판 2009.07.23. 2008두10560 부작위위법확인의소)

[판례 5] 위법사유가 동일한 처분에 대한 청구변경의 경우 당초의 소제기시 기준

"당초의 조세(상속세)부과처분에 대하여 적법한 취소청구 소송이 계속 중 동일한 과세목적물 (상속재산)에 대하여 당초의 부과처분을 증액 변경하는 경정결정 또는 재경정결정이 있는 경우에 당초의 부과처분에 존재하고 있다고 주장되는 취소사유(실체상의 위법성=상속재산가액산정의 위법성)가 경정결정 또는 재경정결정에도 마찬가지로 존재하고 있어 **당초 부과처분이 위법하다고 판단되어 경정결정, 재경정결정도 위법하다고 하지 않을 수 없는 경우라면** 원고는 따로 전심절차를 거칠 필요없이 청구취지를 변경하여 경정 또는 재경정결정의 취소를 구할 수 있고, 또 **청구취지변경시를 기준으로 제소기간 준수 여부를 따로 따질 필요도 없다.**"(대판 1982.2.9. 80누522,상속세부과처분취소)

6) 제소기간 제한의 효과

(가) 소송요건의 흠결: 제소기간은 소송요건이므로 이를 흠결한 소제기는 부적법한 것으로서 각하된다. 그리고 제소기간준수여부는 직권조사사항이므로 법원은 항변의 유무와 관계없이 판단해야 하며, 제기기간준수의 입증책임은 원고가 부담한다.

(나) 불가쟁력: 제기기간이 경과하면 취소소송의 제기는 부적법하게 되므로 행정처분은 형식적으로 확정된다. 그러나 이로 인해 위법한 처분이 적법한 것으로 전환되는 것은 아니므로 당사자는 무효등확인소송 또는 처분의 위법을 이유로 국가배상소송을 제기할 수 있고, 행정청은 직권으로 취소할 수 있다.

(4) 전심절차(前審節次)

1) 임의적 전치주의(원칙): 위법한 처분에 대한 쟁송방법인 행정심판과 행정소송의 관계를 어떻게 정할 것인지에 관하여는 필요적 전치주의(必要的 前置主義)와 임의적 전치주의의 두 가지 입법례가 있다. 전자는 행정심판을 행정소송의 제기를 위한 필요적인 전치절차로 하여 행정심판을 거친 후에야 행정소송을 제기할 수 있도록 하는 제도이고, 후자는 행정심판을 거쳐 행정소송을 제기할 것인지 바로 행정소송을 제기할 것인지를 원고의 임의적 선택에 맡기는 제도이다.

행정소송법은 종래의 필요적 전치주의를 폐지하고 "취소소송은 법령의 규정에 의하여 당해 처분에 대한 행정심판을 제기할 수 있는 경우에도 이를 거치지 아니하고 제기할 수 있다"(동법 18① 본문)고 규정하여 임의적 전치주의를 채택하고, "다만, 다른 법률에 당해 처분에 대한 행정심판의 재결을 거치지 아니하면 취소소송을 제기할 수 없다는 규정이 있는 때에는 그러하지 아니하다"고 규정하여 예외를 인정하였다. 이러한 필요적 전치주의는 주로 대량적으로 행하여진 처분이나 전문기술적인 성질을 띤 처분 등에 대하여 소송에 앞서 행정심판을 거치도록 함으로써, ① 행정청에게 스스로 시정할 기회를 마련하여 주어, ② 행정청의 전문지식을 활용하고, ③ 자율적이고 능률적으로 행정작용을 하도록 하며, ④ 법원의 부담경감을 꾀하자는 데 그 취지가 있다.

2) 필요적 전치주의의 적용범위

(가) 필요적 전치주의의 규정: 필요적 전치주의를 취하고 있는 현행법으로는, 국세기본법(56②), 관세법(120②), 지방자치법(140⑤), 도로교통법(142), 국가공무원법(16①), 지방공무원법

(20의2) 등이 있다. 공익사업을위한토지등의취득및보상에관한법률(85) 등도 행정심판을 거침이 불가피하나 이는 재결주의가 채택된 결과로서 통상적인 필요적 전치주의와는 구별된다.

(나) 필요적 전치주의의 적용대상인 행정소송: 항고소송 중에서 취소소송의 경우에는 행정심판전치주의가 적용되고(행정소송법 18①), 부작위위법확인소송에도 준용된다(동법 38②). 다만, 항고소송 중 무효등확인소송은 행정심판전치주의가 적용되지 아니한다(동법 38①). 그것은 행정행위가 당연히 처음부터 효력이 발생하지 아니하나 외형상으로는 행정행위가 존재하므로 단순히 그 무효임을 공적으로 확인받기 위하여 제기되는 것이기 때문이다. 행정심판은 항고소송의 형식으로 인정되고 있는 것이기 때문에 성질상 공법상의 법률관계에 관한 소송인 당사자소송에도 적용될 여지가 없다(동법 44). 다만, 주위적 청구가 무효등확인소송이나 당사자소송이라 하더라도 병합 제기된 예비적 청구가 취소소송이라면 전치주의의 요건을 갖추어야 한다(대판 1994.4.29. 93누12626 등).

(다) 무효선언의 뜻에서의 취소소송: 처분의 무효선언의 뜻에서의 취소소송에 대하여 행정심판전치주의가 적용되는지에 관하여 적극설과 소극설이 대립되고 있다. **① 적극설**은 행정행위의 무효사유와 취소사유는 객관적으로 뚜렷하지 아니하고 상대적이므로 비록 무효선언을 구하는 뜻에서라고 하더라도 그 소송의 형식이 취소소송이라면 취소소송의 제기요건이 적용되어야 할 것이기 때문에 행정심판전치주의도 적용되어야 한다고 한다.[22] 이에 대하여 **② 소극설**은 무효선언의 뜻에서의 취소를 구하는 취소소송은 그 형식이 취소소송일 뿐 그 소송으로 구하는 판결은 해당 행정행위가 무효임을 확인하는 무효확인소송이며, 무효인 행정행위는 행정쟁송을 기다릴 것도 없이 당연히 무효이므로 전심절차가 적용될 필요가 없다고 한다. 생각건대, 소송형태가 취소소송이고 무효와 취소의 구별이 상대적임을 고려할 때 적극설이 타당하다.

(라) 제3자에 의한 제소: 처분 등의 상대방이 아닌 제3자가 항고소송을 제기하는 경우에 행정심판전치주의가 적용될 것인지가 문제되는 바, 견해가 나뉘어져 있다. **① 적용부정설**은 복효적 행정행위의 상대방이 아닌 제3자는 처분이 있는 사실을 알기는 어려우며, 따라서 행정심판 제기기간 내의 심판청구가 어렵다는 점에서 그 적용을 배제해야 한다고 한다. **② 적용인정설**은 행정심판전치주의는 항고소송제기를 위한 일반적 요건이며, 그 예외를 규정한 동법 제18조 제2항 제4호의 '정당한 사유가 있는 때'를 행정심판은 제기하고 재결을 거치지 않을 수 있는 경우로 하고 있는 점에서 행정심판전치주의가 적용된다고 하며 타당하다고 생각된다.

3) 필요적 전치주의의 내용

(가) 행정심판의 의미: 행정심판전치주의라고 할 때의 행정심판은 행정심판 · 이의신청 · 심사청구 기타 형식적 명칭의 여하에 관계없이 법령이 이를 거친 후에야 행정소송을 제기할 수 있도록 규정한 경우를 의미한다.

---

22) 대판 1990.8.28. 90누1892; 대판 1987.9.22. 87누482.

(나) 행정심판의 적법성: 전치할 행정심판은 적법하게 제기되어야 하고, 본안에 대한 재결을 받아야 하며, 행정심판제기가 부적법하여 요건심리의 결과 각하된 경우에는 행정심판전치의 요건을 충족하지 못한다. 부적법한 행정심판(예컨대, 제기기간 경과 후에 제기한 행정심판)에 대하여 재결청이 이를 각하하지 않고 본안에 대하여 재결을 하였을 경우에도 그 부적법이 치유된다고 할 수 없으므로 행정심판전치의 요건을 충족하였다고 볼 수 없다. 적법한 행정심판에 대하여 재결청이 각하하고 본안에 대하여 재결하지 않았을 경우에는 행정심판전치의 요건을 충족한 것으로 볼 것이다.

(다) 행정심판과 행정소송의 관련도

(a) **인적관련**: 행정심판의 청구인과 행정소송의 원고는 반드시 동일인일 필요는 없다. 행정심판전치의 근본취지는 행정행위에 대한 행정청의 재심사기회를 부여하려는 것이므로, 어떤 행정행위의 당사자의 한쪽이 이미 행정심판을 거친 이상 상대방은 행정심판을 거치지 아니하고 행정소송을 제기할 수 있고, 공동소송인의 1인이 행정심판을 거쳤다면 다른 공동소송인은 직접 행정소송을 제기할 수 있다.

(b) **사물적 관련**: 행정심판의 청구원인과 행정소송의 청구원인이 반드시 일치할 필요는 없으며 기본적인 점에서 동일성이 유지되면 족하다. 행정소송법 제18조 제3항 제2호는 "서로 내용상 관련되는 처분 또는 같은 목적을 위하여 단계적으로 진행되는 처분 중 어느 하나가 이미 행정심판의 재결을 거친 때"에는 행정심판을 제기함이 없이 행정소송을 제기할 수 있음을 명시하여 입법적으로 분명히 하였다.

4) **필요적 전치주의의 예외**: 필요적 전치주의의 일률적인 적용에서 오는 폐단을 없애기 위해 다음과 같은 예외를 인정하고 있다(동법 18②③).

(가) 행정심판의 재결을 거칠 필요가 없는 경우: 이는 행정심판 자체는 제기하되 그 재결을 기다릴 것 없이 직접 행정소송을 제기할 수 있는 경우이다.

(a) **행정심판청구가 있는 날로부터 60일이 지나도 재결이 없는 때**: 이는 재결의 부당한 지연으로 입게 될 심판청구인의 불이익을 방지하기 위한 것이다. 60일을 경과하여도 재결이 없는 때에는 청구인은 직접 행정소송을 제기할 수 있으나, 재결을 기다려서 행정소송을 제기할 수도 있다.

(b) **처분의 집행 또는 절차의 속행으로 생길 중대한 손해를 예방하여야 할 긴급한 필요가 있는 때**: 이는 행정심판의 재결을 거침으로써 그 행정소송의 목적을 달성할 수 없거나 현저한 곤란으로 인하여 중대한 손해를 받은 경우 등 행정심판전치주의의 관철로 인한 행정구제절차로서의 행정소송의 목적을 침해할 우려가 있기 때문에 인정된다.

(c) **법령의 규정에 의한 행정심판기관이 의결 또는 재결을 하지 못할 사유가 있는 때**: 이러한 경우에도 재결을 기다리도록 하는 것은 무용한 시간의 낭비를 초래하여 행정구제제도의 취지에 어긋나게 된다.

(d) **정당한 사유가 있는 때**: 행정심판의 재결을 기다리지 아니하고 행정소송을 제기할 수 있는 정당한 사유란 상기 세 가지 경우 이외의 재결을 기다리지 못할 모든 사유를 포괄하는 것으로 보아야 할 것이다.

(나) **행정심판을 거칠 필요가 없는 경우**: 이는 행정심판을 제기함이 없이 직접 행정소송을 제기할 수 있는 경우인데, 국민의 권익보호를 위하여 필요적 전치주의를 완화시킨 것이다.

(a) **동종사건에 관하여 이미 행정심판의 기각재결이 있은 때**: 동종사건이란 해당 사건은 물론이고 해당 사건과 기본적인 점에서 동질성이 인정되는 사건을 말한다. 이 경우는 이미 재심사의 기회부여·전문지식활용 등 필요적 전치주의의 목적이 충족되었다고 보아야 하기 때문에 전심절차의 무용한 중복을 피하기 위한 것이다.

(b) **서로 내용상 관련되는 처분 또는 같은 목적을 위하여 단계적으로 진행되는 처분 중 어느 하나가 이미 행정심판의 재결을 거친 때**: '서로 내용상 관련되는 처분'이란 내용상 일련의 상관관계가 있는 복수의 처분을 의미하고, '같은 목적을 위하여 단계적으로 진행되는 처분'이란 하나의 행정목적을 실현하기 위한 단계적 절차관계에 있는 처분을 의미하는 것이다.

(c) **사실심변론종결후에 행정청이 해당 항고소송의 대상인 처분을 변경하여 그 변경된 처분에 항고소송을 제기하는 때**: 행정청이 사실심변론종결후 소송의 목적물인 처분을 변경한 경우에 원고로서의 소의 변경을 할 수 없어서 변경한 처분을 대상으로 한 별소의 제기가 불가피하게 된다. 이러한 경우에 있어서도 행정심판을 거치도록 하는 것은 원고에게 가혹하고 행정청에 의한 소송지연 내지 소송방해의 우려도 있으므로 행정심판제기 없이 취소소송을 제기할 수 있도록 하려는 것이다.

(d) **처분청이 행정심판을 거칠 필요가 없다고 고지한 때**: 처분청이 착오로 행정심판을 거칠 필요가 없다고 고지한 때에는 행정소송의 원고가 될 자가 그것이 잘못된 고지인 것을 알았는지의 여부에 관계없이 행정심판을 제기함이 없이 행정소송을 제기할 수 있다. 이는 행정에 대한 신뢰를 보호함과 동시에 행정청의 성실한 고지를 도모하려는 것이다.

[판 례] 행정심판을 거칠 필요가 없는 경우(행정소송법 18③2호)

"이 사건 **가산금 징수처분은 이 사건 부당이득금 부과처분과 별개의 행정처분이라고 볼 수 있다 할지라도, 이 사건 부당이득금 부과처분의 내용이 구체적으로 확정된 후에 비로소 발생되는 징수권의 행사이므로**(대법원 1986. 7. 22. 선고 85누297 판결 참조), **서로 내용상 관련되는 처분 또는 같은 목적을 위하여 단계적으로 진행되는 처분** 중 어느 하나가 이미 행정심판의 재결을 거친 때에는 행정심판을 제기함이 없이 취소소송을 제기할 수 있다는 행정소송법 제18조 제3항 제2호의 규정 취지에 비추어 보면, **비록 원고가 이 사건 가산금 징수처분에 대하여 이 사건 부당이득금 부과처분과 달리 피고가 안내한 전심절차를 모두 밟지 않았다 하더라도 이 사건 부당이득금 부과처분에 대하여 위와 같은 전심절차를 거친 이상 이 사건 부당이득금 부과처분과 함께 행정소송으로 이를 다툴 수 있다 할 것이다.**"(대판 2006.09.08. 2004두947, 하천무단점용에따른부당이득금부과처분무효확인)

5) 필요적 전치주의의 충족여부의 판단

(가) **직권조사사항**: 전심절차를 거쳤는지의 여부는 다른 소송요건의 경우와 마찬가지로

법원의 직권조사사항에 속한다.

(나) 판단기준시: 행정심판전치요건의 충족은 원칙적으로 행정소송제기 당시에 요구되는 것이나(동법 18①), 원고의 권익구제를 위해 사실심변론종결시까지 그 요건의 불충족으로 인한 흠의 치유를 인정한다(대판 1987.4.28. 86누29). 소송요건(제기요건)의 존부는 소송의 성립후에 그 절차 내에서 조사되는 것이기 때문에 소송요건의 충족여부에 대한 심리가 끝나기까지에는 흠결있는 소송요건을 치유시킬 수 있기 때문이다.

(5) 소 장(訴狀)

행정소송의 제기는 일정한 형식을 갖춘 서면인 소장을 법원에 제출함으로써 한다. 소장에 관하여는 행정소송법에 특별한 규정이 없으므로 동법 제8조에 의하여 민사소송법을 준용한다(민사소송법 227①).

(6) 관할법원

취소소송은 피고인 행정청의 소재지를 관할하는 행정법원에 제기하여야 한다(행정소송법 9).

3. 소의 변경

소의 변경이란 소송 중에 원고가 심판의 대상인 청구를 변경하는 것을 말하는 바, 소송물의 변경만이 허용되는 민사소송과는 달리 행정소송법은, ① 소의 종류의 변경(동법 21)과, ② 처분변경으로 인한 소의 변경(동법 22) 등을 인정하고 있다. 소의 변경은 당초 청구에 갈음하여 새로운 청구를 제기하는 교환적 변경인 점에서 당초 처분을 유지하면서 별개의 청구를 추가하는 추가적 변경(추가적 병합)과 구별된다.

(1) 소의 종류의 변경

1) 의 의: 항고소송의 원고는 해당 소송의 사실심의 변론종결시까지 청구의 기초에 변경이 없는 한 법원의 허가를 받아 소의 종류를 변경할 수 있다(동법 21, 37, 42). 예컨대, 무효사유에 해당한다고 판단하여 무효등확인소송을 제기하였다가 취소소송으로 변경하는 경우 등 소제기시 소의 종류를 잘 못 선택한 경우라든가, 부작위위법확인소송 계속 중 부작위를 거부처분으로 변경함에 따라 취소소송으로 변경하는 경우 등 소제기 후 소송물의 변경에 따른 소의 종류의 변경 등이 이에 해당한다. 이는 구소(舊訴) 취소와 신소(新訴) 제기의 번거로움을 제거하고 구소에서 진행되어 온 소송상의 주장이나 입증노력을 유지하여 소송능률을 도모하고 소송당사자의 행정구제의 편의를 위한 제도이다.

2) 인정 범위: 소의 종류의 변경에는 동일한 항고소송 사이의 변경은 물론 항고소송과 당사자소송간의 변경이 가능하다(행정소송법 21,37,42). 그러나 행정소송과 민사소송 사이에는 관할법원의 차이 등으로 직접적인 소변경은 원칙적으로 불가능하나, 민사법원이 동시에 행정소송의 관할도 가지고 있는 경우에는 소변경이 가능하고, 관할이 다르면 관할법원에 이송한 후 석명권

을 통해 소변경이 가능하다(판례).

[판 례] 민사소송을 관할이송을 통한 소변경이 가능한 경우

"행정소송법 제7조는 원고의 고의 또는 중대한 과실 없이 행정소송이 심급을 달리하는 법원에 잘못 제기된 경우에 민사소송법 제31조 제1항을 적용하여 이를 관할 법원에 이송하도록 규정하고 있을 뿐 아니라, 관할 위반의 소를 부적법하다고 하여 각하하는 것보다 관할 법원에 이송하는 것이 당사자의 권리구제나 소송경제의 측면에서 바람직하므로, 원고가 **고의 또는 중대한 과실 없이 행정소송으로 제기하여야 할 사건을 민사소송으로 잘못 제기한 경우, 수소법원으로서는 만약 그 행정소송에 대한 관할도 동시에 가지고 있다면 이를 행정소송으로 심리·판단하여야 하고, 그 행정소송에 대한 관할을 가지고 있지 아니하다면** 당해 소송이 이미 행정소송으로서의 전심절차 및 제소기간을 도과하였거나 행정소송의 대상이 되는 처분 등이 존재하지도 아니한 상태에 있는 등 **행정소송으로서의 소송요건을 결하고 있음이 명백하여 행정소송으로 제기되었더라도 어차피 부적법하게 되는 경우가 아닌 이상 이를 부적법한 소라고 하여 각하할 것이 아니라 관할 법원에 이송하여야 한다.**"(대판 1997.5.30. 95다28960; 대판 2008.7.24. 2007다25261 등)

3) 요 건

(가) 취소소송이 계속되고 있을 것: 취소소송이 계속되고 있다는 의미는 취소소송을 제기하여 요건심리 또는 본안심리가 진행 중에 있다는 것을 말한다. 따라서 취소소송의 제기가 부적법하더라도 각하가 되기 전에는 다른 소송으로 소변경이 가능하다.

(나) 원고의 신청은 사실심의 변론종결전일 것: 따라서 사실심이 아닌 법률심인 상고심에서는 신청할 수 없다.

(다) 청구의 기초에 변경이 없을 것: 청구의 기초란 신·구 청구간의 관련성을 뜻하는 바, 청구의 기초에 변경이 없을 것(청구기초의 동일성)의 의미에 관해서는 견해가 나뉜다. 즉, ① 전후의 소송이 달성하고자 하는 이익이 동일해야 한다는 **이익설**, ② 소송자료를 공통적으로 사용할 수 있는 동일한 사실적 기반위에 서 있어야 한다는 **사실설**, ③ 이익과 소송자료가 공통적이어야 한다는 **병용설**이 그것이다.

생각건대, 청구의 기초에 변경이 없어야 한다는 것은 법원에 계속 중인 취소소송에 의하여 구제받으려는 법률상 이익의 동일성이 유지되어야 한다는 것을 의미한다(이익설). 따라서 소의 변경은 동일한 이익에 관한 것인데 분쟁해결방법만 달리하는 경우라 하겠다.

(라) 소의 변경이 상당하다고 인정될 것: 상당성의 요건은 민사소송법 제262조 제1항 단서 '소송절차를 현저히 지연시키는 경우에는 그러하지 아니하다'는 규정보다 넓은 개념으로서, 소송자료의 이용가능성·다른 구제수단의 존재여부·당사자의 이익·소송경제 등을 종합적으로 고려하여 판단해야 할 것이다.

(마) 변경되는 새로운 소는 적법요건을 갖출 것: 신소는 적법요건을 갖추어야 하며, 또한 소변경으로 피고를 달리할 때에는 새로이 피고가 될 자의 의견을 들을 것 등이 요구된다.

4) 절 차: 소변경의 허가는 원고의 신청에 의한 법원의 결정으로 한다. 이 경우 피고를 달리하게 되면 새로이 피고로 될 자의 의견을 들어야 하며(동법 21②), 새로운 피고에게 피고경정의 결정서정본을 송달하여야 한다(동법 21④, 14②).

5) 효 과: 피고변경이 있는 경우 새로운 피고에 대한 소송은 처음에 소를 제기한 때에 제기한 것으로 보고, 종전 피고에 대한 소송은 취하된 것으로 본다(동법 21④, 14④⑤). 종래의 소는 취하된 것으로 보고(동법 21①), 종래의 소에 대하여 진행되어 온 소송절차는 새로운 소에 유효하게 승계된다.

6) 불 복: 소변경의 허가결정에 대하여 불복하는 경우에는 즉시항고 할 수 있다(동법 21③).

[판 례] 변경된 소의 제소기간 준수여부 판단

"취소소송을 제기하였다가 나중에 당사자 소송으로 변경하는 경우에는 행정소송법 제21조 제4항, 제14조 제4항에 따라 처음부터 당사자 소송을 제기한 것으로 보아야 하므로 **당초의 취소소송이 적법한 기간 내에 제기된 경우에는 당사자소송의 제소기간을 준수한 것으로 보아야** 할 것이다."(대판 1992.12.24. 92누3335 보상금지급결정취소)

(2) 처분변경에 따른 소의 변경

1) 의 의: 행정청이 소송의 대상인 처분을 소가 제기된 후 변경한 때에는 원고의 신청에 의하여 법원은 결정으로써 청구의 취지 또는 원인을 변경할 수 있다(동법 22①). 이는 소의 종류는 변경되지 않고 그대로인 채 청구의 취지나 원인만 변경하는 것이다. 예컨대, 허가취소가 영업정지 3개월로 변경됨에 따라 허가취소의 취소소송 계속 중에 그 청구의 취지를 '허가취소의 취소'에서 '영업정지 3개월의 취소'로 변경하는 것이다. 처분변경으로 인한 소의 변경은 취소소송 외에 무효등확인소송 및 당사자소송에서도 인정된다(동법 38①, 44①).

2) 요 건: 이 경우의 소변경이 가능하려면, ① 사실심 계속 중 처분의 변경이 있을 것(요건심리 중 포함), ② 변경된 처분은 종전처분을 완전히 대체한 것이거나 주요부분을 실질적으로 변경하는 등으로 종전처분 대신 변경처분으로 다투어야 할 필요가 있을 것, ③ 원고가 해당 처분의 변경이 있은 것을 안 날로부터 60일 이내에 소의 변경신청을 할 것, ④ 신청구는 변경된 처분에 맞춘 것이고 적법요건(제기요건)을 갖출 것, ⑤ 구청구가 사실심변론종결 전에 계속 중일 것이 요구된다.

3) 절 차: 소의 변경은 원고의 신청에 의하여 법원의 결정으로 행하여진다(동법 22①).

4) 효 과: 변경된 청구가 필요적 행정심판전치주의의 대상이라 하더라도 전심절차의 요건을 충족한 것으로 본다(동조③).

5) 불 복: 처분변경으로 인한 소변경의 불허가에 대해서는 독립하여 항고할 수 없고 종국판결에 대한 상소로 하여야 한다(대판 1992.9.25. 92누5096).

[판 례] 청구취지 변경의 경우 전심절차 및 제소기간 준수여부

"당초의 조세부과처분에 대하여 적법한 취소소송이 계속 중에 동일한 과세목적물에 대하여 **당초의 부과처분을 증액 변경하는 경정결정 또는 재경정결정이 있는 경우에** 당초 부과처분에 존재하고 있다고 주장되는 취소사유(실체상의 위법성)가 경정결정 또는 재경정결정에도 마찬가지로 존재하고 있어 당초 부과처분이 위법하다고 판단되

면 경정결정 또는 재경정결정도 위법하다고 하지 않을 수 없는 경우 원고는 **경정결정 또는 재경정결정에 대하여 따로 전심절차를 거칠 필요 없이 청구취지를 변경하여 경정결정 또는 재경정결정의 취소를 구할 수 있고, 이러한 경우 당초의 소송이 적법한 제소기간 내에 제기된 것이라면 경정결정 또는 재경정결정에 대한 청구취지변경의 제소기간 준수 여부는 따로 따질 필요가 없다.**"(대판 2012.11.29. 2010두7796, 법인세부과처분취소)

(3) 민사소송법에 의한 소의 변경

1) 처분변경을 전제로 하지 않는 청구의 변경

(가) 의 의: 행정소송법에서 인정되는 소변경의 형태는 민사소송법상의 소변경을 배척하는 취지는 아니므로, 민사소송법 준용규정(행소법 8②)에 의해 민사소송법에 따른 **청구의 취지 또는 원인을 변경**할 수 있다(행정소송법 8②, 민사소송법 262,263). 예컨대 처분의 일부취소만을 구하다가 전부취소를 구하는 것으로 청구취지를 확장하거나 그 반대로 축소하는 것과 같이 동일한 처분의 범위 내에서 청구의 기초에 변경이 없는 소의 변경은 허용된다(판례).

(나) 요 건: ① 소송이 계속되고 있을 것, ② 원고의 신청은 사실심변론종결 전일 것, ③ 청구의 기초에 변경이 없을 것, ④ 신청구는 적법할 것 등이 요구된다. 여기서 '청구의 취지에 변경이 없을 것'이란 구제받으려는 법률상 이익이 동일하거나 동일한 사실적 기반위에 있는 등 신·구청구간에 관련성이 있어야 함을 의미이다. 또한 '신청구의 적법'이란 신청구의 소송요건 충족을 의미하는데, 신·구청구가 소송물은 동일하고 청구의 기초에 변경이 없으므로 당사자적격과 대상적격은 동일하고, 처분변경이 있는 경우가 아니므로 구청구가 제기기간 내에 했다면 신청구도 적법하며, 필요적 전심절차의 경우에도 행정소송법 제18조 제3항 제1호에 해당하여 문제되지 아니한다. 따라서 ③의 요건은 구청구의 요건과 동일하므로 구청구가 적법하면 신청구도 적법하다.

[판 례] 청구취지를 확장하는 경우

"행정소송법 제21조와 제22조가 정하는 소의 변경은 그 법조에 의하여 특별히 인정되는 것으로서 민사소송법상의 소의 변경을 배척하는 것이 아니므로, 행정소송의 원고는 **행정소송법 제8조 제2항에 의하여 준용되는 민사소송법 제235조에 따라 청구의 기초에 변경이 없는 한도에서 청구의 취지 또는 원인을 변경할 수 있는 것인바,** 원고가 하나의 행정처분인 이 사건 택지초과소유부담금 부과처분 중 **일부의 액수에 대하여만 불복하여 전심절차를 거치고 그 후 다시** 이 사건 소송에서 위 액수에 관하여만 부과처분의 취소를 구하였다가 택지소유상한에관한법률이 헌법에 위반된다는 헌법재판소의 결정에 따라 **그 청구취지를 부과처분 전부의 취소를 구하는 것으로 확장**하였다고 하더라도, 이는 동일한 처분의 범위 내에서 **청구의 기초에 변경이 없이 이루어진 소의 변경에 해당하여 적법**하다 할 것이므로,"(대판 1999.11.26. 99두9407 택지초과소유부담금부과처분취소)

2) 행정소송과 민사소송 사이의 소의 변경: 행정소송법은 행정소송 사이의 소의 변경만 규정하고 있는 바, 취소소송을 제기하였다가 그 처분의 무효임을 전제로 하여 민사소송인 국가배상청구소송으로 변경하는 것과 같이 행정소송과 민사소송 사이에서도 소의 변경이 가능한지 문제된다. 이에 관해 견해가 나뉘고 있다.

(가) 부정설: 행정소송법은 행정소송 사이의 소변경만 규정하고 있고, 민사소송법의 소의 변경은 법원과 당사자의 동일성을 유지하면서 동종의 절차에서 심리할 수 있는 경우에만 가능한

데 민사소송과 행정소송은 국가와 처분청으로 피고를 달리하고 제1심 관할법원도 달리하므로 이들 사이에 소변경이 불가하다는 입장이다.

(나) 긍정설: 양 소송의 피고인 국가와 처분청은 실질에 있어서 동일하며, 관할법원을 달리하는 문제는 소의 변경을 거쳐 관할이송을 통해 해결할 수 있다는 입장이다.

(다) 판 례: 판례는 원고가 고의 또는 중대한 과실 없이 민사소송으로 잘못 제기한 경우에 행정소송에 대한 관할도 동시에 가지고 있으면 소의 변경을 인정한다.

[판 례] 민사소송으로 잘못 제기한 경우 소변경을 통해 심리 · 판단

"행정소송법 제7조는 원고의 고의 또는 중대한 과실 없이 행정소송이 심급을 달리하는 법원에 잘못 제기된 경우에 민사소송법 제31조 제1항을 적용하여 이를 관할 법원에 이송하도록 규정하고 있을 뿐 아니라 관할 위반의 소를 부적법하다고 하여 각하하는 것보다 관할 법원에 이송하는 것이 당사자의 권리 구제나 소송경제의 측면에서 바람직하므로, 원고가 고의 또는 중대한 과실 없이 행정소송으로 제기하여야 할 사건을 **민사소송으로 잘못 제기한 경우 수소법원으로서는 만약 그 행정소송에 대한 관할도 동시에 가지고 있는 경우라면**, 행정소송으로서의 전심절차 및 제소기간을 도과하였거나 행정소송의 대상이 되는 처분 등이 존재하지도 아니한 상태에 있는 등 행정소송으로서의 소송요건을 결하고 있음이 명백하여 행정소송으로 제기되었더라도 어차피 부적법하게 되는 경우가 아닌 이상, **원고로 하여금 항고소송으로 소 변경을 하도록 하여 그 1심법원으로 심리 · 판단하여야 한다.**"(대판 1999.11.26. 97다42250, 진료비)

(라) 결 어: 국민의 권리구제와 소송경제를 위해 소의 변경을 인정함이 바람직한 바, 민사소송과 행정소송 사이의 소의 변경을 명문으로 규정하는 입법적 해결이 요구된다.

[소 변경의 유형에 따른 차이]

	소의 종류의 변경	처분변경에 따른 소변경	민사소송법에 의한 소변경
의 의	행정소송의 종류의 변경(행소법 21)	소 제기 후 처분변경에 따른 청구의 취지 · 원인 변경(행소법 22)	처분변경을 전제로 하지 않는 청구의 변경(행소법 8②, 민소법262)
요 건	①소송 계속 중, 사실심변론 종결전, ② 청구의 기초에 변경 없을 것, ③ 변경된 소는 적법	① 좌동, ② 처분변경 안 날부터 60일 이내, ③ 신청구는 적법	① 좌동, ② 청구의 기초에 변경 없을 것, ③ 신청구 적법

4. 처분사유의 추가 · 변경

(1) 의 의

처분사유(處分事由)의 추가(追加) · 변경(變更)이란 당초 처분 시에는 존재하였지만 처분이유로 제시되지 아니하였던 사실 및 법적 근거를 소송계속 중에 추가하거나 변경하는 것을 말한다. 이는 처분청이 처분 시에 처분사유로 삼지 않은 새로운 사실 및 법적 근거를 내세워 처분의 적법성을 주장할 수 있는지의 문제이다.

처분사유의 추가 · 변경은 이미 처분 시에 객관적으로 존재하였던 사유를 대상으로 하는 실체법상 적법성의 주장에 관한 소송법상 문제라는 점에서, 처분 시의 절차적 하자(이유제시의 흠결) 등을 사후적으로 보완하여 하자를 제거하는 절차법적 문제인 **하자**(이유제시의 흠)**의 치유**와 구별된다.

(2) 허용여부

1) 학 설

(가) 긍정설: 이는 취소소송의 소송물을 행정처분의 위법성 일반으로 보는 입장에서, 일회적인 분쟁해결이라는 소송경제적 측면을 강조하며 양 당사자는 모든 사실상·법률상의 주장을 할 수 있다는 입장이다. 만약 처분사유의 추가·변경이 허용되지 않으면 원고가 승소하더라도 처분청으로서는 다른 이유를 근거로 다시 동일한 처분을 할 수 있으므로 원고가 이에 대해 다시 소를 제기하는 경우가 발생하여 분쟁의 일회적 해결의 요청에 반하게 된다고 한다.

(나) 부정설: 이는 취소소송의 소송물을 그 처분이유에서 특정된 처분의 위법성으로 보는 입장에서, 실질적 법치주의와 상대방의 신뢰보호를 강조하여 처분사유의 추가·변경을 부인하는 입장이다. 즉, 행정청이 당초의 처분사유로는 승소할 수 없어 새로운 사유를 내세워 처분의 적법성을 주장할 수 있다면 원고의 방어방법에 지장을 주고 법적으로 예기치 못한 불안을 초래할 수 있다고 한다.

(다) 제한적 긍정설: 이는 당초의 처분사유와 기본적 사실관계의 동일성이 인정되는 범위 내에서 제한적으로 인정된다는 견해이다. 즉, 행정소송에서 실질적 법치주의 내지 소송경제의 관점과 처분 상대방의 신뢰보호 내지 공격·방어권보장의 조화의 필요성에서 제한적으로 처분사유의 추가·변경을 허용할 수 있다고 한다(다수설).

2) 판 례: 대법원은 제한적 긍정설을 취하고 있다.

[판 례] 당초 처분사유와 기본적 사실관계의 동일성 인정되는 한도 내

"행정처분의 취소를 구하는 항고소송에 있어서는 실질적 법치주의와 행정처분의 상대방인 국민에 대한 신뢰보호라는 견지에서 처분청은 당초 처분의 근거로 삼은 사유와 기본적 사실관계에 있어서 동일성이 있다고 인정되지 않는 별개의 사실을 들어 처분사유로 주장함은 허용되지 아니하나, **당초 처분의 근거로 삼은 사유와 기본적 사실관계에 있어서 동일성이 있다고 인정되는 한도 내에서는 다른 사유를 추가하거나 변경할 수 있다.**"(대판 2004.11.26. 2004두4482; 대판 2001.9.28. 2000두8684 등)

3) 결 어: 실질적 법치주의와 분쟁의 일회적 해결이라는 요청 및 원고의 방어권보장과 신뢰보호의 요청의 조화라는 관점에서 제한적 긍정설이 타당하다. 행정절차법 제23조에서 행정청은 처분 시에 당사자에게 처분의 근거와 이유를 제시하여야 한다고 규정하고 있는 점에 비추어 볼 때에도, 사후에 처분사유를 추가·변경하는 것은 그 이유와 근거를 보충 내지 정정하는 것 등 제한적으로만 인정되어야 할 것이다.

(3) 허용범위 및 한계

1) 소송물의 범위 내: 처분사유의 추가·변경은 취소소송의 소송물의 범위 내에서만 가능하다. 처분사유의 변경으로 소송물이 변경된다면 청구가 변경되는 것이므로, 이 경우에는 소의 변경을 하여야 한다.

2) 기본적 사실관계의 동일성

(가) 의 의: 처분사유의 추가·변경은 기본적 사실관계의 동일성을 해치지 않는 범위 내에서만 허용된다. 이는 행정처분의 상대방의 방어권을 보장함으로써 실질적 법치주의를 구현하고 행정처분의 상대방에 대한 신뢰를 보호하기 위한 것이다. 여기서 기본적 사실관계의 동일성 유무는 처분사유를 법률적으로 평가하기 이전의 구체적인 사실에 착안하여 그 기초가 되는 사회적 사실관계가 기본적인 점에서 동일한지 여부에 따라 결정된다(판례).

[판 례] 기본적 사실관계의 동일성 유무 결정

"행정처분의 취소를 구하는 항고소송에서, 처분청은 당초 처분의 근거로 삼은 사유와 기본적 사실관계가 동일성이 있다고 인정되는 한도 내에서만 다른 사유를 추가 혹은 변경할 수 있고, 여기서 **기본적 사실관계의 동일성 유무는 처분사유를 법률적으로 평가하기 이전의 구체적인 사실에 착안하여 그 기초인 사회적 사실관계가 기본적인 점에서 동일한지 여부에 따라 결정되며,** 추가 또는 변경된 사유가 처분 당시에 그 사유를 명기하지 않았을 뿐 이미 존재하고 있었고 당사자도 그 사실을 알고 있었다하여 당초의 처분사유와 동일성이 있는 것이라고 할 수는 없다."(대판 2009.11.26, 2009두15586 등)

(나) 판단기준: '기본적 사실관계의 동일성'의 판단은 일반적으로 위법사유의 내용·성질·원인·상호인과관계 등 위법사유의 관련성 및 동일한 사실에 기초하였는지의 여부 등을 시간적·장소적 근접성·행위의 태양·경과 등의 제반 사정을 종합적으로 고려하여 사안에 따라 구체적으로 판단하여야 한다.

(다) 기본적 사실관계의 동일성이 인정되는 경우: ① 처분 당시에 적시한 구체적 사실을 변경하지 아니하는 범위 내에서 단지 그 처분의 근거 법령만을 추가·변경하거나 당초의 처분사유를 구체적으로 표시하는 것에 불과한 경우(대판 2008.2.28, 2007두13791 등), ② 전체 공유수면 매립지에 대한 도시계획수립 등 향후 토지이용계획을 검토한 후 결정되어야 할 사안이라는 사유로 골프연습장 건축허가를 반려한 행정청이 그 취소소송에서 주변경관보전과의 부조화라는 사유를 추가한 경우(대판 2006.10.13, 2005두10446), ③ 담합을 주도하거나 담합하여 입찰을 방해하였다는 당초 처분사유를 '특정인의 낙찰을 위하여 담합한 자'로 처분사유를 변경한 경우(대판 2008.2.28, 2007두13791,13807), ④ 준농림지역에서의 행위제한이라는 당초의 산림형질변경거부처분의 사유에 자연경관 및 생태계의 교란, 국토 및 자연의 유지와 환경보전 등 중대한 공익상의 필요라는 사유를 추가한 경우(대판 2004.11.26, 2004두4482) 등이 있다.

(라) 기본적 사실관계의 동일성이 부정되는 경우: ① '개발제한구역의 지정 및 관리에 관한 특별조치법 시행령 제13조의 규정에 의한 배치계획이 수립되어 있지 않다'는 당초 거부사유에 '당해 개발제한구역 또는 동일권역으로 볼 수 있는 개발제한구역 안에 개발제한구역 지정 당시나 허가 신청일 당시 거주하였다고 볼 수 없다'는 사유를 추가한 경우(대판 2007.10.11, 2007두9365), ② 공공기관의 정보공개에 관한 법률 제9조 제1항 제7호(영업상 비밀)에 해당한다는 당초의 정보공개거부사유에 같은 항 제1호(다른 법령에서 비밀로 한 정보)에 해당한다는 사유를 추가

한 경우(대판 2008.10.23, 2007두1798), ③ 기존 공동사업장과의 거리제한규정에 저촉된다는 당초의 자동차관리사업불허 처분의 사유에 최소 주차용지에 미달한다는 사실을 추가한 경우(대판 1995.11.21, 95누10952), ④ 정당한 사유 없이 계약불이행이라는 당초 입찰자격제한 사유를 항고소송에서 계약이행과 관련하여 관계공무원에게 뇌물을 주었다는 사유를 추가변경한 경우(대판 1999.3.9, 98두18565), ⑤ 무자료 주류판매 및 위장거래 항목을 근거로 한 면허취소처분에 대한 항고소송에서 무면허판매업자에 대한 주류판매를 그 취소사유로 주장하는 경우(대판 1996.9.6, 96누7427) 등이 있다.

3) **추가·변경사유의 기준시:** 처분사유의 추가·변경은 처분 시에 객관적으로 존재하던 사유이어야 한다. 이와 같이 위법판단의 기준시에 관해 판결시설이 아니라 통설·판례와 같이 처분시설에 따르면 처분 후에 발생한 사실관계나 법률관계는 추가·변경사유가 아니다.

4) **사실심종결시까지의 허용:** 처분사유의 추가·변경은 사실심변론종결시까지만 허용된다(대판 1999.8.20, 98두17043 등).

5. 소제기의 효과

(1) 법원 등에 대한 효력(주관적 효과)

소의 제기에 의하여 그 사건은 법원에 계속되며, 법원은 이를 심리하고 판결할 구속을 받는다. 당사자는 같은 사건에 대하여 다시 소를 제기하지 못한다.

(2) 행정처분에 대한 효력(객관적 효과)

취소소송의 제기에 의하여 그 대상이 되는 처분의 집행이 정지되는 것으로 한다면 행정의 원활한 운영이 저해되고 남소(濫訴)의 폐단의 우려가 있다. 반면에 집행정지가 전혀 인정되지 아니하는 것으로 하면 원고가 승소하더라도 회복이 곤란하여 구제의 목적을 달성할 수 없는 경우가 생길 것이다. 그리하여 집행정지의 여부는 이 두 가지 측면을 고려하여 입법정책적으로 결정할 문제이다.

행정소송법은 집행부정지를 원칙으로 하고, 예외적인 집행정지를 인정하였다(동법 23).

Ⅵ. 가구제(집행정지)

1. 개 설

행정소송상의 가구제(假救濟)란 본안판결의 실효성을 확보하기 위하여 계쟁처분(係爭處分) 등이나 공법상의 권리관계에 관하여 가정적인 임시의 효력관계나 지위를 정함으로써 본안판결이 확정될 때까지 잠정적으로 권리구제를 도모하는 것을 말한다. 그러므로 가구제는 본안판결이 확정될 때까지 행정소송의 대상인 처분 등의 효력이나 그의 집행 또는 절차의 속행으로 인하여 원고에게 회복할 수 없는 손해가 발생하는 일이 없도록 잠정적으로 처분 등의 효력 또는 그 집행이나 절차의 속행을 정지한다거나, 임시로 원고의 청구가 실현된 것과 비슷한 사실상 또는 법률상의 상태를 실현·형성하는 것을 내용으로 하는 것이 보통이다. 판결절차는 그 속성상 상당한 시간이 걸리는데, 행정작용에 대해서는 공정력과 자력집행력을 인정하고 있어 본안판결까지 가는 동안 집행이 완료되어 승소하더라도 원고에게 실질적 권리구제가 되지 못하는 경우가 생길 수 있으므로 본안판결의 실효성 확보를 위하여 가구제제도가 필요하게 된다. 그런데 가구제의 구체적 내용은 각국의 제도적 차이로 인하여 한결같지 아니하다. 우리나라 행정소송법은 집행정지는 인정하고 있으나 적극적인 가처분에 대해서는 규정이 없다.

2. 집행정지

(1) 집행부정지원칙

행정소송법은 취소소송의 제기는 처분 등의 효력이나 그 집행 또는 절차의 속행에 영향을 주지 아니한다고 규정하여 집행부정지원칙을 채택하고 있다(동법 23①). 이러한 집행부정지원칙(執行不停止原則)은 행정처분에 이른바 공정력이 인정되고 있기 때문에 소의 제기가 있어도 취소판결이 있기 전에는 집행력이 있다는 데 그 근거를 찾는 견해도 있으나, 이는 입법정책의 문제라 할 것이다.

(2) 집행정지의 의의

집행정지란 취소소송이 제기된 처분 등의 효력이나 그 집행 또는 절차의 속행을 잠정적으로 정지하는 것을 말한다. 행정소송법은 집행부정지원칙으로 인한 불합리한 결과를 방지하기 위하여 일정한 경우 예외적으로 집행정지를 할 수 있도록 하였다. 즉, 취소소송이 제기된 경우에 처분 등이나 그 집행 또는 절차의 속행으로 인하여 생길 회복하기 어려운 손해를 예방하기 위하여 긴급한 필요가 있다고 인정할 때에는 본안이 계속되고 있는 법원은 당사자의 신청 또는 직권에 의하여 처분 등의 효력이나 그 집행 또는 절차의 속행의 전부 또는 일부의 정지를 결정할 수 있다(동법 23②). 그러므로 집행정지는 본안판결의 확정시까지 존속하는 임시적 구제제도이며, ① 잠정성, ② 긴급성, ③ 본안소송에의 부종성(附從性) 등의 특성을 지닌다.

(3) 집행정지의 성질

집행정지의 성질에 대하여 행정작용의 성질을 가진다는 설도 있으나, 집행정지결정은 원고의 권리보전을 도모하기 위하여 법원이 계쟁처분의 집행을 잠정적으로 정지하는 것인 바, 형식적으로나 내용적으로나 보전소송절차적인 것으로 보아야 하므로 **사법작용설**이 타당하다.

(4) 집행정지의 요건

법원이 집행정지결정을 하기 위해서는 적극적으로 갖추어야 할 요건과 소극적으로 존재하여서는 아니 될 요건이 있다. 전자의 소명책임은 신청인에게 있으나 후자의 소명책임은 행정청에게 있다.

1) 적극적 요건

(가) 신청인적격 및 집행정지 이익의 존재: 신청에 의한 집행정지의 경우에, 집행정지의 신청인은 집행정지를 구할 법률상 이익이 있어야 한다(판례). 신청인은 일반적으로 본안소송의 원고가 될 것이다. 피고는 처분청이므로 당해 처분의 집행정지의 이익이 없으나, 원고 측의 소송참가인인 제3자의 집행정지신청권에 대해서는 긍정설과 부정설이 나뉠 수 있다. 이 경우 제3자의 소송참가인은 법률상 이익이 있는 제3자라는 점, 당해 취소판결의 효력과 집행정지결정의 효력이 미친다는 점(행정소송법 29①②), 공동소송적 보조참가에 준하는 법적 지위를 갖는다는 점에서 집행정지의 신청인적격이 인정된다고 볼 것이다(긍정설). 또한 신청의 이익, 즉 집행정지로 인해 원상태의 유지가 가능하여야 한다. 이미 집행이 완료되어 회복이 불가능한 경우에는 집행정지는 신청의 이익이 없어 부적법하다. 다만, 집행이 완료된 경우라도 위법상태가 계속중이거나 처분의 효력정지효과로서 사실상태를 원상으로 복구할 수 있는 경우에는 집행정지가 가능하다고 보아야 한다.

[판 례] 집행정지의 신청인적격

"행정처분에 대한 **효력정지신청을 구함에 있어서도 이를 구할 법률상 이익이 있어야 하는 바, 이 경우 법률상 이익이라 함은 그 행정처분으로 인하여 발생하거나 확대되는 손해가 당해 처분의 근거 법률에 의하여 보호되는 직접적이고 구체적인 이익과 관련된 것**을 말하는 것이고 단지 간접적이거나 사실적·경제적 이해관계를 가지는 데 불과한 경우는 여기에 포함되지 않는다."(대결 2000.10.10. 2000무17, 집행정지)

(나) 정지대상인 처분 등의 존재

(a) 처분 등의 의미: 집행정지를 위해서는 취소소송의 대상인 처분 등이 존재해야 한다. 그런데 집행정지의 대상은 처분 등의 효력, 처분 등의 집행 또는 절차의 속행이므로, 처분 등은 그 효력이나 집행 또는 절차가 계속되고 있어야 한다. 따라서 **처분전**, **부작위** 또는 처분의 **소멸후**에는 집행정지의 대상이 될 수 없다. 다만, 교도소장의 이송명령·국립의료원의 퇴원명령 등과 같이 위법상태가 계속 중이거나 원상복구를 할 수 있는 경우에는 집행정지가 가능하다.

(b) 거부처분: 거부처분에 대한 경우에는 견해가 나뉜다.

(ㄱ) 부정설: 이는 그 거부처분의 효력을 정지하여도 신청인의 법적 지위는 거부처분이 없었던 신청시의 상태로 돌아가는데 그치고 회복되는 원상(原狀)이 없으므로 신청의 이익이 없다고 한다(다수설).

(ㄴ) 긍정설: 이는 거부처분도 행정청의 적극적인 의사표시이고 집행정지결정으로 행정청이 사실상 구속력을 갖게 된다는 점에서 집행정지의 대상이 될 수 있다고 한다.

(ㄷ) 제한적 긍정설: 이는 집행정지에 의해 거부처분이 행하여지지 아니한 상태로 복귀됨에 따라 신청인에게 어떠한 법적 이익이 있다고 인정되는 경우에는 예외적으로 집행정지의 이익이 있다고 한다. 예컨대 연장허가신청이나 갱신허가 등에 대한 거부처분의 경우에는 집행정지를 통해 원상대로 회복되는 실익이 있다고 한다.

(ㄹ) **판 례**: 판례는 부정설을 취하고 있다.

[판 례] 거부처분에 대한 효력정지를 구할 이익 부정

"신청에 대한 거부처분의 효력을 정지하더라도 거부처분이 없었던 것과 같은 상태, 즉 거부처분이 있기 전의 신청 시의 상태로 되돌아가는 데에 불과하고 행정청에게 신청에 따른 처분을 하여야 할 의무가 생기는 것이 아니므로, 거부처분의 효력정지는 그 거부처분으로 인하여 신청인에게 생길 손해를 방지하는 데 아무런 보탬이 되지 아니하여 그 효력정지를 구할 이익이 없다."(대판 1995.6.21. 95두26 등)

(ㅁ) **결 어**: 갱신허가의 거부처분에 의해 허가효과의 소멸이나 외국인 국내체류기간연장 신청 거부처분에 의해 강제퇴거 등에서 볼 수 있는 바와 같이 거부처분이 행해지지 아니한 상태로 복귀됨에 따라 신청인에게 집행정지의 이익이 있다고 할 수 있는 경우가 있으므로 제한적 긍정설이 타당하다.

(c) **후행처분**: 선행처분과 후행처분 사이에 하자의 승계가 인정되는 경우나(대집행계고와 대집행 영장에 의한 통지 등), 목적을 달리 하지만 후행처분이 선행처분의 집행으로서의 성질을 가지는 등 밀접한 관계가 있는 경우에는 선행처분의 취소소송을 본안으로 하여 후행처분의 집행을 정지할 수 있다(과세처분 취소소송에서 체납처분절차의 속행정지 등).

(d) **행정행위의 부관**: 행정행위의 부관 중 부담은 독립적인 행정행위의 성질을 가지고 있으므로 집행정지의 대상이 될 수 있다.

(e) **처분의 일부**: 처분의 내용이 가분성이 있는 경우에는 그 일부에 대해서만 정지하는 것도 가능하다.

(f) **복효적 행정행위**: 복효적 행정행위에 의해 법률상 이익을 침해받은 자도 효율적인 권리구제를 위해 집행정지를 신청할 수 있다고 할 것이다. 예컨대, LPG충전소건축허가에 대한 취소소송을 제기한 인근주민은 LPG충전소건축을 더 이상 진행하지 못하게 집행정지를 신청할 수 있다. 다만, 복효적 행정행위에서의 집행정지는 사인(인근주민) 대 사인(건축주)의 이해관계에 관련되므로 수익자(건축주)의 대항수단이 필요하기 때문에, 수익자는 행정청에 대한 참가인으로서 집행정지결정의 취소를 신청할 수 있다고 할 것이다.

(다) 본안소송의 계속

(a) **의 의**: 민사소송법상의 가처분이 본안소송(本案訴訟) 제기 전에 보전수단으로서 신청될 수 있는 것과 달리 본안소송이 법원에 계속되어 있을 것을 요건으로 한다. 집행정지만 하여 놓고 본안소송을 제기하지 않을 경우 처분의 효력이 장기간 불안정하게 되어 행정법관계의 안정성을 해할 우려가 있기 때문이다. 따라서 집행정지결정 후 본안소송이 취하되면 집행정지결정은 당연히 효력을 상실한다(판례).

[판 례] 본안소송의 계속이 집행정지결정의 요건

"행정처분의 집행정지는 행정처분집행 부정지의 원칙에 대한 예외로서 인정되는 일시적인 응급처분이라 할 것이므로 **집행정지결정을 하려면 이에 대한 본안소송이 법원에 제기되어 계속중임을 요건으로 하는 것**이므로 **집행정지결정을 한**

후에라도 본안소송이 취하되어 소송이 계속하지 아니한 것으로 되면 집행정지결정은 당연히 그 효력이 소멸되는 것이고 별도의 취소조치를 필요로 하는 것이 아니다."(대결 2007.6.28. 2005무75, 집행정지 등)

(b) 본안소송의 적법: 본안소송은 소송요건을 충족하여 적법한 것이어야 한다(판례). 다만, 필요적 전심절차는 사실심변론종결 전까지 충족하면 하자가 치유되므로 집행정지신청시의 이 요건의 결여는 문제되지 않는다.

[판 례] 집행정지의 요건에 본안청구의 적법 포함

"행정처분의 효력정지나 집행정지를 구하는 신청사건에서는 행정처분 자체의 적법 여부는 원칙적으로 판단의 대상이 아니고, 그 행정처분의 효력이나 집행을 정지할 것인가에 관한 행정소송법 제23조 제2항에서 정한 요건의 존부만이 판단의 대상이 되는 것이다. 다만, 집행정지는 행정처분의 집행부정지원칙의 예외로서 인정되는 것이고, 또 본안에서 원고가 승소할 수 있는 가능성을 전제로 한 권리보호수단이라는 점에 비추어 보면, **집행정지사건 자체에 의하여도 신청인의 본안청구가 적법한 것이어야 한다는 것을 집행정지의 요건에 포함**시키는 것이 옳다."(대결 2010.11.26. 2010무137; 대결 1999.11.26, 99부3 등)

(c) 본안소송의 대상과 동일: 본안소송의 대상과 집행정지신청의 대상은 원칙적으로 동일하여야 한다. 그러나 선행처분과 후행처분 사이에 하자의 승계가 인정되는 경우, 또는 목적을 달리하는 별개의 처분이지만 속행처분이 선행처분의 집행으로서의 성질을 가지는 등 밀접한 관계가 있는 경우에는 선행처분의 취소소송을 본안으로 하여 후행처분의 집행을 정지할 수 있다(예; 과세처분의 취소소송에서 체납처분절차의 속행정지).

(라) 회복하기 어려운 손해발생의 우려: 집행정지는 회복하기 어려운 손해를 예방하기 위하여 필요한 경우에만 인정된다. 여기서 '회복하기 어려운 손해'란 일반적으로 사회통념상 금전배상이나 원상회복이 불가능하거나 금전보상으로는 사회통념상 당사자가 참고 견딜 수 없거나 참고 견디기가 현저히 곤란한 경우의 유형·무형의 손해를 말한다. 예컨대 입영명령, 외국인퇴거강제처분, 학생의 퇴학 등의 비재산적 처분은 이 요건에 해당되는 반면, 토지수용재결, 구획정리처분, 과세처분, 체납처분 등의 재산적 처분은 이 요건을 충족하지 못하는 것이 된다. 그러나 이 요건을 판단함에는 처분의 성질·태양에 중점을 두되 본안에서의 승소가능성, 집행정지로 인한 공익침해의 정도와 그로 인하여 신청인이 면할 손해, 집행정지 후 본안 패소시 발생할 문제점 등을 종합적으로 고려하여 구체적 사안에 따라 건전한 상식에 의거하여 판단하여야 할 것이다(판례1, 2). 또한 집행정지에 의하여 구제하려는 손해는 개인적 손해(자연인, 법인, 단체 등)에 한하고 공익상 손해 또는 제3자의 손해(예컨대, 영업허가취소로 인한 고객이나 인근주민의 손해 등)는 포함되지 않는다.

[판례 1] 회복하기 어려운 손해의 판단기준

"집행정지 요건인 **'회복하기 어려운 손해'란 특별한 사정이 없는 한 금전으로 보상할 수 없는 손해로서 이는 금전보상이 불능인 경우 내지는 금전보상으로는 사회관념상 행정처분을 받은 당사자가 참고 견딜 수 없거나 또는 참고 견디기가 현저히 곤란한 경우의 유형, 무형의 손해**를 일컫는다 할 것이고, '처분 등이나 그 집행 또는 절차의 속행으로 인하여 생길 회복하기 어려운 손해를 예방하기 위하여 긴급한 필요'가 있는지 여부는 **처분의 성질과 태양 및 내용, 처분상대방이 입는 손해의 성질·내용 및 정도, 원상회복·금전배상의 방법 및 난이 등은 물론 본안청구의 승소가능성의 정도 등을 종합적으로 고려하여 구체적·개별적으로 판단**하여야 한다."(대결 2011.4.21. 2010무111; 대결

2010.5.14, 2010무48; 대결 2008.5.6. 2007무147 등)

[판례 2] 금전보상을 할 수 없는 경우의 판단

"당사자가 행정처분 등이나 그 집행 또는 절차의 속행으로 인하여 **재산상의 손해를 입거나 기업 이미지 및 신용이 훼손당하였다고 주장하는 경우에 그 손해가 금전으로 보상할 수 없어 '회복하기 어려운 손해'에 해당한다고 하기 위해서는, 그 경제적 손실이나 기업 이미지 및 신용의 훼손으로 인하여 사업자의 자금사정이나 경영 전반에 미치는 파급효과가 매우 중대하여 사업 자체를 계속할 수 없거나 중대한 경영상의 위기를 맞게 될 것으로 보이는 등의 사정이 존재하여야** 한다고 봄이 상당하다."(대결 2003.4.25, 2003무2; 대결 2001.10.10, 2001무29 등)

(마) 긴급한 필요의 존재: 이는 회복곤란한 손해가 발생될 가능성이 시간적으로 절박하여 손해를 회피하기 위하여 본안판결을 기다릴 여유가 없는 것을 말한다. 이러한 긴급한 필요성은 나머지 요건과 상관관계 아래서 결정될 것으로서 구체적·개별적으로 결정할 것이다.

2) 소극적 요건: 집행정지는 공공복리에 중대한 영향을 미칠 우려가 있을 때에는 허용되지 아니한다(동법 23③).

(가) 공공복리에 중대한 영향이 없을 것: **'공공복리'**란 그 처분의 집행과 관련된 구체적이고도 개별적인 공익을 말하며, **'중대한 영향'**이란 단순히 공익목적 실현에 지장이 있는 정도가 아니라 개인이 입을 우려가 있는 손해를 희생시켜서라도 옹호할 만한 것이라고 인정되는 것을 말한다. 즉, 공공복리에 미칠 영향이 중대한지의 여부는 절대적 기준에 의하여 판단할 것이 아니라, 신청인의 '회복하기 어려운 손해'와 '공공복리'의 양자를 비교·교량하여, 전자를 희생하더라도 후자를 옹호하여야 할 필요가 있는지 여부에 따라 상대적·개별적으로 판단하여야 한다(판례). 그리하여 **'공공복리에 중대한 영향을 미칠 우려'**란 일반적·추상적인 공익에 대한 침해의 가능성이 아니라 해당 처분의 집행과 관련된 구체적·개별적인 공익에 중대한 해를 입힐 개연성을 말하는 것으로서, 이러한 소극적 요건에 대한 주장·소명책임은 행정청에게 있다(대결 2008.5.6, 2007무147 등).

[판 례] 공공복리에 중대한 영향의 여부의 판단

"행정소송법 제23조 제3항이 집행정지의 요건으로 '공공복리에 중대한 영향을 미칠 우려가 없을 것'을 규정하고 있는 취지는, 집행정지 여부를 결정하는 경우 신청인의 손해뿐만 아니라 공공복리에 미칠 영향을 아울러 고려하여야 한다는데 있고, 따라서 **공공복리에 미칠 영향이 중대한지의 여부는 절대적 기준에 의하여 판단할 것이 아니라, 신청인의 '회복하기 어려운 손해'와 '공공복리' 양자를 비교·교량하여, 전자를 희생하더라도 후자를 옹호하여야 할 필요가 있는지 여부에 따라 상대적·개별적으로 판단하여야** 한다."(대결 2010.5.14. 2010무48 등)

(나) 본안청구의 이유 없음이 명백하지 아니할 것: 집행정지제도는 본안소송에서 승소판결을 받을 때까지 그 지위를 보호하는데 있는 것이므로 본안소송이 패소할 것이 확실한 경우에도 집행정지를 허용할 것인지 견해가 나뉜다.

(a) 요건부정설: 이는 집행정지는 본안의 승소가능성과 무관한 임시적 보전절차이므로 집행정지의 단계에서 본안에 관한 이유의 유무를 따지는 것은 허용될 수 없다고 한다.

(b) 소극적 요건설: 이는 본안에서 승소할 가능성이 전혀 없는데도 불구하고 집행정지신

청을 인용하는 것은 집행정지제도의 취지에 어긋난다고 할 것이므로 이는 집행정지를 허용할 수 없는 소극적 요건이 된다고 한다.

(c) **적극적 요건설**: 이는 집행정지는 임시적 구제절차이기는 하지만 본안해결의 제1단계라는 절차적 의의도 있는 것인 만큼 본안청구의 이유 있음이 명백하여야 한다는 것은 집행정지의 적극적 요건이라고 한다.

(d) **판 례**: 판례는 소극적 요건설의 입장을 취하고 있다.

[판 례] 본안청구가 이유 없음이 명백하지 않아야 함(소극적 요건)

"행정처분의 효력정지나 집행정지제도는 신청인이 본안 소송에서 승소판결을 받을 때까지 그 지위를 보호함과 동시에 후에 받을 승소판결을 무의미하게 하는 것을 방지하려는 것이어서 **본안 소송에서 처분의 취소가능성이 없음에도 처분의 효력이나 집행의 정지를 인정한다는 것은 제도의 취지에 반하므로** 효력정지나 집행정지사건 자체에 의하여도 신청인의 **본안 청구가 이유 없음이 명백하지 않아야 한다는 것도 효력정지나 집행정지의 요건에 포함시켜야 한다.**"(대결 2008.5.6. 2007무147; 대결 2007.7.13. 2005무85 등)

(e) **결 어**: 본안에서 승소가능성이 명백히 없다면 처분의 집행정지를 인정하는 취지에 반하므로 소극적 요건설이 타당하다.

(5) 집행정지의 절차

집행정지는 법원의 결정으로 이루어지는데, 직권이나 당사자의 신청에 의하게 된다(동법 23②). 당사자의 신청의 경우에는 그 이유에 대한 소명이 있어야 한다(동조④). 집행정지의 관할법원은 본안이 계속된 법원이다(전속관할)(동법 23②).

(6) 집행정지결정의 내용

집행정지결정은 본안소송이 종결될 때까지 처분 등의 효력이나 그 집행 또는 절차의 속행의 전부 또는 일부를 정지함을 그 내용으로 한다.

1) **효력정지**: 효력정지란 처분의 효력이 존속하지 않는 상태에 놓이도록 하는 것으로 별도의 집행행위가 필요없이 의사표시만으로 완성되는 처분, 예컨대 영업취소나 공무원면직처분 등에 대한 것을 말한다. 그런데 잠정처분은 필요한 최소한도에 그쳐야 할 것이므로 '집행의 정지'나 '절차의 속행정지'로써 목적을 달성할 수 있는 경우에는 효력의 강도가 가장 강력하다 할 수 있는 '효력정지'는 허용되지 않는다(동법 23② 단서).

2) **집행정지**: 집행정지란 처분의 집행력을 박탈하여 그 내용을 실현하는 행위를 금지하는 것으로, 대집행이나 출국강제집행 등에 할 수 있다.

3) **절차의 속행정지**: 절차의 속행정지란 처분이 유효함을 전제로 법률관계가 진전되어 다른 처분이 행해지지 않도록 그 기초가 되는 처분의 효력을 박탈하여 법률관계의 진전을 금지하는 것으로, 체납처분의 속행정지가 그 예이다.

(7) 집행정지기간

집행정지기간은 법원이 자유롭게 정할 수 있으나, 특별히 정함이 없으면 본안판결 확정시까지 정지의 효력이 존속한다고 할 것이다. 또한 처분의 효력을 소급하여 정지하는 것은 허용되지 않는다.

(8) 집행정지결정의 효력

1) 형성력: 처분 등의 효력정지는 행정처분이 없었던 것과 같은 상태를 실현하는 것이므로 그 범위 안에서 형성력을 가진다고 볼 수 있다. 행정청의 별도의 효력정지통지 등이 없이 당연히 결정에서 정한대로 처분의 효력 등이 정지된다. 해당 처분이 유효함을 전제로 한 후속처분 등도 할 수 없다. 집행정지결정은 잠정적·일시적인 성질을 갖는 것이나 그 효력은 종국적인 것이다.

2) 기속력: 집행정지결정의 효력은 신청인과 피신청인에게 미치며, 취소판결의 효력에 준하여 당사자인 행정청뿐만 아니라 관계행정청도 기속한다(동법 23⑥). 따라서 행정청은 동일내용으로 새로운 행정처분을 하거나 또는 그에 관련된 처분을 할 수 없다. 또한 집행정지의 효력은 제3자에게도 미친다(29②). 그러나 결정에 기판력은 없다.

3) 시간적 효력: 집행정지결정의 효력은 결정주문에 따로 정한 경우를 제외하고는 본안소송의 판결확정시까지 존속한다(판례).

[판 례] 집행정지결정의 효력의 존속기간

"행정소송법 제23조에 의한 집행정지결정의 효력은 **결정주문에서 정한 시기까지 존속하였다가 그 시기의 도래와 동시에 당연히 실효**하는 것이므로, 일정기간 동안 업무를 정지할 것을 명한 행정청의 업무정지처분에 대하여 법원이 집행정지결정을 하면서 주문에서 당해 법원에 계속 중인 본안소송의 판결선고시까지 처분의 효력을 정지한다고 선언하였을 경우에는 당초 처분에서 정한 업무정지기간의 진행은 그때까지 저지되다가 **본안소송의 판결선고에 의하여 위 정지결정의 효력이 소멸함과 동시에 당초 처분의 효력이 당연히 부활되어 그 처분에서 정하였던 정지기간(정지결정 당시 이미 일부 진행되었다면 나머지 기간)은 이때부터 다시 진행한다** 할 것이다."(대판 2004.11.25. 2004두9012 등)

(9) 집행정지결정에 대한 불복

집행정지결정이나 기각결정 또는 집행정지결정의 취소결정에 대하여는 즉시항고 할 수 있다(동법 23⑤, 24②). 다만, 이 경우의 즉시항고에는 결정의 집행을 정지하는 효력은 없다(동법 23⑤). 집행정지신청을 기각한 결정에 대한 불복사유는 행정처분 자체의 적법여부가 아니라 집행정지요건의 존부이다(판례).

[판 례] 정지신청 기각결정에 대한 불복사유

"행정처분의 효력정지나 집행정지를 구하는 신청사건에 있어서는 행정처분 자체의 적법 여부를 판단할 것이 아니고 그 행정처분의 효력이나 집행 등을 정지시킬 필요가 있는지의 여부, 즉 행정소송법 제23조 제2항 소정 요건의 존부만이 판단대상이 되는 것이므로, 이러한 요건을 결여하였다는 이유로 **효력정지신청을 기각한 결정에 대하여 행정처분 자체의 적법 여부를 가지고 불복사유로 삼을 수는 없다.**"(대결 2011.4.21. 2010무111; 대판 1995.11.23. 95두53 등)

(10) 집행정지효력의 소멸

1) 집행정지결정의 취소: 집행정지결정이 확정된 후 집행정지가 공공복리에 중대한 영향을 미치거나 그 정지사유가 없어진 때에는 당사자의 신청 또는 직권에 의하여 결정으로써 집행정지결정을 취소할 수 있다(동법 24①). 집행정지결정의 취소사유는 특별한 사정이 없는 한 집행정지결정이 확정된 이후에 발생한 것이어야 한다(대결 2004.5.17, 2004무6 등). 이 취소신청은 그 사유를 소명하여야 한다(동조②).

2) 본안의 소의 취하: 본안소송의 계속은 집행정지결정의 요건일 뿐만 아니라 그 효력지속의 요건이기도 하므로 비록 집행정지결정이 있더라도 본안의 소가 취하되면 별도의 집행정지취소결정을 할 필요 없이 집행정지의 결정은 실효된다(대결 2007.6.28, 2005무75 등).

3. 가처분

(1) 의 의

가처분(假處分)이란 금전 이외의 특정한 급부를 목적으로 하는 청구권의 집행보전을 도모하거나 쟁의 있는 권리관계에 관하여 임시의 지위를 정함을 목적으로 하는 보전처분을 말한다. 집행정지결정은 처분 등을 전제로 하여 그 효력 등을 정지시키는 소극적 형성을 내용으로 하여 침해적 행정활동에 대한 보전처분으로서의 기능을 할 뿐, 적극적으로 수익적 처분을 행할 것을 행정청에 명하거나 행해지려고 하는 침해적 처분을 정지시키는 기능을 수행하지 못한다. 따라서 이러한 집행정지결정의 한계를 보충하기 위하여 민사집행법상의 가처분(동법 300)을 준용할 수 있는지의 여부가 문제된다.

(2) 가처분의 가능성

행정소송법에는 가처분 자체에 관한 규정이 없는 바, 행정소송법 제8조 제2항에 따라 민사집행법상의 가처분 규정이 준용될 수 있는 지에 대하여 견해가 대립되고 있다.

1) 소극설: 소극설에서는 법원은 구체적인 사건에 대한 법적용의 보장적 기능을 가지는 것이므로 행정처분의 위법여부는 판단할 수 있으나 그 판단에 앞서 행정처분에 대한 가처분을 하는 것은 사법권의 한계를 벗어나는 것이라고 한다. 또한, 가처분은 본안소송을 전제로 하는데 현행법상 거부처분에 대한 수익적 처분을 잠정적으로 실현시킬 수 있는 의무이행소송이나 예방적 부작위소송이 인정되고 있지 않으며, 처분의 집행정지에 관하여 규정한 행정소송법 제23조 제2항은 민사집행법상의 가처분에 대한 특별규정이기 때문에 민사집행법상의 규정은 준용될 수 없다고 한다.[23)]

2) 적극설: 적극설에서는 가처분 등의 가구제는 본안판결의 실효성을 확보하기 위한 것이

23) 박균성(강의) 841면; 정하중 · 김광수(개론), 768면.

므로 가구제조치를 취하여 개인의 권익구제를 도모하는 것은 당연한 사법권의 내용에 속하는 것이며, 헌법상 재판청구권에 포함되는 것이라고 한다. 또한 가처분을 배제하는 특별한 규정이 없으므로 행정소송법 제8조 제2항에 의하여 의당 가처분에 대한 민사집행법의 규정이 준용되어야 한다는 것이다.

3) **절충설**(제한적 긍정설): 행정소송법이 집행정지제도를 두고 있으므로 집행정지에 의하여 실효적인 권리구제가 되지 않는 경우에 한하여 민사집행법상의 가처분에 관한 규정을 준용할 수 있다고 한다.[24)]

4) **판 례**: 판례는 소극설을 취하고 있다.

[판 례] 행정처분의 효력정지 등에 민사집행법상의 가처분 불허

"항고소송의 대상이 되는 행정처분의 효력이나 집행 혹은 절차속행 등의 정지를 구하는 신청은 행정소송법상 집행정지신청의 방법으로서만 가능할 뿐 민사집행법상 가처분의 방법으로는 허용될 수 없다."(대결 2009.11.2. 2009마596; 대결 1992.7.6, 92마54)

5) **결 어**: 입법론으로는 적극설이 타당하나, 현행법의 해석론으로는 절충설이 타당하다. 즉, 행정소송법이 보전처분으로서 집행정지제도를 인정하고 있기 때문에 민사집행법상의 규정이 원칙적으로 적용될 여지가 없다고 하겠으나, 사안에 따라서는 집행정지로써 목적을 달성할 수 없는 경우에는 민사집행법상의 규정을 준용할 수 있다.

(3) 가처분의 대상 및 요건

가처분을 민사집행법을 준용하는 등 이를 인정한다면 그 대상과 요건은 다음과 같다(민사집행법 300①②, 행정소송법개정안 26).

1) 가처분의 대상

(가) 다툼의 대상의 현상유지: 다툼의 대상에 관하여 현상이 바뀌면 당사자가 권리를 실행하지 못하거나 그 권리를 실행하는 것이 매우 곤란할 염려가 있어 다툼의 대상에 관한 현상을 유지시킨다.

(나) 임시의 지위의 설정: 다툼이 있는 법률관계에 관하여 당사자의 중대한 손해를 피하거나 급박한 위험을 피하기 위하여 임시의 지위를 정한다.

2) **가처분의 요건**: 가처분의 요건은 집행정지의 요건을 충족하는 이외에, 적극적 요건으로 ① 다툼의 대상의 현상유지 또는 임시의 지위를 정할 긴급한 필요성이 있어야 하고, 소극적 요건으로 ② 집행정지로 목적을 달성할 수 없는 경우이어야 한다(가처분의 보충성)

---

24) 김남진 · 김연태(Ⅰ), 943면; 김철용, 601면; 류지태 · 박종수(신론), 745면; 석종현 · 송동수(상), 909면; 홍정선(상), 1169면; 홍준형, 967면.

Ⅶ. 소송의 심리

1. 개 설

소송의 심리란 소에 대하여 판결하기 위하여 그 기초가 될 소송자료를 수집하는 것을 말한다. 행정소송의 심리는 민사소송에 준하여 변론주의가 심리의 기본이 되는 것이나, 다만 행정소송의 특수성에 비추어 공공복리에 필요한 한도 안에서 직권심리주의가 인정되는 등 민사소송에 대한 특칙이 인정되고 있다.

2. 심리의 내용

(1) 요건심리

요건심리(要件審理)는 해당 소가 소송요건을 갖춘 적법한 것인지의 여부를 심리하는 것을 말하는 바, 요검심리의 결과 소송제기요건을 갖추지 못한 것이라고 인정되는 때에는 부적법한 소로 이를 각하(却下)한다. 소송요건의 존부는 법원의 직권조사사항이다. 소송요건존부의 판정시기는 소송을 제기할 때이나 사실심의 변론종결시까지 소송요건을 갖추면 하자가 치유된다.

(2) 본안심리

본안심리(本案審理)는 요건심리의 결과 소송요건을 갖춘 것이라고 인정하여, 그 소에 의한 청구를 인용할 것인지 기각할 것인지를 판단하기 위하여 사건의 본안에 대하여 실체적으로 심사하는 것이다.

3. 심리의 범위

행정소송의 심리의 범위는 법원이 구체적인 행정소송사건을 어느 정도까지 심사할 수 있는지의 문제이다.

(1) 불고불리의 원칙과 예외

취소소송에서도 민사소송과 마찬가지로 불고불리(不告不理)의 원칙이 적용되어 소송제기가 없는 사건 및 소송제기가 있는 사건에 대해서도 원고의 신청범위를 넘어 심리·재판할 수 없다. 다만, 법원이 필요하다고 인정할 때에는 당사자가 주장하지 아니한 사실에 관하여도 심리·판단할 수 있다(동법 26).

(2) 법률문제·사실문제

법원의 심리권이 법률문제와 사실문제에 미치는 것은 당연하다. 그러나 특히 전문적·기술적인 지식을 요하는 사항에 관하여는 행정의 전문성 및 통일성을 살리기 위하여 법원의 심리범위를 법률문제에 한정시키는 입법례도 있다(미국 판례법상의 실질적 증거의 법칙, 영국법상의 무증거의 법칙, 독일의 판단여지설 등).

(3) 재량문제

재량문제도 행정소송사항이 된다. 행정소송법 제27조는 "행정청의 재량에 속하는 처분이라도 재량권의 한계를 넘거나 그 남용이 있는 때에는 법원은 이를 취소할 수 있다"고 규정하여 이를 명백히 하고 있다. 다만, 재량권의 일탈·남용에 이르지 아니하고 재량권의 범위 내에서 재량을 그르친 경우에는 부당에 해당하여 기각판결을 내려야 한다.

4. 심리절차

(1) 심리절차상 일반원칙

행정소송사건의 심리에 있어서도 행정소송법에 특별한 규정이 없는 한 민사소송법과 법원조직법이 준용된다(동법 8②). 따라서 아래와 같이 처분권주의·변론주의 등 민사소송 심리절차상의 일반원칙이 적용되나, 직권심리주의 등 특수한 절차도 인정된다.

1) 처분권주의

(가) 의 의: 처분권주의(處分權主義)란 소송절차의 개시, 진행, 종결 및 소송의 대상(소송물)인 청구의 처분을 소송당사자의 의사에 맡기는 것을 말한다. 처분권주의는 "소 없으면 재판 없다"라는 불고불리(不告不理)의 원칙으로도 표현되는 바, 이러한 소송절차의 전과정을 법원에 맡기는 직권주의에 대한 관념이다. 처분권주의는 소송물에 대한 당사자의 자유처분을 뜻하는 것이므로, 법원은 당사자가 신청하지 아니한 사항에 대하여는 판결할 수 없다(판례).

[판 례] 원고가 청구하지 않은 처분에 대한 판결은 처분권주의에 반하여 위법

"원고들은 원심 변론종결 전에 그 청구취지를 변경하여 이 사건 가산금징수처분 전부에 관하여 취소 청구를 하는 것이 아니라 6차 처분에 의한 가산금 징수고지액 총 6억 43,895,297원 중에서 4차 처분에 의한 상속세액을 기초로 산정된 정당한 가산금의 총액 1억 61,869,542원을 초과하는 부분만의 취소를 청구하는 것으로 그 청구취지를 감축·변경하였음을 알 수 있다. 그럼에도 원심이 이를 간과하고 **원고들이 청구하는 범위를 넘어서서 이 사건 가산금 징수처분 전부를 취소하고만 것은 민사소송법 제203조 소정의 처분권주의에 위배한 위법**이 있다고 할 것이므로 나머지 상고이유에 대하여는 판단할 필요도 없이 이 부분은 파기를 면할 수 없다고 할 것이다."(대판 2006.02.09. 2005두1688, 납세고지처분취소)

"피고는 1991. 6. 29. 이 사건 토지에 대하여 1990년 개별토지가격결정을 한 사실이 없을 뿐만 아니라 원고가 1990년 개별지가결정처분의 취소를 구하고 있지도 아니하다. 그런데도 원심이 **원고가 청구하지도 아니한 1990년 개별지가결정처분에 대하여 판결한 것은 민사소송법 제188조 소정의 처분권주의에 반하여 위법하다** 할 것이므로 그 취소(파기)를 면할 수 없다 하겠다."(대판 1993.06.08. 93누4526, 개별토지가격결정처분취소)

(나) 근 거: 처분권주의의 법적 근거는 행정소송법 제8조 제2항의 준용규정에 의한 민사소송법 제203조(처분권주의) "법원은 당사자가 신청하지 아니한 사항에 대하여 판결하지 못한다."이다.

(다) 범위 및 한계: 처분권주의 하에서는 소송절차의 개시, 심판대상(소송물)의 결정, 소송절차의 종료에 당사자의 주도권이 인정되므로, 당사자는 종국판결에 의하지 않고 소의 취하, 청구의 포기 및 재판상 화해 등을 통해 임의로 소송을 종료시킬 수 있다. 그런데 소의 취하는 심판요구를 철회하는 것이기 때문에 직권탐지주의가 적용되는 사건에서도 변론주의와 다름없이 당

사자는 소를 취하할 수 있으나, 청구의 포기·인락(認諾)과 재판상 화해에 대해서는 논란이 있다.

2) 변론주의

(가) 의 의: 변론주의(辯論主義)란 재판의 기초가 되는 소송자료의 수집·제출의 책임과 권능을 당사자에게 맡기는 것을 말한다. 변론주의는 사적 자치에 근거하여, 소송자료의 수집과 제출을 대립 당사자에게 맡기는 것이 진실발견의 합리적인 수단이 될 뿐만 아니라, 분쟁의 공평한 해결 및 뜻밖의 타격을 방지하여 재판에 대한 신뢰를 확보한다는데 근거하고 있다.

(나) 근 거: 행정소송상의 변론주의의 법적 근거는 행정소송법 제8조 제2항의 준용규정이지만 동법 제26조(직권심리)도 변론주의의 예외를 인정한 규정이라 할 수 있으므로 간접적 근거 조항이라 할 수 있다.

(다) 처분권주의와 관계: 처분권주의는 소송물의 결정에 관한 원칙이고, 변론주의는 그 바탕이 되는 소송자료의 결정에 관한 원칙이라는 점에서 그 대상을 달리하나, 당사자의 주도권을 인정하고 사적 자치의 소송법적인 반영이라는 점에서 공통점이 있다.

(라) 내용 및 한계: 법원은, ① 당사자가 수집한 자료만으로 재판해야 하며 당사자가 주장하지 아니한 사실을 판결의 기초로 삼아서는 아니 되며(주장책임), ② 당사자 사이에 다툼이 없는 사실은 그대로 판결의 자료로 인정해야 하고(자백의 구속력), ③ 당사자 사이에 다툼이 있는 사실을 증거로 인정하려면 당사자가 신청한 증거에 의하여야 한다(직권증거조사의 금지).

[판 례] 행정소송에 원칙적으로 변론주의가 지배

"**행정소송에 관하여** 행정소송법에 특별한 규정이 없는 사항에 대하여는 **민사소송법의 규정이 준용되므로**(행정소송법 제8조 제2항), **원칙적으로 변론주의가 지배**하는 행정소송에서도 직권조사사항에 관한 것이 아닌 이상 실기한 공격 또는 방어의 방법의 각하에 관한 민사소송법 제149조 제1항이 준용된다고 할 것이고, 행정소송법 제26조(직권심리)가 있다고 하여 달리 볼 것은 아니다."(대판 2003.4.25. 2003두988 등)

3) 석명의무

(가) 의 의: 석명의무(법관의 釋明權)란 재판장이 소송관계를 분명하게 하기 위하여 당사자에게 사실상 또는 법률상 사항에 대하여 질문을 하고 증명을 하도록 촉구할 수 있는 것을 말한다(민사소송법 136①). 석명의무는 당사자의 신청·주장이 불명료·애매하거나 불충분하여 해당 분쟁의 진상을 파악하기 어려운 경우에 당사자에게 이를 보충해줄 기회를 주어 사안의 진상을 해명하고 변론을 충실화함으로써 결과적으로 변론주의 하에서 실질적 당사자평등의 원칙을 구현하려는 것이다. 따라서 석명의무를 해태하면 위법이 된다(판례).

(나) 근 거: 행정소송상의 석명권은 민사소송법의 준용규정(행정소송법 8②)에 근거한다고 할 수 있으며, 변론주의가 지배하는 민사소송상에서 보다 국민의 권리구제를 목적으로 하고 직권심리가 허용되는 행정소송에서 오히려 적극적으로 넓게 인정할 여지가 있다.

(다) 한 계: 석명권행사가 소송관계를 분명히 하는 것을 넘어 당사자평등의 원칙을 벗어나면 그 한계를 일탈한 것으로 된다. 즉, 당사자의 진술을 보완하여 명료하게 하거나 입증을 촉구

하는 정도를 넘어 당사자에게 새로운 청구를 할 것을 권유하는 것, 당사자가 주장하지 아니한 법률효과에 관한 요건사실이나 독립된 공격방어방법을 시사하여 그 제출을 권유하는 것은 석명권의 한계를 넘어서는 것이다(판례).

[판 례] 석명의무 및 그 한계

"당사자가 부주의 또는 오해로 인하여 증명하지 아니한 것이 분명하거나 쟁점으로 될 사항에 관하여 당사자 사이에 명시적인 다툼이 없는 경우에는 법원은 석명을 구하고 증명을 촉구하여야 하고, 만일 당사자가 전혀 의식하지 못하거나 예상하지 못하였던 법률적 관점을 이유로 법원이 청구의 당부를 판단하려는 경우에는 그 법률적 관점에 대하여 당사자에게 의견진술의 기회를 주어야 하며, 그와 같이 하지 않고 예상 외의 재판으로 당사자 일방에게 불의의 타격을 가하는 것은 석명의무를 다하지 아니하여 심리를 제대로 하지 아니한 위법을 범한 것이 된다."(대판 2008.9.11. 2006다50338)

"법원의 석명권 행사는 사안을 해명하기 위하여 당사자에게 그 주장의 모순된 점이나 불완전·불명료한 부분을 지적하여 이를 정정·보충할 수 있는 기회를 주고, 계쟁사실에 대한 증거의 제출을 촉구하는 것을 그 내용으로 하는 것이며, **당사자가 주장하지도 않은 법률효과에 관한 요건사실이나 공격방어방법을 시사하여 그 제출을 권유하는 행위는 변론주의의 원칙에 위배되고 석명권 행사의 한계를 일탈한 것**이 된다."(대판 2005.1.14. 2002두7234, 건축허가신청반려처분취소 등)

4) **구술심리주의**: 구술심리주의(口述審理主義)란 심리에 있어서 당사자 및 법원의 소송행위, 특히 변론 및 증거조사를 구술로 행하는 것을 말하며, 서면심리주의에 대응한 것이다. 구술심리주의는 당사자가 직접 구술로 진술할 수 있어 사건의 진상파악이 쉽고 의문사항은 석명을 통해 쉽게 해명될 수 있기 때문에 판결에 대한 당사자의 수용가능성을 높일 수 있다.

5) **공개심리주의**: 공개심리주의는 재판의 심리와 판결의 선고를 일반인이 방청할 수 있는 상태에서 행하는 것을 말한다. 이는 판결의 공정성에 대한 국민의 신뢰를 확보하기 위한 제도인데, 예외적으로 일정한 경우에는 비공개도 인정된다.

6) **자유심증주의**: 이는 재판에 필요한 사실의 인정에 관하여 그 증거의 평가를 법관의 자유로운 판단에 맡기는 주의를 말한다(판례). 행정소송법 제8조 제2항에 따라 민사소송법 제202조(자유심증주의)가 준용된다. 일정한 증거여부에 따라 일정한 사실인정 여부가 결정되는 증거법정주의에 반대되는 개념이다.

[판 례] 자유심증주의의 의미

법원은 변론 전체의 취지와 증거조사의 결과를 참작하여 자유로운 심증으로 사회정의와 형평의 이념에 입각하여 논리와 경험의 법칙에 따라 사실주장이 진실한지 아닌지를 판단한다(행정소송법 제8조 제2항, 민사소송법 제202조). 사실의 인정과 그 전제로 행하여지는 증거의 취사선택과 평가는 자유심증주의의 한계를 벗어나지 않는 한 사실심 법원의 전권에 속한다."(대판 2018.10.12. 2016두46670)

"행정소송법 제8조 제2항에 따라 행정소송에 준용되는 민사소송법 제202조가 선언하고 있는 자유심증주의는 형식적·법률적 증거규칙에 얽매일 필요가 없다는 것을 뜻할 뿐 법관의 자의적 판단을 허용하는 것은 아니므로, 사실의 인정은 적법한 증거조사절차를 거친 증거에 의하여 정의와 형평의 이념에 입각하여 논리와 경험의 법칙에 따라 하여야 하고, 사실인정이 사실심의 재량에 속한다고 하더라도 그 한도를 벗어나서는 아니 된다."(대판 2017.3.9. 2016두55933, 국가유공자및보훈보상대상자비해당결정처분취소)

(2) 심리절차상 특수한 절차

1) **직권심리주의:** 직권심리주의(職權審理主義)란 법원이 당사자의 주장에 구속됨이 없이 직권으로 필요한 사실의 탐지 및 증거조사를 하는 제도를 말하며, 직권탐지주의(職權探知主義) 또는 직권증거조사주의라고도 한다. 법원의 심리방법에는 변론주의와 직권심리주의가 있는데, 행정소송법은 변론주의를 기본으로 하면서 이에 대한 특례로 직권심리주의를 규정한 것인지 문제된다. 즉, 이에 대한 근거규정인 행정소송법 제26조 "법원은 필요하다고 인정할 때에는 직권으로 증거를 조사할 수 있고, 당사자가 주장하지 아니한 사실에 대하여도 판단할 수 있다"고 한 규정의 해석을 둘러싸고 견해가 나뉜다.

(가) 변론주의보충설: 이 설은 행정소송에도 변론주의가 원칙이나 행정소송의 특수성(국민의 권리구제와 행정의 적법성보장, 공공복리의 유지와 행정판결의 제3자효)에 따라 직권심리주의가 예외 내지 보충적으로 인정된 것에 불과하다고 한다. 즉, 변론주의를 보충하여 당사자가 제출한 증거에 의하여 충분한 심증을 얻을 수 없고, 공정·타당한 재판을 확보하기 위하여 필요하다고 인정하는 경우에 직권으로 증거를 조사할 수 있다고 한다.

(나) 직권탐지주의설: 이 설은 보충적 증거조사뿐만 아니라 나아가 당사자가 주장하지 아니한 사실에 대해서도 직권으로 이를 탐지하여 재판의 자료로 삼을 수 있다고 한다. 그 논거로, 행정법관계는 사적 자치의 원칙이 타당하지 아니하고 강행법규가 일반적이며, 행정소송은 국민의 권리보호와 행정의 적정성보장을 목적으로 하며 공익에 영향을 미친다(행정판결의 제3자효)는 점에서 변론주의가 적용되는 민사소송의 경우와 다르다고 한다.

(다) 판 례: 판례는 직권탐지주의를 제한적으로 허용하여 변론주의를 보충한다는 의미로 보이며, 이는 일반적으로 변론주의보충설을 취하고 있는 것으로 볼 수 있다.

[판 례] 변론주의의 예외로서 직권주의 인정

"법원의 직권증거조사 및 직권탐지를 규정한 **「행정소송법」 제26조는 행정소송의 특수성에서 연유하는 당사자주의, 변론주의의 일부 예외 규정으로서**, 법원으로서는 기록상 현출되어 있는 사항에 관하여 직권으로 증거조사를 하고 이를 기초로 하여 판단할 수 있는 것이며, 그 경우 당초의 처분사유와 기본적 사실관계에 있어서 동일성이 인정되는 한도 내에서만 새로운 처분사유를 인정하여 행정처분의 정당성 여부를 판단하는 것이 허용된다."(대판 2011.01.13. 2010두21310, 국가유공자등록거부처분취소 등)

"행정소송에 있어서도 불고불리의 원칙이 적용되어 법원은 당사자가 청구한 범위를 넘어서까지 판결을 할 수는 없지만, 당사자의 청구의 범위 내에서 일건 기록상 현출되어 있는 사항에 관하여 직권으로 증거조사를 하고 이를 기초로 하여 당사자가 주장하지 아니한 사실에 관하여도 판단할 수 있다."(대판 1999.5.25. 99두1052, 종합토지세등부과처분취소 등)

"행정소송에서 기록상 자료가 나타나 있다면 당사자가 주장하지 않았더라도 판단할 수 있고, 당사자가 제출한 소송자료에 의하여 법원이 처분의 적법 여부에 관한 합리적인 의심을 품을 수 있음에도 **단지 구체적 사실에 관한 주장을 하지 아니하였다는 이유만으로 당사자에게 석명을 하거나 직권으로 심리·판단하지 아니함으로써** 구체적 타당성이 없는 판결을 하는 것은 **행정소송법 제26조의 규정과 행정소송의 특수성에 반하므로** 허용될 수 없다."(대판 2006.9.22. 2006두7430; 대판 2010.2.11. 2009두18035 등).

(라) 결 어: 공익적 성질을 가진다고 할 수 있는 소송요건에 대해서는 직권탐지주의가 적용된다고 할 수 있다. 그러나 본안에서 이 규정은 행정소송의 특수성에 연유하여 변론주의를 보완하기 위한 예외조항으로서, 법원이 필요하다고 인정할 경우에 보충적으로 직권조사를 할 수 있음을 허용한 규정이라고 보아야 할 것이다(변론주의보충설). 따라서 법원이 직권으로 증거를 조사하여야 한다거나 아무런 제한 없이 당사자가 주장하지 아니한 사실을 판단할 수 있다는 의미는 아니고, 직권심리는 기록에 나타난 자료에 의하여 판단이 가능한 경우(당초 처분사유와 기본적 동일성이 인정되는 경우)에 한정되는 것으로 보아야 한다. 즉, 법원은 당사자가 주장하지 아니한 사실이라도 **기록에 나타난 자료에 관하여** 직권으로 증거조사를 하고 이를 기초로 판단할 수 있으나, 당초 처분사유와 **기본적 사실관계의 동일성이 인정되는 한도** 내에서만 새로운 처분사유를 인정하여 해당 처분의 위법여부를 판단하여야 한다.

2) **행정심판기록 제출명령**: 법원은 당사자의 신청이 있을 때에는 결정으로써 재결청에 대하여 행정심판에 관한 기록의 제출을 명할 수 있고, 이 제출명령을 받은 재결청은 지체없이 해당 행정심판에 관한 기록을 법원에 제출하여야 한다(동법 25).

이는 원고의 지위보장을 위한 것이다. 행정심판기록이란 심판청구서・답변서・재결서・행정심판위원회의 회의록 기타 행정심판위원회에서의 심리를 위하여 제출된 모든 증거와 그 밖의 자료를 포괄한다.

5. 주장책임과 입증책임

(1) 주장책임(主張責任)

1) **의 의**: 주장책임이란 변론주의 하에서 당사자가 자기에게 유리한 주요사실을 주장하지 않음으로써 받게 되는 불이익 내지 부담을 말한다. 변론주의 하에서 법원은 당사자가 주장하지 아니한 주요사실을 판결의 기초로 삼을 수 없기 때문에, 주요사실에 관한 주장이 변론에서 나타나지 않으면 주장책임이 있는 당사자가 불리한 판결을 받게 된다. 즉, 주요사실에 관한 주장이 있어야만 비로소 다음 단계로 입증책임의 문제까지 발전하게 된다. 따라서 시간적으로 먼저 주요 사실에 대한 주장이 있고 그 다음에 그 주요사실의 존부에 관한 입증이 있게 된다. 그런데 증명을 필요로 하지 않는 사실(예컨대, 자백, 공지의 사실, 현저한 사실)에 관해서는 입증책임의 문제가 발생하지 아니하므로 주장책임이 있는 곳에 입증책임이 언제나 따라오는 것은 아니다.

또한 주장책임은 변론주의를 전제로 하는 것이므로, 당사자의 주장유무에 불구하고 법원이 증거자료에 의하여 인정되는 사실을 재판의 기초로 할 수 있는 직권탐지주의 하에서는 입증책임 이외에 주장책임은 문제되지 않는다. 그런데 행정소송법 제26조(직권심리)는 변론주의에 대한 예외적・보충적 규정에 불과하다고 할 것이므로, 직권조사사항을 제외하고는 그 취소를 구하는 자가 위법사유에 해당하는 구체적인 사실을 먼저 주장하여야 한다(판례).

[판 례] 취소를 구하는 자의 주장책임

"행정소송에 있어서 특별한 사정이 있는 경우를 제외하면 당해 행정처분의 적법성에 관하여는 행정청이 이를 주장·입증하여야 할 것이나 행정소송에 있어서 직권주의가 가미되어 있다고 하더라도 여전히 변론주의를 기본구조로 하는 이상 행정처분의 위법을 들어 그 취소를 청구함에 있어서는 **직권조사사항을 제외하고는 그 취소를 구하는 자가 위법사유에 해당하는 구체적 사실을 먼저 주장하여야** 한다."(대판 2001.1.16. 99두8107, 법인세등부과처분취소; 대판 1995.7.28. 94누12807, 소득세부과처분취소 등)

2) **주장책임의 분배:** 주장책임의 분배란 법원이 판단하는 주요사실을 당사자가 주장하지 아니함으로 인한 불이익 내지 부담을 어느 당사자에게 귀속시킬 것인가를 정하는 것을 말한다. 주장책임의 분배문제는 입증책임의 분배문제와 연동하는 것인지의 여부와 관련하여 견해가 나뉘고 있다. 즉, ① 주장책임의 분배문제를 입증책임의 분배문제와 연계시켜 주요사실에 관한 입증책임을 지는 자가 주장책임을 부담한다는 견해(**입증책임연계설**)와, ② 자기에게 유리한 사실을 주장하지 아니하여 받는 불이익과 주요사실의 존부·진위가 확정되지 않은 경우에 받게 되는 불이익은 항상 동일한 기준에 의해야 하는 것은 아니기 때문에, 취소소송의 특성을 고려하여 입증책임과는 별도로 주장책임의 분배문제가 결정되어야 한다는 견해(**입증책임연계부정설**)가 그것이다.

생각건대, 주장책임의 분배문제는 원칙적으로 주요사실에 대하여 입증책임을 부담하는 자가 부담하므로, 주장책임의 분배는 원칙적으로 입증책임의 분배와 일치한다고 볼 것이다(**입증책임연계설**). 행정소송법은 변론주의를 취하고 있으나 예외적으로 법원이 당사자가 주장하지 아니한 사실에 대하여도 판단할 수 있도록 하였으므로(직권탐지주의) 그러한 한도 내에서 주장책임이 완화된다고 할 것이다.

(2) 입증책임(立證責任)

1) **의 의:** 입증책임이란 소송상 일정한 사실의 존부가 확정되지 아니한 경우에 불리한 법적 판단을 받게 되는 일방의 당사자의 불이익 내지 위험을 말한다. 입증책임은 변론주의가 지배하는 절차에 한정되는 문제는 아니며, 일정 사실의 진위불명이 예상되는 한 직권탐지주의 하에서도 문제된다.

[판 례] 증명의 정도

"민사소송이나 행정소송에서 사실의 증명은 추호의 의혹도 없어야 한다는 자연과학적 증명이 아니고, 특별한 사정이 없는 한 **경험칙에 비추어 모든 증거를 종합적으로 검토하여 볼 때 어떤 사실이 있었다는 점을 시인할 수 있는 고도의 개연성을 증명하는 것**이면 충분하다."(대판 2010.10.28. 2008다6755 등)

2) **입증책임의 분배:** 입증책임의 분배란 일정 사실의 진위에 대하여 어느 쪽의 당사자가 입증책임을 져야하는 가를 정하는 것을 말한다. 입증책임의 분배에 관하여 행정소송법에 명문규정이 없기 때문에 종래부터 견해의 대립이 있다.

(가) 원고책임설: 원고책임설(적법성추정설)은 행정행위에는 공정력이 있어 적법의 추정을

받는 것이므로, 행정행위의 위법을 주장하는 원고가 그 위법사유에 대한 입증책임을 진다는 설이다. 그러나 공정력은 실체법적인 적법성의 추정이 아니라 잠정적 통용력에 불과하여 입증책임의 문제와 직접 관계가 없고, 소송단계에서 적법성을 추정한다는 것은 행정권을 부당하게 보호함으로써 대립당사자의 실질적 평등과 정의에 바탕을 둔 입증책임과 모순된다는 비판을 받는다.

(나) 피고책임설: 피고책임설은 법치행정의 원리에서 보아 행정청은 행정행위의 적법성을 스스로 담보하여야 하므로 그가 행한 행정행위의 적법사유에 대하여 언제나 입증책임을 진다고 본다. 그러나 형벌권의 발동과 달리 행정처분 중에는 침해적 처분 외에도 수익적 처분도 포함되어 있으며, 소송에서 행정청과 국민은 대등한 지위에 있다고 할 것이므로 이 견해는 입증책임 공평의 원칙상 부당하다는 비판을 받는다.

(다) 입증책임분배설(법률요건분류설, 일반원칙설): 이 설은 소송에서 당사자의 지위는 대등한 것이므로 항고소송에서도 민사소송의 일반원칙에 따라 입증책임을 분배하여야 한다는 견해이다(통설). 그리하여 처분근거인 행정법규는 행정청의 권한행사의 요건을 규정하고 있는데, 각 당사자는 자기에게 유리한 법률효과의 발생을 정하는 규정의 요건사실에 관하여 입장책임을 진다고 한다. 즉, 행정청의 권한행사규정(…한 때에는…의 처분을 한다)에서는 처분권한의 행사를 주장하는 자(적극적 처분에 대하여는 행정청, 소극적 처분(거부처분)에 대하여는 원고)가, 행정청의 권한불행사규정(…한 때에는…의 처분을 하여서는 아니 된다)에서는 처분권한의 불행사를 주장하는 자(적극적 처분에 대하여는 원고, 소극적 처분에 대하여는 행정청)가 각각 요건사실에 관한 입증책임을 진다고 한다. 그러나 행정법규는 민사법과 달리 재판규범으로서 보다는 행위규범으로서의 성격이 강하고 공권력행사는 권력복종관계이지 권리의무관계가 아니라는 점에서 민사소송의 배분원리를 바로 적용할 수 없다는 비판이 있다.

(라) 특수성인정설(행소법 독자분배설): 특수성인정설은 행정소송과 민사소송의 목적과 성질의 차이, 행위규범과 재판규범과의 차이 등을 이유로 독자적으로 정해야 한다고 한다. 즉, 민사법은 재판규범으로서의 성질을 가지나, 행정실체법은 공익과 사익의 조정을 내용으로 하며 행위규범으로서의 성질을 가지기 때문에 당사자간의 공평, 사안의 성질, 입증의 난이 등에 의하여 구체적인 사안에 따라 입증책임을 정해야 한다고 한다.[25] 그리하여 침익적 처분의 소송에는 피고가, 권리이익의 확장의 소송에는 원고가, 재량권의 일탈·남용에 대한 소송에는 원고가 입증책임을 진다고 한다. 그러나 입증책임분배의 기준은 구체적 사안에 따라 정할 수 있는 것이 아니고 사전에 일의적으로 설정되어야 하며, 자유제한과 권리부여의 구별이 명확하지 않고 복효적 행정행위에 대한 적용에 문제가 있다는 비판이 있다.

(마) 판 례: 초기 판례는 원고책임설을 취하였으나(판례1), 그 후 입증책임분배설의 입장을 취하고 있는 것으로 보인다(판례2).

---

25) 김남진·김연태(Ⅰ), 753면.

[판례 1] 원고책임설 입장의 초기 판례

"행정처분의 취소를 구하는 소송에 있어서는 **원고는 그 처분에 대한 위법된 구체적인 사실을 주장입증하여야** 할 것이고 행정소송에 있어서 직권주의가 가미되었다고 하여서 위의 입증책임이 전도되는 것이 아니다."(대판 1962.11.1. 62누157, 건물철거계고처분취소)

[판례 2] 입증책임분배설 입장의 판례

"민사소송법의 규정이 준용되는 행정소송에 있어서 입증책임은 원칙적으로 **민사소송의 일반원칙에 따라 당사자간에 분배되고 항고소송의 경우에는 그 특성에 따라 당해 처분의 적법을 주장하는 피고에게 그 적법사유에 대한 입증책임이 있다** 할 것인바 피고가 주장하는 당해 처분의 적법성이 합리적으로 수긍할 수 있는 일응의 입증이 있는 경우에는 그 처분은 정당하다 할 것이며 이와 상반되는 주장과 입증은 그 상대방인 원고에게 그 책임이 돌아간다고 할 것이다."(대판 1984.7.24. 84누124; 대판 2016.10.27. 2015두42817))

(바) 결 어: 구체적 내용에 있어서는 입증책임분배설과 특수성인정설의 뚜렷한 차이를 발견하기 어려우나 일단 행정소송은 민사소송과 기반을 달리한다는 점에서, 구체적 사안에 따라 당사자의 공평을 고려하여 정한다는 특수성인정설이 타당하다. 그러나 행정소송도 원칙적으로 변론주의가 적용되고 입증책임분배의 문제는 재판에 의한 정의실현과 당사자 평등을 도모하는 데 있다는 점을 고려하여, 입증책임분배설을 보충하는 방식이 타당하다.

3) 구체적 검토

(가) 소송요건: 소송요건사실에 관해서는 법원의 직권조사사항이지만 그 존부가 불명일 때에는 원고의 불이익으로 판단되므로 원고가 입증책임을 부담한다.

(나) 침익적 처분의 요건사실: 국민의 권리와 자유를 제한·박탈하는 행정행위(경찰허가의 취소처분·거부처분)의 취소소송에서는 피고인 행정청이 해당 행위의 적법성을 입증할 책임이 있다.

(다) 수익적 처분의 요건사실: 국민이 자기의 권리·이익영역의 확장을 소구(訴求)하는 소송에서는 원고가 거부처분의 위법성을 입증할 책임이 있다.

(라) 재량권의 일탈·남용: 재량권의 일탈·남용을 이유로 한 취소소송에서는 재량권행사의 위법사유에 대해 원칙적으로 원고에게 입증책임이 있다(판례). 그런데 재량처분의 성질도 다양하므로, 침익적 성질의 재량처분의 경우 또는 전문·기술적 판단이 전제되는 재량처분에서는 입증의 난이·증거와의 거리 등을 고려하여 예외가 인정되어야 할 것이다(피고의 책임).

[판 례] 재량권의 한계일탈은 원고의 입증책임

"자유재량에 의한 행정처분이 그 재량권의 한계를 벗어난 것이어서 위법하다는 점은 그 행정처분의 효력을 다투는 자가 이를 주장·입증하여야 하고 처분청이 그 재량권의 행사가 정당한 것이었다는 점까지 주장·입증할 필요는 없다."(대판 1987.12.8. 87누861; 대판 2016.10.27. 2015두41579)

(마) 재 결: 재결은 원래 소송 이전에 위법한 처분을 다투는 자의 신속한 분쟁해결을 위한 절차라 할 수 있으므로, 원고가 재결자체의 고유한 위법사유에 대한 입증책임이 있다.

Ⅷ. 소송의 판결

1. 판결의 의의

재판이란 구체적인 쟁송을 해결하기 위하여 행하여지는 사법기관인 법관에 의한 공권적인 법적 판단의 표시를 말한다. 재판은 그 형식에 따라 판결 · 결정 · 명령으로 나뉘는바,[26] **판결**이란 법원이 소송의 대상인 구체적 쟁송을 해결하기 위하여 무엇이 법인지를 판단하여 선언하는 행위를 말한다.

2. 위법판단의 기준시

행정법규는 항상 변하고 그 적용대상의 상태도 변하는 까닭에 항고소송의 대상인 처분 등의 적법성을 어느 시점의 법규와 상태를 기준으로 판단할 것인지가 문제되는 바, 이에 관하여는 처분시설과 판결시설이 대립되고 있다.

(1) 처분시설

이는 행정소송에서 해당 처분 등의 위법 여부의 판단은 행위시의 법령 및 상태를 기준으로 하여야 한다는 견해이다. 이 설은 항고소송의 본질은 처분 등에 대한 사법적 사후심사이며, 판결시를 기준으로 하면 법원에 대해 행정감독적 기능을 인정하게 되어 부당하다는 것이다.

(2) 판결시설

이 설은 취소소송의 목적은 계쟁처분의 효력을 현재 유지할 것인가의 여부를 결정하는데 있다고 보고, 처분의 취소여부는 판결시(변론종결시)를 기준으로 하여 판단하여야 한다고 본다.

(3) 절충설

원칙적으로 처분시설을 취하면서, 예외적으로 계속적 효력을 가진 처분이나 미집행의 처분(집행되지 않은 철거명령) 및 거부처분취소소송의 경우에는 판결시설을 취한다.[27]

(4) 판 례

판례는 처분시설을 취한다. 다만, 제재처분은 위법행위 시점의 법령과 사실관계에 따른다.

[판 례] 처분의 위법여부는 처분시의 법령과 사실상태를 기준으로 판단

"행정소송에서 행정처분의 위법 여부는 행정처분이 행하여졌을 때의 법령과 사실 상태를 기준으로 하여 판단하여야 하고, 처분 후 법령의 개폐나 사실상태의 변동에 의하여 영향을 받지는 않으므로, 난민 인정 거부처분의 취소를

---

26) ① **판결**은 기각 · 인용 등 실체적 재판으로 법원의 종국재판의 형식이며 필요적 변론으로 그 불복은 항소와 상고인데 대하여, ② **결정**은 집행정지결정 · 증거신청결정 · 기피신청결정 · 항고기각결정 등 법원의 절차적 재판의 형식이고 변론을 거치지 않고 할 수 있으며(임의적 변론) 그 불복은 항고 · 재항고 이고, ③ **명령**은 구속영장발부명령 · 법정에서의 퇴정명령 등 법원이 아니라 재판장 · 수명법관 등 개별법관이 행하며 임의적 변론으로 그 불복은 준항고 · 이의신청이라는 점 등에서 구별된다.

27) 정하중 · 김광수(개론), 783면.

구하는 취소소송에서도 그 거부처분을 한 후 국적국의 정치적 상황이 변화하였다고 하여 처분의 적법 여부가 달라지는 것은 아니다."(대판 2008.7.24. 2007두3930, 난민인정불허가결정취소; 대판 2007.5.11. 2007두1811, 공사중지명령처분취소)

"항고소송에 있어서 행정처분의 적법 여부는 특별한 사정이 없는 한 그 **행정처분 당시를 기준으로 하여 판단**하여야 할 것이나, 여기서 행정처분의 위법 여부를 판단하는 기준 시점에 대하여 판결 시가 아니라 처분 시라고 하는 의미는 **행정처분이 있을 때의 법령과 사실상태를 기준으로 하여 위법 여부를 판단할 것이며 처분 후 법령의 개폐나 사실상태의 변동에 영향을 받지 않는다는 뜻**이지 처분 당시 존재하였던 자료나 행정청에 제출되었던 자료만으로 위법 여부를 판단한다는 의미는 아니므로, **처분 당시의 사실상태 등에 대한 입증은 사실심 변론종결 당시까지 할 수 있고**, 법원은 행정처분 당시 행정청이 알고 있었던 자료뿐만 아니라 **사실심 변론종결 당시까지 제출된 모든 자료를 종합하여 처분 당시 존재하였던 객관적 사실을 확정하고 그 사실에 기초하여 처분의 위법 여부를 판단**할 수 있다."(대판 1995.11.10. 95누8461; 대판 2012.12.13. 2011두21218, 조합설립무효확인등)

"행정처분의 적법 여부는 그 행정처분이 행하여진 때의 법령과 사실을 기준으로 하여 판단하는 것이 원칙이나, **제재적 행정처분의 경우에는 위법 행위 시점의 법령과 사실관계에 따라** 행정처분의 적법 여부를 판단하여야 한다."(대판 1987.1.20. 86누63).

(5) 결 어

행정법질서의 제1차적 형성권은 원칙적으로 행정권에 전속되며, 법원은 처분의 적법성을 사후심리하는 것이므로 처분시설이 타당하다. 다만, 사정판결 및 부작위위법확인소송은 아무런 처분도 전제되지 않는 소송이므로 판결시설이 타당하다.

3. 판결의 종류

(1) 중간판결과 종국판결

중간판결은 종국판결을 할 준비로서 소송진행중에 생긴 개개의 쟁점을 해결하기 위한 확인적 성질의 판결을 말하며, 종국판결은 행정소송의 전부나 일부를 종료시키는 판결을 말한다.

(2) 소송판결과 본안판결

소송판결은 소송의 적부(適否)에 대한 판결로서 요건심리의 결과 당해 행정소송을 부적법한 것이라 하여 각하(却下)하는 판결이다(**각하판결**). 소송판결은 본안심리를 거부하는 판결이므로 계쟁처분의 효과를 확정하는 효력이 없다. 따라서 원고는 결여된 요건을 보완하여 다시 소를 제기할 수 있다. 본안판결(本案判決)은 청구의 당부(當否)에 대한 판결로서 본안심리의 결과 청구의 전부 또는 일부를 인용하거나 기각함을 내용으로 하는 것이다.

(3) 기각판결(棄却判決)

기각판결은 본안심리의 결과 원고의 청구가 이유 없다고 하여 배척하는 내용의 판결이다. 이것은 계쟁처분 등이 적법하거나 부당에 그치거나, 그 밖에 법률상 이익이 없다고 인정되는 경우에 행한다. 다만 청구에 이유가 있는 경우에도 예외적인 경우에 기각판결을 할 수 있는 바, 다음의 사정판결이 그것이다.

(4) 사정판결(事情判決)

1) 의 의: 사정판결은 기각판결의 일종으로서, 원고의 청구에 이유있다고 인정하는 경우에도(처분 등의 위법인 경우) 당해 처분 등을 취소·변경함이 현저하게 공공복리에 적합하지 아니하다고 인정하여 이유 있는 원고의 청구를 기각하는 판결을 말한다(행정소송법 28①).

2) 근 거: 위법한 처분 등을 취소로 일관하면 계쟁처분을 바탕으로 하여 이미 성립된 법률적·사실적인 사회관계가 그 기초를 상실하고 전복하게 됨으로써 공공복리에 크게 어긋나는 사태가 발생할 우려가 있다(예; 위법한 토지수용에 의한 댐건설 등). 반면에 사인에 대한 구제는 반드시 해당 처분 등의 취소만으로 이루어질 수 있는 것은 아니고 손해배상·제해시설의 설치 등의 방법으로도 이루어질 수 있다. 따라서 사정판결은 사익보호를 염두에 두면서도 보다 현저한 공익의 보장을 도모하기 위하여 인정된 제도이다. 그러나 이 제도는 법치행정의 원리 및 재판을 통한 개인의 권익보장이라는 헌법이념에 충실하지 못한 것이라는 비난을 면키 어렵다.

3) 요 건: 사정판결은 기성의 공공복리상태를 유지하기 위한 예외적인 것이므로 그 요건은 매우 엄격하고 제한적으로 해석하여야 할 것이다.

(가) 처분의 취소·변경에 관한 취소소송일 것: 당연 무효인 처분은 존치시킬 효력 있는 행위 자체가 없으므로 사정판결의 대상이 인정될 수 없다(대판 1996.3.22. 95누5509 등).

(나) 원고의 청구가 이유 있을 것: 사정판결은 본안판결이므로 적법한 소제기에 의한 계쟁처분이 위법한 경우이다.

(다) 처분을 취소하는 것이 현저히 공공복리에 적합하지 아니할 것: 공공복리의 판단은 공익과 사익을 비교형량 하여, 사익을 희생시키지 않으면 안 될 정도의 필요불가결의 공공복리상의 요청 또는 사정판결 이외의 방법에 의한 해결이 불가능한 경우라야 한다(판례). 공공복리란 반드시 적극적 조장행정 분야만을 가리키는 것은 아니고 질서유지의 개념도 포함되는 넓은 개념이지만, 일개인의 사익이나 특수한 부분사회의 이익은 아니며, 일반권력관계에서 형성되고 일반국민이 기대할 수 있는 공익을 의미한다.

[판 례] 사정판결 요건판단의 방법·기준

"**사정판결은 행정처분이 위법함에도 불구하고 이를 취소·변경하게 되면 그것이 도리어 현저히 공공의 복리에 적합하지 않은 경우에 극히 예외적으로 할 수 있는 것이므로, 그 요건에 해당하는지 여부는 위법·부당한 행정처분을 취소·변경하여야 할 필요와 그 취소·변경으로 발생할 수 있는 공공복리에 반하는 사태 등을 비교·교량하여 엄격하게 판단하되**(대법원 2009. 12. 10. 선고 2009두8359 판결 참조), ① 해당 처분에 이르기까지의 경과 및 처분 상대방의 관여 정도, ② 위법사유의 내용과 발생원인 및 전체 처분에서 위법사유가 관련된 부분이 차지하는 비중, ③ 해당 처분을 취소할 경우 예상되는 결과, 특히 해당 처분을 기초로 새로운 법률관계나 사실상태가 형성되어 다수 이해관계인의 신뢰 보호 등 처분의 효력을 존속시킬 공익적 필요성이 있는지 여부 및 그 정도, ④ 해당 처분의 위법으로 인해 처분 상대방이 입게 된 손해 등 권익 침해의 내용, ⑤ 행정청의 보완조치 등으로 위법상태의 해소 및 처분 상대방의 피해 전보가 가능한지 여부, ⑥ 해당 처분 이후 처분청이 위법상태의 해소를 위해 취한 조치 및 적극성의 정도와 처분 상대방의 태도 등 제반 사정을 종합적으로 고려하여야 한다."(대판 2016.07.14. 2015두4167 등)

(라) 피고인 행정청의 신청여부: 사정판결은 피고인 행정청의 신청(주장) 없이도 가능한지에 대하여, ① 행정소송법 제26조(직권심리)와 제28조(사정판결)를 근거로 행정청의 신청이 없더라도 가능하다는 신청불필요설(부정설)과, ② 행정소송의 변론주의 원칙상 당사자의 주장이 없으면 아니 된다는 신청필요설(긍정설)이 대립한다. **판례**는 법원이 직권으로 사정판결여부를 결정할 수 있다고 하여 신청불필요설을 취하고 있다(판례). 생각건대, 사정판결에 관한 제28조 규정의 해석상 행정청의 신청 없이도 가능하다 하겠으나, 사정판결은 법치주의의 예외라는 점에서 신중한 결정이 요구된다.

[판 례] 법원의 직권으로 사정판결여부 결정가능

"행정소송법 제26조, 제28조 제1항 전단의 각 규정에 비추어 보면, 법원은 행정소송에 있어서 행정처분이 위법하여 운전자의 청구가 이유 있다고 인정하는 경우에도 그 처분 등을 취소하는 것이 현저히 공공복리에 적합하지 아니하다고 인정하는 때에는 원고의 청구를 기각하는 사정판결을 할 수 있고, 이러한 **사정판결을 할 필요가 있다고 인정하는 때에는 당사자의 명백한 주장이 없는 경우에도 일건 기록에 나타난 사실을 기초로 하여 직권으로 사정판결을 할 수 있다**."(대판 1995.7.28. 95누4629 등)

4) 적 용

(가) 위법인정 기준시: 사정판결의 필요성은 처분 후의 사정이 고려되어야 할 것이므로 변론종결시를 기준으로 판단하여야 한다.

(나) 주장 · 입증책임: 사정판결의 필요성을 주장하는 피고인 행정청이 부담한다.

5) 효 과

(가) 청구기각: 처분이 위법함에도 불구하고 기각된다. 이 경우 해당 처분 등은 그 위법성이 치유되어 적법하게 되는 것이 아니라, 공공복리를 위하여 위법성을 가진 채로 그 효력을 지속하는데 불과하다.

(나) 위법선언: 사정판결을 하는 경우 법원은 판결주문(判決主文)에서 그 처분이나 재결이 위법함을 명시하여야 한다(동법 28① 후단). 따라서 위법판결에 대한 기판력이 발생한다. 위법명시는 원고에게 다른 방법에 의한 구제를 가능케 하기 위한 것이다.

(다) 원고의 권익구제: 원고는 피고인 행정청이 속하는 국가 또는 공공단체를 상대로 손해배상 · 제해시설(除害施設)의 설치 그 밖에 적당한 구제방법의 청구를 당해 취소소송 등이 계속된 법원에 병합하여 제기할 수 있다(동조③). 이는 사정판결이 계쟁처분(係爭處分) 등의 효력지속만을 인정한 것이지 권익침해의 위법성을 제거시키는 것은 아니기 때문이다.

(라) 비용부담: 사정판결은 원고의 청구가 이유 있음에도 불구하고 청구를 기각하는 것이므로 일반적인 소송비용부담의 경우와는 달리 피고인 행정청이 부담한다(동법 32).

[판 례] 사정판결에 따른 법원의 조치

"사정판결은 처분이 위법하나 공익상 필요 등을 고려하여 취소하지 아니하는 것일 뿐 처분이 적법하다고 인정하는 것은 아니므로, 사정판결의 요건을 갖추었다고 판단되는 경우 법원으로서는 행정소송법 제28조 제2항에 따라 **원고**

> **가 입게 될 손해의 정도와 배상방법, 그 밖의 사정에 관하여 심리하여야 하고,** 이 경우 원고는 행정소송법 제28조 제3항에 따라 손해배상, 제해시설의 설치 그 밖에 **적당한 구제방법의 청구를 병합하여 제기할 수 있으므로, 당사자가 이를 간과하였음이 분명하다면 적절하게 석명권을 행사하여 그에 관한 의견을 진술할 수 있는 기회를 주어야 한다."** (대판 2016.7.14. 2015두4167)

(5) 인용판결(認容判決)

1) 의의 및 종류: 인용판결은 원고의 주장이 이유 있다고 인정하여 그 청구의 전부 또는 일부를 인용하는 판결이다. 인용판결은 그 내용에 따라, ① 일정한 법률관계나 법률사실의 존부를 확정하는 **확인판결**, ② 일정한 법률관계를 새로이 형성·변경·소멸시킴을 내용으로 하는 **형성판결** 및 ③ 행정청에 일정한 행위를 할 것을 명하는 **이행명령판결**로 나뉘어진다.

2) 변경의 의미: 형성판결은 법률관계를 창설하거나 기존법률관계를 적극적으로 변경하는 것을 내용으로 하는 적극적 형성판결과 기존 법률관계의 전부 또는 일부를 취소함에 그치는 소극적 형성판결로 나눌 수 있는 바, '행정청의 위법한 처분 등을 취소 또는 변경하는 소송'이라는 행정소송법 제4조 제1호의「변경」해석을 둘러싸고 견해가 대립하고 있다. 즉, ① 현행 행정소송법이 의무이행소송을 규정하고 있지 않다는 점을 고려하여 일부취소를 할 수 있을 뿐이라는 **소극적 변경설**(다수설)과, ② 실질적 권력분립원칙에 따라 법원이 원처분에 갈음하여 새로운 처분으로 대체하는 판결을 할 수 있다는 **적극적 변경설**[28]이 있다. 판례는 소극적 변경설을 취한다.

생각건대 권력분립주의를 실질적·기능적으로 이해할 때 적극적 변경으로 봄이 타당하다.

3) 일부취소의 가능성: 청구의 일부에만 위법이 있는 경우 그 일부만의 취소가 가능한지 문제된다.

(가) 일부취소가 가능한 경우: 일부취소가 가능하려면, ① 일부취소가 청구취지에 반하지 않고, ② 행정처분이 가분성이 있어 분리가능하거나, ③ 처분대상의 일부가 특정될 수 있어야 한다.

[판 례] 일부취소가 가능하다는 판례

> **"외형상 하나의 행정처분이라 하더라도 가분성이 있거나 그 처분대상의 일부가 특정될 수 있다면 그 일부만의 취소도 가능**하고 그 일부의 취소는 당해 취소부분에 관하여 효력이 생긴다고 할 것인바, 이는 한 사람이 여러 종류의 자동차 운전면허를 취득한 경우 그 각 운전면허를 취소하거나 그 운전면허의 효력을 정지함에 있어서도 마찬가지이다."(제1종 보통·대형 및 특수면허가 있는 원고가 특수면허인 레이카크레인의 음주운전으로 인한 교통사고로 운전면허 전부를 취소당한 사건에서, 레이카크레인은 제1종 보통면허나 대형면허로는 운전할 수 없는 것이므로 이 사건과는 관계없어 특수면허만이 취소사유가 될 수 있다는 판결; 대판 1995.11.16. 95누8850, 자동차운전면허취소처분취소)
>
> "법원이 행정청의 정보공개거부처분의 위법 여부를 심리한 결과 공개를 거부한 정보에 비공개대상정보에 해당하는 부분과 공개가 가능한 부분이 혼합되어 있고 **공개청구의 취지에 어긋나지 아니하는 범위 안에서 두 부분을 분리할 수 있음을 인정할 수 있을 때에는, 위 정보 중 공개가 가능한 부분을 특정하고 판결의 주문에 행정청의 위 거부처분 중 공개가 가능한 정보에 관한 부분만을 취소한다고 표시하여야 한다."**(대판 2003.3.11. 2001두6425, 행정정보비공개결정처분취소)

28) 홍정선(상), 1194면.

(나) 일부취소가 부인되는 경우: 재량행위인 경우에는 처분청의 재량권을 존중하여 전부 취소를 하고 처분청이 재량권을 행사하도록 한다.

[판 례] 일부취소가 불가하다는 판례

"처분을 할 것인지 여부와 처분의 정도에 관하여 재량이 인정되는 과징금 납부명령에 대하여 그 명령이 **재량권을 일탈하였을 경우, 법원으로서는 재량권의 일탈 여부만 판단할 수 있을 뿐이지 재량권의 범위 내에서 어느 정도가 적정한 것인지에 관하여는 판단할 수 없어 그 전부를 취소할 수밖에 없고,** 법원이 적정하다고 인정하는 부분을 초과한 부분만 취소할 수는 없다."(대판 2009.6.23. 2007두18062, 시정명령등취소)

"자동차운수사업면허조건 등을 위반한 사업자에 대하여 행정청이 행정제재수단으로 사업 정지를 명할 것인지, 과징금을 부과할 것인지, 과징금을 부과키로 한다면 그 금액은 얼마로 할 것인지에 관하여 **재량권이 부여되었다 할 것이므로 과징금 부과처분이 법이 정한 한도액을 초과하여 위법할 경우 법원으로서는 그 전부를 취소할 수 밖에 없고, 그 한도액을 초과한 부분이나 법원이 적정하다고 인정되는 부분을 초과한 부분만을 취소할 수 없다.**"(대판 1998.4.10. 98두2270, 과징금부과처분취소)

4. 판결의 효력

판결의 효력은 선고로 발생한다(행정소송법 8②, 민사소송법 205). 행정소송법은 취소소송의 판결의 효력에 제3자에 대한 효력(동법 29①)과 기속력(동법 30)에 대해서만 명시적으로 규정하고 있을 뿐이다. 그러나 행정소송도 재판인 이상 그 밖에 선고법원에 대한 불가변력(자박력), 소송당사자에 대한 불가쟁력과 소송당사자와 법원에 대한 구속력(기판력) 및 형성력 등의 효력이 인정된다고 할 것이다.

(1) 자박력(自縛力)

자박력이란 판결이 선고되면 선고법원 자신도 이에 구속되어 스스로 판결을 철회하거나 변경할 수 없는 기속을 받게 되는 것을 말하며, 선고법원에 대한 구속력으로서 불가변력이라고도 한다. 다만, 판결의 제목이나 내용에 명백한 오류(오기, 오산 등)가 있는 경우에는 법원은 직권 또는 당사자의 신청에 의하여 결정을 통하여 정정할 수 있다(민사소송법 211).

(2) 형식적 확정력(불가쟁력)

형식적 확정력이란 판결에 불복이 있는 자가 더 이상 상소로써 다툴 수 없는 판결의 구속력을 말하며, 불가쟁력이라고도 한다. 이는 상소의 포기, 상소기간의 도과(판결서 송달된 날부터 2주 이내, 민사소송법 396①), 심급의 완료 등의 사유로 발생한다. 그러나 당사자가 책임질 수 없는 사유로 인하여 상소기간을 경과하거나 상소의 추완이 인정되는 경우 및 재심이 인정되는 경우에는 이 효력이 배제된다.

(3) 기판력(실질적 확정력)

1) 의 의: 기판력(旣判力)이란 후소(後訴)의 법원에 대하여 동일한 사항에 대하여는 확정판결과 내용적으로 모순되는 판단을 못하도록 금함과 동시에, 동일 소송물에 대한 반복된 제소를

불허하는 확정판결의 효력을 말한다. 따라서 기판력은 당사자 및 법원에 대한 효력이다. 판결의 실질적 확정력이라고도 한다. 기판력은 소송절차의 무용한 반복을 방지함과 동시에 선후 모순된 재판의 출현을 방지함으로써 법적 안정성을 도모하려는 것이다. 기판력에 관해 행정소송법에 명시적 규정은 없으나 그 제8조 제2항의 준용규정에 따라 민사소송법상의 기판력 규정(216, 218)을 준용한다.

2) 범 위

(가) **주관적 범위**: 기판력은 후소법원과 당사자 및 이와 동일시 할 수 있는 자(변론종결 후의 승계인 등)에게만 미치며 제3자에게는 미치지 않는다. 이를 기판력의 상대성이라 한다. 또한 행정소송에서 보조참가는 공동소송적 보조참가이므로 보조참가인에게도 미친다. 다만, 항고소송의 피고는 권리주체 아닌 처분행정청인 것이므로, 기판력은 피고인 행정청이 속하는 국가나 공공단체에 미친다고 할 것이다.

(나) **객관적 범위**

(a) **의 의**: 기판력은 판결의 주문에 표시된 소송물에 관한 판단에만 미치고, 그 전제가 되는 판결이유인 개개의 위법사유의 판단에는 미치지 않는다. 판결이유는 다만 판결주문의 해석에 고려된다. 구체적인 경우에 나누어 살펴보면 다음과 같다.

(b) **청구인용판결**: 청구인용판결이 확정되면 해당 처분의 위법이 기판력에 의해 확정되므로, 원고나 피고 행정청 모두 그 처분이 유효하다고 주장할 수 없다. 그러나 행정청이 새로운 처분(전소 판결과 동일한 처분)을 하게 되면 그 처분은 종전 처분과 다른 별개의 처분이므로 종전 처분에 대한 기판력은 후의 새로운 처분에는 미치지 않는다. 다만 취소판결의 기속력에 의하여 취소판결의 내용에 저촉되는 처분을 할 수 없을 뿐이다(판례1,2,3).

[판례 1] 기판력의 범위

"**기판력이란 기판력 있는 전소 판결의 소송물과 동일한 후소를 허용하지 않음과 동시에, 후소의 소송물이 전소의 소송물과 동일하지는 않다고 하더라도 전소의 소송물에 관한 판단이 후소의 선결문제가 되거나 모순관계에 있을 때에는 후소에서 전소 판결의 판단과 다른 주장을 하는 것을 허용하지 않는 작용을 하는 것이다**(대법원 2002. 12. 27. 선고 2000다47361 판결 등 참조). 다만 이러한 **확정판결의 기판력은 소송물로 주장된 법률관계의 존부에 관한 판단의 결론에만 미치고 그 전제가 되는 법률관계의 존부에까지 미치는 것은 아니므로**, 예를 들어 매매계약의 무효 또는 해제를 원인으로 한 매매대금반환청구에 대한 판결의 기판력은 그 매매대금반환청구권의 존부에 관하여만 발생할 뿐, 그 전제가 되는 선결적 법률관계인 매매계약의 무효 또는 해제에까지 발생하는 것은 아니다(대법원 2005. 12. 23. 선고 2004다55698 판결 등 참조)."(대판 2013.11.28. 2013다19083)

[판례 2] 소송물을 달리하는 전소(前訴)의 확정판결은 후소(後訴)에 미치지 않음

"취소판결의 기판력은 소송물로 된 행정처분의 위법성 존부에 관한 판단 그 자체에만 미치는 것이므로 전소와 후소가 그 소송물을 달리하는 경우에는 전소 확정판결의 기판력이 후소에 미치지 아니한다."(대판 2009.1.15. 2006두14926 등)

[판례 3] 위법사유 보완하여 행한 새로운 처분은 기판력에 저촉되지 않음

"행정처분에 위법이 있어 행정처분을 취소하는 판결이 확정된 경우 그 확정판결의 기판력은 거기에 적시된 위법사유에 한하여 미치는 것이므로, 행정관청이 그 확정판결에 적시된 위법사유를 보완하여 행한 새로운 행정처분은 확정

판결에 의하여 취소된 종전의 처분과는 별개의 처분으로서 확정판결의 기판력에 저촉된다고 할 수 없다."(대판 1997.2.11. 96누13057 등)

(c) **청구기각판결**: 기각판결이 확정되면 그 처분이 적법하다는 기판력이 발생하므로, 소송물에 관한 통설인 위법성일반설에 의하는 한 원고는 설사 다른 사유라고 하더라도 그 처분의 위법을 주장할 수 없다.

(d) **청구각하판결**: 소송판결도 그 판결에서 확정한 소송요건의 흠결에 관하여 기판력이 발생한다. 다만, 소송요건의 흠결을 보완하여 다시 제기한 경우에는 기판력의 제한을 받지 아니한다(대판 1994.06.14. 93다45015; 대판 2003.04.08. 2002다70181).

(e) **무효등확인소송과의 관계**: 무효확인소송에서 본안패소의 판결이 확정되었더라도 이는 무효가 아니라는 점을 의미할 뿐이므로 취소소송에는 기판력이 미치지 아니하여, 다른 제요건을 갖추어 취소소송을 제기할 수 있다. 그러나 취소소송에서 본안패소의 판결이 확정된 경우에는 처분에 하자가 없음이 확정된 것이므로 그 기판력이 무효확인소송에도 미친다.

[판 례] 취소소송의 기각의 확정판결의 기판력은 무효확인소송에 미침

"과세처분 취소청구를 기각하는 판결이 확정되면 그 처분이 적법하다는 점에 관하여 기판력이 생기고 그 후 원고가 이를 무효라 하여 무효확인을 소구할 수 없는 것이어서 과세처분의 취소소송에서 청구가 기각된 확정판결의 기판력은 그 과세처분의 무효확인을 구하는 소송에도 미친다."(대판 2003.05.16. 2002두3669, 기본재산압류등기말소)

(f) **국가배상소송과의 관계**: 동일한 사유로 국가배상소송이 제기된 경우에 취소소송의 기판력이 후소인 국가배상소송에 미치는지에 대하여 **소극설**(기판력부정설)과 **적극설**(기판력긍정설) 및 **절충설**(제한적 긍정설)의 대립이 있다. 양 소송에 있어서 위법성의 개념은 동일하다고 할 것이므로(적극설) 기판력이 후소에도 미친다고 보는 적극설이 타당하다.

(다) 시간적 범위: 당사자는 사실심의 변론종결시까지 사실자료를 제출할 수 있기 때문에, 기판력은 사실심변론의 종결시를 표준으로 하여 발생한다(판례). 따라서 사실심변론종결 전의 다른 위법사유라 하더라도 소송물의 위법성일반설에 따라 기판력이 발생하나, 동일소송물이라 하더라도 사실심변론종결 후의 사정변경에 따라 발생한 위법사유에는 기판력이 미치지 않는다. 따라서 확정된 종국판결에 대하여 그 사실심변론종결 전의 위법사유를 들어 다시 제소할 수는 없으나 사실심변론종결 후에 발생한 위법사유를 들어 또 다시 제소하는 것은 가능하다.

[판 례] 기판력은 사실심 변론종결시 기준

"확정된 종국판결이 있으면 그 판결의 **사실심변론종결 이전에 발생하고 제출할 수 있었던 사유에 기인한 주장이나 항변은 확정판결의 기판력에 의하여 차단되므로 당사자가 그와 같은 사유를 원인으로 확정판결의 내용에 반하는 주장을 새로이 하는 것은 허용되지 아니하나** 사실심변론종결 이후에 새로 발생한 사실을 주장하여 전판결내용과 반대되는 청구를 하는 것은 기판력에 저촉되지 아니하므로 허용된다."(대판 1988.09.27. 88다3116, 소유권이전등기말소 등)

(4) 기속력

1) 의 의: 기속력(羈束力)이란 소송당사자와 관계행정청이 판결의 취지에 따라 행동할 실체

법적 의무를 발생시키는 효력을 말한다. 기속력은 행정청에 대한 효력으로서, 행정청이 판결이유에서 위법이라고 한 점은 제거해야 하는 의무를 지게 된다. 기속력은 행정소송법 제30조 제1항 "처분 등을 취소하는 확정판결은 그 사건에 관하여 당사자인 행정청과 그 밖의 관계행정청을 기속한다"는 규정에 근거하고 있다. 기속력은 원고승소의 인용판결에서 인정되는 효력이고 원고패소의 기각판결에는 인정되지 아니한다.

2) 성 질: 기속력의 성질에 대해서는 견해가 대립되고 있다.

(가) 기판력설: 이 설은 기판력의 당연한 결과로서 확정판결 이후 동일한 사안에 있어서는 그 확정판결을 존중하도록 구속된다고 한다.

(나) 특수효력설: 이 설은 기판력이란 실체법적 효력이 아니라 소송법적으로 법원이 전소(前訴)의 판결에 구속되어 전소의 판결과 모순되는 판결을 할 수 없다는 효력에 지나지 않는데, 기속력이란 행정청에 대하여 그 장래의 행동을 제약하는 실체법상의 의무를 과하는 힘이므로 기판력과는 이질적인 특수한 효력이라고 한다.

(다) 판 례: 판례는 종래 기판력설을 취하는 듯한 판례도 있으나 특수효력설을 취하는 것으로 볼 수 있다.

[판례 1] 기판력과 기속력 혼용

"징계처분의 취소를 구하는 소에서 징계사유가 될 수 없다고 판결한 사유와 동일한사유를 내세워 행정청이 다시 징계처분을 한 것은 확정판결에 저촉되는 행정처분을 한 것으로서, 위 취소판결의 기속력이나 확정판결의 기판력에 저촉되어 허용될 수 없다."(대판 1992.7.14. 92누2912, 견책처분취소)

"과세처분을 취소하는 확정판결의 기판력은 확정판결에 나온 위법사유에 대하여만 미치므로 과세처분권자가 확정판결에 나온 위법사유를 보완하여 한 새로운 과세처분은 확정판결에 의하여 취소된 종전의 과세처분과는 별개의 처분으로서 확정판결의 기판력에 저촉되지 아니한다."(대판 2002.7.23. 2000두6237, 종합소득세부과처분취소)

[판례 2] 기판력과 기속력의 구별

"행정소송법 제30조 제1항은 "처분 등을 취소하는 확정판결은 그 사건에 관하여 당사자인 행정청과 그 밖의 관계행정청을 기속한다."라고 규정하고 있다. 이러한 취소 확정판결의 **'기속력'**은 취소 청구가 **인용된 판결에서 인정되는 것으로서 당사자인 행정청과 그 밖의 관계행정청에게 확정판결의 취지에 따라 행동하여야 할 의무를 지우는 작용**을 한다. 이에 비하여 행정소송법 제8조 제2항에 의하여 행정소송에 준용되는 민사소송법 제216조, 제218조가 규정하고 있는 **'기판력'**이란 **기판력 있는 전소 판결의 소송물과 동일한 후소를 허용하지 않음과 동시에**, 후소의 소송물이 전소의 소송물과 동일하지는 않더라도 **전소의 소송물에 관한 판단이** 후소의 선결문제가 되거나 모순관계에 있을 때에는 **후소에서 전소 판결의 판단과 다른 주장을 하는 것을 허용하지 않는 작용**을 한다."(대판 2016.03.24. 2015두48235, 감차명령처분취소등)

(라) 결 어: 항고소송의 대상은 특정한 처분이고 행정청이 취소판결에도 불구하고 동일한 내용의 처분을 되풀이한다면 판결의 실효성이 없으므로, 기속력은 행정소송의 판결의 실효성확보를 위하여 특별히 인정된 효력이라 할 것이다(특수효력설).

3) 내 용

(가) 반복금지효(反復禁止效)

(a) **의 의**: 취소판결 등 청구를 인용하는 판결이 확정되면 행정청은 ① 동일한 사실관계

(사유) 아래서 ② 동일한 당사자에 대하여 ③ 동일한 내용의 처분 등을 반복하여서는 아니 된다(동법 30①). 이러한 기속력에 위반하면 위법행위로 무효가 된다.

(b) **범 위**: ① 기속력은 판결에 적시된 위법사유에 미치는 것이므로 다른 사유로 동일한 처분을 하는 것은 기속력에 반하지 않는다. 다른 사유인지 동일한 사유인지는 종전 처분사유와 기본적 사실관계의 동일성 여부로 판단한다. ② 처분의 형식·절차상의 위법을 이유로 취소된 경우에 그 형식·절차상의 위법을 시정하여 동일한 처분을 할 수 있다.

(나) 재처분의무(再處分義務)

(a) **의 의**: 재처분의무는 거부처분의 취소판결이 확정되면 해당 행정청은 판결의 취지에 따라 원래의 신청에 대한 처분을 하여야 하는 것을 말한다(동법 30②). 이는 거부처분 취소판결의 실효성을 간접강제함으로써 의무이행판결과 유사한 결과를 얻기 위한 규정인 바, 부작위위법확인소송에도 준용하며(동법 38②), 절차위법을 이유로 취소되는 경우에도 준용한다(동법 30③). 행정청의 재처분의무는 그 판결을 채무명의로 하여 민사집행법상의 강제집행절차에 의하여 실현할 수 있는 집행력을 갖지는 못한다(대판 2001.11.13. 99두2017). 다만, 간접강제(행정소송법 34)에 의해 간접적으로 그 실현이 가능하다.

(b) **거부처분취소판결의 경우**: 판결에 의하여 취소되는 처분이 당사자의 신청을 거부하는 것을 내용으로 하는 경우에는 그 처분을 행한 행정청은 판결의 취지에 따라 다시 이전의 신청에 대한 처분을 하여야 한다(동법 30②). 따라서 ① 당사자가 처분을 받기 위해 신청을 다시 할 필요는 없다. ② 행정청은 '판결의 내용'을 존중하면 되는 것이고, 반드시 신청한 내용대로 처분을 하여야 하는 것은 아니다. 따라서 재량행위인 경우에는 의무에 합당한 재량권을 행사하면 되지만, 기속행위인 경우에는 신청에 따른 처분을 하여야 한다. ③ 행정청은 취소된 거부처분과 같은 이유로 또다시 거부처분을 할 수는 없으나, 다른 이유로 거부처분을 할 수는 있다. 그러나 ④ 취소된 거부처분과 다른 사유라 하더라도 확정판결에 따른 재처분을 부당하게 지연하면서 그 기속력을 잠탈하기 위하여 인위적으로 다른 사유를 만들어 새 거부처분을 한 경우에는 유효한 재처분이라 할 수 없고 기속력에 반하여 무효로 된다(판례4). ⑤ 거부처분이 절차상의 위법을 이유로 취소된 경우에는, 행정청은 그 확정판결의 취지에 따라 적법한 절차를 거쳐 그 위법사유를 보완하여 다시 종전의 신청에 대한 거부처분을 할 수 있다.

[판례 1] 기속력의 범위 및 재처분의무

"취소소송에서 처분 등을 취소하는 확정판결의 **기속력은 주로 판결의 실효성 확보를 위하여 인정되는 효력으로서 판결의 주문뿐만 아니라 그 전제가 되는 처분 등의 구체적 위법사유에 관한 이유 중의 판단에 대하여도 인정**되고, 같은 조 제2항의 규정상 특히 거부처분에 대한 취소판결이 확정된 경우에는 그 처분을 행한 행정청은 판결의 취지에 따라 다시 처분을 하여야 할 의무를 부담하게 되므로, 취소소송에서 소송의 대상이 된 거부처분을 **실체법상의 위법사유에 기하여 취소하는 판결이 확정된 경우에는 당해 거부처분을 한 행정청은 원칙적으로 신청을 인용하는 처분을 하여야 하고, 사실심 변론종결 이전의 사유를 내세워 다시 거부처분을 하는 것은 확정판결의 기속력에 저촉되어 허용되지 아니한다.**"(대판 2001.3.23. 99두5238, 손실보상재결처분취소)

[판례 2] 재처분에 해당하는 새로운 사유의 판단기준

"행정처분의 적법 여부는 그 행정처분이 행하여진 때의 법령과 사실을 기준으로 하여 판단하는 것이므로 확정판결의 당사자인 처분 행정청은 **종전 처분 후에 발생한 새로운 사유를 내세워 다시 거부처분을 할 수 있고, 그러한 처분도 위 조항에 규정된 재처분에 해당**한다. 여기에서 **새로운 사유인지는 종전 처분에 관하여 위법한 것으로 판결에서 판단된 사유와 기본적 사실관계의 동일성이 인정되는 사유인지 여부에 따라 판단**되어야 한다."(대판 2011.10.27. 2011두14401; 대판 2005.12.9. 2003두7705 등)

[판례 3] 절차상의 위법을 보완한 재거부처분은 재처분에 해당

"행정소송법 제30조 제2항의 규정에 의하면 행정청의 거부처분을 취소하는 판결이 확정된 경우에는 그 처분을 행한 행정청이 판결의 취지에 따라 이전의 신청에 대하여 재처분할 의무가 있다고 할 것이나, 그 **취소사유가 행정처분의 절차, 방법의 위법으로 인한 것이라면 그 처분 행정청은 그 확정판결의 취지에 따라 그 위법사유를 보완하여 다시 종전의 신청에 대한 거부처분을 할 수 있고**, 그러한 처분도 위 조항에 규정된 재처분에 해당한다."(대판 2005.1.14. 2003두13045 등)

[판례 4] 기속력을 잠탈하기 위한 인위적 사유에 따른 재처분은 기속력에 반함

"피신청인이 재처분을 부당하게 지연하면서 확정판결의 기속력을 잠탈하기 위하여 인위적으로 새 거부처분 사유를 만들어 낸 것은 아니라 할 것이어서, 결국 새 거부처분은 행정소송법 제30조 제2항 에 규정된 유효한 재처분에 해당한다 할 것이다."(대결 2004.1.15.자2002무30결정 등 참조)

(c) 절차상 위법을 이유로 한 취소판결의 경우: 신청에 따른 처분이 절차의 위법을 이유로 취소되는 경우에도 행정소송법 제30조 제2항을 준용하는 재처분의무를 규정하고 있다(동조 ③). 이는 신청에 따른 처분에 의해 권익침해를 받은 복효적 행정처분에 있어서 제3자의 제소에 의하여 절차상의 위법을 이유로 취소된 경우에 판결의 취지에 따라 적법한 절차에 의하여 신청에 대한 처분을 하도록 하여 신청인의 권익을 보호하기 위한 것이다. 여기서 '절차의 위법'이란 권한·형식의 위법을 포함한 실체법상의 위법에 대응하는 넓은 의미로 해석된다.

(다) 원상회복의무(결과제거의무): 인용판결이 있게 되면 행정청은 위법처분으로 인해 야기된 상태를 제거하여 원상회복하여야 할 의무를 부담한다고 할 것이고, 이에 대응하여 원고는 결과제거청구권을 갖는다(판례). 예컨대, 과세처분취소소송의 인용판결에 따라 행정청은 납부금 반환의무를 지며, 파면처분취소판결에 따라 파면이 없던 상태로 그 법적 지위를 회복시켜야 한다.

[판 례] 결과제거의무

"어떤 행정처분을 위법하다고 판단하여 취소하는 판결이 확정되면 행정청은 취소판결의 **기속력에 따라 그 판결에서 확인된 위법사유를 배제한 상태에서 다시 처분을 하거나 그 밖에 위법한 결과를 제거하는 조치를 할 의무**가 있다(행정소송법 제30조)."(대판 2020.4.9. 2019두49953 등)

4) 범 위

(가) 주관적 범위: 취소판결은 당사자인 행정청 그 밖의 관계 행정청을 기속한다. 여기서 관계 행정청이란 피고 행정청과 동일한 사무계통에 있는 행정청에 한하지 않고 취소된 처분을 기초로 하여 이와 관련된 처분 또는 부수하는 행위를 할 수 있는 모든 행정청을 총칭한다.

(나) 객관적 범위: 기속력은 취소판결 등의 실효성을 도모하기 위하여 인정된 효력이므로, **판결 주문뿐만 아니라 그 전제로 된 요건사실의 인정과 효력의 판단**에도 미친다. 다만 판결

의 결론과 직접 관계없는 방론이나 간접사실 및 가정판단에는 미치지 아니한다. 즉, 기속력은 처분 등의 구체적 위법사유에 관한 판단에만 미친다고 할 것이므로, 기속력은 법원이 위법하다고 판단한 **동일한 사유에 기하여 동일한 내용의 처분을 금할 뿐,** 별도의 사유에 기하여 동일한 내용의 처분을 하는 것까지 금하는 것은 아니다(대판 2005.12.9. 2003두7705). 동일 사유인지 다른 사유인지는 종전 처분에 관하여 위법한 것으로 판결에서 판단된 사유와 **기본적 사실관계에 있어 동일성**이 인정되는 사유인지 여부에 따라 판단되어야 한다(위 판례). 따라서 징계처분취소소송에서 징계사유가 될 수 없다고 판단된 사유에 대하여 더 이상 이를 징계사유로 삼을 수 없고(대판 1992.7.4. 92누2912), 과세평가방법이 잘못되었거나 추계조사결정의 필요성 및 그 방법의 합리성 내지 타당성에 잘못이 있다고 하는 경우에는 다시 위법사유를 보완하여 새로운 과세처분을 할 수 있다(대판 2002.7.23. 2000두6237 등).

(다) 시간적 범위: 기속력은 처분 당시까지의 위법사유에 대해서만 미친다. 따라서 처분 이후에 발생한 새로운 법령 및 사실상태의 변동을 이유로 동일한 내용의 처분을 다시 하는 것은 기속력에 반하지 않는다.

5) 위반의 효과: 취소판결이 확정된 후에 그 기속력에 위반하여 행한 동일한 내용의 처분은 그 하자가 중대・명백하여 당연무효이다(대판 1990.12.11. 90누3560 등). 이를 단순히 취소사유에 불과하다고 볼 경우에는 해당 처분이 제기기간의 경과 등으로 확정력을 발생할 수도 있어 행정소송법이 기속력을 인정한 취지에 반한다. 반한다. 기속력(재처분의무)의 실현을 위해 간접강제가 가능하나 민사소송법상의 집행력은 없다(판례2).

[판례 1] 기속력의 객관적 범위

"취소 확정판결의 **기속력은 판결의 주문 및 전제가 되는 처분 등의 구체적 위법사유에 관한 판단에도 미치나, 종전 처분이 판결에 의하여 취소되었더라도 종전 처분과 다른 사유를 들어서 새로이 처분을 하는 것은 기속력에 저촉되지 않는다. 여기에서 동일 사유인지 다른 사유인지는 확정판결에서 위법한 것으로 판단된 종전 처분사유와 기본적 사실관계에서 동일성이 인정되는지 여부에 따라 판단되어야 하고, 기본적 사실관계의 동일성 유무는 처분사유를 법률적으로 평가하기 이전의 구체적인 사실에 착안하여 그 기초인 사회적 사실관계가 기본적인 점에서 동일한지에 따라 결정된다.** 또한 **행정처분의 위법 여부는 행정처분이 행하여진 때의 법령과 사실을 기준으로 판단**하므로, 확정판결의 당사자인 처분 행정청은 종전 처분 후에 발생한 새로운 사유를 내세워 다시 처분을 할 수 있고, 새로운 처분의 처분사유가 종전 처분의 처분사유와 기본적 사실관계에서 동일하지 않은 다른 사유에 해당하는 이상, 처분사유가 종전 처분 당시 이미 존재하고 있었고 당사자가 이를 알고 있었더라도 이를 내세워 새로이 처분을 하는 것은 확정판결의 기속력에 저촉되지 않는다."(대판 2016.03.24. 2015두48235, 감차명령처분취소등)

[판례 2] 기속력 실현을 위한 민사소송법상 집행력 유무

"거부처분 취소판결은 거부처분을 행한 행정청으로 하여금 그 판결의 취지에 따라 다시 이전의 신청에 대한 처분을 하도록 하는 기속력을 갖기는 하지만(행정소송법 제30조 제2항 참조), 그 판결을 채무명의로 하여 **행정청의 재처분의무를 민사소송법상의 강제집행절차에 의하여 실현할 수 있는 집행력을 갖지는 못한다.**"(대판 2001.11.13. 99두2017)

(5) 간접강제(間接强制)

1) 의 의: 간접강제는 행정청이 인용판결에 따라 당사자의 신청에 따른 의무를 이행하도록 배상금부과의 방법으로 심리적 압박을 가하는 법원의 간접적 의무이행강제수단이다. 행정청이 제30조 제2항(재처분의무)의 규정에 의한 처분을 하지 아니하는 때에는 제1심수소법원은 당사자의 신청에 의하여 결정으로써 상당한 기간을 정하고 행정청이 그 기간 내에 이행하지 아니하는 때에는 그 지연기간에 따라 일정한 배상을 할 것을 명하거나 즉시 손해배상을 할 것을 명할 수 있다(동법 34①). 이와 같이 행정소송법은 의무이행소송을 인정하지 않았지만, 거부처분취소판결이 확정된 경우의 재처분의무와 함께 그 의무를 이행하지 않은 경우에 판결의 실효성을 더욱 확보하기 위한 수단으로 민사집행의 경우처럼 이른바 간접강제제도를 채택하였다. 이는 부작위위법확인소송에도 준용한다(동법 38②).

2) 요 건

(가) 거부처분취소판결의 확정: 간접강제는 취소판결에 의하여 취소된 행정처분이 거부처분인 경우라야 한다(대판 1998.12.24. 98무37). 따라서 간접강제를 하기 위해서는 거부처분에 대한 취소판결 또는 이의 준용이 있는 부작위위법확인 판결이 확정되어야 한다.

(나) 재처분의무의 불이행: 거부처분취소판결 등이 확정되었음에도 불구하고 행정청이 판결의 취지에 따라 다시 이전의 신청에 대한 처분을 하지 아니하거나, 재처분을 하였더라도 그것이 종전의 거부처분에 대한 취소의 확정판결의 기속력에 반하는 등으로 당연무효인 경우 간접강제를 신청할 수 있다. 따라서 사정변경이 있거나 원거부처분사유와 다른 사유로 재차 거부처분을 하는 것은 새로운 처분이라 할 것이므로 기속력에 반하지 아니하여 간접강제를 신청할 수 없다.

[판 례] 간접강제의 요건

"[1] **거부처분에 대한 취소의 확정판결이 있음에도 행정청이 아무런 재처분을 하지 아니하거나, 재처분을 하였다 하더라도 그것이 종전 거부처분에 대한 취소의 확정판결의 기속력에 반하는 등으로 당연무효라면 이는 아무런 재처분을 하지 아니한 때와 마찬가지라 할 것이므로** 이러한 경우에는 행정소송법 제30조 제2항, 제34조 제1항 등에 의한 **간접강제신청에 필요한 요건을 갖춘 것으로 보아야 한다.**

[2] 주택건설사업 승인신청 거부처분의 취소를 명하는 판결이 확정되었음에도 행정청이 그에 따른 재처분을 하지 않은 채 위 취소소송 계속중에 도시계획법령이 개정되었다는 이유를 들어 다시 거부처분을 한 사안에서, 개정된 도시계획법령에 그 시행 당시 이미 개발행위허가를 신청중인 경우에는 종전 규정에 따른다는 경과규정을 두고 있으므로 위 사업승인신청에 대하여는 종전 규정에 따른 재처분을 하여야 함에도 불구하고 개정 법령을 적용하여 새로운 거부처분을 한 것은 확정된 종전 거부처분 취소판결의 기속력에 저촉되어 당연무효라고 한 사례."(대판 2002.12.11. 2002무22, 간접강제)

3) 절 차

(가) 당사자의 신청: 당사자가 제1심수소법원에 간접강제를 신청하여야 한다.

(나) 법원의 결정: 법원은 결정으로써 상당한 기간을 정하고 행정청이 그 기간 내에 이행하지 아니하는 때에는 그 지연기간에 따라 일정한 배상을 할 것을 명하거나 즉시 손해배상을

할 것을 명할 수 있다(동법 34①). 즉, 법원은 새로운 처분 등을 함에 필요한 상당한 기간이 경과한 경우에는 즉시 일정한 금액의 배상금을 일시에 지급할 것을 명할 수 있고, 지연기간에 따라 일정한 비율에 의한 배상금(매일 금00원)을 처분 시까지 지급할 것을 명할 수 있다. 행정청의 이행은 본래 신청했던 처분을 해야 하는 것이 아니고 판결취지에 따른 새로운 처분을 하는 것으로 족하므로 간접강제결정으로 구체적인 처분의 내용을 특정할 것은 아니다.

(다) 배상금의 추심: 간접강제 결정에도 불구하고 재처분을 하지 않은 때에는 그 결정을 채무명의로 하여 집행문을 부여 받아 금전채권의 집행방법으로 배상금을 추심할 수 있다.

4) 간접강제에 대한 불복: 간접강제신청에 관한 기각결정이나 인용결정에 대하여는 즉시항고할 수 있다(민사집행법 261②).

5) 배상금의 성질: 배상금은 재처분의무의 이행을 확실히 담보하기 위한 것으로서, 재처분의 지연에 대한 제재나 손해배상이 아니고 재처분의 이행에 관한 심리적 강제수단에 불과한 것이다. 따라서 배상금은 처분의무를 간접적으로 강제하기 위한 금액이며 손해배상금이 아니므로 신청인이 입은 손해와는 무관하게 법원이 제반사정을 고려하여 재량으로 결정한다. 또한 특별한 사정이 없는 한 간접강제결정에서 정한 의무이행 기한이 경과한 후에라도 확정판결의 취지에 따른 재처분의 이행이 있으면 배상금 추심은 허용되지 않는다(판례).

[판 례] 배상금의 성질 및 배상금 추심이 불허되는 경우

"행정소송법 제34조 소정의 **간접강제결정에 기한 배상금은** 거부처분취소판결이 확정된 경우 그 처분을 행한 행정청으로 하여금 **확정판결의 취지에 따른 재처분의무의 이행을 확실히 담보하기 위한 것으**로서, 확정판결의 취지에 따른 재처분의무내용의 불확정성과 그에 따른 재처분에의 해당 여부에 관한 쟁송으로 인하여 간접강제결정에서 정한 재처분의무의 기한 경과에 따른 배상금이 증가될 가능성이 자칫 행정청으로 하여금 인용처분을 강제하여 행정청의 재량권을 박탈하는 결과를 초래할 위험성이 있는 점 등을 감안하면, 이는 **확정판결의 취지에 따른 재처분의 지연에 대한 제재나 손해배상이 아니고 재처분의 이행에 관한 심리적 강제수단에 불과한 것**으로 보아야 하므로, 특별한 사정이 없는 한 **간접강제결정에서 정한 의무이행기한이 경과한 후에라도 확정판결의 취지에 따른 재처분의 이행이 있으면 배상금을 추심함으로써 심리적 강제를 꾀할 목적이 상실되어 처분상대방이 더 이상 배상금을 추심하는 것은 허용되지 않는다**."(대판 2004.1.15. 2002두2444; 같은 취지, 대판 2010.12.23. 2009다37725)

(6) 형성력(形成力)

1) 의 의: 판결의 형성력이란 판결의 취지에 따라 기존의 법률관계 또는 법률상태에 변동을 가져오는 효력을 말한다. 취소소송과 같은 형성의 소에 있어서는 취소판결이 확정되면 행정청의 별도의 행위를 기다릴 것 없이 계쟁처분 등으로 말미암아 생겼던 위법한 법률상태가 소급하여 제거되어 처음부터 그러한 처분이 없었던 것과 같은 효과를 가져온다(대판 1991.10.11. 90누5443).

형성력에 관한 직접적 규정은 없으나, 행정소송법 제29조(제3자효) 제1항이 간접적 근거규정이라 할 수 있다.

2) 내 용

(가) 형성효(形成效): 취소판결이 있으면 계쟁처분의 효력은 상실된다.

(나) 소급효(遡及效): 취소판결의 효과는 처분시에 소급한다. 따라서 취소된 처분을 전제로 형성된 법률관계는 모두 효력을 상실한다.

[판 례] 형성력의 효과

"행정처분을 **취소하는 확정판결이 있으면** 그 취소판결의 형성력에 의하여 당해 행정처분의 취소나 취소통지 등의 **별도의 절차를 요하지 아니하고 당연히 취소의 효과가 발생**하고, 행정처분이 취소되면 그 처분은 효력을 상실하여 더 이상 존재하지 않으며(대판 2010.9.9. 2010두5943 등), 행정처분이 나중에 행정쟁송절차에 의하여 취소되었다면 그 행정처분은 **처분시에 소급하여 효력을 잃는 것**이고 그 행정처분이 단지 장래에 향하여서만 효력을 잃게 된다고 볼 것은 아니다(대판 1993.6.25. 93도277 등)."

3) 제3자효(대세효)

(가) 의 의: 형성력은 소송당사자(원고와 피고) 사이에 생기는 것은 당연하지만, 처분 등을 취소하는 확정판결은 제3자에 대하여도 효력이 있다(동법 29①). 이와 같이 취소판결의 형성력의 주관적 범위가 제3자에게 미치는 것을 제3자효 또는 **대세효**(對世效)라고 한다. 제3자효가 없으면 원고가 승소해도 제3자와의 관계에서는 처분의 효력소멸을 주장할 수 없게 되어 충분한 권리구제를 받을 수 없다. 제3자에게도 자기의 권리이익을 방어할 기회를 부여할 필요가 있는 바, 형성력의 제3자효로 인하여 생기는 불합리를 시정하기 위하여 제3자에게 소송참가 및 제3자의 재심청구를 인정하고 있다(동법 31).

(나) 제3자의 범위: 제3자의 범위에 대해서, ① 소송에 참가한 제3자에게만 형성력이 미친다는 **상대적 효력설**과, ② 소송에 참가하지 아니한 일반 제3자에게도 형성력이 미친다는 **절대적 효력설**(다수설)의 대립이 있다.

생각건대, 제3자효는 소송에 관여하지 아니한 제3자에게도 형성력을 미치게 하려는 것으로 보아 절대적 효력설이 타당하다.

(다) 제3자효의 준용: 제3자효는 집행정지결정 또는 집행정지결정의 취소결정에 준용하며(동법 29②), 무효등확인소송과 부작위위법확인소송에도 준용된다(동법 38①②).

【기판력과 기속력의 차이】

	기 판 력	기 속 력
의의	· 확정판결내용과 모순된 후소법원의 판단 금지와 동일 소송물의 반복 제소 불허	· 관계행정청이 판결의 취지에 따라 행동할 의무발생
성질	· 소송법상 효력 · 원고가 종전과 다른 위법사유를 주장하며 제소하는 경우의 문제	· 실체법상 효력 · 행정청이 새로운 처분사유에 의한 거부처분을 하는 경우의 문제
대상판결	· 인용 · 기각 · 각하 판결	· 인용판결(거부처분취소판결)
대상처분	· 계쟁되었던 처분	· 판결 후 행하는 새로운 처분

	기 판 력	기 속 력
주관적 범위	· 당사자와 후소 법원	· 관계행정청
객관적 범위	· 주문에 표시된 소송물(계쟁처분이 위법하거나 적법하다는 사실 일반) · 따라서 패소한 원고는 이전 소송에서 주장하지 않은 다른 사유를 들어 처분의 취소를 구할 수 없음	· 소송물+주문에 적시된 위법사유(기본적 사실관계 동일성이 인정되는) · 따라서 행정청은 처분시 존재했던 사유중 원거부처분과 기본적사실 관계의 동일성이 미치지 않는 다른 사유를 들어 재차 거부처분 가능
시간적 범위	· 사실심변론종결시 · 따라서 기각판결이 확정되면 당사자나 법원은 사실심변론종결시 이전에 생긴 사유를 내세워 해당 처분의 위법성을 주장할 수 없음	· 처분시 · 따라서 처분시 이후에 생긴 새로운 사유나 사실관계를 이유로 동일한 거부처분 할 수 있음

5. 판결에 의하지 아니한 소송종결

취소소송은 법원의 심리가 종료하여 종국판결을 내림으로써 종료되는 것이 보통이다. 그러나 종국판결에 의하지 않고 아래와 같이 당사자의 일정한 행위에 의하여 종료되는 경우도 있다.

(1) 소의 취하

소의 취하(取下)란 원고가 제기한 소의 전부 또는 일부를 철회하는 취지의 법원에 대한 일방적인 의사표시를 말한다. 소의 취하에 관하여 민사소송법이 준용되므로(행정소송법 8②), 판결이 확정될 때까지 할 수 있으며, 피고가 본안에 대하여 준비서면을 제출하거나 준비절차에서 진술하거나 변론을 한 후에는 소의 취하에 피고의 동의를 얻어야 한다(민사소송법 266①②).

(2) 청구의 포기와 인낙

1) 의 의: 청구의 포기(抛棄)란 원고가 자기의 소송상의 청구가 이유 없음을 자인하는 법원에 대한 일방적 의사표시를 말하며, 청구의 인낙(認諾)이란 피고가 원고의 소송상의 청구가 이유 있음을 자인하는 법원에 대한 일방적인 의사표시를 말한다. 당사자의 청구의 포기 또는 인낙을 조서에 기재한 때에 확정판결과 동일한 효력을 발생한다(민사소송법 220).

2) 인정여부: 취소소송에 민사소송법상의 청구의 포기·인낙이 준용될 수 있을 것인지에 대해 견해가 나뉘고 있다.

(가) 부정설: 행정소송의 대상인 처분 등은 사법행위와는 달리 사인과 합의에 의하여 행할 수 없고 임의로 취소·변경할 수 없으며, 행정소송에는 직권탐지주의가 작용하고, 행정소송의 확정판결은 제3자에게도 효력을 미친다는 점에서 명문규정이 없는 한 부정해야 한다는 입장이다(다수설).

(나) 긍정설: 이는 소송경제상 이유로 청구의 포기는 전면적으로 인정하고, 청구의 인낙은 기속행위의 경우에는 부정되나 재량행위의 경우에는 허용된다고 본다.

(다) 결 어: 원고가 자신의 주장이 이유없음을 소송 도중에 알았다면 이를 자인하고 청구

를 포기하는 것이 소송경제에 도움이 된다고 할 것이다. 한편 기속행위에 대해서는 피고의 자인 여부와 관계없이 법률규정에 따른 법적 효력이 발생하므로 청구의 인낙을 인정하기 곤란할 것이나 재량행위의 경우에는 가능하다고 할 것이다. 따라서 긍정설이 타당하다.

(3) 소송상의 화해

1) 의 의 : 소송상의 화해(和解)란 소송계속 중 당사자 쌍방이 소송물인 권리관계의 주장을 서로 양보하여 소송을 종료시키기로 하는 변론기일에서의 합의를 말한다(민사소송법 220).

2) 인정여부 : 민사소송법상의 소송상 화해를 행정소송에 준용할 수 있을 것인지에 대하여 견해가 나뉜다.

(가) 부정설: 이는 청구의 포기・인낙을 부정하는 논거와 같은 이유로 행정소송상의 화해를 부정한다(다수설).

(나) 긍정설: 이는 취소소송에도 처분권주의가 지배하므로 행정청이 처분권을 갖고 있지 않은 기속행위에는 곤란하겠으나, 재량행위의 경우에는 국민의 권익과 소송경제 등을 고려하여 당사자간의 합의가 재량하자에 해당하지 않는 한 재량수권의 목적범위 내에서 허용될 수 있다고 한다.

(다) 결 어: 국민의 권익보호와 소송경제적 측면에서 긍정설이 타당하다.

Ⅸ. 상소 및 재심청구

1. 상 소

상소(上訴)는 상급법원에 재심판을 신청하는 소송행위인 바, 제1심 관할법원인 행정법원의 종국판결에 대하여 고등법원에 항소할 수 있고, 항소심의 종국판결에 대하여 법률심에의 상소로서 대법원에 상고할 수 있다. 그러나 상고심사제에 의하여 상고심은 제한될 수 있다. 제1심과 항소심 판결에 불복하는 경우에는 확정판결이 아니므로 기속력이 발생하지 않아 상소기간 도과 등으로 불가쟁력이 발생하지 아니한 경우에는 제1심의 원고는 물론 피고도 상소할 수 있다.

[판 례] 상소가 허용되는 경우

"상소는 자기에게 불이익한 재판에 대하여 자기에게 유리하도록 그 취소・변경을 구하는 것이므로 전부 승소한 원심판결에 대한 불복 상고는 상고를 제기할 이익이 없어 허용될 수 없고, 한편 재판이 상소인에게 불이익한지 여부는 원칙적으로 재판의 주문을 표준으로 판단하여야 하며, 상소인의 주장이 받아들여져 승소하였다면 그 판결 이유에 불만이 있더라도 상소의 이익이 없다."(대판 2011.6.30. 2009두355 등)

2. 항고와 재항고

소송절차에 관한 신청을 기각한 결정이나 명령에 대하여 불복이 있으면 항고할 수 있고(민사소송법 439), 항고법원・고등법원 또는 항소법원의 결정 및 명령에 대하여는 재판에 영향을 미친 헌법・법률・명령 또는 규칙의 위반이 있음을 이유로 재항고할 수 있다(동법 442).

3. 재심청구

(1) 의 의

재심청구란 확정된 종국판결에 대하여 판결절차 또는 소송자료에 중대한 흠이 있음을 이유로 당사자가 다시 재판을 해 줄 것을 청구하는 것을 말한다. 행정소송법 제8조 제2항의 준용규정에 따라 민사소송법 제451조 제1항에 따른 재심청구를 할 수 있다.

(2) 재심사유

1) **민사소송법 준용규정상의 재심사유:** 민사소송법 제451조 제1항에 따라, 판결의 증거가 된 문서 그 밖의 물건이 위조되거나 변조된 것인 때(6호), 증인·감정인·통역인의 거짓 진술 또는 당사자신문에 따른 당사자나 법정대리인의 거짓 진술이 판결의 증거가 된 때(7호), 판결의 기초가 된 재판 또는 행정처분이 다른 재판이나 행정처분에 따라 바뀐 때(8호), 판결에 영향을 미칠 중요한 사항에 관하여 판단을 누락한 때(9호) 등 1호부터 11호까지 각호의 사유에 해당한 경우이다.

2) **처분의 근거법률의 위헌결정:** 헌법재판소법 제75조 제7항에 따라 취소소송의 기각의 확정판결에서 당해 처분의 근거가 된 법률이 헌법재판소법 제68조 제2항에 따른 헌법소원에서 위헌으로 인용된 경우에 재심청구를 할 수 있다.

(3) 재심청구기간 및 관할법원

재심사유를 안 날부터 30일 이내에(민사소송법 456①), 재심을 제기할 판결을 한 법원에 재심청구를 할 수 있다(동법 453①). 심급을 달리하는 법원이 같은 사건에 대하여 내린 판결에 대한 재심의 소는 상급법원이 관할한다(동조②).

[판례 1] 재심사유

"행정소송법 제8조 제2항에서 준용하는 **민사소송법 제451조 제1항 제9호 소정의 '판결에 영향을 미칠 중요한 사항에 관하여 판단을 누락한 때'라고 함은 당사자가 소송상 제출한 공격방어방법으로서 판결에 영향이 있는 것에 대하여 판결 이유 중에 판단을 명시하지 아니한 경우를 말하고**, 판단이 있는 이상 그 판단에 이르는 이유가 소상하게 설시되어 있지 아니하거나 당사자의 주장을 배척하는 근거를 일일이 개별적으로 설명하지 아니하더라도 위 법조항에서 말하는 판단누락에 해당하지 않는다(대판 2005.1.28. 2003재다415, 대판 2006.12.8. 2005재다20 등 참조)."(대판 2011.12.08. 2011재두100, 증여세부과처분취소)

"헌법재판소가 법률 조항 자체는 그대로 둔 채 그 법률 조항에 관한 특정한 내용의 해석·적용만을 위헌으로 선언하는 이른바 **한정위헌결정에 관하여는 헌법재판소법 제47조가 규정하는 위헌결정의 효력을 부여할 수 없으며, 그 결과 한정위헌결정은 법원을 기속할 수 없고 재심사유가 될 수 없다.**"(대판 2013.03.28. 2012재두299, 법인세부과처분취소)

[판례 2] 재심의 심리절차

"재심사유가 있는 것으로 인정되어 재심의 대상이 된 확정판결 사건의 본안에 대하여 다시 변론을 한다는 것은 전 소송의 변론이 재개되어 재심 이전의 상태에 돌아가 속행되는 것을 말하며, 따라서 재심법원이 사실심이라면 새로운 공격방어방법을 제출할 수도 있다."(대판 2001.06.15. 2000두2952, 양도소득세부과처분취소)

(4) 제3자의 재심청구

1) 의 의: 제3자의 재심청구란 자기에게 책임 없는 사유로 소송참가를 못함으로써 판결의 결과에 영향을 미칠 공격방어방법을 제출하지 못한 제3자의 권익을 보호하기 위하여 확정된 종국판결에 대해 제3자가 다시 재판을 청구하는 것을 말한다(행정소송법 31).

2) 당사자: 재심청구의 원고는 취소소송의 인용판결에 의하여 권리 또는 이익의 침해를 받은 제3자가 되며, 피고는 확정판결에 나타난 원고와 피고가 함께 공동피고가 된다.

3) 재심사유: ① 자기에게 책임 없는 사유로 소송에 참가하지 못하였을 때, ② 소송에 참가하지 못함으로써 판결의 결과에 영향을 미칠 공격 또는 방어방법을 제출하지 못한 것이어야 한다. 원고와 이해관계를 같이 할 경우에 원고의 인용판결의 경우에는 권리침해가 해소되어 소익이 없겠으나, 기각판결인 경우에는 재심청구가 필요하다.

4) 재심청구기간: 재심청구는 확정판결이 있음을 안 날로부터 30일 이내, 판결이 확정된 날로부터 1년 이내에 제기하여야 한다(동법 31②), 이 기간은 불변기간(不變期間)이다(동조③).

[판 례] '자기에게 책임 없는 사유'의 의미

"행정소송법 제31조 제1항에 의하여 제3자가 재심을 청구하는 소를 제기하는 경우에 갖추어야 할 요건의 하나인 **'자기에게 책임 없는 사유'의 유무는 사회통념에 비추어 제3자가 당해 소송에 참가를 할 수 없었던 데에 자기에게 귀책시킬 만한 사유가 없었는지의 여부에 의하여 사안에 따라 결정되어야 하고,** 제3자가 종전 소송의 계속을 알지 못한 경우에 그것이 통상인으로서 일반적 주의를 다하였어도 알기 어려웠다는 것과 소송의 계속을 알고 있었던 경우에는 당해 소송에 참가를 할 수 없었던 특별한 사정이 있었을 것을 필요로 한다."(대판 1995.9.15. 95누6762)

X. 소송비용

취소소송의 비용은 민사소송법의 일반원칙에 따라 패소자(敗訴者)가 부담하며(민사소송법 89), 원고의 청구가 일부인용된 판결의 경우에는 각 소송당사자가 분담한다(동법 101). 다만, 취소청구가 사정판결에 의하여 기각되거나, 행정청이 처분 등을 취소 또는 변경함으로 인하여 청구가 각하 또는 기각된 경우에는 피고가 부담한다(행정소송법 32). 소송비용에 관한 재판이 확정된 때에는 피고 또는 참가인이었던 행정청이 소속하는 국가 또는 공공단체에 그 효력을 미친다(동법 33).

제2항 무효등확인소송

I. 개 설

1. 의 의

무효등확인소송(無效等確認訴訟)이란 행정청의 처분 등의 효력 유무 또는 존재의 여부를 확인하는 소송을 말한다[동법 4(2)]. 이는 무효인 행정처분도 처분으로서의 외관(外觀)을 가지고 있기 때문에 그 외형상 효력의 제거를 위하여 필요한 소송이다. 무효등확인소송에는 무효확인소송 · 유효확인소송 · 존재확인소송 · 부존재확인소송 및 실효확인소송 등이 포함된다.

2. 성 질

무효등확인소송의 성질에 대하여는 확인소송설 · 항고소송설 · 준항고소송설이 대립하고 있다. 즉, ① **확인소송설**은 무효등확인소송은 적극적으로 처분 등의 효력을 소멸시키거나 부여하는 것이 아니라 처분 등의 존부나 효력의 유무를 확인 · 선언하는 확인소송으로서의 성질을 가지는 것이라고 하며, ② **항고소송설**은 주로 무효와 취소의 구별의 상대화 이론을 전제로 하여 무효등확인소송도 행정처분의 무효를 확정하고 그 효력의 제거를 목적으로 하는 것이기 때문에 행정주체가 우월한 지위에서 행한 행정권의 행위의 효력을 다투는 것이 되어 항고소송과 본질적으로는 같은 것이라고 한다. 이에 대하여 ③ **준항고소송설**은 무효등확인소송은 실질적으로는 일종의 확인소송이라고 할 수 있으나, 형식적으로는 처분의 효력의 유무를 직접 소송의 대상으로 한다는 점에서 항고소송적인 측면을 아울러 지니는 것으로 보는 견해이다. 행정소송법은 항고소송의 일종으로 명문화하여 입법적으로 해결하였다.

3. 소송물

무효등확인소송의 소송물은 구체적인 청구에 따른 처분 또는 재결의 무효성 · 유효성 또는 존재 · 부존재이다.

4. 취소소송과의 관계

(1) 병렬관계(竝列關係)

행정소송법은 취소소송과 무효등확인소송을 각각 별개의 항고소송으로 규정하고 있으므로 서로 병렬관계에 있다. 따라서 행정청의 처분 등에 불복하는 자는 제소요건을 충족하는 한 자기의 목적을 가장 효과적으로 달성할 수 있는 소송의 종류를 선택할 수 있다. 그러나 두 소송은 양립할 수 없는 청구로서 단순병합이나 선택적 청구로서의 병합(취소소송의 기각판결을 해제조건으로 무효등확인소송의 심리 · 판단을 못하므로)은 허용되지 않고, 어느 하나를 **주위적 청구**(主位的 請求)로 하고 다른 하나를 **예비적 청구**로 병합하여 제기하는 것만이 가능하다(판례)(보통은 무효등확인소송을 주위적 청구로 취소소송을 예비적 청구로 병합한다).

[판 례] 무효확인소송과 취소소송의 병합

"행정처분에 대한 무효확인과 취소청구는 서로 양립할 수 없는 청구로서 주위적 · 예비적 청구로서만 병합이 가능하고 선택적 청구로서의 병합이나 단순 병합은 허용되지 아니한다."(대판 1999.8.20. 97누6889 등)

"주위적 청구가 행정심판의 재결을 거칠 필요가 없는 무효확인소송이라 하더라도 병합 제기된 예비적 청구가 취소소송이라면 이에 대한 행정심판의 재결을 거치는 등으로 적법한 제소요건을 갖추어야 한다."(대판 1994.04.29. 93누12626)

(2) 포섭관계(包攝關係)

취소소송과 무효등확인소송은 다 같이 행정처분의 위법을 이유로 그 효력의 배제를 구하는 것이고, 그 하자의 정도 등에 의한 구분에 불과한 것이어서 실제에 있어서는 서로 포섭관계에 있다.

1) 무효사유에 대해 취소소송을 제기한 경우: 당사자가 취소소송의 요건을 갖추어 처분취소의 소를 제기하였지만 그 처분에 취소사유를 넘어선 무효사유에 해당하는 하자가 있으면 처분을 취소하는 원고 전부승소의 판결을 하여야 한다(이른바 무효선언적 의미의 취소소송).

2) 취소사유에 대해 무효확인소송을 제기한 경우: 무효확인소송을 제기하였으나 그 처분에 단지 취소사유에 불과한 하자가 있는 경우, 취소소송제기요건을 흠결하였을 때에는 기각하여야 할 것이나, 취소소송제기요건을 갖추었을 때에는 어떤 판결을 하여야 할지에 대하여 견해가 나뉜다.

(가) 기각판결설: 이는 무효확인청구에 취소청구가 당연히 포함되어 있다고 볼 수 없으므로 청구를 기각해야 한다는 입장이다.

(나) 취소판결설: 이는 무효확인청구에 원고의 명시적인 반대의사표시가 없는 한 취소청구도 당연히 포함되어 있다고 보아 취소판결을 할 수 있다는 견해이다.

(다) 소변경설: 수소법원은 취소소송의 요건을 갖추고 있다면 석명권을 행사하여 무효확인소송을 취소소송으로 변경한 후 취소판결을 하여야 한다는 견해이다.

(라) 판 례: 판례는 취소판결설을 취하고 있다.

[판 례] 취소판결설 입장의 판례

> "일반적으로 행정처분의 무효확인을 구하는 소에는 원고가 그 처분의 취소를 구하지 아니한다고 밝히지 아니한 이상 그 처분이 만약 당연무효가 아니라면 그 취소를 구하는 취지도 포함되어 있는 것으로 보아야 한다."(대판 1994.12.23. 94누477 등)

(마) 결 어: 소변경설이 타당하다. 당사자가 제기한 무효확인소송의 소송물은 해당 처분의 무효여부이므로 수소법원은 이에 대해서만 판단할 수 있을 뿐 이를 넘어서 판단을 하면 처분권주의에 반하게 된다. 따라서 법원은 원칙적으로 무효확인소송에서 당사자가 구하는 무효여부만을 심판하여야 하며 '해당 처분을 취소한다'는 판결은 내릴 수 없다. 그러나 행정소송법 제37조(소의 변경)에 의해 소의 변경이 가능하므로, 무효등확인소송을 제기하였으나 그 처분이 단지 취소사유에 불과한 경우 취소소송제기요건을 갖추었을 때에는 무효가 아니면 취소라도 구하는 취지인지를 석명하여, 취소의 소로 변경하도록 한 후 취소의 판결을 할 수 있다.

Ⅱ. 소의 제기

1. 소송요건

무효등확인소송의 경우에도 '소 없으면 재판 없다'는 원칙이 당연히 적용된다. 따라서 무효등확인소송을 제기하여 본안판단을 받기 위해서는, 정당한 원고적격을 가진 자가 소정의 피고를 상대로 소송사항에 관하여 소정의 절차와 형식에 따라 관할법원에 제기하여야 한다.

무효등확인소송의 경우에는 전심절차와 제기기간의 적용이 없는(동법 18, 20) 이외에는 취소소송의 소송요건을 일반적으로 준용한다.

2. 원고적격 및 소의 이익

무효등확인소송은 처분 등의 효력 유무 또는 존재 여부의 확인을 구할 법률상 이익이 있는 자가 제기할 수 있다(동법 35). 여기서 '**확인을 구할 법률상 이익**'이 무엇을 의미하는지에 대하여, 협의의 소익과 관련하여 '**확인의 이익**'의 필요여부를 둘러싸고 견해가 나뉘고 있다. 이는 행정처분의 무효를 전제로 한 이행소송 즉, 부당이득반환청구소송·소유물반환청구소송·소유물방해제거청구소송·소유권이전등기말소청구소송 등과 같은 구제수단이 있다고 하더라도 무효등확인소송을 제기할 수 있는지의 문제이다.

(1) 학 설

1) 긍정설(즉시확정이익설): 무효등확인소송에는 확인의 이익이 있어야 한다는 견해이다. '확인을 구할 법률상 이익'을 민사소송에서의 '즉시확정의 이익'으로 보고 '확인소송의 보충성'에 근거를 두는 입장이다. 즉, 확인을 구할 법률상 이익이란 현존하는 불안이나 위험을 제거하기 위하여 확인판결을 받는 것이 유효·적절한 때와 같은 즉시확정의 법률상 이익이라고 하여, 확인의 이익이 필요하다고 한다. 이 견해는 일본과 독일의 입법례와 대체로 같다고 할 것이다.[29]

2) 부정설(법적보호이익설): 확인의 이익이 필요 없으며 취소소송에서와 같은 법률상 이익으로 족하다고 하며, 통설의 입장이다. 즉, 확인을 구할 법률상 이익이란 민사소송에서의 확인의 이익보다 넓은 개념으로 보고 취소소송의 법률상 이익과 같은 관념으로 이해하여, '확인의 이익'을 부정한다. 이 입장에서는, 현행 행정소송법상의 무효등확인소송은 처분을 다투는 항고소송이며 단지 확인소송의 성격도 지니고 있을 뿐이므로 민사소송과 다르다는 점, 현행 행정소송법은 일본·독일과 달리 무효확인소송의 보충성 등 원고적격상의 제한을 두고 있지 않고 '법률상 이익'만을 규정하고 있으므로 확인소송의 보충성이라는 민사소송법의 법리를 적용하여 원고적격의 범위를 제한할 이유가 없다는 점 등을 논거로 들고 있다.

(2) 판 례

종래의 판례는 긍정설을 취했으나(판례1), 그 후 대법원은 전원합의체판결로 판례변경을 하여

29) **일본 행정사건소송법** 제36조 무효등확인의 소는 당해 처분 또는 재결에 따른 처분에 의하여 손해를 받을 우려가 있는 자 기타 당해 처분 또는 재결의 무효 등의 확인을 구할 법률상 이익이 있는 자로서 당해 처분 또는 재결의 존부 또는 그 효력의 유무를 전제로 하는 현재의 법률관계에 관한 소에 의하여 목적을 달성할 수 없는 경우에 한하여 제기할 수 있다.
독일 행정법원법 제43조 ① 원고가 즉시확정의 정당한 이익을 가지는 경우에는 소를 통하여 법률관계의 존부 또는 행정행위의 무효확인을 청구할 수 있다. ② 확인은 원고가 형성의 소 또는 이행의 소를 통해 그의 권리를 추구할 수 있는 경우에는 구할 수 없다. 다만 행정행위의 무효확인을 구하는 경우에는 그러하지 아니한다.

부정설을 취하였다(판례2).

[판례 1] 긍정설을 취한 종래판례

"행정처분에 대한 무효확인의 소에 있어서 **확인의 이익은** 그 대상인 법률관계에 관하여 당사자 사이에 분쟁이 있고, 그로 인하여 원고의 권리 또는 법률상의 지위에 불안·위험이 있어 **판결로써 그 법률관계의 존부를 확정하는 것이 위 불안·위험을 제거하는 데 필요하고도 적절한 경우에 인정**된다."(대판 2002.6.14. 2002두1823; 대판 2001.9.18. 99두11752; 대판 1992.7.28. 92누4352 등)

[판례 2] 부정설로의 판례변경

"행정소송은 행정청의 위법한 처분 등을 취소·변경하거나 그 효력 유무 또는 존재 여부를 확인함으로써 국민의 권리 또는 이익의 침해를 구제하고 공법상의 권리관계 또는 법 적용에 관한 다툼을 적정하게 해결함을 목적으로 하므로, 대등한 주체 사이의 사법상 생활관계에 관한 분쟁을 심판대상으로 하는 민사소송과는 목적, 취지 및 기능 등을 달리한다. 또한 행정소송법 제4조에서는 무효확인소송을 항고소송의 일종으로 규정하고 있고, 행정소송법 제38조 제1항에서는 처분 등을 취소하는 확정판결의 기속력 및 행정청의 재처분 의무에 관한 행정소송법 제30조를 무효확인소송에도 준용하고 있으므로 무효확인판결 자체만으로도 실효성을 확보할 수 있다. 그리고 무효확인소송의 보충성을 규정하고 있는 외국의 일부 입법례와는 달리 우리나라 행정소송법에는 명문의 규정이 없어 이로 인한 명시적 제한이 존재하지 않는다. 이와 같은 사정을 비롯하여 행정에 대한 사법통제, 권익구제의 확대와 같은 행정소송의 기능 등을 종합하여 보면, **행정처분의 근거 법률에 의하여 보호되는 직접적이고 구체적인 이익이 있는 경우에는 행정소송법 제35조에 규정된 '무효확인을 구할 법률상 이익'이 있다고 보아야 하고, 이와 별도로 무효확인소송의 보충성이 요구되는 것은 아니므로 행정처분의 무효를 전제로 한 이행소송 등과 같은 직접적인 구제수단이 있는지 여부를 따질 필요가 없다고 해석함이 상당하다.**"(대판 2008.3.20. 2007두6342 전원합의체 판결, 하수도원인자부담금부과처분취소)

(3) 결 어

확인의 이익을 요하지 않는다는 부정설이 타당하다. 즉, 행정소송법은 무효등확인소송을 항고소송의 하나의 독립된 형태로 인정하고 있고, 원고적격에 제한을 두고 있지 아니하며, 무효확인판결 자체만으로도 판결의 기속력 등에 의하여 그 실효성 확보가 가능하다. 그리고 행정처분의 무효는 흔히 있는 현상이 아니기 때문에 무효확인소송의 보충성을 요구하지 않는다고 하여 남소 가능성이 커진다고 단정하기 어려울 뿐만 아니라 무효확인소송의 보충성을 요구하지 않는 것이 행정소송의 목적을 달성할 수 있고 소송경제 등의 측면에서도 타당하며 국민의 권리구제 측면에서 소의 이익을 확대하는 것이 바람직하기 때문이다.

3. 소의 대상

무효등확인소송의 대상은 행정청의 처분 또는 재결이다. 그러므로 무효등확인소송의 대상도 위에서 본 취소소송의 대상과 같으나, 청구의 취지가 다를 뿐이다.

4. 재판관할

무효등확인소송의 재판관할은 취소소송에 관한 규정을 준용한다(동법 9, 38①). 또한 취소소송에서 관련청구소송의 병합에 관한 규정도 준용한다(동법 10, 38①)

5. 제소기간 및 전심절차

무효등확인소송에는 제소기간의 제한이 없다(동법 38①). 이는 무효등확인소송에는 기간의 경과로 당해 처분이나 재결의 효력 또는 존재에 실체적으로 영향을 미칠 것이 없기 때문이다. 그러나 무효선언을 구하는 취소소송의 형식으로 제기하는 경우에는 제소기간의 적용을 받는다.

또한 전심절차도 무효등확인소송에는 준용되지 않는다. 따라서 행정심판전치주의가 인정되는 경우에도 무효등확인소송은 이를 거치지 않고 제기할 수 있다.

6. 청구의 이송·병합 및 소의 변경 등

취소소송의 관련청구소송의 이송과 병합 및 소의 변경에 관한 규정은 무효등확인소송에 준용한다(동법 38①).

7. 가구제

취소소송의 집행정지에 관한 규정은 무효등확인소송에 준용한다(동법 23,24, 38①). 무효인 처분은 공정력이 부인되어 처음부터 효력이 없는 것이므로 집행정지를 시킬 처분의 효력·집행·절차의 속행이 없다고 할 것이나, 무효인 처분도 처분으로서의 외관이 존재하고, 무효와 취소의 구별이 반드시 명확하다고 할 수 없다는 점에서 집행정지규정을 준용하도록 하였다고 할 수 있다.

Ⅲ. 소송의 심리

1. 심리의 범위 등

심리의 내용과 범위 및 방법 등은 취소소송과 특별히 다르지 않다. 따라서 취소소송의 경우와 같다고 할 수 있는 바, 행정심판기록의 제출명령(동법 25) 및 직권심리주의(동법 26)에 관한 규정을 준용한다(동법 38①).

2. 입증책임

무효등확인소송의 입증책임에 관해서 견해가 나뉘고 있다.

(1) 학 설

1) **원고책임설:** 무효등확인소송은 취소소송과 소송형식상 차이가 있으며 취소소송에 대한 예외적인 것이라는 점에서 원고가 입증책임을 져야 한다는 견해이다.

2) **취소소송과 동일설:** 무효등확인소송도 항고소송으로서 처분의 위법성을 다투는 것이므로 취소소송과 다를 바 없고, 하자의 중대·명백성은 법적 평가의 문제이지 입증의 대상이 되는 사실문제가 아니라고 한다. 따라서 취소소송의 경우와 마찬가지로 입증책임을 분배해야 한다는 견해이다.

(2) 판 례

판례는 "행정처분의 당연무효를 주장하여 그 무효확인을 구하는 행정소송에 있어서는 원고에게 그 행정처분이 무효인 사유를 주장·입증할 책임이 있다."고 하여 원고책임설을 취하고 있다(대판 2010.5.13. 2009두3460; 대판 2000.3.23. 99두11851 등).

(3) 결 어

무효등확인소송은 항고소송의 일종으로서 적법성 여부의 심리라는 점에서 취소소송과 다를 바 없으며 위법성의 중대성은 법해석 내지 경험칙에 의하여 판단될 사항이기 때문에 입증책임의 문제와 직접 관계되지 아니한다. 뿐만 아니라 취소소송에서 보다도 해당 처분 등의 법적합성에 대한 의문이 더 강하기 때문에 취소소송의 경우와 동일하다고 하겠다.

Ⅳ. 소송의 판결

1. 판결의 종류

무효등확인소송의 판결의 종류는 취소소송의 경우와 같다. 다만, 취소소송의 **사정판결**에 관한 규정을 준용한다는 규정이 없는 바, 그 준용여부에 관해 견해가 나뉜다. 즉, ① 무효와 취소의 구별이 상대적이고 사정판결이 반드시 원고에게 불리한 것만은 아니라는 점에서 사정판결을 인정해야 한다는 **긍정설**과, ② 행정소송법상 무효등확인소송에 준용규정이 없고, 무효인 처분은 사정판결로 존치시킬 처분의 효력이 없다고 하는 **부정설**이 있다. **판례**는 "당연무효의 행정처분을 소송목적물로 하는 행정소송에서는 존치시킬 효력이 있는 행정행위가 없기 때문에 행정소송법 제28조 소정의 사정판결을 할 수 없다."고 판시하여 부정설을 취한다.[30)]

생각건대, 판례와 다수설의 입장인 부정설의 논거가 타당하다.

2. 판결의 효력

취소소송의 판결의 효력과 같다. 취소판결의 제3자효나 기속력도 발생한다(동법 29, 30, 38①). 따라서 재처분의무도 발생하나(동법 30②, 38①). 간접강제는 인정되지 않는다(동법 38①).

[판 례] 재처분의무는 인정되나 간접강제는 부인

"행정소송법 제38조 제1항이 무효확인 판결에 관하여 취소판결에 관한 규정을 준용함에 있어서 같은 법 제30조 제2항을 준용한다고 규정하면서도 같은 법 제34조는 이를 준용한다는 규정을 두지 않고 있으므로, 행정처분에 대하여 **무효확인 판결이 내려진 경우**에는 그 행정처분이 거부처분인 경우에도 행정청에 판결의 취지에 따른 **재처분의무가 인정될** 뿐 그에 대하여 **간접강제까지 허용되는 것은 아니라고 할 것**이다."(대판 1998.12.24, 98무37)

30) 대판 1996. 3.22. 95누5509; 대판 1992.11.10. 91누8227; 대판 1991.10.11. 90누9926; 대판 1987.3.10. 84누158.

제3항 부작위위법확인소송

Ⅰ. 개 설

1. 의 의

부작위위법확인소송(不作爲違法確認訴訟)이란 행정청의 부작위가 위법하다는 것을 확인하는 소송을 말한다[동법 4(3)]. 즉, 행정청이 당사자의 신청에 대하여 상당한 기간 내에 일정한 처분을 할 법률상의 의무가 있음에도 불구하고 이를 하지 않은 것에 대한 위법확인을 구하는 소송이다.

우리 행정소송법은 외국의 입법례에서 보는 바와 같은 의무이행소송(예; 독일의 의무화소송 및 영미의 직무집행명령)을 인정하고 있지는 않으나, 부작위위법확인소송의 판결의 기속력으로서의 재처분의무와 간접강제를 인정함으로써 그 실효성을 보장하고 있다.

2. 성 질

부작위위법확인소송은 행정청이 일정한 처분을 하여야 할 법적 의무가 있음에도 불구하고 이를 하지 않음으로 인한 위법한 법상태가 외부화·현실화된 경우에 그 위법함을 확인받기 위한 것이므로 **확인소송**으로서의 성질을 가진다고 할 것이다. 그러므로 부작위위법확인소송에서의 판결은 행정청의 특정한 부작위의 위법 여부를 확인하는 데 있으며, 적극적으로 행정청에 대하여 일정한 처분을 할 의무를 직접 명하는 것은 아니다.

3. 소송물

부작위위법확인소송의 소송물은 해당 소송의 대상인 부작위의 위법성이다. 이 점은 같은 부작위소송이라도 의무이행소송인 경우에는 일정한 행위의무의 존재가 소송물이 되는 것과 다르다.

Ⅱ. 소의 제기

1. 원고적격

부작위위법확인소송은 처분의 신청을 한 자로서 부작위의 위법의 확인을 구할 법률상의 이익이 있는 자만이 원고적격이 있다(동법 36). 따라서 원고적격을 갖기 위해서는 현실적으로 일정한 처분의 신청을 하여야 하며, 위에서 본 바와 같은 법률상 이익이 있어야 한다.

(1) 처분의 신청

원고적격이 인정되기 위해서는 우선 현실적으로 신청이 존재해야 한다. 신청을 하지 아니한 자는 비록 신청권이 인정되는 자라 하더라도 원고적격을 가진다고 할 수 없다.

(2) 신청권의 존부

신청 이외에 신청권의 유무에 대하여, ① 일정한 처분을 신청하면 되고 신청권여부는 문제되지 않는다는 **불필요설**과, ② 신청인에게 법규상 또는 조리상 신청권이 있어야 한다는 필요설로 나뉜다. **판례**는 "당사자가 행정청에 대하여 어떠한 행정행위를 하여 줄 것을 요구할 수 있는 법규상 또는 조리상 권리를 갖고 있지 아니한 경우에는 원고적격이 없다."고 하여 신청권의 필요설의 입장을 취하고 있다(대판 2007.10.26. 2005두7853; 대판 2000.2.25. 99두11455 등).

생각건대, 원고적격은 권리 내지 법률상 이익이 있을 것을 요건으로 하기 때문에 단순히 신청한 것만으로는 부족하고 법규상 또는 조리상 신청권이 있어야 한다는 점에서 다수설과 판례의 입장인 필요설이 타당하다.

[판 례] 조리상 신청권의 인정

"지방자치단체장이 공장시설을 신축하는 회사에 대하여 사업승인 내지 건축허가 당시 부가하였던 조건에 따른 이행을 하고 이를 증명하는 서류를 제출할 때까지 신축공사를 중지하라는 공사중지명령에 있어서는 그 명령의 내용 자체로 또는 그 성질상으로 명령 이후에 그 원인사유가 해소되는 경우에는 잠정적으로 내린 당해 공사중지명령의 해제를 요구할 수 있는 권리를 위 명령의 상대방에게 인정하고 있다고 할 것이므로, 위 회사에게는 조리상으로 그 해제를 요구할 수 있는 권리가 인정된다고 할 것이다."(대판 1997.12.26. 96누17745; 대판 2007.05.11. 2007두1811)

(3) 법률상 이익

법률상 이익은 취소소송의 그것과 같다고 할 것이다. 따라서 공익만을 위한 것이 아니라 나아가 개인의 이익도 보호하는 경우는 법률상 이익에 포함된다.

(4) 협의의 소익

부작위위법확인소송은 확인소송이라는 점에서 확인의 이익이 필요하다(판례1). 따라서 부작위위법확인소송의 계속 중 부작위상태가 해소되거나, 당사자의 신청이 있은 이후 사정변경으로 부작위위법확인을 받는다고 하더라도 종국적으로 침해되거나 방해받은 권리·이익을 보호·구제받는 것이 불가능하게 되었다면 그 부작위위법확인을 구할 이익이 없다고 하겠다(판례2,3).

[판례 1] 확인의 이익 필요

"행정처분의 부존재확인소송은 **행정처분의 부존재확인을 구할 법률상 이익이 있는 자만이 제기할 수 있고**, 여기에서의 **법률상 이익은 원고의 권리 또는 법률상 지위에 현존하는 불안·위험이 있고 이를 제거함에는 확인판결을 받는 것이 가장 유효적절한 수단일 때 인정되는 것**이다."(대판 2002.12.27. 2001두2799 등)

[판례 2] 부작위위법확인소송의 취지 및 부작위상태의 해소의 경우 소익 상실

"부작위위법확인의 소는 행정청이 국민의 법규상 또는 조리상의 권리에 기한 신청에 대하여 상당한 기간내에 그 신청을 인용하는 적극적 처분 또는 각하하거나 기각하는 등의 소극적 처분을 하여야 할 법률상의 응답의무가 있음에도 불구하고 이를 하지 아니하는 경우, 판결(사실심의 구두변론 종결)시를 기준으로 그 부작위의 위법을 확인함으로써 행정청의 응답을 신속하게 하여 부작위 내지 무응답이라고 하는 소극적인 위법상태를 제거하는 것을 목적으로 하는 것이고, 나아가 당해 판결의 구속력에 의하여 행정청에게 처분 등을 하게 하고 다시 당해 처분 등에 대하여 불복이 있는 때에는 그 처분 등을 다투게 함으로써 최종적으로는 국민의 권리이익을 보호하려는 제도이므로, **소제기의 전후를 통하여 판결시까지 행정청이 그 신청에 대하여 적극 또는 소극의 처분을 함으로써 부작위상태가 해소된 때에는 소의 이익을 상실하게 되어 당해 소는 각하를 면할 수가 없는 것이다.**"(대판 1990.9.25. 89누4758 등)

[판례 3] 침해된 권익구제가 불가능한 경우 소의 이익 부인

"… 당사자의 신청이 있은 이후 당사자에게 생긴 사정의 변화로 인하여 위 **부작위가 위법하다는 확인을 받는다고 하더라도 종국적으로 침해되거나 방해받은 권리와 이익을 보호·구제받는 것이 불가능하게 되었다면 그 부작위가 위법하다는 확인을 구할 이익은 없다.**"(대판 2002.6.28. 2000두4750 등)

2. 소의 대상

부작위위법확인소송의 대상은 행정청의 부작위이다.

(1) 부작위의 의의

부작위위법확인소송의 대상으로서의 부작위(不作爲)란 "행정청이 당사자의 신청에 대하여 상당한 기간 내에 일정한 처분을 하여야 할 법률상 의무가 있음에도 불구하고 이를 하지 아니하는 것을 말한다"[행정소송법 2①(2)]. 이 소송은 신청의 방치나 사무처리의 지연으로 인한 개인의 권익침해를 구제하고 사무처리를 촉진하려는 것이다.

(2) 부작위의 성립요건

1) 당사자의 신청

(가) 신청의 존재: 부작위가 성립하기 위해서는 먼저 당사자의 신청이 있어야 한다. 그런데 신청은 단순히 사실행위로서의 신청을 의미하는지 신청권을 의미하는지 문제되는 바, 견해가 나뉜다.

(a) 대상적격설: 신청권을 형식적 의미로 이해하고 처분성 인정의 문제라고 하거나, 행정소송법상 부작위의 성립요건으로 '일정한 처분을 하여야 할 법률상 의무가 있을 것'을 요구하고 있으므로(동법 2①(2)) 이에 대응하여 신청권이 필요하다는 견해이다.[31]

(b) 원고적격설: 행정소송법상 부작위의 개념에 신청권이 포함되지 않았고, 신청권을 부작위의 요소로 보면 부작위의 개념을 부당하게 제한하여 사인의 권리보호의 이념에 반하므로 원고적격의 문제로 보아야 한다는 견해이다.[32]

(c) 이유유무설: 부작위의 존재는 신청만으로 족하고 처분의무는 원고의 주장사실로 인정되며 신청권 또는 처분의무의 존재여부는 본안에서 판단할 문제라고 하는 견해이다.[33]

(d) 판 례: 판례는 신청권의 문제를 대상적격의 문제로 보는 동시에 원고적격의 문제로 본다.

[판 례] 신청권이 없으면 원고적격이나 부작위가 불성립

"부작위위법확인소송은 처분의 신청을 한 자로서 부작위의 위법의 확인을 구할 법률상 이익이 있는 자만이 제기할 수 있는 것으로서(행정소송법 제36조) 당사자가 행정청에 대하여 어떤 행정행위를 하여 줄 것을 신청하지 아니하였거나 **당사자가 그러한 행정행위를 하여 줄 것을 요구할 수 있는 법규상 또는 조리상의 권리를 가지고 있지 아니하는 등의 경우에는 원고적격이 없거나 항고소송의 대상인 위법한 부작위가 있다고 할 수 없어 그 부작위위법확인의 소는 부적법하다**고 할 것이다."(대판 1999.12.7. 97누17568; 대판 2007.10.26. 2005두7853)

31) 김남진·김연태(Ⅰ), 998면; 박균성(강의), 743면.
32) 정하중(개론), 831면; 홍정선(상), 1239면.
33) 홍준형, 1039면.

(e) **결 어**: 행정소송법은 신청권을 부작위의 개념에 포함시키지 않고 있는데, 신청권을 부작위의 요소로 하면 부당하게 부작위의 개념을 제한하게 된다. 또한 부작위의 성립요소인 '처분을 할 법률상 의무'는 신청권에 대응한 의무가 아니라 신청권과 관계없이 행정청에게 과하여진 추상적 의무라고 할 것이다. 따라서 신청권의 존부는 원고적격의 문제로 봄이 타당하다.

(나) 신청의 내용: 신청의 내용은 행정청에 대하여 항고소송의 대상인 '처분'을 요구하는 것이어야 한다. 비권력적 사실행위나 사경제적 계약체결 등을 구하는 신청에 대한 무응답은 부작위위법확인소송의 대상인 부작위가 될 수 없다.

(다) 신청의 요건: 신청의 요건의 적법여부는 문제되지 아니하며, 실체법상의 신청권에 의하여 실제로 신청한 것으로 족하고 그 신청이 절차상으로 적법할 것을 요하지는 아니한다. 신청의 요건을 결했더라도 행정청은 이를 무시하여 응답하지 않아도 되는 것이 아니고 보정을 명하거나 각하해야 하는 것이므로 신청의 접수를 거부하거나 신청서를 반려하더라도 일단 신청서가 행정청에 도달되어 있다면 신청행위는 존재한다고 할 것이다.

2) 상당한 기간: 부작위가 되기 위해서는 행정청이 일정한 처분을 하여야 할 상당한 기간이 지나도 아무런 처분을 하지 아니한 상태가 존재하여야 한다. 여기서 '상당한 기간'이란 사회통념상 해당 신청에 대한 처분을 하는데 필요한 것으로 인정되는 기간을 말하는 바, 해당 처분이나 재결의 성질·내용, 동종사안에 대한 종래의 처리경험, 그 밖에 법령의 규정 등을 종합적으로 참작하여 구체적으로 타당한 판단을 하여야 한다.

3) 처분을 할 법률상 의무의 존재: 처분을 하여야 할 법률상 의무가 있음에도 불구하고 처분을 하지 않는 것이 부작위인 바, 법률상 의무는 법령의 명문규정상의 의무만이 아니라 법령의 취지나 처분의 성질로 보아 구속적 행위에 해당하는 경우도 포함된다. 이러한 법률상 의무에는 기속행위뿐만 아니라 재량행위인 경우에도 재량권이 수축된 때에는 성립할 수 있다. 또한 법률상 의무는 반드시 당사자의 신청권에 대응한 의무만을 의미하는 것은 아니고 신청권과 관계없이 행정청의 의무로 과하여진 경우에도 포함된다.

4) 처분의 부존재: 부작위는 행정청의 적극적 또는 소극적 처분으로 볼 만한 외관자체가 존재하지 아니하는 상태를 말한다. 따라서 외관적 존재가 있는 무효인 행정행위 및 법령이 일정한 상태에서의 부작위를 거부처분으로 의제한 때(간주거부)에는 행정소송의 대상인 부작위가 성립되지 아니한다.

[판 례] 부작위의 성립요건

"행정청이 행한 공사중지명령의 상대방은 그 명령 이후에 그 원인사유가 소멸하였음을 들어 행정청에게 공사중지명령의 철회를 요구할 수 있는 조리상의 신청권이 있다 할 것이고, 상대방으로부터 그 신청을 받은 행정청으로서는 상당한 기간 내에 그 신청을 인용하는 적극적 처분을 하거나 각하 또는 기각하는 등의 소극적 처분을 하여야 할 **법률상의 응답의무**가 있다고 할 것이며, **행정청이 상대방의 신청에 대하여 아무런 적극적 또는 소극적 처분을 하지 않고 있는 이상 행정청의 부작위는 그 자체로 위법**하다고 할 것이고, 구체적으로 그 신청이 인용될 수 있는지 여부는 소극적 처분에 대한 항고소송의 본안에서 판단하여야 할 사항이라고 할 것이다."(대판 2005.04.14. 2003두7590, 공사중지명령철회신청거부처분위법확인)

3. 제소기간

(1) 행정심판을 거친 경우

취소소송의 제소기간에 관한 규정이 준용된다(동법 20, 38②). 따라서 예외적인 행정심판전치주의가 규정되어 행정심판을 거친 경우에는 재결서 정본을 송달받은 날이 안 날이라고 할 수 있으므로 그 때부터 90일 이내에 부작위위법확인소송을 제기하여야 한다.

(2) 행정심판을 거치지 않은 경우

행정심판을 거치지 않은 경우에도 제소기간에 관한 규정이 준용되는지에 대해 견해가 나뉘고 있다.

1) 긍정설: 취소소송의 제기기간의 준용규정을 근거로 행정법관계의 신속한 안정을 위해 제소기간 제한을 인정한다. 즉, 당사자의 신청 후 상당한 기간이 경과하면 처분이 있는 것으로 보고 그 때부터 1년 이내에 제소할 수 있다고 본다.

2) 부정설: 부작위상태가 계속되는 한 언제라도 소를 제기할 수 있고 부작위상태가 해소되면 소의 이익이 소멸되는 소송이므로 원칙적으로 제소기간의 제한을 받지 않는다고 한다. 또한 긍정설에서 처분이 있은 때라는 상당한 기간 자체가 불확정 개념이고, 부작위에 대한 의무이행심판의 경우 심판청구기간의 제한이 없다(행정심판법 27⑦)는 점도 근거로 든다.

3) 판 례: 판례는 부정설을 취하며, 제소기간 준용규정은 전심절차를 거친 경우에 적용된다고 한다.

[판 례] 제소기간 준용규정은 전심절차를 거친 경우에 해당

"부작위위법확인의 소는 부작위상태가 계속되는 한 그 위법의 확인을 구할 이익이 있다고 보아야 하므로 원칙적으로 **제소기간의 제한을 받지 않는다.** 그러나 행정소송법 제38조 제2항이 제소기간을 규정한 같은 법 제20조를 부작위위법확인소송에 준용하고 있는 점에 비추어 보면, 행정심판 등 **전심절차를 거친 경우에는 행정소송법 제20조가 정한 제소기간 내에 부작위위법확인의 소를 제기하여야** 한다."(대판 2009.7.23. 2008두10560 등)

4) 결 어: 부정설이 타당하다고 보며, 위 취소소송의 제소기간의 준용규정은 필요적 전치가 적용되는 처분의 부작위위법확인소송에 적용되는 것이라고 할 것이다.

4. 재판관할 · 전심절차 등

취소소송의 재판관할(행정소송법 9) 및 행정심판과의 관계(동법 18)에 관한 규정 등은 부작위위법확인소송에 준용한다(동법 38②).

5. 소의 변경

취소소송의 소의 변경에 관한 행정소송법 제21조는 부작위위법확인소송의 경우에도 준용한다

(동법 37). 이 경우 당초 소의 종류의 선택이 잘못된 경우와 소송계속 중 처분변경으로 인한 경우가 있다.

(1) 소의 종류의 선택이 잘못된 경우

당초 부작위위법확인소송의 선택이 잘못된 경우에는 취소소송 등 다른 소의 종류로 변경이 가능하다. 이 경우 제소기간은 제37조와 제21조 제4항 및 제14조 제4항에 따라 당초의 소제기시를 기준으로 한다. 따라서 당초 부작위위법확인소송 제기시 취소소송의 제기기간 내 이었다면 그 후 부작위위법확인소송 계속 중 취소소송으로의 소변경은 적법하다.

(2) 소 계속 중 거부처분이 있는 경우

처분변경으로 인한 소의 변경(동법 22)에 관해서는 준용규정이 없다. 이에 따라 부작위위법확인소송 계속 중 거부처분이 있는 경우 **거부처분취소소송으로 소변경**이 가능한지에 대해 견해가 나뉜다. 즉, ① 행정소송법 제38조 제2항의 부작위위법확인소송의 준용규정에 제22조의 처분변경으로 인한 소변경이 없다는 이유로 부정하는 **부정설**과, ② 동법 제37조에 따라 제21조의 소의 종류의 변경을 할 수 있으므로 가능하다는 **긍정설**이 그것이다. **판례**는 "부작위위법확인소송의 계속중 소극적 처분이 있게 되면 부작위위법확인의 소는 소의 이익을 잃어 부적법하게 되고 이 경우 소극적 처분에 대한 취소소송을 제기하여야 하는 등 부작위위법확인의 소는 취소소송의 보충적 성격을 지니고 있으며"(대판 2009.7.23. 2008두10560)라고 판시하여 긍정설의 입장을 취하고 있다.

생각건대, 처분변경에 따른 것이기는 하나 소의 종류의 변경이므로 동법 제21조에 **따라 소변경**이 가능하다고 봄이 타당하다. 이 경우 제소기간은 동법 제22조의 준용이 없으므로 제20조에 따라 거부처분이 있은 것을 안 날부터 90일 이내 그리고 사실심변론종결 전까지라고 할 것이다.

Ⅲ. 소송의 심리

1. 심리의 범위

부작위위법확인소송의 심리범위에 대하여는 법원이 부작위의 위법 여부만이 아니라 신청의 실체적인 내용의 이유유무까지 심리할 수 있는지에 대해 견해가 나뉜다.

(1) 학 설

1) 절차적 심리설(소극설): 이는 부작위의 위법여부만 심사하여야 한다는 입장이다. 부작위위법확인소송은 의무이행소송과는 달리 무응답으로 방치된 위법한 법상태를 제거하는 것이고 행정청이 행할 처분의 내용까지 심리 · 판단할 수 없다는 것이다(다수설).

2) 실체적 심리설(적극설): 이는 부작위의 위법여부뿐만 아니라 신청의 실체적 내용도 이유있는지 심리하여야 한다는 입장이다. 이렇게 하는 것이 행정청이 '판결의 취지'(동법 30②)에 따르는 처분의무를 이행하는 요건이 된다는 것이다.

(2) 판 례

판례는, "부작위위법확인의 소는 … 부작위의 위법을 확인함으로써 행정청의 응답을 신속하게 하여 부작위 내지 무응답이라고 하는 소극적인 위법상태를 제거하는 것을 목적으로 하는 것이고"라고 판시하여(대판 1992.7.28, 91누7361 등), 절차적 심리설을 취한다.

(3) 결 어

실체적 심리설이 타당하다고 보는 바, 부작위의 위법여부만이 아니라 신청의 실체적 내용까지 심리・판단함으로써 판결의 기속력에 따른 재처분의무의 실효성이 발휘될 수 있어 권리구제의 실효성을 기할 수 있다.

2. 입증책임

부작위위법확인소송에서는 일정한 처분의 신청을 한 자만이 원고적격을 가지기 때문에 그 신청한 것에 대한 입증책임은 원고가 지며, '상당한 기간'의 경과를 정당화할 만한 특별한 사유에 대하여는 피고인 행정청이 입증책임을 진다.

Ⅳ. 소송의 판결

1. 위법판단의 기준시

부작위위법확인소송의 경우에는 처분이 존재하지 아니하므로 처분시설이 성립될 수 없다. 다만, 부작위의 성립요건인 「상당한 기간」의 경과를 판단하는 시점에 관하여, ① 소제기시에 부작위의 성립요건인 상당한 기간이 경과되었어야 한다는 **소제기시설**과, ② 부작위의 위법이 인정되기 위해서는 소제기시에 상당한 기간이 경과했을 필요는 없고 판결이 있을 때까지 경과해 있으면 충분하다는 **판결시설**로 견해가 나뉜다. ③ **판례**는 판결시설을 취한다(판례).

생각건대, 이미 행해진 처분의 위법을 다투는 취소소송과 달리 부작위위법확인소송은 현재의 위법상태를 기초로 하여 다투는 것이므로 판결시설이 타당하다.

[판 례] 부작위위법여부 판단기준시는 구두변론종결시

"부작위 위법 여부의 판단 기준시는 사실심의 구두변론종결시이므로 행정청이 원심판결선고 이후에 위 신고인의 위 신청에 대하여 거부처분을 함으로써 부작위 상태가 해소되었다 하더라도 달리 볼 것은 아니다."(대판 1999.4.9. 98두12437)

2. 판결의 종류

취소소송의 판결의 종류와 같으나, 취소소송의 사정판결에 관한 규정은 준용되지 아니한다.

3. 판결의 효력

(1) 일반적 효력

부작위위법확인소송의 성질은 확인소송이므로 형성력이 생기지 않는 점만 제외하면 취소소송의 경우와 같은 효력이 인정된다. 따라서 부작위위법확인판결이 확정되면 해당 행정청은 판결의 취지에 따라 원래의 신청에 대한 처분을 하여야 한다(동법 30②). 그러므로 당사자가 처분을 받기 위해 신청을 다시 할 필요는 없다.

(2) 재처분의무의 의미

부작위위법확인 판결에서 재처분의무의 의미가 무엇인지에 관하여 부작위위법확인소송의 심리범위에 관련하여 견해가 나뉜다.

1) 학 설

(가) 형식적 응답의무설(소극설): 이는 부작위위법확인소송의 심리는 부작위의 위법여부만 심사하여야 한다는 절차적 심리설의 입장에서, 판결의 기속력은 행정청에게 응답의무가 있다는 점에만 미친다고 본다. 따라서 부작위상태를 해소하기만 하면 되므로 이전 신청에 대한 거부처분을 하여도 기속력에 반하지 않는다고 본다.

(나) 실체적 특정처분의무설(적극설): 이는 부작위위법확인소송의 심리는 부작위의 위법여부만이 아니라 신청의 실체적 내용도 이유 있는지를 심리하여 행정청의 처리방향까지 제시하여야 한다는 실체적 심리설의 입장이다. 즉, 기속행위의 경우 법원은 부작위가 위법하다는 점과 이에 따라 신청에 따른 특정처분을 하도록 판시해야 하고, 재량행위의 경우 재량하자로 인한 부작위의 위법성을 적시하여 하자 없는 재량행사를 이행하도록 판시해야 한다고 한다.

2) 판 례: 판례는 형식적 응답의무설을 취하고 있다.

[판 례] 부작위 위법 확인에 의해 무응답상태 제거

"부작위위법확인의 소는 행정청이 국민의 법규상 또는 조리상의 권리에 기한신청에 대하여 상당한 기간 내에 그 신청을 인용하는 적극적 처분을 하거나 또는 각하 내지 기각하는 등의 소극적 처분을 하여야 할 법률상의 응답의무가 있음에도 불구하고 이를 하지 아니하는 경우 판결시를 기준으로 그 **부작위의 위법함을 확인함으로써 행정청의 응답을 신속하게 하여 부작위 내지 무응답이라고 하는 소극적인 위법상태를 제거하는 것을 목적으로 하는 것**이고, 나아가 당해 판결의 구속력에 의하여 행정청에게 처분등을 하게 하고, 다시 당해 처분등에 대하여 불복이 있는 때에는 그 처분등을 다투게 함으로써 최종적으로는 국민의 권리이익을 보호하려는 제도이다."(대판 2002. 6.28. 2000두4750)

3) 결 어: 통설과 판례의 입장인 형식적 응답의무설에 의하면 행정청은 '판결의 내용'을 존중하면 되는 것이고, 반드시 신청한 내용대로 처분을 하여야 하는 것은 아니다. 그러나 거부처분 등 부작위의 상태만 해소하면 된다는 형식논리적 해석은 거부 등의 처분이 없는 상태에서 택할 수밖에 없는 소송형태인 부작위위법확인소송의 권리구제기능을 무력화할 우려가 있는 것이며, "판결의 취지에 따라 원래의 신청에 대한 처분을 하여야 한다"는 행정소송법 제30조 제2항의 취지에도 맞지 않는다고 할 것이다. 신청한 내용이 기속행위인 경우에는 행정청은 선택의 여지

가 없으므로 재처분의무에 따라 신청내용의 처분을 하여야 할 것이다. 그러나 신청한 내용이 재량행위인 경우에는, 신청한 내용의 특정처분을 해야 하는 의무이행판결과 달리 재량권의 범위 내에서 거부처분 등 부작위해소를 위한 다양한 선택의 재량행사가 가능하다고 본다.

(3) 간접강제

부작위위법확인소송에도 거부처분취소판결의 간접강제의 규정이 준용된다(동법 38②). 따라서 행정청이 부작위위법확인판결을 받고도 신청에 따른 처분을 하지 아니하는 때에는 당사자는 제1심 수소법원에 간접강제를 신청할 수 있다.

[판 례] 부작위위법확인판결 후 거부처분을 하였다면 간접강제신청의 요건 결여

"피신청인이 신청인의 광주광역시 지방부이사관 승진임용신청에 대하여 아무런 조치를 취하지 아니하는 것 자체가 위법함을 확인하는 것일 뿐이다. 따라서 피신청인이 신청인을 승진임용하는 처분을 하는 경우는 물론이고, 승진임용을 **거부하는 처분을 하는 경우에도 위 확정판결의 취지에 따른 처분을 하였다고 볼 것이다.** 그런데 위 확정판결이 있은 후에 피신청인은 신청인의 승진임용을 거부하는 처분을 하였다. **따라서 결국 신청인의 이 사건 간접강제신청은 그에 필요한 요건을 갖추지 못하였다.**"(대판 2010.2.5. 2009무153, 간접강제신청)

제4항 무명항고소송

1. 무명항고소송의 의의

무명항고소송(無名抗告訴訟)이란 행정소송법에 명문(明文)으로 규정된 항고소송(취소소송 · 무효등 확인소송 · 부작위위법확인소송) 이외의 항고소송을 말한다. 다시 말해 법정항고소송에 대응하여 행정소송법에 명정되고 있지 아니한 법정외항고소송이라고 하겠다.

2. 무명항고소송의 인정여부

현행 행정소송법은 항고소송의 종류에 관해 명문으로 규정하고 있는 바, 이 규정에 대해서는 열거규정으로 보는 견해와 예시규정으로 보는 견해가 대립하고 있다. 헌법상 보장된 기본권(자유권 · 재판청구권)과 현대행정의 복잡 · 다양화에 따른 행정구제제도의 실질화를 위하여 이 규정을 예시규정으로 보는 것이 타당할 것이며, 따라서 무명항고소송이 고려될 수 있다. 다만, 이러한 경우에도 행정소송법이 법정항고소송을 열기하고 있기 때문에 법정항고소송을 원칙으로 하고 무명항고소송은 법정항고소송에 의한 구제가 실효를 얻지 못하는 경우에만 예외적 · 보충적으로 인정할 것인지, 행정소송법상의 열기와는 관계없이 무명항고소송을 아무런 제한없이 일반적으로 인정할 것인지 다투어 질 수 있다.

3. 무명항고소송의 유형

예상할 수 있는 무명항고소송의 예로는 의무이행소송, 예방적 부작위소송, 예방적 의무확인소송, 무하자재량행사청구소송 및 단체소송 등이 있다. 의무이행소송은 정부의 행정소송법개정안(2013.3.20. 입법예고)과 대법원안(2004.10.)에 규정하고 있고, 예방적 금지소송은 정부안(2007.4.)과 대법원의 행정소송법개정안(2004.10.)에 의무이행소송과 더불어 규정하였는데 2013년 정부안에서는 삭제되었다.

4. 의무이행소송

(1) 의 의

의무이행소송(義務履行訴訟)이란 행정청의 위법한 거부처분이나 부작위에 대하여 처분을 하도록 하는 소송을 말한다(정부 개정법안 4(4)). 즉, 행정청이 개인이 신청한 행정행위에 대하여 이를 거부하거나 부작위로 방치하고 있는 경우에 신청에 따른 행정행위를 할 것을 행정청에 명하는 판결을 구하는 소송이다.

(2) 인정여부

행정소송법은 거부처분에 대해 취소소송과 부작위에 대해 부작위위법확인소송만을 규정하고 있기 때문에 의무이행소송의 인정여부에 대해 견해가 나뉘고 있다.

1) **소극설**: 이는 법원이 행정청에 갈음하여 일정한 행위를 결정하고 그것을 하도록 명하는 것은 사법권이 행정권의 고유영역을 침해하는 것이 되어 권력분립의 원칙에 반한다고 한다. 따라서 법원은 오직 확인 또는 취소의 판결만을 할 수 있을 뿐 이행판결을 할 수 없다고 한다. 그리하여 현행 행정소송법 제4조의 항고소송의 종류는 열거규정으로 보고, 동조 제1호의 '변경'은 소극적 변경인 '일부취소'로 이해한다.

2) **적극설**: 이는 사법권은 소송을 통해 개인의 권익을 보호하는 기능을 하는 것이므로 위법한 부작위에 대한 적극적인 이행판결을 하는 것이 권력분립원칙에 반하는 것은 아니라고 한다. 그리하여 행정소송법 제4조의 항고소송의 종류는 예시규정으로 보고 동조 제1호의 '변경'은 적극적 변경으로 이해하여 예시되지 않은 이행소송 등을 무명항고소송으로 인정한다.

3) **절충설(제한적 긍정설)**: 절충설에서는 행정소송법에 부작위위법확인소송을 규정하고 있으므로 의무이행소송을 전면적으로 긍정하는 것은 행정소송법의 취지에 맞지 않는다고 한다. 따라서 행정청에게 제1차적 판단권을 행사하게 할 것도 없을 정도로 처분요건이 일의적으로 정하여져 있고, 사전에 구제하지 않으면 회복할 수 없는 손해가 발생할 우려가 있으며, 다른 구제수단이 없는 경우에만 인정된다고 한다.

4) **판 례**: 판례는 "행정소송법이 행정심판법상의 의무이행심판에 대응하여 부작위위법확인소송만을 규정하고 있으므로 허용되지 않는다."고 하여 소극설의 입장을 취한다.

[판 례] 현행법상 의무이행소송 부인

"행정심판법 제3조에 의하면 행정청의 위법 또는 부당한 거부처분이나 부작위에 대하여 의무이행 심판청구를 할 수 있으나 행정소송법 제4조에서는 행정심판법상의 의무이행심판청구에 대응하여 부작위위법확인소송만을 규정하고 있으므로 행정청의 부작위에 대한 의무이행소송은 현행법상 허용되지 않는다."(대판 1989.9.12. 87누868; 대판 1992.2.11. 91누4126 등)

5) 결 어: 권력분립주의의 참뜻은 3권 상호간의 견제와 균형을 도모함으로써 권력의 남용을 막고 개인의 권리를 보장하려는 데에 있는 것이다. 그러므로 행정소송제도도 국민의 권익구제의 효과성과 실효성을 담보할 수 있어야 한다. 현행 행정소송법은 부작위위법확인소송의 인용판결의 기속력으로서 행정청의 재처분의무와 간접강제제도를 인정하여 어느 정도 의무이행소송의 목적을 달성할 수 있게 하였다. 그러나 이들 제도는 우회적인 것에 불과하므로, 직접 의무이행소송이 인정되어야 오늘날의 새로운 행정현실에 부응하는 국민의 권리구제가 실현될 수 있을 것이다. 따라서 입법적 해결이 필요하고, 다만 현행 행정소송법상으로는 제한적 긍정설의 주장과 같이, ① 행정청의 작위의무가 법률상 기속되어 있고 그 기속성이 명백하며(일의적 명백성), ② 행정청의 처분을 전혀 기대할 수 없어 그 처분을 기다릴 때에는 회복곤란한 손해가 생길우려가 있고(긴급성), ③ 법정항고소송 또는 공법상 당사자소송 등 다른 구제수단이 없는 경우(보충성)에는 인정함이 타당하다.

(3) 내 용

의무이행소송은 다음 몇 가지 이외에는 취소소송에 관한 규정을 준용한다.

1) 대상 및 원고: 의무이행소송의 대상은 거부처분 및 부작위이고, 원고는 처분을 신청한 자로서 행정청의 거부처분이나 부작위에 대해서 처분을 할 것을 구할 법적 이익이 있는 자이다(정부 개정법안 41).

2) 제소기간: 취소소송의 제기기간을 준용하나, 부작위에 대한 의무이행소송은 법령상의 처분기간이 지난 후에 제기할 수 있고, 법령상 처분기간이 정해져 있지 아니한 경우에는 특별한 사정이 없는 한 처분을 신청한 날부터 90일이 지난 후에 제기할 수 있다(동법안 42).

3) 가처분: 의무이행소송의 본안판결의 실효성을 확보하기 위한 가구제로서 가처분이 인정된다(동법안 26).

4) 판결 및 간접강제: 행정청의 거부처분이나 부작위가 위법한 때에는 거부처분을 취소함과 동시에, 행정청에게 처분의무가 있는 기속행위인 경우에는 의무이행을 선고하고(특정처분이행판결), 재량행위인 경우에는 판결의 취지를 존중하여 처분을 하도록 선고한다(일정처분이행판결)(동법안 44). 인용판결의 실효성을 확보하기 위한 간접적 의무이행강제수단으로 간접강제를 할 수 있다(동법안 46).

5. 예방적 부작위소송

(1) 의 의

예방적 부작위소송(豫防的 不作爲訴訟)이란 행정청이 장래에 위법한 처분을 할 것이 임박한 경우에 그 처분을 금지하는 소송을 말하며, 예방적 금지소송이라고도 한다. 예방적 부작위소송을 좀 더 광의로 해석하여, 행정청이 계속하여 행하고 있는 처분 또는 장래 할 것이 명백한 처분에 대하여 그 처분의 금지 또는 중지를 구하는 소송이라고도 한다.

(2) 인정여부

이의 인정여부에 대해서도 의무이행소송의 경우와 마찬가지로 견해가 나뉜다.

1) **소극설**: 이는 행정작용이 있기 이전에 장래에 있을 행정작용을 금지시키는 것은 사법권의 한계를 일탈한 것으로 권력분립의 원칙에 반하며, 무명항고소송의 형태로 인정하면 행정소송법상의 부작위위법확인소송에 관한 규정들이 사문화된다고 하여 이를 부정하는 입장이다.

2) **적극설**: 이는 사법권의 본질은 위법한 행정작용으로 인한 권리침해를 구제하는 것인바, 위법한 행정작용의 발급을 의도할 경우 그 부작위를 명하는 것은 실질적인 권력분립의 원칙에 합치하는 것이라 할 것이고, 행정소송법 제4조의 행정소송의 종류는 예시적인 것으로 보아 예방적 부작위소송을 무명항고소송의 일종으로 인정하는 입장이다.

3) **판 례**; 판례는 "행정소송법상 행정청이 일정한 처분을 하지 못하도록 그 부작위를 구하는 청구는 허용되지 않는 부적법한 소송이다."(대판 2006.05.25. 2003두11988 등)라고 하여 소극설을 취한다.

4) **결 어**: 예방적 부작위소송은 법원이 행정청에 대하여 어떤 것을 강제한다는 점에서 의무이행소송과 같지만, 현상개선의 적극적 청구가 아니라 강제의 내용이 금지라는 소극적인 것이고, 국민으로부터 현상유지를 요구받고 있을 뿐이다. 따라서 의무이행소송보다 인정하기 용이하다는 점에서 긍정설이 타당하다. 그리하여 예방적 금지소송은, ① 분쟁이 사법판단에 적합할 정도로 성숙하고 있고(성숙성), ② 사전구제를 허용하지 않으면 구제가 상당히 곤란하게 될 우려가 있다(보충성)면 이를 인정함이 바람직하다.

(3) 내 용

1) **원고적격**: 예방적 금지소송은 행정청이 장래에 일정한 처분을 할 것이 임박한 경우에 그 처분의 금지를 구할 법률상 이익이 있는 자가 사후에 그 처분의 효력을 다투는 방법으로는 회복하기 어려운 손해가 발생할 것이 명백한 경우에 한하여 제기할 수 있다(2007년 법무부안 48, 2004년 대법원안 55). 따라서 긴급성과 명백성을 요건으로 하고 있어 상당히 제한적이다.

2) **가처분**: 예방적 금지소송의 본안판결의 실효성확보를 위해 가처분이 인정된다.

3) **금지판결**: 법원은 행정청이 장래에 행할 일정한 처분이 위법하고, 그 처분을 하지 않도

록 하는 것이 상당하다고 인정하는 경우에는 행정청에게 그 처분을 하지 않도록 선고한다(위 법무부안 49, 대법원안 57).

제3관 당사자소송

Ⅰ. 개 설

1. 의 의

당사자소송(當事者訴訟)이란 행정청의 처분 등을 원인으로 하는 법률관계에 관한 소송 그 밖에 공법상의 법률관계에 관한 소송으로서 그 법률관계의 한쪽 당사자를 피고로 하는 소송을 말한다[행정소송법 3(2)]. 즉, 처분이 아니라 법률관계(금전・신분・지위 등)의 형성・존부에 관해서, 처분청과 상대방이 아니라 권리・의무의 주체인 국가・지방자치단체・사인 등이 서로 대립하는 대등한 당사자로서 다투는 소송이다.

2. 성 질

항고소송은 행정청의 우월적 지위에서 행한 공권력의 행사・불행사 등을 직접적인 불복 대상으로 하는 소송인데 대하여, 당사자소송은 그러한 공권력의 행사・불행사의 결과로서 생긴 법률관계 및 그 밖의 공법상의 법률관계를 대상으로 대등한 지위에서 행하는 소송이다. 또한 당사자소송은 공법상의 법률관계를 대상으로 하는 점에서 사법상의 법률관계를 대상으로 하는 민사소송과도 다르다.

당사자소송은 아직 유권적(有權的)인 결정이 없는 공법상의 권리관계 또는 법률관계를 다투는 쟁송이므로 시심적(始審的) 쟁송의 성질을 갖는다.

3. 취소소송 및 무효등확인소송과의 관계

(1) 취소소송과의 관계

행정처분은 비록 하자가 있더라도 당연무효의 하자가 아닌 한 공정력이 있으므로 취소소송 이외의 방법으로 그 효력을 부인할 수 없다. 따라서 위법한 과세처분에 의하여 세금을 납부한 자도 그 과세처분이 당연무효가 아닌 한 과세처분 취소소송을 제기하여야 하고, 취소소송을 제기함이 없이 바로 당사자소송으로 납부한 세금의 반환을 구하는 소송을 제기할 수 없다. 즉, 취소소송과 당사자소송은 보충적 관계에 있다.

(2) 무효등확인소송과의 관계

무효등확인소송과 당사자소송이 서로 병렬관계인지 보충관계인지에 대하여 견해가 대립되고 있다. 예컨대 과세처분이 무효인 경우 항고소송으로서 과세처분무효확인소송과 당사자소송으로서의 조세채무부존재확인소송의 관계가 문제된다. 즉, ① **보충관계설**에서는 당사자소송은 공법상의 법률관계 일반을 대상으로 하는 포괄적인 성격의 소송이므로 정형적 법률관계에 대해서 하는 정형적 소송유형인 항고소송에 의하여 해결이 곤란한 경우에만 보충적으로 적용된다고 하고, ② **병렬관계설**에서는 처분이 무효인 경우에는 공정력이 없고 누구나 어떠한 방법으로나 그 효력을 부인할 수 있는 것이므로 당사자가 선택에 따라 어느 소송이든 제기할 수 있다고 한다.

생각건대, 당연무효는 누구나 주장할 수 있는 것이므로 당사자가 유리한 소송유형을 선택할 수 있다고 보아 후설이 타당하다.

한편 판결의 제3자적 효력은 무효등확인소송에는 준용되고 있으나, 당사자소송에는 준용되고 있지 않다.

4. 종 류

(1) 실질적 당사자소송

1) 의 의: 실질적 당사자소송이란 공법상의 법률관계에 관한 소송을 말한다. 항고소송에 있어서와 같이 행정청의 권한행사를 소송물로 하는 것이 아니고, 공법상의 권리관계 내지 법률관계 그 자체를 소송물로 하는 소송이며, 민사소송에 아주 가깝다. 물론 행정청의 처분 등을 원인으로 하는 경우도 있으나, 이 경우 처분의 적법 여부는 선결문제에 그치게 된다. 당사자소송의 대부분이 이에 해당할 것이다.

2) 종 류

(가) 처분 등을 원인으로 하는 법률관계에 관한 소송: 이에는 처분 등의 무효·취소나 위법을 원인으로 하여 발생한 법률관계를 다투는 경우로서, 공법상의 부당이득반환청구소송, 공무원의 직무상 불법행위에 대한 손해배상청구소송 등이 있다.

(나) 공법상의 법률관계에 관한 소송: 이에는 공법상 계약에 관한 소송, 공법상의 지위·신분의 확인에 관한 소송, 공법상 금전지급청구를 위한 소송 및 공법상 결과제거청구소송 등이 있다.

[판 례] 공법상 계약에 관한 소송

"공법상 계약의 한쪽 당사자가 다른 당사자를 상대로 효력을 다투거나 이행을 청구하는 소송은 공법상의 법률관계에 관한 분쟁이므로 분쟁의 실질이 공법상 권리·의무의 존부·범위에 관한 다툼이 아니라 손해배상액의 구체적인 산정방법·금액에 국한되는 등의 특별한 사정이 없는 한 공법상 당사자소송으로 제기하여야 한다."(대판 2021.2.4. 2019다277133)

(2) 형식적 당사자소송

1) 의 의: 형식적 당사자소송이란 행정청의 처분이나 재결에 불복하여 제기하는 소송으로서 그 처분이나 재결을 다투지 않고 직접 그 처분이나 재결에 의하여 형성된 법률관계에 대하여

그 법률관계의 한 쪽 당사자를 피고로 하여 제기하는 소송을 말한다. 형식적 당사자소송은 실질적으로는 항고소송과 마찬가지로 처분의 효력을 다투는 것이지만, 형식적으로는 법률관계의 당사자간의 쟁송이라는 형식을 취하는 것이다. 예컨대, 특허무효심판 등 지적재산권에 관한 소송(특허법 187 단서), 방송통신위원회의 재정에 관한 소송(전기통신사업법 45) 등을 들 수 있다. 토지수용위원회의 보상금액에 대한 재결에 대하여 불복이 있을 경우 취소소송을 제기하는 일이 없이 바로 상대방 당사자를 피고로 하여 보상금액의 증감을 청구하는 경우도 그 예이다(토지보상법 85①). 이와 같이 처분이나 재결의 주체를 소송당사자로 할 것이 아니라 실질적인 이해관계자를 소송당사자로 함으로써 신속한 권리구제를 도모하고 소송절차를 간소화할 수 있다는 데에 그 필요성이 있다.

2) **인정여부:** 형식적 당사자소송이 현행법제상 인정될 수 있는지에 대하여는 견해가 대립하고 있다.

(가) 긍정설: 이는 행정소송법 제3조 제2호의 '행정청의 처분 등을 원인으로 하는 법률관계에 관한 소송으로서 그 법률관계의 한쪽 당사자를 피고로 하는 소송'에는 형식적 당사자소송이 포함되는 것으로 본다. 또한 공정력은 행정행위에 본질적으로 내재하는 것이 아니라 실정법에 의하여 뒷받침되는 것이므로 행정소송법 제3조 제2호에 따라 형식적 당사자소송을 인정하더라도 그것이 곧 공정력에 반하는 것이 아니라고 한다.

(나) 부정설: 이는 원인이 되는 처분 등을 그대로 둔 채 해당 처분의 결과로서 형성된 법률관계에 관하여 소송을 제기하여 그에 대한 법원이 심리·판단하는 것은 행정행위의 공정력 및 구성요건적 효력에 반하여, 개별법의 규정이 없는 경우에는 원고적격·제소기간 등의 소송요건도 불분명한 점이 있다고 한다.

(다) 결 어: 다수설인 부정설이 타당하다. 따라서 형식적 당사자소송은 개별 법률에서 특별히 규정된 경우에만 허용된다고 할 것이다.

Ⅱ. 소의 제기

1. 당사자적격

(1) 원고적격

당사자소송은 대등한 당사자 사이에 있어서 공법상 법률관계에 관한 소송이므로 항고소송에서와 같은 제한은 없으며, 따라서 일반 민사소송의 원고적격에 관한 규정이 준용된다(행정소송법 8②).

(2) 피고적격

당사자소송의 피고는 국가 또는 공공단체 등 권리주체가 된다(동법 39). 국가가 피고가 되는 때에는 법무부장관이 국가를 대표하고(국가를당사자로하는소송에관한법률 2), 지방자치단체가 피고가 되는 때에는 당해 지방자치단체의 장이 대표한다(지방자치법 101). 행정소송법 제39조는 피고적격을 행정주체에 한정한다는 취지가 아니므로 사인도 당사자소송의 피고가 될 수 있다(판례).

[판 례] 사인이 피고인 경우

"국토의 계획 및 이용에 관한 법률 제130조 제3항에서 정한 토지의 소유자 · 점유자 또는 관리인(이하 '소유자 등'이라 한다)이 사업시행자의 일시 사용에 대하여 정당한 사유 없이 동의를 거부하는 경우, **사업시행자는 해당 토지의 소유자 등을 상대로 동의의 의사표시를 구하는 소를 제기할 수 있다.** 이와 같은 토지의 일시 사용에 대한 동의의 의사표시를 할 의무는 '국토의 계획 및 이용에 관한 법률'에서 특별히 인정한 공법상의 의무이므로, 그 의무의 존부를 다투는 소송은 '공법상의 법률관계에 관한 소송으로서 그 법률관계의 한쪽 당사자를 피고로 하는 소송', 즉 행정소송법 제3조 제2호에서 규정한 당사자소송이라고 보아야 한다.

행정소송법 제39조는, "당사자소송은 국가 · 공공단체 그 밖의 권리주체를 피고로 한다."라고 규정하고 있다. 이것은 당사자소송의 경우 항고소송과 달리 '행정청'이 아닌 '권리주체'에게 피고적격이 있음을 규정하는 것일 뿐, **피고적격이 인정되는 권리주체를 행정주체로 한정한다는 취지가 아니므로, 이 규정을 들어 사인을 피고로 하는 당사자소송을 제기할 수 없다고 볼 것은 아니다.**"(대판 2019.9.9. 2016다262550)

2. 소의 대상

(1) 의 의

당사자소송의 대상은 행정청의 처분 등을 원인으로 하는 법률관계와 그 밖에 공법상의 법률관계이다. '행정청의 처분 등을 원인으로 하는 법률관계'란 처분 등에 의하여 발생 · 변경 · 소멸된 법률관계를 말하는 바, 예컨대 공무원면직처분이 무효인 경우 그 처분이 무효임을 전제로 당사자가 여전히 공무원으로서의 권리의무를 지니는 공무원의 지위에 있다는 법률관계의 확인을 구하는 것이 그 예이다. '그 밖에 공법상의 법률관계'란 처분 등을 원인으로 하지 않은 그 밖에 공법이 규율하는 법률관계를 말한다. 법률자체에 의하여 인정되는 공법상의 지위의 취득 · 상실에 관한 다툼이 그 예이다.

(2) 민사소송 대상과의 구분

당사자소송은 공법상의 법률관계를 대상으로 한다는 점에서 사법관계를 대상으로 하는 민사소송과 구별된다. 그런데 무엇을 기준으로 공법관계와 사법관계를 구분할 것인지에 관하여 견해가 나뉜다. 즉, ① 소송물을 기준으로 양자를 구분하는 견해(**소송물기준설**)(판례)와, ② 소송물의 전제가 되는 법률관계(원인행위)를 기준으로 구분하는 견해(**법률관계기준설**)(통설)가 대립된다. 예컨대, 무효인 과세처분에 의한 부당이득반환청구소송에서 전자에 따르면 소송물인 부당이득(사법상 채권채무관계)을 기준으로 하므로 그 소송은 민사소송이고, 후자에 따르면 부당이득의 전제가 되는 과세처분(공권력행사관계)을 기준으로 하므로 공법상 당사자소송이 된다.

생각건대, 법률관계기준설이 타당하다.

(3) 당사자소송의 예

1) 형식적 당사자소송: 형식적 당사자소송의 예로는 특허무효항고심판, 특허권존속기간의 연장등록무효항고심판, 권리범위확인항고심판 등에 관한 소송 등 지적재산권에 관한 소송(특허법

187 단서, 실용신안법 33, 상표법 85의3)과 방송통신위원회의 재정에 관한 다툼의 소(전기통신사업법 45)를 들 수 있다.

「공익사업을 위한 토지 등의 취득 및 보상에 관한 법률」 제85조 제2항에 의한 손실보상금 증감을 다투는 소송은 형식적 당사자소송과 항고소송이 결합된 독특한 형태의 소송이다.

2) 실질적 당사자소송

(가) 공법상 신분 · 지위 등의 확인소송: 공무원이나 공립학교 학생의 신분확인청구, 계약직공무원이 행정청의 일방적 채용계약해지통고의 효력을 다투는 청구, 도시재개발조합을 상대로 조합원 자격유무에 관한 확인청구 등은 당사자소송의 대상이다.

[판 례] 방송수신료 징수권한 존재여부를 다투는 소송

"수신료의 법적 성격, 피고 보조참가인(한국방송공사)의 수신료 강제징수권의 내용[구 방송법(2008. 2.29. 법률 제8867호로 개정되기 전의 것) 제66조 제3항] 등에 비추어 보면 수신료 부과행위는 공권력의 행사에 해당하므로, **피고(한국전력공사)가 피고 보조참가인으로부터 수신료의 징수업무를 위탁받아 자신의 고유업무와 관련된 고지행위와 결합하여 수신료를 징수할 권한이 있는지 여부를 다투는 이 사건 쟁송은 민사소송이 아니라 공법상의 법률관계를 대상으로 하는 것으로서 행정소송법 제3조 제2호에 규정된 당사자소송에 의하여야** 한다고 봄이 상당하다."(대판 2008.7.24. 2007다25261, 방송수신료통합징수권한부존재확인)

(나) 공법상 금전지급청구: 공무원의 보수 등 청구, 보조금의 지급 및 환급청구, 각종 사회보장 급부청구 등은 당사자소송의 대상이다. 산업재해보상보험법, 고용보험법, 공무원연금법, 군인연금법, 국가유공자예우및지원에관한법률 등 각종 사회보장관계법률은 당사자의 신청과 행정청의 인용결정에 의해 급부가 결정되나, 5 · 18민주화운동관련자보상등에관한법률에 기한 보상금청구나 석탄산업법에 의한 석탄가격안정지원금청구의 경우처럼 공법상 급부청구권이 근거법령상 행정청의 1차적 판단없이 곧바로 발생하는 것으로 해석되는 경우에는 당사자소송으로 곧바로 이행을 구할 수 있을 것이다.

[판례 1] 지방소방공무원의 지방자치단체를 상대로 한 초과근무수당지급청구

"지방소방공무원이 자신이 소속된 지방자치단체를 상대로 초과근무수당의 지급을 구하는 청구에 관한 소송은 행정소송법 제3조 제2호에 규정된 당사자소송의 절차에 따라야 한다."(대판 2013.03.28. 2012다102629, 임금)

[판례 2] 지방자치단체의 보조금반환청구

"지방자치단체가 보조금 지급결정을 하면서 일정 기한 내에 보조금을 반환하도록 하는 교부조건을 부가한 사안에서, **보조사업자에 대한 지방자치단체의 보조금반환청구는 행정소송법 제3조 제2호에 규정한 당사자소송의 대상**이라고 한 사례"(대판 2011.06.09. 2011다2951, 대여금)

[판례 3] 신청에 따른 지급결정에 불복하는 경우의 소송방법

"관계 법령의 해석상 급부를 받을 권리가 법령의 규정에 의하여 직접 발생하는 것이 아니라 급부를 받으려고 하는 자의 **신청에 따라 관할 행정청이 지급결정을 함으로써 구체적인 권리가 발생하는 경우에는,** 급부를 받으려고 하는 자는 **우선 관계 법령에 따라 행정청에 급부지급을 신청하여 행정청이 이를 거부하거나 일부 금액만 인정하는 지급결정을 하는 경우 그 결정을 대상으로 항고소송을 제기하고, 취소 · 무효확인판결의 기속력에 따른 재처분을 통하여 구체적인 권리를 인정받은 다음 비로소 공법상 당사자소송으로 급부의 지급을 구하여야 하고,** 구체적인

권리가 발생하지 않은 상태에서 곧바로 행정청이 속한 국가나 지방자치단체 등을 상대로 한 당사자소송이나 민사소송으로 급부의 지급을 소구하는 것은 허용되지 않는다."(대판 2019.6.13. 2017다277986, 277993 등)

(다) 손실보상금 청구: 관계법률에 의해 보상금청구권이 인정되나 보상금의 결정방법 등에 관해 규정이 없는 경우(소방기본법 11조의2⑤, 25④, 문화재보호법 46, 광업법 34 등) 곧바로 보상금지급청구소송을 제기할 수 있는데, 통설은 당사자소송으로 보나 판례는 민사소송으로 다루고 있다.

(라) 처분 등으로 형성된 법률관계를 다투는 소송: 과세처분무효를 전제로 한 조세채무부존재확인소송 등처럼 처분으로 형성된 법률관계 그 자체를 다투는 소송이 당사자소송에 속함에는 이론이 없다. 그러나 과세처분의 무효를 전제로 한 과오납금환급청구소송처럼 처분 등을 기초로 하면서도 처분으로 형성된 법률관계 그 자체가 아닌 다른 법률관계를 다투는 소송에 대해 판례는 민사소송이라 하고 있으며, 다만 부가가치세환급청구에 대해서는 최근 판례변경을 통해 당사자소송으로 보고 있다.

[판 례] 부가가치세환급세액지급청구는 당사자소송

"**납세의무자에 대한 국가의 부가가치세 환급세액 지급의무에 대응하는 국가에 대한 납세의무자의 부가가치세 환급세액 지급청구는 민사소송이 아니라 행정소송법 제3조 제2호에 규정된 당사자소송의 절차에 따라야 한다.** 그럼에도 이와 달리 부가가치세 환급세액의 지급청구가 행정소송이 아닌 민사소송의 대상이라고 한 대법원 1996. 4. 12. 선고 94다34005 판결, 대법원 1996. 9. 6. 선고 95다4063 판결, 대법원 1997. 10. 10. 선고 97다26432 판결, 대법원 2001. 10. 26. 선고 2000두7520 판결 등과 국세환급금의 환급에 관한 국세기본법 제51조 제1항의 해석과 관련하여 개별 세법에서 정한 환급세액의 반환도 일률적으로 부당이득반환이라고 함으로써 결과적으로 부가가치세 환급세액의 반환도 부당이득반환이라고 본 대법원 1987. 9. 8. 선고 85누565 판결, 대법원 1988. 11. 8. 선고 87누479 판결 등을 비롯한 같은 취지의 판결들은 이 판결의 견해에 배치되는 범위 내에서 이를 모두 변경하기로 한다."(대판 2013.03.21. 2011다95564 전원합의체 판결 양수금)

(마) 공법상 부당이득반환청구 및 국가배상청구: 학설은 대체로 당사자소송으로 보나, 판례는 소송물이 사법상의 금전청구권임을 이유로 민사소송으로 다루고 있다.

(바) 공법상 계약에 관한 소송: 행정주체상호간 또는 행정주체와 사인간의 공법상 계약을 둘러싼 분쟁에 관한 소는 당사자소송이다.

(사) 행정주체 상호간의 비용부담청구 등: 국가배상의 경우 내부관계에서 배상할 책임이 있는 자에게 행하는 구상금청구소송(국가배상법 6②)은 당사자소송이라 할 수 있는데 판례는 민사소송으로 보고 있다.

(아) 조합총회결의의 효력 등을 다투는 소송: 재건축조합 등 행정주체인 조합을 상대로 조합총회결의의 효력을 다투는 소송은 당사자소송이다.

[판 례] 조합총회결의의 무효확인소송 등은 당사자소송(종래 판례변경)

"행정주체인 **재건축조합을 상대로 사업시행계획 또는 관리처분계획에 관한 조합 총회결의의 효력 등을 다투는 소송은** 행정처분에 이르는 절차적 요건의 존부나 효력 유무에 관한 소송으로서 그 소송결과에 따라 행정처분의 위법 여부에 직접 영향을 미치는 공법상 법률관계에 관한 것이므로, 이는 **행정소송법상의 당사자소송에 해당**한다."(대판 2009.09.17. 2007다2428 전원합의체 판결).

3. 재판관할

당사자소송의 재판관할에 관하여는 취소소송에 관한 규정이 준용되는 것이므로(행정소송법 40), 제1심 관할법원은 행정법원이 된다. 다만, 이 경우 국가나 공공단체가 피고인 때에는 당해 소송과 구체적인 관계가 있는 관계행정청의 소재지를 피고의 소재지로 의제하여(동법 40 단서), 그 행정청의 소재지를 관할하는 행정법원의 재판관할로 한다. 당사자소송의 제1심 관할법원을 행정법원으로 한 것은 항고소송의 경우와의 균형을 고려한 것이다.

4. 제소기간

취소소송의 제소기간에 관한 규정이 준용되지 아니한다. 따라서 원칙적으로 제소기간의 제한이 없으며, 해당 권리의 시효소멸 이전에는 언제나 제기할 수 있다. 다만, 당사자소송에 관한 제소기간이 법령에 정해져 있는 경우에는 그 기간은 불변기간으로 한다(동법 41).

5. 소의 변경

취소소송의 소의 변경에 관한 규정(동법 21)은 당사자소송을 항고소송으로 변경하는 경우에 준용한다(동법 42). 또한 처분변경으로 인한 소의 변경(동법 22)도 인정된다(동법 44①).

[판 례] 항고소송을 당사자소송으로의 소변경 가능

"**원고가 고의 또는 중대한 과실 없이 당사자소송으로 제기하여야 할 것을 항고소송으로 잘못 제기한 경우에,** 당사자소송으로서의 소송요건을 결하고 있음이 명백하여 당사자소송으로 제기되었더라도 어차피 부적법하게 되는 경우가 아닌 이상, 법원으로서는 **원고가 당사자소송으로 소 변경을 하도록 하여 심리·판단하여야 한다.**"(대판 2016.05.24. 2013두14863, 명예퇴직수당지급거부처분취소)

6. 관련청구의 이송과 병합

당사자소송과 관련청구소송이 각각 다른 법원에 계속되고 있는 경우에 법원은 당사자의 신청 또는 직권에 의하여 당사자소송이 계속된 법원으로 이송할 수 있고 병합할 수 있다(동법 44②).

7. 공동소송·소송참가 등

취소소송의 피고경정(동법 14)·공동소송(동법 15)·제3자의 소송참가(동법 16)·행정청의 소송참가(동법 17)의 규정은 당사자소송에 준용한다(동법 44①).

8. 집행정지의 배제

취소소송의 집행정지에 관한 규정(동법 23, 24)은 준용되지 아니한다(동법 44). 그러나 당사자소송은 민사소송과 유사하다는 점에서 행정소송법 제8조 제2항에 따라 민사집행법상의 가처분제도가 준용된다고 볼 것이다. 가처분의 결정 또는 기각결정에 불복이 있는 경우에는 본안의 관할법원에 이의신청을 할 수 있다(민사집행법 301, 283).

[판 례] 민사소송법상의 가처분의 준용

"당사자소송에 대하여는 **행정소송법 제8조 제2항에 따라 민사집행법상 가처분에 관한 규정이 준용되므로**, 사업시행자는 민사집행법 제300조 제2항에 따라 현저한 손해를 피하기 위해 필요한 경우 '임시의 지위를 정하기 위한 가처분'을 통하여 공익사업을 신속하고 원활하게 수행할 수 있다."(대판 2019.9.9. 2016다262550)

"도시 및 주거환경정비법상 행정주체인 주택재건축정비사업조합을 상대로 관리처분계획안에 대한 조합 총회결의의 효력을 다투는 소송은 행정처분에 이르는 절차적 요건의 존부나 효력 유무에 관한 소송으로서 소송결과에 따라 행정처분의 위법 여부에 직접 영향을 미치는 공법상 법률관계에 관한 것이므로, 이는 행정소송법상 당사자소송에 해당한다. 그리고 이러한 **당사자소송에 대하여는 행정소송법 제23조 제2항의 집행정지에 관한 규정이 준용되지 아니하므로**(행정소송법 제44조 제1항 참조), **이를 본안으로 하는 가처분에 대하여는 행정소송법 제8조 제2항에 따라 민사집행법상 가처분에 관한 규정이 준용되어야 한다.**"(대판 2015.08.21. 자 2015무26, 관리처분계획안에대한총회결의효력정지가처분)

Ⅲ. 소송의 심리

1. 행정심판기록의 제출명령 · 직권심리

취소소송에서의 행정심판기록의 제출명령(동법 25)과 직권심리주의(동법 26)에 관한 규정은 당사자소송에도 준용된다(동법 44①).

2. 입증책임

당사자소송은 민사소송과 유사하므로 민사소송상의 법률요건분류설에 의하여 분배하여야 한다는 것이 지배적 견해이다.

Ⅳ. 소송의 판결

1. 판결의 기속력

취소소송의 기속력에 관한 규정(동법 30①)을 준용하므로(동법 44①), 당사자소송의 확정판결은 그 사건에 관하여 당사자인 행정청과 그 밖의 관계행정청을 기속한다.

2. 가집행선고의 제한

국가를 상대로 하는 당사자소송의 경우에는 가집행선고를 할 수 없다(동법 43). 가집행선고(假執行宣告)란 상대방의 항소에 의하여 판결이 늦어져 소송에서 이긴 사람이 불이익을 받을 염려가 있을 때 판결이 확정되기 전에 집행력을 주는 선고를 말한다. 따라서 가집행선고 있는 판결은 선고에 의하여 즉시 집행력이 발생하게 된다.

그런데 이 조항은 국가를 다른 공공단체 등과 차별하여 평등원칙에 반한다고 하여 헌법재판소 위헌결정으로 2022.2.24.자로 실효되었다.

[판 례] 국가를 상대로 한 당사자소송에서의 가집행선고 제한 사건

"동일한 성격인 공법상 금전지급 청구소송임에도 피고가 누구인지에 따라 가집행선고를 할 수 있는지 여부가 달라진다면 상대방 소송 당사자인 원고로 하여금 불합리한 차별을 받도록 하는 결과가 된다. 재산권의 청구가 공법상 법률관계를 전제로 한다는 점만으로 국가를 상대로 하는 당사자소송에서 국가를 우대할 합리적인 이유가 있다고 할 수 없고, 집행가능성 여부에 있어서도 국가와 지방자치단체 등이 실질적인 차이가 있다고 보기 어렵다는 점에서, 심판대상조항은 국가가 당사자소송의 피고인 경우 가집행의 선고를 제한하여, 국가가 아닌 공공단체 그 밖의 권리주체가 피고인 경우에 비하여 합리적인 이유 없이 차별하고 있으므로 평등원칙에 반한다."(헌재 2022. 2. 24. 2020헌가12, 행정소송법 제43조 위헌제청)

제4관 민중소송과 기관소송

Ⅰ. 민중소송

1. 의 의

민중소송(民衆訴訟)이란 국가 또는 공공단체의 기관이 법률에 위반되는 행위를 한 때에 직접 자기의 법률상 이익과 관계없이 그 시정을 구하기 위하여 제기하는 소송이다[동법 3(3)].

2. 성 질

민중소송은 원고 자신의 권리구제를 직접 목적으로 하는 것이 아니기 때문에 기관소송과 함께 객관적 소송에 속한다.

3. 재판관할

재판관할에 관하여 각각 해당 소송을 인정하는 개별법률에서 정하고 있는 바, 가령 대통령선거나 국회의원선거의 효력에 관한 선거소송의 재판관할은 대법원으로 하고 있다(공직선거법 222①).

4. 당사자 및 대상

원고와 피고는 각 개별법에서 정한 바에 의하는 바, 예컨대 선거소송이나 국민투표에 관한 소송에서는 선거민이나 주민이 원고가 되며, 선거관리위원회 위원장이 피고가 된다.

민중소송은 객관적 소송으로서 법률이 특히 인정하는 경우에 한하여 예외적으로 인정되므로 그 소송의 대상은 일률적으로 파악할 수 없고 해당 법률이 정하는 바에 따라 개별적으로 판단하여야 한다. 예컨대, 대통령선거에 관한 소송은 선거 또는 당선의 효력이나 당선인결정처분(공직선거법 222, 223), 국민투표에 관한 소송에서는 국민투표의 효력(국민투표법 92)이 그 대상이 된다.

5. 종 류

민중소송은 특히 행정법규의 적정한 집행이 요구되는 분야에서 개별법에 의하여 인정되는 데

그치는 바, 그 예로는 국민투표에 관한 것(국민투표법 92), 선거에 관한 것(공직선거법 222), 지방자치단체의 주민이 제기하는 주민소송(지방자치법 17)이 있다. 민중소송에 대하여는 각 개별법률에 특례규정을 둔 경우를 제외하고는 그 성질에 반하지 않는 한 행정소송법의 규정(46)을 적용한다. 오늘날 특히 환경행정이나 소비자행정분야에서 그 활용필요성이 제기되고 있다.

[판 례] 선거소송은 민중소송에 해당

"공직선거법 제222조와 제224조에서 규정하고 있는 선거소송은 집합적 행위로서의 선거에 관한 쟁송으로서 선거라는 일련의 과정에서 선거에 관한 규정을 위반한 사실이 있고, 그로써 선거의 결과에 영향을 미쳤다고 인정하는 때에 선거의 전부나 일부를 무효로 하는 소송이다. 이는 선거를 적법하게 시행하고 그 결과를 적정하게 결정하도록 함을 목적으로 하므로, 행정소송법 제3조 제3호에서 규정한 민중소송 즉 국가 또는 공공단체의 기관이 법률을 위반한 행위를 한 때에 직접 자기의 법률상 이익과 관계없이 그 시정을 구하기 위하여 제기하는 소송에 해당한다."(대판 2016.11.24. 2016수64, 국회의원선거무효)

Ⅱ. 기관소송

1. 의 의

기관소송(機關訴訟)이란 국가 또는 공공단체의 기관 상호간에 권한의 존부 또는 그 행사에 관한 다툼이 있을 때에 그에 관하여 제기하는 소송이다[행정소송법 3(4)].

2. 성 질

(1) 객관적 소송

기관소송은 행정법규의 적정한 적용을 보장하기 위한 객관적 소송의 성격을 지닌다.

(2) 권한쟁의심판과 구별

기관소송은, ① 각 개별법에 근거하여 일반법원(보통 대법원)이 관장하는 행정소송이고, ② 분쟁대상과 당사자・소송절차 등이 개별법에 규정되어 있는 이외에는 행정소송법을 준용하며(동법 46), ③ 기관소송은 개별법에 규정이 있어야 하고, 헌법재판소법에 따라 헌법재판소의 관장사항으로 되는 소송은 기관소송에서 제외된다(동법 3(4)). 이에 대하여 **권한쟁의심판**은 ① 헌법재판소법에 따라 헌법재판소가 관장하는 헌법소송이고, ② 국가기관[34] 상호간의 권한쟁의로서 헌법 또는 법률에 의하여 부여받은 권한을 침해하거나 침해할 현저한 위험이 있는 경우에 제기하며, 그 사유가 있음을 안 날부터 60일, 그 사유가 있은 날부터 180일 이내에 청구해야 하며(헌법재판소법 61,63), ③ 헌법재판소법에 특별한 규정한 규정이 있는 경우 외에는 헌법재판의 성질에 반하지

34) 권한쟁의심판에서 '국가기관'의 판별은, ① 헌법에 의하여 설치되고 헌법과 법률에 의하여 독자적인 권한을 부여받고 있을 것, ② 국가기관 상호간의 권한쟁의를 해결할 수 있는 적당한 기관이나 방법이 없을 것을 종합적으로 고려하여 판단한다(헌재 1997.7.16. 96헌라2, 국회의원과 국회의장간의 권한쟁의 인정), 국가인권위원회의 국가기관성은 부인(헌재 2010.10.28. 2009헌라6).

아니하는 한도에서 민사소송법과 행정소송법을 준용한다(동법 40).

따라서 각각 근거법규, 관할법원, 분쟁대상, 재소요건 등에 차이가 있다.

(3) 기관소송의 범위

기관소송의 개념에 관한 행정소송법 제3조 제4호의 '국가 또는 공공단체의 기관 상호간에 제기하는 소송'의 의미에 대해, ① 동일한 행정주체 내부의 기관 간의 소송으로 보아야 한다는 **협의설**과, ② 동일한 행정주체가 아닌 국가기관 상호간의 소송도 포함하는 것으로 보는 **광의설**이 대립된다.

생각건대, 기관소송은 행정소송법 제3조 제4호에서 동일한 행정주체의 기관으로 한정하고 있지 아니하다는 점, 개별법에서 법정하고 있음에도 불구하고 동일한 행정주체의 문제가 아니라고 하여 달리 취급해야 할 실익이 없다는 점 등에서 광의설이 타당하다.

3. 법정주의

행정기관 상호간의 권한쟁의는 행정권 내부의 통일성 확보에 관한 문제로 지휘감독권에 의하여 내부적으로 처리되는 것이 통례이나, 경우에 따라서는 기관쟁의의 적당한 해결기관이 없거나, 특히 공정한 제3자의 판단을 요하는 경우가 없지 아니하며, 법률은 그러한 경우에 법원에의 출소를 인정하고 있다. 따라서 법률이 특히 인정하는 경우에 한하여 허용된다(행정소송법 45).

4. 종 류

(1) 지방자치법상의 기관소송

1) 지방의회 의결에 대한 소송: 지방의회의 의결에 대하여 지방자치단체의 장이 대법원에 제기하는 소송이다. 즉, 지방의회의 의결이 월권이거나 법령에 위반되거나 공익을 현저히 해친다고 인정되어 지방자치단체의 장이 재의를 요구하였으나 전과 같이 재의결한 사항이 법령에 위반된다고 인정되면 대법원에 소를 제기할 수 있고(지방자치법 120③, 192④), 해당 지방자치단체의 장이 제소를 하지 아니하는 경우 주무부장관이나 시·도지사가 대법원에 직접 제소할 수 있다(동법 192⑦⑧).

2) 감독처분에 대한 소송: 지방자치단체의 장은 주무부장관 또는 시·도지사의 자치사무에 관한 명령이나 처분의 취소 또는 정지에 대하여 이의가 있으면 그 처분통지를 받은 날부터 15일 이내에 대법원에 소를 제기할 수 있다(동법 188⑥). 또한 주무부장관이나 시·도지사의 위임사무에 관한 직무이행명령에 대하여 이의가 있는 지방자치단체의 장은 이행명령서를 접수할 날부터 15일 이내에 대법원에 소를 제기할 수 있다(동법 189⑥).

그런데 이러한 감독처분에 대한 소송(지방교육자치에관한법률 28④ 포함)의 성질에 대하여 기관소송설과 항고소송설이 대립되고 있다. 즉, ① **항고소송설**에서는, 기관소송을 동일한 법주체의 내부의 문제로 한정하고, 지방자치단체의 자치사무는 주민의 이익이라는 주관적 지위를 인정할 수 있고 감독청의 시정명령이나 취소·정지는 행정행위의 성질을 갖는다는 것을 논거로 든다.[35] 그러나 **② 기관소송설**은, 행정소송법에서 기관소송을 국가 또는 공공단체의 기관 상호간에 있어서의 권한의 존부 또는 그 행사에 관한 다툼에 대하여 제기하는 소송이라고 하여(동법 3(4)), 동일한 법주체의 내부문제로 한정하고 있지 아니하다는 것을 논거로 든다.

생각건대, 행정소송법상 기관소송은 동일한 법주체 내부문제에 한정하지 아니하고 널리 국가기관 상호간의 다툼에 대한 것으로 규정하고 있고, 항고소송의 입법취지는 행정청의 위법한 공권력행사 등으로 인한 국민의 권리이익을 구제하기 위한 것이라고 할 것이며, 따라서 항고소송의 대상이 되는 처분은 '국민의 권리이익에 직접 관계가 있는 행위'라 할 것이므로(대판 2007.10.26. 2005두7853 등) 기관소송설이 타당하다.

(2) 지방교육자치에 관한 법률상의 기관소송

교육감은 교육·학예에 관한 시·도의회의 의결이 법령에 위반된다고 인정되어 재의를 요구하여 재의결된 사항이 역시 위법하다고 판단될 때에는 재의결된 날부터 20일 이내에 대법원에 제소할 수 있다(지방교육자치에관한법률 28③). 이 경우 교육감이 소를 제기하지 아니하는 때에는 교육부장관이 직접 제소할 수 있다(동조④).

【 행정소송의 종류별 비교 】

	취소소송	무효등 확인소송	부작위위법 확인소송	당사자소송	기관소송 민중소송
소송요건	① 피고 → 처분행정청 ② 소의 이익 ③ 대상적격 → 처분등 ④ 제기기간 → 90일, 1년 ⑤ 전심절차	① 동일 ② 동일 ③ 동일 ④ 불요 ⑤ 불요	① 부작위청 ② 확인이익 ③ 부작위 ④ 재결서90일 ⑤ 필요	① 행정주체(국가) ② 동일 ③ 공법상법률관계 ④ 불요 ⑤ 불요	해당 법률 규정
가구제	집행정지	집행정지	부적용	가처분	상동
판결	① 처분시 ② 사정판결 ③ 형성력, 제3자효 ④ 간접강제	① 동일 ② 부적용 ③ 제3자효 ④ 부적용	① 판결시 ② 부적용 ③ 제3자효 ④ 적용	기속력	기속력

35) 석종현·송동수(상), 979면; 정하중·김광수(개론), 852면; 홍정선(상), 1275면.

【 행정심판과 행정소송의 비교 】

	행 정 심 판	행 정 소 송
종류	항고심판(취소 · 무효등확인 · 의무이행)[행정심판법(이하 '법') 5]	항고소송(취소 · 무효등확인 · 부작위위법확인), 당사자소송, 기관소송, 민중소송[행정소송법(이하 '법') 3]
소병합	청구병합 없음	관련청구병합[법 10②,38,44]
당사자	청구인: 법률상 이익이 있는 자[법 13]	원고: 법률상 이익이 있는 자[법 12]
심판 · 소 참가	이해관계 제3자 · 행정청[법 20①]	공동소송[법 15], 제3자 소송참가[법 16], 행정청의 소송참가[법 17], 민사소송에 의한 보조참가[법 8②]
대상	처분 · 부작위[법 3①]	처분등(처분+재결) · 부작위[법 19,36]
제기기간	처분 안 날 90일, 있은 날 180일[법 27①③]	처분 안 날 90일, 있은 날 1년[법 20①②]
제출처	피청구인 또는 위원회[법23①]	행정법원[법 9①]
청구 · 소변경	청구기초에 변경 없는 범위에서 변경[법 29①], 새로운 처분 · 처분변경에 따른 변경[동조②]	소의 종류변경[법 21], 처분변경에 따른 소변경[법 22], 민사소송법 준용에 따른 소변경[법 8②]
위법사유 추가	변론주의, 위법성일반설, 보충서면제출[법 33①],	변론주의[법 8②], 소송물이론(위법성일반설)
처분사유 추가 · 변경	가능(제한적 긍정설)[판례]	가능(제한적 긍정설)[판례]
집행정지 · 가처분	집행정지[법 30②], 임시처분[법 31]	집행정지[법 23②], 가처분 없음
심리범위	위법, 부당[법 5]	위법[법 4]
심리방법	서면심리주의	구술심리주의
재결 · 판결의 종류	각하 · 기각 · 인용(형성, 명령, 확인) 재결[법 43①~⑤], 사정재결[법 44]	각하, 기각, 사정[법 28], 인용(형성, 확인) 판결
재결 · 판결의 효력	기속력[법 49②③], 형성력, 직접처분[법 50], 간접강제[50의2], 재심판청구 금지[법 51]	기판력, 기속력[법 30], 형성력, 간접강제[법 34], 재심청구[법 31]

제4절 행정구제와 헌법재판

헌법재판이란 헌법의 규범내용이나 헌법침해에 관한 다툼이 있는 경우에 헌법재판소가 분쟁을 해결하는 국가작용이다. 헌법재판소법에 따른 헌법재판소가 관장하는 헌법재판에는 위헌법률심판 · 탄핵심판 · 정당해산심판 · 권한쟁의심판 · 헌법소원 등이 있는바, 행정구제와 관련하여 위헌법률심판과 헌법소원을 살펴보기로 한다.

Ⅰ. 위헌법률심판

1. 의의와 근거

위헌법률심판이란 법률이 헌법에 위반되는지의 여부가 재판의 전제가 된 때에 당해 법원의 제청으로 헌법재판소가 심판하는 것을 말한다. 법률이 헌법에 위반되는지 여부가 재판의 전제가 된 경우에는 당해 사건을 담당하는 법원은 직권 또는 당사자의 신청에 의한 결정으로 헌법재판소에 위헌 여부 심판을 제청하고(헌법재판소법 41①), 헌법재판소의 심판에 의하여 재판한다(헌법 107①)(사건부호 '헌가'로 표기됨).

2. 심판청구의 요건 및 절차

(1) 재판의 전제성

위헌법률심판은 당해 법률 또는 법률조항의 위헌여부가 제청법원에 계속 중인 당해 사건의 재판의 전제문제가 되어야 한다(구체적 규범통제). 즉, ① 위헌여부가 문제되는 법률이 법원에 계속 중인 해당 사건의 재판에 적용되고, ② 그 법률의 위헌여부가 해당 사건의 판결을 좌우하게 되는 경우를 말한다.

[판 례] 재판의 전제성의 의미

"**법원이 어느 법률의 위헌 여부의 심판을 제청하기 위해서는 해당 법률이 헌법에 위반되는지가 재판을 하기 위한 전제가 되어야 하고,** 여기에서 **재판의 전제가 된다는 것은 위헌 여부가 문제 되는 법률이 법원에 계속 중인 해당 사건의 재판에 적용되고, 그 법률이 헌법에 위반되는지에 따라 해당 사건을 담당하는 법원이 다른 판단을 하게 되는 경우를 말한다**(대법원 2002. 9. 27.자 2002초기113 결정 등). 따라서 만일 해당 사건이 부적법한 것이어서 법률의 위헌 여부를 따져 볼 필요조차 없이 각하를 면할 수 없는 것일 때에는 위헌법률심판제청신청인이 위헌이라고 주장하는 법률은 그 재판의 전제가 되는 법률이 아니라고 할 것이므로, 위헌법률심판제청신청인의 제청신청은 재판의 전제성을 흠결한 것으로서 부적법하다."(대판 1994.10.21. 94쿠17; 대판 2015.10.15. 2015아69, 위헌법률심판제청)

(2) 법원의 위헌심판제청

법률의 위헌여부가 재판의 전제가 되었을 때, 당해 법원이 직권으로 또는 당사자의 신청에 따른 결정으로 위헌심판을 헌법재판소에 제청한다.

3. 위헌심판의 결정유형

(1) 합헌결정

1) 단순합헌결정: 위헌여부심리결과 헌법위반을 확인할 수 없어 합헌이라고 판단하는 결정으로, 재판관 5인 이상의 합헌의견이 필요하다.

2) 위헌불선언결정: 재판관 5인이 위헌의견을 제시하였으나 위헌결정정족수(재판관 6인 이상) 미달로 위헌선언을 할 수 없는 경우의 결정형식으로, 결과적으로 합헌결정의 일종이라 하겠다.

(2) 위헌결정

1) 단순위헌결정: 당해 법률의 위헌성을 확인하고 그 효력을 상실시키는 결정으로, 9인의 재판관 중 6인이상의 찬성을 요한다.

2) **일부위헌결정:** 법률의 일부에 대한 무효선언으로, 법조문의 일부분의 무효를 선언하는 경우(양적 일부무효)와 법조문은 그대로 둔 채 그 법조문의 적용례에 대해서만 위헌을 선언하는 경우(조문의 의미만 축소, 질적 일부무효)가 있다.

(3) 변형결정

변형결정은 위헌법률의 소급효에 따라 법적 안정성과 입법부의 입법형성의 자유를 존중하여 위헌법률의 소급효를 제한하기 위한 형식의 결정이다.

1) **한정합헌결정:** 이는 해석여하에 따라 위헌부분을 포함하고 있는 법률의 의미를 헌법정신에 합치하도록 한정적으로 해석하여 위헌을 회피하는 결정유형이다. 즉, 다양한 해석가능성이 있는 법률에 대하여 "… 으로 해석하는 한 헌법에 위배되지 아니한다."는 주문형식이 취해진다.

2) **한정위헌결정:** 이는 불확정개념 또는 다의적 해석가능성이 있는 조문에 대하여 해석여하에 따라 합헌과 위헌부분이 공존하는 경우 법 조항 자체는 그대로 둔 채 헌법에 어긋나지 않는 의미와 내용의 해석 범위를 정해 이 범위를 넘으면 위헌으로 보는 결정유형이다. "… 으로 해석하는 한 헌법에 위배된다."라는 주문형식이다.

3) **헌법불합치결정:** 이는 법률의 위헌성을 인정하면서도 입법자의 입법형성재량을 존중하고 법의 공백과 혼란을 피하기 위하여 일정기간 당해 법률의 잠정적인 계속효를 인정하는 결정형식이다. "… 는 헌법에 합치하지 아니한다." "위 법률조항은 …(언제) 까지 그 효력을 가진다."는 주문형식을 취한다.

4) **입법촉구결정:** 이는 결정당시에는 합헌이지만 위헌법률이 될 소지가 있다고 인정하여, 완전한 헌법합치상태를 실현하기 위하여 또는 장차 발생할 위헌상태를 방지하기 위하여 입법자에게 당해 법률의 개정·보완 등 입법을 촉구하는 결정이다. 헌법불합치결정은 입법촉구의 뜻을 수반하므로 하나의 결정형식으로 볼 수도 있다.

4. 위헌결정의 효력

(1) 위헌결정의 기속력과 소급효금지

법률의 위헌결정은 법원과 그 밖의 국가기관 및 지방자치단체를 기속한다(헌법재판소법 47①). 위헌으로 결정된 법률 또는 법률의 조항은 그 결정이 있는 날부터 효력을 상실한다(동조②, 형벌은 소급(동조③)). 다만, 예외적으로 소급효가 인정되는 경우로 형벌조항 이외에도, ① 위헌심판청구를 한 당해사건, ② 위헌결정 전에 위헌제청을 한 동종사건, ③ 당해 위헌법률이 재판의 전제가 되어 법원에 계속 중인 사건, ④ 위헌결정 이후 위와 같은 이유로 제소된 일반사건, ⑤ 권리구제를 위한 구체적 타당성의 요청이 현저한 반면 소급효 인정으로 법적 안정성이나 기득권을 해칠 우려가 없는 경우 등이다.

(2) 한정위헌결정의 기속력

위헌결정의 기속력은 법원에게 미치는 것이 당연하나, 한정위헌결정의 경우 법률조항은 그대로 둔 채 특정의 적용영역에서 제외되는 부분은 위헌이라는 것을 뜻하므로 그 기속력도 법원에 미치는지 문제된다.

1) 기속력 긍정설(헌법재판소의 입장): 한정위헌결정은 결코 법률의 해석에 대한 헌법재판소의 단순한 견해가 아니라, 헌법에 정한 권한에 속하는 법률에 대한 위헌심사의 한 유형이므로 법원에 대한 기속력이 인정된다고 한다.

2) 기속력 부정설(대법원의 입장): 한정위헌결정은 유효하게 존속하는 법률이나 법률조항의 의미·내용과 그 적용 범위에 관한 해석기준을 제시하는 법률해석이라고 보고, 구체적 분쟁사건의 재판에 있어서 합헌적 법률해석을 포함하는 법령의 해석·적용 권한은 대법원을 최고법원으로 하는 법원에 전속하는 것이므로 법원에 대한 기속력이 없다고 한다.

3) 결 어: 한정위헌결정은 헌법재판소의 위헌심사의 한 유형으로서, 법률조항이 특정의 적용영역에서 제외되는 부분은 위헌이라는 판단은 기속력이 인정된다고 보아 기속력긍정설이 타당하다.

[판례 1] 한정합헌결정의 법원에 대한 기속력 긍정하는 헌법재판소의 입장

"헌법재판소의 법률에 대한 위헌결정에는 단순위헌결정은 물론, 한정합헌, 한정위헌결정과 헌법불합치결정도 포함되고 이들은 모두 당연히 기속력을 가진다. 구체적 사건에서의 법률의 해석·적용권한은 사법권의 본질적 내용을 이루는 것임이 분명하다. 그러나 법률에 대한 위헌심사는 당연히 당해 법률 또는 법률조항에 대한 해석이 전제되는 것이고, 헌법재판소의 한정위헌의 결정은 단순히 법률을 구체적인 사실관계에 적용함에 있어서 그 법률의 의미와 내용을 밝히는 것이 아니라 법률에 대한 위헌성심사의 결과로서 법률조항이 특정의 적용영역에서 제외되는 부분은 위헌이라는 것을 뜻한다. 따라서 **헌법재판소의 한정위헌결정은 결코 법률의 해석에 대한 헌법재판소의 단순한 견해가 아니라, 헌법에 정한 권한에 속하는 법률에 대한 위헌심사의 한 유형인 것이다.**

대법원의 견해와 같이 한정위헌결정을 법원의 고유권한인 법률해석권에 대한 침해로 파악하여 헌법재판소의 결정유형에서 배제해야 한다면, 헌법재판소는 앞으로 헌법합치적으로 해석하여 존속시킬 수 있는 많은 법률을 모두 무효로 선언해야 하고, 이로써 합헌적 법률해석방법을 통하여 실현하려는 입법자의 입법형성권에 대한 존중과 헌법재판소의 사법적 자제를 포기하는 것이 된다. 또한, 헌법재판소의 한정위헌결정에도 불구하고 위헌으로 확인된 법률조항이 법률문언의 변화 없이 계속 존속된다고 하는 관점은 헌법재판소결정의 기속력을 결정하는 기준이 될 수 없다. 헌법재판소의 변형결정의 일종인 헌법불합치결정의 경우에도 개정입법시까지 심판의 대상인 법률조항은 법률문언의 변화없이 계속 존속하나, 법률의 위헌성을 확인한 불합치결정은 당연히 기속력을 갖는 것이므로 헌법재판소결정의 효과로서의 법률문언의 변화와 헌법재판소결정의 기속력은 상관관계가 있는 것이 아니다."(헌재 1997.12.24. 96헌마172,173(병합) 전원재판부, 한정위헌·취소 헌법재판소법 제68조 제1항 위헌확인 등)

[판례 2] 한정위헌결정의 법원에 대한 기속력을 부인하는 대법원의 입장

"헌법재판소의 결정이 주문에서 헌법소원의 대상인 법률이나 법률조항의 전부 또는 일부에 대하여 위헌결정을 선고함으로써 그 효력을 상실시켜 법률이나 법률조항의 전부 또는 일부가 폐지되는 것과 같은 결과를 가져오는 것이 아니라, 그에 대하여 **특정의 해석기준을 제시하면서 그러한 해석에 한하여 위헌임을 선언하는 이른바 한정위헌결정의 경우에는 헌법재판소의 결정에 불구하고 법률이나 법률조항은 그 문언이 전혀 달라지지 않은 채 효력을 상실하지 않고 존속하게 되므로,** 이러한 한정위헌결정은 유효하게 존속하는 법률이나 법률조항의 의미·내용과 그 적용 범위에 관한 해석기준을 제시하는 법률해석이라고 이해하지 않을 수 없다. 그런데 구체적 분쟁사건의 재판에 즈음하여 법률 또는 법률조항의 의미·내용과 적용 범위가 어떠한 것인지를 정하는 권한, 곧 **법령의 해석·**

적용 권한은 사법권의 본질적 내용을 이루는 것이고, 법률이 헌법규범과 조화되도록 해석하는 것은 법령의 해석·적용상 대원칙이므로, 합헌적 법률해석을 포함하는 법령의 해석·적용 권한은 대법원을 최고법원으로 하는 법원에 전속하는 것이며, 이러한 법원의 권한에 대하여 **다른 국가기관이 법률의 해석기준을 제시하여 법원으로 하여금 그에 따라 당해 법률을 구체적 분쟁사건에 적용하도록 하는 등의 간섭을 하는 것은 우리 헌법에 규정된 국가권력 분립구조의 기본원리와 사법권 독립의 원칙상 허용될 수 없으므로,** 법률의 해석기준을 제시하는 헌법재판소의 한정위헌결정은 법원에 전속되어 있는 법령의 해석·적용 권한에 대하여 기속력을 가질 수 없으며, **헌법재판소법에서 헌법재판소로 하여금 제청된 법률 또는 법률조항의 위헌 여부만을 결정하도록 하고(제45조), 법률의 위헌결정에 기속력을 부여하면서(제47조 제1항) 위헌으로 결정된 법률 또는 법률조항은 효력을 상실하도록 규정하고 있으므로(제47조 제2항), 법률 또는 법률조항 자체의 효력을 상실시키는 위헌결정은 기속력이 있지만, 한정위헌결정과 같은 해석기준을 제시하는 형태의 헌법재판소 결정은 기속력을 인정할 근거가 없다.**"(대판 2001.04.27. 95재다14 구상금; 대판 2013.03.28. 2012재두299 법인세부과처분취소 등)

(3) 헌법불합치결정의 기속력 및 소급효 여부

1) 법원에 대한 기속력: 헌법불합치결정의 경우에는 입법자가 헌법불합치결정에서 정한 개선입법 시까지는 구 법률(헌법불합치의 위헌법률)의 효력이 잠정적으로 유지되므로, 이 경우에 법원은 그 법률을 적용한다(판례1).

2) 소급효 여부: 헌법불합치결정에 따른 개선입법의 소급적용여부와 소급적용범위는 입법재량의 영역이나, 개선입법에 소급적용에 관한 경과규정이 없으면 소급적용할 수 없다(판례2). 다만, 경과규정이 없다 하더라도 소급효의 일반원칙에 따라, ① 헌법불합치결정을 하게 된 당해 사건과, ② 헌법불합치결정 당시 구 법 조항의 위법여부가 쟁점이 되어 법원에 계속 중인 사건에는 소급효가 미친다(판례3).

[판례 1] 헌법불합치결정의 기속력에 따라 위헌법률의 계속적용

"법률에 대한 헌법재판소의 위헌결정에는 단순위헌결정은 물론, 헌법불합치결정도 포함되고, 이들은 모두 당연히 기속력을 가진다. 다만 헌법재판소는 위헌결정을 통하여 위헌법률을 법질서에서 제거하는 것이 오히려 법적 공백이나 혼란을 초래할 우려가 있는 경우, **헌법불합치결정을 하면서 위헌 법률을 일정 기간 동안 계속 적용을 명하는 경우**가 있는데, **모든 국가기관은 이에 기속되고, 법원은 이러한 예외적인 경우에 위헌법률을 계속 적용하여 재판할 수 있다.**"(헌재 2013.09.26. 2012헌마806 전원재판부 재판취소)

[판례 2] 헌법불합치결정에 따른 개선입법에 소급적용의 명문규정 없으면 불소급

"위헌으로 결정된 법률 또는 법률의 조항은 형벌에 관한 것이 아닌 한 그 결정이 있는 날로부터 효력을 상실하고(헌법재판소법 제47조 제2항), 어떠한 법률조항에 대하여 헌법재판소가 헌법불합치결정을 하여 입법자에게 법률조항을 합헌적으로 개정 또는 폐지하는 임무를 입법자의 형성 재량에 맡긴 이상, 개선입법의 소급적용 여부와 소급적용의 범위는 원칙적으로 입법자의 재량에 달린 것이다. 따라서 어느 법률 또는 법률조항에 대한 적용중지의 효력을 갖는 헌법불합치결정에 따라 개선입법이 이루어진 경우 **헌법불합치결정 이후에 제소된 일반사건에 관하여 개선입법이 소급하여 적용될 수 있는지 여부는, 그와 같은 입법형성권 행사의 결과로 만들어진 개정법률의 내용에 따라 결정되어야** 하므로, 개정법률에 소급적용에 관한 명시적인 규정이 있는 경우에는 그에 따라야 하고, **개정법률에 그에 관한 경과규정이 없는 경우에는 다른 특별한 사정이 없는 한 헌법불합치결정 전의 구법이 적용되어야 할 사안에 관하여 개정법률을 소급하여 적용할 수 없는 것이 원칙이다.**"(대판 2015.05.29. 2014두35447 상이연금지급거부처분취소 등)

[판례 3] 헌법불합치결정에 따른 개선입법의 소급효가 인정되는 경우

"어떤 법률조항에 대하여 헌법재판소가 헌법불합치결정을 하여 입법자에게 그 법률조항을 합헌적으로 개정 또는 폐지하는 임무를 입법자의 형성 재량에 맡긴 이상, **개선입법의 소급적용 여부와 소급적용 범위는 원칙적으로 입법자의 재량**에 달린 것이기는 하지만, 구 군인연금법(2011. 5. 19. 법률 제10649호로 개정되기 전의 것) 제23조 제1항(이하 '구법 조항'이라 한다)에 대한 헌법불합치결정(헌법재판소 2010. 6. 24. 선고 2008헌바128 전원재판부 결정)의 취지나 위헌심판의 구체적 규범통제 실효성 보장이라는 측면을 고려할 때, 적어도 **헌법불합치결정을 하게 된 당해 사건 및 헌법불합치결정 당시에 구법 조항의 위헌 여부가 쟁점이 되어 법원에 계속 중인 사건에 대하여는 헌법불합치결정의 소급효가 미친다**고 해야 하므로, 비록 현행 군인연금법 부칙(2011. 5. 19.)에 소급 적용에 관한 경과조치를 두고 있지 않더라도 이들 사건에 대하여는 구법 조항을 그대로 적용할 수는 없고, 위헌성이 제거된 현행 군인연금법 규정이 적용되는 것으로 보아야 한다."(대판 2011.09.29. 2008두18885 상이연금지급거부처분취소)

Ⅱ. 헌법소원

1. 의의와 근거

헌법소원(憲法訴願)이란 공권력에 의하여 국민의 기본권이 침해된 경우에 헌법재판소에 제기하여 기본권을 구제받는 경우와(헌법재판소법 68①), 위헌법률심판의 제청신청이 법원에서 기각된 경우에 직접 헌법재판소에 제청신청을 하는 경우를 말한다(동법 68②). 헌법소원심판절차에 관하여 헌법재판소법에 특별한 규정이 있는 경우를 제외하고는 헌법재판의 성질에 반하지 아니하는 한도에서 권한쟁의심판의 경우와 함께 「행정소송법」을 함께 준용한다(동법 40①).

2. 종 류

1) **권리구제형 헌법소원:** 이는 공권력의 행사 또는 불행사로 인하여 헌법상 보장된 기본권을 침해받은 자가 청구하는 헌법소원을 말한다(동법 68①)(사건부호 '헌마')

2) **규범통제형 헌법소원:** 이는 위헌법률심판의 제청신청이 법원에 의하여 기각된 경우에 제청신청을 한 당사자가 청구하는 헌법소원을 말한다(동조②)(사건부호 '헌바').

3. 대 상

1) **권리구제형 헌법소원**(동법 68①): 헌법재판소법 제68조 제1항에 의한 헌법소원의 대상은 기본권을 침해한 '공권력의 행사 또는 불행사'이다. 즉, 입법·사법·행정 등이 적극적으로 공권력을 행사한 경우와 부작위를 포함한다. 즉, 공권력행사·불행사에 처분적 법률, 전혀 입법을 하지 아니한 진정입법부작위와 불완전·불충분·불공정하게 입법한 부진정입법부작위, 검사의 불기소처분과 기소유예처분, 행정처분 등은 포함되나, 법원의 재판은 제외된다. 그러나 헌법재판소가 위헌으로 결정한 법령을 적용함으로써 국민의 기본권을 침해한 재판에 대해서는 심판청구가 가능하다(판례1).

2) **규범통제형 헌법소원**(동조②): 헌법재판소법 제68조 제2항의 헌법소원은 법률이 헌법에

위반되는지 여부가 재판의 전제가 될 때에 하는 것이므로 그 심판의 대상은 법률 또는 법률조항 자체의 위헌 여부이다(판례2,3). 따라서 법률이 아닌 법규명령은 그 대상이 아니며, 처분적 법규명령인 경우에는 권리구제형 헌법소원의 대상이 될 수 있다.

[판례 1] '법원의 재판'이 헌법소원의 대상이 되는 경우

"헌법재판소법 제68조 제1항은 법원이 헌법재판소의 기속력 있는 위헌결정에 반하여 그 **효력을 상실한 법률을 적용함으로써 국민의 기본권을 침해하는 경우에는 예외적으로 그 재판도 헌법소원심판의 대상**이 된다고 해석하여야 한다. 따라서 **헌법재판소법 제68조 제1항의 '법원의 재판'에 헌법재판소가 위헌으로 결정하여 그 효력을 상실한 법률을 적용함으로써 국민의 기본권을 침해하는 재판도 포함되는 것으로 해석하는 한도내에서, 헌법재판소법 제68조 제1항은 헌법에 위반된다**고 하겠다(한정위헌결정)."(헌재 2001.02.22. 99헌마461,2000헌마258(병합) 전원재판부 헌법재판소법제68조제1항위헌확인등)

[판례 2] 법률조항 자체의 위헌성이 아닌 법률조항에 대한 법원해석의 대상성 부인

"이 사건에서 청구인들은, 자신들이 점유하는 국유재산이 잡종재산으로 있을 때 이미 취득시효기간이 완성되었음에도 그 후에 행정재산으로 변경되었다는 이유로 시효취득을 할 수 없다고 해석하는 것은 위헌이라고 주장한다. 그러나 이와 같은 주장은 이 사건 **법률조항 또는 이 사건 법률조항 중 "국유재산"이나 "잡종재산" 자체의 위헌성에 대한 주장이 아니라, 이 사건 법률조항 중 "잡종재산"의 의미를 해석하고 적용함에 있어서 "취득시효기간의 완성 당시에는 잡종재산이었으나 아직 소유권이전등기를 경료하지 않은 상태에서 행정재산으로 변경된 부동산"도 이 사건 법률조항에서 의미하는 "잡종재산"으로 볼 것인지에 대한 법원의 해석이 잘못되었음을 지적하는 주장**이다. 그렇다면 청구인들의 심판청구는 **결국 법률조항 자체의 위헌 여부를 다투는 것으로 볼 여지가 없고 단순히 이 사건 법률조항에 대한 법원의 해석을 다투는 것에 지나지 않는 것이어서 부적법한 심판청구**라 할 것이다."(헌재 2007.04.26. 2004헌바19 전원재판부 민법제245조제1항등위헌소원)

[판례 3] 법원의 판결로 확정된 원처분의 청구대상 부인

"원처분에 대하여 헌법소원심판청구를 받아들여 이를 취소하는 것은, 원처분을 심판의 대상으로 삼았던 법원의 재판이 예외적으로 헌법소원심판의 대상이 되어 그 재판 자체까지 취소되는 경우에 한하고, 이와는 달리 법원의 재판이 취소되지 아니하는 경우에는 **확정판결의 기판력으로 인하여 원처분은 헌법소원심판의 대상이 되지 아니한다**."(헌재 1999.10.21. 97헌마301외8건(병합) 전원재판부 재판취소등,양도소득세부과처분등취소)

4. 청구요건

(1) 권리구제형 헌법소원(동법 68①)

1) 기본권의 침해: 심판청구는 헌법상 보장된 기본권이 침해되었음을 요건으로 한다. 기본권침해에는 자기관련성 · 직접성 · 현재성이 있어야 한다.

(가) 침해의 자기관련성: 기본권의 침해는 심판청구인 자신의 기본권이 침해당한 경우라야 한다. 즉, 공권력 작용의 상대방이거나 수신자이어야 한다.

(나) 침해의 직접성: 공권력의 행사 · 불행사로 청구인의 기본권이 직접 침해당한 경우라야 하며, 간접적으로 영향을 미치는데 불과한 경우에는 헌법소원을 청구할 수 없다.

(다) 침해의 현재성: 청구인의 기본권이 현재로서 침해되고 있어야 하며, 장래 기본권을 침해할 우려가 있는 경우에는 헌법소원을 청구할 수 없다.

2) **보충성의 원칙:** 이 원칙은 다른 법률에 구제절차가 있는 경우에는 그 절차를 모두 거친 후가 아니면 청구할 수 없다는 원칙이다(동법 68①단서). 따라서 행정청의 위법한 처분 등이나 부작위에 대해서는 행정소송을 제기해야 하고, 그 판결이 확정된 경우에는 기판력에 의해 헌법소원을 제기할 수 없으며, 당해 소송물이 아닌 그 재판 자체를 다투고자 하더라도 헌법소원의 대상이 아니다(동법 68①). 다만, 위헌법률을 적용한 판결인 경우(동조 ①)에 한하여 헌법소원이 가능하며, 다른 구제절차를 거쳐도 구제될 가능성이 없는 경우 등에는 예외가 인정된다(헌재 1992.4.14. 90헌마82 등).

3) **권리보호의 이익:** 권리가 구제될 가능성이 있어야 한다. 따라서 권리를 침해하였던 공권력행사가 취소된 경우에는 원칙적으로 권리보호의 이익이 없다.

4) **청구기간:** 헌법소원의 심판은 그 사유가 있음을 안 날부터 90일 이내에, 그 사유가 있는 날부터 1년 이내에 청구하여야 한다. 다만, 다른 법률에 따른 구제절차를 거친 헌법소원의 심판은 그 최종결정을 통지받은 날부터 30일 이내에 청구하여야 한다(동법 69①). 부작위의 경우에는 그 부작위가 계속되는 한 심판청구가 가능하다.

[판례 1] 침해의 직접성 및 보충성 요건의 여부

"가. '교원의 노동조합 설립 및 운영 등에 관한 법률 시행령'(2013. 3. 23. 대통령령 제24447호로 개정된 것) 제9조 제1항 중 '노동조합 및 노동관계조정법 시행령' 제9조 제2항에 관한 부분(이하 '법외노조통보 조항'이라 한다)은 **시정요구 및 법외노조통보라는 별도의 집행행위를 예정하고 있으므로, 법외노조통보 조항에 대한 헌법소원은 기본권 침해의 직접성이 인정되지 아니한다.**

나. 고용노동부장관의 청구인 전국교직원노동조합에 대한 2013. 9. 23. 자 시정요구(이하 '이 사건 시정요구'라 한다)는 청구인 전국교직원노동조합(이하 '전교조'라 한다)의 권리 · 의무에 변동을 일으키는 행정행위에 해당하나, **청구인 전교조는 이 사건 시정요구에 대하여 다른 불복절차를 거치지 아니하고 곧바로 헌법소원심판을 청구하였으므로, 이에 대한 헌법소원은 보충성 요건을 결하였다.**"(헌재 2015.05.28. 2013헌마671,2014헌가21(병합) 전원재판부 교원의노동조합설립및운영등에관한법률제2조위헌확인등)

"국가인권위원회는 법률상의 독립된 국가기관이고, 피해자인 진정인에게는 국가인권위원회법이 정하고 있는 구제조치를 신청할 법률상 신청권이 있는데 국가인권위원회가 진정을 각하 및 기각결정을 할 경우 피해자인 진정인으로서는 자신의 인격권 등을 침해하는 인권침해 또는 차별행위 등이 시정되고 그에 따른 구제조치를 받을 권리를 박탈당하게 되므로, **진정에 대한 국가인권위원회의 각하 및 기각결정은 피해자인 진정인의 권리행사에 중대한 지장을 초래하는 것으로서 항고소송의 대상이 되는 행정처분에 해당하므로, 그에 대한 다툼은 우선 행정심판이나 행정소송에 의하여야 할 것이다. 따라서 이 사건 심판청구는 행정심판이나 행정소송 등의 사전 구제절차를 모두 거친 후 (헌법소원심판이)청구된 것이 아니므로 보충성 요건을 충족하지 못하였다.**"(헌재 2015.03.26. 2013헌마214,245,445, 804,833,2014헌마104,506,1047(병합) 전원재판부 진정사건각하결정취소등)

[판례 2] 보충성의 원칙상 행정처분에 대한 헌법소원심판이 가능한 경우

"원래 공권력의 행사로 인하여 헌법상 보장된 기본권을 침해받은 자는 원칙적으로 법원의 재판을 제외하고는 헌법재판소에 헌법소원심판을 청구할 수 있는 것이므로(헌법 제111조 제1항 제5호, 헌법재판소법 제68조 제1항 본문), 행정처분에 대하여도 헌법소원심판을 청구할 수 있음이 원칙이라고 하겠다. 다만, **행정소송의 대상이 되는 행정처분의 경우에는, 헌법재판소법 제68조 제1항 단서에 의하여 헌법소원심판을 청구하기에 앞서 행정소송절차를 거치도록 되어 있고, 이러한 경우 행정소송절차에서 선고되어 확정된 판결과 헌법재판소가 헌법소원심판절차에서 선고하게 될 인용결정의 기속력과의 관계, 법원의 재판을 원칙적으로 헌법소원심판의 대상에서 제외한 헌법**

재판소법 제68조 제1항의 입법취지 등에 비추어 그에 대한 헌법소원심판청구의 적법성이 문제되었던 것이다.

그런데 이 사건 대법원판결은 헌법재판소가 이 사건 법률조항에 대하여 앞서 본 바와 같이 이미 한정위헌결정을 선고하였음에도 단지 법률문언이 그대로 존속한다는 이유를 들어 법적용영역에서 이미 배제된 부분까지 여전히 유효하다는 전제 아래 이를 적용하여, 이 사건 과세처분이 헌법에 위반된 위 법률조항을 근거로 한 것이기 때문에 위법한 것이라는 청구인의 주장을 배척하고 위 과세처분이 적법한 것이라고 본 원심의 판단을 정당한 것이라고 판단한 끝에 청구인의 상고를 기각하였다. 그렇다면 이 사건 대법원판결은 헌법재판소가 이 사건 법률조항에 대하여 **한정위헌결정을 선고함으로써 이미 부분적으로 그 효력이 상실된 법률조항을 적용한 것으로서 위헌결정의 기속력에 반하는 재판임이 분명하므로 앞에서 밝힌 이유대로 이에 대한 헌법소원은 허용된다할 것이다.**"(헌재 1997.12.24. 96헌마172,173(병합) 전원재판부 한정위헌·취소[헌법재판소법 제68조 제1항 위헌확인 등])

[판례 3] 권리보호이익의 부존재

"청구인은 진주교도소에 수감되었다가 형의 집행이 종료된 후 출소하였으므로 청구인의 기본권침해 가능성은 이미 소멸하였기 때문에, 피청구인(진주교도소장)이 청구인의 종교집회행사참여를 금지한 행위, 청구인의 운동장소를 제한한 행위 및 청구인에게 하절기에도 긴 팔 상의를 지급한 행위들에 관하여 심판을 구할 청구인의 주관적인 권리보호이익이 존재하지 않는다."(헌재 2006.01.26. 2003헌마743, 종교집회행사참여금지등위헌확인)

(2) 규범통제형 헌법소원(동법 68②)

1) 위헌여부심판제청의 기각: 헌법재판소법 제41조 제1항에 따른 법률의 위헌 여부 심판의 제청신청이 기각된 때에 그 신청을 한 당사자가 헌법소원을 청구할 수 있다. 이 경우 그 당사자는 당해 사건의 소송절차에서 동일한 사유를 이유로 다시 위헌 여부 심판의 제청을 신청할 수 없다(동법 68②).

2) 재판의 전제성: 당해 법률 또는 법률조항의 위헌여부가 제청법원에 계속 중인 당해 사건의 재판의 전제문제가 되어야 한다. 법률의 위헌 여부가 재판의 전제가 된다는 것은 그 법률이 당해 사건에 적용되고 그 위헌 여부에 따라 재판의 주문이 달라지거나 재판의 내용과 효력에 관한 법률적 의미가 달라지는 것을 의미한다. 따라서 근거 법률에 대한 위헌결정이 행정처분의 효력에 영향을 미칠 여지가 없는 경우에는 재판의 전제성을 인정할 수 없게 된다. 예컨대, 이미 제소기간이 경과하여 불가쟁력이 발생한 행정처분의 근거 법률의 위헌 여부에 따라 당해 사건 재판의 주문이 달라지거나 재판의 내용과 효력에 관한 법률적 의미가 달라진다고 볼 수 없어, 이 경우는 재판의 전제성을 인정할 수 없다.

[판 례] 재판의 전제성 판단

"재판의 전제성은 위헌법률심판과 헌법재판소법 제68조 제2항의 헌법소원심판이 가지는 구체적 규범통제절차로서의 본질을 드러내 주는 요건으로서(헌재 1993. 5. 13. 92헌가10 등 참조), **헌법재판소법 제68조 제2항의 헌법소원심판청구가 적법하려면 당해 사건에 적용될 법률이 헌법에 위반되는지 여부가 재판의 전제가 되어야 하고, 여기에서 법률의 위헌 여부가 재판의 전제가 된다는 것은 그 법률이 당해 사건에 적용되고, 그 위헌 여부에 따라 재판의 주문이 달라지거나 재판의 내용과 효력에 관한 법률적 의미가 달라지는 것을 말한다.**"(헌재 2010. 9. 30. 2009헌바101).

"행정처분의 근거법률이 헌법에 위반된다는 사정은 헌법재판소의 위헌결정이 있기 전에는 객관적으로 명백한 것이라고 할 수는 없으므로 특별한 사정이 없는 한 그러한 하자는 행정처분의 취소사유에 해당할 뿐 당연무효사유는 아니어서, **제소기간이 경과한 뒤에는 행정처분의 근거 법률이 위헌임을 이유로 무효확인소송 등을 제기하더라도 행정처분의 효력에는 영향이 없음이 원칙이다. 따라서 행정처분의 근거가 된 법률조항의 위헌 여부에 따라 당해 행정**

처분의 무효확인을 구하는 당해 사건 재판의 주문이 달라지거나 재판의 내용과 효력에 관한 법률적 의미가 달라지는 것은 아니므로 재판의 전제성이 인정되지 아니한다.

[반대의견] 행정처분의 하자가 무효사유인지 취소사유인지를 가리는 것은 구체적인 사실관계를 토대로 그 처분의 근거가 되는 법률의 목적과 기능 등을 고려하여 이를 법적으로 평가하여 내리는 판단으로서, 이에 관한 법원의 판단 이전에 헌법재판소가 재판의 전제성을 판단하면서 행정처분의 무효 여부를 논리적·가정적으로 단정하여 판단할 수는 없다. 따라서 행정처분에 대한 무효확인소송이나 그 효력 유무를 선결문제로 하는 민사소송에서 행정처분의 근거 법률이 위헌이 될 경우, 그 행정처분이 무효가 될 가능성이 상존하므로, 그 처분에 대한 취소소송의 제소기간이 지났는지 여부와는 상관없이 당해 사건 재판의 주문이 달라지거나 그 내용과 효력에 관한 법률적 의미가 달라질 여지가 없음이 명백하다고 볼 수는 없어 행정처분의 근거 법률의 위헌 여부는 재판의 전제가 된다고 보아야 한다."(헌재 2014.1.28. 2010헌바251, 백두대간보호에관한법률제7조제1항제6호위헌소원)

"헌법재판소법 제41조 제4항은 위헌 여부 심판의 제청에 관한 결정에 대하여는 항고할 수 없다고 규정하고 있고, 같은 법 제68조 제2항은 위헌 여부 심판의 제청신청이 기각된 때에는 그 신청을 한 당사자는 헌법재판소에 헌법소원 심판을 청구할 수 있다고 규정하고 있을 뿐이므로, 위헌제청신청을 기각하는 결정에 대하여는 민사소송에 의한 항고나 재항고를 할 수 없다."(대법원 2015.01.06. 자 2014그247 결정 위헌심판제청)

"법원에서 당해 소송사건에 적용되는 재판규범 중 위헌제청신청대상이 아닌 관련 법률에서 규정한 **소송요건을 구비하지 못하였기 때문에 부적법하다는 이유로 소각하 판결을 선고하고 그 판결이 확정되거나, 소각하판결이 확정되지 않았더라도 당해 소송사건이 부적법하여 각하될 수밖에 없는 경우에는 당해 소송사건에 관한 재판의 전제성 요건이 흠결되어 부적법하다.** 그런데 이 사건 청구의 당해 소송 중 행정처분에 대한 취소청구 부분은 제소기간이 경과하였거나(1999. 2. 6.자 부과처분) 적법한 전심절차를 거치지 않았기 때문에(2000. 1. 29.자 징수처분) 부적법하여 각하를 면할 수 없으므로, 이 부분에 대한 헌법소원은 재판의 전제성 요건을 흠결하여 부적법하다."(헌재 2005. 3.31. 2003헌바113, 하천법제33조제4항위헌소원)

3) 청구기간: 위헌 여부 심판의 제청신청을 기각하는 결정을 통지받은 날부터 30일 이내에 청구하여야 한다(동법 69②).

5. 헌법소원의 결정

(1) 결정형식

헌법소원은 청구요건의 흠결로 심판청구가 부적법하다는 각하결정, 심판청구가 이유 없다고 하는 기각결정, 기본권이 침해되었음을 인정하는 인용결정 등이 있다.

(2) 인용결정의 기속력

1) 주관적 범위: 헌법소원의 인용결정은 모든 국가기관과 지방자치단체를 기속한다(동법 75①).

2) 객관적 범위: 동법 제68조 제1항(권리구제형 헌법소원)에 따른 헌법소원을 인용할 때에는 인용결정서의 주문에 침해된 기본권과 침해의 원인이 된 공권력의 행사 또는 불행사를 특정하여야 한다(동조②). 동조 제2항(규범통제형 헌법소원)의 경우에 헌법재판소는 기본권 침해의 원인이 된 공권력의 행사를 취소하거나 그 불행사가 위헌임을 확인할 수 있다(동조③).

3) 결정취지에 따른 처분의무: 헌법재판소가 공권력의 불행사에 대한 헌법소원을 인용하는 결정을 한 때에는 피청구인은 결정 취지에 따라 새로운 처분을 하여야 한다(동조④).

4) 해당 법률조항의 위헌선고: 헌법재판소는 공권력의 행사 또는 불행사가 위헌인 법률

또는 법률의 조항에 기인한 것이라고 인정될 때에는 인용결정에서 해당 법률 또는 법률의 조항이 위헌임을 선고할 수 있다(동조⑤).

5) **재판에 대한 재심청구:** 제68조 제2항에 따른 헌법소원이 인용된 경우에 해당 헌법소원과 관련된 소송사건이 이미 확정된 때에는 당사자는 재심을 청구할 수 있다(동조⑦)(판례1). 그런데 한정위헌결정의 경우에는, 위헌선언부분의 기속력을 인정하는 헌법재판소의 입장에서는 재심사유의 존재를 인정할 것이나, 법률조항의 해석기준제시에 불과하여 법원에 대한 기속력을 부정하는 대법원의 입장에서는 재심사유의 존재를 부인한다(판례2).

[판례 1] 해당 헌법소원과 관련된 소송사건의 의미

"재심규정을 둔 취지는 당사자의 위헌심판제청신청을 법원이 기각하여 그 신청을 한 당사자가 헌법소원심판을 청구하는 경우 그 헌법소원심판절차 중에도 일반법원에 계속중인 당해 소송사건의 재판은 정지되지 아니한 채 확정되는 수도 있음을 고려하여 그 헌법소원이 인용된 경우에 그에 앞서 이미 확정된 당해 사건의 구제를 위한 불복수단을 마련해 주고자 함에 있는 것이므로, 같은 조항 소정의 **"당해 헌법소원과 관련된 소송사건"이라 함은 당해 헌법소원의 전제가 된 당해 소송사건만을 가리키는 것이라 할 것이고, 같은 조항 소정의 "당사자" 또한 당연히 당해 헌법소원심판을 청구한 당사자를 의미한다.**"(대판 1992.05.12. 91누7101 증여세등부과처분취소)

[판례 2] 한정위헌결정의 경우에는 재심사유의 존재를 부인하는 대법원입장

"헌법재판소법 제75조 제7항에서 재심을 청구할 수 있는 사유로서 규정하고 있는 '헌법소원이 인용된 경우'라 함은 법원에 대하여 기속력이 있는 위헌결정이 선고된 경우를 말하는 것인바, 그 주문에서 법률조항의 해석기준을 제시함에 그치는 **한정위헌결정은 법원에 전속되어 있는 법령의 해석 · 적용 권한에 대하여 기속력을 가질 수 없고, 따라서 소송사건이 확정된 후 그와 관련된 헌법소원에서 한정위헌결정이 선고되었다고 하여 위 재심사유가 존재한다고 할 수 없다.**"(대판 2001.04.27. 95재다14 구상금)

제4편

행정조직법

제1장 개 설

Ⅰ. 행정조직법의 의의와 성질

행정조직법(行政組織法)이란 행정권의 주체의 활동의 전제가 되는 기관의 조직에 관한 법의 총칭이다. 즉, 행정기관의 설치 · 폐지 · 구성 · 권한 및 행정기관 상호간의 관계를 정한 법을 말하며, 입법기관 또는 사법기관의 조직에 관한 법과 구별된다. 행정조직법은 광의로는 국가 · 공공단체 등 행정주체의 조직에 관한 법을 총칭하나, 보통은 광의의 행정조직법에서 행정조직의 인적 요소인 공무원법과 물적 요소인 공물법 · 영조물법을 제외시킨 국가 · 지방자치단체 등의 행정기관의 조직에 관한 법만을 뜻한다. 행정조직법은 행정조직에 관한 헌법상의 기본원칙을 구체화하고 세목화하면서도, 기술법으로서의 독자적 성격을 견지하고 있다.

종래 법치행정의 본질을 국가와 개인 사이의 관계로 본 나머지 행정권의 내부적 조직에 관한 사항은 법치주의의 테두리 밖에 있었다. 그러나 오늘날 행정조직법 중에 행정주체의 대외적 활동과 직접 관계되는 규율은 법규적 성질을 가짐은 물론이거니와 행정기관의 내부조직에 관한 법이라 할지라도 직접 · 간접으로 국민에게 경제적 부담을 가져오게 되고, 또 그 권한분배는 국민에 대한 권한행사를 전제로 하기 때문에 행정조직법은 법규적 성질을 가지게 된다.

Ⅱ. 행정조직의 유형

행정조직은 각국의 정치적 · 역사적 · 사회적인 지반에 따라 구성 · 발전되는 것이기 때문에 이에 따라 여러 가지 형태를 가지게 된다. 즉, ① 권력이 중앙 또는 상급기관에 집중되는 **집권형**과 그 반대인 **분권형**, ② 병렬하는 기관 사이에 하나의 기관에 집중 · 통합하는 **권력통합형**과 이와 반대로 분산하는 **권력분산형**, ③ 국가가 직접 행정을 수행하는 **관치행정형**과 자치단체에게 맡기는 **자치행정형**, ④ 직접 국민의 의사에 따라 하는 **직접민주형**과 국민의 대표자를 통하여 하는 **간접민주형**, ⑤ 책임소재를 분명히 하고 신속하고 통일적 사무처리를 위하여 단독의 공무원의 권한과 책임아래 행정을 하는 **독임형**과 판단의 신중 · 공정 · 이해의 공평한 조화를 도모하기 위하여 합의체의 합의에 의하여 행정을 하는 **합의형** 등이 있다. 이러한 행정조직의 유형은 행정의 성격이나 과제에 따라 서로 관련되고 결합될 수도 있다.

제2장 행정기관

제 1 절 행정기관의 의의 및 종류

Ⅰ. 행정기관의 의의

행정기관(行政機關)이란 널리 국가 또는 공공단체의 행정사무를 담당하는 기관을 말한다. 이에 대하여 협의의 행정기관이라고 할 때는 일정한 범위 내의 행정사무에 관하여 국가 또는 공공단체의 의사를 결정・표시하는 기관만을 말한다.

행정기관의 성질에 관하여 과거의 통설은 행정기관은 단순히 국가 또는 자치단체의 표현기관에 지나지 않는다는 기관인격부정설을 취하여 왔으나, 최근에는 기관으로서도 일정한 범위 내에서 권리를 가지며 인격을 소유한다는 기관인격긍정설이 주장되고 있다. 그런데 행정기관의 행위는 실제로는 그 구성원인 자연인의 행위에 지나지 아니하나, 기관은 그것을 이루는 자연인과는 다른 것이다. 그러므로 행정기관의 구성원인 자연인에 변동이 있더라도 기관으로서 한 행위에는 아무런 영향이 없다.

Ⅱ. 행정기관의 종류

행정기관은 그 기능・권한・지위 등에 따라 다음과 같이 여러 종류로 나뉘어진다.

1. 행정청

행정청(行政廳)이란 행정에 관한 의사를 결정하여 표시하는 국가 또는 지방자치단체의 기관, 그 밖의 법령 또는 자치법규에 따라 행정권한을 가지고 있거나 위임 또는 위탁받은 공공단체 또는 그 기관이나 사인(私人)을 말한다(행정절차법 2(1), 행정심판법 2(4), 질서위반행위규제법 2(2)). 즉, 행정청은 행정에 관한 의사를 결정하여 외부에 표시하는 권한을 가진 행정기관을 말하며, 행정관청(또는 관청)이라고도 하고 실정법상 행정기관의 장이라고도 한다(정부조직법 7). 행정청은 자기의 책임과 자기의 이름으로 주어진 권한을 독자적으로 행사하나, 그 자체가 고유한 권리능력자는 아니고 행정주체를 위하여 고권을 갖는 행정기관에 불과하다.

행정청은 독임제기관(행정안전부장관, 특허청장 등)이 보통이나 합의제기관(중앙선거관리위원회,

감사원, 토지수용위원회, 노동위원회 등)도 있다. 행정청의 설치, 직무범위에 관한 사항은 입법사항이다(정부조직법 2①).

2. 보조기관

보조기관(補助機關)이란 행정청에 소속되어 그 권한행사를 보조함을 임무로 하는 행정기관이다. 각 원・부・처・청의 차관・차장・실장・국장은 모두 보조기관이다(동조③). 보조기관의 설치, 분장사항은 특히 법률로 정한 것을 제외하고는 대통령령으로 정한다(동조④).

3. 보좌기관

보좌기관이란 행정청 또는 그 보조기관을 보좌하는 행정기관을 말한다. 넓은 의미에서는 보조기관의 일종이라 할 수 있으나, 보조기관은 자기 명의로든 아니든 직접 정책결정, 행정집행에 관여하는 데 대하여, 보좌기관은 정책의 기획, 계획의 입안 및 연구・조사를 통하여 행정청 또는 그 보조기관을 내부적으로 지원함으로써 간접적으로 행정목적수행에 이바지하는 기관이다. 참모기관 또는 막료기관이라고도 하며, 비서실・기획조정실・행정조정실・차관보 및 담당관 등이 그 예이다.

4. 자문기관

자문기관(諮問機關)이란 행정청의 자문에 응하여 또는 자발적으로 행정청의 의사결정에 참고될 의사를 제공하는 행정기관이다. 이는 그 자체로서 행정에 관한 의사를 결정할 수 있는 권한을 가지는 것이 아니며, 따라서 행정청은 자문기관의 의사에 기속되지 아니한다는 점에서 의결기관과 다르다.

5. 의결기관

의결기관이란 행정에 관한 의사를 결정할 수 있는 권한을 가지는 합의제행정기관을 말한다. 이는 행정에 관한 의사를 결정함에 그치고, 외부에 표시할 권한을 가지지 아니한다는 점에서 행정청과 다르며, 행정청의 의사결정에 단순한 자문적・참고적인 의사의 제공에 그치는 것이 아니라 직접 행정에 관한 의사를 결정하며, 행정청은 그에 구속된다는 점에서 자문기관과 다르다. 징계위원회・소청심사위원회 등이 그 예이다.

6. 집행기관

집행기관은 행정청의 명을 받아 국가의사를 사실상 집행하는 기관인데, 이는 실력을 행사함으로써 국가의사를 강제적으로 실현할 수 있음을 특색으로 한다. 경찰공무원・소방공무원 및 세무공무원 등이 그 예이다.

7. 감사기관

감사기관이란 다른 행정기관의 행정사무의 처리를 감시·검사하는 권한을 가진 기관을 말한다(예; 감사원).

8. 공기업 및 영조물기관

공기업 및 영조물기관이란 국가기업의 경영 또는 영조물의 관리를 임무로 하는 기관을 말하며, 전자를 현업기관(現業機關)이라고도 한다. 철도관서·체신관서 등은 전자의 예이고, 국립병원·국립대학·국립도서관은 후자의 예이다. 후자는 대통령령이 정하는 바에 따라 설치할 수 있으나(정부조직법 4), 전자는 법률의 근거를 필요로 한다.

9. 부속기관

부속기관이란 행정조직에 있어서 행정권의 직접적인 행사를 임무로 하는 기관에 부속하여 그 기관을 지원하는 기관을 말한다. 자문기관(예; 도시계획위원회·징발보상심의회·대통령특별고문 등), 시험연구기관(예; 국제경제연구원·한국학중앙연구원·국토연구원·국립과학수사연구소 등), 교육훈련기관(예; 국가공무원인재개발원·학술원 등), 문화기관(예; 국립중앙도서관·국립중앙박물관·국립현대미술관 등), 의료기관(예; 서울대학교병원·국립의료원 등), 제조기관(예; 연초제조창·철도공작창 등) 등이 그 예이다.

제2절 행정청의 권한

Ⅰ. 행정청의 권한의 의의

행정청이 유효하게 국가의 행정을 할 수 있는 범위를 행정청의 권한(權限) 또는 관할(管轄)이라 한다. 행정청은 전체로서 국가의 행정사무를 분할·담당하고 있는 바, 그 범위 내에서 행정에 관한 국가의사를 결정, 표시할 수 있는 직무범위가 곧 행정청의 권한에 속한다. 이때 권한은 권리와 구별된다. 권리는 자기의 이익을 위한 것으로 인격주체만이 가질 수 있는 것이다. 그런데 행정청의 권한은 행정청 자신을 위한 것이 아니라 인격주체인 행정주체에 귀속되는 것이다.

Ⅱ. 행정청의 권한의 한계

행정청의 권한은 여러 면에서 그 한계가 획정되어 있다.

1. 사항적 한계

사항적 한계란 행정사무의 내용 또는 종류에 의하여 정하여진 행정청의 활동범위를 뜻하며,

이를 사물관할(事物管轄)이라고도 한다. 비교적 일반적인 사물관할을 가지는 행정청을 보통행정청이라 하고, 특수한 내용의 사물관할을 가지는 행정청을 특별행정청이라 한다.

2. 지역적 한계

지역에 의하여 정하여진 행정청의 활동범위를 행정청의 권한의 지역적 한계라 한다. 이와 같이 행정청의 활동범위가 지역에 의하여 정하여진 경우에 그 관할은 토지관할 또는 지역적 권한이라 한다. 그 권한이 전국에 미치는 경우에 이를 중앙청이라 하고, 특정한 지역에 한정된 경우에 이를 지방청이라 한다.

3. 대인적 한계

행정청의 권한이 미칠 수 있는 인적 범위를 권한의 인적 한계 또는 인적 관할이라 한다. 국립대학교 총장의 권한이 그 대학의 학생에 대하여 미치는 것이 그것이다.

4. 형식적 한계

행정청의 권한행사의 형식에 한계가 있을 때가 있다. 이를 형식적 권한이라 한다. 명령・고시 등의 제정권의 유무 등이 그 예이다.

[판 례] 권한의 한계를 벗어난 행정처분은 무효

"행정기관의 권한에는 사무의 성질 및 내용에 따르는 제약이 있고, 지역적・대인적으로 한계가 있으므로 이러한 권한의 범위를 넘어서는 권한유월의 행위, 즉 **권한 없는 기관에 의한 행정처분은 원칙적으로 그 하자가 중대하고 명백하여 무효이다.**"(대판 1996.6.28. 96누4374; 대판 2007.7.26. 2005두15748 등)

Ⅲ. 행정청의 권한의 효과

1. 외부적 효과

행정청이 그 권한의 범위 내에서 행정에 관한 국가의사를 결정・표시하는 경우에 그 행정청의 의사는 곧 행정주체인 국가의 의사가 되며, 그 행위는 행정주체의 행위로서의 효력을 가진다. 그러므로 행정청의 행위의 법률효과는 해당 행정청 자신이 아니라 직접 행정주체인 국가에 귀속한다. 따라서 그 행정주체가 존속하는 한 해당 행정청의 구성원의 경질이나 해당 행정청의 폐지 또는 변경이 있는 경우에도 영향을 받지 아니한다.

2. 내부적 효과

행정청의 권한은 행정주체 내부의 관계에서는 각 행정청에 대하여 개별적 지위를 부여하고, 행정청 상호간에 있어서의 행위의 한계선을 긋는 효과를 가진다. 그러므로 법령에 특별한 규정이 없으면 상급청은 하급청의 권한에 속하는 행위를 직접 할 수 없다.

제3절 행정청의 대리

Ⅰ. 행정청의 대리의 의의

1. 행정청의 대리의 개념

행정청의 권한의 대리(代理)란 행정청의 권한의 전부 또는 일부를 다른 행정기관이 피대리청을 위한 것임을 표시하고 자기의 이름으로 행사하고, 그 행위는 피대리청의 행위로서 효력을 발생하는 경우를 말한다. 이를 권한의 대행, 직무대행 또는 직무대리라고도 한다.

행정청의 권한은 해당 행정청이 스스로 행사함이 원칙이나(권한불변경의 원칙), 일정한 사유가 있을 때에는 타자로 하여금 대리 행사케 하는 때가 있다.

2. 유사개념과의 구별

(1) 권한의 위임과의 구별

양자는 행정청의 권한을 타행정기관이 대행한다는 점에서는 같으나, 다음과 같은 점이 다르다.

대 리	위 임
① 권한의 귀속자체는 불변 ② 임의대리는 법적 근거 불요 ③ 보조기관이 행함이 보통	① 권한의 실질적 이양 ② 법령의 명시적 근거요(법령상의 권한분배의 변경이므로) ③ 하급청에 대하여 행함이 보통

(2) 내부위임(위임전결) 및 대결과의 구별

대 리	내부위임 · 대결
① 대리자가 피대리청을 위한 것임을 표시하고 행위하는 것 ② 대리인은 대리행위임을 표시하고 행함 ③ 외부적, 법률상의 것 ④ 행정청의 권한에 관한 것	① 내부위임: 보조기관 등이 행정청의 이름으로 그의 권한을 사실상 대리 대결: 행정청 구성자의 일시부재시에 보조기관이 그에 갈음하여 결재 ② 이를 표시하지 않고 본래의 행정청의 이름으로 행함 ③ 내부적, 사실상의 것 ④ 행정청 뿐만 아니라 보조기관의 권한에도 있을 수 있다

(3) 권한대행 및 대표와의 구별

권한대행은 대리와 그 법적 성질이 대체로 동일하다. 헌법 제71조 '대통령 궐위시 국무총리, 법률이 정하는 국무위원 순서로 권한 대행', 정부조직법 제7조 제2항 '장관의 사고시 차관이 직무대행', 제22조 '국무총리 사고시 직무대행' 등은 법정대리의 일종이고, 그 밖에 경찰법 제12조 및 제15조의 '차장의 대행', 여권법 제21조의 '여권발급 대행', 주민등록법 제28조의 '주민등록증발급대행' 등 많은 법령에서 규정하고 있다.

(4) 사법상 대리와 구별

사법상 대리는 사적 자치의 원칙을 배경으로 인격자 사이의 관계에서 성립하나, 행정청의 대리는 하나의 인격자 내부에서 행정청의 권한행사능력을 보충하는 제도인 점에서 그 제도의 배경·발생원인을 달리한다.

Ⅱ. 행정청의 대리의 종류

행정청의 권한의 대리는 그 대리의 발생원인에 따라 임의대리와 법정대리로 구분된다.

1. 임의대리

(1) 임의대리의 의의

임의대리란 피대리청의 수권(授權)에 의하여 성립하는 대리로, 수권대리·위임대리라고도 한다. 수권대리는 상대방의 동의를 요하지 않는 일방적 행위이다.

(2) 임의대리의 법적 근거

이에 관해 ① 명문규정의 유무를 막론하고 임의대리는 원칙적으로 가능하다는 **적극설**과, ② 법률에 의한 행정의 원리와 관련하여 권한의 대리라 하더라도 법이 정한 권한분배의 변경을 가져오므로 법의 명시적인 근거가 필요하다는 **소극설**이 대립되고 있다. 그러나 대리는 권한의 이전을 가져오는 것이 아니므로 위임과는 달리 반드시 법적 근거를 요하는 것이 아니라고 할 것이다.

(3) 대리권의 범위

1) 수권은 피대리청의 일반적·포괄적 권한에 관해서만 할 수 있다. 법령에서 개별적으로 지정되어 있는 권한은 해당 행정청 자신이 행할 것이 요구되어 있다고 보아야 할 것이기 때문이다.

2) 일부대리에 한한다. 포괄적 수권은 법령에 의하여 확정된 권한의 사실상 포기가 되기 때문이다.

3) 피대리청은 선임·감독에 책임을 지고 대리인을 지휘·감독한다.

2. 법정대리

(1) 법정대리의 의의

법정대리(法定代理)란 피대리청의 수권에 의한 것이 아니고, 일정한 법정사실(예; 부재·사고 등)의 발생으로 법령상 당연히 대리관계가 발생하는 경우를 말한다.

(2) 법정대리의 법적 근거

법정대리의 근거로는 헌법 제71조, 정부조직법 제7조 2항·제12조 2항·제19조, 직무대리규정 제3조 등이 있다.

(3) 법정대리의 종류

1) **협의의 법정대리:** 이는 일정한 법정사실의 발생에 따라 법률상 당연히 대리권이 발생되는 경우이다. 대통령궐위시의 대리(헌법 71), 장관 유고시 차관의 대리(정부조직법 7②) 등이 이에 속한다.

2) **지정대리:** 이는 일정한 법률사실이 발생된 경우에 일정한 자가 대리인을 지정함으로써 성립되는 대리를 말한다. 지정대리는 피대리청의 지위에 있는 자가 일시사고가 있는 때에 행하여지는 것이 보통이나, 피대리청의 지위에 있는 자가 궐위된 때에 일시 그 대리자를 지정하는 경우도 있는 바, 이를 서리(署理)라 한다. 대리의 본질을 인격의 대리로 보는 입장에서는 대리와 서리를 구분하여 본다. 그러나 행정청의 대리는 인격의 대리가 아니라 권한의 대리이며, 따라서 행정청의 행위의 효과는 행정청의 지위에 있는 자에게 귀속하는 것이 아니라 국가에 귀속하는 것이므로 행정청의 자연인의 존부는 행정청의 대리관계의 성립에 아무런 영향이 없다 할 것이다. 그러므로 서리도 법정대리의 일종으로 볼 수 있다.

(4) 대리권의 범위

법정대리는 피대리청의 구성원이 그 권한을 행사할 수 없는 경우에 인정되는 것이기 때문에 그 대리권은 피대리청의 권한의 전부에 미치며, 피대리청의 지휘・감독권은 없으며 대리인 자신의 책임으로 행사한다.

Ⅲ. 대리행위의 효과

대리청의 대리행위는 실체법상 및 쟁송법상 피대리청의 행위로서의 효과를 발생한다. 대리자가 대리권의 범위를 넘어서 행한 행위의 효력에 관해서는 민법상의 표현대리의 규정(126)이 유추적용될 수 있다.[1] 예컨대 '법무부장관직무대리법무부차관'이라고 현명을 하지 않은 때에는 무권한의 행위로 볼 수 있으나, 피대리청의 행위로 믿을 만한 사정이 있는 경우에는 표현대리를 유추적용 할 수 있다.

[판 례] 대리의 경우 항고소송의 피고

> "항고소송은 다른 법률에 특별한 규정이 없는 한 원칙적으로 소송의 대상인 **행정처분을 외부적으로 행한 행정청을 피고로 하여야** 하고(행정소송법 제13조 제1항 본문), 다만 **대리기관이 대리관계를 표시하고 피대리 행정청을 대리하여 행정처분을 한 때에는 피대리 행정청이 피고로** 되어야 한다."(대판 2006.2.23.자 2005부4 결정; 대판 2018.10.25. 2018두43095)

1) 표현대리(表見代理)란 대리권이 없이 대리행위를 하였으나 대리인과 피대리인 사이에 특별한 관계가 있는 경우, 그 행위를 정당한 것으로 보고 피대리인에게 책임을 지우는 제도를 말한다. 대리권 수여표시는 하였으나 대리권을 주지 않은 경우의 대리, 권한을 넘는 대리권행사, 대리권 소멸 후의 대리 등이 이에 해당한다.

Ⅳ. 복대리의 문제

대리권의 행사를 다시 타인으로 하여금 대리하게 할 수 있는지의 여부는, 법령에 규정이 있는 경우에는 그에 의할 것이나, 그에 관한 규정이 없는 경우에는 임의대리와 법정대리로 나누어 보아야 한다.

임의대리는 피대리청의 일부대리이며, 대리인의 구체적 사정에 따르는 신임관계에 의한 대리권의 부여이므로 원칙적으로 복대리가 불가하나, 법정대리는 신임관계와 무관하게 일정한 법률사실의 발생에 따라 당연히 대리관계가 성립되며, 대리권이 피대리청의 권한의 전부에 걸치고, 대리인 자신의 책임으로 행하여지므로 복대리가 인정된다. 이 경우의 복대리(複代理)는 임의대리에 속한다.

Ⅴ. 행정청의 대리권의 소멸

임의대리의 경우는 피대리청에 의한 대리권 부여의 철회에 의하여, 법정대리의 경우는 대리권을 발생하게 한 법률사실의 소멸에 따라 대리권이 소멸한다.

제4절 행정청의 권한의 위임

Ⅰ. 행정청의 권한의 위임의 의의

1. 행정청의 권한의 위임의 개념

행정청의 권한의 위임(委任)이란 행정청이 그의 권한의 일부를 다른 행정기관에 이전하여 수임기관(受任機關)의 권한으로 행사하게 하는 것을 말한다. 행정청의 권한의 위임이 있으면 그 권한은 위임의 범위 안에서 수임기관의 권한이 되며, 수임기관은 권한을 그의 명의와 책임으로 행사하게 된다. 위임은 협의로는 보조기관 또는 하급행정기관의 장이나 지방자치단체의 장에게 맡기는 경우를 말하고, 다른 행정기관의 장(대등기관 등)에게 맡기는 경우를 위탁이라 하고, 지방자치단체가 아닌 법인·단체 또는 그 기관이나 개인에게 맡기는 경우를 민간위탁이라 한다(행정권한의 위임 및 위탁에 관한 규정 2).

2. 유사개념과의 구별

(1) 권한의 대리와의 구별

위임은 행정청 자신의 권한의 귀속자체를 수임청에 옮기는 점에서 단지 제3자가 대행할 뿐인

대리와 구별된다.

(2) 내부위임과의 구별

1) **내부위임의 의의:** 내부위임은 법률이 위임을 허용하고 있지 아니한 경우에도 행정청의 내부적인 사무처리 편의를 도모하기 위하여 그의 보조기관 또는 하급행정청으로 하여금 그의 권한을 사실상 행하게 하는 것으로 자기의 명의가 아니라 위임청의 이름으로 행한다. 따라서 권한의 법적인 귀속을 변경하여 수임청의 명의로 하는 권한의 위임과 다르다.

2) **법적 근거:** 내부위임은 위임과는 달리 권한의 변동을 가져오는 것이 아니므로 법적 근거를 요하지 않는다.

3) **권한행사의 방식:** 내부위임의 경우 수임기관은 자신의 이름이 아닌 **위임청의 명의**로 권한의 행사를 하여야 한다. 내부위임은 행정기관 내부에서 위임전결·대결 등의 형식으로 이루어지는 것이며 대외적으로 권한행사의 변동을 가져오는 것이 아니기 때문이다.

[판 례] 내부위임의 권한행사의 방식

> "행정권한의 내부위임은 법률이 위임을 허용하고 있지 아니한 경우에도 행정관청의 내부적인 사무처리의 편의를 도모하기 위하여 그의 보조기관 또는 하급행정관청으로 하여금 그의 권한을 사실상 행사하게 하는 것이므로, **권한위임의 경우에는 수임관청이 자기의 이름으로 그 권한행사**를 할 수 있지만 **내부위임의 경우에는 수임관청은 위임관청의 이름으로만 그 권한을 행사** 할 수 있을 뿐 자기의 이름으로는 그 권한을 행사할 수 없다."(대판 1995.11.28, 94누6475)

4) 권한행사방식의 위반의 효과

(가) 수임기관이 자신의 이름으로 처분을 한 경우: 내부위임의 경우에 위임청의 이름이 아니라 수임기관이 자신의 이름으로 처분을 하였다면 위법이 된다. 내부위임을 받았던 받지 않았던 마찬가지라 할 것이다. 이 경우 그 위법의 정도에 관하여 견해가 나뉜다. 즉, ① 수임기관은 대외적 처분권이 없으므로 무권한의 행위로 되어 무효라는 **무효설**(다수설)과, ② 권한행사의 형식에 하자가 있는 것에 불과하여 중대하고 명백한 위법이라고는 할 수 없다는 **취소설**(김남진·김연태(Ⅱ), 25) 및 ③ 수임기관이 보조기관인 경우에는 무효이지만 지방자치단체의 장 등 행정청인 경우에는 취소사유라고 보는 **예외적 취소설**(박균성(강의), 907) 등으로 나뉜다. **판례**는 무효설의 입장을 취하고 있다.

[판 례] 내부위임사항을 자신의 명의로 한 처분은 무효

> "체납취득세에 대한 압류처분권한은 도지사로부터 시장에게 권한위임된 것이고 시장으로부터 압류처분권한을 내부위임받은 데 불과한 구청장으로서는 시장 명의로 압류처분을 대행처리할 수 있을 뿐이고 자신의 명의로 이를 할 수 없다 할 것이므로 구청장이 자신의 명의로 한 압류처분은 권한 없는 자에 의하여 행하여진 위법무효의 처분이다."(대판 1993.5.27, 93누6621)

생각건대, 그 위법의 정도를 취소로 보면 취소되기 전에는 유효성이 추정되고 제소기간이 경과하면 다툴 수 없어 국민에게 불합리한 상황이 발생할 수 있다. 또한 예외적 취소설에 따르면

동일한 하자임에도 보조기관의 경우와 행정청의 경우를 차별하여 공평의 원칙에 반한다는 점, 일반 국민의 입장에서 보조기관과 하급행정청의 구분이 반드시 명확하다고 볼 수 없다는 점 및 취소사유로 보는 하급행정청의 경우 출소기간 경과로 권리구제를 어렵게 할 우려가 있다는 점 등에서 문제된다. 따라서 내부위임의 경우에 수임기관이 위임청의 이름이 아니라 자신의 이름으로 처분을 하였다면 무권한의 행위라 할 것이므로 무효설이 타당하다.

(나) 내부위임을 받지 아니한 행정기관이 위임청의 명의로 처분을 한 경우: 내부위임을 받지 아니한 행정기관이 위임청의 이름으로 처분을 한 경우이다. 이 경우 내부적으로는 내부위임규정(전결규정)에 위반하여 내부위임을 받지 아니한 자가 권한행사를 한 것이 되더라도 다른 위법사유가 없다면 대외적으로는 행정청(위임청)의 정당한 권한행사로 되어 원칙적으로 적법하다고 할 것이다.

[판 례] 전결권자 아닌 보조기관 등이 처분권자 이름으로 행한 처분은 적법

"전결과 같은 행정권한의 내부위임은 법령상 처분권자인 행정관청이 내부적인 사무처리의 편의를 도모하기 위하여 그의 보조기관 또는 하급행정관청으로 하여금 그의 권한을 사실상 행사하게 하는 것으로서 법률이 위임을 허용하지 않는 경우에도 인정되는 것이므로, 설사 행정관청 내부의 사무처리 규정에 불과한 **전결규정에 위반하여 원래의 전결권자가 아닌 보조기관 등이 처분권자인 행정관청의 이름으로 행정처분을 하였다고 하더라도 그 처분이 권한 없는 자에 의하여 행하여진 무효의 처분이라고 할 수 없다.**"(대판 1998.2.27. 97누1105)

5) 피고적격: 내부위임에 의해 수임청이 그 위임에 따라 위임청의 이름으로 권한을 행사한 경우에 그 처분청은 위임청이므로 그 항고소송의 피고는 위임청이 된다(대판 1991.10.8. 91누520). 다만, 수임기관이 자신의 명의로 처분을 하였다면 당사자는 명의자를 처분청으로 인식할 수 있으므로 권리구제의 편의를 위해 명의자인 수임기관을 피고로 한다(대판 2001.11.3. 2000두7537 등).

(3) 위임전결과의 구별

권한의 위임은 특정한 권한을 위임청에 이전하는 것인데 대하여, 위임전결(委任專決)은 행정사무처리의 신속·간편화를 위하여 결재과정에서 인정되는 것으로, 행정청의 행정에 관한 의사결정, 즉 결재를 보조기관이 해당 행정청의 이름으로 사실상 대리행사하는 것을 말한다. 위임전결은 내부위임에 포함된다고 할 수 있는 바, 내부위임이 상하행정청간에 행해짐이 보통인데 대하여 위임전결은 보조기관이 행한다는 점에 차이가 있다.

[판 례] 전결권자 아닌 자가 행정청의 명의로 한 처분은 효력

"**전결과 같은 행정권한의 내부위임은** 법령상 처분권자인 행정관청이 내부적인 사무처리의 편의를 도모하기 위하여 그의 보조기관 또는 하급 행정관청으로 하여금 그의 권한을 사실상 행사하게 하는 것으로서 **법률이 위임을 허용하지 않는 경우에도 인정되는 것이므로**, 설사 행정관청 내부의 사무처리규정에 불과한 전결규정에 위반하여 **원래의 전결권자 아닌 보조기관 등이 처분권자인 행정관청의 이름으로 행정처분을 하였다고 하더라도 그 처분이 권한 없는 자에 의하여 행하여진 무효의 처분이라고는 할 수 없다.**"(대판 1998.2.27. 97누1105)

Ⅱ. 행정청의 권한의 위임의 성질

행정청의 권한의 위임은 법규에 의해 직접 권한이 이양되거나, 법규에 근거하여 위임청의 의사에 기한 일방적인 위임행위에 의하여 성립하므로, 위임은 상대방의 동의를 요하지 않는다.

Ⅲ. 행정청의 권한의 위임의 근거

1. 개별법령의 규정

행정청의 권한의 위임은 법령이 정한 행정기관의 변경을 가져오므로 반드시 법령의 명시적 근거를 요한다. 위임의 근거법령으로 정부조직법 제6조 및 이에 근거한 「행정권한의 위임 및 위탁에 관한 규정」 제3조 및 지방자치법 제117조가 있고,[2] 그 밖에 많은 개별법상의 규정들이 있다. 법령에서는 오직 근거만을 정하고 구체적인 위임은 위임청의 별도의 행위에 의하는데, 이 때에는 위임에 대한 공시가 필요하다.

2. 일반적 근거규정

개별법령에 특별한 규정이 없는 경우 정부조직법 제6조와 「행정권한의 위임 및 위탁에 관한 규정」 제3조 및 지방자치법 제117조를 일반적 근거규정으로 해석할 수 있는지에 대하여는 견해가 나뉜다.

1) 긍정설: 이는 위임의 현실적 필요성에서 개별법에 근거가 없더라도 위 법령을 일반적 위임의 근거로 인정하여 위임이 가능하다고 한다. 그 논거로는, 행정기관의 권한과 책임의 일치를 위해서는 개별법상의 권한의 일부를 위임·재위임할 필요가 있다는 점, 행정능률의 향상과 행정사무의 간소화를 위한다는 점을 들고 있다(다수설).

2) 부정설: 이는 개별법에 규정이 없는 한 위임이 불가능하다는 견해이다(홍정선, 876). 그 논거로는, 정부조직법 제6조 등은 위임의 일반적 원칙만을 선언한 것으로서 포괄적 위임을 인정

---

2) *정부조직법 제6조(권한의 위임 또는 위탁) ① 행정기관은 법령으로 정하는 바에 따라 그 소관사무의 일부를 보조기관 또는 하급행정기관에 위임하거나 다른 행정기관·지방자치단체 또는 그 기관에 위탁 또는 위임할 수 있다. 이 경우 위임 또는 위탁을 받은 기관은 특히 필요한 경우에는 법령으로 정하는 바에 따라 위임 또는 위탁을 받은 사무의 일부를 보조기관 또는 하급행정기관에 재위임할 수 있다.

*행정권한의 위임 및 위탁에 관한 규정 제3조(위임 및 위탁의 기준 등) ① 행정기관의 장은 허가·인가·등록 등 민원에 관한 사무, 정책의 구체화에 따른 집행사무 및 일상적으로 반복되는 사무로서 그가 직접 시행하여야 할 사무를 제외한 일부권한를 그 보조기관 또는 하급행정기관의 장, 다른 행정기관의 장, 지방자치단체의 장에게 위임 및 위탁한다.

*지방자치법 제115조(국가사무의 위임) 시·도와 시·군 및 자치구에서 시행하는 국가사무는 법령에 다른 규정이 없으면 시·도지사와 시장·군수 및 자치구의 구청장에게 위임하여 행한다.

*동법 제117조(사무의 위임 등) ① 지방자치단체의 장은 조례나 규칙으로 정하는 바에 따라 그 권한에 속하는 사무의 일부를 보조기관, 소속행정기관 또는 하부행정기관에 위임할 수 있다.

하면 개별법률의 위임규정을 무의미 하게 만든다는 점, 권한을 법령으로 명확히 정하라는 행정조직법정주의에 상치되는 결과를 가져온다는 점 등을 들고 있다.

3) 판 례: 판례는 아래 판시와 같이 정부조직법 등은 권한의 위임 및 재위임의 근거규정임이 명백하다고 하여 권한의 위임·재위임의 일반규정으로 보고 있다.

[판 례] 정부조직법 등이 위임 및 재위임의 근거규정

"정부조직법 제5조 제1항(현재 제6조 제1항)의 규정은 법문상 행정권한의 위임 및 재위임의 근거규정임이 명백하고 정부조직법이 국가행정기관의 설치, 조직과 직무범위의 대강을 정하는데 목적이 있다고 하여 그 이유만으로 같은 법의 권한위임 및 재위임에 관한 규정마저 권한 위임 및 재위임 등에 관한 대강을 정한 것에 불과할 뿐 권한위임 및 재위임의 근거규정이 아니라고 할 수 없다고 할 것이므로, 도지사 등은 **정부조직법 제5조 제1항에 기하여 제정된 행정권한의위임및위탁에관한규정에 정한 바에 의하여 위임기관의장의 승인이 있으면 그 규칙이 정하는 바에 의하여** 그 수임된 권한을 시장, 군수 등 소속기관의 장에게 다시 위임할 수 있다."(대판 1990.6.26. 88누12158)

4) 결 어: 행정의 능률적 수행과 행정권한의 지방분산을 위해서는 현실적으로 위임이 필요하다는 점, 개별법에서 위임의 근거가 없는 경우가 있다는 점 등을 이유로 일반법 규정에 따라 위임·재위임이 가능하다고 보는 것이 타당하다.

Ⅳ. 행정청의 권한의 위임의 상대방(위임의 양태)

종래에는 권한의 위임은 하급행정기관에 대하여 행하여지는 것이 보통이었으나, 오늘날은 행정영역의 확대에 따르는 행정의 다양화로 말미암아 대등한 행정청 또는 계통을 달리하는 하급행정기관, 공공단체, 사인 등에 대한 위임이 대폭적으로 행하여지고 있다.

(1) 보조기관·하급행정기관에 대한 위임

이는 대표적이고 전통적인 권한의 위임이다. 보조기관이나 하급행정기관에 대한 권한의 위임은 위임청의 일방적 행위로 성립되며, 상대방, 즉 수임기관의 동의를 요하지 않음이 원칙이며, 위임청은 수임청의 권한행사에 대하여 지휘·감독을 할 수 있다(행정권한의위임및위탁에관한규정 6).

(2) 대등기관 기타 타행정기관에 대한 위임

위임청과 대등한 위치에 있거나 지휘계통을 달리하는 타행정기관에 대한 권한의 위임으로, 이를 특히 위탁(委託)이라고 한다(정부조직법 6, 동규정 2(2)). 수임청의 동의를 요하며, 다만 수임청은 정당한 사유가 없는 한 동의를 거부하지 못한다 할 것이다. 위임청은 수임청의 수임권한의 행사에 관하여 당연히 지휘·감독권을 가지는 것은 아니다.

(3) 자치단체나 그 기관에 대한 위임

국가의 행정청은 지방에서 시행할 국가행정에 관한 권한을 관계 지방자치단체나 그 기관에 위임할 수 있으며(지방자치법 115, 정부조직법 6①), 지방자치단체의 장은 그 권한의 일부를 다른 지방자치단체나 그 기관에 위임할 수 있는 바(지방자치법 117), 이는 서로 다른 행정주체 또는 그 기관에 대한 권한의 위임이다. 지방자치법은 지방자치단체의 관할구역 내에서 시행하는 국가행정사무는 법령에 다른 규정이 없으면 당해 자치단체의 장에게 위임하여 행하도록 하고 있어(동법 115), 현재 위임의 대부분은 이러한 기관위임이다. 지방자치단체의 장이 기관위임사무를 처리하는 범위 안에서는 국가기관의 지위에 서게 되어 상급국가기관의 지휘·감독을 받게 된다.

(4) 사인에 대한 위임(민간위탁)

이는 주로 기능적·대량적·반복적 사무의 경우에 간이·신속하고 능률적으로 행정사무를 처리하기 위하여 일정한 조건을 갖춘 사인(법인이나 자연인)에게 위임하는 것으로, 위탁 또는 민간위탁(民間委託)이라고도 한다(공공시설관리업무, 폐기물처리업무 등 주로 조사·검사·검정·관리업무 등). 이는 수임자에게 일정한 국가적 공권을 부여함과 동시에 지휘·감독을 받을 의무 등을 새로이 부과하는 것이므로 법령의 근거외에 해당 사인의 신청 또는 동의를 필요로 한다고 하겠다.

Ⅴ. 행정청의 권한의 위임사항(위임의 한계)

1. 일부위임

위임은 위임청의 권한의 일부에 한하여 인정되며, 권한의 전부의 위임은 위임청의 권한의 소멸을 가져오므로 허용되지 않는다. 따라서 일반적·포괄적으로 정해진 것이 아니고 특정적·개별적으로 정하여진 권한은 위임할 수 없다.

2. 재위임

행정청 그 밖에 권한을 위임받은 기관은 권한의 일부를 보조기관 또는 하급행정청에 재위임할 수 있다(정부조직법 6①). 개별법률에 근거규정이 없는 경우에도 정부조직법 제6조 제1항과 이에 기한 「행정권한의 위임 및 위탁에 관한 규정」 제4조의 일반적인 근거규정에 의해 재위임할 수 있다(대판 1995.8.22. 94누5694 등). 다만, 지방자치단체의 장이 위임 또는 위탁받은 사항의 일부(기관위임사무)의 재위임의 경우에는 미리 당해 사무를 위임 또는 위탁한 기관의 장의 승인을 받아야 한다(지방자치법 117④).

Ⅵ. 행정청의 권한의 위임의 효과

1. 권한귀속의 변경

행정청의 권한의 위임이 행하여지면 권한은 위임청으로부터 수임기관으로 이전된다. 따라서 항고소송의 피고도 수임기관이 된다(판례).

[판 례] 취소소송의 피고는 수임기관

"에스에이치공사가 택지개발사업 시행자인 서울특별시장으로부터 이주대책 수립권한을 포함한 택지개발사업에 따른 권한을 위임 또는 위탁받은 경우, 이주대책 대상자들이 에스에이치공사 명의로 이루어진 이주대책에 관한 처분에 대한 취소소송을 제기함에 있어 정당한 피고는 에스에이치공사가 된다고 한 사례."(대판 2007.08.23. 2005두3776, 입주권확인)

2. 지휘감독권

수임기관이 위임청의 보조기관이나 지휘감독하에 있는 하급기관인 경우는 위임청이 상급청으로서 수임기관의 권한행사를 지휘감독, 취소·중지를 할 수 있다. 그러나 수임기관이 지휘감독하의 하급기관이 아닌 경우에는 특별한 정함이 없는 한 지휘감독권이 없다.

3. 비용부담의 문제

행정청의 권한의 위임에 의하여 위임청은 관할사무가 감소되는 데 반하여 수임기관은 사무가 증가되므로, 수임자가 다른 행정청이거나 인격을 달리하는 자인 때는 위임에 따르는 비용을 지원하는 것이 일반적이다.

Ⅶ. 행정청의 권한의 위임의 종료

위임은 ① 위임의 해제, ② 종기(終期)·해제조건의 성취, ③ 근거법령의 폐지 등으로 종료한다. 위임의 해제의 경우는 특히 행위의 공시를 요한다.

제5절 행정청 상호간의 관계

Ⅰ. 개 설

행정청은 행정의 통일성과 능률성을 유지하기 위하여 일정한 계층관계를 확보함과 동시에 행정의 합리적인 수행을 위하여 서로 부단한 협력관계를 유지하고 있다. 즉, 행정청은 서로 상하 또는 대등의 관계에서 병존하면서, 전체적으로 행정목적의 통일적 수행을 기한다. 그러므로 행정청 상호간에는 상하행정청간의 관계와 대등행정청간의 관계가 있다.

Ⅱ. 상하행정청간의 관계

1. 상하행정청간의 관계의 종류

상하행정청(上下行政廳)간에는 권한감독관계가 주된 관계이다. 그 이외에 권한대리관계·권한

위임관계가 있으나, 이들은 별도로 고찰하였으므로 여기서는 권한감독관계에 대하여서만 살펴보기로 한다.

2. 권한의 감독

(1) 의 의

권한의 감독이란 상급행정청이 하급행정청의 권한행사를 지휘하여 적법성과 합목적성을 보장하기 위하여 행하는 통제적 작용을 말한다. 이와 같이 권한의 감독을 통하여 행정청은 상명하복(上命下服)의 기관계층제를 이루는 점에서 입법조직이나 사법조직과는 다르다.

감독권에 관한 개별적인 법적 근거는 필요없으나, 감독권 자체에 대한 일반적·추상적인 법적 근거는 필요하다.

(2) 감독의 수단

권한의 감독은 예방적 감독과 교정적 감독, 소극적 감독과 적극적 감독 등 여러가지 방법에 의하여 행하여지는 데, 일반적인 수단으로는 감시·훈령·인가·주관쟁의결정권·취소정지권 등이 있다.

1) 감시권: 상급청이 하급청의 권한의 행사상황을 알기 위하여 하는 행위이며, 보고·징수·사무감독 등이 있다. 다른 감독권 행사의 전제가 되는 감독수단이며, 개별적인 법적 근거가 필요없다.

2) 훈령권(訓令權)

(가) 의 의: 훈령이란 상급청이 하급청의 권한행사를 지휘하기 위하여 발하는 명령을 말하며, 훈령을 발할 수 있는 권한을 훈령권 또는 지휘권이라 한다. 훈령권은 특별한 법적 근거를 요하지 아니하고 감독권의 당연한 결과로서 행할 수 있다. 또한 훈령에 의한 감독은 당연히 하급청의 권한의 대집행권을 포함하는 것은 아니다.

훈령은 다음과 같은 점에서 직무명령과 구별된다.

	훈 령	직무명령
① 발령자와 수령자	상급청이 하급청에 대한 명령	상관이 부하공무원에 대한 명령
② 효 력	기관의사를 구속하여 기관구성자가 교체되더라도 여전히 유효	공무원 개인을 구속하여 기관구성자가 교체되면 효력상실
③ 범 위	행정기관의 소관사무에 국한	사무외의 공무원 개인의 복무·행동까지 규제가능
④ 양자의 관계	기관구성자인 공무원 개인도 구속하므로 직무명령으로서의 성질도 가짐	행정청의 지위에 있지 아니한 상관도 있으므로 반드시 훈령으로서의 성질을 갖는 것은 아님

(나) 성 질: 훈령은 행정조직의 내부관계에 적용됨에 그치며, 법규의 성질이 없다. 따라서 일반개인에 대한 구속력이 없으며, 그 위반은 직무상 의무위반에 그친다. 그러나 훈령 가운데

행정사무처리 또는 법령해석의 기준을 제시하는 내용의 것은 실질적으로 법의 보충적 기능을 하고, 또 그에 따르는 행정작용을 통하여 개인에게 영향을 미치므로 법규성을 인정해야 한다는 견해가 유력하다.

(다) 종 류: 훈령에는 일반적 · 추상적인 내용의 것(명령적 훈령)과 특정적 · 구체적인 내용의 것(처분적 훈령)으로 나눌 수 있으며, 또 훈령은 그 내용에 따라 다음과 같이 나눌 수 있다.

(a) **협의의 훈령**: 이는 상급청이 하급청에 대하여 상당한 기간에 걸쳐 그 권한의 행사를 지휘하기 위하여 발하는 명령이다.

(b) **지 시**: 지시는 상급청이 직권 또는 하급청의 문의 · 신청에 의하여 개별적 · 구체적으로 발하는 명령이다.

(c) **예 규**: 예규(例規)는 행정사무의 기준을 제시하기 위하여 발하는 명령이다.

(d) **일일명령**: 일일명령(日日命令)은 당직 · 출장 · 특근 · 휴가 등의 일일업무에 관하여 발하는 명령이다.

(라) 요 건: 훈령이 유효하기 위하여는 형식적 · 실질적 요건을 갖추어야 한다.

(a) **형식적 요건**: ① 훈령권이 있는 상급청이 발할 것, ② 하급청의 권한에 속하는 것일 것, ③ 권한행사의 독립성이 보장되고 있는 경우(예: 감사원)가 아니어야 한다.

(b) **실질적 요건**: 적법 · 타당하고 가능하며 명백한 것이어야 한다.

(c) **하급청의 심사권**: 하급청이 위의 요건을 심사할 수 있는지가 문제되는 바, 형식적 요건에 대하여는 가능하나, 실질적 요건에 대해서는 원칙적으로 심사할 수 없고 복종해야 한다. 다만, 훈령의 내용이 범죄를 구성하거나 중대하고 명백한 법규위반으로 절대무효인 경우에는 복종을 거부하여야 한다.

(마) 훈령의 경합: 내용이 서로 충돌되는 2 이상의 훈령이 경합된 때에는 주관상급청의 훈령에 따라야 하며, 주관상급청이 불명확한 때에는 주관쟁의방법에 의할 것이다. 경합되는 훈령이 상하관계에 있는 상급청들의 것인 때에는 직근상급청의 훈령에 따라야 한다.

(바) 훈령의 형식 및 절차: 훈령은 특별한 형식에 의하지 않고 문서 또는 구술로 발할 수 있음이 원칙이며, 「행정효율과 협업촉진에 관한 규정」에 의해 일정한 형식상의 통제를 받는다. 훈령은 구두 또는 문서에 의해 상대방에게 통지함으로써 효력을 발생하게 되는 데, 관보로 공고하는 경우에는 법령에 특별한 규정이 없는 한 그 공고가 있은 후 5일이 경과한 날로부터 효력을 발생한다.

(사) 훈령에 위반한 행정행위의 효력: 행정청이 훈령에 위반하여 행정행위를 하더라도 행정조직 내부에서의 직무상 의무위반으로 징계책임을 질 뿐이며, 해당 행정행위가 위법하게 되는 것은 아니다. 그러나 훈령이 외부효력이 인정되어 법적 구속력을 갖는 경우에는, 해당 훈령에 위반한 행정행위는 위법이 될 것이다.

3) 인가(승인)권: 인가권(認可權)은 하급청의 권한행사의 적법 · 타당성을 보장하기 위한 예

방적 감독수단으로서 하급청의 권한행사에 관하여 사전에 상급청의 동의를 받도록 하는 경우이다. 여기서의 인가는 행정행위로서의 인가와는 달리 행정주체의 내부관계에서 행하여지는 행위이므로 상급청의 인가없이 한 경우에는 당연히 위법한 행위가 되는 것은 아니다. 따라서 인가가 법령의 명시적 규정에 의한 경우 이외에는 유효요건이 아니다.

4) **주관쟁의결정권:** 주관쟁의결정권(主管爭議決定權)이란 하급청 상호간의 주관권한에 관하여 쟁의가 있는 경우에 상급청이 예방적 감독수단으로 이를 결정하는 것을 말한다. 쟁의가 있는 쌍방의 공통의 상급청이 없는 경우에는 각각의 상급청의 협의에 의하여 결정하고, 협의가 이루어지지 않을 때는 최종적으로는 행정각부간의 주관쟁의가 되며, 국무회의의 심의를 거쳐 대통령이 결정한다(헌법 89(10)).

5) **취소·정지권:** 취소·정지권이란 상급청이 직권이나 신청에 의해 하급청의 위법·부당한 처분을 교정적 감독수단으로 취소·정지하는 권한을 말한다. 이에 관해 법령의 명문규정이 있는 경우는 당연히 할 수 있지만, 법령의 규정이 없는 경우에는 학설이 대립되고 있다. **적극설**은 하급청의 행위가 위법·부당하다고 인정되는 경우에 이를 교정하는 것은 감독목적 달성을 위한 필수요건이라는 이유로 이를 긍정한다. **소극설**은 취소·정지는 하급청의 권한을 대행하는 것이 되며, 그 효과는 직접 행정객체에 미치므로 허용되지 않는다고 한다. 생각건대, 권한법정주의의 원칙상 소극설이 타당하다. 법적 근거의 예로는, 정부조직법 제11조 제2항(대통령의 행정감독권), 제18조 제2항(국무총리의 행정감독권), 지방자치법 제188조(위법·부당한 처분·명령의 시정), 행정권한의 위임 및 위탁에 관한 규정 제6조(지휘감독) 등이 있는바, 이러한 근거규정이 없는 경우에는 직접 취소·정지를 못하고 이를 명할 수 있다고 볼 것이다.

취소·정지는 대외적인 효력을 가지므로 행정쟁송의 대상이 된다.

Ⅲ. 대등행정청간의 관계

1. 권한의 상호존중

대등한 행정청 상호간에는 서로 그 권한을 존중하여야 하고, 그것을 침범하지 못한다. 이는 각 행정청은 법규의 규정에 따라 소관사무를 처리하며, 그 권한 내의 행위는 비록 흠이 있더라도 공정력을 가지는 까닭에 다른 행정청도 이에 구속된다. 상호간 주관권한에 대하여 분쟁이 있는 경우에는 상급청의 주관쟁의결정권에 의하여 결정된다.

2. 상호협력관계

(1) 협 의

2 이상의 행정청의 권한에 관련되는 사항은 그 대등 행정청 사이의 협의에 의하여 결정한다. 즉, ① 2 이상의 행정청이 공동 주관행정청으로 대등하게 협의하는 관계로, 이 경우는 공동명의

로 외부에 표시하며 합의는 유효요건이 된다. ② 주관행정청이 관계행정청과 협의하는 관계로, 이 경우에는 주관행정청의 명의로 표시하며, 이 경우의 협의는 법정절차이므로 협의를 거치지 않으면 무효 또는 취소이다. 판례는 일반적으로 취소로 본다.

[판 례] 관계기관과의 협의 결여는 취소사유

"국방·군사시설 사업에 관한 법률 및 구 산림법(2002. 12. 30. 법률 제6841호로 개정되기 전의 것)에서 보전임지를 다른 용도로 이용하기 위한 사업에 대하여 승인 등 **처분을 하기 전에 미리 산림청장과 협의를 하라고 규정한 의미는 그의 자문을 구하라는 것이지 그 의견을 따라 처분을 하라는 의미는 아니라 할 것이므로, 이러한 협의를 거치지 아니하였다고 하더라도 이는 당해 승인처분을 취소할 수 있는 원인이 되는 하자 정도에 불과하고** 그 승인처분이 당연무효가 되는 하자에 해당하는 것은 아니라고 봄이 상당하다."(대판 2006.06.30. 2005두14363, 국방군사시설사업실시계획승인처분무효확인; 대판 2000.10.13. 99두653, 토지수용재결처분취소)

(2) 동 의

동의란 2 이상의 행정청의 권한과 관련되어 있고 그 행정청 모두 주된 지위에 있는 경우에 주무행정청이 업무처리에 관해 관계행정청의 동의를 받아 결정하는 것을 말한다. 이 경우 주무행정청은 관계행정청의 동의의견 또는 부동의의견에 구속된다. 동의 없이 행한 처분은 그 하자의 정도에 따라 무효 또는 취소사유가 된다. 그런데 하자 있는 동의 또는 부동의는 내부행위에 불과하므로 항고쟁송의 대상이 아니고, 이에 따른 처분을 다투면서 그 처분사유로서 주장할 수 있다.

(3) 사무위탁(촉탁)

사무위탁이란 대등한 행정청 상호간에 있어서 일정한 사무가 타행정청의 권한에 속하는 경우 그 처리를 위탁하는 것을 말한다. 사무위임 중에서 등기소송에 관한 사무의 이양을 특히 촉탁이라고 부른다.

(4) 행정응원

대등한 행정청 상호간에 있어서 하나의 관청의 직무수행상 필요한 특정한 행위(예; 장부서류제출, 의견제출 등), 필요한 공무원의 파견근무, 기타 일반적 협력을 다른 행정청에 요구하는 경우가 있다. 이러한 요구가 특히 법의 규정에 의한 것일 때는 이를 거부하지 못한다.

재해·사변 기타 비상시에 처하여 하나의 행정청의 고유의 기능만으로는 행정목적을 달성할 수 없을 때 타기관의 응원을 요청하는 경우가 있는데, 행정응원이라고 할 때는 보통 이것을 말한다. 행정응원에 관한 일반법으로는 행정절차법 제8조가 있고, 개별법상으로는 경찰응원(경찰직무응원법 1)·소방응원(소방기본법 11) 등이 있다.

제3장 국가행정조직법

제 1 절　중앙행정조직법

Ⅰ. 개　설

중앙행정조직은 정부형태, 즉 권력분립의 현실형태에 의하여 그 기본원칙과 특징이 좌우된다. 우리나라의 정부형태는 정부수립 후 여러 차례에 걸쳐 큰 변천을 하여 왔다. 현행 헌법은 “행정권은 대통령을 수반으로 하는 정부에 속한다”고 규정하고 있다(동법 66④). 이에 따라 중앙행정조직은 ① 행정부수반인 대통령과 그 직속기관, ② 정부의 권한에 속하는 중요한 사항을 심의하는 국무회의, ③ 대통령의 명을 받아 행정각부를 통할하는 국무총리와 그 직속기관, ④ 행정각부로서 18부가 있으며, 그 직속기관으로 청・외국(外局)이 있다. ⑤ 끝으로 헌법상의 독립중앙 행정기관으로서 선거관리위원회와 실질적으로 상대적 독립성을 가진 합의제 행정기관으로서의 각종 행정위원회가 있다.

중앙행정조직법의 법원(法源)은 헌법을 비롯한 많은 법률에 의해 이루어지고 있다. 헌법은 국가의 기본법으로서 행정조직에 관한 대강을 규정하고 있음에 그치고, 중앙행정조직에 관해 구체적으로 규정한 일반법으로 정부조직법이 있다. 정부조직법 이외에 특별법으로서, 감사원법・국가정보원법・대통령등의경호에관한법률・국가안전보장회의법・검찰청법 등이 있으며, 독립중앙행정기관에 관한 것으로 선거관리위원회법이 있다.

Ⅱ. 대통령

1. 대통령의 지위와 권한

현행 헌법은 권력분립에 입각한 대통령제를 채택하고 의원내각제적 요소를 가미하고 있는 바, 대통령은 국가원수와 정부수반으로서의 지위를 가지며, 임기는 5년의 단임(헌법 70, 128②)으로서 국민의 보통・평등・직접・비밀선거에 의하여 선출된다(동법 67). 대통령은 국정의 종국적인 책임자 및 조정자로서 또 대외적으로는 국가를 대표하는 입장에서 국민투표부의권(동법 72), 긴급재정경제처분권 및 긴급명령권(동법 76) 등 국가원수로서의 지위와 권한을, 정부를 대표하고 행정권의 최고 담당자로서 국무총리・국무위원 등의 임명권 등 행정수반으로서의 지위와 권한을 가진다.

2. 대통령직속 중앙행정기관

대통령의 직속기관으로는 감사원, 국가정보원, 대통령실 및 국가안전보장회의 등이 있다.

(1) 감사원

1) **감사원의 지위**: 감사원은 국가의 세입·세출의 결산, 국가 및 법률에 정한 단체의 회계심사와 행정기관 및 공무원의 직무에 관한 감찰을 하기 위하여 대통령소속하에 설치된 헌법기관이며(동법 97), 직무에 관하여는 독립의 지위를 가진다(감사원법 2①).

2) **감사원의 조직**: 감사원은 감사원장을 포함한 5인 이상 11인 이하의 감사위원으로 구성하며(헌법 98①). 현재 감사원장을 포함하여 감사위원 7인으로 구성되며 회의제기관이다. 감사원장은 국회의 동의를 얻어 대통령이 임명하고, 기타 감사위원은 감사원장의 제청으로 대통령이 임명한다. 감사원장과 감사위원의 임기는 4년으로 하되 1차에 한하여 중임할 수 있다(동법 98②③).

3) **감사원의 권한**: 감사원은 ① 국가·지방자치단체 기타 감사원법이 정한 단체에 대한 결산 및 회계감사권, ② 국가 및 지방자치단체의 행정기관 및 소속공무원 등에 대한 직무감찰권, ③ 회계관계법령의 제정, 개폐 및 해석적용에 관한 의견제시권, ④ 감사기관대상기관 이외의 자에 대한 협조요구권, ⑤ 감사결과에 따른 변상책임유무 판정·징계·시정 등 요구권, ⑥ 규칙제정권 등이 있다.

4) 재심의

(가) 재심의 청구: 감사원의 감사결과에 따른 변상 판정에 대하여 위법 또는 부당하다고 인정하는 본인, 소속 장관, 감독기관의 장 또는 해당 기관의 장은 변상판정서가 도달한 날부터 3개월 이내에 감사원에 재심의를 청구할 수 있다(동법 36①). 감사결과에 따른 징계요구, 시정요구 및 개선요구 받거나 권고·통보를 받은 소속 장관, 임용권자나 임용제청권자, 감독기관의 장 또는 해당 기관의 장은 그 요구나 권고·통보가 위법 또는 부당하다고 인정할 때에는 그 처분요구나 권고·통보를 받은 날부터 1개월 이내에 감사원에 재심의를 청구할 수 있다(동법 36①②).

(나) 직권 재심의: 감사원은 판정을 한 날부터 2년 이내에 계산서 및 증거서류 등의 오류·누락 등으로 그 판정이 위법 또는 부당함을 발견하였을 때에는 이를 직권으로 재심의 할 수 있다(동법 39).

(다) 재심의판결에 불복: 감사원의 재심의 판결에 대하여는 감사원을 당사자로 하여 행정소송을 제기할 수 있다(40②). 이 조항의 소송은 제소기간이나 관할법원이 명시되어 있지 않아 기관소송이 아니라 항고소송을 의미한다고 볼 것이다. 따라서 항고소송의 제기요건을 갖추어야 하는바, 감사원법 제31조에 따른 감사원의 변상판정에 따라 변상책임 여부가 발생하므로 감사원의 변상판정이나 그 재심의 판결은 항고소송의 대상인 처분에 해당하나, 같은법 제32조에 따른 징계요구는 임용권자의 징계처분이 있어야 징계효력이 발생하는 것이므로 감사원의 징계요

구나 그 재심의 판정은 항고소송의 대상인 처분이라 할 수 없어 행정소송의 제기가 불가하다(판례).

[판 례] 감사원의 징계요구나 그 재심의 판결은 항고소송의 대상인 처분이 아님

"갑 시장이 감사원으로부터 감사원법 제32조에 따라 을에 대하여 징계의 종류를 정직으로 정한 징계 요구를 받게 되자 감사원법 제36조 제2항에 따라 감사원에 징계 요구에 대한 재심의를 청구하였고, 감사원이 재심의청구를 기각하자 을이 감사원의 징계 요구와 그에 대한 재심의결정의 취소를 구하고 갑 시장이 감사원의 재심의결정 취소를 구하는 소를 제기한 사안에서, **징계 요구는 징계 요구를 받은 기관의 장이 요구받은 내용대로 처분하지 않더라도 불이익을 받는 규정도 없고, 징계 요구 내용대로 효과가 발생하는 것도 아니며, 징계 요구에 의하여 행정청이 일정한 행정처분을 하였을 때 비로소 이해관계인의 권리관계에 영향을 미칠 뿐, 징계 요구 자체만으로는 징계 요구 대상 공무원의 권리·의무에 직접적인 변동을 초래하지도 아니하므로, 행정청 사이의 내부적인 의사결정의 경로로서 '징계 요구, 징계 절차 회부, 징계'로 이어지는 과정에서의 중간처분에 불과하여, 감사원의 징계 요구와 재심의결정이 항고소송의 대상이 되는 행정처분이라고 할 수 없고, 감사원법 제40조 제2항을 갑 시장에게 감사원을 상대로 한 기관소송을 허용하는 규정으로 볼 수는 없고** 그 밖에 행정소송법을 비롯한 어떠한 법률에도 갑 시장에게 '감사원의 재심의 판결'에 대하여 기관소송을 허용하는 규정을 두고 있지 않으므로, 갑 시장이 제기한 소송이 기관소송으로서 감사원법 제40조 제2항에 따라 허용된다고 볼 수 없다고 한 사례."(대판 2016.12.27. 2014두5637, 징계요구취소)

5) 심사청구

(가) 심사의 청구: 감사원의 감사를 받는 자의 직무에 관한 처분이나 그 밖의 행위에 관하여 이해관계가 있는 자는 감사원에 그 심사의 청구를 할 수 있다(동법 43①). 이 경우 청구의 원인이 되는 처분이나 그 밖의 행위를 한 기관의 장을 거쳐 이를 제출하여야 한다(동조②).

(나) 청구기간: 이해관계인은 심사청구의 원인이 되는 행위가 있음을 안 날부터 90일 이내에, 그 행위가 있은 날부터 180일 이내에 심사의 청구를 하여야 하며(동법 44①), 이 기간은 불변기간이다(동조②).

(다) 심사청구에 대한 결정: 심사청구에 대한 인용여부의 결정은 청구를 접수한 날부터 3개월 이내에 하여야 하며(동법 46③), 그 결정을 하였을 때에는 7일 이내에 심사청구자와 관계기관의 장에게 심사결정서 등본을 첨부하여 통지하여야 한다(동조④).

(라) 결정의 효력(기속력): 관계기관의 장은 제46조에 따른 시정이나 그 밖에 필요한 조치를 요구하는 결정의 통지를 받으면 그 결정에 따른 조치를 하여야 한다(동법 47).

(마) 결정에 대한 불복: 청구인은 심사청구 및 결정을 거친 행정기관의 장의 처분에 대하여는 해당 처분청을 당사자로 하여 해당 결정의 통지를 받은 날부터 90일 이내에 행정소송을 제기할 수 있다(동법 46의2).

(2) 국가정보원

1) 국가정보원의 지위: 국가정보원은 국가안전보장업무에 관계되는 정보·보안 및 범죄수사에 관한 사무를 담당하는 대통령소속의 특별한 중앙행정기관이다.

2) 국가정보원의 조직: 국가정보원은 원장·차장 및 기획조정실장과 그 밖에 필요한 직원으로 구성하되, 필요한 경우 2인 이상의 차장을 둘 수 있다(국가정보원법 7).

3) 국가정보원의 직무: 국가정보원은 ① 국외·북한, 방첩·대테러·국제범죄조직, 내란

죄·외환죄·반란죄, 반국가단체와 연계되거나 연계가 의심되는 안보침해행위 등에 관한 정보의 수집·작성·배포, ② 국가기밀에 속하는 문서·자재·지역 및 국가안전보장에 한정된 국가기밀을 취급하는 인원에 대한 보안업무, ③ 국가안보와 국익에 반하는 북한, 외국 및 외국인·외국단체·초국가행위자 또는 이와 연계된 내국인의 활동을 확인·견제·차단하고, 국민의 안전을 보호하기 위하여 취하는 대응조치, ④ 중앙행정기관·지방자치단체 및 그 소속기관, 그 밖에 공공기관 대상 사이버공격 및 위협에 대한 예방 및 대응 등의 직무를 수행한다(동법 4).

Ⅲ. 국무회의

1. 국무회의의 지위

현행 헌법은 정부의 주요 정책에 관한 헌법상의 심의기관으로 국무회의를 설치하였다(헌법 88). 국무회의의 지위에 대하여는 의결기관설, 자문기관설 및 심의기관설이 있는 바, 대통령은 그 결정에 구속되지 않고 정부의 권한에 속하는 중요정책은 반드시 심의를 거쳐야 한다는 점에서 심의기관이라는 견해가 타당하다. 국무회의는 의장인 대통령, 부의장인 국무총리 및 15인 이상 30인 이하의 국무위원으로 구성하고, 회의는 구성원 과반수의 출석과 출석구성원 3분의 2이상의 찬성으로 의결한다(국무회의규정 6).

2. 국무회의의 심의사항

국무회의의 심의사항은 국정의 기본계획과 정부의 일반정책, 선전·강화 기타 중요한 대외정책, 헌법개정안·국민투표안·조약안·법률안 및 대통령안 등 헌법 제89조에서 규정하고 있는 것들이다.

Ⅳ. 국무총리

1. 국무총리의 지위

현행 헌법은 대통령제를 채택하면서도 내각책임제적 요소인 국무총리를 두었다. 이에 따라 국무총리는 대통령의 보좌기관으로서의 지위에 있게 된다. 국무총리는 보좌기관적 지위에서, 정부의 제2인자로서 국무회의의 부의장이 되며, 대통령 궐위시 그 직무를 대행하고, 대통령의 명을 받아 행정각부의 장을 지휘·감독할 수 있다. 국무총리는 대통령이 국회의 동의를 얻어 임명한다(헌법 86①).

2. 국무총리의 권한

국무총리는 ① 국무위원 및 행정각부의 장의 임명제청권과 해임건의권, ② 대통령권한대행권, ③ 국무회의에서의 심의권, ④ 국회출석발언권, ⑤ 행정각부통할권, ⑥ 부서권, ⑦ 총리령 제정권 등을 가진다.

Ⅴ. 행정각부

행정각부는 행정수반인 대통령과 그의 명을 받아 국무총리의 통할 아래에 정부의 권한에 속하는 행정사무를 부문별로 집행하는 중앙행정기관이다. 헌법은 행정각부의 장은 국무위원 중에서 임명한다는 것과(동법 94), 국무위원의 수는 15인 이상 30인 이하라는 것을 규정하고 있다(동법 88②). 정부조직법은 행정각부로서, 기획재정부, 교육부, 과학기술정보통신부, 외교부, 통일부, 법무부, 국방부, 행정안전부, 문화체육관광부, 농림축산식품부, 산업통상자원부, 보건복지부, 환경부, 고용노동부, 여성가족부, 국토교통부, 해양수산부, 중소벤처기업부의 18부를 규정하고 있다(정부조직법 26①).

1. 행정각부장관의 지위

행정각부에 장관 1인과 차관 1인을 두되, 장관은 국무위원 중에서 국무총리의 제청으로 대통령이 임명한다(헌법 94, 정부조직법 26②). 행정각부 장관은 2중의 지위를 가지는바, 즉 국무위원으로서는 국무회의의 1구성원으로서 정책심의에 참여하고 분장사무가 없으나 각부장관으로서는 집행기관으로서 대통령과 국무총리의 통할하에 국가의 행정사무의 일부를 분장처리하는 중앙행정기관이다.

2. 행정각부장관의 권한

행정각부장관의 권한은 각부에 공통된 권한과 그 부에만 있는 특수한 권한이 있는 바, 공통적 권한만 보면 소관사무통할권 및 소속공무원에 대한 지휘·감독권, 부령제정권, 법률안 또는 대통령령안의 국무회의제출권, 지방행정기관의 장에 대한 감독권, 인사권 등이다.

Ⅵ. 행정각부장관소속 중앙행정기관

행정각부장관에 직속하는 중앙행정청으로는 청과 외국(外局)이 있다. 청장은 중앙행정청이며 장관의 일반적 지휘를 받아 소속사무통할권 및 소관공무원에 대한 지휘·감독권, 법률안·대통령령안 또는 부령안을 작성하여 장관에게 제출하는 권한, 지방행정기관의 장에 대한 감독권·인사권 등을 가진다. 다만, 일정한 사항에 관여하는 장관의 직접적 지휘를 받는다(정부조직법 26③).

【 중앙행정기구표 】

【 2원 18부 5처 18청 4실 】

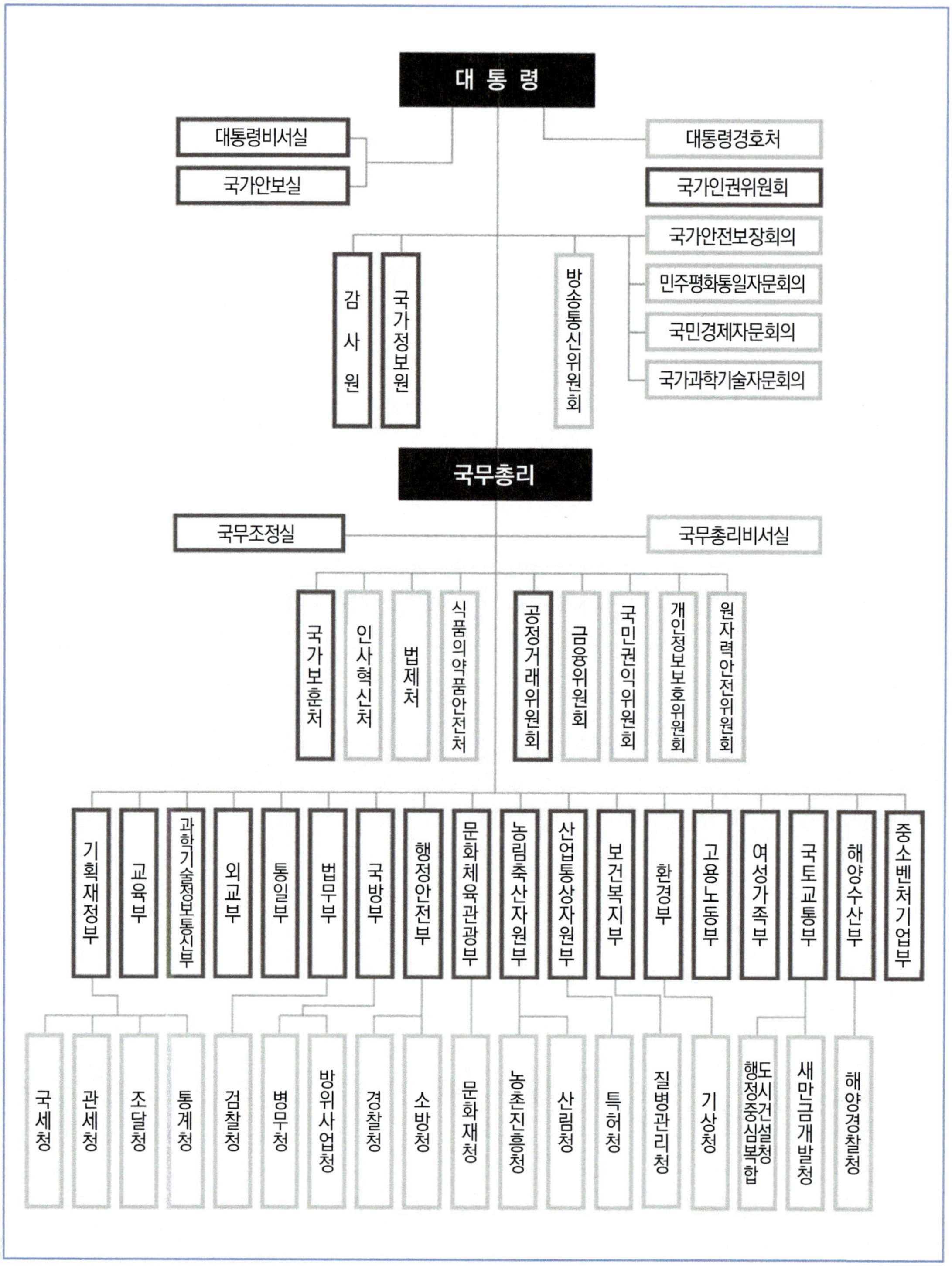

Ⅶ. 행정위원회

1. 행정위원회의 의의

행정위원회란 체계상으로는 행정각부에 소속되면서도 직무에 관하여는 독립성을 가진 합의제 행정청으로, 행정권의 일부를 담당하여 직접 행정객체에 대하여 행정을 행하는 권한을 가지고 직접 그 책임자가 되는 기관을 말한다.

2. 행정위원회제도의 연혁

행정위원회제도는 원래 19세기 말에서 20세기에 걸쳐서 주로 영국과 미국에서, 자본주의의 발전에 따라서 새로이 야기되는 여러가지 사회경제적 문제를 행정적으로 규제함을 목적으로 하는 각종의 사회적 입법에 의하여 발전된 제도이다. 정치적 중립성 · 기술적 전문성 · 개인권익존중 등의 여러 요청에 응하기 위하여, 행정조직내부에서 일반행정기관으로부터 어느 정도 독립하여 행정적 기능뿐만 아니라 입법적 기능과 사법적 기능까지를 아울러 수행하는 행정위원회가 설치되게 된 것이다.

3. 행정위원회의 특징

행정위원회의 특징은 ① 행정위원회 기능의 성질상 일반행정기관에 대하여 어느 정도까지의 직무상 독립성이 인정되며, ② 행정위원회는 특정사무에 대한 행정적 권한 외에 준사법적 권한과 준입법적 권한까지를 행사함이 적당하다는 시대적 요청에 따라서 발달한 제도인 까닭에 3권을 통합하여 행함을 통례로 하고, ③ 행정위원회는 행정사무의 일부를 담당하며, 독자적 책임에서 집행 · 실시할 권한을 가진 관청적 기관임을 원칙으로 한다. ④ 행정위원회는 일반행정청의 권한으로 함이 부적당하다고 인정되는 특수한 행정부문을 관리 · 집행하기 위하여 등장한 제도인 까닭에 이 제도를 필요로 하게 된 원인에 따라서 그 구성에 차이가 있는 것이 보통이다.

4. 우리나라의 행정위원회

우리나라의 행정기관 중에는 '위원회'의 명칭을 가진 합의제기관이 많이 있다. 그러나 그들의 대부분은 대통령령에 의하여 설치된 자문기관(법무자문위원회 · 기획조정위원회)이고, 각급 징계위원회 · 광업조정위원회 등 약간의 의결기관이 있다. 따라서 우리나라에서는 아직 고유한 의미에서의 이른바 규제적 행정위원회는 찾아보기 힘드나, 감사원은 비교적 그에 가까운 조직형태에 속하며, 행정심판위원회, 국가배상심의회, 중앙노동위원회 및 중앙토지수용위원회는 합의제관청적인 행정위원회라 할 수 있다.

제2절 지방행정조직법

중앙행정기관의 소관사무를 분장하게 하기 위하여 필요한 경우에 지방에 일정한 관할구역을 확정하여 설치한 국가의 행정기관을 말한다. 지방행정기관 중에서 특정한 중앙행정기관에 소속되지 아니하고 특별행정기관이 관장하는 사무를 제외하고는 그 관할구역 내에서 국가의 행정사무를 일반적으로 관장하는 지방행정기관을 보통지방행정기관이라 하고, 특정한 중앙행정기관에 소속되어 그의 소관사무만을 관장하는 지방행정기관을 가리켜 특별지방행정기관이라고 한다.

Ⅰ. 보통지방행정기관

국가행정을 수행하기 위한 보통지방행정기관을 따로 설치하지 아니하고 지방자치단체의 집행기관인 서울특별시장・광역시장・도지사 및 시장・군수와 구청장・읍장・면장에게 위임하여 행한다. 이들은 원래 지방자치단체의 기관이지만 국가사무를 위임받아 처리(지방자치법 115)하는 까닭에 그 한도 내에서는 국가의 보통지방행정기관의 지위에도 서게 되어 이중적 지위를 가진다.

Ⅱ. 특별지방행정기관

중앙행정기관은 그 소관사무를 분장하기 위하여 필요한 때에는 특히 법률로 정한 경우를 제외하고는 대통령령이 정하는 바에 따라 특별지방행정기관을 설치할 수 있다(정부조직법 3①). 지방자치단체의 구역 안에 설치된 지방경찰청과 경찰서는 경찰사무가 국가행정사무라는 점 및 그들의 소관사무가 경찰에 국한된다는 점에 비추어 국가의 특별지방행정기관에 속한다고 할 수 있다.

제4장 자치행정조직법

제1절 개 설

Ⅰ. 자치행정

1. 자치행정의 의의

자치행정(自治行政)이란 국가의 관치행정(官治行政)에 대한 것으로서, 국가 내의 일정한 법인이 그 구성원의 공동복리를 증진하기 위하여 어느 정도 국가의사로부터 독립하여 그 자신의 사무로서 하는 행정을 말한다. 자치행정은 국가 내의 일정한 지방(구역)을 획정하여 행하여지는 것이 보통이기 때문에 이를 지방자치라고도 한다. 오늘날 지방자치는 민주주의의 교실로 간주되고 있으며, 또한 풀뿌리의 민주정치라고도 말하여진다.

2. 주민자치와 단체자치

자치행정의 관념은 주민자치와 단체자치의 두 가지 요소로 이루어져 있다.

(1) 주민자치

주민자치(住民自治)는 민주주의 원리에 의한 정치적 의미의 자치이며, 해당 지역주민이 스스로의 의사에 의하여 스스로의 책임으로 행정을 처리하는 자치로서, 영미에서 발달한 제도이다. 따라서 영국의 지방자치에서는, ① 지방자치의 기관은 국가로부터 독립된 단체가 아니고, 국가의 지방행정사무를 국가행정기관의 입장에서 담당하는 국가의 지방행정청이며, ② 지방행정청은 의결기관임과 동시에 집행기관이고, ③ 지방자치에 대한 감독은 주로 사법적 감독에 의존한다.

(2) 단체자치

단체자치(團體自治)는 지방분권주의에 의해 국가로부터 법인격이 부여되는 법적 의미의 자치이며, 고유사무와 위임사무를 구별하고 국가의 법규적 감독을 받는 제도로서, 대륙법계의 제도이다. 단체자치의 자치권의 성격에 관하여는 학설이 대립되는 바, 고유설은 지역단체는 자연적으로 발생한 단체이며, 자치권은 지역단체의 고유권에 속한다고 하고, 전래설은 자치권을 국가로부터 전래・승인된 것으로 보는데, 이 견해가 통설이다.

그리하여 대륙법계의 지방자치에서는, ① 지방자치단체가 국가로부터 독립되고, 그 단체의 의결기관과 집행기관이 분리되어 있으며, ② 고유사무와 위임사무의 구별이 명확하고, ③ 지방자치단체에 대한 중앙행정기관의 감독권이 강한 것이 그 특징이다.

3. 현대자치행정

현대국가에 있어서 자치행정은 직업공무원제도와 더불어, ① 정당정치의 폐단을 막는 방파제의 역할, ② 민주정치를 위한 정치적 교육과정을 담당하고, ③ 주민의 복리에 관한 사무를 보다 능률적으로 처리함으로써 복리국가적 요청에 부응한다는 점에서 그 존재의의를 찾을 수 있다. 그러나 한편으로는 자치행정이 위기에 처했다고도 한다. 즉, 사회구조의 변화・정당정치의 발달・광역적 행정계획의 필요와 지방적 특성의 감소・지방재정의 궁핍 등으로 중앙집권화의 경향을 보이고 있다는 것이다.

Ⅱ. 공공단체

1. 공공단체의 의의

공공단체(公共團體)란 국가 밑에서 국가로부터 그 존립목적이 부여된 법인을 말한다. 즉, 공공단체는 그 스스로 법인격을 가지는 단체이며(이 점에서 그 스스로 법인격을 가지지 아니하는 행정기관과 다름), 국가가 지정한 목적을 위하여 존재하는 법인이다(이 점에서 사법인과 다름).

2. 공공단체의 특색

(1) 공공단체는 그 목적이 국가로부터 부여되고 국가적 성질을 가지기 때문에 사법인과는 달리 그 목적이 직접 법률에 의하여 정하여진다.

(2) 공공단체는 국가의사에 의하여 설립되고 조직되므로 그 존립과 가입 등에 강제성이 부여됨이 보통이다.

(3) 공공단체는 그 목적달성을 위하여 국가적 공권 및 특전이 부여된다.

(4) 공공단체는 국가목적을 수행하는 것이기 때문에 국가의 특별한 감독을 받는다.

3. 공공단체의 종류

(1) 지방자치단체

지방자치단체는 일정한 구역 및 주민을 요소로 하여 구성되는 공공단체이다. 지방자치단체에는 특별시・광역시・특별자치시・도・특별자치도・시・군・구와 같은 보통지방자치단체와 시・군조합과 같은 특별지방자치단체가 있다.

(2) 공공조합

공공조합이란 일정한 조합원 혹은 사원을 구성요소로 하는 공법상의 사단법인을 말하며, 공사단이라고도 한다. 공공조합은 공행정목적을 달성하기 위한 공법상의 단체이므로 사법상의 조합이나 사단법인과 구분된다. 따라서 공공조합의 내부조직은 공법관계이며, 공공조합과 구성원의 관계도 공법관계이다. 농지개량조합 · 산림계 · 동연합회 · 산림조합 및 동연합회 · 상공회의소 · 반공연맹 · 의료보험조합 · 변호사회 · 농업협동조합 · 중소기업협동조합 · 수산업협동조합 · 수출조합 · 한국해운조합 · 엽연초생산조합 · 건설공제조합 · 재개발조합 · 재향군인회 · 군사원호대상자단체 등이 이에 속한다.

(3) 영조물법인

영조물법인은 특정한 행정목적을 계속적으로 수행하기 위하여 독립된 인격이 인정된 공법상의 재단법인이다. 영조물법인은 독립된 행정주체이지만, 공법상 사단인 공공조합과 달리 구성원이 없고, 다만 영조물의 사무를 수행하는 영조물의 직원과 영조물의 이용자가 있을 뿐이다. 한국조폐공사 · 한국토지주택공사 · 한국광물자원공사 · 한국농어촌공사 · 대한무역투자진흥공사 · 한국도로공사 · 한국방송공사 · 한국관광공사 · 한국농어촌개발공사 · 한국전기통신공사 · 한국전매공사 · 공업단지개발공단 · 직업훈련공단과 같은 각종 공사 · 공단과 한국은행 · 중소기업은행과 같은 국책은행, 증권거래소, 대한적십자사, 대한교원공제회 등이 이에 속한다.

제 2 절 지방자치법

제 1 관 개 설

Ⅰ. 지방자치의 본질과 기능

1. 지방자치의 본질

지방자치의 본질에 관하여 견해가 대립되고 있다.

(1) 고유권설

고유권설은 지방자치는 국가 이전부터 보유하고 있는 지방자치단체의 고유한 것이라는 견해이다. 지방자치단체는 국가 성립 이전부터 주민의 공동이익을 실현하기 위하여 자연발생적으로 성립하였으며 국가권력에 대항하여 주민의 자유를 보호하는 기능을 수행하여 왔다고 한다.

(2) 전래설(자치위임설)

전래설은 지방자치단체의 자치권은 국가의 통치권으로부터 전래된 것으로 국가의 통치권의 일부가 지방자치단체에 이양된 것으로 본다(통설).

(3) 결 어

지방자치는 국가에 의해 창설되었다고 할 것이므로 전래설이 타당하다. 즉, 자치권은 주권자인 국민에 의해 제정된 헌법에 의하여 비로소 창설되고 보장된 것이라고 할 것이다.

2. 지방자치의 기능

(1) 민주주의의 실현

지방자치는 아래로부터 위로의 민주주의의 구조에 기여하는 민주주의의 한 구성부분이며, 민주주의의 학교이자 민주주의의 훈련장이다. 지방자치는 민주주의에 관한 주민의 교육이며, 주민의 대표자, 즉 정치가의 육성의 기능을 한다.

(2) 수직적 권력분립

국가권력의 수평적 분립인 삼권분립과 더불어 지방자치는 국가와 지방자치단체간에 권력의 수직적 분배를 통해 권력남용의 방지에 기여한다. 따라서 지방자치는 주민의 자유보장에 이바지하게 된다.

(3) 행정의 능률성 제고

각 지방의 특성과 사정에 정통하고 애착을 갖고 있는 지역주민에 의해 행정이 이루어짐으로써 그 지역 실정에 가장 적합하고 능률적인 행정이 행하여질 수 있다.

Ⅱ. 지방자치의 법원

1. 헌법적 보장

우리나라의 지방자치에 관한 법원(法源)으로는 최상위법인 헌법(117~118)에 규정하고 있다. 헌법 제117조 제1항은 "지방자치단체는 주민의 복리에 관한 사무를 처리하고 재산을 관리하며 법령의 범위 안에서 자치에 관한 규정을 제정할 수 있다"고 규정하여 지방자치를 보장하고 있다. 즉, 이는 지방자치의 제도보장으로 볼 수 있으며, 지방자치를 헌법에서 보장함으로써 지방자치의 본질적 내용을 입법으로 폐지·훼손하지 못하게 한 것이라 하겠다. 또 헌법 제118조 제1항에서 "지방자치단체에 의회를 둔다"고 규정하여 주민자치를 보장하고 있다.

2. 개별법률에 의한 보장

지방자치에 관한 법률로는 지방자치법·공직선거법·지방공무원법·지방교육자치에관한법률·서울특별시행정특례에관한법률·세종특별자치시설치등에관한특별법·제주특별자치도설치및국제자유도시조성을위한특별법 등이 있으며, 지방재정에 관한 것으로는 지방재정법·지방세법·지방세기본법·지방교부세법·지방교육재정교부금법 등이 있다.

제2관 지방자치단체의 종류와 성질

Ⅰ. 지방자치단체의 종류

1. 보통지방자치단체

보통지방자치단체란 전국에 일반적으로 존재하며 그 조직·구성 및 권능에 있어서 일반적 성격을 가지는 지방자치단체를 말하며, ① 광역지방자치단체인 서울특별시·광역시(부산·인천·대구·광주·대전·울산)·특별자치시·도·특별자치도와, ② 기초지방자치단체인 시·군·구(자치구)가 있다. 광역지방자치단체와 기초지방자치단체는 각각 대등한 법인이며, 그들 사이에 상·하 복종관계가 있는 것은 아니다. 특별시, 광역시, 특별자치시, 도(道) 및 특별자치도는 정부의 직할로 두고, 시(市)는 도의 관할구역 안에[1], 군은 광역시나 도의 관할구역 안에 두며, 자치구(自治區)는 특별시와 광역시의 관할구역 안에 두며, 읍(邑)·면(面)은 군의 단순한 행정구역으로 하고 있다. 특별시·광역시 또는 특별자치시가 아닌 인구 50만 이상의 시에는 자치구가 아닌 구를 둘 수 있고, 군에는 읍·면을 두며, 시와 구(자치구를 포함한다)에는 동을, 읍·면에는 리를 둔다(지방자치법 3②③).

2. 특별지방자치단체

특별지방자치단체는 2개 이상의 지방자치단체가 공동으로 특정한 목적을 위하여 광역적으로 사무를 처리할 필요가 있을 때에 설치할 수 있다. 이 경우 특별지방자치단체를 구성하는 지방자치단체는 상호 협의에 따른 규약을 정하여 구성 지방자치단체의 지방의회 의결을 거쳐 행정안전부장관의 승인을 받아야 한다(지방자치법 199①). 특별지방자치단체의 의회는 규약으로 정하는 바에 따라 구성 지방자치단체의 의회 의원으로 구성하고(동법 204①), 특별지방자치단체의 장은 규약으로 정하는 바에 따라 특별지방자치단체의 의회에서 선출한다(동법 205①).

Ⅱ. 지방자치단체의 성질

지방자치단체는 법인이며, 단순한 사업단체가 아니라, 그 자신의 사무와 권한을 가지는 일종의 권력적인 통치단체로서의 성질을 가진다.

---

1) 인구 50만 이상의 대도시와 100만 이상의 특례시(수원·고양·용인·창원)는 사무특례를 인정하고 있다(지방자치법 198①②, 지방자치분권 및 지방행정체제개편에 관한 특별법 40,41).

제3관 지방자치단체의 구성요소

지방자치단체는 일정한 구역, 그 구역 내의 주민, 자치권을 구성요소로 한다.

Ⅰ. 지방자치단체의 구역과 명칭

1. 지방자치단체의 구역

지방자치단체의 구역(區域)이란 지방자치단체가 그의 권한을 행사할 수 있는 장소적 범위를 말한다. 지방자치단체의 구역은 종전과 같이 하고(지방자치법 5①), 육지뿐만 아니라 그에 접속되는 수면(水面)도 포함된다.

2. 지방자치단체의 구역의 변경

(1) 명칭과 구역

지방자치단체의 명칭과 구역은 종전과 같이 하고, 명칭과 구역을 바꾸거나 지방자치단체를 폐지하거나 설치하거나 나누거나 합칠 때에는 법률로 정하며(지방자치법 5①), 구역 변경 중 관할 구역 경계변경과 지방자치단체의 한자 명칭의 변경은 대통령령으로 정한다(동조②). 지방자치단체의 폐지·설치·나누기·합치기와 경계변경 및 명칭변경은 관계 지방의회의 의견을 들어야 한다(동조③). 「공유수면 관리 및 매립에 관한 법률」에 따른 매립지와 「공간정보의 구축 및 관리 등에 관한 법률」 제2조제19호의 지적공부에 등록이 누락된 토지가 속할 지방자치단체는 행정안전부장관이 결정한다(동조④). 이 결정에 관계 지방자치단체의 장이 이의가 있으면 그 결과를 통보받은 날부터 15일 이내에 대법원에 소송을 제기할 수 있다(동조⑨).

(2) 관할 구역 경계변경 등

지방자치단체의 장은 관할 구역과 생활권과의 불일치 등으로 인하여 주민생활에 불편이 큰 경우 등 대통령령으로 정하는 사유가 있는 경우에는 행정안전부장관에게 경계변경이 필요한 지역 등을 명시하여 경계변경에 대한 조정을 신청할 수 있다. 이 경우 지방자치단체의 장은 지방의회 재적의원 과반수의 출석과 출석의원 3분의 2 이상의 동의를 얻어야 한다(동법 6①). 행정안전부장관은 제1항에 따른 경계변경에 대한 조정 신청을 받으면 지체 없이 그 신청 내용을 관계 지방자치단체의 장에게 통지하고, 20일 이상 관보나 인터넷 홈페이지에 게재하는 등의 방법으로 널리 알려야 한다. 이 경우 알리는 방법, 의견의 제출 등에 관하여는 「행정절차법」 제42조·제44조 및 제45조를 준용한다(동조③). 위 기간이 끝나면 행정안전부장관은 지체 없이 대통령령으로 정하는 바에 따라 관계 지방자치단체 등 당사자 간 경계변경에 관한 사항을 효율적으로 협의할 수 있도록 경계변경자율협의체를 구성·운영할 것을 관계 지방자치단체의 장에게 요청하여야 한다(동조④).

(3) 자치구가 아닌 구와 읍 · 면 · 동 등의 명칭과 구역

자치구가 아닌 구와 읍 · 면 · 동의 명칭과 구역은 종전과 같이 하고, 자치구가 아닌 구와 읍 · 면 · 동을 폐지하거나 설치하거나 나누거나 합칠 때에는 행정안전부장관의 승인을 받아 그 지방자치단체의 조례로 정한다. 다만, 명칭과 구역의 변경은 그 지방자치단체의 조례로 정하고, 그 결과를 특별시장 · 광역시장 · 도지사에게 보고하여야 한다(동법 7①). 인구 감소 등 행정여건 변화로 인하여 필요한 경우 그 지방자치단체의 조례로 정하는 바에 따라 2개 이상의 면을 하나의 면으로 운영하는 등 행정 운영상 면(행정면)을 따로 둘 수 있다(동조③).

3. 구역변경으로 인한 권리구제

지방자치단체의 구역변경은 국가의 조직고권에 속한다 할 것이나, 절차하자 등 위법한 구역변경으로 인한 분쟁의 경우에 그 해결방법이 문제된다. ① 지방자치단체 상호간 다툼이 있는 경우에 행정안전부장관이나 시 · 도지사가 당사자의 신청 또는 직권으로 지방자치단체중앙분쟁조정위원회나 지방자치단체지방분쟁조정위원회의 의결에 따라 조정할 수 있다(동법 165①③). ② 위 조정에 의한 해결이 되지 않는 경우에는 헌법재판소에 권한쟁의심판청구가 고려될 수 있다. 또한 ③ 주민들은 자신의 기본권침해를 이유로 헌법소원을 제기할 수 있다(판례).

[판 례] 지방자치단체의 폐치 · 분합에 대한 헌법소원

"지방자치단체의 폐치 · 분합에 관한 것은 지방자치단체의 자치행정권 중 지역고권의 보장문제이나, 대상지역 주민들은 그로 인하여 인간다운 생활공간에서 살 권리, 평등권, 정당한 청문권, 거주이전의 자유, 선거권, 공무담임권, 인간다운 생활을 할 권리, 사회보장 · 사회복지수급권 및 환경권 등을 침해받게 될 수도 있다는 점에서 기본권과도 관련이 있어 헌법소원의 대상이 될 수 있다."(헌재 1994.12.29. 94헌마201)

Ⅱ. 지방자치단체의 주민

1. 주민의 의의

주민(住民)은 지방자치단체의 인적 구성요소이며, 지방자치단체의 조직 및 운영에 참가할 권리를 가지는 지방자치단체의 주권자이다. 지방자치단체의 구역 내에 주소를 가진 자가 주민이 된다(동법 16). 공법관계에서의 자연인의 주소는 원칙적으로 주민등록지이고, 법인의 주소는 주된 사무소의 소재지 또는 본점의 소재지가 된다(주민등록법 23, 민법 36, 상법 171). 주민 중에서 지방자치단체의 선거에서 선거권과 피선거권을 가진 자는 특히 **공민**(公民)이라 한다. 따라서 지방자치단체의 구역 내에 주소가 있는 선거권이 없는 외국인과 법인은 주민에 해당하나 공민은 아니다.

2. 주민의 권리

지방자치단체의 주민은 법령과 조례의 정하는 바에 의하여 주민으로서 일정한 권리를 가진다.

(1) 정책결정 · 집행과정 참여권

주민은 법령으로 정하는 바에 따라 주민생활에 영향을 미치는 지방자치단체의 정책의 결정 및 집행 과정에 참여할 권리를 가진다(지방자치법 17①).

(2) 공공시설이용권 및 균등한 행정혜택 수급권

주민은 법령으로 정하는 바에 따라 소속 지방자치단체의 재산과 공공시설을 이용할 권리와 그 지방자치단체로부터 균등하게 행정의 혜택을 받을 권리를 가진다(동조②). 여기서 재산은 현금 이외의 모든 재산적 가치 있는 물건 및 권리로서 공공용재산만을 의미하며, 공공시설은 주민의 복리를 증진하기 위하여 설치한 시설로서 공원 · 병원 · 도서관 · 수도 등의 공공용의 시설을 말한다. 그리고 공공시설이용권은 정당한 이유없이 공공시설의 이용이 거부되면 그 시정을 구할 수 있는 청구권을 의미하는 개인적 공권이다. 또한 '균등한 혜택'이란 자의의 금지를 의미하며, 합리적인 사유가 없는 한 모든 주민에게 평등해야 함을 뜻한다.

(3) 선거에 참여할 권리

1) 선거권: 국민인 주민은 법령으로 정하는 바에 따라 그 지방자치단체에서 실시하는 지방의회의원과 지방자치단체의 장의 선거에 참여할 권리를 가진다(동법 17③). 즉, 18세 이상의 국민으로서 선거인명부작성기준일 현재 해당 지방자치단체의 관할구역 안에 주민등록이 되어 있는 사람과 「재외동포의 출입국과 법적지위에 관한 법률」 제6조에 따라 해당 지방자치단체의 국내거소신고인명부에 올라 있는 국민, 출입국관리법 제10조(체류자격)에 따른 영주의 체류자격 취득일 후 3년이 경과한 외국인으로서 출입국관리법 제34조에 따라 해당 지방자치단체의 외국인등록대장에 올라있는 사람은 지방자치단체의 선거권이 있다(공직선거법 15②).

2) 피선거권: 선거일 현재 계속하여 60일 이상 당해 지방자치단체의 관할구역 안에 주민등록이 되어 있는 주민으로서 18세 이상의 국민은 그 지방의회 의원과 지방자치단체의 장의 피선거권이 있다(동법 16③).

(4) 청원권

주민은 지방의회에 청원할 수 있다. 청원은 지방의회의원의 소개를 받아 하며, 지방의회의장은 이를 소관 위원회 또는 본회의에 회부하여 심사하고, 그 처리결과를 청원인에게 알려야 한다(지방자치법 85, 87). 지방의회가 채택한 청원으로서 그 지방자치단체의 장이 처리하는 것이 타당하다고 인정되는 청원은 의견서를 첨부하여 지방자치단체의 장에게 이송하며, 이 경우 지방자치단체의 장은 그 청원을 처리하고 처리결과를 지체 없이 지방의회에 보고하여야 한다(동법 88).

(5) 주민투표권

1) 의의 및 성질: 주민은 주민에게 과도한 부담을 주거나 중대한 영향을 미치는 지방자치단체의 주요 결정사항 등에 대하여 지방자치단체의 장이 실시하는 주민투표에서 투표권을 가진다

(동법 18). 주민투표권은 헌법상 기본권이 아닌 법률상의 권리에 해당하여(헌재 2005.10.04.2005헌마848 등), 주민투표권이 침해되더라도 기본권으로서의 참정권의 침해에 해당되지 않는다(헌재 2008.12.26. 2005헌마1158 등).

2) **투표권자**: 관할구역에 주민등록이 되어 있는 18세 이상의 주민과, 18세 이상의 외국인으로서 출입국관리 관련법령에 따라 계속 거주할 수 있는 자격을 갖춘 자로서 지방자치단체의 조례로 정한 사람 등이다(주민투표법 5①②).

3) **주민투표의 대상**: 주민에게 과도한 부담을 주거나 중대한 영향을 미치는 지방자치단체의 주요결정사항으로서 그 지방자치단체의 조례로 정하는 사항과, 중앙행정기관의 장이 지방자치단체의 폐치・분합 또는 구역변경, 주요시설의 설치 등 국가정책의 수립에 관하여 주민의 의견을 듣기 위하여 필요하다고 인정한 사항 등이다(동법 7①, 8①). 다만, 법령에 위반되거나 재판중인 사항, 국가 또는 다른 지방자치단체의 권한 또는 사무에 속하는 사항, 지방자치단체의 예산・회계 및 각종의 공과금의 부과・감면에 사항, 행정기구의 설치・변경에 관한 사항과 공무원의 인사・정원 등 신분과 보수에 관한 사항, 동일한 사항에 대하여 주민투표가 실시된 후 2년이 경과하지 아니한 사항 등은 주민투표에 부칠 수 없다(동법 7②).

4) **주민투표의 실시요건**: 지방자치단체의 장은 주민, 지방의회의 청구 또는 직권에 의하여 주민투표를 실시할 수 있다. 즉, 18세 이상의 주민 및 조례가 정하는 외국인은 주민투표청구권자 총수의 20분의 1 이상 5분의 1 이하의 범위에서 조례로 정하는 수 이상의 서명으로, 지방의회는 재적의원 과반수의 출석과 출석의원 3분의 2 이상의 찬성으로 청구할 수 있고, 지방자치단체의 장은 지방의회의 동의를 얻어 직권으로 주민투표를 실시할 수 있다(동법 9①②⑤⑥).

5) **주민투표의 절차**: 지방자치단체의 장은 주민투표의 실시요건에 해당하는 경우에는 지체없이 그 요지를 공표하고 관할선거관리위원회에 통지하여야 하며, 그 공표일부터 7일 이내에 투표일과 주민투표안을 공고하여야 한다(동법 13①②). 투표일은 주민투표발의일부터 23일 이후 첫 번째 수요일로 정한다(동법 14①).

6) **주민투표결과의 확정 및 효력**: 주민투표에 부쳐진 사항은 주민투표권자 총수의 4분의 1 이상의 투표와 유효투표수 과반수의 득표로 확정된다(동법 24①). 지방자치단체의 장 및 지방의회는 주민투표결과 확정된 내용대로 행정・재정상의 필요한 조치를 하여야 하고(동조⑤), 주민투표결과 확정된 사항에 대하여 2년 이내에는 이를 변경하거나 새로운 결정을 할 수 없다(동조⑥).

7) **주민투표소송 등**: 주민투표의 효력에 관하여 이의가 있는 주민투표권자는 주민투표권자 총수의 100분의 1 이상의 서명으로 주민투표결과가 공표된 날부터 14일 이내에 관할선거관리위원회 위원장을 피소청인으로 하여 시・군・구의 경우에는 시・도 선거관리위원회에, 시・도에 있어서는 중앙선거관리위원회에 소청할 수 있다. 이 경우 소청결정에 불복이 있는 소청인은

관할선거관리위원회 위원장을 피고로 하여 그 결정서를 받은 날부터 10일 이내에 시·도의 경우에는 대법원에, 시·군·구의 경우에는 관할 고등법원에 소를 제기할 수 있다(동법 25①②).

[판 례] 주민투표의 대상 및 그 결정

"[2] 지방자치법 제13조의2의 규정에 의하면, 지방자치단체의 장은 어떠한 사항이나 모두 주민투표에 붙일 수 있는 것은 아니고, **지방자치단체의 폐치·분합 또는 주민에게 과도한 부담을 주거나 중대한 영향을 미치는 지방자치단체의 주요 결정사항 등에 한하여** 주민투표를 붙일 수 있도록 하여 **그 대상을 한정**하고 있음을 알 수 있는바, **위 규정의 취지는 지방자치단체의 장이 권한을 가지고 결정할 수 있는 사항에 대하여 주민투표에 붙여 주민의 의사를 물어 행정에 반영하려는 데에 있다.**

[3] 미군부대이전은 지방자치단체의 장의 권한에 의하여 결정할 수 있는 사항이 아님이 명백하므로 지방자치법 제13조의2 소정의 주민투표의 대상이 될 수 없다고 한 사례.

[4] **주민투표의 대상이 되는 사항이라 하더라도 주민투표의 시행 여부는 지방자치단체의 장의 임의적 재량에 맡겨져 있음이 분명**하므로, 지방자치단체의 장의 재량으로서 투표실시 여부를 결정할 수 있도록 한 법규정에 반하여 지방의회가 조례로 정한 특정한 사항에 관하여는 일정한 기간 내에 반드시 투표를 실시하도록 규정한 조례안은 지방자치단체의 장의 고유권한을 침해하는 규정이다."(대판 2002.04.26. 2002추23, 조례안재의결무효확인)

(6) 조례와 규칙의 제정·개폐의 청구권

1) **조례의 제정·개폐청구권:** 주민은 지방자치단체의 조례를 제정하거나 개정하거나 폐지할 것을 청구할 수 있다(지방자치법 19①). 조례의 제정·개정 또는 폐지 청구의 청구권자·청구대상·청구요건 및 절차 등에 관한 사항은 따로 법률로 정한다(동조②).

2) **규칙의 제정·개폐 의견제출권:** 주민은 제29조에 따른 규칙(권리·의무와 직접 관련되는 사항으로 한정한다)의 제정, 개정 또는 폐지와 관련된 의견을 해당 지방자치단체의 장에게 제출할 수 있다(동법 20①). 다만, 법령이나 조례를 위반하거나 법령이나 조례에서 위임한 범위를 벗어나는 사항은 의견 제출 대상에서 제외한다(동조②). 지방자치단체의 장은 의견이 제출된 날부터 30일 이내에 검토 결과를 그 의견을 제출한 주민에게 통보하여야 한다(동조③). 위 의견 제출, 의견의 검토와 결과 통보의 방법 및 절차는 해당 지방자치단체의 조례로 정한다(동조④).

(7) 감사청구권

1) **의 의:** 지방자치단체의 18세 이상의 주민은 해당 지방자치단체와 그 장의 권한에 속하는 사무의 처리가 법령에 위반되거나 공익을 현저히 해한다고 인정되는 경우에는 감사를 청구할 수 있다(동법 21①).

2) **청구권자:** 지방자치단체의 18세 이상의 주민으로서 관할 구역에 주민등록이 되어 있는 사람과 「출입국관리법」 제10조에 따른 영주할 수 있는 체류자격 취득일 후 3년이 경과한 외국인으로서 같은 법 제34조에 따라 해당 지방자치단체의 외국인등록대장에 올라 있는 사람이다.

3) **청구요건 및 제외사항:** 지방자치단체와 그 장의 권한에 속하는 사무와 처리가 법령에 위반되거나 공익을 현저히 해친다고 인정되는 경우이다. 다만, ① 수사나 재판에 관여하게 되는 사항, ② 개인의 사생활을 침해할 우려가 있는 사항, ③ 다른 기관에서 감사했거나 감사중인

사항, 다만 다른 기관에서 감사한 사항이라도 새로운 사항이 발견되거나 중요 사항이 감사에서 누락된 경우와 제22조 제1항에 따라 주민소송의 대상이 되는 경우에는 그러하지 아니하다. ④ 동일한 사항에 대하여 제22조 제2항 각 호의 어느 하나에 해당하는 소송이 진행중이거나 그 판결이 확정된 사항 등은 감사청구의 대상에서 제외한다(동법 21②). '해당 사무의 처리가 법령에 위반되거나 현저히 해친다고 인정되면'이란 감사청구나 주민소송 제기단계에서는 그 가능성을 주장하는 것으로 족하다(판례). 감사청구는 사무처리가 있었던 날이나 끝난 날부터 3년이 지나면 제기할 수 없다(동조③).

4) **청구절차 및 이의신청:** 지방자치단체의 18세 이상의 주민은 시·도는 300명, 인구 50만 이상 대도시는 200명, 그 밖의 시·군 및 자치구는 150명 이내에서 그 지방자치단체의 조례로 정하는 수 이상의 18세 이상의 주민이 연대 서명하여 시·도의 경우에는 주무부장관에게, 시·군 및 자치구의 경우에는 시·도지사에게 감사를 청구할 수 있다(동법 21①). 청구인의 대표자를 선정하여 청구인명부에 적어야 하며, 청구인의 대표자는 감사청구서를 작성하여 주무부장관 또는 시·도지사에게 제출하여야 한다(동조④). 청구를 받으면 청구를 받은 날부터 5일 이내에 그 내용을 공표하여야 하며, 청구를 공표한 날부터 10일간 청구인명부나 그 사본을 공개된 장소에 갖추어 두어 열람할 수 있도록 하여야 한다(동조⑤). 청구인명부의 서명에 관하여 이의가 있는 사람은 위 열람기간에 해당 주무부장관이나 시·도지사에게 이의를 신청할 수 있다(동조⑥). 이 경우 위 열람기간이 끝난 날부터 14일 이내에 심사·결정하되, 그 신청이 이유 있다고 결정한 경우에는 청구인명부를 수정하고, 그 사실을 이의신청을 한 사람과 제4항에 따른 청구인의 대표자에게 알려야 하며, 그 이의신청이 이유 없다고 결정한 경우에는 그 사실을 즉시 이의신청을 한 사람에게 알려야 한다(동조⑦).

5) **감사결과의 조치:** 주무부장관이나 시·도지사는 감사청구를 수리한 날부터 60일 이내에 감사청구된 사항에 대하여 감사를 끝내야 하며, 그 감사결과를 청구인의 대표자와 해당 지방자치단체의 장에게 서면으로 알리고 공표하여야 한다(동조⑨). 주무부장관이나 시·도지사는 감사결과에 따라 기간을 정하여 해당 지방자치단체의 장에게 필요한 조치를 요구할 수 있고, 그 지방자치단체의 장은 이를 성실히 이행하여야 하고 그 조치결과를 지방의회와 주무부장관 또는 시·도지사에게 보고하여야 한다(동조⑫). 이 경우 주무부장관이나 시·도지사는 조치요구내용과 지방자치단체의 장의 조치결과를 청구인의 대표자에게 서면으로 알리고, 공표하여야 한다(동조⑬).

[판 례] 청구요건의 판단기준

"지방자치법 제16조 제1항에서 규정한 **'해당 사무의 처리가 법령에 위반되거나 공익을 현저히 해친다고 인정되면'이란 감사기관이 감사를 실시한 결과 피감기관에 대하여 시정요구 등의 조치를 하기 위한 요건 및 주민소송에서 법원이 본안에서 청구를 인용하기 위한 요건일 뿐이고, 주민들이 주민감사를 청구하거나 주민소송을 제기하는 단계에서는 '해당 사무의 처리가 법령에 반하거나 공익을 현저히 해친다고 인정될 가능성'을 주장하는 것으로 족하며.** '해당 사무의 처리가 법령에 반하거나 공익을 현저히 해친다고 인정될 것'이 주민감사청구 또는 주민소송의 적법요건이라고 볼 수는 없다. 왜냐하면 '해당 사무의 처리가 법령에 위반되거나 공익을 현저히 해친다고 인정되는지 여부'는 감사기관이나 주민소송의 법원이 구체적인 사실관계를 조사·심리해 보아야지 비로소 판단할 수 있는 사항이기 때문이다."(대판 2020.6.25. 2018두67251)

(8) 주민소송제기권

1) 의의 및 성질: 주민소송이란 주민이 지방자치단체의 위법한 재무회계행위를 방지·시정하거나 이로 인한 손해를 회복하기 위하여 제기하는 소송을 말한다. 주민소송은 자기의 법률상 이익의 유무와 관계없이 주민으로서의 지위에서 지방자치단체의 재무회계행정의 부패방지를 도모하고 그 적정한 운영을 확보하는 것을 목적으로 하는 소위 객관소송이다.

2) 감사청구전치주의(제기요건): 주민소송은 지방자치단체의 재정사항에 대하여 감사를 청구한 주민이 감사를 해태하거나 감사결과 및 그에 따른 이행조치에 불복이 있는 경우에 해당 지방자치단체의 장을 상대로 제기하는 소송이다. 이와 같이 주민소송은 감사청구를 한 후 그 처리에 대한 불복소송이므로 먼저 감사청구를 거쳐야 제기할 수 있는 소송이다. 다만, 주민소송의 요건은 적법한 감사청구로 인용 또는 기각된 경우라야 하므로 부적법으로 각하된 감사청구는 그 요건을 결여한 것이 되지만, 적법한 감사청구에도 불구하고 각하한 경우에는 주민소송의 요건을 충족한 것으로 본다(판례).

[판 례] 감사청구대상임에도 감사청구를 각하한 경우 주민소송대상

"지방자치법 제17조 제1항 제2호에 정한 '감사결과'에는 감사기관이 주민감사청구를 수리하여 일정한 조사를 거친 후 주민감사청구사항의 실체에 관하여 본안판단을 하는 내용의 결정을 하는 경우뿐만 아니라, 감사기관이 주민감사청구가 부적법하다고 오인하여 위법한 각하결정을 하는 경우까지 포함한다. **주민감사청구가 지방자치법에서 정한 적법요건을 모두 갖추었음에도, 감사기관이 해당 주민감사청구가 부적법하다고 오인하여 더 나아가 구체적인 조사·판단을 하지 않은 채 각하하는 결정을 한 경우에는**, 감사청구한 주민은 위법한 각하결정 자체를 별도의 항고소송으로 다툴 필요 없이, 지방자치법이 규정한 다음 단계의 권리구제절차인 **주민소송을 제기할 수 있다**고 보아야 한다."(대판 2020.6.25. 2018두67251 손해배상)

3) 소송당사자

(가) 원 고: 주민소송의 원고는 감사청구를 한 주민이다. 감사청구를 할 수 있는 주민은 그 구역안에 주소를 가진 18세 이상의 주민이어야 하므로, 법인은 제기할 수 없다. 주민감사청구에 연서한 주민이면 누구나 1인이라도 제기할 수 있다.

(나) 피 고: 피고는 해당 지방자치단체의 장이다. 해당 사무처리에 관한 권한을 소속기관의 장에게 위임한 경우에는 그 소속기관의 장이 피고가 된다(동법 22①).

(다) 소송참가: 국가, 상급 지방자치단체 및 감사청구에 연서한 다른 주민과 제10항에 따라 소송고지를 받은 자는 법원에서 계속 중인 소송에 참가할 수 있다(동법 22⑬).

4) 소의 대상: ① 주민소송의 대상은 감사청구한 사항 중 '공금의 지출, 재산의 취득·관리·처분, 계약의 체결·이행, 공금의 부과·징수를 게을리한 사항'과 관련이 있는 위법한 행위나 업무를 게을리 한 사실이다(동조항). '재산의 관리·처분에 관한 사항'이나 '공금의 부과·징

수를 게을리 한 사항'이란 지방자치단체의 소유에 속하는 재산의 가치를 유지·보전 또는 실현함을 직접 목적으로 하는 행위 또는 그와 관련된 공금의 부과·징수를 게을리 한 행위를 말하고, 재무회계와 관련이 없는 행위는 설령 그것이 지방자치단체의 재정에 어떤 영향을 미친다고 하더라도 주민소송의 대상이 아니다(판례). 또한 위법하게 공금의 부과·징수를 게을리 한 사실이 인정되기 위해서는 관련 법령상의 요건이 갖추어져 지방자치단체의 집행기관 등의 공금에 대한 부과·징수가 가능하여야 한다. ② 주민소송의 대상은 주민감사청구의 대상과 관련이 있어야 한다. 이러한 관련성이 있는지는 주민감사청구사항의 기초인 사회적 사실관계와 기본적인 점에서 동일한지에 따라 결정된다(판례3).

[판 례] 재산의 관리·처분에 관한 사항 등의 의미

"[1] 주민소송 제도는 주민으로 하여금 지방자치단체의 위법한 재무회계행위의 방지 또는 시정을 구할 수 있도록 함으로써 지방재무회계에 관한 행정의 적법성을 확보하려는 데 목적이 있다. 그러므로 지방자치법 제17조 제1항, 제2항 제2호, 제3호 등에 따라 주민소송의 대상이 되는 **'재산의 관리·처분에 관한 사항'이나 '공금의 부과·징수를 게을리한 사항'이란 지방자치단체의 소유에 속하는 재산의 가치를 유지·보전 또는 실현함을 직접 목적으로 하는 행위 또는 그와 관련된 공금의 부과·징수를 게을리한 행위를 말하고,** 그 밖에 재무회계와 관련이 없는 행위는 그것이 지방자치단체의 재정에 어떤 영향을 미친다고 하더라도, 주민소송의 대상이 되는 '재산의 관리·처분에 관한 사항' 또는 '공금의 부과·징수를 게을리한 사항'에 해당하지 않는다.

[2] 이행강제금은 지방자치단체의 재정수입을 구성하는 재원 중 하나로서 '지방세외수입금의 징수 등에 관한 법률'에서 이행강제금의 효율적인 징수 등에 필요한 사항을 특별히 규정하는 등 그 부과·징수를 재무회계 관점에서도 규율하고 있으므로, **이행강제금의 부과·징수를 게을리한 행위는 주민소송의 대상이 되는 공금의 부과·징수를 게을리한 사항에 해당한다.**

[3] 지방자치법 제17조 제1항, 제2항 제3호의 주민소송 요건인 위법하게 공금의 부과·징수를 게을리한 사실이 인정되기 위해서는 전제로서, **관련 법령상의 요건이 갖추어져 지방자치단체의 집행기관 등의 공금에 대한 부과·징수가 가능하여야 한다.**"(대판 2015.09.10. 2013두16746, 행정부작위위법)

"지방자치법 제17조 제1항 중 '재산의 취득·관리·처분에 관한 사항' 부분이 '재산의 취득·관리·처분'이라는 일반·추상적 용어를 사용하고 있더라도, **'재산', '취득', '관리', '처분' 개념은** 다수의 법률에서 널리 사용하는 용어이고, 특히 **지방자치단체의 재산에 관한 사항을 규율하고 있는 지방자치법과 구 공유재산 및 물품 관리법 등 관련 법률의 조항들을 통해 의미를 파악하는 것이 가능하며, 어떤 '재산의 취득·관리·처분'에 관한 행위가 주민소송의 대상이 되는지는 결국 법원이 주민소송 제도의 입법 취지를 고려하여 구체적으로 심리하여 판단해야 할 영역이다.**"(대판 2019.10.17. 2018두104)

[판례 2] '위법한 행위'의 판단기준

"지방자치법 제16조, 제17조 제1항, 제2항 제2호, 제17항의 내용과 체계에다가 주민소송 제도의 입법 취지와 법적 성질 등을 종합하면, 주민소송에서 다툼의 대상이 된 **처분의 위법성은 행정소송법상 항고소송에서와 마찬가지로 헌법, 법률, 그 하위의 법규명령, 법의 일반원칙 등 객관적 법질서를 구성하는 모든 법규범에 위반되는지 여부를 기준으로 판단하여야** 하는 것이지, 해당 처분으로 지방자치단체의 재정에 손실이 발생하였는지만을 기준으로 판단할 것은 아니다."(대판 2019.10.17. 2018두104)

[판례 3] 감사청구사항과 관련성의 의미

"주민감사청구가 '지방자치단체와 그 장의 권한에 속하는 사무의 처리'를 대상으로 하는 데 반하여, 주민소송은 '그 감사청구한 사항과 관련이 있는 위법한 행위나 업무를 게을리한 사실'에 대하여 제기할 수 있는 것이므로, **주민소송의 대상은 주민감사를 청구한 사항과 관련이 있는 것으로 충분하고, 주민감사를 청구한 사항과 반드시 동일**

할 필요는 없다. 주민감사를 청구한 사항과 관련성이 있는지는 주민감사청구사항의 기초인 사회적 사실관계와 기본적인 점에서 동일한지에 따라 결정되는 것이며 그로부터 파생되거나 후속하여 발생하는 행위나 사실은 주민감사청구사항과 관련이 있다고 보아야 한다."(대판 2020.7.29. 2017두63467)

5) **제소사유:** 감사청구한 주민은, ① 주무부장관이나 시·도지사가 감사청구를 수리한 날부터 60일이 지나도 감사를 끝내지 아니한 경우, ② 감사결과 또는 감사조치요구에 불복하는 경우, ③ 주무부장관이나 시·도지사의 조치요구를 지방자치단체의 장이 이행하지 아니한 경우, ④ 지방자치단체의 장의 이행조치에 불복하는 경우 등의 어느 하나에 해당하는 경우에 소송을 제기할 수 있다(동법 22①(1)~(4)).

6) **소송유형:** 주민이 제기할 수 있는 소송은 다음과 같다(동조②(1)~(4)).

(가) 부작위(중지)청구소송(제1호 소송): 해당 행위를 계속하면 회복하기 곤란한 손해를 발생시킬 우려가 있는 경우에는 그 행위의 전부나 일부를 중지할 것을 요구하는 소송을 말한다. 그러나 해당 행위를 중지할 경우 생명이나 신체에 중대한 위해가 생길 우려가 있거나 그 밖에 공공복리를 현저하게 저해할 우려가 있으면 제기할 수 없다(동조③).

(나) 취소 또는 무효확인소송(제2호 소송): 행정처분인 해당 행위의 취소 또는 변경을 요구하거나 그 행위의 효력 유무 또는 존재 여부의 확인을 요구하는 소송을 말한다.

(다) 부작위위법확인소송(제3호 소송): 게을리 한 사실의 위법 확인을 요구하는 소송을 말한다.

(라) 손해배상 또는 부당이득반환청구소송(제4호 소송): 해당 지방자치단체의 장 및 직원, 지방의회의원, 해당 행위와 관련이 있는 상대방에게 손해배상청구 또는 부당이득반환청구를 할 것을 요구하는 소송을 말한다.

7) **제기기간 및 관할법원:** 감사청구를 수리한 날부터 60일이 끝난 날, 감사결과나 조치요구 내용에 대한 통지를 받은 날, 해당 조치를 요구할 때에 지정한 처리기간이 끝난 날 및 이행조치 결과에 대한 통지를 받은 날부터 90일 이내에 제기해야 한다(동조④). 관할법원은 지방자치단체의 사무소 소재지를 관할하는 행정법원이다(동조⑨).

8) **판결의 효력:** 지방자치단체의 장은 주민소송에 대하여 손해배상청구나 부당이득반환청구를 명하는 판결이 확정되면 그 판결이 확정된 날부터 60일 이내를 기한으로 하여 당사자에게(지방자치단체의 장이 그 당사자인 경우에는 지방의회 의장이) 그 판결에 따라 결정된 손해배상금이나 부당이득반환금의 지불을 청구하여야 하고, 변상명령을 명하는 판결이 확정되면 변상명령을 하여야한다(동법 23, 24). 변상할 것을 명령받은 자가 같은 항의 기한 내에 변상금을 지불하지 아니하면 지방세 체납처분의 예에 따라 징수할 수 있다(동법 24②). 또한 변상할 것을 명령받은 자는 이에 불복하는 경우 행정소송을 제기할 수 있으며, 「행정심판법」에 따른 행정심판청구는 제기할 수 없다(동조③).

(9) 주민소환권

1) 의 의: 주민소환권이란 주민이 선출한 지방공직자를 투표를 통해 그 직을 상실시키는 주민의 권리를 말한다. 주민은 그 지방자치단체의 장 및 지방의회의원(비례대표의원은 제외)을 소환할 권리를 가진다(지방자치법 25①). 주민소환제도는 지방자치에 관한 주민의 직접참여를 확대하고 지방행정의 민주성과 책임성을 제고함을 목적으로 한다.

2) **주민소환투표권자**: 이는 주민소환투표인명부 작성기준일 현재 19세 이상의 주민으로서 당해 지방자치단체 관할구역에 주민등록이 되어 있는 자 및 19세 이상의 외국인으로서 출입국관리법의 규정에 따른 영주의 체류자격 취득일 후 3년이 경과한 자 중 당해 지방자치단체 관할구역의 외국인등록대장에 등재된 자이다(주민소환에관한법률 3①).

3) **주민소환투표의 청구**: 주민소환투표청구권자는 비례대표의원을 제외한 해당 지방자치단체의 선출직 지방공직자(해당 지방자치단체의 장 및 지방의회의원)에 대하여 일정 수 이상의 주민의 서명으로 그 소환사유를 서면에 구체적으로 명시하여 관할선거관리위원회에 주민소환투표의 실시를 청구할 수 있다. 즉, 시·도지사의 경우는 당해 지방자치단체의 주민소환투표청구권자 총수의 100분의 10 이상, 시장·군수·자치구의 구청장의 경우에는 100분의 15 이상, 지역구시·도의원 및 지역구자치구·시·군의원의 경우에는 100분의 20 이상의 서명이 있어야 한다(동법 7①). 다만, 선출직 지방공직자의 임기개시일부터 1년이 경과하지 아니한 때나 임기만료일부터 1년 미만일 때 및 해당선출직 지방공직자에 대한 주민소환투표를 실시한 날부터 1년 이내인 때에는 주민소환투표의 실시를 청구할 수 없다(동법 8).

4) **서명요청활동**: 주민소환투표청구인대표자(소환청구인대표자)와 서면에 의하여 소환청구인대표자로부터 서명요청권을 위임받은 자는 대통령령이 정하는 서명요청 활동기간 동안 주민소환투표의 청구사유가 기재되고 관할선거관리위원회가 검인하여 교부한 주민소환투표청구인서명부(소환청구인서명부)를 사용하여 주민소환투표청구권자에게 서명할 것을 요청할 수 있다(동법 9).

5) **소환투표의 실시**: 관할선거관리위원회는 주민소환투표청구가 적법하다고 인정하는 경우에는 지체 없이 그 요지를 공표하고, 소환청구인대표자 및 해당선출직 지방공직자에게 그 사실을 통지하여야 하며, 주민소환투표대상자에게 소명기회를 준 다음 그 소명요지 또는 소명서 제출기간이 경과한 날부터 7일 이내에 주민소환투표일과 주민소환투표안(소환청구서 요지 포함)을 공고하여 주민소환투표를 발의하여야 한다(동법 12①②).

주민소환투표일은 공고일부터 20일 이상 30일 이하의 범위 안에서 관할선거관리위원회가 정한다(동법 13①). 주민소환투표의 실시구역은 지방자치단체의 장의 경우에는 당해 지방자치단체 관할구역 전체를 대상으로 하고, 지방의회의원에 대한 주민소환투표는 당해 지방의회의원의 지역선거구를 대상으로 한다(동법 16).

6) **소환투표의 효력**: 주민소환투표대상자는 관할선거관리위원회가 주민소환투표안을 공고

한 때부터 주민소환투표결과를 공표할 때까지 그 권한행사가 정지되며, 이 경우 지방자치단체의 장의 권한이 정지된 때는 부단체장이 그 권한을 대행하고, 지방의회의원은 그 정지기간 동안 공직선거법의 규정에 의한 의정활동보고를 할 수 없다(동법 21). 주민소환은 주민소환투표권자 총수의 3분의 1 이상의 투표와 유효투표 총수 과반수의 찬성으로 확정되며, 전체 주민소환투표자의 수가 주민소환투표권자 총수의 3분의 1에 미달하는 때에는 개표를 하지 아니한다(동법 22). 투표결과 주민소환이 확정된 때에는 주민소환투표대상자는 그 결과가 공표된 시점부터 그 직을 상실하며, 그로 인하여 실시하는 이 법 또는 「공직선거법」에 의한 해당보궐선거에 후보자로 등록할 수 없다(동법 23).

7) **주민소환투표소송 등**: ① 주민소환투표의 효력에 관하여 이의가 있는 해당 주민소환투표 대상자 또는 주민소환투표권자(주민소환투표권자 총수의 100분의 1 이상의 서명을 받아야 한다)는 주민소환투표결과가 공표된 날부터 14일 이내에 관할선거관리위원회 위원장을 피소청인으로 하여 지역구시·도의원, 지역구자치구·시·군의원 또는 시장·군수·자치구의 구청장을 대상으로 한 주민소환투표에 있어서는 특별시·광역시·도선거관리위원회에, 시·도지사를 대상으로 한 주민소환투표에 있어서는 중앙선거관리위원회에 소청할 수 있다(동법 24①).

② 위 소청에 대한 결정에 관하여 불복이 있는 소청인은 관할선거관리위원회 위원장을 피고로 하여 그 결정서를 받은 날부터 10일 이내에 지역구시·도의원, 지역구자치구·시·군의원 또는 시장·군수·자치구의 구청장을 대상으로 한 주민소환투표에 있어서는 그 선거구를 관할하는 고등법원에, 시·도지사를 대상으로 한 주민소환투표에 있어서는 대법원에 소를 제기할 수 있다(동조②).

3. 주민의 의무

지방자치단체는 그 자체의 존립과 자치사무의 수행을 위하여 비용을 필요로 하는 바, 주민은 그 비용을 부담할 의무를 진다(지방자치법 27). 즉, 주민은 지방세·사용료·수수료 및 분담금 등 자치단체의 비용을 분담할 의무가 있다.

Ⅲ. 지방자치단체의 자치권

지방자치단체의 자치권으로는 자치입법권·자치조직권·자치행정권 및 자치재정권 등이 있다.

제4관 지방자치단체의 사무

지방자치단체는 국가와는 별도로 법인격을 가지고 독자적인 활동과 사무처리를 하는 바, 지방자치단체의 사무를 처리함에 있어서 주민의 편의 및 복리증진을 위하여 노력하고(주민복지의 원칙), 그 조직 및 운영의 합리화와 규모의 적정화를 도모하고(합리화의 원칙), 법령이나 상급 지방자치단체의 조례에 위반해서는 아니 된다(법령적합성의 원칙)(지방자치법 12①②③). 지방자치단체의 사무는 자치사무와 위임사무로, 위임사무는 다시 단체위임사무와 기관위임사무로 나눌 수 있다.

Ⅰ. 자치사무

1. 자치사무의 의의

자치사무(自治事務)란 지방자치단체의 존립목적을 달성하기 위한 본래적 사무를 말하며, 고유사무 또는 공공사무라고도 한다. 자치사무는 해당 자치단체가 자유로이 그 시행여부를 결정할 수 있는 수의사무(隨意事務, 임의적 사무)가 원칙인데, 법령에 의하여 그 시행이 의무지워진 필요사무(의무적 사무; 초등학교의 설치·예방접종·소방사무·오물처리 등)도 있다.

2. 자치사무의 내용

자치사무는 지방자치법 제13조 제2항에서 예시하고 있는, ① 지방자치단체의 구역·조직·행정관리 등에 관한 사무, ② 주민의 복지증진에 관한 사무, ③ 농림·상공업 등 산업진흥에 관한 사무, ④ 지역개발과 주민의 생활환경시설의 설치·관리에 관한 사무, ⑤ 교육·체육·문화·예술의 진흥에 관한 사무, ⑥ 지역민방위 및 지방소방에 관한 사무, ⑦ 국제교류 및 협력 등을 들 수 있다. 다만, 법률에 이와 다른 규정이 있으면 그러하지 아니한다(동조② 후문).

3. 지방자치단체의 종류별 배분기준

지방자치단체의 구역·조직 및 행정관리에 관한 사무는 공통사무로 하고, 2개 이상의 시·군 및 자치구에 미치는 광역적 사무나 시·도 단위로 통일성이 필요한 사무 등은 시·도의 사무로 하며, 그 이외의 사무는 시·군 및 자치구의 사무로 한다(동법 14①). 시·도와 시·군 및 자치구의 사무는 사무를 처리할 때 서로 경합하지 아니하도록 하여야 하며, 사무가 서로 경합하면 시·군 및 자치구에서 먼저 처리한다(동조③).

4. 자치사무의 민간위탁

자치사무의 민간위탁이란 지방자치단체의 자치사무를 민간에 위탁하여 수행하도록 하는 것을 말한다. 민간위탁은 행정조직의 방대화 억제·행정사무의 능률성 제고 및 비용절감·전문기술 활용 등의 순기능이 있으나, 행정서비스의 질적 저하·책임한계의 불명확·행정의 민주화와 종합성의 손실 등의 우려도 있다(대판 2009.12.24. 2009추121 등).

민간위탁은 권한의 변경을 가져오므로 법적 근거를 요한다. 지방자치법 제117조 제3항 '지방자치단체의 장은 조례나 규칙으로 정하는 바에 따라 그 권한에 속하는 사무 중 조사·검사·검정·관리업무 등 주민의 권리·의무와 직접 관련되지 아니하는 사무를 법인·단체 또는 그 기관이나 개인에게 위탁할 수 있다.'는 규정을 두고 있으며, 개별 법률로도 위탁할 수 있다.

5. 국가사무처리의 제한

지방자치단체는 지방자치법 제15조에 규정된 외교 · 국방 · 사법 · 국세 등 국가의 존립에 필요한 사무, 물가정책 · 금융정책 · 수출입정책 등 전국적으로 통일적 처리를 요하는 사무 및 그 밖에 전국적 규모의 사무 등의 국가사무는 처리할 수 없다(동법 15).

Ⅱ. 위임사무

위임사무(委任事務)란 법령에 의하여 국가 또는 다른 공공단체로부터 위임받아 시행하는 사무를 말하며, 이에는 넓게 단체위임사무와 기관위임사무가 있으나, 여기서 위임사무란 보통 단체위임사무를 말한다.

1. 단체위임사무

단체위임사무는 국가나 다른 자치단체로부터 해당 자치단체 자체에 위임된 사무이다. 지방자치법 제13조 제1항의 "법령에 따라 지방자치단체에 속하는 사무"가 이에 해당한다. 이와 같이 사무의 단체위임에는 개별적인 법령의 근거를 요하며, 소요경비는 위임자(국가 등)가 부담하는 것이 원칙이다. 단체위임사무는 자치단체의 자주적인 책임 아래 시행되며 그 효과도 자치단체에 귀속되고, 조례로 정하여 규율할 수 있는 등 지방의회가 관여할 수 있는 점에서 자치사무와 유사하나, 위임자의 합법성감독 뿐만 아니라 합목적성감독 및 경비부담이라는 면에서 자치사무와 구별된다.

단체위임사무의 예로는 의무교육대상자 위탁(초 · 중등교육법 12③) 및 우체국창구업무의 위탁(우체국창구업무의 위탁에 관한 법률 3②) 등의 약간의 예가 있을 따름이다.

2. 기관위임사무

1) 기관위임사무의 의의 및 근거: 기관위임사무는 국가나 다른 지방자치단체로부터 해당 지방자치단체의 기관에게 위임된 사무를 말한다. 기관위임사무를 수임처리하는 지방자치단체의 기관은 그 범위 안에서 국가기관의 지위에 서게 된다(상급행정기관과 하급행정기관의 관계). 기관위임사무는 개별법에 근거가 있는 외에, 일반적 근거규정으로 정부조직법 제6조 제1항, 지방자치법 제115조, 117조 및 「행정권한의 위임 및 위탁에 관한 규정」 등이 있다.

2) 기관위임사무의 재위임의 법적 근거

(가) 개별법령의 규정: 위임은 법령이 정한 행정기관의 권한이 다른 행정기관에게 이전하여 권한의 법적 귀속을 변경시키는 것이므로 반드시 법령의 명시적 근거를 요한다. 법령에서는

오직 근거만을 정하고 구체적인 위임은 위임청의 별도의 행위에 의하는데, 이때에는 위임에 대한 공시가 필요하다.

(나) 일반적 근거 규정: 개별법에 재위임에 관한 규정이 없는 경우, 정부조직법 제6조 제1항 후단과 「행정권한의 위임 및 위탁에 관한 규정」 제4조 및 지방자치법 제117조 제4항을 재위임에 관한 일반조항으로 해석할 수 있는지에 관하여 견해가 나뉜다.

(a) **긍정설**: 이는 위임의 현실적 필요성에서 개별법에 근거가 없더라도 위 법령을 일반적 위임의 근거로 인정하여 재위임이 가능하다고 한다. 그 논거로는, 행정기관의 권한과 책임의 일치를 위해서는 개별법상의 권한의 일부를 위임·재위임할 필요가 있다는 점, 행정능률의 향상과 행정사무의 간소화를 위한다는 점을 들고 있다(다수설).

(b) **부정설**: 이는 개별법에 규정이 없는 한 위임이 불가능하다는 견해이다. 그 논거로는, 정부조직법 제6조 등은 위임의 일반적 원칙만을 선언한 것으로서 포괄적 위임을 인정하면 개별법률의 위임규정을 무의미 하게 만든다는 점, 권한을 법령으로 명확히 정하라는 행정조직법정주의에 상치되는 결과를 가져온다는 점 등을 들고 있다.

(c) **판 례**: 판례는 아래 판시와 같이 정부조직법 등은 권한의 위임 및 재위임의 근거규정임이 명백하다고 하여 권한의 위임·재위임의 일반규정으로 보고 있다.

[판 례] 정부조직법 제6조 제1항은 위임 및 재위임의 근거규정

"**정부조직법 제5조 제1항(현재 제6조 제1항)의 규정은 법문상 행정권한의 위임 및 재위임의 근거규정임이 명백하고** 정부조직법이 국가행정기관의 설치, 조직과 직무범위의 대강을 정하는데 목적이 있다고 하여 그 이유만으로 같은 법의 권한위임 및 재위임에 관한 규정마저 권한 위임 및 재위임 등에 관한 대강을 정한 것에 불과할 뿐 권한위임 및 재위임의 근거규정이 아니라고 할 수 없다고 할 것이므로, **도지사 등은 정부조직법 제5조 제1항에 기하여 제정된 행정권한의위임및위탁에관한규정에 정한 바에 의하여 위임기관의장의 승인이 있으면 그 규칙이 정하는 바에 의하여 그 수임된 권한을 시장, 군수 등 소속기관의 장에게 다시 위임할 수 있다.**"(대판 1990.6.26. 88누12158)

(d) **결 어**: 행정의 능률적 수행과 행정권한의 지방분산을 위해서는 현실적으로 위임이 필요하다는 점, 개별법에서 위임의 근거가 없는 경우가 있다는 점 등을 이유로 일반법 규정에 따라 위임·재위임이 가능하다고 보는 것이 타당하다.

3) 기관위임사무의 재위임의 규정방식

(가) 규 칙: 기관위임사무는 지방자치단체의 장 등이 국가기관의 지위에서 수행하는 사무이므로 원칙적으로 조례규정사항이 아니다. 따라서 기관위임사무의 재위임은 미리 위임기관의 장의 승인을 얻어야 하며(행정권한의위임및위탁에관한규정 4, 지방자치법 117④), 그 위임의 방식은 지방자치단체의 장이 정하는 규칙에 의하여야 한다(동규정 4).

(나) 위임조례: 기관위임사무의 재위임은 규칙으로 정해야 하며 조례로 정할 수 없다. 다만, 해당 기관위임사무의 근거법령에서 조례로 정하도록 위임하고 있는 경우에는 조례로 규정할 수 있으며, 이를 위임조례라 한다. 그러나 위임조례도 위임입법의 한계를 준수해야 하므로

그 근거법령의 위임의 취지에 부합하여야 한다.

4) 기관위임사무의 감독: 기관위임사무는 그 처리효과가 위임자에 귀속되고 위임자는 합법성 감독뿐만 아니라 합목적성 감독도 가능하며, 원칙적으로 지방의회가 관여할 수 없는 등 자율성이 약하다는 점에서 자치사무와 구별된다.

5) 기관위임사무의 예: 기관위임사무의 예로는 경찰·양곡·선거·징병·징발·징세·주민등록·인구조사·물자배급 등이 있다. 특히 각종 인·허가사무 등 많은 부분이 기관위임사무로 되어 있어 지방자치의 의의를 감소시키는 문제가 있다.

Ⅲ. 자치사무와 위임사무의 구별

1. 자치사무와 위임사무의 구별의 내용

자치사무와 위임사무(기관위임사무)의 구별내용은 일반적으로 다음과 같다.

	자 치 사 무	위 임 사 무
① 사무의 성질	해당 지방자치단체 자체의 사무 수행여부·수행방법에 자율성	위임자(국가)의 사무 자율성 약함
② 경비부담	해당 지방자치단체	위임자(국가)
③ 국가의 감독	소극적·교정적 감독 합법성 감독(단체위임사무 포함)	적극적 감독(이행명령·대집행 등) 합목적성 감독
④ 처리의 효과	해당 지방자치단체에 귀속	위임자(국가)에 귀속
⑤ 배상책임	해당 지방자치단체	위임자(국가) 또는 비용부담자로서의 지방자치단체
⑥ 지방의회의 관여	관여대상(의결·동의·감사)(단체위임사무 포함)·조례로 정할 수 있음	원칙적으로 관여 불가·조례로 정할 수 없음(기관위임사무)

2. 자치사무와 (기관)위임사무의 구별 실익

(1) 감독관계여부

자치사무는 지방자치단체의 자율성이 보장되므로 국가(행정안전부장관 또는 광역지방자치단체장)는 보고·감사 등을 통해 위법여부에 대한 감독을 할 수 있으나(지방자치법 188, 190), 위임사무의 경우에는 위임관청(주무부장관 또는 광역지방자치단체장)이 지휘·감독을 하며 위법성 감독뿐만 아니라 합목적성 감독도 인정된다(동법 185, 188, 189).

(2) 경비부담

자치사무는 지방자치단체가 그 경비를 부담함이 원칙이나(동법 158, 지방재정법 20), 기관위임사무는 위임기관(국가 또는 광역지방자치단체)이 전액 부담한다(지방자치법 158, 지방재정법 21).

(3) 지방의회의 관여

자치사무는 지방의회의 관여가 인정되어, 의결권·조례제정권·조사 및 감사권의 대상이 된다. 기관위임사무는 국가사무이므로 기관위임사무를 처리하는 지방자치단체의 장은 국가기관의 지위에 서게 되므로 지방의회는 원칙적으로 관여할 수 없다.

(4) 배상책임의 귀속

자치사무의 위법한 처리로 인한 손해에 대해서는 지방자치단체가 배상책임을 진다. 기관위임사무의 위법한 처리로 인한 손해에 대해서는 형식적 비용부담자로서 지방자치단체가 배상책임을 지는 경우가 있으나, 사무의 귀속주체인 위임청인 국가가 최종적 배상책임자가 된다.

3. 자치사무와 위임사무의 구별기준

자치사무와 단체위임사무 및 기관위임사무는 사무의 성질 및 그 법적 관계가 다르기 때문에 구별할 필요가 있으나 어떻게 구별해야 할지는 용이하지 않다. 그러나 일반적으로 ① 근거법령의 규정형식과 취지, ② 사무의 성질 및 ③ 경비부담과 최종 책임귀속주체 등을 고려하여 판단한다.

(1) 근거법령의 권한규정

우선 해당 사무의 근거법령의 규정형식과 취지에 따라 판단한다. 그리하여 각 개별법령에서 대통령 및 국무총리 그 밖에 각 중앙부처의 장 등 중앙행정기관의 장의 권한으로 규정하고 있는 사무는 국가사무로 볼 수 있다. 이 경우 시·도지사나 시장·군수·구청장 등에게 위임된 사무는 기관위임사무로 볼 수 있고, 시·도 등 지방자치단체에 위임된 것은 단체위임사무로 볼 수 있다.

(2) 사무의 성질 등

사무의 성질이 전국적으로 통일적인 처리가 요구되는 사무인지 여부, 경비부담기관 및 책임귀속의 주체 등을 고려하여 판단하여야 하는 바, 근거법령의 권한규정이 불분명한 경우에는 이 방법이 중요한 판단기준이 될 것이다.

(3) 보충적 규정

지방자치법 제13조 제2항에 예시한 지방자치단체의 사무와 처리제한을 규정한 제15조의 국가사무는 법률에 이와 다른 규정이 있는 경우 이외에는 보충적으로 고려하여 판단자료로 할 수 있다.

이상의 구별기준에 의해서도 구별이 불분명하면 자치권의 포괄성원칙에 따라 자치사무로 본다.

(4) 판 례

판례는, ① 법령의 규정형식과 취지, ② 사무의 성질 및 ③ 경비부담과 최종 책임귀속주체 등을 고려하여 판단하여야 한다고 판시하고 있다.

[판 례] 자치사무와 기관위임사무의 판단기준

"법령상 지방자치단체의 장이 처리하도록 규정하고 있는 사무가 자치사무인지 기관위임사무에 해당하는지 여부를 판단함에 있어서는 그에 관한 **법령의 규정형식과 취지**를 우선 고려하여야 할 것이지만 그 외에도 그 **사무의 성질**이 전국적으로 통일적인 처리가 요구되는 사무인지 여부나 그에 관한 **경비부담**과 최종적인 책임귀속의 주체 등도 아울러 고려하여 판단하여야 한다."(대판 2010.10.14. 2008다92268; 대판 2017.12.5. 2016추5162 등)

Ⅳ. 지방자치단체의 사무배분

1. 사무배분원칙

시 · 도와 시 · 군 및 자치구는 사무를 처리할 때 서로 경합하지 아니하도록 하여야 하며(**불경합의 원칙**), 사무가 서로 경합하면 시 · 군 및 자치구에서 먼저 처리한다(**기초자치단체사무의 우선원칙**)(지방자치법 14③).

2. 지방자치단체의 종류별 사무배분기준

(1) 공통사무

공통사무는 지방자치단체의 종류에 관계없이 공통으로 담당하는 사무를 말하며, 지방자치단체의 구역, 조직, 행정관리 등에 관한 사무를 말한다(동법 14①). 즉, ① 관할 구역 안 행정구역의 명칭 · 위치 및 구역의 조정, ② 조례 · 규칙의 제정 · 개정 · 폐지 및 그 운영 · 관리, ③ 산하 행정기관의 조직관리, ④ 산하 행정기관 및 단체의 지도 · 감독, ⑤ 소속 공무원의 인사 · 후생복지 및 교육, ⑥ 지방세 및 지방세 외 수입의 부과 및 징수, ⑦ 예산의 편성 · 집행 및 회계감사와 재산관리, ⑧ 행정장비관리, 행정전산화 및 행정관리개선, ⑨ 공유재산관리, ⑩ 가족관계등록 및 주민등록 관리, ⑪ 지방자치단체에 필요한 각종 조사 및 통계의 작성이 이에 속한다(동법 14①).

(2) 시 · 도의 사무

이는, ① 행정처리 결과가 2개 이상의 시 · 군 및 자치구에 미치는 광역적 사무, ② 시 · 도 단위로 동일한 기준에 따라 처리되어야 할 성질의 사무, ③ 지역적 특성을 살리면서 시 · 도 단위로 통일성을 유지할 필요가 있는 사무, ④ 국가와 시 · 군 및 자치구 사이의 연락 · 조정 등의 사무, ⑤ 시 · 군 및 자치구가 독자적으로 처리하기 어려운 사무, ⑥ 2개 이상의 시 · 군 및 자치구가 공동으로 설치하는 것이 적당하다고 인정되는 규모의 시설을 설치하고 관리하는 사무 등이다(동법 14①(1)).

(3) 시 · 군 및 자치구의 사무

이는, 위 시 · 도의 사무에서 시 · 도가 처리하는 것으로 되어 있는 사무를 제외한 사무이며, 다만, 인구 50만 이상의 시에 대하여는 도가 처리하는 사무의 일부를 직접 처리하게 할 수 있다(동항(2)).

제5관 지방자치단체의 권한

지방자치단체는 그 사무를 처리하고 존립을 유지하기 위하여 스스로의 권한을 필요로 하는데, 헌법 제117조 제1항은 지방자치단체의 권한을 명시적으로 보장하고 있다. 지방자치단체의 권한은 그 내용에 따라 자치입법권·자치조직권·자치행정권 및 자치재정권으로 나눌 수 있다.

제1항 자치입법권

자치입법권(自治立法權)이란 지방자치단체가 그 자치권에 의하여 스스로 법규를 정립할 수 있는 권한을 말한다. 헌법은 지방자치단체가 "법령의 범위 안에서 자치에 관한 규정"을 제정할 수 있다고 규정하였다(117①). 이에 의거하여 지방자치법은 자치입법으로 「조례」와 「규칙」의 2형식을 인정하였고(동법 28, 29), 그 밖에 「지방교육 자치에 관한 법률」은 「교육규칙」을 인정하였다(동법 25).

Ⅰ. 조 례

1. 조례의 의의 및 성질

조례(條例)는 지방자치단체가 법령의 범위 안에서 그 권한에 속하는 사무에 관하여 지방의회의 의결로서 제정하는 법이다(지방자치법 28). 조례는 넓은 의미로는 행정입법에 포함되지만, 주민의 대표기관인 지방의회가 원칙상 법령의 구체적 수권 없이(포괄적 수권만으로) 제정하는 자치법규라는 점에서, 상위법령의 구체적인 근거를 요하는 법규명령과 구별된다. 보통은 법규의 성질을 가지지만, 법규 아닌 행정규칙적 성질을 가지는 것도 있다.

2. 조례의 종류

(1) 자치조례와 위임조례

자치조례는 헌법 제117조 제1항 '법령의 범위 안에서 자치에 관한 규정을 제정할 수 있다'와 지방자치법 제28조 제1항 '법령의 범위 안에서 그 사무에 관하여 조례를 제정할 수 있다'의 일반수권에 의하여 그 자치사무에 관하여 정하는 조례를 말하며, 자치사무와 단체위임사무가 이에 속한다.

위임조례는 국가의 지방적 행정에 관한 일정한 사항의 규율을 법률에서 조례에 위임함에 따라 정하는 조례이다. 조례는 자치조례가 원칙이나 개별법령에서 일정한 사항의 기관위임사무를 조례로 정하도록 위임하고 있는 경우에 한해 위임조례로 정할 수 있다.

(2) 필요적 조례와 임의적 조례

필요적 조례는 법령이 조례로써 정할 것을 규정하고 있는 조례규정사항을 말하고, 임의적 조례는 법령의 규정이 없더라도 국가의 전권에 속하지 아니하는 사무에 관하여 일반적으로 재량에 의하여 조례로써 정할 수 있는 경우를 말한다.

3. 조례제정권의 범위

(1) 자치조례의 범위

자치조례의 범위는 법령의 범위 안에서 지방자치단체의 권한에 속하는 지방자치법 제13조 제1항에 의한 자치사무와 법령에 따라 지방자치단체에 속하는 단체위임사무의 전반에 걸친다.

(2) 위임조례의 범위

개별법령에서 기관위임사무 중 일정한 사항을 조례로 정하도록 위임하고 있는 경우에는 지방자치단체의 자치조례 제정권과 무관하게 위임조례를 정할 수 있으나, 그 개별법령의 위임범위를 벗어나지 않아야 하고 그 개별법령의 취지에 부합해야 한다. 법령에서 조례로 정하도록 위임한 사항은 그 법령의 하위 법령에서 그 위임의 내용과 범위를 제한하거나 직접 규정할 수 없다(지방자치법 28②).

[판 례] 위임조례의 한계준수 여부

"특정 사안과 관련하여 법령에서 조례에 위임을 한 경우 **조례가 위임의 한계를 준수하고 있는지 여부**를 판단할 때는 **당해 법령 규정의 입법 목적과 규정 내용, 규정의 체계, 다른 규정과의 관계** 등을 종합적으로 살펴야 하고, 위임 규정 자체에서 그 의미 내용을 정확하게 알 수 있는 용어를 사용하여 위임의 한계를 분명히 하고 있는데도 **그 문언적 의미의 한계를 벗어났는지 여부**나, **수권 규정에서 사용하고 있는 용어의 의미를 넘어 그 범위를 확장하거나 축소하여서 위임 내용을 구체화하는 단계를 벗어나 새로운 입법을 하였는지 여부** 등도 아울러 고려되어야 한다."(대판 2019.1.31. 2018두43996 등).

(3) 기관위임사무 제외

기관위임사무는 원칙적으로 조례규정사항이 아니며, 개별법령에서 위임한 경우에 그 범위 내에서 위임조례를 정할 수 있다(판례1). 기관위임사무는 지방자치단체장이 국가의 하급행정관청의 지위에서 처리하는 사무이지 지방자치단체의 장의 지위에서 처리하는 사무가 아니기 때문인 바, 기관위임사무를 규율한 조례는 지방자치법 제28조 본문과 제13조 제1항에 위배되어 위법하다. 기관위임사무의 재위임도 조례로 정할 수 없고 「행정권한의 위임 및 위탁에 관한 규정」 제4조에 의하여 위임기관의 장의 승인을 얻은 후 지방자치단체의 장이 제정한 규칙이 정하는 바에 따라 하여야 한다(판례2).

[판례 1] 자치조례와 위임조례의 제정범위

"지방자치법 제15조, 제9조에 의하면, **지방자치단체가 자치조례를 제정할 수 있는 사항은 지방자치단체의 고유사무인 자치사무와 개별법령에 의하여 지방자치단체에 위임된 단체위임사무에 한하는 것**이고, 국가사무가 지방자치단체의 장에게 위임된 기관위임사무는 원칙적으로 자치조례의 제정범위에 속하지 않는다 할 것이고, 다만 기관위임사무에 있어서도 그에 관한 **개별법령에서 일정한 사항을 조례로 정하도록 위임하고 있는 경우에는 위임받은 사항에 관하여 개별법령의 취지에 부합하는 범위 내에서 이른바 위임조례를 정할 수 있다.**"(대판 2000.5.30. 99추85, 공원조례중개정조례안무효 등)

[판례 2] 기관위임사무의 재위임 방법

"관리처분계획의 인가 등에 관한 사무는 국가사무로서 지방자치단체의 장에게 위임된 이른바 **기관위임사무에 해당하므로, 시·도지사가 지방자치단체의 조례에 의하여 이를 구청장 등에게 재위임할 수는 없고, 행정권한의위임및위탁에 관한규정 제4조에 의하여 위임기관의 장의 승인을 얻은 후 지방자치단체의 장이 제정한 규칙이 정하는 바에 따라 재위임**하는 것만이 가능하다."(대판 1995.8.22. 94누5694, 관리처분계획인가처분취소 등)

(4) 지방자치단체장과 지방의회의 고유권한 침해 불허

자치사무라도 지방자치단체의 집행기관과 지방의회의 고유권한에 관하여는 조례로 침해할 수 없고, 지방자치단체의 장의 고유권한이 아닌 사항에 대해서도 그 사무집행에 관한 집행권을 본질적으로 침해하는 것은 허용되지 않는다(판례).

[판 례] 집행기관의 고유권한과 집행권의 본질적 침해의 조례제정 불허

"지방자치단체가 그 자치사무에 관하여 조례로 제정할 수 있다고 하더라도 상위 법령에 위배할 수는 없고(지방자치법 제15조), 특별한 규정이 없는 한 지방자치법이 규정하고 있는 지방자치단체의 집행기관과 지방의회의 고유권한에 관하여는 조례로 이를 침해할 수 없고, 나아가 지방의회가 지방자치단체장의 고유권한이 아닌 사항에 대하여도 그 사무집행에 관한 집행권을 본질적으로 침해하는 것은 지방자치법의 관련 규정에 위반되어 허용될 수 없다."(대판 2001.11.27. 2001추57, 조례안재의결무효확인청구 등)

(5) 벌칙 규정

조례는 일정한 범위에서는 벌칙에 관해서도 규정할 수 있다.

4. 조례제정권의 한계

조례제정권의 한계란 조례가 형식적 효력면에서 국가의 법령에 위배되지 아니하는 범위를 말한다. 헌법 제117조 제1항의 "법령의 범위에서 자치에 관한"이나 지방자치법 제28조 제1항의 "법령의 범위에서 그 사무에 관하여"의 의미는 '자치사무에 관하여' 법령의 범위에서 조례제정권의 한계를 뜻한다고 볼 것이다. 따라서 자치조례의 경우 조례제정권의 한계는 법치행정의 원리와 관련하여 법률우위의 원칙과 법률유보의 원칙의 관계라 할 수 있으며, 위임조례의 경우에는 위임입법의 범위·한계가 적용된다.

(1) 법률유보의 원칙

1) 일반적 자치사무에 관한 사항: 조례가 주민의 권리제한·의무부과·벌칙에 관한 것이 아닌 일반적 자치사무에 관한 사항은 법령에 위반되지 않는 한도 내에서 상위법령의 위임 없이 제정할 수 있다(헌법 117, 지방자치법 28).

2) 주민의 권리제한·의무부과·벌칙에 관한 사항: 지방자치법 제28조 제1항 단서에서 "주민의 권리제한 또는 의무부과에 관한 사항이나 벌칙을 정할 때에는 법률의 위임이 있어야 한다"고 규정하고 있으므로, 조례로써 주민의 권리를 제한하거나 의무를 부과하는 내용으로 규정하고자 하는 경우에는 법률의 위임이 있어야 한다.

(가) 지방자치법 제28조 제1항 단서의 위헌여부: 조례는 법령의 구체적인 위임근거가 없더라도 법령에 위반되지 아니하는 범위 안에서 자치사무에 관하여 정할 수 있다(헌법 117①, 지방자치법 28①). 그러나 지방자치법 제28조 제1항 단서는 "주민의 권리제한 또는 의무부과에 관한 사항이나 벌칙을 정할 때에는 법률의 위임이 있어야 한다"고 규정하여, 권리제한 · 의무부과 · 벌칙 등에는 법률유보의 원칙이 적용되도록 하였다. 그런데 이 규정의 위헌여부가 논의되고 있다.

(a) 위헌설: 위헌설에서는 이 규정은 포괄적인 자치입법권을 부여한 헌법의 취지를 제약하는 것으로서, 법령에 저촉되지 않는 한 법률의 위임 없이도 제정할 수 있다는 헌법 제117조 제1항('법령의 범위 안에서')에 반하는 위헌적 규정이라고 한다.

(b) 합헌설: 합헌설에서는 국민의 전체의사의 표현으로서의 법률과 제한적 지역단체주민의 의사의 표현인 조례와의 사이에는 민주적 정당성에 있어 차이를 인정하지 않을 수 없고, 헌법 제37조 제2항에서 기본권의 제한에 대한 법률유보원칙을 명시하고 있기 때문에 합헌이라고 한다.

(c) 판 례: 판례도 지방자치법 제28조 제1항 단서는 기본권제한에 대하여 법률유보원칙을 선언한 헌법 제37조 제2항의 취지에 부합하므로 위헌성이 없다고 판시하고 있다.

[판 례] 주민의 권리제한 · 의무부과 · 벌칙에 관한 사항은 법률의 위임 필요

"지방자치법 제15조는 원칙적으로 헌법 제117조 제1항의 규정과 같이 지방자치단체의 자치입법권을 보장하면서, 그 단서에서 **국민의 권리제한 · 의무부과에 관한 사항을 규정하는 조례**의 중대성에 비추어 입법정책적 고려에서 법률의 위임을 요구한다고 규정하고 있는바, 이는 기본권 제한에 대하여 **법률유보원칙을 선언한 헌법 제37조 제2항의 취지에 부합**하므로 조례제정에 있어서 위와 같은 경우에 법률의 위임근거를 요구하는 것이 위헌성이 있다고 할 수 없다."(대판 1995.5.12, 94추28)

"지방자치법 제22조, 제9조 제1항, 행정규제기본법 제4조 제3항에 의하면 지방자치단체는 그 고유사무인 자치사무와 개별법령에 의하여 지방자치단체에 위임된 단체위임사무에 관하여 자치조례를 제정할 수 있지만 그 경우라도 주민의 권리제한 또는 의무부과에 관한 사항이나 벌칙은 법률의 위임이 있어야 하며, 기관위임사무에 관하여 제정되는 이른바 위임조례는 개별법령에서 일정한 사항을 조례로 정하도록 위임하고 있는 경우에 한하여 제정할 수 있으므로, **주민의 권리제한 또는 의무부과에 관한 사항이나 벌칙에 해당하는 조례를 제정할 경우에는 그 조례의 성질을 묻지 아니하고 법률의 위임이 있어야** 하고 그러한 위임 없이 제정된 조례는 효력이 없다."(대판 2007.12.13, 2006추52)

(d) 결 어: 합헌설이 타당하다. 따라서 주민의 권리제한 · 의무부과 · 벌칙에 관한 사항은 법률의 위임이 있어야 한다.

(나) 위임의 정도: 지방자치법 제28조 제1항 단서에서 의미하는 법률의 위임은 법규명령에서의 위임과 달리 개별적 · 구체적 위임일 필요는 없고, 일반적 · 포괄적 위임이면 된다. 즉, 조례에 관한 법률의 위임은 반드시 구체적으로 범위를 정하여 위임할 필요는 없고 포괄적인 것으로 족하다.

[판 례] 조례에 대한 법률의 포괄적 위임 가능

"조례의 제정권자인 지방의회는 선거를 통해서 그 지역적인 민주적 정당성을 지니고 있는 주민의 대표기관이고 헌법이 지방자치단체에 포괄적인 자치권을 보장하고 있는 취지로 볼 때, 조례에 대한 법률의 위임은 법규명령에 대한 법률의 위임과 같이 반드시 구체적으로 범위를 정하여 할 필요가 없으며 포괄적인 것으로 족하다."(헌재 1995.4.20, 92헌마264)

"법령에서 특정사항에 관하여 조례에 위임을 한 경우 **조례가 위임의 한계를 준수하고 있는지를 판단할 때는 당해**

법령 규정의 입법 목적과 규정 내용, 규정의 체계, 다른 규정과의 관계 등을 종합적으로 살펴야 하고, **위임 규정 자체에서 그 의미 내용을 정확하게 알 수 있는 용어를 사용하여 위임의 한계를 분명히 하고 있는데도 그 문언적 의미의 한계를 벗어났는지, 수권 규정에서 사용하고 있는 용어의 의미를 넘어 그 범위를 확장하거나 축소하여 위임 내용을 구체화하는 정도를 벗어나 새로운 입법을 하였는지 등도 아울러 고려해야** 한다."(대판 2017.04.07. 2014두37122, 건축허가복합민원신청불허재처분취소)

"법률이 주민의 권리의무에 관한 사항에 관하여 구체적으로 아무런 범위도 정하지 아니한 채 조례로 정하도록 포괄적으로 위임하였다고 하더라도, 행정관청의 명령과는 달라, 조례도 주민의 대표기관인 지방의회의 의결로 제정되는 **지방자치단체의 자주법인 만큼 지방자치단체가 법령에 위반되지 않는 범위 내에서 주민의 권리의무에 관한 사항을 조례로 제정할 수 있다.**"(대판 2006.9.8. 2004두947; 대판 2014.12.24. 2013추81 등)

(다) 벌칙규정: 조례로 벌칙을 정함에는 법률의 위임이 있어야 한다(지방자치법 28① 단서). 구 지방자치법에 규정되었던 형사벌칙제정권은 죄형법정주의에 반하는 위헌이라고 하여 삭제되고 현행 지방자치법에는 행정질서벌인 과태료에 관한 규정의 제정권만 일반적으로 위임하는 규정을 두고 있다. 즉, 1천만원 이하의 과태료에(동법 34①), 사기 그 밖에 부정한 방법으로 사용료·수수료·분담금의 징수를 면한 자에 대하여는 그 징수를 면한 액의 5배 이내의 과태료에, 공공시설을 부정사용한 자에 대하여는 50만원 이하의 과태료를 부과하는 규정을 조례로 정할 수 있다(동법 156②).

그런데 지방자치법이 조례에 벌칙규정에 관한 일반적·포괄적 수권을 하고 있는 점에 대하여 위헌논의가 있다. 즉, ① 헌법상의 죄형법정주의(12①)와 입법권의 위임은 구체적으로 범위를 정하여 하도록 한 규정(75, 95)에 위배된다는 **위헌설**과, ② 조례는 민주적으로 구성된 지방의회에서 제정되어 법률에 준하는 성질을 가지므로 법률의 수권이 상당한 정도로 구체적·한정적이라면 위임이 가능하다고 보는 **합헌설**이 있다.

생각건대, 합헌설이 타당하다. 형벌의 위임을 규정하여 위헌판결을 받았던 (구)지방자치법(1994.3.16. 법률 제4741호로 개정되기 전의 것) 제20조와 달리 현행 지방자치법은 과태료에 대해서만 위임하면서 그 수권의 범위를 구체적·한정적으로 하였다고 할 것이므로 합헌이라고 하겠다.

(2) 법률우위의 원칙

1) 의 의: 법률우위(法律優位)의 원칙은 통일적인 국법질서를 유지하기 위하여 당연히 조례에도 적용된다. 따라서 조례는 법령에 위배되어서는 아니되며, 기존의 국가의 법령에 위반되는 조례는 무효이다. 헌법 제117조 제1항이나 지방자치법 제28조 제1항 본문의 '법령의 범위 안에서'라는 것은 '법령에 위배되지 아니하는 범위 안'이라는 의미로서 바로 조례에 대한 법률우위의 원칙을 뜻하는 것이라고 할 수 있다.

2) '법령의 범위 안에서'의 의미

(가) 법령의 범위: 법률우위의 원칙상 조례는 상위법령에 위배되지 않아야 한다. 여기서 법령에는 헌법, 법률, 법규명령 이외에도 평등원칙·비례의 원칙 등 헌법상의 원칙이나 행정법의 일반원칙도 포함된다.

(나) '법령의 범위 안에서'의 해석: '법령의 범위 안에서'의 해석과 관련하여 법률선점론(法律先占論)과 법률선점수정론(법률선점완화론)의 대립이 있다.

(a) **법률선점론:** 법률선점론이란 법률이 이미 규율하고 있는 사항에 대해서는 법률에서 특별한 위임이 없는 한 조례가 동일한 목적으로 다시 규율할 수 없다는 입장이다.

(b) **법률선점수정론:** 법률선점수정론은 지방자치단체의 고유사무분야 및 지방적 특수성을 고려할 여지가 있는 분야 등 합리성이 인정되는 경우에는 법률과 동일한 사항을 조례로 정할 수 있다고 한다.

(c) **판 례:** 판례는, 해당 사항이 법령으로 이미 규율되어 있는 경우에도, 조례가 그 법령상의 목적과는 다른 목적으로 규율되고 그 법령의 목적·효과를 전혀 저해하지 않거나, 또는 법령이 전국에 걸쳐 일률적으로 동일한 내용을 규율하려는 취지가 아니고 각 지방자치단체가 그 지방의 실정에 맞게 별도로 규율하는 것을 용인하는 취지라고 해석되는 때에는 조례에 의한 별도의 규율도 허용된다고 한다.

[판 례] 법률선점수정론의 입장

"지방자치단체는 법령에 위반되지 아니하는 범위 내에서 그 사무에 관하여 조례를 제정할 수 있는 것이고, 조례가 규율하는 특정사항에 관하여 그것을 규율하는 **국가의 법령이 이미 존재하는 경우에도 조례가 법령과 별도의 목적에 기하여 규율함을 의도하는 것으로서 그 적용에 의하여 법령의 규정이 의도하는 목적과 효과를 전혀 저해하는 바가 없는 때**, 또는 양자가 동일한 목적에서 출발한 것이라고 할지라도 **국가의 법령이 반드시 그 규정에 의하여 전국에 걸쳐 일률적으로 동일한 내용을 규율하려는 취지가 아니고 각 지방자치단체가 그 지방의 실정에 맞게 별도로 규율하는 것을 용인하는 취지라고 해석되는 때**에는 그 조례가 국가의 법령에 위반되는 것은 아니다."(대판 2006.10.12. 2006추38, 지방의회조례안재의결무효확인청구; 대판 2007.12.13. 2006추52 등)

(d) **결 어:** 지방적 특수성의 고려 및 조례의 목적·효과 등 합리성이 인정되는 경우에는 조례제정을 허용할 수 있다는 점에서 법률선점수정론이 타당하다.

3) 법률우위원칙의 위반여부의 판단기준

(가) 조례규율대상에 관하여 법령에 규정이 없는 경우: 법률우위의 원칙은 동일 사항에 관하여 법률의 규정이 우선한다는 의미이므로 조례규율대상에 관하여 법령에 규정이 없다면 법률우위의 원칙은 문제되지 않는다.

(나) 조례규율대상에 관하여 법령에 규정이 있는 경우

(a) **입법목적이 다른 경우:** 조례가 법령상의 목적과 다른 목적으로 규율되고 그 법령의 목적·효과를 저해하지 아니하면 문제되지 않는다(대판 2007.12.13, 2006추52).

(b) **추가조례:** 법령의 규정사항이 전국적 최소기준을 정하고 그 이상의 규정은 각 지방자치단체의 특수성을 고려하여 자율적으로 정할 수 있는 여지가 있고 법령의 규율사항을 달리하여 추가하는 조례는 적법하다.

(c) **수익초과조례:** 법령이 전국에 걸쳐 일률적으로 동일한 내용을 규율하는 취지가 아니고 각 지방자치단체가 그 지방의 실정에 맞게 별도로 규율하는 것을 용인하는 경우에 법령의

기준을 초과하여 급부를 강화하는 초과조례는 적법하다.

(d) **침익조례 및 침익초과조례**: 주민의 권리제한이나 의무부과 또는 벌칙을 정하는 내용의 조례는 지방자치법 제28조 제1항 단서에 위반되어 위법하다. 또한 동일한 사항에 대하여 법령이 정한 기준보다 초과하여 높은 수준의 침익적 기준을 정한 조례는 상위법령의 제한범위를 초과한 것으로 무효라고 하겠다.

[판례 1] 수익초과조례는 적법

"저출산 · 고령사회기본법의 목적과 입법 취지 및 지방자치단체로 하여금 지역실정에 부합하는 저출산 · 고령사회 정책을 수립 · 시행하도록 한 점 등 그 규정 내용에 비추어 볼 때, 지방자치단체인 정선군이 강원도 정선군민의 출산을 적극 장려하기 위하여 세 자녀 이상의 세대 중 세 번째 이후 자녀에게 양육비 등을 지원하도록 하는 내용의 **이 사건 조례안은 저출산 · 고령사회기본법에서 정한 지방자치단체의 책무의 범위 안에서 자녀의 임신 · 출산 · 양육 및 교육에 소요되는 경제적 부담을 경감하기 위하여 필요한 시책을 강구한 것이라 할 것이므로, 이 사건 조례안이 저출산 · 고령사회기본법에 위배된다고 할 수 없다.**"(대판 2006.10.12. 2006추38)

[판례 2] 규제강화 · 제한범위 초과조례는 위법 · 무효

"개정조례안 제48조는 위 건축법령의 규정이 규제하고 있는 같은 사항과 대상에 대하여 같은 목적으로 규제하면서 위 건축법령의 각 규정이 정하여 규제하고 있는 것과 다른 새로운 규제이거나 보다 강한 태양의 규제를 하는 것으로서 보아야 할 것이므로 개정조례안 제48조는 상위법령인 위 건축법령의 규정에 위반되는 것이다."(대판 2004.6.11. 2004추41)

"차고지확보 대상을 자가용자동차 중 승차정원 16인 미만의 승합자동차와 적재정량 2.5t 미만의 화물자동차까지로 정하여 자동차운수사업법령이 정한 기준보다 확대하고, 차고지확보 입증서류의 미제출을 자동차등록 거부사유로 정하여 자동차관리법령이 정한 자동차 등록기준보다 더 높은 수준의 기준을 부가하고 있는 차고지확보제도에 관한 조례안은 비록 그 법률적 위임근거는 있지만 그 내용이 차고지 확보기준 및 자동차등록기준에 관한 상위법령의 제한범위를 초과하여 무효이다."(대판 1997.4.25. 96추251)

(3) 광역지방자치단체와 기초지방자치단체의 조례의 관계

시 · 군 및 자치구의 조례는 시 · 도의 조례에 위반하여서는 아니된다(동법 30). 위 규정은 광역지방자치단체와 기초지방자치단체에 의한 행정사무처리에 있어서 모순 · 저촉을 방지하고 그 통일성 확보를 목적으로 하는 것이므로 효력규정이라고 할 것이다.

5. 조례의 제정절차

1) **제안과 의결**: ① 당해 지방자치단체의 장, ② 교육 · 학예에 관한 것은 교육감, ③ 지방의회의원(조례로 정하는 수 이상) 등의 제안에 따라 지방의회의 의결로써 제정한다(동법 76, 지방교육자치에관한법률 20).

2) **이송 및 공포**: 의장은 조례안을 의결된 날부터 5일 이내에 그 지방자치단체의 장에게 이송하여야 하며, 이 때 지방자치단체의 장은 20일 이내에 이를 공포하여야 한다(지방자치법 32①②).

3) **재의요구 및 확정**: 지방자치단체의 장은 조례안에 대하여 이의가 있을 때에는 20일 이내에 이유를 붙여 지방의회에 환부하고 그 재의를 요구할 수 있다(단, 일부 또는 수정재의는 못함)(동

조③). 이 경우 재적의원 과반수의 출석과 출석의원 3분의 2 이상의 찬성으로 전과 같은 의결을 하면 그 조례안은 확정된다(동조④).

4) 의장에 의한 공포: 확정된 조례가 지방자치단체의 장에게 이송된 후 5일 이내에 지방자치단체의 장이 공포하지 아니할 때에는 지방의회의 의장이 이를 공포한다(동조⑥).

5) 효력발생: 특별한 규정이 없으면 공포한 날부터 20일이 지나면 효력을 발생한다(동조⑧).

6) 보 고: 조례를 제정 또는 개폐하는 경우 지방의회에서 이송된 날부터 5일 이내에 시・도지사는 행정자치부장관에게, 시장・군수 및 자치구의 구청장은 시・도지사에게 그 전문을 첨부하여 보고하여야 하며, 보고받은 행정자치부장관은 이를 관계 중앙행정기관의 장에게 통보하여야 한다(동법 35).

7) 조례위반에 대한 과태료: 지방자치단체는 조례를 위반한 행위에 대하여 조례로써 1천만원 이하의 과태료를 정할 수 있다(동법 34①). 이 경우 과태료는 해당 지방자치단체의 장이나 그 관할 구역의 지방자치단체의 장이 부과・징수한다(동조②).

6. 조례의 하자

(1) 위법한 조례의 효력

조례는 조례제정권의 범위와 한계를 넘어 위헌・위법으로 되거나 그 제정절차에 위반한 경우에는 하자 있는 조례로서 위법이 된다. 이러한 위법한 조례의 효력에 관해서는 법규명령의 하자의 경우와 마찬가지로 무효설, 취소설, 유효설 등 의견이 나뉠 수 있다. 그러나 조례는 공정력이 인정되지 않는 등 행정행위와는 다르다는 점에서 무효로 보는 것이 타당하다(통설・판례).

[판 례] 조례위임의 한계 및 효과

"지방자치법 제22조 본문은 '지방자치단체는 법령의 범위 안에서 그 사무에 관하여 조례를 제정할 수 있다'고 규정하고 있으므로 지방자치단체가 제정한 **조례가 법령에 위배되는 경우에는 효력이 없는 것**이고, 조례가 법령에 위배되는지 여부는 법령과 조례의 각각의 규정 취지, 규정의 목적과 내용 및 효과 등을 비교하여 둘 사이에 모순・저촉이 있는지의 여부에 따라서 개별적・구체적으로 결정하여야 할 것이다."(대판 2009.10.15. 2008추32, 조례안재의결 무효확인)

"특정 사안과 관련하여 법령에서 조례에 위임을 한 경우 **조례가 위임의 한계를 준수하고 있는지 여부**를 판단할 때는 당해 법령 규정의 입법 목적과 규정 내용, 규정의 체계, 다른 규정과의 관계 등을 종합적으로 살펴야 하고, 수권 규정에서 사용하고 있는 용어의 의미를 넘어 그 범위를 확장하거나 축소하여 위임 내용을 구체화하는 단계를 벗어나 새로운 입법을 하였는지 여부 등도 아울러 고려하여야 한다."(대판 2010.4.29. 2009두17797 등)

(2) 위법한 조례에 근거한 처분의 효력

위법한 조례에 근거한 처분의 효력에 관해서, ① 조례의 무효로 인해 법적 근거를 결한 처분이므로 무효라는 **당연무효설**과, ② 조례의 하자는 중대하기는 하나 명백하지 않으므로 단순취소사유라는 **취소사유설**(다수설・판례)의 대립이 있다.

생각건대, 위법판결을 받은 조례에 의한 처분은 무효라 할 것이나, 위법판결을 받기 전에는 그 하자가 객관적으로 명백하다고 보기 어려우므로 원칙적으로 취소사유에 불과하다고 할 수 있다.

기관위임사무의 재위임을 조례로 정한 경우, 이는 조례제정권의 범위를 벗어난 것으로 중대한 하자라 할 것이나, 조례가 규칙보다 상위규범이라 할 수 있고 규칙의 개념이 명확하지 아니할 뿐 아니라 조례사항인지 규칙사항인지는 객관적으로 반드시 명백하다고 할 수 없기 때문에 취소사유로 본다.

[판 례] 위법판결 전의 조례에 의한 처분은 취소사유

"일반적으로 조례가 법률 등 상위법령에 위배된다는 사정은 그 조례의 규정을 위법하여 무효라고 선언한 대법원의 판결이 선고되지 아니한 상태에서는 그 조례 규정의 위법 여부가 해석상 다툼의 여지가 없을 정도로 명백하였다고 인정되지 아니하는 이상 객관적으로 명백한 것이라 할 수 없으므로, 이러한 조례에 근거한 행정처분의 하자는 취소사유에 해당할 뿐 무효사유가 된다고 볼 수는 없다."(대판 2009.10.29. 2007두26285, 공법상부당이득금반환청구 등)

(3) 재의결의 일부 위법에 따른 조례안의 효력

재의결의 내용의 일부만이 위법한 경우 조례안 전부가 무효라는 설과 일부만이 무효라는 설로 견해가 나뉜다. 즉, ① **전부무효설**에서는 조례안 일부에 대해서는 재의요구를 할 수 없고(지방자치법 32③) 조례안 중 일부만 무효로 하면 의회가 당초 의도하지 않았던 결과를 초래할 수 있다고 하며(다수설), ② **일부무효설**에서는 새로운 조례제정을 위한 지방의회절차의 무용한 반복을 피할 수 있고 법원에서 일부만 무효로 하는 경우에도 조례개정을 통해 지방의회의사를 바로 잡을 수 있다고 한다(홍정선). ③ **판례**는 전부무효설을 취한다.

생각건대, 전부무효설의 입장이 타당하다.

[판 례] 조례안 일부가 위법인 경우 그 조례안 재의결의 전체가 무효

"의결의 일부에 대한 효력의 배제는 결과적으로 전체적인 의결의 내용을 변경하는 것에 다름 아니어서 의결기관인 지방의회의 고유권한을 침해하는 것이 될 뿐 아니라, 그 일부만의 효력배제는 자칫 전체적인 의결내용을 지방의회의 당초의 의도와는 다른 내용으로 변질시킬 우려가 있으며, 또한 재의 요구가 있는 때에는 재의 요구에서 지적한 이의사항이 의결의 일부에 관한 것이라고 하여도 의결 전체가 실효되고 재의결만이 의결로서 효력을 발생하는 것이어서 의결의 일부에 대한 재의 요구나 수정재의 요구가 허용되지 않는 점에 비추어 보면, 재의결의 내용 전부가 아니라 **그 일부만이 위법한 경우에도 그 재의결 전부의 효력을 부인하여야** 한다."(대판 1994.5.10. 93추144; 대판 2017.12.5. 2016추5162 등)

"조례안의 일부 조항이 법령에 위반되어 위법한 경우에는 그 조례안에 대한 재의결은 그 전체의 효력을 부인할 수밖에 없다."(대판 2001.11.27. 2001추57, 조례안재의결무효확인청구 등)

7. 조례에 대한 통제

(1) 지방자치단체의 장에 의한 통제

1) 재의요구

(가) 재의요구의 의의: 재의요구란 지방자치단체의 장이 지방의회의 조례안의 의결에 대하여 이의가 있는 경우에 이를 지방의회에 환부하고 다시 의결하여 줄 것을 요구하는 것을 말한

다. 이는 견제와 균형이라는 대립형 지방자치제도에서 발생한 지방자치단체의 장의 권한으로 볼 수 있으며, 헌법 제53조에 규정된 국회의 입법권에 대한 대통령의 견제기능과 유사한 것이라 할 수 있다.

(나) 재의요구의 근거

(a) 제32조에 의한 재의요구: 지방자치단체의 장은 지방의회에서 이송 받은 조례안에 대하여 이의가 있으면 이송 받은 날로부터 20일 이내에 이유를 붙여 환부하고 그 재의를 요구할 수 있으며, 이 경우 조례안의 일부나 수정재의를 요구할 수 없다(동법 32③). 이러한 재의요구에 대하여 지방의회 재적의원 과반수의 출석과 출석의원 3분의 2 이상의 찬성으로 전과 같은 의결을 하면 그 조례안은 조례로서 확정된다(동조④).

(b) 제120조 및 제121조에 의한 재의요구 여부: 지방자치법 제120조는 월권·법령위반·현저한 공익위반의 의결에 대해, 제121조는 예산상 집행 불가한 경비 등의 의결에 대한 재의요구를 규정하고 있는 바, 위 의결에는 조례안의 의결도 당연히 포함된다고 해석되지만 조례안의 이의에 대한 재의요구는 특별히 제32조에 규정하고 있으므로(조례안에 대한 특별규정) 제120조 및 제121조에 근거하여 재의요구를 할 것은 아니다.[2]

2) 소송제기

(가) 의의 및 성질: 이는 지방자치단체의 장이 재의결된 조례안이 법령에 위반된다고 판단되는 때에 대법원에 제기하는 소송이다. 지방자치단체 기관 상호간의 분쟁에 관한 법률의 규정에 의해 대법원에 제기하는 소송이므로 소위 기관소송이다.

(나) 근거조항: 조례제정절차에 관한 규정인 지방자치법 제26조에는 법령에 위반한 재의결된 조례안에 대한 소제기에 관해서는 규정하고 있지 않다. 그러나 조례안의 재의요구에 관한 규정인 제32조 제3항은 지방의회의 의결에 대한 재의요구와 소제기를 규정한 제120조의 특별규정이고, 제120조의 지방의회의 의결에는 조례안의 의결도 당연히 포함된다. 따라서 조례안이 법령에 위반된다고 인정되는 경우에는 제120조 제3항에 의거하여 대법원에 제소할 수 있는 바, 이 경우 제192조 제4항을 준용한다.

[판 례] 지방자치법 제107조에 의거 제소

"지방자치법 제19조(현행 제26조) 제3항은 지방의회의 의결사항 중 하나인 조례안에 대하여 지방자치단체의 장에게 재의요구권을 폭넓게 인정한 것으로서 지방자치단체의 장의 재의요구권을 일반적으로 인정한 지방자치법 제98조(현행 제107조) 제1항에 대한 특별규정이라고 할 것이므로, 지방자치단체의 장의 재의요구에도 불구하고 조례안이 원안대로 재의결되었을 때에는 지방자치단체의 장은 지방자치법 제98조 제3항에 따라 그 재의결에 법령위반이 있음을 내세워 대법원에 제소할 수 있는 것이다."(대판 1999.4.27, 99추23)

(다) 당사자적격: 기관소송의 원고는 항고소송의 원고의 경우와 달리 국가 또는 공공단체의 기관의 권한행사의 효력유무를 다툴 법률상 이익이 있는지의 여부와 관계없이 근거법률에서 소

2) 조례안에 대한 통제로서 재의요구의 근거규정으로 제120조와 제121조도 들고 있는 견해도 있다(홍정선(특강), 995면).

송을 제기할 수 있는 자로 명시한 자가 된다(행정소송법 45). 따라서 원고는 지방자치법 제120조 제3항에 의거 지방자치단체의 장이 되고, 피고는 조례안 재의결을 한 지방의회가 된다.

(라) 대상적격

(a) 조례안 또는 재의결의 여부: 소의 대상에 관하여는 원의결인 조례안이라는 설과 재의결이라는 설로 나뉠 수 있다. 지방자치법 제120조 제3항은 명시적으로 "재의결된 사항이 법령에 위반된다고 인정되면" 대법원에 소를 제기할 수 있다고 규정하고 있으므로, 재의결이 소의 대상이라고 할 것이다.

(b) 재의결 그 자체: 이 경우에도 소의 대상이 구체적으로 ① '재의결 그 자체'인지 또는 ② '재의결된 사항'인지 견해가 나뉜다. 따라서 판결의 주문도 전자인 경우에는 '재의결은 효력이 없다'의 방식이 될 것이고, 후자의 경우라면 '재의결된 조례안은 효력이 없다'가 될 것이다. 후설(재의결사항설)은 지방자치법 제120조 제3항의 표현에 비추어 '재의결된 사항'으로 보아야 한다는 입장이다.

그러나 위 조항은 소제기 대상을 적시한 규정이라기보다는 기관소송의 소제기요건을 규정한 것으로 보아야 할 것이다. 즉, 위 조항의 의미는 재의결된 사항을 개별적으로 소송의 대상으로 한다는 의미라기 보다는, 조례안 재의결 그 자체에 대한 소송은 재의결된 조례안 중에 법령에 위반되는 사항이 있을 때 할 수 있다는 의미로 새겨야 할 것이다. 또한 조례안에 대한 지방자치단체의 장의 재의요구는 전체로써 환부거부를 하여야 하고 일부나 수정재의요구를 할 수 없기 때문에 조례안의 일부무효를 인정하기 곤란하고 조례안 전부의 효력을 부인해야 한다는 점에서 소의 대상은 재의결 자체라고 할 것이다.

판례도 "조례안 중 일부가 위법한 이상 조례안에 대한 재의결은 전부 효력이 부인되어야 할 것"이라고 하여, 재의결 그 자체가 소의 대상임을 판시하고 있다(대판 2004.6.11. 2004추41 등).

(마) 제소기간과 관할법원: 소제기는 지방자치법 제192조 제4항에 의거 재의결된 날부터 20일 이내에, 대법원에 한다.

(바) 심리범위: 심리범위는 재의요구에서 이의사항으로 지적한 것에 한정된다(대판 2015.5.14. 2013추98).

(사) 판결의 효력: 판결에 의하여 재의결의 효력이 부인되면 재의결로 확정·공포되었던 조례의 효력이 소급하여 상실한다.

3) 집행정지결정신청: 지방자치단체의 장은 지방의회의 조례안에 대한 재의결에 대하여 대법원에 소를 제기한 경우 필요하다고 인정되면 그 의결의 집행을 정지하게 하는 집행정지결정을 신청할 수 있다(동법 192④). 따라서 행정소송법상의 집행정지의 신청요건이 충족되어야 하는 것은 아니다.

(2) 감독청에 의한 통제

1) **재의요구**: 지방의회의 의결이 법령에 위반되거나 공익을 현저하게 해친다고 판단되면, 시・도에 대하여는 주무부장관이, 시・군・자치구에 대하여는 시・도지사가 재의를 요구할 수 있다(동법 192①). 또한 시・군 및 자치구의회의 의결이 법령에 위반된다고 판단됨에도 불구하고 시・도지시가 재의요구를 하지 아니한 경우 주무부장관이 직접 시장・군수 및 자치구의 구청장에게 재의를 요구하게 할 수 있다(동조②). 이 경우 재의요구권은 법령위반의 경우에 한한다. 해당 지방자치단체의 장의 재의요구를 받은 지방의회가 재적의원 과반수의 출석과 출석의원 3분의 2 이상의 찬성으로 전과 같은 의결을 하면 그 의결사항은 확정된다(동조③).

2) **제소지시**: 주무부장관이나 시・도지사는 재의결된 사항이 법령에 위반된다고 판단됨에도 불구하고 해당 지방자치단체의 장이 소(訴)를 제기하지 아니하면 시・도에 대해서는 주무부장관이, 시・군 및 자치구에 대해서는 시・도지사(제2항에 따라 주무부장관이 직접 재의 요구 지시를 한 경우에는 주무부장관을 말한다)가 그 지방자치단체의 장에게 제소를 지시할 수 있다(동법 192⑤). 제1항 또는 제2항에 따른 지방의회의 의결이나 제3항에 따라 재의결된 사항이 둘 이상의 부처와 관련되거나 주무부장관이 불분명하면 행정안전부장관이 한다(동조⑨). 제소지시는 재의결된 사항에 대한 대법원에 소제기기간인 재의결된 날부터 20일이 지난 날부터 7일 이내에 하고, 해당 지방자치단체의 장은 제소지시를 받은 날부터 7일 이내에 제소하여야 한다(동조⑥).

3) 직접제소

(가) 제소지시 불응의 경우: 제1항 또는 제2항에 따라 주무부장관이나 시・도지사는 재의결된 사항이 법령에 위반된다고 판단하여 해당 지방자치단체의 장에게 제소지시를 하였음에도 불구하고 제소를 하지 아니하는 경우에는 지방자치단체의 장이 제소지시를 받은 날부터 7일이 지난날부터 7일 이내에 직접 제소할 수 있다(동조⑦). 그런데 제소지시에 따라 제소를 하였다가 판결전에 소취하를 한 경우에는 처음부터 소제기가 없었던 것으로 보되, 감독청의 소제기기간은 소취하의 효력발생을 안 날부터 7일 이내로 봄이 상당하다.

(나) 재의요구 불응의 경우: 제1항 또는 제2항에 따라 지방의회의 의결이 법령에 위반된다고 판단되어 주무부장관이나 시・도지사로부터 재의요구지시를 받은 지방자치단체의 장이 재의를 요구하지 아니하는 경우(재의요구지시를 받기 전에 그 조례안을 공포한 경우를 포함한다)에는 주무부장관이나 시・도지사는 재의요구기간인 지방자치단체의 장이 조례안을 이송 받은 날부터 20일이 지난날부터 7일 이내에 대법원에 직접 제소할 수 있다(동조⑧).

(다) 직접제소의 법적 성질: 위와 같이 감독청이 지방의회의 의결에 대해 지방자치단체의 장을 대신하여 대법원에 제기하는 소송의 성질에 관하여는 견해가 나뉘고 있다. 즉, ① 특수한 형태의 항고소송으로 보는 견해, ② 기관소송으로 보는 견해, ③ 재판의 전제성을 요하지 않는 특수한 규범통제소송이라는 견해가 대립된다. 생각건대, 행정소송법 제3조는 기관소송을 대등

관청간의 권한다툼으로 한정하지 아니하고 있고, 감독청도 행정관청이라는 점에서 기관소송에 관한 행정소송법 제46조의 준용규정을 배제할 아무런 이유가 없다고 할 것이므로 기관소송으로 보는 것이 타당하다.

[판 례] 소제기 불응의 경우 제소권자

"지방의회 의결의 재의와 제소에 관한 지방자치법 제172조 제4항, 제6항의 문언과 입법 취지, 제·개정 연혁 및 지방자치법령의 체계 등을 종합적으로 고려하여 보면, 아래에서 보는 바와 같이 **지방자치법 제172조 제4항, 제6항에서 지방의회 재의결에 대하여 제소를 지시하거나 직접 제소할 수 있는 주체로 규정된 '주무부장관이나 시·도지사'는 시·도에 대하여는 주무부장관을, 시·군 및 자치구에 대하여는 시·도지사를 각 의미한다고 해석하는 것이 타당하다**(행정자치부장관이 원고가 되어 강화군의회를 상대로 '강화군 도서지역 주민들에게 정주지원금을 지급하기로 하는 강화군의 조례안이 지방재정법 등에 위배된다'고 주장하면서 조례안재의결의 무효확인을 청구한 사건에서, 지방자치법 제172조에 따라 군의회를 상대로 조례안재의결 무효확인의 소를 제기할 수 있는 원고적격은 시·도지사에게 있을 뿐이고 행정자치부장관은 군의회를 상대로 한 소의 원고가 될 수 없다고 보아 소를 각하한 사안)."(대판 2016.9.22. 2014추521 조례안재의결무효확인)

4) 집행정지결정신청: 주무부장관이나 시·도지사는 지방자치단체의 장이 소제기를 하지 아니하거나 재의요구를 하지 아니하는 경우에 대법원에 직접 제소함과 동시에 집행정지결정을 신청할 수 있다(동조⑤⑧).

(3) 법원에 의한 통제

1) 기관소송을 통한 통제: 지방자치단체의 장 또는 주무부장관에 의해 제기되는 위법한 조례안의 재의결에 대한 무효확인소송을 대법원에 제기하는 경우이다.

2) 구체적 규범통제: 헌법 제107조 제2항의 '명령의 위헌·위법심사권'에 의거, 위법한 조례에 따른 처분으로 권익을 침해받은 주민은 그 처분에 대해 항고소송을 제기할 수 있고, 항고소송의 수소법원은 그 전제문제가 된 조례의 위법을 확인할 수 있다.

3) 처분적 조례에 대한 항고소송: 조례가 직접 주민의 권익을 침해한 경우 항고소송의 대상이 되는 바, 이 경우의 피고는 조례를 공포한 집행기관인 지방자치단체의 장(교육·학예에 관한 조례에 있어서는 시·도 교육감)이 된다(판례). 이 경우 위법성이 다투어지는 것은 조례 전체가 아니라 해당 개별조항이다.

[판 례] 두밀분교 폐지를 정한 조례에 대한 항고소송의 피고는 교육감

"**조례가 집행행위의 개입 없이도 그 자체로서 직접 국민의 구체적인 권리의무나 법적 이익에 영향을 미치는 등의 법률상 효과를 발생하는 경우 그 조례는 항고소송의 대상이 되는 행정처분에 해당**하고, 이러한 조례에 대한 무효확인소송을 제기함에 있어서 행정소송법 제38조 제1항, 제13조에 의하여 **피고적격이 있는 처분 등을 행한 행정청은,** 행정주체인 지방자치단체 또는 지방자치단체의 내부적 의결기관으로서 지방자치단체의 의사를 외부에 표시한권한이 없는 지방의회가 아니라, 구지방자치법(1994. 3. 16. 법률 제4741호로개정되기 전의 것) 제19조 제2항, 제92조에 의하여 **지방자치단체의 집행기관으로서 조례로서의 효력을 발생시키는 공포권이 있는 지방자치단체의 장**이다.

경기 가평군 가평읍 상색국민학교 두밀분교를 폐지하는 내용의 이 사건 조례는 위 두밀분교의 취학아동과의 관계에서 영조물인 특정의 국민학교를 구체적으로 이용할 이익을 직접적으로 상실하게 하는 것이므로 항고소송의 대상이 되는 행정처분이라고 전제한 다음, 이 사건과 같이 교육에 관한 조례무효확인 소송의 정당한 피고는 시·도의 교육

감이라 할 것이므로 지방의회를 피고로 한 이 사건 소는 부적법하다고 판단한 것은 정당하다."(대판 1996.9.20. 95누8003, 조례무효확인)

(4) 헌법소원

조례에 의하여 직접 기본권을 침해받은 자는 조례 자체에 대하여 헌법재판소법 제68조 제1항의 헌법소원을 제기할 수 있다(판례). 그러나 조례는 법률이 아니므로 헌법재판소법 제68조 제2항의 위헌여부심판의 헌법소원 대상은 될 수는 없다(헌재 1998.10.15. 96헌바77, 경기도립학교설치조례중개정조례제2조등위헌소원).

[판 례] 조례에 대한 헌법소원 가능

"헌법재판소법 제68조 제1항에서 말하는 "공권력"에는 입법작용이 포함되며, 지방자치단체에서 제정하는 조례도 불특정다수인에 대해 구속력을 가지는 법규이므로 조례제정행위도 입법작용의 일종으로서 헌법소원의 대상이 된다."(헌재 1994.12.29. 92헌마216, 학원의설립·운영에관한법률제8조등위헌확인)

Ⅱ. 규 칙

1. 규칙의 의의 및 성질

규칙(規則)이란 지방자치단체의 장이 법령 또는 조례가 위임한 범위 안에서 그 권한에 속하는 사무에 관하여 제정하는 법이다(지방자치법 29). 법규인 것도 있고 행정규칙인 것도 있다.

2. 규칙의 규정사항

규칙으로 규정할 수 있는 사항, 즉 규칙규정사항은 교육·체육·과학에 관한 사항을 제외하고, 지방자치단체의 장의 권한에 속하는 사무에 관한 사항이며, 자치사무·단체위임사무·기관위임사무를 포함한다. 즉, ① 지방자치단체의 장의 전권에 속하는 사무, ② 법령에서 위임한 사항, ③ 기관위임사무, ④ 조례에서 위임한 사항과 조례의 시행에 필요한 사항에 대하여 정할 수 있다.

그러나 현행법은 규칙에 대하여 벌칙을 위임하지 않았으므로 현행법상으로는 규칙으로 벌칙을 제정할 수 없다(동법 29 참조). 시장·군수가 제정하는 규칙은 도의 조례나 도지사가 제정한 규칙에 위반하여서는 안된다(동법 30).

3. 규칙의 제정절차

규칙은 지방자치단체의 장이 단독으로 제정하되, 공포예정 15일 전에 시·도지사는 행정안전부장관에게, 시장·군수 및 자치구의 구청장은 시·도지사에게 그 전문을 첨부하여 보고하여야 한다(동법 35).

Ⅲ. 교육규칙

교육규칙이란 교육·학예에 관한 집행기관인 교육감이 법령 또는 조례의 범위 안에서 그 권한에 속하는 사무에 관하여 정립하는 법이다(지방교육자치에관한법률 25①). 교육규칙의 성질·규정사항·제정절차·공포 등은 일반규칙의 경우와 같다.

제2항 자치조직권

지방자치법은 원래 헌법에 의거하여 지방자치단체의 조직의 대강을 정하였으며, 그 범위 안에서 지방자치단체는 자치입법 등의 형식으로 자기의 조직을 자주적으로 정할 수 있는 바, 이를 자치조직권이라 한다.

현재 인정되고 있는 자치조직권의 범위는 ① 자치구가 아닌 구·읍·면·동 및 리의 사무소 소재지의 변경 및 신설, 직속기관의 설치, 사업소의 설치, 출장소·합의제행정기관(판례1)·자문기관·지방공사·지방공단 및 교육기관의 설치 등이 조례사항이며, ② 지방공무원정원(판례2), 시·군행정기관, 읍·면직제, 동·이장임명절차 등이 규칙사항이고, 교육관계공무원의 정원, 교육장하부조직 등이 교육규칙사항이며, 그 밖에 ③ 지방자치단체조합 설립권 등이 있다.

[판례 1] 조례로 합의제행정기관 설치

"합의제 행정기관인 옴부즈만(Ombudsman)을 집행기관의 장인 도지사 소속으로 설치하는데 있어서는 지방자치법 제107조 제1항의 규정에 따라 당해 지방자치단체의 조례로 정하면 되는 것이지 헌법이나 다른 법령상으로 별도의 설치근거가 있어야 되는 것은 아니다."(대판 1997.4.11. 96추138; 대판 1994.4.26. 93추175)

[판례 2] 조례에 의한 지방공무원정원

"지방자치단체에 두는 지방공무원의 정수를 정하는 내용의 조례는 지방자치법 제103조 제1항, 지방자치단체의 행정기구와 정원기준 등에 관한 규정 제14조 제1항과 제21조 제1항, 지방자치단체의 행정기구와 정원기준 등에 관한 규정 시행규칙 제3조 제1항(별표 1)의 규정에 의한 지방공무원의 정수를 정하는 것일 경우에 한하여 유효하고, 내무부장관의 사전승인을 얻지 아니하고 총정원을 늘리는 것을 내용으로 하는 조례는 위 法令에 위반되어 무효이다."(대판 1997.4.11. 96추138; 대판 1996.12.10. 96추121; 대판 1996.10.15. 95추56)

제3항 자치행정권

현행법상 지방자치단체가 처리하는 사무의 내용은 주로 지방주민의 공공복리를 증진하기 위한 공기업·사경제적 사업의 경영, 공공시설의 설치·관리(지방자치법 161, 163), 특정목적을 위한 재산의 보유, 기금의 설치·운용(동법 159) 등 비권력적 관리작용이다.

다만, 그러한 공기업·공공시설 등의 설치·관리에 부수하여 공용부담특권이 인정되고 있으며, 그 이외에 소방권·조세 기타 공과금의 징수권 등 약간의 권력적 행정이 인정된다.

제4항 자치재정권

지방자치단체는 그 자치사무의 수행에 필요한 경비와 위임된 사무에 관한 경비를 지출할 의무를 진다(동법 158). 그러므로 자치단체는 그 경비에 충당하기 위하여 스스로 필요한 세입을 확보하고, 지출을 관리하는 권한을 가지는데 이를 자치재정권이라 한다. 따라서 지방자치단체는 그 경비를 충당하기 위하여 그 자신이 재력을 유지·관리하는 권능이 부여되어 있으며(재정관리작용), 또한 그 재력을 취득하기 위한 재정하명권·재정강제권·재정처벌권 등의 공권력이 부여되어 있다(재정권력작용).

1. 지방자치단체의 수입

(1) 지방세

지방자치단체는 자치상 필요한 경비를 법률이 정하는 바에 따라 주민에게 조세로 부과·징수할 수 있다(지방자치법 152, 지방세법 3). 지방세는 자치단체의 세입의 가장 중요한 재원이다. 지방세는 그 과세주체에 따라 서울특별시세·광역시세·도세 및 시·군·구세로 나뉘어지며, 다시 과세의 목적 및 대상에 따라 보통세와 목적세로 나뉜다.

지방세의 세목·세율 기타 부과·징수에 관하여 필요한 사항은 이 법 또는 지방세관계법에서 정하는 범위에서 조례로 정한다(지방세기본법 5). 지방세를 징수하려면 지방자치단체의 장은 납세자에게 그 지방세의 과세연도·세목·세액 및 그 산출근거·납부기한과 납부장소를 구체적으로 밝힌 문서(전자문서 포함)로 고지하여야 한다(지방세징수법 12①).

(2) 협의의 세외수입

협의의 세외수입에는 재산수입·사용료·수수료·분담금·부역과 현품·사업수입·과태료 및 기타의 잡수입 등이 있는 바, 개별적인 법령의 규정에 의하거나, 법령에 의거한 조례 또는 규칙에 의하여 부과·징수한다.

1) 재산수입: 재산수입은 지방자치단체가 보유하는 재산·적립자금 및 기금에서 얻어지는 수입을 말한다.

2) 사용료: 사용료(使用料)는 공공시설의 이용 또는 재산의 사용의 대가로 부과·징수하는 것을 말한다(지방자치법 153). 사용료의 징수에 관한 사항은 조례로 정한다(동법 156①). 사용료 부과·징수처분에 이의가 있는 자는 처분통지를 받은 날부터 90일 이내에 이의신청을 할 수 있으며, 지방자치단체의 장은 60일 이내에 결정·통지하여야 한다(동법 157②③). 납부기한까지 사용료·수수료·분담금을 내지 아니하면 지방세 체납처분의 예에 따라 징수할 수 있다(동조⑦).

3) 수수료: 수수료(手數料)라 함은 지방자치단체가 특정인을 위한 사무를 행하는 경우 그 사무에 대한 대가로 부과·징수하는 것을 말한다(동법 154). 조례로 정하며, 이의신청과 행정소송

이 가능하다(동법 156, 157②③④⑤).

4) **분담금:** 분담금(分擔金)은 지방자치단체의 재산 또는 공공시설로부터 특히 주민의 일부가 이익을 받은 경우에, 그 수익자로부터 그 이익의 범위 내에서 부과·징수하는 금전이다(동법 155).

5) **사업수입:** 사업수입이란 재산 및 공공시설 이외의 사업에서 생기는 수입을 말한다.

6) **과태료:** 과태료(過怠料)는 사기 기타의 부정한 수단으로 사용료·수수료·부담금의 징수를 면한 자에 대하여는 그 징수를 면한 금액의 5배 이내, 공공시설을 부정사용한 자에 대하여는 50만원 이하를 과하는 일종의 벌과금(罰科金)이다. 부과·징수, 재판 및 집행 등의 절차에 관한 사항은 '질서위반행위규제법'에 따른다(동법 156①②③).

7) **잡수입:** 지방자치단체의 잡수입으로는 기부채납에 의한 수입인 기부금, 재산의 매각대금 및 징수교부금 등이 있다.

(3) 지방교부세

지방교부세(地方交付稅)는 자치단체 운영에 필요한 재원을 교부하여 그 재정을 조정함으로써 지방행정의 건전한 발전을 도모하기 위하여 국가가 재정적 결함이 있는 지방자치단체에 교부하는 금전을 말한다(지방교부세법 1, 2). 지방교부세는 보통교부세·특별교부세·분권교부세·부동산교부세 및 소방안전교부세로 나누어지는 바, **보통교부세**는 매년도의 기준재정수입액이 기준재정수요액에 미달하는 자치단체에 대하여 교부하고, **특별교부세**는 기준재정수요액의 산정방법으로써 포착할 수 없는 특별한 지역현안수요가 있을 때와 보통교부세의 산정기일 후에 발생한 재해로 인하여 특별한 재정수요가 생기거나 재정수입의 감소가 있을 경우, 또는 국가적 장려사업, 국가와 지방자치단체 간에 시급한 협력이 필요한 사업, 지역 역점시책 또는 지방행정 및 재정운용 실적이 우수한 지방자치단체에 재정 지원 등 특별한 재정수요가 있을 경우에 교부하며, **부동산교부세**는 전액 교부하며, **소방안전교부세**는 지방자치단체의 소방 및 안전시설 확충, 안전관리 강화 등을 위하여 전액 교부한다.

(4) 보조금

보조금(補助金)은 국가 외의 자가 수행하는 사무 또는 사업에 대하여 국가가 이를 조성하거나 재정상의 원조를 하기 위하여 교부하는 보조금·부담금, 그 밖에 상당한 반대급부를 받지 아니하고 교부하는 급부금을 말한다(보조금관리에관한법률 2). 국가 또는 시·도는 정책상 필요하다고 인정될 때 또는 지방자치단체의 재정사정상 특히 필요하다고 인정될 때에는 예산의 범위 안에서 지방자치단체에 보조금을 교부할 수 있다(지방재정법 23①②).

(5) 지방채·일시차입금

지방자치단체의 장은 공유재산의 조성 등 소관 재정투자사업과 그에 직접적으로 수반되는 경비의 충당, 재해예방 및 복구사업, 천재지변으로 발생한 예측할 수 없었던 세입결함의 보전, 지방채의 차환, 「지방교육재정교부금법」 제9조 제3항에 따른 교부금 차액의 보전 등을 위한 자금조달이 필요한 때에는 지방의회의 의결을 얻어 지방채(地方債)를 발행할 수 있다(동법 11①②). 또 해당 회계연도 내의 일시적 자금의 부족을 보충하기 위하여 지방의회의 의결을 거쳐 일시차입(一時借入)할 수 있다.

2. 지방자치단체의 예산 · 결산

지방자치단체의 장은 회계연도(1.1~12.31)마다 예산안을 편성하여 지방의회에 제출하여(시 · 도는 회계년도개시 50일 전, 시 · 군 · 자치구는 40일 전) 그 의결을 거쳐야 한다(지방자치법 142①). 결산도 다음 연도 지방의회의 승인을 받아야 한다(동법 150). 교육 · 학예에 관한 예산안은 교육감이 편성하여 지방의회에 제출한다(지방교육자치에관한법률 20).

제6관 지방자치단체의 기관

지방자치단체의 기관은 그 권한의 보편성의 여하에 따라서 보통기관과 특별기관으로 나눌 수 있다. 보통기관에는 지방자치단체의 의사를 결정하는 의결기관과 이를 집행하는 집행기관의 2종이 있다. 의결기관으로는 지방의회가 있고, 집행기관은 지방자치단체의 장이 있다. 특별기관에는 교육 · 체육 · 과학에 관한 기관과 기타 특별기관이 있다.

Ⅰ. 지방의회

1. 지방의회의 지위

현행 헌법은 지방자치단체에 의회를 두도록 하고 지방의회의 조직 · 권한 · 의원선거 등에 관한 사항은 법률에 위임하고 있다(동법 118①②). 지방의회는 주민의 대의기관이며 지방자치단체의 의결기관, 즉 해당 자치단체의 최고의사결정기관이며, 헌법기관이다(동법 118). 즉, 지방의회(地方議會)는, ① 주민이 선출한 의원에 의하여 구성되어 자치단체의 의사를 심의 · 결정하며(주민대표기관), ② 지방자치단체의 정책과 입법 · 주민의 부담 기타 지방자치단체의 운영에 관한 사항을 의결하며(의결기관), ③ 조례의 제정 · 개폐권을 가지며(자치입법기관), ④ 집행기관에 대한 감사 · 조사권과 관련서류제출요구권 및 질문권 등을 가지며(집행기관의 통제기관), ⑤ 국가의 집행부의 한 부분으로서 지방자치단체의 하나의 기관이다(행정기관).

[판 례] 지방의회의 의장선거는 항고소송의 대상인 행정처분

"지방의회의 의장은 의회를 대표하고 의사를 정리하며, 회의장 내의 질서를 유지하고 의회의 사무를 감독할 뿐만 아니라 위원회에 출석하여 발언할 수 있는 등의 직무권한을 가지는 것이므로, 지방의회의 의사를 결정 · 공표하여 의장으로서의 직무권한을 부여하는 **지방의회의 의장선거는 행정처분의 일종으로서 항고소송의 대상**이 된다고 할 것이다."(대판 1995.1.12. 94누2602; 대판 1994.10.11. 94두23; 대판 1997.5.16. 97부341)

2. 지방의회의 조직

(1) 의원의 임기 · 피선자격

지방의회의원은 주민의 직접선거에 의하여 선출되는 임기는 4년이다(지방자치법 38, 39). 피선자격은 18세 이상의 주민으로 선거일 현재 당해 구역에 계속하여 60일 이상 주민등록이 되어 있는 자라야 한다(공직선거법 16③).

(2) 의원의 정수

의원정수는 시 · 도의 경우는 그 관할구역 안의 시 · 군 · 자치구 수의 2배수로 하되, 인구 · 행정구역 · 지세 · 교통, 그 밖의 조건을 고려하여 100분의 20의 범위에서 조정할 수 있고, 19명 미만이 되는 광역시 및 도는 그 정수를 19명으로 한다(동법 22①③). 자치구 · 시 · 군의회의 의원정수는 당해 시 · 도의 총정수 범위 내에서 제24조의3(선거구획정위원회)의 규정에 따른 당해 시 · 도의 자치구 · 시 · 군의원선거구획정위원회가 자치구 · 시 · 군의 인구와 지역대표성을 고려하여 중앙선거관리위원회규칙이 정하는 기준에 따라 정한다(동법 23①). 자치구 · 시 · 군의회의 최소정수는 7인으로 한다(동조②). 시 · 도 및 시 · 군 · 자치구의 비례대표의원 정수는 의원정수의 100분의 10으로 한다(동법 22④, 23③).

(3) 의원의 권리와 의무

1) **의원의 권리:** 의원은, ① 의장 · 부의장 등 기관의 선거권과 피선거권과 ② 의안의 발의 · 발언 · 표결권이 있으며, ③ 의정활동비 · 공무여행비 · 월정수당 지급 및 ④ 회기중 직무로 인한 상해 · 사망한 때 보상금지급 등을 받을 수 있다(지방자치법 40, 42).

2) **의원의 의무:** 의원은, ① 공공기관의 임 · 직원 등 일정한 직책의 겸직금지, ② 당해 지방자치단체 및 공공단체와 영리목적의 거래금지, ③ 직무수행에 있어서 공공이익 우선의무, 성실의무, 청렴의무, 품위유지의무, 지위남용금지의무 등을 부담한다(동법 43, 44).

또한 지방의회는 의원이 지방자치법 또는 자치법규에 위배되는 행위를 하면 의결로써 징계할 수 있다(동법 98).

(4) 지방의회의 기관

시 · 도의회는 의장 1인과 부의장 2인을, 시 · 군 및 자치구의회는 의장과 부의장 각 1인을 두며, 이들의 임기는 2년이다(동법 57①③). 또 조례로 정하는 바에 따라 위원회를 둘 수 있고(동법 64), 지방의회의 기능을 원활히 수행하기 위하여 시 · 도의회에 조례로 정하는 바에 따라 사무처를, 시 · 군 · 자치구의회에 사무국 또는 사무과를 둘 수 있다(동법 102①②).

3. 지방의회의 권한

지방의회의 권한은 지방자치단체의 장의 기관위임사무와 법령에 의하여 장의 전결사항으로 된 사무를 제외하고는 자치단체의 사무의 전반에 미친다.

(1) 의결권

지방자치법은 개괄주의가 아니라 열기주의를 취하고 있는 바, 그 의결사항은, ① 조례의 제정 및 개폐, ② 예산의 심의·확정, ③ 결산의 승인, ④ 법령에 규정된 것을 제외한 사용료·수수료·분담금·지방세 또는 가입금의 부과와 징수, ⑤ 기금의 설치·운용, ⑥ 중요재산의 취득·처분, ⑦ 공공시설의 설치·처분, ⑧ 청원의 수리와 처리, ⑨ 외국 지방자치단체와의 교류·협력 등의 사항을 의결한다(동법 47①).

(2) 서류제출요구권

본회의 또는 위원회는 안건심의와 직접 관련된 서류의 제출을 해당 지방자치단체의 장에게 요구할 수 있다(동법 48).

(3) 행정사무감사 및 조사권

지방의회는 매년 1회 그 지방자치단체의 사무에 대하여 시·도에서는 14일, 시·군 및 자치구에서는 9일의 각 범위 내에서 감사를 실시하고, 지방자치단체의 사무 중 특정사안에 관하여 본회의 의결로 본회의나 위원회에서 조사하게 할 수 있다(동법 49①). 이 경우 조사발의는 그 이유를 밝힌 서면으로 하여야 하며, 재적의원 3분의 1 이상의 연서가 있어야 한다(동조②).

지방자치단체 및 그 장이 위임받아 처리하는 국가사무와 시·도의 사무에 대하여 국회와 시·도의회가 직접 감사하기로 한 사무 외에는 그 감사를 각각 해당 시·도의회와 시·군 및 자치구의회가 할 수 있다(동조③).

[판 례] 집행기관의 사무집행에 관한 감시·통제기능은 지방의회의 고유권한

"지방자치단체의 집행기관의 사무집행에 관한 감시·통제기능은 지방의회의 고유권한이므로 이러한 지방의회의 권한을 제한·박탈하거나 제3의 기관 또는 집행기관 소속의 어느 특정행정기관에 일임하는 내용의 조례를 제정한다면 이는 지방의회의 권한을 본질적으로 침해하거나 그 권한을 스스로 저버리는 내용의 것으로서 지방자치법령에 위반되어 무효이다."(대판 1997.4.11. 96추138)

(4) 출석·답변요구권

지방의회는 지방자치단체의 장이나 관계 공무원에 대하여 지방의회나 위원회에 출석·답변할 것을 요구할 수 있다(동법 51①).

(5) 선거권

지방의회는 의회의 의장·부의장·임시의장(동법 57, 61), 위원회 위원(동법 64③), 검사위원(동법 150①) 등에 대한 선거권을 가진다.

(6) 청원의 수리·처리

지방의회는 의원의 소개로 제출된 청원을 수리·처리할 수 있으며(동법 87), 자치단체의 장이 처리함이 타당하다고 인정되는 것은 의견서를 첨부하여 장에게 이송하고 그 경우 장은 이를 처리하고 그 결과를 의회에 보고하여야 한다(동법 88).

(7) 자율권

지방의회는 ① 임원의 선임 등 내부조직(동법 57①), ② 개회·휴회·폐회와 회기의 결정(동법 56), ③ 의장불신임의 의결(동법 62), ④ 회의규칙제정권(동법 83), ⑤ 의원의 사직허가·자격심사·징계(동법 89, 91, 98) 등의 권한을 가진다.

4. 지방의회의 회의

(1) 정례회·임시회

지방의회의 회의는 정례회와 임시회로 나누어진다. 정례회는 연 2회 개최되며, 임시회는 최초집회는 지방의회의 사무처장·사무국장·사무과장이 지방의원 임기 개시일부터 25일 이내에 소집하고, 지방의회 의장은 지방자치단체의 장이나 조례로 정하는 수 이상의 지방의회의원이 요구하면, 15일 이내에 소집한다(동법 53, 54).

(2) 회의일수

지방의회의 개회·휴회·폐회와 회기는 지방의회가 의결로 이를 정하고(동법 56①), 연간 회의 총일수와 정례회 및 임시회의 회기는 해당 지방자치단체의 조례로 정한다(동조②).

(3) 회 의

재적의원 3분의 1이상으로 개의하고 재적의원 과반수의 출석과 출석의원 과반수의 찬성으로 의결한다(동법 72①, 73①). 회의는 공개하며(동법 75), 회기계속의 원칙, 일사부재의(一事不再議)의 원칙이 적용된다(동법 79, 80).

5. 지방의회의 질서와 징계

(1) 질 서

지방의회의 의장이나 위원장은 지방의회의원이 본회의나 위원회의 회의장에서 이 법이나 회의규칙에 위배되는 발언이나 행위를 하여 회의장의 질서를 어지럽히면 경고 또는 제지를 하거나 발언의 취소를 명할 수 있고, 이에 따르지 아니하면 당일의 회의에서 발언하는 것을 금지하거나 퇴장시킬 수 있다(동법 94①②). 지방의회의원은 본회의나 위원회에서 다른 사람들에게 모욕 등의 발언의 금지 및 발언방해 등이 금지된다(동법 95, 96).

(2) 징 계

1) 징계의 사유: 지방의회의원이 이 법이나 자치법규에 위배되는 행위를 하면 윤리특별위원회의 심사를 거쳐 의결로써 징계할 수 있다(동법 98).

2) 징계종류와 의결: 징계의 종류는, 공개회의에서의 경고, 공개회의에서의 사과, 30일 이

내의 출석정지 및 제명이 있다(동법 100①). 제명 의결에는 재적의원 3분의 2 이상의 찬성이 있어야 한다(동조②).

Ⅱ. 지방자치단체의 집행기관

1. 지방자치단체의 장의 지위

지방자치단체의 장인 특별시장·광역시장·특별자치시장·도지사·시장·군수·구청장은 지방자치단체의 이사기관(표현기관)으로서, 특별기관의 권한에 속하지 아니하는 자치단체의 사무를 일반적으로 관장·집행하며, 해당 자치단체를 통할하고 대표하는 지위에 있으면서, 국가사무(때로는 다른 공공단체의 사무)를 수임처리하는 한도 안에서 국가기관(때로는 다른 공공단체의 사무)의 지위에도 서게 된다.

지방자치단체의 장은 지방의회의원의 피선거권이 있는 자 중에서 4년의 임기로 주민이 직접 선거한다(지방자치법 107, 108). 장의 계속 재임은 3기에 한하도록 한다(동법 108). 장의 피선거권은 선거일 현재 계속하여 60일 이상 당해 지방자치단체의 관할구역 안에 주민등록이 되어 있는 주민으로서 18세 이상의 국민이어야 한다(공직선거법 16③).

2. 지방자치단체의 장의 권한

지방자치단체의 장은 해당 자치단체의 자치사무와 위임사무를 관리 집행하는 권한을 가지는 바, 중요한 것을 보면 다음과 같다.

(1) 통할대표권

지방자치단체의 장은 해당 지방자치단체를 대표하고 그 사무를 총괄한다(지방자치법 114).

(2) 사무의 관리·집행권

지방자치단체의 장은 그 지방자치단체의 사무와 법령에 따라 그 지방자치단체의 장에게 위임된 사무를 관리하고 집행한다(동법 116).

(3) 행정감독권

1) 위임사무의 지도·감독: 시·도지사는 국가사무 또는 시·도사무에 관하여 시·군 및 자치구의 장을 지도·감독한다(동법 185①②).

2) 명령·처분의 시정명령: 시·군 및 자치구의 장의 명령이나 처분이 법령에 위반되거나 현저히 부당하여 공익을 해친다고 인정되면, 시·도에 대하여는 주무부장관이, 시·군 및 자치구에 대하여는 시·도지사가 기간을 정하여 서면으로 시정할 것을 명하고, 그 기간에 이행하지 아니하면 이를 취소하거나 정지할 수 있다. 이 경우 자치사무에 관한 명령이나 처분에 대하여는 법령을 위반하는 것에 한한다. 지방자치단체의 장은 자치사무에 관한 명령이나 처분의 취소 또는

정지에 대하여 이의가 있으면 그 취소 또는 정지처분을 통보받은 날부터 15일 이내에 대법원에 소를 제기할 수 있다(동법 188①⑥).

3) 직무이행명령: 지방자치단체의 장이 법령의 규정에 따라 그 의무에 속하는 국가위임사무나 시·도위임사무의 관리와 집행을 명백히 게을리 하고 있다고 인정되면 시·도에 대하여는 주무부장관이, 시·군 및 자치구에 대하여는 시·도지사가 기간을 정하여 서면으로 이행할 사항을 명령할 수 있다. 이 기간 내에 이를 이행하지 아니하면 그 지방자치단체의 비용부담으로 대집행하거나 행정·재정상 필요한 조치를 할 수 있다. 이 경우 지방자치단체의 장은 그 이행명령에 이의가 있으면 이행명령서를 접수한 날부터 15일 이내에 대법원에 소를 제기할 수 있고, 집행정지결정을 신청할 수 있다(동법 189①②⑥).

4) 자치사무에 대한 감사: 행정자치부장관이나 시·도지사는 지방자치단체의 자치사무에 관하여 보고를 받거나 서류·장부 또는 회계를 감사할 수 있다. 이 경우 감사는 법령위반사항에 한하여 실시한다(동법 190).

(4) 직원의 임면 및 지휘감독권

지방자치단체의 장은 소속직원을 지휘·감독하고 법령과 조례·규칙으로 정하는 바에 따라 그 임면·교육훈련·복무·징계 등에 관한 사항을 처리한다(동법 118).

(5) 규칙제정권

지방자치단체의 장은 법령이나 조례가 위임한 범위에서 그 권한에 속하는 사무에 관하여 규칙을 제정할 수 있다(동법 29).

(6) 주민투표부의권

지방자치단체의 장은 주민에게 과도한 부담을 주거나 중대한 영향을 미치는 지방자치단체의 주요 결정사항 등에 대하여 주민투표에 부칠 수 있다(동법 18).

3. 지방자치단체의 장과 지방의회와의 관계

지방자치단체의 장과 지방의회간에는 상호견제수단을 마련하여 균형과 조화를 이루도록 하고 있다. 즉, 일반적 견제수단으로 지방의회는 예산의결·결산승인·사무감사 및 조사 등 행정감시권 등이, 지방자치단체의 장은 임시회 소집권·의안과 예산안 발의권·조례공포권 등이 주어진다. 그 밖에 특수한 견제수단으로 재의요구권과 선결처분권이 있다.

(1) 의회출석·진술권

지방자치단체의 장은 지방의회나 그 위원회에 출석하여 행정사무의 처리상황을 보고하거나 의견을 진술하고 질문에 응답할 수 있다(동법 51①).

(2) 임시회의 소집 및 소집요구권

지방자치단체의 장은 지방의회의 의장에게 임시회의 소집을 요구할 수 있다(동법 54③).

(3) 의안발의권 및 조례안공포권

지방자치단체의 장은 지방의회에서 의결할 의안을 발의할 수 있고(동법 76①), 지방의회에서 이송된 조례안을 20일 내에 공포하여야 한다(동법 32②).

(4) 재의요구권

재의요구권(再議要求權)이란 지방자치단체의 장이 지방의회의 의결에 대하여 월권·법령위반 등 법정사유가 있는 경우에 다시 지방의회의 심의에 회부하는 권능을 말한다.

1) 재의요구의 사유

(가) 조례의 재의요구: 지방자치단체의 장은 이송받은 조례안에 대하여 이의가 있는 때에는 20일 내에 이의를 붙여 재의를 요구할 수 있다. 다만, 조례안의 일부나 수정재의는 요구할 수 없다(동법 32③).

(나) 월권·법령위반의결 등의 경우: 지방자치단체의 장은 지방의회의 의결이 월권이나 법령에 위반되거나 공익을 현저히 해친다고 인정되면 그 의결사항을 이송받은 날부터 20일 이내에 이유를 붙여 재의를 요구할 수 있다(동법 120①). 또한 지방의회의 의결이 예산상 집행할 수 없는 경비를 포함하고 있다고 인정되는 때와, 법령에 의한 의무적 경비와 비상재해로 인한 시설의 응급복구경비를 삭감하는 의결을 한 때에도 같다(동법 121①②).

(다) 감독청의 요구에 의한 경우: 지방의회의 의결이 법령에 위반되거나 공익을 현저히 해친다고 판단되면 시·도에 대하여는 주무부장관이, 시·군·자치구에 대하여는 시·도지사가 재의를 요구할 수 있고, 재의요구를 받은 지방자치단체의 장은 의결사항을 이송 받은 날부터 20일 이내에 지방의회에 이유를 붙여 재의를 요구하여야 한다(동법 192①).

2) 재의결에 대한 제소권: 재의의 결과 재적의원 과반수의 출석과 출석의원 3분의 2 이상의 찬성으로 전과 같은 의결을 하면, 지방자치단체의 장은 그 재의결사항이 법령에 위반된다고 판단되면 재의결된 날부터 20일 이내에 대법원에 제소할 수 있고, 필요하다고 인정되면 집행정지 결정을 신청할 수 있다(동조③④).

(5) 선결처분권

1) 의 의: 선결처분권(先決處分權)이란 지방자치단체의 장이 긴급한 사항 등 일정한 법정사유가 있는 경우에 지방의회의 의결 없이 우선 처분하고 나중에 지방의회의 승인을 받는 것을 말한다. 이는 일종의 지방자치단체의 장의 긴급권이다.

2) 요 건: 선결처분권은, ① 지방의회가 성립되지 아니한 때(의원의 구속 등의 사유로 의결정족수에 미달하게 된 때), ② 지방의회의 의결사항 중 주민의 생명과 재산보호를 위하여 긴급하게 필

요한 사항으로서 지방의회를 소집할 시간적 여유가 없거나 지방의회의 의결이 지체되어 의결되지 아니할 때에 할 수 있다(동법 122①).

3) **보고 및 승인**: 지방자치단체의 장은 지체 없이 그 선결처분을 지방의회에 보고하고 승인을 받아야 하는 바, 승인을 받지 못하면 그때부터 당해 선결처분은 효력을 상실한다(동조②③). 이러한 사항을 지방자치단체의 장은 지체 없이 공고하여야 한다(동조④).

4. 장의 보조기관 · 행정기구

지방자치단체의 장의 보조기관으로 부시장 · 부지사 · 부군수 · 부구청장을 두되, 그 수는 특별시는 3명, 광역시와 도는 2명 또는 3명의 범위 안에서 대통령령으로 정하고 시 · 군 · 자치구는 1명으로 한다(동법 123①). 특별시 · 광역시 · 특별자치시의 부시장, 도와 특별자치도의 부지사는 대통령령으로 정하는 바에 따라 정무직 또는 일반직 국가공무원으로 보하고, 2명 또는 3명을 두는 경우에는 그 중 1명은 정무직 · 일반직 또는 별정직 지방공무원으로 보한다(동조②). 시의 부시장, 군의 부군수, 자치구의 부구청장은 일반직 지방공무원으로 보하며, 시장 · 군수 · 구청장 등이 임명한다(동조④).

지방자치단체는 그 사무를 분장하기 위하여 필요한 행정기구와 지방공무원을 두며, 행정기구의 설치와 지방공무원의 정원은 인건비 등 대통령령이 정하는 기준에 따라 그 지방자치단체의 조례로 정한다(동법 125①②).

5. 장의 소속행정기관

지방자치단체는 그 소관사무의 범위 안에서 필요하면 대통령령이나 대통령령으로 정하는 바에 따라 지방자치단체의 조례로 자치경찰기관(제주특별자치도에 한한다) · 소방기관 · 교육훈련기관 · 보건진료기관 · 시험연구기관 및 중소기업지도기관 등을 직속기관으로 설치할 수 있다(동법 126). 또 지방자치단체의 조례로 사업소 · 출장소 및 합의제행정기관을 설치할 수 있다(동법 127, 128, 129).

6. 지방자치단체의 하부행정기관

자치구가 아닌 구에 구청장, 읍에 읍장, 면에 면장, 동에 동장을 둔다(동법 131). 자치구가 아닌 구의 구청장은 일반직 지방공무원으로 보하되 시장이 임명하며, 읍장 · 면장 · 동장은 일반직 지방공무원으로 보하되 시장 · 군수 및 자치구의 구청장이 임명한다(동법 132①②). 구청장과 읍 · 면장은 지방자치단체의 하급행정청(집행기관)의 지위에 있으며, 국가사무를 수임 · 처리하는 한도 안에서 국가기관의 지위에도 서게 된다.

Ⅲ. 교육 · 학예에 관한 의결 및 집행기관

지방자치단체의 교육 · 과학 및 체육에 관한 사무를 분장하게 하기 위하여 별도의 기관을 두며, 이러한 기관의 조직과 운영에 관하여 필요한 사항은 따로 법률로 정한다(동법 135①②). 이에 따라 "지방교육자치에관한법률"이 제정되었고, 동법은 교육 · 학예에 관한 기관으로 교육감을 두고 있다(동법 18).

1. 교육감

(1) 교육감의 지위

교육감(教育監)은 교육 · 학예에 관한 사무의 집행기관으로서 소관사무로 인한 소송이나 재산의 등기에 대하여 당해 시 · 도를 대표하고 그 사무를 관장한다(동법 18, 20). 교육감은 주민의 보통 · 평등 · 직접 · 비밀선거에 따라 선출하며 임기는 4년이고 계속 재임은 3기에 한한다(동법 21, 43).

(2) 교육감의 권한

교육감은 교육 · 학예에 관한 조례안의 작성 및 제출, 예산안의 편성 및 제출, 결산서의 작성 및 제출, 교육규칙의 제정, 학교 기타 교육기관의 설치 · 이전 및 폐지에 관한 사항, 교육과정의 운영에 관한 사항, 과학 · 기술교육의 진흥에 관한 사항, 소속 국가공무원 및 지방공무원의 인사관리에 관한 사항 등 해당 자치단체의 교육 · 학예에 관한 모든 사항과 위임된 사항을 처리한다(동법 19, 20).

2. 하급행정기관

교육자치는 특별시 · 광역시 · 도 · 단위에서만 실시하고 있기 때문에(동법 2), 교육감의 관장사무를 분장하기 위하여 각 시 · 군 · 구 또는 2개 이상의 시 · 군 · 구를 관할구역으로 하는 하급교육행정기관인 교육지원청을 두되, 교육지원청에는 장학관으로 보하는 교육장이 있다(동법 34①③).

Ⅳ. 지방자치단체의 특별기관

지방자치단체에는 지방의회와 집행기관 이외에 의회 또는 장으로부터 직무상 독립하여 특정사무를 처리하는 행정위원회적인 기관들이 있다. 특별집행기관으로서의 선거관리위원회 · 인사위원회, 특별의결기관으로서의 지방공무원 소청심사위원회 · 행정심판위원회 · 토지수용위원회 같은 것이 이에 해당한다.

인사위원회는 지방자치단체의 장이 임명 또는 위촉하는 16명 이상 20명 이하로 구성되는 합의제의결기관으로, 각종 임용시험의 실시, 승진임용의 사전심의, 임용권자의 요구에 의한 공무원의 징계의결 등의 권한을 행사한다(지방공무원법 7 · 8). 지방소청심사위원회는 지방공무원의 징계 기타 그 의사에 반하는 불이익처분에 대한 소청을 심사 · 결정하기 위하여, 특별시 · 광역시 · 도에 임용권자별로 의결기관인 지방소청심사위원회 및 교육소청심사위원회를 둔다(동법 13).

제7관 지방자치단체 상호간의 관계

지방자치단체는 독립된 인격체로서(지방자치법 3①), 모두 대등한 관계의 법인이므로 서로 그 지위와 사무를 존중하며 다른 자치단체의 관여를 받음이 없이 독자적으로 그 사무를 처리한다. 그러나 자치단체의 업무의 합리적이고 효과적인 처리를 위하여 협력하고 조정하는 관계에 있다.

Ⅰ. 협력관계

1. 사무위탁

지방자치단체 또는 그 장은 소관사무의 일부를 다른 지방자치단체 또는 그 장에게 위탁하여 처리하게 할 수 있다(동법 117②, 168①). 이 경우에는 관계지방자치단체와의 협의에 따라 규약을 정하고 고시하여야 한다(동법 168①②).

2. 행정협의회의 구성

지방자치단체는 둘 이상의 지방자치단체에 관련된 사무의 일부를 공동처리하기 위하여 관계지방자치단체간의 행정협의회를 구성할 수 있다(동법 169①). 이 경우 관계지방자치단체간의 협의에 따라 규약을 정하여 관계 지방의회의 의결을 거친 다음 고시하여야 한다. 행정협의회는 그 자체로서 법인격을 가진 것이 아니며, 관계 지방자치단체의 공동기관으로서의 성질을 가진다고 하겠다.

3. 지방자치단체조합의 설치

2개 이상의 지방자치단체가 하나 또는 둘 이상의 사무를 공동처리하기 위하여 필요한 때에는 규약을 정하여 지방의회의 의결을 거쳐 감독기관의 승인을 받아 지방자치단체조합을 설립할 수 있는 바(동법 176), 이는 법인으로서 특별지방자치단체에 속한다. 지방자치단체조합에는 조합회의와 조합장 및 사무직원을 두며, 그 선임은 조합규약이 정하는 바에 의한다.

4. 지방자치단체의 장 등의 협의체의 설치

지방자치단체의 장 또는 지방의회의 의장은 상호간의 교류와 협력을 증진하고 공동의 문제를 협의하기 위하여 ① 시 · 도지사, ② 시 · 도의회의 의장, ③ 시장 · 군수 · 자치구의 구청장, ④ 시 · 군 · 자치구의회의 의장 등의 구분에 따라 각각 전국적 협의체를 설립할 수 있다(동법 182①).

Ⅱ. 조정관계

1. 권한의 존중

지방자치단체 상호간(상 · 하급자치단체 포함)에 있어서는 서로 그 권한을 존중하여 자기의 권한을 다른 지방자치단체로부터 침해당하지 아니할 뿐만 아니라 다른 지방자치단체의 권한을 침해해서도 안된다.

2. 분쟁의 조정

지방자치단체 상호간 또는 그의 장 상호간에 분쟁이 있는 경우에 당사자의 신청이 있는 때에는 행정안전부장관 또는 시 · 도지사가 미리 당사자의 의견을 들어 관계 중앙행정기관의 장과 협의하여 지방자치단체 분쟁조정위원회의 의결에 따라 이를 조정할 수 있다(동법 165).

지방자치단체간의 분쟁의 조정과 협의사항의 조정에 필요한 사항을 심의 · 의결하기 위하여 행정안전부에 지방자치단체 중앙분쟁조정위원회와 시 · 도에 지방자치단체 지방분쟁조정위원회를 둔다(동법 166①). 행정안전부장관이나 시 · 도지사는 조정결정사항이 성실히 이행되지 아니하면 그 지방자치단체에 대하여 제189조를 준용하여 이행하게 할 수 있다(동법 165⑦). 분쟁조정결정에 불복하는 경우 이는 행정처분이라 할 수 없어 항고소송을 제기할 수 없고, 분쟁조정결정에 따른 직무이행명령(동법 189)에 불복하여 대법원에 기관소송을 제기할 수 있을 뿐이다(판례 1,2).

[판례 1] 분쟁조정신청의 대상 및 조정결정 불이행에 대한 조치

"[1] 지방자치법 제148조 제1항, 제3항, 제4항의 내용 및 체계에다가 지방자치법이 분쟁조정절차를 둔 입법 취지가 지방자치단체 상호 간이나 지방자치단체의 장 상호 간 사무처리 과정에서 분쟁이 발생하는 경우 당사자의 신청 또는 직권으로 구속력 있는 조정절차를 진행하여 이를 해결하고자 하는 데 있는 점, 분쟁조정 대상에서 자치사무를 배제하고 있지 않은 점 등을 종합하면, **지방자치단체의 자치사무라도 당해 지방자치단체에 내부적인 효과만을 발생시키는 것이 아니라 그 사무로 인하여 다른 지방자치단체나 그 주민의 보호할 만한 가치가 있는 이익을 침해하는 경우에는 지방자치법 제148조에서 정한 분쟁조정 대상 사무가 될 수 있다.**

[2] 지방자치법 제148조 제7항, 제170조 제1항에 의하면, 지방자치법 제148조에서 정한 분쟁조정 대상 사무가 될 수 있는 자치사무에 관하여 분쟁조정결정이 있었음에도 **조정결정사항을 성실히 이행하지 않은 지방자치단체에 대하여**는 제148조 제7항에 따라 제170조를 준용하여 지방자치단체를 대표하는 **지방자치단체의 장에 대하여** 조정결정사항의 이행을 위하여 **직무이행명령을 할 수 있다.**"(대판 2016.7.22. 2012추121, 직무이행명령에 대한 이의)

[판례 2] 분쟁조정결정에 불복하는 소송방법

"지방자치법 제148조 제4항, 제7항, 제170조 제3항의 내용과 체계, 지방자치법 제148조 제1항에 따른 지방자치단체 또는 지방자치단체의 장 상호 간 분쟁에 대한 조정결정의 법적 성격 및 분쟁조정결정과 이행명령 사이의 관계 등에 비추어 보면, **행정자치부장관이나 시 · 도지사의 분쟁조정결정에 대하여는 후속의 이행명령을 기다려 대법원에 이행명령을 다투는 소를 제기한 후 그 사건에서 이행의무의 존부와 관련하여 분쟁조정결정의 위법까지 함께 다투는 것이 가능할 뿐, 별도로 분쟁조정결정 자체의 취소를 구하는 소송을 대법원에 제기하는 것은 지방자치법상 허용되지 아니한다.** 나아가 분쟁조정결정은 상대방이나 내용 등에 비추어 행정소송법상 항고소송의 대상이 되는 처분에 해당한다고 보기 어려우므로, 통상의 항고소송을 통한 불복의 여지도 없다."(대판 2015.9.24. 2014추613, 충남남포지구부사공구매립지귀속지방자치단체결정취소)

제8관 지방자치단체에 대한 국가의 관여

Ⅰ. 개 설

지방자치단체에 대한 국가의 관여의 범위는 지방자치의 본질을 어떻게 보느냐에 따라 달라진다. 즉, 지방자치단체의 자치권이 국가로부터 전래된 것으로 볼 경우에는 권력적 · 후견적 감독을 하게 되고, 자치권을 자치단체에 본래적 · 고유한 것으로 보는 경우에는 기술적 · 비권력적인 조정 · 협동의 방식에 의하게 된다. 그러나 자치행정을 인정한 이상 지방주민의 창의와 책임으로 자주적인 행정운영이 가능하도록 국가의 일반적 · 후견적 감독은 폐지하고 국가의 입법권 · 사법권에 의한 관여를 원칙으로 하고, 행정권에 의한 관여는 국가 전체의 입장에서 종합적 시책이 필요한 분야에 있어서의 비권력적인 지도 · 협력의 관계에 그쳐야 할 것이다.

우리나라의 지방자치법 제9장은 '국가의 지도 · 감독'에 관하여 정함으로써 자치행정에 대한 국가의 지도와 감독을 인정하였다. 그러나 그 감독은 국가사무(단체위임사무와 기관위임사무)에 한하며(동법 185), 지방자치단체의 사무에 관하여는 지도 및 지원을 할 수 있다(동법 184).

Ⅱ. 입법기관에 의한 관여

헌법은 지방자치단체의 종류(헌법 117②), 지방자치단체의 조직과 운영에 관한 사항(동법 118②)을 법률로 정하도록 함으로써 입법기관에 의한 광범한 규율을 인정하고 있으며, 국회의 국정감사권을 통해서도 자치단체에 관여할 수 있다.

Ⅲ. 사법기관에 의한 관여

사법기관은 행정소송과 헌법소송의 판결을 통하여 지방자치단체에 관여할 수 있다.

1. 항고소송 · 당사자소송 및 선거소송

지방자치단체의 장의 위법한 처분이나 부작위에 의하여 권익을 침해받은 자는 취소소송 · 무효등확인소송 · 부작위위법확인소송 등을 제기할 수 있으며, 자치단체를 한쪽 당사자로 하는 당사자소송을 제기할 수도 있다.

지방자치단체의 의회의원 또는 장의 선거에 대하여 불복이 있는 자는 시 · 도지사 선거에 있어서는 대법원에, 지방의회의원 및 자치구 · 시 · 군의 장 선거에서는 고등법원에 선거소송을 제기할 수 있다(공직선거법 222②).

2. 기관소송

지방의회의 의결에 대한 지방자치단체의 장의 재의요구에 대하여 원안대로 확정된 안이 다시 법령에 위반된다고 판단되면 장이 대법원에 소를 제기할 수 있다(지방자치법 192). 또한 자치사무에 관한 주무부장관 또는 시·도지사의 취소·정지에 대하여 이의가 있으면 자치단체의 장은 대법원에 제소할 수 있고(동법 188), 기관위임사무의 해태에 대한 상급청의 직무이행명령에 대하여 이의가 있으면 자치단체의 장은 대법원에 제소할 수 있다(동법 189).

3. 헌법소송

국가기관과 지방자치단체간 및 지방자치단체 상호간에 권한의 존부 또는 범위에 관하여 다툼이 있는 때에는 해당 지방자치단체는 헌법재판소에 권한쟁의심판을 청구할 수 있다(헌법 107, 헌법재판소법 61). 또한 주민은 지방자치단체에 의한 기본권침해에 대하여 헌법소원을 청구할 수 있다.

Ⅳ. 행정기관에 의한 관여

행정기관에 의한 관여는 자치단체에 대한 국가의 관여방식으로 가장 중요한 것이며 적극적·능동적 성질을 가진다.

1. 관여기관 및 관여방법

(1) 관여기관

지방자치단체에 대하여 감독권을 행사할 수 있는 기관은 행정권의 수반인 대통령 및 그 명을 받아 행정각부를 통할하는 국무총리도 포함되나, 직접적인 감독기관으로는 행정각부장관·기타 중앙 행정기관 및 상급자치단체의 장을 들 수 있다. 행정각부장관은 그 소관사무에 관하여 지방행정의 장을 지휘·감독하고(정부조직법 26③), 상급 지방자치단체의 장은 국가기관의 지위에서 그 구역 내의 시·군·구에 대하여 감독권을 가진다(지방자치법 185①, 191). 그리고 행정안전부장관은 자치단체에 대한 일반적인 감독권을 가지며(정부조직법 34①, 지방자치법 191), 자치단체의 회계검사와 직무감찰에 관하여는 감사원이 그 권한을 가진다(감사원법 22, 24).

(2) 관여방법

행정권에 의한 관여방법은 대통령령·부령 등 행정입법에 의한 관여, 행정심판청구에 의한 재결과 같이 입법적·사법적 수단에 의한 것도 있으나 행정적 통제를 목적으로 하는 행정적 관여가 가장 일반적인 방법이다. 또한 관여방법을 권력적 관여와 비권력적 관여, 사후·교정적 관여와 사전·예방적 관여, 자치사무에 대한 관여와 위임사무에 대한 관여 등으로 나눌 수 있는 바, 그 구체적인 중요한 관여방법을 살펴보면 아래와 같다.

2. 지도와 지원

관여기관은 자치단체의 사무에 관하여 조언·권고하거나 지도할 수 있으며, 이를 위하여 필요하면 자료의 제출을 요구할 수 있다(지방자치법 184①). 이는 지방자치단체의 위법작용을 방지하고 행정능력을 보강해주는 것으로서 비권력적·사전적인 관여의 성격을 갖는다.

국가 또는 시·도는 자치단체가 사무를 처리함에 있어서 필요하다고 인정하면 재정지원이나 기술지원을 할 수 있다(동조②). 지원은 지방자치단체가 업무를 처리함에 있어서 충분한 재정능력·기술능력을 갖지 못한 경우에 그 자치행정능력을 보강하고, 지역간 균형발전의 기능을 할 수 있다. 이와 같이 지원은 자치행정능력을 보장하는 기능을 갖지만, 강력한 권력적 관여수단이 될 우려도 있다.

3. 보고징수

행정안전부장관이나 시·도지사는 감독상 필요한 경우 자치단체로부터 보고를 받을 수 있으며(동법 190), 감사원은 서류·물품제출요구와 출석·답변 요구를 할 수 있다(감사원법 25 내지 27). 그 밖에 예산·결산·조례·규칙 등의 감독청에의 보고가 있다(지방자치법 35, 149②, 150②). 이는 다른 감독수단의 행사를 위한 필요성 판단과 그 적절한 행사를 위한 전제조건으로 작용한다.

4. 위임사무의 지도·감독

(1) 지도·감독권자

위임청은 위임사무에 관해서는 상급청으로서 수임기관의 권한행사를 지휘·감독할 수 있다. ① 국가위임사무에 관해서 시·도에는 주무부장관, 시·군 및 자치구에서는 1차로 시·도지사, 2차로 주무부장관이 지도·감독을 한다(동법 185①). ② 시·도 위임사무에 관해서는 시·도지사가 시·군·자치구나 그 장을 지도·감독한다(동조②).

(2) 지도·감독의 대상

지도·감독의 대상은 위임사무로서, 국가위임사무와 시·도 위임사무이다. 위임사무에는 기관위임사무와 단체위임사무를 포함한다.

(3) 지도·감독의 요건

지도·감독의 요건은 위임사무의 처리가 위법하거나 현저히 부당하여 공익을 해친다고 인정되는 때이다. 지방자치법 제185조에는 '위임받아 처리하는 사무'라고만 규정하고 있으나, 「행정권한의 위임 및 위탁에 관한 규정」 제6조에서 '수임 및 수탁기관의 수임 및 수탁사무 처리가 위법하거나 부당하다고 인정될 때에는 이를 취소하거나 정지시킬 수 있다'고 규정한 점 및 지방자치법 제189조에 따라 '위임사무의 집행을 명백히 게을리 하고 있는 때'에는 직무이행명령을 발할 수 있다는 점에서, 위임사무의 적극적 처리는 이 조항에 따른다고 볼 것이다.

(4) 지도 · 감독의 방법

위임청이 수임기관의 권한행사를 알기 위한 **보고 · 징수**, 일반적인 **사무감독과 훈령권, 승인권 및 시정명령**에 이어 **취소 · 정지권**의 행사가 가능하다. 다만, 위임사무의 불행사 등 소극적 처리의 경우에는 지방자치법 제189조에 따라 직무이행명령을 할 수 있다. 동법 제185조에 따른 시정명령 등은 제189조의 직무이행명령의 경우와 달리 불복소송을 제기할 수 있다는 규정이 없으므로 소제기가 불가하다(판례).

[판 례] 기관위임사무에 대한 시정명령 등의 재량권부여 및 소제기불가

"지방자치법 제167조 제2항은 "시 · 군 및 자치구나 그 장이 위임받아 처리하는 시 · 도의 사무에 관하여는 시 · 도지사의 지도 · 감독을 받는다."라고 규정하고, 정부조직법 제6조 제1항 등에 따른 「행정권한의 위임 및 위탁에 관한 규정」 제6조는 "위임 및 위탁기관은 수임 및 수탁기관의 수임 및 수탁사무 처리에 대하여 지휘 · 감독하고, 그 처리가 위법하거나 부당하다고 인정될 때에는 이를 취소하거나 정지시킬 수 있다."라고 규정하여, **기관위임사무에 관한 수임기관의 업무처리가 위법하거나 부당하다고 인정되면 위임기관인 시 · 도지사가 지도 · 감독권 행사의 일환으로서 수임기관인 자치구의 장에게 그 시정을 명하거나 해당 업무처리를 직권으로 취소 또는 정지할 수 있도록 하는 광범위한 재량을 부여하고 있다**(대판 2017.9.21. 2016두55629 참조).

나아가 수임기관인 자치구의 장이 단순한 하부조직으로서 시 · 도지사가 위임한 사무를 처리하는 것에 불과한 기관위임사무의 본질, 지방자치법 제167조 제2항 또는 「행정권한의 위임 및 위탁에 관한 규정」 제6조에 근거한 시 · 도지사의 지도 · 감독권 행사에 대하여는 자치구의 장이 이에 이의가 있는 경우라도 이를 법원에 소를 제기하여 다툴 수 있도록 허용하는 규정이 없는 점 등에 비추어 보면, **수임기관인 자치구의 장이 기관위임사무에 대하여 시 · 도지사의 지도 · 감독권 행사에 따라 이루어진 시정명령의 취소를 구하는 소를 제기하는 것은 허용되지 않는다**."(대판 2018.11.29. 2016추5117)

5. 협의 · 조정

중앙행정기관의 장과 지방자치단체의 장이 사무를 처리할 때 의견을 달리하는 경우 이를 협의 · 조정하기 위하여 국무총리 소속으로 행정협의조정위원회를 둔다(동법 187①). 행정협의조정위원회는 위원장 1명을 포함하여 13명 이내의 위원으로 구성한다(동조②).

6. 승 인

(1) 의의 및 성질

승인은 국가 또는 상급지방자치단체가 일정한 지방자치행정에 대하여 사전감독수단의 하나로서 승인 · 동의 · 확인 등을 하는 것을 말한다. 이는 국가와 자치단체의 이해관계에 대하여 미리 협력할 수 있음으로써 협력적 관여의 성격을 지닌다. 또한 승인은 행위의 유효요건이라 할 것이다.

(2) 법적 근거

승인은 지방자치단체의 자율권을 제약할 수 있다는 점에서 법적 근거가 필요하다. 예컨대, 자치구가 아닌 구와 읍 · 면 · 동의 폐지 · 설치 · 분합(동법 7①), 2개 이상의 시 · 도에 걸치는 지방자치단체조합설립(동법 176①), 지방채의 외채발행(지방재정법 11②), 광역도시계획(국토의계획및이

용에관한법률 16①), 도시군기본계획(동법 22조의2①) 등의 승인이 있다.

(3) 행정절차법 적용여부

① 감독기관의 승인은 조직법상의 문제이므로 처분성이 없어 행정절차법이 적용되지 않는다는 **부정설**과, ② 승인을 형성적인 행정행위로 보고 개별법상 특별한 규정이 없는 한 행정절차법이 적용된다는 **긍정설**(박균성, 1034; 홍정선, 1048)이 대립되고 있다. 생각건대, 감독청의 승인은 국민의 행정참여(행정절차법 1)와 관계없는 행정내부의 조직법상의 문제이므로 행정절차법을 적용한다는 특별한 규정이 없는 한 적용되지 않는다고 보아 부정설이 타당하다.

(4) 승인통제의 범위

감독기관이 승인여부를 심사함에 있어서 승인을 요하는 행위의 적법성뿐만 아니라 합목적성까지 심사할 수 있는지 문제된다. 생각건대, 기관위임사무의 경우에는 합목적성 심사도 할 수 있다고 할 것이나, 자치사무의 경우에는 자치권에 대한 중대한 제한이므로 특별한 규정이 없는 한 적법성의 심사에 한정된다고 할 것이다.

(5) 승인거부에 대한 권리구제

감독기관의 승인거부에 대해 항고소송을 제기할 수 있는지 문제된다. 이에 대해, 승인거부의 처분성을 인정하여 항고소송을 인정하는 **긍정설**과, 승인거부는 조직법상의 행위에 그치고 처분성이 인정되지 않으므로 항고소송을 부정하는 **부정설**이 대립된다. 생각건대, 감독기관의 승인은 조직법상의 행위로서 처분성이 부인되므로 기관소송으로 해결해야 한다고 보아 부정설이 타당하다.

(6) 승인 없는 행위의 효력

승인은 행위의 유효요건이라 할 것이므로, 승인을 요하는 행위에 승인 없이 한 행위는 무효라 할 것이다. 다만, 지방채발행과 같은 사법상의 행위에 있어서는 절대적 금지를 뜻하는 것이 아니므로 반드시 무효가 되는 것은 아니라 할 것이다.[3)]

7. 시정명령, 처분의 취소 · 정지

(1) 주무부장관 및 시 · 도지사의 시정조치

1) 의 의: 이는 지방자치단체의 사무에 관한 그 장의 명령이나 처분이 법령에 위반되거나 현저히 부당하여 공익을 해친다고 인정되면 시 · 도에 대하여는 주무부장관이, 시 · 군 및 자치구에 대하여는 시 · 도지사가 기간을 정하여 서면으로 시정할 것을 명하고, 그 기간에 이행하지 아니하면 이를 취소하거나 정지하는 것을 말한다(지방자치법 188①).

3) 박균성(강의), 1074면; 정하중 · 김광수(개론), 980면; 홍정선(하), 273면.

2) 대 상

(가) 시정명령의 대상: 지방자치단체의 사무에 관한 그 장의 명령이나 처분이다. 즉, ① 지방자치단체의 사무이므로 자치사무와 단체위임사무가 포함되나, 기관위임사무는 제외된다. ② 지방자치단체의 장의 명령이나 처분이다. 명령은 일정한 의무를 부과하는 행위이며, 처분은 명령이외의 지방자치단체의 장의 법적 또는 사실상의 직무행위를 의미한다. 제188조 제1항은 지방자치단체의 자치행정 사무처리가 법령 및 공익의 범위 내에서 행해지도록 감독하기 위한 규정이므로 그 적용대상을 항고소송의 대상이 되는 행정처분으로 제한할 이유가 없다(판례).

(나) 취소·정지의 대상: 시정명령의 대상이 취소·정지의 대상인바, 시정기간 내에 시정을 이행하지 아니하면 취소·정지할 수 있다.

[판 례] 공무원 채용공고는 지방자치법 제169조 제1항의 '처분'에 해당

"(서울시장은 서울시의회 사무처에 소속되어 상임위원회별 입법지원요원에 대한 업무지원을 위한 시간제선택제임기제공무원의 선발을 위한 채용공고를 한 사건에서) 이 사건 채용공고는 지방공무원의 임용을 위한 것으로서 지방자치법 제9조 제2항 제1호 (마)목에 정한 지방자치단체의 사무에 속하고, 이 사건 채용공고를 통하여 임용인원·자격·요건 등 임용에 관한 사항이 대외적으로 공표되어 확정되며, 이를 기초로 이후 임용시험 등의 절차가 진행된다. 그리고 행정소송법상 항고소송은 행정청이 행하는 구체적 사실에 관한 법집행으로서의 공권력의 행사 또는 그 거부와 그 밖에 이에 준하는 행정작용을 대상으로 하여 그 위법상태를 배제함으로써 국민의 권익을 구제함을 목적으로 하는 것과 달리, **지방자치법 제169조 제1항은 지방자치단체의 자치행정 사무처리가 법령 및 공익의 범위 내에서 행해지도록 감독하기 위한 규정이므로 그 적용대상을 항고소송의 대상이 되는 행정처분으로 제한할 이유가 없다.** 그렇다면 이 사건 채용공고는 지방자치법 제169조 제1항의 직권취소의 대상이 될 수 있는 지방자치단체의 사무에 관한 '처분'에 해당한다고 봄이 타당하다."(대판 2017.3.30. 2016추5087, 직권취소처분취소청구의소)

3) 요 건: ① 시정명령은 지방자치단체의 사무에 관한 그 장의 명령이나 처분이 법령에 위반되거나 현저히 부당하여 공익을 해친다고 인정되는 때에 할 수 있으며, ② 취소·정지는 위 시정명령을 기간 내에 이행하지 아니한 때에 할 수 있다. 따라서 지방자치단체의 장의 명령이나 처분이 법령에 위반되면 먼저 시정명령을 하고, 그 시정명령 기간 내에 이행하지 아니하면 직접 취소·정지를 해야 하는 단계구조라 할 수 있다. 다만, 단체위임사무에 관한 명령이나 처분이 현저히 부당하여 공익을 해친다고 인정되는 경우에도 할 수 있으나, 자치사무에 관한 명령이나 처분에 대하여는 지방자치단체에 자치권이 보장되므로 법령에 위반하는 것에 한한다(동조⑤).

4) '법령위반'의 의미: 지방자치법 제188조 제1항 및 제2항에서 규정하고 있는 시정명령과 취소·정지의 요건인 '법령에 위반'이 무엇을 의미하는지, 특히 후문의 자치사무에 관한 '법령위반'이 재량권의 일탈·남용이 포함되는지 여부에 대하여 견해가 나뉜다.

(가) 적극설: 법령위반이라 함은 부당행위와 구별되는 위법행위를 말하는 것으로 법령의 규정을 구체적으로 위반한 경우뿐만 아니라 재량권의 일탈·남용을 하여 위법하게 되는 경우를 포함하는 개념이라고 한다.

(나) 소극설: 이 조항은 소의 대상적격의 범위를 규정한 것이 아니고 상급기관의 통제·관여범위에 관한 규정이라 할 것이므로 제한적으로 해석해야 하고, 통상적으로 '현저히 부당하여

공익을 해하는 경우'라면 바로 '재량권의 일탈 · 남용'으로 본다고 할 것이므로, '법령위반'에는 재량권의 일탈 · 남용이 포함되지 않는 것으로 해석해야 한다고 한다.

(다) 판 례: 대법원은 적극설의 입장을 취하고 있다.

[판 례] 법령위반에 재량권의 일탈 · 남용 포함

"**[다수의견]** 지방자치법 제157조(현행 제169조) 제1항 전문 및 후문에서 규정하고 있는 지방자치단체의 사무에 관한 그 장의 명령이나 처분이 **법령에 위반되는 경우라 함은** 명령이나 처분이 현저히 부당하여 공익을 해하는 경우, 즉 합목적성을 현저히 결하는 경우와 대비되는 개념으로, 시 · 군 · 구의 장의 사무의 집행이 **명시적인 법령의 규정을 구체적으로 위반한 경우뿐만 아니라 그러한 사무의 집행이 재량권을 일탈 · 남용하여 위법하게 되는 경우를 포함한다.**

[소수의견] 일반적으로 '법령위반'의 개념에 '재량권의 일탈 · 남용'도 포함된다고 보고 있기는 하나, 지방자치법 제157조 제1항에서 정한 취소권의 행사요건은 위임사무에 관하여는 '법령에 위반되거나 현저히 부당하여 공익을 해한다고 인정될 때', 자치사무에 관하여는 '법령에 위반하는 때'라고 규정되어 있어, 여기에서의 '법령위반'이라는 문구는 '현저히 부당하여 공익을 해한다고 인정될 때'와 대비적으로 쓰이고 있고, 재량권의 한계 위반 여부를 판단할 때에 통상적으로는 '현저히 부당하여 공익을 해하는' 경우를 바로 '재량권이 일탈 · 남용된 경우'로 보는 견해가 일반적이므로, **위 법조항에서 '현저히 부당하여 공익을 해하는 경우'와 대비되어 규정된 '법령에 위반하는 때'의 개념 속에는 일반적인 '법령위반'의 개념과는 다르게 '재량권의 일탈 · 남용'은 포함되지 않는 것으로 해석하여야 한다.**"(대판 2007.3. 22. 2005추62 전원합의체 판결, 승진임용직권취소처분취소청구)

(라) 결 어: 적극설이 타당하다. 헌법상의 법치주의의 원리 하에서 지방자치사무도 법률이 허용하는 범위 안에서 인정된다고 할 것이고, 위법한 자치사무에 대해서 상급지방자치단체 또는 국가는 직접 지도 · 감독권을 발휘하여 국법질서를 유지할 책임이 있고 그것이 당연한 의무라고 할 수 있다. 따라서 이 조항의 '법령위반'은 보통의 법령위반의 개념과 달리 해석할 이유가 없으며, 법문의 표현상 '현저히 부당하여 공익을 해치는 경우'에 대비되는 위법의 개념이라 할 것이므로 개별적인 성문법규를 위반한 경우뿐만 아니라 평등원칙 · 비례원칙 · 신뢰보호의 원칙 등 법의 일반원칙에 위반하여 재량권의 일탈 · 남용인 경우를 포함하는 보통의 위법의 개념이라 할 것이다.

(2) 주무부장관의 시장 · 군수 · 구청장에 대한 시정조치 및 직권 취소 · 정지

1) 시정명령의 지시: 주무부장관은 지방자치단체의 사무에 관한 시장 · 군수 및 자치구의 구청장의 명령이나 처분이 법령에 위반되거나 현저히 부당하여 공익을 해침에도 불구하고 시 · 도지사가 제1항에 따른 시정명령을 하지 아니하면 시 · 도지사에게 기간을 정하여 시정명령을 하도록 명할 수 있다(동법 188②).

2) 직접 취소 · 정지

(가) 시 · 도지사의 시정명령 불행사의 경우: 주무부장관은 시 · 도지사가 제2항에 따른 기간에 시정명령을 하지 아니하면 제2항에 따른 기간이 지난 날부터 7일 이내에 직접 시장 · 군수 및 자치구의 구청장에게 기간을 정하여 서면으로 시정할 것을 명하고, 그 기간에 이행하지 아니하면 주무부장관이 시장 · 군수 및 자치구의 구청장의 명령이나 처분을 취소하거나 정지할 수 있다(동조③).

(나) 시·도지사의 취소·정지 불행사의 경우: 주무부장관은 시·도지사가 시장·군수 및 자치구의 구청장에게 제1항에 따라 시정명령을 하였으나 이를 이행하지 아니한 데 따른 취소·정지를 하지 아니하는 경우에는 시·도지사에게 기간을 정하여 시장·군수 및 자치구의 구청장의 명령이나 처분을 취소하거나 정지할 것을 명하고, 그 기간에 이행하지 아니하면 주무부장관이 이를 직접 취소하거나 정지할 수 있다(동조④).

위 자치사무에 관한 명령이나 처분에 대한 시정명령과 취소·정지는 법령위반에 한한다(동조⑤).

(3) 지방자치단체의 장의 제소

지방자치단체의 장은 자치사무에 관한 명령이나 처분의 취소 또는 정지에 대하여 이의가 있으면 그 취소처분 또는 정지처분을 통보받은 날부터 15일 이내에 대법원에 소(訴)를 제기할 수 있다(동조⑥). 이 소송의 성질과 그에 따른 소송요건은 다음과 같다.

1) **소송의 성질**: 이 소송의 성질에 대하여, 자치사무에 대한 취소·정지처분은 항고소송의 대상인 처분이고 지방자치단체의 장은 지방자치단체를 대표해서 소송을 제기할 뿐인데 그 지방자치단체 자체는 자치권을 갖는 독립된 법주체이므로 원고적격이 인정된다는 점에서 **항고소송**의 한 특수한 경우라는 견해가 있으나[4], 항고소송은 처분등으로 인한 국민의 권리이익을 구제하기 위한 소송이고(행정소송법 1) 행정기관 상호간의 권한행사의 다툼은 기관소송으로 규정하고 있는 바(동법 3(4)) 이 조항의 소송은 행정기관 상호간에 대법원에 제기하는 소송이므로 기관소송으로 봄이 타당하다(다수설). 판례 또한 지방자치법 제188조(구 법 169) 제1항의 '처분'을 항고소송의 대상인 처분에 한정하지 아니함으로써 항고소송설이 아니라 기관소송설의 입장을 취한 것으로 볼 것이다(위 판례: 대판 2017.3.30. 2016추5087).

[판 례] 시정명령은 소의 대상 아님

"지방교육자치에 관한 법률 제3조에 의하여 준용되는 지방자치법 제169조 제2항은 자치사무에 관한 명령이나 처분의 취소 또는 정지에 대하여서만 소를 제기할 수 있다고 규정하고, 주무부장관이 지방자치법 제169조 제1항에 따라 시·도에 대하여 행한 시정명령에 대하여도 대법원에 소를 제기할 수 있다는 규정을 두고 있지 않으므로, 시정명령의 취소를 구하는 소송은 허용되지 않는다."(대판 2014.02.27. 2012추183, 시정명령및직권취소처분취소청구)

2) **소송당사자**: 원고는 당해 지방자치단체의 장이고, 피고는 시·도지사 또는 주무부장관이다. 동조 제3항과 제4항에 따라 주무부장관이 시장·군수·구청장의 명령이나 처분을 직접 취소·정지한 경우에는, 시장·군수·구청장이 원고이고 주무부장관이 피고가 된다.

3) 소송의 대상

(가) 자치사무에 관한 취소·정지: 자치사무에 관한 시정명령의 취소·정지에 한해 제소할 수 있다. 따라서 시정명령의 경우와 단체위임사무에 대한 취소·정지는 소의 대상이 아니다.

(나) 시정명령에 대한 소제기 가능여부: 이 조항의 소송을 특수한 형태의 항고소송으로

4) 홍정선(하), 279면.

보는 입장에서는 시정명령의 처분성여부에 따라 소제기의 가능성을 인정한다. 그러나 이 조항은 기관소송인바, 이 조항에서 취소 또는 정지에 대해서만 소제기를 규정하고 있을 뿐 시정명령에 대해서는 규정하고 있지 않으므로 시정명령의 취소를 구하는 소송은 허용되지 아니한다(대판 2017.10.12. 2016추5148 등).

4) 제기기간 및 관할법원: 취소·정지처분을 통보받은 날부터 15일 이내에, 대법원에 제기한다.

5) 집행정지신청: 이 소송의 성질에 관한 기관소송설에 의하더라도 처분 등의 취소를 구하는 기관소송에는 그 성질에 반하지 않는 한 취소소송에 관한 규정을 준용할 수 있으므로(동법 46①) 행정소송법의 집행정지에 관한 규정을 준용할 수 있다.

8. 직무이행명령

(1) 주무부장관 및 시·도지사의 이행명령

1) 의 의: 이는 지방자치단체의 장이 법령에 따라 그 의무에 속하는 국가위임사무나 시·도위임사무의 관리와 집행을 명백히 게을리 하고 있다고 인정되면 시·도에 대하여는 주무부장관이, 시·군 및 자치구에 대하여는 시·도지사가 기간을 정하여 서면으로 이행할 사항을 명령하는 것을 말한다(지방자치법 189①). 이는 기관위임사무의 집행의 실효성을 확보하기 위한 적극적 감독수단이다.

2) 대 상: 대상은 지방자치단체의 장이 국가위임사무나 시·도위임사무를 처리하는 사무이다. 이 경우 위임사무의 성질에 대하여, 기관위임사무설, 단체위임사무설 및 기관위임사무와 단체위임사무를 모두 포함한다는 위임사무설로 견해가 나뉜다. 판례는 기관위임사무로 본다(판례). 생각건대, 지방자치단체의 장이 처리하는 사무임이 근거법령의 문언상 명백하므로 기관위임사무설이 타당하다(다수설).

[판 례] 지방자치법 제170조 제1항의 국가위임사무란 기관위임사무를 의미

"지방교육자치에 관한 법률 제3조, 지방자치법 제170조 제1항에 따르면, 교육부장관이 교육감에 대하여 할 수 있는 직무이행명령의 대상사무는 '국가위임사무의 관리와 집행'이다. 그 규정의 문언과 함께 직무이행명령 제도의 취지, 즉 교육감이나 지방자치단체의 장 등, 기관에 위임된 국가사무의 통일적 실현을 강제하고자 하는 점 등을 고려하면, 여기서 **국가위임사무란 교육감 등에 위임된 국가사무, 즉 기관위임 국가사무를 뜻한다**고 보는 것이 타당하다."(대판 2013.6.27. 2009추206, 직무이행명령취소)

3) 요건(사유): 직무이행명령의 요건은 지방자치단체의 장이 법령의 규정에 따라 그 의무에 속하는 위임사무의 관리와 집행을 명백히 게을리 하고 있을 것이다. 즉, 의무의 불행사·해태 등 소극적 행위에 대한 관여수단이며, 위임사무의 적극적 처리가 위법하거나 현저히 부당하여 공익을 해치는 경우에는 지방자치법 제185조에 따른 지도·감독(보고·징수, 훈령권, 시정명령, 취

소・정지 등)의 대상이 된다.

(가) 위임사무를 관리・집행할 법률상 의무가 존재할 것: '관리・집행할 의무가 있는지' 여부는 관리・집행의 불이행의 합리적 이유의 여부가 아니라 그 법령상의 의무의 존부이다. 또한 그 법령상 의무의 존부는 원칙적으로 직무이행명령 당시의 사실관계에 관련 법령을 해석・적용하여 판단하되, 직무이행명령 이후의 정황도 고려할 수 있다.

(나) 위임사무의 관리・집행을 명백히 게을리 할 것: '명백히 게을리 하고 있다'란 위임사무를 관리・집행할 의무가 성립함을 전제로 하는데, 지방자치단체의 장이 특별한 사정이 없이 그 의무를 이행하지 아니한 때를 말하고, '특별한 사정'이란 위임사무를 관리・집행할 수 없는 법령상 장애사유 또는 지방자치단체의 재정상 능력이나 여건의 미비, 인력부족 등 사실상의 장애사유를 뜻한다(판례).

[판 례] '위임사무의 관리와 집행을 명백히 게을리 한다'의 의미

"지방자치법 제170조 제1항에 따르면, 주무부장관은 지방자치단체의 장이 그 의무에 속하는 국가위임사무의 관리와 집행을 명백히 게을리하고 있다고 인정되면 해당 지방자치단체의 장에게 이행할 사항을 명할 수 있다. 여기서 **'국가위임사무의 관리와 집행을 명백히 게을리하고 있다'는 요건은 국가위임사무를 관리・집행할 의무가 성립함을 전제**로 하는데, 지방자치단체의 장은 그 의무에 속한 국가위임사무를 이행하는 것이 원칙이므로, **지방자치단체의 장이 특별한 사정이 없이 그 의무를 이행하지 아니한 때**에는 이를 충족한다고 해석하여야 한다. 여기서 **특별한 사정이란, 국가위임사무를 관리・집행할 수 없는 법령상 장애사유 또는 지방자치단체의 재정상 능력이나 여건의 미비, 인력의 부족 등 사실상의 장애사유를 뜻한다**고 보아야 하고, 지방자치단체의 장이 특정 국가위임사무를 관리・집행할 의무가 있는지 여부에 관하여 주무부장관과 다른 견해를 취하여 이를 이행하고 있지 아니한 사정은 이에 해당한다고 볼 것이 아니다. 왜냐하면, 직무이행명령에 대한 이의소송은 그와 같은 견해의 대립을 전제로 지방자치단체의 장에게 제소권을 부여하여 성립하는 것이므로, 그 소송의 본안판단에서 그 사정은 더는 고려할 필요가 없기 때문이다."(대판 2013.6.27. 2009추206, 직무이행명령취소)

"직무이행명령 및 이에 대한 이의소송 제도의 취지는 국가위임사무의 관리・집행에서 주무부장관과 해당 지방자치단체의 장 사이의 지위와 권한, 상호 관계 등을 고려하여, 지방자치단체의 장이 해당 국가위임사무에 관한 사실관계의 인식이나 법령의 해석・적용에서 주무부장관과 견해를 달리하여 해당 사무의 관리・집행을 하지 아니할 때, 주무부장관에게는 그 사무집행의 실효성을 확보하기 위하여 지방자치단체의 장에 대한 직무이행명령과 그 불이행에 따른 후속 조치를 할 권한을 부여하는 한편, 해당 지방자치단체의 장에게는 직무이행명령에 대한 이의의 소를 제기할 수 있도록 함으로써, 국가위임사무의 관리・집행에 관한 두 기관 사이의 분쟁을 대법원의 재판을 통하여 합리적으로 해결함으로써 그 사무집행의 적법성과 실효성을 보장하려는 데 있다. 따라서 **직무이행명령의 요건 중 '법령의 규정에 따라 지방자치단체의 장에게 특정 국가위임사무를 관리・집행할 의무가 있는지' 여부의 판단대상은 문언대로 그 법령상 의무의 존부이지, 지방자치단체의 장이 그 사무의 관리・집행을 하지 아니한 데 합리적 이유가 있는지 여부가 아니다. 그 법령상 의무의 존부는 원칙적으로 직무이행명령 당시의 사실관계에 관련 법령을 해석・적용하여 판단하되, 직무이행명령 이후의 정황도 고려할 수 있다.**"(위와 같은 판결; 대판 2020.3.27. 2017추5060)

4) 주체 및 내용: 시・도에 대하여는 주무부장관이, 시・군 및 자치구에 대하여는 시・도지사가 명령을 내린다. 명령의 내용은 지방자치단체의 장이 위임사무의 관리 및 집행을 적극적으로 행하기 위하여 이행할 사항 및 이행기간이다.

5) 대집행 등 조치: 주무부장관이나 시・도지사는 해당 지방자치단체의 장이 제1항의 기간에 이행명령을 이행하지 아니하면 그 지방자치단체의 비용부담으로 대집행하거나 행정상・재정상 필요한 조치를 할 수 있다. 이 경우 행정대집행에 관하여는 행정대집행법을 준용한다(동법 189②).

(2) 주무부장관의 시장 · 군수 · 구청장에 대한 이행명령 및 대집행

1) 이행명령의 지시: 주무부장관은 시장 · 군수 및 자치구의 구청장이 법령에 따라 그 의무에 속하는 **국가위임사무의** 관리와 집행을 명백히 게을리 하고 있다고 인정됨에도 불구하고 시 · 도지사가 제1항에 따른 이행명령을 하지 아니하는 경우 시 · 도지사에게 기간을 정하여 이행명령을 하도록 명할 수 있다(동법 189③). 즉, 주무부장관은 국가위임사무에 한해 시장 · 군수 · 구청장에게 이행명령 및 대집행 등을 할 수 있으며, 시 · 도 위임사무는 시 · 도지사의 권한사항이다.

2) 직접 이행명령 및 대집행

(가) 시 · 도지사가 이행명령을 불행사한 경우: 주무부장관은 시 · 도지사가 제3항에 따른 기간에 이행명령을 하지 아니하면 제3항에 따른 기간이 지난 날부터 7일 이내에 직접 시장 · 군수 및 자치구의 구청장에게 기간을 정하여 **이행명령**을 하고, 그 기간에 이행하지 아니하면 주무부장관이 직접 **대집행등**을 할 수 있다(동조④). 이 경우는 제3항에 따른 이행명령의 불이행의 경우에 할 수 있는 것이므로 그 직무이행명령의 대상이 국가위임사무라야 한다.

(나) 시 · 도지사가 대집행등을 불행사한 경우: 주무부장관은 시 · 도지사가 시장 · 군수 및 자치구의 구청장에게 제1항에 따라 이행명령을 하였으나 이를 이행하지 아니한 데 따른 대집행등을 하지 아니하는 경우에는 시 · 도지사에게 기간을 정하여 대집행등을 하도록 명하고, 그 기간에 대집행등을 하지 아니하면 주무부장관이 직접 **대집행등**을 할 수 있다(동조⑤). 제1항에 따른 이행명령은 국가위임사무 또는 시 · 도위임사무인데, 주무부장관이 할 수 있는 것은 동조 제3항 및 제4항의 규정이나 취지에 비추어 국가위임사무에 한한다고 보아야 한다.

(3) 지방자치단체의 장의 제소

지방자치단체의 장은 제1항 또는 제4항에 따른 이행명령에 이의가 있으면 이행명령서를 접수한 날부터 15일 이내에 대법원에 소를 제기할 수 있다. 이 경우 지방자치단체의 장은 이행명령의 집행을 정지하게 하는 집행정지결정을 신청할 수 있다(동조⑥). 이 소송의 성질과 그에 따른 소송요건은 다음과 같다.

1) 성 질: 이 소송의 성질에 대하여, **기관소송설, 항고소송설** 및 **특수소송설**로 견해가 나뉜다. 생각건대, 행정기관상호간의 쟁송이고 지방자치법에서 특별히 지방자치단체의 장의 제소를 규정하고 대법원을 관할법원으로 하고 있다는 점에서 기관소송설이 타당하다.

2) 소송당사자: 원고는 해당 지방자치단체의 장이고, 피고는 시 · 도지사 또는 주무부장관이다. 즉, 주무부장관의 시 · 도지사에 대한 이행명령의 경우에는 시 · 도지사가 원고이고 주무부장관이 피고이며, 시 · 도지사의 시장 · 군수 · 구청장에 대한 이행명령의 경우에는 시장 · 군수 · 구청장이 원고이고, 시 · 도지사가 피고이다. 또한 주무부장관의 시장 · 군수 · 구청장에 대한 이행명령의 경우에는 시장 · 군수 · 구청장이 원고이고 주무부장관이 피고이다.

3) **소송의 대상:** 주무부장관 또는 시・도지사의 이행명령이 소의 대상이다. 지방자치법은 이행명령에 대한 소송만을 규정하고 대집행에 대해서는 규정이 없으므로, 이 규정의 소송의 성질을 기관소송으로 보는 한 대집행에 대해서는 소송을 제기할 수 없다고 보아야 한다.

4) **제기기간 및 관할법원:** 이행명령서를 접수한 날부터 15일 이내에 대법원에 제기할 수 있다.

5) **집행정지결정의 신청:** 지방자치단체의 장은 이의의 소를 제기하는 경우 이행명령의 집행을 정지하게 하는 집행정지결정을 신청할 수 있다(동조⑥). 이는 행정소송법상의 집행정지제도의 특례조항이라 할 것이므로 행정소송법 제23조의 요건을 갖추어야 하는 것은 아니다.

9. 사무감사 등

(1) 감독기관의 감사

1) **의의 및 종류:** 감독기관의 감사란 행정안전부장관이나 시・도지사가 지방자치단체의 자치사무에 관하여 보고를 받거나 서류・장부 또는 회계를 감사하거나(동법 190①), 주무부장관 등이 위임사무를 감사하는 것을 말한다. 감사의 종류는 서류・장부 등 행정감사와 회계처리에 대한 회계감사로 나뉜다.

2) **감사권자:** 자치사무에 대해서는 행정안전부장관이나 시・도지사가 하며, 국가위임사무에 대해서는 주무부장관이 할 수 있다.

3) **감사대상:** 제190조에는 자치사무에 대한 감사만 규정하고 있으나, 기관위임사무는 명문규정이 없어도 그 성질상 위임기관인 주무부장관이나 시・도지사가 감사할 수 있다. 자치사무의 경우에는 합목적사항에 대한 자치권을 침해하지 않도록 하기 위해 법령위반사항에 대해서만 할 수 있으나, 기관위임사무의 경우에는 합목적성 감사도 가능하다.

4) **감사절차:** 행정안전부장관 또는 시・도지사는 자치사무의 감사를 실시하기 전에 해당 사무의 처리가 법령에 위반되는지 여부 등을 확인하여야 한다(동법 190②). 즉, 특정한 법령위반행위가 확인되었거나 위법행위가 있었으리라는 합리적 의심이 가능한 경우이어야 하고, 또한 그 감사대상을 특정해야 한다(판례). 주무부장관, 행정안전부장관 또는 시・도지사는 이미 감사원 감사 등이 실시된 사안에 대하여는 새로운 사실이 발견되거나 중요한 사항이 누락된 경우 등 대통령령으로 정하는 경우를 제외하고는 감사대상에서 제외하고 종전의 감사결과를 활용하여야 한다(동법 191①). 또한 주무부장관은 제185조에 따른 위임사무의 감사를, 행정안전부장관은 제190조에 따른 자치사무의 감사를 실시하고자 하는 때에는 지방자치단체의 수감부담을 줄이고 감사의 효율성을 높이기 위하여 같은 기간 동안 함께 감사를 실시할 수 있다(동조②). 특히 법이 정한 주민의 일정 수 이상의 연서로 감사청구한 사항에 대해서는 수리한 날부터 60일 이내에 감사를 종료하고, 그 감사결과를 청구인과 지방자치단체의 장에게 서면으로 통지하고 이를 공표

하여야 한다(동법 21⑨).

[판 례] 감사대상의 특정

"중앙행정기관이 구 지방자치법 제158조 단서 규정상의 감사에 착수하기 위해서는 **자치사무에 관하여 특정한 법령위반행위가 확인되었거나 위법행위가 있었으리라는 합리적 의심이 가능한 경우**이어야 하고, 또한 그 **감사대상을 특정해야** 한다. 따라서 전반기 또는 후반기 감사와 같은 포괄적 · 사전적 일반감사나 위법사항을 특정하지 않고 개시하는 감사 또는 법령위반사항을 적발하기 위한 감사는 모두 허용될 수 없다."(헌재 2009.5.28, 2006헌라6)

(2) 감사원의 감사

감사원은 지방자치단체의 수입과 지출, 재산의 취득 · 보관 · 관리 및 처분 등을 포함한 회계를 검사하고, 지방자치단체의 사무와 그에 소속한 지방공무원의 직무를 감찰한다(감사원법 22, 24). 감사결과에 따라 변상책임의 판정(동법 31), 징계의 요구(동법 32), 시정 등의 요구(동법 33), 개선 등의 요구(동법 34), 권고 등(동법 34조의2), 고발(동법 35)을 행할 수 있다. 감사원의 감사는 지방자치단체의 위임사무나 자치사무의 구별 없이 합법성 감사뿐만 아니라 합목적성 감사도 할 수 있다(판례).

[판 례] 헌재 2008.5.29, 2005헌라3(강남구청등과감사원간의권한쟁의). 다만, 소수의견은 "감사원이 지방자치단체의 자치사무에 대하여 까지 합목적성 감사까지 하게 된다면 지방자치단체는 자치사무에 대한 자율적 정책결정을 하기 어렵고, 독립성과 자율성을 크게 제약받아 중앙정부의 하부행정기관으로 전락할 우려가 다분히 있게 되어 지방자치제도의 본질적 내용을 침해하게 될 것이다"라고 반대의견을 제시하였다.

10. 재의요구지시 및 제소

(1) 재의요구지시

1) 의 의: 지방의회의 의결이 법령에 위반되거나 공익을 현저히 해친다고 판단되면 시 · 도에 대하여는 주무부장관이, 시 · 군 및 자치구에 대하여는 시 · 도지사가 재의를 요구하게 할 수 있다(지방자치법 192① 전문). 또한 시 · 도지사가 시장 · 군수 · 구청장에게 재의를 요구하지 아니한 경우 주무부장관이 직접 시장 · 군수 · 구청장에게 재의요구를 지시할 수 있다(동조②). 재의요구지시는 국가기관의 통제수단이며, 지방자치단체의 장의 재의요구에 대한 감독의 성질을 갖는다.

2) 대상 및 사유: 대상은 지방의회의 의결이며(조례안 의결 포함), 사유는 그 의결이 법령에 위반되거나 공익을 현저히 해친다고 판단될 때이다. 다만, 자치사무의 경우에는 법령위반의 경우에 한한다고 할 것이다.

3) 지시권자: 시 · 도에 있어서는 주무부장관이, 시 · 군 및 자치구에 대하여는 시 · 도지사가 재의를 요구하게 할 수 있다. 다만, 시 · 도지사가 시장 · 군수 · 구청장에게 재의요구지시를 하지 아니한 경우에는 주무부장관이 시장 · 군수 · 구청장에게 재의를 요구하게 할 있다(동조②). 또한 그 의결된 사항이 둘 이상의 부처와 관련되거나 주무부장관이 불분명하면 행정안전부장관이 재의요구를 지시한다(동조⑨).

4) 기 간: 재의요구지시의 기간에 대하여 명문규정은 없으나, 재의요구를 받은 지방자치단체의 장은 의결사항을 이송받은 날부터 20일 이내에 지방의회에 이유를 붙여 재의를 요구하여야 하므로, 재의요구지시도 이 기간 내에서 지방자치단체의 장이 재의요구가 가능한 기간이어야 할 것이다.

5) 효 과

(가) 재의요구: 재의요구를 받은 지방자치단체의 장은 의결사항을 이송받은 날부터 20일 이내에 지방의회에 재의를 요구하여야 한다(동조①② 후문).

(나) 재의결: 지방자치단체의 장의 재의요구에 대하여 지방의회의 재의의 결과 재적의원 과반수의 출석과 출석의원 3분의 2 이상의 찬성으로 전과 같이 의결하면 그 의결사항은 확정된다(동조③).

(다) 소제기 및 집행정지결정신청: 지방자치단체의 장은 재의요구에 따라 지방의회의 재의결된 사항이 법령에 위반된다고 판단되면 재의결된 날부터 20일 이내에 대법원에 소를 제기할 수 있다. 이 경우 필요하다고 인정되면 그 의결의 집행을 정지하게 하는 집행정지결정을 신청할 수 있다(동조④).

(2) 제소지시

1) 의 의: 주무부장관이나 시·도지사는 재의결된 사항이 법령에 위반된다고 판단됨에도 불구하고 해당 지방자치단체의 장이 소를 제기하지 아니하면 그 지방자치단체의 장에게 제소를 지시할 수 있다(동조⑤).

2) 대상 및 사유: 대상은 지방의회의 재의결이며, 사유는 그 재의결된 사항이 법령에 위반된다고 판단되는 때이다.

3) 지시권자: 제소지시권자는 주무부장관이나 시·도지사이다. 다만, 재의결된 사항이 둘 이상의 부처와 관련되거나 주무부장관이 불분명하면 행정안전부장관이 제소지시를 한다(동조⑨).

4) 기 간: 제소지시는 재의결된 날부터 20일이 지난 날부터 7일 이내에 하고, 해당 지방자치단체의 장은 제소지시를 받은 날부터 7일 이내에 제소하여야 한다(동조⑥).

(3) 직접제소 및 집행정지결정신청

1) 제소지시 불이행의 경우

(가) 사 유: 재의결된 사항이 법령에 위반된다고 판단됨에도 불구하고 해당 지방자치단체의 장이 소를 제기하지 아니하는 경우이다(동조⑤).

(나) 소송당사자: 시·도의회가 피고인 경우에는 주무부장관이 원고이다. 시·군·자치구의 의회가 피고인 경우에는 시·도지사가 원고이며, 제2항에 따라 주무부장관이 직접 시장·군수·구청장에게 재의요구를 한 경우에는 주무부장관이 원고가 된다.

(다) 소의 대상: 소의 대상은 지방의회의 **재의결**이다. 재의결된 사항인지 재의결 그 자체인지 견해가 나뉠 수 있으나, 조례안의 경우에는 일부나 수정재의요구를 할 수 없으므로(동법 32③) 소의 대상은 '재의결 자체'라 할 것이다. 조례안 이외의 경우에는 사안의 성질에 따라 다를 수 있으나 원칙적으로 '재의결 자체'라 할 것이다.

(라) 제기기간: 재의결이 된 날부터 20일이 지난 날부터 7일 이내에 제소지시를 하고, 제소지시를 받은 날부터 7일 이내에 해당 지방자치단체의 장이 제소를 하지 아니하면, 위 기간이 지난 날부터 7일 이내에 직접 제소할 수 있다(동조⑦).

(마) 관할법원: 재의결에 대한 제소지시 불이행의 경우의 직접 제소의 관할법원에 관한 명문규정은 없으나, 동조 제8항이나 해당 지방자치단체의 장이 제소하는 동조 제4항의 해석상 대법원이 관할이라 할 것이다.

2) 재의요구지시 불이행의 경우

(가) 사 유: 지방의회의 의결이 법령에 위반된다고 판단되어 주무부장관이나 시·도지사로부터 재의요구 지시를 받은 해당 지방자치단체의 장이 재의를 요구하기 아니하는 경우이다(법령에 위반되는 지방의회의 의결사항이 조례안의 경우로서 재의요구 지시를 받기 전에 그 조례안을 공포한 경우를 포함)(동조⑧).

(나) 소송당사자: 위 제소지시 불이행의 경우와 동일하다.

(다) 소의 대상: 소의 대상은 지방의회의 '의결'이다.

(라) 제기기간 및 관할법원: 제소기간은 지방자치단체의 장이 의결사항을 이송받은 날부터 20일이 지난 날부터 7일 이내이며, 관할법원은 대법원이다(동조⑧).

제5장 공무원법

제1절 개 설

Ⅰ. 공무원의 개념

공무원(公務員)의 개념은 제도적 산물이기 때문에 매우 다양하며, 개별법의 태도에 따라 그 범위가 다르게 된다. 여기서는 헌법상의 공무원이 그 중심이 되는 광의의 공무원과 국가공무원법 및 지방공무원법을 중심으로 한 협의의 공무원으로 나누어 보기로 한다.

광의의 공무원이란 국가 또는 공공단체의 공무를 담당하는 일체의 자를 말한다. 헌법은 "공무원은 국민전체에 대한 봉사자이며, 국민에 대하여 책임을 진다"(7①)고 규정하고 있는 바, 이것이 바로 광의의 공무원을 의미한다. 이와 같은 공무원의 개념에는 국민에 의해 선출되는 대통령 · 국회의원 · 지방의회의원은 물론 계약에 의해 공무를 담당하는 자, 고용직 및 임시직 등 모든 공무담당자가 포함된다.

협의의 공무원이란 국가 또는 공공단체와 공법상 근무관계를 맺고 공무를 담당하는 기관구성자를 말한다. 국가공무원법 · 지방공무원법의 적용을 받는 각종 공무원이 이에 해당한다.

Ⅱ. 공무원의 본질

민주국가에서 공무원은 과거에 있어서와 같은 군주의 가신이 아님은 물론이요, 행정수반에 대하여 충성관계로 얽힌 신복적 관리(臣僕的 官吏)도 아니다. 현대민주국가에서의 공무원은 정치적으로는 주권자인 국민의 대표자 · 수임자로서 국민전체에 봉사하고 국민에게 책임을 지는 것을 본질로 하며, 법적으로는 국민의 법적 조직체인 국가의 기관의 구성자요, 국가조직의 인적 요소 · 법적 단위로서 특별한 법적 지위(권리 · 의무 · 책임)가 인정되고 있다.

공무원관계의 법적 성질에 관하여 종래에는 특별권력관계로 보는 견해가 통설이었으나, 오늘날에는 공무원관계를 국민주권주의에서 유래하는 선임행위에 따르는 국민 전체에의 봉사를 전제로 하는 근무 · 고용관계에 있는 자로 보아 공법상의 근무고용관계설이 유력시되고 있다.

Ⅲ. 공무원의 종류

1. 국가공무원과 지방공무원

이는 임명주체와 담당사무를 기준으로 한 구별이다. 전자는 국가에 의하여 임명되고 국가의 사무를 담당하며 국가로부터 보수를 받는 자를 말하며, 후자는 지방자치단체에 의하여 임명되고 자치단체의 사무를 담당하며 자치단체로부터 보수가 지급되는 공무원을 말한다.

2. 경력직 공무원과 특수경력직 공무원 · 고위공무원단

이는 공무원의 직무의 내용 · 임용자격 및 신분보장 등을 고려하여 공무원법에서 나누고 있는 방법이다. 경력직공무원은 실적과 자격에 따라 임용되고 그 신분이 보장되는 공무원이며, 특수경력직공무원은 경력직 공무원 외의 공무원을 말하고, 고위공무원단은 직무의 곤란성과 책임도가 높은 고위공무원단 직위에 임용되어 재직 중이거나 파견 · 휴직 등으로 인사관리 되고 있는 일반직공무원 · 별정직공무원 및 특정직공무원의 군을 말하는 바, 상세한 것은 다음과 같다.

구분		내용
경력직공무원	(1) 일반직 공무원	기술 · 연구 또는 행정일반에 대한 업무를 담당하는 공무원
	(2) 특정직 공무원	법관 · 검사 · 외무공무원 · 경찰공무원 · 소방공무원 · 교육공무원 · 군인 · 군무원 · 헌법재판소 헌법연구관 및 국가정보원의 직원과 경호공무원과 특수분야의 업무를 담당하는 공무원으로서 다른 법률에서 특정직 공무원으로 지정하는 공무원
특수경력직공무원	(1) 정무직 공무원	① 선거로 취임하거나 임명할 때 국회의 동의가 필요한 공무원, 예컨대, 대통령 · 국회의원 · 대법원장 등 ② 고도의 정책결정업무를 담당하거나 이러한 업무를 보조하는 공무원으로서 법령에서 정무직으로 지정하는 공무원
	(2) 별정직 공무원	비서관 · 비서 등 보좌업무 등을 수행하거나 특정한 업무수행을 위하여 법령에서 별정직으로 지정하는 공무원
고위공무원단		① 중앙행정기관의 실장 · 국장 및 이에 상당하는 보좌기관 ② 행정부 각급기관(감사원 제외)의 직위 중 제1호의 직위에 상당하는 직위 ③ 지방자치법 및 지방교육자치에관한법률의 규정에 따라 국가공무원으로 보하는 지방자치단체 및 지방교육행정기관의 직위 중 제1호의 직위에 상당하는 직위 ④ 그 밖에 다른 법령에서 고위공무원단에 속하는 공무원으로 임용할 수 있도록 정한 직위

3. 정공무원과 준공무원

정규의 공무원으로서의 신분을 가지는 자를 정공무원이라 하고, 각 개별법에서 공무원에 준하는 신분취급을 하도록 규정된 자를 준공무원이라 한다(예; 대한석탄공사 · 한국은행 임직원, 별정우체국장).

Ⅳ. 우리나라 공무원제도의 기본원칙

1. 민주적 공무원제

헌법은 "공무원은 국민 전체의 봉사자이며 국민에 대하여 책임을 진다"(7①)라고 규정한 것을 비롯하여, 국민주권주의(헌법 1②)에 입각한 국민의 공무원선거권 및 공무담임권을 보장함(동법 24, 25)으로써 민주적 공무원제를 확보하였다.

(1) 국민에의 봉사

공무원은 주권자인 국민에의 봉사를 기본임무로 하고, 그의 임용권자 또는 집권정당에 예속 내지 봉사하는 것이 아니다.

(2) 국민에 대한 책임

공무원은 주권자인 국민의 수임자인 까닭에 그 수임업무에 충실하여야 함은 물론, 신탁에 위배된 경우에는 국민에 대하여 책임을 지는 것이다. 따라서 공무원의 직무상 불법행위에 대해서는 정치적 책임은 물론, 민사상 · 형사상 · 행정상 징계책임 등을 지게 된다.

(3) 공무담임의 기회균등

모든 국민은 성별 · 종교 · 사회적 신분 등에 의하여 차별을 받지 아니하고 평등한 공무담임의 권리를 보장받으며(동법 11①, 25), 평등선거 · 인사행정의 민주적 통제가 인정된다.

2. 직업공무원제

헌법은 "공무원의 신분과 정치적 중립성은 법률이 정하는 바에 의하여 보장된다"(7②)라고 규정함으로써 직업공무원제를 보장하였다. 직업공무원제는 공무원이 정치과정에서 승리한 정당원에 의하여 충원되는 엽관제를 지양하고, 정권교체에 따른 국가작용의 중단과 혼란을 예방하며 일관성 있는 공무수행의 독자성과 영속성을 유지하기 위하여 공직구조에 관한 제도적 보장이라고 할 수 있다(판례). 직업공무원제를 유지하기 위한 구체적인 내용은 다음과 같다.

(1) 신분보장

신분보장은 직업공무원제의 핵심적인 요소인바, 헌법은 "공무원의 신분과 정치적 중립성은 법률이 정하는 바에 의하여 보장된다"고 규정하고 있고(7②), 국가공무원법은 "공무원은 형의 선고, 징계처분 또는 이 법에서 정하는 사유에 따르지 아니하고는 본인의 의사에 반하여 휴직 · 강임 또는 면직을 당하지 아니한다."고 규정하고 있다(68). 이와 같이 행정의 능률성 및 안정성을 확보하고 공무원을 전문화하기 위하여 공무원의 신분을 보장하였다.

(2) 정치적 중립성

정권교체에 따르는 행정의 불안을 없애고, 국민전체에의 봉사자로서의 공무원의 지위를 보장하기 위하여 정치적 중립성을 보장하고(헌법 7②), 일정한 정치적 행위 및 노동운동의 제한 내지 금지되는 것이 원칙이다(국가공무원법 65, 66, 지방공무원법 57, 58). 이와 같이 정치적 중립성을 보장함으로써, 공무원이 국민전체에 대한 봉사자로서 중립적 위치에서 공익을 추구하고, 행정에 대한 정치의 개입을 방지함으로써 행정의 전문성과 계속성을 제고하며, 엽관제로 인한 부패와 비능률 등의 폐해를 방지할 수 있다.

(3) 성적주의

성적주의는 정치적 고려나 정실인사를 배제하고 자격이나 능력을 기준으로 공무원을 임면하는 것을 말한다. 직업공무원제는 공무원의 임용에 있어서의 성적주의를 전제로 하는데, 이는 현대행정의 고도의 전문성·기술성에 대처할 최신·최량의 전문가를 등용하기 위하여 시험성적·근무성적 그 밖의 능력의 실증에 의하도록 한다(국가공무원법 26).

[판 례] 직업공무원제도의 중추적 요소는 공무원의 정치적 중립과 신분보장

"**직업공무원제도**는 공무원이 집권세력의 논공행상의 제물이 되는 엽관제도를 지양하고 **정권교체에 따른 국가작용의 중단과 혼란을 예방하며 일관성 있는 공무수행의 독자성을 유지**하기 위하여 헌법과 법률에 의하여 공무원의 신분이 보장되는 공직구조에 관한 제도이다. 이러한 직업공무원제도를 운영함에 있어서는 인사의 공정성을 유지하는 장치가 중요하지만 특히 공무원의 **정치적 중립**과 **신분보장**은 그 중추적 요소라고 할 수 있다. 그러나 보장이 있음으로 해서 공무원은 어떤 특정정당이나 특정상급자를 위하여 충성하는 것이 아니고 **국민전체에 대한 공복으로서 법에 따라 그 소임을 다할 수 있게 되는 것**으로 이는 당해 공무원의 권리나 이익의 보호에 그치지 않고 국가통치 차원에서의 **정치적 안정**의 유지와 공무원으로 하여금 상급자의 불법 부당한 지시나 정실에 속박되지 않고 오직 **법과 정의에 따라 공직을 수행하게 하는 법치주의의 이념과 고도의 합리성, 전문성, 연속성이 요구되는 공무의 차질 없는 수행을 위한 것**이다."(헌재 2004.11.25, 2002헌바8, 지방공무원법제62조제1항제3호위헌소원 등)

Ⅴ. 공무원법의 법원

공무원에 관한 실정법은 헌법·법률·법규명령 등의 형식으로 존재한다. 국가공무원에 관한 일반법으로 국가공무원법·공무원임용령·공무원임용시험령·국가공무원복무규정·공무원보수규정·공무원수당등에관한규정·공무원연금법·공무원여비규정·공무원성과평가등에관한규정·공무원징계령·소청절차규정·공무원고충처리규정·공무원인사기록통계및인사사무처리규정·공무원징계양정등에관한규칙 등이 있다.

또한 각 공무원의 종류에 따른 개별법으로 경찰공무원법·경찰공무원임용령·경찰공무원징계령·소방공무원법·외무공무원법·교육공무원법·교육공무원임용령·교육공무원징계령·군인사법·군무원인사법·법원조직법·검찰청법 등이 있다.

지방공무원에 관한 법으로는 일반법인 지방공무원법을 비롯하여, 지방공무원임용령·지방공무원보수규정·지방공무원징계및소청규정·지방공무원평정규정 등이 있다.

제2절 공무원관계의 발생 · 변경 · 소멸

Ⅰ. 공무원관계의 발생

1. 개 설

공무원관계의 발생원인에는 임명 이외에 선거에 의하는 경우 또는 법률의 규정에 의한 강제적인 경우도 있으나, 가장 중요하고도 보편적인 것은 임명이므로 여기서는 이에 관해서만 설명하기로 한다.

2. 임명의 의의 및 성질

(1) 임명의 의의

임명(任命)이란 특정인과 국가 사이에 특정한 관직에 관하여 공무원관계를 설정하는 공법행위를 말한다. 이에 대하여 임용이란 공무원관계를 발생 · 변경 · 소멸시키는 모든 행위를 말하는 바, 임명을 광의로는 임용(任用)이라고도 하며, 광의의 임명에는 전직 · 휴직 · 면직 · 파면 등도 포함한다.

(2) 임명의 성질

임명행위가 어떠한 법적 성질을 가지는지에 대하여는 학설이 대립되어 있다.

1) **동의를 전제로 하는 단독행위설:** 이 설은 오토 마이어(O. Mayer)에 의하여 주장된 것인데, 임명의 효력을 발생시키는 것은 국가의 의사인 것이나, 그것이 완전히 유효하기 위하여는 상대방의 동의라는 요건이 갖추어져야 한다는 것이다.

2) **쌍방적 행정행위설:** 이 설은 옐리네크(W. Jellinek)에 의해 주장된 것으로, 임명행위는 상대방의 동의를 요하는 행정행위라고 보나, 다만 상대방의 동의는 임명이 유효하게 성립하기 위한 절대적 유효요건으로, 이 요건이 흠결되면 임명행위는 당연 무효라고 하는 견해로 통설의 입장이다.

3) **공법상 계약설:** 이 설은 라반트(P. Laband)에 의해 주장된 것으로, 임명행위는 양 당사자의 의사의 합치에 의하여 성립하는 행위인 점에서 사법상 계약과 같으나, 공법상의 근무관계의 설정이라는 공법적 효과의 발생을 목적으로 하는 점에서 공법상 계약이라고 한다. 다만, 임명행위를 공법상의 계약이라고 하여도 그것은 사용인인 국가가 일방적으로 결정한 바를 공무원이 될 자가 포괄적으로 받아들이는지의 여부를 결정하는 데 그치는 부합계약적인 것이 보통이라고 한다.

4) **결 어:** 임명행위의 실체를 볼 때 상대방의 동의는 그 성립에 결할 수 없는 요건이며 행위의 내용은 행정청이 일방적으로 결정하고 사인이 이를 포괄적으로 수락함에 그친다고 할 것이

므로 쌍방적 행정행위로 봄이 타당하다. 다만, 국가와 채용계약에 의하여 일정한 기간 동안 채용되는 전문직 공무원은 공법상 계약에 의한다.

3. 임명권자

공무원의 임명은 성질상 행정에 속하므로 헌법·법률에 의하여 국회의장, 대법원장 등에 임명권이 부여된 경우를 제외하고는 정부의 수반인 대통령에게 속하는 것이나(헌법 78), 법률은 대통령의 직무상 번잡 등을 고려하여 공무원의 임명권을 각급 행정청에 분산시켰다.

행정기관 소속 5급 이상 공무원 및 고위공무원단에 속하는 일반직공무원은 소속장관의 제청으로 인사혁신처장과 협의를 거친 후에 국무총리를 거쳐 대통령이 임명하고, 국세청장은 국회의 인사청문회를 거쳐 대통령이 임명한다(국가공무원법 32①). 그 밖의 공무원의 임명과 대통령령에 의하여 위임받은 대통령의 임용권 일부를 소속장관이 행하되, 그 임용권의 일부를 그 보조기관 또는 소속기관의 장에게 위임하거나 재위임할 수 있다(동법 32②③).

4. 임명의 요건

(1) 능력요건

(가) 의 의: 공무원으로 임명되기 위해서는 일정한 결격사유가 없어야 한다(국가공무원법 33, 지방공무원법 31 참조). 결격사유가 없어야 하는 것은 임명의 조건일 뿐만 아니라 공무원으로서의 신분을 계속하여 유지하기 위한 조건이다. 그 취지는 결격사유에 해당하는 자를 공무로부터 배제함으로써 공무수행에 대한 국민의 신뢰와 공직에 대한 신용 등을 유지하고 공무의 정상적인 운영을 확보하기 위한 것이고, 공무원범죄를 사전에 예방하고 공직사회의 질서를 유지하고자 함에 있다. 임용결격사유가 있는지의 여부는 채용후보자명부에 등록한 때가 아닌 임용 당시에 시행되던 법률을 기준으로 하여 판단하여야 한다(대판 1998.10.23. 98두12932 등).

(나) 결격사유: 공무원의 결격사유는, 1. 피성년후견인, 2. 파산선고를 받고 복권되지 아니한 자, 3. 금고 이상의 실형을 선고받고 그 집행이 종료되거나 집행을 받지 아니하기로 확정된 후 5년을 지나지 아니한 자, 4. 금고 이상의 형을 선고받고 그 집행유예 기간이 끝난 날부터 2년이 지나지 아니한 자, 5. 금고 이상의 형의 선고유예를 받은 경우에 그 선고유예기간 중에 있는 자, 6. 법원의 판결 또는 다른 법률에 따라 자격이 상실되거나 정지된 자, 6의2. 공무원으로 재직기간 중 직무와 관련하여 형법 제355조(횡령·배임) 및 제356조(업무상 횡령·배임)에 규정된 죄를 범한 자로서 300만원 이상의 벌금형을 선고받고 그 형이 확정된 후 2년이 지나지 아니한 자, 6의3. 「성폭력범죄의 처벌 등에 관한 특례법」 제2조에 규정된 죄를 범한 사람으로서 100만원 이상의 벌금형을 선고받고 그 형이 확정된 후 3년이 지나지 아니한 사람, 6의4. 미성년자에 대한 「성폭력범죄의 처벌 등에 관한 특례법」 제2조에 따른 성폭력범죄나 「아동·청소년의 성보호에 관한 법률」 제2조제2호에 따른 아동·청소년대상 성범죄에 해당하는 죄를 저질러 파

면・해임되거나 형 또는 치료감호를 선고받아 그 형 또는 치료감호가 확정된 사람(집행유예를 선고받은 후 그 집행유예기간이 경과한 사람을 포함한다), 7. 징계로 파면의 처분을 받은 때부터 5년이 지나지 아니한 자, 8. 징계로 해임의 처분을 받은 때부터 3년이 지나지 아니한 자 등이다(국가공무원법 33, 지방공무원법 31).

(2) 성적요건(자격요건)

공무원은 소극적인 능력요건 이외에 적극적으로 일정한 자격을 갖추어야 하는 바, 시험성적・근무성적 그 밖의 능력의 실증에 의하여 인정되어야 한다(국가공무원법 26, 지방공무원법 25). 신규채용은 공개경쟁시험을 원칙으로 하나, 예외적으로 특별채용에 의할 수 있다(전법 28).

5. 임명요건 결여의 효과

(1) 공무원의 신분유지 여부

1) 능력요건 결여의 효과: 결격사유에 해당하는 자를 공무원으로 임명하는 행위는 무효로 되고, 공무원이 재직중에 이 요건을 결여하게 된 때에는 당연 퇴직한다. 임용결격사유 있는 자의 임용행위는 당연 무효이므로 임용권자는 공무원관계를 소멸시키는 별도의 의사표시가 불필요 하며 퇴직발령통지를 하였더라도 이는 행정처분이 아니라 당연퇴직 사실을 통보하는 관념의 통지인 확인행위에 불과하다.

[판 례] 결격사유의 공무원 임용은 당초부터 당연무효

"국가가 공무원임용결격사유가 있는 자에 대하여 **결격사유가 있는 것을 알지 못하고 공무원으로 임용하였다가** 사후에 결격사유가 있는 자임을 발견하고 **공무원 임용행위를 취소하는 것은 당사자에게 원래의 임용행위가 당초부터 당연무효이었음을 통지하여 확인시켜 주는 행위**에 지나지 아니하는 것이므로, 그러한 의미에서 **당초의 임용처분을 취소함에 있어서는 신의칙 내지 신뢰의 원칙을 적용할 수 없고** 또 그러한 의미의 **취소권은 시효로 소멸하는 것도 아니다.**"(대판 1987.4.14. 86누459, 임용행위취소처분취소)

"경찰공무원법에 규정되어 있는 경찰관임용 결격사유는 경찰관으로 임용되기 위한 절대적인 소극적 요건으로서 임용당시 경찰관임용 결격사유가 있었다면 **비록 임용권자의 과실에 의하여 임용결격자임을 밝혀내지 못하였다 하더라도 그 임용행위는 당연무효**로 보아야 한다."(대판 2005.7.28. 2003두469, 지방공무원지위확인)

2) 성적요건 결여의 효과: 성적요건을 결한 자의 임명은 취소할 수 있는 행위로 된다. 성적요건을 결하여 취소하게 되면 해당 공무원의 귀책사유로 인한 경우가 아닌 한 장래에 향해 효력이 발생하는 것으로 볼 것이다.

(2) 봉급 등 급여의 반환여부

1) 능력요건 결여의 경우: 결격사유가 있는 자가 사실상 공무원으로서 근무한 경우에 그 자는 법률상 원인 없이 봉급 그 밖에 급여를 지급받은 부당이득이 있는 반면, 국가 또는 지방자치단체는 법률상 원인 없이 노무를 제공받은 부당이득이 있다. 따라서 사실상 공무원의 근무와 그 직에 대한 봉급 그 밖의 급여 간에는 정당한 균형이 이루어진다고 볼 수 있으므로 특별한

사정이 없는 한 상호간에 부당이득반환청구권을 행사할 수 없거나, 양자는 결국 등가(等價)의 것이므로 상계(相計)하는 것이 타당하다. 결국 임용권자는 결격사유 있는 자에게 지급한 봉급의 반환청구를 할 수 없다고 할 것이다.

2) **성적요건 결여의 경우:** 성적요건결여의 경우에는 취소사유에 불과하므로 취소되기 전에는 공무원으로서 근무한 것이라는 점, 실제로 공무를 수행하고 지급받은 급여는 노무에 대한 대가로 볼 수 있고, 상대방의 신뢰보호와 법적 안정성의 관점에서 지급받은 급여는 부당이득으로 볼 수 없다는 점에서 반환의무가 없다.

(3) 퇴직급여청구권 여부

1) **능력요건 결여의 경우:** 능력요건을 결여한 자가 공무원으로 근무한 경우에 퇴직급여 청구의 가능여부에 관하여 견해가 나뉜다.

(가) 긍정설: 이는 임용요건결여에도 불구하고 장기간 직무에 종사시킨 후 퇴직급여 지급을 거부하는 것은 신뢰보호원칙에 반한다든가, 임용행위의 하자가 상대방의 신뢰보호 및 법적 안정성을 이유로 치유되었다고 보는 견해이다.

(나) 부정설: 이는 급여는 적법한 근무를 전제로 하며 임용요건결여의 위법한 임용행위에 의한 근무에 대해서는 퇴직급여 지급이 불가하다는 견해이다.

(다) 제한적 긍정설: 이는 퇴직금의 경우에는 공무원이 납부한 기여금에 해당하는 부분 등은 후불임금적인 성격이므로 지급해야 한다는 입장이다.

(라) 판 례: 종래 부정설을 취해 왔으나(판례1), 그 후 제한적 긍정설을 취하고 있다(판례2).

[판례 1] 임용결격자인 공무원임용은 퇴직금청구 불가

"공무원연금법에 의한 퇴직급여 등은 적법한 공무원으로서의 신분을 취득하여 근무하다가 퇴직하는 경우에 지급되는 것이고, **임용 당시 공무원임용결격사유가 있었다면 그 임용행위는 당연무효**이며, 당연무효인 임용행위에 의하여 공무원의 신분을 취득할 수는 없으므로 **임용결격자가 공무원으로 임용되어 사실상 근무하여 왔다고 하더라도** 적법한 공무원으로서의 신분을 취득하지 못한 자로서는 **공무원연금법 소정의 퇴직급여 등을 청구할 수 없고**, 또 당연퇴직사유에 해당되어 공무원으로서의 신분을 상실한 자가 그 이후 **사실상 공무원으로 계속 근무하여 왔다고 하더라도 당연퇴직 후의 사실상의 근무기간은 공무원연금법상의 재직기간에 합산될 수 없다.**"(대판 2003.5.16. 2001다61012, 퇴직금등; 대판 2002.7.26. 2001두205 등)

[판례 2] 제한적 긍정설을 취한 판례

"임용행위가 구 국가공무원법에 위배되어 당연무효임에도 계속 근무하여 온 경우, 임용시부터 퇴직시까지의 근로는 법률상 원인 없이 제공된 부당이득이므로 임금을 목적으로 계속하여 근로를 제공하여 온 퇴직자에 대하여 **퇴직급여 중 적어도 근로기준법상 퇴직금에 상당하는 금액은 그가 재직기간 중 제공한 근로에 대한 대가로서 지급되어야 한다**고 한 사례"(대판 2004.07.22. 2004다10350, 부당이득금)

"국가 또는 지방자치단체는 공무원연금법이 적용될 수 있었던 임용결격공무원 등의 이 사건 근로 제공과 관련하여 매월 지급한 월 급여 외에 공무원연금법상 퇴직급여의 지급을 면하는 이익을 얻는데, **퇴직급여 가운데 임용결격공무원 등이 스스로 적립한 기여금 관련 금액은 임용기간 중의 이 사건 근로의 대가에 해당하고, 기여금을 제외한 나머지 금액 중 순수한 근로에 대한 대가로서 지급되는 부분(공무원의 지위에 대한 공로보상적, 사회보장적 차원에서 지급되는 부분을 제외하는 취지이다) 상당액이 퇴직에 따라 이 사건 근로의 대가로 지급되는 금액이라 할 수 있다.** … (국가 등의)

부당이득은 손해액과 이득액 중 적은 범위 내에서 반환의무를 지므로, 위와 같이 임용결격공무원 등이 입은 손해, 즉 임용기간 중 이 사건 근로의 대가로서의 손해액에 해당하는 공무원연금법상 기여금 관련 금액 및 퇴직에 따라 지급받을 수 있는 이 사건 근로의 대가로서의 손해액에 해당하는 근로자퇴직급여 보장법상 퇴직금 상당액의 합계가 국가 또는 지방자치단체의 이득액에 해당하는 공무원연금법상 퇴직급여 상당액을 넘는 경우에, 국가 또는 지방자치단체가 반환하여야 할 부당이득액은 공무원연금법상 퇴직급여 상당액으로 제한된다. … 임용결격사유가 없었다면 공무원연금법상의 퇴직급여 63,616,800원 중 기여금 및 이에 대한 이자의 합계인 29,167,229원을 지급받았으므로, 지급받지 못한 돈은 34,449,571원이다. 그런데 근로기준법 및 근로자퇴직급여보장법에 따라 계산한 원고의 퇴직금 상당액이 48,548,178원인 바, 이를 그대로 지급하는 경우 원고가 임용결격사유가 없었다면 공무원연금법상 받을 수 있었던 퇴직급여액을 오히려 초과하게 되므로, 피고가 원고에게 반환할 부당이득금은 공무원연금법상의 퇴직급여 상당액 중 이미 지급받은 금액을 제외한 34,449,571원으로 제한된다."(대판 2017.5.11. 2012다200486, 부당이득금반환)

(마) 결 어: 제한적 긍정설이 타당하다. 퇴직급여는 공무원 자신의 기여금과 이와 동액의 국가 또는 지방자치단체의 부담금으로 형성되는바, 퇴직급여 중 본인의 기여금에 해당하는 부분은 재직 중 근무의 대가로서 지급하였어야 할 임금의 후불적 성격이 강하다. 또한 기여금을 제외한 나머지 금액 중 순수한 근로의 대가로서 지급되는 부분 상당액은 근로기준법 및 근로자퇴직급여보장법상 퇴직금 상당액으로 볼 수 있다. 따라서 임용요건결여의 사유가 있는 자가 사실상 공무원으로 재직하다 퇴직한 경우 특별한 사정이 없는 한 공무원 자신의 기여금에 해당하는 부분과 순수한 근로의 대가로 지급된 부분의 퇴직급여는 받을 수 있다.

2) 성적요건 결여의 경우: 자신의 귀책사유 없이 공무원으로 근무하다가 임용시 성적요건결여를 이유로 임용취소 된 경우에는 그 동안 공무원으로서 근무한 것이므로 퇴직급여를 받을 수 있다.

(4) 요건결여 공무원의 행위의 효과

1) 능력요건 결여의 경우: 결격사유 있는 자의 임용은 당연무효이기 때문에 그 자가 형식상 공무원으로서 행한 행위도 이론상으로는 무권한자의 행위로서 무효로 볼 수 있다. 그러나 임용요건이 결여된 자가 행한 행위가 사실상 공무원으로서 행한 행위로 인식될 수 있는 경우에는 선의의 제3자의 신뢰보호 내지 기성 행정질서의 안정이라는 견지에서 사실상 유효한 것으로 볼 수 있다(공무원이론). 따라서 직무와 관련한 형법상 수뢰죄가 성립될 수 있다(판례).

[판 례] 임용결격자의 직무와 관련한 뇌물 수뢰죄 성립

"형법이 뇌물죄에 관하여 규정하고 있는 것은 공무원의 직무집행의 공정과 그에 대한 사회의 신뢰 및 직무행위의 불가매수성을 보호하기 위한 것이다. **법령에 기한 임명권자에 의하여 임용되어 공무에 종사하여 온 사람이 나중에 그가 임용결격자이었음이 밝혀져 당초의 임용행위가 무효라고 하더라도, 그가 임용행위라는 외관을 갖추어 실제로 공무를 수행한 이상 공무 수행의 공정과 그에 대한 사회의 신뢰 및 직무행위의 불가매수성은 여전히 보호되어야 한다.** 따라서 이러한 사람은 형법 제129조에서 규정한 공무원으로 봄이 타당하고, **그가 그 직무에 관하여 뇌물을 수수한 때에는 수뢰죄로 처벌할 수 있다.**"(대판 2014.03.27. 2013도11357 뇌물수수)

2) 성적요건 결여의 경우: 성적요건 결여는 취소사유에 불과하므로 취소되기 전의 행위는 공무원의 행위로서의 효과가 발생한다.

6. 임용절차 및 시보임용

(1) 임용절차

시험실시기관의 장은 공개경쟁채용시험 합격자를 채용후보자 명부에 등재하여야 하며, 이 명부의 유효기간은 2년의 범위에서 정하되 필요에 따라 1년의 범위에서 더 연장할 수 있다(동법 38①②). 시험실시기관의 장은 채용후보자 명부에 등재된 자를 임명권자 또는 임명제청권자에게 추천하여야 하나, 공개경쟁채용시험 합격자의 우선임용을 위하여 필요하면 인사혁신처장이 채용후보자를 근무기관을 지정하여 임용하거나 임용제청할 수 있다(동법 39).

(2) 시보임용

1) 의의 및 기간: 공무원을 신규로 채용하는 경우 정규공무원으로 임용하기 전에 일정한 기간 실무를 익히게 하는 공무원임용을 말한다. 5급 공무원을 신규 채용하는 경우에는 1년, 6급 이하의 공무원을 신규 채용하는 경우에는 6개월간 각각 시보(試補)로 임용하고 그 기간의 근무성적·교육훈련성적과 공무원으로서의 자질을 고려하여 정규 공무원으로 임용한다(국가공무원법 29①).

2) 법적 성질: 공무원의 시보임용은 정규공무원으로 임용할 때까지 잠정적으로 공무원으로 임용하고 정규공무원으로 임용하게 되면 그 효력을 상실하고 종국적 공무원임용으로 대체된다고 할 것이므로 소위 **가행정행위**에 해당한다.

3) 시보임용의 효과: 시보임용행위는 가행정행위로서의 효과가 발생하는바, 정규공무원임용행위는 시보임용행위와 별도의 임용행위이므로 그 요건과 효력은 개별적으로 판단하여야 한다(대판 2005.7.28. 2003두469). 그런데 정규공무원임용은 국가공무원법 제29조 제1항에 따라 시보임용기간의 근무성적 및 공무원으로서의 자질 등을 고려하여 임용해야 하므로 시보임용의 경력이 그 성립요건이 된다.

시보임용 기간 중에 있는 공무원이 근무성적·교육훈련성적이 나쁘거나 이 법 또는 이 법에 따른 명령을 위반하여 공무원으로서의 자질이 부족하다고 판단되는 경우에는 제68조와 제70조에도 불구하고 면직시키거나 면직을 제청할 수 있다(동조③).

7. 임명의 형식·효력발생시기

공무원의 임명은 임용장 교부의 형식에 의함이 보통이며, 원칙적으로 임용장에 적힌 날짜에 임용된 것으로 본다(공무원임용령 6①).

Ⅱ. 공무원관계의 변경·소멸

1. 공무원관계의 변경

공무원관계의 변경이란 공무원으로서의 신분을 유지하면서 공무원관계의 내용이 전부 또는 일부가 일시적 또는 영구적으로 변경되는 것을 말한다.

(1) 승진(昇進)

1) 의의 및 요건: 승진이란 동일직렬(同一職列) 내의 상위급류의 직에 임용하는 것을 말한다. 승진은 동종직무에 종사하는 동일직렬의 바로 하위공무원 중에서 근무성적·경력평정 그 밖에 능력의 실증에 따른다(국가공무원법 40①). 다만, 1급부터 3급까지 및 고위공무원단 직위로의 승진임용의 경우에는 능력과 경력 등을 고려하여 임용하며, 5급 공무원으로의 승진임용의 경우에는 승진시험을 거치도록 하고, 6급 이하의 경우는 승진시험을 병용(竝用)할 수 있다(동조①②). 승진에는 일반승진과 특별승진이 있다. 전자는 승진소요최저연수를 근무한 자 중에서 승진후보자명부의 높은 순위자순에 의하여 승진시키는 것을 말하며, 후자는 승진소요최저년수와 승진후보자명부에 의한 순위에 관계없이 승진시키는 것을 말한다.

2) 승진의 제한: 공무원은 징계처분요구 또는 징계의결요구·징계처분·직위해제·휴직 또는 시보임용기간 중에 있는 경우 등에는 승진임용될 수 없고, 징계처분의 집행이 끝난 날부터 18개월(강등·정직), 12개월(감봉), 6개월(견책)의 기간이 지나지 아니한 경우에는 승진임용될 수 없다(공무원임용령 32①).

3) 징계사유 있는 자의 승진임용의 위법여부: 공무원이 징계사유에 해당함에도 징계의결요구를 하지 아니하고 승진임용 한 것이 위법인지에 대하여 견해가 나뉜다.

(가) 위법설: 이는 징계의결요구의 의무를 위반한 것이므로 승진임용에 관한 재량권을 현저히 위반한 것으로 위법한 처분이라는 견해이다.

(나) 적법설: 이는 승진임용은 일순간의 과오만이 아니라 근속기간이나 경력·근무성적·상훈 등을 참작하여 행하는 임용권자의 재량판단사항이므로 위법이라고 단정할 수 없다는 견해이다.

(다) 판 례: 판례는 위법설을 취하고 있다.

[판 례] 징계사유가 있는 공무원의 승진임용은 위법

"**[다수의견]** 지방공무원법에서 정한 공무원의 집단행위금지의무 등에 위반하여 전국공무원노동조합의 불법 총파업에 참가한 지방자치단체 소속 공무원들의 행위는 임용권자의 징계의결요구 의무가 인정될 정도의 징계사유에 해당함이 명백하므로, 임용권자인 하급 지방자치단체장으로서는 위 공무원들에 대하여 지체 없이 관할 인사위원회에 징계의결의 요구를 하여야 함에도 불구하고 상급 지방자치단체장의 여러 차례에 걸친 징계의결요구 지시를 이행하지 않고 오히려 그들을 승진임용시키기에 이른 경우, 하급 지방자치단체장의 위 승진처분은 **법률이 임용권자에게 부여한 승진임용에 관한 재량권의 범위를 현저하게 일탈한 것으로서 위법한 처분**이라 할 것이다. 따라서 상급 지방자치단체장이 하급 지방자치단체장에게 기간을 정하여 그 시정을 명하였음에도 이를 이행하지 아니하자 지방자치법 제157조 제1항에 따라 위 승진처분을 취소한 것은 적법하고, 그 취소권 행사에 재량권 일탈·남용의 위법이 있다고 할 수 없다.

[반대의견] **승진처분은 한 공무원의 일순간의 과오만이 아니라 근속기간이나 경력, 근무성적, 상훈 등을 두루 살펴서 행하여지는 것으로서 임용권자의 판단과 재량이 전적으로 존중되어야** 하는바, 하급 지방자치단체장이 전국공무

원노동조합의 불법 총파업에 참가한 소속 공무원들에 대하여 징계의결 요구를 하지 아니하고 오히려 그들을 승진임용시킨 경우에 있어서, 당시 위 공무원들에 대한 징계의결요구 중에 있었던 것도 아니고 장차 그들이 어느 정도의 징계를 받을지 아니면 징계를 받지 않을지 알 수 없는 상황이었음에도 불구하고, 위 공무원들의 공적 등 다른 어떠한 사정도 고려함이 없이 단지 그 임용권자인 하급 지방자치단체장이 그들에 대한 징계의결요구를 하였어야 하나 하지 않았다는 이유 하나만으로 위 승진처분이 지방자치법 제157조 제1항에 따라 상급 지방자치단체장에 의하여 취소되어야 할 정도로 재량권을 일탈·남용한 것이라고 단정할 수는 없는 것이다."(대판 2007.3.22, 2005추62, 전원합의체 판결, 울산 북구청 승진처분취소 사건)

[참 고] 위 판례(대판 2005추62) 이후 지방공무원임용령은 대통령령 제22203호(2010.6.15.)로 개정하여 제34조(승진임용의 제한) 제1항 제1호에 '관계 행정기관의 장의 징계처분요구가 있거나'를 추가하여 논란의 소지를 제거하였다.

(라) 결 어: 징계사유에 해당함이 명백함에도 징계의결요구의무를 위반하여 징계의결요구를 하지 아니하고 오히려 승진임용한 것은 임용권자의 승진임용에 관한 재량권을 일탈·남용한 것으로 위법이라고 할 것이다.

(2) 전 직

전직(轉職)이란 직렬을 변경하는 것을 말하며, 직위분류제의 원칙에 대한 예외이므로 일정한 제한 아래 시험을 거치는 것이 원칙이다(국가공무원법 28의3).

(3) 전 보

전보(轉補)란 같은 직급 내에서의 보직변경을 말한다. 정실인사의 방지를 위해 당해 직위에 임용된 날부터 2년 이내에는 전보할 수 없음이 원칙이다. 공무원의 같은 직위에서의 장기근무로 인한 침체를 방지하여 창의적으로 직무를 수행하게 하고, 과다하게 잦은 전보로 인한 전문성 및 능률의 저하를 방지하여 안정적으로 직무를 수행할 수 있게 하기 위하여 정기적으로 전보를 실시한다(공무원임용령 44①)(판례1). 전보도 항고소송의 대상인 처분이며, 해당 공무원의 동의 없이 임용권자를 달리하는 지방자치단체로의 전보는 위법한 처분이다(판례2).

[판례 1] 전보인사가 불법행위로 되는 경우

"공무원에 대한 전보인사가 법령이 정한 기준과 원칙에 위배되거나 인사권을 다소 부적절하게 행사한 것으로 볼 여지가 있다 하더라도 그러한 사유만으로 그 전보인사가 당연히 불법행위를 구성한다고 볼 수는 없고, 인사권자가 당해 공무원에 대한 보복감정 등 다른 의도를 가지고 **인사재량권을 일탈·남용하여 객관적 정당성을 상실하였음이 명백한 경우 등 전보인사가 우리의 건전한 사회통념이나 사회상규상 도저히 용인될 수 없음이 분명한 경우에, 그 전보인사는 위법하게 상대방에게 정신적 고통을 가하는 것이 되어 당해 공무원에 대한 관계에서 불법행위를 구성한다.**"(대판 2009.5.28. 2006다16215)

[판례 2] 해당 공무원의 동의 없이 임용권자를 달리하는 지방자치단체로의 전보는 위법

"지방공무원법 제30조의2 제2항에 정한 인사교류에 따라 지방자치단체의 장이 소속 공무원을 전출하는 것은 **임명권자를 달리하는 지방자치단체로의 이동인 점에 비추어 반드시 당해 공무원 본인의 동의를 전제로 하는 것**이고, 따라서 위 법 규정의 위임에 따른 지방공무원 임용령 제27조의5 제1항도 본인의 동의를 배제하는 취지의 규정은 아니라고 해석하여야 한다.

구청장이 본인의 동의 없이 소속 공무원에게 임명권자를 달리하는 다른 구로 전출을 명한 것은 위법한 처분이라고 한 사례."(대판 2008.09.25. 2008두5759 본인동의없는부당전출명령취소).

(4) 복 직

복직(復職)이란 휴직, 직위해제, 정직 중이거나 강등으로 직무에 종사하지 못한 공무원을 직위에 복귀시키는 것을 말한다(동령 2(2)).

(5) 겸임 및 파견

겸임이란 직위와 직무의 내용이 유사하고 담당직무수행에 지장이 없다고 인정되는 경우에 일반직 공무원을 그 직위를 보유한 채 특정직 공무원이나 특수전문분야의 일반직 공무원 또는 별정직 공무원 등으로 임용하는 것을 말한다.

파견이란 국가적 사업의 수행 또는 그 업무수행과 관련된 행정지원이나 연수, 그 밖에 능력개발 등을 위하여 자기 본래의 직무를 떠나 다른 국가기관·공공단체·정부투자기관·국내외의 교육기관·연구기관, 그 밖의 기관에 일정기간 근무하는 것을 말한다.

(6) 강 임

강임(降任)이란 동일직렬 내의 하위직급에 임명하거나 그 하위직급이 없어 다른 직렬의 하위직급으로 임명하는 것을 말한다. 강임의 사유는 직제 또는 정원의 변경이나 예산의 감소 등으로 직위가 폐직되거나 하위의 직으로 변경되어 과원이 된 경우 또는 본인이 동의한 경우이다(국가공무원법 73의4①). 강임절차에 관한 특별한 규정은 없으나, 강제강임의 경우에는 당해 공무원에게 처분사유설명서를 교부하여야 한다(동법 75). 강임된 공무원은 상위직급에 결원이 생긴 때에는 국가공무원법상의 승진의 일반원칙(동법 40, 40조의2, 40조의4, 41)에 불구하고 우선 임용된다. 다만, 본인의 동의에 의하여 강임된 공무원은 본인의 경력과 당해 기관의 인력사정 등을 고려하여 우선 임용될 수 있다(동법 73의4②, 지방공무원법 65의4).

(7) 휴 직

1) 의 의: 휴직(休職)은 공무원으로서의 신분은 보유하면서 직무담임을 일시적으로 해제하는 행위이다(국가공무원법 71, 지방공무원법 63). 휴직에는 본인의 의사에 불구하고 휴직을 명하는 강제휴직과 본인의 원에 의하여 하는 의원휴직이 있다.

2) 휴직사유

(가) 강제휴직사유: ① 신체·정신상의 장애로 장기요양이 필요할 때, ② 병역법에 따른 병역복무를 마치기 위하여 징집 또는 소집된 때, ③ 천재지변이나 전시·사변, 그 밖의 사유로 생사 또는 소재가 불명확하게 된 때, ④ 그 밖에 법률의 규정에 따른 의무를 수행하기 위하여 직무를 이탈하게 된 때, ⑤ 「공무원의 노동조합설립 및 운영 등에 관한 법률」 제7조에 따라 노동조합 전임자로 종사하게 된 때 등이다(국가공무원법 71①, 지방공무원법 63①).

(나) 의원휴직사유: ① 국제기구, 외국기관, 국내외의 대학·연구기관, 다른 국가기관 또는 대통령령으로 정하는 민간기업, 그 밖의 기관에 임시로 채용될 때, ② 국외유학을 하게

된 때, ③ 중앙인사관장기관의 장이 지정하는 연구기관이나 교육기관 등에서 연수하게 된 때, ④ 만 8세 이하의 자녀를 양육하기 위하여 필요하거나 여성공무원이 임신 또는 출산하게 된 때, ⑤ 조부모, 부모(배우자의 부모를 포함한다), 배우자, 자녀 또는 손자녀를 부양하거나 돌보기 위하여 필요한 경우, ⑥ 외국에서 근무·유학 또는 연수하게 되는 배우자를 동반하게 된 때, ⑦ 대통령령 등으로 정하는 기간동안 재직한 공무원의 직무관련 연구과제수행 또는 자기개발을 위하여 학습·연구 등을 하게 된 때 등이다(국가공무원법 71②, 지방공무원법 63②). 의원휴직여부결정은 임용권자의 재량사항이나, ④의 경우는 특별한 사정이 없는 한 휴직을 명하여야 하고, 그 휴직을 이유로 인사상 불리한 처우를 하여서는 아니 된다(동조②④).

3) 휴직기간: **강제휴직**의 경우, ①의 사유의 경우 1년 이내, ② 및 ④의 사유인 경우는 그 복무기간이 끝날 때까지, ③의 사유인 경우는 3월 이내, ⑤는 전임기간 등이다(국가공무원법 72(1)-(3)). **의원휴직**의 경우는, ①의 경우는 채용기간으로 하되 민간기업 그 밖의 기관은 3년 이내, ② 및 ⑥의 경우 3년 이내로 하되 부득이한 경우 2년의 범위 내에서 연장 가능, ③은 2년 이내, ④는 자녀 1명에 대해 3년 이내, ⑤는 1년 이내로 하되 재직기간 중 총 3년을 넘을 수 없고, ⑦은 1년 이내로 한다(동법 72).

4) 휴직의 효과: 휴직중인 공무원은 신분은 보유하나 직무에 종사하지 못한다(동법 73①). 그러므로 휴직 중이라도 신분상 의무를 위반할 경우에는 징계처분의 대상이 되고, 직무수행을 전제로 한 자격요건산정기간에는 포함되지 않는다. 또한 휴직 중에는 공무상 질병으로 인한 경우를 제외하고는 승진임용이나 승급시킬 수 없다(공무원임용령 32①(1), 공무원보수규정 14①). 또한 질병휴직의 경우 외에는 휴직 중에는 봉급을 지급하지 아니한다(공무원보수규정 28③).

5) 휴직종료와 복직: 휴직기간 중 그 사유가 소멸된 때에는 30일 이내에 임용권자 또는 임용제청권자에게 이를 신고하여야 하며, 임용권자는 지체 없이 복직을 명하여야 한다(국가공무원법 73②). 또한 휴직기간이 만료된 공무원이 30일 이내에 복귀신고를 한 때에는 당연히 복직된다(동조③).

(8) 직위해제

1) 의의 및 법적 성질: 직위해제(職位解除)란 공무원으로서 신분을 보유하면서 직위담당을 해제하는 행위이다(동법 73의3). 이는 직위해제사유가 있는 경우에 정상적인 공무집행 및 행정의 공정성과 그에 대한 국민의 신뢰를 저해할 우려를 사전에 방지하고자 잠정적이고 가처분적으로 미리 공직에서 배제하기 위한 제도라 할 수 있다. 즉, 직위해제는 일시적으로 직무에 종사하지 못하게 하는 잠정적 조치로서(**잠정성**), 제재적 의미를 가지는 강제적인 보직의 해제이고 복직이 보장되지 않는다(**제재적 처분성**). 직위해제처분은 임용권자의 재량행위에 속하며(**재량행위성**), 직위해제는 징벌적 제재인 징계와 법적 기초·성질·사유 등을 달리한다(**징계와 구별성**). 따라서 시효의 적용을 받지 않으며, 양자간에 일사부재리의 원칙이나 이중처벌금지의 원칙이 적용되지 않는다.

[판 례] 직위해제의 법적 성질 및 징계와 구별

"직위해제는 일반적으로 공무원이 직무수행능력이 부족하거나 근무성적이 극히 불량한 경우, 공무원에 대한 징계절차가 진행중인 경우, 공무원이 형사사건으로 기소된 경우 등에 있어서 **당해 공무원이 장래에 있어서 계속 직무를 담당하게 될 경우 예상되는 업무상의 장애 등을 예방하기 위하여 일시적으로 당해 공무원에게 직위를 부여하지 아니함**으로써 직무에 종사하지 못하도록 하는 **잠정적인 조치로서의 보직의 해제**를 의미하므로 과거의 공무원의 비위행위에 대하여 기업질서 유지를 목적으로 행하여지는 **징벌적 제재로서의 징계와는 그 성질이 다르다.**"(대판 2003.10.10. 2003두5945, 직위해제처분취소; 대판 1996.10.29. 95누15926 등)

2) 직위해제사유(국가공무원법 73조의3①, 지방공무원법 65조의3①)

직위해제사유는 공무원이 당연퇴직사유 등 공무원으로서 결격사유의 의심이 있어 공무수행을 하게 함이 부적절한 경우이다.

(가) 직무수행능력이 부족하거나 근무성적이 극히 나쁜 자(제2호): 이 경우 근무성적평정점수의 저조만으로는 아니 되고 정신적·육체적으로 직무를 적절히 처리할 수 있는 능력의 현저한 부족으로 근무성적이 극히 불량한 때를 의미한다(판례1).

(나) 파면·해임·강등 또는 정직에 해당하는 징계의결이 요구 중인 자(제3호): 이 경우는 중징계처분을 받을 고도의 개연성이 인정되는 경우인바, 객관적으로 볼 때 파면과 해임에 해당하는 징계가 의결될 수 있을 정도의 사안의 심각성과 그 증거의 확실성이 있어야 한다(판례2).

(다) 형사사건으로 기소된 자(약식기소는 제외)(제4호): 이 경우 해당 공무원이 공무원법상의 당연퇴직사유(국가공무원법 33)에 해당하는 금고 이상의 유죄판결을 받을 고도의 개연성 및 공정한 공무집행과 국민의 신뢰를 저해할 구체적인 위험초래의 우려 등 구체적 사정을 고려하여 결정해야 한다(판례3).

(라) 고위공무원단에 속하는 일반직 공무원으로서 제70조의2 제1항 제2호부터 제5호까지의 사유로 적격심사를 요구받은 자(제5호)

(마) 금품비위, 성범죄 등 대통령령으로 정하는 비위행위로 인하여 감사원 및 검찰·경찰 등 수사기관에서 조사나 수사 중인 자로서 비위의 정도가 중대하고 이로 인하여 정상적인 업무수행을 기대하기 현저히 어려운 자(제6호)

[판례 1] 직위해제 제2호 사유(직무수행능력부족 등)의 의미

"국가공무원법 제70조가 정한 직권면직사유중 그 제1항 제2호의 **직무수행능력의 현저한 부족으로 근무성적이 극히 불량한 때**라 함은 공무원의 징계사유를 정한 같은법 제78조 제1항 각호의 규정에 비추어 **정신적, 육체적으로 직무를 적절하게 처리할 수 있는 능력의 현저한 부족으로 근무성적이 극히 불량한 때를 의미**하고 징계사유에 해당하는 명령위반, 직무상의 의무위반 또는 직무태만의 행위 등은 이에 해당하지 아니한다."(대판 1985.2.26, 83누218, 직권면직처분취소)

[판례 2] 직위해제 제3호 사유(중징계의결요구)

"직위해제제도의 목적 및 취지는 물론 이로 인한 불이익의 정도와 침익적 처분의 성질에 비추어 보면, 단순히 '중징계의결 요구'가 있었다는 형식적 이유만으로 직위해제처분을 하는 것이 정당화될 수는 없고, 직위해제처분의 대상자가 **중징계처분을 받을 고도의 개연성이 인정되는 경우임을 전제로** 하여, 대상자의 직위·보직·업무의 성격상 그가 계속 직무를 수행함으로 인하여 공정한 공무집행에 구체적인 위험을 초래하는지 여부 등에 관한 제반 사정을 면밀히 고려하여 그 요건의 충족 여부 등을 판단해야 한다."(대판 2022.10.14. 2022두45623)

[판례 3] 당연퇴직사유의 판결의 선고가 객관적으로 명백할 것

"직위해제처분을 할 만한 사유가 없음에도 오로지 교원을 학교에서 몰아내려는 의도하에 고의로 명목상의 직위해제사유를 내세우거나 만들어 직위해제처분을 한 경우나, 징계의결이 요구된 사유가 사립학교법의 규정 등에 비추어 국가공무원법 제33조 제1항 제7호·제8호에 정한 **파면이나 해임 등을 할 만한 사유**에 해당한다고 볼 수 없거나 기소된 형사사건에 대하여 국가공무원법 제33조 제1항 제3호 내지 제6호에서 정한 **당연퇴직의 사유가 될 정도가 아닌 판결이 선고될 것임이 객관적으로 명백하고, 또 조금만 주의를 기울이면 그와 같은 사정을 쉽게 알아볼 수 있는데도 그것을 이유로 직위해제처분에 나아간 경우**와 같이, **직위해제처분이 우리의 건전한 사회통념이나 사회상규상 용인될 수 없음이 분명한 경우에는 그 직위해제처분은 재량권의 범위를 일탈하거나 재량권을 남용한 위법한 처분**으로서 그 효력이 부정될 뿐만 아니라 위법하게 상대방에게 정신적 고통을 가하는 것으로서 그 교원에 대한 관계에서 불법행위를 구성한다."(대판 2008.6.26, 2006다30730, 위자료등; 대판 1999.9.17, 98두15412, 직위해제처분취소; 헌재 1998.5.28, 96헌가12, 구 국가공무원법 제73조의2 제1항 단서 위헌제청 등)

3) 직위해제사유간의 경합: 국가공무원법 제73조의3 제1항 직위해제사유 중 제2호(직무수행능력이 부족하거나 근무성적이 극히 불량한 자)와 제3호(징계의결의 요구 중인 자)·제4호(형사사건으로 기소된 자) 또는 제6호의 사유가 경합하면 제3호·제4호 또는 제6호의 직위해제처분을 하여야 한다(동조⑤).

경합의 요건은 두 가지 요소가 동시에 해당될 경우를 말하며, 본 규정의 입법취지를 볼 때 제2호의 사유로 직위해제된 자가 추후 징계의결이 요구되거나 형사사건으로 기소된 경우에는 선행직위해제처분 대신에 구 사유를 변경하여 새로 직위해제처분을 하여야 할 것이다.

4) 직위해제의 절차

(가) 직위해제처분사유설명서의 교부: 직위해제처분의 절차에 대해서는 법률에 특별한 정함이 없다. 따라서 임용권자가 일방적으로 할 수 있다. 다만, 처분권자는 직위해제처분의 사유를 기재한 설명서를 교부하여야 하는 바(동법 75), 소속기관의 장은 해당 공무원에게 직위해제인사발령통지서와 직위해제처분사유설명서를 교부하여야 한다(공무원인사기록·통계및인사사무처리규정 26①③). 다만 직위해제처분사유설명서의 교부는 처분의 효력발생요건은 아니나(대판 2014.10.30. 2012두25552 등), 이를 교부하도록 한 입법취지는 피처분자에게 그 처분을 받게 된 경위를 알림으로써 그에 대한 방어의 준비 및 불복의 기회를 보장함과 아울러 처분권자가 직위해제사유의 존부를 신중하고 합리적으로 판단하게 하여 그 자의를 배제하도록 함으로써 직위해제처분의 적정을 기하려는데 있는 것이다. 그러므로 그 처분사유의 내용에는 구체적이고도 명확한 사실적시가 있어야 하고 그 기재가 너무 추상적이고 모호한 경우에는 적법한 처분사유설명서의 요건을 갖추었다고 볼 수 없다(서울고법 1989.10.13, 89나239).

(나) 직위해제사유통보의 시기·방법: 법령에 직위해제사유통보의 시기와 방법에 관하여 아무런 정함이 없다 할지라도 직위해제사유통보의 입법취지에 비추어 그 사유통보는 직위해제와 동시에 또는 직위해제 후 지체 없이 서면이나 구두 등의 적당한 방법에 의한다. 다만, 처분사유의 내용에는 구체적이고도 명확한 사실적시가 있어야 한다. 직위해제절차에 관해서는 법률에 특별한 정함이 없는데, 다만, 처분권자는 직위해제처분의 사유를 기재한 설명서를 교부하여

야 한다(동법 제75조). 위 규정의 취지는 본인에게 직위해제를 당하게 된 경위를 알리도록 하여 그에 대한 불복의 기회를 보장함과 아울러 인사권자로 하여금 직위해제사유의 존부를 신중하고 합리적으로 판단하게 하여 직위해제에 관한 권한행사의 적정을 기하려는 데 있다. 따라서 **처분사유의 내용에는 구체적이고도 명확한 사실적시**가 있어야 한다. 다만, 본인이 그 당시의 전후 사정에 의하여 스스로에 대한 구체적인 직위해제사유를 알고 있다고 볼 만한 특별한 사정이 없는 한 그 사유는 **사실관계의 동일성을 판별할 수 있을 정도로 통보**되어야 한다(판례).

[판 례] 직위해제사유통보의 취지, 통보시기와 통보방법, 직위해제사유의 통보정도

"인사규정에 '직위해제를 명령하였을 때에는 그 사유를 본인에게 통보하여야 한다'고 규정되어 있는 경우, 직위해제가 인사권자의 직권에 의하여 행해지는 직원에 대한 불이익처분이라는 점에 비추어 보면, 직위해제사유 통보에 관한 위 규정의 취지는 **본인에게 직위해제를 당하게 된 경위를 알리도록 하여 그에 대한 불복의 기회를 보장**함과 아울러 **인사권자로 하여금 직위해제사유의 존부를 신중하고 합리적으로 판단하게 하여 그 자의를 배제하도록 함으로써 직위해제에 관한 권한 행사의 적정을 기하려는 데 있다** 할 것이고, 위 인사규정 자체 내에 직위해제사유 통보의 시기와 방법에 관하여 아무런 정함이 없다 할지라도 직위해제사유 통보에 관한 인사규정의 취지가 위와 같은 이상 그 **직위해제사유 통보는 직위해제와 동시에 또는 직위해제 후 지체 없이 서면이나 구두 등의 적당한 방법**에 의하여 행하되 본인이 그 당시의 전후 사정에 의하여 스스로에 대한 구체적인 직위해제사유를 알고 있다고 볼 만한 특별한 사정이 없는 한 그 **사유는 사실관계의 동일성을 판별할 수 있을 정도로 통보되어야** 한다고 봄이 상당하다."(대판 1992.7.28. 91다30729, 직위해제무효확인등)

(다) 직위해제인사발령통지서로 대체가능여부: 인사발령통지서만 교부하면서 직위해제처분사유설명서를 별도로 첨부하지 아니하더라도 그 인사발령통지서에 처분사유에 대한 구체적인 적시가 있든가 또는 직위해제사유의 동일성을 판별할 수 있을 정도로 기재되어있다면 처분사유설명서로 볼 수 있다.

(라) 직위해제사유설명서교부의 흠결의 효과: 직위해제사유설명서교부를 흠결한 직위해제의 효력에 대해 견해가 나뉜다.

(a) **유효설:** 직위해제사유설명서교부는 공무원이 이에 불복할 경우 제소의 기회를 주고자 하는데 불과하여 직위해제처분의 효력발생요건이라 볼 수 없다는 견해이다.

(b) **무효설:** 이는 처분사유설명서를 교부하도록 규정한 국가공무원법 제75조(지방공무원법 67①)와 처분의 이유제시를 규정한 행정절차법 제23조를 근거로 이를 흠결한 경우에는 무효라고 한다.

(c) **취소설:** 이는 국가공무원법 제75조 및 행정절차법 제23조를 위반한 절차하자로서 원칙적으로 취소사유라고 한다.

(d) **판 례:** 판례는 '처분사유설명서의 교부를 처분의 효력발생요건이라고 할 수 없다고'고 하여 유효설을 취한다(판례).

[판 례] 처분사유설명서 교부는 처분의 효력발생요건이 아니라고 보는 판례의 입장

"구 지방공무원법 제67조 제1항에서 임용권자가 공무원에 대하여 직위해제처분 등을 할 때 그 공무원에게 처분의 사유를 적은 설명서를 교부하도록 규정하고 있는 것은 해당 공무원에게 직위해제처분 등의 사유를 분명히 밝힘

> 으로써 그 공무원이 그 처분에 불복할 경우 제소의 기회를 갖도록 하기 위한 것이므로 그 **처분사유 설명서의 교부를 처분의 효력발생요건이라고 할 수 없다.**"(대판 1991.12.24. 90누1007; 대판 2014.10.30. 2012두25552 정직처분취소등)

(e) 결 어: 직위해제는 징계절차와 같은 의견청취절차 없이 일방적으로 직권으로 행해지므로 처분사유설명서의 교부를 하도록 규정한 국가공무원법 제75조(지방공무원법 제67①)는 강행규정으로 보아야 하며, 또한 처분의 이유제시를 규정한 행정절차법 제23조의 입법취지를 종합하여 보면 이를 흠결한 직위해제는 절차하자라 할 것이므로 특별한 사정이 없는 한 원칙적으로 취소사유에 해당한다고 봄이 타당하다(취소설).

(마) 행정절차법상의 사전통지와 의견청취의 적용여부: 행정절차법 제3조 제2항 제9호에 따른 '공무원 인사 관계 법령에 따른 징계와 그 밖의 처분 등 해당 행정작용의 성질상 행정절차를 거치기 곤란하거나 거칠 필요가 없다고 인정되는 사항과 행정절차에 준하는 절차를 거친 사항으로서 대통령령으로 정하는 사항'에 직위해제가 포함되는지에 대해 견해가 나뉜다.

(a) 적용부정설: 직위해제는 잠정적인 가처분적 처분이며 행정절차법이 적용되지 아니하는 '공무원 인사 관계 법령에 따른 징계와 그 밖의 처분'(동법 3②(9), 동법시행령 2(3))으로서 공무원의 방어의 준비를 위한 직위해제처분사유설명서의 교부와 사후적인 소청 등을 통한 의견진술 등의 기회가 보장되어 있으므로 사전통지 등 행정절차가 불필요하다는 입장이다.

(b) 적용긍정설: 직위해제는 불이익처분이며 그 처분사유나 판단기준이 반드시 명확한 것이 아니고, 사전통지나 의견청취 등 행정절차를 거치기 곤란하거나 불필요하다고 인정되는 처분에 해당한다고 보기 어렵고, 직위해제사유설명서는 사전통지가 아니라 이유제시에 불과하여 국가공무원법상 직위해제에 행정절차에 준하는 절차를 거치도록 하는 규정을 두고 있지 않다는 점에서 행정절차가 적용된다는 견해이다.

(c) 제한적 긍정설(개별적 검토설): 징계의결이 요구중이거나 형사사건으로 기소된 경우의 직위해제사유는 비교적 분명하고 각각의 절차에서 의견진술이 가능하다. 그러나 직무수행능력부족이나 근무성적 불량이라는 제2호의 직위해제사유의 판단기준은 불확정성과 추상적·포괄적·상대적 성질을 띠고 있음에도 불구하고, 대기명령을 거쳐 직권면직에 이를 수 있는데도 의견진술의 기회가 보장되어 있지 아니하므로 이러한 경우에는 행정절차법을 적용해야 한다는 견해이다(판례2).

(d) 판 례: 대법원은 직위해제는 행정절차법의 적용제외를 규정한 동법 제3조 제2항 제9호와 동법시행령 제2조 제3호에 해당한다고 보아 적용부정설을 취한다(판례1). 다만, 같은 사건의 하급심판례는 행정절차법의 적용배제대상에 해당하지 아니한다고 보아 적용긍정설을 취했다(판례2).

(e) 결 어: 직위해제사유 중 제3호의 경우에는 직위해제사유설명서의 교부에 이어 소청심사에서 의견진술의 기회가 있고, 제4호의 경우에는 법원에서 변론의 기회가 있으므로 행정절차

대상에서 제외된다고 할 수 있다. 그러나 직위해제사유 중 제2호의 판단기준의 경우 추상적·불확정개념으로 되어 있고 직위해제사유설명서의 교부가 있으나 의견진술의 기회가 없다. 공무원에게 불이익처분임에도 불구하고 징계의 경우와 달리 행정절차에 준하는 절차를 거침이 없이 임용권자가 일방적으로 행하는 것인바, 직위해제의 공정성·투명성 및 신뢰성을 확보하고 공무원의 권익을 보호하기 위해 행정절차의 적용이 필요하므로 제한적 긍정설이 타당하다.

[판례 1] 직위해제에는 행정절차법의 적용이 없다는 대법원 입장(적용부정설)

"임용권자가 직위해제처분을 행함에 있어서 구체적이고도 명확한 사실의 적시가 요구되는 처분사유 설명서를 반드시 교부하도록 하여 해당 공무원에게 방어의 준비 및 불복의 기회를 보장하고 임용권자의 판단에 신중함과 합리성을 담보하게 하고 있고, **직위해제처분을 받은 공무원은 사후적으로 소청이나 행정소송을 통하여 충분한 의견진술 및 자료제출의 기회를 보장하고 있다. 그렇다면 국가공무원법상 직위해제처분은 구 행정절차법 제3조 제2항 제9호, 동법 시행령 제2조 제3호에 의하여 당해 행정작용의 성질상 행정절차를 거치기 곤란하거나 불필요하다고 인정되는 사항 또는 행정절차에 준하는 절차를 거친 사항에 해당하므로, 처분의 사전통지 및 의견청취 등에 관한 행정절차법의 규정이 별도로 적용되지 아니한다**고 봄이 상당하다."(대판 2014.5.16. 2012두26180 직위해제처분취소)

[판례 2] 직무수행능력부족 등의 사유로 인한 직위해제에는 행정절차법 적용

"국가공무원법 제73조의3 제1항 제2호는 '직무수행 능력이 부족하거나 근무성적이 극히 나쁜 자'에게는 직위를 부여하지 아니할 수 있다고 규정하고 있다. 여기에서 직무수행 능력이 부족하거나 근무성적이 극히 나쁜 자라고 함은 공무원의 징계사유에 관하여 정하는 국가공무원법 제78조 제1항 각 호의 규정에 비추어 정신적·육체적으로 직무를 적절하게 처리할 수 있는 능력이 현저한 부족하거나 근무성적이 극히 불량한 자를 의미하고, 징계사유에 해당하는 명령위반, 직무상의 의무위반 또는 직무태만 및 공무원으로서의 체면이나 위신을 손상하는 행위를 한 자 등은 이에 해당하지 아니한다(대법원 1985. 2. 26. 선고 83누218 판결, 대법원 1986. 3. 11. 선고 85누663 판결 등 참조). **이와 같은 직위해제 사유는 징계사유에 비하여 그 기준이 일반적·포괄적·상대적인 형식으로 규정되어 있으므로, 그에 해당하는지 여부를 판단하기 위하여는 처분의 대상이 되는 공무원에게 그 구체적인 사유를 통지하고 그에게 의견제출의 기회를 부여한 후 그 결과를 반영하여 위 사유에 해당하는지 여부를 판단하여야 할 필요성이 크다**고 보인다. 이 사건 처분은 성질상 처분의 사전통지나 의견청취 등 행정절차를 거치기 곤란하거나 불필요하다고 인정되는 처분에 해당한다고 보기 어렵고, 오히려 앞서 본 바와 같은 처분사유 및 판단기준의 일반적·추상적·상대적 성질에 비추어 위와 같은 행정절차가 매우 필요한 처분에 해당한다고 할 수 있다. **또한 이 사건 처분과 같은 직위해제처분에 관하여는 국가공무원법상 행정절차에 준하는 절차를 거치도록 하는 규정을 두고 있지도 않다.** 이와 같이 **이 사건 처분은 원고에게 의무를 과하거나 원고의 권익을 제한하는 처분이라고 할 것이고, 성질상 행정절차를 거치기 곤란하거나 불필요하다고 인정되는 처분이나 행정절차에 준하는 절차를 거치도록 하고 있는 처분에 해당하지도 않으므로, 행정절차법의 적용이 배제되는 처분이라고 할 수 없다. 따라서 이 사건 처분을 하기 위하여는 행정절차법의 규정에 따라 사전통지 및 의견청취 절차를 거쳐야 한다.**"(서울고법 2012.10.18. 2011누45612 직위해제처분취소)

5) 직위해제의 효력: 직위해제가 된 때에는 직무에 종사하지 못하며, 따라서 출근할 수도 없다. 다만, 임용권자는 직위해제사유 제2호에 의하여 직위해제된 자에 대하여는 3개월의 범위에서 대기를 명하고, 능력회복이나 근무성적의 향상을 위한 교육훈련 또는 특별한 연구과제의 부여 등 필요한 조치를 하여야 한다(국가공무원법 73의3③④). 대기명령을 받은 자가 그 기간 중 능력 또는 근무성적의 향상을 기대하기 어렵다고 인정된 때에는 징계위원회의 동의를 받아 직권면직 시킬 수 있다(동법 70①(5),②).

국가공무원법 제73조의3 제1항 제2호에 따라 직위해제 된 사람에게는 봉급의 80퍼센트(연봉월액은 70퍼센트)를 지급하고, 제5호에 따라 직위해제된 사람은 봉급의 70퍼센트(연금월액의 60퍼센트). 다만, 직위해제일부터 3개월이 지나도 직위를 부여받지 못한 경우에는 그 3개월이 지난 후의 기간 중에는 봉급의 40퍼센트(연금월액의 30퍼센트)를 지급한다. 또한 제3호・제4호・제6호에 따라 직위해제된 사람은 봉급의 50퍼센트(연봉월액의 40퍼센트). 다만, 직위해제일부터 3개월이 지나도 직위를 부여받지 못한 경우에는 그 3개월이 지난 후의 기간 중에는 봉급의 30퍼센트(연금월액의 20퍼센트)를 지급한다(공무원보수규정 29, 48). 그 밖에 승급 및 승호에도 불이익을 받는다.

6) 직위해제의 소멸: 직위해제사유가 소멸되면 임용권자는 지체 없이 직위를 부여하여야 한다(동법 73의3②). 능력회복・근무성적향상(직위해제사유 제2호)이 된 경우 직위해제를 철회할 수 있고, **징계의결**(직위해제사유 제3호) 및 법원의 **확정판결**(최종심)(직위해제사유 제4호)이 난 때에는 직위해제는 당연히 실효된다(판례). 직위해제처분이 실효되거나 철회되면 그 때부터 장래에 향하여 직위해제의 효력이 상실되고, 직위해제처분이 무효 또는 취소로 되는 경우에는 직위해제시에 소급하여 직위해제의 효력이 상실되어 원래부터 직위해제가 없었던 것과 같은 상태가 된다. 따라서 징계의결요구의 기각 또는 징계처분의 무효・취소의 결정과 판결이 있는 경우나, 형사사건의 기소에서 무죄의 선고를 받은 경우에는 원래의 정기승급일을 기준으로 한 당시의 보수전액(수당포함)과 미지급했던 차액을 소급지급하고(공무원보수규정 30①, 공무원수당등에관한규정 19⑦), 제한되었던 승급도 원래대로 승급기간에 산입한다.

[판 례] 징계의 경우 직위해제 소멸시점

"국가공무원법 제73조의3 제2항은 직위해제처분을 한 경우에도 그 사유가 소멸되면 지체 없이 직위를 부여하여야 함을 명시하였다. 이는 같은 조 제1항 제3호의 요건 중 하나인 '중징계의결이 요구 중인 자'의 의미 및 '중징계의결 요구'의 종기에 관한 해석과 관계된다. 국가공무원법은 '징계의결 요구(제78조), 징계의결(제82조 제1항), 징계의결 통보(공무원 징계령 제18조), 징계처분(제78조 및 공무원 징계령 제19조) 또는 심사・재심사 청구(제82조 제2항 및 공무원 징계령 제24조)' 등 징계절차와 그 각 단계를 명확히 구분하여 규정하는 한편, '재징계의결 요구(제78조의3)'는 징계처분이 무효・취소된 경우에 한하는 것으로 명시함으로써 '심사・재심사 청구'가 이에 포함되지 않는다는 점이 문언상 분명하다. 이러한 관련 규정의 문언 내용・체계에 비추어 보면, **'중징계의결이 요구 중인 자'는 국가공무원법 제82조 제1항 및 공무원 징계령 제12조에 따른 징계의결이 이루어질 때까지로 한정된다고 봄이 타당하다.** 만일 징계의결에 따라 곧바로 징계처분이 이루어진 경우와 달리 징계의결에 대하여 징계의결 요구권자가 심사・재심사를 청구한 경우에는 직위해제의 효력이 심사・재심사 청구에 관한 결정 시까지 지속된다고 본다면, 국가공무원법 및 공무원 징계령의 문언 내용・체계의 해석에 반할 뿐만 아니라 징계의결 요구권자의 심사・재심사 청구 여부에 관한 일방적인 의사・판단에 상당한 수준의 불이익한 처분에 해당하는 직위해제의 종기를 결부시키는 것이 되고, 이로 인하여 공무원을 장기간 동안 불안정한 신분 상태에 놓이게 하여 헌법과 국가공무원법이 정한 공무원의 신분보장에 반할 우려가 커짐은 물론 직위해제처분의 대상자에게 불리한 방향의 유추・확장해석을 하는 것이 되어 허용할 수 없다. 더욱이 '중징계의결이 요구 중인 자'에 해당하여 직위해제처분을 받은 대상자에 대하여 적법한 절차에 따라 '경징계의결'이 이루어진 경우에는, 비록 재심사 청구에 의한 변경 가능성을 고려하더라도 '중징계처분을 받을 고도의 개연성'이 있다고 쉽게 인정하기 어려운 상태가 되었다고 봄이 타당하다. 잠정적 조치인 직위해제처분의 특성상 그 사유・목적에 부합하는 적정한 범위 내에서 필요 최소한으로 운용되어야만 한다는 점에서 보더라도, 당초 직위해제를 한 시점에는 적법한 처분에 해당하였더라도 그 사유의 소멸・상실일에 해당하는 징계의결이 있은 다음 날부터는 직위해제처분이 효력을 상실하게 된다고 볼 수밖에 없다."(대판 2022.10.14. 2022두45623)

7) 직위해제기간 만료후의 소의 이익: 직위해제기간이 만료되었다 하더라도 그것이 무효 또는 취소되어 소급하여 효력이 소멸되지 않는 한 직위해제기간 동안 승진소요연수의 불산입 및 보수감액지급부분 등은 그대로 남아 있다. 따라서 이의 회복을 위해서는 직위해제의 무효확인 또는 취소가 필요하므로 그 효력을 다툴 소의 이익이 있다(판례).

[판 례] 직위해제기간만료 후의 소의 이익

"직위해제처분은 근로자로서의 지위를 그대로 존속시키면서 다만 그 직위만을 부여하지 아니하는 처분이므로 만일 어떤 사유에 기하여 근로자를 직위해제한 후 그 직위해제 사유와 동일한 사유를 이유로 징계처분을 하였다면 뒤에 이루어진 징계처분에 의하여 그 전에 있었던 직위해제처분은 그 효력을 상실한다. 여기서 직위해제처분이 효력을 상실한다는 것은 직위해제처분이 소급적으로 소멸하여 처음부터 직위해제처분이 없었던 것과 같은 상태로 되는 것이 아니라 사후적으로 그 효력이 소멸한다는 의미이다. 따라서 **직위해제처분에 기하여 발생한 효과는 당해 직위해제처분이 실효되더라도 소급하여 소멸하는 것이 아니므로, 인사규정 등에서 직위해제처분에 따른 효과로 승진 · 승급에 제한을 가하는 등의 법률상 불이익을 규정하고 있는 경우에는 직위해제처분을 받은 근로자는 이러한 법률상 불이익을 제거하기 위하여 그 실효된 직위해제처분에 대한 구제를 신청할 이익이 있다.**"(대판 2010.7.29. 2007두18406)

"국가공무원법상 직위해제처분의 무효확인 또는 취소소송 계속 중 정년을 초과하여 직위해제처분의 무효확인 또는 취소로 공무원 신분을 회복할 수는 없다고 할지라도, 그 무효확인 또는 취소로 **직위해제일부터 직권면직일까지 기간에 대한 감액된 봉급 등의 지급을 구할 수 있는 경우에는 직위해제처분의 무효확인 또는 취소를 구할 법률상 이익이 있다.**"(대판 2014.5.16. 2012두26180)

8) 직위해제 하자의 승계여부: 직위해제 제2호(직무수행능력부족 등)의 사유로 직위해제를 받고 대기명령 중 3월 이내에 재보직이 되지 아니하여 직권면직을 받은 경우에 직위해제의 위법(취소사유)을 이유로 직권면직의 위법을 다툴 수 있는지 문제된다.

(가) 학 설: ① 직위해제와 직권면직은 각각 별개의 법률효과를 발생하는 처분이므로 하자가 승계되지 아니한다는 **부정설**과, ② 직위해제 후 공무원 신분을 박탈하는 직권면직을 하는 것은 수인가능성과 예측가능성이 없는 경우에 해당하여 하자가 승계된다는 **긍정설**로 나뉜다.

(나) 판 례: 각각 별개의 법률효과를 발생하는 경우라고 하여 부정설을 취한다(판례).

(다) 결 어: 해당 공무원은 소청제기 등 항명하기보다 다시 직위를 부여받게 될 것을 기대하며 자중하는 것이 공무원사회의 일반적 정서라 할 것이다. 그런데 직권면직은 제2호에 의한 직위해제에 따른 3개월간 대기명령 후에 가능한 것이므로(동법 73조의3③) 이 때는 소청제기기간인 처분사유설명서를 받은 날 또는 그 처분을 안 날부터 30일(동법 76①)이 지났으므로 불가쟁력이 발생하였다. 이러한 경우 공무원신분을 박탈하는 직권면직처분은 수인한도를 넘는 가혹함을 가져오고 예측가능 한 것이라고 할 수 있으므로 하자승계를 인정함이 타당하다.

[판 례] 직위해제의 하자승계 부인

"구 경찰공무원법 제50조 제1항에 의한 직위해제처분과 같은 제3항에 의한 면직처분은 후자가 전자의 처분을 전제로 한 것이기는 하나 **각각 단계적으로 별개의 법률효과를 발생**하는 행정처분이어서 선행직위 해제처분의 위법사유가 면직처분에는 승계되지 아니한다 할 것이므로 선행된 직위해제 처분의 위법사유를 들어 면직처분의 효력을 다툴 수는 없다."(대판 1984.9.11. 84누191)

2. 공무원관계의 소멸

공무원관계의 소멸이란 공무원으로서의 신분을 상실함으로써 공무원관계가 소멸되는 경우이다. 공무원관계의 소멸원인에는 당연퇴직과 면직이 있다.

(1) 당연퇴직

1) 당연퇴직의 의의 · 성질: 당연퇴직(當然退職)이란 일정한 사유의 발생으로 별도의 행위를 기다릴 것 없이 당연히 공무원관계가 소멸되는 것을 말한다. 당연퇴직제도는 임용결격사유 등에 해당하는 자를 공무원의 직무로부터 배제함으로써 그 직무수행에 대한 국민의 신뢰와 공무원직에 대한 신용 등을 유지하고, 그 직무의 정상적인 운영을 확보하며, 공무원범죄를 사전에 예방하고, 공직사회의 질서를 유지하고자 함에 있다(헌재 2002.8.29. 2001헌바788; 대판 1996.5.14. 95누7307). 당연퇴직은 공무원관계를 소멸시키기 위한 별도의 행정처분 없이 법정사유가 발생하면 곧바로 공무원관계가 소멸되는 것이므로 당연퇴직의 인사발령이 있었다고 하여도 이는 관념의 통지에 불과하므로 항고소송의 대상이 되지 않는다(판례).

[판 례] 당연퇴직인사발령은 퇴직사유의 공적확인에 불과

"국가공무원법 제69조에 의하면 공무원이 제33조 각 호의 1에 해당할 때에는 당연히 퇴직한다고 규정하고 있으므로, 국가공무원법상 **당연퇴직은 결격사유가 있을 때 법률상 당연히 퇴직하는 것이지, 공무원관계를 소멸시키기 위한 별도의 행정처분을 요하는 것이 아니며, 당연퇴직의 인사발령은** 법률상 당연히 발생하는 퇴직사유를 공적으로 확인하여 알려주는 이른바 **관념의 통지에 불과하고** 공무원의 신분을 상실시키는 새로운 형성적 행위가 아니므로 행정소송의 대상이 되는 **독립한 행정처분이라고 할 수 없다.**"(대판 1995.11.14. 95누2036, 당연퇴직처분무효확인 등)

2) 당연퇴직의 사유: 이는, ① 결격사유에 해당하는 경우(다만, 국가공무원법 제33조제2호는 파산선고를 받은 사람으로서 「채무자 회생 및 파산에 관한 법률」에 따라 신청기한 내에 면책신청을 하지 아니하였거나 면책불허가 결정 또는 면책 취소가 확정된 경우만 해당하고, 제33조제5호는 「형법」 제129조부터 제132조까지, 「성폭력범죄의 처벌 등에 관한 특례법」 제2조, 「아동 · 청소년의 성보호에 관한 법률」 제2조제2호 및 직무와 관련하여 「형법」 제355조 또는 제356조에 규정된 죄를 범한 사람으로서 금고 이상의 형의 선고유예를 받은 경우만 해당한다)(국가공무원법 69(1), 지방공무원법 61(1)), ② 사망 · 임기만료 · 정년에 달한 때, ③ 국적상실 등이다.

(2) 면 직

면직이란 특별한 행위에 의하여 공무원관계를 소멸시키는 경우이다. 면직에는 공무원 자신의 자유로운 사의표시에 의하는 의원면직과, 징계면직 · 직권면직 등 공무원 자신의 의사와는 관계없이 임용권자의 일방적 의사에 의하여 공무원관계를 소멸시키는 일방적 면직이 있다.

1) 의원면직(依願免職)

(가) 의의 및 성질: 의원면직은 공무원 자신의 자유로운 사의표시에 의하여 공무원관계를 소멸시키는 행위이다. 이는 쌍방적 행정행위이므로 사의표시만으로 공무원관계가 소멸하는 것이 아니고, 면직처분이 있기까지는 공무원관계가 유지된다. 따라서 면직처분이 있기 전에 직

장을 무단이탈하는 경우에는 징계사유가 된다.

(나) 사직의 의사표시의 효력: 공무원이 사의를 표시하였을 경우에는 임용권자는 수리의무가 있다. 따라서 임용권자의 의원면직처분은 재량의 여지가 거의 없고 확인적 행정처분의 성격이 강하다(판례1).

[판례 1] 의원면직처분은 확인적 행정행위의 성격이 강하고 재량의 여지 거의 없음

"행정청의 공무원에 대한 의원면직처분은 공무원의 사직의사를 수리하는 소극적 행정행위에 불과하고, 당해 공무원의 사직의사를 확인하는 확인적 행정행위의 성격이 강하며 재량의 여지가 거의 없기 때문에 의원면직처분에서의 행정청의 권한유월 행위를 다른 일반적인 행정행위에서의 그것과 반드시 같이 보아야 할 것은 아니다."(대판 2007.7.26, 2005두15748, 면직처분무효확인)

(다) 강박에 의한 사직의 의사표시: 사직의 의사표시는 정상적인 의사작용에 의한 것이어야 한다. 따라서 사직원제출이 사직의 권고·종용 등의 의사결정의 자유를 제한하는 정도에 그치지 않고 의사결정의 자유를 박탈할 정도의 강박에 의한 경우에는 무효이다(판례2).

[판례 2] 의사결정자유의 박탈할 정도 여부에 의해 의원면직의 무효여부 판단

"**사직서의 제출이 감사기관이나 상급관청 등의 강박에 의한 경우에는 그 정도가 의사결정의 자유를 박탈할 정도에 이른 것이라면 그 의사표시가 무효**로 될 것이고 그렇지 않고 **의사결정의 자유를 제한하는 정도에 그친 경우라면 그 성질에 반하지 아니하는 한 의사표시에 관한 민법 제110조의 규정을 준용하여 그 효력을 따져보아야 할 것**이나, 감사담당 직원이 당해 공무원에 대한 비리를 조사하는 과정에서 사직하지 아니하면 징계파면이 될 것이고 또한 그렇게 되면 퇴직금 지급상의 불이익을 당하게 될 것이라는 등의 강경한 태도를 취하였다고 할지라도 그 취지가 단지 비리에 따른 객관적 상황을 고지하면서 사직을 권고·종용한 것에 지나지 않고 위 공무원이 그 비리로 인하여 징계파면이 될 경우 퇴직금 지급상의 불이익을 당하게 될 것 등 여러 사정을 고려하여 사직서를 제출한 경우라면 그 의사결정이 의원면직처분의 효력에 영향을 미칠 하자가 있었다고는 볼 수 없다."(대판 1997.12.12. 97누13962, 의원면직처분취소)

(라) 진의 아닌 사직의 의사표시: 사직의사가 없음에도 사직서제출을 한 경우 민법 제107조 제1항 "표의자가 진의 아님을 알고 한 것이라도 그 효력이 있다."에 따라 특별한 사정이 없는 한 의사표시대로 효력이 발생한다. 그런데 민법 위 조항 단서 "상대방이 표의자가 진의 아님을 알았거나 이를 알 수 있었을 경우에는 무효로 한다."의 적용여부에 관해 견해가 나뉜다. 즉, ① 이 규정은 사인의 공법행위에는 적용되지 아니한다는 **적용부정설**과, ② 이 규정은 일반법원리적 규정에 해당하여 공법관계에도 적용된다는 **적용긍정설**로 나뉜다. **판례**는 적용부정설을 취한다(판례3). 생각건대, 비진의 의사표시에 관한 조항은 공법관계에도 적용되는 일반법원리적 규정에 해당될 뿐만 아니라 공무원의 신분보장 및 직업공무원제를 규정한 헌법 제7조 제2항 및 국가공무원법 제68조(의사에 반한 신분조치)와 지방공무원법 제60조의 취지에 비추어 적용긍정설이 타당하다. 다만, 임용권자의 사직원제출 요구를 받아들이지 아니하면 징계파면 등 불이익의 우려가 있어 당시 상황에서는 사직원제출이 최선이라고 판단하였다면 비진의 의사표시로 볼 수 없다(판례4).

[판례 3] 민법상 비진의 의사표시에 관한 규정은 공법행위에는 적용 불가하다는 판례

"이른바 1980년의 공직자숙정계획의 일환으로 일괄사표의 제출과 선별수리의 형식으로 공무원에 대한 의원면직처분이 이루어진 경우, 사직원 제출행위가 강압에 의하여 의사결정의 자유를 박탈당한 상태에서 이루어진 것이라고

할 수 없고 **민법상 비진의 의사표시의 무효에 관한 규정은 사인의 공법행위에 적용되지 않는다**는 등의 이유로 그 의원면직처분을 당연무효라고 할 수 없다고 한 사례"(대판 2001.8.24. 99두9971, 면직무효확인; 대판 2000.11.14. 99두5481 등)

"일괄사표를 제출하였다가 선별수리하는 형식으로 의원면직되었다고 하더라도 공무원들이 임용권자 앞으로 일괄사표를 제출한 경우 그 사직원의 제출은 제출 당시 임용권자에 의하여 수리 또는 반려 중 어느 하나의 방법으로 처리되리라는 예측이 가능한 상태에서 이루어진 것으로서 그 사직원에 따른 의원면직은 그 의사에 반하지 아니하고, 비록 사직원제출자의 내심의 의사가 사직할 뜻이 아니었다 하더라도 그 의사가 외부에 객관적으로 표시된 이상 그 의사는 표시된 대로 효력을 발하는 것이며, **민법 제107조는 그 성질상 사인의 공법행위에 적용되지 아니하므로 사직원 제출을 받아들여 의원면직처분한 것을 당연무효라고 할 수 없다.**"(대판 1992.08.14. 92누909, 퇴직처분무효확인)

[판례 4] 당시 상황에서 최선이라고 판단하여 행한 의사표시는 비진의의사표시 아님

"진의 아닌 의사표시에 있어서의 진의란 특정한 내용의 의사표시를 하고자 하는 표의자의 생각을 말하는 것이지 표의자가 진정으로 마음속에서 바라는 사항을 뜻하는 것은 아니므로, 표의자가 의사표시의 내용을 진정으로 마음속에서 바라지는 아니하였다고 하더라도 **당시의 상황에서는 그것을 최선이라고 판단하여 그 의사표시를 하였을 경우에는 이를 내심의 효과의사가 결여된 진의 아닌 의사표시라고 할 수 없다.**"(대판 2000.04.25. 99다34475, 징계면직처분무효확인등)

(마) 사직 의사표시의 철회: 공무원이 사의를 표시하였을 경우에 임용권자는 수리의무가 있다고 하겠다. 공무원이 한 사직의사표시의 철회나 취소는 의원면직처분이 있기 전까지 할 수 있다(판례5).

[판례 5] 의원면직처분 후에 취소·철회 불가

"공무원이 한 사직 의사표시의 철회나 취소는 그에 터잡은 의원면직처분이 있을 때까지 할 수 있는 것이고, 일단 면직처분이 있고 난 이후에는 철회나 취소할 여지가 없다."(대판 2001.8.24. 99두9971, 면직무효확인등)

(바) 명예퇴직: 명예퇴직이란 20년 이상 근속한 공무원이 정년 전에 스스로 퇴직하는 것을 말하며(국가공무원법 74조의2, 지방공무원법 66조의2), 의원면직의 일종이다. 이 경우 명예퇴직수당을 지급할 수 있다(위 조항).

(사) 징계사유 확인 및 퇴직제한: 임용권자는 공무원이 퇴직을 희망하는 경우에는 ① 징계사유여부를 검찰·경찰 등 조사 및 수사기관의 장에게 확인하고, 파면, 해임, 강등 또는 정직에 해당하는 징계사유가 있거나, ② 이에 해당하는 징계사유로, 비위와 관련하여 형사사건으로 기소된 때, 위 징계사유로 징계의결이 요구 중인 때, 조사 및 수사기관에서 비위와 관련하여 조사 또는 수사 중인 때, 각급 행정기관의 감사부서 등에서 비위와 관련하여 내부 감사 또는 조사 중인 때에는 퇴직을 허용하여서는 아니 된다(국가공무원법 78조의4①②, 지방공무원법 69조의4①②).

2) 징계면직: 징계면직은 공무원의 신분을 박탈하는 징계수단으로서 파면과 해임이 있으며, 징계절차를 거쳐 행하여야 한다.

3) 직권면직

(가) 직권면직의 의의: 직권면직은 일정한 법정사유가 있는 경우에 본인의 의사와 관계없이 임용권자가 일방적 의사에 의하여 공무원의 신분을 박탈하는 일방적 면직처분이다. 임용권

자는 공무원이 직권면직사유에 해당하면 직권으로 면직시킬 수 있다(국가공무원법 70①, 지방공무원법 62①). 따라서 임용권자는 직권면직여부에 대한 판단여지와 결정재량이 있다고 할 수 있다. 그러나 직권면직사유에 해당되는 경우에도 임용권자는 합리적이고 객관적인 기준과 근거에 의하여 면직처분을 하여야 하고 자의적으로 처분을 하였다면 재량권의 일탈·남용으로 위법하게 된다(대판 1991.12.24. 90누1007).

(나) 직권면직사유: 면직사유는, ① 직제와 정원의 개폐 또는 예산의 감소 등에 따라 폐직 또는 과원(過員)이 되었을 때(동조3호), ② 휴직기간이 끝나거나 휴직사유가 소멸된 후에도 직무에 복귀하지 아니하거나 직무를 감당할 수 없을 때(4호), ③ 직위해제로 대기명령을 받은 자가 그 기간에 능력 또는 근무성적의 향상을 기대하기 어렵다고 인정된 때(5호), ④ 전직시험에서 세번 이상 불합격한 자로서 직무수행능력이 부족하다고 인정된 때(6호), ⑤ 병역판정검사·입영 또는 소집의 명령을 받고 정당한 사유 없이 이를 기피하거나 군복무를 위하여 휴직 중에 있는 자가 군복무 중 군무를 이탈하였을 때(7호), ⑥ 해당 직급·직위에서 직무를 수행하는데 필요한 자격증의 효력이 없어지거나 면허가 취소되어 담당직무를 수행할 수 없게 된 때(8호), ⑦ 고위공무원단에 속하는 공무원이 제70조의2에 따른 적격심사 결과 부적격결정을 받은 때(9호) 등이다(국가공무원법 70①, 지방공무원법 62①). ①의 경우 총정원 내에서 직제의 개폐 등으로 해당 공무원이 부적격하다고 판단되는 때에도 우선은 능력·적성을 발휘할 수 있는 직위로 전임배치하거나 전직시험을 거쳐 전직시키고(공무원임용령 29① 2호), 그렇게 할 직위가 없는 경우에는 적당한 직위의 직급으로 강임하고, 그러한 직위도 없을 때에 마지막 수단으로 면직을 고려해야 할 것이다. ②의 경우 휴직기간은 법이 정한 휴직사유별 해당기간이며, 휴직사유가 소멸된 경우라 함은 휴직사유가 실제 객관적으로 소멸되었으나 본인의 의사에 의하여 30일 이내에 복귀신고를 하지 아니한 경우이다(국가공무원법 73③). '직무를 감당할 수 없는 때'란 장애유형과 정도에 비추어 기존업무뿐만 아니라 그 공무원이 수행할 수 있는 다른 업무의 존재여부 등 제반사정을 종합적으로 고려하여 판단해야 한다(대판 2016.04.12. 2015두45113). ③의 경우는 해당 직원이 간단히 교정할 수 없는 지속성을 지닌 소질·능력·성격 등에 기인하여 그 직무의 원활한 수행에 지장이 있거나 지장이 생길 고도의 개연성이 인정되는 경우이다. ④의 경우는 행정기관의 변화나 조직개폐 등으로 다른 직렬로 모두 전직해야 할 경우에 적용됨이 보통일 것이며, 직무수행능력부족 여부의 판단은 해당 공무원의 평소의 근무성적과 경력 등을 종합적으로 고려하여 결정하여야 할 것이다.

(다) 직권면직 절차

(a) 징계위원회의 의견청취·동의: 임용권자는 위 사유에 의하여 직권으로 면직시킬 경우에는 미리 관할 징계위원회(지방공무원은 인사위원회)의 의견을 들어야 한다. 다만, 직무수행능력부족 등으로 대기명령을 받은 자(동법 70①(5))를 면직시킬 경우에는 징계위원회(지방공무원은 인사위원회)의 동의를 받아야 한다(동법 70②, 지방공무원법 62②). 관할 징계위원회는, 동의를

받아야 하는 경우는 중징계요구사건의 예에 따라 중앙징계위원회(중앙행정기관소속 공무원인 경우) 또는 소속행정기관의 직근상급기관에 설치된 징계위원회(6급 이하의 공무원인 경우)가 되고(공무원 징계령 23, 2), 의견을 들어야 하는 경우는 경징계요구사건의 징계관할의 예에 따라 보통징계위원회가 된다. 단순히 '의견청취'를 하는데 불과한 경우에는 임용권자가 직권면직에 이르게 된 사유·정황 등을 미리 파악한 징계위원회로부터 참고의견을 듣는 것으로 족하고 그 의견내용에 기속될 필요는 없다. 그러나 동의의 경우는 징계위원회가 부동의(不同意)하게 되면 직권면직할 수 없는 기속력을 가지게 된다(대판 1995.3.10, 94누11880). 징계위원회의 동의를 요하는 경우에 일반징계절차에 따라 반드시 본인의 진술을 들어야 하는 것은 아니다(대판 1996.12.23, 95다27295 등).

[판 례] 행정절차법의 적용

"행정의 공정성, 투명성 및 신뢰성을 확보하고 국민의 권익을 보호함을 목적으로 하는 행정절차법의 입법 목적에 비추어 보면, **공무원 인사관계 법령에 의한 처분에 관한 사항이라 하더라도 전부에 대하여 행정절차법의 적용이 배제되는 것이 아니라, 성질상 행정절차를 거치기 곤란하거나 불필요하다고 인정되는 처분이나 행정절차에 준하는 절차를 거치도록 하고 있는 처분의 경우에만 행정절차법의 적용이 배제**되는 것으로 보아야 하고, 이러한 법리는 '공무원 인사관계 법령에 의한 처분'에 해당하는 별정직 공무원에 대한 직권면직 처분의 경우에도 마찬가지로 적용된다."(대판 2013.01.16. 2011두30687, 직권면직처분취소)

(b) 면직기준 설정: 임용권자 또는 임용제청권자는 직제·정원의 개폐 등(국가공무원법 70①(3))에 의하여 소속공무원을 면직시킬 때에는 임용형태·업무실적·직무수행능력·징계처분사실 등을 고려하여 면직기준을 정하여야 한다(동조③). 면직기준인 '임용형태·업무실적·직무수행능력·징계처분사실'을 고려하지 아니한 채 이와는 다른 기준을 정하여 한 면직처분은 이를 정당화할 만한 특별한 사정이 없는 한 위법하다고 보아야 한다(대판 2002.9.27, 2002두3775).

(c) 처분사유설명서 교부: 임용권자는 직권면직을 행할 때에는 해당 공무원에게 소정의 처분사유설명서를 교부하여야 하는데(국가공무원법 75), 처분사유에 대한 구체적인 적시 없이 단순히 당해 처분의 법적 근거만 제시한 인사발령통지서로 갈음할 수 있다(판례).

[판 례] 처분사유설명서의 교부는 처분의 효력발생요건 아님

"지방공무원법 제67조 제1항의 규정은 징계처분이 정당한 이유에 의하여 한 것이라는 것을 분명히 하고 또 피처분자로 하여금 불복이 있는 경우에 출소의 기회를 부여하는 데 그 법의가 있다고 할 것이므로 그 처분사유설명서의 교부를 처분의 효력발생요건이라고 할 수 없을 뿐만 아니라 직권에 의한 면직처분을 한 경우 그 인사발령통지서에 처분사유에 대한 구체적인 적시 없이 단순히 당해 처분의 법적 근거를 제시하는 내용을 기재한 데 그친 것이더라도 그러한 기재는 위 법조 소정의 처분사유 설명서로 볼 수 있다."(대판 1991.12.24. 90누1007)

(라) 직권면직의 효과

공무원이 면직되면 공무원관계가 소멸되나, 징계에 의한 파면·해임과 달리 공무원임용제한과 퇴직연금제한과 같은 효력은 없다. 면직의 경우에 퇴직연금지급시기인 60세에 도달하지 않았다 하더라도 직제와 정원의 개폐 또는 예산의 감소 등에 의하여 폐직 또는 과원이 되어 면직되

었을 때는 그 때부터 퇴직연금을 수령할 수 있다.

(마) 직권면직에 대한 불복

위법한 직권면직처분에 대하여 행정쟁송의 제기가 가능하다. 그런데 직위해제로 대기명령을 받은 자에 대한 직권면직처분의 경우에 하자승계 여부와 관련하여 선행행위인 직위해제의 위법을 이유로 직권면직처분을 항고쟁송으로 다툴 수 있는지 문제된다. 판례는 "직위해제와 직권면직은 각각 별개의 법률효과를 발생하는 것이어서 당연 무효가 아닌 한 하자가 승계되지 아니하여 직위해제의 위법사유를 들어 면직처분의 효력을 다툴 수 없다."고 한다(대판 1984.9.11. 84누191; 대판 1971.9.28. 71누96 등). 생각건대, 직위회복을 기대하여 직위해제에 대해 불복하지 아니하고 근신·자중하고 있던 공무원이 뜻밖에 직권면직을 받은 경우에는 이미 30일의 소청제기기간의 도과로 직위해제에 불가쟁력이 발생하여 구제의 길이 막혀버린다. 이러한 경우 해당 공무원에게 직권면직처분은 수인한도를 넘는 가혹함을 가져오고 이러한 결과가 예측가능하다고 보기 어렵다고 할 것이므로 수인한도론에 따라 하자승계를 인정하여 직권면직처분을 다툴 수 있다고 봄이 타당하다.

Ⅲ. 불이익처분에 대한 구제

1. 개 설

공무원에 대한 징계처분 그 밖에 그 의사에 반하는 불리한 처분에 대한 구제수단으로는 소청과 소송이 있다. 국가공무원법은 공무원에 대한 신분보장을 사후 담보함으로써 행정의 안정성과 능률성을 확보하기 위하여 소청제도를 마련하고 있다. 다만, 교육공무원(사립학교 교원 포함)은 「교원지위향상을 위한 특별법」에 따라 소청심사를 청구할 수 있다.

2. 행정절차법의 적용여부

(1) 행정절차법 적용제외대상 여부

행정절차법 제3조 제2항 제9호에 따라 '공무원의 인사관계법령에 따른 징계와 그 밖의 처분 등 해당 행정작용의 성질상 행정절차를 거치기 곤란하거나 거칠 필요가 없다고 인정되는 사항과 행정절차에 준하는 절차를 거친 사항으로서 대통령령으로 정하는 사항'을 행정절차법의 적용이 제외되는 경우로 규정하고 있다. 이러한 규정의 내용과 행정절차법의 입법 목적에 비추어 보면, 공무원 인사관계 법령에 의한 처분에 관한 사항 전부에 대하여 행정절차법의 적용이 배제되는 것이 아니라 성질상 행정절차를 거치기 곤란하거나 불필요하다고 인정되는 처분이나 행정절차에 준하는 절차를 거치도록 하고 있는 처분의 경우에만 행정절차법의 적용이 배제되는 것으로 보아야 한다(대법원 2007.9.21. 2006두20631 등 참조). 따라서 행정절차에 준하는 절차가 없는, 공무원임용취소·강제휴직·직권면직·직위해제 2호사유 등은 행정절차법이 적용된다고 볼 것이다.

(2) 사전통지 및 의견제출 절차위반 여부

행정청은 당사자에게 의무를 부과하거나 권익을 제한하는 처분을 하는 때에는 사전통지를 하고(동법 21①), 의견제출의 기회를 주어야 한다(동법 22③). 다만, 공공의 안전·복리를 위해 긴급한 경우, 법령등에서 요구하는 자격이 없거나 없어지게 된 경우, 해당 처분의 성질상 의견청취가 현저히 곤란하거나 명백히 불필요한 경우 등에는 사전통지 및 의견청취를 아니할 수 있다(동법 21④, 22④). 따라서 행정절차법 제3조 제2항 제9호에 따른 행정절차법 적용제외대상이 아닌 공무원에 대한 불이익처분에 대해서는 사전통지와 의견제출절차가 그 예외사항에 해당하지 아니하면 적용된다고 할 것이다.

[판 례] 공무원인사관계 처분에 행정절차법의 적용배제 여부

"행정과정에 대한 국민의 참여와 행정의 공정성, 투명성 및 신뢰성을 확보하고 국민의 권익을 보호함을 목적으로 하는 행정절차법의 입법 목적과 행정절차법 제3조 제2항 제9호의 규정 내용 등에 비추어 보면, 공무원 인사관계 법령에 의한 처분에 관한 사항 전부에 대하여 행정절차법의 적용이 배제되는 것이 아니라 성질상 행정절차를 거치기 곤란하거나 불필요하다고 인정되는 처분이나 행정절차에 준하는 절차를 거치도록 하고 있는 처분의 경우에만 행정절차법의 적용이 배제된다."(대판 2007.9.21. 2006두20631).

3. 소 청

(1) 의 의

소청(訴請)이란 징계처분 기타 그의 의사에 반하는 불이익처분을 받은 자가 그 처분에 불복이 있는 경우에 관할 소청심사위원회에 심사를 청구하는 구제절차이다. 이는 공무원관계의 특수성에 비추어 행정심판법에 대한 예외인 특별행정심판절차로 마련된 것이다.

(2) 소청사항

소청사항, 즉 소청의 대상은 징계처분·강임·휴직·직위해제·면직처분 그 밖에 그 의사에 반하는 불리한 처분이나 부작위이다(국가공무원법 9①, 소청절차규정 2①). '그 밖에 불리한 처분'의 범위에 관하여는 의문의 여지가 있으나, 의원면직의 형식에 의한 면직·전보·전직·대기명령·경고조치(판례) 등이 포함된다고 본다. 당연퇴직 및 경력평정 등도 포함시키는 견해가 있으나,[1] 이에 처분성을 인정할 수 있을지 의문이다.

[판 례] 경고조치의 처분성

"검찰총장이 사무검사 및 사건평정을 기초로 대검찰청 자체감사규정 제23조 제3항, 검찰공무원의 범죄 및 비위 처리지침 제4조 제2항 제2호 등에 근거하여 검사에 대하여 하는 **'경고조치'는** 일정한 서식에 따라 검사에게 개별 통지를 하고 이의신청을 할 수 있으며, 검사가 검찰총장의 경고를 받으면 1년 이상 감찰관리 대상자로 선정되어 특별관리를 받을 수 있고, 경고를 받은 사실이 인사자료로 활용되어 복무평정, 직무성과금 지급, 승진·전보인사에서도 불이익을 받게 될 가능성이 높아지며, 향후 다른 징계사유로 징계처분을 받게 될 경우에 징계양정에서 불이익을 받게 될 가능성이 높아지므로, **검사의 권리 의무에 영향을 미치는 행위로서 항고소송의 대상이 되는 처분이라고 보아야 한다.**"(대판 2021.2.10. 2020두47564)

1) 박윤흔·정형근(하), 228면·229면.

(3) 소청심사기관

1) **소청심사위원회의 구성:** 소청심사위원회는 독립한 합의제적 기관으로서 인사혁신처·국회사무처·법원행정처 등에 두는 바, 인사혁신처에 두는 소청심사위원회는 위원장 1명을 포함한 5명 이상 7명 이내의 상임위원과 상임위원 수의 2분의 1 이상인 비상임위원으로 구성하되, 위원장은 정무직으로 보한다(국가공무원법 9①③).

2) **지방소청심사위원회 및 교육소청심사위원회:** 지방공무원의 소청심사를 하기 위하여 시·도에 지방소청심사위원회 및 교육소청심사위원회(교육공무원의 소청사건심사)를 두고 있으며, 위원은 16명 이상 20명 이하로 구성한다(지방공무원법 13, 14).

3) **교원소청심사위원회:** 각급학교 교원의 소청심사를 하기 위하여 교육부에 교원소청심사위원회를 두고 있으며, 위원은 위원장 1명을 포함하여 7명 이상 9명 이내의 위원으로 구성한다(교원지위향상및교육활동보호를위한특별법 7).

4) **소청심사위원의 자격 및 신분보장:** 소청심사위원회의 위원(위원장 포함)은, ① 법관·검사 또는 변호사의 직에 5년 이상 근무한 자, ② 대학에서 행정학·정치학 또는 법률학을 담당한 부교수 이상의 직에 5년 이상 근무한 자, ③ 3급 이상 공무원 또는 고위공무원단에 속하는 공무원으로 3년 이상 근무한 자 등에 해당하고, 인사행정에 관한 식견이 풍부한 자 중에서 인사혁신처장의 제청으로 대통령이 임명하며, 상임위원의 임기는 3년으로 하되 한 번만 연임할 수 있도록 하였다(국가공무원법 10①②). 또한 소청심사위원회의 상임위원은 다른 직무를 겸할 수 없으며(동법 10④), 금고 이상의 형벌 또는 장기의 심신쇠약으로 직무를 수행할 수 없게 된 때를 제외하고는 그의 의사에 반하여 면직되지 아니한다(동법 11).

5) **소청심사위원의 제척·회피·기피:** 위원은 그 위원회에 계류된 소청사건의 증인이 될 수 없으며, 결정의 공정성을 위하여 위원에 대한 제척(본인과 관계, 친족관계 등)·기피(제척사유, 공정기대 어려운 사정)·회피가 인정된다.

(4) 소청절차

1) **제 기:** 징계처분·강임·휴직·직위해제 또는 면직처분을 행할 때에는 해당 공무원에게 처분사유설명서를 교부하여야 하는 바, 이 경우 이를 받은 날부터, 이를 받지 않은 그 밖의 불이익처분의 경우에는 그 처분이 있은 것을 안 날부터 30일 이내에 소청을 제기할 수 있다(동법 76①). 파면·해임 또는 대기발령을 받은 자에 대한 직권면직에 대한 소청의 경우에는 소청심사위원회는 소청을 접수한 날부터 5일 이내에 해당 사건의 최종결정이 있을 때까지 후임자의 보충발령을 유예하는 임시결정을 할 수 있다(동조③).

2) **심 사:** 소청심사위원회는 소청을 접수하면서 지체 없이 심사하여야 한다(동법 12①). 소청인이 심사청구서를 제출하면 우선 피소청인(처분청)에게 소청제기사실을 알리면서 심사청구서

에 대한 답변(변명)서를 제출하도록 한다. 소청심사위원회는 피소청인의 답변서 부본을 소청인에게 우송하고, 심사회의 일시를 지정하여 소청인과 피소청인에게 알려준다.

소청심사위원회는 심사를 할 때 필요하면 검증·감정 그 밖의 사실조사를 하거나 증인을 소환하여 질문하거나 관계서류를 제출하도록 명할 수 있다(동조②). 여기서 '검증'이란 위원회에서 직접 필요한 자료를 수집하여 검사한 후 소청사건의 심사기준에 부합되는지의 여부를 결정하는 것을 말하며, '감정'이란 소청사건의 판단능력을 보조하기 위하여 특별한 학식·경험을 가진 제3자로 하여금 그의 지식을 활용하여 판단하는 것을 말한다. '사실조사'는 위원이 직접 또는 소속 직원을 통하여 현지출장 등의 방법으로 소청심사청구 된 사안의 사실여부를 확인하는 행위를 말한다.

소청심사위원회가 소청사건을 심사할 때에는 소청인 또는 대리인에게 진술기회를 주어야 하며, 이 기회를 주지 아니한 결정은 무효로 한다(동법 13①②). 진술의 형식은 구술 또는 서면의 방법을 다 사용할 수 있다.

3) 결 정

(가) 결정기한 및 결정방법: 소청심사위원회는 소청심사청구를 접수한 날부터 60일(임시결정을 한 경우는 20일) 이내에 결정하여야 하나, 불가피한 경우에는 30일 연장할 수 있다(동법 76⑤). 소청사건의 결정은 재적위원 3분의 2 이상의 출석과 출석위원 과반수의 합의에 따르되, 의견이 나뉘어 출석위원 과반수의 합의에 이르지 못하였을 때에는 과반수에 이를 때까지 소청인에게 가장 불리한 의견에 차례로 유리한 의견을 더하여 그중 가장 유리한 의견을 합의된 의견으로 본다(동법 14①). 다만, 파면·해임·강등 또는 정직에 해당하는 징계처분을 취소 또는 변경하려는 경우와 효력 유무 또는 존재 여부에 대한 확인을 하려는 경우에는 재적 위원 3분의 2 이상의 출석과 출석 위원 3분의 2 이상의 합의가 있어야 한다(동조②).

(나) 결정의 종류: 소청심사위원회의 결정의 종류는 각하, 기각, 취소·변경, 무효등확인 및 의무이행명령 등이 있다(동조⑥). 인용결정의 경우, 소청심사위원회는 취소·변경 또는 청구에 따른 처분을 하거나(형성결정) 취소·변경 또는 청구에 따른 처분을 할 것을 명할 수 있다(명령재결). 형성결정에서 '변경결정'을 취소와 함께 규정하고 있고 징계종류의 성질상 일부취소가 가능하지 아니하다는 점에서 일부취소가 아니라 적극적 변경인 원징계에 갈음하는 다른 징계처분으로의 변경을 의미한다. 이와 같이 적극적 변경의 소청결정은 행정조직 내부의 재심사에 해당하여 권력분립원칙에 반하지 아니하면서 실효적인 권리구제를 도모할 수 있도록 하기 위한 것이라 하겠다. 소청심사위원회의 취소 또는 변경명령결정은 그에 따른 징계나 그 밖의 처분이 있을 때까지는 종전에 행한 징계처분 또는 징계부가금 부과처분에 영향을 미치지 아니한다(동조⑦).

(다) 불이익변경금지의 원칙 등: 소청심사에도 불이익변경금지의 원칙이 적용되어, 원징계처분보다 무거운 징계 또는 원징계부가금 부과처분보다 무거운 징계부가금을 부과하는 결정

을 하지 못한다(동조⑧). 또한 불고불리의 원칙도 적용되어, 소청심사위원회는 징계 또는 소청의 원인이 된 사실 이외의 사실에 대하여는 심사하지 못한다(소청절차규정 14).

[판 례] 불이익변경금지원칙에 반하지 아니하는 경우

"국가공무원법 제14조 제6항은 소청심사결정에서 당초의 원처분청의 징계처분보다 청구인에게 불리한 결정을 할 수 없다는 의미인데, 의원면직처분에 대하여 소청심사청구를 한 결과 소청심사위원회가 의원면직처분의 전제가 된 사의표시에 절차상 하자가 있다는 이유로 의원면직처분을 취소하는 결정을 하였다고 하더라도, 그 효력은 의원면직처분을 취소하여 당해 공무원으로 하여금 공무원으로서의 신분을 유지하게 하는 것에 그치고, 이때 당해 공무원이 국가공무원법 제78조 제1항 각 호에 정한 징계사유에 해당하는 이상 같은 항에 따라 징계권자로서는 반드시 징계절차를 열어 징계처분을 하여야 하므로, 이러한 **징계절차는 소청심사위원회의 의원면직처분취소 결정과는 별개의 절차로서 여기에 국가공무원법 제14조 제6항에 정한 불이익변경금지의 원칙이 적용될 여지는 없다.**"(소청심사위원회가 의원면직처분의 전제가 된 원고들의 사의표시가 감찰조직의 강요에 의하여 이루어졌을 개연성이 높다는 이유로 의원면직처분을 취소하는 결정을 하였고, 이에 피고인 임용권자가 징계절차를 열어 원고들에 대하여 각 파면처분을 한 사건)(대판 2008.10.09. 2008두11853,11860, 해임처분취소 · 파면처분취소)

(라) 결정의 효력: 소청심사위원회의 결정은 처분행정청을 기속한다(국가공무원법 15). 따라서 형성결정인 경우에는 불이익처분 등이 바로 취소 또는 변경되거나 소청인의 청구에 따른 처분의 효력이 발생하며, 명령결정인 경우에는 처분청의 취소 · 변경의 처분 또는 이행결정의 명령에 따른 처분청의 처분을 기다려 효력이 발생한다.

4) 불 복: 소청심사위원회의 결정에 불복이 있는 경우에는 행정소송으로 다투어야 한다(동법 16). 이 경우 소청심사위원회의 결정을 다투는 것이 아니고 원처분을 다투는 것이라 할 수 있으므로 행정소송의 피고는 소청심사위원회가 아니라 원처분청이 된다.

4. 행정소송

(1) 소청심사전치주의

공무원이 그에 대한 불이익처분에 대하여 소송을 제기함에 있어서는 행정심판전치주의가 적용되므로 원칙적으로 소청을 거치지 아니하고는 소송을 제기할 수 없다(동법 16①). 즉, 소청을 제기한 자가 소청심사위원회의 결정에 불복이 있을 때에는 위법을 이유로 하는 때에 한하여 그 결정서의 송달을 받은 날부터 90일 이내에 관할 행정법원에 행정소송을 제기할 수 있다.

(2) 대상적격

소의 대상은 원처분주의에 따라 원래의 불이익처분이며, 다만 소청 자체에 고유한 위법이 있는 경우에 한해 소청의 결정이 대상이 될 수 있다. 그런데 재결자체에 고유한 위법이 없는 경우에 불이익변경금지의 원칙에 따라 경감된 변경에도 불복하는 경우에 소의 대상에 관해 견해가 나뉜다.

1) 원처분설: 이는 원처분주의에 따라 원처분이 소의 대상이라는 견해이다.

2) 소청결정설: 이는 원처분을 소의 대상으로 하면 소청결정보다 불리한 판결을 받을 우려

가 있고 원고는 감경된 변경처분에도 불복하는 것이므로 감경된 소청결정이 대상이라는 견해이다.

3) **변경된 원처분설:** 변경된 소청결정은 새로운 처분이 아니라 당초부터 유리한 내용의 처분이라 할 것이므로 변경시킨 원처분을 다투어야 한다는 견해이다.

4) **판 례:** 판례는 원처분청을 피고로 변경된 처분을 소의 대상으로 재판을 하고 있다는 점에서 변경된 원처분설을 취하는 것으로 볼 수 있다.

[판 례] 정직 2개월로 감경된 처분을 대상으로 원처분청을 피고로 정직처분취소소송 제기

"경찰공무원이 음주운전사고로 인한 **해임처분**을 소청심사에서 **정직 2개월로 감경**한 처분에 대하여 해당 지방경찰청장을 상대로 **정직처분취소소송**을 제기한 사건에서, 그 비위의 내용과 성질 및 징계처분의 목적, 경찰공무원이 주장하는 여러 정상들을 종합하여 보면, 당해 경찰공무원에 대한 정직 2월의 징계처분은 적정하고 그것이 재량권의 범위를 일탈하거나 남용한 것이라고 볼 수 없다고 한 사례."(대판 1997.11.14, 97누7325, 정직처분취소)

5) **결 어:** 취소소송의 대상인 재결의 경우와 마찬가지로, 소청결정의 내용에도 불복이 있는 경우에 원처분청을 피고로 취소소송을 제기해야 한다는 점에서 변경된 원처분설이 타당하다. 예컨대, 해임처분이 소청에서 정직 3월로 변경되었다면 해임처분은 소멸하고 당초부터 소급하여 정직 3월이 되는 것이므로 변경된 정직 3월이 원처분으로서 소의 대상이 된다.

(3) 피고적격

원처분주의에 따라 피고도 원처분을 한 원처분청이 된다. 다만, 대통령이 원처분청인 때에는 소속장관을 피고로 하여 제기하여야 한다(동법 16②).

그런데 감경된 변경결정 등 수정결정의 경우 원처분주의에 의하여 원처분을 행한 처분행정청을 피고로 할 것인지, 수정결정을 한 소청심사위원회를 피고로 하여야 할 것인지에 대하여, 위 수정결정의 대상적격여부에 대응하여 견해가 나뉘고 있다. 생각건대, 대상적격의 변경된 원처분설에 따라 원처분청이 피고가 된다고 할 것이다. 즉, 명령결정의 경우에는 그 결정에 따라 수정된 처분을 한 원처분청이 피고가 된다고 할 것이며, 형성결정의 경우에도 처분이유의 기초사실을 변경하는 것이 아닌 한 원처분의 적법성이 인정되면 재결도 당연히 시인되는 것이기 때문에 원처분청이 방어할 수 있다고 할 것이다. 판례도 징계처분에 대한 소청심사에서 경감된 징계재결의 처분성을 인정하고 피고는 원처분청으로 보고 있다(대판 1998.12.8, 98두1475).

5. 고충심사

(1) 고충심사의 의의

공무원은 인사・조직・처우 등 각종 직무조건과 그 밖에 신상문제에 대하여 인사상담이나 고충의 심사를 중앙인사관장기관의 장, 임용권자 또는 임용제청권자에게 청구할 수 있으며, 청구받은 자는 이를 고충심사위원회에 부쳐 심사하게 하고 그 결과에 따라 공정한 처리를 위하여 노력하여야 한다(국가공무원법 76의2①②).

(2) 고충심사위원회

고충심사를 위하여 중앙인사관장기관에 중앙고충심사위원회(소청심사위원회에서 관장)를, 임용권자 또는 임용제청권자 단위로 보통고충심사위원회를 두며, 전자는 보통고충심사위원회의 심사를 거친 재심청구와 5급 이상의 공무원의, 후자는 소속 6급 이하의 공무원과 기능직공무원의 고충을 각각 심사한다(동법 76의2③④).

(3) 심사청구의 제출 · 결정

고충심사청구는 그 설치기관의 장에게 제출하며, 고충심사위원회는 청구서접수일로부터 30일 이내에(부득이한 경우 30일 연장) 고충심사에 대한 결정을 하여 설치기관의 장에게 송부한다(공무원고충처리규정 4, 7, 11).

(4) 심사결과의 처리

이 경우 설치기관의 장은 심사결과를 청구인에게 통보하는 외에 스스로 고충해소를 위한 조치를 하거나 관계기관의 장에게 필요한 조치를 요구하여야 한다(동규정 12). 고충심사결정은 헌법소원 및 행정쟁송의 대상이 되는 행정처분이 아니다(판례1,2).

[판례 1] 고충심사결정은 헌법소원의 대상이 아님

"고충심사청구에 대한 결정은 피청구인이 청구인의 고충을 해소하는 등 공정한 처리를 위하여 노력한 결과, 즉 청구인의 고충을 해소하여 주려고 하여도 현행 법령의 테두리 안에서 허용되지 아니한다는 사정을 알리는 결정에 지나지 아니하며, 그로 인하여 청구인에 대한 법률관계의 변동이나 이익의 침해가 생기지 아니하므로, 헌법소원의 대상이 되는 공권력의 행사 또는 불행사에 해당된다고 할 수 없다."(헌재 1996.12.26, 96헌마51, 교육부교원징계재심위원회결정위헌확인)

[판례 2] 고충심사결정은 행정쟁송의 대상인 처분이 아님

"지방공무원법 제67조의2에서 규정하고 있는 고충심사제도는 공무원으로서의 권익을 보장하고 적정한 근무환경을 조성하여 주기 위하여 근무조건 또는 인사관리 기타 신상문제에 대하여 법률적인 쟁송의 절차에 의하여서가 아니라 사실상의 절차에 의하여 그 시정과 개선책을 청구하여 줄 것을 임용권자에게 청구할 수 있도록 한 제도로서, 고충심사결정 자체에 의하여는 어떠한 법률관계의 변동이나 이익의 침해가 직접적으로 생기는 것은 아니므로 고충심사의 결정은 행정상 쟁송의 대상이 되는 행정처분이라고 할 수 없다."(대판 1987.12.8, 87누657, 해임처분취소,고충심사결정취소)

6. 교원에 대한 불이익처분의 경우

(1) 소청심사

교원은 「교원지위향상 및 교육활동보호를 위한 특별법」에 의거하여 불이익처분에 대하여 그 처분이 있었던 것을 안 날부터 30일 이내에 교원소청심사위원회에 소청심사를 청구할 수 있다(동법 9①). 여기서 교원에는 사립학교의 교원도 포함된다. 교원소청심사를 하기 위하여 교육부에 교원소청심사위원회를 둔다(동법 7①). 소청심사결정은 청구서접수일부터 60일 이내에 해야 하며(불가피한 경우 30일 연장 가능), 소청결정은 처분권자를 기속한다(동법 10조의2).

(2) 행정소송의 제기

소청심사위원회의 결정에 대하여 불복이 있는 경우는 행정소송을 제기할 수 있다(동법 10④).

1) **원고적격:** 소청결정에 대한 불복 소송의 원고는 불이익처분을 받은 교원이며, 사립학교의 경우 「사립학교법」 제2조에 따른 학교법인 또는 사립학교 경영자 등도 원고적격이 있다(동조 ④)(판례1). 교원에게만 원고적격을 인정한 구 교원지위향상을 위한 특별법(2007.5.11. 법률 제8414호로 개정되기 전의 것) 제10조 제3항이 위헌판결을 받아(판례2) 교원에게 불이익처분을 한 사립학교 경영자 등도 소청결정의 불복소송을 제기할 수 있게 법률개정이 이루어졌다. 그러나 불이익처분을 받은 사립학교 교원은 사법상 계약관계로 이해하여 처분권자에게도 원고적격을 허용함으로써 국·공립학교의 교원에 비하여 신분보장에 취약성을 띠고 있다.

2) **피고적격:** 재결자체에 고유한 위법이 없는 한, 공무원법상의 피고의 경우와 마찬가지로 원처분청(수정재결인 경우도 동일)이 피고이다. 다만, 사립학교 경영자 등의 사립학교 교원에 대한 불이익처분의 경우에는 교원소청심사위원회의 소청결정에 의하여 비로소 행정처분이 되는 것이므로 소청결정이 대상적격인 것에 대응하여 소청심사위원회가 피고가 된다(판례3).

[판례 1] 학교의 장도 행정소송의 원고적격

"교원소청심사위원회의 결정에 대하여 행정소송을 제기할 수 있는 자에는 교원지위 향상을 위한 특별법 제10조 제3항에서 명시하고 있는 교원, 사립학교법 제2조에 의한 학교법인, 사립학교 경영자뿐 아니라 소청심사의 피청구인이 된 **학교의 장**도 포함된다고 보는 것이 타당하다."(대판 2011.6.24, 2008두9317, 재임용거부처분취소처분취소)

[판례 2] 구 교원지위향상을 위한 특별법 제10조 제3항(교원만 원고적격 인정)의 위헌판결

"**행정심판**이라 함은 행정청의 처분 등으로 인하여 침해된 국민의 기본권 등 권익을 구제하고, 행정의 자기통제 및 자기감독을 실현함으로써 행정의 적법성을 보장하는 권리구제절차이므로 학교법인과 그 소속 교원 사이의 사법적 고용관계에 기초한 교원에 대한 징계 등 불리한 처분을 그 심판대상으로 삼을 수는 없는 것이다. 따라서 재심위원회(현재의 소청심사위원회)를 교육인적자원부 산하의 행정기관으로 설치하는 등의 교원지위법 규정에도 불구하고 여전히 **재심절차(현재의 소청절차)는 학교법인과 그 교원 사이의 사법적 분쟁을 해결하기 위한 간이분쟁해결절차로서의 성격**을 갖는다고 할 것이므로, 재심결정은 특정한 법률관계에 대하여 의문이 있거나 다툼이 있는 경우에 행정청이 공적 권위를 가지고 판단·확정하는 행정처분에 해당한다고 봄이 상당하다. … 학교법인은 그 소속 교원과 **사법상의 고용계약관계**에 있고 재심절차에서 그 결정의 효력을 받는 일방 당사자의 지위에 있음에도 불구하고 이 사건 법률조항은 합리적인 이유 없이 학교법인의 제소권한을 부인함으로써 **헌법 제11조의 평등원칙에 위배**되고, 사립학교 교원에 대한 징계 등 불리한 처분의 적법여부에 관하여 재심위원회의 재심결정이 최종적인 것이 되는 결과 일체의 법률적 쟁송에 대한 재판권능을 법원에 부여한 **헌법 제101조 제1항에도 위배**되며, 행정처분인 재심결정의 적법여부에 관하여 대법원을 최종심으로 하는 법원의 심사를 박탈함으로써 **헌법 제107조 제2항에도 아울러 위배**된다."(헌재 2006.2.23, 2005헌가7, 2005헌마1163(병합) 전원재판부, 교원지위향상을위한특별법제10조제3항위헌제청등)

3) **대상적격:** 행정소송의 대상은 국가공무원법의 경우와 마찬가지로 원처분주의에 따라 원칙적으로 학교 경영자(또는 총장)의 불이익처분(변경된 원처분)이다. 그런데, 소청결정에 불복하는 사립학교의 교원 및 법인과 경영자의 경우에는 자신이 행한 원처분이 아니라 소청결정에 불복하는 것이므로 소청결정이 행정소송의 대상이다(판례3).

[판례 3] 사립학교 교원의 불복의 경우 교원소청심사위원회의 결정이 대상적격

"[1] 사립학교 교원은 학교법인 또는 사립학교 경영자에 의하여 임면되는 것으로서 **사립학교 교원과 학교법인의 관계를 공법상의 권력관계라고는 볼 수 없으므로** 사립학교 교원에 대한 학교법인의 해임처분을 취소소송의 대상이 되는 행정청의·처분으로 볼 수 없고, 따라서 학교법인을 상대로 한 불복은 행정소송에 의할 수 없고 **민사소송절차에 의할 것**이다.

[2] 사립학교 교원에 대한 해임처분에 대한 구제방법으로 학교법인을 상대로 한 민사소송 이외 **교원지위향상을위한특별법 제7조 내지 10조에 따라 교육부 내에 설치된 교원징계재심위원회(현행 교원소청심사위원회)에 재심청구(현행 소청)를 하고 교원징계재심위원회의 결정에 불복하여 행정소송을 제기하는 방법도 있으나, 이 경우에도 행정소송의 대상이 되는 행정처분은 교원징계재심위원회의 결정**이지 학교법인의 해임처분이 행정처분으로 의제되는 것이 아니며 또한 교원징계재심위원회의 결정을 이에 대한 행정심판으로서의 재결에 해당되는 것으로 볼 수는 없다."(대판 1993.2.12. 92누13707, 해임처분취소등)

4) 제기기간: 소청심사위원회의 결정에 불복하는 경우에는 그 결정서를 송달받은 날부터 30일 이내에 「행정소송법」으로 정하는 바에 따라 소송을 제기할 수 있다(동법 10④).

제 3 절 공무원의 권리

Ⅰ. 개 설

공무원은 일반국민으로서의 지위와 국가기관의 구성원으로서의 지위의 이중적 지위를 가지는 바, 후자의 지위에서 공무원은 일반국민이 지지 아니하는 특수한 의무와 책임을 지는 반면, 일반국민이 가지지 아니한 여러가지의 권리를 가진다. 그 구체적 내용은 공무원의 종류에 따라 차이가 있으며, 이는 개인적 공권인 까닭에 사권과 다른 특수성을 가진다.

Ⅱ. 공무원의 신분상의 권리

공무원의 신분상의 권리란 공무원으로서의 신분 자체에 직접 관계되는 권리를 말하며, 다음과 같은 것이 있다.

1. 신분 및 직위보유권

공무원은 특히 신분보장을 받지 아니하는 자(예; 특수경력직공무원 · 1급공무원 · 시보임용 중에 있는 공무원)를 제외하고는 법령 및 소정의 절차에 의하지 아니하고는 신분박탈 및 직위를 상실하지 아니할 권리를 가진다(국가공무원법 32의5, 68, 지방공무원법 30의5, 60).

2. 직무집행권 · 직명사용권 · 제복착용권

공무원은 자기 담당직무를 방해당하지 아니하며, 이를 방해한 자는 공무집행방해죄를 구성한

다(형법 136, 137 등). 또한 직명(職名)을 사용하고 소정의 제복·제모가 있는 자는 이를 착용할 수 있다(경범죄처벌법 3(7)).

3. 행정쟁송권

공무원은 위법·부당한 신분보장 침해의 경우에 그 처분의 하자를 이유로 행정쟁송을 제기할 수 있다.

4. 노동법상의 권리

공무원은 「공무원의 노동조합설립 및 운영 등에 관한 법률」에 의해, 교원은 「교원의 노동조합 설립 및 운영 등에 관한 법률」에 의해 노동조합결성권, 단체교섭권 및 노동쟁의조정신청권이 인정되고 있다.

(1) 노동조합의 설립단위 및 가입범위

공무원이 노동조합을 설립하려는 경우에는 국회·법원·헌법재판소·선거관리위원회·행정부·특별시·광역시·특별자치시·도·특별자치도·시·군·구(자치구를 말한다) 및 특별시·광역시·도·특별자치시·특별자치도의 교육청을 최소 단위로 한다(동법 5①). 노동조합에 가입할 수 있는 공무원은 일반직공무원, 특정직공무원 중 외무영사직렬·외교정보기술직렬 외무공무원, 소방공무원 및 교육공무원(다만, 교원은 제외한다), 별정직공무원, 위 어느 하나에 해당하는 공무원이었던 사람으로서 노동조합 규약으로 정하는 사람이다(동법 6①). 다만, 업무의 주된 내용이 다른 공무원에 대하여 지휘·감독권을 행사하거나 다른 공무원의 업무를 총괄하는 업무에 종사하는 공무원, 업무의 주된 내용이 인사·보수 또는 노동관계의 조정·감독 등 노동조합의 조합원 지위를 가지고 수행하기에 적절하지 아니한 업무에 종사하는 공무원, 교정·수사 등 공공의 안녕과 국가안전보장에 관한 업무에 종사하는 공무원은 노동조합에 가입할 수 없다(동조②).

(2) 노동조합 전임자의 지위

노동조합전임자는 임용권자의 동의를 받아 노동조합으로부터 급여를 지급받으면서 노동조합의 업무에만 종사할 수 있고(동법 7①), 전임기간 중 휴직명령을 하여야 한다(동조②). 다만, 전임을 이유로 승급이나 그 밖에 신분과 관련하여 불리한 처우를 하여서는 아니 된다(동조④).

(3) 노동조합의 활동범위

1) 교섭 및 협약체결권: 노동조합의 대표자는 그 노동조합에 관한 사항 또는 조합원의 보수·복지, 그 밖의 근무조건에 관하여 인사혁신처장·지방자치단체의 장 등 교섭대표와 교섭하고 단체협약을 체결할 권한을 가진다(동법 8①).

2) 정치활동 및 쟁의행위 금지: 노동조합은 정치활동이 금지되며(동법 4), 파업·태업 또는 그 밖에 업무의 정상적인 운영을 방해하는 어떠한 행위도 하여서는 아니 된다(동법 11).

3) 조정신청: 단체교섭이 결렬된 경우에는 당사자 어느 한쪽 또는 양쪽은 중앙노동위원회에 조정을 신청할 수 있다(동법 12①).

Ⅲ. 공무원의 재산상의 권리

공무원은 국가 또는 지방자치단체에 대하여 일정한 재산상의 권리를 가지는 바, 보수청구권, 연금권 및 실비변상청구권이 그것이다.

1. 보수청구권

(1) 보수의 성질

보수(報酬)는 봉급과 그 밖의 각종 수당을 합산한 금액을 말하는데(공무원 보수규정 4), 보수의 성질에 대하여는 ① **반대급부설**(근무에 대한 대가), ② **생활자금설**(생활보장을 위한 지급)이 대립하고 있다. 우리 공무원법은 봉급을 근무에 대한 대가임과 아울러 일반의 표준생계비의 보장을 위하여 국가나 자치단체가 지급하는 금품이라는 절충적인 태도를 취하고 있다(국가공무원법 46①②, 지방공무원법 44①②).

(2) 보수의 종류

1) 봉 급: 봉급이란 일상적인 근무에 대하여 모든 공무원에게 등급별로 지급되는 기본급여인 바, 봉급과 직책수당 및 근속수당을 합한 것을 말한다.

2) 수 당: 수당은 공무원에게 지급되는 봉급 이외의 보수를 말하는데, 수당의 종류로는 시간외근무수당・야간근무수당・휴일근무수당・일숙직수당・특수지근무수당・특수근무수당・상여수당・조정수당 및 가족수당이 있다.

(3) 보수청구권의 성질

보수청구권은 공법상 권리로 소멸시효는 5년이며(국가재정법 96, 지방재정법 82), 양도・포기할 수 없으며, 압류가 제한된다(보수금액의 2분의 1을 초과 못함). 그에 관한 쟁송은 공권이므로 공법상 당사자소송에 의하여야 할 것이다(통설, 판례).

2. 연금권

연금(年金)이란 공무원의 퇴직 또는 사망과 공무로 인한 질병・부상으로 퇴직 또는 사망한 경우에 지급되는 급여를 말하며, 공무원연금법에 의해 지급된다. 공무원연금제도는 공무원 및 그 유족의 생활 안정과 복리향상에 기여하는 사회보장제도로서 사회보험제도의 일종이다.

(1) 연금의 성질

연금이란 ① 지급이 연기된 봉급이라는 봉급연불설, ② 퇴직공무원 또는 공무원의 유족에 대한 사회보장을 위한 급여로 보는 사회보장설, ③ 은혜설 등이 있다. 생각건대, 공무원연금법에 의한 퇴직연금의 재원은 공무원 자신의 기여금과 이와 동액의 국가 또는 지방자치단체의 부담금으로 구성되어 있다. 공무원연금법은 사회보장설을 취하고 있고 국가 등의 부담금 부분은 재직 중의 성실한 복무에 대한 공로보상 내지 사회보장적 급여의 성격이 강하다. 아울러 퇴직급여 중 본인의 기여금에 해당하는 부분은 재직 중 근무의 대가로서 지급하였어야 할 임금의 후불적 성격이 강하다는 점에서 양면적 성격을 가진다(판례).

[판 례] 공무원연금은 임금후불적 성격과 사회보장적 급여의 성격

"공무원연금법상 퇴직급여 중 본인의 기여금에 해당하는 부분은 재직 중근무의 대가로서 지급하였어야 할 임금의 후불적 성격이 강하고 그 나머지 부분은 재직 중의 성실한 복무에 대한 공로보상 또는 사회보장적 급여의 성격이 강하다."(대판 1995.9.29, 95누7529, 공무원퇴직급여환수처분취소)

(2) 연금의 종류

연금은 단기급여와 장기급여로 대별되며, 전자는 공법상 요양비, 공법상 요양일시금, 재해보조금 및 사망조위금이 있고, 후자는 퇴직급여 · 장해급여 및 유족급여가 있다.

(3) 연금권의 보호

급여(퇴직연금 · 퇴직일시금 · 퇴직유족연금 · 퇴직수당 등)를 받을 권리는 양도 · 압류 · 담보의 대상이 될 수 없으며, 급여의 사유가 발생한 날부터 5년간 행사하지 아니하면 시효로 인하여 소멸한다(공무원연금법 39, 88).

(4) 연금의 지급

연금은 그 급여를 받을 권리를 가진 사람의 신청에 따라 인사혁신처장의 결정으로 공단이 지급한다(동법 29①).

(5) 쟁송수단

1) **심사청구:** 급여결정 등 급여에 이의가 있으면 급여결정이 있었던 날부터 180일, 그 사실을 안 날부터 90일 이내에 국무총리소속의 공무원재해보상연금위원회에 심사를 청구할 수 있고, 행정심판법에 따른 행정심판은 청구할 수 없다(동법 87①②③).

2) **행정소송:** 연금지급결정에 불복이 있는 경우 공무원재해보상연금위원회의 심사청구를 거쳐 항고소송과 공법상 당사자소송(소병합 가능)으로 연금지급청구소소송을 제기할 수 있다(판례).

[판 례] 연금지급 거부 또는 일부지급에 대한 항고소송과 공법상 당사자소송 제기

"구 공무원연금법(2008.2.29.법률 제8852호로 개정되기 전의 것)제26조 제1항, 제3항, 제83조 제1항, 구 공무원연금법 시행령 제19조의3 등의 각 규정을 종합하면, 구 공무원연금법에 의한 퇴직수당 등의 급여를 받을 권리는 법령의 규정에 의하여 직접 발생하는 것이 아니라 위와 같은 급여를 받으려고 하는 자가 소속하였던 기관장의 확인을 얻어 신청함에 따라 공무원연금관리공단이 그 지급결정을 함으로써 구체적인 권리가 발생한다. 따라서 구 공무원연금법령상 급여를 받으려고 하는 자는 우선 관계 법령에 따라 공단에 급여지급을 신청하여 공무원연금관리공단이 이를 거부하거나 일부 금액만 인정하는 급여지급결정을 하는 경우 그 결정을 대상으로 **항고소송을 제기**하는 등으로

구체적 권리를 인정받은 다음 비로소 **당사자소송으로 그 급여의 지급을 구하여야** 하고, 구체적인 권리가 발생하지 않은 상태에서 곧바로 공무원연금관리공단 등을 상대로 한 당사자소송으로 급여의 지급을 소구하는 것은 허용되지 않는다."(대판 2010.5.27, 2008두5636, 퇴직수당청구)

3. 실비변상청구권

공무원은 그 직무수행을 위하여 특히 비용이 드는 경우에 그 실비를 변상받을 권리를 가진다(국가공무원법 48①). 국내여비규정 또는 국외여비규정에 의한 운임・일비・숙박료・식비를 지급받는 것이 그 예이다.

제 4 절 공무원의 의무

Ⅰ. 개 설

공무원은 국민전체에 대한 봉사자로서 직무를 민주적이고 능률적으로 수행해야 하므로, 법에 의해 의무를 지고 있다. 종래의 특별권력관계론에서는 공무원의 의무의 근거를 특별권력에 두었기 때문에 공무원의 의무를 포괄적 의무로 보았다. 그러나 공무원관계도 법치주의의 적용을 받는 것이며 현행 공무원관계법제는 공무원의 의무를 법령으로 규정하여 이를 법령사항으로 하고 있다. 공무원의 의무의 구체적인 내용이나 범위는 공무원의 종류 또는 직무의 성질에 따라 다소 차이가 있으나, 공무원법상 일반직 공무원의 공통된 의무를 보면 다음과 같다.

Ⅱ. 선서의 의무

공무원은 취임할 때에 소속기관장 앞에서 법령이 정하는 바에 따라 선서할 의무를 지고 있다(국가공무원법 55, 지방공무원법 47).

Ⅲ. 성실의 의무

공무원은 국민전체의 봉사자로서 공익실현을 위해 성실히 직무를 수행할 의무를 진다(국가공무원법 56, 지방공무원법 48). 이 의무는 공무원이 그의 전인격과 양심을 바쳐서 공공이익의 증진에 충실하여야 하며, 최대한으로 국가의 이익을 도모하고 그 불이익을 방지하여야 한다는 것을 그 내용으로 한다. 따라서 이 의무는 공무원의 의무 가운데서 가장 중핵적인 것이며, 공무원의 의무의 원천이 되는 기본적 의무로서 윤리성을 그 본질로 한다. 그러나 성실의 의무는 민주국가에 있어서는 국가에의 신복적 예속(臣僕的 隷屬)을 의미하는 무정량(無定量)의 충성의 의무가 아니고 원칙적으로 주어진 일정한 직무에 관하여 국민전체의 이익을 도모하는 법적 의무라고 할 것이다. 성실의무는 근무시간 외에 근무지 밖에까지 미칠 수 있다(판례).

[판 례] 근무시간 외에 근무지 밖에 성실의무가 미치는 경우

"국가공무원법상 공무원의 성실의무는 경우에 따라 **근무시간 외에 근무지 밖에까지도** 미치는 경우가 있다고 할 것인바, … 위 각 집회가 관계 법령에 따라 적법한 절차를 거쳐 개최되었고, **근무시간 외에 사업장 밖에서** 개최되었다고 하더라도 철도의 정상적인 운행을 수행하여야 할 철도기관사로서의 성실의무는 철도의 정상운행에 지장을 초래할 가능성이 높은 집회에 참석하지 아니할 의무에까지도 미친다고 보아야 할 것이므로, 전기협이 주최하는 위 각 집회에 참석하지 못하도록 한 피고의 명령은 정당한 직무상 명령이다."(대판 1997.2.11, 96누2125, 파면처분취소)

Ⅳ. 직무상의 의무

직무상의 의무는 공무원의 직무수행에 직접 관련되어 요구되는 의무인데, 이를 세분하면 다음과 같다.

1. 법령준수의무

모든 공무원은 법령을 준수하여야 한다(국가공무원법 56, 지방공무원법 48). 이는 법치행정의 원칙에 근거를 두고 있는 것인 바, 법령위반은 위법행위 또는 부당행위로서 행위의 효력의 부인, 징계책임, 형사책임 또는 민사상의 배상책임을 지게 된다.

2. 복종의무

공무원은 직무를 수행할 때 소속상관의 직무상 명령에 복종(服從)하여야 한다(국가공무원법 57, 지방공무원법 49). 이는 그 독립이 보장되는 공무원(법관 등)을 제외하고는 상명하복(上命下服)의 계층제를 이루어 행정목적을 달성하는 행정조직의 원리에 근거한 것이다.

(1) 소속상관

소속상관이란 그 기관이 행정청 또는 보조기관인지의 여부에 관계없이 해당 공무원의 직무에 관하여 지휘·감독권을 가진 자를 총칭한다.

(2) 직무명령

1) 의의 및 성질: 직무명령은 상관이 직무에 관하여 하관(下官)에게 발하는 명령으로 법규성이 없다. 따라서 직무명령에 대한 위배는 징계사유가 될 뿐 위법은 아니다.

2) 형 식: 특별한 규정이 있는 외에는 구술이나 문서의 어느 형식에 의하여 할 수 있다.

3) 훈령과 구별: 직무명령은 상관의 하관(공무원 대 공무원)에 대한 명령이며, 상급공무원 또는 수명공무원의 변동에 의하여 효력을 상실한다는 점에서, 상급관청이 하급관청(기관 대 기관)에 대하여 발하며 기관구성자의 변동에 관계없이 효력을 가지는 훈령과 구별된다. 다만 훈령은 수명기관을 구속하는 결과 수명기관구성자도 이에 구속되기 때문에 훈령은 동시에 직무명령의 성질을 가진다.

4) 요 건: 직무명령이 유효하기 위해서는 형식적 요건으로서, ① 정당한 권한을 가진 기관이, ② 하관의 직무범위 내에 속하는 사항을, ③ 하관의 직무상 독립이 인정되는 사항에 관한 것이 아니고, ④ 적법한 형식과 절차에 따라 행할 것이 요구되고, 실질적 요건으로서, ⑤ 법령과 공익에 적합하게 행할 것이 요구된다.

(3) 복종의무의 한계

1) **직무명령에 대한 심사:** 직무명령의 하자(瑕疵)가 외관상 명백한 경우(형식적 요건의 결여)에는 복종을 거부할 수 있다는 데 대하여 이론이 없으나, 하관(下官)의 **실질적 요건**의 심사여부에 대하여는 긍정설과 부정설로 나뉜다. 즉, ① **부정설**에서는 직무명령에도 행정처분의 공정력과 유사한 효력이 있고 행정의 계층구조상 행정목적의 통일적 수행을 위해 직무명령이 중대·명백한 하자로 무효가 아닌 한 일단 복종의무를 부담한다고 하며, ② **긍정설**에서는 공무원은 복종의무 이외에도 헌법준수의무뿐만 아니라 법치국가원리의 당연한 결과인 법령준수의무가 있으므로 법령에 위반하지 않아야 하기 때문에 위법한 직무명령에는 복종을 거부할 수 있다고 한다. ③ **판례**는 범죄행위를 명하는 등 중대·명백한 위법인 경우에는 복종의무가 없다고 하여 부정설을 취한다(판례).

생각건대, 직무명령에 대한 심사는 복종의무의 범위·한계의 문제로서 행정조직의 통일적·효율적 운영의 요청과 행정의 합법성원칙의 조화의 문제이다. 부하는 상사의 명령에 대하여 의견을 진술할 수 있고 위법한 직무명령에는 복종할 의무가 없다(판례). 그러나 하자가 단순한 법령해석상의 견해의 차이 또는 부당에 불과한 경우에는 복종하여야 한다.

[판 례] 범죄행위 등 명백히 위법인 명령에는 복종의무 없음

"공무원이 그 직무를 수행함에 즈음하여 상관은 하관에 대하여 범죄행위 등 위법한 행위를 하도록 명령할 직권이 없는 것이며, 또한 하관은 소속상관의 적법한 명령에 복종할 의무는 있으나 그 명령이 대통령 선거를 앞두고 특정후보에 대하여 반대하는 여론을 조성할 목적으로 확인되지도 않은 허위의 사실을 담은 책자를 발간·배포하거나 기사를 게재하도록 하라는 것과 같이 명백히 위법 내지 불법한 명령인 때에는 이는 벌써 직무상의 지시명령이라 할 수 없으므로 이에 따라야 할 의무가 없다."(대판 1994.4.23. 99도636)

2) **노동조합 전임자에 대한 직무명령:** 노동조합 전임자에 대한 직무상 명령이 노동조합의 정당한 활동 범위 내에 속하는 사항을 대상으로 하는 경우에는 복종의무가 없다. 다만, 그 소속기관의 원활한 공무 수행이나 근무기강의 확립, 직무집행의 공정성 또는 정치적 중립성 확보 등을 위하여 그 직무상 명령을 발령할 필요가 있다는 등의 특별한 사정이 있을 때에는 복종의무를 발생시킨다(판례).

[판 례] 노동조합 전임자의 복종의무의 한계

"국가공무원법 제57조 및 지방공무원법 제49조에 의하면 공무원은 직무를 수행할 때 소속 상급공무원의 직무상 명령에 복종하여야 하고, 한편 공무원이 공무원의 노동조합 설립 및 운영 등에 관한 법률 제7조에서 정한 노동조합 전임자가 되어 근로제공의무가 면제된다고 하더라도 이는 노동조합 전임자로서 정당한 노동조합 활동에 전념하는 것을 보장하기 위한 것에 그 의미가 있으므로, 노동조합 전임자의 지위에 있다고 하여 위와 같은 복종의무가 전적으로 면제된다고 할 수는 없다. 그러나 공무원의 노동조합 설립 및 운영 등에 관한 법률에 의하여 공무원노동

조합의 정당한 활동은 보장되므로, **노동조합 전임자에 대한 직무상 명령이 노동조합의 정당한 활동 범위 내에 속하는 사항을 대상으로 하는 경우에는, 그 소속 기관의 원활한 공무 수행이나 근무기강의 확립, 직무집행의 공정성 또는 정치적 중립성 확보 등을 위하여 그 직무상 명령을 발령할 필요가 있다는 등의 특별한 사정이 있을 때에 한하여 그 명령은 복종의무를 발생시키는 유효한 직무상 명령에 해당한다.**"(대판 2013.9.12. 2011두20079, 정직처분취소; 대판 2008.10.09. 2006두13626)

3) **직무명령의 경합:** 2 이상의 상관으로부터 서로 모순되는 직무명령을 받았을 때에는 상급의 상관에게 복종하여야 한다는 견해(**상급상관설**)와 직근상관에게 복종하여야 한다는 견해(**직근상관설**)가 대립되어 있으나, 행정조직의 계층적 질서에 비추어 볼 때 직근상관의 직무명령에 복종해야 한다는 후설이 타당하다.

(4) 복종의무위반의 효과

복종의무에 위반하여 직무명령을 어기더라도 일반적으로 그 공무원의 행위가 위법으로 되는 것은 아니고 해당 공무원의 징계사유가 되는 데 그친다.

3. 직무전념의무

공무원은 전력을 다하여 직무를 수행하여야 한다. 이에 공무원은 특히 다음과 같은 제한 내지는 의무를 진다.

(1) 직장이탈금지

공무원은 소속상관의 허가나 정당한 사유 없이 직장을 이탈하지 못한다(국가공무원법 58①, 지방공무원법 50①). 이 의무는 원칙적으로 근무시간 중에 성립하며, 이를 위배하면 형법상의 직무유기죄를 구성한다. 시간외 근무를 명한 경우에는 이 의무가 인정된다. 수사기관이 공무원을 구속하려면 현행범을 제외하고는 미리 그 소속기관의 장에게 통보하여야 한다(동조②).

[판 례] 사직원이 수리되지 않은 상태에서 출근 아니한 경우, 허가 없이 총파업에 참가한 경우

"경찰서 수사과 형사계 반장이 검찰의 뇌물수수사건 수사를 피하기 위하여 제출한 **사직원이 수리되지 아니한 상태에서 3개월여 동안 출근하지 아니한 경우**, 직장이탈을 이유로 한 파면처분은 적법하다."(대판 1991.11.12, 91누3666, 파면처분취소)

"공무원이 전국공무원노동조합의 결의에 따라 **총파업에 참가하기 위하여 소속 학교장의 허가 없이 무단결근**을 한 행위가 지방공무원법 제50조 제1항에서 금지하는 '무단직장이탈행위'에 해당한다."(대판 2007.5.11, 2006두19211, 해임처분취소등)

(2) 영리업무 및 겸직의 금지

공무원은 공무 이외의 영리를 목적으로 하는 업무에 종사하지 못하며, 소속기관장의 허가없이 다른 직무를 겸하지 못한다(전법 64, 후법 56). '영리를 목적으로 하는 업무'란 집무능률저해, 공무에의 부당영향, 국가이익침해, 정부의 불명예초래의 우려가 있는 업무들로서, 영리적인 업무를 스스로 경영하여 영리를 추구함이 현저한 업무 등 국가공무원복무규정 제25조에 규정된 것이다. '다른 직무'란 영리를 목적으로 하지 아니하는 업무로서 집무에 지장이 없는 것을 말한다.

(3) 영예금지

공무원은 대통령의 허가없이 외국정부로부터 영예 또는 증여를 받지 못한다(전법 62, 후법 54).

(4) 정치운동의 금지

공무원은 정당이나 그 밖의 정치단체의 결성에 관여하거나 가입할 수 없고(전법 65①, 후법 57①), 선거에서 특정 정당 또는 특정인을 지지 또는 반대하기 위한 투표권유·서명·문서등 게시·기부금모집·정당이나 정치단체 가입 또는 불가입 권유 등을 하여서는 아니 되며(동조②), 다른 공무원에게 위의 행위를 권유하거나 정치적 행위에 대한 보상 또는 보복으로서 이익 또는 불이익을 약속하여서는 아니 된다(동조③). 공무원법은 벌칙으로써 이를 강제하고 있는 바, 이는 국민 전체의 봉사자로서 그의 정치적 중립성을 보장하기 위한 것이다. 다만, 일정한 범위 내의 정치성이 예견되는 특수경력직 공무원(지방공무원법의 경우는 지방의회의원과 선거에 의해 취임한 지방자치단체의 장)은 이의 적용을 받지 않는다.

(5) 집단행동의 금지

공무원의 노동운동과 그 밖에 공무 외의 일을 위한 집단행동은 모두 금지되며(전법 66, 후법 58) 벌칙으로써 이를 강제하고 있다(판례1). 여기서 '공무 외의 일을 위한 집단행위'란 공익에 반하는 목적을 위한 행위로서 직무전념의무를 해태하는 등의 영향을 가져오는 집단적 행위를 말하며, 집단행위란 공익에 반하는 다수인의 행위로서 집단성이라는 표지를 갖춘 것을 말한다(판례 2,3,4). 다만, '사실상 노무에 종사하는 공무원'(전법 66, 후법 58)에 대해서는 예외를 인정한다. 즉, 「공무원의 노동조합설립 및 운영등에 관한 법률」제6조에 따라 노동조합에 가입한 공무원과, 「교원의 노동조합설립 및 운영등에 관한 법률」제4조의2에 따라 노동조합에 가입한 교원이 이에 해당한다. 이들 노동조합은 보수·근무조건·후생복지 등에 관한 단체교섭 및 협약체결권이 있으나 파업 등 쟁의행위는 금지되어 있고, 정치활동도 금지되어 있다(공무원노조법 8,11,4, 교원노조법 6,8,3).

[판례 1] 국가공무원법 제66조 제1항의 위헌소원

"법 제66조 제1항은 **사실상 노무에 종사하는 공무원에 대하여서만 근로3권을 보장**하고 그 이외의 공무원들에 대하여는 근로3권의 행사를 제한함으로써 양자를 달리 취급하는 것은 헌법 제33조 제2항에 그 근거를 두고 있을 뿐 아니라 합리적인 이유가 있다 할 것이므로 **헌법상 평등의 원칙에 위반되는 것이 아니다.** … 공무원의 **공무 이외의 일을 위한 집단행위를 금지**하고 있는 것은 공무원의 집단행동이 공무원 집단의 이익을 대변함으로써 국민전체의 이익추구에 장애가 될 소지가 있기 때문에 공무원이라는 특수한 신분에서 나오는 의무의 하나를 규정한 것이고, 위 개념이 **'공익에 반하는 목적을 위하여 직무전념의무를 해태하는 등의 영향을 가져오는 집단적 행위'**라고 명백히 한정하여 해석되므로, 법 제66조 제1항이 **언론·출판의 자유와 집회·결사의 자유의 본질적인 내용을 과도하게 침해한다고 볼 수 없다.**"(헌재 2007.8.30. 2003헌바51, 국가공무원법제66조제1항등위헌소원등)

[판례 2] '공무 외의 일을 위한 집단행위'의 의미

"국가공무원법 제66조 제1항 본문에서 '공무 외의 일을 위한 집단행위'라고 다소 포괄적이고 광범위하게 규정하고 있다 하더라도, 이는 공무가 아닌 어떤 일을 위하여 공무원들이 하는 모든 집단행위를 의미하는 것이 아니라, 언론·출판·집회·결사의 자유를 보장하고 있는 헌법 제21조 제1항, 공무원 및 교원에게 요구되는 헌법상의 의무 및 이를 구체화한 국가공무원법의 취지, 국가공무원법상의 성실의무 및 직무전념의무 등을 종합적으로 고려하여 **'공익에 반하는 목적을 위한 행위로서 직무전념의무를 해태하는 등의 영향을 가져오는 집단적 행위'**라고 해석된다."(대판 2012.4.19. 2010도6388)

[판례 3] 정치적 중립성을 침해할 정도의 집단행위

"공무원이 집단적으로 행한 의사표현행위가 국가공무원법이나 공직선거법 등 **개별 법률에서 공무원에 대하여 금지하는 특정의 정치적 활동에 해당하는 경우나, 특정 정당이나 정치세력에 대한 지지 또는 반대의사를 직접적으로 표현하는 등 정치적 편향성 또는 당파성을 명백히 드러내는 행위 등과 같이 공무원의 정치적 중립성을 침해할 만한 직접적인 위험을 초래할 정도에 이르렀다고 볼 수 있는 경우에, 그 행위는 공무원의 본분을 벗어나 공익에 반하는 행위로서 공무원의 직무에 관한 기강을 저해하거나 공무의 본질을 해치는 것이어서 직무전념의무를 해태한 것이므로, 국가공무원법 제66조 제1항에서 금지하는 '공무 외의 일을 위한 집단행위'에 해당한다.** 여기서 어떠한 행위가 정치적 중립성을 침해할 만한 직접적인 위험을 초래할 정도에 이르렀다고 볼 것인지는 일률적으로 정할 수 없고, 헌법에 의하여 정치적 중립성이 요구되는 공무원 지위의 특수성과 아울러, 구체적인 사안에서 행위의 동기 또는 목적, 시기와 경위, 당시의 정치적·사회적 배경, 행위 내용과 방식, 특정 정치세력과의 연계 여부 등 행위와 관련된 여러 사정을 종합적으로 고려하여 판단하여야 한다. 그리고 이러한 법리는 '공무 외의 일을 위한 집단행위'를 금지한 구 지방공무원법(2010. 3. 22. 법률 제10147호로 개정되기 전의 것) 제58조 제1항의 경우에도 마찬가지로 적용된다."(대판 2017. 1. 12. 선고 2012도9220, 지방공무원법위반·노동조합및노동관계조정법위반)

[판례 4] 집단행위의 의미

"공무원들의 어느 행위가 **국가공무원법 제66조 제1항에 규정된 '집단행위'에 해당하려면, 그 행위가 반드시 같은 시간, 장소에서 행하여져야 하는 것은 아니지만, 공익에 반하는 어떤 목적을 위한 다수인의 행위로서 집단성이라는 표지를 갖추어야만 한다**고 해석함이 타당하다. 따라서 여럿이 같은 시간에 한 장소에 모여 집단의 위세를 과시하는 방법으로 의사를 표현하거나 여럿이 단체를 결성하여 그 단체 명의로 의사를 표현하는 경우, 실제 여럿이 모이는 형태로 의사표현을 하는 것은 아니지만 발표문에 서명날인을 하는 등의 수단으로 여럿이 가담한 행위임을 표명하는 경우 또는 일제 휴가나 집단적인 조퇴, 초과근무 거부 등과 같이 정부활동의 능률을 저해하기 위한 집단적 태업 행위로 볼 수 있는 경우에 속하거나 이에 준할 정도로 행위의 집단성이 인정되어야 국가공무원법 제66조 제1항에 해당한다고 볼 수 있다."(대판 2017.4.13. 2014두8469, 정직처분등취소)

4. 친절·공정의 의무

공무원은 국민전체에 대한 봉사자로서 공사(公私)를 분별하고, 인권을 존중하며 친절·공정하게 집무하여야 한다(국가공무원법 59, 지방공무원법 51). 이는 단순한 도덕적 의무에 그치지 않고, 법적 의무로 그 위반은 징계사유가 된다.

5. 종교중립의 의무

공무원은 종교에 따른 차별 없이 직무를 수행하여야 하며(전법 59의2①, 후법 51의2①), 소속 상관이 제1항(종교중립)에 위배되는 직무상 명령을 한 경우에는 이에 따르지 아니할 수 있다(동조②).

6. 비밀엄수의무

(1) 비밀엄수의무의 의의

공무원은 재직 중은 물론 퇴직 후에도 직무상 알게 된 비밀을 엄수하여야 한다(전법 60, 후법 52). 직무상 알게 된 비밀이란 그 자신이 처리한 사무에 관한 것 뿐만 아니라 직무와 관련하여 알게 된 비밀도 포함된다.

(2) 비밀의 범위

공무원이 엄수해야 할 '비밀'의 범위에 대해서는, ① 행정기관이 비밀로 취급하는 것들이라고 보는 **형식설**과, ② 객관적·실질적으로 비밀성이 있는 것으로서 형벌로서 보호할 만한 가치가 있는 것만을 의미한다는 **실질설**의 대립이 있다. **판례**는 실질설을 취하고 있다(판례).

생각건대, 행정의 공개원칙 및 국민의 알 권리와 관련하여 볼 때 실질설이 타당하다.

[판 례] 직무상 비밀의 의미

"국가공무원법상 **직무상 비밀**이라 함은 국가 공무의 민주적, 능률적 운영을 확보하여야 한다는 이념에 비추어 볼 때 당해 사실이 일반에 알려질 경우 그러한 **행정의 목적을 해할 우려가 있는지 여부를 기준으로 판단하여야** 하며, 구체적으로는 행정기관이 비밀이라고 형식적으로 정한 것에 따를 것이 아니라 **실질적으로 비밀로서 보호할 가치가 있는지**, 즉 그것이 통상의 지식과 경험을 가진 다수인에게 알려지지 아니한 비밀성을 가졌는지, 또한 정부나 국민의 이익 또는 행정목적 달성을 위하여 비밀로서 보호할 필요성이 있는지 등이 **객관적으로 검토**되어야 한다."(대판 1996.10.11. 94누7171, 파면처분취소 등)

(3) 비밀엄수여부의 판단

이 의무는 국민에 대한 행정의 공개원칙에 대한 중대한 예외가 된다. 따라서 직무상 비밀의 범위 및 보호, 공개의 기준 및 절차 등이 구체적으로 정하여 질 것이 요청된다.

(4) 비밀엄수의 예외

1) **증언 및 감정:** 공무원은 법원 기타 법률상 권한을 가진 관청의 증언 또는 감정인이 되어 직무상 비밀에 대하여 신문을 받을 때에는 소속상관의 허가를 받은 사항에 한하여 진술할 수 있다(형사소송법 147, 177, 민사소송법 306, 333). 국회로부터 증언요구를 받은 경우에 직무상 비밀에 속한다는 이유로 증언거부를 할 수 없으나, 군사·외교·대북관계의 국가기밀에 관한 사항으로서 그 발표로 말미암아 국가안위에 중대한 영향을 미친다는 주무부장관의 소명이 있는 경우에는 증언을 거부할 수 있다(국회에서의증언·감정등에관한법률 4①).

2) **정보공개법에 의한 정보공개:** 「공공기관의 정보공개에 관한 법률」은 다른 법률에 의하여 비밀 또는 비공개 사항으로 규정된 정보는 공개하지 아니할 수 있다고 규정하고 있다(동법 9①(1)). 여기서 '다른 법률'에 비밀엄수의무를 규정한 국가공무원법 제60조가 해당하는지 문제된다. 이에 대해 ① 공무원이 직무상 알게 된 비밀은 정보공개법상의 비공개정보라는 **긍정설**과, ② 위 두 법률은 규율목적과 규율대상을 달리하므로 공무원이 알게 된 직무상 비밀이라는 이유로 정보공개를 거부할 수 없다는 **부정설**이 대립된다.

생각건대, 부정설이 타당하다. 따라서 정보공개청구가 있는 경우에는 국가의 중대한 이익을 현저히 해할 우려가 있다고 인정되는 정보 등 정보공개법 제9조에서 정한 비공개사유에 해당하는 경우에만 정보공개를 거부할 수 있을 뿐이다.

(5) 위반의 효과

공무원이 이 의무를 위반하면 징계사유가 될 뿐만 아니라, 형사상 책임을 지게 된다(형법 126, 127). 퇴직 공무원의 경우에는 형사상 책임을 물을 수 있는 외에, 장래 공무원관계의 설정을 거부할 수 있다(다수설).

Ⅴ. 품위유지의무

공무원은 직무의 내외를 불문하고 그 품위를 손상하는 행위를 하여서는 아니된다(전법 63, 후법 55). 이 의무는 공직의 체면·위신·신용을 유지하기 위한 것이므로, 여기서의 품위(品位)란 주권자인 국민의 수임자로서 국민전체에의 봉사자로서의 직책을 다함에 손색이 없는 몸가짐을 뜻하는 것이다.

[판 례] 품위유지의무의 의미

"국가공무원법 제63조에 규정된 품위유지의무란 공무원이 직무의 내외를 불문하고, 국민의 수임자로서의 직책을 맡아 수행해 나가기에 손색이 없는 인품에 걸맞게 본인은 물론 공직사회에 대한 국민의 신뢰를 실추시킬 우려가 있는 행위를 하지 않아야 할 의무라고 해석할 수 있다. 구체적으로 어떠한 행위가 품위손상행위에 해당하는가는 수범자인 평균적인 공무원을 기준으로 구체적 상황에 따라 건전한 사회통념에 따라 판단하여야 한다."(대판 2017.11.9. 2017두47472)

Ⅵ. 청렴의무

공무원은 직무와 관련하여 직접 또는 간접을 불문하고 사례·증여 또는 향응을 수수할 수 없으며, 직무상의 관계여하를 불문하고 그 소속상관에게 증여하거나 소속공무원으로부터 증여를 받아서는 아니된다(전법 61, 후법 53). 이 의무를 담보하기 위해 「부정청탁 및 금품 등 수수의 금지에 관한 법률」(2016.11.30.시행)을 새로 제정·시행하고 있을 뿐만 아니라, 공직자윤리법에서 재산등록 및 등록재산공개의무(동법 3, 10), 선물신고의무(동법 15 이하), 퇴직공무원의 취업제한(동법 17) 등을 규정하고 있다. 이 의무의 위반은 징계사유가 될 뿐만 아니라, 형사상의 증·수뢰죄를 구성한다(형법 129 내지 133).

[판 례] 청렴의무의 입법취지

"법 제61조 제1항이 '공무원은 직무와 관련하여 직접 또는 간접을 불문하고 사례·증여 또는 향응을 수수할 수 없다.'고 규정하고 있는 취지는 공무원이 직무에 관하여 사전에 부정한 청탁을 받고 직무상 부정행위를 하는 것을 방지하려는 데에 그치는 것이 아니고, 사전에 부정한 청탁이 있었는지의 여부나 금품수수의 시기 등을 가릴 것 없이 공무원의 **직무와 관련한 금품수수행위를 방지하여 공무원의 순결성과 직무행위의 불가매수성을 보호하고 공무원의 직무집행의 적정성을 보장**하려는 데 있는 것이다."(대판 2004.11.12. 2002두11813, 해임처분취소)

제5절 공무원의 책임

Ⅰ. 개 설

공무원의 책임이란 공무원으로서의 의무위반에 대하여 법률상 재판을 받거나 법률상 불이익을 받게 되는 지위(형사책임)를 말하며, 협의의 책임과 광의의 책임으로 나눌 수 있다. 협의로는 공무원이 공무원으로서 지는 의무를 위반함으로써 공무원관계 내부에서 지는 책임을 말하며, 징계책임과 국가에 대한 변상책임이 이에 속한다. 이를 행정상의 책임이라고 한다. 광의로는 협의의 공무원의 책임뿐만 아니라, 공무원의 의무위반인 동시에 일반법질서를 침해함으로써 지게 되는 형사상의 책임 및 민사상의 배상책임을 포함한다. 여기서는 광의의 공무원의 책임을 살펴보기로 한다.

Ⅱ. 행정상의 책임

1. 징계책임

(1) 징계의 의의 및 성질

1) 징계의 의의: 공무원이 공무원관계에서 부담하는 의무를 위반한 경우에 국가가 공무원관계의 질서를 유지하기 위하여 그 위반에 대하여 과하는 제재를 징계벌이라 하고, 이 징계벌을 받을 지위를 징계책임(懲戒責任)이라 한다.

2) 징계와 형벌과의 구별: 징계처분은 공무원의 재직 중에 발생한 징계사유에 대하여 공무원의 신분상 불이익을 통해 그 책임을 묻는 것이므로 공무원으로서 재직 중에만 행할 수 있다. 이와 같이 징계처분은 공무원내부질서교란에 대한 제재인 점에서 사회질서교란에 대한 형사벌(刑事罰)과 그 목적·권력적 기초·성격·대상·내용 등을 달리한다. 즉, **형사벌**은 국가사회의 일반적 법질서유지를 위해, 국가 일반통치권에 의해, 고의·과실로 형사법규를 위반한 형사범에 대하여, 신분적·재산적 및 인간적 자유박탈 등을 과하는 것이다. 이에 대해 **징계처분**은 공무원관계의 내부질서를 위해, 포괄적 특별권력에 의해, 공무원법상의 의무위반인 행정범에 대하여 공무원의 신분적 이익을 박탈하는 것으로, 고의·과실이 요건이 아니며 공무원법상 의무위반이라는 객관적 사실의 존재로서 충분하고 감독상 책임도 면할 수 없는 것이다. 이러한 징계처분과 형벌의 차이로 양자 사이에는 병과(竝科)·병행진행이 가능하며 일사부재리(一事不再理)의 원칙이 적용되지 아니한다.

3) 징계의 성질: 징계처분에 있어서 공무원이 비위행위를 범한 때에 비위사실(非違事實)을 확인하여 징계사유에 해당하는지의 여부, 그것에 해당한다면 어떤 종류의 어느 정도의 징계처분을 선택할 것인가 등은 징계권자의 재량에 속한다.

(2) 징계사유

1) 징계사유의 내용: 징계처분이 가능하려면 공무원의 비위사실이 존재해야 하고, 그 비위사실이 법이 규정하고 있는 징계사유(국가공무원법 78①, 지방공무원법 69)인 구성요건에 해당하여야 한다.

(가) 공무원법 및 이 법에 따른 명령위반: 공무원법의 제 규정과 이 법에서 위임하여 제정된 행정입법 및 직무명령에 위반한 경우 등 위반할 수 있는 법령의 범위는 매우 포괄적이며, 이와 같은 법령위반은 아울러 민·형사상 책임과 변상책임을 지기도 한다.

(나) 직무상 의무위반 및 직무태만: 직무상 의무위반은 공무원의 담당업무와 관련된 각종 법령이나 훈령에서 부과되어 있는 의무를 공공이익을 위하여 적법·타당하게 수행하지 않은 경우를 말하며, 직무태만은 당연히 해야 할 직무를 성실하게 수행하지 않은 경우로서 고의·과실을 묻지 않으며 감독상 책임도 물을 수 있다.

(다) 직무의 내외를 불문하고 그 체면·위신 손상행위: 이는 국가공무원법 제63조의 품위유지의무에 반하는 것으로서, 공무원의 외부행위가 주권자인 국민의 수임자로서 또는 국민전체의 봉사자로서 공직의 체면·위신을 손상하는데 직접적인 영향이 있는 행위를 함으로써 사회통념상 비난가능성을 갖고 있는 행위를 말한다.

2) 징계사유 해당여부 판단: 징계사유의 해당여부판단과 그 징계사유의 인정의 범위, 대상 및 방법 등의 결정에 징계의결요구권자의 판단의 여지 내지 재량권이 인정되고 있다.

3) 징계사유 발생시점 및 징계사유의 승계: 징계사유는 해당 공무원의 재직 중에 발생한 것이어야 하며, 공무원내부질서유지를 위하여 공무원의 책임을 묻는 것이므로 공무원의 재직 중에 행할 수 있는 것이다. 따라서 공무원으로서 채용되기 전의 사유에 의해서나 퇴직한 후에는 징계처분을 할 수 없다. 그러나 위 징계사유는 승계될 수 있다. 공무원(특수경력직공무원 및 지방공무원을 포함한다)이었던 사람이 다시 공무원으로 임용된 경우에 재임용 전에 적용된 법령에 따른 징계 사유는 그 사유가 발생한 날부터 이 법에 따른 징계 사유가 발생한 것으로 본다(국가공무원법 78②).

4) 징계사유의 중복: 동일한 사실에 대하여 중복하여 징계처분을 할 수는 없지만, 징계처분의 양정(量定)에 있어서 기존의 징계처분 전력(前歷)을 참작할 수는 있다.

5) 퇴직희망자의 징계사유확인 등: 임용권자 또는 임용제청권자는 공무원이 퇴직을 희망하는 경우에는 제78조 제1항에 따른 징계사유가 있는지 여부를 감사원과 검찰·경찰, 그 밖의 수사기관에 확인하여야 한다(동법 78조의4①, 지방공무원법 69조의4①). 제1항에 따른 확인 결과 파면, 해임, 강등 또는 정직에 해당하는 징계사유가 있는 경우 소속 장관 등(지방은 임용권자)은 지체 없이 징계의결 등을 요구하여야 하고, 퇴직을 허용하여서는 아니 된다(동조②).

(3) 징계의 종류와 양정기준

1) 징계의 종류와 그 효력: 징계는 파면 · 해임 · 강등 · 정직 · 감봉 · 견책으로 구분한다(동법 79). 파면 · 해임은 공무원의 신분을 박탈하는 배제징계이고, 강등 · 정직 · 감봉 · 견책은 비위행위를 고쳐 계속 직무를 수행할 수 있게 하는 교정징계이다. 파면 · 해임 · 강등 및 정직을 중징계라 하고 감봉 및 견책을 경징계라 한다(공무원징계령 1의3).

(가) 파면(罷免): 파면된 자는 처분 후 5년 동안 공무원으로 임용될 수 없고(국가공무원법 33(7)), 퇴직급여액을 1/2 감액(5년 이상 근무자) 또는 1/4 감액(5년 미만 근무자)하고 퇴직수당을 1/2 감액한다(공무원연금법시행령 61①).

(나) 해임(解任): 해임된 경우는 3년간 공무원에 임용될 수 없을 뿐 퇴직급여액은 전액 지급된다.

(다) 강등(降等): 강등은 1계급 아래로 직급을 내리고(고위공무원단에 속하는 공무원은 3급으로) 공무원신분은 보유하나 3개월간 직무에 종사하지 못하며 그 기간 중 보수는 전액을 감한다. 다만, 계급구분이 없는 공무원과 임기제공무원은 적용하지 아니한다.

(라) 정직(停職): 정직은 1개월 이상 3개월 이하의 기간으로 하고 그 기간 중 공무원의 신분은 보유하나 직무에 종사하지 못하며 보수는 전액을 감한다. 정직처분에 있어서는 승진과 승급이 제한되고 처분기간 중 각종 수당도 감액 지급된다.

(마) 감봉(減俸): 감봉은 1개월 이상 3개월 이하의 기간동안 보수의 1/3(연봉적용자는 연봉월액의 4할)을 감하며, 정직의 경우와 마찬가지로 편의상 월단위로 운영하고 있다. 감봉처분기간 및 처분종료 후 12개월 동안은 승진과 승급이 제한되고, 감봉기간 중 정근수당을 지급하지 아니하고, 가족수당 · 자녀학비보조수당과 특수지근무수당 · 위험근무수당 · 특수업무수당의 1/3을 각각 감한다.

(바) 견책(譴責): 견책은 전과(前科)에 대하여 훈계하고 회개하게 하는 것으로서, 전과와 이에 대한 훈계내용은 징계처분사유설명서에 적시되어 있다. 이 견책은 보수감액은 없으나 의무위반에 대한 책임을 확인하고 장래에 성실하게 직무를 수행토록 하는 것으로서 6개월간의 승진 · 승급이 제한되고 승진소요최저연수에도 산입되지 않는 등 불이익이 따른다.

(사) 징계종류는 이상과 같이 열거된 것에 한하기 때문에, 공무원의 비위행위에 대하여 경고 및 주의 등을 주는 경우에도 이는 단지 지도 · 감독상의 조치일 뿐 징계처분은 아니다. 그러나 문책성 경고는 항고소송의 대상인 처분성이 인정된다(판례).

[판 례] 불문경고조치는 불이익처분으로 항고소송의 대상

"행정규칙에 의한 '불문경고조치'가 비록 법률상의 징계처분은 아니지만 위 처분을 받지 아니하였다면 차후 다른 징계처분이나 경고를 받게 될 경우 징계감경사유로 사용될 수 있었던 표창공적의 사용가능성을 소멸시키는 효과와 1년 동안 인사기록카드에 등재됨으로써 그 동안은 장관표창이나 도지사표창 대상자에서 제외시키는 효과 등이 있다는 이유로 항고소송의 대상이 되는 행정처분에 해당한다."(대판 2002.7.26, 2001두3532)

2) 징계양정(懲戒量定)의 기준

(가) 징계재량권의 일탈·남용의 금지: 공무원에게 징계사유가 있어서 징계처분을 하는 경우에 어떠한 처분을 할 것인가는 징계권자의 재량이다. 다만, 그 재량권행사가 사회통념상 현저하게 타당성을 잃어 징계권자에게 맡겨진 재량권을 남용한 것이라고 인정되는 경우에는 그 처분은 위법하다. 따라서 징계양정의 형평을 기하기 위하여 공무원징계령시행규칙이 있는 바, 징계위원회는 징계혐의자의 비위의 유형, 비위의 정도 및 과실의 경중과 평소의 소행, 근무성적, 공적, 뉘우치는 정도 또는 그 밖의 정상 등을 참작하여 징계기준에 따라 징계사건을 의결하여야 한다(동규칙 2). 공익적 목적을 위하여 징계권을 행사하여야 할 공익의 원칙에 반하거나 일반적으로 징계사유로 삼은 비행의 정도에 비하여 균형을 잃은 과중한 징계처분을 선택함으로써 비례원칙에 위반하거나, 또는 합리적인 사유 없이 같은 정도의 비행에 대하여 일반적으로 적용하여 온 기준과 어긋나게 공평을 잃은 징계처분을 선택함으로써 평등의 원칙에 위반한 경우에는 재량권의 한계를 벗어난 처분으로서 위법하다(판례1).

(나) 징계양정기준의 고려사항: 징계양정의 기준으로 징계권자가 종합적으로 고려하여 판단하여야 할 사항으로는, ① 공익의 목적(징계에 의하여 달성하고자 하는 공무원법상의 목적), ② 징계사유로 삼은 비행의 정도와 징계양정 사이의 비례의 원칙, ③ 평등원칙, ④ 비위행위의 내용과 정도(비위행위의 구체적인 유형·성질과 그 수단 및 그 법령위반의 경중), ⑤ 비위행위의 원인 및 동기(사적원인·직무상 원인, 계속적 원인·일시적 원인, 주관적 사유), ⑥ 해당 비위행위가 공무원질서 및 국민에게 미치는 영향과 정도, ⑦ 고의 또는 과실의 정도, ⑧ 평소의 소행과 근무성적 및 공적(과거의 업적에 대한 상벌·인사조치 등), ⑨ 뉘우치는 정도(비위행위 직후의 반성·자숙 등), ⑩ 그 밖의 정상참작(재직연수, 책임의 정도, 업무의 숙달정도, 비위행위의 방지노력여부나 비위행위 후의 적정한 조치여부 등) 등으로 요약할 수 있다.

해당 징계사유로 삼지 않는 비위행위나, 징계사유가 발생한 이후에 저지른 비위사실을 추가적으로 징계사유로 할 수는 없으나, 해당 징계양정에 있어서의 참작자료로 삼을 수 있다(판례2).

[판례 1] 징계권행사의 재량권의 한계 일탈 여부 판단기준

"징계권자가 내부적인 징계양정 기준을 정하고 그에 따라 징계처분을 하였을 경우 정해진 징계양정 기준이 합리성이 없다는 등의 특별한 사정이 없는 한 당해 징계처분이 사회통념상 현저하게 타당성을 잃었다고 할 수 없다." (대판 2011.11.10. 2011두13767)

"징계사유에 해당하는 행위가 있더라도, 징계권자가 그에 대하여 징계처분을 할 것인지, 징계처분을 하면 어떠한 종류의 징계를 할 것인지는 징계권자의 재량에 맡겨져 있다고 할 것이나, 그 **재량권의 행사가** 징계권을 부여한 목적에 반하거나, 징계사유로 삼은 비행의 정도에 비하여 균형을 잃은 과중한 징계처분을 선택함으로써 **비례의 원칙에 위반**하거나 또는 합리적인 사유 없이 같은 정도의 비행에 대하여 일반적으로 적용하여 온 기준과 어긋나게 공평을 잃은 징계처분을 선택함으로써 **평등의 원칙에 위반**한 경우에는, 그 징계처분은 재량권의 한계를 벗어난 것으로서 **위법**하고, 징계처분에 있어 재량권의 행사가 **비례의 원칙을 위반하였는지 여부는, 징계사유로 인정된 비행의 내용과 정도, 그 경위 내지 동기, 그 비행이 당해 행정조직 및 국민에게 끼치는 영향의 정도, 행위자의 직위 및 수행직무의 내용, 평소의 소행과 직무성적, 징계처분으로 인한 불이익의 정도 등 여러 사정을 건전한 사회통념에 따라 종합적으로 판단하여 결정하여야** 한다."(대판 2017.10.31. 2014두45734; 대판 1999.11.26. 98두6951 등)

[판례 2] 징계사유 발생 이후의 비위사실도 징계양정의 참작사유

"징계처분을 다투는 소송에서 당초의 징계사유 이외의 사유를 징계사유로 주장할 수는 없다 할지라도 당초의 징계사유가 인정되어 징계권자가 법정의 징계종류 중 어느 것을 택하느냐 하는 것은 구체적인 그 징계사유의 내용과 성질이 그 표준이 됨은 물론이나, 징계종류선택의 자료로서 피징계자의 평소의 소행과 근무성적 등도 참작하여야 할 것이므로 **당해 징계사유가 발생한 이후에 저지른 비위사실 등도 당해 징계량정에 있어서의 참작자료가 될 수 있다.**" (대판 1994.10.25. 94다26448, 해임무효확인 등)

(4) 징계의 절차

1) 징계의결의 요구

(가) 징계의결요구권자: 징계의결요구는 5급 이상 공무원 및 고위공무원단에 속하는 일반직공무원은 소속장관이, 6급 이하 공무원 및 기능직공무원은 소속기관의 장 또는 소속상급기관의 장이 한다(국가공무원법 78④). 다만, 대통령 또는 국무총리의 명에 의한 각종 감사결과 징계사유가 있다고 인정되는 공무원에 대하여는 국무총리가 직접 관할징계위원회에 징계의결을 요구할 수 있다(공무원징계령 8①). 또한 행정기관의 장이 징계의결요구권을 갖지 아니하는 공무원에 대하여 징계사유가 있다고 인정한 때에는 그 행정기관의 장은 징계의결요구권을 갖는 행정기관의 장에게 그 징계사유를 입증할 수 있는 관계자료를 첨부하여 이를 통보하고, 그 통보를 받은 행정기관의 장은 타당한 이유가 없으면 1개월 이내에 관할 징계위원회에 징계의결을 요구하여야 한다(동령 7②③). 징계의결요구권자는 임용권자가 보통이므로 상급감독청은 징계위원회에 직접 징계의결요구를 할 수 없다(대판 2015.9.10. 2013추534).

징계의결요구권자와 징계처분권자는 반드시 같을 필요는 없다. 징계권도 임용권의 일부로 볼 수 있겠으나, 징계의결의 요구는 복무상 지휘감독권 차원에서 기관장이 행하는 것이 합리적이므로 임용권 보다 다소 신축적으로 규정하고 있다.

(나) 공무원징계의결요구서사본 송부: 국가공무원법 제75조에서 처분사유설명서의 교부에 징계의결요구서사본은 명시되지 아니하였으나 징계혐의자의 방어권준비라는 취지에서 볼 때 징계의결요구서사본도 포함되는 것으로 해석함이 타당하다. 이에 따라 징계의결요구권자는 징계의결요구와 동시에 공무원징계의결요구서사본을 징계혐의자에게 송부하여야 한다. 다만, 징계혐의자가 그 수령을 거부하는 경우에는 그러하지 아니한다(동령 7⑦). 이 규정의 취지는 징계혐의자로 하여금 어떠한 사유로 징계에 회부되었는가를 알게 함으로써 징계위원회에 출석하여 진술할 수 있는 권리와 함께 징계혐의자의 방어권 보장을 위한 주요규정으로서 강행규정이므로, 이의 송부 없이 진행된 징계절차는 징계혐의자의 방어권 준비 및 행사에 지장이 없었다거나 징계혐의자가 이의 없이 징계위원회에 출석하여 변명하였다는 등의 특단의 사정이 인정되지 않는 이상 위법하다(대판 1993.6.25. 92누17426).

(다) 징계의결요구의 성질: 공무원이 법이 정한 징계사유에 해당하는 때에는 징계의결의 요구를 하여야 한다(국가공무원법 78①). 따라서 징계의결의 요구는 재량행위가 아니라 기속행위

라고 할 것이다.

[판 례] 징계사유에 해당하면 징계요구의무 있음

"지방공무원의 징계와 관련된 규정을 종합해 보면, 징계권자이자 임용권자인 지방자치단체장은 소속 공무원의 구체적인 행위가 과연 지방공무원법 제69조 제1항에 규정된 징계사유에 해당하는지 여부에 관하여 판단할 재량은 있지만, **징계사유에 해당하는 것이 명백한 경우에는 관할 인사위원회에 징계를 요구할 의무가 있다.**"(대판 2007.07.12. 2006도1390, 직무유기)

2) **징계부가금 부과의결 요구:** 공무원의 징계 의결을 요구하는 경우 그 징계 사유가, ① 금전, 물품, 부동산, 향응 또는 그 밖에 대통령령으로 정하는 재산상 이익을 취득하거나 제공한 경우, ② 국가재정법 등에 따른 예산·기금의 횡령, 배임, 절도, 사기 또는 유용한 경우 등에 해당하는 경우에는 해당 징계 외에 그 행위로 취득하거나 제공한 금전 또는 재산상 이득의 5배 내의 징계부가금 부과 의결을 징계위원회에 요구하여야 한다(동법 78의2①). 징계위원회는 징계부가금 부과 의결을 하기 전에 징계부가금 부과 대상자가 제1항의 징계부가금사유로 다른 법률에 따라 형사처벌을 받거나 변상책임 등을 이행한 경우 또는 다른 법령에 따른 환수나 가산징수 절차에 따라 환수금이나 가산징수금을 납부한 경우에는 대통령령으로 정하는 바에 따라 조정된 범위에서 징계부가금 부과를 의결하여야 한다(동조②).

3) **재징계의결 요구:** 처분권자는, ① 법령의 적용, 증거 및 사실 조사에 명백한 흠이 있는 경우, ② 징계위원회의 구성 또는 징계의결, 그 밖에 절차상의 흠이 있는 경우, ③ 징계양정이 과다(過多)한 경우 등에 해당하는 사유로 소청심사위원회 또는 법원에서 징계처분의 무효 또는 취소(취소명령 포함)의 결정이나 판결을 받은 경우에는 다시 징계의결을 요구하여야 한다. 다만, 제3호의 사유로 무효 또는 취소(취소명령 포함)의 결정이나 판결을 받은 감봉·견책처분에 대하여는 징계의결을 요구하지 아니할 수 있다(동법 78의3①). 처분권자는 제1항에 따른 징계의결을 요구하는 경우에는 소청심사위원회의 결정 또는 법원의 판결이 확정된 날로부터 3개월 이내에 관할 징계위원회에 징계의결을 요구하여야 하며, 관할 징계위원회에서는 다른 징계사건에 우선하여 징계에 관한 의결을 하여야 한다(동조②). 이 규정은 원처분자가 재조사 후에 다시 징계하도록 하는 것이 보다 타당한 결과를 가져올 수 있고, 또한 징계처분의 하자에도 불구하고 그 하자가 중대하여 당연 무효가 아니라면 징계사유가 명백한 이상 당사자의 신분의 불확정상태를 가능한 한 단축하고 공직의 안정성을 도모할 수 있도록 하기 위한 것이다.

4) **퇴직희망 공무원의 징계사유 확인 및 퇴직제한:** 임용권자 또는 임용제청권자는 공무원이 퇴직을 희망하는 경우에는 징계사유가 있는지 여부를 감사원과 검찰·경찰 등 조사 및 수사기관의 장에게 확인하여야 한다(동법 78①). 그 확인 결과 퇴직을 희망하는 공무원이 파면, 해임, 강등 또는 정직에 해당하는 징계사유가 있거나, 비위와 관련하여 형사사건으로 기소된 때, 징계위원회에 파면·해임·강등 또는 정직에 해당하는 징계 의결이 요구 중인 때, 비위와 관련하여 조사·수사기관에서 조사·수사 중인 때, 비위와 관련하여 감사부서 등에서 내부 감사·조사 중인

때 등의 경우 소속 장관 등은 지체 없이 징계의결등을 요구하여야 하고, 퇴직을 허용하여서는 아니 된다(동조②).

5) 징계위원회의 구성: 공무원의 징계처분을 의결하기 위하여 징계위원회를 두며(동법 81), 징계위원회는 중앙징계위원회와 보통징계위원회로 구분한다. 다만 지방공무원의 징계의결은 임용권자 별로 두고 있는 인사위원회에서 한다(지방공무원법 7, 8).

(가) 중앙징계위원회: 중앙징계위원회는 국무총리 소속으로 위원장(인사혁신처장) 1명, 부위원장 1명을 포함하여 17명 이상 33명 이하의 공무원위원과 민간위원으로 구성한다. 중앙징계위원회에서는 고위공무원단에 속하는 공무원, 5급 이상 공무원, 연구관 및 지도관의 징계사건, 다른 법령에 따라 중앙징계위원회에서 징계의결을 하는 특정직 공무원의 징계사건, 대통령이나 국무총리의 명령에 따른 감사 결과 국무총리가 징계의결을 요구한 6급 이하 공무원, 연구사 및 지도사의 징계사건, 중앙행정기관 소속의 6급 이하 공무원, 연구사, 지도사 및 기능직공무원에 대한 중징계 요구사건을 심의·의결한다(공무원징계령 2내지4).

(나) 보통징계위원회: 보통징계위원회는 5급 이상 공무원, 연구관 및 지도관을 장으로 하는 행정기관에 두며, 위원장 1명과 9명 이상 15명 이하의 공무원위원과 민간위원으로 구성한다. 보통징계위원회는 6급 이하 공무원, 연구사, 지도사 및 기능직공무원의 징계사건을 심의·의결한다(동령 2내지5).

(다) 인사위원회: 지방공무원의 징계의결 및 기타 인사사무를 관장하기 위한 인사위원회는 임용권자별로 두되, 특별시·광역시 및 도에는 필요한 경우 제1인사위원회와 제2인사위원회를 둘 수 있으며, 인사위원회는 16명 이상 20명 이하의 위원으로 구성한다(지방공무원법 7①②).

6) 징계위원의 제척(除斥)·기피(忌避): 징계위원회의 위원 중 징계혐의자의 친족 또는 직근 상급자나 징계사유와 관계가 있는 사람은 그 징계사건의 심의에 관여하지 못하며, 징계혐의자는 위원장 또는 위원 중 불공정한 의결을 할 우려가 있다고 인정할 만한 상당한 사유가 있을 때에는 그 사실을 서면으로 밝히고 기피를 신청할 수 있다. 징계위원의 기피신청이 있을 때에는 위원회의 의결로 해당 위원장 또는 위원의 기피여부를 결정하여야 한다. 이 경우 기피신청을 받은 자는 그 의결에 참여할 수 없다. 여러 위원이 기피신청을 받은 경우에는 본인의 기피여부결정에만 참여할 수 없으나, 동일한 기피사유인 경우에는 해당위원 모두 기피여부결정에 참여할 수 없다. 보통징계위원회에서 징계위원의 기피신청 또는 제척 사유로 위원장을 포함한 위원 5인 이상이 출석할 수 없게 된 때에는 그 위원회의 설치기관의 장에게 임시위원의 임명을 요청하여야 한다. 이 경우 임시위원을 임명할 수 없을 때에는 그 징계의결의 요구가 철회된 것으로 보고 상급행정기관의 장에게 그 징계의결을 신청하여야 한다(공무원징계령 15).

[판 례] 기피의결에 참여범위 및 기피신청의 한계

"[1] 기피신청은 원래 징계위원 개개인에 대한 것으로서 기피신청에 대한 의결 역시 기피신청에 대하여 개별적으로 이루어지는 것이므로, **징계위원에 대한 수 개의 기피신청이 있는 경우라도 신청을 당한 징계위원은 자신에 대한 의결에만 참여할 수 없을 뿐 다른 사람에 대한 의결에는 참여할 수 있으나, 기피사유가 공통의 원인에 기인하는 경우에는 자신에 대한 의결뿐만 아니라 다른 사람에 대한 의결에도 참여할 수 없다.**

[2] **피징계자가 징계위원 전원 또는 대부분에 대하여 동시에 기피신청을 함으로써 징계위원회를 구성할 수 없거나 징계위원회의 결정 자체가 불가능한 경우, 기피신청이 징계절차의 지연을 목적으로 함이 명백한 경우 등에는 신청 자체가 기피신청권의 남용에 해당하여 부적법하므로, 이러한 신청은 허용될 수 없다.** 따라서 이러한 경우에는 기피신청의 대상이 된 징계위원이 기피결정에 관여하는 것이 금지되지 않는다. 나아가 기피신청이 징계절차의 지연을 목적으로 함이 명백한 경우에 해당하는지는 징계에 이르게 된 경위, 징계위원회 출석 여부 등 피징계자가 징계절차에서 취한 행태, 기피신청의 시기와 횟수, 기피신청으로 주장하는 기피사유의 내용 등을 종합적으로 고려하여 판단하여야 한다."(대판 2015.11.27. 2015다34154, 해고무효확인등)

7) 징계의결절차

(가) 징계의결 기한: 징계위원회는 징계의결요구서를 접수한 날부터 30일(중앙징계위원회의 경우는 60일) 이내에 징계의결 등을 하여야 한다. 다만, 부득이한 사유가 있을 때에는 해당 징계위원회의 의결로 30일의 범위에서 그 기간을 연장할 수 있다(동령 9①). 이 징계의결기한에 관한 규정은 징계비행자가 무한정의 신분적 불안정상태에 빠져 있게 하는 것으로부터 벗어나게 하려는 취지로서 신속한 징계의결을 도모하고 그에 따른 후임자의 충원 등에 의해 행정작용이 계속적으로 원활히 행해지도록 하는 등으로 행정법관계의 장기간에 걸친 불안정상태를 방지하려는 것을 주안으로 하는 훈시적 규정이다. 따라서 징계의결기한이 지나서 징계의결을 하였다 하여 관계자의 책임문제는 별문제로 하고 그 징계의결은 위법한 것은 아니다(대판 1993.2.23. 92누16096).

(나) 징계혐의자의 진술기회 부여: 징계위원회의 징계사건 심의 시에는 징계혐의자를 출석시켜 진술의 기회를 부여하여야 하며, 이를 전혀 부여하지 않은 징계의결은 무효가 된다. 심문과 진술의 방법은 서면이나 구술 모두 가능하며 증인도 신청할 수 있다. 이러한 진술은 원칙적으로 징계위원회에의 출석·진술을 의미하므로 감사 시에 제출한 진술서로서 대신할 수 없다(대판 1963.4.23. 63누34). 징계위원회의 징계혐의자에 대한 출석통지서는 징계위원회 개최일 3일 전에 징계혐의자에게 도달되도록 하여야 한다(공무원징계령 10①). 이러한 기간은 징계혐의자의 변명 및 소명자료 준비에 충분한 시간적 여유를 주려는 것인 바, 이 기간보다 짧게 촉박하게 통지한 경우에도 부당하다는 이의를 제기함이 없이 변명을 하고 소명자료 마저 제출하였다면 징계절차상의 흠은 치유되었다고 할 것이다.[2] 출석통지는 소정의 서면에 의하지 아니하더라도 구두, 전화, 또는 전언 등의 방법에 의하여 징계혐의자에게 전달되었으면 충분하고, 구두로 통보할 경우에도 반드시 징계혐의자 본인에게 직접 통보되어야 한다고 할 필요는 없다(대판 1992.7.14. 91누9961).

(다) 심문·사실조사 및 감정: 징계위원회는 징계의결을 위하여 징계혐의자에 대한 심문

2) 대판 1995.3.3. 94누11767 등; 또한 대법원은 1차 징계위원회의 출석통지서를 2차 징계위원회 개최 전날 수령하여 징계혐의사실을 이미 알고 있는 자가 2차 징계위원회 개최 2시간 전에 출석통지서를 수령하면서 스스로 불참의사를 밝힌 경우에는 징계절차상의 하자는 없다고 판시하고 있다(대판 1997.7.11. 95다55900).

권을 가지며, 필요한 경우 소속직원으로 하여금 사실조사를 하게 하거나 특별한 학식·경험이 있는 자에게 검정 또는 감정을 의뢰할 수 있고, 의결기한 연장 등을 결정할 수 있다.

(라) 징계의결요구된 징계사유에 의한 징계: 징계혐의자의 방어권보호를 충실하기 위해 징계위원회는 징계의결요구권자로부터 요구된 징계사유 아닌 사유를 들어 징계의결 할 수는 없다(대판 1984.9.25. 84누2299).

(마) 감사와 수사선행의 원칙: 감사원에서 조사 중인 사건에 대하여는 조사개시의 통보를 받은 날부터 징계의결의 요구나 그 밖의 징계절차를 진행하지 못하며, 검찰·경찰 그 밖의 수사기관에서 수사 중인 사건에 대하여는 수사개시의 통보를 받은 날부터 징계의결의 요구나 그 밖의 징계절차를 진행하지 아니할 수 있다(국가공무원법 83①②). 이와 같이 감사와 수사선행원칙을 규정한 이유는 감사원의 헌법상의 지위를 인정하여 최종적인 감사결과를 기다릴 필요가 있고, 또 전문수사기관의 수사결과에 따라 징계사유를 정확히 판단하여 적정한 징계양정을 결정하도록 하기 위한 것이다. 즉, 특정사건을 조사한 뒤 충분한 배경과 내용을 파악하여 비위사실과 문책 간에 비례원칙이 적용될 수 있게 하기 위한 것이라 하겠다.

(바) 징계의결의 방법: 징계위원회는 위원 5명 이상의 출석과 출석위원 과반수의 찬성으로 의결하되, 의견이 나뉘어 출석위원 과반수의 찬성을 얻지 못한 경우에는 출석위원 과반수가 될 때까지 징계혐의자에게 가장 불리한 의견에 차례로 유리한 의견을 더하여 그 가장 유리한 의견을 합의된 의견으로 본다(공무원징계령 12①).

(사) 징계의결의 효력: 특별한 규정이 있는 경우(국가공무원법 83조의2③)를 제외하고는 그 결정의 효력은 일사부재리의 원칙이 적용되며, 형식적 쟁송절차를 거쳐 이루어지므로 징계위원회 스스로도 변경할 수 없는 불가변력을 발생하게 된다.

(아) 징계의결 결과통보: 징계위원회가 징계의결을 하였을 때에는 지체 없이 징계의결서의 정본을 첨부하여 징계의결요구권자에게 통보하고, 징계의결요구권자와 징계처분권자가 다른 때에는 징계처분권자에게도 이를 통보하여야 한다(공무원징계령 18).

8) **징계처분권자**: 공무원의 징계는 징계의결을 거쳐 징계위원회가 설치된 소속기관의 장이 행하되, 국무총리소속으로 설치된 징계위원회에서 한 징계의결 등에 대하여는 중앙행정기관의 장이 한다. 다만, 파면과 해임은 징계위원회의 의결을 거쳐 각 임용권자 또는 임용권을 위임한 상급감독기관의 장이 한다(국가공무법 82①). 징계위원회가 설치된 소속기관의 장이 처분하도록 한 이유는 징계처분이 공무원관계의 질서를 유지하는데 그 목적이 있으므로 임용권자로 할 필요는 없고, 또 해당기관의 지휘·감독권의 확립을 위해 다른 기관의 장에게 징계처분 하도록 할 수도 없기 때문이다. 배제징계인 파면과 해임에 대해서는 동 처분이 공무원관계를 소멸시키는 임용의 범위에 속하므로 임용권자가 처분하고 있다.

지방공무원의 경우는 인사위원회의 의결을 거쳐 임용권자가 하며, 5급 이상 공무원 또는 이와 관련된 하위직공무원의 징계처분 등과 소속기관을 달리하는 동일사건에 관련된 사람의 징계처분 등은 시·도의 인사위원회의 의결로 한다(지방공무원법 72①).

9) 징계의 집행: 징계처분권자 또는 임용권자는 징계의결서 또는 징계부가금감면의결서를 받은 날부터 15일 이내에 이를 집행하여야 하며, 이 경우 피징계자에게 지체 없이 징계의결서의 사본을 첨부한 징계처분사유설명서를 교부하여야 한다(공무원징계령 19).

10) 징계의결의 재심사청구: 징계의결 등을 요구한 기관의 장은 징계위원회의 의결이 가볍다고 인정하면 그 처분을 하기 전에 직근상급기관에 설치된 징계위원회(국무총리 소속으로 설치된 징계위원회의 의결에 대하여는 그 징계위원회, 지방공무원은 인사위원회)에 심사나 재심사를 청구할 수 있다. 이 경우 소속공무원을 대리인으로 지정할 수 있다(국가공무원법 82②, 지방공무원법 72②).

11) 징계사유의 시효: 징계의결의 요구는 징계사유가 발생한 날부터 3년(금품 및 향응수수, 공금의 횡령·유용의 경우는 5년, 성매매·성폭력·청소년 성범죄·성희롱 10년)을 경과한 때에는 이를 행하지 못한다(국가공무원법 83의2①). 징계시효 3년의 계산은 징계의결요구서가 관할 징계위원회에 도달한 때를 기준으로 한다. 징계시효제도는 공무원에게 징계사유가 발생하더라도 그에 따른 징계절차를 진행하지 않거나 못한 경우 그 사실상태가 일정기간 계속되면 그것의 적법성 등 진실된 법률관계를 묻지 않고 그 상태를 존중함으로써 공직의 안정성을 보장하려는데 목적을 두고 있다.

감사원이나 수사기관에서 조사 또는 수사를 이유로 징계절차를 진행하지 못하여 징계사유의 시효가 경과하거나 그 잔여기간이 1개월 미만인 경우에는 그 조사 또는 수사의 종료를 통보받은 날로부터 1개월이 지난 날에 끝나는 것으로 본다(동조②). 또한 징계위원회의 구성·징계의결 등 그 밖에 절차상의 흠이나 징계양정 및 징계부가금의 과다를 이유로 소청심사위원회 또는 법원에서 징계처분 등의 무효 또는 취소의 결정이나 판결을 한 경우에는 징계시효 기간이 지나거나 그 남은 기간이 3개월 미만인 경우에도 그 결정 또는 판결이 확정된 날부터 3개월 이내에 다시 징계의결을 요구할 수 있다(동조③).

징계시효가 지난 비위행위라 하더라도 징계양정에 있어서는 참작자료로 할 수 있다(대판 1999.11.26. 98두10424 등).

(5) 징계처분에 대한 불복

징계처분사유설명서를 받은 공무원이 그 처분에 불복할 때에는 그 설명서를 받은 날부터 30일 이내에 소청심사위원회에 심사를 청구할 수 있다(동법 76①). 소청심사제도는 행정심판제도의 일종이나, 행정심판법상의 행정심판임의전치주의와는 달리 국가공무원법은 소청심사를 행정소송을 제기하기 위한 전심절차로 하고 있다.

소청심사에도 불이익변경금지의 원칙이 적용되어, 원징계처분에서 과한 징계보다 중한 징계를 과하는 징계를 하지 못한다(동법 14⑧). 또한 불고불리(不告不理)의 원칙도 적용되어, 소청심사위원회는 징계 또는 소청의 원인이 된 사실 이외의 사실에 대하여는 심사하지 못한다(소청절차규정 14). 소청이 있는 경우 일정한 요건 하에 후임자의 보충발령이 제한된다.

2. 변상책임(辨償責任)

공무원이 의무를 위반함으로써 국가에 대하여 재산상의 손해를 발생하게 한 경우에는 그 공무원은 국가에 대하여 변상책임을 진다.

(1) 국가배상법상의 변상책임

위법한 직무행위로 인한 손해배상의 경우 공무원에게 고의·중과실이 있으면 그 공무원에게 구상(求償)할 수 있으며(동법 2②), 영조물관리의 하자로 인한 손해배상이나 사경제적 직무행위로 인한 손해배상의 경우에, 국가 또는 지방자치단체는 공무원에게 손해의 원인에 대하여 책임이 있을 때에는 그에게 구상할 수 있다. 그러므로 구상권의 대상이 된 공무원은 국가나 지방자치단체에 대하여 구상에 응할 책임으로서의 변상책임을 지는 것이다.

(2) 회계관계직원 등의 변상책임

회계관계직원은 고의 또는 중대한 과실로 법령이나 그 밖의 관계규정 및 예산에서 정하여진 바를 위반하여 국가, 지방자치단체, 그 밖에 감사원의 감사를 받는 단체 등의 재산에 손해를 끼친 경우에는 변상책임을 지며, 현금 또는 물품을 출납·보관하는 회계관계직원은 선량한 관리자로서의 주의를 게을리하여 그가 보관하는 현금 또는 물품이 망실되거나 훼손된 경우에는 변상책임을 진다(회계관계직원등의책임에관한법률 4).

공무원의 변상책임의 유무 및 변상액의 판정은 감사원이 한다(감사원법 31). 중앙관서의 장, 지방자치단체의 장, 감독기관의 장 및 해당기관의 장은 감사원의 판정 전이라도 회계관계직원 등에 대하여 변상을 명할 수 있다(회계관계직원등의책임에관한법률 6①). 감사원이 변상책임이 있다고 판정한 때에는 소속장관·감독기관의 장 또는 해당 기관의 장에게 변상판정서를 송부하고, 그 송부를 받은 소속장관 등은 감사원이 정한 기한 내에 변상하게 하여야 한다(감사원법 31②③). 회계관계직원은 감사원의 판정에 따른 해당기관장의 변상명령에 대한 불복에 대하여 항고쟁송을 제기할 수 있다.

[판례 1] 회계관계직원의 중대한 과실의 여부 판단방법

"회계관계직원 등의 책임을 물음에 있어서 그 전제되는 요건의 하나로 구 회계관계직원등의책임에관한법률 제4조 제1항에서 규정하고 있는 **중대한 과실**을 범한 경우에 해당되는지의 여부는 같은 법 제1조에 규정된 목적 및 제3조에 규정된 회계관계직원의 성실의무 등에 비추어, **회계관계직원이 그 업무를 수행함에 있어 따라야 할 법령 기타 관계규정 및 예산에 정하여진 바에 따르지 않음으로써 성실의무에 위배한 정도가 그 업무내용에 비추어 중대한 것으로 평가될 수 있는지에 따라 결정되어야** 하고, 단순히 그 업무내용이 고도의 기능적, 관리적 성격을 가지느냐 아니면 기계적, 사실적 성격을 가지느냐에 의해 결정될 것은 아니다."(대판 2003.6.27. 2001두9660, 재심의판정취소)

[판례 2] 감사원 변상판정에 따른 해당기관장의 변상명령은 독립한 행정행위

"감사원의 변상판정의 위법과는 별개로 소속장관 등의 변상명령 자체에 위법사유가 있을 수 있어 변상명령을 별도로 행정소송 대상으로 인정할 필요성도 있고, 또한 감사원법 제31조 제2항, 제3항, 제5항, 제36조 제1항, 변상판정집행절차에관한규칙 제4조 제1항, 제9조 제1항 등의 규정을 종합하여 보면, 회계관계직원 등의 변상책임에 관하여 **감사원은 추상적인 변상의무의 유무 및 범위 등을 확정할 뿐이고 그 변상판정의 내용에 따른 구체적인 변상금 납부의**

무는 소속장관 등이 감사원의 변상판정서를 첨부한 변상명령처분을 함으로써 비로소 발생한다 할 것이어서, **변상명령은** 감사원의 변상판정에 의해 성립한 기존의 의무 이상으로 새로운 의무를 부담시키는 것은 아닐지라도 변상책임자의 권리의무에 아무런 영향을 미치지 않는 단순한 변상판정의 한 단계로서의 표시행위에 불과한 것으로 볼 수는 없을 것이고 **그 자체 독립한 행정행위의 하나로 보아야** 할 것이다."(대판 1994.12.2. 93누623, 변상명령무효확인)

Ⅲ. 형사상의 책임

공무원의 일정한 행위가 공무원관계의 의무에 위반되는데 그치지 아니하고, 동시에 형사법상의 범죄를 구성하는 경우에는, 그 공무원은 일반법익의 보호를 위하여 형사상의 책임을 지게 된다. 공무원의 형사책임에 관한 일반적인 것으로는 형법상의 '공무원의 직무에 관한 죄'(형법 122 내지 135)가 있다.

공무원의 범죄는 직무범(죄)과 준직무범(죄)으로 나눌 수 있는 바, 전자는 공무원이 직권을 남용하거나 직무를 태만히 하는 등 직무행위와 직결되는 범죄(예; 직무유기죄, 불법체포감금죄, 피의사실공표죄, 공무상 비밀누설죄 등)를 말하며, 후자는 직무행위 자체가 범죄를 이루는 것이 아니라 일정한 행위가 그 행위자가 공무원인 신분을 가졌기 때문에 또는 그 행위가 직무와 관련되기 때문에 범죄를 구성하는 것이다(예; 수뢰죄 등).

Ⅳ. 민사상의 책임

공무원이 '고의 또는 과실로 인한 위법행위로 타인에게 손해를 가하였을 때'(민법 750)에 직접 민사상의 손해를 배상할 책임이 있는지에 관하여는 학설이 대립되고 있다.

국가배상법 제2조의 규정취지에 비추어 보아, 일응 국가 또는 공공단체가 제1차로 배상책임을 지고 국가나 공공단체는 그 공무원에게 고의 또는 중과실이 있었을 때에 한하여 구상할 수 있음에 그친다고 볼 것이다.

[판 례] 공무원의 직무유기죄의 성립요건

"형법 제122조는 직무유기죄에 관하여 "공무원이 정당한 이유 없이 그 직무수행을 거부하거나 그 직무를 유기한 때에는 1년 이하의 징역이나 금고 또는 3년 이하의 자격정지에 처한다."라고 정한다. **직무유기죄는 구체적으로 직무를 수행해야 할 작위의무가 있는데도 이러한 직무를 저버린다고 인식하고 작위의무를 이행하지 않음으로써 성립한다. 이때 직무를 유기한다는 것은 공무원이 법령, 내규 등에 따른 추상적 성실의무를 게을리하는 일체의 경우를 말하는 것이 아니라 직장의 무단이탈, 직무의 의식적인 포기 등과 같이 국가의 기능을 저해하고 국민에게 피해를 야기할 구체적인 가능성이 있는 경우만을 가리킨다.** 따라서 공무원이 태만이나 착각 등으로 인하여 직무를 성실히 수행하지 않은 경우 또는 직무를 소홀하게 수행하였기 때문에 성실한 직무수행을 못한 데 지나지 않는 경우에는 직무유기죄가 성립하지 않는다. 무단이탈로 인한 직무유기죄 성립 여부는 결근 사유와 기간, 담당하는 직무의 내용과 적시 수행 필요성, 결근으로 직무수행이 불가능한지, 결근 기간에 국가기능의 저해에 대한 구체적인 위험이 발생하였는지 등을 종합적으로 고려하여 신중하게 판단해야 한다. 특히 근무기간을 정하여 임용된 공무원의 경우에는 근무기간 안에 특정 직무를 마쳐야 하는 특별한 사정이 있는지 등을 고려할 필요가 있다."(대판 2022.6.30. 2021도8361)

제 5 편

특별행정작용법

제1장 개 설

Ⅰ. 특별행정작용법의 의의

행정작용법이란 국가·지방자치단체 등 행정주체가 행정목적 달성을 위하여 행하는 모든 법률적 작용과 사실적 작용에 관한 국내공법을 말한다. 특별행정작용법은 제2편의 행정작용법과 구별하여 특히 '특별'행정작용법이라 하였는 바, 행정작용에 관한 각 개별행정법을 의미한다.

Ⅱ. 특별행정작용법의 체계

특별행정작용법의 체계에 관하여 견해가 나뉠 수 있으나, 일반적으로 행정작용의 목적 내지 행정작용이 규율하는 사항에 따라 경찰행정법, 급부행정법, 규제행정법, 공용부담법, 재무행정법 및 군사행정법 등으로 분류할 수 있다.

【 특별행정작용법의 분류 】

- 경찰행정법
- 급부행정법
  - 공급행정법 — 공물법 · 공기업법
  - 사회보장행정법
  - 조성행정법
- 규제행정법
  - 경제행정법
  - 토지행정법 — 국토계획, 도시계획, 공시지가제, 개발이익환수제
  - 환경행정법
- 공용부담법
  - 인적공용부담 — 부담금, 부역·현품, 노역·물품, 시설부담, 부작위부담
  - 물적공용부담
    - 공용제한
    - 공용수용
    - 공용환지
    - 공용환권
- 재무행정법

제2장 경찰행정법

제1절 개 설

Ⅰ. 경찰개념의 연혁

경찰(police, polizei)의 어원은 희랍어 · 라틴어의 politia에서 유래하는 바, 중세까지는 국가 · 헌법 · 국가활동 전체를 뜻하였었으나, 15 · 16세기에 와서는 교회행정을 제외한 모든 세속적 행정작용을 뜻하였다. 그 후 17세기에 들어와 국가작용의 분화로 사법 · 외교 · 군정 · 재정 등이 분리되고 경찰은 사회공공의 안녕질서와 공공복리를 위한 내무행정을 뜻하였다. 다시 자유주의적 법치주의시대에 들어와 경찰작용은 소극적인 치안유지에 국한되게 되었는데, 1794년의 프로이센 일반주법에 실정화한 동경찰개념이 오늘에 전승된 셈이다.

Ⅱ. 각국의 경찰제도

영미법계 국가에서는 개인의 생명 · 신체 및 재산의 보호가 경찰관념의 중심을 이루고, 경찰조직도 지방분권적인 자치체경찰제도를 유지하고 있으며, 대륙법계 국가에서는 개인의 생명 · 신체 및 재산의 보호뿐만 아니라, 국가의 시책을 추진하는 데 필요한 행정까지도 경찰관념 속에 포함시키고, 국가경찰로서 중앙집권적 경찰조직을 가지고 있다.

1. 독일의 경찰제도

독일은 근대초기의 절대주의의 강화와 중상주의의 효과적인 시행을 위하여 종래의 포괄적인 경찰개념 속에서 특별한 조직과 기술을 전제로 하는 국가작용(외무 · 군사 · 재무 · 사법)을 분리시키고 내무행정만을 경찰개념으로 파악하게 되었다. 18세기 말 자연법사상을 바탕으로 하는 자유주의하에서 제정된 프로이센 일반주법은 경찰작용을 소극적인 공안유지에 국한된다는 것을 명문으로 규정하기에 이르렀다. 이러한 경찰개념은 19세기 말 프로이센 고등행정법원의 크로이쯔베르크(Kreuzberg)판결[1]에서 명백히 되었다. 1933년부터 제2차 세계대전 때까지는 중앙집권

---

1) 베를린의 크로이쯔베르크에 있는 전승기념탑에서의 조망 및 그에 대한 전망을 저해하지 않게 하기 위하여 그 주변의 건축물을 규제한 베를린 경시총감의 경찰명령을 프로이센 일반주법상의 경찰직무의 범위를 일탈한 무효의 것이라고 판시한 1882년 6월 14일 판결.

적・관료적 국가경찰제도를 유지하였었는데, 제2차 세계대전이 끝난 후 국가행정 또는 자치체 경찰제도를 가미한 주의 권한으로 이전하고 프로이센적인 실질적 경찰개념을 채택하고 있다.

2. 프랑스의 경찰제도

프랑스는 종래 중앙집권제하의 시・읍・면의 자치권 속에 경찰권이 포함되는 것으로 이해되어 정부가 임명하는 현지사가 내무부장관의 통제 아래 시・읍・면장의 경찰권 행사를 감독하여 왔다. 현재 프랑스 경찰조직은 내무부장관의 지휘・감독 아래 전국적인 경찰작용을 담당하는 국가경찰, 시・읍・면장의 지휘・감독하에 해당 지방자치단체의 구역 내의 경찰사무를 담당하는 지방경찰, 수도의 경찰사무를 담당하는 파리 경시청으로 이루어져 있다.

3. 영국의 경찰제도

영국에서는 사회공공의 안녕질서의 유지에 관한 기본적인 책임은 시민 내지 전체로서의 부락이 지는 것으로 인정되었으며, 경찰은 사회공공의 안녕질서의 유지와 범죄의 수사・범인의 체포 등 사법경찰을 주안으로 하였다. 1829년 수도경찰법의 제정에 의한 런던 경시청이 설치됨으로써 근대적 경찰조직을 갖게 되었고, 전통적으로 자치체경찰제를 취하여 오던 영국에서 유일한 국가경찰이 생기게 되었다. 아무튼 영국에서는 런던 경시청을 제외하고는 모두 자치체경찰인데, 각 주 및 시가 각각 그들 자체의 경찰을 유지・관리한다.

4. 미국의 경찰제도

연방주의에 입각하고 있는 미국헌법은, 연방은 경찰권을 가지지 아니함을 원칙으로 하고, 주(州)에 유보된 권한으로 하였다. 그러나 근래에 와서 연방경찰권이 사실상 현저하게 성장했지만 [연방수사국(F・B・I)・합중국보안국・비밀근무부 등], 미국에서의 경찰권의 본연의 소재는 주정부라 할 수 있는 바, 각 주는 각자의 경찰권의 행사를 위하여 필요한 경찰조직을 가지고, 주전역을 관할구역으로 하여 경찰작용을 행한다. 그 밖에 주정부의 위임에 의해 시・읍 등 지방자치단체가 가지는 지방경찰도 일반적인 경찰작용을 담당하고 있다.

5. 우리나라의 경찰제도

고구려의 '무여라(武厲邏)', 신라의 '정・당(停・幢)', 고려의 '순군(巡軍)'・'삼별초(三別抄)' 등 고려시대까지의 우리의 경찰은 군사행정의 일환이었다. 조선시대에 들어와 1392년(태조 원년)에 고려 이래의 '순군만호부'(태조 14년에 의금부로 개칭)로 하여금 '장순작 포도금란'의 임무를 담당케 하였으니 이것이 최초의 전문적인 경찰기관이었다(1453년까지). 그 후 포도(捕盜)와 야순(夜巡)을 임무로 하는 '좌・우포도청'이 서울에 설치되고, 지방에는 수령이 겸임하는 '토포사'가 경찰사무를 보았다. 구한말의 갑오경장에 따라 '의정부관제'에 의하여 포도청이 폐지되고 내무아문 소속하에 경무청이 신설되고, 여기에서 사법경찰 · 소방 · 감옥사무를 관장하였다. 그 후 1910년 이러한 경찰제도가 완전히 폐지되고 일본경찰로 대치되었다.

1948년 정부수립 후 경찰제도에 관한 기본법이 제정되지 아니하였으나, 1991년 경찰법(1991.5.31. 법률 제4369호)이 제정되어 국가경찰제도를 취했다. 그러나 현재는 「국가경찰과 자치경찰의 조직 및 운영에 관한 법률」에 따라 국가경찰과 자치경찰로 구분하고 있다.

Ⅲ. 경찰의 개념

경찰(警察)의 개념은 형식적인 면과 실질적인 면의 두 가지 측면에서 살펴볼 수 있다.

1. 형식적 의미의 경찰

형식적 의미의 경찰은 제도상의 경찰의 개념을 뜻하는 바, 실정법상 보통경찰행정기관에 의하여 관장되는 행정작용을 의미한다. 형식적 의미의 경찰은 그 작용의 성질 여하를 불문하므로 실질적 의미의 경찰의 개념과 일치하지 아니한다. 그리하여 실질적 의미의 경찰작용 중 어디까지를 보통경찰기관의 권한으로 할 것인가 하는 것은 그 나라의 입법정책의 문제라 하겠다.

우리나라는 경찰의 조직과 작용에 관한 기본법인 「국가경찰과 자치경찰의 조직 및 운영에 관한 법률」 제3조에서 경찰의 임무를 "① 국민의 생명 · 신체 및 재산의 보호, ② 범죄의 예방 · 진압 및 수사, ③ 범죄피해자 보호, ④ 경비 · 요인경호 및 대간첩 · 대테러 작전수행, ⑤ 공공안녕에 대한 위험의 예방과 대응을 위한 정보의 수집 · 작성 및 배포, ⑥ 교통의 단속과 위해의 방지, ⑦ 외국정부기관 및 국제기구와의 국제협력, ⑧ 그 밖에 공공의 안녕과 질서유지"에 국한하여 일반공안의 유지와 사법경찰로 제한하고 있다.

2. 실질적 의미의 경찰

실질적 의미의 경찰은 그 작용의 소관기관 여하를 불문하고 국가작용의 성질을 표준으로 하여 학문적인 면에서 고찰된 개념이다. 이러한 의미에서 실질적 의미의 경찰이란 '직접 사회공공의 안녕과 질서를 유지하기 위하여, 일반통치권에 의거하여, 국민에게 명령 · 강제하여 그 자연적 자유를 제한하는 작용'이라 하겠다. 그러므로 실질적 의미의 경찰은 목적 · 수단 · 권력적 기초의 세 가지 점에서 다른 행정작용과 구별된다.

(1) 경찰의 목적

경찰은 직접으로 사회공공(社會公共)의 안녕질서(安寧秩序)를 유지함을 목적으로 한다. '사회공공의 안녕'이란 국가의 존립과 그의 공공시설 및 생명 · 신체 · 재산 · 명예에 대하여 아무런 장해도 없는 상태를 뜻하며, '사회공공의 질서'란 그 준수가 개인의 정상적인 공동생활에 있어서 불가결한 요건임과 동시에, 당시의 일반적인 사회관 및 윤리관에 의하여 뒷받침될 수 있는 규범의 총체를 뜻한다. 따라서 공공의 안녕질서라 함은 사회통념상 인식될 수 있는 사회생활에 있어서의 평온・건전한 상태를 의미하는 바, 경찰은 이러한 사회생활상의 평온이나 건전한 상태가 인적・물적 또는 자연적 작용에 의하여 파괴되는 것을 미연에 방지하고, 위해가 현실적으로 발생한 경우에는 이를 제거하기 위하여 행하여지는 소극적인 작용이다. 따라서 적극적으로 사회공공의 복리를 증진시키기 위하여 발동될 수 없다는 경찰소극목적설이 오늘날의 통설이다.

위에서 본 바와 같은 경찰의 목적에 따라 경찰작용은 다른 행정작용과 구별된다.

1) **경찰작용과 복리행정작용과의 구별:** 경찰은 소극적인 질서유지 목적을 위한 작용인 데 대하여, 복리행정은 적극적으로 공공복리를 증진함을 목적으로 하고 있는 점에서 구별된다.

2) **경찰작용과 국가목적적 작용과의 구별:** 경찰은 질서유지를 목적으로 하는 사회목적적 작용인 데 대하여, 국가목적적 작용은 조직・외교・재정・군사 등 국가 그 자체의 존립과 활동을 직접적 목적으로 하고 있는 점에서 구별된다.

3) **경찰작용과 사법작용과의 구별**

(가) 민사작용과의 구별: 경찰은 사회질서유지를 목적으로 하는 점에서 사인상호간의 법률관계에 관한 법적 질서유지를 직접 목적으로 하는 민사작용(民事作用)과 구별된다. 그러나 개인 사이의 관계라 하더라도 당사자 사이의 사익에 그치지 않고 동시에 위생・풍속・교통 등 사회공공의 질서에 직접적인 영향을 가진 것은 경찰사항이 되는 경우도 있다(총포・화약류의 거래금지, 의사의 진료 거부금지 등).

(나) 형사작용과의 구별: 경찰은 장래에 향하여 사회질서유지를 직접 목적으로 하는 점에서 이미 실행된 과거의 범죄에 대하여 제재로서의 형벌을 과함을 그 직접목적으로 하는 형벌목적적 작용인 형사작용(刑事作用)과 구별된다. 그러나 경찰의무위반에 대한 제재로서 형법상의 형을 과하는 것이 보통인 바, 이 범위 안에서 형사작용은 경찰의 보조수단으로서 행하여지며, 범인을 수색・체포하는 것은 원래 형벌권의 작용이나 능률성을 위해 보통경찰기관이 그 기능을 담당한다는 점 등에서 경찰작용과 형사작용은 밀접한 관련성을 가지고 있다.

(2) 경찰의 수단

경찰은 권력으로 개인에게 명령하고 강제함으로써 자연적인 자유를 제한하는 작용이다. 명령은 의무부과 또는 의무해제를 내용으로 하는 국가의 의사표시에 의하여 이루어지는 법률적 행위이며, 강제는 권력의 행사인 사실적 행위이다. 경찰이 권력적 수단에 의하여 행하여진다는 것은 결코 경찰작용만이 권력을 수단으로 한다는 것은 아니며, 경찰 이외의 행정작용 중에도 권력적 수단에 의하는 것(예; 규제작용・조세작용・군정작용 등)이 적지 아니한 바, 경찰은 권력적 수단에 의하는 전형적 작용이라는 것을 뜻한다. 경찰이 권력에 의한 명령・강제작용이라는 것은 경찰작용이 반드시 권력적 수단에 의해서만 행하여진다는 것은 아니고, 예외적으로 준법률행위적 행정행위 또는 비권력적 작용에 의하여도 행하여진다.

1) **급부작용과의 구별**: 경찰은 권력으로 명령·강제함을 원칙으로 하는 작용이라는 점에서, 비권력적인 관리작용인 급부작용과 구별된다.

2) **형성적 행위와의 구별**: 경찰은 국민의 자연적 자유를 대상으로 하는 점에서, 법률적 능력을 대상으로 하는 형성적 행위와 구별된다. 따라서 경찰의무위반의 행위는 처벌되며, 그 행위의 효력에는 영향이 없는 것이 원칙이나, 형성행위의 경우에는 무효로 됨에 그치고, 특별규정이 없는 한 처벌되지 아니한다.

3) **형사작용과의 구별**: 경찰은 자연적 자유의 제한(의무부과)이 주이고 처벌은 보조적 수단에 지나지 않는 데 대하여, 형사작용은 사회도덕적 의무 등 사회생활상 당연히 준수가 예상되는 의무를 전제로 하여 그 의무위반에 형벌을 과하는 것이므로 과형(자유의 제한의 유지)이 주이고 의무는 전제가 될 뿐이다.

(3) 권력의 기초

경찰은 국가의 일반통치권에 그 권력의 기초를 둔 작용이다. 즉, 경찰권은 국가통치권의 일부로서, 통치권이 직접으로 사회공공의 안녕질서의 유지를 위하여 개인에게 명령·강제하는 권력으로 발동되는 경우에, 그 권력을 경찰권이라고 하는 것이다.

경찰은 일반통치권에 의거한 작용이기 때문에 특별권력관계에 기초를 둔 작용과 구별된다. 경찰은 국가의 일반통치권에 의한 작용이므로 통치권의 지배를 받는 자는 모두 경찰권의 대상이 된다. 따라서 자연인이거나 법인이거나 또는 대한민국의 국민의 여부를 가리지 아니한다. 다만, 외국인으로서 조약 또는 국제법규에 따라 치외법권이 인정되고 있는 자는 경찰권의 대상이 되지 아니한다.

Ⅳ. 경찰의 종류

1. 행정경찰과 사법경찰

경찰은 그 직접적인 목적에 따라 행정경찰과 사법경찰(司法警察)로 나눌 수 있다. 행정경찰은 실질적 의미의 경찰, 즉 직접적으로 사회공공의 질서를 유지하기 위하여 국가의 일반통치권에 의한 권력작용을 말하며, 사법경찰은 범죄의 수사, 범인의 체포 등을 위한 통치권의 작용이다. 양자의 구별은 프랑스에서 비롯되었는데, 우리나라에서는 조직상으로는 행정경찰과 사법경찰로 구분하지 않고, 일반경찰기관이 양자를 아울러 관장하고 있다(형사소송법 197, 경찰관직무집행법 2). 그러나 행정경찰은 경찰작용이기 때문에 행정법규의 적용을 받으나, 사법경찰은 형벌권의 작용이기 때문에 형사소송법의 적용을 받고 검사와 협력하는 점에서 그 구별의 실익이 있다.

2. 보안경찰과 협의의 행정경찰

광의의 행정경찰은 다시 보안경찰과 협의의 행정경찰로 나누어지는 바, 이는 경찰작용의 다른 행정작용과의 관련성을 표준으로 한 구분이다. 즉, 보안경찰(保安警察)은 보통경찰작용의 소관사무와 같이 사회공공의 안녕질서를 유지하기 위하여 다른 종류의 행정작용에 수반함이 없이 그 자체가 독립하여 행하여지는 경찰작용이며(예; 교통 · 소방 · 풍속 · 해양경찰 등), 협의의 행정경찰은 타행정작용에 수반하여 그 행정작용에서 생길 수 있는 사회공공의 안녕질서를 유지하기 위한 경찰작용이다(예; 위생 · 경제 · 건축경찰 등). 협의의 행정경찰의 개념은 19세기 독일에서 성립된 것인데, 그것이 이른바 탈경찰화하여 각 주무행정청의 소관으로 된 오늘날은 그 개념을 따로이 인정할 실익이 매우 희박하다.

3. 예방경찰과 진압경찰

이는 경찰권발동의 시점을 기준으로 한 구분이다. 예방경찰은 범죄발생을 예방하기 위한 권력작용이며(예; 정신착란자 · 주취자의 보호조치 등), 진압경찰은 이미 발생한 경찰상의 위해(危害)를 제거하기 위한 것으로 범죄의 제지, 범죄의 진압 · 수사 및 피의자의 체포를 위한 권력작용으로 사법경찰과 일치한다.

4. 고등경찰과 보통경찰

이는 보호되는 법익의 가치를 표준으로 한 구분이며 프랑스법에서 유래하였다. 고등경찰이란 국가조직의 근본에 대한 위해의 예방 및 제거를 위한 경찰, 즉 정치경찰을 의미한다(예; 이상 · 종교 · 집회 · 결사 · 언론 · 출판 등). 보통경찰은 일반사회의 안전과 질서유지를 위한 경찰작용을 말한다.

5. 평시경찰과 비상경찰

이는 사회공공의 안녕질서에 대한 위해의 정도와 경찰기관에 따른 구분이다. 평시경찰은 일반경찰기관이 일반경찰법규에 의한 경찰작용을 말하며, 비상경찰이란 천재지변 · 전시 · 사변 기타 비상사태시 일반경찰력만으로는 공안유지(公安維持)를 할 수 없어 병력을 사용하는 경우이다.

6. 국가경찰과 자치경찰

이는 경찰유지의 권한과 책임의 소재에 따른 구분이다. 전자는 국가가, 후자는 지방자치단체가 그 유지의 권한과 책임을 지는 경찰이다.

제 2 절 경찰의 조직

Ⅰ. 개 설

경찰은 국가경찰사무와 자치경찰사무의 구분에 따라 국가경찰과 자치경찰로 나뉜다. 넓은 의미의 경찰권은 행정권의 일부인 까닭에 대통령과 국무총리의 통할하에 보통경찰기관, 협의의 행정경찰기관 및 비상경찰기관이 있다.

경찰의 조직은 개인의 자유와 권리를 보호하고 공공의 안녕질서를 유지하기 위하여 민주성·능률성 및 그 정치적 중립성이 요청된다.

Ⅱ. 보통경찰기관

보통경찰기관이란 보안경찰작용, 즉 타행정작용과 직접 관련이 없이 그 자체 공공의 안전과 질서유지를 위한 경찰작용을 주된 관장사무로 하는 경찰기관이다. 보통경찰기관은 그 기능에 따라 국가경찰과 자치경찰, 경찰청장과 집행기관 및 심의·의결기관으로 나뉜다.

1. 국가경찰

국가경찰은, ① 국민의 생명·신체 및 재산의 보호, ② 범죄의 예방·진압 및 수사, ③ 범죄피해자보호, ④ 경비·요인경호 및 대간첩·대테러 작전 수행, ⑤ 공공안녕에 대한 위험의 예방과 대응을 위한 정보의 수집·작성 및 배포, ⑥ 교통의 단속과 위해의 방지, ⑦ 외국 정부기관 및 국제기구와의 국제협력, ⑧ 그 밖에 공공의 안녕과 질서유지 중 자치경찰사무를 제외한 사무를 수행한다(국가경찰과 자치경찰의 조직 및 운영에 관한 법률 3, 4).

(1) 국가경찰위원회

1) 구 성: 국가경찰위원회는 행정안전부에 두는 심의·의결기관으로, 위원장 1명을 포함한 7명으로 구성하며, 위원은 행정안전부장관의 제청으로 국무총리를 거쳐 대통령이 임명하고, 임기는 3년으로 연임할 수 없다(동법 7①②, 8①, 9①).

2) 심의·의결 사항: 국가경찰사무에 관한 인사, 예산, 장비, 통신 등에 관한 주요정책 및 경찰업무발전에 관한 사항, 국가경찰사무에 관한 인권보호와 관련되는 경찰의 운영·개선에 관한 사항 등 동법 제10조 제1호부터 제9호까지의 사항을 심의·의결한다. 국가경찰위원회의 사무는 경찰청에서 수행한다(동법 11①).

(2) 경찰청

경찰청은 치안에 관한 사무를 관장하기 위하여 행정안전부장관 소속으로 두며, 특별시·광역시·특별자치시·도·특별자치도에 시·도경찰청을 두고, 시·도경찰청 소속으로 경찰서를 둔다(동법 12, 13).

1) **경찰청장**: 경찰청장은 국가경찰위원회의 동의를 받아 행정안전부장관의 제청으로 국무총리를 거쳐 국회의 인사청문을 거쳐 대통령이 임명한다(동조②). 경찰청장은 치안총감으로 보하며, 2년의 임기로 중임할 수 없다(동조①④). 경찰청장은 국가경찰사무를 총괄하고 경찰청 업무를 관장하며 소속공무원 및 각급 경찰기관의 장을 지휘・감독한다(동법 14③). 수사에 관한 사무의 경우에는 원칙적으로 개별 사건의 수사에 대하여 구체적으로 지휘・감독할 수 없다(동조⑥).

경찰청에 경찰청장을 보좌하기 위하여 치안정감으로 보하는 경찰차장을 둔다(동법 15).

2) **국가수사본부장**: 경찰청에 치안정감으로 보하는 국가수사본부장을 두며, 국가수사본부장의 임기는 2년으로 중임할 수 없다(동법 ①③). 국가수사본부장을 경찰청 외부에서 임용할 경우에는, 10년 이상 수사업무에 종사한 고위공무원단・3급 이상 공무원・총경 이상 경찰공무원으로 재직경력, 판사・검사・변호사의 직에 10년 이상 경력 등의 자격요건이 필요하며, 정당의 당원이거나 당적을 이탈한 날부터 3년이 지나지 아니하거나 선거에 의하여 취임하는 공직에 있거나 그 공직에서 퇴직한 날부터 3년이 지나지 아니하는 등의 일정한 경우에는 임용이 제한된다(동조⑥⑦). 국가수사본부장은 형사소송법에 따른 경찰의 수사에 관하여 각 시・도경찰청장과 경찰서장 및 수사부서 소속공무원을 지휘한다(동조②).

2. 자치경찰

자치경찰은 동법 제3조에서 정한 경찰의 임무 범위 내에서 관할지역의 생활안전・교통・경비・수사 등에 관한 사무인 자치경찰사무를 담당한다. 즉, ① 지역 내 주민의 생활안전 활동에 관한 사무, ② 지역 내 교통활동에 관한 사항, ③ 지역 내 다중운집행사 관련 혼잡교통 및 안전관리 및 ④ 소년범죄・가정폭력・교통사고・경범죄 등의 수사사무 등이다(동법 4①).

(1) 시・도자치경찰위원회

1) **구 성**: 시・도자치경찰위원회는 자치경찰사무를 관장하게 하기 위하여 시・도지사 소속으로 두는 합의제 행정기관으로서 업무를 독립적으로 수행한다(동법 18①②). 시・도자치경찰위원회는 위원장 1명을 포함한 7명의 위원으로 구성하며(동법 19①), 임기는 3년으로 하며 연임할 수 없다(동법 22①). 위원은 ① 시・도의회가 추천하는 2명, ② 국가경찰위원회가 추천하는 1명, ③ 해당 시・도 교육감이 추천하는 1명, ④ 시・도자치경찰위원회 위원추천위원회가 추천하는 2명, ⑤ 시・도지사가 지명하는 1명 등을 시・도지사가 임명한다(동법 20①).

2) **소관사무**: 자치경찰사무에 관한 목표의 수립・평가와 인사・예산・장비・통신 등에 관한 주요정책 및 그 운영지원, 자치경찰사무 담당 공무원의 임용・평가・인사위원회 운영 및 부패방지・인권침해・권한남용 등이 개선 등 동법 제24조 제1항 제1호부터 제17호까지에 해당하는 사항을 심의・의결한다.

(2) 시 · 도경찰청장

시 · 도경찰청장은 시 · 도경찰청에 두고, 치안정감 · 치안감 또는 경무관으로 보하며(동법 28①), 경찰청장이 시 · 도자치경찰위원회와 협의하여 추천한 사람 중에서 행정안전부장관의 제청으로 국무총리를 거쳐 대통령이 임용한다(동조②). 시 · 도경찰청장은 ① 국가경찰사무에 대해서는 경찰청장의 지휘 · 감독을, ② 자치경찰사무에 대해서는 시 · 도자치경찰위원회의 지휘감독을, ③ 수사에 관한 사무에 대해서는 국가수사본부장의 지휘 · 감독을 각각 받아 관할구역의 소관 사무를 관장하고 소속 공무원 및 소속 경찰기관의 장을 지휘 · 감독한다(동조③).

(3) 경찰서장

경찰서장은 경찰서에 두고, 경무관, 총경 또는 경정으로 보하며, 시 · 도경찰청장의 지휘감독을 받아 관할구역의 소관 사무를 관장하고 소속 공무원을 지휘 · 감독한다(동법 30①②). 경찰서장 소속으로 지구대 또는 파출소를 둔다(동조③).

3. 경찰집행기관

경찰집행기관은 소속경찰청의 명을 받아 경찰에 관한 의사를 실력으로써 사실상 집행하는 경찰기관이다. 경찰집행기관은 그 직무의 일반성 여부에 따라 일반경찰집행기관과 특별경찰집행기관으로 구분할 수 있다.

(1) 일반경찰집행기관

일반경찰집행기관이란 경찰업무 일반에 관한 집행기관을 말하는 바, 경찰공무원(치안총감 · 치안정감 · 치안감 · 경무관 · 총경 · 경정 · 경감 · 경위 · 경사 · 경장 · 순경)을 들 수 있는데, 이들은 특정직국가공무원이다(경찰공무원법 2). 일반경찰집행기관은 경찰청에 소속되어 있는 것이 원칙이다. 일반경찰집행기관인 경찰공무원은 제복을 착용하고 무기를 휴대할 수 있음을 특징으로 한다.

(2) 특별경찰집행기관

특별경찰집행기관이란 일반경찰작용 중에서도 특별한 분야의 경찰작용에 관한 집행기관을 말한다.

1) **소방청:** 행정안전부장관 소속으로 소방청을 두며, 소방청장은 소방공무원으로 보한다(정부조직법 34⑦). 시 · 도지사는 소방본부장 및 소방서장을 지휘 · 감독하며(소방기본법 3②), 소방청장, 소방본부장 또는 소방서장은 화재, 재난 · 재해, 그 밖의 위급한 상황이 발생하였을 때에는 소방대를 현장에 신속하게 출동시켜 화재진압과 인명구조 · 구급 등 소방에 필요한 활동을 하게 하여야 한다(동법 16①). 소방공무원은 국가직소방공무원이며, 화재의 예방 · 경계 · 진압, 재난 · 재해, 그 밖의 위급한 상황에서의 구조 · 구급 활동에 관한 사실적 행위에 종사한다.

2) **의무경찰대:** 간첩(무장공비를 포함한다)의 침투거부, 포착, 섬멸, 그 밖의 대간첩작전을 수행하고 치안업무를 보조하기 위하여 지방경찰청장 및 대통령령으로 정하는 국가경찰기관의

장 또는 해양경찰기관의 장 소속으로 의무경찰대를 둔다(의무경찰대 설치 및 운영에 관한 법률 1①). 의무경찰대의 대원은 제2조의3에 따라 임용된 의무경찰과 「경찰공무원법」에 따른 국가경찰공무원으로 구성한다(동법 2①). 의무경찰은 「병역법」 제25조 제1항에 따라 전환복무 된 사람 중에서 임용하며(동법 2의3①), 의무경찰의 계급은 이경, 일경, 상경, 수경 및 특경으로 구분한다(동법 2의4①).

3) 해양경찰청: 해양에서의 경찰 및 오염방제에 관한 사무를 관장하기 위하여 해양수산부장관 소속으로 해양경찰청을 두며, 해양경찰청장은 경찰공무원인 치안총감으로 보한다(정부조직법 43②③, 해양경찰법 11①, 해양경찰과 그 소속기관 직제 4). 지방해양경찰청인 중부지방해양경찰청장은 치안정감으로, 서해지방해양경찰청과 남해지방해양경찰청의 청장은 치안감으로, 그 밖의 지방해양경찰청장은 경무관으로 보하며, 각각 해양경찰청장의 명을 받아 소관사무를 총괄하고 소속공무원을 지휘·감독한다(동직제 26②③).

4) 군사경찰: 군사경찰은 국방부에 소속하고 참모총장의 지휘감독을 받아 군사에 관한 경찰을 장리하며, 군사에 관한 사항에 한하여 행정경찰 또는 사법경찰을 행할 수 있다(군사경찰령 1,2, 군사법원법 43,46).

Ⅲ. 특별경찰기관

1. 협의의 행정경찰기관

협의의 행정경찰기관은 협의의 행정경찰작용을 관장하는 경찰기관이다. 즉, 다른 주된 행정작용에 부수하여 일어나는 공안에 대한 위해를 예방·제거하는 작용이다. 말하자면 각부장관은 그의 소관사무에 관련되는 범위 내에서 협의의 행정경찰작용을 담당하는 경찰기관이다(예; 위생경찰에 관하여는 보건복지부장관, 철도경찰에 관하여는 철도청장).

2. 비상경찰기관

비상경찰기관은 비상경찰작용을 관장하는 경찰기관으로 계엄사령관 등이 있다. 비상경찰은 전국 또는 일부 지역에 비상사태가 발생하여 일반 경찰조직으로는 공안을 유지할 수 없다고 인정되는 경우에 병력으로 공안의 유지에 당하게 하는 것이므로 비상경찰기관은 당연히 군사기관이 되는 것이다.

3. 청원경찰

청원경찰이란, ① 국가기관 또는 공공단체와 그 관리 하에 있는 중요시설 또는 사업장, ② 국내주재 외국기관, ③ 그 밖에 행정안전부령으로 정하는 중요시설, 사업장 또는 장소 등의 경비를 담당하기 위하여 그 사업장 등의 경영자가 경비부담을 조건으로 배치하는 경찰을 말한다(청원경찰법 2). 청원경찰은 청원주가 지방경찰청장의 승인을 받아 임명하며(동법 5①), 청원경찰의 배치 결정을 받은 자와 배치된 기관·시설 또는 사업장 등의 구역을 관할하는 경찰서장의 감독을 받아 그 경비구역만의 경비를 목적으로 필요한 범위에서 「경찰관직무집행법」에 따른 경찰관의 직무를 수행한다(동법 3).

제3절 경찰권의 근거와 한계

Ⅰ. 개 설

경찰작용은 사회질서유지를 목적으로 국민에게 명령·강제하는 권력작용으로서 경찰개념의 본질상 법규로써 모든 구체적인 경찰작용을 규정하기는 불가능하며, 포괄적 재량권을 부여하는 경우가 많아 국민의 기본권침해의 가능성이 많다. 따라서 법치행정의 원리에 의해 법규의 근거가 필요하며, 기속재량인 경우도 조리상의 제한을 받는다.

Ⅱ. 경찰권의 근거

1. 법률에 의한 행정의 원칙

경찰은 사회공공의 안녕과 질서를 유지하기 위하여 국민에게 명령·강제 등을 하는 권력적·침익적 작용을 그 주된 수단으로 한다. 따라서 경찰권은 법률에 의한 행정의 원칙에 따라 국회가 제정한 법률에 근거하여, 법률에 따라서만 발동될 수 있다. 다만 예외적으로 법률에서 '구체적으로 범위를 정하여' 위임한 경우에 명령·자치법규에 근거하여서도 발동될 수 있다. 그런데 경찰권발동을 위해서는 조직법상 권한분장관계를 정한 직무규정만으로는 할 수 없고, 작용법상 권한행사의 수권을 정한 권한규정에 의한 수권이 있어야 하며, 또한 원칙적으로 개별적 수권이어야 한다.

경찰권발동의 수권방법은 경찰법상 개별적 수권규정에 의한 경우와 특별법상의 개별적 수권규정에 의한 경우가 있다. 현행법상 전자의 예로는 경찰작용에 관한 기본법이라 할 수 있는 경찰관직무집행법이 있으며, 후자의 예로는 도로교통법·식품위생법·소방기본법·건축법·의료법·감염병의예방및관리에관한법률·총포도검화약류등의안전관리에관한법률·폐기물관리법 등이 있다.

2. 일반적 수권조항

(1) 일반조항(一般條項)의 의의와 필요성

일반조항(개괄조항)이란 경찰권발동을 위한 개별적인 법률규정이 없는 경우, 경찰권발동의 보충적 근거법규로서 마련된 일반적・포괄적 내용의 수권조항을 말한다. 이러한 일반조항은 사회의 변화 및 위해발생의 다양성 등 입법자가 미리 예측할 수 없는 위해(危害)의 발생에 대하여 임기응변으로 대처하기 위한 요구에서 필요하다.

(2) 일반조항의 인정여부

경찰관직무집행법 제2조(직무의 범위) 및 「국가경찰과 자치경찰의 조직 및 운영에 관한 법률」 제3조(경찰의 임무)는 "① 국민의 생명・신체 및 재산의 보호, ② 범죄의 예방・진압 및 수사, ③ 범죄피해자보호, ④ 경비・주요인사경호 및 대간첩・대테러작전수행, ⑤ 공공안녕에 대한 위험의 예방과 대응을 위한 정보의 수집・작성 및 배포, ⑥ 교통의 단속과 위해의 방지, ⑦ 외국정부기관 및 국제기구와의 국제협력, ⑧ 그 밖에 공공의 안녕과 질서유지"라고 규정하고 있다. 이 중에 특히 제7호(국가자치경찰법 제3조에는 제8호임) '그 밖에 공공의 안녕과 질서유지'라는 경찰의 직무범위에 관한 규정을 일반조항으로 보아, 이에 근거하여 경찰권을 발동할 수 있는지에 대하여 견해가 나뉘고 있다.

1) **긍정설**: 이 견해에서는 경찰은 '위험의 방지'라고 하는 특수한 임무, 즉 그의 성질상 요건과 효과를 구체적으로 정하기가 불가능한 임무를 수행하고 있으므로 경찰권에 대한 개별적인 수권이 허용되는 것으로 본다. 그리하여 경찰관직무집행법 제2조 제7호의 규정을 일반조항으로 보고, 개별적인 작용법적 근거규정이 없을 때에는 이 규정을 제2차적・보충적 수권조항으로 이해한다.[2)]

2) **부정설**: 이 견해에서는 권력작용으로서의 경찰작용은 법률유보의 원칙상 개별적인 작용법에 의한 구체적인 법적 수권을 필요로 하고 포괄적・일반적인 수권을 부정한다.[3)] 경찰관직무집행법 제2조 제7호는 경찰권의 발동근거에 관한 일반조항이 아니라 단지 경찰의 직무의 범위를 정한 조직법상의 직무규정이라고 한다.

3) **입법필요설**: 이 견해는 일반조항의 필요성을 긍정하면서도 현행법상 일반조항은 존재하지 않는다고 보아 이에 대한 명시적인 입법조치가 필요하다고 본다. 경찰관직무집행법 제2조 제7호는 직무규정이지 권한규정이 아니기 때문에 이에 근거하여 경찰권을 발동할 수 없다고 한다.[4)]

4) **판 례**: 판례는 종래 긍정설의 입장으로 해석되는 판례도 있었으나(판례1), 헌법재판소는 부정설을 취하고 있다(판례2).

---

2) 김남진・김연태(Ⅱ), 293면; 류지태・박종수(신론), 1024면; 석종현・송동수(하), 310면; 홍준형, 1384면.
3) 박균성(강의), 1285면; 박윤흔・정형근(하), 313면; 이상규(하), 265면.
4) 김동희(Ⅱ), 218면; 정하중・김광수(개론), 1074면; 홍정선(하), 491면.

[판례 1] 청원경찰의 무허가주택의 개축 단속은 정당한 공무집행

"청원경찰관법 제3조, 경찰관직무집행법 제2조 규정에 비추어 보면 군 도시과 단속계 요원으로 근무하고 있는 청원경찰관이 허가 없이 창고를 주택으로 개축하는 것을 단속하는 것은 그의 정당한 공무집행에 속한다고 할 것이므로 이를 폭력으로 방해하는 소위는 공무집행방해죄에 해당된다."(대판 1986.1.28. 85도2448, 특수공무집행방해 등)

[판례 2] 경찰관직무집행법 제2조를 일반수권조항이라 하여 경찰권발동 근거로 불가

"경찰청장은 고인을 조문하고자 덕수궁 대한문 앞 시민분향소를 찾은 사람들이 서울광장에서 불법·폭력 집회나 시위를 개최하는 것을 막기 위하여 경찰버스들로 소위 차벽(車壁)을 만드는 방법으로 서울광장에 출입하는 것을 제지하였는바, 이는 급박하고 명백한 불법·폭력 집회나 시위의 위험성이 있었다고 할 수 없는 상황에서 서울광장에서 일체의 집회를 금지하고 일반시민들의 통행조차 금지하는 전면적이고 광범위하며 극단적인 조치로서 과잉금지원칙을 위반하여 청구인들의 일반적 행동자유권을 침해한 것이다.

[보충의견] 우리 헌법은 국민의 자유와 권리를 제한하는 경우 반드시 '법률'에 근거하도록 하였는바, 여기에서 말하는 '법률'은 조직의 설치 목적, 지위, 임무 또는 직무의 범위 등을 일반적으로 밝히는 조직법적 규정을 가리키는 것이 아니고, 개별적 또는 구체적 사안에 적용할 작용법적 조항을 의미하는 것이라고 보아야 한다. **경찰법 제3조는 국가경찰의 임무의 개요를 밝히는 조항이고, 경찰관직무집행법 제2조는 경찰관의 직무 범위를 개괄적으로 한정하여 표시해 주는 조항**이다. 따라서 이러한 성격과 내용을 갖는 위 조항들을 이른바 **'일반적 수권조항'이라 하여 국민의 기본권을 구체적으로 제한 또는 박탈하는 행위의 근거조항으로 삼을 수는 없다고** 할 것이다. 따라서 위 통행제지행위는 과잉금지원칙 위반의 점 외에, 보다 근본적으로 법률유보원칙에 위배되어 일반적 행동자유권을 침해한 것이다.

[반대의견] 경찰법 제3조 및 경찰관직무집행법 제2조는 단순히 경찰의 임무나 직무에 관한 법률조항이 아니라, 개별적 수권조항이 없는 경우 경찰권 행사의 법적 근거로서 기능한다고 봄이 상당하다. … 경찰관직무집행법 제2조 제5호는 경찰관의 직무에 관한 규정이면서, 동시에 경찰의 임무의 하나로서 **'기타 공공의 안녕과 질서유지'를 규정한 일반적 수권조항으로 해석할 수 있다.** … 복잡다기하고 변화가 많은 현대사회에서는 경찰권 발동의 요건이나 효과를 빠짐없이 개별적 수권조항으로 규정하는 것이 입법기술상 불가능한 점, 경찰이 사전에 예측하지 못한 돌발적인 상황에 시의적절하고 효율적인 경찰권 행사가 가능하기 위해서는 일반적 수권조항의 현실적 필요성을 부인할 수 없는 점, 일반적 수권조항은 개별적 수권조항이 없는 경우에 한하여 보충적으로 적용되는 것이고, 오늘날에는 경찰권 발동에 관한 조리상의 원칙이 충분히 발달되어 있어 일반적 수권조항이 남용될 우려가 크지 않은 점 등에 비추어 보면, **일반적 수권조항 역시 경찰권 발동의 법적 근거가 된다고 봄이 상당하다.**"(헌재 2011.6.30. 2009헌마406, 서울특별시 서울광장 통행저지행위 위헌확인)

5) 결 어: 입법기술상 미래의 모든 위해를 예상하고 일일이 이를 방지하기 위한 개별조항을 두는 것은 사실상 불가능하므로, 일반조항의 필요성은 인정된다. 그러나 법률유보의 원칙상 권력작용인 경찰권발동은 권한규정에 의한 근거가 필요하다. 따라서 경찰관직무집행법 제2조 제7호에 근거하여 일반적으로 경찰권을 발동할 수 없으므로 입법적 해결이 요청된다고 하겠다. 다만, 국민의 생명·신체에 대한 긴급한 구체적인 위험이 현존하는 예외적인 경우에 한정하여 비례원칙에 따른 보충적 적용을 고려할 수 있다(제한적 긍정설).

(3) 일반조항의 적용요건

1) 공공의 안녕과 질서에 관련될 것: 공공의 안녕질서란 사회통념상 인식될 수 있는 사회생활에 있어서의 평온·건전한 상태를 의미한다. 경찰은 이러한 상태가 인적·물적 또는 자연적 작용에 의하여 파괴되는 것을 미연에 방지하고, 위해가 현실적으로 발생한 경우에는 이를 제거하기 위하여 행하는 소극적인 작용이어야 한다.

2) **구체적 위험의 현존:** 사회공공의 안녕질서의 유지를 위하여 묵과할 수 없는 위해가 현존하거나, 적어도 보통의 상태 아래서 위해발생을 확실히 예견할 수 있는 때라야 한다.

3) **보충성의 원칙:** 사회공공의 안녕질서에 대한 긴급한 위험이 존재하고 개별적 수권조항으로 이에 대처할 수 없는 경우에 보충적·예외적으로 인정할 수 있다.

3. 개별적 수권조항

경찰권발동의 법적 근거는 원칙적으로 개별적 수권조항이 있어야 하는 바, 경찰관직무집행법은 자주 반복되는 경찰상의 조치를 유형화하여 표준적 조치를 규정하고 있다. 이와 같이 공공의 안녕·질서의 유지를 위하여 자주 행해지는 경찰권행사에 관한 근거가 경찰관직무집행법상의 개별적 수권조항인 바, 이에 따른 조치를 표준조치 또는 표준적 직무행위라고도 한다. 경찰관직무집행법상의 개별적 수권조항에 따른 표준조치는 아래와 같다.

(1) 불심검문

1) 의 의: 불심검문이란 경찰관이 거동이 수상한 자 등을 발견하였을 때 이를 정지시켜 질문 등을 하는 것을 말한다.

2) 방 법

(가) 정지와 질문: 경찰관은 수상한 행동이나 그 밖의 주위사정을 합리적으로 판단하여 볼 때 어떠한 죄를 범하였거나 범하려 하고 있다고 의심할 만한 상당한 이유가 있는 사람 또는 이미 행하여진 범죄나 행하여지려고 하는 범죄행위에 관한 사실을 안다고 인정되는 사람을 정지시켜 질문할 수 있다(동법 3①).

(나) 동행요구: 그 장소에서 질문을 하는 것이 그 사람에게 불리하거나 교통에 방해가 된다고 인정될 때에는 질문하기 위하여 가까운 경찰관서에 동행할 것을 요구할 수 있고, 이 경우 동행을 요구받은 사람은 그 요구를 거절할 수 있다(동조②).

(다) 흉기소지조사: 경찰관은 질문을 할 때에 흉기의 소지여부를 조사할 수 있다(동조③).

3) **불심검문여부의 판단:** 범행의 경중, 범행과의 관련성, 상황의 긴박성, 혐의의 정도, 질문의 필요성 등에 비추어 목적 달성에 필요한 최소한의 범위 내에서 사회통념상 용인될 수 있는 상당한 방법으로 하여야 한다(판례).

4) **불심검문 대상자의 권리보호:** 경찰관은 질문하거나 동행을 요구할 경우 증표를 제시하고 목적·이유·동행장소 등을 밝혀야 한다(동조④). 동행한 사람은 가족 등에게 연락이나 변호사의 조력을 받을 수 있으며, 6시간을 초과하여 경찰관서에 머물게 할 수 없다(동조⑤⑥).

[판 례] 불심검문은 비례원칙의 범위에서 사회통념상 상당한 방법으로 해야

"경찰관직무집행법의 목적, 법 제1조 제1항, 제2항, 제3조 제1항, 제2항, 제3항, 제7항의 규정 내용 및 체계 등을 종합하면, 경찰관은 법 제3조 제1항에 규정된 대상자에게 질문을 하기 위하여 범행의 경중, 범행과의 관련성,

상황의 긴박성, 혐의의 정도, 질문의 필요성 등에 비추어 목적 달성에 필요한 최소한의 범위 내에서 사회통념상 용인될 수 있는 상당한 방법으로 대상자를 정지시킬 수 있고 질문에 수반하여 흉기의 소지 여부도 조사할 수 있다." (대판 2012.09.13. 2010도6203, 상해·공무집행방해·모욕)

(2) 보호조치

1) 의 의: 보호조치란 경찰관이 응급구호를 요하는 자에 대하여 보건의료기관 또는 공공구호기관에 긴급구호를 요청하거나 경찰관서에 보호하는 것을 말한다. 이는 적당한 관계자 또는 기관이 발견될 때 까지 피구호자를 보호한 뒤에 관계자 등에게 인도하는 것에 머무른다.

2) 대상 및 방법: 경찰관은 수상한 행동이나 그 밖의 주위사정을 합리적으로 판단해 볼 때 정신착란 또는 술에 취해 자신 또는 다른 사람의 생명·신체·재산에 위해를 끼칠 우려가 있는 사람과 자살을 시도하는 사람 및 미아·병자·부상자 등으로서 적당한 보호자가 없으며 응급구호가 필요하다고 인정되는 사람에 해당함이 명백하고 응급구호가 필요하다고 믿을 만한 상당한 이유가 있는 사람을 발견하였을 때에는 보건의료기관이나 공공구호기관에 긴급구호를 요청하거나 경찰관서에 보호하는 등 적절한 조치를 할 수 있다(동법 4①).

3) 보호조치의 부대조치: 이 경우 구호대상자가 휴대하고 있는 무기·흉기 등 위험을 일으킬 수 있는 것으로 인정되는 물건을 경찰관서에 임시영치할 수 있고, 경찰관이 보호조치를 한 때에는 지체 없이 구호대상자의 가족·친지 또는 그 밖의 연고자에게 그 사실을 알려야 한다(동조③④).

4) 보호조치 기간: 경찰관서에서의 보호는 24시간을, 임시영치는 10일을 초과할 수 없다(동조⑦).

5) 한 계: 보호조치 여부의 판단은 경찰관 평균인을 기준으로 보호조치의 취지와 목적 및 구체적 상황 등을 고려하여 불가피한 최소한도 내에서 하여야 한다.

[판례 1] 술에 취한 상태의 의미 및 영장주의 여부

"경찰관직무집행법 제4조 제1항 제1호에서 규정하는 술에 취한 상태로 인하여 자기 또는 타인의 생명·신체와 재산에 위해를 미칠 우려가 있는 피구호자에 대한 보호조치는 경찰 행정상 즉시강제에 해당하므로, 그 조치가 **불가피한 최소한도 내에서만 행사되도록 발동·행사 요건을 신중하고 엄격하게 해석하여야** 한다. 따라서 이 사건 조항의 **'술에 취한 상태'란 피구호자가 술에 만취하여 정상적인 판단능력이나 의사능력을 상실할 정도에 이른 것**을 말하고, 이 사건 조항에 따른 보호조치를 필요로 하는 피구호자에 해당하는지는 구체적인 상황을 고려하여 경찰관 평균인을 기준으로 판단하되, 그 판단은 보호조치의 취지와 목적에 비추어 현저하게 불합리하여서는 아니 되며, **피구호자의 가족 등에게 피구호자를 인계할 수 있다면 특별한 사정이 없는 한 경찰관서에서 피구호자를 보호하는 것은 허용되지 않는다.**"(대판 2012.12.13. 2012도11162, 공용물건손상·도로교통법위반 등)

"경찰서에 설치되어 있는 보호실은 영장대기자나 즉결대기자 등의 도주방지와 경찰업무의 편의 등을 위한 수용시설로서 사실상 설치·운영되고 있으나 현행법상 그 설치근거나 운영 및 규제에 관한 법령의 규정이 없고, 이러한 보호실은 그 시설 및 구조에 있어 통상 철창으로 된 방으로 되어 있어 그 안에 대기하고 있는 사람들이나 그 가족들의 출입이 제한되는 등 일단 그 장소에 유치되는 사람은 그 의사에 기하지 아니하고 일정장소에 구금되는 결과가 되므로(대판 1985.7.29. 85모16 등), **경찰관직무집행법상 정신착란자, 주취자, 자살기도자 등 응급의 구호를 요하는 자를 24시간을 초과하지 아니하는 범위 내에서 경찰관서에 보호조치할 수 있는 시설로 제한적으로 운영되는 경우**(경

찰관직무집행법 제4조 제1항, 제7항)를 제외하고는 구속영장을 발부받음이 없이 피의자를 보호실에 유치함은 영장주의에 위배되는 위법한 구금으로서 적법한 공무수행이라고 볼 수 없다 할 것이다."(대판 1994.3.11. 93도958, 폭력행위등처벌에관한법률위반)

[판례 2] 보호조치의 한계

"경찰관직무집행법 제4조 제1항 제1호(이하 '이 사건 조항'이라 한다)에서 규정하는 술에 취한 상태로 인하여 자기 또는 타인의 생명·신체와 재산에 위해를 미칠 우려가 있는 피구호자에 대한 보호조치는 경찰 행정상 즉시강제에 해당하므로, **그 조치가 불가피한 최소한도 내에서만 행사되도록 발동·행사 요건을 신중하고 엄격하게 해석하여야** 한다. 따라서 이 사건 조항의 '술에 취한 상태'란 피구호자가 술에 만취하여 정상적인 판단능력이나 의사능력을 상실할 정도에 이른 것을 말하고, 이 사건 조항에 따른 **보호조치를 필요로 하는 피구호자에 해당하는지는 구체적인 상황을 고려하여 경찰관 평균인을 기준으로 판단하되, 그 판단은 보호조치의 취지와 목적에 비추어 현저하게 불합리하여서는 아니 되며,** 피구호자의 가족 등에게 피구호자를 인계할 수 있다면 특별한 사정이 없는 한 경찰관서에서 피구호자를 보호하는 것은 허용되지 않는다."(대판 2012.12.13. 2012도11162, 공무집행방해·상해·도로교통법위반(음주측정거부) 등)

(3) 위험발생방지조치

경찰관은 사람의 생명 또는 신체에 위해를 끼치거나 재산에 중대한 손해를 끼칠 우려가 있는 천재, 사변, 인공구조물의 파손이나 붕괴, 교통사고, 위험물의 폭발, 위험한 동물 등의 출현, 극도의 혼잡, 그 밖의 위험한 사태가 있을 때에는, ① 그 장소에 모인 사람, 사물의 관리자, 그 밖의 관계인에게 필요한 경고, ② 매우 긴급한 경우에는 위해를 입을 우려가 있는 사람을 필요한 한도에서 억류하거나 피난시키는 것, ③ 위해를 방지하기 위하여 필요하다고 인정되는 조치를 하게 하거나 직접 그 조치를 할 수 있다(동법 5①). 경찰관서의 장은 대간첩작전지역 또는 경찰관서·무기고 등 국가중요시설에 대한 접근 또는 통행을 제한하거나 금지할 수 있다(동조②).

[판 례] 위험발생방지조치를 취하지 아니하여 발생한 손해의 배상책임

"경찰관이 농민들의 시위를 진압하고 시위과정에 도로 상에 방치된 트랙터 1대에 대하여 이를 도로 밖으로 옮기거나 후방에 안전표지판을 설치하는 것과 같은 위험발생방지조치를 취하지 아니한 채 그대로 방치하고 철수하여 버린 결과, 야간에 그 도로를 진행하던 운전자가 위 방치된 트랙터를 피하려다가 다른 트랙터에 부딪혀 상해를 입은 사안에서 국가배상책임을 인정한 사례."(대판 1998.8.25. 98다16890, 손해배상)

(4) 범죄의 예방과 제지

경찰관은 범죄행위가 목전에 행하여지려고 하고 있다고 인정될 때에는 이를 예방하기 위하여 관계인에게 필요한 경고를 하고, 그 행위로 인하여 사람의 생명·신체에 위해를 끼치거나 재산에 중대한 손해를 끼칠 우려가 있는 긴급한 경우에는 그 행위를 제지할 수 있다(동법 6①). 이러한 제지조치의 판단은 조치 당시의 구체적 상황을 기초로 긴급성과 절박성에 의하여 판단하여야 한다(판례).

[판 례] 제지조치의 긴급성·절박성

"경찰관직무집행법 제6조 제1항에 따른 경찰관의 제지 조치가 적법한 직무집행으로 평가될 수 있기 위해서는, **형사처벌의 대상이 되는 행위가 눈앞에서 막 이루어지려고 하는 것이 객관적으로 인정될 수 있는 상황이고, 그 행위를 당장 제지하지 않으면 곧 인명·신체에 위해를 미치거나 재산에 중대한 손해를 끼칠 우려가 있는 상황이**

어서, **직접 제지하는 방법 외에는 위와 같은 결과를 막을 수 없는 절박한 사태이어야** 한다. 다만, **경찰관의 제지 조치가 적법한지 여부는 제지 조치 당시의 구체적 상황을 기초로 판단하여야** 하고 사후적으로 순수한 객관적 기준에서 판단할 것은 아니다."(대판 2013.06.13. 2012도9937, 상해 · 공무집행방해 · 도로교통법위반(음주측정거부))

(5) 위험방지를 위한 출입

경찰관은 위험한 사태가 발생하여 사람의 생명 · 신체 또는 재산에 대한 위해가 임박한 때에 그 위해를 방지하거나 피해자를 구조하기 위하여 부득이하다고 인정하면 합리적으로 판단하여 필요한 한도에서 다른 사람의 토지 · 건물 · 배 또는 차에 출입할 수 있다(동법 7①). 흥행장, 여관, 음식점, 역, 그 밖에 많은 사람이 출입하는 장소의 관리자나 그에 준하는 관계인은 경찰관이 범죄나 사람의 생명 · 신체 · 재산에 대한 위해를 예방하기 위하여 해당 장소의 영업시간이나 해당 장소가 일반인에게 공개된 시간에 그 장소에 출입하겠다고 요구하면 정당한 이유 없이 그 요구를 거절할 수 없다(동조②). 경찰관은 대간첩 작전 수행에 필요할 때에는 작전지역에서 제2항에 따른 장소를 검색할 수 있다(동조③). 경찰관은 필요한 장소에 출입할 때에는 그 신분을 표시하는 증표를 제시하여야 하며, 함부로 관계인이 하는 정당한 업무를 방해해서는 아니 된다(동조④).

(6) 사실확인 등

경찰관서의 장은 직무 수행에 필요하다고 인정되는 상당한 이유가 있을 때에는 국가기관이나 공사(公私) 단체 등에 직무 수행에 관련된 사실을 조회할 수 있다. 다만, 긴급한 경우에는 소속 경찰관으로 하여금 현장에 나가 해당 기관 또는 단체의 장의 협조를 받아 그 사실을 확인하게 할 수 있다(동법 8①). 경찰관은, 미아를 인수할 보호자 확인, 유실물을 인수할 권리자 확인, 사고로 인한 사상자 확인 및 행정처분을 위한 교통사고 조사에 필요한 사실 확인 등의 직무를 수행하기 위하여 필요하면 관계인에게 출석하여야 하는 사유 · 일시 및 장소를 명확히 적은 출석 요구서를 보내 경찰관서에 출석할 것을 요구할 수 있다(동조②).

(7) 경찰장비의 사용 등

1) 경찰장비의 사용: 경찰관은 직무수행 중 경찰장비를 사용할 수 있다. 다만, 사람의 생명이나 신체에 위해를 끼칠 수 있는 경찰장비를 사용할 때에는 필요한 안전교육과 안전검사를 받은 후 사용하여야 한다(동법 10①). "경찰장비"란 무기, 경찰장구, 최루제와 그 발사장치, 살수차, 감식기구, 해안 감시기구, 통신기기, 차량 · 선박 · 항공기 등 경찰이 직무를 수행할 때 필요한 장치와 기구를 말한다(동조②). 경찰관은 경찰장비를 함부로 개조하거나 경찰장비에 임의의 장비를 부착하여 일반적인 사용법과 달리 사용함으로써 다른 사람의 생명 · 신체에 위해를 끼쳐서는 아니 되며, 위해성 경찰장비는 필요한 최소한도에서 사용하여야 한다(동조③④).

2) 경찰장구의 사용: 경찰관은, 현행범이나 사형 · 무기 또는 장기 3년 이상의 징역이나 금고에 해당하는 죄를 범한 범인의 체포 또는 도주 방지, 자신이나 다른 사람의 생명 · 신체의 방어 및 보호, 공무집행에 대한 항거제지를 수행하기 위하여 필요하다고 인정되는 상당한 이유

가 있을 때에는 그 사태를 합리적으로 판단하여 필요한 한도에서 경찰장구를 사용할 수 있다(동법 10의2①). "경찰장구"란 경찰관이 휴대하여 범인 검거와 범죄 진압 등의 직무 수행에 사용하는 수갑, 포승, 경찰봉, 방패 등을 말한다(동조②).

3) 분사기의 사용: 경찰관은, 범인의 체포 또는 범인의 도주 방지, 불법집회・시위로 인한 자신이나 다른 사람의 생명・신체와 재산 및 공공시설 안전에 대한 현저한 위해의 발생 억제를 수행하기 위하여 부득이한 경우에는 현장책임자가 판단하여 필요한 최소한의 범위에서 분사기 또는 최루탄을 사용할 수 있다(동법 10의3).

4) 무기의 사용: 경찰관은 범인의 체포, 범인의 도주 방지, 자신이나 다른 사람의 생명・신체의 방어 및 보호, 공무집행에 대한 항거의 제지를 위하여 필요하다고 인정되는 상당한 이유가 있을 때에는 그 사태를 합리적으로 판단하여 필요한 한도에서 무기를 사용할 수 있다(동법 10의4①). "무기"란 사람의 생명이나 신체에 위해를 끼칠 수 있도록 제작된 권총・소총・도검 등을 말하며, 대간첩・대테러 작전 등 국가안전에 관련되는 작전을 수행할 때에는 개인화기 외에 공용화기를 사용할 수 있다(동조②③).

[판 례] 무기사용의 요건 충족 여부

"경찰관은 범인의 체포, 도주의 방지, 자기 또는 타인의 생명・신체에 대한 방호, 공무집행에 대한 항거의 억제를 위하여 무기를 사용할 수 있으나, 이 경우에도 **무기는 목적 달성에 필요하다고 인정되는 상당한 이유가 있을 때** 그 사태를 합리적으로 판단하여 **필요한 한도 내에서** 사용하여야 하는바, 경찰관의 무기 사용이 이러한 요건을 충족하는지 여부는 **범죄의 종류, 죄질, 피해법익의 경중, 위해의 급박성, 저항의 강약, 범인과 경찰관의 수, 무기의 종류, 무기 사용의 태양, 주변의 상황 등을 고려하여 사회통념상 상당하다고 평가되는지 여부에 따라 판단하여야** 하고, 특히 사람에게 위해를 가할 위험성이 큰 권총의 사용에 있어서는 그 요건을 더욱 엄격하게 판단하여야 한다."(대판 2008.2.1. 2006다6713, 손해배상 등)

Ⅲ. 경찰권의 한계

1. 법규상의 한계

경찰작용은 주로 권력적인 명령・강제작용으로서 국민의 권리와 자유를 침해하는 가장 전형적인 작용인 까닭에 경찰권발동은 반드시 법규에 근거하고 법규의 한도 내에서만 발동되어야 한다. 따라서 경찰권의 발동근거인 경찰법규는 다른 한편으로는 경찰권의 한계가 되기도 한다. 이 점에서 법규상의 한계는 경찰권발동에 대한 제1단계제약을 의미한다.

2. 조리상의 한계

경찰법규에 장래에 발생할 위해를 모두 예측하여 규정한다는 것은 입법기술상 불가능하기 때문에, 경찰법규는 경찰권발동의 법적 기초만을 제시하고 그의 구체적인 발동조건 및 정도 등에 관하여는 탄력성 있는 불확정개념을 사용함으로써 경찰기관에 재량의 여지를 허용하는 경우가 많다. 그러나 이 경우의 재량도 헌법이념과 경찰의 목적 및 성질에 비추어 필요한 일정한 한도 내에 그쳐야 한다는 제약이 있기 때문에 자유재량이 아니고 기속재량에 속한다는 것이 원칙이다. 이와 같이 경찰작용에 광범한 재량권이 부여되는 경우가 많아 이를 제한하기 위한 조리상의 한계문제가 경찰권의 제2단계 제약원리로서 발생하는 것이다.

조리상의 한계를 넘는 경찰권의 발동은 재량권의 유월 또는 남용으로 위법이 된다. 경찰권의 조리상의 한계로는 다음과 같은 원칙을 들 수 있다.

(1) 경찰소극목적의 원칙

경찰권은 직접 사회공공의 안녕과 질서를 유지하기 위하여 그 위반상태의 예방 또는 제거를 위하여 발동되는데 그치며, 적극적으로 공공복리의 증진을 위해서는 발동할 수 없다. 이를 경찰소극목적의 원칙이라고 한다. 이는 경찰의 목적으로부터 우러나는 경찰권의 당연한 한계이다. 그리하여 경찰권이 사회공공의 객관적인 사실상의 질서를 유지함에 그치지 않고 사법관계나 공법관계의 형성·유지라든가 공공복리의 증진을 위한 분야에 발동된 경우에는 경찰소극목적의 원칙이라는 조리상의 한계를 일탈한 위법한 작용이 된다. 그러나 오늘날 적극행정에 비추어 볼 때, 소극적인 질서유지작용과 적극적인 복리행정작용과의 구별이 뚜렷하지 아니한 경우가 적지 않다.

(2) 경찰공공의 원칙

경찰공공의 원칙이란 경찰권은 사회공공의 안녕질서를 유지하기 위해서만 발동할 수 있으며, 그것과 직접 관계없는 생활관계에 원칙적으로 관여할 수 없다는 원칙을 말한다. 이를 사생활자유의 원칙이라고도 한다. 이것은 경찰권이 발동될 수 있는 요건을 경찰의 목적에 의하여 한정하려는 것이다. 이는 다시 다음과 같은 원칙으로 나뉘어진다.

1) 사생활불가침(私生活不可侵)의 원칙: 경찰은 원칙적으로 사회공공의 생활관계를 그 대상으로 하는 것이기 때문에, 사회공공의 질서와 직접 관계가 없는 개인의 생활행동은 경찰의 대상에서 제외한다. 다만, 사생활의 범위는 사회통념에 의하며, 개인의 생활행동이라고 하더라도 동시에 사회공공의 질서에 영향을 미치는 경우에는 그 범위 안에서 경찰권발동의 대상이 된다(예; 미성년자의 끽연·음주금지, 정신착란·주취자의 보호조치, 전염병환자의 격리조치).

2) 사주소불가침(私住所不可侵)의 원칙: 경찰은 공공의 질서유지를 직접 목적으로 하는 것이므로 직접 공중과 접촉하지 아니하는 사주소 내에는 관여할 수 없다. 사주소란 일반사회와 직접적인 접촉이 없는 주거를 뜻하는 것으로서, 개인의 주거용의 가택인지, 공장·사무소 등인지를 가리지 아니한다. 다만, 일정한 조건하에 불특정다수인의 이용에 개방된 장소(예; 극장·다방·여관·음식점·유흥장 등)는 그 개방시간 중에는 이에 속하지 아니하며, 사주소 안이라 할지라도 직접 공중과 접촉하거나(예; 사주소내부가 공연히 관망할 수 있는 장소), 그 밖에 공공의 생활에 직접 영향을 미치는 경우(예; 후기·매연·음향 등)에는 경찰권발동의 대상이 된다.

3) 민사관계불간섭(民事關係不干涉)의 원칙: 개인의 재산권행사, 친족권행사, 민사상 계약

등은 개인의 사적 관계에 그치며, 그 형성이나 유지는 사법권의 작용에 속하여 법적 자치가 인정되는 것이므로 경찰의 관여사항이 아니다. 다만, 동시에 사회공공의 안전과 질서에 영향을 미치는 경우에는 그 대상이 된다(예; 경기장 등에서 입장료를 초과한 가격으로 입장권을 전매하는 자의 단속, 총포 · 도검 · 화약류의 거래제한, 미성년자에 대한 술 · 담배의 판매제한).

(3) 경찰책임의 원칙

1) 의 의: 경찰책임의 원칙이란 경찰권은 원칙적으로 질서위반의 행위 또는 상태의 발생이나 발생위험에 대하여 직접 책임질 지위에 있는 자에게만 발동할 수 있다는 원칙이다.

2) 특 성: 경찰책임은 사실상의 질서위반의 상태에 대한 책임이라는 고의 · 과실의 유무나 정당한 권원(權原)의 유무를 가리지 아니하고, 다만 자기의 생활범위로부터 발생하였다고 하는 외면적 표상에 의해서만 판단하는 것이 보통이다. 자기의 생활범위라 함은 자기 자신의 행위뿐만 아니라 자기의 지배범위 안에 속하는 타인의 행위 또는 물건의 상태까지를 포함한다. 이에 따라 경찰책임은 행위책임, 상태책임 및 복합적 책임으로 구분할 수 있다.

3) 주 체: 경찰책임을 부담하고 경찰권 발동의 대상이 되는 자는 자연인은 물론 법인도 포함된다. 다만, 국가기관 등 공법인에 대해서도 경찰청이 경찰권을 발동할 수 있는지(형식적 의미에서의 경찰책임)에 대해서 견해가 나뉜다. 즉, ① 행정기관의 권한분배의 원칙에 따라 공법인은 그 권한의 범위 안에서 다른 기관의 간섭을 받음이 없이 권한행사를 하여야 하므로 공법인에 대한 경찰권 발동을 인정할 수 없다는 **부정설**[5]과, ② 공공의 안녕과 질서의 유지에 관해서는 경찰기관의 권한이 보다 우월하기 때문에 공법인의 업무수행에 지장을 주지 않는 범위에서 경찰권 발동이 가능하다는 (제한적)**긍정설**[6]이 그것이다.

생각건대, 공법인의 업무수행에 지장을 주지 않는 범위에서 경찰권 발동이 가능하다고 보아 (제한적)긍정설이 타당하다.

4) 행위책임

(가) 의 의: 행위책임이란 자기 또는 자기의 지배권에 속하는 자의 행위로 질서위반의 상태가 발생한 경우에 지는 책임을 말한다.

(나) 타인의 행위에 대한 책임의 성질: 타인의 행위를 관리하는 자는 그 권한의 범위 안에서 피관리자의 행위로부터 생기는 질서위반의 상태에 대하여 책임을 진다. 이 경우 타인의 행위에 대한 책임은 피보호자 · 피감독자가 질 책임에 대한 대위책임(代位責任)이 아니라, 자기의 지배권 내에서 질서위반의 상태가 발생한 데에 대한 자기책임이다.

(다) 책임귀속의 결정기준: 어떠한 기준에 의하여 그 책임의 귀속을 결정하느냐 하는 것, 즉 행위와 경찰위반상태간의 인과관계의 결정기준에 대해서 견해가 나뉘고 있다.

---

5) 정하중 · 김광수(개론), 1090면; 홍정선(하), 500면.

6) 류지태 · 박종수(신론), 1052면; 박균성(강의), 1276면; 박윤흔 · 정형근(하), 325면; 장태주(개론), 1182면.

(a) **조건설**(등가설): 이 설은 모든 조건은 결과에 대하여 인과성이 있다고 보는 견해인바, 이 설에 의하면 책임의 귀속이 무한히 확대되는 문제가 있다.

(b) **상당인과관계설**: 이 설은 통상 발생하는 결과에 한정하여 경찰위반상태와 인과관계를 정하는 견해인 바, 이 설에 의하면 일반경험칙에 따라 일반인의 관점에서 사후적으로 판단하기 때문에 전혀 예상할 수 없는 사태의 발전에 의한 경찰위반상태에 대해서는 인과관계를 인정할 수 없어 불합리하다.

(c) **직접원인설**: 이 설은 경찰위반상태에 대하여 직접적인 원인이 되는 행위를 한 자만이 책임을 진다고 보는 견해이다(통설).

(d) **결 어**: 직접원인설이 가장 타당하다고 본다. 간접적 원인제공자는 일반적으로 인과관계를 인정할 수 없다고 할 것이다. 그러나 원인제공행위와 구체적인 위해발생행위 사이에 긴밀한 내적 관련성을 인정할 수 있거나, 목적지향성이 인정될 수 있는 경우에는 그 자에게도 경찰책임을 인정할 수 있다.

5) 상태책임

(가) 의 의: 상태책임은 물건 또는 동물의 소유자·점유자 그 밖의 관리자가 해당 물건 또는 동물의 일정한 상태로 인하여 경찰위반의 상태가 야기된 경우에 지는 책임이다.

(나) 책임의 주체: 상태책임의 주체는 물건의 소유자뿐만 아니라 사실상 지배권을 행사하는 모든 사람이다. 사실상 지배자는 지배권의 권원의 적법성 여부를 불문한다. 또한 점유자 뿐만 아니라 점유보조자, 임차인 등도 이에 포함된다. 해당 물건의 소유자는 제2차적으로라도 책임을 지나, 소유권자가 소유권을 타인에게 양도한 경우에는 상태책임이 종료되고 새로운 양수인이 상태책임을 진다.

(다) 책임의 요건 및 한계: 소유권자는 원인에 관계없이 자신의 물건의 상태로 인한 위해에 대하여 책임을 져야 한다. 그러나 자연재해·불가항력 및 사회적으로 상당하지 아니한 우연적인 경우 등 소유자가 감당해야 할 위험영역을 넘는 비전형적인 사건에 의하여 해당 물건이 위해를 야기하는 상태를 만든 때에는 소유권자의 상태책임이 배제된다고 볼 것이다.

6) 복합적 책임(경찰책임의 경합)

(가) 의 의: 복합적 책임(다수자책임, 혼합책임)이란 하나의 경찰위반상태가 다수인의 행위 또는 다수인이 지배하는 물건의 상태에 기인하였거나, 행위책임과 상태책임의 중복에 기인하는 경우이다.

(나) 책임의 주체 및 범위: 이 경우에 경찰책임자와 책임의 범위의 결정은 의무에 합당한 재량으로 정할 문제이나, 일반적으로 경찰위반상태를 가장 신속하고도 효과적으로 제거할 수 있는 자에게 경찰권이 발동되어야 할 것이고, 행위책임과 상태책임이 경합되는 경우에는 행위책임자에게 경찰권이 발동되는 것이 효율적이다.

(다) 다수책임자 사이의 비용상환청구: 다수 경찰책임자 중 특정인에게만 경찰권을 발동한 경우 그 특정인이 다른 경찰책임자에게 민법상의 사무관리규정이나 연대채무에 기한 비용상환청구권을 인정할 수 있는지에 대하여 **긍정설**과 **부정설** 및 **절충설**의 대립이 있다. 생각건대, 다수설인 절충설이 타당하다. 즉, 특정인에 대한 경찰권발동이 흠 없는 재량권행사로 볼 수 있는 경우에는 원칙적으로 비용상환청구권을 인정할 수 없지만, 경찰의 재량권행사에 흠이 있거나 특정인에 대한 경찰재량권의 행사가 오로지 우연에 의한 것이라면 민법상의 규정을 유추적용 하여 비용상환청구권을 인정할 수 있다.

7) 경찰책임의 승계

(가) 의 의: 경찰책임의 승계는 경찰책임자가 사망하거나 물건을 양도한 경우에 경찰책임이 그 상속인이나 양수인 등 지위승계자인 타인에게 이전되는 것을 말한다.

(나) 승계규정: 승계규정이란 법률유보의 원칙상 경찰책임의 승계는 법적 근거를 요한다는 것을 말한다. 그런데 경찰책임에 관한 명문의 승계규정이 없는 경우 승계가능여부에 대해 견해가 나뉜다. 즉, ① 법률유보의 원칙상 개별적인 법적 근거 없이는 승계를 인정할 수 없다는 **부정설**(정하중, 1147), ② 법적 근거가 없어도 경찰책임의 성질여하에 따라, 즉 비전속적인 성질의 경우에는 승계될 수 있다는 **긍정설**(홍정선, 1102), ③ 사법상의 승계규정이나 행정절차법 제10조의 지위승계규정 등 다른 법령의 지위승계규정을 경찰책임의 승계규정으로 유추적용할 수 있다는 **유추적용설** 등이 그것이다. 생각건대, 침익적 행정작용인 경찰책임의 성질상 명문의 개별적인 승계규정이 있어야 한다고 본다(부정설).

(다) 승계적성: 승계적성이란 승계될 수 있는 경찰책임의 성질을 말한다. 경찰책임이 승계되려면 그 승계에 관한 법적 근거와 더불어 승계될 수 있는 성질이어야 한다. 이는 경찰책임의 성질이 일신전속성(一身專屬性) 여부에 따라 판단할 수 있다.

(a) 행위책임: 행위책임은 경찰책임자의 행위에 대한 평가와 관련되기 때문에 일신전속적이라 할 수 있어 원칙적으로 승계되지 아니한다. 다만, 경찰상의 행위책임도 그 위험·장해발생의 범법행위가 직접 책임자의 인적요소(전문지식·능력 등)에 의해 생긴 것이 아닌 한 다른 사람에 의해서도 그 위험·장해를 제거할 수 있는 경우에는 승계될 수 있다.

(b) 상태책임: 상태책임의 경우에는 물건의 상태와 관련되기 때문에 일신전속성이 적어 그 상태의 이전과 더불어 원칙적으로 승계될 수 있다.

(라) 승계의 한계: 경찰책임이 승계규정과 승계적성을 갖추고 있다 하더라도 일정한 경우에는 승계될 수 없는 한계가 있다.

(a) 비례의 원칙 : 경찰책임의 승계의 목적을 실현함에 있어서 그 목적실현과 경찰책임승계라는 수단 사이에 합리적인 비례관계가 유지되어야 한다.

(b) 신뢰보호의 원칙: 경찰책임의 승계는 선의의 제3자의 신뢰보호를 해치지 않아야 한다. 즉, 경찰책임이 있음을 모르고 양수한 양수인의 처지를 참작하여야 한다.

(c) 시간적 한계: 경찰책임의 승계를 인정하는 경우에는 일정한 기간의 제한이 있어야 하며, 시간적으로 무한정 경찰책임의 승계를 인정하는 것은 법적 안전성과 상대방의 신뢰보호를 위해 문제가 있다. 예컨대, 석유및석유대체연료사업법 제8조는 영업정지처분의 승계기간을 1년으로 정하고 있다.

8) 경찰책임에 대한 예외(경찰비책임자에 대한 경찰권발동)

(가) 의 의: 경찰권은 직접 책임질 자에게 발동함이 원칙이나 장해제거를 위한 급박한 필요가 있는 경우에는 예외적으로 경찰긴급권에 의거하여 질서위반 책임이 없는 제3자에게도 발동하는 경우를 말한다(예; 화재현장에 있는 자에 대한 소화작업동원, 수난구호를 위한 징용).

(나) 법적 근거: 이러한 경우에도 법령에 근거하여 행해져야 한다. 근거법으로 소방기본법, 재난 및 안전관리 기본법, 방조제관리법 등이 있다. 그런데 명문규정이 없는 경우에 경찰관직무집행법 제2조 제7호를 일반적 수권조항으로 보아 경찰권발동을 인정할 수 있는지에 대하여는 앞에서 살펴본 바와 같이 견해가 나뉜다. 앞에서와 마찬가지로 제한적 긍정설이 타당하며 궁극적으로는 입법적 해결이 필요하다고 본다.

(다) 요 건: 경찰권 발동이 법률에 규정되어 있다 하더라도 엄격히 해석해야 한다. 따라서 ① 경찰상 장해가 이미 발생하였거나 위험이 목전에 급박하여야 하고, ② 경찰상 장해의 원인행위자에 대한 경찰권발동으로는 그 해결이 불가능하고, 또한 ③ 경찰기관 스스로 또는 위임에 의하여 그 해결이 불가능하며, ④ 경찰비책임자가 경찰상 장해를 제거할 수 있는 상황에 있고 비례의 원칙에 따라 수인가능성이 있어야 한다.

(라) 손실보상: 경찰책임이 없는 자에게 손실이 발생한 경우에는 보상하여야 한다.

9) 경찰책임과 손실보상

(가) 손실보상청구권자: 국가는 경찰관의 적법한 직무집행으로 인하여, ① 손실발생의 원인에 대하여 책임이 없는 자가 재산상의 손실을 입은 경우(손실발생의 원인에 대하여 책임이 없는 자가 경찰관의 직무집행에 자발적으로 협조하거나 물건을 제공하여 재산상의 손실을 입은 경우를 포함한다)(**경찰비책임자의 손실**)와, ② 손실발생의 원인에 대하여 책임이 있는 자가 자신의 책임에 상응하는 정도를 초과하는 재산상의 손실을 입은 경우(**경찰책임자의 초과손실**)에는 정당한 보상을 하여야 한다(경찰관직무집행법 11조의2①).

(나) 손실보상청구권의 소멸시효: 보상을 청구할 수 있는 권리는 손실이 있음을 안 날부터 3년, 손실이 발생한 날부터 5년간 행사하지 아니하면 시효의 완성으로 소멸한다(동조②).

(다) 손실보상심의위원회: 손실보상신청 사건을 심의하기 위하여 손실보상심의위원회를 둔다(동조③).

(4) 경찰비례의 원칙

경찰권은 사회질서유지를 위하여 묵과할 수 없는 위해 또는 위해발생의 위험을 제거하기 위하여 필요한 최소한도에 있어서만 발동될 수 있다. 즉, 경찰권의 발동은 사회공공의 이익과 개인의 자유나 권리의 제한과의 사이에 사회통념상 적당하다고 인정되는 비례가 유지되는 범위 내에서 행하여져야 하는 바, 이를 경찰비례의 원칙이라 한다. 이 원칙은 경찰권의 발동조건과 발동정도의 두 가지 점에서 문제된다.

1) 경찰권의 발동조건: 경찰권은 사회공공의 안녕질서의 유지를 위하여 묵과할 수 없는 위해가 현존하거나(진압경찰의 경우), 적어도 보통의 상태 아래서 위해의 발생을 확실히 예견할 수 있는 때에 한하여 발동할 수 있다(예방경찰의 경우). 묵과할 수 없는 위해란 사회통념상 그 위해(예; 부적당한 버스정류소)를 방치함으로써 생기는 사회적 불이익(예; 심한 교통체증)의 정도가 그 위해를 제거(예; 버스정류소 폐쇄)함으로써 생기는 불이익(예; 주민의 불편)보다 크다고 평가되는 경우를 말한다.

2) 경찰권의 발동정도: 경찰권의 행사와 경찰상의 필요와의 사이에는 정당한 균형이 유지되어야 하며, 경미한 위해를 제거하기 위하여 중대한 자유제한을 하는 것은 위법이다. 이를 과잉금지의 원칙이라고도 하며 다음과 같은 내용을 들기도 한다. 즉, ① 경찰권이 취한 조치 또는 수단이 의도하는 목적달성에 적합하여야 하며(**적합성의 원칙**), ② 경찰권이 취하는 조치는 의도하는 목적을 위하여 필요한 한도를 넘어서는 안되며(**필요성의 원칙**, 최소침해의 원칙, 예; 위험한 건물에 대하여 개수명령으로써 목적을 달성할 수 있음에도 불구하고 철거명령을 발하는 것), ③ 그 조치를 취함으로써 초래되는 불이익이 그 조치에 의하여 얻어지는 이익보다 큰 경우에는 그 조치를 취해서는 안된다(**상당성의 원칙**, 협의의 비례원칙, 예; 대포로 참새를 쏘아서는 안된다).

[판 례] 비례원칙위반의 통행제지행위

"이 사건 통행제지행위는 서울광장에서 개최될 여지가 있는 일체의 집회를 금지하고 일반시민들의 통행조차 금지하는 전면적이고 광범위하며 극단적인 조치이므로 집회의 조건부 허용이나 개별적 집회의 금지나 해산으로는 방지할 수 없는 급박하고 명백하며 중대한 위험이 있는 경우에 한하여 비로소 취할 수 있는 거의 마지막 수단에 해당한다. 서울광장 주변에 노무현 전 대통령을 추모하는 사람들이 많이 모여 있었다거나 일부 시민들이 서울광장 인근에서 불법적인 폭력행위를 저지른 바 있다고 하더라도 그것만으로 폭력행위일로부터 4일 후까지 이러한 조치를 그대로 유지해야 할 급박하고 명백한 불법·폭력 집회나 시위의 위험성이 있었다고 할 수 없으므로 이 사건 통행제지행위는 당시 상황에 비추어 필요최소한의 조치였다고 보기 어렵고, 가사 전면적이고 광범위한 집회방지조치를 취할 필요성이 있었다고 하더라도, 서울광장에의 출입을 완전히 통제하는 경우 일반시민들의 통행이나 여가·문화 활동 등의 이용까지 제한되므로 서울광장의 몇 군데라도 통로를 개설하여 통제 하에 출입하게 하거나 대규모의 불법·폭력 집회가 행해질 가능성이 적은 시간대라든지 서울광장 인근 건물에의 출근이나 왕래가 많은 오전 시간대에는 일부 통제를 푸는 등 **시민들의 통행이나 여가·문화활동에 과도한 제한을 초래하지 않으면서도 목적을 상당 부분 달성할 수 있는 수단이나 방법을 고려하였어야 함에도 불구하고 모든 시민의 통행을 전면적으로 제지한 것은 침해의 최소성을 충족한다고 할 수 없다.**

또한 **대규모의 불법·폭력 집회나 시위를 막아 시민들의 생명·신체와 재산을 보호한다는 공익은 중요한 것이지만, 당시의 상황에 비추어 볼 때 이러한 공익의 존재 여부나 그 실현 효과는 다소 가상적이고 추상적인 것이라고 볼 여지도 있고, 비교적 덜 제한적인 수단에 의하여도 상당 부분 달성될 수 있었던 것으로 보여 일반 시민들이 입은 실질적이고 현존하는 불이익에 비하여 결코 크다고 단정하기 어려우므로 법익의 균형성 요건도 충족하였다고 할 수 없다.** 따라서 이 사건 통행제지행위는 과잉금지원칙을 위반하여 청구인들의 일반적 행동자유권을 침해한 것이다."(헌재 2011.6.30. 2009헌마406 전원재판부, 서울특별시서울광장통행저지행위위헌확인)

(5) 경찰평등의 원칙

경찰평등의 원칙이라 함은 경찰권을 행사함에 있어서는 상대방의 성별·신앙·사회적 신분 등을 이유로 하는 불합리한 차별을 하여서는 아니된다는 원칙이다.

3. 경찰권의 적극적 한계의 문제(경찰개입의무)

경찰권에는 위에서 본 바와 같이 소극적으로 발동하지 말아야 할 한계도 있지만, 오늘날 적극적으로 발동하여야 할 한계도 중요하다. 개인의 생명·자유·재산에 대한 위험이 중대하며 급박하고, 경찰권발동으로 다른 동가치적인 보호법익을 희생시킴이 없이 그러한 위험을 제거할 수 있는 경우에는 경찰권에게는 그 발동여부에 대한 재량은 없어진다고 할 것이다. 즉, 경찰재량권이 영으로 수축되어 경찰개입의 의무가 성립되고, 그것에 대응하여 개인에게 경찰개입청구권이 발생하게 된다.

[판 례] 위험발생방지조치의 불행사가 위법이 되는 경우

"경찰관직무집행법 제5조는 경찰관은 인명 또는 신체에 위해를 미치거나 재산에 중대한 손해를 끼칠 우려가 있는 위험한 사태가 있을 때에는 그 각 호의 조치를 취할 수 있다고 규정하여 형식상 경찰관에게 재량에 의한 직무수행권한을 부여한 것처럼 되어 있으나, 경찰관에게 그러한 권한을 부여한 취지와 목적에 비추어 볼 때 **구체적인 사정에 따라 경찰관이 그 권한을 행사하여 필요한 조치를 취하지 아니하는 것이 현저하게 불합리하다고 인정되는 경우에는 그러한 권한의 불행사는 직무상의 의무를 위반한 것이 되어 위법하게 된다.**"(대판 1998.8.25. 98다16890, 손해배상)

"경찰은 범죄의 예방, 진압 및 수사와 함께 국민의 생명, 신체 및 재산의 보호 기타 공공의 안녕과 질서유지를 직무로 하고 있고, 직무의 원활한 수행을 위하여 경찰관 직무집행법, 형사소송법 등 관계 법령에 의하여 여러 가지 권한이 부여되어 있으므로, 구체적인 직무를 수행하는 경찰관으로서는 제반 상황에 대응하여 자신에게 부여된 여러 가지 권한을 적절하게 행사하여 필요한 조치를 할 수 있고, 그러한 권한은 일반적으로 경찰관의 전문적 판단에 기한 합리적인 재량에 위임되어 있으나, **경찰관에게 권한을 부여한 취지와 목적에 비추어 볼 때 구체적인 사정에 따라 경찰관이 권한을 행사하여 필요한 조치를 하지 아니하는 것이 현저하게 불합리하다고 인정되는 경우에는 권한의 불행사는 직무상 의무를 위반한 것이 되어 위법하게 된다.**"(대판 2016.4.15. 2013다20427, 손해배상)

제 4 절 경찰작용

Ⅰ. 경찰하명

1. 경찰하명의 개념

경찰하명(警察下命)이란 경찰상의 목적을 위하여 국가의 일반통치권에 의거하여 개인에게 특정한 작위·부작위·수인·급부의 의무를 명하는 행정행위를 말한다. 경찰하명이란 용어대신에 경찰처분이란 용어를 사용하여 경찰상의 법규명령인 경찰명령과 구별하는 견해도 있다.[7)]

경찰하명은 경찰상의 목적을 위한 하명이란 점에서 재정하명·규제하명 및 군정하명과 다르고,

7) 김남진·김연태(Ⅱ), 316면; 석종현·송동수(하), 317면.

일반통치권에 의거한 하명이라는 점에서 특별권력관계에 있어서의 명령과 구별되며, 또 명령적 행위인 점에서 형성적 행위와 구별된다.

2. 경찰하명의 종류

경찰하명은 그 내용에서 보면 다음과 같이 나뉘어진다.

1) 작위하명: 작위하명은 적극적으로 일정한 행위를 행할 것을 명하는 내용의 하명이다(예; 경찰감독을 위한 각종의 신고제 · 전염병예방을 위한 청결 · 소독시행 · 각종 신고의무 · 장부비치 · 위생시설 등).

2) 부작위하명: 부작위하명은 소극적으로 어떤 행위를 행하지 아니할 의무를 명하는 행위이다. 경찰금지라고도 하며, 절대적 금지와 상대적 금지, 일반적 금지와 개별적 금지, 무조건금지와 특수사정하에서의 금지 등이 있다.

3) 수인하명: 수인하명은 자기의 신체 · 재산에 가하여지는 사실상의 침해를 감수하고 이에 저항하지 않을 의무를 과하는 행위로서, 이는 경찰강제의 부수적 효과로 나온다.

4) 급부하명: 급부하명은 금전 또는 물품의 급부의무를 명하는 행위이다. 경찰작용에 따르는 수수료의 지급을 명하는 것 등이 그것이다(예; 운전면허시험, 면허증교부 등에 수수료 등).

3. 경찰하명의 형식

(1) 법규하명

법규하명은 별도의 행정행위를 기다릴 것 없이 법령에 의하여 직접 일정한 경찰의무를 발생시키는 경찰하명이다(예; 청소년보호법에 의한 청소년의 음주금지). 이러한 성질의 법규를 처분법규라 하며, 법규하명은 법규범의 일종이며 행정권의 작용이 아닌 점에서 엄격한 의미에서의 경찰하명이라고 할 수 없다.

법규하명은 불특정사건에 반복적으로 적용되며, 그 경찰법규에 의하여 당연히 일정한 경찰의무(예; 도로교통법에 의한 우측통행)가 발생되나, 그 법규의 존재만으로 곧 행정쟁송을 제기할 수는 없다. 그러나 일정한 법규하명에 위반을 이유로 일정한 경찰강제 · 처벌 또는 감독상의 경찰처분이 행하여진 경우에는 행정쟁송에 의하여 그 법규하명의 효과를 발생한 법령의 효력을 다툴 수 있다.

(2) 경찰처분

경찰처분이란 법규에 의거한 행정처분으로 경찰하명이 내려지는 경우이다. 이러한 경찰처분은 법규의 수권범위 내의 것이어야 함은 물론, 어느 정도의 재량이 인정된 경우에도 경찰권의 한계에 관한 원칙에 의하여 기속을 받는다.

경찰처분은 법규하명과는 달리 그 상대방이 정상적인 사정 아래서 알 수 있는 상태에 놓임으로써 효력이 발생되는 것이 원칙이므로 구술 · 문서 및 고시 등의 방법으로 상대방에게 고지되면 된다.

4. 경찰하명의 효과

(1) 경찰의무의 발생

경찰하명의 효과는 그 하명을 받은 특정인 또는 불특정다수인에 대하여 그 내용을 이행할 의무를 발생시키는 데 있다. 경찰하명의 효과로서 발생되는 의무를 경찰의무라 한다. 경찰하명에 의하여 그 수명자는 행정주체에 대하여 하명의 내용인 작위・부작위・지급 또는 수인의 의무를 지는 것이며, 그 의무가 이행되지 아니한 경우에는 강제집행이나 처벌의 대상이 되는 것이다.

경찰하명은 자연적 자유에 대한 제한인 점에서, 법률상의 능력이나 법률행위의 효력을 설정・변경・소멸시키는 형성적 행위와 구별된다. 따라서 경찰하명에 위반한 행위는 처벌의 대상은 되지만, 그것만으로 법률행위로서의 사법상 무효가 당연히 무효가 되는 것은 아니며, 경찰하명의 효과가 특정인에게 반사적 이익을 주게 되는 일은 있으나 그 수익자에게 사법상의 청구권을 발생시키는 것은 아니다.

(2) 경찰하명의 효과의 범위

1) **대인적 범위:** 직접 경찰법규에 의하여 행하여지는 하명은 항상 불특정다수인에게 적용되나, 경찰처분에 의한 하명은 특정인에게 효과를 발생시키는 것이 원칙이다.

(가) 대인적 하명: 대인적 하명은 특정인의 개인적 사정을 이유로 하는 까닭에 그 상대방에 대해서만 효과가 생긴다. 그것은 일신전속적(一身專屬的)인 성질을 가지는 것이 보통이기 때문이다.

(나) 대물적 하명: 대물적 하명은 특정 물건이나 설비 등 물적 사정에 중점을 두는 것이므로 하명의 상대방에게만 한정하지 않고, 제3자에게 물건・설비와 함께 이전・승계된다.

(다) 혼합적 하명: 혼합적 하명은 위의 두 요소가 혼합된 경우로서 법령의 합리적 해석에 의하여 구체적으로 판단하여야 할 것이나, 일반적으로 이전성이 제한된다.

2) **지역적 범위:** 경찰하명의 효과는 원칙적으로 해당 처분청의 관할구역내에만 미치나, 법령의 규정 또는 처분의 성질상 관할구역 외에까지 미치는 경우가 있다(예; 자동차 운전면허 및 자동차 사용정지, 소개영업의 정지처분 등).

5. 경찰하명의 위반

경찰하명에 대한 위반은 경찰의무의 불이행이나 위반으로 나타나는 바, 전자에 대해서는 경찰상 강제집행이, 후자에 대해서는 경찰벌이 행해진다. 경찰의무를 불이행한 모든 경우에 강제집행수단이 마련되어 있는 것은 아니고, 강제집행의 수단이 없는 경우에는 경찰벌을 과하도록 규정하는 것이 보통이다.

6. 경찰하명에 대한 구제

(1) 위법한 경찰하명에 대한 구제

위법한 경찰하명에 의하여 권리를 침해당한 자는 행정심판 · 행정소송을 제기하여 그 취소 · 변경을 청구할 수 있고, 그로 인하여 손해를 입은 자는 국가배상법이 정하는 바에 따라 국가에 대하여 그 배상을 청구할 수 있다.

(2) 적법한 경찰하명에 대한 구제

경찰하명의 수명자는 경찰책임자로서의 수인의무를 지므로 적법한 경찰하명에 대한 보상은 청구할 수 없다. 다만, 부득이한 경찰상 필요로 수명자에게 과중한 손실을 가하거나 경찰책임없는 자에게 손실을 가하는 경우에는 행정상 손실보상이 가능하다.

Ⅱ. 경찰허가

1. 경찰허가의 개념

경찰허가란 일반적인 경찰금지를 특정한 경우에 해제함으로써 적법하게 일정한 행위를 할 수 있도록 자연의 자유를 회복시켜 주는 경찰처분이다. 실정법상 면허 · 특허 또는 승인 등의 용어로 표현하고 있는 경우도 적지 않다.

2. 경찰허가의 성질

1) **명령적 행위성:** 경찰허가는 상대적 금지를 해제하여 자연의 자유를 회복시켜 주는 데 그치는 명령적 행위이며, 권리 · 능력 기타의 법률상의 힘을 설정하여 주는 형성적 행위와 다르다. 따라서 경찰허가를 받은 자가 사실상 독점적인 이익을 얻은 경우가 있더라도 그것은 일반적 금지에 대한 반사적 이익에 지나지 아니한다(통설).

2) **기속재량성:** 경찰허가의 여부의 결정기준이 경찰법규에 명시된 경우에는 기속행위에 속함은 의문의 여지가 없으나, 그에 관한 구체적 기준없이 재량권이 인정된 경우에도 자유재량이 아니라 기속재량이다. 따라서 경찰상의 필요가 없음에도 불구하고 허가를 거부하는 것은 위법이다.

3. 경찰허가의 형식

경찰허가는 일반적 금지를 특정한 경우에 해제하는 행위이므로, 언제나 구체적인 행정처분의 형식으로 행하여진다. 이 점에서 법규에 의해 직접 행해지기도 하는 경찰하명과 다르다. 경찰허가는 상대방의 출원(出願)에 의하여 서면으로 행하여지는 것이 보통이나, 법령에 특별한 규정이 없으면 반드시 요식행위는 아니다.

4. 경찰허가의 부관

법령에 의하여 엄격하게 기속된 경찰허가는 법정부관 이외에는 경찰기관이 재량에 의하여 부관을 붙일 수 없다. 이에 반하여 재량허가인 경우에는 재량권이 인정되는 범위 내에서 조리상의 한계 내에서 붙일 수 있다.

5. 경찰허가의 요건

(1) 절차적 요건

1) **신 청:** 경찰허가는 공익상의 필요보다도 당사자의 이익을 위한 것이 보통인 까닭에 법령에 특별한 규정이 없는 한 당사자의 신청을 필요로 하는 쌍방적 행정행위로서 신청없는 허가는 무효이다. 다만, 신청을 요하는 허가의 경우에도 재량허가인 때에는 반드시 허가내용이 신청내용과 일치할 필요는 없으며, 신청내용의 일부를 변경하고 혹은 부관부허가를 행함도 가능하다.

2) **시 험:** 경찰허가를 자동차운전면허와 같이 일정한 시험에 합격한 자에 대하여서만 부여하는 경우가 있는데, 이 경우에는 시험합격결정(확인행위)을 거치지 아니한 경찰허가는 무효이다.

3) **수수료 · 조세의 납부:** 법령이 수수료 또는 조세의 납부를 경찰허가의 요건으로 할 때가 있다.

(2) 형식적 요건

경찰허가는 법령의 규정에 의해 공적 증명을 그 허가의 효력발생요건으로 할 때가 많다. 명문의 규정이 없을 때는 불요식행위로서 문서 혹은 구두를 불문한다.

6. 경찰허가의 효과

(1) 경찰허가의 효과

1) **경찰금지의 해제:** 경찰허가의 효과의 본체는 자연의 자유에 대한 제한을 해제하는 데 그치며, 그로 인하여 권리 · 능력 기타의 법률상의 힘을 설정하는 것은 아니다(판례동지). 그러므로 경찰허가로 인하여 누릴 수 있는 이익은 일반적 금지에 따르는 반사적 이익에 그친다. 그러나 오늘날 특허나 허가의 구별을 상대적인 것으로 보고, 종래의 반사적 이익 중에서도 법률상 보호되어야 할 이익이 있다고 보는 경향이 현저해지고 있다.

2) **경찰허가와 타법률관계:** 경찰허가는 경찰상의 금지만 해제하여 줄 뿐 타법률관계의 제한까지 해제해주는 것은 아니다. 예컨대 공무원이 음식점 영업허가를 받았다고 하더라도 공무원법상의 영리활동금지조항으로 인하여 영업에 종사할 수 없는 결과를 가져온다.

3) **경찰허가와 법률행위의 효력:** 경찰허가는 일정한 행위를 사실로서 적법하게 할 수 있도록 하는데 지나지 아니한다. 그러므로 허가를 요하는 행위를 허가 없이 한 경우에는 처벌의 대상

이 되기는 하나 그의 법률적 효력은 부인되지 않는다.

(2) 경찰허가의 효과의 범위

1) 대인적 범위

(가) 대인적 허가: 경찰허가가 특정인의 개인적 사정에 의거하여 행하여진 경우에는, 그 효과는 허가받은 자의 일신에 전속되며 타인에게 이전 또는 상속될 수 없다.

(나) 대물적 허가: 경찰허가가 물건의 구조·설비 등 객관적 사정을 대상으로 행하여진 경우에는, 그 허가의 효과는 허가의 대상이 된 물건에 따라서 그 물건의 상속인·양수인 등에게도 미친다.

(다) 혼합적 허가: 경찰허가가 인적 사정과 물적 조건을 아울러 고려하여 행하여진 경우에 그 효과는 이전성이 제한된다.

2) 지역적 범위: 경찰허가의 효과는 해당 경찰관청의 관할구역 내에 한정되는 것이 원칙이지만, 법령의 규정이나 행위의 성질상 관할구역 밖에까지 미치는 경우도 있다(예; 자동차운전면허·이용사면허 등).

(3) 경찰허가의 갱신

기한부경찰허가는 종기(終期)의 도래로 효력을 상실하는 것이 원칙이지만, 관계법령에서 관계인의 이익보호 또는 거래안정의 도모를 위하여 허가의 갱신을 인정하는 경우가 있다. 허가의 갱신은 새로운 경찰허가가 아니라 종전의 경찰허가에 붙여진 종기의 변경, 즉 기한의 연장이라고 할 수 있다.

7. 경찰허가의 하자

(1) 경찰허가의 무효

경찰허가가 그 성립요건에 명백하고 중대한 하자를 간직하고 있는 경우에는 무효가 되며, 이러한 허가에 따라 행위를 한 자는 결과적으로 경찰의무의 위반이 된다. 따라서 본인에게 귀책사유 없이 그 경찰허가가 무효임을 알지 못한 경우를 제외하고는 경찰벌의 대상이 된다.

(2) 경찰허가의 취소

경찰허가가 무효원인인 하자에 해당하지 아니하는 정도의 하자를 간직하고 있는 경우에는 권한있는 기관이 취소할 수 있음은 물론이나, 그 허가의 취소에는 일정한 조리상의 제한이 있다. 즉, 법령이 일정한 사실의 발생으로 반드시 그 허가를 취소하도록 규정한 경우는 물론이고, 취소할 것인지의 여부를 재량에 맡긴 경우에도, 이 경우의 재량은 경찰목적 및 경찰비례의 원칙에 의하여 제한되는 기속재량에 속한다.

Ⅲ. 경찰강제

1. 경찰강제의 의의 및 성질

경찰강제란 경찰목적을 위하여 개인의 신체·재산 또는 가택에 실력을 가하여 경찰상 필요한 상태를 실현하는 사실상의 작용을 말한다. 실력에 의한 사실행위라는 점에서 법률행위인 경찰하명 및 경찰허가와 다르다.

2. 경찰강제의 근거

경찰강제는 경찰작용 중에서도 실력을 발동하여 국민의 자유를 침해하는 전형적인 권력작용인 까닭에 엄격한 법규의 근거가 있어야 한다.

경찰강제에 관한 법률로는 일반법인 행정대집행법과 경찰관직무집행법이 있는 외에 각 개별법이 있다.

3. 경찰강제의 종류

경찰강제는 상대방의 경찰의무의 불이행을 전제로 하는지의 여부에 따라 경찰상의 강제집행과 경찰상의 즉시강제로 나뉜다. 전자는 경찰의무의 불이행에 대하여 경찰권에 의하여 강제적으로 의무를 이행시키거나, 의무의 이행이 있었던 것과 동일한 상태를 실현시키는 작용이며, 후자는 목전에 급박한 경찰상의 장해를 제거하기 위하여 의무를 명할 여유가 없거나, 성질상 의무를 미리 명하는 것으로는 그 목적을 달성할 수 없는 경우에 직접 개인의 신체·재산에 실력을 가하여 경찰상 필요한 상태를 실현시키는 작용이다.

4. 경찰강제의 수단

(1) 경찰상 강제집행의 수단

경찰상 강제집행의 수단으로는 대집행·집행벌·직접강제·강제징수가 있으나, 행정대집행법에 의해 대집행을 원칙으로 하고 경찰상 금전급부의무에 대하여 국세징수법에 의한 강제징수가 인정된다.

(2) 경찰상 즉시강제의 수단

경찰상 즉시강제의 수단은 그에 관한 일반법인 경찰관직무집행법과 각 개별법에 정하고 있는 바, 경찰관직무집행법은 경찰관이 직무를 충실히 수행하기 위하여 필요한 구체적 조치를 규정하고, 이러한 조치는 경찰목적을 위하여 필요한 최소한도 안에서 취하도록 하고 있다. 그러나 적법한 경찰상 즉시강제에는 수인의무가 있으므로 이에 대한 항거는 형법상의 공무집행방해죄를 구성한다.

경찰상의 즉시강제에 헌법상의 영장주의가 적용되는지에 대하여는 영장불요설, 영장필요설 및 절충설로 견해가 갈리는 바, 경찰목적의 달성을 위하여 불가피한 경우에만 영장주의에 대한 예외가 인정된다는 절충설이 통설이다.

경찰상 즉시강제의 수단은 그 대상에 따라 대인적 강제, 대물적 강제 및 대가택적 강제로 나눌 수 있다.

1) 대인적 강제: 대인적 강제는 실력으로써 개인의 신체의 자유를 침해하는 경우이다.

(가) 경찰관직무집행법상의 대인적 강제

(a) **불심검문**: 이에는 정지·질문(동법 3①), 동행요구(동조②) 및 흉기조사(동조③)가 포함된다. 불심검문을 받은 사람은 그 의사에 반하여 답변을 강요당하지 아니하며(동조⑦), 경찰관의 동행요구를 거절할 수 있다(동조②).

(b) **보호조치**: 경찰관은 정신착란자·미아·주취자·자살기도자 또는 부상자로서 응급구호를 요한다고 믿을 만한 상당한 이유가 있는 사람을 발견한 때에는 보건의료기관 또는 공공구호기관에 긴급구호를 요청하거나, 경찰관청에 보호하는 등 적절한 조치를 하여야 하며(동법 4①). 보호조치는 24시간을 초과할 수 없다(동조⑦).

(c) **위험발생방지조치**: 사람의 생명 또는 신체에 위해를 끼치거나 재산에 중대한 손해를 끼칠 우려가 있는 천재, 사변, 인공구조물의 파손이나 붕괴, 교통사고, 위험물의 폭발, 위험한 동물 등의 출현, 극도의 혼잡 그 밖의 위험한 사태가 있을 때에, 경고, 압류나, 그 밖의 위험방지에 필요한 조치를 명하는 것 등이 있다(동법 5①).

(d) **범죄의 예방·제지**: 이는 범죄행위가 목전에 행해지려고 하는 때의 관계인에 대한 경고, 그 행위로 인한 사람의 생명·신체에 대한 위해 및 재산에 중대한 손해를 끼칠 우려가 있는 긴급한 경우의 제지 등을 말한다(동법 6).

(e) **사실확인**: 필요한 경우 국가기관 또는 공공단체 등에 대하여 직무수행에 관련된 사실의 조회·확인을 할 수 있다(동법 8①).

(f) **장구사용·무기사용·최루탄사용**: 현행범이나 사형·무기 또는 장기 3년 이상의 징역이나 금고에 해당하는 죄를 범한 범인의 체포·도주방지, 공무집행에 대한 항거의 억제 등을 위하여 경찰장구를 사용할 수 있고(동법 10의2①), 범인의 체포·도주의 방지, 불법집회·시위로 부득이한 경우에 분사기 또는 최루탄을 사용할 수 있다(동법 10의3①).

(나) 개별적인 경찰법규상의 대인적 강제: 이에는 강제격리 및 강제수용(감염병의예방및관리에관한법률 42①, 마약류관리에관한법률 40)·강제건강진단(감염병의예방및관리에관한법률 19)·원조강제(수상에서수색·구조등에관한법률 16) 등이 있다.

2) 대물적 강제: 대물적 강제는 물건의 소유자·점유자의 의사에 반하여 물건에 대하여 실력을 행사함으로써 재산권을 사실상 침해하는 작용이다.

(가) 경찰관직무집행법상의 대물적 강제

(a) **임시영치**: 이는 물건의 소지가 경찰상 장해를 발생케 하는 상당한 이유가 있을 때에

(무기 · 흉기 등) 일시(10일 이내) 그 소지를 박탈하여 경찰서에 보관하는 것을 말한다.

(b) 위험발생방지조치: 대인적 강제에서와 같다. 예컨대, 위험한 동물에 대한 조치, 전염병 오염물소각, 교통방해물 제거 등을 들 수 있겠다.

(나) 개별적인 경찰법규상의 대물적 강제: 이에는 물건폐기(식품위생법 72①, 약사법 71, 검역법 15① 등) · 식품등무상수거(식품위생법 22①(2)) · 물건의 파괴(옥외광고물등의관리와광고산업진흥에관한법률 10) · 교통장애물의 제거(도로교통법 71②, 72②) 등이 있다.

3) 대가택적 강제: 대가택적 강제에는 거주자 · 소유자 · 관리자의 의사에 반하여 주거 · 창고 · 영업소 등에 출입하고, 검사 · 수색(식품위생법 22)하는 조치이다.

5. 경찰강제에 대한 구제

(1) 적법한 경찰강제에 대한 구제

적법한 경찰강제로서 수인의 정도를 넘어 사유재산에 가해진 특별한 희생에 대하여 경찰관직무집행법 제11조의2(손실보상) 및 각 단행법의 규정에 따라 행정상 손실보상이 인정될 수 있다.

(2) 위법한 경찰강제에 대한 구제

위법한 경찰강제에 대하여 행정심판 또는 행정소송을 제기할 수 있고, 재산적 피해에 대하여는 손해배상청구를 할 수 있다. 또한 위법한 즉시강제에 대하여 정당방위가 인정된다.

Ⅳ. 경찰조사

1. 경찰조사의 의의

경찰조사란 경찰상 필요한 정보 · 자료 등을 수집하기 위한 경찰작용을 말한다. 경찰조사는 준비적 · 보조적 수단인 점에서 직접 일정한 상태를 실현시키는 즉시강제와 구별된다.

2. 경찰조사의 한계

(1) 영장주의와의 관계

원칙적으로 영장주의의 적용이 있다고 볼 것이다. 다만 경찰조사의 신속성을 요하는 경우 예외를 인정할 수 있을 것이다.

(2) 증표의 제시

경찰조사에 임하는 공무원에게 그 권한을 표시하는 증표를 휴대하고 관계인에게 제시할 의무를 부과하는 것이 보통이다(소방기본법 30②, 총포 · 도검 · 화약류등의안전관리에관한법률 44② 등).

3. 경찰조사의 수단

경찰조사는 그의 대상에 따라 대인적 조사(불심검문, 강제건강진단 등), 대물적 조사(장부의 검사, 물건의 검사 등), 대가택조사(가택출입, 가택수색, 임검 등)로 나눌 수 있다.

4. 경찰조사에 대한 구제

이는 경찰상 즉시강제의 경우와 같다.

Ⅴ. 경 찰 벌

1. 경찰벌의 의의

경찰벌이란 경찰법상의 업무위반에 대한 제재로서 일반통치권에 의거하여 과하는 벌을 말한다. 경찰벌에 과하여지는 경찰의무위반행위를 경찰범이라 한다. 경찰벌은 경찰의무(주로 부작위·수인의무)의 위반에 대한 제재라는 점에서, 경찰의무의 불이행의 경우에 행하여지는 경찰강제와 다르다.

2. 경찰벌의 근거

경찰벌은 죄형법정주의의 원칙상 법률로 그 근거가 정하여져야 한다. 다만 법률에서 구체적으로 범위를 정하여 위임한 경우에는 행정입법에서 그 근거를 정할 수 있다.

3. 경찰벌의 종류

(1) 경찰형벌

경찰형벌은 경찰법상의 의무위반에 대한 제재로서 사형·징역·금고·자격정지·구류·과료 및 몰수와 벌금과 같이 형법상의 형을 과하는 경찰벌이다.

(2) 경찰질서벌

경찰질서벌은 경찰법상의 의무위반에 대한 제재로서 형법상의 형이 아닌 과태료를 과하는 경찰벌을 말한다. 경찰질서벌은 일정한 신고·등록·서류비치 등을 할 경찰법상의 의무를 해태하는 것과 같이, 직접적으로 경찰목적을 침해하는 것이 아니라, 간접적으로 경찰목적의 달성에 장해를 미칠 위험성있는 행위에 대한 제재로서 과하여지는 것이 보통이다.

4. 경찰벌의 특성

(1) 실체법적 특성

경찰형벌에는 원칙적으로 형법총칙이 적용되지만, 범의(犯意), 타인의 행위에 대한 책임, 책임능력, 공범, 경합범, 양형에 대하여 약간의 특수성이 인정되는 경우가 있다.

(2) 절차법적 특성

1) **경찰형벌의 과벌절차:** 경찰형벌은 원칙적으로 형사소송법이 정하는 바에 따라 법원의 선고에 의하여 과하여진다. 다만, 이에 대한 예외로서 조세범 · 관세범 · 출입국관리사범 등에 대한 벌금이나 과료는 통고처분으로 과하고, 20만원 이하의 벌금, 구류 또는 과료는 즉결심판으로 과할 수 있다.

2) **경찰질서벌의 과벌절차:** 경찰질서벌인 과태료는 원칙적으로 과태료에 처할 자의 소재지를 관할하는 지방법원이 비송사건절차법상의 재판절차에 따라 과한다.

제3장 급부행정법

제1절 개 설

Ⅰ. 급부행정의 의의와 종류

1. 급부행정의 성립배경

급부행정(給付行政; Leistungsverwaltung)이라는 용어는 독일의 '포르스트호프(E. Forsthoff)' 교수가 '급부주체로서의 행정'이라는 저서에서 처음으로 사용하였다. 급부행정의 등장은 국가관의 변천, 즉 종래의 질서국가로부터 복리국가에로의 변천을 그 배경으로 하여 성립하였다. 근대 법치국가의 행정작용인 질서유지, 즉 소극적 경찰작용이 현대국가에 이르러 복리행정기능의 증대, 즉 소극적 질서유지 외에 사회의 공공복리증진이란 적극적 행정작용으로 인해 급부행정의 개념이 성숙하게 되었다.

2. 급부행정의 개념

급부행정이란 실정법상의 용어가 아니라 학문상의 개념으로 학자에 따라 차이가 있으나, 일반적으로 행정주체가 수익적 활동을 통하여 직접으로 사회공공의 복리를 증진하기 위하여 주로 비권력적 수단에 의하여 하는 작용을 말한다. 그러므로 급부행정은 주체·목적·내용 및 수단의 점에서 다른 행정작용과 구별된다.

(1) 급부행정의 주체

급부행정을 하는 것은 국가·공공단체 등의 행정주체이다. 그러나 국가로부터 일정한 급부행정에 관한 특허를 받은 사인도 행정주체의 지위에서 급부행정을 담당하는 경우도 있다.

(2) 급부행정의 목적

급부행정은 직접으로 사회공공의 복리를 증진시킴을 목적으로 하는 행정작용이다. 급부행정의 목적은 사회의 이익을 도모하는 데 있는 것이기 때문에 사회목적에 속한다.

(3) 급부행정의 내용

급부행정은 수익적 활동을 그 내용으로 한다. 즉, 개인의 인간적 생활과 활동에 필요한 재화·역무를 공급·제공하는 활동을 통하여 사회공공의 복리를 증진시킨 행정작용이다.

(4) 급부행정의 수단

급부행정은 비권력적인 수단에 의하여 행하여진다. 그러나 급부행정도 공물의 공용개시행위나 사용의 허가 및 생활보호의 결정 등의 경우와 같이 권력적 수단에 의하는 경우도 있다.

3. 급부행정의 종류

급부행정은 보는 관점에 따라 여러가지로 분류될 수 있는데 그 중에서 중요한 것을 보면 다음과 같다.

(1) 내용에 의한 분류

급부행정은 그 내용에 따라, ① 공공의 생활관계에서 일반적으로 수요되는 재화(財貨)나 역무(役務)를 공여(供與)하는 **공급행정**(공물・공기업), ② 개인의 최저한의 인간적인 생활을 보장함으로써 공공복리를 증진시키려는 **사회보장행정**(사회보험・생활보호・공적부조 등), ③ 사회공공의 복리를 증진시키기 위하여 개인의 생활・경제활동에 적극적으로 개입하여 자금교부나 기술제공 등 일정한 보호수단을 공여하는 **조성행정**으로 나눌 수 있다.

(2) 목적물에 의한 분류

급부행정은 구체적인 급부의 목적물에 따라 ❶ 금전지급, ❷ 물건의 공여, ❸ 역무(役務)제공 및 ❹ 알선보호 등으로 나눌 수 있다.

(3) 법형식에 의한 분류

급부행정은 그것이 행하여지는 법형식의 여하에 따라 공법적 급부와 사법적 급부로 나눌 수 있다.

Ⅱ. 급부행정의 기본원리

급부행정의 기본원리는 한편에서는 급부행정법의 해석원리로서 작용하고, 다른 한편에서는 급부행정에 대한 제약원리로서 기능한다.

1. 사회국가의 원리

사회국가란 사회적 정의의 입장에서 국민의 복리증진을 중요한 사명으로 삼는 국가를 뜻하는 것으로서 19세기적인 자유국가에 대한 개념이다. 우리 헌법은 사회국가원리에 관한 명문규정을 두고 있지는 않지만 사회보장에 관한 제34조 및 경제질서의 규제와 조정에 관한 제119조 제2항 등에 비추어 볼때 사회국가 원리에 따른 것이라 할 수 있다. 이러한 사회국가의 원리는 급부행정, 특히 사회보장 및 조성행정의 방향을 제시하고, 급부행정법의 해석원리로서 작용한다.

2. 법률적합성(法律適合性)의 원리

근대입헌국가에 있어서의 기본적인 법원리의 하나인 법치주의 내지 '법률에 의한 행정의 원리'가 급부행정에 있어서도 그대로 타당한 것인지에 대하여는 견해가 갈린다. 즉, 급부행정의 법률유보원칙의 범위와 관련하여 침해유보설, 신침해유보설, 사회유보설, 전부유보설 및 중요사항유보설 등으로 나뉜다. 생각건대, 극히 다양한 방식으로 행하여지는 급부행정을 법률유보와의 관계에서 일의적으로 파악한다는 것은 쉬운 일이 아니며 타당치도 않다. 학자에 따라 ① 해당 행정의 내용·기능에 따라 개별적으로 결정할 문제라는 견해, ② 일정한 경우를 제외하고 원칙적으로 법률유보의 대상 밖에 있다는 견해, ③ 법률의 기속의 정도는 각 급부행정의 분야에 따라 다르겠으나, 원칙적으로 법치주의의 적용을 받아야 한다는 견해가 있다.

3. 평등의 원칙

급부행정은 그 법형식의 여하에 관계없이 모든 국민과 단체 등에 대하여 균형있게 시행되어야 할 뿐만 아니라, 기회균등이 보장되어야 한다. 따라서 특별한 합리적 이유없이 특정인에게 유리한 급부를 행하거나, 부당하게 역무제공을 거부함은 허용되지 않는다.

4. 보충성의 원칙

사인의 생활수단의 확보 기타의 이익추구행위는 원칙적으로 사인 또는 하위의 단위공동체에 맡겨져야 하고, 일반납세자의 부담에 의한 행정주체의 급부활동은 그들에 의하여 스스로 충족시킬 수 없는 경우 또는 그들에게 맡기는 것이 부적당한 경우에만 보충적으로 행하여져야 한다. 예컨대, 국민기초생활보장법(3①)은 보호의 보충성을 규정하고 있다.

5. 과잉급부금지의 원칙

급부행정은 일반적으로 수익적인 것이기는 하지만, 과잉급부는 개인의 사회·경제활동에 대한 행정주체의 지나친 관여를 가져올 뿐만 아니라 일반납세자의 부담을 가중시킬 우려도 있기 때문에 급부행정의 내용과 정도는 구체적인 경우에 있어서의 개인의 생활기관 및 공익추구를 위하여 요구되는 적절한 범위 내의 것이어야 한다는 것이다.

6. 신뢰보호의 원칙

신뢰보호의 원칙은 급부수단의 적법성·계속성에 대한 상대방의 신뢰는 보호되어야 한다는 원칙이다. 이 원칙에 의하여 위법한 급부행위의 취소가 제한되고, 적법한 급부행위의 철회가 제한되게 된다.

제2절 공급행정

제1관 공 물 법

Ⅰ. 공물의 개념과 종류

1. 공물의 개념

(1) 공물의 개념의 유형

공물(公物)이란 행정주체의 행정활동을 위하여 공용되는 물적 수단 가운데, 그 사용가치에 따라 직접적으로 행정목적을 위하여 공용(供用)되는 물건이라는 그 특수성에 착안하여 세워진 학문상의 개념이다. 그러므로 그 뜻이나 범위는 학자에 따라 한결같지 않은바, ① 행정주체가 행정활동을 위하여 공용하는 모든 물건이라는 **광의설**, ② 행정주체에 의하여 직접 행정목적을 위하여 공용되는 물건이라는 **협의설**, ③ 행정주체에 의하여 행정목적을 위하여 일반 공중의 사용에 제공되는 물건이라는 **최협의설**로 나뉘는데, 협의설이 통설이다.

(2) 공물의 개념

협의설에 따라 공물이란 "행정주체에 의하여 직접 행정목적에 공용되는 개개의 유체물과 무체물 및 집합물"을 말한다. 이를 분설하면 다음과 같다.

1) 공물은 행정목적에 공용되는 개개의 유체물과 무체물 및 집합물이다: 공물은 개개의 유체물(有體物)이라는 점에서 행정주체에 의하여 행정목적에 공용된 인적·물적 시설의 종합체인 영조물과 구별되며, 동산·부동산을 가리지 아니한다. 종래에는 민법상의 물건의 개념에 대응하여 유체물에 한정했으나, 오늘날은 에너지·대기 등 무체물 및 공원·공공시설 등 집합물도 포함하는 것으로 봄이 일반적이다.

2) 공물은 직접 행정목적에 공용된 물건이다: 직접이라 함은 사용가치를 통하여 행정목적에 공용되었다는 것을 말한다. 이 점에서 자본가치를 통하여, 즉 자본으로서 수익을 올려 행정주체의 재정에 기여함으로써 간접적으로 행정목적에 이바지하는 일반재산과 구별된다.

3) 공물은 행정목적에 공용된 물건이다: 공물이 사물(私物)에 대하여 갖는 특색은 직접적으로 행정목적에 공용된다는 점에 있으며, 사물과는 다른 법적 취급이 행하여지는 이유도 여기에 있다.

4) 공물은 행정주체에 의하여 행정목적에 공용되는 물건이다: 공물은 관리주체와 목적에 착안한 관념이므로 소유주체와는 관계 없으며, 관리주체가 국가 또는 공공단체 등 행정주체이어야 한다. 따라서 사인이 사유물을 공공목적에 제공한다 할지라도 그것만으로는 공물이 아니다.

(3) 공물과 국 · 공유재산

공물은 소유권의 귀속주체와는 관계없이 그 관리주체와 목적에 착안하여 정립된 관념이며, 따라서 국유재산과는 다르다. 국 · 공유재산이라도 공물이 아닌 것도 있고(예; 일반재산), 국 · 공유재산이 아닌 사유재산 중에도 공물인 것이 있다.

국유재산에 관한 일반법인 국유재산법은 국유재산을 다음과 같이 분류하는 바, 행정재산은 공법적 규율이 적용되는 데 대하여, 일반재산은 원칙적으로 사법적 규율의 적용을 받는다. 행정재산은 사용허가를 통하여, 일반재산은 대부계약을 통하여 각각 사용 · 수익할 수 있으며(국유재산법 2(7)(8),30,41, 공유재산및물품관리법 2(7)(8),22①,32①), 국유재산의 사용료 및 대부료의 미납에 대해서는 국세의 체납처분절차에 따라(국유재산법 73②), 공유재산의 사용료 및 대부료의 미납에 대해서는 지방세의 체납처분절차에 따라 징수할 수 있다(공유재산및물품관리법 97②). 일반재산의 대부료 등에 대해 행정상 강제징수를 규정한 경우에는 행정쟁송의 대상이 된다(판례).

[판 례] 일반재산의 대부료 등에 행정상 강제징수를 규정한 경우

"**공유 일반재산의 대부료와 연체료를 납부기한까지 내지 아니한 경우에도 공유재산 및 물품 관리법 제97조 제2항에 의하여 지방세 체납처분의 예에 따라 이를 징수할 수 있다.** 이와 같이 공유 일반재산의 대부료의 징수에 관하여도 지방세 체납처분의 예에 따른 간이하고 경제적인 특별한 구제절차가 마련되어 있으므로, **특별한 사정이 없는 한 민사소송으로 공유 일반재산의 대부료의 지급을 구하는 것은 허용되지 아니한다.**"(대판 2017.4.13. 2013다207941, 건물명도)

- 국유재산
  - 행정재산
    - 공공용 재산 — 공공용물
    - 공용재산 — 공용물
    - 기업용 재산 — 공용물
    - 보존용재산(예: 박물관 소장품) — 보존공물
    - (공공용물 · 공용물 · 보존공물) — 공물
  - 일반재산(예: 공용폐지한 관용차) — 사물

2. 공물의 종류

(1) 목적에 의한 분류

1) **공공용물:** 공공용물(公共用物)은 직접 일반공중(一般公衆)의 공동사용에 제공된 물건이다. 예컨대, 도로, 하천, 공원, 영해, 항만, 운하, 제방, 온천, 교량, 광장과 이들의 부속물건 등이다.

2) **공용물:** 공용물(公用物)은 직접으로 행정주체 자신의 사용에 제공된 물건이다. 예컨대, 관공서의 청사, 교도소, 소년원, 등대, 관사, 병사, 병기, 군용견, 요새, 연병장, 일반행정용 집기 · 비품 등이 있다.

3) **보존공물:** 보존공물은 현실적으로 공공용 또는 공용에 제공되는 것이 아니고, 공적 목적을 위하여 그 자체의 보존을 주안으로 하는 것이다. 예컨대, 국보 기타의 중요문화재가 그것이다.

위의 세 가지 공물은 그 구체적인 목적의 차이가 있는 결과 그 법적 성질·이용관계 및 성립절차 등에 차이가 있다. 즉, ① 공공용물은 직접 일반공중의 사용에 제공된 물건이므로 공공적 성격이 가장 강하여 공법적 특수성이 가장 현저하게 나타난다. ② 이용관계면에서 보면 공공용물은 일반공중의 공동사용에 제공되는 것이 그 본래의 목적인 점에 특색이 있으며, 공용물은 예외적으로만 공중의 사용에 제공되며, 보존공물은 그 물건의 보존자체를 위해 공적 제한을 받는 점에 특색이 있다. ③ 성립절차면에서도 차이가 있다(후술).

(2) 성립과정에 의한 분류

1) 자연공물: 자연공물이란 자연의 상태 그대로 공공목적에 공용될 수 있는 실체를 가지는 물건을 말한다(예; 하천, 호소, 해변, 해면 등).

2) 인공공물: 인공공물(人工公物)이란 행정주체가 인공을 가하여 공공용에 제공함으로써 비로소 공물이 되는 것이 보통인 물건을 말한다(예; 도로, 공원 등).

(3) 소유권자에 의한 분류

1) 국유공물: 국유공물은 그 물건의 소유권이 국가에 있는 공물이다. 국유재산 중의 공물은 주로 이에 속한다.

2) 공유공물: 공유공물은 공공단체의 소유에 속하는 공물이다. 그러므로 공유공물은 모두 지방재정법상의 공유재산에 속한다.

3) 사유공물: 사유공물(私有公物)은 그 물건의 소유권이 사인에게 있으나, 해당물건이 행정주체에 의하여 공공목적에 사용되고 있는 물건이다.

(4) 소유주체와 관리주체와의 관계에 의한 분류

1) 자유공물: 자유공물(自有公物)은 공물의 관리주체가 동시에 그 물건의 소유권자인 공물이다.

2) 타유공물: 타유공물(他有公物)은 공물의 관리주체 이외의 자가 그 물건의 소유권을 가지고 있는 경우의 공물, 예컨대, 국가가 사유지를 임차하여 도로를 설치한 경우이다.

(5) 사권(私權)의 목적에 의한 분류

1) 사권의 목적이 되지 못하는 공물: 이는 대체로 자연공물의 범위와 일치한다(예; 해면, 기타 공유수면).

2) 사권의 목적이 되는 공물: 이는 대체로 인공공물의 범위와 일치한다. 다만, 그 사권은 공공목적에 필요한 한도 내에서 공법상의 제한을 받는다. 일반적으로 그에 관한 물권변동에 등기를 요한다.

Ⅱ. 공물의 성립

공물의 성립이란 특정한 물건이 공물로서의 성질을 취득하는 것을 말하는데, 공물의 종류에 따라 동일하지 않다.

1. 공공용물의 성립

공공용물이 성립되기 위해서는 공물로서 직접 일반공중의 사용에 제공될 수 있는 실체, 즉 형태적 요소와 그것을 일반공중의 사용에 제공하려는 행정주체의 의사표시, 즉 의사적 요소를 필요로 한다.

(1) 형태적 요소

공공용물이 성립되기 위해서는 먼저 일정한 물건이 공공의 목적을 위하여 공용될 수 있는 형태를 갖추어야 하는 바, 인공공물인 경우에는 인공에 의하여, 자연공물인 경우에는 그의 자연적인 상태 자체로써 공공의 사용에 제공될 수 있는 실체를 갖추어야 한다.

(2) 의사적 요소

공공용물의 성립을 위해서는 일정한 물건을 일반공중의 사용에 제공하고자 하는 행정주체의 의사표시, 즉 공용개시행위 또는 공용지정이 있어야 한다. 이는 어떠한 물건이 특정한 공적 목적에 제공되며, 그로 인하여 그 물건에 대한 사권의 행사가 제한되는 등 공법상의 특별한 지위를 갖게 된다는 것을 선언하는 법적 행위이다.

1) 인공공물의 경우

(가) 공용지정의 의의: 인공공물은 공용지정(공용개시행위)을 필요로 한다. 공용지정이란 행정주체가 일정한 물건을 일반 공중의 사용에 제공한다는 내용의 의사적 행위를 말한다. 이를 공용개시행위라고도 한다. 공용지정으로 인하여 공물의 법적 지위가 형성되고, 사권의 행사를 제한하는 효과를 가져온다.

(나) 공용지정의 형식

(a) 법규에 의한 공용지정: 일정한 물건이 법규에서 정하고 있는 요건을 충족함으로써 공공용물로서의 지위를 취득하게 되는 경우이다. 여기서 법규에는 법률뿐만 아니라 법규명령·조례 및 관습법까지 포함한다.

(b) 행정행위에 의한 공용지정: 행정행위에 의한 방식이 가장 일반적인 공용지정 형식인 바, 도로법 제25조에 의한 도로구역결정고시가 그 예이다. 이러한 공용지정의 행정행위는 직접적으로 공물의 성질이나 상태를 규율하고 이용자에게 간접적으로 법적 효과를 미치는 물적 행정행위의 성질을 가진다.

(다) 공용지정(공용개시)의 시점: 공공용물의 공용지정은 일반에게 주지시킬 필요가 있는

바, 어느 시기에 공용지정이 있었다고 볼 것인지는 개별 실정법규에 따라 결정된다. 즉, 직접 법령에서 규정하거나, 행정처분으로 결정하거나 또는 공공용으로 실제 사용하는 때 등이 있다. 도로의 성립의 경우에는 일반적으로 노선지정(도로법 11~20), 도로구역의 결정·고시(동법 25①③) 및 도로사용 개시공고(동법 39)라는 3단계절차로 되어 있다. 이러한 경우 노선지정은 노선명, 기점, 종점, 중요경과지 등만 표시되므로 공물로서의 특정성이 아직 결여된 상태이고, 도로사용 개시는 공물로서의 성격취득과는 무관하다고 볼 것이므로, 도로구역의 결정고시에 의해 공용지정(공용개시)의 효과가 발생한다고 본다(판례).

[판 례] 도로의 공용개시행위의 시점

"도로와 같은 인공적 공공용 재산은 법령에 의하여 지정되거나 행정처분으로써 공공용으로 사용하기로 결정한 경우, 또는 행정재산으로 실제로 사용하는 경우의 어느 하나에 해당하여야 비로소 행정재산이 되는 것인데, 특히 도로는 **도로로서의 형태를 갖추고, 도로법에 따른 노선의 지정 또는 인정의 공고 및 도로구역 결정·고시를 한 때 또는 도시계획법 또는 도시재개발법 소정의 절차를 거쳐 도로를 설치하였을 때에 공공용물로서 공용개시행위가 있다고 할 것**이므로, 토지의 지목이 도로이고 국유재산대장에 등재되어 있다는 사정만으로 바로 그 토지가 도로로서 행정재산에 해당한다고 할 수는 없다."(대판 2009.10.15. 2009다41533; 대판 2000.4.25. 2000다348 등)

(라) 권원의 취득: 공용지정(공용개시)의 전제로서 해당 물건 위에 일정한 권원(權原)이 필요하며, 권원 없이 한 공용개시행위의 효과에 관해서는 견해가 나뉜다.

(a) 무효설: 이는 무권원의 공용개시행위이므로 무효라는 견해이다.

(b) 취소설: 이는 위법한 처분으로서 그 행위의 취소를 구할 수 있을 뿐이라는 견해이다.

(c) 판 례: 판례는 사유토지의 도로편입과 관련하여 소유권에 기한 인도청구를 인정하지 아니하였으나(판례1), 상수도관 매설을 위한 권원 없는 사유토지 점용에 대해서는 인도청구를 인정하였다(판례2).

[판례 1] 불법점유를 이유로 토지인도청구 불가

"**도로예정지로서 도로법 제40조 등의 준용이 있는 경우** 특별한 사정이 없는 한 불법점유를 이유로 토지의 **인도를 청구할 수 없고** 또한 손실보상을 몰라도 불법점유를 이유로 손해배상을 청구할 수 없다."(대판 1969.3.25. 68다2081, 손해배상)

[판례 2] 불법점유 철거청구 가능

"대지소유자가 그 소유권에 기하여 그 대지의 불법점유자인 시에 대하여 **권원 없이 그 대지의 지하에 매설한 상수도관의 철거를 구하는 경우에** 공익사업으로서 공중의 편의를 위하여 매설한 상수도관을 철거할 수 없다거나 이를 이설할 만한 마땅한 다른 장소가 없다는 이유만으로써는 **대지소유자의 위 철거청구**가 오로지 타인을 해하기 위한 것으로서 **권리남용에 해당한다고 할 수는 없다.**"(대판 1987.7.7. 85다카1383, 손해배상)

(d) 결 어: 이는 공물이용자와 공물소유자로 나누어 검토할 필요가 있다고 보는 바, 공물이용자와의 법률관계에서는 공용개시행위가 무권원임이 명백한 경우에만 무효로 볼 것이고, 공물소유자와의 법률관계에서는 중대하고 명백한 소유권 침해행위가 되므로 무효로 보아야 할 것이다. 따라서 법률의 규정·일정한 지배권 취득 및 소유권자의 동의 등이 없이 한 무

권원의 공용개시행위에 의하여 권리를 침해당한 자는 원상회복·부당이득반환 또는 손해배상 등을 청구할 수 있다. 다만, 도로의 경우 도로법은 "도로를 구성하는 부지, 옹벽, 그 밖의 시설물에 대해서는 사권을 행사할 수 없다. 다만, 소유권을 이전하거나 저당권을 설정하는 경우에는 사권을 행사할 수 있다."라고 규정하고 있다(동법 4). 따라서 도로법에 의한 도로의 경우에는 도로지정을 취소하기 전에는 손실보상청구 등을 행사할 수 있을 뿐이다.

2) 자연공물의 경우

자연공물은 자연적인 상태 자체로서 공물로서의 성질을 가지는 것이므로 행정주체에 의한 특별한 공용개시행위를 필요로 하지 아니한다고 보는 것이 일반적이다(통설·판례).

[판 례] 자연공물은 공용개시행위 불필요

"국유 하천부지는 자연의 상태 그대로 공공용에 제공될 수 있는 실체를 갖추고 있는 이른바 자연공물로서 별도의 공용개시행위가 없더라도 행정재산이 되고 그 후 본래의 용도에 공여되지 않는 상태에 놓여 있더라도 국유재산법령에 의한 용도폐지를 하지 않은 이상 당연히 잡종재산으로 된다고는 할 수 없다."(대판 2007.6.1, 2005도7523)

구 하천법(2007.12.21, 법률 제8733호로 개정되기 전의 것)은 "하천이라 함은 공공의 이해에 밀접한 관계가 있는 유수의 계통으로서 그 수계의 하천구역과 하천부속물을 포함하는 것을 말한다."(2①(1)), "하천은 이를 국유로 한다"고 규정하여(3), 이러한 판례의 입장의 근거가 되었다. 그러나 현행 하천법은 "하천이라 함은 지표면에 내린 빗물 등이 모여 흐르는 물길로서 공공의 이해와 밀접한 관계가 있어 국가하천 또는 지방하천으로 지정된 것을 말하며, 하천구역과 하천시설을 포함한다"고 하면서(2(1)), 하천의 국유의 규정을 삭제하는 대신, 하천구역의 결정·변경으로 하천구역으로 편입된 토지·건축물 등에 대해 하천관리청에 대해서 매수청구권을 행사할 수 있게 하였다(하천법 79①). 따라서 현재 하천법에 의한 하천의 성립은 의사적 요소인 하천지정행위가 필요하고, 사유하천이 존재할 수 있다.

2. 공용물의 성립

공용물은 행정주체가 직접 자기의 사용에 제공하는 물건이기 때문에 일정한 물건이 공용에 제공할 수 있는 형체를 갖추고 사실상 공용목적을 위하여 사용됨으로써 족하며, 공용개시행위를 요하지 않는다. 다만, 공용물의 성립전제로서 행정주체가 해당 물건 위에 정당한 권원을 가져야 함은 물론이다.

3. 보존공물의 성립

보존공물이 성립하기 위해서는 보존공물로 할 만한 일정한 형태적 요소를 갖추는 외에 법령에 의하여 직접 또는 법령에 의거한 행정행위로 공물을 지정하는 행위(공용개시행위)가 필요하다(문화재보호법 23). 보존공물은 그 물건 자체의 보존을 위한 것이며 그 물건에 대한 권리의 본질을 해치는 것은 아니므로 권원이나 동의는 불필요하다. 그러나 보존공물로 지정되면 일정한 법적 제한을 받게 되므로 그 지정을 관보에 고시, 소유자·관리자에게 통지해야 한다(동법 28).

Ⅲ. 예정공물 및 공물의 변경

1. 예정공물

예정공물이란 현재 공용개시는 되고 있지 않으나, 장래에 공물로 할 것이 예정된 물건을 말하는 바(예; 도로예정지 · 하천예정지 등), 공물에 준하는 법적 취급을 한다. 이는 공공의 목적을 위한 공용에 지장이 없도록 하려는 것이다.

2. 공물의 변경

공물의 변경이란 공물로서의 성질은 변함이 없으나 그 법적 상태를 변경하는 것을 말하며, 등급변경과 부분공용폐지가 있다. 등급변경은 도로의 경우 교통상 중요성의 변경에 따라 해당 도로의 종류와 등급을 올리거나 내리는 것을 말하며, 부분공용폐지는 사용종류 · 목적 · 범위와 관련하여 보통사용을 사후에 제한하는 것이다.

Ⅳ. 공물의 소멸

공물의 소멸이란 공물이 공물로서의 성질을 상실하는 것을 말하는 바, 공물의 종류에 따라 일정하지 아니하다.

1. 공공용물의 소멸

공공용물은 형태적 요소의 소멸(실체의 소멸)과 의사적 요소의 소멸(공용폐지행위)에 의하여 소멸한다.

(1) 형태적 요소의 소멸

1) 인공공물의 경우: 인공공물의 형태적 요소의 소멸만으로 공물로서의 성질을 상실하는지에 대하여 견해가 나뉜다.

(가) 긍정설: 인공공물은 자연력 또는 인위적으로 공물의 실체가 소멸되고 사회통념상 그 실체의 회복을 기대할 수 없게 되면 해당 공물은 소멸한다는 입장이다.[1)]

(나) 부정설: 이는 공용폐지의 의사표시 없이 형태적 요소의 소멸만으로는 공물소멸이 되지 않는다는 입장이다. 형태적 요소의 소멸은 공용폐지사유는 되지만 그것만으로는 공물소멸이 되는 것은 아니라는 견해(소위 **공물소멸사유설**)[2)]도 부정설의 일종이라 하겠다.

(다) 판 례: 판례는 부정설을 취하고 있다.

1) 김남진 · 김연태(Ⅱ), 405면; 박균성(강의), 1147면; 류지태 · 박종수(신론), 1087면; 홍정선(하), 564면.
2) 김남철(강론), 1265면; 김도창(하), 452면; 박윤흔 · 정형근(하), 428면; 정하중 · 김광수(개론), 1113면.

[판 례] 도로가 사실상 대지화 되었다 하더라도 도로 용도폐지 아님

"오랫동안 도로로서 사용되지 않는 토지가 일부에 건물이 세워져 있으며 그 주위에 담이 둘러져 있어 사실상 대지화되어 있다고 하더라도 관리청의 적법한 의사표시에 의한 것이 아니라 그 인접토지의 소유자들이 임의로 토지를 봉쇄하고 독점적으로 사용해 왔기 때문이라면, 관리청이 묵시적으로 토지의 도로로서의 용도를 폐지하였다고 볼 수는 없다."(대판 1994.9.13. 94다12579, 토지소유권확인 등)

(라) 결 어: 국유재산법상 행정재산은 시효취득의 부인(7②), 사권설정의 금지(11②) 및 처분금지(27①) 등을 규정하고 있어 형태적 요소만으로는 공물폐지가 되지 않고 공물폐지의 사유가 될 수 있을 뿐이다.

2) 자연공물의 경우: 자연공물의 경우에도, ① 자연의 상태 그대로 공물로 성립된 것이므로 자연공물로서의 형태를 상실하면 공물소멸을 가져온다는 **긍정설**과, ② 국유재산법 등의 규정상 형태적 요소의 소멸만으로는 공용폐지가 되지 않는다는 **부정설**의 대립이 있다. ③ **판례**는 부정설을 취한다. 생각건대, 인공공물의 경우와 같은 이유로 부정설이 타당하다.

[판 례] 공유수면의 성질이 상실하였더라도 용도폐지 없는 한 공물폐지 불가

"공유수면인 갯벌은 자연의 상태 그대로 공공용에 제공될 수 있는 실체를 갖추고 있는 이른바 자연공물로서 간척에 의하여 사실상 갯벌로서의 성질을 상실하였더라도 당시 시행되던 국유재산법령에 의한 용도폐지를 하지 않은 이상 당연히 잡종재산으로 된다고는 할 수 없다."(대판 1995.11.14. 94다42877, 소유권이전등기 등)

(2) 의사적 요소의 소멸

1) 인공공물의 경우: 공공용물은 그 형태적 요소가 멸실되지 않아도 행정주체의 공용폐지의 의사표시가 있어야 소멸한다. 판례도 다음과 같이 판시하고 있다.

[판 례] 명시적이든 묵시적이든 의사표시 필요

"행정재산(도로)이 기능을 상실하여 본래의 용도에 제공되지 않는 상태에 있다 하더라도 관계 법령에 의하여 용도폐지가 되지 아니한 이상 당연히 취득시효의 대상이 되는 일반재산이 되는 것은 아니고, 공용폐지의 의사표시는 묵시적인 방법으로도 가능하나 행정재산이 본래의 용도에 제공되지 않는 상태에 있다는 사정만으로는 묵시적인 공용폐지의 의사표시가 있다고 볼 수도 없다."대판 2010.11.25. 2010다58957, 소유권이전등기)

"공용폐지의 의사표시는 명시적이든 묵시적이든 상관이 없으나 적법한 의사표시가 있어야 하고, 행정재산이나 보존재산이 사실상 본래의 용도에 사용되고 있지 않다거나 행정주체가 점유를 상실하였다는 정도의 사정이나 무효인 매도행위를 가지고 묵시적 공용폐지가 있었다고 볼 수 없다."(대판 2009.12.10. 2006다19528 등)

법령에서 명시적 의사표시를 요하도록 하는 경우도 있으나, 그러한 특별한 규정이 없는 경우에는 묵시적인 공용폐지행위를 인정하는 견해도 있다.[3] 공공용물은 일반공중의 사용에 제공되고 있는 것이므로 법률관계를 명확히 할 필요가 있고, 공용폐지는 공용개시행위를 철회하는 의미를 가진다는 점에서 명시적 의사표시를 요한다고 할 것이다.[4] 다만, 예외적으로 주위의 사정으로 보아 객관적으로 공용폐지의 의사의 존재를 추측할 수 있는 경우에는 묵시적 공용폐지행위가

3) 이상규(하), 402면; 석종현 · 송동수(하), 405면.
4) 김동희(Ⅱ), 272면; 박윤흔 · 정형근(하), 429면.

있는 것으로 볼 것이다. 공용폐지가 되면 해당 물건에 대한 공법적 제한은 해제되고 원천적으로 사권의 대상이 된다.

2) **자연공물의 경우:** 자연공물의 경우에도 공용폐지의 행위 없이 행태적 요소의 멸실 만으로 공물로서의 성질을 상실하는지에 대하여 견해의 대립이 있다.

(가) **적극설:** 이는 공용폐지 행위가 있어야 한다는 입장이다.

(나) **소극설:** 이는 형태적 요소의 소멸로 충분하다는 입장이다.

(다) **판 례:** 판례는 공용폐지행위가 필요하다는 적극설을 취한다.

[판례 1] 공유수면은 자연공물로서 공용폐지를 요함

"공유수면은 소위 자연공물로서 그 자체가 직접 공공의 사용에 제공되는 것이므로 공유수면의 일부가 사실상 매립되어 대지화되었다고 하더라도 국가가 공유수면으로서의 공용폐지를 하지 아니하는 이상 법률상으로는 여전히 공유수면으로서의 성질을 보유하고 있다."(대판 2013.6.13. 2012두2764, 변상금부과처분취소)

"구 공유수면관리법(2007. 12. 27. 법률 제8819호로 개정되기 전의 것)은 공유수면으로 바다, 하천·호소·구거 기타 공공용으로 사용되는 수면 또는 수류로서 국유인 것 외에 제2조 제1호 (가)목에서 '바닷가'를 열거한 다음, 제2조 제2호에서 '바닷가라 함은 만조수위선으로부터 지적공부에 등록된 지역까지의 사이를 말한다.'고 규정하고 있으므로, 위 법의 적용 대상인 만조수위선과 지적공부에 등록된 지역 사이의 토지가 사실상 매립되어 대지화 되었다 하더라도 지적공부에 등록되지 않은 이상 여전히 공유수면에 해당한다."(대판 2010.9.30. 2008도7678, 공유수면관리법위반 등)

[판례 2] 하천부지가 사실상 대지화 되었더라도 용도폐지가 없는 한 일반재산 불가

"국유 하천부지는 공공용 재산이므로 그 일부가 사실상 대지화 되어 그 본래의 용도에 공여되지 않는 상태에 놓여 있더라도 국유재산법령에 의한 용도폐지를 하지 않은 이상 당연히 잡종재산으로 된다고는 할 수 없다."(대판 1997.8.22. 96다10737, 소유권이전등기 등)

(라) **결 어:** 자연공물은 공물지정행위는 필요 없다 하더라도 공물의 범위확정에 의한 확인행위가 필요한 바, 이에 대응하여 명시적이든 묵시적이든 공용폐지행위가 필요하다.

2. 공용물의 소멸

공용물은 형태적 요소의 소멸 또는 사실상 그 사용을 폐지함으로써 소멸하고, 행정주체의 특별한 의사표시를 요하지 않는다.

3. 보존공물의 소멸

보존공물은 그 보존공물의 지정해제의 의사표시로 소멸한다. 형태적 요소의 소멸에 대해서는 견해가 갈리나, 형태적 요소의 영구멸실을 소멸사유로 보는 경우에는 그 지정해제는 보존공물의 소멸의 확인행위에 불과하다고 본다.

4. 공용폐지의 효과

공물이 공용폐지가 되면 공물로서의 성질을 상실하고 사물과 같이 취급된다. 즉, 국유재산법

상의 행정재산에 가해졌던 취득시효의 부인, 사권설정 금지 및 처분금지 등이 해제되고 국가의 일반재산으로 된다.

【공공용물의 성립과 소멸】

	성 립		소 멸	
	자연공물	인공공물	자연공물	인공공물
형태적 요소	필요	필요	불필요(공용폐지사유)	좌동
의사적 요소 (공물지정)	불필요 (하천·자연공원은 필요)	필요 (권원취득 필요)	필요 (명시적·묵시적)	좌동

Ⅴ. 공물의 법률적 특색

공물은 직접 공공목적을 위하여 공용되는 물건이기 때문에, 일반 사물과는 달리 공공목적을 달성하기 위하여 필요한 범위 안에서 여러 가지 공법적 규율을 받는다. 그러나 공물에 대한 공법적 규율의 전체적인 범위가 어디까지 미치는지의 문제는 공물주체의 권리의 성질과의 관계에서 학설이 대립되고 있다.

1. 공물상의 권리의 성질

공물에 대하여는 공공목적을 달성하기 위하여 필요한 범위 안에서 그 물건에 대한 사권이 부정 또는 제한되는 등 공법적 규율이 행하여진다. 그렇기 때문에 공물주체의 공물상의 권리의 성질이 어떤 것인지에 대하여 종래 학설이 대립되어 왔다.

(1) 공소유권설

공소유권설은 '오토 마이어'에 의하여 대표되는 바, 공물의 공공성을 중시하여 공물에 대한 사법의 적용을 배제하고, 공물상의 사권의 성립을 전적으로 부정하며, 오로지 지배를 받는 공소유권의 대상으로만 이해한다.

(2) 사소유권설

사소유권설(私所有權說)에서는 공물도 사법의 적용을 받고 사권(私權)의 대상이 되는 것이 원칙이나, 공물은 공공목적에 공용되는 것이므로 공물에 대한 사법적용 및 공물에 대한 사권은 공물의 목적달성에 필요한 범위 안에서 제한된다고 본다(통설).

(3) 결 어

실정법에서 공물을 규율함에 있어서 위의 어느 설을 취할 것인지는 입법정책상의 문제이고, 따라서 개개의 실정법에서 해결될 문제이다. 일반적으로 볼 때에는 공물도 물건이라는 점에서는 사물과 다를 것이 없으며, 오직 그 물건이 직접 공용되는 목적을 서로 달리할 뿐이므로, 공물은 그 목적에 따르는 특별한 공법적 규제를 받는 외에는 원칙적으로 사법의 적용을 받으며 사권의 대상이 된다고 보아야 할 것이다.

그런데 위의 두 학설은 소유권을 전제로 하여 그 성격의 차이를 문제삼고 있는데, 이러한 방법이 공물상의 권리의 성질을 결정하는 방법으로 타당한가 하는 점이다. 공물은 소유권의 여하가 문제인 것이 아니라 공물의 목적을 달성하기 위하여 해당 공물을 유지·관리할 수 있는 것은, 즉 공물관리권의 대상이 된다는 점에 그 성질상의 특이성이 있다고 보아야 할 것이다. 따라서 공물의 특수성을 논함에 있어서 이렇게 소유권의 대상이라는 측면에서 거론하는 것은 어디까지나 사물과 대비하기 위한 하나의 편의의 문제에 불과하다.

2. 현행 실정법상의 공물의 법률적 특색

공물이 구체적으로 어느 범위에서 공법적 규율을 받을 것인가는 공물에 대한 개개의 실정법이 정하는 바에 따라 구체적으로 판단할 수밖에 없다. 다만, 실정법에 이러한 규정이 없는 경우에는 공물의 물건으로서의 일반적 성격에 중점을 두어 사법의 적용을 받는 것이 원칙이나, 공물의 공용목적을 달성하기 위하여 여러가지 공법적 규율을 받는다. 현행 실정법상 공물에 대하여 일반적으로 인정되고 있는 공법적 규율은 다음과 같다.

(1) 융통성의 제한

공물은 그 목적을 달성하기 위하여 필요한 한도 안에서 양도·사권설정 등 융통성이 제한되거나 부정된다. 이와 같이 공물에 대하여 융통성이 제한되는 것은 그것이 공물이기 때문에 당연히 우러나는 것이 아니라 공물의 목적을 달성하기 위하여 필요한 한도 안에서 융통성이 제한되거나 부정되는데 그치는 것이다. 그 융통성의 제한의 정도는 실정법상 공물의 종류에 따라 다른 바, ① 원칙적으로 사권설정은 금지하되, 공물의 목적에 지장이 없는 한도에서 사용·수익인정(국유·공유의 행정재산), ② 사권설정은 인정하되, 해당 공물의 목적달성에 지장을 줄 우려가 있는 사권설정이나 행사를 제한하는 경우(도로), ③ 소유권 이전 등을 인정하면서 소유권자의 변동사유를 주무행정청에 보고 하도록 하는 경우(지정문화재) 등이 있다.

(2) 강제집행의 제한

공물이 민사소송법에 의한 강제집행의 대상이 될 수 있는지의 여부에 대하여는 긍정·부정의 양설이 대립되고 있다.

1) **부정설**: 부정설에서는 공물은 불융통성을 갖는 결과, 공물에 대한 강제집행은 공물의 목적을 저해하게 되므로 인정될 수 없다고 한다.

2) **긍정설**: 긍정설에서는 공물은 공물이라는 이유만으로 당연히 강제집행의 대상에서 제외되는 것은 아니라고 한다. 국가에 대해서는 강제집행이 불가능하므로 국유공물은 강제집행을 할 수 없으나, 공유공물·사유공물은 융통성이 인정되는 한 강제집행이 허용된다고 한다.

3) 결 어: 공물이 강제집행의 대상이 될 수 있는지의 여부는 공물의 융통성을 기준으로 판단할 문제로서, 국유공물과 같이 일반적으로 융통성이 제한되어 있는 경우에는 강제집행의 대상이 되지 못하며, 사유공물과 같이 융통성이 인정되는 것은 강제집행의 대상이 된다고 하겠다. 다만, 강제집행의 결과 소유권을 취득한 자는 여전히 그 물건을 공적 목적을 위하여 공용할 제한을 받는다.

(3) 취득시효의 제한

공물에 관하여 민법상의 취득시효에 관한 규정(동법 245)이 적용되는가에 관해서는 ① 공용폐지가 없는 한 취득시효가 부인된다는 **부정설**, ② 사법상 소유권의 대상이 될 수 있는 공물에 한해 시효취득할 수 있다는 **제한적 시효취득설**, ③ 공적 목적에 공용되고 있지 않은 상태가 일정기간 계속되면 묵시적 공용폐지로 보아 할 수 있다는 **완전시효취득설** 등의 대립이 있다. **판례**는 부정설을 취하며(판례), 국유재산법 제7조 제2항은 "행정재산은 시효취득의 대상이 되지 아니한다." 고 규정하여 시효취득을 부정하고 있다.

[판 례] 공물의 시효취득 부정

"**행정재산은 공용폐지가 되지 아니하는 한** 사법상 거래의 대상이 될 수 없으므로 **시효취득의 대상이 되지 아니하고**, 관재당국이 이를 모르고 행정재산을 매각하였다 하더라도 그 매매는 당연무효이다."(대판 1996.5.28. 95다52383; 대판 1995.4.28. 93다42658 등)

(4) 공용수용의 제한

「공익사업을 위한 토지 등의 취득 및 보상에 관한 법률」 제19조 제2항 "공익사업에 수용되거나 사용되고 있는 토지 등은 특별히 필요한 경우가 아니면 다른 공익사업을 위하여 수용하거나 사용할 수 없다."는 규정의 해석과 관련하여, ① 현재 보다 더 중요한 공익상 필요가 있으면 공용수용이 허용된다는 **긍정설**과, ② '특별히 필요한 경우'란 명문규정이 있거나 공용폐지를 한 후에 공용수용을 할 수 있다는 의미로 보는 **부정설**이 대립되고 있다. ③ **판례**는 부정설을 취한다(판례).

생각건대, 공물의 수용은 해당 공물이 공공의 목적을 위하여 공용되고 있는 한 공물의 성질상 허용될 수 없는 것이며, 따라서 명문규정이 있거나 공용폐지가 없는 한 공물에 대한 공용수용은 인정될 수 없는 것이 원칙이다. 그러므로 다른 행정목적에 제공하기 위해서는 먼저 해당 공물에 대한 공용폐지가 선행되어야 한다.

[판 례] 공용폐지 전의 수용협의는 무효

"국가 명의의 소유권이전등기(관리청 철도청)가 경료되어 있는 토지가 철도계획선 용지로서 국가행정재산이었다가 용도폐지한 잡종재산이라면, 지방국세청이 국가 소유인 그 토지에 관하여 용도폐지도 되기 전에 수용협의를 하고 보상금을 수령할 권한이 있다고 보기는 어려우므로, 다른 특별한 사정이 없는 한 그 지방국세청과 사이에 성립된 수용협의는 무효라고 하지 않을 수 없다."(대판 1995.1.24. 94다21221, 토지소유권이전등기말소등기)

(5) 공물의 범위결정 및 경계사정

공물의 범위결정 및 경계사정(境界査定)은 공물의 관리주체가 일방적으로 결정할 수 있다. 이 경우의 범위결정은 공물의 소유권의 범위를 결정하는 것이 아니라 공공목적에 공용될 공물의 범위를 구체적으로 확정하는 행위로서, 공물관리권의 발동인 확인적 행정행위이다. 따라서 이에 대한 불복은 행정쟁송절차에 의하게 된다. 사유재산에 대한 경계사정의 경우에는 그 사유재산에 각종의 공법적 제한이 부과되는 것이므로 정당한 권원의 취득 내지 손실보상이 있어야 한다.

(6) 공물의 설치 · 관리의 하자로 인한 손해배상

공물의 설치 또는 관리상 하자로 인하여 타인에게 손해를 발생시킨 경우에는 국가배상법이 정하는 바(동법 5)에 따라, 국가 또는 공공단체가 그 손해를 배상할 책임을 진다.

(7) 공물의 상린관계(相隣關係)

공물의 목적을 달성하기 위하여 공물자체에 공법상의 제한을 가하는 외에, 공물과 인접한 토지 · 물건에 대하여도 특별한 규정에 의하여 필요한 제한을 가하는 경우가 많다(예: 도로법상의 접도구역과 연도구역, 하천법상의 연안구역, 철도안전법상의 철도보호지구 등). 그러나 그러한 특별규정이 없는 경우에는 민법의 규정이 유추적용된다고 본다.

(8) 공물의 등기

공물의 등기는 주로 부동산인 공물에 대한 물권의 득실 · 변경 등에 관한 경우인 바, 이에 관하여 특별한 등기절차가 없는 한 부동산등기법이 적용된다.

(9) 공물의 관리 · 사용관계

공물의 관리 및 사용에 대하여는 실정법상 여러 가지의 공법적 규제를 하는 경우가 많다.

Ⅵ. 공물의 관리와 공물경찰

1. 공물의 관리

(1) 의 의

공물의 관리란 공물주체가 공물의 목적을 달성하기 위한 모든 작용을 말한다. 이것은 사물의 관리와는 달리 물건을 단순한 재산적 가치의 대상으로서 관리하는 것이 아니라, 그의 효용면에 착안하여 공공의 목적달성을 위한 관리라는 점에 특색이 있다.

(2) 공물관리권

1) 성 질: 공물관리권이란 공물을 관리할 수 있는 공물주체의 권한으로 그 성질에 관해 **소유권설**과 **공법상 물권적 지배권설**이 대립하고 있다. 전설은 관리권의 작용은 소유권 그 자체에 의한 작용이라 하며, 후설은 공물주체의 공법적 권한에 속하는 물권적 지배권이라고 하는 설로

통설의 입장이다.

생각건대, 공물의 관리는 소유권의 주체와는 관계없이 공물의 관리주체가 하는 작용이므로, 공물관리권은 그 물건에 대한 소유권과는 별도로 그 자체로서 독립된 공법상의 물권적 지배권이라 하겠다.

2) 발동형식: 공물관리권의 발동형식은 일반적·추상적인 규칙(공물관리규칙), 또는 개별적·구체적 처분 및 사실행위 등으로 발동된다.

3) 내 용: 공물관리권의 내용은 당해 공물에 관한 법령 또는 자치법규에 의하여 정하여지는 것이며, 각 공물에 따라 한결같지 아니하나, 그 내용은 일반적으로 다음과 같다. (가)(나)(다)는 적극적인 공물관리, (라)(마)는 소극적인 공물관리라 할 수 있다.

(가) 공물의 범위결정: 이는 공공의 목적에 사용되는 공물의 범위를 결정하는 것으로 하천구역의 결정, 도로구역의 결정 등이 그 예이며, 확인행위에 속한다.

(나) 공용부담: 공물주체는 공물의 유지·관리를 위하여 필요한 경우에는 타인의 토지를 일시 사용하거나 출입하며, 인근주민에게 노무의 제공을 요청할 수 있다.

(다) 공공목적에의 공용: 공물을 공공목적에 공용하는 것은 공물의 본래의 목적이며 가장 중요한 내용이다. 공물의 사용을 허가하며 그 사용관계를 규제하는 것 등이 그 예이다.

(라) 공물의 유지·수선·보관: 이는 공물의 기능을 수행하도록 하기 위하여 공물의 현상을 유지하고, 하자가 생긴 때에는 수리를 하는 등의 작용을 말한다.

(마) 공물목적에 대한 장해의 방지·제거: 이는 공공의 목적을 위한 공용에 장해가 되는 행위를 규제하는 작용으로, 도로보전상 지장이 있는 일정한 행위를 금지한다거나, 도로의 유지를 위하여 통행을 제한 또는 금지하는 것이다.

[판 례] 도로관리권에 의한 장애시설물 제지 가능

"구 도로법(2012. 6. 1. 법률 제11471호로 개정되기 전의 것) 제20조 제1항 제3호 및 제13조에 따르면 시도는 해당 노선을 인정한 행정청이 도로관리청이 되고, 구 도로법 제37조 제1항의 위임에 따라 마련된 '도로의 구조·시설 기준에 관한 규칙' 제16조 제1항에 따르면 도로에 설치된 보도는 도로의 구성 부분에 해당한다. 그리고 구 도로법 제45조에 따르면 누구든지 정당한 사유 없이 도로에 장애물을 쌓거나 교통에 지장을 끼치는 행위를 하여서는 안 되며, 그러한 행위를 하는 사람에 대하여는 구 도로법 제83조에 따라 도로관리청이 필요한 처분을 하거나 조치를 명할 수 있다. 따라서 **도로를 설치하고 그 존립을 유지하여 이를 일반 교통에 제공함으로써 도로의 본래 목적을 발휘하도록 하기 위한 포괄적 관리권을 가지는 도로관리청으로서는 도로의 기능 발휘에 장애가 되는 시설물을 정당한 사유 없이 설치하는 것을 제지할 수 있다.**"(대판 2014.2.27. 2013도5356 특수공무집행방해치상·공무집행방해)

(3) 공물의 관리자

공물의 관리는 해당 공물주체가 스스로 행하는 것이 원칙이나, 예외적으로 공물주체가 관리권을 타인에게 위임하는 경우도 있다.

(4) 공물관리와 비용부담

공물의 관리에 요하는 비용은 공물관리권의 주체가 부담하는 것이 원칙이다. 다만, 법률은 해당 공물관리작용에 따르는 이해관계 등을 참작하여, 여러가지의 특례를 규정하고 있는 경우가 있다. 즉, 국가가 관리하는 공물에 대한 관리비용의 전부 또는 일부를 관계 지방자치단체나 사인에게 부담시키는 경우가 그것이다.

(5) 공물관리상의 손해배상과 손실보상

공물의 관리에 수반하여 개인에게 손해를 발생시킨 경우에는 그 손해에 대한 적절한 보전이 행하여져야 한다. 즉, 공물의 관리상의 하자로 인하여 개인에게 손해를 가한 때에는 행정상의 손해배상절차에 의하여 손해를 배상하여야 하며, 공물관리를 위한 공물부담 등으로 개인에게 손실이 생긴 때에는 그 손실을 보상하여야 한다.

2. 공물경찰

공물경찰이란 공물의 안전을 유지하고 공물사용관계의 질서를 유지하기 위한 일반경찰권의 작용을 말한다. 공물은 그것이 공물이라는 것만으로 당연히 경찰권의 대상이 되는 것은 아니다. 공물의 안전을 해하고 나아가 사회공공의 안녕질서에 영향을 미치는 범위 안에서는 경찰권의 대상이 된다. 따라서 공물경찰은 일반의 경찰작용인 것이며, 오직 경찰권행사의 대상인 사실이 공물의 사용 등에 관하여 발생하는 데 지나지 아니한다.

도로나 하천과 같이 공공용물로서 자유사용이 인정되는 경우에 특히 많다. 공공의 질서유지를 위하여 도로통행을 금지 또는 제한하는 것 등이 그 예이다.

3. 공물관리와 공물경찰의 관계

(1) 공물관리와 공물경찰의 구별

양자는 공물에 대하여 행하여지기 때문에 경합되는 경우도 있고 구별이 분명하지 않은 경우도 있으나, 다음의 점에서 구별되는 별개의 작용이다.

	공 물 관 리	공 물 경 찰
① 목 적	적극적으로 공물의 본래의 목적달성작용	소극적으로 공물사용관계의 질서유지, 위해의 예방·제거
② 권 력	공물관리권의 작용	일반경찰권의 작용
③ 발동범위	계속적·독점적 사용권설정 가능	일시적 사용의 허가만 가능
④ 제 재	해당 사용관계로부터의 배제	행정벌·행정상 강제집행 가능
⑤ 예	관리청의 도로의 공사로 인한 통행제한조치 (도로법 76)	지방경찰청의 도로의 위험방지·교통안전을 위한 통행제한조치 (도로교통법 6①)

(2) 공물관리와 공물경찰의 관계

양자는 이와 같이 서로 다르나 현실적으로는 동일한 공물에 양자가 경합되어 나타나는 경우가 적지 아니하다. 이러한 경우 양자의 작용은 별개의 작용으로서 각각 독립하여 효력을 가지므로 상호 존중하여 반대방향으로 발동되지 않도록 해야 하며, 동시에 국민에게 불필요하게 이중부담을 주지 않기 위하여 내부적인 조정이 필요하다. 예컨대, 도로관리청은 도로의 점용허가 및 통행제한 등(도로법 61, 76)의 경우 경찰청장 등에게 즉시 통보하고 경찰청장 등이 교통안전·원활한 소통을 위해 필요한 조치를 요구하면 이에 응해야 한다(도로교통법 70).

Ⅶ. 공물의 사용관계

1. 개 설

(1) 공물사용관계의 의의

공물의 사용관계란 공물주체와 사용자와의 사이에 발생하는 법률관계를 말한다. 그런데 공물 중 공용물은 원칙적으로 일반공중과의 사이에 사용관계의 문제가 생기지 아니하며, 오직 공용에 지장이 없는 범위 내에서 예외적으로 일반의 사용을 인정하는 데 그친다. 이에 대하여 공공용물은 일반공중의 공용에 제공하는 것이 본래의 목적이기 때문에 여러가지 형태의 사용관계가 성립되므로, 여기에서는 주로 공공용물의 사용관계에 대하여 설명하기로 한다.

(2) 공물사용의 법률형태

공물의 사용관계는 여러가지 표준에 따라 분류할 수 있으나, 보통은 그의 사용방법을 표준으로 하여 일반사용과 특별사용으로 대별할 수 있다. 일반사용이란 공물을 공중이 그 본래의 목적에 따라 자유로이 사용하는 경우이며, 특별사용이란 일반사용의 범위를 넘어서 사용이 허용된 경우이다. 특별사용은 다시 허가사용·특허사용·관습상의 특별사용 및 사법상의 계약에 의한 사용으로 나눌 수 있다.

2. 공물의 일반사용(자유사용·보통사용)

(1) 공공용물의 일반사용

1) 의 의: 공공용물은 타인의 공동사용에 지장을 주지 아니하는 범위 안에서 일반공중의 자유로운 사용에 제공함을 본래의 목적으로 한다. 따라서 일반공중이 허가나 특허 등을 따로 받지 아니하고 일정한 범위 안에서 자유로이 공물을 사용하는 경우에 이를 일반사용이라 한다(예: 도로의 통행, 공원의 산책, 하천에서의 수영 등).

2) 성 질: 일반사용의 법적 성질에 관하여, ① 종래의 통설인 **반사적 이익설**은 일반공중의 평등하고 자유로운 사용에 제공하고 있는 데에서 오는 반사적 이익에 불과하다고 보며, ② **공법상의 권리설**은 일반사용을 국민의 일반적인 수익권이 구체화한 공법상의 권리라고 한다. 생각건대, 국민의 생활을 배려하는 작용이 국가의 시혜적인 것이 아니라 의무적인 것으로 된

현대복리국가에 있어서는 단순한 반사적 이익에 그치지 아니하고 '법률상 보호된 이익'으로 보아야 할 경우가 많다고 할 것이다. 따라서 공공용물의 신설・폐지・변경・유지 등의 요구는 제한된다고 할 것이나, 공공용물의 일반사용이 위법하게 침해된 때에는 방해배제 또는 손해배상을 청구할 수 있다.

3) **범위 및 한계:** 공공용물의 일반사용의 방법과 한계는 법령에 특별한 규정이 없는 한 공물관리자가 정하는 것이며, 그러한 명백한 정함이 없는 경우에는 사회통념과 지방적 관습에 의해 정해진다고 보겠는데, 그 밖에 공물관리권과 공물경찰권에 의한 제약을 받는다(판례). 도로의 경우, 유인물배포나 주・정차 금지구역이 아닌 곳에서의 일시적 주・정차는 이 범위에 포함된다고 할 것이나, 노점상 등 일정한 보조시설을 설치하여 판매하는 것은 일반사용의 범위를 벗어난 것이라 할 것이다.

[판 례] 공공용물의 개발행위 등으로 인한 일반사용의 제한은 손실보상의 대상 아님

"일반 공중의 이용에 제공되는 공공용물에 대하여 특허 또는 허가를 받지 않고 하는 일반사용은 다른 개인의 자유이용과 국가 또는 지방자치단체 등의 공공목적을 위한 개발 또는 관리・보존행위를 방해하지 않는 범위 내에서만 허용된다 할 것이므로, 공공용물에 관하여 적법한 개발행위 등이 이루어짐으로 말미암아 이에 대한 일정범위의 사람들의 일반사용이 종전에 비하여 제한받게 되었다 하더라도 특별한 사정이 없는 한 그로 인한 불이익은 손실보상의 대상이 되는 특별한 손실에 해당한다고 할 수 없다."(대판 2002.2.26. 99다35300, 손해배상)

4) **사용료:** 공물의 일반사용은 무료임이 보통이나, 법률・조례 등에 의하여 사용료를 징수할 수도 있다.

5) 인접주민의 일반사용

(가) 의 의: 인접주민은 일반인들에게 허용되지 아니하는 '강화된 일반사용'이 허용된다고 본다. 즉, 인접주민은 해당 공물의 소유 또는 인접하여 거주하는 등 해당 공물사용에 불가결하게 의존하여 있는 경우, 타인의 공물사용을 방해하지 않고 공물을 훼손하지 않는 범위에서 아무런 허가 받음이 없이 자기의 수요에 따라 사용할 수 있는 권리를 가진다고 할 수 있다. 예컨대, 가옥에의 출입 등 일상생활을 위한 도로의 사용, 가옥의 수리・건축을 위한 건축자재 적치, 짐을 싣고 내리기 위한 주차권, 점포 앞의 상품진열 및 입간판 설치 등이 그것이다.

(나) 법적 근거: 인접주민의 강화된 일반사용권은 헌법상의 재산권보장조항으로부터 나온다. 개별법상으로도 도로법 제68조에 의한 인근주민의 도로점용료 감면 및 주차장법 제10조와 주차장법시행규칙 제6조의2에 의한 인근주민을 위한 노상주차장의 전용주차구획의 설치 등을 들 수 있고, 관습법상 하천에서의 유수권・용수권・관행어업권 등을 들 수 있다.

(다) 법적 성질: ① 인접주민의 강화된 사용권은 관습법 또는 헌법상 재산권으로 보장되는 완전한 의미의 공권으로 보는 견해(절대적 공권설)와, ② 장소적 인접성으로 인해 상대적으로 누리는 사실상・경제상 이익으로 공물의 일반사용의 한 유형이라는 견해(상대적 공권설)가 나뉘고 있다. 생각건대, 인접주민은 장소적 인접성으로 인한 소음・먼지 등 불이익의 수인의무를 부담

하는데 대응하여 상대적으로 공동사용을 능가하는 공물사용의 권리가 부여된 것이라는 점에서 후설이 타당하다.

(라) 인정요건 및 범위 · 한계: 인접주민의 강화된 일반사용이 인정되기 위해서는, ① 인접주민이 일상생활이나 경제활동 등의 편익에 사용하여 왔거나 해당 공물사용에 불가결하게 의존되어 있으며, ② 인접주민의 이용이 타인의 일반사용을 방해하지 아니하여야 하고, ③ 일상생활이나 경제활동에 필요한 한도 내에서만 가능하다. 따라서 전적으로 영업활동을 위한 것이거나 장기간에 걸친 물건의 설치 · 방치는 공물의 일반사용을 지속적으로 제약하는 행위이므로 인정될 수 없다.

그런데 이러한 고양된 일반사용권도 공물의 일반사용의 범위 안에서 인정되는 것이므로, 특정인에게 어느 범위에서 고양된 일반사용권이 인정될 수 있는지의 여부는 고양된 일반사용권의 인정기준을 염두에 두고, 해당 공물의 목적과 효용, 일반사용관계, 고양된 일반사용권을 주장하는 자의 법률상의 지위와 해당 공물의 사용관계의 인접성, 특수성 등을 종합적으로 고려하여 판단하여야 한다(판례).

[판 례] 인접주민의 고양된 일반사용권의 인정기준

"공물의 인접주민은 다른 일반인보다 인접공물의 일반사용에 있어 특별한 이해관계를 가지는 경우가 있고, 그러한 의미에서 다른 사람에게 인정되지 아니하는 이른바 고양된 일반사용권이 보장될 수 있으며, 이러한 고양된 일반사용권이 침해된 경우 다른 개인과의 관계에서 민법상으로도 보호될 수 있으나, 그 권리도 공물의 일반사용의 범위 안에서 인정되는 것이므로, 특정인에게 어느 범위에서 이른바 **고양된 일반사용권으로서의 권리가 인정될 수 있는지의 여부는 당해 공물의 목적과 효용, 일반사용관계, 고양된 일반사용권을 주장하는 사람의 법률상의 지위와 당해 공물의 사용관계의 인접성, 특수성 등을 종합적으로 고려하여 판단하여야** 한다. 따라서 구체적으로 공물을 사용하지 않고 있는 이상 그 공물의 인접주민이라는 사정만으로는 공물에 대한 고양된 일반사용권이 인정될 수 없다."(대판 2006.12.22. 2004다68311, 점포명도 · 임대차보증금반환)

(마) 권리구제: 인접주민은 공물의 일반사용에 따른 소음 · 먼지 등 일정한 고통과 불이익을 수인해야 하는 부담을 지고 있다. 그러나 이러한 불이익이 수인한도와 사회적 제약을 넘는 경우 또는 인접주민의 강화된 일반사용이 침해된 경우 등에는 행정상 손해전보 · 취소소송 등 권리구제가 인정될 수 있다(판례).

[판 례] 산책로로 가끔 이용하는 정도로는 법률상 이익 인정 불가

"… 일반적인 시민생활에 있어 도로를 이용만하는 사람은 그 용도폐지를 다툴 법률상의 이익이 있다고 말할 수 없지만, 공공용재산이라고 하여도 당해 공공용재산의 **성질상 특정개인의 생활에 개별성이 강한 직접적이고 구체적인 이익을 부여하고 있어서 그에게 그로 인한 이익을 가지게 하는 것이 법률적인 관점으로도 이유가 있다고 인정되는 특별한 사정이 있는 경우에는 그와 같은 이익은 법률상 보호되어야** 할 것이고, 따라서 도로의 용도폐지처분에 관하여 이러한 직접적인 이해관계를 가지는 사람이 그와 같은 이익을 현실적으로 침해당한 경우에는 그 취소를 구할 법률상의 이익이 있다. … 원고 등 주민의 일반통행로가 별도로 있고 이 사건 도로는 **산책로 등으로 가끔 이용하였던 정도의 이해관계만으로는 이 사건 도로의 용도폐지처분을 다툴 법률상의 이익이 있다고 할 수 없다.**"(대판 1992.9.22. 91누13212, 국유도로의공용폐지처분무효확인등)

(2) 공용물의 일반사용

공용물은 원래 행정주체 자신이 사용함을 목적으로 하는 것이기 때문에 공용물의 일반사용은 인정되지 아니함이 원칙이다. 다만, 공용에 지장이 없는 범위에서 예외적으로 일반사용이 인정되는 경우(예; 국립학교 교정의 자유통행 등)가 있을 뿐이다.

3. 공물의 허가사용

(1) 공공용물의 허가사용

1) 의 의: 공공용물의 일반사용이 타인의 공동사용을 방해하고, 혹은 사회공공의 질서에 장해를 미칠 우려가 있는 경우, 그것을 방지하고 조정하기 위하여 그러한 사용을 제한한 후 특정한 경우에 신청에 의하여 그 제한을 해제하여 사용을 허용하는 경우에 이를 허가사용이라 한다.

2) 성 질: 공물사용의 일반적 금지를 해제하여 주는 행위에 지나지 않으며 공물사용의 권리를 설정하는 것이 아니다. 또한 허가사용은 공물 본래의 목적인 공공의 사용을 방해하지 아니하는 정도의 일시적 사용에 한한다. 또한 타인의 공동사용을 방해하거나 사회공공질서에 장애를 미칠 우려가 있는 경우를 제외하고는 적법한 허가의 신청이 있으면 허가를 하여야 하는 기속행위라 할 것이다.

3) 허가사용의 형태

(가) 공물관리권에 의한 허가사용: 이는 공물주체가 다수인의 사용관계를 조정하고 공물의 존립을 유지하기 위하여 일정한 내용의 공물사용을 일반적으로 금지한 후 개개의 경우에 특히 그 금지를 해제하여 적법하게 사용할 수 있게 하여 공물의 적절한 관리를 도모하고자 하는 것이다(공유수면관리및매립에관한법률 8①).

(나) 공물경찰권에 의한 허가사용: 이는 공물의 사용관계에서 발생할 수 있는 사회공공의 안녕질서에 대한 위해를 제거하기 위하여 일정한 내용의 공물사용을 일반적으로 금지한 후, 특별한 경우에 그 금지를 해제하여 적법하게 공물을 사용할 수 있도록 하는 경우이다(도로교통법 6, 7).

4) **사용허가와 부담**: 사용허가는 상대에게 사실상 이익을 줌으로 사용료의 지급의무 등을 내용으로 하는 부담을 과할 수 있으며, 이를 불이행하면 행정상 강제징수가 인정된다.

(2) 공용물의 허가사용

공용물에 대하여도 그의 목적에 반하지 아니하는 범위 내에서 공물관리권에 의거하여 예외적으로 사용이 허가되는 경우가 있다(예; 학교·관청의 구내체육장 사용, 방청권을 받아 법정에서의 방청 등).

4. 공물의 특허사용

(1) 의 의

공물관리권에 의하여 특정인에 대하여 일반인에게 허용되지 아니하는 특별한 공물사용의 권리를 설정하여 주는 것을 공물사용권의 특허라 하며, 그에 의거한 공물의 사용은 공물의 특허사용이라 한다(예; 행정재산의 사용·수익에 대한 허가, 도로에 전주설치·수도관 매설, 하천에 수력발전용 댐건설 등). 특허사용은 어느 정도 배타적이며 장기간 계속적으로 사용한다는 점에서 일반사용 및 허가사용과 구별된다.

(2) 특허사용의 성질

1) **쌍방적 행정행위:** 특허사용의 성질에 관하여는 공법상 계약설과 쌍방적 행정행위설이 대립하고 있다. 공물사용권의 특허에는 대등당사자간의 의사의 합치는 있을 수 없고, 법령이나 특허명령서에 의하여 일방적으로 정하여지는 것이기 때문에 당사자의 자유의사가 개입할 여지는 거의 없다. 따라서 공물사용권의 특허는 상대방의 신청이나 동의를 전제로 하는 쌍방적 행정행위로 보는 것이 타당하다.

2) **설권행위:** 공물사용권의 특허는 법령에 의거한 공물관리권의 작용으로서 특정인에게 일정한 내용의 공물사용권을 설정하는 설권행위(設權行爲)이므로 그 성질상 원칙적으로 재량행위에 속한다(판례). 다만 ① 법령상 일정한 경우 공물사용권의 특허를 하도록 규정하고 있는 경우, ② 특허행위로 인하여 제3자의 기득권을 침해하게 되는 경우, ③ 특허기한의 갱신에 관하여 특별한 요건이 규정되어 있는 경우 등은 기속행위에 속한다.

[판 례] 도로점용허가는 설권행위로서 재량행위

"도로법 제40조 제1항에 의한 **도로점용은** 일반 공중의 교통에 사용되는 도로에 대하여 이러한 일반사용과는 별도로 도로의 특정부분을 유형적·고정적으로 특정한 목적을 위하여 사용하는 이른바 **특별사용**을 뜻하는 것이고, 이러한 도로점용의 허가는 특정인에게 일정한 내용의 공물사용권을 설정하는 **설권행위**로서 공물관리자가 신청인의 적격성, 사용목적 및 공익상의 영향 등을 참작하여 허가를 할 것인지의 여부를 결정하는 **재량행위**이다."(대판 2007.5.31. 2005두1329; 대판 2002.10.25. 2002두5795 등)

(3) 특허사용관계의 내용

공물의 특허사용관계의 내용은 관계법령이나 특허명령서에 의하여 정하여진다. 그러나 일반적으로 특허를 받은 자는 특허의 내용에 따라 일정한 공물사용권을 취득하는 반면, 법령 또는 특허명령서에 의하여 과하여진 의무를 진다.

1) **공물사용권:** 특허사용 중 주로 공물의 영속적 사용을 내용으로 하며, 공물사용권의 성질은 공물주체에 대하여 일정한 내용에 따라 특정한 공물의 사용을 청구할 수 있는 공법상의 채권으로서의 성질을 가진다. 이를 분설하면 다음과 같다.

(가) 사용권의 공권성: 공물사용권은 특허라고 하는 행정처분에 의하여 성립하는 것이라

는 점에서 공법상의 권리로 보는 것이 타당하다(통설).

(나) 사용권의 채권성: 공물사용권은 공물주체에 대하여 일정한 공물의 사용을 청구할 수 있는 채권에 지나지 아니하며, 물권이 아니므로 제3자에 대하여 대항할 수 있는 배타적 권리가 아니다. 다만, 어업권·광업권·댐 사용권과 같이 법률이 물권적 효력을 인정하는 규정이 있다(수산업법 16②③·댐건설및주변지역지원등에관한법률 29).

(다) 사용권의 재산권성: 공물사용권은 공권이나, 그 실질은 해당 공물을 일정한 목적을 위하여 사용 또는 점용하는 것을 내용으로 하는 재산권적 성질을 가지며, 이 점에서 사권과 유사하여 일정한 범위 안에서 사법의 적용을 받는다. 따라서 원칙적으로 이전성이 인정되며, 제3자에 의한 공물사용권의 침해는 민법상의 불법행위를 구성하여 민사소송에 의하여 이를 다툴 수 있다.

[판 례] 하천점용허가권은 특허사용인 채권에 해당

"하천의 점용허가권은 특허에 의한 공물사용권의 일종으로서 하천의 관리주체에 대하여 일정한 특별사용을 청구할 수 있는 채권에 지나지 아니하고 대세적 효력이 있는 물권이라 할 수 없다."(대판 2015.1.29. 2012두27404 하천점용허가권원상복구)

2) 공물사용권자의 의무

(가) 사용료납부의무: 공물사용권의 특허는 일반사용의 경우와는 달리 특정인에게 일정한 내용의 공물사용권을 설정하여 주는 것이기 때문에 공물관리자는 사용료를 징수할 수 있으며, 그 체납에 대하여는 행정상의 강제징수절차에 의하는 것이 보통이다(도로법 69, 하천법 50⑤ 등).

(나) 수축 또는 비용부담의무: 공물에 정착하는 공작물을 시설하기 위한 공물사용권을 특허하는 경우에는 그 특허를 받은 자에게 시설하려는 공작물에 관계있는 범위 내에서 공물의 유지·수축(修築)에 관한 공사를 하거나 그 비용을 부담할 의무를 과할 수 있다(도로법 35, 하천법 63 등).

(다) 제해시설 및 손실보상의무: 특허된 공물사용이 공물상에 존재하는 타인의 기득권이나 이익을 침해하거나 공익에 지장을 미칠 우려가 있는 경우에는 공물사용권자에게 그 장해의 예방·제거에 필요한 시설을 할 의무를 과하거나, 그것이 곤란한 때에는 손실보상의무를 과하는 수가 있다(하천법 35).

(라) 원상회복 의무: 특허기간이 끝나거나 사용허가가 취소 또는 철회된 경우에는 그 재산을 원래 상태대로 반환하여야 한다. 다만, 관리청이 미리 상태의 변경을 승인한 경우에는 변경된 상태로 반환할 수 있다(국유재산법 38).

[판 례] 점용료·사용료는 공물이용권의 독점적 권리에 대한 대가

"공유수면의 점용·사용은 공유수면에 대하여 일반사용과 별도로 특정부분을 유형적, 고정적으로 사용하는 이른바 특별사용을 뜻하며(대법원 2004. 10. 15. 선고 2002다68485 판결 등 참조), **공유수면의 점용·사용 허가는 특정인에게 공유수면 중 특정부분에 대하여 공유수면 이용권이라는 독점적 권리를 설정하여 주는 처분이다**(대법원 2004. 5. 28. 선고 2002두5016 판결 등 참조). **공유수면 점용료·사용료는 이러한 독점적 권리에 대한 대가로서, 위 법률 규정들은 점용·사용 허가 등을 받은 자로부터 점용료·사용료를 징수하도록 정하고 있을 뿐 실제로 공유수면을 점유·사용할 것을 요건으로 정하고 있지 않다. 따라서 공유수면의 점용·사용 허가 등을 받아 이러한 독점적 권리를**

얻은 것으로 인정되는 이상, 그 허가 등을 받은 자는 공유수면을 현실적으로 점용·사용하였는지의 여부에 관계없이 점용료·사용료를 납부할 의무를 진다고 해석된다(대법원 1994. 9. 9. 선고 94누2657 판결 등 참조)."(대판 2015.03.20. 2012두430, 공유수면점·사용료부과처분취소)

(4) 특허 없이 사용한 경우의 제재

1) 변상금 부과

(가) 변상금의 의의: 변상금이란 사용허가나 대부계약 없이 국유재산을 사용·수익하거나 점유한 자(무단점유자)에게 부과하는 금액을 말한다(국유재산법 2(9)). 관리청 등은 무단점유자에 대하여 그 재산에 대한 사용료나 대부료의 100분의 120에 상당하는 변상금을 징수한다(동법 72 ① 도로법 72, 하천법 37③).

(나) 변상금부과처분의 성질: 변상금부과처분은 공물관리권에 기하여 무단으로 공물을 사용하는 등 행정법상의 의무위반에 대한 제재로서 과하여지는 급부하명이라 할 것이다.

(다) 변상금의 부과권자와 부과금액: 변상금은 공물의 관리청이 부과한다. 부과금액은 해당 국유재산의 사용료나 대부료의 100분의 120에 상당하는 금액으로 한다.

(라) 변상금부과 대상자: 변상금은 무단점유자에게 부과한다. 즉, 공물의 사용허가나 일반재산의 대부계약 없이 국유재산을 사용·수익하거나 점유한 자, 또는 사용허가나 대부계약 기간이 끝난 후 다시 사용허가나 대부계약 없이 국유재산을 계속 사용·수익하거나 점유한 자에게 부과한다. 무단점유물의 점유자가 아니라 그 소유자가 변상금을 부담하며(판례1), 국·공유지상의 무허가건물이 건축물대장에 등재되면 대지사용승락이 있다고 볼 것이나, 법정의 사용수익기간 경과후에는 무단점유로 볼 수 있어 변상금대상이 되고(판례2), 사업시행인가부관인 국유지매수를 불이행한 경우에는 무허가가 아니어서 변상금부과대상이 아니다(판례3).

[판례 1] 무단점유물의 점유자가 아니라 그 소유자가 변상금부과 대상

"타인 소유의 토지 위에 권한 없이 건물을 소유하고 있는 이는 그 자체로 특별한 사정이 없는 한 법률상 원인 없이 타인의 재산으로 토지의 차임에 상당하는 이익을 얻고 그로 인하여 타인에게 동액 상당의 손해를 주고 있다고 보아야 하고, 이는 타인 소유의 토지 위에 권한 없이 건물 이외의 공작물을 소유하고 있는 경우에도 마찬가지이다. 한편 **건물이나 공작물의 소유자가 아닌 이로서는 실제로 건물 등을 점유·사용하고 있다고 하더라도 건물 등의 부지를 점용하는 것으로 볼 수 없고, 건물 등의 부지는 건물 등의 소유자가 이를 점용하고 있다고 보아야 한다.** 그리고 이러한 법리는 지방자치단체 소유의 공유재산인 토지 위에 공작물이 설치된 경우에 있어 공작물의 소유자와 점유·사용자가 다른 경우에도 마찬가지이다."(대판 2014.7.24. 2011두10348).

[판례 2] 국·공유지상의 무허가건물에 대한 변상금 부과 여부

"특정건축물 정리에 관한 특별조치법 제7조 제1호는 대상건축물이 타인 소유의 토지 위에 건축된 건축물일 경우, 그 토지가 사유지인 때에는 그 소유자의 사용승낙을 받은 경우에 한하여 준공검사필증을 교부하도록 규정하면서도 그 토지가 국·공유지인 때에는 그 소유자의 사용승낙을 요구하고 있지 아니한바, 이에 의하면 국·공유지에 대하여는 국가나 지방자치단체가 위 법의 시행으로써 대상건축물의 부지로 사용되는 토지의 사용을 승낙하였다고 간주함이 상당하다. 따라서 **국·공유지 위에 건축된 무허가건물에 관하여 위 법에서 정한 절차에 따라 준공검사필증이 교부되어 건축물관리대장 등에 등재되었다면 건물의 부지로 사용되는 토지 부분에 관하여 그 사용을 승낙하**

였다고 보아야 한다.

특정건축물 정리에 관한 특별조치법에서 정한 절차에 따라 준공검사필증이 교부되어 건축물관리대장 등에 등재됨으로써 대상건축물의 점유면적에 해당하는 토지 부분에 관하여 사용을 승낙하였다고 보는 경우에도, **위 법의 입법목적 및 국유재산법과 지방재정법이 국·공유지의 사용·수익허가기간이나 대부기간을 일정기간으로 제한하고 있는 점 등에 비추어 기간의 제한 없이 그 사용을 승낙하였다고 볼 수는 없으므로, 그 후 지방자치단체장이 점유면적에 해당하는 토지 부분에 대하여 변상금을 부과하였다면 이로써 그 사용승낙을 철회하였다고 보아야 한다.**"(대판 2007.11.29. 2005두8375)

[판례 3] 사업시행인가의 부관인 국유지매수 불이행의 경우

"행정청이 도시환경정비사업 시행자에게 '무상양도되지 않는 구역 내 국유지를 착공신고 전까지 매입'하도록 한 부관을 붙여 사업시행인가를 하였으나 시행자가 국유지를 매수하지 않고 점용한 사안에서, 그 부관은 국유지에 관해 사업시행인가의 효력을 저지하는 조건이 아니라 작위의무를 부과하는 부담이므로, 사업시행인가를 받은 때에 국유지에 대해 국유재산법 제24조의 규정에 의한 사용·수익 허가를 받은 것이어서 같은 법 제51조에 따른 변상금 부과처분은 위법하다고 한 사례."(대판 2008.11.27. 2007두24289)

(마) 공물소유권여부와 변상금부과: 변상금은 공물의 관리권에 기해 부과되는 것이므로, 공물관리권의 법적 성질에 따라 관리청이 해당 공물에 대한 소유권이 있어야 하는지 문제될 수 있다.

(a) **소유권 필요설**: 이는 공물관리권에 의한 작용은 소유권 그 자체에 의한 작용으로 보아 변상금부과를 하기 위해서는 해당 공물에 대한 소유권이 필요하다고 한다.

(b) **소유권 불필요설**: 이는 공물관리권을 공법상 물권적 지배권으로 보아 관리권의 작용은 공물주체의 공법적 권한에 속하는 물권적 지배권이라고 보기 때문에 변상금부과에 소유권은 불필요하다고 본다.

(c) **판 례**: 판례는 소유권 불필요설을 취하고 있다.

[판 례] 변상금부과는 도로부지 소유권에 기한 것이 아님

"도로법의 제반 규정에 비추어 보면, 같은법 제80조의2의 규정에 의한 변상금 부과권한은 적정한 도로관리를 위하여 도로의 관리청에게 부여된 권한이라 할 것이지 도로부지의 소유권에 기한 권한이라고 할 수 없으므로, 도로의 관리청은 도로부지에 대한 소유권을 취득하였는지 여부와는 관계없이 도로를 무단 점용하는 자에 대하여 변상금을 부과할 수 있다."(대판 2005.11.25. 2003두7194).

(d) **결 어**: 소유권 불필요설이 타당하다. 즉, 변상금부과는 공물관리권에 의한 것이라는 점, 해당 공물이 국·공유 또는 사유인지 여부와 관계없이 공물법에서 규율하는 공물관리권에 의해서 행사하는 공법상 물권적 지배권의 일종이라는 점에서 소유권의 취득과 관계없이 부과할 수 있다.

(바) 변상금과 부당이득반환청구의 병존가능성: 국유재산을 사용허가나 대부계약 없이 무단으로 사용하였다면 법률상 원인 없이 국유재산으로 이득을 얻고 국가 등에게 손해를 끼친 경우로 볼 수 있어 부당이득이 성립될 수 있다. 이 경우 국유재산의 관리자는 변상금 이외에 민사상 부당이득반환청구가 가능한지 문제된다. 이에 대해, ① 국유재산법에 변상금의 부과·징수가 규정되어 있고 그 체납시 국세징수법에 따라 강제징수 할 수 있는 등 사법상 채권과는 성질을

달리하므로 민사상의 방법으로 부당이득반환청구소송을 제기할 수 없다는 **부정설**과, ② 변상금 부과·징수권은 민사상 부당이득반환청구권과 법적 성질을 달리하므로 변상금 부과·징수권 행사와 별도로 민사상 부당이득반환청구의 소를 제기할 수 있다는 **긍정설**이 대립된다. **판례**는 국유재산의 관리자인 한국자산관리공사의 변상금부과사건에서 대법원 전원합의체판결로 긍정설을 취했다.

생각건대, 법령에 변상금을 규정하고 있다면 변상금을 부과함이 원칙이라 할 것이나, 변상금을 부과·징수하기 곤란한 특단의 사정이 있는 예외적인 경우에는 부당이득반환청구의 소제기도 가능하다고 본다.

[판 례] 민사상 부당이득반환청구의 소제기가 가능하다는 판례

"국유재산의 무단점유자에 대한 변상금 부과는 공권력을 가진 우월적 지위에서 행하는 행정처분이고, 그 부과처분에 의한 변상금 징수권은 공법상의 권리인 반면, 민사상 부당이득반환청구권은 국유재산의 소유자로서 가지는 사법상의 채권이다(대법원 1992. 4. 14. 선고 91다42197 판결 참조). 또한 변상금은 부당이득 산정의 기초가 되는 대부료나 사용료의 120%에 상당하는 금액으로서 부당이득금과 액수가 다르고, 이와 같이 할증된 금액의 변상금을 부과·징수하는 목적은 국유재산의 사용·수익으로 인한 이익의 환수를 넘어 국유재산의 효율적인 보존·관리라는 공익을 실현하는 데 있다(대법원 2008. 5. 15. 선고 2005두11463 판결 참조). 그리고 대부 또는 사용·수익허가 없이 국유재산을 점유하거나 사용·수익하였지만 변상금 부과처분은 할 수 없는 때에도 민사상 부당이득반환청구권은 성립하는 경우가 있으므로, 변상금 부과·징수의 요건과 민사상 부당이득반환청구권의 성립 요건이 일치하는 것도 아니다(대법원 2000. 3. 24. 선고 98두7732 판결 참조). 이처럼 **구 국유재산법 제51조 제1항, 제4항, 제5항에 의한 변상금 부과·징수권은 민사상 부당이득반환청구권과 법적 성질을 달리하므로, 국가는 무단점유자를 상대로 변상금 부과·징수권의 행사와 별도로 국유재산의 소유자로서 민사상 부당이득반환청구의 소를 제기할 수 있다.** 그리고 이러한 법리는 구 국유재산법 제32조 제3항, 구 국유재산법 시행령(2009. 7. 27. 대통령령 제21641호로 전부 개정되기 전의 것) 제33조 제2항에 의하여 국유재산 중 잡종재산(현행 국유재산법상의 일반재산에 해당한다)의 관리·처분에 관한 사무를 위탁받은 원고의 경우에도 마찬가지로 적용된다. 따라서 원고는 무단점유자를 상대로 변상금 부과·징수권의 행사와 별도로 민사상 부당이득반환청구의 소를 제기할 수 있다.

[소수의견] 행정주체가 효율적으로 권리를 행사·확보할 수 있도록 관련 법령에서 간이하고 경제적인 권리구제절차를 특별히 마련해 놓고 있는 경우에는, 행정주체로서는 그러한 절차에 의해서만 권리를 실현할 수 있고 그와 별도로 민사소송의 방법으로 권리를 행사하거나 권리의 만족을 구하는 것은 허용될 수 없다고 보아야 한다. 구 국유재산법 제51조 제1항에 의하여 국유재산의 무단점유자에게 변상금을 부과하는 것은 행정주체의 재량이 허용되지 않는 기속행위로서(대법원 1998. 9. 22. 선고 98두7602 판결 참조), 행정주체의 선택에 의하여 그 부과 여부가 결정될 수 있는 성질의 것도 아니다. 따라서 **국유재산의 무단점유와 관련하여 구 국유재산법 제51조에 의한 변상금 부과·징수가 가능한 경우에는 변상금 부과·징수의 방법에 의해서만 국유재산의 무단점유·사용으로 인한 이익을 환수할 수 있으며, 그와 별도로 민사소송의 방법으로 부당이득반환청구를 하는 것을 허용하여서는 아니된다.**"(대판 2014.07.16. 2011다76402 전원합의체 판결 부당이득금반환)

2) 대집행 또는 행정형벌: 특허 없이 무단으로 공물을 사용한 때에는 행정형벌 또는 대집행 등을 행할 수 있다(국유재산법 74, 82, 도로법 114, 27).

(5) 일반사용과 특허사용의 병존가능성

1) 의 의: 공공용물의 일반사용에 특별사용이 병행하여 이루어지는 경우이다. 공물의 특별(특허)사용은 독점적·배타적인 것이 아니므로 공물의 사용목적에 따라 일반사용과 병존이 가능

하다.

2) **판단기준:** 일반사용과 특별사용이 병존하는 경우에 특별사용인지 일반사용인지는 그 공물의 주된 용도와 기능에 따라 판단해야 한다(판례).

[판 례] 일반사용과 특별사용의 판별기준

"도로법 제40조, 제43조, 제80조의2에 규정된 도로의 점용이라 함은, 일반공중의 교통에 공용되는 도로에 대하여 이러한 **일반사용과는 별도로 도로의 특정부분을 유형적, 고정적으로 사용하는 이른바 특별사용을 뜻하는 것이고, 그와 같은 도로의 특별사용은 반드시 독점적, 배타적인 것이 아니라 그 사용목적에 따라서는 도로의 일반사용과 병존이 가능한 경우도 있고,** 이러한 경우에는 도로점용부분이 동시에 일반공중의 교통에 공용되고 있다고 하여 도로점용이 아니라고 말할 수 없는 것이며, 한편 당해 도로의 점용을 위와 같은 **특별사용으로 볼 것인지 아니면 일반사용으로 볼 것인지는 그 도로점용의 주된 용도와 기능이 무엇인지에 따라 가려져야 한다.**"(대판 1995.2.14. 94누5830)

3) **인도상의 차량진출입통로의 법적 성격:** 예컨대, 인도를 빌딩의 주차장 진출입통로로 사용하는 경우 견해가 나뉜다.

(가) 일반사용설: 이는 특허나 허가에는 기간제한이 있는데 사용기간의 제한이 없음을 근거로 인접주민의 강화된 일반사용이라는 설이다.

(나) 특별사용설: 이는 장기간 사용을 위해 형태변경 등을 취했기 때문에 자유로운 통행에 제공되는 일반사용과는 그 성격을 달리함을 근거로 특별사용이라는 설이다.

(다) 판 례: 판례는 특별사용설을 취한다.

[판 례] 일반보행자의 인도에 차량진출입통로는 도로의 특별사용에 해당

"차도와 인도 사이의 경계턱을 없애고 인도 부분을 차도에서부터 완만한 오르막 경사를 이루도록 시공하는 방법으로 건물 앞 인도 부분에 차량 진출입통로를 개설하여 건물에 드나드는 차량들의 편익에 제공함으로써, 일반의 보행자들이 인도 부분을 불편을 감수하면서 통행하고 있는 경우, 인도 부분이 일반공중의 통행에 공용되고 있다고 하여도 도로의 특별사용에 해당한다."(대판 1999.5.14. 98두17906, 부당이득금부과처분취소)

(라) 결 어: 사용관계의 법적 성질을 판단함에 있어서는 차량진출입통로의 위치·구조와 위 건물과 일반도로와의 연결관계 및 일반인의 이용상황 등 제반사정을 구체적으로 고려하여 판단하여야 한다. 따라서 자신 소유의 빌딩의 차량진출입의 사용·편익을 목적으로 인도상에 유형적 변경을 가하여 장기간 계속 사용할 것으로 하고 있고, 일정한 형태로 도로를 고정시켜 일반인의 도로통행에 불편까지 주고 있다고 할 수 있으므로 일반사용에 병존하는 특허사용이라 할 것이다.

(6) 특허사용관계의 종료

특허사용관계는 공물의 소멸(공용폐지, 형태적 요소의 소멸 등), 공물사용권의 포기, 공물사용권에 의한 시설·사업의 소멸(목적달성, 목적달성의 불능 등), 종기(終期)의 도래, 해제조건의 성취, 특허의 철회 등으로 인해 소멸된다. 다만, 특허의 철회의 경우는 그 한계가 문제된다. 즉, ① 공물사용의 계속이 공익을 해치는 경우에는 법률의 명문상 철회권을 유보하여 둔 경우가 많은 바, 이 경우에도 철회로 인한 공물사용권자의 손해와 그로 인한 공익을 비교형량하여야 한다는 조리상

의 제한이 있으며, ② 공물사용권의 존속 그 자체가 공익을 해치는 것은 아니나 다른 보다 큰 공익상의 필요에 의하여 특허를 철회하여야 할 경우에는 철회로 인하여 발생한 손실에 대하여 적정한 보상이 있어야 한다(도로법 97, 하천법 77).

5. 공물의 관습상 특별사용

(1) 의 의

지방적으로 민중 사이에 일정한 공물사용이 평온하고 공연하게 계속됨으로써, 하나의 관행으로 인정될 수 있게 된 경우에는 그 공물사용의 권리는 존중할 필요가 있는 바, 이와 같이 관행적으로 성립된 공물사용권에 의한 공물사용을 관습상의 특별사용이라고 한다(예; 관개용수리권).

(2) 관습상의 공물사용권의 성립

관습상의 공물사용권이 성립하기 위하여는 ① 그 이용이 다년간의 관습에 의하여 특정인이나 특정한 주민 또는 단체 등 한정된 범위 내의 사람에 대한 특별한 이익으로 인정되고, ② 평온하고 공연한 이용이 계속됨으로써 일반으로부터 정당한 사용이라고 인식되어야 한다.

(3) 관습상의 공물사용권의 성질

관습상의 공물사용권의 성질에 대하여는 공권설과 사권설이 대립되어 있으나, 특허에 의한 것과 같이 공법상의 권리로 보는 것이 통설이다. 따라서 관습상의 공물사용권이 공권인 까닭에 여러가지 공법적 제한을 받음은 특허에 의한 경우와 같다.

6. 행정재산의 목적외 사용(공물의 사법상 계약에 의한 사용)

(1) 의 의

행정재산이란 공공용물과 공용물 등 그 자체가 직접 행정목적에 제공된 물건을 말하며, 따라서 수익을 올려 행정주체의 재정에 기여함으로써 간접적으로 공공의 목적에 이바지하는 재정재산(일반재산)과 구별되는 개념이다. 행정재산은 대부·매각·교환·양여·신탁 등 사권을 설정하지 못하는 것이 원칙이다(국유재산법 27①). 그러나 행정재산은 그 용도와 목적에 장해가 되지 않는 범위에서 그 사용·수익이 예외적으로 허용될 수 있는 바, 이 경우의 사용관계를 행정재산의 목적외 사용이라 한다. 예컨대, 지하철 안의 광고, 관공서 청사에서의 매점·식당, 공원 및 고궁 안의 점포개설 등이 이러한 사용관계라 할 것이다.

(2) 근 거

일반적인 근거로 국유재산법과 지방재정법이 있으며, 개별법상의 근거로 도로법, 하천법, 도시공원및녹지등에관한법률 및 공유수면관리및매립에관한법률 등이 있다.

(3) 사용관계의 성질

행정재산의 목적외 사용관계의 법적 성질에 대하여 견해가 나뉘고 있다.

1) 사법상 계약설: 행정재산의 목적외 사용은 사법상 계약에 의한 것으로 본다. 행정재산의 목적외 사용·수익의 내용이나 효과는 경제적인 사적 이익에 관한 것이며, 관리청과 사인 사이에 우열관계 내지 상하관계가 존재한다고 보기 어렵고, 실정법이 국·공유재산에 대한 사용·수익을 허가할 수 있음을 규정하고 있는 취지에 비추어 행정재산의 목적에 지장이 없는 한 사법상의 계약에 의한 사용권의 설정이 가능하다고 한다.[5)]

2) 행정처분설(공법관계설): 이는 행정재산의 목적외 사용을 행정처분에 의한 것으로 본다(다수설).[6)] 즉, 실정법상 행정재산의 목적외 사용은 명시적으로 허가에 의하도록 하고 있는 동시에 허가의 취소·철회 등을 규정하고 있고, 사용료의 징수를 조세체납절차에 의하도록 하고 있는 점 등을 그 논거로 든다.

3) 이원적 법률관계설: 이는 행정재산의 목적외 사용관계의 발생·소멸 및 그 사용료 징수관계는 공법관계로 보면서, 특수한 공법적 규율이 없는 그 외의 사용관계의 내용은 사법관계라는 견해이다.[7)]

4) 판 례: 판례는 청사 안에서의 점포개설 등 행정재산의 사용허가는 강학상 특허에 해당한다고 본다. 즉, 대법원은 아래 판례에서 보는 바와 같이 행정처분설을 취하고 있다.

[판 례] 행정재산의 사용·수익에 대한 허가는 강학상 특허

"국유재산 등의 관리청이 하는 행정재산의 사용·수익에 대한 허가는 순전히 사경제주체로서 행하는 사법상의 행위가 아니라 관리청이 공권력을 가진 우월적 지위에서 행하는 행정처분으로서 특정인에게 행정재산을 사용할 수 있는 권리를 설정하여 주는 강학상 특허에 해당한다."(대판 2006.3.9. 2004다31074; 대판 1998.2.27. 97누1105; 대판 1997.4.11. 96누17325 등)

5) 결 어: 행정처분설이 타당하다. 행정재산의 용도나 목적에 장애가 되지 아니하는 범위 안에서 사용허가를 할 수 있고(국유재산법 30①), 사용료를 대통령령으로 정하는 요율과 산출방법에 따라 징수하도록 하고 있으며(동법 32①), 일정한 의무위반에 대하여는 그 사용·수익허가를 취소·철회할 수 있게 하였다(동법 36①). 따라서 행정재산의 목적외 사용은 공법관계로서 강학상 특허에 해당한다고 할 것이다.

(4) 사용·수익자의 권리·의무

1) 사용·수익자의 권리: 행정재산의 사용·수익(收益)을 허가받은 자는 관련법과 허가조건의 범위 내에서 해당 행정재산을 사용·수익할 수 있다. 이러한 사용·수익권의 성질에 대해서 사권이라는 견해도 있으나,[8)] 행정재산의 목적외 사용은 공법관계로서 특허에 해당한다는 점에

5) 이상규(하), 472면.
6) 김남진·김연태(Ⅱ), 433면; 김동희(Ⅱ), 296면; 류지태·박종수(신론), 1105면; 박균성(강의), 1173면; 정하중·김광수(개론), 1139면.
7) 박윤흔(하), 508면.
8) 장태주(개론), 1241면.

서 법령에 특별한 규정이 없는 한 공권으로 보아야 할 것이다.

2) **사용·수익자의 의무:** 사용·수익자는 해당 재산을 다른 사람으로 하여금 사용·수익하게 하여서는 아니되며(제3자 사용·수익금지)(동법 30②), 사용료를 납부하여야 하고(동법 32), 허가기간종료 또는 취소·철회된 경우에는 해당 재산을 원상대로 반환하여야 한다(원상회복반환의무)(동법 38).

(5) 사용·수익허가기간

사용·수익허가기간은 5년 이내로 하며, 이 기간이 끝난 재산에 대하여는 5년을 초과하지 아니하는 범위에서 종전의 사용허가를 갱신(更新)할 수 있다(동법 35①②).

(6) 사용·수익허가의 취소·철회 및 제재

관리청은 사용·수익자가, 다른 사람으로 하여금 사용·수익하게 한 때, 당해 재산의 보관의 해태나 그 사용목적에 위반한 때, 허위진술·부실증빙서류제시 그 밖에 부정한 방법에 의한 해당 허가를 받은 때, 사용료납부기한의 경과나 관리청의 허가 없이 사용·수익허가재산의 원상(原狀)을 변경한 때 등에는 청문을 거쳐 그 허가를 취소 또는 철회할 수 있다(동법 36①, 37). 또한 관리청은 직접 공용 또는 공공용으로 사용하기 위하여 필요하게 된 때에는 보상을 전제로 그 허가를 철회할 수 있다(동법 36②③).

사용·수익자가 그 관리를 소홀히 하여 재산상의 손해를 발생하게 한 때에는 사용료 이외에 대통령령이 정하는 바에 의하여 가산금을 징수할 수 있다(동법 39).

제2관 공 기 업

Ⅰ. 공기업의 개념

1. 공기업개념의 유형

공기업(公企業)이라는 용어는 실정법상의 용어가 아니고 학문상의 용어인 까닭에 그에 대한 학자들의 견해도 구구하다.

(1) 광의의 공기업

광의의 공기업이란 공기업의 경영주체를 표준으로 하여, 국가 또는 공공단체가 경영하는 모든 사업을 말한다. 이 견해에 따르면 행정주체가 재정수입을 직접목적으로 하는 순영리적 사업(전매사업 등)도 포함된다는 문제가 있다.

(2) 협의의 공기업

협의의 공기업이란 공기업의 경영주체와 목적을 표준으로 하여, 국가 또는 공공단체가 직접으로 사회공공의 이익을 위하여 경영하는 비권력적 사업을 말한다. 이 견해는 수익성의 여부는 도외시하므로 전혀 수익성이 없는 것(예; 박물관 · 도서관 · 교도소 등)도 공기업에 포함시킨다는 결함이 있다.

(3) 최협의의 공기업

최협의의 공기업이란 공기업의 경영주체와 목적 및 수익성을 표준으로 하여, 국가 또는 공공단체가 직접으로 사회적 공공복리를 위하여 경영하는 기업을 말한다. 가장 타당한 견해라고 할 수 있고, 우리나라의 다수설의 입장이다.

2. 공기업의 개념

공기업이란 국가 또는 공공단체가 직접으로 사회공공복리를 위하여 경영하는 기업을 말한다. 공기업을 광의로 볼 때는 특허기업까지를 포함한다. 공기업의 개념을 분설하면 다음과 같다.

(1) 공기업의 주체

공기업은 국가 또는 공공단체가 경영하는 기업이다. 이 점에서 사인이 자기의 사업으로 경영하는 사기업과 다르다. 국가 또는 공공단체가 직영하는 경우 뿐만 아니라 사인에게 특허하여 경영하는 경우(특허기업)도 포함된다.

(2) 공기업의 목적

공기업은 직접으로 사회공공을 위하여 경영하는 기업이다. 따라서 경찰과 함께 사회목적적 작용에 속하고, 국가의 재정적 수입을 위한 사업 등과 구별된다. 공기업은 일상생활상 필수불가결한 재화나 역무의 제공(공익성)으로 거액의 투자를 요하거나 그에 대한 수요의 탄력성이 매우 낮아 사기업의 참여가 쉽지 않은 것이 보통이다.

(3) 공기업의 수단

공기업은 기업경영작용이라는 점에서 비권력적 관리작용에 속하며, 권력작용을 본질로 하는 경찰 · 공용부담 및 규제작용 등과 구별된다.

(4) 수익성

공기업은 일정한 대가를 받고 역무나 재화를 공급하는 경제적 활동이라는 점에서 수익성이 없는 정신 · 문화적 사업이나, 전혀 무상으로 역무나 재화를 제공하는 작용(조성행정 등)과 구별된다.

3. 공기업과 영조물(공공시설)

영조물(營造物)은 학문상 개념이므로 실정법상 공기업 및 공물 등과 혼용하여 사용되기도 하며 학자에 따라 광 · 협의 차이는 있으나 이들과 구별함이 보통이다. 영조물은 광의로는 "국가 등 행정주체에 의하여 계속적으로 특정한 공익목적에 제공되고 있는 인적 수단 및 물적 시설의 종합체"를 의미하지만, 협의로는 광의의 영조물 중에서 주로 정신 · 문화적 또는 진료적 목적에 계속적으로 제공된 것만을 의미하기도 한다.

영조물은 물적 요소로만 구성된 공물 및 수익성을 요소로 하는 공기업과 구별할 수 있다. 따라서 공기업과는 다음과 같다.

(1) 공통점

양자는 주체(국가 · 공공단체), 목적(직접 사회공공복리의 증진), 성질 · 수단(비권력작용으로서의 관리작용)에서 동일하다.

(2) 차이점

양자는 다음과 같은 점에서 다르다.

	공 기 업	영 조 물
① 보는 관점	동적 · 작용면에서 파악	정적 · 조직면에서 파악
② 내용	수익성 · 교환경제성	정신적 · 문화적 시설
③ 단속성	일시적 사업도 포함	계속적 존재인 시설
④ 이용관계	공중의 이용에 제공불요	공중의 이용에의 제공을 전제
⑤ 예	철도사업 · 우편사업 · 화폐사업 · 수력사업 · 한국도로공사 등	국공립 교육 · 연구기관 · 국공립 병원 · 도서관 · 박물관 등

Ⅱ. 공기업의 종류

1. 경영주체에 의한 분류

(1) 국영기업

국영기업이란 국가가 자기의 경제적 부담으로 스스로 관리 · 경영하는 공기업을 말한다(예; 국영철도사업 · 우편사업 · 국립병원 등). 국영기업은 특히 법률상 제한이 있거나 법률의 규정을 요하는 경우를 제외하고는 예산의 범위 내에서 대통령령이 정하는 바에 따라 사업을 개시 · 경영할 수 있는 것이 원칙이다.

(2) 공영기업

공영기업이란 지방자치단체가 그의 경제적 부담으로 스스로 관리 · 경영하는 공기업을 말한다(예; 수도사업 · 시장업 · 주택사업). 지방자치단체는 법령의 범위 안에서 조례가 정하는 바에 따라 공기업을 설치 · 경영할 수 있다.

(3) 국영공비기업

국영공비기업(國營公費企業)이란 지방자치단체의 경제적 부담에 의하여 국가가 관리 · 경영하는 공기업을 말한다. 국영공비사업은 국가의 재정상 필요 등에 의하여 경비부담자를 자치단체로 한 것이므로 특별한 법령의 근거가 있어야 한다(지방재정법 21).

(4) 특수법인기업

특수법인기업이란 특정한 공기업의 관리·경영을 위하여 특히 설립된 특수법인이 경영하는 공기업을 말한다(예; 한국은행·대한석탄공사·대한토지주택공사). 이는 원래 국가가 스스로 관리·경영할 것이나, 기업경영의 실효성과 합리성을 도모하기 위하여 특수법인을 설립하여 정부의 투자에 의하여 관리·경영하는 경우의 공기업인 바, 국영기업의 특수한 형태라 할 수 있다.

2. 독점성의 유무에 의한 분류

(1) 독점기업

독점기업이란 국가·공공단체와 같은 행정주체가 해당 기업경영에 관하여 법률상의 독점권을 가지며, 행정주체 또는 그로부터 특허받은 자 이외의 자는 누구든지 그것과 동종(同種)의 기업을 경영할 수 없는 공기업을 말한다(예; 우편, 우편부대사업, 수도, 화폐, 농수산물도매시장·가축시장·정기시장 등). 여기에서의 독점권은 법상의 독점을 말하며 사실상의 독점은 포함되지 않는다. 독점권을 가지는 것은 법률이 해당 공기업에 대한 배타적 경영권을 국가 또는 공공단체에 부여하고 있기 때문이다. 그러므로 공기업독점권의 근거는 구체적인 독점권을 부여하고 있는 법률의 규정인 것이다. 어떤 사업을 독점기업으로 할 것인지는 입법정책상의 문제라 할 수 있다.

(2) 비독점기업

비독점기업이란 독점사업 이외의 공기업을 말한다. 이에는 사실상 독점상태가 있을 수 있다(예; 수력발전사업, 전기사업, 철도·궤도사업, 가스사업).

3. 독립성의 유무에 의한 분류

(1) 비독립적 기업(행정청형 기업)

비독립적 기업이란 공기업체 자체가 독립된 법인격을 가지지 아니하고 일반행정기관에 의하여 관리·경영되는 공기업을 말한다(예; 미래창조과학부장관의 우편사무, 지방자치단체의 수도사업 등).

(2) 독립적 기업(공공기관사업)

독립적 기업이란 행정주체로부터 분리된 독립한 법인격을 가지는 자에 의하여 관리·경영되는 공기업을 말한다(예; 대한석탄공사, 대한토지주택공사, 한국도로공사, 한국산업은행).

Ⅲ. 공기업의 개설과 경영

1. 공기업의 개설

(1) 국영기업의 개설

공기업은 사회공공의 이익을 위하여 행하여지는 비권력적인 기업경영작용이므로, 대통령령이 정하는 바에 따라 예산의 범위 내에서 자유로이 개설할 수 있다. 다만, 공공단체에 경비부담의무를 과하는 국영공비기업이나, 일반사인의 경영을 금지하는 결과가 되는 독점기업의 개설에는 법률의 근거를 요한다.

(2) 공영기업의 개설

지방자치단체의 공기업은 지방자치법상의 자치사무(지방자치법 13②)로서 행하여지는 것이므로, 그러한 목적과 법령의 범위 내에서는 예산이 허용하면 자유로이 개설할 수 있으나(동법 163), 그 개설에 관한 기본적인 사항은 조례로 정하여야 한다(지방공기업법 5). 다만, 지방자치단체가 특정한 공기업을 경영하고자 하는 경우에는 주무행정청의 인가 등을 받아야 한다(수도법 17①).

(3) 특수법인기업의 개설

영조물법인 및 특수법인은 공기업의 경영을 목적으로 하는 독립법인으로, 어느 것이나 각각의 근거법인 특별법에 의하여 설치되고 경영된다.

2. 공기업의 경영

(1) 공기업의 조직

1) 행정청형 기업: 국가 또는 지방자치단체가 직접 경영하는 공기업의 조직은 행정조직의 일부를 구성한다. 따라서 인적 구성원은 공무원이고 물적 시설은 공물에 해당하여 사기업과는 다른 법적 규율을 받는다. 이는 합리적 경영 또는 능률향상의 도모가 어려운 제약이 있다.

2) 법인체 기업(공공기관기업): 공공기관기업은 행정청형기업이 가지는 제약을 탈피하기 위한 수단으로 채택된 것으로, 독립된 법인격을 가지므로 그 인적 구성은 공무원이 아니며, 물적 시설은 공물이 아니다. 따라서 그 임면 · 보수 및 복무 등은 「공공기관의 운영에 관한 법률」 및 각 공기업의 근거법과 정관이 정하는 바에 따른다.

(2) 공기업의 예산회계

1) 행정청형기업: 행정청형기업은 다른 행정작용의 경우와 같은 예산회계상의 제약을 받으나, 경영의 합리화 · 능률화를 위하여 독립채산제의 유지를 위한 특별회계 등 여러 가지 특례가 인정되고 있다.

2) 법인체기업: 법인체기업은 일반 행정기관에 대한 예산회계상의 여러 원칙이나 절차가 적용되지 아니하며, 「공공기관의 운영에 관한 법률」의 적용을 받는다.

(3) 공기업의 경영관리

공기업의 경영은 해당 공기업의 목적을 효율적으로 달성함과 동시에 경제원칙에 적합하도록 행하여야 하므로 그 경영관리에 많은 규제가 따른다. 다만, 공기업 중 행정청형기업은 일반 행정작용의 일환으로 수행되는 것이기 때문에 그 경영관리의 방식은 비권력적 행정작용 일반의 경우와 크게 다를 것이 없다. 그러므로 공기업의 경영관리에 관하여 특히 중요한 의미를 가지는 것은 법인체기업이다.

법인체기업의 경영관리는 기본적으로는 「공공기관의 운영에 관한 법률」이 정하는 바에 의하나, 구체적인 경영관리의 방식은 각 공기업의 사업내용 및 성질에 따라 각각 다르다.

Ⅳ. 공기업의 보호와 감독

1. 공기업의 보호

공기업에는 그 공기업의 목적을 원활히 달성하기 위하여 일반 사기업과 다른 여러가지 보호와 특권이 부여되고 있다. 그 보호의 방법과 내용은 그 기업의 성질 또는 경영주체의 차이에 따라 한결같지 아니하나, 그 중에서 중요한 것을 보면 다음과 같다.

(1) 공용부담특권

공기업에 대하여는 그 사업의 원활한 수행을 도모하기 위하여 타인에게 공용부담을 과할 수 있는 권한이 인정되는 경우가 많다. 즉, 타인의 토지의 수용, 토지에의 출입·사용·장애물제거·부담금의 징수 등의 공용부담 특권이 인정된다.

(2) 공기업독점권

공기업에는 법률상 독점권이 보장되는 경우(우편·농수산물도매시장 등) 또는 사실상의 독점사업으로 되어 있는 경우(수력발전 등)가 있다.

(3) 경제상의 보호

공기업에 대한 경제상의 보호로는 면세·융자·보조금교부 등 자금지원, 국공유재산의 무상사용·대부·양여·손해배상책임의 제한 또는 면제, 요금의 강제징수권, 선취특권, 압류금지 등이 있다.

(4) 형사상의 보호(공기업벌)

공기업의 안전·확실한 경영을 확보하기 위하여 공기업에 대한 침해에 대하여 특별한 형사적 제재를 가하는 경우가 많은 바, 이를 공기업벌이라고 부른다. 공기업벌은 내용적으로 볼 때, ① 일반인에 대한 제재(우편법 46, 49), ② 기업자에 대한 제재(동법 50), ③ 이용자에 대한 제재(동법 52) 등이 있다.

(5) 경찰상의 보호

공기업의 경영도 일반경찰기관이 보호하는 것이 보통이지만 공기업관리기관에게 경찰권을 부여하여 공기업의 경영을 보호하는 경우가 있다(예; 철도안전법에 의한 범죄의 예방·진압).

2. 공기업의 감독

공기업 중 행정청형기업의 경우에는 일반행정조직 내부에 있어서의 감독관계가 그대로 적용된다. 따라서 특히 문제되는 것은 법인체형기업인데, 이는 그 설립취지로 보아 자주성과 감독과의 합리적인 조절이 문제된다.

(1) 행정청에 의한 감독

공기업에 대한 직접적인 감독은 행정청에 의하여 행하여지는 것이 보통인 바, 이는 다시 다음과 같이 나눌 수 있다.

1) **주무부장관에 의한 감독:** 이는 해당 공기업에 관한 사무를 관장하는 주무부장관(主務部長官)에 의한 감독을 뜻하며 이에는 일반적 감독과 개별적 감독이 있다.

(가) 일반적 감독: 이는 공기업의 경영방침 등 일반적인 사항을 지시하는 등의 방법으로 하는 감독이다. 일반적 감독의 경우에는 그 감독권의 범위가 문제되는 바, 특수법인의 존립이유에서 우러나는 일정한 한계가 있다고 하겠다.

(나) 개별적 감독: 이는 임・직원의 임면, 특정한 사안에 대한 승인이나 보고의 징수(徵收) 등과 같이 법령이 규정한 개별적인 사항에 대하여 공기업의 관리・경영을 지휘・감독하는 것을 말한다.

2) **예산・회계관계장관에 의한 감독:** 기획재정부장관은 법인체기업의 경영목표설정을 위한 지침작성권, 경영목표의 조정권, 경영실적평가권 등을 가지며, 투자기관의 결산을 승인하는 등의 감독권을 행사한다.

3) **감사원에 의한 감사:** 정부투자기관의 회계는 감사원의 필요적 검사사항이며, 투자기관의 사무와 그 임・직원의 직무는 감사원의 감찰사항이다.

(2) 국회에 의한 감독

정부투자기관의 자본금은 그 전부 또는 일부를 정부에서 출자하고 있으므로 다른 행정작용의 경우와 같이 국민의 대표기관인 국회에 의한 감독이 요청된다. 그 감독방법으로는 공기업관계법률의 제정 개폐, 국무총리, 국무위원에 대한 질문・해임건의 등을 통한 간접적 감독이 있다.

(3) 법원에 의한 감독

공기업에 관련된 사건이 법원의 심판대상이 됨으로써 법원이 공기업에 대해 간접적으로 영향을 미칠 수 있다.

Ⅴ. 공기업의 이용관계

1. 공기업이용관계의 의의

공기업은 직접 사회공공의 이익을 위하여 일정한 역무 또는 재화를 공급하거나, 설비를 이용시키는 것을 목적으로 국가 또는 공공단체가 경영하는 기업이다. 따라서 공기업이용관계란 개인이 공기업으로부터 역무(役務)나 재화(財貨)를 공급받고, 설비를 이용하는 법률관계를 가리킨다.

공기업의 이용관계에는 일시적 이용관계와 계속적 이용관계가 있다. 일시적 이용관계란 일시적으로 역무 또는 재화를 공급받고 설비를 이용하는 관계로서(예; 석탄의 매매 · 철도의 승차 등), 이는 원칙적으로 사법상의 계약관계이며 1회의 행위로 그 관계는 소멸하므로 법률상 특별한 문제가 생기지 않는다. 이에 대하여 계속적 이용관계는 계속적으로 역무 또는 재화를 공급받거나 설비를 이용하는 관계로서(예; 수도 · 가스의 공급, 학교 · 병원의 이용, 국민주택의 사용 등), 그 이용관계의 성질 및 적용법규가 문제되는 바, 좁은 의미에서 공기업이용관계라고 할 때는 계속적 이용관계만을 가리킨다.

2. 공기업이용관계의 성질

(1) 성질결정의 필요성

공기업이용관계가 공법 · 사법 어느 분야에 속하는지 그 성질을 결정하는 것은 적용법규와 재판관할 및 재판절차를 결정하기 위하여 필요하다.

(2) 성질에 관한 학설

1) **공법관계설:** 공법관계설은 공기업이용관계를 사회공공의 이익을 위하여 행하여지는 행정작용의 일부이므로 공법관계로 보며, 프랑스의 공공역무관념에 바탕을 두고 있다. 그러나 공기업은 그 수단 · 작용 및 내용의 면에서는 일반 사기업과 본질적 차이가 없으며, 그 이용관계에 있어서도 사기업과 구별하는 것은 타당치 않다.

2) **사법관계설:** 사법관계설에서는 공기업의 경영은 비권력적 작용이므로 동일성질의 법률관계는 동일법규에 의해 규율되어야 하므로 사법관계로 본다. 다만, 명문규정이 있거나 명문규정이 없더라도 실정법구조 전체의 합리적 해석에 의하여 특수한 공법적 규율의 필요가 있을 때는 그 한도 내에서 공법관계가 된다고 한다(통설).

3) **단체법적 사회법관계설:** 단체법적 사회법관계설에서는 공기업 이용관계를 공법관계와 사법관계가 혼합되어 지배하는 단체법적 또는 사회법적 분야에 속한다고 한다.

그러나 구체적으로 단체법적 사회법관계가 무엇이며, 거기에 어느 법을 적용할 것인지 하는 것이 뚜렷하지 아니한 문제가 있다.

(3) 이용관계의 성질

공기업이용관계는 원칙적으로 사법관계이고, 예외적으로만 공법관계이다.

1) **일반적으로 사법관계:** 공기업이용관계는 원칙적으로 사법(私法)관계이며, 따라서 원칙적으로 사법이 적용되고, 소송과 집행의 절차는 민사소송법에 의하게 된다.

2) **공법관계인 경우:** 법령이 공기업의 공익목적성의 보장을 위하여 특별한 규정을 두고 있거나, 해당 공기업에 관한 실정법구조 전체의 합리적 해석에 의하여 특수한 공법적 규율을 함이 타당하다고 인정되는 경우에 그 범위 안에서 예외적으로 공법관계에 속한다고 할 수 있다. 공법관계인 경우에는 공법원리가 적용되며, 그 이용관계에 대한 쟁송은 행정쟁송절차에 의하게 된다.

(가) 법령에 명문규정이 있는 경우: 법령에 명문규정으로 공기업 이용관계가 공법관계임을 나타내는 주요한 예로는 ① 행정상 강제집행절차의 인정(예; 불납수도료 등의 강제징수 · 불납우편요금의 강제징수), ② 행정쟁송절차의 인정, ③ 이용관계에 대하여 벌칙을 둔 경우 등이다.

(나) 법해석에 의한 경우: 공기업 이용관계의 성질을 나타내는 명문규정은 없으나, 실정법구조 전체의 합리적 해석에 의하여 공법관계로 보아야 할 경우로는 ① 윤리적 성질을 가진 경우(예; 국 · 공립학교와 학생과의 관계), ② 공공성이 강한 경우(예; 비공영수도의 사용관계) 등이 있다.

3. 공기업이용관계의 성립

(1) 합의이용

공기업이용관계는 원칙적으로 공기업의 경영주체와 이용자 사이의 자유로운 의사의 합치에 의하여 성립된다. 계약은 명시적으로 체결되는 경우(예; 우편대체계좌의 가입계약)와 묵시적으로 이루어지는 경우(예; 우편물의 우편함에의 투함)가 있다. 계약은 부합계약(附合契約)(당사자 한쪽이 미리 계약내용 결정, 수도 · 전기공급계약, 보험계약 등)인 것이 보통이다.

(2) 이용강제

공기업이용관계는 합의에 의하는 것이 원칙이나, 공익목적을 원활히 실현시키기 위하여 법령상 또는 사실상 공기업의 이용이 강제되는 경우가 적지 않다.

1) **공기업주체의 이용제공의무:** 공기업은 원래 사회공공의 이익을 위하여 일반의 이용에 제공함을 사명으로 하므로 그 이용조건을 갖춘 자에게 기업능력의 범위 내에서 이용을 허용하여야 할 법률상 또는 조리상의 의무를 진다.

2) **이용자에 대한 이용강제:** 공기업의 이용관계의 성립을 이용자측에서 본다면, 일정한 조건하에 있는 자의 공기업이용이 법률상 또는 사실상 강제되는 경우가 적지 아니하다.

이용자에 대한 이용강제는 법률상 직접 규정되어 있는 경우도 있고, 독점기업에 따르는 사실상의 결과로서 나타나는 경우도 있다. 이용자에 대한 이용강제로는 ① 계약강제(예방접종을 위한 국 · 공립병원이용), ② 행정작용에 의한 이용강제(전염병환자의 강제입원), ③ 직접 법률에 의한 이용강제(강제보험) 및 ④ 간접계약강제(독점사업의 이용)가 있다.

4. 공기업이용관계의 내용

공기업이용관계의 내용은 해당 공기업의 이용에 관한 당사자 사이의 권리·의무이다.

(1) 일반적 특색

공기업이용관계의 내용은 보통 국가의 법령 또는 지방자치단체의 조례·규칙이나 기업자가 일방적으로 정하는 규정·정관·약관 등에 의하여 획일 정형화되어 있어 이용자는 다만 그러한 이용조건에 따라 이용할 수밖에 없으므로 그 계약은 대부분 부합계약의 예에 속한다. 또한 공기업의 종류에 따라서는 이용관계의 설정이 사실상 강제되는 경우도 적지 않다.

(2) 이용자의 권리

1) **공기업이용권:** 공기업이용권은 공기업이용관계가 성립되면 이용자가 법령·조례·규칙 또는 정관 등이 정하는 바에 따라 공기업주체에 대하여 역무 또는 재화의 공급이나 시설의 이용을 청구할 수 있는 권리이다. 이는 채권적 성질을 가지며, 특별한 규정 또는 법해석상 공권으로 보아야 할 경우를 제외하고는 사권의 성질을 가진다. 따라서 일신전속적인 것 이외에는 타인에게 이전될 수 있는 것이 보통이다.

2) 부수적 권리

(가) 행정쟁송권: 공기업주체에 의하여 공기업이용권이 제한되거나 침해되면 민사소송절차에 의하여 보호받는 것이 원칙이나, 이용관계가 공법관계의 성질을 가질 때에는 행정쟁송을 제기할 수 있다.

(나) 손해배상청구권: 공기업이용자가 공기업주체의 채무불이행, 공기업시설의 설치·관리상의 하자 또는 공기업주체의 기관인 자의 직무상 불법행위 등으로 인하여 손해를 입은 때에는 민법이 정하는 바에 따라 손해배상을 청구할 수 있다. 다만, 예외적으로 공기업주체의 기관인 자가 국가배상법 제2조 제1항의 공무원에 해당하는 때 및 공공기업시설의 설치·관리의 하자로 인한 손해의 경우에는 국가배상법에 의하여 손해배상을 청구할 수 있다.

(3) 공기업주체의 권리

1) **이용조건설정권:** 공기업의 경영주체는 공기업의 이용에 관하여 법령·조례·규칙 또는 공기업규칙의 형식으로 수수료·사용료·이용시간 기타의 이용조건을 정할 수 있다. 법규의 형식을 취한 때에는 이용조건의 위반이나 부정이용에 대하여 처벌을 과할 수 있으나, 공기업규칙의 형식을 취한 때에는 오직 이용의 거부 또는 정지 등 징계적 조치를 할 수 있음에 그친다.

2) **이용대가징수권:** 공기업주체는 역무제공의 대가인 수수료와 재화의 공급·물적 설비의 이용대가인 사용료를 징수할 수 있으며, 이용이 강제되는 경우에는 법령이나 조례·규칙에 근거가

있어야 한다. 이용대가청구권은 사법상 채권의 성질을 가지며, 그 강제징수는 민사상의 강제집행 절차에 의한다. 그러나 법규가 이용대가의 징수에 대하여 행정상 강제징수절차에 의하도록 규정하고 있거나, 불복수단으로서 행정쟁송을 인정하고 있는 경우에는 이용대가청구권은 공권에 속한다.

3) **명령 · 징계권:** 공기업주체는 공기업의 내부질서를 유지하고 공기업의 목적을 달성하기 위하여 법령이나 조례 · 규칙 또는 공기업 규칙 등에 따라 이용자에 대하여 명령권 및 징계권을 가진다. 이는 특별한 법적 근거를 필요로 하지 아니한다. 법령은 공기업목적을 달성하기 위하여 예외적으로 징계 이외에 처벌을 과할 수 있게 한 경우도 있다.

5. 공기업이용관계의 종료

공기업이용관계는 ① 이용목적의 완료(예; 병원에서의 퇴원, 우편물의 배달), ② 이용관계에서의 탈퇴(다만, 이용강제에서는 임의로 탈퇴하지 못한다.) ③ 이용관계의 배제(징계권의 행사) 또는 ④ 공기업의 폐지 등의 사유로 종료한다.

Ⅵ. 공익사업의 특허(특허기업)

1. 특허기업의 의의

특허기업이란 사인이 행정주체로부터 경영권을 설정받아 경영하는 공익적 기업을 말한다. 특허기업에 국가 또는 지방자치단체가 법령이나 조례의 제정을 통해서 설립한 특수법인기업을 포함시키는 견해[9](광의의 특허기업)도 있으나, 행정청으로부터 특허를 받아 사인이 경영하는 공익사업만을 포함시키기로 한다(협의의 특허기업)(다수설).

2. 공익사업의 특허의 성질

(1) 특허의 주체

공익사업의 특허의 주체는 국가인 것이 보통이나, 공공단체가 주체가 될 수도 있다. 공기업특허의 주체는 국가 또는 공공단체라는 점에서 개인이 그의 기업경영권의 일부를 타인에게 부여하는 경우와 다르다.

(2) 형성적 행위

1) **학 설:** 공익사업의 특허는 일정한 공익사업을 경영할 수 있는 기업경영권을 특정인에게 설정하는 행정행위이다. 특허기업의 대상범위와 관련하여 다음과 같이 견해가 나뉘어진다.

(가) 독점적 경영권설정설: 독점적 경영권설정설은 공익사업의 특허의 대상을 국가의 독점사업에 한정시키는 전통적인 견해를 부정하면서도, 공익사업의 특허란 특정인에게 공익사업

9) 김도창(하), 396면; 이상규(하), 418면.

경영에 관한 독점권을 부여하는 설권행위라고 봄으로써 공익사업의 특허의 범위를 독점적 경영권이 인정되는 경우로 제한시키는 견해이다.[10)]

(나) 포괄적 법률관계설정설: 포괄적 법률관계설정설은 공익사업의 특허란 공익사업의 경영에 관한 권리의무를 포괄적으로 설정하는 설권행위라고 보는 견해이다.[11)]

(다) 허가설: 허가설은 공익사업의 특허에 관한 특별한 이론을 부인하고 공익사업의 특허나 허가는 모두 영업에 대한 일정한 제약의 해제로 보는 견해이다.

(라) 결 어: 독점적 경영권설정설이 타당하다. 특허기업의 핵심은 기업의 경영권 설정이라 할 것이기 때문이다.

2) 영업허가와의 차이: 공익사업의 특허와 영업허가는 용어가 혼용되어 사용되는 경우가 많고, 법률행위적 행정행위이며, 쌍방적 행정행위·수익적 행정행위라는 점에서 공통점을 가지고 있고, 그 구별이 상대적이긴 하나 다음과 같은 차이가 있다.

	영 업 허 가	공익사업의 특허
① 목 적	소극적인 사회공공의 질서유지	적극적으로 사회공공의 복리증진
② 성 질	명령적 행위(자유회복)	형성적 행위(권리설정)
③ 재량성	기속재량	자유재량
④ 대상사업	개인의 자연적 자유에 속하는 사업	주로 독점사업을 비롯한 국가적 사업
⑤ 이익보호	반사적 이익	법에 의해 보호받는 이익
⑥ 감 독	소극적 감독	적극적 감독과 보호조치
⑦ 의무위반의 효과	유효, 단 경찰벌의 대상	무 효

3) 공기업의 위임과의 차이: 공익사업의 특허는 기업경영권을 타인에게 부여하는 것인 데 반하여, 공기업의 위임은 기업경영권의 실행을 위탁하는 데 그친다.

(3) 쌍방적 행정행위

공익사업의 특허는 상대방의 협력을 전제로 하여 기업경영권을 부여하는 쌍방적 행정행위이다(통설). 공익사업의 특허를 상대방의 협력을 중시하는 나머지 공법상 계약이라고 보는 견해(일본의 유력설)도 있으나, 공익사업의 특허는 국가 또는 공공단체가 기업경영권을 부여하고, 포괄적 법률관계를 설정함을 내용으로 하는 행위이기 때문에 쌍방적 행정행위설이 타당하다.

(4) 특허의 대상

공익사업특허의 대상인 사업은 국가적 독점사업인 것이 보통이나, 국가적 독점에 속하지 아니하는 공익사업도 특허의 대상이 될 수 있다.

---

10) 김남진·김연태(Ⅱ), 475면; 류지태·박종수(신론), 1125면; 박윤흔·정형근(하), 406면; 홍정선(하), 620면.
11) 김동희(Ⅱ), 324면; 이상규(하), 374면; 석종현·송동수(하), 383면.

3. 공익사업특허의 형식

(1) 법률에 의한 특허

이는 직접 법률의 규정에 의하는 경우로, 대한석탄공사법에 의한 대한석탄공사, 한국전력공사법에 의한 한국전력공사, 한국은행법에 의한 한국은행 등의 설립과 그에 대한 기업경영권의 부여가 그 예이다. 이와 같이 법규특허의 경우에는 해당 특허기업의 경영을 위하여 특수법인을 직접 설립하여 행하는 것이 보통이다. 다만 직접 법령에 의한 특허는 행정권의 작용이 아니라 입법권의 작용이라는 점에서 엄격하게는 행정작용으로서의 공익사업의 특허라고는 볼 수 없다.

(2) 특허처분

이는 법률에 의거한 행정행위의 형식으로 행하여지는 경우로 신청을 요하는 쌍방적 행정행위이다(예; 농산물 도매시장의 허가, 색도 · 궤도사업의 면허, 자동차 운송사업의 면허, 수도사업의 인가, 농지개량조합의 인가). 특허처분에 부수하여 부관을 붙이는 것이 보통인데, 이 부관을 특허명령서라고 하는 바, 이는 특허를 하는 조건으로 법령의 범위 안에서 특허기업의 조직, 특허기업자의 권리행사 · 의무이행 등에 관하여 일정한 제한을 가한다거나 부담을 과한다.

4. 특허기업의 법률관계

공익사업의 특허를 받은 자는 일면에서는 기업경영권을 취득함과 동시에 그 기업경영권의 원활한 수행을 도모하기 위한 여러 가지의 특권이 부여되고, 타면에서는 특허기업의 효과를 확보하기 위하여 필요한 의무 및 부담이 과하여진다.

(1) 특허기업자의 권리와 특권

1) 특허기업자의 권리(기업경영권): 특허기업자는 특허를 받음으로써 법률 · 특허명령서의 내용에 따라 기업경영권을 가지는 바, 이는 국가에 대한 공권이며, 모든 제3자에게 대항할 수 있는 사권은 아니다. 특허기업자와 이용자와의 관계는 원칙적으로 사법관계에 속한다. 그러나 국가의 수권에 의한 고권적 관계는 공법관계이다.

2) 특허기업자의 특권: 특허기업자에게 부여되는 특권은 기업의 내용에 따라 한결같지 않으나, 그 중 중요한 것을 보면 다음과 같다.

(가) 공용부담권: 특허기업자는 그 사업경영상 필요한 경우 토지의 수용 · 사용 · 출입 등 제3자에 대하여 특별한 부담을 과할 수 있다.

(나) 공물사용권: 특허기업자는 기업경영을 위하여 필요한 공물 · 공공시설을 사용할 수 있다. 이 경우 사전에 공물관리자의 허가를 받아야 하나, 공물관리자는 정당한 사유없이 그 공물사용의 허가를 거부하지 못한다.

(다) 경제상 보호: 특허기업자에게 사업성과를 보장하기 위하여 면세 · 국고보조, 국 ·

공유지 무상대부·양여 등의 경제상의 보호수단이 행해지고 있다.

(라) 독점성 부여: 특허기업자에게 법률상·사실상의 독점적 이익을 부여하는 경우가 있다.

(마) 행정벌에 의한 보호: 특허기업자는 일정한 공기업벌을 통하여 기업경영의 보호를 도모하는 경우도 있다.

(2) 특허기업자의 의무와 부담

1) 기업경영의무

(가) 기업개시의무: 특허기업자는 특허를 받은 날로부터 일정한 기간 안에 공사를 완료하고 사업을 개시할 의무를 진다.

(나) 기업시행의무: 특허기업자는 사회공공이익을 위해 기업을 계속 경영할 의무를 진다. 이를 위해 사업의 양도·휴지·폐지·회사합병·해산 등이 제한되고 허가 또는 신고를 하도록 하는 것이 보통이다.

(다) 이용제공의무: 특허기업자는 특허기업을 일반공중의 이용에 계속적으로 제공할 의무를 지며, 정당한 이유 없이 그 이용을 거절할 수 없다.

2) 지휘·감독을 받을 의무

(가) 기업의 감시: 국가 또는 공공단체가 특허기업에 대하여 적절한 지휘·감독을 하기 위하여 신고·보고를 명하고 필요한 경우 임검·검사할 수 있다.

(나) 관리기관감독: 관리기관의 임면을 정부가 행하거나 인가를 받게할 수 있으며, 집행기관의 선임자격을 정하여 제한하는 경우도 있다.

(다) 기업의 물적 기초에 대한 감독: 특허기업의 자본금액변경·사채발행·이익금처분·자금차입 등에 행정청의 인가를 받도록 하며, 다른 사업의 겸영·합병을 제한하는 경우가 많다.

(라) 기업활동의 감독: 주무행정청은 특허기업의 사업계획의 변경·공급조건·운송조건 등에 대한 인가, 사업개선명령 등 필요한 명령을 할 수 있는 경우가 많다.

3) 특허기업자의 부담

(가) 기업물건의 불융통성: 특허기업에 제공되어 있는 토지·물건 등은 임의처분, 담보설정이 불가한 경우가 많고, 이를 위반한 행위는 무효가 된다.

(나) 특별부담의무: 특허기업은 공공의 이익을 위하여 무상 또는 저렴한 요금으로 공급할 의무, 기업설비공용 의무 등을 부담하는 경우가 많다.

(다) 특권료납부의무: 특허기업은 기업의 법적·사실적 독점에서 생기는 이익에 수반하여 법령 또는 특허명령서에 의하여 특권료 납부의무를 지는 경우가 있다.

(라) 매수·회수에 응할 의무: 특허기업의 공익성에 비추어 일정한 경우 행정주체가 스스로 직접 경영하고자 하는 때에는 이에 응하여야 할 의무를 지는 경우가 있다.

5. 특허기업의 이전 · 위탁 및 종료

(1) 특허기업의 이전

특허기업의 이전이란 특허기업자가 그의 기업경영권을 타인에게 이전하는 것을 말하는데, 특허기업의 성패는 공익과 밀접한 관계가 있으므로, 그 이전성이 제한되는 것이 보통이다. 그러나 특허기업 자체에 지장이 없는 한 일정한 제한 아래 그 이전성이 인정되며, 그 이전방법으로는 양도, 상속, 회사의 합병, 대여, 경락 및 매수 등이 있다.

(2) 특허기업의 위탁

특허기업의 위탁이란 특허기업경영권은 여전히 특허기업자가 가지면서 그 특허기업의 관리 · 경영을 타인에게 위탁하는 것을 말한다.

1) **임의위탁:** 임의위탁은 특허기업자가 주무관청의 인가를 받아 해당 특허기업의 경영 · 관리의 전부 또는 일부를 타인에게 위탁하는 경우이다.

2) **강제관리:** 강제관리는 일정한 사유가 발생한 경우에 특허기업자의 의사에 관계없이 법원 또는 감독청이 타인으로 하여금 해당 특허기업을 경영 · 관리하게 하는 경우이다.

(3) 특허기업의 종료

특허기업은 공익을 목적으로 경영되는 것이므로 임의로 폐지할 수 없으나, 해당 기업을 존속시킬 필요가 없게 되거나, 기업의 효과적인 경영을 도모할 수 없다고 인정되는 사유가 생긴 경우에는 종료된다.

1) **임의종료:** 임의종료는 특허기업자의 의사에 기한 사업의 폐지 · 해산 등이며, 주무관청에의 신고 · 인가가 필요함이 보통이다.

2) **법정종료:** 법정종료는 일정한 사유의 발생에 의해 당연히 종료되는 경우로 특허의 실효 · 특허기한의 만료 및 특허의 철회를 들 수 있다.

제 3 절 사회보장행정

Ⅰ. 개 설

1. 현대국가와 사회보장

근대자유주의국가는 자유경쟁을 전제로 하여 생활의 모든 분야에 걸쳐 개인의 자유로운 활동이 보장됨과 동시에, 생활유지를 위한 책임도 본인 스스로가 지지 않으면 아니 되었다. 그러므로 국가는 사회 · 경제문제에 대하여 적극적으로 관여함이 없이 오직 소극적으로 그에 대한 외부적 보호자로서의 지위를 차지하는 정도였다. 그러나 현대자본주의사회에 있어서의 구조적 제문제에 따라 생겨나게 된 실업 · 질병 · 부의 편재 기타의 현대적인 사회문제에 대하여 국가는 종래의 개별적인 사회조정자의 지위에서 종합적인 사회보호자로서 적극적으로 국가구성원의 생활보호 내지 사회복리의 향상을 도모하지 않을 수 없게 되었다. 이에 따라 현대국가의 사회보장기능 내지 책임이 일찍이 바이마르(Weimar) 헌법 제151조의 '인간다운 생활'(Menschenwürdiges Dasein)에서 싹트기 시작하여 각국의 헌법에 규정되기에 이르렀는데, 우리나라 헌법 제34조도 사회보장에 관한 기본적인 태도를 천명하고 있다. 이러한 사회보장은 국민에게 보장된 생활권적 기본권에 대응하는 국가의 적극적인 급부의무의 내용을 이루는 것이라고 할 수 있다.

2. 사회보장행정의 개념

사회보장행정이란 역사적 · 유동적 개념이므로 일의적으로 파악하기는 어려우나, 일반적으로 "행정주체가 개인의 인간다운 물질생활을 보장함으로써 공공복리를 증진하기 위하여 행하는 급부행정작용"이라고 말할 수 있는 바, 그 개념요소를 살펴보면 다음과 같다.

1) **행정주체가 행하는 작용이다:** 사회보장의 주체는 국가 또는 공공단체이고, 행정주체가 아닌 사인의 행위는 사회보장행정이 될 수 없다.

2) **공공복리의 증진을 목적으로 하는 작용이다:** 사회보장행정의 목적은 공공복리의 증진에 있기 때문에 소극적인 질서유지를 목적으로 하는 경찰과는 그 직접 목적을 달리한다.

3) **개인의 인간다운 생활을 보장하기 위한 작용이다:** 사회보장행정은 일정한 재화나 역무의 제공에 그치는 것이 아니라, 인간다운 생활을 보장하는 종합적인 생활배려를 내용으로 한다는 점에서 다른 급부행정과 구별된다.

4) **비권력적 행정작용인 것이 보통이다:** 따라서 사회보장행정은 권력적 수단을 원칙으로 하는 경찰행정 · 규제행정 등과 다르다.

3. 사회보장행정의 법형식

사회보장행정은 그 내용이 광범위하고 형식적으로 충분히 체계화되지 않았기 때문에 그 법형식을 일원적으로 설명하기는 쉽지 않다. 다만, 현행 사회보장관계법을 중심으로 살펴보면 다음과 같다.

(1) 형성적 행정행위에 의하는 경우

이는 사회보장으로서의 일정한 급부를 받고자 하는 자 등의 신청에 따르는 형성적 행위에 의하여 상대방에게 일정한 급부를 받을 수 있는 권리를 부여함과 동시에, 일정한 감독을 받을 지위를 설정하는 경우이다(예; 국민기초생활보장법 21 이하 참조). 이와 같은 경우의 급부관계를 결정하는 행정행위는 법령에 특별한 규정이 없는 한 기속재량행위에 속하는 것이며, 그에 대한 법적 분쟁은 행정쟁송절차에 의하여야 함이 원칙이다.

(2) 확인적 행정행위에 의하는 경우

일정한 내용의 사회보장을 받을 수 있는 자격 및 내용 등을 법률에 명시하고, 오직 급부관계의 법적 확실성을 도모하는 입장에서 관계 행정청의 결정 또는 재정 등을 거치게 하는 경우가 있는 바, 이는 법령이 정한 수급자격에 해당하는지의 여부를 확인하는 데에 그치는 것이다(예; 공무원연금법 제26조의 연금급부관계, 국가유공자등예우및지원에관한법률 제6조의 등록 및 결정 등).

(3) 일정한 법률사실로써 당연히 형성되는 경우

법률이 정하는 일정한 요건을 충족하는 사실이 발행함으로써 당연히 구체적인 사회보장의 수급권이 발생하고 행정청의 별도의 행위를 기다릴 것 없이 그 수급권을 행사할 수 있는 경우이다(예; 산업재해보상보험법에 의한 보험급여관계, 자동차손해배상보장법에 의한 지급관계 등).

Ⅱ. 사회보장행정의 내용

사회보장의 구체적인 내용은 각국의 정치적 · 사회적 및 경제적 사정의 차이 등으로 말미암아 한결같지 아니하기 때문에, 그 내용을 일의적으로 파악하기란 불가능한 일이나, 사회보장의 주축을 이루는 일반적인 것으로는 다음과 같다.

1. 공적 부조

공적 부조(公的 扶助)란 자활능력이 없는 국민에게 최저한의 인간다운 생활을 보장하고 그의 자활능력을 조성하기 위하여 공적 부담에 의하여 하는 생활부조작용을 말한다. 즉, ① 국민기초생활보장법에 따라 생활이 어려운 자에게 필요한 급여(생계 · 주거 · 의료 · 교육 · 해산 · 장제 · 자활급여)를 행하여 건강하고 문화적인 최저생활을 보장하는 **기초생활보장**, ② 재해구호법에 따라 한해 · 풍해 · 수해 · 화재 그 밖의 재해의 복구 및 이재민의 보호를 위한 **재해구호**, ③ 아동복지법 · 노인복지법 · 한부모가족지원법 · 장애인복지법에 따른 **아동 · 노인 및 장애자 보호**, ④ 의료급여법에 따라 국민기초생활보장자 · 이재민 · 의상자 및 의사자의 유족 · 독립유공자 · 노숙자 등 생활이 어려운 자에게 대한 **의료급여** 등이 있다.

2. 사회보험

(1) 사회보험의 의의

사회보험은 경제적인 약자에 대하여 그 생활을 위협할 만한 질병 · 상해 · 사망 기타 일시적으로 많은 재산상 부담을 지게 하는 사고가 발생한 때에, 그 생활 · 경제상의 위협을 국가적인 보험기술을 통하여 대량적으로 분산시킴으로써 구제를 도모하는 사회보장작용이다.

(2) 사회보험의 성격

사회보험은 보험가입이 강제되고 보험계약내용이 법률에 의하여 정해진다는 점에서 사보험과 다르며, 재원의 전부 또는 일부를 수령자 및 그 사용주로부터 받는다는 점에서 일반재원에 의존하는 공적 부조와 다르다.

(3) 사회보험의 종류

사회보험제도의 내용은 각국의 사정에 따라 한결같지 아니하나 우리나라의 현행법상 중요한 예로는 다음과 같다. 즉, ① 국민연금법에 따라 국민연금공단이 수행하는 노령·폐질·사망에 대한 연금급여인 **국민연금**, ② 산업재해보상보험법에 따라 일정한 사업주를 당연히 보험가입자로 하여 신속하고 공정한 근로자의 업무상 재해보상으로 근로자를 보호하려는 **산업재해보상보험**, ③ 국민건강보험법에 따라 근로자의 업무 외의 사유로 인한 질병·부상·사망 또는 분만과 그 부양가족의 같은 사유로 인한 보험급여로 모든 국민이 가입자로서 직장가입자와 지역가입자로 구분되는 **의료보험**, ④ 군인보험과 선원보험 등 특수직종사자에 대한 **특수직 보험** 등이 있다.

3. 근로보호

근로보호는 한편에서는 근로자의 근로조건을 보장·향상시키고 근로3권의 행사를 보장함으로써 근로자의 사회적 지위의 향상을 도모하고, 다른 한편에서는 미취업자의 생활기반을 조성하고 보호하는 작용을 말한다. 즉, ① 최저임금법에 따른 임금의 최저수준보장과 근로기준법에 따른 근로시간·임금·휴가 등 처우보장 및 「남녀고용평등과 일·가정 양립지원에 관한 법률」에 따른 고용기회와 처우의 평등보장 등 **근로자보호**와, ② 직업안정법에 따라 직업안정 및 고용촉진을 도모하기 위한 **취업보호**가 있다.

4. 특별원호

특별원호란 제대군인·상이군경·전몰군경의 유족 및 국가유공자나 그 유족등과 같이 국가적인 임무의 수행 또는 국가에 유공한 특정한 행위와의 관련 아래 생활상의 곤란을 겪게 된 자에 대한 원호를 목적으로 수행되는 사회보장행정이다. 그러므로 특별원호는 국가를 위한 특별한 희생에 대한 보상적인 의미를 가지는 것이라고 할 수 있다. 특별원호는 「국가유공자 등 예우 및 지원에 관한 법률」에서 정하는 바에 의하여 시행되는 바, 보상금지급(연금, 생활조정수당, 사망일시금 등)·교육보호·취업보호(직장알선·우선 임용 등)·의료보호 및 대부(농토구입 대부·주택대부·생활안정 대부 등) 등이 있다.

5. 사회복지

사회복지란 유아·모자·노인·임산부·심신장애자 등 생활상의 장해부담자를 대상으로 하여 그 보호·선도·원호·갱생·생활자립의 조성 등을 직접 목적으로 하는 복리시설을 관리·운영하는 작용을 말하는데, 이는 각종 복리시설(공공시설)의 관리 및 이용관계를 주된 내용으로 한다. 사회복지에 관한 법률로는 아동복지법·노인복지법·장애인복지법·한부모가족지원법·성매매방지및피해자보호등에관한법률 및 사회복지사업법 등이 있다.

제4절 조성행정

Ⅰ. 개 설

1. 조성행정의 개념

조성행정이란 행정주체가 공공의 복리를 증진시키기 위하여 개인의 활동을 조성하는 자금·정보 등 수단을 공여하는 비권력적 행정작용이다. 이는 현대복리국가에서 국민의 경제적·문화적 영역에 있어서 공공복리증진을 위한 하나의 행정작용의 형태로서 대두된 것이다.

2. 조성행정의 형식

1) **행정행위:** 조성행정은 행정행위의 형식에 의하여 행하여지는 경우가 있는데, 일정한 사업을 조성하기 위한 조세의 감면은 그 대표적인 예이다.

2) **공법상의 계약:** 자금조성행정 중 보조금의 교부는 행정주체가 상대방에게 일정한 금액의 금전을 지급할 것을 내용으로 하는 공법상의 증여계약에 속한다.

3) **행정지도:** 행정지도의 형식으로는 일정한 사업이나 문화를 조성하기 위하여 새로운 산업정보 또는 기술을 제공한다거나 장기저리융자를 알선하는 것 등이 그 예이다.

4) **사법행위:** 조성행정은 사법행위의 형식으로 이루어지는 경우가 있는데, 일정한 사업의 자금조성을 위한 장기저리자금의 융자를 하는 것 등이 그 예이다.

Ⅱ. 조성행정의 내용

조성행정의 내용은 각국의 사회적·경제적 사정의 차이에 따라 한결같지 아니하며 유동적 성질을 가지나 대표적인 것을 보면 다음과 같다.

1. 자금조성

(1) 자금조성의 개념

자금조성이란 행정주체가 공공복리를 증진하기 위하여 사인이나 사기업에 대하여 직접 또는 간접으로 자금 기타 재산적 이익을 제공하는 것을 말하며, 자금지원이라고도 한다. 자금조성은 문화조성이나 과학기술조성에도 있을 수 있다.

(2) 자금조성과 법률유보

자금조성은 보조금관리에관한법률 및 중소기업기술혁신촉진법 등 개별법에 규정하고 있으나 자금지원절차 등의 구체적인 것은 행정입법에서 정하는 경우가 많다. 따라서 법률유보의 적용여부가 문제된다. 일반적으로 자금조성은 반드시 법률의 근거를 요하는 것은 아니며 예산상의 근거만으로도 가능하다고 할 수 있다. 이 경우 헌법상의 평등원칙이 적용될 것이며, 자금지원의 구체적 절차 등을 정한 행정규칙은 법률대체적 규칙의 성질을 갖는다고 하겠다. 그러나 수급자에게 일정한 부담을 과하는 내용의 조성행정에는 법률의 수권이 필요하다고 할 것이다.

(3) 자금조성의 종류

① 자금조성의 대표적인 것은 **보조금**이며, 그 밖에 ② 사경제적 영역에서 보다 유리한 조건(저렴한 이자, 유리한 상환조건 등)의 자금대부인 **융자**, ③ 수급자가 제3자(은행, 외국 등)에게 지는 채무를 국가 등이 책임져주는 **보증**, ④ 국공유토지의 무상양여 · 저가임대 등이 있다.

(4) 보조금

1) 의 의: 보조금이란 행정주체가 경제활동을 조성 · 촉진하기 위하여 반대급부의무 없이 교부하는 금전을 말한다. 장려금 · 조성금이라고도 한다.

2) 근거 및 한계: 보조금에 관한 일반적 근거법으로 「보조금관리에 관한 법률」 있으며, 그 밖에 개별법(예; 국가균형발전특별법 · 벤처기업육성에관한특별조치법 · 지방재정법 등)에 규정을 두고 있다. 보조금은 법적 근거가 없는 경우에도 예산상의 근거(예산배정 · 행정규칙 등)가 있으면 가능하다. 다만, 보조금지원은 평등의 원칙, 비례의 원칙, 부당결부금지의 원칙 및 신뢰보호의 원칙 등을 준수하여야 한다.

3) 법적 성질: 보조금지원의 법적 성질에 관하여는, ① 보조금지급관계를 대등한 양 당사자의 합의에 의하여 공법상 효과를 발생시키는 것으로 보는 **공법상 증여계약설**, ② 협력을 요하는 행정행위로 보는 **쌍방적 행정행위설**, ③ 대등한 당사자 간에 금전의 지급에 관한 권리와 의무를 형성하는 것으로 보는 **사법상 계약설**, ④ 보조금교부여부는 행정행위에 의해 결정되고 이에 따른 보조금의 지급은 사법상 계약으로 체결된다는 **2단계설** 등으로 견해가 나뉜다.

생각건대, 보조금지급형태는 다양할 수 있기 때문에 이에 대응하여 그 법적 성질도 다양할 수 있겠으나, 「보조금관리에 관한 법률」에 따른 보조금 교부관계는 중앙관서의 장이 보조금교부신청에 대한 목적적합성과 사업내용 적정여부를 결정하고(동법 17), 법령위반의 경우 교부결정을 취소할 수 있고(동법 30), 반환금을 강제징수할 수 있다는 점(동법 33)에서 쌍방적 행정행위로 봄이 타당할 것이다.

4) 보조금청구권: 법률이 정한 요건을 갖춘 신청자에게 반드시 보조금을 지급하도록 규정하고 있는 경우에는 상대방은 보조금청구권이 인정된다고 할 것이며, 다만 법률의 규정이 행정청에 재량을 부여한 경우에는 무하자재량행사청구권이 인정된다고 할 것이다.

5) 보조금교부에 대한 제재

(가) 보조금교부결정의 취소: 중앙관서의 장은 보조금을 다른 용도로 사용한 경우, 법령 또는 법령에 따른 처분을 위반한 경우 및 거짓 신청이나 그 밖의 부정한 방법으로 보조금을 교부

받은 경우에는 보조금 교부 결정의 전부 또는 일부를 취소할 수 있다(동법 30①).

(나) 보조금 반환명령: 중앙관서의 장 등은 보조금의 교부 결정을 취소한 경우에는 그 취소한 부분에 해당하는 보조금과 이로 인해 발생한 이자의 반환을 명하여야 한다(동법 31①).

(다) 강제징수: 중앙관서의 장 또는 지방자치단체의 장인 보조사업자는 보조금의 반환금, 제재부가금(반환금의 5배 이내) 및 가산금(납부기한 경과시 체납금의 100분의 5 이내)을 국세 체납처분의 예에 따라 징수하거나 「지방행정·제재금의 징수 등에 관한 법률」에 따라 징수할 수 있다(동법 33의3①).

[판례 1] 보조금취소사유의 의미

"구 영유아보육법(2010. 1. 18. 법률 제9932호로 개정되기 전의 것) 제36조 등에서 정한 인건비 지원금은 성질상 넓은 의미의 보조금에 속하는 것이므로, 보조금 반환명령, 보육시설 운영정지명령, 보육시설장 자격정지명령 처분의 요건이 되는 **'거짓이나 그 밖의 부정한 방법'이란 정상적인 절차에 의하여는 보조금을 지급받을 수 없음에도 위계 기타 사회통념상 부정이라고 인정되는 행위로서 보조금 교부에 관한 의사결정에 영향을 미칠 수 있는 적극적 및 소극적 행위를 뜻하고**, 위 각 처분의 성격이나 인건비 지원금의 재원, 지급 목적, 대상 및 요건 등에 비추어 보면 이는 조세범처벌이나 퇴직연금 반환 등에서 문제되는 '사기 기타 부정한 행위'나 '허위 기타 부정한 방법'의 경우와 같이 반드시 적극적인 부정행위가 있어야만 하는 것은 아니다."(대판 2012.12.27. 2011두30182, 보육시설장자격정지등 처분취소)

[판례 2] 보조금지급결정의 성질 및 보조금반환청구의 쟁송수단

"지방자치단체가 보조금 지급결정을 하면서 일정 기한 내에 보조금을 반환하도록 하는 교부조건을 부가한 사안에서, 보조사업자의 지방자치단체에 대한 보조금 반환의무는 행정처분인 위 보조금 지급결정에 부가된 부관상 의무이고, 이러한 부관상 의무는 보조사업자가 지방자치단체에 부담하는 공법상 의무이므로, **보조사업자에 대한 지방자치단체의 보조금반환청구는 공법상 권리관계의 일방 당사자를 상대로 하여 공법상 의무이행을 구하는 청구로서 행정소송법 제3조 제2호에 규정한 당사자소송의 대상**이라고 한 사례."(대판 2011.6.9. 2011다2951)

"… 중앙관서의 장으로서는 반환하여야 할 보조금을 국세체납처분의 예에 의하여 강제징수할 수 있고, 위와 같은 중앙관서의 장이 가지는 반환하여야 할 **보조금에 대한 징수권은 공법상 권리로서** 사법상 채권과는 성질을 달리하므로, 중앙관서의 장으로서는 보조금을 반환하여야 할 자에 대하여 **민사소송의 방법으로는 반환청구를 할 수 없다**고 보아야 한다."(대판 2012.03.15. 2011다17328)

(5) 자금조성의 형식

1) 행정행위: 자금조성은 행정행위의 형식에 의하여 행하여지는 경우가 있다.

2) 공법상 계약: 자금지원의 승인과 이행이 공법상 계약으로 이루어 질 수도 있다. 보조금 교부를 공법상 계약으로 보는 설이 유력하다.

3) 사법상 계약: 국유재산의 무상양여 또는 대부 등과 같이 당사자의 모든 권리의무가 사법에 기초하여 형성되는 경우는 사법상 계약에 의해 설정된다고 할 수 있다.

4) 2단계형식: 자금조성은 제1단계에서 대부여부의 결정(행정행위), 제2단계에서 행정주체 또는 그 위임을 받은 은행과 수혜자간의 사법상 계약의 형식을 통한 자금집행이라는 2단계 형식을 취하는 경우도 있다(예; 대부·보증 등).

2. 문화조성

(1) 문화조성의 의의와 내용

문화조성이란 국민의 교육과 학문·예술을 보호·조성하기 위하여 행하여지는 조성작용을 말한다. 이러한 문화조성은, ① 장학금 등의 지급·도서벽지교육진흥, 특수교육진흥 및 기술교육진흥 등 국민의 교육을 받을 권리를 보호·조성하는 **교육조성**과, ② 문화예술진흥법에 따라 문화예술의 진흥을 위한 사업과 활동을 조성하는 **문화예술조성**이 있다. 문화예술조성은 문화예술활동의 산물인 창작을 권리로 보호하는 저작권보호가 중요하다.

(2) 저작권보호

1) 저작권의 성질: 저작권이란 문학·학술 또는 예술의 범위에 속하는 창작물에 배타적·독점적 권리이다. 이는 저작자의 저작물의 창작에 대한 정신적 고심 및 개인적 명예를 보호함과 아울러, 그의 재산적 가치를 보호하기 위하여 인정된 권리이기 때문에, 저작권은 재산권과 인격권의 이원적인 성질을 가지는 권리라고 할 수 있다.

2) 저작권의 주체 및 객체: 저작권은 저작자 또는 그의 권리승계인에게 속하는 데, 저작자란 저작권의 객체인 저작물을 창작한 자를 뜻한다(저작권법 10①, 2(2)). 저작권의 객체, 즉 목적물은 저작물인 바, 저작물이란 인간의 사상 또는 감정을 표현한 창작물을 말한다(동법 2(1)).

3) 저작권의 내용: 저작권의 내용은 저작인격권과 저작재산권으로 대별된다. 저작인격권은 공표권·성명표시권 및 동일성유지권을 내용으로 하며(동법 11 내지 13), 저작재산권은 저작물에 대한 복제권·공연권·공중송신권·전시권·배포권·대여권 및 2차적 저작물의 작성권을 내용으로 한다(동법 16 내지 22). 저작재산권은 저작인격권과는 달리 저작자의 일신전속권이 아니기 때문에 이전이나 이용허락이 가능하다(동법 45, 46). 저작권의 소멸사유로는 존속기간(사망후 70년)의 만료 및 저작권의 포기를 들 수 있다.

4) 저작권보호 기관: 저작권에 관한 사항의 심의와 저작권분쟁의 알선·조정, 권리자의 권익증진 및 저작물등의 공정한 이용에 필요한 사업을 수행하기 위하여 한국저작권위원회를 두며(동법 112①), 저작권 보호에 관한 사업을 하기 위하여 한국저작권보호원을 둔다(동법 122의2①).

5) 권리침해에 대한 구제: 저작권 등의 침해에 대해 저작권자 등은 그 침해자에 대해 침해의 정지청구와 그 침해행위에 의해 만들어진 물건의 폐기 및 그 밖에 필요한 조치를 청구할 수 있고, 침해우려가 있는 자에 대해 침해예방 또는 손해배상의 담보를 청구할 수 있다(동법 123①②). 고의·과실로 저작권 등을 침해한 자에 대하여 저작재산권자는 손해배상을 청구할 수 있고(동법 125①), 저작인격권을 침해받는 자는 손해배상과 함께 명예회복에 필요한 조치를 청구할 수 있다(동법 127). 또한 형사고소를 할 수 있다(동법 136~140).

3. 과학기술조성

(1) 의의 및 내용

과학기술조성은 과학기술의 진흥을 도모함으로써 국민생활과 경제발전에 기여하기 위하여 과학기술에 관한 연구활동 및 사업을 조성하는 작용을 말하며, 이에 관한 법률로 과학기술기본법이 있다. 과학기술의 진흥을 위한 조성수단으로 인간의 정신적 활동에 의한 창조 또는 고안한 것을 경제적으로 독점할 수 있는 공업소유권의 보호가 있다. 즉, 이에는 특허권, 실용신안권, 디자인권 및 상표권 등이 있다. 즉, ① 실용신안이란 물품의 형상·구조 또는 그 조합에 관한 산업에 이용할 수 있는 신규고안을 말하는바, **실용신안권**은 등록한 실용신안을 독점적·배타적으로 가지는 지배권으로 존속기간은 10년이다. ② 디자인이란 물품의 형상·모양·색채 또는 그 결합으로서 시각을 통하여 미감을 일으키게 하는 것을 말하는바, **디자인권**은 디자인보호법에 따라 등록된 디자인을 독점적·배타적으로 가지는 지배권으로 존속기간은 20년이다. ③ 상표란 다른 상품과 식별되도록 사용하는 기호·문자·도형·입체적 형상 또는 이들을 결합한 것으로서, **상표권**은 상표법에 따라 등록상표를 지정상품에 독점적으로 사용할 수 있는 권리로 존속기간은 10년이다.

(2) 특허권

특허권은 업으로서 그 특허된 발명을 독점적으로 실시할 수 있는 권리이다. 이러한 특허권은 등록에 의하여 비로소 완전히 효력이 발생하게 되는 것이나 등록이전에 이미 특허권의 내용이 되는 발명사실은 존재하는 것이기 때문에, 특허권에 관한 것은 발명권과 특허권의 두 가지의 부분으로 나누어 볼 수 있다.

1) **발명권:** 발명권이란 신규발명을 한 자가 그 발명에 대하여 특허를 받을 수 있는 권리를 말하는 바, 발명이란 자연법칙을 이용한 기술적 사상의 창작으로서 고도의 것을 말한다(특허법 2(1)). 발명권의 내용은 특허출현의 공고 전에 그 발명을 자유로이 지배·이용하고 수익하며, 특허출원을 할 수 있는 데 있다. 발명권은 해당 발명에 관한 특허권이 발생함으로써 소멸되는 것은 물론이며, 신규성이 상실됨으로써도 소멸된다.

2) **특허의 절차:** 특허의 절차로는 출원공고를 수반하는 심사주의와 선원주의가 채택되고 있다. 심사주의란 계출주의에 대한 것으로서 특허출원에 대하여 결정요건이 갖추어져 있는지의 여부를 관할행정청이 심사한 후에 특허부여의 결정을 하여 특허권의 등록을 하는 제도를 말하며, 선원주의란 선발명주의에 대한 것으로서, 2 이상의 특허출원이 경합된 경우에 출원일의 선순위자에게 특허를 하는 제도이다.

3) **특허의 효력 및 소멸:** 특허권은 특허된 발명을 배타적으로 이용할 수 있음을 내용으로 하며, 일정한 보호·제한 및 특허권자의 의무가 따른다.

4) **특허권의 소멸:** 특허권은 존속기간의 만료, 특허료의 불납, 상속인의 부존재, 권리포기 및 특허권의 무효·취소 등으로 소멸된다.

5) **특허에 관한 쟁송:** 특허권에 관한 쟁송절차는 특허심판원에 의한 심판과 법원에 의한 소송의 단계로 나뉜다.

(가) 심판 및 재심: 특허·실용신안에 관한 취소신청, 특허·실용신안·디자인·상표에 관한 심판과 재심 및 이에 관한 조사·연구 사무를 관장하게 하기 위하여 특허청장 소속으로 특허심판원을 둔다(동법 132의16①). ① 특허거절결정·특허무효·특허권존속기간연장등록 무효·권리범위확인·정정 등의 심판을 청구하려는 자는 특허심판원장에게 심판청구서를 제출할 수 있고(동법 132의17~140의2), 심판은 3명 또는 5명의 심판관으로 구성된 합의체에서 하며(동법 146①) 심결로써 종결된다(동법 162①). ② 당사자는 확정된 특허취소결정 또는 확정된 심결에 대해 재심사유를 안 날부터 30일 이내에 재심을 청구할 수 있다(동법 178①, 180①).

(나) 소 송: 특허취소결정·심결·각하결정에 대한 소는 특허법원의 전속관할로 한다(동법 186①). 특허법원의 판결에 대해서는 대법원에 상고할 수 있다(동조⑧).

제4장 공용부담법

제1절 개　　설

Ⅰ. 공용부담의 개념

공용부담(公用負擔)이란 실정법상의 용어가 아니라 학문상의 것이기 때문에, 그 개념에는 학자에 따라 광협(廣狹)의 차이가 있다. 그러나 일반적으로 공용부담이란 특정한 공익사업 그 밖의 복리행정상의 목적을 위하여 또는 물건의 효용을 확보하기 위하여 개인에게 강제적으로 과하는 공법상의 경제적 부담을 말한다. 이를 분설하면 다음과 같다.

1) 목　적: 공용부담은 공익사업 그 밖의 복리행정의 수행 또는 물건의 효용을 확보하기 위한 부담이다. 여기서 공익사업(公益事業)이란 사업주체의 여하에 관계없이 공공의 이익을 위하여 필요한 것이다. 따라서 공익사업에는 국가·공공단체 등의 행정주체가 경영하는 사업이나 사인이 경영하는 특허기업 그리고 예외적으로 순수한 사기업도 포함된다. 그리하여 ① 그 직접적 목적이 재력의 취득·관리에 있는 재정부담이나, ② 그 직접적 목적이 병력의 획득·유지에 있는 군사부담 및 ③ 소극적인 질서유지를 목적으로 하는 경찰상의 부담과 구별된다.

2) 대상자: 공용부담의 객체는 개인이다. 공용부담은 개인이 일반개인으로서의 입장에서 부담하는 것이며, 개인 이외의 자 또는 개인이라 하더라도 일반개인의 지위와는 다른 지위에서 지는 부담은 공용부담이 아니다. 따라서 자치단체가 지는 부담, 개인이 국가의 기관으로서 지는 부담이나 공기업의 경영자로서 지는 부담 등은 공용부담이 아니다.

3) 수　단: 공용부담은 강제적으로 과하여지는 공법상의 부담이다. 즉, 부담이 과하여 지는 자의 의사여하에 관계없이 국가 또는 공공단체의 일방적 의사에 의하여 과하여 지는 공법적인 부담이다. 공용부담은 권력적 작용을 수단으로 한다는 점에서 사법상의 부담과 다르다.

4) 내　용: 공용부담은 경제적인 부담이다. 경제적 부담이란 금전적 가치를 내용으로 하는 부담인 바, 금전적 가치 외에 윤리적 요소(충성·봉사 등)를 포함하는 경우(공무원의 근무의무 등)에는 공용부담에 속하지 아니한다.

Ⅱ. 공용부담의 근거

공용부담은 사유재산제도에 상충되는 제도로서 헌법상 보장된 재산권(헌법 23)에 대한 침해를 가져오는 것이므로 공용부담을 과함에 있어서는 반드시 법률에 근거가 있어야 한다. 우리 헌법은 "공공필요에 의한 재산권의 수용·사용 또는 제한… 은 법률로 정한다"(23③)라고 규정하여 이를 명시하고 있다. 공용부담에 관한 일반법으로는 공익사업을위한토지등의취득및보상에관한법률·지방자치법이 있고, 개별적인 것으로는 국토의계획및이용에관한법률·도시개발법·도로법·하천법·광업법·전기사업법 등이 있다.

Ⅲ. 공용부담의 종류

1. 목적에 의한 분류

공용부담은 공익사업의 경영을 위하여 행하여지는 것과 특정한 물건의 유지·관리를 위하여 행하여지는 것 및 기타의 복리행정상의 목적을 위하여 행하여지는 것으로 나누어 볼 수 있는 바, 이를 다시 그 실질적인 목적에 따라 ① 도로부담, ② 하천부담, ③ 우편부담, ④ 철도부담, ⑤ 환경부담 등으로 나눌 수 있다.

2. 발생원인에 의한 분류

1) **강제부담**: 이는 부담의무자의 의사와는 전혀 관계없이 일방적으로 과하여지는 공용부담이다. 이러한 강제부담은 직접 법률의 규정에 의하여 성립되는 경우와, 법률에 의거한 일정한 행정행위에 의하여 성립되는 경우가 있는가 하면, 일방적인 행위에 의하여 부담을 과하기에 앞서 부담권리자와 의무자가 협의를 하도록 하는 경우가 있다.

2) **임의부담**: 이는 부담의무자의 자유의사에 의하여 성립하는 경우인 바, 보통은 부담권리자와 부담의무자간의 합의에 의하여 성립하나, 예외적으로 부담의무자의 일방적 의사에 의하여 성립하는 경우도 있다. 공용부담은 원칙적으로 권력적 작용으로서 강제부담을 뜻하는 것이며, 임의부담은 극히 예외적인 현상이다.

3. 권리자에 의한 분류

공용부담은 그 부담권리자를 표준으로 하여 국가에 의한 부담, 공공단체에 의한 부담 및 공용부담권을 부여받은 사인에 의한 부담으로 나눌 수 있다. 공용부담을 과하는 권리는 국가적 공권의 성질을 가지며, 본래 국가에 전속하는 권리라고 할 수 있으나 국가는 필요에 따라 이를 공공단체나 사인에게 부여할 수 있다.

1) **인적 공용부담:** 이는 특정인이 공익사업 기타 복리행정의 수행이나 물건의 효용을 확보하기 위하여 필요한 작위·부작위 또는 급부의 의무를 부담하는 것을 말한다. 인적 공용부담은 특정인에게 일정한 의무를 부담시키는 것이므로 별도의 정함이 없으면 그 의무는 타인에게 이전될 수 없는 것이 원칙이며 채권적 성질의 부담이다.

2) **물적 공용부담:** 이는 일정한 재산권이 공익사업 기타의 복리행정의 수행이나 물건의 효용을 확보하기 위하여 필요하기 때문에 그 재산권에 부착하여 과하여지는 부담이다. 이를 물상부담(物上負擔)이라고도 한다. 물적 공용부담은 일정한 재산권에 부착하여 직접 그에 대하여 물권적 변동을 발생시킬 수 있는 것이라는 점에서 물권적 부담이며, 그 재산권과 더불어 타인에게 이전된다.

4. 내용에 의한 분류

공용부담

- 인적 공용부담 (특정인에게 과해지는 공용부담)
  - (1) **부담금**: 특별한 이해관계인에게 그 공익사업에 필요한 경비를 부담시키는 금전급부의무(수익자부담금·손상자부담금·원인자부담금 등)
  - (2) **부역·현품**: 노역·물품과 금전의 선택적 지급의무
  - (3) **노역·물품**: 노역·물품 그 자체를 부담
  - (4) **시설부담**: 공사 등의 시설을 할 부담
  - (5) **부작위부담**: 특정한 공익사업을 위한 일정한 부작위의무 부담
- 물적 공용부담 (특정한 재산권에 과해지는 공용부담)
  - (1) 공용제한
    - ① **계획제한**: 행정계획(국토계획·경제계획 등)에 의한 재산권의 제한
    - ② **보전제한**: 자연·자원·문화재 등의 보전을 위한 사권제한
    - ③ **사업제한**: 특정 공익사업과 직접 관계없는 개인의 재산에 가해진 공법상 제한(작위부담, 부작위부담, 수인부담 등)
    - ④ **공물제한**: 개인재산 자체의 공익상 필요로 그 재산권에 가해지는 공법상 제한
    - ⑤ **공용사용(사용제한)**: 타인의 재산권 위에 공법상 사용권을 취득하고 상대방은 그 사용을 수인할 의무
  - (2) **공용수용(공용징수)**: 타인의 특정재산권의 강제적 취득
  - (3) **공용환지**: 토지효용증대 위해 토지소유권 등 강제적 교환·분합
  - (4) **공용환권**: 토지이용증진 위해 토지소유권·지상물권 등 강제적 변환

제2절 인적 공용부담

Ⅰ. 인적 공용부담의 개념

인적 공용부담(人的 公用負擔)이란 특정한 공익사업 기타의 복리행정상의 수요에 충당하기 위하여 법률에 근거하여 개인에게 과하는 공법상의 작위·부작위 또는 지급의 의무를 말한다. 이는 공법상의 의무이므로 불이행에 대하여 행정상 강제집행이, 의무위반에 대하여는 행정벌이 과하여지는 것이 보통이다.

Ⅱ. 인적 공용부담의 종류

1. 부과방법에 의한 분류

(1) 개별부담

개별부담은 부담의무자인 각 개인에 대하여 개별적으로 과하는 부담이다. 따라서 부담의무자가 다수인인 경우에도 각 부담의무자는 자기의 부담분에 대하여서만 책임을 진다. 인적 공용부담에 있어서는 개별부담이 원칙이다.

(2) 연합부담

연합부담은 부담의무자인 개인의 총합체에 대하여 공동의 부담으로 과하여지는 부담이다. 연합부담은 공용부담이 분할됨이 없이 연합체에 대하여 과하여지기 때문에 그 전체의 이행이 있어야 비로소 공용부담이 이행된 것으로 되며, 공동의 부담으로 과하여지기 때문에 각 부담의무자는 공용부담의 전체에 대하여 책임을 진다.

2. 부과근거에 의한 분류

(1) 일반부담

일반부담은 일정한 범위 내의 개인 전원에 대하여 각자의 능력에 따라 일반적으로 과하여지는 부담이다. 일반부담의 권리자는 성질상 국가 또는 공공단체에 한하며, 그 내용은 금전지급의무 이외의 것에 한하는 것이 원칙이다. 일반부담의 예로는 구 지방자치법(1988.4.6. 법률 제4004호로 개정되기 전의 것)상 지방자치단체가 비상재해 등의 복구를 위하여 주민에게 과하는 부역·현품이 있었으나(동법 129①), 그 후 삭제되어 현행법에는 없다.

(2) 특별부담

특별부담은 특정한 공익사업과 특별한 관계가 있는 자에게 그 관계에 따라 과하여지는 부담인바, 그 관계가 어떠한 것인지에 따라 수익자부담·원인자부담·손상자부담 등으로 나뉘어진다.

특별부담의 권리자는 국가와 공공단체이며, 그 내용은 일반부담 및 우발부담의 경우와는 달리 금전지급의무인 것이 보통이다.

(3) 우발부담

우발부담은 우연히 그 사업의 수요를 충족시킬 수 있는 지위에 있는 자에게 과하여지는 부담으로서, 그 부담의 정도는 오로지 해당사업의 필요에 따라 정하여진다.

우발부담의 권리자는 국가 또는 공공단체에 한하지 않고 사인일 경우도 있을 수 있으며, 그 내용은 금전지급의무 이외의 의무이다. 우발부담은 일반부담이나 특별부담과는 달리 불평등한 부담이며, 부담의무자에게 특별한 희생을 과하는 것이므로 손실보상의 문제가 생긴다.

3. 내용에 의한 분류

인적 공용부담은 그 내용에 따라 부담금, 부역·현품, 노역·물품, 시설부담 및 부작위부담으로 나눌 수 있다.

Ⅲ. 인적 공용부담의 내용

1. 부담금

(1) 성 질

부담금(負擔金)이란 특정한 공익사업의 소요경비에 충당하기 위하여 그 사업과 특별한 이해관계를 가진 자에게 과하는 공법상의 금전지급의무를 말한다. 사업경비의 일부를 부담시키는 경우를 특히 분담금이라고도 한다. 부담금은 금전지급의무로 그 성질이 특별부담에 해당하는 것만이 있으며, 그 부담권리자는 국가 또는 공공단체에 한한다. 부담금은 금전지급의무라는 점에서 조세 및 사용료·수수료와 비슷하나 다음과 같은 차이가 있다.

1) **조세와의 구별:** 부담금은 공익사업자가 특정한 공익사업의 경비에 충당하기 위하여 해당 사업과 특별한 관계에 있는 자에게 그 관계의 범위 내에서 부과하나, 조세는 국가·지방자치단체가 그 일반수입을 목적으로 일반국민에게 담세력(擔稅力)을 표준으로 하여 과한다.

2) **사용료·수수료와의 구별:** 부담금은 특별한 이해관계인에게 공익사업의 소요경비를 부과하는 것이나, 사용료·수수료는 사업의 이용자에게 그 이용의 대가·반대급부로서 부과하는 것이다.

(2) 종 류

부담금은, ① 그에 의하여 시행하려는 사업의 내용에 따라 도시계획부담금·도로부담금·소방부담금 및 하천부담금 등으로 나뉘어지며, ② 부담의무자의 성질에 따라 다음과 같이 나뉘어 진다.

1) **수익자부담금:** 수익자부담금(受益者負擔金)이란 당해사업으로부터 특별한 이익을 받은 자에 대하여 그 수익의 한도 안에서 사업경비의 일부를 부담시키는 것을 말한다(개발이익환수에관

한법률 3, 하천법 61 등). 개발이익의 환수를 위한 개발부담금 및 개발이익금도 넓은 의미의 수익자부담금에 포함된다.

2) **원인자부담금:** 원인자부담금(原因者負擔金)이란 특정한 공사의 시행을 필요하게 한 원인을 조성한 자에 대하여 그 공사비용의 전부 또는 일부를 부담시키는 것을 말한다(도로법 91, 하천법 29 등). 전주매설로 인한 도로수선공사를 필요하게 한 경우의 공사비를 해당 전기회사에 부담시키는 것이 그 예이다.

3) **손상자부담금:** 손상자부담금(損傷者負擔金)이란 특정한 공익사업의 시설에 손상을 주는 행위를 한 자에 대하여 그 시설의 유지 또는 수선에 필요한 비용의 전부 또는 일부를 부담시키는 것을 말한다.

(3) 부과 · 징수

1) **부 과:** 부담금을 부과할 수 있는 권한은 원칙적으로 해당 사업주체가 가지나, 국영공비사업에 있어서는 경제주체인 공공단체가 부과권을 가지는 것이 보통이나 부과여부를 결정하는 권한은 사업주체인 국가에 속하는 것이 원칙이다. 부담금을 과할 수 있는 금액의 한도는 부담금의 종류에 따라 각각 다르다.

2) **징 수:** 부담금은 공법상의 금전지급의무이므로 부담의무자가 그 의무를 이행하지 아니한 경우에는 행정상의 강제징수절차에 의한 강제집행이 인정된다. 부담금의 부과 · 징수에 대한 불복은 행정쟁송절차에 의한다.

2. 부역 · 현품

(1) 성 질

부역(夫役) · 현품(現品)이란 특정한 공익사업의 수요를 충족시키기 위하여 노역 또는 물품과 그에 상당하는 금전을 선택하여 지급할 의무를 내용으로 하는 공법상의 선택적 지급의무이다. 부역 · 현품은 반드시 금전으로 환산하여 부과해야 하며, 타인이 대행할 수도 있다. 이에 관한 근거법으로 구 농지개량조합법과 농촌근대화촉진법이 있었으나 현재는 그 예가 거의 없다.

(2) 종류 및 부과 · 징수

부역 · 현품은 일정한 범위 내의 일반개인에 대하여 그 부담능력에 따라 일반적으로 과하는 일반부담으로서의 부역 · 현품과, 특정한 공익사업과 특별한 관계에 있는 자에게 그 관계의 정도에 따라 과하는 특별부담으로서의 부역 · 현품이 있다.

부역 · 현품은 원칙적으로 금전으로 환산하여 부과하여야 한다.

3. 노역 · 물품

(1) 성 질

노역 · 물품이란 특정한 공익사업을 위하여 필요한 노역(勞役) 또는 물품(物品) 그 자체를 급부할 의무를 부담시키는 것을 말하는 바, 비상재해의 복구 기타 목전에 급박한 필요가 있는 경우에, 달리 그 수요를 충족할 방법이 없을 때에 한하여 예외적으로 인정된다. 노역 · 물품은 금전과의 선택적 급부의무가 아니고 직접 노역 또는 물품 그 자체를 급부해야 하는 의무인 점에서 부역 · 현품과 구별된다.

(2) 종 류

1) **노역부담:** 노역부담은 일정한 노역의 제공의무인 인적 공용부담이다. 실정법상 인정되는 노역부담에는 일반부담인 것(농어업재해대책법 7 〈응급조치〉 등)과, 우발부담인 것(수상에서의 수색 · 구조 등에 관한 법률 16 〈수난구호를 위한 응급조치〉 등)이 있다.

2) **물품부담:** 물품부담이란 물품의 지급의무, 즉 불특정한 동산의 급부를 내용으로 하는 의무이다. 물품은 그 내용에 따라 해당 물품의 소유권을 부담권리자에 이전하는 것과 단순히 부담권리자에게 이것을 사용시키는 것으로 구별된다. 양자는 각각 우발부담으로서 손실보상이 행하여짐이 원칙이다.

(3) 부과 · 징수

물품부담의 불이행에 대하여는 행정벌이 과하여지는 경우가 있는 외에는 현행법상 특별한 행정상의 강제집행수단은 찾아 볼 수 없다. 물품부담의 부과 · 징수에 대한 불복은 행정쟁송절차에 의한다.

4. 시설부담

(1) 성 질

시설부담은 특정한 공익사업을 위하여 그 사업과 특별한 관계에 있는 자 또는 우연히 그 필요성을 충족시킬 수 있는 지위에 있는 자에 대하여 과하여지는 공사 등의 시설을 할 인적 공용부담이다. 부담권리자의 명에 따라 노무에 종사하는 것이 아니고 자기의 책임하에서 일정한 일, 공사를 완성시키는 것을 내용으로 하는 점에서 부역이나 노역부담과 구별된다.

(2) 종류 및 부과 · 징수

시설부담은 그 발생원인과의 관계에서 강제부담과 임의부담으로 나뉘며, 내용을 표준으로 하여 도로부담 · 하천부담 · 철도부담 등으로 나눌 수 있다. 시설부담의 불이행의 경우에 그 내용이 대체적인 때에는 대집행을 할 수 있으나, 그 이외의 경우에는 행정벌이 과하여지는 것이 보통이다. 시설부담의 부과징수에 대한 불복은 행정쟁송절차에 의한다.

5. 부작위부담

(1) 성 질

부작위부담(不作爲負擔)이란 특정한 공익사업을 위하여 일정한 부작위의무를 과하는 인적 공용부담이다. 부작위부담은 그 내용으로 보아 경찰금지 및 재정금지와 비슷하나, 그 목적의 점에서 서로 다르다.

(2) 부과 · 징수

부작위부담은 법정부담이 대부분이나 관리권의 작용으로 과하는 경우는 시행주체가 과하며, 불이행은 행정벌이 과하여지고, 일반부담이 보통이므로 손실보상은 없다.

제 3 절 공용제한

Ⅰ. 개 설

1. 공용제한의 개념

공용제한(公用制限)이란 특정한 공익사업 그 밖의 복리행정상의 목적을 위하여 또는 물건의 효용을 위해 개인의 재산권에 가해지는 공법상의 제한을 말한다. 이를 분설하면 다음과 같다.

(1) 목 적

공용제한은 특정한 공익사업 그 밖의 복리행정상의 목적을 위하여 또는 물건의 효용을 확보하기 위하여 부과되는 공법상의 제한이란 점에서 경찰목적 또는 재정목적을 위한 제한과 구별된다.

(2) 대 상

공용제한의 직접적 대상은 특정한 재산권이라는 점에서 물적 공용부담이며, 직접 사람에 대하여 일정한 의무를 과하는 인적 공용부담과 구별된다. 인적 공용부담에서의 의무는 해당 의무자에게 고착되어 타인에게 이전되지 않으나, 공용제한에서의 의무는 해당 재산권과 더불어 이전된다. 공용제한의 대상인 재산권에는 토지 등의 부동산 · 동산 및 무체재산권이 포함된다. 그 중에서도 가장 중요하고 일반적인 대상은 토지소유권인 바, 이에 대한 공용제한을 특히 공용지역(公用地役)이라고 한다.

(3) 내 용

공용제한은 단순히 재산권에 대하여 일정한 제한을 가하는 데 그치며, 재산권 자체를 소멸시키는 것은 아니다. 따라서 재산권을 강제적으로 취득하는 공용수용이나 강제적으로 교환 · 분합하는 공용환지 및 공용환권과 구별된다.

(4) 성 질

공용제한은 공법상의 제한인 점에서 재산권에 대한 사법상의 제한(민법상의 상린관계, 지역권 등)과 다르다. 그 결과 공용제한의 위반에 대하여는 행정벌 또는 행정상의 강제집행이 행하여질 수 있다.

2. 공용제한의 근거

공용제한은 헌법상 보장된 개인의 재산권(헌법 23①)에 대한 침해를 가져오므로, 반드시 법률의 근거가 있어야 한다. 이에 관한 법률로는 국토의계획및이용에관한법률 · 도로법 · 하천법 · 산림기본법 · 철도건설법 등이 있다.

3. 공용제한과 손실보상

(1) 의 의

공용제한으로 인한 손실이 사회통념상 당연히 수인하여야 할 사회적 제약의 범위(경찰상의 제한 · 상린관계상의 제한)를 넘어, 상대방에게 '특별한 희생'을 입힌 것인 경우에는 법률이 정하는 바에 의하여 손실보상을 하여야 한다.

(2) 법적 근거

공용제한으로 인한 손실보상에 관한 근거법으로, 군사기지및군사시설보호법(20), 농어촌도로정비법(28), 도로법(99), 문화재보호법(46), 원자력안전법(89), 자연환경보전법(53), 철도안전법(46), 하천법(76, 79) 및 공익사업을위한토지등의취득및보상에관한법률 시행규칙(23) 등이 있다. 이러한 개별규정이 없는 경우에 헌법 제23조 제3항과 제11조 및 관계규정의 유추적용 여부가 문제될 수 있으나, 유추적용이 가능하다고 볼 것이다.

(3) 손실보상의 요건

공용제한이 수인해야 할 사회적 제약을 넘는 특별한 희생에 해당하여야 손실보상이 가능하다. 즉, ① 공용제한이 되더라도 종전의 방법으로 토지이용의 계속이 가능하고, 또한 그 제한이 객관적으로 보아 해당 토지의 본래의 기능에 반하지 아니하는 경우에는 사회적 제약을 넘지 않는 것으로서 보상을 요하지 아니한다. 그러나 ② 그 제한이 해당 토지의 본래의 기능을 침해하거나 이미 객관적으로 현실화된 개발행위를 저해하는 것일 경우에는 사회적 제약을 넘는 특별한 희생에 해당하여 보상을 요한다고 할 것이다(판례1, 2).

[판례 1] 공용제한이 특별한 희생에 해당하지 아니하여 손실보상 불필요

"광업법 제48조 제1항이 정한 채굴제한은 철도, 도로, 수도, 운하, 항만, 하천 등의 공공시설 및 건물의 관리운영상 지장 있는 사태의 발생을 미연에 방지하기 위하여, 그 부근에서 광물을 채굴하는 경우에는 관할관청의 허가나 소유자 또는 이해관계인의 승낙을 얻는 것이 필요함을 정한 것에 지나지 않고, **이러한 제한은 공공복지를 위하여 광업권에 당연히 따르는 최소한도의 제한이고 부득이한 것으로서 당연히 수인하여야 하는 것이지 특별한 재산상**

의 희생을 강요하는 것이라고는 할 수 없기 때문에, 광업권자가 광업법 제48조 제1항의 규정에 의한 채굴제한으로 인하여 손실을 입었다고 하여 이를 이유로 보상을 구할 수 없다.(대판 2005.06.10. 2005다10876, 손해배상(기))

[판례 2] 공용제한이 토지 재산권의 과도한 침해라는 헌법재판소의 위헌결정

"도시계획법(2002.2.4,법률 제6655호로 폐지되기 전의 것) 제21조에 의한 재산권의 제한은 개발제한구역으로 지정된 토지를 원칙적으로 지정 당시의 지목과 토지현황에 의한 이용방법에 따라 사용할 수 있는 한, 재산권에 내재하는 사회적 제약을 비례의 원칙에 합치하게 합헌적으로 구체화한 것이라고 할 것이나, **종래의 지목과 토지현황에 의한 이용방법에 따른 토지의 사용도 할 수 없거나 실질적으로 사용 · 수익을 전혀 할 수 없는 예외적인 경우에도 아무런 보상없이 이를 감수하도록 하고 있는 한, 비례의 원칙에 위반되어 당해 토지소유자의 재산권을 과도하게 침해하는 것으로서 헌법에 위반된다.**"(헌법재판소 1998.12.24. 89헌마214,90헌바16,97헌바78(병합) 전원재판부 도시계획법제21조에대한위헌소원)

Ⅱ. 공용제한의 종류

공용제한은 그 목적 또는 원인에 의해 공물제한, 부담제한(부작위부담 · 작위부담 · 수인부담), 사용제한(공용사용) 등으로 나눌 수 있으며, 해당 제한을 필요로 하는 공익상의 수요의 종류에 따라 다음과 같이 나눌 수 있다.

1. 계획제한

계획제한(計劃制限)은 국토계획 · 도시계획 등 행정계획에 따라 그 목적달성을 위하여 재산권에 가하여진 공용제한이다. 국토는 토지의 이용실태 및 특성과 장래의 토지이용방향 등을 고려하고, 토지의 경제적 · 효율적 이용과 공공복리증진의 도모를 위하여 용도지역, 용도지구 및 용도구역 등으로 구분한다. 용도지역 · 용도지구 · 용도구역의 지정은 토지의 이용 및 건축물의 용도 · 건폐율 · 용적률 · 높이 등을 제한하는 계획제한이다.

2. 보전제한

보전제한은 일정한 계획에 따라 자연 · 자원 · 문화재 등의 보전을 위하여 가하여지는 사권제한이다. 예컨대, ① 지역지구지정(예; 경관지구 · 보전지구 등), ② 자연보전제한(예; 공원 내의 토지에 대한 제한), ③ 자원보전제한(예; 보전림에 대한 제한), ④ 문화재 등 보전제한(예; 국보 · 고적 · 천연기념물 등에 대한 제한), ⑤ 택지보전제한 등이 있다.

3. 사업제한

사업제한은 도시계획사업 기타 특정한 공익사업을 원활히 수행하기 위하여 그 사업과 일정한 관계가 있는 타인의 재산권에 대하여 가하여지는 공법상의 제한이다. 즉, 이러한 사업의 사업지 · 인접지역 · 예정지 등에서 ① 사업시행에 장해가 될 건축 · 시설 기타 행위를 제한 · 금지하거나(부작위의무), ② 공작물개축 · 시설설치 기타 작위의무를 과하고, ③ 사업자의 토지출입 · 장애물변경제거 등 재산권침해행위를 수인할 의무를 과하는 것과 같다.

4. 공물제한

공물제한이란 개인의 소유에 속하는 특정한 토지·물건 등에 특정한 공익목적을 위하여 필요한 경우에 그 필요한 한도 내에서 소유권에 가하여지는 공법상의 제한을 말한다. 이는 다시 ① 사유공물에 대한 제한(예: 사유토지가 도로의 부지 또는 지벽을 이루고 있는 경우의 사권행사의 제한)과 ② 특허기업에 공용되고 있는 토지 그 밖의 물건 등에 대한 저당권설정 그 밖에 융통성을 제한하는 특허기업용재산에 대한 공물제한으로 나눌 수 있다.

5. 사용제한(공용사용)

사용제한은 공익사업의 주체가 타인 소유의 토지 그 밖의 재산권 위에 공법상의 사용권을 취득하고 상대방인 소유자 그 밖의 권리자는 그 사용을 수인할 의무를 지는 공용제한이다. 사업자의 사용은 공법상 권리인 공용사용권의 내용이며, 따라서 단순한 사실상의 사용과 다르다. 사용제한은 ① 일시적으로 타인의 토지·건물 그 밖의 재산을 출입·사용하는 일시적 사용과, ② 비교적 장기간 계속하여 타인의 재산을 사용하는 계속적 사용으로 나눌 수 있다. 계속적 사용은 부담의무자에게 주는 영향이 크므로 「공익사업을 위한 토지 등의 취득 및 보상에 관한 법률」에 따라 사용권의 설정에 의하는 것이 원칙이다.

제4절 공용수용

Ⅰ. 개 설

1. 공용수용의 개념

공용수용(公用收用)이란 공익사업을 위하여 타인의 특정한 재산권을 법률의 힘에 의하여 강제적으로 취득함을 말한다. 공용징수(公用徵收)라고도 한다. 공용수용제도는 공익사업을 위하여 특수한 재산권이 필요한 경우에 매도의 거부 등 매매 기타 민사상의 방법으로는 재산권을 취득할 수 없는 경우에 특정한 공익사업의 신속하고 효과적인 수행을 도모하기 위하여 권리자의 의사여하에 관계없이 그 재산권을 취득할 수 있게 하기 위하여 인정된 제도이다. 공용수용의 개념을 분설하면 다음과 같다.

(1) 목 적

공용수용의 목적은 특정한 공익사업의 효과적인 수행을 도모하려는 데에 있다. 이 점에서 경찰상·재정상·국방상의 목적을 위한 재산권의 제한·박탈과 구별된다. 다만 사업의 공공성은 전통적으로 사권보호의 견지에서 제한적으로 인정되어 왔으나, 오늘날에는 사회경제적인 수요의 변화에 따르는 복리행정의 확대와 토지개발기술의 발달 등에 따라 그 요건이 완화·확대되어 가고 있다.

(2) 대 상

공용수용의 대상은 특정한 재산권이다. 가장 일반적인 것은 토지소유권이나 그 밖의 권리가 포함된다. 다만 공익사업의 종합화 경향에 대응하여 토지소유권도 대단위화 · 종합화되는 경향이 있기 때문에 공용수용의 대상인 재산권의 특정성은 희박해지고 있다.

(3) 수 단

공용수용의 수단은 재산권의 강제적 취득이다. 따라서 종전의 권리자의 의사 여하에 관계없이 수용권자가 일방적으로 특정한 재산권을 취득하는 것이며, 종전의 권리자에게 재산권을 제공할 의무를 부담시켜 그 이행의 결과로 재산권을 취득하는 것이 아니라, 수용권자가 직접 재산권 자체를 취득하는 것이므로 원시취득에 속한다.

(4) 주 체

공용수용의 주체는 해당 공익사업의 주체이다. 공익사업의 주체는 국가일 경우도 있고, 자치단체 또는 사인일 경우도 있다.

(5) 보 상

공용수용은 손실보상의 지급을 전제로 한다. 공용수용은 특정한 재산권이 공익사업을 위하여 필요한 결과, 그 재산권자에게 '특별한 희생'을 부담시키는 것이므로, 그로 인하여 재산권자가 입은 손실에 대하여는 적정한 보상을 지급하지 않으면 아니된다(헌법 23②, 공익사업을위한토지등의취득및보상에관한법률 70).

2. 공용수용의 근거

공용수용은 타인의 재산권을 공익상의 필요를 이유로 하여 강제적으로 취득하는 것이므로 사유재산제를 보장하는 현대법치국가에 있어서는 반드시 법률의 근거를 요한다.

공용수용에 관한 일반법으로는 공익사업을위한토지등의취득및보상에관한법률(이하 '토지보상법'이라 한다)이 있으며, 특별법으로는 국토의계획및이용에관한법률 · 도시및주거환경정비법 · 광업법 · 도로법 · 하천법 등이 있다. 공용수용에 관한 특별법은 토지보상법이 정하지 않은 특수한 사업, 새로운 재산권, 특별절차 등을 각기 규정하고 있으며, 그 이외의 사항에 대해서는 토지보상법을 준용하도록 하는 것이 보통이다.

Ⅱ. 공용수용의 당사자

1. 수용자(수용권의 주체)

(1) 의 의

수용자(收用者)란 그 사업을 위하여 공용수용을 할 수 있는 공익사업의 주체를 말한다. 수용자는 공익사업의 주체로서 수용의 목적물을 취득할 권리와 이에 부수된 여러가지 권리를 가지는 동시에 의무를 부담한다. 공용수용을 할 수 있는 공익사업의 수행자를 사업시행자라 한다.

(2) 수용권의 주체에 관한 학설

수용자가 국가인 경우에는 의문이 없으나, 국가 이외의 공공단체 또는 사인인 경우에는 학설이 대립되고 있다.

1) **국가수용권설:** 국가수용권설은 수용권이 국가적 공권이라는 것을 이유로 수용권의 주체는 언제나 국가이며, 사업시행자는 단지 국가에 대하여 자기 사업을 위하여 필요한 토지 등을 수용하여 줄 것을 청구할 수 있는 권리를 가짐에 불과하다고 하는 견해이다.

2) **사업시행자수용권설:** 사업시행자수용권설은 공용수용의 본질을 자기의 이익을 위한 재산권의 강제적 취득으로 보고, 거기에서의 수용권은 공용수용의 효과를 향수할 수 있는 법상의 능력을 뜻하는 것으로 보기 때문에 수용권의 주체는 공용수용의 효과를 향수하는 자, 즉 재산권을 취득하는 자인 사업시행자가 된다고 한다(통설).

3) **국가위탁권설:** 수용권은 국가에 귀속하는 국가적 공권이며, 국가는 사업인정을 통하여 이를 사업시행자에게 위탁한 것이라는 입장이다.

4) **결 어:** 공용수용권은 수용의 효과를 누릴 수 있는 능력으로 보아, 그 수용의 효과를 향수하는 사업시행자가 수용권의 주체라 할 것이므로 사업시행자수용권설이 타당하다.

(3) 수용자의 권리 · 의무

수용자는 수용목적물을 취득할 수 있는 권리와 이에 부수된 권리로서 수용예정지에 들어가서 측량 · 조사를 할 권리(토지보상법 9), 장해물제거 등(동법 12), 토지조서 및 물건조서의 작성(동법 14), 재결신청(동법 28) 및 수용목적물의 확장청구권 등의 권리를 가지는 반면, 손실보상의무 · 비용부담의무 등을 부담한다.

2. 피수용자(수용권의 객체)

(1) 피수용자의 의의 및 범위

피수용자(被收用者)는 수용의 목적물인 재산권의 주체이다. 토지보상법은 토지소유자 및 관계인이라 규정하고 있다(동법 2, 14, 15, 16, 26). 토지소유자란 수용할 토지의 소유권자를 말하며, 관계인이란 수용할 토지에 관하여 지상권 · 지역권 · 전세권 · 저당권 · 사용대차 또는 임대차에 따른 권리 그 밖에 토지에 관한 소유권 이외의 권리를 가진 자나 그 토지에 있는 물건에 관하여 소유권이나 그 밖의 권리를 가진 자를 말한다. 다만, 사업인정의 고시가 된 후에 권리를 취득한 자는 기존의 권리를 승계한 자를 제외하고는 관계인에 포함되지 아니한다(동법2).

(2) 피수용자의 권리 · 의무

피수용자는 사업인정 및 재결신청서에 대한 의견제출권(동법 21, 31②), 토지 · 물건조서내용에 대한 이의제기권(동법 15③), 재결신청청구권(동법 30), 손실보상청구권, 수용재결에 대한 이의신청권(동법 83) 및 행정소송제기권(동법 85), 환매권(동법 91) 등의 권리가 인정되는 반면, 토지보전의무(동법 25), 수용목적물의 인도 · 이전의 의무(동법 43) 등 의무를 부담한다.

Ⅲ. 공용수용의 목적물

1. 목적물의 종류

공용수용의 목적물은 토지보상법 및 특별법에서 정하고 있는 바, 토지보상법이 정한 수용의 목적물은 토지소유권, 토지에 관한 소유권 이외의 권리, 토지정착물의 소유권 및 소유권 이외의 권리, 광업권, 어업권 또는 물의 사용에 관한 권리, 토지에 속하는 흙 · 돌 · 모래 또는 자갈에 관한 권리 등이 있으며, 그 밖의 특별법에 토석 · 죽목 · 운반기구 기타의 동산에 관한 권리 및 무체재산권 등이 있다.

2. 목적물의 제한

공용수용은 원칙적으로 그를 통하여 하려는 공익사업을 위하여 필요한 최소한도에 그쳐야 하며, 또한 물건자체의 성질상 수용이 불능하거나 제한되는 것이 있다. 즉, ① 치외법권이 인정된 외국대사관 등의 부지 · 건물, ② 공물 등은 수용할 수 없으며, ③ 현재 공용수용을 할 수 있는 사업에 공용되고 있는 토지는 특별한 필요가 있는 경우가 아니면 수용할 수 없다.

[판 례] 수용목적물의 범위는 필요 최소한

"공용수용은 공익사업을 위하여 타인의 특정한 재산권을 법률의 힘에 의하여 강제적으로 취득하는 것이므로 수용할 목적물의 범위는 원칙적으로 사업을 위하여 **필요한 최소한도에 그쳐야** 한다."(대판 1987.9.8. 87누395, 토지수용재결처분취소)

3. 목적물의 확장

수용할 목적물의 범위는 원칙적으로 사업을 위하여 필요한 최소한도에 그쳐야 하며, 예외적으로 수용자와 피수용자 간의 이해의 합리적 조정의 견지에서 또는 사업의 목적에 비추어 필요한 한도를 넘어 수용할 수 있다.

(1) 확장수용

확장수용이란 특정한 공익사업을 위하여 필요한 범위 또는 정도를 넘어서 수용하는 경우를 말한다. 확장수용은 법률이 정하는 일정한 조건 아래 수용자 또는 피수용자의 청구에 의하여 행하여지고, 그 청구권을 가리켜 확장수용청구권이라 한다. 확장수용의 경우로는 다음의 세 가지를 들 수 있다.

1) **완전수용**: 완전수용이란 토지를 사용하는 것으로 족하지만 토지소유자가 받게 되는 토지이용의 현저한 장해 내지 제한에 갈음하여 사용하는 해당 토지를 수용하는 것을 말한다. 수용의 요건은 사업인정고시가 된 후, ① 토지를 사용하는 기간이 3년 이상인 경우, ② 토지의 사용으로 인하여 토지의 형질이 변경되는 경우, ③ 사용하려는 토지에 그 토지소유자의 건축물이 있는 경우 등이다. 이 경우 해당 토지소유자는 관할 토지수용위원회에 수용을 청구할 수 있으며, 관계인은 사업시행자나 관할 토지수용위원회에 그 권리의 존속(存續)을 청구할 수 있다(동법 72).

2) **이전수용**: 이전수용이란 수용할 토지 위에 있는 물건은 이전료를 보상하고 이전시킴이 원칙이나(동법 75①), 그 이전의 강행이 곤란한 경우에 예외적으로 그 물건을 함께 수용하는 것을 말한다. 해당 물건의 가격으로 보상해야 하는 경우는, ① 물건의 이전이 어렵거나 그 이전으로 인하여 종래의 목적대로 사용할 수 없게 된 경우, ② 물건의 이전비가 그 물건의 가격을 넘는 경우, ③ 사업시행자가 공익사업에 직접 사용할 목적으로 취득하는 경우 등이다(동법 75①).

3) 잔여지수용

(가) 의 의: 잔여지수용(殘餘地收用)이란 동일한 토지소유자에 속하는 일단의 토지의 일부가 협의매수되거나 수용됨으로써 잔여지를 종래의 목적에 사용하는 것이 현저히 곤란할 때에 그 토지소유자의 청구에 의하여 그 잔여지를 포함시킨 전부를 수용하는 것을 말한다(동법 74①).

(나) 성 질: 잔여지 수용청구권은 손실보상의 일환으로 토지소유자에게 부여된 권리로서 그 요건을 구비한 때에는 잔여지를 수용하는 토지수용위원회의 재결이 없더라도 그 청구권에 의하여 수용의 효과가 발생하는 형성권적 성질을 가진다.

(다) 피청구인: 토지소유자는 사업시행자에게 잔여지의 수용청구를 할 수 있으나, 사업인정 이후에는 관할 토지수용위원회에 할 수 있다(동법 74①).

(라) 요 건: ① 동일한 토지소유자에 속하는 일단의 토지의 일부가 협의매수 되거나 수용되어야 한다. 여기서 일단의 토지란 연속된 일체의 토지로서 단일한 경제적인 목적에 이용되고 있는 것이라고 할 수 있다. ② 협의매수 또는 수용으로 인해 잔여지를 종래의 목적에 사용하는 것이 현저히 곤란하여야 한다. 이는 매수 또는 수용 당시의 구체적인 용도에 물리적으로 뿐만 아니라 많은 비용이 소요되는 등 사회적・경제적으로 사용하는 것이 곤란하게 된 경우를 포함한다고 할 것이다.

(마) 청구기간: 잔여지수용청구는 그 사업의 공사종료일 까지이며, 이 기간은 제척기간이므로 이 기간 내에 수용청구권을 행사하지 아니하면 그 권리는 소멸한다.

(바) 불복소송: 잔여지 수용청구를 받아들이지 아니한 토지수용위원회의 재결에 대해서는 사업시행자를 피고로 '보상금의 증감에 관한 소송'으로 제기한다(판례).

[판 례] 잔여지수용청구권의 성질, 불복방법, 행사기간 등

"구 '공익사업을 위한 토지 등의 취득 및 보상에 관한 법률'(2007. 10. 17. 법률 제8665호로 개정되기 전의 것) 제74조 제1항에 규정되어 있는 잔여지 수용청구권은 손실보상의 일환으로 토지소유자에게 부여되는 권리로서 그 요건을 구비한 때에는 잔여지를 수용하는 토지수용위원회의 재결이 없더라도 그 청구에 의하여 수용의 효과가 발생하는 **형성권적 성질**을 가지므로, 잔여지 수용청구를 받아들이지 않은 토지수용위원회의 재결에 대하여 토지소유자가 불복하여 제기하는 소송은 위 법 제85조 제2항에 규정되어 있는 **'보상금의 증감에 관한 소송'**에 해당하여 사업시행자를 피고로 하여야 한다. … 잔여지 수용청구권의 행사기간은 **제척기간**으로서, 토지소유자가 그 행사기간 내에 잔여지 수용청구권을 행사하지 아니하면 그 권리가 소멸한다."(대판 2010.8.19. 2008두822)

(2) 지대수용

지대수용(地帶收用)이란 본래 그 사업에 필요한 토지 이외에, 사업을 위한 건축, 토지의 조성·정리에 필요한 때에 그 토지에 인접한 부근 일대의 토지를 수용할 수 있는 경우를 말한다. 조성·정리가 완성된 후에 타인에게 매각 또는 대여하여 조성·정리에 소요된 비용의 일부에 충당함이 보통이다.

Ⅳ. 공용수용의 절차

공용수용의 절차는 크게 두 가지로 나눌 수 있다. 즉, ① 공용수용권이 직접 법률에 의하여 설정되는 경우이다. 이는 국가나 공공단체가 수용권자인 때에 한하고, 또한 긴급한 필요가 있을 때에만 인정되는 예외적인 경우이다. 이 경우에는 아무런 절차가 필요없고 수용권자인 행정청의 행정처분(수용통고)에 의하여 무조건 또는 보상금액의 결정을 조건으로 즉시 수용의 효과가 발생한다. ② 공용수용권이 법률에 의거한 특별한 행정행위에 의하여 설정된 경우이다. 이것은 공용수용에 관한 일반원칙이다. 그런데 보통의 경우에는 그 행정행위는 여러 개의 단계적 행위들로 구성되는 것이며, 그러한 행정절차를 거쳐서 비로소 수용의 효과가 발생된다. 그러나 특별한 사유가 인정되는 경우에는 그 소정의 절차 중 일부의 생략이 인정된다. 전자를 보통절차라 하고, 후자를 약식절차라 한다.

1. 보통절차

공용수용의 보통절차는, ① 사업인정, ② 토지·물건의 조서작성, ③ 협의, ④ 재결·화해의 4단계로 나뉘어진다.

(1) 사업인정

1) 사업인정의 의의: 사업인정(事業認定)이란 특정사업이 공용수용을 할 만한 공익사업에 해당함을 인정하여 사업시행자에게 일정한 절차의 이행을 조건으로 특정한 재산권의 수용권을 부여하는 행정행위를 말하는 바, 이는 공용수용의 제1단계 절차이다. 즉, 공익사업의 수행을 위하여 토지 등을 수용하거나 사용하려는 경우에 국토교통부장관의 사업인정을 받아야 한다(토지보상법 20①).

2) 사업인정의 성질

(가) **형성행위**: 사업인정의 법적 성질에 대하여 학설이 대립되고 있다. 즉, **① 설권적 형성행위설**은 사업의 인정은 단순히 특정한 사업이 공용수용을 할 수 있는 공익사업에 해당하는지의 여부를 판단하는 데 그치는 것이 아니라, 적극적으로 사업시행자에게 일정한 절차를 거칠 것을 조건으로 수용권을 설정하는 형성행위(특허)라고 본다(통설, 판례1). **② 확인행위설**은 사업인정의 본체를 이루는 것은 판단이며, 사업인정은 결국 특정한 사업이 공용수용을 할 수 있는 공익사업에 해당하는지의 여부를 판단·결정하는 확인행위라고 한다. 생각건대, 사업인정은 사업시행자에게 수용권을 설정하여 주는 것이므로 설권적 형성행위설이 타당하다.

(나) **재량행위**: 사업인정의 재량행위 여부에 대하여 견해가 나뉜다. 즉, ① 사업시행자가 사업인정에 필요한 요건을 충족하고 있는 한 사업인정을 하여야 하는 기속행위라는 **기속행위설**과, ② 공용수용을 할 만한 공공필요성의 판단에 있어서 관련이익의 형량을 포함하는 전문적이고 정책적인 판단이 행해지므로 행정청의 재량권이 인정된다는 **재량행위설**이 그것이다. 생각건대, 사업인정은 공익사업의 해당여부를 판단하는 것이므로 재량행위설이 타당하다(판례2).

[판례 1] 사업인정은 형성행위

"사업인정이라 함은 공익사업을 토지 등을 수용 또는 사용할 사업으로 결정하는 것으로서 단순한 **확인행위가 아니라** 공익사업의 시행자에게 그 후 일정한 절차를 거칠 것을 조건으로 일정한 내용의 수용권을 설정하여 주는 **형성행위**이다."(대판 2011.1.27. 2009두1051; 대판 2005.4.29. 2004두14670 등)

[판례 2] 사업인정은 형성행위·재량행위

"토지수용법 제14조에 의한 토지수용을 위한 사업인정은 단순한 확인행위가 아니라 **형성행위**이고 당해 사업이 비록 토지를 수용할 수 있는 사업에 해당된다 하더라도 행정청으로서는 그 사업이 공용수용을 할 만한 공익성이 있는지의 여부를 모든 사정을 참작하여 구체적으로 판단하여야 하는 것이므로 사업인정의 여부는 **행정청의 재량**에 속한다."(대판 1992.11.13. 92누596, 토지수용을위한사업인정거부처분취소등)

3) **사업인정의 요건**: 사업인정을 하기 위한 요건으로서, ① 공용수용을 할 만한 공익성이 존재해야 하고, ② 사업의 내용과 방법이 공익과 사익 등 제 이익 사이에 비례의 원칙에 적합해야 하며, ③ 사업시행자가 해당 공익사업을 수행할 의사와 능력이 있어야 한다.

[판 례] 사업인정의 요건

"사업인정이란 공익사업을 토지 등을 수용 또는 사용할 사업으로 결정하는 것으로서 공익사업의 시행자에게 그 후 일정한 절차를 거칠 것을 조건으로 일정한 내용의 수용권을 설정하여 주는 형성행위이므로, 해당 사업이 외형상 토지 등을 수용 또는 사용할 수 있는 사업에 해당한다고 하더라도 사업인정기관으로서는 **그 사업이 공용수용을 할 만한 공익성이 있는지의 여부**와 공익성이 있는 경우에도 그 사업의 내용과 방법에 관하여 **사업인정에 관련된 자들의 이익을 공익과 사익 사이에서는 물론, 공익 상호간 및 사익 상호간에도 정당하게 비교·교량하여야** 하고, 그 비교·교량은 비례의 원칙에 적합하도록 하여야 한다. 그뿐만 아니라 해당 공익사업을 수행하여 공익을 실현할 의사나 능력이 없는 자에게 타인의 재산권을 공권력적·강제적으로 박탈할 수 있는 수용권을 설정하여 줄 수는 없으므로, **사업시행자에게 해당 공익사업을 수행할 의사와 능력이 있어야** 한다는 것도 사업인정의 한 요건이라고 보아야 한다."(대판 2011.1.27. 2009두1051, 토지수용재결처분취소; 대판 2005.4.29. 2004두14670)

4) 사업인정신청절차

(가) 사업인정권자: 사업인정은 국토교통부장관이 하되(토지보상법 20), 관계기관과의 협의와 중앙토지수용위원회 및 이해관계자의 의견을 들어야 한다(동법 21). 사업인정은 권리설정행위이므로 원칙적으로 인정관청의 재량행위에 속한다.

(나) 신청서의 제출: 사업인정은 사업시행자가 신청하는 바, 사업시행자는 소정의 사업인정신청서를 관계 서울특별시장·광역시장 또는 도지사를 거쳐 국토교통부장관에게 제출하여야 한다. 다만, 사업시행자가 국가인 경우에는 당해 사업을 시행할 중앙행정기관의 장이 직접 국토교통부장관에게 제출할 수 있다(동법시행령 10).

(다) 측량 및 조사: 사업시행자는 사업의 신청을 위한 준비행위로서 토지에 출입하여 장해물의 제거, 측량 또는 조사를 할 수 있다.

(라) 의견청취: 국토교통부장관은 사업인정을 하고자 하는 때에는 관계 중앙행정기관의 장 및 시·도지사와 협의하여야 하며, 대통령령이 정하는 바에 따라 미리 중앙토지수용위원회 및 사업인정에 관하여 이해관계가 있는 자의 의견을 들어야 한다(동법 21).

(마) 사업인정의 고시: 국토교통부장관이 사업인정을 한 때에는 지체 없이 그 뜻을 사업시행자·토지소유자·관계인 및 관계 시·도지사에게 통지하고, 사업시행자의 성명 명칭, 사업의 종류, 사업지 및 수용·사용할 토지의 세목을 관보에 고시한다(동법 22①).

[판 례] 사업인정고시의 흠결에 대한 소송

"구 토지수용법(1990. 4. 7. 법률 제4231호로 개정되기 전의 것) 제16조 제1항에서는 건설부장관이 사업인정을 하는 때에는 지체 없이 그 뜻을 기업자·토지소유자·관계인 및 관계도지사에게 통보하고 기업자의 성명 또는 명칭, 사업의 종류, 기업지 및 수용 또는 사용할 토지의 세목을 관보에 공시하여야 한다고 규정하고 있는바, 가령 건설부장관이 위와 같은 절차를 누락한 경우 이는 절차상의 위법으로서 **수용재결 단계 전의 사업인정 단계에서 다툴 수 있는 취소사유에 해당하기는 하나, 더 나아가 그 사업인정 자체를 무효로 할 중대하고 명백한 하자라고 보기는 어렵고, 따라서 이러한 위법을 들어 수용재결처분의 취소를 구하거나 무효확인을 구할 수는 없다."**(대판 2000.10.13. 2000두5142, 토지수용재결무효확인)

5) 사업인정의 효과: 사업인정은 고시일로부터 효력이 발생하며(동조③), 사업인정의 고시의 효과는 수용권이 발생하고, 수용할 목적물의 범위를 확정하며, 수용이 목적달성을 쉽게 하기 위하여 수용권으로 하여금 일종의 공법상 물권으로서의 효력을 발생케 한다. 즉, ① 토지소유자 및 관계인에게는 해당 토지의 보전의무가 지워지는데, 누구든지 그 토지에 대하여 사업에 장해가 될 형질의 변경이나 토지정착물 등의 손괴·수거 등의 행위가 금지되고, 또한 고시후 그 토지 등에 건축물의 건축, 대수선, 공작물의 설치 또는 물건의 부가·증치 등을 할 때에는 시장·군수 또는 구청장의 허가를 받아야 한다(동법 25②). ② 사업시행자는 사업의 준비나 토지·물건조서의 작성을 위하여 그 토지에 출입하여 측량 또는 조사할 수 있는 권리를 가진다.

[판 례] 사업인정으로 수용목적물의 범위확정과 수용권자의 공법상 권리 발생

"토지보상법 제20조 제1항, 제22조 제3항은 사업시행자가 토지 등을 수용하거나 사용하려면 국토교통부장관의

사업인정을 받아야 하고, 사업인정은 고시한 날부터 효력이 발생한다고 규정하고 있다. 이러한 **사업인정은 수용권을 설정해 주는 행정처분으로서**, 이에 따라 **수용할 목적물의 범위가 확정되고, 수용권자가 목적물에 대한 현재 및 장래의 권리자에게 대항할 수 있는 공법상 권한이 생긴다.**"(대판 2018.7.26. 2017두33978 등).

6) 사업인정의 실효

(가) 재결신청해태로 인한 실효: 사업시행자가 사업인정의 고시가 있은 날로부터 1년 이내에 재결의 신청을 아니한 때에는 그 기간만료일의 다음날부터 사업인정은 효력을 상실한다(동법 23①).

(나) 사업의 폐지 · 변경으로 인한 실효: 사업인정고시 후에 그 사업의 전부 또는 일부를 폐지 · 변경함으로 인하여 수용의 필요가 없게 된 경우에는 그 사업지역을 관할하는 시 · 도지사는 사업시행자의 신고 또는 직권으로 이를 고시하여야 하며, 고시일로부터 그 고시된 내용에 따라 효력의 전부 또는 일부가 상실된다(동법 24).

7) 사업인정에 대한 불복: 사업인정은 재결 이전의 절차이고 토지보상법 제50조 제1항에 따른 재결사항이 아니므로 토지수용위원회에 재결을 거칠 필요가 없이 바로 행정소송법에 따른 취소소송을 제기할 수 있다(판례). 다만, 무효인 사업인정에 따른 수용재결이 있는 경우에는 하자승계를 이유로 재결을 다툴 수 있다.

[판 례] "도시계획사업허가의 공고시에 토지세목의 고시를 누락하거나 사업인정을 함에 있어 수용 또는 사용할 토지의 세목을 공시하는 절차를 누락한 경우, 이는 절차상의 위법으로서 수용재결 단계 전의 사업인정 단계에서 다툴 수 있는 취소사유에 해당하기는 하나 더 나아가 그 사업인정 자체를 무효로 할 중대하고 명백한 하자라고 보기는 어렵고, 따라서 이러한 위법을 들어 수용재결처분의 취소를 구하거나 무효확인을 구할 수는 없다."(대판 2009.11.26. 2009두11607 재결취소처분 등)

(2) 토지 · 물건의 조서작성

1) 토지조서 · 물건조서의 의의: 토지조서와 물건조서의 작성은 수용목적물인 토지나 물건의 내용 · 수량 또는 면적 등에 관한 명세서를 작성하는 것을 말한다. 이 절차는 재결절차의 개시 전에 사업시행자와 토지소유자 등에게 미리 토지 · 물건의 내용을 확인 · 명백히 함으로써 그 진실성의 추정을 인정하여, 당사자 사이의 차후분쟁을 예방하며 토지수용위원회의 심리 · 재결의 절차를 용이하게 하고 신속 · 원활을 기하려는 것으로 재결신청의 준비절차의 일종이다.

2) 토지조서 · 물건조서의 작성: 사업인정을 받은 사업시행자는 토지조서 및 물건조서의 작성하여야 한다(동법 26①). 다만, 사업인정 전에 이 절차를 거쳤으나 협의가 성립되지 아니하고 사업인정을 받은 사업으로서 토지조서 및 물건조서의 내용에 변동이 없을 때에는 그 조서작성을 아니할 수 있다(동조②).

토지조서 및 물건조서는 사업시행자가 사업인정 전에 협의에 의한 토지 등의 취득 또는 사용이 필요할 때에 작성하여 서명 또는 날인하고 토지소유자와 관계인의 서명 또는 날인을 받아야 한다(동법 14①). 토지소유자 및 관계인이 정당한 사유없이 서명 또는 날인을 거부하거나 또는 토지소유자 및 관계인을 알 수 없거나 그 주소 · 거소를 알 수 없는 등의 사유로 인하여 서명 또는 날인을 할 수 없는 경우에는 그러하지 아니하되, 사업시행자는 해당 토지조서 및 물건조서에 그 사유를 기재하여야 한다(동조항 후단).

3) **토지조서·물건조서의 성질:** 조서작성은 수용되는 토지·물건을 알려 손실보상청구를 촉구하는데 불과하며 이로 인해 수용되는 토지·물건이 확정되는 것이 아니므로 비권력적 사실행위에 불과하며 항고소송의 대상인 행정처분이 아니다.

[판 례] 토지조서의 작성 및 고시의 법적 성질

"관리청이 법률 제3782호 하천법 중 개정법률 부칙 제2조의 규정에 의한 하천편입토지의 보상에 관한 규정 제4조에 의하여 하는 **토지조서의 작성 및 고시는 이미 하천에 편입된 토지를 알려 그 보상청구를 촉구하는 데 불과한 것**이지 이로써 당해 토지가 하천구역에 편입되거나 하천구역에 편입된 것으로 인정(지정)받게 되는 것도 아니고, 또 이로 인하여 권리의 발생이나 의무의 부담 등 새로운 법률상의 효과를 가져오는 것도 아닌 것이므로 이를 **행정소송의 대상이 되는 행정처분으로 볼 수는 없을 것**이다."(대판 1992.6.9. 91누10497, 하천구역편입처분무효확인)

4) **토지조서·물건조서의 효력:** 토지소유자 또는 관계인이 토지조서 및 물건조서의 내용에 대하여 열람기간에 이의를 제기하는 경우를 제외하고는 조서내용에 대하여 이의를 제기할 수 없다. 다만, 토지조서 및 물건조서의 내용이 진실과 다르다는 것을 입증하는 때에는 그러하지 아니하다(동법 27②). 이는 조서내용의 증거력을 다투지 못하게 함으로써 토지조서·물건조서의 실효성을 담보하기 위한 것으로 볼 수 있다.

5) **조서작성의 흠결의 효과:** 토지소유자 등의 서명 또는 날인을 받지 아니하고 작성한 조서 등은 절차상 하자를 지니게 되는 것으로서 토지·물건조서로서의 효력이 부인되어 조서의 기재에 대한 증명력에 관하여 추정력이 인정되지 아니한다. 따라서 토지조서의 작성에 하자가 있다 하여 바로 수용재결이나 그에 대한 이의재결의 효력에 영향을 미치는 것은 아니다.

[판 례] 조서작성의 하자는 토지조서로서의 효력이 부인될 뿐 수용재결의 효력과는 무관

"토지조서는 재결절차의 개시전에 기업자로 하여금 미리 토지에 대하여 필요한 사항을 확인하게 하고, 또한 토지소유자와 관계인에게도 이를 확인하게 하여 토지의 상황을 명백히 함으로써 조서에 개재된 사항에 대하여는 일응 진실성의 추정을 인정하여(토지수용법 제24조), 토지의 상황에 관한 당사자 사이의 차후분쟁을 예방하며 토지수용위원회의 심리와 재결등의 절차를 용이하게 하고 신속 원활을 기하려는데 그 작성의 목적이 있는 것이므로 토지소유자등에게 입회를 요구하지 아니하고 작성한 조서는 **절차상의 하자를 지니게 되는 것으로서 토지조서로서의 효력이 부인되어 조서의 기재에 대한 증명력에 관하여 추정력이 인정되지 아니하는 것일 뿐, 토지조서의 작성에 하자가 있다하여 그것이 곧 수용재결이나 그에 대한 이의재결의 효력에 영향을 미치는 것은 아니라 할 것이므로** 토지조서에 실제현황에 관한 기재가 되어 있지 아니하다거나 실측평면도가 첨부되어 있지 아니하다거나 토지소유자의 입회나 서명날인이 없었다든지 하는 사유만으로는 이의재결이 위법하다 하여 그 취소를 구할 사유로 삼을 수는 없다 할 것이다."(대판 1990.1.23. 87누947; 대판 1993.9.10. 93누5543; 대판 2005.9.30. 2003두12349 등)

(3) 협 의

1) **협의의 의의:** 협의란 사업시행자가 수용목적물의 취득을 위하여 보상에 관하여 토지소유자 및 관계인과 행하는 합의절차를 말한다. 즉, 협의는 수용절차의 제3단계로서 수용할 토지의 범위·수용시기·손실보상 등에 관한 사업시행자와 피수용자간의 교섭행위이다. 협의는 사업인정

전의 협의(동법 16)와 사업인정 후의 협의(동법 26)가 있는 바, 여기서 협의는 후자를 말하며 전자와 달리 재결신청 전에 의무적으로 거쳐야 하는 필수적 절차이다. 사업인정 전의 협의(동법 16)는 공익사업의 수행을 위하여 사업인정 전에 토지등의 취득 또는 사용이 필요한 때 하는 것이다. 그런데 사업인정 이전에 협의절차를 거쳤으나 협의가 성립되지 아니하고 사업인정을 받은 사업으로서 토지조서 및 물건조서의 내용에 변동이 없을 때에는 협의절차를 거치지 아니할 수 있으나, 사업시행자나 토지소유자 및 관계인이 제16조에 따른 협의를 요구하면 협의를 하여야 한다(동법 26②).

2) **협의의 성질**: 협의의 결과 성립하는 합의의 법적 성질에 대하여는 사법상의 계약설과 공법상의 계약설의 대립이 있다.

(가) 사법상 계약설: 이 설에서는 협의는 당사자가 대등한 지위에서 행하는 임의적 합의이고, 수용권의 행사가 아니므로 사법상의 매매계약이라고 한다.

(나) 공법상 계약설: 이 설에서는 협의는 사업시행자가 국가적 공권의 주체로서 토지소유자 및 관계인에 대하여 기득의 수용권을 실행하는 방법에 불과하고 협의가 성립되지 않으면 재결에 의하게 된다는 점에서 수용계약이라고도 할 수 있는 공법상 계약이라고 한다.

(다) 판 례: 판례는 협의취득을 형식은 사법상 매매계약의 형태를 취하고 있으나 실질적으로는 수용과 비슷한 공법적 기능을 수행하고 있다고 본다(판례).

[판 례] 협의취득은 사법상 매매계약의 형태를 취하나 실질적으로는 공법적 기능수행

"토지보상법에 기한 **협의취득은 비록 사법상 매매계약의 형태를 취하고 있으나** 협의취득 될 수 있는 재산권은 토지보상법에 의하여 수용될 수 있고, 협의취득과 수용에 있어 손실보상은 동일한 이론적 근거에 기초하고 있으며, 협의취득의 과정에도 여러 가지 공법적 규제가 있고, 토지소유자로서는 협의에 불응하면 바로 수용을 당하게 된다는 심리적 강박감으로 인하여 그 의사에 반하여 협의에 응하는 경우도 있기 때문에, **협의취득은 실질적으로는 수용과 비슷한 공법적 기능을 수행하고 있다.** 따라서 협의취득의 경우에도 수용과 마찬가지로 공익적 필요성이 있고, 법률에 의거하여야 하며, 정당한 보상을 지급하여야 한다는 요건을 갖추어야 하고, 위 요건이 갖추어지지 아니한 협의취득은 효력이 발생하지 아니한다."(대판 2000.8.22. 98다60422).

"공익사업을 위한 토지 등의 취득 및 보상에 관한 법령(이하 '공익사업법령'이라고 한다)에 의한 **협의취득은 사법상의 법률행위**이므로 당사자 사이의 자유로운 의사에 따라 채무불이행책임이나 매매대금 과부족금에 대한 지급의무를 약정할 수 있다. … 다만 **공익사업법은 공익사업의 효율적인 수행을 통하여 공공복리의 증진과 재산권의 적정한 보호를 도모하는 것을 목적**으로 하고 협의취득의 배후에는 수용에 의한 강제취득 방법이 남아 있어 토지 등의 소유자로서는 협의에 불응하면 바로 수용을 당하게 된다는 심리적 강박감이 자리 잡을 수밖에 없으며 **협의취득 과정에는 여러 가지 공법적 규제가 있는 등 공익적 특성**을 고려하여야 한다."(대판 2012.02.23. 2010다91206)

(라) 결 어: 사업인정 전의 협의(동법 16)가 성립되면 계약체결을 하는데(동법 17) 대해 사업인정 후의 협의(동법 26)는 토지수용위원회의 확인(동법 29)을 요한다는 점에서 차이는 있으나, 토지보상법은 공익사업의 효율적 수행을 목적으로 하고 협의가 성립되지 아니하면 수용재결로 이행하게 되는 등 공익적 특성을 지닌다는 점에서 공법상 계약설이 타당하다.

3) **협의의 내용 및 효과**: 사업인정을 받은 사업시행자는 토지소유자 및 관계인과 협의의 절차를 거쳐야 한다(동법 26). 이로써 수용의 효과가 발생한다. 협의할 사항은 토지수용위원회의

재결에 의해 결정될 모든 사항이다(수용의 대상 · 범위, 보상액, 보상의 시기 · 방법 등). 협의가 성립되면 그것으로 공용수용의 절차는 종결되고, 협의의 내용에 따라 수용의 효과가 발생한다. 즉, 사업시행자는 보상금을 지불하고, 피수용자는 토지 · 물건을 인도 또는 이전하게 된다. 이로써 사업시행자는 목적물에 대한 권리를 원시취득하게 되고, 피수용자는 권리를 상실하게 된다.

4) 협의성립의 확인: 사업시행자는 협의가 성립된 경우 재결의 신청기간 이내에 해당 토지 소유자 및 관계인의 동의를 받아 관할 토지수용위원회에 그 확인을 신청할 수 있고(동법 29①), 공증인법에 따른 공증을 받아 제1항에 따른 협의 성립의 확인을 신청하였을 때에는 관할 토지수용위원회가 이를 수리함으로써 협의 성립이 확인된 것으로 본다(동조③). 이 경우 확인은 재결로 간주되며, 따라서 협의의 성립 · 내용을 다툴 수 없다(동조④). 협의취득은 매매계약이므로 그 이행으로 인한 사업시행자의 소유권취득은 승계취득이나, 협의성립이 동법 제29조에 따라 확인이 되면 수용재결로 간주되므로 원시취득의 효과가 발생한다(판례1).

[판례 1] 협의성립확인제도의 취지 및 원시취득 인정

"**토지보상법 제29조에서 정한 협의 성립 확인제도는** 수용과 손실보상을 신속하게 실현시키기 위하여 도입되었다. 토지보상법 제29조는 이를 위한 전제조건으로 협의 성립의 확인을 신청하기 위해서는 협의취득 내지 보상협의가 성립한 데에서 더 나아가 확인 신청에 대하여도 토지소유자 등이 동의할 것을 추가적 요건으로 정하고 있다. 특히 토지보상법 제29조 제3항은, 공증을 받아 협의 성립의 확인을 신청하는 경우에 공증에 의하여 협의 당사자의 자발적 합의를 전제로 한 협의의 진정 성립이 객관적으로 인정되었다고 보아, 토지보상법상 재결절차에 따르는 공고 및 열람, 토지소유자 등의 의견진술 등의 절차 없이 관할 토지수용위원회의 수리만으로 협의 성립이 확인된 것으로 간주함으로써, 사업시행자의 원활한 공익사업 수행, **토지수용위원회의 업무 간소화, 토지소유자 등의 간편하고 신속한 이익실현을 도모하고 있다.** 한편 **토지보상법상 수용은** 일정한 요건하에 그 소유권을 사업시행자에게 귀속시키는 행정처분으로서 이로 인한 효과는 소유자가 누구인지와 무관하게 **사업시행자가 그 소유권을 취득하게 하는 원시취득이다. 반면, 토지보상법상 '협의취득'의 성격은 사법상 매매계약이므로 그 이행으로 인한 사업시행자의 소유권 취득도 승계취득이다. 그런데 토지보상법 제29조 제3항에 따른 신청이 수리됨으로써 협의 성립의 확인이 있었던 것으로 간주되면,** 토지보상법 제29조 제4항에 따라 그에 관한 재결이 있었던 것으로 재차 의제되고, 그에 따라 사업시행자는 사법상 매매의 효력만을 갖는 **협의취득과는 달리 확인대상 토지를 수용재결의 경우와 동일하게 원시취득하는 효과를 누리게 된다.** 이처럼 간이한 절차만을 거치는 협의 성립의 확인에, 원시취득의 강력한 효력을 부여함과 동시에 사법상 매매계약과 달리 협의 당사자들이 사후적으로 그 성립과 내용을 다툴 수 없게 한 법적 정당성의 원천은 사업시행자와 토지소유자 등이 진정한 합의를 하였다는 데에 있다."(대판 2018.12.13. 2016두51719)

[판례 2] 토지수용위원회의 확인을 받지 아니한 경우에는 소유권이전등기 필요

"기업자와 토지 소유자 사이에 토지수용법 제25조가 정하는 협의가 성립하였으나 기업자가 같은 법 제25조의2가 정하는 바에 따라 협의성립에 관하여 **관할 토지수용위원회의 확인을 받지 아니한 경우에** 기업자가 토지소유권을 취득하기 위하여는 법률행위로 인한 부동산물권변동의 일반원칙에 따라 소유권이전등기를 마쳐야 하고, 소유권이전등기를 마치지 아니하고도 토지소유권을 **원시취득하는 것은 아니다.**"(대판 1997.7.8. 96다53826 등)

(4) 토지수용위원회의 재결 · 화해

1) 재결의 의의 및 성질: 재결이란 협의가 성립되지 아니하거나 협의를 할 수 없을 때 사업시행자의 신청에 의해 관할 토지수용위원회의 결정으로서 행하는 공용수용의 종국적인 절차이

다. 재결은 수용권 자체의 행사가 아니라 사업시행자에게 부여된 수용권의 구체적인 내용을 결정하고 그 실행을 완성시키는 형성적 행정처분이다.

2) 재결신청 · 재결신청의 청구

(가) 재결신청의 요건: 토지보상법 제26조에 따른 협의가 성립되지 아니하거나 협의를 할 수 없을 때, 제26조 제2항 단서에 따라 제16조에 따른 협의 요구가 없을 때 재결신청을 할 수 있다(동법 28①). 사업인정 이전에 제16조에 따른 협의가 성립되지 아니한 경우에는 사업인정 이후에 또 다시 협의절차를 거칠 필요 없이 바로 재결신청을 할 수 있다.

(나) 재결신청의 청구: 사업인정의 고시가 있은 후 당사자간의 협의가 성립되지 아니한 때 또는 제26조 제2항 단서에 따라 사업인정 전에 제16조에 따른 협의 요구가 없을 때, 토지소유자 및 관계인이 서면으로 사업시행자에게 재결을 신청할 것을 청구할 수 있다(동법 30①). 이 경우 사업시행자는 토지소유자 등의 재결신청의 청구일부터 60일 이내에 관할 토지수용위원회에 재결을 신청하여야 하며(동법 30②), 이 기간을 넘겨서 재결신청을 하였을 때에는 그 지연기간에 대하여 지연가산금을 지급하여야 한다(동조③).

(다) 재결신청: 협의의 불성립 또는 협의불능의 경우(사업인정 전의 협의(동법 16)가 불성립인데 사업인정 후의 협의를 요구하지 아니한 때 포함(동법 26②))에는 사업시행자는 사업인정고시가 된 날부터 1년 이내에 관할 토지수용위원회에 재결을 신청할 수 있다(동법 28①). 이 기간 안에 신청하지 아니하면 사업인정의 고시는 기간만료일의 다음 날부터 그 효력을 상실한다(동법 23①).

[판례 1] '협의가 성립되지 아니한 때'의 의미

"공익사업을 위한 토지 등의 취득 및 보상에 관한 법률(이하 '공익사업법'이라 한다) 제30조 제1항은 재결신청을 청구할 수 있는 경우를 사업시행자와 토지소유자 및 관계인 사이에 '협의가 성립하지 아니한 때'로 정하고 있을 뿐 손실보상대상에 관한 이견으로 협의가 성립하지 아니한 경우를 제외하는 등 그 사유를 제한하고 있지 않은 점, 위 조항이 토지소유자 등에게 재결신청청구권을 부여한 취지는 공익사업에 필요한 토지 등을 수용에 의하여 취득하거나 사용할 때 손실보상에 관한 법률관계를 조속히 확정함으로써 공익사업을 효율적으로 수행하고 토지소유자 등의 재산권을 적정하게 보호하기 위한 것인데, 손실보상대상에 관한 이견으로 손실보상협의가 성립하지 아니한 경우에도 재결을 통해 손실보상에 관한 법률관계를 조속히 확정할 필요가 있는 점 등에 비추어 볼 때, **'협의가 성립되지 아니한 때'에는 사업시행자가 토지소유자 등과 공익사업법 제26조에서 정한 협의절차를 거쳤으나 보상액 등에 관하여 협의가 성립하지 아니한 경우는 물론 토지소유자 등이 손실보상대상에 해당한다고 주장하며 보상을 요구하는데도 사업시행자가 손실보상대상에 해당하지 아니한다며 보상대상에서 이를 제외한 채 협의를 하지 않아 결국 협의가 성립하지 않은 경우도 포함**된다고 보아야 한다."(대판 2011.7.14. 2011두2309, 보상제외처분취소등)

[판례 2] 특별한 사정이 있는 경우 지연가산금 불발생

"공익사업을 위한 토지 등의 취득 및 보상에 관한 법률 제30조 제3항에 따른 재결신청 지연가산금은 사업시행자가 정해진 기간 내에 재결신청을 하지 않고 지연한 데 대한 제재와 토지소유자 등의 손해에 대한 보전이라는 성격을 아울러 가진다. 따라서 **토지소유자 등이 적법하게 재결신청청구를 하였다고 볼 수 없거나 사업시행자가 재결신청을 지연하였다고 볼 수 없는 특별한 사정이 있는 경우에는 그 해당 기간 동안은 지연가산금이 발생하지 않는다.**"(대판 2020.8.20. 2019두34630)

3) 재결기관 및 관할: 공용수용의 재결기관은 토지수용위원회인데, 국토교통부에 두는 중

앙토지수용위원회와 시·도에 두는 지방토지수용위원회가 있다(동법 49). 이들 토지수용위원회는 합의제행정청으로서 행정위원회의 성격을 띠고 있다. 중앙토지수용위원회는 국가 또는 시·도가 사업시행자인 사업과 수용하거나 사용할 토지가 둘 이상의 시·도에 걸쳐있는 사업의 재결에 관한 사항을 관할하고, 지방토지수용위원회는 중앙토지수용위원회의 관할에 속하지 아니하는 사항을 관할한다(동법 51①②).

4) 재결의 절차·내용·형식

(가) 재결의 절차: 토지수용위원회는 사업시행자의 재결신청서를 접수하였을 때에는 지체없이 이를 공고하고, 공고일부터 14일 이상 관계서류의 사본을 일반에게 열람시킴과 아울러 그 열람기간 중에 토지소유자 및 관계인은 의견진술(의견서의 제출)을 할 수 있다(동법 31). 위원회는 열람기간이 경과한 후 지체 없이 조사 및 심리를 하여야 하며(동법 32①), 개시일로부터 14일 이내에 재결을 하여야 한다(동법 35).

(나) 재결사항: ① 수용하거나 사용할 토지의 구역 및 사용방법, ② 손실보상, ③ 수용 또는 사용의 개시일과 기간, ④ 그 밖에 이 법 및 다른 법률에서 규정한 사항 등이다(동법 50①). ④의 경우는 위 ①②③ 이외에 토지보상법 및 다른 법률에서 재결을 할 수 있다고 규정한 경우를 말한다. 토지수용위원회는 사업시행자, 토지소유자 또는 관계인이 신청한 범위에서 재결해야 하며, 손실보상의 경우에는 증액재결을 할 수 있다(동조②).

(다) 재결의 형식: 재결은 주문과 재결이유 및 재결일자를 기재한 문서로써 하여야 하며, 그 재결서에는 위원장 및 회의에 참석한 위원이 서명·날인한 후, 사업시행자·토지소유자 및 관계인에게 송달하여야 한다(동법 34).

5) 경정재결: 재결에 위산·오기 기타 이와 비슷한 오류가 있는 것이 명백한 때에는 토지수용위원회는 직권 또는 당사자의 신청에 의하여 경정재결을 할 수 있다(동법 36①).

6) 재결의 효과: 공용수용의 절차는 재결로써 종결되며, 일정한 조건 아래 수용의 효과를 발생시킨다. 즉, 사업시행자는 보상금의 지급 또는 공탁을 조건으로 수용시기에 토지에 관한 권리를 원시취득함과 아울러 만일 피수용자가 목적물의 인도의무를 이행하지 아니하는 경우에는 대집행신청권이 발생하는데 대하여, 피수용자는 목적물의 인도·이전의무를 짐과 아울러 손실보상청구권 및 환매권이 발생한다.

7) 재결의 효력상실: 재결은 수용의 시기까지에 사업시행자가 보상금을 지급하거나 공탁하지 아니하면 효력을 상실한다(동법 42). 또한 수용재결 후 토지소유자 등과 사업시행자가 협의에 의해 임의로 계약을 체결한 경우에도 재결효력이 상실된다(판례 2).

[판례 1] 사용재결의 경우 재결서에 구체적으로 특정해야 할 사항

"공익사업을 위한 토지 등의 취득 및 보상에 관한 법령이 재결을 서면으로 하도록 하고, '사용할 토지의 구역, 사용의 방법과 기간'을 재결사항의 하나로 규정한 취지는, 재결에 의하여 설정되는 사용권의 내용을 구체적으로

특정함으로써 재결 내용의 명확성을 확보하고 재결로 인하여 제한받는 권리의 구체적인 내용이나 범위 등에 관한 다툼을 방지하기 위한 것이다. 따라서 관할 토지수용위원회가 토지에 관하여 **사용재결을 하는 경우에는 재결서에 사용할 토지의 위치와 면적, 권리자, 손실보상액, 사용 개시일 외에도 사용방법, 사용기간을 구체적으로 특정하여야 한다.**"(대판 2019.6.13. 2018두42641 [수용재결취소등])

[판례 2] 수용재결 후에도 협의에 의한 계약체결 가능

"공익사업을 위한 토지 등의 취득 및 보상에 관한 법률(이하 '토지보상법'이라 한다)은 사업시행자로 하여금 우선 협의취득 절차를 거치도록 하고, 협의가 성립되지 않거나 협의를 할 수 없을 때에 수용재결취득 절차를 밟도록 예정하고 있기는 하다. 그렇지만 일단 토지수용위원회가 수용재결을 하였더라도 사업시행자로서는 수용 또는 사용의 개시일까지 토지수용위원회가 재결한 보상금을 지급 또는 공탁하지 아니함으로써 재결의 효력을 상실시킬 수 있는 점, 토지소유자 등은 수용재결에 대하여 이의를 신청하거나 행정소송을 제기하여 보상금의 적정 여부를 다툴 수 있는데, 그 절차에서 사업시행자와 보상금액에 관하여 임의로 합의할 수 있는 점, 공익사업의 효율적인 수행을 통하여 공공복리를 증진시키고, 재산권을 적정하게 보호하려는 토지보상법의 입법 목적(제1조)에 비추어 보더라도 수용재결이 있은 후에 사법상 계약의 실질을 가지는 협의취득 절차를 금지해야 할 별다른 필요성을 찾기 어려운 점 등을 종합해 보면, **토지수용위원회의 수용재결이 있은 후라고 하더라도 토지소유자 등과 사업시행자가 다시 협의하여 토지 등의 취득이나 사용 및 그에 대한 보상에 관하여 임의로 계약을 체결할 수 있다**고 보아야 한다."(대판 2017.4.13. 2016두64241, 수용재결무효확인)

8) 화 해: 토지수용위원회는 그 재결이 있기 전에는 언제든지 그 위원 3인으로 구성되는 소위원회로 하여금 사업시행자 · 토지소유자 · 관계인에게 화해를 권할 수 있다(동법 33①). 화해의 효력은 협의의 성립이나 재결의 효력과 같다고 할 수 있다.

(5) 재결에 대한 불복

1) 개 설: 재결에 불복하는 자는 행정쟁송의 절차에 따라 원재결의 취소 또는 변경을 청구할 수 있다. 다만, 토지보상법은 재결의 신속한 확정을 도모하기 위하여 행정쟁송에 관한 일반법인 행정심판법 및 행정소송법에 대한 특례를 규정하고 있다.

2) 이의신청

(가) 이의의 신청

(a) 의 의: 이의신청이란 관할 토지수용위원회의 재결에 이의가 있는 자가 중앙토지수용위원회에 불복을 신청하는 것을 말한다. 즉, 중앙토지수용위원회의 재결에 이의가 있는 자는 중앙토지수용위원회에, 지방토지수용위원회의 재결에 이의가 있는 자는 해당 지방토지수용위원회를 거쳐 중앙토지수용위원회에 재결서의 정본을 받은 날부터 30일 이내에 이의를 신청할 수 있다(토지보상법 83①②③). 토지수용위원회의 재결은 행정쟁송법상의 처분이며, 이의신청은 일종의 행정심판으로서 토지보상법이 정한 특례사항 이외에는 행정심판법이 적용된다.

(b) 관할 및 당사자: 이의신청의 관할은 중앙토지수용위원회이며, 청구인은 사업시행자 · 토지소유자 · 관계인 등 관할토지수용위원회의 재결에 이의가 있는 자이고, 피청구인은 관할 토지수용위원회이다(동법 83).

(c) 이의신청의 대상: 이의신청의 대상은 관할 토지수용위원회의 재결이다. 즉, 위법 · 부

당한 수용·사용재결이 대상인바, 수용·사용의 목적물의 범위, 수용·사용의 개시일, 손실보상액의 증감에 관한 불복이 된다.

(d) **제기기간·절차**: 이의신청의 제기기간은 재결서 정본을 받은 날부터 30일 이내이다(동법 83③). 이는 행정심판법의 특례를 인정한 것이다. 그런데 재결서 정본을 받지 못한 때의 제기기간이 문제될 수 있다. 이에 대해 대법원은 이의신청기간이 진행되지 않는다고 하나(판례), 법적 안정성과 행정목적의 달성을 위해 행정심판법 제27조 제3항에 따라 재결이 있은 날부터 180일 이내에 제기하여야 한다고 본다. 또한 이의신청은 관할 토지수용위원회를 거쳐 중앙토지수용위원회에 신청할 수 있게 함으로써 처분청경유주의를 취하고 있다(동법 83①②).

[판 례] "수용재결서가 수용시기 이전에 피수용자에게 적법하게 송달되지 아니하였다고 하여 수용절차가 당연무효가 된다고 할 수는 없고, 다만 그 수용재결서의 정본이 적법하게 송달된 날로부터 수용재결에 대한 이의신청기간이 진행된다."(대판 1995.6.13. 94누9085)

(e) **이의신청의 효과**: 이의의 신청이나 행정소송의 제기는 사업의 진행 및 토지의 수용 또는 사용을 정지시키지 아니한다고 규정하여(동법 88), 집행부정지원칙을 채택하고 있다. 이 경우 예외적인 집행정지가 인정될 수 있는지 명문규정이 없어 문제될 수 있는데, 행정심판법에 따라 가능하다고 본다.

(나) 이의신청에 대한 재결: 중앙토지수용위원회는 이의신청을 받은 경우 관할 토지수용위원회의 재결이 위법하거나 부당하다고 인정할 때에는 그 재결의 전부 또는 일부를 취소하거나 보상액을 변경할 수 있다(동법 84①). 재결의 내용은 취소재결과 보상액변경재결을 규정하고 있으나, 무효등확인재결도 가능하다고 본다. 또한 불고불리의 원칙과 불이익변경금지의 원칙이 적용된다.

(다) 이의신청에 대한 재결의 효력

(a) **보상금의 지급 또는 공탁**: 이의신청에 대한 재결로 보상금이 늘어난 경우 사업시행자는 재결서 정본을 받은 날부터 30일 이내에 보상금을 받을 자에게 그 늘어난 보상금을 지급하여야 하고, 지급할 수 없는 토지보상법 제40조 제2항 제1호·제2호 또는 제4호의 사유에 해당할 때에는 그 금액을 공탁할 수 있다(동법 84②).

(b) **행정소송의 제기**: 사업시행자, 토지소유자 또는 관계인은 관할 토지수용위원회의 수용재결에 불복할 때에는 재결서를 받은 날부터 90일 이내에, 이의신청을 거쳤을 때에는 이의신청에 대한 재결서를 받은 날부터 60일 이내에 각각 행정소송을 제기할 수 있다(동법 85①).

(c) **이의신청에 대한 재결의 확정**: 위 행정소송의 제기기간 이내에 소송이 제기되지 아니하거나 그 밖의 사유로 이의신청에 대한 재결이 확정된 때에는 민사소송법 상의 확정판결이 있은 것으로 보며, 재결서 정본은 집행력 있는 판결의 정본과 동일한 효력을 가진다(동법 86①). 사업시행자, 토지소유자 또는 관계인은 이의신청에 대한 재결이 확정되었을 때에는 관할 토지수용위원회에 대통령령으로 정하는 바에 따라 재결확정증명서의 발급을 청구할 수 있다(동조②).

3) 행정소송

(가) 개 설: 관할 토지수용위원회의 재결에 대하여 바로 행정소송을 제기할 수도 있고, 이의신청의 재결을 거쳐 행정소송을 제기할 수도 있도록 이의신청 임의절차주의를 취하고 있다(동법 85①). 행정소송의 유형으로는 취소소송과 무효등확인소송 및 보상금증감소송 등을 들 수 있다.

(나) 취소소송

(a) 의 의: 취소소송은 관할 토지수용위원회의 수용재결(원재결) 또는 중앙토지수용위원회의 이의신청에 대한 재결이 위법한 것을 전제로 하여 그 재결의 취소 또는 변경을 청구하는 소송을 말한다.

(b) 소의 대상(원처분주의): 사업시행자, 토지소유자 또는 관계인은 관할 토지수용위원회의 재결에 불복할 때에는 재결서를 받은 날부터 90일 이내에, 이의신청을 거쳤을 때에는 이의신청에 대한 재결서를 받은 날부터 60일 이내에 각각 행정소송을 제기할 수 있다(동법 85①). 즉, 소의 대상은 이의신청을 거쳤을 때에도 관할 토지수용위원회의 수용재결인 원재결이며, 이의신청에 대한 재결은 그 재결 자체에 고유한 위법이 있는 경우에 한한다.

[판 례] 소의 대상인 수용재결(원처분), 이의신청에 대한 재결에 고유한 위법이 있는 경우

"공익사업을 위한 토지 등의 취득 및 보상에 관한 법률 제85조 제1항 전문의 문언 내용과 같은 법 제83조, 제85조가 중앙토지수용위원회에 대한 이의신청을 임의적 절차로 규정하고 있는 점, 행정소송법 제19조 단서가 행정심판에 대한 재결은 재결 자체에 고유한 위법이 있음을 이유로 하는 경우에 한하여 취소소송의 대상으로 삼을 수 있도록 규정하고 있는 점 등을 종합하여 보면, 수용재결에 불복하여 취소소송을 제기하는 때에는 이의신청을 거친 경우에도 **수용재결을 한 중앙토지수용위원회 또는 지방토지수용위원회를 피고로 하여 수용재결의 취소를 구하여야 하고, 다만 이의신청에 대한 재결 자체에 고유한 위법이 있음을 이유로 하는 경우에는 그 이의재결을 한 중앙토지수용위원회를 피고로 하여 이의재결의 취소를 구할 수 있다**고 보아야 한다."(대판 2010.1.28. 2008두1504, 수용재결취소등)

(c) 제기기간: 수용재결서(원처분서)를 받은 날부터 90일 이내에, 이의신청을 거쳤을 때에는 이의신청 재결서를 받은 날부터 60일 이내에 제기하여야 한다. 이는 행정소송법에 대한 특례규정이라고 할 것이다. 그런데 재결서를 받지 못한 때의 소제기기간이 문제될 수 있는바, 대법원은 제기기간이 진행되지 않는다는 입장이다(판례1). 그러나 재결을 다툴 수 있는 기간을 무한정 인정하는 것은 법적 안정성이나 행정목적달성에 문제가 있으므로 행정소송법 제20조 제2항에 따라 재결이 있은 날부터 1년 이내에 제기하여야 한다고 본다. 또한 재결취소소송을 제기기간 내에 제기하였다가 제기기간 경과 후에 손실보상청구소송으로 소변경을 하는 경우 등 당초 소제기가 제기기간 내에 제기한 것이라면 소변경도 적법하다(판례2).

[판례 1] 재결서가 송달되어야 제소기간 진행

"토지수용법 제75조의2 제1항은 "이의신청의 재결에 대하여 불복이 있을 때에는 재결서가 송달된 날로부터 1월 이내에 행정소송을 제기할 수 있다"고 규정하고 있으므로, 중앙토지수용위원회의 재결에 대하여 이의를 신청한 수용대상토지의 소유자인 원고가, 다른 토지 소유자인 제3자에 대한 재결서를 송달받음으로써 또 공탁된 보상금의 증액분을 수령함으로써 자신의 이의신청에 대한 재결이 있은 사실과 그 재결의 내용을 알 수 있었다고 하더라도, 그렇다고 하여 **재결서(재결서의 정본)가 송달되지 아니하였음에도 불구하고 이의신청의 재결에 대한 행정소송의 제소기간이 진행된다고 볼 수는 없다.**"(대판 1992.7.28. 91누12905, 토지수용재결처분취소)

[판례 2] 소변경의 경우 제소기간 준수여부

"동일한 토지소유자에 속하는 일단의 토지의 일부가 수용됨으로 인하여 잔여지의 가격이 감소된 경우에, 토지소유자가 잔여지를 포함시키지 않은 수용재결처분이 위법하다고 주장하면서 그 취소를 구하는 이의신청을 하여 이의신청을 기각하는 이의재결을 받은 뒤, **중앙토지수용위원회를 상대로 이의재결의 취소를 청구하는 소송을 제기, 그 소가 진행되던 도중에 기업자를 피고로 추가하여 이의재결 취소청구의 소를 잔여지의 가격감소로 인한 손실보상청구의 소로 변경하였다면, 이의재결 취소청구의 소가 당초에 제소기간을 준수하여 적법하게 제기된 이상, 뒤의 소변경은 제소기간이 경과된 후에 이루어졌어도 부적법하지 아니하다.**"(대판 1999.10.12. 99두7517, 토지수용이의재결처분취소 등)

(d) **하자의 승계문제:** 사업인정과 그 후의 재결은 단계적인 일련의 절차이나, 사업인정의 하자는 재결에 승계되지 아니한다(판례).

[판 례] 사업인정의 하자를 이유로 수용재결처분의 취소소송 제기 불가

"도시계획사업허가의 공고 시에 토지세목의 고시를 누락하거나 사업인정을 함에 있어 수용 또는 사용할 토지의 세목을 공시하는 절차를 누락한 경우, 이는 절차상의 위법으로서 수용재결 단계 전의 사업인정 단계에서 다툴 수 있는 취소사유에 해당하기는 하나 더 나아가 그 사업인정 자체를 무효로 할 중대하고 명백한 하자라고 보기는 어렵고, 따라서 이러한 위법을 들어 수용재결처분의 취소를 구하거나 무효확인을 구할 수는 없다."(대판 1988.12.27. 87누1141; 대판 2000.10.13. 2000두5142; 대판 2009. 11.26. 2009두11607 등)

(e) **피고적격 및 관할법원:** 취소소송의 피고는 관할 토지수용위원회이며 이의신청의 재결을 거친 경우에도 원처분주의에 따라 마찬가지이다. 다만, 이의재결 자체에 고유한 위법이 있는 때에는 이의신청에 대한 재결기관인 중앙토지수용위원회가 피고가 된다(위 소의 대상판례(2008두1504) 참조). 관할법원은 피고의 소재지를 관할하는 행정법원이다.

(f) **보상금의 공탁 등:** 사업시행자는 행정소송을 제기하기 전에 이의신청에 대한 재결에 따라 늘어난 보상금을 공탁하여야 하며, 보상금을 받을 자는 공탁된 보상금을 소송이 종결될 때까지 수령할 수 없다(동법 85①후문). 소제기 전에 보증금의 공탁을 못하였어도 사실심변론종결 전까지 하면 하자가 치유된다(판례).

[판 례] 보증금 공탁의 하자의 치유

"공익사업을 위한 토지 등의 취득 및 보상에 관한 법률 제85조 제1항의 규정 및 관련 규정들의 내용, 사업시행자가 행정소송 제기시 증액된 보상금을 공탁하도록 한 위 제85조 제1항 단서 규정의 입법 취지, 그 규정에 의해 보호되는 보상금을 받을 자의 이익과 그로 인해 제한받게 되는 사업시행자의 재판청구권과의 균형 등을 종합적으로 고려하여 보면, 사업시행자가 **재결에 불복하여 이의신청을 거쳐 행정소송을 제기하는 경우에는 원칙적으로 행정소송 제기 전에 이의재결에서 증액된 보상금을 공탁**하여야 하지만, 제소 당시 그와 같은 요건을 구비하지 못하였다 하여도 **사실심 변론종결 당시까지 그 요건을 갖추었다면 그 흠결의 하자는 치유**되었다고 본다."(대판 2008.2.15. 2006두9832, 토지수용이의재결보상금감액청구)

(g) **소제기의 효과:** 행정소송의 제기는 사업의 진행 및 토지의 수용 또는 사용을 정지시키지 아니한다(동법 88). 이와 같은 집행부정지원칙의 예외로서 집행정지의 신청에 관해 명문규정은 없으나 행정소송법 제23조 제2항에 따라 가능하다고 할 것이다.

(다) 무효등확인소송: 수용재결도 행정처분의 하나이므로 그 중대하고 명백한 하자가 있는 때에는 무효등확인소송을 제기할 수 있다. 무효등확인소송은 취소소송의 경우와 동일하나, 제소기간의 적용은 받지 아니한다.

[판 례] 수용재결에 대한 무효확인소송 제기가능

"토지수용에 관한 토지수용위원회의 수용재결은 구체적으로 일정한 법률효과의 발생을 목적으로 하는 점에서 일반의 행정처분과 다를 바 없으므로 수용재결처분이 무효인 경우에는 재결 자체에 대한 무효확인을 소구할 수 있다." (대판 1993.4.27. 92누15789; 대판 1996.3.8. 95누18741 등)

(라) 당사자소송(보상금증감청구소송)

(a) **의 의**: 토지수용위원회의 재결에 불복하여 제기하려는 행정소송이 보상금의 증감(增減)에 관한 소송인 경우 그 소송을 제기하는 자가 토지소유자 또는 관계인일 때에는 사업시행자를, 사업시행자일 때에는 토지소유자 또는 관계인을 각각 피고로 한다(동법 85②). 이와 같이 보상금증감청구소송은 항고소송의 피고가 행정청(토지수용위원회)인 것과는 달리 토지수용위원회의 재결로서 형성된 법률관계(보상금의 증감)의 한쪽 당사자(사업시행자 또는 토지소유자 · 관계인)를 피고로 함으로써 당사자소송임을 명백히 하고 있다. 또한 실질적으로는 처분(재결)의 효력을 다투는 것이지만 형식적으로는 법률관계의 당사자간의 쟁송이라는 형식을 취하는 것이므로 형식적 당사자소송이라 할 것이다. 잔여지에 대한 불복도 보상금증감에 해당한다(판례).

[판 례] 보상금증감소송으로서 잔여지에 대한 불복소송

"구 '공익사업을 위한 토지 등의 취득 및 보상에 관한 법률'(2007.10.17.법률 제8665호로 개정되기 전의 것) 제74조 제1항에 규정되어 있는 잔여지 수용청구권은 손실보상의 일환으로 토지소유자에게 부여되는 권리로서 그 요건을 구비한 때에는 잔여지를 수용하는 토지수용위원회의 재결이 없더라도 그 청구에 의하여 수용의 효과가 발생하는 형성권적 성질을 가지므로, **잔여지 수용청구를 받아들이지 않은 토지수용위원회의 재결에 대하여 토지소유자가 불복하여 제기하는 소송은 위 법 제85조 제2항에 규정되어 있는 '보상금의 증감에 관한 소송'에 해당**하여 사업시행자를 피고로 하여야 한다."(대판 2010.8.19. 2008두822, 토지수용이의재결처분취소등)

(b) **원고적격**: 이 소송은 위원회의 재결 중 보상금 산정에 관한 부분에 불복하여 그 증감을 구하는 소이므로 재결을 다투는 항고소송의 성질을 가진다(형식적 당사자소송). 따라서 원고는 행정소송법 제12조 전문에서 규정한 재결을 다툴 '법률상 이익이 있는 자'인 토지등소유자(증액청구소송의 경우) 또는 사업시행자(감액청구소송)이다. 그러므로 토지소유자 등에 대하여 금전채권을 가지고 있는 제3자는 원고적격이 부인된다(대판 2022.11.24. 2018두67 참조).

(c) **피고적격**: 소송을 제기하는 자가 토지소유자 또는 관계인일 경우에는 사업시행자가 피고이고, 사업시행자일 경우에는 토지소유자 또는 관계인이 피고이다.

(d) **소의 대상**: 소의 대상은 보상금액인데, 이의재결에 따른 수정된 보상금액이 아니라 원처분주의에 따라 관할 토지수용위원회의 수용재결 시의 보상금액이 소의 대상이 되는지 문제될 수 있다. 당사자소송은 처분이 대상이 아니라 그 처분을 원인으로 한 법률관계가 대상이며, 토지소유자의 수용재결에 대한 이의신청에 대한 재결에 불복하여 사업시행자가 이의재결에 따른 보상금액에 불복하여 제기할 수 있는 것이므로 원처분주의가 적용되지 않는다고 하겠다. 청구취지는 보상액의 증감액을 청구하면 되고 수용재결이나 이의재결의 취소를 함께 청구할 필요는 없다.

(e) **재판관할 및 제소기간**: 재판관할은 취소소송의 규정이 준용된다(행정소송법 40). 제소기간은 재결서를 받은 날부터 90일 이내에, 이의신청을 거친 경우에는 그 재결서를 받은 날부터

60일 이내에 제기해야 한다(토지보상법 85①).

(f) 보상대상이 복수인 경우의 소송물: 동일한 소유자의 수 필지의 토지, 그 지상건물, 입목 등 지장물과 영업손실, 잔여지 등을 함께 보상하는 경우에 소송물이 문제될 수 있다. 이에 대해, ① 모든 항목의 손실보상은 하나의 재결처분이므로 하나의 소송물로 보아야 한다는 견해와 ② 소유자가 동일하더라도 각각 별개의 소송물로 보아야 한다는 견해로 나뉜다. 생각건대, 개인별 보상의 원칙(동법 64) 및 일괄보상의 원칙(동법 65) 등의 취지에 비추어 보면, 개인별 보상의 대상이 되는 모든 항목은 하나의 소송물로 보되, 재결의 대상이 된 보상대상 항목에 대해서만 하나의 소송물로 보는 것이 타당하다.

(g) 지연손해금: 손실보상금의 지급의무는 수용재결시가 아닌 수용의 시기부터 발생하므로, 손실보상금에 대한 지연손해금도 수용시기 다음날부터 기산된다.

(h) 판 결: 보상금청구소송은 법원이 직접 보상금을 결정하므로 소송당사자는 판결결과에 따라 이행을 하여야 하며, 재결청은 별도로 재결을 할 필요는 없다.

2. 약식절차

공용수용은 원칙적으로 위에서 본 보통절차에 의하여야 하는 것이나, 특별한 사유가 있는 경우에는 약식절차가 인정된다.

(1) 천재 · 지변시의 토지사용

천재 · 지변 기타 사변으로 인하여 공공의 안전을 유지하기 위한 공익사업을 긴급히 시행할 필요가 있을 때에는 사업시행자는 시장 · 군수 또는 구청장의 허가를 받아 즉시 타인의 토지를 사용할 수 있다(동법 38). 이 경우 토지사용기간은 6월을 초과할 수 없다.

(2) 시급를 요하는 토지사용

토지수용의 재결신청을 받은 토지수용위원회는 그 재결을 기다려서는 재해방지가 곤란하거나 기타 공익에 현저한 지장을 초래할 우려가 있다고 인정할 때에는 사업시행자의 신청에 의하여 담보를 제공하게 한 후 즉시 그 토지의 사용을 허가할 수 있다(동법 39①). 그 사용기간은 6월을 초과하지 못한다(동조②).

【공용수용의 (보통)절차】

- 임의절차 : 협의(제16조) → 계약체결(제17조)
- 강제절차 : 사업인정(제20조) → 협의(제26조) → 협의성립확인(제29조)

↓ (관할토지수용위원회)(재결로 간주)

협의 불성립 → 재결(제28조) → 이의신청(제83조) → 행정소송
(임의절차, 중토위) (제85조)

Ⅴ. 공용수용의 효과

공용수용의 효과는 사업시행자가 보상금을 지급 또는 공탁함을 조건으로 하여 수용의 시기에 수용목적물에 대한 권리를 원시취득하고, 만약 피수용자가 수용목적물의 인도·이전의무를 이행하지 아니하는 경우에 대행 또는 대집행청구권을 가진다. 피수용자는 수용목적물의 인도·이전의무를 지는 한편 손실보상청구권 및 환매권을 획득하는 데 있다.

1. 보상금의 지급 또는 공탁

사업시행자는 약식절차에 의한 사용의 경우를 제외하고는 수용 또는 사용의 개시일까지 관할 토지수용위원회가 재결한 보상금을 지급하여야 한다(동법 40①). 사업시행자는, ① 보상금을 받을 자가 그 수령을 거부하거나 보상금을 수령할 수 없을 때, ② 사업시행자의 과실 없이 보상금을 받을 자를 알 수 없을 때, ③ 관할 토지수용위원회가 재결한 보상금에 대하여 사업시행자가 불복할 때, ④ 압류 또는 가압류에 의하여 보상금의 지급이 금지되었을 때 등에 해당하는 때에는 수용 또는 사용의 개시일까지 수용하거나 또는 사용하려는 토지 등의 소재지의 공탁소에 보상금을 공탁할 수 있다(동조②).

2. 사업시행자의 권리취득

사업시행자는 보상금의 지급 또는 공탁을 조건으로 수용의 시기에 토지·물건 등 수용목적물에 대한 소유권을 취득하고, 그와 동시에 그 토지나 물건에 관한 다른 권리는 소멸된다.

(1) 권리의 득실의 시기

사업시행자는 수용의 개시일에 토지나 물건의 소유권을 취득하며, 그 토지나 물건에 관한 다른 권리는 이와 동시에 소멸한다(동법 45①). 즉, 수용의 절차는 협의의 성립이나 재결로 완성되는 것이나, 권리의 득실의 효과는 즉시 발생되는 것이 아니라 따로 정하여진 수용의 개시일에 발생된다. 이는 협의 또는 재결의 때로부터 수용의 시기까지에 손실보상 및 수용목적물의 인도·이전을 하게 하려는 것이다.

(2) 수용의 대물적 효과

권리취득은 원권리자의 권리의 승계적 취득이 아니라 법률에 의한 원시적 취득이며, 그 효과는 대물적(對物的)으로 모든 권리자에 대하여 발생한다. 따라서 민법상의 매매에 있어서와 같이 권리하자담보(민법 569 이하)나 물건하자담보(동법 580 이하)의 문제는 생기지 않는다. 사업시행자가 취득하는 토지소유권에는 등기를 요하지 아니하나, 취득한 소유권을 타인에게 처분하기 위하여는 등기를 하여야 한다(동법 187 단서).

(3) 수용목적물의 인도·이전의무와 강제집행

피수용자는 수용의 개시일까지 토지·물건을 사업시행자에게 인도하거나 이전할 의무를 진다(토지보상법 43). 피수용자가 고의·과실 없이 그 의무를 이행할 수 없을 때, 또는 사업시행자가 과실 없이 토지나 물건을 인도 또는 이전하여야 할 의무가 있는 자를 알 수 없는 때에는 사업시행자의 청구에 의하여 특별자치도지사, 시장·군수 또는 구청장이 이를 대행한다(동법 44①). 또한 의무자에게 의무불이행·완료곤란 또는 의무자의 이행이 현저히 공익을 해한다고 인정되는 사유가 있으면 사업시행자의 신청에 의하여 시·도지사나 시장·군수 또는 구청장이 대집행한다(동법 89).

(4) 위험부담의 이전

수용의 재결 후에 수용목적물이 피수용자의 고의나 과실 없이 멸실 또는 훼손된 경우에는 그 손실은 사업시행자의 부담으로 하며(동법 46), 사업시행자는 그것을 이유로 하여 손실보상의 면제나 감액을 주장할 수 없다.

3. 손실보상

공용수용은 공익상 필요한 사업의 수요를 충족시키기 위하여, 개인의 재산권에 침해를 가함으로써 특정인에게 특별한 희생을 과하는 것이므로, 그 희생에 대한 보상이 요구되는 것은 현행 헌법하에서는 당연한 일이다.

(1) 손실보상에 관한 제원칙

1) 사업시행자보상의 원칙: 손실보상은 사업시행자가 행한다(동법 61). 이는 사업시행자수용권설에 따른 것으로서, 보상할 손실의 원인행위를 한 자는 사업시행자이기 때문이다.

2) 현금보상의 원칙: 손실보상은 현금에 의함을 원칙으로 하는데(동법 63), 이는 유통이 자유롭고 객관적 가치에 변동이 비교적 적은 보상수단에 의함으로써 보상의 완전성을 확보하기 위한 것이다. 다만, 사업시행자가 국가·지방자치단체 그 밖에 정부투자기관·공공단체인 경우로서, 토지소유자나 관계인이 원하거나, 사업인정을 받은 사업에 있어서 부재부동산소유자의 토지에 대한 보상금이 대통령령이 정하는 일정금액(1억원)을 초과하는 경우로서 그 초과하는 금액에 대하여 보상하는 경우에는 해당 사업시행자가 발행하는 채권으로 지급할 수 있다(동법 63⑦).

3) 재결시 기준의 원칙: 손실보상액은 협의에 의하는 경우에는 협의성립 당시의 가격을, 재결에 의한 경우에는 재결당시의 가격을 기준으로 하여 산정한다(동법 67①).

4) 사전보상의 원칙: 손실보상금은 해당 사업의 공사착수 이전에 보상액의 전액을 지급하여야 하며(동법 62), 그 시기까지 보상금을 지급하거나 공탁하지 아니한 때에는 재결은 효력을 상실한다(동법 42①).

5) 개인별보상의 원칙: 보상금은 토지소유자나 관계인에게 개인별로 하는 것이 원칙이며, 다만 개인별로 산정할 수 없을 때에는 그러하지 아니한다(동법 64).

6) 일괄보상의 원칙: 동일한 사업지역에 보상시기를 달리하는 동일인 소유의 토지 등이 여러 개 있는 경우 토지소유자나 관계인이 요구할 때에는 한꺼번에 보상금을 지급한다(동법 65).

7) 사업시행 이익과의 상계금지: 동일한 소유자에 속하는 일단의 토지의 일부를 취득하거나 사용하는 경우 해당 공익사업의 시행으로 인하여 잔여지 가격이 증가하거나 그 밖의 이익이 발생한 경우에도 이익을 그 취득 또는 사용으로 인한 손실과 상계할 수 없다(동법 66).

(2) 손실보상의 내용

1) 토지 · 물건 등의 수용보상: 협의 또는 재결에 의하여 취득하는 토지에 대하여는 「부동산가격공시에 관한 법률」에 따른 공시지가를 기준으로 하여 보상하되, 그 공시기준일부터 가격시점까지의 관계법령에 따른 그 토지의 이용계획, 해당 공익사업으로 인한 지가의 영향을 받지 아니하는 지역의 지가변동률, 생산자물가상승률, 그 밖에 그 토지의 위치 · 형상 · 환경 · 이용상황 등을 고려하여 평가한 적정가격으로 보상하여야 한다(동법 70①). 이와 같은 공시지가를 기준으로 한 보상액의 산정은 공익사업의 시행에 따르는 이른바 개발이익을 배제하여 토지소유자와 관계인의 부당한 가중이득을 없앰으로써 개발이익을 사회에 환원하도록 하려는 것이라 할 수 있다.

사업시행자가 보상액을 산정하고자 하는 경우에는 감정평가업자 3인 이상에게 토지 등의 평가를 의뢰하여야 하며, 토지소유자가 요청하는 경우에는 그 토지소유자가 추천하는 감정평가업자 1인을 추가 선정할 수 있다(동법 68).

2) 잔여지 보상: 사업시행자는 동일한 소유자에게 속하는 일단의 토지의 일부가 취득 또는 사용됨으로 인하여 잔여지의 가격이 감소하거나 그 밖의 손실이 있을 때 또는 잔여지에 통로 · 도랑 · 담장 등의 신설이나 그 밖의 공사가 필요한 때에는 그 손실이나 공사의 비용을 보상하여야 한다(동법 73).

3) 건축물 등 물건의 보상: 건축물 · 입목 · 공작물 그 밖에 토지에 정착한 물건에 대하여는 이전에 필요한 비용으로 보상하여야 한다. 다만, ❶ 건축물 등을 이전하기 어렵거나 그 이전으로 인하여 건축물 등을 종래의 목적대로 사용할 수 없게 된 경우, ❷ 건축물 등의 이전비가 그 물건의 가격을 넘는 경우, ❸ 사업시행자가 공익사업에 직접 사용할 목적으로 취득하는 경우 등은 당해 물건의 가격으로 보상하여야 한다(동법 75①). 농작물 등에 대한 손실은 그 종류와 성장의 정도 등을 종합적으로 고려하여 보상하여야 한다(동조②).

4) 권리보상: 광업권 · 어업권 및 물 등의 사용에 관한 권리에 대하여는 투자비용 · 예상수익 및 거래가격 등을 고려하여 평가한 적정가격으로 보상하여야 한다(동법 76①).

5) 영업손실 등의 보상: 영업을 폐지하거나 휴업함에 따른 영업손실에 대하여는 영업이익과 시설의 이전비용 등을 고려하여 보상하여야 한다(동법 77①). 농업의 손실에 대하여는 농지의 단위면적당 소득 등을 고려하여 실제 경작자에게 보상하여야 한다(동조②). 휴직하거나 실직하는 근로자의 임금손실에 대하여는 근로기준법에 따른 평균임금 등을 고려하여 보상하여야 한다(동조③).

6) 측량・조사로 인한 손실보상: 사업시행자는 사업의 준비를 위해 타인의 토지에 출입하여 측량・조사함으로 인한 손실을 보상하여야 한다. 이로 인한 손실보상은 손실이 있은 것을 안 날로부터 1년이 지나거나 손실이 발생한 날부터 3년이 지난 후에는 이를 청구할 수 없다(동법 9④⑤).

7) 사업의 폐지・변경으로 인한 손실보상: 사업인정이 고시된 후 사업의 전부 또는 일부를 폐지・변경함으로 인하여 토지소유자 또는 관계인이 입은 손실은 보상하여야 하며, 이 경우 손실이 있은 것을 안 날로부터 1년 이내에 청구하여야 한다(동법 24⑥⑦).

8) 그 밖의 손실의 보상: 공익사업의 시행으로 인하여 주거용 건축물을 제공함에 따라 생활의 근거를 상실하게 되는 자를 위하여 이주대책을 수립・실시하거나 이주정착금을 지급하여야 한다(동법 78①). 주거이전보상은 건물소유자의 경우 가구원수에 따라 2월분을, 세입자의 경우 가구원수에 따라 3월분의 주거이전비를 지급하고, 그 밖에 동산이전비보상, 이농비・이어비, 공익사업시행지구 밖의 토지 등의 보상 및 무허가영업의 손실보상 등이 있다.

(3) 손실보상에 대한 불복

보상액에 대해서만 불복이 있는 경우에는 재결의 취소를 위한 항고소송을 제기함이 없이 형식적 당사자소송에 의하여 보상액의 증액 또는 감액을 청구하는 소송을 제기할 수 있다(행정소송법 3②).

4. 환매권

(1) 환매권의 의의

환매권(還買權)이란 공용수용의 목적물이 해당 공익사업에 불필요하게 되었거나 그 공익사업에 현실적으로 공용되지 아니한 경우에 원래의 피수용자가 일정한 요건하에서 다시 매수하여 소유권을 회복할 수 있는 권리를 말한다. 환매권 인정의 취지는, 토지의 원소유자가 손실보상을 받았더라도 원래 자신의 자발적인 의사에 따른 소유권의 상실이 아니어서 그 토지 등이 공익상의 필요가 소멸한 때에는 원소유자의 의사에 따라 그 토지 등의 소유권을 회복시켜 주는 것이 공평의 원칙에 부합한다는 데에 있다(판례).

[판 례] 환매권 인정취지 및 협의취득이 당연무효인 경우 환매권행사 불가

"토지보상법이 **환매권을 인정하는 취지는**, 토지의 원소유자가 사업시행자로부터 토지 등의 대가로 정당한 손실보상을 받았다고 하더라도 원래 자신의 자발적인 의사에 기하여 그 토지 등의 소유권을 상실하는 것이 아니어서 그 토지 등을 더 이상 당해 공익사업에 이용할 필요가 없게 된 때, 즉 **공익상의 필요가 소멸한 때에는 원소유자의**

의사에 따라 그 토지 등의 소유권을 회복시켜 주는 것이 공평의 원칙에 부합한다는 데에 있다(대판1995.2.10. 94다31310 등).

한편 구 공익사업을 위한 토지 등의 취득 및 보상에 관한 법률(2007. 10. 17. 법률 제8665호로 개정되기 전의 것, 이하 '구 토지보상법'이라 한다) 제4조 제7호, 구 국토계획법 제95조 제1항에 의하면, 구 국토계획법에 따른 도시계획시설사업은 구 토지보상법 제4조의 공익사업에 해당하는데, 구 국토계획법 제86조 제5항은 같은 조 제1항 내지 제4항에 따른 행정청이 아닌 자가 도시계획시설사업을 시행하기 위해서는 대통령령이 정하는 바에 따라 건설교통부장관 등으로부터 시행자로 지정을 받도록 규정하고 있다. 이러한 토지보상법 및 구 국토계획법의 규정 내용과 환매권의 입법 취지 등을 고려하면, 도시계획시설사업의 시행자로 지정되어 그 도시계획시설사업의 수행을 위하여 필요한 **토지를 협의취득 하였다고 하더라도, 시행자 지정이 처음부터 효력이 없거나 토지의 취득 당시 해당 도시계획시설사업의 법적 근거가 없었던 것으로 볼 수 있는 등 협의취득이 당연무효인 경우,** 협의취득일 당시의 토지소유자가 소유권에 근거하여 등기 명의를 회복하는 방식 등으로 권리를 구제받는 것은 별론으로 하더라도 **토지보상법 제91조 제1항에서 정하고 있는 환매권을 행사할 수는 없다**고 봄이 타당하다."(대판 2021.4.29. 2020다280890)

(2) 환매권의 성질

환매권은 수용권의 효과로서 수용 또는 협의매도의 시기에 법률상 당연히 발생하는 것이므로 형성권적 성질을 가진다. 그런데 그 환매권이 공법상 권리인지 여부에 대해, ① 환매권은 공법적 원인에 의해 상실된 권리를 회복하는 제도이므로 공법상의 권리라는 **공권설**과, ② 환매권자가 자기의 이익을 위한 일방적 의사에 의해 수용목적물을 다시 취득하는 것이고 행정청의 수용해제처분을 요하지 아니하므로 사권이라는 **사권설**이 대립한다. 생각건대, 환매권은 공법적 원인에 의해 상실되었던 권리회복이라는 점에서 공권설이 타당한 것으로 보인다. 판례는 환매는 환매권자와 국가간의 사법상 매매라고 하면서(판례1), 환매권존부확인소송 및 환매금액증감소송은 민사소송이라고 판시하고 있다(판례2).

[판례 1] 환매권 행사는 사법상 매매

"징발재산정리에관한특별조치법 제20조 소정의 환매권은 일종의 형성권으로서 그 존속기간은 제척기간으로 보아야 할 것이며, 위 환매권은 재판상이든 재판외이든 그 기간 내에 행사하면 이로써 매매의 효력이 생기고, 위 매매는 같은 조 제1항에 적힌 환매권자와 국가간의 사법상의 매매라 할 것이다."(대판 1992.4.24. 92다4673)

[판례 2] 환매권존부확인소송 및 환매금액증감소송은 민사소송

"구 공익사업을 위한 토지 등의 취득 및 보상에 관한 법률(2010. 4. 5. 법률 제10239호로 일부 개정되기 전의 것, 이하 '구 공익사업법'이라 한다) 제91조에 규정된 **환매권은 상대방에 대한 의사표시를 요하는 형성권**의 일종으로서 재판상이든 재판 외이든 위 규정에 따른 기간 내에 행사하면 매매의 효력이 생기는 바(대법원 2008. 6. 26. 선고 2007다24893 판결 참조), 이러한 **환매권의 존부에 관한 확인을 구하는 소송 및 구 공익사업법 제91조 제4항에 따라 환매금액의 증감을 구하는 소송 역시 민사소송에 해당한다.**"(대판 2013.2.28. 2010두22368, 환매대금증감)

(3) 환매의 요건

1) **환매권자:** 환매권을 가지는 자는 협의취득일 또는 수용개시일(이하 '취득일'이라 한다) 당시의 토지소유자 또는 그 포괄승계인이다(토지보상법 91①). 포괄승계인이란 자연인인 상속인 및 합병후의 신법인을 가리키며, 환매권은 양도할 수 없다.

2) **환매의 목적물:** 환매의 목적물은 토지소유권이다(동법 91①). 따라서 토지에 대한 소유권 이외의 권리 및 토지 이외의 물건(토지의 정착물 · 토석 · 입목 등) 등은 환매의 대상이 되지 아니한다.

3) **환매권의 발생요건:** 환매를 할 수 있는 것은, ① 공익사업의 폐지 · 변경 또는 그 밖의 사유로 취득한 토지의 전부 또는 일부가 필요 없게 된 경우, 또는 ② 취득일부터 5년 이내에 취득한 토지의 전부를 해당 사업에 이용하지 아니하였을 때이다(동법 91①②). 위 요건에 관하여는 이를 환매권의 성립요건으로 보는 견해와 환매권의 행사요건으로 보는 견해가 있는 바, 환매권은 수용의 효과로서 수용의 시기에 법률상 당연히 성립 · 취득되는 것이므로 **행사요건**으로 보아야 할 것이다.[1)]

[판 례] 토지보상법 제91조 제1항의 환매권의 의미

"토지보상법상 환매권은 당해 사업의 폐지 · 변경 기타의 사유로 인하여 취득한 토지 등의 전부 또는 일부가 필요 없게 된 때에 행사할 수 있는바, 여기서 **'당해 사업'이란 협의취득 또는 수용의 목적이 된 구체적인 특정 사업**을 가리키는 것으로, 당해 **사업의 '폐지 · 변경'이란 이러한 특정 사업을 아예 그만두거나 다른 사업으로 바꾸는 것**을 의미하며, **'취득한 토지가 필요 없게 되었을 때'라 함은 사업시행자가 토지보상법 소정의 절차에 따라 취득한 토지 등이 일정한 기간 내에 그 취득 목적 사업인 사업의 폐지 · 변경 등의 사유로 당해 사업에 이용할 필요가 없어진 경우를 의미**하고, 취득한 토지가 필요 없게 되었는지의 여부는 당해 사업의 목적과 내용, 취득의 경위와 범위, 당해 토지와 사업의 관계, 용도 등 제반 사정에 비추어 객관적 사정에 따라 합리적으로 판단하여야 한다(대판 1994.5.24. 93다51218; 대판 2007.1.11. 2006다5451; 대판 2016.01.28. 2013다60401 등)

4) **환매권의 행사기간:** 위의 행사기간은, ①의 경우에는 관계 법률에 따라 사업이 폐지 · 변경된 날 또는 사업의 폐지 · 변경의 고시가 있는 날부터 그 밖의 사유로 인한 경우에는 사업완료일부터 10년 이내에[2)](판례), ②의 경우에는 취득일부터 6년 이내에 행사하여야 한다(동법 91①②). 이 기간은 제척기간이다.

5) **환매가격:** 환매가격은 원칙적으로 해당 토지에 대하여 지급받은 보상금에 상당한 금액이다(동법 91①). 다만, 토지의 가격이 취득일 당시에 비하여 현저히 변동된 경우 사업시행자와 환매권자는 환매금액에 대하여 서로 협의하여 결정한다(동조④). 여기서 '현저히 변동된 경우'란 환매권행사 당시의 토지가격이 지급한 보상금에 환매당시까지의 당해 사업과 관계없는 인근유

---

1) 박윤흔(하), 633면; 이상규(하), 618면.

2) (구)토지보상법(법률 제18386호(2021.8.10.)로 개정되기 전의 것) 제91조 제1항 '토지의 협의취득일 또는 수용의 개시일(이하 이 조에서 "취득일"이라 한다)부터 10년 이내에 해당 사업의 폐지 · 변경 또는 그 밖의 사유로 취득한 토지의 전부 또는 일부가 필요 없게 된 경우 취득일 당시의 토지소유자 또는 그 포괄승계인(이하 "환매권자"라 한다)은 그 토지의 전부 또는 일부가 필요 없게 된 때부터 1년 또는 그 취득일부터 10년 이내에 그 토지에 대하여 받은 보상금에 상당하는 금액을 사업시행자에게 지급하고 그 토지를 환매할 수 있다.'에 대해 헌법재판소는 '환매권 발생기간 10년을 예외 없이 유지하게 되면 공익사업 폐지 등으로 공공필요가 소멸하였음에도 (취득일부터) 단지 10년이 경과하였다는 사정만으로 환매권이 배제되는 것이 되어 침해의 최소성, 법익의 균형성에 반하므로 헌법 제37조 제2항에 반하여 재산권을 침해한다. 개헌입법이 있을 때까지 이 법률조항을 정지한다.'고 위헌결정을 하여(헌재 2020.11.26. 2019헌바131[토지보상법 제91조 제1항 위헌소원의 헌법불합치결정]) 현행처럼 개정이 되었다. 즉, **취득일로부터 10년 이내에** 사업의 폐지 · 변경된 경우에 **환매권을 인정**하던 것을 (취득일과 관계없이) **사업의 폐지 · 변경된 때로부터 10년 이내에 환매할 수 있도록** 변경한 것이다.

사토지의 지가변동률을 곱한 금액보다 초과되는 경우를 말한다(동법시행령 48). 이 경우 환매가격 결정은 보상금에다 환매대상토지의 환매 당시의 감정평가금액에서 위 보상금에 인근 유사토지의 지가변동률을 곱한 금액을 공제한 금액을 더한 금액으로 한다(대판 2000.11.28. 99두3416).

환매대금의 지급의무는 환매권행사 당시에 이미 발생한 것이므로, 환매권 행사 당시 적정한 대금이 지급되지 않은 이상 그 때부터 지연손해금이 발생할 수 있다.

환매금액에 대해 협의가 성립되지 아니한 때에는 그 금액의 증감을 법원에 청구할 수 있는데(동법 91④), 그 소송형태는 공법상 당사자소송이라 하겠다.

6) 환매권의 대항력: 환매권은 부동산등기법이 정하는 바에 따라 공익사업에 필요한 토지의 협의취득 또는 수용의 등기가 되었을 때에는 제3자에게 대항할 수 있다(동조⑤). 이는 협의취득 또는 수용의 목적물이 제3자에게 이전되더라도 협의취득 또는 수용의 등기가 되어 있으면 환매권자의 지위가 그대로 유지되어 환매권자는 환매권을 행사할 수 있고, 제3자에 대해서도 이를 주장할 수 있다는 의미이다(판례1).

(4) 환매의 절차

1) 환매의 통지 · 공고: 사업시행자는 환매할 토지가 생겼을 때에는 지체 없이 그 사실을 환매권자에게 통지하여야 한다. 다만, 사업시행자가 과실 없이 환매권자를 알 수 없을 때에는 대통령령으로 정하는 바에 따라 공고하여야 한다(동법 92①). 통지 · 공고를 기다릴 것 없이 환매권자가 일방적으로 매수의 의사표시로 환매를 할 수도 있다.

2) 환매권의 행사 · 효과: 환매는 환매권자의 환매의 의사표시와 함께 사업시행자에게 토지수용시 받은 보상금에 상당하는 금액의 환매대금을 지급하거나 공탁함으로써 성립한다. 환매권의 행사는 환매권자의 일방적 의사표시로 성립하며 사업시행자의 동의를 요하지 않는다(판례). 따라서 환매권은 청구권이 아니라 형성권이라 할 것이므로, 환매권 행사로 인해 사업시행자가 가지는 토지소유권은 환매권자에게 이전된다.

[판 례] 환매의 성립요건

"공익사업을 위한 토지 등의 취득 및 보상에 관한 법률 제91조에 의한 **환매는 환매기간 내에 환매의 요건이 발생하면 환매권자가 지급받은 보상금에 상당한 금액을 사업시행자에게 미리 지급하고 일방적으로 의사표시를 함으로써 사업시행자의 의사와 관계없이 환매가 성립하고,** 토지 등의 가격이 취득 당시에 비하여 현저히 변경되었더라도 같은 법 제91조 제4항에 의하여 당사자 간에 금액에 관하여 협의가 성립하거나 사업시행자 또는 환매권자가 그 금액의 증감을 법원에 청구하여 법원에서 그 금액이 확정되지 않는 한, 그 가격이 현저히 등귀한 경우이거나 하락한 경우이거나를 묻지 않고 환매권을 행사하기 위하여는 지급받은 보상금 상당액을 미리 지급하여야 하고 또한 이로써 족한 것이며, 사업시행자는 소로써 법원에 환매대금의 증액을 청구할 수 있을 뿐 환매권 행사로 인한 소유권이전등기 청구소송에서 환매대금 증액청구권을 내세워 증액된 환매대금과 보상금 상당액의 차액을 지급할 것을 선이행 또는 동시이행의 항변으로 주장할 수 없다."(대판 2006.12.21. 2006다49277, 소유권이전등기)

(5) 환매권상실에 따른 손해배상

환매의 통지 · 공고의 규정(법 92①) 취지는 원소유자에게 환매여부를 최고하여 환매권행사의 실효성을 보장하기 위한 것으로서 사업시행자의 법적 의무를 정한 것이다. 따라서 사업시행자가 환매의 통지·공고를 하지 아니하여 환매권행사기간이 경과함으로써 원소유자가 환매권을 상실하는 손해를 입은 때에는 불법행위를 구성하게 되어 원소유자에게 손해배상책임을 지게 된다(판례2). 이 경우 환매권상실로 인한 손해배상액은 환매권상실 당시의 목적물의 시가에서 환매권자가 환매권을 행사하였을 경우 반환하여야 할 환매가격을 공제한 금원으로 정한다(판례1).

[판례 1] 협의취득·수용의 등기의 효력 및 환매권상실로 인한 손해배상액

"[1] 구 공익사업을 위한 토지 등의 취득 및 보상에 관한 법률(2007. 10. 17. 법률 제8665호로 개정되기 전의 것) 제91조 제5항은 '환매권은 부동산등기법이 정하는 바에 의하여 공익사업에 필요한 토지의 협의취득 또는 수용의 등기가 된 때에는 제3자에게 대항할 수 있다'고 정하고 있다. 이는 **협의취득 또는 수용의 목적물이 제3자에게 이전되더라도 협의취득 또는 수용의 등기가 되어 있으면 환매권자의 지위가 그대로 유지되어 환매권자는 환매권을 행사할 수 있고, 제3자에 대해서도 이를 주장할 수 있다는 의미이다.**

[3] 구 공익사업을 위한 토지 등의 취득 및 보상에 관한 법률(2007.10.17. 법률 제8665호로 개정되기 전의 것, 이하 '토지보상법'이라 한다)상 **원소유자 등의 환매권 상실로 인한 손해배상액은 환매권 상실 당시를 기준으로 한 목적물의 시가에서 환매권자가 환매권을 행사하였을 경우 반환하여야 할 환매가격을 공제한 금원이다.** 환매권 상실 당시 환매목적물의 감정평가금액이 토지보상법 제91조 제1항에 정해진 '지급한 보상금'에 그때까지 사업과 관계없는 인근 유사토지의 지가변동률을 곱한 금액보다 적거나 같을 때에는 감정평가금액에서 '지급한 보상금'을 공제하는 방법으로 계산하면 되지만, 이를 초과할 때에는 [환매권 상실 당시의 감정평가금액 - (환매권 상실 당시의 감정평가금액 - 지급한 보상금 × 지가상승률)]로 산정한 금액, 즉 '지급한 보상금'에 당시의 인근 유사토지의 지가상승률을 곱한 금액이 손해로 된다."(대판 2017.3.15. 2015다238963)

[판례 2] 환매통지·공고의 흠결로 환매권상실에 따른 손해배상

"공공용지의취득및손실보상에관한특례법 제9조 제5항에 의하여 준용되는 토지수용법 제72조 제1항이 환매할 토지가 생겼을 때에는 기업자(사업시행자)가 지체 없이 이를 **원소유자 등에게 통지하거나 공고하도록 규정한 취지는 원래 공적인 부담의 최소한성의 요청과 비자발적으로 소유권을 상실한 원소유자를 보호할 필요성 및 공평의 원칙 등 환매권을 규정한 입법이유에 비추어 공익목적에 필요 없게 된 토지가 있을 때에는 먼저 원소유자에게 그 사실을 알려 주어 환매할 것인지 여부를 최고하도록 함으로써 법률상 당연히 인정되는 환매권 행사의 실효성을 보장하기 위한 것이라고 할 것이므로 위 규정은 단순한 선언적인 것이 아니라 기업자(사업시행자)의 법적인 의무를 정한 것이라고 보아야** 할 것인바, 공공용지의취득및손실보상에관한특례법상의 사업시행자가 위 각 규정에 의한 통지나 공고를 하여야 할 의무가 있는데도 불구하고 **이러한 의무에 위배한 채 원소유자 등에게 통지나 공고를 하지 아니하여, 원소유자 등으로 하여금 환매권 행사기간이 도과되도록 하여 이로 인하여 법률에 의하여 인정되는 환매권 행사가 불가능하게 되어 환매권 그 자체를 상실하게 하는 손해를 가한 때에는 원소유자 등에 대하여 불법행위를 구성한다**고 할 것이다."(대판 2000.11.14. 99다45864, 소유권이전등기)

(6) 환매권의 제한(공익사업의 변환)

1) 의 의: 환매권의 제한이란 공익사업을 위하여 취득한 토지를 다른 공익사업으로 변경하는 경우 별도의 절차 없이 해당 토지를 다른 공익사업에 이용함으로써 토지소유자의 환매권행사를 제한하는 것을 말한다. 즉, 해당 공익사업이 다른 공익사업으로 변경되면 환매권행사기간이 공익사업변경을 고시한 때부터 다시 기산하게 되어(동법 91⑥), 당초의 환매권행사는 제한을 받게 된다. 이는 당초의 공익사업이 다른 공익사업으로 변경되고 그 다른 공익사업을 위하여 토지를 계속 이용할 필요가 있는 경우 환매권자로 하여금 환매하게 하고 이를 다시 수용해야 하는 번거

로운 절차의 반복을 피하기 위한 취지라 하겠다.

2) 요 건: 국가, 지방자치단체 또는 「공공기관의 운영에 관한 법률」 제4조에 따른 공공기관 중 대통령령으로 정하는 공공기관이 사업인정을 받아 공익사업에 필요한 토지를 협의취득하거나 수용한 후 해당 공익사업이 제4조 제1호부터 제5호까지에 규정된 다른 공익사업으로 변경된 경우이다(동법 91⑥).

(가) 주 체

(a) **공익사업의 변환의 주체**: 이는 당초의 공익사업을 새로운 공익사업으로 변환시킬 수 있는 주체를 말한다. 공익사업의 변환은 토지보상법 제91조 제6항에 따라 국가, 지방자치단체 또는 「공공기관의 운영에 관한 법률」 제4조에 따른 공공기관 중 대통령령으로 정하는 공공기관이 사업인정을 받아 공익사업에 필요한 토지를 협의취득 또는 수용한 후 다른 공익사업으로 변경된 경우에 할 수 있고, 그 변경된 사실을 위 국가 등 공공기관이 환매권자에게 통지하여야 한다. 따라서 공익사업의 변환의 주체는 당초의 공익사업의 주체인 국가・지방자치단체 등이라 할 수 있다.

(b) **변환된 공익사업의 주체**: 이는 변환된 공익사업인 토지보상법 제4조 제1호부터 제5호까지의 공익사업의 사업주체를 말한다. 이에 관해서는 별도의 규정이 없는바, 당초의 공익사업의 주체와 동일해야 되는지 문제된다. **학설**은 ① 환매권의 본래의 취지 및 공평의 견지에서 공익사업의 변환 전의 사업주체와 동일해야 한다는 **적극설**(동일성 필요설)과, ② 공익사업의 변환의 취지는 공익사업의 주체가 아니라 그 사업의 공익성에 있는 것으로 사정변경에 따른 무용한 수용절차를 피하자는 것이므로 변환 전의 사업주체와 동일할 필요가 없다는 **소극설**(동일성 불필요설)로 나뉜다. **판례**는 공익사업의 변환은 사정변경에 따른 무용한 수용절차를 피하자는 취지이고 사업주체에 큰 의미를 둔 것이 아니라고 하여 소극설을 취한다(판례1). **생각건대,** 공익사업의 변환의 주체에 관한 별도의 규정이 없고 공익사업의 변환의 취지가 공익성이 큰 사업으로의 변환에 무용한 절차의 반복을 피하자는 데 있다고 보아 소극설이 타당하다.

(나) 대상사업: ① 국방・군사에 관한 사업, ② 철도・도로・공항・항만・주차장・궤도・하천・제방・댐・운하・수도・폐수처리・석유비축・전기통신・방송・가스・기상관측에 관한 사업, ③ 국가나 지방자치단체가 설치하는 청사・공장・보건시설・문화시설・시장・화장장 등 공공시설, ④ 인허가 등을 받아 공익목적으로 시행하는 학교・도서관・박물관・미술관의 건립, ⑤ 국가・지방자치단체・공공기관 또는 이들이 지정한 자가 임대・양도 목적으로 시행하는 주택건설・택지조성에 관한 사업 등 토지보상법 제4조 제1호부터 제5호까지의 공익사업이어야 한다.

(다) 변환의 시기: 새로운 공익사업이 사업인정을 받거나 받은 것으로 볼 수 있는 경우라야 한다(판례2).

(라) 대상토지의 소유자: 사업시행자가 당초 공익사업의 대상토지를 소유하고 있어야 한다(판례3).

[판례 1] 공익사업 변환의 주체와 당초의 사업시행자인 공공기관과의 동일성 불필요

"토지보상법 제91조 제6항 전문 중 '해당 공익사업이 제4조 제1호부터 제5호까지에 규정된 다른 공익사업으로 변경된 경우' 부분에는 별도의 사업주체에 관한 규정이 없는바, … 위와 같은 토지보상법 제91조 제6항의 입법 취지와 문언, 1981. 12. 31. 구 토지수용법(2002. 2. 4. 법률 제6656호로 제정된 토지보상법 부칙 제2조에 의하여 폐지)의 개정을 통해 처음 마련된 공익사업 변환 제도는 기존에 공익사업을 위해 수용된 토지를 그 후의 사정변경으로 다른 공익사업을 위해 전용할 필요가 있는 경우에는 환매권을 제한함으로써 무용한 수용절차의 반복을 피하자는 데 주안점을 두었을 뿐 변경된 공익사업의 사업주체에 관하여는 큰 의미를 두지 않았던 점, 민간기업이 관계 법률에 따라 허가·인가·승인·지정 등을 받아 시행하는 도로, 철도, 항만, 공항 등의 건설사업의 경우 공익성이 매우 높은 사업임에도 사업시행자가 민간기업이라는 이유만으로 공익사업의 변환을 인정하지 않는다면 공익사업 변환 제도를 마련한 취지가 무색해지는 점, 공익사업의 변환이 일단 국가·지방자치단체 또는 일정한 공공기관이 협의취득 또는 수용한 토지를 대상으로 하고, 변경된 공익사업이 공익성이 높은 토지보상법 제4조 제1~5호에 규정된 사업인 경우에 한하여 허용되므로 공익사업 변환 제도의 남용을 막을 수 있는 점을 종합해 보면, 변경된 공익사업이 토지보상법 제4조 제1~5호에 정한 공익사업에 해당하면 공익사업의 변환이 인정되는 것이지, 변경된 공익사업의 시행자가 국가·지방자치단체 또는 일정한 공공기관일 필요까지는 없다고 할 것이다."(대판 2015.08.19. 2014다201391, 소유권이전등기)

[판례 2] 다른 공익사업의 사업인정의 여부

"'공익사업을 위한 토지 등의 취득 및 보상에 관한 법률' 제91조 제6항에 정한 공익사업의 변환은 같은 법 제20조 제1항의 규정에 의한 사업인정을 받은 공익사업이 일정한 범위 내의 공익성이 높은 다른 공익사업으로 변경된 경우에 한하여 환매권의 행사를 제한하는 것이므로, 적어도 새로운 공익사업에 관해서도 같은 법 제20조 제1항의 규정에 의해 사업인정을 받거나 또는 위 규정에 따른 사업인정을 받은 것으로 의제하는 다른 법률의 규정에 의해 사업인정을 받은 것으로 볼 수 있는 경우에만 공익사업의 변환에 의한 환매권 행사의 제한을 인정할 수 있다."(대판 2010.9.30. 2010다30782)

[판례 3] 사업시행자의 대상토지의 소유여부

"공익사업의 원활한 시행을 위한 무익한 절차의 반복 방지라는 '공익사업의 변환'을 인정한 입법 취지에 비추어 볼 때, 만약 사업시행자가 협의취득하거나 수용한 당해 토지를 제3자에게 처분해 버린 경우에는 어차피 변경된 사업시행자는 그 사업의 시행을 위하여 제3자로부터 토지를 재취득해야 하는 절차를 새로 거쳐야 하는 관계로 위와 같은 공익사업의 변환을 인정할 필요성도 없게 되므로, 공익사업의 변환을 인정하기 위해서는 적어도 변경된 사업의 사업시행자가 당해 토지를 소유하고 있어야 한다. 나아가 공익사업을 위해 협의취득하거나 수용한 토지가 제3자에게 처분된 경우에는 특별한 사정이 없는 한 그 토지는 당해 공익사업에는 필요 없게 된 것이라고 보아야 하고, 변경된 공익사업에 관해서도 마찬가지이므로, 그 토지가 변경된 사업의 사업시행자 아닌 제3자에게 처분된 경우에는 공익사업의 변환을 인정할 여지도 없다."(대판 2010.9.30. 2010다30782)

3) 통 지: 국가, 지방자치단체 또는 「공공기관의 운영에 관한 법률」 제4조에 따른 공공기관 중 대통령령으로 정하는 공공기관은 공익사업이 변경된 사실을 대통령령으로 정하는 바에 따라 환매권자에게 통지하여야 한다(동항 후문).

4) 효 과: 다른 공익사업으로 변경된 경우 환매권 행사기간은 관보에 해당 공익사업의 변경을 고시한 날부터 기산(起算)한다(동조동항). 즉, 환매권자는 당초의 공익사업의 토지에 대한 환매권은 상실하고, 다른 공익사업의 변경 고시일 부터 새로이 환매권 행사기간이 진행하게 됨으로써 환매권이 제한되는 결과를 가져온다(판례4).

이러한 환매권의 제한은 과잉금지의 원칙의 위반이 문제될 수 있는데, 헌법재판소는 합헌으로 판시하고 있다(판례5).

[판례 4] 토지보상법 제91조 제6항 환매권의 제한의 의미

"공익사업의 변환을 인정한 입법 취지 등에 비추어 볼 때, '공익사업을 위한 토지 등의 취득 및 보상에 관한 법률' 제91조 제6항은 사업인정을 받은 당해 공익사업의 폐지·변경으로 인하여 협의취득하거나 수용한 토지가 필요 없게 된 때라도 위 규정에 의하여 공익사업의 변환이 허용되는 다른 공익사업으로 변경되는 경우에는 당해 토지의 원소유자 또는 그 포괄승계인에게 환매권이 발생하지 않는다는 취지를 규정한 것이라고 보아야 하고, 위 조항에서 정한 "제1항 및 제2항의 규정에 의한 환매권 행사기간은 관보에 당해 공익사업의 변경을 고시한 날로부터 기산한다."는 의미는 **새로 변경된 공익사업을 기준으로 다시 환매권 행사의 요건을 갖추지 못하는 한 환매권을 행사할 수 없고 환매권 행사 요건을 갖추어 제1항 및 제2항에 정한 환매권을 행사할 수 있는 경우에 그 환매권 행사기간은 당해 공익사업의 변경을 관보에 고시한 날로부터 기산한다는 의미로 해석해야 한다.**"(대판 2010.9.30. 2010다30782)

[판례 5] 환매권 제한의 위헌여부

"이 사건 심판대상조항은 공익사업의 원활한 시행을 확보하기 위한 목적에서 신설된 것으로 우선 그 입법목적에 있어서 정당하고 나아가 변경사용이 허용되는 사업시행자의 범위를 국가·지방자치단체 또는 정부투자기관으로 한정하고 사업목적 또한 상대적으로 공익성이 높은 토지수용법 제3조 제1호 내지 제4호의 공익사업으로 한정하여 규정하고 있어서 **그 입법목적 달성을 위한 수단으로서의 적정성이 인정될 뿐 아니라 피해최소성의 원칙 및 법익균형의 원칙에도 부합된다** 할 것이므로 위 법률조항은 헌법 제37조 제2항이 규정하는 기본권 제한에 관한 **과잉금지의 원칙에 위배되지 아니한다.**"(헌재 1997.6.26. 96헌바94, 토지수용법제71조 제7항 위헌소원)

(7) 환매권의 소멸

환매권은, ① 사업이 폐지·변경된 날 또는 폐지·변경의 고시가 있은 날 그 밖의 사유로 토지의 전부 또는 일부가 필요 없게 된 경우에는 사업완료일부터 10년, ② 취득일부터 5년 이내에 취득한 토지의 전부를 해당 사업에 이용하지 아니하였을 때에는 그 취득일부터 6년을 경과함으로써 소멸한다. ③ 환매의 통지나 공고를 한 경우에는 통지를 받은 날 또는 공고를 한 날부터 6개월이 경과하면 소멸한다(동법 92②).

제5절 공용환지·공용환권

Ⅰ. 공용환지

1. 공용환지의 개념

공용환지(公用換地)란 토지의 효용을 증대하기 위하여 일정한 구역 내에 있는 토지의 구획 또는 형질을 변경함으로써 강제적으로 토지소유권 그 밖의 권리(지상권·임차권 등)를 교환·분합(交換·分合)하는 것을 말한다. 공용환지는 강제적으로 토지에 관한 물권적 변동을 가하는 것인 점에서 물적 공용부담의 일종이나, 권리의 제한 또는 수용을 목적으로 하는 것이 아니라, 목적물을 변경하여 동가치(同價値)의 다른 토지와 교환하게 할 뿐인 점에서 공용제한이나 공용수용과 구별된다.

공용환지의 종류로는 도시개발법에 의한 도시개발사업과 농어촌정비법에 의한 농업기반 등 정비사업의 두 가지가 있다.

2. 도시개발사업

(1) 의 의

도시개발사업이란 도시개발구역에서 주거·상업·산업·유통·정보통신·생태·문화·보건 및 복지 등의 기능이 있는 단지 또는 시가지를 조성하기 위하여 시행하는 사업을 말한다(도시개발법 2①(2)). 도시개발사업은 시행자가 도시개발구역의 토지 등을 수용 또는 사용하는 방식이나 환지 방식 또는 이를 혼용하는 방식으로 시행할 수 있다(동법 21①). 이하에서는 환지방식에 의한 사업시행에 대해 설명하기로 한다.

(2) 도시개발구역의 지정 등

도시개발사업을 시행하기 위해서는 도시개발구역을 지정·고시하여 한다.

1) 지정권자 및 시행자: 도시개발사업의 지정권자는 특별시장·광역시장·도지사·특별자치도지사·인구 50만 이상의 대도시의 시장 등이며(동법 3①), 시행자는 국가·지방자치단체·공공기관·지방공사·토지소유자·토지소유자가 설립한 조합 등이다(동법 11①).

2) 지정절차: 지정권자는 도시개발구역을 지정하려면 도시개발사업의 계획을 수립하여(동법 4①), 시행자가 국가나 지방자치단체 이외의 경우에는 환지적용지역의 토지소유자의 3분의 2 이상에 해당하는 토지소유자와 그 지역의 토지소유자 총수의 2분의 1 이상의 동의를 받아야 한다(동법 4④⑤).

3) 실시계획의 작성·인가·공고: 시행자는 실시계획을 작성하고 시행자가 지정권자가 아닌 경우에는 지정권자의 인가를 받아야 하며(동법 17①②), 이 경우 일반인에게 공람시켜야 한다(동법 18①). 도시개발구역지정이나 실시계획인가는 시행자에게 도시개발사업을 시행할 수 있는 권한을 설정하여 주는 처분이다(판례).

[판 례] 도시개발구역지정 및 도시개발사업 실시계획인가의 성질

"도시개발사업의 시행에 따른 **도시계획변경결정처분과 도시개발구역지정처분 및 도시개발사업실시계획인가처분은 도시개발사업의 시행자에게 단순히 도시개발에 관련된 공사의 시공권한을 부여하는 데 그치지 않고 당해 도시개발사업을 시행할 수 있는 권한을 설정하여 주는 처분으로서** 위 각 처분 자체로 그 처분의 목적이 종료되는 것이 아니고 위 각 처분이 유효하게 존재하는 것을 전제로 하여 당해 도시개발사업에 따른 일련의 절차 및 처분이 행해지기 때문에 위 각 처분이 취소된다면 그것이 유효하게 존재하는 것을 전제로 하여 이루어진 토지수용이나 환지 등에 따른 각종의 처분이나 공공시설의 귀속 등에 관한 법적 효력은 영향을 받게 되므로, 도시개발사업의 공사 등이 완료되고 원상회복이 사회통념상 불가능하게 되었더라도 위 각 처분의 취소를 구할 법률상 이익은 소멸한다고 할 수 없다."(대판 2005.9.9. 2003두5402, 5419, 도시계획변경결정처분등취소·건축허가처분취소)

(3) 환지계획

1) 의 의: 환지계획(換地計劃)이란 환지의 방식에 의한 사업으로 사업시행지구 내에 조성된 조성토지의 분배에 관한 계획을 말한다. 따라서 환지계획은 도시개발사업이 완료된 경우에 행할

환지처분의 계획을 말하는 것으로서, 환지처분의 내용은 이 환지계획에서 정하여진다.[3]

2) 절 차: 시행자는 환지설계, 필지별로 된 환지명세, 필지별과 권리별로 된 청산대상토지명세, 체비지 또는 보류지의 명세 등이 포함된 환지계획을 작성하여(동법 28①), 특별자치도지사·시장·군수 또는 구청장의 인가를 받아야 한다(동법 29①). 행정청이 아닌 시행자가 환지계획의 인가를 신청하고자 하거나 행정청인 시행자가 환지계획을 정하고자 경우에는 토지소유자와 해당 토지에 대하여 임차권·지상권 그 밖에 사용하거나 수익할 권리를 가진 자에게 이를 알리고 대통령령으로 정하는 바에 따라 관계서류의 사본을 일반에게 공람시켜야 하며(동법 29③), 토지 소유자나 임차권자 등은 공람 기간에 시행자에게 의견서를 제출할 수 있다(동조④). 이해관계인의 의견에 따라 환지계획을 수정한 경우에는 다시 수정내용에 대한 공람절차를 거쳐야 한다(판례).

[판 례] 환지계획의 공람절차의 의의 및 성질

"토지구획정리사업법 제47조, 제33조 등의 규정에서 환지계획의 인가신청에 앞서 관계 서류를 공람시켜 토지소유자 등의 이해관계인으로 하여금 의견서를 제출할 기회를 주도록 규정하고 있는 것은 **환지계획의 입안에 토지구획정리사업에 대한 다수의 이해관계인의 의사를 반영하고 그들 상호간의 이익을 합리적으로 조정하는 데 그 취지가 있다**고 할 것이므로, 최초의 공람과정에서 이해관계인으로부터 의견이 제시되어 그에 따라 환지계획을 수정하여 인가신청을 하고자 할 경우에는 그 전에 다시 수정된 내용에 대한 공람절차를 거쳐야 한다고 봄이 위와 같은 제도의 취지에 부합하는 것이라고 할 것이다.

환지계획 인가 후에 당초의 환지계획에 대한 공람과정에서 **토지소유자 등 이해관계인이 제시한 의견에 따라 수정하고자 하는 내용에 대하여 다시 공람절차 등을 밟지 아니한 채 수정된 내용에 따라 한 환지예정지 지정처분은 환지계획에 따르지 아니한 것이거나 환지계획을 적법하게 변경하지 아니한 채 이루어진 것이어서 당연 무효**라고 할 것이다."(대판 1999.8.20. 97누6889, 환지계획등무효확인및취소)

(4) 환지예정지의 지정

1) 의 의: 환지예정지란 환지처분이 행해지기 전에 종전의 토지 대신 사용하거나 수익하도록 지정된 토지를 말한다. 도시개발사업 기간 중 해당토지에 대한 권리행사가 제한을 받는데 일반적으로 도시개발사업은 상당한 기간이 소요되므로 종전 토지의 권리관계가 장기간 불안한 상태에 놓이게 된다. 따라서 환지예정지의 지정은 사업 완료 전에 환지처분이 행해진 것과 같이 새로운 토지에 대한 권리를 행사할 수 있게 하여 사권제한을 최소화 하고 권리관계의 불안정한 상태를 해소하려는 것이다. 환지예정지의 지정은 그 소유권관계에는 변동이 없고 사용수익권에만 영향을 주게 되는데, 환지처분이 공고되어 발효되면 그 효력은 소멸된다(판례). 환지예정지의 지정행위는 행정쟁송의 대상인 처분으로서의 성질을 가진다.

2) 지정절차: 환지예정지는 시행자가 도시개발구역의 토지에 대하여 도시개발사업의 시행을 위하여 필요하다고 인정하면 지정할 수 있다(동법 35①). 이 경우 행정청이 아닌 시행자는 시장·군

---

3) 판례: 환지계획의 내용에 의하지 아니하거나 환지계획에 없는 사항을 그 내용으로 하는 환지처분의 효력은 무효이다(대판 2000.2.25. 97누5534).

수 · 구청장의 인가를 받아 일반인에게 공람시켜야 하며(동조②), 시행자는 관계 토지소유자와 임차권자등에게 환지예정지의 위치 · 면적과 환지예정지 지정의 효력발생 시기를 알려야 한다(동조③).

3) **지정의 효과:** 환지예정지가 지정되면 종전의 토지의 소유자와 임차권자등은 환지 예정지 지정의 효력발생일부터 환지처분이 공고되는 날까지 환지 예정지나 해당 부분에 대하여 종전과 같은 내용의 권리를 행사할 수 있으며 종전의 토지는 사용하거나 수익할 수 없다(동법 36①). 그리고 환지예정지의 지정에 따라 그 토지의 사용 또는 수익을 시작하는 경우에 해당 환지예정지의 종전의 소유자 또는 임차권자등은 환지예정지의 지정기간에 이를 사용하거나 수익할 수 없으며 환지예정지 지정에 따른 권리의 행사를 방해할 수 없다(동조③). 시행자는 체비지의 용도로 환지예정지가 지정된 경우에는 도시개발사업에 드는 비용을 충당하기 위하여 이를 사용 또는 수익하게 하거나 처분할 수 있다(동조④).

[판 례] 환지처분공고에 의한 환지예정지지정처분의 효력의 유무

"환지처분이 공고되어 효력을 가지게 되면 환지예정지지정처분의 효력은 소멸되므로 그 때부터는 환지예정지지정처분이 무효라는 확인을 구할 법률상 이익이 없어지고, 당초의 환지처분이 환지계획의 내용에 따르지 아니하여 무효이면 시행자는 환지계획변경 등의 절차를 거쳐 다시 환지처분을 할 수 있고, 이러한 새로운 환지처분이 적법하게 이루어지면 당초의 환지처분이 무효라는 확인을 구할 법률상의 이익도 없어진다."(대판 2002.4.23. 2000두2495, 환지계획등무효확인및취소)

(5) 환지처분

1) **의의 · 성질:** 환지처분이란 시행자가 환지계획에 따라 개발사업이 완료된 후 종전의 토지에 갈음하여 새로운 토지를 배당하여 이에 종전의 권리를 이전시키는 처분을 말한다. 환지처분은 종전 토지에 있는 소유권 등의 권리가 환지계획에 정해진 대로 이전 · 귀속시켜 이를 확정하는 것이므로 형성적 행정행위(특허)의 성질을 가진다. 환지처분의 내용은 이미 환지계획에 정해져 있는 것이므로 환지계획에 따르지 아니한 환지처분은 무효이다(판례).

[판 례] 환지계획에 의하지 아니한 환지처분의 효력

"**환지처분의 내용은 모두 환지계획에 의하여 미리 결정되는 것이며** 환지처분은 다만 환지계획구역에 대한 공사가 완료되기를 기다려서 환지계획에 정하여져 있는 바를 토지소유자에게 통지하고 그 뜻을 공고함으로써 효력이 발생되는 것이고, 따라서 **환지계획과는 별도의 내용을 가진 환지처분은 있을 수 없는 것이므로 환지계획에 의하지 아니하고 환지계획에도 없는 사항을 내용으로 하는 환지처분은 효력을 발생할 수 없다.**"(대판 1993.5.27. 92다14878, 소유권보존등기말소등; 대판 2000.2.25. 97누5534 등)

2) **절 차:** 시행자는 환지 방식으로 도시개발사업에 관한 공사를 끝낸 경우에는 지체 없이 대통령령으로 정하는 바에 따라 이를 공고하고 공사 관계 서류를 일반인에게 공람시켜야 하며, 토지소유자 등 이해관계인은 공람 기간에 시행자에게 의견서를 제출할 수 있다(동법 40①②). 시행자는 공람기간에 의견서의 제출이 없거나 제출된 의견서에 따라 필요한 조치를 한 경우에는 지정권자에 의한 준공검사를 신청하거나 도시개발사업의 공사를 끝내야 하며(동조③), 준공검사를 받은 경우에는 대통령령으로 정하는 기간에 환지처분을 하여야 한다(동조④). 또한 시행자는

환지처분을 하려는 경우에는 환지계획에서 정한 사항을 토지 소유자에게 알리고 대통령령으로 정하는 바에 따라 이를 공고하여야 한다(동조⑤).

3) 효 과: 환지계획에서 정하여진 환지는 그 환지처분이 공고된 날의 다음 날부터 종전의 토지로 보며, 환지계획에서 환지를 정하지 아니한 종전의 토지에 있던 권리는 그 환지처분이 공고된 날이 끝나는 때에 소멸한다(동법 42①). 환지처분을 받은 자는 환지처분이 공고된 날의 다음 날에 환지계획으로 정하는 바에 따라 건축물의 일부와 해당 건축물이 있는 토지의 공유지분을 취득한다(동조④). 체비지는 시행자가, 보류지는 환지계획에서 정한 자가 각각 환지처분이 공고된 날의 다음 날에 해당 소유권을 취득한다(동조⑤).

(6) 환지등기

시행자는 환지처분이 공고되면 공고 후 14일 이내에 관할 등기소에 이를 알리고 토지와 건축물에 관한 등기를 촉탁하거나 신청하여야 한다(동법 43①).

(7) 청산금의 징수 · 교부 등

환지를 정하거나 그 대상에서 제외한 경우 그 과부족분(過不足分)은 종전의 토지 및 환지의 위치 · 지목 · 면적 · 토질 · 수리 · 이용 상황 · 환경, 그 밖의 사항을 종합적으로 고려하여 금전으로 청산하여야 하는바(동법 41①), 청산금은 환지처분을 하는 때에 결정하여야 한다(동조②). 시행자는 환지처분이 공고된 후에 확정된 청산금을 징수하거나 교부하여야 한다(동법 46①).

(8) 공용환지에 대한 행정쟁송

환지예정지 지정이나 환지처분은 그에 의하여 직접 토지소유자 등의 권리의무가 변동되므로 이를 항고소송의 대상이 되는 처분이라고 볼 수 있다. 그러나 환지계획은 위와 같은 환지예정지 지정이나 환지처분의 근거가 될 뿐 그 자체가 직접 토지소유자 등의 법률상의 지위를 변동시키거나 또는 환지예정지 지정이나 환지처분과는 다른 고유한 법률효과를 수반하는 것이 아니어서 항고소송의 대상이 되는 처분에 해당하지 아니한다(판례).

[판 례] 환지계획의 처분성 여부

"토지구획정리사업법 제57조, 제62조 등의 규정상 **환지예정지 지정이나 환지처분은 그에 의하여 직접 토지소유자 등의 권리의무가 변동되므로 이를 항고소송의 대상이 되는 처분이라고 볼 수 있으나, 환지계획은 위와 같은 환지예정지 지정이나 환지처분의 근거가 될 뿐** 그 자체가 직접 토지소유자 등의 법률상의 지위를 변동시키거나 또는 환지예정지 지정이나 환지처분과는 다른 고유한 법률효과를 수반하는 것이 아니어서 이를 **항고소송의 대상이 되는 처분에 해당한다고 할 수가 없다.**"(대판 1999.8.20. 97누6889, 환지계획등무효확인및취소)

3. 농업기반등정비사업

(1) 의 의

농어촌정비법에 의한 농어촌정비사업에는 농업생산기반을 조성 · 확충하기 위한 농업생산기반 정비사업, 생활환경을 개선하기 위한 농어촌 생활환경 정비사업, 농어촌산업 육성사업, 농어촌 관광휴양자원 개발사업 및 한계농지등의 정비사업 등이 있다(동법 2(4)). 이 중에 공용환지가 적용되는 사업인 농업생산기반 정비사업에는 농어촌용수 개발사업, 경지정리・배수개선・농업생산기반시설의 개수・보수와 준설(浚渫) 등 농업생산기반 개량사업, 농수산업을 주목적으로 간척・매립・개간 등을 하는 농지확대 개발사업, 농업 주산단지 조성과 영농시설 확충사업, 저수지・담수호 등 호수와 늪의 수질오염 방지사업과 수질개선 사업, 농지의 토양개선사업, 그 밖에 농지를 개발하거나 이용하는 데에 필요한 사업 등이 포함된다(동조(5)). 농업생산기반 정비사업은 농지, 농어촌용수 등의 자원을 효율적으로 이용하여 농업의 생산성을 높일 수 있도록 종합적이고 체계적으로 시행함을 원칙으로 한다(동법 6).

(2) 정비사업의 시행

1) 기본계획 및 시행계획의 수립: 농림축산식품부장관은 예정지 조사 결과 농업생산기반 정비사업 중 타당성이 있다고 인정되는 사업은 그 지역에 대한 기본조사를 하고 농업생산기반 정비사업 기본계획을 세워야 한다(동법 8①). 농림축산식품부장관 또는 시・도지사는 농업생산기반 정비사업 기본계획 중 타당성이 있는 농업생산기반 정비사업에 대하여는 농업생산기반 정비사업 시행자를 지정하여야 한다(동법 9①). 농업생산기반 정비사업 시행자는 농업생산기반 정비사업 기본계획에 따라 사업을 하려면 해당 지역에 대한 세부 설계를 하고, 농업생산기반 정비사업 시행계획을 세워야 하며(동조②), 그 시행계획을 공고하고 토지에 대한 권리를 가지고 있는 자에게 열람하도록 한 후 3분의 2 이상의 동의를 받아야 한다(동조③).

2) 시행자: 농업생산기반 정비사업은 국가, 지방자치단체, 「한국농어촌공사 및 농지관리기금법」에 따른 한국농어촌공사 또는 토지 소유자가 시행한다(동법 10).

(3) 환지계획

농업생산기반 정비사업 시행자는 농업생산기반 정비사업 시행을 위하여 필요하면 사업 시행 전의 토지를 대신하여 사업 시행 후의 토지를 정하고, 이로 인하여 생긴 이해관계의 불균형을 금전으로 청산하게 하기 위한 환지계획을 세워야 한다(동법 25①). 농업생산기반 정비사업 시행자는 농업생산기반 정비사업의 공사를 준공한 후 그 사업의 성질상 필요한 경우에는 지체 없이 그 농업생산기반 정비사업을 시행하는 지역에 대한 환지계획을 세워 시・도지사의 인가를 받아야 한다(동법 26①). 이 경우 인가를 받으려면 환지계획의 개요와 그 밖에 필요한 사항을 14일 이상 공고하고 그 구역의 토지등 소유자에게 개별 통지하여야 하며, 토지 등 소유자의 3분의 2 이상의 동의를 받아야 한다(동조②).

(4) 환지처분 등

환지 처분의 고시가 있는 경우에는 환지계획에 따라 교부될 환지는 환지계획을 고시한 다음 날부터 종전 토지로 보며, 그 환지계획에 따라 환지를 지정하지 아니할 종전 토지에 존재하는 권리는 그 고시가 있는 날에 소멸된 것으로 본다(동법 37①). 환지계획의 인가고시가 있으면 농업생산기반 정비사업 시행자는 그 고시된 환지계획에 의하여 청산금을 지급하거나 징수하여야 한다. 이 경우에 그 청산금은 환지 인가가 있는 날부터 90일 이내에 청산하여야 한다(동조⑤). 농업생산기반 정비사업 시행자는 환지계획의 인가를 받은 때에는 지체 없이 해당 환지처분과 관련된 토지 및 건물의 등기를 촉탁하여야 한다(동법 42①).

(5) 교환 · 분합

1) 교환 · 분합의 시행: 시장 · 군수 · 구청장 또는 한국농어촌공사는 농지 소유자 2명 이상이 신청하거나 농지 소유자가 신청하지 아니하더라도 토지 소유자가 동의를 한 경우에는 농지에 관한 권리, 그 농지의 이용에 필요한 토지에 관한 권리 및 농업생산기반시설과 농어촌용수의 사용에 관한 권리의 교환 · 분할 · 합병을 시행할 수 있다(동법 43①). 이 경우 교환 · 분할 · 합병계획을 세워 시 · 도지사의 인가를 받아 그 개요를 고시하고 시장 · 군수 · 구청장과 등기소에 알려야 한다(동조②).

2) 교환 · 분합의 결정방법: 교환 · 분할 · 합병계획을 작성할 경우에 농지 소유자가 새로 취득할 농지의 면적 및 가격은 그가 상실한 농지의 면적 및 가격에 비하여 큰 차이가 나지 아니하도록 하여야 한다(동법 44①).

3) 교환 · 분합의 효과: 교환 · 분합계획의 인가고시가 있으면 그 고시된 교환 · 분할 · 합병계획에 따라 소유권은 이전되고 저당권 · 지상권 · 임차권 또는 사용차권이 설정되며 이에 대응하는 종전의 권리는 소멸되고, 지역권은 설정되거나 소멸된다(동법 45).

Ⅱ. 공용환권

1. 공용환권의 의의

공용환권(公用換權)이란 토지의 평면적 · 입체적 이용을 증진하기 위하여 특정한 토지에 관한 소유권 기타의 권리 및 지상의 시설물에 대한 권리를 권리자의 의사에 관계없이 강제적으로 변환하는 것을 말한다. 공용환지는 토지의 평면적 효용증진을 위해 토지에 대한 권리를 조성토지로 교환 · 분합하는 것이나, 공용환권은 ① 토지의 평면적 · 입체적 이용증진을 위해, ② 토지에 관한 권리뿐만 아니라 지상의 시설물에 대한 권리를, ③ 새로 건설된 주택 및 부대시설 · 복리시설 등 건축물로 교환 · 분합하는 점에서 구별된다. 우리나라에서 인정되고 있는 공용환권의 대표적인 예는 「도시 및 주거환경정비법」(이하 '도정법'이라 한다)에 의한 정비사업의 일환으로 인정되는 것이 있다.

2. 정비사업의 의의와 종류

(1) 정비사업의 의의

정비사업이란 도시기능을 회복하기 위하여 정비구역에서 정비기반시설을 정비하거나 주택 등 건축물을 개량 또는 건설하는 사업을 말한다(도정법 2(2)). 여기서 정비기반시설이란 도로·상하수도·공원·공용주차장·공동구 그 밖에 주민의 생활에 필요한 열·가스 등의 공급시설을 말한다(동조(4)).

(2) 정비사업의 종류

1) **주거환경개선사업:** 도시저소득주민이 집단으로 거주하는 지역으로서 정비기반시설이 극히 열악하거나 노후·불량건축물이 과도하게 밀집한 지역의 주거환경을 개선하거나 단독주택 및 다세대주택이 밀집한 지역에서 정비기반시설과 공동이용시설 확충을 통하여 주거환경을 보전·정비·개량하기 위한 사업

2) **재개발사업:** 정비기반시설이 열악하고 노후·불량건축물이 밀집한 지역에서 주거환경을 개선하거나 상업지역·공업지역 등에서 도시기능의 회복 및 상권활성화 등을 위하여 도시환경을 개선하기 위한 사업

3) **재건축사업:** 정비기반시설은 양호하나 노후·불량건축물에 해당하는 공동주택이 밀집한 지역에서 주거환경을 개선하기 위한 사업

3. 정비계획의 수립

(1) 정비기본계획의 수립

특별시장·광역시장·특별자치시장·특별자치도지사 또는 시장은 관할 구역에 대하여 도시주거환경정비기본계획을 10년 단위로 수립하여야 하며, 기본계획을 수립 또는 변경하고자 하는 때에는 14일 이상 주민에게 공람하고 지방의회의 의견을 들은 후 지방도시계획위원회의 심의를 거쳐야 하고, 국토교통부장관에게 보고하여야 한다(동법 4,6,7).

(2) 정비계획의 수립 및 정비구역의 지정

특별시장·광역시장·특별자치시장·특별자치도지사·시장 또는 군수(이하 "정비구역의 지정권자"라 한다)는 기본계획에 적합한 범위에서 노후·불량건축물이 밀집하는 등 대통령령으로 정하는 요건에 해당하는 구역에 대하여 정비계획을 결정하여 정비구역을 지정할 수 있다(동법 8①). 정비계획의 입안권자는 정비계획을 입안하거나 변경하려면 주민설명회 및 30일 이상 주민공람과 함께 지방의회의 의견을 들어야 하며(동법 15①②), 지방도시계획위원회의 심의를 거쳐 지정 또는 변경지정 하여야 하며, 그 내용을 지방자치단체의 공보에 고시하고 국토교통부장관에게 그 내용을 보고하여야 한다(동법 16①②③).

4. 정비사업의 시행

(1) 시행방법

1) **주거환경개선사업:** 주거환경 개선사업의 시행자가 정비구역에서 정비기반시설 및 공동이용시설을 새로이 설치하거나 확대하고 토지등소유자가 스스로 주택을 개량하는 방법, 정비구역의 전부 또는 일부를 수용하여 주택을 건설한 후 토지등소유자에게 우선 공급하는 방법, 환지로 공급하는 방법, 또는 이들을 혼용한 방법으로 한다(동법 23①).

2) **재개발사업:** 정비구역에서 인가받은 관리처분계획에 따라 건축물을 건설하여 공급하거나 환지로 공급하는 방법으로 한다(동조②).

3) **재건축사업:** 정비구역에서 인가받은 관리처분계획에 따라 주택, 부대시설·복리시설 및 오피스텔을 건설하여 공급하는 방법으로 한다(동조③).

(2) 시행자

1) **주거환경정비사업의 시행자:** 시장·군수 등이 직접 또는 토지주택공사 등을 지정하거나 건설업자와 공동으로 시행할 수 있다(동법 24①②).

2) **재개발사업·재건축사업의 시행자:** 조합 또는 시장·군수 등, 토지주택공사 등, 건설업자 등과 공동으로 시행할 수 있다(동법 25①).

【 정비사업의 시행절차 】

1. 사업구역지정 ⟶	2. 사업시행계획인가 ⟶	3. 관리처분계획인가 ⟶	4. 관리처분
① 추진위·조합설립 ② 정관작성 ③ 조합총회의결·인가	① 토지의 수용·사용 ② 분양신청	① 기존건물철거 ② 신축	① 준공인가 ② 분양처분 ③ 청산

5. 조합설립추진위원회 및 조합의 설립 등

(1) 추진위원회의 구성 등

1) **추진위원회의 의의와 구성:** 조합설립추진위원회는 조합설립의 준비와 추진을 위해 조직된 비법인사단이다. 조합을 설립하려면 정비구역 지정·고시 후 추진위원장을 포함한 5명 이상의 추진위원과 운영규정에 대하여 토지등소유자 과반수의 동의를 받아 추진위원회를 구성하여 국토교통부령으로 정하는 방법과 절차에 따라 시장·군수 등의 승인을 받아야 한다(동법 31①).

2) **추진위원회구성승인의 법적 성질:** 추진위원회구성승인은 조합의 설립을 위한 주체인 추진위원회의 구성행위를 보충하여 그 효력을 부여하는 **인가처분**에 해당한다. 또한 조합설립이라

는 종국적 목적을 달성하기 위한 중간단계의 처분에 해당한다(판례). 추진위원회구성승인처분의 법률요건이나 효과가 조합설립인가처분과 다른 독립적인 처분이므로, 추진위원회구성승인처분의 하자를 이유로 원칙적으로 조합설립인가처분의 위법을 다툴 수 없다(판례).

3) 추진위원회와 조합의 관계: 추진위원회는 수행한 업무를 조합총회에 보고하여야 하며, 그 업무와 관련된 권리・의무는 조합이 포괄승계 한다(동법 34③). 따라서 추진위원회는 조합의 설립으로 그 기능을 다하여 소멸하나, 조합설립인가처분이 법원의 판결로 취소되면 추진위원회의 지위를 회복한다(판례).

[판 례] 추진위원회 구성승인처분의 성질 및 조합설립인가처분과의 관계

"구 도시 및 주거환경정비법(2009. 2. 6. 법률 제9444호로 개정되기 전의 것, 이하 '구 도시정비법'이라고 한다) 제13조 제1항, 제2항, 제14조 제1항, 제15조 제4항, 제5항 등 관계 법령의 내용, 형식, 체제 등에 비추어 보면, **조합설립추진위원회(이하 '추진위원회'라고 한다) 구성승인처분은 조합의 설립을 위한 주체인 추진위원회의 구성행위를 보충하여 그 효력을 부여하는 처분으로서 조합설립이라는 종국적 목적을 달성하기 위한 중간단계의 처분에 해당**하지만, 그 법률요건이나 효과가 조합설립인가처분의 그것과는 다른 독립적인 처분이기 때문에, 추진위원회 구성승인처분에 대한 취소 또는 무효확인 판결의 확정만으로는 이미 조합설립인가를 받은 조합에 의한 정비사업의 진행을 저지할 수 없다. 따라서 **추진위원회 구성승인처분을 다투는 소송 계속 중에 조합설립인가처분이 이루어진 경우에는, 추진위원회 구성승인처분에 위법이 존재하여 조합설립인가 신청행위가 무효라는 점 등을 들어 직접 조합설립인가처분을 다툼으로써 정비사업의 진행을 저지하여야** 하고, 이와는 별도로 추진위원회 구성승인처분에 대하여 취소 또는 무효확인을 구할 법률상의 이익은 없다고 보아야 한다."(대판 2013.01.31. 2011두11112,2011두11129, 조합설립추진위원회설립승인무효확인)

"**추진위원회의 권한은 조합 설립을 추진하기 위한 업무를 수행하는 데 그치므로 일단 조합설립인가처분을 받아 추진위원회의 업무와 관련된 권리와 의무가 조합에 포괄적으로 승계되면, 추진위원회는 그 목적을 달성하여 소멸한다.** 조합설립인가처분은 추진위원회 구성의 동의요건보다 더 엄격한 동의요건을 갖추어야 할 뿐만 아니라 창립총회의 결의를 통하여 정관을 확정하고 임원을 선출하는 등의 단체결성행위를 거쳐 성립하는 조합에 관하여 하는 것이므로, 추진위원회 구성의 동의요건 흠결 등 추진위원회구성승인처분상의 위법만을 들어 조합설립인가처분의 위법을 인정하는 것은 조합설립의 요건이나 절차, 그 인가처분의 성격, 추진위원회 구성의 요건이나 절차, 그 구성승인처분의 성격 등에 비추어 타당하다고 할 수 없다. 따라서 조합설립인가처분은 추진위원회구성승인처분이 적법・유효할 것을 전제로 한다고 볼 것은 아니므로, **구 도시정비법령이 정한 동의요건을 갖추고 창립총회를 거쳐 주택재개발조합이 성립한 이상, 이미 소멸한 추진위원회구성승인처분의 하자를 들어 조합설립인가처분이 위법하다고 볼 수 없다.** 다만 추진위원회구성승인처분의 위법으로 그 추진위원회의 조합설립인가 신청행위가 무효라고 평가될 수 있는 특별한 사정이 있는 경우라면, 그 신청행위에 기초한 조합설립인가처분이 위법하다고 볼 수 있다."(대판 2013.12.26. 2011두8291, 조합설립인가처분취소)

"주택재개발정비사업을 위한 추진위원회는 조합의 설립을 목적으로 하는 비법인사단으로서 추진위원회가 행한 업무와 관련된 권리와 의무는 구 도시정비법 제16조에 의한 조합설립인가처분을 받아 법인으로 설립된 조합에 모두 포괄승계되므로, 원칙적으로 **조합설립인가처분을 받은 조합이 설립등기를 마쳐 법인으로 성립하게 되면 추진위원회는 목적을 달성하여 소멸한다. 그러나 그 후 조합설립인가처분이 법원의 판결에 의하여 취소된 경우에는 추진위원회가 지위를 회복하여 다시 조합설립인가신청을 하는 등 조합설립추진 업무를 계속 수행할 수 있다.**"(대판 2016.12.15. 2013두17473, 추진위원변경신고반려처분취소)

(2) 조합설립인가 등

시장・군수 등, 토지주택공사 등 또는 지정개발자가 아닌 자가 정비사업을 시행하려는 경우에는 토지등소유자로 구성된 조합을 설립하여야 한다(동법 35①). 재개발사업의 추진위원회가 조합을 설

립하려면 토지등소유자의 4분의 3 이상 및 토지면적의 2분의 1 이상의 토지소유자의 동의를 받아, 재건축사업의 경우에는 주택단지의 공동주택의 각 동별 구분소유자의 과반수 동의와 주택단지의 전체 구분소유자의 4분의 3 이상 및 토지면적의 4분의 3 이상의 토지소유자의 동의를 받아, 정관과 국토교통부령으로 정하는 서류 등을 첨부하여 시장·군수 등의 인가를 받아야 한다(동조②③).

(3) 조합설립인가처분의 성질

조합설립인가처분의 법적 성질에 대하여, ① 조합의 설립행위의 법률상 효력을 완성시키는 보충행위인 인가라는 설(**인가설**)과, ② 법령상 요건을 갖출 경우 정비사업을 시행할 수 있는 권한을 갖는 공법인으로서의 지위를 부여하는 설권행위인 특허라는 설(**특허설**)로 나뉜다. **판례**는 종래 인가설을 취하였으나(판례1), 설권행위설로 변경하였다(판례2). 생각건대, 설권행위설이 타당하다. 인가설을 취한 종래의 판례의 경우 조합설립을 위한 조합의 행위에 위법이 있는 경우 인가처분 취소소송으로 다툴 수 없고 인가처분을 그대로 둔 채 기본행위에 대해서 민사소송으로 다투어야 하는 문제가 있어, 권리구제를 복잡하게 하는 문제가 있었다.

[판례 1] 조합설립의 하자를 이유로 조합설립 인가처분을 다툴 수 없음(종래 판례)

"주택건설촉진법에서 규정한 바에 따른 관할시장 등의 **재건축조합설립인가는 불량·노후한 주택의 소유자들이 재건축을 위하여 한 재건축조합설립행위를 보충하여 그 법률상 효력을 완성시키는 보충행위**일 뿐이므로 그 기본되는 조합설립행위에 하자가 있을 때에는 그에 대한 인가가 있다 하더라도 기본행위인 조합설립이 유효한 것으로 될 수 없고, 따라서 그 기본행위는 적법유효하나 보충행위인 인가처분에만 하자가 있는 경우에는 그 인가처분의 취소나 무효확인을 구할 수 있을 것이지만 **기본행위인 조합설립에 하자가 있는 경우에는 민사쟁송으로써 따로 그 기본행위의 취소 또는 무효확인 등을 구하는 것은 별론으로 하고 기본행위의 불성립 또는 무효를 내세워 바로 그에 대한 감독청의 인가처분의 취소 또는 무효확인을 소구할 법률상 이익이 있다고 할 수 없다**."(대판 2000.9.5, 99두1854 등)

[판례 2] 조합설립인가는 공법인의 지위를 부여하는 설권적 처분(변경판례)

"행정청이 도시정비법 등 관련 법령에 근거하여 행하는 **조합설립 인가처분**은 단순히 사인들의 조합설립행위에 대한 보충행위로서의 성질을 갖는 것에 그치는 것이 아니라 **법령상 요건을 갖출 경우 도시정비법상 주택재건축사업을 시행할 수 있는 권한을 갖는 행정주체(공법인)로서의 지위를 부여하는 일종의 설권적 처분의 성격을 갖는다고** 보아야 한다."(대판 2009.10.15, 2009다30427)

(4) 조합의 법적 성질

정비사업조합은, ① 정비사업구역 내의 토지 등의 소유자(단, 주택재건축사업의 경우는 동의한 자)가 당연히 조합의 조합원이 되도록 하는 강제가입제도를 취하고 있다는 점(동법 39①), ② 시행자는 정비사업구역 안에서 그 사업을 위하여 필요한 토지·물건 또는 그 밖의 권리를 취득하거나 사용할 수 있는 등(동법 63) 공권력이 부여되고 있다는 점, ③ 정비사업의 시행과 관련하여 시·군·구청장과 시·도지사를 거쳐 국토교통부장관의 감독을 받는 점(동법 113①) 등에 비추어, 국가의 감독 하에 정비사업이라는 공적 사무를 담당하고 있는 특수한 **공법인**이라고 할 수 있다. 다만, 조합설립인가를 받았어도 조합설립등기를 마쳐야 공법인이 성립된다.

[판 례] 조합설립인가처분 후 등기함으로써 정비사업조합 성립

"도시 및 주거환경정비법(이하 '도시정비법'이라 한다)에 따른 주택재건축정비사업조합(이하 '재건축조합'이라 한다)은 관할 행정청의 감독 아래 도시정비법상의 주택재건축사업을 시행하는 **공법인**(도시정비법 제38조)으로서, 그 목적 범위 내에서 법령이 정하는 바에 따라 일정한 행정작용을 행하는 **행정주체의 지위**를 갖는다."(대판 2022.7.14. 2022다206391)

"구 도시정비법 제18조에 의하면 토지등소유자로 구성되어 정비사업을 시행하려는 조합은 제13조 내지 제17조를 비롯한 **관계 법령에서 정한 요건과 절차를 갖추어 조합설립인가처분을 받은 후에 등기함으로써 성립**하며, 그때 비로소 관할 행정청의 감독 아래 정비구역 안에서 정비사업을 시행하는 행정주체로서의 지위가 인정된다. 여기서 행정청의 조합설립인가처분은 조합에 정비사업을 시행할 수 있는 권한을 갖는 행정주체(공법인)로서의 지위를 부여하는 일종의 설권적 처분의 성격을 가진다."(대판 2009.9.24. 2008다60568; 대판 2010.1.28. 2009두4845 등)

(5) 조합의 자격 및 조합원의 관계

정비사업의 조합원은 토지등소유자로 한다(동법 39①). 다만, 주택법에 따른 투기과열지구로 지정된 지역에서 재건축사업인 경우에는 조합설립인가 후, 재개발사업인 경우에는 관리처분계획인가 후 해당 정비사업의 건축물 또는 토지를 양수한 자는 조합원이 될 수 없다(동조②). 조합과 조합원의 관계는 정비사업조합이라는 공법인이, 토지의 합리적이고 효율적인 고도이용과 도시기능의 회복이라는 공적임무를 수행하는데 있어서, 분양대상자를 일방적으로 결정하는 공권력을 행사하는 경우라고 할 것이므로 **공법관계**라 할 것이다(판례1). 다만, 판례는 조합장 또는 조합임원의 지위를 다투는 소송은 민사소송으로 본다(판례2).

[판례 1] 재개발조합과 조합원의 법률관계(공법관계)

"도시재개발법에 의한 재개발조합은 조합원에 대한 법률관계에서 적어도 특수한 존립목적을 부여받은 특수한 행정주체로서 국가의 감독하에 그 존립 목적인 특정한 공공사무를 행하고 있다고 볼 수 있는 범위 내에서는 공법상의 권리의무관계에 서 있다."(대판 1996.2.15. 94다31235)

[판례 2] 조합장 및 조합임원의 지위에 관한 소송은 민사소송

"구 도시 및 주거환경정비법(2007. 12. 21. 법률 제8785호로 개정되기 전의 것)상 재개발조합이 공법인이라는 사정만으로 재개발조합과 조합장 또는 조합임원 사이의 선임·해임 등을 둘러싼 법률관계가 공법상의 법률관계에 해당한다거나 그 조합장 또는 조합임원의 지위를 다투는 소송이 당연히 공법상 당사자소송에 해당한다고 볼 수는 없고, 구 도시 및 주거환경정비법의 규정들이 재개발조합과 조합장 및 조합임원과의 관계를 특별히 공법상의 근무관계로 설정하고 있다고 볼 수도 없으므로, **재개발조합과 조합장 또는 조합임원 사이의 선임·해임 등을 둘러싼 법률관계는 사법상의 법률관계로서 그 조합장 또는 조합임원의 지위를 다투는 소송은 민사소송에 의하여야 할 것이다.**"(대판 2009.09.24. 2009마168,169 결정 가처분이의·직무집행정지가처분)

(6) 정관작성 및 총회

정관은 해당 조합의 조직, 기관, 활동, 조합원의 권리의무관계 등 단체법적 법률관계를 규율하는 것으로서 공법인인 조합과 조합원에 대하여 구속력을 가지는 자치법규이다(대판 2019.10.31. 2017다282438). 조합이 작성하는 정관사항은, 조합의 명칭·주소, 조합원의 자격, 조합원의 제명·탈퇴·교체, 정비사업의 위치·면적, 조합임원 및 대의원의 수·선임방법·업무범위,

조합의 비용부담 · 회계, 총회의 소집 · 의결방법, 청산절차 및 정관의 변경절차 등이 포함되어야 한다(동법 40①). 조합에 조합원으로 구성되는 총회를 두며, 정관의 변경, 자금의 차입 · 방법 · 상환방법, 정비사업비의 사용 등을 의결한다(동법 44①, 45①).

6. 사업시행계획 등

(1) 의의 및 성질

사업시행계획이란 사업시행자가 정비구역지정에 따라 고시된 정비계획에 따라 토지이용계획 · 정비기반시설 설치계획 · 주민이주대책 · 건축물의 높이 및 용적률 등 건축계획 · 정비사업비 등 사업시행을 위한 활동기준의 설정행위를 말한다. 사업시행계획은 인가가 있게 되면 토지 등의 수용 · 사용 및 분양신청과 현금청산 등 조합원의 권리 · 의무에 직접적인 영향을 미치는 구속적 행정계획으로서 처분으로서의 효력을 발생한다.

(2) 작성자 및 절차

사업시행자는 정비사업을 시행하려면 사업시행계획서에 정관 등과 그 밖에 국토교통부령이 정하는 서류를 첨부하여 시장 · 군수 등에게 제출하고 사업시행인가를 받아야 한다(동법 50①). 사업시행자는 사업시행계획인가를 신청하기 전에 미리 총회의 의결을 거쳐야 하며(동조 ⑤), 토지등소유자가 재개발사업을 시행하려는 경우에는 사업시행계획인가를 신청하기 전에 사업시행계획서에 대하여 토지등소유자의 4분의 3 이상 및 토지면적의 2분의 1 이상의 토지소유자의 동의를 받아야 하고(동조⑥), 지정개발자가 정비사업을 시행하려는 경우에는 토지등소유자의 과반수의 동의 및 토지면적의 2분의 1 이상의 토지소유자의 동의를 받아야 한다(동조⑦).

(3) 사업시행계획인가의 성질

조합이 수립한 사업시행계획에 대한 관할청의 인가처분은 기본행위인 사업시행계획에 대한 법률상의 효력을 완성시키는 **보충행위(인가)**에 해당하며, 재량행위에 속한다(판례1). 다만, 토지등소유자가 직접 도시정비사업을 시행하는 경우에는 사업시행계획의 인가를 받아야 행정주체로서의 지위를 가지므로 이 경우의 사업시행계획의 인가는 설권행위(특허)에 해당한다(판례2).

[판례 1] 조합의 사업시행계획에 대한 인가처분은 보충행위, 재량행위

"구 「도시 및 주거환경정비법」(2007. 12. 21. 법률 제8785호로 개정되기 전의 것)에 기초하여 **도시환경정비사업조합이 수립한** 사업시행계획은 그것이 인가 · 고시를 통해 확정되면 이해관계인에 대한 구속적 행정계획으로서 독립된 행정처분에 해당하므로(대법원 2009.11.2.자 2009마596 결정 참조), **사업시행계획을 인가하는 행정청의 행위는 도시환경정비사업조합의 사업시행계획에 대한 법률상의 효력을 완성시키는 보충행위에 해당한다**(대법원 2008.1.10. 선고 2007두16691 판결 참조). 따라서 **기본행위가 적법 · 유효하고 보충행위인 인가처분 자체에만 흠이 있다면** 그 인가처분의 무효나 취소를 주장할 수 있다고 할 것이지만, 인가처분에 흠이 없다면 기본행위에 흠이 있다 하더라도 따로 그 기본행위의 흠을 다투는 것은 별론으로 하고 **기본행위의 무효를 내세워 바로 그에 대한 인가처분의 무효확인 또는 취소를 구할 수 없다**(대법원 2001.12.11. 선고 2001두7541 판결 참조)."(대판 2010.12.09. 2009두4913; 대판 2014.2.27. 2011두25173 사업시행인가무효확인 등)

"**주택재건축사업시행의 인가는** 상대방에게 권리나 이익을 부여하는 효과를 가진 이른바 수익적 행정처분으로서 법령에 행정처분의 요건에 관하여 일의적으로 규정되어 있지 아니한 이상 **행정청의 재량행위에 속하므로,** 처분청으로서는 법령상의 제한에 근거한 것이 아니라 하더라도 **공익상 필요 등에 의하여 필요한 범위 내에서 여러 조건(부담)을 부과할 수 있다.**"(대판2007.7.12. 2007두6663 사업시행인가처분일부취소)

[판례 2] 토지등소유자가 직접 시행·수립한 사업시행계획은 처분이 아니고 그 인가는 설권행위

"[1] 구 도시 및 주거환경정비법(2012. 2. 1. 법률 제11293호로 개정되기 전의 것, 이하 '구 도시정비법'이라 한다) 제8조 제3항, 제28조 제1항에 의하면, 토지 등 소유자들이 그 사업을 위한 조합을 따로 설립하지 아니하고 직접 도시환경정비사업을 시행하고자 하는 경우에는 사업시행계획서에 정관 등과 그 밖에 국토해양부령이 정하는 서류를 첨부하여 시장 · 군수에게 제출하고 사업시행인가를 받아야 하고, 이러한 절차를 거쳐 사업시행인가를 받은 토지 등 소유자들은 관할 행정청의 감독 아래 정비구역 안에서 구 도시정비법상의 도시환경정비사업을 시행하는 목적 범위 내에서 법령이 정하는 바에 따라 일정한 행정작용을 행하는 행정주체로서의 지위를 가진다. 그렇다면 **토지 등 소유자들이 직접 시행하는 도시환경정비사업에서 토지 등 소유자에 대한 사업시행인가처분은 단순히 사업시행계획에 대한 보충행위로서의 성질을 가지는 것이 아니라 구 도시정비법상 정비사업을 시행할 수 있는 권한을 가지는 행정주체로서의 지위를 부여하는 일종의 설권적 처분의 성격을 가진다.**

[2] 도시환경정비사업을 직접 시행하려는 토지 등 소유자들은 시장·군수로부터 사업시행인가를 받기 전에는 행정주체로서의 지위를 가지지 못한다. 따라서 그가 작성한 **사업시행계획은 인가처분의 요건 중 하나에 불과하고 항고소송의 대상이 되는 독립된 행정처분에 해당하지 아니한다고** 할 것이다."(대판 2013.6.13. 2011두19994, 관리처분계획취소)

7. 사업시행을 위한 조치

(1) 임시수용시설의 설치 등

사업시행자는 주거환경개선사업 및 재개발사업의 시행으로 철거되는 주택의 소유자에 또는 세입자에게 해당 정비구역 안과 밖에 위치한 임대주택 등의 시설에 임시로 거주하게 하거나 주택자금의 융자알선 등 임시거주에 상응하는 조치를 하여야 한다. 이 경우 사업시행자는 그 임시거주시설의 설치를 위하여 필요한 때에는 국가·지방자치단체 그 밖의 공공단체 또는 개인의 시설이나 토지를 일시 사용할 수 있다(동법 61①②).

(2) 손실보상

사업시행자는 공공단체(지방자치단체 제외) 또는 개인의 시설이나 토지를 일시 사용함으로써 손실을 입은 자가 있는 경우에는 그 손실을 보상하여야 하며, 이 경우 손실을 입은 자와 협의하여야 한다(동법 62①).

(3) 토지 등의 수용·사용

사업시행자는 정비구역에서 정비사업을 시행하기 위하여 「공익사업을 위한 토지 등의 취득 및 보상에 관한 법률」 제3조에 따른 토지·물건 또는 그 밖의 권리를 취득하거나 사용할 수 있다(동법 63).

(4) 매도청구

재건축사업의 사업시행자는 사업시행계획인가의 고시가 있은 날부터 30일 이내에, ① 조합

설립의 동의를 하지 아니한 자, ② 시장·군수, 주택공사 등 또는 신탁업자의 사업시행자 지정에 동의를 하지 아니한 자의 어느 하나에 해당하는 자에게 건축물 또는 토지의 소유권과 그 밖의 권리를 매도할 것을 청구할 수 있다(동법 64①④).

8. 관리처분계획(환권계획)

(1) 의의 및 성질

관리처분계획(환권계획)이란 재개발사업이 완료된 경우에 할 환권처분의 예정을 말하는 바, 환권처분의 내용은 환권계획으로 정하여진다. 환권계획은 시행자가 분양신청기간이 종료된 때에 관리처분계획을 수립하여 시장·군수 등의 인가를 받음으로써 성립한다(동법 74①).

관리처분계획의 성질에 관하여, 분양처분이라는 집행행위가 없는 상태에서는 권리의 직접적인 변동이 초래되지 않는다는 점에서 행정계획에 불과하다는 설이 있다(행정계획설). 그러나 관리처분계획의 인가를 받으면 분양대상자와 조합원의 부담규모 등이 확정되고(동법 74), 그 내용에 따라 정비사업으로 시행된 건축물이 토지등소유자에게 공급되는(동법 79②) 등 직접 권리의무의 변동을 가져오게 되므로, 관리처분계획은 구속적 행정계획으로서 항고소송의 대상인 행정행위라 할 것이다(판례).

[판 례] 관리처분계획은 구속적 행정계획으로서 항고소송의 대상인 처분

"**재건축조합이 행정주체의 지위에서 도시정비법 제74조에 따라 수립하는 관리처분계획은 정비사업의 시행 결과 조성되는 대지 또는 건축물의 권리귀속에 관한 사항과 조합원의 비용 분담에 관한 사항 등을 정함으로써 조합원의 재산상 권리·의무 등에 구체적이고 직접적인 영향을 미치게 되므로, 이는 구속적 행정계획으로서 재건축조합이 행하는 독립된 행정처분에 해당한다.** 재건축조합이 행정주체의 지위에서 수립하는 관리처분계획은 행청계획의 일종으로서 이에 관하여는 재건축조합에 상당한 재량이 인정되므로, 재건축조합은 종전의 토지 또는 건축물의 면적·이용상황·환경 그 밖의 사항을 종합적으로 고려하여 대지 또는 건축물이 균형 있게 분양신청자에게 배분되고 합리적으로 이용되도록 그 재량을 행사해야 한다."(대판 2022.7.14. 2022다206391)

"도시재개발법에 의한 재개발조합은 조합원에 대한 법률관계에서 적어도 특수한 존립목적을 부여받은 특수한 행정주체로서 국가의 감독하에 그 존립 목적인 특정한 공공사무를 행하고 있다고 볼 수 있는 범위 내에서는 공법상의 권리의무 관계에 서 있는 것이므로 분양신청 후에 정하여진 관리처분계획의 내용에 관하여 다툼이 있는 경우에는 **그 관리처분계획은 토지 등의 소유자에게 구체적이고 결정적인 영향을 미치는 것으로서 조합이 행한 처분에 해당하므로 항고소송의 방법으로 그 무효확인이나 취소를 구할 수 있다.**"(대판 2002.12.10. 2001두6333).

(2) 분양신청 등

사업시행자는 사업시행계획인가의 고시가 있은 날부터 120일 이내에 개략적인 부담금내역 및 분양신청기간 그 밖에 대통령령으로 정하는 사항을 토지등소유자에게 통지하고 분양의 대상이 되는 대지 또는 건축물의 내역 등 대통령령으로 정하는 사항을 해당 지역에서 발간되는 일간신문에 공고하여야 한다(동법 72①). 이 경우 분양신청기간은 그 통지한 날부터 30일 이상 60일 이내로 하여야 한다(동조②). 대지 또는 건축물에 대한 분양을 받고자 하는 토지등소유자는 제1항의 규정에 의한 분양신청기간 이내에 대통령령이 정하는 방법 및 절차에 의하여 사업시행자에

게 대지 또는 건축물에 대한 분양신청을 하여야 한다(동조③). 시행자는 관리처분계획이 인가·고시된 다음 날부터 90일 이내에 분양신청을 하지 아니한 자·분양신청을 철회한 자·분양신청을 할 수 없는 자·분양대상에서 제외된 자 등과 토지, 건축물 또는 그 밖의 권리의 손실보상에 관한 협의를 하여야 하며, 협의가 성립되지 아니하면 그 기간의 만료일 다음 날부터 60일 이내에 수용재결을 신청하거나 매도청구소송을 제기하여야 한다(동법 73①②). 분양신청을 하지 아니하거나 철회하는 등 현금청산대상자가 된 조합원은 분양신청기간 종료일 다음 날로 조합원의 지위를 상실한다(판례).

[판 례] 조합원 자격상실 사유 및 시기

"**분양신청을 하지 않거나 철회하는 등** 도시정비법 제47조 및 조합 정관이 정한 요건에 해당하여 **현금청산대상자가 된 조합원은 조합원으로서 지위를 상실한다**고 봄이 상당하다. 그리고 이 때 조합원의 지위를 상실하는 시점은 재건축사업에서 현금청산관계가 성립되어 조합의 청산금 지급의무가 발생하는 시기이자 현금청산에 따른 토지 등 권리의 가액을 평가하는 기준시점과 마찬가지로 분양신청을 하지 않거나 철회한 조합원은 **분양신청기간 종료일 다음날 조합원의 지위를 상실한다**고 보아야 한다."(대법원 2010.8.19. 선고 2009다81203 등)

(3) 관리처분계획의 인가

사업시행자는 분양신청기간이 종료된 때에는 분양신청의 현황을 기초로 관리처분계획을 수립하여 시장·군수의 인가를 받아야 한다. 관리처분계획의 인가는 관리처분계획에 대한 법률상의 효력을 완성시키는 **보충행위(인가)**이다.

관리처분계획에는 분양설계, 분양대상자의 주소 및 성명, 분양대상자별 분양예정인 대지 또는 건축물의 추산액, 일반분양분·임대주택·부대시설 등의 명세·추산액·처분방법, 분양대상자별 종전의 토지 또는 건축물의 명세 및 사업시행인가의 고시가 있은 날을 기준으로 한 가격 등이 포함되어야 한다(동법 74①). 사업시행자는 인가신청 전에 관계서류의 사본을 30일 이상 토지등소유자에게 공람하여 의견을 들어야 하며, 인가받은 후에는 토지등소유자에게는 공람계획을 통지하고, 분양신청을 한 자에게는 관리처분계획인가의 내용 등을 통지하여야 한다(동법 78①⑤).

(4) 관리처분계획인가의 효과

정비사업의 시행으로 조성된 대지 및 건축물은 관리처분계획에 따라 처분 또는 관리하여야 한다(동법 79①). 종전의 토지 또는 건축물의 소유자 등 권리자는 관리처분계획인가의 고시가 있은 때에는 이전고시가 있는 날까지 종전의 토지 또는 건축물을 사용하거나 수익할 수 없고, 사업시행자는 관리처분계획인가를 받은 후 기존의 건축물을 철거하여야 한다(동법 81①②).

9. 관리처분(환권처분)

(1) 관리처분의 의의 및 성질

관리처분은 정비사업의 완료로 시행자가 환권계획에 따라 분양처분 및 청산을 하는 것을 말하며, 형성적 행정행위의 성질을 갖는다.

(2) 관리처분의 절차

1) 준공인가

(가) 의의 · 성질: 준공인가는 사업시행인가를 받아 건축한 건물이 인가내용대로 이행되어 건축행정목적에 적합한지 여부를 확인하고 준공인가증을 교부하여 줌으로써 건물을 사용 · 수익할 수 있도록 법률효과를 발생시키는 행정처분인바(대판 1992.4.10. 91누5358 참조), 확인행위의 일종으로 이는 기속행위이다.

(나) 절 차: 시장 · 군수가 아닌 사업시행자가 정비사업에 관한 공사를 완료한 때에는 대통령령으로 정하는 방법 및 절차에 따라 시장 · 군수 등의 준공인가를 받아야 한다(동법 83①). 시장 · 군수 등은 준공검사의 실시결과 정비사업이 인가받은 사업시행계획대로 완료되었다고 인정되는 때에는 준공인가를 하고 공사의 완료를 해당 지방자치단체의 공보에 고시하여야 한다(동조③).

2) 이전고시

(가) 의의 · 성질: 이전고시는 준공인가의 고시로 사업시행이 완료된 이후에 관리처분계획에서 정한 바에 따라 종전의 토지 또는 건축물에 대하여 정비사업으로 조성된 대지 또는 건축물의 위치 및 범위 등을 정하여 소유권을 분양받을 자에게 이전하고 가격의 차액에 상당하는 금액을 청산하거나 대지 또는 건축물을 정하지 않고 금전적으로 청산하는 공법상 처분이다(대판 2016.12.29. 2013다73551).

(나) 절 차: 사업시행자는 사업시행자는 준공인가 고시가 있은 때에는 지체 없이 대지확정측량을 하고 토지의 분할절차를 거쳐 관리처분계획에 정한 사항을 분양을 받을 자에게 통지하고 대지 또는 건축물의 소유권을 이전하여야 한다(동법 86①). 사업시행자는 대지 및 건축물의 소유권을 이전하려는 때에는 그 내용을 해당 지방자치단체의 공보에 고시한 후 이를 시장 · 군수 등에게 보고하여야 한다(동조②).

(다) 효 과: 이전고시의 효력이 발생하면 조합원 등이 관리처분계획에 따라 분양받을 대지 또는 건축물에 관한 소유권 등 권리의 귀속이 확정되며, 이를 토대로 새로운 법률관계가 형성된다. 따라서 이전고시 이후에는 재결의 취소나 무효확인을 구할 수 없다(판례).

[판 례] 이전고시의 효력

"도시 및 주거환경정비법(2017. 2. 8. 법률 제14567호로 전부 개정되기 전의 것) 제54조 제1항, 제2항, 제55조 제1항에 따르면, 주택재개발정비사업을 시행하는 사업시행자는 준공인가와 공사의 완료에 관한 고시가 있은 때에는 지체 없이 대지확정측량과 토지의 분할절차를 거쳐 관리처분계획에 정한 사항을 분양받을 자에게 통지하고 대지 또는 건축물의 소유권을 이전하여야 하고, 그 내용을 당해 지방자치단체의 공보에 고시한 후 이를 시장 · 군수에게 보고하여야 하며, 대지 또는 건축물을 분양받을 자는 고시가 있은 날의 다음 날에 그 대지 또는 건축물에 대한 소유권을 취득하고, 이 경우 종전의 토지 또는 건축물에 설정된 지상권 등 등기된 권리 및 주택임대차보호법 제3조 제1항의 요건을 갖춘 임차권은 소유권을 이전받은 대지 또는 건축물에 설정된 것으로 본다. 이와 같이 **대지 또는 건축물의 소유권 이전에 관한 고시의 효력이 발생하면 조합원 등이 관리처분계획에 따라 분양받을 대지 또는 건축물에 관한 권리의 귀속이 확정되고 조합원 등은 이를 토대로 다시 새로운 법률관계를 형성하게 되는데, 이전고시의 효력 발생으로 대다수 조합원 등에 대하여 권리귀속 관계가 획일적 · 일률적으로 처리되는 이상 그 후 일부 내용만을 분리**

하여 변경할 수 없고, 그렇다고 하여 전체 이전고시를 모두 무효화시켜 처음부터 다시 관리처분계획을 수립하여 이전고시 절차를 거치도록 하는 것도 정비사업의 공익적·단체법적 성격에 배치되어 허용될 수 없다.

위와 같은 정비사업의 공익적·단체법적 성격과 이전고시에 따라 이미 형성된 법률관계를 유지하여 법적 안정성을 보호할 필요성이 현저한 점 등을 고려할 때, **이전고시의 효력이 발생한 이후에는 조합원 등이 해당 정비사업을 위하여 이루어진 수용재결이나 이의재결의 취소 또는 무효확인을 구할 법률상 이익이 없다**고 해석함이 타당하다." (대판 2017.3.16. 2013두11536, 손실보상금등)

(3) 관리처분의 효과

1) **대지 및 건축물에 대한 권리의 확정:** 대지 또는 건축물을 분양받은 자는 분양처분의 고시가 있은 날의 다음날에 그 대지 또는 건축물에 대한 소유권을 취득한다(동항 후문). 이 경우에 종전의 대지 또는 건축물에 관한 지상권·전세권·저당권·가등기담보권·가압류 등 등기된 권리 및 주택임대차보호법 제3조 제1항의 요건을 갖춘 임차권은 소유권을 이전받은 대지 또는 건축물에 설정된 것으로 본다(동법 87①).

2) **청산금:** 대지 또는 건축물을 분양받은 자가 종전에 소유하고 있던 토지 또는 건축물의 가격과 분양받은 대지 또는 건축물의 가격 사이에 차이가 있을 경우에는 시행자는 분양처분의 고시가 있은 후에 그 차액에 상당하는 금액을 징수하거나 지급하여야 한다(동법 89①). 청산금을 납부할 자가 이를 납부하지 아니하는 경우에는 시장·군수인 사업시행자는 지방세체납처분의 예에 의하여 이를 징수할 수 있으며, 시장·군수가 아닌 사업시행자는 시장·군수에게 청산금의 징수를 위탁할 수 있다.

[판 례] 청산금 청구방법

"도시 및 주거환경정비법 제57조 제1항에 규정된 청산금의 징수에 관하여는 지방세체납처분의 예에 의한 징수 또는 징수 위탁과 같은 간이하고 경제적인 특별구제절차가 마련되어 있으므로, 시장·군수가 사업시행자의 청산금 징수 위탁에 응하지 아니하였다는 등의 특별한 사정이 없는 한 시장·군수가 아닌 사업시행자가 이와 별개로 공법상 당사자소송의 방법으로 청산금 청구를 할 수는 없다."(대판 2017.4.28. 2016두39498, 청산금)

3) **등 기:** 사업시행자는 분양처분의 고시가 있은 때에는 지체 없이 대지 및 건축물에 관한 등기를 지방법원지원 또는 등기소에 촉탁 또는 신청하여야 한다(동법 88①).

10. 공용환권에 대한 소송

공용환권에 대한 소송은 보통 사업시행자의 공용환권상의 조치에 대한 토지등소유자 등 조합원이 불복을 제기하는 형태가 될 것이다. 조합총회결의의 하자나 조합원자격여부에 관한 다툼 및 관리처분계획에 대한 다툼이 일반적일 것인데, 조합설립인가처분 및 관리처분계획 등 인가 이전과 이후에 따라 소송방법에 차이가 있다.

(1) 조합총회결의의 소송형태

1) 조합설립을 위한 조합총회결의

(가) 조합설립인가 이전: 재개발정비조합은 관할청의 조합설립인가를 받고 등기를 마침으로서 성립한다(동법 38①). 그러므로 조합설립인가처분을 받아 설립등기를 마치기 전에 개최된 창립총회에서 이루어진 결의는 주택재개발사업조합의 결의가 아니라 주민총회 또는 토지 등 소유자 총회의 결의에 불과하다. 따라서 조합설립 등기 이전에 조합설립총회의결을 다투려면 민사소송으로 그 효력을 다투어야 한다.

[판 례] 조합설립등기 이전의 창립총회결의에 대한 소송은 민사소송

"조합설립인가처분은 단순히 사인들의 조합설립행위에 대한 보충행위의 성질을 갖는 것이 아니라, 구 도시정비법상 정비사업을 시행할 수 있는 권한을 갖는 행정주체(공법인)의 지위를 부여하는 일종의 설권적 처분의 성격을 갖는다. 이러한 여러 사정을 종합하여 보면, 조합설립인가처분을 받아 설립등기를 마치기 전에 개최된 창립총회에서 이루어진 결의는 주택재개발사업조합의 결의가 아니라 주민총회 또는 토지 등 소유자 총회의 결의에 불과하다고 봄이 타당하다."(대판 2012.4.12. 2010다10986 총회결의무효확인)

(나) 조합설립인가 이후: 조합설립인가를 적법하게 받아 그 조합설립의 등기를 마쳤다면 공법인이 성립된 것이므로 조합과 조합원 사이의 소송은 공법상 당사자소송이라 할 것이다. 판례는 종래 민사소송으로 보았으나 그 후 공법상 당사자소송으로 판례변경을 하였다. 그런데 조합설립인가처분의 위법을 주장하기 위하여 그 전제가 되는 조합설립결의를 다투는 방법에 대해서는 조합설립인가의 법적 성질에 따라 견해가 나뉜다.

(a) 조합설립총회결의 무효확인소송설: 이는 조합설립인가처분의 법적 성질에 관한 인가설을 취하여, 기본행위인 조합설립총회결의의 다툼은 공법상 당사자소송이라고 한다.

(b) 조합설립인가처분 항고소송설: 이는 조합설립인가처분에 관한 특허설을 취하여, 조합설립총회결의의 하자는 특허처분의 요건상 하자에 불과하므로 조합설립인가처분의 항고소송으로 제기해야 한다는 입장이다.

(c) 판 례: 종래 판례는 조합설립총회결의 무효확인소송설을 취했으나, 판례변경을 통해 조합설립인가처분의 법적 성질에 관해 특허설을 취하여 조합설립인가처분 항고소송설을 취한다(판례).

(d) 결 어: 권리구제의 편의를 위해 조합설립인가의 법적 성질을 특허로 보아 조합설립인가처분의 항고소송설이 타당하다.

[판 례] 조합설립인가처분 이후에는 조합설립인가처분 항고소송

"행정청이 도시정비법 등 관련 법령에 근거하여 행하는 조합설립 인가처분은 단순히 사인들의 조합설립행위에 대한 보충행위로서의 성질을 갖는 것에 그치는 것이 아니라, 재건축조합에 대하여 도시정비법상 주택재건축사업을 시행할 수 있는 권한을 갖는 행정주체(공법인)로서의 지위를 부여하는 일종의 설권적 처분의 성격을 갖는다고 보아야 한다. 그리고 이와 같이 보는 이상, 일단 조합설립 인가처분이 행하여진 경우 조합설립결의는 위 인가처분이라는 행정처분을 하는 데 필요한 요건 중 하나에 불과한 것이어서, **조합설립**

인가처분이 행하여진 후에는 조합설립결의의 하자를 이유로 조합설립의 무효를 주장하려면 행정청을 상대로 조합설립 인가처분의 취소 또는 무효확인을 구하는 항고소송의 방법에 의하여야 하고, 이와는 별도로 재건축조합을 상대로 조합설립결의의 효력을 다투는 확인의 소를 제기하는 것은 확인의 이익이 없어 허용되지 아니한다."(대판 2010.02.25. 2007다73598 등)

2) 사업시행계획 및 관리처분계획을 위한 조합총회결의

(가) 관리처분계획 등의 인가 이전: 조합이 사업시행계획이나 관리처분계획의 인가처분을 받기 전에 조합을 상대로 **사업시행계획안**이나 **관리처분계획안**을 위한 조합총회결의의 효력 등을 다투려는 경우이다. 이 경우에는 사업시행계획 및 관리처분계획이라는 행정처분에 이르는 절차적 요건의 존부나 효력 유무에 관한 소송으로서 그 소송결과에 따라 행정처분의 위법여부에 직접 영향을 미치는 공법상 법률관계에 관한 것이므로 행정소송법상의 **당사자소송**에 해당한다(대판 2009.9.17. 2007다2428; 대판 2010.2.25. 2007다73598등).

(나) 관리처분계획 등의 인가 이후: 사업시행계획안 및 관리처분계획안이 관할청의 인가·고시가 있은 후에 이들을 위한 조합총회결의의 효력을 다투려는 경우이다.

(a) 관리처분계획 등의 인가를 다투는 경우: 사업시행계획 또는 관리처분계획의 인가는 조합의 사업시행계획 또는 관리처분계획에 대한 법률상의 효력을 완성시키는 보충행위이다. 따라서 기본행위에 위법사유가 있는 경우 그 기본행위를 다투는 것은 별론으로 하고 기본행위의 위법을 이유로 사업시행계획의 인가 또는 관리처분계획의 인가를 다툴 수 없다(판례).

[판 례] 사업시행계획·관리처분계획의 인가의 기본행위의 하자를 위법사유로 제기 불가

"도시 및 주거환경정비법(이하 '도시정비법'이라 한다)에 기초하여 주택재개발정비사업조합이 수립한 사업시행계획은 그것이 인가·고시를 통해 확정되면 이해관계인에 대한 구속적 행정계획으로서 독립된 행정처분에 해당하므로(대법원 2009. 11. 2.자 2009마596 결정 참조), **사업시행계획을 인가하는 행정청의 행위는 주택재개발정비사업조합의 사업시행계획에 대한 법률상의 효력을 완성시키는 보충행위에 해당한다**(대법원 2008. 1. 10. 선고 2007두16691 판결 참조). 따라서 기본행위가 적법·유효하고 보충행위인 인가처분 자체에만 흠이 있다면 그 인가처분의 무효나 취소를 주장할 수 있다고 할 것이지만, 인가처분에 흠이 없다면 기본행위에 흠이 있다 하더라도 따로 그 기본행위의 흠을 다투는 것은 별론으로 하고 기**본행위의 무효를 내세워 바로 그에 대한 인가처분의 무효확인 또는 취소를 구할 수 없다.**"(대판 2001.12.11. 2001두7541; 대판 2010.12.9. 2009두4913)

"「도시 및 주거환경정비법」(이하 '도시정비법'이라 한다)에 기초하여 주택재개발정비사업조합(이하 '조합'이라 한다)이 수립한 관리처분계획은 그것이 인가·고시를 통해 확정되면 이해관계인에 대한 구속적 행정계획으로서 독립적인 행정처분에 해당한다. 이러한 **관리처분계획을 인가하는 행정청의 행위는 조합의 관리처분계획에 대한 법률상의 효력을 완성시키는 보충행위이다.** 따라서 기본행위가 적법·유효하고 보충행위인 인가처분 자체에 흠이 있다면 그 인가처분의 무효나 취소를 주장할 수 있다. 그러나 **인가처분에 흠이 없다면 기본행위에 흠이 있다고 하더라도 따로 기본행위의 흠을 다투는 것은 별론으로 하고 기본행위의 흠을 내세워 바로 그에 대한 인가처분의 무효확인 또는 취소를 구할 수는 없으므로,** 그 당부에 관하여 판단할 필요 없이 해당 부분 청구를 기각하여야 한다."(대판 2010.12.9. 2009두4913; 대판 2015.2.26. 2012두5244; 대판 2016.12.15. 2015두51347 등)

(b) 관리처분계획 등을 다투는 경우: 인가를 받은 사업시행계획 또는 관리처분계획은 구속적 행정계획으로서 처분성이 인정되므로 조합총회결의는 그 행정처분에 이르는 절차적 요건 중의 하나에 불과하여 관리처분계획 등의 하자로 보아야 하므로 관리처분계획 등의 항고소송으

로 제기하여야 한다(판례 1,2).

[판례 1] 총회결의의 하자를 이유로 사업시행계획을 다투는 소송형식

"도시정비법에 따른 주택재건축정비사업조합은 관할 행정청의 감독 아래 도시정비법상 주택재건축사업을 시행하는 공법인으로서, 그 목적 범위 내에서 법령이 정하는 바에 따라 일정한 행정작용을 행하는 행정주체의 지위를 가진다 할 것인데, 채무자 조합이 이러한 행정주체의 지위에서 도시정비법에 기초하여 수립한 이 사건 사업시행계획은 인가·고시를 통해 확정되면 이해관계인에 대한 구속적 행정계획으로서 독립된 행정처분에 해당하고, 이와 같은 **사업시행계획안에 대한 조합 총회결의는 그 행정처분에 이르는 절차적 요건 중 하나에 불과한 것으로서, 그 계획이 확정된 후에는 항고소송의 방법으로 계획의 취소 또는 무효확인을 구할 수 있을 뿐**, 절차적 요건에 불과한 총회결의 부분만을 대상으로 그 효력 유무를 다투는 확인의 소를 제기하는 것은 허용되지 아니한다."(대판 2008.1.10. 2007두16691, 주택재건축정비사업시행인가처분취소; 대법원 2009.11.02.자 2009마596 결정 가처분이의)

[판례 2] 관리처분계획안에 대한 조합총회결의를 다투는 소송형식

"행정주체인 재건축조합을 상대로 **관리처분계획안에 대한 조합 총회결의의 효력 등을 다투는 소송은 행정처분에 이르는 절차적 요건의 존부나 효력 유무에 관한 소송으로서 그 소송결과에 따라 행정처분의 위법 여부에 직접 영향을 미치는 공법상 법률관계에 관한 것이므로, 이는 행정소송법상의 당사자소송에 해당한다.** 그리고 이러한 소송은, 관리처분계획이 인가·고시되기 전이라면 위법한 총회결의에 대해 무효확인 판결을 받아 이를 관할 행정청에 자료로 제출하거나 재건축조합으로 하여금 새로이 적법한 관리처분계획안을 마련하여 다시 총회결의를 거치도록 함으로써 하자 있는 관리처분계획이 인가·고시되어 행정처분으로서 효력이 발생하는 단계에까지 나아가지 못하도록 저지할 수 있고, 또 총회결의에 대한 무효확인판결에도 불구하고 관리처분계획이 인가·고시되는 경우에도 관리처분계획의 효력을 다투는 항고소송에서 총회결의 무효확인소송의 판결과 증거들을 소송자료로 활용함으로써 신속하게 분쟁을 해결할 수 있으므로, 관리처분계획에 대한 인가·고시가 있기 전에는 허용할 필요가 있다.

그러나 나아가 **관리처분계획에 대한 관할 행정청의 인가·고시까지 있게 되면 관리처분계획은 행정처분으로서 효력이 발생하게 되므로, 총회결의의 하자를 이유로 하여 행정처분의 효력을 다투는 항고소송의 방법으로 관리처분계획의 취소 또는 무효확인을 구하여야 하고**, 그와 별도로 행정처분에 이르는 절차적 요건 중 하나에 불과한 총회결의 부분만을 따로 떼어내어 효력 유무를 다투는 확인의 소를 제기하는 것은 특별한 사정이 없는 한 허용되지 않는다고 보아야 한다."(대판 2009.9.17. 2007다2428 전원합의체 판결, 총회결의무효확인)

(2) 조합원지위확인소송

1) 관리처분계획인가 이전: 관리처분계획인가 이전에는 조합을 설립하고, 시공사를 선정하며, 사업시행계획인가를 받고 분양신청을 받는 절차가 진행된다. 그런데 강제가입제를 특색으로 한 조합원의 자격인정여부에 관하여 다툼이 있는 경우에는 그 단계에서는 아직 조합의 어떠한 처분 등이 개입될 여지가 없으므로 항고소송이 아니라 공법상 당사자소송에 의하여 그 조합원 자격의 확인을 구할 수 있다.

대법원은, 종전에는 민사소송에 의하여 조합을 상대로 한 조합원자격 또는 수분양권 등의 확인을 구할 수 있다는 취지로 보았다(대판 1992.4.14. 91다33247 등). 그러나 위 판결을 변경하여 공법상 당사자소송임을 분명히 하였다(판례).

[판 례] 공법상 당사자소송으로 조합원 자격확인

"재개발조합은 조합원에 대한 법률관계에서 적어도 특수한 존립목적을 부여받은 특수한 행정주체로서 국가의 감독하에 그 존립 목적인 특정한 공공사무를 행하고 있다고 볼 수 있는 범위 내에서는 공법상의 권리의무 관계에 서 있다. 따라서 조합을 상대로 한 쟁송에 있어서 **강제가입제를 특색으로 한 조합원의 자격 인정 여부에 관하여 다툼이**

있는 경우에는 그 단계에서는 아직 조합의 어떠한 처분 등이 개입될 여지는 없으므로 공법상의 당사자소송에 의하여 그 조합원 자격의 확인을 구할 수 있고"(대판 1996. 2.15. 94다31235 전원합의체 판결, 수분양권존재확인등)

2) 관리처분계획인가 이후

(가) 부정설: 이 설은 관리처분계획에 의해 조합원지위가 확정되므로 이미 그 인가처분을 받은 후에는 소의 이익이 없다는 입장이다. 즉, 조합의 조합원으로 인정된다고 하더라도 이미 확정된 관리처분계획에서 조합원으로 편입시킬 방법이 없다고 한다. 그리하여 소송을 통하여 구하고자 하는 목적이 실현 불가능하게 되므로 재판의 형성자체가 무의미하고 소의 이익이 없어 이러한 소송은 부적법하다고 한다.

(나) 긍정설: 이 설은 관리처분계획은 분양처분 전까지 변경이 가능하므로 소의 이익이 있다는 입장이다. 즉, 분양처분 전까지 관리처분계획의 변경이 가능하므로 조합원임을 주장하는 자는 그의 권리 또는 법적 지위에 현존하는 위험・불안을 제거하는 방법으로 조합을 상대로 조합원지위확인을 구할 소의 이익이 있다 할 것이므로, 조합원지위확인소송은 가능하다고 한다.

(다) 판 례: 판례는 긍정설을 취한다.

[판 례] 관리처분계획의 확정 후에도 조합원지위확인 소송 가능

"주택개량재개발조합이 그 조합원임을 주장하는 자의 조합원자격을 부인하는 경우, 조합원임을 주장하는 자는 그의 권리 또는 법적 지위에 현존하는 위험・불안을 제거하는 방법으로 위 **조합을 상대로 조합원지위확인을 구할 소의 이익이 있다** 할 것이고, 관리처분계획은 분양처분이 이루어지기 전까지는 변경될 수도 있을 뿐만 아니라, 그 계획이 확정되었다고 하여 위와 같은 소의 이익에 관한 법리가 달라지는 것은 아니라 할 것이다."(대판 1999.2.5. 97누14606, 조합원지위확인)

(라) 결 어: 조합원자격을 인정받지 못한 경우에는 분양신청통지 및 관리처분계획의 통지를 받을 대상에서 제외되어 관리처분계획의 인가가 있은 사실을 알 길이 없다. 또한 토지등소유자는 당연히 조합원이 될 수 있고, 분양처분이 이루어지기 전까지는 관리처분계획의 변경이 가능하다고 할 것이므로, 관리처분계획이 불가쟁력이 발생한 경우에는 관리처분계획 자체는 다툴 수 없기 때문에 조합원지위확인을 통하여 관리처분계획의 내용을 변경해야 하므로 조합원지위확인을 구할 소의 이익이 있다고 할 것이다.

(3) 수분양권 확인을 구하는 공법상 당사자 소송

1) 수분양권의 의의와 성질: 수분양권(受分讓權)이란 입주권 등을 받을 수 있는 구체적인 권리를 말한다. 이는 분양을 희망하여 법령이 정한 절차에 따라 사업시행자에게 분양신청을 하고 사업시행자가 이를 받아 들여 분양대상자로 확인・결정함으로써 발생하는 것이므로 공법상 권리라 할 것이다(대판 1994.5.24. 92다35783.).

2) 수분양권의 발생근거: 수분양권은 조합원으로서 분양신청을 하여 관리처분계획에 명시되어야 하므로 재개발조합의 관리처분계획에 의하여 발생한다고 할 것이다(대판 1996.2.15. 94다31235).

3) 공법상 당사자소송의 허용여부

(가) 소극설: 이 설은 수분양권은 사업시행자로부터 대상자로 확인·결정을 받음으로써 취득하게 되는 택지나 아파트 등을 분양받을 수 있는 공법상 권리라 할 것이므로, 대상자가 사업시행자에 대한 분양신청 및 이에 따른 확인·결정 등 절차를 밟지 아니하여 구체적인 수분양권을 아직 취득하지 못한 상태에서 곧바로 분양의무의 주체를 상대방으로 하여 민사소송이나 공법상 당사자소송으로 수분양권의 확인 등을 구하는 것은 허용될 수 없다는 입장이다.

(나) 적극설: 이 설은 분양신청은 실체적 권리의 행사에 해당된다 할 것이므로 관리처분계획에서 제외된 대상자는 그 경위에 따라 분양신청을 하여 거부당한 경우 권리침해를 이유로 항고소송을 하거나 또는 참칭 대상자에게 이미 분양되어 다시 분양신청을 하더라도 거부당할 것이 명백한 특수한 경우 등에는 이주대책대상자로서 분양받을 권리 또는 그 법률상 지위의 확인을 구할 수 있다고 보아야 하며, 이때에 확인소송은 확인소송의 보충성이라는 소송법의 일반법리에 따라 그 확인소송이 권리구제에 유효적절한 수단이 될 때에 한하여 그 소의 이익이 허용되어야 함은 물론이라고 하여, 확인의 이익이 있는 한 공법상 당사자소송이 허용된다는 견해이다.

(다) 판 례: 판례는 소극설을 취한다.

[판례 1] 관리처분계획에서 제외되면 수분양권이 발생하지 않아 소송으로 확인 불가

"조합원의 자격이 인정된다 하더라도 분양신청을 하지 아니하거나 분양을 희망하지 아니할 때에는 금전으로 청산하게 되므로(구도시재개발법 제44조), 대지 또는 건축시설에 대한 수분양권의 취득을 희망하는 토지 등의 소유자가 한 분양신청에 대하여 조합이 분양대상자가 아니라고 하여 관리처분계획에 의하여 이를 제외시키거나 원하는 내용의 분양대상자로 결정하지 아니한 경우, 토지 등의 소유자에게 원하는 내용의 구체적인 수분양권이 직접 발생한 것이라고는 볼 수 없어서 곧바로 조합을 상대로 하여 **민사소송이나 공법상 당사자소송으로 수분양권의 확인을 구하는 것은 허용될 수 없다.**"(대판 1996. 2.15. 94다31235 전원합의체 판결, 수분양권존재확인등)

[판례 2] 보충성원리에 따라 수분양권 확인소송 가능(소수의견)

"이주대책에 의한 분양신청은 실체적 권리의 행사에 해당된다 할 것이므로 구체적 이주대책에서 제외된 이주대책대상자는 그 경위에 따라 분양신청을 하여 거부당한 경우 권리침해를 이유로 항고소송을 하거나 또는 자기 몫이 참칭 이주대책대상자에게 이미 분양되어 다시 분양신청을 하더라도 거부당할 것이 명백한 특수한 경우 등에는 이주대책대상자로서 분양받을 권리 또는 그 법률상 지위의 확인을 구할 수 있다고 보아야 하며, 이때에 확인소송은 **확인소송의 보충성이라는 소송법의 일반법리에 따라 그 확인소송이 권리구제에 유효 적절한 수단이 될 때에 한하여 그 소의 이익이 허용되어야 함**은 물론이다."(대판 1994.5.24. 92다35783 전원합의체 판결에서 반대의견)

(라) 결 어: 수분양권은 분양신청을 하여 사업시행자가 분양대상자로 확인·결정함으로써 발생하는 것이기 때문에 아직 분양신청을 못한 상태에서는 존재하지 아니하는 수분양권을 확인하고자 하는 것이 되어 수분양권 확인소송은 허용될 수 없다고 할 것이다.

(4) 관리처분계획의 취소소송

분양신청 후에 정하여진 관리처분계획의 내용에 관하여 다툼이 있는 경우에는 그 관리처분계획은 토지 등의 소유자에게 구체적이고 결정적인 영향을 미치는 것으로서 조합이 행한 처분에 해당하므로 항고소송에 의하여 관리처분계획 또는 그 내용인 분양거부처분 등의 취소를 구할 수

있다. 조합원의 자격이 인정된다 하더라도 분양신청을 하지 아니하거나 분양을 희망하지 아니할 때에는 금전으로 청산하게 되므로(동법 47①), 대지 또는 건축시설에 대한 수분양권의 취득을 희망하는 토지 등의 소유자가 한 분양신청에 대하여 조합이 분양대상자가 아니라고 하여 관리처분계획에 의하여 이를 제외시키거나 원하는 내용의 분양대상자로 결정하지 아니한 경우 또는 토지 등의 소유자가 분양신청을 하지 못한 경우 등에는 관리처분계획의 변경·취소를 구하는 취소소송이 가능하다고 할 것이다(위 대판 94다31235). 이 경우 그 관리처분계획 전체를 대상으로 하여야 하는지 아니면 그 중 자신에 관계되는 일부만을 소의 대상으로 할 수 있는지 문제된다(판례1). 그런데 분양처분이 일단 고시되어 효력을 발생하게 된 이후에는 그 전체의 절차를 처음부터 다시 밟지 아니하는 한 그 일부만을 따로 떼어 분양처분을 변경할 길이 없고 분양처분의 일부 변경을 위한 관리처분계획의 변경도 분양처분이 이루어지기 전에만 가능하므로, 분양처분이 효력을 발생한 이후에는 조합원은 관리처분계획의 변경 또는 분양거부처분의 취소를 구할 수 없고 재개발조합으로서도 분양처분의 내용을 일부 변경하는 취지로 관리처분계획을 변경할 수 없다(판례2).

[판례 1] 분양처분 전에 관리처분계획인가의 취소청구 가능

"재개발사업이 완료되어 분양처분이 이루어지기 전에 있어서는 관리처분계획의 일부 변경 등이 가능한 것이므로 관리처분계획의 인가처분에 대하여는 분양처분의 경우와는 달리 그 일부의 취소 청구라도 허용된다."(대판 1995.7.14. 93누9118, 환지예정지지정변경처분취소)

[판례 2] 분양처분 후에는 관리처분계획의 변경 및 분양거부처분의 취소 불가

"도시재개발법에 의한 도시재개발사업에서 분양처분이 일단 고시되어 효력을 발생하게 된 이후에는 그 전체의 절차를 처음부터 다시 밟지 아니하는 한 그 일부만을 따로 떼어 분양처분을 변경할 길이 없고 분양처분의 일부 변경을 위한 관리처분계획의 변경도 분양처분이 이루어지기 전에만 가능하므로, **분양처분이 효력을 발생한 이후에는 조합원은 관리처분계획의 변경 또는 분양거부처분의 취소를 구할 수 없고 재개발조합으로서도 분양처분의 내용을 일부 변경하는 취지로 관리처분계획을 변경할 수 없다.**"(대판 1999.10.8. 97누12105, 주택개량재개발사업관리처분계획변경인)

제5장 토지행정법

Ⅰ. 개 설

1. 토지행정법의 의의

토지행정법이란 국토의 효율적인 이용·개발 및 보전을 위한 형성적 행정활동에 관한 법을 말하며, 생활공간형성행정법이라 할 수 있다. 즉, 토지행정법은 사회공공의 복리를 증진시키기 위하여 국토이용의 효율화와 공간적 생활조건을 정비·개선함으로써 전체적인 생활공간을 합리적으로 개발·정비·보전하기 위한 행정작용법을 말한다.

2. 토지행정법의 법원

토지행정의 헌법적 근거로는 헌법 제23조 제3항과 제121조 제2항 및 제122조가 있으며, 실정법으로는 국토기본법·국토의계획및이용에관한법률·도시및주거환경정비법·주택법·택지개발촉진법·부동산가격공시에관한법률·산림기본법·개발이익환수에관한법률·도시재정비촉진을위한특별법·도시재생활성화및지원에관한특별법 등이 있다.

Ⅱ. 국토계획

1. 국토계획의 의의

국토계획이란 국토를 이용·개발 및 보전할 때 미래의 경제적·사회적 변동에 대응하여 국토가 지향하여야 할 발전방향을 설정하고 이를 달성하기 위한 계획을 말한다(국토기본법 6①). 국토계획에 관한 일반법으로 국토기본법이 있다. 국토계획은 국토종합계획·초광역권계획·도종합계획·시군종합계획·지역계획 및 부문별계획으로 구분한다(동조②).

2. 국토종합계획

(1) 국토종합계획의 의의

국토종합계획이란 국토 전역을 대상으로 하여 국토의 장기적인 발전방향을 제시하는 종합계획을 말한다. 국토종합계획은 초광역권계획, 도종합계획 및 시군종합계획의 기본이 되며, 20년을 단위로 수립한다(동법 7).

(2) 국토종합계획의 수립

국토종합계획은 국토교통부장관이 수립한다(동법 9①). 국토종합계획안을 작성한 때에는 공청회를 열어 국민 및 관계전문가 등으로부터 의견을 청취하며, 국무회의의 심의를 거친 후 대통령의 승인을 받아 확정된다(동법 11, 12).

(3) 국토종합계획의 내용

국토종합계획은, 1. 국토의 현황 및 여건변화 전망에 관한 사항, 2. 국토발전의 기본이념 및 바람직한 국토 미래상의 정립에 관한 사항, 2의2. 교통, 물류, 공간정보 등에 관한 신기술의 개발과 활용을 통한 국토의 효율적인 발전 방향과 혁신 기반 조성에 관한 사항, 3. 국토의 공간구조의 정비 및 지역별 기능분담방향에 관한 사항, 4. 국토의 균형발전을 위한 시책 및 지역산업육성에 관한 사항, 5. 국가경쟁력 제고 및 국민생활의 기반이 되는 국토기간시설의 확충에 관한 사항 등에 대한 기본적이고 장기적인 정책방향이 포함되어야 한다.

3. 초광역권계획

(1) 초광역권계획의 의의

초광역권계획은 지역의 경제 및 생활권역의 발전에 필요한 연계·협력사업 추진을 위하여 2개 이상의 지방자치단체가 상호 협의하여 설정하거나 「지방자치법」 제199조의 특별지방자치단체가 설정한 권역으로, 특별시·광역시·특별자치시 및 도·특별자치도의 행정구역을 넘어서는 권역(이하 "초광역권"이라 한다)을 대상으로 하여 해당 지역의 장기적인 발전 방향을 제시하는 계획이다(동법6(1의2)).

(2) 초광역권계획의 수립

초광역권을 구성하고자 하는 시·도지사 또는 「지방자치법」 제199조의 특별지방자치단체의 장(이하 "초광역권계획 수립주체"라 한다)은 초광역권의 발전을 위하여 필요한 경우에는 구성 지방자치단체의 장과 협의하여 다음 각 호의 사항에 관한 초광역권계획을 수립할 수 있다. 즉, 초광역권의 범위 및 발전목표, 현황 및 여건변화 전망, 발전전략에 관한 사항, 공간구조 정비 및 기능분담에 관한 사항, 교통·물류·정보통신망 등 기반시설의 구축에 관한 사항, 산업 발전 및 육성에 관한 사항, 문화·관광 기반의 조성에 관한 사항, 재원조달방안 등 계획의 집행 및 관리에 관한 사항 등이다(동법 12조의2①). 초광역권계획 수립주체가 초광역권계획을 수립하려는 때에는 초광역권계획의 수립에 관한 협의 및 조정 등을 위하여 초광역권계획위원회를 구성·운영하여야 한다(동조②).

4. 도종합계획

(1) 도종합계획의 의의

도종합계획은 도의 관할구역을 대상으로 하여 당해 지역의 장기적인 발전방향을 제시하는 종합계획을 말한다. 도종합계획은 당해 도의 관할구역안에서 수립되는 시군종합계획의 기본이 된다(동법 7②).

(2) 도종합계획의 수립 및 내용

도종합계획은 도지사가 수립하며, 도에 설치된 도시계획위원회의 심의를 거쳐 국토교통부장관의 승인을 얻어야 한다(동법 13, 15). 도종합계획은, 1. 지역현황・특성의 분석 및 대내외적 여건변화에 대한 전망에 관한 사항, 2. 지역발전의 목표와 전략에 관한 사항, 3. 지역공간구조의 정비 및 지역안 기능분담 방향에 관한 사항, 4. 교통・물류・정보통신망 등 기반시설의 구축에 관한 사항 등을 수립해야 한다.

5. 시・군종합계획

시・군종합계획이란 특별시・광역시・특별자치시・시 또는 군(광역시의 군을 제외한다)의 관할구역을 대상으로 하여 당해 지역의 기본적인 공간구조와 장기발전방향을 제시하고, 토지이용・교통・환경・안전・산업・정보통신・보건・후생・문화 등에 관하여 수립하는 계획으로서 국토의계획및이용에관한법률에 의하여 수립되는 도시・군계획을 말한다(동법 6②(3)).

6. 지역계획

지역계획은 특정한 지역을 대상으로 특별한 정책목적을 달성하기 위하여 수립하는 계획을 말한다. 중앙행정기관의 장 또는 지방자치단체의 장은 지역특성에 맞는 정비나 개발을 위하여 필요하다고 인정하는 경우에는 관계 중앙행정기관의 장과 협의하여 관계 법률이 정하는 바에 따라 지역계획을 수립할 수 있다(동법 16). 지역계획은 수도권발전계획, 광역권발전계획, 특정지역개발계획, 개발촉진지구개발계획, 그 밖에 다른 법률에 의하여 수립하는 지역계획 등이 있다.

7. 부문별계획

부문별계획은 국토전역을 대상으로 하여 특정부문에 대한 장기적인 발전방향을 제시하는 계획을 말한다. 중앙행정기관의 장은 국토전역을 대상으로 하여 소관업무에 관한 부문별계획을 수립할 수 있으며, 국토종합계획의 내용을 반영하여야 하며, 이와 상충되지 아니하도록 하여야 한다(동법 17).

Ⅲ. 도시계획

1. 도시계획의 의의와 유형

(1) 도시계획의 의의

도시계획이란 특별시 · 광역시 · 특별자치시 · 특별자치도 · 시 또는 군의 공간구조와 발전방향에 대한 계획을 말하며, 광역도시계획과 도시 · 군계획이 있다. 이에 관한 근거법으로 「국토의 계획 및 이용에 관한 법률」(이하 '국토계획법'이라 한다)이 있다.

(2) 국가계획, 광역도시계획 및 도시 · 군계획의 관계

광역도시계획 및 도시 · 군계획은 국가계획에 부합되어야 하며, 광역도시계획 또는 도시 · 군계획의 내용이 국가계획의 내용과 다를 때에는 국가계획의 내용이 우선한다. 이 경우 국가계획을 수립하려는 중앙행정기관의 장은 미리 지방자치단체의 장의 의견을 듣고 충분히 협의하여야 한다(국토계획법 4②). 광역도시계획이 수립되어 있는 지역에 대하여 수립하는 도시 · 군기본계획은 그 광역도시계획에 부합되어야 하며, 도시 · 군기본계획의 내용이 광역도시계획의 내용과 다를 때에는 광역도시계획의 내용이 우선한다(동조③).

(3) 도시 · 군계획의 의의와 지위

'도시 · 군계획'이란 특별시 · 광역시 · 특별자치시 · 특별자치도 · 시 또는 군의 관할 구역에 대하여 수립하는 공간구조와 발전방향에 대한 계획으로서 도시 · 군기본계획과 도시 · 군관리계획으로 구분한다(동법 2(2)). 도시 · 군계획은 특별시 · 광역시 · 특별자치시 · 특별자치도 · 시 또는 군의 관할 구역에서 수립되는 다른 법률에 따른 토지의 이용 · 개발 및 보전에 관한 계획의 기본이 된다(동법 4①).

2. 광역도시계획

(1) 광역도시계획의 의의 및 지정

광역도시계획이란 광역계획권의 장기발전방향을 제시하는 계획을 말한다(동법 2(1)). 이는 둘 이상의 특별시 · 광역시 · 특별자치시 · 특별자치도 · 시 또는 군의 공간구조 및 기능을 상호 연계시키고 환경을 보전하며 광역시설을 체계적으로 정비하기 위하여 인정된 계획이다. 인접한 둘 이상의 특별시 · 광역시 · 시 또는 군의 관할 구역 전부 또는 일부를 광역계획권으로 지정할 수 있다. 즉, 광역계획권이 둘 이상의 특별시 · 광역시 · 특별자치시 · 도 또는 특별자치도(이하 '시 · 도'라 한다)의 관할 구역에 걸쳐 있는 경우에는 국토교통부장관이 지정하고, 광역계획권이 도의 관할 구역에 속하여 있는 경우에는 도지사가 지정한다(동법 10①).

(2) 광역도시계획의 수립권자

광역도시계획의 수립권자는 국토교통부장관, 시 · 도지사, 시장 또는 군수이다(동법 11). 광역계획권이 같은 도의 관할 구역에 속하여 있는 경우에는 관할 시장 또는 군수가 공동으로 수립하고, 광역계획권이 둘 이상의 시・도의 관할 구역에 걸쳐 있는 경우에는 관할 시・도지사가 공동으로 수립한다.

(3) 광역도시계획의 내용

광역도시계획에는, ① 광역계획권의 공간 구조와 기능 분담에 관한 사항, ② 광역계획권의 녹지관리체계와 환경 보전에 관한 사항, ③ 광역시설의 배치・규모・설치에 관한 사항, ④ 경관계획에 관한 사항, ⑤ 그 밖에 광역계획권에 속하는 시・군 상호 간의 기능 연계에 관한 사항으로서 대통령령으로 정하는 사항 중 그 광역계획권의 지정목적을 이루는 데 필요한 사항에 대한 정책 방향이 포함되어야 한다(동법 12①).

(4) 광역도시계획의 수립

광역도시계획의 수립권자는 광역도시계획을 수립하거나 변경하려면 미리 인구, 경제, 사회, 문화, 토지 이용, 환경, 교통, 주택, 그 밖에 대통령령으로 정하는 사항 중 그 광역도시계획의 수립 또는 변경에 필요한 사항을 대통령령으로 정하는 바에 따라 조사하거나 측량하여야 한다(동법 13). 또한 공청회를 개최해야 하며, 미리 관계 시・도, 시 또는 군의 의회와 관계 시장 또는 군수의 의견을 들어야 한다(동법 14, 15).

(5) 광역도시계획의 승인

시・도지사는 광역도시계획을 수립하거나 변경하려면 국토교통부장관의 승인을 받아야 한다. 이 경우 국토교통부장관은 관계 중앙행정기관과 협의한 후 중앙도시계획위원회의 심의를 거쳐야 한다(동법 16①②). 시장 또는 군수는 광역도시계획을 수립하거나 변경하려면 도지사의 승인을 받아야 한다(동조⑤).

3. 도시・군기본계획

(1) 도시・군기본계획의 의의 및 수립권자

도시・군기본계획이란 특별시・광역시・특별자치시・특별자치도・시 또는 군의 관할 구역에 대하여 기본적인 공간구조와 장기발전방향을 제시하는 종합계획으로서 도시・군관리계획 수립의 지침이 되는 계획을 말한다(동법 2(3)). 도시・군기본계획은 광역도시계획에 부합되어야 한다(동법 4③). 도시・군기본계획은 특별시장・광역시장・특별자치시장・특별자치도지사・시장 또는 군수가 관할 구역에 대하여 수립한다(동법 18①).

(2) 도시・군기본계획의 내용

도시・군기본계획에는, ① 지역적 특성 및 계획의 방향・목표, ② 공간구조, 생활권의 설정 및 인구의 배분, ③ 토지의 이용 및 개발, ④ 토지의 용도별 수요 및 공급, ⑤ 환경의 보전 및 관리, ⑥ 기반시설, ⑦ 공원・녹지, ⑧ 경관, ⑨ 기후변화 대응 및 에너지절약, ⑩ 방재 및 안정

등에 관한 사항 등에 대한 정책 방향이 포함되어야 한다(동법 19①).

(3) 도시·군기본계획의 수립 및 승인

도시·군기본계획을 수립하거나 변경하려면 기초조사·공청회 외에도 지방의회의 의견을 들어야 하고, 특별시장 또는 광역시장은 관계행정기관의 장과 협의한 후 지방도시계획위원회의 심의를 거쳐야 하며, 시장 또는 군수는 도지사의 승인을 받아야 한다(동법 21, 22, 22의2).

4. 도시·군관리계획

(1) 도시·군관리계획의 의의

도시·군관리계획이란 특별시·광역시·특별자치시·특별자치도·시 또는 군의 개발·정비 및 보전을 위하여 수립하는 토지 이용, 교통, 환경, 경관, 안전, 산업, 정보통신, 보건, 복지, 안보, 문화 등에 관한 계획을 말한다(동법 2(4)). 즉, ① 용도지역·용도지구의 지정 또는 변경에 관한 계획, ② 개발제한구역, 도시자연공원구역, 시가화조정구역, 수산자원보호구역의 지정 또는 변경에 관한 계획, ③ 기반시설의 설치·정비 또는 개량에 관한 계획, ④ 도시개발사업이나 정비사업에 관한 계획 및 ⑤ 지구단위계획구역의 지정 또는 변경에 관한 계획과 지구단위계획 등을 말한다.

(2) 도시·군관리계획의 성질

도시·군관리계획은 일반적으로 주민에게 행위제한 등의 효과가 발생하는 구속적 행정계획으로 항고소송의 대상인 처분에 해당한다.

(3) 도시·군관리계획의 입안

도시·군관리계획은 특별시장·광역시장·특별자치시장·특별자치도지사·시장 또는 군수가 관할 구역에 대하여 입안하며(동법 24①), 광역도시계획과 도시·군기본계획에 부합되록 하여야 한다(동법 25①). 주민도 도시·군관리계획의 입안을 제안할 수 있다(동법 26①). 도시·군관리계획을 입안할 때에 기초조사와 주민의 의견을 들어야 한다(동법 27, 28).

[판 례] 주민의 도시관리계획입안 제안에 대한 반려처분의 처분성

"구 국토의 계획 및 이용에 관한 법률(2009. 2. 6. 법률 제9442호로 개정되기 전의 것) 제139조 제2항 및 이에 근거하여 제정된 지방자치단체 조례에 따라 광역시장으로부터 납골시설 등에 대한 도시관리계획 입안권을 위임받은 군수는 관할구역 도시관리계획의 입안권자이므로, 도시관리계획 구역 내 토지 등을 소유하고 있는 주민의 납골시설에 관한 도시관리계획의 입안제안을 반려한 군수의 처분은 항고소송의 대상이 되는 행정처분에 해당한다고 한 사례."(대판 2010.7.22. 2010두5745, 도시관리계획입안제안신청반려처분취소)

(4) 도시·군관리계획의 결정

도시·군관리계획은 시·도지사가 직접 또는 시장·군수의 신청에 따라 결정한다(동법 29①). 시·도지사는 도시·군관리계획을 결정하려면 관계 행정기관의 장과 미리 협의하여야 하며, 국토교통부장관이 도시·군관리계획을 결정하려면 관계 중앙행정기관의 장과 미리 협의하여야 한다(동법 30①). 국토교통부장관이나 시·도지사는 도시·군관리계획을 결정하면 그 결정을 고시하고, 국토교통부장관이나 도지사는 관계 서류를 관계 특별시장·광역시장·특별자치시장·특별자치도지사·시장 또는 군수에게 송부하여 일반이 열람할 수 있도록 하여야 한다(동조⑥).

[판 례] 도시·군관리계획의 변경결정의 경우 주민의결청취절차 필요

"국토계획법령이 관할 행정청으로 하여금 도시관리계획을 입안할 때 해당 도시관리계획안의 내용을 주민에게 공고·열람하도록 한 것은 다수 이해관계자의 이익을 합리적으로 조정하여 국민의 권리에 대한 부당한 침해를 방지하고 행정의 민주화와 신뢰를 확보하기 위하여 국민의 의사를 그 과정에 반영시키는 데 그 취지가 있다(대법원 1988. 5. 24. 선고 87누388 판결, 대법원 2000. 3. 23. 선고 98두2768 판결 등 참조). 그리고 이와 같이 **주민의 의견을 듣는 절차의 의의와 필요성은 시장 또는 군수가 도시관리계획을 입안하는 과정에서뿐만 아니라 입안된 도시관리계획의 결정이 시·도지사에게 신청된 후에 그 내용이 관계 행정기관의 장의 협의 및 도시계획위원회의 심의 등을 거치면서 변경되는 경우에도 마찬가지라고 할 것이다.**"(대판 2015.1.29. 2013두9649)

(5) 도시·군관리계획 결정의 효력 및 지형도면의 고시

도시·군관리계획 결정은 고시가 된 날부터 5일 후에 그 효력이 발생한다(동법 31①). 특별시장·광역시장·시장 또는 군수는 제30조에 따른 도시·군관리계획 결정이 고시되면 대통령령으로 정하는 바에 따라 지적(地籍)이 표시된 지형도에 도시·군관리계획사항을 자세히 밝힌 도면을 작성하여야 한다(동법 32①). 국토교통부장관, 시·도지사 또는 대도시 시장은 직접 지형도면을 작성하거나 지형도면을 승인한 경우에는 그 사실을 고시하고, 국토교통부장관이나 도지사는 관계 서류를 관계 특별시장·광역시장·특별자치시장·특별자치도지사·시장 또는 군수에게 송부하여 일반이 열람할 수 있도록 하여야 한다(동조④).

따라서 도시·군관리계획결정의 효력은 도시계획결정고시에 의하여 발생하며, 그 효력의 구체적·개별적인 범위는 지적고시도면에 의하여 확정된다. 도시군관리계획이 결정·고시되면 주민에게 행위제한 등의 효과가 발생한다.

[판 례] 도시·군관리계획결정의 효력범위

"도시계획결정의 효력은 도시계획결정고시로 인하여 생기고 지적고시도면의 승인고시로 인하여 생기는 것은 아니라고 할 것이나, 일반적으로 도시계획결정고시의 도면만으로는 구체적인 범위나 개별토지의 도시계획선을 특정할 수 없으므로 결국 **도시계획결정 효력의 구체적, 개별적인 범위는 지적고시도면에 의하여 확정된다.**"(대판 2000.3.23. 99두11851, 재개발편입지구에대한사업시행인가를위한공람공고무효확인등)

5. 용도지역·용도지구·용도구역제

(1) 용도지역

1) 용도지역의 의의: 용도지역(用途地域)이란 토지의 이용 및 건축물의 용도, 건폐율, 용적률, 높이 등을 제한함으로써 토지를 경제적·효율적으로 이용하고 공공복리의 증진을 도모하기 위하여 서로 중복되지 아니하게 도시·군관리계획으로 결정하는 지역을 말한다(동법 2(15)).

2) 용도지역의 지정 및 그 성질: 국토교통부장관, 시·도지사 또는 대도시 시장은 도시지역, 관리지역, 농림지역 및 자연환경보전지역의 어느 하나에 해당하는 용도지역의 지정 또는 변경을 도시·군관리계획으로 결정한다(동법 36①). 또한 위 용도지역을 도시·군관리계획결정으로 다시 세분하여 지정하거나 변경할 수 있다(동조②). 용도지역은 주민에게 일정한 행위제한 등이 발생하는 구속적 행정계획으로서 항고소송의 대상인 처분에 해당하며, 재량행위라 할 수 있다.

[판 례] 용도지역지정 및 용도지역변경행위의 법적 성질

"도시계획변경결정 당시 도시계획법령에 의하면, 도시계획구역 안에서의 녹지지역은 보건위생·공해방지, 보안과 도시의 무질서한 확산을 방지하기 위하여 녹지의 보전이 필요한 때에 지정되고, 그 중 보전녹지지역은 도시의 자연환경·경관·수림 및 녹지를 보전할 필요가 있을 때에, 자연녹지지역은 녹지공간의 보전을 해하지 아니하는 범위 안에서 제한적 개발이 불가피할 때 각 지정되는 것으로서 위와 같은 용도지역지정행위나 용도지역변경행위는 전문적·기술적 판단에 기초하여 행하여지는 일종의 행정계획으로서 재량행위라 할 것이다."(대판 2005.3.10. 2002두5474, 도시계획변경결정취소청구)

3) 도시지역: 도시지역은 인구와 산업이 밀집되어 있거나 밀집이 예상되어 그 지역에 대하여 체계적인 개발·정비·관리·보전 등이 필요한 지역을 말한다(동법 6). 도시지역은 다음 어느 하나로 구분하여 지정한다(동법 36①).

(가) 주거지역: 거주의 안녕과 건전한 생활환경의 보호를 위하여 필요한 지역

(나) 상업지역: 상업이나 그 밖의 업무의 편익을 증진하기 위하여 필요한 지역

(다) 공업지역: 공업의 편익을 증진하기 위하여 필요한 지역

(라) 녹지지역: 자연환경·농지 및 산림의 보호, 보건위생, 보안과 도시의 무질서한 확산을 방지하기 위하여 녹지의 보전이 필요한 지역

4) 관리지역: 관리지역은 도시지역의 인구와 산업을 수용하기 위하여 도시지역에 준하여 체계적으로 관리하거나 농림업의 진흥, 자연환경 또는 산림의 보전을 위하여 농림지역 또는 자연환경보전지역에 준하여 관리할 필요가 있는 지역을 말한다(동법 6). 관리지역은 다음 어느 하나로 구분하여 지정한다(동법 36①).

(가) 보전관리지역: 자연환경 보호, 산림 보호, 수질오염 방지, 녹지공간 확보 및 생태계 보전 등을 위하여 보전이 필요하나, 주변 용도지역과의 관계 등을 고려할 때 자연환경보전지역으로 지정하여 관리하기가 곤란한 지역

(나) 생산관리지역: 농업·임업·어업 생산 등을 위하여 관리가 필요하나, 주변 용도지역과의 관계 등을 고려할 때 농림지역으로 지정하여 관리하기가 곤란한 지역

(다) 계획관리지역: 도시지역으로의 편입이 예상되는 지역이나 자연환경을 고려하여 제한적인 이용·개발을 하려는 지역으로서 계획적·체계적인 관리가 필요한 지역

5) 농림지역: 농림지역은 도시지역에 속하지 아니하는 농지법에 따른 농업진흥지역 또는 산지관리법에 따른 보전산지 등으로서 농림업을 진흥시키고 산림을 보전하기 위하여 필요한 지

역을 말한다(동법 6③).

6) **자연환경보전지역**: 자연환경보전지역은 자연환경·수자원·해안·생태계·상수원 및 문화재의 보전과 수산자원의 보호·육성 등을 위하여 필요한 지역을 말한다.

(2) 용도지구

1) **용도지구의 의의**: 용도지구란 토지의 이용 및 건축물의 용도·건폐율·용적률·높이 등에 대한 용도지역의 제한을 강화하거나 완화하여 적용함으로써 용도지역의 기능을 증진시키고 경관·안전 등을 도모하기 위하여 도시·군관리계획으로 결정하는 지역을 말한다(동법 2(16)).

2) **용도지구의 지정**: 국토교통부장관, 시·도지사 또는 대도시 시장은 용도지구의 지정 또는 변경을 도시·군관리계획으로 결정한다(동법 37①). 용도지구는, 경관지구·고도지구(건축물 높이 제한)·방화지구·방재지구·보호지구·취락지구·개발진흥지구·특정용도제한지구(청소년 유해시설 등)·복합용도지구 등이 있다.

(3) 용도구역

1) **용도구역의 의의**: 용도구역이란 토지의 이용 및 건축물의 용도·건폐율·용적률·높이 등에 대한 용도지역 및 용도지구의 제한을 강화하거나 완화하여 따로 정함으로써 시가지의 무질서한 확산방지, 계획적이고 단계적인 토지이용의 도모, 토지이용의 종합적 조정·관리 등을 위하여 도시·군관리계획으로 결정하는 지역을 말한다(동법 2(17)).

2) **개발제한구역**: 국토교통부장관은 도시의 무질서한 확산을 방지하고 도시주변의 자연환경을 보전하여 도시민의 건전한 생활환경을 확보하기 위하여 도시의 개발을 제한할 필요가 있거나 국방부장관의 요청이 있어 보안상 도시의 개발을 제한할 필요가 있다고 인정되면 개발제한구역의 지정 또는 변경을 도시·군관리계획으로 결정할 수 있다(동법 38).

3) **도시자연공원구역**: 시·도지사 또는 대도시 시장은 도시의 자연환경 및 경관을 보호하고 도시민에게 건전한 여가·휴식공간을 제공하기 위하여 도시지역 안에서 식생(植生)이 양호한 산지(山地)의 개발을 제한할 필요가 있다고 인정하면 도시자연공원구역의 지정 또는 변경을 도시·군관리계획으로 결정할 수 있다(동법 38의2).

4) **시가화조정구역**: 국토교통부장관은 직접 또는 관계 행정기관의 장의 요청을 받아 도시지역과 그 주변지역의 무질서한 시가화를 방지하고 계획적·단계적인 개발을 도모하기 위하여 대통령령으로 정하는 기간 동안 시가화를 유보할 필요가 있다고 인정되면 시가화조정구역의 지정 또는 변경을 도시·군관리계획으로 결정할 수 있다(동법 39).

5) **수산자원보호구역**: 해양수산부장관은 직접 또는 관계 행정기관의 장의 요청을 받아 수산자원을 보호·육성하기 위하여 필요한 공유수면이나 그에 인접한 토지에 대한 수산자원보호구

역의 지정 또는 변경을 도시·군관리계획으로 결정할 수 있다(동법 40).

6) **입지규제최소구역의 지정 등:** 국토교통부장관은 도시지역에서 복합적인 토지이용을 증진시켜 도시 정비를 촉진하고 지역 거점을 육성할 필요가 있다고 인정되면 도시·군기본계획에 따른 도심·부도심 또는 생활권의 중심지역 등 각 호의 어느 하나에 해당하는 지역과 그 주변지역의 전부 또는 일부를 입지규제최소구역으로 지정할 수 있다(동법 40조의2①).

(4) 용도지역·용도지구·용도구역에서의 행위제한

1) **용도지역·용도지구에서의 건축제한 등:** 용도지역에서의 건축물이나 그 밖의 시설의 용도·종류 및 규모 등의 제한에 관한 사항은 대통령령으로 정하고, 용도지구에서는 이 법 또는 다른 법률에 특별한 규정이 있는 경우 외에는 대통령령으로 정하는 기준에 따라 특별시·광역시·특별자치시·특별자치도·시 또는 군의 조례로 정할 수 있다(동법 76①②). 이러한 제한은 해당 용도지역과 용도지구의 지정목적에 적합하여야 한다(동조③).

2) **용도지역에서의 건폐율:** 건폐율이란 대지면적에 대한 (1층 건축물의)바닥면적의 비율을 의미한다[(건축면적/대지면적)×100]. 용도지역에서 건폐율의 최대한도는 관할 구역의 면적과 인구 규모, 용도지역의 특성 등을 고려하여 다음 각 호의 범위에서 대통령령으로 정하는 기준에 따라 특별시·광역시·특별자치시·특별자치도·시 또는 군의 조례로 정한다(동법 77①). 다음 각 호는, ① 도시지역 중 주거 70%, 상업 90%, 공업 70%, 녹지 20%, ② 관리지역 중 보전 20%, 생산 20%, 계획 40%, ③ 농림지역 20%, ④ 자연환경보전지역 20% 등 이하이다.

3) **용도지역에서의 용적율:** 용적율이란 대지면적에 대한 건축물의 연면적(각 층의 바닥면적의 합계)을 의미한다[(건축물의 연면적/대지면적)×100]. 용적률의 최대한도는 관할 구역의 면적과 인구 규모, 용도지역의 특성 등을 고려하여 다음 각 호의 범위에서 대통령령으로 정하는 기준에 따라 특별시·광역시·특별자치시·특별자치도·시 또는 군의 조례로 정한다(동법 78①). 다음 각 호는, ① 도시지역 중 주거 500%, 상업 1500%, 공업 400%, 녹지 100%, ② 관리지역 중 보전 80%, 생산 80%, 계획 100%, ③ 농림지역 80%, ④ 자연환경보전지역 80% 등 이하이다.

4) **용도구역에서의 행위제한 등:** 개발제한구역 및 도시자연공원구역에서의 행위 제한이나 그 밖에 그 관리에 필요한 사항은 따로 법률로 정한다(동법 80, 80의2). 입지규제최소구역에서의 행위 제한은 용도지역 및 용도지구에서의 토지의 이용 및 건축물의 용도·건폐율·용적률·높이 등에 대한 제한을 강화하거나 완화하여 따로 입지규제최소구역계획으로 정한다(동법 80의3).

6. 도시·군계획시설

(1) 도시·군계획시설의 의의

'도시·군계획시설'이란 기반시설 중 도시·군관리계획으로 결정된 시설을 말한다(동법 2(7)).

여기서 기반시설이란, ① 도로 · 철도 · 항만 · 공항 · 주차장 등 교통시설, ② 광장 · 공원 · 녹지 등 공간시설, ③ 유통업무설비, 수도 · 전기 · 가스공급설비, 방송 · 통신시설, 공동구 등 유통 · 공급시설, ④ 학교 · 공공청사 · 문화시설 · 체육시설 등 공공 · 문화체육시설, ⑤ 하천 · 유수지(遊水池) · 방화설비 등 방재시설, ⑥ 장사시설 등 보건위생시설, ⑦ 하수도 · 폐기물처리 및 재활용시설, 빗물저장 및 이용시설 등 환경기초시설 등을 말한다(동조(6)).

(2) 도시 · 군계획시설의 설치 · 관리

지상 · 수상 · 공중 · 수중 또는 지하에 기반시설을 설치하려면 그 시설의 종류 · 명칭 · 위치 · 규모 등을 미리 도시 · 군관리계획으로 결정하여야 한다(동법 43①).

(3) 공동구의 설치 · 관리 · 운영

공동구란 전기 · 가스 · 수도 등의 공급설비, 통신시설, 하수도시설 등 지하매설물을 공동 수용함으로써 미관의 개선, 도로구조의 보전 및 교통의 원활한 소통을 위하여 지하에 설치하는 시설물을 말한다(동법 2(9)). ①「도시개발법」 제2조 제1항에 따른 도시개발구역, ②「택지개발촉진법」 제2조 제3호에 따른 택지개발예정지구, ③「경제자유구역의 지정 및 운영에 관한 특별법」 제2조 제1호에 따른 경제자유구역, ④「도시 및 주거환경정비법」 제2조 제1호에 따른 정비구역 등에 해당하는 지역 · 지구 · 구역 등이 대통령령으로 정하는 규모를 초과하는 경우에는 해당 지역등에서 개발사업을 시행하는 자는 공동구를 설치하여야 한다(동법 44①). 공동구는 특별시장 · 광역시장 · 특별자치시장 · 특별자치도지사 · 시장 또는 군수가 관리한다(동법 44의2①).

7. 지구단위계획

1) 지구단위계획의 의의: 지구단위계획이란 도시 · 군계획 수립 대상지역의 일부에 대하여 토지 이용을 합리화하고 그 기능을 증진시키며 미관을 개선하고 양호한 환경을 확보하며, 그 지역을 체계적 · 계획적으로 관리하기 위하여 수립하는 도시 · 군관리계획을 말한다(동법 2(5)).

2) 지구단위계획의 수립: 지구단위계획은, ① 도시의 정비 · 관리 · 보전 · 개발 등 지구단위계획구역의 지정 목적, ② 주거 · 산업 · 유통 · 관광휴양 · 복합 등 지구단위계획구역의 중심기능, ③ 해당 용도지역의 특성 등의 사항을 고려하여 수립하며(동법 49①), 도시 · 군관리계획으로 결정한다(동법 50).

3) 지구단위계획의 지정: 국토교통부장관, 시 · 도지사, 시장 또는 군수는, ① 제37조에 따라 지정된 용도지구, ② 도시개발법 제3조에 따라 지정된 도시개발구역, ③ 도시 및 주거환경정비법 제4조에 따라 지정된 정비구역, ④ 택지개발촉진법 제3조에 따라 지정된 택지개발지구, ⑤ 주택법 제16조에 따른 대지조성사업지구, ⑥「산업입지 및 개발에 관한 법률」 제2조 제8호의 산업단지와 같은 조 제12호의 준산업단지, ⑦ 관광진흥법 제52조에 따라 지정된 관광단지와 같은 법 제70조에 따라 지정된 관광특구, ⑧ 개발제한구역 · 도시자연공원구역 · 시가화

조정구역 또는 공원에서 해제되는 구역, 녹지지역에서 주거·상업·공업지역으로 변경되는 구역과 새로 도시지역으로 편입되는 구역 중 계획적인 개발 또는 관리가 필요한 지역 등의 어느 하나에 해당하는 지역의 전부 또는 일부에 대하여 지구단위계획구역을 지정할 수 있다(동법 51①).

4) **지구단위계획의 내용:** 지구단위계획구역의 지정목적을 이루기 위하여 지구단위계획에는 다음 각 호의 사항 중 제2호와 제4호의 사항을 포함한 둘 이상의 사항이 포함되어야 한다. 즉, ① 용도지역이나 용도지구를 대통령령으로 정하는 범위에서 세분하거나 변경하는 사항, ①의2 기존의 용도지구를 폐지하고 그 용도지구에서의 건축물이나 그 밖의 시설의 용도·종류 및 규모 등의 제한을 대체하는 사항, ② 대통령령으로 정하는 기반시설의 배치와 규모, ③ 도로로 둘러싸인 일단의 지역 또는 계획적인 개발·정비를 위하여 구획된 일단의 토지의 규모와 조성계획, ④ 건축물의 용도제한, 건축물의 건폐율 또는 용적률, 건축물 높이의 최고한도 또는 최저한도, ⑤ 건축물의 배치·형태·색채 또는 건축선에 관한 계획, ⑥ 환경관리계획 또는 경관계획, ⑦ 교통처리계획 등이 포함되어야 한다(동법 52①).

5) **지구단위계획구역 지정의 효과:** 지구단위계획구역의 지정에 관한 도시·군관리계획결정의 고시일부터 3년 이내에 그 지구단위계획구역에 관한 지구단위계획이 결정·고시되지 아니하면 그 3년이 되는 날의 다음날에 그 지구단위계획구역의 지정에 관한 도시·군관리계획결정은 효력을 잃는다(동법 53①). 지구단위계획구역에서 건축물을 건축 또는 용도변경하거나 공작물을 설치하려면 그 지구단위계획에 맞게 하여야 한다(동법 54).

[판 례] 지구단위계획구역 안에서의 건축

"국토의 계획 및 이용에 관한 법률 제54조, 건축법 제8조 제4항에 의하면 지구단위계획구역 안에서 건축물을 건축하거나 건축물의 용도를 변경하고자 하는 경우에는 그 지구단위계획에 적합하게 건축하거나 용도를 변경하여야 하며, 건축허가권자는 당해 용도·규모 또는 형태의 건축물을 그 건축하고자 하는 대지에 건축하는 것이 지구단위계획구역에 적합한지의 여부를 확인하도록 하고 있으므로, **건축허가권자는 지구단위계획구역 안에서의 건축이 그 지구단위계획에 적합하지 아니한 경우 그 건축허가를 거부할 수 있다.**"(대판 2006.11.9. 2006두1227, 건축허가반려처분취소)

8. 개발행위의 허가제

(1) 개발행위 허가제의 의의

개발행위허가제란 국토의 무분별한 개발을 방지하기 위하여 일정한 개발행위에 대하여 사전에 허가를 받도록 하는 제도를 말한다.

(2) 개발행위허가의 대상

특별시장·광역시장·특별자치시장·특별자치도시자·시장 또는 군수의 허가를 받아야 하는 개발행위는, ① 건축물의 건축 또는 공작물의 설치, ② 토지의 형질 변경(경작을 위한 토지의 형질 변경은 제외한다), ③ 토석의 채취, ④ 토지 분할, ⑤ 녹지지역·관리지역 또는 자연환경보전지역에 물건을 1개월 이상 쌓아놓는 행위 등이다(동법 56①).

(3) 개발행위허가의 절차

개발행위를 하려는 자는 그 개발행위에 따른 기반시설의 설치나 그에 필요한 용지의 확보, 위해(危害) 방지, 환경오염 방지, 경관, 조경 등에 관한 계획서를 첨부한 신청서를 개발행위허가 권자에게 제출하여야 한다(동법 57①). 이 경우 특별한 사유가 없으면 특별시장·광역시장특별자치시장·특별자치도지사·시장 또는 군수는 대통령령으로 정하는 기간 이내에 허가 또는 불허가의 처분을 하여야 하며, 허가 또는 불허가의 처분을 할 때에는 지체 없이 그 신청인에게 허가증을 발급하거나 불허가처분의 사유를 서면으로 알려야 한다(동조②③). 제56조 제1항 제1호부터 제3호(위 개발행위허가대상 ①~③)의 개발행위허가 시에는 중앙도시계획위원회나 지방도시계획위원회의 심의를 거쳐야 한다(동법 59①).

(4) 개발행위허가의 기준

특별시장·광역시장·특별자치시장·특별자치도지사·시장 또는 군수는 개발행위허가의 신청 내용이 다음 각 호의 기준에 맞는 경우에만 개발행위허가 또는 변경허가를 하여야 한다(동법 58①). 즉, ① 용도지역별 특성을 고려하여 대통령령으로 정하는 개발행위의 규모에 적합할 것, ② 도시·군관리계획 및 제4항에 따른 성장관리방안의 내용에 어긋나지 아니할 것, ③ 도시·군계획사업의 시행에 지장이 없을 것, ④ 주변지역의 토지이용실태 또는 토지이용계획, 건축물의 높이, 토지의 경사도, 수목의 상태, 물의 배수, 하천·호소·습지의 배수 등 주변환경이나 경관과 조화를 이룰 것, ⑤ 해당 개발행위에 따른 기반시설의 설치나 그에 필요한 용지의 확보계획이 적절할 것 등이다.

(5) 개발행위허가의 이행담보 및 준공검사

허가권자는 기반시설의 설치나 그에 필요한 용지의 확보, 위해 방지, 환경오염 방지, 경관, 조경 등을 위하여 필요하다고 인정되는 경우로서 대통령령으로 정하는 경우에는 이의 이행을 보증하기 위하여 개발행위허가를 받는 자로 하여금 이행보증금을 예치하게 할 수 있다(동법 60①). 또한 개발행위허가를 받지 아니하고 개발행위를 하거나 허가내용과 다르게 개발행위를 하는 자에게는 그 토지의 원상회복을 명할 수 있다(동조③). 개발행위허가를 받은 자는 그 개발행위를 마치면 국토교통부령으로 정하는 바에 따라 특별시장·광역시장·특별자치시장·특별자치도지사·시장 또는 군수의 준공검사를 받아야 한다(동법 62).

(6) 개발행위허가의 제한

국토교통부장관, 시·도지사, 시장 또는 군수는 다음 각 호의 어느 하나에 해당되는 지역으로서 도시·군관리계획상 특히 필요하다고 인정되는 지역에 대하여는 대통령령으로 정하는 바에 따라 중앙도시계획위원회나 지방도시계획위원회의 심의를 거쳐 1회에 한하여 3년 이내의 기간 동안 개발행위허가를 제한할 수 있다. 다만, 제3호부터 제5호까지에 해당하는 지역에 대하여는 1회에 한하여 2년 이내의 기간 동안 개발행위허가의 제한을 연장할 수 있다(동법 63). 즉, ① 녹지지역이나 계획관리지역으로서 수목이 집단적으로 자라고 있거나 조수류 등이 집단적으로 서식하고 있는 지역 또는 우량 농지 등으로 보전할 필요가 있는 지역, ② 개발행위로 인하여 주변의 환경 · 경관 · 미관 · 문화재 등이 크게 오염되거나 손상될 우려가 있는 지역, ③ 도시 · 군기본계획이나 도시 · 군관리계획을 수립하고 있는 지역으로서 그 도시 · 군기본계획이나 도시 · 군관리계획이 결정될 경우 용도지역 · 용도지구 또는 용도구역의 변경이 예상되고 그에 따라 개발행위허가의 기준이 크게 달라질 것으로 예상되는 지역, ④ 지구단위계획구역으로 지정된 지역 및 ⑤ 기반시설부담구역으로 지정된 지역 등이 이에 속한다.

(7) 개발행위에 따른 공공시설 등의 귀속

개발행위허가를 받은 자가 행정청인 경우 개발행위허가를 받은 자가 새로 공공시설을 설치하거나 기존의 공공시설에 대체되는 공공시설을 설치한 경우에는 「국유재산법」과 「공유재산 및 물품 관리법」에도 불구하고 새로 설치된 공공시설은 그 시설을 관리할 관리청에 무상으로 귀속되고, 종래의 공공시설은 개발행위허가를 받은 자에게 무상으로 귀속된다(동법 65①). 개발행위허가를 받은 자가 행정청이 아닌 경우 개발행위허가를 받은 자가 새로 설치한 공공시설은 그 시설을 관리할 관리청에 무상으로 귀속되고, 개발행위로 용도가 폐지되는 공공시설은 「국유재산법」과 「공유재산 및 물품 관리법」에도 불구하고 새로 설치한 공공시설의 설치비용에 상당하는 범위에서 개발행위허가를 받은 자에게 무상으로 양도할 수 있다(동조②).

(8) 개발행위허가의 법적 성질

개발행위허가의 기준에 관한 동법 제58조 제1항 각호의 규정이나 개발행위허가의 제한에 관한 동법 제63조 제1항 각호의 규정 들은 불확정개념으로 규정하고 있고 개발행위허가의 목적 · 취지에 비추어 개발행위허가 여부는 행정청의 재량행위에 해당한다(판례).

[판 례] 개발행위허가는 재량행위

"국토의계획및이용에관한법률에서 정한 도시지역 안에서 토지의 형질변경행위를 수반하는 건축허가는 건축법 제8조 제1항의 규정에 의한 건축허가와 국토의계획및이용에관한법률 제56조 제1항 제2호의 규정에 의한 토지의 형질변경허가의 성질을 아울러 갖는 것으로 보아야 할 것이고, 같은 법 제58조 제1항 제4호, 제3항, 같은법시행령 제56조 제1항 [별표 1] 제1호 (가)목 (3), (라)목 (1), (마)목 (1)의 각 규정을 종합하면, 같은 **법 제56조 제1항 제2호의 규정에 의한 토지의 형질변경허가는 그 금지요건이 불확정개념으로 규정되어 있어 그 금지요건에 해당하는지 여부를 판단함에 있어서 행정청에게 재량권이 부여되어 있다고 할 것이므로, 같은 법에 의하여 지정된 도시지역 안에서 토지의 형질변경행위를 수반하는 건축허가는 결국 재량행위에 속한다.**"(대판 2005.07.14. 2004두6181)

"**개발행위허가는 허가기준 및 금지요건이 불확정개념으로 규정된 부분이 많아 그 요건에 해당하는지 여부는 행정청의 재량판단의 영역에 속한다.** 그러므로 그에 대한 사법심사는 행정청의 공익판단에 관한 재량의 여지를 감안하여 원칙적으로 재량권의 일탈이나 남용이 있는지 여부만을 대상으로 하고, 사실오인과 비례 · 평등의 원칙 위반 여부 등이 그 판단 기준이 된다."(대판 2017.03.15. 2016두55490)

"특히 환경의 훼손이나 오염을 발생시킬 우려가 있는 개발행위에 대한 행정청의 허가와 관련하여 재량권의 일탈 · 남용 여부를 심사할 때에는 해당 지역 주민들의 토지이용실태와 생활환경 등 구체적 지역 상황과 상반되는 이익을 가진 이해관계자들 사이의 권익 균형 및 환경권의 보호에 관한 각종 규정의 입법 취지 등을 종합하여 신중하게 판단하여야 한다. '환경오염 발생 우려'와 같이 장래에 발생할 불확실한 상황과 파급효과에 대한 예측이 필요한 요건에 관한 **행정청의 재량적 판단은 그 내용이 현저히 합리성을 결여하였다거나 상반되는 이익이나 가치를 대비해 볼 때 형평이나 비례의 원칙에 뚜렷하게 배치되는 등의 사정이 없는 한 폭넓게 존중하여야 한다.**"(대판 2021.3.25. 2020두51280)

Ⅳ. 개발제한구역의 지정과 관리

1. 개발제한구역의 의의와 성질 및 근거

개발제한구역은 도시의 무질서한 확산을 방지하고 도시주변의 자연환경을 보전하여 도시민의 건전한 생활환경을 보전하여 도시민의 건전한 생활환경을 확보하기 위하여 도시의 개발을 제한하는 지역을 말한다. 개발제한구역의 지정 또는 변경은 도시・군관리계획으로 결정하는 구속적 행정계획으로서 항고소송의 대상인 처분에 해당한다.

개발제한구역의 지정에 관해 「국토의 계획 및 이용에 관한 법률」 제38조에 규정이 있는 외에 「개발제한구역의 지정 및 관리에 관한 특별조치법」(이하 '개발제한법'이라 함)이 제정되어 있다.

2. 개발제한구역의 지정 및 기준

국토교통부장관은 도시의 무질서한 확산을 방지하고 도시 주변의 자연환경을 보전하여 도시민의 건전한 생활환경을 확보하기 위하여 도시의 개발을 제한할 필요가 있거나 국방부장관의 요청으로 보안상 도시의 개발을 제한할 필요가 있다고 인정되면 개발제한구역의 지정 및 해제를 도시・군관리계획으로 결정할 수 있다(개발제한법 3①). 개발제한구역의 지정 및 해제의 기준은 대상 도시의 인구・산업・교통 및 토지이용 등 경제적・사회적 여건과 도시 확산 추세, 그 밖의 지형 등 자연환경 여건을 종합적으로 고려하여 대통령령으로 정한다(동조②).

3. 개발제한구역에서의 행위제한

(1) 행위제한사항

개발제한구역에서는 건축물의 건축 및 용도변경, 공작물의 설치, 토지의 형질변경, 죽목의 벌채, 토지의 분할, 물건을 쌓아놓는 행위 또는 「국토의 계획 및 이용에 관한 법률」 제2조 제11호에 따른 도시・군계획사업의 시행을 할 수 없다(개발제한법 12①).

(2) 행위허가 가능사항

특별자치시장・특별자치도지사・시장・군수 또는 구청장의 허가를 받아 그 행위를 할 수 있는 경우이다(동조항 단서). 예컨대, 건축물이나 공작물이 대통령령으로 정하는 건축물의 건축 또는 공작물의 설치와 이에 따르는 토지의 형질변경인 경우로, ① 공원, 녹지, 실외체육시설, 시장・군수・구청장이 설치하는 노인의 여가활용을 위한 소규모 실내 생활체육시설 등 개발제한구역의 존치 및 보전관리에 도움이 될 수 있는 시설, ② 도로, 철도 등 개발제한구역을 통과하는 선형(線形)시설과 이에 필수적으로 수반되는 시설, ③ 개발제한구역이 아닌 지역에 입지가 곤란하여 개발제한구역 내에 입지하여야만 그 기능과 목적이 달성되는 시설, ④ 국방·군사에 관한 시설 및 교정시설, ⑤ 개발제한구역 주민의 주거·생활편익·생업을 위한 시설 등이 있다(동조항 단서 1호).

(3) 행위허가의 제한

시·도지사는 개발제한구역의 보전 및 관리를 위하여 특히 필요하다고 인정되는 경우에는 제12조 제1항 단서 및 같은 항 각 호에 따른 시장·군수·구청장의 행위허가를 제한할 수 있다(동법 12의2).

(4) 행위허가의 법적 성질

개발제한구역에서는 일반적으로 행위제한이 발생하고 특별한 경우에 행위허가가 가능하나 이 경우에도 특히 필요하다고 인정하면 행위허가를 아니할 수 있다는 점에서 개발행위허가구역에서의 행위허가는 예외적 허가에 속한다. 또한 법이 규정한 그 행위허가 가능사항이나 행위허가의 제한사유는 불확정개념으로 되어 있다는 점에서 개발제한구역에서의 행위허가는 재량행위에 속한다고 할 것이다.

[판 례] 개발제한구역에서의 허가는 재량행위

"**개발제한구역에서의 자동차용 액화석유가스 충전사업 허가는 그 기준 내지 요건이 불확정 개념으로 규정되어 있어 허가 여부의 판단에 관하여 행정청에 재량권이 부여되어 있다**고 할 것이므로, 허가권자인 행정청은 그 재량의 범위 내에서 액화석유가스법이 정한 요건과 조례에서 정한 허가기준 및 개발제한구역법 시행령 [별표 2]에서 규정하고 있는 허가의 세부기준 등을 검토하여 허가 여부를 결정할 수 있고, 그에 관한 행정청의 판단이 사실오인, 비례·평등의 원칙 위배, 목적 위반 등에 해당하지 아니하는 이상 재량권의 일탈·남용에 해당한다고 할 수 없다."(대판 2007.6.14. 2005두1466; 대판 2015.7.23. 2015두36751 등)

"구 도시계획법(2000. 1. 28. 법률 제6243호로 전문 개정되기 전의 것) 제21조, 구 도시계획법시행령(2000. 7. 1. 대통령령 제16891호로 전문 개정되기 전의 것) 제20조 제1항, 제2항 등의 각 규정을 종합하면, **개발제한구역 내에서는 구역 지정의 목적상 건축물의 건축, 공작물의 설치, 토지의 형질변경 등의 행위는 원칙적으로 금지되고, 다만 구체적인 경우에 위와 같은 구역 지정의 목적에 위배되지 아니할 경우 예외적으로 허가에 의하여 그러한 행위를 할 수 있게 되며, 한편 개발제한구역 내에서의 건축물의 건축 등에 대한 예외적 허가는 그 상대방에게 수익적인 것으로서 재량행위에 속하는 것이라고** 할 것이므로 그에 관한 행정청의 판단이 사실오인, 비례·평등의 원칙 위배, 목적위반 등에 해당하지 아니하는 이상 재량권의 일탈·남용에 해당한다고 할 수 없다."(대판 2004.07.22. 2003두7606, 형질변경허가반려처분취소)

4. 개발제한구역의 관리

(1) 주민지원

시·도지사 및 시장·군수·구청장은 관리계획에 따라, ① 개발제한구역 주민의 생활편익과 복지의 증진 및 생활비용의 보조 등을 위한 지원사업 및 ② 개발제한구역 보전과 관리 등을 위한 훼손지 복구사업 등을 시행할 수 있다(동법 16①). 국토교통부장관은 「국가균형발전 특별법」에 따른 지역발전특별회계에서 제1항 각 호의 사업에 드는 비용을 지원할 수 있다(동조②).

(2) 개발제한구역 보전부담금 부과·징수

개발제한구역의 보전과 관리를 위한 재원을 확보하기 위하여, 해제대상지역 개발사업자 중 복구계획을 제시하지 아니하거나 복구를 하지 아니하기로 한 자 및 행위허가를 받은 자에게 개발제한구역 보전부담금을 부과·징수한다(동법 21①).

5. 법령 위반자에 대한 제재

(1) 시정명령

시장·군수·구청장은, ① 행위허가를 받지 아니하거나 허가의 내용을 위반(신고의 경우도 포함)하여 건축물의 건축 또는 용도변경, 공작물의 설치, 토지의 형질변경, 토지분할, 물건을 쌓아놓는 행위, 죽목 벌채 또는 도시·군계획사업의 시행을 한 경우, ② 거짓이나 그 밖의 부정한 방법으로 행위허가를 받은 경우에는 그 허가를 취소할 수 있으며, 해당 행위자에 대하여 공사의 중지 또는 상당한 기간을 정하여 건축물·공작물 등의 철거·폐쇄·개축 또는 이전, 그 밖에 필요한 조치를 명할 수 있다(동법 30①).

(2) 이행강제금

시장·군수·구청장은 시정명령을 받은 후 그 시정기간 내에 그 시정명령의 이행을 하지 아니한 자에 대하여 이행강제금을 부과한다(동법 30의2①). 시장·군수·구청장은 최초의 시정명령이 있은 날을 기준으로 하여 1년에 2회의 범위 안에서 그 시정명령이 이행될 때까지 반복하여 이행강제금을 부과·징수할 수 있다(동조④).

6. 주민의 권리구제

(1) 매수청구권

개발제한구역의 지정에 따라 개발제한구역의 토지를 종래의 용도로 사용할 수 없어 그 효용이 현저히 감소된 토지나 그 토지의 사용 및 수익이 사실상 불가능하게 된 토지의 소유자는 국토교통부장관에게 그 토지의 매수를 청구할 수 있다(동법 17①).

(2) 이의신청

매수청구에 따른 매수여부결정이나 매수가격 및 부담금의 부과·징수에 이의가 있는 자는 「공익사업을 위한 토지 등의 취득 및 보상에 관한 법률」에 따른 중앙토지수용위원회에 이의신청을 할 수 있다(동법 27①). 이의신청에 대하여는 「행정심판법」 제6조(행정심판위원회의 설치)에도 불구하고 중앙토지수용위원회가 심리·의결하여 재결한다(동조②).

Ⅴ. 개발이익환수제

1. 개발이익환수제의 의의

개발이익환수제란 개발사업의 시행이나 토지이용계획의 변경, 그 밖에 사회적·경제적 요인에 따라 정상지가(正常地價)상승분을 초과하여 개발사업을 시행하는 자나 토지소유자에게 귀속되는 토지 가액의 증가분을 사회에 환원하기 위한 제도를 말한다. 개발이익은 개발사업시행자나 토지소유자의 노력 없이 발생하는 우발적인 불로소득이라 할 것이므로 이의 사회환원을 통하여 토지투기의 방지와 토지의 효율적 이용을 촉진하고 나아가 부의 형평배분을 기하려는 것이 이제도의 취지라 할 것이다.

2. 개발이익환수의 방법

개발이익환수의 방법으로는 과세적 방법인 재산세(이상 보유과세), 양도소득세(이상 처분과세) 등과, 비과세적 방법인 개발부담금 등이 있다. 일반법인 「개발이익 환수에 관한 법률」 상의 가장 전형적인 환수방법은 개발부담금이다.

3. 개발부담금

(1) 개발부담금의 의의

개발부담금이란 개발사업시행으로 정상지가상승분을 초과하여 사업시행자에게 귀속되는 토지가액의 증가분에 해당하는 개발이익 중 「개발이익환수에 관한 법률」에 의하여 국가가 부과·징수하는 금액을 말한다(판례).

[판 례] 개발부담금의 대상인 개발이익의 의미

"개발이익환수에관한법률(1993. 6. 11. 법률 제4563호로 개정된 것)하에서 **개발부담금의 부과대상이 되는 개발이익이라 함은 개발사업의 시행 또는 토지이용계획의 변경 기타 사회·경제적 요인에 의하여 정상지가상승분을 초과하여 사업시행자 또는 토지소유자에게 귀속되는 토지가액의 증가분**을 말하는 것(같은 법 제2조 제1호)으로서, **직접적인 토지개발뿐 아니라 주변지역의 개발, 토지의 용도지역변경, 행정청의 개발사업인가 등 사회·경제적 요인에 의하여 발생하는 지가상승분을 모두 포함**하는 것이고, 그 부과기준상 종료시점지가는 물론 개시시점지가 역시 원칙적으로 개별공시지가에 의하여 법에서 정한 시점을 기준으로 하여 **법에서 정한 방법에 의하여 산정한 객관적인 기준의 이익을 의미**하는 것이다."(대판 1998.5.26. 96누17103, 개발부담금부과처분취소)

(2) 개발부담금의 대상사업

부과대상사업은 택지개발사업·산업단지개발사업·관광단지조성사업·도시개발사업·지역개발사업 및 도시환경정비사업·교통시설 및 물류시설용지조성사업·체육시설부지조성사업·지목변경이 수반되는 사업 및 위에 열거한 사업과 유사한 사업으로서 대통령령으로 정하는 사업 등이다(개발이익환수에관한법률 5①).

(3) 개발부담금의 부과기준

부과기준은 부과종료시점의 부과대상토지의 가액에서 부과개시시점의 부과대상토지의 가액과 부과기간동안의 정상지가상승분 그리고 개발비용을 뺀 금액으로 한다(동법 8). 납부해야 할 개발부담금은 앞의 부과기준에 따라 산정된 개발이익의 100분의 20으로 한다(동법 13).

(4) 개발부담금의 부과 및 납부

개발부담금은 국토교통부장관이 부과종료시점부터 5개월 이내에 부과하고(동법 14), 납부의무자는 부과일로부터 6개월 이내에 납부하여야 한다(동법 18①).

(5) 행정심판의 특례

개발부담금 등의 부과·징수에 이의가 있는 자는 「공익사업을 위한 토지 등의 취득 및 보상에 관한 법률」에 따른 중앙토지수용위원회에 행정심판을 청구할 수 있다(동법 26①). 이 경우 행정심판청구에 대하여는 「행정심판법」 제6조에도 불구하고 「공익사업을 위한 토지 등의 취득 및 보상에 관한 법률」에 따른 중앙토지수용위원회가 심리·의결하여 재결한다(동조②).

Ⅵ. 부동산거래 신고·허가제

1. 부동산거래 신고·허가제의 의의 및 근거

부동산거래 신고·허가제는 투명한 부동산거래질서의 확립과 허위신고의 억제를 유도하고, 토지의 투기적 거래나 급격한 지가상승을 억제하여 부동산시장을 정상화하려는 제도이다. 이에 관한 근거법으로 구 「국토의 계획 및 이용에 관한 법률」(제10장, 제117조~126조)에 대신하여 「부동산거래 신고 등에 관한 법률」이 제정·시행되고 있다(2017.1.20. 시행).

2. 부동산 거래의 신고제

(1) 부동산 거래의 신고

거래당사자는 부동산의 매매계약, 「택지개발촉진법」, 「주택법」 등에 따른 부동산에 대한 공급계약, 「도시 및 주거환경정비법」 제74조에 따른 관리처분계획의 인가로 취득한 입주자로 선정된 지위의 매매계약에 해당하는 계약을 체결한 경우 그 실제 거래가격 등 대통령령으로 정하는 사항을 거래계약의 체결일부터 30일 이내에 그 권리의 대상인 부동산등의 소재지를 관할하는 시장·군수 또는 구청장에게 공동으로 신고하여야 한다(부동산거래신고등에관한법률 3①).

(2) 신고내용의 검증

신고관청은 부동산거래의 신고를 받은 경우 부동산거래가격 검증체계를 활용하여 그 적정성을 검증하여야 한다(동법 5②). 신고관청은 검증 결과를 해당 부동산의 소재지를 관할하는 세무관서의 장에게 통보하여야 하며, 통보받은 세무관서의 장은 해당 신고 내용을 국세 또는 지방세부과를 위한 과세자료로 활용할 수 있다(동조③).

(3) 신고내용의 조사 등

신고관청은 신고 받은 내용이 누락되어 있거나 정확하지 아니하다고 판단하는 경우에는 국토교통부령으로 정하는 바에 따라 신고인에게 신고 내용을 보완하게 하거나 신고한 내용의 사실 여부를 확인하기 위하여 소속 공무원으로 하여금 거래당사자 또는 개업공인중개사에게 거래계약서, 거래대금 지급을 증명할 수 있는 자료 등 관련 자료의 제출을 요구하는 등 필요한 조치를 취할 수 있다(동법 6①).

3. 외국인등의 부동산 취득 등에 관한 특례

(1) 외국인 등의 부동산 취득·보유의 신고

외국인등에 대해서는 상호주의에 의하며(동법 7), 대한민국 안의 부동산등을 취득하는 계약을 체결하였을 때에는 계약체결일부터 60일 이내에 대통령령으로 정하는 바에 따라 신고관청에 신고하여야 한다(동법 8).

(2) 외국인 등의 토지거래 허가

외국인등이 취득하려는 토지가 「군사기지 및 군사시설 보호법」 제2조 제6호에 따른 군사기지 및 군사시설 보호구역 및 「문화재보호법」 제2조 제2항에 따른 지정문화재와 이를 위한 보호물 또는 보호구역 등에 해당하는 구역·지역 등에 있으면 토지를 취득하는 계약을 체결하기 전에 대통령령으로 정하는 바에 따라 신고관청으로부터 토지취득의 허가를 받아야 한다.

4. 토지거래허가구역 등

(1) 토지거래허가구역 지정의 의의와 법적 성질

1) 의 의: 국토교통부장관 또는 시·도지사는 국토의 이용 및 관리에 관한 계획의 원활한 수립과 집행, 합리적인 토지 이용 등을 위하여 토지의 투기적인 거래가 성행하거나 지가(地價)가 급격히 상승하는 지역과 그러한 우려가 있는 지역으로서 대통령령으로 정하는 지역에 대해서는 5년 이내의 기간을 정하여 토지거래계약에 관한 허가구역으로 지정할 수 있다(동법 10①).

2) 법적 성질: 토지거래허가구역 안에서의 토지거래는 사전에 관할청의 허가를 받아야 하며(동법 11①), 허가 없이 체결한 계약은 효력이 발생하지 아니하고(동조⑥), 5년의 범위에서 허가받은 목적대로 이용해야할 의무를 부담하며(동법 17①), 이 의무를 불이행하면 이행강제금이 부과된다(동법 18). 이와 같이 허가구역의 지정은 개인의 권리의무에 구체적인 영향을 미치므로 항고소송의 대상인 처분에 해당한다(판례).

[판 례] 토지거래허가구역지정은 항고소송의 대상인 처분에 해당

"항고소송의 대상이 되는 행정처분이란 특정 사항에 대하여 법규에 의한 권리의 설정 또는 의무의 부담을 명하거나 기타 법률상 효과를 발생하게 하는 등 국민의 권리의무에 직접 관계가 있는 행위를 가리키는 것인바, 국토의 계획 및 이용에 관한 법률의 규정에 의하면, 같은 법에 따라 토지거래계약에 관한 허가구역으로 지정되는 경우, **허가구역 안에 있는 토지에 대하여 소유권이전 등을 목적으로 하는 거래계약을 체결하고자 하는 당사자는 공동으로 행정관청으로부터 허가를 받아야 하는 등 일정한 제한을 받게 되고, 허가를 받지 아니하고 체결한 토지거래계약은 그 효력이 발생하지 아니하며, 토지거래계약허가를 받은 자는 5년의 범위 이내에서 대통령령이 정하는 기간 동안 그 토지를 허가받은 목적대로 이용하여야 하는 의무도 부담하며, 같은 법에 따른 토지이용의무를 이행하지 아니하는 경우 이행강제금을 부과당하게 되는 등 토지거래계약에 관한 허가구역의 지정은 개인의 권리 내지 법률상의 이익을 구체적으로 규제하는 효과를 가져오게 하는 행정청의 처분에 해당하고,** 따라서 이에 대하여는 원칙적으로 항고소송을 제기할 수 있다."(대판 2006.12.22. 선고 2006두12883)

(2) 토지거래허가구역의 지정절차

국토교통부장관 또는 시·도지사는 중앙도시계획위원회 또는 시·도 도시계획위원회의 심의를 거쳐 지정하고(동법 10②), 지체 없이 대통령령으로 정하는 사항을 공고하고, 그 내용을 시장·군수 또는 구청장에게 통지하며(동조③), 시장·군수 또는 구청장은 지체 없이 그 공고 내용을 그 허가구역을 관할하는 등기소의 장에게 통지하여야 하며, 지체 없이 그 사실을 7일 이상 공고하고, 그 공고 내용을 15일간 일반이 열람할 수 있도록 하여야 한다(동조④). 허가구역의 지정은 공고한 날부터 5일 후에 그 효력이 발생한다(동조⑤).

(3) 허가구역 내 토지거래에 대한 허가

허가구역에 있는 토지에 관한 소유권·지상권을 이전하거나 설정하는 계약을 체결하려는 당사자는 공동으로 대통령령으로 정하는 바에 따라 시장·군수 또는 구청장의 허가를 받아야 한다(동법 11①). 허가를 받지 아니하고 체결한 토지거래계약은 그 효력이 발생하지 아니한다(동조⑥).

(4) 토지거래허가의 법적 성질

1) 학 설: ① 허가구역에서의 토지거래는 토지거래질서를 위태롭게 할 우려가 있으므로 토지거래를 원칙적으로 금지하고 허가기준에 합치하는 경우에 한하여 이를 해제하는 것이라는 **허가설**, ② 토지거래허가는 실질적으로 사법상의 법률행위의 효력을 완성시키는 성질을 가진다는 **인가설**, ③ 허가를 받아야 효력이 발생한다는 점에서 인가의 성질을 가지며, 무허가거래계약의 경우 형사처벌의 대상이 된다는 점에서 허가의 성질도 가진다는 **허가·인가복합체설**이 대립된다.

2) 판 례: 판례는 허가 전의 유동적 무효상태에 있는 법률행위의 효력을 완성시켜 주는 인가적 성질을 띤다고 보아 인가설을 취한다.

[판 례] 토지거래허가는 인가적 성질

"같은 법 제21조의3 제1항 소정의 허가가 규제지역 내의 모든 국민에게 전반적으로 토지거래의 자유를 금지하고 일정한 요건을 갖춘 경우에만 금지를 해제하여 계약체결의 자유를 회복시켜 주는 성질의 것이라고 보는 것은 위 법의 입법취지를 넘어선 지나친 해석이라고 할 것이고, **규제지역 내에서도 토지거래의 자유가 인정되나 다만 위 허가**

를 허가 전의 유동적 무효 상태에 있는 법률행위의 효력을 완성시켜 주는 인가적 성질을 띤 것이라고 보는 것이 타당하다."(대판 1991.12.24. 90다12243)

3) 결 어: 토지거래허가는 사인간의 법률행위의 효력을 완성시켜주는 인가의 성질을 가지며, 다만 그 실효성을 확보하기 위하여 형벌에 관한 규정을 둔 것으로 보아야 한다. 토지거래허가제도는 그 입법취지인 건전하고 투명한 부동산 거래질서의 확립에 필요한 범위 내에서 인정하면 족하고, 사유재산권의 보장과 사적 자치의 원칙에 대한 제한을 넓히는 것은 이 제도의 입법취지에 반한다는 점에서 허가설 보다는 **인가설**이 타당하다. 또한 토지거래허가를 인가로 보는 한 법정요건을 갖추면 허가를 해야 한다는 점에서 **기속행위**에 해당한다(대판 1997.6.27. 96누9362).

(5) 토지거래허가의 절차와 효과

1) 토지거래허가 이전에 행한 토지거래계약의 효력: 토지거래허가구역 내의 토지거래계약은 토지거래허가를 받아야 그 효력이 발생하는데, 토지거래계약체결이 반드시 토지거래허가 후에 해야 하는 것은 아니고, 그 이전이라도 토지거래허가를 전제로 토지거래계약을 체결할 수 있다. 이 경우, ① 허가 전의 거래계약이 허가의 배제·잠탈하는 내용이면 그 계약은 **확정적 무효**로서 효력이 발생하지 아니하나, ② 허가를 전제로 한 거래계약은 허가 시까지 미완성의 법률행위로서 법적 효력이 발생하지 아니하지만 허가를 받으면 소급하여 유효한 계약이 되고 허가 받지 못하면 효력이 발생하지 아니한다는 점에서 **유동적 무효**의 상태에 해당한다(판례1).

2) 토지거래계약 당사자의 협력의무: 토지거래계약을 체결하려는 당사자는 공동으로 토지거래허가를 받아야 하므로, 당사자는 토지거래허가의 신청절차에 협력할 의무가 있다. 따라서 경우에 따라서는 매수인이 토지거래허가 신청절차의 협력의무 이행청구권을 보전하기 위하여 매도인의 권리를 대위하여 행사하는 것도 허용된다(판례2).

3) 토지허가의 목적대로 이용의무: 토지거래계약을 허가받은 자는 5년의 범위에서 대통령령으로 정하는 기간에 그 토지를 허가받은 목적대로 이용하여야 한다(동법 17①).

[판례 1] 허가 받기 전의 거래계약이 확정적 무효인 경우와 유동적 무효인 경우

"국토이용관리법상의 토지거래규제구역 내의 토지에 대한 거래계약은 관할관청의 허가를 받아야만 효력이 발생하고 허가를 받기 전에는 물권적 효력은 물론 채권적 효력도 발생하지 아니하여 무효라고 보아야 할 것이나, 다만 **허가를 받기 전의 거래계약이 처음부터 허가를 배제하거나 잠탈하는 내용의 계약일 경우에는 확정적으로 무효로서** 유효화될 여지가 없으나 이와 달리 **허가를 받을 것을 전제로 한 거래계약일 경우에는** 허가를 받을 때까지 법률상 미완성의 법률행위로서 소유권 등 권리의 이전 또는 설정에 관한 거래에 효력이 전혀 발생하지 않음은 확정적 무효의 경우와 다를 바 없지만 일단 **허가를 받으면 계약은 소급하여 유효한 계약이 되고 이와 달리 불허가가 된 때에는 무효로 확정되므로 허가를 받기 전까지는 유동적 무효의 상태에 있다**."(대판 1993.01.12. 92다36830 등)

[판례 2] 토지거래계약 당사자의 토지거래허가 신청절차의 협력의무

"국토의 계획 및 이용에 관한 법률(이하 '국토계획법'이라 한다)상의 허가구역에 있는 토지의 거래계약이 토지거래허가를 전제로 체결된 경우에는 유동적 무효의 상태에 있고 거래계약의 채권적 효력도 전혀 발생하지 않으므로 권리의 이전 또는 설정에 관한 어떠한 내용의 이행청구도 할 수 없지만, 그 **계약을 체결한 당사자 사이에서는 그 계약이**

효력 있는 것으로 완성될 수 있도록 서로 협력할 의무가 있으므로, 그 계약의 쌍방 당사자는 공동으로 관할 관청의 허가를 신청할 의무가 있다(대법원 1993. 1. 12. 선고 92다36830 판결 참조). **그 결과 경우에 따라서는 매수인이 토지거래허가 신청절차의 협력의무 이행청구권을 보전하기 위하여 매도인의 권리를 대위하여 행사하는 것도 허용된다**고 할 수 있지만(대법원 1993. 3. 9. 선고 92다56575 판결, 대법원 1996. 10. 25. 선고 96다23825 판결 등 참조), 위에서 본 법리에 따라 그 보전의 필요성이 인정되어야 한다. 그리고 이 경우에 보전의 필요성을 판단할 때에는, 위와 같은 협력의무 이행청구권의 특수한 법적 성격과 아울러 매도인의 권리 미행사가 협력의무의 현실적 이행에 뚜렷한 장애가 되는지, 매도인이 권리를 행사하지 않는 사유는 무엇인지, 오히려 매수인의 협력의무 이행청구권의 행사가 조건 등의 장애 사유 때문에 장기간 지연되었는지 및 그 지연에 매수인에게 귀책사유가 없는지, 그리고 매도인의 권리 행사를 강제하는 것이 매도인의 재산권행사에 커다란 불이익을 가져오거나 자유로운 재산관리행위에 대한 부당한 간섭이 될 수 있는지 등의 해당 사안에서의 구체적인 여러 사정을 종합적으로 고려하여야 한다."(대판 2013.05.23. 2010다50021)

(6) 토지거래허가처분에 대한 불복

1) 이의신청: 토지거래허가처분에 이의가 있는 자는 그 처분을 받은 날부터 1개월 이내에 시장 · 군수 또는 구청장에게 이의를 신청할 수 있다(동법 13①).

2) 매수청구: 토지거래허가신청에 대하여 불허가처분을 받은 자는 그 통지를 받은 날부터 1개월 이내에 시장 · 군수 또는 구청장에게 해당 토지에 관한 권리의 매수를 청구할 수 있다(동법 16①).

(7) 토지거래허가의 위반에 대한 제재

1) 선 매: 선매란 공적 토지이용 주체에게 토지취득의 우선권을 부여하는 제도를 말하며, 토지소유권에 인정되며 지상권에는 해당되지 아니한다. 시장 · 군수 또는 구청장은 토지거래계약에 관한 허가신청이 있는 경우, ① 공익사업용 토지 또는 ② 토지거래계약허가를 받아 취득한 토지를 그 이용목적대로 이용하고 있지 아니한 토지에 대하여 국가, 지방자치단체, 한국토지주택공사, 그 밖에 대통령령으로 정하는 공공기관 또는 공공단체가 그 매수를 원하는 경우에는 이들 중에서 해당 토지를 매수할 자를 지정하여 그 토지를 협의 매수하게 할 수 있다(동법 15①).

2) 이행강제금: 시장 · 군수 또는 구청장은 토지의 이용 의무를 이행하지 아니한 자에 대하여는 상당한 기간을 정하여 토지의 이용 의무를 이행하도록 명할 수 있고(동법 18①), 이행명령이 정하여진 기간에 이행되지 아니한 경우에는 토지 취득가액의 100분의 10의 범위에서 대통령령으로 정하는 금액의 이행강제금을 부과한다(동조②).

3) 제재처분 등: 토지거래계약에 관한 허가 또는 변경허가를 받지 아니하고 토지거래계약 또는 그 변경계약을 체결한 자, 토지를 허가받은 목적대로 이용하지 아니한 자, 부정한 방법으로 허가를 받은 자에 대하여, 국토교통부장관, 시 · 도지사, 시장 · 군수 또는 구청장은 허가 취소 또는 그 밖에 필요한 처분을 하거나 조치를 명할 수 있다(동법 21).

4) 형사처벌: 허가 또는 변경허가를 받지 아니하고 토지거래계약을 체결하거나, 속임수나

그 밖의 부정한 방법으로 토지거래계약 허가를 받은 자는 2년 이하의 징역 또는 벌금에 처하며, 제21조에 따른 허가 취소, 처분 또는 조치명령을 위반한 자는 1년 이하의 징역 또는 1천만원 이하의 벌금에 처한다(동법 26①②).

[판 례] 토지거래허가의 목적대로 이용하였는지의 여부

"구 국토의 계획 및 이용에 관한 법률(2009. 2. 6. 법률 제9442호로 개정되기 전의 것) 제124조 제1항은 토지거래계약 허가를 받은 자는 그 토지를 허가받은 목적대로 이용하여야 한다고 규정하고 있다. 이 경우 그 허가받은 목적이 무엇인지는 원칙적으로 토지거래계약허가증의 기재에 의하여야 하므로, **토지거래계약허가증에 허가받은 자가 그 토지를 직접 이용해야 한다는 내용의 기재가 없다면 특별한 사정이 없는 한, 허가받은 자가 그 토지를 직접 이용하지 않고 임대하였다고 하더라도 이를 두고 허가받은 목적대로 이용하지 않았다고 볼 수 없다.**"(대판 2013.09.12. 2012두6087)

"건물이 존재하여 그 부지로 사용되는 토지에 대한 토지거래계약 허가는 결국 건물의 이용목적에 대한 규제를 통하여 그 토지가 투기목적으로 이용되는 것을 규제하는 것이 타당하다. 따라서 그 경우 토지를 허가받은 목적대로 이용하고 있는지 여부는 단지 그 건물이 허가받은 목적에 부합하는 용도로 사용될 수 있는지 여부에 의할 것이 아니라 실제 그 건물이 **토지거래계약허가증에 기재된 이용목적대로 이용되고 있는지 여부에 따라 판단하여야 하고, 이는 토지거래허가 신청 시 제출한 토지이용계획의 내용, 그 지상 건물의 구조 및 이용현황, 토지이용계획과 그 이용현황에 차이가 있는 경우 그 정도와 사유 등을 전체적·종합적으로 고려하여 사회통념에 따라 판단할 것이다.**"(대판 2014.12.24. 2011두23580)

Ⅶ. 부동산가격공시제

1. 부동산가격공시제의 의의 및 근거

부동산가격공시제도란 「부동산 가격공시에 관한 법률」(이하 '부공법'이라 한다)에서 정한 절차에 따라 조사·평가한 토지·주택 등의 단위면적당 가격을 공시하는 제도를 말한다. 이는 토지, 주택 등 부동산의 적정가격을 공시하여 부동산 가격산정의 기준이 되게 하고 적정한 가격형성을 도모하고자 한 것이라 할 수 있다. 부동산가격공시에는 토지의 가격을 공시한 지가공시와 주택의 가격을 공시한 주택가격공시가 있고, 지가공시에는 표준지공시지가와 개별공시지가가 있다.

2. 표준지공시지가

(1) 표준지공시지가의 의의

표준지공시지가란 이 법에 규정한 절차에 따라 국토교통부장관이 조사·평가하여 공시한 표준지의 단위면적당 가격을 말한다(동법 3①). 표준지공시지가는 토지시장의 지가정보를 제공하고 일반적인 토지거래의 지표가 되며, 국가·지방자치단체 등이 그 업무와 관련하여 지가를 산정하거나 감정평가법인등이 개별적으로 토지를 감정평가 하는 경우에 기준이 된다(동법 9).

(2) 표준지공시지가의 성질

표준지공시지가의 법적 성질에 관하여 견해가 나뉜다.

1) **행정계획설:** 표준지공시지가는 토지거래의 지표가 되고 지가산정 및 감정평가시의 기준이 되는 비구속적 행정계획으로 본다.[1)]

2) **행정입법설:** 표준지공시는 개별공시지가의 산정기준이 되는 일반적·추상적 규율이므로 행정규칙의 성질을 가진다고 한다.[2)]

3) **행정행위설:** 표준지공시지가는 개발부담금 등의 산정기준이 되므로 국민의 권리의무에 영향을 미치며, 부감법에서 공시지가의 공시에 대한 이의신청을 인정하고 있기 때문에 행정행위의 성질을 가진다고 한다.[3)]

4) **개별검토설:** 표준지공시지가는 일반적으로 행정계획 또는 행정입법에 불과하지만, 표준지공시지가를 해당 표준지의 개별공시지가로 보는 경우 등 그 기준이 구속력을 가지는 경우에는 처분성을 인정하는 입장이다.[4)]

5) **판 례:** 판례는 처분성을 인정하고 있다.

[판 례] 공시지가결정 취소를 구하는 행정소송 제기

> "표준지로 선정된 토지의 공시지가에 대하여 불복하기 위하여는 지가공시및토지등의평가에관한법률 제8조 제1항 소정의 이의절차를 거쳐 처분청을 상대로 그 공시지가결정의 취소를 구하는 행정소송을 제기하여야 한다."(대판 1994.12.13, 94누5083; 대판 2008.8.21. 2007두13845 등)

6) **결 어:** 개별검토설이 타당하다. 일반적으로 표준지공시지가는 개별공시지가의 산정기준이 되는 일반적·추상적 규율이라고 할 수 있으나, 표준지로 선정된 토지의 공시지가를 개별공시지가로 하는 경우(부공법 10②) 등 개별공시지가와 마찬가지로 구속력을 갖는 경우에는 처분성을 인정할 수 있다.

(3) 표준지공시지가의 조사·평가 및 공시

국토교통부장관은 토지이용상황이나 주변환경 그 밖의 자연적·사회적 조건이 일반적으로 유사하다고 인정되는 일단의 토지 중에서 선정한 표준지에 대하여 매년 공시기준일 현재의 단위면적당 적정가격을 조사·평가하고, 중앙부동산가격공시위원회의 심의를 거쳐 이를 공시하여야 한다(동법 3①).

(4) 표준지공시지가의 조사·평가의 기준

국토교통부장관이 표준지의 적정가격을 조사·평가하는 경우에는 인근유사토지의 거래가격·임대료 및 해당 토지와 유사한 이용가치를 지닌다고 인정되는 토지의 조성에 필요한 비용추정액, 인근지역 및 다른 지역과의 형평성·특수성, 표준지공시지가 변동의 예측 가능성 등 제반사항을

---

1) 류지태·박종수(신론), 1277면; 정하중·김광수(개론), 1254면.
2) 석종현·송동수(하), 518면; 홍정선(하), 761면.
3) 박균성(강의), 1320면.
4) 김동희(Ⅱ), 491면; 김철용(Ⅱ), 508면; 박윤흔·정형근(하), 661면.

종합적으로 참작하여야 하며, 둘 이상의 감정평가법인등에게 의뢰하여야 한다(동법 3④⑤).

[판 례] 비교표준지의 선정방법

"[1] 비교표준지는 **대상토지와 용도지역, 지목, 토지용도(실제용도), 주위환경, 위치, 기타 자연적·사회적 조건이 가장 유사한 인근지역 소재 표준지 중에서 선정**하는 것이 가장 합리적인 선정 방법이다. [2] 적합한 표준지를 비교표준지로 선정한 이상 종전의 비교표준지를 바꾼 것만으로는 비교표준지 선정에 있어 어떠한 위법이 있다고 할 수 없다."(대판 2001.7.13. 99두10391, 개발부담금부과처분취소)

(5) 표준지공시지가의 열람 및 이의신청

국토교통부장관은 지가공시내용을 특별시장·광역시장 또는 도지사를 거쳐 시장·군수 또는 구청장에게 송부하여 일반으로 하여금 열람하게 하여야 한다(동법 6). 표준지공시지가에 이의가 있는 자는 표준지공시지가의 공시일부터 30일 이내에 서면으로 국토교통부장관에게 이의를 신청할 수 있다(동법 7①). 국토교통부장관은 이의신청기간이 만료된 날부터 30일 이내에 이의신청을 심사하여 그 결과를 신청인에게 서면으로 통지하여야 한다(동조②).

(6) 표준지공시지가의 효력

표준지공시지가는 토지시장의 지가정보를 제공하고 일반적인 토지거래의 지표가 되며, 국가·지방자치단체등이 그 업무와 관련하여 지가를 산정하거나 감정평가법인등이 개별적으로 토지를 감정평가 하는 경우에 그 기준이 된다(동법 9).

(7) 표준지공시지가에 대한 행정소송

1) 행정소송 가능성: 표준지공시지가는 내부적 구속력을 갖는 행정입법의 일종으로 보면 행정소송의 대상이라고 할 수 없다. 그러나 표준지공시지가가 해당 토지의 개별공시지가로 하는 경우 등 처분성이 인정되는 경우에는 행정소송제기가 가능하다. 이 경우 이의신청을 거쳐 행정소송을 제기해야 하는지 바로 행정소송을 제기할 수 있는지 문제된다. 종래 판례는 이의신청을 거쳐야 한다고 판시였으나(판례), 행정심판전치주의가 폐지된 현행 행정소송법 하에서는 이의신청을 거침이 없이 바로 행정소송의 제기가 가능하다고 할 것이다.

[판 례] 표준지공시지가의 위법성을 다투는 방법(종래)

"**표준지로 선정된 토지의 공시지가**에 대하여 불복하기 위하여는 지가공시및토지등의평가에관한법률 제8조 제1항 소정의 이의절차를 거쳐 처분청을 상대로 그 공시지가결정의 취소를 구하는 **행정소송을 제기**하여야 하는 것이지, 그러한 절차를 밟지 아니한 채 **개별토지가격 결정을 다투는 소송에서** 그 개별 토지가격 산정의 기초가 된 **표준지 공시지가의 위법성을 다툴 수는 없다.**"(대판 1996.12.6, 96누1832)

2) 하자의 승계: 표준지공시지가결정은 이를 기초로 한 수용재결·조세부과 등과는 별개의 독립된 처분으로서 서로 독립하여 별개의 법률효과를 목적으로 하는 것이므로 하자승계를 인정할 수 없다(판례 1). 다만, 예외적으로 예측가능성과 수인한도를 보충적 기준으로 하여 하자승계를 인정할 수 있는 경우가 있다(판례 2).

[판례 1] 표준지공시지가 하자의 승계 부정

"표준지로 선정된 토지의 표준지공시지가를 다투기 위해서는 처분청인 국토교통부장관에게 이의를 신청하거나 국토교통부장관을 상대로 공시지가결정의 취소를 구하는 행정심판이나 행정소송을 제기해야 한다. 그러한 절차를 밟지 않은 채 토지 등에 관한 **재산세 등 부과처분의 취소를 구하는 소송에서 표준지공시지가결정의 위법성을 다투는 것은 원칙적으로 허용되지 않는다.**"(대판 2022.5.13. 2018두50147〔재산세부과처분취소〕)

[판례 2] 표준지공시지가결정의 위법을 후행 처분에서 주장할 수 있는 경우

"위법한 표준지공시지가결정에 대하여 그 정해진 시정절차를 통하여 시정하도록 요구하지 않았다는 이유로 위법한 표준지공시지가를 기초로 한 수용재결 등 **후행 행정처분에서 표준지공시지가결정의 위법을 주장할 수 없도록 하는 것은 수인한도를 넘는 불이익을 강요하는 것**으로서 국민의 재산권과 재판받을 권리를 보장한 헌법의 이념에도 부합하는 것이 아니다. 따라서 **표준지공시지가결정이 위법한 경우에는** 그 자체를 행정소송의 대상이 되는 **행정처분으로 보아 그 위법 여부를 다툴 수 있음은 물론**, 수용보상금의 증액을 구하는 소송에서도 선행처분으로서 그 수용대상 토지 가격 산정의 기초가 된 **비교표준지공시지가결정의 위법을 독립한 사유로 주장할 수 있다.**"(대판 2008.8.21, 2007두13845)

3. 개별공시지가

(1) 개별공시지가의 의의

개별공시지가란 시장·군수 또는 구청장이 국세·지방세 등 각종 세금부과 그 밖의 다른 법령에서 정하는 목적을 위한 지가산정에 사용하도록 하기 위하여 시·군·구부동산가격공시위원회의 심의를 거쳐 매년 결정·공시하는 공시지가의 공시기준일 현재 관할구역 안의 개별토지의 단위면적당 가격을 말한다(동법 10①).

(2) 개별공시지가의 성질

1) 행정계획설: 개별공시지가는 개발부담금 등의 부과기준이 되는 계획의 일종이라고 본다.

2) 행정입법설: 개별공시지가는 조세부과나 개발부담금 등의 산정기준을 정한 내부적 지침인 행정규칙이라고 본다.[5)]

3) 사실행위설: 개별공시지가는 지가정보의 제공이라는 사실적 효과를 갖는 사실행위라고 본다.

4) 행정행위설: 개별공시지가는 개발부담금·조세 등의 산정기초로 되어 국민의 권리의무에 직접적 법적 효과를 가져오게 하는 행정행위로 본다(통설).

5) 판 례: 판례는 처분성을 인정하고 있다(판례).

[판 례] 개별공시지가결정의 처분성

"**개별공시지가의 결정에 위법이 있는 경우에는 그 자체를 행정소송의 대상이 되는 행정처분으로 보아 그 위법 여부를 다툴 수 있음은 물론**, 이를 기초로 과세표준을 산정한 과세처분의 취소를 구하는 조세소송에서도 그 개별공시지가 결정의 위법을 독립된 쟁송사유로 주장할 수 있다."(대판 1996.6.25. 93누17935, 토지초과이득세부과처분취소 등)

5) 박균성(강의), 1322면; 홍정선(하), 764면.

6) 결 어: 개별공시지가는 조세부과 등의 산정기준으로서 규율효과가 있기 때문에 관련 당사자의 권리 · 의무에 직접적인 법적 효과를 발행한다고 할 것이므로 행정행위설이 타당하다.

(3) 개별공시지가의 결정 · 고시

시장 · 군수 또는 구청장은 매년 시 · 군 · 구부동산가격공시위원회의 심의를 거쳐 개별공시지가를 결정 · 공시하고, 이를 관계행정기관 등에 제공해야한다. 다만, 표준지로 선정된 토지 등에 대하여는 개별공시지가를 결정 · 공시하지 아니할 수 있고, 이 경우 표준지공시지가를 개별공시지가로 본다(동법 10②). 시장 · 군수 또는 구청장은 개별공시지가를 결정 · 공시하기 위하여 개별토지의 가격을 산정한 때에는 그 타당성에 대하여 감정평가법인등의 검증을 받고 토지소유자 그 밖의 이해관계인의 의견을 들어야 한다(동조⑤).

(4) 개별공시지가에 대한 이의신청

개별공시지가에 대하여 이의가 있는 자는 개별공시지가의 결정 · 공시일부터 30일 이내에 서면으로 시장 · 군수 또는 구청장에게 이의를 신청할 수 있으며, 이 경우 시장 · 군수 또는 구청장은 이의신청기간이 만료된 날부터 30일 이내에 이의신청을 심사하여 그 결과를 신청인에게 서면으로 통지하여야 한다(동법 11①②).

(5) 개별공시지가에 대한 행정소송

1) 행정쟁송 가능성: 개별공시자가는 처분성이 인정된다고 할 것이므로 행정쟁송제기가 가능하다. 이 경우에 이의신청을 거쳐야 하는지 문제될 수 있으나, 행정심판전치주의가 폐지된 현행법 하에서는 개별공시지가의 위법을 이유로 바로 행정소송을 제기할 수 있다(판례).

[판 례] 개별공시지가에 대한 행정소송 제기 방법

"부동산 가격공시 및 감정평가에 관한 법률 제12조, 행정소송법 제20조 제1항, 행정심판법 제3조 제1항의 규정 내용 및 취지와 아울러 부동산 가격공시 및 감정평가에 관한 법률에 행정심판의 제기를 배제하는 명시적인 규정이 없고 부동산 가격공시 및 감정평가에 관한 법률에 따른 이의신청과 행정심판은 그 절차 및 담당 기관에 차이가 있는 점을 종합하면, 부동산 가격공시 및 감정평가에 관한 법률이 이의신청에 관하여 규정하고 있다고 하여 이를 행정심판법 제3조 제1항에서 행정심판의 제기를 배제하는 '다른 법률에 특별한 규정이 있는 경우'에 해당한다고 볼 수 없으므로, **개별공시지가에 대하여 이의가 있는 자는 곧바로 행정소송을 제기하거나 부동산 가격공시 및 감정평가에 관한 법률에 따른 이의신청과 행정심판법에 따른 행정심판청구 중 어느 하나만을 거쳐 행정소송을 제기할 수 있을 뿐 아니라, 이의신청을 하여 그 결과 통지를 받은 후 다시 행정심판을 거쳐 행정소송을 제기할 수도 있다**고 보아야 하고, 이 경우 행정소송의 제소기간은 그 행정심판 재결서 정본을 송달받은 날부터 기산한다."(대판 2010.1.28. 2008두19987, 개별공시지가결정처분취소)

"개별토지가격결정의 공고는 공고일로부터 그 효력을 발생하지만 처분 상대방인 토지소유자 및 이해관계인이 공고일에 개별토지가격결정처분이 있음을 알았다고까지 의제할 수는 없어 결국 개별토지가격결정에 대한 재조사 또는 행정심판의 청구기간은 처분 상대방이 실제로 처분이 있음을 안 날로부터 기산하여야 할 것이나, 시장, 군수 또는 구청장이 개별토지가격결정을 처분 상대방에 대하여 별도의 고지절차를 취하지 않는 이상 **토지소유자 및 이해관계인이 위 처분이 있음을 알았다고 볼 경우는 그리 흔치 않을 것이므로, 특별히 위 처분을 알았다고 볼만한 사정이 없는 한 개별토지가격결정에 대한 재조사청구 또는 행정심판청구는 행정심판법 제18조 제3항 소정의 처분이 있은 날로부터 180일 이내에 이를 제기하면 된다.**"(대판 1993.12.24. 92누17204)

2) **하자의 승계:** 개별공시지가의 하자가 후행처분인 조세부과처분 등에 승계될 수 있는지는 표준지공시지가의 경우와 동일하다고 하겠다. 따라서 수인한도이론에 따라 예외적으로 인정될 수 있다는 판례의 입장이 타당하다(판례).

[판 례] 개별공시지가결정의 위법을 이유로 후행처분을 다툴 수 있는 경우

"개별공시지가결정은 이를 기초로 한 과세처분 등과는 별개의 독립된 처분으로서 서로 독립하여 별개의 법률효과를 목적으로 하는 것이나, 개별공시지가는 이를 토지소유자나 이해관계인에게 개별적으로 고지하도록 되어 있는 것이 아니어서 토지소유자 등이 개별공시지가결정 내용을 알고 있었다고 전제하기도 곤란할 뿐만 아니라 결정된 개별공시지가가 자신에게 유리하게 작용될 것인지 또는 불이익하게 작용될 것인지 여부를 쉽사리 예견할 수 있는 것도 아니며, 더욱이 장차 어떠한 과세처분 등 구체적인 불이익이 현실적으로 나타나게 되었을 경우에 비로소 권리구제의 길을 찾는 것이 우리 국민의 권리의식임을 감안하여 볼 때 토지소유자 등으로 하여금 결정된 개별공시지가를 기초로 하여 장차 과세처분 등이 이루어질 것에 대비하여 항상 토지의 가격을 주시하고 개별공시지가결정이 잘못된 경우 정해진 시정절차를 통하여 이를 시정하도록 요구하는 것은 부당하게 높은 주의의무를 지우는 것이라고 아니할 수 없고, 위법한 개별공시지가결정에 대하여 그 정해진 시정절차를 통하여 시정하도록 요구하지 아니하였다는 이유로 위법한 개별공시지가를 기초로 한 과세처분 등 **후행 행정처분에서 개별공시지가결정의 위법을 주장할 수 없도록 하는 것은 수인한도를 넘는 불이익을 강요하는 것으로서 국민의 재산권과 재판받을 권리를 보장한 헌법의 이념에도 부합하는 것이 아니라고 할 것이므로, 개별공시지가결정에 위법이 있는 경우에는 그 자체를 행정소송의 대상이 되는 행정처분으로 보아 그 위법 여부를 다툴 수 있음은 물론 이를 기초로 한 과세처분 등 행정처분의 취소를 구하는 행정소송에서도 선행처분인 개별공시지가결정의 위법을 독립된 위법사유로 주장할 수 있다고 해석함이 타당하다.**"(대판 1994.1.25. 93누8542, 양도소득세등부과처분취소)

4. 주택가격공시

(1) 단독주택가격의 공시

1) **표준주택가격:** 국토교통부장관은 용도지역, 건물구조 등이 일반적으로 유사하다고 인정되는 일단의 단독주택 중에서 선정한 표준주택에 대하여 매년 공시기준일 현재의 적정가격(표준주택가격)을 조사·평가하고, 중앙부동산가격공시위원회의 심의를 거쳐 이를 공시하여야 한다(동법 16①).

2) **개별주택가격:** 시장·군수 또는 구청장은 시·군·구 부동산가격공시위원회의 심의를 거쳐 매년 표준주택가격의 공시기준일 현재 관할구역 안의 개별주택의 가격(개별주택가격)을 결정·공시하고, 이를 관계행정기관 등에 제공하여야 한다(동법 17①).

(2) 공동주택가격의 공시

국토교통부장관은 공동주택에 대하여 매년 공시기준일 현재의 적정가격을 조사·산정하여 중앙부동산가격공시위원회의 심의를 거쳐 공시하고, 이를 관계행정기관 등에 제공하여야 한다(동법 18①).

Ⅷ. 건축물의 건축과 관리

1. 건축·건축물의 의의

건축이란 건축물을 신축·증축·개축·재축(再築)하거나 건축물을 이전하는 것을 말한다(건축

법 2①(8)). 건축물이란 토지에 정착하는 공작물 중 지붕과 기둥 또는 벽이 있는 것과 이에 딸린 시설물, 지하나 고가의 공작물에 설치하는 사무소·공연장·점포·차고·창고, 그 밖에 대통령령으로 정하는 것을 말한다(동조항(2)). 여기서 신축은 건축물이 없는 대지에 새로 건축물을 축조하는 것이고, 증축은 기존 건축물의 대지에 건축면적, 연면적, 층수 또는 높이를 늘리는 것을 말하며, 개축은 기존 건축물의 전부나 일부를 철거하고 동일한 규모의 범위 안에서 다시 축조하는 것을 말하고, 재축은 건축물이 천재지변이나 그 밖의 재해로 멸실된 경우 그 대지에 종전과 동일한 범위 안에서 다시 축조하는 것을 말한다(동법시행령 2).

2. 건축허가

(1) 의 의

건축물을 건축하거나 대수선하려는 자는 특별자치시장·특별자치도지사 또는 시장·군수·구청장의 허가를 받아야 한다. 다만, 21층 이상의 건축물 등 대통령령으로 정하는 용도 및 규모의 건축물을 특별시나 광역시에 건축하려면 특별시장이나 광역시장의 허가를 받아야 한다(동법 11①). 건축허가를 받으려는 자는 해당 대지의 소유권을 확보하여야 한다. 다만, 대지의 사용권원 확보 등 1호부터 5호까지의 사유 중 어느 하나에 해당하는 경우에는 그러하지 아니하다(동조⑪).

(2) 사전결정신청

건축허가 대상 건축물을 건축하려는 자는 건축허가를 신청하기 전에 허가권자에게 그 건축물의 건축에 관한 해당 대지에의 가능여부와 가능한 건축물의 규모 등에 대한 사전결정을 신청할 수 있다(동법 10①). 사전결정신청자는 사전결정을 통지받은 날부터 2년 이내에 건축허가를 신청하여야 하며, 이 기간에 건축허가를 신청하지 아니하면 사전결정의 효력이 상실된다(동조⑧). 사전결정은 최종적인 행정행위의 전제요건이 되는 형식적 또는 실질적 요건의 심사에 대한 판단으로 내려지는 결정이므로, 처분성이 인정되고, 후속 행위인 건축허가에 대해 구속력을 가진다.

(3) 허가신청서 및 의제되는 인허가서류의 제출

허가를 받으려는 자는 허가신청서에 국토교통부령으로 정하는 설계도서와 제5항(건축허가의 의제)에 따른 허가 등을 받거나 신고를 하기 위하여 관계 법령에서 제출하도록 의무화하고 있는 신청서 및 구비서류를 첨부하여 허가권자에게 제출하여야 한다(동법 11③).

(4) 건축허가의 의제

건축허가를 받으면 다음 각 호의 허가 등을 받거나 신고를 한 것으로 보며, 공장건축물의 경우에는 「산업집적활성화 및 공장설립에 관한 법률」 제13조의2와 제14조에 따라 관련 법률의 인·허가 등이나 허가 등을 받은 것으로 본다(동조⑤). 즉, 제20조 제3항에 따른 공사용 가설건축물의 축조신고(1호), 제83조에 따른 공작물의 축조신고(2호), 「국토의 계획 및 이용에 관한 법률」 제56조에 따른 개발행위허가(3호), 「도로법」 제61조에 따른 도로의 점용 허가(9호), 「하천법」

제33조에 따른 하천점용 등의 허가(10호) 등 1호부터 23호까지의 의제사항이 있다.

허가권자는 의제되는 사항이 다른 행정기관의 권한에 속하면 그 행정기관의 장과 미리 협의하여야 하며, 협의 요청을 받은 관계 행정기관의 장은 요청을 받은 날부터 15일 이내에 의견을 제출하여야 한다(동조⑥).

[판 례] 관련 인허가의 요건 결여시 건축신고 수리거부 가능

"국토계획법이 정한 일정한 용도지역 안에서 토지의 형질변경행위를 수반하는 건축신고의 수리는 건축법 제14조 제2항, 제11조 제5항, 제6항의 인허가 의제로 인해 건축법상 건축신고와 국토계획법상 개발행위허가의 성질을 아울러 갖게 되므로, 국토계획법상의 개발행위허가를 받은 것으로 의제되는 **건축신고가 국토계획법령이 정하는 개발행위허가기준을 갖추지 못한 경우 행정청으로서는 이를 이유로 그 수리를 거부할 수 있다.**"(대판 2011.1.20. 2010두14954; 대판 2018.7.4. 2018두49079 등)

(5) 건축허가의 취소

허가권자는 다음 각 호에 해당하는 경우에는 허가취소를 하여야 한다. 다만, 제1호의 경우로서 정당한 사유가 인정되면 1년의 범위에서 공사착수기간을 연장할 수 있다(동조⑦). 즉, ① 허가를 받은 날부터 2년 이내에 공사에 착수하지 아니한 경우, ② 제1호의 기간 이내에 공사에 착수하였으나 공사의 완료가 불가능하다고 인정되는 경우, ③ 착공신고 전에 경매 또는 공매 등으로 건축주가 대지의 소유권을 상실한 때부터 6개월이 지난 이후 공사의 착수가 불가능하다고 판단되는 경우 등이다.

(6) 건축허가의 법적 성질

1) 학 설: ① 법정요건을 갖추면 허가를 해야 한다는 **기속행위설**과 ② 원칙적으로 기속행위이나 공익상 필요가 있는 경우 등에는 재량행위라는 **예외적 재량행위설**이 대립된다.

2) 판 례: 법령에서 정한 제한사유 이외의 사유를 들어 허가거부를 할 수 없다고 하면서, 중대한 공익상 필요가 있거나 「국토의 계획 및 이용에 관한 법률」 상의 형질변경행위를 수반하는 건축허가는 재량행위에 속한다고 하여 예외적 재량행위설을 취하고 있다.

[판례 1] 건축허가는 원칙적으로 기속행위

"건축허가권자는 건축허가신청이 건축법 등 관계 법규에서 정하는 어떠한 제한에 배치되지 않는 이상 당연히 같은 법조에서 정하는 건축허가를 하여야 하고, 중대한 공익상의 필요가 없는데도 관계 법령에서 정하는 제한사유 이외의 사유를 들어 요건을 갖춘 자에 대한 허가를 거부할 수는 없다."(대판 2003.4.25. 2002두3201; 대판 2009.9.24. 2009두8946 등)

[판례 2] 중대한 공익상 필요가 있는 경우

"건축허가권자는 건축신고가 건축법, 국토의 계획 및 이용에 관한 법률 등 관계 법령에서 정하는 명시적인 제한에 배치되지 않는 경우에도 건축을 허용하지 않아야 할 중대한 공익상 필요가 있는 경우에는 건축신고의 수리를 거부할 수 있다."(대법원 2019.10.31. 선고 2017두74320 등)

[판례 3] 인 · 허가의제를 수반하는 건축허가의 경우 재량행위 인정

"국토의 계획 및 이용에 관한 법률에 따른 토지의 형질변경허가는 그 금지요건이 불확정개념으로 규정되어 있어

그 금지요건에 해당하는지 여부를 판단함에 있어서 행정청에 재량권이 부여되어 있다고 할 것이므로, 이에 따른 토지의 형질변경행위를 수반하는 건축허가는 재량행위에 속한다."(대판 2013.10.31. 2013두9625 등)

3) 결 어: 예외적 재량행위설이 타당하다. 즉, 건축법 제11조 제1항에 따른 건축허가는 원칙적으로 기속행위이다. 다만, 중대한 공익상 필요가 있거나, 동조 제5항에 따라 의제되는 인·허가 사항이 재량행위인 경우(국토계획법 제56조에 따른 개발행위허가 등)와 동조 제4항 단서에 따라 위락시설이나 숙박시설에 해당하는 건축물의 건축을 허가하는 경우 등 및 개발제한구역 내에서의 건축허가(소위 예외적 허가) 등은 예외적으로 재량행위에 속한다고 할 것이다.

3. 건축신고

(1) 의 의

허가 대상 건축물이라 하더라도 다음 각 호의 어느 하나에 해당하는 경우에는 미리 시장·군수 등에게 국토교통부령으로 정하는 바에 따라 신고를 하면 건축허가를 받은 것으로 본다(동법 14①). 즉, ① 바닥면적의 합계가 85제곱미터 이내의 증축·개축 또는 재축, ②「국토의 계획 및 이용에 관한 법률」에 따른 관리지역, 농림지역 또는 자연환경보전지역에서 연면적이 200제곱미터 미만이고 3층 미만인 건축물의 건축, ③ 연면적이 200제곱미터 미만이고 3층 미만인 건축물의 대수선, ④ 주요구조부의 해체가 없는 등 대통령령으로 정하는 대수선, ⑤ 그 밖에 소규모 건축물로서 대통령령으로 정하는 건축물의 건축 등이 신고사항이다.

신고사항에도 동법 제11조 제5항에 따른 인·허가의제를 준용한다(동조②).

(2) 건축신고의 법적 성질

1) 자기완결적 신고: 건축신고는 원칙적으로 적법한 신고가 있으면 신고의무를 이행한 것이 되며 행정청의 수리를 요하지 않는다(대판 1995.3.14. 94누9962 등).

2) 행위요건적 신고인 경우: 건축법 제14조 제2항에 따른 제11조 제5항의 인허가의제사항이 허가 등 수리를 요하는 경우(국토계획법 제56조에 따른 개발행위허가 등)에는 예외적으로 행위요건적 신고로서 수리를 요한다(판례1).

(3) 신고수리여부의 통지

시장·군수 등은 건축신고를 받은 날부터 5일 이내에 신고수리 여부 또는 민원 처리 관련 법령에 따른 처리기간의 연장 여부를 신고인에게 통지하여야 한다. 다만, 이 법 또는 다른 법령에 따라 심의, 동의, 협의, 확인 등이 필요한 경우에는 20일 이내에 통지하여야 한다(건축법 14③). 이러한 신고수리의 통지의무는 건축신고를 '수리를 요하는 신고'로 하기 위한 것이 아니라, 건축신고가 건축허가와 달리 규제를 보다 완화하여 절차를 간소화하려는 것이라는 점에서, 신속히 신고의 확인을 받음으로써 무신고로 인한 제재처분의 우려 없이 건축행위를 신속하게 할 수 있게 하려는 취지라 할 수 있다.

(4) 건축신고의 효력 상실

건축신고를 한 자가 신고일부터 1년 이내에 공사에 착수하지 아니하면 그 신고의 효력은 없어진다. 다만, 건축주의 요청에 따라 허가권자가 정당한 사유가 있다고 인정하면 1년의 범위에서 착수기한을 연장할 수 있다(동조⑤).

(5) 건축신고반려처분의 처분성

건축신고 반려처분의 처분성 여부에 대해, ① 적법한 요건을 갖춘 신고만 하면 행정청의 수리처분이 필요 없이 건축을 할 수 있으므로 건축신고의 반려처분도 법적 효과를 발생하지 않는 사실행위에 불과하여 항고소송의 대상인 처분이 아니라는 **부정설**과, ② 건축신고 반려에도 불구하고 건축을 하면 시정명령·이행강제금·벌금 등의 대상이 되므로 신고인의 불안정한 지위를 조기에 해소하기 위하여 처분성을 인정해야 한다는 **긍정설**이 대립된다. **판례**는 종래의 부정설(대판 1995.3.14. 94누9962 등)에서 긍정설로 판례변경을 하였다(판례2).

생각건대, 건축신고가 반려될 경우 건축을 개시하면 시정명령(건축법 79①), 이행강제금(동법 80①), 벌금(동법 111)의 대상이 되거나 해당 건축물의 사용승인(동법 22)이 거부될 우려가 있어 불안정한 지위에 놓이게 된다. 따라서 이러한 불안을 조기에 해소하고 건축행위로 나아가기 위해 건축신고반려처분을 항고소송의 대상인 처분으로 봄이 타당하다.

[판례 1] 인허가의제를 수반하는 건축신고는 수리를 요하는 신고

"건축법에서 인·허가의제 제도를 둔 취지는, 인·허가의제사항과 관련하여 건축허가 또는 건축신고의 관할 행정청으로 그 창구를 단일화하고 절차를 간소화하며 비용과 시간을 절감함으로써 국민의 권익을 보호하려는 것이지, 인·허가의제사항 관련 법률에 따른 각각의 인·허가 요건에 관한 일체의 심사를 배제하려는 것으로 보기는 어렵다. 왜냐하면, 건축법과 인·허가의제사항 관련 법률은 각기 고유한 목적이 있고, 건축신고와 인·허가의제사항도 각각 별개의 제도적 취지가 있으며 그 요건 또한 달리하기 때문이다. 나아가 인·허가의제사항 관련 법률에 규정된 요건 중 상당수는 공익에 관한 것으로서 행정청의 전문적이고 종합적인 심사가 요구되는데, 만약 건축신고만으로 인·허가의제사항에 관한 일체의 요건 심사가 배제된다고 한다면, 중대한 공익상의 침해나 이해관계인의 피해를 야기하고 관련 법률에서 인·허가 제도를 통하여 사인의 행위를 사전에 감독하고자 하는 규율체계 전반을 무너뜨릴 우려가 있다. 또한 무엇보다도 건축신고를 하려는 자는 인·허가의제사항 관련 법령에서 제출하도록 의무화하고 있는 신청서와 구비서류를 제출하여야 하는데, 이는 건축신고를 수리하는 행정청으로 하여금 인·허가의제사항 관련 법률에 규정된 요건에 관하여도 심사를 하도록 하기 위한 것으로 볼 수밖에 없다. 따라서 **인·허가의제 효과를 수반하는 건축신고는 일반적인 건축신고와는 달리, 특별한 사정이 없는 한 행정청이 그 실체적 요건에 관한 심사를 한 후 수리하여야 하는 이른바 '수리를 요하는 신고'로 보는 것이 옳다.**"(대판 2011.01.20. 2010두14954 전원합의체 판결 건축(신축)신고불가취소)

[판례 2] 건축신고 반려행위의 처분성 인정

"구 건축법(2008. 3. 21. 법률 제8974호로 전부 개정되기 전의 것) 관련 규정의 내용 및 취지에 의하면, 행정청은 건축신고로써 건축허가가 의제되는 건축물의 경우에도 그 신고 없이 건축이 개시될 경우 건축주 등에 대하여 공사중지·철거·사용금지 등의 시정명령을 할 수 있고(제69조 제1항), 그 시정명령을 받고 이행하지 않은 건축물에 대하여는 당해 건축물을 사용하여 행할 다른 법령에 의한 영업 기타 행위의 허가를 하지 않도록 요청할 수 있으며(제69조 제2항), 그 요청을 받은 자는 특별한 이유가 없는 한 이에 응하여야 하고(제69조 제3항), 나아가 행정청은 그 시정명령의 이행을 하지 아니한 건축주 등에 대하여는 이행강제금을 부과할 수 있으며(제69조의2 제1항 제1호), 또한 건축신고를 하지 않은 자는 200만 원 이하의 벌금에 처해질 수 있다(제80조 제1호, 제9조). 이와 같이 건축주 등은 신고제하에서도 건축신고가 반려될 경우 당해 건축물의 건축을 개시하면 시정명령, 이행강제금, 벌금의 대상이 되거나 당해 건축물을 사용하여 행할 행위의 허가가 거부될 우려가 있어 불안정한 지위에 놓이게 된다. 따라서 **건축신고 반려행위가 이루어진 단계에서 당사자로 하여금 반려행위의 적법성을 다투어 그 법적 불안을 해소한 다음 건축행위에 나아가도록 함으로써 장차 있을지도 모르는 위험에서 미리 벗어날 수 있도록 길을 열어 주고, 위법한 건축물의 양산과 그 철거를 둘러싼 분쟁을 조기에 근본적으로 해결할 수 있게 하는 것이 법치행정의 원리에 부합한다. 그러므로 건축신고 반려행위는 항고소송의 대상이 된다고 보는 것이 옳다.**"(대판 2010.11.18. 2008두167 전원합의체 판결 건축신고불허(또는반려)처분취소)

4. 가설건축물의 허가 및 신고

(1) 가설건축물의 허가

도시·군계획시설 및 도시·군계획시설예정지에서 가설건축물을 건축하려는 자는 시장·군수 등의 허가를 받아야 한다(동법 20①). 관할청은 해당 가설건축물의 건축이, 「국토의 계획 및 이용에 관한 법률」 제64조에 위배되는 경우, 4층 이상인 경우, 구조·존치기간·설치목적 및 다른 시설 설치 필요성 등에 관하여 대통령령으로 정하는 기준의 범위에서 조례로 정하는 바에 따르지 아니한 경우, 그 밖에 이 법 또는 다른 법령에 따른 제한규정을 위반하는 경우 이외에는 허가를 하여야 한다(동조②). 따라서 가설건축물의 건축허가는 기속행위에 해당한다.

(2) 가설건축물의 신고

재해복구, 흥행, 전람회, 공사용 가설건축물 등 대통령령으로 정하는 용도의 가설건축물을 축조하려는 자는 대통령령으로 정하는 존치 기간, 설치 기준 및 절차에 따라 시장·군수 등에게 신고한 후 착공하여야 한다(동조③). 이 경우 제14조제3항 및 제4항을 준용하며(동조④), 동조 제2항의 준용규정이 없으므로 가설건축물의 신고는 수리를 요하지 아니하는 신고에 해당한다.

(3) 인허가의제 여부 및 관계기관과의 협의

가설건축물의 신고뿐만 아니라 허가도 건축법 제11조제5항에 따른 인허가의제의 준용규정이 없으므로 가설건축물의 신고나 허가의 요건만 갖추면 된다. 따라서 가설건축물의 건축허가 신청 또는 축조신고를 받은 때에는 다른 법령에 따른 제한 규정에 대하여 확인이 필요한 경우 관계 행정기관의 장과 미리 협의하여야 하고, 협의 요청을 받은 관계 행정기관의 장은 요청을 받은 날부터 15일 이내에 의견을 제출하여야 한다. 이 경우 관계 행정기관의 장이 협의 요청을 받은 날부터 15일 이내에 의견을 제출하지 아니하면 협의가 이루어진 것으로 본다(동조⑦).

5. 착공신고

(1) 의 의

건축의 착공이란 신축하려는 부지의 굴착이나 건물의 축조와 같은 공사를 개시하는 것을 말한다(판례1). 허가를 받거나 신고를 한 건축물의 공사를 착수하려는 건축주는 국토교통부령으로 정하는 바에 따라 허가권자에게 공사계획을 신고하여야 한다. 다만, 「건축물관리법」 제30조에 따라 건축물의 해체 허가를 받거나 신고할 때 착공 예정일을 기재한 경우에는 그러하지 아니하다(동법 21①). 허가권자는 착공신고를 받은 날부터 3일 이내에 신고수리 여부 또는 민원 처리 관련 법령에 따른 처리기간의 연장 여부를 신고인에게 통지하여야 하며(동조③), 이러한 통지가 없으면 그 기간이 끝난 날의 다음 날에 신고를 수리한 것으로 본다(동조④).

(2) 법적 성질

건축의 허가나 신고로 건축을 할 수 있으며, 일정한 기간 내에 건축의 착공이 없으면 건축허가의 취소나 건축신고의 효력상실의 사유가 될 뿐 착공신고가 있어야 건축을 할 수 있는 것이 아니라는 점, 착공신고의 수리여부의 통지가 없으면 수리한 것으로 본다는 점 등으로 종합적으로 고려하면, 착공신고는 수리를 요하지 아니하는 자기완결적 신고에 해당한다. 따라서 건축허가나 건축신고에 따른 공사계획서를 수리하고 이를 통지하는 행위는 공사계획서의 제출사실을 확인하는 사실행위에 불과할 뿐 행정쟁송의 대상인 처분이 아니다.

(3) 착공의 제한

국토교통부장관은 국토관리를 위하여 특히 필요하다고 인정하거나 주무부장관이 국방, 문화재보존, 환경보전 또는 국민경제를 위하여 특히 필요하다고 인정하여 요청하면 허가권자의 건축허가나 허가를 받은 건축물의 착공을 제한할 수 있다(동법 18①). 또한 특별시장·광역시장·도지사는 지역계획이나 도시·군계획에 특히 필요하다고 인정하면 시장·군수·구청장의 건축허가나 허가를 받은 건축물의 착공을 제한할 수 있다(동조②). 착공제한은 「토지이용규제 기본법」 제8조에 따라 주민의견을 청취한 후 건축위원회의 심의를 거쳐야 하며(동조③), 그 제한기간은 2년 이내로 하며, 1회에 한하여 1년 이내의 범위에서 연장할 수 있다(동조④).

(4) 신고거부에 대한 쟁송 가능성

일반적으로 수리를 요하지 아니하는 신고의 수리는 처분이 아니므로 그 거부도 처분이 아니어서 항고쟁송의 대상이 아니다. 그러나 착공신고의 반려에도 불구하고 공사에 착수하면 착공신고 없는 공사로 보여, 건축법 제79조에 따른 공사중지 등 시정명령이 가능하고, 이 시정명령을 이행하지 아니하면 착공한 건축물에 대해 다른 법령에 따른 영업허가 등을 못하게 하거나 동법 제80조에 따른 이행강제금을 부과할 수 있으며, 동법 제111조에 따라 5천만원 이하의 벌금에 처해질 수 있다. 따라서 신고인의 위와 같은 불이익을 받을 위험 등 장래 법적 지위의 불안정을 제거하기 위하여 그 처분성을 인정하여 쟁송을 제기할 수 있다(판례2).

[판례 1] 건축 착공의 의미

"**건물의 신축 공사에 착수하였다고 보려면 특별한 사정이 없는 한 신축하려는 건물 부지의 굴착이나 건물의 축조와 같은 공사를 개시하여야** 하므로, 기존 건물이나 시설 등의 철거, 벌목이나 수목 식재, 신축 건물의 부지 조성, 울타리 가설이나 진입로 개설 등 건물 신축을 위한 준비행위에 해당하는 작업이나 공사를 개시한 것만으로는 공사 착수가 있었다고 할 수 없다."(대판 2017.07.11. 2012두22973 건축허가취소처분취소)

[판례 2] 착공신고 거부에 대한 쟁송가능성

"구 건축법(2008. 3. 21. 법률 제8974호로 전부 개정되기 전의 것)의 관련 규정에 따르면, 행정청은 착공신고의 경우에도 신고 없이 착공이 개시될 경우 건축주 등에 대하여 공사중지·철거·사용금지 등의 시정명령을 할 수 있고(제69조 제1항), 시정명령을 받고 이행하지 아니한 건축물에 대하여는 당해 건축물을 사용하여 행할 다른 법령에 의한 영업 기타 행위의 허가를 하지 않도록 요청할 수 있으며(제69조 제2항), 요청을 받은 자는 특별한 이유가 없는 한 이에 응하여야 하고(제69조 제3항), 나아가 행정청은 시정명령의 이행을 하지 아니한 건축주 등에 대하여는 이행강제금을 부과할 수 있으며(제69조의2 제1항 제1호), 또한 착공신고를 하지 아니한 자는 200만원 이하의 벌금에 처해질 수 있다(제80조 제1호, 제9조). 이와 같이 **건축주 등으로서는 착공신고가 반려될 경우, 당해 건축물의 착공을 개시하면 시정명령, 이행강제금, 벌금의 대상이 되거나 당해 건축물을 사용하여 행할 행위의 허가가 거부될 우려가 있어 불안정한 지위에 놓이게 된다. 따라서 착공신고 반려행위가 이루어진 단계에서 당사자로 하여금 반려행위의 적법성을 다투어 법적 불안을 해소한 다음 건축행위에 나아가도록 함으로써** 장차 있을지도 모르는 위험에서 미리 벗어날 수 있도록 길을 열어 주고, 위법한 건축물의 양산과 철거를 둘러싼 분쟁을 조기에 근본적으로 해결할 수 있게 하는 것이 **법치행정의 원리에 부합한다**. 그러므로 행정청의 **착공신고 반려행위는 항고소송의 대상이 된다**고 보는 것이 옳다."(대판 2011.06.10. 2010두7321 착공신고서처리불가처분취소)

6. 건축물의 사용승인

건축주가 허가를 받았거나 신고를 한 건축물의 건축공사를 완료한 후 그 건축물을 사용하려면 공사감리자가 작성한 감리완료보고서와 국토교통부령으로 정하는 공사완료도서를 첨부하여 허가권자에게 사용승인을 신청하여야 한다(동법 22①). 이 경우 허가권자는 국토교통부령으로 정하는 기간에 설계도서대로 시공여부와 감리완료보고서·공사완료도서 등의 적합한 작성여부에 대한 검사를 실시하고, 검사에 합격된 건축물에 대하여는 사용승인서를 내주어야 한다(동조②). 건축주는 사용승인을 받은 후가 아니면 건축물을 사용하거나 사용하게 할 수 없다(동조③).

7. 위반건축물에 대한 조치

(1) 시정명령

허가권자는 대지나 건축물이 이 법 또는 이 법에 따른 명령이나 처분에 위반되면 이 법에 따른 허가 또는 승인을 취소하거나 그 건축물의 건축주·공사시공자·현장관리인·소유자·관리자 또는 점유자에게 공사의 중지를 명하거나 상당한 기간을 정하여 그 건축물의 철거·개축·증축·수선·용도변경·사용금지·사용제한, 그 밖에 필요한 조치를 명할 수 있다(동법 79①).

(2) 관허사업의 제한

허가권자는 허가나 승인이 취소된 건축물 또는 시정명령을 받고 이행하지 아니한 건축물에 대하여는 다른 법령에 따른 영업이나 그 밖의 행위를 허가·면허·인가·등록·지정 등을 하지 아니하도록 요청할 수 있다(동조②). 위 요청을 받은 자는 특별한 이유가 없으면 요청에 따라야 한다(동조③).

(3) 이행강제금

허가권자는 시정명령을 받은 후 시정기간 내에 시정명령을 이행하지 아니한 건축주등에 대하여는 그 시정명령의 이행에 필요한 상당한 이행기한을 정하여 그 기한까지 시정명령을 이행하지 아니하면 이행강제금을 부과한다(동법 80①). 허가권자는 영리목적을 위한 위반이나 상습적 위반 등의 경우에 제1항에 따른 금액을 100분의 50의 범위에서 가중할 수 있다(동조②). 허가권자는 이행강제금을 부과하기 전에 이행강제금을 부과·징수한다는 뜻을 미리 문서로써 계고하여야 한다(동조③). 허가권자는 최초의 시정명령이 있었던 날을 기준으로 하여 1년에 2회 이내의 범위에서 해당 지방자치단체의 조례로 정하는 횟수만큼 그 시정명령이 이행될 때까지 반복하여 이행강제금을 부과·징수할 수 있다(동조⑤).

(4) 대집행

건축법 제79조 제1항에 따른 철거명령을 이행하지 아니할 때에는 행정대집행법에 따라 대집행을 할 수 있다. 다만, 대집행의 보충성 내지 비례의 원칙에 따라 이행강제금의 수단이 우선한다.

제6장

환경 및 경제행정법

제 1 절　환경행정법

Ⅰ. 개　설

1. 환경행정의 개념

환경행정이란 건강하고 쾌적한 자연환경 및 생활환경을 확보하고 국민보건향상을 도모하기 위하여 환경오염으로 인한 위해를 예방하여 환경을 보호하고 오염된 환경을 개선함과 동시에 쾌적한 환경상태를 유지·조성하기 위한 규제적 행정작용을 말한다(환경정책기본법 1, 3 참조). 여기서 환경오염이란 사업활동 기타 사람의 활동에 따라 발생되는 대기오염·수질오염·토양오염·해양오염·방사능오염·소음·진동 또는 악취 등으로 사람의 건강이나 환경에 피해를 주는 상태를 말한다.

환경규제행정은 현대사회의 도시화·공업화로 인한 인구의 과밀·과소문제(過疏問題)·공해의 발생 내지 생활환경의 파괴라는 문제에서 현대복지국가의 특유한 행정영역으로 등장한 것이다.

2. 환경행정의 법적 근거

(1) 헌법적 근거

헌법 제35조 제1항에서는 "모든 국민은 건강하고 쾌적한 환경에서 생활할 권리를 가지며, 국가와 국민은 환경보전을 위하여 노력하여야 한다"고 규정하여, 국민의 환경권을 보장함과 아울러 국가와 국민의 환경보전을 위한 책무를 규정하고 있다.

(2) 개별법적 근거

환경행정에 관한 실정법은 환경정책의 기본이념과 방향을 제시하고 환경관련법 상호간의 합리적인 체계를 정립하기 위한 환경입법의 기본법인 환경정책기본법을 비롯하여, 대기환경보전법·물환경보전법·해양환경관리법·화학물질관리법·폐기물관리법·하수도법·수도법·원자력안전법·에너지이용합리화법·도시공원및녹지등에관한법률·농약관리법·환경분쟁조정법 등 많은 개별법이 있다.

3. 환경행정의 기본원칙

국가는 환경오염 및 환경훼손과 그 위해를 예방하고 환경을 적정하게 관리·보전하기 위하여 환경보전계획을 수립하여 시행할 책무를 지는 바(환경정책기본법 4①), 이러한 책무의 수행을 위한 기본원칙으로서 다음과 같은 것을 들 수 있다.

(1) 사전배려의 원칙

사전배려의 원칙이란 미래예측적이고 형성적인 계획의 책정에 의하여 환경의 오염이나 파괴가 일어나지 않도록 사전에 충분한 대책을 수립하여 집행하여야 하는 원칙을 말한다.

(2) 존속보장의 원칙

존속보장의 원칙이란 환경을 더이상 악화시켜서는 안되며 현존의 상태로 유지해야 한다는 원칙을 말하며, 악화금지의 원칙이라고도 한다. 사전배려의 원칙이 적극적·미래지향적인 성격의 것이라면, 이 원칙은 소극적으로 현상유지적인 것이다.

(3) 원인자책임의 원칙

원인자책임의 원칙이란 자기의 행위 또는 자기의 보호·감독 아래에 있는 자의 행위 내지 물건으로 인하여 환경에 부담을 끼친 자(원인자)는 환경부담의 회피·경감·제거에 대한 책임을 져야한다는 원칙을 말한다.

(4) 공동부담의 원칙

공동부담의 원칙이란 국가·공공단체·생산자·소비자 등이 환경오염의 방지·감소 및 제거를 위한 비용을 공동으로 부담하는 것을 말한다.

(5) 협력의 원칙

협력의 원칙이란 환경보전의 과제를 국가와 사회의 모든 이해관계인이 서로 협력하여야 한다는 원칙을 말한다.

Ⅱ. 환경행정의 수단

환경행정의 수단 또는 내용은 각국의 공업화 및 도시화의 수준이라든가, 사회·경제적 사정의 차이 등으로 말미암아 한결같지 아니한데, 우리나라의 현행법제 아래에서 인정되고 있는 수단을 살펴보면 다음과 같다.

1. 환경계획

환경계획이란 환경을 사전에 배려하고 환경목표를 실현하기 위하여 관련되는 제문제와 이해관계를 종합적으로 조정하고 제수단을 유기적으로 결합시키는 미래지향적인 환경정책수단을 말한다. 현행법상 환경계획으로는 국가환경종합계획, 환경보전중기계획, 시·도의 환경보전계획,

영향권별환경관리계획, 분야별환경보전계획이 있으며, 다른 계획의 일환으로 행해지는 것은 국토이용계획 · 도시계획 · 산림계획 · 하천정비계획 등이 있다. 국가환경종합계획은 환경부장관이 매 20년마다 수립한다(환경정책기본법 14①).

2. 환경기준의 설정

환경기준이란 사람의 건강을 보호하고 쾌적한 환경을 보전하기 위하여 유지하여야 할 환경상의 조건에 관한 기준을 말한다. 이는 환경오염규제의 목표임과 동시에 환경오염규제를 통하여 확보할 실체라고 할 수 있다. 환경기준은 정부가 환경여건의 변화에 따라 그 적정성이 유지되도록 대통령령으로 정하며, 지역환경의 특수성을 고려하여 필요하다고 인정하는 때에는 시 · 도가 해당 지방자치단체의 조례로 정할 수 있다(동법 12).

3. 환경영향평가

(1) 환경영향평가의 의의

환경영향평가란 환경에 영향을 미칠 수 있는 개발사업의 계획을 수립함에 있어서 당해 사업의 시행으로 인하여 환경에 미치는 해로운 영향을 미리 예측 · 분석하여 환경영향을 줄일 수 있는 방안을 강구하는 것을 말한다. 이는 사전배려의 원칙의 정신에 따라 환경의 파괴를 예방하고 최소화하기 위한 제도로서 1969년 미국의 국가환경정책법(NEPA)에서 유래한다고 볼 수 있는데, 우리나라는 이에 관한 법으로 환경영향평가법(2011.7.21. 법률 제10892호로 전면개정)이 있다.

(2) 환경영향평가의 종류

환경영향평가 등은 전략환경영향평가와 환경영향평가 및 소규모환경영향평가로 구분된다. 전략환경영향평가는 환경에 영향을 미치는 상위계획의 환경적 측면에서의 적정성 및 입지의 타당성 등을 검토하는 것이고, 환경영향평가는 환경에 영향을 미치는 실시계획 · 시행계획 등의 승인 등을 할 때 환경에 미치는 영향을 미리 조사 · 예측 · 평가하여 해로운 환경영향을 회피 · 제거 · 감소의 방안을 마련하는 것이다. 또한 소규모환경영향평가는 환경보전이 필요한 지역이나 난개발이 우려되어 계획적 개발이 필요한 지역에서 환경영향평가를 하여 환경보전방안을 마련하는 것이다(환경영향평가법 2).

(3) 환경영향평가의 대상

전략환경영향평가와 환경영향평가의 대상은 도시개발, 산업입지 · 산업단지 조성, 항만 · 도로 · 철도 · 공항의 건설, 에너지 · 수자원 · 하천이용 · 관광단지 · 특정지역 등의 개발, 체육시설 · 폐기물처리시설의 설치사업 등이다(동법 9①, 22①). 소규모 환경영향평가의 대상은 보전이 필요한 지역과 난개발이 우려되어 환경보전을 고려한 계획적 개발이 필요한 지역으로서 대통령령으로 정하는 지역(보전용도지역)에서 시행되는 개발사업 및 위 환경영향평가 대상사업의 범위에 해당하지 아니하는 개발사업으로서 대통령령으로 정하는 개발사업이다(동법 43①).

(4) 환경영향평가의 절차

전략환경영향평가의 경우 개발기본계획을 수립하는 행정기관의 장이 전략환경평가서초안을 작성하여 주민 등의 의견수렴과 환경부장관과의 협의를 거쳐야 한다(동법 12, 16). 환경영향평가의 경우에는 사업자가 환경영향평가 대상지역과 환경보전방안의 대안 및 평가항목・범위・방법 등의 환경영향평가항목에 따라 환경영향평가서 초안을 작성하여 주민 등의 의견수렴과 환경부장관과의 협의를 거쳐야 하고(동법 24, 25, 27), 그 협의내용을 해당 사업계획 등에 반영하기 위하여 필요한 조치를 하여야 한다(동법 30①).

(5) 환경영향평가의 하자

1) **환경영향평가를 결여한 경우:** 환경영향평가를 거쳐야 할 대상사업에 대하여 환경영향평가를 거치지 아니하였음에도 불구하고 승인 등 처분이 이루어진다면, 환경파괴를 미연에 방지하고 쾌적한 환경을 유지・조성하기 위하여 환경영향평가제도를 둔 입법 취지를 달성할 수 없게 되고 주민의 개별적이고 구체적인 환경이익을 침해하게 된다. 따라서 환경영향평가의 결여는 법규의 중요한 부분을 위반한 중대한 것이고 객관적으로 명백한 것으로 당연 무효이다(판례1).

2) **환경영향평가가 부실한 경우:** 환경영향평가 절차를 거쳤다면, 비록 그 내용이 다소 부실하다 하더라도, 그 부실의 정도가 환경영향평가제도를 둔 입법 취지를 달성할 수 없을 정도이어서 환경영향평가를 하지 아니한 것과 다를 바 없는 정도의 것이 아닌 이상, 그 부실은 당해 처분에 재량권 일탈・남용의 위법이 있는지 여부를 판단하는 하나의 요소로 됨에 그칠 뿐, 그 부실로 당해 승인처분이 위법하게 되는 것이 아니다(판례2).

3) **환경부장관과의 협의내용에 따르지 아니한 경우:** 사업승인처분을 함에 있어서 환경부장관과의 협의를 거친 이상, 환경영향평가서의 내용이 환경영향평가제도를 둔 입법 취지를 달성할 수 없을 정도로 심히 부실하다는 등의 특별한 사정이 없는 한, 승인기관장이 환경부장관의 환경영향평가에 대한 의견에 반하는 처분을 하였다고 하여 그 처분이 위법하다고 할 수는 없다(판례3).

[판례 1] 환경영향평가를 결여한 경우

"구 환경영향평가법(1999. 12. 31. 법률 제6095호 환경・교통・재해 등에 관한 영향평가법 부칙 제2조로 폐지) 제1조, 제3조, 제9조, 제16조, 제17조, 제27조 등의 규정 취지는 환경영향평가를 실시하여야 할 사업(이하 '대상사업'이라 한다)이 환경을 해치지 아니하는 방법으로 시행되도록 함으로써 당해 사업과 관련된 환경공익을 보호하려는 데 그치는 것이 아니라, 당해 사업으로 인하여 직접적이고 중대한 환경피해를 입으리라고 예상되는 환경영향평가대상지역 안의 주민들이 전과 비교하여 수인한도를 넘는 환경침해를 받지 아니하고 쾌적한 환경에서 생활할 수 있는 개별적 이익까지도 보호하려는 데에 있는 것이다. 그런데 **환경영향평가를 거쳐야 할 대상사업에 대하여 환경영향평가를 거치지 아니하였음에도 불구하고 승인 등 처분이 이루어진다면,** 사전에 환경영향평가를 함에 있어 평가대상지역 주민들의 의견을 수렴하고 그 결과를 토대로 하여 환경부장관과의 협의내용을 사업계획에 미리 반영시키는 것 자체가 원천적으로 봉쇄되는바, 이렇게 되면 **환경파괴를 미연에 방지하고 쾌적한 환경을 유지・조성하기 위하여 환경영향평가제도를 둔 입법 취지를 달성할 수 없게 되는 결과를 초래할 뿐만 아니라 환경영향평가**

대상지역 안의 주민들의 직접적이고 개별적인 이익을 근본적으로 침해하게 되므로, 이러한 행정처분의 하자는 법규의 중요한 부분을 위반한 중대한 것이고 객관적으로도 명백한 것이라고 하지 않을 수 없어, 이와 같은 행정처분은 당연무효이다."(대판 2006.06.30. 2005두14363 등)

[판례 2] 환경영향평가가 부실한 경우

"환경영향평가법령에서 정한 환경영향평가를 거쳐야 할 대상사업에 대하여 그러한 환경영향평가를 거치지 아니하였음에도 승인 등 처분을 하였다면 그 처분은 위법하다 할 것이나, 그러한 절차를 거쳤다면, 비록 그 **환경영향평가의 내용이 다소 부실하다 하더라도, 그 부실의 정도가 환경영향평가제도를 둔 입법 취지를 달성할 수 없을 정도이어서 환경영향평가를 하지 아니한 것과 다를 바 없는 정도의 것이 아닌 이상, 그 부실은 당해 승인 등 처분에 재량권 일탈・남용의 위법이 있는지 여부를 판단하는 하나의 요소로 됨에 그칠 뿐, 그 부실로 인하여 당연히 당해 승인 등 처분이 위법하게 되는 것이 아니다.**"(대판 2006.03.16. 2006두330 등)

[판례 3] 환경부장관과의 협의내용에 따르지 아니한 경우

"국립공원 관리청이 국립공원 집단시설지구개발사업과 관련하여 그 시설물기본설계 변경승인처분을 함에 있어서 환경부장관과의 협의를 거친 이상, 환경영향평가서의 내용이 환경영향평가제도를 둔 입법 취지를 달성할 수 없을 정도로 심히 부실하다는 등의 특별한 사정이 없는 한, 공원관리청이 **환경부장관의 환경영향평가에 대한 의견에 반하는 처분을 하였다고 하여 그 처분이 위법하다고 할 수는 없다**고 한 사례."(대판 2001.07.27. 99두2970 등)

4. 배출규제

배출규제란 배출기준을 넘는 오염물질의 배출을 억제하는 규제작용을 말하는 바, 정부는 대기오염・수질오염・토양오염 또는 해양오염의 원인이 되는 물질의 배출에 대하여 필요한 규제를 하도록 되어 있다(환경정책기본법 30). 배출기준이란 배출시설에서 배출되는 환경오염물질의 최대 허용치를 말하는 것으로서, 배출규제는 배출기준 이상의 오염물질의 배출을 억제함으로써 환경보전의 목적을 달성하려는 것이다. 배출규제의 수단으로는 다음과 같은 것이 있다.

(1) 배출시설의 설치허가

배출시설을 설치하고자 하는 자는 환경부장관의 허가를 받아야 하며, 배출시설의 허가를 받은 자가 배출시설을 설치함에 있어서 배출되는 오염물질 등을 법정의 배출허가기준 이하로 하기 위하여 방지시설을 설치하여야 한다(환경정책기본법 30, 대기환경보전법 29 등).

(2) 개선명령

시・도지사는 배출오염물질의 정도가 법정의 배출허용기준을 초과한다고 인정하면 기간을 정하여 당해 사업자에게 그 오염물질의 정도가 배출허용기준 이하로 내려가도록 필요한 조치를 명할 수 있다(대기환경보전법 33).

(3) 조업정지 등 명령

개선명령의 불이행 또는 배출허용기준을 계속 초과하면 해당 배출시설의 전부 또는 일부의 조업정지를 명할 수 있다(동법 34). 해당 사업장의 위치에서는 개선명령을 이행할 수 없거나 주민의 건강상의 위해와 주변환경상의 피해방지를 위해 기간을 정하여 그 사업장의 이전을 명할 수 있다.

(4) 허가의 취소

대기환경보전법 또는 동법에 의한 명령위반 및 배출시설 또는 방지시설을 정상운영하지 아니한 때 할 수 있다(동법 36).

(5) 위반시설에 대한 폐쇄조치

시·도지사는 허가를 받지 아니하거나 신고를 하지 아니하고 배출시설을 설치하거나 사용하는 자에게는 그 배출시설의 사용중지를 명하여야 한다(동법 38).

(6) 배출부과금

시·도지사는 배출허용기준을 초과하여 오염물질을 배출하는 사업자에 대하여 그 오염물질의 종류·배출시간·배출량 등을 산정기준으로 하는 배출부과금을 부과·징수한다(동법 35①②).

Ⅲ. 환경규제행정에 대한 구제

1. 환경분쟁조정제도

국가 및 지방자치단체는 환경오염 또는 환경훼손으로 인한 분쟁이나 그 밖에 환경관련분쟁이 발생한 경우에 그 분쟁이 신속하고 공정하게 해결되도록 필요한 시책을 마련하여야 한다(환경정책기본법 42). 이에 의거 소송외적인 해결방법의 하나로 환경분쟁조정제도가 채택되고 있는 것이다.

환경오염의 피해로 인한 분쟁의 조정을 위하여 환경부에 중앙환경분쟁조정위원회와 특별시, 광역시, 도 또는 특별자치도에 지방환경분쟁조정위원회를 설치한다(환경분쟁조정법 4). 환경분쟁조정위원회는 환경오염으로 인한 피해의 조사와 분쟁조정을 위한 알선·조정 및 재정을 행한다.

2. 행정쟁송

환경오염으로 인한 손해의 발생이 행정청의 일정한 행위(예; 일정한 공장의 건축허가 등)로 인한 것인 때에는 해당 행정행위의 하자를 이유로 그 행정행위의 취소를 구하는 행정쟁송을 제기할 수 있고, 행정청이 위법하게 소정의 환경규제작용을 하지 아니하고 방치함으로써(예; 조업정지명령 또는 배출시설개선명령을 하지 아니하는 것) 권익의 침해를 받는 자는 의무이행심판 및 부작위위법확인소송을 제기할 수 있다.

3. 행정상 손해전보

위법한 배출시설의 허가로 인한 피해나 환경규제조치 등의 불행사·해태로 인한 피해에 대하여 국가배상을 청구할 수 있을 것이다. 다만 환경행정에 있어서는 과실의 입증이 어려운 경우가 많을 것인데, 환경정책기본법이 사업자의 무과실책임을 규정하고 있는 점을 감안하여 과실개념의 객관화 이론을 적용할 수 있을 것이다. 또한 환경보전과 관련하여 공권력이 국민의 재산권을 침해한 경우에 손실보상이 인정될 수 있을 것이다.

4. 민사소송

환경오염으로 인한 손해에 대한 구제절차로서 직접적이고 가장 확실한 것은 오염물질배출자를 상대로 민사소송의 방식에 의하여 손해배상·방해배제 또는 방해예방을 구하는 일이라고 할 수 있다.

제 2 절 경제행정법

Ⅰ. 경제행정의 개념

경제행정이란 실정법상은 물론 학문상으로도 아직 명확하게 확립된 개념은 아니지만, 일응 "행정주체가 경제정책을 실현할 목적으로 경제의 자율적 순환에 적극적으로 관여하여, 경제질서를 일정한 방향으로 유도·형성하며, 그 방향에 위배되는 경제활동을 규제·조정하는 행정작용"을 총칭한다고 할 수 있다. 즉, 경제행정은 자본주의 사회에 있어서의 사회조화적인 요구를 경제정책적으로 실현하고 국민경제의 균형있는 성장을 도모하기 위하여 개인의 경제활동에 관하여 규제하는 행정작용을 뜻하는데, 그것은 현실적으로 잡다한 방법과 내용으로 나타난다.

Ⅱ. 경제행정의 내용

1. 경제질서규제

경제질서규제란 자유롭고 공정한 경제활동의 기반을 조성하고, 건전하고 조화된 경제질서를 확립하기 위한 규제행정을 말하는 바, 이는 뒤에 설명할 각 분야의 구체적인 경제활동에 대한 규제와는 달리 각 경제활동의 바탕이 되는 건전하고 조화된 경제질서를 확립하려는 것이다.

(1) 기업공개

기업공개는 기업에 대한 출자를 증권시장을 통하여 다수인에게 분산시킴으로써, 기업의 자본조달의 원활과 재무구조의 개선을 도모함과 아울러 국민의 기업참여를 창달하려는 규제작용이다.

(2) 부정경쟁방지

부정경쟁방지는 건전한 상거래의 질서를 확립하기 위하여 부정한 수단에 의한 상업상의 경쟁을 규제하는 것을 말하며, 이에 관한 법률로는 부정경쟁방지및영업비밀보호에관한법률이 있다.

(3) 불공정거래방지

불공정거래방지는 공정하고 자유로운 유통·거래질서를 확립하여 소비자의 권익을 보호하려는 것으로서, 사업자는 불공정거래행위를 하여서는 아니되며, 정부는 불공정거래행위를 하는 자에 대하여 그 시정이나 중지를 명하여야 하고, 이들 행위를 한 사업자는 행정벌이 과하여진다.

(4) 독과점규제

이는 사업자의 시장지배적 지위남용과 과도한 경제력의 집중을 방지하고 부당한 공동행위를 규제하기 위하여 「독점규제 및 공정거래에 관한 법률」에 따라서 하는 일련의 규제행위를 말한다.

(5) 소비자보호

소비자보호는 소비자의 안전과 권익을 보호하기 위하여 거래의 적정화를 도모하는 일련의 규제작용을 말한다.

2. 경제활동규제

(1) 물자규제

물자규제란 국민생활 또는 경제상 긴밀한 관계에 있는 물자의 심한 과부족 또는 임의적인 유통을 조절 또는 제한함으로써 국민생활의 안정과 국민경제의 발전을 도모하는 작용이다. 물자규제는 국가적인 비상시에 그 예를 많이 볼 수 있으나, 평상시에 있어서도 국내산업의 보호 또는 계절적 생산품의 수급조절 등을 위하여 행하여진다.

(2) 물가규제

물가규제란 자동적 조절작용으로는 가격의 균형을 유지할 수 없는 경우에, 인위적으로 가격의 폭락 또는 폭등에 대한 안정을 도모하려는 것으로, 직접 행정청에 의한 가격결정방법과 가격결정에 대한 규제의 방법이 있다.

(3) 무역규제

무역규제는 수출을 진흥하며 수입을 조정하여 대외무역의 건전한 발전을 촉진함으로써 국제지수의 균형과 국민경제의 발전을 도모하기 위한 것이다.

(4) 외환 및 외자규제

외환 및 외자규제란 국제수지의 균형과 통화가치의 안정을 유지하고 외환활용의 효율화를 기하기 위하여 외국환 및 외자에 대하여 행하는 규제를 말한다. 외환규제에 대한 일반법으로는 외국환거래법이 있고, 외자규제에 대한 일반법으로는 공공차관의도입및관리에관한법률이 있다.

3. 자원규제

자원규제는 국민경제의 발전을 위하여 지하자원 · 수산자원 기타의 자원의 개발 · 채취 또는 이용을 효과적으로 하게 하려는 목적으로 하는 규제작용이다. 자본주의경제 아래에서는 자원의 개발 · 이용 등은 원칙적으로 사기업에 의하여 자유로이 행하여지는 것이나, 자원에 대한 수요가 증가함에 따라, 그 개발 · 이용을 효과적으로 하기 위하여 규제할 필요가 생긴다.

자원규제의 중요한 예로는 지하자원규제 및 수산자원규제를 들 수 있는데, 전자는 광업권의, 후자는 어업권의 문제가 된다.

Ⅲ. 경제행정의 수단

1. 권력적 수단

(1) 직접법령에 의한 규제

① 일정한 요건에 해당하는 국민에게 행정주체에 대한 작위 · 부작위 · 급부 · 수인의 의무를 과한 것과, ② 사인간에 행하여지는 사법상의 경제거래에 형성적으로 개입하는 경우가 있다. 이의 위반은 행위의 효력이 부정되고 행정벌의 대상이 됨이 원칙이다.

(2) 행정처분에 의한 규제

경제규제의 대상 · 범위의 유동성, 고도의 전문성 등으로 행정처분에 의하는 경우가 많으며, ① 하명(예; 가격표시명령, 가격인하명령, 법인공개명령 등), ② 허가(예; 수출입업허가, 수출입허가, 외국환업무허가 등), ③ 인가(예; 자동차운송사업의 운임과 요금인가), ④ 특허(예; 수도 · 전기 · 가스 등 공급사업, 철도 · 궤도 · 자동차 등 운송사업의 면허) 등에 의하는 경우가 있다.

(3) 법적합성의 확보와 권리구제

권력적인 경제규제는 사적 경제활동의 자유에 대한 강력한 침해이므로 법령의 규정에 의거하여 공익에 적합하도록 해야 한다. 이를 담보하기 위한 제도로 ① 사전적 행정절차와 ② 사후절차로서의 항고소송 및 국가배상청구가 있다.

2. 비권력적 수단

(1) 사법형성(私法形成)에 의한 개입

사법형성에 의한 개입은 행정청이 행정객체와 대등한 입장에서 생산 · 역무의 제공과정에 개입하거나(예; 국가가 항만시설을 직접 건설하는 것), 유통과정에 개입(예; 양곡의 수급 및 가격조절을 위한 매입 · 교환 등)하여 규제하는 작용이다.

(2) 행정지도 및 행정계획

행정지도에 의한 경제규제는 행정청이 상대방의 임의적 협력을 기대하고 행하는 권고 · 조언 · 지도 · 요망 등의 비권력적 사실행위로서 토지거래중지 권고 · 중소기업계열화 지도 등이 있다.

행정계획이란 경제규제를 목적으로 행정청이 책정하는 행정목표를 말한다.

3. 간접적 수단

이는 행정청이 재정정책을 통하여 간접적으로 경제활동을 규제하는 것으로 조세정책 · 재정투융자계획 · 발권정책 · 금융정책 등이 있다.

제7장 재무행정법

제1절 개 설

Ⅰ. 재정의 개념과 종류

1. 재정의 개념

재정(財政)이란 국가 또는 지방자치단체가 그의 존립과 활동에 필요한 재력을 취득하고, 이를 관리하는 작용을 총칭한다. 재정의 개념은 그 목적·수단 및 권력적 기초의 세 가지 점에서 다른 행정작용과 구별된다.

(1) 재정의 목적

재정은 국가 또는 지방자치단체의 존립과 활동에 필요한 재력을 취득하고 이를 관리함을 목적으로 한다. 재정은 국가적 이익을 목적으로 하는 점에서 병력의 취득과 유지를 직접목적으로 하는 군정(軍政)과 함께 국가목적적 작용에 속하며, 사회적 이익을 직접적으로 하는 경찰행정·급부행정·규제행정과 다르다.

(2) 재정의 수단

재정작용 중 재력의 취득은 권력적 명령강제를 수단으로 하며, 재산의 관할 및 수입·지출의 경리는 비권력적 관리를 수단으로 하는 바, 전자를 재정권력작용, 후자를 재정관리작용이라 한다.

(3) 권력의 기초

재정은 국가의 일반통치권에 의거한 작용이다. 재정작용은 재정권력작용과 재정관리작용으로 나뉘어지는 바, 재정권력작용은 국가 및 국가로부터 통치권을 부여받은 지방자치단체만이 할 수 있다.

2. 재정의 종류

(1) 주체에 의한 구분

1) **국가재정:** 국가재정은 국가의 존립과 활동을 유지하기 위한 재정으로, 국가의 통치권이라는 그 자체의 고유한 권한에 의거한 작용이다. 이에 관한 기본법으로 국가재정법·국세기본법 및 국유재산법 등이 있다.

2) **지방재정:** 지방재정은 지방자치단체의 존립과 활동을 위한 재정으로, 국가로부터 부여된 전래적인 권한에 의한 작용이다. 이에 관한 기본법으로 지방재정법과 지방세법 · 지방세기본법 등이 있다.

(2) 수단에 의한 구분

1) **재정권력작용:** 재정권력작용은 재정목적을 위하여 일반통치권에 의거하여 개인에게 명령 · 강제하는 작용이다. 주로 국가 또는 지방자치단체의 재력의 취득을 목적으로 행하여지는데, 이에는 조세의 부과 · 징수와 전매가 있다.

2) **재정관리작용:** 재정관리작용이란 국가 또는 지방자치단체가 비권력적 수단으로 그의 재정의 수입 · 지출을 관리하는 작용을 말하며, 재산의 관리와 수입 · 지출관리가 있다. 회계라고도 하는 바, 재산의 관리를 물품회계, 현금의 수입 · 지출의 관리를 현금회계라고 한다.

Ⅱ. 재정법의 기본원칙

근대입헌주의국가에서 국가재정에 관한 가장 중요한 기본원칙은 재정의회주의라 할 수 있다. 여기서는 재정법의 기본원칙을 재정의회주의와 더불어 공공재산엄정관리주의 · 건전재정주의로 나누어 설명하고자 한다.

1. 재정의회주의

재정의회주의란 국가의 재정작용으로 인하여 국민이 부당한 부담을 지지 아니하도록 하기 위하여 국가의 재정작용은 의회의 감독과 규제 아래에 놓이도록 하는 것을 말한다. 재정의회주의는 구체적으로 조세법률주의 · 예산의결원칙 · 결산심사원칙 등으로 나타난다.

(1) 조세법률주의

조세법률주의란 조세의 부과는 반드시 법률이 정하는 바에 의하여야 한다는 원칙인데, 우리 헌법은 제59조에서 "조세의 종목과 세율은 법률로 정한다"고 하여 조세법률주의를 명시하였다. 조세법률주의에는 1년세주의와 영구세주의가 있는데, 우리나라는 영구세주의에 따르고 있다.

(2) 예산의결원칙

예산은 한 회계연도의 국가의 세입 · 세출에 관한 예정표로서 국민의 경제적 부담 또는 국민경제와 밀접한 관련이 있으므로 그 편성에 있어서 적정화 · 민주화가 요구된다. 그리하여 근대입헌국가에서는 의회의 심의와 의결을 거쳐 예산이 성립되도록 하여 재정의 민주화를 도모하고 있다(헌법 54, 55).

(3) 결산심사원칙

헌법은 또한 예산의 집행결과인 결산에 대하여 감사원의 결산검사보고를 받아 국회에 그 심사권을 부여하여(헌법 99), 재정집행에 대한 국회의 사후 감독제도를 마련하고 있다.

2. 공공재산엄정관리주의

국가 또는 지방자치단체가 소유하거나 행정목적에 제공한 재산은 국민전체 또는 주민전체의 공동재산으로서의 성격을 갖는 것이므로 멸실되거나 효용이 감소되는 일 없이 본래의 목적에 계속 제공될 수 있도록 엄정하게 관리되어야 한다. 이러한 원칙을 공공재산엄정관리주의라 한다. 재정관리(물품관리 · 부동산관리 · 채권관리 등)에 있어서의 특별규율은 모두 이러한 이념에 입각한 것이라 하겠다.

3. 건전재정주의

정부는 건전재정을 유지하고 국가채권을 효율적으로 관리하며 국가채무를 적정수준으로 유지하도록 노력하여야 하며(국가재정법 86), 재정지출 또는 조세감면을 수반하는 법률안을 제출하고자 하는 때에는 법률이 시행되는 연도부터 5회계연도의 재정수입 · 지출의 증감액에 관한 추계자료와 이에 상응하는 재원조달방안을 그 법률안에 첨부하여야 한다(동법 87). 또한 건전재정을 위하여 국세감면의 제한(동법 88), 추가경정예산안의 편성의 제한(동법 89) 등이 있다.

제 2 절 재정의 내용

Ⅰ. 재정권력작용

재정권력작용은 해당 작용에 의하여 발생하는 법률효과의 내용에 따라 재정하명 · 재정허가 · 재정면제 · 재정강제 및 재정벌로 나눌 수 있다.

1. 재정하명

(1) 재정하명의 의의 및 종류

재정하명(財政下命)이란 재정목적을 위하여 일반통치권에 기하여 개인에게 일정한 작위 · 부작위 · 급부 · 수인을 명하는 행정행위이다.

재정하명은 그에 의하여 과하여지는 의무의 내용에 따라 작위하명(예; 조세신고의무, 장부기재 및 비치의무, 보고제출의무 등) · 부작위하명(예; 담배 · 홍삼 등의 임의적 제조 · 판매금지) · 급부하명(예; 조세 · 물품납부 등) · 수인하명(예; 체납처분 · 장부검사를 수인할 의무)으로 나눌 수 있다.

(2) 재정하명의 형식

재정하명의 형식은 직접 법률의 규정에 의하여 행하는 것(예; 각종 세법에 의한 신고의무)과 법률의 규정에 근거한 행정처분에 의하여 행하는 것(예; 조세의 부과)이 있다. 전자의 것을 법규하명, 후자의 것을 재정처분이라 한다.

(3) 재정하명의 효과

재정하명의 효과는 그 하명을 받은 특정인에 대하여 그 하명의 내용을 이행할 공정상의 의무(재정의무)를 발생시키는 데 있다. 이 재정의무를 불이행하는 경우에는 강제집행을 하고, 의무에 위반하는 경우에는 재정벌을 과하는 것이 보통이다.

(4) 재정하명의 하자 및 그 구제

재정하명의 무효와 취소는 일반 행정행위의 경우와 같다. 하자있는 재정하명에 대한 취소는 행정쟁송절차에 의할 수 있으나, 국세의 부과・징수에 대하여는 국세기본법에 의하여 특별한 행정심판절차가 인정된다.

2. 재정허가

(1) 재정허가의 성질

재정허가란 재정상의 목적을 위하여 명한 일반적 금지를 특정한 경우에 해제하여 적법하게 그 행위를 할 수 있도록 하는 행정행위를 말한다(예; 담배수입판매의 허가, 주조업의 허가 등). 일반적 금지의 해제로 자연적 자유의 상태를 회복시켜 준다는 점에서 경찰허가와 성질상 같으나, 재정허가는 재정목적를 위한 것이라는 점에서 다르다.

(2) 재정허가의 형식

재정허가의 형식은 재정하명의 경우와는 달리 법령에 근거한 행정행위에 의하여서만 행하여지며, 그 성질상 직접 법령에 의하여 일반적인 형식으로 행하여 질 수는 없다.

(3) 재정허가의 효과

재정허가의 효과는 그 허가대상인 일반적 금지를 해제하여 적법하게 그 행위를 할 수 있도록 하는데 있다. 따라서 허가를 받아야 할 행위를 허가없이 한 경우에는 재정강제 또는 재정벌의 대상이 된다.

3. 재정면제

재정면제란 재정목적을 위하여 일반적으로 과하여진 작위 또는 급부의무를 특정한 경우에 소멸시키는 행위를 말한다. 재정면제의 형식・효과 등은 모두 재정허가의 경우와 같다.

4. 재정강제

(1) 재정강제의 의의와 종류

재정강제란 재정권에 의하여 개인의 신체 또는 재산에 실력을 가하여 재정상 필요한 상태를 실현시키는 작용으로 재정상 강제집행과 재정상 즉시강제가 있다.

(2) 재정상의 강제집행

재정상의 강제집행은 재정상의 의무불이행의 경우에 그 의무자의 신체·재산에 실력을 가하여 의무가 이행된 것과 같은 상태를 실현하는 사실행위이다. 이는 특별한 규정이 없는 한 행정대집행에 의하는데, 금전지급의무 불이행의 경우는 다음과 같다.

1) **국세징수법상의 강제징수:** 국세의 강제징수의 절차는 독촉·재산압류·매각·청산의 4단계로써 성립되고, 그 밖에 교부청구의 절차가 있다. 이들은 모두가 결합하여 1개의 효과를 완성하는 관계에 있으므로 선행위가 적법·유효하게 성립하여야 적법하게 다음의 절차를 진행시킬 수 있다.

2) **담보권실행:** 국제징수법은 조세채권의 보존수단의 하나로 일정한 경우에는 납세담보의 제공을 요구할 수 있도록 규정하고 있다.

3) **관세법상의 강제징수:** 관세법은 관세의 특수성에 비추어 특별한 강제징수절차를 규정하고 있다.

(가) 법정담보: 관세미납물품은 법률상 당연히 관세의 담보가 되며, 다른 공과금과 채권에 우선하여 관세를 징수한다(관세법 3).

(나) 특별담보: 세관장은 일정한 사유가 있는 경우에는 관세에 대한 특별담보를 제공 또는 공탁하게 할 수 있다(동법 53, 59, 108, 218). 특별담보는 금전, 국채 또는 지방채, 세관장이 인정하는 유가증권, 납세보증보험증권, 토지, 보험에 가입된 등기 또는 등록된 건물·공장재단·광업재단·선박·항공기 또는 건설기계, 세관장이 인정하는 보증인의 납세보증서 등이다(동법 24).

(다) 관세미납물품의 유치·예치: 세관장은 여행자의 휴대품 및 우리나라와 외국간을 왕래하는 운송수단에 종사하는 승무원의 휴대품으로 필요한 허가·승인·표시 또는 그 밖의 조건이 갖추어지지 아니한 것을 유치할 수 있으며, 수입할 의사가 없는 물품은 세관장에게 신고하여 일시 예치시킬 수 있다(동법 206).

(3) 재정상의 즉시강제

재정상의 즉시강제는 주로 조세·관세의 포탈이나 전매법위반을 방지하기 위하여 발동된다. 재정상 즉시강제의 수단은 다른 행정상 즉시강제의 경우와 마찬가지로 대인적 강제·대물적 강제 및 대가택강제로 나눌 수 있다.

재정상의 즉시강제를 수단으로 압수를 할 때에는 법관이 발부한 압수·수색영장이 있어야 한다.

5. 재정벌

(1) 재정벌의 의의

재정벌이란 재정상의 의무위반에 대한 제재로서 일반통치권에 의하여 과하는 벌을 말한다. 재정벌은 재정목적을 위하여 과하는 제재라는 점에서 경찰벌과 다르나 행정벌의 일종이며, 행정벌로서의 특수성을 지닌다는 점에서 같다.

(2) 재정벌의 종류

1) **포탈범:** 포탈범(逋脫犯)은 사기 기타의 부정한 방법에 의하여 재정의무를 포탈 또는 위반하여 국가나 지방자치단체에 대하여 현실적으로 재정상의 손해를 가하는 행위이다.

2) **재정질서범:** 재정질서범은 재정하명위반으로 국가 또는 지방자치단체의 재정상 손해를 미칠 우려가 있는 행위이다(예; 장부기재의 해태·허위신고 등).

(3) 재정벌의 특수성

재정벌은 재정수입확보를 위하여 재산형을 과하는 것이 보통이나, 자유형을 병과하는 경우도 있다. 과태료 및 법령에 특별한 규정이 없는 한 형법총칙이 적용된다.

(4) 재정벌의 과벌절차

재정벌의 과벌절차는 과태료의 경우는 비송사건절차법, 그 외에는 형사소송법상 재판절차에 따라 법원이 선고하여 과하는 것이 원칙이나, 전문성·기술성·신속·비용절감 등을 고려하여 간이과벌절차를 인정한다.

1) **조 사:** 세무공무원 등은 범칙사건을 조사할 수 있는 바, 조사를 위하여 필요한 때에는 범칙혐의자나 참고인을 심문·압수 또는 수색을 할 수 있다(조세범처벌절차법 8). 물론 법관의 영장을 요한다.

2) **통고처분:** 지방국세청장·세무서장·관세청장·세관장은 조세범칙행위의 확증을 얻었을 때에는 그 이유를 밝히고 벌금상당액, 몰수 또는 몰취(沒取)에 해당하는 물품, 추징금에 해당하는 금액을 납부할 것을 통고하여야 한다(동법 15, 관세법 311).

3) **고 발:** 범칙자가 15일 이내(관세는 10일)에 통고의 내용을 이행하지 않을 때에는 고발을 하여야 한다(조세범처벌절차법 17②). 또한 범칙혐의자의 거소가 분명하지 않을 때, 도주·증거인멸의 우려가 있을 때, 이행할 자력(資力)이 없을 때 등에는 통고처분을 행함이 없이 즉시고발을 행한다(동법 17①).

Ⅱ. 재정관리작용

재정관리작용이란 국가 또는 지방자치단체가 비권력적 수단으로 그의 재정의 수입·지출을 관리하는 작용을 말하며, 이를 회계라고도 한다.

재정관리작용은 그 내용에 따라서 재산의 관리와 수입·지출의 관리로 나눌 수 있는데, 전자를 물품회계라 하고, 후자를 현금회계라 한다.

제3절 회 계

Ⅰ. 개 설

1. 회계의 개념

회계(會計)란 국가 또는 지방자치단체가 그 재산 및 수입·지출을 관리하는 작용, 즉 재정관리작용을 말한다. 따라서 국가·지방자치단체의 작용이라는 점에서 사인의 재산관리 및 회계경리와 다르고, 재산·수입·지출을 관리하기 위한 작용이라는 점에서 재력의 취득을 목적으로 하는 재정권력작용과 다르며, 내부절차로서 행하여지는 비권력적 관리작용이라는 점에서 급부행정 및 조세와 다르다.

2. 회계의 종류

① 회계는 관리대상에 따라 현금회계, 채권회계, 동산회계 및 부동산회계 등으로 나눌 수 있다. 또한 ② 목적에 따라 일반회계와 특별회계로 나눌 수 있고(국가재정법 4①, 지방재정법 9①), ③ 주체에 따라 국가의 회계와 지방자치단체의 회계로 나눌 수 있다.

3. 회계법의 특색

회계는 비권력적 수단에 의하며, 그 본질은 사인의 회계경리와 다를 것이 없다. 그러나 그것이 국민의 이해에 중대한 관계가 있어서 공정하고 능률적인 회계의 확보가 필요하기 때문에 법령으로 회계경리의 준칙을 정하여 그에 따르게 하고 있다. 그리하여 다른 법에 비하여 여러가지 특색을 가지고 있다. 즉, ① 회계법은 법령의 형식을 취하는 것이 보통이나 실질적으로 행정기관의 회계처리상의 준칙을 정한 내부규율적인 것이 보통이다(**회계법의 내규성**). ② 법령에 특별한 규정이 있는 경우를 제외하고는 사법(私法)의 규정 내지 법원리가 적용된다(**회계에서의 사법적용**). ③ 회계법의 목적은 공정성 확보와 회계처리의 합리화·능률화 도모에 있으므로 매우 기술적인 특색을 지니고 있다(**회계법의 기술성**).

Ⅱ. 현금회계

1. 현금회계의 일반원칙

현금회계란 국가 또는 지방자치단체의 현금수지에 관한 예산·출납 및 결산을 총칭하는 것으로, 그 목적은 수지균형을 확보하고 그의 명백·확실을 기하여 회계의 문란을 미연에 방지하려는 데 있다. 이를 위해 현행법상 다음과 같은 원칙이 인정되고 있다

(1) 총계예산주의

총계예산주의는 세입과 세출은 모두 예산에 편입하여야 한다는 원칙(국가재정법 17)인데, 총액예산주의 또는 예산총계주의라고도 한다. 이 원칙은 국가의 모든 수입·지출을 예산에 포함함으로써 수지의 균형을 도모함과 아울러, 예산을 통하여 국회 내지 국민의 비판·감독을 쉽게 하려는 것이다.

(2) 단일예산주의

단일예산주의는 국가의 수입·지출을 하나의 회계하에서 경리하는 원칙을 말하며, 회계통일의 원칙이라고도 한다. 이 원칙은 국가재정의 내용을 전체로 명확히 하며, 재정의 부당한 팽창·문란을 방지하려는 데에 그 목적이 있다. 이에 대한 예외적인 경우로 특별회계와 추가경정예산이 있다.

(3) 기업회계의 원칙

기업회계의 원칙이란 재산의 증감 및 변동을 그 발생사실에 따라 계리하는 것을 말한다. 이 원칙은 특별회계에 의한 사업의 경영성과와 재정상태를 명백하게 하기 위한 것이다.

(4) 회계연도구분 및 독립의 원칙

회계연도구분의 원칙은 회계경리의 명확과 수지의 균형을 도모하기 위하여 국가의 수입·지출은 일정한 기간을 구분하여 그 기간을 단위로 경리하는 것(국가재정법 2)을 말하는데, 그 기간을 회계연도라고 한다. 또, 회계연도독립의 원칙이란 각 회계연도의 경비는 당해 연도의 세입으로 지변하는 것(동법 3)을 말한다. 현행법상 회계연도는 1년이며, 매년 1월 1일에 시작하여 동년 12월 31일에 종료한다(동법 2). 이 원칙에 대한 예외로 계속비·이월사용·과연도지출 등이 있다.

(5) 건전재정주의

건전재정주의란 재정수지의 건전을 도모하기 위하여, 국가의 세출은 국채 또는 차입금 이외의 세입으로서 그 재원으로 하여야 하는 원칙을 말한다(동법 86).

2. 예 산

(1) 예산의 의의

예산이란 실질적으로는 국가 또는 지방자치단체의 회계연도에 있어서의 세입·세출의 예정계

획서를 말하는 것이나, 형식적으로는 정부에 의하여 편성되어 국회의 심의・확정으로 성립된 1회계연도중의 세입・세출의 예정계산서를 말한다. 보통 예산이라 할 때는 형식적 의미로 사용된다.

(2) 예산의 종류

1) 본예산과 보정예산: 본예산(本豫算)이란 1회계연도의 모든 세입・세출을 내용으로 하여 편성된 예산을 말하며, 보정예산(補正豫算)이란 본예산 성립후에 본예산에 대하여 추가 또는 수정할 필요가 생겨 본예산을 보정하는 예산이다.

2) 확정예산과 준예산: 확정예산이란 정부가 편성하여 국회의 심의・결정을 거쳐 성립되어 1회계연도 중 통용되는 예산을 말하며, 준예산이란 회계연도가 개시될 때까지 예산안이 국회에서 심의・결정되지 아니한 경우에 국회에서 예산안이 심의・결정될 때까지 세입의 범위 안에서 전년도예산에 준하여 집행하는 예산을 말한다(헌법 54③, 국가재정법 55).

3) 일반회계예산과 특별회계예산: 일반회계예산은 일반국가활동에 관한 세입・세출을 포괄하여 편성한 예산이고, 특별회계예산은 국가에서 특정한 사업을 운영할 때, 특정한 자금을 구분하여 경리할 필요가 있을 때에 일반회계예산로부터 분리・편성된 예산이다.

(3) 예산의 내용

예산의 내용은 예산총칙・세입세출예산・계속비・명시이월비 및 국고채무부담행위로 이루어진다(국가재정법 19).

1) 예산총칙: 예산총칙은 예산을 개괄적으로 표시하는 것이다.

2) 세입세출예산: 세입세출예산(歲入歲出豫算)은 독립기관 및 중앙관서의 소관별로 구분한 후 소관내에서 일반회계・특별회계로 구분하며, 세입예산은 위의 구분에 따라 그 내용을 성질별로 관・항으로 구분하고, 세출예산은 위의 구분에 따라 그 내용을 기능별・성질별 또는 기관별로 장・관・항(章・款・項)으로 구분한다(동법 21②③).

3) 계속비: 계속비는 수년도에 걸쳐 계속 지출할 수 있는 경비로서, 당해 회계연도로부터 5년 이내까지 할 수 있다(동법 23②).

4) 명시이월비: 명시이월비(明示移越費)란 세출예산 중 경비의 성질상 연도 내에 지출을 끝내지 못할 것이 예측되어 특히 그 취지를 세입세출예산에 명시하여 국회의 승인을 얻은 것을 말한다(동법 24).

5) 국고채무부담행위: 국고채무부담행위란 법률에 의한 것과 세출예산액 또는 계속비의 총액의 범위 내의 것 이외에 국가가 채무를 부담하는 행위를 말한다.

(4) 예산의 편성과 성립

예산은 정부가 편성하여 국회에 제출하고, 국회의 심의·확정을 통하여 성립하며, 대통령이 이를 공포한다.

1) **예산안의 편성:** 예산안의 편성권은 정부가 가진다. 기획재정부장관은 국무회의의 심의를 거쳐 대통령이 승인을 얻은 다음 연도의 예산편성지침을 매년 3월 31일까지 각 중앙관서의 장에게 통보하며, 각 중앙관서의 장은 예산편성지침에 따라 매회계연도 소관에 속하는 예산요구서를 작성하여 매년 5월 31일까지 기획재정부장관에게 제출하고, 이에 의거 기획재정부장관은 예산을 편성하여 국무회의의 심의를 거쳐 대통령의 승인을 얻어야 한다(국가재정법 29, 31, 32).

2) **예산안의 국회제출:** 정부는 예산안을 회계연도개시 120일전 까지 국회에 제출하여야 한다(헌법 54②, 국가재정법 33).

3) **예산안의 심의 확정:** 국회는 회계연도개시 30일 전까지 예산을 의결하여야 한다(헌법 54). 국회는 정부의 동의없이 증액·새로운 비목을 설치할 수 없다.

4) **공 포:** 국회에서 심의·확정된 예산이 정부에 이송되면 대통령이 공포한다.

(5) 예산의 효력

1) **세입예산의 효력:** 세입예산은 단순한 세입의 예측견적에 불과하며, 그 자체로서 아무런 구속력도 가지지 아니하고, 세입은 그 예산과는 직접 관계없이 법령에 의하여 징수 또는 수납되는 것이다.

2) **세출예산의 효력:** 세출예산은 세입예산과는 달리 지출목적·지출금액 및 지출시기의 세 가지 점에서 정부에 대한 구속력을 가진다. 즉, 각 중앙관서의 장은 세출예산에 정한 목적 이외에 경비를 사용하거나 예산이 정한 각 기관간, 각 장·관·항간에 상호 이용(移用)할 수 없으며, 세출예산의 각 항에서 정한 금액의 한도 내에서만 할 수 있으며 초과지출할 수 없다. 또 세출예산의 금액은 해당 회계연도 내에 한하여 지출할 수 있는 것이 원칙이다.

(6) 예산의 집행

1) **예산의 배정:** 이는 국회의 의결에 의하여 성립된 예산을 구체적으로 집행하기 위하여 각 중앙관서별로 배정하는 것을 말하며, 예산의 배정은 기획재정부장관이 하고 감사원에 각각 통지하여야 한다(국가재정법 43).

2) **수 입:** 세입예산은 그 연도의 수입에 단순한 예측표에 지나지 아니하고 실제수입은 법령이 정하는 바에 의하여 징수 또는 수납한다. 수입기관에는 징수기관(세입징수관)과 수납기관(세납공무원)이 있는데, 전자는 수입할 금액을 결정하여 그 납부를 명령하는 기관이며, 후자는 현금을 출납하는 기관이다.

3) 지　출

(가) 지출원인행위: 지출은 지출원인행위에 따라서 행하여지는 바, 지출원인행위란 국가의 지출이 원인이 되는 계약 기타의 행위를 말하며, 각 중앙관서의 장 또는 그 위임을 받은 자가 배정된 예산의 범위 내에서 한다. 지출원인행위를 할 수 있는 권한을 가진 자를 재무관이라 한다.

(나) 지출기관: 지출기관에는 명령기관(지출관)과 집행기관이 있으며, 이들은 서로 겸임할 수 없음은 수입기관의 경우와 같다. 지출관은 재무관이 한 지출원인행위에 따라 지출을 명하는 기관이며, 집행기관은 지출관의 지출명령에 의하여 현금을 지급하는 기관이다. 집행기관은 원칙적으로 한국은행이 되나 예외적으로 전도자금출납공무원 · 조체급출납공무원 등이 있다.

(다) 지출방법: 지출은 원칙적으로 후급 · 확정급 · 직접급으로 하며, 조사 · 수표발행 · 지급의 단계로 행하여진다.

3. 결　산

결산은 1회계연도에 있어서의 세입세출예산의 집행결과를 나타내는 확정적계수이다. 각 중앙관서의 장은 매회계연도에 그 소관에 속하는 중앙관서 결산보고서를 작성하여 다음 연도 2월 말까지 기획재정부장관에게 제출하여야 하며, 기획재정부장관은 세입세출의 결산보고서에 의하여 세입세출의 결산을 작성하여 국무회의의 심의를 거쳐 대통령의 승인을 얻어야 한다(동법 58, 59). 기획재정부장관은 이를 다음 연도 4월 10일까지 감사원에 제출하여야 하며, 정부는 감사원의 검사를 거친 국가결산보고서를 다음 연도 5월 31일까지 국회에 제출하여야 한다(동법 59, 61, 헌법 99).

4. 현금회계상의 시효

공법상의 금전청구권 기타 금전의 지급을 목적으로 하는 국가의 권리 및 국가에 대한 권리로서 시효에 관하여 다른 법률에 특별한 규정이 없는 것은 5년간 행사하지 아니한 때에는 시효로 소멸한다(국가재정법 96①).

Ⅲ. 채권회계

채권회계는 국가 또는 지방자치단체가 그의 채권을 관리하는 작용을 말한다. 국가의 채권회계에 관한 일반법으로는 국가채권관리법이 있고, 지방자치단체의 채권에 관한 일반법으로서는 지방재정법(85 내지 87의2)이 있다. 여기서 채권이란 금전의 지급을 목적으로 하는 국가나 지방자치단체의 권리를 말한다. 채권관리기관으로서는 총괄기관과 관리기관이 있는 바, 총괄기관은 채권관리의 적정을 기하기 위하여 채권의 관리에 관한 제도와 사무를 정비 · 통일하고, 그 사무의 처리에 필요한 조정을 담당하는 기관으로서 기획재정부장관이 되며(국가채권관리법 5), 관리기관은 그의 소관에 속하는 채권을 관리하는 기관을 말하며, 각 중앙관서의 장이 된다(동법 5 ②).

각 중앙관서의 장은 그 소관에 속하는 채권의 관리사무를 그 소속공무원, 다른 중앙관서의 소속공무원과 지방자치단체의 장 또는 소속공무원에게 위임할 수 있다(동법 6①).

채권은 이행 · 소멸시효 또는 면제에 의하여 소멸한다.

Ⅳ. 동산회계

1. 개 설

동산회계(動産會計)는 국가 또는 지방자치단체가 그 재산 중 동산을 관리하는 작용을 말한다. 이에 관한 일반법으로 「물품관리법」과 「공유재산 및 물품관리법」이 있고, 군수품(軍需品)의 관리에 대하여는 따로 군수품관리법이 있다.

2. 물품의 의의와 분류

물품관리법의 적용을 받는 물품은 국가가 소유하는 동산 중 현금 · 유가증권(한국은행에 기물하여야 할) 및 국유재산법의 적용을 받는 동산(예; 국유부동산의 종물 · 국유의 선박 · 부표 등, 정부기업 또는 그 시설에서 사용하는 기계)을 제외한 동산과 국가가 사용하기 위하여 보관하는 동산이다(동법 2). 군수품은 군수품관리법에 의한다(동법 3).

각 중앙관서의 장은 그 소관물품을 기관별 · 사업별 및 성질별로 분류하여 효율적이고 적정하게 관리하여야 하고(동법 5), 해당 관서와 그 소속 기관에서만 사용하는 주요 물품에 관하여 그 표준을 정하여야 한다(동법 6).

3. 물품관리

(1) 물품관리기관

1) **총괄기관:** 기획재정부장관은 물품관리사무를 총괄하며, 조달청장은 각 중앙관서의 장이 행하는 물품관리의 총괄조정에 관한 사항을 관장한다(동법 7①②).

2) **명령기관:** 각 중앙관서의 장은 그 소관에 속하는 물품을 관리하며, 그 소속공무원 또는 다른 중앙관서 소속공무원에게 그 사무를 위임할 수 있다(동법 8, 9①), 이 공무원을 물품관리관이라 한다.

3) **집행기관:** 물품출납공무원과 물품운용관이 있는 바, 전자는 물품관리관으로부터 물품에 관한 출납 · 보관사무를 위임받은 자이고, 후자는 물품사용에 관한 사무를 위임받은 자이다.

(2) 물품의 관리

1) **물품수급관리계획:** 각 중앙관서의 장은 조달청장이 매년 기획재정부장관의 승인을 얻

어 정한 물품수급관리계획작성지침에 따라 매년 그 소관에 속하는 물품의 취득·보관·사용 및 처분에 관한 계획을 수립하여 그 계획에 따라 물품을 관리하여야 한다(동법 15).

2) **물품의 취득:** 물품관리관은 물품수급관리계획에 정하여진 물품에 대하여는 그 계획의 범위에서, 그 밖의 물품에 대하여는 필요할 때마다 계약담당공무원에게 물품의 취득에 관한 필요한 조치를 할 것을 청구하여야 한다(동법 28①). 중앙관서의 장 또는 그 위임을 받은 공무원이 지명하는 관계 공무원이나 기술자의 검수를 받지 아니하고는 취득할 수 없다(동조③).

3) **물품의 보관:** 물품은 항상 사용하거나 처분할 수 있도록 선량한 관리자의 주의로써 국가의 시설에 보관하여야 하며(동법 30), 물품관리관은 물품을 출납하게 하려면 물품출납공무원에게 출납하여야 할 물품의 분류를 명백히 하여 그 출납을 명하여야 한다(동법 31).

4) **물품의 사용:** 물품관리관은 물품사용을 위해 출납명령을 한 때에는 그 사용 목적을 명백히 하여 그 사실을 물품운용관에게 알려야 한다(동법 33). 물품운용관은 사용 중인 물품 중 사용할 필요가 없거나 사용할 수 없는 물품 또는 수선이나 개조가 필요한 물품이 있다고 인정하면 그 사실을 물품관리관에게 보고하고, 물품관리관이 이를 인정하면 그 물품의 반납을 명하여야 한다(동법 34①②).

5) **물품의 처분:** 물품관리관은 소관 물품 중 사용할 필요가 없거나 사용할 수 없는 물품이 있으면 그 물품에 대하여 불용의 결정을 하여야 한다(동법 35①). 물품은 매각을 목적으로 한 물품이거나 불용품이 아니면 매각할 수 없고(동법 36①), 대부를 목적으로 한 물품이거나 대부하여도 국가의 사업 또는 사무에 지장이 없다고 인정되는 물품이 아니면 대부할 수 없다(동법 41①).

V. 부동산회계

1. 개 설

부동산회계란 국가 또는 지방자치단체가 그의 부동산을 관리하는 작용을 말하며, 이에 관한 일반법으로 국유재산법이 있다. 국유재산의 관리와 처분에 대하여는 다른 법률에 특히 규정한 것을 제외하고는 동법이 정하는 바에 의한다(동법 4). 국유재산법에 대한 특별법으로는 문화재보호법, 하천법, 도로법, 산림기본법, 재외공관용재산의취득관리등에관한특례법 등이 있다.

2. 국유재산의 의의 및 종류

국유재산법의 적용대상인 국유재산이란 국가의 부담, 기부채납이나 법령 또는 조약에 따라 국가 소유로 된 제5조 제1항 각 호의 재산을 말한다(동법 2). 국유재산은 그 실체에 따라 부동산·동산 및 무체재산권으로 나눌 수 있고, 그 용도에 따라 행정재산과 일반재산으로 나눌 수 있다.

3. 국유재산의 관리 · 처분

(1) 총괄청

총괄청이란 국유재산에 관한 제도를 정비하고 관리 · 처분 사무의 통일과 그 현황을 명백히 하며 필요한 조정을 할 수 있는 기관을 말하는데, 기획재정부장관이 이를 담당한다.

(2) 국유재산의 취득

1) 소유자 없는 부동산 취득: 총괄청이나 중앙관서의 장은 소유자 없는 부동산을 국유재산으로 취득한다(국유재산법 12①).

2) 기부채납: 기부채납이란 국가 외의 자가 재산의 소유권을 무상으로 국가에 이전하여 국가가 이를 취득하는 것을 말한다. 총괄청이나 중앙관서의 장은 국가에 기부하려는 재산을 대통령령으로 정하는 바에 따라 받을 수 있다(동법 13①).

4. 행정재산의 관리 · 처분

(1) 행정재산의 의의와 종류

행정재산이란 국가 또는 공공단체가 직접 행정목적을 위해 공용하는 재산을 말한다. 행정재산에는 국가가 직접 사무용 등으로 사용하는 공용재산, 국가가 직접 공공용으로 사용하는 공공용재산, 정부기업이 직접 사업용 등으로 사용하는 기업용재산 및 국가가 보존하는 재산인 보존용재산이 있다(동법 6②).

(2) 처분제한

행정재산은 원칙적으로 처분하지 못한다(동법 27①). 행정재산은 사권설정을 못하며(동법 11②), 시효취득의 대상이 아니다(동법 7②). 중앙관서의 장은 소관 국유재산의 관리 · 처분 업무를 효율적으로 수행하기 위하여 국유재산책임관으로 임명하여야 하며(동법 27의2①), 소관 행정재산의 관리사무를 소속 공무원에게 위임하거나 국가기관 이외의 자에게 위탁할 수 있다(동법 28, 29).

(3) 사용허가

중앙관서의 장은 그 용도나 목적에 장애가 되지 아니하는 범위에서만 행정재산의 사용허가를 할 수 있다(동법 30①). 사용허가는 일반경쟁에 부쳐야 하며, 사용허가에 대해 사용료를 징수한다(동법 31, 32). 사용허가기간은 5년 이내로 하고, 사용허가기간이 끝난 경우에 5년의 범위에서 갱신할 수 있다(동법 35①②). 부정한 방법으로 사용허가를 받은 경우나 다른 사람에게 사용 · 수익하게 한 경우 및 사용료 미납 등의 경우에는 허가의 취소 · 철회를 할 수 있으며(동법 36①), 허가기간이 끝나거나 사용허가가 취소 · 철회된 경우에는 원상회복을 하여야 한다(동법 38).

5. 일반재산의 관리 · 처분

(1) 처분 등

일반재산은 행정재산 외의 모든 국유재산을 말한다. 일반재산은 대부 또는 처분할 수 있으며(동법 41①), 처분계약을 체결할 경우에는 일반경쟁에 부쳐야 한다(동법 43①). 총괄청은 일반재산의 관리 · 처분 사무를 소속 공무원, 중앙관서의 장, 지방자치단체의 장 또는 그 소속공무원에게 위임하거나 정부출자기업체 등에게 위탁할 수 있다(동법 42①).

(2) 대부 · 매각 등

일반재산은 법정기간의 범위에서 대부 및 갱신할 수 있으며, 이 경우 대부료를 받는다(동법 46, 47). 일반재산은 행정재산의 사용승인이나 법률에 따라 그 처분이 제한된 경우 등 외에는 매각할 수 있다(동법 48①). 국가가 직접 행정재산으로 사용하기 위하여 필요한 경우 등 일정한 경우에는 일반재산을 교환할 수 있으며(동법 54), 지방자치단체에 양여할 수 있다(동법 55). 또한 국유재산관리기금의 운용계획에 따라 국유재산관리기금의 재원으로 개발(건축 · 대수선 · 리모델링 등)하거나 개발하여 대부 · 분양할 수 있다(동법 57).

6. 국유재산법 위반에 대한 제재 및 구제

(1) 변상금 및 연체료 등의 징수

중앙관서의 장등은 무단점유자에 대하여 대통령령으로 정하는 바에 따라 그 재산에 대한 사용료나 대부료의 100분의 120에 상당하는 변상금을 징수한다(동법 72①). 중앙관서의 장등은 국유재산의 사용료, 관리소홀에 따른 가산금, 대부료, 매각대금, 교환자금 및 변상금이 납부기한까지 납부되지 아니한 경우 대통령령으로 정하는 바에 따라 연체료를 징수할 수 있다(동법 73①). 위 금액을 납부기한까지 납부되지 아니한 경우에는 「국세징수법」 제10조와 같은 법의 체납처분에 관한 규정을 준용하여 징수할 수 있다(동조②).

(2) 과오납금 및 반환가산금

국가는 과오납된 국유재산의 사용료, 대부료, 매각대금 또는 변상금을 반환하는 경우에는 과오납된 날의 다음 날부터 반환하는 날까지의 기간에 대하여 대통령령으로 정하는 이자를 가산하여 반환한다(동법 75).

[판 례] 일반재산의 대부료 등 징수는 조세 체납처분의 예에 따름

"공유 일반재산의 대부료와 연체료를 납부기한까지 내지 아니한 경우에도 공유재산 및 물품 관리법 제97조 제2항에 의하여 지방세 체납처분의 예에 따라 이를 징수할 수 있다. 이와 같이 공유 일반재산의 대부료의 징수에 관하여도 지방세 체납처분의 예에 따른 간이하고 경제적인 특별한 구제절차가 마련되어 있으므로, 특별한 사정이 없는 한 민사소송으로 공유 일반재산의 대부료의 지급을 구하는 것은 허용되지 아니한다."(대판 2017.4.13. 2013다207941; 대판 2014.9.4. 2014다203588 등)

제4절 조 세

Ⅰ. 조세의 개념과 종류

1. 조세의 개념

조세(租稅)란 국가 또는 지방자치단체가 그의 재력의 취득을 위하여 과세권에 의하여 일반 국민에게 부과·징수하는 금전부담이다.

(1) 과세주체는 국가 또는 지방자치단체에 한한다

조세의 부과·징수의 주체는 국가 또는 지방자치단체에 한한다. 따라서 그 이외의 공공단체 등에 의하여 과징되는 금전적 부담으로서 조세와 비슷한 것(예; 농지개량조합이 그의 조합원으로부터 부과·징수하는 조합비 등)이 있더라도 조세는 아니다.

(2) 재력취득(일반적 수입)을 직접 목적으로 한다

조세는 일반적 수입을 목적으로 하는 점에서 처벌을 목적으로 하는 벌금·과료·과태료와 구별되고, 특정한 사업목적을 위하여 과징되는 분담금·부담금 등과 다르다.

(3) 보상적 성질을 가지는 것이 아니다(비보상성)

조세는 오로지 국가 또는 지방자치단체의 경비충당을 위하여 과징되는 것이지 반대급부적·개별보상적인 의미를 가지는 것은 아니다. 따라서 조세는 국가 또는 지방자치단체가 국민이나 주민에게 제공한 특정한 급부에 대한 반대급부로 징수하는 사용료·수수료 등과 구별된다.

(4) 강제적 금전급부의무이다

조세는 국가의 일반통치권에 의거하여 강제적으로 과징한다는 점에서 법률관계내부에서의 수입인 공공조합의 조합비 등과 구별되고, 비권력적 수입인 공익사업수입 및 재산수입 등과 다르다.

(5) 금전부담을 내용으로 한다

조세는 금전으로 납부하여야 함이 원칙이나, 예외적으로 물납(物納)이 허용되는 경우(예; 상속세의 물납)도 있다. 그러나 이 경우에도 그 물건의 금전적 가액의 급부를 목적으로 하는 것이며, 물건 그 자체의 급부를 목적으로 하는 것은 아니다.

2. 조세의 종류

(1) 과세주체에 의한 분류

국세와 지방세가 있는 바, 전자는 국가가 부과·징수하는 조세이고, 후자는 지방자치단체가 부과·징수하는 조세이다.

- 국 세
  - 수익세 : 소득세 · 법인세 · 교육세 · 농어촌특별세
  - 재산세 : 상속세 · 증여세 · 종합부동산세
  - 거래세 : 부가가치세(영업세 · 물품세 · 전기가스세 · 유흥음식세 등) · 인지세 · 증권거래세
  - 소비세 : 개별소비세 · 주세 · 관세
- 지방세
  - 도세
    - 보통세 : 취득세 · 등록면허세 · 레저세 · 지방소비세
    - 목적세 : 지방자원시설세 · 지방교육세
  - 서울특별시세 · 광역시세
    - 보통세 : 취득세 · 레저세 · 담배소비세 · 지방소비세 · 주민세 · 지방소득세 · 자동차세
    - 목적세 : 지방자원시설세 · 지방교육세
  - 특별자치시세 · 광역시세
    - 보통세 : 취득세 · 등록면허세 · 레저세 · 담배소비세 · 지방소비세 · 주민세 · 지방소득세 · 재산세 · 자동차세
    - 목적세 : 지역자원시설세 · 지방교육세
  - 시 · 군세 — 담배소비세 · 주민세 · 지방소득세 · 재산세 · 자동차세
  - 구세 등 — 등록면허세 · 재산세

(2) 납세의무자와 사실상의 조세부담자와의 관계에 의한 분류

1) **직접세:** 직접세란 법률상의 납세의무자와 사실상의 조세부담자가 동일한 것을 말한다(예; 소득세 · 법인세 · 상속세 등).

2) **간접세:** 간접세란 납세의무자와 사실상의 조세부담자가 다르며, 납세의무자가 그 조세부담을 사실상 타인에게 전가할 것을 예상한 조세를 말한다(예; 주세 · 부가가치세 · 인지세 등).

(3) 과세물건의 성질에 의한 분류

1) **수익세:** 수익세는 소득 기타의 수익을 과세물건으로 하는 조세이다(예; 소득세 · 법인세 등).

2) **재산세:** 재산세는 일정한 재산을 과세물건으로 하는 조세이다(예; 상속세 · 증여세 등).

3) **거래세:** 거래세는 경제상의 거래에 의하여 추측되는 담세력을 과세물건으로 하는 조세이다(예; 부가가치세 · 인지세 등).

4) **소비세:** 소비세는 특정한 소비 또는 금전지출에 의하여 표시되는 소비자의 담세력을 과세물건으로 하는 조세이다(예; 개별소비세 · 주세 등).

(4) 과세물건의 종류에 의한 분류

1) **인 세:** 인세는 특정인의 생존 · 주거 · 소득 등에 과하는 조세이다(예; 소득세 · 주민세 등).

2) **물 세:** 물세는 특정물건의 소유 · 취득 · 제조 · 매매 · 수입 또는 물건으로부터 생기는 수익에 대하여 과하는 조세이다(예; 주세 등).

3) **행위세**: 행위세는 직접 물건을 목적으로 하지 아니하는 법률적 · 사실적 행위에 대하여 과하는 조세이다(예; 부가가치세 · 인지세 등).

(5) 조세수입의 용도에 의한 분류

1) **보통세**: 보통세는 국가 또는 지방자치단체의 일반경비에 충당하기 위한 조세이다.

2) **목적세**: 목적세는 특정한 목적을 달성하기 위한 경비에 충당하기 위한 조세이다(예; 지방자원시설세 등).

(6) 조세수입의 시기에 의한 분류

1) **경상세(정기세)**: 경상세는 매년 정기적으로 부과 · 징수한 조세로서, 국가 또는 지방자치단체의 경상수입이 되는 조세이다(예; 소득세 · 부가가치세 · 법인세 등).

2) **임시세(수시세)**: 임시세는 특수한 사정에 따라 일시적으로 부과 · 징수하는 것으로서 임시수입이 되는 조세이다(예; 상속세 · 개별소비세 · 인지세 등).

Ⅱ. 조세법의 기본원칙

1. 형식면에서 본 기본원칙

(1) 조세법률주의

조세법률주의는 조세를 부과 · 징수함에는 법률이란 형식으로 국회의 의결이 필요하다는 원칙으로, 헌법에서 선언하고 있다(헌법 59). 법률로 정할 사항은 조세의 종목과 세율에 한하지 않고 과세대상 · 과세표준 · 납세의무자 · 세율 등 조세의 부과 · 징수에 대한 모든 구체적인 사항이다(판례). 다만, 지방세를 조례로 정하는 경우와 관세율을 조약에 의하는 경우 등의 특례가 있다.

[판 례] 조세법률주의의 의미와 위임요건

"조세법률주의는 조세행정에 있어서의 법치주의를 말하는 것인바, 오늘날의 법치주의는 국민의 권리 · 의무에 관한 사항을 법률로써 정해야 한다는 형식적 법치주의에 그치는 것이 아니라 그 법률의 목적과 내용 또한 기본권 보장의 헌법이념에 부합되어야 한다는 실질적 적법절차를 요구하는 법치주의를 의미하며, 헌법 제38조, 제59조가 선언하는 **조세법률주의도 이러한 실질적 적법절차가 지배하는 법치주의를 뜻하므로, 비록 과세요건이 법률로 명확히 정해진 것일지라도 그것만으로 충분한 것은 아니고 조세법의 목적이나 내용이 기본권 보장의 헌법이념과 이를 뒷받침하는 헌법상 요구되는 제원칙에 합치되어야 하고, 이에 어긋나는 조세법 규정은 헌법에 위반되는 것이다.**"(헌재 1998.2.27. 95헌바5, 구소득세법제70조제8항중괄호부분위헌소원)

"헌법 제38조, 제59조에서 채택하고 있는 조세법률주의의 원칙은 과세요건과 징수절차 등 조세권 행사의 요건과 절차는 국민의 대표기관인 국회가 제정한 법률로써 규정하여야 한다는 것이나, 과세요건과 과세절차에 관한 사항을 명령 · 규칙 등 하위법령에 위임하여 규정하게 할 수 없는 것은 아니고, 이러한 사항을 하위명령에 위임하여 규정하게 하는 경우 **구체적 · 개별적 위임만이 허용되며 포괄적 백지위임은 허용되지 아니하고(과세요건법정주의)**, 이러한 **법률 또는 그 위임에 따른 명령 · 규칙의 규정은 일의적이고 명확하여야 한다(과세요건명확주의)**는 것이다."(대판 1994.9.30. 94부18)

"**조세법률주의 원칙은 과세요건 등 국민의 납세의무에 관한 사항을 국민의 대표기관인 국회가 제정한 법률로써 규정하여야 하고, 법률을 집행하는 경우에도 이를 엄격하게 해석·적용하여야 하며, 행정편의적인 확장해석이나 유추적용을 허용하지 아니함을 뜻한다.** 그러므로 법률의 위임 없이 명령 또는 규칙 등의 행정입법으로 과세요건 등에 관한 사항을 규정하거나 법률에 규정된 내용을 함부로 유추·확장하는 내용의 해석규정을 마련하는 것은 조세법률주의 원칙에 위배된다."(대판 2017.4.20. 2015두45700)

(2) 영구세주의

조세법률주의를 취하는 경우에는, 관계 법률의 개폐가 없으면 해당 법률에 의하여 계속하여 과세할 수 있는 것을 원칙으로 하는 영구세주의와, 1년마다 의회의 의결을 얻은 예산법에 의하여 과세하는 일년세주의가 있는데, 우리나라는 전자, 즉 영구세주의를 취하고 있다.

2. 실질면에서 본 기본원칙

(1) 공평부담의 원칙

조세법은 전체로서 담세력에 부응하는 공평한 부담을 실현할 수 있는 내용의 것이어야 한다.

(2) 수입확보의 원칙

조세법의 가장 중요한 목적의 하나는 국가 및 지방자치단체의 존립과 활동에 필요한 재력의 취득을 도모하는데 있다. 이를 위해 국가 및 지방자치단체에 대하여 강력한 권한(조세의 부과권·강제징수권 등)을 인정하고, 그에 대한 국민의 협력을 요구하고 있는 것이다.

(3) 능률주의

조세법은 최소의 경비로 능률적으로 간이·신속하게 조세수입을 확보함을 목적으로 한다. 신고제도·원천징수 등의 제도는 곧 능률주의의 요구에 의한 것이라고 할 수 있다.

3. 부과기술면에서 본 기본원칙

(1) 실질과세의 원칙

이 원칙은 과세물건의 명목상의 귀속 여하에 관계없이 사실상 과세물건이 귀속된 자를 납세의무자로 하여 조세를 부과하는 제도를 말하며, 명목과세의 원칙에 대한 개념이다. 국세기본법은 실질과세의 원칙을 취함(동법 14)으로써 사실상의 담세력에 따라 과세하는 공평부담제를 채택하고 있다.

[판 례] 실질과세의 원칙의 요건

"국세기본법 제14조 제1항에서 규정하는 실질과세의 원칙은 소득이나 수익, 재산, 거래 등의 과세대상에 관하여 그 귀속 명의와 달리 실질적으로 귀속되는 자가 따로 있는 경우에는 형식이나 외관을 이유로 그 귀속 명의자를 납세의무자로 삼을 것이 아니라 실질적으로 귀속되는 자를 납세의무자로 삼겠다는 것이므로, **재산의 귀속 명의자는 이를 지배·관리할 능력이 없고, 그 명의자에 대한 지배권 등을 통하여 실질적으로 이를 지배·관리하는 자가 따로 있으며, 그와 같은 명의와 실질의 괴리가 조세를 회피할 목적에서 비롯된 경우에는, 재산에 관한 소득은 그 재산을 실질적으로 지배·관리하는 자에게 귀속된 것으로 보아 그를 납세의무자로 삼아야 한다.** 이러한 원칙은

> 법률과 같은 효력을 가지는 조세조약의 해석과 적용에서도 이를 배제하는 특별한 규정이 없는 한 그대로 적용된다."(대판 2017.12.28. 2017두59253, 법인세원천징수처분등취소)

(2) 신의성실의 원칙

1) **의의 및 근거:** 국세기본법 제15조는 "납세자가 그 의무를 이행할 때에는 신의에 따라 성실히 하여야 한다. 세무공무원이 직무를 수행할 때에도 또한 같다"고 규정하여, 소위 신의성실원칙(신뢰보호원칙)을 선언하고 있다. 이러한 신의성실의 원칙은 조세법에 있어서 과세관청이 과세권행사에 있어서 과세처분 등에 대한 어떤 언동이 있고 납세자가 이 언동을 믿고 특정한 행위나 계산을 한 경우 과세관청이 당초의 언동을 번복하여 과세함으로써 불측의 손해를 끼쳐서는 아니 된다는 것을 말한다.

2) **요 건:** 과세관청의 행위에 대하여 신의성실의 원칙이 적용되기 위하여는, ① 과세관청이 납세자에게 신뢰의 대상이 되는 공적인 견해 표명을 하여야 하고, ② 납세자가 과세관청의 견해 표명이 정당하다고 신뢰한 데 대하여 납세자에게 귀책사유가 없어야 하며, ③ 납세자가 그 견해 표명을 신뢰하고 이에 따라 무엇인가 행위를 하여야 하고, ④ 과세관청이 위 견해 표명에 반하는 처분을 함으로써 납세자의 이익이 침해되는 결과가 초래되어야 한다(대판 2003.9.5. 2001두403; 대판 2002.3.29. 99두1861 등).

[판 례] 신의성실의 원칙의 적용요건

> "조세법률관계에 있어서 신의성실의 원칙이나 신뢰보호의 원칙 또는 비과세 관행 존중의 원칙은 합법성의 원칙을 희생하여서라도 납세자의 신뢰를 보호함이 정의에 부합하는 것으로 인정되는 특별한 사정이 있을 경우에 한하여 적용되는 예외적인 법 원칙이다(대법원 2004. 7. 22. 선고 2002두11233 판결 등 참조). 그러므로 과세관청의 행위에 대하여 **신의성실의 원칙 또는 신뢰보호의 원칙을 적용하기 위해서는, 과세관청이 공적인 견해표명 등을 통하여 부여한 신뢰가 평균적인 납세자로 하여금 합리적이고 정당한 기대를 가지게 할 만한 것이어야 한다.** 비록 과세관청이 질의회신 등을 통하여 어떤 견해를 표명하였다고 하더라도 그것이 중요한 사실관계와 법적인 쟁점을 제대로 드러내지 아니한 채 질의한 데 따른 것이라면 공적인 견해표명에 의하여 정당한 기대를 가지게 할 만한 신뢰가 부여된 경우라고 볼 수 없다."(대판 2013.12.26. 2011두5940 등록세등부과처분취소)

(3) 근거과세의 원칙

이 원칙은 과세기준의 조사·결정은 원칙적으로 납세의무자가 세법에 의하여 작성·비치한 장부와 이에 관계되는 증거자료에 의하여야 하는 제도를 말하며, 인정과세에 대한 개념이다(국세기본법 16①). 이는 과세의 객관적 공정을 도모하기 위한 것이다.

(4) 소급과세금지의 원칙

1) **의의 및 근거:** 국세를 납부할 의무가 성립한 소득·수익·재산·행위 또는 거래에 대하여는 그 성립 후의 새로운 세법에 의하여 소급하여 과세하지 아니한다(동법 18②). 즉, 소급과세금지원칙이라 함은 조세법령의 제정 또는 개정이나 과세관청의 법령에 대한 해석 또는 처리지침 등의 변경이 있는 경우, 그 효력 발생 전에 종결한 과세요건사실에 대하여 해당 법령을 적용할

수 없다는 것을 말한다. 이러한 소급과세금지의 원칙은 과세를 소급적으로 부과할 수 없도록 함으로써 조세행정에 있어서 법적 안정성과 예측가능성의 확보라는 법치국가원리의 요청에 기인한 것이다.

2) 요 건: 소급과세금지의 원칙이 성립하기 위해서는, ① 조세법령의 제정 또는 개정이나 과세관청의 법령에 대한 해석 또는 처리지침 등의 변경이 있어야 한다. 여기서 법령이란 법률 등 기속력이 있는 법규범을 말하고, 법령에 대한 해석 또는 처리지침은 적법한 것을 말한다고 할 것이므로 과세관청이 과거의 잘못된 해석 또는 관행을 시정하여 장래에 향하여 과세하는 것은 합법성의 원칙상 당연히 허용된다고 할 것이다. ② 소급과세금지의 대상인 과세요건사실은 새로이 제정 또는 개정된 법령의 효력이 발생되기 전에 종결된 것이라야 한다. 따라서 아직 완성되지 아니하고 현재 진행 중인 과세요건사실에 적용하는 부진정소급효는 원칙적으로 허용될 수 있다고 할 것인데, 이 경우에는 경과규정을 부칙에 두는 것이 보통이다.

[판 례] 소급과세금지의 원칙의 의미

"**소급과세금지의 원칙**이란 조세법령의 제정 또는 개정이나 과세관청의 법령에 대한 해석 또는 처리지침의 변경이 있은 경우 그 효력 발생 전에 종결한 과세요건사실에 대하여 당해 법령 등을 적용할 수 없다는 것이지, 이전부터 계속되어 오던 사실이나 그 이후에 발생한 과세요건사실에 대하여 새로운 법령 등을 적용하는 것을 제한하는 것은 아니다."(대판 1996.10.29. 96누9423 등)

(5) 비과세관행의 원칙

1) 의의 및 근거: 세법의 해석 또는 국세행정의 관행이 일반적으로 납세자에게 받아들여진 후에는 그 해석이나 관행에 의한 행위 또는 계산은 정당한 것으로 본다(동법 18③). 이러한 비과세관행(조세관행존중)의 원칙은 합법성의 원칙을 희생하여서라도 납세자의 신뢰를 보호함이 정의에 부합하는 것으로 인정되는 특별한 사정이 있을 경우에 한하여 적용된다고 할 것이다. 납세자에게 받아들여진 세법의 해석 또는 국세행정의 관행이란 비록 잘못된 해석 또는 관행이라도 특정납세자가 아닌 불특정한 일반납세자에게 정당한 것으로 이의 없이 받아들여져 납세자가 그와 같은 해석 또는 관행을 신뢰하는 것이 무리가 아니라고 인정될 정도에 이른 것을 말한다.

2) 요 건: 이 원칙은 신의성실의 원칙의 예시적 특별규정이라 할 것이므로 신의칙의 일반적 적용요건 외에 다음과 같은 특별한 적용요건이 필요하다.

(가) 상당한 기간에 걸쳐 과세를 하지 아니한 객관적 사실의 존재: 이는 조세행정에 관한 관행을 의미하는 것으로, 상당한 기간이란 장기간 계속적으로 일정한 행위가 반복된 것을 말하고, 객관적 사실이란 특정인만이 아니라 불특정 다수인 사이에 존재하는 관행을 의미한다.

(나) 과세관청의 과세요건사실의 인식: 과세관청 자신이 그 사항에 관하여 과세할 수 있음을 알면서도 어떤 특별한 사정 때문에 과세하지 않는다는 의사가 있어야 한다. 불과세의사는 단순한 견해표명이 아니라 명시적 또는 묵시적 의사표시를 의미하고, 묵시적 표시가 있다고

하기 위하여는 단순한 과세누락과는 달리 과세관청이 상당기간의 불과세 상태에 대하여 과세하지 않겠다는 의사표시를 한 것으로 볼 수 있는 사정이 있어야 한다(판례).

(다) 세법의 해석 또는 국세행정의 관행의 일반성: 과세관청의 세법의 해석 또는 국세행정의 관행이 외관상 행위규범으로 일반적으로 납세자에게 받아들여져야 한다. 따라서 과세관청의 세법해석에 관한 대외적 표시행위가 있어야 하고, 그 대외적 표시는 불특정 다수인의 일반 납세자가 알 수 있는 상태에 있어야 한다. 여기서 일반적으로 납세자에게 받아들여진 것이라 함은 불특정한 일반납세자에게 그와 같은 해석 또는 관행이 이의 없이 받아들여지고 납세자가 그 해석 또는 관행을 신뢰하는 것이 무리가 아니라고 인정될 정도에 이른 것을 말한다.

[판 례] 비과세관행의 성립요건

"국세기본법 제18조 제3항이 규정하고 있는 '일반적으로 납세자에게 받아들여진 세법의 해석 또는 국세행정의 관행'이란 비록 잘못된 해석 또는 관행이라도 특정납세자가 아닌 불특정한 일반납세자에게 정당한 것으로 이의 없이 받아들여져 납세자가 그와 같은 해석 또는 관행을 신뢰하는 것이 무리가 아니라고 인정될 정도에 이른 것을 말하고, 그와 같은 **비과세관행이 성립하려면, 상당한 기간에 걸쳐 과세하지 아니한 객관적 사실이 존재할 뿐만 아니라, 과세관청 자신이 그 사항에 관하여 과세할 수 있음을 알면서도 어떤 특별한 사정 때문에 과세하지 않는다는 의사가 있어야** 하므로, 위와 같은 공적 견해의 표시는 비과세의 사실상태가 장기간에 걸쳐 계속되는 경우에 그것이 그 사항에 대하여 **과세의 대상으로 삼지 아니하는 뜻의 과세관청의 묵시적인 의향의 표시로 볼 수 있는 경우** 등에도 이를 인정할 수 있다."(대판 2009.12.24. 2008두15350, 사업소세부과처분취소 등)

Ⅲ. 조세의 부과

1. 과세권자

조세를 부과・징수할 수 있는 권한을 가진 자를 과세권자라 한다. 국세의 과세권자는 지방국세청장・세무서장・세관장 등이다. 국세의 과세표준과 세액의 결정 또는 경정결정은 그 처분 당시 그 국세의 납세지를 관할하는 세무서장이 한다(국세기본법 44).

지방세의 과세권자는 지방자치단체와 지방자치단체의 장으로부터 과세권의 위임을 받은 공무원(지방세기본법 4, 6)이다.

2. 과세요건

조세를 부과할 수 있는 요건을 과세요건이라 한다. 과세요건은 납세의무자(인적 과세요건), 과세물건, 과세표준 및 세율(이상 물적 과세요건)로 이루어진다.

(1) 납세의무자

납세의무자란 국가 또는 지방자치단체에 대하여 조세금액을 납부할 법률상의 의무를 지는 자를 말한다. 납세의무자와 실제상 조세부담자는 간접세에서와 같이 반드시 일치하지는 않는다. 납세의무는 금전급부라는 대체적 작위의무인 까닭에 원칙적으로 의무자의 일신에 전속하지 아니하고 법인합병·사망 등에 의하여 승계될 수 있다(국세기본법 23, 24).

(2) 과세물건

과세물건이란 조세관계법률에 의하여 과세의 목적물로 정하여진 것, 즉 조세부과의 대상이 되는 것을 말한다. 과세물건은 개인의 담세력을 직접 나타내는 소득(직접세인 경우), 또는 간접으로 담세력을 추측할 수 있는 물건·행위 또는 사실(간접세인 경우)로써 정하여지는 것이 보통인 바, 과세물건으로서 들 수 있는 것은 소득·재산·경제적 거래행위 및 소비행위이다. 과세물건을 정함에 있어서는 동일한 과세물건에 대한 이중과세를 피해야 한다.

(3) 과세표준

과세표준(課稅標準)이란 과세금액결정의 기준이 되는 과세물건의 수량 또는 가액을 말한다. 그러므로 과세물건을 과세요건중의 추상적인 물적 요소라고 할 수 있다. 과세표준의 결정시기는 경상세와 수시세에 따라 다른 바, 수시세에 있어서는 과세물건이 생길 때마다 수시로 행하여지며, 경상세의 경우에는 특별한 사유가 없는 한 매년 일정한 시기에 행하게 된다.

(4) 세 율

세율(稅率)이란 과세표준에 대한 세액의 비율을 말하며, 과세표준에 따른 일정한 금액으로 정하여지는 경우(법정세 및 종량세의 경우)와, 백분비 또는 천분비로 정하는 경우(종가세의 경우)가 있다. 세율에는 그것을 정하는 방법에 따라 비례세율과 누진세율이 있다. 전자는 과세표준이 되는 수량·가액의 다과를 막론하고 동일한 세율이 적용되는 것을 말하며(예; 주세), 후자는 수량·가액의 증가에 따라 단순히 고율의 세율이 적용되는 단순누진세율(상속세 등)과 과세표준을 몇 단계로 나누어 각 단계마다 높은 누진세율을 적용하는 초과누진세율(소득세)이 있다.

3. 세무조사

(1) 의 의

세무조사는 국가의 과세권실현을 위하여 세무관서가 과세자료의 수집 또는 신고내용의 정확성을 검증하는 것을 말하며, 행정조사의 일종이다. 세무조사는 세금탈루를 막고 납세자의 성실한 신고를 담보하는 중요한 기능을 수행한다.

(2) 세무조사 관할 및 대상자 선정

1) 관 할: 납세지 관할 세무서장 또는 지방국세청장이 수행한다(국세기본법 81의6①). 세무조사결정은 세무공무원의 과세자료 수집을 위한 질문에 대답하고 검사를 수인하여야 하는 등 납세의무자의 권리·의무에 직접 영향을 미치는 공권력의 행사에 따른 행정작용으로서 항고소송의 대상이 된다(대판 2011.03.10. 2009두23617,23624).

2) 정기선정: 이는 정기적으로 신고의 적정성을 검증하기 위하여 대상을 선정하는 것으로,

① 불성실혐의가 있다고 인정되는 경우, ② 최근 4과세기간 이상 같은 세목의 세무조사를 받지 아니하고 대통령령으로 정하는 바에 따라 검증할 필요가 있는 경우, ③ 무작위추출방식으로 표본조사를 하려는 경우 등이다(동조②).

3) 수시선정: ① 납세자가 세법에서 정한 신고 등의 납세협력의무를 불이행, ② 무자료거래, 위장·가공거래 등 거래 내용이 사실과 다른 혐의가 있는 경우, ③ 납세자에 대한 구체적인 탈세 제보가 있는 경우, ④ 신고 내용에 탈루나 오류의 혐의를 인정할 만한 명백한 자료가 있는 경우, ⑤ 납세자가 세무공무원에게 직무와 관련하여 금품을 제공하거나 금품제공을 알선한 경우 등은 수시로 세무조사를 할 수 있다(동조③).

(3) 세무조사권 남용금지

세무공무원은 적정하고 공평한 과세를 실현하기 위하여 필요한 최소한의 범위에서 세무조사를 하여야 하며, 다른 목적 등을 위하여 조사권을 남용해서는 아니 된다(동법 81조의4①). 세무공무원은 조세탈루의 혐의를 인정할 만한 명백한 자료가 있는 경우, 거래상대방에 대한 조사가 필요한 경우, 2개 이상의 과세기간과 관련하여 잘못이 있는 경우 등이 아니면 같은 세목 및 같은 과세기간에 대하여 재조사를 할 수 없다(동조②). 조사권 남용 등 위법한 세무조사에 기초한 과세처분은 위법하다(판례).

(4) 세무조사의 사전통지와 연기신청

세무공무원은 세무조사를 하는 경우에는 조사를 받을 납세자에게 조사를 시작하기 10일 전에 조사대상 세목, 조사기간 및 조사 사유, 그 밖에 대통령령으로 정하는 사항을 통지하여야 한다. 다만, 사전에 통지하면 증거인멸 등으로 조사 목적을 달성할 수 없다고 인정되는 경우에는 그러하지 아니하다(동법 81조의7①). 세무조사 통지를 받은 납세자가 천재지변이나 그 밖에 대통령령으로 정하는 사유로 조사를 받기 곤란한 경우에는 대통령령으로 정하는 바에 따라 관할 세무관서의 장에게 조사를 연기해 줄 것을 신청할 수 있다(동조②).

(5) 세무조사 범위 확대의 제한

세무공무원은 구체적인 세금탈루 혐의가 여러 과세기간 또는 다른 세목까지 관련되는 것으로 확인되는 경우 등 대통령령으로 정하는 경우를 제외하고는 조사진행 중 세무조사의 범위를 확대할 수 없다(동법 81조의9①). 세무공무원은 세무조사의 범위를 확대하는 경우에는 그 사유와 범위를 납세자에게 문서로 통지하여야 한다(동조②).

[판 례] 세무조사권 남용에 따른 과세처분의 위법

"국세기본법은 제81조의4 제1항에서 "세무공무원은 적정하고 공평한 과세를 실현하기 위하여 필요한 최소한의 범위에서 세무조사를 하여야 하며, 다른 목적 등을 위하여 조사권을 남용해서는 아니 된다."라고 규정하고 있다(이하 '조항'이라고 한다). 이 **조**항은 세무조사의 적법 요건으로 객관적 필요성, 최소성, 권한 남용의 금지 등을 규정하고 있는데, 이는 법치국가원리를 조세절차법의 영역에서도 관철하기 위한 것으로서 그 자체로서 구체적인 법규적 효력을 가진다. 따라서 **세무조사가 과세자료의 수집 또는 신고내용의 정확성 검증이라는 본연의 목적이 아니라 부정한 목적을 위하여 행하여진 것이라면 이는 세무조사에 중대한 위법사유가 있는 경우에 해당하고 이러한 세무조사에 의하여 수집된 과세자료를 기초로 한 과세처분 역시 위법하다.** 세무조사가 국가의 과세권을 실현하기 위한 행정조사의 일종으로서 과세자료의 수집 또는 신고내용의 정확성 검증 등을 위하여 필요불가결하며, 종국적으로는 조세의 탈루를 막고 납세자의 성실한 신고를 담보하는 중요한 기능을 수행하더라도 만약 남용이나 오용을 막지 못한다면 납세자의 영업활동 및 사생활의 평온이나 재산권을 침해하고 나아가 과세권의 중립성과 공공성 및 윤리성을 의심받는 결과가 발생할 것이기 때문이다."(대판 2016.12.15. 2016두47659, 증여세등부과처분취소)

4. 조세의 부과처분

(1) 조세부과의 방법

조세의 부과란 납세의무자가 납부할 조세금액과 납부기일, 즉 납세의무를 확정하는 것을 말하며, 하명행위로서의 성질을 가진다. 조세의 부과방법은 법률에 의하여 직접 납세의무가 확정되는 법정세와 행정행위에 의하여 확정되는 부과세가 있다.

(2) 부과처분의 형식

조세의 부과처분은 특별한 규정에 의하여 구술로 할 수 있는 경우 외에는 서면으로 하여야 하는 바, 과세처분은 세목 · 납부금액 · 납부기일 · 납부장소와 세액의 출산근거를 명시한 고지서를 발부함으로써 한다.

(3) 과세처분의 효력발생

과세처분은 납세고지서가 상대방에게 도달함으로써 효력이 발생하는 것이 원칙이다(국세기본법 12).

5. 과세제외

과세제외란 일반적으로 과세의 객체가 되는 과세요소 중 특별한 것을 과세대상에서 제외하는 것을 말한다. 일반적으로 납세의무자가 되는 자를 특별한 사유에 의하여 납세의무자에서 제외하는 것을 인적 과세제외라 하고, 일반적인 과세대상이 되는 물건을 특별한 사유에 의하여 과세물건에서 제외하는 것(개별소비세법 2)을 물적 과세제외라고 하는 바, 과세제외는 물적 과세제외가 일반적이다.

Ⅳ. 조세의 징수

1. 조세의 징수방법

조세의 징수란 조세의 부과에 의하여 확정된 납세의무자로부터 그 납세의무의 이행을 받는 것을 말하는데, 징수의 방법에는 다음의 네 가지가 있다.

(1) 보통징수

보통징수는 조세징수기관이 확정된 조세금액을 소정의 납기에 이르러 징수하는 것을 말한다.

그러므로 부과세에 있어서는 납세고지서에 기재된 바에 따라, 법정세에 있어서는 법정납부기한에 소정의 과세표준에 의한 세액에 따라 징수한다. 보통징수의 기관과 방법은 조세의 종목에 따라 다르다.

(2) 특별징수

특별징수란 수입원천에서 직접 징수하는 징수방법인 바, 이를 가리켜 원천징수라고 한다. 이는 조세징수의 편의를 도모하기 위하여 급여 · 이자 · 이익배당 등의 금액을 지급하는 자가 그 지급을 함에 있어서 일정한 세율에 따르는 조세액을 징수납부하는 제도이다.

(3) 변태징수(예외징수)

변태징수는 조세는 납기에 징수함을 원칙으로 하는 데 대한 예외적인 징수방법이다. 이에는 납기전징수와 징수유예가 있다. 전자는 체납처분 · 강제집행을 받은 때 등 특별한 사유가 있는 경우에 납부기한의 이익을 박탈하여 즉시 이행할 것을 청구하는 제도이고(국세징수법 14), 후자는 재해 · 도난 등 일정한 사유가 있는 경우 납기가 도래한 납세의무의 이행을 주로 납세의무자의 편의를 위하여 직권 또는 신청에 의하여 일정한 기간동안 유예하여 주는 것을 말한다.

(4) 강제징수

강제징수는 조세가 체납된 경우 행정권의 강제력에 의하여 납세의무자의 재산에 실력을 가함으로써 강제로 징수하는 것을 말한다. 조세의 강제징수절차를 가리켜 조세의 체납처분이라 하며, 이에 관한 일반법으로 국세징수법이 있다.

2. 조세의 감면

조세의 감면이란 납세의무가 발생된 자에 대하여 법률이 정하는 특별한 사유가 있는 경우에 납세의무자의 출액에 따라 납세의무의 전부 또는 일부를 면제하는 행정행위이다. 납세의무의 전부를 면제하는 것을 조세의 면제 또는 면세라 하고, 일부를 면제하는 것을 조세의 감경 또는 감세라 한다. 조세감면(租稅減免)의 사유는 주로 담세력의 감퇴나 상실 또는 공익사업을 보호하려는 데 있다.

3. 납세의무의 미정상태

납세의무의 미정상태란 과세원인인 사실이 발생하였으나, 특별한 사정에 의하여 납세의무가 즉시 확정하지 아니하고, 일시 그 납세의무의 성립이 불확정한 상태에 있는 것을 말한다. 납세의무의 미정상태는 소비세(국세와 국내소비세)에서만 볼 수 있는 현상이다. 우리나라의 현행 조세법상 납세의무의 미정상태가 인정되는 것은 관세에 있어서이다. 세납부의무의 미정상태의 주된 경우로는, ① 보세구역 안의 물건과 ② 통과화물을 들 수 있다.

4. 조세채권의 확보

조세징수권은 조세금액의 지급을 받을 것을 내용으로 하는 공법상의 금전채권의 일종이므로, 법률은 조세채권의 확보를 위한 여러가지의 담보조치를 마련하고 있다.

국세·가산금 및 체납처분비는 다른 공과금과 채권에 우선하여 징수하도록 하여(국세기본법 35①), 국세우선권이 인정되고 있다. 또한 조세채권의 확보를 위한 담보에는 법률의 규정에 의하여 직접 설정되는 담보와 특정한 조세채권에 대하여 법률행위에 의하여 개별적으로 설정되는 담보가 있다. 전자를 조세채권의 법정담보, 후자를 조세채권의 특별담보라 한다.

Ⅴ. 납세의무의 소멸

1. 납세의무의 이행

납세의무의 이행은 가장 일반적인 납세의무의 소멸원인이다. 조세는 납세의무자에 의하여 이행되는 것이 원칙이나 반드시 납세의무자에 의하여 이행될 필요는 없다. 상속인·청산인·납세관리인·제2차납세의무자 등에 의해서도 이행될 수 있다. 이행방법은 금전으로 하는 것이 원칙이나 현물·인지에 의하는 경우도 있다.

2. 시 효

납세의무는 시효에 의하여 소멸한다. 조세징수권의 소멸시효는 5년이다(국세기본법 27①, 지방세기본법 39①, 관세법 22①). 시효는 납세고지·독촉·납부최고·교부청구 또는 압류가 효력을 발생함으로써 중단되며, 분납기간·징수유예기간·체납처분유예기간·연부연납기간 중에는 진행되지 아니한다(국세기본법 28).

3. 행정처분에 의한 소멸

부과결정처분에 중대하고 명백한 하자가 있어 무효임이 확정된 경우에는 외관상 성립한 조세채무도 처음부터 존재하지 않은 것이 되며, 또한 무효사유 이외의 하자로 인하여 부과결정처분이 취소된 경우는 조세채무는 기왕에 소급하여 소멸하게 된다. 그 밖에 납세의 면제나 공매의 중지·환부금 등의 충당 등에 의하여 소멸한다.

Ⅵ. 하자있는 부과·징수에 대한 구제

위법·부당한 조세의 부과·징수로 인하여 권익을 침해당한 경우에 그에 대한 구제를 구할 수 있음은 법치행정의 원칙에 비추어 당연한 일이며, 그에 대하여는 행정구제법의 일반원리가 그대로 적용된다.

1. 행정쟁송

세법에 따른 처분으로서 위법 또는 부당한 처분을 받거나 필요한 처분을 받지 못함으로 인하여 권리나 이익을 침해당한 자는 일반행정쟁송의 경우와 같이 조세심판과 조세행정소송을 제기할 수 있다.

(1) 조세심판

1) **의의 및 근거:** 조세의 부과·징수에 대한 조세심판은 조세의 부과·징수에 관한 처분의 위법·부당을 이유로 행정기관에 그 취소·변경을 구하는 쟁송절차이다. 조세사건의 특수성을 고려하여 행정심판법의 적용이 배제되고(국세기본법 56① 등), 국세기본법·지방세기본법·관세법이 적용된다. 불복이 있는 조세처분에 대하여 심사청구 또는 심판청구를 제기할 수 있으나, 동일한 처분에 대하여 심사청구와 심판청구를 중복하여 제기할 수 없고(동법 55①), 이에 앞서 이의신청을 할 수 있다(동법 55③).

2) **심판기관:** 이의신청·심사청구를 심사하기 위하여 세무서·지방국세청·국세청에 각각 국세심사위원회를 두고(동법 66의2①), 심판청구에 대한 결정을 하기 위하여 국무총리 소속으로 조세심판원을 둔다(동법 67①).

3) 종 류

(가) 이의신청(임의적 절차): 이의신청은 심사청구 또는 심판청구에 앞서 할 수 있으며(임의적 절차), 불복의 사유를 갖추어 해당 처분을 하였거나 하였어야 할 세무서장에게 하거나 세무서장을 거쳐 관할 지방국세청장에게 하여야 한다(동법 66①). 세무서장은 이의신청의 대상이 된 처분이 지방국세청장이 조사·결정 또는 처리하였거나 하였어야 할 것인 경우에는 이의신청을 받은 날부터 7일 이내에 해당 신청서에 의견서를 첨부하여 해당 지방국세청장에게 송부하고 그 사실을 이의신청인에게 통지하여야 한다(동조②). 이의신청을 받은 세무서장과 지방국세청장은 각각 국세심사위원회의 심의를 거쳐 결정하여야 한다(동조④).

(나) 심사청구: 심사청구는 불복의 사유를 갖추어 해당 처분을 하였거나 하였어야 할 세무서장을 거쳐 국세청장에게 한다(동법 62①). 심사청구기간은 해당 처분이 있음을 안 날부터 또는 이의신청을 거친 때에는 그 결정의 통지를 받은 날로 부터 90일 이내에 제기하여야 한다(동법 61). 국세청장은 심사청구를 받은날부터 90일 이내에 국세심사위원회의 심의를 거쳐 결정을 하여 청구인에게 통지하여야 한다(동법 65).

(다) 심판청구: 심판청구는 해당 처분이 있음을 안날부터 90일 이내에, 이의신청을 거친 후 심판청구를 하는 경우에는 이의신청에 대한 결정의 통지를 받은 날부터 90일 이내에 불복사유를 갖추어 그 처분을 하였거나 하였어야 할 세무서장을 거쳐 조세심판원장에게 한다(동법 68, 69①). 심판청구의 결정기관인 조세심판원은 국무총리 소속하의 준사법기관으로 원장과 조세

심판관으로 구성된다(동법 67).

4) **지방세기본법 및 관세법에 의한 조세심판:** 지방세기본법도 국세기본법의 경우와 동일하나, 다만 이의신청은 지방자치단체장에게 제기하여 그 소속하의 지방세심의위원회의 의결에 따라 결정하며(동법 90①, 96①), 심판청구는 조세심판원장에게 한다(동법 91①). 관세법의 경우도 동일하나, 이의신청은 세관장에게 하여 이의신청심의위원회에서 심사하며(동법 132①②), 심사청구는 세관장을 거쳐 관세청장에게 하며 관세심사위원회에서 심의하고(동법 122, 124), 심판청구는 국세기본법을 준용한다.

5) **감사원에 대한 심사청구:** 조세부과처분에 대해서도 감사원에 심사청구를 할 수 있다. 즉, 감사원의 감사를 받는 자의 행위에 관하여 이해관계자는 심사청구의 원인이 되는 행위가 있음을 안 날부터 90일(있은 날부터 180일)이내에 처분을 한 기관의 장을 거쳐 감사원에 심사청구를 할 수 있다(감사원법 43①, 44①). 이와 같이 감사원법에 따라 심사청구를 한 처분이나 그 심사청구에 대한 처분은 조세심판의 대상이 아니다(국세기본법 55①). 따라서 감사원의 심사청구 및 결정을 거친 행정기관의 장의 처분에 대하여는 해당 처분청을 당사자로 하여 해당 결정의 통지를 받은 날부터 90일 이내에 행정소송을 제기할 수 있다(감사원법 46의2).

6) **심판청구 결정의 절차와 범위**

(가) 결정절차: 조세심판원장이 심판청구를 받았을 때에는 조세심판관회의가 심리를 거쳐 결정한다. 다만, 심판청구의 대상이 대통령령으로 정하는 금액에 미치지 못하는 소액이거나 경미한 것인 경우나 청구기간이 지난 후에 심판청구를 받은 경우에는 조세심판관회의의 심리를 거치지 아니하고 주심조세심판관이 심리하여 결정할 수 있다(국세기본법 78①). 조세심판관회의의 의결이 ① 해당 심판청구사건에 관하여 세법의 해석이 쟁점이 되는 경우로서 이에 관하여 종전의 조세심판원 결정이 없는 경우, ② 종전에 조세심판원에서 한 세법의 해석 · 적용을 변경하는 경우 등 동조 제2항 각 호의 어느 하나에 해당하여 조세심판원장이 필요하다고 인정하는 경우에는 조세심판관합동회의가 심리를 거쳐 결정한다(동조②).

(나) 불고불리와 불이익변경금지: 조세심판관회의 또는 조세심판관합동회의는 제81조에서 준용하는 제65조에 따른 결정을 할 때 심판청구를 한 처분 외의 처분에 대해서는 그 처분의 전부 또는 일부를 취소 또는 변경하거나 새로운 처분의 결정을 하지 못한다. 조세심판관회의 또는 조세심판관합동회의는 제81조에서 준용하는 제65조에 따른 결정을 할 때 심판청구를 한 처분보다 청구인에게 불리한 결정을 하지 못한다(동법 79①②).

7) **심판청구 결정의 효력:** 결정의 유형은 행정심판과 마찬가지로 각하결정, 기각결정, 인용결정 등이 있으며(동법 65①), 결정의 효력으로는 기속력이 있는바, 결정은 관계 행정청을 기속하므로, 심판청구에 대한 결정이 있으면 해당 행정청은 결정의 취지에 따라 즉시 필요한 처분을 하여야 한다(동법 80①②). 그 밖에 행정심판과 마찬가지로 형성력과 불가변력 및 공정력 등의

효력이 있다.

8) **기속력과 재조사결정:** 재조사결정은 실무상 심판청구의 결정의 한 유형으로 인정되고 있는 것으로, 재결청의 결정에서 지적된 사항에 관하여 처분청의 재조사결과를 기다려 그에 따른 후속 처분의 내용을 심판청구 등에 대한 결정의 일부분으로 삼겠다는 의사가 내포된 변형결정에 해당한다(대판 2007두12514). 따라서 처분청은 재조사결정의 취지에 따라 재조사를 한 후 그 내용을 보완하는 후속 처분만을 할 수 있다(판례).

[판 례] 재조사결정의 효력

"**심판청구 등에 대한 결정의 한 유형으로 실무상 행해지고 있는 재조사 결정은 재결청의 결정에서 지적된 사항에 관하여 처분청의 재조사결과를 기다려 그에 따른 후속 처분의 내용을 심판청구 등에 대한 결정의 일부분으로 삼겠다는 의사가 내포된 변형결정에 해당하므로**(대법원 2010. 6. 25. 선고 2007두12514 전원합의체 판결 참조), **처분청은 재조사 결정의 취지에 따라 재조사를 한 후 그 내용을 보완하는 후속 처분만을 할 수 있다고 보아야 한다.** 따라서 처분청이 재조사 결정의 주문 및 그 전제가 된 요건사실의 인정과 판단, 즉 처분의 구체적 위법사유에 관한 판단에 반하여 당초 처분을 그대로 유지하는 것은 재조사 결정의 기속력에 저촉된다고 할 것이다."(대판 2017.5.11. 2015두37549)

"재조사결정에 따른 후속처분이 심판청구를 한 **당초 처분보다 청구인에게 불리하면** 국세기본법 제79조 제2항의 **불이익변경금지원칙에 위배되어 후속 처분 중 당초 처분의 세액을 초과하는 부분은 위법**하게 된다"(대판 2016.9.28. 2016두39382)

(2) 조세행정소송

조세행정소송이란 조세법률관계에서 권리·의무에 관하여 과세관청과 납세자 사이의 소송을 말한다. 조세행정소송은 특칙(전심절차·제소기간)을 두고 있는 외에는 행정소송법이 적용된다.

1) **조세심판전치주의:** 위법한 조세처분에 대한 행정소송은 심사청구 또는 심판청구와 그에 대한 결정을 거치지 아니하면 제기할 수 없다(국세기본법 56②, 관세법 120②)(판례1). 지방세의 경우 심판청구를 거쳐 행정소송을 제기해야 한다(지방세기본법 98③).

조세소송에서는 행정소송법상의 행정심판전치주의의 예외규정(18②③)의 적용을 배제하고 있다(국세기본법 56②, 지방세기본법 98①). 그러나 전치주의의 근본취지는 조세처분에 대한 행정청의 재심기회를 부여하려는 것이므로, 조세처분의 당사자의 한쪽이 이미 전심절차를 거친 경우(인적 관련), 조세심판과 조세소송의 청구원인이 기본적인 점에서 동일성이 유지되는 경우(사물적 관련) 등에는 전심절차의 예외를 인정할 수 있다(판례2).

[판례 1] 조세심판전치주의

"구 주세법(1999. 12. 28. 법률 제6055호로 전문 개정되기 전의 것) 제18조 제1항에 의한 종합주류도매업면허취소처분은 구 국세기본법 제55조 제1항의 처분에 해당하고, 위 취소처분의 위법을 주장하여 그 취소를 구하는 소를 제기하기 위하여는 원칙적으로 **심사청구와 심판청구 또는 감사원법에 의한 심사청구를 거쳐야** 한다."(대판 2002.9.24. 2001두1727, 주류도매업면허취소처분취소)

[판례 2] 조세심판전치주의의 예외

"조세소송에 있어서는 국세기본법 규정에 의하여 행정소송법 제18조 제2항, 제3항 및 제20조의 규정이 적용되지

> 아니하나, 다만 2개 이상의 같은 목적의 행정처분이 단계적, 발전적 과정에서 이루어진 것으로서 **서로 내용상 관련**이 있다든지, 세무소송 계속중에 그 대상인 과세처분을 과세관청이 변경하였는데 **위법사유가 공통**된다든지, 동일한 행정처분에 의하여 수인이 동일한 의무를 부담하게 되는 경우에 선행처분에 대하여, 또는 그 납세의무자들 중 1인이 적법한 전심절차를 거친 때와 같이, 국세청장과 국세심판소로 하여금 **기본적 사실관계와 법률문제에 대하여 다시 판단할 수 있는 기회를 부여하였을 뿐더러 납세의무자로 하여금 굳이 또 전심절차를 거치게 하는 것이 가혹하다고 보이는 등 정당한 사유가 있는 때**에는 납세의무자가 전심절차를 거치지 아니하고도 과세처분의 취소를 청구하는 행정소송을 제기할 수 있다고 보아야 한다."(대판 2000.9.26. 99두1557, 상속세등부과처분취소 등)

2) 제소기간: 조세소송은 행정소송법 제20조의 제소기간이 적용이 배제되고, 심사청구 또는 심판청구에 대한 결정의 통지를 받은 날부터 90일 이내에 제기하여야 한다. 다만, 심사청구 또는 심판청구에 따른 결정기간에 결정의 통지를 받지 못한 경우에는 결정의 통지를 받기 전이라도 그 결정기간이 지난 날부터 행정소송을 제기할 수 있다(국세기본법 56③). 이 기간은 불변기간이다(동조⑤).

3) 조세소송의 소송물: 행정소송의 소송물의 경우와 마찬가지로 위법성일반설에 따른 총액주의와 개별위법사유설에 따른 쟁점주의가 대립된다.

(가) 총액주의: 과세처분에 의하여 확정된 세액이 조세실체법에 의하여 객관적으로 존재하는 세액을 초과하는지 여부가 심판의 대상 및 범위가 된다는 견해이다. 이에 의하면 과세처분의 일부에 대하여 불복하는 경우에도 과세처분의 대상이 된 세액 전부에 대하여 심판하게 되고, 소송에서 주장할 수 있는 처분사유도 제한되지 아니한다.

(나) 쟁점주의: 과세관청의 처분이유와 관계되는 세액의 적법여부로 심판의 대상·범위를 한정하는 견해이다. 이에 의하면 불복청구부분의 이유에 한정하여 조사·심판의 대상으로 삼으며, 처분사유의 추가·변경은 불가능하게 된다.

(다) 결 어: 행정소송의 경우와 마찬가지로 총액주의가 타당하며 판례의 입장이다(판례).

[판 례] 과세표준신고서에 기재된 과세표준 및 세액의 객관적 존부가 과세처분취소소송의 심판대상

> "통상의 과세처분 취소소송에서와 마찬가지로 감액경정청구에 대한 거부처분 취소소송 역시 그 거부처분의 실체적·절차적 위법 사유를 취소원인으로 하는 것으로서 그 **심판의 대상은 과세표준신고서에 기재된 과세표준 및 세액의 객관적인 존부**이고, 경정청구가 이유 없다고 내세우는 **개개의 거부처분사유는** 과세표준신고서에 기재된 과세표준 및 세액이 세법에 의하여 신고하여야 할 객관적으로 정당한 과세표준 및 세액을 초과하는 것이 아니라고 주장하는 **공격방어방법에 불과**한 것이다. 따라서 과세관청은 **당초 내세웠던 거부처분사유 이외의 사유도 그 거부처분 취소소송에서 새로이 주장할 수 있다.**"(대판 2008.12.24. 2006두13497, 부가가치세경정청구거부처분취소 등)

4) 경정처분에 대한 소송물

과세관청은 부과권의 제척기간 등 장애사유가 없는 한 과세처분에 잘못이 있는 경우 종전 처분을 시정하기 위한 경정처분권이 인정된다. 이 경우 당초처분과 경정처분 중 어느 것이 소의 대상이 되는지에 대해 병존설, 흡수설, 병존적 흡수설, 역흡수설, 역흡수병존설 등 견해가 대립된다(취소소송의 대상 참조). 감액경정인 경우와 증액경정인 경우로 나누어 검토할 필요가 있는데, 국세기본법은 감액경정 또는 증액경정은 당초 확정된 세액에 관한 권리·의무관계에 영향을 미

치지 아니한다(동법 22의2①②)고 규정하여 병존설을 취한다는 견해도 있다.[1)]

(가) 감액경정처분의 경우: 당초처분 중 경정처분에 의하여 아직 취소되지 않고 남은 부분, 즉 감액경정처분에 의하여 변경된 당초처분이 소의 대상이라는 것(역흡수설)이 다수설 및 판례의 입장이다(판례1).

[판례 1] 감액경정처분의 경우의 소의 대상

"과세표준과 세액을 감액하는 경정처분은 당초의 부과처분과 별개 독립의 과세처분이 아니라 그 실질은 당초의 부과처분의 변경이고, 그에 의하여 세액의 일부 취소라는 납세자에게 유리한 효과를 가져오는 처분이므로, 그 경정처분으로도 아직 취소되지 아니하고 남아 있는 부분이 위법하다 하여 다투는 경우, **항고소송의 대상은 당초의 부과처분 중 경정처분에 의하여 아직 취소되지 않고 남은 부분이**고, 그 경정처분이 항고소송의 대상이 되는 것은 아니며, 이 경우 적법한 전심절차를 거쳤는지 여부, 제소기간의 준수 여부도 당초 처분을 기준으로 판단하여야 한다."(대판 2009.5.28. 2006두16403; 대판 2007.10.26. 2005두3585 등)

(나) 증액경정처분의 경우: 이 경우 당초처분은 증액경정처분에 흡수되어 당연히 소멸하고 그 증액경정처분만이 쟁송의 대상이 되고(흡수설), 당초 신고나 결정에 대한 위법사유도 함께 주장할 수 있다(총액주의)고 보며, 판례의 입장이다(판례2).

[판례 2] 증액경정처분의 경우의 소의 대상

"국세기본법 제22조의2의 시행 이후에도 증액경정처분이 있는 경우, **당초 신고나 결정은 증액경정처분에 흡수됨으로써** 독립한 존재가치를 잃게 된다고 보아야 하므로, **원칙적으로는 당초 신고나 결정에 대한 불복기간의 경과 여부 등에 관계없이 증액경정처분만이 항고소송의 심판대상이 되고,** 납세의무자는 그 항고소송에서 당초 신고나 결정에 대한 위법사유도 함께 주장할 수 있다고 해석함이 타당하다."(대판 2009.5.14. 2006두17390; 대판 2005.6.10. 2003두12721 등)

5) 경정처분의 제소기간 및 전심절차 충족여부

(가) 감액경정처분의 경우: 소의 대상적격에 따라 차이가 있겠으나, 역흡수설에 따라 당초처분이 소의 대상이 되므로 당초처분에 대한 전심절차를 거친 것으로 전심절차의 요건을 충족하였다고 본다.

제소기간은 감액결정을 한 조세심판의 결정서를 통지받은 날부터 90일 이내에 제기해야 한다(국세기본법 56③)(판례3). 다만, 이의신청의 재조사결정에 따른 후속처분인 감액경정처분의 경우에는, 대법원은 최근 종래 판례를 변경하여 조세심판의 재결이 아니라 그 재결에 따른 후속처분의 통지를 받은 날부터 제소기간을 기산한다고 판시하였다(판례4).

생각건대, 이의신청의 재조사결정에 따른 후속처분의 경우에는, 후속처분의 통지를 받은 후에야 행정소송을 제기할지의 여부나 제기하는 경우의 불복의 대상과 범위를 구체적으로 특정할 수 있으므로 감액경정처분에 대한 불복기회를 상실하지 않도록 하기 위하여, 그리고 조세심판인 재조사결정은 후속처분에 의하여 그 내용이 보완된 것으로 볼 수 있다는 점에서 후속처분인 감액경정처분의 통지를 받은 때로부터 제소기간을 기산하는 것이 타당하다.

---

1) 류지태 · 박종수(신론), 1411면; 장태주(개론), 1404면.

[판례 3] 감액경정처분의 경우의 제소기간

"과세표준과 세액을 감액하는 경정처분은 당초의 부과처분과 별개 독립의 과세처분이 아니라 그 실질은 당초의 부과처분의 변경이고, … 항고소송의 대상은 당초의 부과처분 중 경정처분에 의하여 아직 취소되지 않고 남은 부분이고, … 한편 국세기본법 제56조 제2항 및 제3항 본문에 의하면, **과세처분에 대한 항고소송은 심판청구 또는 심사청구에 대한 결정의 통지를 받은 날로부터 90일 이내에 제기하여야** 한다."(대판 2009.5.28. 2006두16403 등)

[판례 4] 감액경정처분이 조세심판의 재조사결정에 따른 후속처분일 경우의 제소기간

"이의신청 등에 대한 결정의 한 유형으로 실무상 행해지고 있는 재조사결정은 처분청으로 하여금 하나의 과세단위의 전부 또는 일부에 관하여 당해 결정에서 지적된 사항을 재조사하여 그 결과에 따라 과세표준과 세액을 경정하거나 당초 처분을 유지하는 등의 후속 처분을 하도록 하는 형식을 취하고 있다. 이에 따라 재조사결정을 통지받은 이의신청인 등은 그에 따른 후속 처분의 통지를 받은 후에야 비로소 다음 단계의 쟁송절차에서 불복할 대상과 범위를 구체적으로 특정할 수 있게 된다. 이와 같은 재조사결정의 형식과 취지, 그리고 행정심판제도의 자율적 행정통제기능 및 복잡하고 전문적·기술적 성격을 갖는 조세법률관계의 특수성 등을 감안하면, 재조사결정은 당해 결정에서 지적된 사항에 관해서는 처분청의 재조사결과를 기다려 그에 따른 후속 처분의 내용을 이의신청 등에 대한 결정의 일부분으로 삼겠다는 의사가 내포된 변형결정에 해당한다고 볼 수밖에 없다. 그렇다면 **재조사결정은 처분청의 후속 처분에 의하여 그 내용이 보완됨으로써 이의신청 등에 대한 결정으로서의 효력이 발생한다고 할 것이므로, 재조사결정에 따른 심사청구기간이나 심판청구기간 또는 행정소송의 제소기간은 이의신청인 등이 후속 처분의 통지를 받은 날부터 기산된다고 봄이 상당하다.**"(대판 2010.6.25. 2007두12514, 전원합의체 판결, 부가가치세부과처분취소)

(나) 증액경정처분의 경우: 당초처분은 증액경정처분에 흡수되어 소멸하고 증액경정처분만이 소의 대상에 해당하나(흡수설), 당초처분에 대한 전심절차는 증액경정처분의 전심절차요건을 충족한 것으로 보며, 제소기간의 기산은 증액경정처분을 기준으로 한다(판례5). 다만, 당초처분의 실체적 하자는 증액경정처분에 대한 소송에서 다툴 수 있으나(판례6), 절차적 하자는 증액경정처분에 승계되지 아니한다(판례7).

[판례 5] 증액경정처분에 대한 전심절차 및 제소기간

"과세처분이 있은 후에 증액경정처분이 있는 경우 당초 과세처분은 경정처분에 흡수되어 독립적인 존재가치를 상실하므로 **전심절차의 경유여부도 그 경정처분을 기준으로 판단하여야 하는 것이 원칙이고, 다만 그 위법사유가 공통되고 당초 과세처분에 대하여 적법한 전심절차를 거친 경우에는** 납세의무자는 **그 경정처분에 대하여 다시 전심절차를 거치지 아니하고도 취소를 구하는 행정소송을 제기할 수 있는 것**이지만, 납세의무자 스스로 당초 과세처분에 대한 전심절차 외에 **증액경정처분에 대한 전심절차를 거쳤다면, 그 증액경정처분에 대한 제소기간은** 구 국세기본법(1994. 12. 22. 법률 제4810호로 개정되기 전의 것) 제56조 제2항의 규정에 따라 **증액경정처분에 대한 심판결정 통지 수령일로부터 60일**(현행법은 90일)이라고 보아야 할 것이고, 당초 과세처분에 대한 심판결정 통지 수령일을 제소기간 기산일로 삼을 근거는 없다."(대판 2000.9.22. 98두18510)

[판례 6] 당초처분의 하자를 증액경정처분을 다투는 소송에서 주장 가능

"당초처분이 불복기간의 경과나 전심절차의 종결로 확정되었다 하여도 **증액경정처분에 대한 소송절차에서 납세자는 증액경정처분으로 증액된 과세표준과 세액에 관한 부분만이 아니라 당초처분에 의하여 결정된 과세표준과 세액에 대하여도 그 위법 여부를 다툴 수 있으며** 법원은 이를 심리·판단하여 위법한 때에는 취소를 할 수 있다."(대판 1999.5.28. 97누16329 등)

[판례 7] 당초처분의 절차적 하자는 증액경정처분에 승계되지 않음

"증액경정처분이 있는 경우 당초처분은 증액경정처분에 흡수되어 소멸하고, 소멸 한 당초처분의 절차적 하자는 존속하는 증액경정처분에 승계되지 아니한다."(대판 2010.6.24. 2007두16493 등)

2. 과오납반환청구

(1) 의 의

과오납반환청구(過誤納返還請求)는 법률상 원인 없이 납부한 조세에 대하여 국가에 그 세액의 환급을 청구하는 것으로 일종의 부당이득반환청구의 성질을 가진다. 즉, 조세법률관계에서 발생하는 과오납금 및 환급세액 등 조세환급금과 조세환급가산금의 청구를 말한다.

(2) 과오납반환청구의 대상

1) **조세환급금**: 이는 납세의무자가 국세·가산금·체납처분비로서 납부한 금액 중 잘못 납부한 금액, 초과하여 납부한 금액 또는 환급세액을 말한다(국세기본법 51①). 조세환급금은 국가가 법률상 원인 없이 수취한 금액이므로, 그 본질은 부당이득에 해당하는 것이다. 따라서 납세자는 당연히 환급받을 권리를 가지며 국가는 당연히 반환하여야 할 의무를 진다.

2) **조세환급가산금**: 세무서장은 국세환급금을 충당하거나 지급할 때에는 대통령령으로 정하는 국세환급가산금 기산일부터 충당하는 날 또는 지급결정을 하는 날까지의 기간과 금융회사 등의 예금이자율 등을 고려하여 대통령령으로 정하는 이자율에 따라 계산한 금액을 국세환급금에 가산하여야 한다(동법 52). 이는 조세환급금을 충당 또는 환급할 경우 그 조세환급금에 가산되는 이자상당액으로서, 납세자가 국세를 체납한 경우에 가산하여 징수하는 가산금과 형평을 이루기 위한 것이다. 위 조세환급금과 조세환급가산금의 소멸시효기간은 5년이다(동법 54①).

(3) 조세환급청구권의 성질

이는 조세(가산금·체납처분비 포함)를 과세관청에 납부한 납세자가 납부한 세액에 상응하는 조세채권이 당초부터 인정되지 아니하거나 또는 사후에 납세의무의 변경이 있는 경우 또는 개별세법에 정한 환급요건을 갖춘 경우 과세주체인 국가나 지방자치단체에 대하여 그 세액의 반환을 청구할 수 있는 권리라 할 수 있다. 이 청구권의 성질에 대하여, ① 공법상 원인에 의하여 발생한 금전급부의 조정을 위한 제도이므로 공권이라는 **공권설**과, ② 금전채권을 내용으로 하는 부당이득반환청구권으로 보아 사법의 규율을 받아야 한다는 **사권설**이 대립되고 있다. **판례**는 사권으로 봄이 일반적이나, 부가가치세법에 따른 국가의 부가가치세 환급세액 지급의무는 공법상 의무로 보고 있다(판례2). 생각건대, 국세기본법은 국세환급금의 결정을 한 날부터 30일 내에 납세자에게 지급하도록(51⑥), 부가가치세법도 환급세액의 확정신고기한이 지난 후 30일 이내 환급하도록(59①), 각각 국가의 환급세액 지급의무를 규정하고 있다는 점에서 차이가 없다. 따라서 납세자의 조세환급청구권은 공법상 권리라 할 것이므로 공권설이 타당하다.

(4) 조세환급금 지급청구

세무서장은 국세환급금을 결정하고 국세환급가산금을 가산하여 국세·체납처분비에 충당한 후 남은 금액은 30일 내에 납세자에게 지급하여야 한다(동법 51①②⑥). 그런데 세무서장의 조세환급 불이행이 있는 경우 문제된다. 이 경우 우선 납세자는 관할 세무서장에게 이미 납부한 세액이 조세환급금에 해당한다고 하여 그 지급을 청구할 수 있다.

(5) 조세환급청구소송

1) 의 의: 조세환급청구소송이란 세무서장이 조세환급금을 환급하지 아니할 경우에 납세자가 그 환급을 청구하는 소송을 제기하는 것을 말한다.

2) 성 질: 조세환급청구소송의 성질에 대하여, ① 조세환급청구권을 공권으로 보아 공법상 당사자소송에 의해야 한다는 **공법상 당사자소송설**과, ② 이 청구권을 사권으로 보아 민사소송에 의해야 한다는 **민사소송설**이 대립되고 있다. ③ **판례**는 민사소송설을 취하고 있으나(판례1), 부가가치세환급청구와 관련해서는 전원합의체 판결로 종래 판례를 변경하여 공법상 당사자소송설을 취했다(판례2).

생각건대, 국세기본법에 따른 국세의 환급세액이나 부가가치세법에 따른 부가가치세 환급세액이나 모두 국가의 반환의무를 규정하고 있는바(국세기본법 51⑥, 부가가치세법 59①), 이는 공법상 의무로 납세자는 이에 대응하여 공법상 환급청구권이 인정된다고 볼 것이므로 **공법상 당사자소송설**이 타당하다.

[판례 1] 국세환급금반환청구는 민사소송

"국세환급금에 관한 국세기본법 제51조 제1항은 이미 부당이득으로서 존재와 범위가 확정되어 있는 과오납부액이 있는 때에는 국가가 납세자의 환급신청을 기다리지 않고 즉시 반환하는 것이 정의와 공평에 합당하다는 법리를 선언하고 있는 것이므로, 이미 존재와 범위가 확정되어 있는 **과오납부액은 납세자가 부당이득의 반환을 구하는 민사소송으로 환급을 청구할 수 있다.**"(대판 2015.08.27. 2013다212639; 대판 2009.4.23. 2008다29918)

[판례 2] 부가가치세 환급세액 지급청구는 공법상 당사자소송

"부가가치세법령이 환급세액의 정의 규정, 그 지급시기와 산출방법에 관한 구체적인 규정과 함께 부가가치세 납세의무를 부담하는 사업자(이하 '납세의무자'라 한다)에 대한 국가의 환급세액 지급의무를 규정한 이유는, 입법자가 과세 및 징수의 편의를 도모하고 중복과세를 방지하는 등의 조세 정책적 목적을 달성하기 위한 입법적 결단을 통하여, 최종 소비자에 이르기 전의 각 거래단계에서 재화 또는 용역을 공급하는 사업자가 그 공급을 받는 사업자로부터 매출세액을 징수하여 국가에 납부하고, 그 세액을 징수당한 사업자는 이를 국가로부터 매입세액으로 공제·환급받는 과정을 통하여 그 세액의 부담을 다음 단계의 사업자에게 차례로 전가하여 궁극적으로 최종 소비자에게 이를 부담시키는 것을 근간으로 하는 전단계세액공제 제도를 채택한 결과, 어느 과세기간에 거래징수된 세액이 거래징수를 한 세액보다 많은 경우에는 그 납세의무자가 창출한 부가가치에 상응하는 세액보다 많은 세액이 거래징수되게 되므로 이를 조정하기 위한 과세기술상, 조세 정책적인 요청에 따라 특별히 인정한 것이라고 할 수 있다. 따라서 이와 같은 부가가치세법령의 내용, 형식 및 입법 취지 등에 비추어 보면, **납세의무자에 대한 국가의 부가가치세 환급세액 지급의무는 그 납세의무자로부터 어느 과세기간에 과다하게 거래징수된 세액 상당을 국가가 실제로 납부받았는지와 관계없이 부가가치세법령의 규정에 의하여 직접 발생하는 것으로서, 그 법적 성질은 정의와 공평의 관념에서 수익자와 손실자 사이의 재산상태 조정을 위해 인정되는 부당이득 반환의무가 아니라 부가가치세법령에 의하여 그 존부나 범위가 구체적으로 확정되고 조세 정책적 관점에서 특별히 인정되는 공법상 의무라고 봄이 타당하다. 그렇다면 납세의무자에 대한 국가의 부가가치세 환급세액 지급의무에 대응하는 국가에 대한 납세의무자의 부가가치세 환급세액 지급청구는 민사소송이 아니라 행정소송법 제3조 제2호에 규정된 당사자소송의 절차에 따라야 한다.**"(대판 2013.3.21. 2011다95564 전원합의체 판결, 양수금)

3) 항고소송과의 병합 여부

(가) 과세처분이 취소사유인 경우: 취소사유인 과세처분이 있는 경우, 이에 따른 납부세액은 공정력으로 인해 아직 법률상 원인 없는 납부세액이라 할 수 없으므로 과세처분 취소소송의 제기가 필요하다. 따라서 이 경우에는 과세처분 취소소송을 제소기간 내에 제기하고, 여기에 조세환급청구소송을 공법상 당사자소송으로 제기하든(통설) 민사소송으로 제기하든(판례) 행정소송법 제10조 제2항에 따라 관련청구병합의 방식으로 제기할 수 있다.

(나) 조세환급결정이나 조세환급거부결정의 경우: 국세기본법 제51조 제1항은 잘못납부・초과납부・환급세액을 국세환급금으로 결정하도록 규정하고 있는바, 이는 내부적 사무처리절차로서 과세관청의 환급절차를 규정한 것에 지나지 않고 그 규정에 의한 국세환급금결정에 의하여 비로소 환급청구권이 확정되는 것은 아니다. 납세의무자가 납부하거나 징수당한 오납금의 반환청구권은 납부 또는 징수 시에 발생하여 확정되는 것이므로, 국세환급금결정이나 환급거부결정 등은 납세의무자의 환급청구권에 직접적인 영향을 미치는 처분이 아니어서 항고소송의 대상인 처분이라고 볼 수 없다(판례 3). 이에 대해 환급거부결정은 위 조항에 위반하여 납세자에게 손해를 끼치는 것이므로 항고소송으로 다툴 수 있다는 견해도 있다(위 판례 소수의견).

생각건대, 국세환급결정이나 그 거부처분에 대해 항고소송을 제기할 수 없고, 직접 국세환급금반환청구소송을 공법상 당사자소송으로 제기해야 한다.

[판례 3] 국세환급결정이나 그 거부처분은 항고소송의 대상인 처분이 아님

"국세기본법 제51조 및 제52조 국세환급금 및 국세가산금결정에 관한 규정은 이미 납세의무자의 환급청구권이 확정된 국세환급금 및 가산금에 대하여 내부적 사무처리절차로서 과세관청의 환급절차를 규정한 것에 지나지 않고 **그 규정에 의한 국세환급금(가산금 포함)결정에 의하여 비로소 환급청구권이 확정되는 것은 아니므로, 국세환급금결정이나 이 결정을 구하는 신청에 대한 환급거부결정 등은 납세의무자가 갖는 환급청구권의 존부나 범위에 구체적이고 직접적인 영향을 미치는 처분이 아니어서 항고소송의 대상이 되는 처분이라고 볼 수 없다.**

(소수의견) 납세자의 신청에 대한 세무서장의 환급거부결정이 직접 환급청구권을 발생하게 하는 형성적 효과가 있는 것이 아니고 확인적 의미밖에 없다고 하더라도 **국세기본법 제51조의 규정을 위반하여 납세자에게 환급할 돈을 환급하지 아니하므로 손해를 끼치고 있는 것이라면 납세자가 행정소송으로 그 결정이 부당하다는 것을 다툴 수 있다.**"(대판 1989.6.15. 88누6436 전원합의체판결, 국세환급거부처분취소; 대판 2009.11.26. 2007두4018, 물납환급거부처분취소 등)

"과세처분이 부존재하거나 당연무효인 경우에 이 과세처분에 의하여 납세의무자가 납부하거나 징수당한 오납금은 국가가 법률상 원인 없이 취득한 부당이득에 해당하고, 이러한 **오납금에 대한 납세의무자의 부당이득반환청구권은** 처음부터 법률상 원인이 없이 납부 또는 징수된 것이므로 **납부 또는 징수시에 발생하여 확정된다.**" (대판 1992. 03.31. 선고 91다32053 전원합의체 판결, 부당이득금 등)

부 록

[행정심판청구서 양식]

<table>
<tr><td colspan="5">행정심판 청구</td></tr>
<tr><td rowspan="2">청구인</td><td>① 성명</td><td colspan="3"></td></tr>
<tr><td>② 주소</td><td colspan="3">(전화번호 :)</td></tr>
<tr><td>③ 대 리 인</td><td colspan="4"></td></tr>
<tr><td>④ 피 청 구 인</td><td colspan="4"></td></tr>
<tr><td>⑤ 소 관
행정심판위원회</td><td colspan="4">○○○ 행정심판위원회</td></tr>
<tr><td>⑥ 청구대상인 처분내용
(부작위의 전제가 되는 신청 내용·일자)</td><td colspan="4"></td></tr>
<tr><td>⑦ 처분 있음을 안 날</td><td colspan="4"></td></tr>
<tr><td>⑧ 심판청구 취지·이유</td><td colspan="4">(별지 기재와 같음)</td></tr>
<tr><td>⑨ 처분청의 고지 유무</td><td colspan="2"></td><td>⑩고지내용</td><td></td></tr>
<tr><td>⑪ 증거서류(증거물)</td><td colspan="4"></td></tr>
<tr><td>⑫ 근거법조</td><td colspan="4">「행정심판법」 제28조</td></tr>
<tr><td colspan="5">위와 같이 행정심판을 청구합니다.
20○○. 8. .
청구인 (서명 또는 인)
귀하</td></tr>
<tr><td colspan="4" rowspan="2">※ 첨부서류 : 청구서부본</td><td>수수료</td></tr>
<tr><td>없음</td></tr>
</table>

[행정소송의 소장 양식]

소 장

원 고 ○ ○ ○ (주민등록번호)
서울 중랑구 면목동 123
(전화 000-000, 팩스 000-000)

피 고 서울특별시서초구청장

소 가	20,000,100원
첩부할인지액	95,000원 (소가×0.0045+5,000원)
송 달 료	65,000원 (3,250원×10회×당사자수)

파면처분취소 청구의 소

청 구 취 지

1. 피고가 20○○. ○○. ○○. 원고에 대하여 한 파면처분을 취소한다.
2. 소송비용은 피고의 부담으로 한다.

라는 판결을 구합니다.

청 구 원 인

(원고가 피고를 상대로 위 청구취지와 같은 청구를 하게 된 원인을 구체적으로 기재)

입 증 방 법

1. 갑 제1호증 징계의결통보서

첨 부 서 류

1. 위 각 입증방법 각 1부.
1. 송달료 납부서 1부.
1. 소장 부본 1부.

20○○. . .

위 원고 ○ ○ ○ (서명 또는 날인)

서울행정법원 귀중

[1심 판결문]

[판결문]

서울 행정법원

제△○○○○○○○○

판 결

사 건 2017구합20658 시정명령취소
원 고 김○○ 서울 종로구 종로6가
소송대리인 법무법인○○ 담당변호사 이△△
피 고 종로구청장
소송수행자 박○○
변 론 종 결 2017. 9. 18.
판 결 선 고 2017. 10. 2.

주 문

1. 이 사건 소를 기각한다.
2. 소송비용은 원고가 부담한다.

청구취지

피고가 2017. 2. 25. 원고에 대하여 한 시정명령을 취소한다.

이 유

1. 처분의 경위
   가. ………
   나. ………

[인정근거] 다툼 없는 사실, 갑 제1, 2호증, 을가 제3 내지 16호 증 각 기재, 변론 전체 취지

2. 이 사건 시정명령의 적법여부
   가. 원고의 주장
   ………
   나. 관계법령
   ………
   다. 인정사실
   ………
   라. 판단
   ………

3. 결론

그렇다면, 원고의 이 사건 청구는 이유없어 이를 기각하기로 하여, 주문과 같이 판결한다.

재판장 판사 방○○
판사 박□□
판사 정△△

[법원 판결번호의 의미]

	1심	2심(항소심)	3심(상고심)	판결 예
민사	가(가합, 가단)	나	다	대법원 2016.1.28. 선고2013다51933 판결
형사	고(고합, 고단)	노	도	서울고등법원 2012.6.7. 선고 2012노747 판결
행정	**구**	**누**	**두**	대법원 2021.12.11. 선고 2020두15750 판결
행정	항고; **루**	재항고; **무**	특별항고;**부**	준항고; **사**, 행정신청; **아**, 과태료; **과**
특별; 추, 비송; 파, 특허 1심; 허, 특허상고; 후				
헌법	**헌가** → 위헌법률심사사건, **헌나** → 탄핵, **헌다** → 정당해산, **헌라** → 권한쟁의, **헌마** → 헌법소원(헌재법 68①, 공권력), **헌바** → 헌법소원(헌재법68②, 위헌재청에 의한)			

○ 대법원 2014.11.27. 선고 2013두16111 판결 【건축허가취소처분취소등】

→ "대법원이 2014년 11월 27일에 선고하고 2013년 접수한 행정사건 상고 접수번호 16111 건축허가취소처분취소등 사건"

○ 서울행정법원 2017.3.24. 선고2016구합67080 판결

→ "서울행정법원 합의부가 2017년 3월 24일에 선고하고 2016년 접수한 행정사건 접수번호 67080"

○ 서울행정법원 2020.12.1.자 2020아13354 결정 [집행정지]

→ "서울행정법원이 2020년 12월 1일에 결정하고 2020년 접수한 행정신청사건 접수번호 13354 집행정지사건"

찾아보기

ㅈ

저/자/약/력/

고려대학교 대학원 법학과 졸업(법학박사)
성신여자대학교 법과대학 교수
미국 캘리포니아대학교(U.C. Berkely) School of Law 객원교수
한국공법학회선정 학술장려상 수상(1993. 7.)
교수신문 편집위원, 참여연대 자문교수, 국회 입법지원위원
사법시험, 행정고시, 외무고시, 입법고시, 5급승진시험, 7급・9급공무원 및 감정평가사, 공인노무사, 공인중개사 등 시험위원
한국공법학회・한국토지공법학회・한국행정법학회 등 부회장 및 한국환경법학회 회장・한국부동산법학회 회장

[저서 및 논문]

행정법개론, 화학사, 1989.
객관식 행정법, 화학사, 1991.
법학개론(2021년판), 대명출판사, 2021.2.
행정법개론(제8판), 삼영사, 2008.
행정법연습(제14판), 대명출판사, 2023.2.
행정법요점정리(제3판), 대명출판사, 2021.
行政審判制度研究.
抗告訴訟의 種類에 대한 研究.
行政規則의 效力.
行政節次에 관한 연구.
공무원에 대한 불이익처분과 그 불복방법.
행정의 자기구속의 법리 외 논문다수.

저자와의 협의하에 인지생략

행정법개론 [제15판]

1992년 9월 20일 1판 1쇄 발행
2014년 2월 10일 11판 1쇄 발행
2016년 2월 20일 12판 1쇄 발행
2018년 1월 30일 13판 1쇄 발행
2021년 2월 20일 14판 1쇄 발행
2023년 2월 10일 15판 1쇄 인쇄
2023년 10월 30일 15판 2쇄 발행

저 자 김 향 기
발행인 김 학 민
조 판 아 람 기 획

발행처 07285 서울특별시 영등포구 선유로3길 10, 617호
도서출판 **탑 북 스**
등 록 2009.12.21 제 2016-000101 호
전 화 02)365-2223 팩 스 02)365-2224

정가 63,000 원

ISBN 979-11-90247-73-3-93360